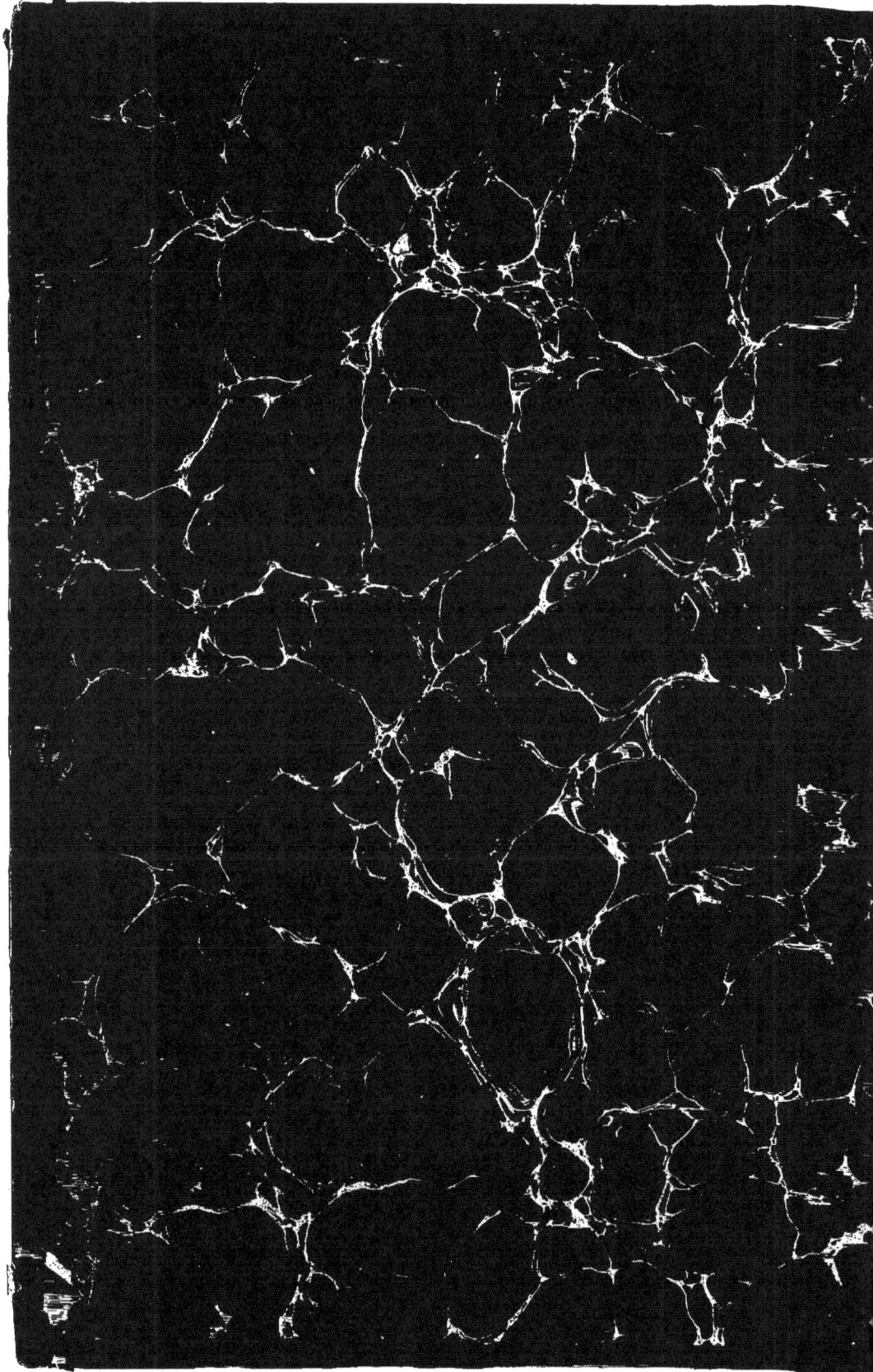

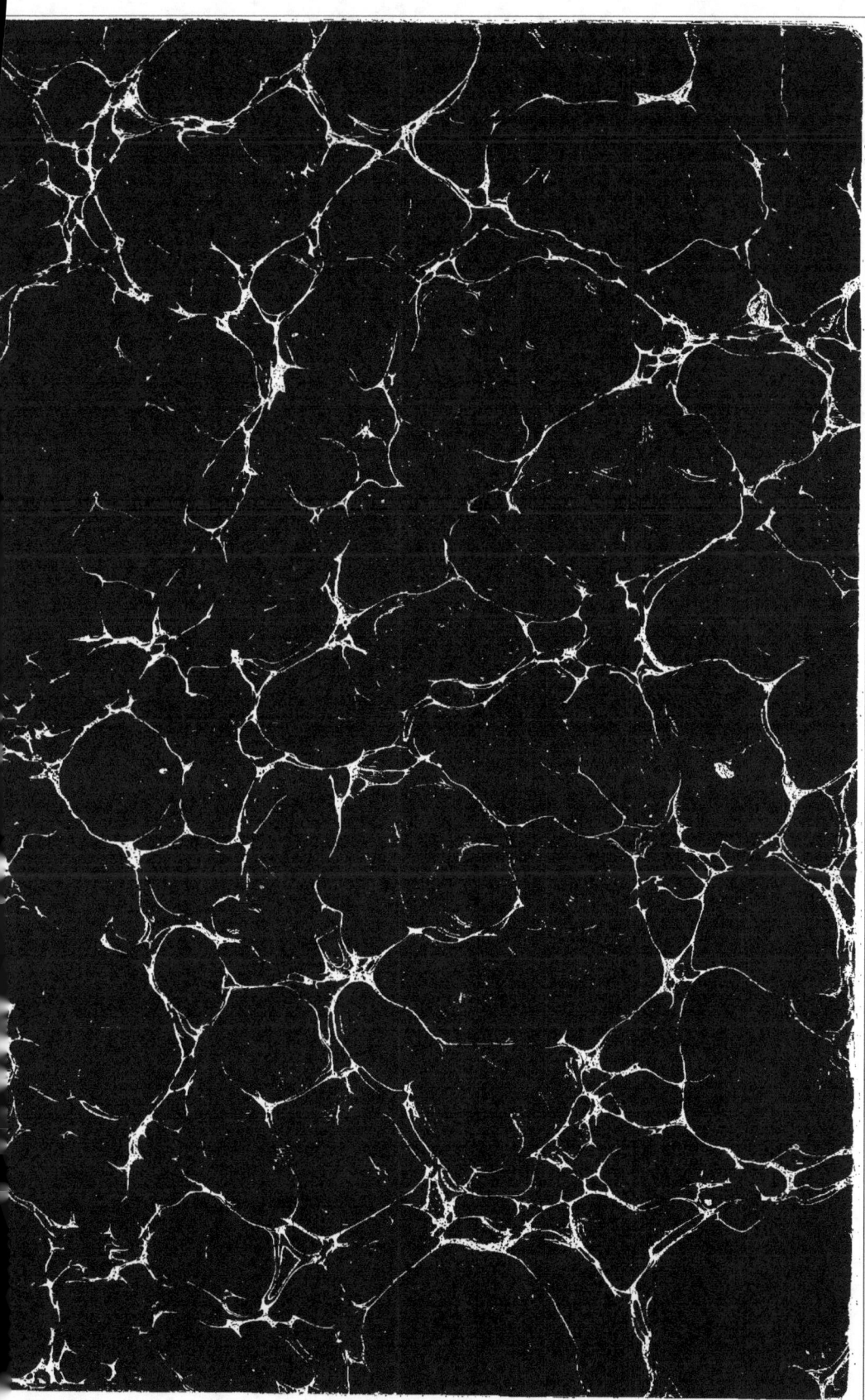

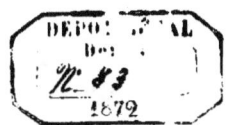

ŒUVRES COMPLÈTES

DE SAINT AUGUSTIN

ÉVÊQUE D'HIPPONE

TABLE DES OUVRAGES COMPRIS DANS LE TOME XVIII

Sermons au peuple (1ʳᵉ série, suite, de CLXXIX à CLXXXIII). 1

Sermons au peuple (2ᵉ série, de CLXXXIV à CCLXXII). 42

Sermons au peuple (3ᵉ série, de CCLXXIII à CCCV) 400

Traduits par M. PÉRONNE, chanoine titulaire de Soissons.

Besançon. — Imprimerie d'Outhenin-Chalandre fils.

ŒUVRES COMPLÈTES
DE
SAINT AUGUSTIN
ÉVÊQUE D'HIPPONE

TRADUITES EN FRANÇAIS ET ANNOTÉES

PAR MM.

PÉRONNE	**ÉCALLE**
Chanoine titulaire de Soissons, ancien professeur d'Écriture sainte et d'éloquence sacrée.	Professeur au grand séminaire de Troyes, traducteur de la *Somme contre les Gentils*.
VINCENT	**CHARPENTIER**
Archiprêtre de Vervins.	Doct. en théol., trad. des *Œuvres de S. Bernard*.

H. BARREAU
Docteur-ès-lettres et en philosophie, chevalier de plusieurs ordres.

renfermant

LE TEXTE LATIN ET LES NOTES DE L'ÉDITION DES BÉNÉDICTINS

TOME DIX-HUITIÈME

SERMONS AU PEUPLE, PREMIÈRE, DEUXIÈME ET TROISIÈME SÉRIES.

PARIS
LIBRAIRIE DE LOUIS VIVÈS, ÉDITEUR
RUE DELAMBRE, 13
—
1872

SERMONS AU PEUPLE

DIVISÉS EN QUATRE SÉRIES

PREMIÈRE SÉRIE
(SUITE)

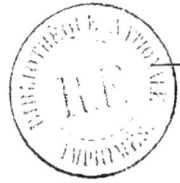

SERMON CLXXIX.

Sur ces paroles de l'apôtre saint Jacques, chapitre I : *Que chacun de vous soit prompt à écouter et lent à parler;* et sur ces autres du même chapitre : *Ayez soin d'observer la parole, et ne vous contentez pas de l'écouter,* etc.

CHAPITRE PREMIER. — *Du devoir des auditeurs et des prédicateurs de la parole de Dieu.* — 1. L'apôtre saint Jacques s'adresse aux auditeurs assidus de la parole de Dieu, et leur dit : « Ayez soin de pratiquer la parole, et ne vous contentez pas de l'écouter, vous séduisant vous-mêmes. » (*Jacq.*, I, 22.) Car ce n'est ni celui de qui vient cette parole, ni celui qui vous l'annonce que vous trompez, c'est vous-mêmes. Nous nous arrêtons à cette pensée, qui découle de la source même de la Vérité par la bouche fidèle de l'Apôtre, pour en faire le sujet de l'exhortation que nous voulons vous adresser, mais sans toutefois nous oublier nous-mêmes. Car c'est bien inutilement que le prédicateur annoncerait au dehors la parole de Dieu, s'il ne l'écoutait tout d'abord au dedans de lui-même. Nous ne sommes point d'ailleurs si étrangers à l'humanité et aux réflexions sérieuses, que nous ne comprenions les dangers que nous courons en annonçant aux fidèles la parole de Dieu. Mais ce qui nous console, c'est que vos prières nous aident à triompher des dangers de notre ministère. Voulez-vous une preuve, mes frères, que la place que vous occupez est beaucoup plus sûre que la nôtre? écoutez ces autres paroles du même Apôtre : « Que chacun de vous soit prompt à écouter et lent à parler. » (*Ibid.*, 19.) Je vais donc vous parler d'abord du devoir qui nous est imposé à cause de cette recommandation que nous fait l'Apôtre, d'être prompts à écouter et lents à parler, et, après avoir justifié le ministère de la parole que nous remplissons

SERMONES AD POPULUM
CLASSIBUS QUATUOR COMPREHENSI

PRIMA CLASSIS (SEQUITUR)

SERMO CLXXIX (a).

De verbis apostoli Jacobi, cap. I : *Sit autem unusquisque vestrum velox ad audiendum, tardus autem ad loquendum;* ac de illis ibidem : *Estote autem factores verbi, et non auditores tantum,* etc.

CAPUT PRIMUM. — *Dicendum de utrorumque officio, auditorum et prædicatorum verbi Dei.* — 1. Verbi Dei assiduos auditores, beatus Jacobus apostolus convenit, dicens : « Estote autem factores verbi, et non auditores tantum, fallentes vosmetipsos. » (*Jac.*, I, 22.) Neque enim eum cujus verbum est, aut per quem dicitur verbum; sed vosmetipsos fallitis. Ex hac ergo sententia manante de fonte veritatis, per os Apostolicum veracissimum, audemus et nos exhortari vos : et cum exhortamur vos, respicere nos. Verbi Dei enim inanis est forinsecus prædicator, qui non est intus auditor. Nec ita aversi ab humanitate et fideli consideratione sumus, ut pericula nostra non intelligamus, qui verbum Dei populis prædicamus. Consolatur autem nos, quia ubi periclitamur in ministeriis nostris, adjuvamur orationibus vestris. Nam ut noveritis, Fratres, quam tutiore loco stetis quam nos, ipsius Apostoli aliam sententiam profero dicentis : « Sit autem unusquisque vestrum velox ad audiendum, tardus autem ad loquendum. » (*Ibid.*, 19.) Prius itaque de hoc officio nostro loquar, propter hanc sententiam, qua admonemur esse velociores ad audiendum, tardiores ad loquendum : ut cum officium nostrum qui sæpe loquimur, ex-

(a) Alias de Diversis XXVII.

TOM. XVIII.

si souvent près de vous, je reviendrai à ce que j'ai choisi d'abord pour sujet de ce discours.

Chapitre II. — *Il est beaucoup plus sûr d'écouter la parole de Dieu que de l'annoncer.* — 2. Notre devoir est donc de vous exhorter à n'écouter pas seulement la parole de Dieu, mais à la mettre en pratique. Quel est cependant celui d'entre vous qui, sans tenir compte de l'obligation qui nous est imposée, ne nous juge sévèrement de prendre souvent la parole après cet avertissement de l'Apôtre : « Que chacun de vous soit donc prompt à écouter et lent à parler? » Or, c'est votre zèle pour la parole de Dieu qui ne nous permet pas d'observer cette recommandation. Vous devez donc m'aider par vos prières, puisque vous me forcez de m'exposer au danger. Toutefois, mes frères, je vous dirai ce dont je voudrais que vous fussiez bien persuadés, puisque vous ne pouvez lire dans mon cœur. Moi qui vous parle si souvent pour obéir à mon seigneur et vénérable frère votre évêque (1), et satisfaire à vos justes exigences, ma joie la plus vraie est d'écouter. Oui, je le répète, je goûte une joie bien plus solide à écouter la parole de Dieu, qu'à l'annoncer. Cette joie est alors sans mélange d'inquiétude, le plaisir que je goûte est à l'abri de l'enflure de l'orgueil. Je ne crains point le précipice de la vaine gloire, appuyé que je suis sur la pierre ferme de la vérité. Voulez-vous une preuve de ce que je dis? Ecoutez ces paroles : « Vous ferez retentir à mon oreille la joie et l'allégresse. » (*Ps.* L, 10.) Mon bonheur est donc d'entendre. Le Roi-Prophète ajoute : « Et les os humiliés tressailleront. » Si nous sommes simples auditeurs, il nous est facile d'être humbles; mais si nous sommes prédicateurs, nous sommes exposés au danger de la vaine gloire, où il faut nous comprimer. Si je ne cède point à l'orgueil, je cours risque de m'y laisser entraîner. Mais si je me contente d'écouter, je goûte une joie sans altération, comme elle est sans témoin. Cette joie était connue de l'ami de l'époux, qui disait : « L'époux est celui à qui est l'épouse; mais l'ami de l'époux se tient debout et l'écoute. » (*Jean*, III, 29.) Il se tient debout, parce qu'il écoute. En effet, tant qu'il écouta Dieu, le premier homme resta debout, et il ne tomba que lorsqu'il eut prêté l'oreille au serpent. « L'ami de l'époux se tient donc debout et l'écoute, et il se réjouit d'une grande joie à cause de la voix de l'époux. » Ce n'est point sa propre voix, mais la voix de l'époux qui le transporte de joie. Cependant il ne dérobait point au peuple la connaissance de cette voix qu'il entendait secrètement.

Chapitre III. — *Offices de Marie et de Marthe. L'occupation de Marthe était bonne. Excellence de l'hospitalité.* — 3. C'est l'occupation dont Marie avait fait choix; tandis que sa sœur était tout entière aux soins multipliés du ser-

---

(1) Nous voyons par là que ce sermon a été prononcé à Carthage.

---

cusavero, tunc veniam ad id quod primo proposui.

Caput II. — *Audire verbum Dei tutius est quam prædicare.* — 2. Oportet nos exhortari vos, ut non sitis auditores tantum verbi, sed etiam factores. Quod ergo sæpe vobis loquimur, quis non, parum advertens necessitatem nostram, judicat nos, cum legit : « Sit autem omnis homo velox ad audiendum, tardus autem ad loquendum? » Ecce studium vestrum nos non permittit istam servare sententiam. Debetis ergo orare, sublevare quem cogitis periclitari. Verumtamen, Fratres mei, dicam vobis, quod volo credatis; quia hoc in corde meo non videtis. Ego qui vobis assidue loquor, jubente domno et fratre meo Episcopo vestro, et exigentibus vobis, tunc solidum gaudeo, dum audio. Gaudium, inquam, meum tunc solidum est, quando audio, non quando prædico. Tunc enim securus delector. Voluptas illa non habet inflationem. Non ibi formidatur præcipitium elationis, ubi est petra solidæ veritatis. Et ut sciatis ita esse, audite ubi dictum est : Auditui meo dabis exsultationem et lætitiam. (*Psal.* L, 10.) Ibi gaudeo, ubi audio. Deinde secutus adjunxit : Exultabunt ossa humiliata. Ubi audimus ergo, humiles sumus : ubi autem prædicamus, et si non elatione periclitamur, certe vel frenamur. Et si non extollor, periclitor ne extollar. Ubi autem audio, sine fraudatore fruor, sine teste delector. Noverat hoc gaudium etiam amicus ille sponsi, qui dicebat : « Qui habet sponsam, sponsus est : amicus autem sponsi stat, et audit eum. » (*Joan.*, III, 29.) Et ideo stat, quia audit eum. Quia et primus homo audiendo Deum stetit, audiendo serpentem cecidit. « Ergo amicus sponsi stat, et audit eum : et gaudio, inquit, gaudet propter vocem sponsi. » Non propter vocem suam, sed propter vocem sponsi. Vocem tamen sponsi quam intus audiebat, foras populis non claudebat.

Caput III. — *Mariæ et Marthæ officia. Pars Marthæ bona. Hospitalitatis bonum.* — 3. Hanc partem sibi elegerat etiam illa Maria, quæ ministrante et circa

vice, elle était assise aux pieds du Seigneur, et elle écoutait sa parole dans un pieux repos. (*Luc*, x, 39, etc.) Jean se tenait debout, Marie était assise, mais elle n'en était pas moins debout intérieurement, de même que Jean était assis par son humilité; se tenir debout signifie la persévérance, de même qu'être assis est un symbole d'humilité. Une preuve, en effet, qu'être debout est un signe de persévérance, il est dit du démon qu'il ne persévéra point : « Il était homicide dès le commencement, et il n'est point resté debout dans la vérité. » (*Jean*, VIII, 44.) D'un autre côté, être assis est un symbole d'humilité, comme nous l'indique le Psalmiste qui, exhortant à la pénitence, dit : « Levez-vous après que vous vous serez assis, vous qui mangez d'un pain de douleur. » (*Ps.* CXXVI, 2.) Que signifient ces paroles : « Levez-vous après que vous vous serez assis? » « Celui qui s'abaisse sera élevé. » (*Luc*, XIV, 11.) Or, le Seigneur lui-même rend témoignage à l'excellence de l'occupation de Marie, qui était assise à ses pieds pour écouter sa parole. Marthe, absorbée tout entière par les soins du service, se plaint au Seigneur de n'être pas secondée par sa sœur, et le Seigneur lui répond : « Marthe, Marthe, vous vous inquiétez et vous vous troublez de beaucoup de choses; or, une seule est nécessaire. Marie a choisi la meilleure part, qui ne lui sera point ôtée. » Est-ce que Marthe faisait une chose mauvaise? Qui de nous pourra suffisamment exprimer l'excellence du devoir de l'hospitalité envers les saints? Si c'est une œuvre excellente à l'égard des saints en général, combien plus à l'égard du chef des saints et de ses principaux membres, de Jésus-Christ et de ses apôtres? Est-ce que chacun de vous, qui aimez cette vertu de l'hospitalité, vous ne dites point en vous-même, lorsque vous entendez le récit de ce que faisait Marthe : O femme heureuse, femme fortunée, qui a mérité de recevoir le Seigneur dans sa maison, et d'avoir pour hôtes les apôtres durant le cours de leur vie mortelle! Cependant ne vous laissez pas aller au découragement de ce que vous ne pouvez, comme Marthe, recevoir dans votre demeure Jésus-Christ avec ses apôtres; le Sauveur lui-même vous rassure en vous disant : « Ce que vous avez fait pour l'un des moindres de mes frères, c'est pour moi que vous l'avez fait. » (*Matth.*, XXV, 40.) C'est donc une œuvre vraiment grande et souverainement importante que nous recommande l'Apôtre, lorsqu'il nous dit : « Soyez charitables pour soulager les nécessités des saints, toujours prêts à donner l'hospitalité. » (*Rom.*, XII, 13.) Le même Apôtre en fait l'éloge en ces termes dans son épître aux Hébreux : « C'est grâce à l'hospitalité que quelques-uns ont reçu chez eux des anges sans les connaître. » (*Hébr.*, XIII, 2.) C'est donc un emploi des plus honorables, et une des plus insignes faveurs. Et cependant Marie a choisi la meilleure part, parce qu'en face de cette solli-

---

multum ministerium occupata sorore sua, sedebat ad pedes Domini, et otiosa verbum ejus audiebat. (*Luc.*, x, 39, etc.) Joannes stabat, illa sedebat : sed illa corde stabat, et ille humilitate sedebat. Statio enim significat permansionem, sessio humilitatem. Et ut sciatis quia statio permansionem significat, hanc permansionem dicitur diabolus non habuisse; de quo dictum est : Ille homicida erat ab initio, et in veritate non stetit. (*Joan.*, VIII, 44.) Item quia sessio significat humilitatem, ille Psalmus ostendit, ubi admonet de pœnitentia, et dicit : Surgite postquam sedistis, qui manducatis panem doloris. (*Psal.* CXXVI, 2.) Quid est : Surgite postquam sedistis? Qui se humiliat, exaltabitur. Luc., XIV, 11.) Quid autem boni habeat auditio, ipse Dominus testis est, loquens de Maria quæ sedebat ad pedes ejus, et verbum ejus audiebat. Cum enim soror ejus occupatissima circa ministerium, a germana sua desertam se esse quereretur, ab interpellato Domino audivit : « Martha, Martha, circa multa es occupata : porro unum est necessarium. Maria meliorem partem elegit, quæ non auferetur ab ea. » (*Luc.*, x, 41, etc.) Numquid malum erat quod Martha agebat? Quis nostrum satis explicet verbis, quantum sit bonum hospitalitatem ministrare sanctis? Si quibuslibet sanctis, quanto magis capiti et præcipuis membris, Christo et Apostolis? Nonne unusquisque vestrum habens hoc hospitalitatis bonum, quando audit quid Martha faciebat, dicit apud se ipsum : O beata, o felix, quæ suscipere Dominum meruit, cujus hospites Apostoli facti sunt, ambulantes in carne! Nec tu deficias, quia non potes quod Martha, suscipere Christum in domum tuam cum Apostolis suis : facit te ipse securum : Quando uni ex minimis meis fecistis, mihi fecistis. (*Matth.*, XXV, 40.) Opus ergo magnum est, valde magnum, quod præcipit Apostolus, dicens : Necessitatibus sanctorum communicantes, hospitalitatem sectantes. (*Rom.*, XII, 13.) Quam laudans in epistola ad Hebræos dicit : Per hanc quidam nescientes hospitio receperunt Angelos. (*Hebr.*, XIII, 2.) Magnum

citude, de cet empressement, de ces préoccupations de tout genre où elle voyait sa sœur, elle se tenait en repos, assise aux pieds de Jésus pour écouter sa parole.

CHAPITRE IV. — *La part de Marie est meilleure, parce qu'elle ne lui est point ôtée.* — 4. Or, le Seigneur nous apprend pourquoi la part de Marie est la meilleure. Après avoir dit : « Marie a choisi la meilleure part, » comme si nous voulions savoir pourquoi cette part est la meilleure, il ajoute aussitôt : « Qui ne lui sera point ôtée. » Comment devons-nous entendre ces paroles, mes frères ? Si la part de Marie est préférable parce qu'elle ne lui sera point ôtée, la part que Marthe avait choisie devait donc nécessairement lui être ôtée. Il est évident que tout homme qui fournit aux saints les choses nécessaires à la vie du corps verra cet emploi cesser un jour. Les saints n'auront pas toujours besoin de ces services. A qui sont-ils rendus, en effet ? A la faiblesse, à la mortalité. A quels besoins est-on obligé de subvenir ? A la faim, à la soif. Or, tous ces besoins disparaîtront lorsque ce corps corruptible aura revêtu l'incorruptibilité, lorsque ce corps mortel aura revêtu l'immortalité. Quel besoin d'assister la nécessité, lorsque la nécessité n'existera plus ? Il n'y aura donc plus de travail, mais on en recevra la récompense. A qui donner alors à manger, à qui donner à boire, dans ce séjour où personne ne ressentira plus ni la faim, ni la soif ? A qui offrir l'hospitalité, là où il n'y aura plus de voyageur ? C'est donc afin de pouvoir récompenser ces œuvres de miséricorde, que Notre-Seigneur a daigné se soumettre à ces besoins avec ses disciples. Il avait faim, il avait soif, non point par nécessité, mais par condescendance. Il était bon que Celui par qui tout a été fait eût faim : il rendait ainsi heureux celui qui le nourrissait. Et lorsqu'on nourrissait ainsi le Seigneur, que lui donnait-on ? qui lui donnait ? à quelle source prenait-on ce qu'on lui donnait ? à qui donnait-on ? Que donnait-on ? La nourriture au pain véritable. Qui lui donnait ? Celui qui désirait recevoir plus qu'il ne donnait. A quelle source puisait-il ce qu'il donnait ? Etait-ce dans son propre fonds ? Mais qu'avait-il qu'il n'eût reçu ? A qui donnait-il ? N'est-ce pas à Celui qui avait créé et ce qu'il recevait et celui de qui il recevait ? C'est un ministère honorable, je le répète, un emploi magnifique, une faveur ineffable. Et cependant, Marie a choisi la meilleure part, qui ne lui sera point ôtée. L'office de Marthe passe donc, mais, comme je l'ai dit, la récompense qui lui est due ne passe point.

CHAPITRE V. — *Comment la part choisie par Marie ne passe point.* — 5. Mais la part qu'a choisie Marie ne passe point. Comment ne passe-t-elle point ? Le voici. D'où venait la joie, le

---

ergo ministerium, magnum donum. Et tamen Maria meliorem partem elegit; quia sorore sollicita, laborante, multa curante, illa vacabat, sedebat, audiebat.

CAPUT IV. — *Pars Mariæ melior, quia non aufertur.* — 4. Ostendit tamen Dominus, unde fuerit illa pars melior. Continuo quippe cum dixisset : Maria meliorem partem elegit; quasi quæreremus, ut scire vellemus unde meliorem, subjunxit et ait : Quæ non auferetur ab ea. Quid intelligimus, Fratres mei ? Si ideo meliorem partem elegit, quia non auferetur ab ea; sine dubio Martha eam partem elegerat, quæ auferretur ab ea. Plane auferetur ab omni homine, qui ministrat sanctis ea quæ sunt corpori necessaria, auferetur ab eo quod facit. Non enim semper ministraturus est sanctis. Cui enim ministrat, nisi infirmitati ? cui ministrat, nisi mortalitati ? cui ministrat, nisi esurienti ac sitienti ? Hæc omnia non erunt, cum corruptibile hoc induerit incorruptionem, et mortale hoc induerit immortalitatem. Cum enim transierit ipsa necessitas, nullum erit ministerium necessitatis. Auferetur labor, sed reddetur merces. Cui tunc ministrabitur cibus, ubi esurit nemo ? cui potus, ubi sitit nemo ? cui hospitium, ubi peregrinus est nemo ? Dominus ergo cum discipulis suis, ut posset mercedem hujus operis reddere, dignatus est indigere. Esuriebat et ipse, et sitiebat : non quia cogebatur, sed quia dignabatur. Bonum enim erat, ut per quem facta sunt omnia, esuriret : sic enim felix esset qui pasceret. Et quando Dominum quisque pascebat, quid dabat ? quis dabat ? unde dabat ? cui dabat ? Quid dabat ? Cibum pani dabat. Quis dabat ? Ille utique dabat, qui plus accipere volebat. Unde dabat ? numquid de suo ? Quid enim habebat, quod non acceperat ? Cui dabat ? Nonne illi qui creaverat et quod accipiebat, et a quo accipiebat ? Magnum hoc ministerium, magnum hoc opus, magnum donum. Et tamen Maria meliorem partem elegit, quæ non auferetur ab ea. Pars ergo Marthæ transit : sed, ut dixi, merces pro illa data non transit.

CAPUT V. — *Pars Mariæ quomodo non transit.* — 5. — Pars vero Mariæ non transit. Videte quomodo

bonheur de Marie, lorsqu'elle écoutait aux pieds de Jésus? Que mangeait-elle? Que buvait-elle? Interrogeons le Seigneur lui-même, qui prépare à ses amis ce banquet délicieux; oui, interrogeons-le. « Heureux, dit-il, ceux qui ont faim et soif de la justice, parce qu'ils seront rassasiés. » (*Matth.*, v, 6.) C'est à cette source, c'est de ce grenier de la justice, que Marie, assise aux pieds du Seigneur, recevait quelques miettes pour apaiser sa faim. Car le Seigneur ne lui donnait alors que ce qu'elle était capable de recevoir. Mais quant à l'abondance magnifique de ce festin qu'il doit servir un jour à ses amis, ni ses disciples, ni les apôtres eux-mêmes n'étaient alors capables de s'en nourrir, comme il le leur disait : « J'ai encore beaucoup de choses à vous dire, mais vous ne pouvez pas les porter à présent. » (*Jean*, XVI, 12.) A quelle source donc Marie puisait-elle la joie qui inondait son âme? Que mangeait-elle? Que buvait-elle intérieurement avec une si grande avidité? La justice, la vérité. Oui, elle faisait ses délices de la vérité, elle écoutait la vérité, elle désirait ardemment la vérité, elle soupirait après la vérité. Elle se nourrissait de la vérité pour apaiser sa faim; elle buvait la vérité pour étancher sa soif; elle se rassasiait de la vérité, sans que la vérité en fût en rien diminuée ou amoindrie. D'où venait la joie, le bonheur de Marie? Je m'arrête à cette pensée, parce que j'y trouve une véritable douceur. Je ne crains pas de le dire, elle se nourrissait de Celui qu'elle écoutait. Si, en effet, elle se nourrissait de la vérité, n'a-t-il pas dit : « Je suis la vérité? » (*Jean*, XIV, 6.) Et que dirai-je de plus? Elle s'en nourrissait comme d'un véritable pain : « Je suis, dit-il, le pain qui suis descendu du ciel. » (*Jean*, VI, 41.) Voilà le pain qui nourrit sans souffrir la moindre altération.

CHAPITRE VI. — *La part de Marie qui ne passe point est de se nourrir de la vérité.* — 6. Que votre charité renouvelle ici toute son attention. Est-ce que toutes ces œuvres dont nous avons parlé : assister les saints, leur donner à manger et à boire, dresser pour eux la table, leur laver les pieds, leur préparer un lit, les recevoir sous son toit, ne doivent point passer un jour? Qui oserait dire que si nous sommes nourris ici-bas de la vérité, elle cessera d'être notre nourriture lorsque nous serons arrivés au séjour de l'immortalité? Si maintenant nous ne pouvons en recueillir que des miettes, n'est-il pas vrai qu'elle nous sera servie dans toute sa plénitude au festin des cieux? C'est de ce banquet spirituel et divin que le Seigneur parlait lorsqu'il louait en ces termes la foi du Centurion : « En vérité, je vous le dis, je n'ai point trouvé une si grande foi en Israël. Or, je vous déclare que plusieurs viendront d'Orient et d'Occident, et prendront place, avec Abraham, Isaac et Ja-

non transeat. Unde delectabatur Maria quando audiebat? Quid manducabat? quid bibebat? Scitis quid manducabat, quid bibebat? Ipsum Dominum interrogemus, qui talem suis præparat mensam, ipsum interrogemus. Beati, inquit, qui esuriunt et sitiunt justitiam, quoniam ipsi saturabuntur. (*Matth.*, v, 6.) De isto fonte, de isto horreo justitiæ sancta Maria sedens ad pedes Domini, quasdam esuriens micas accipiebat. Tantum enim Dominus tunc dabat, quantum illa capiebat. Totum autem tantum quantum in illa sua futura mensa daturus est, nec ipsi discipuli, nec ipsi Apostoli capere tunc poterant, quando illis dicebat : Adhuc habeo vobis multa dicere, sed non potestis illa audire modo. (*Joan.*, XVI, 12.) Unde ergo Maria, ut dixi, delectabatur? Quid manducabat, quid bibebat avidissimis cordis faucibus? Justitiam, veritatem. Veritate delectabatur, veritatem audiebat : veritati inhiabat, veritati suspirabat. Veritatem esuriens manducabat, sitiens bibebat : et ipsa reficiebatur, et unde pascebatur non minuebatur. Unde Maria delectabatur? quid manducabat? Immoror, quia delector. Audeo dicere, ipsum manducabat quem audiebat. Si enim veritatem manducabat, nonne ipse dixit : Ego sum veritas? (*Joan.*, XIV, 6.) Et quid amplius dicam? Manducabatur, quia panis erat : Ego sum, inquit, panis qui de cœlo descendi. (*Joan.*, VI, 41.) Iste panis est qui reficit, nec deficit.

CAPUT VI. — *Veritate pasci, pars Mariæ quæ non transit.* — 6. Intendat itaque Caritas Vestra. Ecce dicimus ministrare sanctis, cibum parare, potum ministrare, mensam ponere, pedes lavare, lectum sternere, tecto suscipere; nonne omne hoc transiturum est? Quis autem audet dicere, modo nos pasci veritate, non pasci autem cum venerimus ad immortalitatem? Nonne si pascimur modo micis, tunc plenam habebimus mensam? De ipso enim cibo spirituali Dominus dicebat, quando laudavit fidem Centurionis, et dixit : « Amen dico vobis, non inveni tantam fidem in Israel. Et ideo dico vobis, quia multi ab Oriente et Occidente venient, et recumbent cum Abraham et Isaac et Jacob in regno cœlorum. »

cob, au festin du royaume des cieux. » (*Matth.*, VIII, 10, 11.) Loin de nous la pensée que nous trouverons sur cette table du royaume des cieux ces aliments dont l'Apôtre a dit : « Les aliments sont pour l'estomac, et l'estomac pour les aliments, mais un jour Dieu détruira l'un et l'autre. » (I *Cor.*, VI, 13.) Pourquoi seront-ils alors détruits ? Parce que la faim ne se fera plus sentir. La nourriture que mangeront les élus ne s'épuisera jamais. C'est la récompense que le Sauveur promet de donner à ses saints dans son royaume, lorsqu'il dit : « Je vous le dis, en vérité, le maître les fera mettre à table ; après avoir passé, il les servira. » (*Luc*, XII, 37.) Qu'est-ce à dire : « Il les fera mettre à table ? » Il les fera jouir d'un repos absolu, d'une tranquillité parfaite. Que signifie : « Et après avoir passé, il les servira ? » Il les servira après le passage de cette vie. Jésus-Christ a passé de la terre au ciel, nous parviendrons nous-mêmes dans le séjour où il est passé et où il ne passe plus. En effet, le mot *pâque* en hébreu signifie *passage*. C'est cette vérité que le Seigneur, ou plutôt l'Evangéliste, veut nous faire entendre, lorsqu'il dit, en parlant du Sauveur : « Lorsque l'heure fut venue de passer de ce monde à son Père. » (*Jean*, XIII, 1.) Si donc, dès ici-bas, il daigne nous donner une si délicieuse nourriture, que nous réserve-t-il dans l'autre vie ? La part que Marie a choisie, loin de passer, s'accroissait de jour en jour. Quelle joie peut être en rien comparée, même comme étant moindre, aux délices que le cœur de l'homme, surtout lorsqu'il est fidèle et saint, trouve dans la lumière de la vérité, dans l'abondance de la sagesse ? Car, en disant que cette joie est moindre, ce serait donner à penser qu'elle pourrait, en s'augmentant, égaler les délices. Je ne veux donc pas dire que toute joie du monde est moindre ; je ne fais point ici de comparaison : ces délices sont d'un autre genre, et d'une nature bien différente. En effet, qu'est-ce qui vous tient en ce moment si attentifs, si appliqués ? Qui produit sur vous cette vive impression, ce plaisir intime, lorsque la vérité se fait entendre à vous ? Que voyez-vous alors, que saisissez-vous ? Sous quelle couleur, sous quelle forme, sous quelle figure la vérité est-elle apparue à vos regards ? Quelle était la grandeur, l'étendue, la configuration de ses membres, sa beauté corporelle ? Vous n'avez rien vu de tout cela, et cependant vous l'aimez ; car si vous ne l'aimiez point, vous n'applaudiriez point comme vous le faites, et vous n'aimez que parce que vous avez vu quelque chose. Ainsi donc, sans que je vous aie montré ni forme sensible, ni membres déterminés, ni couleur, ni mouvements agréables, vous voyez cependant quelque chose qui excite votre amour et vos applaudissements. Or, si la vérité a tant de charmes ici-bas, quelle ne sera pas sa douceur dans l'autre vie ? « Marie a choisi la meilleure part, qui ne lui sera point ôtée. »

(*Matth.*, VIII, 10, 11.) Absit a cogitationibus nostris, ut illos cibos in mensa illius regni cogitemus, de qualibus dicit Apostolus : « Esca ventri, et venter escis ; Deus autem et hunc et has evacuabit. » (I *Cor.*, VI, 13.) Quare evacuabit ? Quia fames non erit ibi. Quod manducabitur, non finitur. Nam et hoc præmium sanctis suis promittens in illo regno, ait : Amen dico vobis, quia faciet eos recumbere ; et transiet, et ministrabit eis. (*Luc.*, XII, 37.) Quid est, faciet eos recumbere, nisi faciet requiescere, faciet vacare ? Quid est, transibit vel transiet, et ministrabit eis ? Post hunc transitum ministrabit eis. Hic enim transitum fecit Christus : veniemus ad eum quo transivit, ibi jam non transit. Nam et Pascha in Hebræa lingua transitus interpretatur. Hoc Dominus ostendit, imo Evangelista, ubi de Domino dixit : « Cum autem venisset hora ut transiret de hoc mundo ad Patrem. » (*Joan.*, XIII, 1.) Si ergo hic nos pascit, et sic pascit, ibi quomodo pascet ? Quod ergo elegit Maria, crescebat, non transibat. Delectatio enim cordis humani de lumine veritatis, de affluentia sapientiæ, delectatio cordis humani, cordis fidelis, cordis sancti, non invenitur voluptas, cui possit aliqua ex parte comparari, ut vel minor dicatur. Quod enim dicis : Minus est, quasi crescendo par erit. Nolo dicere minor : non comparo ; alterius generis est, longe aliud est. Quid est enim modo quod omnes attenditis, omnes auditis, omnes excitamini, et quando verum aliquid dicitur, delectamini ? Quid vidistis ? quid tenuistis ? Quis color apparuit oculis vestris ? quæ forma, quæ figura, quæ statura, quæ lineamenta membrorum, quæ corporis pulchritudo ? Nihil horum. Et tamen amatis. Quando enim sic laudaretis, si non amaretis ? Quando amaretis, si nihil videretis ? Me itaque non ostendente formam corporis, lineamenta, colorem, pulchros motus, me non ostendente, vos tamen videtis, amatis, laudatis. Si hæc delectatio veritatis dulcis est nunc, multo dulcior erit tunc. « Maria meliorem partem elegit, quæ non auferetur ab ea. »

SERMON CLXXIX.

Chapitre VII. — *Nous devons tous être intérieurement et au dehors de fidèles observateurs de la parole.* — 7. Je vous ai démontré, mes très-chers et bien-aimés frères, autant que je l'ai pu, et selon la mesure de la grâce que le Seigneur a daigné me faire, que vous êtes beaucoup plus en sûreté en écoutant, que nous ne le sommes en prêchant; car vous faites maintenant ce que nous sommes appelés à faire tous un jour. Personne alors ne sera maître de la parole, le Verbe sera le seul maître. La conséquence pratique du principe que nous avons établi, c'est que votre devoir est d'observer la parole, et le nôtre de vous l'enseigner, car vous êtes auditeurs de la parole, et nous en sommes les prédicateurs. Mais, au dedans de nous-mêmes, où l'œil de l'homme ne peut pénétrer; dans cette partie secrète de votre cœur et de votre esprit, où tient école Celui qui vous inspire d'applaudir, nous sommes tous auditeurs et disciples. Je parle au dehors, mais ce divin Maître vous excite au dedans. Tous donc nous devons écouter attentivement dans l'intérieur de notre âme, et tous aussi nous devons observer fidèlement cette divine parole au dedans, aussi bien qu'au dehors. Comment l'observerons-nous intérieurement ? » Celui, dit Notre-Seigneur, qui aura regardé une femme pour la convoiter, a déjà commis l'adultère dans son cœur. » (*Matth.*, v, 28.) Ainsi, il peut être adultère, sans qu'aucun homme le voie, mais non sans que Dieu le châtie. Quel est donc celui qui pratique intérieurement la parole? Celui qui ne voit point pour convoiter. Quel est celui qui l'observe extérieurement? «Partagez votre pain avec le pauvre qui a faim. » (*Isa*, LVIII, 7.) Les hommes voient cette œuvre de charité, mais Dieu seul voit le motif qui l'inspire. « Ayez donc soin d'observer cette parole, et ne vous contentez pas de l'écouter, vous séduisant vous-mêmes, » et non pas Dieu, ou celui qui vous prêche. En effet, celui qui vous annonce cette parole, que ce soit moi ou un autre, nous ne pouvons ni lire dans votre cœur, ni juger du travail intérieur de vos pensées. Mais Dieu, pour qui le cœur humain n'a point de voiles, voit ce qui est impénétrable à l'œil de l'homme. Il voit votre zèle à écouter sa parole, vos pensées, vos résolutions, les progrès que vous faites par sa grâce, les prières et les demandes pressantes que vous lui adressez pour obtenir ce qui vous manque, vos actions de grâces pour le remercier de ses bienfaits; et celui qui connaît ainsi toute votre vie doit un jour vous en demander compte. Notre devoir à nous est de distribuer les richesses du Seigneur; viendra celui qui doit en demander un compte sévère : « Serviteur méchant, vous deviez confier mon argent aux changeurs, et, à mon retour, j'aurais retiré ce qui est à moi avec usure. » (*Matth.*, XXV, 27.)

Chapitre VIII. — *Parmi ceux qui écoutent la parole, il en est qui bâtissent sur la pierre, et*

Caput VII. — *Factores verbi et intus et foris esse debemus.* — 7. Ostendi, sicut potui, quantum me Dominus adjuvare dignatus est, dulcissimæ Caritati Vestræ, quam tutiore loco stetis audiendo, quam nos prædicando. Hoc enim modo vos facitis, quod tunc omnes facturi sumus. Non enim erit tunc aliquis magister verbi, sed magistrum Verbum. Illud ergo sequitur, quod ad vos pertinet facere, ad nos munere. Vos enim estis auditores verbi, nos prædicatores. Intus autem ubi nemo videt, omnes auditores sumus : intus in corde, in mente, ubi vos docet ille, qui vos admonet laudare. Ego enim forinsecus loquor, ille intus excitat. Omnes ergo intus auditores sumus; et omnes et foris et intus in conspectu Dei factores esse debemus. Unde intus factores? « Quia qui viderit mulierem ad concupiscendum eam, jam mœchatus est eam in corde suo. » (*Matth.*, v, 28.) Et potest esse mœchus, nullo hominum vidente, sed Deo puniente. Quis est ergo intus factor ? Qui non ad concupiscendum videt. Quis est foris factor? Frange panem tuum esurienti. (*Isai.*, LVIII, 7.) Hoc enim cum fit, videt et proximus : sed quo animo fit, non videt nisi Deus. « Estote, » ergo, Fratres mei, «factores verbi, et non auditores tantum, fallentes vosmetipsos; » non Deum, non eum qui prædicat. Ego enim, vel quisquis vobis prædicat verbum, cor vestrum non videt : quid agatis in cogitationibus vestris, judicare non potest. (*f.* Quod) Quia homo non potest, intuetur Deus, cui cor humanum non potest occultari. Ipse videt quo studio audias, quid cogites, quid teneas, quantum proficias de supplementis suis, quam instanter ores, quemadmodum depreceris Deum ex eo quod non habes, quomodo gratias agas ex eo quod habes : ille novit qui exacturus est. Nos pecuniam Dominicam erogare possumus : veniet exactor qui dixit : « Serve nequam, dares pecuniam meam nummulariis, et ego veniens cum usuris exigerem. » (*Matth.*, XXV, 27.)

Caput VIII. — *Auditores verbi ædificantes alii super petram, alii super arenam.* — 8. Nolite ergo, Fratres

d'autres qui bâtissent sur le sable.—8. Ne vous séduisez donc point vous-mêmes, mes frères, en vous contentant d'écouter attentivement la parole de Dieu, sans vous mettre en peine de pratiquer ce que vous avez entendu. Pensez-y bien : s'il est louable d'écouter la parole, combien plus de la mettre en pratique ! Si vous ne l'écoutez point, vous négligez un de vos devoirs, et vous ne construisez rien. Si vous l'écoutez sans la pratiquer, en bâtissant vous ne préparez que des ruines. Rappelez-vous à ce sujet la comparaison si juste que fait Notre-Seigneur Jésus-Christ. « Tout homme, dit-il, qui entend ces paroles que je dis, et les accomplit, sera comparé à un homme sage, qui a bâti sa maison sur la pierre. La pluie est descendue, les fleuves sont venus, les vents ont soufflé et se sont précipités sur cette maison, et elle n'est point tombée. » Or, pourquoi n'est-elle point tombée ? « Parce qu'elle était fondée sur la pierre. » (*Matth.*, VII, 24, etc.) Ainsi donc, écouter et mettre en pratique, c'est bâtir sur la pierre. « Mais, poursuit le Sauveur, tout homme qui entend mes paroles et ne les accomplit pas, sera semblable à l'insensé qui bâtit sa maison. Il construit donc aussi ; mais que construit-il ? Il construit sa maison, mais comme il néglige de mettre en pratique ce qu'il a entendu, en se contentant d'écouter il bâtit sur le sable. Ainsi donc, écouter sans pratiquer, c'est bâtir sur le sable ; écouter et mettre en pratique, c'est construire sur la pierre ; refuser absolument d'écouter, c'est ne bâtir ni sur la pierre, ni sur le sable.

Chapitre IX. — *Il est mal de ne pas écouter, c'est-à-dire de ne point bâtir.* — Mais voyez ce qui suit : « La pluie est descendue, les fleuves sont venus, les vents ont soufflé et se sont précipités sur cette maison, et elle est tombée, et sa ruine a été grande. » Quel triste spectacle !

9. On me dira peut-être : Qu'ai-je besoin d'écouter ce que je n'ai point l'intention de faire, puisqu'en écoutant sans mettre en pratique, je n'élève que des ruines ? N'est-il pas beaucoup plus sûr de ne pas écouter ? Le Seigneur, dans sa comparaison, n'a point voulu toucher ce côté de la question, mais il nous donne à entendre comment nous devons le résoudre. Dans ce monde, la pluie, les vents, les fleuves, ne cessent d'exercer leur action. Vous ne bâtissez point sur la pierre, parce que vous craignez qu'ils ne viennent et ne vous renversent ? Vous ne bâtissez point sur le sable, dans la crainte que votre maison ne soit également détruite ? En vous obstinant à ne rien écouter, vous resterez donc sans asile. La pluie viendra, les fleuves se précipiteront ; serez-vous en sûreté, parce que vous serez entraîné, dépouillé de tout ? Réfléchissez donc sérieusement au parti que vous voulez prendre. Non, vous ne serez pas en sûreté, comme vous l'imaginez, en refusant d'écouter ; sans vêtement pour vous couvrir, sans toit pour vous

---

mei, fallere vosmetipsos, quia venistis studiose ad audiendum verbum, si non facitis quod auditis deficiendo. Cogitate si pulchrum sit audire, quanto magis facere. Si non audis, auditum negligis, nihil ædificas. Si audis, et non facis, ruinam ædificas. Domini Christi est de hac re proposita congruentissima similitudo : « Qui audit, inquit, verba mea hæc, et facit ea, similabo eum viro prudenti, qui ædificat domum suam super petram. Descendit pluvia, venerunt flumina, flaverunt venti, et impegerunt in domum illam, et non cecidit. » Quare non cecidit? « Fundata enim erat super petram. » (*Matth.*, VII, 24, etc.) Ergo audire et facere, ædificare est super petram. Ipsum enim audire ædificare est. « Qui autem, inquit, audit verba mea hæc, et non facit ea, similabo eum viro stulto, qui ædificat. » Et ipse ædificat. Quid ædificat? Ecce ædificat domum suam : sed quia non facit quod audit, et audiendo ædificat super arenam. Ergo super arenam, qui audit et non facit, ædificat : super petram, qui audit et facit : nec super arenam, nec super petram ædificat, qui omnino non audit.

Caput IX. — *Non audire, quasi non ædificare, malum est.* — Vide autem quid sequatur : « Descendit pluvia, venerunt flumina, flaverunt venti, et impegerunt in domum illam, et cecidit, et facta est ruina ejus magna. » Spectaculum miserabile.

9. Ait ergo aliquis : Quod non sum facturus, quid mihi opus est audire? Audiendo enim, inquit, et non faciendo, ruinam ædificabo. Nonne tutius est nihil audire? Ipsam quippe partem Dominus in sua similitudine proposita attingere noluit, sed intelligendam dedit. In hoc enim sæculo, pluvia, venti, flumina non quiescunt. Non ædificas super petram, ut veniant, et non te dejiciant? Non ædificas super arenam, ne cum venerint, domum dejiciant? Ergo sine ullo tecto, quia nihil audis, sic remanebis. Venit pluvia, veniunt flumina : numquid ideo tutus, quia raperis nudus? Considera ergo, qualem tibi elegeris partem. Non eris, ut putas, non audiendo

abriter, vous serez nécessairement écrasé, entraîné, submergé. Si donc c'est un mal de bâtir sur le sable, si c'est un mal encore de ne rien construire, la conséquence est rigoureuse, c'est qu'il est bon de ne bâtir que sur la pierre. C'est donc un mal de ne pas écouter, c'est un mal d'écouter sans mettre en pratique; il faut donc de toute nécessité écouter et pratiquer. « Ayez donc soin d'observer la parole, et ne vous contentez pas de l'écouter, vous séduisant vous-mêmes. »

CHAPITRE X. — *L'auditeur négligent ne peut donner pour excuse la conduite vicieuse du prédicateur.* — 10. En vous adressant cette exhortation, au lieu de vous encourager, n'aurais-je pas fait entrer, je le crains, le désespoir dans vos cœurs? Dans cette assemblée nombreuse, quelqu'un d'entre vous, deux peut-être, ou un plus grand nombre, entreprennent de me juger, et disent : Je voudrais savoir si ce prédicateur qui me parle pratique lui-même tout ce qu'il a entendu ou tout ce qu'il dit aux autres. Voici ce que je réponds : « Pour moi, je me mets fort peu en peine d'être jugé par vous, ou devant le tribunal de l'homme. » (I *Cor.*, IV, 3.) Car si je puis savoir moi-même sous quelque rapport ce que je suis maintenant, il m'est impossible de savoir ce que je serai demain. Mais pour vous, que je vois sous cette impression fâcheuse, Dieu vous délivre de toute inquiétude. Si j'observe ce que je dis ou ce que j'entends, « Soyez mes imitateurs, comme je le suis de Jésus-Christ. » (*Ibid.*, 16.) Si je ne mets point en pratique ce que j'enseigne aux autres, écoutez cette recommandation du Seigneur : « Faites ce qu'ils vous disent, et ne faites pas ce qu'ils font. » (*Matth.*, XXIII, 3.) Si donc vous avez de moi une opinion avantageuse, vous me louez; si, au contraire, vous en avez mauvaise idée, vous m'accusez, mais sans vous justifier vous-mêmes. Comment vous excuser, en effet, en cherchant à faire retomber l'accusation sur le prédicateur vicieux de la vérité, qui vous annonce la parole de Dieu, et la dément par ses œuvres, alors que votre Dieu, votre Seigneur, votre Rédempteur, Celui qui a versé son sang pour votre rançon, qui vous a enrôlés dans sa milice, qui vous a faits ses frères, de serviteurs que vous étiez, ne cesse de vous mettre en garde contre cette fausse excuse, en vous disant : « Faites ce qu'ils vous disent, ne faites point ce qu'ils font; car ils disent et ne font point? » Ils enseignent le bien et font le mal : écoutez le bien qu'ils vous enseignent, et abstenez-vous de faire le mal. Vous me répondrez : Comment un homme qui est mauvais peut-il m'enseigner le bien? « Peut-on cueillir des raisins sur des épines (1)? » (*Matth.*, VII, 16.)

(1) Vlimmérius avait déjà fait remarquer, avant l'édition de Louvain, qu'il manquait quelque chose à ce sermon. En effet, dans notre manuscrit de saint Germain, d'où il a été transcrit pour être publié, il est inachevé, et c'est l'erreur d'un copiste qui, après ces paroles : « Peut-on cueillir des raisins sur des épines ? » a cru pouvoir ajouter la dernière partie du sermon XLIX.

securus : necesse est te nudum sine ullo tecto obrui, tolli, submergi. Si ergo malum est super arenam ædificare, malum est nihil ædificare ; restat ut non sit bonum nisi in petra ædificare. Malum est ergo non audire : malum est audire et non facere ; restat audire et facere. « Estote ergo factores verbi, et non auditores tantum, fallentes vosmetipsos. »

CAPUT X. — *Auditor negligens prædicatoris vitia ne causetur.* — 10. Post hanc exhortationem timeo ne non verbo erigam, sed desperatione confringam. Fortassis enim aliquis, vel unus, vel duo, vel certe plures, in ista vestra frequenti præsentia judicat me, et dicit : Vellem scire, si iste qui mihi loquitur, omnia facit, quæ vel ipse audit, vel cæteris dicit. Huic respondeo : Mihi autem minimum est, ut a vobis disjudicer, aut ab humano die. (I *Cor.*, IV, 3.) Quoniam et ego ipse ex aliqua parte, quid nunc sim, possum scire ; quid cras futurus sim, nescio. Sed tibi de me, o quisquis ita moveris, Dominus securitatem dedit. Si enim facio quæ dico vel quæ audio : Imitatores mei estote, sicut et ego Christi. (*Ibid.*, 16.) Si autem dico, et non facio, Dominum audite : Quæ dicunt, facite ; quæ autem faciunt, facere nolite. (*Matth.*, XXIII, 3.) Ergo si bene de me sentis, laudas me : si male sentis, accusas me, sed non excusas te. Quomodo enim te excusabis, si in malum prædicatorem veritatis verbum Dei tibi dicentem, et sua mala opera facientem contorqueas accusationem ; cum Dominus tuus, redemptor tuus, effusor pretii, aggregans te militiæ suæ, et faciens de servo suo fratrem suum, non te desinat commonere, et dicat : « Quæ dicunt, facite; quæ autem faciunt, facere nolite? Dicunt enim, inquit, et non faciunt. » Bona dicunt, mala faciunt : tu audi bona, et noli facere mala. Hic respondebis : Quomodo audio bona ab homine malo? Numquid colligunt de spinis uvas ? (*Matth.*, VII, 16.)

SERMON CLXXX [1].

Sur ces paroles du chapitre v de l'Epître de l'apôtre saint Jacques : *Avant toutes choses, mes frères, ne jurez pas*, etc.

Chapitre premier. — *Défense qui nous est faite de jurer.* — 1. La première leçon de l'apôtre saint Jacques, qui nous a été lue aujourd'hui, nous indique et nous prescrit, en quelque sorte, le sujet que nous devons traiter dans ce discours. Ce qui a surtout excité votre attention, c'est la recommandation qui vous est faite, avant toutes choses de ne point jurer. Cette question n'est pas sans difficulté. Si c'est un péché de jurer, qui n'en est coupable? Que le parjure soit un péché et un grand péché, personne n'en doute. Mais l'apôtre, dont nous entreprenons d'expliquer les paroles, ne dit pas : Avant toutes choses, ne vous parjurez point; il dit : « Avant toutes choses, ne jurez point. » (*Jacq.*, v, 12.) Notre-Seigneur Jésus-Christ nous a déjà fait dans l'Evangile une recommandation semblable : « Vous avez entendu qu'il a été dit aux anciens : Tu ne te parjureras point, mais tu accompliras les promesses faites au Seigneur; et moi je vous dis de ne jurer en aucune sorte : ni par le ciel, parce qu'il est le trône de Dieu; ni par la terre, parce qu'elle est l'escabeau de ses pieds; ni par votre tête, parce que vous ne pouvez en rendre un seul cheveu blanc ou noir. Mais que votre discours soit : Oui, oui, non, non; car ce qui est de plus est mal. » (*Matth.*, v, 33, etc.) La doctrine de l'apôtre, dans les paroles que nous venons de citer, est tellement conforme à cette recommandation du Seigneur, qu'elle n'est autre chose que le commandement de Dieu lui-même; c'est qu'en effet l'auteur de ce commandement est le même qui a dit, par la bouche de l'apôtre : « Avant toutes choses, mes frères, ne jurez ni par le ciel, ni par la terre, ni par quelque autre chose que ce soit; mais contentez-vous de dire : Cela est, cela n'est pas. » (*Jacq.*, v, 12.) La seule différence est dans ces paroles que l'apôtre ajoute : « Avant toutes choses, » paroles qui ont fait sur vous une vive impression, et qui augmentent la difficulté de la question.

Chapitre II. — *Bien que Dieu ait quelquefois fait usage du serment, l'homme doit l'éviter. Différentes espèces de serments.* — 2. Nous voyons dans la vie des saints, qu'ils ont quelquefois recouru au serment, et l'Ecriture nous apprend que le Seigneur, en qui ne se trouve absolument aucun péché, en a le premier fait usage : « Le Seigneur l'a juré, et il ne révoquera jamais son serment. Vous êtes le prêtre éternel selon l'ordre de Melchisédech. » (*Ps.* cix, 4.) Il promet à son Fils, avec serment, un sa-

---

[1] Florus cite des extraits de ce sermon dans son Commentaire sur le chapitre xv de la Ire Epître aux Corinthiens.

SERMO CLXXX [a].

De verbis apostoli Jacobi, v : *Ante omnia nolite jurare*, etc.

Caput primum. — *De cavenda juratione admonitio.* — 1. Prima lectio quæ nobis hodie recitata est apostoli Jacobi, oblata nobis est ad disserendum, et quodam modo indicta. Intentos enim vos fecit, admonens ante omnia ne juretis. Difficilis quæstio est. Hoc peccatum quem non reum teneat, si jurare peccatum est? Nam perjurium peccatum esse, et grande peccatum, nemo dubitat. Sed non ait Apostolus, de cujus lectione tractamus : « Ante omnia, fratres mei, » nolite perjurare, sed «nolite jurare.» (*Jacob.*, v, 12.) Præcessit etiam ipsius Domini Jesu Christi in Evangelio similis admonitio : « Audistis, inquit, quia dictum est antiquis : Non perjurabis : ego autem dico vobis : Nolite jurare, neque per cœlum, quia sedes Dei est; neque per terram, quia scabellum est pedum ejus; neque per caput tuum jurabis, quia non tibi est potestas facere unum capillum album aut nigrum. Sit autem sermo vester : Est, est; Non, non : si quid amplius est, a malo est. » (*Matth.*, v, 33, etc.) Huic Dominicæ admonitioni memorata Apostoli lectio omnino sic congruit, ut nihil aliud Deus jussisse videatur : quia nullus alius hoc dixit, quam ille qui per Apostolum dixit : « Ante omnia, inquit, fratres mei, nolite jurare, neque per cœlum, neque per terram, neque aliud quodcumque juramentum. Sit autem sermo vester : Est, est; Non non. » (*Jac.*, v, 12.) Nisi quod iste addidit : « Ante omnia, » ex quo multum fecit intentos, auxitque difficultatem quæstionis.

Caput II. — *Juratio licet a Deo usurpata, homini tamen fugienda. Perjurium quot modis contingit.* — 2. Invenimus enim jurasse sanctos, jurasse primitus ipsum Dominum, in quo non est omnino peccatum. Juravit Dominus, et non pœnitebit eum : Tu es sacerdos in æternum, secundum ordinem Melchisedec. (*Psal.* cix, 4.) Æternitatem sacerdotii Filio cum juratione promisit. Habes etiam : Per memetipsum juro,

---

[a] Alias XXVIII de verbis Apostoli.

cerdoce éternel. Nous lisons encore ailleurs : « Je jure par moi-même, dit le Seigneur, » (*Gen.*, XXII, 16) et, dans un autre endroit : « Je vis, dit le Seigneur. » De même que l'homme prend Dieu à témoin de son serment, ainsi Dieu jure par lui-même. Jurer ne serait donc pas un péché? Il est difficile de le soutenir, et après avoir dit que Dieu lui-même a fait usage du serment, ce serait un énorme blasphème. Dieu, en qui on ne peut soupçonner l'ombre du péché, fait usage du serment : ce n'est donc point un péché de jurer, mais c'en est un de se parjurer. On me dira, peut-être, qu'en fait de serment, on ne peut prendre exemple sur Dieu, car il est Dieu, et, à ce titre, il appartient à lui seul de jurer, parce qu'il ne peut se parjurer. Les hommes font de faux serments, ou lorsqu'ils trompent, ou lorsqu'ils sont trompés. En effet, ou bien on regarde comme vrai ce qui est faux, et l'on fait un serment téméraire; ou bien l'on sait ou l'on soupçonne la fausseté de ce qu'on avance, et on l'affirme comme vrai avec serment; dans ce cas, le serment est un crime. (XXII *Quæst.*, q. II : *Homines*; III *Sent.*, dist. XXXIX, cap. II.) Or, il y a une différence entre les deux parjures que je viens de rappeler. Supposons un homme qui affirme avec serment ce qu'il croit être vrai; il croit la chose vraie, et cependant elle est fausse. Il n'a pas l'intention de se parjurer, il se trompe; il prend le mensonge pour la vérité, mais il ne fait pas sciemment intervenir le serment pour affirmer le mensonge. En voici un autre qui sait qu'une chose est fausse; il la donne comme vraie, et il affirme avec serment comme véritable ce qu'il sait être faux. Vous voyez que c'est là une monstruosité abominable, qu'il faut extirper de la société des hommes. Qui peut applaudir à une semblable conduite? Tous les hommes l'ont en horreur. Supposez-en un troisième, qui croit une chose fausse; il affirme qu'elle est vraie, et peut-être l'est-elle. Ainsi, par exemple, et pour plus de clarté, vous demandez à un homme : A-t-il plu en tel endroit? Il ne croit pas qu'il soit tombé de l'eau, mais il a intérêt à dire qu'il a plu, bien qu'il soit convaincu qu'il n'a pas plu. On lui demande donc : A-t-il plu véritablement? Il l'affirme et il le jure. Par le fait, il est réellement tombé de l'eau en cet endroit, mais il ne le sait pas, il est même persuadé du contraire : il fait donc un parjure. Il est donc important de bien examiner quelle intention préside aux paroles. La langue n'est coupable qu'autant que l'âme l'a été la première. Mais quel est celui qui ne se trompe quelquefois, même sans qu'il ait l'intention de tromper? Quel est l'homme qui ne donne accès à l'erreur dans son âme? Et cependant on a toujours le serment sur les lèvres; rien n'est plus fréquent, les serments sont presque plus nombreux que les paroles. Si vous vouliez examiner sérieusement combien de fois vous jurez dans le cours d'une journée, combien de fois vous vous faites de profondes blessures, combien de

---

dicit Dominus. (*Gen.*, XXII, 16.) Et illud juratio est : Vivo ego, dicit Dominus. (*Num.*, XIV, 28.) Quomodo homo per Deum, sic Deus per se ipsum. Non est ergo peccatum jurare? Durum est hoc dicere : et quoniam diximus Deum jurasse, quam blasphemum est hoc dicere. Jurat Deus qui peccatum non habet: non ergo est peccatum jurare : sed magis peccatum est pejerare. Fortasse quis dicat non esse proponendum de Domino Deo jurationis exemplum. Deus enim est, et forte illi soli competit jurare, qui non potest pejerare. Homines enim falsum jurant, vel cum fallunt, vel cum falluntur. Aut enim putat homo verum esse quod falsum est, et temere jurat : aut scit vel putat falsum esse, et tamen pro vero jurat, et nihilo minus cum scelere jurat. (XXII *Quæst.*, q. II, *Homines*; XXXI *Sent.*, dist. 39, c. II.) Distant autem ista perjuria, quæ duo commemoravi. Fac illum jurare, qui verum putat esse, pro quo jurat : verum putat esse, et tamen falsum est. Non ex animo iste perjurat, fallitur, hoc pro vero habet quod falsum est, non pro re falsa sciens jurationem interponit. Da alium, qui scit falsum esse, et dicit verum esse, et jurat tanquam verum sit, quod scit falsum esse. Videtis quam ista detestanda sit bellua, et de rebus humanis exterminanda? Quis enim hoc fieri velit? Omnes homines talia detestantur. Fac alium, putat falsum esse, et jurat tanquam verum sit, et forte verum est. Verbi gratia, ut intelligatis : Pluit in illo loco? interrogas hominem ; et putat non pluisse, et ad negotium ipsius competit, ut dicat : Pluit ; sed putat non pluisse; dicitur ei : Vere pluit? Vere, et jurat : et tamen pluit ibi, sed ille nescit, et putat non pluisse ; perjurus est. Interest, quemadmodum verbum procedat ex animo. Ream linguam non facit, nisi mens rea. Quis est autem qui non fallatur, etsi noluit fallere? Quis est homo cui non subrepat fallacia? Et tamen juratio ab ore non discedit, frequentatur : plura sunt plerumque juramenta, quam

fois vous vous frappez et vous vous transpercez avec le glaive de la langue, quel endroit trouveriez-vous qui soit exempt de plaies? C'est donc pour vous faire éviter plus facilement le crime énorme du parjure, que l'Ecriture vous donne ce commandement abrégé : « Ne jurez point. »

CHAPITRE III. — *Le serment expose au danger du parjure.* — 3. Que vous dirai-je donc, ô homme? Jurez selon la vérité. Si vous jurez selon la vérité, si vous affirmez la vérité par serment, vous ne péchez point. Mais vous êtes homme, vous vivez au milieu des tentations, vous êtes revêtu d'une chair fragile, vous êtes terre, et vous foulez la terre. Ce corps, qui se corrompt, appesantit l'âme, et cette habitation terrestre abat l'esprit capable des plus hautes pensées. (*Sag.*, IX, 15.) Or, parmi toutes ces pensées incertaines, inconstantes; parmi toutes les vaines conjectures et les artifices trompeurs des hommes, comment ne pas être atteint par le mensonge, lorsqu'on vit dans la région du mensonge? Voulez-vous fuir infailliblement le parjure? Ne jurez point; celui qui jure peut sans doute jurer quelquefois selon la vérité, mais celui qui s'abstient de tout serment ne peut jamais commettre de parjure. Que Dieu jure; à la bonne heure, il jure sans danger, parce que rien ne le trompe, rien ne lui est caché; il ne peut être ni victime, ni auteur de l'erreur; il ne sait ce que c'est que de tromper, parce qu'il ne peut lui-même être induit en erreur. Lorsque Dieu jure, il en appelle à son propre témoignage. Lorsque vous jurez, vous prenez Dieu à témoin de vos serments; lorsque Dieu jure, c'est à lui-même qu'il en appelle pour confirmer son serment. Lorsque vous appelez Dieu comme témoin à l'appui de vos mensonges, vous prenez en vain le nom du Seigneur votre Dieu. (*Exod.*, XX, 7.) Si donc vous voulez éviter tout parjure, abstenez-vous de tout serment. C'est là la difficulté. Le parjure est comme un précipice; celui qui jure est sur les bords, celui qui s'abstient de jurer en est éloigné; on pèche, et gravement, quand on fait un faux serment; on ne pèche point, quand on jure selon la vérité; mais on ne pèche pas non plus, quand on évite tout serment. Celui qui ne pèche point, parce qu'il s'abstient de jurer, est très-éloigné du péché; mais celui qui jure selon la vérité, et qui évite ainsi le péché, ne laisse pas de s'en rapprocher. Supposez que vous marchez dans un lieu où vous avez à droite une vaste plaine où vous n'avez rien à craindre, et à gauche un précipice. De quel côté aimerez-vous mieux diriger vos pas? Est-ce à l'extrémité de la terre ferme et sur les bords du précipice, ou loin de l'abîme? Vous vous en éloignerez le plus possible, j'en suis certain. Or, celui qui jure, marche sur les bords du précipice, et il y marche d'un pied mal assuré, parce qu'il est homme. Si vous venez simplement à heurter, si vous venez à tomber, vous roulez au fond de l'abîme. Et savez-vous ce qui vous y attend? Le juste châtiment

verba. Si discutiat homo quotiens juret per totum diem, quotiens se vulneret, quotiens gladio linguæ se feriat et transfigat, quis in illo locus invenitur sanus? Quia ergo grave peccatum est pejerare, compendium tibi dedit Scriptura : Noli jurare.

CAPUT III. — *Periculum perjurii in juratione.* — 3. Quid tibi dicturus sum homo : Verum jura? Ecce verum jura, non peccas ; si verum juras, non peccas. Sed homo inter tentationes positus, carne involutus, calcans terram sub terra, dum corpus quod corrumpitur aggravat animam, et deprimit terrena inhabitatio sensum multa cogitantem (*Sap.*, IX, 15), inter ista multa tua cogitata incerta, volatica, conjecturas humanas, fallacias humanas, quando non subrepit tibi quod falsum est, posito in regione falsitatis? Vis ergo longe esse a perjurio? Jurare noli. Qui enim jurat, aliquando verum jurare potest; qui autem non jurat, mendacium jurare nunquam potest. Juret ergo Deus, qui jurat securus, quem nihil fallit, quem nihil latet, qui omnino fallere ignorat, quia nec falli potest. Cum enim jurat, se adhibet testem. Quomodo tu cum juras, Deum adhibes testem : sic ipse cum jurat, se testem adhibet. Tu quando illum adhibes testem, forte supra mendacium tuum, accipis in vanum nomen Domini Dei tui. (*Exod.*, XX, 7.) Ne ergo mendacium jures, noli jurare. Ipsa est angustia. Perjurium præcipitium. Qui jurat, juxta est : qui non jurat, longe est. Peccat et graviter, qui falsum jurat : non peccat, qui verum jurat : sed nec ille peccat, qui omnino non jurat. Sed qui non jurat, et non peccat, longe est a peccato : qui autem verum jurat, non peccat, sed prope est ad peccatum, Fac te ambulare in aliquo loco, ubi a parte dextera spatiosa sit terra, nec usquam angustias patiaris ; a sinistra præceps locus est. Ubi eligis ambulare? Super finem terræ in labio præcipitii, an inde longe? Puto quia inde longe. Sic et qui jurat, in fine ambulat; et ambulat pedibus infirmis, quia humanis. Si offenderis,

du parjure. Votre intention est-elle de jurer toujours selon la vérité, écoutez le conseil de Dieu, qui vous dit : « Ne jurez point. »

CHAPITRE IV. — *Il est permis de jurer selon la vérité, mais il est plus sûr de ne pas jurer du tout.* — 4. Si tout serment était un péché, la loi ancienne ne dirait point : « Tu ne feras point de parjure, mais tu accompliras les serments faits à ton Dieu. » (*Lévit.*, XIX, 12.) La loi ne peut nous commander le péché. (XXII *Quæst.*, q. 1 : *Si peccatum.*) Voici toutefois ce que Dieu vous dit : Si vous jurez, je ne vous condamnerai point, c'est-à-dire : Si vous jurez selon la vérité. Mais vous condamnerai-je, si vous vous abstenez de tout serment? Il y a deux choses que je ne puis jamais condamner : le serment selon la vérité, et l'abstention de tout serment; mais je réprouve le faux serment. Le faux serment est pernicieux et mortel, le serment selon la vérité est dangereux, mais on ne court aucun danger en ne jurant point du tout. Cette question est difficile, je le sais, et, je l'avouerai à votre charité, je l'ai toujours évitée. Mais puisque, aujourd'hui dimanche, on vous a fait cette lecture au moment où j'allais m'acquitter du devoir de la prédication, j'ai cru que Dieu m'inspirait de vous entretenir de ce sujet. C'est une obligation pour nous de vous parler, et pour vous de nous écouter. Je vous en supplie, ne dédaignez pas un si grave sujet, affermissez votre cœur, et retenez la légèreté de votre langue. Non, ce n'est pas sans raison, c'est par un dessein providentiel, qu'après avoir toujours cherché, comme je l'ai dit, à éviter cette question, elle m'a été comme nécessairement imposée, et que je suis contraint de l'expliquer à votre charité.

CHAPITRE V. — *L'Apôtre fait usage du serment.* — 5. Voulez-vous une nouvelle preuve que le serment selon la vérité n'est pas un péché; vous la trouvez dans la conduite de l'apôtre saint Paul, qui a fait usage du serment. « Chaque jour, mes frères, je meurs, je l'atteste par la gloire que je reçois de vous en Jésus-Christ Notre-Seigneur. » (I *Cor.*, XV, 31.) Cette locution : « Par votre gloire, » est une formule de serment. (XXII *Quæst.*, q. 1, *Ut noveritis.*) L'Apôtre ne veut pas dire : Je meurs pour votre gloire, en ce sens que c'est votre gloire qui me fait mourir. On dit, par exemple : Un tel est mort par le poison, il est mort par le glaive, il a été mis à mort par une bête féroce, par un ennemi, c'est-à-dire sous les coups de son ennemi, sous les coups du glaive, ou par l'action du poison, ou par d'autres moyens semblables. Ce n'est pas ainsi qu'il faut entendre ces paroles : « Par votre gloire. » (*De jurejur.* Etsi Christus.) Le texte grec fait disparaître toute équivoque. En lisant dans le grec cette épitre de l'Apôtre, on y trouve le serment clairement exprimé : Νὴ τὴν ὑμετέραν

---

deorsum is ; si lapsus fueris, deorsum is. Et quid te excipit? Perjurii pœna. Ergo volebas verum jurare : audi consilium Dei: Noli jurare.

CAPUT IV. — *Verum jurare fas est; non jurare tutius.* — 4. Si peccatum esset juratio, nec in veteri Lege diceretur : Non perjurabis, reddes autem Domino jusjurandum tuum. (*Levit.*, XIX, 12.) Non enim peccatum præciperetur nobis. (XXII *Quæst.*, q. 1 : *Si peccatum.*) Sed ait tibi Deus tuus : Si juraveris, non damnabo : si verum juraveris, non damnabo. Sed numquid si non juraveris, damnabo? Duo sunt, inquit, quæ non damno unquam, veram jurationem, et nullam jurationem : damno autem falsam jurationem. Falsa juratio, exitiosa est ; vera juratio, periculosa est ; nulla juratio, secura est. Scio esse difficilem quæstionem, et Caritati Vestræ fateor, semper illam vitavi. Nunc autem cum die Dominico debito reddendi sermonis recitaretur eadem lectio, divinitus mihi (*a*) inspiratum esse credidi, ut inde tractarem. Hinc me dicere Deus voluit : hinc vos audire.

Obsecro ne contemnatis, obsecro ut cor stabiliatis, linguæ mobilitates mutetis. Non frustra est omnino, non vacat quod cum eam, ut dixi, quæstionem semper devitare voluerim, imposita est necessitati meæ, ut imponatur et Caritati Vestræ.

CAPUT V. — *Juratio ab Apostolo adhibita.* — 5. Ut noveritis, verum jurare non esse peccatum, invenimus et apostolum Paulum jurasse : Quotidie morior, per vestram gloriam, fratres, quam habeo in Christo Jesu Domino nostro. (I *Cor.*, XV, 31.) Per vestram gloriam, juratio est. (XXII *Quæst.*, q. 1 : *Ut noveritis.*) Non quasi sic ait : Per vestram gloriam morior, quasi vestra gloria me facit mori : quomodo si diceret : Per venenum mortuus est, per gladium mortuus est, per bestiam mortuus est, per inimicum mortuus est, id est, faciente inimico, faciente gladio, faciente veneno, et similia : non sic dixit : Per vestram gloriam (*De jurejur.* Etsi Christus.) Ambiguitatem Græcus sermo dissolvit. Inspicitur in epistola Græca, et invenitur ibi juratio, quæ non est

(*a*) Aliquot Mss. *imperatum*.

καύχησιν. Toutes les fois que le texte grec porte : Νὴ τὸν Θεὸν, par Dieu, c'est une formule de serment. Vous, qui tous les jours entendez parler des Grecs, et qui connaissez vous-mêmes le grec, vous savez que toutes les fois qu'ils disent Νὴ τὸν Θεὸν, par Dieu, leur intention est de faire un serment. Il n'y a donc point de doute possible, l'Apôtre a fait un serment, lorsqu'il a dit : « Par votre gloire, mes frères, » et pour ne point laisser croire qu'il a juré par une gloire tout humaine, il ajoute : « Que je reçois de vous par Notre-Seigneur Jésus-Christ. » Nous trouvons, dans un autre endroit de ses épîtres, le serment exprimé dans les termes les plus clairs et les plus formels : « Je prends Dieu à témoin sur ma vie. » (II *Cor.*, I, 23.) « Je prends Dieu à témoin sur ma vie, dit l'Apôtre, que c'est pour vous épargner que je ne suis pas encore allé à Corinthe. » Et ailleurs encore, il dit aux Galates : « Je prends Dieu à témoin que je ne mens point dans tout ce que je vous écris. » (*Gal.*, I, 20.)

Chapitre VI. — *Différentes formes de serments.* — 6. Donnez-moi ici toute votre attention, mes frères ; si mes paroles ne sont pas aussi claires que je le voudrais, à cause des difficultés de la question, elles vous seront cependant utiles, si elles pénètrent jusqu'à votre cœur. L'Apôtre a donc fait usage du serment. Ne vous laissez point tromper par des hommes qui veulent distinguer, ou plutôt qui ne comprennent pas les différentes formules de serments. Ils vous diront, par exemple : Ce n'est pas faire un serment que de dire : Dieu le sait, Dieu en est témoin, j'en appelle à Dieu sur ma vie, que je dis la vérité. Il a fait appel à Dieu, disent-ils, il a pris Dieu à témoin ; est-ce là faire un serment ? Ils font voir par là, qu'en usant de ces formules, ils ne veulent que couvrir leurs mensonges du témoignage de Dieu, auquel ils font appel. Eh quoi ! cœur pervers et dépravé, lorsque vous dites : Par Dieu, vous faites un serment, et vous n'en faites point en disant : Dieu m'en est témoin ? Cette locution : Par Dieu, n'est-elle pas la même que cette autre : Dieu m'en est témoin, et Dieu m'en est témoin exprime-t-il une autre idée que cette formule : Par Dieu ?

Qu'est-ce que c'est que jurer ? — 7. Qu'est-ce que c'est que jurer ? N'est-ce pas rendre à Dieu ce qui lui est dû (*jus Deo reddere*), quand vous jurez par Dieu ; à votre salut, quand vous jurez par votre salut ; à vos enfants, quand vous jurez par vos enfants ? Or, que devons-nous à notre salut, à nos enfants, à notre Dieu, sinon la charité, la vérité, et non pas le mensonge ? Mais c'est surtout lorsqu'on jure par Dieu qu'il y a serment véritable. Lorsqu'on dit : Je jure par mon salut, on engage son salut vis-à-vis de Dieu. Si l'on jure par ses enfants, on les met comme en gage entre les mains de Dieu, afin qu'il fasse retomber sur leur tête les suites du ser-

---

ambigua, Νὴ τὴν ὑμετέραν καύχησιν. Νὴ τὸν Θεὸν, ubi dixerit Græcus, jurat. Quotidie auditis Græcos, et qui Græce nostis, Νὴ τὸν Θεὸν : quando dicit, Νὴ τὸν Θεὸν, juratio est : Per Deum. Ergo nemo dubitet jurasse Apostolum, cum dixit : Per vestram gloriam fratres (et ne putemus eum per humanam gloriam jurasse), quam habeo in Christo Jesu Domino nostro. Est alio loco juratio prorsus certa et expressa : Testem Deum invoco super animam meam. (I *Cor.*, I, 23.) Apostolus dicit : Testem Deum invoco super animam meam, quia parcens vobis nondum veni Corinthum. Et alio loco ad Galatas : Quæ autem scribo vobis, ecce coram Deo quia non mentior. (*Gal.*, I, 20.)

Caput VI. — *Varii modi jurandi.* — 6. Intendite quæso, et advertite : et si non tam plausibilis sermo vobis sit, propter angustias quæstionis, utilis tamen est, si ad viscera vestra perveniat. Ecce juravit Apostolus. Non vos fallant, qui nescio quomodo volentes ipsas jurationes discernere, vel potius non intelligere, dicunt non esse jurationem, quando dicit homo : Scit Deus : Testis est Deus : Invoco Deum super animam meam verum me dicere. Invocavit, inquit, Deum, testem fecit Deum : numquid juravit ? Qui hæc dicunt, nihil aliud volunt, nisi invocato Deo teste mentiri. Itane vero, quisquis es pravi cordis, et perversi cordis, si dicas : Per Deum, juras ; si dicas : Testis est Deus, non juras ? Quid est enim : Testis est Deus ; nisi : Per Deum ?

Jurare quid sit. — 7. Quid est autem jurare, nisi jus Deo reddere, quando per Deum juras ; jus saluti tuæ reddere, quando per salutem tuam juras ; jus filiis tuis reddere, quando per filios tuos juras ? (III *Sent.*, dist. xxxix, c. *Hic quæritur*.) Quod autem jus debemus saluti nostræ, filiis nostris, Deo nostro, nisi caritatis, veritatis, et non falsitatis ? Maxime autem per Deum cum fit, ipsa est vera juratio : quia et cum dicit quisque : Per meam salutem, salutem suam Deo obligat : quando dicit : Per filios meos, oppignerat Deo filios suos, ut hoc veniat in caput

SERMON CLXXX.

ment : la vérité, s'il est véritable ; le châtiment du mensonge, si ce serment est faux. Si donc, lorsqu'on jure par ses enfants, ou par sa tête, ou par son salut, on engage à Dieu tout ce qu'on fait intervenir dans son serment ; combien plus le fait-on, quand on prend Dieu à témoin d'un parjure ? Vous craignez de faire un faux serment par votre fils, et vous ne craignez pas d'en faire un en prenant Dieu à témoin de votre parjure ? Vous dites peut-être en vous-même : Je crains qu'en faisant un faux serment par mon fils, je n'attire sur lui la mort ; mais comme Dieu ne peut mourir, je puis me parjurer par lui, sans qu'il en résulte pour lui aucun mal. Vous avez raison de dire que lorsque vous prenez Dieu à témoin de votre parjure, il n'en résulte aucun mal pour lui ; mais quel mal n'attirez-vous pas sur vous, qui trompez votre prochain en prenant Dieu à témoin de votre mensonge ? Vous faites, je suppose, une action en présence de votre fils, puis vous venez dire à un de vos amis, de vos proches ou à tout autre que ce soit : Je n'ai pas fait cette action ; vous mettez la main sur la tête de votre fils, témoin de cette action, et vous dites : Je le jure par la vie de cet enfant, je ne l'ai pas fait. Votre fils s'écrierait aussitôt, tout tremblant sous la main de son père, ou plutôt sous la main de Dieu : Je vous en prie, mon père, ne méprisez pas à ce point la vie de votre fils ; vous prenez Dieu à témoin sur ma tête ; je vous ai vu, vous avez fait cette action, ne vous parjurez point ; vous êtes mon père, il est vrai, mais je dois craindre bien davantage votre Créateur et le mien.

CHAPITRE VII. — *Le parjure est mortel à l'âme. L'âme est la vie du corps, Dieu est la vie de l'âme.* — 8. Mais parce que Dieu, quand vous jurez par lui, ne vous dit point : Je vous ai vu, ne jurez point, vous avez fait cette action, (vous craignez, il est vrai, qu'il ne vous mette à mort, et c'est vous qui, le premier, vous donnez le coup de la mort) ; parce que Dieu, dis-je, ne vous dit point : Je vous ai vu, vous croyez que vous avez pu vous dérober à ses regards ? Avez-vous donc oublié cette parole : « Je me suis tu, j'ai gardé le silence ; le garderai-je toujours ? » (*Isa*, XLII, 14.) Et cependant bien souvent Dieu vous dit : Je vous ai vu, mais par ses châtiments, lorsqu'il punit le parjure. Il ne le punit pas toujours, il est vrai, et cette impunité porte les hommes à s'en rendre coupables. J'en suis certain, dit-on, un tel m'a fait un faux serment, et il ne laisse pas de vivre. Quoi ! il vous a fait un faux serment, et il vit encore ? Oui, répondez-vous, il a fait un faux serment, je vous l'assure, et il vit. Vous êtes dans l'erreur. Si vous aviez des yeux pour voir qu'il est réellement mort, si vous n'étiez pas dans une illusion complète sur ce que c'est que d'être mort ou de ne l'être pas, vous verriez que cet homme est victime de la mort. Rappelez-vous donc maintenant le témoignage de l'Ecriture, et vous

---

eorum, quod exit de ore ipsius, si verum verum, si falsum falsum. Cum ergo filios suos, vel caput suum, vel salutem suam quisque in juratione nominans, quidquid nominat obligat Deo ; quanto magis quando pejerat per ipsum Deum ? Timet enim falsum jurare per filium suum, et non timet falsum jurare per Deum suum ? Fortassis hoc dicens in animo suo : Timeo per filium meum falsum jurare, ne moriatur : Deo autem qui non moritur, etsi falsum per eum juretur, quid mali contingit ? Bene quidem dicis, nihil mali contingit Deo, quando falsum juras per Deum : sed contingit mali multum tibi, qui fallis proximum, cui testem adhibes Deum. Si aliquid teste filio tuo faceres, et amico vel proximo tuo vel cuilibet homini diceres : Non feci, et tangeres filio tuo caput, quo teste fecisti, et diceres : Per hujus salutem, quia non feci : exclamaret forte filius tuus sub paterna manu tremens, nec tamen paternam manum, sed divinam tremens : Noli Pater, non tibi vilis sit salus mea ; Deum super me invocasti, ego te vidi, fecisti, noli pejerare ; te quidem habeo genitorem, sed plus et tuum et meum timeo Creatorem.

CAPUT VII. — *Perjurium animæ mortiferum. Vita corporis anima, vita animæ Deus.* —8. Sed quia Deus, quando per eum juras, non tibi dicit : Ego te vidi, noli jurare, fecisti : sed times ne te iste occidat, tu te ante occidis. Quia ergo non dicit : Ego te vidi, putas quia non vidit ? Et ubi est quod dicit : Tacui, tacui, numquid semper tacebo ? (*Isai.*, XLII, 14.) Et tamen plerumque dicit : Ego te vidi : sed aliter quando vindicat in perjurum. Sed non in omnes vindicat : ideo homines (*a*) ædificantur ad exemplum. Ego scio, ille mihi falsum juravit, et vivit ? Falsum juravit, et vivit : Ille tibi falsum juravit, et vivit : ille falsum juravit. Tu falleris. Si tu oculos haberes unde mortem hujus videres, si et tu in eo quod est mori, et non mori, non fallereris, videres hujus mortem. Et modo intende Scripturam ; et ibi invenies jacentem, quem putas

(*a*) Sic Mss. Editi vero, *educantur ad exemplum.*

comprendrez que ce parjure est mort, bien que vous le croyiez vivant. Ses pieds marchent, il est vrai, ses mains touchent, ses yeux voient, ses oreilles entendent, ses autres membres s'acquittent de leurs fonctions, et vous en concluez qu'il est vivant. C'est son corps qui est vivant, mais son âme, la partie la plus excellente de lui-même, elle est morte. La maison est vivante, celui qui l'habitait est mort. Comment, me direz-vous, le corps peut-il vivre lorsque l'âme est morte, puisque le corps ne vit qu'à la condition d'être vivifié par l'âme? Comment donc l'âme est-elle morte, puisqu'elle est la vie du corps? Ecoutez et instruisez-vous. Le corps de l'homme est l'œuvre de Dieu aussi bien que son âme. C'est par l'âme que Dieu donne la vie au corps, mais le principe de la vie de l'âme, c'est lui-même, ce n'est point l'âme. L'âme est donc la vie du corps, et Dieu est la vie de l'âme. Le corps meurt lorsque l'âme se sépare de lui, et l'âme elle-même meurt lorsque Dieu s'en sépare. L'âme se sépare du corps lorsqu'il est frappé par le glaive, et vous croyez que Dieu ne se sépare point de l'âme lorsqu'elle est blessée sous les coups du parjure? Voulez-vous voir, à n'en pas douter, que celui dont vous parlez est véritablement mort? Lisez l'Ecriture : « La bouche qui ment tue l'âme. » (*Sag.*, I, 11.) Eh quoi! vous croiriez qu'un Dieu vengeur punit le parjure, si celui qui vous a trompé par un faux serment tombait mort à vos pieds! Mais s'il a expiré à vos yeux, c'est son corps qui a expiré. Qu'est-ce à dire que son corps a expiré? Il a rejeté le souffle qui le vivifiait : c'est-à-dire, il a expiré après avoir rejeté le souffle qui lui donnait la vie. Or, par son parjure, cet homme a repoussé l'esprit qui donnait la vie à l'âme. Il a expiré aussi, mais sans que vous le sachiez; il a expiré, mais sans que vous le voyiez. Vos yeux aperçoivent, étendu à terre, un corps privé de son âme, mais vous ne pouvez voir une âme infortunée séparée de son Dieu. Croyez-le donc, appelez-en ici aux yeux de la foi : jamais le parjure ne reste impuni, non jamais. il porte avec lui son châtiment. S'il avait près de lui, dans l'intérieur de sa maison, un bourreau pour mettre son corps à la torture, on le regarderait comme rigoureusement châtié; il a, au plus secret de son cœur, le bourreau de sa conscience, et on ose dire que son crime est impuni! Et, cependant, que dites-vous? Voyez cet homme qui m'a fait un faux serment; non-seulement il vit, mais il nage dans la joie, dans les délices : pourquoi venez-vous me parler de choses invisibles? Parce que Dieu lui-même, qu'il a pris à témoin de son parjure, est invisible. Il a juré par celui qui est invisible, il est juste qu'il soit frappé d'un châtiment invisible. Mais il vit, reprenez-vous, il regorge, il surabonde de plaisirs de tout genre. S'il est vrai, comme vous le dites, que les joies sensuelles se multiplient et fourmillent sous ses pas, ce sont les vers qui rongent

viventem. Quia pedibus ambulat, quia manibus contrectat, quia oculis videt, et audit auribus, officiis cæteris membrorum satis utitur, viventem putas. Vivit, sed corpus ejus : mortua est autem anima ejus, mortuum est quod melius est ejus. Vivit habitaculum, mortuus est habitator. Quomodo, inquies, cum vivat corpus, mortua est anima; cum corpus non viveret, nisi vivificatum ab anima? Quomodo ergo mortua est anima, de qua vivit corpus? Audi ergo, et disce : Corpus hominis creatura Dei est, et anima hominis creatura Dei est. De anima Deus vivificat carnem, ipsam item animam vivificat de se ipso, non de se ipsa. Vita ergo corporis anima est, vita ergo animæ Deus est. Moritur corpus, cum recedit anima : moritur ergo anima, si recedit Deus. Recedit anima, cum corpus percutitur gladio : et putas quia non recedit Deus, cum ipsa anima feritur perjurio? Vis videre quia mortuus est, de quo loqueris? Lege Scripturam : Os quod mentitur, occidit animam. (*Sap.*, I, 11.) Sed tu præsentem Deum ultorem putas, si ille qui te juratione falsa deceperit, continuo exspiret. Si exspiret ante oculos tuos, exspiravit caro ipsius. Quid est, exspiravit caro ipsius? Spiritum quo vivificabatur, ejecit. Hoc est, exspiravit excluso spiritu, quo vivebat caro. Pejeravit, exclusit spiritum quo vivebat anima. Exspiravit, sed nescis; exspiravit, sed non vides. Carnem enim jacentem sine anima vides, animam miseram sine Deo videre non potes. Crede ergo, adhibe oculos fidei. Nemo perjurus impunitus, prorsus nemo, cum illo est pœna sua. Si haberet in cubiculo suo tortorem carnis, punitus esset : habet in secreto cordis sui tortorem conscientiæ suæ, et impunitus vocatur? Et tamen quid dicis? Vivit, gaudet, luxuriatur qui mihi mendacium juravit : quid est, quod me mittis ad invisibilia? Quia et ipse Deus, per quem juravit, invisibilis est. Juravit per invisibilem, feritur pœna invisibili. Sed vivit, inquit, et quodam modo scatet et bullit luxuriis. Si hoc ita est, quod scatet luxuriis, quod bullit luxuriis, vermes sunt animæ mortuæ. Denique omnis homo

son âme qui est morte. Aussi, tout homme prudent, qui voit ces parjures vivre au sein des délices, et qui a conservé pur le sens intérieur de l'odorat, s'en détourne, et ne veut ni les voir ni les entendre. Or, d'où vient cette aversion des hommes en bonne santé? De l'odeur infecte qu'exhale cette âme qui est morte.

CHAPITRE VIII. — *Pourquoi l'Apôtre saint Jacques recommande-t-il de s'abstenir avant toutes choses de jurer.* — 9. Ecoutez, mes frères, les quelques mots par lesquels je vais conclure ce discours, en imprimant dans vos cœurs une salutaire sollicitude. « Avant toutes choses, ne jurez point. » Pourquoi : Avant toutes choses? Puisque c'est un grand crime de se parjurer, et qu'on peut sans aucun péché jurer selon la vérité, pourquoi cette recommandation : « Avant toutes choses ne jurez point? » L'Apôtre aurait dû dire : Avant toutes choses ne vous parjurez point. Mais non : « Avant toutes choses, dit-il, ne jurez point. » Est-ce qu'il est plus mal de jurer que de voler? Le serment est-il pire que l'adultère? Je ne parle point ici du faux serment, mais du serment simplement dit. Est-ce que le serment est un acte plus coupable que l'homicide? A Dieu ne plaise! L'homicide, l'adultère, le vol sont des crimes; le serment n'est point un péché par lui-même : il n'y a que le faux serment qui soit un péché. Pourquoi donc cette recommandation : « Avant toutes choses? » L'Apôtre a voulu par là nous apprendre à exercer une grande vigilance sur notre langue. « Avant toutes choses, » c'est-à-dire : Apportez une attention exceptionnelle, une vigilance scrupuleuse, pour ne pas vous laisser entraîner à l'habitude de jurer. Il vous établit comme en sentinelle contre vous-même, il vous élève au-dessus de tout, afin que vous puissiez mieux vous observer. L'Apôtre vous entend jurer : Par Dieu, par le Christ, je le tuerai, et cela combien de fois dans une journée, combien de fois dans une heure? Vous n'ouvrez la bouche que pour jurer de la sorte. Et vous ne voudriez point qu'on vous dise : « Avant toutes choses, » pour vous rendre souverainement attentifs sur cette habitude, vous inspirer une vigilance scrupuleuse sur toutes vos actions, vous faire surveiller sérieusement tous les mouvements de votre langue, et exercer une garde sévère pour réprimer les écarts de cette funeste habitude? Souffrez donc cette recommandation : « Avant toutes choses. » Vous étiez endormis, je vous fais sentir l'aiguillon. « Avant toutes choses, » je vous frappe avec des épines. Qu'est-ce à dire : « Avant toutes choses? » Avant toutes choses, soyez vigilants; avant toutes choses, soyez attentifs.

CHAPITRE IX. — *Saint Augustin eut pendant quelque temps l'habitude de jurer. Quelles sont les conditions qui légitiment le serment?* — 10. Nous aussi nous avons juré fréquemment; nous aussi nous avons eu cette déplorable et mortelle habitude. Mais, je dois le dire à votre

---

prudens, qui tales luxuriantes perjuros attendit, sano cordis olfactu, avertit se, non vult videre, non vult audire. Unde se ista sanitas avertit, nisi quia putet anima mortua?

CAPUT VIII. — *Cur dicitur a juratione ante omnia abstinendum.* — 9. Breviter ergo audite, Fratres mei, concludam sermonem, figens in cordibus vestris curam salubrem : « Ante omnia nolite jurare. » Quare: « Ante omnia? » Si magnum est facinus pejerare, nulla autem culpa est verum jurare, quare : « Ante omnia nolite jurare? » Debuit enim dicere : Ante omnia nolite pejerare. « Ante omnia, inquit, nolite jurare. » Jurare enim pejus est, quam furari? Jurare pejus est, quam adulterare? Non dico falsum jurare, jurare dico : jurare pejus est, quam hominem occidere? Absit. Hominem occidere, adulterare, furari, peccatum est : jurare non est peccatum; sed falsum jurare, peccatum est. Quare ergo : « Ante omnia? » Isto verbo quod ait : « Ante omnia, » cautos nos fecit adversus linguam nostram. « Ante omnia, » ait, ut attendatis præ cæteris, ut vigiletis ne subrepat vobis consuetudo jurandi. Tanquam in specula ita te posuit contra te : « Ante omnia, » levavit te super cætera, unde te attendas. Considerat enim te jurare : Per Deum, per Christum occido illum : et hæc quotiens per diem, quotiens per horam? Non aperis os, nisi ad talem jurationem. Nolles ut diceret tibi : « Ante omnia, » ut te adversus consuetudinem intentissimum redderet, ut omnia tua inspiceres, omnes motus linguæ tuæ diligentissime custodires, esses custos malæ consuetudinis tuæ, ad eam constringendam? Audi : « Ante omnia. » Dormiebas, pungo : « Ante omnia, » spinas admoveo. Quid est : « Ante omnia? » Ante omnia vigila, ante omnia intentus esto.

CAPUT IX. — *Jurandi consuetudini aliquando obnoxius Augustinus. Juratio qua conditione adhibenda.* — 10. Juravimus et nos passim, habuimus istam teterrimam consuetudinem et mortiferam. Dico Caritati Vestræ, ex quo Deo servire cœpimus, et quan-

charité, depuis que nous avons embrassé le service de Dieu et que nous avons compris toute l'énormité du parjure, nous avons éprouvé une vive crainte, et cette crainte nous a aidé à mettre un frein à cette ancienne et funeste habitude. Grâce à ce frein, elle est réprimée; cette répression lui fait perdre sa force, tomber en langueur et mourir pour faire place à une habitude meilleure. Toutefois, nous ne vous disons point que nous ne jurons jamais; ce serait mentir. Pour mon propre compte, je jure, il est vrai, mais seulement, à mon avis, lorsque j'y suis contraint par une grande nécessité. (XXII *Quæst.*, q. I : *Si peccatum.*) Lorsque je vois qu'on n'ajoutera point foi à mes paroles si je ne fais un serment, et qu'il peut y avoir danger pour celui qui refuse de me croire, après avoir pesé les raisons, examiné toutes les circonstances, je dis, et non sans une grande crainte : En présence de Dieu, ou : Dieu m'est témoin, ou encore : Jésus-Christ sait que c'est là ce qui est au fond de mon cœur. Je vois bien qu'il y a quelque chose de plus, c'est-à-dire que c'est plus que de dire : « Cela est, cela est; cela n'est pas, cela n'est pas. » Mais ce qui est de plus vient du mal, non du mal de celui qui a recours au serment, mais du mal de celui qui refuse de croire. En effet, Notre-Seigneur ne dit point : Celui qui va au delà est coupable; ou bien : Contentez-vous de dire : Oui, cela est; non, cela n'est pas; celui qui va au delà est mauvais. Non, voici ses paroles : « Que votre discours soit : Oui, oui; non,

non, car ce qui est de plus, vient du mal. » (*Matth.*, v, 37.) Mais du mal de qui? Cependant les hommes agissent tout autrement, grâce à cette détestable habitude. Vous jurez, alors même qu'on ajoute foi à vos paroles; vous jurez quand personne ne l'exige; vous faites frémir les hommes par vos serments; vous ne cessez de jurer; c'est à grand'peine, si même, sans vous parjurer, vous n'êtes pas coupables. (*De jurejur. Etsi Christus.*) Croirez-vous donc, mes frères, que si l'Apôtre avait pu penser que les Galates ajouteraient foi à ses paroles, il aurait fait usage du serment et dit . « Je prends Dieu à témoin que je ne mens point dans tout ce que je vous écris ? » (*Gal.*, I, 20.) Il en voyait parmi eux qui étaient disposés à croire; il en voyait aussi d'autres qui restaient incrédules. Ne dites donc point : Je ne veux point jurer, si le serment devient nécessaire. Ce que vous ferez alors viendra du mal, mais du mal de celui qui exige le serment. Ainsi vous ne savez comment vous justifier autrement; vous n'avez point d'autre moyen de vous tirer d'une affaire qu'on vous intente. Mais il faut bien distinguer entre le serment qui est exigé et celui qui est offert; et encore entre celui qui est offert à qui ne croit point, ou de l'offrir légèrement à tout venant, alors même qu'on ajoute foi à vos paroles.

CHAPITRE X. — *Comment on peut se rendre coupable en exigeant le serment d'un autre.* — 11. Retenez donc votre langue et reprimez cette habitude autant que vous le pouvez. Ne faites

---

tum malum sit in perjurio vidimus, timuimus vehementer, et veternosissimam consuetudinem timore frenavimus. Frenata restringitur, restricta languescit, languescens emoritur, et malæ consuetudini bona succedit. Denique non vobis dicimus, nos non jurare. Si enim hoc dicimus, mentimur. Quantum ad me pertinet, juro; sed quantum mihi videtur, magna necessitate compulsus. (XXII *Quæst.*, q. I : *Si peccatum.*) Cum videro non mihi credi nisi faciam, et ei qui mihi non credit non expedire quod non credit, hac perpensa ratione et consideratione librata, cum magno timore dico : Coram Deo; aut : Testis est Deus; aut : Scit Christus sic esse in animo meo : et video quia plus est, id est, quia amplius est quam : Est, est : Non, non : sed quod amplius est, a malo est; et si non a malo jurantis, a malo est non credentis. Denique non ait : Si amplius facit, malus est : et : Sit in ore vestro : Est, est : Non, non; si quis amplius facit, malus est : sed : Sit in ore vestro :

Est, est : Non, non; quod autem amplius est, a malo est. (*Matth.*, v, 37.) Sed quære cujus. Sed tamen aliud habet humana pessima consuetudo. Et cum tibi creditur, juras; et cum nemo exigit, juras; et horrentibus hominibus juras; non taces jurando, vix es sanus non perjurando. Nisi forte putatis, Fratres, quia si sciret apostolus Paulus credere sibi Galatas, adderet jurationem et diceret : Quæ autem scribo vobis, ecce coram Deo quia non mentior. (*Gal.*, I, 20.) Videbat ibi eos qui credebant; videbat et alios qui non credebant. Ergo noli dicere : Non juro, si forte exigitur. A malo est enim quod facis; sed illius qui exigit. Nam tu quomodo te purges non habes, quomodo satisfacias negotio quod instat, non invenis. Sed aliud est, cum exigitur juratio; aliud, cum offertur : et hoc ipsum quod offertur, aliud cum offertur non credenti; aliud cum ventilatur et credenti.

CAPUT X. — *Juramentum ab alio exigens, quomodo peccet.* — 11. Tene ergo linguam et consuetudinem,

point comme ceux qui, lorsqu'on parle, répondent : Vous dites vrai ? je ne le crois point ; vous n'avez point fait cette action ? je ne le crois point ; que Dieu soit juge ; faites serment. Or, il est très-important de bien distinguer encore ici si celui qui réclame le serment sait ou ne sait point que celui qui le prêtera fera un faux serment. S'il ne le sait pas, et qu'il lui demande le serment pour ajouter foi à ses paroles, je n'ose dire qu'il n'y a point de péché, mais c'est au moins une tentation. (XXII *Quæst.*, q. v : *Qui exigit* ; III *Sent.*, dist. 39, cap. ult.) Mais s'il sait, au contraire, que cet homme a fait ce qu'il nie ; s'il en est certain, s'il l'a vu de ses yeux et qu'il le force de prêter serment, c'est un homicide. Cet homme se donne la mort par son parjure, mais l'autre a conduit et dirigé la main qui a porté le coup mortel. Mais voici un voleur de profession à qui, dans l'ignorance où vous êtes de sa culpabilité, vous dites : Jurez que vous n'êtes point l'auteur de ce vol, jurez que vous n'avez point commis ce crime. Ce voleur vous répond qu'il n'est point permis à un chrétien de jurer. Vous réclamez de lui le serment. Je suis chrétien, dit-il, je ne puis prêter serment. Cherchez à prendre cet homme sur le fait ; changez de propos, faites semblant d'oublier l'affaire dont vous lui parliez, mêlez d'autres bagatelles à la conversation, et vous le surprendrez jurant des milliers de fois, lui qui refusait de prêter un seul serment. Eloignez donc de vous cette habitude journalière, cette habitude si fréquente de jurer sans raison, sans que personne l'exige et revoque en doute vos paroles ; retranchez-la de tous vos discours, et qu'elle ne se retrouve plus jamais sur vos lèvres.

CHAPITRE XI. — *Il faut résister avec grand soin à l'habitude de jurer.* — 12. Mais c'est la coutume, dit-on ; le serment est passé en habitude et on ne cessera d'en faire alors même que je m'en abstiendrai. Voilà pourquoi l'Apôtre vous dit : « Avant toutes choses. » Qu'est-ce à dire : Avant toutes choses ? Redoublez ici de vigilance, soyez plus attentif à ce point qu'à tous les autres. Une habitude plus forte exige aussi une application plus soutenue qu'une habitude légère. S'il était question d'un ouvrage manuel, il vous serait facile de commander à votre main de vous en abstenir ; s'il s'agissait de faire un voyage, vous pourriez, malgré les efforts de la paresse pour vous retenir, vous lever et vous mettre en route. Mais les mouvements de la langue sont si prompts ; elle est dans un lieu si humide et sur un terrain si glissant ; la chute est facile. Plus ses mouvements sont vifs et rapides, plus vous devez vous armer contre elle de fermeté. Vous la dompterez, si vous êtes vigilant ; vous serez vigilant, si vous craignez ; et vous aurez cette crainte si vous vous rappelez que vous êtes chrétien. Le parjure est un si grand mal, que ceux même qui adorent des idoles de pierre redoutent de faire un faux serment par ces pierres ; et vous, vous ne craindrez pas ce Dieu présent partout, ce Dieu vivant, ce

---

quantum potes : non quomodo quidam, quando illis dicitur: Verum dicis? non credo. Non fecisti? non credo : Deus judicet, jura mihi. Et ipse qui exigit jurationem, multum interest ni nescit illum falsum juraturum, an scit. Si enim nescit, et ideo dicit : Jura mihi, ut fides ei fiat: non audeo dicere non esse peccatum, tamen humana tentatio est. (XXII *Quæst.*, q. v : *Qui exigit ;* III *Sent.*, dist. 39, cap. ult.) Si autem scit eum fecisse, novit fecisse, vidit fecisse, et cogit jurare, homicida est. Ille enim suo perjurio se perimit : sed iste manum interficientis et expressit et pressit. Cum vero aliquis sceleratus fur audit : Jura si non tulisti, jura si non fecisti, ab eo qui nescit an fecit ; ille tunc : Christiano non licet jurare ; quando ab illo exigitur jusjurandum, non licet jurare : Christianus sum, non mihi licet. Capta talem, averte te ab illo, dissimula a negotio de quo loquebaris ; misce alias fabulas, et invenies eum millies jurantem, qui semel jurare noluit. Istam ergo consuetudinem quotidianam, crebram, sine causa, nullo extorquente, nullo de tuis verbis dubitante jurandi, avertite a vobis, amputate a linguis vestris, circumcidite ab ore vestro.

CAPUT XI. — *Jurandi consuetudini operosius resistendum.* — 12. Sed consuetudo est, solet dici. Solet dici, quando non dico. Hoc est : « Ante omnia. » Quid est : « Ante omnia ? » Præ cæteris cautus esto, plus ad hoc intentus esto, quam ad alia. Major consuetudo majorem intentionem flagitat, non rei levis consuetudo. Si de manu aliquid faceres, facilius manui tuæ imperares ne faceret ; si pedibus aliquo eundum esset, pigritia retardante excitares te ut surgeres, et ires. Lingua facilitatem habet motus, in udo posita est, facile in lubrico labitur. Quanto illa citius et facilius movetur, tanto tu adversus illam fixus esto. Domabis, si vigilabis ; vigilabis, si timebis ; timebis, si Christianum te esse cogitaveris. Nam tantum mali habet juratio, ut qui lapides colunt, ti-

Dieu qui sait tout, ce Dieu immuable, ce Dieu qui tire vengeance de ceux qui le méprisent? Le païen ferme son temple sur son idole de pierre et il retourne dans sa maison; il a fermé la porte sur son Dieu, et cependant, lorsqu'on lui dit: Jurez par Jupiter, il craint ses regards comme s'il était présent.

CHAPITRE XII. — *C'est un parjure que de faire un faux serment par les idoles.* — 13. Or, je dois vous le déclarer, mes très-chers frères, celui qui prend une idole de pierre à témoin d'un faux serment commet un parjure. (XX *Quæst.*, q. 3. *Ecce dico.*) Pourquoi vous faire cette observation? C'est qu'il en est beaucoup qui sont ici dans l'illusion, et qui s'imaginent échapper au crime du parjure en jurant par un objet qui n'est rien. Vous êtes parjures dans toute la force du terme, parce que vous prenez à témoin d'un faux serment un objet que vous croyez saint. Mais non, dites-vous, je ne crois pas à sa sainteté. Celui à qui vous faites ce faux serment y croit. Lorsque vous jurez, ce n'est ni pour vous, ni pour l'idole de pierre, mais pour le prochain que vous jurez. Vous jurez à un homme devant cette pierre, mais n'est-ce pas aussi sous les yeux de Dieu? La pierre n'entend pas vos paroles, mais Dieu punit l'intention que vous avez de tromper.

Comment déraciner l'habitude de jurer. — 14. Je vous en supplie donc par-dessus tout, mes frères, faites que ce ne soit pas inutilement que j'ai cédé à l'ordre exprès que Dieu m'a imposé de vous parler. Je vous l'ai déjà dit, et je le répète, j'ai souvent évité d'aborder cette question. J'ai craint que mes avertissements, mes recommandations ne rendissent plus coupables ceux qui refuseraient de s'y rendre; mais aujourd'hui j'ai craint bien davantage de résister à l'ordre qui m'était donné de vous parler. Serait-ce recueillir peu de fruit de mes fatigues et de mes sueurs, si tous ceux qui ont élevé la voix pour applaudir à mes paroles l'élevaient aussi contre eux-mêmes et prenaient l'engagement de ne plus faire de ces faux serments qui leur sont si funestes; si tant d'hommes qui m'ont écouté attentivement étaient aussi attentifs contre cette mauvaise habitude; s'ils s'avertissaient sévèrement aujourd'hui, lorsque, rentrés dans leurs demeures, ils seront retombés par mégarde dans une de ces fautes où leur langue les entraîne si facilement; s'ils se disaient: Voilà ce que nous avons entendu aujourd'hui, voilà l'engagement que nous avons pris. Abstenez-vous aujourd'hui du moins où vous êtes si près encore de cette instruction! Je vous parle par expérience; abstenez-vous aujourd'hui, et demain l'habitude sera moins violente; si vous n'y cédez pas demain, la vigilance deviendra moins pénible, aidée qu'elle sera par l'habitude du jour précédent. Le troisième jour, cette maladie pestilentielle dont nous souffrons sera guérie, et nous serons dans la joie de vous voir recueillir un fruit si précieux,

---

meant falsum jurare per lapides: tu non times Deum præsentem, Deum viventem, Deum scientem, Deum manentem, Deum in contemptorem vindicantem? Claudit ille templum super lapidem, et it ad domum suam: ipse super Deum suum clausit, et tamen quando illi dicitur: Jura per Jovem, præsentis oculos timet.

CAPUT XII. — *Falsum jurare per idola, perjurium est.* — 13. Et ecce dico Caritati Vestræ, et qui per lapidem falsum jurat, perjurus est. (XXII *Quæst.*, q. III: *Ecce dico.*) Unde hoc dico? Quia multi et in hoc falluntur, et putant quia nihil est per quod jurant, non se crimine teneri perjurii. Prorsus perjurus es, quia per id quod sanctum putas, falsum juras. Sed ego (a) illud sanctum non puto. Sanctum putat cui juras. Non enim quando juras tibi juras, aut lapidi juras; sed proximo juras. Homini juras ante lapidem: sed numquid non ante Deum? Non te audit lapis loquentem: sed punit te Deus fallentem.

Jurandi consuetudo quomodo convellitur. — 14. Ante omnia ergo, Fratres mei, obsecro vos, ne sine causa me Deus hæc loqui compulerit. Dico enim ante ipsum quod dixi, sæpe me istam quæstionem devitasse: timui ne monendo et præcipiendo plus reos facerem non audituros: hodie autem plus timui ne loqui recusarem, quod loqui juberer. Quasi vero parvus sit fructus sudoris hujus mei, si omnes qui mihi acclamaverunt, clament, et contra se, ne falsum jurent adversum se: si tot homines qui me attentissime audierunt, attenti sint adversus consuetudinem suam, et admoneant se hodie, cum ad domos suas venerint, cum consuetudinem suam lapsu linguæ repetiverint; admoneat proximus proximum. Hoc est quod hodie audivimus, hoc est quod obstricti sumus. Non fiat hodie, certe cum recens sermo est. Expertus loquor: non fiat hodie, pigrius fit cras. Si et cras factum non fuerit, minus laborat qui custodit; adjuvatur enim consuetudine superioris diei.

(a) Sic Mss. Editi vero, *illum.*

car vous aurez tous les biens en abondance, lorsque vous serez délivrés d'un si grand mal. Tournons-nous vers le Seigneur, etc.

SERMON CLXXXI.

Sur ces paroles de saint Jean, dans le chapitre I de sa Ire Epître : *Si nous disons que nous sommes sans péché, nous nous séduisons nous-mêmes, et la vérité n'est point en nous.* Contre les pélagiens.

CHAPITRE PREMIER. — *Personne ici-bas ne peut être sans péché.* — 1. Le bienheureux apôtre Jean, parmi les enseignements salutaires et pleins de vérité qu'il adresse aux premiers fidèles, leur dit entre autres choses : « Si nous disons que nous sommes sans péché, nous nous séduisons nous-mêmes, et la vérité n'est point en nous. Mais si nous confessons nos péchés, il est fidèle et juste pour nous les remettre et pour nous purifier de toute iniquité. » (I *Jean*, I, 8, 9.) Par ces paroles, saint Jean nous apprend, ou plutôt Notre-Seigneur Jésus-Christ, qui parle par sa bouche, nous enseigne lui-même que personne dans cette chair mortelle, dans ce corps corruptible, sur cette terre, dans ce siècle pervers, durant cette vie où les tentations abondent, ne peut être exempt de péché. La proposition est absolue et n'a pas besoin de commentaire : « Si nous disons que nous sommes sans péché. » Quel est celui, en effet, qui est sans péché ? Pas même l'enfant qui n'est que depuis un jour sur la terre, dit l'Ecriture. (*Job*, XIV, 4, *selon les Sept.*) Ce petit enfant n'a point commis le péché, mais, par sa naissance, il en a hérité de ses parents. Personne donc absolument ne peut dire qu'il est sans péché. Le vrai fidèle s'est approché par la foi du bain de la régénération, et tous ses péchés lui ont été remis ; il vit maintenant sous l'empire de la grâce, il vit de la foi, il est devenu membre de Jésus-Christ, le temple de Dieu ; et cependant si, parce qu'il est membre de Jésus-Christ et le temple de Dieu, il prétend n'avoir point de péché, il se séduit lui-même et la vérité n'est point en lui ; il ne peut, sans mensonge, dire : Je suis juste.

CHAPITRE II. — *Erreur des pélagiens qui prétendent que les justes peuvent être ici sans péché.* — 2. Mais il est des outres gonflées, des esprits pleins d'arrogance qui n'ont point de véritable grandeur, mais seulement l'enflure maladive de l'orgueil, et qui osent dire qu'on peut rencontrer des hommes sans péché. Ils soutiennent donc qu'il est des justes dans cette vie qui n'ont absolument aucun péché. Ces hérétiques sont les pélagiens, et les célestiens soutiennent la même erreur. Lorsque nous leur faisons cette

---

Triduo moritur pestis, de qua laboramus : et gaudebimus de fructu vestro ; quia magno bono abundabitis, si tam magno malo carebitis. Conversi ad Dominum, etc.

SERMO CLXXXI (a).

De verbis epistolæ I Joannis, cap. I : *Si dixerimus quia peccatum non habemus, nos ipsos seducimus, et veritas in nobis non est.* Contra Pelagianos.

CAPUT PRIMUM. — *Nemo hic vivit sine peccato.* — 1. Beatissimus Joannes apostolus salubriter et veraciter scribens, inter cætera ait : « Si dixerimus quia peccatum non habemus, nos ipsos seducimus, et veritas in nobis non est. Si autem confessi fuerimus peccata nostra, fidelis est et justus, qui dimittat nobis peccata, et mundet nos ab omni iniquitate. » (I *Joan.*, I, 8, 9.) His verbis docuit beatus Joannes, imo ipse Dominus Jesus non se tacens per Joannem, neminem in ista carne, in isto corruptibili corpore, in ista terra, in isto maligno sæculo, in ista vita tentationibus plena, neminem hic vivere sine peccato. Absoluta sententia est, nec expositore indiget : « Si dixerimus quia peccatum non habemus. » Quis est enim qui non habet peccatum ? Sicut Scriptura dicit : Nec infans, cujus est vita diei unius super terram. (*Job*, XIV, 4, *sec.* LXX.) Talis parvulus peccatum non fecit, sed de parentibus traxit. Ergo nullo modo quisquam potest dicere, non se habuisse peccatum. Sed accessit per fidem ad lavacrum regenerationis homo fidelis, et omnia dimissa sunt ei ; jam sub gratia vivit, in fide vivit, membrum Christi factus est, templum Dei factus est ; et tamen sic quomodo membrum Christi et templum Dei factus est, si dixerit se non habere peccatum, se ipsum seducit, et veritas in eo non est ; prorsus mentitur, si dicat : Justus sum.

CAPUT II. — *Pelagianorum error, justos hic sine peccato reperiri.* — 2. Sunt autem quidam inflati utres, spiritu elationis pleni, non magnitudine ingentes, sed superbiæ morbo tumentes, ut dicere audeant, inveniri homines absque peccato. Dicunt ergo, justos prorsus in hac vita nullum habere peccatum. Hæretici autem sunt Pelagiani, iidemque Cœlestiani, qui hoc dicunt. Et cum responsum illis fuerit : Quid est quod dicitis ? Ergo vivit hic homo sine peccato, et non habet omnino ullum peccatum, nec facto, nec

---

(a) Alias XXIX de verbis Apostoli.

question : Qu'osez-vous dire? Quoi! l'homme vit absolument ici sans péché, il n'est coupable d'aucun péché d'action, de parole ou de pensée? Le vent de l'orgueil qui les enfle, (et plaise à Dieu qu'ils en finissent avec ce vent de l'orgueil, qu'ils se dégonflent et se taisent, c'est-à-dire qu'ils deviennent humbles au lieu d'être orgueilleux,) le vent de l'orgueil leur inspire donc cette réponse : Nous l'affirmons : les saints, les fidèles ne peuvent être coupables d'aucun péché d'action, de parole, de pensée. Et si on leur demande : Quels sont ces justes qui sont sans péché? Ils répondent : C'est toute l'Eglise. Je pourrais être surpris si je parvenais à trouver un, deux, trois, dix justes, autant qu'en cherchait Abraham. Abraham, en effet, de cinquante descendit jusqu'à dix (*Gen.*, xviii, 24,), et vous, hérétique, osez me répondre que l'Eglise tout entière est juste! Comment le prouverez-vous? J'en ai les preuves, me dites-vous. Donnez-les donc, je vous en prie. Vous me comblerez littéralement de joie, si vous pouvez me démontrer que l'Eglise tout entière, considérée dans chacun de ses fidèles, est exempte de tout péché. En voici la preuve, me dites-vous : D'où est-elle tirée? C'est l'Apôtre lui-même qui me la fournit. Or, que dit l'Apôtre? « Jésus-Christ a aimé son Eglise. » Je vous entends, et je reconnais les paroles de l'Apôtre. « La purifiant dans le baptême de l'eau, dans la parole de vie, pour la faire paraître devant lui pleine de gloire, n'ayant ni tache, ni ride, ni rien de semblable. » (*Ephés.*, v, 25). Nous avons entendu ces grands coups de tonnerre éclater dans la nuée, car les apôtres sont les nuées de Dieu. Ces paroles ont retenti à nos oreilles et nous ont rempli d'effroi.

Chapitre III. — *Les pélagiens réfutés par eux-mêmes. Les hérétiques sont en dehors de l'Eglise.* — 3. Mais avant d'examiner quelle est la vraie signification de ces paroles de l'Apôtre, dites-nous, je vous en prie, êtes-vous justes, ou ne l'êtes-vous pas? Nous sommes justes, répondent-ils. Ainsi vous êtes sans péché? Tous vos jours, toutes vos nuits se passent sans que vous commettiez aucun péché d'action, de parole ou de pensée? Ils n'osent l'affirmer en termes formels. Mais que nous répondent-ils? Nous sommes pécheurs, il est vrai, mais nous parlons ici des saints, et non de nous-mêmes. Voici la question que je vous pose : Etes-vous chrétiens? Je ne vous demande point si vous êtes justes, mais êtes-vous chrétiens? Ils n'osent le nier. Oui, répondent-ils, nous sommes chrétiens. Vous êtes donc fidèles? Vous êtes baptisés? Oui, nous sommes baptisés. Tous vos péchés vous ont été remis? Tous, sans exception. Comment donc êtes-vous encore pécheurs? Cela me suffit pour vous réfuter. Vous êtes chrétiens, vous êtes baptisés, vous êtes fidèles, vous êtes membres de l'Eglise, et vous avez encore

---

verbo, nec cogitatione? Respondent de illo superbiæ vento, quo pleni sunt : quem ventum utinam finirent, reflarentur et tacerent, id est, humiles fierent, non elati : respondent, inquam : Prorsus isti homines sancti, fideles Dei, nec facto, nec verbo, nec cogitatione possunt ullum habere peccatum. Et cum eis dicitur : Qui sunt isti justi, qui sine peccato sunt? Respondent et dicunt : Tota Ecclesia. Mirari potuissem, si invenirem unum, duos, tres, decem, quot quærebat Abraham. Abraham enim a quinquaginta usque ad decem descendit (*Gen.*, xviii, 24); tu hæretice respondes, et dicis mihi totam Ecclesiam. Unde hoc probas? Probo, inquis. Proba, rogo te. Magnum enim mihi gaudium affers, si docere potueris, totam prorsus Ecclesiam in singulis quibusque fidelibus suis nullum habere peccatum. Probo, inquis. Dic unde? Apostolus loquitur. Quid loquitur Apostolus? Christus, inquit, dilexit Ecclesiam. Audio, et Apostoli verba esse cognosco. « Mundans eam lavacro aquæ in verbo, ut exhiberet sibi gloriosam Ecclesiam, non habentem maculam aut rugam, aut aliquid hujusmodi. » (*Ephes.*, v, 25.) Audivimus de nube magna tonitrua. Nubes enim Dei Apostolus. Verba ista sonuerunt, et tremere nos fecerunt.

Caput III. — *Refutantur ab ipsorum de se ipsis professione. Hæretici, extra Ecclesiam sunt.* — 3. Sed dicite nobis, antequam quæramus quomodo ista Apostolus dixerit; dicite, inquam, nobis, utrùm vos justi estis, an non? Respondent : Justi sumus. Ergo non habetis peccatum? Per omnes dies, per omnes noctes nihil mali facitis, nihil mali dicitis, nihil mali cogitatis? Non audent dicere : Nihil. Sed quid respondent? Nos quidem peccatores sumus; sed de sanctis loquimur, non de nobis. Hoc vos interrogo, Christiani estis? Non dico : Justi estis? Christiani estis? Non audent negare : Christiani, inquiunt, sumus. Fideles ergo estis? Baptizati estis? Baptizati, inquiunt, sumus. Dimissa sunt vobis cuncta peccata? Dimissa, inquiunt. Quomodo ergo estis peccatores? Sufficit mihi unde vos repellam. Vos Christiani estis, baptizati estis, fideles estis, membra Ecclesiæ estis, et habetis maculas et rugas? Quomodo ergo est Ec-

des taches et des rides? Comment donc l'Eglise de la terre est-elle sans tache et sans ride, puisque vous en êtes vous-mêmes les taches et les rides? Ou si vous voulez qu'il n'y ait d'autre Eglise que celle qui est sans tache et sans ride, séparez-vous de ses membres avec vos taches ; avec vos rides, retranchez-vous de son corps. Mais qu'ai-je besoin de leur dire qu'ils se séparent de l'Eglise, alors qu'ils l'ont déjà fait? Ce sont des hérétiques, ils sont en dehors de l'Eglise ; avec toute leur pureté, ils sont restés en dehors de son sein. Revenez, et écoutez ; écoutez et croyez.

Humilité mensongère des pélagiens. — 4. Peut-être me ferez-vous cette réponse, qui sort d'un cœur gonflé par l'orgueil : Pouvions-nous dire que nous sommes justes? L'humilité nous faisait un devoir d'avouer que nous étions pécheurs. Ainsi, c'est par humilité que vous mentez. Vous êtes juste, sans péché, et l'humilité vous inspire de confesser que vous êtes pécheur. Comment pourrai-je vous accepter comme témoin pour un autre, alors que je vous surprends en faux témoignage contre vous-même? Vous êtes juste, sans péché, et vous dites que vous êtes pécheur? Vous êtes donc un faux témoin contre vous-même. Dieu ne peut avoir pour agréable une humilité qui suggère le mensonge. Examinez votre vie, sondez les replis de votre conscience. Ainsi donc vous êtes juste, et cependant il vous est impossible de ne pas vous avouer pécheur? Ecoutez saint Jean ; il vous répète ces paroles si pleines de vérité : « Si nous disons que nous sommes sans péché, nous nous séduisons nous-mêmes, et la vérité n'est point en nous. » Quoi ! vous êtes sans péché, et vous avouez néanmoins que vous êtes pécheur : la vérité n'est point en vous. En effet, saint Jean n'a pas dit : « Si nous prétendons être sans péché, » l'humilité n'est point en nous, mais : « Nous nous séduisons nous-mêmes, et la vérité n'est point en nous. » Nous ne pouvons donc échapper au mensonge, en disant que nous sommes sans péché. Eh quoi! saint Jean a redouté le mensonge, et vous ne craignez pas de vous en rendre coupable, en avouant que vous êtes pécheur, alors que vous êtes juste! Encore une fois, comment pourrai-je recevoir votre témoignage dans une cause étrangère, vous qui ne craignez pas de mentir dans votre propre cause? Ce sont les saints eux-mêmes que vous accusez en portant contre vous un faux témoignage. Que ferez-vous dans la cause d'autrui, vous qui n'hésitez point à vous diffamer vous-même. Comment pourra-t-on échapper à vos calomnies, lorsque votre langue formule contre vous des accusations mensongères?

CHAPITRE IV. — *Le mensonge qui se couvre du prétexte de l'humilité, est un péché.* — 5. Je vous pose cette nouvelle question : Etes-vous juste, aut peccator? Responde : Peccator. Mentiris, quia

juste ou pécheur? Je suis pécheur, me répondez-vous; vous mentez, parce que votre langage n'est pas ici l'expression de votre pensée. En admettant donc que vous n'étiez point pécheur, dès que vous mentez, vous commencez à l'être. Vous dites : C'est par un sentiment d'humilité que nous avouons être pécheurs, car Dieu sait que nous sommes justes. C'est donc par humilité que vous mentez, et, en supposant que vous n'étiez point pécheur avant de mentir, vous tombez nécessairement, par votre mensonge, dans le péché que vous aviez évité. La vérité n'est en vous qu'à la condition, non-seulement de dire, mais de reconnaître intérieurement que vous êtes pécheur. La vérité exige que vous confessiez ce que vous êtes. Car, comment admettre l'humilité dans un cœur où règne la fausseté? (XXII *Quæst.*, q. II : *Cum humilitatis*; IV *Sent.* dist. 21 ; cap. : *Sicut autem.*)

Nous avons, dans l'Oraison dominicale, une preuve que l'Eglise ne peut être ici-bas sans péché. — 6. Laissons enfin, si vous le voulez, les paroles de saint Jean. Voici que, pour le corps tout entier de l'Eglise, que vous prétendez n'avoir ni tache, ni ride, ni rien de semblable, ni aucun péché, voici que vient l'heure de la prière; l'Eglise tout entière va prier. Vous êtes en dehors de l'Eglise; venez cependant assister à cette prière que le Seigneur lui a enseignée; approchez de cette balance divine, venez, et dites : « Notre Père, qui êtes dans les cieux. » Continuez : « Que votre nom soit sanctifié; que votre règne arrive; que votre volonté soit faite sur la terre comme au ciel; donnez-nous aujourd'hui notre pain de chaque jour. » Poursuivez, et dites encore : « Remettez-nous nos dettes. » (*Matth.*, VI, 9, etc.) Répondez, hérétique, quelles sont vos dettes? Dieu vous aurait-il prêté quelque argent? Non, me dites-vous. Je ne vous interrogerai plus davantage sur ce point, le Seigneur lui-même va nous expliquer quelles sont ces dettes que nous le prions de nous remettre. Disons donc ce qui suit : « Comme nous les remettons à ceux qui nous doivent. » Ecoutons ici l'explication du Seigneur : « Car, si vous ne remettez pas aux hommes leurs fautes, votre Père ne vous remettra point non plus vos péchés. » Revenez donc à cette prière, ô hérétique, si vous êtes resté sourd à la vraie doctrine de la foi. Dites-vous à Dieu, oui ou non : « Remettez-nous nos dettes? » Si vous ne le dites point, fussiez-vous présent de corps dans l'Eglise, vous êtes en dehors de son sein; car cette prière est la prière de l'Eglise, c'est l'enseignement qui vient de Dieu lui-même. C'est lui qui a dit : « C'est ainsi que vous prierez. » Il l'a dit à ses disciples : « C'est ainsi que vous prierez; » il l'a dit à ses disciples, il l'a dit à ses apôtres, il l'a dit à nous, faibles petits agneaux; il l'a dit aux béliers du troupeau : « Vous prierez donc ainsi. » Considérez celui qui parle, et ceux à qui il s'adresse. C'est la Vé-

---

non quod te esse corde credis, hoc ore dicis. Ergo et si non eras peccator, esse incipies dum mentiris. Dicis enim : Humilitatis causa nos dicimus peccatores esse; nam Deus videt quia justi sumus. Cum ergo humilitatis causa mentiris, si non eras peccator antequam mentireris, mentiendo efficeris quod evitaveras. Veritas in te non est, nisi te ita dixeris peccatorem, ut etiam esse cognoscas. Veritas autem ipsa est, ut quod es dicas. Nam quomodo est humilitas, ubi regnat falsitas? (XXII *Quæst.*, q. II: *Cum humilitatis*; IV *Sent.*, dist. 21, c.: *Sicut autem.*)

Ecclesiam hic non esse sine peccato, liquet ex Dominica oratione. — 6. Postremo omittamus Joannis verba: ecce in corpore Ecclesiæ, quam dicis non habere maculam aut rugam aut aliquid ejusmodi, et esse sine peccato, ecce veniet hora orationis, oratura est tota Ecclesia : et tu quidem foris es; veni ad orationem Dominicam, veni ad trutinam, veni, dic : « Pater noster, qui es in cœlis. Sequere: Sanctificetur nomen tuum : Veniat regnum tuum : Fiat voluntas tua, sicut in cœlo, et in terra : Panem nostrum quotidianum da nobis hodie. Sequere, et dic : Dimitte nobis debita nostra. » (*Matth.*, VI, 9, etc.) Responde hæretice, quæ sunt debita tua? An forte pecuniam mutuam a Deo accepisti? Non, inquit. Non te ego amplius interrogabo de hoc : ipse enim Dominus expositurus est, quæ sint debita quæ nobis petimus relaxari. Dicamus ergo sequentia : « Sicut et nos dimittimus debitoribus nostris. » Exponat hoc Dominus : « Si enim dimiseritis hominibus peccata (ergo debita vestra peccata sunt), dimittet vobis et Pater vester peccata vestra. » Redi ergo, hæretice, ad orationem, si obsurduisti contra veram fidei rationem. Dimitte nobis debita nostra, dicis, an non dicis? Si non dicis, etsi præsens fueris corpore, foris tamen es ab Ecclesia. Ecclesiæ enim oratio est, vox est de magisterio Domini veniens. Ipse dixit : Sic orate : Discipulis dixit : Sic orate : Discipulis dixit, Apostolis dixit, et nobis qualescumque agniculi sumus dixit : Arietibus gregis dixit : Sic orate. Videte quis

rité qui parle à ses disciples, le Pasteur des pasteurs aux béliers de son troupeau. « Vous prierez donc ainsi : Remettez-nous nos dettes, comme nous les remettons à ceux qui nous doivent. » C'est le Roi qui s'adresse à ses soldats, le Seigneur à ses serviteurs, le Christ à ses apôtres; c'est la Vérité qui se fait entendre aux hommes, la souveraine grandeur à l'extrême bassesse. Je sais ce qui se passe en vous, je vous pèse dans ma balance, et vous dis tout ce qui se passe dans votre âme, car je le sais beaucoup mieux que vous ne pouvez le savoir. Dites donc : « Remettez-nous nos dettes, comme nous les remettons à ceux qui nous doivent. »

CHAPITRE V. — *L'Eglise tout entière demande ici-bas que ses péchés lui soient remis.* — 7. Souffrez que je vous fasse encore une question, homme juste et saint, qui n'avez ni tache, ni ride; souffrez que je vous demande : Cette prière de l'Eglise, est-ce la prière des fidèles ou des catéchumènes? Elle est, sans aucun doute, la prière de ceux qui sont régénérés, c'est-à-dire baptisés; en un mot, ce qui est au-dessus de tout, c'est la prière des enfants; si elle n'est pas la prière des enfants, de quel front oserait-on y dire à Dieu : « Notre Père, qui êtes dans les cieux ? » Où êtes-vous donc, justes et saints ? Etes-vous, oui ou non, des membres de cette Eglise? Vous en étiez autrefois, mais vous avez cessé d'en faire partie. Et, plût à Dieu qu'après vous être ainsi séparés, vous écoutiez la vérité et que vous reveniez à la foi. Ainsi donc, si l'Eglise tout entière fait cette prière : « Remettez-nous nos dettes, » refuser de faire cette prière, c'est se mettre au rang des réprouvés. Et nous-mêmes qui demandons à Dieu qu'il nous remette nos dettes, nous sommes réprouvés, parce que nous sommes pécheurs, jusqu'à ce que notre prière soit exaucée. Mais comme nous faisons ce que vous ne faites pas, c'est-à-dire, comme nous confessons nos péchés, nous en sommes purifiés, si toutefois nous sommes fidèles à cette condition que nous formulons nous-mêmes : « Comme nous les remettons à ceux qui nous doivent. » Où êtes-vous donc maintenant, hérétique, vous qui êtes pélagien ou célestien? Voici que l'Eglise tout entière dit à Dieu : « Remettez-nous nos dettes. » Elle a donc encore des taches et des rides. Mais ces rides s'aplanissent et s'effacent; ces taches sont lavées par la confession des péchés. L'Eglise ne se soutient que par la prière, elle se purifie par l'aveu de ses fautes, et c'est une des conditions de son existence, tant que dure la vie présente. Lorsque le chrétien quitte son corps, tous les péchés qui avaient besoin de rémission lui sont remis. Ces fautes sont remises par les prières de chaque jour; il sort donc purifié, et l'Eglise entre dans les trésors du Seigneur comme un or pur; elle y entre sans tache et sans ride. Mais si elle

---

dixerit, et quibus dixerit. Veritas Discipulis, Pastor pastorum Arietibus : « Sic orate : Dimitte nobis debita nostra, sicut et nos dimittimus debitoribus nostris. » Rex militibus, Dominus servis, Christus Apostolis, veritas hominibus loquebatur, sublimitas humilibus loquebatur. Scio quid in vobis agatur : ego vos appendo, ego de trutina mea renuntio, prorsus dico quid in vobis agitur. Hoc enim ego plus quam vos scio. Dicite: « Dimitte nobis debita nostra, sicut et nos dimittimus debitoribus nostri. »

CAPUT V. — *Tota Ecclesia hic petit sibi dimitti peccata.* — 7. Interrogo te, homo juste, sancte, homo sine macula et ruga; interrogo te, inquam : Oratio ista (a) Ecclesiæ est, fidelium est, an catechumenorum ? Certe utique regneratorum est, id est, baptizatorum : postremo, quod totum superat, filiorum est. Nam si non est filiorum, qua fronte dicitur : Pater noster, qui es in cœlis? Ubi ergo estis, o justi et sancti ? In membris Ecclesiæ hujus estis, an non estis ? Ibi eratis, sed jam non estis ibi. Et utinam jam præcisi accepta ratione audiant et credant. Ergo si tota Ecclesia dicit : Dimitte nobis debita nostra, reprobus est qui hoc non dicit. Et nos quidem cum dicimus : debita nostra, quo usque id quod petimus accipiamus, reprobi sumus, quia peccatores sumus : sed quod vos non facitis, nos faciendo, id est peccata nostra confitendo mundamur; si tamen faciamus quod dicimus : Sicut et nos dimittimus debitoribus nostris. Ubi es ergo, hæretice Pelagiane vel Cœlestiane? Ecce tota Ecclesia dicit : Dimitte nobis debita nostra. Habet ergo maculas et rugas. Sed confessione ruga extenditur, confessione macula abluitur. Stat Ecclesia in oratione, ut mundetur confessione : et quamdiu hic vivitur, sic stat. Et cum de corpore exierit unusquisque, dimittuntur ei (b) omnia, quæ talia habebat ut dimitterentur debita; quia et quotidianis precibus dimittuntur : et tunc exit mundatus, et thesaurizatur Ecclesia in thesauros Domini

(a) Lov. *Oratio ista ex Deo est, Ecclesiæ est.* Am. et Er. omittunt *Ecclesiæ est.* Mss. vero non habent *ex Deo est.* — (b) Sic Mss. At Lov. *dimittuntur ei peccata, quia talia habebat,* etc.

est dans les cieux sans tache et sans ride, que doit-elle demander ici-bas? Le pardon de ses péchés. Le pardon que Dieu lui accorde lave les taches, étend et efface les rides. Et où Dieu étend-il ces rides pour les effacer? Il les étend comme sur le bois du divin foulon, sur la croix de Jésus-Christ. Car c'est sur cette croix, c'est-à-dire sur ce bois, qu'il a répandu pour nous son sang. Et vous savez, vous fidèles, quel témoignage vous rendez à ce sang après l'avoir reçu; vous dites *Amen*, c'est la vérité. Vous savez quel sang a été répandu pour un grand nombre, en rémission des péchés. (*Matth.*, XXVI, 28.) Voilà comme l'Eglise devient sans tache et sans ride; Dieu l'étend sur l'arbre de la croix pour la purifier, c'est l'œuvre et le travail de la vie présente. Dieu veut faire paraître devant lui son Eglise glorieuse, n'ayant ni tache ni ride; mais il travaille ici-bas à lui donner cette beauté, qui ne doit paraître dans tout son éclat que dans les cieux. Oui, le travail de Dieu ici-bas est d'effacer en nous toutes les taches et toutes les rides. C'est un grand opérateur, un bon médecin, un ouvrier des plus habiles. Il nous étend sur le bois pour effacer nos rides, après nous avoir purifiés de nos taches en nous lavant dans son sang. Il n'avait ni tache ni ride, et il a voulu être étendu lui-même sur le bois, non point pour lui, mais pour nous, afin de nous rendre sans tache et sans ride. Prions-le donc qu'il en agisse ainsi avec nous, et qu'après avoir achevé son œuvre, il nous conduise dans ses greniers, et nous place dans ce lieu où nous ne serons plus foulés dans le pressoir.

Chapitre VI. — *Quels sont les remèdes des péchés sans lesquels on ne peut vivre ici-bas. Un chrétien ne commet pas de fautes mortelles. A quelles conditions nos dettes nous sont remises.* — 8. Vous donc qui parliez de la sorte, vous êtes donc sans tache et sans ride? Que faites-vous donc dans l'Eglise, qui dit à Dieu : « Remettez-nous nos dettes? » Vous le voyez, elle confesse qu'elle a des dettes dont elle demande la remise. Ceux qui ne font point cet aveu ne sont point pour cela sans dettes, mais ces dettes ne leur seront point remises. Ce qui nous guérit, c'est l'aveu de nos fautes, une conduite prudente, une vie humble, la prière jointe à la foi, la contrition du cœur, les larmes sincères qui coulent des veines du cœur; voilà ce qui nous obtient le pardon des péchés, sans lesquels on ne peut vivre ici-bas. Oui, je le répète, l'aveu de nos fautes nous guérit, le témoignage de l'apôtre saint Jean est formel : « Si nous confessons nos péchés, il est fidèle et juste pour nous les remettre et pour nous purifier de toute iniquité. » J'ai dit que nous ne pouvions être ici-bas sans péché : il ne s'ensuit

---

aurum purum; ac per hoc in thesauros Domini Ecclesia est sine macula et ruga. Et si ibi sine macula et ruga est, hic quid orandum est? Ut venia percipiatur. Qui dat veniam, maculam extergit : qui ignoscit, rugam extendit. Et ubi extenditur ruga nostra? Tanquam in tendicula magni fullonis, in cruce Christi. In ipsa enim cruce, id est, in ipsa tendicula pro nobis sanguinem fudit. Et nostis fideles quale testimonium perhibeatis sanguini quem accepistis. Certe enim dicitis : Amen. Nostis qui sit sanguis qui pro multis effusus est in remissionem peccatorum. (*Matth.*, XXVI, 28.) Ecce quomodo fit Ecclesia sine macula et ruga, tanquam bene mundata in tendicula crucis extenditur : sed hic omnino (*a*) potest id agi. Exhibet sibi Ecclesiam gloriosam Dominus, non habentem maculam aut rugam. Agit hoc et hic, exhibet ibi. Hoc enim agit, ut non habeamus maculam aut rugam. (*b*) Magnus est qui agit, bene curat, doctissimus artifex est. Extendit in ligno, et facit nos sine ruga, quos abluendo fecerat sine macula. Ipse qui venit sine macula et sine ruga, extensus est in tendicula; sed propter nos, non propter se, ut nos faceret sine macula et ruga. Rogemus ergo eum ut faciat, et postquam fecerit, ad horrea nos ducat, ibique nos reponat, ubi pressorium non erit.

Caput VI. — *Remedia peccatorum sine quibus vivi non potest. Mortifera non facit Christianus. Conditio qua nobis relaxantur quotidiana peccata.* — 8. Tu ergo qui loquebaris, sine macula et ruga es? Quid hic facis in Ecclesia, quæ dicit : Dimitte nobis debita nostra? Debita se habere confitetur, quæ relaxentur. Qui non confitentur, non ideo non habent : sed ideo non relaxabuntur. Confessio nos sanat, confessio nos cauta, vita humilis, oratio cum fide, contritio cordis, lacrymæ non fictæ de vena cordis profluentes, ut dimittantur nobis peccata, sine quibus esse non possumus. Confessio, inquam, nos sanat, dicente apostolo Joanne : « Si confiteamur peccata nostra, fidelis est et justus, ut dimittat nobis peccata, et

---

(*a*) Benignianus Ms. *omnino non potest id agi :* sed refragantibus cæteris libris. In subsequenti sententia facile crederemus legendum : *Exhibet ibi Ecclesiam :* si non sibi vox Apostoli esset in ipso de quo disputatur loco *Ephes.*, v, 27. — (*b*) Sic Am. Er. et Mss. At Lov. *Magnum est,* quia *hoc agit.*

pas que nous devions commettre des homicides, des adultères, ou d'autres péchés mortels, dont un seul suffit pour donner à l'âme le coup de la mort. Un chrétien, animé d'une foi sincère et d'une sainte espérance, ne se rend point coupable de ces crimes ; il ne commet que de ces fautes que peut effacer l'éponge de la prière de chaque jour. Disons tous les jours avec humilité, avec dévotion : « Remettez-nous nos dettes, » mais soyons fidèles à la condition qui suit : « Comme nous les remettons à ceux qui nous doivent. » C'est un contrat que nous faisons avec Dieu, un contrat véritable, dont les clauses sont clairement exprimées. Vous êtes homme, et vous avez un débiteur ; mais vous êtes vous-même débiteur. Vous vous présentez devant Dieu, qui a des débiteurs, et qui ne l'est de personne, pour lui demander qu'il vous remette vos dettes. Or, voilà ce qu'il vous dit : Je n'ai point de dettes, vous en avez, car vous êtes mon débiteur ; mais votre frère vous doit également. Vous êtes mon débiteur, et vous avez vous-même un débiteur. Vous êtes mon débiteur, parce que vous avez péché contre moi, et votre frère est votre débiteur, parce qu'il vous a offensé. Ce que vous ferez avec votre débiteur, je le ferai avec le mien, c'est-à-dire, si vous lui remettez sa dette, je la remettrai moi-même ; si vous la retenez, je la retiendrai. Or, en refusant de lui faire remise, vous agissez contre vous-même. Que personne donc ne se prétende sans péché, mais gardons-nous pour cela d'aimer le péché. Ayons tous les péchés en horreur, bien que nous ne puissions être sans péché ; ne laissons pas de les haïr, et abstenons-nous, autant que nous le pouvons, des moindres fautes. Pour moi, me dit je ne sais qui, je suis sans péché. Il se fait illusion, et la vérité n'est point en lui. Adressons-nous donc à Dieu, pour qu'il nous remette nos dettes ; mais commençons par faire ce qu'il exige, remettons nous-mêmes à ceux qui nous doivent. Lorsque nous aurons remis, on nous remettra. Voilà ce que nous disons, ce que nous faisons tous les jours, et ce qui s'accomplit en nous chaque jour ; nous ne sommes point ici-bas sans péché, mais nous sortirons de cette vie sans péché.

SERMON CLXXXII [1].

Sur ces paroles de saint Jean, dans le chapitre IV de sa Ire Épître : *Mes bien-aimés, ne croyez pas à tout esprit ; mais éprouvez si les esprits sont de Dieu*, etc. Contre les manichéens.

CHAPITRE PREMIER. — *Il ne faut pas croire à tout esprit.* — 1. Lorsqu'on nous lisait l'é-

---

(1) Saint Augustin fait mention de ce sermon dans le suivant, dont Florus donne des extraits dans son Commentaire sur le chapitre VIII de son Épître aux Romains, et sur le chapitre II de l'Épître aux Philippiens.

---

mundet nos ab omni iniquitate. » Non autem, quia dico quod non possumus hic esse sine peccato, homicidia facere debemus, aut adulteria, vel caetera mortifera peccata, quae uno ictu perimuunt. Talia non facit bonae fidei et bonae spei Christianus : sed illa sola, quae quotidiano orationis penicillo tergantur. Humiles et devoti dicamus quotidie : Dimitte nobis debita nostra ; sed si faciamus quod sequitur : Sicut et nos dimittimus debitoribus nostris. Sponsio haec cum Deo, vera sponsio et fixa conditio est. Tu homo es, et habes debitorem, et debitor etiam tu es. Accedis ad Deum, qui habet debitores, et debitor non est, ut postules tibi debita relaxari. Sed hoc tibi dicit : Ego debita non habeo, tu habes debita ; debes enim mihi : sed etiam frater tuus debet tibi. Debitor meus es, habes et tu debitorem. Debitor meus es, quia peccasti in me : habes debitorem fratrem, quia peccavit in te. Quod feceris cum debitore tuo, facio et ego cum meo : id est, si dimittis, dimitto ; si tenes, teneo. Tu contra te tenes, qui alteri non dimittis. Nemo ergo dicat se esse sine peccato : sed non tamen ideo debemus amare peccatum. Oderimus (a) ea, Fratres ; etsi non sumus sine peccatis, oderimus tamen ea : et maxime a criminibus nos abstineamus ; abstineamus, quantum possumus, a levibus peccatis. Ego, ait, nescio quis, non habeo peccata. Se ipsum decipit, et veritas in eo non est. Prorsus oremus, ut Deus dimittat : sed faciamus quod dicitur, dimittamus et nos debitoribus nostris. Cum dimittimus, et dimittitur nobis. Quotidie dicimus hoc, et quotidie facimus, et quotidie fit in nobis. Non hic sumus sine peccato, sed exibimus hinc sine peccato.

SERMO CLXXXII [b].

De verbis epistolae I Joan., cap. IV : *Carissimi, nolite omni spiritui credere ; sed probate spiritus, si ex Deo sunt*, etc. Contra Manichaeos.

CAPUT PRIMUM. — *Non cuilibet spiritui credendum.* — 1. Quando Joannes apostolus legebatur, audivimus loquentem per eum Spiritum sanctum, et dicentem ;

(a) In omnibus Mss. *eum*. — (b) Alias XXX de verbis Apostoli.

pître de l'apôtre saint Jean, nous avons entendu l'Esprit saint nous dire par sa bouche : « Mes bien-aimés, ne croyez pas à tout esprit, mais éprouvez si les esprits sont de Dieu. » (I *Jean*, IV, 1.) Je répète cet avertissement, car je crois nécessaire de le répéter, et, avec la grâce de Dieu, de le graver profondément dans vos esprits. « Mes bien-aimés, ne croyez pas à tout esprit, mais éprouvez si les esprits sont de Dieu; car il est venu beaucoup de faux prophètes dans le monde. » L'Esprit saint nous recommande de ne pas croire à tout esprit, et il nous donne la raison de cette défense. Quelle est-elle ? « Car il est venu beaucoup de faux prophètes dans le monde. » Celui donc qui méprise cette défense, et s'imagine qu'il peut ajouter foi à tout esprit, tombera nécessairement dans les piéges des faux prophètes, et, ce qui est beaucoup plus mal, outragera les prophètes de la vérité.

CHAPITRE II. — *Celui qui nie que Jésus-Christ est venu dans la chair n'est pas de Dieu.* — 2. Le chrétien à qui cette recommandation inspire une sage défiance, va peut-être me dire : J'ai entendu, je n'oublierai point cet avertissement, je désire y être fidèle, car je ne veux point tomber dans les piéges des faux prophètes. Qui voudrait, en effet, être dupe des hommes de mensonge ? Donnez-moi un homme vraiment religieux : il ne veut pas tromper. Supposez un homme impie, sacrilége : il veut tromper, mais il ne veut pas être trompé. Ainsi donc les bons ne veulent pas tromper; ni les bons, ni les méchants ne veulent être trompés; par conséquent, personne ne veut être la dupe des faux prophètes. Je répète le conseil qui m'est donné, mais c'est toujours malgré soi qu'on se laisse tromper par un faux prophète. J'ai entendu cette défense de saint Jean, ou, pour parler plus vrai, du Seigneur par la bouche de Jean : « Ne croyez pas à tout esprit. » Je le reçois, et je veux l'observer. L'apôtre ajoute : « Mais éprouvez si les esprits sont de Dieu. » Comment les éprouver ? Je voudrais faire cette épreuve, si je pouvais me garantir de l'erreur. Car si je n'éprouve point les esprits qui sont de Dieu, je tomberai nécessairement au milieu des esprits qui ne viennent point de Dieu, et je serai trompé par les faux prophètes. Que ferai-je donc ? Comment me préserver de l'erreur ? Oh ! si l'apôtre saint Jean, non content de nous dire : « Ne croyez pas à tout esprit, mais éprouvez si les esprits sont de Dieu, » daignait nous apprendre à quels signes en peut connaître les esprits qui sont de Dieu ! Soyez sans inquiétude, écoutez ce qu'il vous dit : « Voici en quoi l'on reconnaît qu'un esprit est de Dieu. » (*Ibid.*, 2.) C'est ce que vous désiriez savoir : le moyen d'éprouver les esprits qui sont de Dieu. « Voici en quoi on reconnaît qu'un esprit est

---

« Carissimi, nolite omni spiritui credere; sed probate spiritus, si ex Deo sunt. » (I *Joan.*, IV, 1.) Repeto, quia necessarium est ut repetam, et hoc mentibus vestris, quantum Dominus adjuvat, vehementer inculcem. « Carissimi, nolite omni spiritui credere; sed probate spiritus, si ex Deo sunt. Quoniam multi pseudoprophetæ prodierunt in hunc mundum. » Præcepit Spiritus sanctus, ne omni spiritui credamus : et causam cur hoc præceperit, dixit. Quæ illa causa est ? « Quoniam multi, inquit, pseudoprophetæ prodierunt in hunc mundum. » Quisquis ergo ista præcepta contempserit, et omni spiritui credendum putaverit, necesse est incurrat in pseudoprophetas, et quod pejus est, blasphemet veros prophetas.
CAPUT II. — *Ex Deo non est, qui negat Christum in carne venisse.* — 2. Hic jam ex isto præcepto homo cautus effectus dicturus est mihi : Audivi, teneo, obtemperare desidero, quia et ego in pseudoprophetas nolo incurrere. Quis enim hoc velit, a mendacibus decipi ? Siquidem pseudopropheta est mendax propheta. Da mihi hominem religiosum, non vult fallere : da mihi hominem impium, sacrilegum, fallere vult, falli non vult. Cum ergo nolint fallere boni, falli autem nec boni velint nec mali, quis est qui in pseudoprophetam velit incurrere ? Verba dico consulentis me : sed utique in pseudoprophetam nemo nisi invitus incurrit. Audivi præceptum Joannis, imo Domini per Joannem : « Nolite omni spiritui credere. » Ecce accipio, ita volo. Addit, et dicit : « Sed probate spiritus, si ex Deo sunt. » Unde probo ? Probare vellem, si errare non possem. Certe nisi probavero spiritus qui ex Deo sunt, incurram necesse est in spiritus qui ex Deo non sunt, et ex hoc seducar a pseudoprophetis. Quid agam ? Quomodo observem ? O si sanctus Joannes, quomodo nobis dixit : « Nolite omni spiritui credere, sed probate spiritus, si ex Deo sunt ; » dicere dignaretur, quomodo probentur spiritus qui ex Deo sunt ! Noli esse sollicitus, et hoc audi. « Hinc cognoscitur spiritus Dei; » (*Ibid.*, 2) hoc certe exspectabas audire, ut probares spiritus qui ex Deo sunt. « Hinc

de Dieu. » C'est Jean qui parle ainsi, ce n'est pas moi ; c'est la suite du passage que j'explique. Après nous avoir inspiré une vigilance pleine de sollicitude, pour ne pas ajouter foi à tout esprit, et nous faire éprouver si les esprits sont de Dieu, parce que beaucoup de faux prophètes sont venus dans le monde, l'apôtre a vu ce que nous désirions ; il va au-devant de ce désir, et arrête ses regards sur la pensée silencieuse qui s'élève en nous. Rendons grâces à Dieu, qui a daigné nous instruire par sa bouche. « Voici en quoi l'on reconnaît qu'un esprit est de Dieu. » « Tout esprit. » Allons, courage, mes frères, écoutez avec attention ; je fais appel à votre intelligence, à votre discernement. Attachez-vous à la vérité, résistez au mensonge. « Voici en quoi l'on reconnaît qu'un esprit est de Dieu. » A quels signes, je vous prie ? Voilà ce que je désire vivement savoir. « Tout esprit qui confesse que Jésus-Christ est venu dans la chair est de Dieu. Et tout esprit qui confesse qu'il ne reconnaît point que Jésus-Christ est venu dans la chair, n'est pas de Dieu. » (*Ibid.*, 2, 3.) Donc, mes très-chers frères, repoussez maintenant loin de vous tout discoureur, tout prédicateur, tout écrivain, tout calomniateur, qui nie que Jésus-Christ est venu dans la chair. Repoussez donc les manichéens de vos demeures, de vos oreilles et de vos cœurs ; car les manichéens nient ouvertement que Jésus-Christ soit venu dans la chair. Leurs esprits ne viennent donc point de Dieu.

Les manichéens nous dressent des piéges jusque dans ces paroles de saint Jean. Leur erreur des deux natures. — 3. Je vois ici par où le loup cherche à se glisser furtivement ; je le vois, et je vais vous enseigner, selon la mesure de mes forces, le moyen de l'éviter. C'est donc dans les paroles que je vous ai dites, ou plutôt dans le texte même de l'Apôtre que j'ai rappelé : « Tout esprit qui nie que Jésus-Christ est venu dans la chair n'est point de Dieu, » que les manichéens nous tendent un piége et nous disent : L'esprit qui nie que Jésus-Christ soit venu dans la chair n'est point de Dieu, d'où vient-il donc ? S'il ne vient pas de Dieu, d'où peut-il venir ? Ne vient-il pas nécessairement d'ailleurs ? Or, conclut-il, s'il ne vient pas de Dieu, mais s'il vient d'ailleurs, il faut donc reconnaître l'existence de deux natures. Nous avons découvert le loup, tendons-lui des rets où il tombe sûrement ; poursuivons-le, saisissons-le, pour l'égorger ensuite. Oui, égorgeons-le sans pitié ; faisons mourir l'erreur pour sauver la vie de l'homme. Dans ce peu de mots : Saisissons-le, égorgeons-le, faisons mourir l'erreur pour sauver la vie de l'homme, se trouve la solution de la question. Mais rappelez-vous ce que j'ai avancé ; car, pour comprendre la solution, il ne faut pas oublier la question : « Tout esprit

cognoscitur spiritus Dei; » Joannes dixit, non ego : hoc sequitur in lectione quam tracto. Cum enim nos propterea faceret sollicitos et cautos, ne omni spiritui credamus, sed probemus spiritus qui ex Deo sunt, quia multi pseudoprophetæ prodierunt in hunc mundum ; continuo vidit quid desideraremus, occurrit exspectationi, injecit oculum tacitæ cogitationi. Gratias Deo, quia et hoc per illum loqui dignatus est. « Hinc cognoscitur spiritus Dei. Omnis spiritus. » Eia audite, audite, intelligite, discernite, inhærete veritati, resistite falsitati. « Hinc cognoscitur spiritus Dei. » Unde, rogo te ? Hoc est quod audire cupiebam. « Omnis spiritus qui confitetur Jesum Christum in carne venisse, ex Deo est : et omnis spiritus qui non confitetur Jesum Christum in carne venisse, ex Deo non est. » (*Ibid.*, 2, 3.) Interim ergo, Carissimi, repellite ab auribus vestris omnem disputatorem, prædicatorem, scriptorem susurratorem, qui negat Jesum Christum in carne venisse. Ergo repellite Manichæos a domibus, ab auribus, a cordibus vestris. Manichæi enim Christum in carne venisse apertissime negant. Spiritus ergo illorum non sunt ex Deo.

Manichæorum in ipso loco Joannis insidiæ. Error de duabus naturis. — 3. Hic video unde velit lupus obrepere, agnosco, et quantum valeo, devitandum esse demonstro. Hinc, in eo quod dixi, vel potius ab Apostolo dictum commemoravi ; quia : « Omnis spiritus qui negat Jesum Christum in carne venisse, ex Deo non est ; » insidiatur Manichæus in hoc verbo, et dicit mihi : Ecce spiritus qui negat Jesum Christum in carne venisse, ex Deo non est : unde est ergo ? Si ex Deo non est, inquit, unde est ? Numquid enim potest esse, nisi aliunde ? Si ergo, inquit, ex Deo non est, et aliunde est, vides esse duas naturas. Invenimus lupum : retia salubria tendamus, venemur, capiamus, captum trucidemus. Trucidemus plane ; moriatur error, vivat homo. Ecce in eo quod dixi : Capiamus, trucidemus ; moriatur error, vivat homo, ibi solvitur quæstio. Sed recolite quod proposui, ne obliti quæstionem, non intelligatis solutionem. « Omnis spiritus qui non

qui ne confesse pas que Jésus-Christ est venu dans la chair n'est pas de Dieu. »

Chapitre III. — D'où vient-il donc? s'écrie aussitôt le manichéen; s'il n'est pas de Dieu, il vient d'ailleurs. S'il vient d'ailleurs, voilà les deux natures que j'enseigne. Retenez bien cette objection, et ramenez votre attention sur ces paroles : « Saisissons le loup, égorgeons-le, faisons mourir l'erreur pour sauver la vie de l'homme. » L'erreur ne vient pas de Dieu, mais l'homme n'a d'autre principe que Dieu. Revenez maintenant à la question : « Tout esprit qui ne confesse point que Jésus est venu dans la chair n'est point de Dieu. » J'ajoute : « Toutes choses ont été faites par lui. » (*Jean*, I, 3.) « Que tout esprit loue le Seigneur. » (*Ps.* CL, 6.) Mais si tout esprit ne vient pas de Dieu, comment un esprit qui ne vient pas de Dieu peut-il louer le Seigneur? Cependant, il est vrai de dire : « Que tout esprit loue le Seigneur. » Je vois ici deux choses, je vois un malade, guérissons la maladie, et la nature sera délivrée. Le mal ne fait point partie de la nature, il lui est contraire. Guérissez ce qui est malade ; et la nature alors pourra louer Dieu. Ce que combat la médecine, c'est la maladie, ce n'est point la nature. « Tout esprit qui ne confesse point que Jésus-Christ est venu dans la chair n'est pas de Dieu. » Il n'est pas de Dieu, en tant qu'il nie que Jésus-Christ est venu dans la chair, parce que l'erreur qui nie l'incarnation du Christ ne vient pas de Dieu. Mes frères, pourquoi avons-nous besoin d'une seconde naissance ? Si la première est bonne, pourquoi cette seconde naissance ? La nature, qui était corrompue, a besoin d'être réparée ; la nature, qui était tombée, a besoin d'être relevée; la nature, qui est défigurée, doit être reformée et embellie par la grâce. Le Créateur seul, Père, Fils et Saint-Esprit, cette unité en trois personnes, cette trinité en une seule nature, cette nature seule immuable, invariable, inaccessible à toute défaillance comme à tout progrès, ne peut ni tomber pour s'amoindrir, ni s'élever pour s'agrandir ; elle est parfaite, éternelle, immuable sous tous rapports. La créature est bonne, mais combien est-elle inférieure au Créateur ! Vouloir égaler les créatures au Créateur, c'est vouloir s'attacher à l'ange apostat, au démon.

Chapitre IV. — *Réfutation de cette erreur des manichéens, que l'âme est une partie de Dieu.* — 4. Que l'âme comprenne donc bien sa condition : elle n'est pas Dieu. Si elle se croit Dieu, elle offense Dieu, et, au lieu d'un sauveur, elle ne trouve plus en lui qu'un juge qui la condamne. Or, quand Dieu condamne les âmes coupables, il ne se condamne point lui-même ; mais il se condamnerait, si l'âme est ce qu'est Dieu.

---

confitetur Jesum Christum in carne venisse, ex Deo non est. »

Caput III. — Et Manichæus continuo : Et unde est? Si ex Deo non est, aliunde est. Si aliunde est, (*f.* docuit) docui duas esse naturas. Hanc quæstionem tenete, et mentes ad illa mea verba revocate, ubi dixi : Capiamus, trucidemus ; moriatur error, vivat homo. Error non est ex Deo, homo ex Deo est. Redite ad quæstionem : « Omnis spiritus qui non confitetur Jesum in carne venisse, ex Deo non est. » Dico et ego : Omnia per ipsum facta sunt. (*Joan.*, I, 3.) Omnis spiritus laudet Dominum. (*Psal.* CL, 6.) Sed si non omnis spiritus ex Deo est, quomodo spiritus qui ex Deo non est laudat Dominum? Prorsus omnis spiritus laudet Dominum. Utrumque video, languidum intelligo ; vitium sanetur, natura liberetur. Vitium natura non est, sed naturæ inimicum est. Sana unde langues, remanet unde laudes. Medicina vitia persequitur, non naturam. « Omnis spiritus qui non confitetur Jesum Christum in carne venisse, ex Deo non est. » In quantum non confitetur Christum in carne venisse, in tantum ex Deo non est ; quia iste error qui non confitetur Christum in carne venisse, ex Deo non est. Fratres, quid est quod renascimur? Si bene nati sumus, quid est quod renascimur? Natura quæ corrupta fuerat, reparatur ; natura quæ lapsa fuerat, erigitur ; natura quæ deformis jacebat, gratia reformatur. Solus enim Creator, Pater Filius et Spiritus sanctus ; trina unitas, una trinitas, sola illa natura immutabilis, incommutabilis, nec defectui, nec profectui obnoxia, nec cadit, ut minus sit ; nec transcendit, ut plus sit ; perfecta, sempiterna, omni modo immutabilis, sola illa natura. Creatura vero bona, sed Creatori impar valde. Vis adhærere diabolo desertori, si (*a*) æquare contendis condita Conditori.

Caput IV. — *Manichæorum error, animam esse partem Dei, confutatur.* — 4. Agnoscat anima conditionem suam : non est Deus. Cum se anima putat Deum, offendit Deum : non invenit salvatorem, sed invenit damnatorem. Quoniam Deus quando animas malas damnat, non se damnat : si autem anima

---

(*a*) Fossatensis codex, *si æquari vis Conditori.*

SERMON CLXXXII.

Rendons honneur, mes frères, au Dieu à qui nous crions : « Délivrez-nous du mal. » (*Matth.*, VI, 13.) Et si l'ennemi vient jusque dans la prière vous suggérer cette tentation et vous dire : Pourquoi demandez-vous à Dieu de vous délivrer du mal? Ne croyez-vous pas que le mal n'existe pas? répondez-lui : Je suis moi-même assujetti au mal; et si Dieu me délivre du mal, de mauvais que je suis, je deviendrai bon; que Dieu me délivre de moi, pour que je ne tombe pas dans vos filets. Voilà ce qu'il faut répondre aux manichéens : Si Dieu me délivre de moi, je ne tomberai point dans vos mains; car si Dieu me délivre de moi, qui suis mauvais, je deviendrai bon ; si je suis bon, je serai sage ; la sagesse me préservera de l'erreur, et une fois à l'abri de l'erreur, vous ne pourrez me tromper. Que Dieu me délivre donc de moi-même, et je ne crains plus de tomber dans vos piéges. C'est un vice de ma nature de pouvoir m'égarer en ajoutant foi à vos erreurs, parce que mon âme est remplie d'illusions. (*Ps.* XXXVII, 8.) Je ne suis pas pour moi la lumière ; si je l'étais, je ne me serais jamais égaré. Je ne suis donc point une partie de la divinité, car la substance divine, la nature divine est inaccessible à l'erreur. Pour moi, au contraire, je suis sujet à l'erreur; car, de votre propre aveu, vous avez la sagesse en partage, et vous vous efforcez de me tirer de l'erreur. Mais comment puis-je tomber dans l'erreur, si ma nature est une partie de la nature divine? Rougissez donc et rendez gloire à Dieu. Je soutiens qu'aujourd'hui encore vous êtes dans de graves erreurs, et vous êtes obligé d'avouer que vous vous êtes autrefois égaré. La nature divine s'était donc égarée? La nature divine s'était laissé entraîner dans les plaisirs dissolus? La nature divine se livrait à l'adultère? La nature divine s'abandonnait à d'infâmes débauches? La nature divine marchait en aveugle sans savoir où elle allait? La nature divine, en un mot, se plongeait dans toutes sortes de crimes et de forfaits? Rougissez de ces honteuses conséquences, et rendez gloire à Dieu.

CHAPITRE V. — *L'homme ne peut être pour lui-même la lumière qui l'éclaire.* — 5. Vous ne pouvez être pour vous la lumière qui éclaire vos pas; non, vous ne pouvez l'être. « Celui-là était la lumière véritable. » (*Jean*, I, 9.) C'est par comparaison avec Jean qu'il est dit : « Celui-là était la lumière véritable. » Est-ce que Jean n'était pas aussi une lumière? Jean était une lampe ardente et brillante au témoignage du Seigneur. (*Jean*, V, 35.) Est-ce qu'une lampe n'est pas aussi une lumière? Oui, mais il y avait une lumière véritable. On peut allumer une lampe, on peut l'éteindre; la lumière véritable peut communiquer sa clarté, mais ne peut jamais s'éteindre. « Celui-là donc était la vraie lumière, qui éclaire tout homme venant en ce monde. »

---

hoc est quod Deus, se damnat. Demus honorem Deo nostro, Fratres, cui clamamus : Libera nos a malo. (*Matth.*, VI, 13.) Et si (*a*) susurret tibi, ut in oratione invenias tentationem, et dicat tibi : Quid est quod clamasti : Libera nos a malo? Certe non est malum? Responde illi : Ego sum malus : et si liberaverit me a malo, ero de malo bonus : liberet me a me, ne incurram in te. Hoc dic Manichæo : Si Deus liberaverit me a me, non incurram in te : quia si Deus liberaverit me a me malo, ero bonus; si bonus ero, sapiens ero ; si sapiens ero, non errabo ; si non errabo, a te decipi non potero. Liberet ergo Deus me a me, et non incurro in te. Meum est enim vitium, ut errem et credam tibi : quoniam anima mea impleta est illusionibus. (*Psal.* XXXVII, 8.) Non sum mihi ipse lumen : nam si essem, nunquam errassem. Ideo pars Dei non sum, quia substantia Dei, natura Dei errare non potest : ego autem erro; nam et tu ipse confiteris, sapientem te dicis, ab errore me liberare conaris. Unde ergo erro, si natura Dei sum? Erubesce, da honorem Deo. Ego dico quia multum adhuc erras : sed sicut tu ipse confiteris, erraveras. Erraverat ergo natura Dei? Ierat in immunditiam natura Dei? Adulteria committebat natura Dei? Stupra illicita faciebat natura Dei? Cæca nesciebat qua iret natura Dei? Facinoribus et flagitiis obruebatur natura Dei? Erubesce, da honorem Deo.

CAPUT V. — *Lumen sibi esse homo non potest.* — 5. Lumen tibi esse non potes, non potes, non potes. Erat lumen verum. In comparatione Joannis dictum est : Erat lumen verum. (*Joan.*, I, 9.) Numquid non et Joannes lucerna? Ille erat lucerna ardens et lucens, Dominus dixit. (*Joan.*, V, 35.) Numquid lucerna lumen non est? Sed erat lumen verum. Lucerna et accendi potest, et extingui potest : lumen verum accendere potest, extingui non potest. « Erat ergo lumen verum, quod illuminat omnem hominem venientem in hunc mundum. » Illuminandi sumus, non lumen sumus. Expergiscere, clama

---

(*a*) Editi, *succurret*. Melius Mss. *susurret* : subaudi, Manichæus

Nous avons besoin d'être éclairés, nous ne sommes point la lumière. Réveillez-vous donc et criez avec moi : « Le Seigneur est ma lumière. » (*Ps.* XXVI, 1.) Que dites-vous donc maintenant? Est-ce que le mal n'existe pas? Le mal existe, mais il est susceptible de changement et peut faire place au bien, parce que le mal est un défaut, et non une propriété de notre nature. Que signifie donc cette prière : « Délivrez-nous du mal? » Ne pourrions-nous pas, ne pouvons-nous pas dire aussi bien : Délivrez-nous des ténèbres? De quelles ténèbres? De nous-mêmes, s'il reste encore en nous quelques parties ténébreuses, jusqu'à ce que nous soyons lumière dans tout notre être, n'ayant plus rien qui résiste à la charité, qui soit contraire à la charité, qui soit sujet à l'infirmité, qui s'affaiblisse par une suite naturelle de la mortalité. Considérez quelle magnifique transformation lorsque ce corps corruptible sera revêtu d'incorruptibilité, lorsque ce corps mortel sera revêtu d'immortalité. Alors cette parole de l'Ecriture recevra son accomplissement : « La mort a été absorbée dans la victoire. O mort! où est ton ardeur guerrière? O mort, où est ton aiguillon? Or, l'aiguillon de la mort, c'est le péché? » (I *Cor.*, XV, 53, etc.) Alors où sera le mal?

CHAPITRE VI. — *L'homme est sujet à deux maux : à l'erreur et à la faiblesse.* — 6. Quels sont maintenant les maux auxquels est soumise notre pauvre humanité? L'erreur et la faiblesse. Ou vous ne savez pas ce que vous devez faire, et cette ignorance vous fait tomber dans le péché; ou vous savez ce que vous devez faire, mais vous succombez sous le poids de votre faiblesse. Tout le mal de l'homme vient donc de l'ignorance et de la faiblesse. Contre l'ignorance, écriez-vous : « Le Seigneur est ma lumière, » et ajoutez, contre la faiblesse : « Et mon salut. » (*Ps.* XXVI, 1.) Croyez, devenez bon; vous êtes mauvais, mais vous pouvez devenir bon. Il n'y a rien ici à diviser. La nature en vous a besoin non point d'être séparée, mais d'être guérie. Voulez-vous savoir ce que vous êtes? Ténèbres. Pourquoi êtes-vous ténèbres? Quoi! vous, homme, vous osez dire : Dieu est sujet à la corruption! Peut-on imaginer de ténèbres plus épaisses? Croyez donc; reconnaissez que Jésus-Christ est venu dans la chair, qu'il a pris ce qu'il n'était pas, sans perdre ce qu'il était; qu'il a changé l'homme en lui-même, sans confondre sa nature avec celle de l'homme. Reconnaissez cette vérité, et de mauvais que vous êtes, vous deviendrez bon; de ténèbres vous serez lumière. Est-ce de ma part une assertion gratuite, et ne puis-je en donner la preuve? Vous devez recevoir le témoignage de l'Apôtre, si vous êtes sincère. Quoi! vous lisez l'Apôtre, et vous vous trompez, et vous trompez les autres? Comment êtes-vous trompé? En tombant dans une erreur des plus funestes. Si, au contraire, vous consentez à croire et à dissiper cette erreur, vous entendrez l'Apôtre vous dire : « Vous étiez autrefois ténèbres, mais vous êtes maintenant lu-

---

mecum : Dominus illuminatio mea. (*Psal.* XXVI, 1.) Quid est ergo quod dicis? Ergo non sunt mala? Sunt mala, sed mutantur; et ipsa erunt bona : quia ipsa mala, vitio sunt mala, non natura. Quid est : Libera nos a malo? Nonne possemus et possumus hæc verba dicere : Libera nos a tenebris? A quibus tenebris? A nobis ipsis, in quæ in nobis sunt reliquiæ tenebrarum, donec in totum lux efficiamur, nihil habentes in nobis quod resistat caritati, quod repugnet veritati, quod subjaceat infirmitati, quod conditione mortalitatis deficiat. Tunc totum videte quid erit, quando erit : « Corruptibile hoc induetur incorruptione, et mortale hoc induetur immortalitate. » Tunc fiet sermo qui scriptus est : « Absorpta est mors in victoriam. Ubi est mors contentio tua? Ubi est mors aculeus tuus? Aculeus autem mortis est peccatum. » (I *Cor.*, XV, 53, etc.) Ubi malum?

CAPUT VI. — *Mala hominis duo, error et infirmitas.* — 6. Modo mala hominum quæ? Error et infirmitas. Aut nescis quid agas, et errando laberis; aut scis quid agi debeat, et infirmitate superaris. Ergo omne malum hominis error et infirmitas. Contra errorem clama : Dominus illuminatio mea. Contra infirmitatem adde : Et salus mea. (*Psal.* XXVI, 1.) Crede, bonus esto : tu es malus, tu eris bonus. Noli dividere. Natura in te sananda est, non separanda. Vis nosse quid es? Tenebræ. Quare tenebræ? Homo qui dicis : Corrumpitur Deus, aliquid his tenebris potest esse profundius? Crede, agnosce Christum in carne venisse, accepisse quod non erat, non amisisse quod erat; hominem in se mutasse, non in hominem fuisse mutatum. Agnosce, et tu ipse ex malo eris bonus, ex tenebris eris lux. An mentior, et non est unde convincam? Apostolum accipis, si te non fingis accipere; Apostolum legis, et deciperis, et decipis. Unde deciperis? Errando malo tuo te ipso. Si autem credideris, erroremque discusseris, audies ab Apostolo : Fuistis enim aliquando tenebræ, nunc autem

mière. » (*Ephés.*, v, 8.) « Vous êtes maintenant lumière; » en qui? « Dans le Seigneur, » ajoute-t-il. Ainsi, vous êtes ténèbres en vous-même, et lumière dans le Seigneur. Vous ne pouvez être pour vous la source de la lumière, c'est en approchant de Dieu que vous êtes éclairé; c'est en vous éloignant que vous tombez dans les ténèbres; vous n'êtes point à vous-même votre lumière, mais vous la recevez d'ailleurs. « Approchez-vous de lui, et vous serez éclairés. » (*Ps.* XXXIII, 6.)

CHAPITRE VII. — *Ce même passage de saint Jean donne lieu à une autre question, que saint Augustin renvoie au sermon suivant.* — 7. Je le vois, mes très-chers frères, je me suis longuement étendu sur un seul point de ce passage de saint Jean; je sens que je ne dois point vous fatiguer davantage, ni vous charger au delà de vos forces; je dois d'ailleurs songer à ma propre faiblesse. Ces mêmes paroles de saint Jean renferment encore de grandes obscurités. En attendant, repoussez ceux qui nient que Jésus-Christ est venu dans la chair; car vous pouvez être certains qu'ils ne viennent pas de Dieu. En tant qu'ils sont égarés, qu'ils sont pécheurs, qu'ils blasphèment, ils ne sont pas de Dieu; qu'ils se laissent guérir, et ils seront de Dieu, car ils viennent de Dieu par leur nature. Ramenez tout ce que j'ai pu vous dire à l'enseignement de l'Ecriture. Gardez-vous de croire à ceux qui nient que Jésus-Christ est venu dans la chair. Vous me direz peut-être : Il suffit donc de reconnaître que Jésus-Christ s'est incarné, pour venir de Dieu? Alors, écoutons les donatistes, qui confessent que Jésus-Christ est venu dans la chair; écoutons les ariens, qui confessent la même vérité; écoutons les eunomiens, les photiniens, qui croient également à l'incarnation du Christ. Si tous ceux qui professent cette croyance viennent de Dieu, que d'hérésies, qui sont des foyers de mensonge, de séduction et de folie, et qui professent cependant cette croyance! Que dirons-nous donc? Comment résoudre cette question? Quelle qu'en puisse être la solution, nous ne pouvons la donner aujourd'hui. Regardez-moi donc comme votre débiteur, et implorez le secours de Dieu pour moi et pour vous. Tournons-nous vers le Seigneur, etc.

SERMON CLXXXIII [1].

Sur ces mêmes paroles de saint Jean, dans le chapitre IV de sa Ire Epître : *Tout esprit qui confesse que Jésus-Christ est venu dans la chair, est de Dieu.*

CHAPITRE PREMIER. — *Quelle est ici la question à traiter.* — 1. L'attente où je vois votre

---

[1] Florus cite ce sermon dans son Commentaire sur le chapitre VIII de l'Epître aux Romains, et sur le chapitre II de l'Epître aux Philippiens.

---

lux. (*Ephes.*, v, 8.) Sed addidit, lux, sed ubi? In Domino. Ergo tenebræ in te, lux in Domino. Quia non tibi potes lucere, accedendo illuminaris, recedendo tenebraris : quia non tibi lumen tu ipse es, aliunde illuminaris. Accedite ad eum, et illuminamini. (*Psal.* XXXIII, 6.)

CAPUT VII. — *De eodem Joannis loco quæstio alia differtur in subsequentem Sermonem.* — 7. Scio, Carissimi, de ista lectione sancti Joannis in re una multum me fuisse immoratum, nec vos esse fatigandos ultra video, vel ultra capacitatem replendos; et nostra infirmitas cogitanda est. Nam hæc verba sancti Joannis habent adhuc magnas latebras suas. Interim eos qui negant Christum in carne venisse, repellite. Constat enim eos non esse ex Deo. In quantum errant, in quantum peccant, in quantum blasphemant, non sunt ex Deo : sanentur, et ex Deo erunt; quia et natura ex Deo erant. Hinc quantumcumque disputavi, attendite Scripturas. Nolite credere eis qui negant Christum in carne venisse. Sed certe dicturus es mihi : Ergo qui dicit Christum in carne venisse, ex Deo est? Audiamus Donatistas, quia confitentur Christum in carne venisse; audiamus Arianos, quia confitentur Christum in carne venisse; audiamus Eunomianos, quia confitentur Christum in carne venisse; audiamus Photinianos, quia confitentur Christum in carne venisse. Si enim omnes spiritus qui confitentur Christum in carne venisse, ex Deo sunt, quam multæ sunt hæreses mendaces, deceptrices, insanæ, confitentur tamen Christum in carne venisse. Quid ergo dicturi sumus? Quomodo istam quæstionem soluturi? Quomodocumque solvenda sit, hodie solvi non potest. Tenete me debitorem : sed Deum pro me et pro vobis orate adjutorem. Conversi ad Dominum, etc.

SERMO CLXXXIII [a].

Rursum de verbis epistolæ I Joannis, cap. IV : *Omnis spiritus qui confitetur Jesum Christum in carne venisse, ex Deo est.*

CAPUT PRIMUM. — *Quæstio tractanda.* — 1. Vestræ

---

[a] Alias XXXI de verbis Apostoli.

charité me presse d'acquitter ce que je vous dois. Vous n'avez pas oublié, j'en suis sûr, la promesse que je vous ai faite avec le secours du Seigneur, à l'occasion de la lecture de saint Jean. Lorsque vous avez entendu le lecteur, vous vous êtes dit à vous-mêmes, je pense, que le moment était venu d'acquitter ma dette. La longueur du discours précédent nous a forcé de différer la solution d'une question bien importante, c'est-à-dire qu'elle est le sens véritable de ces paroles de saint Jean, non pas de Jean-Baptiste, mais de Jean l'Evangéliste, dans sa première Epître : « Tout esprit qui confesse que Jésus-Christ est venu dans la chair est de Dieu. » (I *Jean*, IV, 2.) Nous voyons, en effet, un grand nombre d'hérésies confesser que Jésus-Christ s'est incarné, et cependant nous ne pouvons dire qu'elles viennent de Dieu. Les manichéens nient l'incarnation; il n'est besoin ni de grands efforts, ni de longs raisonnements pour vous persuader que cette erreur ne vient pas de Dieu. Les ariens, au contraire, confessent que le Christ s'est incarné, et avec eux les eunomiens, les sabelliens, les photiniens. Pourquoi chercher des témoins pour les confondre ? Qui pourrait énumérer toutes ces erreurs si contagieuses ? Ne parlons ici que des plus connues; car il en est beaucoup parmi vous qui ne connaissent point les hérésies que je viens de nommer, et cette ignorance est ce qu'il y a de plus sûr. Ce que nous savons tous à n'en pouvoir douter, c'est que les donatistes confessent l'incarnation de Jésus-Christ; loin de nous cependant la pensée que cette erreur vienne de Dieu. Pour ne parler que d'une hérésie plus récente, les pélagiens admettent aussi que le Christ s'est incarné ; il est certain cependant que cette hérésie n'a pas Dieu pour auteur.

CHAPITRE II. — *Les hérétiques s'accordent pour nier que le Christ se soit incarné.* — 2. Appliquons donc ici, mes très-chers frères, toute notre attention, et comme nous ne pouvons douter de la vérité de cette assertion : « Tout esprit qui confesse que Jésus-Christ est venu dans la chair, est de Dieu, » il nous faut convaincre ces hérétiques qu'ils n'admettent pas réellement que le Christ s'est incarné. Si nous leur accordons qu'ils confessent cette vérité, nous avouons par là même qu'ils viennent de Dieu. Comment alors pourrions-nous vous détourner, vous préserver de leurs erreurs, et vous protéger contre eux avec le bouclier de la vérité ? Que le Seigneur nous accorde le secours que demande pour nous votre attente, afin que nous puissions les convaincre qu'en réalité ils ne confessent pas que le Christ s'est incarné.

Comment l'arien nie cette vérité. — 3. L'arien entend enseigner, et il enseigne à son tour l'enfantement de la vierge Marie. Confesse-t-il donc par là l'incarnation du Christ ? Non.

Caritatis exspectatio, mei debiti exactio est. Non dubito meminisse vos, quid in adjutorio Domini de sancti Joannis lectione promiserim. Cum ergo audistis lectorem, credo vos cogitasse me debere esse debiti redditorem. Magnam quippe quæstionem Sermone in longum procedente distulimus, quomodo recte possit intelligi quod ait in epistola sua beatus Joannes, non Baptista, sed Evangelista : « Omnis spiritus qui confitetur Jesum Christum in carne venisse, ex Deo est. » (I *Joan.*, IV, 2.) Videmus enim multas hæreses confiteri Christum in carne venisse, et tamen non eas possumus dicere ex Deo esse. Negat Christum in carne venisse Manichæus. Non est laborandum, neque vobis diutius suadendum, quod iste error non sit ex Deo. Sed Arianus confitetur Christum in carne venisse, Eunomianus, Sabellianus, Photinianus. Quid istis convincendis quærimus testes? Quis tot numerat pestes ? Sed interim ut quæ sunt notiora tractemus. Multis quippe hæreses illæ, quas nominavi, ignotæ sunt, et est ista ignorantia tutior. Certe quod novimus, Donatista confitetur Christum in carne venisse : et tamen absit ut sit hic error ex Deo. Ut de recentioribus hæreticis loquar, Pelagianista confitetur Christum in carne venisse : tamen omnino non est hic error ex Deo.

CAPUT II. — *Hæretici in hoc conveniunt, ut negent Christum in carne venisse.* — 2. Proinde, Carissimi, diligenter consideremus, quoniam non dubitamus veram esse sententiam : « Omnis spiritus qui confitetur Jesum Christum in carne venisse, ex Deo est; » convincendi sunt isti quod non confiteantur Christum in carne venisse. Nam si eis istam concesserimus confessionem, ex Deo illos esse fatebimur. Quomodo vos ab eorum erroribus vel prohibemus, vel deterremus, vel adversus eos scuto veritatis defendimus ? Adjuvet nos Dominus, quia et vestra exspectatio pro nobis oratio est, ut convincantur isti quia non confitentur Christum in carne venisse.

Arianus quomodo id negat. — 3. Arianus audit, et prædicat partum virginis Mariæ. Confitetur ergo Christum in carne venisse ? Non. Quomodo probamus ? Si adjuvet Dominus intelligentias vestras, fa-

Comment le prouvons-nous ? Rien ne nous sera plus facile, si Dieu daigne éclairer vos esprits. Que cherchons-nous, en effet ? Si l'arien confesse réellement l'incarnation du Christ, comment peut-il confesser que le Christ s'est incarné, puisqu'il nie le Christ lui-même ? En effet, qu'est-ce que le Christ ? Demandons-le au bienheureux Pierre. Lorsqu'on vous a lu, il n'y a qu'un instant, le saint Evangile, vous avez vu que Notre-Seigneur Jésus-Christ lui-même ayant demandé à ses disciples ce qu'on disait du Fils de l'homme, ils lui rapportèrent les différentes opinions des hommes à son sujet. « Les uns disaient : C'est Jean-Baptiste ; les autres : Elie ; les autres : Jérémie, ou l'un des prophètes. » (*Matth.*, xvi, 13.) Ceux qui partageaient ou qui partagent encore ces opinions ne voient rien en Jésus-Christ au delà de l'homme. Or, s'ils ne voient en lui que l'homme, ils ne connaissent pas véritablement Jésus-Christ. S'il n'est qu'un homme et rien de plus, ce n'est pas Jésus-Christ. « Vous donc, reprend le Sauveur, que dites-vous que je suis ? Pierre répond seul au nom de tous les autres : Vous êtes le Christ, le Fils du Dieu vivant. »

CHAPITRE III. — *Comment l'arien nie que Jésus-Christ soit venu dans la chair.* — 4. Voici une profession de foi véritable, une profession de foi pleine et entière. En effet, il vous faut réunir ici ces deux témoignages : celui que le Christ se rend de lui-même, et celui que Pierre rend au Christ. Quel témoignage le Christ se rend de lui-même ? Que dit-on que soit le Fils de l'homme ? Quel témoignage Pierre, à son tour, rend à Jésus-Christ. « Vous êtes le Christ, le Fils du Dieu vivant. » Réunissez ces deux témoignages et vous avez le Christ incarné. Jésus-Christ a fait connaître de lui la nature qui est la plus humble ; Pierre confesse en Jésus-Christ la nature qui est la plus sublime. L'humilité a rendu témoignage à la vérité, et la vérité à l'humilité, c'est-à-dire l'humilité de l'homme a confessé la vérité de Dieu, et la vérité a confessé l'humilité de l'homme. « Que dit-on que soit le Fils de l'homme ? » Je confesse ce que je me suis fait pour vous ; toi, Pierre, confesse celui qui vous a créés. Or, celui qui confesse que Jésus-Christ est venu dans la chair, confesse par là même l'incarnation du Fils de Dieu. Que l'arien nous dise maintenant s'il confesse réellement que le Christ s'est incarné. S'il admet l'incarnation du Fils de Dieu, il admet par là même l'incarnation du Christ. S'il nie que le Christ soit le Fils de Dieu, il ne connaît pas le Christ ; il nomme l'un pour l'autre, mais ce n'est pas le Christ lui-même. Qu'est-ce, en effet, que le Fils de Dieu ? Nous demandions, il n'y a qu'un instant : Qu'est-ce que le Christ ? et on nous répondait : C'est le Fils de Dieu. Demandons maintenant : Qu'est-ce que le Fils de Dieu ? Voici ce

cillime. Quid est quod exigimus ? Utrum confiteatur Jesum Christum in carne venisse. Quomodo confiteri potest in carne venisse Jesum Christum, qui negat ipsum Christum ? Quis enim est Christus ? Beatum Petrum interrogemus. Modo cum Evangelium legeretur, audistis, cum quæsisset Dominus ipse Jesus Christus, quem illum dicerent homines Filium hominis ; responderunt discipuli opiniones alienas, et dixerunt : Alii Joannem Baptistam, alii Eliam, alii Jeremiam, aut unum ex Prophetis. (*Matth.*, xvi, 13, etc.) Qui hæc confitebantur vel confitentur, Jesum Christum plus quam hominem non noverunt. Si autem Jesum Christum plus quam hominem non noverunt, Jesum Christum utique non noverunt. Si enim tantummodo homo est, et nihil amplius, non est ipse Jesus Christus. « Vos ergo, inquit, quem me esse dicitis ? Respondit Petrus, unus pro omnibus, quia unitas in omnibus : Tu es Christus Filius Dei vivi. »

CAPUT III. — *Arianus quomodo negat Christum in carne venisse.* — 4. Ecce habes confessionem veram, confessionem plenam. Jungere enim debes utrumque, quod de se Christus, et quod de Christo Petrus. Quid de se Christus ? « Quem me dicunt homines esse Filium hominis ? » Quid de Christo Petrus ? « Tu es Christus Filius Dei vivi. » Utrumque conjunge, et venit Christus in carne. Hoc de se Christus quod minus est, hoc de Christo Petrus quod majus est. Respondit de veritate humilitas, et de humilitate veritas : hoc est de veritate Dei humilitas, et de humilitate hominis veritas. « Quem me dicunt homines esse, inquit, Filium hominis ? » Dico ego quod factus sum propter vos : dic tu Petre quis est qui fecit vos. Qui ergo confitetur Jesum Christum in carne venisse, profecto confitetur Filium Dei in carne venisse. Dicat nunc Arianus, utrum confiteatur Christum in carne venisse. Si Filium Dei confitetur in carne venisse, Christum confitetur in carne venisse. Si Filium Dei negat Christum, nescit Christum : alium pro alio dicit, non ipsum dicit. Quid est enim Filius Dei ? Quomodo quærebamus, quid est Christus ; et audiebamus, quod sit Filius Dei : quæramus, quid est Filius Dei. Ecce

qu'est le Fils de Dieu : « Au commencement était le Verbe, et le Verbe était en Dieu, et le Verbe était Dieu ; il était au commencement en Dieu. » (*Jean*, I, 1, 2.) Que répondez-vous, arien, à ce témoignage ? De même, dites-vous, qu'il est écrit dans la Genèse que Dieu a fait le ciel et la terre, ainsi au commencement Dieu a fait le Verbe. Vous dites : Au commencement Dieu a fait le Verbe ; mais l'Évangéliste dit en termes formels : « Au commencement était le Verbe. » Et c'est parce que le Verbe était, que Dieu a fait au commencement le ciel et la terre. (*Gen.*, I, 1.) Toutes choses ont été faites par lui. Vous dites que le Verbe a été fait ; soutenir qu'il a été fait, c'est nier le Fils de Dieu.

CHAPITRE IV. — 5. Nous cherchons celui qui est Fils par nature, et non par grâce, le Fils unique, le Fils unique qui a été engendré et non adopté. Voilà le Fils que nous cherchons, le vrai Fils, qui étant dans la nature de Dieu, ce sont les expressions de l'Apôtre, et je les rappelle en faveur des ignorants qui pourraient croire que ce sont mes paroles ; oui, nous cherchons le Fils qui, « étant dans la nature de Dieu, n'a pas cru que ce fût une usurpation de se faire égal à Dieu. » (*Philip.*, II, 6.) C'était sa nature, ce n'était pas une usurpation. « Il n'a pas cru que ce fût une usurpation de se faire égal à Dieu. » Ce n'était pas une usurpation, je le répète, parce que c'était sa nature ; il était l'égal de Dieu de toute éternité, il était coéternel à Celui qui l'engendre, il était égal à son Père : voilà ce qu'il était. Or « il s'est anéanti lui-même, » afin que nous confessions que Jésus-Christ est venu dans la chair. « Il s'est anéanti lui-même. » Comment ? Est-ce en perdant ce qu'il était, ou en prenant ce qu'il n'était pas ? Écoutons ce que l'Apôtre ajoute : « Il s'est anéanti lui-même en prenant la forme d'esclave. » Il s'est anéanti en prenant la forme d'esclave, mais sans perdre la forme de Dieu. Il s'est uni la forme de serviteur, sans se dépouiller de la nature divine. C'est dans ces termes qu'il faut confesser que le Christ s'est incarné. L'arien donc, qui ne croit point que le Fils soit égal au Père, ne croit pas au Fils. S'il ne croit pas au Fils, il ne croit pas au Père ; et en ne croyant pas au Fils, comment peut-il confesser que le Christ s'est incarné ?

CHAPITRE V. — *Les eunomiens.* — 6. Il en est de même de l'eunomien, son pareil, son associé et qui n'en diffère pas beaucoup. Les ariens confessaient, dit-on, que le Fils est au moins semblable au Père ; il ne lui est pas égal, mais semblable. L'eunomien n'admet même pas cette ressemblance. Il nie donc également Jésus-Christ. En effet, si le vrai Christ est égal et semblable à son Père, nier cette égalité, nier cette ressemblance, c'est nier Jésus-Christ. Celui donc

---

Filius Dei : « In principio erat Verbum, et Verbum erat apud Deum, et Deus erat Verbum, hoc erat in principio apud Deum. In principio erat Verbum. » (*Joan.*, I, 1, 2.) Quid dicis Ariane ? In principio, sicut dicit Genesis, fecit Deus cœlum et terram : tu autem dicis : In principio fecit Deus Verbum. Factum enim dicis Verbum, creaturam dicis Verbum. Tu ergo dicis : In principio fecit Deus Verbum : sed Evangelista dicit : In principio erat Verbum. Et ideo in principio fecit Deus cœlum et terram (*Gen.*, I, 1), quia erat Verbum. Omnia per ipsum facta sunt. Factum dicis. Si factum dicis, Filium negas.

CAPUT IV. — Filium enim quærimus natura, non gratia ; Filium unicum, unigenitum, non adoptatum. Talem Filium quærimus, tam verum Filium quærimus, qui cum in forma Dei esset, Apostoli verba sunt, propter rudes commemoro, ne mea verba putentur : illum Filium quærimus, « qui cum in forma Dei esset, sicut dicit Apostolus, non rapinam arbitratus est, esse æqualis Deo. » (*Philip.*, II, 6.) Non rapina, quia natura. Natura est, rapina non erat. Non rapinam arbitratus est, esse æqualis Deo. Non erat ei rapina, natura erat : sic erat ex æternitate, sic erat cœternus gignenti, sic erat æqualis Patri, sic erat. Semetipsum exinanivit, ut confiteamur Jesum Christum in carne venisse. Semetipsum exinanivit. Quomodo ? Amittendo quod erat, an assumendo quod non erat ? Sequatur Apostolus ; audiamus : « Semetipsum exinanivit, formam servi accipiens. » Sic se exinanivit, formam servi accipiens, non formam Dei amittens. Forma servi accessit, non forma Dei discessit. Hoc est confiteri Christum in carne venisse. Arianus autem qui non confitetur æqualem, non confitetur Filium. Si non confitetur Filium, non confitetur Christum. Qui non confitetur Christum, quomodo confitetur Christum in carne venisse ?

CAPUT V. — *Eunomianus.* — 6. Sic et Eunomianus par ejus, socius ejus, non multum diversus. Etenim dicuntur Ariani confessi fuisse, quia vel similis est Patri Filius : et si non æqualis dixerunt, sed similis. Ille, nec similis. Et iste ergo negat Christum. Si enim Christus verus Patri æqualis est et similis,

qui nie que le Christ soit égal et semblable au Père, nie par là même son incarnation. Que je lui demande : Le Christ s'est-il incarné? il répond affirmativement, et nous croyons que telle est sa croyance. Je lui fais cette seconde question : Quel est ce Christ qui s'est incarné? Est-il égal ou non à son Père? Il me répond qu'il ne lui est pas égal. Or, en soutenant que celui qui s'est incarné est inégal au Père, vous niez l'incarnation du Christ, puisque le Christ est tout à fait égal au Père.

Les sabelliens. — 7. Ecoutons maintenant le sabellien. Le Fils, dit-il, n'est pas distinct du Père. Voilà ce qu'il affirme, et c'est par là qu'il pique comme le scorpion et répand son poison. Le Fils est la même chose que le Père; il est à sa volonté le Fils ou le Père. Ce n'est pas là le Christ, et vous êtes dans l'erreur si tel est le Christ dont vous confessez l'incarnation; car ce Christ n'existe pas, et, par conséquent, vous niez que le Christ se soit incarné.

Les photiniens. — 8. Et vous, Photin, que dites-vous? Le Christ n'est qu'un homme, il n'est pas Dieu. Vous lui reconnaissez la nature de serviteur, vous lui refusez la nature de Dieu. Or, le Christ, dans sa nature divine, est égal à son Père, et, dans sa nature humaine, il est semblable à nous. Vous niez donc aussi l'incarnation du Christ.

Les donatistes. — 9. Que disent, à leur tour, les donatistes? Il en est plusieurs parmi eux qui confessent comme nous que le Fils est égal au Père et de même nature; d'autres admettent en lui l'identité de nature, mais non l'égalité avec son Père. Qu'est-il besoin de discuter avec ceux qui nient cette égalité? Car nier que le Fils soit égal à son Père, c'est nier le Fils; nier le Fils, c'est nier le Christ; or, s'ils nient le Christ, comment peuvent-ils croire à l'incarnation?

Chapitre VI. — 10. La discussion devient plus difficile avec ceux qui confessent comme nous que le Fils unique est égal à son Père, de même substance, et qu'il lui est coéternel, et qui cependant restent donatistes. Nous leur dirons : Vous confessez cette vérité de bouche, mais vous la niez par vos actes. On peut très-bien, en effet, nier une vérité par ses œuvres; tous ceux qui nient ne formulent pas toujours leur négation en paroles, mais ils l'expriment dans leurs actes. Interrogeons ici l'Apôtre : « Tout est pur, dit-il, pour ceux qui sont purs, et rien n'est pur pour ceux qui sont impurs et infidèles; mais leur raison et leur conscience sont souillées. Ils font profession de connaître Dieu, mais ils le renoncent par leurs actions. » (*Tite*, I, 15, 16.) Qu'est-ce que renoncer par ses actions? Se livrer à l'orgueil, faire des schismes, mettre sa gloire non pas en Dieu, mais dans les hommes. C'est ainsi qu'on renonce Jésus-Christ par ses

---

profecto qui negat æqualem, negat Christum; qui negat similem, negat Christum. Qui ergo negat æqualem et similem, negat in carne venisse Christum. Quæro enim : Venit in carne Christus? Respondet : Venit. Et putamus quia confitetur. Interrogo : Quis Christus venit in carne, æqualis Patri, an inæqualis? Respondet : Inæqualis. Inæqualem ergo Patri dicis venisse in carne : negas Christum in carne venisse, quia Christus æqualis est Patri.

Sabellianus. — 7. Sabellianum audi. Ipse est Filius, qui est et Pater. Hoc dicit, hinc pungit, hinc venena diffundit. Ipse est, inquit, Pater. Quando vult, Filius est; quando vult, Pater est. Non est ipse Christus. Et tu erras, si hunc Christum dicis in carne venisse; quia iste Christus non est, negas Christum in carne venisse.

Photinus. — 8. Quid dicis Photine? Ait Photinus : Christus solum homo est, Deus non est. Formam servi confiteris, formam Dei negas. Et Christus in forma Dei æqualis est Patri, in forma servi consors est nobis. Et tu negas Christum in carne venisse.

Donatista. — 9. Donatista quid? Donatistæ plurimi hoc confitentur de Filio quod nos, quod æqualis sit Patri Filius, ejusdemque substantiæ; alii vero eorum, ejusdem quidem substantiæ confitentur, sed æqualem negant. Quid opus est disputare de his qui negant æqualem? Si enim negant æqualem, negant Filium. Si negant Filium, negant Christum. Si negant Christum, quomodo confitentur in carne venisse Christum?

Caput VI. — 10. De illis subtilior disputatio est, qui hoc confitentur quod nos, unigenitum Filium æqualem Patri, ejusdem substantiæ, æterno coæternum : et tamen Donatistæ sunt. Dicamus eis : Verbis confitemini, factis negatis. Aliquis enim negat factis. Non omnis qui negat, verbo negat. Plane sunt homines qui factis negant. Interrogemus Apostolum : « Omnia, inquit, munda mundis; immundis autem et infidelibus nihil est mundum, sed pollutæ sunt eorum et mens et conscientia. Confitentur enim Deum se nosse, factis autem negant. » (*Tit.*, I, 15, 16.) Quid est, negare factis? Superbire, et schismata

œuvres, car Jésus-Christ aime l'unité. Pour parler plus clairement, voici encore une autre manière de nier le Christ. Pour nous, le Christ est celui dont Jean-Baptiste a dit : « L'époux est celui qui a l'épouse. » (*Jean*, III, 29.) Union divine! alliance sainte! Jésus-Christ est cet époux, l'Eglise est l'épouse. L'époux nous fait connaître l'épouse. Que l'époux donc nous apprenne quelle est son épouse, de peur que nous ne venions à nous égarer et à jeter le trouble dans les saintes noces auxquelles nous sommes invités ; qu'il nous fasse connaître d'abord qu'il est lui-même l'époux.

CHAPITRE VII. — 11. Voici ce qu'il dit à ses disciples après sa résurrection : « Ne saviez-vous pas qu'il fallait que tout ce qui a été écrit de moi dans la loi de Moïse, dans les prophètes et dans les psaumes, fût accompli ? » « Alors, poursuit l'Evangéliste, il leur ouvrit l'intelligence, afin qu'ils entendissent les Ecritures ; puis il leur dit : Il fallait, selon qu'il est écrit, que le Christ souffrît et qu'il ressuscitât d'entre les morts le troisième jour. » (*Luc*, XXIV, 44-46.) Voilà l'époux que Pierre a confessé, le Fils du Dieu vivant qui, selon les Ecritures, devait souffrir et ressusciter le troisième jour. Ces événements étaient accomplis, les disciples en voyaient l'accomplissement ; ils avaient le chef sous les yeux, mais ils cherchaient le corps. Quel est le chef? Jésus-Christ lui-même, qui a souffert, qui est ressuscité le troisième jour, voilà le chef de l'Eglise. Quel est son corps? L'Eglise elle-même. Les disciples voyaient donc le chef, mais sans voir le corps. Le chef va donc leur apprendre quel est ce corps qu'ils ne voient point. Parlez-nous donc, Seigneur Jésus ; parlez-nous, divin époux ; enseignez-nous quel est votre corps, votre épouse, votre bien-aimée, votre colombe, que vous avez dotée de votre sang ; dites-nous : « Il fallait que le Christ souffrît, et qu'il ressuscitât d'entre les morts le troisième jour. » Voilà l'époux. Dites-nous maintenant quelle est l'épouse ; écrivez l'acte de mariage. Ecoutez quelle est son épouse. Il ajoute : « Et qu'on prêchât. » C'est ce qui suit immédiatement : « Il fallait que le Christ souffrît et qu'il ressuscitât d'entre les morts le troisième jour, et qu'on prêchât en son nom la pénitence et la remission des péchés à toutes les nations. » Où vous cacher? « A toutes les nations, en commençant par Jérusalem. » C'est ce qui s'est fait. Nous lisons la promesse et nous en voyons l'accomplissement. Voilà quelle est la lumière qui m'éclaire ; où sont vos obscurités ? Jésus-Christ est donc l'époux de cette Eglise que l'on prêche à toutes les nations, qui se multiplie et s'étend jusqu'aux extrémités de la terre, en commençant par Jérusalem ; c'est de cette Eglise que Jésus-Christ est l'époux. Mais, d'après vous, de qui le Christ est-il l'époux ? De la secte de Do-

---

facere ; non in Deo, sed in homine gloriari. Ita factis negatur Christus : unitatem quippe amat Christus. Postremo ecce quomodo et ipsi Christum negant, ut apertius loquamur. Nos eum dicimus Christum, de quo ait Joannes Baptista : « Qui habet sponsam, sponsus est. » (*Joan.*, III, 29.) Bonum conjugium, sanctæ nuptiæ. Sponsus Christus, sponsa Ecclesia. Ab sponso cognoscimus sponsam. Dicat nobis ipse sponsus, quam habet sponsam : dicat, ne fortassis erremus, et invitati ad nuptias sancta vota turbemus : dicat, ostendat primo se ipsum sponsum.

CAPUT VII. — 11. Post resurrectionem ait discipulis suis : Non sciebatis quia oportebat impleri omnia quæ scripta sunt in lege Moysi et Prophetis et Psalmis de me ? Tunc Evangelista sequitur et dicit : Tunc aperuit illis sensum, ut intelligerent Scripturas ; et dixit eis : « Quia sic oportebat Christum pati, et resurgere a mortuis tertio die. » (*Luc.*, XXIV, 44-46, etc.) Ecce sponsus, quem confessus est Petrus, hoc est Filium Dei vivi, oportebat ut pateretur, et tertio die resurgeret. Et factum erat : impletum videbant, caput tenebant, corpus quærebant. Quod est caput? Ipse Christus : passus est, tertio die resurrexit : caput est Ecclesiæ. Corpus quod est ? Ipsa Ecclesia. Videbant ergo discipuli caput, corpus non videbant. Ergo eos corpus non videntes, doceat caput. Dic Domine Jesu, dic sancte sponse, instrue nos de corpore tuo, de sponsa tua, de dilecta tua, de columba tua, quam dotasti sanguine tuo, dic : « Oportebat Christum pati, et resurgere a mortuis tertio die. » Ecce sponsus : Dic de sponsa, imple tabulas matrimoniales. Audite sponsam : « Et prædicari, inquit. » Hoc enim sequitur. « Oportebat Christum pati, et resurgere a mortuis tertio die, et prædicari in nomine ejus pœnitentiam et remissionem peccatorum per omnes gentes. Ubi te abscondis ? Per omnes gentes, incipientibus ab Jerusalem. » Sic est factum. Legimus promissum, videmus impletum. Ecce lux mea, ubi est obscuritas tua? Ergo Christus sponsus est hujus Ecclesiæ, quæ prædicatur in omnes gentes, et pullulat et crescit usque ad fines terræ, incipientibus ab Jerusalem : hujus sponsus est Chris-

nat? Non, non, encore une fois, il n'est point l'époux de cette secte; non, homme de bien, ou plutôt, homme méchant, ne le croyez pas. Nous assistons aux noces, lisons l'acte d'union sans disputer. Si vous dites que le Christ est l'époux de la secte de Donat, je n'ai qu'à vous lire l'acte de mariage, et j'y trouve que le Christ est l'époux de l'Eglise répandue par toute la terre. Or, dire du Christ, comme vous le faites, ce qu'il n'est pas, c'est nier qu'il se soit incarné.

CHAPITRE VIII. — *Les pélagiens* (1). — 12. Reste le pélagianisme, non pas de toutes les hérésies, mais de celles-là seulement que je vous ai rappelées, vu le peu de temps dont je puis disposer. Je vous ai dit, en effet : Qui pourrait énumérer tant d'erreurs pernicieuses? Que dites-vous donc, vous, pélagien? Ecoutez; il semble au premier abord confesser l'incarnation du Christ, et, après examen, nous trouvons qu'il la nie. En effet, le Christ s'est incarné dans une chair semblable à celle du péché, mais qui n'était point la chair du péché. Ce sont les propres paroles de l'Apôtre : « Il a envoyé son Fils en la ressemblance de la chair du péché. » (*Rom.*, VIII, 3.) Cette expression : « En la ressemblance de la chair du péché » ne signifie pas que la chair du Christ n'était pas une véritable chair, mais que, tout en étant une chair véritable, elle n'était pas une chair de péché. Or Pélage, dont nous parlons, s'efforce d'établir que la chair de tout enfant, quel qu'il soit, est en tout point semblable à la chair de Jésus-Christ. Il n'en est rien, mes très-chers frères. Pourquoi relever si haut ce privilége, dans Jésus-Christ, d'avoir une chair semblable à celle du péché, si toute chair n'était d'ailleurs une chair de péché? Que vous sert donc de croire que Jésus-Christ s'est incarné, en vous efforçant d'ailleurs de ne voir dans sa chair que la chair de tous les autres enfants? Je vous dirai donc comme aux donatistes : Ce n'est point là le véritable Christ. Je vois ici l'Eglise, notre mère, rendant témoignage au fruit de ses entrailles. Les mères accourent avec leurs petits enfants, elles les présentent au Sauveur pour qu'il les sauve, et non à Pélage pour qu'il les perde. Toute mère qu'anime une piété sincère s'empresse d'apporter son petit enfant en nous disant : Baptisez-le pour qu'il soit sauvé. Que dit Pélage, au contraire? Il n'y a rien dans cet enfant qui ait besoin d'être sauvé; il n'a aucun vice, il n'a puisé avec la vie aucun germe de condamnation. Mais, s'il est égal au Christ, pourquoi recourt-il au Christ? Voici donc ce que j'affirme : L'époux de l'Eglise, le Fils de Dieu, qui s'est incarné, est le sauveur des grands et des petits; il est le sauveur des adultes et des

(1) Lorsque saint Augustin se proposa de combattre diverses hérésies à l'aide de ce passage de saint Jean, dans les dix homélies qu'il fit l'an 416, sur cette épître, il n'avait rien dit de l'hérésie des Pélagiens. Il fit donc ce sermon quelque temps après. Il y donne expressément à ces hérétiques le nom de pélagiens, qu'il s'était abstenu de leur donner jusque-là, dans l'espérance de ramener plus facilement à la foi l'auteur de cette hérésie, comme il le dit dans le chapitre XXXII du Livre II des Rétractations.

tus. Tu quid dicis, cujus sponsus est Christus? Partis Donati? Non est ipse, non est ipse. Homo bone, non est ipse : imo homo male, non est ipse. Ad nuptias venimus, tabulas legamus, et non litigemus. Ergo si tu dicis : Christus est sponsus partis Donati; ego tabulas lego, et invenio esse Christum sponsum Ecclesiæ diffusæ toto orbe terrarum. Si dicis: Ipse est, et non est ipse, negas Christum in carne venisse.

CAPUT VIII. — *Pelagianista*. — 12. Pelagianista restat, non ex hæresibus omnibus, sed eis quas pro parvo tempore commemoravi. Jam enim dixi : Quis numerat tot pestes? Quid dicis Pelagianista? Audite quid dicit. Videtur confiteri Christum in carne venisse : sed discussus invenitur negare. Christus enim in carne venit, quæ similitudo esset carnis peccati, non esset caro peccati. Apostoli verba sunt : Misit Deus Filium suum in similitudinem carnis peccati. (*Rom.*, VIII, 3.) Non in similitudinem carnis, quasi caro non esset caro; sed in similitudinem carnis peccati, quia caro erat, sed peccati caro non erat. Iste autem Pelagius et cæteram carnem omnis infantis carni Christi conatur æquare. Non est, Carissimi. Non pro magno commendaretur in Christo similitudo carnis peccati, nisi omnis cætera caro esset caro peccati. Quid ergo prodest, quia dicis Christum in carne venisse, et omnium infantium carni eum conaris æquare? Et tibi hoc dico quod Donatistæ : Non est ipse. Ecce video Ecclesiam matrem testimonium reddentem ipsis uberibus suis. Accurrunt matres cum parvulis filiis, ingerunt Salvatori salvandos, non Pelagio damnandos. Mater quælibet mulier pietate currens cum parvulo filio dicit : Baptizetur, ut salvetur. Pelagius contra : Quid salvetur? Non est quod in eo salvetur, nihil habet vitii, nihil ex traduce damnationis attraxit. Si æqualis est Christo, quare quærit Christum? Ecce dico tibi : Sponsus Filius Dei qui venit in carne, salvator est et majorum et minorum, salvator est et grandium et infantium, et ipse est Christus : tu au-

enfants : tel est le véritable Christ. Mais vous ne voulez faire de lui que le sauveur des grands à l'exclusion des petits : ce n'est point là le Christ. Or, si ce n'est pas lui, vous niez donc, vous aussi, l'incarnation du Christ.

CHAPITRE IX. — *Les hérétiques et les mauvais catholiques ont cela de commun, qu'ils nient tous l'incarnation du Christ.* — 13. Si nous entrons dans l'examen de chacune des hérésies, nous arriverons à constater que toutes nient l'incarnation du Christ. Oui, tous les hérétiques nient que Jésus-Christ se soit incarné. Pourquoi vous étonner que les païens nient l'incarnation du Christ, que les Juifs aussi refusent d'y croire, que les manichéens en fassent l'objet de leurs négations les plus formelles ? Je vais plus loin, et j'ose dire à votre charité que tous les mauvais catholiques, tout en confessant de bouche que le Christ s'est incarné, le nient par leurs œuvres. Ne vous assurez donc point sur votre foi. Joignez à cette foi droite et sincère une vie vraiment chrétienne ; alors vous confesserez l'incarnation de Jésus-Christ, en professant la vérité par vos paroles et par les œuvres d'une vie sainte. Si la confession de bouche se trouve jointe à la négation des œuvres, la foi de ces mauvais chrétiens ressemble beaucoup à la foi des démons. Ecoutez-moi, mes bien-aimés, écoutez-moi attentivement, de peur que mes fatigues et ma sueur ne déposent contre vous. L'apôtre saint Jacques, traitant de la foi et des œuvres contre ceux qui prétendaient que la foi leur suffisait, et qui rejetaient la pratique des bonnes œuvres, leur tient ce langage : « Vous croyez qu'il n'y a qu'un seul Dieu, vous faites bien ; les démons croient aussi et tremblent. » (*Jacq.*, II, 19.) Or, croyez-vous que les démons seront délivrés du feu éternel, parce qu'ils croient et tremblent ? Vous venez d'entendre dans l'Evangile la réponse que Pierre fait au Sauveur : « Vous êtes le Christ, le Fils du Dieu vivant ; » (*Matth.*, XVI, 17) lisez, et vous trouverez que les démons ont dit eux-mêmes à Jésus-Christ : « Nous savons qui vous êtes : le Fils de Dieu. » (*Marc*, I, 24.) Mais, tandis que Pierre ne reçoit que des éloges, Notre-Seigneur impose silence au démon. Les paroles sont les mêmes, mais les œuvres sont différentes. Qui fait le caractère distinctif de ces deux professions de foi ? Jésus loue l'amour qui inspire la première, il condamne la crainte qui suggère la seconde. En effet, ce n'est point sous l'inspiration de l'amour que les démons lui disaient : « Vous êtes le Fils de Dieu ; » c'est la crainte, et non l'amour qui leur suggérait cet aveu. Aussi, voyez ce qu'ils ajoutent à cette profession de foi : « Qu'y a-t-il de commun entre vous et nous ? » tandis que Pierre lui dit : « Je vous suivrai jusqu'à la mort. »

CHAPITRE X. — *La foi droite et la vie sainte viennent de Dieu.* — 14. Mais qui a donné à Pierre lui-même, mes frères, de dire à Jésus,

tem dicis salvatorem Christum majorum, non minorum : non est ipse. Si non est ipse, negas et tu Christum in carne venisse.

CAPUT IX. — *Hæreticis commune est et malis catholicis negare incarnationem Christi.* — 13. Et si discutiamus omnes hæreses, inveniemus eas negare Christum in carne venisse. Omnes hæretici negant Christum in carne venisse. Quid miramini, si Pagani negant Christum in carne venisse ? Quid miramini, si Judæi negant Christum in carne venisse ? Quid miramini, si Manichæi apertissime negant Christum in carne venisse ? Sed dico Caritati Vestræ, etiam omnes mali catholici verbis confitentur Christum in carne venisse, factis autem negant. Nolite ergo esse tanquam de fide securi. Adjungite fidei rectæ vitam rectam, ut Christum confiteamini in carne venisse, et verbis vera dicendo, et factis bene vivendo. Nam si confiteamini verbis, et factis negetis ; fides talium malorum prope est fides dæmoniorum. Audite me, Carissimi, audite me, ne sit vobis testis sudor hic meus, audite me. Jacobus apostolus cum de fide et operibus loqueretur adversus eos, qui sibi putabant fidem sufficere, et opera bona habere nolebant, ait : « Tu credis quia unus est Deus ; bene facis : et dæmones credunt, et contremiscunt. » (*Jacob.*, II, 19.) Numquid ideo dæmones ab æterno igne liberabuntur, quia credunt et contremiscunt ? Ecce modo quod audistis in Evangelio, quod ait Petrus : Tu es Christus Filius Dei vivi (*Matth.*, XVI, 17) ; legite, et invenietis dixisse dæmones : Scimus qui sis, Filius Dei. (*Marc.*, I, 24.) Petrus tamen laudatur, dæmon compescitur. Una vox, facta diversa. Unde separantur istæ duæ confessiones ? Laudatur amor, damnatur timor. Non enim amore dicebant hoc dæmones : Tu es Filius Dei. Timore hoc dicebant, non amore. Denique illi in confessione dicebant : « Quid nobis et tibi ? » Petrus autem : « Tecum sum usque ad mortem. »

CAPUT X. — *Et recta fides et bona vita ex Deo.* — 14. Sed et ipse Petrus unde, Fratres mei, unde illi dicere ex amore : Tu es Christus Filius Dei vivi ?

sous l'inspiration de l'amour : Vous êtes le Christ, le Fils du Dieu vivant? D'où lui venait cet amour? Est-ce de son propre fonds? A Dieu ne plaise! Nous voyons très-clairement dans le même chapitre de l'Evangile ce que Pierre tenait de Dieu et ce qu'il avait de lui-même. Ces deux choses sont nettement exprimées; lisez, toute explication est inutile. Je me contente de rappeler le texte de l'Evangile : « Vous êtes le Christ, le Fils du Dieu vivant. » (*Matth.*, XVI, 17.) Et que dit le Seigneur à Pierre? « Vous êtes bienheureux, Simon, fils de Jonas. » Pourquoi? Est-ce de votre propre fonds que vous êtes bienheureux? Non. « Parce que ce n'est ni la chair, ni le sang qui vous a révélé ceci, » car voilà ce que vous êtes. « Ce n'est ni la chair, ni le sang qui vous a révélé ceci, mais mon Père qui est dans les cieux. » Notre-Seigneur continue et ajoute beaucoup d'autres choses, qu'il serait trop long de rapporter. Mais, peu après ces paroles, où il fait un si grand éloge de la foi de Pierre, qu'il déclare être une pierre symbolique, il commence à révéler à ses disciples « qu'il lui fallait aller à Jérusalem, et souffrir beaucoup des anciens, des scribes, et des princes des prêtres, et mourir et ressusciter le troisième jour. » (*Ibid.*, 21.) Pierre alors, laissé à lui-même, jeta un cri d'étonnement; il fut saisi d'effroi à la pensée de la mort de Jésus-Christ; ce pauvre malade s'épouvanta du remède qui devait le guérir. « A Dieu ne plaise, Seigneur, lui dit-il; ayez pitié de vous-même, il ne vous arrivera rien de tel. » Avez-vous donc oublié ce que dit ailleurs le Sauveur : « J'ai le pouvoir de donner ma vie, et j'ai le pouvoir de la reprendre? » (*Jean*, X, 18.) Avez-vous oublié, Pierre, ces autres paroles : « Personne n'a un plus grand amour que celui qui donne sa vie pour ses amis? » (*Jean*, XV, 13.) Vous les avez oubliées? Cet oubli venait de lui-même; cet effroi, cette horreur, cette crainte de la mort, tout cela venait de Pierre, ou plutôt de Simon, et non de Pierre. Et que lui dit Notre-Seigneur? « Retirez-vous de moi, Satan. Vous êtes bienheureux; » et puis : « Retirez-vous de moi, Satan. Vous êtes bienheureux, Simon, fils de Jonas, » c'est l'œuvre de Dieu. « Retirez-vous de moi, Satan. » De qui cela vient-il? Rappelez-vous d'où venait le bonheur de Pierre : « Parce que ce n'est ni la chair, ni le sang qui vous a révélé ceci, mais mon Père qui est dans les cieux. » Qui lui attire ce nom de Satan? Le Seigneur lui-même nous l'explique : « Parce que vous ne goûtez pas ce qui est de Dieu, mais ce qui est des hommes. »

15. Espérez donc au Seigneur, et à une foi véritable joignez la pratique des bonnes œuvres. Confessez l'incarnation du Christ, et par la pureté de votre foi et par la sainteté de votre vie; gardez fidèlement cette double grâce, et espérez que Dieu vous en donnera l'accroissement et la perfection. « Maudit est celui qui met son espérance dans l'homme. » (*Jérém.*, XVII, 5.) Au contraire, il est bon à l'homme qui se glorifie,

---

Unde illi? Itane de suo? Absit. Bene, quod ipsum Evangelii capitulum utrumque demonstrat, quid Petrus de Dei, quid de suo. Utrumque ibi habes : lege, non est quod a me exspectes audire. Commemoro Evangelium : Tu es Christus Filius Dei vivi. (*Matth.*, XVI, 17.) Et Dominus ad eum : Beatus es Simon Bar-Jona. Quare? De tuo beatus? Non. Quia caro et sanguis non revelavit tibi : hoc enim es tu. Non tibi revelavit caro et sanguis, sed Pater meus, qui in cœlis est. Et sequitur, et dicit cætera quæ commemorare longum est. Paulo post Dominus ibi, post hæc verba sua, quibus approbavit fidem Petri, eamque petram esse monstravit, cœpit ostendere discipulis suis, quia oportebat eum venire Jerosolymam, et multa pati, et reprobari a senioribus et scribis et sacerdotibus, et occidi, et tertio die resurgere. (*Ibid.*, 21.) Ibi Petrus de suo expavit, et horruit mortem Christi, expavit æger medicinam suam. « Absit a te, Domine, inquit : propitius tibi esto,' non fiat hoc. » Et ubi est : « Potestatem habeo ponendi animam meam, et potestatem habeo iterum sumendi eam? » (*Joan.*, X, 18.) Oblitus es Petre? Oblitus es : Majorem caritatem nemo habet, quam ut animam suam ponat quis pro amicis suis? (*Joan.*, XV, 13.) Oblitus es. Oblivio illa de ipsius; trepidatio, horror et timor mortis, totum de Petri : imo de Simonis, non de Petri. Et Dominus : Vade retro satanas. Beatus es Simon Bar-jona : Vade retro satanas. Beatus es Simon Bar-jona; sed de Dei. « Vade retro satanas ; » unde? Recolite unde beatus. Jam dixi : Quia non tibi revelavit caro et sanguis, sed Pater meus, qui in cœlis est. Unde satanas? Dicat Dominus : « Neque enim sapis quæ Dei sunt, sed quæ sunt hominum. »

15. Sperate in Dominum, et veræ fidei bona facta conjungite. Confitemini Christum in carne venisse, et credendo, et bene vivendo, et utrumque ab illo acceptum tenete, ab illo augendum et perficiendum sperate. Maledictus enim omnis, qui spem suam po-

de se glorifier dans le Seigneur. Tournons-nous avec un cœur pur vers le Seigneur Dieu, le Père tout-puissant; et, autant que notre faiblesse nous le permet, rendons-lui les plus grandes, les plus sincères actions de grâces. Prions de tout notre cœur sa bonté infinie, qu'il daigne exaucer nos prières dans sa miséricorde, qu'il éloigne par sa puissance l'ennemi du salut de nos œuvres et de nos pensées, qu'il développe en nous la foi, qu'il dirige notre âme, qu'il nous inspire des pensées toutes spirituelles, et qu'il nous conduise dans le lieu de son éternelle félicité, par Jésus-Christ son Fils. Ainsi soit-il.

DEUXIÈME SÉRIE

COMPRENANT LES SERMONS DU TEMPS.

SERMON CLXXXIV [1]

Ier *pour le jour de la Nativité de Notre-Seigneur Jésus-Christ.*

Chapitre premier. — *Le mystère de l'incarnation a été caché aux sages du monde.* — 1. C'est aujourd'hui que nous voyons revenir et briller d'un nouvel éclat la fête anniversaire de la naissance de Notre-Seigneur et Sauveur Jésus-Christ, où la Vérité est sortie du sein de la terre, où le jour qui est engendré du jour a voulu être mis au jour comme nous; livrons-nous donc aux transports d'une sainte joie. En effet, la foi des chrétiens sait tout ce que nous devons aux abaissements d'une si grande majesté, mais les cœurs des impies l'ignorent, parce que Dieu a caché ces choses aux sages et aux prudents pour les révéler aux petits. (*Matth.*, XI, 25.) Que les humbles s'attachent donc aux humiliations de Dieu, afin qu'appuyés sur ce puissant secours, comme sur le cheval qui soutient leur faiblesse, ils puissent s'élever jusqu'à la hauteur de Dieu. Quant à ces sages et à ces prudents, qui veulent parvenir aux grandeurs de Dieu sans passer par ses abaissements, ils détournent les yeux de ses humiliations, et, par là même, ne parviendront jamais à ses grandeurs. Hommes vains et légers, enflés d'orgueil et de présomption, ils sont restés suspendus entre le ciel et la terre pour y être le jouet des

(1) Possidius, dans le chapitre ix de sa Table, fait mention des sermons de saint Augustin sur la Nativité de Notre-Seigneur, et, dans le chapitre x, il en indique sept pour cette même fête, sans toutefois en désigner aucun en particulier.

nit in homine. (*Jerem.*, XVII, 5.) Et bonum est homini, ut qui gloriatur, in Domino glorietur. Conversi ad Dominum Deum Patrem omnipotentem, puro corde ei, quantum potest parvitas nostra, maximas atque veras gratias agamus, precantes toto animo singularem mansuetudinem ejus, ut preces nostras in beneplacito suo exaudire dignetur ; inimicum quoque a nostris actibus et cogitationibus sua virtute expellat, nobis multiplicet fidem, mentem gubernet, spiritales cogitationes concedat, et ad beatitudinem suam perducat : per Jesum Christum Filium ejus. Amen.

SECUNDA CLASSIS

IN QUA CONTINENTUR SERMONES DE TEMPORE.

SERMO CLXXXIV [a].

In Natali Domini nostri Jesu Christi, 1.

Caput primum. — *Incarnationis mysterium sapientibus mundi absconditum.* — 1. Natalis Domini et Salvatoris nostri Jesu Christi, quo Veritas de terra orta est, et dies ex die (b) in nostrum natus est diem, anniversario reditu nobis hodie celebrandus illuxit : exsultemus et jucundemur in eo. Quid enim nobis præstiterit tantæ sublimitatis humilitas, fides habet Christianorum, remotum est a cordibus impiorum; quoniam abscondit Deus hæc a sapientibus et prudentibus, et revelavit ea parvulis (*Matth.*, XI, 25.) Teneant ergo humiles humilitatem Dei : ut in hoc tanto adjumento, tanquam in infirmitatis suæ jumento, perveniant ad altitudinem Dei. Sapientes autem illi et prudentes, dum alta Dei quærunt, et humilia non credunt, ista prætermittentes, et propter hoc nec ad illa pervenientes, inanes et leves, inflati et elati, et tanquam inter cœlum et terram (c) in ventoso medio pependerunt. Sunt enim sapientes et prudentes, sed hujus mundi, non illius a quo factus est mundus. Nam si esset in eis vera sapientia, quæ Dei est et Deus est, intelligerent a Deo carnem potuisse suscipi, nec eum

(a) Alias de Diversis LVI. — (b) Isthæc verba, *in nostrum natus est diem* : et paulo infra, *tanquam in infirmitatis suæ jumento* : et aliquanto post, *a viro prægnans inventa*, etc., itemque ad Sermonis finem, *et cujus ubera sugebat, eam veritate pascebat* : aliaque passim in ante editis omissa restituimus ad veterum codicum fidem. — (c) Lov. *invento medio*. Sed Mss. concinnius, *in ventoso medio*.

vents. Ils ont en partage la sagesse et la prudence, mais la sagesse et la prudence de ce monde, et non de Celui qui a fait le monde. S'ils avaient en eux la sagesse véritable qui vient de Dieu, et qui n'est autre que Dieu, ils comprendraient que Dieu a pu s'unir à un corps, sans devenir corps lui-même; ils comprendraient qu'il a pu prendre ce qu'il n'était pas, tout en demeurant ce qu'il était; qu'il est venu parmi nous revêtu de notre humanité, sans quitter le sein de son Père; qu'il est resté ce qu'il est, et s'est montré à nous ce que nous sommes, et qu'en unissant sa puissance divine au corps d'un enfant, il ne l'a pas soustraite au gouvernement du monde. Celui qui, en demeurant dans le sein de son Père, a créé le monde tout entier, a été, en venant parmi nous, l'auteur de l'enfantement d'une vierge. Nous voyons, en effet, une marque évidente de sa toute-puissance dans cette Vierge-Mère, qui reste vierge après son enfantement, comme elle l'était auparavant; que son époux trouve fécondée en dehors de toute cause naturelle; qui porte un homme dans son sein, sans que l'homme y ait aucune part, et qui doit une gloire beaucoup plus grande à cette fécondité, parce qu'elle ne lui fait rien perdre de sa virginité. C'est ce prodige admirable que les sages du monde aiment mieux regarder comme une fiction, plutôt que de croire à son accomplissement. Dans Jésus-Christ, tout à la fois homme et Dieu, ils méprisent la nature humaine, qu'ils ne peuvent se résoudre à admettre; et, comme la nature divine est inaccessible à leurs mépris, ils refusent de croire en elle. Mais, pour nous, plus les humiliations de ce Dieu fait homme leur paraissent méprisables, plus elles doivent nous être chères; et plus l'enfantement virginal leur semble impossible, plus nous y voyons l'œuvre de la toute-puissance divine.

CHAPITRE II. — *La naissance de Jésus-Christ est une cause de joie universelle.* — 2. Célébrons donc la naissance du Seigneur avec un concours et une solennité dignes de ce grand mystère. Jésus-Christ a daigné se faire homme, il est né d'une femme, et les deux sexes se trouvent ainsi comblés d'honneur. Que tous ceux qui ont été condamnés dans le premier homme s'attachent donc au second. Une femme nous avait persuadé la mort, une femme a enfanté la vie. De son sein est née une chair semblable à la chair du péché, pour purifier la chair du péché. N'accusons donc point la chair, mais détruisons le péché pour faire vivre la nature, puisque aujourd'hui est né sans péché Celui en qui le pécheur trouve le principe d'une nouvelle naissance. Réjouissez-vous, saints jeunes gens, qui, pour marcher plus parfaitement à la suite de Jésus-Christ, avez renoncé aux unions charnelles. Celui dont vous imitez l'exemple, n'est point le fruit de l'union conjugale; c'est ainsi qu'il vous inspire de vous élever au-dessus de

---

in carnem potuisse mutari : intelligerent eum assumpsisse quod non erat, et permansisse quod erat; et in homine ad nos venisse, et a Patre non recessisse; et (a) id eum perseverasse quod est, et nobis apparuisse quod sumus; et corpori infantili potentiam esse inditam, et mundanæ moli non esse subtractam. Cujus opus est apud Patrem manentis mundus universus, hujus opus est ad nos venientis virginis partus. Dedit quippe indicium majestatis ejus virgo mater, quam virgo ante conceptum, tam virgo post partum; a viro prægnans inventa, non facta : gravida masculo, sine masculo : felicior atque mirabilior fecunditate addita, integritate non perdita. Hoc tam grande miraculum malunt illi fictum putare, quam factum. Ita in Christo homine et Deo, credere quoniam non possunt humana, contemnunt; quoniam non possunt contemnere divina, non credunt. Nobis autem quanto illis abjectius, tanto sit gratius in humilitate Dei hominis corpus : et quanto illis est impossibilior, tanto sit divinior in hominis nativitate virginis partus.

CAPUT II. — *Natalis Christi cunctis lætitiæ causa.*— 2. Proinde Natalem Domini frequentia et festivitate debita celebremus. Exsultent viri, exsultent feminæ : Christus vir est natus, ex femina est natus; et uterque sexus est honoratus. Jam ergo ad secundum hominem transeat, qui in primo fuerat ante damnatus. Mortem nobis persuaserat femina : vitam nobis peperit femina. Nata est similitudo carnis peccati, qua mundaretur caro peccati. Non itaque caro culpetur, sed ut natura vivat, culpa moriatur : quia sine culpa natus est, in quo is qui in culpa fuerat, renascatur. Exsultate pueri sancti, qui Christum præcipue sequendum elegistis, qui conjugia non quæsistis. Non ad vos per conjugium venit, quem sequendum invenistis; ut donaret vobis contemnere per quod ve-

---

(a) Sic Mss. At editi, *et apud Patrem perseverasse quod sumus, et corpore infantili esse indutum, et mundanæ moli non esse subtractum.* Cætera quæ hic Mss. subsidio redintegrantur loca nihil juvat referre.

cette union à laquelle vous devez le jour. Vous êtes nés de l'union charnelle des époux, en dehors de laquelle Jésus-Christ est venu contracter des noces toutes spirituelles, et vous inspirer le mépris des unions charnelles, à vous qu'il convie à ses noces divines. Vous avez donc renoncé à ce qui a été le principe de votre naissance, parce que vous avez aimé plus que tous les autres Celui qui est né par une voie toute différente. Réjouissez-vous aussi, vierges saintes; une vierge vous a enfanté un époux auquel vous pouvez vous unir sans craindre aucune souillure; et ni conception, ni enfantement ne pourront vous faire perdre ce que vous aimez. Réjouissez-vous, justes, c'est aujourd'hui la naissance de celui qui vous a justifiés. Réjouissez-vous, infirmes et malades, il vous est né un Sauveur. Réjouissez-vous, captifs, voici la naissance de votre Rédempteur. Que les esclaves soient dans la joie, ils célèbrent la naissance de leur véritable maître. Que les hommes libres se réjouissent aussi, voici le vrai libérateur. Que tous les chrétiens tressaillent d'allégresse, c'est aujourd'hui la naissance du Christ.

Double naissance du Christ. — 3. En naissant aujourd'hui d'une mère mortelle, il a consacré ce jour pour tous les siècles, lui qui, né éternellement du sein de son Père, a créé tous les siècles. Dans cette génération éternelle, il n'a pu avoir de mère, de même qu'il n'a point voulu avoir d'homme pour père dans sa naissance temporelle. Ainsi, Jésus-Christ est né d'un père et d'une mère, et il est en même temps sans père et sans mère : comme Dieu, il a un père; comme homme, il a une mère; mais comme Dieu, il est sans mère, et comme homme, il est sans père. « Qui pourra expliquer sa génération; » celle qui est au-dessus de tous les temps, comme celle qui est en dehors de toute action de l'homme; celle qui est sans commencement comme celle qui est sans exemple; celle qui a toujours existé comme celle qui ne s'est représentée ni avant ni après; l'une qui n'a point de fin, l'autre qui a son commencement sur la terre, où elle doit avoir sa fin.

Chapitre III. — *Merveilles que présente ce Dieu enfant.* — C'est donc avec raison que les prophètes ont prédit cette naissance temporelle du Christ, et que les cieux et les anges l'ont célébrée lorsqu'elle fut accomplie. Il était couché dans une crèche, et il embrassait le monde entier; ce petit enfant sans parole était la parole éternelle. Le sein d'une femme portait Celui que les cieux ne peuvent contenir. Elle gouvernait à son gré notre Roi, elle portait Celui en qui nous sommes tous, elle allaitait Celui qui est notre pain. O faiblesse manifeste, humilité merveilleuse, qui avez servi de voix à la divinité tout entière! Il dirigeait, par sa puissance, la mère à laquelle il soumettait son enfance, et il nourrissait de la vérité celle dont il prenait le sein. Qu'il daigne multiplier en nous

---

nistis. Vos enim venistis per carnales nuptias, sine quibus ille spiritales venit ad nuptias : et vobis dedit spernere nuptias, quos præcipue vocavit ad nuptias. Ergo unde nati estis, non quæsistis; quia eum qui non ita natus est, plus quam (*a*) cæteri dilexistis. Exsultate virgines sanctæ : virgo vobis peperit, cui sine corruptione nubatis; quæ nec concipiendo, nec pariendo potestis perdere quod amatis. Exsultate justi : Natalis est Justificatoris. Exsultate debiles et ægroti : Natalis est Salvatoris. Exsultate captivi : Natalis est Redemptoris. Exsultent servi : Natalis est dominantis. Exsultent liberi : Natalis est liberantis. Exsultent omnes Christiani : Natalis est Christi.

Nativitas Christi duplex. — 3. Hic de matre natus istum diem sæculis commendavit, qui de Patre natus sæcula cuncta creavit. Nec illa nativitas ullam habere potuit matrem, nec ista quæsivit hominem patrem. Denique natus est Christus et de patre, et de matre; et sine patre, et sine matre : de patre Deus, de matre homo; sine matre Deus, sine patre homo. « Generationem ergo ejus quis enarrabit ? » Sive illam sine tempore, sive istam sine semine; illam sine initio, istam sine exemplo; illam quæ nunquam non fuit, istam quæ nec antea nec postea fuit; illam quæ non habet finem, istam quæ initium illic habet, ubi finem.

Caput III. — *Admiranda in Deo infante.* — Merito ergo Prophetæ nuntiaverunt nasciturum, cœli vero atque Angeli natum. Jacebat in præsepio continens mundum : et infans erat et Verbum. Quem cœli non capiunt, unius feminæ sinus ferebat. Illa regem nostrum regebat; in quo sumus, illa portabat; panem nostrum illa lactabat. O manifesta infirmitas, et mira humilitas, in qua sic latuit (*b*) tota divinitas! Matrem cui subjacebat infantia, regebat potentia ; et cujus ubera sugebat, eam veritate pascebat. Perficiat in nobis sua munera, qui sumere non abhor-

(*a*) In editis, *cætera*. Verius in Mss. *cæteri*. — (*b*) Sic Mss. At Lov. *tanta divinitas*.

ses dons, puisqu'il n'a pas dédaigné de se soumettre à nos faibles commencements, et qu'il fasse de nous des fils de Dieu, puisqu'il a consenti à se faire pour nous Fils de l'homme.

SERMON CLXXXV (1).

II° pour le jour de la Nativité de Notre-Seigneur.

CHAPITRE PREMIER. — *Par l'incarnation du Verbe, la Vérité est sortie du sein de la terre.* — 1. Nous appelons naissance du Seigneur ce mystère où la sagesse de Dieu s'est manifestée sous les traits d'un enfant, et où le Verbe de Dieu, sans articuler aucune parole, a fait entendre une voix humaine. Cependant un témoignage céleste a révélé aux Mages ce Dieu caché, et des anges eux-mêmes sont venus l'annoncer aux bergers. Nous célébrons donc dans cette grande fête l'anniversaire du jour où s'est accomplie cette prophétie : La Vérité est sortie du sein de la terre, et la justice a regardé du haut du ciel. » (*Ps.* LXXXIV, 12.) La Vérité, qui est dans le sein du Père, s'est levée de la terre, et a daigné se renfermer dans le sein d'une mère. La Vérité, qui porte le monde, est sortie du sein de la terre, pour être portée dans les bras d'une femme. La Vérité, qui nourrit d'un aliment incorruptible la félicité des anges, est sortie de la terre pour être allaitée par le sein d'une mère. La Vérité, que le ciel ne peut contenir, est sortie du sein de la terre pour être déposée dans une crèche. Pour qui cette incomparable majesté est-elle descendue à de si prodigieux abaissements? Assurément, ce n'est point pour son avantage, mais, si nous avons la foi, pour notre plus grand bien. Eveillez-vous donc, ô homme, c'est pour vous qu'un Dieu s'est fait homme. « Levez-vous, vous qui dormez, et sortez d'entre les morts, et Jésus-Christ vous éclairera. » (*Ephés.*, v, 14.) C'est pour vous, je le répète, qu'un Dieu s'est fait homme. Vous étiez mort pour l'éternité, s'il n'avait daigné naître dans le temps. Jamais vous n'auriez été délivré de la chair du péché, s'il ne s'était uni à une chair semblable à celle du péché; sans cette grande miséricorde, vous étiez condamné à une misère éternelle. Jamais vous n'auriez été rendu à la vie, s'il ne s'était soumis volontairement à votre mort. Vous auriez infailliblement succombé, s'il ne vous avait secouru. Vous étiez perdu sans retour, s'il n'était venu vous sauver.

CHAPITRE II. — *La justice est pour nous un des fruits de l'incarnation.* — 2. Célébrons donc avec joie l'avénement de notre salut et de notre rédemption. Célébrons ce jour solennel, où le grand jour, où le jour éternel, engendré,

(1) Un manuscrit de la bibliothèque de Navarre attribue ce sermon à saint Maxime; mais tous les autres manuscrits le citent sous le nom de saint Augustin, dont il est facile de reconnaître ici le style et le génie.

---

ruit etiam nostra primordia : et ipse faciat nos Dei filios, qui propter nos fieri voluit hominis filius.

SERMO CLXXXV (a).

In Natali Domini, II.

CAPUT PRIMUM. — *Verbi incarnatione Veritas orta de terra.* — 1. Natalis Domini dicitur, quando Dei Sapientia se demonstravit infantem, et Dei Verbum sine verbis vocem carnis emisit. Illa tamen occulta divinitas, et Magis cœlo teste significata, et pastoribus Angelica voce nuntiata est. Hanc igitur anniversaria solemnitate celebramus diem, qua impleta est prophetia dicens: « Veritas de terra orta est, et justitia de cœlo prospexit. » (*Psal.* LXXXIV, 12.) Veritas quæ est in sinu Patris, de terra orta est, ut esset etiam in sinu matris. Veritas qua mundus continetur, de terra orta est, ut femineis manibus portaretur. Veritas qua beatitudo Angelorum incorruptibiliter alitur, de terra orta est, ut carnalibus uberibus lactaretur. Veritas cui cœlum non sufficit, de terra orta est, ut in præsepio poneretur. Cujus bono in tanta humilitate venit tanta sublimitas? Nulli utique suo; sed magno, si credimus, nostro. Expergiscere homo pro te Deus factus est homo. « Surge qui dormis, et exsurge a mortuis, et illuminabit te Christus. » (*Ephes.*, v, 14.) Pro te, inquam, Deus factus est homo. In æternum mortuus esses, nisi in tempore natus esset. Nunquam liberareris a carne peccati, nisi suscepisset similitudinem carnis peccati. Perpetua te possideret miseria, nisi fieret hæc misericordia. Non revixisses, nisi tuæ morti convenisset. Defecisses, nisi subvenisset. Perisses, nisi venisset.

CAPUT II. — *Justitia incarnatione Christi nobis allata.* — 2. Celebremus læti nostræ salutis et redemptionis adventum. Celebremus festum diem, quo magnus et æternus dies ex magno et æterno die venit in hunc nostrum tam brevem temporalem diem. Hic « est

(a) Alias de Diversis LXII.

d'un jour dont la grandeur et l'éternité sont égales, a voulu être enfanté à ce jour si court de la vie présente. « Il est devenu notre justice, notre sanctification, notre rédemption, afin que, selon qu'il est écrit, celui qui se glorifie, se glorifie dans le Seigneur. » (I *Cor.*, I, 30, 31.) C'est pour nous faire éviter l'orgueil des Juifs, qui, ne connaissant point la justice de Dieu, et s'efforçant d'établir leur propre justice, ne se sont point soumis à la justice de Dieu, » (*Rom.*, x, 3) qu'après avoir dit : « La Vérité est sortie du sein de la terre, » le Roi-Prophète ajoute aussitôt : « Et la justice a regardé du haut du ciel. » (*Ps.* LXXXIV, 12.) Il ne veut pas que la faiblesse humaine s'attribue le mérite de cette justice, la regarde comme un bien qui lui est propre, et que l'homme, persuadé qu'il est lui-même l'auteur de sa justification, c'est-à-dire se rend juste lui-même, repousse la justice de Dieu. « La Vérité est donc sortie du sein de la terre. » Jésus-Christ, qui a dit : « Je suis la Vérité, » est né d'une vierge. « Et la justice a regardé du haut du ciel, » parce que l'homme, en croyant en Celui qui est né, reçoit, non pas de lui-même, mais de Dieu, le bienfait de la justification. « La Vérité est sortie du sein de la terre, » parce que « le Verbe s'est fait chair. » (*Jean*, I, 14.) « Et la justice a regardé du haut du ciel, » parce que « toute grâce excellente et tout don parfait viennent d'en haut. » (*Jacq.*, I, 17.) « La Vérité est sortie du sein de la terre, » c'est-à-dire du sein de Marie, « et la justice a regardé du haut du ciel, » parce que « l'homme ne peut rien recevoir qui ne lui ait été donné du ciel. » (*Jean*, III, 27.)

CHAPITRE III. — *La gloire de Dieu consiste dans la justification gratuite des hommes.* — 3. « Justifiés donc par la foi, ayons la paix avec Dieu, par Jésus-Christ Notre-Seigneur, qui, par la foi, nous a donné accès en cette grâce, en laquelle nous demeurons fermes, et nous nous glorifions dans l'espérance de la gloire de Dieu. » (*Rom.*, v, 1, 2.) J'aime à rapprocher de ces quelques paroles de l'Apôtre que vous reconnaissez, le court témoignage du psaume que j'ai déjà cité, et à découvrir le rapport qui les unit. « Justifiés par la foi, ayons la paix avec Dieu, » parce que la justice et la paix se sont embrassées. « Par Notre-Seigneur Jésus-Christ, » parce que « la Vérité est sortie du sein de la terre, » (*Ps.* LXXXIV, 11, 12) « qui, par la foi, nous a donné accès en cette grâce, en laquelle nous demeurons fermes et nous nous glorifions dans l'espérance de la gloire de Dieu. » L'Apôtre ne dit point : De notre gloire, mais : « De la gloire de Dieu, » parce que ce n'est point de nous que vient la justice, mais qu'elle a regardé du haut du ciel. Que celui donc qui se glorifie, mette sa gloire, non pas en lui-même, mais dans le

---

nobis factus justitia, et sanctificatio, et redemptio : ut, quemadmodum scriptum est : Qui gloriatur, in Domino glorietur. » (I *Cor.*, I, 30, 31.) Ut enim superbiæ Judæorum similes non essemus, qui « ignorantes Dei justitiam, et suam volentes constituere, justitiæ Dei non sunt subjecti; » (*Rom.*, x, 3) propterea cum dixisset : « Veritas de terra orta est, » mox addidit : « Et justitia de cœlo prospexit ; » (*Psal.* LXXXIV, 12) ne sibi eam mortalis infirmitas arrogaret, ne ista sua diceret, et se homo a se ipso justificari, hoc est a se justum fieri credens, Dei justitiam recusaret. « Veritas ergo de terra orta est ; » Christus qui dixit : « Ego sum veritas, » (*Joan.*, XIV, 6) de virgine natus est. « Et justitia de cœlo prospexit, » quoniam credens in eum qui natus est, non homo a se ipso, sed a Deo justificatus est. « Veritas de terra orta est, » quia « Verbum caro factum est. » (*Joan.*, I, 14.) « Et justitia de cœlo prospexit, » quia « omne datum optimum et omne donum perfectum de sursum est. » (*Jacob.*, I, 17.) « Veritas de terra orta est, » caro de Maria. « Et justitia de cœlo prospexit, » quia « non potest homo accipere quidquam, nisi fuerit ei datum de cœlo. » (*Joan.*, III, 27.)

CAPUT III. — *Gloria Dei in hominum gratuita justificatione.* — 3. « Justificati igitur ex fide, pacem habeamus ad Deum, per Dominum nostrum Jesum Christum, per quem et accessum habemus in gratiam istam, in qua stamus, et gloriamur in spe gloriæ (*a*) Dei. » (*Rom.*, v, 1, 2.) His, Fratres, quæ mecum regnoscitis, paucis Apostolicis verbis, pauca verba Psalmi hujus admiscere delectat, et consonantiam reperire. « Justificati ex fide, pacem habeamus ad Deum, » quia « justitia et pax osculatæ sunt invicem. Per Dominum nostrum Jesum Christum, » quia « Veritas de terra orta est. » (*Psal.* LXXXIV, 11, 12.) « Per quem et accessum habemus in gratiam istam, in qua stamus, et gloriamur in spe gloriæ Dei. » Non ait, gloriæ nostræ, sed « gloriæ Dei, » quia « justitia, »

(*a*) Concordat Græcis, qui nec habent quod additur in Vulgata *filiorum*. Unde et Theophilactus interpretatur in spe bonorum, quæ nobis obvenient, non ex merito nostro, sed ut glorificetur Deus. Nec secus exponit Chrysostomus.

Seigneur. (I *Cor.*, I, 31.) Aussi, à peine le Seigneur, dont nous célébrons aujourd'hui la naissance, est-il sorti du sein de la Vierge, que les anges entonnent cet hymne : « Gloire à Dieu au plus haut des cieux, et paix sur la terre aux hommes de bonne volonté. » (*Luc*, II, 14.) Comment la paix est-elle venue sur la terre? Parce que la Vérité est sortie du sein de la terre, c'est-à-dire que Jésus-Christ est né de la chair. « Et il est lui-même notre paix, qui des deux peuples n'en a fait qu'un, » (*Ephés.*, II, 14) afin que nous soyons des hommes de bonne volonté, unis par les liens de la plus douce et de la plus étroite unité. Réjouissons-nous donc dans cette grâce; que notre gloire soit le témoignage de notre conscience (II *Cor.*, I, 12), où nous nous glorifierons non pas en nous, mais dans le Seigneur. (I *Cor.*, I, 31.) Voilà pourquoi le Psalmiste dit à Dieu : « C'est vous qui êtes ma gloire et qui relevez mon front abattu. » (*Ps.* III, 4.) En effet, quelle grâce plus signalée Dieu a-t-il pu faire briller à nos yeux? Il avait un Fils unique, et il en fait le Fils de l'homme, et, par un juste retour, du fils de l'homme il fait un fils de Dieu. Cherchez comment vous avez mérité cette faveur, cherchez-en la cause, cherchez quelle est votre justice, et voyez si vous trouverez autre chose que la grâce de Dieu.

SERMON CLXXXVI.

IIIe *pour le jour de la Nativité de Notre-Seigneur.*

CHAPITRE PREMIER. — *Le Christ est le fruit d'un enfantement virginal. Il n'a pas cessé d'être Dieu par son incarnation.* — 1. Réjouissons-nous, mes frères! que les peuples se livrent aux transports de la joie et de l'allégresse! Ce n'est point ce soleil visible qui a consacré pour nous ce jour, mais son invisible Créateur, lorsque ce Dieu invisible, par qui tout a été fait, a daigné se rendre visible pour nous et naître du sein fécond d'une Vierge-Mère, sans porter atteinte à sa virginité. Elle était vierge lorsqu'elle l'a conçu, vierge lorsqu'elle l'a enfanté, vierge lorsqu'elle le portait dans ses entrailles devenues fécondes, vierge toujours. Pourquoi vous en étonner, ô homme? C'est ainsi que Dieu devait naître en daignant se faire homme. C'est lui qui a formé celle qui devait lui donner le jour. Car avant de naître d'elle, il était, et, en vertu de sa toute-puissance, il a pu naître en demeurant ce qu'il était. Il s'est créé une mère, lorsqu'il était dans le sein de son Père, et il est né de cette mère sans quitter le sein de son Père. Comment pourrait-il cesser d'être Dieu en devenant homme, lui qui a donné à sa Mère de

non de nobis processit, sed « de cœlo prospexit. » Ergo « qui gloriatur, » non in se, sed « in Domino glorietur. » (I *Cor.*, I, 31.) Hinc enim et nato ex virgine Domino, cujus diem Natalem hodie celebramus, præconium vocis Angelicæ factum est : « Gloria in excelsis Deo, et in terra pax hominibus bonæ voluntatis. » (*Luc.*, II, 14.) In terra enim pax unde, nisi quia « Veritas de terra orta est : » id est, Christus de carne natus est? Et « ipse est pax nostra qui fecit utraque unum, » (*Ephes.*, II, 14) ut essemus homines bonæ voluntatis, suaviter connexi vinculis unitatis. In hac igitur gratia gaudeamus, ut sit gloria nostra testimonium conscientiæ nostræ (II *Cor.*, I, 12) : ubi non in nobis, sed in Domino gloriemur. (I *Cor.*, I, 31.) Hinc enim dictum est : « Gloria mea, et exaltans caput meum. » (*Psal.* III, 4.) Nam quæ major (*a*) gratia Dei nobis potuit illucescere, quam ut habens unigenitum Filium, faceret cum hominis Filium, atque ita vicissim hominis filium, faceret Dei filium? Quære meritum, quære causam, quære justitiam; et vide utrum invenias nisi gratiam.

SERMO CLXXXVI (*b*).

Natali Domini, III.

CAPUT PRIMUM. — *Christus virginis partu editus. Incarnatione Deus esse non destitit.* — 1. Gaudeamus, Fratres : lætentur et exsultent gentes. Istum diem nobis non sol iste visibilis, sed Creator ipsius invisibilis consecravit; quando cum pro nobis visibilem factum, a quo invisibili et ipsa creata est, visceribus fecundis et genitalibus integris virgo mater effudit. Concipiens virgo, (*c*) pariens virgo, virgo gravida, virgo feta, virgo perpetua. Quid miraris hæc, o homo? Deum sic nasci oportuit, quando esse dignatus est homo. Talem fecit illam, qui est factus ex illa. Antequam enim fieret, erat : et quia omnipotens erat, fieri potuit manens quod erat. Fecit sibi matrem, cum esset apud Patrem : et cum fieret ex matre, mansit in Patre. Quomodo Deus esse desisteret, cum homo esse cœpit, qui genitrici suæ præstitit ne desisteret virgo esse, cum peperit? Proinde quod Verbum caro factum est, non Verbum in carnem pereundo cessit;

(*a*) Colbertinus Ms. *gloria Dei.* — (*b*) Alias de Tempore XIX. — (*c*) Mss. *permanens virgo.*

rester toujours vierge, même dans son enfantement? Lors donc que le Verbe s'est fait chair, il ne s'est point anéanti en se transformant dans la chair; c'est la chair qui s'est unie au Verbe, pour ne point périr. L'homme est un composé de corps et d'âme; ainsi Jésus-Christ est à la fois Dieu et homme. C'est le même Dieu qui est homme, c'est le même homme qui est Dieu; il n'y a point confusion de nature, mais simplement unité de personne. Disons encore que le Fils de Dieu, coéternel au Père qui l'a engendré, a voulu avoir un commencement, en naissant d'une vierge comme Fils de l'homme. C'est ainsi que l'humanité est venue se joindre à la divinité du Fils, sans faire cependant une quatrième personne dans l'immuable Trinité.

CHAPITRE II. — *Le Verbe est devenu sans aucun changement Fils de Dieu et Fils de l'homme.* — 2. Ne vous laissez donc pas séduire par l'opinion de certains esprits qui ont perdu de vue la règle de la foi et les oracles des divines Ecritures. En Jésus-Christ, disent-ils, le Fils de l'homme est devenu Fils de Dieu, mais le Fils de Dieu n'est point devenu Fils de l'homme. Ceux qui parlent de la sorte ont la vérité présente à l'esprit, mais ils ne l'expriment point d'une manière exacte. Quelle considération les a frappés? C'est qu'on peut admettre une transformation meilleure pour la nature humaine, tandis qu'il est impossible de supposer dans la nature divine un changement qui l'altère. Cela est incontestable; mais, en admettant cette vérité, et en dehors de toute transformation injurieuse à la divinité, il n'est pas moins vrai que le Verbe s'est fait chair. En effet, l'Evangile ne dit pas : La chair s'est faite Verbe, mais : « Le Verbe s'est fait chair. » (*Jean*, I, 14.) Or, le Verbe, c'est Dieu, puisque, selon le même Evangéliste, « le Verbe était Dieu. » Or, que faut-il entendre par la chair, si ce n'est l'homme tout entier? Car, en Jésus-Christ, la chair de l'homme n'était point une chair sans âme. Aussi le Sauveur dit-il : « Mon âme est triste jusqu'à la mort. » (*Matth.*, XXVI, 38.) Si donc le Verbe est Dieu, et si, par la chair, il faut entendre l'homme tout entier, que signifient ces paroles : « Le Verbe s'est fait chair, » si ce n'est : Dieu s'est fait homme? Ainsi donc le Fils de Dieu s'est fait Fils de l'homme en s'unissant à une nature inférieure sans transformer sa nature divine; en prenant ce qu'il n'était point, sans perdre ce qu'il était. Comment, en effet, confesserions-nous, dans la règle de la foi, que nous croyons au Fils de Dieu qui est né de la Vierge Marie, si ce n'est point le Fils de Dieu, mais le Fils de l'homme qui est né de la Vierge Marie? Quel chrétien nierait qu'elle a donné le jour au Fils de l'homme? Mais nous croyons en même temps que Dieu s'est fait homme, et que l'homme est ainsi devenu Dieu. Car « le Verbe était Dieu, »

---

sed caro (*a*) ad verbum, ne ipsa periret, accessit : ut quemadmodum homo est anima et caro, sic esset Christus Deus et homo. Idem Deus qui homo, et qui Deus idem homo : non confusione naturæ, sed unitate personæ. Denique qui Filius Dei generanti est coæternus semper ex Patre, idem filius hominis esse cœpit ex virgine. Ac sic et Filii divinitati est addita humanitas; et tamen non est personarum facta quaternitas, sed permanet trinitas.

CAPUT II. — *Verbo non mutato factus est idem Dei et hominis filius.* — 2. Non ergo vobis subrepat quorumdam sententia minus attentorum in regulam fidei et in Scripturarum oracula divinarum. Dicunt enim : Qui filius est hominis, factus est Filius Dei; qui vero Filius est Dei, non est factus filius hominis. Hoc ut dicerent, quod verum est attenderunt; sed verum eloqui non valuerunt. Quid enim attenderunt, nisi quia humana natura potuit in melius commutari, in deterius autem divina non potuit? Hoc verum est : sed etiam sic, id est, nequaquam in deterius divinitate mutata, Verbum tamen caro factum est. Neque enim ait Evangelium : Caro Verbum facta est; sed ait : « Verbum caro factum est. » (*Joan.*, I, 14.) Verbum autem Deus; quia « Deus erat Verbum. » Et quid caro, nisi homo? Non enim sine anima in Christo hominis caro. (*b*) Unde ait : « Tristis est anima mea usque ad mortem. » (*Matth.*, XXVI, 38.) Si ergo Verbum Deus, et homo caro, quid est aliud : « Verbum factum est caro, » nisi : Qui Deus erat, factus est homo? Ac per hoc qui erat Dei Filius, factus est hominis filius, assumptione inferioris, non conversione potioris; accipiendo quod non erat, non amittendo quod erat. Nam quomodo in Regula fidei confiteremur, credere nos in Filium Dei qui natus est ex virgine Maria, si non Filius Dei, sed filius hominis natus est ex virgine Maria? Quis enim Christianus neget ex illa femina filium hominis natum? sed tamen Deum hominem factum, et

---

(*a*) Aliquot Mss. *sed carni Verbum*, etc. Et quidam, *sed caro Verbum, ne ipsa periret, accepit.* — (*b*) Mss. non habent : *Unde ait : Tristis est*, etc.

et « le Verbe s'est fait chair. » Voilà donc ce qu'il faut croire : Le Fils de Dieu, pour naître de la Vierge Marie, s'est fait Fils de l'homme en s'unissant à la nature de serviteur ; il a pris ce qu'il n'était pas, en demeurant ce qu'il était ; il a commencé d'être, en tant qu'inférieur à son Père, et il est toujours resté dans cette égalité de nature par laquelle il ne fait qu'un avec son Père.

CHAPITRE III. — *Par l'incarnation, le Fils de Dieu est en même temps le Fils de l'homme.* — 3. Si celui qui est toujours le Fils de Dieu ne s'est point fait le Fils de l'homme, comment l'Apôtre a-t-il pu dire, en parlant de lui : « Lui qui, ayant la nature de Dieu, n'a point cru que ce fût pour lui une usurpation de s'égaler à Dieu, s'est cependant anéanti lui-même en prenant la forme d'esclave, en se rendant semblable aux hommes, et reconnu pour homme par tout ce qui a paru de lui ? » (*Philip.*, II, 6.) Ainsi, ce n'est pas un autre, c'est lui-même qui est égal à son Père par sa nature divine ; c'est le Fils unique de Dieu « qui s'est anéanti lui-même en se rendant semblable aux hommes. » Ce n'est point un autre, c'est ce même Fils, égal à son Père par sa nature divine, qui a humilié non pas un autre que lui, mais qui s'est humilié lui-même, en se faisant obéissant jusqu'à la mort, et jusqu'à la mort de la croix. » Or, le Fils de Dieu n'a pu accomplir tous ces mystères d'humiliation que dans la nature humaine et comme Fils de l'homme. Ajoutons encore : Si celui qui est toujours le Fils de Dieu n'était pas devenu le Fils de l'homme, comment expliquer ces paroles de l'Apôtre aux Romains : « Paul, choisi pour l'Evangile de Dieu, qu'il avait promis auparavant par ses prophètes dans les saintes Ecritures, touchant son Fils qui lui est né de la race de David selon la chair ? » (*Rom.*, I, 1, etc.) Voilà donc le Fils de Dieu qui existait de toute éternité, et qui est né de la race de David selon la chair, ce qu'il n'était pas précédemment. De plus, si le Fils de Dieu ne s'est pas fait lui-même Fils de l'homme, comment « Dieu a-t-il envoyé son Fils formé d'une femme, » (*Gal.*, IV, 4) expression qui, en hébreu, désigne simplement le sexe, sans exclure l'honneur de la virginité ? Quel est, en effet, celui que le Père a envoyé ? N'est-ce pas son Fils unique ? Comment donc a-t-il été formé d'une femme, si l'on n'admet point que celui qui était le Fils de Dieu dans le sein du Père a été envoyé pour devenir Fils de l'homme ? Il naît de son Père en dehors de tous les jours du temps, et c'est en ce jour qu'il est né de sa Mère. Ce jour qu'il a créé, il l'a choisi pour être le jour de sa naissance, de même qu'il a créé la Mère dont il a voulu naître. Or, ce jour, à partir duquel les jours reçoivent

---

ita hominem Deum factum. « Deus enim erat Verbum, et Verbum caro factum est. » Confitendum est igitur, eum qui Filius Dei erat, ut de virgine Maria nasceretur, assumpta forma servi filium hominis factum, quod erat manentem, quod non erat assumentem : esse incipientem quo (*a*) minor est Patre, et semper manentem in eo quod unum sunt ipse et Pater.

CAPUT III. — *Dei Filium eumdem esse filium hominis incarnatione.* — 3. Nam si ille qui semper est Dei Filius, non ipse est factus hominis filius, quomodo de illo dicit Apostolus : « Qui cum in forma Dei esset, non rapinam arbitratus est esse æqualis Deo, sed se ipsum exinanivit formam servi accipiens, in similitudinem hominum factus, et habitu inventus ut homo ? » (*Philip.*, II, 6, etc.) Neque enim alius, sed ipse in forma Dei æqualis Patri, qui est utique unigenitus Dei Filius, « semetipsum exinanivit, in similitudinem hominum factus. » Neque alius, sed idem ipse in forma Dei æqualis Patri, « humiliavit, » non alium, sed « semetipsum, factus obediens usque ad mortem, mortem autem crucis. » Quod totum non fecit Dei Filius, nisi in ea forma qua est hominis filius. Item si ille qui semper est Dei Filius, non est ipse factus hominis filius, quomodo dicit Apostolus ad Romanos : « Segregatus in Evangelium Dei, quod ante promiserat per Prophetas suos in Scripturis sanctis de Filio suo, qui factus est ei ex semine David secundum carnem ? » (*Rom.*, I, 1, etc.) Ecce Filius Dei, quod utique semper erat, factus est ex semine David secundum carnem, quod non erat. Item si ille qui est Dei Filius, non est ipse factus filius hominis, quomodo « misit Deus Filium suum factum ex muliere ? » (*Gal.*, IV, 4.) Quo nomine secundum Hebræam linguam non virgineum decus negatur, sed femineus sexus ostenditur. Quis enim a Patre est missus, nisi unigenitus Dei Filius ? Quomodo ergo ex muliere factus, nisi quia idem ipse qui erat apud Patrem Dei Filius, missus factus est hominis filius ? De Patre natus sine temporis die, de matre natus hoc die. Istum enim diem quem creavit, in quo crearetur elegit, sicut factus est de

(*a*) Mss. *quo major est Pater.*

un accroissement de lumière, est le symbole de l'œuvre de Jésus-Christ, par qui notre homme intérieur se renouvelle de jour en jour. (II *Cor.*, vi, 16.) L'éternel Créateur, ayant daigné devenir créature dans le temps, a dû choisir pour jour de sa naissance un jour en rapport avec la mission qu'il venait remplir.

SERMON CLXXXVII.

IV° *pour le jour de la Nativité de Notre-Seigneur.*

Chapitre premier. — *Jésus-Christ enfant nous offre dans sa personne un accord admirable des attributs les plus contraires.* — 1. Ma bouche va publier les louanges du Seigneur, de ce Dieu par qui toutes choses ont été faites, et qui a voulu être fait lui-même comme toutes les autres créatures. Il est le révélateur de son Père et le créateur de sa Mère, le Fils de Dieu né du Père sans avoir de mère, le Fils de l'homme né d'une mère sans avoir de père. Il est le grand jour des anges, et il s'est fait petit dans les jours des hommes; le Verbe-Dieu avant tous les temps, le Verbe fait chair dans le temps marqué par sa providence; le Créateur du soleil, et créé lui-même sous le soleil. Il règle le cours des siècles dans le sein de son Père, et consacre le jour présent en sortant aujourd'hui du sein de sa Mère; il demeure toujours dans le sein de son Père, et il sort aujourd'hui du sein de sa Mère; Créateur du ciel et de la terre, il naît aujourd'hui dans le ciel et de la terre; Sagesse ineffable, et aujourd'hui Sagesse réduite au silence de l'enfance. Il remplit le monde et il est couché dans une crèche; il gouverne les astres, et il est allaité par le sein maternel, lui si grand dans sa nature divine et si petit dans la nature de serviteur, mais sans que sa petitesse diminue sa grandeur, sans que sa grandeur accable en rien sa petitesse. Car, en prenant un corps humain, il n'a point cessé d'accomplir ses opérations divines, ni d'atteindre avec force d'une extrémité à l'autre, et de disposer toutes choses avec douceur. (*Sag.*, viii, 1.) Lorsqu'il s'est revêtu de l'infirmité de la chair, il est descendu dans le sein d'une vierge sans s'y renfermer, et, sans ôter aux anges l'aliment de la sagesse, il nous a fait goûter combien le Seigneur est doux.

Chapitre II. — *Comparaison par laquelle on démontre que le Verbe, en s'incarnant, n'a point quitté le sein de son Père.* — 2. Pourquoi nous étonner de ces merveilles que nous présente le Verbe incarné, alors que notre parole elle-même produit son impression sur les sens avec tant de liberté qu'elle entre dans l'esprit de l'auditeur sans y être renfermée? En effet, si elle ne pénétrait dans l'esprit, elle n'instruirait personne; si elle y restait renfermée, elle ne pour-

---

matre quam fecit. Nam et ipse dies a quo deinceps incrementum lucis accipit dies, opus Christi significat, a quo interior homo noster renovatur de die in diem. (II *Cor.*, vi, 16.) Æterno quippe creatori in tempore creato ille dies debuit esse natalis, cui (*a*) creatura congrueret temporalis.

SERMO CLXXXVII (*b*).

In Natali Domini, IV.

Caput primum. — *Mira in Christo infante dissidentium attributorum convenientia.* — 1. Laudem Domini loquetur os meum : ejus Domini, per quem facta sunt omnia, et qui factus est inter omnia : qui est Patris revelator, matris creator : Filius Dei de Patre sine matre, filius hominis de matre sine patre : magnus dies Angelorum, parvus in die hominum : Verbum Deus ante omnia tempora, Verbum caro opportuno tempore : conditor solis, conditus sub sole : cuncta sæcula ordinans de sinu Patris, hodiernum diem consecrans de utero matris : ibi manens, hinc procedens : effector cœli et terræ, sub cœlo exortus in terra : ineffabiliter sapiens, sapienter infans : mundum implens, in præsepio jacens : sidera regens, ubera lambens : ita magnus in forma Dei, brevis in forma servi; ut nec ista brevitate magnitudo illa minueretur, nec illa magnitudine ista brevitas premeretur. Neque enim quando membra humana suscepit, opera divina deseruit : nec attingere a fine usque ad finem fortiter, et disponere omnia suaviter destitit (*Sap.*, viii, 1) ; quando infirmitate carnis indutus, virginali utero receptus est, non inclusus; ut nec Angelis subtraheretur sapientiæ cibus, et nos gustaremus quam suavis est Dominus.

Caput II. — *Verbum a Patre non recessisse adventu in carnem, similitudine monstratur.*— 2. Quid hoc miramur de Verbo Dei, cum sermo iste quem promimus ita liber sensibus influat, ut cum et recipiat, et non includat auditor? Nam nisi reciperetur, neminem instrueret : si includeretur, ad alios non veni-

---

(*a*) Vox *creatura* abest a Corbeiensi et Navarrico Ms. — (*b*) Alias de Tempore xxvii.

rait éclairer les autres. Le discours que je vous adresse en ce moment est composé de mots et de syllabes ; cependant vous ne le partagez point, comme la nourriture du corps, pour en prendre chacun une partie : tous vous l'entendez tout entier, et chacun de vous le recueille dans sa totalité. Aussi nous ne craignons point, en vous parlant, que l'un entende tout à l'exclusion de l'autre, nous vous demandons à tous la même attention ; nous ne voulons dérober notre parole ni à l'oreille ni à l'esprit d'aucun d'entre vous ; chacun de vous l'entend tout entière et permet aux autres de l'entendre également dans son entier. Et cela ne se fait point successivement en ce sens que ma parole entre d'abord dans votre esprit et en sorte pour entrer également dans l'esprit d'un autre ; non, elle se fait entendre à tous dans le même moment, et entre tout entière dans chacun de vous. Et si votre mémoire pouvait retenir totalement ce discours, chacun de vous l'emporterait d'ici dans sa totalité, de même que vous êtes venus ici avec l'intention de l'entendre tout entier. Combien plus donc le Verbe de Dieu, par qui toutes choses ont été faites, qui renouvelle toutes choses tout en restant immuable en lui-même, qui ne peut être borné par l'espace, qui ne se prolonge point avec le temps, qui n'est point soumis aux variations des syllabes brèves ou longues, dont la nature n'est pas une suite de sons auxquels le si-

lence vient mettre un terme, combien plus, dis-je, ce Verbe si grand, si incomparable, a-t-il pu féconder le sein de sa Mère en prenant un corps sans quitter le sein de son Père, se manifester aux yeux des hommes sans cesser d'éclairer les esprits des anges, venir sur la terre et continuer à étendre les cieux, d'un côté se faire homme et de l'autre créer les hommes ?

CHAPITRE III. — *Le Verbe n'a subi aucun changement par suite de l'incarnation.* — 3. Que nul donc ne croie que la nature du Fils de Dieu ait été changée et transformée dans la nature du Fils de l'homme ; nous devons tous croire, au contraire, que la nature divine s'est unie étroitement, mais sans altération, sans confusion à la nature humaine, et que le Fils de Dieu est devenu le Fils de l'homme tout en demeurant Fils de Dieu. Il est dit, il est vrai, que « le Verbe était Dieu, » et « que le Verbe s'est fait chair, » (*Jean*, I, 14) mais de ce que « le Verbe s'est fait chair, » il ne s'ensuit pas qu'il ait cessé d'être Dieu, puisque celui qui est né dans cette même chair à laquelle le Verbe s'est uni, s'appelle Emmanuel, c'est-à-dire Dieu avec nous. (*Matth.*, I, 23.) Notre parole intérieure devient une voix lorsqu'elle sort de notre bouche, mais elle ne se confond pas avec la voix ; elle reste inaltérable, tout en se revêtant de la voix pour se rendre sensible ; la pensée demeure tout entière dans l'esprit, tandis que le son de la voix la produit

---

ret. Et utique sermo iste verbis syllabisque dividitur : nec tamen ex eo tanquam ex cibo ventris singulas particulas tollitis ; sed omnes totum auditis, totum singuli capitis. Nec timemus dum loquimur, ne totum audiendo unus assumat, nec alter possit habere quod sumat : sed ita vos attentos esse volumus, nullius aurem mentemque fraudantes, ut et totum singuli audiatis, et totum ad audiendum cæteris relinquatis. Neque hoc sit alternis temporibus, ut cum sermo qui dicitur ad te primum intraverit, exeat a te, ut ad alium possit intrare : sed simul ad omnes venit, et totus ad singulos pervenit. Et si totus memoria teneri valuisset, sicut ad totum audiendum omnes venistis, ita cum toto singuli rediretis. Quanto magis Verbum Dei, per quod facta sunt omnia, et quod in se manens innovat omnia ; quod nec locis concluditur, nec temporibus tenditur, nec morulis brevibus longisque variatur, nec vocibus texitur, nec silentio terminatur ; quanto magis hoc tantum et tale Verbum potuit matris uterum assumpto cor-

pore fecundare, et de sinu Patris non emigrare ? hinc ad oculos humanos exire, inde mentes Angelicas illustrare ? hinc ad terras procedere, inde cœlos (*a*) extendere ? hinc homo fieri, inde homines facere ?

CAPUT III. — *Verbum incarnatione non mutatum.* — 3. Nemo ergo credat Dei Filium conversum et commutatum esse in hominis filium : sed potius credamus et non consumpta divina et perfecte assumpta humana substantia, manentem Dei Filium, factum hominis filium. Neque enim quia dictum est : « Deus erat Verbum, et Verbum caro factum est ; » (*Joan.*, I, 14) sic Verbum caro factum est, ut esse desineret Deus : quando in ipsa carne quod Verbum caro factum est : Emmanuel natum est, nobiscum Deus. (*Matth.*, I, 23.) Sicut verbum quod corde gestamus, fit vox cum id ore proferimus, non tamen illud in hanc commutatur, sed illo integro ista in qua procedat assumitur, ut et intus maneat quod intelligatur, et foris sonet quod audiatur : hoc idem tamen

(*a*) Mss. *excedere*.

au dehors. Cependant la parole qui retentit à l'extérieur est la même qui s'est fait d'abord entendre dans le silence ; mais elle devient une voix sans se confondre avec la voix ; elle continue de rester dans la lumière de l'intelligence, et, en se revêtant d'une voix qui la rend sensible, elle n'abandonne point l'intelligence qui l'a conçue. Je ne parle pas ici de cette parole que l'esprit médite en silence à l'aide d'une langue spéciale, du grec, du latin, ou d'une autre langue quelconque, mais de cette pensée qui se présente au plus intime de notre âme, dépouillée de toute forme de langage, et qui, pour se produire au dehors, se revêt d'une parole sensible. Cependant cette double parole, celle qui est l'objet des pensées de notre esprit, aussi bien que la voix extérieure qui l'exprime, est sujette aux changements et aux variations ; la parole intérieure cessera d'exister dès que vous l'aurez oubliée ; la parole extérieure, dès que vous aurez fait silence ; mais le Verbe de Dieu a en partage l'éternité et l'immutabilité.

Chapitre IV. — *Le Verbe incarné est à la fois Dieu et homme.* — 4. Lorsque le Verbe s'est uni à la chair dans le temps pour reproduire en lui notre vie mortelle, loin de perdre son éternité en se revêtant de notre chair, il a conféré à cette chair le privilége de l'immortalité. C'est ainsi qu'il est sorti comme un époux de son lit nuptial, et qu'il s'est élancé comme un géant pour parcourir sa carrière. (*Ps.* XVIII, 6.) « Lui qui était sous la forme de Dieu, n'a pas cru que ce fût une usurpation de se faire égal à Dieu. » (*Philip.*, II, 6, 7.) Mais, dans le dessein où il était de devenir pour nous ce qu'il n'était pas, « il s'est anéanti lui-même, » non point en perdant la forme de Dieu, mais « en prenant la forme de serviteur, » et par là même, en se rendant semblable aux hommes, et « en étant reconnu pour homme, » non point par la nature qui lui est propre, mais « par tout ce qui a paru de lui. » Or, ce qui a paru de lui au dehors, c'est tout ce que nous sommes dans notre âme et dans notre corps : c'est notre nature. Sans cette nature nous n'existerions pas, tandis qu'il ne laisserait pas d'être Dieu s'il n'avait pas uni cette nature à la sienne. Or, lorsqu'il a commencé d'être ce qu'il n'était pas, il s'est fait homme, tout en demeurant Dieu, et il a pu affirmer de lui ces deux vérités également incontestables, et dire comme homme : « Mon Père est plus grand que moi, » (*Jean*, XIV, 28) et comme Dieu : « Mon Père et moi nous sommes un. » (*Jean*, X, 30.) Or, si le Verbe s'était confondu avec la chair, si la nature divine s'était transformée en la nature humaine, il aurait pu dire avec vérité : « Mon Père est plus grand que moi, » parce que Dieu est supérieur à l'homme, mais il eût été faux de dire : « Mon Père et moi nous sommes un, » parce que Dieu et l'homme

---

profertur in sono, quod ante sonuerat in silentio ; atque ita verbum cum sit vox, non mutatur in vocem ; sed manens in mentis luce, et assumpta carnis voce procedit ad audientem, et non deserit cogitantem. Non cum ipsa vox in silentio cogitatur, quæ vel Græcæ est, vel Latinæ, vel linguæ alterius cujuslibet : sed cum ante omnem linguarum diversitatem res ipsa quæ dicenda est, adhuc in cubili cordis quodam modo nuda est intelligenti, quæ ut inde procedat loquentis voce vestitur. Verumtamen utrumque hoc, et quod cogitatur intelligendo, et quod sonat loquendo, mutabile atque dissimile est : neque illud manebit, cum oblitus fueris ; neque hoc, cum silueris : Verbum autem Domini manet in æternum, et incommutabiliter manet.

Caput IV. — *Verbum incarnatum Deus et homo.* — 4. Et cum carnem assumpsit ex tempore, ut ad temporalem vitam nostram procederet, non in carne amisit æternitatem, sed etiam carni præstitit immortalitatem. Ita ipse « tanquam sponsus procedens de thalamo suo, exultavit ut gigas ad currendam viam. » (*Psal.* XVIII, 6.) « Qui cum in forma Dei esset, non rapinam arbitratus est esse æqualis Deo : » (*Philip.*, II, 6, 7) sed ut propter nos fieret quod non erat, « semetipsum exinanivit ; » non formam Dei perdens, sed « formam servi accipiens, » et per hanc « in similitudinem hominum factus, » nec propria substantia, sed « habitu inventus ut homo. » Hoc enim totum quod sumus vel in anima vel in corpore, nostra natura est, illius habitus : nos nisi hoc essemus, non essemus ; ille si hoc non esset, esset utique Deus. Et cum hoc esse cœpit quod non erat, homo factus est, permanens Deus : ut non unum horum, sed utrumque verissime diceretur ; et propter quod homo factus est : « Quoniam Pater major me est ; » (*Joan.*, XIV, 28) et propter quod permansit Deus : « Ego et Pater unum sumus. » (*Joan.*, X, 30.) Nam si Verbum in carnem, hoc est, Deus in hominem mutatus converteretur, non esset verum, nisi « Pater major me est ; » quia homine major est Deus : illud autem falsum esset : « Ego et Pater unum sumus ; » quia non sunt unum Deus et

ne sont pas une même chose. Peut-être aurait-il pu dire tout au plus : Moi et mon Père nous ne sommes pas un, mais nous avons été un. Car ce qui était et qui a cessé d'être n'est plus, il a été. Maintenant, au contraire, la nature de serviteur dont il s'est véritablement revêtu, légitime ce langage : « Mon Père est plus grand que moi, » et la nature divine, qu'il n'a point quittée, l'autorise à dire : « Mon Père et moi nous sommes un. » Il s'est donc anéanti parmi les hommes ; mais en devenant ce qu'il n'était pas, il n'a pas cessé d'être ce qu'il était, il a voilé ce qu'il était, et n'a fait paraître que ce qu'il était devenu. Ainsi donc, parce que la Vierge a conçu et enfanté un Fils, la nature de serviteur, que nous révèle sa naissance, nous fait dire avec le Prophète : « Un enfant nous est né. » (*Isa.*, IX, 6.) Mais si nous considérons que le Verbe de Dieu, qui demeure éternellement, s'est fait chair pour habiter parmi nous, cette nature divine qu'il conserve, bien que voilée, nous permet de lui donner le nom prédit par l'ange Gabriel : « Dieu avec nous. » (*Matth.*, I, 23.) Car il s'est fait homme en demeurant Dieu, et nous pouvons appeler en toute vérité le Fils de l'homme « Dieu avec nous. » Dieu en lui n'est pas une autre personne que l'homme. Que le monde des croyants tressaille donc d'allégresse : c'est pour leur salut qu'est venu le Créateur du monde. Celui qui a créé Marie est né de Marie ; le Fils de David est le Seigneur de David ; Celui qui était avant Abraham devient le descendant d'Abraham ; Celui qui a formé la terre a été formé sûr la terre ; le Créateur du ciel a été créé sous le ciel. Il est le jour qu'a fait le Seigneur, et le Seigneur est lui-même le jour de notre cœur. Marchons donc à sa lumière, réjouissons-nous en lui, et tressaillons d'allégresse.

SERMON CLXXXVIII.

V° pour le jour de la Nativité du Seigneur.

CHAPITRE PREMIER. — *Le Verbe de Dieu ne peut être expliqué par les hommes.* — 1. Si nous entreprenons de louer le Fils de Dieu tel qu'il est dans le sein de son Père, égal et coéternel à Dieu le Père, par qui tout a été créé dans le ciel et sur la terre, les choses visibles et invisibles, le Verbe de Dieu, et Dieu lui-même, la vie et la lumière des hommes, nous trouverons, et faut-il s'en étonner, que toute pensée humaine est impuissante, que toute parole est en défaut. Comment, en effet, notre langue peut-elle louer dignement Celui que notre cœur ne peut voir encore ? Dieu nous a donné, il est vrai, des yeux capables de le contempler, mais lorsque nous serons purifiés de nos iniquités, guéris de nos infirmités, et en possession du

homo. Sed forsitan posset dicere : Ego et Pater, non unum sumus, sed unum fuimus. Quod enim erat et esse destitit, non est utique, sed fuit. Nunc autem, et propter veram formam servi, quam acceperat, verum dixit : « Pater major me est : » et propter veram formam Dei, in qua permanebat, verum dixit : « Ego et Pater unum sumus. » Exinanivit ergo se apud homines, non ita factus quod non erat, ut non esset quod erat : sed occultans quod erat, et demonstrans quod factus erat. Proinde quia virgo concepit et peperit filium, propter manifestam servi formam : « Puer natus est nobis. » (*Isai.*, IX, 6.) Quia vero Dei Verbum quod manet in æternum, caro factum est, ut habitaret in nobis, propter Dei formam latentem, sed manentem, sicut nuntiavit Gabriel, vocamus nomen ejus « Emmanuel. » (*Matth.*, I, 23.) Factus est enim homo, permanens Deus, ut et filius hominis recte vocetur « Nobiscum Deus : » non alter Deus, alter homo. Exultet itaque in credentibus mundus, quibus salvandis venit per quem factus est mundus. Conditor Mariæ, natus ex Maria : filius David, Dominus David : semen Abrahæ, qui est ante Abraham : factor terræ, factus in terra : creator cœli, creatus sub cœlo. Ipse est dies quem fecit Dominus, et dies cordis nostri ipse est (*a*) Dominus. Ambulemus in lumine ejus, exultemus et jucundemur in eo.

SERMO CLXXXVIII (*b*).

In Natali Domini, V.

CAPUT PRIMUM. — *Verbum Dei explicari ab homine non potest.* — 1. Filium Dei, sicuti est apud Patrem æqualis illi et coæternus, in quo condita sunt omnia in cœlo et in terra, visibilia et invisibilia, Verbum Dei et Deum, vitam et lucem hominum, si laudare moliamur ; non mirum est quod nulla humana cogitatio, nullus sermo sufficiat. Quomodo enim laudare digne valeat lingua nostra, quem cor nostrum adhuc videre non valet, ubi oculum condidit quo possit videri, si (*c*) purgetur iniquitas, si sanetur infirmitas, et fiant beati mundo corde, quia ipsi Deum videbunt ? Non mirum est, inquam, nos non inve-

(*a*) Sic Mss. Editi vero, *Domini*. — (*b*) Alias *de Tempore* XXV. — (*c*) Sic aliquot Mss. At editi, *fugetur*.

bonheur des cœurs purs qui verront Dieu. Il n'est point étonnant, je le répète, que nous ne trouvions point de paroles pour exprimer ce Verbe unique qui nous a donné l'être, afin que nous puissions dire quelque chose à sa louange. C'est notre esprit qui pense et produit au dehors nos paroles, mais il est lui-même formé par le Verbe. Et l'homme ne forme point ses paroles de la même manière qu'il a été formé lui-même par le Verbe; car le Père n'a pas non plus engendré son Verbe unique de la même manière qu'il a tout créé par le Verbe. Dieu a engendré un Dieu, mais Celui qui engendre et Celui qui est engendré sont un seul Dieu. Dieu a fait le monde aussi, mais le monde passe et Dieu demeure. Aucune des choses qui ont été faites ne s'est donné l'être à elle-même; ainsi Celui par qui tout a été fait n'a été fait par personne. Il n'est donc pas étonnant que l'homme qui a fait partie de toutes les choses créées ne puisse parler dignement du Verbe par qui toutes choses ont été faites.

Chapitre II. — *Le Verbe éternel a voulu naître pour nous dans le temps.* — 2. Cependant, soyons ici attentifs, et réfléchissons un instant; peut-être nous sera-t-il donné de parler convenablement, non pas « du Verbe qui était au commencement, du Verbe qui était en Dieu, du Verbe qui était Dieu, » mais « du Verbe qui s'est fait chair, » du mystère par lequel il a voulu habiter parmi nous; peut-être pourra-t-il être l'objet de nos discours dans ce mystère où il a voulu se rendre visible à nos yeux. C'est pour cela que nous célébrons ce jour où il a daigné naître d'une vierge, et cette génération temporelle a permis aux hommes de la raconter dans un langage en rapport avec leur nature; mais qui racontera la génération éternelle par laquelle un Dieu est né d'un Dieu? (*Isa.*, LIII, 8.) Cette génération n'a point de jour qui demande une célébration spéciale. Ce jour ne passe point pour revenir annuellement par la succession des temps, il est sans déclin comme il a été sans aurore. C'est donc le Verbe unique de Dieu, la vie, la lumière des hommes, qui est ce jour éternel; mais le jour que nous célébrons aujourd'hui est celui où le Verbe s'est uni à une chair humaine, où il s'est manifesté comme l'époux qui sort de sa couche nuptiale, et demain ce jour s'appellera hier. Cependant, ce jour présente à notre adoration le Fils éternel de Dieu qui est né d'une vierge, parce que ce Fils éternel de Dieu a consacré ce jour par sa naissance. Que dirons-nous donc à la louange de l'amour de Dieu? Quelles actions de grâces lui rendre? Son amour pour nous l'a porté à naître dans le temps, lui qui a fait les temps. Il a voulu être inférieur en âge, dans le monde, à

---

nire, quibus verbis unum Verbum dicamus, in quo dictum est ut essemus, qui de illo aliquid diceremus. Hæc enim verba cogitata atque prolata mens nostra format, illo autem Verbo ipsa formatur. Nec eo modo facit homo verba, quo modo est factus ipse per Verbum : quia nec eo modo genuit Pater unicum Verbum, quo modo fecit cuncta per Verbum. Deum quippe genuit Deus; sed simul gignens et genitus unus est Deus. Mundum autem fecit Deus; mundus transit, et permanet Deus. Et sicut ea quæ facta sunt, se ipsa utique non fecerunt : sic a nullo factus est, per quem fieri omnia potuerunt. Non igitur mirum, si homo factus inter omnia, verbis non explicat Verbum, per quod facta sunt omnia.

Caput II. — *Verbum æternum nostri causa natum in tempore.* — 2. Huc itaque paululum aures et animos advertamus, si forte valeamus aliquid congruum dignumque dicere, non ex eo quod « in principio erat Verbum, et Verbum erat apud Deum, et Deus erat Verbum : » sed ex eo quod « Verbum caro factum est : » si forte dicatur a nobis per quod « habitavit in nobis; » si forte ibi possit esse dicibilis, ubi voluit esse visibilis. Propter hoc enim et istum celebramus diem, quo nasci est dignatus ex virgine : (*a*) quam generationem suam fecit ab hominibus utcumque narrari. In illa vero æternitate, in qua Deus de Deo natus est, « Generationem ejus quis enarrabit? » (*Isai.*, LIII, 8.) Ibi talis dies non est, qui solemniter celebretur. Neque enim transit anniversario volumine rediturus; sed manet sine occasu, quia non cœpit exortu. Est ergo illud unicum Dei Verbum, illa vita, illa lux hominum, æternus quidem dies : iste autem in quo humanæ carni copulatus, factus est tanquam sponsus procedens de thalamo suo, nunc hodiernus est, cras fit hesternus. Verumtamen hodiernus natum ex virgine commendat æternum, quia æternus natus ex virgine consecravit hodiernum. Quas itaque laudes caritati Dei dicamus, quas gratias agamus? Qui nos ita dilexit, ut propter nos fieret in tempore, per quem facta sunt tempora; et multis servis suis in mundo minor esset ætate, ipso mundo antiquior (*b*) æter-

---

(*a*) Sic Am. Er. et Mss. At Lov. *et in qua generationem*, etc. — (*b*) Sic meliores Mss. At editi, *antiquior sine vetustate*.

un grand nombre de ses serviteurs, lui qui, par son éternité, est plus ancien que le monde. Celui qui a fait l'homme s'est fait homme ; il a reçu le jour de la mère qu'il a créée, il a été porté dans les bras qu'il a formés, allaité par le sein qu'il a rempli, et il a fait entendre dans sa crèche des vagissements inarticulés, lui le Verbe sans lequel toute éloquence humaine est muette.

Chapitre III. — *Le Verbe fait enfant nous enseigne l'humilité.* — 3. Contemplez, ô homme, ce que Dieu s'est fait pour vous ; recevez de ce docteur qui ne parle pas encore, les enseignements que vous donne cette humilité profonde. Vous avez reçu autrefois dans le paradis terrestre une si grande facilité d'élocution, que vous donniez un nom à tout être vivant. Or, c'est pour vous instruire que votre Créateur est étendu dans une crèche sans prononcer une parole, sans appeler même sa Mère de son nom. Dans cet immense jardin couvert d'arbres chargés de fruits, vous vous êtes perdu en refusant d'obéir ; il est venu par obéissance dans cette étroite demeure, revêtu d'une chair mortelle, pour sauver, en mourant, les tristes victimes de la mort. Vous étiez homme, et, pour votre malheur, vous avez voulu être Dieu. Lui qui était Dieu a voulu se faire homme, pour retrouver ce qui était perdu. L'orgueil humain vous avait tellement écrasé que l'humilité seule d'un Dieu pouvait vous relever.

L'enfantement de Marie n'a porté aucune atteinte à sa virginité. — 4. Célébrons donc avec joie ce jour où Marie a enfanté le Sauveur ; une femme dans les liens du mariage, l'Auteur même du mariage ; une vierge, le Roi des vierges ; ce jour où une épouse est devenue mère sans le concours de son époux, vierge avant son mariage, vierge pendant son mariage, vierge en portant son Fils dans son sein, comme en l'allaitant. Car ce Fils tout-puissant n'a point fait perdre, par sa naissance, à sa sainte Mère, cette virginité qui lui a fait choisir celle qui devait lui donner le jour. La fécondité du mariage est bonne sans doute, mais la virginité d'une âme consacrée à Dieu est plus excellente. Or, le Christ fait homme, qui comme Dieu pouvait accorder cette double prérogative, (car il est à la fois Dieu et homme,) n'aurait jamais donné à sa Mère le bien qu'ambitionnent les époux, en lui refusant le privilége plus glorieux qui fait mépriser aux vierges l'honneur même de la maternité. La sainte Eglise donc, qui est vierge aussi, célèbre aujourd'hui l'enfantement d'une vierge. C'est à l'Eglise, en effet, que l'Apôtre dit : « Je vous ai fiancée à cet unique époux Jésus-Christ, pour vous présenter à lui comme une vierge pure. » (II *Cor.*, xi, 2.) Mais com-

---

nitate ; homo fieret qui hominem fecit, crearetur ex matre quam creavit, portaretur manibus quas formavit, sugeret ubera quæ implevit, in præsepi muta vagiret infantia (a) Verbum, sine quo muta est humana eloquentia.

Caput III. — *Verbum infans doctor humilitatis.* — 3. Vide, o homo, quid pro te factus est Deus : doctrinam (b) tantæ humilitatis agnosce, etiam in nondum loquente doctore. Tu in paradiso tam facundus fuisti, ut omni animæ vivæ nomina imponeres : propter te autem Creator tuus infans jacebat, et nomine suo nec matrem vocabat. Tu in latissimo fructuosorum nemorum prædio te perdidisti, obedientiam negligendo : ille obediens in angustissimum diversorium mortalis venit, ut mortuum quæreret moriendo. Tu cum esses homo, Deus esse voluisti, ut perires : ille cum esset Deus, homo esse voluit, ut quod perierat inveniret. Tantum te pressit humana superbia, ut te non posset nisi humilitas sublevare divina.

Maria Christum sine virginitatis damno peperit. — 4. Celebremus ergo cum gaudio diem, quo peperit Maria Salvatorem, conjugata conjugii creatorem, virgo virginum principem ; et data marito, et mater non de marito ; (c) virgo ante conjugium, virgo in conjugio ; virgo prægnans, virgo lactans. Sanctæ quippe matri omnipotens Filius nullo modo virginitatem natus abstulit, quam nasciturus elegit. Bona est enim fecunditas in conjugio : sed melior integritas in (d) sanctimonio. Homo igitur Christus qui utrumque præstare posset ut Deus, (idem namque homo, idem Deus,) nunquam sic daret matri bonum quod conjuges diligunt, ut auferret melius propter quod virgines matres esse contemnunt. Virgo itaque sancta Ecclesia celebrat hodie virginis partum. Huic enim dicit Apostolus : « Aptavi vos uni viro virginem castam exhibere Christo. » (II *Cor.*, xi, 2.) Unde « virginem castam » in tot populis utriusque sexus, in tot non solum pueris et virginibus, verum etiam conjugatis patribus, matribusque ? Unde inquam « vir-

---

(a) Apud Lov. deest *Verbum* : quod exstat in cæteris libris. — (b) Am. Er. et Mss. *tandem.* — (c) Hic editi addunt, *sed castior quam si de marito.* Verbis istis carent meliores Mss. — (d) Editi, *in sanctimonia.* At Mss. *in sanctimonio* : quam vocem eodem significatu adhibet in Enarratione, *Psal.* xcix, n. 13. *Invenis,* ait, *sanctimoniales indisciplinatas : numquid ideo sanctimonium reprehendendum est?*

ment entendre cette « vierge pure, » de tous ces peuples formés des deux sexes, de cette multitude innombrable, non-seulement d'enfants et de vierges, mais de pères et de mères engagés dans les liens du mariage? Où trouver cette « vierge pure, » si ce n'est dans l'intégrité virginale de la foi, de l'espérance et de la charité? Jésus-Christ donc, qui devait créer dans son Eglise la virginité du cœur, a conservé dans Marie la virginité du corps. Lorsqu'en vertu de l'union conjugale une femme est remise à son époux, c'est pour qu'elle cesse d'être vierge. Mais l'Eglise ne pourrait demeurer vierge, si l'époux auquel elle a été unie n'était le Fils même d'une vierge.

SERMON CLXXXIX.

VIe pour le jour de la Nativité de Notre-Seigneur.

Chapitre premier. — *Jésus-Christ est le jour engendré du jour.* — 1. Ce jour, mes frères, a été consacré, sanctifié pour nous par le jour auteur de tous les jours. C'est de ce jour que le Psalmiste a dit : « Chantez à Dieu un nouveau cantique, que toute la terre entonne des hymnes au Seigneur. Chantez au Seigneur et bénissez son nom, bénissez le jour issu du jour qui est son salut. » (*Ps.* xcv, 1, 2.) Quel est ce jour issu du jour, si ce n'est le Fils engendré du Père, la lumière née de la lumière? Or, ce jour a enfanté le jour qui est né aujourd'hui du sein d'une vierge. Ce jour n'a pas de lever, comme il n'a pas de coucher. Par ce jour, j'entends Dieu le Père. Qu'est-ce que le jour? N'est-ce pas la lumière? Ce n'est point la lumière des yeux de la chair, ce n'est point la lumière qui nous est commune avec les animaux, mais la lumière qui luit sur les anges, la lumière qui ne peut être vue que par des cœurs purs. Cette nuit au milieu de laquelle nous vivons, et où nous avons besoin d'être éclairés par les flambeaux de l'Ecriture, passera, et nous verrons s'accomplir ces paroles du Psalmiste : « Je me présenterai devant vous dès le matin, pour vous contempler. » (*Ps.* v, 5.)

Chapitre II. — *Naissance merveilleuse de Jésus-Christ du sein d'une vierge.* — 2. Ce jour donc, le Verbe de Dieu, ce jour qui luit sur les anges, ce jour qui brille dans cette patrie dont nous sommes exilés, s'est revêtu de notre chair, et a voulu naître de la Vierge Marie. Naissance vraiment admirable! Quoi de plus merveilleux, en effet, que l'enfantement d'une vierge? Elle conçoit, et elle reste vierge; elle enfante, et elle est toujours vierge. Le Fils de Dieu est formé dans le sein d'une mère qu'il a créée, il l'a rendue féconde sans porter atteinte à sa virginité. D'où vient Marie? d'Adam. D'où est sorti Adam? de la terre. Si Marie descend

---

ginem castam, » nisi in fidei, spei, et caritatis integritate? Virginitatem proinde Christus Ecclesiæ facturus in corde, prius Mariæ servavit in corpore. Humano quippe conjugio sponso femina traditur, ut virgo jam non sit : Ecclesia vero virgo esse non posset, nisi sponsum cui traderetur, filium virginis invenisset.

SERMO CLXXXIX ^(a).

In Natali Domini, VI.

Caput primum. — *Christus dies de die.* — 1. Sanctificavit nobis, Fratres, istum diem, dies qui fecit omnem diem. De quo Psalmus canit : « Cantate Domino canticum novum; cantate Domino omnis terra. Cantate Domino, et benedicite nomini ejus : (b) benedicite de die in diem salutare ejus. » (*Psal.* xcv, 1, 2.) Quis est dies de die, nisi Filius de Patre, lumen de lumine? Sed dies ille hunc genuit diem, qui de virgine natus est hodie. Dies ergo ille non habet ortum, non habet occasum. Diem dico Patrem Deum. Quid est dies, nisi lumen? Non oculorum carnalium, non lumen commune cum pecoribus; sed lumen quod Angelis lucet, lumen cui videndo corda purgantur. Transit ista nox in qua modo vivimus, in qua nobis accenduntur lucernæ Scripturarum : et venit illud quod in Psalmo canitur : « Mane adstabo tibi, et contemplabor te. » (*Psal.* v, 5.)

Caput II. — *Mirabilis ortus Christi ex virgine.* — 2. Dies ergo ille, Verbum Dei, dies qui lucet Angelis, dies qui lucet in illa unde peregrinamur patria, vestivit se carne, natusque est de Maria virgine. Mirabiliter natus. Quid mirabilius virginis partu? Concipit, et virgo est : parit, et virgo est. Creatus est de ea quam creavit : attulit ei fecunditatem, non corrupit ejus integritatem. Maria unde? Ex Adam. Adam unde? De terra. Si Maria de Adam, et Adam

---

(a) Alias de Diversis LV. — (b) Augustinus non raro legit, *bene nuntiate diem de die*, pro, *de die in diem* : quod forte hic male mutatum est; quando quidem sequitur : *Quis est dies de die*. Sermonem in Mss. incassum quæsivimus.

SERMON CLXXXIX.

d'Adam, et qu'Adam soit sorti de terre, Marie est donc terre comme Adam. Or, si Marie est terre, nous devons comprendre la signification de ces paroles du Psalmiste : « La vérité est sortie du sein de la terre. » Quel bienfait nous a-t-elle procuré ? « La vérité est sortie du sein de la terre, et la justice a regardé du haut du ciel. » (*Ps.* LXXXIV, 12.) En effet, les Juifs, comme le leur reproche l'Apôtre, « ne connaissant point la justice de Dieu, et s'efforçant d'établir leur propre justice, ne se sont point soumis à la justice de Dieu. » (*Rom.*, x, 3.) Comment l'homme peut-il devenir juste ? Est-ce par lui-même ? Quel pauvre peut se donner le pain dont il a besoin ? Qui peut couvrir sa nudité si on ne lui donne des vêtements ? D'où vient la justice ? Quelle justice peut-on concevoir sans la foi ? « Car le juste vit de la foi. » (*Rom.*, I, 17.) Celui qui prétend être juste sans la foi est un menteur. Or, si l'on ne peut, sans mensonge, prétendre à la justice sans la foi, il faut donc, pour dire la vérité, se tourner vers la vérité elle-même. Mais vous étiez bien éloigné de la vérité qui s'est levée de terre. Vous dormiez, elle est venue vous trouver; vous étiez plongé dans un profond sommeil, elle vous a éveillé, et s'est faite elle-même la voie que vous devez suivre pour ne point vous égarer. Ainsi donc « la vérité est sortie de terre, » parce que Jésus-Christ est né d'une vierge, « et la justice a regardé du haut du ciel, » pour ramener par la justice à la vraie sagesse, les hommes que l'injustice en avait éloignés.

CHAPITRE III. — *C'est à la naissance de Jésus-Christ que nous sommes redevables du bienfait de la régénération.* — 3. Nous étions sujets à la mort, nous gémissions sous le poids de nos péchés, et nous portions le châtiment de nos crimes. Tout homme qui naît commence sa vie par la souffrance. Ne cherchez point son avenir dans de vaines prédictions; interrogez cet enfant qui vient de naître, et voyez ses pleurs. Mais tandis que la terre ressentait ainsi les effets de la colère de Dieu, quel prodige de miséricorde vient tout à coup éclater à ses yeux ? Le Créateur de toutes choses s'abaisse au rang de ses créatures. Celui qui a fait le jour reçoit lui-même le jour. Le Christ Notre-Seigneur, qui de toute éternité est sans commencement dans le sein de son Père, a voulu avoir son jour de naissance sur la terre. Nous ne serions jamais parvenus au bienfait de la régénération divine, si le Verbe qui était dans le commencement ne s'était soumis à la génération humaine; il est donc né pour nous faire renaître. Le Christ est né, croyons tous sans hésiter que nous renaîtrons nous-mêmes. Il a été engendré, mais il n'avait pas besoin d'être régénéré. Cette régénération n'était nécessaire qu'à celui dont la génération avait été condamnée. Que sa miséricorde se répande donc dans nos cœurs. Sa Mère l'a porté dans son sein, portons-le dans nos âmes. Une vierge a été rendue féconde par l'incarnation du Christ, que

---

de terra; ergo et Maria terra. Si autem Maria terra, agnoscamus quod cantamus : « Veritas de terra orta est. » Quale nobis beneficium præstitit ? « Veritas de terra orta est, et justitia de cœlo prospexit. » (*Psal.* LXXXIV, 12.) Judæi enim, sicut dicit Apostolus, « ignorantes Dei justitiam, et suam volentes constituere, justitiæ Dei non sunt subjecti. » (*Rom.*, x, 3.) Unde potest homo esse justus ? a semetipso ? Quis pauper sibi dat panem ? Quis nudus cooperitur, nisi acceperit vestem ? Unde justitia ? Quæ justitia sine fide ? « Justus » enim « ex fide vivit. » (*Rom.*, I, 17.) Qui sine fide se dicit justum, mentitur. Quoniam mentitur in quo non est fides; si vult dicere verum, convertat se ad veritatem. Longe enim veritas erat, quæ de terra orta est. Dormiebas, venit ad te : gravi opprimebaris somno, excitavit te : viam tibi fecit per se, ne perderet te. Ergo : « Veritas de terra orta est, » quia Christus de virgine natus est : « justitia de cœlo prospexit, » ut per justitiam homines resipiscerent, qui per injustitiam desipuerunt.

CAPUT III. — *Regenerationis beneficium ex humana Christi generatione.* — 3. Mortales eramus, peccatis opprimebamur, pœnas nostras portabamus. Omnis homo quando nascitur, a miseria inchoat. Noli quærere prophetantem : interroga nascentem, vide flentem. Cum hæc esset in terra Dei indignatio, qualis subito facta est dignatio ? « Veritas de terra orta est. » Creavit omnia, creatus est inter omnia. Fecit diem, venit in diem. Dominus Christus in æternum sine initio apud Patrem, habet et Natalem. In principio Verbum, qui nisi haberet humanam generationem, nos ad divinam non perveniremus regenerationem, natus est, ut renasceremur. Christus natus est, nemo dubitet renasci : generatus est, non regenerandus. Cui enim necessaria erat regeneratio, nisi cujus damnata est generatio ? Fiat itaque in cordibus nostris misericordia ejus. Portavit eum mater in utero : portemus et nos in corde.

nos cœurs soient aussi fécondés par la foi en Jésus-Christ. Une Vierge a enfanté le Sauveur, que notre âme enfante le salut, et enfantons aussi des chants de louanges. Ne soyons point stériles, mais que nos âmes soient fécondées par Dieu.

Chapitre IV. — *Double génération de Jésus-Christ.* — 4. Le Christ est engendré par son Père, sans avoir de mère; il est enfanté par sa Mère sans avoir de père : ces deux générations sont admirables. La première s'accomplit dans l'éternité, la seconde dans le temps. L'Eternel est né de l'Eternel. Pourquoi vous étonner? Il est Dieu. Ayons présente à l'esprit sa divinité, cet étonnement n'a plus de raison, et il fait place à la louange; ayez la foi et croyez à ce qui s'est fait. Dieu ne s'est-il pas assez humilié pour vous? Celui qui était Dieu a voulu être créé. Il naît dans une étable étroite et pauvre, il est enveloppé de langes et couché dans une crèche; qui ne serait saisi d'admiration? Celui dont l'immensité remplit le monde, ne trouve point de place dans les hôtelleries. Il est déposé dans une crèche pour être notre nourriture. Dans ces deux animaux qui s'approchent de sa crèche sont figurés les deux peuples : « Le bœuf connaît celui à qui il appartient, et l'âne l'étable de son maître. » (*Isa.*, I, 3.) Ne rougissez point d'être pour Dieu l'un de ces animaux, vous porterez Jésus-Christ sans crainte de vous égarer; vous marchez dans la voie, puisque vous servez de monture à Jésus-Christ. Portons ainsi le Seigneur, et qu'il nous dirige où il veut, car nous lui appartenons comme des animaux appartiennent à leur maître, et allons ainsi à Jérusalem. Jésus-Christ, que nous portons, loin de nous écraser, nous allège ; sous sa conduite nous ne pouvons nous égarer. Allons donc à lui par lui-même, afin que nous puissions nous réjouir éternellement avec cet enfant dont nous célébrons aujourd'hui la naissance.

SERMON CXC.

VIIe pour le jour de la Nativité de Notre-Seigneur.

Chapitre premier. — *C'est pour une raison mystérieuse que Jésus-Christ a choisi le jour de sa naissance.* — 1. Notre-Seigneur Jésus-Christ, qui était dans le sein de son Père avant de naître d'une mère mortelle, a choisi non-seulement la vierge qui devait l'enfanter, mais le jour même où elle devait le mettre au monde. Des hommes abusés par l'erreur choisissent souvent le jour qu'ils croient favorable, celui-ci pour planter, celui-là pour bâtir; l'un pour entreprendre un voyage, l'autre pour prendre une épouse, et cela dans l'espoir que ce choix leur assurera des fruits plus abondants, un résultat plus heureux. Personne cependant ne peut

---

Gravidata est virgo incarnatione Christi : gravidentur pectora nostra fide Christi. Peperit virgo Salvatorem : pariat anima nostra salutem, pariamus et laudem. Non simus steriles : animæ nostræ Deo sint fecundæ.

Caput IV. — *Generatio Christi duplex.* — 4. Generatio Christi a patre sine matre, et a matre sine patre : ambæ mirabiles. Prima, æterna; secunda, temporalis. Natus est æternus de æterno. (*a*) Quid miraris? Deus est. Sit consideratio divinitatis : et perit causa admirationis. Transeat admiratio, ascendat laudatio : fides adsit, crede quod factum est. Parumne pro te humiliatus est Deus? Qui Deus erat, factus est. Angustum erat diversorium, involutus pannis, in præsepe positus est, quis non admiretur? Ille qui mundum implet, in diversorio locum non invenit. In præsepio positus cibus noster est factus. Accedant ad præsepe duo animalia, duo populi. « Cognovit bos possessorem suum, et asinus præsepe Domini sui. » (*Isai.*, I, 3.) Noli erubescere Dei esse jumentum ; Christum portabis, non errabis; ambulas per viam, sedet super te. Sedeat super nos Dominus, et quo vult nos dirigat : jumentum ipsius simus, ad Jerusalem eamus. Ipso insidente non opprimimur, sed elevamur : ipso ducente, non errabimus; per ipsum ad ipsum eamus, ut cum nato hodie puero in perpetuum gaudeamus.

SERMO CXC. (*b*)

In Natali Domini, VII.

Caput primum. — *Diem quo nascetur Christus mysterii causa elegit.* — 1. Dominus noster Jesus qui erat apud Patrem antequam natus esset ex matre, non solum virginem de qua nasceretur, sed et diem quo nasceretur, elegit. Errantes homines plerumque eligunt dies, alius novellandi, alius ædificandi, alius proficiscendi, et aliquando etiam alius uxorem du-

---

(*a*) Videtur deesse membrum alterum sententiæ. Sunt et alii quidam loci forte minus integri : sed iis sanandis necessaria exemplaria nos deficiunt. — (*b*) Alias de Diversis LXI.

choisir le jour de sa naissance. Celui-là seul a pu choisir et sa Mère et le jour où il est né, qui a pu créer l'un et l'autre. Et il n'eût pas choisi le jour de sa naissance d'après les idées de ceux qui attachent sans fondement les destinées des hommes à la position qu'occupent les astres. Car pour lui, ce n'est pas le jour où il est né qui l'a rendu heureux, mais c'est lui-même qui a fait du jour de sa naissance un jour de bonheur. En effet, le jour de sa naissance est le symbole mystérieux de la lumière qu'il vient répandre : « La nuit est déjà avancée, dit l'Apôtre, et le jour s'approche ; quittons donc les œuvres de ténèbres, et revêtons-nous des armes de lumière ; marchons dans la décence, comme durant le jour. » (*Rom.*, XIII, 12.) Sachons reconnaître le jour, et soyons nous-mêmes le jour. Nous étions la nuit lorsque nous vivions dans les ténèbres de l'infidélité. Or, cette infidélité, qui enveloppait le monde tout entier comme une nuit épaisse, devait diminuer à mesure que la foi s'augmenterait, et c'est pour cette raison qu'à partir du jour de la naissance de Notre-Seigneur Jésus-Christ, la nuit commence à diminuer et le jour à croître. Ayons donc, mes frères, ce jour en grande solennité, non pas comme les infidèles, en vue de ce soleil qui nous éclaire, mais à cause de Celui qui a fait ce soleil. En effet, il était le Verbe, et il s'est fait chair, (*Jean.*, I, 14) afin de vivre pour nous sous le soleil. Par son incarnation, il était sous le soleil, mais par sa puissance il était au-dessus du monde entier, dans lequel il a placé le soleil. Et aujourd'hui ce corps qu'il a pris pour nous, est lui-même bien au-dessus de ce soleil qui est adoré comme Dieu par ces aveugles qui ne peuvent voir le vrai Soleil de justice.

CHAPITRE II. — *Double naissance du Christ. Pourquoi il a voulu naître d'une femme.* — 2. Nous célébrons donc aujourd'hui, chrétiens, non pas le jour de la naissance divine du Christ, mais le jour anniversaire de sa naissance humaine, dans laquelle il s'est comme proportionné à notre faiblesse, et où l'invisible s'est rendu visible, afin de nous élever des choses qui se voient à celles qui ne se voient point. En effet, la foi catholique nous enseigne qu'il y a en Jésus-Christ deux naissances : l'une divine, l'autre humaine ; l'une au-dessus de tous les temps, l'autre dans le temps. Toutes deux sont admirables ; dans la première, il n'a point de mère, dans la seconde, il n'a point de père. Si nous ne pouvons comprendre la génération humaine, comment pourrons-nous parler de la génération éternelle ? Qui pourra comprendre, en effet, cette nouveauté inouïe, extraordinaire, unique dans le monde, incroyable, qui, cependant, est devenue l'objet de la foi, et a été crue d'une manière incroyable par le monde tout entier, c'est-à-dire qu'une vierge a conçu,

cendi. Quod cum facit, ideo facit, ut inde aliquid natum feliciter nutriatur. Nemo tamen potest eligere diem, quo ipse nascatur. Sed ille potuit utrumque eligere, qui utrumque potuit et creare. Nec ita elegit diem, sicut eligunt qui fata hominum inaniter de siderum dispositione suspendunt. Non enim per diem felix factus est qui est natus; sed felicem fecit diem, quo nasci est ipse dignatus. Nam et dies nativitatis ejus, habet mysterium lucis ejus. Sic enim dicit Apostolus : « Nox præcessit, dies autem appropinquavit : abjiciamus opera tenebrarum, et induamus nos arma lucis, sicut in die honeste ambulemus. » (*Rom.*, XIII, 12.) Agnoscamus diem, et simus dies. Nox enim eramus, cum infideliter vivebamus. Et quoniam ipsa infidelitas quæ totum mundum vice noctis obtexerat, minuenda fuerat fide crescente; ideo die Natalis Domini nostri Jesu Christi, et nox incipit perpeti detrimenta, et dies sumere augmenta. Habeamus ergo, Fratres, solemnem istum diem; non sicut infideles propter hunc solem, sed propter eum qui fecit hunc solem. Quod enim Verbum erat, caro factum est (*Joan.*, I, 14) ut propter nos posset esse sub sole. Carne quippe sub sole : majestate autem super universum mundum, in quo condidit solem. Nunc vero et carne super istum solem, quem pro Deo colunt, qui mente cæci verum justitiæ non vident solem.

CAPUT II. — *Nativitates Christi duæ. Cur nasci ex femina voluit.* — 2. Diem ergo istum Christiani, non divinæ nativitatis celebremus, sed humanæ, scilicet qua contemperatus est nobis; ut per invisibilem visibilem factum, a visibilibus ad invisibilia transiremus. Debemus enim fide catholica retinere duas esse nativitates Domini : unam divinam, alteram humanam; illam sine tempore, hanc in tempore. Ambas autem mirabiles : illam sine matre, istam sine patre. Si istam non comprehendimus, illam quando enarramus? Quis comprehendat novitatem novam, inusitatam, unicam in mundo, incredibilem credibilem factam, et toto mundo incredibiliter creditam; ut virgo conciperet, virgo pareret, virgo pariens permaneret? Quod humana ratio non in-

qu'une vierge a enfanté, et qu'elle est restée vierge après son enfantement? Or, la foi saisit ce que la raison humaine ne peut atteindre, elle fait des progrès là où l'esprit humain reste en défaut. Qui osera dire que le Verbe de Dieu, par qui tout a été fait, n'ait pu se former aussi un corps sans s'incarner dans le sein d'une mère, de même qu'il a formé le premier homme sans se servir d'un père et d'une mère? Mais il avait créé les deux sexes de l'homme et de la femme; il a donc voulu honorer par sa naissance ces deux sexes qu'il venait de racheter. Vous vous rappelez sans doute la chute du premier homme, ce n'est pas à lui que le serpent osa s'adresser, mais il se servit de la femme pour le renverser. C'est par le sexe le plus faible qu'il s'est rendu maître du plus fort, et, en s'insinuant par l'un d'eux, il a triomphé de tous les deux. Mais Dieu n'a pas voulu qu'un juste sentiment de douleur nous inspirât de l'horreur pour la femme, comme étant la cause de notre mort, et qu'elle nous parût condamnée sans retour; aussi le Seigneur étant venu sur la terre pour chercher ceux qui avaient péri, a témoigné qu'il prenait en considération les deux sexes, parce que l'un et l'autre étaient perdus. Nous ne devons donc faire au Créateur aucun reproche injurieux sur l'un des deux sexes, la naissance du Seigneur les autorise tous les deux à espérer le salut. C'est l'honneur du sexe masculin que Jésus-Christ en ait pris le corps, et la mère qu'a choisie le Christ est la gloire du sexe féminin. La grâce de Jésus-Christ a triomphé des artifices du serpent.

CHAPITRE III. — *C'est pour nous que le Christ s'est fait petit enfant dans la crèche.* — 3. Les deux sexes doivent donc renaître dans Celui qui est né aujourd'hui; ils doivent l'un et l'autre célébrer ce grand jour où Notre-Seigneur Jésus-Christ n'a pas commencé son existence, mais où Celui qui existait de toute éternité dans le sein de son Père a produit au grand jour cette chair qu'il avait prise dans le sein de sa Mère, en lui donnant la fécondité sans porter atteinte à sa virginité. Il est conçu, il naît, il est petit enfant. Qu'est-ce que ce petit enfant? On donne le nom d'enfant, *infans*, à celui qui ne peut encore parler, *fari*. Il est donc à la fois enfant réduit au silence et le Verbe éternel. Il se tait dans la chair qu'il a prise, mais il parle par la bouche des anges. Ils annoncent aux pasteurs le Prince, le Pasteur des pasteurs, qui est déposé dans la crèche pour être la nourriture des animaux fidèles. Le Prophète l'avait prédit : « Le bœuf sait à qui il appartient, et l'âne connaît l'étable de son maître. » (*Isa.*, I, 3.) Voilà pourquoi il est monté sur un ânon, lorsqu'il est entré dans la ville de Jérusalem aux acclamations de la multitude qui le précédait et le suivait. (*Matth.*, XXI, 1, 9.) Sachons donc aussi reconnaître Notre-Seigneur, approchons de la crèche, mangeons la nourriture qui nous est préparée; portons le Seigneur, pour qu'il soit notre guide,

---

venit, fides capit : et ubi humana ratio deficit, fides proficit. Quis enim dicat non potuisse Dei Verbum per quod facta sunt omnia, facere sibi carnem etiam sine matre, sicut primum hominem sine patre fecit et matre? Sed quoniam utrumque sexum, id est, masculi et feminæ, ipse utique creavit; ideo utrumque sexum etiam nascendo voluit honorare, quem venerat liberare. Lapsum certe primi hominis nostis, quia non est ausus serpens loqui viro, sed ad eum dejiciendum femineo usus est ministerio. Per infirmiorem, obtinuit fortiorem : et qui per alterum penetravit, de utroque triumphavit. Ideo ut non possemus mortem nostram in femina velut motu justi doloris horrere, eamque credere sine reparatione damnatam, Dominus veniens quærere quod perierat, utrumque voluit honorando commendare, quia utrumque perierat. In nullo igitur sexu debemus injuriam facere Creatori : utrumque ad sperandam salutem commendavit Nativitas Domini. Honor masculini sexus est in carne Christi : honor feminini est in matre Christi. Vicit serpentis astutiam gratia Jesu Christi.

CAPUT III. — *Christus propter nos infans in præsepi.* — 3. Uterque ergo sexus in eo qui hodie natus est renascatur, et celebret hodiernum diem : quo die non Dominus Christus esse cœpit, sed qui erat semper apud Patrem, carnem quam accepit ex matre, in hanc lucem protulit : matri fecunditatem afferens, integritatem non auferens. Concipitur, nascitur, infans est. Quis est iste infans? Infans enim dicitur : quod non possit fari, id est loqui. Ergo et infans, et Verbum est. Per carnem tacet, per Angelos docet. Nuntiatur pastoribus princeps pastorque pastorum : et in præsepi jacet fidelium cibaria jumentorum. Prædictum enim fuerat per prophetam : « Agnovit bos possessorem suum, et asinus præsepe Domini sui. » (*Isai.*, 1, 3.) Ideo in asello sedit, quando Jerusalem cum laudibus multitudinis præcedentis et consequentis intravit. Et nos agnoscamus, ad præsepe accedamus, cibaria manducemus,

afin que, sous sa conduite, nous puissions parvenir à la céleste Jérusalem. La naissance humaine du Christ est environnée de faiblesse, mais sa naissance de son Père révèle une majesté sublime. Il a son jour de naissance parmi tous les jours du temps, mais il est lui-même le jour éternel issu du jour éternel.

Nous devons célébrer la naissance de Jésus-Christ. — 4. C'est donc avec raison que la voix du Psalmiste, comme une trompette céleste vient nous inspirer une sainte ardeur par cette invitation : « Chantez au Seigneur un cantique nouveau ; chantez au Seigneur, ô vous, terre tout entière. Chantez au Seigneur et bénissez son nom. » (*Ps.* xcv, 1, 2.) Reconnaissons donc et célébrons la gloire de ce jour issu du jour qui a voulu naître aujourd'hui dans la chair? Ce jour, issu du jour, c'est le Fils né du Père, Dieu de Dieu, lumière de lumière. C'est le salut, dont le même Psalmiste dit ailleurs : « Que Dieu ait pitié de nous et nous comble de ses bénédictions ; qu'il répande sur nous la lumière de son visage, afin que nous connaissions votre voie sur la terre, et que votre salut soit connu de toutes les nations. » (*Ps.* lxvi, 2, 3.) En disant : « De toutes les nations, » le Psalmiste répète ce qu'il a dit précédemment : « Sur la terre, » et « votre salut » exprime la même idée que « votre voie. » Vous vous rappelez que Notre-Seigneur a dit de lui-même : « Je suis la voie. » Et, lorsqu'on nous lisait tout à l'heure l'Evangile, nous avons vu que le bienheureux vieillard Siméon avait reçu de Dieu l'assurance qu'il ne mourrait point avant d'avoir vu le Christ du Seigneur. Lors donc qu'il eut pris dans ses bras ce divin enfant, dont il reconnaissait la grandeur jusque dans sa petitesse, il s'écria : « Seigneur, laissez aller maintenant votre serviteur en paix, selon votre parole, car mes yeux ont vu votre salut. » (*Luc*, II, 29.) Célébrons donc aussi le jour qui est né du jour, le salut de Dieu ; publions sa gloire parmi les nations, et ses merveilles au milieu de tous les peuples. » (*Ps.* xcv, 2, 3.) Il est couché dans une crèche, mais il porte le monde ; il prend le sein, mais il nourrit les anges ; il est enveloppé de langes, mais il nous revêt d'immortalité ; il est allaité par sa mère, mais il reçoit en même temps les adorations du monde ; il ne trouve point de place dans les hôtelleries, mais il se prépare un temple dans le cœur des fidèles ; c'est pour communiquer à la faiblesse une force toute divine, que la force s'est réduite à cet état de faiblesse. Loin de dédaigner, admirons donc bien plutôt la naissance humaine du Christ ; reconnaissons que c'est pour nous que cette sublime majesté s'est humiliée si profondément, et que cette considération embrase notre cœur de charité, si nous voulons parvenir à sa glorieuse éternité.

Dominum rectoremque portemus ; ut ad cœlestem Jerusalem illo ducente veniamus. Infirma est Christi ex matre nativitas ; sed ex Patre ampla majestas. Habet in diebus temporalibus temporalem diem ; sed ipse est dies æternus ex æterno die.

Celebranda Christi nativitas. — 4. Merito Psalmi ejus tanquam voce tubæ cœlestis accendimur, ubi audimus : « Cantate Domino canticum novum, cantate Domino omnis terra. Cantate Domino, et benedicite nomen ejus. (*Psal.* xcv, 1, 2, etc.) Agnoscamus ergo, et annuntiemus « diem ex die, » qui in carne natus est isto die. Dies Filius ex die Patre, Deus ex Deo, lumen ex lumine. Hoc est enim salutare, de quo alibi dicitur : « Deus misereatur nostri, et benedicat nos ; illuminet vultum suum per nos : ut cognoscamus in terra viam tuam, in omnibus gentibus salutare tuum. (*Psal.* lxvi, 2, 3.) Quod dixit, « in terra, » hoc repetivit, « in omnibus gentibus, » et quod dixit, « viam tuam, » hoc repetivit, « salutare tuum. » Ipsum Dominum dixisse meminimus : « Ego sum via. » (*Joan.*, xii, 6.) Et modo cum Evangelium legeretur, audivimus Simeonem beatissimum senem responsum accepisse divinum, quod non gustaret mortem, nisi prius vidisset Christum Domini. Qui cum accepisset in manibus infantem Christum, et cognovisset parvulum magnum : « Nunc dimittis, inquit, Domine, servum tuum, secundum verbum tuum in pace : quoniam viderunt oculi mei salutare tuum. » (*Luc.*, II, 29, etc.) Bene ergo nuntiemus « diem ex die, salutare ejus. » Annuntiemus « in gentibus gloriam ejus, in omnibus populis mirabilia ejus. » (*Psal.* xcv, 2, 3.) In præsepi jacet, sed mundum continet : ubera sugit, sed Angelos pascit : pannis involvitur, sed immortalitate nos vestit : lactatur, sed adoratur : locum in diversorio nos invenit, sed templum sibi in credentium cordibus facit. Ut enim fieret fortis infirmitas, infirma facta est fortitudo. Magis ergo miremur, quam contemnamus ejus etiam carnalem nativitatem ; et ibi agnoscamus tantæ propter nos celsitudinis humilitatem. Inde accendamus caritatem, ut perveniamus ad ejus æternitatem.

SERMON CXCI [1].

VIIIe *pour le jour de la Nativité de Notre-Seigneur.*

CHAPITRE PREMIER. — *Le Verbe s'est incarné pour souffrir des traitements indignes de la part des pécheurs.* — 1. Le Verbe du Père, par lequel tout a été fait, en se faisant chair nous a donné de célébrer sa naissance dans le temps, et il a voulu rattacher cette naissance humaine à un jour déterminé, lui dont la volonté divine règle la succession de tous les jours. Dans le sein de son Père, il précède la durée des siècles, et, en sortant aujourd'hui du sein de sa Mère, il entre lui-même dans le cours des années. Le Créateur de l'homme se fait homme ; il se réduit à prendre le sein maternel, lui qui dirige les astres ; il veut souffrir de la faim et de la soif, lui le pain vivant et la source de vie ; il se condamne au sommeil, lui la lumière éternelle ; à la fatigue de la route, lui qui est la voie ; la vérité veut être accusée par de faux témoins ; le juge des vivants et des morts est jugé par un juge mortel, la règle déchirée de coups, la grappe couronnée d'épines, le fondement de l'édifice suspendu à un bois infâme, la force réduite à la faiblesse, la santé couverte de plaies, la vie soumise à la mort. C'est donc afin de souffrir ces indignités et d'autres semblables, et cela pour délivrer des pécheurs qui en étaient indignes (car il n'avait mérité aucun des nombreux outrages qu'il a endurés, de même que nous n'étions dignes d'aucune des grâces insignes qu'il nous a faites), que Celui qui était le Fils de Dieu avant tous les siècles et sans commencement, a daigné se faire le Fils de l'homme dans ces derniers temps ; que le Fils né du Père, sans avoir été formé par le Père, a été formé dans le sein de la mère qu'il avait créée, et a reçu ici-bas l'existence de celle qui n'aurait jamais existé sans lui.

Le Christ, en naissant, n'a point porté atteinte à la virginité de sa Mère. — 2. Ainsi s'est accomplie la prédiction du Psalmiste : « La Vérité est sortie du sein de la terre. » (*Ps.* LXXXIV, 12.) Marie est vierge avant de concevoir, vierge après avoir enfanté. A Dieu ne plaise, en effet, que cette terre, c'est-à-dire cette chair d'où est sortie la Vérité, ait cessé d'être inviolable ! Après la résurrection du Sauveur, alors que ses disciples s'imaginaient voir un esprit, et non un corps véritable, il leur dit : « Touchez et voyez, car un esprit n'a ni chair ni os, comme vous voyez que j'en ai. » (*Luc,* XXIV, 38.) Et cependant ce corps solide et dans la force de l'âge ne

---

(1) Florus cite des extraits de ce sermon dans son Commentaire sur le chapitre XI de la IIe Epître aux Corinthiens. Plusieurs manuscrits donnent à ce sermon un exorde beaucoup plus long, et qui commence ainsi : « Le Christ, Fils unique de Dieu, le vrai Soleil de justice, a répandu sa lumière sur la terre sans quitter les cieux ; il demeure éternellement dans les cieux, et ne fait que passer sur la terre. Dans les cieux, il est la source d'un jour éternel ; sur la terre, il s'assujettit au jour passager du temps, etc. » Nous donnons cet exorde tout entier dans l'Index qui est à la fin des Sermons.

SERMO CXCI (a).

In Natali Domini, VIII.

CAPUT PRIMUM. — *Verbum ut indigna pro indignis ferret incarnatum est.* — 1. Verbum Patris per quod facta sunt tempora, caro factum, Natalem suum nobis fecit in tempore : et in ortu humano habere voluit unum diem, sine cujus nutu divino nullus volvitur dies. Ipse apud Patrem præcedit cuncta spatia sæculorum : ipse de matre in hac die cursibus se ingessit annorum. Homo factus, hominis factor : ut sugeret ubera, regens sidera ; ut esuriret panis, ut sitiret fons, dormiret lux, ab itinere via fatigaretur, falsis testibus veritas accusaretur, judex vivorum et mortuorum a judice mortali judicaretur, ab injustis justitia damnaretur, flagellis disciplina cæderetur, spinis botrus coronaretur, in ligno fundamentum suspenderetur, virtus infirmaretur, salus vulneraretur, vita moreretur. Ad hæc atque hujusmodi sustinenda pro nobis (b) indigna, ut liberaret indignos ; quando nec ille aliquid mali, qui propter nos tanta pertulit mala, nec nos boni aliquid merebamur, qui per eum tanta accepimus bona : propter hæc ergo, qui erat ante omnia sæcula sine initio dierum Dei Filius, esse in novissimis diebus dignatus est hominis filius ; et qui de Patre natus, non a Patre factus erat, factus est in matre quam fecerat ; ut ex illa ortus hic aliquando esset, quæ nisi per illum nunquam et nusquam esse potuisset.

Virginitate matris illæsa natus Christus. — 2. Sic adimpletum est quod prædixerat Psalmus : « Veritas de terra orta est. » (*Psal.* LXXXIV, 12.) Maria virgo ante conceptum, virgo post partum. Absit enim ut ea terra, hoc est in ea carne unde orta est veritas, periret integritas. Nempe post resurrectionem suam, cum spiritus putaretur esse, non corpus : « Palpate,

---

(a) Alias de Diversis LX. — (b) Sic aliquot Mss. Editi autem loco *indigna,* habebant *se inclinans.*

laissa pas d'entrer dans le lieu où étaient les disciples sans que les portes fussent ouvertes. (*Jean*, xx, 19.) Pourquoi donc celui dont le corps, dans tout son développement, a pu entrer dans un endroit, les portes étant fermées, n'aurait-il pu sortir petit enfant du sein de sa Mère sans porter atteinte à sa virginité (1)? Cependant les incrédules ne veulent admettre ni l'un ni l'autre de ces faits. Mais la foi les croit d'autant plus fermement que l'incrédulité les rejette. L'incrédulité ne veut voir dans Jésus-Christ aucun caractère de divinité. Or, dès que la foi croit qu'un Dieu s'est incarné, elle n'hésite plus à regarder comme possibles à Dieu ces deux faits, que son corps, dans la maturité de l'âge, ait pénétré, sans que les portes fussent ouvertes, dans le lieu où ses disciples étaient réunis, et que, petit enfant, il soit sorti du sein de sa mère, comme un époux du lit nuptial (*Ps.* XVIII, 6), sans porter atteinte à sa virginité.

CHAPITRE II. — *L'Eglise est à la fois vierge et mère spirituellement.* — 3. C'est dans ce sein virginal que le Fils unique de Dieu a daigné prendre la nature humaine, pour unir au chef immaculé une Eglise également sans tache. C'est à cette Eglise que saint Paul donne le nom de vierge, non-seulement à cause des vierges de corps qu'il considère dans son sein, mais par le désir qu'il a de voir tous les chrétiens pratiquer la virginité de l'âme. « Je vous ai fiancées, dit-il, à cet unique époux, Jésus-Christ, pour vous présenter à lui comme une vierge pure. » (II *Cor.*, xi, 2.) L'Eglise veut imiter la Mère de son Seigneur; elle ne peut, à son exemple, être à la fois vierge et mère de corps; elle est donc vierge et mère d'esprit. Gardons-nous de croire que le Christ ait porté en naissant la moindre atteinte à l'honneur virginal de sa Mère, lui qui, en rachetant son Eglise du culte impur des démons auquel elle était prostituée, en a fait une vierge sans tache. C'est de cette virginité inviolable que vous êtes sorties, vierges saintes, qui, méprisant les unions charnelles, avez embrassé la virginité même du corps; célébrez donc aujourd'hui avec solennité et dans les transports de la joie l'enfantement de la Vierge. Il est né d'une femme, mais sans que l'homme ait eu aucune part à sa conception. Celui à qui vous devez le privilége qui vous est si cher n'en a point dépouillé sa Mère. Il guérit en vous ce que vous avez hérité d'Eve; loin de nous la pensée qu'il vous ait fait perdre cette glorieuse prérogative que vous aimez tant dans Marie.

CHAPITRE III. — *Il faut imiter la virginité de Marie.* — 4. Cette Vierge, dont vous suivez les traces, a conçu son divin Fils en dehors de

(1) Voyez Lettre 137, n° 8.

---

inquit, et videte, quia spiritus carnem et ossa non habet, sicut me videtis habere. » (*Luc.*, xxiv, 38.) Et tamen illius juvenilis corporis soliditas, non patentibus foribus se ad discipulos intromisit. (*Joan.*, xx, 19.) Cur ergo qui potuit per clausa ostia magnus intrare, non potuit etiam per incorrupta membra parvus exire? Sed neque hoc, neque illud volunt credere increduli. Ideo potius fides utrumque credit; quia infidelitas utrumque non credit. Ipsa est quippe infidelitas, cui nulla in Christo videtur esse divinitas. Porro si fides Deum natum credit in carne, Deo non dubitat utrumque possibile; ut et corpus majoris ætatis non reserato aditu domus, intus positis præsentaret, et sponsus infans de thalamo suo (*Psal.* XVIII, 6), hoc est utero virginali, illæsa matris virginitate procederet.

CAPUT II. — *Ecclesia mente et virgo et mater.* — 3. Illic namque unigenitus Dei Filius humanam sibi dignatus est conjungere naturam, ut sibi capiti immaculato immaculatam (a) consociaret Ecclesiam: quam Paulus apostolus virginem vocat, non solas in ea considerans etiam corpore virgines, sed incorruptas omnium desiderans mentes. « Desponsavi enim vos, inquit, uni viro, virginem castam exhibere Christo. » (II *Cor.*, xi, 2.) Ecclesia ergo imitans Domini sui matrem, quoniam corpore non potuit, mente tamen et mater est et virgo. Nullo itaque modo virginitatem matri suæ nascendo Christus ademit, qui Ecclesiam suam de fornicatione dæmonum redimendo virginem fecit. Ex cujus incorrupta virginitate procreatæ virgines sanctæ, quæ terrenas nuptias contemnentes, esse etiam carne virgines elegistis, gaudentes celebrate solemniter hodierno die virginis partum. Ille quippe est natus ex femina, qui non est a masculo satus in femina. Qui vobis attulit quod amaretis, matri non abstulit quod amatis. Qui sanat in vobis quod traxistis ex Eva, absit ut vitiaret quod dilexistis in Maria.

CAPUT III. — *Virginitas Mariæ imitanda.* — 4. Illa igitur cujus vestigia sectamini, et ut conciperet, cum

(a) Editi, *consignaret.* Sed aptius Florus, *consociaret.*

toute union charnelle, et elle est restée vierge dans son enfantement. Imitez-la autant que vous le pouvez, non point dans sa fécondité, ce que vous ne pourriez faire sans perdre votre virginité. Elle seule a réuni en elle cette double prérogative; mais vous, qui avez fait choix de l'une d'elles, vous la perdez si vous voulez les avoir toutes deux. Elle seule a pu être à la fois vierge et mère, parce qu'elle a enfanté le Tout-Puissant, à qui elle est redevable de ce double privilége. En effet, au Fils unique de Dieu seul il convenait de choisir une telle naissance en devenant Fils de l'homme. Cependant, gardez-vous de croire que Jésus-Christ ne soit rien pour vous, parce qu'il est le Fils d'une vierge. Vous n'avez pu l'avoir pour fils en lui donnant le jour, mais vous pouvez l'avoir pour époux, en vous unissant à lui dans votre cœur; et quel époux! un époux qui vous comble de bonheur en vous rachetant, sans que vous ayez à craindre qu'il vous fasse perdre votre virginité. En effet, Celui dont la naissance a laissé intacte la virginité de sa Mère, vous la conservera bien plus encore par ses chastes embrassements. Et ne croyez pas que vous soyez stériles, parce que vous restez vierges; car la sainte virginité de la chair a pour fruit la fécondité de l'âme. Faites ce que dit l'Apôtre : « Vous ne vous occupez point du soin des choses du monde, et de plaire à vos maris; occupez-vous du soin des choses de Dieu, et de plaire à Dieu (I *Cor.*, VII, 32); vous féconderez ainsi, non point votre sein, mais votre âme, par la pratique des vertus. C'est à vous tous enfin que je m'adresse, c'est à tous que je parle. Vous tous qui êtes cette vierge chaste, que l'Apôtre a fiancée au Christ, retenez ces dernières paroles. Ce que vous admirez dans le sein virginal de Marie, reproduisez-le dans l'intérieur de votre âme. « Celui qui croit de cœur pour obtenir la justice, conçoit Jésus-Christ; celui qui confesse de bouche pour obtenir le salut, enfante Jésus-Christ. » (*Rom.*, x, 10.) Que cette abondante fécondité s'unisse ainsi dans vos âmes à une inviolable et constante virginité.

SERMON CXCII [1].

IXe *pour le jour de la Nativité de Notre-Seigneur.*

CHAPITRE PREMIER. — *L'incarnation du Fils de Dieu pour les hommes est digne de toute notre admiration.* — 1. « C'est aujourd'hui que la vérité s'est élevée du sein de la terre. » (*Ps.* LXXXIV, 12.) Le Christ est né de la chair. Livrez-vous à une joie digne de cette grande solennité; que ce jour rappelle à votre esprit la pensée du jour éternel; que les biens du ciel soient l'objet

---

(1) Les éditeurs de Louvain ont regardé ce sermon comme douteux, et, par suite, Verlin l'a trop facilement traité d'apocryphe, tout en l'attribuant à quelque disciple de saint Augustin, parce qu'il y reconnaissait la doctrine du saint Docteur. Mais Vindingus, repoussant cette critique, le déclare authentique, et prouve qu'il n'est nullement indigne de saint Augustin, dont il porte le nom.

---

viro non mansit; et cum pareret, virgo permansit. Imitamini eam quantum potestis ; non fecunditate, quia hoc non potestis salva virginitate. Sola utrumque potuit, quorum vos unum habere voluistis; quia hoc perditis, si utrumque habere velitis. Sola utrumque potuit, quæ omnipotentem peperit, per quem potuit. Solum enim unicum Dei Filium, isto unico modo fieri oportebat filium hominis. Nec tamen ideo non est vobis aliquid Christus, quia (*a*) unius est virginis fetus. Ipsum quippe vos, quem filium edere non potuistis carne, sponsum invenistis in corde : et talem sponsum, quem et redemptorem sic teneat (*b*) felicitas vestra, ut peremptorem non timeat virginitas vestra. Qui enim matri virginitatem nec corporali abstulit partu, multo magis in vobis eam spiritali servat amplexu. Nec propterea vos steriles deputetis, quia virgines permanetis. Nam et ipsa pia integritas carnis, ad fecunditatem pertinet mentis. Agite quod et Apostolus : quoniam non cogitatis ea quæ sunt mundi, quomodo placeatis maritis ; cogitate quæ Dei sunt, quomodo illi in omnibus placeatis (I *Cor.*, VII, 32); ut non uterum fetibus, sed animum fecundum possitis habere virtutibus. Postremo omnes alloquor, omnibus dico; universam virginem castam, quam desponsavit Apostolus Christo, ista voce compello. Quod miramini in carne Mariæ, agite in penetralibus animæ. Qui corde credit ad justitiam, concipit Christum : qui ore confitetur ad salutem, parit Christum. (*Rom.*, x, 10.) Sic in mentibus vestris et fecunditas exuberet, et virginitas perseveret.

SERMO CXCII [c].

In Natali Domini, IX.

CAPUT PRIMUM. — *Incarnatio Filii Dei propter homines, quam admiranda.* — 1. Hodie « Veritas de terra orta est. » (*Psal.* LXXXIV, 12.) Christus de carne natus est. Gaudete solemniter, et sempiternum diem ho-

---

(*a*) Ita Regius Ms. Alii cum editis, *unus*.— (*b*) Aliquot Mss. *fidelitas.* — (*c*) Alias de Tempore XVI.

SERMON CXCII.

de vos désirs les plus ardents, de vos plus fermes espérances, et aspirez sans présomption, vous en avez reçu le pouvoir, à devenir les enfants de Dieu. C'est pour vous qu'est né dans le temps l'Auteur même des temps, c'est pour vous que Celui qui a fait le monde s'est manifesté dans la chair, c'est pour vous que le Créateur du monde est devenu créature. Pourquoi donc, ô mortels, les choses mortelles ont-elles encore pour vous tant de charmes? Pourquoi vous efforcer de retenir, si vous le pouviez, cette vie si fugitive? Une espérance plus brillante vient de luire à la terre, la vie des cieux même est promise à ses habitants. Pour affirmer la foi à cette promesse, Dieu présente aujourd'hui au monde un fait bien plus incroyable. Pour faire des dieux de ceux qui étaient des hommes, Celui qui était Dieu s'est fait homme; sans perdre ce qu'il était, il a voulu devenir ce qu'il avait fait. C'est lui qui a fait la nature qu'il a prise, parce qu'il unit l'homme à Dieu, sans anéantir la divinité dans l'homme. Nous admirons l'enfantement de la Vierge, et nous nous efforçons de convaincre les incrédules de cette naissance d'un genre nouveau; un enfant est conçu dans un sein qui n'est pas fécondé par l'homme, et, en dehors de toute union charnelle, une vierge donne le jour à un fils, qui ne reconnaît point de père parmi les hommes; sa virginité reste inaltérable dans sa conception, inviolable dans son enfantement. Nous admirons la puissance divine, mais sa miséricorde est bien plus admirable encore, puisque, non content de pouvoir, il a voulu naître de la sorte. Celui qui est le Fils unique de sa Mère, était déjà le Fils unique de son Père; il a été formé dans le sein d'une Mère qu'il avait créée, il naît éternellement du sein de son Père; il naît aujourd'hui d'une Mère mortelle, il est moins âgé que la Mère dont il est formé; il naît sans être formé, avant toutes choses, du sein de son Père. Son Père n'a jamais été sans lui, comme sans lui sa Mère n'aurait jamais existé.

CHAPITRE II. — *La naissance du Christ est pour les vierges, les veuves et les personnes mariées, une source de joie.* — 2. Livrez-vous aux transports de la joie, vierges de Jésus-Christ, la Mère du Christ devient votre compagne. Vous n'avez pu être mères de Jésus-Christ, mais pour Jésus-Christ vous avez renoncé aux honneurs de la maternité. C'est pour vous qu'est né Celui qui n'est pas né de vous. Cependant, si vous avez conservé fidèlement, comme vous devez le faire, le souvenir de sa parole, vous êtes aussi, dans un sens véritable, les mères du Christ, parce que vous faites la volonté de son Père, car il l'a déclaré lui-même : « Quiconque fera la volonté de mon Père, celui-là est mon frère, ma sœur, et ma mère. » (*Matth.*, XII, 50.) Réjouissez-vous, veuves du Christ, parce que

---

dierno quoque admoniti cogitate, æterna dona spe firmissima concupiscite; filii Dei esse accepta potestate præsumite. Propter vos temporalis effectus est temporum effector, propter vos in carne apparuit mundi conditor, propter vos creatus est creator. Quid adhuc mortales mortalibus rebus oblectamini, et fugitivam vitam, si fieri posset, tenere conamini? Spes longe clarior effulsit in terris, ut terrenis vita promitteretur in cœlis. Hoc ut crederetur, res incredibilior prærogata est. Deos facturus qui homines erant, homo factus est qui Deus erat : nec amittens quod erat, fieri voluit ipse quod fecerat. Ipse fecit quod esset, quia hominem Deo addidit, (*a*) non Deum in homine perdidit. Miramur virginis partum, et novum ipsum nascendi modum incredulis persuadere conamur, quod in utero non seminato germen prolis exortum est, et a complexu carnis viscera immunia filium hominis protulerunt, cujus patrem hominem non tulerunt : quod virginitatis integritas et in conceptu clausa, et in partu incorrupta permansit. Mira est ista potentia, sed plus est miranda misericordia, quod ille qui sic nasci potuit, (*b*) nasci voluit. Erat enim jam unicus Patri, qui unicus natus est matri : et ipse est factus in matre, qui (*c*) sibi fecerat matrem : sempiternus cum Patre, hodiernus ex matre : post matrem de matre factus, ante omnia de Patre non factus : sine quo Pater nunquam fuit, sine quo mater nunquam fuisset.

CAPUT II. — *Virginibus, viduis et conjugatis ex Christi nativitate lætitiæ causa.* — 2. Exsultate, virgines Christi, consors vestra est mater Christi. Christum parere non potuistis, sed propter Christum parere noluistis. Qui non ex vobis natus est, vobis natus est. Verumtamen si verbi ejus memineritis, sicut meminisse debetis; estis etiam vos matres ejus, quia voluntatem facitis Patris ejus. Ipse enim dixit : « Quicumque facit voluntatem Patris mei, ipse mihi frater et soror et mater est. » (*Matth.*, XII, 50.) Exsultate, vi-

---

(*a*) Plures Mss. omittunt verba, *non Deum in homine perdidit*, et horum loco habent, *ut hominibus appareret*. — (*b*) Lov. *sic nasci voluit*. Abest *sic* ab Am. Er. et præcipuis Mss. — (*c*) Floriacensis Ms. *qui non factus, sed genitus, sibi fecerat matrem*.

vous avez fait le vœu sacré de continence à Celui qui a rendu la virginité féconde. Réjouissez-vous aussi, chasteté conjugale, vous tous qui vivez saintement avec vos épouses, et gardez dans votre cœur ce que vous avez perdu dans votre chair. Votre corps n'est pas resté vierge de toute union charnelle, que votre conscience soit vierge dans la foi; c'est ainsi que toute l'Eglise est vierge. La sainte virginité de Marie a enfanté Jésus-Christ, la longue viduité d'Anne a reconnu Jésus-Christ sous les traits d'un petit enfant, et la chasteté conjugale d'Elisabeth, jointe à la fécondité de sa vieillesse, ont été consacrées au service de Jésus-Christ. Tous les membres fidèles de l'Eglise, à quelque ordre qu'ils appartiennent, ont offert à leur chef ce que sa grâce leur a permis d'offrir. Ainsi donc, puisque Jésus-Christ est la vérité, la paix et la justice, concevez-le par la foi, et mettez-le au jour par vos œuvres, afin que votre cœur fasse pour la loi de Jésus-Christ ce que le sein de Marie a produit pour lui donner son corps. Et pourquoi seriez-vous étrangers à l'enfantement de la Vierge, vous qui êtes les membres de Jésus-Christ? Marie a enfanté votre chef, et l'Eglise vous a enfantés. Car elle est elle-même vierge et mère : mère par les entrailles de la charité, vierge par l'inviolabilité de la foi et de la piété. Elle enfante les peuples, mais ils sont exclusivement les membres de Celui dont elle est à la fois le corps et l'épouse, et c'est en cela encore qu'elle ressemble à cette Vierge auguste, parce qu'elle est, pour la multitude de ses enfants, la mère de l'unité.

Chapitre III. — *La vérité est sortie de la terre, la justice, du ciel. Pourquoi Jésus-Christ est né le jour le plus court de l'année.* — 3. Célébrons donc tous de concert, avec un cœur chaste et de saintes affections, le jour de la naissance de Notre-Seigneur, ce jour où, comme nous l'avons dit en commençant ce discours, « la vérité s'est levée du sein de la terre (Ps. LXXXIV, 12.) La prédiction qui suit dans ce même psaume s'est également accomplie. Celui qui est sorti du sein de la terre, c'est-à-dire qui est né de la chair, est au-dessus de tous, parce qu'il vient du ciel (*Jean*, III, 31), et, sans aucun doute, lorsqu'il remonta vers son Père, il est « la justice qui regarde du haut du ciel. » C'est de cette justice qu'il parle en termes exprès quand il promet l'Esprit saint à ses disciples. « Il convaincra le monde, dit-il, en ce qui touche le péché, et la justice, et le jugement : le péché, parce qu'ils n'ont pas cru en moi; la justice, parce que je m'en vais à mon Père, et vous ne me verrez plus. » Telle est la justice qui a regardé du ciel. « Elle part des extrémités de l'aurore, et s'abaisse aux bornes du couchant. »

---

duæ Christi : (*a*) qui fecundam fecit virginitatem, illi vovistis continentiæ sanctitatem. Exsulta etiam, castitas nuptialis, omnes fideliter viventes cum conjugibus vestris : quod amisistis in corpore, in corde servate. Ubi jam non potest esse a concubitu caro integra, sit in fide virgo conscientia, secundum quam virgo est omnis Ecclesia. In Maria Christum pia virginitas peperit : in Anna Christum viduitas parvum grandæva cognovit : in Elisabeth Christo conjugalis castitas et anilis fecunditas militavit. Omnes gradus fidelium membrorum capiti contulerunt, quod ipsius (*b*) gratia conferre potuerunt. Proinde quia veritas et pax et justitia Christus est, hunc fide concipite, operibus edite; ut quod egit uterus Mariæ in carne Christi, agat cor vestrum in lege Christi. Quomodo autem non ad partum virginis pertinetis, quando Christi membra estis? Caput vestrum peperit Maria, vos Ecclesia. Nam ipsa quoque et mater et virgo est : mater visceribus caritatis, virgo integritate fidei (*c*) et pietatis. Populos parit, sed unius membra sunt, cujus ipsa est corpus et conjux; etiam in hoc similitudinem gerens illius virginis, quia et in multis mater est unitatis.

Caput III. — *Veritas de terra, justitia de cœlo. Die minimo anni cur natus Christus.* — 3. Omnes itaque unanimes, castis mentibus et affectibus sanctis, diem Natalis Domini celebremus : quo die, sicut istum sermonem exorsi sumus : « Veritas de terra orta est. » (*Psal.* LXXXIV, 12.) Jam enim et quod in eodem Psalmo sequitur, factum est. Nam ille qui de terra ortus est, hoc est, de carne natus est, quia de cœlo venit, et super omnes est (*Joan.*, III, 31); procul dubio cum ascendit ad Patrem, etiam « justitia de cœlo prospexit. » Hanc enim justitiam verbis suis ipse commendat, promittendo spiritum sanctum : « Ipse inquit, arguet mundum de peccato, et de justitia, et de judicio. De peccato quidem, quia non crediderunt in me : de justitia, quia ad Patrem vado, et jam non videbitis me. » (*Joan.*, XVI, 8, etc.) Hæc est justitia, quæ de cœlo prospexit. « A summo enim cœlo egressio ejus, et occursus ejus usque ad summum cœli. » (*Psal.* XVII, 7.) Ne vero quisquam contemneret veri-

---

(*a*) Sic Am. Er. et Mss. At Lov. *quia fecundam fecit virginita'em ille cui vovistis*, etc. — (*b*) Editi, *gratiæ.* Melius Mss. *gratia.* — (*c*) Ita in Mss. At in excusis, *integritate fidei. Pietatis populos parit, sed ejus membra sunt*, etc.

(*Ps.* xviii, 7.) Mais on aurait pu mépriser la vérité, parce qu'elle sortait du sein de la terre; aussi lorsque le Fils de Dieu est sorti comme un époux de son lit nuptial, c'est-à-dire du sein virginal où le Verbe de Dieu s'est uni par une alliance ineffable à la nature humaine, pour prévenir ces mépris et l'incrédulité de ceux qui, malgré sa naissance miraculeuse, malgré ses paroles et ses actions merveilleuses, n'auraient voulu voir en lui qu'un homme à cause de la ressemblance de la chair du péché; après avoir dit : « Semblable à un nouvel époux qui sort de son lit nuptial, il s'est élancé comme un géant dans sa carrière, » (*Ps.* xviii, 6) il ajoute aussitôt : « Il part du plus haut du ciel. » S'il est dit dans un autre psaume : « La vérité est sortie du sein de la terre, » c'est un acte de condescendance, ce n'est pas une nécessité de sa condition; c'est un un effet de sa miséricorde, ce n'est pas une suite de son dénûment. La vérité est descendue du ciel pour se lever du sein de la terre; ce divin époux, afin de sortir de son lit nuptial, s'est élancé du plus haut du ciel. Voilà pourquoi il est né en ce jour, qui est le jour le plus court de l'année, sur la terre, mais à partir duquel les jours deviennent plus longs. Celui qui s'est abaissé pour nous élever, a choisi le jour le plus court, mais après lequel la lumière s'accroît et se prolonge. En naissant de la sorte, il nous enseigne et nous crie à haute voix, jusque dans son silence, que nous devons apprendre à devenir riches en Celui qui s'est fait pauvre pour l'amour de nous, à recouvrer la liberté en Celui qui, pour nous, s'est revêtu de la nature d'esclave, à mériter le ciel par Celui qui pour nous est sorti du sein de la terre.

SERMON CXCIII.

X^e pour le jour de la Nativité de Notre-Seigneur.

1. Nous avons entendu, dans la lecture de l'Evangile, la voix des anges annonçant aux bergers la naissance de Notre-Seigneur Jésus-Christ, qu'une vierge venait d'enfanter, et disant : « Gloire à Dieu au plus haut des cieux, et paix sur la terre aux hommes de bonne volonté. » (*Luc,* II, 14.) Ces acclamations solennelles, ces félicitations ne s'adressent pas seulement à l'heureuse femme dont le sein venait de mettre au monde ce divin enfant, mais à tout le genre humain, à qui la Vierge avait enfanté un Sauveur. Il était digne, en effet, et souverainement convenable que celle qui avait donné le jour au Seigneur du ciel et de la terre, et qui était restée vierge après son enfantement, vît sa fécondité merveilleuse célébrée non par les louanges humaines de femmes ordinaires, mais

---

tatem, quia de terra orta est, cum sicut sponsus processit de thalamo suo, id est, de utero virginali, ubi Verbum Dei creaturæ humanæ quodam ineffabili conjugio copulatum est : ne hoc ergo quisquam contemneret, et quamvis mirabiliter natum, et dictis factisque mirabilem, tamen propter similitudinem carnis peccati nihil amplius Christum quam hominem crederet, cum dictum esset : « Tanquam sponsus procedens de thalamo suo, exsultavit ut gigas ad currendam viam; » (*Psal.* xviii, 6,) continuo subjunctum est : « A summo cœlo egressio ejus. » Quod ergo audis : « Veritas de terra orta est, » dignatio est, non conditio; misericordia est, non miseria. Veritas ut de terra oriretur, de cœlo descendit : sponsus ut de thalamo suo procederet, a summo cœlo egressus ejus. Inde est quod hodie natus est, quo die minor dies nullus in terris, a quo tamen incrementa dies sumunt. Qui ergo inclinatus est, et nos erexit, minimum elegit diem, sed unde lux crescit : ipso suo tali adventu, nos etiam tacitus tanquam sonitu magni clamoris exhortans, ut qui pauper propter nos factus est, in illo divites esse discamus; qui propter nos formam servi accepit, in illo libertatem accipiamus; qui propter nos de terra ortus est, in illo cœlum possideamus.

SERMO CXCIII (*a*).

In Natali Domini, X.

1. Angelorum vocem, per quam Dominus Jesus Christus natus virginis partu pastoribus nuntiatus est, cum Evangelium legeretur, audivimus : « Gloria in excelsis Deo, et in terra pax hominibus bonæ voluntatis. » (*Luc.,* II, 14.) Festa vox et gratulatoria, non uni feminæ, cujus uterus prolem ediderat; sed generi humano, cui virgo pepererat Salvatorem. Dignum enim erat, et hoc prorsus decebat, ut ei (*b*) fetæ quæ Dominum cœli et terræ procreaverat, et post editum fetum integra manserat, non mulierculæ humanis solemnitatibus, sed Angeli divinis laudibus

---

(*a*) Alias de Diversis LVIII. — (*b*) Sic Mss. Editi vero, *ut ei gignenti, quæ Dominum cœli terræque procreaverat, et post editam sobolem integra manserat :* paulòque post, *partum celebrarent castissimum.* Quo loco Mss. quidam, *festaria :* sed plerique et potiores, *fetalia celebrarent.*

par les chants célestes des anges. Disons donc, nous aussi, dans les transports de la plus vive allégresse, disons, non pour annoncer la naissance du Sauveur aux pasteurs de troupeaux, mais pour la célébrer avec ses brebis, disons, dans toute l'expansion d'un cœur sincère et d'une voix inspirée par la foi : « Gloire à Dieu au plus haut des cieux, et paix sur la terre aux hommes de bonne volonté. » Que ces paroles divines, ces louanges de Dieu, ce chant des anges soient l'objet de nos plus sérieuses considérations, et méditons-les avec foi, espérance et charité. Notre foi, notre espérance, nos désirs seront un jour accomplis; nous-mêmes nous glorifierons Dieu au plus haut des cieux, lorsqu'après la résurrection nous serons enlevés dans les airs avec un corps spirituel, au-devant de Jésus-Christ, si maintenant, pendant que nous sommes sur la terre, nous poursuivons la paix avec une bonne volonté constante. C'est, en effet, au plus haut des cieux qu'est la vie, là où est la terre des vivants. Là encore sont les jours de bonheur, parce que le Seigneur y est éternellement le même, et que ses années ne finissent point. Que tout homme donc qui veut la vie, qui soupire après des jours heureux, préserve sa langue de la calomnie, et ses lèvres des discours artificieux; qu'il s'éloigne du mal et fasse le bien : c'est ainsi qu'il sera un homme de bonne volonté. Qu'il cherche la paix, et qu'il la poursuive (*Ps.* xxxiii, 13, etc.), car elle est sur la terre le partage des hommes de bonne volonté.

2. Vous me direz, ô homme : « Je trouve en moi la volonté de faire le bien, mais je ne trouve point le moyen de l'accomplir ; selon l'homme intérieur, vous trouvez du plaisir dans la loi de Dieu, mais vous sentez dans vos membres une autre loi qui combat contre la loi de Dieu, et qui vous tient captif sous la loi du péché qui est dans vos membres. » (*Rom.*, vii, 18.) Persévérez néanmoins dans cette bonne volonté, écriez-vous avec l'Apôtre dans les paroles qui suivent : « Malheureux homme que je suis, qui me délivrera de ce corps de mort? La grâce de Dieu, par Notre-Seigneur Jésus-Christ. » C'est lui qui est sur la terre la paix pour les hommes de bonne volonté, après cette guerre où la chair a des désirs contraires à ceux de l'esprit, et où l'esprit en a de contraires à ceux de la chair, de sorte que vous ne faites pas toutes les choses que vous voudriez ; » (*Gal.*, v, 17) « car c'est lui, dit le même Apôtre, qui est notre paix, et qui des deux n'en a fait qu'un. » (*Ephés.*, ii, 14.) Que la bonne volonté ne se lasse donc point de lutter contre les convoitises mauvaises, et qu'elle continue d'implorer le secours de la grâce de Dieu, par Jésus-Christ Notre-Seigneur. Elle trouve de la résistance dans la loi des membres de la chair, elle est

---

fetalia celebrarent. Dicamus ergo et nos, et quanta possumus cum exsultatione dicamus, qui non pecorum pastoribus eum natum nuntiamus, sed ejus Natalitia cum ejus ovibus celebramus : dicamus, inquam, et nos fideli corde, devota voce : « Gloria in excelsis Deo, et in terra pax hominibus bonæ voluntatis. » Et hæc verba divina, has Dei laudes, hoc Angelicum gaudium, quanta valemus consideratione perspectum, fide et spe et caritate meditemur. Sicut enim credimus et speramus et desideramus, erimus et nos gloria in excelsis Deo, cum resurgente corpore spiritali rapti fuerimus in nubibus obviam Christo : si modo cum in terra sumus, pacem cum bona voluntate sectemur. In (*a*) excelsis quippe vita, quia ibi regio vivorum ; et ibi dies boni, ubi Dominus idem ipse est, et anni ejus non deficiunt. Quisquis autem vult vitam, et diligit videre dies bonos, cohibeat linguam suam a malo, et labia ejus non loquantur dolum (*Psal.* xxxiii, 13); declinet a malo, et faciat bonum : et ita sit homo bonæ voluntatis. Et quærat pacem, ac sequatur eam : quia « in terra pax hominibus bonæ voluntatis. »

2. Quod si dicis, o homo : Ecce « velle adjacet mihi, perficere autem bonum non invenio : et condelectaris legi Dei secundum interiorem hominem, vides autem aliam legem in membris tuis repugnantem legi mentis tuæ, et captivum te ducentem in lege peccati quæ est in membris tuis ; » (*Rom.*, vii, 18, etc.) persiste in bona voluntate, et exclama quod sequitur : « Miser ego homo, quis me liberabit de corpore mortis hujus? Gratia Dei, per Jesum Christum Dominum nostrum. » Ipse est enim pax in terra hominibus bonæ voluntatis, post bellum in quo « caro concupiscit adversus spiritum, et spiritus adversus carnem, ut non quæ vultis illa faciatis : » (*Gal.*, v, 17) quoniam « ipse est pax nostra, qui fecit utraque unum. » (*Ephes.*, ii, 14.) Persistat igitur bona voluntas adversus concupiscentias malas, et persistens imploret auxilium gratiæ Dei, per Jesum Christum Dominum nostrum. Repugnatur illi a lege mem-

---

(*a*) Ita Mss. At Lov. *In cœlis quippe erimus gloria in excelsis Deo, quia ubi regio vivorum, et ibi dies boni*, etc.

déjà réduite en esclavage; qu'elle invoque le secours du ciel, sans se fier à ses propres forces, et qu'épuisée de fatigue, elle ne rougisse pas d'en faire l'aveu. Elle sentira bientôt la présence de Celui qui disait aux disciples qui croyaient déjà en lui : « Si vous demeurez dans ma parole, vous serez vraiment mes disciples ; et vous connaîtrez la vérité, et la vérité vous affranchira. » (*Jean*, VIII, 31, 32.) La vérité viendra vous délivrer de ce corps de mort. Voilà pourquoi cette vérité, dont nous célébrons la naissance, est sortie du sein de la terre (*Ps.* LXXXIV, 12) : c'est afin d'être sur la terre la paix pour les hommes de bonne volonté. Car qui serait capable de vouloir et de faire le bien, si Celui qui nous a inspiré, en nous appelant, la volonté du bien, ne nous donnait la force et le secours nécessaires pour l'accomplir? Partout sa miséricorde nous prévient; c'est à elle que nous devons d'être appelés, malgré nos résistances, et d'obtenir la force de faire le bien que nous voulons. Disons donc à Dieu : « J'ai juré et j'ai résolu d'obéir aux décrets de votre justice. » (*Ps.* CXVIII, 106.) Telle est ma résolution, et j'ai promis d'obéir à vos commandements ; mais comme je sens dans mes membres une autre loi qui combat contre la loi de mon esprit, et me tient captif sous la loi du péché qui est dans mes membres, « je suis profondément humilié, Seigneur; rappelez-moi à la vie, en vertu de vos promesses. » (*Ibid.*, 107.) « Je trouve en moi la volonté de faire le bien; agréez, Seigneur, l'expression de ma volonté, » afin que la paix soit donnée sur la terre aux hommes de bonne volonté. Tel est le langage que nous devons tenir à Dieu, ou quelqu'autre semblable que nous suggérera une piété nourrie de saintes lectures. Alors nous ne célébrerons point sans fruit cette solennité du Seigneur né d'une vierge, et la bonne volonté commencera en nous ce qu'achèvera un jour la charité parfaite qui est répandue dans nos cœurs, non par nous-mêmes, mais « par l'Esprit saint qui nous a été donné. » (*Rom.*, V, 5.)

SERMON CXCIV [1].

XI° *pour le jour de la Nativité de Notre-Seigneur.*

CHAPITRE PREMIER. — *Double naissance de Jésus-Christ.* — 1. Ecoutez, enfants de lumière, appelés par l'adoption au royaume de Dieu; frères bien-aimés, écoutez; écoutez, justes; louez le Seigneur dans les transports de la joie; c'est

---

(1) Florus cite ce sermon dans son Commentaire sur les chapitres V et VIII de la II° Epître aux Corinthiens, en l'intitulant, dans les deux endroits : *Sermon pour l'Epiphanie*. Mais le pape Adrien le cite sous ce titre : *Pour la naissance du Seigneur*, dans sa lettre à Elipand et aux évêques d'Espagne.

---

brorum carnalium, et ecce jam etiam captivatur : imploret auxilium, non fidat viribus suis; et saltem fessa, non dedignetur esse confessa. Aderit enim qui dixit eis quos jam videbat credentes in eum : « Si permanseritis in verbo meo, vere discipuli mei eritis; et cognoscetis veritatem, et veritas liberabit vos. » (*Joan.*, VIII, 31, 32.) Aderit et liberabit veritas de corpore mortis hujus. Ideo quippe « Veritas, » cujus Natalitia celebramus, « de terra orta est, » (*Psal.* LXXXIV, 12) ut sit pax in terra hominibus bonæ voluntatis. Nam quis idoneus est velle et posse, nisi inspirando adjuvet ut possimus, (*a*) qui vocando præstitit ut velimus? Quia ubique misericordia ejus prævenit nos, ut vocaremur qui nolebamus, et ut impetremus posse quod volumus. Dicamus ergo ei : « Juravi, et statui custodire judicia justitiæ tuæ. » (*Psal.* CXVIII, 106.) Statui quidem, et quia (*b*) imperasti, promisi obedientiam : sed quoniam video aliam legem in membris meis repugnantem legi mentis meæ, et captivum me dùcentem in lege peccati, quæ est in membris meis; « humiliatus sum usquequaque, Domine, vivifica me secundum verbum tuum. » Ecce « velle adjacet mihi : » ergo « voluntaria oris mei approba Domine : » (*Ibid.*, 107) ut fiat pax in terra hominibus bonæ voluntatis. Dicamus ista, et si qua alia suggerit pietas, sanctis instructa lectionibus : ut nati ex virgine Domini celebritatem non inaniter frequentemus, (*c*) inchoati bona voluntate, perficiendi plenissima caritate ; quæ et diffunditur in cordibus nostris, non per nos ipsos, sed per Spiritum sanctum qui datus est nobis. (*Rom.*, V, 5.)

SERMO CXCIV [*d*].

In Natali Domini, XI.

CAPUT PRIMUM. — *Nativitas Christi duplex.* — 1. Audite, filii lucis, adoptati in regnum Dei, Fratres carissimi audite, audite, et exsultate justi in Domino, ut vos rectos possit decere laudatio. (*Psal.* XXXII, 1.) Audite quod nostis, recolite quod audistis, amate quod

---

(*a*) Editi, *et quia vocando persistit, et quia ubique misericordia ejus prævenit nos*. Emendantur ex Mss. — (*b*) Lov. *impetravi*. Verius Mss. *imperasti*. — (*c*) Hic etiam locus Mss. ope resarcitus, sic apud Lov. habebat, *in coacta bona voluntate, perficiendo plenissime caritatem*. — (*g*) Alias *de Tempore* XXIII.

à vous, cœurs droits, qu'il appartient de chanter ses louanges. (*Ps.* XXXII, 1.) Ecoutez ce que vous connaissez, rappelez-vous ce que vous avez entendu, aimez ce que vous croyez, et publiez ce que vous aimez. Nous célébrons aujourd'hui l'anniversaire de ce grand jour, et vous devez attendre l'instruction qu'il réclame de nous. Le Christ est né, en tant que Dieu, du sein du Père; en tant qu'homme, il est sorti du sein de sa Mère. Il est né d'un père immortel, d'une mère vierge; il est né de son Père sans avoir de mère, et de sa Mère sans avoir de père; de son Père en dehors des temps, de sa Mère en dehors de toute union charnelle; de son Père pour être le principe de la vie, de sa Mère pour anéantir la mort; de son Père pour régler la succession des jours, de sa Mère pour consacrer à jamais ce jour (1).

CHAPITRE II. — *Jours de la naissance du Christ et de Jean-Baptiste.* — Il envoie devant lui Jean-Baptiste, qui naquit alors que les jours commencent à diminuer, tandis que lui-même voulut naître lorsque les jours commencent à croître, comme symbole figuratif de ce que dit plus tard Jean-Baptiste : « Il faut qu'il croisse, et moi que je diminue. » (*Jean*, III, 30.) C'est qu'en effet la vie humaine doit s'affaiblir et décroître en elle-même, pour avancer et croître en Jésus-Christ, « afin que ceux qui vivent ne vivent plus pour eux-mêmes, mais pour Celui qui est mort et ressuscité pour eux, » (II *Cor.*, V, 15) et que chacun de nous puisse dire avec l'Apôtre : « Je vis, non plus moi, mais Jésus-Christ vit en moi. » (*Gal.*, II, 20.) Car « il faut qu'il croisse, et moi que je diminue. »

Le Verbe est la nourriture des anges dans les cieux et des hommes dans la crèche. — 2. Les anges lui offrent des louanges dignes de lui, eux dont il est l'éternelle nourriture, et dont il entretient la vie par un aliment incorruptible. Car il est le Verbe de Dieu; ils vivent de sa vie; ils vivent éternellement de son éternité, ils vivent éternellement heureux par sa bonté. Oui, ils lui adressent des louanges dignes de lui, au Dieu qui est en Dieu, et ils rendent gloire à Dieu au plus haut des cieux. « Nous, qui sommes son peuple et les brebis de ses mains, » (*Ps.* XCIV, 7,) appliquons-nous, après notre réconciliation, et autant que nous le permet notre faiblesse, à mériter la paix par notre bonne volonté. Car c'est vraiment la voix des anges qui s'est fait entendre aujourd'hui et qui a chanté, sur le berceau du Sauveur qui nous est né, cette hymne de joie et d'allégresse : « Gloire à Dieu au plus des cieux et paix sur la terre aux hommes de bonne volonté. » (*Luc*, II, 14.) Leurs louanges sont dignes de lui; que les nôtres aient à ses yeux le mérite de l'obéissance. La table qu'il

---

(1) Les éditeurs de Louvain ajoutent ici d'assez longs développements qui manquent complètement dans nos manuscrits et dans les plus anciens que nous avons consultés. On les retrouve en très-grande partie dans le sermon CXXI de l'Appendice. Ces développements viennent plus probablement d'un sermon de saint Ambroise sur la naissance de Notre-Seigneur, au témoignage de Cassien, dans le livre VII de son *Traité sur l'Incarnation*.

---

creditis, prædicate quod amatis. Sicut anniversarium celebramus hunc diem, sic huic diei debitum exspectate sermonem. Natus est Christus, Deus de Patre, homo de matre. De Patris immortalitate, de matris virginitate. De Patre sine matre, de matre sine patre. De patre sine tempore, de matre sine semine. De patre principium vitæ, de matre finis mortis. De patre ordinans omnem diem, de matre consecrans istum diem.

CAPUT II. — *Dies nativitatis Christi et Joannis.* — Præmisit enim hominem Joannem, qui tunc nasceretur, cum dies inciperent minui; et natus est ipse, cum dies inciperent crescere : ut ex hoc præfiguraretur quod ait idem Joannes : « Illum oportet crescere, me autem minui. » (*Joan.*, III, 30.) Debet enim vita humana in se deficere, in Christo proficere, « ut qui vivunt, jam non sibi vivant, sed ei qui pro omnibus mortuus est et resurrexit : » (II *Cor.*, V, 15) et dicat unusquisque nostrum quod dicit Apostolus :

« Vivo autem, jam non ego, vivit vero in me Christus. (*Gal.*, II, 20.) Illum enim oportet crescere, me autem minui. »

Verbum Angelorum in cœlis, et hominum in præsepio cibus. — 2. Laudant eum condigne omnes Angeli ejus, quorum cibus æternus est, incorruptibili eos sagina vivificans; quia Verbum Dei est, cujus vita vivunt, cujus æternitate semper vivunt, cujus bonitate semper beate vivunt. Illi eum condigne laudant, Deum apud Deum, et dant gloriam in excelsis Deo. « Nos autem plebs ejus et oves manuum ejus, » (*Psal.* XCIV, 7) pro modulo infirmitatis nostræ pacem per bonam voluntatem reconciliati mereamur. Ipsorum enim Angelorum vere hodierna vox est, quam nato nobis Salvatore exsultando fuderunt : « Gloria in excelsis Deo, et in terra pax hominibus bonæ voluntatis. » (*Luc.*, II, 14.) Laudant ergo illi competenter, laudemus et nos obedienter. Sunt illi nuntii ejus, sumus et nos pecora ejus. Implevit in cœlo

leur dresse dans les cieux est abondamment servie, mais il a aussi rempli notre crèche sur la terre. C'est lui qui couvre abondamment leur table, parce qu'il est le « Verbe qui était au commencement, le Verbe qui était en Dieu, le Verbe qui était Dieu. » (*Jean*, I, 1.) C'est lui aussi qui remplit abondamment notre crèche, parce que « le Verbe s'est fait chair, et qu'il a habité parmi nous. » (*Ibid.*, 14.) Afin que l'homme pût manger le pain des anges, le Créateur des anges s'est fait homme. Les anges louent Dieu au sein même de la vie, et nous dans les épreuves de la foi ; ils jouissent, et nous demandons encore ; ils sont en possession du bonheur, et nous le cherchons ; ils sont entrés, et nous frappons encore à la porte.

Nous serons rassasiés, après cette vie, par la vue du Verbe. — 3. Quel est l'homme qui pourra comprendre tous les trésors de la sagesse et de la science qui sont renfermés en Jésus-Christ et qu'il a cachés sous la pauvreté de sa chair ? « Car, étant riche, il s'est fait pauvre pour l'amour de nous, afin que nous devinssions riches par sa pauvreté. » (II *Cor.*, VIII, 9.) En effet, lorsqu'il s'est revêtu de notre mortalité, pour détruire la mort, il s'est manifesté sous les dehors de la pauvreté, mais il n'a pas été pour cela dépouillé de ses richesses ; il nous en a promis pour plus tard la jouissance.

CHAPITRE III. — « Combien est grande l'abondance de la douceur qu'il a cachée pour ceux qui le craignent, qu'il a rendue pleine et parfaite pour ceux qui espèrent en lui ! » (*Ps.* XXX, 20.) Car nous ne connaissons qu'en partie, jusqu'à ce que nous soyons arrivés à ce qui est parfait. (I *Cor.*, XIII, 9.) C'est pour nous rendre capables de comprendre cette perfection que le Fils de Dieu, égal au Père par sa nature divine, s'est fait semblable à nous, en prenant la nature de serviteur. Pour nous ramener à la ressemblance même de Dieu, le Fils unique de Dieu s'est fait Fils de l'homme pour faire, d'un grand nombre d'enfants des hommes, des enfants de Dieu ; il nourrit ses serviteurs par sa nature visible de serviteur, et les met en possession de cette liberté qui leur permettra de contempler la nature même de Dieu. « Nous sommes maintenant les enfants de Dieu, dit saint Jean, mais ce que nous serons un jour ne paraît pas encore. » (I *Jean*, XXX, 20.) Et « nous savons que, quand il viendra dans sa gloire, nous serons semblables à lui, parce que nous le verrons tel qu'il est. » Pourquoi, en effet, nous parler de ces trésors de science et de sagesse, de ces richesses divines ? N'est-ce pas nous dire qu'ils suffiront amplement à notre bonheur ? Quelle est cette douceur abondante qui nous est promise, si ce n'est celle qui doit combler tous nos désirs ? « Montrez-nous donc votre Père, et cela nous suffit. » (*Jean*, XIV, 8.) Et l'un de nous, qui s'inspire de

mensam ipsorum, implevit in terra præsepe nostrum. Plenitudo enim mensæ ipsorum est, quia « in principio erat Verbum, et Verbum erat apud Deum, et Deus erat Verbum. » (*Joan.*, I, 1.) Plenitudo præsepii nostri est, quia « Verbum caro factum est, et habitavit in nobis. » (*Ibid.*, 14.) Ut enim panem Angelorum manducaret homo, creator Angelorum factus est homo. Illi laudant vivendo, nos credendo : illi fruendo, nos petendo : illi capiendo, nos quærendo : illi intrando, nos pulsando.

Verbi visione post hanc vitam satiabimur. — 3. Quis enim hominum omnes thesauros sapientiæ et scientiæ noverit in Christo occultos, atque in paupertate carnis ejus absconditos ? (*Col.*, II, 3.) Quia « propter nos pauper factus est, cum dives esset, ut illius paupertate ditaremur. » (II *Cor.*, VIII, 9.) Cum enim mortalitatem assumeret, mortemque consumeret, in paupertate se ostendit : sed divitias dilatas promisit, non ablatas amisit.

CAPUT III. — Quam (*a*) multa multitudo dulcedinis ejus, quam abscondit timentibus se, perficit autem sperantibus in se! (*Psal.* XXX, 20.) Ex parte enim scimus, donec veniat quod perfectum est. (I *Cor.*, XIII, 9.) Cui capiendo ut idonei præstaremur, ille æqualis Patri in forma Dei, in forma servi factus (*b*) similis nobis, reformat nos ad similitudinem Dei ; et factus filius hominis unicus Filius Dei, multos filios hominum facit filios Dei : et nutritos servos per visibilem formam servi, perficit liberos ad videndam formam Dei. « Filii enim Dei sumus, et nondum apparuit quod erimus. » (I *Joan.*, III, 2.) Et « scimus, quoniam cum apparuerit, similes ei erimus, quoniam videbimus eum sicuti est. » Nam qui sunt illi sapientiæ scientiæque thesauri, quæ illæ divitiæ divinæ, nisi quia sufficiunt nobis ? Et quæ illa multitudo dulcedinis, nisi quia satiat nos ? « Ostende ergo nobis Patrem, et sufficit nobis. » (*Joan.*, XIV, 8.) Et in quodam Psalmo quidam ex nobis, vel in nobis, vel pro

---

(*a*) Regius Ms. *magna*. — (*b*) Sic Am. Er. et Mss. At Lov. *factus est nobis similis. Reformavit nos ad similitudinem Dei : et factus filius hominis, factus est similis homini. Unicus Filius Dei multos*, etc.

nos sentiments, ou qui parle en notre nom, dit aussi à Dieu dans un psaume : « Je serai rassasié quand m'apparaîtra votre gloire. » (*Ps.* XVI, 15.) « Or, le Père et lui sont un; » (*Jean*, X, 30) « et celui qui le voit, voit aussi son Père. » (*Jean*, XIV, 9.) « Le Seigneur des vertus est donc lui-même le Roi de gloire. » (*Ps.* XXIII, 11.) « En nous convertissant à lui, il nous montrera son visage, et nous serons sauvés ; » (*Ps.* LXXIX, 4) nous serons rassasiés et nos désirs seront satisfaits.

CHAPITRE IV. — 4. Que notre cœur lui dise donc : « J'ai recherché votre présence, je la chercherai toujours ; ne me cachez point votre visage. » (*Ps.* XXVI, 8.) Et il répondra à notre cœur : « Celui qui m'aime garde mes commandements ; et celui qui m'aime sera aimé de mon Père ; je l'aimerai aussi et je me manifesterai à lui. » (*Jean*, XIV, 21.) Ceux à qui il adressait ces paroles le voyaient des yeux du corps ; leurs oreilles entendaient le son de sa voix, leurs pensées tout humaines le considéraient comme un homme ; mais il promettait de manifester à ceux qui l'aiment « ce que l'œil de l'homme n'a point vu, ce que son oreille n'a pas entendu, ce que son cœur n'a point compris. » (I *Cor.*, II, 9.) En attendant cet heureux moment, jusqu'à ce qu'il nous montre ce qui doit suffire à nos désirs, et que nous puissions en lui, vraie source de vie, les eaux qui étancheront à jamais la soif de notre âme, dans ce voyage de la vie où nous sommes éloignés de lui, où nous marchons par la foi, pendant que nous avons faim et soif de la justice, et que nous désirons avec une ardeur indicible contempler la beauté ravissante de la nature divine, célébrons avec une humble dévotion le jour où il naît revêtu de la forme d'esclave. Nous ne pouvons encore contempler Celui qui est engendré du Père avant l'aurore, célébrons sa naissance d'une Vierge au milieu de la nuit. Nous ne comprenons point encore que son nom ait existé avant le soleil (*Ps.* LXXI, 17), reconnaissons qu'il a placé sa tente dans le soleil. (*Ps.* XVIII, 6.) Nous ne voyons pas encore le Fils unique demeurant éternellement dans le sein du Père, rappelons-nous l'époux qui sort aujourd'hui de son lit nuptial. Nous ne pouvons encore nous asseoir au banquet céleste de notre Père, pressons-nous autour de la crèche de Notre-Seigneur Jésus-Christ.

SERMON CXCV [1].

XIIe pour le jour de la Nativité de Notre-Seigneur.

Double naissance du Christ; l'une et l'autre

(1) Ce sermon a paru douteux aux éditeurs de Louvain, et, par suite, Verlin l'a regardé comme apocryphe ; Vindingue soutient qu'il est authentique, et notre opinion est qu'il n'est pas indigne de saint Augustin, auquel les manuscrits l'attribuent.

nobis, ait illi : « Satiabor, dum manifestabitur gloria tua. » (*Psal.* XVI, 15.) Ipse autem et Pater unum sunt (*Joan.*, X, 30) : et qui ipsum videt, videt et Patrem. (*Joan.*, XIV, 9.) Ergo « Dominus virtutum, ipse est rex gloriæ. » (*Psal.* XXIII, 10.) « Convertens nos, ostendet nobis faciem suam ; et salvi erimus, » (*Psal.* LXXIX, 4) et satiabimur, et sufficiet nobis.

CAPUT IV. — 4. Dicat itaque illi cor nostrum : « Quæsivi vultum tuum ; vultum tuum, Domine, requiram ; ne avertas faciem tuam a me. » (*Psal.* XXVI, 8.) Et respondeat ipse cordi nostro : « Qui diligit me, mandata mea custodit ; et qui diligit me, diligetur a Patre meo, et ego diligam eum, et ostendam me ipsum illi. » (*Joan.*, XIV, 21.) Videbant utique eum oculis illi quibus hoc dicebat, et sonum vocis ejus auribus audiebant, et humano corde hominem cogitabant : sed quod oculus non vidit, nec auris audivit, nec in cor hominis ascendit, eumdem ipsum se promittebat ostendere diligentibus se. (I *Cor.*, II, 9.) Quod donec fiat, donec ostendat nobis quod sufficiat nobis, donec eum fontem vitæ potemus et satiemur ; interim dum ambulantes per fidem peregrinamur ab eo, dum esurimus et sitimus justitiam, (*a*) et formæ Dei pulchritudinem ineffabili ardore desideramus, Natalem devoto obsequio celebremus. Nondum contemplari possumus quod genitus est ante luciferum a Patre, (*b*) frequentemus quod nocturnis horis est natus ex virgine. Nondum capimus, quod ante solem permanet nomen ejus (*Psal.* LXXI, 17), agnoscamus in sole positum tabernaculum ejus. (*Psal.* XVIII, 6.) Nondum contuemur Unicum permanentem in Patre suo, recordemur sponsum procedentem de thalamo suo. Nondum idonei sumus convivio Patris nostri, agnoscamus præsepe Domini nostri Jesu Christi.

SERMO CXCV [c].

In Natali Domini, XII.

Nativitas Christi duplex, utraque inenarrabilis — 1. Filius Dei idemque filius hominis Dominus noster

(*a*) Particulam *et* omittunt plures Mss. qui infra loco *desideramus*, habent *desideremus*. — (*b*) Floriacensis Ms. *pensamus*. — (*c*) Alias de Tempore XII.

sont ineffables. — 1. Le Fils de Dieu et tout à la fois le Fils de l'homme, Notre-Seigneur Jésus-Christ, en tant qu'il est né du Père sans avoir de mère, est le Créateur de tous les jours, et en naissant d'une Mère sans avoir de père, il a consacré ce jour; il est invisible dans sa naissance divine, visible dans sa naissance humaine, admirable dans l'une et dans l'autre. Aussi est-il difficile de dire de laquelle de ces deux naissances un prophète a fait cette prédiction : « Qui racontera sa génération? » (*Isa.*, LIII, 8.) Est-ce de cette naissance qui n'a pas eu de commencement et où il est coéternel au Père? est-ce de celle où, pour commencer d'exister, il avait créé la Mère qui devait lui donner le jour? est-ce de cette génération où il n'a jamais cessé de naître, puisqu'il existait toujours? Et qui pourra jamais dire comment la lumière est née de la lumière, en ne formant cependant qu'une seule et même lumière, comment un Dieu peut naître d'un Dieu, sans faire plusieurs dieux? Comment peut-on dire, comme d'une chose passée, qu'il est né, puisqu'on ne peut admettre dans cette naissance ni un temps succédant à un autre et où l'on ait pu dire qu'elle était passée; ni un temps précédent, où elle ait pu être considérée comme un événement futur; ni un temps présent, où elle s'accomplirait encore sans être arrivée à sa perfection? Qui donc racontera cette génération, puisque le fait même qui serait l'objet de nos discours demeure au-dessus de tous les temps, tandis que notre faible parole passe avec le temps? Qui pourra aussi raconter cette autre génération, où il naît d'une vierge qui le conçoit dans son sein sans que la chair y ait aucune part, et où en naissant il remplit le sein qui devait l'allaiter, sans porter aucune atteinte à la virginité de sa Mère? C'est donc de chacune de ces naissances, comme de toutes les deux réunies, que nous pouvons dire : « Qui racontera sa génération? »

Jésus-Christ est le fils d'une vierge et l'époux d'une vierge. — 2. Voici vraiment Notre-Seigneur Dieu, le médiateur de Dieu et des hommes, notre Sauveur fait homme; comme Fils né du Père, il a créé sa Mère; en tant qu'il est enfanté par sa Mère, il glorifie son Père; il est le Fils unique du Père, sans qu'aucune femme l'ait enfanté; il est le Fils unique de sa Mère, sans qu'aucun homme ait eu part à sa naissance. Il est le plus beau des enfants des hommes, le Fils de l'auguste Marie, l'époux de la sainte Eglise, qu'il a rendue semblable à sa Mère; car il nous l'a donnée pour mère, et il lui a conservé pour lui sa virginité. C'est à elle, en effet, que l'Apôtre dit : « Je vous ai fiancés à cet unique Epoux, Jésus-Christ, pour vous présenter à lui comme une vierge pure. » (II *Cor.*, XI, 2.) C'est de cette même Eglise qu'il dit dans un autre endroit, que notre mère n'est point esclave, mais libre, et que celle qui était délaissée a plus d'enfants que celle qui a un époux.

Jesus Christus, sine matre de Patre natus, creavit omnem diem ; sine patre de matre natus, consecravit hunc diem ; divina nativitate invisibilis, humana vi sibilis, utraque mirabilis. Proinde quod de illo Propheta prædixit : « Generationem ejus quis enarrabit? » (*Isai.*, LIII, 8) de qua potius dictum sit, judicare difficile est; utrum de illa ubi nunquam non natus coæternum habet Patrem, an de ista ubi aliquando natus, in qua fieret, jam fecerat matrem: utrum de illa ubi semper natus est, qui semper erat; quis enim enarrabit quomodo natum sit lumen de lumine, et unum lumen utrumque sit? quomodo natus sit Deus de Deo, nec deorum numerus creverit? quomodo velut de re transacta dicatur quod natus est, cum tempus in illa nativitate nec transierit, quo præterita esset; nec præcesserit, quo futura esset ; nec præsens fuerit, quasi adhuc fieret, et perfecta non esset? Hanc ergo generationem quis enarrabit ; cum id quod enarrandum est supra tempora maneat, sermo autem enarrantis in tempore transeat? Istam quoque ex virgine generationem quis enarrabit, cujus conceptus in carne non carnaliter factus, cujus ortus ex carne ubertatem nutrienti attulit, integritatem parienti non abstulit? Quamlibet itaque earum, sive utramque « generationem ejus quis enarrabit?

Christus virginis filius, virginis sponsus. — 2. Hic est Dominus Deus noster, hic est mediator Dei et hominum, homo salvator noster, qui natus de Patre creavit et matrem ; creatus de matre glorificavit et Patrem : sine femineo partu unicus Patri, sine virili complexu unicus matri. Hic est speciosus forma præ filiis hominum, sanctæ filius Mariæ, sanctæ sponsus Ecclesiæ, quam suæ genitrici similem reddidit : nam et nobis eam matrem fecit, et virginem sibi custodit. Ad hanc quippe dicit Apostolus : « Aptavi vos uni viro, virginem castam exhibere Christo. » (II *Cor.*, XI, 2.) De qua rursus dicit, matrem nostram non ancillam, sed liberam, cujus multi filii desertæ magis quam ejus quæ habet virum. (*Gal.*, IV, 26, 27.) Est

(*Gal.*, IV, 26, 27.) L'Eglise joint donc, comme Marie, une virginité inaltérable à une inviolable fécondité. Le privilége que Marie a obtenu dans sa chair, l'Eglise le conserve dans son âme; il y a cette différence, que Marie n'a enfanté qu'un Fils, tandis que l'Eglise en enfante un grand nombre, qui tous sont ramenés à l'unité par le Fils unique de Marie.

Pourquoi le Christ s'est incarné. — 3. C'est donc en ce jour qu'est venu dans le monde Celui qui a fait le monde; il s'est rendu corporellement présent là où il ne cessait de l'être par sa puissance, car il était dans le monde, et il est venu chez lui. (*Jean*, I, 4.) Il était dans le monde, mais il était caché aux yeux du monde, parce que la lumière luisait dans les ténèbres, et que les ténèbres ne l'ont point comprise. Il s'est donc uni notre chair pour purifier les vices de la chair. Il est venu avec un corps de terre, dont il a fait un remède pour guérir les yeux de notre âme, que notre corps de terre avait aveuglée. Après qu'ils sont ainsi guéris, nous qui étions autrefois ténèbres, nous devenons lumière dans le Seigneur; la lumière ne luit plus dans les ténèbres en révélant sa présence à des yeux absents; elle se manifeste à des regards qui la contemplent dans tout son éclat. C'est pour cela que ce divin Epoux est sorti de son lit nuptial, et s'est élancé comme un géant pour fournir sa carrière. (*Ps.* XVIII, 6.) Il est ravissant de beauté comme un Epoux, fort comme un géant, aimable et terrible à la fois, unissant la douceur à la sévérité, plein de charmes pour les bons, et de rigueurs pour les méchants, demeurant dans le sein de son Père, et remplissant le sein de sa Mère. C'est dans ce lit nuptial, c'est-à-dire dans le sein virginal de Marie, que la nature divine s'est unie à la nature humaine; c'est là que le Verbe s'est fait chair pour nous, afin d'habiter parmi nous après être sorti du sein de sa Mère, et de nous précéder près de son Père, pour nous y préparer à nous-mêmes une demeure. Célébrons donc ce jour avec solennité et dans les transports de la joie, et, par la grâce de l'Eternel, qui a daigné naître pour nous dans le temps, faisons du jour éternel l'objet de nos plus vifs et de nos plus constants désirs.

SERMON CXCVI.

XIIIe *pour le jour de la Nativité de Notre-Seigneur.*

CHAPITRE PREMIER. — *Les deux naissances de Jésus-Christ.* — 1. Aujourd'hui brille à nos yeux le jour anniversaire et solennel de la naissance de Notre-Seigneur Jésus-Christ. C'est le jour de naissance de Celui qui est lui-même le jour, et il l'a choisi, parce qu'à partir d'aujourd'hui les jours commencent à croître. Il y a en

---

ergo et Ecclesiæ, sicut Mariæ, perpetua integritas, et incorrupta fecunditas. Quod enim illa meruit in carne, hæc servavit in mente : nisi quod illa peperit unum, hæc parit multos, in unum congregandos per unum.

Cur Christus in carne venit. — 3. Hic est ergo dies, quo venit in mundum, per quem factus est mundus; quo carne factus est præsens, virtute nunquam absens : quia in hoc mundo erat, et in sua venit. (*Joan.*, I, 4.) In mundo erat, sed mundum latebat : quia lux lucebat in tenebris, et eam tenebræ non comprehendebant. Venit ergo in carne, carnis vitia mundaturus. Venit (*a*) in medicinali terra, unde curaret interiores oculos nostros, quos exterior nostra excæcaverat terra : ut eis sanatis, qui fuimus antea tenebræ, lux efficiamur in Domino; et non jam lux in tenebris luceat præsens absentibus, sed appareat certa cernentibus. Ad hoc processit sponsus de thalamo suo, et exsulavit ut gigas ad currendam viam. Speciosus ut sponsus, fortis ut gigas, amabilis et terribilis, severus et serenus, pulcher bonis, asper malis. (*Psal.* XVIII, 6.) Manens in sinu Patris, implevit uterum matris. In quo thalamo, id est, Virginis utero, natura divina sibi copulavit humanam : ubi Verbum caro factum est pro nobis, ut a matre procedens, habitaret in nobis; ut ad Patrem præcedens, ubi habitemus præparet nobis. Hunc ergo diem læti solemniter celebremus; et æternum diem, per eum qui nobis æternus in tempore natus est, fideliter exoptemus.

SERMO CXCVI. [b]

. *In Natali Domini*, XIII.

CAPUT PRIMUM. — *Christi Nativitates duæ sunt.* — 1. Hodiernus dies Natalis Domini nostri Jesu Christi nobis festus illuxit. Natalis dies, quo natus est

---

(*a*) Editi, *medicina in terram.* At opimæ notæ Floriacensis Ms. *in medicinali terra.* Cujus etiam codicis ope, inferius verba, *Speciosus ut sponsus, fortis ut gigas :* itemque hæc, *habitaret in nobis, ut ad Patrem præcedens,* quæ in excusis deerant, restituimus. — (*b*) Alias d : Diversis LIX.

Notre-Seigneur Jésus-Christ deux naissances : l'une divine, l'autre humaine ; toutes deux sont admirables ; dans la première il n'a pas de mère, dans la seconde il n'a pas de père. Ce que dit le saint prophète Isaïe : « Qui pourra raconter sa génération ? » (*Isa*, LIII, 1) peut s'appliquer à ces deux naissances. Qui pourra dignement expliquer comment un Dieu engendre un Dieu ? Qui pourra dignement expliquer l'enfantement d'une vierge ? L'une de ces deux générations est en dehors de tous les jours, l'autre est attachée à un jour déterminé : toutes deux surpassent les pensées de l'esprit humain et excitent toute son admiration. Considérez la première de ces générations : « Au commencement était le Verbe, et le Verbe était en Dieu, et le Verbe était Dieu. » (*Jean*, I, 1.) De qui est ce Verbe ? du Père ? Quel est ce Verbe ? le Fils lui-même. Le Père n'a jamais été sans son Fils. Et cependant Celui qui n'a jamais été sans son Fils a engendré un Fils. Il l'a engendré, et ce Fils n'a jamais commencé d'être. Il n'y a point eu de commencement pour Celui dont la génération n'a jamais eu de commencement. Et cependant il est Fils, et cependant il a été engendré. On me dira : Comment a-t-il été engendré, s'il n'a pas de commencement ? S'il a été engendré, il a eu un commencement ; s'il n'a pas eu de commencement, comment a-t-il pu être engendré ? Comment ? je l'ignore. Vous demandez à un homme comment un Dieu a été engendré. Votre question m'embarrasse, mais j'en appelle au Prophète : « Qui racontera sa génération ? » Venez considérer avec moi cette génération humaine, venez considérer cette naissance où il s'est anéanti lui-même en prenant la forme d'esclave, si toutefois il nous est donné de comprendre cette seconde génération, si nous pouvons en dire quelque chose. Qui pourra comprendre, en effet, cette vérité : « Il avait la nature de Dieu, et il n'a pas cru que ce fût une usurpation de s'égaler à Dieu. » (*Philip.*, II, 6.) Qui pourra comprendre cette vérité ? Qui pourra s'en faire une juste idée ? Quel esprit pourra sonder cette profondeur ? Quelle langue osera exprimer ce mystère ? Quelle pensée pourra jamais l'atteindre ? Laissons-le pour le moment, il est trop au-dessus de nos forces. Or, pour se proportionner à notre faiblesse, il s'est anéanti en prenant la forme d'esclave, en se rendant semblable aux hommes. » Où ? dans le sein de la Vierge Marie. Disons quelques mots de ce nouveau mystère, si nous le pouvons. Un ange vient l'annoncer, la Vierge l'écoute, elle le croit et elle conçoit. La foi qui est dans son âme fait descendre Jésus-Christ dans son sein. Une vierge a conçu, soyez dans l'admiration ; une vierge a enfanté, étonnez-vous bien davantage ; elle est restée vierge après son enfantement. « Qui donc pourrait raconter cette génération ? »

---

dies. Et ideo hodie, quia ex hodierno crescit dies. Nativitates Domini nostri Jesu Christi, duæ sunt ; una divina, altera humana : ambæ mirabiles ; illa sine femina matre, ista sine viro patre. Quod ait sanctus Isaias propheta : « Generationem ejus quis enarrabit ? » (*Isai.*, LIII, 1) ad ambas generationes referri potest. Quis digne enarret (*a*) generantem Deum ? Quis digne enarret virginis partum ? Illud sine die, hoc certo die : utrumque sine humana æstimatione, et cum magna admiratione. Illam primam attendite generationem : « In principio erat Verbum, et Verbum erat apud Deum, et Deus erat Verbum. » (*Joan.*, I, 1.) Cujus Verbum ? Ipsius Patris. Quod Verbum ? Ipse Filius. Nunquam Pater sine Filio. Et tamen qui nunquam sine Filio, genuit Filium. Et genuit, et non cœpit. Sine initio generato nullum est initium. Et tamen Filius, et tamen genitus dicturus est homo : Quomodo genitus, et non habet initium ? Si genitus, habet initium : si non habet initium, quomodo genitus ? Quomodo, nescio. Quæris ab homine quomodo sit genitus Deus ? Interrogatione tua laboro : sed Prophetam appello : « Generationem ejus quis enarrabit ? » Veni mecum ad istam generationem humanam, veni mecum ad istam, in qua se ipsum exinanivit formam servi accipiens : si forte vel ipsam capere possimus, si forte vel de ipsa aliquid loqui valeamus. Etenim quis capiat : « Qui cum in forma Dei esset, non rapinam arbitratus est esse æqualis Deo ? » (*Philip.*, II, 6.) Quis hoc capiat ? quis hoc digne cogitet ? Cujus mens hoc audeat perscrutari ? cujus lingua audeat pronuntiare ? cujus valeat cogitatio capere ? Interim hoc omittamus : multum est ad nos. Ut autem non multum esset ad nos, « semetipsum exinanivit formam servi accipiens, in similitudinem hominum factus. » Ubi ? In virgine Maria. Inde ergo aliquid loquamur, si forte possumus. Angelus nuntiat, virgo audit, credit, et concipit. Fides in mente Christus in ventre. Virgo concepit, miramini : virgo peperit, plus miramini : post partum, virgo permansit. Generationem ergo istam quis enarrabit ?

(*a*) Editi, *generatum Deum*. At Regium exemplar, quod unum reperimus hujus Sermonis Ms. habet, *generantem Deum*.

Chapitre II. — *Les trois états du mariage, de la viduité et de la virginité, rendent témoignage à Jésus-Christ.* — 2. Je vais vous dire, mes très-chers frères, une vérité qui vous sera agréable. Il y a dans l'Eglise trois vies, trois états différents pour les membres de Jésus-Christ : l'état du mariage, l'état de viduité et l'état de virginité. Or, comme les trois vies devaient être reproduites dans toute leur pureté par les saints membres de Jésus-Christ, toutes trois rendent témoignage à Jésus-Christ. La première est la vie conjugale; lorsque Marie eut conçu en demeurant vierge, Elisabeth, épouse de Zacharie, avait conçu elle-même; elle portait dans son sein le Héraut du souverain Juge. Sainte Marie alla la visiter, comme pour saluer sa parente, et l'enfant d'Elisabeth tressaillit dans son sein. L'enfant tressaillit, et la mère prophétisa : Vous avez donc ici le témoignage de la chasteté conjugale. Où trouverons-nous celui de la viduité? Dans la prophétesse Anne. Vous l'avez entendu dans la lecture de l'Evangile, cette sainte prophétesse était demeurée veuve jusqu'à quatre-vingt-quatre ans, elle n'avait vécu que sept ans avec son mari, elle était presque toujours dans le temple du Seigneur, servant Dieu jour et nuit dans les prières. (*Luc*, II, 36, 37.) Or, cette sainte veuve reconnut le Christ. Elle ne vit qu'un petit enfant, et elle reconnut en lui une grandeur divine, et lui rendit aussi témoignage. Or, Anne représente l'état de viduité, Marie celui de virginité. Que chacun choisisse parmi ces trois états celui qu'il voudra. Mais vouloir se placer en dehors de ces trois états, c'est renoncer à faire partie des membres de Jésus-Christ. Que les personnes mariées ne disent point : Nous n'appartenons point à Jésus-Christ. De saintes femmes ont eu des maris. Que les vierges évitent de s'enorgueillir. Plus elles sont élevées, plus elles doivent s'humilier en toutes choses. Toutes les voies de salut sont placées sous nos yeux. Que personne ne cherche à en sortir. Que nul ne s'unisse à une autre qu'à son épouse, mais il serait beaucoup mieux d'être sans épouse. Si vous cherchez des exemples de pureté conjugale, vous avez Suzanne; de chasteté dans l'état de veuvage, je vous ai donné l'exemple d'Anne; de virginité, voici Marie.

Chapitre III. — *C'est pour nous qu'un Dieu s'est fait enfant.* — 3. Le Seigneur Jésus a voulu se faire homme par amour pour nous. Ne méprisons point sa miséricorde, c'est la sagesse elle-même que nous voyons étendue à terre. « Au commencement était le Verbe, et le Verbe était en Dieu, et le Verbe était Dieu. » O nourriture et pain des anges, c'est de vous que les anges sont remplis, c'est de vous qu'ils sont rassasiés sans jamais éprouver de dégoût; vous êtes la source de leur vie, c'est en vous qu'ils puisent la sagesse et le bonheur. A quel état vous êtes-vous réduit pour mon amour? Vous naissez dans une étable étroite, vous êtes

---

Caput II. — *Tres vitæ, conjugalis, vidualis, et virginalis, Christo attestantur.* — 2. Dico quod vos delectet, Carissimi. Tres vitæ sunt in Ecclesia membrorum Christi : conjugalis, vidualis, virginalis. Quia ipsæ vitæ, ipsæ pudicitiæ futuræ erant in sanctis membris Christi; omnes istæ vitæ tres attestatæ sunt Christum. Prima, conjugalis : quando Maria virgo concepit, Elisabeth uxor Zachariæ et ipsa conceperat ; hujus Judicis præconem ferebat in utero. (*Luc.*, I.) Venit ad eam sancta Maria, tanquam ad cognatam suam salutandam. Exsultavit infans in utero Elisabeth. Ille exsultavit, illa prophetavit. Habes attestantem pudicitiam conjugalem. Ubi vidualis? In Anna. Audistis modo, cum Evangelium legeretur, quod esset sancta prophetissa vidua octoginta et quatuor annorum, quæ septem annis vixerat cum viro suo; frequentans templum Domini, serviens in orationibus nocte et die. (*Luc.*, II, 36.) Et ipsa vidua agnovit Christum. Vidit parvum, agnovit magnum. Et ipsa attestata est. Habes et in ista vitam vidualem. In Maria, virginalem. Eligat sibi quisque de istis tribus quam voluerit. Qui præter istas esse voluerit, in membris Christi esse non disponit. Non dicant conjugatæ : Nos ad Christum non pertinemus. Habuerunt maritos sanctæ feminæ. Non se extollant virgines. Quanto magnæ sunt, humilient se in omnibus. Omnia exempla salutis proposita sunt ante oculos nostros. Nemo exorbitet. Nemo præter uxorem : melius sine uxore. Si pudicitiam conjugalem quæris, habes Susannam : si vidualem, habes Annam : si virginalem, habes Mariam.

Caput III. — *Deus nostri causa infans.* — 3. Dominus Jesus homo esse voluit propter nos. Non vilescat misericordia : jacet in terra Sapientia. « In principio erat Verbum, et Verbum erat apud Deum, et Deus erat Verbum. » O cibus et panis Angelorum : de te implentur Angeli, de te satiantur, et non fastidiunt : de te vivunt, de te sapiunt, de te beati sunt. Ubi es propter me? In diversorio angusto, in pannis, in præsepio. Propter quem? Qui regit sidera,

enveloppé de langes, couché dans une crèche, et pour qui? Celui qui dirige la marche des astres prend le sein maternel ; c'est lui qui nourrit les anges, qui parle dans le sein de son Père, qui garde le silence dans le sein de sa Mère. Mais il parlera dans l'âge convenable, et nous enseignera toutes les vérités contenues dans l'Evangile. C'est pour nous qu'il doit souffrir, pour nous qu'il doit mourir, pour nous qu'il doit ressusciter, afin de nous apprendre, par son exemple, quelle sera notre récompense; il montera aux cieux en présence de ses disciples, et viendra un jour du haut des cieux pour juger le monde. Voilà comme Celui qui était couché dans une crèche, s'est abaissé, mais sans rien perdre de lui-même ; il a pris ce qu'il n'était pas, mais il est resté ce qu'il était. Nous avons donc le Christ fait enfant, efforçons-nous de croître avec lui.

CHAPITRE IV. — *Fêtes superstitieuses des calendes de janvier.* — 4. J'en ai dit assez pour votre charité, mais je profiterai de la grande affluence qu'amène ici cette solennité pour vous faire une observation. Les calendes de janvier vont arriver. Vous êtes tous chrétiens, grâce à Dieu, et cette ville est chrétienne. Elle renferme cependant deux espèces d'hommes, des chrétiens et des Juifs. Ne faites pas, ce qui déplaît à Dieu, c'est-à-dire, ne faites pas, des jeux et des divertissements, une occasion d'injustice et d'iniquité. Ne vous donnez pas des hommes pour juges, pour ne point tomber dans les mains du Juge véritable. Ecoutez-moi; vous êtes chrétiens, vous êtes les membres de Jésus-Christ; considérez ce que vous êtes, songez à quel prix vous avez été rachetés. Voulez-vous savoir ce que vous faites? Je parle ici à ceux qui agissent de la sorte; vous à qui ces abus déplaisent, ne vous offensez pas de mon langage; je m'adresse à ceux qui se rendent coupables de ces désordres et qui s'y complaisent. Voulez-vous savoir ce que vous faites, et la peine que vous nous causez? Vous faites ce que font les Juifs ; rougissez donc du moins d'imiter leur conduite. Le jour de la nativité de Jean-Baptiste, il y a six mois, car c'est l'espace de temps qui sépare le Héraut du souverain Juge, les chrétiens, par un reste de superstition païenne, ont été se laver dans la mer. J'étais absent, mais j'en ai été informé; des prêtres, qui avaient à cœur le maintien de la discipline chrétienne, ont imposé à quelques-uns des coupables une pénitence en rapport avec leur faute et conforme aux règles canoniques. On prit occasion de là de murmurer, et quelques-uns allèrent jusqu'à dire : Etait-il donc si difficile de nous prévenir ? Si nous avions été avertis d'avance, nous nous serions abstenus; pourquoi les prêtres ne nous ont-ils pas instruits? nous n'aurions pas agi de la sorte. Eh bien! voici votre évêque qui vous

---

sugit ubera : implet Angelos, fatur in sinu Patris, tacet in sinu matris. Sed locuturus est competente ætate impleturus Evangelium nobis. Propter nos passurus, propter nos moriturus, ad exemplum præmii nostri resurrecturus, ante oculos discipulorum in cœlum ascensurus, ad judicium de cœlo venturus. Ecce qui in præsepi jacebat, diminutus est, sed non perdidit se : accepit quod non erat, sed mansit quod erat. Ecce habemus infantem Christum, crescamus cum illo.

CAPUT IV. — *Kalendarum Januariarum solemnitas superstitiosa.* — 4. Satis hæc sint Caritati Vestræ. Quia multos hic video propter solemnitatem, oportet ut dicam. Kalendæ Januariæ venturæ sunt. Christiani estis (*a*) omnes; Deo propitio, Christiana est civitas. Duo genera hominum hic sunt : Christiani et Judæi. Non fiant illa quæ odit Deus : per lusum iniquitas, per jocum improbitas. Non sibi faciant homines Judices, ne veniant in manus veri Judicis. Audite, Christiani estis, membra Christi estis. Cogitate quid estis, cogitate quanti empti estis. Postremo si vultis scire quid facitis : ego eis dico, qui faciunt. Nolite ad injuriam vestram referre, quibus ista displicent : eis dico qui faciunt, et quibus placent. Vultis nosse quid facitis, et qualem tristitiam nobis ingeritis ? (*b*) Faciunt illud Judæi. Vel sic erubescite, ne fiat. Natali Joannis, id est ante sex menses (tot enim menses inter se habent præco et Judex), de solemnitate superstitiosa (*c*) pagana, Christiani ad mare veniebant et ibi se baptizabant. Absens eram : sed sicut comperi per disciplinam Christianorum presbyteri permoti, quibusdam dignam et ecclesiasticam disciplinam dederunt. Murmuraverunt inde homines, et dixerunt quidam : Quantum erat ut indicaretur nobis? Si ante præmoneremur, non faceremus. Ipsi præmonuissent presbyteri, non fecissemus.

(*a*) Regius Ms. *Christ ani estis : omnis, Deo propitio,* etc. An forte paulo post legendum *hic sint,* id est ponamus hic esse? — (*b*) Regius Ms. *Faciunt :* quod forte dicit Augustinus, Judæorum hæc in re religionem opponendo, ut quod Judæi nunquam faciant, facere erubescant Christiani. — (*c*) Regius Ms. *paganissima.*

avertit, qui vous prévient, qui vous instruit du danger et vous le fait connaître clairement. Ecoutez donc les recommandations de votre évêque, écoutez ses avertissements, et si ce n'est pas assez, rendez-vous à ses prières, à ses supplications. Je vous adjure, par Celui qui est né en ce jour, je vous en adjure, je vous y astreins par sa naissance, évitez tous ces désordres. J'ai déchargé ma responsabilité. Il vaut mieux, pour vous, écouter mes avertissements, que de ressentir les effets de mon mécontentement.

SERMON CXCVII [1].

1er *pour les calendes de janvier, contre les païens.*

Fragments retrouvés dans les Commentaires de Bède et de Florus, sur les Epîtres de saint Paul et, en particulier, sur le chapitre I de l'Epître aux Romains.

1. « La colère de Dieu éclate du ciel contre toute impiété. » (*Rom.*, 1, 18.) Contre l'impiété de qui, si ce n'est des Juifs et des Gentils ? Mais on pouvait faire cette objection : Pourquoi contre l'impiété des Gentils ? Les Gentils ont-ils jamais reçu la loi, pour s'en rendre prévaricateurs ? La colère de Dieu éclate avec justice sur les Juifs à qui la loi a été donnée, et qui n'ont pas voulu l'observer, mais elle n'a pas été donnée aux Gentils. Considérez donc, mes frères, et comprenez comment l'Apôtre montre que tous sont coupables, et que tous ont besoin du salut et de la miséricorde divine. « La colère de Dieu éclate contre toute l'impiété et contre toute l'injustice des hommes qui retiennent la vérité de Dieu dans l'injustice. » Remarquez qu'il ne dit pas : Ils ne connaissent pas la vérité, mais « ils la retiennent dans l'injustice. » Vous pourriez demander encore : Comment peuvent-ils connaître la vérité, puisqu'ils n'ont pas reçu la loi ? L'Apôtre répond à cette question : « Ce que l'on peut découvrir de Dieu leur est connu. » (*Ibid.*, 19.) Mais comment ceux qui n'ont pas reçu la loi ont-ils connu ce qui se peut découvrir de Dieu ? « Les perfections invisibles de Dieu, continue saint Paul, sont devenues visibles, depuis la création du monde, par tout ce qui a été fait, et aussi son éternelle puissance et sa divinité. » (*Ibid.*, 20.) Nous sous-entendons : sont devenues également visibles. Pourquoi, en effet, concentrer toute son attention sur les œuvres, sans remonter jusqu'à l'ouvrier ? Vous considérez la terre avec tout ce qu'elle a produit, la mer remplie des animaux qui lui sont propres, l'air peuplé d'oiseaux ; vous considérez le ciel resplendissant des astres dont il est parsemé, et tant d'autres merveilles, et vous ne cherchez pas à connaître l'auteur d'un ouvrage aussi admirable ? Vous me dites : Je vois ces œuvres, mais je n'en découvre point l'auteur.

[1] Possidius, dans le chapitre I de sa Table, classe ces deux sermons sur les calendes de Janvier, parmi les Traités contre les païens.

Ecce episcopus præmonet, moneo, prædico, denuntio. Audiatur episcopus jubens, audiatur episcopus monens, audiatur episcopus rogans, audiatur episcopus adjurans. Adjuro per ipsum qui hodie natus est : adjuro, obstringo, nemo faciat. Ego me absolvo. Melius est ut monens audiar, quam tristis sentiar.

SERMO CXCVII.

De Kalendis Januariis, contra Paganos, 1.

Fragmenta reperta in Bedæ et Flori collectione in Paulum. Ad Rom., cap. I.

1. Revelatur « enim ira Dei de cœlo super omnem impietatem. » (*Rom.*, 1, 18.) Quorum, nisi et Judæorum et Gentium ? Sed ne diceretur : Quare super impietatem Gentium ? Nunquam enim gentes legem acceperunt et prævaricatores facti sunt ? Recte revelatur ira Dei super Judæos, quibus data est lex, et eam observare noluerunt : Gentibus autem non est data. Intuemini, Fratres, et intelligite quomodo omnes reos ostendit, et omnes salutis indigere ac misericordiæ Dei. « Revelatur enim ira Dei de cœlo super omnem impietatem et injustitiam hominum, eorum qui veritatem in iniquitate detinent. » Videte quemadmodum non dixerit : Non habent veritatem : sed « veritatem, inquit, in iniquitate detinent. » Et quasi quæreres dicens : Quomodo possunt habere veritatem, qui legem non acceperunt ? Sequitur : « Quia quod notum est, inquit, Dei, manifestum est in illis. » (*Ibid.*, 19.) Et quomodo potuit manifestum esse in illis quod notum est Dei, qui legem non acceperunt ? Sequitur et dicit : « Invisibilia enim ejus a creatura mundi per ea quæ facta sunt intellecta conspiciuntur, sempiterna quoque ejus virtus et divinitas. » (*Ibid.*, 20.) Utique subaudimus, intellecta conspicitur. Cur enim attendat opera, et non quærat artificem ? Attendis terram fructificantem, attendis mare plenum animalibus suis, attendis aerem plenum volatilibus, attendis cœlum fulgere stellis, et cætera, et non quæris tanti operis artificem ? Sed dicis mihi : Ista video, illum non video. Ad ista vi-

Pour voir ces merveilles, Dieu vous a donné les yeux du corps, et, pour le voir lui-même, il vous a donné l'intelligence. Vous ne voyez pas non plus l'âme de l'homme. Ce sont les mouvements et la direction qu'elle imprime au corps qui vous révèlent l'existence de l'âme que vous ne voyez point; reconnaissez donc aussi l'existence du Créateur, au gouvernement de l'univers et à la direction qu'il imprime aux âmes elles-mêmes. Mais ce n'est pas assez de connaître le Créateur. Les Gentils l'ont connu aussi; cependant écoutez ce que dit l'Apôtre : « Ayant connu Dieu, ils ne l'ont point glorifié comme Dieu, et ne lui ont point rendu grâces; mais ils se sont évanouis dans leurs pensées, et leur cœur insensé s'est obscurci. » (*Ibid.*, 21.) Qui leur a mérité ce châtiment ? L'orgueil. Ecoutez la suite : « Ces hommes qui se disaient sages sont devenus fous. » (*Ibid.*, 22.) En effet, ils n'auraient pas dû s'attribuer les dons de Dieu, ni se glorifier de ce qu'ils tenaient, non pas d'eux-mêmes, mais de lui seul. Ils devaient donc en renvoyer toute la gloire à Dieu, qui leur avait donné de le connaître, et qui, en les guérissant, leur eût permis de rendre cette connaissance pratique. En agissant ainsi, ils auraient conservé l'humilité, ils auraient pu être purifiés, et s'attacher étroitement à la contemplation bienheureuse de la vérité. Mais ils ont laissé entrer l'orgueil dans leurs cœurs, et l'esprit de mensonge, d'artifice et d'orgueil est venu leur promettre je ne sais quel remède présomptueux qui purifierait leurs âmes, et qui a fait d'eux tous des adorateurs des démons. C'est de là que viennent tous ces rites prétendus sacrés en usage chez les païens, et qui ont la vertu, disent-ils, de purifier leurs âmes. Or, écoutez comment l'Apôtre nous montre dans ce qui suit que tel a été le juste châtiment de leur orgueil, parce qu'ils n'ont pas glorifié Dieu comme il doit être glorifié. « Et ils ont changé, dit-il, la gloire du Dieu incorruptible en l'image de l'homme corruptible. » (*Ibid.*, 23.) Il veut parler des idoles en usage chez tous les Grecs et chez les autres nations qui rendent les honneurs divins à des images d'hommes. Mais comme nulle part l'idolâtrie n'a été ni plus forte, ni plus superstitieuse que chez les Egyptiens, car c'est l'Egypte qui a rempli le monde de tous ces vains simulacres dont l'Apôtre fait ici l'énumération, après avoir dit : « En l'image de l'homme corruptible, » il ajoute : « En l'image d'oiseaux, de quadrupèdes et de serpents. » Est-ce que vous avez vu dans d'autres temples, mes frères, des idoles avec une tête de chien, ou de bœuf, et des simulacres représentant d'autres animaux sans raison ? Telles sont les idoles des Egyptiens. L'Apôtre réunit ces deux espèces d'idoles dans les paroles que j'ai citées : « En l'image de l'homme corruptible, et en l'image d'oiseaux, de quadru-

---

denda corporis oculos dedit, ad se videndum mentem dedit. Neque enim et animam hominis vides. Sicut ergo ex motibus et administratione corporis animam, quam non vides, intelligis : sic ex administratione totius mundi, et ex regimine ipsarum animarum intellige Creatorem. Sed parum est intelligere. Nam illi intellexerunt; et vide quid ait Apostolus : « Quia cognoscentes Deum non sicut Deum magnificaverunt, aut gratias egerunt, sed evanuerunt in cogitationibus suis, et obscuratum est insipiens cor eorum. » (*Ibid.*, 21.) Quo merito, nisi superbiæ? Nam vide sequentia : « Dicentes se esse sapientes, stulti facti sunt. » (*Ibid.*, 22.) Non enim debebant sibi arrogare quod ille donaverat, nec se jactare ex eo quod non a se ipsis, sed ab illo habebant. Quod illi utique reddendum fuit, ut ad hoc tenendum quod videre poterant, ab illo sanarentur qui dederat ut viderent. Si enim hoc facerent, humilitatem servarent, et possent purgari, atque illi beatissimæ contemplationi cohærerent. Quia vero superbia erat in eis, interposuit se falsus et fallax et superbus, qui eis promitteret quod per partes nescio quas superbiæ purgarentur animæ illorum, et fecit cultores dæmoniorum. Inde sacra omnia quæ celebrantur a paganis, quæ valere dicunt ad purgationem animarum suarum. Et audi Apostolum consequenter hæc dicentem, quia pro mercede superbiæ ista receperunt; quia non sic honorificaverunt Deum, ut honorificandus est Deus. « Et mutaverunt gloriam incorruptibilis Dei in similitudinem imaginis corruptibilis hominis. » (*Ibid.*, 23.) Jam simulacra sunt. Et ista quidem omnium Græcorum aliarumque gentium, quæ similitudinem hominum habent. Quia vero non est major et superstitiosior idololatria quam Ægyptiorum ; nam Ægyptus perfudit mundum figmentis talibus, qualia deinceps dicit Apostolus : cum dixisset : « In similitudinem imaginis corruptibilis hominis; » addidit, « et volucrum, et quadrupedum, et serpentium. » Numquid enim, Fratres, in aliis templis vidistis simulacrum capite canino vel taurino, cæterorumque animalium irrationabilium figmenta? Hæc enim idola

pèdes et de serpents. C'est pourquoi Dieu les a livrés aux désirs de leurs cœurs, à l'impureté, et ils ont souillé leurs propres corps en eux-mêmes. » (*Ibid.*, 24.) Ces crimes sont le produit de leur impiété orgueilleuse. Or, parce qu'ils ont l'orgueil pour principe, ce ne sont pas seulement des péchés, mais aussi des châtiments. Cette expression : « Dieu les a livrés, » indique déjà que c'est en punition d'un péché précédent qu'ils sont livrés à ces abominations. « Ils ont changé, dit l'Apôtre, la vérité de Dieu en mensonge. » (*Ibid.*, 25.) Et comment ont-ils changé la vérité de Dieu en mensonge? Ils l'ont changée en l'image de l'homme corruptible, et en l'image d'oiseaux, de quadrupèdes et de serpents. » Et comme quelqu'un d'eux aurait pu dire : Ce n'est pas l'idole que j'adore, mais ce que représente l'idole, l'Apôtre ajoute aussitôt : « Et ils ont adoré et servi la créature plutôt que le Créateur. » Comprenez ici cette distinction. Ils adorent ou l'idole ou la créature. Or, celui qui adore les idoles change la vérité de Dieu en mensonge. La mer est un être véritable, mais Neptune est un mensonge fabriqué par l'homme; et en cela il change la vérité de Dieu en mensonge, parce que Dieu a fait la mer, et l'homme l'idole de Neptune. Ainsi encore, c'est Dieu qui a fait le soleil, mais l'homme, en fabriquant l'idole du soleil, change la vérité de Dieu en mensonge. C'est donc pour aller au-devant de ce prétexte : Ce n'est point l'idole, mais le soleil que j'adore, que l'Apôtre ajoute : « Ils ont adoré la créature plutôt que le Créateur. »

Du même sermon, d'après le Commentaire de Bède et de Florus, sur le chapitre I *de la* Ire *Epître aux Corinthiens.*

2. Mais on me dira peut-être : Il est né dans l'humiliation, il est vrai, mais il a voulu se relever par la noblesse de ses disciples. Or, il n'a choisi ni des rois, ni des sénateurs, ni des philosophes, ni des orateurs ; bien loin de là, il a choisi des hommes du peuple, des pauvres, des ignorants, des pêcheurs. Pierre était pêcheur, Cyprien était orateur; mais si la foi n'avait d'abord amené le pêcheur à Jésus, l'orateur ne serait pas devenu ensuite son humble disciple. Que nul donc, quelle que soit la bassesse de sa condition, ne désespère de lui-même; qu'il s'attache à Jésus-Christ, et son espérance ne sera point trompée, etc.

Du même sermon, d'après le Commentaire de Bède et de Florus, sur le chapitre III *de la* Ire *Epître aux Corinthiens.*

3. Que voulait Simon? La gloire que lui auraient attirée les miracles et la vaine élévation de l'orgueil. Combien l'Apôtre est opposé à cet orgueil, lui à qui une humilité persévérante, une ferveur d'esprit ardente, et une prudence

---

Ægyptiorum sunt. Utrumque enim genus complexus, ait Apostolus : « In similitudinem imaginis corruptibilis hominis, et volucrum, et quadrupedum, et serpentium. Propterea tradidit illos Deus in desideria cordis eorum, in immunditiam, ut contumeliis afficiant corpora sua in semetipsis. » (*Ibid.*, 24.) Hæc mala eorum, ex impietate superbiæ sunt. Ista vero peccata quia de superbia, non solum peccata, sed etiam supplicia sunt. Cum enim dicit : « Tradidit illos Deus, » jam de vindicta est cujusdam peccati, ut hæc faciant. « Qui commutaverunt veritatem Dei in mendacium. » (*Ibid.*, 25.) Quid est, « commutaverunt veritatem Dei in mendacium? In similitudinem » scilicet « imaginis corruptibilis hominis, et volucrum, et quadrupedum, et serpentium. » Et ne quisquam eorum diceret : Non simulacrum colo, sed quod significat simulacra; subjecit statim : « Et coluerunt, et servierunt creaturæ potius quam Creatori. » Intelligite prudenter. Aut simulacrum enim colunt, aut creaturam. Qui simulacrum colit, convertit veritatem Dei in mendacium. Nam mare veritas est : Neptunus autem, mendacium factum ab homine, conversa veritate Dei in mendacium : quia Deus fecit mare; homo autem, simulacrum Neptuni. Sic, Deus fecit solem : homo autem simulacrum solis faciendo, convertit veritatem Dei in mendacium. Sed ne dicant : Non colo simulacrum, sed solem colo, ideo dixit : « Coluerunt creaturam potius quam Creatorem. »

Ex eodem Sermone, Beda et Florus ad 1 Cor., I.

2. Sed forsitan dicet aliquis : Etsi ipse humiliter natus est, in discipulorum nobilitate jactare se voluit. Non elegit reges, aut senatores, aut philosophos, aut oratores : imo vero elegit plebeios, pauperes, indoctos, piscatores. Petrus piscator, Cyprianus orator. Nisi fideliter præcederet piscator, non humiliter sequeretur orator. Non de se quisquam desperet abjectus : teneat Christum, et spes ejus falsa non erit, etc.

Ex eodem Sermone, Beda et Florus ad 1 Cor., III.

3. Quid volebat Simon, nisi laudari in miraculis, extolli superbia? Ipsa enim eum compulit, ut pecunia emendum putaret donum Spiritus sancti. Cui superbiæ contrarius Apostolus, in humilitate ma-

éclairée dictaient ces paroles : « Celui qui plante n'est rien, non plus que celui qui arrose, mais c'est Dieu qui donne l'accroissement. » (I *Cor.*, III, 7.) Il avait dit précédemment : « Moi, j'ai planté, Apollon a arrosé, mais Dieu a donné l'accroissement, » (*Ibid.*, 6) et, dans un autre endroit : « Est-ce que Paul a été crucifié pour vous? ou avez-vous été baptisés au nom de Paul ? » (I *Cor.*, I, 13.) Vous voyez comme il repousse les honneurs qui ne sont dus qu'au Christ, et comme il évite de se présenter à la place de l'époux, à l'âme infidèle. N'est-ce donc pas un ministère glorieux que de planter et d'arroser ? Non. « Celui qui plante n'est rien, ni celui qui arrose. » Quelles craintes dans ce grand Apôtre ? Il ne veut être rien pour le salut de ceux qu'il voulait édifier en Jésus-Christ.

Du même sermon, d'après le Commentaire de Bède et de Florus sur le chapitre I *de l'Epître aux Galates.*

4. Le même Apôtre voulut encore que les fidèles missent leur espérance, non pas en lui, mais dans la vérité qu'il annonçait. La parole dont il était le ministre était bien supérieure à celui qui la prêchait. « Quand nous vous annoncerions nous-mêmes, » leur dit-il. Ce n'est pas assez, écoutez la suite : « Ou, quand un ange, venu du ciel, vous annoncerait un Evangile différent de celui que nous vous avons annoncé, qu'il soit anathème. » (*Gal.*, I, 8.) Il voyait qu'un faux médiateur pouvait se transformer en ange de lumière, et leur annoncer le mensonge. Les hommes, dans leur orgueil, voudraient se faire adorer à la place de Dieu, s'attribuer tout ce qu'ils peuvent lui enlever, être sur toutes les bouches, et, s'il était possible, surpasser en gloire Jésus-Christ lui-même : ainsi font le démon et ses anges. Est-ce que les donatistes ne regardent pas Donat comme le Christ? Qu'ils entendent un païen outrager le Christ, ils seront peut-être plus indulgents pour lui que s'ils l'entendaient outrager Donat.

Du même sermon, d'après le Commentaire de Bède et de Florus sur le chapitre IV *de l'Epître aux Galates.*

5. C'est le Christ lui-même qui parle dans la personne de ses saints, au témoignage de l'Apôtre : « Est-ce que vous voulez éprouver la puissance de Jésus-Christ, qui parle par ma bouche ? » (II *Cor.*, XIII, 3.) Aussi, bien que le même Apôtre dise : « Celui qui plante n'est rien, non plus que celui qui arrose, mais c'est Dieu qui donne l'accroissement, » (I *Cor.*, III, 7) parce qu'il voulait, non pas qu'on l'aimât lui-même, mais qu'on aimât Jésus-Christ en lui, il rend cependant à quelques-uns le témoignage suivant : « Vous m'avez reçu comme un ange de Dieu, comme le Christ Jésus. » (*Gal.*, IV, 14.) C'est donc Jésus-Christ qu'il faut aimer dans tous ses saints, lui qui a dit : « J'ai eu faim, et vous m'avez donné à manger. » (*Matth.*, XXV, 35.) Il ne dit pas : Vous leur avez donné,

---

nendo, in meridie fervens spiritu, fulgens prudentia, dicit : « Neque qui plantat est aliquid, neque qui rigat; sed qui incrementum dat Deus. » (I *Cor.*, III, 7.) Quia dixerat : « Ego plantavi, Apollo rigavit, sed Deus incrementum dedit. » (*Ibid.*, 6.) Et iterum : « Numquid Paulus pro vobis crucifixus est? aut in nomine Pauli baptizati estis? » (I *Cor.*, I, 13.) Vide quomodo se coli respuit pro Christo, et non vult se fornicanti animæ ostentare pro sponso. Nonne magnum videtur plantare et rigare? Sed « neque qui plantat est aliquid, neque qui rigat. » Quomodo timuit ? Non se dicit aliquid ad salutem eorum quos in Christo ædificare cupiebat.

Ex eodem Sermone, Beda et Florus ad Gal., I.

4. Nec ipse Apostolus voluit in se poni spem, sed in veritate quam annuntiabat. Quod per ipsum dicebatur melius erat, quam ipse per quem annuntiabatur. « Licet si nos, inquit. » Parum est, audi sequentia : « aut Angelus, inquit, de cœlo annuntiaverit vobis aliquid præter quam quod accepistis, anathema sit. » (*Gal.*, I, 8.) Videbat posse falsum mediatorem transfigurare se in Angelum lucis, et aliquid falsum annuntiare. Sicut ergo superbi homines volunt se adorari pro Deo, sibi arrogare quidquid possunt, se nominari, et si fieri potest Christum ipsum gloria transire : ita diabolus et angeli ejus. Donatum Donatistæ pro Christo habent. Si audiant aliquem paganum detrahentem Christo, forsitan patienter ferant, quam si audiant detrahentem Donato.

Ex eodem Sermone, Beda et Florus ad Gal., IV.

5. Quia ipse Christus loquitur in sanctis suis, dicente Apostolo : « An experimentum quæritis ejus qui in me loquitur Christus? » (II *Cor.*, XIII, 3.) Et licet dicat : « Neque qui plantat est aliquid, neque qui rigat, sed qui incrementum dat Deus; » (I *Cor.*, III, 7) non quia se ipsum, sed quia illum in se diligi volebat : perhibet tamen testimonium quibusdam, dicens : « Quia sicut angelum Dei excepistis me, sicut Christum Jesum. » (*Gal.*, IV, 14.) In omnibus

mais : « Vous m'avez donné, » tant est grand l'amour de Jésus-Christ pour son corps.

Du même sermon, d'après le Commentaire de Bède et de Florus sur le chapitre II de l'Epître aux Colossiens.

6. Qu'est-ce que Junon ? Junon, disent-ils, c'est l'air. On nous pressait tout à l'heure d'adorer la mer sous la forme de la terre; on veut maintenant nous faire adorer l'air. Ce sont là les éléments dont le monde est composé. Or, voici l'avertissement que l'apôtre saint Paul nous donne à ce sujet, dans une de ses épîtres : « Prenez garde que quelqu'un ne vous séduise par la philosophie, et par de vains sophismes, selon les éléments du monde. » (*Col.*, II, 8.) Il avait en vue ceux qui exposent aux esprits qu'ils croient plus sages, la signification des idoles. Voilà pourquoi, après avoir nommé la philosophie, il ajoute : « Selon les éléments de ce monde; » ce ne sont donc point les adorateurs des idoles, en général, contre lesquels il les met en garde, mais ceux qui veulent donner des idoles une interprétation plus savante.

SERMON CXCVIII.

IIᵉ *pour les calendes de janvier.*

Fêtes des calendes de janvier. — 1. Puisque nous vous voyons réunis ici aujourd'hui comme pour un jour de fête, et en plus grand nombre que de coutume, nous invitons votre charité à ne pas oublier ce que vous avez chanté, à ne pas laisser votre langue seule parler, tandis que votre cœur est muet, mais à faire monter, par l'affection, jusqu'aux oreilles de Dieu, ce que vous avez fait retentir aux oreilles les uns des autres. Voici ce que vous chantiez : « Sauvez-nous, Seigneur, notre Dieu; rassemblez-nous du milieu des nations, afin que nous bénissions votre saint nom. » (*Ps.* CV, 47.) Et maintenant, si cette fête des païens, qu'ils célèbrent aujourd'hui dans les transports d'une joie mondaine et charnelle, au bruit des chants les plus frivoles et les plus obscènes, par des festins dissolus et des danses licencieuses; si les excès auxquels ils se livrent dans cette fête de mensonge n'ont pour vous aucun attrait, vous êtes séparés des nations.

Nous nous séparons des païens par la foi, l'espérance et la charité chrétiennes. — 2. Oui, vous avez chanté, et l'écho de ce chant divin est encore dans vos oreilles : « Sauvez-nous, Seigneur notre Dieu, et rassemblez-nous du milieu des nations, afin que nous bénissions votre saint nom. » Or, comment peut-on être

---

ergo sanctis suis ipse est amandus, qui ait : « Esurivi, et dedistis mihi manducare. » Non enim ait : Dedistis illis, sed : « Dedistis mihi. » (*Matth.*, xxv, 35.) Tanta est caritas caritatis erga corpus suum.

Ex eodem Sermone, Beda et Florus ad Colos., II.

6. Quid est Juno ? Juno, inquiunt, est aer. Jam dudum invitabat ut mare coleremus in simulacro telluris : nunc invitat ut aerem colamus. Elementa sunt ista, quibus mundus iste consistit. Hoc ergo apostolus Paulus in epistola sua proponens : « Cavete, inquit, ne quis vos decipiat per philosophiam et inanem fallaciam, secundum elementa mundi hujus. » (*Col.*, II, 8.) Ipsos enim tangebat, qui quasi prudentibus idola exponunt. Ideo cum diceret « philosophiam, » in eodem loco ait « secundum elementa hujus mundi, » non quasi qualescumque adoratores simulacrorum, sed quasi doctiores interpretatores signorum cavendos esse admonens.

SERMO CXCVIII.[a]

De Kalendis Januariis, II.

Solemnitas Kalendarum Januariarum. — 1. Admonemus Caritatem Vestram, Fratres, quoniam vos quasi solemniter hodie convenisse conspicimus, et ad hunc diem solito frequentius congregatos; ut memineritis, quod modo cantastis, ne sit lingua perstrepens corde muto; sed quod sonuistis voce ad aures invicem vestras, clametis affectu ad aures Dei. Hoc enim cantabatis : « Salva nos, Domine Deus noster, congrega nos de gentibus, ut confiteamur nomini sancto tuo. » (*Psal.* CV, 47.) Et modo si solemnitas gentium, quæ fit hodierno die in lætitia sæculi atque carnali, in strepitu vanissimarum et turpissimarum cantionum, in conviviis et saltationibus turpibus, in celebratione ipsius falsæ festivitatis, si ea quæ agunt gentes non vos delectant, congregabimini ex gentibus.

Separatio nostra a gentibus Christiana fide, spe, et caritate. — 2. Vos certe cantavistis, et adhuc divini cantici sonus recens est in auribus vestris : « Salva nos, Domine Deus noster, et congrega nos de gentibus. » Quis potest congregari de gentibus, nisi cum fit salvus ? Qui ergo miscentur gentibus, salvi non sunt; salvantur autem qui congregantur de gentibus, salute fidei, salute spei, salute sincerissimæ caritatis, salute spiritali, salute promissorum Dei.

[a] Alias VII ex Sirmondianis.

séparé des Gentils, à moins d'être sauvé? Ceux donc qui sont encore au milieu des Gentils ne sont point sauvés; il n'y a que ceux qui sont rassemblés au milieu des Gentils qui obtiennent le salut que donne la foi, le salut que donne l'espérance, le salut que donne la charité véritable, le salut spirituel, le salut que Dieu nous a promis. Il ne suffit donc pas de croire, d'espérer, d'aimer, pour qu'on soit aussitôt sauvé. Il importe ici de bien distinguer quel est l'objet de la foi, de l'espérance, de l'amour. Tout homme, ici-bas, quelle que soit d'ailleurs sa vie, éprouve ces trois sentiments dans son âme : il croit, il espère, il aime. Si vous ne croyez pas ce que croient les Gentils, si vous n'espérez point ce qu'ils espèrent, si vous n'aimez pas ce qu'ils aiment, vous êtes rassemblés du milieu des Gentils, c'est-à-dire, vous en êtes séparés. Et ne soyez point effrayés du mélange des corps dans une si grande séparation des âmes. En effet, quelle plus grande séparation peut-on imaginer entre eux qui croient que les démons sont des dieux, et vous qui croyez qu'il n'y a qu'un Dieu unique et véritable; entre eux qui espèrent les vanités du siècle, et vous qui espérez la vie éternelle avec Jésus-Christ; entre eux qui aiment le monde, et vous qui aimez le Créateur du monde? Que celui donc qui a une autre foi, une autre espérance, un autre amour que les Gentils, le prouve par sa vie, le montre par ses œuvres. Vous allez prendre part à la fête des étrennes, jouer à des jeux de hasard, vous enivrer comme des païens : comment osez-vous dire que vous avez une autre foi, une autre espérance, un autre amour? Comment osez-vous chanter, le front haut : « Sauvez-nous, Seigneur notre Dieu, et rassemblez-nous du milieu des Gentils? » Vous ne pouvez en être réellement séparé, tout en restant extérieurement au milieu d'eux, que par une vie toute différente. Et voyez combien grande doit être cette séparation, si vous en faites choix, si vous voulez l'effectuer. Notre-Seigneur Jésus-Christ, le Fils de Dieu, qui s'est fait homme pour nous, a payé notre rançon. Il l'a payée de son sang pour nous racheter, pour nous rassembler du milieu des Gentils. Si vous continuez à vivre dans leur société, vous ne voulez point suivre Celui qui vous a racheté, vous restez mêlé aux païens par votre vie, par vos affections, en croyant ce qu'ils croient, en espérant ce qu'ils espèrent, en aimant ce qu'ils aiment; vous vous rendez coupable d'ingratitude envers votre Rédempteur, et vous méconnaissez le prix de votre rançon, le sang de l'agneau immaculé. Si donc vous voulez suivre votre Rédempteur, qui vous a racheté de son sang, ne restez point mêlé aux Gentils par une conduite et des mœurs toutes semblables. Ils donnent des étrennes, faites des aumônes; ils se distraient par des chansons lascives, cherchez vos distractions dans la lecture des saintes Ecritures; ils courent au théâtre, accourez à l'Eglise; ils s'enivrent, jeûnez; et si vous ne pouvez jeûner aujourd'hui, mangez du

---

Qui ergo credit, sperat, et amat, non continuo salvus dicendus est. Interest enim quid credat, quid speret, et quid amet. Nemo quippe vivit in quacumque vita, sine tribus istis animæ affectionibus, credendi, sperandi, amandi. Si non credis quod credunt gentes, non speras quod sperant gentes, non amas quod amant gentes, congregaris de gentibus, segregaris, hoc est separaris de gentibus. Nec te terreat commixtio corporalis in tanta separatione mentis. Quid enim tam separatum, quam ut credant illi dæmones deos, credas tu quis unus et verus est Deus? sperent illi inania sæculi, speres tu æternam vitam cum Christo? ament illi mundum, ames tu artificem mundi? Qui ergo aliud credit, aliud sperat, aliud amat, vita probet, factis ostendat. Acturus es celebrationem strenarum, sicut paganus, lusurus alea, et inebriaturus te : quomodo aliud credis, aliud speras, aliud amas? Quomodo libera fronte cantas : « Salva nos, Domine Deus noster, et congrega nos de gentibus? » Segregaris enim de gentibus, mixtus corpore gentibus, dissimili vita. Et quanta sit ista segregatio, videte, si modo facitis, si modo probatis. Jam enim Dominus noster Jesus Christus Dei Filius, qui propter nos homo factus est, dedit pro nobis pretium. Itaque suum dedit ille pretium : ad hoc dedit, ut redimat, ut congreget de gentibus. Si autem misceris gentibus, non vis sequi eum qui te redimit : misceris autem gentibus vita, factis, corde, talia credendo, talia sperando, talia diligendo : ingratus es redemptori tuo, nec agnoscis pretium tuum, sanguinem agni immaculati. Ut ergo sequaris redemptorem tuum, qui te redimit sanguine suo, noli te miscere gentibus similitudine morum atque factorum. Dant illi strenas, date vos eleemosynas. Avocantur illi cantionibus luxuriarum, avocate vos sermonibus Scripturarum : currunt illi ad theatrum, vos ad ecclesiam : inebriantur illi, vos jejunate. Si hodie non potestis

moins avec sobriété. Si vous agissez de la sorte, vous avez chanté en toute vérité : « Sauvez-nous, Seigneur notre Dieu, et rassemblez-nous du milieu des Gentils. »

C'est par des œuvres pieuses que les chrétiens doivent se séparer des païens. — 3. Beaucoup d'entre vous vont lutter dans leur cœur avec les paroles qu'ils ont entendues. Nous vous avons dit : Ne donnez point d'étrennes, donnez plutôt aux pauvres. Ce n'est pas assez de donner autant, donnez même davantage. Vous ne voulez point donner davantage, donnez au moins autant. Mais, me dites-vous, quand je donne des étrennes, j'en reçois à mon tour. Eh quoi donc ! quand vous donnez aux pauvres, ne recevez-vous rien ? Vous ne voudriez point, je le suppose, que votre foi, que votre espérance fussent semblables à la foi, à l'espérance des Gentils. Et cependant, en disant que vous ne recevez rien, lorsque vous donnez aux pauvres, vous faites partie des Gentils, et c'est bien inutilement que vous avez chanté : « Sauvez-nous, Seigneur notre Dieu, et rassemblez-nous du milieu des Gentils. » Avez-vous donc oublié cette vérité des saints Livres : « Celui qui donne aux pauvres, ne connaîtra point l'indigence ? » (*Prov.*, XXVIII, 27.) Avez-vous oublié ce que le Seigneur doit dire un jour à ceux qui auront assisté les pauvres : « Venez, les bénis de mon Père, possédez le royaume ? » (*Matth.*, XXV, 34) et ce qu'il dira, au contraire, à ceux qui auront refusé de les assister : « Jetez-les dans le feu éternel ? » Aujourd'hui, ceux qui ont écouté ces paroles avec plaisir sont confondus avec ceux qui ne les ont point entendues volontiers. Je m'adresse donc maintenant aux vrais chrétiens. Si vous avez une autre foi, une autre espérance, un autre amour que les païens, vivez autrement, et montrez cette différence de foi, d'espérance et d'amour, par la différence de vos mœurs. Ecoutez l'avertissement que vous donne l'Apôtre : « Ne traînez pas le même joug que les infidèles, car quel lien peut-il y avoir entre la justice et l'iniquité ? Quelle union entre la lumière et les ténèbres ? Quel accord entre Jésus-Christ et Bélial ? Quelle société entre le fidèle et l'infidèle ? Quel rapport entre le temple de Dieu et les idoles ? » (II *Cor.*, VI, 14, etc.) Il dit encore ailleurs : « Ce que les païens immolent, c'est aux démons qu'ils l'immolent, et non pas à Dieu. Or, je veux que vous n'ayez aucune société avec les démons. » (I *Cor.*, X, 20, 21.) Les mœurs des païens plaisent donc aux dieux qu'ils adorent. Mais lorsque l'Apôtre dit aux fidèles : « Je veux que vous n'ayez aucune société avec les démons, » il exige que leur vie et leurs mœurs les séparent complétement de ceux qui adorent les idoles. Ainsi, les démons se plaisent dans les chants légers, dans les spectacles frivoles, dans les obscénités multipliées des théâtres, dans les folies du cirque, dans les cruautés de l'amphitéâtre, dans ces luttes ar-

---

jejunare, saltem cum sobrietate prandete. Hoc si feceritis, bene cantastis : « Salva nos, Domine Deus noster, et congrega nos de gentibus. »

Piis operibus secernuntur Christiani a paganis. — 3. Itaque multi luctabuntur hodie in corde suo cum verbo quod audierunt. Diximus enim : Nolite strenas dare, date pauperibus. Parum est ut tantum detis, amplius etiam date. Non vultis amplius ? vel tantum date. Sed dicis mihi : Quando strenas do, mihi accipio et ego. Quid ergo, quando das pauperi, nihil accipis ? Certe non hoc credas, quod gentes credunt; certe non hoc speres, quod gentes sperant. Ecce si dicis te nihil recipere cum pauperi dederis, factus es pars gentilium : sine causa cantasti : « Salva nos, Domine Deus noster, et congrega nos de gentibus. » Noli oblivisci illius præscriptionis, ubi dicitur : « Qui dat pauperibus, nunquam egebit. » (*Prov.*, XXVIII, 27.) Oblitus es jam quid dicturus Dominus eis, qui pauperibus dederunt : « Venite benedicti Patris mei, percipite regnum ? » (*Matth.*, XXV, 34) et quid dicetur eis qui non dederint : « Mittite eos in ignem æternum ? » Modo qui libenter audierunt quid dixit, cum his certe stant qui non libenter audierunt. Ego nunc Christianis veris loquor. Si aliud creditis, aliud speratis, aliud amatis ; aliter vivite, et distantem fidem, spem, et caritatem vestram distantibus moribus approbate. Audite Apostolum commonentem : « Nolite, inquit, jugum ducere cum infidelibus. Quæ enim participatio justitiæ cum iniquitate ? aut quæ societas luminis ad tenebras ? quæ pars fideli cum infideli ? qui autem consensus templi Domini cum idolis ? » (II *Cor.*, VI, 14, etc.) Et alibi dicit : « Quæ enim immolant gentes, dæmoniis immolant, et non Deo. Nolo vos, inquit, socios fieri dæmoniorum. » (I *Cor.*, X, 20, 21.) Ergo Deos ipsorum delectant mores eorum. Ille autem qui dixit : « Nolo vos fieri socios dæmoniorum, » voluit ut ab illis qui dæmonibus servirent, vita et moribus separarentur. Etenim illa dæmonia delectantur canticis vanitatis, delectantur

dentes d'hommes, qui disputent violemment, jusqu'à l'inimitié, en faveur d'un comédien, d'un histrion, d'un pantomime, d'un cocher, d'un gladiateur. Or, en agissant ainsi, ils offrent aux démons de l'encens sur l'autel de leur cœur. Ces esprits séducteurs mettent leur joie dans les victimes de leur séduction, et se repaissent des mœurs criminelles, des dissolutions, des infamies de ceux qu'ils ont séduits et trompés. « Pour vous, dit l'Apôtre, ce n'est pas là ce que vous avez appris de Jésus-Christ, si toutefois vous êtes ses disciples, et si vous avez été instruits dans la vérité de sa doctrine. » (*Ephés.*, IV, 20, 21.) « N'ayez donc rien de commun avec eux, car vous étiez autrefois ténèbres, mais maintenant vous êtes lumière en Notre-Seigneur : marchez donc comme des enfants de lumière, » (*Ephés.*, V, 7, 8) afin que nous, qui vous annonçons la parole du Seigneur, nous puissions nous réjouir de vous et avec vous dans les splendeurs de cette lumière éternelle.

SERMON CXCIX.[1]

Ier *pour l'Epiphanie de Notre-Seigneur.*

CHAPITRE PREMIER. — *Jésus-Christ unit en lui, aussitôt sa naissance, les Juifs et les Gentils.* — 1. Nous avons célébré dernièrement le jour où Notre-Seigneur est né d'entre les Juifs ; nous célébrons aujourd'hui celui où il a été adoré par les Gentils. « En effet, le salut vient des Juifs, » (*Jean*, IV, 22) mais « ce salut s'étend jusqu'aux extrémités de la terre. » (*Isa.*, XLIX, 6.) Le jour de sa naissance, il a été adoré par les bergers, il l'est aujourd'hui par les Mages. Ce sont les anges qui l'annoncèrent aux bergers, c'est une étoile qui le fit connaître aux Mages, et les uns comme les autres ont appris du ciel, en voyant sur la terre le Roi du ciel, qu'il allait glorifier Dieu au plus haut des cieux, et donner sur la terre la paix aux hommes de bonne volonté. (*Luc*, II, 14.) Car c'est lui qui est notre paix, c'est lui « qui des deux peuples n'en a fait qu'un. » Dans ce petit enfant qui vient de naître, nous voyons cette pierre angulaire qui se révèle dès les commencements de son existence. Elle commence dès lors à unir en elle deux murailles qui viennent en sens contraire, elle conduit les bergers qui viennent de la Judée, les Mages qui viennent de l'Orient, « pour former en lui-même un seul homme nouveau de ces deux peuples, mettant la paix entre eux, et annonçant la paix à ceux qui étaient éloignés comme à ceux qui étaient proches. » (*Ephés.*, II, 14, 20.) Ainsi, ceux qui sont venus de près, le jour même de la naissance du

---

(1) Dans le chapitre X de la Table de Possidius, nous trouvons marqués sept traités sur cette fête, et, au chapitre I, quatre autres ainsi indiqués dans les manuscrits : « Deux sur l'Epiphanie ; deux autres sur l'Epiphanie, contre les mêmes que précédemment, c'est-à-dire contre les païens. » Facondus, liv. I, chapitre I, cite ce premier sermon et celui qui le suit immédiatement.

---

nugatorio spectaculo, et turpitudinibus variis theatrorum, insania circi, crudelitate amphitheatri, certaminibus animosis eorum, qui pro pestilentibus hominibus lites et contentiones usque ad inimicitias suscipiunt, pro mimo, pro histrione, pro pantomimo, pro auriga, pro venatore. Ista facientes, quasi thura ponunt dæmoniis de cordibus suis. Spiritus enim seductores gaudent seductis ; et eorum quos seduxerint atque deceperint, malis moribus et vita turpi infamique pascuntur. « Vos autem, » sicut dicit Apostolus, non ita didicistis Christum : si tamen eum audistis, et in ipso edocti estis. (*Ephes.*, IV, 20, 21.) « Nolite ergo effici participes eorum. Eratis enim aliquando tenebræ, nunc autem lux in Domino ; sicut filii lucis ambulate ; » (*Ephes.*, V, 7, 8) ut et nos, qui vobis verbum Domini prædicamus, possimus vobiscum et de vobis in illa perpetua luce gaudere.

(a) Alias de Tempore XXXIV.

SERMO CXCIX.[a]

In Epiphania Domini, I.

CAPUT PRIMUM. — *Christus Judæos et gentes in se mox copulat.* — 1. Nuper celebravimus diem, quo ex Judæis Dominus natus est : hodie celebramus, quo a gentibus adoratus est. « Quoniam salus ex Judæis ; » (*Joan.*, IV, 22) sed hæc « salus usque ad fines terræ. » Nam et illo die pastores adoraverunt, hodie Magi. (*Isai.*, XLIX, 6.) Illis Angeli, istis autem stella nuntiavit. Utrique de cœlo didicerunt, cum regem cœli in terra viderunt, ut esset « gloria in excelsis Deo, et in terra pax hominibus bonæ voluntatis. *Luc.*, II, 14.) Ipse est enim pax nostra, qui fecit utraque unum. » (*Ephes.*, II, 14, etc.) Jam hinc infans natus atque annuntiatus ostenditur lapis ille angularis, jam in ipso primordio nativitatis apparuit. Duos ex diverso parietes in se copulare jam cœpit, pastores a Judæa, Magos ab Oriente perducens : ut duos conderet in se in unum novum hominem, fa-

Christ, et ceux qui viennent aujourd'hui de loin, ont signalé ces deux jours à la vénération des siècles futurs; cependant les uns comme les autres n'ont vu qu'une seule lumière du monde.

Foi des Mages opposée à l'incrédulité des Juifs. — 2. Mais nous devons vous parler aujourd'hui de ceux que la foi amène à Jésus-Christ des contrées les plus éloignées. Ils viennent, en effet, et le cherchent, en disant : Où est Celui qui est né Roi des Juifs, car nous avons vu son étoile en Orient, et nous sommes venus l'adorer. » (*Matth.*, II, 2.) Ils annoncent et interrogent tout à la fois, ils croient et cherchent, image de ceux qui marchent à la lumière de la foi, et qui désirent parvenir à la claire vue. Combien d'autres rois étaient déjà nés dans la Judée ! Pourquoi celui-ci est-il reconnu dans le ciel, et cherché sur la terre par des étrangers? Il brille au plus haut des cieux, il est environné d'obscurité sur la terre. Les Mages voient une étoile en Orient, et ils comprennent qu'il est né un roi en Judée. Quel est ce roi à la fois si petit et si grand, qui ne parle pas encore sur la terre, et qui publie déjà ses décrets dans le ciel? Cependant, comme son dessein était de se faire connaître à nous par les saintes Ecritures, bien qu'il eût donné aux Mages, dans le ciel, un signe aussi éclatant, et qu'il leur eût révélé intérieurement sa naissance dans la Judée, il veut que la foi qu'ils auront en lui repose sur l'autorité des prophètes. En cherchant dans quelle ville était né Celui qu'ils désiraient voir et adorer, ils sont nécessairement amenés à interroger les princes des Juifs; et ces infidèles, qui avaient les saintes Ecritures sur les lèvres; et non dans le cœur, instruisent des fidèles de la grâce de la foi; ils n'ont d'eux-mêmes que le mensonge, et c'est contre eux-mêmes qu'ils rendent témoignage à la vérité. Etait-il donc si difficile pour eux de s'adjoindre aux Mages qui cherchaient Jésus-Christ, après qu'ils avaient appris d'eux qu'ayant vu son étoile, ils étaient venus pour l'adorer? Etait-il si difficile de les conduire à Bethléem, de voir, de contempler avec eux des yeux du corps et de l'âme, et de s'unir à eux pour adorer? Mais non; ils découvrent aux autres la source de la vie, et ils meurent eux-mêmes de soif. Ils ont été pour les Mages comme les pierres milliaires; ils ont indiqué le chemin aux voyageurs, et sont restés eux-mêmes insensibles et immobiles. Les Mages cherchaient le roi des Juifs pour le trouver, Hérode le cherchait pour le perdre; les Juifs lisaient, dans les Ecritures, la ville où il devait naître, mais ne comprenaient point le temps de son arrivée. C'est ainsi qu'entre le pieux amour des Mages et la crainte barbare d'Hérode, nous

---

ciens pacem, pacem his qui longe, et pacem his qui prope. Ideoque illo ipso die de proximo accedentes, de longinquo isti hodie venientes, duos dies celebrandos posteris signaverunt, unam tamen lucem mundi utrique viderunt.

Magorum fides et contra infidelitas Judæorum. — 2. Sed hodie de istis loquendum est, quos de remotis terris fides duxit ad Christum. Venerunt enim, et quæsierunt eum, dicentes : « Ubi est, qui natus est rex Judæorum? Vidimus enim stellam ejus in Oriente, et venimus adorare eum. » (*Matth.*, II, 2.) Nuntiant et interrogant, credunt et quærunt; tanquam significantes eos qui ambulant per fidem, et desiderant speciem. Nonne alii reges Judæorum jam totiens in Judæa nati erant? Quid est, quod iste ab alienigenis in cœlo agnoscitur, in terra quæritur; in alto fulget, in humili latet? In Oriente Magi vident stellam, et in Judæa natum intelligunt regem. Quis est iste rex tam parvus, tam magnus; nondum in terris loquens, jam in cœlis edicta proponens? Verumtamen propter nos, quibus de Scripturis suis sanctis innotescere voluit, ipsos etiam Magos quibus tam clarum signum in cœlo dederat, et quorum cordibus se in Judæa natum esse revelaverat, Prophetis tamen suis de se credere voluit. Quærendo enim civitatem, in qua natus erat, quem videre et adorare cupiebant, necesse habuerunt percontari principes Judæorum; ut illi de sancta Scriptura, quam in ore, non in corde gestabant, infideles fidelibus de gratia (*a*) fidei responderent, mendaces a se, veraces contra se. Quantum enim erat, ut illis quærentibus Christum comites fierent, cum ab eis audissent, quod visa stella ejus venirent eum adorare cupientes; ipsi eos ad Bethleem Judæ, quam de libris divinis indicaverant, ducerent, pariter viderent, pariter intelligerent, pariter adorarent? Nunc vero aliis demonstrato vitæ fonte, ipsi sunt mortui siccitate. Facti sunt eis tanquam (*b*) lapides ad milliaria : viatoribus ambulantibus aliquid ostenderunt, sed ipsi stolidi atque immobiles remanserunt. Magi quærebant, ut invenirent : Herodes quærebat, ut perderet : Judæi civitatem nascentis legebant, tempus venientis non intelligebant. Inter

---

(*a*) Sic Mss. Editi vero, *de gratia Dei.* — (*b*) Editi *lapides a milliario.* At Mss. alii, *lapides ad milliaria :* alii, *lapidea milliaria.*

les voyons se dissiper et se perdre, tout en indiquant la ville de Bethléem. Quant au Christ qui vient de naître dans cette ville, et qu'ils ne daignent point chercher, ils le renieront un jour, quand ils le verront; ils mettront à mort, non plus le petit enfant qui est sans parole, mais le docteur qui les enseigne. Mille fois plus heureuse l'ignorance des enfants qu'Hérode persécuta pour calmer ses frayeurs, que la science des Juifs que ce roi consulta dans le trouble de son esprit! Ces enfants ont pu souffrir pour le Christ, qu'ils ne pouvaient encore confesser, tandis que les Juifs ont refusé de suivre la vérité du docteur qui les enseignait, après avoir connu clairement la ville où il avait pris naissance.

CHAPITRE II. — *Erreur sur l'influence fatale attribuée aux astres.* — 3. Cette étoile conduisit donc les Mages à l'endroit même où était le Dieu-Verbe fait enfant. Forçons ici de rougir cette folie sacrilége, et, si je puis parler ainsi, cette science ignorante, qui s'imagine que le Christ a été soumis en naissant aux lois fatales des astres, parce qu'il est écrit qu'aussitôt qu'il fut né, les Mages virent son étoile en Orient; cette conséquence serait fausse, en supposant même que les hommes fussent en naissant assujettis à ces lois fatales; car en cela, différant du Fils de Dieu, ils ne naissent point de leur propre volonté, mais d'après les conditions de leur nature mortelle. Il est si contraire à la vérité, que Jésus-Christ, fut soumis, en naissant aux lois fatales des astres, qu'on ne peut, sans renoncer à la foi véritable en Jésus-Christ, croire qu'un homme même naisse sous l'empire de ces lois. Mais nous voyons des esprits vains débiter avec assurance leurs conjectures insensées sur les naissances des hommes, nier la volonté qui est le principe de leurs péchés, recourir à la nécessité pour défendre leurs crimes, s'efforcer d'attribuer au ciel ces désordres qui les rendent sur la terre un objet d'horreur pour les hommes, et en faire remonter mensongèrement la responsabilité jusqu'aux astres. Or, je leur demande d'examiner sérieusement comment chacun d'eux croit devoir gouverner, avec tant soit peu d'autorité, je ne dis pas sa conduite personnelle, mais sa propre famille; car, avec cette opinion, il ne peut châtier ses serviteurs qui se rendent coupables dans sa maison, sans être forcé, tout d'abord, de blasphémer ses dieux qui brillent à la voûte céleste. Quoi qu'il en soit, ils ne peuvent s'appuyer sur des conjectures aussi frivoles, ni sur des livres qui, loin d'être vraiment prophétiques, ne sont qu'un tissu de faussetés, pour oser avancer que Jésus-Christ est né sous l'influence fatale des astres, parce qu'à sa naissance les Mages ont vu une étoile en Orient. Bien loin de là, le Christ a fait voir qu'il était, non pas sous la domination de

Magorum pium amorem, et Herodis crudelem timorem, illi evanuerunt Bethleem demonstrantes : Christum autem qui ibi natus est, non tunc quæsitum, sed visum (a) postea negaturi, nec tunc infantem, sed loquentem postea necaturi. Felix potius infantum ignorantia, quos Herodes persecutus est territus, quam istorum scientia quos consuluit perturbatus. Illi pro Christo potuerunt pati, quem nondum poterant confiteri : isti docentis non secuti sunt veritatem, cujus nascentis potuerunt nosse civitatem.

CAPUT II. — *Error de sidereis fatis.* — 3. Magos sane ad ipsum proprie locum, ubi Deus Verbum infans erat, illa stella perduxit. Hic jam erubescat stultitia sacrilega, et quædam, ut sic dicam, indocta doctrina, quæ ideo putat Christum sub stellarum decreto esse natum, quia scriptum est in Evangelio, quando natus est, stellam ejus Magos in Oriente vidisse. Quod verum non esset, nec si homines sub decreto ejusmodi nascerentur : quia non sicut Dei Filius propria voluntate, sed naturæ mortalis conditione nascuntur. Nunc autem tantum abhorret a vero, sub (b) stellato fato natum esse Christum, ut nullum hominum ita nasci credat quisquis recte credit in Christum. Sed de genituris hominum vani homines loquantur quod insipienter opinantur, negent voluntatem qua peccant, confingant necessitatem qua peccata defendant; perditos mores, per quos in terra ab hominibus detestantur, in cœlo etiam figere conentur, et a sideribus manare mentiantur : videat tamen unusquisque eorum quemadmodum non vitam, sed familiam suam qualicumque potestate regendam putet, quando quidem ista sentiendo servos suos in domo peccantes verberare non sinitur, nisi prius deos suos in cœlo radiantes blasphemare cogatur. Christum tamen isti nec secundum suas vanissimas conjecturas, et non sane fatidicos, sed plane falsidicos libros, possunt ideo putare sub stellarum decreto esse natum, quia eo nato stellam Magi

(a) Sic Mss. At editi hic omittunt *postea negaturi*, et infra pro *necaturi*, habent *negaturi*. — (b) Nonnulli Mss. *sub stella et fato* : et quidam, *sub stellarum fato*.

cette étoile, mais qu'il en était le Maître; car elle n'a pas suivi dans le ciel la route que suivent les astres, mais elle a conduit les Mages qui le cherchaient jusque dans l'endroit où il était né. Ce n'est donc point l'étoile qui a été la cause des merveilles de la vie du Christ, c'est le Christ qui a été la cause de son apparition miraculeuse. A peine fut-il sorti du sein de sa Mère, qu'il fit briller dans les cieux un astre nouveau, parce qu'il est Celui qui, né du sein du Père, a fait le ciel et la terre. A sa naissance, une étoile, inconnue jusqu'alors, répand une lumière nouvelle, de même qu'à sa mort la lumière qui brille depuis si longtemps s'est obscurcie dans le soleil. A sa naissance, les cieux resplendissent d'un nouvel éclat, de même qu'à sa mort les enfers furent saisis d'une nouvelle frayeur, de même qu'à sa résurrection ses disciples furent embrasés pour lui d'un nouvel amour, de même qu'à son ascension les cieux s'ouvrirent pour lui témoigner une nouvelle obéissance. Célébrons donc avec solennité et avec dévotion ce jour où les Mages sont venus, du milieu des Gentils, adorer Jésus-Christ, qui leur a été révélé, comme nous avons célébré le jour où les bergers de la Judée sont venus l'adorer aussitôt sa naissance. Car c'est lui le Seigneur notre Dieu, qui a choisi les apôtres parmi les Juifs, pour rassembler par eux, parmi les Gentils, les pécheurs qui devaient être sauvés.

SERMON CC.

II° *pour l'Epiphanie de Notre-Seigneur.*

CHAPITRE PREMIER. — *Solennité de la manifestation de Jésus-Christ.* — 1. Les Mages sont venus aujourd'hui de l'Orient pour adorer l'enfant de la Vierge. Nous célébrons donc ce grand jour avec la solennité qui lui est due, et en vous adressant le discours qu'il exige de nous. Ce jour a brillé pour la première fois aux yeux des Mages, et nous en célébrons le retour anniversaire. Ils étaient les prémices des Gentils, et nous sommes le peuple de la gentilité. C'est la langue des apôtres qui nous a révélé ce mystère, l'étoile a été pour les Mages comme la langue des cieux, et ces mêmes apôtres, comme de nouveaux cieux, nous ont raconté la gloire de Dieu. (*Ps.* XVIII, 1.) Pourquoi ne pas reconnaître ces cieux, qui sont devenus le trône de Dieu, selon ces paroles de l'Ecriture : « L'âme du juste est le trône de la Sagesse. » (*Sag.* VII.) C'est par la voix des cieux que Celui qui a créé et qui habite les cieux a fait retentir son tonnerre, et trembler le monde entier, qui maintenant a embrassé la foi. Voici un grand mystère. Le Christ était couché dans une crèche, et

in Oriente viderunt. Hinc enim potius Christus non sub dominatu ejus, sed Dominus ejus apparuit; quia illa non in cœlo sidereas vias tenuit, sed hominibus quærentibus Christum viam usque ad locum, in quo natus fuerat, demonstravit. Unde non ipsa Christum fecit mirabiliter vivere, sed ipsam fecit Christus mirabiliter apparere : nec ipsa Christi mirabilia decrevit, sed ipsam Christus inter sua mirabilia demonstravit. Ipse enim natus ex matre, de cœlo terræ novum sidus ostendit, qui natus ex Patre cœlum terramque formavit. Eo nascente lux nova est in stella revelata, quo moriente lux antiqua est in sole velata. Eo nascente superi novo honore claruerunt, quo moriente inferi novo timore tremuerunt, quo resurgente discipuli novo amore exarserunt, quo ascendente cœli novo obsequio patuerunt. Celebremus ergo devota solemnitate et hunc diem, quo cognitum Christum Magi ex gentibus adoraverunt; sicut celebravimus illum diem, quo natum Christum pastores ex Judæa viderunt. Ipse enim Dominus Deus noster elegit Apostolos ex Judæa pastores, per quos congregaret salvandos etiam ex gentibus peccatores.

SERMO CC (*a*).

In Epiphania Domini, II.

CAPUT PRIMUM. — *Manifestationis Christi solemnitas.* — 1. Ad partum virginis adorandum Magi ab Oriente venerunt. Hunc diem hodie celebramus, huic debitam solemnitatem sermonemque persolvimus. Illis dies iste primus illuxit, anniversaria nobis festivitate rediit. Illi erant primitiæ gentium, nos populus gentium. Nobis hoc lingua nuntiavit Apostolorum, stella illis tanquam lingua cœlorum : et nobis iidem Apostoli, tanquam cœli, enarraverunt gloriam Dei. (*Psal.* XVIII, 1.) Cur enim non agnoscamus eos cœlos, qui facti sunt sedes Dei? sicut scriptum est : « Anima justi, sedes est sapientiæ. » (*Sap.* VII.) Per hos enim cœlos ille cœlorum fabricator et habitator intonuit, quo tonitru mundus contremuit, et ecce jam credit. Magnum sacramentum. In præsepi tunc jacebat, et

(*a*) Alias de Tempore XXX.

il amenait les Mages du fond de l'Orient. Il était caché dans une étable, et le ciel le révélait, afin que cette lumière du ciel le fît connaître dans l'étable, et que ce jour pût être appelé *Epiphanie*, c'est-à-dire, en latin, manifestation. Ce jour révèle, en effet, sa grandeur et ses humiliations ; les astres le font connaître dans l'immensité du ciel, et c'est dans un étroit réduit qu'il faut le chercher pour le trouver ; c'est un enfant faible, dont les petits membres sont enveloppés des langes de l'enfance, et cet enfant est adoré par les Mages, et redouté des méchants.

Secrètes terreurs d'Hérode. — 2. Hérode fut saisi de crainte, lorsqu'il eut entendu les Mages qui cherchaient comme petit enfant encore celui dont le ciel leur avait fait connaître la naissance. Que sera le tribunal du souverain Juge, lorsque, petit enfant dans son berceau, il porte l'épouvante dans le cœur des rois superbes ? Que les rois sont aujourd'hui beaucoup mieux inspirés en ne cherchant point, comme Hérode, à faire mourir, mais en mettant tout leur bonheur à adorer Celui qui a souffert pour ses ennemis, et de la main de ses ennemis, la mort dont l'ennemi voulait nous frapper, et a détruit la mort dans son corps par le même coup qu'il en a reçu. Que les rois soient saisis d'un religieux effroi en voyant assis à la droite de son Père, Celui qui a fait trembler un roi impie, lorsqu'il prenait encore le sein maternel. Qu'ils écoutent ces paroles du Roi-Prophète : « Et maintenant, ô rois, comprenez : instruisez-vous, vous qui jugez la terre. Servez le Seigneur avec crainte, et réjouissez-vous en lui avec tremblement. » (*Ps.* II, 10, 11.) En effet, ce Roi qui tire vengeance des rois impies, et qui dirige les rois que la religion inspire, n'est point né comme naissent les rois de la terre, parce que le royaume de ce Roi nouveau-né n'est pas de ce monde. La grandeur de cet enfant qui vient au monde se manifeste dans la virginité de celle qui lui donne le jour, et la grandeur de la mère se révèle dans la divinité du fils. On avait vu déjà bien des rois des Juifs naître et mourir, mais les Mages n'avaient cherché aucun d'eux pour l'adorer, parce que la langue des cieux ne leur avait appris la naissance d'aucun d'eux.

CHAPITRE II. — *Aveuglement des Juifs au moment même où les Mages sont éclairés d'une si vive lumière.* — 3. Cependant, n'omettons point de dire que cette vive lumière qui brille aux yeux des Mages est un témoignage écrasant contre l'aveuglement des Juifs. Les Mages cherchent dans le pays des Juifs Celui que les Juifs ne reconnaissaient pas dans leur propre pays. Ils trouvent parmi les Juifs ce petit enfant sans parole, que les Juifs refuseront de recon-

---

Magos ab oriente ducebat. Abscondebatur in stabulo, et agnoscebatur in cœlo ; (*a*) ut agnitus in cœlo manifestaretur in stabulo, et appellaretur « *Epiphania* » dies iste, quod Latine manifestatio dici potest : simul ejus celsitudinem humilitatemque commendans, et qui in aperto cœlo signis sidereis monstrabatur, (*b*) in angusto diversorio quæsitus inveniretur ; invalidus infantilibus membris, involutus infantilibus pannis, adoraretur a Magis, timeretur a malis.

Herodis terror. — 2. Timuit enim rex Herodes, eisdem sibi Magis nuntiantibus, cum adhuc quærerent parvulum, quem cognoverant cœlo teste jam natum. Quid erit tribunal judicantis, quando superbos reges cunæ terrebant infantis ? Quanto consultius nunc reges, non sicut Herodes, interficere quærunt ; sed sicut Magi potius, adorare delectantur, jam præsertim eum qui et ipsam mortem quam cupiebat inimicus inferre, etiam pro ipsis inimicis ab inimicis sustinuit, eamque in suo corpore occisus occidit. Pie timeant nunc reges ad Patris dexteram jam sedentem, quem rex ille impius timuit adhuc matris ubera lambentem. Audiant quod scriptum est : « Et nunc reges intelligite, erudimini qui judicatis terram : servite Domino in timore, et exsultate ei eum tremore. » (*Psal.* II, 10, 11.) Ille enim rex, ultor impiorum regum, et rector piorum, non ita natus est, ut reges nascuntur in sæculo ; quia et ille natus est, cujus regnum non est de hoc sæculo. Nobilitas fuit nascentis, in virginitate parientis ; et nobilitas parientis, in divinitate nascentis. Denique cum tam multi jam nati atque defuncti essent reges Judæorum, nunquam quemquam eorum adorandum Magi quæsierunt : quia nec quemquam eorum cœlo loquente didicerunt.

CAPUT II. — *Judæorum cæcitas in ipsa illuminatione Magorum.* — 3. Verumtamen, quod prætereundum non est, hæc Magorum illuminatio magnum testimonium cæcitatis exstitit Judæorum. In terra eorum isti requirebant, quem illi in sua non agnoscebant. Apud eos isti infantem invenerunt, quem illi apud se (*c*) docentem negaverunt. In his terris de longin-

---

(*a*) Floriacensis Ms. *Agnitus est e cœlo, ut appellaretur Epiphania dies iste.* — (*b*) Sic Am. Er. et Mss. At Lov. *monstrabatur magnus, in angusto diversorio quæsitus inveniretur invalidus, infantilibus in membris natus, infantilibusque pannis involutus,* etc.— (*c*) Editi omittunt *docentem.* Habent Mss. et ex his quidam *necaverunt,* pro *negaverunt.*

naître, malgré ses divins enseignements. Des étrangers vinrent de loin pour adorer dans la Judée le Christ enfant, qui ne parlait pas encore, et ses compatriotes l'ont crucifié dans la force de l'âge, après avoir été témoins des miracles qu'il faisait. Les Mages, sous ces membres enfantins, ont reconnu leur Dieu, tandis que les Juifs n'ont pas même épargné son humanité, malgré les prodiges éclatants qu'il opérait, comme si les Mages avaient dû être plus frappés de voir une nouvelle étoile briller à sa naissance, que les Juifs de voir le soleil s'obscurcir, en signe de deuil, au moment de sa mort. Maintenant, pourquoi cette même étoile, qui conduisit les Mages jusqu'au lieu où était le Dieu enfant avec la Vierge, sa Mère, et qui pouvait également les conduire jusqu'à la ville où il était né, disparaît et se dérobe à leurs regards, jusqu'à ce qu'ils aient interrogé les Juifs eux-mêmes sur la ville où le Christ devait naître, et que les Juifs la leur aient fait connaître en ces termes, d'après le témoignage de la sainte Ecriture : « Dans Bethléem de Juda, car il est ainsi écrit : Et toi, Bethléem, terre de Juda, tu n'es pas la moindre parmi les villes de Juda; de toi doit sortir le chef qui conduira Israël, mon peuple? » (*Matth.*, II, 5, 6; *Mich.*, v, 2.) En voici la raison : la divine Providence voulait nous montrer qu'il ne resterait plus aux Juifs que les seules Ecritures divines, qui serviraient à éclairer les Gentils, et à les aveugler eux-mêmes, et que les Juifs les porteraient, non comme un secours qui les aiderait à se sauver, mais comme un témoignage du salut des Gentils. En effet, quand aujourd'hui nous citons les anciennes prophéties qui ont le Christ pour objet, et dont l'accomplissement fait briller la vérité d'un si vif éclat, si les païens que nous voulons gagner à la foi nous objectent qu'elles ne sont point si antérieures aux événements, mais que nous les avons fabriquées après coup, pour donner aux faits accomplis le caractère d'événements prédits, nous ouvrons les livres des Juifs, pour dissiper tous les doutes des païens, figurés dans ces Mages, à qui les Juifs font connaître, d'après les divines Ecritures, la ville où devait naître le Christ, sans se mettre eux-mêmes en peine de le rechercher ou de le reconnaître.

Chapitre III. — *Les Gentils unis à Jésus-Christ, avec les Juifs, par la charité.*— 4. Maintenant donc, mes bien-aimés, fils et héritiers de la grâce, considérez votre vocation, et attachez-vous, avec un amour des plus persévérants, à Jésus-Christ, qui s'est manifesté aux Juifs et aux Gentils, comme étant la pierre angulaire. En effet, il s'est manifesté dès son berceau, où reposait son enfance, à ceux qui étaient éloignés (*Ephés.*, II, 13), et à ceux qui étaient proches : aux Juifs, dans la personne des bergers qui sont venus de près; aux Gentils, dans la personne des Mages qui sont venus de loin. On croit que les bergers sont venus le jour même de sa naissance,

quo isti peregrini puerum Christum nondum verba promentem adoraverunt, ubi cives illi juvenem miracula facientem crucifixerunt. Isti in membris parvis Deum agnoverunt, illi in factis magnis nec tanquam homini pepercerunt : quasi plus fuerit videre novam stellam in ejus nativitate fulgentem, quam solem ejus in morte lugentem. Jam vero quod eadem stella, quæ Magos perduxit ad locum, ubi erat cum matre virgine Deus infans, quæ utique poterat eos et ad ipsam perducere civitatem, se tamen subtraxit, nec eis prorsus apparuit, donec de civitate, in qua Christus nasceretur, iidem ipsi interrogarentur Judæi, ut ipsi eam secundum divinæ Scripturæ testimonium nominarent, ipsi dicerent : « In Bethleem Judæ. Sic enim scriptum est : Et tu Bethleem terra Judæ : non es minima in principibus Juda : ex te enim exiet dux qui reget populum meum Israel : » (*Matth.*, II, 5, 6; *Mich.*, v, 2) quid aliud hic significavit divina providentia, nisi apud Judæos solas divinas litteras remansuras, quibus gentes instruerentur, illi excæcarentur; quas portarent non ad adjutorium salutis suæ, sed ad testimonium salutis nostræ? Nam hodie cum præmissas prophetias de Christo proferimus, jam rerum completarum luce declaratas, si forte Pagani, quos lucrari volumus, dixerint non eas tanto ante prædictas, sed post rerum eventum, ut hæc quæ facta sunt prophetata putarentur, a nobis esse confictas; Judæorum codices recitamus, ut tollatur dubitatio Paganorum : qui jam in Magis illis figurabantur, quos Judæi de civitate in qua natus est Christus, divinis eloquiis instruebant, et eum ipsi nec requirebant, nec agnoscebant.

Caput III. — *Christo caritate cum Judæis gentes cohærent.* — 4. Nunc ergo Carissimi, gratiæ filii et hæredes, videte vocationem vestram, et manifestato Judæis et gentibus Christo tanquam angulari lapidi perseverantissima dilectione cohærete. Manifestatus enim est in ipsis cunabulis infantiæ suæ his qui prope, et his qui longe erant (*Ephes.*, II, 13); Judæis in pastorum propinquitate, gentibus in Magorum lon-

et les Mages aujourd'hui. Il s'est donc manifesté aux uns malgré leur ignorance, et aux autres malgré leurs iniquités. Car l'ignorance est le caractère le plus marqué des pasteurs des champs, et l'impiété, celui de Mages, adonnés à des opérations sacriléges. Or, cette pierre angulaire s'unit les uns et les autres, car elle est venue choisir les moins sages selon le monde, pour confondre les sages (I *Cor.*, I, 27); elle est venue appeler, non pas les justes, mais les pécheurs (*Matth.*, IX, 13), afin que personne ne pût s'enorgueillir de sa grandeur, ni désespérer de sa bassesse. Voilà pourquoi les scribes et les pharisiens, qui avaient une idée exagérée de leur science et de leur justice, après avoir cité eux-mêmes les oracles prophétiques qui indiquaient le lieu de sa naissance, l'ont rejeté de l'édifice qu'ils construisaient. Mais comme il est devenu la pierre de l'angle (*Ps.* CXVII, 22), qu'il a voulu accomplir par sa passion ce qu'il avait révélé dès sa naissance, attachons-nous à lui avec l'autre mur, composé des restes d'Israël, qui ont été sauvés par l'élection de la grâce. (*Rom.*, XI, 5.) Les bergers représentaient ceux qui devaient venir de près pour s'unir à cette pierre angulaire, afin que nous-mêmes, dont la vocation était figurée par les Mages, qui sont venus de loin, nous ne soyons plus des étrangers et des hôtes, mais de la cité des saints et de la maison de Dieu, comme un édifice bâti sur le fondement des apôtres et des prophètes, dont Jésus-Christ est lui-même la principale pierre de l'angle (*Ephés.*, II, 19, 20). Car des deux peuples il n'en a fait qu'un; afin qu'en lui seul nous aimions l'unité, et que nous soyons animés d'une charité infatigable pour recueillir les rameaux qui, brisés et détachés de l'olivier franc, sont tombés dans l'hérésie (1) : car Dieu est assez puissant pour les enter de nouveau. (*Rom.*, XI, 20, 23.)

SERMON CCI.

IIIe pour l'Epiphanie de Notre-Seigneur.

CHAPITRE PREMIER. — *Jésus-Christ se manifeste aux Gentils.* — 1. Nous avons célébré, il y a très-peu de jours, la naissance de Notre-Seigneur; nous célébrons aujourd'hui avec une solennité non moins juste, le jour où il a commencé à se révéler aux Gentils. Les bergers de la Judée furent appelés à son berceau le jour même où il naquit; c'est aujourd'hui que les Mages sont venus de l'Orient pour l'adorer. Car, dès sa naissance, Jésus-Christ est cette pierre angulaire qui devait être le lien des deux murs de la circoncision et de l'incirconcision, qui ve-

(1) Saint Augustin veut parler ici des donatistes.

---

ginquitate. Illi ipso die quo natus est, isti ad cum hodie advenisse creduntur. Manifestatus ergo est, nec illis doctis, nec istis justis. Prævalet namque imperitia in rusticitate pastorum, et impietas in sacrilegiis Magorum. Utrosque sibi lapis ille angularis applicuit; quippe qui venit stulta mundi eligere, ut confunderet sapientes (I *Cor.*, I, 27); et non vocare justos, sed peccatores (*Matth.*, IX, 13); ut nullus magnus superbiret, nullus (*a*) infimus desperaret. Unde Scribæ et Pharisæi dum nimis docti et nimis justi sibi videntur, cujus nascentis civitatem ostenderunt Prophetica eloquia recitantes, hunc reprobaverunt ædificantes. Sed quia factus est in caput anguli (*Psal.* CXVII, 22), et quod natus ostendit, passus implevit; huic nos inhæreamus cum alio pariete habente reliquias Israel, quæ per electionem gratiæ salvæ factæ sunt. (*Rom.*, XI, 5.) Eos enim pastores illi præfigurabant de proximo conjungendos, ut et nos, quorum ex longinquo vocationem Magorum significabat adventus, jam non peregrini et inquilini, sed cives sanctorum et domestici Dei maneamus, coædificati super fundamentum Apostolorum et Prophetarum, ipso summo angulari lapide exsistente Christo Jesu (*Ephes.*, II, 19, 20) : qui fecit utraque unum, ut in uno amemus unitatem, et ad colligendos ramos qui etiam de oleastro inserti, per superbiam fracti hæretici sunt facti, quoniam potens est Deus iterum inserere illos (*Rom.*, XI, 20, 23), habeamus infatigabilem caritatem.

SERMO CCI (*b*).

In Epiphania Domini, III.

CAPUT PRIMUM. — *Manifestatio Christi facta Gentibus.* — 1. Ante paucissimos dies Natalem Domini celebravimus : hodierno autem die manifestationem, qua manifestari gentibus cœpit, solemnitate non minus debita celebramus. Illo die natum pastores Judæi viderunt : hodie Magi ab Oriente venientes adoraverunt. Natus quippe fuerat lapis ille angularis, pax duorum parietum ex circumcisione et præputio, non ex parva diversitate venientium ; ut in illo copu-

(*a*) Sic potiores Mss. At editi, *infirmus*. — (*b*) Alias *de Tempore* XXXI.

naient de directions tout à fait opposées, et les unir étroitement en sa personne, car c'est lui qui est notre paix, et des deux peuples il n'en a fait qu'un. (*Ephés.*, II, 14.) C'est ce qu'ont figuré les bergers parmi les Juifs, et les Mages parmi les Gentils. Nous voyons commencer en eux ce qui devait croître et produire des fruits si abondants dans le monde entier. Célébrons donc, dans les transports de la reconnaissance et d'une joie toute spirituelle, ces deux jours de la naissance et de la manifestation du Seigneur. Les bergers de la Judée sont venus vers lui sur l'invitation d'un ange, les Mages ont été conduits à son berceau par une étoile qui leur indiquait le chemin. Cette étoile a confondu les vains calculs et les divinations des astrologues, en enseignant aux adorateurs des étoiles à offrir bien plutôt leurs adorations au Créateur du ciel et de la terre. Celui qui a fait briller cette nouvelle étoile à sa naissance, est le même qui a obscurci à sa mort le soleil, dont l'existence est si ancienne. Cette nouvelle lumière marque le commencement de la foi des Gentils, comme ces ténèbres accusent hautement la perfidie des Juifs. Qu'était donc cette étoile qu'on n'avait jamais vue auparavant parmi les astres et qu'on ne vit plus ensuite briller dans le ciel? Qu'était cette étoile, sinon la langue magnifique du ciel, qui publiait la gloire de Dieu, proclamait par son éclat extraordinaire l'enfantement miraculeux d'une vierge, et qui disparut ensuite pour céder sa place à l'Evangile, qui devait retentir par tout l'univers. Mais que demandent les Mages à leur arrivée? « Où est celui qui est né roi des Juifs? » (*Matth.*, II, 2.) Que signifie cette question? Est-ce qu'on n'avait pas vu naître auparavant des rois des Juifs en grand nombre? Pourquoi donc ce désir si vif de connaître et d'adorer le roi d'un peuple étranger? « Nous avons vu, disent-ils, son étoile en Orient, et nous sommes venus l'adorer. » Le chercheraient-ils avec tant d'ardeur, le désireraient-ils avec un sentiment de religion si profond si, dans ce roi des Juifs, ils ne reconnaissaient Celui qui est en même temps le Roi des siècles?

CHAPITRE II. — *Pilate et les Mages figurent les peuples qui devaient être réunis de l'Orient et de l'Occident.* — 2. Aussi Pilate fut-il comme inspiré par quelque souffle de vérité, lorsque, dans la passion du Sauveur, il fit cette inscription pour sa croix : « Roi des Juifs, » inscription que les Juifs, incorrigibles eux-mêmes, s'efforcèrent de faire corriger. Pilate répondit : « Ce que j'ai écrit, je l'ai écrit. » (*Jean*, XIX, 19, 22.) Car nous lisons dans un psaume cette prédiction : « N'altérez point l'inscription du titre. » (*Ps.* LVI, 1.) Considérons donc attentivement ce grand et admirable mystère. Les Mages faisaient partie des Gentils, de même que Pilate ; ils virent l'étoile dans le ciel, Pilate écrivit l'ins-

---

larentur, qui factus est pax nostra, et fecit utraque unum. (*Ephes.*, II, 14.) Hoc in pastoribus Judæorum, et Magis gentium præsignatum est. Inde cœpit, quod in universo mundo fructificaret et cresceret. Nos itaque duos dies, nativitatis et manifestationis Domini nostri, spiritali lætitia gratissimos habeamus. Judæi pastores ad eum Angelo nuntiante, gentiles Magi stella demonstrante, perducti sunt. Hæc stella vanas computationes astrologorum divinationesque confudit, cum stellarum adoratoribus Creatorem cœli et terræ adorandum potius demonstravit. Nam ipse novam stellam declaravit natus, qui antiquum solem obscuravit occisus. Illa luce inchoata est fides gentium, illis tenebris accusata est perfidia Judæorum. Quid erat illa stella, quæ nec unquam antea inter sidera apparuit, nec postea demonstranda permansit? Quid erat, nisi magnifica lingua cœli, quæ narraret gloriam Dei, quæ inusitatum virginis partum inusitato fulgore clamaret, cui postea non apparenti Evangelium toto orbe succederet? Quid denique Magi venientes dixerunt? « Ubi est qui natus est rex Judæorum ? » (*Matth.*, II, 2.) Quid est hoc? Nonne tam multi antea reges erant nati Judæorum? Quid tantopere alienæ gentis regem nosse et adorare cupierunt? « Vidimus enim, inquiunt, stellam ejus in Oriente, et venimus adorare eum. ». Numquid hoc tanta devotione requirerent, tanto pietatis affectu desiderarent, nisi eum agnoscerent regem Judæorum, qui rex est etiam sæculorum ?

CAPUT II. — *In Pilato et Magis significatæ gentes ab Oriente et Occidente congregandæ.* — 2. Hinc et Pilatus nonnulla utique aura (*a*) veritatis afflatus est, quando in ejus passione titulum scripsit : « Rex Judæorum : » quem Judæi conati sunt mendosi emendare. Quibus ille respondit: « Quod scripsi, scripsi ; » (*Joan.*, XIX, 19, 22.) Quia prædictum erat in Psalmo : « Tituli inscriptionem ne corrumpas. » (*Psal.* LVI, 1.) Advertamus itaque magnum hoc et mirabile sacramentum. Magi ex gentibus erant, ipse etiam Pilatus ex gentibus : illi stellam viderunt in cœlo, ille titu-

---

(*a*) Ms. *aura pietatis*. Et infra loco *mendosi*, plures habent *mendose*.

cription de la croix : mais les Mages, comme Pilate, cherchaient ou reconnaissaient dans Jésus-Christ, non pas le Roi des Gentils, mais le Roi des Juifs. Or, les Juifs ni ne suivirent l'étoile, ni ne se rendirent à l'inscription de la croix. Déjà donc s'accomplissait en eux cette prédiction que Notre-Seigneur fit dans la suite : « Plusieurs viendront d'Orient et d'Occident et prendront place avec Abraham, Isaac et Jacob, dans le royaume des cieux ; mais les enfants du royaume seront jetés dans les ténèbres extérieures. » (*Matth.*, VIII, 11.) Les Mages, en effet, venaient de l'Orient, et Pilate de l'Occident. Aussi voyez : les Mages rendent témoignage au Roi des Juifs à son lever, c'est-à-dire à sa naissance, et Pilate à son coucher, c'est-à-dire à sa mort, afin de prendre place dans le royaume des cieux avec Abraham, Isaac et Jacob, de qui les Juifs tiraient leur origine. Les Gentils n'en descendaient pas eux-mêmes par la chair, mais ils avaient été greffés sur eux par la foi, et ils figuraient déjà par avance l'olivier sauvage dont parle l'Apôtre, et qui devait être enté sur l'olivier franc. (*Rom.*, XI, 24.) C'est pour cette raison que les Gentils ne recherchent, ni n'adorent le roi des Gentils, mais le Roi des Juifs ; c'est l'olivier sauvage qui devait être greffé sur l'olivier franc, et non l'olivier franc sur l'olivier sauvage. Cependant les rameaux qui devaient être brisés, c'est-à-dire les Juifs infidèles, à la question que leur font les Mages : Où le Christ doit-il naître? répondent : « Dans Bethléem de Juda ; » (*Matth.*, II, 5) et lorsque Pilate leur reproche qu'ils voulaient crucifier leur Roi, leur fureur contre lui n'en devient que plus opiniâtre. (*Matth.*, XXVII, 24.) Les Mages ont donc adoré le Christ sur l'indication que leur donnèrent les Juifs du lieu de sa naissance, parce que c'est par les saintes Ecritures dont les Juifs ont reçu le dépôt, que nous connaissons Jésus-Christ. Pilate, qui était aussi des Gentils, se lave les mains lorsque les Juifs demandent la mort de Jésus-Christ, parce que nos péchés sont effacés par le sang que les Juifs ont versé. Mais nous traiterons ailleurs plus à propos, lorsque nous serons arrivés à la passion du Sauveur, du témoignage que lui rend Pilate par l'inscription de la croix, où il fait écrire qu'il est le Roi des Juifs.

CHAPITRE III. — *Les Juifs sont les gardiens des Ecritures pour le salut des Gentils.* — 3. Achevons le peu qui nous reste à dire de la manifestation du Christ aussitôt sa naissance, manifestation que les Grecs appellent le jour de l'*Epiphanie*, et où le Sauveur commence à se révéler aux Gentils dans la personne des Mages qui vinrent l'adorer. Nous aimons à considérer de nouveau comment à cette question des Mages : Où le Christ doit-il naître ? les Juifs répondent : « A Bethléem de Juda, » (*Matth.*, II, 5) et cependant ne se rendent pas eux-mêmes dans cette

---

lum scripsit in ligno : utrique tamen non regem gentium, sed Judæorum vel quærebant, vel agnoscebant. Judæi vero ipsi nec stellam secuti sunt, nec titulo consenserunt. Jam igitur præsignabatur quod postea ipse Dominus dixit : « Multi ab Oriente et Occidente venient, et recumbent cum Abraham et Isaac et Jacob in regno cœlorum : filii autem regni ibunt in tenebras exteriores. » (*Matth.*, VIII, 11.) Nam Magi ab Oriente, Pilatus ab Occidente venerat. Unde illi orienti, hoc est nascenti ; ille autem occidenti, hoc est morienti, attestabantur regi Judæorum : ut cum Abraham et Isaac et Jacob, ex quibus Judæi ducebant originem, recumberent in regno cœlorum ; non ex eis propagati per carnem, sed eis inserti per fidem : ut ille de quo Apostolus loquitur, olivæ inserendus jam præmonstraretur oleaster. (*Rom.*, XI, 24.) Propterea quippe non rex gentium, sed Judæorum ab eisdem gentibus, vel quærebatur, vel agnoscebatur ; quia oleaster ad olivam, non ad oleastrum oliva veniebat. Rami tamen frangendi, hoc est, infideles Judæi, et Magis inquirentibus ubi Christus nasceretur : « In Bethleem Judæ, » (*Matth.*, II, 5) respondebant, et Pilato exprobrante, quod regem suum crucifigi vellent, pertinacissime sæviebant. (*Matth.*, XXVII, 24.) Itaque Magi adoraverunt, Judæis ostendentibus locum Christi nascentis ; quia in Scriptura, quam Judæi acceperunt, Christum cognoscimus. Pilatus ex gentibus manus lavit, Judæis mortem Christi petentibus ; quia sanguine quem Judæi fuderunt, nostra peccata diluimus. Sed de testimonio Pilati per titulum, in quo scripsit regem Judæorum esse Christum, alius est disserendi locus : quo passionis est tempus.

CAPUT III. — *Judæi ad gentium salutem Scripturarum custodes.* — 3. Nunc vero quod attinet ad manifestationem nati Christi, de cujus manifestationis die, quæ Græco vocabulo « Epiphania » nominatur, qua manifestari cœpit gentibus cum eum Magi adoraverunt, quæ restant pauca dicamus. Nam etiam atque etiam considerare delectat, quemadmodum Magis quærentibus ubi Christus nasceretur, Judæi responderunt : « In Bethleem Judæ ; » (*Matth.*, II, 5)

ville, et comment, lorsque les Mages les ont quittés, la même étoile les conduit jusqu'au lieu où était l'enfant. Il était ainsi évident qu'elle pouvait également indiquer la ville de Bethléem, mais qu'elle avait disparu quelque temps pour que les Mages pussent interroger les Juifs. Or, les Juifs sont interrogés pour nous apprendre que ce n'est point pour leur propre salut, mais pour l'instruction et le salut des Gentils, qu'ils sont dépositaires des divins oracles. Ce peuple a été chassé de son royaume et dispersé par toute la terre, pour être partout le témoin forcé de la foi dont il est l'ennemi. Après avoir vu tomber son temple, ses sacrifices, son sacerdoce, et même son royaume, il ne conserve plus son nom et sa nationalité qu'à la faveur d'un petit nombre d'anciens rites, qui l'empêchent de disparaître en se confondant avec les autres peuples auxquels il se trouve mêlé, et de laisser perdre les témoignages de la vérité. Ce peuple est semblable à Caïn, qui fut marqué d'un signe afin que personne ne le tuât après que l'orgueil et la jalousie l'eurent poussé à mettre à mort son frère innocent et juste. (*Gen.*, IV, 15.) On peut entendre assez justement dans ce sens ces paroles du psaume LVIII, où Jésus-Christ dit à Dieu, dans la personne de son corps mystique : « Le Seigneur s'est servi de mes ennemis pour m'instruire ; ne les faites pas mourir, de peur qu'ils n'oublient tout à fait votre loi. » (*Ps.* LVIII, 12.) En effet, ce sont ces ennemis de la foi chrétienne qui montrent aux Gentils comment Jésus-Christ a été prédit. Sans cela, en voyant les prophéties accomplies avec une si éclatante exactitude, ils pourraient croire qu'elles ont été fabriquées par les chrétiens lorsqu'ils citent ces prédictions dont on voit l'accomplissement si fidèle en Jésus-Christ. Les Juifs ouvrent alors leurs livres sacrés, et Dieu nous instruit ainsi par le moyen de nos ennemis. Il ne les a point mis à mort, c'est-à-dire il ne les a pas exterminés entièrement de dessus la terre, afin qu'ils n'oublient point sa loi ; ils en conservent le souvenir en continuant à la lire et à observer d'une manière toute charnelle quelques-unes de ses prescriptions ; c'est ainsi qu'elle est pour eux un titre de condamnation, et pour nous un témoignage de salut.

SERMON CCII.

IVe *pour l'Epiphanie de Notre-Seigneur.*

CHAPITRE PREMIER. — *L'Epiphanie est la manifestation de Jésus-Christ.* — 1. Quelle allégresse répand dans l'univers entier cette grande solennité ; quel mystère rappelle la fête anniversaire que nous célébrons ; ce jour nous fait un devoir de vous l'expliquer dans un discours

---

nec tamen ad eum venerunt ipsi, sed eis abscedentibus, Magos ad eum locum in quo infans erat, eadem stella perduxit : ut ostenderetur quod et civitatem poterat demonstrare, sed ad hoc se aliquantum subtraxerat, ut Judæi possent interrogari. Ad hoc sunt autem interrogati Judæi, ne demonstraretur eos non ad suam, sed ad gentium salutem et agnitionem testimonia divina portare. Propter hoc enim illa gens regno suo pulsa est et dispersa per terras, ut ejus fidei cujus inimici sunt, ubique testes fieri cogerentur. Perdito quippe templo, sacrificio, sacerdotio, ipsoque regno, in paucis veteribus sacramentis nomen genusque custodiunt ; ne permixti gentibus sine discretione dispereant, et testimonium veritatis amittant : velut Cain accipiente signum, ut eum nullus occidat, qui fratrem justum invidus et superbus occidit. (*Gen.*, IV, 15.) Hoc nimirum etiam in quinquagesimo octavo Psalmo non incongruenter intelligi potest, ubi Christus ex persona sui corporis loquitur et dicit : « Deus meus demonstravit mihi in inimicis meis, ne occideris eos, ne quando obliviscantur legis tuæ. » (*Psal.* LVIII, 12.) In eis quippe inimicis fidei Christianæ demonstratur gentibus quomodo prophetatus est Christus : ne forte, cum vidissent tanta manifestatione impleri prophetias, putarent easdem Scripturas a Christianis esse confictas, cum de Christo prædicta recitarentur, quæ completa cernuntur. Proferuntur ergo codices a Judæis, atque ita Deus demonstrat nobis in inimicis nostris ; quos ideo non occidit, hoc est, de terris non penitus perdidit, ne obliviscerentur legis ipsius : quam propterea legendo, et quædam ejus quamvis carnaliter observando, meminerunt, ut sibi sumant judicium, nobis præbeant testimonium.

SERMO CCII [a].

In Epiphania Domini IV.

CAPUT PRIMUM. — *Epiphania manifestatio Christi.* — 1. Hodierni diei per universum mundum nota solemnitas quid nobis afferat festivitatis, quidve anniversaria repetitione commemoret, anniversario

---

(a) Alias de Tempore XXXII.

qui revient aussi chaque année. Le mot grec *épiphanie* signifie, en latin, manifestation. C'est en ce jour, en effet, que les Mages, à ce que l'on croit, avertis par une étoile qui leur apparut, et qui marcha devant eux pour leur servir de guide, vinrent adorer Notre-Seigneur. Ils aperçurent cette étoile en Orient le jour même où il naquit, et reconnurent Celui dont elle leur annonçait la naissance. Ils marchèrent donc depuis ce jour jusqu'à celui où nous sommes; ils jetèrent l'effroi dans l'esprit d'Hérode par la nouvelle qu'ils lui apprirent; et sur la réponse que leur firent les Juifs d'après le témoignage des prophètes, ils trouvèrent que c'était dans la ville de Bethléem que le Seigneur était né. Ils se dirigèrent donc vers lui sous la conduite de la même étoile, adorèrent Celui qu'elle leur avait indiqué, lui offrirent de l'or, de l'encens et de la myrrhe, et retournèrent par un autre chemin. Le Sauveur s'est manifesté le jour même de sa naissance aux bergers que les anges appelèrent à son berceau, et c'est ce même jour qu'une étoile annonça dans l'Orient sa naissance aux Mages; mais c'est aujourd'hui seulement qu'ils sont venus l'adorer. L'Eglise des Gentils tout entière a donc voulu célébrer ce jour avec les sentiments de la plus grande dévotion, parce que ces Mages étaient les premiers de la gentilité. Les bergers étaient du peuple d'Israël, les Mages du peuple des Gentils; les uns étaient proches, les autres éloignés, mais les uns comme les autres sont venus se réunir à la pierre angulaire. « Il est venu, dit l'Apôtre, annoncer la paix, et à nous qui étions éloignés, et à ceux qui étaient proches. Car il est notre paix ; c'est lui qui, des deux peuples, n'en a fait qu'un, pour former en lui-même un seul homme nouveau de ces deux peuples, changer ces deux peuples reconciliés à Dieu dans un seul corps, et détruire en lui leurs inimitiés. » (*Ephés.*, II, 17, etc.)

CHAPITRE II. — *Les Mages ont été choisis pour être les prémices des Gentils.* — 2. Il est naturel que les hérétiques donatistes n'aient jamais voulu célébrer cette fête avec nous, parce qu'ils n'aiment point l'unité et qu'ils ne sont point en communion avec l'Eglise d'Orient où est apparue cette étoile. Pour nous, au contraire, nous célébrons, en union avec les Gentils, cette manifestation de Notre-Seigneur et Sauveur Jésus-Christ, où il recueillit les prémices de la gentilité. Dès lors cet enfant, avant qu'il pût nommer son père et sa mère, comme le Prophète l'avait prédit, enleva la puissance de Damas et les dépouilles de Samarie, (*Isa.*, VIII, 4,) c'est-à-dire, avant qu'il pût faire entendre aucune parole humaine dans la nature dont il s'était revêtu, il s'empara de la puissance de Damas, c'est-à-dire de ce dont la ville de Damas s'enorgueillissait le plus. En effet, cette ville

---

quoque sermone tempus admonet ut loquamur. « Epiphania » quippe Græce, Latine manifestatio dici potest. Hoc enim die Magi Dominum adorasse perhibentur ; stella scilicet apparente commoniti, et præcedente perducti. Eo quippe die quo natus est, illi stellam in Oriente viderunt ; et quem natum indicaverit, agnoverunt. Ex illo igitur die ad hunc diem occurrerunt, Herodem regem nuntio terruerunt, Judæis ex Prophetica scriptura respondentibus, Bethleem civitatem, ubi Dominus natus fuerat, invenerunt. Ad ipsum deinde Dominis stella eadem ducente venerunt, demonstratum adoraverunt; aurum, thus, et myrrham obtulerunt; alio itinere redierunt. Manifestatus est quidem et die ipso nativitatis suæ Dominus pastoribus ab Angelo admonitis ; quo etiam die per stellam et illis est longe in Oriente nuntiatus : sed isto die ab eis est adoratus. Suscepit ergo devotissime istum diem celebrandum universa Ecclesia gentium : quia et illi Magi quid jam fuerunt, nisi primitiæ gentium ? Israelitæ pastores, Magi gentiles : illi prope, isti longe : utrique tamen ad angularem lapidem concurrerunt. « Veniens » quippe, sicut Apostolus dicit, « evangelizavit pacem nobis, qui eramus longe, et pacem his qui prope. Ipse est enim pax nostra, qui fecit utraque unum, et duos condidit in se, in unum novum hominem, faciens pacem, et commutavit utrosque in uno corpore Deo, interficiens inimicitias in semetipso. (*Ephes.*, II, 17, etc.)

CAPUT II. — *Primitiæ gentium in Magis delibatæ.* — 2. Merito istum diem nunquam nobiscum hæretici Donatistæ celebrare voluerunt : quia nec unitatem amant, nec Orientali Ecclesiæ, ubi apparuit illa stella, communicant. Nos autem manifestationem Domini et Salvatoris nostri Jesu Christi, qua primitias gentium delibavit, in unitate gentium celebremus. Tunc enim puer prius quam sciret vocare patrem aut matrem, sicut de illo fuerat prophetatum, accepit virtutem Damasci, et spolia Samariæ (*Isai.*, VIII, 4) : id est, antequam per humanam carnem humana verba proferret, accepit virtutem Damasci, illud scilicet unde Damascus præsumebat. In divitiis quippe civi-

florissante selon le monde était autrefois orgueilleuse et fière de ses richesses. Or, dans les richesses, le premier rang appartient à l'or, que les Mages ont offert humblement à Jésus-Christ. Quant aux dépouilles de Samarie, ce sont ses habitants eux-mêmes, car Samarie est prise ici pour l'idolâtrie. C'est dans cette ville, en effet, que le peuple d'Israël s'est détourné de Dieu pour embrasser le culte des idoles. Or, le Christ, qui devait détruire dans tout l'univers, par le glaive spirituel, le royaume du démon, commence, encore enfant, à enlever à sa domination ces premières dépouilles de l'idolâtrie, en détournant les Mages de cette superstition funeste et en les attirant à l'adorer lui-même. Sa langue n'articule encore aucune parole, mais il leur parle du haut du ciel par une étoile, et leur apprend ce qu'il est, dans quelle région et pour qui il est descendu, non par le langage de l'homme, mais par la puissance du Verbe fait chair; car ce Verbe qui, dès le commencement, était Dieu, ce Verbe qui était en Dieu, s'était fait chair pour habiter parmi nous; il était venu jusqu'à nous, tout en demeurant dans le sein de son Père; il n'avait point quitté la société des anges du ciel, et il rassemblait les hommes sur la terre par le ministère des anges; il faisait briller comme Verbe l'immuable vérité aux yeux des habitants des cieux, et, dans cette étable si étroite, il était réduit à être couché dans une crèche.

C'est lui qui faisait paraître cette nouvelle étoile dans le ciel, et cette étoile indiquait sur la terre qu'il devait lui-même être adoré. Et cependant cet enfant, dont la puissance égalait la grandeur, est obligé de fuir en Egypte, porté sur les bras de ses parents, pour dérober son enfance à la fureur d'Hérode. Il instruit déjà ses membres, sinon par ses paroles, du moins par ses actes, et il leur dit dans son silence : « S'ils vous persécutent dans une ville, fuyez dans une autre. » (*Matth.*, x, 23.) En effet, il était revêtu, pour nous représenter, d'une chair mortelle, dans laquelle il devait aussi mourir pour nous au temps convenable. Aussi les Mages lui ont-ils offert, non-seulement de l'or comme au Roi qu'ils honoraient, de l'encens comme au Dieu digne de leurs adorations, mais de la myrrhe comme à Celui qui devait être enseveli. Il nous montre aussi, par les petits enfants qu'Hérode fit mettre à mort, ce que devaient être ceux qui devaient mourir pour son nom, quelle innocence, quelle humilité il exigeait d'eux; car l'âge de deux ans, qu'avaient ces enfants, figure les deux préceptes qui comprennent toute la loi et les prophètes. (*Matth.*, XXII, 40.)

CHAPITRE III. — *Les Juifs annoncent la venue de Jésus-Christ par leurs rites sacrés et par leurs Ecritures.* — 3. Mais qui n'est surpris et frappé de voir qu'en répondant à la question des Mages,

---

tas illa secundum sæculum florens aliquando præsumpserat. In divitiis autem principatus auro defertur, quod Christo Magi suppliciter obtulerunt. Spolia vero Samariæ iidem ipsi erant, qui eam incolebant. Samaria namque per idololatria posita est. Illic enim populus Israel aversus a Domino, ad idola colenda conversus est. Debellaturus scilicet Christus gladio spiritali per universum orbem regnum diaboli, hæc prima puer spolia idololatriæ dominationi detraxit, ut ad se adorandum Magos conversos a peste illius superstitionis averteret, et in hac terra nondum loquens per linguam, loqueretur de cœlo per stellam; ut et quis esset, et quo, et propter quos venisset, non voce carnis, sed virtute Verbi, quod caro factum est, demonstraret. Hoc enim Verbum, quod in principio erat Deus apud Deum, jam etiam caro factum, ut habitaret in nobis, et ad nos venerat, et apud Patrem manebat; sursum Angelos non deserens, et deorsum ad se homines per Angelos colligens, et cœlestibus habitatoribus secundum Verbum incommutabili veritate fulgebat, et propter angustum diversorium in præsepi jacebat. Ab ipso in cœlo demonstrabatur stella, et ipsum adorandum demonstrabat in terra. Et tamen infans tam potens, tam magnus, parvulus propter inimicitias Herodis in Ægyptum portantibus parentibus fugit : ita nondum sermone, sed factis jam suis membris loquens, et tacitus dicens : « Si vos persecuti fuerint in una civitate, fugite in aliam. » (*Matth.*, x, 23.) Mortalem quippe carnem, in qua nos præfiguraret, gerebat, in qua erat etiam pro nobis opportuno tempore moriturus. Unde a Magis illis non solum aurum honorandus, et thus adorandus, verum etiam myrrham sepeliendus acceperat. Quales etiam fuissent pro ejus nomine morituri, quam innocentes, quam humiles, ostendit in parvulis, quos Herodes occidit. Nam ex quibus tota Lex pendet et Prophetæ (*Matth.*, XXII, 40), etiam illum numerum præceptorum significavit bimatus illorum.

CAPUT III. — *Judæi Christum suis ritibus et Scripturis ostendunt.* — 3. Jam vero quem non facit intentum, quid sibi velit quod Magorum inquisitioni, ubi

les Juifs leur font connaître, d'après les Ecritures, où devait naître le Christ, et cependant, ne vont point l'adorer avec eux? Et n'est-ce pas ce que nous voyons encore aujourd'hui, où les rites sacrés, auxquels ces cœurs durs continuent d'être soumis, ne leur annoncent que Jésus-Christ, en qui ils refusent de croire? Lorsqu'ils immolent et mangent l'agneau pascal (*Exod.*, XII, 9), ne font-ils pas connaître aux Gentils le Christ, qu'ils ne veulent pas adorer avec eux? Mais quoi! lorsque des hommes doutent de la véracité des oracles prophétiques qui ont annoncé Jésus-Christ, et se demandent s'ils n'ont pas été composés par les chrétiens, non point avant, mais après l'accomplissement des événements, n'en appelons-nous pas alors aux livres sacrés des Juifs, pour dissiper leurs doutes et affermir leur foi? Et alors encore ne sont-ce pas les Juifs eux-mêmes qui démontrent aux Gentils le Christ, qu'ils refusent d'adorer avec eux?

Il ne faut point reprendre sa vie ancienne après y avoir renoncé par la pénitence. — 4. Nous donc, mes bien-aimés, dont les Mages étaient les prémices, nous qui formons l'héritage du Christ jusqu'aux extrémités de la terre, nous pour qui une partie des Juifs est tombée dans l'aveuglement, jusqu'à ce que la plénitude des nations soit entrée (*Rom.*, XI, 25); après avoir connu Notre-Seigneur et Sauveur Jésus-Christ, qui, pour nous consoler, a voulu naître dans une étable étroite, et qui est maintenant assis au plus haut des cieux, pour nous élever jusqu'à lui, gardons-nous, en l'annonçant sur la terre, dans cette région qu'habite notre corps, de retourner par le chemin que nous sommes venus, et de reprendre les habitudes de notre vie ancienne. C'est pour nous enseigner cette vérité, que les Mages retournent par un autre chemin. Or, changer de chemin, c'est changer de vie. A nous aussi les cieux ont raconté la gloire de Dieu. (*Ps.* XVIII, 1.) Nous aussi, nous avons vu briller, comme l'étoile du haut des cieux, la vérité de l'Evangile, qui nous a conduits jusqu'à Jésus-Christ, pour l'adorer; nous aussi, nous avons prêté une oreille attentive et docile à cette prophétie si célèbre parmi le peuple juif, à cette indication que nous ont donnée les Juifs, qui ne marchent pas avec nous; nous aussi, nous avons reconnu et loué Jésus-Christ comme notre Roi, comme notre Pontife mort pour nous, et nous lui avons ainsi offert le tribut de l'or, de l'encens et de la myrrhe. Il ne nous reste plus, pour le faire connaître, qu'à suivre une nouvelle voie et à ne point retourner par le chemin que nous avons pris pour venir.

Christus nasceretur, Judæi de Scriptura responderunt, et ipsi cum eis non adoraverunt? Nonne hoc videmus etiam nunc, quando ex ipsis sacramentis, quibus eorum duritia subditur, nihil aliud quam Christus, in quem nolunt credere, ostenditur? Nonne et quando occidunt ovem et Pascha manducant, gentibus Christum demonstrant, quem cum eis ipsi non adorant? (*Exod.*, XII, 9.) Nam illud quale est, quod sæpe de testimoniis Propheticis, quibus Christus prænuntiatus est, quibusque hominibus dubitantibus, ne forte a Christianis illa conscripta sint, non adhuc futura, sed facta, ad Judæorum codices provocamus, ut animos dubitantium confirmemus? Nonne etiam tunc Judæi Christum ostendunt gentibus, quem nolunt adorare cum gentibus?

Pristina vita post pœnitentiam non repetenda. — 4. Nos ergo, Carissimi, quorum erant illi Magi primitiæ, nos hæreditas Christi usque ad terminos terræ, propter quos cæcitas ex parte in Israel facta est, ut plenitudo gentium intraret (*Rom.*, XI, 25), cognito Domino et Salvatore nostro Jesu Christo, qui propter nos consolandos tunc jacuit in angusto diversorio, nunc propter sublimandos sedet in cœlo; sic eum annuntiemus in hac terra, in hac regione carnis nostræ, ut non qua venimus redeamus, nec prioris nostræ conversationis vestigia repetamus. Hoc est enim quod et illi Magi non qua venerant redierunt. Via mutata, vita mutata est. Et nobis cœli enarraverunt gloriam Dei (*Psal.* XVIII, 1); et nos ad Christum adorandum fulgens ex Evangelio veritas, tanquam de cœlo stella, perduxit; et nos prophetiam in gente Judaica celebratam, tanquam indicium Judæorum non nobiscum pergentium, fideli aure percepimus; et nos regem et sacerdotem et pro nobis mortuum Christum agnoscentes atque laudantes, tanquam in auro et thure et myrrha honoravimus: superest ut eum evangelizantes novam viam carpamus, non qua venimus redeamus.

SERMON CCIII.

V⁰ *pour l'Epiphanie de Notre-Seigneur.*

CHAPITRE PREMIER. — *C'est avec raison que l'Eglise a institué la fête de l'Epiphanie.* — 1. Le mot grec *Epiphanie* peut se traduire en latin par manifestation. Le Rédempteur de tous les peuples, en se manifestant aujourd'hui, a fait de ce jour une fête solennelle pour toutes les nations de la terre. Nous avons, il y a trèspeu de jours, célébré sa naissance; nous célébrons aujourd'hui sa manifestation. C'est donc aujourd'hui que Notre-Seigneur, né treize jours auparavant, a été, suivant la tradition, adoré par les Mages. Que ce fait ait eu lieu, la vérité de l'Evangile ne permet pas d'en douter (*Matth.*, II); quel jour a-t-il eu lieu, cette fête solennelle le proclame partout avec autorité. Il a paru juste, et il était juste en effet, que, puisque les Mages ont été les premiers des Gentils qui ont connu Notre-Seigneur Jésus-Christ, et que, sans être excités par sa parole, ils ont suivi l'étoile qui leur apparaissait, et qui était pour eux comme la langue du ciel qui leur parlait visiblement à la place du Verbe enfant réduit au silence, il était juste, dis-je, que les Gentils fussent portés à conserver avec reconnaissance le souvenir de ce jour où les prémices d'entre eux avaient été appelées au salut, et à le consacrer à Notre-Seigneur Jésus-Christ avec de solennelles actions de grâces. Les prémices des Juifs ont été appelées à la foi et à la connaissance de Jésus-Christ dans la personne des bergers, qui sont venus de près pour le voir, le jour même de sa naissance. Ils y furent excités par les anges, comme les Mages par l'étoile. Les bergers ont entendu ces paroles : « Gloire au plus haut des cieux ; » (*Luc*, II, 14) les Mages ont vu s'accomplir en eux ce que dit le Roi-Prophète : « Les cieux racontent la gloire de Dieu. » (*Ps.* XVIII, 2.) Les bergers comme les Mages furent comme les premières pierres de ces deux murs qui venaient de directions différentes, la circoncision et l'incirconcision, et qui, cependant, ont accouru pour se réunir à la pierre de l'angle, afin de trouver la paix dans Celui qui, des deux peuples, n'en a fait qu'un. (*Ephés.*, II, 14.)

CHAPITRE II. — *La grâce a précédé chez les Juifs, l'humilité a été plus grande dans les Gentils.* — 2. Remarquons cependant que les bergers, après avoir vu Jésus-Christ, ont loué et glorifié Dieu, et que les Mages ont adoré le Sauveur après l'avoir reconnu. Les bergers ont reçu les premiers le bienfait de la grâce, les Mages ont témoigné une humilité plus profonde. Peut-être la grâce du salut excitait une joie plus vive dans les bergers, qui étaient moins coupables, tandis que les Mages, chargés d'une multitude de crimes, en imploraient plus hum-

---

SERMO CCIII [a].

In Epiphania Domini, V.

CAPUT PRIMUM. — *Epiphaniæ festivitas merito instituta.* — 1. Epiphania Græcæ linguæ vocabulo, Latine manifestatio dici potest. Hodierno igitur die manifestatus Redemptor omnium gentium, fecit solemnitatem omnibus gentibus. Cujus itaque nativitatem ante dies paucissimos celebravimus, ejusdem manifestationem hodie celebramus. Dominus ergo noster Jesus Christus ante dies tredecim natus, a Magis hodie traditur adoratus. Quia factum est, Evangelii loquitur veritas (*Matth.*, II) : quo die autem factum sit, ubique clamat tam præclaræ istius solemnitatis auctoritas. Justum enim visum est, quod et vere justum est, ut quoniam illi Magi primi ex gentibus Christum Dominum cognoverunt, et nondum ejus sermone commoti, stellam sibi apparentem et pro infante Verbo visibiliter loquentem, velut linguam cœli, secuti sunt, ut diem salutis primitiarum suarum gentes gratanter agnoscerent, et eum Domino Christo cum gratiarum actione solemni obsequio dedicarent. Primitiæ quippe Judæorum ad fidem revelationemque Christi in illis pastoribus exstiterunt, qui ipso die quo natus est, eum de proximo veniendo viderunt. Illis Angeli, istis stella nuntiavit. Illis dictum est : « Gloria in excelsis Deo ; » (*Luc.*, II, 14) in istis impletum est : « Cœli enarrant gloriam Dei. » (*Psal.* XVIII, 2.) Utrique sane tanquam initia duorum parietum de diverso venientium, circumcisionis et præputii, ad angularem lapidem cucurrerunt : ut esset pax eorum, faciens utraque unum. (*Ephes.*, II, 14.)

CAPUT II. — *In Judæis gratia prior, in gentibus humilitas amplior.* — 2. Verumtamen illi Deum, ex eo quod Christum viderant, laudaverunt : isti autem visum Christum etiam adoraverunt. In illis gratia prior, in istis humilitas amplior. Fortasse ergo illi pastores minus rei, de salute alacrius exsultabant : isti autem Magi multis onerati peccatis, submissius

---

(a) Alias de Diversis LXIV.

blement le pardon. C'est cette humilité que la sainte Ecriture déclare être plus grande chez les Gentils que parmi les Juifs. N'est-ce pas des Gentils qu'était ce centurion qui, après avoir ouvert au Seigneur son cœur tout entier pour le recevoir, se reconnut cependant indigne qu'il entrât dans sa maison, et ne voulut pas consentir qu'il vînt visiter son serviteur malade, mais seulement qu'il le guérit par sa parole souveraine? C'est ainsi qu'il le retenait plus fortement dans son cœur, alors que par respect il l'éloignait de sa demeure. Aussi Notre-Seigneur s'écrie-t-il : « Je n'ai point trouvé une si grande foi dans Israël. » (*Matth.*, VIII, 5.) N'est-ce pas aussi du peuple des Gentils qu'était cette femme chananéenne qui, après avoir entendu le Seigneur la traiter de chienne et la déclarer indigne de manger le pain des enfants, demanda qu'on lui donnât les miettes, qu'on ne refuse pas à un chien, et mérita ainsi de n'être plus ce qu'elle avait reconnu qu'elle était. Car le Seigneur lui dit alors : « O femme, votre foi est grande. » (*Matth.*, XV, 22.) L'humilité lui avait donné cette foi si grande, parce qu'elle-même n'avait pas craint de se faire petite.

CHAPITRE III. — *Comment le salut de tous les Gentils a été figuré par avance.* — 3. Les bergers viennent donc de près pour voir le Sauveur, et les Mages viennent des pays lointains pour l'adorer. C'est l'humilité qui a mérité à l'olivier sauvage d'être greffé sur l'olivier franc et de produire des olives contre sa nature, parce qu'il doit à la grâce d'avoir changé de nature. (*Rom.*, XI, 17.) Le monde entier, semblable à un olivier sauvage, poussait trop de bois et produisait des fruits amers; mais aussitôt qu'il fut enté par la grâce sur l'olivier franc, il se couvrit de fruits aussi doux que brillants. Ils viennent des extrémités de la terre en disant avec le prophète : « Vraiment nos pères ont possédé le mensonge. » (*Jérém.*, XVI, 19.) Et ils viennent, non point d'une seule partie du monde, mais, comme nous le voyons dans l'Evangile selon saint Luc, de l'Orient, de l'Occident et du Midi, pour s'asseoir avec Abraham, Isaac et Jacob dans le royaume des cieux. (*Luc*, XIII, 29.) C'est ainsi que l'univers entier est appelé à la foi, des quatre points du monde, par la grâce de la Trinité. En multipliant ce nombre quatre par trois, nous obtenons le nombre douze consacré par les douze apôtres, et qui est le symbole du salut qui est accordé au monde entier, dans ses quatre parties, par la grâce de la Trinité. Ce nombre se trouve encore figuré dans ce plateau qui fut montré à Pierre, rempli de toutes sortes d'animaux représentant tous les Gentils. (*Act.*, X, 11.) Car cette grande nappe, suspendue par les quatre coins, descendit trois fois du ciel jusqu'à terre, et remonta ensuite vers le ciel. Or, trois fois quatre font douze.

---

indulgentiam requirebant. Hæc est illa humilitas, quam plus in eis qui ex gentibus erant, quam in Judæis, divina Scriptura commendat. Ex gentibus enim erat ille Centurio, qui cum Dominum in toto pectore suscepisset, se tamen dixit indignum, ut in domum ejus intraret, nec ab eo ægrum suum voluit videri, sed salvum juberi. Sic interius præsentem corde retinebat, cujus a suo tecto præsentiam honorifice revocabat. Denique Dominus : « Non inveni, inquit, tantam fidem in Israel. » (*Matth.*, VIII, 5.) Illa etiam Chananæa ex gentibus erat, quæ cum se a Domino audisset canem, et cui panis filiorum mitteretur indignam, micas tanquam canis exegit : et ideo non esse meruit, quia id quod fuerat non negavit. Nam et ipsa audivit a Domino : « O mulier, magna est fides tua. » (*Matth.*, XV, 22.) Humilitas in ea fecerat fidem magnam ; quia se ipsam fecerat parvam.

CAPUT III. — *Gentium omnium salus figurata.* — 3. Veniunt ergo pastores de proximo videre, et Magi de longinquo veniunt adorare. Hæc est humilitas qua inseri meruit oleaster in olivam, et olivam dare contra naturam ; quia naturam meruit mutare per gratiam. (*Rom.*, XI, 17.) Nam cum hoc oleastro totus silvesceret et amaresceret mundus, per insertionis gratiam pinguefactus enituit. Veniunt enim ab extremo terræ, secundum Jeremiam, dicentes : « Vere mendacia coluerunt patres nostri. » (*Jerem.*, XVI, 19.) Et veniunt, non ab una orbis parte, sed sicut Evangelium secundum Lucam loquitur, « ab Oriente, et Occidente, ab Aquilone et Meridie, » qui recumbant cum Abraham et Isaac et Jacob in regno cœlorum. (*Luc.*, XIII, 29.) Sic totus orbis ex partibus quatuor Trinitatis gratia vocatur in fidem. Secundum quem numerum, cum quatuor ter ducuntur, duodenarius numerus Apostolicus consecratus est ; tanquam universi orbi salutem ex quatuor mundi partibus, in Trinitatis gratiam præfigurans. Hunc enim numerum etiam discus ille significavit, qui demonstratus est Petro plenus omnibus animalibus, tanquam omnibus gentibus. (*Act.*, X, 11.) Nam et ipse quatuor lineis suspensus e cœlo ter submissus assumptus est ;

N'est-ce point pour cela encore que douze jours s'étaient écoulés depuis la naissance de Notre-Seigneur, lorsque les Mages, prémices des Gentils, vinrent de l'Orient pour voir et adorer le Christ, et qu'ils ont mérité de recevoir la grâce du salut, non-seulement pour eux, mais pour toutes les nations de la terre? Célébrons donc, avec les sentiments de la plus ardente dévotion, Celui que les Mages ont adoré couché dans une étable ; adorons-le, habitant au plus haut des cieux. Ils saluaient en lui cette gloire dans l'avenir, nous en saluons maintenant l'accomplissement. Les prémices des nations ont adoré l'enfant allaité par sa mère, les nations adorent maintenant Celui qui est assis à la droite de Dieu le Père.

SERMON CCIV.

VI° *pour l'Epiphanie de Notre-Seigneur.*

L'Epiphanie est la manifestation du Christ. — 1. Il y a peu de jours, nous avons célébré la naissance de Notre-Seigneur; nous célébrons aujourd'hui son Epiphanie, mot grec qui signifie *manifestation*, et qui nous rappelle ces paroles de l'Apôtre : « Certes, c'est quelque chose de grand que ce mystère d'amour qui s'est manifesté dans la chair. » (I *Tim.*, III, 16.) Ces deux jours ont tous deux rapport à la manifestation du Christ. Dans l'un, il est né comme homme du sein d'une mère mortelle, lui qui était Dieu sans aucun commencement dans le sein de son Père. Mais c'est aux yeux de la chair qu'il s'est manifesté dans la chair, car les yeux de la chair ne pouvaient le voir dans sa nature spirituelle. Au jour donc qui est appelé le jour de sa naissance, les bergers sont venus le voir dans son berceau ; en ce jour, qui est, à proprement parler, le jour de son Epiphanie, c'est-à-dire de sa manifestation, il a été adoré par les Mages de la gentilité. Aux bergers, il a été annoncé par les anges, aux Mages par une étoile. Le ciel est habité par les anges, et les astres en font l'ornement : aux uns comme aux autres, ce sont donc les cieux qui ont raconté la gloire de Dieu. (*Ps.* XVIII, 2.)

Jésus-Christ est la pierre angulaire destinée à réunir les Juifs et les Gentils. — 2. Pour les uns comme pour les autres, Jésus-Christ, dans sa naissance, est la pierre de l'angle, « qui, suivant l'expression de l'Apôtre, des deux peuples ne devait en faire qu'un, en formant en lui-même un seul homme nouveau de ces deux peuples, mettant la paix entre eux et les réconciliant à Dieu par la croix, pour n'en former qu'un seul corps. » (*Ephés.*, II, 15, etc.) Qu'est-ce, en effet, qu'un angle ? C'est ce qui sert à unir deux murs qui viennent de deux directions opposées, et

---

ut quaterni duodecim facerent. Ideo fortasse post Natalem Domini duodecim diebus additis, Magi primitiæ gentium ad Christum videndum adorandumque venerunt, et non solum accipere propriam, sed omnium quoque gentium salutem significare meruerunt. Celebremus ergo devotissime etiam istum diem ; et Dominum Jesum, quem primitiæ illæ nostræ adoraverunt jacentem in diversorio, nos habitantem adoremus in cœlo. Hoc quippe in eo illi venerati sunt futurum, quod nos veneramur impletum. Adoraverunt primitiæ gentium inhiantem uberibus matris : adorant gentes sedentem ad dexteram Dei Patris.

SERMO CCIV [a].

In Epiphania Domini, VI.

Epiphania, Christi manifestatio. — 1. Ante paucos dies Natalem Domini celebravimus : Epiphaniam hodie celebramus : quo Græco vocabulo significatur manifestatio, et refertur ad illud quod ait Apostolus : «Sine dubio magnum est pietatis sacramentum, quod manifestatum est in carne. » (I *Tim.*, III, 16.) Ambo itaque dies ad manifestationem pertinent Christi. In illo quippe natus est homo ex homine matre, qui sine initio Deus erat apud Patrem. Sed carni est manifestatus in carne ; quia caro eum videre non poterat, sicut erat in spiritu. Et illo quidem die, qui Natalis ipsius nuncupatur, viderunt eum pastores Judæorum : hodierno autem die, qui Epiphania proprie, hoc est manifestatio dicitur, adoraverunt eum Magi gentium. Illis eum Angeli, istis vero stella nuntiavit. Cœlos Angeli habitant, et sidera exornant : utrisque ergo cœli enarraveunt gloriam Dei. (*Psal.* XVIII, 2.)

Christus Judæis et gentibus adunandis angularis lapis. — 2. Utrisque enim natus est lapis angularis ; «ut,» quemadmodum dicit Apostolus, «duos conderet in se, in unum novum hominem, faciens pacem, et commutaret utrosque in uno corpore Deo per crucem. » (*Ephes.*, II, 15, etc.) Quid enim est angulus, nisi conjunctio duorum parietum, qui ex diverso veniunt, et illic quodam modo osculum pacis inveniunt ?

(a) Alias VII ex Vignerianis.

qui se donnent là comme le baiser de paix. En effet, la circoncision et l'incirconcision, c'est-à-dire les Juifs et les Gentils, étaient ennemies entre elles par la diversité et l'opposition de leur culte; les Juifs adoraient un seul et vrai Dieu, les Gentils une multitude de fausses divinités. Or, les uns étant ainsi proches, et les autres éloignés, il attira ces deux peuples à lui pour les réconcilier à Dieu dans un seul corps, comme l'ajoute le même Apôtre : « En détruisant en lui leurs inimités par la croix. Ainsi, poursuit-il, il est venu annoncer la paix à vous qui étiez éloignés, et à ceux qui étaient proches; car, par lui, nous avons accès, les uns et les autres, auprès du Père dans un même esprit. » Voyez comme l'Apôtre nous représente ici ces deux peuples comme deux murs qui viennent de deux directions contraires, et Notre-Seigneur comme la pierre de l'angle à laquelle ils viennent s'unir chacun de leur côté, pour faire la paix, c'est-à-dire ceux d'entre les Juifs et d'entre les Gentils qui ont cru en lui, comme si on leur avait fait cette invitation : Vous qui êtes proches, et vous qui êtes éloignés, « approchez de lui, et vous serez éclairés, et votre visage ne sera point couvert de confusion. » (*Ps.* xxxiii, 6.) Car il est écrit : « Voici que je poserai dans Sion la principale pierre de l'angle, pierre choisie et précieuse, et Celui qui croira en elle ne sera pas confondu. » (I *Pierre*, ii, 6.) Ceux qui ont écouté avec docilité sont venus des deux côtés; ils ont fait la paix, ont mis fin à leurs inimités, et les bergers et les Mages ont été les prémices des uns et des autres. C'est dans la personne des bergers et des Mages que le bœuf a commencé de connaître son maître, et l'âne l'étable de son Seigneur. (*Isa.*, i, 3.) Celui de ces deux animaux qui a des cornes figure les Juifs, qui ont préparé à Jésus-Christ les cornes ou les bras de la croix. L'animal aux longues oreilles représente les Gentils, dont le Roi-Prophète avait prédit : « Un peuple que je ne connaissais pas, m'a servi, et a prêté une oreille attentive à ma voix. » (*Ps.* xvii, 45.) Car le maître du bœuf et le Seigneur de l'âne était couché dans la crèche, et donnait à tous les deux la même nourriture. Or, comme il était venu annoncer la paix à ceux qui étaient éloignés et à ceux qui étaient proches, les bergers d'Israël, qui représentaient ceux qui étaient proches, accoururent au berceau de Jésus-Christ le jour même de sa naissance; ils le virent et furent transportés de joie. Les Mages de la gentilité, qui figurent ceux qui sont éloignés, arrivés aujourd'hui après les jours qui se sont écoulés depuis la naissance du Christ, l'ont trouvé et l'ont adoré. C'était donc un devoir pour nous, c'est-à-dire pour l'Eglise, qui est formée des Gentils, de joindre la solennité de ce jour, où Jésus-Christ s'est manifesté aux prémices de la gentilité, à la cé-

---

Inimica quippe inter se fuerunt circumcisio et præputium, hoc est Judæi et gentes, propter duo inter se diversa atque contraria, inde veri unius Dei cultum, hinc multorum atque falsorum. Cum itaque illi essent prope, isti autem longe, utrosque adduxit ad se, qui « commutavit utrosque in uno corpore Deo, » sicut idem Apostolus consequenter adjungit, « per crucem interficiens inimicitias in semetipso. » Et « veniens evangelizavit pacem, vobis, inquit, qui eratis longe, et pacem iis qui prope; quia per ipsum habemus accessum ambo in uno spiritu ad Patrem. » Videte si non duos parietes ex inimicitiarum diversitate venientes, et angularem lapidem demonstravit Dominum Jesum, ad quem de diverso utrique accesserunt, in quo utrique concordaverunt, hoc est, et qui ex Judæis in eum, et qui ex gentibus crediderunt; tanquam diceretur eis : Et vos de propinquo, et vos de longinquo, « accedite ad eum, et illuminamini, et vultus vestri non erubescent. » (*Psal.* xxxiii, 6.) Scriptum est enim : « Ecce pono in Sion lapidem angularem, electum, pretiosum; et qui crediderit in eum, non confundetur. » (I *Petr.*, ii, 6.) Qui audierunt et obedierunt, hinc atque inde utrique venerunt, pacem tenuerunt, inimicitias finierunt : utrorumque primitiæ pastores et Magi fuerunt. In eis cœpit bos agnoscere possessorem suum, et asinus præsepe domini sui. (*Isai.*, i, 3.) Ex Judæis animal cornutum, ubi Christo crucis cornua parabantur. Ex gentibus animal auritum, unde prædictum erat : « Populus quem non cognovi, servivit mihi, in auditu auris obaudivit mihi. » (*Psal.* xvii, 45.) Ipse namque possessor bovis et dominus asini in præsepi jacebat, et ambobus alimentum commune præbebat. Quia ergo pax venerat iis qui erant longe, et pax eis qui erant prope; pastores Israelitæ tanquam prope inventi, eo die quo natus est Christus, ad eum venerunt, viderunt et exsultaverunt : Magi autem gentiles, tanquam longe inventi, tot diebus interpositis ab illo quo natus est, hodie pervenerunt, invenerunt, adoraverunt. Oportebat itaque nos, hoc est, Ecclesiam quæ congregatur ex gentibus, hujus diei celebrationem, quo est Christus primitiis gentium

lébration non moins solennelle du jour où il est né au milieu des Juifs, et de consacrer, par cette double solennité, le souvenir d'un si grand mystère.

Parmi les Juifs, les uns ont été réprouvés, les autres élus. — 3. Lorsque notre pensée s'arrête à ces deux murs, qui représentent l'un les Juifs, l'autre les Gentils, et que nous voyons tous deux se rattacher à la pierre de l'angle, en conservant l'unité de l'esprit dans le lien de la paix (*Ephés.*, IV, 3), ne nous laissons point troubler par cette multitude de Juifs réprouvés, parmi lesquels étaient ces architectes qui voulaient bâtir, c'est-à-dire qui prétendaient être docteurs de la loi, mais qui étaient du nombre de ceux dont l'Apôtre a dit : « Ils n'entendent ni ce qu'ils disent, ni ce qu'ils affirment. » (I *Tim.*, I, 7.) C'est par suite de cet aveuglement d'esprit qu'ils ont rejeté la pierre qui est devenue la pierre de l'angle. (*Ps.* CXVII, 22.) Mais elle ne peut devenir la pierre de l'angle, qu'en offrant aux deux peuples, qui viennent de directions si opposées, un moyen de s'unir dans la paix par le ciment de la grâce. Ne faites donc pas entrer dans la composition de ce mur d'Israël les persécuteurs et les bourreaux de Jésus-Christ, qui, sous le prétexte d'élever la loi, détruisaient la foi, rejetaient la pierre de l'angle et préparaient la ruine de leur ville infortunée. Eloignez encore de votre pensée cette multitude de Juifs, dispersés par toute la terre pour rendre témoignage aux divines Ecritures, qu'ils portent partout avec eux sans les comprendre. Ces Juifs sont Jacob, qui boite parce que le nerf de sa cuisse touché par l'ange s'est desséché (*Gen.*, XXXII, 25), et qui représente ses nombreux descendants marchant d'un pas douteux et s'écartant de leurs voies. Dans cette muraille sainte, qui sort des Juifs pour venir s'unir dans la paix de la pierre angulaire, il faut voir ceux que figurait Jacob lorsqu'il fut béni. En effet, ce patriarche est à la fois boiteux et béni : béni dans les saints, boiteux dans les réprouvés. Représentez-vous dans cette muraille ceux dont la foule précédait et suivait l'ânon que montait le Sauveur en criant : « Béni soit celui qui vient au nom du Seigneur. » (*Matth.*, XXI, 9.) Pensez encore aux disciples qui furent choisis, et devinrent apôtres. Pensez à Etienne, dont le nom grec signifie *couronne,* et qui le premier, après la résurrection du Seigneur, reçut la couronne du martyre. Représentez-vous encore ces milliers de persécuteurs devenus des milliers de croyants après la descente de l'Esprit saint. Représentez-vous ces Eglises dont l'Apôtre parle en ces termes : « Les Eglises de Judée qui croyaient en Jésus-Christ ne me connaissaient point de visage. Elles avaient seulement ouï dire : Celui qui autrefois nous persécutait, annonce maintenant la foi qu'il s'efforçait alors

---

manifestatus, illius diei celebrationi, quo est Christus ex Judæis natus, adjungere, et tanti sacramenti memoriam geminata solemnitate servare.

Ex Judæis alii reprobati, alii electi. — 3. Quando duo parietes isti cogitantur, unus ex Judæis, alius ex gentibus, angulari lapidi cohærendo, servantes unitatem spiritus in vinculo pacis (*Ephes.*, IV, 3); non offendat animum reproborum multitudo Judæorum, in quibus fuerunt ædificantes, id est, volentes esse Legis doctores : sed quales dixit Apostolus : « Non intelligentes neque quæ loquuntur, neque de quibus affirmant. » (I *Tim.*, I, 7.) Per hanc enim mentis cæcitatem, lapidem reprobaverunt, qui factus est in caput anguli. (*Psal.* CXVII, 22.) Sed non fieret in caput anguli, nisi duobus populis de diverso venientibus præberet pacificam, gratia copulante, juncturam. Non ergo cogitentur in Israelitico pariete persecutores et interfectores Christi, quasi legem ædificantes et fidem destruentes, angularem lapidem reprobantes et ruinam civitati miseræ fabricantes. Nec ista ibi cogitetur numerositas Judæorum dispersa per terras, ad divinarum, quas nescientes ubique portant, testimonium litterarum. In his enim claudicat Jacob, cui tacta et arefacta femoris latitudo (*Gen.*, XXXII, 25), qua significaretur a semitis suis claudicans generis multitudo. Sed in pariete sancto, qui ex eis ad pacem lapidis angularis accessit, illi cogitentur in quibus benedictus est Jacob. Idem quippe et benedictus et claudus : benedictus in sanctificatis, claudus in reprobatis. Illi in isto pariete cogitentur, quorum abundantia præcedebat et sequebatur asellum Salvatoris, clamans : « Benedictus qui venit in nomine Domini. » (*Matth.*, XXI, 9.) Illi cogitentur qui discipuli inde electi, et Apostoli facti sunt. Cogitetur Stephanus in Græca lingua coronæ nomine appellatus, et prior post resurrectionem Domini martyrio coronatus. Cogitentur etiam ex ipsis persecutoribus tot millia credentium, quando venit Spiritus sanctus. Cogitentur Ecclesiæ, de quibus Apostolus dicit : « Eram autem ignotus facie Ecclesiis Judææ, quæ erant in Christo : tantum autem audientes erant, quia qui aliquando nos persequeba-

de détruire; et ils glorifiaient Dieu à cause de moi. » (*Gal.*, I, 22, etc.) Voilà le mur d'Israël, tel qu'il faut vous le représenter, pour qu'il s'unisse étroitement au mur de la gentilité qui frappe maintenant tous les regards : et alors nous reconnaîtrons facilement que ce n'est pas sans raison que les prophètes nous ont représenté Notre-Seigneur Jésus-Christ d'abord couché dans une crèche, et ensuite élevé au plus haut des cieux.

SERMON CCV [1].

Ier *pour le carême.*

Il faut, dans le temps du carême, prendre la croix pour châtier son corps. Le chrétien doit continuellement être attaché à la croix. — 1. Nous entrons aujourd'hui dans le temps des observances du carême, que l'année nous ramène dans son cours. Or, c'est un devoir pour nous, dans ce temps, de vous adresser, comme chaque année, nos exhortations, afin que la parole de Dieu, dont nous sommes les ministres, nourrisse votre cœur, pendant que vous pratiquerez le jeûne corporel, et que l'homme extérieur, ainsi fortifié par la nourriture qui lui est propre, puisse entreprendre et supporter avec plus de force la mortification de l'homme extérieur. Il est digne, en effet, de notre piété, puisque nous approchons du temps où nous célébrons la passion et le crucifiement de Notre-Seigneur, que nous nous fassions nous-mêmes une croix pour y crucifier toutes les voluptés charnelles, selon la recommandation de l'Apôtre : « Ceux qui appartiennent à Jésus-Christ ont crucifié leur chair avec ses passions et ses convoitises. » (*Gal.*, V, 24.) Le chrétien doit continuellement être attaché à cette croix durant toute cette vie, qui s'écoule au milieu des tentations. Ce n'est point pour nous le temps, pendant cette vie, d'arracher les clous dont le Roi-Prophète dit dans un psaume : « Pénétrez mes chairs des clous de votre crainte. » (*Ps.* CXVIII, 120.) Les chairs sont les convoitises charnelles; les clous, les préceptes de la justice; la crainte du Seigneur perce nos chairs de ses clous, en nous crucifiant comme une victime agréable à Dieu. C'est ce qui fait dire encore à l'Apôtre : « Je vous conjure, par la miséricorde de Dieu, de lui offrir vos corps comme une hostie vivante et agréable à ses yeux. » (*Rom.*, XII, 1.) C'est dans cette croix que le serviteur de Dieu, loin d'en rougir, met toute sa gloire, en disant : « A Dieu ne plaise que je me glorifie en autre chose qu'en la croix de Notre-Seigneur Jésus-Christ, par qui le monde est crucifié pour moi,

---

[1] Possidius, dans le chapitre x de sa Table, fait mention des sermons suivants sous ce titre : « Cinq sermons ou traités pour le carême avant Pâques. » Cependant nous en donnons ici six ou sept, dont un se trouve cité par Bède et Florus, dans le Commentaire sur le chapitre V de l'Epître aux Galates.

---

tur, nunc evangelizat fidem, quam aliquando vastabat; et in me magnificabant Deum. » (*Gal.*, I, 22, etc.) Isto modo Israeliticus paries cogitetur, et parieti ex gentibus venienti, qui nunc est conspicuus, adjungatur : atque ita lapis angularis prius in præsepio positus, usque ad cœli culmen erectus, non frustra prædictus Christi Dominus invenitur.

SERMO CCV [a].

In Quadragesima, 1.

Quadragesimæ tempore crux castigandi corporis assumenda. Christianus perpetuo debet pendere in cruce. — 1. Observationem Quadragesimæ, solemni reditu præsentatam, hodierno die ingredimur : quo vobis solemniter etiam exhortatio nostra debetur; ut Dei sermo per nostrum officium ministratus, jejunaturos corpore, pascat in corde; ac sic interior homo cibo suo refectus, exterioris castigationem possit agere, et robustius sustinere. Congruit enim nostræ devotioni, ut qui Domini crucifixi passionem jam propinquantem celebraturi sumus, reprimendarum carnalium voluptatum crucem nobis ipsi etiam faciamus, sicut dicit Apostolus : « Qui autem Jesu Christi sunt, carnem suam crucifixerunt cum passionibus et concupiscentiis. » (*Gal.*, V, 24.) In hac quidem cruce, per totam istam vitam, quæ in mediis tentationibus ducitur, perpetuo debet pendere Christianus. Non enim est in hac vita tempus evellendi clavos, de quibus in Psalmo dicitur : « Confige clavis a timore tuo carnes meas. » (*Psal.* CXVIII, 120.) Carnes, sunt carnales concupiscentiæ; clavi, sunt præcepta justitiæ : his illas timor Domini configit, qui nos illi acceptabilem hostiam crucifigit. Unde item dicit Apostolus : « Obsecro itaque vos, fratres, per miserationem Dei, ut exhibeatis corpora vestra hostiam vivam, sanctam, Deo placentem. » (*Rom.*, XII, 1.) Crux ergo ista, in qua Dei servus non solum non confunditur, sed etiam gloriatur dicens : « Mihi autem absit gloriari, nisi in cruce Domini nostri Jesu Christi, per quem

---

[a] Alias de Diversis LXVIII.

et par qui je suis crucifié pour le monde! » (*Gal.*, vi, 14.) Or, nous devons rester attachés à cette croix, non pas seulement quarante jours, mais toute notre vie, que représente ce nombre mystérieux de quarante jours, soit parce que l'homme, avant de commencer à vivre, est quarante jours à se former dans le sein maternel; soit parce que les quatre Evangiles s'harmonisent avec les dix préceptes de la loi, et que quatre fois dix produisent le nombre quarante, ce qui nous prouve la nécessité, pendant cette vie, de l'Ancien comme du Nouveau Testament ; soit enfin pour toute autre raison plus vraisemblable, que découvrira facilement un esprit plus exercé et plus fécond. Aussi Moïse, Elie, et le Seigneur lui-même ont-ils jeûné quarante jours, pour nous apprendre, par l'exemple de Moïse, d'Elie et de Jésus-Christ, c'est-à-dire par la Loi, par les prophètes et par l'Evangile, que tout notre devoir est de ne point nous conformer ni nous attacher à ce monde, mais que nous devons crucifier le vieil homme, en ne passant point notre vie dans les festins et dans la débauche, dans les impudicités et dans les dissolutions, dans les querelles et les jalousies, mais en nous revêtant de Notre-Seigneur Jésus-Christ, et en ne cherchant point à contenter les désirs de la chair. (*Rom.*, xiii, 13, 14.) Voilà, chrétien, quelle doit être toute votre vie ; si vous ne voulez point vous enfoncer dans le bourbier de cette terre, ne descendez jamais de cette croix. Or, si tel est votre devoir tous les jours de votre vie, combien plus pendant ce temps du carême, qui non-seulement est une partie de la vie, mais qui la représente tout entière ?

Il faut se livrer avec plus de ferveur, pendant le carême, aux œuvres de piété. — 2. En tout autre temps, vous ne devez point laisser vos cœurs s'appesantir par l'excès du manger ou du boire (*Luc*, xxi, 34), mais, dans ce temps, vous devez ajouter la pratique du jeûne. Dans tout autre temps vous devez éviter les adultères, les fornications et tous les plaisirs corrupteurs que la loi de Dieu interdit, mais, pendant ces jours, vous devez vous abstenir même de vos épouses. Ce que vous vous retranchez par le jeûne, ajoutez-le à vos bonnes œuvres en faisant l'aumône. Consacrez à la prière le temps que vous passiez à vous acquitter de vos devoirs d'époux. Au lieu de l'énerver dans les affections de la chair, prosternez votre corps dans des supplications qui le purifient. Etendez, pour prier, ces mains qui s'entrelaçaient dans des embrassements charnels. Quant à vous, qui jeûnez dans les autres temps, ajoutez pendant ces jours à ce que vous faisiez déjà. Vous ne cessez de crucifier votre corps par la pratique d'une continence perpétuelle ; unissez-vous à Dieu pendant ces jours par une application plus fré-

---

mihi mundus crucifixus est, et ego mundo; » (*Gal.*, vi, 14) crux, inquam, ista non quadraginta dierum est, sed totius hujus vitæ, quæ mystico numero quadraginta istorum significatur dierum ; sive quod homo ducturus hanc vitam, sicut nonnulli asserunt, diebus quadraginta formatur in utero ; sive quod Evangelia quatuor cum denaria lege concordant, et quater deni istum numerum signant, nobisque in hac vita Scripturas utrasque necessarias esse demonstrant ; sive alia qualibet probabiliore causa, quam potest intellectus melior et luculentior invenire. Unde et Moyses et Elias et ipse Dominus quadraginta diebus jejunaverunt : ut insinuaretur nobis et in Moyse et in Elia et in ipso Christo, hoc est, in Lege et Prophetis et in ipso Evangelio, id nobiscum agi, ne conformemur et hæreamus huic sæculo, sed crucifigamus hominem veterem, non in comessationibus et ebrietatibus, non in cubilibus et impudicitiis, non in contentione et æmulatione agentes; sed induamus Dominum Jesum; et carnis curam ne fecerimus in concupiscentiis. (*Rom.*, xiii, 13, 14.) Sic semper hic vive, Christiane : si terreno limo gressus non vis immergere, noli de ista cruce descendere. Si autem hoc faciendum est per hanc totam vitam, quanto magis per istos Quadragesimæ dies, quibus non solum agitur, verum etiam significatur hæc vita ?

Pia opera ferventius exercenda per Quadragesimam. — 2. Per alios ergo dies non graventur corda vestra in crapula et ebrietate (*Luc.*, xxi, 34) ; per hos autem etiam jejunate. Per alios dies, adulteria, fornicationes, omnesque illicitas corruptelas nolite contingere : per hos autem etiam a conjugibus abstinete. Quod vobis demitis jejunando, eleemosynis additæ prærogando. Tempus quod reddendo conjugali debito occupabatur, supplicationibus impendatur. Corpus quod carnalibus affectibus solvebatur, puris precibus prosternatur. Manus quæ amplexibus implicabantur, orationibus extendantur. Vos autem qui etiam per alios dies jejunatis, per hos augete quod facitis. Qui per alios dies perpetua continentia crucifigitis corpus, per hos Deo vestro crebrioribus et

quente et plus forte à la prière. N'ayez tous qu'un cœur et qu'une âme; soyez tous d'une fidélité inviolable, soupirez tous, dans cette terre d'exil, après la seule et véritable patrie; qu'elle soit l'objet de vos désirs et de votre amour le plus ardent. Que nul de vous ne porte envie au don de Dieu, qu'il n'a point et qu'il voit dans un autre; que nul de vous ne le tourne en dérision. Quand il s'agit de biens spirituels, regardez comme étant à vous ce que vous aimez dans votre frère, et que votre frère considère comme lui étant propre ce qu'il aime en vous. Que personne, sous prétexte d'abstinence, ne s'applique à changer plutôt qu'à retrancher ses jouissances, à chercher des mets exquis, parce qu'il ne fait point usage de viandes; ou des boissons rares à la place du vin dont il se prive; tandis qu'en apparence on semblerait mortifier la chair, on favoriserait tout simplement la volupté. Sans doute, tous les aliments sont purs pour ceux qui sont purs, mais la vie molle et sensuelle ne peut être pure pour personne.

Il faut s'abstenir surtout de toute querelle. — 3. Par-dessus tout, mes frères, abstenez-vous de toute querelle, de toute discorde; souvenez-vous de ce reproche que le prophète adresse hautement à certains hommes de son temps : « Vous suivez votre propre volonté dans les jours de jeûne, vous tourmentez, vous frappez impitoyablement ceux qui sont sous votre domination, et l'air retentit de vos cris, » etc. (*Isa.*, LVIII, 3.) Après avoir énuméré ces désordres, le prophète ajoute : « Ce n'est pas là le jeûne de mon choix, dit le Seigneur; » si vous voulez crier, aimez à faire entendre ce cri dont parle le Roi-Prophète, lorsqu'il dit : « J'ai crié vers le Seigneur. » (*Ps.* CXLI, 2.) Ce n'est point là un cri de dissension, mais un cri de charité; ce n'est point le cri de la chair, c'est le cri du cœur. Tel n'est point le cri dont le prophète Isaïe dit ailleurs : « J'ai attendu qu'Israël fît des actions justes, et je ne vois qu'iniquité; qu'il pratiquât la justice, et je n'entends que des cris. » (*Isa.*, V, 7.) « Remettez, et il vous sera remis; donnez, et il vous sera donné. » (*Luc*, VI, 37, 38.) Voilà les deux ailes sur lesquelles la prière s'envole vers Dieu : le pardon des offenses, et l'aumône faite à l'indigent.

SERMON CCVI.

IIe *pour le carême.*

Nous devons nous appliquer avec ferveur, dans le temps du carême, aux œuvres de piété et d'humilité. — 1. Voici le retour annuel du temps de carême, où nous sommes obligé plus particulièrement de vous adresser la parole, de même que vous devez offrir à Dieu des œuvres en rapport avec ce temps de pénitence; non que ces œuvres puissent être utiles au Sei-

---

intentioribus inhærete orationibus. Omnes unanimes, omnes fideles fideliter, omnes in hac peregrinatione unius patriæ desiderio suspirantes, et amore ferventes. Donum Dei, quod ipse non habet, nullus in altero invideat, nullus irrideat. In spiritalibus bonis, tuum deputa, quod amas in fratre : suum deputet, quod amat in te. Nemo sub abstinentiæ specie, mutare affectet potius, quam resecare delicias; ut pretiosos cibos quærat, quia carne non vescitur, et inusitatos liquores, quia vinum non bibit : ne per occasionem quasi domandæ carnis, magis agat negotium voluptatis. Alimenta quidem mundis munda sunt omnia : sed in ullo est munda luxuria.

A litibus in primis jejunandum. — 3. Præ cæteris, Fratres, a litibus et discordiis jejunate. Mementote Prophetam quibusdam exprobrantem atque clamantem : « In diebus jejunii vestrii, inveniuntur voluntates vestræ, quod omnes qui sub jugo vestro sunt stimulatis, et cæditis pugnis; auditur in clamore vox vestra; » et cætera talia. (*Isai.*, LVIII, 3, etc.) Quibus commemoratis adjunxit : « Non hoc jejunium ego elegi, dicit Dominus. » Si clamare vultis, illum frequentate clamorem, de quo scriptum est : « Voce mea ad Dominum clamavi. » (*Psal.* CXLI, 2.) Ille quippe non est litis, sed caritatis; nec carnis, sed cordis. Non est talis ille, de quo dicitur : « Exspectavi ut faceret judicium, fecit autem iniquitatem; et non justitiam, sed clamorem. (*Isai.*, V, 7.) Dimittite, et dimittetur vobis; date, et dabitur vobis. » (*Luc.*, VI, 37, 38.) Hæ sunt duæ alæ orationis, quibus volat ad Deum : si illud quod committitur, ignoscit delinquenti, et donat egenti.

SERMO CCVI^(a).

In Quadragesima, II.

Quadragesimæ tempus operibus pietatis et humilitatis fervere debet. — 1. Anniversario reditu Quadragesimæ tempus advenit, quo vobis exhortatio nostra debetur : quia et vos tempori congrua Domino opera

---

(*a*) Alias de Diversis LXX.

gneur : vous seuls en devez recueillir les fruits. Dans tous les autres temps de l'année, un chrétien doit s'appliquer à la prière, au jeûne, à l'aumône ; mais cette circonstance solennelle doit exciter l'ardeur de ceux mêmes qui font profession habituelle de négligence, de même qu'elle doit inspirer une ferveur toute nouvelle à ceux qui sont d'une fidélité constante à la pratique de ces œuvres. Toute notre vie ici-bas doit être un temps d'humiliation, dont nous trouvons le symbole dans ces jours où Notre-Seigneur Jésus-Christ, qui a souffert et qui est mort une seule fois pour nous, semble renouveler chaque année les souffrances de sa passion. Ce qu'il a fait une seule fois dans toute l'étendue des temps pour renouveler notre vie, nous en célébrons l'anniversaire chaque année, pour en perpétuer la mémoire. Si donc, pendant tout ce temps de notre pèlerinage où nous vivons au milieu des tentations, nous devons pratiquer l'humilité du cœur jointe aux sentiments de la piété la plus sincère, combien plus durant ces jours, qui sont, non-seulement une partie, mais un symbole solennel de cette vie d'humiliations? L'humilité de Jésus-Christ consentant à être mis à mort par les impies, est pour nous une grande leçon d'humilité, et sa résurrection, qui précède celle de ses fidèles serviteurs, nous donne, dans son élévation, le gage de notre propre grandeur. « Si nous mourons avec Jésus-Christ, dit l'Apôtre, nous vivrons aussi avec lui; si nous souffrons avec lui, nous régnerons aussi avec lui. » (II *Tim.*, II, 11, 12.) Nous célébrons, avec toute la piété voulue, la première de ces deux conditions de notre existence, aux approches de l'anniversaire de la passion, comme nous célébrons la seconde après sa résurrection. En effet, après ces jours d'humiliations, bien que nous ne puissions encore voir en réalité l'heureux temps qui nous mettra en possession de notre gloire, nous aimons cependant à le méditer par avance, et à nous en représenter le symbole. Appliquons-nous donc maintenant avec persévérance aux pieux gémissements de la prière, nous pourrons alors nous livrer à tous les saints transports de la joie et de la louange.

Il faut donner pour appui à la prière le jeûne et l'aumône. Deux sortes d'aumônes. Dieu consent à être nourri dans le pauvre. — 2. Mais pour que nos prières puissent prendre plus facilement leur essor et parvenir jusqu'à Dieu, il faut leur donner les deux ailes de l'aumône et du jeûne. Or, un chrétien comprend combien il doit être éloigné de prendre le bien d'autrui, quand il voit clairement que c'est un espèce de larcin de ne point donner son superflu à l'indigent. Notre-Seigneur nous a dit : « Donnez, et il vous sera donné ; remettez, et il vous sera remis. » (*Luc*, VI, 37, 38.) Pratiquons

vestra debetis : quæ tamen non Domino utilia possint esse, sed vobis. Orationibus, jejuniis, eleemosynis et alia quidem tempora debent Christiano fervere : verumtamen et illos qui diebus aliis in his pigri sunt, debet ista solemnitas excitare ; et ii qui per alios dies ad ista sunt alacres, nunc ea debent ferventius exercere. Tempus quippe humilitatis nostræ vita in hoc sæculo est, quam dies significant isti, Domino pro nobis Christo, qui semel moriendo passus est, velut annis omnibus revoluta solemnitate passuro. Quod enim semel in toto tempore factum est, ut vita nostra novaretur; celebratur annis omnibus, ut in memoriam revocetur. Si ergo veracissimæ pietatis affectu, toto peregrinationis hujus tempore, quo in mediis tentationibus vivimus, humiles corde esse debemus : quanto magis his diebus, quibus ipsum tempus humilitatis nostræ non solum vivendo agimus, sed etiam celebrando significamus? Humiles esse nos docuit humilitas Christi, quia impiis moriendo cessit : excelsos nos facit celsitudo Christi, quia piis resurgendo præcessit. « Si enim commortui sumus, » ait Apostolus, « et convivemus : si toleramus, et conregnabimus. » (II *Tim.*, II, 11, 12.) Unum horum modo, tanquam ejus propinquante passione ; alterum post Pascha, tanquam ejus resurrectione completa, devotione debita celebramus. Tunc enim post dies hujus humilitatis, etiam nostræ celsitudinis tempus, etsi nondum videndo agere vacat ; jam tamen præmeditando significare delectat. Nunc itaque orationibus ingemiscamus instantius : tunc uberius exhilarabimur laudibus.

Oratio fulcienda jejunio et eleemosyna. Duo genera eleemosynarum. In paupere pascitur Deus. — 2. Sed orationibus nostris, quibus ad Deum facilius volando perveniant, eleemosynis et jejuniis pennas pietatis addamus. Hinc autem intelligit animus Christianus, quantum remotus esse debet a fraude alienæ rei ; quando sentit simile esse fraudi, si superflua sua non tribuerit indigenti. Dominus dicit : « Date, et dabitur vobis; dimittite, et dimittetur vobis. » (*Luc.*, VI, 37, 38.) Hæc duo genera eleemosynarum, tribuendi et ignoscendi, clementer et fer-

avec charité, avec ferveur, ces deux sortes d'aumônes, l'assistance du pauvre et le pardon des injures, nous qui prions Dieu de nous combler de biens, et de ne pas nous rendre le mal que nous méritons. « Donnez, dit-il, et il vous sera donné. » Quoi de plus conforme à la vérité, à la justice, que celui qui refuse de donner se prive lui-même du plaisir de recevoir? Vous accuseriez d'impudence le laboureur qui viendrait pour moissonner un champ qui n'a pas été ensemencé ; mais quelle impudence bien plus grande dans celui qui attend que Dieu déverse sur lui ses richesses, quand lui-même ferme son oreille à la prière du pauvre? Car Dieu, qui est inaccessible à la faim, veut qu'on le nourrisse dans la personne du pauvre. Gardons-nous donc de mépriser notre Dieu, qui se réduit à l'indigence dans la personne du pauvre, afin que notre indigence soit rassasiée de l'abondance de ses richesses. Nous sommes entourés de pauvres, et nous sommes pauvres nous-mêmes; donnons donc si nous voulons recevoir. A le bien prendre, qu'est-ce que nous donnons? Et, pour ce peu de biens visibles, temporels et terrestres, que désirons-nous recevoir? « Ce que l'œil de l'homme n'a point vu, ce que son oreille n'a point entendu, ce que son cœur n'a jamais compris. » (I *Cor.*, II, 9.) Si Dieu ne nous l'avait promis, il y aurait une espèce d'effronterie, de donner les biens de la terre pour recevoir les biens du ciel ; mais quelle impudence bien plus grande de ne point faire part de ces biens, que nous ne tenons que de la libéralité de Celui qui nous presse de les donner aux pauvres? De quel front donc espérons-nous que Dieu nous donnera ces deux sortes de biens, quand nous tenons si peu de cas de son commandement, dans l'usage qu'il nous prescrit de ces biens inférieurs du temps? « Remettez, et il vous sera remis, » c'est-à-dire, pardonnez, et on vous pardonnera. Que le serviteur de Dieu se réconcilie avec son compagnon, s'il ne veut être justement châtié par son maître. Lorsqu'il s'agit de cette sorte d'aumône, personne ne peut alléguer sa pauvreté. Celui qui n'a point de quoi pourvoir à la subsistance de quelques jours, peut se procurer le bonheur de vivre éternellement. Ici on donne sans intérêt, on devient riche en donnant, et on ne perd ce qu'on possède qu'en refusant de donner. Si donc il est des inimitiés qui ont persévéré jusqu'à ces jours, il faut les éteindre et y mettre un terme. Détruisez-les, si vous ne voulez qu'elles vous détruisent. Bannissez-les de votre cœur, pour ne pas tomber sous leur joug ; qu'elles soient mises à mort par le Rédempteur, pour qu'elles ne donnent pas elles-mêmes la mort à celui qui s'obstine à les retenir.

Quels sont les jeûnes agréables à Dieu. — 3. Que vos jeûnes ne soient point semblables à ceux que condamne le prophète, lorsqu'il s'écrie : « Est-ce là le jeûne dont j'ai fait choix, dit le Seigneur ? » (*Isa.*, LVIII, 5.) Il condamne les jeûnes des gens querelleurs, et n'a pour agréables que les jeûnes de ceux qui sont cha-

venter operemur; qui nobis a Domino ut bona tribuantur, et mala non retribuantur, oramus. « Date, inquit, et dabitur vobis. » Quid verius ; quid justius ; ut qui dare detrectat, se fraudet ipse, nec accipiat? Si impudenter agricola quærit messem, ubi se novit non præmisisse semen ; quanto impudentius quærit Deum divitem dantem, qui hominem pauperem noluit exaudire poscentem? In paupere enim se pasci voluit, qui non esurit. Deum ergo nostrum non spernamus in paupere, ut egentes satiemur in divite. Habemus egentes, et egemus : demus ergo, ut accipiamus. Verumtamen quid est quod damus? Et pro isto exiguo, visibili, temporali atque terreno, quid est quod accipere desideramus? « Quod oculus non vidit, nec auris audivit, nec in cor hominis ascendit. » (I *Cor.*, II, 9.) Nisi ipse promitteret, impudentiæ fuisset dare ista, et accipere velle illa : at nolle dare nec ista, (Aliquid hic supplendum) quæ tamen ista nec ipsa haberemus, nisi dante illo, qui exhortatur ut demus. Qua igitur fronte in utrisque speramus dantem, si in minimis contemnimus imperantem? « Dimittite, et dimittetur vobis. » Hoc est : Ignoscite, et ignoscetur vobis. Conservus conservo reconcilietur, ne juste servus a Domino puniatur. In hoc genere eleemosynæ, nullus est pauper. Potest hoc facere ut in æternum vivat, etiam qui ad tempus non habet unde vivat. Gratis datur, dando cumulatur, quæ non consumitur, nisi quando non erogatur. Cujus ergo usque ad hos dies inimicitiæ perduraverunt, confundantur atque finiantur. Finiantur, ne finiant : non tenentur, ne teneant : perimantur per redemptorem, ne perimant retentorem.

Jejunia Deo accepta. — 3. Jejunia vestra non sint talia, qualia Propheta condemnat, dicens : « Non hoc jejunium elegi, dicit Dominus. » (*Isai.*, LVIII, 5.) Arguit enim jejunia litigiosorum : quærit piorum. Arguit opprimentes : quærit relaxantes. Arguit ini-

ritables. Il condamne les oppresseurs, il aime ceux qui allègent les fardeaux de leurs frères; il condamne ceux qui ne vivent que d'inimitiés; il aime ceux qui remettent les offenses. Vous mettez pendant ces jours un frein à vos désirs, même dans les choses permises, pour ne point être entraînés à ce qui est défendu. Dans aucun autre temps, on ne verra se gorger de vin ou commettre l'adultère celui qui, pendant ces jours, renonce aux droits du mariage. Ainsi, notre prière, appuyée sur l'humilité et la charité, sur le jeûne et sur l'aumône, sur l'abstinence et le pardon des injures, sur le soin que nous aurons de faire le bien au lieu de rendre le mal, d'éviter le mal et de pratiquer le bien, cherche la paix et l'obtient, car cette prière vole, soutenue et portée par les ailes des vertus, et s'élève plus facilement dans les cieux, où nous a précédés Jésus-Christ, qui est notre paix.

SERMON CCVII.

IIIe pour le carême.

C'est surtout dans ce temps qu'il faut pratiquer le devoir de l'aumône. — 1. C'est par l'aumône, le jeûne et la prière qu'il nous faut, avec la grâce du Seigneur notre Dieu, triompher des tentations du siècle, des embûches du démon, des épreuves de la vie, des attraits de la chair, de toutes les adversités du corps et de l'âme. Il n'est aucun temps de sa vie où le chrétien ne doive s'appliquer avec ferveur à la pratique de ces bonnes œuvres; mais il le doit surtout à l'approche de la solennité pascale, dont le retour annuel excite nos âmes en renouvelant en elles le souvenir salutaire de la miséricorde du Fils unique de Dieu à notre égard, du jeûne et des prières qu'il n'a pas dédaigné de pratiquer pour nous. Aumône (en grec *eleemosyna*) signifie *miséricorde*. Or, quelle miséricorde plus grande pour des malheureux que celle qui a fait descendre du ciel le Créateur du ciel, revêtu d'un corps terrestre Celui qui a formé la terre, rendu notre égal Celui qui, dans l'éternité, est l'égal du Père; imposé la nature de serviteur au Maître du monde et réduit le pain au besoin de la faim, la plénitude à la souffrance de la soif, la force à une extrême faiblesse, la vie à la mort? Et pourquoi? Pour apaiser notre faim, arroser notre aridité, soulager notre faiblesse, enflammer notre charité. Quelle plus grande miséricorde que celle qui nous présente le Créateur devenu créature, le souverain Maître se faisant esclave, le Rédempteur vendu; que de voir si profondément humilié Celui qui nous élève, et mis à mort Celui qui nous ressuscite? Il nous est commandé, pour accomplir le devoir de l'aumône, de donner du pain à celui qui a

---

micantes : quærit liberantes. Inde enim per hos dies a rebus licitis desideria vestra frenatis, ne illicita committatis. Nullis diebus se ingurgitet vino, nec adulterio, qui diebus istis temperat a conjugio. Ita oratio nostra humilitate et caritate, jejunando et dando, temperando et ignoscendo, bona tribuendo et mala non retribuendo, a malo declinando et bona faciendo, quærit pacem, et consequitur eam. Volat enim talibus oratio pennis adminiculata virtutum : et quo Christus pax nostra præcessit, facilius perfertur in cœlum.

SERMO CCVII ^(a).

In Quadragesima, III.

Eleemosyna isto maxime tempore eroganda. — 1. In adjutorio misericordiæ Domini Dei nostri, tentationes sæculi, insidiæ diaboli, mundi labor, carnis illecebra, turbulentorum temporum fluctus, et corporalis omnis atque spiritalis adversitas, eleemosynis, et jejuniis, atque orationibus superandæ sunt. Hæc cum per totam vitam fervere debeant Christiano; tum maxime propinquante (b) solemnitate Paschali, quæ suo reditu anniversario nostras excitat mentes, innovans in eis memoria salutari, quod Dominus noster unicus Dei Filius misericordiam præstitit nobis, jejunavit oravitque pro nobis. Eleemosyna quippe Græce, misericordia est. Quæ autem major esse misericordia super miseros potuit, quam illa quæ cœli creatorem de cœlo deposuit, et terreno corpore terræ induit conditorem; eum qui in æternitate Patris manet æqualis, mortalitate coæquavit et nobis, formam servi mundi Domino imposuit; ut ipse panis esuriret, satietas sitiret, virtus infirmaretur, sanitas vulneraretur, vita moreretur? Hoc autem ut nostra pasceretur fames, rigaretur ariditas, consolaretur infirmitas, exstingueretur iniquitas, ardesceret caritas. Quæ major misericordia, quam creari creatorem, servire dominatorem, vendi redemptorem, humiliari exaltatorem, occidi suscitatorem? Nobis de præbendis eleemosynis præcipitur ut panem demus esurienti : ille se ipsum ut

(a) Alias de Diversis LXXI. — (b) Colbertinus Ms. *appropinquante Dominica, quæ suo*, etc.

faim. (*Isa.*, LVIII, 7.) Avant de se donner lui-même à nous comme notre pain, comme notre nourriture, il s'est livré lui-même pour nous à ses bourreaux. Il nous est commandé de donner l'hospitalité au voyageur; il est venu chez lui, et les siens ne l'ont pas reçu. (*Jean*, I, 11.) Que nôtre âme bénisse donc ce Dieu qui pardonne toutes ses iniquités, qui guérit toutes ses langueurs, qui rachète sa vie de la mort, qui la couronne de miséricorde et d'amour, et qui comble de biens tous ses désirs. (*Ps.* CII, 2, 5.) Que nos aumônes soient donc d'autant plus abondantes, d'autant plus fréquentes, que nous approchons davantage du jour où nous célébrons la grande aumône que Dieu nous a faite. Séparez le jeûne de la miséricorde pour le pauvre, il ne peut vous servir de rien.

Quel est le jeûne, quelle est l'abstinence que Dieu demande? Il faut diminuer et non pas seulement changer nos jouissances. — 2. Jeûnons donc, en humiliant nos âmes, à l'approche du jour où le Maître de l'humilité s'est humilié lui-même en se rendant obéissant jusqu'à la mort de la croix. (*Philip.*, II, 8.) Imitons son crucifiement en attachant à la croix, avec les clous de l'abstinence, nos passions effrénées. Châtions notre corps et réduisons-le en servitude; et pour que notre chair indomptée ne nous entraîne pas dans des excès coupables, sachons, pour la soumettre, lui retrancher une partie des jouissances permises. Dans tous les autres temps, il faut éviter les excès de la débauche et de l'ivresse, mais, durant ces jours, on doit renoncer aux festins les plus légitimes. Un chrétien doit avoir constamment en horreur et fuir l'adultère et la fornication, mais il doit, dans ce temps, user avec modération même des droits du mariage. La chair vous obéira facilement lorsque vous lui défendrez de s'attacher à ce qui lui est étranger, lorsqu'elle aura pris l'habitude de s'imposer un frein dans l'usage même de ce qui lui appartient. Prenez garde que vous ne changiez seulement vos jouissances, mais sans les diminuer. Il en est qui cherchent à remplacer le vin dont ils font usage par des boissons extraordinaires, et qui demandent au jus d'autres fruits des sensations plus agréables que celles qu'ils trouvaient dans le jus de la vigne; ils recherchent les aliments maigres les plus variés et les plus exquis, et semblent choisir ce temps pour se livrer à des raffinements de sensualité dont ils rougiraient en toute autre circonstance, en sorte qu'ils font servir l'observance du carême non pas à réprimer leurs anciennes convoitises, mais à inventer de nouvelles jouissances. Ne cédez point, mes frères, à ces perfides insinuations, et usez pour cela de la plus grande vigilance. Joignez l'économie au jeûne; vous vous mortifiez sur la quantité des aliments, évitez de même tout ce qui peut exciter la sensualité.

---

nobis daret esurientibus, prius pro nobis se tradidit sævientibus. Præcipitur nobis ut peregrinum recipiamus : ille pro nobis in sua propria venit, et sui eum non receperunt. (*Joan.*, I, 11.) Ipsum denique benedicat anima nostra, qui propitius fit omnibus iniquitatibus ejus, qui sanat omnes languores ejus, qui redimit de corruptione vitam ejus, qui eam coronat in miseratione et misericordia : qui satiat in bonis desiderium ejus. (*Psal.* CII, 2, etc.) Exerceamus itaque eleemosynas nostras tanto impensius, tantoque frequentius, quanto propinquior fit dies, qua nobis prærogata eleemosyna celebratur. Quia jejunium sine misericordia ei nihil est qui jejunat.

Jejunium et abstinentia qualis requiritur. Minuendæ voluptates, non mutandæ. — 2. Jejunemus etiam humiliantes animas nostras, appropinquante die quo magister humilitatis humiliavit semetipsum, factus subditus usque ad mortem crucis. (*Philip.*, II, 8.) Imitemur ejus crucem, abstinentiæ clavis edomitas concupiscentias configentes. Castigemus corpus nostrum, et servituti subjiciamus : et ne per indomitam carnem ad illicita prolabamur, in ea domanda aliquantum et licita subtrahamus. Crapula et ebrietas etiam per dies cæteros devitanda : per hos autem dies etiam concessa prandia removenda. Adulteria et fornicationes semper exsecranda atque fugienda : his autem diebus est a conjugibus temperandum est. Facile tibi obtemperabit caro, ne inhæreat alienis, quæ refrenari consueverit et a suis. Sane cavendum est ne mutes, non minuas voluptates. Videas enim quosdam pro usitato vino, inusitatos liquores exquirere, et aliorum expressione pomorum, quod ex uva sibi denegant, multo suavius compensare; cibos extra carnes multiplici varietate ac jucunditate conquirere; et suavitates quas alio tempore consectari pudet, huic tempori quasi opportune colligere : ut videlicet observatio Quadragesimæ non sit veterum concupiscentiarum repressio, sed novarum deliciarum occasio. Hæc, Fratres, ne vobis persuasa subrepant, quanta potestis vigilantia providete. Parcimonia jejuniis conjugatur. Sicut ventris castiganda saturitas, ita gulæ irritamenta

Il ne s'agit point d'avoir en horreur les aliments destinés à la nourriture de l'homme, mais de mettre un frein à l'appétit sensuel. Ce n'est point pour avoir désiré manger un veau gras ou des volailles bien nourries qu'Esaü perdit ses droits aux bénédictions divines, mais pour le désir immodéré d'un simple plat de lentilles. (*Gen.*, xxv, 30, 34.) Le saint roi David se repentit d'avoir désiré trop vivement boire un peu d'eau. (I *Paral.*, xi, 18.) Ce n'est donc point par des mets exquis et délicatement préparés, mais par les aliments que nous trouvons sous la main et qui sont les plus communs, qu'il faut restaurer, ou plutôt soutenir notre corps épuisé par le jeûne.

La prière de celui qui jeûne doit être sans mélange de convoitise et de haine. Comment la prière pratique le devoir de l'aumône. — 3. Ces pieuses aumônes et ce jeûne frugal sont les ailes qui, dans ces saints jours, aideront notre prière à monter vers le ciel ; car l'homme peut, sans témérité, implorer la miséricorde de Dieu, lorsque lui-même ne refuse pas de faire miséricorde à son semblable, et que les fantômes nuageux des convoitises charnelles ne viennent pas obscurcir l'intention claire et lumineuse de son cœur. Mais que notre prière soit pure ; demandons ce que désire, non pas la cupidité, mais la charité ; ne souhaitons point de mal à nos ennemis ; ne nous servons point de la prière pour exhaler notre fureur contre ceux que notre vengeance n'a pu atteindre. De même que les aumônes et les jeûnes nous prédisposent admirablement à la prière, ainsi notre prière accomplit elle-même ce devoir de l'aumône, lorsque nous l'adressons à Dieu, lorsque nous la répandons en sa présence, non-seulement pour nos amis, mais aussi pour nos ennemis, et qu'elle bannit tout sentiment de colère, de haine, et d'autres vices non moins pernicieux. Le jeûne nous impose de nous abstenir de nourriture, combien plus la prière doit-elle s'abstenir de ce qui est poison ? Nous donnons à notre corps, aux heures déterminées et convenables, la juste nourriture dont il a besoin, mais gardons-nous de mêler à notre prière ces jouissances défendues. Que son jeûne, sous ce rapport, soit perpétuel, car elle a une nourriture qui lui est propre et qu'on lui commande de prendre sans interruption. Que toujours elle s'abstienne de haine, et qu'elle se nourrisse constamment d'amour.

SERMON CCVIII.

IVe *pour le carême.*

En quoi doit consister l'abstinence quadragésimale. Il faut, non pas changer seulement, mais restreindre ses jouissances. — 1. Voici arrivée cette époque solennelle de l'année, où

---

cavenda sunt. Non humanorum alimentorum genera detestanda, sed carnalis est delectatio refrenanda. Esau non pingui vitulo vel volatilibus saginatis, sed immoderate concupita lenticula reprobatus est. (*Gen.*, xxv, 30.) Sanctum David aquam plus justo desiderasse pœnituit. (I *Paral.*, xi, 18.) Non operosis ergo neque pretiosis, sed in promptu positis et quibusque vilioribus alimentis est corpus a jejunio reficiendum, vel potius fulciendum.

Oratio jejunantis libera sit a cupiditate et odio. Quomodo oratio facit eleemosynas. — 3. His diebus adminiculis piarum eleemosynarum et frugalium jejuniorum oratio nostra in superna sustollitur : quia nec impudenter a Deo misericordia petitur, cum ab homine homini non negatur, nec serena cordis petentis intentio carnalium voluptatum phantasmatibus nubilis impeditur. Sit autem oratio casta, ne forte non quod caritas, sed quod cupiditas quærit, optemus ; ne inimicis mali aliquid imprecemur ; ne in quos nocendo vel vindicando non possumus, orando sæviamus. Certe sicut nos apti efficimur ad orandum eleemosynis et jejuniis, sic et ipsa nostra oratio facit eleemosynas, cum dirigitur atque profunditur, non pro amicis tantum, verum etiam pro inimicis, et jejunat ab ira et odio et a perniciosissimis vitiis. Si enim nos jejunamus a cibis, quanto potius illa a venenis ? Denique nos debitis opportunisque temporibus alimentorum perceptione reficimur : nunquam illam escis talibus oblectemus. Perpetua suscipiat ista jejunia : quia est illi cibus proprius, quem sumere sine intermissione præcipitur. Semper ergo jejunet ab odio, semper dilectione pascatur.

SERMO CCVIII [a].

In Quadragesima, IV.

Quadragesimalis abstinentia qualis esse debet. Restringendæ deliciæ, non mutandæ. — 1. Solemne tempus advenit, quo Vestram commoneamus et

---

[a] Alias de Diversis LXX.II

SERMON CCVIII.

nous devons adresser à votre charité d'utiles avertissements et des exhortations salutaires; et quand nous garderions le silence, ce temps seul vous invite et vous exhorte à vous appliquer avec plus d'assiduité et de ferveur que de coutume au jeûne, à la prière, à l'aumône. Mais cependant nous vous faisons entendre la parole sainte dont nous sommes les ministres, afin que notre voix, comme une trompette guerrière, donne à votre esprit des nouvelles forces dans les combats qu'il doit soutenir contre la chair. Que vos jeûnes soient donc exempts de querelles, de cris, de mauvais traitements; que ceux mêmes qui sont sous votre autorité sentent que vous allégez, par bonté, le joug qui pèse sur eux; réprimez une sévérité trop vigoureuse, sans relâcher les liens d'une discipline salutaire. Or, en vous abstenant, pour mortifier votre corps, de certains aliments dont l'usage est d'ailleurs permis et licite, rappelez-vous bien que « tout est pur pour ceux qui sont purs, » et ne regardez comme impur que ce qui est souillé par l'infidélité; « car, ajoute l'Apôtre, rien n'est pur pour ceux qui sont impurs et infidèles. » (*Tit.*, I, 15; *Rom.*, XIV, 20.) Mais, lorsque les chrétiens réduisent leurs corps en servitude, tout ce qu'ils retranchent des jouissances corporelles est pour leur âme un progrès dans les voies du salut. Aussi, gardez-vous bien de remplacer des mets exquis par d'autres mets non moins exquis, ou même de rechercher dans les animaux maigres une chair plus délicate, d'un plus grand prix. Voulez-vous châtier votre corps et le réduire en servitude, il faut, non-seulement changer, mais restreindre vos jouissances. Qu'importe l'espèce des aliments, dès lors qu'ils sont pour vous l'objet d'une sensualité coupable? Ce n'est pas seulement la chair des animaux, mais des fruits, de simples légumes des champs que regrettaient les Israélites, lorsqu'ils furent condamnés par la voix même de Dieu. Ce n'est pas non plus pour un morceau de viande de porc, mais pour un plat de lentilles cuites, qu'Esaü perdit son droit d'aînesse. (*Gen.*, XXV, 30.) Ai-je besoin de rappeler ce que le Seigneur, lorsqu'il eut faim, répondit au démon, qui le tentait en ne lui proposant cependant que du pain? (*Matth.*, IV, 3.) Et certes il n'avait pas besoin de dompter les rébellions de la chair, mais il voulait nous apprendre, dans sa miséricorde, ce que nous devions répondre nous-mêmes dans de semblables tentations. Ainsi donc, mes très-chers frères, quels que soient les aliments dont vous croyez devoir vous abstenir, soyez fidèles à votre résolution pour observer les règles de la tempérance chrétienne; mais gardez-vous de cette erreur sacrilége qui va jusqu'à condamner les créatures de Dieu. Et vous qui êtes engagés dans les liens du mariage, c'est maintenant surtout qu'il faut écouter avec docilité les avertissements de l'A-

exhortemur in Domino Caritatem : quanquam ipsum tempus, etiam tacentibus nobis, satis vos admoneat et hortetur, ut jejuniis et orationibus et eleemosynis solito instantius et alacrius ferveatis. Sed ministerium nostri sermonis accedit, ut et vocis hujus tuba, vires suas spiritus vester adversus carnem dimicaturus accipiat. Sint ergo vestra jejunia sine litibus, clamoribus, cædibus : ut etiam qui sub jugo vestro sunt, remissionem cautam sentiant et benignam : ut aspera severitas refrenetur, non ut salubris disciplina solvatur. Cum vero aliquo genere ciborum etiam concessorum atque licitorum, causa castigandi corporis abstinetis, mementote omnia munda mundis : ne quid putetis immundum, nisi quod infidelitas inquinaverit. « Immundis enim et infidelibus, » ait Apostolus, « nihil est mundum. » (*Tit.*, I, 15.) Sed plane fidelium corpora cum servituti subjiciuntur, proficit spiritali saluti, quidquid corporali minuitur voluptati. Ideoque cavendum est, ne pretiosas escas vel pro aliis alias, vel etiam pretiosiores sine carnibus animalium requiratis. Cum enim corpus castigatur, et servituti subjicitur, restringendæ sunt deliciæ, non mutandæ. Quid enim interest in quali cibo concupiscentia immoderata culpetur? Non utique de solis carnibus, sed etiam de quibusdam pomis et (*a*) agriculturæ alimentis Israelitarum concupiscentia divina voce damnata est. Et Esau, non propter offam suillam, sed propter lenticulam defricatam, sua primogenita perdidit. (*Gen.*, XXV, 30.) Ut omittam quid esuriens Dominus tentatori etiam de ipso pane responderit (*Matth.*, IV, 3); qui certe non suam carnem quasi rebellem domabat, sed quid in talibus tentationibus respondere debeamus misericorditer admonebat. Quapropter, Carissimi, a quibuscumque cibis vobis placuerit abstinere ; mementote ut propositum vestrum pia temperantia conservetis, non ut Dei creaturam sacrilego errore damnetis. Quicumque etiam estis conjugibus alligati, nunc maxime Apotolica monita nolite contemnere, ut invicem abstineatis ad tempus,

(*a*) Ita Victorinus Ms. Alii vero cum Lov. *e: agricolis alimentis.*

pôtre, et vous refuser l'un à l'autre, pour un temps, afin de vaquer à la prière. (I *Cor.*, VII, 5.) Il serait souverainement inconvenant de ne pas faire maintenant ce que vous faites si utilement en tout autre temps. Est-ce un trop lourd fardeau pour les époux de pratiquer, au retour annuel des saintes observances du carême, la continence que les veuves font profession d'observer une grande partie de leur vie, et que les vierges saintes ont fait vœu d'observer jusqu'à leur mort?

Nous devons, dans le carême, multiplier nos aumônes. C'est faire l'aumône que de pardonner à ses ennemis. — 2. C'est un devoir, en outre, de multiplier les aumônes pendant ce saint temps. Pouvez-vous consacrer plus justement qu'à secourir l'indigent ce que vous vous retranchez par l'abstinence? Et quoi de plus injuste que les privations qui nous sont imposées par l'abstinence aillent grossir les trésors de l'avarice ou les réserves de la sensualité? Considérez donc à qui vous devez donner ce que vous vous retranchez à vous-mêmes; que la miséricorde consacre aux œuvres de charité ce que la tempérance ôte au plaisir. Que dirai-je de cette œuvre de miséricorde pour laquelle on n'a rien à puiser dans ses trésors, rien à tirer de sa bourse, mais où tout vient du cœur, qui perd beaucoup plus à le conserver qu'à s'en dépouiller? Je veux parler de la colère que l'on conserve dans son cœur contre son frère. Est-il rien de plus insensé que d'éviter avec soin un ennemi au dehors, et d'en conserver un bien plus dangereux au fond de son cœur? Aussi l'Apôtre nous fait-il cette recommandation : « Que le soleil ne se couche point sur votre colère, » et il ajoute aussitôt : « Ne donnez point entrée au démon. » (*Ephés.*, IV, 26, 27.) C'est ce que semble faire celui qui ne se hâte point de chasser la colère de son cœur : c'est une porte qu'il ouvre pour donner entrée au démon. Veillons tout d'abord à ce que le soleil visible ne se couche point sur notre colère, si nous ne voulons que le Soleil de justice abandonne notre âme. Mais, s'il en est parmi vous chez qui cette colère ait persévéré jusqu'à présent, qu'ils la bannissent de leur âme à l'approche de la passion du Seigneur, qui, loin de s'irriter contre ses bourreaux du haut de la croix, a répandu pour eux sa prière et son sang. Oui, s'il en est parmi vous dont le cœur ait gardé de la colère jusqu'à ces saints jours avec une persévérance opiniâtre, qu'il la rejette au plus tôt de son cœur, pour que sa prière puisse en sortir avec assurance, sans craindre ni obstacle, ni trouble, ni d'être réduite au silence par les remords de sa conscience lorsqu'il arrivera à cet endroit où il faudra dire à Dieu : « Remettez-nous nos dettes, comme nous les remettons à ceux qui nous doivent. » (*Matth.*, VI, 12.) Vous devez demander à Dieu deux choses :

---

ut vacetis orationibus. (I *Cor.*, VII, 5.) Quod enim et aliis diebus utiliter fit, nimis inverecundum est si modo non fiat. Arbitror onerosum non esse debere, anniversaria observatione solemnibus diebus hoc facere conjugatos, quod viduæ ex quadam vitæ parte professæ sunt, quod tota vita sanctæ virgines susceperunt.

Eleemosynæ opera amplificanda. Eleemosynæ genus, parcere inimicis. — 2. Jam vero eleemosynas his diebus augere, quodam modo ex debito est. Ubi enim justius quam miserendo impenditis, quod vobis abstinendo demitis? Et quid iniquius, quam ut quod minus erogat abstinentia, servet permanens avaritia, aut consumat dilata luxuria? Intendite itaque quibus debeatis quod vobis denegatis : ut quod detrahit temperantia voluptati, addat misericordia caritati. Quid jam dicam de illo opere misericordiæ, ubi nihil de apothecis, nihil de sacculo impenditur, sed ex corde dimittitur; quod magis si maneat, quam si recedat, incipit esse damnosum? Iram dico adversus aliquem in corde servatam. Quid autem stultius, quam inimicum forinsecus devitare, et multo pejorem in præcordiis intimis retinere? Unde Apostolus dicit : « Sol non occidat super iracundiam vestram. » Moxque subjunxit : « Neque detis locum diabolo. » (*Ephés.*, IV, 26, 27.) Tanquam hoc agat, qui non cito iram pellit ex animo, ut per illam velut per januam aditum præstet diabolo. Primitus itaque agendum est, ut super iram non occidat iste sol; ne deserat ipsam mentem justitiæ sol. Sed in cujus pectore adhuc usque permansit, pellat cam saltem jam proximus dies Dominicæ passionis, qui non est iratus interfectoribus suis, pro quibus in ligno pendens et precem fudit et sanguinem. In cujuscumque ergo vestrum pectore usque ad istos sanctos dies fronte impudentissima perduravit, nunc inde saltem ira discedat, ut oratio secura procedat : nec offendat, aut palpitet, aut sub conscientiæ stimulis obtumescat, cum ad eum locum venerit, ubi dicendum est : « Dimitte nobis debita nostra, sicut et nos dimittimus debitoribus nostri. » (*Matth.*, VI, 12.) Aliquid petituri estis ne vobis retribuatur, et aliquid ut tribuatur. « Remit-

d'éloigner de vous un châtiment, et de vous accorder une grâce. « Remettez donc, et il vous sera remis ; donnez, et il vous sera donné. » (*Luc*, VI, 37, 38.) Voilà, mes frères, quel doit être, en dehors même de nos avertissements, le sujet continuel et pratique de vos méditations. Mais, aujourd'hui que notre voix, organe de tant de divins témoignages, puise une nouvelle force dans la solennité du temps présent, je ne dois pas craindre qu'aucun de vous ne me méprise ou plutôt ne méprise en moi le Seigneur; mais je dois bien plutôt espérer que son troupeau, reconnaissant sa parole dans celle que je lui adresse, l'écoutera pour en faire la règle de sa vie, afin que Dieu l'écoute lui-même.

SERMON CCIX.

V° *pour le carême.*

Il faut que toutes les inimitiés cessent dans le temps du carême. Trois vices qui perpétuent les inimitiés. — 1. Nous voici, mes très-chers frères, à l'époque solennelle où je dois vous rappeler l'obligation de penser plus sérieusement au salut de votre âme et à la mortification de votre corps. Ces quarante jours, sont pour toute la terre, le temps le plus sacré de l'année, et, à l'approche de la fête de Pâques, le monde entier, que Dieu se réconcilie par le Christ, honore ces jours par des témoignages publics de piété. Si des inimitiés, qui n'auraient jamais dû naître, ou que nous aurions dû étouffer aussitôt, ont cependant persévéré jusqu'à présent contre nos frères, soit par négligence, soit par opiniâtreté, soit par une honte qu'inspire l'orgueil bien plus que la modestie, faisons-les cesser dès aujourd'hui. Le soleil ne devait pas se coucher sur notre colère, mais, après que nous avons laissé tant de fois le soleil se lever et se coucher sur elle, qu'elle s'éteigne enfin, et se couche à son tour pour ne plus jamais se lever. La négligence oublie de mettre un terme aux inimitiés, l'opiniâtreté s'obstine à refuser le pardon, une honte, inspirée par l'orgueil, dédaigne de le demander. Voilà les trois vices qui font vivre et perpétuent les inimitiés, mais qui tuent les âmes qui ne savent pas les étouffer. Que la mémoire se mette donc en garde contre la négligence, la miséricorde contre l'opiniâtreté, et une humble prudence contre la honte inspirée par l'orgueil. Que celui qui se rappelle avoir négligé le devoir de la réconciliation, se réveille et secoue cette torpeur. Vous voulez être un créancier intraitable pour vos débiteurs, rappelez-vous que vous êtes le débiteur de Dieu ; vous rougissez de demander à votre frère qu'il vous pardonne, triomphez de cette mauvaise honte par une crainte louable et salutaire, afin qu'en mettant un terme, en donnant la mort à ces inimitiés funestes, vous puissiez vous-mêmes

---

tite ergo, et remittetur vobis : date, et dabitur vobis. » (*Luc*, VI, 37, 38.) Hæc, Fratres, etiam si non admoneam, perpetua meditatione curare debetis. Cum vero tot divinorum testimoniorum ministra vox nostra, diei quoque præsentis celebritate juvetur ; timere non debeo ne me, vel potius omnium Dominum in me, aliquis vestrum forte contemnat : sed sperare potius quod grex ejus agnoscens ejus esse quod dicitur, eum efficaciter exaudiendus exaudiat.

SERMO CCIX (*a*).

In Quadragesima, V.

Quadragesimali observatione finiendæ inimicitiæ. Tria vitia, quibus inimicitiæ vivunt. — 1. Solemne tempus advenit, quando de anima attentius cogitanda et corpore castigando Vestram commoneam Caritatem. Hi sunt enim quadraginta dies sacratissimi toto orbe terrarum, quos propinquante Pascha universus mundus, quem Deus in Christo reconciliat sibi, prædi-canda devotione concelebrat. Si quæ inimicitiæ, quæ vel nasci non debuerunt, vel cito mori debuerunt, et tamen usque ad hoc tempus sive negligentia, sive pertinacia, sive non modesta, sed superba verecundia, inter fratres perdurare potuerunt ; saltem modo finiantur. Super quas sol non debuit occidere, saltem post multos solis ortus et occasus, etiam ipsæ suo tandem aliquando extinguantur occasu, nec ulterius ullo renoventur exortu. Negligens inimicitias finire obliviscitur ; pertinax veniam non vult concedere, cum rogatur ; superbe verecundus veniam petere dedignatur. His tribus vitiis inimicitiæ vivunt : sed animas in quibus non moriuntur, occidunt. Vigilet contra negligentiam memoria, contra pertinaciam misericordia, contra superbam verecundiam submissa prudentia. Qui se concordiæ recolit neglectorem, excutiat expergiscendo torporem : qui se cupit esse sui debitoris exactorem, Dei se cogitet debitorem : qui erubescit petere ut sibi frater ignoscat, vincat per bonum timorem malum pudorem : ut noxiis ini-

---

(*a*) Alias de Diversis LXXIII.

avoir la vie. C'est là l'œuvre tout entière de la charité, qui n'est ni téméraire ni précipitée. (I *Cor.*, XIII, 4.) Si vous avez la charité, mes frères, développez-la en vous par une vie sainte ; si vous sentez qu'elle vous manque, cherchez à l'obtenir par vos prières.

La prière doit s'appuyer sur l'aumône. — 2. Mais si, dans ces jours où nos prières doivent être plus ferventes, nous voulons leur donner le soutien qui leur est propre, faisons des aumônes plus abondantes. Ajoutons à ces aumônes ce que nous nous retranchons, par le jeûne et l'abstinence, des aliments dont nous faisons ordinairement usage. Cependant celui qui, par faiblesse de tempérament ou par l'habitude qu'il a d'user de certains aliments, ne peut s'en abstenir pour donner ainsi au pauvre ce qu'il se retranche à lui-même, doit faire de plus larges aumônes ; il doit donner d'autant plus au pauvre qu'il ne se prive en rien ; et puisqu'il ne peut donner pour appui à ses prières la mortification du corps, qu'il renferme dans le sein du pauvre des aumônes plus abondantes, qui pourront prier Dieu pour lui. C'est la sainte Écriture qui nous donne ce salutaire conseil, que nous devons tous embrasser : « Renfermez votre aumône dans le sein du pauvre, et elle priera pour vous. » (*Eccli.*, XXIX, 15.)

Comment on doit pratiquer l'abstinence. —

3. Nous croyons aussi devoir avertir ceux qui s'abstiennent de viandes, de ne point rejeter comme impurs les vases où on les a fait cuire, « car, dit l'Apôtre, tout est pur pour ceux qui sont purs. » (*Tit.*, I, 15.) En effet, la saine doctrine nous enseigne que ces observances ont pour fin, non point de nous faire éviter ce qui est souillé, mais de réprimer la convoitise. Aussi ceux qui s'abstiennent de viandes, pour les remplacer par d'autres mets d'une préparation plus délicate et d'un plus grand prix, sont-ils dans une grave erreur. Ce n'est point là pratiquer l'abstinence, c'est simplement changer l'objet de la sensualité. Comment pourrons-nous leur dire de donner aux pauvres ce qu'ils se retranchent à eux-mêmes, lorsqu'en renonçant à leurs aliments ordinaires ils dépensent beaucoup plus pour s'en procurer d'autres ? Que vos jeûnes soient donc plus fréquents pendant ces saints jours, vos dépenses moindres et vos aumônes plus abondantes. Abstenez-vous aussi du lit conjugal, mais seulement « pour un temps, » dit l'Apôtre, « afin de vaquer à la prière, et ensuite vivez ensemble comme auparavant, de peur que votre incontinence ne donne lieu à Satan de vous tenter. » (I *Cor.*, VII, 5.) Cette continence de quelques jours n'a rien de difficile ni de pénible pour des époux chrétiens, puisque de saintes veuves la pratiquent depuis

---

micitiis finitis, ut eis mortuis, vos vivatis. Totum hoc caritas agit, quæ non agit perperam. (I *Cor.*, XIII, 4.) Caritas, Fratres mei, in quantum adest, exerceatur bene vivendo : in quantum autem minus est, impetretur petendo.

Orationes eleemosynis adminiculandæ. — 2. Ut autem nostræ orationes congruis adminiculis adjuventur, quoniam in his diebus ferventiores eas habere debemus ; etiam eleemosynas ferventius erogemus. Ipsis adjiciatur, quod nobis jejunando et a cibis solitis abstinendo detrahitur. Quamvis eas debeat largiores habere, qui propter aliquam necessitatem corporis sui et consuetudinem alimentorum non potest abstinere, ut hoc addat pauperi, quod sibi detrahit : sed ideo plus det pauperi, quia sibi non detrahit ; ut quoniam minus potest orationes suas castigatione corporis adjuvare, abundantiorem in corde pauperis includat eleemosynam, quæ pro illo possit orare. De Scripturis sanctis hoc est saluberrimum amplectendumque consilium : « Include, inquit, eleemosynam in corde pauperis, et hæc pro te exorabit. » (*Eccli.*, XXIX, 15.)

Abstinentia qualis suscipienda. — 3. Admonemus etiam eos qui se a carnibus abstinent, ne vasa in quibus sunt coctæ tanquam immunda devitent. Sic enim loquens Apostolus, ait : « Omnia munda mundis. » (*Tit.*, I, 15.) Quod enim fit in hujusmodi observationibus sana doctrina, non fit causa immunditiæ devitandæ, sed concupiscentiæ refrenandæ. Unde et illi qui sic se a carnibus temperant, ut alias escas et difficilioris præparationis et pretii majoris inquirant, multum errant. Non enim est hoc suscipere abstinentiam, sed mutare luxuriam. Quomodo istis dicturi sumus, ut quod sibi detrahunt dent pauperi ; a quibus solitus ita cibus relinquitur, ut in alio comparando sumptus augeatur ? Estote ergo his diebus et crebrius jejunantes, et vobis parcius impendentes, et egenis largius tribuentes. A conjugali quoque concubitu, hi dies postulant continentiam : « ad tempus, » ait Apostolus, « ut vacetis orationi : et iterum revertimini in idipsum, ne tentet vos Satanas propter intemperantiam vestram. » (I *Cor.*, VII, 5.) Non est hoc arduum atque difficile diebus paucis fidelibus conjugatis, quod a certo vitæ articulo usque in finem sanctæ viduæ susceperunt, quod tota vita sanctæ virgines faciunt. Atque in his omnibus ferveat devo-

leur veuvage jusqu'à la fin de leur vie, et les vierges consacrées à Dieu leur vie tout entière. Dans toutes ces pratiques de mortification, soyons pleins d'une sainte ardeur, mais réprimons tout sentiment d'orgueil. Prenons garde, en nous réjouissant du mérite de nos libéralités, de perdre le mérite bien plus précieux de l'humilité. Quant à tous les autres dons de Dieu, ils ne peuvent nous servir en rien sans le lien de la charité.

SERMON CCX.

VIe *pour le carême.*

CHAPITRE PREMIER. — *Il faut considérer, dans le carême, le temps de l'année et le nombre des jours dont il est composé.* — 1. L'époque solennelle dans laquelle nous sommes entrés, nous rappelle que nous devons plus qu'en tout autre temps de l'année humilier notre âme et purifier notre corps par les prières et par les jeûnes. Mais, comme plusieurs se demandent souvent pourquoi nous devons pratiquer ces œuvres de pénitence aux approches de la passion du Sauveur, et durant l'espace mystérieux de quarante jours, j'entreprends de donner à votre charité, sur ces deux questions, la réponse que le Seigneur daignera m'inspirer. Ceux qui en cherchent l'explication, non pour contester, mais pour s'instruire par leur foi et leur piété, nous aideront puissamment à obtenir de Dieu la solution qu'ils désirent.

Pourquoi l'Eglise a-t-elle placé le jeûne du carême avant l'administration solennelle du baptême. — 2. Voici la difficulté qui se présente ordinairement : Pourquoi Notre-Seigneur Jésus-Christ, qui a pris un corps semblable au nôtre, et s'est montré aux hommes comme l'un d'entre eux, pour nous donner dans sa personne l'exemple que nous devions suivre dans notre vie, notre mort et notre résurrection, a jeûné, non pas avant de recevoir le baptême, mais après l'avoir reçu ? Nous lisons, en effet, dans l'Evangile : « Jésus, aussitôt qu'il fut baptisé, sortit de l'eau, et les cieux lui furent ouverts, et il vit descendre sur lui l'Esprit de Dieu. Et tout à coup une voix vint du ciel : Celui-ci est mon Fils bien-aimé, en qui j'ai mis toutes mes complaisances. » (*Matth.*, III, 16, 17.) « Alors Jésus fut conduit par l'Esprit dans le désert, pour être tenté par le démon. Et après avoir jeûné quarante jours et quarante nuits, il eut faim. » (*Matth.*, IV, 1, 2.) Pour nous, au contraire, avec ceux qui se préparent au baptême, nous jeûnons avant le jour où ils doivent le recevoir, c'est-à-dire jusqu'au jour de Pâques, qui approche, et nous cessons ensuite de jeûner pendant cinquante jours. Nous aurions raison

---

tio, comprimatur elatio. Nemo sic gaudeat de bono largitatis, ut bonum amittat humilitatis. Omnia vero cætera Dei dona non faciunt prodesse aliquid, nisi adsit vinculum caritatis.

SERMO CCX ^(a).

In Quadragesima, VI.

CAPUT PRIMUM. — *In Quadragesima considerandum anni tempus et dierum numerus.* — 1. Solemne tempus advenit, quod amplius quam per anni cætera spatia, nos orationibus atque jejuniis animam humiliare, et corpus castigare commoneat. Cur autem hoc propinquante solemnitate Dominicæ passionis, et cur quadragesimi numeri mysterio celebretur, quoniam solet movere nonnullos, merito de hac re quod dicendum Dominus donare dignatus est, ad Vestram Caritatem proferre suscipimus. Quos autem ista non ad litigandum, sed ad cognoscendum quærere novimus, eorum fide atque pietate multum adjuvamur, ut dicenda impetrare possimus.

(a) Alias de Diversis LXXIV.

Quæstio, cur eo tempore jejunetur, ante baptismi celebrationem. — 2. Hoc enim solet facere quæstionem, cur ipse Dominus Jesus Christus, qui humano corpore assumpto ad hoc utique hominibus homo factus apparuit, ut nobis et vivendi et moriendi et resurgendi præberet exemplum, non ante quam baptizaretur, sed postea quam baptizatus est jejunavit. Sic enim scriptum est in Evangelio : « Baptizatus autem confestim ascendit de aqua, et ecce aperti sunt ei cœli, et vidit Spiritum Dei descendentem super se. Et ecce vox de cœlis dicens : Hic est Filius meus dilectus, in quo mihi complacui. » (*Matth.*, III, 16, 17.) « Tunc Jesus ductus est in desertum a Spiritu, ut tentaretur a diabolo. Et cum jejunasset quadraginta diebus et quadraginta noctibus, postea esuriit. » (*Matth.*, IV, 1, 2.) Nos autem cum eis qui baptizandi sunt, ante diem baptismi eorum, qui dies Paschalis appropiat, jejunamus, post quem diem per dies quinquaginta jejunia relaxamus. Quod merito movere deberet, si baptizare vel baptizari nisi die Paschali solemnissimo non liceret. At cum per to-

d'être surpris de cette différence, s'il n'était permis de donner ou de recevoir le baptême que dans la grande solennité de Pâques. Mais comme, par la grâce de Celui qui nous a donné le pouvoir de devenir enfants de Dieu (*Jean*, I, 12), chacun peut, pendant toute l'année, par nécessité ou par choix, demander le baptême, tandis qu'il n'est permis de célébrer l'anniversaire de la passion du Seigneur qu'à une époque déterminée de l'année, que nous appelons les fêtes de Pâques, il ne faut donc point confondre le sacrement de baptême avec la fête de Pâques. On peut recevoir le baptême chaque jour de l'année, la fête de Pâques ne peut être célébrée qu'une fois l'année, et dans un jour déterminé. Le baptême nous est conféré pour nous donner une vie nouvelle, la fête de Pâques a pour but de nous rappeler les grands mystères de la religion. Si un bien plus grand nombre de catéchumènes se présentent en ce jour pour recevoir le baptême, ce n'est pas que ce sacrement confère alors une plus grande abondance de grâces pour le salut, mais parce qu'ils sont invités par les transports de joie que cette fête excite dans toute l'Eglise.

Chapitre II. — *Il faut distinguer le baptême de Jean du baptême de Jésus-Christ. Pourquoi Jésus-Christ a reçu les sacrements de l'ancienne loi. Nous devons jeûner lorsque nous sommes tentés.* — 3. Il faut également discerner ici avec soin le baptême de Jean, que le Christ reçut alors, du baptême de Jésus-Christ lui-même, que reçoivent les fidèles. Gardons-nous de conclure cependant que le baptême qu'a reçu Jésus-Christ soit meilleur que le baptême que reçoit le chrétien, parce que Jésus-Christ est au-dessus d'un chrétien; au contraire, ce dernier baptême est bien préférable, parce qu'il a été établi par Jésus-Christ. Jean a baptisé Jésus-Christ, en confessant qu'il lui était inférieur, mais le chrétien est baptisé par Jésus-Christ, qui s'est montré bien supérieur à Jean. Il en est de même de la circoncision de la chair. Jésus-Christ a été circoncis, et aucun chrétien ne l'est, mais cette circoncision n'en est pas moins beaucoup au-dessous du sacrement qui nous donne part à la résurrection de Jésus-Christ. Par ce sacrement, qui est pour le chrétien une espèce de circoncision spirituelle, il se dépouille de sa vie charnelle et ancienne pour obéir à ce que lui dit l'Apôtre : « Comme Jésus-Christ est ressuscité d'entre les morts par la gloire de son Père, marchons aussi dans une vie nouvelle. » (*Rom.*, VI, 4.) Nous dirons la même chose de la Pâque ancienne, que les Juifs célébraient, d'après la loi, par l'immolation d'un agneau. Jésus-Christ a célébré cette Pâque avec ses disciples; mais il ne s'ensuit pas qu'elle soit supérieure à notre Pâque, où Jésus-Christ s'est immolé lui-même. C'est pour nous donner un exemple d'humilité et de religion, qu'il a daigné, en venant sur la terre, recevoir ces sacrements, qui figuraient et annonçaient son

tum annum, sicut unicuique vel necessitas fuerit vel voluntas, non prohibeatur a baptismo, id donante illo qui dedit eis potestatem filios Dei fieri (*Joan.*, I, 12); anniversariam vero Domini passionem, nonnisi certo anni die, quod Pascha dicitur, liceat celebrari : baptismi sacramentum a Pascha procul dubio distinguendum est. Hoc enim omni die licet accipere : illud uno et certo anni die fas est agere. Hoc ad innovandam vitam datur : illud ad religionis memoriam commendatur. Sed quod ad illum diem longe major baptizandorum numerus confluit, non gratia uberior salutis hic distat, sed lætitia major festivitatis invitat.

Caput II. — *Baptismus Joannis a baptismo Christi discernendus. Sacramenta veteris Legis cur suscepit Christus. Quando tentatio infertur, jejunandum.* — 3. Quid quod etiam baptismus Joannis, quem tunc Christus accepit, a baptismo ipsius Christi, quem fideles ejus accipiunt, discernendus est; nec ideo ille quo baptizatus est Christus, melior est isto quo baptizatur Christianus, quia Christiano melior est Christus; sed ideo magis istud baptismum, quia Christi est, illi præponitur? Joannes enim baptizavit Christum, cum se Christo confiteretur minorem : Christus autem baptizat Christianum, qui se ostendit et Joanne majorem. Sicut circumcisione carnis, quamvis eam et Christus accepit, et nemo Christianus nunc accipit, melius est sacramentum resurrectionis Christi, quo ad exspoliandam carnalem ac veterem vitam circumciditur Christianus, ut audiat Apostolum dicentem : « Sicut Christus resurrexit a mortuis per gloriam Patris, sic et nos in novitate vitæ ambulemus. » (*Rom.*, VI, 4.) Sicut ipsum vetus Pascha, quod agni occisione celebrare præceptum est, non ideo quia hoc cum discipulis celebravit Christus, melius est quam Pascha nostrum, quo immolatus est Christus. Pertinuit enim ad præbendum nobis humilitatis et devotionis exemplum, ut illa etiam sacramenta veniens suscipere dignaretur, quibus venturus ipse prænuntiabatur : ut hinc ostenderet quanta religione

avénement : il voulait ainsi nous apprendre avec quels sentiments de religion nous devons recevoir les sacrements, qui sont pour nous le signe et le témoignage de sa venue sur la terre. Ainsi donc, de ce que Jésus-Christ a jeûné aussitôt après avoir reçu le baptême de Jean, nous ne devons pas croire qu'il ait établi comme une règle à observer, que le chrétien doit jeûner lui-même aussitôt après avoir reçu le baptême qu'il a institué ; ce qu'il nous enseigne clairement par son exemple, c'est l'obligation de recourir au jeûne, lorsque nous avons à soutenir de plus violents combats contre le tentateur. Voilà pourquoi Jésus-Christ, qui a daigné se faire homme, n'a pas dédaigné d'être tenté aussi comme un homme ordinaire ; il voulait que le chrétien, instruit à son école, pût, à son exemple, triompher des tentations du démon. Nous devons donc recourir au jeûne, lorsqu'une tentation semblable vient nous assaillir, soit aussitôt notre baptême, soit quelque temps après, afin que le corps accomplisse par la mortification du corps les conditions de la milice chrétienne, et que, par les humiliations de l'âme, il obtienne victoire. Ce n'est donc point le baptême de Jésus-Christ dans le Jourdain, mais la tentation du démon, qui a été la cause du jeûne dont il nous donne l'exemple.

CHAPITRE III. — *Pourquoi le jeûne du carême avant Pâques. Les fils de l'époux pleureront lorsque l'époux leur sera enlevé.* — 4. Mais pourquoi jeûnons-nous avant la solennité de la passion du Seigneur, et cessons-nous de jeûner pendant les cinquante jours qui suivent ? En voici la raison : Tout chrétien, qui jeûne dans l'esprit de l'Eglise, ou veut, par une foi sincère, humilier son âme dans les gémissements de la prière, et son corps par la mortification ; ou bien s'arrache aux attraits et aux plaisirs de la chair, pour procurer à son âme les douceurs spirituelles de la vérité et de la sagesse dont elle est privée, et consent, pour cela, à souffrir la faim et la soif. Notre-Seigneur s'est expliqué sur ces deux espèces de jeûnes lorsqu'il répondit à ceux qui lui demandaient pourquoi ses disciples ne jeûnaient point. Voici ce qu'il dit d'abord du premier jeûne, qui consiste dans l'humiliation de l'âme : « Les fils de l'époux ne peuvent gémir, pendant que l'époux est avec eux. Des jours viendront où l'époux leur sera ôté, et alors ils jeûneront. » (*Matth.*, IX, 15.) Quant à la seconde espèce de jeûne, qui se propose de donner à l'âme les festins spirituels qui lui sont propres, il ajoute : « Personne ne joint un morceau de drap neuf à un vieux vêtement, car le neuf emporterait une partie du vêtement et le déchirerait davantage ; et l'on ne met pas du vin nouveau dans de vieilles outres, autrement les outres se rompent et le vin se répand : mais on met le vin nouveau dans des

---

nos oportet hæc suscipere sacramenta, quibus jam venisse nuntiatur. Non ergo quia Christus post acceptum Joannis baptismum continuo jejunavit, tanquam regulam observationis dedisse credendus est, ut post ipsius Christi baptismum acceptum, continuo jejunare necesse sit : sed plane illo exemplo docuit jejunandum esse, quando forte acriore luctamine cum tentatore confligimus. Ob hoc enim Christus, qui sicut homo dignatus est nasci, non respuit sicut homo tentari, ut Christianus magisterio ejus instructus non possit a tentatore superari. Sive ergo continuo post baptismum, sive quolibet intervallo temporis interposito, quando simile prælium tentationis infertur homini, jejunandum est : ut et corpus impleat de castigatione militiam, et animus impetret de humiliatione victoriam. In illo ergo Dominico exemplo illius causa jejunii, non Jordanis tinctio, sed diaboli tentatio fuit.

CAPUT III. — *Cur Quadragesimale jejunium ante Pascha. Ablato sponso filiis lugendum.* — 4. Cur autem nos ante solemnitatem passionis Dominicæ jejunemus, et illa jejuniorum relaxatio quinquagesimo die perficiatur, hæc ratio est. Omnis qui recte jejunat, aut animam suam in gemitu orationis et castigatione corporis humiliat ex fide non ficta, aut (*a*) ab illecebra carnali inopia aliqua spiritali veritatis et sapientiæ delectatione suspensa ad famem sitimque sentiendam descendit ejus intentio. De utroque jejunii genere Dominus respondit interrogantibus cur discipuli ejus non jejunarent. Nam de illo primo, quod habet animæ humiliationem : « Non possunt, inquit, lugere filii sponsi, quamdiu cum eis est sponsus. Sed veniet hora quando auferetur ab eis sponsus, et tunc jejunabunt. » (*Matth.*, IX, 15.) De illo autem altero, quod habet epulas mentis, ita consequenter locutus est : « Nemo assuit pannum novum vestimento veteri, ne major scissura fiat : neque mittunt vinum novum in utres veteres, ne et utres rumpantur, et

---

(*a*) Locus perplexus, quem B. Thoma in Catena ad Mat., IX, ita refert, *aut illecebras carnales spiritalis sapientiæ delectatione suspendit. De utroque*, etc.

outres neuves, et le vin et les vases se conservent. » (*Ibid.*, 16, 17.) Or, puisque l'époux nous a été enlevé, c'est pour nous le temps de la tristesse et des pleurs. Cet époux surpasse en beauté tous les enfants des hommes, la grâce est répandue sur ses lèvres (*Ps.* XLIV, 3); et, cependant, sous la main de ses bourreaux, il perdit tout son éclat, toute sa beauté, et il a été retranché de la terre des vivants. (*Isa.*, LIII, 2, 8.) Or, notre deuil est juste et véritable, si nous brûlons du désir de le voir. Heureux ceux qui, avant sa passion, ont pu jouir de sa présence, l'interroger comme ils le voulaient, et recueillir avec respect ses divines réponses. Les patriarches, avant son avénement, ont désiré voir ces jours, et ne les ont pas vus, parce que le plan de la divine Providence les avait destinés pour une autre fin : ils devaient annoncer Jésus-Christ avant son avénement, et non pas le voir et l'entendre lorsqu'il serait venu. C'est d'eux que le Sauveur veut parler, lorsqu'il dit à ses disciples : « Beaucoup de prophètes et de justes ont désiré voir ce que vous voyez, et ne l'ont pas vu, et entendre ce que vous entendez, et ne l'ont point entendu. » (*Matth.*, XIII, 17; *Luc*, X, 24.) Quant à nous, nous voyons maintenant l'accomplissement de ce que dit ailleurs, dans le même sens, le Sauveur : « Le temps viendra que vous désirerez voir un des jours du Fils de l'homme, et vous ne le verrez point. » (*Luc,* XVII, 22.)

CHAPITRE IV. — *Pourquoi nous devons gémir et jeûner durant cette vie.* — 5. Qui ne sent son âme embrasée de ces saints désirs? Qui ne verse ici des larmes? Qui ne s'épuise dans les gémissements? Qui ne répète avec le Roi-Prophète : « Mes larmes sont devenues jour et nuit ma nourriture, pendant qu'on me dit sans cesse : Où est ton Dieu? » (*Ps.* XLI, 4.) Nous croyons, sans doute, que ce divin Sauveur est assis déjà à la droite de son Père, mais cependant, tant que nous sommes dans ce corps, nous voyageons loin de lui (II *Cor.*, v, 6), et nous ne pouvons le montrer à ceux qui doutent de son existence, ou vont même jusqu'à la nier, en nous disant : « Où est ton Dieu ? » L'Apôtre avait raison de désirer d'être dégagé des liens du corps pour être avec Jésus-Christ, et il ne jugeait pas avantageux pour lui, mais pour nous seulement, de demeurer plus longtemps dans la chair. (*Philip.*, I, 23.) Ici, en effet, les pensées des hommes sont timides et nos prévoyances incertaines, car cette habitation terrestre abat l'esprit, lorsqu'il se livre à la multiplicité de ses pensées. (*Sag.*, IX, 14.) Voilà pourquoi la vie humaine est une tentation continuelle sur cette terre (*Job*, VII, 1), et, dans l'obscurité de cette nuit du siècle, le lion tourne autour de nous, cherchant quelqu'un à dévorer. (I *Pierre*, V, 8.) Ce n'est point le lion de la tribu de Juda qui est notre roi; ce lion, c'est le démon, notre ennemi. Notre-Seigneur résume

---

vinum effundatur; sed vinum novum in utres novos mittunt, et utraque servantur. » (*Ibid.*, 16, 17.) Proinde quia jam sponsus ablatus est, utique nobis filiis illius pulchri sponsi, lugendum est. Speciosus enim forma præ filiis hominum, cujus diffusa gratia in labiis ejus (*Psal.* XLIV, 3), inter manus persequentium non habuit speciem neque decorem, et ablata est de terra vita ejus. (*Isai.*, LIII, 2, 8.) Et recte lugemus, si flagramus desiderio ejus. Beati quibus cum licuit ante passionem tunc habere præsentem, interrogare sicut vellent, et audire sicut audire deberent. Illos dies concupierunt videre patres ante adventum ejus, neque viderunt : quia in alia dispensatione fuerant ordinati, per quos venturus annuntiaretur, non a quibus veniens audiretur. De his enim ad discipulos loquitur dicens : « Multi justi et Prophetæ voluerunt videre quæ vos videtis, et non viderunt; et audire quæ auditis, et non audierunt. » (*Matth.*, XIII, 17; *Luc.*, X, 24.) In nobis autem illud impletum est, quod ipse itidem dicit : « Venient dies, quando desiderabitis videre unum de diebus istis, et non poteritis. » (*Luc.*, XVII, 22.)

CAPUT IV. — *Cur gemendum et jejunandum in hac vita.* — 5. Quis non sancti desiderii flamma uratur? quis non hic lugeat? quis non laboret in gemitu suo? quis non dicat: « Factæ sunt mihi lacrymæ meæ panis die ac nocte, dum dicitur mihi quotidie : Ubi est Deus tuus ? » (*Psal.* XLI, 4.) Credimus quippe illum jam sedentem ad dexteram Patris : sed tamen quamdiu sumus in corpore, peregrinamur ab eo (II *Cor.*, V, 6), nec eum dubitantibus vel negantibus et dicentibus : « Ubi est Deus tuus, » valemus ostendere. Merito Apostolus ejus concupiscebat dissolvi, et esse cum illo : manere autem in carne non sibi optimum ducebat, sed necessarium propter nos. (*Philip.*, I, 23.) Ubi cogitationes mortalium timidæ, et incertæ providentiæ nostræ; quoniam deprimit terrena inhabitatio sensum multa cogitantem. (*Sap.*, IX, 14.) Inde tentatio est vita humana super terram (*Job*, VII, 1); et in hac sæculi nocte circuit leo quærens quem de-

en lui seul les caractères des quatre animaux dont parle saint Jean dans son Apocalypse (*Apoc.*, IV): il est homme par sa naissance, son action a été comme celle du lion, il a été immolé comme un bœuf, il a pris son essor comme un aigle. « Il a pris son vol sur les ailes des vents, il s'est choisi une retraite au milieu de la nuit. » Il a répandu les ténèbres, et la nuit a été faite : c'est alors que les bêtes des forêts se glissent dans l'ombre. (*Ps.* CIII, 20, etc.) Les lionceaux rugissent après leur proie, c'est-à-dire, les tentateurs dont se sert le démon pour chercher à nous dévorer. Ils n'ont sans doute de pouvoir que le pouvoir déterminé qui leur a été donné; voilà pourquoi le Psalmiste ajoute : « Ils cherchent la nourriture que Dieu leur a destinée. » Dans cette nuit du monde, si féconde en dangers et si pleine de tentations, qui ne serait saisi de crainte, qui ne tremblerait jusque dans la moelle des os, de peur de mériter d'être jeté en proie à la voracité d'un ennemi si cruel ? C'est donc pour nous un devoir de jeûner et de prier.

CHAPITRE V. — *Il est on ne peut plus convenable de jeûner avant la solennité de la passion de Jésus-Christ.* — 6. Et quelle époque plus convenable, pour nous livrer avec plus d'ardeur aux saints exercices du jeûne, qu'aux approches de la solennité de la passion du Seigneur, dont l'anniversaire retrace dans nos esprits le souvenir de cette même nuit, et nous prémunit contre l'oubli, et nous garde de ce sommeil, non du corps, mais de l'esprit, qui nous exposerait à devenir la proie de ce lion dévorant? La passion elle-même de Notre-Seigneur, que nous représente-t-elle, surtout dans la personne de Jésus-Christ, notre chef, si ce n'est les tentations de cette vie? Aussi, que dit-il à Pierre, lorsque l'heure de sa mort approchait? « Voilà que Satan a désiré vous passer au crible comme le froment, et moi j'ai prié pour toi, Pierre, afin que ta foi ne défaille point; va donc, et affermis tes frères. » (*Luc*, XXII, 31, 32.) Et en effet, Pierre nous a affermis par son apostolat, par son martyre, par ses épîtres. C'est dans l'une de ces épîtres qu'il nous rappelle cette nuit si redoutable, et nous enseigne à veiller avec soin et à marcher à la lumière des prophéties, qu'il compare à un flambeau destiné à nous éclairer dans les ténèbres. « Nous avons, dit-il, les oracles des prophètes, dont la certitude est plus affermie, sur lesquels vous faites bien d'arrêter les yeux, comme sur un flambeau qui luit dans le lieu obscur, jusqu'à ce que le jour commence à paraître, et que l'étoile du matin se lève dans vos cœurs. » (II *Pierre*, I, 19.)

Les jours de cette vie sont des jours de travail et de tristesse. — 7. Que nos reins soient donc entourés d'une ceinture, et que nos lampes

---

voret. (I *Petr.*, V, 8.) Non Leo de tribu Juda, rex noster : sed leo diabolus, adversarius noster. Ille autem quatuor animalium de Apocalypsi Joannis figuras in se uno exprimens (*Apoc.*, IV), natus ut homo, operatus ut leo, immolatus ut vitulus, volavit ut aquila. « Volavit super pennas ventorum, et posuit tenebras latibulum suum. » (*Psal.* XVII, 11, 12.) Posuit tenebras, et facta est nox, in qua pertranseunt omnes bestiæ silvæ. (*Psal.* CIII, 20, etc.) Catuli leonum rugientes, tentatores videlicet per quos diabolus quærit quem devoret ; non quidem habentes potestatem, nisi in eis quos acceperint : quia et in Psalmo ipso ita sequitur : « Quærentes a Deo escam sibi. » In tam periculosa et tentationibus plena hujus sæculi nocte quis non timeat, quis non medullis omnibus contremiscat, ne dignus judicetur qui devorandus dimittatur in fauces tam crudelis inimici ? Unde jejunandum et orandum est.

CAPUT V. — *Jejunium ante solemnitatem passionis Christi maxime conveniens.* — 6. Et quando potius, quando instantius, quam propinquante ipsa Dominicæ passionis solemnitate, qua celebritate anniversaria quodam modo nobis ejusdem noctis memoria resculpitur, ne oblivione deleatur, ne nos non corpore, sed spiritu dormientes, ille rugiens devorator inveniat. Nam et ipsa Dominica passio, quid nobis aliud in capite nostro Christo Jesu, quam ipsam vitæ hujus tentationem maxime commendavit ? Unde adveniente jam mortis suæ tempore, Petro dixit : « Postulavit satanas vexare vos sicut triticum ; et ego rogavi, Petre, pro te, ne deficiat fides tua ; va et conforta fratres tuos. » (*Luc.*, XXII, 31, 32.) Et plane confortavit nos per apostolatum, per martyrium, per epistolas suas. Ubi etiam noctem, de qua loquor, admonens formidandam, consolationem prophetiæ tanquam nocturni luminis, ut cauti vigilaremus, edocuit. « Habemus, inquit, certiorem propheticum sermonem, cui benefacitis intendentes, tanquam lucernæ lucenti in obscuro loco, donec dies lucescat, et lucifer oriatur in cordibus vestris. » (II *Petr.*, I, 19.)

Dies nunc laboris et tristitiæ. — 7. Sint ergo lumbi

soient toujours allumées; soyons comme des serviteurs qui attendent que leur maître revienne des noces. (*Luc*, XII, 35.) Gardons-nous de nous répéter les uns aux autres cette maxime impie : « Mangeons, buvons, car nous mourrons demain! » (I *Cor.*, XV, 32.) Mais, plus le jour de notre mort est incertain, plus douloureuses sont les épreuves de cette vie, plus aussi nous devons nous appliquer au jeûne et à la prière, parce qu'en effet nous mourrons demain ! « Encore un peu de temps, dit-il à ses disciples, et vous ne me verrez plus, et encore un peu de temps, et vous me verrez. » (*Jean*, XVI, 19.) C'est maintenant l'heure dont il a dit : « Vous serez dans la tristesse, mais le monde sera dans la joie, » c'est-à-dire pendant cette vie pleine de tentations, et où nous marchons loin de lui. « Mais, ajoute-t-il, je vous verrai de nouveau, et votre cœur se réjouira, et nul ne vous ravira votre joie. » (*Ibid.*, 20, etc.) L'espérance que nous donne un Dieu si fidèle en ses promesses ne nous laisse pas, dès maintenant, sans quelque joie, jusqu'à ce que nous soyons comblés de cette joie surabondante, lorsque nous lui serons semblables, parce que nous le verrons tel qu'il est (I *Jean*, III, 2), « et que nul ne nous ravira notre joie. » Comme gage précieux et gratuit de cette espérance, nous avons reçu l'Esprit saint, qui produit dans nos cœurs les gémissements ineffables des saints désirs. « Nous avons conçu, comme dit Isaïe, et nous avons enfanté l'esprit du salut. » (*Isa.*, XXVI, 18.) « Or, une femme, lorsqu'elle enfante, dit Notre-Seigneur, est dans la tristesse, parce que son heure est venue; mais après qu'elle a enfanté un fils, elle éprouve une grande joie, parce qu'un homme est né au monde. » (*Jean*, XVI, 21.) C'est cette joie que personne ne nous ravira, et dont nous serons comblés lorsque nous passerons des conceptions obscures de la foi à l'éternelle lumière. Jeûnons donc maintenant, et prions, puisque nous sommes encore dans les jours de l'enfantement.

CHAPITRE VI. — *Pourquoi l'institution du jeûne de quarante jours.* — 8. C'est ce que fait le corps de Jésus-Christ tout entier répandu par toute la terre, c'est-à-dire l'Église universelle, et cette société unique, qui s'écrie dans un psaume : « J'ai crié vers vous des extrémités de la terre, dans l'angoisse de mon cœur. » (*Ps.* LX, 3.) Ces paroles nous font déjà entrevoir pourquoi cette humiliation solennelle dure quarante jours. En criant des extrémités de la terre, dans l'angoisse de son cœur, l'Église crie des quatre parties de la terre, que l'Écriture désigne souvent sous les noms de l'Orient, de l'Occident, de l'Aquilon et du Midi. C'est dans toutes ces parties du monde qu'a été publié le Décalogue de la loi, non plus pour inspirer la crainte de la lettre, mais pour que nous l'ac-

nostri accincti, et lucernæ ardentes, et nos similes hominibus exspectantibus Dominum suum, quando veniat a nuptiis. (*Luc.*, XII, 35.) Nec dicamus invicem nobis : « Manducemus et bibamus, cras enim moriemur. » (I *Cor.*, XV, 32.) Sed eo magis, quo incertus est mortis dies, et molestus est vitæ dies, jejunemus et oremus, cras enim moriemur. « Pusillum, inquit, et non videbitis me, et iterum pusillum, et videbitis me. » (*Joan.*, XVI, 19.) Hæc est hora de qua dixit: «Vos tristes eritis, sæculum autem gaudebit; » id est, vita ista tentationibus plena, in qua peregrinamur ab eo. « Sed iterum, inquit, videbo vos, et gaudebit cor vestrum; et gaudium vestrum nemo auferet a vobis. » (*Ibid.*, 20, etc.) In hac spe fidelissimi promissoris etiam nunc utcumque gaudemus, donec veniat illud uberrimum gaudium, cum similes ei erimus, quoniam videbimus eum sicuti est (I *Joan.*, III, 2), et gaudium nostrum nemo auferet a nobis. Hujus enim spei tam gratum et gratuitum etiam pignus Spiritum sanctum accepimus, qui in cordibus nostris inenarrabiles gemitus operatur sanctorum desideriorum. « Concepimus enim, » sicut ait Isaias, « et parturivimus spiritum salutis. » (*Isai.*, XXVI, 18.) Et « mulier cum parturit, » ait Dominus, « tristitia est illi, quoniam venit dies ejus : sed cum pepererit, fit gaudium magnum, quoniam natus est homo in sæculum. » (*Joan.*, XVI, 21.) Hoc erit gaudium, quod nemo auferet a nobis; quo in æternum lumen ex hac fidei conceptione transfundemur. Nunc ergo jejunemus, et oremus, cum dies parturitionis est.

CAPUT VI. — *Jejunium quadragenario numero cur institutum.* — 8. Hoc totum corpus Christi per totum orbem diffusum, id est, tota hoc agit Ecclesia, et illa unitas quæ dicit in Psalmo : « A finibus terræ ad te clamavi, dum angeretur cor meum. » (*Psal.* LX, 3.) Unde jam nobis elucet cur Quadragesima instituta sit hujus humiliationis solemnitas. Quæ enim a finibus terræ clamat, cum angitur cor ejus, a quatuor orbis terræ partibus clamat, quas frequenter etiam Scriptura commemorat, Oriente et Occidente, Aquilone et Meridie. Per hoc totum ille decalogus Legis, jam non per litteram tantummodo metuendus, sed per gra-

complissions par la grâce de la charité. Or, en multipliant dix par quatre, nous obtenons le nombre quarante. Cependant nous avons encore à lutter contre les tentations, et à implorer le pardon de nos fautes. Qui accomplit dans toute son étendue ce commandement : « Tu ne convoiteras point? » (*Exod.*, xx, 17; *Deut.*, v, 21.) Il faut donc recourir au jeûne et à la prière, et ne point cesser cependant de nous appliquer aux bonnes œuvres. La récompense qui attend ces travaux à la fin de la vie, nous est présentée sous l'image d'un denier. Or, de même que *ternarius*, la troisième partie d'un denier, vient de trois, *quaternarius*, la quatrième partie d'un denier, de quatre, *denarius*, le denier, vient du nombre dix; et, en joignant ce nombre au nombre quarante, on obtient le nombre cinquante, figure de la récompense de nos travaux. Ce nombre cinquante est l'emblème de ce temps de joie que personne ne pourra nous ravir. Durant cette vie, nous ne sommes pas encore en possession de cette joie, mais cependant, après les jours consacrés à la passion du Seigneur, et pendant les cinquante jours qui suivent sa résurrection, et où nous cessons de jeûner, nous célébrons par avance ce temps de joie par le chant de l'*Alleluia*, que nous entremêlons aux louanges divines.

Nous devons nous appliquer avec plus de ferveur, pendant le temps du carême, à la pratique de l'abstinence et des bonnes œuvres. — 9. Maintenant donc, mes bien-aimés, si vous ne voulez point être circonvenus par Satan, je vous exhorte, au nom de Jésus-Christ, à vous rendre le Seigneur favorable par des jeûnes fréquents, d'abondantes aumônes et de ferventes prières. C'est aussi le temps où les époux doivent pratiquer entre eux la continence pour se livrer à la prière. C'est du reste ce qu'ils doivent faire à certains jours dans le reste de l'année, et ils le feront d'autant plus utilement qu'ils le feront plus souvent; car user sans mesure de ce qui est permis, c'est offenser Celui qui en accorde l'usage. La prière est une action toute spirituelle, et elle est d'autant plus agréable à Dieu, qu'elle remplit les conditions de sa nature. Or, elle les remplit d'autant plus, que l'âme d'où elle part est plus dégagée des voluptés charnelles.

Chapitre VIII. — Moïse, par le ministère duquel Dieu a donné la loi, Elie, un des plus grands prophètes, ont jeûné quarante jours, ainsi que Notre-Seigneur, à qui la loi et les prophètes rendaient témoignage. Voilà pourquoi il s'est manifesté avec Moïse et Elie sur la montagne. Nous ne pouvons, sans doute, soutenir un jeûne aussi long, et nous abstenir, à leur exemple, de toute nourriture durant tant de jours et tant de nuits; mais faisons ce que nous pouvons, et, à l'exception de certains jours, dans lesquels l'Eglise a de justes raisons de nous défendre le jeûne, rendons-nous agréables au Sei-

---

tiam caritatis implendus, indictus est. Unde quater multiplicatis decem, videmus quadraginta compleri. Sed adhuc in labore tentationis, cum venia delictorum. Quis enim perfecte implet : « Non concupisces? » (*Exod.*, xx, 17; *Deut.*, v, 21.) Unde jejunandum et orandum est : a bono tamen opere non cessandum. Cui labori merces illa redditur in fine, quæ denarii nomine nuncupatur. Sicut autem ternarius a tribus, quaternarius a quatuor; ita denarius a decem nomen accepit : qui conjunctus quadragenario tanquam merces labori redditur. Quinquagenarii numeri figura tempus illius gaudii significat, quod nemo auferet a nobis : cujus in hac vita nondum functionem habemus; sed tamen post solemnitatem Dominicæ passionis a die resurrectionis ejus per dies quinquaginta, quibus jejunia relaxamus, hoc in Dominicis laudibus personata Alleluia celebramus.

Quadragesimæ tempus abstinentia et piis operibus magis fervere debet. — 9. Nunc itaque, in persona Christi, ut non circumveniamini a satana, exhortor vos, Dilectissimi, ut quotidianis jejuniis, largioribus eleemosynis, ferventioribus orationibus Deum propitietis. Nunc tempus est, quo et conjugati ab uxoribus, et nuptæ a suis viris abstineant, ut orationibus vacent : quanquam et per totum annum certis diebus hoc facere debeant : et quanto crebrius, tanto utique melius : quia et qui concessa immoderate appetit, eum qui concessit offendit. Oratio quippe spiritalis res est, et ideo tanto est acceptior, quanto magis suæ naturæ implet effectum. Tanto magis autem spiritali opere funditur, quanto magis animus qui eam fundit, a carnali voluptate suspenditur.

Caput VII. — Quadraginta diebus jejunavit Moyses Legis administrator, quadraginta Elias excellentissimus Prophetarum, quadraginta ipse Dominus testimonium habens a Lege et Prophetis. Inde cum his duobus in monte se ostendit. Nos autem qui tam longum jejunium perpetuare non possumus, ut per tot dies et noctes nihil alimentorum, sicut et illi, accipiamus, saltem quantum possumus faciamus; ut

gneur notre Dieu par un jeûne fréquent, si ce n'est de tous les jours. Mais les fidèles ne peuvent-ils s'abstenir, pendant ces saints jours, de tout rapport conjugal, comme ils s'abstiennent de manger et de boire, lorsque surtout nous voyons un grand nombre de chrétiens de l'un et l'autre sexe imposer presque toute leur vie cette privation à leurs membres consacrés à Dieu? Il n'est pas difficile, ce me semble, pour la chasteté conjugale, de faire, pendant tout le temps des solennités pascales, ce que fait toute la vie la chasteté virginale.

Chapitre VIII. — *Observateurs sensuels du carême.* — 10. Comme je me suis proposé surtout de vous rappeler, dans la mesure de mes forces, l'obligation d'humilier votre âme pendant ce saint temps, j'avais cru pouvoir me dispenser de vous donner un avertissement, que je ne puis cependant passer sous silence, pour combattre les erreurs de certains hommes dont les discours vains et séducteurs, aussi bien que les habitudes dépravées, ne cessent de nous imposer à votre égard une triste et pénible sollicitude. Il est des chrétiens qui observent le carême par esprit de sensualité bien plus que par religion, et qui s'appliquent bien plus à chercher de nouvelles jouissances au lieu de mortifier leurs anciennes convoitises. Ils font à grands frais d'abondantes provisions de toutes sortes de fruits, et s'efforcent d'en composer les mets les plus variés et les plus exquis. Ils évitent, dans la crainte de se souiller, l'usage des vases où on a fait cuire de la viande, et ils ne craignent pas de souiller leur chair en satisfaisant une grossière sensualité. Ils jeûnent, non point pour mortifier par l'abstinence leur gourmandise habituelle, mais afin d'exciter davantage, en différant de manger, leur appétit immodéré. En effet, dès que le temps du repas est arrivé, ils se jettent sur leurs tables abondamment servies comme des animaux sur leur pâture. Ils étouffent leur esprit, en même temps qu'ils remplissent démesurément leur estomac, par l'énorme quantité qu'ils absorbent, et, dans la crainte que cette abondance même ne rassasie leur appétit, ils le réveillent par des préparations raffinées, par les assaisonnements les plus variés et les plus étranges. Enfin ils se gorgent de tant de nourriture, que le temps du jeûne ne suffit pas à la digérer.

Chapitre IX. — *On s'abstient même du vin par sensualité.* — 11. Il en est aussi qui s'abstiennent de vin, mais pour le remplacer par des boissons qu'ils composent du jus d'autres fruits, non pour raison de santé, mais pour flatter la sensualité. Il semble que le carême, au lieu d'être un temps de pieuse humiliation, soit pour eux une occasion d'inventer de nouvelles jouissances. Ne serait-il pas beaucoup plus convenable, si la faiblesse de l'estomac ne peut sup-

---

exceptis diebus per quos certis de causis mos Ecclesiæ prohibet jejunare, Domino Deo nostro vel quotidiano vel crebro jejunio placeamus. Sed numquid sicut a cibo et potu abstinentia per tot dies non potest esse continua, sic et a concubitu non potest? cum videamus in nomine Christi multos utriusque sexus ab hac re penitus immunia membra Deo dicata servare. Puto non esse magnum, ut tota Paschali solemnitate possit conjugum castitas, quod potest tota vita virginitas.

Caput VIII. — *Deliciosi Quadragesimæ observatores.* — 10. Jam vero illud, quanquam admonere non debui, quando quidem tempus humiliandæ animæ quantum potui maxime commendavi; tamen propter hominum errores, qui per vaniloquas seductiones et pravas consuetudines nobis molestam pro vobis curam inferre non cessant, tacere non possum. Sunt quidam observatores Quadragesimæ deliciosi potius quam religiosi, exquirentes novas suavitates magis quam veteres concupiscentias castigantes; qui copiosis pretiosisque apparatibus fructuum diverso- rum, quorumlibet obsoniorum varietates et sapores superare contendunt: vasa in quibus coctæ sunt carnes tanquam immunda formidant, et in sua carne ventris et gutturis luxuriam non formidant: jejunant, non ut solitam temperando minuant edacitatem; sed ut immoderatam differendo augeant aviditatem. Nam ubi tempus reficiendi advenerit, optimis mensis tanquam pecora præsepibus irruunt; numerosioribus ferculis corda obruunt ventresque distendunt; artificiosis et peregrinis condimentorum diversitatibus gulam, ne vel copia compescatur, irritant. Denique tantum capiunt manducando, quantum digerere non sufficiant jejunando.

Caput IX. — *Abstinentia a vino delicata.* — 11. Sunt etiam qui vinum ita non bibunt, ut aliorum expressione pomorum alios sibi liquores, non salutis causa, sed jucunditatis, exquirant: tanquam non sit Quadragesima piæ humilitatis observatio, sed novæ voluptatis occasio. Quanto enim honestius, si stomachi infirmitas aquam potare non tolerat, vino usitato et modico sustentetur, quam quærantur vina quæ vin-

porter l'eau comme boisson, de le soutenir avec un peu de vin ordinaire, que de chercher des vins inconnus de la vendange et des pressoirs, non pour se procurer une boisson plus saine, mais pour ne point faire usage d'une plus commune? Est-il rien de plus déraisonnable que de choisir le temps où on doit châtier plus sévèrement son corps pour lui procurer de si grandes jouissances, que la sensualité regretterait même qu'il n'y eût pas de carême? Quoi de plus inconvenant, dans ces jours d'humiliation, où tous devraient imiter la manière de vivre des pauvres, de prendre un genre de vie qui entraîne tant de dépenses, que les patrimoines les plus riches n'y pourraient suffire, s'il durait toute l'année? Gardez-vous de ces excès, mes bien-aimés, méditez ces paroles de l'Ecriture : « Ne suivez point vos convoitises. » (*Eccli.*, XVIII, 30.) Si nous devons être fidèles à observer en tout temps un précepte aussi salutaire, combien plus dans ces jours où il y a tant de honte à satisfaire la convoitise par des jouissances extraordinaires, qu'on mérite d'être condamné pour n'avoir pas retranché même des douceurs ordinaires de la vie.

CHAPITRE X. — *OEuvres de miséricorde envers les pauvres. Autre genre de miséricorde, le pardon des injures.* — 12. Mais, par-dessus tout, souvenez-vous des pauvres, et déposez dans le trésor céleste ce que vous épargnez par une vie sobre et plus frugale. Que le chrétien donne à Jésus-Christ, qui a faim, ce dont il se prive lui-même par le jeûne. Que cette mortification volontaire serve à nourrir celui qui n'a rien. Que la pauvreté volontaire du riche devienne la richesse nécessaire de l'indigent. Que la douceur et l'humilité disposent aussi votre cœur à la miséricordieuse facilité du pardon. Si vous avez offensé votre frère, implorez votre pardon; accordez-le vous-même, si vous êtes l'offensé, pour ne point tomber sous le joug tyrannique de Satan, qui triomphe des dissensions des chrétiens. Voilà l'aumône avantageuse et féconde par excellence, de remettre à votre frère ce qu'il vous doit, pour obtenir du Seigneur la remise de ce que vous lui devez. Le Maître céleste a recommandé à ses disciples cette double espèce d'aumône, lorsqu'il leur a dit : « Remettez, et il vous sera remis, donnez, et on vous donnera. » (*Luc*, VI, 37, 38.) Rappelez-vous ce serviteur à qui son maître redemande le payement de toute la dette qu'il lui avait d'abord remise, parce qu'après avoir été traité si miséricordieusement par son maître, à qui il devait dix mille talents, il avait refusé de faire miséricorde à son compagnon, qui lui devait seulement cent deniers. (*Matth.*, XVIII, 23, etc.) Ce genre de bonnes œuvres n'admet aucune excuse, parce que la volonté seule tient lieu de tout. On peut dire : Je ne puis jeûner, car j'aurais mal à l'estomac. On peut dire encore : Je voudrais bien donner aux pauvres,

---

demiam nesciunt, quæ torcularia non noverunt; non ut potus mundior eligatur, sed ut frugalior improbetur? Quid autem absurdius, quam tempore quo caro arctius castiganda est, tantas carni suavitates procurare, ut ipsa faucium concupiscentia nolit Quadragesimam præterire? Quid inconvenientius, quam in diebus humilitatis, quando pauperum victus omnibus imitandus est, ita vivere, ut si toto tempore sic vivatur, vix possint divitum patrimonia sustinere? Cavete ista, Dilectissimi : cogitate quod scriptum est : « Post concupiscentias tuas non eas. » (*Eccli.*, XVIII, 30.) Quod saluberrimum præceptum si omni tempore observandum est, quanto amplius his diebus, quando ita turpe est si cupiditas nostra ad inusitatas laxetur illecebras, ut merito culpetur qui non restrinxerit usitatas.

CAPUT X. — *Misericordiæ opera in pauperes. Alterum misericordiæ genus in ignoscendo.* — 12. Præcipue sane pauperum mementote, ut quod vobis parcius vivendo subtrahitis, in cœlesti thesauro reponatis. Accipiat esuriens Christus, quod jejunans minus accipit Christianus. Castigatio volentis, fiat sustentatio non habentis. Voluntaria copiosi inopia, fiat necessaria inopis copia. Sit etiam in animo placabili et humili misericors ignoscendi facilitas. Petat veniam, qui fecit injuriam : det veniam, qui accepit injuriam : ut non possideamur a satana, cujus triumphus est dissensio Christianorum. Et hæc enim magni lucri eleemosyna est, debitum relaxare conservo, ut tibi relaxetur a Domino. Utrumque opus bonum cœlestis magister discipulis commendavit dicens : « Remittite, et remittetur vobis; date, et dabitur vobis. » (*Luc.*, VI, 37, 38.) Mementote servi illius, cui omne debitum dominus ejus quod donaverat, replicavit, quia conservo ipse debenti sibi centum denarios misericordiam non rependit, quam de talentorum decem millibus quæ debebat accepit. (*Matth.*, XVIII, 23, etc.) In hoc genere operis boni excusatio nulla est, ubi sola voluntas tota facultas est. Potest quisque dicere : Ne stomachus doleat, je-

mais je n'ai pas de quoi, ou j'ai si peu que je crains, en donnant, de tomber dans l'indigence. Remarquons cependant, en passant, que, dans ces circonstances, les hommes recourent à des excuses mensongères, parce qu'ils n'en trouvent point de fondées. Mais qui peut dire : Je n'ai point accordé le pardon qu'on me demandait, parce que ma faible santé m'en a empêché, ou parce que je n'avais pas de main libre pour l'offrir ? « Remettez, et il vous sera remis. » Le corps n'a rien à faire ici, l'âme n'a nul besoin d'aucun membre du corps pour accorder ce qu'on lui demande. Tout se fait ici par la volonté, c'est la volonté qui accomplit tout. Agissez donc avec confiance, pardonnez en toute assurance : vous n'avez à craindre aucune douleur dans votre corps, aucune perte dans votre maison. Or, voyez, mes frères, quel crime de ne point pardonner à notre frère qui se repent, lorsqu'il nous est commandé d'aimer même nos ennemis. Puisqu'il en est ainsi, et qu'il est écrit : « Que le soleil ne se couche point sur votre colère, » (*Ephés.*, IV, 26) considérez, mes très-chers frères, si l'on peut donner encore le nom de chrétien à celui qui, même dans ces saints jours, ne veut pas renoncer à des haines, à des inimitiés qu'il n'aurait jamais dû même concevoir.

SERMON CCXI [1].

VII° *pour le carême.*

Sur la charité fraternelle et le pardon des injures.

CHAPITRE PREMIER. — *Le carême doit voir la fin de toutes les inimitiés. Nous devons pardonner, si nous voulons qu'on nous pardonne. Différence entre la colère et la haine.* — 1. Ces saints jours, que nous passons dans la pratique des observances quadragésimales, nous font un devoir de vous parler de la charité fraternelle et de l'obligation de mettre fin à toutes vos haines contre vos frères, si vous ne voulez qu'on n'en finisse avec vous. Ne méprisez pas ces avertissements, mes frères. Cette vie fragile et mortelle qui, sur cette mer du monde, est assaillie par d'innombrables tentations, et qui demande à Dieu la grâce de ne point faire naufrage, ne peut, même dans les justes, rester exempte de quelques péchés. Contre ces faiblesses qui menacent notre vie, un seul remède nous a été donné : c'est celui que nous a enseigné notre divin Maître en nous commandant de lui dire dans l'Oraison dominicale : « Remettez-nous nos dettes, comme nous les remettons à ceux qui nous doivent. » (*Matth.*, VI, 12.) Nous avons fait avec Dieu un pacte, un contrat, et, dans l'acte

(1) Dans un manuscrit de l'abbaye de Cambron, ce sermon, au témoignage des éditeurs de Louvain, est intitulé : « Sermon prononcé le cinquième dimanche de carême. » Mais, dans le manuscrit de la Bibliothèque royale, nous lisons seulement : « Pour le cinquième dimanche, » sans que ce manuscrit porte que ce sermon a été prononcé ce jour-là.

junare non possum. Potest etiam dicere : Volo dare pauperi ; sed unde, non habeo : aut tantum habeo, ut timeam egere, si dedero. Quanquam et in his operibus excusationes plerumque sibi homines falsas faciunt, quia veras non inveniunt. Verumtamen quis est qui dicat : Ideo non ignovi veniam petenti, quia me valetudo impedivit, aut quia manus qua porrigerem non fuit ? Dimitte, ut dimittatur tibi. Carnis hic opus nullum est, nullum vel carnis suæ membrum in adjutorium animæ assumitur, ut hoc impleatur, quod rogatur. Voluntate agitur, voluntate perficitur. Fac securus, da securus, nihil in corpore dolebis, nihil in domo minus habebis. Jam vero, Fratres, videte quid mali sit, ut pœnitenti fratri non ignoscat, cui præceptum est ut inimicum adhuc diligat. Quæ cum ita sint, cum scriptum sit : « Sol non occidat super iracundiam vestram ; » (*Ephes.*, IV, 26) considerate, Carissimi, utrum Christianus dicendus sit, qui saltem his diebus inimicitias non vult finire, quas nunquam debuit exercere.

SERMO CCXI [a].

In Quadragesima, VII.

De fraterna concordia, et condonatione offensarum.

CAPUT PRIMUM. — *Finiendæ querelæ in Quadragesima. Pactum dimittendi ut dimittatur nobis. Aliud ira, aliud odium.* — 1. Dies isti sancti, quos agimus in observatione Quadragesimæ, commonent nos de fraterna concordia loqui vobis, ut quicumque habet adversus alium querelam, finiat, ne finiatur. Nolite ista contemnere, Fratres mei. Cum enim vita ista mortalis et fragilis, quæ inter tot terrenas tentationes periclitatur, et orat ne submergatur, non potest esse in quovis justo sine qualibuscumque peccatis ; unum est remedium per quod vivere possimus, quia docuit nos magister Deus dicere in Oratione : « Dimitte nobis debita nostra, sicut et nos dimittimus debitoribus nostris. » (*Matth.*, VI, 12.) Pactum et placitum cum Deo fecimus, et conditionem solvendi debiti in cautione

(a) Alias XL, inter homilias L.

même, nous avons souscrit la condition sans laquelle nos dettes ne peuvent nous être remises. Si nous pardonnons, nous demandons à Dieu, avec une pleine confiance, qu'il nous pardonne lui-même; mais si nous refusons de pardonner, n'espérons point que nos péchés nous soient pardonnés, si nous ne voulons nous abuser nous-mêmes. Que l'homme ne se trompe pas; quant à Dieu, il n'induit personne en erreur. C'est une faiblesse naturelle à l'homme de se mettre en colère, et plût à Dieu que nous puissions en être exempts! Oui, c'est un mal naturel à l'homme, mais votre colère n'est d'abord qu'une faible tige qui sort de terre; gardez-vous donc de l'arroser de soupçons, car elle deviendrait bientôt la poutre de la haine. La colère est différente de la haine. Ainsi nous voyons souvent un père se mettre en colère contre son fils, sans qu'il le haïsse: il ne se met en colère que pour le corriger. Si sa colère n'a d'autre motif que de corriger son fils, elle lui est inspirée par son affection. Voilà pourquoi Notre-Seigneur nous dit: « Vous voyez un fétu dans l'œil de votre frère, et vous ne voyez pas une poutre dans le vôtre. » (*Matth.*, VII, 3.) Vous reprenez la colère dans les autres, et vous conservez la haine dans votre propre cœur. Comparée à la haine, la colère n'est qu'un fétu. Mais si vous nourrissez ce fétu, il deviendra une poutre. Si, au contraire, vous l'arrachez, vous le rejetez loin de vous, il n'en sera plus question.

CHAPITRE II. — *Celui qui hait son frère est dans les ténèbres.* — 2. Si vous avez été attentifs à la lecture de l'Epître de saint Jean, vous avez dû être effrayés d'une pensée du saint Apôtre. Il commence par dire: « Les ténèbres sont passées et la vraie lumière luit maintenant, » et il ajoute immédiatement: « Celui qui prétend être dans la lumière et qui hait son frère, est encore dans les ténèbres. » (I *Jean*, II, 8, 9.) Vous croyez peut-être qu'il veut parler de ténèbres semblables à celles où sont plongés ceux qu'on renferme dans des cachots. Plût à Dieu qu'elles fussent semblables! Et cependant, qui voudrait habiter ces ténèbres, bien qu'on y condamne quelquefois des innocents? C'est dans ces prisons ténébreuses que les martyrs ont été renfermés. D'épaisses ténèbres les enveloppaient de toutes parts, mais la lumière brillait au milieu de leur cœur. Leurs yeux ne pouvaient rien voir dans cette obscurité profonde, mais l'amour pour leurs frères permettait à leur âme de voir Dieu. Voulez-vous savoir quelles sont ces ténèbres dont l'Apôtre dit: « Celui qui hait son frère est encore dans les ténèbres? » écoutez ce qu'il dit dans un autre endroit: « Celui qui hait son frère est un homicide. » (I *Jean*, III, 15.) Celui qui hait son frère, marche, il sort, il entre, il voyage, il ne paraît chargé d'aucunes chaînes, ni enfermé dans aucune prison; cependant il est enchaîné dans les liens de son crime. Vous croyez qu'il n'est pas en prison, vous vous

---

subscripsimus. Dimitti nobis plena fiducia petimus, si et nos dimittimus: si autem non dimittimus, dimitti nobis peccata non putemus; ne nos ipsos fallamus. Homo se non fallat, Deus neminem fallit. Humanum est irasci: et utinam nec hoc possemus. Humanum est irasci: sed non debet iracundia tua, natus surculus brevis, suspicionibus irrigari, et ad trabem odii pervenire. Aliud est enim ira, aliud odium. Nam sæpe etiam pater irascitur filio, sed non odit filium: irascitur, ut corrigat. Si propterea irascitur, ut corrigat, amando irascitur. Propterea dictum est: « Festucam in oculo fratris tui vides; trabem autem in oculo tuo non vides. » (*Matth.*, VII, 3.) Culpas in alio iram, et tenes odium in te ipso. In comparatione odii, ira festuca est. Sed festucam si nutrias, trabes erit. Si evellas et projicias, nihil erit.

CAPUT II. — *In tenebris et carcere est qui odit.* — 2. Si advertistis, beati Joannis, cum ejus epistola legeretur, debuit vos terrere sententia. Ait enim: «Tenebræ transierunt, lux vera jam lucet. » Deinde secutus adjunxit: « Qui se dicit in lumine esse, et fratrem suum odit, in tenebris est usque adhuc. » (I *Joan.*, II, 8, 9.) Sed forte tales tenebras esse homo putet, quales patiuntur in carceribus inclusi. Utinam tales essent! Et tamen in talibus nemo vult esse. In his autem carcerum tenebris possunt includi et innocentes. In talibus enim tenebris inclusi sunt Martyres. Tenebræ circumquaque fundebantur, et lux (*a*) fulgebat in cordibus. In illis tenebris carceris oculis non videbant, sed amore fraternitatis Deum videbant. Vultis scire quales sunt istæ tenebræ, de quibus dictum est: « Qui odit fratrem suum, in tenebris est usque adhuc? » In alio loco dicit: « Qui odit fratrem suum, homicida est. » (I *Joan.*, III, 15.) Qui odit fratrem suum, ambulat, exit, intrat, procedit, nullis catenis oneratus, nullo carcere inclusus: reatu tamen ligatus est. Noli illum putare sine carcere esse: carcer ejus, cor ejus est. Cum audis: « Qui

(*a*) Mss. *vigebat*.

trompez; sa prison, c'est son cœur. Lorsque l'Apôtre vous dit : « Celui qui hait son frère est encore dans les ténèbres, » il craint, ce semble, que vous soyez peu sensibles à ces ténèbres, et il ajoute : « Celui qui hait son frère est un homicide. » Quoi ! vous haïssez votre frère, et vous marchez sans inquiétude, et vous refusez de vous réconcilier, bien que Dieu vous en laisse le temps ? Vous êtes donc un homicide, et cependant vous vivez encore. Si le Seigneur s'irritait contre vous, vous seriez emporté tout à coup avec votre haine contre votre frère. Dieu vous a épargné, épargnez-vous donc vous-même, réconciliez-vous avec votre frère. Vous ne demandez pas mieux peut-être, mais c'est votre frère qui refuse : cela vous suffit. Vous avez lieu de le plaindre, mais vous avez rempli votre devoir. Si vous voulez vous réconcilier, et qu'il n'y consente point, dites en toute confiance : « Remettez-nous nos dettes, comme nous les remettons à ceux qui nous doivent. »

CHAPITRE III. — *Il faut que nous pardonnions, si nous voulons réciter l'Oraison dominicale.* — 3. Mais c'est vous peut-être qui avez offensé votre frère ; vous voulez faire la paix avec lui ; vous voudriez lui dire : Mon frère, pardonnez-moi les torts que j'ai contre vous. Il refuse de vous pardonner, il refuse de vous remettre votre dette, il ne veut pas vous tenir quitte de ce que vous lui devez. C'est à lui de faire attention lorsqu'il devra prier. Lorsque cet homme, qui n'a point voulu vous pardonner l'offense dont, peut-être, vous étiez coupable à son égard, se présentera pour prier, que va-t-il faire ? Il commencera par dire : « Notre Père, qui êtes dans les cieux. » (*Matth.*, VI, 9, etc.) Ensuite : « Que votre nom soit sanctifié. » Continuez : « Que votre règne arrive. » Continuez encore : « Que votre volonté soit faite sur la terre comme dans le ciel. » Poursuivez : « Donnez-nous aujourd'hui notre pain de chaque jour. » Voilà ce que vous avez dit ; mais ne voudriez-vous point passer par-dessus ce qui suit, ou y substituer autre chose ? Mais non, il n'y a pas moyen de passer, vous vous trouvez arrêté. Dites donc, et dites sincèrement, ou, si vous n'avez pas de raison de faire à Dieu cette prière : « Remettez-nous nos dettes, » ne la faites pas. Mais alors que deviennent ces autres paroles du même Apôtre : « Si nous disons que nous sommes sans péché, nous nous séduisons nous-mêmes, et la vérité n'est point en nous ? » (I *Jean*, I, 8.) Si, au contraire, votre conscience vous rappelle votre fragilité, si les eaux de l'iniquité couvrent le monde tout entier, dites donc : « Remettez-nous nos dettes. » Voyez cependant la suite. Vous n'avez pas voulu remettre à votre frère l'offense commise contre vous, et vous allez dire à Dieu : « Comme nous remettons à ceux qui qui nous doivent. » Ne direz-vous point ces paroles ? Si vous ne les dites point, vous ne recevrez rien ; si vous les dites, vous faites un men-

---

odit fratrem suum, in tenebris est usque adhuc ; » ne forte contemnas tales tenebras, adjungit, et dicit: « Qui odit fratrem suum, homicida est. » Odis fratrem tuum, et securus ambulas ? et concordare non vis, quamvis ideo Deus spatium det tibi ? Ecce jam homicida es, et adhuc vivis : si Dominum iratum haberes, cum odio fratris subito rapereris. Parcit Deus tibi, parce tu tibi, concorda cum fratre tuo. At forte tu vis, et ille non vult ? Sufficiat tibi. Habes unde illum doleas : te solvisti. Dic, si vis concordare, et ille non vult ; dic securus : « Dimitte nobis debita nostra, sicut et nos dimittimus debitoribus nostris. »

CAPUT III. — *Ignoscendum, ut possis Dominicam orationem dicere.* — 3. Forte peccasti in illum, vis cum illo concordare, vis ei dicere : Frater, ignosce mihi quod peccavi in te. Ille non vult ignoscere, non vult dimittere debitum : quod ei debes, non vult tibi dimittere. Ipse observet, quando habet orare. Quando venturus est, qui tibi noluit dimittere quod in eum forte peccasti, quando venturus est ad Orationem, quid facturus est ? Dicat : « Pater noster, qui es in cœlis. » (*Matth.*, VI, 9, etc.) Dicat, accedat : « Sanctificetur nomen tuum. » Adhuc, dic : « Veniat regnum tuum. » Sequere : « Fiat voluntas tua, sicut in cœlo, et in terra. » Adhuc ambula : « Panem nostrum quotidianum da nobis hodie. » Dixisti : quod sequitur vide ne forte velis transcendere, et aliud dicere. Non est qua transire possis, ibi teneris. Dic ergo, et verum dic : aut si non habes quare dicas : « Dimitte nobis debita nostra, » noli dicere. Et ubi est illud quod idem Apostolus dixit : « Si dixerimus, quia peccatum non habemus, nos ipsos decipimus, et veritas in nobis non est ? » (I *Joan.*, I, 8.) Si autem mordet conscientia fragilitatis, et in hoc sæculo ubique abundantia iniquitatis ; dic ergo : « Dimitte nobis debita nostra. » Sed quod sequitur vide. Noluisti enim dimittere peccatum fratri tuo, et dicturus es : « Sicut et nos dimittimus debitoribus nostris. » An non es dicturus ? Si non es dicturus, nihil es accepturus : si autem dicturus, falsum es dicturus. Ergo

songe. Dites-les donc, mais dites-les sincèrement. Mais comment les direz-vous sincèrement, vous qui avez refusé de pardonner à votre frère?

CHAPITRE IV. — *On n'a plus rien à craindre de Dieu, si l'on n'obtient pas de son frère le pardon qu'on lui a demandé. De ceux qui rougissent de demander pardon aux hommes.* — 4. J'ai averti ce chrétien vindicatif, je dois maintenant vous consoler, qui que vous soyez, s'il en est un seul ici, vous qui avez dit à votre frère : Pardonnez-moi la faute que j'ai commise, si toutefois vous lui avez fait cette prière du fond du cœur, avec une humilité véritable et une charité sincère, sous les yeux de Dieu, qui lit dans votre âme; mais il a refusé de vous pardonner, soyez sans inquiétude. Tous deux vous êtes serviteurs, tous deux vous avez un maître. Vous étiez le débiteur de votre compagnon, il n'a point voulu remettre votre dette : adressez-vous à votre commun maître. Que le serviteur exige, s'il l'ose, ce que le Seigneur vous a remis. Je passe à une autre observation. J'ai averti celui qui refuse de pardonner à son frère, tout en demandant qu'on lui pardonne à lui-même ; je l'ai pressé d'accorder à son frère ce qu'il lui refuse, s'il ne veut se voir refuser lui-même ce qu'il demande à Dieu dans sa prière. J'ai dit également à celui qui a demandé son pardon à son frère sans avoir pu l'obtenir, qu'il pouvait être assuré que le Seigneur lui accorderait ce que son frère lui a refusé. Voici l'autre observation que je voulais faire : Votre frère vous a offensé, et il ne veut pas consentir à vous dire: Pardonnez-moi cette offense. Ce désordre n'est que trop fréquent ; plût à Dieu qu'il extirpât cette mauvaise plante de son champ, c'est-à-dire de vos cœurs. Que le nombre est grand de ceux qui ont la conscience d'avoir offensé leurs frères, et qui ne veulent point leur dire : Pardonnez-moi! Ils n'ont pas rougi de les outrager, et ils rougissent d'implorer leur pardon ; ils n'ont pas rougi de l'iniquité, et ils rougissent de l'humilité.

CHAPITRE V. — *On ne doit demander pardon à certaines personnes qu'indirectement et en leur parlant simplement avec douceur.* — C'est donc à eux que je m'adresse de préférence. Vous donc, qui que vous soyez, qui êtes en dissension avec votre frère; vous qui, en ramenant vos regards sur vous-mêmes, en vous examinant attentivement, en vous jugeant suivant les règles de la justice et au plus intime de votre cœur, reconnaissez que vous n'auriez pas dû faire ce que vous avez fait, que vous n'auriez pas dû dire ce que vous avez dit; demandez donc pardon à vos frères, pratiquez envers vos frères cette recommandation de l'Apôtre : «Pardonnez-vous les uns aux autres, comme Dieu même vous a pardonné en Jésus-Christ. » (*Ephés.*, IV, 32.) Oui, faites cette démarche et ne rougissez point de demander grâce. Je parle ici à tous, hommes et femmes, petits et grands, simples

---

dic, et verum dic. Quomodo dicturus es verum, qui fratri tuo noluisti relaxare peccatum?

CAPUT IV. — *Securum apud Deum est, cui petenti negatur venia a fratre. De iis qui veniam ab homine petere erubescunt* — 4. Illum admonui : modo (*a*) te consolor, o quisquis es, si tamen es, qui dixisti fratri tuo : Dimitte mihi quod in te peccavi : si dixisti ex toto corde, si vera humilitate, non ficta caritate, quomodo Deus videt in corde unde dixisti, sed ille noluit tibi dimittere, noli esse sollicitus. Servi estis ambo, habetis Dominum : conservo tuo debes, noluit tibi dimittere : interpella Dominum amborum. Quod tibi dimiserit Dominus, si potest, exigat servus. Dico aliud : Admonui ergo eum, qui noluit dimittere fratri suo, cum petat ille dimitti sibi, ut faciat quod nolebat ; ne, quando orat, non accipiat quod desiderat. Admonui et illum, qui petivit veniam peccati sui a fratre suo, et non accepit ; ut in eo quod non impetravit a fratre suo, securis sit de Domino suo. Est et aliud quod admoneam : Peccavit in te frater tuus, et noluit tibi dicere : Dimitte mihi quod in te peccavi. Abundant verba ista : utinam illa Deus eradicet de agro suo, hoc est de cordibus vestris. Quam multi sunt enim, qui sciunt se peccasse in fratres suos, et nolunt dicere : Dimitte mihi. Non erubuerunt peccare, et erubescunt rogare ; non erubuerunt de iniquitate, et erubescunt de humilitate.

CAPUT V. — *Venia a quibusdam nonnisi tacite et blandiendo petenda.* — Ipsos ergo in primis admoneo. Quicumque habetis discordiam cum fratribus vestris, et revocatis vos ad vos, et consideratis vos, et justum judicium fertis (*b*) in vos, intus in cordibus vestris, et invenitis vos non debuisse facere quod fecistis, non debuisse dicere quod dixistis, petite veniam fratres a fratribus vestris, facite fratribus quod ait Apostolus: « Donantes vobis ipsis, sicut et Deus in Christo donavit vobis ; » (*Ephes.*, IV, 32) facite, nolite erubescere (*c*) veniam petere. Perinde omnibus dico, viris

(*a*) Sic Mss. At editi, *modo consulo*. — (*b*) Am. Er. et Mss. *in vobis*. — (*c*) Mss. non habent, *veniam petere*.

fidèles ou clercs; je me le dis également à moi-même. « Ecoutons tous cette recommandation et soyons tous remplis de crainte. Si nous avons offensé nos frères, si nous avons obtenu ici-bas quelque délai, si nous ne sommes pas encore atteints par la mort, nous vivons encore, nous ne sommes pas encore condamnés; profitons de la vie qui nous est laissée pour faire ce que nous ordonne notre Père, qui sera bientôt notre Dieu et notre juge, et demandons pardon à ceux de nos frères que nous avons offensés, ou à qui nous avons pu causer quelque dommage. Mais il est des personnes de basse condition aux yeux du monde, à qui on ne pourrait demander pardon sans leur donner de l'orgueil. Voici ce que je veux dire : Il arrive quelquefois qu'un maître offense son serviteur, car, bien qu'il soit maître, et l'autre serviteur, ils sont cependant tous deux serviteurs d'un autre maître, parce que tous deux ont été rachetés du sang de Jésus-Christ. Cependant il peut paraître dur que je commande, que je fasse une obligation au maître qui a offensé son serviteur en le querellant sans raison, en le frappant injustement, de venir lui dire : Pardonne-moi, fais-moi grâce. Ce n'est pas que le maître ne doive le faire, mais il est à craindre que le serviteur n'en conçoive de l'orgueil. Que faut-il donc faire ? Qu'il se repente en présence de Dieu, qu'il punisse son cœur sous les yeux de Dieu, et, s'il ne peut, s'il ne doit pas dire à son serviteur : Pardonne-moi, qu'il lui adresse la parole avec douceur. Cette forme plus douce de langage équivaut à une demande de pardon.

CHAPITRE VI. — *Comment l'on doit pardonner de tout cœur à celui qui ne veut point demander pardon.* — 5. Il me reste à adresser la parole à ceux qui ont été offensés et à qui les coupables refusent de demander pardon. J'ai parlé jusqu'à présent à ceux qui ne veulent point accorder le pardon à leurs frères qui le demandent. Mais aujourd'hui, dans ce saint temps où je vous exhorte tous à mettre fin à vos inimitiés, quelques-uns de ceux qui sont en querelle avec leurs frères, en réfléchissant en eux-mêmes, sont peut-être persuadés qu'ils étaient non les auteurs, mais les victimes de l'offense. Vous ne pouvez me répondre, parce que c'est à moi seul qu'il appartient de parler en ce lieu, et que votre devoir est de m'écouter en silence; cependant vous vous dites peut-être à vous-mêmes : Je veux bien me réconcilier, mais cet homme m'a offensé; il m'a outragé et il ne veut point demander pardon. Que faire donc? Vous dirai-je : Allez le trouver vous-même pour lui demander ce pardon qu'il vous refuse? Non, assurément. Je ne veux point vous conseiller le mensonge, je ne veux pas que vous disiez : Pardonnez-moi, quand vous savez bien que vous ne vous êtes pas rendu coupable en-

---

et feminis, minoribus et majoribus, laicis et clericis : dico et mihi ipsi. Omnes audiamus, omnes timeamus. Si peccavimus in fratres nostros, si adhuc inducias vivendi accepimus, non ideo morimur : adhuc enim vivimus, nondum damnati sumus : dum vivimus, faciamus quod jubet Pater, qui erit Deus judex : et petamus veniam a fratribus, quos forte peccando in eos aliquid offendimus, aliquid læsimus. Sunt personæ humiles pro ordine sæculi hujus, a quibus si petas veniam, extolluntur in superbiam : hoc est quod dico, aliquando Dominus peccat in servum suum : quia etsi ille Dominus est, ille servus; ambo tamen alieni servi sunt, quia (a) ambo Christi sanguine redempti sunt. Tamen durum videtur, ut hoc etiam jubeam, hoc præcipiam, ut si forte dominus peccat in servum suum injuste litigando, injuste cædendo ; dicat ille : Ignosce mihi, da mihi veniam. Non quia non debet facere, sed ne ille incipiat superbire. (b) Quid ergo? Ante oculos Dei pœniteat eum, ante oculos Dei puniat cor suum : et si non potest servo dicere, quia non oportet : Da mihi veniam; blande illum alloquatur. Blanda enim appellatio, veniæ est postulatio.

CAPUT VI. — *Nolenti petere veniam, quomodo ignoscendum ex animo.* — 5. Restat ut eos alloquar, in quos alii peccaverunt, et illi qui in eos peccaverunt, veniam petere noluerunt. Illos enim jam sum allocutus, qui petentibus veniam fratribus dare noluerunt. Nunc ergo cum alloquor vos omnes, quoniam dies sancti sunt, ne discordiæ vestræ remaneant; credo quia cogitastis aliqui in cordibus vestris, qui scitis vos cum fratribus vestris aliquas habere discordias, et invenistis quod non ipsi vos in eos peccaveritis, sed illi in vos. Etsi non modo mihi loquimini, quia meum est loqui in hoc loco, vestrum autem tacere et audire ; tamen forte cogitando loquimini, et dicitis vobis : Volo concordare, sed ille me læsit, ille in me peccavit, et non vult veniam postulare. Quid ergo ? dicturus sum : Vade ad illum, et tu pete veniam ? Absit. Nolo mentiaris : nolo dicas : Da mihi veniam,

---

(a) Hic apud Lov. additur, *ambo Christiani :* quod a cæteris libris abest. — (b) Er. et Lov. addunt *si pœniteat eum.* Id non habent Mss.

SERMON CCXI.

vers votre frère. Quel fruit pouvez-vous espérer en devenant ainsi votre accusateur? Pourquoi demander pardon à celui que vous n'avez point offensé, à qui vous n'avez fait aucun tort? Cette démarche est inutile, je ne veux pas que vous la fassiez ; vous savez, et à n'en pouvoir douter, vous savez que l'offense vient de lui et non de vous. Oui, je le sais, me répondez-vous. Cette certitude doit mettre votre conscience à l'abri de toute inquiétude. N'allez donc point trouver ce frère qui s'est rendu coupable à votre égard, et ne lui demandez point pardon. Il faut avoir recours à des intermédiaires pacifiques, qui lui feront de justes reproches et le presseront de venir lui-même vous demander pardon ; quant à vous, il suffit que vous soyez disposé à lui pardonner et à lui remettre de tout cœur ce qu'il vous doit. Si vous êtes dans ces dispositions, vous lui avez déjà pardonné. Vous avez encore la ressource de la prière : priez pour obtenir qu'il consente à demander pardon, car vous savez combien il se fait tort en s'obstinant à ne pas le demander; priez donc pour lui et dites à Dieu dans votre prière : Seigneur, vous savez que ce n'est point moi qui me suis rendu coupable envers mon frère, mais que c'est lui qui m'a offensé ; vous savez combien il est dangereux pour lui de ne pas me demander pardon de l'offense qu'il a commise ; je vous supplie, dans un sentiment de véritable charité, de vouloir bien lui pardonner.

CHAPITRE VII. — *Nous devons pardonner les offenses à l'exemple de Jésus-Christ.* — 6. Je viens de vous rappeler ce que, dans ces jours de jeûne, de saintes observances et de continence, vous devez faire avec moi, pour vous réconcilier avec vos frères. Que j'aie autant de joie de vous voir en paix que j'éprouve de tristesse de vos divisions. En nous pardonnant ainsi les uns aux autres ce que nous aurions à nous reprocher, (*Colos.*, III, 13) nous pourrons célébrer en toute tranquillité et en toute confiance la Pâque et la passion de Celui qui ne devait rien à personne et qui a payé la rançon de ses débiteurs, c'est-à-dire de Notre-Seigneur Jésus-Christ, qui n'a offensé personne, et contre lequel le monde presque tout entier s'est rendu coupable, et qui, cependant, au lieu des justes châtiments qu'il pouvait infliger, ne nous promet que des récompenses. Nous l'avons donc pour témoin dans nos cœurs, et il voit, lorsque nous avons offensé l'un de nos frères, si nous lui demandons sincèrement pardon; il voit si nous sommes disposés à pardonner les offenses qui nous sont faites, et à prier pour nos ennemis. Loin de nous, mes frères, toute pensée de vengeance! Qu'est-ce que se venger, sinon se repaître du mal d'autrui? Je le sais, tous les jours des hommes viennent dans ce lieu, fléchissent les genoux, frappent leur front contre terre, quel-

---

qui te nosti non peccasse in fratrem tuum. Quid enim tibi prodest, cum tu fueris tuus accusator? Quid expetas tibi ignosci, ab eo quem non læsisti, aut in quem non peccasti? Nihil tibi prodest, nolo facias : nosti, bene discussisti, scis quia in te peccavit, non tu in illum. Scio, inquis. In ista (*a*) tuta scientia, sit tua conscientia. Noli venire ad fratrem tuum qui in te peccavit, et ultro ab illo petere veniam. Debent inter vos esse alii pacifici, qui illum objurgent, ut a te prius veniam petat: tu tantum paratus esto ignoscere, prorsus paratus esto ex corde dimittere. Si paratus es dimittere, jam dimisisti. Habes adhuc quod ores : ora pro illo, ut petat a te veniam ; quia scis ei nocere si non petat, ora pro illo ut petat. Dic Domino in oratione tua : Domine, scis me non peccasse in illum fratrem meum, sed illum potius peccasse in me, et obesse illi quod peccavit in me, si veniam non petat a me ; ego bono animo peto ut ignoscas ei.

CAPUT VII. — *Offensæ donandæ exemplo Christi.* — 6. Ecce dixi vobis quod maxime per istos dies jejuniorum vestrorum, observationum vestrarum, continentiæ vestræ, mecum agere debeatis, ut cum fratribus vestris concordetis. Gaudeam et ego de pace vestra, qui contristor litibus vestris : ut omnes donantes vobismetipsis, si quis habet adversus aliquem querelam, securi agamus Pascha, securi celebremus ejus passionem, qui nihil cuiquam debebat, et pretium pro debentibus solvit ; Dominum Jesum Christum dico, qui in neminem peccavit, et prope in illum omnis mundus peccavit; nec exegit supplicia, sed promisit præmia. Habemus ergo ipsum testem in cordibus nostris, quia si in aliquem peccavimus, vero corde veniam postulemus ; si aliquis in nos peccavit, veniam dare parati simus, et pro inimicis nostris oremus. Non expectemus vindicari, Fratres. Quid est, vindicari, nisi malo alieno pasci ? Scio quotidie venire (*b*) homines, genua figere, frontem terræ concutere, aliquando vultum suum lacrymis rigare ;

(*a*) Aliquot Mss. *tua scientia :* forte non male, si post legatur, *sit tuta conscientia.* Porro in Regio Ms. habetur : *Ista tua scientia sit tua sententia.* — (*b*) Sic Mss. Editi vero, *venire hominem, genua figere, fronte terram concutere.*

quefois arrosent leur visage de larmes, et, dans cet état d'humiliation et de trouble, disent à Dieu : Seigneur, vengez-moi, faites périr mon ennemi ! Eh bien ! oui, j'y consens ; priez Dieu qu'il fasse périr votre ennemi et qu'il sauve votre frère ; qu'il détruise les inimitiés, et qu'il sauve la nature. Telle est la vengeance que vous devez demander à Dieu ; qu'il mette à mort celui qui vous persécutait, mais qu'il conserve le frère qu'il rend à votre charité.

SERMON CCXII.

Ier *en remettant le Symbole aux catéchumènes.*

Le lundi après le Ve dimanche de Carême (1).

D'où vient le nom de Symbole. — 1. Le temps est venu de vous remettre le Symbole, qui renferme en peu de mots tout ce que vous devez croire pour obtenir le salut éternel. Le mot Symbole est pris ici, par analogie, dans un sens figuré. En effet, les négociants font entre eux un symbole, un pacte, pour affirmer leur société par ce contrat d'alliance. Or, votre société a pour objet un commerce tout spirituel, et vous ressemblez à des marchands qui cherchent une perle de grand prix. (*Matth.*, XIII, 45.) Cette perle, c'est la charité qui sera répandue dans vos cœurs par l'Esprit saint, qui vous sera donné. (*Rom.*, V, 5.) On parvient à cette charité par la foi contenue dans le Symbole. Vous devez donc croire en Dieu, le Père tout-puissant, invisible, immortel, le Roi des siècles, le Créateur des choses visibles et invisibles, et tout ce que vous enseignent sur ce souverain Etre la saine raison et l'autorité des saintes Ecritures. Vous ne devez point séparer le Fils de cette suprême Grandeur. Car, en attribuant au Père ces divines perfections, nous ne pouvons en exclure Celui qui a dit : « Mon Père et moi nous sommes un. » (*Jean*, X, 29.) C'est de lui aussi que l'Apôtre écrit : « Ayant la nature de Dieu, il n'a pas cru que ce fût pour lui un vol de s'égaler à Dieu. » (*Philip.*, II, 6.) Le vol est l'usurpation du bien d'autrui ; or, l'égalité avec le Père est la nature même du Fils de Dieu. Et, dès lors, comment le Fils ne serait-il pas tout-puissant, puisque toutes

(1) C'est le titre que lui donne l'édition de Louvain. Dans le manuscrit de l'abbaye de Saint-Victor, ce sermon est intitulé : « Pour le dimanche des Rameaux. » Dans le manuscrit de la Bibliothèque royale : « Pour le lundi » après le même dimanche des Rameaux, puisque le sermon qui précède celui-ci dans ce manuscrit est intitulé : « Pour le dimanche des Rameaux. » Saint Isidore, dans son livre *Des offices ecclésiastiques*, livre I, chapitre XXVII, assure qu'on remettait le Symbole aux catéchumènes le dimanche des Rameaux ; mais la coutume n'était pas la même dans toutes les églises. D'après les prescriptions de l'Eglise romaine, on remettait aux catéchumènes, le mercredi de la quatrième semaine, le Symbole avec l'Oraison dominicale, qu'ils devaient réciter le samedi-saint, et Amalaire atteste cette coutume dans le livre I *Des offices ecclésiastiques*, chapitre VIII. Dans l'Afrique, au contraire, du temps de saint Augustin, on remettait séparément le Symbole aux catéchumènes, au plus tard quinze jours avant Pâques, et ils le récitaient huit jours après. On leur remettait alors l'Oraison dominicale, qu'ils devaient réciter également huit jours après. Cette coutume se trouve clairement expliquée au commencement des sermons LVIII et LIX. Dans ce même sermon LVIII, n°s 1 et 13, saint Augustin parle d'une autre récitation du Symbole qui devait se faire le samedi veille de Pâques, et il déclare expressément que la récitation de l'Oraison dominicale n'avait pas lieu le même samedi veille de Pâques. Dans le sermon CCXXVII, prononcé le jour de Pâques, il semble indiquer que cette récitation avait déjà eu lieu : « Dès que la consécration est achevée, dit-il, nous récitons l'Oraison dominicale, qu'on vous a enseignée, et que vous avez répétée. »

et in ista tanta humilitate ac perturbatione dicere : Domine, vindica me, occide inimicum meum. Plane ora, ut occidat inimicum tuum, et salvet fratrem tuum : occidat inimicitias, salvet naturam. Sic ora, ut vindicet te Deus : pereat qui te persequebatur, sed maneat qui tibi reddatur.

SERMO CCXII [(a)].

In traditione Symboli, 1.

Feria secunda post Dominicam quintam Quadragesimæ.

Symbolum unde dictum. — 1. Tempus est ut Symbolum accipiatis, quo continetur breviter, propter æternam salutem, omne quod creditis. Symbolum autem nuncupatur a similitudine quadam, translato vocabulo ; quia symbolum inter se faciunt mercatores, quo eorum societas, pacto fidei teneatur. Et vestra societas est commercium spiritualium, ut similes sitis negotiatoribus bonam margaritam quærentibus. (*Matth.*, XIII, 45.) Hæc est caritas, quæ diffundetur in cordibus vestris per Spiritum sanctum, qui dabitur vobis. (*Rom.*, V, 5.) Ad hanc pervenitur ex fide, quæ isto Symbolo continetur : ut credatis « in Deum Patrem omnipotentem, » invisibilem, immortalem, regem sæculorum, visibilium et invisibilium creatorem : et quidquid dignum de illo vel ratio sincera, vel Scripturæ sanctæ auctoritas loquitur. Nec ab ista excellentia Dei Filium separetis. Neque enim sic ista de Patre dicuntur, ut ab illo aliena sint qui dixit : Ego et Pater unum sumus. (*Joan.*, X, 29.) Et de quo Apostolus ait : Qui cum in forma Dei esset, non rapinam arbitratus est esse æqualis Deo. (*Philp.*, II, 6.) Rapina quippe usurpatio est alieni : cum illa æqualitas natura sit. Ac per hoc quomodo non erit omnipotens Filius, per quem facta sunt omnia ? cum etiam sit virtus et sapientia Dei (I *Cor.*, I, 24), de qua scriptum est, quod cum sit una, omnia potest. (*Sap.*, VII, 27.) Est autem etiam natura

(a) Alias de Diversis LXXV.

choses ont été faites par lui et qu'il est la vertu et la sagesse de Dieu (I *Cor*., I, 24), dont il est écrit qu'étant une, elle peut tout. (*Sag*., VII, 27.) Il est aussi invisible dans sa nature, c'est-à-dire dans cette nature qui le rend égal à Dieu. En effet, le Verbe de Dieu, qui était au commencement et qui était Dieu (*Jean*, I, 1), est invisible par nature, et cette nature lui assure l'immortalité absolue, c'est-à-dire l'immutabilité la plus parfaite. On dit bien de l'âme humaine, dans un certain sens, qu'elle est immortelle; mais comment reconnaître une véritable immortalité dans une si grande mutabilité, qui la soumet tour à tour à la défaillance et au progrès? Aussi, la mort de l'âme est-elle sa séparation de la vie de Dieu par suite de l'ignorance qui est en elle; et la vie, pour l'âme, est de courir à la source même de la vie, et de voir la lumière dans la lumière de Dieu. C'est de cette vie que vous vivrez lorsque, par la grâce de Jésus-Christ, vous ressusciterez de cette mort à laquelle vous renoncez. Mais pour le Verbe de Dieu, pour le Fils unique de Dieu, il demeure toujours immuable avec son Père, il ne perd rien, car ce qui reste toujours ne peut souffrir de diminution; il n'acquiert rien, parce que la perfection n'est point susceptible d'accroissement. Il est aussi le Créateur des siècles, des choses visibles et invisibles. « C'est en lui, dit l'Apôtre, que tout a été créé, dans le ciel et sur la terre, les choses visibles comme les invisibles, les trônes, les dominations, les principautés, les puissances : tout a été créé en lui et par lui, et toutes choses subsistent en lui. » (*Colos*., I, 16.) Cependant, comme il s'est anéanti lui-même, sans perdre la nature de Dieu, mais en prenant la nature de serviteur; sous cette forme de serviteur, l'invisible est devenu visible, parce qu'il est né « de l'Esprit saint et de la Vierge Marie. » C'est dans cette nature de serviteur que le Tout-Puissant s'est réduit à la faiblesse, lorsqu'il « a souffert sous Ponce-Pilate. » C'est dans cette nature de serviteur que l'Immortel est mort, « car il a été crucifié et enseveli. » C'est dans cette nature de serviteur que le Roi des siècles « est ressuscité le troisième jour. » C'est dans cette nature de serviteur que le Créateur des choses visibles et invisibles « est monté aux cieux, » qu'il n'avait jamais quittés. C'est dans cette nature de serviteur qu'il « est assis à la droite du Père, » lui qui est le bras du Père, dont le prophète a dit : « Et à qui le bras du Seigneur a-t-il été révélé ? » (*Isa*., LIII, 1.) C'est dans cette même nature de serviteur « qu'il viendra juger les vivants et les morts, » parce que c'est dans cette nature qu'il s'est assujetti à la mortalité, lui qui est la vie des vivants. C'est par lui que le Père a envoyé l'Esprit saint, qui procède et du Père et de lui. L'Esprit du Père et du Fils a été envoyé par le Père et le Fils; ils ne l'ont point engendré, mais il est le lien du

---

invisibilis, in ea ipsa forma, in qua æqualis est Patri. Natura quippe invisibile est Verbum Dei, quod in principio erat, et Deus erat (*Joan*., I, 1); in qua natura etiam immortalis omnino, id est omni modo incommutabilis manet. Nam et anima humana secundum quemdam modum dicitur immortalis : sed non est vera immortalitas, ubi tanta est mutabilitas, per quam et deficere et proficere potest. Unde mors ejus est, alienari a vita Dei per ignorantiam quæ est in illa : vita vero ejus, currere ad fontem vitæ, ut in lumine Dei videat lumen. Secundum quam vitam etiam vos per Christi gratiam reviviscetis a morte quadam, cui renuntiatis, Verbum autem Dei quod est unigenitus Filius, cum Patre semper incommutabiliter vivit; nec deficit, quia permansio non minuitur; nec proficit, quia perfectio non augetur. Est etiam ipse sæculorum visibilium et invisibilium creator : quia sicut dicit Apostolus : « In ipso condita sunt omnia in cœlo et in terra, visibilia et invisibilia, sive throni, sive dominationes, sive principatus, sive potestates; omnia in ipso et per ipsum creata sunt, et omnia illi constant. » (*Colos*., I, 16.) Sed quoniam semetipsum exinanivit, non formam Dei amittens, sed formam servi accipiens; per hanc formam servi invisibilis visus est : quia « natus est de Spiritu sancto (*a*) et Maria virgine. » In hac forma servi infirmatus est omnipotens : quia « passus est sub Pontio Pilato. » Per hanc formam servi, immortalis mortuus est : quia « crucifixus est et sepultus. » Per hanc formam servi, rex sæculorum « die tertio resurrexit. » Per hanc formam servi visibilium et invisibilium creator « ascendit in cœlum, » unde nunquam recessit. Per hanc formam servi, « sedet ad dexteram Patris, » qui est brachium Patris : de quo dicit Propheta : Et brachium Domini cui revelatum est ? (*Isai*., LIII, 1.) In hac forma servi, « venturus est judicare vivos et mortuos; » in qua particeps esse voluit mortuorum, cum sit vita vivorum. Per ipsum nobis Spiritus sanctus missus est a Patre, et ab ipso. Spiritus Patris et Filii ab utroque missus, a nullo ge-

(*a*) Sic in Mss. At in editis, *ex Maria virgine*.

Père et du Fils, et il leur est égal en toutes choses. Cette Trinité est le Dieu unique, tout-puissant, invisible, le Roi des siècles, le Créateur des choses visibles et invisibles. Car nous ne disons pas qu'il y ait trois Seigneurs, ou trois Tout-Puissants, ou trois Créateurs, et nous n'attribuons point à trois êtres différents aucune des perfections divines, parce qu'il n'y a point trois Dieux, mais un seul Dieu. Et toutefois, dans cette Trinité, le Père n'est pas le Fils, ni le Fils le Père, ni le saint Esprit le Père ou le Fils; le Père est le Père du Fils; le Fils est le Fils du Père, et l'Esprit saint est l'Esprit du Père et du Fils. Croyez ces vérités si vous voulez les comprendre, car vous ne pourrez les comprendre qu'à la condition de les croire. (*Isa.*, VII, 9, *selon les Sept.*) Cette foi vous donnera l'espérance de la grâce, par laquelle tous vos péchés vous seront remis. C'est par là que vous serez sauvés et non par vous-mêmes, car la grâce est un don de Dieu. Espérez encore qu'après cette mort, dont tous les hommes sont tributaires en punition de la faute ancienne du premier homme, vos corps ressusciteront à la fin des siècles, non pour être livrés aux supplices comme les corps des impies, ni pour goûter des joies terrestres et charnelles comme l'espèrent les insensés, mais pour voir s'accomplir ce qu'a prédit l'Apôtre : « Le corps est semé corps animal, et il ressuscitera corps spirituel; » (1 *Cor.*, XV, 44) il ne sera plus un poids accablant pour l'âme (*Sag.*, IX, 15), et il n'aura plus besoin d'aliments réparateurs, parce qu'il ne souffrira plus aucune altération.

Pourquoi il faut retenir le Symbole de mémoire. — 2. Voilà, dans ce peu de mots, l'explication que je vous devais sur l'ensemble du Symbole, et il vous sera facile de reconnaître que ce discours est le résumé de toutes les instructions que vous entendrez sur les différents articles dont il est composé. Or, vous ne devez point écrire ce Symbole pour en retenir le contenu, mais l'apprendre en l'écoutant; il ne vous est pas permis non plus de l'écrire lorsque vous l'aurez appris : vous devez le retenir toujours de mémoire et le répéter souvent. Tous les articles du Symbole, dont vous entendrez l'explication, sont renfermés dans les saintes Ecritures, inspirées de Dieu. Mais s'il est défendu d'écrire ce résumé, cette formule abrégée de la foi, c'est en souvenir de la promesse que Dieu a faite, lorsqu'il a prédit, en ces termes, par son prophète, le Nouveau Testament : « Voici l'alliance que je ferai avec eux, après ces jours-là, dit le Seigneur : je graverai ma loi dans leur esprit et je l'écrirai dans leur cœur. » (*Jérém.*, XXXI, 33.) C'est pour cette même raison qu'on apprend le Symbole en l'écoutant, et qu'on ne l'écrit ni sur

---

nitus : unitas amborum, æqualis ambobus. Hæc Trinitas unus Deus est, omnipotens, invisibilis, rex sæculorum, visibilium et invisibilium creator. Neque enim tres dominos, aut tres omnipotentes, aut tres creatores, aut quidquid aliud de excellentia Dei dici potest dicimus : quia nec tres dii, sed unus Deus. Quamvis in hac Trinitate Pater non sit Filius, et Filius non sit Pater, et Spiritus sanctus nec Filius sit nec Pater : sed ille Pater Filii, ille Filius Patris, ille Spiritus Patris et Filii. Credite, ut intelligatis. Nisi enim credideritis, non intelligetis. (*Isai.*, VII, 9.) Ex hac fide gratiam sperate : in qua vobis « peccata omnia dimittentur. » Hinc enim salvi eritis, non ex vobis : Dei enim donum est. Post hanc etiam mortem, quæ in omnes pertransit, quæ vetustati primi hominis debetur, sperate etiam in fine « vestrorum corporum resurrectionem, » non ad passiones dolorum, sicut resurrecturi sunt impii; nec ad gaudia carnalium desideriorum, sicut putant stulti : sed sicut Apostolus ait : Seminatur corpus animale, surget corpus spiritale (1 *Cor.*, XV, 44), ut jam non aggravet animam (*Sap.*, IX, 15), nec ullam quærat refectionem, quia nullam patietur defectionem.

Symbolum memoria tenendum quare. — 2. Hinc igitur brevem sermonem de universo Symbolo vobis debitum reddidi, in quo Symbolo quod audieritis, totum in isto sermone nostro breviter collectum agnoscetis. Nec ut eadem verba Symboli teneatis, ullo modo debetis scribere; sed audiendo perdiscere : nec cum didiceritis, scribere; sed memoria semper tenere atque recolere. Quidquid enim in Symbolo audituri estis, in divinis sacrarum Scripturarum litteris continetur. Sed quod ita collectum et in formam quamdam redactum non licet scribi, commemoratio fit promissionis Dei, ubi per Prophetam prænuntians Testamentum novum dixit : « Hoc est Testamentum quod ordinabo eis post dies illos, dicit Dominus, dando legem meam in mente eorum, et in corde eorum scribam eam. » (*Jerem.*, XXXI, 33.) Hujus rei significandæ causa, audiendo Symbolum discitur : nec in tabulis, vel in aliqua materia, sed in corde (*a*) scribitur. Præstabit ille qui vos vocavit ad

---

(*a*) Editi hic *discitur.* Sed melius in Ser. Appendicis CCXLIII, *scribitur.*

des tablettes, ni sur aucune autre matière, mais dans le cœur. C'est la grâce que vous fera Celui qui vous a appelés à son royaume et à sa gloire; et lorsque vous serez régénérés par sa grâce, le Saint-Esprit lui-même écrira le Symbole dans vos cœurs. C'est ainsi que vous aimerez ce que vous croyez, que la foi agira en vous par la charité, et que vous serez agréables au Seigneur Dieu, dispensateur de tous les biens, en ne craignant pas le châtiment comme des esclaves, mais en aimant la justice comme des enfants. Voilà donc le Symbole tel qu'il vous a été enseigné par les Ecritures et les discours sacrés, et que les fidèles doivent retenir sous cette formule abrégée pour en faire la règle de leurs progrès dans la foi.

SERMON CCXIII.

IIe *en remettant le Symbole aux catéchumènes.*

CHAPITRE PREMIER. — *Qu'est-ce que le Symbole? Comment Dieu est-il tout-puissant?* — 1. Le Symbole est la règle abrégée de la foi, destinée à instruire notre esprit sans charger notre mémoire. Les paroles qui servent à l'exprimer sont courtes, il est vrai, mais riches de vérités. « Je crois en Dieu le Père tout-puissant. » Voyez : peut-on rien de plus court, et en même temps de plus étendu ? C'est un Dieu, c'est un père ; un Dieu, par sa puissance, un père, par sa bonté. Que nous sommes heureux de trouver un père dans notre souverain Maître! Croyons donc en lui et espérons tout de sa miséricorde, parce qu'il est tout-puissant; c'est pour cela que nous disons : « Je crois en Dieu le Père tout-puissant. » Que personne ne dise : Il ne peut me pardonner mes péchés. Quoi ! le Tout-Puissant n'aurait point ce pouvoir? Mais, dites-vous, mes péchés sont si nombreux! Je vous réponds : N'est-il pas le Tout-Puissant ? Mais ces péchés que j'ai commis sont tellement graves, que je ne puis espérer d'en être ni délivré, ni purifié. Je vous réponds encore : Il est tout-puissant. Rappelez-vous ce que vous lui dites, en chantant dans le psaume : « Bénis le Seigneur, ô mon âme, et n'oublie jamais aucun de ses bienfaits. C'est lui qui te pardonne toutes tes fautes et qui guérit toutes tes infirmités. » (*Ps.* CII, 2, 3.) Voilà pourquoi nous avons besoin de sa toute-puissance. Cette toute-puissance était nécessaire aux créatures pour qu'elles fussent tirées du néant. Dieu est tout-puissant pour faire ce qui est grand comme ce qui est petit; tout-puissant pour créer les êtres du ciel et ceux de la terre ; tout-puissant pour donner l'existence à ce qui est immortel comme à ce qui est mortel, aux natures spirituelles comme aux natures corporelles, aux êtres visibles comme à ceux qui sont

suum regnum et gloriam, ut ejus gratia regeneratis vobis, etiam Spiritu sancto scribatur in cordibus vestris; ut quod creditis diligatis, et fides per dilectionem operetur in vobis ; ac sic Domino Deo largitori bonorum omnium placeatis, non serviliter timendo pœnam , sed liberaliter amando justitiam. Hoc est ergo Symbolum, quod vobis per Scripturas et sermones ecclesiasticos insinuatum est : sed sub hac brevi forma fidelibus consistendum et proficiendum est.

SERMO CCXIII (a).

In traditione Symboli, II.

CAPUT PRIMUM. — *Symbolum quid. Deus quomodo omnipotens.* — 1. Symbolum est breviter complexa regula fidei , ut mentem instruat nec oneret memoriam; paucis verbis dicitur, unde multum acquiratur. « Credo in Deum Patrem omnipotentem. » Vide quam cito dicitur, et quantum valet. Deus est, et Pater est : Deus potestate, Pater bonitate. Quam felices sumus, qui Dominum nostrum patrem invenimus. Credamus ergo in eum, et omnia nobis de ipsius misericordia promittamus, quia omnipotens est : ideo in Deum Patrem omnipotentem credimus. Nemo dicat : Non mihi potest dimittere peccata. Quomodo non potest omnipotens ? Sed dicis : Ego multum peccavi. Et ego dico : Sed ille omnipotens est. Et tu : Ego talia peccata commisi, unde liberari et mundari non possum. Respondeo : Sed ille omnipotens est. Videte quid ei cantetis in Psalmo : « Benedic, inquit, anima mea Domino, et noli oblivisci omnes retributiones ejus : qui propitius fit omnibus iniquitatibus tuis, qui sanat omnes languores tuos. » (*Psal.* CII, 2, 3.) Ad hoc nobis est ejus omnipotentia necessaria. Nam universæ creaturæ ad hoc erat necessaria, ut crearetur. Omnipotens est ad facienda majora et minora ; omnipotens est ad facienda cœlestia et terrestria; omnipotens est ad facienda immortalia et mortalia ; omnipotens est ad facienda spiritalia et corporalia , omnipotens est ad facienda visibilia et invisibilia : magnus in magnis, nec par-

(a) Alias de Tempore CXIX.

invisibles ; il est grand dans les grandes choses, sans être petit dans les plus petites. En un mot, il est tout-puissant pour faire tout ce qu'il veut. Je puis dire tout ce qu'il ne peut faire : Il ne peut mourir, il ne peut pécher, il ne peut mentir, il ne peut se tromper. Voilà tout ce qu'il ne peut faire, et, s'il le pouvait, il cesserait d'être le Tout-Puissant. Croyez donc en lui et professez hautement votre foi, car il faut croire de cœur pour obtenir la justice, et confesser de bouche pour être sauvé. (*Rom.*, x, 10.) Voilà pourquoi, non contents d'avoir la foi, vous en ferez hautement profession lorsque vous réciterez le Symbole. Ecoutez maintenant ce que vous devez retenir pour le réciter ensuite et ne jamais l'oublier.

CHAPITRE II. — *Jésus-Christ est le Fils unique de Dieu. Comment il s'est incarné. Il est notre unique Sauveur.* — 2. Quelle est la suite? « Et en Jésus-Christ. » « Je crois, dites-vous, en Dieu le Père tout-puissant, et en Jésus-Christ, son Fils unique, Notre-Seigneur. » S'il est Fils unique, il est donc égal à son Père ; s'il est Fils unique, il a donc la même nature que son Père; s'il est Fils unique, il est donc tout-puissant comme son Père; s'il est Fils unique, il est donc coéternel au Père. Voilà ce qu'il est en lui-même, dans la nature qui lui est propre et dans le sein de son Père. Mais qu'est-il pour nous et par rapport à nous ? « Qui a été conçu du Saint-Esprit, qui est né de la Vierge Marie. » Voilà Celui qui est venu, par où il est venu, et ceux vers qui il est venu. Il est venu par l'opération du Saint-Esprit, et non pas d'un homme, d'un époux ; c'est le Saint-Esprit qui a fécondé son chaste sein, sans porter atteinte à sa virginité. C'est ainsi que Notre-Seigneur Jésus-Christ s'est revêtu d'une chair mortelle ; c'est ainsi que Celui qui a fait l'homme s'est fait homme, en prenant ce qu'il n'était pas, sans perdre ce qu'il était ; car « le Verbe s'est fait chair, et il a habité parmi nous. » (*Jean*, I, 14.) Le Verbe ne s'est pas transformé en chair, mais, en restant le Verbe, il s'est uni à un corps ; lui qui demeure à jamais invisible, s'est rendu visible quand il l'a voulu, et il a habité parmi nous. Qu'est-ce à dire, parmi nous? Parmi les hommes. Il est devenu l'un de nous, sans cesser d'être le Fils unique du Père. Qu'est-il encore pour nous? Il est notre unique Sauveur, car nul autre que lui ne peut prétendre à ce titre. Il est encore notre unique Rédempteur, car nul autre que lui ne nous a rachetés, non avec de l'or, ni avec de l'argent, mais avec son sang.

CHAPITRE III. — *Comment Jésus-Christ, Fils de Dieu, est mort et a été enseveli.* — 3. Considérons donc par quel divin commerce le Fils de Dieu nous a rachetés. Le Symbole vient de nous dire : « Qui a été conçu du Saint-Esprit, est né de la Vierge Marie. » Qu'a-t-il fait maintenant

---

vus in minimis. Postremo omnipotens est ad facienda omnia, quæ facere voluerit. Nam ego dico quanta non possit. Non potest mori, non potest peccare, non potest mentiri, non potest falli. Tanta non potest : quæ si posset, non esset omnipotens. Credite ergo in eum, et confitemini. Corde enim creditur ad justitiam ; ore autem confessio fit ad salutem. (*Rom.*, x, 10.) Ideo cum credideritis, oportet ut confiteamini, quando Symbolum reddetis. Accipite modo quod teneatis, et postea reddatis, et nunquam obliviscamini.

CAPUT II. — *Christus Filius Dei unicus. Quomodo incarnatus. Christus nobis unicus Salvator.* — 2. Post hoc quid? « Et in Jesum Christum. » « Credo, » dicis, « in Deum Patrem omnipotentem, et in Jesum Christum Filium ejus unicum, Dominum nostrum. » Si Filium unicum, ergo Patri æqualem. Si Filium unicum, ergo ejusdem substantiæ cujus est Pater. Si Filium unicum, ergo ejus omnipotentiæ cujus est Pater. Si Filium unicum, ergo Patri coæternum. Hoc in se, et apud se, et apud Patrem. Propter nos quid ? ad nos quid? « Qui conceptus est de Spiritu sancto, natus ex virgine Maria. » Ecce qua venit, quis, ad quos. Per virginem Mariam, in qua operatus est Spiritus sanctus, non homo maritus ; qui fecundavit castam, et servavit intactam. Sic ergo carne indutus est Dominus Christus, sic factus est homo qui fecit hominem, assumendo quod non erat, non perdendo quod erat. Verbum enim caro factum est, et habitavit in nobis. (*Joan.*, I, 14.) Non Verbum in carnem versum est, sed Verbum manens carne accepta, invisibilis semper, factus est visibilis quando voluit, et habitavit in nobis. Quid est, in nobis ? In hominibus. Factus unus ex hominum numero, unus et unicus. Unicus Patri. Nobis quid? Et nobis unicus Salvator : nemo enim præter ipsum salvator noster. Et nobis unicus Redemptor : nemo enim præter ipsum redemptor noster : non auro, non argento, sed sanguine suo.

CAPUT III. — *Christus Filius Dei quomodo mortuus et sepultus.* — 3. Ergo ipsa, ubi empti sumus, ejus commercia videamus. Cum enim dictum esset in

pour nous? Voici la suite : « Il a souffert sous Ponce-Pilate, il a été crucifié, est mort, a été enseveli. » C'est le Fils unique de Dieu, Notre-Seigneur, qui a été crucifié; c'est le Fils unique de Dieu, Notre-Seigneur, qui a été enseveli. Il a été crucifié comme homme, il a été enseveli comme homme; comme Dieu il n'a subi aucun changement, comme Dieu il n'a pu être mis à mort, et cependant, c'est Dieu qui a été mis à mort comme homme. « S'ils l'avaient connu, dit l'Apôtre, ils n'auraient jamais crucifié le Seigneur de la gloire. » (I *Cor.*, II, 8.) Il le présente ici comme le Seigneur de la gloire, et il confesse toutefois qu'il a été crucifié. En effet, qu'on vienne à déchirer, ne fût-ce que votre tunique, sans atteindre votre chair, c'est à vous qu'on fait injure; et en réclamant pour votre vêtement, vous ne dites point : Vous avez déchiré ma tunique, mais : Vous m'avez déchiré, vous m'avez mis en lambeaux. Voilà votre langage sans qu'on vous ait atteint, et vous dites la vérité, bien que celui qui vous a fait cette injure ne vous ait fait aucune blessure. C'est dans ce sens que nous disons que Notre-Seigneur Jésus-Christ a été crucifié. Il est Notre-Seigneur, il est le Fils unique du Père, il est notre Sauveur, il est le Seigneur de la gloire; cependant, il a été crucifié, mais dans son corps, et c'est dans son corps qu'il a été enseveli. Son âme n'était plus avec son corps, ni dans le moment, ni dans le lieu où il a été enseveli. C'est exclusivement dans son corps qu'il était couché dans le sépulcre, et toutefois vous confessez « Jésus-Christ, son Fils unique, Notre-Seigneur, qui a été conçu du Saint-Esprit, est né de la Vierge Marie, » c'est-à-dire Jésus-Christ, le Fils unique de Dieu, Notre-Seigneur, « qui a été crucifié sous Ponce-Pilate, » c'est-à-dire Jésus-Christ, le Fils unique de Dieu, Notre-Seigneur. « Et a été enseveli, » toujours le même Jésus-Christ, le Fils unique de Dieu, Notre-Seigneur. Quoi! son corps seul est étendu dans le sépulcre, et vous dites que c'est Notre-Seigneur? Oui, je le dis, et dans les termes les plus formels, parce qu'en considérant le vêtement, j'adore Celui qui s'en est revêtu. Ce corps a été comme son vêtement, car, ayant la nature de Dieu, il n'a pas cru que ce fût pour lui une usurpation de s'égaler à Dieu; et cependant il s'est anéanti lui-même, en prenant la nature d'esclave; sans perdre la nature de Dieu, en se rendant semblable aux hommes, et étant reconnu pour homme par tout ce qui a paru de lui. (*Philip.*, II, 6.)

CHAPITRE IV. — *La droite de Dieu, c'est l'éternelle félicité.* — 4. Gardons-nous cependant de mépriser la chair considérée en elle-même : c'est lorsqu'elle a été frappée à mort, étendue

---

Symbolo : « Qui conceptus est de Spiritu sancto, natus ex virgine Maria; » jam quid pro nobis? « Passus est, » sequitur, « sub Pontio Pilato, crucifixus, mortuus, et sepultus. » Qui Filius Dei unicus Dominus (*a*) noster crucifixus, Filius Dei unicus Dominus noster sepultus est. Homo crucifixus est, homo sepultus : Deus non est mutatus, Deus non est occisus, et tamen secundum hominem occisus. Si enim cognovissent, ait Apostolus, nunquam Dominum gloriæ crucifixissent. (I *Cor.*, II, 8.) Et Dominum gloriæ ostendit, et crucifixum confessus est. Quia si quis etiam tuam tunicam illæsa carne tua conscindat, tibi facit injuriam : nec sic clamas pro veste tua, ut dicas : Conscidisti tunicam meam; sed : Conscidisti me, fila de me fecisti. Loqueris ista integer, et verum dicis, et de carne tua nihil detraxit qui læsit. Sic et Dominus Christus crucifixus est. Dominus est, unicus Patri est; Salvator noster est, Dominus gloriæ est : tamen crucifixus est; sed in carne, et sepultus in sola carne. Nam ubi sepultus est, et quando sepultus est, tunc ibi nec anima fuit. Sola carne in sepulcro jacebat, et tamen confiteris «Jesum Christum Filium ejus unicum, Dominum nostrum, qui conceptus est de Spiritu sancto, natus ex virgine Maria, » qui Jesus Christus, unicus Filii Dei, Dominus noster. « Sub Pontio Pilato crucifixus, » qui Jesus Christus, unicus Dei Filius, Dominus noster. « Et sepultus, » qui Jesus Christus, unicus Dei Filius, Dominus noster. Sola caro jacet, et tu dicis : Dominus noster? Dico, plane dico: quia vestem intueor, et vestitum adoro. Caro illa illius vestimentum fuit : quia cum in forma Dei esset, non rapinam arbitratus est esse æqualis Deo; sed semetipsum exinanivit, formam servi accipiens, non formam Dei amittens; in similitudine hominum factus, et habitu inventus ut homo. (*Philip.*, II, 6.)

CAPUT IV. — *Dextera Dei, æterna felicitas.* — 4. Non contemnamus solam carnem : quando jacuit, tunc nos emit. Quare nos emit? Quia non semper jacuit :

(*a*) In editis : *Quia Filius Dei unicus Dominus non crucifixus, Filius Dei unicus Dominus non sepultus*, mendosissime. Sic enim id quod mox affirmat et ex Apostolo probat, Filium Dei crucifixum negare videbatur : quo videlicet argumento permotus Emmanuel Sa rejiciendum hunc Sermonem existimavit. Errata corriguntur ex altero inferius loco, ubi sine vitio in iisdem editis eadem sententia bis terque repetitur.

dans le sépulcre, qu'elle nous a rachetés. Pourquoi nous a-t-elle rachetés? Parce qu'elle n'est pas toujours restée dans le sépulcre, car, « il est ressuscité le troisième jour. » C'est l'article qui suit immédiatement dans le Symbole. Après avoir confessé sa passion, nous confessons également sa résurrection. Qu'a-t-il fait dans sa passion? Il nous a enseigné ce que nous devions souffrir nous-mêmes. Que fait-il dans sa résurrection? Il nous enseigne ce que nous devons espérer. D'un côté, le travail; de l'autre, la récompense; le travail, dans la souffrance; la récompense, dans la résurrection. Mais il n'est pas resté sur la terre après sa résurrection. Quel est l'article suivant? « Il est monté au ciel. » Et où est-il maintenant? « Il est assis à la droite du Père. » Comprenez ici la droite, sans vous inquiéter de la gauche. La droite de Dieu, c'est l'éternelle félicité. La droite de Dieu, c'est cette béatitude, cette prospérité au-dessus de tout langage, de toute appréciation, de toute intelligence. Voilà ce que nous devons entendre par la droite de Dieu. C'est là qu'est assis Notre-Seigneur. Qu'est-ce à dire, qu'il est assis? C'est là qu'il habite. Car on appelle siége le lieu d'habitation. Lorsque saint Etienne le vit, allait-on contre la vérité en disant: « Il est assis à la droite du Père? » Car, que dit le saint martyr? « Je vois le ciel ouvert, et le Fils de l'homme debout à la droite de Dieu. » (Act., VII, 55.) De ce qu'Etienne l'a vu debout, s'ensuit-il qu'on aurait menti, en disant alors: « Il est assis à la droite de Dieu? » Non, car: « Il est assis, » veut dire: Il demeure, il habite. Comment demeure-t-il? Comme vous demeurez vous-mêmes. Dans quelle attitude? Qui nous l'apprendra? Contentons-nous donc de dire ce qu'il nous a enseigné et ce que nous savons.

CHAPITRE V. — *Notre Sauveur est notre juge et notre avocat.* — 5. Quel est l'article suivant? « D'où il viendra juger les vivants et les morts. » Confessons qu'il est notre Sauveur, pour n'avoir point à le craindre comme juge. Celui qui croit maintenant en lui, qui observe ses commandements et qui l'aime, ne craindra point lorsqu'il viendra juger les vivants et les morts; loin de craindre, il sollicitera ardemment sa venue. Car, quoi de plus heureux pour nous que de voir arriver Celui qui est l'objet de tous nos désirs et de notre amour? Cependant, ne laissons pas de craindre, parce qu'il sera aussi notre juge. Celui qui est maintenant notre avocat, deviendra alors notre juge. Ecoutez l'apôtre saint Jean: « Si nous disons que nous sommes sans péché, nous nous séduisons nous-mêmes, et la vérité n'est point en nous. Mais si nous confessons nos péchés, il est fidèle et juste pour nous les remettre, et nous purifier de toute iniquité. Je vous écris ceci, afin que vous ne péchiez point. Cependant, s'il arrive que quelqu'un pèche, nous avons pour avocat, auprès du Père, Jésus-Christ, le juste; et lui-même est propitia-

---

« Tertia enim die resurrexit a mortuis. » Hoc sequitur in Symbolo. Cum confessi fuerimus ejus passionem, confitemur et resurrectionem. In passione quid egit? Docuit quid toleremus. In resurrectione quid egit? Ostendit quid speremus. Hic opus, ibi merces: opus in passione, merces in resurrectione. Nec, quia resurrexit a mortuis, hic remansit. Sed quid sequitur? « Ascendit in cœlum. » Et modo ubi est? « Sedet ad dexteram Patris. » Intellige dexteram, ne quæras ibi sinistram. Dextera Dei dicitur æterna felicitas. Dextera Dei dicitur ineffabilis, inæstimabilis, incomprehensibilis beatitudo atque prosperitas. Hæc est dextera Dei. Ibi sedet. Quid est: ibi sedet? Ibi habitat. Sedes enim dicuntur, ubi quisque habitat. Num enim quando illum vidit Stephanus sanctus, mentiebatur qui dicebat: Sedet ad dexteram Patris? Quomodo enim dicit Stephanus. « Ecce ego video cœlum apertum, et Filium hominis stantem ad dexteram Dei. » (Act., VII, 55.) Quia ille vidit stantem, mentiebatur forte qui dicebat tunc: Sedet ad dexteram Patris? Sedet ergo, dictum est, manet, habitat. Quomodo? Quomodo tu. Quo statu? Quis dicet? Dicamus quod docuit, dicamus quod novimus.

CAPUT V. — *Salvator noster, judex noster et advocatus.* — 5. Quid? « Inde venturus judicaturus vivos et mortuos. » Confiteamur Salvatorem, ne timeamus judicem. Qui enim modo in eum credit, et præcepta ejus facit, et diligit eum, non timebit quando veniet judicare vivos et mortuos: non solum non timebit, sed ut veniat optabit. Quid enim nobis felicius, quam quando venit quem desideramus, quando venit quem amamus? Sed timeamus, quia judex noster erit. Qui modo est advocatus noster, ipse tunc erit judex noster. Audi Joannem: « Si dixerimus quia peccatum non habemus, nos ipsos seducimus, et veritas in nobis non est. Si autem confessi fuerimus peccata nostra, dixit, fidelis est et justus, qui dimittat nobis peccata, et mundet nos ab omni iniquitate. Hæc scripsi vobis, ut non peccetis: et si quis peccaverit, advocatum habemus apud Patrem Jesum Christum

tion pour nos péchés. » (I *Jean*, I, 8, etc.) Vous avez, je suppose, une cause à plaider devant un juge ; vous la mettez entre les mains d'un avocat, il s'en charge et vous défend de son mieux ; mais avant que le jugement soit rendu, vous apprenez qu'il doit être nommé juge ; quelle serait votre joie d'avoir pour juge celui qui vient d'être votre avocat ? Or, Jésus-Christ prie maintenant pour nous, il intercède pour nous. Il est notre avocat, et nous craindrions de l'avoir pour juge ? Ah ! bien au contraire, puisque nous l'avons envoyé pour être notre avocat près de son Père, attendons avec confiance son avénement comme juge.

CHAPITRE VI. — *De l'Esprit saint.* — 6. Nous avons terminé ce qui, dans le Symbole, a rapport à Notre-Seigneur Jésus-Christ, Fils unique de Dieu. Voici l'article qui suit : « Et au Saint-Esprit, » et ainsi se trouve complété tout ce qui concerne la Trinité : le Père, le Fils, et le Saint-Esprit. Le Symbole s'étend plus longuement sur le Fils, parce que c'est le Fils qui s'est fait homme ; c'est le Fils le Verbe qui s'est fait chair, et non le Père ni l'Esprit saint, bien que la Trinité tout entière ait concouru à l'incarnation du Fils, car les œuvres de la Trinité sont inséparables. Voici donc ce que vous devez croire de l'Esprit saint : c'est qu'il n'est inférieur ni au Fils, ni au Père. Le Père, le Fils, le Saint-Esprit, c'est-à-dire la Trinité tout entière, ne font qu'un seul Dieu. Il n'y a entre les trois divines personnes ni différence, ni disparité, ni infériorité, ni opposition, mais égalité constante, même invisibilité, même immutabilité dans le Père, le Fils et le Saint-Esprit. Que cette auguste Trinité nous délivre de la multitude de nos péchés.

CHAPITRE VII. — *Quelle est la sainte Eglise catholique. Elle était prostituée au culte des idoles, et elle est devenue vierge. Comme Marie, elle est vierge et mère tout à la fois.* — 7. L'article suivant nous concerne plus spécialement. « A la sainte Eglise. » C'est nous qui sommes la sainte Eglise, et quand je dis nous, je n'entends point seulement nous qui sommes ici, vous qui m'écoutez maintenant. Tout ce que nous sommes ici, c'est-à-dire dans cette ville, de chrétiens fidèles par la grâce de Dieu ; tous ceux qui habitent cette contrée, cette province ; tous ceux qui sont au delà des mers, et répandus sur toute la surface de la terre, font partie de la sainte Eglise : car « de l'Orient à l'Occident, le nom du Seigneur est béni. » (*Ps.* CXII, 3.) Voilà l'Eglise catholique, notre Mère véritable, et la véritable Epouse du divin Epoux. Qu'elle est digne de notre vénération, puisqu'elle est l'Epouse d'un si auguste Maitre ! Que dirai-je encore ? La bonté de son Epoux a été grande et vraiment extraordinaire à son égard : elle était prostituée, lorsqu'il l'a rencontrée, et il en a

---

justum, et ipse est exoratio peccatorum nostrorum. » (*Joan.*, I, 8, etc.) Si haberes causam apud aliquem judicem agendam, et instrueres advocatum, esses susceptus ab advocato, ageret causam tuam sicut posset ; et si non illam finisset, et audires illum judicem venturum, quantum gauderes, quia ipse potuit esse judex tuus, qui fuit paulo ante advocatus tuus ? Et modo ipse pro nobis orat, ipse pro nobis interpellat. Advocatum eum habemus, et judicem timeamus ? Imo quia advocatum præmisimus, securi judicem venturum speremus.

CAPUT VI. — *De Spiritu sancto.* — 6. Transitum est in Symbolo quod pertinet in hac ecclesia ad Jesum Christum Filium Dei unicum Dominum nostrum : sequitur : « Et in Spiritum sanctum, » ut compleatur Trinitas, Pater et Filius et Spiritus sanctus. Et de Filio multa sunt dicta, quia Filius suscepit hominem, Filius Verbum caro factum est, non Pater, non Spiritus sanctus : sed carnem Filii tota Trinitas fecit. Inseparabilia enim sunt opera Trinitatis. Sic ergo accipite Spiritum sanctum, ut non credatis minorem esse quam Filium, et minorem esse quam Patrem. Pater enim et Filius et Spiritus sanctus tota Trinitas unus Deus. Nihil ibi distat, nihil varium, nihil defectivum, nihil alteri contrarium ; æquale semper, invisibile et incommutabile Pater et Filius et Spiritus sanctus. Liberet nos Trinitas a multitudine peccatorum.

CAPUT VII. — *Sancta Ecclesia catholica quæ. Inventa meretrix et facta virgo. Mariæ similis et parit et virgo est.* — 7. Jam quod sequitur ad nos pertinet. « Sanctam Ecclesiam. » Sancta Ecclesia nos sumus : sed non sic dixi, nos, quasi ecce qui hic sumus, qui me modo audistis. Quotquot hic sumus, Deo propitio, Christiani fideles in hac ecclesia, id est, in ista civitate, quotquot sunt in ista regione, quotquot sunt in ista provincia, quotquot sunt et trans mare, quotquot sunt et in toto orbe terrarum : quoniam a solis ortu usque ad occasum laudatur nomen Domini. (*Psal.* CXII, 3.) Sic se habet Ecclesia catholica mater nostra vera, vera illius sponsi conjux. Honoremus eam, quia tanti Domini matrona est. Et quid dicam ? Magna est sponsi et singularis dignatio ; meretricem

fait une vierge. Elle ne doit point chercher à nier ses prostitutions, pour ne point oublier la miséricorde de Celui qui l'en a délivrée. Comment ne pas avouer qu'elle était une prostituée, lorsqu'elle se souillait par le culte immonde des idoles et des démons? Tous les hommes étaient coupables de cette fornication du cœur : l'adultère du corps pouvait être plus rare, l'adultère du cœur était général. Jésus-Christ est venu, et de cette adultère il a fait une vierge. Oui, il a donné à son Eglise la prérogative de la virginité. Elle est vierge dans la foi. Elle a un petit nombre de vierges qui ont consacré leur corps même à Dieu; mais tous ses enfants, hommes et femmes, doivent être vierges dans la foi. Tous doivent avoir la chasteté, la pureté, la sainteté de la foi. Voulez-vous un témoignage incontestable de la virginité de l'Eglise? Ecoutez l'apôtre saint Paul, l'ami de l'Epoux, l'ami zélé, non pour lui, mais pour les intérêts de l'Epoux. « Je vous ai fiancés, dit-il, à un seul Epoux. » Il s'adressait à l'Eglise, et à quelle Eglise? A l'Eglise répandue dans tous les lieux où cette épître pouvait parvenir. « Je vous ai fiancés à cet unique Epoux, Jésus-Christ, pour vous présenter à lui comme une vierge pure. Mais je crains que, comme Eve fut séduite par les artifices du serpent. » Est-ce que ce serpent eut quelque rapport charnel avec Eve? Non, sans doute, et cependant il lui fit perdre la virginité du cœur. « Or, je crains, dit-il, que vos esprits, de même, ne se corrompent, et ne dégénèrent de la simplicité qui est selon Jésus-Christ. » (II *Cor.*, XI, 2, 3.) L'Eglise est donc vierge; elle est vierge, qu'elle conserve sa virginité. Qu'elle se mette en garde contre le séducteur, si elle ne veut trouver en lui un corrupteur. L'Eglise est donc vierge. Vous m'objecterez peut-être : Si elle est vierge, comment engendre-t-elle des enfants? Ou, si elle n'a point d'enfants, pourquoi lui avons-nous fait inscrire nos noms, pour puiser dans son sein une nouvelle naissance? Je réponds : Elle est vierge et mère tout à la fois. Elle imite Marie, qui a enfanté Notre-Seigneur. Est-ce que la sainte Vierge Marie n'est pas devenue mère tout en restant vierge? Ainsi en est-il de l'Eglise : elle est tout ensemble vierge et mère. Et, à le bien prendre, elle enfante même Jésus-Christ, parce que ce sont ses membres qui reçoivent le baptême. « Vous êtes, dit l'Apôtre, le corps et les membres de Jésus-Christ. » (I *Cor.*, XII, 27.) Si donc l'Eglise enfante les membres de Jésus-Christ, elle a une parfaite ressemblance avec la Vierge Marie.

CHAPITRE VIII. — *La rémission des péchés s'obtient par le baptême et l'Oraison dominicale. Le baptême de tous les jours.* — 8. « La rémission des péchés. » Si la rémission des péchés n'existait pas dans l'Eglise, il ne nous resterait aucune espérance : si l'Eglise n'avait reçu le pouvoir de remettre les péchés, nous ne pourrions espérer ni la vie future, ni la délivrance

---

invenit, virginem fecit. Quia meretrix fuit, non debet negare, ne obliviscatur misericordiam liberantis. Quomodo non erat meretrix, quando post idola et dæmonia fornicabatur? Fornicatio cordis in omnibus fuit : in paucis carne, in omnibus corde. Et venit, et virginem fecit. Ecclesiam virginem fecit. In fide virgo est. In carne paucas habet virgines sanctimoniales : in fide omnes virgines debet habere et feminas, et viros. Ibi enim debet esse castitas et puritas et sanctitas. Nam vultis nosse quam virgo sit? Apostolum Paulum audite, amicum sponsi audite zelantem sponso, non sibi. Aptavi vos, inquit, uni viro. Ecclesiæ dicebat : et cui Ecclesiæ? Quocumque litteræ illæ pervenire potuerunt. « Aptavi vos uni viro virginem castam exhibere Christo. Timeo autem, dixit, ne sicut serpens Evam decepit astutia sua. » Serpens ille numquid corporaliter concubuit cum Eva? Et tamen virginitatem cordis ejus exstinxit. « Hoc timeo, dicit, ne corrumpantur mentes vestræ a castitate, quæ est in Christo. » (II *Cor.*, XI, 2, 3.) Virgo est ergo Ecclesia : virgo est, virgo sit. Caveat seductorem, ne inveniat corruptorem. Virgo est Ecclesia. Dicturus es mihi forte : Si virgo est, quomodo parit filios? Aut si non parit filios, quomodo dedimus nomina nostra, ut de ejus visceribus nasceremur? Respondeo : Et virgo est, et parit. Mariam imitatur, quæ Dominum peperit. Numquid non virgo sancta Maria et peperit, et virgo permansit? Sic et Ecclesia, et parit, et virgo est. Et si consideres, Christum parit : quia membra ejus sunt qui baptizantur. Vos estis, inquit Apostolus, corpus Christi et membra. (I *Cor.*, XII, 27.) Si ergo membra Christi parit, Mariæ simillima est.

CAPUT VIII. — *Remissio peccatorum in baptismo et oratione Dominica. Quotidianus baptismus.* — 8. « Remissionem peccatorum. » Hæc in Ecclesia si non esset, nulla spes esset : remissio peccatorum si in Ecclesia non esset, nulla futuræ vitæ et liberationis æternæ spes esset. Gratias agimus Deo, qui Ecclesiæ suæ dedit hoc donum. Ecce venturi estis ad

éternelle. Rendons grâces au Seigneur, qui a donné à son Eglise cette prérogative. Vous allez bientôt vous approcher des fonts sacrés ; vous serez purifiés dans les eaux du baptême, vous serez renouvelés dans le bain de la régénération, et vous serez purs de tout péché en sortant de cette piscine salutaire. Tous les péchés de votre vie passée, qui vous poursuivaient comme autant d'ennemis, y trouveront la mort. Vos péchés sont semblables aux Egyptiens, qui poursuivaient les Israélites, mais qui n'ont pu les poursuivre que jusqu'à la mer Rouge. (*Exod.*, xiv.) Qu'est-ce à dire, jusqu'à la mer Rouge? Jusqu'à cette fontaine consacrée par la croix et par le sang de Jésus-Christ. En effet, nous appelons rouge ce qui a cette couleur. Or, ne voyez-vous point comme tout ce qui touche de près à Jésus-Christ est rouge? Interrogez les yeux de la foi. Si vous jetez les yeux sur la croix, considérez aussi le sang dont elle est teinte ; si vous voyez le bois sur lequel il est attaché, considérez ce qu'il y a versé. Le côté de Jésus-Christ a été percé d'une lance, et le prix de notre rançon en a coulé. (*Jean*, xix, 34.) Voilà pourquoi on marque du signe de Jésus-Christ le baptême, c'est-à-dire l'eau où vous êtes plongés, et vous traversez en quelque sorte la mer Rouge. Vos péchés sont vos ennemis, ils vous poursuivent, mais jusqu'à la mer. Dès que vous y serez entrés, vous serez sauvés, et ils seront détruits, de même que les Egyptiens furent engloutis dans la mer Rouge, tandis que les Israélites la traversaient à pied sec. Et que dit l'Ecriture ? « Il n'en resta pas un seul. » (*Ps.* cv, 11.) Vos péchés sont multipliés ou peu nombreux, ils sont graves ou légers : il n'en reste pas la moindre trace. Mais comme nous sommes destinés à vivre dans ce monde, où nul ne peut être sans péché, la rémission des péchés ne nous est pas accordée seulement par le bain sacré du baptême, mais encore par la vertu de l'Oraison dominicale et quotidienne, qui vous sera enseignée dans huit jours ; vous trouverez dans cette prière comme un baptême de tous les jours, et vous rendrez grâces à Dieu, qui a donné à son Eglise ce pouvoir que nous confessons dans le Symbole, lorsqu'après avoir dit : « La sainte Eglise catholique, » nous ajoutons : « La rémission des péchés. »

Chapitre IX. — *Quelle est la résurrection de la chair qui nous est promise.* — 9. Nous disons ensuite : « La résurrection de la chair, » et c'est la fin. Mais la résurrection de la chair sera une fin qui n'aura point de fin. Nous n'aurons plus à craindre alors pour cette chair, ni la mort, ni les angoisses, ni la faim et la soif, ni les souffrances, ni la vieillesse et les fatigues. Ne craignez donc point à la pensée de la résurrection de la chair. Considérez les biens dont cette chair sera comblée, et oubliez les maux qu'elle a soufferts. Elle sera délivrée de toutes les misères qui la font gémir ici-bas. Nous serons

fontem sanctum, diluemini baptismo, salutari lavacro regenerationis renovabimini; eritis sine ullo peccato, ascendentes de illo lavacro. Omnia quæ vos præterita persequebantur, ibi delebuntur. Ægyptiis insequentibus Israelitas, similia erant vestra peccata, persequentibus, sed usque ad mare rubrum. (*Exod.*, xiv.) Quid est, usque ad mare rubrum? Usque ad fontem Christi cruce et sanguine consecratum. Quod enim rubrum est, rubet. Non vides quomodo rubeat pars Christi? Interroga oculos fidei. Si crucem vides, attende et cruorem. Si vides quod pendet, attende quod fudit. Lancea perforatum est latus Christi, et manavit pretium nostrum. (*Joan.*, xix, 34.) Ideo signo Christi signatur baptismus, id est, aqua ubi tinguimini, et quasi in mari rubro transitis. Peccata vestra, hostes vestri sunt. Sequuntur, sed usque ad mare. Cum vos intraveritis, evadetis, illa delebuntur : quomodo evadentibus per siccum Israelitis, aqua cooperuit Ægyptios. Et quid dicit Scriptura? Unus ex eis non remansit. (*Psal.* cv, 11).

Peccasti multa, peccasti pauca ; peccasti magna, peccasti parva : (*f.* delebuntur omnia, et magna et parva : quod est : Unus ex eis non remansit) quod est minus ex eis non remansit. Sed quoniam victuri sumus in isto sæculo, ubi quis non vivit sine peccato, ideo remissio peccatorum non est in sola ablutione sacri baptismatis, sed etiam in oratione Dominica et quotidiana, quam post octo dies accepturi estis. In illa invenietis quasi quotidianum baptismum vestrum, ut agatis Deo gratias qui donavit hoc munus Ecclesiæ suæ, quod confitemur in Symbolo : ut cum dixerimus : « Sanctam Ecclesiam, » adjungamus : « Remissionem peccatorum. »

Caput IX. *Carnis resurrectio qualis promissa.* — 9. Post hæc : « Carnis resurrectionem. » Iste jam finis est. Sed finis sine fine erit resurrectio carnis. Sed erit postea nulla mors carnis, nullæ angustiæ carnis, nulla fames et sitis carnis, nullæ afflictiones carnis, nulla senectus et lassitudo carnis. Noli ergo horrere carnis resurrectionem. Bona ejus vide, mala

éternels, jouissant d'une touchante égalité avec les anges de Dieu. (*Matth.*, XXI, 30.) Nous habiterons une même cité avec les saints anges, nous serons la possession du Seigneur, nous serons son héritage, et il sera lui-même notre héritage, comme nous le lui disons dès cette vie : « Le Seigneur est la portion de mon héritage. » (*Ps.* XV, 5.) Et ne dit-il pas lui-même à son Fils, en parlant de nous : « Demandez-moi, et je vous donnerai les nations comme héritage? » (*Ps.* II, 8.) Nous le posséderons, et nous serons sa possession ; il sera tout entier à nous, et nous serons tout entiers à lui. Que dirai-je? Ici-bas même, nous sommes cultivés et nous le cultivons; mais nous le cultivons comme Dieu, et nous sommes cultivés comme son champ. Pour vous convaincre que nous sommes réellement cultivés, écoutez ce que dit le Seigneur : « Je suis la vraie vigne, et vous êtes les branches, et mon Père est le laboureur. » (*Jean*, XV, 1.) Si le Père est le laboureur, il cultive donc un champ. Quel est ce champ? C'est nous-mêmes qu'il cultive. Celui qui cultive cette terre que nous voyons de nos yeux, peut labourer, fouir cette terre ; il peut planter, arroser même, s'il trouve de l'eau ; mais peut-il donner l'accroissement, diriger le germe vers la terre, lui faire prendre racine, faire sortir la tige, donner de la vigueur aux branches, les charger de fruits, les orner de feuilles : le laboureur peut-il tout cela? Voilà, cependant, tout ce qu'accomplit en nous Dieu le Père, le divin laboureur de nos âmes. Pourquoi le peut-il ? Parce que nous croyons en Dieu le Père tout-puissant. Retenez donc ce que nous venons de vous exposer, et de la manière que Dieu nous a fait la grâce de vous l'expliquer.

SERMON CCXIV [1].

IIIe *en remettant le Symbole aux catéchumènes.*

Raison de la rédaction du Symbole. — 1. Puisque nous avons l'honneur de monter au saint autel, dont vous devez bientôt vous approcher, nous n'avons pas cru devoir vous refuser le ministère de notre parole, que nous vous offrons, autant que nous le permet notre âge si peu avancé, comme notre début, notre coup d'essai dans la carrière sacerdotale, et aussi comme témoignage de notre affection pour vous (2). L'Apôtre nous dit : « Si vous confessez de votre bouche le Seigneur Jésus, et si vous croyez en votre cœur que Dieu l'a ressuscité d'entre les morts, vous serez sauvé ; car il faut croire de cœur pour obtenir la justice, et confesser de bouche pour obtenir le salut. » (*Rom.*,

---

(1) Ce sermon paraît pour la première fois; il est tiré d'un manuscrit de l'abbaye de Saint-Remi, qui remonte environ à huit cents ans.
(2) On peut conclure de là que ce sermon a été prononcé l'an 391, où Augustin, ordonné prêtre de l'Eglise d'Hippone, commença à exercer le saint ministère. C'est peut-être le premier qu'il ait prononcé après les jours de retraite qu'il avait demandés à l'évêque Valère de lui accorder jusqu'aux fêtes de Pâques. Voyez la lettre XXI à Valère sur ce sujet, et le commencement du sermon CCXVI.

---

obliviscere. Prorsus quidquid querelarum est carnalium modo, tunc ibi non erit. Æterni erimus, æquales Angelis Dei. (*Matth.*, XXI, 30.) Unam cum Angelis sanctis civitatem habebimus, a Domino possidebimur, hæreditas ejus erimus, et ipse hæreditas nostra erit : quoniam ipsi dicimus modo : Dominus pars hæreditatis meæ. (*Psal.* XV, 5.) Et de nobis dictum est Filio ipsius : Postula a me, et dabo tibi gentes hæreditatem tuam. (*Psal.* II, 8.) Possidebimus, et possidebimur ; tenebimus, et tenebimur. Quid dicam? Colimur, et colimus. Sed colimus ut Deum, colimur ut ager. Ut sciatis quia colimur, Dominum audite : Ego sum vitis vera, vos estis sarmenta, Pater meus agricola. (*Joan.*, XV, 1.) Si agricola dicitur, agrum colit. Quem agrum? Colit nos. Et agricola terræ hujus visibilis arare potest, fodere potest, plantare potest ; rigare, si aquam invenerit, potest : numquid potest incrementum dare, germen educere in terram, radicem figere, in auras promovere, robur addere ramis, fructibus onerare, foliis honestare, numquid agricola potest? Agricola tamen noster Deus Pater omnia ista potest in nobis. Quare? Quia credimus in Deum Patrem omnipotentem. Ergo tenete quod et proposuimus vobis, et quomodo Deus dare dignatus est exposuimus.

SERMO CCXIV.

In traditione Symboli, III.

Symbolum fidei cur institutum. — 1. Pro modulo ætatis rudimentorumque nostrorum, pro tyrocinio suscepti muneris atque in vos dilectionis affectu, qui jam ministraturi altari, quo accessuri estis, assistimus, nec ministerio sermonis vos fraudare debemus. Apostolus dicit : « Quoniam si confessus fueris in ore tuo quia Dominus est Jesus, et credideris in corde tuo quia Dominus illum suscitavit a mortuis, salvus eris. Corde enim creditur ad justitiam, ore confessio fit ad salutem. » (*Rom.*, X, 9, 10.) Hoc in vobis ædificat Symbolum, quod et

SERMON CCXIV.

x, 9, 10.) Or, c'est le Symbole qui vous enseigne ce que vous devez croire et confesser pour être sauvés. Les vérités que nous allons vous dire en peu de mots, pour que vous puissiez les confier à votre mémoire, et les réciter de bouche, ne sont pas des vérités nouvelles, ou que vous n'ayez jamais entendues, car vous avez pu les lire ou les entendre sous mille formes dans la sainte Ecriture et dans les discours sacrés. Mais on les a résumées dans une formule courte et précise, où elles vous sont présentées dans un ordre déterminé, pour édifier en vous la foi, et vous préparer à la confesser, sans charger votre mémoire. Ce sont ces vérités que vous devez fidèlement retenir et réciter de mémoire. (Après cet avertissement, on doit réciter le Symbole tout entier, sans y mêler aucune explication : « Je crois en Dieu, le Père tout-puissant, et le reste. » Vous savez que ce n'est point la coutume d'écrire le Symbole. La récitation achevée, on ajoute l'explication suivante.) (1)

Il faut croire en Dieu tout-puissant, Créateur de tout ce qui existe. — 2. Ces vérités qui viennent de vous être formulées en si peu de mots, vous devez non-seulement les croire, mais les confier dans les mêmes termes à votre mémoire, et les réciter de bouche. Mais il faut encore préserver ces vérités contre les attaques de ceux qui professent des doctrines contraires, contre les esclaves du démon, qui dressent des pièges à votre foi et sont les ennemis de votre salut. Rappelez-vous donc, en croyant au Dieu tout-puissant, qu'il n'existe aucune nature qu'il n'ait créée lui-même. Et s'il punit le péché dont il n'est point l'auteur, c'est parce qu'il déshonore la nature qu'il a créée. Ainsi donc, toutes les créatures visibles et invisibles; toutes celles dont l'âme, douée de raison, peut entrer en communication avec l'immuable vérité, comme les anges et les hommes; toutes celles qui ont la vie et le sentiment, sans avoir l'intelligence, comme tous les animaux qui peuplent la terre, les eaux, les airs, les quadrupèdes, les reptiles, les poissons, les oiseaux ; toutes celles qui, bien que privées d'intelligence et de sentiment, ont une espèce de vie, comme les plantes, dont la racine s'enfonce dans la terre, dont la tige croît et s'élève dans les airs, toutes celles qui, à raison de leur seul volume, occupent une place dans l'espace, comme les pierres: en un mot, tous les éléments du monde matériel, que nous pouvons voir et toucher, ont été créés par le Tout-Puis-

---

(1) Ces paroles sont une note ajoutée par le prédicateur en écrivant son sermon ; il évitait, par un sentiment religieux, de transcrire le Symbole : « Vous savez, disait-il, que ce n'est point la coutume d'écrire le Symbole; » ce qu'il a déjà fait remarquer dans le sermon CCXII, n° 2. Nous voyons, du reste, dans le livre XV *De la Trinité*, chapitre XXVI, que saint Augustin écrivait quelquefois ses discours après les avoir prononcés. On peut même croire qu'il a fait ici quelque addition, lorsqu'il a révisé, dans le chapitre XVII du Ier livre des *Rétractations*, un autre sermon sur la Foi et le Symbole, auquel ce sermon fait suite dans le manuscrit de l'abbaye de Saint-Remi. C'est le même temps qu'il aurait ajouté, au n° 8, cette locution très-souvent en usage, dit-il : « Un tel a demeuré tant d'années dans tel ou tel monastère. » Le saint docteur n'aurait guère pu parler de la sorte l'an 390, où nous croyons que ce sermon fut prononcé, si, comme nous le croyons, il est d'ailleurs suffisamment prouvé que la vie monastique a été introduite dans l'Afrique par saint Augustin, et qu'avant lui on n'y voyait aucun monastère.

---

credere et confiteri debetis, ut salvi esse possitis. Et ea quidem, quæ breviter accepturi estis, mandanda memoriæ et ore proferenda, non nova vel inaudita sunt vobis. Nam in sanctis Scripturis et in Sermonibus Ecclesiasticis ea multis modis posita soletis audire. Sed collecta breviter et in ordinem certum redacta atque constricta tradenda sunt vobis; ut fides vestra ædificetur, et confessio præparetur, et memoria non gravetur. Hæc sunt quæ fideliter retenturi estis, et memoriter reddituri. (Post hanc præloquutionem pronuntiandum est totum Symbolum, sine aliqua interposita disputatione : « Credo in Deum Patrem omnipotentem, » et cætera quæ sequuntur in eo. Quod Symbolum nostis quia scribi non solet : quo dicto, adjungenda est hæc disputatio.)

Credere omnipotentem Deum oportet, creatorem universorum. — 2. Ista quæ breviter audistis, non solum credere, sed etiam totidem verbis memoriæ commendare et ore proferre debetis. Sed quoniam munienda sunt adversus diversa sentientes et a diabolo captivatos, qui insidiantur fidei, cum adversantur saluti : « mementote ita credere « omnipotentem Deum, » ut nulla omnino natura sit, quam ipse non condidit. Et ideo peccatum punit, quod ipse non fecit; quia eo fœdatur natura, quam fecit. Omnes ergo visibiles invisibilesque creaturas, vel quidquid rationabili mente potest esse particeps incommutabilis veritatis, sicuti Angelus et homo; quidquid vivit et sentit, quamvis careat intellectu, sicut sunt cuncta animalia, in terra, in aquis, in aere, gradientia , reptilia , natatilia ; quidquid sine intellectu, sine aliquo sensu, quoquo modo dicitur vivere, sicut sunt ea quæ radicibus figuntur in terra, et in auras germinando erumpunt atque consurgunt; quidquid sola corpulentia locum occupat, sicut lapis, atque ipsius mundanæ molis quæcumque cernuntur vel etiam tanguntur elementa; hæc omnia fecit omnipotens, mediis ima et summa conjungens,

sant, qui a uni les extrêmes par une gradation d'êtres intermédiaires, et qui a distribué avec ordre chacune de ses créatures dans le temps et dans le lieu qui leur conviennent. Or, Dieu n'a point formé ces créatures d'une matière qu'il n'aurait pas créée lui-même. Il n'a point donné la forme à des éléments étrangers; il est le Créateur de ce qu'il a formé. Comment peut-on dire que Dieu n'a pu faire quelque chose de rien, et croire encore à son action toute-puissante? Il est évident qu'on nie la toute-puissance de Dieu, en affirmant que Dieu n'aurait pu faire le monde sans une matière préexistante. Quelle toute-puissance, en effet, que celle dont le pouvoir est si limité, que, semblable à l'artisan, elle ne peut produire son œuvre sans travailler sur une matière qu'elle n'aurait pas elle-même créée? Celui qui croit en Dieu tout-puissant doit bannir de son esprit toutes ces fausses opinions, toutes ces erreurs. En effet, cette matière qu'on appelle informe, susceptible de recevoir toutes les formes, et soumise à l'action du Créateur, peut recevoir toutes les transformations qu'il lui plaira de lui donner. Dieu n'a pas trouvé cette matière éternelle comme lui, lorsqu'il a créé le monde; il en tire entièrement la substance du néant, ainsi que les êtres qu'il a fait sortir de cette matière. Elle n'a point existé avant les êtres qu'elle a servi à former, et, par conséquent, le Tout-Puissant a tout tiré du néant, la matière aussi bien que tous les produits de cette création primordiale. Ainsi, la matière dont Dieu a fait dans le commencement le ciel et la terre, a été créée en même temps qu'eux. Dieu n'a trouvé aucune matière préexistante pour en tirer les êtres qu'il a créés au commencement, et, cependant, le Tout-Puissant les a faits et leur a donné l'ordre, la perfection, la beauté. En effet, s'il a tiré du néant tout ce qu'il a fait dès le commencement, il peut également, en vertu de cette force créatrice toute-puissante, faire tout ce qu'il veut avec ce qu'il a créé d'abord.

Les méchants ne l'emportent point sur la toute-puissance de Dieu, en s'opposant continuellement à sa volonté. — 3. Or, les méchants ne doivent point révoquer en doute la toute-puissance de Dieu, parce qu'ils ne cessent d'agir à l'encontre de sa volonté divine. Lors même qu'ils font ce qu'il ne veut pas, Dieu fait d'eux ce qu'il veut. Ils ne changent donc ni ne dominent en aucune manière la volonté du Tout-Puissant : que l'homme soit justement condamné, ou qu'il soit miséricordieusement délivré, la volonté du Tout-Puissant est toujours accomplie. La seule chose que ne peut le Tout-Puissant, c'est ce qu'il ne veut pas. Il fait donc servir les méchants à l'accomplissement non de leurs desseins criminels, mais de sa sainte volonté. De même que les méchants se servent de leur

---

et universa quæ creavit locis congruis temporibusque disponens. Fecit autem non ex aliqua materie, quam ipse non fecit. Non enim aliena formavit, sed ipse quod formaret instituit. Qui enim dicit quod aliquid facere de nihilo non potuerit, quomodo credit quod omnipotens fecerit. Sine dubio quippe negat omnipotentem, qui dicit quod mundum Deus facere non posset, si unde faceret non haberet. Nam quæ est omnipotentia, ubi tanta est indigentia, ut ad sui operis effectum, quemadmodum faber, pervenire non posset, nisi cum materies quam ipse non instituit adjuvaret? Ab his igitur opinionibus et erroribus purget animum, qui credit in omnipotentem Deum. Illa enim quæ dicitur informis rerum materies, formarum capax et subjecta operi Creatoris, in omnia est convertibilis, quæ placuerit facere Conditori. Non eam Deus velut sibi coæternam, unde mundum fabricaret, invenit : sed eam ipse ex omnino nihilo, cum rebus quas de illa fecit, instituit. Nec fuit ante res ipsas, quæ factæ videntur ex ipsa : ac per hoc omnipotens ex nihilo primitus cuncta fecit, cum quibus fecit pariter unde fecit. Materies itaque cœli et terræ, sicut hæc in principio sunt creata, simul cum ipsis est creata : nec fuit unde fierent quæ Deus in principio fecit : et tamen facta sunt quæ omnipotens fecit, quæ facta composuit, implevit, ornavit. Si enim quæ in principio fecit, ex nihilo utique fecit; etiam ex his quæ fecit quidquid voluerit facere potens est, quia omnipotens est.

Omnipotens iniquis multa contra ejus voluntatem facientibus non superatur. — 3. Nec ideo credant iniqui Deum non esse omnipotentem, quia multa contra ejus faciunt voluntatem. Quia et cum faciunt quod non vult, hoc de eis facit quod ipse vult. Nullo modo igitur omnipotentis vel mutant, vel superant voluntatem : sive homo juste damnetur, sive misericorditer liberetur, voluntas omnipotentis impletur. Quod ergo non vult omnipotens, hoc solum non potest. Utitur ergo malis, non secundum eorum pravam, sed secundum suam rectam voluntatem. Nam sicut mali natura sua bona, hoc est,

nature, c'est-à-dire de l'œuvre de Dieu qui est bonne, ainsi le Dieu bon se sert de leurs œuvres coupables, et fait en sorte que la volonté du Tout-Puissant n'ait jamais le dessous. Si ce Dieu bon ne trouvait le moyen de faire servir les méchants à l'accomplissement des desseins de sa justice et de sa bonté, il ne leur donnerait ou il ne leur conserverait point l'existence. Ce n'est pas lui qui les a faits mauvais en les faisant hommes, car il est l'auteur, non pas des péchés qui sont contre la nature, mais de la nature elle-même. Il ne pouvait ignorer, il est vrai, dans sa prescience, qu'ils seraient mauvais; mais en connaissant par avance le mal qu'il devait faire, il savait également le bien qu'il en tirerait. Quelles paroles pourraient jamais expliquer, quelles louanges célébrer dignement le bien immense dont nous sommes redevables à la passion du Sauveur, dont le sang a été versé pour la rémission des péchés? Et cependant, ce bien immense s'est accompli par la malice du démon, par la malice des Juifs, par la malice du traître Judas. Mais nous ne leur attribuons point cependant le mérite de ce grand bien que Dieu a fait par eux aux hommes, et qu'ils n'ont pas fait eux-mêmes; au contraire, ils reçoivent le juste châtiment du mal qu'ils ont voulu faire. Or, de même que nous avons, dans ce fait, une preuve manifeste que Dieu a fait servir les desseins criminels des Juifs et du traître Judas à notre rédemption et à notre salut, ainsi, dans les profondeurs cachées et dans les replis secrets de la création impénétrables à nos regards et à notre esprit, Dieu sait comment il doit faire servir les méchants au bien, et comment, dans toutes les créatures qui naissent et sont soumises à sa direction, doit s'accomplir sa volonté toute-puissante.

Il n'y a d'impossible au Tout-Puissant que ce qu'il ne veut pas. — 4. Mais, de ce que j'ai dit que la toute-puissance de Dieu n'a d'autres bornes que sa volonté, qu'on n'aille pas m'accuser d'avoir avancé à la légère qu'il y avait des choses impossibles au Tout-Puissant, car le bienheureux Apôtre s'est exprimé dans les mêmes termes. « Si nous ne croyons pas, Dieu restera fidèle; il ne peut se nier lui-même. » (II *Tim.*, II, 13.) Mais, s'il ne peut pas, c'est qu'il ne veut pas, parce qu'il ne peut vouloir. Car la justice ne peut vouloir faire ce qui est injuste, ni la sagesse vouloir ce qui est insensé, ni la vérité vouloir le mensonge. Nous apprenons donc par là que le Dieu tout-puissant, non-seulement ne peut faire ce que dit l'Apôtre, c'est-à-dire qu'il ne peut se nier lui-même, mais qu'il est beaucoup d'autres choses qu'il ne peut faire. Ainsi, je le dis et je le proclame hautement, fort de la vérité divine, et je n'oserai jamais dire le contraire: Le Dieu tout-puissant ne peut mourir, il

bono ejus opere male utuntur; sic ipse bonus etiam eorum malis operibus bene utitur, ne omnipotentis voluntas aliqua ex parte vincatur. Si enim non haberet quod bonus de malis juste ac bene faceret, nullo modo eos vel nasci vel vivere sineret; quos malos ipse non fecit, quia homines fecit : quia non peccata quæ sunt contra naturam, sed naturas ipsas creavit. Malos tamen eos futuros præscius ignorare non potuit : sed sicut noverat quæ ipsi essent mala facturi; sic etiam noverat quæ bona de illis esset ipse facturus. Quis verbis explicet, quis æquiparet laudibus, quantum nobis bonum contulerit passio Salvatoris, cujus in remissione peccatorum sanguis effusus est? Et tamen tantum hoc bonum per malitiam Zabuli, per malitiam Judæorum, per malitiam Judæ traditoris impletum est. Nec eis juste tribuitur bonum, quod per illos Deus, non ipsi hominibus contulerint : sed eis juste retribuitur supplicium, quoniam nocere voluerunt. Sicut autem aliquid invenire potuimus, quo manifestum esset nobis, quemadmodum Deus etiam malis operibus et Judæorum et Judæ traditoris bene usus est ad nostram redemptionem ac salutem : sic in universa creatura occultis atque abditis finibus, quos nec oculorum nec mentis acie penetramus, novit quemadmodum malis Deus bene utatur, ut in omnibus quæ nascuntur et administrantur in mundo, voluntas omnipotentis impleatur.

Omnipotens id solum non potest, quod non vult. — 4. Sed quoniam dixi hoc solum omnipotentem non posse, quod non vult : ne quis me temere dixisse arbitretur aliquid omnipotentem non posse ; hoc et beatus Apostolus dixit. « Si non credimus, ille qui fidelis permanet, negare se ipsum non potest. Sed quia non vult, non potest; quia et velle non potest. » (II *Tim.*, II, 13.) Non enim potest justitia velle facere quod injustum est, aut sapientia velle quod stultum est, aut veritas velle quod falsum est. Unde admonemur Deum omnipotentem, non hoc solum quod ait Apostolus : « Negare seipsum non potest, sed multa non posse. » Ecce ego dico, et ejus veritate dicere audeo, quod negare non audeo : Deus omnipotens non potest

ne peut changer, il ne peut se tromper, il ne peut tomber dans l'indigence, il ne peut être vaincu. Loin de nous la pensée que le Tout-Puissant puisse aucune de ces choses ou d'autres semblables. Ainsi donc la vérité, non-seulement me démontre sa toute-puissance, justement parce qu'il ne peut rien de ce que je viens de dire; mais cette même vérité me démontre que, s'il en était capable, il cesserait forcément d'être le Tout-Puissant. C'est par sa volonté que Dieu est tout ce qu'il est; si donc il est éternel, immuable, vrai, bienheureux, invincible, c'est parce qu'il le veut. S'il peut être ce qu'il ne veut pas, il n'est plus tout-puissant. Or, il est tout-puissant, donc il peut tout ce qu'il veut. Et la raison pour laquelle il ne peut être ce qu'il ne veut pas, c'est qu'on ne l'appelle tout-puissant que parce qu'il peut tout ce qu'il veut; c'est de lui que le Psalmiste a dit : « Il a fait tout ce qu'il a voulu dans le ciel et sur la terre. » (*Ps.* CXXXIV, 6.)

Jésus-Christ est le Fils unique de Dieu. — 5. Or, ce Dieu tout-puissant, qui a fait tout ce qu'il a voulu, a engendré un Verbe unique par qui toutes choses ont été faites; il ne l'a pas tiré du néant, mais c'est de lui-même qu'il l'a engendré; et voilà pourquoi nous ne disons pas qu'il a été fait, mais engendré. « Au commencement Dieu a fait le ciel et la terre. » (*Gen.*, 1, 1.) Mais il n'a point fait le Verbe au commencement; car « Au commencement était le Verbe, et le Verbe était en Dieu, et le Verbe était Dieu. » (*Jean*, 1, 1.) Ce Verbe est Dieu, venant de Dieu; mais le Père est Dieu, sans venir de Dieu. Il est le Fils unique de Dieu, parce que Dieu n'a aucun autre Fils engendré de sa substance, coéternel et égal au Père. Le Verbe est Dieu ; ce Verbe n'est point comme celui dont la pensée se représente la forme sensible et que la bouche peut exprimer; mais, comme le dit l'Évangéliste, dans un langage dont la justesse égale la concision, « ce Verbe était Dieu. » Il demeure immuablement dans le sein du Père, et il est lui-même immuable comme le Père. C'est de lui que l'Apôtre a dit : « Comme il avait la nature de Dieu, il n'a pas cru que ce fût pour lui une usurpation de s'égaler à Dieu. » (*Philip.*, II, 6.) C'est sa nature d'être égal à Dieu, ce n'est donc point une usurpation. Telle est notre foi en « Jésus-Christ, Fils unique de Dieu, Notre-Seigneur. »

Jésus-Christ est né d'une vierge par l'opération de l'Esprit saint. — 6. Mais ce Fils unique de Dieu qui, ayant la nature de Dieu, n'a point regardé comme une usurpation de s'égaler à Dieu; lui, par qui nous avons été créés, a voulu chercher et sauver ce qui était perdu; il s'est donc anéanti lui-même, en prenant la forme d'esclave, en se rendant semblable aux hommes et étant reconnu pour homme par tout ce qui a paru de lui. Voilà pourquoi nous croyons encore

---

mori, non potest mutari, non potest falli, non potest miser fieri, non potest vinci. Hæc atque hujusmodi absit ut possit omnipotens. Ac per hoc non solum ostendit veritas omnipotentem esse, quod ista non possit; sed etiam cogit veritas omnipotentem non esse, qui hæc possit. Volens enim est Deus quidquid est; æternus ergo, et incommutabilis, et verax, et beatus, et insuperabilis volens est. Si ergo potest esse quod non vult, omnipotens non est : est autem omnipotens, ergo quidquid vult potest. Et ideo quod non vult, esse non potest; qui propterea dicitur omnipotens, quoniam quidquid vult potest. De quo et Psalmus dicit : In cœlo et in terra omnia quæcumque voluit fecit. (*Psal.* CXXXIV, 6.)

Christus Filius Dei unicus. — 5. Deus igitur omnipotens, qui quæcumque voluit fecit omnia, genuit unicum Verbum per quod facta sunt omnia : sed hoc non de nihilo, sed de se ipso : ideo non fecit, sed genuit. In principio enim fecit cœlum et terram (*Gen.*, I, 1) ; non autem fecit in principio Verbum; quia : « In principio erat Verbum, et Verbum erat apud Deum, et Deus erat Verbum. » (*Joan.*, I, 1.) Hic est Deus de Deo : Pater autem Deus, sed non de Deo. Hic est Filius Dei unicus; quia de substantia Patris, coæternus, æqualis Patri filius nullus alius est. Verbum Deus : non sicut verbum, cujus sonus et corde cogitari potest, et ore proferri ; sed, sicut dictum est, quod brevius et melius dici non potest : Deus erat Verbum. Apud Patrem incommutabiliter manens, et incommutabilis etiam ipse cum Patre : de quo dicit Apostolus : Qui cum in forma Dei esset, non rapinam arbitratus est esse æqualis Deo. (*Philip.*, II, 6.) Esse quippe æqualem Patri, natura illi est, non rapina. Sic credimus « in Jesum Christum Filium Dei Patris unicum, Dominum nostrum. »

Nativitas Christi de Spiritu sancto ex virgine. — 6. Sed quia ille, qui in forma Dei non rapinam arbitratus est esse æqualis Deo, per quem creati sumus, ut quod perierat quæreret et salvaret, semetipsum exinanivit, formam servi accipiens, in similitudinem hominum factus et habitu inventus ut homo : sic in eum credimus quod « natus sit de Spiritu sancto et

SERMON CCXIV.

« qu'il est né de l'Esprit saint et de la vierge Marie. Sa double naissance, divine et humaine, est également admirable. Dans l'une il a un père sans avoir de mère, dans l'autre il a une mère sans avoir de père; l'une est en dehors de la succession des temps, l'autre a eu lieu dans le temps convenable; l'une a lieu dans l'éternité, l'autre s'est faite dans les circonstances les plus favorables; l'une, dans le sein du Père, est incorporelle, l'autre lui donne un corps, mais sans porter atteinte à la virginité de sa Mère; l'une est étrangère à tout sexe, l'autre a eu lieu en dehors de l'union des sexes. Voilà pourquoi nous disons : « Est né de l'Esprit saint et de la Vierge Marie. » En effet, lorsque cette Vierge sainte eut demandé à l'ange : « Comment cela se fera-t-il ? » il lui répond : « Le Saint-Esprit surviendra en vous, et la vertu du Très-Haut vous couvrira de son ombre. » (*Luc*, I, 34, 35.) Puis il ajoute : « C'est pourquoi la chose sainte qui naîtra de vous, sera appelée le Fils de Dieu. » (*Luc*, I, 34, 35.) Il ne dit point : Ce qui naîtra de vous sera appelé le Fils du Saint-Esprit. Car le Verbe s'est uni à l'homme tout entier, c'est-à-dire à une âme raisonnable et à un corps, et ainsi à la seule personne du Christ, le seul Fils de Dieu, n'est pas seulement le Verbe, mais le Verbe et l'homme; c'est tout ensemble le Fils de Dieu le Père par la nature du Verbe, et le Fils de l'homme par la nature humaine. Comme Verbe, il est égal au Père; comme homme, il est inférieur au Père. Bien qu'il soit homme, il est le Fils de Dieu, à cause du Verbe qui s'est uni à la nature humaine, et, tout en étant le Verbe, il est le Fils de l'homme, à cause de la nature humaine que le Verbe s'est unie. C'est cette conception sainte dans le sein de la Vierge, conception qui n'est pas due aux flammes impures de la concupiscence, mais aux chastes ardeurs de la charité, née de la foi, que nous confessons, en disant : « Il est né du Saint-Esprit et de la Vierge Marie, » en observant toutefois que l'un de ces deux termes exprime, non celui qui engendre, mais qui sanctifie, et l'autre, celle qui conçoit et enfante. C'est pour cela, dit l'Ange, que ce qui naîtra saint de vous, sera appelé le Fils de Dieu. Il sera saint ; c'est pourquoi nous disons : « du saint-Esprit ; » « il naîtra de vous, » voilà pourquoi nous ajoutons : « De la Vierge Marie ; il sera appelé le Fils de Dieu, voilà pourquoi le Verbe s'est fait chair. » (*Jean*, I, 14.)

Jésus-Christ, Fils de Dieu, a été crucifié ; il est mort et a été enseveli. — 7. Or, il fallait que, dans cette nature humaine qu'il prenait, non-seulement l'invisible pût être vu, mais que le Fils coéternel au Père naquît dans le temps ; que l'impalpable fut saisi et enchaîné, que l'invincible fut suspendu au gibet, que l'invulnérable fut percé de clous, que la vie ou l'immortalité mourut sur la croix et fut ensevelie dans un tombeau. Voilà

---

virgine Maria. » Utraque enim ejus nativitas mira est, et divinitatis et humanitatis. Illa est de patre sine matre, ista de matre sine patre : illa est sine aliquo tempore, ista in acceptabili tempore : illa æterna, ista opportuna : illa sine corpore in sinu Patris, ista cum corpore, quo non violata est virginitas matris ; illa sine ullo sexu, ista sine ullo virili complexu. Ideo autem dicimus « natum de Spiritu sancto et Maria virgine, » quia cum sancta virgo inquisisset ab Angelo : Quomodo fiet istud ? ille respondit : « Spiritus sanctus superveniet in te, et virtus Altissimi obumbrabit tibi. » Deinde addidit : « Propterea quod nascetur ex te sanctum, vocabitur Filius Dei. » (*Luc.*, I, 34, 35.) Non ait : Quod nascetur ex te, vocabitur filius Spiritus sancti. Susceptus quippe a Verbo totus homo, id est, anima rationalis et corpus ; ut unus Christus, unus Deus Dei Filius non tantum Verbum esset, sed Verbum et homo ; totum hoc Dei Patris est Filius propter Verbum, et hominis filius propter hominem. Per id quod Verbum est, æqualis est Patri : (*f*. propter) per id quod homo est, major est Pater. Et simul cum homine Filius Dei est, sed propter Verbum, a quo susceptus est homo : et simul cum Verbo filius hominis est, sed propter hominem, qui est susceptus a Verbo. Propter cujus sanctam in virginis utero conceptionem, non concupiscentia carnis urente factam, sed fidei caritate fervente, ideo dicitur « natus de Spiritu sancto et virgine Maria : » ut unum eorum pertineat, non ad gignentem, sed ad sanctificantem, alterum vero ad concipientem atque parientem. Propterea, inquit, quod nascetur ex te sanctum, vocabitur Filius Dei. Quia sanctum, ideo de Spiritu sancto ; quia nascetur ex te, ideo de virgine Maria ; quia Filius Dei, ideo Verbum caro factum est. (*Joan.*, I, 14.)

Christus filius Dei crucifixus, mortuus et sepultus. — 7. Oportebat autem ut in homine assumpto, non solum invisibilis videretur, et Patri coæternus temporaliter nasceretur ; verum etiam incontrectabilis teneretur, insuperabilis ligno suspenderetur, inviolabilis clavis configeretur, et vita et immortalis in cruce moreretur, in monumento sepeliretur : hoc totum Dei Filius

TOM. XVIII.

tout ce qu'a fait voir en lui le Fils de Dieu, Notre-Seigneur Jésus-Christ. La conséquence nécessaire pour nous, c'est que nous devons premièrement croire de cœur pour être justifiés, puis confesser de bouche, pour être sauvés, que ce même Fils unique de Dieu, Notre-Seigneur Jésus-Christ, non-seulement est né comme homme du sein de sa Mère, mais qu'il a enduré jusqu'à la mort, jusqu'à la sépulture, les souffrances qui sont propres à la nature humaine... En effet, comme la personne du Fils unique de Dieu, Notre-Seigneur Jésus-Christ, considérée dans son entier, comprend tout à la fois le Verbe et l'homme, ou, pour parler plus clairement, le Verbe, une âme et un corps, on rapporte à la personne tout entière cette tristesse mortelle que son âme seule éprouva, parce que c'est le Fils unique de Dieu, Jésus-Christ, qui a ressenti cette tristesse; c'est comme homme seulement qu'il a été crucifié; (*Matth.*, XXVI, 38) cependant, on rapporte le crucifiement à la personne tout entière, parce que c'est le Fils unique de Dieu, Notre-Seigneur, qui a été crucifié; on attribue également à la personne tout entière la sépulture, qui ne fut donnée qu'à son corps. En effet, dès que nous avons commencé à dire que nous croyons en Jésus-Christ, son Fils unique, Notre-Seigneur, dans tout ce que nous pouvons ajouter ensuite qui ait rapport à lui, il faut toujours sous-entendre Jésus-Christ, le Fils unique de Dieu, Notre-Seigneur. N'en soyez point surpris; nous disons que le Fils unique de Dieu, Notre-Seigneur Jésus-Christ, a été enseveli, bien que son corps seul ait reçu la sépulture, de même que nous disons, par exemple, que l'apôtre saint Pierre est aujourd'hui dans le tombeau, bien que nous disions, dans le sens le plus vrai, qu'il goûte avec Jésus-Christ la joie du repos éternel. Et cependant, c'est du même apôtre que nous parlons, car il n'y a point deux apôtres du nom de Pierre, il n'y en a qu'un. C'est donc du même Apôtre que nous disons que dans son corps seul il est dans le tombeau, et que dans son âme seule il partage la félicité de Jésus-Christ. Le Symbole ajoute : « Sous Ponce-Pilate, » soit pour préciser et mettre hors de doute l'époque où il a ainsi été crucifié, soit pour faire ressortir d'une manière plus frappante l'humilité de Jésus-Christ, qui a souffert de si cruels tourments, après avoir été jugé par un homme, lui qui doit venir avec une si grande puissance pour juger les vivants et les morts.

Résurrection et ascension de Jésus-Christ. Dans quel sens il est assis à la droite de son Père. — 8. Il est ressuscité le troisième jour dans une chair véritable, mais qui, désormais, ne devait plus mourir. Les apôtres se sont assurés de la vérité de ce fait par le double témoignage de leurs yeux et de leurs mains; une si grande bonté n'aurait pas voulu abuser de leur foi, ni la Vérité même les induire en erreur. Pour abréger, on ajoute aussitôt : « Qui est monté

Dominus noster Jesus Christus. Unde consequens est ut eumdem ipsum Filium Dei unigenitum Dominum nostrum Jesum Christum, non solum hominem ex homine natum, verum etiam usque ad mortem et sepulturam humana passum, et corde credamus ad justitiam, et ore confiteamur ad salutem. Cum enim sit totus Filius Dei unicus Dominus noster Jesus Christus Verbum et homo, atque ut expressius dicam, Verbum, anima, et caro; ad totum refertur quod in sola anima tristis fuit usque ad mortem; quia Filius Dei unicus Jesus Christus tristis fuit : ad totum refertur quod in solo homine « crucifixus est, » (*Matth.*, XXVI, 38) quoniam Filius Dei unicus Jesus Christus crucifixus est : ad totum refertur quod in sola carne « sepultus est. » Ex quo enim cœpimus dicere credere nos « in Jesum Christum Filium ejus unicum Dominum nostrum, » ex illo quidquid aliud de illo dicimus, non subauditur nisi Jesus Christus Filius Dei unicus Dominus noster. Nec miremini : sic enim dicimus Filium Dei unicum Jesum Christum Dominum nostrum sepultum, cum sola caro ejus sepulta sit; quemadmodum, verbi gratia, dicimus apostolum Petrum hodie jacere in sepulcro, cum et illud verissime dicamus, eum in requie cum Christo gaudere. Eumdem quippe apostolum dicimus : non enim duo apostoli Petri, sed unus est. Eumdem ergo ipsum dicimus, et in solo corpore jacere in sepulcro, et in solo spiritu gaudere cum Christo. Additur autem « sub Pontio Pilato, » sive unde colligatur temporis veritas, sive unde Christi plus commendetur humilitas, quod sub homine judice sit tanta perpessus, qui judex vivorum et mortuorum est cum tanta potestate venturus.

Christi resurrectio et ascensio. Sessio ad dexteram Patris. — 8. « Tertio vero die resurrexit » in carne vera, sed nequaquam ulterius moritura. Hoc discipuli ejus oculis manibusque probaverunt; nec eorum fidem deciperet tanta bonitas, nec falleret veritas. Sed propter brevitatem cito subjungitur quod « ascendit in cœlum. » Nam quadraginta diebus fuit cum

au ciel, » bien qu'il soit resté quarante jours avec ses disciples, de peur que ce grand miracle de la résurrection ne fût regardé comme une mystification, s'il s'était dérobé aussitôt à leurs regards. C'est là que maintenant « il est assis à la droite du Père. » Nous devons considérer cet article avec prudence et des yeux de la foi, et ne pas nous figurer qu'il est comme fixé sur un siège, d'une manière immobile, sans pouvoir ni se tenir debout, ni marcher. De ce que saint Etienne affirmait qu'il le voyait debout (*Act.*, VII, 55), il ne s'ensuit pas qu'il se soit trompé ou qu'il ébranle la vérité de ces paroles du Symbole. Gardons-nous de le penser, gardons-nous de le dire. C'est pour mieux exprimer que Notre-Seigneur habite au sein de cette sublime et ineffable béatitude, que nous disons qu'il y est assis. C'est ainsi que, dans le langage ordinaire, on appelle les habitations des sièges; et quand nous demandons : Où est un tel? on nous répond : Là où est son siège. C'est surtout en parlant des serviteurs de Dieu, qu'on dit très-souvent : Un tel s'est assis, c'est-à-dire : Il s'est reposé, il a demeuré, il a habité tant d'années dans tel ou tel monastère. Cette locution n'est pas inconnue à la sainte Ecriture elle-même. Lorsque le roi Salomon eut commandé à Séméi d'habiter la ville de Jérusalem, en le menaçant, s'il osait en sortir, des châtiments qu'il méritait, l'Ecriture dit qu'il s'y assit (ἐκάθισε) trois ans, c'est-à-dire qu'il y demeura cet espace d'années. (III *Rois*, II, 38, *selon les Sept.*) Mais la droite du Père ne doit pas s'entendre ici dans un sens matériel, comme s'il était lui-même à la gauche du Fils, qui serait placé corporellement à sa droite. La droite de Dieu signifie la gloire, la félicité ineffable où le Fils est élevé. C'est dans ce même sens qu'il est dit de la Sagesse : « Sa main gauche est sous ma tête, et elle m'embrasse de sa droite. » (*Cant.*, II, 6.) En effet, si nous laissons au-dessous de nous les jouissances terrestres, alors nous sommes comme embrassés d'en haut par l'éternelle félicité.

Jésus-Christ viendra comme juge sous une forme visible. — 9. C'est de cette sublime demeure des cieux, où est maintenant son corps immortel, que Notre-Seigneur Jésus-Christ viendra pour juger les vivants et les morts, d'après le témoignage incontestable des anges, que nous lisons dans les Actes des Apôtres. En effet, tandis que les disciples contemplaient le Seigneur montant vers le ciel, et qu'ils l'accompagnaient sans pouvoir en détacher leurs regards, les anges leur dirent : « Hommes de Galilée, pourquoi demeurez-vous là en regardant les cieux ? Ce Jésus qui, du milieu de vous, s'est élevé dans le ciel, viendra de la même manière que vous l'y avez vu monter. » (*Act.*, I, 11.) Ainsi sont réprimées ces suppositions de tout genre auxquelles se livre une vaine présomption.

---

discipulis suis; ne tam magnum resurrectionis ejus miraculum, si eorum oculis cito subtraheretur, ludificatio putaretur. Ubi nunc « sedet ad dexteram Patris : » quod fidei oculis prudenter debemus intueri; ne arbitremur in aliqua sede immobiliter fixum, ut ei stare vel ambulare non liceat. Non enim quia Stephanus sanctus eum stantem videre se dixit (*Act.*, VII, 55), ideo vel ille falsum vidit, vel Symboli hujus verba turbavit. Absit hoc putare, absit hoc dicere. Sed illius habitatio in excelsa et ineffabili beatitudine ita significata est, ut illic sedere diceretur. Unde etiam sedes habitationes dicuntur; velut cum interrogamus ubi sit aliquis, et respondetur, in sedibus suis. Et de servis Dei maxime ac sæpissime dicitur : Tot annos ille in illo vel illo monasterio sedit : hoc est, requievit, commoratus est, habitavit. Nec sancta Scriptura hoc genus locutionis ignorat. Ille quippe Semei a rege Salomone in Jerusalem civitate jussus habitare, addita comminatione, ut, si quando inde auderet exire, pœnas debitas lueret, per tres ibi annos sedisse perhibetur, quod intelligitur habitasse. (III *Reg.*, II, 38, *sec.* LXX.) Dextera vero ipsa Patris non ita dicitur secundum humani corporis situm, tanquam Filio sit ipse ad sinistram, si ei secundum istos corporeos situs habitusque membrorum Filius collocatur ad dexteram. Sed « ad dexteram Dei » dicitur, honoris et felicitatis inenarrabilis celsitudo. Sicut de sapientia dictum legitur : Sinistra ejus sub capite meo, et dextera ejus amplectitur me. (*Cant.*, II, 6.) Si enim subter jacuerit terrena commoditas, tum de super amplectitur æterna felicitas.

Christus visibili forma judex veniet. — 9. De sublimi ergo habitatione cœlorum, ubi nunc est ejus etiam immortale jam corpus, Dominus noster Jesus Christus « ad judicandos vivos mortuosque venturus est, » secundum evidentissimum Angelicum testimonium, quod scriptum est in Actibus Apostolorum. Intuentes enim discipuli Dominum ascendentem in cœlum, et eum suspensis aspectibus deducentes, audierunt Angelos dicere : « Viri Galilæi quid hic statis? Hic Jesus, qui receptus est a vobis, sic veniet, quemadmodum vidistis eum euntem in cœlum. »

Jésus-Christ viendra revêtu de la même nature dans laquelle il a été jugé. C'est sous cette forme que les apôtres l'ont vu monter au ciel, lorsqu'ils apprirent qu'il reviendrait de la même manière. Il sera visible sous cette forme aux vivants et aux morts, aux bons et aux méchants, soit que nous entendions les bons de ceux qui sont appelés ici vivants, et les méchants de ceux qui sont appelés morts, soit que nous entendions par vivants ceux que son avénement trouvera encore en vie, et par morts ceux que sa présence doit ressusciter, comme il le déclare lui-même dans son Evangile : « L'heure vient où tous ceux qui sont dans les sépulcres entendront la voix du Fils de Dieu. Et ceux qui auront bien fait en sortiront pour la résurrection à la vie, mais ceux qui auront mal fait, pour la résurrection du jugement. » (*Jean*, v, 28, 29.) Les bons et les méchants le verront dans cette nature humaine à laquelle les uns ont cru, et que les autres ont méprisée. Mais les impies ne verront point sa nature divine par laquelle il est égal au Père. « L'impie sera enlevé, dit le prophète, pour ne point voir la gloire éclatante du Seigneur. » (*Isa.*, XXVI, 10, *selon les Sept.*) Et Notre-Seigneur a dit lui-même : « Bienheureux ceux qui ont le cœur pur, parce qu'ils verront Dieu. » (*Matth.*, v, 8.) Nous terminons ici ce que nous avions à dire sur Jésus-Christ, le Fils unique de Dieu, Notre-Seigneur.

L'Esprit saint qui est Dieu procède du Père. — 10. Nous croyons encore « à l'Esprit saint, » qui procède du Père (*Jean*, XV, 26), et qui cependant n'est pas le Fils ; qui repose sur le Fils (*Jean*, I, 32), sans être le Père du Fils ; qui reçoit du Fils (*Jean*, XVI, 14), sans être le Fils du Fils ; mais qui est l'esprit du Père et du Fils, l'Esprit saint, et Dieu lui-même. S'il n'était pas Dieu, il n'aurait pas un temple tel que celui dont parle l'Apôtre : « Ne savez-vous pas que vos corps sont le temple de l'Esprit saint qui est en vous, et que vous avez reçu de Dieu ? » (I *Cor.*, VI, 19.) Ce n'est pas à la créature qu'on doit élever des temples, mais au Créateur. A Dieu ne plaise, en effet, que nous soyons le temple de la créature ! « Le temple de Dieu est saint, dit l'Apôtre, et ce temple c'est vous-mêmes. » (I *Cor.*, III, 17.) Dans cette auguste Trinité, aucune des trois personnes n'est au-dessus ou au-dessous d'une autre ; il n'y a aucune division dans les opérations, aucune différence de nature. Le Père est un seul Dieu, le Fils un seul Dieu, le Saint-Esprit un seul Dieu. Et cependant le Père, le Fils et le Saint-Esprit ne font pas trois dieux, mais un seul Dieu, sans toutefois que le Père soit le Fils, ni le Fils le Père, ni l'Esprit saint le Père ou le Fils. Le Père est le Père du Fils, le Fils le Fils du Père, et l'Esprit saint l'Esprit du Père et du Fils. Chacune de ces trois personnes est Dieu, et ces

---

(*Act.*, I, 11.) Repressa est multa et diversa continens humana præsumptio. In ea forma judicabit Christus, in qua judicatus est. Sic enim eum viderunt Apostoli ascendentem in cœlum, quando audierunt sic esse venturum. Illa forma erit conspicua vivis et mortuis, bonis et malis : sive bonos intelligamus nomine appellatos esse vivorum, malosque mortuorum ; sive illos vivos accipiamus, quos nondum finisse istam vitam inveniet ejus adventus, mortuos autem quos ejus præsentia suscitabit, sicut ipse in Evangelio loquitur, dicens : « Veniet hora, quando omnes qui sunt in monumentis, audient vocem ejus, et procedent qui bene fecerunt in resurrectionem vitæ, qui mala egerunt in resurrectionem judicii. » (*Joan.*, V, 28, 29.) Et illi videbunt in forma hominis in quem crediderunt, et illi quem contempserunt. Formam vero Dei, qua æqualis est Patri, impii non videbunt. Tolletur enim impius, sicut dicit Propheta, ne videat claritatem Domini. (*Isai.*, XXVI, 10, *sec.* LXX.) Et : Beati mundo corde, quoniam ipsi Deum videbunt. (*Matth.*, V, 8.) Hæc de Jesu Christo Filio Dei unico Domino nostro satis dicta sint.

Spiritus sanctus de Patre procedens Deus. — 10. Credimus enim « in Spiritum sanctum, » de Patre procedentem (*Joan.*, XV, 26), nec tamen filium : super Filium manentem (*Joan.*, I, 32), nec Filii patrem : de Filii accipientem (*Joan.*, XVI, 14), nec tamen Filii filium : sed Spiritum Patris et Filii ; Spiritum sanctum et ipsum Deum. Non enim haberet tale templum, si non esset Deus, unde dicit Apostolus : «Nescitis quia corpora vestra templum in vobis Spiritus sancti est, quem habetis a Deo. » (I *Cor.*, VI, 19.) Non creaturæ templum, sed Creatoris. Absit enim a nobis, ut templum simus creaturæ : cum dicat Apostolus : Templum enim Dei sanctum est, quod estis vos. (I *Cor.*, III, 17.) In hac Trinitate non est aliud alio majus aut minus, nulla operum separatio, nulla dissimilitudo substantiæ. Unus Pater Deus, unus Filius Deus, unus Spiritus sanctus Deus. Nec tamen Pater et Filius et Spiritus sanctus tres dii, sed unus Deus. Ita ut non sit ipse Pater qui Filius, nec Filius sit qui Pater, nec Spiritus sanctus sit aut Pater aut

trois personnes font un seul Dieu. Telle est la croyance qui doit pénétrer vos cœurs, et vous servir de règle dans votre profession de foi. Croyez ce que vous venez d'entendre, pour arriver à le comprendre ; car, à mesure que vous avancerez dans la foi, vous avancerez aussi dans l'intelligence de ce que vous croyez.

La sainte Eglise catholique est la colonne et le fondement de la vérité. La rémission des péchés. — 11. Vient ensuite la sainte Eglise catholique, votre Mère, qui est, comme la Jérusalem céleste, la cité sainte de Dieu, digne objet de votre vénération, de votre amour, de vos louanges. Cette Eglise, fécondée par la foi, produit des fruits et se répand dans le monde entier (*Colos.*, I, 6) : c'est l'Eglise du Dieu vivant, la colonne et le fondement de la vérité qui supporte ici-bas, dans la communion aux sacrements, les méchants, qui seront séparés de son sein à la fin du monde, et dont elle se sépare, dès cette vie, par l'opposition des mœurs (I *Tim.*, III, 15). C'est pour sauver le bon grain qui gémit maintenant de son mélange avec la paille, et dont la masse sera séparée par la dernière opération du céleste vanneur et recueillie dans les greniers éternels, qu'elle a reçu les clefs du royaume des cieux, pour remettre les péchés dans son sein par le sang de Jésus-Christ et l'opération de l'Esprit saint. C'est dans cette Eglise que l'âme reprend une vie nouvelle pour ressusciter avec Jésus-Christ, par la grâce duquel nous avons été sauvés.

La résurrection de la chair. Conclusion. — 12. Nous ne devons pas douter non plus de la résurrection de cette chair mortelle à la fin des siècles. « Car il faut que ce corps corruptible revête l'incorruptibilité, et que ce corps mortel revête l'immortalité. Il est semé dans la corruption, et il ressuscitera incorruptible. Il est semé dans l'ignominie, et il ressuscitera dans la gloire. Il est semé corps animal, et il ressuscitera corps spirituel. » (I *Cor.*, XV, 53, 42, 43.) Telle est la foi chrétienne, la foi catholique, la foi qui vient des apôtres. Croyez au Christ qui vous dit : « Un cheveu de votre tête ne périra point, » (*Luc*, XXI, 18) et, bannissant de votre cœur toute incrédulité, considérez plutôt combien vous valez. Qu'est-ce que notre Rédempteur peut mépriser en nous, puisque sa providence s'étend à un seul cheveu de notre tête ? Comment douterions-nous qu'il doive donner la vie éternelle à notre corps aussi bien qu'à notre âme, après qu'il s'est uni à ce corps, à cette œuvre, afin de pouvoir mourir après qu'il a quitté ce corps, cette âme en mourant, et qu'il les a repris pour nous affranchir de la crainte de la mort ? J'ai exposé à votre charité, mes frères, selon mes faibles moyens, tous les articles contenus dans le Symbole. Cette formule s'appelle Symbole, parce qu'elle comprend le pacte de foi sur lequel re-

---

Filius : sed Pater Filii Pater, et Filius Patris Filius, et Spiritus sanctus Patris et Filii Spiritus : et singulus quisque Deus, et ipsa Trinitas unus Deus. Hæc fides imbuat corda vestra, et confessionem dirigat. Hoc audiendo credite, ut intelligatis ; ut quod creditis, intelligere proficiendo valeatis.

Ecclesia sancta catholica. — 11. « Sanctam » quoque « Ecclesiam, » matrem vestram, tanquam supernam Jerusalem sanctam civitatem Dei, honorate, diligite, prædicate. (*Colos.*, I, 6.) Ipsa est quæ in hac fide, quam audistis, fructificat et crescit in universum mundum, Ecclesia Dei vivi, columna et firmamentum veritatis : quæ malos in fine separandos, a quibus interim discedit disparilitate morum, tolerat in communione sacramentorum. (I *Tim.*, III, 15.) Hæc propter sua frumenta inter paleas modo gementia, quorum in novissima ventilatione massa horreis debita declarabitur, claves accepit regni cœlorum ; ut in illa per sanguinem Christi, operante Spiritu sancto, fiat « remissio peccatorum. » In hac Ecclesia reviviscet anima, quæ mortua fuerat peccatis, ut convivificetur Christo, cujus gratia sumus salvi facti.

Resurrectio carnis. — 12. Sed nec de ista carne mortali, quod resurrectura sit in sæculi fine, dubitare debemus. Oportet enim corruptibile hoc induere incorruptionem, et mortale hoc induere immortalitatem. (I *Cor.*, XV, 53.) Seminatur in corruptione, surget in incorruptione : seminatur in contumelia, surget in gloria : seminatur corpus animale, surget corpus spiritale. (*Ibid.*, 42, 43.) Hæc est Christiana, hæc catholica, hæc Apostolica fides. Credite Christo dicenti : Capillus capitis vestri non peribit (*Luc.*, XXI, 18) ; et infidelitate depulsa, quanti valeatis, potius cogitate. Quid enim nostrum a Redemptore nostro contemni potest, quorum capillus contemni non potest ? Aut quomodo dubitabimus quod animæ et carni nostræ vitam daturus sit æternam, qui pro nobis animam et carnem, et suscepit in qua moreretur, et posuit cum moreretur, et recepit ne mors timeretur ? Omnia quæ traduntur in Symbolo pro modulo nostro, Fratres mei, Vestræ exposui Caritati. Quod ideo

pose notre société, et que la profession de ce Symbole est comme un signe auquel on reconnaît le chrétien fidèle. Ainsi soit-il.

SERMON CCXV.

Pour le jour de la récitation du Symbole.

Il faut toujours avoir présent à l'esprit le Symbole de la foi. — 1. Le Symbole de l'auguste et saint témoignage, que vous avez reçu tous ensemble, et que vous avez récité aujourd'hui, chacun en particulier, renferme les paroles dans lesquelles nous voyons la foi de l'Eglise, notre Mère, solidement établie sur un fondement inébranlable, qui est Jésus-Christ. «Car personne ne peut poser d'autre fondement que celui qui a été posé, et ce fondement c'est Jésus-Christ.(1 *Cor.*, III, 12.) Vous avez donc reçu et vous avez récité ce Symbole, que vous devrez toujours avoir présent à votre esprit, à votre cœur, vous rappeler sur votre couche comme dans les places publiques, ne pas oublier en prenant vos repas, et qui doit même faire l'occupation de votre esprit pendant que votre corps sommeille. Vous avez renoncé au démon, détaché votre âme, votre esprit de ses pompes et de ses anges : il vous faut donc maintenant oublier toutes les choses passées, et, après avoir dépouillé la vétusté de la vie ancienne, revêtir l'homme nouveau, et renouveler votre vie par la sainteté de vos mœurs, c'est-à-dire que vous devez, selon la recommandation de l'Apôtre, oublier ce qui est derrière vous, et, vous avançant vers ce qui est devant vous, vous efforcer d'atteindre le but, pour remporter le prix auquel Dieu vous a appelés d'en haut par Jésus-Christ (*Philip.*, III, 13); croire ce que vous ne voyez pas encore, afin de parvenir un jour à la possession de ce que vous aurez cru ici-bas. « Car, comment espérer ce qu'on voit déjà ? Mais, si nous espérons ce que nous ne voyons pas encore, nous l'attendons par la patience. » (*Rom.*, VIII, 24, 25.)

Que doit-on croire de Dieu? — 2. La foi et la règle du salut consistent donc pour nous « à croire en Dieu le Père tout-puissant, le Créateur de toutes choses, le Roi des siècles immortel et invisible. Il est, en effet, le Dieu tout-puissant qui, au commencement du monde, a tout créé de rien ; il est avant tous les siècles, il est le créateur et le régulateur des siècles. Le temps n'ajoute point à sa durée, ni l'espace à son étendue; il ne peut être ni limité ni circonscrit par aucun être matériel; mais avec lui et en lui réside l'éternité pleine et parfaite, que la pensée de l'homme ne peut comprendre, ni sa langue exprimer. Si, en effet, l'œil de l'homme n'a point vu, son oreille n'a point entendu ; si son cœur n'a point compris la récompense que Dieu a

---

Symbolum dicitur, quia ibi nostræ societatis fides placita continetur, et ejus confessione tanquam signo dato Christianus fidelis agnoscitur. Amen.

SERMO CCXV (a).

In redditione Symboli.

Symbolum fidei animo semper versandum. — 1. Sacrosancti (b) martyrii Symbolum, quod simul accepistis, et singuli hodie reddidistis, verba sunt in quibus matris Ecclesiæ fides supra fundamentum stabile, quod est Christus Dominus, solidata firmatur. « Fundamentum enim aliud nemo potest ponere, præter id quod positum est, quod est Christus Jesus. » (I *Cor.*, III, 11.) Accepistis ergo, et reddidistis, quod animo et corde semper retinere debetis, quod in stratis vestris dicatis, quod in plateis cogitetis, et quod inter cibos non obliviscamini ; in quo etiam dormientes corpore, corde vigiletis. Renuntiantes enim diabolo, pompis et angelis ejus mentem atque animam subtrahentes, oblivisci oportet præteritorum, et vetustate prioris vitæ contempta, cum novo homine vitam quoque ipsam sanctis moribus innovare; et sicut Apostolus dicit, quæ retro sunt obliti, atque in ea quæ ante sunt extenti, sequi ad palmam supernæ vocationis Dei (*Philip.*, III, 13), et credere quod nondum vides, ut merito possis ad id quod credideris pervenire. «Quod enim videt quis, quid sperat? Si autem quod non videmus, speramus, per patientiam exspectamus. » (*Rom.*, VIII, 24, 25.)

De Deo quid credendum. — 2. Fides ergo hæc et salutis est regula , « credere nos in Deum Patrem omnipotentem, universorum creatorem, » regem sæculorum, immortalem et invisibilem. Ipse est quippe Deus omnipotens, qui in primordio mundi cuncta ex nihilo fecit, qui est ante sæcula, qui fecit et regit sæcula. Non enim tempore augetur, aut loco distenditur, aut aliqua materia concluditur aut terminatur: sed manet apud se et in se ipso plena et perfecta æternitas , quam nec comprehendere humana cogitatio potest, nec lingua narrare. Nam si munus quod promittit sanctis suis, nec oculus vidit, nec auris au-

---

(a) Alias ex Vignerianis XVI. — (b) Editi : *mysterii Symbolum.* Melius, nostra opinione, Laudunensis ecclesiæ codex vetustissimus : *martyrii Symbolum;* id est profitendæ fidei. Paulo post vox *hodie,* quæ in editis deerat, restituitur ex eodem Ms. et ex Corbeiensi.

promise à ses saints (I *Cor.*, II, 9), comment l'esprit de l'homme peut-il concevoir, son cœur se représenter, ou sa langue dignement exprimer le divin auteur de ces promesses?

Jésus-Christ. Sa double naissance éternelle et temporelle, également ineffables. Sa naissance humaine n'a porté aucune atteinte à la virginité de sa Mère. — 3. Nous croyons aussi « en son Fils, Notre-Seigneur Jésus-Christ, » vrai Dieu de vrai Dieu, Fils Dieu de son Père Dieu, mais sans que ce soit deux Dieux. « Car le Père et lui sont un, » (*Jean*, X, 30) et c'est la vérité qu'il enseigne au peuple d'Israël par Moïse, lorsqu'il dit : « Ecoute, Israël, les préceptes de la vie : Le Seigneur, ton Dieu, est un seul Dieu. » (*Deut.*, VI, 4.) Si maintenant vous essayez de comprendre comment le Fils éternel est né d'un Père éternel en dehors de la succession des temps, le prophète Isaïe vous arrête en vous disant : « Qui pourra raconter sa génération ? » (*Isa.*, LIII, 8.) Vous ne pourrez donc ni vous représenter par la pensée, ni exprimer par la parole comment un Dieu naît d'un Dieu ; il vous est seulement permis de le croire pour être sauvé, suivant ces paroles de l'Apôtre : « Pour s'approcher de Dieu, il faut croire qu'il est et qu'il récompense ceux qui le cherchent. » (*Hébr.*, XI, 6.) Mais si vous désirez connaître sa naissance selon la chair, à laquelle il daigne se soumettre pour notre salut, écoutez et croyez qu'il est né de la Vierge Marie par l'opération de l'Esprit saint. Or qui pourrait même expliquer cette seconde naissance? Qui pourra se faire une idée juste et convenable d'un Dieu qui a voulu naître pour les hommes, et d'une vierge qui a conçu sans connaître aucun homme, a enfanté sans souillure, et qui est demeurée vierge après son enfantement? Notre-Seigneur Jésus-Christ a daigné descendre dans le sein d'une vierge, remplir ses entrailles dans toute sa pureté, féconder sa Mère sans porter atteinte à sa virginité, sortir de ce sein où il s'était formé lui-même, en lui laissant toute sa chasteté, et cumuler ainsi dans celle qu'il avait daigné choisir pour mère, les honneurs de la maternité et la gloire de la sainte virginité. Quelle pensée, quelle parole peut atteindre ce mystère? Qui peut donc raconter cette naissance? Quel est celui dont l'esprit pourra se représenter, dont la langue pourra expliquer, non-seulement que le Verbe était, dès le commencement, sans avoir jamais commencé de naître (*Jean*, I, 1), mais encore que le Verbe s'est fait chair (*Ibid.*, 14), en choisissant une vierge pour mère, en la rendant mère tout en lui conservant sa virginité? Fils de Dieu, sans qu'aucune mère l'ait conçu; Fils de l'homme, sans qu'aucun homme ait eu part à sa naissance; c'est lui qui a fécondé le

---

divit, nec in cor hominis ascendit (I *Cor.*, II, 9) : quomodo potest ipsum qui promittit, aut mens concipere, aut cor cogitare, aut lingua narrare?

De Christo. Nativitas ejus æterna et temporaria, utraque inenarrabilis. In carne natus est illæsa matris virginitate. — 3. Credimus « et in Filium ejus Dominum nostrum Jesum Christum, » Deum vero de Deo vero, Dei Patris Filium Deum : sed non duos Deos. Ipse enim et Pater unum sunt (*Joan.*, X, 30) ; et per Moysen populo insinuat dicens : Audi Israel mandata vitæ: Dominus Deus tuus Deus unus est. (*Deut.*, VI, 4.) Si autem vis cogitare quemadmodum æternus Filius de æterno Patre sine tempore natus sit, redarguit te Isaias Propheta, qui dicit : Generationem ejus quis enarrabit? (*Isai.*, LIII, 8.) Nativitatem itaque Dei de Deo nec cogitare poteris, nec narrare : credere tantum tibi permittitur, ut salvus esse possis : sicut Apostolus dicit : Credere enim oportet qui ad Deum accedit, quia est, et quærentibus eum mercedis redditor erit. (*Hebr.*, XI, 6.) Si vero nativitatem ejus secundum carnem, quam pro nostra salute dignatus accepit, scire desideras; audi, et crede natum de Spiritu sancto ex Maria virgine. Quanquam et hanc ipsam nativitatem ejus quis enarrabit? Quis enim digne æstimare potest Deum propter homines (a) nasci voluisse, sine virili semine virginem concepisse, sine corruptione peperisse, et post partum in integritate permansisse? Dominus enim noster Jesus Christus uterum virginis dignatus intravit, membra feminæ immaculatus implevit, matrem sine corruptione fetavit, a se ipso formatus exivit, atque integra genetricis viscera (*f.* reservavit) reservavit; ut eam de qua nasci dignatus est, et matris honore perfunderet, et virginis sanctitate. Quis hoc cogitat? quis enarrat? Ergo et hanc nativitatem ejus quis enarrat? Cujus enim mens ad cogitandum, cujus ad enuntiandum lingua sufficiat, non solum quod in principio erat Verbum, non habens ullum nascendi principium (*Joan.*, I, 1); verum etiam quod Verbum caro factum est, eligens virginem quam sibi faceret matrem, faciens matrem quam servaret et virginem (*Ibid.* 14); Dei Filius nulla matre concipiente, hominis Filius

---

(a) Hic duo Mss. addunt, *hominem.*

sein dans lequel il est descendu, sans lui ôter sa virginité lorsqu'il en est sorti. Quel mystère! Comment en parler dignement? Mais qui peut se défendre d'en parler? Chose étonnante! nous ne pouvons taire ce qu'il nous est impossible d'exprimer; notre voix proclame ce que notre pensée ne peut embrasser. Notre parole est impuissante devant un si grand bienfait de Dieu, parce que nous sommes trop petits pour atteindre sa hauteur; et cependant nous sommes forcés d'en louer Dieu pour que notre silence ne soit point accusé d'ingratitude. Cependant, rendons grâces à Dieu : nous pouvons croire d'une foi sincère ce que nous ne pouvons expliquer dignement.

Marie a conçu par la foi sans qu'aucun homme ait eu part à cette conception. — 4. Nous croyons donc en Jésus-Christ, Notre-Seigneur, qui « est né de la Vierge Marie par l'opération du Saint-Esprit. » En effet, la bienheureuse Vierge a conçu par la foi Celui qu'elle a également enfanté par la foi. Lorsque l'ange lui eut annoncé qu'elle aurait un fils, elle lui demanda comment cela se ferait, parce qu'elle ne connaissait point d'homme. Elle ne voyait qu'un seul moyen de concevoir et d'enfanter, dont elle n'avait point fait l'épreuve, mais qu'elle connaissait par l'exemple fréquent des autres femmes, c'est-à-dire le rapprochement de l'homme et de la femme. L'ange lui répondit alors : « Le Saint-Esprit surviendra en vous, et la vertu du Tout-Puissant vous couvrira de son ombre : c'est pourquoi la chose sainte qui naîtra de vous s'appellera le Fils de Dieu. » (*Luc*, I, 35.) Après ces paroles de l'ange, Marie, pleine de foi et concevant le Christ dans son âme avant de le concevoir dans son sein, lui dit : « Voici la servante du Seigneur; qu'il me soit fait selon votre parole. » (*Ibid.*, 38.) Que Celui en qui l'Eglise renaîtra vierge par l'action de l'Esprit saint soit conçu dans le sein de la Vierge, et naisse par l'opération de ce divin Esprit sans le concours de l'homme; que le Saint qui doit naître d'une mère sans avoir de père soit appelé le Fils de Dieu, car il fallait que celui qui est né de Dieu le Père, sans avoir de mère, se fît le Fils de l'homme d'une manière admirable, en prenant un corps qui pût sortir, à sa naissance, d'un sein fermé, de même que, plus tard, après sa résurrection, il entra dans un endroit dont les portes étaient aussi fermées. Ces choses sont merveilleuses, parce qu'elles sont divines; ineffables, parce qu'elles sont incompréhensibles; la bouche de l'homme est en défaut pour les exprimer, parce que son esprit est impuissant à les pénétrer. Marie crut aux paroles de l'ange, et elle vit s'accomplir en elle ce qu'elle avait cru. Croyons aussi avec elle, pour que nous puissions recueillir les fruits de ce mystère. Cette naissance est vraiment admirable; cependant, ô

---

nullo homine seminante; fecunditatem feminæ veniendo afferens, integritatem nascendo non auferens? quid est hoc? quis dicat? quis taceat? Et mirum dictu : quod eloqui non valemus, silere non sinimur; sonando prædicamus, quod nec cogitando comprehendimus. Tantum quippe Dei donum nec effari possumus, quoniam sumus ad ejus enarrandam magnitudinem parvuli; et tamen laudare compellimur, ne tacendo remaneamus ingrati. Sed Deo gratias, quia id quod competenter non potest dici, potest fideliter credi.

Maria credendo concepit sine viro. — 4. Credimus ergo « in Jesum Christum Dominum nostrum, natum de Spiritu sancto ex virgine Maria. » Nam et ipsa beata Maria, quem credendo peperit, credendo concepit. Cum enim promisso sibi filio, quæsisset quemadmodum fieret, quoniam virum non cognosceret; utique solus ei modus cognoscendi atque pariendi notus erat, quem quidem ipsa experta non fuerat, sed ex aliis feminis natura frequentata didicerat, ex viro scilicet et femina hominem nasci : responsum ab Angelo accepit: «Spiritus sanctus superveniet in te, et virtus Altissimi obumbrabit tibi ; propterea quod nascetur ex te sanctum, vocabitur Filius Dei. » (*Luc.*, I, 35.) Quæ cum dixisset Angelus, illa fide plena, et Christum prius mente quam ventre concipiens : Ecce, inquit, ancilla Domini, fiat mihi secundum verbum tuum. (*Ibid.*, 38.) Fiat, inquit, sine virili semine conceptus in virgine; nascatur de Spiritu sancto et integra femina, in quo renascatur de Spiritu sancto integra Ecclesia. Sanctum quod nascetur de homine matre sine homine patre, vocetur Dei Filius; quoniam qui natus est de Deo Patre sine ulla matre, mirabiliter oportuit ut fieret hominis filius; in ea carne natus, ut per clausa viscera parvus exiret, in qua resuscitatus per clausa ostia magnus intraret. Mira sunt hæc, quia divina sunt; ineffabilia, quia et inscrutabilia : non sufficit explicando os hominis, quia nec investigando cor hominis. Credidit Maria, et in ea quod credidit factum est. Credamus et nos, ut et nobis possit prodesse quod factum est. Quamvis ergo mirabilis sit etiam ista na-

homme, pensez à ce que votre Dieu, votre Créateur a daigné faire pour sa créature. Ce Dieu, qui demeure dans le sein du Père éternel, qui vit avec l'Eternel, le Fils égal à son Père n'a pas dédaigné de se revêtir de la forme d'esclave pour des esclaves pécheurs et criminels : car ce ne sont point nos mérites qui l'ont attiré sur la terre. Nos iniquités appelaient bien plutôt sur nous ses châtiments; mais, s'il eût voulu examiner sévèrement nos iniquités, qui aurait pu subsister devant lui? C'est donc pour des esclaves impies et pécheurs que le Seigneur s'est fait homme, et qu'il a daigné naître de la Vierge Marie par l'opération du Saint-Esprit.

Jésus-Christ est mort pour nous. Nous ne devons point rougir de la croix. — 5. Mais serait-ce peu de chose à vos yeux qu'un Dieu, par amour pour les hommes, que le Juste pour les pécheurs, que l'Innocent pour les coupables, que le Seigneur pour les esclaves ait daigné se revêtir de la nature humaine, qu'il ait été vu sur la terre et qu'il ait conversé avec les hommes? « Il a été, de plus, crucifié; il est mort et a été enseveli. » Vous ne le croyez pas? Vous me demandez peut-être quand ce fait a eu lieu? Ecoutez, le voici : « Sous Ponce-Pilate. » C'est par un dessein marqué que le nom du juge se trouve exprimé dans le Symbole, pour vous rendre impossible le doute sur l'époque où cet événement s'est accompli. Croyez donc que le Fils de Dieu a été crucifié et enseveli sous Ponce-Pilate. « Personne ne peut témoigner un plus grand amour qu'en mourant pour ses amis. » (*Jean*, xv, 13.) Personne, n'est-ce pas? Personne absolument, me dites-vous. C'est la vérité, Jésus-Christ l'a dit. Interrogeons l'Apôtre, et qu'il nous réponde à son tour : « Jésus-Christ, nous dit-il, est mort pour les impies. » (*Rom.*, v, 6.) Et, un peu plus loin : « Lorsque nous étions ennemis de Dieu, nous avons été réconciliés avec lui par la mort de son Fils. » (*Ibid.*, 10.) Nous trouvons donc en Jésus-Christ une charité plus grande, puisqu'il a donné sa vie, non pas pour ses amis, mais pour ses ennemis. Qu'il est donc grand l'amour de Dieu pour les hommes! qu'elle est admirable cette charité qui lui a fait aimer les pécheurs jusqu'à mourir pour eux! « Dieu témoigne son amour pour nous, ce sont les paroles de l'Apôtre, en ce que, dans le temps où nous étions encore pécheurs, le Christ est mort pour nous. » (*Ibid.*, 8.) Croyez-le donc, vous aussi, et ne rougissez point de le confesser pour être sauvés. « Car on croit de cœur pour être justifié, et on confesse de bouche pour obtenir le salut. » (*Rom.*, x, 10.) C'est pour vous affermir contre le doute, contre la fausse honte, que, lorsque vous avez commencé à croire, on a imprimé le signe de la foi sur votre front comme sur le siége de la pudeur. Rappelez-vous ce signe qui marque votre front, et vous ne redouterez

---

tivitas: tamen cogita, o homo, quid pro te Deus tuus, Creator pro creatura susceperit; ut Deus in Deo manens, æternus cum æterno vivens, æqualis Filius Patri, pro reis et pro peccatoribus servis formam servi non dedignaretur inducere. Neque enim hoc meritis humanis est exhibitum. Nam pro iniquitatibus nostris pœnas potius merebamur : sed si iniquitates observasset, quis sustinuisset? Pro impiis ergo et pro peccatoribus servis Dominus factus est homo, de Spiritu sancto et virgine Maria nasci dignatus est.

Pro nobis mortuus. Crux non erubescenda. — 5. Parum hoc forsitan videatur, quod pro hominibus Deus, pro peccatoribus justus, pro reis innocens, pro captivis rex, pro servis Dominus carne humanitatis indutus advenit, in terris visus est et cum hominibus conversatus est : « crucifixus » insuper, « mortuus et sepultus est. » Non credis? Dicis forte : Quando hoc factum est? Audi quo tempore : « sub Pontio Pilato. » In significatione tibi etiam nomen judicis positum est, ne vel de tempore dubitares. Crede ergo Filium Dei crucifixum sub Pontio Pilato et sepultum.

Majorem autem hac caritatem nemo habet, ut animam suam ponat quis pro amicis suis. (*Joan.*, xv, 13.) Putas, nemo? Omnino nemo. Verum est, Christus hoc dixit. Interrogemus Apostolum, etiam respondeat nobis. Christus, inquit, pro impiis mortuus est. (*Rom.*, v, 6.) Et iterum dicit : « Cum inimici essemus, reconciliati sumus Deo per mortem Filii ejus. » (*Ibid.*, 10.) Ecce ergo in Christo majorem invenimus caritatem, quia animam suam non pro amicis, sed pro suis tradidit inimicis. Quantus ergo Dei amor erga homines et qualis affectio, sic amare etiam peccatores, ut amore eorum moreretur. « Commendat enim caritatem suam in nobis, » Apostoli verba sunt, « quia cum adhuc peccatores essemus, Christus pro nobis mortuus est. » (*Ibid.*, 8.) Crede ergo hoc et tu, et pro salute tua noli erubescere confiteri. Corde enim creditur ad justitiam, ore autem confessio fit ad salutem. (*Rom.*, x, 10.) Denique ne dubitares, ne erubesceres, quando primum credidisti, signum Christi in fronte tanquam in domo pudoris accepisti. Recole frontem tuam, ne linguam expavescas alienam. « Qui enim,

point les traits de la langue d'autrui. « Celui qui aura rougi de moi et de mes paroles devant les hommes, dit le Seigneur, le Fils de l'homme aussi rougira de lui devant les anges de Dieu. » (*Marc*, VIII, 38.) Ne rougissez donc point de l'ignominie de la croix qu'un Dieu lui-même n'a pas hésité d'affronter pour vous, et dites avec l'Apôtre : « Pour moi, à Dieu ne plaise que je me glorifie, si ce n'est dans la croix de Notre-Seigneur Jésus-Christ ! » (*Gal.*, VI, 14.) Le même Apôtre vous répondra encore : « Je n'ai pas jugé savoir parmi vous autre chose que Jésus-Christ, et Jésus crucifié. » (I *Cor.*, II, 2.) Celui qui alors a été crucifié par un seul peuple est maintenant implanté, fixé dans le cœur de tous les peuples.

La foi à la résurrection de Jésus-Christ. — 6. Pour vous, qui que vous soyez, qui voulez vous glorifier dans la puissance plutôt que dans l'humiliation, ouvrez votre cœur à la consolation, aux transports de la joie la plus vive. Celui qui a été crucifié sous Ponce-Pilate, et qui a été enseveli, « est ressuscité des morts le troisième jour. » Votre foi hésite encore, elle est chancelante. Lorsqu'on vous a dit : Croyez que Jésus-Christ est né, croyez qu'il a souffert, qu'il a été crucifié, qu'il est mort et a été enseveli, vous avez cru plus facilement, comme s'il n'était question que d'un homme ; et maintenant qu'on vous dit : « Il est ressuscité des morts le troisième jour, votre esprit hésite ?

Mais, pour ne choisir qu'une preuve entre mille, considérez ce qu'est Dieu, pensez au Tout-Puissant, et tous vos doutes disparaîtront. Quoi ! Dieu a pu vous tirer du néant, lorsque vous n'existiez point, et il n'aurait pu ressusciter des morts cette nature humaine qu'il avait formée et qu'il avait prise ? Croyez donc, mes frères ; quand il s'agit de la foi, les longs discours sont inutiles. Cette foi seule distingue et sépare les chrétiens de tous les autres hommes. Que Jésus-Christ soit mort, qu'il ait été enseveli, les païens le croient maintenant, et les Juifs l'ont vu de leurs yeux ; mais qu'il soit ressuscité des morts le troisième jour, c'est ce que ni les païens, ni les Juifs ne veulent admettre. La résurrection des morts est donc le dogme qui sépare la foi qui nous donne la vie de ceux qui sont morts dans leur incrédulité. Voilà pourquoi l'apôtre saint Paul, écrivant à Timothée, lui disait : « Souvenez-vous que Notre-Seigneur Jésus-Christ est ressuscité d'entre les morts. » (II *Tim.*, II, 8.) Croyons donc, mes frères, et espérons que ce qui s'est accompli en Jésus-Christ s'accomplira également en nous ; Dieu nous l'a promis, et il ne peut nous tromper.

Jésus-Christ est assis à la droite du Père. — 7. Après qu'il fut ressuscité d'entre les morts, Jésus-Christ « est monté aux cieux, il est assis à la droite de Dieu le Père. » Ici encore, vous balancez à croire. Ecoutez l'Apôtre : « Celui

inquit ipse Dominus, confusus me fuerit coram hominibus, confundet illum Filius hominis coram Angelis Dei. » (*Marc.*, VIII, 38.) Noli ergo erubescere ignominiam crucis, quam pro te Deus ipse non dubitavit excipere ; et dic cum Apostolo : Mihi autem absit gloriari, nisi in cruce Domini nostri Jesu Christi. (*Gal.*, VI, 14.) Et respondet tibi idem ipse Apostolus : Non me judicavi aliquid scire in vobis, nisi Jesum Christum, et hunc crucifixum. (I *Cor.*, II, 2.) Ille qui ab uno populo est tunc crucifixus, in omnium populorum est nunc cordibus fixus.

Resurrectionis Christi fides. — 6. Tu autem, quisquis es qui de potentia magis quam de humilitate vis gloriari, accipe consolationem, habe exsultationem. Qui enim crucifixus sub Pontio Pilato et sepultus est : « Tertia die resurrexit a mortuis. » Forte et hic dubitas, forte trepidas. Quando tibi dictum est : Crede natum, crede passum, crucifixum, mortuum et sepultum ; quasi de homine facilius credidisti : nunc quia dictur : « Tertia die resurrexit a mortuis, » du-

bitas o homo ? Ut de multis unum proferamus exemplum ; Deum attende, omnipotentem cogita, et noli dubitare. Si enim potuit te, cum non esses, ex nihilo facere ; cur non potuit hominem suum, quem jam fecerat, a mortuis excitare ? Credite ergo, Fratres : ubi de fide agitur, longo uti sermone non opus est. Sola hæc fides est, quæ Christianos ab omnibus hominibus discernit et separat. Nam quia mortuus est et sepultus, et Pagani modo credunt, et Judæi tunc viderunt : quia vero tertia die resurrexit a mortuis, nec Paganus nec Judæus admittit. Discernit ergo a mortuis perfidis vitam fidei nostræ, resurrectio mortuorum. Nam et apostolus Paulus cum Timotheo scriberet : Memento, inquit, Jesum Christum resurrexisse a mortuis. (II *Tim.*, II, 8.) Credamus ergo, Fratres, et quod in Christo factum credimus, hoc futurum speremus in nobis. Deus enim qui promittit, non fallit.

Christi sessio ad dexteram Patris. — 7. Postquam ergo resurrexit a mortuis, « ascendit ad cœlos, sedet

qui est descendu est le même qui est monté au-dessus de tous les cieux, afin de remplir toutes choses. » (*Ephés.*, IV, 10.) Prenez garde de ressentir la vengeance de Celui dont vous refusez de croire la résurrection, car celui qui ne croit pas est déjà jugé. (*Jean*, III, 18.) Il est maintenant assis dans les cieux à la droite du Père, pour être notre avocat, « mais il en viendra un jour pour juger les vivants et les morts. » Croyons donc, afin qu'à la vie comme à la mort, nous soyons au Seigneur. (*Rom.*, XIV, 8.)

De l'Esprit saint et de la rémission des péchés. — 8. Croyons aussi « au Saint-Esprit, » car il est Dieu, selon qu'il est écrit : « Dieu est esprit. » (*Jean*, IV, 24.) C'est par lui que nous recevons la rémission des péchés ; c'est par lui que nous croyons la résurrection de la chair ; c'est par lui que nous espérons la vie éternelle. Mais prenez garde de tomber dans l'erreur en comptant, et de vous imaginer que j'aie voulu parler de trois Dieux, parce que je nomme un seul Dieu pour la troisième fois. Il n'y a, dans la Trinité, qu'une seule nature divine, une seule vertu, une seule et même puissance, une seule et même majesté, un seul nom qui exprime la divinité. C'est ce que Jésus-Christ lui-même a enseigné à ses disciples après sa résurrection. « Allez, leur dit-il, baptisez les peuples, » non pas : aux noms, au pluriel, mais : « au seul nom du Père, du Fils et du Saint-Esprit. » Croyez donc à cette Trinité divine et à l'unité de ses trois personnes, et mettez-vous en garde, mes bien-aimés, contre les séducteurs qui voudraient vous détacher de la foi et de l'unité. Que celui qui vous annoncerait un Evangile différent de celui qui vous a été annoncé soit anathème. Ecoutez, ce n'est pas moi qui vous parle, mais l'Apôtre : « Quand nous vous annoncerions nous-mêmes, ou quand un ange descendu du ciel vous annoncerait un Evangile différent de celui qui vous a été annoncé, qu'il soit anathème. » (*Gal.*, I, 8, 9.)

Il faut vivre dans le sein de l'Eglise catholique. — 9. Vous voyez d'une manière certaine, mes très-chers frères, dans les paroles mêmes du Symbole, comment on conclut tous les articles dont se compose la foi chrétienne par cette addition : « La sainte Eglise catholique. » Fuyez donc de toutes vos forces cette multitude de séducteurs de tout genre, dont je ne puis maintenant, tant ils sont nombreux, vous énumérer les noms et les sectes. Nous aurions encore beaucoup de choses à vous dire, mais vous ne pouvez les supporter maintenant. Il est une seule chose que je vous recommande comme sujet de vos prières : c'est de détourner votre esprit et vos oreilles de celui qui n'est point catholique, afin que vous puissiez obtenir la rémission des péchés, la résurrection de la chair,

ad dexteram Dei Patris. » Adhuc forte non credis. Audi Apostolum : Qui descendit, inquit, ipse est et qui ascendit super omnes cœlos, ut adimpleret omnia. (*Ephes.*, IV, 10.) Vide ne quem non vis credere resurgentem, sentias vindicantem. Qui enim non crediderit, jam judicatus est. (*Joan.*, III, 18.) Nam qui modo sedet ad dexteram Patris advocatus pro nobis, inde « venturus est judicare vivos et mortuos. » Credamus ergo ; ut sive vivamus, sive moriamur, Domini simus. (*Rom.*, XIV, 8.)

De Spiritu sancto, remissionem peccatorum, etc. — 8. Credamus « et in Spiritum sanctum. » Deus enim est (*Joan.*, IV, 24) ; quia scriptum est : Deus spiritus est. Per ipsum « remissionem » accipimus « peccatorum ; » per ipsum « resurrectionem » credimus « carnis ; » per ipsum « vitam » speramus « æternam. » Sed videte ne numerando errorem patiamini, et me putetis tres Deos dixisse, quia unum Deum tertio nominavi. Una est in Trinitate substantia deitatis, una virtus, una potestas, una majestas, unum nomen divinitatis ; sicut ipse Christus dixit discipulis suis, cum resurrexisset a mortuis : Ite, baptizate Gentes, non in multis nominibus, sed in uno nomine Patris et Filii et Spiritus sancti. (*Matth.*, XXVIII, 19.) Credentes ergo divinam Trinitatem, et trinam unitatem, cavete, Dilectissimi, ne quis vos ab Ecclesiæ catholicæ fide ac unitate seducat. Qui enim vobis aliter evangelizaverit, præter quam quod accepistis, anathema sit. Apostolum, non me audite, qui ait : Sed et si nos, aut Angelus de cœlo aliter vobis evangelizaverit, præter quam quod accepistis, anathema sit. (*Gal.*, I, 8, 9.)

In Ecclesia catholica vivendum. — 9. Videtis certe, Carissimi, etiam in ipsis sancti Symboli verbis, quomodo conclusioni omnium regularum, quæ ad sacramentum fidei pertinent, quasi supplementum quoddam additum, ut diceretur, « per sanctam Ecclesiam. » Fugite ergo, quantum potestis diversos et varios deceptores, quorum sectas et nomina præ multitudine sui, nunc longum est enarrare. Multa enim habemus dicere vobis ; sed non potestis illa portare modo. Unum vestris precibus commendo, ut ab eo qui catholicus non est, animum et auditum vestrum omnimodis avertatis : quo « remissionem peccatorum et resurrectionem carnis et vitam æternam, » per unam veram et « sanctam Ecclesiam catholicam » appre-

et la vie éternelle, par l'unique, véritable et sainte Église catholique, dans laquelle nous apprenons à connaître un seul Dieu, le Père, le Fils et le Saint-Esprit, à qui l'honneur et la gloire, dans les siècles des siècles.

SERMON CCXVI [1].

Aux compétents (2).

CHAPITRE PREMIER. — *Qu'était-ce que les compétents.* — 1. Les débuts de notre ministère (2) et les commencements de votre conception dans le sein de la foi, où vous devez bientôt recevoir une nouvelle naissance par la vertu de la grâce céleste, demandent à être soutenus par la prédication, afin que notre parole soit pour vous un principe de salut, de même que votre conception à la vie de la grâce sera pour nous une source de saintes consolations. Nous vous instruisons par nos discours, c'est à vous d'en profiter par vos progrès dans la vertu. Nous répandons la semence de la parole, c'est à vous de produire les fruits de la foi. Courons tous, suivant la vocation à laquelle Dieu nous a appelés, dans ses voies et dans ses sentiers, sans que personne regarde en arrière. Car la Vérité, qui ne trompe point et ne peut jamais tromper, nous a déclaré formellement que : « Celui qui met la main à la charrue et regarde en arrière n'est point propre au royaume des cieux. » (*Luc*, IX, 62.) Or, c'est ce royaume qui doit être l'objet de tous vos désirs, et vers lequel vous devez tendre de toutes les forces de votre âme, comme l'indique le nom de compétents, qui vous a été donné. Que signifie, en effet, ce nom de compétents (*competentes*), si ce n'est ceux qui unissent leurs demandes, leurs aspirations ? De même qu'on appelle coenseignants (*condocentes*), concurrents (*concurrentes*), assis ensemble (*considentes*), ceux qui instruisent ensemble, qui courent ou sont assis en même temps, le nom de compétents signifie, exprime ceux qui unissent leurs efforts pour aspirer et tendre vers un seul et même but. Et quel est ce but, objet de vos aspirations et de vos désirs ? N'est-ce pas celui que proclame avec une sainte générosité le Roi-Prophète, qui, après avoir renoncé à tous les désirs charnels, et triomphé de toutes les vaines terreurs du monde, s'écrie : « Quand des armées camperaient

---

(1) Ce sermon aurait donc été prononcé en l'an 391, où saint Augustin fut ordonné prêtre de l'Église d'Hippone. Voyez la note sur l'exorde du sermon CCXIV, qui a été prononcé à la même époque. Dans la Table de Possidius, chapitre X, ce sermon se trouve indiqué sous ce titre : « Traité unique ou Exhortation aux *competentes*. »

(2) Il y avait, parmi les catéchumènes, trois ordres distincts, et qu'il fallait traverser pour arriver au baptême. Les catéchumènes du premier ordre étaient ceux qu'on appelait *écoutants* (*Audientes*); ils pouvaient entendre dans l'Église la lecture des saintes Écritures et les Homélies de l'Évêque. Le second ordre était celui des *prosternés* (*Orantes* et *genuflectentes*); ils assistaient aux prières et à la bénédiction de l'Évêque. Le troisième ordre était celui des *compétents* (*Competentes*), à qui on confiait le mystère de la sainte Trinité, la doctrine relative à l'Église et à la rémission des péchés, et telle était la matière spéciale de l'examen qu'ils subissaient avant d'être admis au baptême. C'était le quatrième dimanche de carême chez les Latins, le second dimanche dans l'Église grecque, que les noms des *Compétents* étaient inscrits sur le registre matricule de l'Église, et ils prenaient alors le nom d'un apôtre, d'un martyr ou d'un confesseur. Enfin, les *compétents* qui devaient être baptisés à la Pâque suivante, passaient au scrutin à sept jours différents du carême. On appelait scrutin la cérémonie où les catéchumènes étaient exorcisés et recevaient le Symbole.

---

hendere valeatis; in qua discitur Pater et Filius et Spiritus sanctus unus Deus; cui est honor et gloria in sæcula sæculorum.

SERMO CCXVI [a].

Ad Competentes.

CAPUT PRIMUM. — *Competentes quinam.* — 1. Rudimenta ministerii nostri, et vestri conceptus quod fidei (b) concipitis utero generari coelesti gratia, adjuvanda sunt ore : ut et noster vos sermo salubriter alloquatur, et nos vester conceptus utiliter consoletur. Nos instruimus sermonibus, vos proficite moribus. Spargimus sermonem verbi, fructum reddite fidei. Omnes secundum vocationem, qua vocati sumus a Domino, in ejus via viamque curramus; nullus retro respiciat. Veritas enim quæ nec fallit, nec fallere potest, aperte denuntiat : « Nemo ponens manum super aratrum, et respiciens retro, aptus erit regno cœlorum. » (*Luc.*, IX, 62.) Hoc nempe vos concupiscere, ad hoc ambire omnibus mentis vestræ conatibus, ipsum vestrum nomen, quod Competentes vocamini, ostendit. Quid enim aliud sunt competentes, quam simul petentes ? Nam quomodo condocentes, concurrentes, considentes, nihil aliud sonat, quam simul docentes, simul currentes, simul sedentes : ita etiam Competentium vocabulum non aliunde quam de simul petendo atque unum aliquid appetendo compositum est. Et quod illud est unum, quod petitis vel concupiscitis, nisi quod quidam abjectis desideriis carnalibus et superatis terroribus sæculi clamat intrepidus? « Si consistant adversum me castra, non

---

(a) Alias de diversis III. — (b) An legendum, *incipitis*? ut quos hic alloquitur, significet tum primum factos et Catechumenis Competentes, perceptione fidei et petitione baptismi. Item infra loco *ore*, forte melius *oratione*.

autour de moi, mon cœur n'aurait aucune crainte? Quand le signal du combat serait donné, je tressaillerais d'espérance ? » (*Ps.* XXVI, 3, etc.) Or, il exprime aussitôt quel est le motif et l'objet de son espérance : « J'ai demandé une grâce au Seigneur, et je la lui demanderai encore : c'est d'habiter dans la maison du Seigneur tous les jours de ma vie. » Et il explique sans différer la félicité de cet heureux séjour. « Pour y contempler la beauté du Seigneur, pour y être protégé dans son sanctuaire. »

Chapitre II. — *Saint Augustin exhorte les compétents à renoncer au monde.* — 2. Vous voyez, mes frères, vous qui débutez dans la vie chrétienne, comme moi dans le sacerdoce, à quelles joies divines vous parviendrez, lorsque vous aurez rejeté les plaisirs du siècle. Si vous méprisez le monde, vous aurez le cœur pur, vous verrez Celui qui a créé le monde, et « de même qu'il a vaincu le monde, vous en triompherez vous-mêmes par sa grâce. Or, vous ne tarderez pas à le vaincre et à le fouler aux pieds, si vous mettez votre confiance, non dans vos propres forces, mais dans le secours du Dieu de miséricorde. Gardez-vous de vous mépriser vous-mêmes parce que vous ne voyez pas encore ce que vous serez un jour. « Sachez que, quand il viendra dans sa gloire, vous lui serez semblables, lorsque ce que vous serez paraîtra dans tout son éclat. » (I *Jean*, III, 1.) Rappelez-vous encore que vous le verrez, non pas tel qu'il est venu parmi nous lorsque les temps ont été accomplis, mais tel qu'il était lorsqu'il nous a créés, et qu'il demeure éternellement. « Dépouillez-vous du vieil homme, et revêtez-vous du nouveau. » (*Colos.*, III, 9.) Le Seigneur commence à faire un pacte avec vous. Vous avez vécu pour le monde, vous vous êtes laissé entraîner à la chair et au sang, vous avez porté l'image de l'homme terrestre. De même donc que vous avez porté l'image de l'homme, qui vient de la terre, portez maintenant l'image de celui qui vient du ciel. (I *Cor.*, XV, 49.) « Je parle humainement, dit l'Apôtre, car le Verbe s'est fait chair, afin que, comme vous avez fait servir vos membres à l'iniquité pour commettre le péché, vous les fassiez servir maintenant à la justice pour Dieu. » (*Rom.*, VI, 9.) Votre ennemi s'armait contre vous de vos propres traits pour vous perdre, il faut que votre protecteur trouve à son tour, dans vos membres, des armes pour vous sauver. Votre ennemi ne pourra vous nuire, si vous lui arrachez vos membres, et qu'il ne puisse s'en rendre maître ; et votre protecteur vous abandonnera justement, s'il trouve en vous des désirs opposés à ses désirs, une volonté contraire à la sienne.

Chapitre III. — *Les catéchumènes doivent songer à acheter le royaume des cieux, ne point avoir des sentiments trop bas d'eux-mêmes, et produire les fruits des bonnes œuvres.* — 3. On propose à votre foi d'acheter, comme aux en-

---

timebit cor meum : si exsurgat in me bellum, in hoc ego sperabo. » (*Psal.* XXVI, 3, etc.) Et quæ illa sit exprimens, adjunxit et dixit : « Unam petii a Domino, hanc requiram, ut inhabitem in domo Domini omnes dies vitæ meæ. » Atque hujus regionis et habitationis beatitudinem explanans, connectit et exprimit : « Ut contempler delectationem Domini, et protegar a templo ejus. »

Caput II. — *Hortatur ut renuntient sæculo.* — 2. Videtis, contyrones mei, ad quam delectationem Domini venietis, cum delectationem sæculi abjicitis ! Si despicitis mundum, habebitis cor mundum, et videbitis eum qui fecit mundum : et sicut ille vicit, ita et vos in ejus gratia vincetis hunc mundum. Quem profecto jam jamque superabitis atque calcabitis, si non de vestris viribus, sed de Dei misericordissimi adjutorio præsumatis. Nolite vos despicere, quia nondum apparuit quod eritis. Scitote autem, quoniam cum apparuerit, similes ei eritis, dum apparuerit quod eritis. (I *Joan.*, III, 1.) Scitote autem, quoniam videbitis eum, non qualis in temporis plenitudine venit ad nos, sed qualis semper manens condidit nos. Exuite vos veterem hominem, ut induamini novo. (*Colos.*, III, 9.) Pactum vobiscum Dominus inchoat. Vixistis sæculo, carni vos et sanguini dedistis, imaginem hominis terreni portastis. Sicut ergo imaginem portastis ejus qui de terra est, ita etiam ejus qui de cœlo est ultra portate. « Humanus sermo, » quia ideo Verbum caro est factum, « ut sicut exhibuistis corpora vestra arma iniquitatis peccato, ita nunc exhibeatis membra vestra arma justitiæ Deo. » (*Rom.*, VI, 19.) In perniciem adversus vos vester oppugnator vestris jaculis armabatur : in salutem vestram adversus eum vicissim membris vestris vester protector armetur. Nihil vobis ille nocebit, si membra vestra vobis auferentibus non tenebit. Iste vos jure derelinquet, si ab eo vestrum votum voluntasque dissentiet.

Caput III. — *De regno cælorum emendo cogitent. Non abjecte de se sentiant. Bonorum operum fructus reddant.* — 3. Ecce cum auctione et mercatu fidei, re-

chères, le royaume des cieux ; examinez avec soin et réunissez toutes les ressources de votre âme ; amassez d'un commun accord les trésors de votre cœur. Et, cependant, vous l'achetez gratuitement, si vous comprenez bien la gratuité de la grâce qui vous est offerte. Vous ne versez rien, et vous acquérez un bien inestimable. N'ayez donc point de bas sentiments de vous-mêmes, vous que le Créateur de toutes choses et le vôtre estime à si haut prix, qu'il verse tous les jours pour vous le sang précieux de son Fils unique. Du reste, vous ne serez point avilis à vos yeux, si vous savez distinguer ce qui est précieux de ce qui est vil, si vous n'êtes pas dominés par vos appétits inférieurs (*Ps.* XVIII, 14), si vous êtes entièrement purs de tout péché capital et mortel, si la semence de la parole de Dieu, que le céleste laboureur répand encore maintenant dans vos cœurs, n'est pas foulée aux pieds des indignes qui traversent le chemin, ni desséchée, lorsqu'elle commençait à germer dans le terrain pierreux de votre conscience follement endurcie, ni étouffée au milieu des épines et des pointes funestes de vos passions. Si vous avez horreur de la stérilité de cette terre coupable et vouée à la malédiction, votre âme deviendra une terre fertile et des plus fécondes, et vous rendrez avec une grande joie à celui qui l'a ensemencée et arrosée, sa semence multipliée au centuple. Si vous ne pouvez aller jusque-là, vous produirez soixante pour un, et, si c'est encore trop pour vous, il se contentera de trente pour un, car toutes ces moissons seront recueillies dans les greniers célestes et resserrées dans le lieu de l'éternel repos. De tous ces fruits, Dieu fera le pain du ciel, et tous les ouvriers qui ont travaillé sincèrement dans la vigne du Seigneur trouveront dans ce pain, pour se rassasier, une nourriture abondante et salutaire, si la prédication évangélique répand partout la gloire de ce grand Dieu, qui sème, qui répand la pluie, arrose et donne l'accroissement.

Chapitre IV. — *Ceux qui sont convertis a Dieu doivent tendre à la vie éternelle.* — 4. Approchez donc avec un cœur brisé par la douleur, car il est près de ceux qui ont le cœur contrit ; et si votre esprit est humilié, vous serez sauvés. (*Ps.* XXXIII, 19.) Approchez à l'envi pour être éclairés. Vous êtes encore maintenant dans les ténèbres, et ces ténèbres se sont même répandues dans votre âme. Mais vous deviendrez lumière dans le Seigneur, « qui éclaire tout homme venant en ce monde. » (*Jean*, 1, 9.) Vous suivez les inspirations du siècle, réformez-vous selon l'esprit de Dieu ; concevez enfin un profond dégoût de la captivité de Babylone. Voici Jérusalem, votre mère céleste, qui se pré-

---

gnum vobis cœlorum venale proponitur : inspicite et congerite vestræ conscientiæ facultates, thesauros cordis vestri unanimiter congregato. Et tamen gratis emitis, si gratam gratiam quæ vobis offertur, agnoscitis. Nihil impenditis, et tamen magnum est quod acquiritis. Non sitis viles vobis, quos cunctorum Creator et vester tam caros æstimat, ut vobis quotidie Unigeniti sui pretiosissimum sanguinem fundat. Non sic eritis viles si pretiosum distinguatis a vili ; si non creaturæ, sed Creatori serviatis ; si vobis inferiora vestra non fuerint dominata, ut immaculati a capitali magnoque peccato mundemini (*Psal.* XVIII, 14) ; si non in vobis semen verbi Dei, quod etiam nunc spargit cœlestis agricola in agro cordis vestri, aut tanquam in via indignorum transitu conculcetur, aut tanquam inter petrosa durissimæ conscientiæ vestræ stoliditate jam germinans comprimatur, aut inter spinas cupiditatum vestrarum perniciosis aculeis suffocetur. Si a tam damnosæ damnandæque terræ sterilitate abhorreatis, fructifera vos profecto terra uberrimaque suscipiet, et cum magno gaudio seminatori et complutori vestro multiplicatam centeni reddetis ubertatem ; aut si ad hoc impares forte fueritis, sexageni fructus usuras exsolvetis : quod si nec ad hoc occurretis, non erit vester ingratus etiam trigeni proventus : quia cœlestibus omnes horreis excipientur, omnes in æterna requie recondentur. (*Matth.*, XIII ; *Luc.*, VIII.) De omnium fructibus cœlestis panis ille conficietur, et omnis operarius in Dominica vinea sine dolo laborans, ipso abundanter ac salubriter saturabitur : dum tanti seminatoris, plutoris, et rigatoris, atque ipsius incrementi datoris, Evangelica prædicatione gloria diffamatur.

Caput IV. — *Ad Deum conversi tendant ad æternam vitam.* — 4. Accedite ergo ad eum in obtritione cordis : quoniam prope est omnibus qui obtriverunt cor, et ipse vos humiles spiritu salvos faciet. (*Psal.* XXXIII, 19.) Certatim accedite, ut illuminemini. Estis enim adhuc in tenebris, et tenebræ in vobis. Eritis autem lux in Domino, qui «illuminat omnem hominem venientem in hunc mundum. » (*Joan.*, 1, 9.) (*a*) Confortamini sæculo, reformamini Deo. Babylonicæ

(*a*) In Germanensi Ms. *Conformamini*; forte pro *Conformabamini*.

sente à vous rayonnante de joie; elle vous invite, elle vous conjure de choisir la vie, d'aimer à voir ces jours heureux que vous n'avez jamais eus et que vous n'aurez jamais dans ce monde. Ici-bas vos jours se dissipaient comme la fumée, ils ne peuvent augmenter sans diminuer, croître sans décroître, monter sans s'évanouir. Vous qui avez vécu pour le péché durant tant d'années mauvaises, désirez vivre pour Dieu, non point durant de longues années, qui doivent un jour finir, et qui se précipitent pour s'anéantir dans l'ombre de la mort, mais pendant ces années vraiment heureuses où vous jouirez d'une vie véritable et qui n'aura point de terme, où vous ne serez fatigués ni par la faim, ni par la soif, parce que vous aurez la foi pour nourriture et la sagesse pour breuvage. Vous bénissez maintenant le Seigneur par la foi dans le sein de son Église, mais alors, au milieu des splendeurs de la claire vue, vous serez arrosés des eaux qui couleront abondamment des sources d'Israël.

CHAPITRE V. — *Le désir de la vie éternelle doit exciter leurs larmes ici-bas, et leur faire mortifier leurs membres.* — 5. Cependant, que vos larmes soient votre nourriture jour et nuit dans le pèlerinage de cette vie, tandis qu'on vous dit sans cesse : Où est votre Dieu? (*Ps.* XLI, 4) et que vous ne pouvez montrer à ces hommes charnels ce que l'œil de l'homme n'a point vu, ce que son oreille n'a point entendu, ni son cœur pressenti. (I *Cor.*, II, 9.) Jusqu'à ce qu'il vous soit donné de paraître devant Dieu, ne perdez point courage. Il viendra lui-même accomplir ses promesses, lui qui s'est volontairement constitué notre débiteur, qui n'a rien emprunté à personne, et qui a daigné s'obliger à notre égard par une promesse solennelle. C'est nous qui étions ses débiteurs, et l'énormité de nos dettes égalait celle de nos péchés. Il est venu sans rien devoir à personne, parce qu'il était sans péché; il nous a trouvés écrasés sous le poids d'usures funestes et détestables; il a payé ce qu'il n'avait pas dérobé, et nous a délivrés, dans sa miséricorde, d'une dette qui devait être éternelle. C'est nous qui étions coupables, et nous n'avions à attendre que le châtiment; il a voulu porter la peine de nos fautes sans qu'il en fût coupable, et nous a ainsi remis nos crimes et la peine qu'ils méritaient. C'est lui qui délivrera de l'usure et de l'iniquité les âmes de ceux qui croient et qui disent du fond de leur cœur : « Je suis certain de voir les biens du Seigneur dans la terre des vivants. » (*Ps.* XXVI, 13.) Or, cette terre, il faut la désirer, non point avec un cœur attaché à la terre et atteint déjà par la mort, mais avec un cœur céleste, en quelque sorte, et plein de vie. C'est après cette terre, que, dans un autre psaume, le Roi-Prophète soupire et chante, dans le transport de son ardeur et de sa

---

captivitatis vos aliquando jam tædeat. Ecce Jerusalem mater illa cœlestis, in viis hilariter invitans occurrit, et obsecrat ut velitis vitam, et diligatis videre dies bonos, quos nunquam habuistis, nec unquam in hoc sæculo habebitis. Ibi enim deficiebant, sicut fumus, dies vestri : quibus augeri, minui; et quibus crescere, deficere; et quibus ascendere, vanescere fuit. Qui vixistis peccato annos multos et malos, desiderate vivere Deo : non multos annos quandoque finiendos, et ad intereundum in umbra mortis currentes; sed bonos, et in veritate vivacis vitæ propinquos; ubi nulla fame, nulla siti lassabitis; quia cibus vester fides, potus sapientia erit. Nunc enim in Ecclesia in fide benedicitis Dominum : tunc autem in specie affluentissime rigabimini de frontibus Israel.

CAPUT V. — *Hic vitæ æternæ desiderio lugeant, et membra mortificent.* — 5. Sed in hac interim peregrinatione sint vobis lacrymæ vestræ panis die ac nocte; dum dicentibus vobis quotidie : Ubi est Deus vester ? (*Psal.* XLI, 4) non potestis carnalibus demonstrare quod oculus non vidit, nec auris audivit, aut in cor hominis ascendit. (I *Cor.*, II, 9.) Donec veniatis et appareatis ante oculos Dei vestri, nolite deficere. Veniet enim et ipse promissa persolvere, qui se sponte professus est debitorem: qui nihil ab aliquo mutuatus est, et suo promisso debitor esse dignatus est. Nos debebamus; et tantum debebamus, quantum peccaveramus. Venit ille sine debito ; quia sine ullo peccato : invenit nos damnoso ac damnando fœnore oppressos, et quæ non rapuerat exsolvens, nos a sempiterno debito misericorditer liberavit. Nos amiseramus culpam, exspectabamus pœnam : ille non factus socius culpæ nostræ, sed factus particeps pœnæ; simul et culpæ esse voluit donator et pœnæ. Ipse est enim qui ex usuris et iniquitate eruet animas credentium, atque ex corde in unoquoque dicentium : « Credo videre bona Domini in terra viventium. » (*Psal.* XXVI, 13.) Hæc terra, non terreno vel mortuo, sed cœlesti quodam modo ac vivo corde concupiscenda est. Ipsa est enim, cui in Psalmo alio flagrans quidam ejus amore et alacriter cantans dicit: « Spes mea es tu, portio mea in terra viventium. » (*Psal.*

joie : « Vous êtes mon espérance et mon partage dans la terre des vivants. » (*Ps.* CXLI, 6.) C'est vers cette terre que tendent ceux qui, par un principe de vie, mortifient ici-bas leurs membres, non pas les membres dont l'assemblage forme le corps humain, mais ces membres qui affaiblissent malheureusement la virilité de l'âme. Ils sont énumérés et désignés on ne peut plus clairement dans ces paroles du vase d'élection de l'apôtre saint Paul : « Faites mourir les membres de l'homme terrestre qui est en vous : la fornication, l'impureté, les mouvements déréglés, les convoitises coupables, et l'avarice, qui est une véritable idolâtrie. » (*Colos.*, III, 15.) Voilà les membres que vous devez mortifier dans cette terre des mourants, si vous désirez vivre dans la terre des vivants. Devenez ainsi les membres de Jésus-Christ, et gardez-vous de les prendre pour en faire les membres d'une prostituée. Est-il, en effet, une prostituée plus déshonorante, plus ignominieuse que celle que l'Apôtre énonce en premier lieu, et l'avarice, par laquelle il termine? C'est dans un sens véritable qu'il appelle l'avarice une idolâtrie, et vous devez ici comprendre et éviter, non-seulement celle qui consiste dans les dissolutions du corps, mais encore celle qui énerve et affaiblit l'âme, si vous ne voulez encourir la mort dont vous menace le chaste Epoux, et aussi le juste Juge, à qui le Roi-Prophète dit : « Vous avez perdu tous ceux qui vous abandonnent pour se prostituer au culte des idoles. » (*Ps.* LXXII, 27.) Qu'il est bien plus juste, qu'il est bien plus utile pour vous de vous écrier, dans le saint transport d'un cœur pur : « Il m'est avantageux de m'attacher à Dieu ! » (*Ibid.*, 28.) Or, ce qui produit cet attachement, c'est l'amour, dont il est dit également : « Que votre charité soit sincère et sans déguisement ; ayez horreur du mal, et attachez-vous constamment au bien. » (*Rom.*, XII, 9.)

Chapitre VI. — *Quel est le combat auquel les catéchumènes sont appelés. L'exorcisme se faisait au nom de Jésus-Christ. Anathème contre le démon.* — 6. Telle est l'arène qui vous est ouverte, où vous devez engager les combats de la lutte, de la course et du pugilat. Si vous voulez étouffer dans vos bras ce funeste ennemi de votre foi, qui lutte corps à corps avec vous, terrassez le mal, et embrassez le bien. Si vous voulez remporter le prix de la course, fuyez l'iniquité, et poursuivez la justice. Voulez-vous engager la lutte du pugilat? ne frappez point en l'air, mais déchargez vigoureusement vos coups sur votre adversaire ; châtiez votre corps, et réduisez-le en servitude. En vous imposant toutes ces privations, et en combattant suivant les règles, vous serez vainqueurs, et vous obtiendrez la récompense céleste et la couronne incorruptible. Ce que nous commençons en vous par les adjurations faites au nom de votre Rédempteur, achevez-le par un examen appro-

---

CXLI, 6.) Ad quam illi tendunt, qui vitaliter mortificant membra sua super terram : non membra quibus corporis mundi hujus compago consistit, sed illa membra quibus animæ virilitas miserabiliter infirmatur. Apertissime ea dinumerans ac designans Vas electionis Paulus apostolus dicit : « Mortificate membra vestra, quæ sunt super terram, fornicationem, immunditiam, perturbationem, concupiscentiam malam, et avaritiam, quæ est idolorum servitus. » (*Colos.*, III, 3.) Ecce quæ in hac terra morientium mortificare debeatis, qui in illa terra viventium vivere concupiscitis. Sic ergo efficiamini membra Christi, ut non ea tollatis, et faciatis membra meretricis. Quæ enim turpior, quæ dedecorosior est meretrix, quam ipsa quæ prima posita est fornicatio, et ultima avaritia? Quam idolorum servitutem veraciter appellavit ; quia non solum in corporis luxu, sed etiam in animæ fluxu agnoscere et vitare debetis, ne illam perditionem minacis et casti sponsi ac justi judicis incurratis, cui dicitur : « Perdidisti omnem qui fornicatur abs te. » (*Psal.* LXXII, 27.) Quanto justius, quanto utilius, in cordis ad eum castitate singuli quique clamabitis : « Mihi adhærere Deo, bonum est? » (*Ibid.*, 28.) Hanc adhæsionem illa dilectio præstat, de qua similiter dicitur : « Dilectio sine simulatione, odio habentes malum, adhærentes bono. » (*Rom.*, XII, 9.)

Caput VI. — *Quod illis certamen indictum. Exorcismus adjurato Christi nomine. Maledicta in diabolum.* — 6. Ecce ubi est stadium vestrum, ecce ubi lucta certantium, ecce ubi cursus currentium, ecce ubi ferientium pugillatus. Si vultis perniciosissimum colluctatorem fidei lacertis elidere, prosternite mala, complectimini bona. Si vultis sic currere, ut comprehendatis ; fugite iniquum, consequimini justum. Si vultis sic pugillare, ut non aerem cædatis, sed hostem viriliter feriatis ; castigate corpus vestrum, et in servitutem redigite, ut ab omnibus abstinentes ac legitime certantes, bravii cœlestis et incorruptæ coronæ participes triumphetis. Quod in vobis adjurato

fondi de votre âme et par la contrition du cœur. Nous luttons par nos prières et par les exorcismes contre les ruses perfides de ce vieil ennemi; vous devez, de votre côté, persévérer dans la prière et dans la contrition du cœur, pour obtenir d'être arrachés à la puissance des ténèbres, et transportés dans le royaume de son éclatante lumière. Voilà pour le moment votre œuvre; voilà votre travail. Nous amassons sur la tête de votre ennemi les anathèmes que méritent ses forfaits; de votre côté, livrez-lui plutôt un glorieux combat, en l'ayant en horreur et en renonçant solennellement à tout rapport avec lui. Terrassez, enchaînez, bannissez cet ennemi de Dieu et le vôtre, qui est en même temps son plus cruel ennemi. Sa fureur est une audacieuse impiété contre Dieu, une noire méchanceté contre vous et une cause de ruine pour lui-même. Qu'il respire partout le meurtre et le carnage, qu'il tende des piéges, qu'il aiguise les langues perfides qui lui obéissent en si grand nombre : rejetez de vos cœurs, en invoquant le nom du Sauveur, tout le venin qu'il cherche à y répandre.

CHAPITRE VII. — *Les catéchumènes doivent coopérer à l'action de Jésus-Christ et de l'Eglise pour leur régénération spirituelle.* — 7. On va bientôt retirer de votre cœur et mettre au grand jour toutes ses honteuses suggestions, toutes ses séductions criminelles. Les chaînes de la captivité où il vous retenait tyranniquement vont être brisées; vous serez déchargés du joug qu'il faisait peser si cruellement sur vous et qui sera rejeté sur sa tête; je ne vous demande qu'une chose, c'est de prêter le concours de votre volonté à votre Rédempteur, qui vient vous délivrer. Vous qui formez un peuple nouveau, espérez en lui; peuple naissant que le Seigneur a fait, préparez, par vos efforts, votre enfantement à la vie, et ne soyez pas comme des avortons, morts avant que de naître. Voyez comme le sein de l'Eglise, votre Mère, travaille et gémit pour vous enfanter au grand jour de la foi. N'allez point, par votre impatience, ébranler violemment les entrailles maternelles, et rendre plus étroite la porte par laquelle vous devez sortir de son sein. Peuple qui êtes créé, louez votre Dieu, louez votre Créateur, louez votre Seigneur; louez-le, parce qu'il vous allaite; louez-le, parce qu'il vous nourrit, et que cette nourriture vous aide à croître en âge et en sagesse. Il s'est soumis lui-même à ces progrès successifs, suite de sa naissance dans le temps, lui dont l'existence n'est pas plus diminuée par la brièveté du temps qu'augmentée par une plus longue durée, mais dont l'éternité exclut à jamais toute durée limitée, tout espace de temps mesurable. Ecoutez la recommandation que fait un père plein de tendresse à ses petits enfants : « Ne soyez point, leur di-

---

vestri Redemptoris nomine facimus, hoc vestri cordis scrutatione et contribulatione complete. Nos precibus ad Deum et increpationibus inveterati hostis dolis (*a*) resistimus : vos votis et vestri cordis contritione persistite, ut eruamini de potestate tenebrarum, et transferamini in regnum claritatis ejus. Hoc est nunc opus vestrum, et hic labor vester. Digna in eum nos suis nequitiis maledicta congerimus ; vestra vos potius aversione ac pia renuntiatione gloriosissimum ei certamen indicite. Atterendus, vinciendus, excludendus est Dei et vester, ac sui potius inimicus. Nam furor ejus et in Deum protervus, et adversum vos nefarius, et in se perniciosus ostenditur. Anhelet usquequaque cædes, supponat muscipulas, exacuat multiplices et dolosas linguas suas : omnia venena ejus, obtestato nomine Salvatoris, vestris cordibus effundite.

CAPUT VII. — *Ad spiritalem renascentiam cooperentur Christo et Ecclesiæ.* — 7. Quidquid facinorosissimis suggestionibus, quidquid flagitiosissimis illecebris immittebat, nunc exhaurietur, nunc publicabitur. Nunc populabitur captivitas ejus, qua vos tyrannice possidebat. Avertetur a vobis jugum, quo vos immaniter deprimebat, et ejus cervicibus imponetur : tantum vos in liberationem vestram, Redemptori vestro vestrum præbete consensum. Sperate in eum omne concilium novæ plebis, et popule qui nasceris, quem fecit Dominus, enitere ut salubriter pariaris, ne feraliter abortiaris. Ecce uterus matris Ecclesiæ, ecce ut te pariat, atque in lucem fidei producat, laborat in gemitu suo. Nolite vestra impatientia viscera materna concutere, et partus vestri januas angustare. Popule qui crearis lauda Deum tuum : lauda qui crearis, lauda Dominum tuum. Quia lactaris, lauda : quia aleris, lauda : quia nutriris, proficie sapientia et ætate. Ille quoque has moras partus temporalis admisit, qui nec brevitate temporis deficit, nec longitudine ulla temporis proficit, sed a diebus æternis cunctas angustias et tempus exclusit. Nolite hic, sicut benignus parvulum nutritor admonet, pueri

---

(*a*) Germanensis Ms. *insistimus dolis.*

sait-il, dépourvus de prudence, comme les enfants, mais soyez comme eux sans malice, et ayez la prudence des hommes faits. » (I *Cor.*, xiv, 20.) Croissez en Jésus-Christ, comme il convient à des compétents, à des aspirants, afin de parvenir dans la jeunesse à la maturité de l'homme parfait. Soyez, par vos progrès dans la sagesse, comme il est écrit, la joie de votre père, et ne contristez pas votre mère par le spectacle de votre négligence. (*Prov.*, x, 1 ; xv, 20.)

CHAPITRE VIII. — *Grâce de la régénération nouvelle. Les âges spirituels.* — 8. Aimez ce que vous serez bientôt ; vous allez devenir les fils de Dieu, ses enfants d'adoption, glorieuse prérogative qui vous sera donnée, conférée gratuitement, et les grâces dont elle est la source seront d'autant plus grandes et plus abondantes, que vous serez plus reconnaissants pour le Dieu qui en est l'auteur. Pressez-vous autour de Celui qui connaît ceux qui sont à lui. Il ne dédaignera point de vous compter au nombre de ceux qui lui appartiennent, si, non contents d'invoquer le nom du Seigneur, vous vous éloignez de l'injustice. Vous avez eu dans le monde où vous avez encore les parents de votre corps, qui vous ont engendrés pour le travail, pour la souffrance et pour la mort; mais, puisque chacun de vous, par une perte que j'appellerai heureuse, peut dire de ses parents : « Mon père et ma mère m'ont abandonné, » (*Ps.* xxvi, 10) reconnaissez, chrétiens, pour votre Père, Celui qui, dans votre abandon, vous a recueillis dès le sein de votre mère, et à qui un de ses fidèles serviteurs disait, dans la sincérité de son âme : « Dès le sein de ma mère, vous êtes mon appui. » (*Ps.* xxi, 11.) Ce Père, c'est Dieu; cette Mère, c'est l'Église. La vie qu'ils vous donnent en vous engendrant est bien différente de celle que vous avez reçue de vos premiers parents. Ce n'est plus pour la souffrance, pour la misère, pour les pleurs, pour la mort que vous êtes enfantés, mais pour la liberté, pour le bonheur, pour la joie, pour la vie. La première naissance est pour nous un juste sujet de larmes; la seconde, le digne objet de nos vœux. Nos premiers parents, par suite de la faute ancienne, nous ont engendrés pour la peine éternelle; les seconds, en nous donnant une nouvelle naissance, détruisent à la fois la peine et la faute. « C'est ainsi que sont régénérés ceux qui le cherchent, qui cherchent la présence du Dieu de Jacob. » (*Ps.* xxiii, 6.) Cherchez-le dans l'humilité de votre cœur; lorsque vous l'aurez trouvé, vous parviendrez à une grandeur qui sera pour vous sans dangers. Vos premières années seront l'innocence; votre enfance, la pudeur; votre adolescence, la patience; votre jeunesse, la force; l'âge plus avancé, le mérite; la vieillesse sera pour vous la maturité vénérable et la sagesse de l'intelligence. Vous ne traverserez point successivement ces divers degrés des âges spirituels, vous serez constamment

---

effici mentibus, sed malitia parvuli estote, mentibus perfecti sitis. (I *Cor.*, xiv, 20.) Ut Competentes competenter adolescite in Christo, ut in virum perfectum juveniliter accrescatis. Lætificate, ut scriptum est, profectu sapientiæ vestræ patrem vestrum, et nolite defectu vestro contristare matrem vestram. (*Prov.*, x, 1 ; xv, 20.)

CAPUT VIII. — *Novæ regenerationis gratia. Ætates spirituales.* — 8. Amate quod eritis. Eritis enim filii Dei, et filii adoptionis. Hoc vobis gratis dabitur, gratisque conferetur. In quo largius uberiusque abundabitis, quanto plus grati ei, a quo hæc accepistis, fueritis. Ad eum ambite, qui novit qui sint ejus. Tunc autem non dedignabitur vos inter eos qui ejus sunt nosse, si nominantes nomen Domini, ab injustitia recedatis. Parentes carnis vestræ habetis, vel habuistis in sæculo, qui vos in laborem atque ad pœnam mortemque genuerunt : sed quia feliciori orbitate potest unusquisque vestrum de talibus dicere : « Pater meus et mater mea dereliquerunt me; » (*Psal.* xxvi, 10) illum Patrem Christiane agnosce, qui illis relinquentibus suscepit te ex utero matris tuæ, cui quidam fidelis fideliter dicit : « De ventre matris meæ tu es protector meus. » (*Psal.* xxi, 11.) Pater Deus est, mater Ecclesia. Longe aliter ab his generabimini, quam ab illis geniti fueratis. Hos partus, non labor, non miseria, non fletus, non mors; sed facilitas, felicitas, gaudium, vitaque suscipiet. Per illos lamentabilis generatio, per hos optanda generatio est. Illi nos generando in æternam pœnam generant, propter veterem culpam : isti regenerando, nec pœnam faciunt remanere, nec culpam. « Hæc est illa regeneratio quærentium eum, quærentium faciem Dei Jacob. » (*Psal.* xxiii, 6.) Humiles quærite : quod cum inveneritis, ad securam altitudinem venietis. Infantia vestra innocentia erit, pueritia reverentia, adolescentia patientia, juventus virtus, senium meritum, senectus nihil aliud quam canus sapiensque intellectus. Per hos articulos vel gradus ætatis, non tu evolveris, sed permanens innovaris. Non enim ut decidat prior

renouvelés en restant les mêmes. Ainsi, le premier âge ne disparaîtra point pour faire place au second; l'arrivée du troisième ne sera point la fin du second; le quatrième ne naîtra point pour donner la mort au troisième; le cinquième ne portera point envie à l'existence du quatrième; et le cinquième ne sera point à son tour enseveli par le sixième. Ces divers âges ne viennent pas tous en même temps, mais ils demeurent et persévèrent ensemble et en bonne intelligence dans l'âme pieuse et justifiée, et ils vous conduiront au septième âge, c'est-à-dire à celui du repos et de la paix éternels.

CHAPITRE IX. — 9. Cependant, après vous avoir délivrés six fois des misères de l'âge de mort, il ne permettra pas que le mal vous touche au septième âge. (*Job*, v, 19.) Quel combat pourrait-il nous livrer, puisqu'il n'existera plus? quelle victoire espérer, puisqu'il n'osera se montrer? Nous jouirons d'une immortalité pleine de sécurité, et d'une sécurité inaccessible à la mort. Et d'où viendra ce bonheur? Du changement produit par la main du Très-Haut, qui bénira les enfants renfermés dans votre enceinte, et fera régner la paix jusqu'à l'extrémité de vos frontières? (*Ps.* CXLVII, 13.) Ayez donc une sainte ardeur pour ces biens éternels, vous qui êtes à la fois réunis et séparés, réunis aux bons, séparés des méchants; les élus, les bien-aimés de Dieu; ceux qu'il a appelés et prédestinés, mais qui attendez encore la justification et la gloire; croissez, acquérez la vigueur de la jeunesse, vieillissez par la foi et par la maturité des forces de l'âme plutôt que par l'altération des forces du corps, et vous annoncerez ainsi, dans une vieillesse féconde et paisible, les œuvres du Seigneur, du Tout-Puissant, qui a fait pour vous de si grandes choses, parce que son nom est grand et que sa sagesse n'a point de bornes. Vous cherchez la vie, courez à Celui qui est la source de la vie, et, après avoir dissipé les ténèbres produites par l'épaisse fumée de vos passions, vous verrez la lumière dans la lumière du Fils unique de Dieu, qui vous rachète dans son inépuisable clémence, et vous éclaire de ses plus brillantes clartés. Vous cherchez le salut, mettez donc votre confiance en Celui qui sauve ceux qui espèrent en lui. Si vous aimez l'ivresse et les délices, il ne vous les refusera point; venez seulement, adorez-le, prosternez-vous devant lui, répandez vos larmes en présence de Celui qui vous a faits (*Ps.* XCIV, 6), et il vous enivrera de l'abondance de sa maison, et il vous abreuvera du torrent de ses délices. (*Ps.* XXXV, 6.)

CHAPITRE X. — *Se mettre en garde contre l'orgueil et user de vigilance. Le scrutin, ou l'exorcisme.* — 10. Mais prenez garde que le pied du superbe ne vous heurte, et veillez pour que les mains des pécheurs ne vous ébranlent point. (*Ps.* XXXV, 12.) Pour échapper au premier

---

secunda succedet, aut tertiæ ortus secundæ erit interitus, aut quarta jam nascitur ut tertia moriatur: non quinta quartæ invidebit ut maneat, nec quintam sexta sepeliet. Cum simul ætates istæ non veniant, tamen in anima pia et justificata pariter et concorditer perseverant. Hæ te ad septimam perennem quietem pacemque perducent.

CAPUT IX. — 9. Tamen sexties, ut legimus, de necessitatibus ætatis mortiferæ liberatum, jam in septima non te tangent mala. (*Job*, v, 19.) Non enim certabunt quæ non erunt, aut prævalebunt quæ nec audebunt. Ibi secura immortalitas, ibi immortalis securitas. Et unde hæc, nisi de immutatione dexteræ Excelsi, qui benedicet filios tuos in te, qui ponet terminos tuos pacem? (*Psal.* CXLVII, 13.) Excitamini ergo ad hæc, concreti, discreti; concreti bonis, discreti a malis: electi, dilecti, præsciti, vocati, justificandi, glorificandi: ut crescentes, juvenescentes, ac senescentes in fide ac maturitate virium, non corruptione (*a*) membrorum, in senecta uberi, tranquilli annuntietis opera Domini, qui fecit vobis magna, qui potens est: quia magnum nomen ejus, et sapientiæ ejus non est numerus. Vitam quæritis, currite ad eum qui est fons vitæ: et fugatis tenebris fumosarum cupiditatum vestrarum, videbitis lumen in lumine Unigeniti illius vestri atque clementissimi Redemptoris, et fulgentissimi illuminatoris. Si salutem quæritis, sperate in eum qui salvos facit sperantes in se. Si ebrietatem deliciasque sectamini, nec ipsas negabit. Tantum venite et adorate, procidite et plorate ante eum qui fecit vos: et inebriabit vos ab ubertate domus suæ, et torrente deliciarum suarum potabit vos.

CAPUT X. — *Cavenda superbia et adhibenda vigilantia. Scrutinium.* — 10. Sed cavete, ne veniat vobis pes superbiæ; et vigilate, ne vos manus moveant peccatorum. Primum ne contingat, orate ut ab occultis vestris mundet vos: secundum vero ne irruat

(*a*) In Germanensi codice, *morborum*.

ennemi, priez Dieu de vous purifier de vos fautes cachées, et si vous voulez n'être point renversés ni abattus par le second, demandez à Dieu de vous préserver de la corruption des étrangers. Vous étiez tombés, relevez-vous ; une fois levés, tenez-vous fermes et persévérez dans cette courageuse attitude. Ne courbez plus la tête sous leur domination ; ah! plutôt, brisez leurs chaînes et rejetez bien loin de vous leur joug, et ne vous remettez plus sous le joug de la servitude. « Le Seigneur est proche, ne vous inquiétez de rien. » (*Philip.*, IV, 5.) Nourrissez-vous maintenant d'un pain de douleur ; viendra le temps où à ce pain d'amertume succédera le pain de la joie. Mais, pour mériter ce pain, il faut vous nourrir patiemment de l'autre. C'est par votre éloignement de Dieu, c'est par votre fuite que vous avez mérité de vous nourrir de ce pain de larmes ; convertissez-vous, repentez-vous et revenez à votre Dieu. Il est prêt à donner le pain de la joie au pécheur repentant qui revient à lui, si vous ne dissimulez point vos fautes, si vous ne différez point d'implorer dans les gémissements et dans les larmes le pardon de vos égarements. Au milieu de cette multitude d'ennemis qui vous accablent, revêtez-vous du cilice et humiliez votre âme dans le jeûne. Rendez à l'humilité ce que vous refusez à l'orgueil. Au moment où vous étiez exorcisés, et où, au nom de la redoutable Trinité, de justes imprécations étaient lancées sur celui qui vous a conseillé de fuir et d'abandonner Dieu, vous n'étiez pas revêtus du cilice, mais vos pieds marchaient symboliquement sur le cilice.

Chapitre XI. — 11. Il faut que vous fouliez aux pieds tous les vices et les toisons des chèvres, et que vous mettiez en pièces les vêtements des boucs qui seront placés à la gauche. Votre Père plein de miséricorde viendra de lui-même au-devant de vous avec votre robe première, lui qui, pour faire cesser cette faim qui vous conduisait à la mort, n'a pas voulu différer d'immoler le veau gras. (*Luc*, XV.) Vous serez nourris de sa chair, abreuvés de son sang, dont l'effusion salutaire pardonne les péchés, remet les dettes, efface toutes les souillures. Mangez dans les dispositions qui conviennent à des pauvres, et vous serez rassasiés, car vous serez alors du nombre de ceux dont il est dit : « Les pauvres mangeront et ils seront rassasiés, » (*Ps.* XXI, 27) et, après avoir été rassasiés de ce pain salutaire, ils publieront la gloire du Dieu qui les a nourris. Accourez à lui et convertissez-vous, car c'est lui qui rappelle ceux qui s'égarent, poursuit les fugitifs, retrouve ceux qui étaient perdus, humilie les superbes, nourrit les affamés, brise les chaînes des captifs, éclaire les aveugles, purifie les impurs, rend la force à ceux qui sont fatigués, ressuscite les morts et enlève aux esprits de malice ceux qu'ils possédaient et retenaient

---

et dejiciat vos, petentes ut ab alienis parcat vobis; jacentes surgite, surgentes state, stantes assistite, assistentes persistite. Nolite ultra ferre jugum : disrumpite potius vincula eorum, et abjicite a vobis jugum ipsorum, ne iterum servitutis jugo attineamini. « Dominus in proximo est; nihil solliciti fueritis. » (*Philip.*, IV, 5.) Manducate nunc panem doloris : veniet tempus, quando post panem tristitiæ panis vobis lætitiæ ministretur. Sed meritum illius, hujus est tolerantia. Aversio et fuga tua panem luctus commeruit : convertere, compungere, et redi ad Dominum tuum. Paratus est ille compuncto et redeunti panem gaudii erogare ; si non dissimules nec differas pro fuga tua flebiliter ærumnosus orare. In tantis ergo catervis molestantium induite vos cilicio, et (*a*) humiliate in jejunio animam vestram. Redditur humilitati, quod superbiæ denegatum est. Et vos quidem cum scruteremini, atque ipsius fugæ ac desertionis persuasor in Trinitatis tremendæ omnipotentia debite increparetur, non estis induti cilicio : sed tamen vestri pedes in eodem mystice constiterunt.

Caput XI. — 11. Calcanda sunt vitia velleraque caprarum : sinistrorum hœdorum conscindendi sunt panni. Cum prima stola ultro vobis occurret misericors pater, qui ad vestram depellendam pestiferam famem etiam saginatum vitulum non distulit immolare. (*Luc.*, XV.) Ejus carnibus pascemini, ejus sanguine potabimini : cujus effusione peccata dimittuntur, debita donantur, maculæ deterguntur. Ut pauperes manducate, et tunc saturabimini : ut et vos de illis sitis, de quibus dicitur : « Manducabunt pauperes, et saturabuntur, » (*Psal.* XXI, 27) ac saturati salubriter ejus panem gloriamque ructate. Currite ad eum, et convertimini : ille est enim qui convertit aversos, prosequitur fugitivos, invenit perditos, humiliat superbos, pascit famelicos, solvit compeditos, illuminat cæcos, purgat immundos, recreat fatigatos, suscitat mortuos, atque nequitiæ spiritibus possessos et captos eripit. A quibus quia

(*a*) Sic Germ. codex. At editi, *et humiliamini in jejunio animarum vestrarum*.

sous leur domination. Vous êtes affranchis maintenant de leur domination, nous l'avons constaté; nous vous avertissons donc, en vous adressant nos félicitations, de conserver toujours dans vos cœurs l'absence du mal, la pureté que nous avons remarquée dans votre corps.

SERMON CCXVII [1].

Sur la prière de Jésus-Christ, chapitre XVII de saint Jean : Mon Père, je veux que là où je suis, ceux que vous m'avez donnés soient avec moi.

Ce sermon a été prononcé quelques jours avant la fête de Pâques.

Jésus-Christ prie et nous donne ce qui est l'objet de ses prières. — 1. Jésus-Christ, Notre-Seigneur, qui nous exauce conjointement avec son Père, a cependant daigné prier pour nous son Père. Est-il félicité plus assurée que la nôtre, puisque Celui qui prie pour nous, nous donne ce qu'il demande? En effet, Jésus-Christ est tout ensemble homme et Dieu : comme homme, il prie; comme Dieu, il donne ce qu'il demande par ses prières. Mais, ce que vous ne devez pas oublier, il attribue tout à son Père, parce que son Père ne vient pas de lui, mais qu'il est né de son Père. Il rapporte tout à la source d'où il est sorti. Mais lui-même est né pour être une source, puisqu'il est la source de la vie. Ainsi donc, le Père, qui est une source, a produit une source. La source a produit une autre source; mais il en est ici de la source qui produit et de la source qui en émane, comme du Dieu qui engendre et du Dieu qui est engendré, et qui ne font qu'un seul Dieu. Le Père n'est pas le Fils, le Fils n'est pas le Père, et l'Esprit du Père et du Fils n'est ni le Père ni le Fils; mais le Père, le Fils et le Saint-Esprit sont un seul Dieu. Construisez sur cette unité, si vous ne voulez voir l'édifice renversé par la division.

Nous devons passer de cette terre de larmes dans le séjour du bonheur. — 2. Vous avez entendu la prière que le Sauveur adresse pour nous à son Père, ou, plutôt, la volonté qu'il exprime : « Mon Père, dit-il, je veux que là où je suis, ceux que vous m'avez donnés soient avec moi. Je veux que là où je suis, ils soient avec moi. » (*Jean*, XVII, 24.) O séjour de bonheur! ô patrie où règne une paix assurée! Là il n'y a plus ni ennemi ni aucun fléau à redouter. Nous y vivrons exempts de toute crainte, nous ne chercherons point à en sortir, nous ne trouverons point un asile plus sûr. Quel que soit le séjour que vous choisissiez ici-bas, c'est toujours pour craindre, ce n'est point pour y être tranquilles. Tandis que vous êtes dans le séjour du mal, c'est-à-dire dans ce monde, dans cette vie où les tentations abondent, dans cette condition mortelle remplie de gémissements et d'alarmes, choisissez un lieu où vous puissiez habiter en

---

[1] C'est la première fois que ce sermon est publié d'après les manuscrits de l'abbaye de Fleury et de Saint-Germain.

---

vos nunc immunes esse probavimus ; gratulantes vobis admonemus vos, ut sanitas quæ apparuit in vestro corpore, hæc in vestris cordibus conservetur (a).

SERMO CCXVII.

De oratione Christi, Joan., XVII : *Pater, quos dedisti mihi, volo ut ubi ego sum, ibi sint ipsi.*

Christus orat, et dat quod orat. — 1. Dominus Christus, qui nos exaudit cum Patre, orare pro nobis dignatus est Patrem. Quid felicitate nostra certius, quando ille pro nobis orat, qui dat quod orat? Est enim Christus homo et Deus : orat ut homo, dat quod orat ut Deus. Quod autem tenere debetis, ideo totum Patri assignat, quia Pater non de illo est, ipse de Patre est. Fonti unde natus est, totum dat. Sed et ipse fons natus est. Ipse est enim fons vitæ. Ergo Pater fons fontem genuit. Genuit quidem fontem fons ; sed et generans fons et genitus fons : quemadmodum generans Deus et genitus Deus, unus est Deus. Pater non est Filius, Filius non est Pater, Spiritus sanctus amborum nec Pater nec Filius : sed Pater et Filius et Spiritus sanctus unus est Deus. Ædificamini in unitate, ne cadatis in separatione.

Locus bonus, quo nobis migrandum de hoc loco malo. — 2. Audistis quid pro nobis oraret, imo quid vellet. Dixit : «Pater, quos dedisti mihi, volo ut ubi ego sum, ibi sint ipsi. Volo, inquit, ut ubi ego sum, et ipsi sint mecum. » (*Joan.*, XVII, 24.) O domus beata! o patria secura! Non habet hostem, non habet pestem. Securi ibi vivemus, migrare non quæremus, tutiorem locum non inveniemus. Quidquid hic elegeris in terra, ad timorem eligis, non ad securitatem. Elige tibi locum, dum es in malo loco, id est in hoc sæculo, in hac vita tentationibus plena, elige in hac morta-

---

(a) Apud Lov. assutus hic erat finis Sermonis LXXXV ab illis scilicet verbis : *Dominus dives et pauper occurrerunt sibi. In qua via, nisi in ista vita? Natus est*, etc.

quittant la région du mal. Vous ne pourrez passer dans le séjour du bien, si vous n'avez point pratiqué le bien dans le séjour du mal. Heureux séjour que celui où personne ne souffre de la faim ! Or, voulez-vous habiter ce séjour où la faim est inconnue ? partagez votre pain, dans ce séjour du mal, avec celui qui a faim. Dans cet heureux séjour, il n'y a plus d'étrangers : tous vivent au sein de leur patrie. Voulez-vous habiter ce séjour heureux où l'on ne voit plus d'étrangers ? dans cette région du malheur, ouvrez votre maison à celui qui ne sait où s'abriter. Donnez l'hospitalité à l'étranger dans cette région de l'infortune : vous parviendrez ainsi au séjour du bonheur, où il n'y a plus lieu de recevoir l'hospitalité. Dans cet heureux séjour encore, personne n'a besoin de vêtements; ni le froid, ni la chaleur ne s'y font sentir; à quoi serviraient des habitations, des vêtements? Le toit qui nous abritera sera la protection divine, ce toit dont il est dit : « J'espérerai à l'ombre de vos ailes. » (*Ps*. LVI, 2.) Dans ce séjour du malheur, recevez donc sous votre toit celui qui n'a point d'asile, et vous parviendrez ainsi dans cette heureuse patrie, où vous serez reçus sous un toit qui n'exigera point de réparations, parce que les pluies ne peuvent l'endommager. Là coule l'éternelle fontaine de la vérité, mais cette fontaine répand la joie, et non l'humidité; cette pluie, c'est la source même de la vie. Que signifient autre chose ces paroles : « En vous est la source de la vie? » (*Ps*. XXXV, 10) et encore : « Le Verbe était Dieu ? » (*Jean*, I, 14.)

En faisant le bien dans le séjour du mal, on arrive à la patrie de l'éternelle félicité. — 3. Donc, mes bien-aimés, faites le bien dans ce séjour du mal, et vous parviendrez ainsi au séjour du bonheur, dont Celui qui nous le prépare a dit : « Je veux que là où je suis, ceux que vous m'avez donnés soient aussi avec moi. » Il est monté aux cieux pour nous préparer la place, et nous permettre ainsi d'en prendre possession en toute assurance. C'est lui-même qui l'a préparée, demeurez donc en lui. Est-ce que Jésus-Christ est pour vous une demeure trop étroite? Craignez-vous encore les souffrances de sa passion ? Il est ressuscité d'entre les morts, il ne meurt plus, et la mort n'aura plus jamais d'empire sur lui. (*Rom*., VI, 9.) Le séjour du mal, les jours mauvais, c'est le monde où nous vivons. Mais faisons le bien dans ce séjour du mal, et que notre vie soit pure au milieu de ces jours mauvais. Ce séjour du mal, ces jours mauvais passeront et feront place à un séjour d'éternelle félicité, à des jours de bonheur qui n'auront point de fin, et ces jours heureux seront comme un seul jour. Pourquoi la vie présente compte-t-elle des jours mauvais? Parce qu'un jour passe pour être remplacé par un autre. Le jour présent disparaît pour faire place au jour de demain; le jour d'hier a passé pour céder la place au jour présent. Mais là où rien ne passe,

litate gemitibus et timoribus plena : dum es in malo loco, elige tibi locum, quo migres de malo loco. Non poteris ad locum bonum migrare de loco malo, nisi bene feceris in loco malo. Qualis locus est ille, ubi nemo esurit? Ergo si vis habitare in loco bono, ubi nemo esurit; in loco malo frange panem tuum esurienti. In loco illo beato nemo est peregrinus : omnes in patria sua vivunt. Si ergo vis esse in loco bono, ubi nemo est peregrinus; in loco malo non habentem quo intret, suscipe in domum tuam. Peregrino præbe hospitium in loco malo, ut venias ad locum bonum, ubi hospes esse non possis. In loco bono nemo indiget vestimento : frigus ibi non est, æstus ibi non sunt : ut quid tectum, ut quid indumentum? Ibi non erit tectum, sed protectio. Ecce et ibi invenimus tectum : « Sub umbra alarum tuarum sperabo. » (*Psal*. LVI, 2.) Ergo in hoc loco malo præbe non habenti tectum, ut sis in loco bono, ubi habeas tale tectum, ut non quæras facere sarta tecta : quia non ibi stillat imber. Est perpetuus fons veritatis : sed imber ille lætificat, non humectat : imber iste, ipse est fons vitæ. Quid est enim : « Apud te est fons vitæ ;» (*Psal*. XXXV, 10) et :« Verbum erat apud Deum ? » (*Joan*., I, 14.)

Bene agendo in loco malo pervenitur ad locum bonum. — 3. Ergo Carissimi facite bene in loco malo, ut veniatis ad locum bonum, de quo ait qui nobis eum præparat : « Volo ut ubi ego sum, et ipsi sint mecum. » Ascendit præparare, ut nos ad paratum securi veniamus. Ipse præparavit : in illo manete. Parva tibi domus est Christus ? Jamne passionem ipsius times? Resurrexit a mortuis, et non moritur, et mors ei ultra non dominabitur. (*Rom*., VI, 9.) Locus malus, dies mali, sæculum hoc. Sed bene faciamus in loco malo, et bene vivamus in diebus malis. Transit locus malus et dies mali : et veniet locus bonus æternus, et dies boni æterni, et ipsi dies boni unus dies erunt. Hic enim quare sunt mali dies ? Quia transit unus, ut veniat alius. Transit hodiernus, ut veniat crastinus : transit hesternus, ut veniat hodier-

il n'y a plus qu'un seul jour. Ce jour, c'est Jésus-Christ; ce jour, c'est Dieu le Père; mais le Père est un jour qui n'est produit par aucun autre; le Fils est le jour qui est né du jour. Notre-Seigneur Jésus-Christ, dans sa passion, nous enseigne donc la nécessité des souffrances et des dures épreuves pendant cette vie; et, dans sa résurrection, il nous donne l'espérance de la vie éternelle et bienheureuse du siècle futur. Supportons les épreuves de la vie présente, espérons les biens de l'éternité. Les jours actuels que nous passons dans les jeûnes, dans les saintes observances, en humiliant nos âmes, sont le symbole des souffrances de la vie présente, de même que les jours qui vont bientôt leur succéder, sont l'emblème des jours de bonheur qui nous attendent dans l'autre vie, où nous ne sommes pas encore. J'ai dit qu'ils en sont l'emblème, car nous n'en sommes pas encore en possession. L'humiliation et la douleur doivent se continuer jusqu'à la passion; après la résurrection, nous ferons entendre les chants de louanges.

SERMON CCXVIII [1].

Sur la passion de Notre-Seigneur, pour le vendredi-saint.

CHAPITRE PREMIER. — *Les mystères de la passion du Seigneur demandent à être expliqués.* — 1. Nous lisons annuellement aujourd'hui, et nous célébrons tous les ans avec solennité la passion de Celui dont le sang a effacé nos péchés, afin que le souvenir en soit heureusement renouvelé par cette fête anniversaire, et que ce grand concours de peuple donne à notre foi un plus vif éclat. Cette solennité exige donc que nous vous adressions, sur la passion du Sauveur, le discours que lui-même veut bien nous inspirer. Dans tout ce que Notre-Seigneur a souffert de la part de ses ennemis, il a daigné nous donner un exemple de patience pour nous aider à faire notre salut, à traverser saintement cette vie, et nous apprendre à ne point reculer devant de semblables épreuves, s'il voulait nous y soumettre pour l'honneur de son Evangile. Cependant, comme tout ce qu'il a enduré dans sa chair mortelle était l'effet, non de la contrainte ou de la nécessité, mais de sa pleine et entière volonté, nous croyons avec raison qu'il a voulu attacher une signification particulière à chacune des circonstances de sa passion qui se trouvent consignées dans l'Evangile.

CHAPITRE II. — *Pourquoi Jésus-Christ a-t-il porté lui-même sa croix.* — 2. Et d'abord, aussitôt qu'il eût été livré aux Juifs pour être crucifié, nous le voyons porter lui-même sa croix. (*Jean*, XIX, 17.) Il veut nous donner par

---

(1) Possidius, dans le chapitre x de sa Table, fait mention de deux Traités sur la passion de Notre-Seigneur. Bède et Florus citent des fragments d'un Sermon sur la passion, qu'on ne retrouve point dans ce Sermon.

---

nus. Ubi nihil transit, unus est dies. Et dies Christus est, et Pater dies : sed Pater dies de nullo die, Filius dies ex die. Commendavit ergo nobis Dominus Jesus Christus in passione sua labores et contritiones præsentis sæculi : in resurrectione sua commendavit æternam vitam et beatam futuri sæculi. Toleremus præsentia, speremus futura. Ideo in diebus istis dies agimus significantes laborem præsentis sæculi, in jejuniis et observatione conterentes animas nostras : in diebus autem venturis dies significamus futuri sæculi, nondum ibi sumus. Significamus dixi, non tenemus. Usque ad passionem enim contritio : post resurrectionem laudatio.

SERMO CCXVIII [a].

De passione Domini in parasceve.

CAPUT PRIMUM. — *Passionis Dominicæ mysteria explicanda.* — 1. Cujus sanguine delicta nostra deleta sunt, solemniter legitur passio, solemniter celebratur; ut annua devotione memoria nostra lætius innovetur, et ipsa frequentatione populorum fides nostra clarius illustretur. Exigit ergo a nobis solemnitas, ut de passione Domini vobis sermonem, qualem donat ipse, reddamus. Et quidem ad salutem nostram et vitæ hujus transigendæ utilitatem, in his quæ passus est ab inimicis Dominus noster exemplum patientiæ nobis præbere dignatus est; ut pro Evangelica dignitate, si hoc ipse voluerit, nihil tale perpeti recusemus. Verumtamen quia nec in ipsa carne mortali aliquid ille necessitate, sed omnia voluntate perpessus est; recte creditur etiam significare aliquid voluisse in singulis quibusque factis, quæ circa ejus passionem gesta atque conscripta sunt.

CAPUT II. — *Quid significet quod Christus crucem suam portavit.* — 2. Ac primum, quod traditus ut crucifigeretur crucem suam ipse portavit; continentiæ signum dedit, et demonstravit præcedens, quid

---

(a) Alias de Diversis LXXVI.

là un exemple de mortification, et nous apprendre, en marchant devant nous, ce que doit faire celui qui veut marcher à sa suite. C'est ce qu'il nous enseigne d'ailleurs en propres termes, lorsqu'il dit : « Que celui qui m'aime prenne sa croix et me suive. » (*Matth.*, XVI, 24.) Or, c'est porter sa croix dans un certain sens, que de savoir diriger sa nature mortelle.

CHAPITRE III. — *Le lieu du Calvaire.* — 3. Le mont du Calvaire où il a été crucifié (*Jean*, XIX, 17), signifie que sa passion devait effacer tous les péchés, dont le Roi-Prophète dit dans un psaume : « Mes iniquités ont surpassé, par leur multitude, le nombre des cheveux de ma tête. » (*Ps.* XXXIX, 13.)

CHAPITRE IV. — *Que signifient les deux voleurs, l'un à droite, l'autre à gauche du Seigneur?* — 4. Deux criminels furent crucifiés avec lui, l'un d'un côté, l'autre de l'autre (*Jean*, XIX, 18); il nous apprend par là que, parmi ceux qui devaient passer par les souffrances, les uns seraient à sa droite, les autres à sa gauche; les premiers, dont il a dit : « Bienheureux ceux qui souffrent persécution pour la justice; » (*Matth.*, V, 10) les seconds, dont saint Paul a écrit : « Quand je livrerais mon corps pour être brûlé, si je n'ai point la charité, tout cela ne me sert de rien. » (I *Cor.*, XIII, 3.)

CHAPITRE V. — *L'inscription de la croix.* — 5. L'inscription placée au haut de la croix, et où il était écrit : « Roi des Juifs, » (*Jean*, XIX, 19) nous apprend que les Juifs mêmes, en le mettant à mort, n'ont pu faire qu'il ne soit plus leur roi, et qu'il ne leur rende un jour suivant leurs œuvres, dans tout l'éclat et la souveraineté de sa puissance; c'est pourquoi nous chantons dans un psaume : « Pour moi, j'ai été établi roi par lui sur Sion, sa sainte montagne. » (*Ps.* II, 6.)

CHAPITRE VI. — *Pourquoi cette inscription est-elle écrite en trois langues. Pourquoi Jésus est-il appelé le Roi des Juifs et non des Gentils.* — 6. Cette inscription était écrite en trois langues : en hébreu, en grec, en latin (*Ibid.*, 20), pour signifier que Jésus devait régner, non-seulement sur les Juifs, mais sur les Gentils. Aussi, le Roi-Prophète, dans ce même psaume, après avoir dit : « Pour moi, j'ai été établi roi par lui sur Sion, sa sainte montagne, » c'est-à-dire, où l'on parlait la langue hébraïque, ajoute aussitôt, pour signifier que sa domination s'étendrait sur les Grecs et sur les Latins : « Le Seigneur m'a dit : Vous êtes mon fils, je vous ai engendré aujourd'hui. Demandez-moi, et je vous donnerai les nations pour héritage, et j'étendrai votre empire jusqu'aux extrémités de la terre. » (*Ps.* II, 5, 7.) Ce n'est pas que les langues grecque et latine fussent les seules langues que parlaient les Gentils, mais elles étaient les plus célèbres et les plus répandues : la langue grecque, parce qu'elle était comme la langue des lettres; la langue latine, à cause de la puissance et de

---

facere debeat qui eum sequi voluerit. Hoc etiam verbo commonuit, ubi ait : « Qui diligit me, tollat crucem suam, et sequatur me. » (*Matth.*, XVI, 24.) Tollit enim quodam modo crucem suam, qui regit mortalitatem suam.

CAPUT III. — *Calvariæ locus.* — 3. Quod in loco Calvariæ crucifixus est, significavit in passione sua remissionem omnium peccatorum, de quibus in Psalmo dicitur : « Multiplicatæ sunt iniquitates meæ super capillos capitis mei. » (*Psal.* XXXIX, 13.)

CAPUT IV. — *Latrones a dextris et a sinistris.* — 4. Quod duo cum illo ab utroque latere crucifixi sunt, ostendit alios sibi dextros, alios sinistros esse passuros : dextros, de quibus dicitur : « Beati, qui persecutionem patiuntur propter justitiam; » (*Matth.*, V, 10) sinistros autem, de quibus dicitur : « Et si tradidero corpus meum, ut ardeam, caritatem autem non habuero, nihil mihi prodest. » (I *Cor.*, XIII, 3.)

CAPUT V. — *Titulus super Crucem.* — 5. Quod titulus est positus super ejus crucem, in quo scriptum erat : « Rex Judæorum; » illud ostendit, quia nec occidendo efficere potuerunt, ut eum regem non haberent, qui eis manifestissime eminentissima potestate secundum sua opera redditurus est. Unde in Psalmo canitur : « Ego autem constitutus sum rex ab eo super Sion montem sanctum ejus. » (*Psal.* II, 6.)

CAPUT VI. — *Cur tribus linguis conscriptus. Cur rex Judæorum, et non Gentium.* — 6. Quod tribus linguis titulus conscriptus erat, Hebræa, Græca, et Latina; non solum Judæis, sed etiam Gentibus eum regnaturum fuisse declaratum est. Proinde in eodem Psalmo cum dixisset : « Ego autem constitutus sum rex super Sion montem sanctum ejus, » scilicet Hebræa lingua regnavit; continuo tanquam Græca, Latinaque subjungens : « Dominus, inquit, dixit ad me : Filius meus es tu, ego hodie genui te : pete a me, et dabo tibi gentes hæreditatem tuam, et possessionem tuam fines terræ. » (*Psal.* II, 7.) Non quia Græca et Latina solæ sunt gentium linguæ : sed quia ipsæ maxime excellunt : Græca, propter studium litterarum; Latina,

l'habileté des Romains. Ces trois langues annonçaient que l'universalité des nations serait soumise à Jésus-Christ; cependant l'inscription ne portait pas : Roi des Gentils, mais seulement : Roi des Juifs, pour rappeler, par la propriété même du nom, l'origine de la race chrétienne. « Car la loi sortira de Sion, avait dit le prophète, et la parole du Seigneur, de Jérusalem. » (*Isa.*, II, 3.) Quels sont ceux, en effet, qui disent dans un psaume : « Il nous a soumis les peuples, il mettra les nations sous nos pieds? » n'est-ce pas ceux dont l'Apôtre a dit : « Si les Gentils ont participé aux richesses spirituelles des Juifs, ils doivent aussi leur faire part de leurs biens temporels? » (*Rom.*, XV, 27.)

CHAPITRE VII. — *Les Juifs insistent auprès de Pilate pour qu'il change l'inscription.* — 7. Les princes des Juifs ayant demandé à Pilate de ne pas écrire dans un sens absolu que Jésus était le Roi des Juifs, mais qu'il s'était dit le Roi des Juifs, la réponse que leur fit Pilate annonçait que l'olivier sauvage serait enté sur les rameaux brisés de l'olivier franc, car Pilate faisait partie de la Gentilité, il écrivait la profession de foi des Gentils, dont Notre-Seigneur a dit justement : « Le royaume de Dieu vous sera enlevé pour être donné à un peuple qui produira des fruits de justice. » (*Matth.*, XXI, 43.) Il ne s'ensuit pas, cependant, que Jésus ne soit point le Roi des Juifs, car c'est la racine qui porte l'olivier sauvage, ce n'est pas l'olivier sauvage qui porte la racine. Et, bien que ces branches aient été rompues à cause de leur incrédulité, cependant Dieu n'a point rejeté son peuple qu'il a connu dans sa prescience, « car, ajoute saint Paul, je suis moi-même Israélite. » (*Rom.*, XI, 1.) Les enfants du royaume, qui n'ont pas voulu que le Fils de Dieu régnât sur eux, iront dans les ténèbres extérieures, il est vrai, cependant plusieurs viendront d'Orient et d'Occident, et prendront place, non pas avec Platon et Cicéron, mais avec Abraham, Isaac et Jacob, dans le royaume des cieux. (*Matth.*, VIII, 11, 12.) Pilate écrivit donc qu'il était le Roi des Juifs, et non le Roi des Grecs et des Latins, quoique son empire dût s'étendre sur les Gentils. Ce qu'il avait écrit resta écrit, et les instances des infidèles ne lui firent rien changer; il semble qu'il voulait accomplir cette recommandation qui lui était faite si longtemps d'avance dans un psaume : « N'altérez point l'inscription du titre. » (*Ps.* LVI, 1; LVII, 1.) Tous les peuples croient au Roi des Juifs, il règne sur toutes les nations, mais cependant il est le Roi des Juifs. La sève de cette racine a été si forte, qu'elle a pu communiquer sa nature à l'olivier sauvage greffé sur elle, sans que l'olivier sauvage ait pu lui faire perdre le nom d'olivier franc.

---

propter (*f. potentiam*) peritiam Romanorum. Quamvis in illis tribus linguis Christo subjuganda universitas gentium omnium monstraretur : non tamen illic scriptum est et rex Gentium, sed tantummodo Judæorum; ut commendaretur origo seminis, in proprietate nominis. « Lex enim a Sion prodiet, » dictum est, « et verbum Domini ab Jerusalem. » (*Isai.*, II, 3.) Nam qui sunt qui dicunt in Psalmo : « Subjecit plebes nobis, et gentes sub pedibus nostris; » (*Psal.* XLVI, 4) nisi de quibus dicit Apostolus : « Si enim spiritalibus eorum communicaverunt gentes, debent et in carnalibus ministrare eis? »

CAPUT VII. — *Judæi apud Pilatum agentes de mutando titulo.* — 7. Quod suggesserunt principes Judæorum Pilato, ne absolute scriberet quod sit rex Judæorum, sed quod ipse regem se dixerit Judæorum; ramis illis fractis ita Pilatus inserendum figurabat oleastrum : quia homo erat ex gentibus, gentium scribens confessionem, de quibus merito ipse Dominus dixit : « Auferetur a vobis regnum, et dabitur genti facienti justitiam. » (*Matth.*, XXI, 43.) Nec ideo tamen, non est rex ille Judæorum. Radix enim portat oleastrum, non oleaster radicem. Et quamvis illi rami per infidelitatem fracti sint, non ideo Deus repulit plebem suam, quam præsciit. « Et ego, inquit, Israelita sum. » (*Rom.*, XI, 1.) Et quamvis filii regni, qui noluerunt Dei Filium regnare sibi, eant in tenebras exteriores : tamen multi ab Oriente et Occidente venient, et recumbent, non cum Platone et Cicerone, sed cum Abraham et Isaac et Jacob in regno cœlorum. (*Matth.*, VIII, 11, 12.) Pilatus quidem regem Judæorum scripsit, non regem Græcorum aut Latinorum; quamvis Gentibus regnaturum. Et quod scripsit scripsit, neque infidelium suggestione mutavit : cui tanto ante prædictum erat in Psalmis : « Tituli inscriptionem ne corrumpas. » (*Psal.* LVI, 1; LVII, 1, etc.) Omnes gentes credunt in regem Judæorum : omnibus gentibus regnat, sed tamen rex Judæorum. Tantum valuit illa radix, ut insertum oleastrum in se possit ipsa (*a*) mutare, oleaster autem olivæ nomen non possit auferre.

(*a*) Sic Regius Ms. At Lov. *monstrare.*

Chapitre VIII. — *Les vêtements du Sauveur divisés en quatre parts.* — 8. Les soldats prirent ses vêtements et en firent quatre parts; ils figuraient ainsi que ses sacrements devaient se répandre dans les quatre parties du monde.

Chapitre IX. — *Sa tunique sans couture est tirée au sort.* — 9. Il tirèrent au sort sa tunique sans couture, au lieu de la partager; ce fut pour démontrer que les sacrements extérieurs, qui sont comme les vêtements de Jésus-Christ, peuvent être communs à tous, bons ou mauvais, mais que la foi véritable et pure, qui produit par la charité la perfection de l'unité, parce que l'amour de Dieu a été répandu dans nos cœurs par l'Esprit saint qui nous a été donné (*Rom.*, v, 5), n'est point le partage de tous indistinctement, mais qu'elle est donnée comme au sort par un effet secret de la grâce de Dieu. C'est ce qui explique ces paroles de Pierre à Simon, qui avait reçu le baptême, mais qui n'avait point la foi : « Il n'y a pour toi, ni sort, ni part dans cette foi. » (*Act.*, VIII, 21.)

Chapitre X. — *Le Sauveur recommande sa Mère avant de mourir.* — 10. Jésus, du haut de la croix, reconnut sa Mère, et la recommanda à son disciple bien-aimé, et il témoigne ainsi sa tendresse filiale, dans le temps le plus convenable, c'est-à-dire alors qu'il allait mourir comme homme. Ce moment n'était pas encore arrivé lorsqu'il avait dit à cette même Mère, avant de changer l'eau en vin : « Femme, qu'y a-t-il de commun entre vous et moi? Mon heure n'est pas encore venue. » (*Jean*, II, 4.) En effet, ce n'est pas de Marie qu'il avait reçu ce qui était propre à sa nature divine, comme il avait puisé dans son sein la nature qui était attachée à la croix.

Chapitre XI. — *On présente au Sauveur une éponge remplie de vinaigre.* — 11. En s'écriant sur la croix : « J'ai soif, » Notre-Seigneur cherchait la foi parmi son peuple; mais, « comme il est venu chez les siens, et que les siens ne l'ont pas reçu, » (*Jean*, I, 11) au lieu de la douceur de la foi, les Juifs lui ont donné le vinaigre de la perfidie, et avec une éponge. Ils ressemblent bien, en effet, à une éponge, enflés, sans avoir rien de solide; leur cœur ne s'ouvre pas en droite ligne pour confesser la foi sans détour, mais il renferme mille cavités tortueuses, comme autant de repaires de malice. Ce breuvage était mêlé d'hysope, petite plante dont la racine s'attache fortement à la pierre. Elle figurait ceux, parmi ce peuple, pour qui ce crime devait être un jour un sujet d'humiliation et de repentir. Jésus les connaissait, lui qui acceptait le vinaigre mêlé d'hysope. Il pria même pour eux, suivant le récit d'un autre Evangéliste, lorsque, du haut de la croix, il lui dit : « Mon Père, pardonnez-leur, car ils ne savent ce qu'ils font. » (*Luc*, XXIII, 34.)

Caput VIII. — *Vestes in quatuor partes divisæ.* — 8. Quod in quatuor partes divisa vestimenta ejus milites abstulerunt; per quatuor orbis partes peragratura sacramenta ejus significaverunt.

Caput IX. — *Inconsutilis tunica sorti commissa.* — 9. Quod unam tunicam inconsutilem de super textam sortiti sunt, potius quam partiti, satis demonstratum est sacramenta visibilia, quamvis et ipsa indumenta sint Christi, posse tamen habere quoslibet hæc, sive bonos, sive malos; sincerissimam vero fidem, quæ per dilectionem operatur unitatis integritatem, quia dilectio Dei diffusa est in cordibus nostris, per Spiritum sanctum qui datus est nobis (*Rom.*, v, 5), non pertinere ad quoslibet, sed occulta Dei gratia tanquam sorte donari. Unde Simoni qui baptismum habebat, et istam non habebat, a Petro dictum est : « Non est tibi sors, neque pars in ista fide. » (*Act.*, VIII, 21.)

Caput X. — *Mater commendata a moriente.* — 10. Quod in cruce cognitam matrem dilecto discipulo commendavit, congruenter tunc humanum affectum, quando ut homo moriebatur, ostendit. Ista hora nondum venerat, quando aquam in vinum conversurus eidem matri dixerat : « Quid mihi et tibi est mulier? Nondum venit hora mea. » (*Joan.*, II, 4.) Non enim de Maria sumpserat quod habebat in divinitate, sicut de Maria sumpserat quod pendebat in cruce.

Caput XI. — *Acetum in spongia datum.* — 11. Quod dixit : « Sitio, » fidem quærebat a suis (*Joan.*, XIX, 28) : sed quia « in propria venit, et sui eum non receperunt, » (*Joan.*, I, 11) pro suavitate fidei, acetum perfidiæ dederunt, et hoc in spongia. Vere spongiæ comparandi, non solidi, sed tumidi; non recto confessionis aditu aperti, sed insidiarum tortuosis anfractibus cavernosi. Sane ille potus habebat et hyssopum, quæ humilis herba radice fortissima petræ dicitur inhærere. Erant quippe in illo populo, quibus hoc facinus ad humiliandam pœnitendo animam post abjiciendo servabatur. Noverat eos ipse, qui hyssopum cum aceto accipiebat. Nam et pro eis oravit, sicut alius Evangelista testatur, cum pendens in cruce dixit : « Pater, ignosce illis, quia nesciunt quid faciunt. (*Luc.*, XXIII, 34.) »

CHAPITRE XII. — *Dernière parole du Sauveur. Il incline la tête et meurt.* — 12. Le Sauveur dit : « Tout est consommé, et ayant incliné la tête, il rendit l'esprit. » (*Jean*, XIX, 30.) Il fait voir par là que sa mort n'est pas un effet de la nécessité, mais un acte de puissance. Il attendait que tout ce qui avait été prédit de lui fût accompli, car il était écrit : « Ils m'ont présenté du vinaigre pour étancher ma soif. » (*Ps.* LXVIII, 22.) Et il montre ainsi, comme il l'avait déclaré, qu'il avait le pouvoir de quitter la vie. (*Jean*, X, 18.) Il rendit l'âme en s'humiliant, c'est-à-dire en inclinant la tête, lui qui devait la reprendre en relevant la tête par sa résurrection. Le patriarche Jacob, dans la bénédiction qu'il donna à Juda, avait prédit que cette mort du Sauveur, en inclinant la tête, était un acte de souveraine puissance. « Tu es monté, dit-il, pour te reposer, tu t'es endormi comme un lion. » (*Gen.*, XLIX, 9.) L'action de monter signifie la mort, le lion est le symbole de la puissance.

CHAPITRE XIII. — *On rompt les jambes aux voleurs, mais non à Jésus-Christ.* — 13. Pourquoi les soldats rompirent les jambes des deux voleurs, tandis qu'ils ne rompirent point les jambes de Jésus-Christ, qui était mort : l'Evangile lui-même l'explique. Il était ainsi démontré que c'était dans un sens prophétique que la loi défendait expressément, dans la célébration de la Pâque des Juifs, de briser les os de l'agneau qu'on immolait.

CHAPITRE XIV. — *Le sang et l'eau qui coulent de la blessure du côté.* — 14. Du côté ouvert par la lance, il sortit du sang et de l'eau, qui découlèrent sur la terre, symbole frappant des sacrements qui servent à former l'Eglise. C'est en vue de ce mystère qu'Eve fut formée, pendant qu'il dormait, d'une des côtes d'Adam, qui figurait le second Adam.

CHAPITRE XV. — *Joseph et Nicodème ensevelissent Jésus.* — 15. Joseph et Nicodème ensevelirent le corps du Sauveur. D'après l'interprétation que quelques-uns ont donnée de ces deux noms, Joseph veut dire *qui est augmenté*; Nicodème est un nom grec que plusieurs connaissent, et qui est composé de deux mots : victoire et peuple, car νἵκος signifie victoire, et δῆμος, peuple. Quel est donc celui qui s'est augmenté, qui s'est accru en mourant, si ce n'est celui qui a dit : « Si le grain de froment ne meurt pas, il demeure seul; mais quand il est mort, il porte beaucoup de fruit? » (*Jean*, XII, 24.) Et quel est celui qui, en mourant, a triomphé du peuple qui le persécutait? n'est-ce pas le même qui doit le juger après sa résurrection?

CAPUT XII. — *Vox ultima et inclinatio capitis.* — 12. Quod ait : « Perfectum est, et inclinato capite reddidit Spiritum, » (*Joan.*, XIX, 30) non necessitatem, sed potestatem suæ mortis ostendit, donec omnia quæ pro illo prophetata erant perficerentur exspectans : quia et hoc scriptum erat : « Et in siti mea potaverunt me aceto; » (*Psal.* LXVIII, 22) tanquam potestatem habens ponendi animam suam, sicut et ipse testatus est. (*Joan.*, X, 18.) Et reddidit Spiritum per humilitatem, hoc est, capite inclinato; recepturus eum per resurrectionem, capite sublevato. Istam mortem et capitis inclinationem magnæ potestatis fuisse, Jacob ille Patriarcha in Judæ benedictione prænuntians : « Ascendisti, inquit, recumbens, dormisti sicut leo, » (*Gen.*, XLIX, 9) per ascensionem mortem, per leonem significans potestatem.

CAPUT XIII. — *Crura latronibus, non Christo confracta.* — 13. Jam vero quod illis duobus crura confracta sunt, illi autem non, quia defunctus est, quare factum sit, ipsum Evangelium declaravit. Oportebat enim ut isto etiam signo demonstraret in ejus (*a*) prænuntiata prophetia commendatum esse Pascha Judæorum, ubi hoc præceptum est, ut ovis ossa non frangerent.

CAPUT XIV. — *Sanguis et aqua e lateris vulnere.* — 14. Quod latus lancea percussum in terra sanguinem et aquam manavit, procul dubio sacramenta sunt quibus formatur Ecclesia; tanquam Eva facta de latere dormientis Adam, qui erat forma futuri.

CAPUT XV. — *Joseph et Nicodemus sepelientes.* — 15. Quod Joseph et Nicodemus cum sepeliunt, sicut nonnulli nomina interpretati sunt, Joseph interpretatur auctus; Nicodemus autem, quia nomen est Græcum, pluribus notum est, quod ex victoria et populo sit compositum; quia νἵκος victoria est, δῆμος populus. Quis est ergo moriendo auctus, nisi qui dixit : « Granum tritici si non moriatur, solum remanet; si autem moriatur, multiplicatur? » (*Joan.*, XII, 24.) Et quis etiam moriendo persecutorem populum vicit, nisi qui eos resurgendo judicabit.

(*a*) Regius codex, *prænuntianda.*

SERMON CCXIX.

Ier *pour la veille de Pâques* (1).

Les veilles sacrées. — L'apôtre saint Paul, en nous exhortant à l'imiter, entre beaucoup d'autres exemples de vertu qu'il énumère, dit : « J'ai été dans des veilles nombreuses. (II *Cor.*, XI, 27.) Mais avec quelle ferveur bien plus grande devons-nous passer cette veille, qui est comme la mère de toutes les autres, et qui est observée par le monde entier? Je ne parle pas ici du monde dont il est écrit : « Si quelqu'un aime le monde, l'amour du Père n'est point en lui. Car tout ce qui est dans le monde est ou convoitise de la chair, ou concupiscence des yeux, ou orgueil de la vie; or, cela ne vient point du Père. » (I *Jean*, II, 15, 16.) Ce monde, c'est-à-dire les enfants d'incrédulité, est gouverné par le démon et par ses anges, contre lesquels nous avons à combattre, au témoignage du même Apôtre. « Nous avons à lutter, dit-il, non contre la chair et le sang, mais contre les principautés, contre les puissances, contre les princes de ce monde de ténèbres. » (*Ephés.*, VI, 12.) Nous-mêmes, autrefois, nous avons été ténèbres, mais maintenant nous sommes lumière dans le Seigneur. A la lumière de cette sainte veillée, résistons aux princes des ténèbres. Ce n'est donc point ce monde qui veille à l'approche de cette grande solennité, mais le monde dont il est dit : « Dieu était dans le Christ, se réconciliant le monde, et ne leur imputant point leurs péchés. » (II *Cor.*, V, 19.) Cependant, disons-le, la solennité de cette veille brille d'un si vif éclat dans le monde tout entier, qu'elle force même de veiller de corps ceux dont le cœur est, je ne dirai pas endormi, mais enseveli dans l'impiété de l'enfer. Oui, ils sont obligés de veiller dans cette nuit où nous voyons s'accomplir, même extérieurement, cette antique prédiction : « La nuit sera éclairée comme le jour » (*Ps* CXXXVIII, 12.) Cette prophétie s'accomplit pour les cœurs fidèles, auxquels il est dit : « Vous avez été autrefois ténèbres, vous êtes maintenant lumière dans le Seigneur. » Elle se vérifie aussi pour nos envieux, c'est-à-dire que cette nuit est brillante et pour ceux qui voient dans le Seigneur et pour ceux qui portent envie au Seigneur. Cette nuit voit donc veiller et le monde ennemi et le monde réconcilié. L'un veille pour louer le médecin qui l'a délivré, l'autre veille pour blasphémer le juge qui l'a condamné. L'un veille dans les âmes pieuses que la lumière éclaire, qu'une sainte ferveur anime; l'autre veille dans les pécheurs, qui frémissent de rage et grincent des dents. Ni la charité de l'un, ni l'iniquité de l'autre, ni l'énergie chrétienne de

(1) Dans le chapitre X de la Table de Possidius, on lit : « Vingt-trois Traités pour la veille de Pâques. »

SERMO CCXIX ^(a).

In vigiliis Paschæ, I.

Vigiliæ sacræ. — Beatus Paulus apostolus exhortans nos ad imitationem suam, inter alia multa suæ virtutis insignia, dicit etiam : « In vigiliis sæpius. » Quanto ergo alacrius in hac vigilia, velut matre omnium sanctarum vigiliarum, vigilare debemus, in qua totus vigilat mundus? Non ille mundus, de quo scriptum est : « Si quis dilexerit mundum, non est caritas Patris in illo : quoniam omnia quæ in mundo sunt, concupiscentia carnis est, et concupiscentia oculorum, et ambitio sæculi, quæ non est a Patre. » (I *Joan.*, II, 15, 16.) Talem quippe mundum, id est filios infidelitatis, regunt diaboli et angeli ejus : contra quos nobis esse colluctationem idem dicit Apostolus, ubi ait : « Non est nobis colluctatio adversus carnem et sanguinem, sed adversus principes et potestates, et rectores mundi, tenebrarum harum. » (*Ephes.*, VI, 12.) Quod et nos fuimus aliquando, nunc autem lux in Domino. Luce itaque vigiliarum, resistamus rectoribus tenebrarum. Non ergo ille mundus in hac solemnitate vigilat : sed ille de quo dicitur : « Deus erat in Christo mundum reconcilians sibi, non reputans illis delicta eorum. (II *Cor.*, V, 19.) Quanquam tam clara sit vigiliæ hujus celebritas toto orbe terrarum, ut etiam illos vigilare carne compellat, qui corde, non dicam, dormiunt, sed tartarea impietate sepulti sunt. Vigilant etiam ipsi nocte ista, de qua etiam visibiliter redditur, quod tanto ante promissum est : « Et nox tanquam dies illuminabitur. » (*Psal.* CXXXVIII, 12.) Fit hoc in cordibus piorum, quibus dictum est : « Fuistis aliquando tenebræ, nunc autem lux in Domino. » (*Ephes.*, V, 8.) Fit hoc etiam in æmulis (b) omnium, et qui vident in Domino, et qui invident Domino. Vigilat ergo ista nocte et mundus inimicus, et mundus reconciliatus. Vigilat iste, ut laudet medicum liberatus : ille, ut blasphemet judicem condamnatus. Vigilat iste, mentibus

(a) Alias de Diversis LXXVII. — (b) Theodericensis Ms. *ovium*.

celui-ci, ni la noire envie de celui-là ne leur permettent de fermer les yeux dans cette grande solennité. Ainsi, nos ennemis eux-mêmes deviennent nos maîtres à leur insu, et ils nous enseignent comment nous devons veiller pour le salut de notre âme, puisque ceux même qui nous portent envie sont contraints de veiller à cause de nous. En effet, parmi ceux qui sont tout à fait étrangers au nom de Jésus-Christ, il en est beaucoup que la douleur, beaucoup que la honte, quelques-uns qui ne sont pas éloignés de la foi, que la crainte empêche de dormir cette nuit. Des motifs bien différents les tiennent éveillés dans cette solennité. Avec quelle joie doit veiller l'ami du Christ, quand son ennemi veille par un sentiment de douleur? Quelle sainte ardeur doit animer le chrétien dans cette veille si glorieuse pour Jésus-Christ, quand le païen rougirait même de dormir? N'est-il pas de toute convenance que celui qui est entré dans cette maison, s'empresse de veiller dans cette fête solennelle du Christ, alors qu'il voit veiller celui qui se dispose seulement à y entrer? Veillons donc et prions, afin que cette veille soit tout à la fois extérieure et intérieure. Que Dieu nous parle dans les saintes lectures, parlons nous-mêmes à Dieu dans nos prières. Si nous écoutons sa parole avec docilité, Celui que nous prions habite déjà notre âme.

SERMON CCXX.

II° *pour la veille de Pâques.*

Quel est celui qui est mort pour nous. — Nous savons, mes frères, et nous croyons d'une foi ferme et inébranlable que Jésus-Christ est mort une fois pour nous, c'est-à-dire le juste pour les coupables, le maître pour ses serviteurs, celui qui était libre pour les captifs, le médecin pour les malades, la félicité même pour les misérables, le riche pour les pauvres, celui qui allait à la recherche des pécheurs pour ces pécheurs égarés, le Rédempteur pour ceux qui étaient vendus, le Pasteur pour le troupeau, et, ce qui est le plus admirable, le Créateur pour la créature. Cependant, il a toujours conservé ce qu'il est éternellement, il n'a livré à la mort que ce qu'il s'est fait pour nous ; Dieu était caché, l'homme seul apparaissait ; il donnait la vie par sa puissance, il mourait par suite de l'infirmité de cette nature qu'il avait prise, immuable dans sa divinité, et passible seulement dans son humanité. C'est de lui que l'Apôtre dit : « Il a été livré pour nos péchés, mais il est ressuscité pour notre justification. » (*Rom.*, IV, 25.) Ce mystère s'est accompli une seule fois, vous le savez parfaitement. Et, cependant, cette solennité semble renouveler et reproduire chaque

---

piis fervens et lucescens : vigilat ille, dentibus suis frendens et tabescens. Denique istum caritas, illum iniquitas : istum Christianus vigor, illum diabolicus livor nequaquam dormire in hac celebritate permittit. Unde ab ipsis etiam nostris inimicis nescientibus admonemur quemadmodum debeamus vigilare pro nobis, si propter nos vigilant etiam qui invident nobis. Eorum quippe qui nullo modo Christi sunt nomine consignati, tamen ista nocte multi dolore, multi pudore; nonnulli etiam qui fidei propinquant, Dei jam timore non dormiunt. Diversis causis excitat eos ista solemnitas. Quomodo ergo debet gaudendo vigilare Christi amicus, quando et dolendo vigilat inimicus? Quomodo in tanta Christi gloria inardescat vigilare Christianus, quando erubescit dormire Paganus? Quomodo decet eum, qui hanc domum magnam intravit, in tanta ejus festivitate vigilare, quando jam vigilat qui disponit intrare? Vigilemus ergo, et oremus ; ut et forinsecus et intrinsecus hanc vigiliam celebremus. Deus nobis loquatur in lectionibus suis ; Deo loquamur in precibus nostris. Si

(a) Alias de Diversis LXXVIII.

eloquia ejus obedienter audiamus, in nobis habitat quem rogamus.

SERMO CCXX [a].

In vigiliis Paschæ, II.

Quis mortuus pro nobis. — Scimus, Fratres, et fide firmissima retinemus, semel Christum mortuum esse pro nobis ; pro peccatoribus justum, pro servis Dominum, pro captivis liberum, pro ægrotis medicum, pro miseris beatum, pro egenis opulentum, pro perditis quæsitorem, pro venditis redemptorem, pro grege pastorem, et quod est omnibus mirabilius, pro creatura creatorem : servantem tamen quod semper est, tradentem quod factus est : Deum latentem, hominem apparentem ; virtute vivificantem, infirmitate morientem ; divinitate immutabilem, carne passibilem : ut ait Apostolus : « Qui traditus est propter delicta nostra, et resurrexit propter justificationem nostram. » (*Rom.*, IV, 25.) Hoc semel factum esse, optime nostis. Et tamen solemnitas tanquam

année, à cette même époque, ce grand événement que la vérité, par la voix de toutes les Ecritures, nous déclare ne s'être accompli qu'une seule fois. Gardons-nous de conclure, cependant, qu'il y ait opposition entre la vérité et cette solennité, ni que l'une nous induise en erreur, tandis que l'autre dirait vrai. La vérité nous enseigne que cet événement n'a eu lieu qu'une seule fois, mais cette solennité rappelle aux fidèles qu'ils doivent sans cesse en renouveler les effets dans leur cœur. La vérité nous fait connaître les faits tels qu'ils se sont passés, cette solennité ne les reproduit point en réalité, elle nous en fait célébrer la mémoire, et nous empêche ainsi de perdre le souvenir de ce qui s'est passé. « Jésus-Christ, notre Agneau pascal, a été immolé, » dit saint Paul. (I *Cor.*, v, 7.) Il n'a été mis à mort qu'une seule fois, il ne meurt plus désormais, et la mort n'a plus sur lui d'empire. En suivant les données de la vérité, nous affirmons que cet Agneau pascal n'a été immolé qu'une fois, tandis qu'en écoutant les enseignements de cette solennité, nous disons qu'elle doit avoir lieu chaque année. C'est dans ce sens, à mon avis, qu'il faut entendre ces paroles d'un psaume : « La pensée de l'homme vous louera, et le souvenir qui lui restera de cette pensée le tiendra devant vous dans une fête perpétuelle. » (*Ps.* LXXV, 11.) Si, en

effet, la pensée ne prenait soin de confier à la mémoire le souvenir des faits accomplis, quelque temps après elle n'en retrouverait aucune trace. Ainsi, la pensée de l'homme bénit le Seigneur en considérant la vérité du fait, et les restes de sa pensée, que la mémoire conserve, célèbrent solennellement le souvenir de ce fait, pour éviter le reproche d'ingratitude. Telle est la raison de la brillante solennité de cette nuit, où, par ces pieuses veillées, les restes de notre pensée semblent renouveler la résurrection du Seigneur, que, par une considération plus vraie, nous reconnaissons ne s'être accomplie qu'une fois. Gardons-nous donc, sous le prétexte que nous sommes instruits par la vérité, de faire acte d'irréligion en ne célébrant point cette grande solennité. C'est elle qui fait briller cette nuit d'un si vif éclat dans le monde entier. C'est elle qui produit au grand jour la multitude innombrable des peuples chrétiens, qui fait rougir les Juifs de leurs ténèbres, et qui renverse les idoles des païens.

SERMON CCXXI [1].

IIIe *pour la veille de Pâques.*

Dans la Genèse, les jours se comptent en commençant par la naissance du jour; maintenant, on compte en commençant par la

(1) Ce sermon se trouve tout entier dans les extraits d'Eugypius.

sæpius fiat, revolutis temporibus iterat, quod veritas semel factum tot Scripturarum vocibus clamat. Nec tamen contraria sunt veritas et solemnitas, ut ista mentiatur, illa verum dicat. Quod enim semel factum in rebus veritas indicat, hoc sæpius celebrandum in cordibus piis solemnitas renovat. Veritas quæ facta sunt, sicut facta sunt aperit : solemnitas autem non ea faciendo, sed celebrando, nec præterita præterire permittit. Denique « Pascha nostrum immolatus est Christus. » (I *Cor.*, v, 7.) Ille utique semel occisus, qui jam non moritur, mors ei ultra non dominabitur. Proinde secundum vocem veritatis, semel Pascha dicimus factum, et ulterius non futurum : secundum vocem solemnitatis, omni anno dicimus Pascha venturum. Sic intelligi arbitror quod in Psalmo scriptum est : « Cogitatio hominis confitebitur tibi, et reliquiæ cogitationis diem solennem celebrabunt tibi. » (*Psal.* LXXV, 11.) Nisi enim quod de rebus temporaliter gestis dicitur cogitatio memoriæ commendaret, nullas post

(*a*) Alias de Diversis LXIX.

tempus reliquias inveniret. Ideo cogitatio hominis intuens veritatem Domino confitetur : reliquiæ vero cogitationis quæ sunt in memoria, notis temporibus non cessant celebrare solemnia, ne ingrata cogitatio judicetur. Ad hoc pertinet noctis hujus tam præclara solemnitas, ubi vigilando tanquam resurrectionem Domini per cogitationis reliquias operemur, quam semel factam cogitando verius confitemur. Quos ergo fecit doctos prædicata veritas, absit ut faciat irreligiosos deserta solemnitas. Hæc istam noctem per totum mundum fecit illustrem. Hæc demonstrat Christianorum agmina populorum, hæc confundit tenebras Judæorum, hæc evertit idola Paganorum.

SERMO CCXXI [a].

In vigiliis Paschæ, III.

Quod in Genesi dies a luce, nunc a nocte computentur. — Dicendum est cur tanta celebritate hodierna potissimum nocte vigilemus. Quod die tertio

nuit. — Je dois vous expliquer pourquoi nous veillons cette nuit, surtout avec une si grande solennité. Tout chrétien sait, à n'en pouvoir douter, que Notre-Seigneur Jésus-Christ est ressuscité des morts le troisième jour. Or, l'Evangile nous atteste que c'est dans cette nuit que ce grand événement s'est accompli. Il est certain que le jour tout entier se compte à partir de la nuit qui précède, et non pas suivant l'ordre des jours tel qu'il nous est rapporté dans le livre de la Genèse, bien qu'alors, cependant, les ténèbres avaient aussi précédé la lumière. En effet, les ténèbres couvraient la surface de l'abîme, lorsque Dieu dit : « Que la lumière soit faite, et la lumière a été faite. » (*Gen.*, I, 3.) Mais ces ténèbres n'étaient pas encore la nuit, parce que le jour n'avait pas encore précédé. Dieu commença par séparer la lumière des ténèbres, et il appela d'abord la lumière jour, et ensuite les ténèbres nuit, et l'espace qui s'écoula du moment où la lumière parut jusqu'au matin suivant, forma le premier jour. Il est donc évident que ces jours ont commencé par la lumière, et qu'après sa disparition ils se sont continués jusqu'au matin suivant. Mais lorsque l'homme que Dieu avait créé, se fut détourné de la lumière de la justice pour tomber dans les ténèbres, dont la grâce de Dieu nous délivre, nous comptons les jours à partir des nuits qui précèdent; car tous nos efforts tendent à passer, non point de la lumière aux ténèbres, mais des ténèbres à la lumière, et nous espérons y parvenir avec la grâce du Seigneur. C'est à quoi nous engage l'Apôtre lorsqu'il nous dit : « La nuit est déjà fort avancée, et le jour approche. Rejetons donc les œuvres de ténèbres, et revêtons-nous des armes de lumière. » (*Rom.*, XIII, 12.) Le jour de la passion du Sauveur, où il fut crucifié, venait donc après la nuit précédente, qui en faisait partie, et il s'est terminé au soir de la préparation de la Pâque, que les Juifs appellent aussi la Cène pure et sans azymes, et ils commencent dès cette nuit l'observation du sabbat. Ce jour du sabbat, qui avait commencé avec la nuit qui précède, se termina le soir avant la nuit suivante, qui forme la première partie du jour, appelé le jour du Seigneur, parce que le Seigneur l'a consacré par la gloire de sa résurrection. Or, c'est la mémoire de cette nuit, qui forme la première partie du jour du Seigneur, que nous célébrons avec tant de solennité; nous passons dans de saintes veilles cette nuit où Notre-Seigneur est ressuscité, et nous méditons cette vie dont nous parlions il y a quelques instants, cette vie où il n'y a plus ni mort ni sommeil, cette vie que Notre-Seigneur a commencée par nous dans sa chair, et qu'il a ressuscitée des morts en l'affranchissant à jamais de l'empire de la mort. Lorsque, en effet, ses disciples, conduits par leur amour, vinrent de grand matin au sépulcre pour le chercher, ils ne trouvèrent point son corps, et les anges

---

resurrexit a mortuis Dominus Christus, nullus ambigit Christianus. Hac autem nocte hoc factum esse, sanctum Evangelium contestatur. Totum enim diem a præcedente nocte computari non dubium est : non secundum dierum ordinem qui commemoratur in Genesi : quanquam et illic tenebræ præcesserunt. Nam tenebræ erant super abyssum, cum dixit Deus : « Fiat lux, et facta est lux. » (*Gen.*, I, 3.) Sed quia illæ tenebræ nondum erant nox, nondum enim præcesserat dies : divisit quippe Deus inter lucem et tenebras, et prius lucem vocavit diem, deinde tenebras noctem; et facta luce usque ad alterum mane commemoratus est dies unus : manifestum est illos dies a luce cœpisse, et transacta luce usque ad mane singulos terminatos. Sed postea quam creatus homo a luce justitiæ ad peccati tenebras declinavit, a quibus eum Christi gratia liberat, factum est ut nunc dies a noctibus computemus : quia non a luce ad tenebras, sed a tenebris ad lucem venire conamur, et Domino adjuvante fieri speramus. Sicut et Apostolus dicit : « Nox præcessit, dies autem appropinquavit : abjiciamus itaque opera tenebrarum, et induamus nos arma lucis. » (*Rom.*, XIII, 12.) Dies igitur Dominicæ passionis quo crucifixus est, jam transactam noctem propriam sequebatur; ideoque clausus et terminatus est usque ad Parasceven, quam Judæi etiam Cœnam puram vocant, ab ejus noctis exordio incipientes sabbati observationem. Deinde sabbati dies a sua nocte incipiens, finitus est vespere incipientis noctis, quæ pertinet ad initium Dominici diei : quoniam eum Dominus suæ resurrectionis gloria consecravit. Illius itaque noctis ad initium Dominici diei pertinentis, nunc ista solemnitate memoriam celebramus : illam noctem agimus vigilando, qua Dominus resurrexit; et illam vitam, de qua paulo ante dicebamus, meditamur, ubi nec mors ulla, nec somnus est, quam in sua carne nobis inchoavit, quam sic excitavit a mortuis, ut jam non moriatur, et mors ei ultra non dominetur. Nam quando venientes ad sepulcrum ejus, a quibus dili-

leur apprirent qu'il était déjà ressuscité. Il est donc évident qu'il était ressuscité durant cette nuit, dont l'extrémité touchait aux premières lueurs du jour suivant. Nous avons prolongé cette veille en chantant la gloire de la résurrection; il nous donnera, en retour, de régner avec lui dans une vie qui n'aura point de fin. Et si, pendant les heures que nous consacrons à ces pieuses veilles, son corps était encore dans le sépulcre, et n'était pas encore ressuscité, ces veilles ont également leur raison de convenance, parce que Celui qui est mort pour nous donner la vie, s'est endormi pour nous exciter à veiller.

SERMON CCXXII [1].

IVe pour la veille de Pâques.

Il faut user de vigilance contre le démon. Les princes de ce monde sont le démon et ses anges. Quels sont ceux qui habitent les airs. Le démon a été chassé des cœurs des fidèles. — La solennité seule de cette sainte nuit, mes bien-aimés, est une exhortation à veiller et à prier; cependant nous n'en devons pas moins vous adresser la parole comme nous le faisons d'ordinaire, afin que la voix du pasteur excite la vigilance du troupeau du Seigneur contre les bêtes nocturnes, c'est-à-dire contre les puissances ennemies et jalouses, contre les princes des ténèbres, « car nous avons à combattre, dit l'Apôtre, non contre la chair et le sang, » c'est-à-dire contre des hommes faibles, parce qu'ils sont revêtus d'un corps mortel, « mais contre les principautés, contre les puissances, contre les princes de ce monde de ténèbres, contre les esprits de malice répandus dans le ciel. » (*Ephés.*, VI, 12.) N'allez pas croire, cependant, que le démon et ses anges, dont l'Apôtre veut parler ici, soient les maîtres de ce monde, dont il est écrit : « Et le monde a été fait par lui. » (*Jean*, I, 10.) Car, après qu'il les a appelés les princes de ce monde, dans la crainte qu'on n'entendît ce monde de celui que les Ecritures désignent si souvent sous le nom de ciel et de terre, il ajoute aussitôt, comme pour s'expliquer : « De ces ténèbres, » c'est-à-dire des infidèles. Voilà pourquoi il dit à ceux qui dès lors étaient fidèles : « Vous avez été autrefois ténèbres, mais vous êtes maintenant lumière dans le Seigneur. » (*Ephés.*, V, 8.) Ces esprits de malice sont donc répandus dans le ciel, non pas dans le ciel où brillent les astres dans un ordre si admirable, et qui est le séjour des anges, mais dans les couches basses et ténébreuses de l'atmosphère, où se rassemblent

---

(1) Florus cite ce sermon dans son Commentaire sur le chapitre v de l'Epître aux Éphésiens, et le suivant dans son Commentaire sur le chapitre v de la même Epître.

---

gentibus quærebatur, diluculo corpus non invenerunt, responsumque acceperunt ab Angelis, quod jam resurrexerat; manifestum est quod ea nocte resurrexit, cujus extremitas illud diluculum fuit. Deinde cui resurgenti paulo diutius vigilando concinimus, præstabit ut cum illo sine fine vivendo regnemus. Sed et si forte his horis, quibus nos ducimus istam vigiliam, illius adhuc corpus in sepulcro erat, nondumque resurrexerat; nec sic vigilando sumus incongrui : quia ille dormivit ut vigilemus, qui est mortuus ut viveremus.

SERMO CCXXII [a].

In vigiliis Paschæ, IV.

Vigilandum adversus diabolum. Rectores mundi diabolus et angeli ejus. In cœlestibus quibusnam habitant. Diabolus e cordibus piorum ejectus. — Cum vos, Dilectissimi, ad vigilandum et orandum ipsa solemnitas sanctæ hujus noctis hortetur; etiam nostrum vobis tamen solemniter debetur alloquium, ut adversus contrarias et invidas potestates rectoresque tenebrarum, velut contra nocturnas bestias, Dominicum gregem etiam vox pastoralis exsuscitet. « Non est enim nobis colluctatio adversus carnem et sanguinem, » sicut Apostolus dicit, id est adversus homines mortali corpore infirmos, « sed adversus principes et potestates, et rectores mundi tenebrarum harum, adversus spiritalia nequitiæ in cœlestibus. » (*Ephes.*, VI, 12.) Nec ideo sane diabolum et angelos ejus, quos Apostolus his verbis significat, mundi hujus existimetis esse rectores, de quo scriptum est : « Et mundus per eum factus est. » (*Joan.*, I, 10.) Nam cum rectores mundi eum etiam ipse dixisset, ne quis mundum intelligeret, qui plerisque Scripturarum locis cœli et terræ nomine nuncupatur, continuo tanquam exponendo addidit, « tenebrarum harum, » hoc est infidelium. Propter quod jam fidelibus dicit : « Fuistis aliquando tenebræ, nunc autem lux in Domino. » (*Ephes.*, V, 8.) Sunt ergo ista spiritalia nequitiæ in cœlestibus; non ubi sidera disposita effulgent, et sancti Angeli commorantur; sed

---

(a) Alias de Diversis LXXX.

les nuages, et dont il est écrit : « Il couvre le ciel de nuages; » (*Ps.* cxlvi, 8; xlix, 11) c'est dans cette partie de l'air que volent les oiseaux, et cependant on les appelle les oiseaux du ciel. C'est dans ce ciel inférieur, et non dans la tranquillité des sphères célestes supérieures qu'habitent ces esprits de malice contre lesquels on nous commande de combattre, afin de mériter, comme récompense de notre victoire sur les mauvais anges, d'être associés à l'immortelle félicité des bons anges. Voilà pourquoi le même Apôtre, voulant exprimer, dans un autre endroit, l'empire ténébreux du démon, dit : « Selon l'esprit de ce monde, selon le prince des puissances de l'air, cet esprit qui exerce maintenant son pouvoir sur les enfants de rébellion. » (*Ephés.*, ii, 2.) L'esprit de ce monde a donc le même sens que les princes du monde. L'Apôtre explique ce qu'il entend par le monde, en ajoutant : « Sur les enfants de rébellion; » de même ici, en ajoutant : « De ces ténèbres. » Et cette expression : « Le prince des puissances de l'air, » a la même signification que cette autre dont il fait usage ici : « Répandus dans les airs. » « Grâces donc soient rendues au Seigneur notre Dieu, qui nous a arrachés de la puissance des ténèbres, et nous a transférés dans le royaume de son Fils bien-aimé. » (*Colos.*, i, 13.) Et vous, qui avez été séparés de ces ténèbres par la lumière de l'Evangile, et rachetés par un sang précieux de la tyrannie de ces puissances, veillez et priez pour ne point entrer en tentation. Dès lors que vous avez la foi qui opère par la charité, le prince de ce monde a été chassé de vos cœurs; mais « il tourne encore au dehors autour de vous, comme un lion rugissant, cherchant quelqu'un à dévorer. » (1 *Pier.*, v, 8.) Ne lui laissez donc aucune ouverture, par quelque endroit qu'il veuille entrer dans votre âme; mais que Celui qui l'a chassé dehors en souffrant pour vous, habite dans vos cœurs pour vous défendre contre lui. Lorsque vous étiez sous le joug du démon, « vous étiez ténèbres; mais vous êtes maintenant lumière dans le Seigneur; marchez donc comme des enfants de lumière. » Veillez contre ces ténèbres et les puissances des ténèbres, à la clarté de la lumière, qui est votre mère, et du sein de cette lumière qui vient de vous enfanter à la vie, implorez le secours du Père des lumières.

SERMON CCXXIII.

V^e *pour la veille de Pâques.*

Les fidèles baptisés sont comme le jour. Saint Augustin les exhorte à imiter les bons et à supporter les méchants. — 1. L'Ecriture dit au livre de la Genèse : « Et Dieu vit que la lumière

---

in hujus aeris infimi caliginoso habitaculo, ubi et nebula conglobatur : et tamen scriptum est : « Qui cooperit cœlum nubibus. » (*Psal.* cxlvi, 8; xlix, 11.) Ubi et aves volitant : et tamen dicuntur volatilia cœli. In his ergo cœlestibus, non in illa superiore tranquillitate cœlestium, habitant isti nequissimi spiritus, contra quos nobis colluctatio spiritalis indicitur : ut devictis angelis malis, illo præmio perfruamur, quo Angelis bonis incorrupta æternitate sociemur. Unde alio loco idem Apostolus, cum significaret tenebrosum diaboli principatum : « Secundum spiritum, inquit, mundi hujus, secundum principem potestatis aeris hujus, qui nunc operatur in filiis infidelitatis. » (*Ephes.*, ii, 2.) Quod ergo est spiritus mundi hujus, hoc sunt rectores mundi. Et sicut illic exposuit quid dixerit mundum, « in filiis infidelitatis, » sic etiam hic, cum addidit : « tenebrarum harum. » Et quod ibi ait, « principem potestatis aeris ; » hoc isto loco, « in cœlestibus. » Gratias itaque Domino Deo nostro, qui nos eruit de potestate tenebrarum, et transtulit in regnum Filii caritatis suæ. (*Colos.*, i, 13.) Ab illis ergo tenebris Evangelica luce distincti, et ab illis potestatibus sanguine pretioso redempti, vigilate et orate, ne intretis in tentationem. Nam quicumque habetis fidem quæ per dilectionem operatur, missus est princeps hujus mundi foras a cordibus vestris : sed forinsecus tanquam leo rugiens circuit quærens quem devoret. Non ergo detis locum diabolo, quacumque ex parte penetrare volenti : sed qui eum foras misit patiendo pro vobis, adversus eum habitet intus in vobis. Cum vobis ille dominaretur, «fuistis aliquando tenebræ ; nunc autem lux in Domino : sicut filii lucis ambulate. » Adversus tenebras earumque rectores in matre luce vigilate, et Patrem luminum (*a*) de sinu matris lucis orate.

SERMO CCXXIII ^(b).

In vigiliis Paschæ, V.

Dies, fideles baptizati. Hortatur ut bonos imitentur, tolerent malos. — 1. In libro qui appellatur Genesis, Scriptura dicit : « Et vidit Deus lucem quia bona est,

---

(*a*) Sic Mss. Editi vero, *in sinu matris orate,* omisso *lucis.* — (*b*) Alias de Diversis lxxxi.

était bonne, et il sépara la lumière des ténèbres. Et il appela la lumière jour, et les ténèbres nuit. » (*Gen.*, I, 4, 5.) Si donc Dieu a donné à la lumière le nom de jour, nul doute qu'on ne puisse donner ce nom de jour à ceux à qui l'apôtre saint Paul dit : « Vous étiez autrefois ténèbres, mais vous êtes maintenant lumière dans le Seigneur ; » (*Ephés.*, V, 8) car le même Dieu qui a commandé que des ténèbres jaillit la lumière (II *Cor.*, IV, 6), les a inondés de ses clartés. Ces enfants (1), que vous voyez si blancs au dehors et si purs à l'intérieur, qui, par la blancheur de leurs vêtements, annoncent l'éclatante pureté de leurs âmes, étaient encore ténèbres lorsqu'ils étaient ensevelis dans la nuit de leurs péchés. Mais aujourd'hui qu'ils ont été purifiés dans le bain de la miséricorde, arrosés des eaux de la sagesse, pénétrés des lumières de la justice, « c'est vraiment le jour qu'a fait le Seigneur, réjouissons-nous et tressaillons d'allégresse. » (*Ps.* CXVII, 24.) Ecoutez-nous donc, jour du Seigneur ; écoutez-nous, jour qui avez été fait par le Seigneur ; écoutez-nous et soyez docile, afin que nous puissions nous réjouir en vous et tressaillir d'allégresse. Car, comme le dit l'Apôtre, « ma joie et ma couronne, c'est que vous vous mainteniez fermes dans le Seigneur. » (*Philip.*, IV, 1.) Ecoutez-nous donc, jeunes enfants d'une chaste mère, ou plutôt écoutez-nous, enfants d'une vierge mère : « Vous étiez autrefois ténèbres, mais vous êtes maintenant lumière dans le Seigneur ; marchez donc comme des enfants de lumière ; » attachez-vous aux enfants de lumière, et, pour parler plus clairement, attachez-vous aux bons chrétiens. Car, chose triste à dire, il y a de mauvais chrétiens. Il en est qui portent le nom de fidèles et qui ne le sont point. Il est des fidèles qui profanent et outragent les sacrements de Jésus-Christ, dont la vie est une cause de ruine et pour eux et pour les autres. Ils se perdent eux-mêmes par une vie criminelle, ils perdent les autres par les funestes exemples qu'ils leur donnent. Fuyez donc leur société ; cherchez les bons, liez-vous avec les bons, soyez bons vous-mêmes.

Mélange des bons et des méchants dans l'Eglise. — 2. Et ne soyez point surpris de la multitude des mauvais chrétiens qui remplissent l'Eglise, qui participent à l'autel, qui applaudissent à haute voix l'évêque ou le prêtre lorsqu'ils traitent de la pureté des mœurs, et qui accomplissent ainsi cette prédiction que fait dans un psaume Celui qui nous a appelés : « Je les ai enseignés, je leur ai parlé, ils se sont multipliés jusqu'à devenir innombrables. » (*Ps.* XXXIX, 6.) Ils peuvent être avec nous dans l'Eglise du temps présent, mais ils ne pourront faire partie de l'assemblée des saints qui suivra

(1) C'est le nom qu'on donnait aux nouveaux baptisés, quel que fût leur âge.

Et divisit Deus inter lucem et tenebras : et vocavit Deus lucem diem, et tenebras vocavit noctem.» (*Gen.*, I, 4.) Si ergo Deus vocavit diem lucem, sine dubio illi quibus dicit apostolus Paulus : « Fuistis aliquando tenebræ, nunc autem lux in Domino,» (*Ephes.*, V, 8) dies erant: quoniam ille qui jussit de tenebris lumen clarescere (II *Cor.*, IV, 6), illuminavit eos. Infantes isti, quos cernitis exterius dealbatos, interiusque mundatos, qui candore vestium splendorem mentium præfigurant, cum peccatorum suorum nocte premerentur, tenebræ fuerunt. Nunc autem quia mundati sunt lavacro indulgentiæ, quia irrigati fonte sapientiæ, quia perfusi luce justitiæ : « Hic est dies quem fecit Dominus, exsultemus et lætemur in eo. » (*Psal.* CXVII, 24.) Audiat nos dies Domini, audiat nos dies factus a Domino : audiat, et obaudiat ; ut exsultemus et lætemur in eo. Quoniam, sicut ait Apostolus, hoc est gaudium et corona nostra, si vos statis in Domino. Audite ergo nos, o novelli filii castæ matris : imo audite nos, filii virginis matris. Quoniam «fuistis aliquando tenebræ, nunc autem lux in Domino : ut filii lucis ambulate, » (*Philip.*, IV, 1) filiis lucis adhærete ; atque ut hoc ipsum planius dicam, bonis fidelibus adhærete. Sunt enim, quod pejus est, fideles mali. Sunt fideles qui vocantur, et non sunt. Sunt fideles, in quibus Sacramenta Christi patiantur injuriam : qui sic vivunt, ut et ipsi pereant, et alteros perdant. Pereunt quippe ipsi, male vivendo : perdunt vero alios, male vivendi exempla præbendo. Vos ergo, Dilectissimi, nolite talibus jungi. Bonos quærite, bonis adhærete : boni estote.

Bonorum et malorum permixtio in Ecclesia. — 2. Neque miremini multitudinem Christianorum malorum, qui ecclesiam implent, qui ad altare communicant, qui episcopum, vel presbyterum de bonis moribus disputantem magnis vocibus laudant : per quos impletur quod congregator noster prædixit in Psalmo : « Annuntiavi, et locutus sum, multiplicati sunt super numerum. » (*Psal.* XXXIX, 6.) In Ecclesia hujus temporis possunt esse nobiscum : in illa vero, quæ post resurrectionem futura est, congregatione sanctorum esse non poterunt. Ecclesia enim hujus

la résurrection. En effet, l'Eglise de la terre est comparée à une aire, où le bon grain est mêlé avec la paille, c'est-à-dire, où les bons se trouvent mêlés avec les méchants, et qui, après le jugement, ne contiendra que des bons sans aucun mélange de méchants. Cette aire porte la moisson qui a été semée par les apôtres, arrosée jusqu'à ce jour par les saints docteurs qui les ont suivis, foulée en partie par les persécutions de ses ennemis, mais qui n'a pas encore été nettoyée par le céleste vanneur. Or, il viendra infailliblement Celui dont vous avez dit en récitant le Symbole : « D'où il viendra juger les vivants et les morts, » et, comme il le dit lui-même dans l'Evangile, « il tiendra le van à sa main, et il nettoiera son aire, et il amassera son froment dans le grenier, et il brûlera la paille dans un feu qui ne s'éteindra jamais. » (*Matth.*, III, 12.) Que les fidèles plus anciens écoutent aussi ce que j'ai à leur dire. Le bon grain doit se réjouir en tremblant, rester ce qu'il est, et ne point sortir de l'aire. Qu'il ne cherche pas de sa propre autorité à se dépouiller de la paille qui l'entoure; car s'il veut se séparer maintenant de la paille, il ne pourra demeurer sur l'aire. Et lorsque viendra Celui dont le discernement est infaillible, il ne recueillera dans ses greniers que ce qu'il aura trouvé dans l'aire. C'est inutilement que les grains sortis de l'aire se vanteront alors d'avoir été formés sur l'épi.

Le grenier sera rempli et fermé. Tout ce qui restera au dehors deviendra la proie des flammes. Que celui donc qui est bon, mes très-chers frères, supporte le méchant; que celui qui est mauvais imite le bon. Sur cette aire, les bons grains peuvent dégénérer en paille, de même que la paille peut à son tour être transformée en bon grain. C'est ce qui arrive tous les jours, mes frères, et la vie est pleine pour nous de ces douleurs et de ces consolations. Tous les jours, ceux qui paraissaient bons tombent et périssent, et ceux qui paraissaient mauvais se convertissent et ressuscitent à la vie, « car Dieu ne veut point la mort du pécheur, mais seulement qu'il revienne et qu'il vive. » (*Ezéch.*, XVIII, 23.) Ecoutez-moi donc, vous qui êtes le bon grain; écoutez-moi, vous qui êtes ce que je voudrais être moi-même; prêtez une oreille docile à mes paroles. Ne vous attristez point de votre mélange avec la paille : ce mélange ne durera pas éternellement. Cette paille pèse-t-elle sur vous bien lourdement? Grâce à Dieu, elle est bien légère. Soyons véritablement de bons grains, et si abondante que soit la paille, elle ne pourra vous écraser, « car Dieu est fidèle, et il ne permettra point que vous soyez tentés au delà de vos forces; mais il vous fera tirer parti de la tentation même, afin que vous puissiez persévérer. » (I *Cor.*, X, 13.) Que les pailles écoutent aussi ce que nous avons à leur dire;

---

temporis areæ comparatur, habens mixta grana cum paleis, habens permixtos bonis malos; habitura post judicium sine ullis malis omnes bonos. Hæc area continet messem ab Apostolis seminatam, a sequentibus usque in præsens tempus bonis doctoribus irrigatam, non parum etiam inimicorum persecutione contritam; sed quod solum restat, nondum superna ventilatione purgatam. Veniet autem ille de quo reddidistis in Symbolo : « Inde venturus est judicare vivos et mortuos : » et sicut Evangelium loquitur, « habebit ventilabrum in manu sua, et expurgabit aream suam, et congregabit triticum suum in horreum, paleas autem comburet igni inexstinguibili. » (*Matth.*, III, 12.) Quod dico audiant et antiqui fideles. Qui granum est, cum tremore gaudeat, et permaneat, et ab area non recedat. Non se judicio suo velut a palea conetur exuere : quoniam si se voluerit modo a palea separare, non poterit in area permanere. Et cum venerit ille qui sine errore discernit, quod in area non invenerit, ad horreum non levabit. Incassum se de spica tunc grana jactabunt, quæcumque nunc ab area recesserunt. Implebitur illud horreum, atque claudetur. Quidquid extra remanserit, flamma vastabit. Qui ergo bonus est, Carissimi, toleret malum : qui malus est, imitetur bonum. In hac quippe area possunt in paleas grana deficere; possunt rursus grana de paleis consuscitari. Quotidie fiunt ista, Fratres mei : plena est vita hæc suppliciis atque solatiis. Quotidie qui videbantur boni, labuntur et pereunt : et rursus qui videbantur mali, convertuntur et vivunt. « Non vult enim Deus mortem impii, tantum ut revertatur et vivat. » (*Ezech.*, XVIII, 23.) Audite me grana, audite me qui estis quod esse desidero : audite me grana. Nolite contristari de permixtione palearum : non erunt vobiscum in æternum. Quantum est hoc quod premit palea? Deo gratias, quia levis est. Nos tantum grana simus, et quantacumque fuerit, non gravabit. Fidelis est enim Deus, qui non permittet nos tentari supra id quod possumus; sed faciet cum tentatione etiam exitum, ut sustinere possimus. (I *Cor.*, X, 13.) Audiant nos et paleæ; ubicumque sunt, audiant. Nolo hic sint :

quelque part qu'elles soient, qu'elles prêtent l'oreille à mes paroles. Je ne voudrais point qu'il y en eût ici ; cependant je leur parle, dans la crainte qu'il ne s'en trouve parmi nous. Ecoutez-moi donc, vous qui êtes les pailles de l'aire, bien qu'en m'écoutant vous cessiez de l'être ; écoutez-moi. Mettez à profit la patience de Dieu à votre égard. Que votre mélange avec le bon grain, que les enseignements qu'il vous donne vous fassent devenir vous-mêmes de bons grains. La pluie de la parole de Dieu ne vous fera point défaut ; que le champ de Dieu ne reste point stérile dans votre âme. Reverdissez, devenez de bons grains, parvenez à la maturité, car Celui qui vous a semés veut trouver en vous des épis et non des épines.

SERMON CCXXIV.

1ᵉʳ *pour le jour de Pâques.*

Au peuple et aux enfants, ou à ceux qui venaient de recevoir le baptême.

CHAPITRE PREMIER. — *Grâce qui est donnée à ceux qui sont baptisés. Ils doivent imiter les bons, et non les mauvais.* — 1. Je m'adresse en ce moment à ceux qui ont été baptisés aujourd'hui, et qui ont puisé dans le baptême une vie nouvelle en Jésus-Christ, et, en leur parlant, c'est vous que je considère en eux, de même que je les considère en vous. Voilà que vous êtes devenus les membres de Jésus-Christ. Si vous réfléchissez sérieusement à la transformation qui vient de se faire en vous, tous vos os s'écrieront : « Seigneur, qui est semblable à vous ? » (*Ps.* XXXIV, 10.) Comment se faire une juste idée de cette bonté de Dieu ? Toute pensée est impuissante, toute parole humaine est en défaut pour exprimer comment vous avez reçu gratuitement la grâce sans aucun mérite de votre part. Elle est justement appelée grâce, parce qu'elle est donnée gratuitement. Or, que vous a donné cette grâce ? d'être les membres de Jésus-Christ, les fils de Dieu, les frères de son Fils unique. S'il est Fils unique, comment êtes-vous ses frères, sinon parce qu'il est Fils unique par nature, et que vous êtes ses frères par grâce. Puisque vous êtes devenus les membres de Jésus-Christ, j'ai donc une recommandation à vous faire. Je crains pour vous, beaucoup moins de la part des païens, beaucoup moins des Juifs, beaucoup moins des hérétiques que des mauvais catholiques. Choisissez dans le peuple de Dieu ceux que vous devez prendre pour modèles ; car si vous voulez suivre les exemples de la multitude, vous ne serez point du petit nombre de ceux qui marchent dans la voie étroite. Fuyez la fornication, la rapine, les fraudes, les parjures, les actions défendues, les querelles ; repoussez bien loin de vous l'ivresse ; redoutez l'adultère comme la mort, non pas comme la mort qui sépare l'âme du corps, mais comme la mort où l'âme est condamnée à brûler éternellement avec le corps.

alloquamur eas tamen, ne forte sint. Ergo audite me paleæ : quamvis, si auditis, paleæ non eritis. Audite ergo. Prosit vobis Dei patientia. Granorum conjunctio, commonitio, grana vos faciat. Non vobis desunt imbres verborum Dei : non sit sterilis in vobis ager Dei. Ergo revirescite, granascite, maturascite. Qui enim vos seminavit, spicas vult invenire, non spinas.

SERMO CCXXIV (*a*).

In die Paschæ, I.

Ad populum et ad infantes, seu eo die baptizatos.

CAPUT PRIMUM. — *Gratia baptizatis collata. Bonos imitentur, non malos.* — 1. Hodierno (*b*) die qui baptizati sunt, et renati sunt in Christo Jesu, alloquamur eos, et vos in eis, et ipsos in vobis. Ecce facti estis membra Christi. Si cogitetis quid facti estis, omnia ossa vestra dicent : « Domine, quis similis tibi ? » (*Psal.* XXXIV, 10.) Non enim digne cogitari potest illa dignatio Dei, et deficit omnis sermo sensusque humanus, venisse vobis gratuitam gratiam nullis meritis præcedentibus. Ideo et gratia dicitur, quia gratis datur. Quam gratiam ? Ut sitis membra Christi, filii Dei, ut sitis fratres Unici. Si ille Unicus, unde vos fratres, nisi quia ille Unicus natura, vos gratia fratres facti ? Quia ergo membra Christi facti estis, admoneo vos : timeo vobis, non tantum a Paganis, non tantum a Judæis, non tantum ab hæreticis, quantum a malis catholicis. Eligite vobis in populo Dei quos imitemini. Nam si turbam imitari volueritis, inter paucos angustam viam ambulantes non eritis. Abstinete vos a fornicatione, a rapinis, a fraudibus, a perjuriis, ab illicitis rebus, a jurgiis : ebrietas repellatur a vobis : adulterium sic timete quomodo mortem ; mortem, non quæ animam solvit a corpore, sed ubi anima semper ardebit cum corpore.

(*a*) Alias de Tempore CLXIV. — (*b*) In Mss. aliquot exordium aliud est, ut habes infra in Syllabo.

CHAPITRE II. — *Le démon représente les péchés de la chair comme légers, bien qu'ils soient graves et mortels.* — 2. Mes frères, mes fils, mes filles, mes sœurs, je sais que le démon remplit son office, et qu'il ne cesse de faire entendre sa voix dans les cœurs de ceux qu'il tient dans ses chaînes. Je sais qu'aux fornicateurs, aux adultères, qui ne se contentent point de leur épouse, il dit au fond du cœur : Les péchés de la chair ne sont pas un grand mal. A cette perfide insinuation du démon, il nous faut opposer l'incarnation de Jésus-Christ. Voici comme cet ennemi de notre salut trompe les chrétiens par les attraits séducteurs de la chair : il leur présente comme léger ce qui est grave, comme doux au toucher ce qui est rude, comme agréable ce qui est amer. Mais à quoi peut vous servir que Satan vous représente comme une faute légère ce que Jésus-Christ vous déclare être un péché des plus graves ? Est-ce donc chose nouvelle pour le démon de dire aux chrétiens fidèles : Il n'y a rien de grave dans ce que vous faites ? Vous péchez dans votre corps, votre âme en est-elle coupable ? Les péchés de la chair s'effacent aisément, et on en obtient facilement le pardon. Ce langage du démon est-il donc extraordinaire ? Il continue le rôle perfide qu'il a commencé dans le paradis, lorsqu'il a dit : « Mangez, et vous serez comme des dieux ; assurément vous ne mourrez point. » (Gen., III, 4, 5.) Dieu avait dit formellement à l'homme : « Au jour que tu mangeras des fruits de cet arbre, tu mourras de mort. » L'ennemi vient et dit : « Vous ne mourrez point, mais vos yeux seront ouverts, et vous serez comme des dieux. » Le commandement de Dieu fut mis de côté, pour écouter la perfide insinuation du démon. On reconnaît alors que le commandement de Dieu était vrai, et que le conseil du démon n'était que mensonge. Que servit à la femme, je vous le demande, de venir dire : « Le serpent m'a trompée ? » Cette excuse fut-elle admise ? Si elle fut admise, pourquoi la condamnation suivit-elle de si près la désobéissance ?

CHAPITRE III. — *Les impudiques repris et excommuniés.* — 3. Voici donc ce que je vous recommande, mes frères et mes fils. Vous qui avez une épouse, n'en connaissez point d'autres. Vous qui n'en avez pas encore, et qui voulez vous marier, conservez-vous chaste pour votre épouse, comme vous désirez vous-même la trouver chaste en l'épousant. Vous qui avez fait à Dieu le vœu de chasteté, ne regardez pas en arrière. Vous le voyez, je vous parle, j'élève la voix devant vous, je dégage ma responsabilité ; Dieu m'a établi pour distribuer, et non pour exiger avec sévérité. Et cependant, lorsque nous le pouvons, lorsque l'occasion se présente et qu'il nous est donné de le faire, dès que nous connaissons l'auteur du mal, nous le reprenons, nous le blâmons sévèrement, nous l'anathématisons, nous l'excommunions, sans toutefois,

CAPUT II. — *Carnis peccata diabolus levia facit, cum sint gravia et mortifera.* — 2. Fratres mei, filii mei, filiæ meæ, sorores meæ, scio agere diabolum partes suas, nec quiescere loqui in cordibus eorum, quos obligatos suis vinculis tenet : scio fornicatoribus, adulteris qui contenti non sunt conjuge sua, dicere diabolum in cordibus eorum : Non sunt magna carnis peccata. Contra hanc diaboli susurrationem debemus habere Christi incarnationem. Hoc est unde Christianos decipit inimicus per carnis illecebras, cum eis facit leve quod grave est, lene quod asperum, dulce quod amarum est. Sed quid prodest quia satanas facit leve, quod Christus ostendit grave ? Numquid novum aliquid facit diabolus dicere Christianis fidelibus : Nihil grave est quod facis ? In carne tua peccas : numquid in spiritu ? Facile deletur carnis peccatum, facile a Deo venia datur ? Quid magnum facit ? Artificium suum facit, quod in paradiso dixit : « Manducate, et eritis sicut dii : nequaquam moriemini. » (Gen., III, 4, 5.) Deus dixerat : « Qua die manducaveritis, morte moriemini. » Venit inimicus, et ait : « Non moriemini, sed aperientur oculi vestri, et eritis sicut dii. » Dimissa est (*a*) jussio Dei, et audita est persuasio diaboli. Tunc inventa est vera jussio Dei, et falsa deceptio diaboli. Numquid profuit, obsecro vos, quia dixit mulier : « Serpens seduxit me ? » Numquid valuit excusatio ? Si valuit excusatio, quare secuta est damnatio ?

CAPUT III. — *Incontinentes corripiuntur et excommunicantur.* — 3. Ideo vobis dico, Fratres mei, filii mei, qui habetis uxores, ut nihil aliud noveritis : et qui non habetis, et ducere vultis, integros vos ad eas servate, sicut integras vultis eas invenire. Vos qui continentiam Deo vovistis, nolite retro respicere. Ecce dico vobis, ecce clamo vobis, ego me absolvo : erogatorem me Deus posuit, non exactorem. Et tamen ubi possumus, ubi datur locus, ubi conceditur, ubi scimus, corripimus, objurgamus, anathemamus, ex-

(*a*) Mss. *minatio Dei.*

que nous ne parvenions à le corriger. Pourquoi? « Parce que celui qui plante n'est rien, non plus que celui qui arrose, mais c'est Dieu qui donne l'accroissement. » (I *Cor.*, III, 7.) Je vous parle en ce moment, je vous avertis; que faut-il encore? Que Dieu exauce la prière que je lui fais pour vous, et qu'il agisse lui-même en vous, c'est-à-dire dans vos cœurs. J'ajoute encore ces quelques mots, et je vous fais cette recommandation; elle est bien propre à effrayer les fidèles et à vous porter au bien. Vous êtes les membres de Jésus-Christ; écoutez donc, non point mes paroles, mais celles de l'Apôtre : « Quoi! j'enlèverai à Jésus-Christ ses propres membres, pour en faire les membres d'une prostituée? » (I *Cor.*, VI, 15.) Mais, me dira je ne sais qui, ce n'est point une prostituée que j'ai chez moi, c'est une concubine. O saint évêque, irez-vous jusqu'à faire une prostituée de ma concubine? Est-ce donc moi qui l'ai dit? C'est l'Apôtre qui vous le crie, et vous m'en rendez responsable? Je veux vous rappeler à la raison, pourquoi vous emporter contre moi comme un furieux? Vous qui me tenez ce langage, avez-vous une épouse? Oui, me répondez-vous, j'en ai une. Très-bien; donc, que vous le vouliez, que vous ne le vouliez pas, celle qui partage votre couche en dehors de votre épouse est, je l'ai déjà dit, une prostituée. Allez maintenant lui dire que l'évêque vous a outragé. Vous avez une épouse légitime, et une autre partage votre couche; quelle qu'elle soit, je le répète, c'est une prostituée. Votre épouse vous reste fidèle, elle ne connaît que vous et ne veut point en connaître d'autre. Or, puisqu'elle est chaste, pourquoi vous livrer à la fornication? Elle veut connaître qu'un seul mari, pourquoi avez-vous deux femmes? Mais, me direz-vous, c'est ma servante qui est ma concubine; est-ce que je vais chercher l'épouse d'un autre? Est-ce que je fréquente les femmes publiques? Ne m'est-il donc point permis de faire dans ma maison ce que je veux? Non, vous dis-je, cela ne vous est point permis. Ceux qui osent se le permettre vont en enfer, et brûleront dans les flammes éternelles.

CHAPITRE IV. — *Il ne faut pas différer la réforme des mœurs.* — 4. Permettez-moi d'ajouter encore quelques mots, et de vous dire : Que ceux qui se reconnaissent à ces traits se corrigent pendant qu'ils sont encore en vie, de peur qu'ils le veuillent plus tard, et ne le puissent plus; car la mort viendra tout d'un coup, et alors plus de moyen de se corriger, point d'autre alternative que d'être jeté au feu. Or, vous ne savez quand viendra cette dernière heure, et vous dites : Je vais me corriger. Et quand donc vous corrigez-vous, quand changez-vous de conduite? Demain, répondez-vous. Mais toutes les fois que vous répétez : Demain, demain, (*cras, cras*), vous faites le corbeau. Je vous le déclare, en imitant la voix du corbeau vous préparez votre ruine. Car ce corbeau, dont vous imitez la voix, est sorti de l'arche, et n'y

---

communicamus : et tamen non corrigimus. Quare? Quia « neque qui plantat est aliquid, neque qui rigat; sed qui incrementum dat Deus. » (I *Cor.*, III, 7.) Modo quia loquor, quia moneo, quid opus est nisi exaudiat me Deus pro vobis, et agat aliquid in vobis, hoc est, in cordibus vestris? Breviter dico, et vobis commendo, et fideles terreo, et vos ædifico. Membra Christi estis : nolite me, sed Apostolum audite : « Tollens, inquit, membra Christi, faciam membra meretricis? » (I *Cor.*, VI, 15.) Sed dicit nescio quis : Meretrix non est quam habeo, concubina mea est. O sancte Episcope, meretricem fecisti concubinam meam! Numquid ego dixi? Apostolus clamat, et ego incurri calumniam. Ego te volo esse sanum : in me quare furis sicut insanus? Habes uxorem, qui hoc dicis? Habeo, inquis. Bene : velis nolis, illa quæ præter uxorem tecum dormit, jam dixi, meretrix est. Ecce vade, et dic ei, quia injuriam tibi fecit Episcopus. Habes uxorem tuam legitimam, et alia tecum dormit : quæcumque est illa, jam dixi, meretrix est. Sed servat tibi uxor tua fidem, nec novit alium nisi te solum, et non disponit se nosse alterum. Cum sit ergo illa casta, tu quare fornicaris? Si illa te unum, tu quare duas? Sed dicis : Ancilla mea concubina mea est, numquid ad uxorem alienam vado? numquid ad meretricem publicam vado? An non licet mihi in domo mea facere quod volo? Dico tibi, non licet. In gehennam vadunt, qui hoc faciunt, in sempiterno igne ardebunt.

CAPUT IV. — *Morum correctio non differenda.* — 4. Vel hic liceat mihi loqui, et dicere. Corrigant se qui tales sunt dum vivunt; ne postea velint, et non possint : quia subito venit mors, et non est qui corrigatur, sed qui in ignem mittatur. Et quando veniat ipsa novissima hora, nescitur, et dicitur : Corrigo. Quando corrigis, quando mutaris? Cras, inquis. Ecce quotiens dicis : Cras, cras : factus es corvus. Ecce dico tibi, cum facis vocem corvinam, occurrit tibi

est point rentré. Pour vous, mon frère, rentrez dans l'Eglise, dont cette arche était la figure. Quant à vous qui venez d'être baptisés, écoutez-moi; écoutez-moi, vous qui venez de renaître par le sang de Jésus-Christ. Je vous en conjure par le nom qui a été invoqué sur vous, par cet autel dont vous vous êtes approchés, par les sacrements que vous avez reçus, par le jugement à venir des vivants et des morts; je vous supplie, je vous adjure, par le nom de Jésus-Christ, de ne point imiter ceux dont vous connaissez la conduite déréglée. Conservez en vous la grâce du sacrement que vous a donnée Celui qui n'a point voulu descendre de la croix, parce qu'il voulait ressusciter plein de vie du tombeau.

SERMON CCXXV.

IIe pour le jour de Pâques (1).

Aux enfants.

CHAPITRE PREMIER. — *Jésus-Christ existait avant son incarnation.* — 1. Ce qui relève singulièrement à nos yeux la sublimité de la grâce divine, c'est que le Fils de Dieu est né du Père en dehors de toute succession de temps. Qu'était-il, en effet, avant de s'unir à la nature humaine ? Supposez que vous vous faites cette question, et que vous y répondez. Quelle est ici notre pensée, mes frères? Jésus-Christ existait-il ou non avant de naître de la vierge Marie? Supposez que nous faisons cette question, sur laquelle nous ne pouvons avoir le moindre doute. Le Seigneur a répondu lui-même à ces pensées, quand les Juifs lui dirent : « Vous n'avez pas encore cinquante ans, et vous avez vu Abraham ? » et qu'il répondit : « En vérité, en vérité, je vous le dis, avant qu'Abraham fût, moi je suis. » (*Jean*, VIII, 57, 58.) Il était donc, mais il n'était pas encore homme. Et afin qu'on ne pût dire qu'il était ange, le saint Evangile vous déclare que le Christ existait. Demandez-vous ce qu'il était? « Au commencement était le Verbe, et le Verbe était en Dieu. » (*Jean*, I, 1.) Voilà ce qu'il était : « Au commencement était le Verbe. » Le Verbe n'a pas été fait au commencement, mais il était. Or, écoutez ce que l'Ecriture dit de ce monde : « Au commencement Dieu a fait le ciel et la terre. » (*Gen.*, I, 1.) Voulez-vous savoir par qui il les a faits? « Au commencement était le Verbe, » par qui devaient être faits le ciel et la terre. Le Verbe n'a pas été fait, « mais le Verbe était. » Il nous reste à examiner quel était ce Verbe, parce que

(1) Dans l'édition de Louvain, ce sermon a pour titre : *Sur la Nativité du Seigneur*; dans le manuscrit du Vatican : *Sur la Trinité* Mais, d'après le chapitre IV, il est évident qu'il a été prononcé le jour de Pâques, c'est-à-dire le jour où on lisait aux nouveaux baptisés le commencement de l'Evangile selon saint Jean, afin qu'ils pussent comprendre la sublimité de la grâce divine, par laquelle le Fils de Dieu, devenu fils de l'homme par sa naissance, avait fait, des hommes régénérés, autant de fils de Dieu. Les sermons CXIX, CXX, CXXI, qui sont sur la même matière, ont été prononcés le même jour.

---

ruina. Nam ille corvus, cujus vocem imitaris, exiit de arca, et non rediit. (*Gen.*, VIII, 7.) Tu autem frater redi in Ecclesiam, quam tunc illa arca significabat. Sed vos me audite, o baptizati ; audite me, vos per sanguinem Christi renati : obsecro vos per nomen quod super vos invocatum est, per illud altare ad quod (*a*) accessistis, per sacramenta quæ accepistis, per judicium futurum vivorum et mortuorum ; obsecro vos, obstringo vos per nomen Christi, ut non imitemini eos quos tales esse cognoscitis; sed illius sacramentum maneat in vobis, qui de ligno descendere noluit, sed voluit de sepulcro resurgere.

SERMO CCXXV (*b*).

In die Paschæ, II.

Ad Infantes.

CAPUT PRIMUM. — *Christus quid erat ante incarnationem.* — 1. Commendat nobis divinæ circa nos altitudinem gratiæ Filius Dei sine tempore natus ex Patre. Quid enim erat antequam esset in homine? Putate vos quæsisse atque dixisse. Putamus enim, Fratres mei, antequam Christus de Maria virgine nasceretur, erat, an non erat? Putate nos quærere, unde non licet dubitare. His itaque cogitationibus ipse Dominus respondit, quando ei dictum est : « Quinquaginta annos nondum habes, et Abraham vidisti? » Respondit enim, et dixit : « Amen, amen dico vobis, antequam Abraham fieret, ego sum. » (*Joan.*, VIII, 57, 58.) Ergo erat, sed homo nondum erat. Ne forte aliquis dicat: Angelus erat : sanctum Evangelium dixit vobis, quia Christus erat. Et quæritis quid erat ? « In principio erat Verbum, et Verbum erat apud Deum. » (*Joan.*, I, 1.) Ecce quod erat: « In principio erat Verbum. » Non est in principio factum Verbum, sed « erat Verbum. » De isto autem mundo audi quid dicit Scriptura : « In principio fecit Deus cœlum et terram. » (*Gen.*, I, 1.) Quæritis per quod fecit ? « In principio erat Verbum, » per quod fieret cœlum et terra. Non est factum, sed « erat

(*a*) In Remigiano Ms. *acceditis*, et infra, *accipitis*. — (*b*) Alias de Diversis LIII.

nos paroles sont aussi comme autant de verbes. Notre pensée conçoit nos paroles, notre voix les produit au dehors, et cependant la pensée et l'expression sont fugitives et passent. Et le Verbe de Dieu? « Et le Verbe était en Dieu. » Dites-nous où il était, dites ce qu'il était. Je l'ai déjà dit. Le saint Evangile vous l'a déclaré en termes formels : « Au commencement était le Verbe. » Mais j'ai demandé quel était ce Verbe. Voulez-vous savoir ce qu'il était? « Et le Verbe était Dieu. » O Verbe! Quel Verbe! Qui pourra expliquer ces paroles : « Et le Verbe était Dieu? » Est-ce que peut-être Dieu l'aurait fait? Loin de nous cette pensée! Ecoutez ce que dit le saint Evangile : « Toutes choses ont été faites par lui. » Qu'est-ce à dire, toutes choses? Tout ce que Dieu a fait, il l'a fait par lui. Comment donc a été fait Celui qui a fait toutes choses? S'est-il fait lui-même? Mais, s'il s'est fait lui-même, il existait donc avant de se faire? Or, s'il existait afin de pouvoir se faire, il a donc toujours existé.

L'incarnation est l'œuvre de la Trinité tout entière. — 2. Comment ce Verbe est-il venu dans le sein de la Vierge? « Toutes choses ont été faites par lui. » Qu'est-ce à dire : « Toutes choses? » Je l'ai déjà dit : Tout ce que Dieu a fait a été fait par lui. Gardez-vous, mon frère, d'exclure l'Esprit saint d'une œuvre aussi grande. Quelle est cette œuvre si grande? Les anges ne sont pas une des moindres œuvres de Dieu, mais une des plus grandes; et cependant, ils adorent la chair de Jésus-Christ, assise à la droite du Père.

Chapitre II. — *Marie avait fait le vœu de virginité.* — Or, cette chair est surtout l'œuvre de l'Esprit saint. Il est spécialement désigné dans ce mystère, lorsque l'Ange vient annoncer à cette Vierge sainte qu'elle aurait un Fils. Elle avait fait vœu de virginité, et son mari, loin de la lui avoir fait perdre, en était le gardien; ou plutôt, comme c'était Dieu qui la gardait, son chaste époux était le témoin de sa chasteté virginale, afin que sa grossesse ne fût pas regardée comme le fruit de l'adultère. Aussi, lorsque l'Ange vint lui annoncer ce mystère, elle lui répondit : « Comment cela se fera-t-il, puisque je ne connais point mon mari? » (*Luc*, I, 34.) Si elle avait eu l'intention de le connaître, elle n'aurait pas été étonnée. Cet étonnement est une preuve du vœu qu'elle avait fait. « Comment cela se fera-t-il, car je ne connais point mon mari? » Comment cela se fera-t-il? L'ange lui répondit : « L'Esprit saint surviendra en vous. » Voilà comment s'accomplira cette œuvre qui vous étonne. « Et la vertu du Très-Haut vous couvrira de son ombre; c'est pourquoi le fruit saint qui naîtra de vous sera appelé le Fils

---

Verbum. » Jam restat quærere quale verbum : quia verba dicuntur et nostra. Nostra quidem verba cogitatione concipiuntur, voce pariuntur; et tamen cogitata et prolata transeunt. Illud autem quid? « Et Verbum erat apud Deum. » Dic ubi erat, dic quid erat. Jam dixi. Sanctum Evangelium dixit tibi : « In principio erat Verbum. » Dic ubi erat, dic quid erat. « Et Verbum erat apud Deum. » Sed ego quæsivi quale Verbum. Vultis audire quid erat? « Et Deus erat Verbum. » O Verbum! quale Verbum? Quis explicet Verbum? « Et Deus erat Verbum. » Sed forte factum a Deo? Absit. Audi quid dicit sanctum Evangelium : « Omnia per ipsum facta sunt. » Quid est, « omnia? » Quidquid factum est a Deo, per ipsum factum est. Et quomodo ipse factus est, qui omnia fecit? Numquid ipse se fecit? Postremo si ipse se fecit, qui se faceret erat. Si ergo erat qui se faceret, (a) nunquam non erat.

Incarnatio Christi opus est totius Trinitatis. — 2. Quomodo in virgine tale Verbum? « Omnia per ipsum facta sunt. » Quid est, « omnia? » Quidquid factum est a Deo, per ipsum factum est. Noli, frater, ab isto tanto opere separare Spiritum sanctum. A quo tanto opere? Non parvum opus, magnum opus sunt Angeli : carnem Christi sedentem ad dexteram Patris adorant Angeli.

Caput II. — *Virginitatis propositum in Maria.* — Tale ergo opus operatus est maxime Spiritus sanctus. In isto opere cognominatus est, quando sanctæ Virgini per Angelum futurus nuntiatus est Filius. Illa quia proposuerat virginitatem, et erat maritus ejus, non ablator, sed custos pudoris : imo non custos, quia Deus custodiebat; sed testis pudoris virginalis fuit maritus, ne de adulterio gravida putaretur; quando ei nuntiavit Angelus, ait : « Quomodo fiet istud? quoniam virum non cognosco. » (*Luc.*, I, 34.) Si cognoscere disponeret, non miraretur. Illa admiratio, propositi est testificatio. « Quomodo fiet istud? quoniam virum non cognosco. » Quomodo fiet? Et Angelus ad eam : « Spiritus sanctus superveniet in te. » Ecce quomodo fiet quod quæris : « Et virtus Altissimi obumbrabit tibi. Ideoque quod nascetur ex

(a) Sic Vaticanus Ms. At editi, *numquid non erat.*

de Dieu. » Et voyez la justesse de cette expression : « La vertu du Très-Haut vous couvrira de son ombre, c'est-à-dire, afin que votre virginité ne ressente point les feux de la concupiscence. Et lorsqu'elle était enceinte, le saint Evangile dit d'elle : « Il se trouva qu'elle avait conçu du Saint-Esprit. » (*Matth.*, I, 18.) La chair de Jésus-Christ est donc l'œuvre de l'Esprit saint. Le Fils unique de Dieu a formé aussi lui-même sa chair. Comment le prouver ? Par ces paroles de l'Ecriture qui se rapportent à l'incarnation : « La sagesse s'est bâti une demeure ? » (*Prov.*, IX, 1.)

Comment, par l'incarnation, le Verbe ne s'est point séparé de son Père. — 3. Donnez-moi donc ici toute votre attention. Comment un Dieu si grand, un Dieu qui était en Dieu, le Verbe de Dieu, par qui toutes choses ont été faites, peut-il se renfermer dans le sein d'une femme ? Et d'abord le Verbe a-t-il quitté le ciel pour y venir ? Quoi ! le Verbe aurait quitté le ciel pour descendre dans le sein de la Vierge ? Mais qui serait la nourriture des anges, s'il avait quitté le ciel ? C'est afin que l'homme pût manger le pain des anges, que le Seigneur des anges s'est fait homme. Ici encore, que la pensée humaine s'égare dans des voies nuageuses, qu'elle s'épuise dans ses recherches pour arriver à découvrir comment le Verbe de Dieu, par qui toutes choses ont été faites, s'est incarné dans le sein d'une vierge sans quitter le séjour des anges, sans se séparer de son Père ? Comment a-t-il pu être renfermé dans le sein d'une femme ? Je réponds : Il a bien pu y demeurer, mais non y être renfermé. Mais comment, me dites-vous encore, Celui qui est si grand a-t-il pu habiter un lieu si étroit ? Le sein d'une vierge a contenu Celui que le monde ne peut contenir, et il ne s'est pas amoindri pour y descendre. Il était dans ce sein, et il y était avec toute sa grandeur. Or, quelle est cette grandeur ? Dites ce qu'elle était, et ce qu'il était lui-même.

Chapitre III. — « Et le Verbe était en Dieu. » Dites ce qu'il était : « Et le Verbe était Dieu. » Voilà ce que je sais, moi qui vous parle, mais sans le comprendre. Toutefois, la réflexion donne de l'étendue à notre esprit, cette étendue agrandit nos pensées, et nous devenons ainsi capables de comprendre ; cependant, malgré cette capacité, nous ne pourrions jamais comprendre ce mystère dans toute son étendue. Je vais donc prendre ma parole pour terme de comparaison. Ecoutez ce que je vous dis, ce que j'ai à vous dire ; écoutez et tâchez de saisir ma parole, c'est-à-dire la parole, le verbe de l'homme. Mais si vous ne pouvez comprendre cette parole, voyez combien vous êtes éloignés de comprendre le verbe divin. Nous sommes étonnés, n'est-ce pas, que le Christ se soit uni à la chair, et qu'il soit né d'une vierge sans quitter le sein de son Père ? Or, moi qui vous

---

te sanctum, vocabitur Filius Dei. » Et bene dixit : « Obumbrabit tibi, » ne tua virginitas æstum libidinis sentiat. Et cum prægnans esset, dictum est de illa : « Inventa est Maria habens de Spiritu sancto in utero. » (*Matth.*, I, 18.) Opèratus est ergo Spiritus sanctus carnem Christi. Operatus est et ipse unigenitus Filius Dei carnem suam. Unde probamus ? Quia inde ait Scriptura : « Sapientia ædificavit sibi domum. » (*Prov.*, IX, 1.)

Incarnatione quomodo Verbum non recessit a Patre. — 3. Ergo animadvertite : Tantus Deus, Deus apud Deum, Verbum Dei per quod facta sunt omnia, quomodo in utero includitur? Primum ut ibi esset Verbum, deseruit cœlum? Ut esset in utero virginis Verbum, deseruit cœlum? Et unde Angeli viverent, si Verbum deseruit cœlum? Sed ut panem Angelorum manducaret homo, Dominus Angelorum factus est homo. Adhuc cogitatio humana erret per nebulas suas, deficiat, quærat, dicat, ut inveniat, quomodo Verbum Dei in utero virginis, per quod facta sunt omnia, Angelos non deseruit, Patrem non deseruit. Quomodo in illo utero includi potuit? Esse potuit, includi non potuit. Quomodo, inquit, esse potuit tantus in loco tantillo? Ergo cepit uterus, quod non capit mundus. Nec minoratus est, ut esset in utero. In utero erat, et tantus erat. Quantus erat? Dic quantus erat, dic quod erat.

Caput III. — « Et Verbum erat apud Deum. » Dic quod erat. « Et Deus erat Verbum. » Et ego scio, inquam, qui tecum loquor ; nec ego comprehendo : sed cogitatio facit nos extendi, extensio dilatat nos, dilatatio nos capaces facit. Nec facti capaces totum comprehendere poterimus : sed verbo meo vobiscum ago. Ecce quod dico, quod dicturus sum, hoc audite, hoc comprehendite verbum meum, hoc est verbum humanum. Si autem nec hoc comprehendere poteritis, videte ab illo quam longe sitis. Certe miramur quomodo Christus carnem accepit, de virgine natus est, et a Patre non recessit : ecce ego qui vobiscum loquor, antequam ad vos venirem, cogitavi ante quod

parle, avant de me présenter devant vous, j'ai réfléchi à ce que je devais vous dire. Lorsque j'eus arrêté ma pensée sur ce qui devait faire le sujet de ce discours, j'avais déjà la parole en moi-même. Car je ne pouvais vous rien dire sans y avoir pensé tout d'abord. Je m'adresse à vous qui êtes latins, j'ai dû vous parler latin. Si vous aviez été grecs, j'aurais dû vous parler grec, et m'énoncer devant vous dans la langue grecque. Or, cette parole qui est en moi n'est ni latine, ni grecque; cette parole intérieure précède toutes ces différentes formes de langage. Je lui cherche des sons, je lui cherche un véhicule, je cherche à la faire arriver jusqu'à vous, sans qu'elle s'éloigne de moi. Vous avez entendu ce que j'avais dans l'esprit, il est maintenant dans le vôtre. Oui, il est à la fois dans votre esprit et dans le mien; vous avez commencé à l'avoir, et je ne l'ai point perdu. Or, de même que ma parole s'est revêtue de sons pour se faire entendre, ainsi le Verbe de Dieu s'est revêtu d'un corps pour se rendre visible à nos regards. Je vous ai dit tout ce que j'ai pu. Et que vous ai-je dit? Et qui suis-je, moi qui vous ai parlé? Je suis un homme, et j'ai voulu vous parler de Dieu! Il est si grand, il est si élevé, que nous ne pouvons parler convenablement de lui, et que nous ne devons point nous en taire.

Chapitre IV. — *Il faut se garder de l'ivresse. Il y a une sainte ivresse.* — 4. Je vous rends grâces, Seigneur, de ce que vous savez, vous, ce que je dis, ou ce que j'ai voulu dire. J'ai nourri des miettes de votre table vos serviteurs, qui sont mes frères; daignez vous-même nourrir et rassasier intérieurement ceux que vous avez régénérés. Qu'était autrefois cette multitude? « Elle était ténèbres, maintenant elle est lumière dans le Seigneur. » C'est à des fidèles ainsi transformés que l'Apôtre dit : « Vous avez été autrefois ténèbres, maintenant vous êtes lumière dans le Seigneur. » (*Ephés.*, v, 8.) O vous qui avez reçu le baptême, « vous avez été autrefois ténèbres, mais vous êtes maintenant lumière dans le Seigneur. » Si vous êtes lumière, vous êtes aussi jour, car Dieu a donné à la lumière le nom de jour. (*Gen.*, I, 5.) Vous étiez ténèbres, Dieu vous a faits lumière, il vous a faits jour, et c'est de vous que nous avons chanté : « Voici le jour que le Seigneur a fait; réjouissons-nous en lui, et livrons-nous à l'allégresse. » (*Ps.* cxvii, 24.) Fuyez les ténèbres. Or, l'ivresse est une œuvre de ténèbres. Vous allez sortir sobres d'ici, n'y rentrez pas dans un état d'ivresse, car nous devons nous revoir dans l'après-midi. Le Saint-Esprit a pris possession de vos âmes, qu'il n'en sorte plus, et prenez garde de le chasser de vos cœurs. C'est un hôte généreux : il vous trouve vides de tout bien, il vous comble de ses richesses; il vous trouve souffrants de la faim, et il vous rassasie; il vous trouve altérés de soif, et il vous enivre. Oui, qu'il vous enivre, car l'Apôtre, après nous avoir dit : « Ne vous laissez point enivrer par le vin d'où naît la dissolution, » semble vouloir nous ensei-

---

vobis dicerem. Quando cogitavi quod vobis dicerem, jam in corde meo verbum erat. Non enim vobis dicerem, nisi ante cogitarem. Inveni te Latinum, Latinum tibi proferendum est Verbum. Si autem Græcus esses, Græce tibi loqui deberem, et proferre ad te verbum Græcum. Illud verbum in corde nec Latinum est, nec Græcum : prorsus antecedit linguas istas quod est in corde meo. Quæro illi sonum, quæro quasi vehiculum : quæro unde perveniat ad te, quando non recedit a me. Ecce audistis quod est in corde meo, jam est et in vestro est : in meo est et in vestro est : et vos habere cœpistis, et ego non perdidi. Sicut Verbum meum assumpsit sonum, per quem audiretur : sic Verbum Dei assumpsit carnem, per quam videretur. Quantum potui, dixi. Et quid dixi? Quoniam quis dixi? Homo loqui volui de Deo. Tantus est, talis est, ut nec eum loqui possimus, nec eum tacere debeamus.

Caput IV. — *Ab ebrietate caveri debet. Ebrietas sancta.* — 4. Gratias tibi ago, Domine, quia quod dico, vel dicere volui, tu scis : tamen de micis mensæ tuæ pavi conservos meos : pasce et tu ac nutri interius quos regenerasti. Ecce multitudo ista quid fuit? « Tenebræ : nunc autem lux in Domino. » Talibus enim Apostolus dicit : « Fuistis aliquando tenebræ, nunc autem lux in Domino. » (*Ephés.*, v, 8.) O vos qui baptizati estis, « fuistis aliquando tenebræ, nunc autem lux in Domino. » Si lux utique dies : vocavit enim Deus lucem diem. (*Gen.*, 1, 5.) Fuistis tenebræ, fecit vos lucem, fecit vos diem : de vobis cantavimus : Hic est dies quem fecit Dominus, exsultemus et jucundemur in eo. » (*Psal.* cxvii, 24.) Fugite tenebras. Ebrietas ad tenebras pertinet. Nolite discedere sobrii, et redire ebrii : et post meridiem videbimus vos. Spiritus sanctus habitare cœpit, non migret : nolite illum excludere de cordibus vestris. Bonus hospes, inanes invenit, implet vos : esurientes invenit, pascit vos : postremo sitientes invenit, inebriat vos. Ipse

gner de quoi nous devons nous enivrer. « Mais remplissez-vous du Saint-Esprit, continue-t-il, vous entretenant de psaumes, d'hymnes et de cantiques spirituels, chantant du fond de vos cœurs à la gloire du Seigneur. » (*Ephés.*, v, 18.) Est-ce que celui qui se réjouit dans le Seigneur, qui chante dans un saint transport les louanges divines, n'est pas semblable à un homme qui est ivre? Laissez-moi vous prouver que c'est une véritable ivresse. « En vous, ô mon Dieu, est la source de la vie, et vous les abreuverez d'un torrent de délices. » D'où viendra ce torrent? « Parce qu'en vous est la source de la vie, et que dans votre lumière nous verrons la lumière. » (*Ps.* xxxv, 9, 10.) L'Esprit de Dieu est à la fois un breuvage et une lumière. Si vous découvriez une fontaine dans un lieu ténébreux, vous allumeriez aussitôt une lampe, afin de pouvoir y arriver. Vous n'avez pas besoin d'allumer de lampe pour approcher de la fontaine de la lumière; elle-même brille à vos yeux, et vous conduira jusqu'à ses eaux bienfaisantes. Lorsque vous y viendrez pour boire, approchez-vous aussi pour être éclairés. « Approchez-vous de lui, dit le Roi-Prophète, et vous serez éclairés. » (*Ps.* xxxiii, 6.) Ne vous en éloignez point, si vous ne voulez rester enveloppés de ténèbres. Seigneur, mon Dieu, appelez-les pour qu'ils approchent de vous; affermissez-les, afin qu'ils ne s'en éloignent jamais. Faites-en des enfants nouveaux; de ces petits enfants, faites des vieillards, mais de ces vieillards, ne faites point des morts. Car, dans cette divine sagesse, il est permis de vieillir, mais non de mourir.

SERMON CCXXVI.

IIIe pour le jour de Pâques.

Au peuple et aux enfants.

Lorsqu'on vous a fait connaître Notre-Seigneur Jésus-Christ, on vous a dit de lui que « au commencement était le Verbe, que le Verbe était en Dieu, et que le Verbe était Dieu. » (*Jean*, i, 1.) Voilà ce qu'est Notre-Seigneur Jésus-Christ; et s'il ne s'était humilié, mais qu'il eût voulu toujours demeurer tel qu'il était, l'homme était perdu. Nous reconnaissons en lui le Verbe-Dieu qui est en Dieu, nous reconnaissons le Fils unique égal au Père, nous reconnaissons qu'il est lumière de lumière et le jour sorti du jour. Oui, il est le jour, lui qui a fait le jour; il est le jour qui n'a pas été fait, mais qui a été engendré par le jour. Si donc il est le jour sorti du jour, le jour qui a été engendré et qui n'a pas été fait, quel est le jour qu'a fait le Seigneur? (*Ps.* cxvii, 24.) Pourquoi est-il le jour? Parce qu'il est la lumière. « Et Dieu appela la lumière jour. » Cherchons quel est le jour que le Seigneur a fait, afin que nous puissions nous réjouir en lui et nous livrer à l'allégresse. Dans

---

vos inebriet : Apostolus enim ait : « Nolite inebriari vino, in quo est omnis luxuria. » Et quasi volens nos docere unde inebriari debeamus : « Sed implemini, inquit, Spiritu sancto ; cantantes vobismetipsis, hymnis, et psalmis, et canticis spiritualibus, cantantes in cordibus vestris Domino. » (*Ephes.*, v, 18.) Qui lætatur in Domino, et cantat laudes Domino magna exsultatione, nonne ebrio similis est? Probo istam ebrietatem : « Quoniam apud te, Deus, fons vitæ est, et torrente voluptatis tuæ potabis eos. » Unde ? « Quia apud te, Deus, fons vitæ est, et in lumine tuo videbimus lumen. » (*Psal.* xxxv, 9, 10.) Spiritus Dei et potus et lux est. Si inveniris fontem in tenebris, lucernam accenderes, ut pervenires ad eum. Noli accendere lucernam ad lucis fontem : ipse tibi lucet, et ad se te ducet. Cum veneris ad bibere, accede et illuminare. « Accedite ad eum, et illuminamini ; » (*Psal.* xxxiii, 6) nolite recedere, ne contenebremini. Domine Deus voca, et accedatur ad te : firma, ne recedatur. Fac filios tuos novos, de parvulis senes, (*a*) sed non de senibus mortuos. In ista enim sapientia senescere licet, mori non licet.

SERMO CCXXVI (*b*).

In die Paschæ, III.

Ad populum et ad Infantes.

Sic audistis prædicari Dominum Christum, quia « in principio erat Verbum, et Verbum erat apud Deum, et Deus erat Verbum. » (*Joan.*, i, 1.) Ipse est enim Dominus Christus, qui si non se humiliaret, sed semper sic manere voluisset, homo perisset. Agnoscimus Verbum Deum apud Deum, agnoscimus Patri æqualem unigenitum Filium, agnoscimus lumen de lumine, diem ex die. Ipse est dies, qui fecit diem : a die non factus, sed genitus. Si ergo dies de die, non factus, sed genitus est ; quis est dies quem fecit Dominus ? (*Psal.* cxvii, 24.) Quare dies ? Quia lux est. « Et vocavit Deus lucem diem. » Quæramus quem diem fecit Dominus, ut exsultemus et jucun-

---

(*a*) Lov. *de parvulis senes, de non senibus mortuos.* Hunc et alios plures locos emendamus ad Vaticanum Ms. — (*b*) Alias *de Diversis* LXXXII.

le récit de la première création du monde, nous lisons que les « ténèbres couvraient la face de l'abîme, et que l'Esprit de Dieu était porté sur les eaux. Et Dieu dit : Que la lumière soit, et la lumière fut. Et Dieu sépara la lumière des ténèbres. Et il appela la lumière jour, et les ténèbres nuit. » (*Gen.*, I, 2, etc.) Voilà le jour que le Seigneur a fait. Mais est-ce donc là le jour dans lequel nous devons nous réjouir et nous livrer à l'allégresse? Il est un autre jour que le Seigneur a fait, dont nous devons avoir une connaissance plus parfaite, et qui doit être pour nous une cause de joie et d'allégresse. En effet, il est dit aux fidèles qui croient en Jésus-Christ : « Vous êtes la lumière du monde. » (*Matth.*, v, 14.) Si vous êtes lumière, vous êtes aussi jour, car Dieu a donné à la lumière le nom de jour. Hier encore, l'Esprit de Dieu était aussi porté par les eaux, et les ténèbres couvraient la face de l'abîme, alors que ces enfants étaient encore chargés du poids de leurs péchés. Lorsque ces péchés leur ont été remis par l'Esprit de Dieu, alors Dieu a dit : « Que la lumière soit, et la lumière fut. » « Voici le jour que le Seigneur a fait; réjouissons-nous en lui et livrons-nous à l'allégresse. » (*Ps.* CXVII, 24.) Adressons-nous à ce jour avec les paroles mêmes de l'Apôtre : O jour que le Seigneur a fait! vous avez été autrefois ténèbres, mais maintenant vous êtes lumière dans le Seigneur. « Vous avez été autrefois ténèbres. » (*Ephés.*, v, 8.) L'avez-vous été, oui ou non? Rappelez-vous votre vie passée, et voyez si vous n'avez pas été ténèbres. Regardez dans vos consciences les œuvres auxquelles vous avez renoncé. Ainsi donc, puisque vous avez été autrefois ténèbres, et que vous êtes maintenant lumière, non pas en vous, « mais dans le Seigneur, marchez comme des enfants de lumière. » Que ce peu de paroles vous suffisent, car nous avons de grandes occupations, et nous devons parler encore aujourd'hui aux enfants des sacrements de l'autel.

SERMON CCXXVII.

IVe *pour le jour de Pâques.*

Aux enfants, sur les sacrements.

Je n'ai pas oublié la promesse que je vous ai faite. Je vous avais promis, à vous qui êtes baptisés, un discours sur le sacrement de la table du Seigneur, que vous avez sous les yeux, et auquel vous avez participé la nuit dernière. C'est un devoir pour vous de connaître ce que vous avez reçu, ce que vous recevrez encore, ce que vous devriez recevoir tous les jours. Ce pain que vous voyez sur l'autel, dès qu'il est consacré par la parole de Dieu, est le corps de Jésus-Christ. Ce calice, ou plutôt ce que contient ce

---

demur in eo. In prima conditione mundi legitur, quia « tenebræ erant super abyssum, et Spiritus Dei ferebatur super aquam. Et dixit Deus : Fiat lux. Et facta est lux. Et divisit Deus inter lucem et tenebras ; et lucem vocavit diem, et tenebras vocavit noctem. » (*Gen.*, I, 2, etc.) Ecce dies quem fecit Dominus. Sed numquid ipse est, in quo exsultare et jucundari debemus? Est alius dies quem fecit Dominus, quem magis debemus agnoscere, et in eo jucundari et exsultare. Quoniam dictum est fidelibus in Christum credentibus : « Vos estis lux mundi. » (*Matth.*, v, 14.) Si lux, utique dies : quia lucem vocavit diem. Ferebatur ergo etiam hic hesterno die Dei Spiritus super aquam, et tenebræ erant super abyssum, quando isti infantes adhuc sua peccata portabant. Quando ergo illis per Spiritum Dei peccata dimissa sunt, tunc dixit Deus : « Fiat lux : et facta est lux. » Ecce « dies quem fecit Dominus, exsultemus et jucundemur in eo. » (*Psal.* CXVII, 24.) Alloquamur istum diem Apostolicis verbis. O dies quem fecit Dominus, fuisti aliquando tenebræ : nunc autem lux in Domino. « Fuistis, inquit, aliquando tenebræ. » (*Ephes.*, v, 8.) Fuistis, aut non? Recolite facta vestra, si non fuistis. Respicite conscientias vestras, quibus renuntiastis. Quia ergo « fuistis aliquando tenebræ, nunc autem lux, » non in vobis, sed « in Domino sicut filii lucis ambulate. » Satis sint vobis pauca ista, quoniam et post laboraturi sumus, et de Sacramentis altaris hodie Infantibus disputandum est.

SERMO CCXXVII [a].

In die Paschæ, IV.

Ad Infantes, de Sacramentis.

Memor sum promissionis meæ. Promiseram enim vobis, qui baptizati estis, Sermonem quo exponerem mensæ Dominicæ Sacramentum, quod modo etiam videtis, et cujus nocte præterita participes facti estis. Debetis scire quid accepistis, quid accepturi estis, quid quotidie accipere debeatis. Panis ille quem videtis in altari, sanctificatus per verbum Dei, corpus est Christi. Calix ille, imo quod habet calix, sanctifi-

---

(a) Alias de Diversis LXXXIII.

calice, dès que la parole de Dieu l'a sanctifié, est le sang de Jésus-Christ. Notre-Seigneur Jésus-Christ a voulu sous ces symboles sacrés confier à notre vénération, à notre amour, son corps et ce sang qu'il a répandu pour la rémission de nos péchés. Or, si vous les avez reçus avec les dispositions convenables, vous êtes vous-mêmes ce que vous avez reçu. L'Apôtre dit, en effet : « Nous ne sommes tous qu'un seul pain et qu'un seul corps. » (I *Cor.*, x, 17.) C'est ainsi qu'il explique le sacrement de la table du Seigneur : « Nous ne sommes tous qu'un seul pain et qu'un seul corps. » Ce pain sacré vous rappelle combien vous devez aimer l'unité. Est-ce que ce pain a été fait d'un seul grain? N'est-il pas composé d'un grand nombre de grains de froment? Mais, avant d'entrer dans la composition de ce pain, ils étaient séparés; c'est l'eau qui les a unis, après qu'ils ont été broyés. Car si le froment n'est d'abord moulu et ensuite imbibé d'eau, on ne peut lui donner la forme du pain. Et vous aussi, dans les jours qui ont précédé, vous avez été comme broyés par les humiliations du jeûne et par les cérémonies mystérieuses de l'exorcisme. L'eau du baptême est venue vous pénétrer ensuite, pour que vous puissiez recevoir la forme de pain. Mais on ne peut faire de pain sans feu. Par quoi le feu est-il ici représenté? Par le saint chrême, car l'huile qui alimente notre feu, c'est le sacrement de l'Esprit saint. Soyez attentifs lorsqu'on vous lira les Actes des Apôtres : c'est aujourd'hui qu'on en commence la lecture. On a commencé, en effet, aujourd'hui le livre que nous appelons les Actes des Apôtres. Celui qui veut faire des progrès en trouvera les moyens dans ce livre. Lorsque vous vous réunissez dans l'Eglise, mettez de côté tous les discours frivoles, et donnez toute votre attention à l'étude des saintes Ecritures. C'est nous qui sommes pour vous ces livres sacrés. Soyez donc attentifs, et considérez que l'Esprit saint doit venir le jour de la Pentecôte. Or, voici comme il viendra : il s'est manifesté sous la forme de langues de feu. C'est lui, en effet, qui nous inspire une charité brûlante pour Dieu, et le mépris du monde; c'est lui qui consume toute la paille de notre cœur, et nous purifie comme l'or. L'Esprit saint vient donc ici comme le feu après l'eau; et vous devenez ce pain, qui est le corps de Jésus-Christ. Ce sacrement est donc comme un symbole de l'unité. Vous connaissez l'ordre dans lequel suivent les cérémonies mystérieuses de ce sacrement. Après la prière, on vous rappelle que vous devez élever votre cœur. C'est un devoir pour les membres de Jésus-Christ. Vous êtes devenus les membres de Jésus-Christ, mais votre chef, où est-il? Les membres doivent avoir un chef. Si le chef

catum per Verbum Dei, sanguis est Christi. Per ista voluit Dominus Christus commendare corpus et sanguinem suum, quem pro nobis fudit in remissionem peccatorum. Si bene accepistis, (*a*) vos estis quod accepistis. Apostolus enim dicit : « Unus panis, unum corpus, multi sumus. » (I *Cor.*, x, 17.) Sic exposuit Sacramentum mensæ Dominicæ : « Unus panis, unum corpus, multi sumus. » Commendatur vobis, in isto pane quomodo unitatem amare debeatis. Numquid enim panis ille de uno grano factus est? Nonne multa erant tritici grana? Sed antequam ad panem venirent, separata erant : per aquam conjuncta sunt, et post quamdam contritionem. Nihil enim molatur triticum, et per aquam conspergatur, ad istam formam minime venit, quæ panis vocatur. Sic et vos ante (*b*) jejunii humiliatione et exorcismi sacramento quasi molebamini. Accessit Baptismum et aqua; quasi conspersi estis, ut ad formam panis veniretis. Sed nondum est panis sine igne. Quid ergo significat ignis? Hoc est Chrisma. Oleum etenim ignis (*c*) nostri, Spiritus sancti est sacramentum. In Actibus Apostolorum advertite, quando legitur. Modo incipit liber ipse legi. Hodie cœpit liber, qui vocatur Actuum Apostolorum. Qui vult proficere, habet unde. Quando convenitis ad ecclesiam, tollite fabulas vanas: intenti estote ad Scripturas. Codices vestri nos sumus. Attendite ergo, et videte, quia venturus est Pentecoste Spiritus sanctus. Et sic veniet : in linguis igneis se ostendit. Inspirat enim caritatem, qua ardeamus in Deum, et contemnamus mundum, et fœnum nostrum exuratur, et cor quasi aurum purgetur. Accedit ergo Spiritus sanctus, post aquam ignis : et efficimini panis, quod est corpus Christi. Et ideo unitas (*d*) quodam modo significatur. Tenetis sacramenta ordine suo. Primo post orationem ; admonemini sursum habere cor. Hoc decet membra Christi. Si enim membra Christi facti estis, caput vestrum ubi est? Membra habent caput. Si caput non præcessisset,

---

(*a*) Lov. *in remissionem peccatorum, si bene accipitis,* omisso, *vos estis quod accepistis,* quod nos ex Mss. restituimus. — (*b*) Lov. *ante jejunii humiliationem exorcismi sacramento quasi molebamini.* Floriacensis vetus codex, *ante jejuniis, humiliatione, exorcismo quasi molebamini. Aliorum quorumdam* Mss. est lectio quam elegimus. Confer. Fragmentum Ser. ccxxix, et lib. de fide et operibus, c. vi. — (*c*) Floriacensis Ms. loco *nostri,* habet *nutritus,* seu *nutrit...* — (*d*) Omnes Mss. *quomodo.*

n'avait précédé, les membres ne pourraient suivre. Or, où est votre chef? Qu'avez-vous récité dans le Symbole? « Il est ressuscité des morts le troisième jour, il est monté aux cieux, il est assis à la droite du Père. » Notre chef est donc dans le ciel. Aussi, lorsqu'on vous dit : « Elevez votre cœur, » vous répondez : « Nous le tenons élevé vers le Seigneur. » Et, afin que vous ne puissiez croire que c'est à vos propres forces, à vos mérites, à vos efforts que vous devez de tenir ainsi votre cœur élevé vers le Seigneur, alors que c'est un don de Dieu, l'évêque ou le prêtre qui offre le sacrifice, après que le peuple a répondu : « Nous le tenons élevé vers le Seigneur, » continue et dit : « Rendons grâces au Seigneur notre Dieu, » de ce que nous tenons notre cœur élevé vers lui. Nous rendons grâces à Dieu, parce que, sans lui, notre cœur resterait sur la terre. Et vous rendez vous-mêmes témoignage à cette vérité, en disant : Il est bien digne et bien juste que nous rendions grâces à Celui qui nous a donné d'élever notre cœur vers notre chef. Ensuite, après la consécration du divin sacrifice, comme Dieu a voulu que nous fussions nous-mêmes son sacrifice, ce qu'on nous a rappelé d'abord par ces paroles : Le sacrifice de Dieu et nous, c'est-à-dire le signe de ce que nous sommes; aussitôt la consécration, nous récitons l'Oraison dominicale, qui vous a été enseignée et que vous avez récitée. Après cette oraison, le prêtre dit : « La paix soit avec vous, » et les chrétiens se donnent un saint baiser. C'est le symbole de la paix, et ce que font les lèvres doit s'accomplir au fond du cœur; de même que vos lèvres se rapprochent des lèvres de votre frère, ainsi votre cœur ne doit pas rester éloigné de son cœur. Quelle grandeur dans ces sacrements, et qui pourra dignement l'exprimer! Voulez-vous savoir quelle idée l'Apôtre nous en donne? Ecoutez ce qu'il dit : « Celui qui mange le corps de Jésus-Christ, ou qui boit le calice du Seigneur indignement, est coupable du corps et du sang du Seigneur. » Or, qu'est-ce que recevoir indignement le corps et le sang du Seigneur? C'est le recevoir sans respect et avec mépris. Ne dédaignez pas ce sacrement, parce que vous le voyez. Ce qui frappe vos regards passe, mais l'invisible réalité ne passe point, elle demeure. On reçoit ces signes sacrés, on les mange, on les consume; est-ce le corps de Jésus-Christ qui est consumé? Est-ce l'Eglise de Jésus-Christ? Sont-ce les membres de Jésus-Christ? Gardons-nous de le croire. Les membres de Jésus-Christ sont purifiés ici-bas, pour être couronnés dans le ciel. La réalité signifiée par ce sacrement demeurera

membra non sequerentur. Quo ivit caput vestrum? Quid reddidistis in Symbolo? « Tertia die resurrexit a mortuis, ascendit in cœlum, sedet ad dexteram Patris. » Ergo in cœlo est caput nostrum. Ideo cum dicitur : « Sursum cor, » respondetis : « Habemus ad Dominum. » Et ne hoc ipsum quod cor habetis sursum ad Dominum, tribuatis viribus vestris, meritis vestris, laboribus vestris, quia Dei donum est sursum habere cor, ideo sequitur episcopus, vel præsbyter (*a*) qui offert, et dicit, cum responderit populus : « Habemus ad Dominum sursum cor : Gratias agamus Domino Deo nostro, » quia sursum cor habemus. (*b*) Gratias agamus, quia nisi donaret, in terra cor haberemus. Et vos attestamini : « Dignum et justum est » dicentes, ut ei gratias agamus qui nos fecit sursum ad nostrum caput habere cor. Deinde post sanctificationem sacrificii (*c*) Dei, quia nos ipsos voluit esse sacrificium suum, quod demonstratum est, ubi impositum est primum illud, sacrificium Dei et nos, id est signum rei quod sumus : ecce ubi est peracta sanctificatio dicimus Orationem Dominicam, quam accepistis et reddidistis. Post ipsam dicitur : « Pax vobiscum : » et osculantur se Christiani in osculo sancto. Pacis signum est : sicut ostendunt labia, fiat in conscientia. Id est, quomodo labia tua ad labia fratris tui accedunt, sic cor tuum a corde ejus non recedat. Magna ergo sacramenta, et valde magna. Vultis nosse quomodo commendentur? Ait Apostolus : « Qui manducat corpus Christi, aut bibit calicem Domini indigne, reus erit corporis et sanguinis Domini. » Quid est indigne accipere? Irridenter accipere, contemptibiliter accipere. Non tibi videatur vile, quia vides. Quod vides, transit : sed quod significatur invisibile, non transit; sed permanet. Ecce accipitur, comeditur, consumitur : numquid corpus Christi consumitur? numquid Ecclesia Christi consumitur? numquid membra Christi consumuntur? Absit. Hic mundantur : ibi coronantur. Manebit ergo quod significatur (*d*) æternaliter, quanquam transire videatur. Sic ergo accipite, ut vos co-

)*a*) Floriacensis Ms. non habet, *qui offert et dicit cum responderit populus*. Sed horum loco in interlineari spatio a secunda manu additum est, *postquam responsum est*. — (*b*) Hic et infra verba quædam in editis omissa restituuntur ex Mss. — (*c*) In loco perplexo libris Mss. insistimus. Quippe non concinnius apud Lov. hic habetur, *sacrificii dicitur, qua*, et paulo post omittitur, *ubi impositum est*. — (*d*) Vox *æternaliter* a Floriacensi libro abest.

donc éternellement, bien que les signes extérieurs semblent passer. Recevez donc ce sacrement avec cette pensée que vous devez avoir l'union dans le cœur, et votre cœur constamment élevé vers le ciel. Mettez votre espérance, non pas sur la terre, mais dans le ciel; que votre foi soit ferme en Dieu, pour lui être agréable. Car, ce que vous croyez ici-bas sans le voir, vous le contemplerez un jour dans les cieux, où votre joie sera éternelle.

SERMON CCXXVIII.

V° *pour le jour de Pâques.*

Au peuple et aux enfants.

Jours consacrés aux sacrements reçus par les enfants. Les autres fidèles leur doivent l'exemple de la vertu. — 1. Après les fatigues de la nuit dernière, je ne dois pas vous faire un long discours, car si l'esprit est prompt, la chair est faible; et cependant, je dois vous adresser quelques mots. Les jours qui suivent la passion de Notre-Seigneur, et où nous chantons l'*Alleluia*, nous les célébrons dans la joie, comme des jours de fête, jusqu'à la Pentecôte, où le Sauveur envoya du ciel l'Esprit saint qu'il avait promis. Parmi ces jours, les sept ou huit qui s'écoulent, sont spécialement consacrés aux sacrements reçus par les enfants. Ceux qui portaient le nom de catéchumènes sont maintenant appelés enfants. On les appelait *compétents*, parce qu'ils frappaient les entrailles maternelles, comme pour demander qu'on les mît au jour. On leur donne maintenant le nom d'enfants, parce qu'ils sont nés aujourd'hui à Jésus-Christ, eux qui, depuis longtemps, étaient nés au monde. La vie qui est encore toute nouvelle en eux doit être solidement affermie en vous, et, parce que vous êtes fidèles depuis longtemps, vous devez leur donner des exemples, non qui les perdent, mais qui les édifient. Ces nouveau-nés considèrent quelle est votre vie, à vous qui êtes leurs aînés. C'est ce que font les enfants qui naissent à la vie que nous recevons d'Adam. Ils sont d'abord petits enfants, et lorsqu'ils sont capables de remarquer la conduite de leurs parents, ils l'observent attentivement pour l'imiter. Donc, puisque les plus jeunes suivent ordinairement les traces des plus âgés, il est à désirer que ces derniers marchent dans la bonne voie, de peur que les uns et les autres ne viennent à s'égarer et à se perdre. Voilà pourquoi, mes frères, vous qui, par le temps qui s'est écoulé depuis votre régénération, êtes comme les pères de ces nouveaux baptisés, je m'adresse à vous, et je vous exhorte à mener une vie si sainte, qu'elle soit pour vous et pour ceux qui vous imitent une cause de joie mutuelle, et non pas une cause de ruine. Un chrétien nouveau-né remarque je ne sais quel fidèle en état d'ivresse; je crains qu'il ne se fasse cette question : Pourquoi ce fidèle s'adonne-t-il

gitetis, ut unitatem in corde habeatis, sursum cor semper figatis. Spes vestra non sit in terra, sed in cœlo : fides vestra firma sit in Deum, acceptabilis sit Deo. Quia quod modo hic non videtis, et creditis; visuri estis illic, ubi sine fine gaudebitis.

SERMO CCXXVIII (a).

In die Paschæ, V.

Ad populum et ad Infantes.

Dies sacramentis Infantium deputati. Infantibus exempla probitatis præbeant alii fideles. — 1. Post laborem noctis præteritæ, quoniam etsi spiritus promptus est, caro tamen infirma, diu vos tenere sermone non debeo, et tamen sermonem vobis debeo. Dies istos, quibus post passionem Domini nostri Deo cantamus Alleluia, festos habemus in lætitia usque ad Pentecosten, quando missus est de cœlo promissus Spiritus sanctus. Ex his diebus, septem vel octo qui nunc aguntur, Sacramentis Infantium deputantur. Qui paulo ante vocabantur Competentes, modo vocantur Infantes. Competentes dicebantur, quoniam materna viscera, ut nascerentur, petendo pulsabant: Infantes dicuntur, quia modo nati sunt Christo, qui prius nati fuerant sæculo. In illis est novata, quæ in vobis debet esse firmata : et qui jam fideles estis, non eis exempla, quibus pereant, sed quibus proficiant præbeatis. Intendunt enim vos modo nati, quomodo vivatis olim nati. Hoc faciunt qui etiam secundum Adam nascuntur : prius parvuli sunt; post mores majorum cum sentire cœperint, quid imitentur attendunt. Et quoniam quo duxerit major, sequitur minor; optandum est ut bona via major eat, ne sequendo major et minor pereant. Itaque vos, Fratres, qui jam quodam modo per ætatem regenerationis parentes estis, alloquor vos, ac exhortor, ut ita vivatis, ut cum eis, qui vos imitantur, gaudeatis, non pereatis. Attendit modo natus nescio quem fidelem

(a) Alias XVII, ex Viguerianis.

ainsi à la boisson? Il en remarque un autre qui est usurier, qui donne à regret, qui exige impitoyablement ce qui lui est dû, et il se dit : Je ferai de même. On lui répond : Vous êtes maintenant fidèle, gardez-vous d'agir ainsi; vous êtes baptisé, vous avez reçu une nouvelle naissance, votre espérance a un autre objet, votre conduite doit avoir une autre direction. Mais, répond-il à son tour, pourquoi alors un tel et un tel sont-ils au nombre des fidèles? Je ne vais point plus loin, car qui pourrait tout dire? Ainsi donc, mes frères, vous qui, depuis longtemps, avez été admis au nombre des fidèles, si votre conduite est mauvaise, vous rendrez compte à Dieu, et pour vous, et pour ces enfants, des scandales que vous leur donnez.

Exhortation aux enfants à imiter les bons.
— 2. C'est à eux que je m'adresse maintenant, et je leur demande d'être de bons grains dans l'aire, et de ne point suivre la paille que le vent emporte, pour se perdre avec elle, mais de demeurer dans l'aire retenus par le poids de la charité, pour arriver au royaume de l'immortalité. Vous donc, mes frères; vous, mes enfants; vous, plantes nouvelles de l'Eglise votre mère, je vous conjure, par ce que vous avez reçu, de tenir les yeux fixés sur Celui qui vous a appelés, qui vous a aimés, qui vous a cherchés lorsque vous étiez perdus, qui vous a éclairés après vous avoir retrouvés; de ne point suivre les voies de ces hommes corrompus, dans lesquels le nom de fidèles est déplacé, car on ne demande point comment ils s'appellent, mais si leur vie est conforme au nom qu'ils portent. Si ce chrétien est nouvellement né, où est sa vie nouvelle? S'il est fidèle, où est sa foi? J'entends le nom, je veux voir la réalité. Choisissez avec soin ceux que vous devrez prendre pour modèles, c'est-à-dire des chrétiens qui craignent Dieu, qui n'entrent dans l'Eglise qu'avec un saint respect, qui écoutent attentivement la parole de Dieu, la conservent fidèlement dans leur mémoire, en font le sujet de leurs méditations, et la mettent en pratique. Ne dites pas en vous-mêmes : Et où trouverons-nous de tels chrétiens? Soyez vous-mêmes ces chrétiens, et vous n'aurez pas de peine à les trouver. Les semblables se rapprochent de leurs semblables; si vous vivez dans le désordre, vous ne verrez se joindre à vous que des hommes déréglés. Commencez à mener une vie sainte, et vous verrez combien de compagnons fidèles s'empresseront autour de vous, combien de frères viendront faire le sujet de votre joie. Enfin, vous ne trouvez aucun modèle à imiter. Soyez vous-mêmes les modèles des autres.

Nous devons aujourd'hui adresser aux enfants, près de l'autel de Dieu, un discours sur le sacrement de l'autel. Nous leur avons déjà parlé du Symbole, qu'ils doivent croire, de l'Oraison dominicale, qui leur apprend comment ils doivent prier, ainsi que du sacrement des fonts sacrés et

ebriosum : timeo ne dicat sibi : Quare ille fidelis est, et tantum bibit? Attendit nescio quem fœneratorem, tristem datorem, truculentum exactorem, et dicit sibi : Faciam et ego. Respondetur ei : Jam fidelis es, noli facere; baptizatus es, renatus es, mutata est spes, mutentur mores. Et ille : Quare ille et ille fideles sunt? Nolo dicere alia; quis enim commemoret omnia? Ideo Fratres mei, quando male vivitis, qui jam fideles estis, et de vobis et de istis malam rationem Deo reddetis.

Infantes hortatur ut imitentur bonos. — 2. Jam ipsos alloquor, ut grana sint in area, ut paleam quæ vento circumfertur, non sequantur, cum qua pereant; sed maneant pondere caritatis, ut perveniant ad regnum immortalitatis. Vos ergo fratres, vos filii, vos novella germina matris Ecclesiæ, obsecro vos per quod accepistis, ut attendatis in eum qui vos vocavit, qui dilexit vos, qui perditos quæsivit vos, qui inventos illuminavit vos, ut non sectemini vias perditorum, in quibus errat nomen fidelium : non enim quæritur quid vocentur, sed utrum nomini suo consonent. Si natus est, ubi est nova vita? Si fidelis est, ubi est fides? Audio nomen, agnoscam et rem. Eligite vobis quos imitemini, Deum timentes, ecclesiam Dei cum timore intrantes, verbum Dei diligenter audientes, memoria retinentes, cogitatione ruminantes, factis implentes, ipsos eligite quos imitemini. Non dicat cor vestrum : Et ubi inveniemus tales? Estote tales, et invenietis tales. Omnis res similis ad similem cohæret : si perditus vixeris, non se tibi junget nisi perditus. Incipe bene vivere, et videbis quanti socii te circumdent, de quanta fraternitate gratuleris. Postremo, non invenis quod imiteris? Esto quod alius imitetur.

3. Sermonem ad altare Dei debemus hodie Infantibus de Sacramento altaris. Tractavimus ad eos de sacramento Symboli, quod credere debeant : tractavimus de sacramento Orationis dominicæ, quomodo petant; et de sacramento fontis et Baptismi. Omnia hæc et disputata audierunt, et tradita perceperunt :

du baptême. Ils ont entendu les explications et compris les enseignements que nous leur avons donnés, mais nous ne leur avons encore rien dit du saint Sacrement de l'autel qu'ils ont vu aujourd'hui, et nous devons les entretenir de cet important sujet. Nous ne prolongeons donc point plus longtemps ce discours, tant à cause de nos occupations que pour l'édification de ces enfants.

SERMON CCXXIX.
Sur les sacrements de fidèles, pour le lundi de Pâques (1).

Fragment retrouvé dans la collection de Bède et de Florus, dans leur Commentaire sur le chapitre x de la Ire Epître aux Corinthiens.

Comme mémorial de ce qu'il a souffert pour nous, Notre-Seigneur a voulu nous donner son corps et son sang, et il a fait aussi de nous-mêmes son corps et son sang. Nous sommes devenus son corps, et, par un effet de sa miséricorde, nous sommes ce que nous recevons. J'en appelle à vos souvenirs ; vous ne l'avez pas toujours été, c'est une nouvelle création. Vous avez été apportés sur l'aire du Seigneur, et vous avez été broyés sous les pieds des bœufs, c'est-à-dire des prédicateurs de l'Evangile. Lorsqu'on vous retenait parmi les catéchumènes, on vous tenait en réserve dans le grenier. Vous avez fait inscrire vos noms, vous avez commencé à être moulus par les jeûnes et par les exorcismes, puis vous vous êtes approchés de l'eau sainte ; elle vous a pénétrés et vous a réduits à l'unité ; enfin, la chaleur de l'Esprit saint a fait lever cette pâte, et vous êtes devenus le pain du Seigneur. Voilà ce que vous avez reçu. De même donc que vous voyez l'unité dans ce qui s'est fait pour vous, conservez précieusement cette unité, en vous aimant les uns les autres, en restant attachés à la même foi, à la même espérance, à l'indivisible charité. Lorsque les hérétiques reçoivent ce sacrement, ils reçoivent un témoignage qui les condamne, puisqu'ils recherchent la division, tandis que ce mystère ne prêche que l'unité. Il en est de même du vin : il se trouvait disséminé dans une multitude de grains, et il forme maintenant une seule et même liqueur. Il est un dans le breuvage si doux que contient le calice, après que les grains ont été foulés sous le pressoir. Et vous aussi, après ces jeûnes, après les travaux de la pénitence, après les humiliations et la contrition du cœur, vous vous êtes approchés, au nom de Jésus-Christ, du calice du Seigneur ; vous êtes vous aussi sur la table sainte, vous êtes dans le calice ; vous êtes avec nous, car nous mangeons ensemble ce pain sacré ; nous buvons ensemble ce vin mystérieux, parce que nous vivons d'une vie commune.

(1) Florus, d'après l'autorité de Bède, cite ce sermon sous ce titre ; c'est aussi ce que fait après eux Algerus dans son *Traité du Sacrement*, liv. I, ch. III et XIX. Dans les sermons qui précèdent, il en est un qui traite le même sujet : c'est le quatrième pour le jour de Pâques, et, dans ceux qui suivent, le dernier pour la fête de la Pentecôte.

de Sacramento autem altaris sacri, quod hodie viderunt, nihil adhuc audierunt ; hodie illis de hac re Sermo debetur. Propterea hic Sermo brevis esse debet, et propter laborem nostrum, et propter ædificationem illorum.

SERMO CCXXIX.
De Sacramentis fidelium, feria secunda Paschæ.

Fragmentum in Bedæ et Flori Collectione repertum, ad 1 Cor., x.

Quia passus est pro nobis, commendavit nobis in isto Sacramento corpus et sanguinem suum ; quod etiam fecit et nos ipsos. Nam et nos corpus ipsius facti sumus, et per misericordiam ipsius quod accipimus, nos sumus. Recordamini, et vos non fuistis, et creati estis. Ad aream Dominicam comportati estis : laboribus boum, id est annuntiantium Evangelium, triturati estis. Quando Catechumeni differebamini, in horreo servabamini. Nomina vestra dedistis ; cœpistis moli jejuniis et exorcismis. Postea ad aquam venistis, et conspersi estis, et unum facti estis : accedente fervore Spiritus sancti cocti estis : et panis Dominicus facti estis. Ecce quod accepistis. Quomodo ergo unum videtis esse quod factum est, sic unum estote vos, diligendo vos, tenendo unam fidem, unam spem, individuam caritatem. Hæretici quando hoc accipiunt, testimonium contra se accipiunt : quia illi quærunt divisionem, cum panis iste indicet unitatem. Sic et vinum in multis racemis fuit, et modo (a) in unum est. Unum est in suavitate calicis, post pressuram torcularis. Et vos post illa jejunia, post labores, post humilitatem et contritionem, jam in nomine Christi tanquam ad calicem Domini venistis : et ibi vos estis in mensa, ibi vos estis in calice. Nobiscum vos estis. Simul enim hoc sumimus, simul bibimus : quia simul vivimus.

(a) Sic in Mss. et apud Algerum. At in Beda vulgato legitur, *et modo unum est*.

SERMON CCXXX.

Ier *pour les fêtes de Pâques.*

Sur ces paroles du Psaume CXVII : *Voici le jour que le Seigneur a fait.*

Mettons en pratique, avec la grâce de Notre-Seigneur, ce que nous lui avons exprimé dans nos chants. Tous les jours ont été faits par le Seigneur, mais ce n'est pas sans raison qu'il est écrit d'un autre jour en particulier : « C'est ici le jour que le Seigneur a fait. » (*Ps.* CXVII, 24.) Nous lisons que lorsque Dieu créa le ciel et la terre, il dit : « Que la lumière soit. Et la lumière fut. Et Dieu appela la lumière jour, et les ténèbres nuit. » (*Gen.*, I, 3, etc.) Mais il est pour nous un autre jour déterminé, qui nous est spécialement recommandé, et dont l'Apôtre parle, lorsqu'il dit : « Marchons dans la décence, comme durant le jour. » (*Rom.*, XIII, 15.) La durée de ce jour ordinaire, qui revient périodiquement, est marquée par le lever et par le coucher du soleil. Il est un autre jour qui fait briller la parole de Dieu dans le cœur des fidèles et dissipe les ténèbres qui plongent dans l'obscurité, non les yeux du corps, mais le monde moral. Voilà le jour qu'il nous faut reconnaître et qui doit exciter en nous une sainte joie. Ecoutons ce que nous dit l'Apôtre : « Nous sommes les enfants de la lumière et les enfants du jour, nous ne sommes point enfants de la nuit, ni des ténèbres. » (I *Thes.*, V, 5.) « Marchons dans la décence comme durant le jour, et non dans les festins et dans la débauche, dans les impudicités et dans les dissolutions, dans les querelles et dans les jalousies. Mais revêtez-vous de Notre-Seigneur Jésus-Christ, et ne cherchez point à contenter les désirs de la chair. » (*Rom.*, XIII, 13, 14.) Si vous êtes fidèles à cette recommandation, vous chantez dans toute l'étendue de votre cœur : « Voici le jour que le Seigneur a fait. » Car vous êtes vous-mêmes ce que vous chantez, si votre vie est irrépréhensible et sainte. Ah ! qu'il en est qui se plongent dans l'ivresse durant ces saints jours ! Qu'il en est qui, durant ces jours, non contents de s'enivrer, se livrent à des rixes grossières et sanglantes ! Ceux-là sont loin de chanter : « Voici le jour que le Seigneur a fait. » Le Seigneur leur répond : Vous êtes ténèbres ; ce n'est point moi qui vous ai faits. Si vous voulez être le jour que le Seigneur a fait, vivez saintement, et vous serez éclairés de la lumière de la vérité, qui ne se couchera jamais pour vos cœurs.

SERMO CCXXX (*a*).

In diebus Paschalibus, 1.

De versu Psalmi CXVII : *Hic est dies quem fecit Dominus.*

Sicut Domino nostro cantavimus, ita illo adjuvante faciamus. Omnis enim dies a Domino factus est : non tamen sine causa de aliquo præcipue scriptum est : « Hic est dies quem fecit Dominus. » (*Psal.* CXVII, 24.) Legimus cum Deus conderet cœlum et terram, quia dixit : « Fiat lux. Et facta est lux. Et vocavit Deus lucem, diem ; et tenebras, noctem. » (*Gen.*, I, 3, etc.) Sed est alius dies certus nobis et præcipue commendandus, de quo dicit Apostolus : « Sicut in die honeste ambulemus. » (*Rom.*, XIII, 15.) Dies iste vulgaris quotidianus, oriente sole et occidente perficitur. Est alius dies, quo fulget verbum Dei in cordibus fidelium, et pellit tenebras, non oculorum, sed morum malorum. Ipsum ergo agnoscamus, in ipso gaudeamus. Audiamus Apostolum dicentem : « Filii enim lucis sumus et filii diei : non sumus noctis, neque tenebrarum. » (I *Thes.*, V, 5.) « Sicut in die honeste ambulemus. Non in comessationibus et ebrietatibus, non in cubilibus et impudicitiis, non in contentione et æmulatione : sed induite Dominum Jesum Christum. Et carnis providentiam ne feceritis in concupiscentiis. » (*Rom.*, XIII, 13, 14.) Hoc si facitis, toto corde cantatis : « Hic est dies, quem fecit Dominus. » Quod enim cantatis, vos estis, si bene vivitis. Quam multi per hos dies inebriantur ? Quam multi per hos dies, parum est quia inebriantur, insuper etiam turpiter crudeliterque rixantur ? Tales non cantant : « Hic est dies, quem fecit Dominus. » Respondet eis Dominus : Tenebræ estis : non ego feci vos. Si vultis esse dies, quem fecit Dominus, bene vivite : et (*b*) habebitis lucem veritatis, quæ nunquam occasum faciet in cordibus vestris.

(*a*) Alias de Diversis LXXXIX. — (*b*) Aliquot Mss. *habete*, et infra, *occasum faciat.*

SERMON CCXXXI.

IIe *pour les fêtes de Pâques* (1).

Sur la résurrection de Jésus-Christ d'après saint Marc.

CHAPITRE PREMIER. — *Jésus-Christ reproche justement à ses disciples leur incrédulité.* — 1. Il est d'usage, pendant ces saints jours, de lire aux fidèles la résurrection de Notre-Seigneur Jésus-Christ d'après tous les livres du saint Evangile. Nous remarquons dans cette lecture, que Notre-Seigneur Jésus-Christ reproche à ses disciples, ses premiers membres, attachés de plus près à sa personne, de ne point croire à la résurrection de Celui dont ils pleuraient la mort. (*Marc*, XVI, 14.) Les Pères de la foi n'avaient pas encore eux-mêmes la foi ; les maîtres et les docteurs du monde, qui devaient enseigner à tout l'univers à croire la doctrine qu'ils devaient lui annoncer, et pour laquelle ils devaient mourir, ne la croyaient pas encore. Ils ne croyaient point à la résurrection de Celui qu'ils avaient vu ressusciter des morts. Les reproches du Sauveur étaient donc fondés ; il leur dévoilait ainsi le fond de leur cœur, pour qu'ils connussent bien ce qu'ils étaient par eux-mêmes, et ce qu'ils deviendraient par sa grâce. C'est ainsi qu'il découvrit à Pierre ce qu'il était, lorsqu'aux approches de la passion du Seigneur il porta si loin la présomption, et qu'au moment de la passion même il fit une si lourde chute. Il se vit lui-même en lui-même, il s'affligea de ce qu'il était, et versa sur lui des larmes amères ; il se tourna vers Celui qui l'avait créé. Or, les apôtres ne croyaient donc pas encore ce qu'ils voyaient. Quelle est grande la bonté de Dieu, qui nous a donné de croire ce que nous ne voyons pas ! Nous croyons au témoignage verbal des apôtres, et ils ne croyaient pas au témoignage de leurs propres yeux !

Quel est le mystère de la passion et de la résurrection de Jésus-Christ. — 2. La résurrection de Notre-Seigneur Jésus-Christ est le principe d'une nouvelle vie pour ceux qui croient en Jésus-Christ : tel est l'enseignement mystérieux que renferment sa passion et sa résurrection, et que vous devez vous appliquer à bien connaître et à mettre en pratique. En effet, ce n'est pas sans dessein qu'il a voulu se soumettre à la mort. Ce n'est point sans raison que la source de la vie, où nous puisons le principe même de la vie, a bu ce calice qu'il n'avait point mérité de boire, car Jésus-Christ ne méritait point la mort.

CHAPITRE II. — *Le péché est la cause de la mort.* — Cherchons donc d'où vient la mort, quelle est son origine. Le père de la mort, c'est le péché. Si le péché n'eût jamais existé, per-

---

(1) Dans un manuscrit très-ancien de l'abbaye de Fleury, on lit en tête de ce sermon : « Prononcé le lundi de Pâques, » de même que dans d'autres manuscrits, qui omettent seulement le mot « prononcé. »

SERMO CCXXXI [a].

In diebus Paschalibus, II.

De resurrectione Christi secundum Marcum.

CAPUT PRIMUM. — *Discipuli non credentes merito objurgati.* — 1. Resurrectio Domini nostri Jesu Christi ex more legitur his diebus ex omnibus libris sancti Evangelii. In hac lectione animadvertimus, quomodo ipse discipulos suos prima membra sua, hærentes lateri suo objurgavit Dominus Jesus : quia quem dolebant occisum fuisse, non credebant vivum esse. (*Marc.*, XVI, 14.) Patres fidei, nondum fideles : magistri, ut crederet totus orbis terrarum quod prædicaturi fuerant, et propter quod fuerant morituri, nondum credebant. Quem viderant mortuos suscitasse, non credebant resurrexisse. Merito ergo objurgabantur : ostendebantur sibi, ut innotescerent sibi qui essent per se ipsos, qui futuri essent per illum. Sic etiam Petrus demonstratus est sibi, quando Domini imminente passione præsumpsit, et veniente ipsa passione titubavit. (*Matth.*, XXVI.) Vidit se in se, doluit se in se, flevit se in se : conversus est ad eum qui fecerat se. Ecce isti adhuc non credebant, cum jam viderant. Qualis illius dignatio, qui nobis dedit credere quod non videmus ? Nos credimus eorum verbis, illi non credebant oculis suis.

Sacramentum passionis et resurrectionis Christi quodnam sit. — 2. Resurrectio autem Domini nostri Jesu Christi nova vita est credentium in Jesum, et hoc est sacramentum passionis et resurrectionis ejus, quod valde nosse et agere debetis. Non enim sine causa vita venit ad mortem. Non sine causa fons vitæ unde bibitur ut vivatur, bibit hunc calicem qui ei non debebatur. Non enim Christo debebatur mori.

CAPUT II. — *Mortis parens peccatum.* — Unde venerit mors, originem ipsius quæramus. Pater mortis peccatum est. Si enim nunquam peccaretur, nemo moreretur. Legem Dei, hoc est præceptum Dei, cum

---

[a] Alias de Tempore CXLI.

sonne n'eût été assujetti à la mort. L'homme reçut de Dieu, en même temps qu'il était créé, une loi, c'est-à-dire un commandement; s'il l'avait fidèlement observé, il devait toujours vivre; s'il le transgressait, il devait mourir. En refusant de croire qu'il mourrait, il fit justement ce qui fut cause de sa mort, et il reconnut ainsi la vérité de ce que lui avait dit l'auteur même du commandement qu'il avait reçu. C'est de là que nous sont venus la mort, la mortalité, le travail, la misère, et, après cette première mort, une seconde mort, c'est-à-dire, après la mort du temps, la mort éternelle. Tout homme naît assujetti à cette dure condition de la mort, à ces lois tyranniques de l'enfer, à l'exception de Celui qui s'est fait homme pour sauver l'homme de la mort. Il est venu en ce monde affranchi des lois de la mort, et c'est pour cela que le Psalmiste a dit de lui : « Il est libre entre les morts. » (*Ps.* LXXXVII, 6.) Une vierge l'a conçu sans aucun mouvement de convoitise, elle l'a enfanté vierge, elle est demeurée vierge après l'avoir enfanté. Il a vécu pur de tout péché, il n'est point mort pour ses péchés personnels, il a partagé avec nous le châtiment sans avoir pris aucune part à la faute. Le châtiment du péché c'est la mort. Notre-Seigneur Jésus-Christ est venu pour mourir, et non pour pécher; et en partageant avec nous la peine sans partager la faute, il nous a délivrés à la fois de la faute et de la peine. De quelle peine nous a-t-il délivrés ? De celle qui nous attendait après cette vie. Il a donc été crucifié pour personnifier en lui sur la croix la mort du vieil homme, et il est ressuscité pour nous donner, dans sa vie glorieuse, le modèle d'une vie toute nouvelle. C'est la doctrine que nous enseigne l'Apôtre. « Il a été livré, dit-il, pour nos péchés, et il est ressuscité pour notre justification. » (*Rom.*, IV, 25.) C'est comme signe figuratif de ce mystère que la circoncision avait été donnée aux patriarches, et qu'il leur était commandé de circoncire tout enfant mâle le huitième jour. (*Gen.*, XVII, 12.) La circoncision s'opérait avec des couteaux de pierre (*Jos.*, V, 2), parce que la pierre était Jésus-Christ. (I *Cor.*, X, 4.) Cette circoncision représentait le dépouillement de la vie charnelle, le huitième jour, par la vertu de la résurrection de Jésus-Christ. En effet, le septième jour de la semaine s'achève et se termine le samedi. Durant la journée du samedi, c'est-à-dire du septième jour de la semaine, Notre-Seigneur resta dans le tombeau ; il ressuscita le huitième jour. Sa résurrection est pour nous un principe de renouvellement. En ressuscitant le huitième jour, il nous a donc circoncis, car nous vivons dans l'espérance de la résurrection.

CHAPITRE III. — *La bonne vie comprend à la fois la mort et la résurrection.* — 3. Ecoutons

---

conditione homo primus accepit; ut si servaret, viveret; si corrumperet, moreretur. Non se se credendo moriturum, fecit unde moreretur; et invenit verum fuisse quod dixerat qui legem dederat. Inde mors, inde mortalis, inde labor, inde miseria, inde etiam post mortem primam mors secunda, id est, post mortem temporalem mors sempiterna. Huic ergo conditioni mortis, his legibus inferni obstrictus nascitur omnis homo : sed (*a*) præter illum hominem, qui homo factus est, ne periret homo. Non enim legibus mortis venit obstrictus : ideo dicitur in Psalmo: « Inter mortuos liber. » (*Psal.* LXXXVII, 6.) Quem sine concupiscentia virgo concepit, quem sine virgine peperit, et virgo permansit. Qui vixit sine culpa, qui (*b*) non est mortuus propter culpam : communicans nobiscum pœnam, non communicans culpam. Pœna culpæ mors : Dominus Jesus Christus mori venit, peccare non venit : communicando nobiscum in culpa pœnam, et culpam solvit et pœnam. Quam pœnam solvit ? Quæ nobis debebatur post istam vitam. Ergo crucifixus est, ut in cruce ostenderet veteris hominis nostri occasum : et resurrexit, ut in sua vita ostenderet nostræ vitæ novitatem. Sic enim doctrina docet Apostolica : « Traditus est, inquit, propter peccata nostra, et resurrexit propter justificationem nostram. » (*Rom.*, IV, 25.) Hujus rei signum circumcisio data erat Patribus, ut octavo die circumcideretur omnis masculus. (*Gen.*, XVII, 12.) Circumcisio fiebat in cultellis petrinis (*Jos.*, V, 2); quia petra erat Christus. (I *Cor.*, X, 4.) In ista circumcisione significabatur exspoliatio carnalis vitæ octavo die per Christi resurrectionem. Septimus enim dies hebdomadis sabbato completur. Sabbato Dominus jacuit in sepulcro (*c*) septima sabbati : resurrexit octava. Resurrectio ipsius innovat nos. Ergo octavo die resurgendo circumcidit nos. In ipsa spe vivimus.

CAPUT III. — *Bona vita mortem comprehendit et resurrectionem.* — 3. Audiamus Apostolum dicentem :

(*a*) Ita omnes Mss. At editi, *propter sed propter illum hominem Deus factus est homo*. — (*b*) Sic Mss. Editi vero, *qui est mortuus propter culpam non suam. Nam mortuus est propter nostram. Pœna culpæ mors*, etc. — (*c*) Sic Mss. At editi, *jacuit in sepulcro : octavo autem die resurgendo nos innovavit. Nos ergo octavo die resurgendo circumcidit; nos in ipsa spe vivimus.*

encore ici ce que dit l'Apôtre : « Si vous êtes ressuscités avec Jésus-Christ. » (*Colos.*, III, 1.) Comment ressusciterons-nous, puisque nous ne sommes pas encore morts? Qu'a donc voulu dire l'Apôtre : « Si vous êtes ressuscités avec Jésus-Christ. » Aurait-il pu ressusciter, s'il n'avait commencé par mourir? Et saint Paul parlait ainsi à des hommes qui vivaient encore, qui n'étaient pas encore morts, et qui, cependant, ressuscitaient? Que signifie ce langage? Voyez ce qu'il dit : « Si vous êtes ressuscités avec Jésus-Christ, recherchez les choses du ciel, où Jésus-Christ est assis à la droite de Dieu ; ayez du goût pour les choses d'en haut, et non pour celles de la terre, car vous êtes morts. » C'est l'Apôtre qui l'a dit, ce n'est pas moi, et cependant il dit la vérité, et je la dis également avec lui. Pourquoi vous tenir moi-même ce langage? « J'ai cru, c'est pourquoi j'ai parlé. » (*Ps.* CXV, 1.) Si notre vie est vraiment chrétienne, nous sommes morts et nous sommes ressuscités. Mais celui dont la conduite ne présente aucun caractère, ni de mort, ni de résurrection, persévère encore dans sa vie criminelle, et, par conséquent, il n'a point la véritable vie. Qu'il meure donc pour éviter la mort. Comment mourir pour éviter la mort? Qu'il change de vie pour n'être point condamné. « Si vous êtes ressuscités avec Jésus-Christ, » je répète les paroles de l'Apôtre, « recherchez les choses du ciel, où Jésus-Christ est assis à la droite de Dieu ; ayez du goût pour les choses d'en haut, et non pour celles de la terre; car vous êtes morts, et votre vie est cachée en Dieu avec Jésus-Christ. Lorsque Jésus-Christ, qui est votre vie, apparaitra, vous apparaîtrez aussi avec lui dans la gloire. » (*Colos.*, III, 1, etc.) Telle est la doctrine de l'Apôtre. A celui qui n'est pas encore mort, je dis qu'il doit mourir ; à celui dont la vie est criminelle, je dis qu'il doit changer; s'il renonce à cette vie criminelle, il est mort ; et, si à cette vie de désordre il fait succéder une vie chrétienne, il est ressuscité.

CHAPITRE IV. — *Qu'est-ce que vivre chrétiennement. C'est une erreur de chercher la vie heureuse sur la terre.* — 4. Mais qu'est-ce que vivre chrétiennement? C'est goûter les choses d'en haut, et non les choses de la terre. Jusques à quand resterez-vous terre, et retournerez-vous en terre? (*Gen.*, III, 19.) En aimant la terre, vous léchez en quelque sorte la terre, et vous devenez l'ennemi de Celui dont il est dit dans un psaume : « Et ses ennemis lécheront la terre. » (*Ps.* LXXI, 9.) Qu'étiez-vous? Les enfants des hommes. Qu'êtes-vous maintenant? Les enfants de Dieu. « Enfants des hommes, jusques à quand aurez-vous le cœur appesanti? Pourquoi aimez-vous la vanité et cherchez-vous le mensonge? » (*Ps.* IV, 3.) Quel est ce mensonge que vous cherchez? Je vais vous le dire. Vous vou-

---

« Si resurrexistis cum Christo. » (*Colos.*, III, 1.) Quomodo resurgimus, qui nondum mortui sumus ? Quid est ergo quod voluit dicere Apostolus : « Si resurrexistis cum Christo? » Numquid ille resurrexisset, nisi prius mortuus fuisset? Viventibus loquebatur, nondum morientibus, et jam resurgentibus ? Quid sibi vult? Videte quid dicat : « Si resurrexistis cum Christo, quæ sursum sunt quærite , ubi Christus est in dextera Dei sedens : quæ sursum sunt sapite, non quæ super terram. Mortui enim estis. » Ipse dicit Apostolus, non ego : sed tamen verum dicit ; et ideo dico et ego. Quare illud dico et ego? « Credidi propter quod locutus sum. » (*Psal.* CXV, 1.) Si bene vivimus, mortui sumus, et resurreximus. Qui autem nondum mortuus est, nec resurrexit, male adhuc vivit : et si male vivit, non vivit : moriatur, ne moriatur. Quid est , moriatur, ne moriatur ? Mutetur, ne damnetur. « Si resurrexistis cum Christo, » verba repeto Apostoli, « quæ sursum sunt quærite, ubi Christus est in dextera Dei sedens ; quæ sursum sunt sapite, non quæ super terram. Mortui enim estis, et vita vestra abscondita est cum Christo in Deo. Cum Christus apparuerit vita vestra, tunc et vos cum illo apparebitis in gloria. » (*Colos.*, III, 1, etc.) Hæc sunt verba Apostoli. Ei qui nondum mortuus est, dico ut moriatur : ei qui adhuc male vivit, dico ut mutetur. Si enim male vivebat, et jam non male vivit, mortuus est : si bene vivit, resurrexit.

CAPUT IV. — *Bene vivere, quid. Beatam vitam in terra quærere, mendacium.* — 4. Sed quid est bene vivere? Quæ sursum sunt sapere, non quæ super terram. Quamdiu terra es, et in terram vadis ? (*Gen.*, III, 19.) Quamdiu lingis terram? Amando terram, utique lingis terram, et efficeris ejus inimicus, de quo dicit Psalmus : « Et inimici ejus terram lingent. » (*Psal.* LXXI, 9.) Quid eratis? Filii hominum. Quid estis? Filii Dei. « Filii hominum quo usque graves corde? Ut quid diligitis vanitatem, et quæritis mendacium ? » (*Psal.* IV, 3.) Quod mendacium quæritis? (a) Dico modo. Beati esse vultis, scio. Da

(a) Sic Mss. At editi : *Mundum*, omisso verbo *Dico*.

lez être heureux, je le sais. Donnez-moi un voleur, un scélérat, un fornicateur, un malfaiteur, un sacrilége, souillé de toutes sortes de vices, chargé de tous les crimes, de tous les forfaits, qui ne veuille vivre heureux. Oui, je le sais, tous vous désirez vivre heureux, mais vous ne voulez pas chercher la vraie source de cette vie heureuse. Vous courez après l'or, parce que vous croyez trouver le bonheur dans l'or; mais non, l'or ne vous rendra pas heureux. Pourquoi cherchez-vous le mensonge? Pourquoi voulez-vous un rang élevé dans le monde? Parce que vous croyez trouver le bonheur dans les dignités humaines et dans les pompes du siècle; mais non, ces vaines pompes ne vous rendront pas heureux. Pourquoi donc cherchez-vous le mensonge? Je dirai la même chose de tout ce que vous pouvez désirer ici-bas, de ce que vous cherchez avec l'esprit du monde, en aimant la terre, en vous attachant étroitement à la terre : vous ne le cherchez que pour être heureux, mais rien sur la terre ne peut vous donner le vrai bonheur. Pourquoi ne cessez-vous point de chercher le mensonge? Où trouverez-vous donc la source du bonheur? « Enfants des hommes, jusques à quand aurez-vous le cœur appesanti? Quoi, vous ne voulez pas que votre cœur soit appesanti, et vous le chargez de terre? Combien de temps a duré, parmi les hommes, cet appesantissement du cœur? jusqu'à la venue de Jésus-Christ, jusqu'à la résurrection de Jésus-Christ. « Jusques à quand aurez-vous le cœur appesanti? Pourquoi aimez-vous la vanité et cherchez-vous le mensonge? » Vous désirez le bonheur, et vous cherchez justement ce qui vous rendra malheureux. Ce que vous cherchez vous trompe : vous ne cherchez que le mensonge.

Chapitre V. — *Où il faut chercher le bonheur de la vie.* — 5. Désirez-vous être heureux? Si vous le voulez, je vais vous indiquer comment vous pourrez le devenir. Voyez la suite du psaume : « Jusques à quand aurez-vous le cœur appesanti? Pourquoi aimez-vous la vanité et cherchez-vous le mensonge? Sachez. » Quoi? « Que le Seigneur a couvert son saint de gloire. » Jésus-Christ est venu s'associer à nos misères; il s'est assujetti à la faim, à la soif, à la fatigue, au sommeil; il a fait des œuvres merveilleuses, et a souffert des traitements indignes; il a été flagellé, couronné d'épines, couvert de crachats, brutalement soufleté, attaché à une croix, percé d'une lance, déposé dans un tombeau; mais il est ressuscité le troisième jour, après avoir consommé les travaux de sa vie mortelle et détruit l'empire de la mort. Fixez donc vos regards sur sa résurrection; vous verrez que Dieu a couvert son saint d'une gloire si éclatante, qu'il l'a ressuscité d'entre les morts, et qu'il l'a honoré jusqu'à le faire asseoir à sa droite dans le ciel. C'est ainsi qu'il vous apprend quelles doivent être vos affections si vous voulez être heureux, car vous ne pouvez l'être ici-bas.

---

mihi hominem latronem, sceleratum, fornicatorem, maleficum, sacrilegum, omnibus vitiis inquinatum, omnibus flagitiis seu facinoribus obrutum, qui non velit beate vivere. Scio, omnes vultis beate vivere : sed unde homo beate vivit, hoc non vultis quærere. Quæris aurum, quia putas te de auro beatum futurum : sed aurum te non facit beatum. Quare quæris mendacium? Quare vis esse in isto sæculo sublimatus? Quia honore hominum et pompa sæculi putas te beatum futurum : sed pompa sæculi non te facit beatum. Quare quæris mendacium? Et quidquid hic aliud quæris, cum sæculariter quæris, cum amando terram quæris, cum lingendo terram quæris, propterea quæris, ut sis beatus : sed nulla res terrena te facit beatum. Quare non cessas quærendo mendacium? Unde ergo eris beatus? « Filii hominum quo usque graves corde? » Non vultis esse graves corde, qui terra oneratis cor vestrum? Quo usque fuerunt graves corde homines? Antequam veniret Christus, antequam resurgeret Christus, fuerunt homines graves corde. « Quo usque graves corde? Ut quid diligitis vanitatem, et quæritis mendacium? » Volentes beati esse, eas res quæritis unde miseri sitis. Fallit vos quod quæritis : mendacium est quod quæritis.

Caput V. — *Beata vita ubi quærenda.* — 5. Beatus vis esse? Ostendo, si vis, unde sis beatus. Sequere ibi : « Quo usque graves corde? Ut quid diligitis vanitatem, et quæritis mendacium? Scitote. » Quid? « Quoniam Dominus magnificavit sanctum suum. » Venit Christus ad miserias nostras, esurivit, sitivit, fatigatus est, dormivit, mira fecit, mala passus est, flagellatus est, spinis coronatus est, sputis illitus est, alapis cæsus, ligno confixus, lancea vulneratus, in sepulcro positus, sed tertio die resurrexit, finito labore, mortua morte. Ecce ibi oculum habete in ejus resurrectione; quia ita magnificavit sanctum suum, ut resuscitaret a mortuis, et daret ei honorem in cœlo sedendi ad dexteram suam. Ostendit tibi quid debeas sapere, si vis beatus esse : hic enim esse non potes. In hac vita beatus esse non potes : nemo po-

Non, vous ne pouvez parvenir au bonheur en cette vie, et personne ne peut l'espérer. Vous cherchez une bonne chose, mais cette terre n'est pas la région qui produit le bien que vous cherchez. Que cherchez-vous? La vie heureuse. Elle n'est pas ici. Si vous cherchiez de l'or dans un endroit où il n'en existe pas, celui qui saurait que vous cherchez inutilement ne vous dirait-il point : Pourquoi creuser, pourquoi remuer la terre? Vous faites une fosse où vous pouvez descendre, mais où vous ne trouverez rien. Que répondriez-vous à celui qui vous parlerait de la sorte? Je cherche de l'or. Mais, répliquerait-il, je ne vous dis point que l'or que vous cherchez n'est rien, mais qu'il n'est point là où vous le cherchez. Ainsi, lorsque vous dites : Je désire le bonheur, vous cherchez une bonne chose, mais ce bonheur n'est point ici-bas. Si Jésus-Christ l'a trouvé sur cette terre, vous pouvez espérer le trouver. Or, considérez ce qu'il a trouvé dans cette région où la mort vous attend? Qu'a-t-il trouvé ici-bas en venant d'une région bien différente? Ce que cette terre produit en abondance. Il a mangé avec vous ce dont est rempli le cellier de votre misère. Il a bu le vinaigre mêlé de fiel. Voilà ce qu'il a trouvé dans votre cellier. Mais, en même temps, il vous a convié à son banquet splendide, au festin du ciel, à la table des anges, dont il est lui-même le pain. En descendant sur cette terre, il a trouvé toutes les peines dans votre cellier, et il n'a point dédaigné de s'asseoir à votre table pour s'en nourrir, et, en retour, il vous a promis sa propre table. Et que nous dit-il? Croyez, croyez fermement que vous parviendrez aux délices de ma table, puisque je n'ai pas dédaigné les mets si amers de la vôtre. Il a pris sur lui vos souffrances, et il ne vous ferait point partager sa félicité! Soyez certains qu'il le fera. Il nous a promis sa vie, mais ce qu'il a fait est beaucoup plus incroyable. Il a commencé par souffrir la mort pour nous, et il semble nous dire : Je vous invite à partager ma vie dans ce séjour où personne ne meurt, où vous trouverez la vie vraiment heureuse, où les aliments ne s'altèrent point, où ils nourrissent sans jamais s'épuiser. C'est à cette félicité que je vous convie, félicité qui n'est autre que la patrie des anges, l'amitié du Père et du Saint-Esprit, le banquet éternel, le bonheur de m'avoir pour frère : en un mot, je vous invite à entrer en participation de moi-même, de ma propre vie. Refusez-vous de croire que je vous donnerai ma vie? Je vous donne ma mort pour gage. Ainsi donc, mes frères, tandis que nous vivons dans cette chair sujette à la corruption, mourons avec Jésus-Christ par un changement complet de mœurs; vivons avec Jésus-Christ par l'amour de la justice, car nous n'obtiendrons la vie bienheureuse que lorsque nous aurons été rejoindre Celui qui est venu jusqu'à nous, et que nous serons avec Celui qui est mort pour nous.

---

test. Bonam rem quæris, sed terra ista non est regio ejus rei quam quæris. Quid quæris? Beatam vitam. Sed non est hic. Aurum si quæreres in loco ubi non est, ille qui novit quia non est ibi, nonne diceret tibi : Quid fodis, quid terram sollicitas? Fossam facis quo descendas, non ubi aliquid invenias. Quid es responsurus admonenti te? Aurum quæro. Et ille : Non tibi dico : Nihil est quod quæris : sed : Non est ubi quæris. Sic et tu quando dicis : Beatus esse volo : bonam rem quæris, sed non est hic. Si habuit hic illud Christus, habebis et tu. In regione mortis tuæ, quid ille invenit, attende : veniens de alia regione quid hic invenit, nisi quod hic abundat? (a) Manducavit tecum, quod abundat in cella miseriæ tuæ. Acetum hic bibit, fel hic habuit. Ecce quid in cella tua invenit. Sed ad magnam mensam suam te invitavit, mensam cœli, mensam Angelorum, ubi ipse panis est. Descendens ergo et ista mala inveniens in cella tua, et non dedignatus est talem mensam tuam, et promisit tibi suam. Et quid nobis dicit? Credite, credite vos venturos ad bona mensæ meæ, quando non sum dedignatus mala mensæ vestræ. Malum tuum tulit, et bonum suum non dabit? utique dabit. Vitam suam promisit nobis : sed incredibilius est quod fecit. Mortem suam prærogavit nobis : tanquam diceret : Ad vitam meam vos invito, ubi nemo moritur, ubi vere vita beata est, ubi cibus non corrumpitur, ubi reficit et non deficit. Ecce quo vos invito, ad regionem Angelorum, ad amicitiam Patris et sancti Spiritus, ad cœnam sempiternam, ad fraternitatem meam; postremo ad me ipsum, ad vitam meam vos invito. Non vultis credere, quia dabo vobis vitam meam? Tenete pignus mortem meam. Modo ergo cum in ista carne corruptibili vivimus, morum mutatione cum Christo moriamur, amore justitiæ cum Christo vivamus : beatam vitam non accepturi, nisi cum ad illum venerimus, qui venit ad nos, et cum illo esse cœperimus, qui mortuus est pro nobis.

(a) Quidam Mss. addunt, *labores, dolores, mortem.*

SERMON CCXXXII.

IIIe *pour les fêtes de Pâques* (1).

Sur la résurrection de Jésus-Christ, d'après saint Luc.

CHAPITRE PREMIER. — *Il était d'usage de lire le récit de la résurrection d'après les quatre évangélistes. On ne lisait que la passion de l'Evangile selon saint Matthieu.* — 1. On vous a lu aujourd'hui encore le récit de la résurrection de Notre-Seigneur Jésus-Christ, mais d'un autre Evangile, qui est celui de saint Luc. On a commencé par vous lire ce récit d'après l'Evangile de saint Matthieu ; hier, c'était d'après l'Evangile de saint Marc (2), et aujourd'hui d'après l'Evangile de saint Luc, car tel est l'ordre dans lequel viennent les évangélistes. De même que sa passion a été racontée par tous les évangélistes, ainsi les sept ou huit jours qui suivent cette fête nous donnent le temps de lire la résurrection de Notre-Seigneur telle que la rapportent les quatre Evangiles. Mais comme on ne lit le récit de la passion qu'un seul jour, on ne prend que le récit de saint Matthieu. J'avais voulu, il y a quelque temps, établir l'usage de lire chaque année la passion d'après les quatre évangélistes ; on l'a fait, mais les fidèles se sont émus de ne plus entendre le récit unique qu'on avait coutume de leur lire. Cependant, celui qui aime les divines Ecritures, et qui ne veut pas toujours rester dans l'ignorance, connaît tous ces divers récits, et cherche soigneusement à les comprendre. Mais chacun fait ici des progrès selon la mesure de la foi que Dieu lui a départie. (*Rom.*, XII, 3.)

CHAPITRE II. — *Incrédulité des disciples en apprenant la résurrection de Jésus-Christ.* — 2. Considérons maintenant ce que nous rappelle la lecture de ce jour, car nous y voyons plus expressément marquée l'incrédulité des disciples, dont j'ai entretenu hier votre charité ; et nous pouvons comprendre par là quelle grâce signalée Dieu nous a faite, de croire ce que nous n'avons pas vu. Jésus-Christ les avait appelés, il les avait instruits, il avait vécu avec eux sur la terre, opéré sous leurs yeux des miracles éclatants, jusqu'à ressusciter des morts. Il avait ressuscité des morts, et ils ne croyaient point qu'il pût se ressusciter lui-même ! Des femmes vinrent au sépulcre, elles ne trouvèrent point le corps dans le tombeau ; des anges leur apprirent que le Seigneur était ressuscité ; ces femmes vinrent apporter cette nouvelle aux disciples. Or, qu'est-il écrit ? qu'avez-vous en-

---

(1) Dans plusieurs manuscrits, ce sermon est intitulé : « Pour le lundi de Pâques, » ce qui indique seulement qu'on devait le lire ce jour-là dans l'Eglise. Car, dans le manuscrit de l'abbaye de Fleury, qui est un des plus exacts et des plus authentiques, on lit : « Prononcé le mardi de Pâques. » Ce qu'il y a de certain, c'est que, dans les chapitres II et VIII, saint Augustin rappelle que la veille il avait prononcé le sermon précédent, qui, dans la plupart des manuscrits, est intitulé : « Pour le lundi de Pâques. »
(2) Quelquefois, cependant, on lisait le récit de la résurrection, d'abord d'après saint Luc, et ensuite d'après saint Marc, comme on le voit dans le sermon CCXXXIX, n° 2, et sermon CCXLVII, n° 1.

SERMO CCXXXII ^(a).

In diebus Paschalibus, III.

De resurrectione Christi secundum Lucam.

CAPUT PRIMUM. — *Resurrectio secundum quatuor Evangelistas recitari solita. Passio nonnisi secundum Matthæum.* — 1. Resurrectio Domini nostri Jesu Christi et hodie recitata est ; sed de altero libro Evangelii, qui est secundum Lucam. Primo enim lecta est secundum Matthæum, hesterno autem die secundum Marcum, hodie secundum Lucam : sic habet ordo Evangelistarum. Sicut enim passio ipsius ab omnibus Evangelistis conscripta est, sic dies isti septem vel octo dant spatium, ut secundum omnes Evangelistas resurrectio Domini recitetur. Passio autem quia uno die legitur, non solet legi, nisi secundum Matthæum. Volueram aliquando, ut per singulos annos secundum omnes Evangelistas etiam passio legeretur : factum est ; non audierunt homines quod consueverant, et perturbati sunt. Qui autem amat litteras Dei, et non vult esse semper idiota, omnia novit, et omnia diligenter inquirit. Sed sicut cuique Deus partitus est mensuram fidei, sic quisque proficit. (*Rom.*, XII, 3.)

CAPUT II. — *Incredulitas discipulorum audita resurrectione Christi.* — 2. Nunc attendamus quod hodie, cum legeretur, audivimus : nam quod heri commendavi Caritati Vestræ, expressius hodie audivimus, infidelitatem discipulorum : ut intelligamus quantum ejus beneficio nobis præstitum est, ut quod non vidimus, sic credamus. Vocavit eos, instruxit eos, vixit cum eis in terra, fecit ante eorum oculos tanta mirabilia usque ad mortuos suscitandos. Mortuos resuscitavit, carnem suam posse resuscitare non credebatur. Venerunt mulieres ad monumentum : corpus in monumento non invenerunt, resurrexisse Dominum ab Angelis audierunt : feminæ viris nuntiaverunt. Et quid scriptum est ? quid audistis ? « Visa

---

(a) Alias de Tempore CXLIV.

tendu? « Ces paroles leur parurent comme du délire. » (*Luc*, XXIV, 11.) Malheureuse condition de la nature humaine! Lorsqu'Ève rapporta ce que lui avait dit le serpent, son mari la crut aussitôt. Il crut au récit mensonger que lui faisait sa femme, et qui devait être la cause de notre mort, et les disciples refusèrent de croire à la vérité, publiée par ces saintes femmes, et qui devait nous donner la vie. S'il ne fallait pas croire les femmes, pourquoi Adam crut-il à ce qu'Ève lui disait? S'il faut les croire, pourquoi les disciples n'ont-ils pas ajouté foi au récit des saintes femmes? Nous devons donc admirer ici les desseins pleins de bonté de Notre-Seigneur Jésus-Christ, en voulant que sa résurrection fût annoncée d'abord par des femmes. C'est par ce sexe que l'homme est tombé, c'est par ce sexe qu'il se relève de sa chute; car c'est une vierge qui a enfanté Jésus-Christ, et c'est une femme qui, la première, publia sa résurrection. Si donc c'est par une femme que nous avons reçu la mort, c'est par une femme aussi que nous recevons la vie. Cependant les disciples ne crurent point ce que les femmes leur avaient dit; ce récit leur parut comme du délire, bien qu'il ne fût que l'expression de l'exacte vérité.

CHAPITRE III. — *Les disciples partagent sur Jésus-Christ l'opinion du peuple.* — 3. Voici deux autres disciples qui faisaient route ensemble, et qui s'entretenaient de tout ce qui s'était passé à Jérusalem, de l'iniquité des Juifs, de la mort de Jésus-Christ. Ils marchaient ainsi en discourant sur ces événements et en pleurant comme mort celui dont ils ne connaissaient point la résurrection. Le Sauveur leur apparut donc, se joignit à eux pour faire route en commun et converser amicalement avec eux. Mais ils avaient sur les yeux quelque chose qui les empêchait de le reconnaître. Il fallait d'abord préparer, éclairer leur cœur; il diffère donc de se faire connaître, et leur demande le sujet de leur entretien, pour les amener à lui dire ce qu'il savait déjà. Or, comme vous l'avez remarqué, ils s'étonnèrent qu'il les interrogeât sur un événement aussi public et aussi connu. « Etes-vous donc seul si étranger dans Jérusalem, lui disent-ils, que vous ne sachiez point ce qui s'y est passé? » Quoi? leur demande-t-il. Ils répondirent: « Touchant Jésus de Nazareth, ce prophète puissant en œuvres et en paroles. » (*Luc*, XIV, 18, etc.) Quoi! voilà ce qu'est le Christ, ô vous qui êtes ses disciples? Le Christ n'était qu'un prophète, lui, le Seigneur des prophètes? Vous donnez à votre juge le nom de son héraut. Ils en étaient venus à partager les opinions des hommes étrangers à Jésus-Christ. Qu'est-ce à dire, les opinions des hommes? Rappelez-vous la question que Jésus fit un jour à ses disciples: « Qu'est-ce que les hommes disent de moi, fils de l'homme? » (*Matth.*, XVI, 13, etc.) Ils lui rapportèrent les différentes opinions des hommes. « Les uns disent que vous êtes Elie,

---

sunt ista ante oculos eorum quasi deliramenta. » (*Luc.*, XXIV, 11.) Magna infelicitas conditionis humanæ. Quando locuta est Eva quod dixerat serpens, audita est cito. (*Gen.*, III, 6.) Mulieri mentienti creditum est, ut moreremur: non est creditum feminis vera dicentibus, ut viveremus. Si non erat credendum feminis, quare Adam credidit Evæ? Si feminis credendum, quare sanctis mulieribus non crediderunt discipuli? Et ideo in hoc facto consideranda est benigna dispensatio Domini nostri. Nam hoc est quod egit Dominus Jesus Christus, ut prius illum sexus femineus resurrexisse nuntiaret. Quia per sexum femineum cecidit homo, per sexum femineum reparatus est homo: quia virgo Christum pepererat, femina resurrexisse nuntiabat. Per feminam mors, per feminam vita. Sed non crediderunt discipuli ut dixerant feminæ: delirare putaverunt, quando tamen vera nuntiabant.

CAPUT III. — *Discipuli abeunt in alienorum opiniones de Christo.* — 3. Ecce alii duo ambulabant in via, et loquebantur secum de his quæ acciderant in Jerusalem, de iniquitate Judæorum, de morte Christi: ambulabant fabulantes, et quasi mortuum dolentes, resurrexisse nescientes. Apparuit et ipsis, factus est tertius viator, miscuit cum eis amica colloquia. Oculi eorum tenebantur, ne agnoscerent eum. Oportebat enim, ut melius cor instrueretur: cognitio differtur; quærit ab eis quid inter se loquerentur, ut quod ipse sciebat illi faterentur. Et quod audistis, mirari cœperunt, quia de re clara et tam manifesta velut a nesciente interrogabantur. « Tu solus, inquiunt, peregrinus es in Jerusalem, et nescis quæ ibi gesta sunt? » At ille dixit: « Quæ? De Jesu Nazareno, qui fuit propheta potens factis et dictis. » (*Luc.*, XXIV, 18, etc.) Hoc est, o discipuli? Propheta erat Christus, Dominus prophetarum? Judici vestro nomen præconis imponitis. Ad alienorum verba devenerant. Quid est quod dixi, alienorum verba? Recolite, quando ipse Jesus ait discipulis suis: « Quem me homines esse dicunt filium homi-

les autres que vous êtes Jean-Baptiste; d'autres, Jérémie, ou l'un des prophètes. » (*Matth.*, XVI, 13, etc.) Tels étaient les sentiments des hommes étrangers à Jésus-Christ, et non celui des disciples. Ils arrivent enfin à leur opinion personnelle. « Et vous, que dites-vous que je suis? » Vous m'avez fait connaître les opinions des autres, je veux savoir quelle est votre croyance. Alors Pierre, seul au nom de tous, car il y avait entre eux tous unité de sentiments, Pierre lui répondit : « Vous êtes le Christ, le Fils du Dieu vivant. » Vous n'êtes pas l'un des prophètes, quel qu'il puisse être, mais le Fils du Dieu vivant, celui qui accomplit les prophètes et le Créateur des anges. « Vous êtes le Christ, le Fils du Dieu vivant. » Pierre entendit alors de la bouche du Sauveur ce que méritait une telle confession : « Tu es heureux, Simon, fils de Jean, car ni la chair, ni le sang ne t'a révélé ceci, mais mon Père qui est dans les cieux. Aussi moi, je te dis que tu es Pierre, et sur cette pierre je bâtirai mon Eglise, et les portes de l'enfer ne prévaudront point contre elles. Et je te donnerai les clefs du royaume des cieux, et tout ce que tu lieras sur la terre sera aussi lié dans les cieux, et tout ce que tu délieras sur la terre sera aussi délié dans les cieux. » Voilà ce que la foi mérita d'entendre, et non pas l'homme; car l'homme, qu'était-il, si ce n'est ce que dit le Psalmiste : « Tout homme est menteur? » (*Ps.* CXV, 11.)

CHAPITRE IV. — *Pensée tout humaine de Pierre sur Jésus-Christ.* — 4. En effet, aussitôt après ces paroles, le Seigneur annonce à ses disciples sa passion et sa mort. Pierre, saisi d'effroi, s'écrie : « A Dieu ne plaise, Seigneur! cela ne vous arrivera point! » Et que lui répond le Sauveur? « Retire-toi en arrière, Satan ? » (*Matth.*, XVI, 22, 23.) Quoi! Pierre, Satan. Qu'il y a loin de ces paroles : « Tu es bienheureux, Simon, fils de Jean? » Est-ce que Satan est bienheureux? Tu es bienheureux par un don particulier de Dieu, tu es Satan par toi-même. Et Notre-Seigneur explique pourquoi il lui a donné le nom de Satan. « Parce que tu ne goûtes pas ce qui vient de Dieu, mais ce qui est des hommes. » Pourquoi a-t-il été proclamé bienheureux? « Parce que ce n'est ni la chair, ni le sang qui t'a révélé ceci, mais mon Père qui est dans les cieux? » Pourquoi est-il ensuite appelé Satan? « Parce que tu ne goûtes point les choses de Dieu. » Lorsque tu les goûtais, tu étais heureux. « Mais tu goûtes ce qui est des hommes. » Voilà quelles alternatives, semblables au lever et au coucher du jour, traversaient l'esprit des disciples, tantôt debout, tantôt abattu, maintenant éclairé des plus vives clartés, et un instant après replongé dans les ténèbres, parce que

---

nis ? » Responderunt opiniones alienas. « Alii dicunt quod Elias es, alii quia Joannes Baptista, alii quia Jeremias, aut unus ex Prophetis. » (*Matth.*, XVI, 13, etc.) Verba ista alienorum erant, non discipulorum. Ecce ad ipsa verba discipuli venerunt. « Nunc ergo vos quem me esse dicitis ? » Respondistis mihi opiniones alienas, fidem vestram volo audire. Tunc ait Petrus, unus pro omnibus, (*a*) quia unitas in omnibus : « Tu es Christus Filius Dei vivi. » Non quicumque unus ex Prophetis, sed Filius Dei vivi; adimpletor Prophetarum, Creator et Angelorum. « Tu es Christus Filius Dei vivi. » Audivit quod decuit illum audire ex hac voce, et tali voce. « Beatus es Simon Bar-Jona; quia non tibi revelavit caro et sanguis, sed Pater meus qui in cœlis est. Et ego dico tibi : Tu es Petrus, et super hanc petram ædificabo Ecclesiam meam, et portæ inferorum non vincent eam. Tibi dabo claves regni cœlorum; et quæcumque solveris in terra, soluta erunt et in cœlo; et quæcumque ligaveris in terra, ligata erunt et in cœlo. » Fides hoc meruit audire, non homo. Nam ipse homo quid erat, nisi quod ait Psalmus : « Omnis homo mendax? » (*Psal.* CXV, 11.)

CAPUT IV. — *Petri mox humana cogitatio de Christo.* — 4. Denique continuo post hæc verba denuntiavit illis passionem suam et mortem. Expavit Petrus, et ait : « Absit a te, Domine, non fiet istud. » Tunc Dominus : « Redi post me satanas. » (*Matth.*, XVI, 22, 23.) Petrus satanas ? Ubi sunt illa verba : « Beatus es Simon Bar-Jona? » Numquid beatus satanas ? « Beatus, de (*b*) Dei : « satanas, » de hominis. Denique ipse Dominus exposuit quare illum dixerit satanam : « Non enim sapis quæ Dei sunt, sed quæ sunt hominis. » Unde tunc beatus? « Quia non tibi revelavit caro et sanguis, sed Pater meus qui in cœlis est. » Unde postea satanas ? « Non sapis quæ Dei sunt; » quæ quando sapiebas, beatus eras : « sed sapis quæ hominum sunt. » Ecce quomodo alternabat anima discipulorum, quasi ex ortu et occasu : modo stabat, modo jacebat; modo illuminabatur, modo tenebrabatur ; quia de Dei illuminabatur, de suo tenebrabatur. Unde illuminabatur? « Accedite ad eum, et il-

---

(*a*) Hic ex Mss. addimus, *quia unitas in omnibus*. Plura superius et inferius in editis omissa restituuntur eorumdem Mss. auctoritate. —
(*b*) Editi, *de Deo;* et infra, *de homine.* At Mss. *de Dei;* subaudi, dono; et *de hominis* ; supple, malo.

cette vive lumière leur venait de Dieu, et ces ténèbres d'eux-mêmes. Qui faisait briller la lumière à leurs yeux? « Approchez-vous de lui, et vous serez éclairés. » (*Ps.* xxxiii, 6.) Qui répandait les ténèbres dans leur âme? « Celui qui profère le mensonge dit ce qui lui est propre. » (*Jean*, viii, 44.) Pierre avait proclamé Jésus Fils de Dieu, et il craignait la mort pour lui, Fils de Dieu, qui était venu sur la terre pour mourir. Car s'il n'était venu pour souffrir la mort, comment aurions-nous recouvré la vie?

Chapitre V. — *Jésus-Christ ne méritait point la mort, et nous ne méritions point la vie.* — 5. D'où nous vient la vie? d'où lui est venue la mort? Considérez d'abord ce qu'est le Fils de Dieu. « Au commencement était le Verbe, et le Verbe était en Dieu, et le Verbe était Dieu. » (*Jean*, i, 11.) Cherchez dans ces paroles une cause de mort. Où est-elle? D'où, et comment viendrait-elle? « Le Verbe était, le Verbe était en Dieu, et Dieu était le Verbe. » Trouvez là quelque chose de la chair et du sang, et vous y trouverez aussi la mort. Comment donc le Verbe a-t-il pu être sujet à la mort? Et comment des hommes comme nous, placés sur cette terre, mortels, corruptibles et pécheurs, peuvent-ils espérer la vie? Il n'avait en lui aucun principe de mort, nous n'avions en nous aucun principe de vie; il a pris la mort, que nous avions en propre, pour nous donner la vie, qu'il tient de sa nature. Comment a-t-il pris la mort que nous avions en propre? « Et le Verbe s'est fait chair, et il a habité parmi nous. » (*Ibid.*, 14.) C'est ainsi qu'il nous a emprunté ce qu'il devait offrir pour nous sauver. Et comment avons-nous reçu la vie? « Et la vie était la lumière des hommes. » Il a été pour nous la vie, nous avons été pour lui la mort. Mais comment a-t-il souffert la mort? Par amour pour nous, et non par nécessité de sa nature; c'est par bonté, c'est de sa propre volonté, c'est par compassion pour nous, c'est par un effet de sa puissance qu'il est mort. « J'ai le pouvoir, dit-il, de donner ma vie, et j'ai le pouvoir de la reprendre. » (*Jean*, x, 18.) Voilà ce que Pierre ne savait pas, lorsqu'il est saisi d'effroi en entendant le Sauveur parler de sa mort. Mais depuis, le Seigneur avait clairement prédit qu'il mourrait, et qu'il ressusciterait le troisième jour. Cette prédiction s'était accomplie, et ceux qui l'avaient entendue, refusaient d'y croire. « Voici, disaient-ils, le troisième jour depuis que ces choses sont arrivées, et nous espérions que ce serait lui qui délivrerait Israël. » (*Luc*, xxiv, 21.) Vous espériez? Vous désespérez donc maintenant? Vous êtes déchus de votre espérance? Celui qui marche avec vous va vous relever. Ils étaient ses disciples, ils avaient entendu de sa bouche ses prédictions, ils avaient vécu avec lui, ils le reconnaissaient comme le Maître qui les avait instruits, et ils ne purent imiter ni partager la foi du larron crucifié avec le Sauveur.

---

luminamini. » (*Psal.* xxiii, 6.) Unde tenebrabatur? « Qui loquitur mendacium, de suo loquitur. » (*Joan.*, viii, 44.) Filium Dei vivi dixerat, et timebat ne moreretur, cum Filius Dei esset, et ad hoc venisset, ut moreretur. Nisi ille venisset ut moreretur, nos unde viveremus.

Caput V. — *Nec mors Christo, nec vita nobis debebatur.* — 5. Unde nobis vita, unde illi mors? Ipsum attende: « In principio erat Verbum, et Verbum erat apud Deum, et Deus erat Verbum. » (*Joan.*, i, 1.) Quære ibi mortem. Ubi? unde? quomodo? Erat Verbum, Verbum apud Deum, Deus Verbum. Si invenis ibi carnem et sanguinem, invenis mortem. Ergo illi Verbo unde mors? Nobis autem hominibus in terra positis, mortalibus, corruptibilibus, peccatoribus, unde vita? Non erat illi unde haberet mortem, non habebamus nos unde haberemus vitam: accepit ille mortem de nostro, ut daret nobis vitam de suo. Quomodo ille mortem de nostro? « Verbum caro factum est, et habitavit in nobis. » (*Ibid.*, 14.) Accepit hinc a nobis, quod offerret pro nobis. Vita autem unde nobis? « Et vita erat lux hominum. » Ipse nobis vita, nos illi mors. Sed qualis mors? Dignatione, non conditione; quia dignatus est, quia voluit, quia misertus est: potestate mortuus est. « Potestatem, inquit, habeo ponendi animam meam, et potestatem habeo iterum sumendi eam. » (*Joan.*, x, 18.) Hoc Petrus nesciebat, quando audita morte Domini expavit. Sed ecce jam dixerat Dominus moriturum se, et resurrecturum tertia die. Factum est quod prædixerat, et non credebant qui audierant. « Ecce jam triduum est, ex quo ista facta sunt; et nos putabamus quia ipse esset redempturus Israel. » (*Luc.*, xxiv, 21.) Sperabatis, jam desperatis? de spe cecidistis? Levat vos qui vobiscum ambulat. Discipuli erant, ipsum audierant, cum ipso vixerant, magistrum ipsum noverant, ab illo instructi erant, et non potuerunt imitari et habere fidem latronis pendentis in cruce.

Chapitre VI. — *Combien grande la foi du bon larron en face de la foi chancelante des disciples.* — 6. Mais il en est peut-être parmi vous qui ne savent pas ce que j'ai voulu dire en parlant du larron, parce qu'ils n'ont point entendu le récit de la passion, d'après les quatre évangélistes. En effet, c'est à l'évangéliste saint Luc que nous devons cette particularité. (*Luc*, XXIII, 41.) Saint Matthieu rapporte que deux larrons ont été crucifiés avec Jésus-Christ. (*Matth.*, XXVII, 38.) Mais il ne dit pas, et saint Luc mentionne ce fait, qu'un des deux outrageait le Seigneur, et que l'autre crut en lui. Représentons-nous cette foi du bon larron, que Jésus-Christ ne trouva pas dans ses disciples après sa résurrection. Jésus était attaché à la croix, les deux larrons l'étaient également; le Sauveur était au milieu, et les larrons à ses côtés. L'un l'insulte, l'autre croit en lui. Jésus, au milieu d'eux, remplit l'office de juge. Celui qui l'insultait lui dit : « Si tu es le Fils de Dieu, sauve-toi toi-même. » Mais l'autre le reprenait et lui disait : « Tu n'as donc point non plus de crainte de Dieu ! Si nous souffrons la peine due à nos crimes, celui-ci, qu'a-t-il fait de mal? » Et, se tournant vers Jésus, « Seigneur, lui dit-il, souvenez-vous de moi lorsque vous serez arrivé dans votre royaume. » (*Luc*, XXIII, 39, etc.) Que cette foi est grande! je ne sais ce qu'on pourrait y ajouter. Ceux qui ont vu le Christ ressusciter des morts ont chancelé dans la foi; cet homme, qui le voit attaché au même gibet que lui, croit en lui d'une foi ferme. Quel fruit précieux Jésus-Christ recueille sur ce bois aride ! Ecoutons ce que le Seigneur lui dit : « Je te le dis en vérité, aujourd'hui tu seras avec moi dans le paradis. » Tu consens à un ajournement, mais pour moi je te reconnais dès aujourd'hui. Ce larron aurait-il pu jamais espérer passer de ses brigandages devant le tribunal du juge, du juge à la croix, et de la croix au paradis? Aussi bien, en considérant ce qu'il méritait, il ne dit pas : Souvenez-vous de moi, pour me délivrer aujourd'hui même, mais : « Souvenez-vous de moi lorsque vous serez arrivé dans votre royaume, » afin que les tourments que je puis avoir à souffrir, cessent lorsque vous serez entré dans votre royaume. Et que lui répond Jésus? Il n'en sera pas ainsi; tu prends de vive force le royaume des cieux, tu lui fais violence, tu as cru, et tu l'as enlevé. « Aujourd'hui même, tu seras avec moi dans le paradis; » je ne veux point te différer, je rends dès aujourd'hui à une si grande foi la récompense qui lui est due. Le larron lui avait dit : « Souvenez-vous de moi lorsque vous serez arrivé dans votre royaume. » Non-seulement il croyait qu'il ressusciterait, mais qu'il prendrait possession de son royaume. C'est à un pendu, à un crucifié, à un homme couvert de sang, cloué à un gibet, qu'il dit : « Lorsque vous serez arrivé dans votre royaume. » Et les deux disciples disent : « Nous espérions. »

Caput VI. — *Latronis fides quam magna, cum titubant discipuli.* — 6. Sed forte aliqui vestrum nesciunt quod dixi de latrone, non audiendo passionem secundum omnes Evangelistas. Iste enim evangelista Lucas narravit quod dico. (*Luc.*, XXIII, 40.) Quia duo latrones crucifixi sunt cum Christo, dixit hoc et Matthæus (*Matth.*, XXVII, 38); sed unus eorum latronum quia insultavit Domino, et alter eorum quia credidit in Christum, Matthæus non dixit, Lucas dixit. Recolamus fidem latronis, quam non invenit Christus post resurrectionem in discipulis suis. Pendebat in cruce Christus, pendebat et latro : in medio ille, illi a lateribus. Insultat unus, credit alter, judicat medius ille. Ille enim qui insultabat, hoc dixit: « Si Filius Dei es, libera te. » Et alius ad illum : « Tu non times Deum. Si nos propter facta nostra merito patimur, ipse quid fecit ? » Et conversus ad eum : « Memento mei, Domine, cum veneris in regnum tuum. » (*Luc.*, XXIII, 39, etc.) Magna fides : huic fidei quid addi possit, ignoro. Titubaverunt ipsi qui viderunt Christum mortuos suscitantem : credidit ille qui videbat secum in ligno pendentem. Quando illi titubaverunt, tunc ille credidit. Qualem fructum Christus de arido ligno percepit ? Quid ei dixerit Dominus audiamus. « Amen dico tibi, hodie mecum eris in paradiso. » Tu differs te, ego agnosco te. Quando speraret latro, de latrocinio ad judicem, de judice ad crucem, de cruce ad paradisum ? Denique ipse attendens merita sua, non dixit : Memento mei, ut liberes me hodie, sed : « cum veneris in regnum tuum, » tunc « mei memor esto ; » ut si mihi tormenta debentur, vel quo usque veneris in regnum tuum. Et ille : Non sic : invasisti in regnum cœlorum, vim fecisti, credidisti, rapuisti. « Hodie mecum eris in paradiso. » Non te differo : tantæ fidei hodie reddo quod debeo. Latro dicit : « Memento mei, cum veneris in regnum tuum. » Non solum credebat resurrecturum, sed etiam regnaturum. Pendenti, crucifixo, cruento, hærenti : « Cum veneris, inquit, in regnum tuum. » Et illi : « Nos

Les disciples perdirent l'espérance là où le larron l'a trouvée.

CHAPITRE VII. — *Ils reconnaissent le Seigneur dans la fraction du pain.* — 7. Maintenant, mes très-chers frères, j'appelle votre attention sur le grand sacrement que nous connaissons. Jésus faisait route avec ces deux disciples, ils lui offrent l'hospitalité, il rompt le pain, et ils le reconnaissent. Ne disons donc pas que nous ne connaissons point Jésus-Christ ; nous le connaissons si nous avons la foi. Ils avaient Jésus-Christ à leur table, nous l'avons au fond de notre âme. Il vaut bien mieux avoir Jésus dans son cœur que dans sa maison, car notre cœur nous est bien plus intime que ne l'est notre maison. Or, où le fidèle doit-il le reconnaître ? Le fidèle le sait ; celui qui n'est encore que catéchumène l'ignore. Cependant, que personne ne ferme la porte devant lui pour l'empêcher d'arriver à cette connaissance.

Aux pénitents. — 8. Je vous ai dit hier (1), et je répète aujourd'hui à votre charité, que la résurrection de Jésus-Christ s'accomplit en nous, si notre vie est vraiment chrétienne, si tout ce qui appartenait à la vie ancienne est mort, et que la vie nouvelle fasse tous les jours de nouveaux progrès. Les catéchumènes sont très-nombreux, et la ligne qu'ils forment, lorsqu'on leur impose les mains, est très-longue. Pénitents, allez prier, leur disons-nous, et les pénitents vont prier. J'examine la conduite de ces pénitents, et je trouve qu'elle est mauvaise. Comment peut-on se repentir de ce que l'on continue de faire ? Si on se repent d'une faute, on doit cesser de la commettre. Si l'on continue, le nom qu'on porte est un mensonge, et le crime reste au fond du cœur. Il en est qui ont demandé la place que nous assignons aux pénitents ; il en est d'autres que nous avons excommuniés et obligés de se ranger parmi les pénitents. Or, ceux qui ont demandé cette place veulent continuer de faire ce qu'ils faisaient, et ceux que nous avons excommuniés et relégués parmi les pénitents ne veulent pas sortir de là, comme si c'était pour eux une place de choix. Cette place, qui devrait être une place d'humiliation, devient un lieu d'iniquité. C'est à vous que je m'adresse, à vous qui portez le nom de pénitents, sans l'être en réalité ; c'est à vous que je m'adresse. Que vous dirai-je ? Vous donnerai-je des éloges ? je ne le puis, et j'ai bien plutôt sujet de gémir et de m'affliger.

CHAPITRE VIII. — *La fin de la vie.* — Et que ferai-je, moi, qui suis l'objet de la risée publique ? Changez de vie, changez de vie, je vous en conjure. La fin de la vie est incertaine. Tout homme marche avec ce qui doit être la cause de sa mort. Pourquoi différer de bien vivre,

(1) Dans le sermon précédent CCXXXI, n° 2 et 3.

---

sperabamus. » Ubi spem latro invenit, discipulus perdidit.

CAPUT VII. — *In fractione panis agnoscitur Dominus.* — 7. Deinde jam, Carissimi, magnum sacramentum quod cognovimus, audite. Ambulabat cum illis, suscipitur hospitio, panem frangit, et cognoscitur. Et nos non dicamus quia Christum non cognovimus : novimus, si credimus. Parum est, novimus si credimus : habemus si credimus. Habebant illi Christum in convivio, nos intus in animo. Plus est Christum habere in corde, quam in domo. Cor enim nostrum interius nobis est, (*a*) quam sit domus nostra. Jam vero ubi eum debet fidelis agnoscere ? Agnoscit qui fidelis est : qui autem catechumenus est, ignorat. Sed januam contra illum nemo claudat, ut (*b*) noverit.

Ad pœnitentes. — 8. Hesterno die monui, et admoneo Caritatem Vestram, quia resurrectio Christi est in nobis, si bene vivamus ; si vita vetus nostra mala moriatur, et quotidie nova proficiat. Abundant hic pœnitentes : quando illis imponitur manus, fit ordo longissimus. Orate pœnitentes, et eunt orare pœnitentes. Discutio pœnitentes, et invenio male viventes. Quomodo pœnitet quod fit ? Si pœnitet, non fiat. Si autem fit, nomen errat, crimen manet. Aliqui ipsi sibi pœnitentiæ locum petierunt ; aliqui excommunicati a nobis in pœnitentiæ locum redacti sunt : et qui sibi petierunt, hoc volunt facere quod faciebant ; et qui a nobis excommunicati in pœnitentiæ locum redacti sunt, nolunt inde surgere, quasi electus sit locus pœnitentium. Qui debet esse locus humilitatis, (*c*) fit locus iniquitatis. Vobis dico, qui vocamini pœnitentes, et non estis : vobis dico. Quid vobis dicam ? Laudo vos, in hoc non laudo : sed gemo et plango.

CAPUT VIII. — *Vitæ finis.* — Et quid faciam, factus (*d*) vile canticum ? Mutamini, mutamini, rogo. Vitæ finis, incertus est. Omnis homo cum casu suo ambulat. Quid differtis bene vivere, cum putatis, quia

(*a*) Floriacensis Ms. *quasi domus nostra.* Mox plures Mss. *Jam vero ubi eum debeat fidelis agnoscere, agnoscit qui fidelis est.* — (*b*) Mss. plures, *ut non intret.* — (*c*) Sic Mss. At editi : *sit locus humilitatis.* — (*d*) Aliquot Mss. *factus sum vile canticum.* Alii non habent *sum.*

sous le prétexte que votre vie sera longue? Vous espérez une longue vie, et vous ne craignez pas une mort subite! Mais, admettons qu'elle soit longue; je cherche un seul pénitent sans pouvoir le trouver (1). Ah! qu'il serait à désirer que cette longue vie fût bonne plutôt que d'être mauvaise! Personne ne peut supporter qu'un mauvais repas se prolonge, et tous veulent d'une vie longue qui se passe dans le mal! Si la vie est pour nous une grande chose, faisons en sorte qu'elle soit bonne. Que voulez-vous avoir de mauvais, dites-le-moi, dans toutes vos actions, dans vos pensées, dans vos désirs? Vous ne voulez point d'une mauvaise terre, vous ne voulez point d'une mauvaise moisson : vous les voulez l'une et l'autre bonnes. Cette bonté, vous voulez la trouver dans un arbre, dans un cheval, dans un serviteur, dans un ami, dans un fils, dans une épouse. Et pourquoi parler de ces objets d'une plus grande importance? Votre vêtement lui-même, vous ne voulez point qu'il soit mauvais, vous exigez qu'il soit de bonne qualité, aussi bien que votre chaussure. Citez-moi une seule chose que vous voulez mauvaise, une seule chose dont vous n'exigez pas qu'elle soit bonne; vous ne voulez pas, je pense, d'une mauvaise campagne, et votre âme est la seule chose que vous consentiez à avoir mauvaise! Pourquoi vous maltraiter ainsi? Quel crime avez-vous donc commis contre vous-même? Parmi tous ces biens que vous possédez, il est une seule chose que vous voulez être mauvaise, c'est vous-même. Supposez que je parle ici comme je fais d'habitude, et que vous continuez d'agir comme par le passé. Pour moi, je secoue mes vêtements devant Dieu. Je dois craindre qu'on ne me reproche d'avoir gardé le silence. J'accomplis mon devoir, je demande que vous produisiez des fruits, je désire recueillir de vos bonnes œuvres, non point de l'argent, mais de la joie. Car celui qui mène une vie sainte, ne m'enrichit point; cependant, qu'il persévère dans cette vie, et il m'enrichira dans un sens véritable. Mes richesses ne sont autres que votre espérance en Jésus-Christ. Je n'ai point d'autre joie, d'autre consolation, d'autre soulagement au milieu de mes dangers et des tentations de cette vie, que de vous voir vivre chrétiennement; je vous en conjure donc, mes frères, si vous vous oubliez vous-mêmes, ayez pitié de moi.

SERMON CCXXXIII (2).

IVe pour les fêtes de Pâques.

Sur la résurrection de Jésus-Christ, d'après saint Marc.

Chapitre premier. — *La foi à la résurrection est le caractère propre des chrétiens.* — 1. Vous avez entendu la lecture du saint Évangile sur

(1) Voyez sermon LXXII, n° 5, et sermon LXXXII, n° 14.
(2) Florus en cite des extraits dans son Commentaire sur le chapitre VIII de l'Epître aux Romains.

longa erit vita? Longam vitam putatis, et mortem subitaneam non timetis? Sed ecce longa sit : (a) et quaero unum pœnitentem, et non invenio. Quanto melius longa bona, quam mala vita erit? Longam cœnam malam nemo ferre, longam vitam malam omnes volunt habere. Utique si grande est quod vivimus, bonum sit ipsum grande. Quid enim vis mali, dic mihi, in omnibus tuis actibus, cogitationibus, cupiditatibus? Terram malam non vis, segetem malam non vis utique, sed bonam; arborem bonam, equum bonum, servum bonum, amicum bonum, filium bonum, uxorem bonam. Et quid hæc magna commemoro? quando quidem vestem ipsam malam non vis habere, sed bonam; caligam postremo ipsam non vis nisi bonam? Aut da mihi aliquid te velle quod malum est, nec te velle aliquid bonum. Puto, villam malam non vis, agrum malum non vis; solam animam malam vis? Quid te offendisti? Quid de te male tu ipse meruisti? Inter bona tua non vis esse malum, nisi te solum. Putate quia dico quod soleo, et facitis quod soletis. Ego coram Deo excutio vestimenta mea. Timeo ne mihi imputetur, quia non dico. Officium meum impleo, fructum vestrum quæro, de bonis operibus vestris gaudium habere volo, non pecuniam. Non enim qui bene vivit, divitem me facit. Et tamen bene vivat, et facit. Divitiæ meæ nonnisi spes vestra est in Christo. Gaudium meum, solatium meum, et respiramentum periculorum meorum in his tentationibus nullum est, nisi bona vita vestra. Obsecro vos, Fratres, si obliti estis vestri, miseremini mei.

SERMO CCXXXIII (b).

In diebus Paschalibus, IV.

De resurrectione Christi secundum Marcum.

Caput primum. — *Resurrectionis fides propria Christianorum.* — 1. Audistis lectionem sancti Evangelii

(a) Plures Mss. carent his verbis, *et quæro unum pœnitentem, et non invenio*. Eorumque loco habent, *videte ut bona sit*. — (b) Alias de Diversis LXXXVI.

la résurrection de Jésus-Christ. C'est sur cette résurrection de Jésus-Christ que notre foi est solidement établie. La passion du Sauveur a été crue par les païens, par les impies et par les Juifs ; les chrétiens seuls croient sa résurrection. La passion du Christ est le symbole des misères de cette vie, sa résurrection nous fait voir ce que sera la béatitude de la vie future. Travaillons dans la vie présente, et réservons nos espérances pour l'autre vie. Maintenant, c'est le temps de l'action, alors ce sera le temps de la récompense. Or, il y aurait de l'impudence, après avoir été indolent pour le travail, d'en réclamer le salaire. Vous avez entendu ce que Notre-Seigneur a dit à ses disciples après la résurrection. Il les a envoyés prêcher l'Evangile : c'est ce qu'ils ont fait ; l'Evangile a été annoncé, il est parvenu jusqu'à nous. « L'éclat de leur voix s'est répandu dans tout l'univers, il a retenti jusqu'aux extrémités de la terre. » (*Ps.* XVIII, 5.) En continuant de s'étendre, l'Evangile est parvenu jusqu'à nous et jusqu'aux extrémités du monde. Or, dans ce peu de paroles qu'il adresse à ses disciples, le Sauveur nous rappelle tout à la fois ce que nous devons faire et ce que nous devons espérer. Il leur dit, comme vous l'avez entendu : « Celui qui croira et sera baptisé sera sauvé. » (*Marc*, XVI, 16.) Il exige de nous la foi, et nous offre en retour le salut. « Celui qui aura cru et sera baptisé sera sauvé. »

La récompense qui nous est promise est si riche, que ce qui nous est commandé n'est plus rien.

Le salut qui est promis à ceux qui croient est différent du salut ou de la santé du corps. — 2. « Celui qui croira et sera baptisé, sera sauvé. » Mais quoi ? Est-ce que ceux qui entendaient ces paroles n'étaient pas sains et saufs ? Est-ce que beaucoup ne le sont pas, lorsqu'ils embrassent la foi, et même avant de l'embrasser ? Oui, ils sont sains et saufs, mais « le salut qui vient de l'homme est trompeur. » (*Ps.* LIX, 13.) Quel est ce salut qui vous est commun avec vos animaux ? Et cependant, ce salut même, d'où vient-il ? N'est-ce pas de Celui dont il est écrit : « Vous sauverez les hommes et les animaux, Seigneur. » (*Ps.* XXXV, 7, etc.) Et le Psalmiste ajoute : « Selon l'abondance de votre infinie miséricorde, ô mon Dieu ! » Votre miséricorde est si grande, si abondante, que vous sauvez jusqu'au corps des hommes mortels, jusqu'à la chair même des animaux. Telle est l'immensité de votre infinie miséricorde. Mais pour vos enfants, que leur réserverez-vous ? « Vous sauverez, Seigneur, les hommes et les animaux. » Ne ferez-vous rien de plus pour nous ? Ne nous donnerez-vous que ce que vous donnez à tous les hommes indistinctement et aux animaux ? Non, il ne peut en être ainsi.

CHAPITRE II. — *Jésus-Christ est la source de la vie.* — Mais que leur donnerez-vous donc ?

---

de resurrectione Christi. In resurrectione Christi constabilita est fides nostra. Passionem Christi et Pagani et impii et Judæi crediderunt : resurrectionem nonnisi Christiani. Passio Christi significat miserias hujus vitæ : resurrectio Christi ostendit beatitudinem futuræ vitæ. In præsenti laboremus : in futura speremus. Modo tempus est operis : tunc mercedis. Qui piger est in exhibendo opere, impudens est in exigenda mercede. Audistis quid dixerit discipulis suis post resurrectionem. Misit eos ad Evangelium prædicandum, et factum est : prædicatum est Evangelium, pervenit ad nos. Et ecce : « In omnem terram exiit sonus eorum, et in fines orbis terræ verba eorum. » (*Psal.* XVIII, 5.) Ambulando et ambulando, Evangelium pervenit ad nos, et ad fines terræ. Breviter constituit nobis, loquens discipulis suis, quid faciamus, quid speremus. Ait enim, sicut audistis quando loquebatur : « Qui crediderit, et baptizatus fuerit, salvus erit. » (*Marc.*, XVI, 16.) Exigitur a nobis fides, offertur salus : « Qui crediderit, et baptizatus fuerit, salvus erit. » Pretiosum est quod nobis promittitur, gratis fit quod jubetur.

Salus credentibus promissa discernenda a salute temporali. — 2. « Qui crediderit, et baptizatus fuerit, salvus erit. » Quid enim ? qui hæc audiebant, salvi non erant ? Nonne multi salvi credunt, salvi sunt et antequam credant ? Salvi plane : sed vana salus hominum. (*Psal.* LIX, 13.) Qualis est ista salus, quæ tibi cum jumento tuo communis est ? Verumtamen etiam ipsa unde, nisi ab illo, de quo scriptum est : « Homines et jumenta salvos facies Domine ? » (*Psal.* XXXV, 7, etc.) Et addidit : « Secundum multitudinem misericordiæ tuæ, Deus. » Tanta est enim multitudo misericordiæ tuæ, ut veniat a te salus in istam carnem mortalem hominum, veniat et ad carnem pecorum. Hæc est multitudo misericordiæ tuæ. Filiis tuis quid ? Ecce « homines et jumenta salvos facies, Domine. » Nihil nobis amplius ? Quod hominibus quibuscumque, quod pecoribus, hoc præstatur et nobis ? Non plane hoc.

CAPUT II. — *Christus est fons vitæ.* — Sed quid ? Audi : « Filii autem hominum sub tegmine alarum

Ecoutez : « Mais les enfants des hommes seront pleins d'espérance à l'ombre de vos ailes. Ils seront enivrés de l'abondance de votre maison, et vous les abreuverez du torrent de vos délices, car en vous est la source de la vie. » Jésus-Christ est la source de la vie. Nous avions le salut qui nous était commun avec les animaux, jusqu'à ce que la source de la vie s'étendît jusqu'à nous. Elle est venue, elle s'est ouverte sur nous. Celui qui est la source de la vie, a voulu mourir pour nous. Pourra-t-il nous refuser sa vie, après avoir donné sa mort pour nous? Voilà le salut qui n'est ni vain ni trompeur. Pourquoi? Parce qu'il ne passe point.

Différence entre les hommes et les enfants des hommes. — 3. Il est important de bien saisir cette distinction : « Vous sauverez les hommes et les animaux, Seigneur. » Par les hommes, il désigne l'homme proprement dit. « Mais les enfants des hommes, » qui sont étroitement unis au Fils de l'homme, seront pleins d'espérance à l'ombre de vos ailes. » Supposez que vous avez devant les yeux deux hommes. Ranimez votre foi, faites sortir votre cœur de son assoupissement; rappelez-vous l'homme dans lequel nous avons été séduits, rappelez-vous l'homme par lequel nous avons été rachetés. Le premier homme était-il fils de l'homme? Non. Adam était homme, mais il n'était pas fils de l'homme. Aussi, pourquoi Notre-Seigneur Jésus-Christ ne cesse-t-il de s'appeler le Fils de l'homme? C'est pour nous rappeler l'homme qui n'a pas été fils de l'homme, pour nous rappeler que nous avons reçu du premier homme la mort, du second, la vie; de l'un, le péché, de l'autre, la rémission des péchés; de celui-ci, les chaînes de l'esclavage, de celui-là, la liberté; du premier, la condamnation, de l'autre, la délivrance. Ces deux hommes sont donc figurés dans ces paroles : « Vous sauverez les hommes et les animaux, Seigneur, » les hommes, qui désignent ceux qui descendent de l'homme, et que vous sauverez conjointement avec les animaux. Car l'homme, au milieu de sa grandeur, n'a pas eu l'intelligence de sa destinée, comme il est écrit : « L'homme élevé en honneur n'a pas compris; il s'est assimilé aux animaux sans raison, et leur est devenu semblable. » (*Ps.* XLVIII, 13.) Voilà pourquoi vous sauverez de la même manière les hommes et les animaux, auxquels les hommes sont devenus semblables parce qu'ils n'ont point compris leur grandeur, et qu'ils se sont assimilés aux animaux auxquels, en vertu même de leur création, ils devaient commander.

CHAPITRE III. — *Jésus-Christ n'a point trouvé sur la terre le véritable salut. Il est né sujet à la mort pour détruire la mort.* — 4. Est-ce donc là le salut dont Notre-Seigneur a dit : « Celui qui aura cru et qui sera baptisé sera sauvé? » Non, ce salut est tout autre et bien différent. Ce salut, les anges l'ont en partage; ne le cherchez

---

tuarum sperabunt : inebriabuntur ab ubertate domus tuæ, et torrente voluptatis tuæ potabis eos. Quoniam apud te est fons vitæ. » Christus est fons vitæ. Habebamus salutem cum jumentis, quo usque veniret ad nos fons vitæ : fons vitæ venit ad nos, et fons vitæ mortuus est propter nos. Negabit vitam suam, qui nobis erogavit mortem suam? Ipsa est salus, quæ non est vana. Quare? Quia non transit.

Homines et filii hominum in quo differant. — 3. Bene animadvertenda est ista distinctio : « Homines et jumenta salvos facies, Domine : Homines, » pertinentes ad hominem. « Filii autem hominum, » pertinentes ad filium hominis, « sub tegmine alarum tuarum sperabunt. » Constituite vobis ante oculos duos homines. Erigite fidem, evigilet cor vestrum : recordamini hominem, in quo decepti sumus : recordamini hominem, a quo redempti sumus. Ille homo numquid filius hominis? Adam homo erat, filius hominis non erat. Ideo Dominus Christus assidue se dicit filium hominis, ut faciat nos recordari hominem, qui non fuit filius hominis : ut recordemur in illo mortem, in isto vitam; in illo peccatum, in isto remissionem peccatorum; in illo vinculum, in isto libertatem; in illo damnationem, in isto absolutionem. Duo ergo isti homines significati sunt in his verbis : « Homines et jumenta salvos facies, Domine. » « Homines, » pertinentes ad hominem : « et jumenta, » simul cum jumentis eos « salvos facies. » Homo enim in honore positus non intellexit, sicut scriptum est : « Homo in honore positus non intellexit, comparatus est jumentis insensatis, et similis factus est eis. » (*Psal.* XLVIII, 13.) Propterea : « Homines et jumenta, » quibus similes facti sunt homines, quia non intellexerunt, et eis quibus dominari creati sunt, comparati sunt, « salvos facies. »

CAPUT III. — *Salus hic vera non inventa a Christo. Christus natus mortalis, ut mortem auferret.* — 4. Numquid ipsa est salus, de qua dictum est : « Qui crediderit, et baptizatus fuerit, salvus erit? » Alia est illa salus, longe alia. Angeli hanc habent : nolite

point sur la terre. C'est un grand bien, mais qu'on ne trouve pas ici-bas. Ce n'est point une production du pays que nous habitons, vous l'y chercheriez en vain. Elevez votre cœur. Pourquoi chercher ce salut sur la terre? Celui qui est lui-même le salut est venu ici-bas, et il y a trouvé la mort à laquelle nous sommes soumis. Pouvons-nous dire que Notre-Seigneur Jésus-Christ, lorsqu'il est venu s'incarner parmi nous, a trouvé ce salut dans la région que nous habitons? Ce divin négociant nous a apporté de son royaume des biens inappréciables, et il a trouvé dans la contrée que nous habitons ce qu'elle produit en abondance. Qu'y trouvons-nous en abondance? La naissance et la mort; voilà les productions dont cette terre est couverte : des naissances, des morts. Notre-Seigneur est donc né, et il est mort. Mais comment est-il né? Il est venu dans ce monde, mais non pas en suivant le chemin par lequel nous y sommes entrés, car il est descendu du ciel et du sein de son Père. Et cependant il est né sujet à la mort. Il est né du Saint-Esprit et de la vierge Marie. Est-ce ainsi que nous sommes nés d'Adam et d'Eve? Notre naissance est due à la concupiscence de la chair, qui n'a eu aucune part à la sienne. La vierge Marie l'a conçu en dehors de toute relation conjugale et des feux de la convoitise, car c'est pour la préserver de ces ardeurs que l'ange lui dit : « Le Saint-Esprit surviendra en vous, et la vertu du Très-Haut vous couvrira de son ombre. » (*Luc*, I, 35.) La vierge Marie l'a donc conçu, non point par suite d'un commerce charnel, mais en vertu de sa foi. Or, s'il est né sujet à la mort, c'est dans l'intérêt des mortels. Pourquoi est-il né mortel? Parce qu'il avait la ressemblance de la chair de péché; il n'avait point la chair de péché, mais une chair semblable à la chair de péché. (*Rom.*, VIII, 3.) Qu'est-ce que la chair de péché possède en propre? la mort et le péché. Et la ressemblance de la chair de péché? la mort sans le péché. Si le péché se trouvait réellement en elle, ce serait une chair de péché; si elle n'était point soumise à la mort, elle ne serait point semblable à la chair de péché. C'est de cette manière que le Fils de Dieu est venu parmi nous; il est venu comme Sauveur, il est mort; mais, en mourant, il a détruit la mort; il a mis en lui un terme à l'empire de la mort, que nous redoutons; il s'y est soumis pour la faire mourir; ce puissant chasseur s'en est emparé comme d'un lion, et lui a donné le coup de la mort.

CHAPITRE IV. — *La mort a reçu en Jésus-Christ le coup de la mort.* — 5. Où est maintenant la mort? Cherchez en Jésus-Christ, vous ne la trouverez plus; elle y a été, mais elle est morte en lui. O vie, qui avez été la mort de la mort! Ayez confiance, elle mourra aussi en vous. Ce qui s'est fait d'abord dans le chef s'accomplira aussi dans les membres; la mort recevra aussi en nous le coup de la mort. Mais

eam quærere in terra. Magna est, sed non est hic. Non est ista res de ista regione, non est hic talis salus. Sursum cor. Quid hic quæris in terra salutem hanc? Ipsa salus huc venit, et mortem nostram hic invenit. Numquid Dominus noster Jesus Christus, quando venit ad nos in carne, invenit hic salutem istam in regione nostra? Magnum quid huc attulit mercator iste de regione sua veniens : mercator iste invenit in regione nostra quod hic abundat. Quid hic abundat? Nasci et mori. Plena est terra his mercibus, nasci et mori. Natus est, et mortuus est. Sed qua via natus est? Ad istam regionem venit, sed non ea via qua et nos venit. De cœlo enim venit a Patre. Et tamen natus est mortalis. Natus est de Spiritu sancto ex virgine Maria. Numquid nos sic de Adam et Eva? Nos per concupiscentiam carnis, ille autem non per ipsam. Maria enim virgo sine virili amplexu, sine concupiscentiæ æstu; quoniam ne pateretur hunc æstum, ideo ei dictum est : « Spiritus sanctus superveniet in te, et virtus Altissimi obumbrabit te. » (*Luc.*, I, 35.) Virgo ergo Maria non concubuit et concepit : sed credidit et concepit. Natus est enim mortalis mortalibus. Quare mortalis? Quia in similitudine carnis peccati (*Rom.*, VIII, 3); non in carne peccati, sed in similitudine carnis peccati. Quid habet caro peccati? Mortem et peccatum. Quid habuit similitudo carnis peccati? Mortem sine peccato. Si haberet peccatum, caro esset peccati : si mortem non haberet, non esset similitudo carnis peccati. Talis venit, Salvator venit : mortuus est, sed mortem occidit : finivit in se quam timebamus; suscepit illam, et occidit illam; quomodo summus venator leonem cepit, et necavit.

CAPUT IV. — *Mors in Christo mortua.* — 5. Ubi est mors? Quære in Christo, jam non est : sed fuit, et mortua est ibi. O vita mors mortis! Bono animo estote, morietur et in nobis. Quod præcessit in capite, reddetur in membris : morietur et in nobis mors. Sed quando? In fine sæculi, in resurrectione mortuorum, quam credimus, et de qua non dubi-

quand? à la fin du monde, à la résurrection des morts, que nous croyons d'une foi ferme et sans le moindre doute. « Car celui qui aura cru et qui sera baptisé, sera sauvé. » Mais écoutez ce qui suit et qui doit vous faire trembler : « Celui qui ne croira point sera condamné. » La mort doit donc mourir en nous, mais elle vivra dans les damnés. Là où la mort ne connaîtra point la mort, elle sera éternelle, parce que les supplices des damnés dureront éternellement. Mais quant à nous, son empire sera détruit, et elle n'existera plus. En voulez-vous une preuve? Je vais vous redire quelques-uns des chants des vainqueurs; vous y trouverez un sujet de méditation et de chants intérieurs, l'objet de vos plus vives espérances, le but vers lequel doivent tendre votre foi et vos bonnes œuvres. Ecoutez ces chants de triomphe, lorsque la mort sera détruite, lorsque son empire aura été anéanti en nous comme dans notre chef. Il faut, dit l'apôtre saint Paul, que ce corps corruptible revête l'incorruptibilité, et que ce corps mortel revête l'immortalité. Alors cette parole de l'Ecriture sera accomplie. « La mort a été absorbée dans la victoire. » (I *Cor.*, xv, 53, etc.) Je vous ai dit que la mort serait détruite en nous : « La mort a été absorbée dans la victoire. » C'est l'anéantissement, c'est la mort de la mort.

Elle sera absorbée, elle n'apparaîtra plus. Qu'est-ce à dire, qu'elle n'apparaîtra plus? Elle ne se fera plus sentir, ni au dedans, ni au dehors. « La mort a été absorbée dans sa victoire. » Que les vainqueurs se réjouissent, et que, dans les transports de la joie, ils s'écrient : « O mort, où est ta victoire? ô mort, où est ton aiguillon? » Où est-il? Tu t'es emparé de tes victimes, tu les as soumises à ton empire, tu les as traitées en vainqueur et en maître impitoyable, tu les as frappées, tu les as immolées. « O mort, où est ta victoire? O mort, où est ton aiguillon? » Est-ce que mon Seigneur ne l'a point brisé? O mort, c'est lorsque tu as osé t'en prendre à mon Maître, que ton empire sur moi a été anéanti. Voilà le « salut réservé à celui qui aura cru et qui aura été baptisé. Mais pour celui qui ne croira point, il sera condamné. » Evitez cette condamnation; aimez et espérez le salut éternel.

SERMON CCXXXIV [1].

V^e *pour les fêtes de Pâques.*

Sur la résurrection de Jésus-Christ d'après saint Luc.

On doit lire les quatre Evangiles. Les quatre évangélistes ont été nécessaires. — 1. On lit pendant ces jours le récit de la résurrection de Jésus-Christ d'après les quatre évangélistes. Ce

[1] Florus cite des extraits de ce sermon dans son Commentaire sur le chapitre x de la Ire Epître aux Corinthiens, et sur le chapitre II de la IIe Epître à Timothée. Saint Augustin le prononça le lendemain du jour où il avait donné le précédent, comme nous le voyons d'après le n° 3.

tamus. « Qui enim crediderit, et baptizatus fuerit, ipse salvus erit. » Sequere quod timeas : « Qui autem non crediderit, condemnabitur. » Ergo mors morietur in nobis, victura est in damnatis. Ubi mors nesciet mortem, sempiterna mors erit : quia æterna tormenta erunt. In nobis morietur, et non erit. Vultis nosse? Dico vobis pauca verba triumphantium, ut habeatis quod meditemini, quod corde cautetis, quod toto animo speretis, quod fide et bono opere requiratis. Audite verba triumphantium, quando non erit mors; quando et in nobis, sicut et in capite nostro, morietur mors. Paulus apostolus dicit : « Oportet corruptibile hoc induere incorruptionem, et mortale hoc induere immortalitatem. Tunc fiet sermo qui scriptus est : Absorpta est mors in victoriam. » (I *Cor.*, xv, 53, etc.) Dixi vobis quia morietur mors in nobis : « Absorpta est mors in victoriam. » Ista est mors mortis. Absorbebitur, ut non appareat. Quid est, ut non appareat? Ut non sit, nec intus, nec foris. « Absorpta est mors in victoriam. » Gau-

(a) Alias de Diversis LXXXVII.

deant triumphantes; gaudeant, dicant quod sequitur : « Ubi est mors victoria tua? Ubi est mors aculeus tuus? » Ubi est? Cepisti, possedisti, vicisti, et tibi addixisti; percussisti, et occidisti : « Ubi est mors victoria tua? Ubi est mors aculeus tuus? » Nonne confregit illum Dominus meus? O mors, quando Domino meo hæsisti, tunc et mihi peristi. Ista salute « salvus erit, qui crediderit, et baptizatus fuerit. Qui autem non crediderit, condemnabitur. » Fugite condemnationem, amate et sperate salutem æternam.

SERMO CCXXXIV [a].

In diebus Paschalibus, V.

De resurrectione Christi secundum Lucam.

Quatuor Evangelia legi debent. Quatuor Evangelistæ necessarii. — 1. Resurrectio Domini secundum omnes quatuor Evangelistas legitur his diebus. Ideo enim necessarium est, ut legantur omnes, quia sin-

SERMON CCXXXIV.

qui rend nécessaire cette lecture, c'est que chacun d'eux n'a pas rapporté toutes les circonstances de ce grand événement; ce qui a été omis par l'un est raconté par l'autre, et ils se donnent ainsi mutuellement l'occasion de compléter leur récit, ce qui les rend tous nécessaires. L'évangéliste saint Marc, dont on a lu hier l'Evangile, a rapporté sommairement ce que saint Luc a raconté avec plus de détails de ces deux disciples, qui n'étaient pas du nombre des douze, mais qui, cependant, étaient disciples de Jésus, auxquels le Seigneur apparut, tandis qu'ils voyageaient, et qu'il s'adjoignit comme compagnons de route. Saint Marc se contente de dire qu'il apparut à deux de ses disciples qui étaient en chemin; mais l'évangéliste saint Luc rapporte et ce qu'il leur dit et ce qu'ils lui répondirent, jusqu'où il alla avec eux, et comment ils le reconnurent dans la fraction du pain. Nous venons d'entendre ce récit dans tous ses détails.

Les disciples qui ont douté de la résurrection du Christ ont été vaincus par le bon larron. — 2. Quel est donc ici, mes frères, le point que nous voulons examiner. Notre foi à la résurrection de Jésus-Christ est suffisamment affermie. Nous y croyions déjà lorsque nous avons entendu lire l'Evangile, et nous sommes entrés dans cette Eglise avec cette foi dans le cœur; et cependant, je ne sais comment nous entendons toujours avec joie ce qui nous retrace le souvenir de cet événement. Comment notre cœur ne serait-il point dans la joie, lorsque nous paraissons l'emporter sur les disciples à qui le Seigneur apparut pendant qu'ils étaient en chemin? Car nous croyons ce qu'ils ne croyaient pas encore. Ils avaient perdu l'espérance, et nous n'avons point le moindre doute sur ce qu'ils hésitaient à croire. La mort du Seigneur sur une croix avait détruit en eux toute espérance, comme nous le voyons dans ce qu'ils répondent à cette question que leur fait le Sauveur : « De quoi vous entretenez-vous, et pourquoi êtes-vous tristes? » Et l'un d'eux lui dit : « Etes-vous seul étranger dans Jérusalem, au point d'ignorer ce qui vient de s'y passer en ces jours. » (*Luc*, XXIV, 17, etc.) « Quoi donc? » leur dit-il. Il sait tout, et il les questionne sur ce qui le concerne, parce qu'il désirait habiter dans leur cœur. « Quoi donc? » leur dit-il. Ils répondirent : « Touchant Jésus de Nazareth, ce prophète puissant en œuvres et en paroles. » C'est en cela que nous leur sommes supérieurs. Jésus-Christ, pour eux, n'est qu'un prophète, et nous le reconnaissons pour le Seigneur des prophètes. « Qui fut un prophète puissant en œuvres et en paroles, et comment les princes des prêtres l'ont crucifié. Or, voici le troisième jour depuis que ces choses sont arrivées. Nous espérions. » Vous espériez; vous avez donc cessé d'espérer? Voilà tout le fruit des enseignements que vous avez reçus? Ah! le larron, sur la croix, l'emporte de beaucoup sur vous. Vous avez oublié le Maître

---

guli non dixerunt omnia; sed quæ alius prætermisit, alius dixit : et quodam modo sibi dederunt locum omnes, ut necessarii essent omnes. Marcus Evangelista, cujus hesterno die Evangelium recitatum est, breviter dixit quod Lucas uberius prosecutus est, de duobus quibusdam discipulis, qui non erant de numero quidem duodecim, sed tamen discipuli erant : quibus iter agentibus Dominus apparuit, et cum eis ambulavit. Ille enim tantummodo dixit, quia apparuit duobus iter agentibus : iste vero Evangelista Lucas, et quid illis dixerit, et quid eis responderit, et in quo usque cum eis ambulaverit et quomodo eum in panis fractione cognoverint; omnia hæc dixit, sicut audivimus.

Discipuli de Christo dubitantes, a latrone victi. — 2. Quid ergo, Fratres, quid hic discutimus? Ædificamur ad credendum resurrexisse Dominum Christum. Jam credebamus quando Evangelium audivimus, et in hanc ecclesiam hodie credentes ingressi sumus : et tamen nescio quomodo cum gaudio auditur, quod memoria renovatur. Quomodo vultis lætificetur cor nostrum, quando videmur istis qui in via ambulabant, et quibus Dominus apparuit, esse meliores? Nos enim credimus, quod illi nondum credebant. Spem perdiderant, et nos non dubitamus, unde illi dubitabant. Crucifixo Domino spem perdiderant : hoc apparuit in verbis illorum, quando eis dixit : « Qui sunt isti sermones, quos habetis inter vos, et quare tristes estis? » Et illi : « Tu solus peregrinaris in Jerusalem, et nescis quæ ibi contigerunt? » (*Luc.*, XXIV, 17, etc.) Et respondit ille : « Quæ? » Sciens omnia de se ipso quærebat : quia se in ipsis esse cupiebat. « Quæ, » dixit. Et illi : « De Jesu Nazareno, qui fuit vir propheta, magnus in dictis et factis. » Ecce meliores sumus. Illi dicebant Christum prophetam : nos eum novimus Dominum prophetarum. « Fuit, inquiunt, propheta, magnus in factis et dictis. Et quomodo eum principes sacerdotum crucifixerunt : et ecce tertia dies est, ex quo hæc omnia facta sunt. Nos autem sperabamus. » Spe-

qui vous enseignait, et le larron reconnaît celui qui est attaché comme lui sur une croix. « Nous espérions. » Qu'espériez-vous ? « Que ce serait lui qui délivrerait Israël. » Cette espérance que vous aviez en lui et que vous avez perdue depuis que Jésus a été crucifié, le larron l'a professée, lorsqu'il était crucifié avec lui. « Seigneur, lui dit-il, souvenez-vous de moi, lorsque vous serez arrivé dans votre royaume. » (*Luc*, XXIII, 42.) Voilà comme il reconnaît hautement que c'était lui qui devait racheter Israël. Cette croix du Sauveur était pour lui une école, où il reçut les enseignements du Maître. Ce gibet, où Jésus était suspendu, devint la chaire du haut de laquelle il lui donnait ses divines leçons. Mais puisqu'il vient de s'adjoindre à vous, qu'il ranime l'espérance dans votre cœur. C'est ce qui arriva. Rappelez-vous, cependant, mes très-chers frères, comment Notre-Seigneur Jésus-Christ n'a voulu être reconnu que dans la fraction du pain par ces deux disciples, dont les yeux étaient comme retenus, de sorte qu'ils ne pouvaient le reconnaître. Les fidèles savent ce que je veux dire ; eux aussi reconnaissent Jésus-Christ dans la fraction du pain. Ce n'est pas toute espèce de pain qui devient le corps de Jésus-Christ, mais celui-là seul qui reçoit sa bénédiction. C'est alors que ces deux disciples le reconnurent ; ils furent transportés de joie, allèrent retrouver les autres disciples, déjà ins-

(1) Dans le sermon précédent.

truits du fait de la résurrection ; ils leur racontèrent ce qu'ils avaient vu, et ajoutèrent ainsi de nouveaux détails à l'Evangile. Tous ces discours, tous ces faits ont été ensuite écrits, et sont ainsi parvenus jusqu'à nous.

Quelle est la foi qui distingue les chrétiens des païens et des Juifs. En quoi la foi des chrétiens diffère de la foi des démons. — 3. Croyons donc en Jésus-Christ crucifié, mais croyons en même temps qu'il est ressuscité le troisième jour. La foi qui nous distingue de ces disciples, qui nous distingue des païens, qui nous distingue des Juifs, c'est la foi par laquelle nous croyons que Jésus-Christ est ressuscité des morts. « Souvenez-vous, écrit l'Apôtre à Timothée, que Notre-Seigneur Jésus-Christ, qui est de la race de David, est ressuscité, selon l'Evangile que je prêche. » (II *Tim.*, II, 8.) Et le même Apôtre dit ailleurs : « Si vous confessez de bouche le Seigneur Jésus-Christ, et si vous croyez en votre cœur que Dieu l'a ressuscité d'entre les morts, vous serez sauvés. » (*Rom.*, X, 9.) C'est le salut dont je vous ai parlé hier (1) en expliquant ces paroles : « Celui qui aura cru et sera baptisé, sera sauvé. » (*Marc*, XVI, 16.) Je sais que vous croyez : vous serez donc sauvés. Conservez dans votre cœur, et professez hautement la foi à la résurrection de Jésus-Christ. Mais ayez la foi des chrétiens, et non la foi des démons. Je distingue ces deux espèces de foi, comme c'est

rabatis : jam non speratis? Hic est omnis discipulatus vester? In cruce latro vos vicit. Vos obliti estis eum qui docebat : ille agnovit cum quo pendebat. « Nos sperabamus. » Quid sperabatis? « Quia ipse erat redempturus Israel. » Quod sperabatis, et illo crucifixo perdidistis, hoc latro crucifixus agnovit. Ait enim Domino : « Domine, memento mei, cum veneris in regnum tuum. » (*Luc.*, XXIII, 42.) Ecce quia ipse erat redempturus Israel. Crux illa, schola erat. Ibi docuit Magister latronem. Lignum pendentis, cathedra factum est docentis. Sed qui reddidit se vobis, revocet spem vobis. Sic et factum est. Mementote tamen, Carissimi, quemadmodum Dominus Jesus ab eis, quorum oculi tenebantur ne illum agnoscerent, in fractione panis voluit se agnosci. Norunt fideles quid dicam : norunt Christum in fractione panis. Non enim omnis panis, sed accipiens benedictionem Christi, fit corpus Christi. Ibi illi agnoverunt, exsultaverunt, ad alios perrexerunt : jam scientes invenerunt, narrantes quod viderant,

Evangelio addiderunt. Dicta sunt, facta sunt, scripta sunt : pervenerunt ad nos.

Fides Christianos a paganis et Judæis discernens. Fides Christianorum quonam differt a fide dæmonum. — 3. Credamus in Christum crucifixum ; sed eum, qui die tertio resurrexit. Ipsa est fides, quæ nos distinguit ab eis, distinguit a Paganis, distinguit a Judæis ; fides qua credimus Christum resurrexisse a mortuis. Apostolus dicit Timotheo : « Memor esto Christum Jesum resurrexisse a mortuis, ex semine David, secundum Evangelium meum. » (II *Tim.*, II, 8.) Itemque ipse Apostolus : « Quia si credideris in corde tuo, inquit, quia Dominus est Jesus, et confessus fueris ore tuo, quia Deus illum suscitavit a mortuis, salvus eris. » (*Rom.*, X, 9.) Ipsa est salus, de qua hesterno die disputavi. « Qui crediderit, et baptizatus fuerit, salvus erit. » (*Marc.*, XVI, 16.) Scio vos credere : salvi eritis. Corde retinete, ore proferte, quia Christus resurrexit a mortuis. Sed fidem habete Christianorum, non dæmoniorum. Ecce enim

SERMON CCXXXIV.

mon devoir de le faire ; j'établis cette distinction, selon la grâce que j'ai reçue de Dieu. Lorsque j'aurai fait cette distinction, c'est à vous de choisir et de vous attacher à la foi que vous aurez choisie. Je vous l'ai dit, la foi par laquelle nous croyons que Jésus est ressuscité des morts, nous distingue des païens. Demandez à un païen : Jésus-Christ a-t-il été crucifié ? Il vous répond à haute voix : Oui, sans aucun doute. Demandez-lui s'il est ressuscité, il le nie ouvertement. Demandez maintenant à un Juif si Jésus-Christ a été crucifié, il n'hésitera pas à confesser le crime de ses pères, le crime dont il prend lui-même sa part. Car il boit cette coupe que ses ancêtres lui ont transmise en criant : « Que son sang soit sur nous et sur nos enfants. » (*Matth.*, XXVII, 25.) Mais demandez-lui si Jésus-Christ est ressuscité des morts, il le niera, et ne vous répondra que par des railleries et des blasphèmes. La distinction entre eux et nous est donc clairement établie ; car nous croyons que Jésus-Christ, qui est de la race de David selon la chair, est ressuscité des morts. Est-ce que les démons ont ignoré ce grand miracle ? est-ce que les démons n'ont pas cru les mystères dont ils ont été eux-mêmes les témoins ? Avant que Jésus fût ressuscité, ils s'écriaient : « Nous savons qui vous êtes : le Fils de Dieu. » (*Marc*, I, 24.) Nous avons fait connaître le caractère qui nous distingue des païens : la foi à la résurrection de Jésus-Christ. Efforçons-nous d'établir ce qui distingue notre foi de celle des démons. Dites-moi, je vous en prie, qu'est-ce que les démons ont confessé ? « Nous savons qui vous êtes : le Fils de Dieu. » Et le Sauveur leur répond : « Taisez-vous. » Mais n'avaient-ils pas fait la même confession que Pierre, lorsque le Sauveur demanda à ses disciples : « Qu'est-ce que les hommes disent que je suis ? » Et lorsqu'ils eurent fait connaître les diverses opinions des hommes, Notre-Seigneur leur fait cette autre question : « Et vous, qui dites-vous que je suis ? » Pierre lui répondit : « Vous êtes le Christ, le Fils du Dieu vivant. » (*Matth.*, XVI, 13, etc.) Ainsi, les démons confessent la même vérité que Pierre, les esprits malins tiennent le même langage que l'apôtre. Et cependant, le Sauveur dit aux démons : « Taisez-vous, » et à Pierre : « Tu es bienheureux. » Ce qui distingue ici Pierre des démons, doit nous en séparer nous-mêmes. Qu'est-ce qui inspirait aux démons cette confession de foi ? la crainte. Et à Pierre ? l'amour. Faites donc votre choix, et laissez-vous aussi inspirer par l'amour. Telle est la foi qui sépare les chrétiens des démons ; ce n'est pas une foi quelconque. Voici ce que dit l'apôtre saint Jacques : « Vous croyez. » Ce sont les paroles mêmes de cet apôtre dans son Epître : « Vous croyez qu'il n'y a qu'un seul Dieu, vous faites bien ; les démons le croient aussi, et tremblent. » (*Jacq.*, II, 19.) C'est cet apôtre qui nous dit dans cette même Epître : « Si un homme

---

distinguo ista vobis : quod meum est, distinguo ; secundum gratiam Dei, quæ data est mihi, distinguo vobis. Cum distinxero, eligite, diligite. Ecce dixi : Fides ista, qua credimus Christum Jesum resurrexisse a mortuis, distinguit nos a Paganis. Quære a Pagano, utrum crucifixus fuerit Christus : clamat : Valde. Utrum resurrexerit, negat. Quære a Judæo, utrum crucifixus sit Christus : confitetur crimen parentum suorum ; confitetur crimen, ubi habet et partem. Bibit enim quod ei parentes sui propinaverunt : « Sanguis ejus super nos, et super filios nostros. » (*Matth.*, XXVII, 25.) Sed quære ab illo, utrum resurrexerit a mortuis : negabit, irridebit, accusabit. Distincti sumus. Credimus enim nos Christum ex semine David secundum carnem resurrexisse a mortuis. Numquid hoc dæmones nescierunt, aut ista dæmones non crediderunt, quæ et viderunt ? Adhuc antequam resurrexisset, clamabant et dicebant : « Scimus qui sis, Filius Dei. » (*Marc.*, I, 24.) Discernebamus nos a Paganis, credendo Christum resurrexisse : si aliquid possumus, a dæmonibus nos discernamus. Quid est, obsecro vos, quid est quod dixerunt dæmones ? « Scimus qui sis, Filius Dei. » Et audiunt : « Obmutescite. » Nonne hoc dixerunt quod et Petrus, quando quæsivit ab eis et dixit : « Quem me dicunt homines esse ? » Et cum opiniones respondissent alienas, addidit et interrogavit dicens : « Vos autem quem me esse dicitis ? » Respondit Petrus : « Tu es Christus Filius Dei vivi. » (*Matth.*, XVI, 13, etc.) Hoc dæmones, hoc Petrus : hoc maligni spiritus, hoc Apostolus. Et audiunt dæmones : « Obmutescite ; » audit Petrus : « Beatus es. » Quod discernebat illos, hoc discernat et nos. Unde hoc dæmones clamabant ? Timendo. Unde Petrus ? Diligendo. Eligite, diligite. Ipsa est fides, quæ Christianos a dæmonibus discernit ; fides non quæcumque. Nam ait apostolus Jacobus : « Tu credis ; » epistola hoc habet apostoli Jacobi : « Tu credis, quia unus est Deus : bene facis. Et dæmones credunt, et contremiscunt. » (*Jacob.*, II, 19.) Ipse hoc dixit,

a la foi sans avoir les œuvres, la foi pourra-t-elle le sauver? » (*Ibid.*, 14.) Et l'apôtre saint Paul fait la même distinction, lorsqu'il dit : « En Jésus-Christ, ni la circoncision, ni l'incirconcision ne servent à rien, mais la foi qui agit par la charité. » Nous avons donc clairement établi cette distinction, ou plutôt nous l'avons trouvée nettement formulée dans les livres saints, où nous l'avons apprise. Or, que cette distinction existe également dans nos mœurs, dans nos œuvres, comme elle existe dans notre foi ; et soyons embrasés de la charité que les démons ne connaissent pas. C'est de ce feu qu'était embrasé le cœur des deux disciples, pendant que Jésus leur parlait dans le chemin. En effet, lorsqu'ils l'eurent reconnu, et qu'il eut disparu à leurs yeux, ils se dirent l'un à l'autre : « Notre cœur n'était-il pas tout brûlant au dedans de nous, lorsqu'il nous parlait dans le chemin, et qu'il nous ouvrait le sens des Ecritures ? » (*Luc*, XXIV, 32.) Brûlez donc de ce feu pour ne point brûler du feu qui brûlera les démons. Soyez embrasés du feu de la charité, voilà ce qui vous distinguera des démons. Ce feu de la charité vous arrache à la terre, vous transporte au-dessus de vous-mêmes, et vous élève jusque dans les cieux. Quelles que soient les épreuves que vous aurez à souffrir sur la terre, quel que soit le poids des humiliations sous lesquelles l'ennemi vous accable, la flamme de la charité se dirige toujours vers les hauteurs. Ecoutez cette comparaison : Si vous tenez une torche allumée, et que vous la teniez droite, la flamme qu'elle jette s'élève vers le ciel ; abaissez-la, elle monte également ; renversez-la du haut en bas, est-ce que la flamme se renverse du côté de la terre ? De quelque côté que vous dirigiez cette torche, la flamme ne connaît point d'autre direction, elle s'élève toujours vers le ciel. Que la ferveur de l'esprit vous embrase ainsi du feu de la charité et d'un saint zèle pour chanter les louanges de Dieu et mener une vie chrétienne et pure. L'un est fervent, l'autre est froid ; que la ferveur de l'un enflamme la froideur de l'autre ; et si cette ardeur est faible encore, désirez qu'elle s'accroisse, et demandez à Dieu qu'il l'augmente. Le Seigneur est tout prêt à donner sa grâce, désirons la recevoir dans toute l'expansion de nos cœurs. Tournons-nous vers le Seigneur, etc.

SERMON CCXXXV.

VIe pour les fêtes de Pâques.

Sur la même lecture de l'Evangile selon saint Luc, chapitre XXIV.

CHAPITRE PREMIER. — *Les évangélistes diffèrent entre eux, mais ces différences laissent entière la vérité du récit.* — 1. Hier, c'est-à-dire la

---

qui in eadem epistola scripsit : « Si fidem habeat aliquis, opera autem non habeat, numquid potest fides salvare eum ? » (*Ibid.*, 14.) Et apostolus Paulus discernens, ait : « Neque circumcisio aliquid valet, neque præputium ; sed fides quæ per dilectionem operatur. » (*Gal.*, V, 6.) Discrevimus, distinximus : imo distinctam invenimus, distinctam legimus, distinctam esse didicimus. Quomodo distinguimur fide : sic distinguamur et moribus, sic distinguamur et operibus, accensi caritate, quam dæmones non habebant. Quo igne et illi duo in via ardebant. Cognito enim Christo et ab eis discedente, dixerunt apud se : « Nonne cor nostrum erat ardens in via, cum aperiret nobis Scripturas ? » (*Luc.*, XXIV, 32.) Ardete : ne ardeatis igne quo arsuri sunt dæmones. Ardete igne caritatis, ut a dæmonibus vos discernatis. Ardor iste sursum vos rapit, sursum tollit, in cœlum levat. Quidquid molestiarum passi fueritis in terra, quantumcumque Christianum cor deorsum humiliatum premat inimicus ; summa petit ardor dilectionis. Similitudinem accipite. Si faculam teneas ardentem, rectam capite sursum teneas ; flammæ crinis surgit in cœlum : deprime faculam, flamma in cœlum it : fac faculam capite deorsum, numquid et flammam deponis in terram ? Quacumque ardens vergit, flamma aliam viam nescit, cœlum petit. Spiritu ferventes accendimini igne caritatis : fervere facite vos laudibus Dei, et moribus optimis. Alter calidus, alter frigidus : calidus frigidum accendat : et qui parum ardet, optet augmentum, oret adjumentum. Dominus paratus est dare : nos (*a*) pansis cordibus optemus accipere. Conversi ad Dominum, etc.

SERMO CCXXXV (*b*).

In diebus Paschalibus, VI.

De eadem lectione Evangelii Lucæ, XXIV.

CAPUT PRIMUM. — *Evangelistæ salva narrationis veritate variant.* — 1. Hesterno die, (*c*) id est nocte, lecta est ex Evangelio resurrectio Salvatoris. Lecta est

---

(*a*) Sic meliores Mss. At Lov. paucis. — (*b*) Alias de Tempore CXL. — (*c*) Aliquot Mss. omittunt, *id est nocte*. Et infra loco *secundum Matthæum*, iidem codices habent *secundum Marcum*.

nuit d'hier, on vous a lu dans l'Evangile le récit de la résurrection du Sauveur. Cette lecture vous a été faite dans l'Evangile selon saint Matthieu. Aujourd'hui, comme vous l'avez entendu de la bouche du lecteur, ce même récit de la résurrection du Sauveur vous est présenté d'après l'évangéliste saint Luc. Nous devons souvent vous rappeler, et vous ne devez point l'oublier, qu'il ne faut pas s'étonner qu'un évangéliste rapporte ce qu'un autre a passé sous silence, car ce dernier raconte à son tour des circonstances dont le premier n'a rien dit. Il est certains détails qu'un seul d'entre eux raconte, et dont les trois autres ne parlent point; il en est que l'on trouve dans deux évangélistes et sur lesquels les deux autres gardent le silence; il en est enfin qui sont racontés par trois d'entre eux à l'exclusion d'un seul. Mais l'autorité du saint Evangile est si grande, qu'en vertu de l'inspiration du même Esprit qui parlait par leur bouche, le récit d'un seul suffit pour en établir la vérité. Ainsi, ce que vous venez d'entendre, que Notre-Seigneur Jésus-Christ, après sa résurrection, rencontra sur le chemin deux de ses disciples qui s'entretenaient ensemble de tout ce qui s'était passé, et qu'il leur dit : « De quoi vous entretenez-vous en marchant, et pourquoi êtes-vous tristes? » etc., n'est raconté que par l'évangéliste saint Luc. (*Luc*, XXIV, 17.) Saint Marc rapporte en quelques mots qu'il apparut à deux de ses disciples qui étaient en chemin, mais il n'a rien dit de l'entretien qu'ils eurent avec le Seigneur. (*Marc*, XVI, 12.)

Jésus-Christ fait route avec ses deux disciples et s'entretient avec eux. — 2. Quel fruit pouvons-nous retirer de cette lecture? Un bien grand, si nous savons le comprendre. Jésus apparaît à ces deux disciples; ils le voient de leurs yeux, mais sans le reconnaître. Le divin Maître marchait avec eux sur la voie, il était lui-même la voie; mais ils n'y marchaient pas encore, et il les trouve bien éloignés de la véritable voie. Lorsqu'il était encore avec eux avant sa passion, il leur avait prédit tout ce qui devait arriver : qu'il souffrirait toutes sortes d'outrages, qu'il mourrait, et qu'il ressusciterait le troisième jour; il leur avait tout annoncé d'avance; mais à peine fut-il mort, que tout fut oublié. Ils furent tellement troublés en le voyant attaché à la croix, qu'ils oublièrent ses enseignements, et cessèrent d'espérer sa résurrection et de croire à ses promesses.

CHAPITRE II. — « Nous espérions, lui dirent-ils, que ce serait lui qui délivrerait Israël. » (*Luc*, XXIV, 21.) O disciples de Jésus, vous l'espériez; vous ne l'espérez donc plus? Quoi! le Christ est vivant, et l'espérance est morte dans votre âme? Oui, le Christ est plein de vie, mais il trouve morts les cœurs de ces disciples, aux yeux desquels il apparaît sans être reconnu; il se

autem ex Evangelio secundum Matthæum : hodie vero, sicut audistis pronuntiare Lectorem, recitata est nobis Domini resurrectio, sicut Lucas Evangelista conscripsit. Quod sæpe admonendi estis, et memoriter tenere debetis, non vos debet movere quod alius Evangelista dicit, si quid alius prætermittit : quia et ille qui prætermittit quod alius dicit, dicit aliquid quod ille prætermiserat. Aliqua vero singuli dicunt, et alii tres non dicunt; aliqua duo dicunt, et alii non dicunt; aliqua tres dicunt, et unus non dicit. Auctoritas autem tanta est Evangelii sancti, ut quia in eis loquebatur Spiritus unus, verum sit etiam quod dixerit unus. Hoc ergo quod modo audistis, quia Dominus Jesus, postea quam resurrexit a mortuis, invenit duos in via ex discipulis suis, colloquentes invicem de his quæ contigerant, et dixit illis : « Qui sunt sermones isti, quos loquimini vobiscum, et estis tristes, etc., » solus dixit Lucas Evangelista. (*Luc.*, XXIV, 17.) Breviter hoc attigit Marcus, quia apparuit duobus in via : sed quid illi dixerint Domino, vel quid eis dixerit Dominus, prætermisit. (*Marc.*, XVI, 12.)

Christus cum discipulis in via. — 2. Quid ergo ista lectio contulit nobis? Magnum aliquid, si intelligamus. Apparuit Jesus : videbatur oculis, et non agnoscebatur. Magister ambulabat cum illis in via, et ipse erat via : et nondum illi ambulabant in via; sed invenit eos exorbitasse de via. Quando enim cum illis fuerat ante passionem, omnia prædixerat, passurum se fuisse, moriturum, tertio die resurrecturum : omnia prædixerat; sed (*a*) mors illius, illorum oblivio fuit. Sic perturbati sunt, quando eum viderunt in ligno pendentem, ut obliviscerentur docentem, non exspectarent resurgentem, nec tenerent promittentem.

CAPUT II. — « Nos, inquiunt, sperabamus quia ipse erat redempturus Israel. » (*Luc.*, XXIV, 21.) O discipuli, sperabatis; ergo jam non speratis? Ecce Christus vivit, et spes mortua est in vobis. Prorsus vivit Christus. Vivens Christus mortua discipulorum

(*a*) Editi, *sed sermo*. Melius Mss. *sed mors*.

manifeste et demeure caché. S'ils ne le voyaient point, comment auraient-ils pu entendre les questions qu'il leur faisait et y répondre? Il marchait avec eux comme un simple compagnon de voyage, et il était leur guide. Ils le voyaient, mais ils ne le reconnaissaient pas. « Leurs yeux étaient retenus, comme nous venons de l'entendre, en sorte qu'ils ne pouvaient le reconnaître. » Le voile qui était sur leurs yeux ne les empêchait pas de le voir, mais simplement de le reconnaître.

Pourquoi Jésus-Christ voulut être reconnu dans la fraction du pain. — 3. Voyons, mes frères, à quel moment Notre-Seigneur voulut être reconnu. A la fraction du pain. Nous en sommes donc assurés nous-mêmes, c'est dans la fraction du pain que nous reconnaissons le Seigneur. S'il n'a voulu être reconnu qu'à cet instant, c'est pour nous, qui ne devions point le voir dans sa chair, mais qui devions cependant manger sa chair. Vous donc, fidèle, qui que vous soyez, vous qui ne portez pas en vain le nom de chrétien, vous qui n'entrez pas sans dessein dans l'Eglise, vous qui entendez la parole de Dieu avec crainte et avec espérance, la fraction du pain sera pour vous une source de consolation. L'absence du Seigneur n'est pas une véritable absence; ayez la foi, et celui que vous ne voyez point est avec vous. Ces disciples, pendant que le Seigneur leur parlait, n'avaient point la foi, car ils ne croyaient pas à sa résurrection; ils n'espéraient pas même qu'il pût ressusciter. Ils avaient perdu la foi, ils avaient perdu l'espérance : c'étaient des morts qui marchaient avec un vivant, des morts qui marchaient avec la vie. La vie marchait avec eux, mais la vie n'était pas encore renouvelée dans leurs cœurs.

Chapitre III. — *Récompense de l'hospitalité.* — Si donc, vous aussi, vous voulez avoir la vie, faites ce qu'ils ont fait, pour arriver à reconnaître le Seigneur. Il paraissait vouloir aller plus loin, mais ils le forcèrent de s'arrêter. Et lorsqu'ils furent parvenus au terme de leur voyage, ils lui dirent : « Demeurez avec nous, car le jour est sur son déclin. » Vous aussi, retenez Jésus-Christ comme hôte, si vous voulez le reconnaître comme Sauveur. L'hospitalité leur a rendu ce que l'incrédulité leur avait fait perdre. Le Seigneur se découvrit donc dans la fraction du pain. Apprenez où vous devez chercher le Seigneur, apprenez où il vous sera donné de le posséder, de le reconnaître, c'est-à-dire lorsque vous êtes assis à la table sainte. Les fidèles voient ici quelque chose qu'ils comprennent bien mieux que ceux qui ne sont pas encore initiés à cette connaissance.

Jésus-Christ a privé l'Eglise de sa présence

---

corda invenit : quorum oculi et apparuit et non apparuit ; et videbatur et abscondebatur. Nam si non videbatur, quomodo illum interrogantem audiebant, interroganti respondebant? In via cum illis tanquam comes ambulabat, et ipse dux erat. Utique videbant, sed non agnoscebant. « Tenebantur enim oculi eorum, » sicut audivimus, « ne eum agnoscerent. » Non tenebantur, ne viderent : sed « tenebantur, ne eum agnoscerent. »

Christus cur agnosci voluit in fractione panis. — 3. Eia, Fratres, ubi voluit Dominus agnosci? In fractione panis. Securi sumus, panem frangimus, et Dominum agnoscimus. Noluit agnosci, nisi ibi, propter nos, qui non eum visuri eramus in carne, et tamen manducaturi eramus ejus carnem. Quisquis ergo fidelis es, quisquis non inaniter Christianus vocaris, quisquis ecclesiam non sine causa ingrederis, quisquis verbum Dei cum timore et spe audis, consoletur te fractio panis. Absentia Domini, non est absentia : habeto fidem, et tecum est quem non vides. Illi, quando cum eis Dominus loquebatur, nec fidem habebant : quia eum resurrexisse non credebant, non resurgere posse sperabant. Perdiderant fidem, perdiderant spem. Ambulabant mortui cum vivente, ambulabant mortui cum ipsa vita. Cum illis ambulabat vita ; sed in eorum cordibus nondum (a) renovata erat vita.

Caput III. — *Hospitalitatis merces.* — Et tu ergo, si vis habere vitam, fac quod fecerunt, ut agnoscas Dominum. Hospitio susceperunt. Similis enim erat Dominus tanquam in longinqua pergenti, illi vero tenuerunt eum. Et postea quam venerunt ad locum, quo tendebant, dixerunt : « Jam hic nobiscum mane, declinavit enim in vesperum dies. » Tene hospitem, si vis agnoscere Salvatorem. Quod tulerat infidelitas, reddidit hospitalitas. Dominus ergo præsentavit se ipsum in fractione panis. Discite ubi Dominum quæratis, discite ubi habeatis, discite ubi agnoscatis, quando manducatis. Norunt enim fideles aliquid quod melius intelligunt in ista lectione, quam illi qui non noverunt.

Christus absentavit se corpore ut ædificetur fides. —

(a) Am. et Er. omittunt, renovata : cujus loco Regius Ms. revocata.

corporelle pour affermir la foi. — 4. Notre-Seigneur Jésus-Christ fut donc reconnu par ces deux disciples, et il disparut aussitôt après. Il déroba sa présence corporelle à ceux qui le conservaient dans leur cœur par la foi. Et si maintenant le Seigneur a privé toute l'Eglise de sa présence corporelle en remontant dans les cieux, c'est pour affermir cette foi. Si vous ne connaissez que ce que vous voyez, où est votre foi? Mais si vous croyez même ce que vous ne voyez pas, un jour la vue de la réalité vous comblera de joie. Que votre foi se fortifie, un jour viendra où vous verrez face à face. Oui, cette réalité que nous ne voyons pas viendra, mes frères; elle viendra, mais considérez bien dans quel état elle vous trouvera. Vous verrez venir ce jour dont les hommes disent : Où est-il? quand et comment sera-t-il? quand viendra-t-il? Soyez-en certains, il viendra et il viendra même quand vous ne le voudriez pas. Malheur à ceux qui ont refusé de croire! ils seront alors saisis d'épouvante, tandis que ceux qui ont cru seront saisis de joie. Les fidèles diront à Dieu : Grâces vous soient rendues, Seigneur! c'est la vérité que nous avons entendue, c'est la vérité que nous avons crue, c'est la vérité que nous avons espérée, c'est la vérité que nous contemplons. Les incrédules, au contraire, s'écrieront : Comment n'avons-nous pas cru? Comment avons-nous traité de mensonges les Ecritures des chrétiens? Gloire donc à ceux qui croient sans voir; ils seront transportés de joie lorsque la réalité leur apparaîtra. C'est pour notre salut que Notre-Seigneur a pris un corps, et c'est dans ce corps qu'il a souffert la mort. Il est ressuscité le troisième jour pour ne plus mourir, et après avoir repris le corps dont son âme s'était séparée, il nous a donné le premier l'exemple d'une résurrection qui n'a plus à craindre la corruption. Il est remonté vers son Père avec ce même corps; il est assis à la droite de Dieu le Père, avec lequel il partage le pouvoir de juger. Nous espérons qu'il viendra juger les vivants et les morts, et nous croyons qu'à son exemple nous reprendrons, dans la poussière du tombeau, cette même chair, ces mêmes os, ces mêmes membres, qui ressusciteront pour ne plus mourir. Tous nous ressusciterons, mais tous nous n'aurons point part à la même joie. « Le jour vient, dit le Sauveur, où tous ceux qui sont dans les sépulcres entendront la voix du Fils de Dieu, et ceux qui auront bien fait en sortiront pour la résurrection à la vie, mais ceux qui auront mal fait, pour la résurrection du jugement. » (*Jean*, v, 28, 29.) C'est ainsi qu'à leur confusion viendra s'ajouter le supplice, comme la récompense sera décernée à la confiance. « Et ceux-ci iront au supplice éternel, et les justes à la vie éternelle. »

---

4. Dominus Jesus cognitus est; et postea quam cognitus est, nusquam comparuit. Abscessit ab eis corpore, qui tenebatur fide. Ideo enim Dominus absentavit se corpore ab omni Ecclesia, et ascendit in cœlum, ut fides ædificetur. Si enim non nosti nisi quod vides, ubi est fides? Si autem credis et quod non vides, cum videris gaudebis. Ædificetur fides, quia reddetur species. Veniet quod non videmus, veniet, Fratres, veniet : sed vide quomodo te inveniet. Nam veniet quod dicunt homines : Ubi est, quando est, quomodo est, quando erit, quando venturum est? Certus esto, veniet : nec solum veniet, sed et si nolis veniet. Væ qui non crediderunt; erit enim his magnus tremor; et magnum gaudium eis qui crediderunt. Gaudebunt fideles, confundentur infideles. Fideles dicturi sunt : Gratias tibi, Domine : vera audivimus, vera credidimus, vera speravimus, vera cernimus. Infideles autem dicturi sunt : Ubi est, quod non credebamus? ubi est, quod illa quæ legebantur, mendacia putabamus? (*a*) [Laudandi ergo qui non vident et credunt : quia cum viderint, gaudebunt. Causa salutis nostræ suscepit Dominus carnem; in qua suscepit et mortem. Resurrexit die tertio, jam non ulterius moriturus; et recepta quam deposuerat carnis substantia, primus nobis resurrectionis incorruptibilis fecit exemplum. Ascendens in eodem corpore ad Patrem, sedet ad dexteram Dei, judicium Patris communicans potestate, quem venturum ad judicium speramus vivorum ac mortuorum : ut et nos de nobis credamus, de ipso pulvere eamdem carnem accipere, eadem ossa, camdem semper mansuram membrorum reparationem. Omnes sumus resurrecturi : sed non omnes lætaturi. « Veniet dies, inquit, quando omnes qui in monumentis sunt, audient vocem Filii Dei; et procedent qui bona egerunt, in resurrectionem vitæ; qui vero male egerunt, in resurrectionem judicii.] » (*Joan.*, v, 28, 29.) Ita fiet, ut confusioni reddatur supplicium, (*b*) fiduciæ reddatur præmium. « Ibunt enim illi in ambustionem æternam : justi autem in vi-

---

(*a*) Hæc addiderunt Lovanienses. Non habebant Am. et Er. nec nostri Mss. qui hic post verba *mendacia putabamus*, proxime subjiciunt : *Ita fiet ut confusioni*, etc. Nec male sic res cohærent. Itaque fragmentum esse id suspicamur alterius cujuspiam Sermonis forte de Symbolo. — (*b*) In Mss. *lætitia*.

(*Matth.*, xxv, 46.) Tournons-nous vers le Seigneur, etc.

SERMON CCXXXVI.

VIIe pour les fêtes de Pâques.

Sur la même lecture de l'Evangile selon saint Luc, chapitre xxiv.

Jésus-Christ, dans sa mort, s'est proposé une autre fin que dans sa résurrection. — 1. Notre-Seigneur Jésus-Christ, comme l'enseigne l'Apôtre, a été livré à la mort pour nos péchés, et il est ressuscité pour notre justification. (*Rom.*, IV, 25.) Nous sommes comme une semence répandue par sa mort, et sa résurrection développe en nous un nouveau germe de vie. En effet, sa mort est le symbole de la mort par laquelle doit passer notre vie. Ecoutez à ce sujet l'Apôtre : « Nous avons été ensevelis avec lui par le baptême pour mourir, afin que, comme Jésus-Christ est ressuscité d'entre les morts, nous marchions aussi dans une vie nouvelle. » (*Rom.*, VI, 4.) Il n'avait rien à expier sur la croix, parce qu'il y est monté pur de tout péché; mais, pour nous, nous avons besoin de nous purifier par la vertu de sa croix, et d'y déposer toutes les fautes que nous avons commises, afin que nous puissions être justifiés par sa résurrection. Il faut donc établir cette distinction entre ces deux membres de phrases : « Il a été livré pour nos péchés, et il est ressuscité pour notre justification. » L'Apôtre ne dit point : Il a été livré pour notre justification, et il est ressuscité pour nos péchés. Les souffrances auxquelles il a été livré, réveillent dans notre esprit l'idée de crime, et sa résurrection l'idée de justice. Faisons donc mourir le péché, pour que la justice puisse ressusciter en nous.

La mort de Jésus-Christ avait fait perdre toute espérance à ses disciples. — 2. Or, cette confiance, ce don précieux, cette promesse, cette grâce inestimable, les disciples avaient tout perdu à la mort de Jésus-Christ, tout, jusqu'à l'espérance. On leur apprend qu'il est ressuscité, et ce récit leur parut comme du délire, c'est-à-dire que la vérité était pour eux comme une rêverie. Si, lorsqu'on prêche maintenant la résurrection, quelqu'un osait la traiter de rêverie, ne serait-il pas regardé par tous comme le plus coupable et le plus malheureux des hommes? Il serait pour tous un objet d'aversion, d'exécration et d'horreur; tous fermeraient leurs oreilles et refuseraient de l'entendre. Voilà ce qu'étaient les disciples à la mort de Jésus-Christ; ils étaient ce qui nous inspire une si vive horreur aujourd'hui. Les béliers du troupeau étaient travaillés d'un mal qui excite l'horreur des agneaux. Voyez ces deux disciples auxquels le Sauveur

---

tam æternam. » (*Matth.*, xxv, 46.) Conversi ad Dominum, etc.

SERMO CCXXXVI ^(a).

In diebus Paschalibus, VII.

De eadem lectione Evangelii Lucæ, xxiv.]

Mors Christi propter aliud, et propter aliud resurrectio. — 1. Dominus noster Jesus Christus, sicut Apostolus dicit, « mortuus est propter delicta nostra, et resurrexit propter justificationem nostram. » (*Rom.*, IV, 25.) Sicut morte ipsius seminamur, sic resurrectione ipsius germinamus. Etenim morte ipsius significatur mors vitæ nostræ. De hac re audi Apostolum : « Consepulti, inquit, sumus Christo per baptismum in mortem, ut quemadmodum Christus resurrexit a mortuis, sic et nos in novitate vitæ ambulemus. » (*Rom.*, VI, 4.) Ille non habuit quod emendaret in cruce : quia sine peccato ascendit in crucem. Nos in cruce ejus emendemur, et ibi ponamus quod male contraximus, ut justificari ejus resurrectione possimus. Distinguere enim ita debetis : « Traditus est propter delicta nostra, et resurrexit propter justificationem nostram. » Non dixit : Traditus est propter justificationem nostram, et resurrexit propter delicta nostra. In ejus traditione delictum sonat, in ejus resurrectione justitia sonat. Ergo moriatur delictum, et resurgat justitia.

Spes discipulis morte Christi ablata. — 2. Istam spem, hoc donum, hanc promissionem, hanc tantam gratiam, quando mortuus est Christus, discipuli ejus de animo perdiderunt, et in ejus morte ab spe deciderunt. Ecce annuntiabatur illis resurrectio ejus, et videbantur illis verba nuntiantium quasi deliramentum. Quasi deliramentum facta erat veritas. Si quando prædicatur resurrectio in isto tempore, et videtur alicui esse deliramentum, nonne omnes dicunt habere illum grande tormentum? Nonne omnes detestantur, abhorrent, aversantur, aures claudunt, audire nolunt? Ecce quod erant discipuli, mortuo Christo : quod nos exhorremus, hoc erant illi. Hoc malum habebant arietes, quod horrent

(a) Alias de Diversis LXXXVIII.

apparut pendant qu'ils étaient en chemin, et dont les yeux étaient comme retenus, en sorte qu'ils ne pouvaient le reconnaître; leur langage indique clairement où était leur cœur, et leurs paroles nous attestent ce qui se passait dans leur âme; je dis : nous attestent, car, pour lui, son regard pénétrait au fond de leur cœur. Ils s'entretenaient de sa mort; Jésus se joignit à eux comme troisième voyageur; celui qui était la voie leur adresse la parole et engage avec eux la conversation sur la voie. Il leur demande, lui qui savait tout, de quoi ils s'entretenaient, pour les amener à lui dire ce qu'il faisait semblant d'ignorer. Ils lui répondirent : « Etes-vous seul si étranger dans Jérusalem, que vous ne sachiez pas ce qui vient de s'y passer en ces jours, touchant Jésus de Nazareth, qui fut un grand prophète? » (*Luc.*, XXIV, 18, etc.) Il n'est plus pour eux le Seigneur, ce n'est qu'un prophète. Telle est l'idée qu'ils se formaient de lui, depuis qu'il était mort. Ils l'honoraient encore comme un prophète, mais ils ne le reconnaissaient point comme le Seigneur des prophètes, et même des anges. « Et comment les princes des prêtres et nos chefs l'ont livré pour être condamné à mort. Et voici le troisième jour depuis que ces choses sont arrivées. Or, nous espérions que ce serait lui qui délivrerait Israël. » Voilà le fruit de tous vos efforts? Vous espériez, et maintenant vous désespérez. Vous le voyez, ils avaient perdu jusqu'à l'espérance. Jésus commença donc à leur interpréter les Ecritures, pour leur faire reconnaître le Christ dans ce fait même où ils l'avaient méconnu et délaissé. Pourquoi désespéraient-ils qu'il fût le Christ? parce qu'il était mort. Il leur ouvrit donc le sens des Ecritures, pour leur faire comprendre que, sans sa mort, il ne pouvait être le Christ, et leur prouva, par les livres de Moïse, par ceux qui suivent, par les prophètes, ce qu'il leur avait dit : « Qu'il fallait que le Christ souffrît toutes ces choses, et qu'il entrât ainsi dans sa gloire. » Ils l'écoutaient avec des transports de joie mêlés de soupirs, et comme ils l'avouèrent eux-mêmes avec un cœur brûlant d'amour; et cependant, ils ne reconnaissaient point la lumière qu'ils avaient sous les yeux.

Mérite de l'hospitalité. — 3. Quel mystère, mes frères! Jésus entre chez eux, il devient leur hôte, et ils reconnaissent dans la fraction du pain celui qu'ils n'avaient point reconnu pendant tout le temps qu'il faisait route avec eux. Apprenez donc à pratiquer l'hospitalité; vous lui devrez de reconnaître le Christ. Ne savez-vous pas qu'en recevant un chrétien, c'est Jésus-Christ lui-même que vous recevez? N'a-t-il pas dit : « J'étais étranger, et vous m'avez recueilli? » Et alors que les justes lui demandent : « Seigneur, quand vous avons-nous vu étranger? » il leur répond : « Autant de fois que vous avez agi ainsi pour l'un de mes frères, vous

---

agni. Deinde isti duo, quibus apparuit in via, et tenebantur oculi eorum, ne illum agnoscerent, ubi erat cor, indicant verba; et quid agatur in animo, vox testis est, sed nobis : nam illi etiam cor patebat. De illius morte loquebantur inter se. Adjunxit se illis ipse quasi tertius viator; et via in via cœpit colloqui, commiscuit sermonem. Quærit quid inter se loquerentur, cum omnia sciret; ut eos ad confessionem tanquam nesciens provocaret. Et dicunt illi : « Tu solus peregrinaris in Jerusalem, et nescis quid actum sit in illa istis diebus, de Jesu Nazareno, qui fuit propheta magnus? » (*Luc.*, XXIV, 18, etc.) Jam non Dominus, sed propheta. Hoc enim eum putabant fuisse, cum mortuus esset. Adhuc honorabant quasi prophetam; nondum agnoscebant Dominum, non solum prophetarum, sed etiam Angelorum. « Quomodo, inquiunt, seniores nostri et principes sacerdotum tradiderunt eum in damnationem mortis. Et ecce jam tertius est dies, ex quo ista gesta sunt. Nos autem sperabamus, quia ipse erat redempturus Israel. » Ipse est totus labor? Sperabatis, jam desperatis? Videtis quia perdiderant spem. Cœpit ergo eis exponere Scripturas, ut illic magis agnoscerent Christum, ubi deseruerant Christum. Ideo enim desperaverant Christum, quia viderant mortuum. Ille vero aperuit eis Scripturas, ut agnoscerent quia si mortuus non fuisset, Christus esse non posset. Docuit de Moyse, docuit de subsequentibus Scripturis, docuit de Prophetis, quod illis dixerat, « quia oportebat Christum mori, et sic intrare in gloriam suam. » Audiebant, gaudebant, suspirabant; et quomodo ipsi confessi sunt, ardebant : et præsentem lucem non agnoscebant.

Hospitalitatis meritum. — 3. Quale autem mysterium, Fratres mei? Intrat ad eos, fit eis hospes; et qui per totam viam non agnoscebatur, in fractione panis agnoscitur. Discite hospites suscipere, ubi agnoscitur Christus. An nescitis quia si quem Christianum susceperitis ipsum suscipitis? Nonne ipse dicit : « Hospes fui, et suscepistis me? » Et quando ei dicitur : « Domine, quando te vidimus hospitem? » Respondet : « Cum uni ex minimis meis fecistis,

l'avez fait pour moi. » (*Matth.*, xxv, 35, etc.) Lors donc qu'un chrétien reçoit un chrétien, ce sont les membres qui rendent service à d'autres membres; le Chef s'en réjouit, et regarde comme fait à lui-même ce qui est fait à l'un de ses membres. Nourrissons donc ici-bas le Christ lorsqu'il a faim; donnons-lui à boire lorsqu'il a soif; couvrons sa nudité, recevons-le lorsqu'il est sans asile; visitons-le dans ses maladies. Ce sont là les nécessités du voyage. C'est ainsi qu'il faut vivre dans cette terre d'exil où le Christ veut être indigent; il est indigent dans les siens, mais il est riche en lui-même. Or, celui qui est indigent dans ses membres est riche en lui-même, et amène à lui tous ceux qui sont dans l'indigence. Alors, plus de faim, plus de soif, plus de nudité, plus de maladie, plus d'exil, plus de travail, plus de douleur. Je sais que toutes ces épreuves disparaîtront dans le séjour du bonheur, mais je ne puis dire quelle est la félicité qui nous attend. Car je connais les épreuves dont nous serons alors délivrés; mais l'œil de l'homme n'a point vu, son oreille n'a point entendu, son cœur n'a point pressenti le bonheur que Dieu nous prépare. (I *Cor.*, II, 9.) Nous pouvons aimer cette félicité, nous pouvons la désirer, nous pouvons soupirer après un si grand bien durant notre exil; mais notre esprit ne peut s'en faire une juste idée, et notre langage est impuissant pour en parler dignement. J'avoue, quant à moi, mon impuissance; cherchez donc, mes frères, qui sera plus heureux; si vous pouvez le trouver, je consens à être avec vous son disciple. Ce que je sais à n'en pouvoir douter, c'est que « celui qui peut faire infiniment plus que tout ce que nous demandons ou concevons, » (*Ephés.*, III, 20) nous conduira dans ce séjour où nous verrons l'accomplissement de ces paroles : « Heureux ceux qui habitent dans votre maison; ils vous loueront dans les siècles des siècles. » (*Ps.* LXXXIII, 5.) Toute notre occupation sera de louer Dieu. Mais comment louer ce que nous n'aimerions pas? Nous aimerons, et nous aimerons ce que nous verrons. Car nous contemplerons la vérité; et cette vérité, c'est Dieu lui-même qui sera l'objet de nos louanges. C'est là que nous trouverons ce que nous avons chanté aujourd'hui : *Amen*, c'est la vérité; *Alleluia*, louez le Seigneur.

SERMON CCXXXVII.

VIIIe *pour les fêtes de Pâques* (1).

Sur les dernières paroles du chapitre XXIV de saint Luc, avec réfutation des manichéens.

CHAPITRE PREMIER. — *Les manichéens sont*

(1) Dans un excellent manuscrit de l'abbaye de Fleury, ce sermon a pour titre : « Traité pour la Férie IV, » ou pour le mercredi de la semaine de Pâques.

mihi fecistis. » (*Matth.*, xxv, 35, etc.) Cum ergo Christianus Christianum suscipit, serviunt membra membris; et gaudet caput, et sibi imputat datum, quod membro ejus fuerit erogatum. Hic ergo pascatur Christus esuriens, accipiat potum sitiens, vestiatur nudus, suscipiatur peregrinus, visitetur ægrotus. Hoc habet necessitas itineris. Sic in ista peregrinatione vivendum est, ubi eget Christus. Eget in suis, plenus est in se. Sed qui eget in suis, et plenus est in se, egentes adducit ad se. Ibi non erit fames, non erit sitis, non erit nuditas, non erit ægritudo, non erit peregrinatio, non erit labor, non erit dolor. Scio quia ista ibi non erunt, et nescio quid ibi erit. Ista enim quæ ibi non erunt, novi : illud autem quod ibi inventuri sumus, nec oculus vidit, nec auris audivit, nec in cor hominis ascendit. (I *Cor.*, II, 9.) Amare possumus, desiderare possumus, in hac peregrinatione tanto bono suspirare possumus : digne hoc cogitare et verbis explicare non possumus. Certe ego non possum. Ergo, Fratres mei, quærite quis possit. Si invenire potestis, et me vobiscum discipulum trahite. Illud scio, quoniam « qui potens est, » sicut Apostolus ait, « facere super quam petimus, aut intelligimus, » (*Ephes.*, III, 20) illuc perducet, ubi fiat quod scriptum est : « Beati qui habitant in domo tua, in sæcula sæculorum laudabunt te. » (*Psal.* LXXXIII, 5.) Totum negotium nostrum, laus Dei erit. Quid laudabimus, si non (*a*) amabimus; et illud amabimus, quod videbimus? Verum enim videbimus, et ipsum verum Deus erit, quem laudabimus. Ibi inveniemus quod hodie cantavimus : Amen, Verum est; Allelulia, Laudate Dominum.

SERMO CCXXXVII [b].

In diebus Paschalibus, VIII.

De ultima lectione Evangelii Lucæ, XXIV, cum refutatione Manichæorum.

CAPUT PRIMUM. — *Discipulis Spiritum, non carnem*

(*a*) Editi hoc et proximo loco, *amavimus*. At Victorinus Mss. *amabimus*. Quo etiam ex codice restituitur hæc sententia : *Verum enim videbimus*, etc. quæ in editis desideratur. — (*b*) Alias de Tempore CXLV.

SERMON CCXXXVII.

semblables aux disciples, qui croyaient voir un fantôme, et non la chair véritable de Jésus-Christ. Ceux qui nient la chair de Jésus-Christ détruisent tout le mystère de notre rédemption. — 1. Nous avons terminé aujourd'hui ce qui nous restait à lire, dans l'Evangile selon saint Luc, de la résurrection de Jésus-Christ, et nous avons vu le Sauveur apparaissant au milieu de ses disciples, qui contestaient sa résurrection et ne voulaient pas y croire. C'était pour eux un fait si inattendu, si incroyable, que, tout en le voyant, ils ne le voyaient point. Ils voyaient plein de vie celui dont ils avaient pleuré la mort ; ils voyaient debout au milieu d'eux celui qu'ils avaient vu avec douleur attaché à la croix. Ils le voyaient donc, et comme ils ne voulaient pas s'en rapporter au témoignage de leurs propres yeux pour voir la vérité, ils se croyaient dupes de quelque illusion. « Ils s'imaginaient, dit l'évangéliste, voir un esprit. » (*Luc*, XXIV, 37.) Ainsi les apôtres, chancelant donc la foi, avaient sur Jésus-Christ les idées que d'abominables hérétiques se sont formées de lui dans la suite. Il en est aujourd'hui, en effet, qui ne croient point que Jésus-Christ est un véritable corps, parce qu'ils nient l'enfantement virginal, et refusent de croire que le Christ soit né d'une femme. Cette vérité : « Le Verbe s'est fait chair, » (*Jean*, I, 14) ils l'éliminent de leur symbole de foi, ou, plutôt, de leur incrédulité. Toute cette économie de notre salut, d'après laquelle celui qui a créé l'homme s'est fait homme pour retrouver l'homme ; tout cet auguste mystère, dans lequel le Christ a répandu, pour la rémission de nos péchés, non pas un sang fictif, mais son vrai sang, et, de ce sang véritable, a effacé la cédule de condamnation que nos péchés avaient écrite contre nous : voilà ce que tous ces hérétiques coupables s'efforcent d'anéantir ; et ils ne craignent point d'affirmer que tout ce qui a paru du Christ aux regards des hommes était un corps imaginaire, et non une chair véritable.

2. Mais voici l'Evangile qui parle. Notre-Seigneur se tenait debout au milieu de ses disciples, qui ne croyaient pas encore à sa résurrection. Ils le voyaient, et ils s'imaginaient voir un esprit. S'il n'y a point de mal à croire que Jésus-Christ n'ait été qu'un esprit sans corps véritable, il n'y avait qu'à laisser les disciples dans cette opinion.

Chapitre II. — *On n'a point de Jésus-Christ une idée juste, quand on prétend qu'il a été un esprit sans corps véritable.* — Renouvelez votre attention pour bien comprendre l'explication que j'ai à vous donner ; Dieu me fera la grâce de vous parler, c'est-à-dire de m'exprimer de la manière qu'il sait être la plus utile pour vous. Je reprends ce que j'ai déjà dit. Ces hérétiques détestables, qui détestent la chair, tout en vivant selon la chair, vous tiennent quelquefois

---

Christi se videre putantibus, similes Manichœi. Negantes carnem Christi totum mysterium redemptionis nostræ evacuant. — 1. De resurrectione Domini quod sequebatur in Evangelio secundum Lucam, hodie terminatum est, ubi audivimus apparuisse Dominum in medio discipulorum suorum disceptantium de resurrectione ejus, et non credentium. Tam vero eis inopinatum fuit et incredibile, ut nec videntes viderent. Videbant enim vivum, quem planxerant mortuum : videbant in medio sui stantem, quem doluerant in cruce pendentem. Videbant ergo ; et quia suis oculis non credebant, ut verum viderent, falli se putabant. « Existimabant enim, » sicut audistis, « se spiritum videre. » (*Luc.*, XXIV, 37.) Quod postea crediderunt de Christo pessimi hæretici, prius hoc crediderunt titubantes Apostoli. Sunt enim hodie qui non credunt carnem habuisse Christum : quia et partum virginis destruunt, et nolunt eum natum ex femina credere. « Verbum caro factum est, » (*Joan.*, I, 14) prorsus (a) alienant a sua fide, vel potius a sua infidelitate. Totam istam dispensationem salutis nostræ, quod factus est homo pro inveniendo homine, qui Deus fecerat hominem ; totum hoc, quod Christus in remissionem peccatorum nostrorum verum, non falsum sanguinem fudit, et de vero suo sanguine chirographum peccatorum nostrorum delevit ; hoc totum hæretici damnabiles evacuare conantur. Totum hoc, ut Manichæi credunt, quod apparuit oculis hominum, spiritus fuit, caro non fuit.

2. Ecce loquitur Evangelium. Stabat Dominus inter discipulos suos, nondum credentes quod resurrexerat. Videbant eum, et putabant se spiritum videre. Si nihil mali est, credere Christum spiritum fuisse, non carnem ; si nihil mali est, dimittantur in ista opinione discipuli.

Caput II. — *Non melius de Christo sentire, qui eum dicunt spiritum fuisse sine carne.* — Attendite, ut intelligatis quod volo dicere : Deus autem donet ut dicam, id est, sic dicam, quomodo vos audire expedit. Ecce hoc ipsum repeto. Aliquando ipsi detestabi-

---

(a) Sic in Mss. At in editis alia inducta est vocum interpunctio, omisso verbo *alienant*.

ce langage trompeur : Quels sont ceux qui ont de Jésus-Christ une idée plus juste et plus digne, ou ceux qui affirment qu'il a eu un corps, ou bien nous qui disons : Il était Dieu, il était un esprit, et ce qui apparaissait de lui aux hommes, c'était Dieu, et non un corps véritable ? Qu'est-ce qui vaut le mieux, de la chair ou de l'esprit? Que pouvons-nous répondre, sinon que l'esprit vaut mieux que la chair ? Si donc, poursuit l'hérétique, vous êtes forcé d'avouer que l'esprit vaut mieux que la chair, je me fais du Christ une idée supérieure à la vôtre, en prétendant qu'il était esprit, et non pas un corps. O déplorable erreur ! Seigneur, ai-je dit que le Christ fût chair ? Vous prétendez que c'était un esprit, moi j'affirme qu'il est esprit et chair. Votre opinion n'est pas meilleure que la mienne; elle est moins complète. Ecoutez donc tout ce que je crois, tout ce que je professe, c'est-à-dire tout ce que professe la foi catholique, tout ce qu'enseigne la vérité la mieux fondée et la plus clairement établie. Vous qui prétendez que le Christ était seulement un esprit comme le nôtre, c'est-à-dire comme notre âme, vous le réduisez donc à n'être qu'un esprit? Voilà quel est votre sentiment. Je dis comme vous que le Christ avait un esprit de même nature, de même substance que notre esprit. Considérez tout ce que votre opinion a d'imparfait et d'incomplet. En Jésus-Christ était le Verbe, en Jésus-Christ se trouvait aussi la chair. Vous dites : Il n'avait de la nature humaine que l'esprit, et je dis, au contraire : En lui le Verbe était uni à un esprit, à un corps; Jésus-Christ était Dieu et homme. Si je ne veux pas employer deux termes, deux expressions, je dis simplement, pour abréger : Le Christ était Dieu et homme; il était vrai Dieu, il était vrai homme. Il n'y avait rien d'imaginaire dans son humanité, rien de fictif dans sa divinité; mais si vous m'interrogez sur son humanité, je répondrai qu'elle est composée de deux choses : d'une âme humaine et d'un corps humain. Vous êtes homme, parce que vous avez une âme unie à un corps ; Jésus est le Christ, parce qu'il est à la fois Dieu et homme. Voilà quel est mon sentiment.

L'erreur des manichéens a été condamnée dans celle des disciples. — 3. Cependant, vous pensez que votre opinion est préférable, parce que vous dites : Le Christ était un esprit; c'est comme esprit qu'il apparaissait, comme esprit qu'on le voyait, comme esprit qu'il agissait sous une forme humaine. Voilà ce que vous prétendez ; c'est ce que pensaient aussi les disciples. Si le Seigneur les a laissés dans cette pensée, nous devons aussi vous y laisser vous-mêmes, car ils croyaient ce que vous croyez. Si votre croyance est vraie, celle des disciples l'est également. Mais non, elle n'était point conforme à la vérité.

CHAPITRE III. — *Le Sauveur blâme les disciples de ce qu'ils s'imaginent voir un esprit en le voyant.* — Jésus leur dit : « Pourquoi êtes-

---

les, carnem detestantes, et secundum carnem viventes, aliquando hoc dicunt, et sic decipiunt : Qui melius credunt de Christo, illi qui dicunt quia carnem habuit, an nos qui dicimus : Deus erat, spiritus erat, et oculis hominum non corpus, sed Deus apparebat? Quid est melius, caro, an spiritus? Quid responsuri sumus, nisi spiritum carne esse meliorem ? Si ergo, dicit, confiteris quia spiritus melior sit quam caro ; melius ego de Christo sentio, qui eum spiritum fuisse dico, non carnem. O infelix error ! Quare ? Ego carnem dico fuisse Christum? Tu dicis spiritum : ego spiritum et carnem. Non tu melius dicis, sed minus dicis. Audi ergo totum quod dico ego : id est, quod dicit catholica fides, quod dicit fundatissima et serenissima veritas. Tu qui dicis spiritum tantum fuisse Christum ; quod est et spiritus noster, id est, anima nostra, hoc dicis tantum fuisse Christum : audi quid dicas. Dico quod dicis. Erat ipse spiritus ex ea natura et substantia, unde et noster est spiritus. Quanto minus dicas, attende. Erat ibi Verbum, erat ibi caro.

Tu dicis : Humanus spiritus solus. Ego dico: Verbum, spiritus, corpus : Deus et homo. Si duo nolo dicere, si duas res nolo dicere ; isto utor compendio, Deus et homo. Et verus Deus, et verus homo. Nihil falsum in humanitate, nihil falsum in divinitate. Sed de ipso homine si quæris a me, duo iterum dico : Anima humana, et caro humana. Tu homo es propter animam et carnem : ille Christus propter Deum et hominem. Ecce quod dico.

Manichæorum error in discipulorum reprehensione damnatus. — 3. Sed tu melius te dicere putas, quia dicis : Spiritus erat, spiritus apparebat, spiritus videbatur, spiritus in homine conversabatur. Hoc dicis : ut dixi, hoc putabant et discipuli. Si nihil mali dicis, si bonum est quod dicis : bonum erat et quod discipuli putabant. Si Dominus sic eos dimisit, ut hoc putarent ; dimittendus es et tu. Hoc enim credebat quod et tu : si bonum est quod tu credis, bonum erat quod illi credebant. Sed non erat bonum.

CAPUT III. — *Discipuli spiritum se videre putantes,*

vous troublés ? » C'est le trouble qui leur a fait croire ce que vous croyez. Que croyaient-ils donc ? Ils s'imaginaient voir un esprit. Et que leur dit le Seigneur? « Pourquoi êtes-vous troublés, et pourquoi ces pensées montent-elles dans votre cœur? » (*Luc*, XXIV, 38.) C'étaient des pensées terrestres. Si elles étaient venues du ciel, elles seraient descendues dans leur cœur, elles n'y seraient point montées. Pourquoi nous fait-on cette invitation : Elevez votre cœur? C'est afin que notre cœur, élevé à cette hauteur, ne rencontre point sur son chemin les pensées de la terre. Notre-Seigneur leur dit donc : « Pourquoi êtes-vous troublés, et pourquoi ces pensées s'élèvent-elles dans votre cœur? Voyez mes mains et mes pieds; touchez et voyez. » Si ce n'est pas assez de voir, mettez la main ; s'il ne vous suffit pas de voir et de toucher, palpez. Il ne les invite pas seulement à le toucher, mais à le manier, pour ainsi dire, en tous sens. Que vos mains s'assurent si vous êtes trompés par le témoignage de vos yeux. Voyez donc et touchez. Quoi? « Qu'un esprit n'a ni chair ni os, comme vous voyez que j'en ai. » Vous vous égariez avec les disciples, revenez avec eux à la vérité. C'est une suite de la faiblesse humaine, je l'avoue. Vous croyez que le Christ n'est qu'un esprit : c'était l'erreur de Pierre, c'était l'erreur des autres disciples, qui s'imaginaient voir un esprit; mais ils n'ont point persévéré dans cette erreur, qui avait entièrement gagné leurs cœurs, comme vous le voyez. Le divin Médecin ne les laissa point dans cet état; il s'approcha d'eux, il appliqua le remède sur la blessure; il voyait les plaies de leur cœur, et c'est pour guérir ces plaies qu'il conservait dans un corps ressuscité les cicatrices des blessures qu'il avait reçues.

CHAPITRE IV. — *Que devons-nous croire de Jésus-Christ. Il est le Verbe de Dieu. Dans son incarnation, il s'est uni l'homme tout entier.* — 4. Voilà donc ce que nous devons croire. Je sais que telle est votre croyance; mais dans la crainte qu'il n'y eût dans ce champ du Seigneur quelques mauvaises plantes, je me suis adressé à ceux même que je ne vois point. La volonté de Jésus-Christ doit être la règle de notre croyance sur tout ce qui concerne sa personne, et il est de notre intérêt de conformer notre foi sur ce point à la volonté de notre Rédempteur, de notre Sauveur, qui a versé son sang pour nous, qui a souffert pour nous des tourments qu'il ne méritait pas, et nous a comblés de grâces dont nous n'étions pas dignes. Telle doit donc être la règle de notre foi. Qu'est-ce que le Christ? Le Fils de Dieu, le Verbe de Dieu. Qu'est-ce que le Verbe de Dieu? Ce que le verbe, ce que la parole de l'homme ne peut exprimer, voilà ce qu'est le Verbe de Dieu. Vous me demandez ce qu'est le Verbe de Dieu? Mais si j'essaye de vous dire ce qu'est le verbe de l'homme, je ne puis vous l'ex-

---

reprehenduntur. — Ait illis Dominus : « Quid turbati estis ? » Perturbatio credidit, quod credis. Quid? Putabant se spiritum videre. Et Dominus ad hæc : « Quid turbati estis, et cogitationes ascendunt in cor vestrum? » (*Luc.*, XXIV, 38.) Cogitationes istæ terrenæ sunt. Si enim cœlestes essent, descenderent in cor, non ascenderent. Quare enim dicitur nobis : Sursum cor, nisi ut terrenæ cogitationes non ante se inveniat cor nostrum, quod sursum posuerimus? Ergo : « Quid turbati estis, et cogitationes ascendunt in cor vestrum? Videte manus meas et pedes meos, palpate et videte. » Si parum est vobis attendere ; manus mittite. Si parum est, attendere, nec sufficiat tangere ; palpate. Nec : Tangite, solum dixit, sed : Palpate et contrectate. Probent sibi manus vestræ, si mentiuntur oculi vestri : « Palpate et videte, » oculos in manibus habete. Quid palpate, et quid videte ? « Quia spiritus carnem et ossa non habet, sicut me videtis habere. » Errabas cum discipulis, corrigere cum discipulis. Humanum est, concedo. Putatis spiritum Christum : hoc et Petrus, hoc et cæteri qui spiritum putaverunt se videre ; sed in isto errore non remanserunt, ut scias prorsus hoc fuisse in cordibus eorum. Medicus eos non dimisit sic : accessit, medicamentum adhibuit : vulnera in cordibus videbat; et unde vulnera cordium curaret, in corpore cicatrices ferebat.

CAPUT IV. — *De Christo quid credendum. Verbum Dei. Incarnatione suscepit totum hominem.* — 4. Sic ergo credamus. Scio quia sic creditis : sed ne forte in agro isto Domini sit herba mala, etiam eos alloquor quos non video. Nemo credat de Christo, nisi quod de se credi voluit Christus : ante quem nobis expedit, ut credamus quod credi de se voluit, qui nos redemit, qui salutem nostram quæsivit, qui pro nobis sanguinem fudit; qui pro nobis quod non ei debebatur pertulit, qui nobis quod non debebatur attulit : hoc credamus. Christus quid est? Filius Dei, Verbum Dei. Quid est Verbum Dei? Quod dici non potest per verbum hominis, hoc est Verbum Dei. Quæris a me, quid sit Verbum Dei? Si tibi vellem dicere quod sit verbum hominis, non explico, fatigor, hæsito, succumbo, non possum explicare vim

pliquer, je me fatigue inutilement, j'hésite, je succombe, il m'est impossible de faire ressortir toute la force de la parole humaine. Avant même que j'ouvre la bouche, la parole que je veux vous adresser est dans mon esprit; elle n'est pas encore formulée, mais elle est en moi; je la prononce, elle arrive jusqu'à vous, mais sans s'éloigner de mon esprit. Je vous vois tous ici pleins d'attention pour écouter ma parole, et cette parole est la nourriture de vos âmes. Si je vous servais ici un aliment destiné à nourrir vos corps, vous le partageriez entre vous, et il n'arriverait pas tout entier à chacun de vous. Vous le diviseriez d'autant plus que vous seriez plus nombreux, et chacun de vous en recevrait d'autant moins que le nombre des convives serait plus considérable. Mais c'est à vos âmes que je présente la nourriture, et je vous dis : Recevez, prenez, mangez, et vous l'avez reçue, vous vous en êtes nourris sans la diviser. Toutes mes paroles arrivent tout entières à vous tous, tout entières à chacun de vous. C'est cette force mystérieuse de la parole humaine que je ne puis vous expliquer suffisamment, et vous me demandez : Qu'est-ce que le Verbe de Dieu? Le Verbe de Dieu est la nourriture de tant de milliers d'anges, mais une nourriture toute spirituelle qui remplit leurs âmes. Ce Verbe de Dieu remplit les anges, il remplit le monde, il remplit le sein d'une vierge, sans s'étendre plus d'un côté, sans se resserrer de l'autre. Qu'est-ce donc que le Verbe de Dieu? Que lui-même nous le dise. Il l'a dit en peu de mots, mais quelle profondeur dans ces quelques mots : « Mon Père et moi, nous sommes un. » (Jean, x, 30.) Ne comptez pas les paroles, pesez-les. Pourquoi donc? C'est que nous aurions beau multiplier les paroles, nous ne pourrions jamais expliquer cette parole, ce Verbe unique. « Ce Verbe donc qu'aucune parole ne peut expliquer, s'est fait chair, et il a habité parmi nous. » (Jean, i, 14.) Il s'est uni à la nature humaine tout entière, c'est-à-dire à l'âme et au corps de l'homme. Voulez-vous quelque chose de plus exact? Comme les animaux ont aussi une âme et un corps, lorsque je dis qu'il s'est uni à l'âme de l'homme, à la chair de l'homme, j'entends parler de l'âme humaine tout entière. Il en est qui sont tombés dans l'hérésie sur ce point, en soutenant que l'âme de Jésus-Christ n'a ni esprit, ni intelligence, ni raison. Gardez-vous de cette erreur. Celui qui a créé l'homme tout entier, l'a aussi racheté tout entier; le Verbe s'est uni à la nature humaine tout entière, pour la délivrer tout entière. En lui, nous trouvons l'esprit de l'homme, son intelligence, une âme qui donne la vie à la chair, un corps véritable et complet : toute la nature humaine, enfin, à l'exception du péché.

verbi humani. Ecce antequam dicam vobis, quod volo dicere, jam verbum est in corde meo ; nondum a me dictum est, et apud me est : dicitur a me, et pervenit ad te, et non recedit a me. Intenditis, ut audiatis verbum a me ; mentes vestras pasco, cum loquor. Divideretis inter vos cibum, si afferrem ventribus, nec totus perveniret ad singulos ; sed quanto plures estis, tanto in plura frusta quod ponerem divideretis, et tanto minus quisque acciperet, quanto major esset accipientium multitudo. Modo autem cibum attuli mentibus ; dico : Accipite, sumite, comedite : accepistis, comedistis, et non divisistis. Quidquid loquor, et omnibus totum est, et singulis totum est. Ecce quomodo non potest satis explicari, quantam vim habet hominis verbum : et dicitis mihi : Quid est Verbum Dei? Verbum Dei pascit Angelorum tot millia. Mente enim pascuntur, mente implentur. Implet Angelos, implet mundum, implet virginis uterum : nec ibi spatiatur, nec hic angustatur. Quid est Verbum Dei? Ipse dicat : breviter de se dicit ; sed magnum est quod dicit : « Ego et Pater unum sumus. » (Joan., x, 30.) Nolo numeres, verba appende. Quid ergo? Plura verba de uno verbo non sufficiunt explicando. «Verbum» ergo quod non potest explicari, « caro factum est, et habitavit in nobis. » (Joan., i, 14.) Suscepit totum quasi plenum hominem, animam et corpus hominis. Et si aliquid scrupulosius vis audire ; quia animam et carnem habet et pecus : cum dico animam humanam et carnem humanam, totam animam humanam accepit. Fuerunt enim qui hinc hæresim facerent, et dicerent quia anima Christi non habuit mentem, non habuit intellectum, non habuit rationem ; sed Verbum Dei fuit illi pro mente, pro intellectu, pro ratione. Nolo sic credas. Totum redemit, qui totum creavit : totum suscepit, totum liberavit Verbum. Ibi mens hominis et intellectus, ibi anima vivificans carnem ; ibi caro vera et integra : peccatum solum non ibi.

SERMON CCXXXVIII [1].

IXe pour les fêtes de Pâques.

Sur la même lecture de l'Evangile selon saint Luc, chapitre XIV.

Ce passage de saint Luc nous fait connaître le vrai Christ et la véritable Eglise. — 1. Ce passage du saint Evangile est un témoignage sacré et impérissable qui nous montre clairement quel est le vrai Christ et quelle est la véritable Eglise, afin de nous préserver de toute erreur qui nous ferait donner à ce divin Epoux une autre Epouse que celle qu'il a choisie, ou à cette sainte Epouse un autre Epoux que le sien. Pour éviter cette double erreur, considérons donc dans l'Evangile ce que nous pouvons appeler l'acte qui consacre leur union.

Saint Augustin prononce, contre les manichéens et les priscillianistes, que Jésus-Christ avait une chair véritable. — 2. Il y a eu et il y a encore des hommes qui ont porté l'erreur jusqu'à croire que le Christ n'avait pas eu une chair véritable. Qu'ils prêtent donc l'oreille à ce que nous venons d'entendre. Jésus-Christ est dans le ciel, mais sa voix retentit encore sur la terre; il est assis à la droite du Père, mais il ne laisse pas de nous faire entendre sa parole. Qu'il se fasse donc connaître, qu'il se découvre lui-même. Qu'avons-nous besoin d'invoquer le témoignage d'un autre sur ce qui le concerne? Ecoutons-le de préférence. Il apparaît donc à ses disciples, et ils le voient soudain se tenir debout au milieu d'eux. C'est ce que vous venez d'entendre. Or, ils furent troublés et s'imaginèrent qu'ils voyaient un esprit. C'est encore l'erreur de ceux qui refusent de croire qu'il ait eu une véritable chair, c'est-à-dire des manichéens, des priscillianistes et d'autres sectes contagieuses qui ne méritent pas l'honneur d'être nommées. Ils ne disent pas que le Christ n'est rien, mais ils soutiennent que c'était un esprit qui n'était point uni à un corps. Et vous, quelle est votre pensée, Eglise catholique, Epouse véritable et fidèle? Vous n'avez point ici d'autre croyance que celle qu'il vous a enseignée. Et, en effet, vous ne pouvez trouver un témoin plus digne de foi sur ce qui le concerne. Que croyez-vous donc? ce que vous avez appris de lui, c'est-à-dire que le Christ est le Verbe uni à l'âme et au corps de l'homme. Qu'avez-vous appris du Verbe? « Au commencement était le Verbe, et le Verbe était en Dieu, et le Verbe était Dieu. Il était en Dieu au commencement. » (Jean, I, 1, 2.) Comment avez-vous appris qu'il s'est uni à une âme humaine? « Et, ayant incliné la tête, dit l'Evangéliste, il rendit l'âme. » (Jean, XIX, 30.) Comment savez-vous qu'il a pris

(1) Ce sermon paraît pour la première fois d'après un ancien manuscrit de l'abbaye de Vindeseim, qui remonte à l'année 800.

SERMO CCXXXVIII [a].

In diebus Paschalibus, IX.

De eadem lectione Evangelii Lucæ, xxiv.

Christus verus et vera Ecclesia ex loco Lucæ agnoscitur. — 1. Sic (a) sacra perennisque Evangelica lectio nobis demonstrat verum Christum, et veram Ecclesiam, ne in aliquo eorum erremus, aut sancto sponso aliam pro alia supponamus, aut sanctæ sponsæ non suum virum sed alium importemus. Ergo ne in aliquo eorum erremus, tanquam matrimoniales eorum Evangelii tabulas audiamus.

Contra Manichæos et Priscillianistas, Christum habere veram carnem. — 2. De Domino Christo non defuerunt, nec desunt, qui sic falluntur, ut eum veram carnem habuisse non crederent. Audiant, quod modo audivimus. In cœlo est, sed hic sonat : ad dexteram Patris sedet, sed inter nos loquitur. Ipse se indicet, ipse se manifestet. Quid opus est ut alium de illo testem quæramus? Ipsum potius audiamus. Apparuit discipulis suis, et subito stetit in medio eorum. Cum legeretur audistis. Illi autem turbati sunt : existimabant enim se spiritum videre. Hoc est quod putant, qui eum veram carnem habere non credunt : Manichæi sunt, Priscillianistæ sunt, et aliæ quæcumque nec nominandæ pestes. Non enim putant Christum nihil esse, hoc non putant : sed spiritum putant esse, carnem non habuisse. Quid tu Catholica? quid tu sponsa, non adultera? Ergo quid tu, nisi quod ab eo didicisti? Non enim alium meliorem de illo quam ipsum testem invenire potuisti. Ergo quid tu? Et Verbum et spiritum hominis et carnem hominis Christum esse didicisti. Quod didicisti de Verbo? « In principio erat Verbum, et Verbum erat apud Deum, et Deus erat Verbum : hoc erat in principio apud Deum. » (Joan., I, 1, 2.) Quid didicisti de spiritu hominis? « Et inclinato capite tradidit spiritum. » (Joan., XIX, 30.) Quid didicisti de carne? Modo audi.

(a) Exordium in Mss. exemplari, verbis aliquot erasis et quæ tituli loco esse debuerant substitutis, ita nunc habet : *De vero sponso, id est Christo, et vera sponsa, id est Ecclesia catholica, sic sacra perennisque Evangelica lectio*, etc. Hunc et superiorem Sermonem confer cum Sermone CXVI.

un corps véritable? Ecoutez encore. Soyez pleins d'indulgence pour ceux qui sont dans l'erreur dans laquelle sont d'abord tombés les disciples. Remarquez toutefois qu'ils n'ont pas persévéré dans cette erreur. Les disciples ont donc cru ce que croient aujourd'hui les manichéens, ce que croient aujourd'hui les priscillianistes, c'est-à-dire que Notre-Seigneur Jésus-Christ n'avait pas un corps véritable, et qu'il n'était qu'un esprit. Or, voyons si le Sauveur les a laissés dans cette opinion erronée. Voyez combien cette erreur était funeste, puisque le divin Médecin, loin de la confirmer, se hâte de la guérir. Ils s'imaginèrent voir un esprit; mais, comme il connaissait tout le danger de semblables pensées, il s'empresse de les déraciner de leurs cœurs. « Pourquoi êtes-vous troublés, leur dit-il; pourquoi êtes-vous troublés, et pourquoi ces pensées s'élèvent-elles dans votre cœur? Voyez mes mains et mes pieds; touchez et voyez qu'un esprit n'a ni chair ni os comme vous voyez que j'en ai. » (*Luc*, XXIV, 38, etc.) A toutes ces folles pensées, opposez avec fermeté la règle de foi que vous avez reçue, sinon vous êtes perdus. Le Christ est le Verbe véritable, le Fils unique égal à son Père, uni à une âme humaine véritable et à un vrai corps pur de tout péché. C'est ce corps qui est mort, ce corps qui est ressuscité, ce corps qui a été attaché à la croix, ce corps qui a été déposé dans le tombeau, ce corps qui est assis dans les cieux.

Notre-Seigneur Jésus-Christ voulait persuader à ses disciples que ce qu'ils voyaient, c'était bien des os et de la chair, et vous osez dire le contraire! C'est donc le Sauveur qui ment, et vous qui dites vrai? C'est vous qui édifiez, et lui qui détruit en nous trompant? Pourquoi Jésus-Christ a-t-il voulu me convaincre de cette vérité? Parce qu'il savait combien il m'était avantageux de la croire et que j'avais tout à perdre en la rejetant. Croyez donc, vous aussi, à cette vérité: Jésus-Christ est le véritable Epoux.

Il prouve contre les donatistes que l'Eglise est répandue par toute la terre. — 3. Ecoutons maintenant ce qui a rapport à l'Epouse; car on rencontre je ne sais quels esprits qui, favorables à l'adultère, cherchent à supplanter la véritable Epouse pour lui substituer une épouse illégitime. Lors donc qu'ils eurent touché les pieds, les mains, les os et la chair du Sauveur, il ajouta : « Avez-vous là quelque chose à manger? » Il voulait prouver la vérité de son humanité en partageant leur nourriture. Il prend donc ce qu'on lui présente, en mange et en donne à son tour; et comme ils ne croyaient pas encore, transportés qu'ils étaient d'admiration et de joie, il leur dit : « N'est-ce pas ce que je vous disais lorsque j'étais encore avec vous ? » Est-ce qu'il n'était pas encore avec eux? Que signifient donc ces paroles : « Lorsque j'étais encore avec vous? » Lorsque j'étais encore mortel,

Ignosce illis qui hoc putant, quod prius errantes discipuli putaverunt. Sed illi in errore non perseveraverunt. Nam hoc putaverunt discipuli, quod hodie putant Manichæi, quod hodie putant Priscillianistæ, non fuisse veram carnem in Domino Christo, sed tantummodo spiritum. Videamus si dimisit eos errare. Videte quam malus sit error, quem medicus festinabat sanare, noluit confirmare. Putaverunt ergo se spiritum videre : et ille qui sciebat malas istas cogitationes esse, de eorum cordibus eradicans : « Quid turbati estis, » dixit? « quid turbati estis, et cogitationes ascendunt in cor vestrum? Videte manus meas et pedes meos : tangite, et videte quia spiritus carnem et ossa non habet, sicut me videtis habere. » (*Luc.*, XXIV, 38, etc.) Tene contra omnes omnium insanas cogitationes, tene quod accepisti : alioquin peristi. Christus verum Verbum, unigenitum, æqualis Patri, verus humanus spiritus, vera caro sine peccato. Hæc mortua est, hæc resurrexit, hæc pependit in ligno, hæc jacuit in sepulcro, hæc sedet in cœlo.

Volebat Dominus Christus persuadere discipulis, quia illud quod videbant, ossa et caro erant : sed tu contradicis. Ille ergo mentitur, et tu verum dicis? tu ædificas, et ille decipit? Quare mihi hoc voluit persuadere Christus, nisi quia sciebat quid mihi prodest credere, et quid mihi nocet non credere ? Sic ergo credite. Ipse est sponsus.

Contra Donatistas, Ecclesiam esse toto orbe diffusam. — 3. Audiamus et de sponsa : quia nescio qui rursus faventes adulteris, volunt veram sponsam subvertere, falsamque supponere. Audiamus et de sponsa. Cum ergo tetigissent pedes, manus, carnem, ossa; adjecit Dominus, et ait : « Habetis hic aliquid quod (*a*) manducare ? » ut etiam communicato cibo probaretur verus homo. Accepit, manducavit, dedit; et cum adhuc trepidarent præ gaudio, ait illis : « Nonne hæc dicebam vobis, cum adhuc essem vobiscum? » Quare modo non cum illis erat? Quid est, « cum adhuc essem vobiscum ? » Cum adhuc mortalis essem, quod et vos estis. Quid ergo dicebam vobis ? « Quia oportebat

(*a*) Sic plerumque veteres Mss. in eo Lucæ loco ; ubi editi habere solent, *manducetur*.

comme vous l'êtes vous-mêmes. Que vous disais-je donc alors? « Qu'il fallait que tout ce qui a été écrit de moi dans la loi de Moïse, dans les prophètes et dans les psaumes, fût accompli. « Il leur ouvrit alors l'intelligence afin qu'ils entendissent les Ecritures. Puis il leur dit : Il fallait, selon qu'il est écrit, que le Christ souffrît, et qu'il ressuscitât d'entre les morts le troisième jour. » (*Luc*, XXIV, 42, etc.) Supposez que Jésus-Christ n'avait point une chair véritable, alors la passion ainsi que la résurrection perdent toute leur réalité. Vous avez reconnu l'Epoux! « Il fallait que le Christ souffrît et qu'il ressuscitât d'entre les morts le troisième jour. » Attachez-vous à ce divin chef, et écoutez ce qui regarde son corps. « Et qu'on prêchât en son nom la pénitence et la rémission des péchés. » Où devait-on prêcher, d'où devait partir cette prédication, jusqu'où devait-elle s'étendre ? « A toutes les nations, en commençant par Jérusalem. » Voilà l'Epouse. Que personne donc ne vienne vous débiter des fables, que la rage des hérétiques cesse d'aboyer d'un coin de la terre. L'Eglise est répandue par toute la terre, elle a pris possession de tous les peuples. » Ne vous laissez point séduire par personne : voilà l'Eglise véritable, l'Eglise catholique. Nous n'avons pas vu Jésus-Christ, mais nous voyons l'Eglise; les apôtres, au contraire, ont vu Jésus-Christ, et croyaient ce qu'il leur prédisait de l'Eglise. Ils voyaient l'une de ces choses, et croyaient l'autre. Or, puisque nous-mêmes nous voyons une chose, croyons aussi à l'autre. Ils voyaient Jésus-Christ, et croyaient à l'Eglise, qu'ils ne voyaient pas. Pour nous, nous voyons l'Eglise, croyons donc en Jésus-Christ, que nous ne voyons pas, et en nous attachant ainsi à ce que nous voyons, nous parviendrons à celui que nous ne voyons pas encore. Nous connaissons maintenant l'Epoux et l'Epouse, reconnaissons-les dans l'acte qui les unit, pour ne point faire d'une aussi sainte union un objet de querelles et de divisons.

SERMON CCXXXIX.

X^e pour les fêtes de Pâques.

Sur la résurrection de Jésus-Christ selon saint Marc et saint Luc.

CHAPITRE PREMIER. — *Il était d'usage dans l'Eglise de lire la résurrection de Jésus-Christ d'après les quatre évangélistes.* — 1. Nous avons entendu pour la troisième fois aujourd'hui le récit de la résurrection de Notre-Seigneur, car, selon la remarque que je vous ai faite et que vous n'avez pas oubliée, il est d'usage de lire le récit de la résurrection du Sauveur d'après les quatre évangélistes. Or, saint Marc a mérité ce glorieux privilége, qu'il

---

impleri omnia, quæ scripta sunt in Lege et in Prophetis et in Psalmis de me. Tunc aperuit illis sensum, ut intelligerent Scripturas; et dixit eis : Quia sic oportebat Christum pati, et resurgere a mortuis die tertia. » (*Luc.*, XXIV, 42, etc.) Tollite veram carnem, non erit vera passio, non erit vera resurrectio. Ecce habes sponsum : « Oportebat Christum pati, et resurgere a mortuis tertia die. » Tene caput : audi de corpore. Quid enim modo debemus ostendere ? Qui audivimus sponsum, agnoscamus et sponsam. « Et prædicare in nomine ejus pœnitentiam et remissionem peccatorum. » Ubi? unde? quo usque? « Per omnes Gentes, incipientibus ab Jerusalem. » Ecce habes sponsam. Nemo tibi fabulas vendat, non latret rabies hæreticorum de angulo. Toto terrarum orbe Ecclesia diffusa est : omnes Gentes (*f.* habet Ecclesia) habent Ecclesiam. Nemo vos fallat : ipsa est vera, ipsa est Catholica. Christum non vidimus, hanc videmus : de illo credamus. Apostoli e contra illum videbant, de ista credebant. Unam rem illi videbant, aliam credebant : et nos e contra unam rem videmus, aliam credamus. Videbant illi Christum, credebant Ecclesiam, quam non videbant : videmus et nos Ecclesiam, credamus in Christum, quem non videmus; et tenentes quod videmus, perveniemus ad eum quem nondum videmus. Cognoscentes itaque sponsum et sponsam, in tabulis eorum eos agnoscamus, ne in tam sanctis nuptiis litigemus.

SERMO CCXXXIX (*a*).

In diebus Paschalibus, X.

De resurrectione Christi secundum Marcum et Lucam.

CAPUT PRIMUM. — *Resurrectio secundum quatuor Evangelistas recitari solita.* — 1. Hodierno die jam ecce tertio audivimus ex Evangelio Domini nostri resurrectionem : quemadmodum me vobis locutum esse meministis : quoniam hoc moris est, ut secundum omnes Evangelistas resurrectio Domini recitetur. Marci Evangelium est, quod modo, cum legeretur, audivimus. Marcus autem meruit istam dispensationem, cum in numero illorum duodecim

(*a*) Alias de Tempore CXLVI.

partage avec saint Luc, d'écrire l'Evangile, sans être du nombre des douze apôtres. En effet, parmi les quatre évangélistes : saint Matthieu, saint Jean, saint Marc, saint Luc, deux seulement étaient du nombre des douze apôtres, c'est-à-dire saint Matthieu et saint Jean. Mais pour avoir été les premiers, ils ne sont pas demeurés stériles, et n'ont pas empêché que d'autres écrivains sacrés vinssent après eux. Saint Marc et saint Luc ne sont pas absolument leurs égaux, mais presque leurs égaux. Or, le Saint-Esprit a voulu choisir, en dehors même des douze apôtres, deux autres disciples pour écrire l'Evangile ; car il ne fallait pas que l'on crût que la grâce de l'Evangile était parvenue jusqu'aux apôtres, et que la source de cette grâce s'était comme tarie dans leurs personnes. En effet, Notre-Seigneur, parlant de son esprit et de sa parole, dit que si quelqu'un les reçoit et les conserve dignement, l'eau qu'il lui donnera descendra en lui-même, comme une fontaine d'eau jaillissant jusqu'à la vie éternelle. (*Jean*, IV, 14.) Or, une source se manifeste en coulant, et non pas en restant immobile; la grâce s'est donc répandue par les apôtres sur d'autres qui ont reçu la mission de prêcher l'Evangile. Celui qui a appelé les premiers a également appelé les seconds, et il continue d'appeler, jusqu'à la fin des temps, le corps de son Fils unique, c'est-à-dire l'Eglise répandue dans tout l'univers.

CHAPITRE II. — *Jésus-Christ est reconnu dans la fraction du pain. Pourquoi il a voulu passer sur la terre comme étranger.* — 2. Que nous apprend donc le récit de saint Luc ? Que Notre-Seigneur apparut à deux de ses disciples qui étaient en chemin, comme le rapporte également saint Luc, dont on nous a lu hier l'Evangile. « Il apparut, dit saint Marc, sous une autre forme à deux d'entre eux qui étaient en chemin. » Saint Luc rapporte la même apparition en d'autres termes, mais sans aucune différence pour le fond. Que dit, en effet, saint Luc ? « Leurs yeux étaient comme retenus, en sorte qu'ils ne pouvaient le reconnaître. » (*Luc*, XXIV, 16.) Que dit saint Marc ? « Il leur apparut sous une autre forme. » Or, ces paroles : « Leurs yeux étaient comme retenus, en sorte qu'ils ne pouvaient le reconnaître, » expriment la même pensée que celles-ci : « Il leur apparut sous une autre forme. » Car ils le virent sous cette autre forme parce que leurs yeux n'étaient pas ouverts, mais retenus. Cependant, comment expliquer ce que dit saint Luc dans la lecture qu'on vous a faite hier et dont vous n'avez point perdu le souvenir si récent : que leurs yeux furent ouverts lorsque Jésus, ayant béni le pain, le rompit et le leur donna ? Que devons-nous penser ? Si leurs yeux s'ouvrirent alors, ils marchaient donc avec lui sur la route les yeux fermés ; et comment pouvaient-ils voir où mettre le pied, s'ils avaient les yeux

non fuisset, quemadmodum et Lucas. Nam cum sint quatuor Evangelistæ, Matthæus, Joannes, Marcus, et Lucas; duo sunt ex illis duodecim Apostolis, id est, Matthæus et Joannes. Sed illorum præcessio infecunda non fuit, ut consequentes comites non haberent. Marcus et Lucas Apostolorum non pares, sed suppares fuerunt. Ideo namque voluit Spiritus sanctus etiam ex his qui inter duodecim non fuerunt, eligere ad Evangelium conscribendum duos, ne putaretur gratia evangelizandi usque ad Apostolos pervenisse, et in illis fontem gratiæ defecisse. Cum enim dicat Dominus de spiritu suo et de verbo suo, quod si quis perceperit digneque habuerit, fiet in eo fons aquæ salientis in vitam æternam (*Joan.*, IV, 14) ; fons utique manando se indicat, non remanendo : per Apostolos pervenit gratia ad alios, et missi sunt evangelizare. Quoniam qui vocavit primos, ipse vocavit secundos : ipse vocavit etiam usque ad novissimum tempus corpus Unigeniti sui, id est, Ecclesiam toto orbe diffusam.

CAPUT II. — *Christus in panis fractione agnoscitur. Hospes esse Christus cur voluerit.* — 2. Quid ergo audivimus Marcum dicentem ? Quod apparuerit Dominus in via duobus, sicut dixit et Lucas, cujus Evangelium heri audivimus : « Apparuit, inquit, duobus in via in alia effigie. » (*Marc.*, XVI, 12.) Lucas autem hoc ipsum aliis verbis dixit, sed ab eadem sententia non deviavit. Lucas enim quid dixit ? « Tenebantur oculi eorum, ne eum agnoscerent. » (*Luc.*, XXIV, 16.) Marcus autem quid dixit ? « Apparuit eis in alia effigie. » Quod ille dixit : « Tenebantur oculi eorum, ne eum agnoscerent, » hoc iste dixit : « in alia effigie. » Alia enim effigies visa est, retentis oculis, non (*a*) apertis. Quid ergo, Fratres, quoniam Lucas dixit, quod credo vos de lectione hesterna recentissime meminisse, quod cum benedictum frangeret panem, aperti sunt oculi eorum; quid putamus, si tunc aperti sunt oculi eorum, ergo clausis oculis in via cum illo comitabantur, et poterant scire ubi gressus ponerent, si clausos oculos haberent ? Aperti sunt

(*a*) Ita Sermo XXXVII, in Appendice editionis operum Fulgentii recentissimæ. At hic Am. Er. et Lov. *non apparentis.*

fermés? Leurs yeux furent donc ouverts pour le reconnaître, et non pour le voir. Notre-Seigneur Jésus-Christ, avant la fraction du pain, s'entretient avec les hommes, sans en être reconnu, mais ils le reconnaissent au moment de la fraction du pain, parce qu'en effet nous ne pouvons en avoir une connaissance véritable que là où nous recevons la vie éternelle. Celui qui nous prépare une demeure dans le ciel, consent à recevoir l'hospitalité sur la terre. N'est-ce pas lui qui a dit, au témoignage de de l'évangéliste saint Jean : « Il y a plusieurs demeures dans la maison de mon Père? Si cela n'était pas, je vous l'aurais dit, car je vais vous préparer une place. Mais quand je m'en serai allé et que je vous aurai préparé une place, je reviendrai, et je vous prendrai avec moi? » (*Jean*, XIV, 2.) Le Seigneur du ciel a voulu être étranger sur la terre et voyageur dans ce monde, lui par qui le monde a été fait. Il a daigné demander l'hospitalité, pour vous combler de bénédictions en la recevant de vous, car ce n'est point l'indigence qui conduisait ses pas dans votre demeure.

CHAPITRE III. — *Elie est envoyé vers une pauvre veuve, qui devait le nourrir, pour qu'en échange il la comble des bienfaits de Dieu.* — 3. Le Seigneur, durant un temps de famine, nourrissait par le moyen d'un corbeau le saint prophète Elie, et les oiseaux s'empressaient de servir celui que les hommes persécutaient. Le corbeau lui apportait le matin du pain (1), et le soir de la chair. (III *Rois*, XVII.) Il n'était donc point dans le besoin, puisque Dieu le nourrissait au moyen des oiseaux du ciel; et cependant le Seigneur l'envoie vers une veuve de Sarepta, en lui disant : « Allez trouver cette veuve; elle vous nourrira. » Est-ce que les ressources de Dieu étaient épuisées pour envoyer Elie vers cette veuve? Non, sans doute; mais si Dieu avait continué à fournir du pain à son serviteur sans aucun intermédiaire humain, comment cette veuve eût-elle mérité la récompense que Dieu lui réservait. Elie est donc envoyé, sans être dans le besoin, sans souffrir de la faim, vers une femme qui était dans l'indigence, et qui souffrait elle-même de la faim, et il lui dit : « Allez, et apportez-moi un peu à manger. » Cette femme avait très-peu de chose : elle allait le manger et puis mourir. Elle fit connaître au prophète le peu qu'elle avait. Elie insista, et lui dit : « Apportez-le-moi d'abord. » Elle n'hésita point, et le lui apporta. Elle lui offrit ce peu de nourriture, et reçut en retour les bénédictions du ciel. Le saint prophète Elie bénit la mesure de farine et le petit vase d'huile. Elle conservait ce peu de farine dans sa maison, pour le manger, et le vase d'huile était suspendu à un clou jusqu'à ce qu'elle l'eût épuisé : la bénédiction du prophète fit de ces vases de véritables tré-

---

(1) Le texte actuel de la Vulgate dit en termes formels que les corbeaux lui apportaient le matin du pain et de la chair, et le soir encore du pain et de la chair. (III *Rois*, XVII, 6.)

---

ergo ad cognitionem, non ad visionem. Dominus itaque noster Jesus Christus ante panis fractionem ignotus loquitur cum hominibus, in panis fractione cognoscitur : quia ibi (*a*) percipitur, ubi vita æterna percipitur. Hospitio suscipitur, qui domum parat in cœlo. Ait enim secundum Evangelistam Joannem : « Multæ mansiones sunt apud Patrem meum : alioquin dicerem vobis : Ibo parare vobis locum. Sed si iero et paravero, iterum veniens assumam vos. » (*Joan.*, XIV, 2.) Hospes in terra esse voluit Dominus cœli, peregrinus in mundo, per quem factus est mundus : hospes esse dignatus est, ut tu haberes suscipiendo benedictionem; non quia ille indigebat, cum hospes intrabat.

CAPUT III. — *Elias ad viduam mittitur pascendus ut beneficium præstetur pascenti.* — 3. Eliam sanctum famis tempore per corvum Dominus pascebat : et quem persequebantur homines, ei serviebant aves. Afferebat servo Dei corvus mane panes, et ad vesperam carnes. (III *Reg.*, XVII.) Non indigebat ergo ille, quem Deus ministris avibus pascebat : et tamen quamvis Elias non indigeret, mittitur ad viduam in Sarepta, et dicitur ei : « Vade ad illam viduam, pascet te. » Defecerat Deus, ut Elias ad viduam mitteretur? Sed si Deus servo suo sine humano ministerio semper præberet panem, vidua unde haberet mercedem? Mittitur ergo non indigens ad indigentem, non esuriens ad esurientem; et dicit ad eam : « Vade, et affer mihi pusillum, ut manducem. » Illa modicum habebat, quod consumptura fuerat, et moritura. Respondit, quantum haberet, Prophetæ intimavit : et ait illi Propheta : « Vade, prius affer mihi. » Illa non dubitavit, sed attulit. Obtulit refectionem, et meruit benedictionem. Benedixit sanctus Elias hydriam farinæ, et capsacem olei. Illud in domo repositum erat consumendum; et illud oleum in palo

---

(*a*) In Fulgentii Appendice Ser. XXXVII, *quia ibi percipitur vita æterna*.

sors. La fiole d'huile devint une source intarissable, et la petite mesure de farine surpassa, en se multipliant, les plus abondantes moissons.

CHAPITRE IV. — *Celui qui assiste le pauvre ne doit point s'élever au-dessus de lui.* — 4. Mais si Élie n'était point dans le besoin, peut-on dire que Jésus-Christ y était? La sainte Écriture nous enseigne, mes frères, que souvent Dieu laisse dans l'indigence ses serviteurs, quand il pourrait les nourrir, pour donner occasion aux hommes de faire des œuvres de miséricorde. Que personne ne s'enorgueillisse de ce qu'il assiste le pauvre, Jésus-Christ a voulu être pauvre. Que nul ne soit fier de l'hospitalité qu'il exerce, le Christ a consenti à la recevoir. N'était-il pas supérieur, en la recevant, à celui qui la lui offrait? N'était-il pas plus riche, en recevant ce qu'on lui donnait, que celui qui l'assistait? Ici, celui qui recevait était le Maître souverain de toutes choses, et celui qui donnait avait d'abord reçu de lui ce qu'il lui donnait. Bannissez donc de votre cœur, mes frères, toute pensée d'orgueil; lorsque vous assistez un pauvre, ne dites pas en vous-mêmes : C'est moi qui donne, et lui qui reçoit; c'est moi qui lui offre un asile, tandis que lui est sans abri. Peut-être possède-t-il en abondance les biens qui vous font défaut. Peut-être celui à qui vous donnez l'hospitalité est un saint. Il a besoin de pain, vous avez besoin, vous, de vérité; il ne possède point d'asile sur la terre, et il n'y a point de demeure pour vous dans le ciel; il a besoin d'argent, vous avez besoin de justice.

Il faut prêter à Dieu à usure. — 5. Prêtez à usure, donnez pour recevoir. Ne craignez pas que Dieu vous condamne comme usurier. Non, je vous le répète, soyez usurier dans toute la force du terme (1). Or, voici ce que Dieu vous dit : Que voulez-vous? Prêter à usure. Qu'est-ce que prêter à usure? C'est donner moins, pour recevoir davantage. Donnez-moi donc, vous dit Dieu, je vous rendrai beaucoup plus que je ne reçois de vous. Que vous rendrai-je? Le centuple en cette vie, et la vie éternelle. Lorsque vous cherchez à prêter pour augmenter votre avoir, cet homme à qui vous prêtez se réjouit quand il reçoit, mais il s'afflige quand il faut rendre; il vous a supplié de lui prêter, et, pour ne point vous rendre, il a recours à la calomnie. « Donnez à l'homme qui vous demande, et ne repoussez pas celui qui veut emprunter de vous. » (*Matth.*, v, 42.) Mais ne recevez pas plus que vous n'avez donné; ne faites pas couler les larmes de votre débiteur, si vous ne voulez point perdre le mérite de votre bienfait. Et, s'il n'a point en ce moment à sa disposition ce que vous lui avez donné, ce qu'il a reçu de vous et que vous réclamez, vous qui l'avez supporté patiemment lorsqu'il vous priait de lui donner, prenez encore patience, maintenant qu'il n'a rien; lorsqu'il le pourra, il vous rendra ce que vous lui avez

(1) Voyez Tome XII : Sermon III sur le Psaume XXXVI, n. 6.

---

pendebat finiendum : accessit benedictio, et (*a*) vasa illa thesauri facti sunt. Lagunculae olei facta est fons olei, farina parva uberrimas segetes superavit.

CAPUT IV. — *Super pauperem non sese efferat, qui ipsum juvat.* — 4. Si Elias non indigebat, Christus indigebat? Ideo, Fratres mei, admonet nos Scriptura sancta, quia plerumque servos suos quos potest pascere Deus, ideo facit indigentes, ut inveniat operantes. Nemo superbiat, quia dat pauperi : Christus pauper fuit. Nemo superbiat, quia hospitem suscipit : Christus hospes fuit. Melior est susceptus, quam suscipiens; ditior accipiens, quam tradens. Qui accipiebat, cuncta possidebat : qui dabat, ab illo cui dabat, acceperat quod dabat. Nemo ergo superbiat, Fratres mei, quando dat pauperi : non dicat in animo suo : Ego do, ille accipit : ego suscipio, ille indiget tecto. Forte quo tu indiges, plus est. Forte quem suscipis justus est : ille indiget pane, tu veritate; ille indiget tecto, tu cœlo; ille indiget pecunia, tu justitia.

Fœnerandum Deo. — 5. Fœnerator esto, eroga quod recipias. Noli timere, ne te fœneratorem judicet Deus. Prorsus, prorsus esto fœnerator. Sed Deus tibi dicit : Quid vis? Fœnerare vis? Quid est fœnerare? Minus dare, et plus accipere. Ecce mihi da, dicit tibi Deus : ego accipio minus, et do plus. Quid? Centuplicia, et vitam æternam. Quem quæris cui des, unde crescat pecunia tua, homo quem quæris, quando accipit, gaudet; quando reddit, plorat : ut accipiat, precatur; ne reddat, calumniatur. Da quidem et homini, et noli te avertere ab illo qui mutuum petit. (*Matth.*, v, 42.) Sed tantum accipe, quantum dedisti. Non ploret cui dedisti : nam beneficium perdidisti. Et si hoc ipsum quod datum est, vel quod accepit exigitur, forte ad manum nondum habet : pertulisti

(*a*) In Vaticano libro, *et illud quod erat modicum thesauri facti sunt.*

prêté. N'allez pas le replonger dans la détresse après l'en avoir retiré (1). Vous lui réclamez ce que vous lui avez donné, mais il n'a point de quoi vous rendre ; lorsqu'il le pourra, il le fera. Ne venez pas ici crier et dire : Est-ce que je suis un usurier? je ne demande que ce que j'ai donné, je ne veux recevoir rien davantage. Vous avez raison, mais votre débiteur n'est pas encore en mesure. Vous n'êtes pas un usurier, et vous voulez que celui à qui vous avez prêté s'adresse à un usurier pour vous rembourser. Vous n'exigez point d'intérêts, pour ne pas lui faire sentir en vous la dureté de l'usurier, et vous voulez qu'il se soumette pour vous aux rigoureuses exigences d'un autre usurier? Vous l'opprimez, vous l'étouffez, bien que vous n'exigiez de lui que ce que vous lui avez donné ; mais, en le serrant ainsi à la gorge et en le réduisant à une telle extrémité, vous cessez d'être son bienfaiteur, vous rendez sa condition mille fois plus affreuse. Vous me direz peut-être : Il a de quoi me rembourser ; il possède une maison : qu'il la vende ; il a une propriété : qu'il s'en dépouille. Eh quoi ! lorsqu'il s'est adressé à vous, c'était justement pour échapper à cette nécessité de vendre ; ne le réduisez donc point à cette nécessité, après que vous l'avez aidé à en sortir. Voilà ce que vous devez faire à l'égard de vos semblables : c'est Dieu qui l'ordonne, c'est Dieu qui le veut.

CHAPITRE V. — *Pourquoi Jésus-Christ s'est fait pauvre.* — 6. Mais vous êtes avare ? Eh bien ! Dieu vous dit : J'y consens, soyez avare autant que vous le pourrez, mais choisissez-moi pour satisfaire votre avarice. C'est Dieu même qui vous dit : Attaquez-vous à moi ; mon Fils était riche, je l'ai fait pauvre pour vous. En effet, «Jésus-Christ, de riche qu'il était, s'est fait pauvre pour l'amour de nous. » (II *Cor.*, VIII, 9.) Vous voulez de l'or? c'est lui qui l'a fait. Vous voulez de l'argent ? c'est lui qui l'a fait. Vous désirez de nombreux domestiques ? c'est lui qui les a faits. De nombreux troupeaux ? c'est lui qui les a créés. De vastes domaines ? c'est lui qui les a faits. Pourquoi ne cherchez-vous que ce qu'il a fait ? Cherchez donc bien plutôt à posséder le Créateur de toutes ces choses. Pensez à l'amour immense qu'il a eu pour vous. « Toutes ces choses ont été faites par lui, et rien n'a été fait sans lui. » (*Jean*, I, 3.) Toutes choses ont été faites par lui, et il est lui-même au milieu de toutes ces choses. Celui qui a fait toutes les créatures, a voulu devenir l'une d'elles. Celui qui a fait l'homme, s'est fait homme ; il est devenu ce qu'il a fait, pour ne point laisser périr l'homme qu'il avait créé. Il a fait toutes choses, et il est devenu l'une des choses qu'il a faites. Considérez ses richesses. Quoi de plus riche que Celui par qui toutes choses ont été faites ? Et tout riche qu'il était, il a pris une chair mortelle dans

(1) Nous avons rétabli la fin de ce chapitre IV, qui n'était point dans les éditions précédentes, d'après un manuscrit du Vatican, de même que d'autres passages du même sermon. Tout ce passage sur le prêt à usure a été inséré dans le sermon LXXXVIII de l'Appendice.

petentem, exspecta non habentem : cum habuerit, reddet tibi. Noli facere angustias ei, cujus angustias relaxasti. Ecce tu dedisti, et exigis : sed non habet unde reddat : cum habuerit, reddet tibi. Noli clamare et dicere : Numquid fœnus quæro ? Tantum peto, quantum dedi : quod dedi, hoc accipiam. Bene facis, sed nondum habet. Non es fœnerator, et vis cui præstitisti, ut quærat fœneratorem, ut tibi reddat. Si propterea fœnus non exigis, ne te fœneratorem patiatur ; quare vis ut propter te alium fœneratorem patiatur ? Premis, suffocas : etsi tantum exigis, quantum dedisti ; suffocando tamen et angustias faciendo, non beneficium dedisti, sed potius majores angustias intulisti. Sed forte dicis : Habet unde reddat : habet domum, vendat : habet possessionem, vendat. Quando a te petivit, ideo petivit ne venderet : propter te non faciat, qui subvenisti ne fieret. Hoc fiat ita circa homines, hoc jubet Deus, hoc vult Deus.

CAPUT V. — *Christus cur egenus factus est.* — 6. Sed avarus es ? Dicit tibi Deus : Esto avarus, esto quantum potes avarus : sed me conveni pro avaritia tua. Dicit tibi Deus : Me conveni, ego filium meum divitem pauperem pro te feci. Propter nos enim pauper factus est Christus, cum dives esset. (II *Cor.*, VIII, 9.) Aurum quæris ? ille fecit. Argentum quæris ? ille fecit. Familiam quæris ? ille fecit. Pecora quæris ? ille fecit. Possessiones quæris ? ille fecit. Quid quæris (a) tantum quæ fecit ? Ipsum accipe qui fecit. Cogita quemadmodum te dilexit. « Omnia per ipsum facta sunt, et sine ipso factum est nihil. » (*Joan.*, I, 3.) Omnia per ipsum, et ipse inter omnia. Qui fecit omnia, factus est inter omnia. Qui fecit hominem factus est homo : factus est quod fecit, ne periret quem fecit. Qui fecit omnia, factus est inter omnia. Attende divitias : quid ditius eo, per quam facta sunt omnia ? Et tamen ille cum dives esset, morta-

(a) Vaticanus codex : *Quid quæris tanta quæ fecit ? Ipsum quære qui fecit.*

le sein d'une vierge. Il est né petit enfant, il a été enveloppé des langes de l'enfance, couché dans une crèche ; il a patiemment attendu le développement successif des âges et le cours du temps, lui l'auteur même des temps. Il a été allaité, il a fait entendre des vagissements, il s'est manifesté sous les dehors de l'enfance. Mais cet enfant étendu dans son berceau était roi ; il était couché dans une crèche, et embrassait le monde dans son immensité ; il était nourri par sa Mère et adoré par les Gentils ; il était nourri par sa Mère, et les anges annonçaient sa naissance ; il était nourri par sa Mère, et une étoile brillante indiquait le lieu où il était né. Telles étaient ses richesses, telle était sa pauvreté : ses richesses pour vous créer, sa pauvreté pour vous racheter. Si donc ce divin pauvre a voulu recevoir l'hospitalité comme un indigent, c'est par un effet de sa condescendance, et non parce qu'il en avait besoin.

Chapitre VI. — *Jésus-Christ a besoin dans les pauvres.* — 7. Vous vous dites peut-être en vous-même : Heureux ceux qui ont mérité de recevoir Jésus-Christ ! Oh ! si j'avais eu le bonheur d'exister alors ! Oh ! si j'avais été un des deux disciples qu'il rencontra sur la voie ! Soyez vous-même dans la voie, et le Christ ne manquera point de devenir votre hôte. Croyez-vous donc qu'il ne vous est plus possible maintenant de recevoir Jésus-Christ ? Et comment le pourrais-je, me dites-vous ? Après sa résurrection, il s'est manifesté à ses disciples, il est monté aux cieux, il est assis à la droite du Père, il ne doit en descendre qu'à la fin du monde pour juger les vivants et les morts ; mais il doit venir dans l'éclat de sa gloire et non dans l'infirmité ; il viendra donner un royaume et non recevoir l'hospitalité. Or, avez-vous oublié ce qu'il doit dire à ses élus lorsqu'il viendra les mettre en possession de son royaume : « Chaque fois que vous avez agi ainsi à l'égard d'un de ces plus petits d'entre mes frères, c'est à moi que vous l'avez fait. » (*Matth.*, xxv, 40.) Ainsi donc, ce riche est pauvre jusqu'à la fin du monde. Il est indigent, non pas dans le chef, mais dans ses membres. Où donc souffre-t-il de l'indigence ? Dans ceux dont il ressentait les souffrances lorsqu'il disait : « Saul, Saul, pourquoi me persécutez-vous ? » (*Act.*, ix, 4.) Obéissons donc au Christ. Il est avec nous dans les siens, il est avec nous en nous-mêmes, et ce n'est pas inutilement qu'il a dit : « Voici que je suis avec vous jusqu'à la consommation des siècles. » (*Matth.*, xxviii, 20.) En agissant ainsi, nous reconnaissons Jésus-Christ par nos bonnes œuvres, non de corps, mais de cœur, non par les yeux de la chair, mais par ceux de la foi. « Parce que vous avez vu, vous avez cru, » répond-il à ce disciple incrédule qui avait dit : « Si je ne le touche point, je ne croirai point. » Et que lui dit le Seigneur : « Venez, touchez-moi, et ne soyez plus incrédule. » Ce disciple le toucha et s'écria :

---

lem carnem accepit in utero virginis. Infans natus est, pannis infantilibus involutus est, in præsepi positus est, patienter exspectavit ætates, patienter tempora pertulit, per quem facta sunt tempora. Suxit, vagivit, infans apparuit. Sed jacebat, et regnabat : in præsepi erat, et mundum continebat : a matre nutriebatur, et a Gentibus adorabatur : a matre nutriebatur, et ab Angelis nuntiabatur : a matre nutriebatur, et stella fulgente declarabatur. Tales divitiæ, talis paupertas : divitiæ, ut creareris ; paupertas, ut restituereris. Quod ille ergo pauper susceptus est hospitio quasi pauper, dignatio fuit suscipientis, non miseria egentis.

Caput VI. — *Christus in paupere eget.* — 7. Forte dicis tibi : O beati qui meruerunt Christum suscipere ! O si ego tunc fuissem ! o si unus fuissem de duobus illis, quos invenit in via ! Tu esto in via, non deerit hospes Christus. Putas enim jam non tibi licere suscipere Christum ? Unde, inquis, licet ? Jam resurgens manifestatus est discipulis suis, ascendit in cœlum, ibi est ad dexteram Patris ; non est venturus nisi in ultimo sæculo ad judicandos vivos et mortuos : venturus autem in claritate, non in infirmitate ; daturus regnum, non quæsiturus hospitium. Quando dabit regnum, excidit tibi quod dicturus est : « Cum uni ex minimis meis fecistis, mihi fecistis ? » (*Matth.*, xxv, 40.) Ille dives, egens est usque in finem sæculi. Eget prorsus, non in capite, sed in membris suis. Ubi eget ? In quibus doluit, quando dixit : « Saule, Saule, quid me persequeris ? » (*Act.*, ix, 4.) Obsequamur ergo Christo. Nobiscum est in suis, nobiscum est in nobis : nec frustra dixit : « Ecce ego vobiscum sum usque ad consummationem sæculi. » (*Matth.*, xxviii, 20.) Hæc faciendo agnoscimus Christum in bonis operibus, non corpore, sed corde ; non oculis carnis, sed oculis fidei. « Quia vidisti, credidisti, » ait cuidam discipulo suo incredulo, qui dixerat : « Non credam, nisi tetigero. » Et Dominus : « Veni, tange, et noli esse incredulus. » Tetigit et clamavit : «Dominus meus et Deus meus. » Et Dominus : « Quia vidisti

« Mon Seigneur et mon Dieu! » Et Jésus lui dit : « Parce que vous avez vu, vous avez cru. » (*Jean*, xx, 27, etc.) Toute ta foi consiste à croire ce que tu vois; je déclare bien plus digne de louanges ceux qui croient sans avoir vu, car ils seront transportés de joie lorsqu'il leur sera donné de voir.

SERMON CCXL.

XIe pour les fêtes de Pâques.

Sur la résurrection des corps, contre les Gentils.

CHAPITRE PREMIER. — *Le récit de la résurrection, dans les quatre évangélistes, est varié, mais sans contradiction. La défense de la foi est nécessaire pour ceux qui sont faibles.* — 1. Pendant ces saints jours, votre charité se le rappelle, il est d'usage de lire publiquement ce qui, dans les Evangiles, a rapport à la résurrection du Seigneur; car aucun des quatre évangélistes n'a pu passer sous silence ni sa passion, ni sa résurrection. Notre-Seigneur Jésus-Christ a fait un grand nombre de choses que tous les évangélistes n'ont point écrites : celui-ci rapporte de préférence telle chose, celui-là telle autre ; mais ils sont toujours parfaitement d'accord sur la vérité des faits. Saint Jean l'Evangéliste, de son côté, raconte un grand nombre de faits dont aucun autre évangéliste n'a parlé. Notre-Seigneur a fait toutes les actions qu'il a cru nécessaire de faire pendant sa vie mortelle; mais, de toutes ces actions, il n'a fait écrire que ce qu'il voulait qu'on en lût dans la suite des temps. Or, si nous essayons de démontrer que les quatre évangélistes ne se sont pas contredits dans les faits qu'ils rapportent tous de concert, comme la passion ou la résurrection de Jésus-Christ, nous sommes en face d'un travail difficile. Il en est qui ont prétendu découvrir des contradictions entre les évangélistes, alors qu'ils étaient bien plutôt eux-mêmes en contradiction avec les intérêts de leur âme. Aussi, ceux qui étaient capables de ce travail, se sont appliqués, avec le secours du ciel, à démontrer que ces contradictions n'existaient pas. Cependant, comme je vous l'ai dit, si j'entreprenais de vous faire cette démonstration et de traiter cette question devant le peuple, je verrais la multitude accablée sous le poids de l'ennui avant que la lumière de la vérité ait brillé à ses yeux. Mais je connais votre foi, c'est-à-dire la foi de cette nombreuse assemblée et de ceux qui, sans être ici aujourd'hui, ne laissent pas d'être fidèles; je sais que leur foi est tellement certaine de la véracité des évangélistes, qu'ils n'ont aucun besoin de mes explications. Celui qui sait comment on doit défendre les vérités de la foi est plus instruit, il n'est pas plus fidèle. Il a la foi, il a, de plus, les moyens de la défendre. Un autre n'a ni les moyens, ni le talent, ni la science né-

---

me, credidisti. » (*Joan.*, xx, 27, etc.) Ipsa est tota fides tua, quia credis quod vides : laudo eos qui non vident, et credunt ; quia cum viderint, gaudebunt.

SERMO CCXL.^(a)

In diebus Paschalibus, XI.

De resurrectione corporum, contra Gentiles.

CAPUT PRIMUM. — *Evangelistarum in historia resurrectionis varietas sine discordia. Defensio fidei titubantibus necessaria.* — 1. Per hos dies, sicut recolit Caritas Vestra, solemniter leguntur Evangelicæ lectiones ad resurrectionem Domini pertinentes. Omnes enim Evangelistæ quatuor, neque de passione, neque de resurrectione ejus tacere potuerunt. Nam quia multa fecit Dominus Jesus, non omnes omnia conscripserunt : sed alius ista, alius illa ; summa tamen concordia veritatis. Multa etiam commemorat Joannes Evangelista facta esse a Domino Jesu Christo, quæ a nullo eorum conscripta sunt. Tanta facta sunt, quanta tunc fieri debuerunt : tanta scripta sunt, quanta nunc legi debuerunt. Ut autem ostendantur Evangelistæ omnes quatuor, in eo quod simul omnes dicunt et non prætermittunt, id est, vel de passione, vel de resurrectione Christi, non inter se dixisse contraria, valde operosus est labor. Nonnulli enim putaverunt eos inter se esse contrarios, cum ipsi essent contrarii animæ suæ. Et ideo data est opera ab eis qui potuerunt, adjuvante Domino, ut ostenderentur inter se non esse contrarii. Sed, sicut dixi, si hoc vobis ostendam, et in populo velim ista tractare, multitudo audientium prius obruitur tædio, quam (*b*) reveletur scientia veritatis. Sed scio fidem vestram, id est, fidem hujus totius multitudinis, et eorum qui hodie hic non sunt, et tamen fideles sunt; novi fidem eorum sic esse certam de veritate Evangelistarum, ut expositione mea non indigeant. Qui novit quomodo ista defendat, doctior est, non fidelior. Habet fidem, habet facultatem defendendi fidem. Alius non habet facultatem et copiam et doctrinam defendendi fidem, sed habet

---

(*a*) Alias de Tempore CXXXIX. — (*b*) Mss. *relevatur*, aut *relevetur*.

cessaire pour venger la foi, mais il a la foi elle-même. Or, celui qui peut défendre la foi est nécessaire à ceux qui chancellent, et aussi à ceux qui croient. En effet, prendre la défense de la foi, c'est guérir les blessures du doute ou de l'incrédulité. Le défenseur de la foi est donc un bon Médecin. mais vous n'êtes pas atteints du mal de l'incrédulité : comment pourrait-il guérir une maladie que vous n'avez pas? Il excelle dans l'art d'appliquer le remède, mais vous n'avez point de plaies à panser. « Ce ne sont point ceux qui se portent bien qui ont besoin de médecins, mais les malades. » (*Matth.*, ix, 12.)

CHAPITRE II. — *La résurrection prouvée contre les infidèles par la toute-puissance de Dieu.* — 2. Mon intention n'est cependant point de vous taire quelques courtes explications telles que le temps me le permet et que vous pouvez entendre avec plus d'utilité. La résurrection, dont Notre-Seigneur nous a donné l'exemple en sa personne pour nous apprendre ce que nous devions espérer nous-mêmes à la fin des siècles, a été l'objet de nombreuses discussions, inspirées les unes par la foi, les autres par l'incrédulité. Ceux qui la discutent au nom de la foi, s'appliquent à bien connaître ce qu'on peut répondre aux infidèles; mais ces derniers raisonnent contre les intérêts de leur âme en discutant contre la puissance du Tout-Puissant, et en faisant cette question : Comment peut-il se faire qu'un mort ressuscite? Je vous réponds : C'est Dieu qui opère cette résurrection, et vous dites : Cela est impossible! Je ne vous dis point : Donnez-moi un chrétien, donnez-moi un juif; mais : Donnez-moi un païen, un adorateur des idoles, un esclave des démons, qui ose contester la toute-puissance de Dieu. Il pourra bien nier Jésus-Christ, mais il lui est impossible de nier que Dieu soit tout-puissant. Or, ce Dieu que vous croyez tout-puissant, (je parle ici à un païen,) c'est lui, je l'affirme, qui doit ressusciter les morts. Si vous dites : Cela est impossible, vous mettez en doute sa toute-puissance. Mais si vous croyez qu'il est tout-puissant, pourquoi rejeter la doctrine que je vous enseigne?

CHAPITRE III. — *La chair ressuscitera sans aucun défaut. Le péché est la cause de tous nos maux.* — 3. Si je vous disais que la chair doit ressusciter pour souffrir encore de la faim, de la soif, de la maladie, de la fatigue, pour être soumise encore à la corruption, vous auriez raison de ne pas y croire. Ce sont là les nécessités, disons mieux, les afflictions de la chair, dans la vie présente. Et quelle en est la cause? C'est le péché. Nous avons péché dans un seul homme, et nous naissons tous sujets à la corruption. La cause de tous nos maux, c'est le péché. Gardons-nous de penser que les hommes soient soumis à

---

ipsam fidem. Ille autem qui novit defendere fidem, titubantibus est necessarius, non credentibus. In defensione enim fidei, curantur vulnera dubitationis vel infidelitatis. Qui ergo defendit fidem, bonus est medicus : sed in te non est infidelitatis morbus. Quando ille novit curare quod tu non habes? Novit ille ponere medicamentum, sed in te non est vitium. « Non est opus sanis medicus, sed male habentibus. » (*Matth.*, ix, 12.)

CAPUT II. — *Resurrectio contra infideles probatur ex omnipotentia Dei.* — 2. Tamen quæ possunt expeditius dici pro tempore, et commodius audiri, (*a*) subticere vobis non est consilii. De ipsa resurrectione, cujus in se ipso Dominus præmisit exemplum, ut sciremus quid etiam in corporibus nostris in fine sæculi sperare debeamus, multi multa disputant; aliqui fideliter, aliqui infideliter. Qui fideliter disputant, scire volunt diligentius quid respondeant infidelibus : qui autem infideliter disputant, argumentantur contra animas suas, disputando contra potentiam omnipotentis, dicentes : Unde fieri potest, ut mortuus resurgat? Dico ego : Deus est qui facit, et tu dicis : Fieri non potest? Non dico : Da mihi Christianum, da mihi Judæum; sed : Da mihi paganum, idolorum cultorem, dæmonum servum, qui non dicat Deum esse omnipotentem. Negare Christum potest, negare omnipotentem Deum non potest. Quem tu ergo credis (quasi pagano loquor) : quem tu credis Deum omnipotentem, ipsum ego dico mortuorum suscitatorem. Si dixeris : Non potest fieri, derogas omnipotenti. Si autem credis illum omnipotentem, me quare respuis ista dicentem?

CAPUT III. — *Caro resurget sine vitio. Calamitatum omnium causa peccatum.* — 3. Si diceremus carnem resurrecturam, ut esuriat, ut sitiat, ut ægrotet, ut laboret, ut corruptionibus subjiciatur; merito credere non deberes. Habet enim modo caro ista has vel necessitates vel calamitates. Et hoc unde? Causa peccatum est. In uno peccavimus, et omnes ad corruptionem nati sumus. Malorum omnium nostrorum causa peccatum est. Non enim sine causa homines mala ista patiuntur. Justus est Deus, omnipotens est

(*a*) Mss. *subtrahere*.

ces épreuves sans qu'il y ait une cause. Dieu est juste, Dieu est tout-puissant : nous ne souffririons donc pas, si nous ne l'avions mérité. Or, ces peines, qui sont pour nous la suite de nos péchés, Notre-Seigneur Jésus-Christ a voulu les partager, sans qu'il fût coupable d'aucun péché. En prenant sur lui le châtiment sans la faute, il nous a délivrés de la faute et du châtiment. Il nous délivre de la faute, en nous pardonnant nos péchés ; il nous affranchit du châtiment, en ressuscitant d'entre les morts. Telle est aussi la promesse qu'il nous a faite ; il a voulu que nous marchions dans l'espérance : persévérons et nous parviendrons à la réalité. La chair ressuscitera incorruptible, elle ressuscitera sans défaut, sans difformité, sans être sujette à la mort, sans aucun poids, sans aucun fardeau qui l'accable. Elle fait ici-bas votre tourment, elle sera plus tard pour vous un ornement. Si donc c'est un bien que le corps soit incorruptible, pourquoi désespérer que Dieu nous rende ce corps affranchi de la corruption ?

CHAPITRE IV. — *Opinions des philosophes sur la destinée de l'âme après la mort.* — 4. Parmi les philosophes de ce siècle, les plus célèbres, les plus doctes et les meilleurs ont compris que l'âme humaine était immortelle ; non contents de reconnaître l'immortalité de l'âme, ils l'ont soutenue par les plus forts raisonnements et ont transmis par écrit à la postérité leurs éloquentes apologies. Nous avons leurs livres et nous les lisons. J'ai dit que ces philosophes valaient mieux que les autres, par comparaison avec de plus mauvais. Il est, en effet, des philosophes qui ont prétendu que tout principe de vie est anéanti dans l'homme après la mort. Les premiers leur sont évidemment préférables. Car, bien qu'ils s'écartent sur beaucoup de points de la vérité, ils s'en rapprochent par le côté où ils se montrent supérieurs aux autres. Ces philosophes donc qui ont compris, qui ont soutenu que les âmes des hommes étaient immortelles, ont recherché, autant qu'il leur a été possible, les causes des maux qui affligent les hommes, de leurs souffrances, de leurs erreurs, et en ont donné cette explication telle qu'ils l'ont pu trouver : c'est que ces âmes avaient commis dans une vie précédente je ne sais quels péchés qui les condamnaient à être enfermées dans ces corps comme dans une prison. Ils ont ensuite recherché ce que l'homme deviendrait après sa mort. C'est ici qu'ils ont mis leur esprit à la torture, et qu'ils ont épuisé toutes leurs forces pour rendre raison aux autres hommes ou à eux-mêmes. Ils ont donc avancé que les âmes des hommes coupables et souillés par le vice, au sortir de leurs corps, rentreraient dans d'autres corps, pour y souffrir les peines dont nous sommes témoins. Quant aux âmes qui ont vécu dans la pratique du bien, lorsqu'elles se séparent

---

Deus : nullo modo ista pateremur, si non mereremur. Sed cum essemus in pœnis, ad quas venimus de peccatis, Dominus noster Jesus Christus voluit esse in pœnis nostris sine peccatis suis. Sustinendo sine culpa pœnam, et culpam solvit et pœnam. Culpam solvit, peccata donando : pœnam solvit, a mortuis resurgendo. Hoc promisit, et nos in spe ambulare voluit : perseveremus, et ad rem perveniemus. Caro resurget incorruptibilis, caro resurget sine vitio, sine deformitate, sine mortalitate, sine onere, sine pondere. Quæ nunc tibi facit tormentum, postea tibi erit ornamentum. Ergo si bonum est habere corpus incorruptibile, quare hoc facturum Deum volumus desperare ?

CAPUT IV. — *Philosophorum de animæ conditione post mortem opiniones.* — 4. Philosophi sæculi hujus, qui magni fuerunt et docti, et cæteris meliores, animam humanam immortalem esse senserunt : nec solum senserunt, sed quantis potuerunt argumentationibus defenderunt, et ipsas defensiones suas conscriptas posteris reliquerunt. Sunt libri, leguntur. Ideo istos philosophos dixi aliis fuisse meliores in comparatione pejorum ; quia fuerunt philosophi qui dicerent, homini, cum mortuus fuerit, nullam vitam postea remanere. Talibus illi utique præponendi sunt. Et in quo erant illi meliores, quamvis in multis a veritate deviantes, tamen in quo erant isti superiores, veritati fuerant propinquantes. Hi ergo qui senserunt atque dixerunt animas humanas immortales, de malis hominum, de ærumnis erroribusque mortalium quæsierunt causas, quantum homines potuerunt ; et dixerunt, sicut potuerunt, præcessisse nescio quæ in alia vita peccata, quorum peccatorum merito ista corpora velut carcerem animæ mererentur. Deinde quæsitum est ab eis, quid postea cum fuerit homo mortuus, quid erit. Et hic contriverunt ingenia sua ; et laboraverunt, quantum potuerunt, reddere hominibus rationem, vel sibi, vel aliis : et dixerunt, animas hominum male viventium immundas pessimis moribus, cum exierint de corporibus, rursus continuo revolvi ad alia corpora, et pœnas hic luere quas videmus : eas vero animas quæ bene vixerunt, cum

de leurs corps, elles remontent dans les hauteurs des cieux, vont se reposer dans les étoiles et dans les astres brillants, ou dans quelque asile secret des sphères célestes; elles y oublient tous leurs maux passés, puis il leur plait de rentrer dans un corps et de se soumettre une seconde fois aux épreuves de la vie.

Chapitre V. — Voici donc la différence qu'ils établissent entre les âmes des pécheurs et les âmes des justes. Aussitôt que les âmes des pécheurs sortent des corps qu'elles animaient, elles rentrent, disent-ils, dans d'autres corps, tandis que les âmes des justes jouissent d'un long repos mais qui ne dure pas toujours, qu'elles désirent ensuite s'unir de nouveau à un corps, et qu'après s'être élevées à une si grande justice, elles consentent à retomber des hauteurs des cieux dans cet abîme de maux.

La sagesse du monde est une folie aux yeux de Dieu. La résurrection est promise à ceux qui croient pieusement au Médiateur. — 5. Voilà les doctrines qu'ont soutenues de très-grands philosophes. Voilà tout ce qu'ont pu découvrir les philosophes de ce monde, dont l'Ecriture dit : « Dieu n'a-t-il pas convaincu de folie la sagesse de ce monde? » (1 *Cor.*, v, 20.) S'il a convaincu de folie la sagesse, comment a-t-il traité la folie? Si la sagesse de ce monde est une folie aux yeux de Dieu, combien la folie véritable est éloignée de lui! Il est cependant une folie de ce monde qui s'est élevée jusqu'à Dieu, et dont l'Apôtre parle en ces termes : « Dieu, dans sa sagesse, n'ayant point été connu par la sagesse du monde, il lui a plu de sauver par la folie de la prédication ceux qui croiraient en lui. » Et il ajoute : « Car les Juifs demandent des miracles, et les Gentils cherchent la sagesse. Pour nous, nous prêchons Jésus-Christ crucifié, scandale pour les Juifs, folie pour les Gentils, mais vertu de Dieu et sagesse de Dieu pour ceux qui sont appelés, qu'ils soient Grecs ou Gentils. » (*Ibid.*, 21, etc.) Notre-Seigneur, la sagesse de Dieu, est donc venu, le ciel tonne : que les grenouilles des marais se taisent. Ce qu'a dit la Vérité ne peut être que vrai. Il nous a enseigné que le péché est la cause de tous les maux qui affligent le genre humain, c'est une vérité manifeste. Celui donc qui croira au Médiateur établi entre Dieu et les hommes, (c'est-à-dire qu'entre Dieu juste et les hommes injustes, le Médiateur a été un homme juste qui a pris à la terre son humanité, au ciel sa justice, et qui se trouve ainsi entre le ciel et la terre, car s'il avait tout pris au ciel il y serait resté, s'il avait tout pris à la terre il serait abattu, renversé comme nous, et ne pourrait être notre Médiateur,) celui donc qui croira au Médiateur, qui vivra dans la foi et la pratique de la justice, se séparera de son corps et

---

exierint de corporibus, ire ad superna cœlorum, requiescere ibi in stellis et luminibus istis conspicuis, vel quibuscumque cœlestibus abditisque secretis, oblivisci omnium præteritorum malorum, et rursus delectari redire ad corpora, et venire iterum ad ista patienda.

Caput V. — Hoc ergo interesse voluerunt inter animas peccatorum et animas justorum, quia peccatorum animas de proximo statim cum exierint de corporibus, dicunt revolvi ad altera corpora; justorum autem animas diu esse in requie; non tamen semper, sed rursus delectari corporibus, et de summis cœlis post tantam justitiam ad ista mala facere ruinam.

Sapientia mundi Deo stultitia. Resurrectio promissa piis credentibus in Mediatorem. — 5. Hoc dixerunt valde magni philosophi. Isto plus invenire nihil potuerunt philosophi mundi hujus, de quibus dicit Scriptura nostra : « Stultam fecit Deus sapientiam hujus mundi. » (1 *Cor.*, I, 20.) Si sapientiam, quanto magis stultitiam? Si sapientia mundi stultitia est apud Deum, vera stultitia mundi quam longe est a Deo? Est tamen quædam stultitia mundi hujus, quæ pervenit ad Deum, de qua dicit Apostolus : « Quoniam in sapientia Dei non cognovit mundus per sapientiam Deum, placuit Deo per stultitiam prædicationis salvos facere credentes. » Et dicit : « Quoniam Judæi signa petunt, et Græci sapientiam quærunt : nos autem prædicamus Christum crucifixum, Judæis quidem scandalum, gentibus stultitiam, ipsis autem vocatis Judæis et Græcis Christum Dei virtutem et Dei sapientiam. » (*Ibid.*, 21, etc.) Venit Dominus Christus, sapientia Dei : cœlum tonat, ranæ taceant. Quod dixit veritas, hoc est verum. Quod dixit, in malo quidem esse genus humanum causa peccati, manifestum est. Sed qui crediderit in mediatorem, qui constitutus est medius inter Deum et homines (inter Deum justum et homines injustos, medius homo justus, humanitatem habens de imo, justitiam de summo; et ideo medius : hinc unum, et inde unum : quia si utrumque inde, ubi esset ; si utrumque hinc, nobiscum jaceret, et medius non esset :) qui ergo crediderit in mediatorem, et fideliter ac bene vixerit, exiet quidem de corpore, et erit in requie; postea vero recipiet corpus, non ad tormentum, sed ad ornamentum, et vivet cum Deo in æter-

entrera dans le lieu du repos; mais ensuite son corps lui sera rendu pour faire, non son supplice, mais son ornement, et il vivra avec Dieu pour l'éternité. Il n'aura point lieu de désirer de rentrer dans un corps, puisqu'il sera réuni à son propre corps. Je vous ai exposé aujourd'hui, mes très-chers frères, ce que disent les philosophes de ce monde, dont Dieu a réprouvé la sagesse comme une véritable folie; nous pourrons demain, avec le secours du ciel, entrer sur ce sujet dans de nouveaux développements.

SERMON CCXLI.

XIIe pour les fêtes de Pâques.

Sur la résurrection des corps, contre les Gentils.

CHAPITRE PREMIER. — *La croyance à la résurrection est un des caractères propres de la foi des chrétiens. Les philosophes ont pu connaître Dieu par le spectacle du monde.* — 1. La croyance à la résurrection des morts est le caractère propre de la foi des chrétiens. Jésus-Christ, notre Chef, nous a fait voir en lui un modèle de cette résurrection des morts; c'est un exemple qu'il a proposé à notre foi, afin que les membres espèrent voir s'accomplir en eux-mêmes ce qui s'est accompli d'abord dans leur Chef. Hier (1), nous vous avons fait entendre que, parmi les sages des Gentils qui portent le nom de philosophes, les premiers et les plus célèbres d'entre eux ont scruté les secrets de la nature, et sont arrivés à en reconnaître le suprême artisan par ses œuvres. Ils n'avaient point entendu les enseignements des prophètes, ils n'avaient point reçu la loi de Dieu, mais Dieu, dans son silence, leur parlait par le spectacle de ses œuvres; les merveilles de l'univers les invitaient à en rechercher le divin auteur, et ils ne purent jamais se persuader que le ciel et la terre ne fussent point dépendants d'une cause première. C'est de ces philosophes que saint Paul parle en ces termes : « La colère de Dieu, dit-il, éclate du haut du ciel contre toute impiété. » (*Rom.*, I, 18, etc.) Qu'est-ce-à dire, « sur toute impiété? » Cette colère a éclaté du ciel, non-seulement sur les Juifs qui ont reçu la loi de Dieu et n'ont pas craint d'en outrager l'Auteur, mais sur toute l'impiété des Gentils. Et, répondant d'avance à cette objection : Pourquoi la colère du ciel éclate-t-elle contre les Gentils, puisqu'ils n'ont pas reçu la loi? l'Apôtre ajoute aussitôt : « Et sur l'injustice de ceux qui retiennent la vérité de Dieu dans l'injustice. » Dites-moi, à votre tour, quelle est cette vérité, car ils n'ont ni reçu la loi, ni entendu les enseignements des prophètes. Apprenez donc quelle est cette vérité. « Car ce que l'on peut connaître de Dieu, dit saint Paul, leur est connu. » Com-

(1) Dans le sermon précédent.

num. Non est quod eum delectet ut redeat : quia ecum habet corpus. Ergo, Carissimi, quoniam proposui vobis hodie quid dicant etiam philosophi mundi hujus, quorum Deus sapientiam tanquam veram stultitiam reprobavit, crastino, adjuvante Domino, exponere poterimus.

SERMO CCXLI (a).

In diebus Paschalibus, XII.

De resurrectione corporum, contra Gentiles.

CAPUT PRIMUM. — *Resurrectio fides Christianorum. Deus a philosophis cognitus ex operibus mundi.* — 1. Propria fides est Christianorum, resurrectio mortuorum. Hanc in se ipso, id est, resurrectionem mortuorum, caput nostrum Christus ostendit, et exemplum fidei nobis præstitit ; ut hoc sperent membra in se, quod præcessit in capite. Hesterno die vobis insinuavimus, sapientes gentium, quos philosophos dicunt, ipsos qui in eis excellentissimi fuerunt, scrutatos fuisse naturam, et de operibus artificem cognovisse. Prophetas non audierunt, legem Dei non acceperunt : sed eis Deus quodam modo silens ipsius mundi operibus loquebatur, et eos ad quærendum artificem rerum, mundi species invitabat : nec potuerunt in animum inducere, cœlum et terram sine auctore constare. De his beatus Paulus apostolus ita loquitur : « Revelatur, inquit, ira Dei de cœlo super omnem impietatem. » (*Rom.*, I, 18, etc.) Quid est, « super omnem impietatem? » Non solum super Judæos, qui Dei legem acceperunt, et legis datorem offenderunt; verum etiam super omnem impietatem gentium revelatur ira Dei de cœlo. Et ne quisquam diceret : Quare cum ipsi legem non acceperint? secutus adjunxit : « Et injustitiam eorum, qui veritatem in iniquitate detinent. » Jam tu responde : Quam veritatem? Non enim acceperunt legem, non enim audierunt Prophetam. Audi quam veritatem : « Quoniam quod notum est, inquit, Dei, manifestum est in illis. » Unde manifestum? Adhuc audi : « Deus

(a) Alius de Tempore CXLIII.

ment? le voici : « Car Dieu même le leur a manifesté. » Si vous me demandez encore comment il le leur a manifesté, puisqu'il ne leur a point donné la loi, le même Apôtre va vous l'apprendre : « En effet, ses perfections invisibles sont rendues compréhensibles, depuis la formation du monde, par tout ce qui a été fait. » Par ces perfections invisibles, il entend les perfections invisibles de Dieu; « depuis la formation du monde, » c'est-à-dire depuis que le monde est créé, elles sont rendues compréhensibles par tout ce qui a été fait; la création a rendu compréhensibles les perfections de Dieu. « Aussi bien, » je répète et j'entremêle les paroles mêmes de l'Apôtre, « aussi bien que sa puissance éternelle et sa divinité, » sous-entendez : sont rendues compréhensibles. « De sorte qu'ils sont inexcusables. » Pourquoi sont-ils inexcusables? « Parce que, ayant connu Dieu, ils ne l'ont pas glorifié comme Dieu, ou ne lui ont pas rendu grâces. » Il ne dit point : Parce qu'ignorant Dieu, mais : « Parce qu'ayant connu Dieu. »

CHAPITRE II. — *La beauté des créatures est la démonstration et la louange du Créateur. Comment les philosophes, de la connaissance de l'homme, se sont élevés à la connaissance de Dieu.* — 2. Comment l'ont-ils connu? Par ses œuvres. Interrogez la magnificence de la terre, la beauté de la mer, la beauté de cet immense atmosphère qui nous entoure; interrogez la splendeur du ciel, la merveilleuse disposition des astres; interrogez le soleil, dont les rayons brillants donnent au jour sa clarté; interrogez la lune, dont la lumière tempère et adoucit les ténèbres de la nuit qui succède au jour; interrogez les animaux qui se meuvent dans les eaux, qui habitent la terre, qui volent dans les airs; interrogez les âmes que vous ne voyez pas et les corps qui frappent vos regards, les êtres visibles qui ont besoin de direction et les êtres invisibles qui les dirigent; interrogez tous ces êtres. Ils vous répondront d'une voix unanime : Vous le voyez, nous avons la beauté en partage. Cette beauté même est le témoignage qu'ils rendent à leur Créateur. Qui a fait toutes ces créatures dont la beauté est changeante, si ce n'est l'immuable beauté? Les philosophes ont ensuite reporté leurs regards sur l'homme, pour arriver à connaître le Dieu Créateur de l'univers, et, dans l'homme, ils ont interrogé ces deux choses : le corps et l'âme. Ils ont interrogé ce qu'ils portaient eux-mêmes; ils voyaient le corps, ils ne voyaient pas l'âme. Cependant ils ne voyaient le corps qu'au moyen de leur âme. Ils le voyaient par l'organe de la vue; mais celui qui regardait véritablement par ces ouvertures était au dedans d'eux-mêmes. Que celui qui habite cette maison la quitte, elle s'écroule; à peine le principe qui dirige le corps s'en est-il séparé, que le corps tombe en dissolution, et prend pour cela le nom de cadavre. (*quoniam*

---

enim illis manifestavit. » Si adhuc quæris : Quomodo manifestavit, quibus legem non dedit? Audi quomodo : « Invisibilia enim ejus a constitutione mundi, per ea quæ facta sunt, intellecta conspiciuntur. Invisibilia enim ejus, » hoc est, invisibilia Dei : « a constitutione mundi, » id est, ex quo constituit mundum : « per ea quæ facta sunt intellecta conspiciuntur, » illa per hæc intellecta conspiciuntur. « Sempiterna quoque, » verba Apostoli dico, ipsa attexo : « Sempiterna quoque virtus ejus et divinitas, » subaudis, intellecta conspiciuntur. « Ut sint inexcusabiles. » Quare inexcusabiles? « Quia cognoscentes Deum, non sicut Deum glorificaverunt, aut gratias egerunt. » Non dixit : nescientes Deum : sed : « cognoscentes. »

CAPUT II. — *Pulchritudo creaturarum, confessio est Creatoris. Ab hominis cognitione ad cognitionem Dei quomodo pervenerunt philosophi.* — 2. Unde cognoscentes? Ex his quæ fecit. Interroga pulchritudinem terræ, interroga pulchritudinem maris, interroga pulchritudinem dilatati et diffusi aeris, interroga pulchritudinem cœli, interroga ordinem siderum, interroga solem fulgore suo diem clarificantem, interroga lunam splendore subsequentis noctis tenebras temperantem, interroga animalia quæ moventur in aquis, quæ morantur in terris, quæ volitant in aere; latentes animas, perspicua corpora; visibilia regenda, invisibiles regentes : interroga ista. Respondent tibi omnia : Ecce vide, pulchra sumus. Pulchritudo eorum, confessio eorum. Ista pulchra mutabilia quis fecit, nisi incommutabilis pulcher? In ipso denique homine, ut possent intelligere et cognoscere Deum universi mundi creatorem; in ipso, inquam, homine interrogaverunt hæc duo, corpus et animam. Hoc interrogabant quod et ipsi gestabant : videbant corpus, animam non videbant. Sed corpus nisi de animo non videbant. Videbant enim per oculum, sed intus erat qui per fenestras aspiciebat. Denique discedente habitatore, jacet domus : discedente qui regebat, cadit quod regebatur : et quoniam cadit, cadaver vocatur.

cadit, cadaver vocatur.) Est-ce que les yeux n'y sont pas tout entiers? Ils sont ouverts et ne voient rien. Les oreilles y sont également, mais celui qui entendait n'y est plus; l'instrument de la langue est resté, mais le musicien qui la mettait en mouvement a disparu. Ils ont donc interrogé ces deux parties dont l'homme est composé : le corps qui se voit, l'âme qui est invisible; et ils ont reconnu que la partie invisible était supérieure à la partie visible; que l'âme, qui se cache à nos yeux, l'emporte de beaucoup sur le corps qui frappe nos regards. Voilà ce qu'ils ont vu, ce qu'ils ont considéré attentivement; ils ont discuté ces deux natures de l'homme, et ils ont trouvé que toutes deux étaient sujettes au changement. Le corps ne cesse de changer avec l'âge par les maladies, par les aliments, par ce qui répare ses forces comme par ce qui les épuise, par la vie et par la mort. Passant ensuite à l'âme, dont ils ont compris la supériorité et admiré l'excellence, tout invisible qu'elle est, ils ont trouvé en elle les mêmes vicissitudes, les mêmes changements; elle veut et ne veut plus; elle va de la science à l'ignorance; elle se souvient, et oublie tout aussitôt; on la voit tantôt craintive, tantôt audacieuse; aujourd'hui, elle s'élève jusqu'à la sagesse, et demain elle retombe dans la folie; ils ont vu ces changements de l'âme, et ont passé au delà, car ils cherchaient ce qui est immuable.

CHAPITRE III. — *Les philosophes, après avoir connu Dieu, sont devenus idolâtres.* — 3. C'est ainsi qu'ils sont parvenus jusqu'à la connaissance d'un Dieu créateur par le moyen de ses œuvres. « Mais ils ne l'ont point glorifié comme Dieu, et ne lui ont point rendu grâces, » dit l'Apôtre ; mais ils se sont évanouis dans leurs pensées, et leur cœur insensé a été obscurci. Ces hommes, qui se disaient sages, sont devenus fous. En s'attribuant ce qu'ils avaient reçu, ils ont perdu ce qu'ils possédaient. Ils se regardaient comme de grands hommes, et ils sont tombés dans la folie. Et jusqu'où sont-ils descendus? « Et ils ont changé la gloire du Dieu incorruptible en l'image de l'homme corruptible. » Il veut parler des idoles. Mais ce n'était pas assez pour eux de faire des idoles à la ressemblance de l'homme, ni d'abaisser le divin artisan jusqu'à l'assimiler à ses œuvres; non ce n'était pas assez. Qu'ont-ils fait de plus? « Et en l'image d'oiseaux, de quadrupèdes et de serpents. » Tous les animaux privés de langage et de raison, ces sages éminents en ont fait autant de dieux. Je vous blâmais d'adorer l'image de l'homme; que vous dirai-je, maintenant que vous adorez l'image d'un chien, l'image d'un serpent, l'image d'un crocodile? car ils sont descendus jusque-là. Ils sont tombés d'autant plus bas qu'ils s'étaient

---

Nonne ibi oculi integri? Etsi pateant, nihil vident. Aures adsunt; sed migravit auditor : linguæ organum manet ; sed abscessit musicus, qui movebat. Interrogaverunt ergo ista duo, corpus quod videtur, animam quæ non videtur : et invenerunt melius esse illud quod non videtur, quam illud quod videtur; meliorem animam latentem, deteriorem carnem apparentem. Viderunt ista, intuiti sunt, discusserunt utrumque, et invenerunt utrumque mutabile in ipso homine. Mutabile corpus per ætates, per corruptiones, per alimenta, per refectiones, per defectiones, per vitam, per mortem. Transierunt ad animam, quam utique comprehenderant meliorem, et etiam invisibilem mirabantur : invenerunt et ipsam mutabilem; modo velle, modo nolle ; modo scire, modo nescire ; modo meminisse, modo oblivisci; modo timere, modo audere; modo ire in sapientiam, modo in stultitiam deficere. Viderunt et ipsam mutabilem, transierunt et ipsam : quæsierunt enim aliquid immutabile.

CAPUT III. — *Philosophi post Deum cognitum idolo-* *latræ.* — 3. Sic ergo pervenerunt ad cognoscendum Deum qui fecit, per ista quæ fecit. « Sed non sicut Deum honorificaverunt, aut gratias egerunt : » ipse dicit Apostolus. « Sed evanuerunt in cogitationibus suis, et obscuratum est insipiens cor eorum. Dicentes se esse sapientes, stulti facti sunt. » Sibi arrogando quod acceperant, perdiderunt quod tenebant. Dicentes se quasi magnos esse, stulti facti sunt. Et quo pervenerunt? « Et immutaverunt, inquit, gloriam incorruptibilis Dei, in similitudinem imaginis corruptibilis hominis. » Idola dicit. Et parum erat facere idolum ad speciem hominis, et ad sui operis similitudinem addicere artificem : parum fuit hoc. Sed insuper quid? « Et volucrum et quadrupedum et serpentium. » Omnia quippe ista muta animalia et irrationabilia, illi quasi magni sapientes, deos sibi fecerunt. Reprehendebam, quando adorabas imaginem hominis : quid tibi faciam, quando adoras imaginem canis, imaginem colubri, imaginem (*a*) crocodili? Pervenerunt usque ad ista. Quantum quærentes in superna evecti sunt, tantum cadentes

(*a*) In veteribus libris scriptum est, *corcodrilli*.

élevés plus haut par les recherches de leur esprit; car, plus l'élévation est grande, plus la chute est profonde.

CHAPITRE IV. — *Ce que les philosophes ont pensé de l'état des âmes après la mort.* — 4. Ces mêmes philosophes, comme je vous l'ai dit hier, ont cherché ce que les âmes devenaient ensuite, c'est-à-dire après la mort. Mais ils ont fait ces recherches d'une manière tout humaine; comment donc auraient-elles pu aboutir? Ils n'ont point reçu la doctrine qui vient de Dieu, ils n'ont point entendu les prophètes : ils n'ont donc pu rien découvrir de certain et ont été réduits à des conjectures, que je vous ai fait connaître hier. Les âmes coupables, disent-ils, sortent de leurs corps, et, en punition de leurs souillures, elles entrent immédiatement dans d'autres corps; les âmes des sages et des justes, au contraire, au sortir du corps s'envolent au ciel, en récompense de leur vie pure. Allons, rien de mieux; vous leur avez trouvé un séjour digne d'elles; elles prennent leur essor et s'élèvent jusqu'au ciel. Et là, que deviennent-elles? Elles y demeureront, me répondent-ils, elles y reposeront avec les dieux, et les astres seront leurs trônes. Vous ne leur avez point assigné une habitation trop mauvaise; mais laissez-les au moins dans ce séjour, et n'allez pas les en faire tomber. Cependant, continuent-ils, après de longs siècles écoulés, lorsqu'elles ont complétement oublié leurs anciennes souffrances, elles éprouvent le désir de retourner dans les corps; c'est un plaisir pour elles, et elles se condamnent de nouveau à souffrir toutes ces épreuves, à supporter toutes ces afflictions, à oublier Dieu, à le blasphémer, à suivre l'attrait des voluptés sensuelles, à lutter contre les passions de la chair. Elles viennent se replonger dans toutes ces misères; d'où viennent-elles et où se sont-elles précipitées? Dites pour quel motif? Parce qu'elles ont tout oublié. Si elles ont oublié tous les maux qu'elles ont soufferts, pourquoi n'ont-elles pas oublié aussi les voluptés sensuelles. Elles ne se souviennent, pour leur malheur, que de ce qui a été la cause de leur chute. Et pourquoi reviennent-elles? Parce qu'il leur plait d'habiter de nouveau dans des corps. Mais d'où vient ce charme qui les attire, sinon un souvenir d'y avoir autrefois fixé leur séjour? Effacez tout souvenir, peut-être ne restera-t-il plus en elles que la sagesse : il n'y aura plus rien qui les rappelle ici-bas.

CHAPITRE V. — *Virgile n'approuve point la doctrine du retour des âmes dans de nouveaux corps. Les âmes, dans cette opinion, ne peuvent être heureuses.* — 5. Cependant, un de leurs auteurs à qui l'on montrait ces âmes, ou plutôt qui supposait dans les enfers un père qui les montrait à son fils, a eu horreur de cette doctrine. Vous connaissez presque tous ce fait, et plût à Dieu qu'il fût connu d'un petit nombre

---

in profunda demersi sunt. Altius enim mergitur, quod de alto cadit.

CAPUT IV. — *De animarum statu post mortem quid senserint philosophi.* — 4. Hi ergo, sicut hesterno die vos commonui, quæsierunt quid postea, id est, quid post hanc vitam. Quæsierunt sicut homines : sed quando invenirent, cum homines essent? Doctrinam Dei non habuerunt, Prophetas non audierunt : non potuerunt invenire, suspicati sunt. Retuli vobis heri suspiciones illorum. Exeunt animæ malæ, inquiunt; et quia immundæ sunt, continuo in alia corpora revolvuntur : exeunt animæ sapientium atque justorum; et quia bene vixerunt, volant ad cœlum. Age belle, belle illis invenisti locum : volantes ad cœlum perveniunt. Et quid ibi? Ibi erunt, inquiunt, et requiescent cum diis : sedes eorum erunt stellæ. Non malum habitaculum illis invenisti : vel ibi illas dimittite, nolite illas dejicere. Sed, inquiunt, post longa tempora, facta penitus oblivione veterum miseriarum, incipiunt velle reverti in corpora; et delectabit eas venire, et rursus veniunt ad ista patienda, ad ista toleranda, ad obliviscendum Deum, ad blasphemandum Deum, ad sequendas corporis voluptates, ad pugnas contra libidines. Veniunt ad ista miserias, unde, et quo? Dic mihi, quare? Quia obliviscuntur. Si omnia mala obliviscuntur, obliviscantur et delectationem carnis. Hoc solum *(a)* malo suo meminerunt, unde ruerunt. Veniunt : quare? Quia delectat eas rursus in corporibus habitare. Unde delectat, nisi per memoriam, quia ibi aliquando habitaverunt? Dele totam memoriam, et forte residuam facies sapientiam : nihil remaneat quod revocet.

CAPUT V. — *Virgilio non placet doctrina de animarum reditu in corpora. Animas in ea opinione beatas esse non posse.* — 5. Exhorruit quidam auctor ipsorum, cui demonstrabatur, vel qui inducebat apud inferos demonstrantem patrem filio suo. Nostis enim hoc prope omnes; atque utinam pauci nossetis. Sed pauci nostis in libris, multi in theatris, quia Æneas

---

(a) Sic Mss. At editi, *mali sui.*

seulement parmi vous. Mais, s'il en est peu qui le savent pour l'avoir lu, beaucoup, du moins, ont appris au théâtre qu'Enée descendit aux enfers, et que son père lui fit voir les âmes des grands personnages romains qui devaient s'unir à de nouveaux corps. Enée lui-même en fut épouvanté et s'écria : « O mon père, peut-on croire que quelques-unes de ces âmes sublimes doivent aller d'ici dans les cieux, et puis reprendre le poids accablant d'un nouveau corps (1)? » Peut-on penser, lui dit-il, qu'elles montent dans le ciel, et puis qu'elles consentent à en redescendre? « Comment expliquer dans ces malheureux ce funeste désir de revoir la lumière ? » Le fils comprenait mieux cette doctrine que le père ne l'exposait. Il blâme le désir de ces âmes qui veulent de nouveau se réunir à des corps. Il ne craint pas de traiter ce désir de funeste, et ces âmes de malheureuses. Voilà donc, ô philosophes, où aboutissent toutes vos recherches ! Ces âmes sont purifiées, dites-vous; cette pureté même leur fait oublier toutes les épreuves de la vie passée, et c'est par cet oubli de leurs anciennes misères que vous les y ramenez, en les faisant rentrer dans de nouveaux corps. Dites-moi, je vous en prie, en supposant que cette doctrine fût vraie, ne vaudrait-il pas mieux l'ignorer ? Oui, je le répète, en admettant la vérité de cette doctrine, qui est incontestablement fausse, ne serait-il pas mieux de l'ignorer, par cela même qu'elle a quelque chose d'ignominieux? Me direz-vous : Vous ne pouvez devenir sage, si vous l'ignorez? Quel fruit me reviendra-t-il de cette science? Puis-je être meilleur maintenant que je ne le serai alors dans le ciel? Si, dans le ciel, où m'attend une condition meilleure et plus parfaite, je dois oublier tout ce que j'ai appris dans ce monde, et dont l'ignorance même doit me rendre plus heureux, laissez-moi l'ignorer ici-bas. Vous me dites que, dans le ciel, j'oublierai tout; laissez-moi tout ignorer sur la terre. Permettez-moi de vous faire encore une question : Ces âmes, dans le ciel, savent-elles ou non qu'elles doivent passer de nouveau par les misères de cette vie? Choisissez ce que vous voulez. Si elles savent qu'elles sont encore réservées à d'aussi grandes épreuves, comment sont-elles heureuses en pensant aux souffrances qui les attendent? Comment concilier leur félicité avec cette sombre perspective de l'avenir? Mais je vois ce que vous allez me répondre : Elles ne le savent point. Ainsi, vous regardez comme un bien, dans le ciel, une ignorance que vous ne voulez pas me laisser partager sur la terre, en m'enseignant ici-bas ce que, d'après vous, je dois ignorer dans cette autre vie. Non, me dites-vous, elles n'en savent rien. Si elles sont sur ce point dans l'ignorance, et qu'elles ne s'attendent point à de nouvelles épreuves, leur félicité repose donc sur l'erreur. Elles ne croient point que de nouvelles épreuves leur soient réservées; or, croire ce

---

(1) Virgile, *Enéide*, livre VI, vers 719-721.

descendit ad inferos, et ostendit illi pater suus animas Romanorum magnorum venturas in corpora : expavit ipse Æneas, et ait :

O pater, anne aliquas ad cœlum hinc ire putandum est
Sublimes animas, iterumque ad tarda reverti
Corpora ?

Credendumne est, inquit, quod eant ad cœlum, et iterum redeant ?

Quæ lucis miseris tam dira cupido ?

Melius filius intelligebat, quam pater exponebat. Reprehendit cupiditatem animarum rursus in corpora redire volentium. Dixit diram cupiditatem, dixit eas miseras ; nec erubuit eas. Ad hoc Philosophi perduxistis, ut purgentur animæ, perveniant ad summam munditiam, et per ipsam munditiam obliviscantur omnia, et per obliviones miseriarum redeant ad miserias corporum. Dicite, obsecro : Nonne hæc etiam si vera essent, melius nescirentur?

Etiam si vera essent, inquam quæ sine dubio falsa, quia fœda sunt; nonne melius nescirentur? An forte dicturus es mihi : Non eris sapiens, si ista nescieris? Ut quid illa sciam? possumne esse modo melior, quam tunc ero in cœlo? Si in cœlo, quando ero melior et perfectior, obliviscar omnia quæ hic didici, et hæc ibi melior nesciturus sum; sine me modo illa nescire. In cœlo habitantem dicis omnia obliviscentem : sine in terra esse horum omnium nescientem. Deinde rogo te : Sciunt se istæ animæ in cœlo, passuras esse rursus hujus vitæ miserias, an nesciunt? Elige quod volueris. Si sciunt se passuras esse tantas miserias, quomodo sunt beatæ, miserias suas futuras cogitantes? quomodo sunt beatæ, ubi sunt sine securitate? Sed video quid eligas; dicturus es : Nesciunt. Laudas ergo ibi hanc ignorantiam, quam me nunc habere non sinis, docendo me in terra, quod me nesciturum dicis in cœlo. Nesciunt, inquis. Si nesciunt, et non se putant

qui est faux, n'est-ce pas être dans l'erreur? C'est donc l'erreur qui fait leur félicité; ce n'est point l'éternité, mais le mensonge qui les rend heureuses.

Chapitre VI. — Que la vérité nous délivre, afin que nous puissions être vraiment heureux; car c'est ici que nous pouvons appliquer ces paroles de notre Rédempteur : « Si le Fils vous affranchit, vous serez vraiment libres. » (*Jean*, VIII, 36.) Et il nous a dit plus haut : « Si vous demeurez dans ma parole, vous serez vraiment mes disciples, et vous connaîtrez la vérité, et la vérité vous délivrera. » (*Ibid.*, 31.)

D'après la doctrine de ces philosophes, l'espérance nous rendrait plus heureux ici-bas que la jouissance même de cette félicité. — 6. Ecoutez encore une conséquence plus triste, plus déplorable, ou plutôt plus ridicule. Je m'adresse à vous, sage, philosophe; par exemple, à vous, Pythagore, Platon, Porphyre, ou à je ne sais quel autre d'entre eux, et je vous demande pourquoi vous appliquer à l'étude de la philosophie? En vue de la vie heureuse, me répondez-vous. Et quand jouirez-vous de cette vie heureuse? Lorsque j'aurai laissé ce corps dans la terre. Maintenant donc, vous êtes malheureux, mais vous avez l'espérance d'une vie plus heureuse; alors, au contraire, vous serez en possession de cette vie heureuse, mais avec la perspective d'une vie malheureuse. Ainsi, notre félicité est dans l'espérance d'une vie de malheur, et notre malheur dans l'espérance de la félicité. Rejetons donc ces vaines imaginations; ce sont des chimères qui ne sont dignes que de notre risée, et si nous devons les déplorer, c'est à cause de l'importance qu'on y attache. Ce sont là les grandes extravagances des grands savants. Ah! qu'il est bien préférable pour nous de nous attacher aux enseignements mystérieux des grands saints! L'amour qu'elles ont pour les corps, disent-ils encore, fait revenir ces âmes purifiées de toute faute, brillantes d'innocence et de sagesse et les réunit de nouveau à des corps. Voilà donc quelles sont les affections de cette âme si pure? Mais cet amour n'est-il pas lui-même une véritable souillure?

Chapitre VII. — *Opinion de Porphyre, qu'il faut fuir toute espèce de corps.* — 7. Il faut donc fuir toute espèce de corps. C'est ce qu'a enseigné, c'est ce qu'a écrit un de leurs grands philosophes des derniers temps, Porphyre, ennemi des plus acharnés de la foi de Jésus-Christ, qui a vécu depuis l'établissement de la religion chrétienne, et qui, rougissant des extravagances de ses devanciers, et se rendant en partie aux reproches que lui faisaient les chrétiens, a écrit qu'il fallait se dégager de toute espèce de corps(1). Il dit toute espèce de corps, comme si tout corps, quel qu'il soit, était pour l'âme une chaîne humiliante et douloureuse. Or, si l'on doit fuir tout corps, quel qu'il soit, vous n'avez plus à

(1) Voyez *Cité de Dieu*, liv. XXII, chap. XXVI.

---

esse passuras, errando sunt beatæ. Quod enim passuræ sunt, putant se non passuras : quod falsum putare, quid est aliud quam errare? Erunt ergo errore felices; erunt beatæ, non æternitate, sed falsitate.

Caput VI. — Liberet nos veritas, ut vere beati esse possimus : quoniam non (*a*) vacat sermo Redemptoris nostri : « Si vos Filius liberaverit, tunc vere liberi eritis. » (*Joan.*, VIII, 36.) Ipse enim dixit : « Si manseritis in verbo meo, vere discipuli mei estis, et cognoscetis veritatem, et veritas liberabit vos. » (*Ibid.*, 31.)

Spes hic esset felicior quam in illa felicitate. — 6. Deinde audite aliud pejus, aliud dolendum vel potius irridendum. Hic sapiens, hic philosophe, hoc est, in terra, (verbi gratia, Pythagoras, Plato, Porphyrius, et nescio quis alius ipsorum,) quare philosopharis? Propter vitam, inquit, beatam. Quando habebis istam vitam beatam? Cum hoc corpus, inquit, reliquero in terra. Modo ergo misera vita geritur, sed spes est beatæ vitæ : ibi beata vita geritur, sed spes est miseræ vitæ. Ergo spes nostræ infelicitatis est felix, et felicitatis infelix. Abjiciamus hæc, et vel rideamus quia falsa sunt, vel doleamus quia magna existimantur. Sunt enim ista, Fratres mei, magna magnorum deliramenta doctorum. Quanto melius tenemus magna magnorum sacramenta sanctorum? Amore corporum dicunt redire animas purgatas, mundatas, sapientes, purgatas animas amore corporum redire ad corpora. Ergo anima purgata sic amat? Nonne amor iste magnæ sunt sordes?

Caput VII. — *Porphyrii sententia de fugiendo omni corpore.* — 7. Sed corpus est omne fugiendum. Magnus eorum philosophus posterius Porphyrius, fidei Christianæ acerrimus inimicus, qui jam Christianis temporibus fuit; sed tamen ab ipsis deliramentis erubescendo, a Christianis ex aliqua parte correptus, dixit, scripsit : Corpus est omne fugiendum. Omne dixit, quasi omne corpus vinculum ærumnosum est animæ. Et prorsus si corpus qualecumque est fugien-

(*a*) Lov. *non fraudat nos sermo*, etc. dissentientibus cæteris libris.

louer devant lui le corps de l'homme, et à lui redire, d'après les enseignements divins, les éloges que lui décerne la foi chrétienne. Car, enfin, ce corps que nous avons, bien qu'il soit l'instrument dont Dieu se sert pour châtier le péché, et que, par sa nature corruptible, il soit un poids accablant pour l'âme (*Sag.*, IX, 15), il a cependant une beauté qui lui est propre, un ordre admirable dans la disposition de ses membres et la distribution des sens. Il a une stature élevée, et présente à l'esprit attentif des caractères de grandeur qui excitent son admiration. Ajoutons que ce corps deviendra complétement incorruptible, complétement immortel, doué d'une extrême agilité pour se mouvoir en tous sens. Il est inutile, me répond Porphyre, de me faire l'éloge du corps, quel qu'il puisse être; si l'âme veut être heureuse, elle doit se dégager de toute espèce de corps. Voilà ce qu'avancent les philosophes, mais ce sont là autant d'erreurs, autant d'extravagances. Je me hâte de le prouver, car je ne veux pas prolonger la discussion. Tout attribut ou prédicat doit avoir un sujet; les attributs et les sujets sont deux choses corrélatives et inséparables. Dieu est au-dessus de tout, et il a tout pour sujet. Si donc l'âme jouit de quelque considération aux yeux de Dieu, elle doit avoir aussi un sujet. Mais je ne veux pas entrer ici dans de longs développements; je me contente de lire vos livres; vous y enseignez que ce monde, c'est-à-dire le ciel, la terre, les mers, tous ces corps si considérables, tous ces éléments répandus dans l'immensité de l'espace, tout ce grand corps, composé de tant d'éléments divers, est un animal gigantesque, c'est-à-dire qui a une âme, sans avoir de sens corporels, parce qu'il n'est accessible à aucune sensation extérieure; mais cette âme est intelligente, elle est unie à Dieu, et cette âme du monde, vous l'appelez Jupiter ou Hécate, c'est-à-dire l'âme universelle qui gouverne le monde entier et n'en fait qu'un seul être animé. Ce même monde, vous affirmez qu'il est éternel, qu'il doit toujours durer sans jamais avoir de fin. Si donc le monde est éternel, s'il ne doit point avoir de fin, et qu'il soit un être animé, et que son âme ne doive jamais se séparer de lui, pouvez-vous dire encore qu'il faut fuir toute espèce de corps? Que devient donc votre assertion, qu'il faut fuir toute espèce de corps? Je soutiens au contraire que les âmes bienheureuses sont unies éternellement à des corps incorruptibles. Vous qui dites qu'il faut fuir toute espèce de corps, tuez donc le monde. Vous prétendez que je dois me dégager de ma chair, faites donc fuir votre Jupiter du ciel et de la terre.

CHAPITRE VIII. — *Nouvelle réfutation de Porphyre par Platon.* — 8. Mais quoi! nous voyons dans un livre, écrit sur la création du

---

dum, non est ut laudes ei corpus, et dicas, quomodo Deo docente fides nostra laudat corpus : quia et corpus quod modo habemus, quamvis habeamus hinc pœnam de peccato, et corpus quod corrumpitur, aggravet animam (*Sap.*, IX, 15); tamen habet corpus istud speciem suam, dispositionem membrorum, distinctionem sensuum, erectam staturam, et cætera quæ bene considerantes stupent. Verumtamen illud omnino incorruptibile, omnino immortale, omnino ad movendum agile et facile erit. Sed ait Porphyrius : Sine causa mihi laudas corpus : qualecumque sit corpus; si vult esse beata anima, corpus est omne fugiendum. Hoc dicunt philosophi : sed errant, sed delirant. Cito probo : nolo diutius disputare; quia illa quæ prædicata est debet habere subditum. Duo enim sunt invicem sibi connexa, prædicata et subdita. Superat omnia Deus : huic cuncta sunt subdita. Et anima si habet aliquem honorem apud Deum, debet habere aliquid subditum. Sed nolo hinc diutius disputare, libros vestros lego : mundum istum animal dicitis, id est, cœlum, terram, maria, omnia quæ sunt ingentia corpora, immensa usquequaque elementa; totum hoc, universumque corpus, quod ex his elementis omnibus constat, dicitis esse animal magnum, id est, habere animam suam, sed sensus corporis non habere; quia extrinsecus nihil est quod sentiri possit : habere tamen intellectum, hærere Deo : et ipsam animam mundi vocari Jovem, vel vocari Hecatem, id est, quasi animam universalem mundum regentem, et unum quoddam animal facientem. Eumdemque mundum æternum esse dicitis, semper futurum, finem non habiturum. Si ergo æternus est mundus, et sine fine manet mundus, et animal est mundus; anima ista semper tenetur in mundo : certe corpus est omne fugiendum? Quid est quod dicebas : Corpus est omne fugiendum? Ego dico beatas animas incorruptibilia corpora semper habituras. Tu qui dicis : Corpus est omne fugiendum, occide mundum. Tu dicis ut fugiam de carne mea : fugiat Jupiter tuus de cœlo et terra.

CAPUT VIII. — *Rursum ex Platonis verbis confutatur.*

monde par ce même Platon, le maître de tous les philosophes, qu'il nous présente Dieu comme le créateur des autres dieux, c'est-à-dire des dieux célestes, de toutes les étoiles, du soleil et de la lune. Il affirme donc que Dieu est le créateur des dieux célestes; il affirme que les étoiles ont des âmes intelligentes qui comprennent Dieu, et des corps visibles accessibles aux regards. Voici donc le raisonnement que je fais pour vous faire comprendre ma pensée. Ce soleil que vous voyez, serait invisible pour vous s'il n'avait un corps : c'est incontestable. Nous ne pourrions voir aucune étoile, ni la lune elle-même, si ces astres n'avaient un corps : c'est également vrai. C'est ce qui fait dire à l'Apôtre : « Il y a des corps célestes et des corps terrestres. » Et il ajoute : « Autre est la gloire des corps célestes, autre celle des corps terrestres. » Puis, développant cette gloire des corps célestes, il dit : « Autre est la clarté du soleil, autre est la clarté de la lune, autre la clarté des étoiles. Une étoile même diffère d'une autre étoile en clarté. Ainsi est la résurrection des morts. » (I *Cor.*, xv, 40-42.) Vous voyez que Dieu a promis une gloire éclatante aux corps des saints, et une gloire qui aura ses différents degrés suivant les mérites divers de leur charité. Or, que disent ces philosophes? Ces étoiles que vous voyez sont des corps, il est vrai, mais ces corps ont des âmes intelligentes, et sont autant de divinités. En affirmant que ces étoiles sont des corps, ils disent vrai; mais qu'ai-je besoin de discuter si ces corps ont des âmes? Arrivons à notre sujet. Platon nous représente Dieu s'adressant à ces dieux inférieurs, qu'il a faits d'une substance immatérielle et d'une substance corporelle, et leur disant entre autres choses : « Comme vous avez commencé d'exister, vous ne pouvez être ni immortels, ni incorruptibles. » Il y avait dans ces paroles de quoi les faire trembler. Pourquoi? Parce qu'ils désiraient être immortels, et qu'ils ne voulaient pas mourir. Il les délivre donc de cette crainte, en ajoutant : « Vous échapperez cependant à la dissolution des parties, les arrêts de la mort ne l'emporteront point sur ma résolution, qui sera beaucoup plus puissante, pour assurer votre immortalité, que les décrets de la mort qui vous trouvent enchaînés. » Vous le voyez, Dieu calme les craintes des dieux qu'il a créés; il leur donne l'assurance de l'immortalité, il leur donne l'assurance qu'ils ne quitteront point ces globes lumineux qui leur servent de corps. Et vous viendrez nous dire qu'il faut fuir toute espèce de corps! Je crois avoir suffisamment répondu à ces philosophes pour me faire comprendre de vous, et autant que me le permettent mes propres forces, le temps dont je puis disposer et votre capacité. Mais ce serait trop de vous poser aujourd'hui

---

— 8. Quid quod invenimus eumdem Platonem, magistrum istorum omnium, in libro quodam suo quem scripsit de constitutione mundi, inducere Deum fabricatorem deorum, facientem scilicet deos cœlestes, stellas omnes, solem et lunam? Dicit ergo Deum opificem deorum cœlestium : dicit ipsas stellas habere animas intellectuales, quæ intelligunt Deum, et corpora visibilia quæ cernuntur. Dico, ut intelligatis : Sol iste quem videtis, non videretur, nisi corpus esset : hoc verum est. Stella ulla vel luna non videretur, nisi corpus esset : verum dicit. Ideo dicit et Apostolus : « Et corpora cœlestia, et corpora terrestria. » (I *Cor.*, xv, 40.) Et sequitur : « Alia gloria cœlestium, alia et terrestrium. » Et rursus dicens de gloria cœlestium corporum Apostolus adjunxit, et ait : « Alia gloria solis, alia gloria lunæ, alia gloria stellarum. Stella enim ab stella differt in gloria : sic et resurrectio mortuorum. » Videtis, quia promissa est sanctorum corporibus claritas, et diversa species claritatis, quia diversa sunt merita caritatis. Sed illi quid dicunt? Stellæ istæ quas videtis, corpora quidem sunt, sed habent suas animas intellectuales, et sunt dii. Interim de corporibus, quia corpora sunt, verum dicunt : sed utrum habeant animas suas, ut quid discutio? Modo veniamus ad rem. Inducitur Deus a Platone ipso alloqui deos, quos fecit de corporali et de incorporali substantia, atque inter cætera dicere illis : « Quoniam estis orti, immortales esse et indissolubiles non potestis. » Jam ad istam vocem illi intremiscere poterant. Quare? Quia immortales esse cupiebant, et mori nolebant. Ergo ut eis auferret timorem, secutus adjunxit atque ait : « Non tamen dissolvemini, neque vos ulla mortis fata perimunt, nec erunt valentiora quam consilium meum, quod majus est vinculum ad perpetuitatem vestram, quam illa quibus colligati estis. » Ecce Deus dat securitatem diis a se factis : securitatem illis dat immortalitatis : securitatem illis dat, quod non relinquant globos corporum suorum. Certe corpus est omne fugiendum? Quantum existimo, responsum est illis, sicut intelligere potestis : sicut et nos loqui possumus, quantum hora sermonis per-

des objections qu'ils soulèvent contre le fait même de la résurrection des corps, objections si subtiles qu'il nous serait impossible, disent-ils, d'y répondre. Cependant, comme je vous ai promis de vous entretenir pendant ces saints jours de la résurrection de la chair, préparez pour demain, avec la grâce de Dieu, vos oreilles et vos cœurs, afin d'entendre ce qui nous reste à vous dire.

SERMON CCXLII.

XIII° pour les fêtes de Pâques.

Sur la résurrection des corps, contre les Gentils.

CHAPITRE PREMIER. — *C'est une souveraine imprudence de la part des hommes d'attaquer la foi à la résurrection qui repose sur des preuves si évidentes.* — 1. Pendant ces jours consacrés à la résurrection du Seigneur, nous voulons, autant qu'il nous en fera lui-même la grâce, vous entretenir de la résurrection de la chair. Telle est, en effet, notre croyance ; telle est la glorieuse prérogative dont la chair de Notre-Seigneur Jésus-Christ nous donne à la fois la promesse et l'exemple. Car il a voulu, non-seulement nous annoncer, mais nous démontrer en sa personne l'accomplissement de ce qu'il nous a promis pour la fin des siècles.

Ceux qui étaient alors avec lui l'ont vu de leurs yeux ; et, comme ils étaient saisis d'effroi et s'imaginaient voir un esprit, ils s'assurèrent, en le touchant, que c'était vraiment un corps solide. Il parla, non-seulement à leurs oreilles, en s'entretenant avec eux, mais à leurs yeux, en se manifestant à leurs regards ; et, non content de se faire voir, il leur permit de toucher et de palper son corps en tout sens. « Pourquoi êtes-vous troublés, leur dit-il, et pourquoi ces pensées qui montent dans votre cœur ? Voyez mes mains et mes pieds, touchez et voyez, car un esprit n'a ni chair ni os, comme vous voyez que j'en ai. » (*Luc*, XXIV, 38, 39.) C'est contre cette évidence que les hommes soulèvent des difficultés. Et que peuvent faire, en effet, des hommes qui ont des pensées humaines et le goût des choses de la terre, sinon de s'élever contre Dieu, en traitant des choses divines ? Car Jésus-Christ est Dieu, et ils ne sont que des hommes. « Mais le Seigneur sait que les pensées des hommes ne sont que vanité. » (*Ps.* XCIII, 11.) L'homme charnel n'a d'autre règle de son intelligence que le témoignage de ses yeux. Il croit ce qu'il a coutume de voir, et refuse toute croyance à ce qu'il ne voit point. Cependant Dieu fait des miracles en dehors du cours ordinaire des choses, parce qu'il est Dieu. La nais-

---

mittit, quantum vestra capacitas sinit, responsum est eis. Jam vero quid et ipsi dicant de resurrectione corporum quasi acute, ut non eis, sicut arbitrantur, etiam non respondere possimus, multum est ut hodie vobis dicam. Sed quia semel promisi vobis, per istos dies istam de resurrectione carnis quæstionem esse versandam, ad ea quæ restant, adjuvante Domino, et aures et corda in crastinum præparate.

SERMO CCXLII (a).

In diebus Paschalibus, XIII.

De resurrectione corporum, contra Gentiles.

CAPUT PRIMUM. — *Resurrectionis fides manifesto probata, imprudenter ab hominibus impugnatur.* — 1. Diebus his sanctis resurrectioni Domini dedicatis, quantum donante ipso possumus, de carnis resurrectione tractemus. Hæc enim fides est nostra, hoc donum in Domini nostri Jesu Christi nobis carne promissum est, et in ipso præcessit exemplum. Voluit enim nobis quod promisit in fine, non solum prænuntiare, sed etiam demonstrare. Illi quidem

(a) Alias de Tempore CXLVII.

qui tunc fuerunt cum illo, viderunt ; et cum expavescerent, et spiritum se videre crederent, soliditatem corporis tenuerunt. Locutus est enim non solum verbis ad aures eorum, sed etiam specie ad oculos eorum : parumque erat se præbere cernendum, nisi etiam offerret pertractandum atque palpandum. Ait enim : « Quid turbati estis, et cogitationes ascendunt in cor vestrum ? » (*Luc.*, XXIV, 38, etc.) Putaverunt enim se spiritum videre. « Quid turbati estis, inquit, et cogitationes ascendunt in cor vestrum ? Videte manus meas et pedes meos : palpate, et videte, quia spiritus est et carnem non habet, sicut me videtis habere. » Contra istam evidentiam disputant homines. Quid enim aliud facerent homines, qui ea quæ sunt hominum sapiunt, quam disputarent de Deo contra Deum. Ille enim Deus est, illi homines sunt. Sed Deus « novit cogitationes hominum, quoniam vanæ sunt. » (*Psal.* XCIII, 11.) In homine carnali tota regula intelligendi est consuetudo cernendi. Quod solent videre, credunt : quod non solent, non credunt. Præter consuetudinem facit Deus miracula, quia Deus est. Majora quidem miracula sunt, tot quotidie homines nasci qui non

sance journalière de tant d'hommes qui n'existaient pas est un bien plus grand miracle que la résurrection d'un petit nombre qui existaient, et cependant, on n'a fait aucune attention à ces miracles : leur répétition semble leur avoir ôté leur importance. Jésus-Christ est ressuscité, c'est un fait incontestable. Il avait un corps ; il était revêtu d'une chair qui a été attachée à la croix, qui a rendu le dernier soupir, et qui a été déposée dans un tombeau. Or, celui qui vivait dans cette chair l'a ressuscitée et l'a fait paraître pleine de vie. Pourquoi nous étonner? Pourquoi ne pas croire? C'est Dieu qui a opéré ce prodige : considérez quel en est l'auteur, et vous n'aurez plus le moindre doute.

Chapitre II. — *Objection que l'on fait contre la résurrection : Si le corps n'est plus sujet à aucune altération, pourquoi manger encore.* — 2. Voici une première difficulté : Cette altération que nous ressentons dans notre corps, doit-elle exister après la résurrection ? Non. Or, si le corps n'est plus sujet à aucune altération, pourquoi manger encore ? ou, si l'on ne doit plus manger, pourquoi Notre-Seigneur a-t-il mangé après sa résurrection ? Dans la lecture de l'Evangile qu'on vient de nous faire, nous avons remarqué que, non content de nous démontrer la réalité de son corps, de se manifester plein de vie aux regards de ses disciples, et de leur offrir ce corps à toucher, il ajouta : « Avez-vous là quelque chose à manger ? Ils lui présentèrent un morceau de poisson grillé et un rayon de miel ; et, après en avoir mangé, il prit ce qui restait et le leur donna. » Or, si le corps, après sa résurrection, n'est plus sujet à aucune altération, pourquoi Notre-Seigneur Jésus-Christ a-t-il mangé ? Vous lisez, il est vrai, qu'il a mangé ; lisez-vous qu'il a eu faim ? Il a mangé par un acte de puissance, et non par besoin. S'il avait désiré manger, il eût été dans le besoin, et, d'un autre côté, s'il n'avait pu manger, ce serait une preuve de faiblesse. Est-ce que les anges à qui nos pères ont donné l'hospitalité, n'ont pas mangé, sans cesser pour cela d'être incorruptibles ? (*Gen.*, XVIII ; *Tob.*, XII.)

Si la chair doit ressusciter sans difformité, pourquoi des cicatrices dans le corps de Jésus-Christ ressuscité. — 3. On nous demande encore : Les défauts, les difformités du corps humain que l'homme avait en mourant, existeront-ils encore après la résurrection ? Nous répondons négativement. Pourquoi donc alors, nous dit-on, Notre-Seigneur est-il ressuscité avec les cicatrices de ses blessures ? Nous répondons encore : C'est par un acte de sa puissance, et non par nécessité. Il a voulu ressusciter et se montrer dans cet état à quelques-uns de ses disciples qui doutaient de sa résurrection. Les cicatrices de ses plaies qu'il a conservées dans sa chair, ont guéri en eux la plaie de l'incrédulité.

---

erant, quam paucos resurrexisse qui erant : et tamen ista miracula non consideratione comprehensa sunt, sed assiduitate viluerunt. Resurrexit Christus, absoluta res est. Corpus erat, caro erat, pependit in cruce, emisit animam, posita est (*Subaudi*, caro), in sepulcro. Exhibuit illam vivam, qui vivebat in illa. Quare miramur? Quare non credimus? Deus est qui fecit : considera auctorem, et tolle dubitationem.

Caput II. — *Contra resurrectionem carnis obtendunt: Si corruptio non erit, cur manducabitur?* — 2. Quærunt ergo homines, utrum corruptio ista corporis, quam sentiunt in carne sua, futura sit in resurrectione mortuorum. Dicimus non futuram. Respondent nobis : Si corruptio non erit, quare manducabitur ? Aut si non manducabitur, quare post resurrectionem Dominus manducavit ? Modo Evangelium cum legeretur, audivimus, quia cum exhiberet se vivum oculis manibusque discipulorum suorum, parum illi visum est ad demonstrandam evidentiam corporalem : sed addidit : « Habetis hic aliquid quod manducetur ? Et obtulerunt ei partem piscis assi, et favum mellis : et manducavit, et reliquias dedit illis. » Dicitur ergo nobis : Si corruptio corporis non resurget, quare manducavit Dominus Christus ? Legistis quia manducavit, numquid legistis quia esurivit ? Quod manducavit, potestatis fuit, non egestatis. Si desideraret manducare, egeret. Rursus si manducare non posset, minus valeret. Numquid et Angeli, quando suscepti sunt hospitio a patribus nostris, non manducaverunt, et tamen corruptibiles non fuerunt ? (*Gen.*, XVIII ; *Tobiæ*, XII.)

Si carnis vitia non resurgent, cur in Christo cicatrices. — 3. Rursus dicunt : Resurgent vitia, quæ erant in corpore humano, cum quibus moritur homo ? Respondemus : Non resurgent vitia. Et dicitur nobis : Quare ergo Dominus cum suorum vulnerum cicatricibus resurrexit ? Quid ad hoc dicimus, nisi quia et hoc potestatis fuit, non necessitatis ? Sic resurgere voluit, sic se voluit quibusdam dubitantibus exhibere. In illa carne cicatrix vulneris, sanavit vulnus incredulitatis.

SERMON CCXLII.

Chapitre III. — *Comment les enfants ressusciteront-ils.* — **4.** Nouvelle difficulté. Les petits enfants qui meurent en bas âge, ressusciteront-ils dans cet état d'enfance, ou dans la maturité de l'âge? Nous ne trouvons rien de défini sur ce point dans l'Ecriture. Les corps ressusciteront incorruptibles et immortels : voilà ce qui nous est promis. Mais, en supposant que les enfants ressuscitent dans l'état d'enfance, avec leur petite taille, s'ensuit-il qu'ils ressusciteront avec les faiblesses de la première enfance, qu'ils ne pourront, par exemple, ni se tenir debout, ni marcher? Il est beaucoup plus vraisemblable et plus conforme à la raison de croire que les enfants ressusciteront dans la maturité parfaite de l'âge, et qu'ils recevront de la libéralité divine ce qu'ils auraient reçu de la prolongation naturelle de leur vie. Irons-nous croire, par exemple, que la vieillesse ressuscitera avec un corps épuisé et courbé sous le poids des ans? Eloignez toute idée d'altération et admettez ce que vous voulez.

Comment supposer dans le ciel un corps terrestre. — **5.** Mais, m'objectez-vous encore, comment supposer dans le ciel l'existence d'un corps terrestre? Les philosophes païens, et je parle ici des plus célèbres, dont je vous ai rapporté les doctrines extravagantes, ou du moins les opinions tout humaines, (car ils ont étudié ces questions, non sous la conduite de l'Esprit de Dieu, mais d'après les conjectures de leur propre esprit,) ces philosophes nous font ici surtout une difficulté. Ils discutent subtilement sur les lois de la pesanteur, et nous disent, ce que du reste nous voyons de nos yeux, que, dans la disposition des éléments du monde, la terre, qui est en bas, en occupe comme le fond; l'eau vient ensuite et se trouve répandue au-dessus de toute la terre; l'air vient en troisième lieu, et, en quatrième lieu, l'éther, qui enveloppe les trois premiers éléments. Cet élément supérieur, auquel ils donnent le nom d'éther, est, disent-ils, un feu pur et sans mélange, qui a servi à la formation des astres et qui ne peut admettre rien de terrestre, parce que les lois de la pesanteur s'y opposent. Si nous leur répondons que ce n'est pas dans le ciel, mais sur une terre nouvelle, que nos corps sont appelés à vivre, nous avançons une opinion aussi audacieuse que téméraire, et qui, de plus, est contraire à la foi. En effet, nous devons croire que tel sera l'état de nos corps ressuscités, que nous pourrons nous transporter partout et aussi rapidement que nous le voudrons. Car si, pour résoudre l'objection tirée des lois de la pesanteur, nous leur disons : Nous sommes appelés à vivre encore sur la terre, il nous reste à expliquer comment Notre-Seigneur est monté au ciel avec son corps.

Chapitre IV. — *Le corps du Christ est dans le ciel.* — **6.** Vous avez entendu ce que la lecture de l'Evangile vient de nous rappeler : « Et ayant élevé les mains, il les bénit. Et tandis qu'il

---

Caput III. — *Parvulorum resurrectio qualis.* — 4. Adhuc disputant, et quærunt a nobis : Parvuli qui moriuntur, parvuli resurrecturi sunt? an ætas erit plena reviviscentium, quorum erat parva morientium? Hoc quidem in Scripturis definitum non invenimus. Incorruptibilia corpora et immortalia resurrectura promissa sunt. Sed si parva ætas redditur, si statura pusilla revocatur, numquid et propterea infirmitas revocatur? Si parvi erunt, numquid jacebunt, et ambulare non poterunt? Credibilius tamen accipitur et probabilius et rationabilius, plenas ætates resurrecturas, ut reddatur munere, quod accessurum erat tempore. Non enim credituri sumus etiam senectam resurrecturam anhelam et curvam. Postremo corruptionem tolle, et quod vis adde.

Terrenum corpus quomodo in cœlo erit. — 5. Sed, inquis, quomodo erit terrenum corpus in cœlo? Philosophi enim gentium, illi valde magni, quorum vobis jam vel insanas vel certe humanas sententias intimavi; (quæsierunt quippe ista non spiritu Dei, sed conjectura cordis humani;) hinc maxime faciunt quæstionem, tractant subtiliter de momentis ponderum et ordine elementorum : et dicunt, quod etiam videmus, mundum sic esse dispositum, ut ima sit terra tanquam in fundo ejus, secunda aqua superfundatur terræ, tertius aer veniat, quartus æther cuncta cooperiat. Illud elementum supernum, quod æthera appellant, ignem dicunt esse liquidum et purum, inde sidera esse formata, ibi nihil posse esse terrenum, quoniam ordo ponderum non admittit. Si dicamus eis nostra corpora in terra nova esse victura, et in cœlo non futura; audacter et temere, imo infideliter dicimus. Credere enim debemus talia corpora nos habituros, ut ubi velimus, quando voluerimus, ibi simus. Nam si respondemus, ad solvendam de ordine ponderum quæstionem, in terra nos esse victuros ; de ipso corpore Domini nobis est quæstio, cum quo ascendit in cœlum.

Caput IV. — *Christi corpus in cœlo.* — 6. Audistis quod de Evangelio modo recens sonuit in auribus

les bénissait, il se sépara d'eux et s'éleva au ciel. » (*Luc*, XXIV, 50, 51.) Qui s'élevait ainsi au ciel? Le Seigneur Christ. Quel Seigneur Christ? Le Seigneur Jésus. Car voudriez-vous séparer l'homme de Dieu, et faire en lui deux personnes, une personne divine, une personne humaine, et remplacer ainsi la Trinité par une espèce de quaternité? Vous avez comme homme une âme et un corps; ainsi Notre-Seigneur Jésus-Christ, le Verbe, a aussi une âme et un corps. Mais le Verbe ne s'est point séparé de son Père; il est venu parmi nous sans quitter le sein de son Père; il a pris un corps dans le sein de sa mère, sans cesser de gouverner le monde. Or, qu'est-ce qui s'est élevé vers le ciel, sinon ce qu'il avait emprunté à la terre, c'est-à-dire cette chair, ce corps dont il disait à ses disciples : « Touchez et voyez, car un esprit n'a ni chair ni os, comme vous voyez que j'en ai. » (*Ibid*., 37.) Voilà ce que nous devons croire, mes frères; et si nous avons de la peine à résoudre les objections des philosophes, attachons-nous par une foi ferme et sans hésitation à ce que le Seigneur nous a démontré dans sa personne. Laissons bavarder les philosophes, et croyons.

CHAPITRE V. — *La volonté de Dieu rend possible ce qui d'ailleurs ne pouvait se faire.* — 7. Cependant, nous disent-ils, un corps terrestre

ne peut être dans le ciel. Et si Dieu le veut? Venez donc vous déclarer contre Dieu et dire : Dieu n'a pas cette puissance. Est-ce que vous-même, tout païen que vous êtes, vous ne confessez point que Dieu est tout-puissant (1)? Est-ce que vous n'avez pas lu dans un livre de Platon, dont j'ai parlé hier, que le Dieu incréé tient ce langage aux dieux qu'il a formés (2) : « Comme vous avez commencé d'exister, vous ne pouvez être ni immortels, ni incorruptibles; vous échapperez cependant à la dissolution, et les arrêts de la mort ne l'emporteront point sur ma résolution, qui sera beaucoup plus puissante, pour assurer votre immortalité, que les décrets qui vous tiennent enchaînés? » Dieu a donc tout soumis à sa volonté, et sa puissance s'étend même à ce qui est impossible. Or, dire à ces dieux : Vous n'êtes pas immortels, mais je ferai que vous échapperez à la mort, n'est-ce pas dire en d'autres termes : Je ferai ce qui d'ailleurs ne peut se faire.

CHAPITRE VI. — *Ordre d'après lequel sont placés les corps suivant leur pesanteur. Un corps terrestre se maintient sur l'eau contre les lois de la pesanteur.* — 8. Je veux bien toutefois discuter un peu ces différentes lois de la pesanteur. Dites-moi, je vous en prie : La terre est la terre, l'eau est l'eau, l'air est l'air, l'éther, c'est-

(1) Voyez *Cité de Dieu*, liv. XXII, chap. XXVI. — (2) Sermon précédent, n. 8.

---

nostris : « Elevatis manibus suis benedixit eis ; et factum est, dum benediceret eis, recessit ab eis, et ferebatur in cœlum. » (*Luc*., XXIV, 50, 51.) Qui ferebatur in cœlum? Dominus Christus. Qui Dominus Christus? Dominus Jesus. Quid enim, separaturus es hominem a Deo, et facturus es aliam personam Dei, aliam hominis, ut jam non sit Trinitas, sed quaternitas? Quomodo tu homo anima es et corpus : (*a*) sic Dominus Christus Verbum, anima et corpus. Sed Verbum non recessit a Patre : et ad nos venit, et Patrem non deseruit ; et in utero carnem accepit, et mundum rexit. Quid ergo levatum est in cœlum, nisi quod sumptum est de terra? id est, caro illa, corpus illud, de quo loquens ad discipulos ait : « Palpate, et videte, quia spiritus ossa et carnem non habet, sicut me videtis habere. » (*Ibid*., 37.) Credamus hoc, Fratres : et si argumenta philosophorum difficile solvimus ; illud quod demonstratum est in Domino, sine difficultate fidei teneamus. Illi garriant, nos credamus.

CAPUT V. — *Deo volente fit quod alias fieri non potest*. — 7. Sed non potest, inquiunt, esse terrenum

corpus in cœlo. Quid si hoc velit Deus? Responde contra Deum, et dic : Non potest Deus. Nonne et tu quicumque paganus, dicis omnipotentem Deum? Nonne in libro Platonis, quod hesterno die demonstravi, legitur dixisse Deus non factus diis a se factis : «Quoniam estis orti, immortales quidem esse et indissolubiles non potestis ; non tamen dissolvemini, neque ulla vos mortis fata periment ; nec erunt valentiora quam consilium meum, quod majus est vinculum ad perpetuitatem vestram, quam illa quibus estis colligati ? » Totum ad voluntatem suam redegit Deus, qui potest et quod impossibile est. Nam quid est aliud : Non potestis esse immortales, sed ut non moriamini ego facio ; nisi et quod fieri non potest ego facio?

CAPUT VI. — *Corporum ordo ex diversitate ponderum. Terrenum corpus contra ponderum ordinem super aquam*. — 8. Volo tamen aliquid etiam de diversitate ponderum disputare. Rogo te, dic mihi : Terra terra est , aqua aqua est, aer aer est, æther, id est cœlum, et ignis ille liquidus cœlum est. Quatuor nempe

(*a*) Sic Mss. At editi : *Quomodo tu homo anima es et corpus, et sicut anima et corpus unus est homo : ita Deus et homo unus est Christus. Sed Verbum*, etc.

à-dire le ciel, et ce feu pur et sans mélange est bien le ciel. Ces quatre éléments ont servi par degrés à former, à ordonner le monde, c'est-à-dire qu'il est un composé de ces quatre éléments. Cherchez ce qui occupe la place inférieure, c'est la terre ; ce qui est au-dessus de la terre, c'est l'eau ; ce qui est au-dessus de l'eau, c'est l'air ; ce qui est au-dessus de l'air, c'est le ciel ou l'éther. Que sont les corps solides que nous pouvons tenir et manier? Je ne parle point des corps liquides, qui tombent et s'écoulent, mais des corps que nous pouvons manier : d'où viennent-ils? Appartiennent-ils à la terre, à l'eau, à l'air ou à l'éther? A la terre, me répondrez-vous. Le bois est donc un corps terrestre? Sans aucun doute. Il prend naissance dans la terre, il se nourrit et se développe dans le sein de la terre. C'est un corps solide et non un corps liquide. Revenez maintenant aux lois de la pesanteur. En bas, et comme fondement, se trouve la terre. Suivez bien l'ordre des éléments. Qu'y a-t-il au-dessus de la terre? L'eau. Pourquoi donc le bois surnage-t-il au-dessus de l'eau? C'est un corps terrestre ; si vous le classez d'après les lois de la pesanteur, il devrait être au-dessous de l'eau et non au-dessus. Nous trouvons l'eau entre la terre et ce bois ; au-dessous est la terre, au-dessus de la terre, l'eau, et au-dessus de l'eau encore la terre, puisque le bois est un corps terrestre. Vos lois de la pesanteur sont renversées ; attachez-vous donc à la foi. Nous avons donc rencontré des corps terrestres au-dessus de l'élément qui est le second dans l'ordre des éléments, puisque nous voyons les corps ligneux surnager au lieu de s'enfoncer.

CHAPITRE VII. — *Le plomb au-dessus de l'eau.* — 9. Considérez un autre phénomène qui vous étonnera bien davantage. Voyez ces corps très-pesants qui viennent aussi de la terre et qui, à peine placés sur l'eau, s'enfoncent aussitôt et descendent dans ses dernières profondeurs, comme, par exemple, le fer, comme le plomb. En effet, quoi de plus lourd que le plomb? Cependant la main de l'artisan travaille ce plomb, elle en fait un vase concave, et ce plomb nage à son tour sur l'eau. Or, pourquoi Dieu ne donnerait-il pas à mon corps la propriété que l'artisan donne au plomb? Enfin, où placez-vous l'eau elle-même? Revenez à l'ordre dans lequel sont placés les éléments. Vous me répondrez que l'eau est au-dessus de la terre. Pourquoi donc, avant de couler sur la terre, les fleuves sont-ils comme suspendus dans les nuées?

Corps plus pesants qui ont un mouvement plus rapide. — 10. Reportez maintenant votre attention et vos pensées sur ce que j'ai dessein de vous dire, si Dieu m'en accorde la grâce. Quel est le corps qui se meut avec le plus de facilité et de rapidité? Est-ce le corps plus lourd ou le corps plus léger ? Qui ne répondra : C'est

---

ista quasi (a) gradatim construxerunt et ædificaverunt mundum, hoc est, ex his quatuor ædificatus est mundus. Quære quid in imo sit, terra est : quid desuper, aqua est : quid super aquam, aer est : quid super aerem, cœlum est, æther est. Quid corpora solida quæ tenentur atque tractantur? Non humida dico, quæ labuntur et fluunt ; corpora dico tractabilia, unde sunt? Terræ deputanda sunt, an aquæ, an aeri, an æther? Responsurus es : Terræ. Terrenum ergo corpus est lignum? Plane terrenum. In terra nascitur, in terra alitur, in terra crescit. Tractabile est, non fluxibile. Redi mecum ad illum ordinem ponderum. Terra in fundamento est : ordinem sequere. Quid super terram? Aqua. Quare lignum natat super aquam? Terrenum est corpus : si revoces ad illum ordinem ponderum, sub aqua esse debuit, non supra. Invenimus inter terram et lignum aquam mediam : subter terram, super aquam, et super aquam iterum terram, quando quidem lignum terra est. Perdidisti illum ordinem, tene fidem. Ergo terrena corpora inventa sunt super elementum, quod secundum est in ordine elementorum, quando natant ligna, neque merguntur.

CAPUT VII. — *Plumbum super aquam.* — 9. Attende aliud, quod plus mireris. Corpora ipsa gravissima, et tamen terrena, quæ mox ut dimissa fuerint super aquam, continuo demerguntur, et ad ima profunda perveniunt, sicut est ferrum, postremo sicut est plumbum. Quid enim plumbo gravius ? Accedit tamen manus artificis ad plumbum, facit inde aliquod vas concavum, et natat plumbum super aquam. Ergone non dabit Deus corpori meo, quod dat artifex plumbo ? Deinde aquam ipsam ubi ponitis? Redite ad ordinem elementorum. Certe respondebitis, quod aqua sit super terram. Quare ergo antequam currant in terra, pendent in nubibus flumina ?

Corporum graviorum celerior quorumdam motus. — 10. Revoca inde considerationem tuam et cogitationem ad ea quæ dicturus sum, si Domino adjuvante potuero. Quid facilius movetur, quid velocius agita-

(a) Sic aliquot Mss. Alii vero cum editis *ista gravida.*

le corps plus léger? En effet, les corps plus légers se meuvent plus facilement et ont une marche plus rapide, tandis que les corps plus lourds ont un mouvement et plus difficile et plus lent. Vous avez énoncé clairement la règle, et, tout bien considéré, tout bien examiné, vous avez répondu que les corps légers se meuvent plus facilement et ont une marche plus rapide que les corps plus lourds. C'est la vérité, me dites-vous. Répondez donc à ma question : Pourquoi l'araignée si légère se meut-elle si lentement, tandis qu'un cheval, beaucoup plus pesant, est si vite à la course? Parlons des hommes eux-mêmes : un grand corps est plus pesant, et un corps plus petit, qui a moins de poids, est plus léger. Oui, il en est ainsi, si un autre le porte. Mais si l'homme porte lui-même son corps, on verra courir celui qui est fort et vigoureux, tandis que l'homme maigre et épuisé de langueur peut à peine marcher. Mettez dans une balance un homme maigre et un homme robuste : l'un, languissant, pèse à peine quelques livres; l'autre, dont le corps est plein de santé, a un poids beaucoup plus considérable. Essayez de les soulever tous deux : l'homme robuste sera plus pesant, l'homme maigre plus léger. Déposez-les à terre : qu'ils essayent de marcher; laissez-les à eux-mêmes, qu'ils mettent eux-mêmes leurs corps en mouvement; que vois-je? L'homme maigre se traîne plutôt qu'il ne marche, l'homme robuste et vigoureux court avec rapidité. Or, si telle est la puissance de la santé, quelle sera celle de l'immortalité?

CHAPITRE VIII. — *Pourquoi dit-on que les corps seront spirituels après la résurrection?* — 11. Dieu donnera donc aux corps ressuscités une souplesse, une légèreté admirables. Ce n'est pas sans raison que ces corps sont appelés spirituels. Si on les appelle ainsi, ce n'est pas parce qu'ils ont cessé d'être des corps, pour devenir des esprits. Car on dit du corps que nous avons maintenant, que c'est un corps animal, et cependant ce corps n'est pas une âme, mais bien un corps. De même donc que nous disons de ce corps, qu'il est animal, bien qu'il ne soit pas une âme, nous appelons spirituels les corps ressuscités, bien qu'ils ne soient pas des esprits, mais des corps. Pourquoi, mes très-chers frères, l'appelle-t-on un corps spirituel? Parce qu'il obéira entièrement aux impulsions de l'esprit. Vous ne ressentirez plus en vous aucune contradiction, aucune rébellion contre vous-mêmes. Vous n'éprouverez plus ce que l'Apôtre rappelle en gémissant : « La chair a des désirs contraires à ceux de l'esprit, et l'esprit en a de contraires à ceux de la chair. » (*Gal.*, v, 17.) Vous n'éprouverez plus ce qu'il dit ailleurs : « Je sens dans mes membres une autre loi qui combat contre la loi de mon esprit. » (*Rom.*, VII, 23.) Ces luttes intestines n'existent plus, elles feront place à la paix, et à la paix la plus profonde. Vous serez où vous voudrez, mais partout où vous serez, vous aurez votre Dieu avec vous;

---

tur, gravius corpus, an levius? Quis non respondeat, Levius? Leviora enim corpora facilius moventur, velocius aguntur : graviora difficilius atque tardius. Certe regulam fixisti, certe considerasti, et circumspectis omnibus respondisti, quia facilius moventur et velocius aguntur corpora leviora, quam graviora. Ita est, dicis. Responde ergo mihi. Quare levissima aranea tarde se movet, et gravis equus velociter currit? De ipsis hominibus loquar : majus corpus hominis gravius est; brevius corpus quod minus habet ponderis, levius est. Ita vero est, sed si alius portet. Si autem ipse homo corpus suum portet, validus currit, macer languore vix ambulat. Appende macrum et robustum hominem; illum languore vix paucas libellas appendentem, illum salubritate corporis multa pondo in carne sua gerentem : tenta tu ambos tollere; gravis est validus, levis est macilentus. Recedat portator, appareat ambulator; ipsos dimitte sibi, agant corpora sua; video macrum vix passum moventem, video validum robustumque currentem. Si hoc valet sanitas, immortalitas quid valebit?

CAPUT VIII. — *Corpora spiritalia post resurrectionem, unde dicta.* — 11. Dabit ergo Deus miram facilitatem, miram levitatem. Non sine causa illa corpora spiritalia nuncupata sunt. Non ideo dicta sunt spiritalia, quia erunt spiritus, non corpora. Nam ista quæ modo habemus, dicuntur animalia corpora : et tamen animæ non sunt, sed corpora. Quomodo nunc ista animalia dicuntur, et animæ non sunt : sic illa spiritalia dicuntur, sed non sunt spiritus, quia corpora erunt. Quare dicitur spiritale corpus, Carissimi, nisi quia ad nutum spiritus serviet? Nihil tibi contradicet ex te, nihil in te rebellabit adversus te. Non ibi erit quod Apostolus gemit : « Caro concupiscit adversus spiritum, et spiritus adversus carnem. » (*Gal.*, v, 17.) Non ibi erit : « Video aliam legem in membris meis repugnantem legi mentis meæ. » (*Rom.*, VII, 23.) Hæc bella non ibi erunt : pax ibi erit, pax perfecta ibi erit. Ubi volueris, eris : sed a Deo non recedes. Ubi volueris, eris : sed quocumque ieris,

vous serez toujours avec le Dieu qui fera votre bonheur.

La promesse de la résurrection se trouve maintenant confirmée par tant d'autres promesses de Dieu qui ont reçu leur accomplissement. — 12. Loin de nous donc tous ces raisonnements trompeurs, toutes ces hypothèses extravagantes ; croyons avec la plus entière certitude que les promesses de Dieu s'accompliront. Lorsque Jésus-Christ apparut à ses disciples après sa résurrection, mes frères, et qu'ils s'imaginaient voir un esprit, pour les bien persuader qu'il avait un corps véritable, non seulement il s'offrit à leurs regards, mais il leur présenta son corps à toucher ; et, pour confirmer encore davantage leur foi à la réalité de son corps, il daigna manger avec eux, non par besoin, mais par un effet de sa puissance. Or, comme ils étaient encore tout tremblants d'admiration et de joie, il raffermit leurs cœurs par le témoignage des saintes Ecritures, et leur parla en ces termes : « Voilà ce que je vous ai dit lorsque j'étais encore avec vous : qu'il fallait que tout ce qui a été écrit de moi dans la loi de Moïse, dans les prophètes, et dans les psaumes, fût accompli. Alors il leur ouvrit l'esprit, » comme dit l'Evangile que vous venez d'entendre, pour leur faire comprendre les Ecritures ; et il leur dit : « Il fallait, selon ce qu'il est écrit, que le Christ souffrît, qu'il ressuscitât le troisième jour, et qu'on prêchât en son nom la pénitence et la rémission des péchés à toutes les nations, en commençant par Jérusalem. » (*Luc,* XXIV, 44, etc.) Nous n'avons pas vu le premier de ces événements, mais nous avons vu le second. Lorsque le Sauveur faisait ces promesses, on ne pouvait encore en voir l'accomplissement. Les apôtres voyaient le Christ présent au milieu d'eux, mais ils ne voyaient point l'Eglise répandue par toute la terre ; ils voyaient le Chef, et croyaient ce qu'il leur disait de son corps. Nous sommes à notre tour dans une situation semblable : nous avons la grâce que la Providence de Dieu nous tenait en réserve, et le cours des siècles et la diverse face des temps semblent avoir pour but d'appuyer notre foi, qui est une, sur les témoignages les plus incontestables. Les apôtres voyaient le Chef, et croyaient ce qu'il disait de son corps ; pour nous, nous voyons le corps, et nous croyons à son divin Chef.

Deum tuum habebis. De quo beatus eris, semper cum illo eris.

Resurrectionis promissio tot aliis Dei promissionibus jam impletis confirmatur. — 12. Nemo ergo fallat, nemo argumentetur, nemo sua suspicione deliret : quod nobis promisit Deus, venturum esse certissime teneamus. Quando videbatur Christus, Fratres mei, quando spiritus putabatur, ut se corpus esse persuaderet, non solum præbebat oculis videndum, sed etiam manibus contrectandum. Quibus ad exhibendam fidei veritatem in corpore, dignatus est etiam non necessitate, sed potestate cibum sumere : tamen adhuc illis præ gaudio (*a*) trepidantibus, firmamentum cordis adhibuit de sanctis Scripturis ; et ait illis : « Hæc sunt verba, quæ locutus sum ad vos, cum adhuc essem vobiscum : quoniam necesse est impleri omnia, quæ scripta sunt in Lege Moysi et Prophetis et Psalmis de me. Tunc aperuit illis sensum, » sicut Evangelium loquitur, quod modo lectum est, « ut intelligerent Scripturas ; et dixit eis : Quia sic scriptum est, et sic oportebat Christum pati, et resurgere a mortuis tertio die, et prædicari in nomine ejus pœnitentiam et remissionem peccatorum per omnes gentes, incipientibus ab Jerusalem. » (*Luc.,* XXIV, 44, etc.) Illud non vidimus, sed hoc videmus. Quando ista promittebantur, nondum videbantur. Apostoli Christum præsentem videbant : sed toto orbe terrarum diffusam Ecclesiam non videbant : videbant caput, et de corpore credebant. Habemus vices nostras, habemus gratiam dispensationis et distributionis nostræ : ad credendum certissimis documentis, tempora nobis in una fide sunt distributa. Illi videbant caput, et credebant de corpore : nos videmus corpus, credamus de capite.

(*a*) Aliquot Mss. *titubantibus.*

SERMON CCXLIII.

XIVᵉ pour les fêtes de Pâques.

Sur la résurrection de Jésus-Christ selon saint Jean, sur ces paroles du chapitre xx : *Ne me touchez point, car je ne suis pas encore monté vers mon Père* (1). Quel sera l'usage des membres après la résurrection.

CHAPITRE PREMIER. — *Difficulté que présentent les paroles du Seigneur, qui ne veut point que Marie le touche avant qu'il soit remonté dans le ciel.* — 1. On a commencé à lire aujourd'hui le récit de la résurrection de Notre-Seigneur Jésus-Christ d'après l'évangéliste saint Jean. Car vous savez, et je vous l'avais rappelé, qu'il est d'usage, durant ces jours, de lire la résurrection du Sauveur d'après le récit des quatre évangélistes. Dans ce que nous avons entendu, une seule chose fait ordinairement difficulté. On se demande pourquoi Notre-Seigneur dit à cette femme qui cherchait où était son corps et le voyait plein de vie : « Ne me touchez point, car je ne suis pas encore remonté vers mon Père. » (*Jean*, xx, 17.) Je vous ai déjà dit, et vous ne devez pas l'oublier, que les quatre évangélistes ne rapportent pas toutes les circonstances d'un fait; les uns racontent ce que les autres passent sous silence. N'allons pas en conclure cependant qu'il y ait entre eux contradiction; il suffit, pour s'en convaincre, de les étudier sans esprit de contention, et avec une piété éclairée. Nous lisons donc dans l'Evangile selon saint Matthieu, que Notre-Seigneur, après sa résurrection, se présenta à deux femmes, dont une était Marie, et leur dit : « Je vous salue. Or, elles s'approchèrent et embrassèrent ses pieds et l'adorèrent; » (*Matth.*, xxvIII, 9) et cependant, il n'était pas encore remonté vers son Père. Comment donc dit-il maintenant à Marie-Madeleine : « Ne me touchez point, car je ne suis pas encore remonté vers mon Père ? » En effet, ces paroles semblent exprimer que Marie pourrait le toucher lorsqu'il serait remonté dans le ciel. Or, si elle ne peut le toucher lorsqu'il est encore sur la terre, quel mortel peut espérer le faire maintenant qu'il est assis au plus haut des cieux ?

CHAPITRE II. — *Qu'est-ce que toucher Jésus-Christ?* — 2. Mais cette action de toucher est le symbole de la foi. Toucher Jésus-Christ, c'est croire en Jésus-Christ. Voyez cette femme qui était affligée d'une perte de sang; elle disait en elle-même : « Si je touche seulement le bord de son vêtement, je serai sauvée. » (*Matth.*, IX, 21.) Elle le touche avec foi, et elle recouvre immédiatement la santé comme elle l'avait espéré. Or, afin de nous bien apprendre ce que c'est que de le toucher véritablement, Notre-Seigneur dit aussitôt à ses disciples : « Qui m'a

---

(1) Possidius, dans le chap. vIII de sa Table, affirme que saint Augustin a fait un discours sur ces paroles de l'Evangile selon saint Jean.

SERMO CCXLIII. [a]

In diebus Paschalibus, XIV.

De resurrectione Domini secundum Joannem, in illud cap. xx : *Noli me tangere, nondum enim ascendi ad Patrem meum.* Et de membrorum usu post resurrectionem.

CAPUT PRIMUM. — *Difficultas in verbis Domini nolentis se a Maria tangi ante ascensionem.* — 1. Narratio resurrectionis Domini nostri Jesu Christi secundum Evangelistam Joannem hodie legi cœpit. Hoc enim scitis et commendaveram vobis, secundum omnes quatuor Evangelistas istis diebus resurrectionem Domini recitari. In his ergo quæ audivimus, illud tantum solet movere, quare dixerit Dominus Jesus mulieri quærenti corpus ejus, et eum jam vivum agnoscenti : « Noli me tangere, nondum enim ascendi ad Patrem meum. » (*Joan.*, xx, 17.) Dixi autem vobis, et meminisse debetis, non omnia omnes dicere ; sed dici ab aliis, quæ ab aliis prætermissa sunt. Non tamen ita, ut inter se repugnare credendi sint, si absit contentio, et adsit pietas intelligentis. Nam sicut legitur apud Evangelistam Matthæum, postea quam resurrexit, occurrit duabus mulieribus, in quibus et ista erat; et dixit eis : « Avete. Illæ autem accesserunt, et tenuerunt pedes ejus, et adoraverunt eum ; » (*Matth.*, xxvIII, 9) et utique ad Patrem nondum ascenderat. Quomodo ergo huic nunc dicitur : « Noli me tangere, nondum enim ascendi ad Patrem meum ? » Sic enim verba ista videntur sonare, quasi tunc eum posset tangere Maria, quando ascendisset in cœlum. Si in terra positum non tangit, in cœlo sedentem quis mortalium potest tangere ?

CAPUT II. — *Tangere Christum quid.* — 2. Sed ille tactus fidem significat. Tangit Christum, qui credit in Christum. Nam et illa mulier quæ fluxum sanguinis patiebatur, dixit apud se ipsam : « Si tetigero timbriam vestimenti ejus, salva ero. » (*Matth.*, IX, 21.) Fide tetigit, et sanitas subsecuta est, quam præsumpsit. Denique ut nossemus quid sit vere tangere, Dominus continuo dixit discipulis suis : « Quis me

---

(a) Alias de diversis vI.

touché? » Et les apôtres lui répondirent : « La multitude vous serre et vous presse, et vous dites : Qu'est-ce qui m'a touché? » Et Jésus dit : « Quelqu'un m'a touché. » (*Luc*, VIII, 45, 46.) Comme s'il disait : La foule me presse, mais la foi me touche. Marie-Madeleine, à qui Notre-Seigneur dit : « Ne me touchez point, car je ne suis pas encore remonté vers mon Père, » semble représenter la personne même de l'Eglise, qui a cru en Jésus-Christ lorsqu'il fut remonté vers son Père. En effet, je vous le demande, quand avez-vous cru en Jésus-Christ? Je fais la même question à l'Eglise répandue par toute la terre et qui était figurée par cette femme, et elle me répond d'une seule voix : J'ai cru alors que Jésus fut remonté vers son Père. Que signifient ces paroles : J'ai cru alors, sinon : C'est alors que j'ai touché? Il est beaucoup d'hommes charnels qui n'ont vu dans Jésus-Christ qu'un homme, et n'ont point compris la divinité qui était voilée par son humanité. Ils n'ont pas bien touché parce que leur foi n'a pas été ce qu'elle devait être. Voulez-vous bien toucher Jésus-Christ? Croyez qu'il est coéternel au Père. Mais, si vous le regardez comme un homme, si vous ne voyez rien autre chose, il n'est pas encore remonté pour vous vers son Père.

CHAPITRE III. — *Difficulté tirée de l'usage des membres du corps après la résurrection.* — 3. Notre-Seigneur Jésus-Christ a donc soumis la réalité de son corps à l'examen et au témoignage des sens, pour confirmer le dogme de la résurrection de la chair. En montrant, après sa résurrection, son corps plein de vie à ses disciples, il n'a voulu nous enseigner autre chose que la foi à la résurrection des morts. Or, comme notre corps doit alors être renouvelé dans toutes ses parties, ceux qui désirent simplement s'instruire, et ceux qui ne cherchent que matière à dispute, soulèvent ordinairement une question difficile sur l'usage des membres après la résurrection. Notre corps, disent-ils, a tous les membres qui lui sont nécessaires, et on voit clairement la destination de chacun d'eux. Qui ne sait, en effet, qui ne voit que nous avons des yeux pour voir, des oreilles pour entendre, une langue pour parler, des narines pour sentir, des dents pour mâcher, des mains pour agir, des pieds pour marcher, et les parties que nous appelons honteuses pour la génération? Or, les organes, même intérieurs, que Dieu a voilés pour qu'ils ne blessent pas nos regards, tout ce que nous avons de plus intime et nos intestins ont une destination connue d'un grand nombre, et surtout des médecins. Voici donc comment on raisonne contre nous : Si nous avons des oreilles pour entendre, des yeux pour voir, une langue pour parler, à quoi nous serviront, puisque nous ne mangerons plus, les dents, l'œsophage, les poumons, les intestins,

---

tetigit? » Et dixerunt discipuli : « Turbæ te comprimunt, et dicis : Quis me tetigit? » Et ille : « Tetigit me aliquis. » (*Luc.*, VIII, 45, 46.) Quasi dicens : Turba premit, fides tangit. Videtur ergo ista Maria, cui dixit Dominus : « Noli me tangere, nondum enim ascendi ad Patrem meum, » Ecclesiæ gestare personam, quæ tunc in Christum credidit, cum ascendisset ad Patrem. Ecce vos interrogo, quando credidistis, interrogo Ecclesiam toto orbe terrarum diffusam, cujus persona erat in una femina : et una voce mihi respondet : Tunc credidi, cum Jesus ascendisset ad Patrem. Quid est : Tunc credidi, nisi : Tunc tetigi? Multi carnales Christum tantummodo hominem putaverunt, divinitatem in illo latentem non intellexerunt. Non bene tetigerunt, quia non bene crediderunt. Vis bene tangere? Intellige Christum ubi est Patri coæternus, et tetigisti. Si autem hominem putas, et nihil amplius putas, tibi nondum ascendit ad Patrem.

CAPUT III. — *Difficultas de usu membrorum post resurrectionem.* — 3. Adhibuit ergo Dominus Jesus speciem corporis sui humanis sensibus, ad confirmandam carnis resurrectionem. Nihil nos aliud dicere voluit, ostendendo se vivum in corpore post resurrectionem suam, nisi ut credatur a nobis resurrectio mortuorum. Cum ergo integra instauranda sint omnia, quæri solet ab eis qui scire desiderant, et rursus proponi solet ab eis qui litigare desiderant, quæstio difficilis de usu membrorum. Dicunt enim, corpus nostrum habere omnia membra sua, et apparere quæ membra quibus sint operibus necessaria. Quis enim nesciat, quis non videat, ad videndum nos habere oculos, aures ad audiendum, linguam ad loquendum, nares ad olfaciendum, dentes ad mandendum, manus ad operandum, pedes ad ambulandum ; illa etiam membra quæ pudenda dicuntur, ad generandum? Porro autem interiora etiam viscera, quæ ne horrerent aspectibus, voluit Deus esse contecta; interiora nostra et intestina quæ dicuntur, ad quos usus valeant, et multi hominum, et melius medici cognoverunt. Argumentantur ergo et dicunt nobis : Si aures habebimus ut audiamus, oculos ut videa-

que traversent les aliments et où ils se transforment pour le soutien de notre santé? à quoi serviront, enfin, nous dit-on encore, les membres moins honorables, puisqu'il n'y aura plus ni génération, ni évacuation?

Chapitre IV. — *Les membres du corps serviront alors ou pour l'usage ou pour l'ornement. Harmonie des membres.* — 4. Que leur répondre? Dirons-nous que nous ressusciterons dans ces organes intérieurs comme des statues? Quant aux dents, il est facile de répondre, car les dents ne servent pas seulement à mâcher les aliments, mais aussi à parler; elles frappent sur la langue pour en tirer le son des syllabes, comme l'archet frappe sur les cordes d'un instrument. Les autres membres seront donc pour l'ornement et non pour l'usage, pour relever la beauté du corps et non pour soulager ses besoins. Mais parce que leurs fonctions ne seront plus les mêmes, auront-ils quelque chose d'inconvenant? Maintenant, notre inexpérience et l'ignorance où nous sommes des causes des choses font que la vue de nos organes intérieurs excite en nous de l'horreur plutôt que de l'attrait. Car qui connaît les liens mystérieux qui relient entre eux les membres de notre corps, et quelles lois règlent leur union, à laquelle on donne le nom d'harmonie, expression empruntée à la musique, qui sait tendre, suivant des règles certaines, les cordes de la lyre? Si toutes ces cordes rendaient le même son, il n'y aurait point de chant proprement dit. Mais ces cordes, tendues à différents degrés, produisent des sons différents; et, tout divers qu'ils sont, ces sons, unis par une raison supérieure, produisent, non point la beauté qui charme les yeux, mais l'harmonie qui ravit les oreilles. Cette raison supérieure, considérée dans les membres du corps humain, excite en nous un sentiment profond d'admiration, un attrait si vif, que tout esprit intelligent préfère cette beauté à toute beauté visible. Nous ne la connaissons pas maintenant, mais nous la connaîtrons alors, non que ces organes intérieurs doivent être mis à découvert, mais parce que, tout voilés qu'ils seront, ils ne pourront échapper à nos regards.

Chapitre V. — *Les organes intérieurs, pas plus que les cœurs, n'auront rien de caché pour nous après la résurrection.* — 5. Mais s'ils sont voilés, me dira-t-on, comment seront-ils accessibles à nos regards? Quoi! nos cœurs seront à découvert, et nos entrailles resteront cachées à nos yeux? Nos pensées, mes frères, ces pensées dont Dieu seul est maintenant le témoin, ne seront plus un mystère pour personne dans la société des saints. Personne ne cherchera à dissimuler ses pensées, parce qu'aucune de ces pensées n'aura le mal pour objet. Voilà pourquoi l'Apôtre nous dit : « Ne jugez point avant le temps, » (I *Cor.*, IV, 5) c'est-à-

---

mus, linguam ut loquamur; dentes quare habebimus, si non manducabimus, fauces, pulmones, stomachum, intestina qua sibi transeunt, et pro nostræ valetudinis temperie commutantur; postremo illa ipsa membra quæ vocantur pudenda, quare, inquiunt, habebimus, ubi nulla erit generatio, nulla digestio?

Caput IV. — *Membra corporis erunt aut ad usum, aut ad speciem. Harmonia membrorum.* — 4. Quid eis respondeamus? Numquidnam dicturi sumus sine intestinis nos resurrecturos, ad similitudinem statuarum? Nam de dentibus facile respondetur. Dentes enim non tantum nos adjuvant ad mandendum, verum etiam ad loquendum; sicut plectrum nervos, sic linguam nostram, ut syllabas sonet, percutientes. Cætera ergo membra nostra erunt ad speciem, non ad usum; ad commendationem pulchritudinis, non ad indignitatem necessitatis. Numquid quia vacabunt, ideo indecora erunt? Et quidem nunc quia imperiti sumus, et causas rerum ignoramus, si videantur interiora nostra, horrentur potius quam diliguntur. Quis enim novit, quemadmodum sibi invicem connexa sint membra, et quibus numeris coaptata? Unde vocatur etiam harmonia; quod verbum dictum est de Musica : ubi videmus certe in cithara nervos distentos. Si omnes nervi similiter sonent, nulla est cantilena. Diversa distentio diversos edit sonos : sed diversi soni ratione conjuncti, pariunt, non videntibus pulchritudinem, sed audientibus suavitatem. Istam rationem quisquis in membris humanis didicerit, tantum miratur, tantum delectatur, ut omni visibili pulchritudini ista ratio ab intelligentibus præferatur. Modo eam nescimus; sed tunc sciemus : non quia nudabuntur, sed quia etiam cooperta latere non poterunt.

Caput V. — *Nec interiora membra, nec ipsa corda latebunt post resurrectionem.* — 5. Respondebit mihi aliquis, et dicet : Quomodo si cooperta erunt, latere non poterunt? Corda nostra non latebunt, et viscera latebunt? Cogitationes, Fratres mei, cogitationes quas modo non videt nisi Deus, omnes invicem videbunt in illa societate sanctorum. Nemo ibi vult tectum esse quod cogitat, quia nemo ibi male cogitat. Unde

dire : Ne jugez pas témérairement, parce que vous ne voyez point dans le cœur par quel motif il agit. Vous êtes témoins d'une action à laquelle on peut prêter une bonne intention : gardez-vous de la blâmer, ne vous arrogez pas un pouvoir qui dépasse les limites de la faiblesse humaine. Lire dans le cœur n'appartient qu'à Dieu, les hommes ne peuvent juger que de ce qui est extérieur. « Ne jugez donc point avant le temps. » Qu'est-ce à dire : « Avant le temps? » Il l'explique dans la suite du texte : « Jusqu'à ce que vienne le Seigneur, qui éclairera ce qui est caché dans les ténèbres. » De quelles ténèbres veut-il parler? Il l'explique encore dans ce qui suit : « Il éclairera, dit-il, ce qui est caché dans les ténèbres. » Que signifient ces paroles? Ecoutez la suite : « Et il découvrira les plus secrètes pensées des cœurs. » Ainsi, éclairer ce qui est caché dans les ténèbres, c'est découvrir les plus secrètes pensées des cœurs. Durant cette vie même, nos propres pensées sont pour chacun de nous au grand jour, parce que nous les connaissons; mais, pour notre prochain, elles restent dans les ténèbres, parce qu'il ne peut les voir. Mais, dans le ciel, vos pensées ne seront un secret ni pour vous, ni pour les autres. Que craignez-vous? Maintenant vous aimez le secret, vous redoutez que vos pensées soient dévoilées; car, peut-être, parmi ces pensées, s'en trouve-t-il quelqu'une qui soit mauvaise, peut-être honteuse ou simplement vaine et frivole. Là, au contraire, lorsque vous y serez, vous ne penserez rien que de bon, rien que d'honnête, rien que de vrai, rien que de pur, rien que de juste. Vous désirerez alors qu'on voie votre conscience à découvert, comme vous voulez qu'on voie maintenant votre visage.

CHAPITRE VI. — *Tous alors seront connus les uns des autres.* — Est-ce que tous alors nous ne nous connaîtrons pas les uns les autres? Penseriez-vous que vous me reconnaîtrez alors parce que vous me connaissez dès maintenant, mais que vous ne reconnaîtrez pas mon père, que vous n'ayez pas connu, ou je ne sais quel évêque qui a gouverné cette Eglise bien longtemps avant moi? Vous connaîtrez tout le monde sans exception. Ceux qui seront dans cet heureux séjour ne se connaîtront point parce qu'ils se verront des yeux du corps : cette connaissance mutuelle sera d'un ordre supérieur. Tous se verront d'une manière beaucoup plus parfaite que ne voient ici les prophètes. Ils verront d'une vue toute divine, parce qu'ils seront pleins de Dieu. Il n'y aura rien dans cette vue, ou qui puisse blesser, ou qui échappe à la connaissance.

Parmi les membres, les uns sont pour l'usage, les autres pour l'ornement. — 6. Le corps aura donc tous ses membres, sans exception même ceux que nous regardons ici-bas comme hon-

---

ait Apostolus : « Nolite ante tempus quidquam judicare ; » (1 *Cor.*, IV, 5) id est, ne temere judicetis, quod non videtis quo corde quis faciat. Si aliquid fit, quod et bono corde fieri potest, noli reprehendere : noli tibi amplius quam humanitas exigit usurpare. Cor videre, Dei est : hominum autem non est, nisi de his quæ manifesta sunt judicare. « Nolite ergo, inquit, ante tempus quidquam judicare. » Quid est « ante tempus? » Sequitur, et dicit : « Donec veniat Dominus, et illuminet abscondita tenebrarum. » Quas dixerit tenebras, consequentibus verbis evidenter ostendit : « illuminet, inquit, abscondita tenebrarum. » Quid est hoc? Audi quod sequitur : « Et manifestabit cogitationes cordis. » Hoc est illuminare abscondita tenebrarum, manifestas facere cogitationes cordis. Modo ergo cogitationes nostræ nobis ipsis, singulis quibusque in luce sunt, quia novimus eas : sed proximis nostris in tenebris sunt, quia non vident eas. Ibi quod nosti te cogitare, et alter sciturus est. Quid times? Modo vis abscondere, modo mes publicari cogitationes tuas : forte enim ali mali aliquando cogitas, forte aliquid turpe, forte aliquid vanum. Nihil ibi nisi bonum, nihil nisi honestum, nihil nisi verum, nihil nisi purum, nihil nisi sincerum quando ibi fueris cogitabis. Quomodo vis videri modo faciem tuam, sic tunc voles videri conscientiam tuam.

CAPUT VI. — *Omnes invicem noti erunt.* — Nam et ipsa agnitio, Carissimi, ipsa agnitio nonne omnium nostrum erit? Putatis quia me cognituri estis, ideo quia me nostis, et patrem meum non estis cognituri, quem non nostis, aut nescio quem episcopum, qui ante multos annos in hac Ecclesia fuit? Omnes noscetis. Qui ibi erunt, non ideo se agnoscent, quia facies videbunt : majori notitia ibi erit invicem agnitio. Sic videbunt omnes, et multo excellentius, quomodo hic solent videre Prophetæ. Divine videbunt, quando Deo pleni erunt. Nec quod offendat erit, nec quod lateat cognitorem.

Membra alia ad usum, alia ad decorem. — 6. Erunt ergo ibi membra integra, etiam quæ hic pudenda sunt, sed ibi pudenda non erunt. Non ibi erit sollici-

teux, mais qui, alors, cesseront de l'être. Nous n'aurons plus aucune sollicitude pour l'honneur et la pureté de nos membres, parce que nous n'aurons plus à craindre pour eux les flétrissures de la volupté. Ici-bas même, où la nécessité est comme la mère de toutes nos œuvres, nécessité qui n'existera plus alors, nous ne laissons pas de trouver dans nos corps des parties qui n'ont d'autre fin que de l'orner et de l'embellir.

Chapitre VII. — Je faisais, il n'y a qu'un instant, l'énumération de ces membres; parcourons-les maintenant avec un peu plus d'attention. Nous avons des yeux pour voir, des oreilles pour entendre, des narines pour sentir, une bouche et une langue pour parler, un gosier pour avaler, un estomac pour recevoir et digérer les aliments, des intestins pour leur donner passage et les conduire aux extrémités, les organes que nous appelons honteux ou naturels pour la génération et les évacuations, les mains pour agir et les pieds pour marcher. Mais à quoi sert la barbe? n'est-ce pas uniquement à embellir le visage? Pourquoi Dieu a-t-il donné la barbe à l'homme? Je vois qu'elle rehausse la beauté de l'homme, je ne lui cherche point d'autre usage. On voit clairement l'usage des mamelles dans la femme : c'est pour allaiter les enfants ; mais pourquoi ces mamelles dans l'homme? Cherchez-en l'usage, vous n'en trouverez aucun; mais placez-vous au point de vue de la beauté, vous trouverez qu'elles ornent aussi la poitrine de l'homme. Supprimez les mamelles, et vous verrez de quelle beauté vous la dépouillez, et quelle difformité vous lui imprimerez.

Chapitre VIII. — *Dans les corps des bienheureux, la beauté sera dans toute sa perfection.* — 7. Croyez donc, mes très-chers frères, et soyez bien persuadés que si beaucoup de nos membres n'auront plus alors de fonctions à remplir, aucun d'eux ne sera privé de la beauté qui lui est propre. Là, rien d'inconvenant, plus de divisions, mais une paix souveraine ; rien de difforme, rien qui blesse les regards : Dieu sera loué de toutes choses. En effet, si maintenant, malgré l'infirmité de la chair et l'imperfection de nos membres, la beauté du corps brille d'un si vif éclat qu'elle séduit les voluptueux et provoque les recherches de la science ou de la curiosité; si l'harmonie qu'on découvre dans les membres du corps nous fait reconnaître qu'ils n'ont point été formés par un autre que par Celui qui a créé les cieux, et qui est le Créateur de ce qu'il y a de plus petit comme de ce qu'il y a de plus grand, combien cette beauté sera-t-elle plus grande dans ce séjour, d'où seront bannis toute passion, tout principe de corruption, toute difformité hideuse, toute souffrance produite par la nécessité, et où doit régner une éternité sans fin, une beauté ravissante, une félicité souveraine ?

---

tum integritatis decus, ubi non erit libidinis dedecus. Ecce etiam hic, ubi omnium quodam modo nostrorum operum necessitas mater est, quæ necessitas tunc non erit, tamen invenimus aliqua quæ Deus posuit in corporibus ad nullos usus, sed ad solum decus.

Caput VII. — Jamdudum per membra currebam : et nunc ea paulo diligentius retexamus. Oculos habemus ad videndum, aures ad audiendum, nares ad olfaciendum, os et linguam ad loquendum, dentes ad mandendum, guttur ad vorandum, stomachum ad suscipiendum et coquendum, intestina ad trajiciendos cibos ad ima, et illa quæ pudenda appellantur, vel ad egestionem, vel ad generationem : ad operandum manus, ad ambulandum pedes. Barbæ quis usus, nisi sola est pulchritudo ? Quare Deus barbam creavit in homine? Speciem video, usum non quæro. Apparet feminæ quare habeant ubera, utique ut parvulos lactent : mammillas viri quare habent? Interroga usum, nullus est : interroga speciem, decet mammillatum pectus et viros. Virili pectori mammillas detrahe, et vide quantam pulchritudinem dempseris, quantam ingesseris fœditatem.

Caput VIII. — *In beatorum corporibus pulchritudo erit omnibus numeris absoluta.* — 7. Sic ergo, Carissimi, sic credite, sic tenete, multorum membrorum ibi usum non futurum, sed decus nullius defuturum. Nihil indecorum erit ibi, summa pax erit, nihil discordans, nihil monstruosum, nihil quod offendat aspectum, in omnibus Deus laudabitur. Nam si nunc in ista infirmitate carnis et tenera operatione membrorum apparet tanta corporis pulchritudo, quæ illicit libidinosos, et ad quærendum excitat sive studiosos sive curiosos ; et si inveniatur in corpore ratio numerorum, non alius artifex horum, alius invenitur esse cœlorum, sed idem ipse *(a)* creator infimorum atque summorum : quanto magis ibi, ubi erit libido nulla, nulla corruptio, nulla deformis pravitas, nulla ærumnosa necessitas, sed interminata æternitas, pulchra veritas, summa felicitas ?

(a) Sic aliquot Mss. At editi loco *creator*, habent *laudatur*.

CHAPITRE IX. — *Que feront les bienheureux. Ce que figurent les quarante jours avant Pâques et les cinquante jours après Pâques. L'Alleluia. Dans la vie future, les bienheureux loueront Dieu sans relâche et sans dégoût.* — 8. Mais que ferai-je alors, me direz-vous, que ferai-je, puisque les membres du corps n'auront plus aucune fonction à remplir? Est-ce donc ne rien faire, dites-moi, que d'être dans ce séjour du bonheur, que de contempler, que d'aimer, que de louer? Ces saints jours que nous célébrons après la résurrection du Seigneur, représentent la vie future qui doit suivre notre résurrection. De même que le temps du carême qui précède la fête de Pâques est l'emblème des travaux et des souffrances de cette vie mortelle, ainsi les jours de joie qui suivent sont le symbole de la vie future, où nous devons régner avec le Seigneur. Nous traversons maintenant la vie qui est représentée par le temps du carême; nous ne sommes pas encore en possession de cette vie, figurée par les cinquante jours qui suivent la résurrection du Seigneur; mais nous l'espérons, cette espérance nous en inspire l'amour, cet amour nous fait louer Dieu, qui nous l'a promise, et ces louanges, c'est l'*Alleluia* que nous chantons. Que signifie *Alleluia*? C'est un mot hébreu qui veut dire : Louez Dieu. *Allelu* louez, *ia* Dieu. Ainsi donc, en chantant *Alleluia*, c'est-à-dire Louez Dieu, nous nous excitons mutuellement à bénir Dieu, nous célébrons ses louanges, et nos cœurs unis font entendre en son honneur, par le chant de l'*Alleluia*, des sons plus harmonieux que les sons d'une lyre. Mais la faiblesse de la chair nous force de suspendre ces chants pour réparer nos forces. Et pourquoi les réparer, sinon parce qu'elles s'épuisent? D'ailleurs, la faiblesse de notre nature est si grande, les peines et les épreuves de cette vie si multipliées, que les actions même les plus sublimes engendrent par leur continuité une espèce de dégoût. Avec quels regrets nous avons vu s'écouler ces jours que chaque année nous ramène, et avec quelle pieuse impatience nous avons traversé l'espace qui nous en séparait! Cependant, si l'on nous disait : Chantez l'*Alleluia* sans jamais interrompre, nous nous excuserions. Pourquoi? Parce que la fatigue ne nous le permettrait point, parce que la continuité du bien lui-même produirait en nous l'ennui et la fatigue. Là, au contraire, aucune fatigue, aucun dégoût. « Bénissez le Seigneur et ne cessez de le louer, vous qui demeurez dans la maison du Seigneur, dans les parvis de la maison de notre Dieu. » (*Ps.* CXXXIII, 1.) Pourquoi demander quelles seront alors vos occupations? « Heureux, dit le Roi-Prophète, ceux qui habitent dans votre maison! ils vous loueront dans les siècles des siècles. » (*Ps.* LXXXIII, 5.)

CAPUT IX. — *Beatorum actio quænam erit. Quadragesima ante Pascha et quinquaginta dies post Pascha. Alleluia. In futura vita laus Dei sine cessatione, sine fastidio.* — 8. Sed dicis mihi : Quid acturus sum? Usus membrorum ibi non erit, quid acturus sum? Nulla actio tibi videtur stare, videre, amare, laudare? Ecce dies isti sancti, qui post resurrectionem Domini celebrantur, significant futuram vitam post resurrectionem nostram. Sicut enim Quadragesimæ dies ante Pascha significaverunt laboriosam vitam in hac ærumna mortali : sic isti dies læti significant futuram vitam, ubi erimus cum Domino regnaturi. Vita quæ significatur Quadragesima ante Pascha, modo habetur : vita quæ significatur quinquaginta diebus post resurrectionem Domini, non habetur, sed speratur, et sperando amatur; et in ipso amore Deus qui promisit ista, laudatur, et ipsæ laudes Alleluia sunt. Quid est enim Alleluia? Verbum est Hebræum, Alleluia : Laudate Deum. Allelu : Laudate; ia : Deum. Alleluia ergo laudate Deum sonamus, et invicem nos excitamus ad laudandum Deum : concordibus cordibus melius quam citharæ chordis, dicimus laudes Deo, cantamus Alleluia. Et cum cantaverimus, propter infirmitatem recedimus, ut corpora reficiamus. Quare reficimus, nisi quia deficimus? Deinde tanta est infirmitas carnis, tanta hujus vitæ molestia, ut quælibet magna res veniat in fastidium. Quomodo desideravimus istos dies ad annum venturos, cum modo abirent; et quanta aviditate ad illos venimus per temporis intervallum? Si diceretur nobis : Sine cessatione dicite Alleluia, excusaremus. Quare excusaremus? Quia lassi non possemus, quia et ad ipsum bonum fastidio fatigaremur. Ubi nullus defectus, nulla fastidia. State, laudate, « qui statis in domo Domini, in atriis domus Dei nostri. » (*Psal.* CXXXIII, 1.) Quid quæris, quid ibi facturus sis? « Beati, ait, qui habitant in domo tua, Domine, in sæcula sæculorum laudabunt te. » (*Psal.* LXXXIII, 5.)

SERMON CCXLIV [1].

XV° *pour les fêtes de Pâques.*

Sur la même lecture du saint Evangile selon saint Jean, chapitre xx.

Ni Marie-Madeleine, ni les apôtres n'ajoutaient foi à la résurrection de Jésus-Christ. — 1. On a commencé à lire aujourd'hui le récit de la résurrection de Notre-Seigneur d'après l'Evangile selon saint Jean. Nous avons entendu et nous avons vu, des yeux de la foi, l'amour de cette sainte femme pour le Seigneur Jésus. Elle cherchait Jésus, mais elle cherchait son corps comme le corps d'un homme qui était mort, et l'aimait cependant comme un maître plein de bonté. Elle ne comprenait point, elle ne croyait point qu'il fût ressuscité d'entre les morts, et, en voyant ôtée la pierre qui fermait l'entrée du sépulcre, elle crut qu'on avait enlevé le corps qu'elle cherchait, et vint annoncer aux disciples cette triste nouvelle. Deux d'entre eux, Pierre et Jean, accoururent au sépulcre. Jean était celui que Jésus aimait plus que les autres, car, comme leur Seigneur, il les aimait tous. Ils coururent donc pour voir s'il était vrai, comme le disait cette femme, qu'on eût enlevé le corps du sépulcre. Aussitôt arrivés, ils regardèrent attentivement, ne trouvèrent pas le corps, et ils crurent. Que crurent-ils? Ce qu'ils n'auraient pas dû croire. Lorsque vous avez entendu ces paroles : « Ils crurent, » (*Jean*, xx, 8) vous avez pensé peut-être qu'ils avaient cru ce qu'ils devaient croire, c'est-à-dire que Notre-Seigneur était ressuscité d'entre les morts. Non, ce n'est point là ce qu'ils crurent, mais ce que leur avait annoncé Marie-Madeleine. Et vous avez la preuve que telle fut leur croyance dans ce qu'ajoute immédiatement l'Evangile : « Car ils ne savaient pas encore ce qui est dans l'Ecriture : qu'il fallait qu'il ressuscitât d'entre les morts. » (*Ibid.*, 9.) Où est ici leur foi? Où est la vérité à laquelle ils ont si souvent rendu témoignage ? Est-ce que le Seigneur Jésus lui-même ne leur avait pas dit bien des fois, avant sa passion, qu'il serait livré, mis à mort, et qu'il ressusciterait? Il parlait encore à des sourds. Pierre avait déjà fait cette confession : « Vous êtes le Christ, le Fils du Dieu vivant. » Il avait entendu le Sauveur lui répondre : « Tu es heureux, Simon, fils de Jean, car ce n'est ni la chair, ni le sang qui te l'ont révélé, mais mon Père qui est dans les cieux. Et moi, je te dis que tu es Pierre, et sur cette pierre je bâtirai mon Eglise, et les portes de l'enfer ne prévaudront point contre elles. » (*Matth.*, xvi, 17, 18.) Cette foi magnifique fut comme anéantie par la mort du Seigneur sur la croix. Pierre crut

---

[1] Florus cite des extraits de ce sermon dans son Commentaire sur le chap. II de l'épître aux Philippiens.

SERMO CCXLIV [a].

In diebus Paschalibus, XV.

De eadem lectione Evangelii Joan., xx.

Resurrectionem Christi nec Magdalena credebat, nec Apostoli. — 1. Ex Evangelio secundum Joannem resurrectio Domini cœpit hodie recitari. Audivimus, et fidei oculis vidimus erga Dominum Jesum piæ mulieris affectum. Quærebat Jesum, sed tamen adhuc tanquam corpus requirebat hominis mortui, et diligebat tamen tanquam magistrum bonum. Non intelligebat eum resurrexisse a mortuis, non credebat ; et quod a monumento remotum lapidem vidit, credens ablatum inde corpus quod quærebat, nuntiavit discipulis rem dolendam. Cucurrerunt duo, quorum unus erat Petrus, alius Joannes. Ipse est enim quem diligebat Jesus, utique præ cæteris : nam omnes ut Dominus diligebat. Cucurrerunt, ut viderent utrum verum diceret mulier, sublatum esse corpus de monumento. Venerunt, attenderunt, non invenerunt corpus, et crediderunt. Sed quid crediderunt? Quod credere non debuerunt. Quando ergo audistis : « Et crediderunt, » (*Joan.*, xx, 8) forte putastis eos credidisse quod credere debuerunt, hoc est, resurrexisse Dominum a mortuis. Non hoc crediderunt, sed quod nuntiaverat mulier. Denique ut sciatis hoc eos credidisse, subjecit mox Evangelista, et ait : « Nondum enim noverant Scripturas, quia oportebat eum a mortuis resurgere. » (*Ibid.*, 9.) Ubi est fides? ubi est totiens veritas contestata? Nonne eis ipse Dominus Jesus ante passionem aliquotiens dixit tradendum se esse, occidendum, et resurrecturum? Loquebatur adhuc surdis. Jam Petrus ei dixerat : « Tu es Christus Filius Dei vivi. » Jam audierat : « Beatus es Simon Bar-Jona, quia non tibi revelavit caro et sanguis, sed Pater meus qui in cœlis est. Et ego dico tibi, quia tu es Petrus, et super hanc petram ædificabo Ecclesiam meam, et portæ inferorum non vincent eam. » (*Matth.*, xvi, 17, 18.) Talis fides Domino crucifixo absorpta est. Tamdiu enim Petrus Filium Dei credidit,

---

[a] Alias xvii ex Sirmondianis.

SERMON CCXLIV.

qu'il était le Fils de Dieu jusqu'à ce qu'il le vit attaché à une croix, percé de clous, mort et enseveli. C'est alors qu'il perdit la foi qu'il avait conservée jusque-là. Qu'est devenue cette pierre? Où est la fermeté de cette pierre? La pierre véritable, c'était Jésus-Christ même, et Pierre devait cette fermeté à la pierre elle-même. La pierre était ressuscitée pour affermir Pierre, car il était perdu si la pierre véritable n'avait passé de la mort à la vie.

Madeleine reconnaît Jésus-Christ. Difficulté que présentent les paroles du Seigneur à Madeleine. — 2. Cependant, lorsqu'ensuite le Seigneur dit à cette femme : « Marie, » (*Jean*, XX, 16) elle se retourna et l'appela Maître, *Rabboni*. La résurrection du Seigneur lui fut ainsi révélée. Que signifient donc ces paroles que Jésus lui adresse : « Ne me touchez point, car je ne suis pas encore remonté vers mon Père? » (*Ibid.*, 17.) Cette question est surprenante à bien des égards. Premièrement, parce qu'il lui défend de le toucher, comme si cette action pouvait être coupable de la part de Madeleine; en second lieu, parce qu'il donne pour motif de cette défense, cette raison : « Je ne suis pas encore remonté vers mon Père, » comme s'il lui disait : Vous me toucherez lorsque je serai remonté vers mon Père. Il lui défend de le toucher pendant qu'il est sur la terre, et il lui sera permis de le toucher lorsqu'il sera assis au plus haut des cieux? Je me suis demandé ce que signifiaient ces paroles : « Ne me touchez point, car je ne suis pas encore monté vers mon Père. » Je vais plus loin. Lorsqu'il fut ressuscité, ainsi que l'attestent saint Jean et les autres évangélistes, et nous l'avons entendu dans la lecture du saint Evangile, Jésus étant apparu à ses disciples, ils s'imaginèrent que c'était un esprit, et il leur dit : « Pourquoi êtes-vous troublés, et ces pensées montent-elles dans votre cœur? Voyez mes mains et mes pieds; touchez et voyez. » (*Luc*, XXIV, 38) Etait-il donc alors monté dans les cieux? Non, il n'était pas encore monté vers son Père, et il dit cependant à ses disciples : « Touchez et voyez. » Que nous sommes loin de ces paroles : « Gardez-vous de me toucher! » On me dira peut-être : Il a bien voulu être touché par des hommes, mais non par des femmes. S'il avait eu tant d'éloignement pour la femme, il n'aurait pas voulu naître d'une femme. D'ailleurs, toute difficulté que l'on voudrait soulever en disant que le Seigneur avant de remonter vers son Père a voulu être touché par des hommes et non par des femmes, se trouve écartée par ce que rapporte saint Matthieu. En effet, cet évangéliste raconte que des femmes, parmi lesquelles se trouvait Marie-Madeleine elle-même, rencontrèrent le Seigneur ressuscité et embrassèrent ses pieds. (*Matth.*, XXVIII, 9.) La question de savoir ce que signifient ces paroles : « Ne me

donec videret in ligno pendentem, donec videret clavis affixum, donec videret mortuum, donec videret sepultum. Tunc perdidit quod tenebat. Ubi petra? ubi firmitas petræ? Petra erat ipse Christus, ille autem a petra Petrus. Ideo surrexerat petra, ut firmaret Petrum : nam perierat Petrus, nisi viveret petra.

Christus agnoscitur a Magdalena. Difficultas in verbis Domini ad Magdalenam. — 2. Postea tamen, quando Dominus dixit mulieri : « Maria, » conversa agnovit eum, et appellavit magistrum : « Rabboni. » (*Joan.*, XX, 16.) Manifestata est huic mulieri resurrectio Domini. Quid sibi ergo vult : « Noli me tangere, nondum enim ascendi ad Patrem meum? » (*Ibid.*, 17.) Quæstio mirabilis multis modis. Primo quia vetuit se tangi, quasi male posset tangi a tangente. Deinde quia rationem reddens quare se tangi noluerit et prohibuerit, ait : « Nondum enim ascendi ad Patrem meum, » quasi diceret : Tunc me tanges, cum ascendero ad Patrem meum. In terra positum tangere prohibebatur, et eum tangere poterat in cœlo sedentem? Dixeram enim : Quid est : « Noli me tangere, nondum enim ascendi ad Patrem suum? » Plus addo : Quando resurrexit, sicut et ipse dicit, et alii Evangelistæ, et audivimus jam, cum lectiones sanctæ legerentur, apparuit discipulis suis; et cum spiritum eum putarent, ait illis : « Quid turbati estis, et quare cogitationes ascendunt in cor vestrum? Videte manus meas et pedes meos. Palpate, et videte. » (*Luc.*, XXIV, 38.) Numquid jam ascenderat? Nondum ascenderat ad Patrem suum, et dixit discipulis suis : « Palpate, et videte. » Ubi est : « Noli me tangere? » Hic forte aliquis dicturus est : Tangi a viris voluit, a mulieribus noluit. Si feminam horreret, non nasceretur ex femina. Verumtamen quidquid hoc est quod potest facere qualemcumque quæstionem, ut dicatur Dominum se, antequam ad Patrem ascenderet, a viris tangi voluisse, a mulieribus noluisse; ait Evangelista Matthæus. Ipse enim narravit, occurrisse mulieres Domino resurgenti, in quibus erat et ipsa Maria, et tenuisse pedes ejus. (*Matth.*, XXVIII, 9.) Coarctata est

touchez point, car je ne suis pas encore monté vers mon Père, » se complique et devient plus difficile. Tout ce que j'ai dit semble n'avoir abouti qu'à en augmenter la difficulté, qui, vous le voyez, est très-grande et presque insoluble. Que Dieu m'accorde la grâce de la résoudre! Que celui qui a daigné proposer cette question daigne aussi nous l'expliquer. Joignez vos prières aux miennes pour obtenir cette grâce; ouvrez-moi vos oreilles et à lui votre cœur. Je vous ferai part de ce qu'il daignera me suggérer. Si quelqu'un comprend mieux que moi ce qu'il faut répondre, je consens à devenir son disciple; je suis docteur, mais un docteur qui ne refuse point d'être instruit. Quant à celui qui n'a point de cette question une plus grande intelligence que moi, qu'il écoute de ma bouche ce qu'il comprend déjà.

Quelle était la foi des disciples à l'égard de Jésus-Christ avant qu'il fût ressuscité. Ce que l'on doit croire de Jésus-Christ. Toucher Jésus-Christ, c'est croire en lui. Comment il veut être touché par la foi. — 3. Le Seigneur Jésus, nous l'avons entendu et le fait est évident, n'était qu'un homme pour ses disciples; leur foi n'avait point d'autre objet et ne s'élevait pas plus haut. Ils marchaient sur la terre avec Jésus-Christ. Ils connaissaient ce que le Sauveur s'était fait pour nous, mais ils ignoraient qu'il nous a faits lui-même. Le Christ est tout à la fois Créateur et créé. Voyez comme il est Créateur : « Au commencement était le Verbe, et le Verbe était en Dieu, et le Verbe était Dieu. C'est lui qui était en Dieu dès le commencement. Toutes choses ont été faites par lui. » Voyez comme il est créé. « Et le Verbe s'est fait chair, et il a habité parmi nous. » (*Jean*, I, 1, etc.) Nous voyons donc Jésus, mais depuis que la foi des apôtres nous a été annoncée. Ils ne savaient pas encore ce que nous savons. Je ne dis rien d'outrageant pour leur mémoire. Je n'ose point les traiter d'ignorants, et cependant je les vois confesser leur ignorance. Ils ne savaient pas encore ce qu'ils apprirent par la suite, et ce que nous savons maintenant. Nous savons que le Christ est Dieu et homme : auteur de tous les êtres, et lui-même un de ces êtres qu'il a faits; créateur de l'homme, et homme créé; voilà ce que nous savons, et ce qu'ils ne savaient pas encore. Le Christ est égal à son Père, égal en grandeur, égal en perfection; il est ce qu'est le Père, sans être le Père. Il est ce qu'est le Père, parce qu'il est Dieu comme lui, tout-puissant comme lui, immuable comme lui, en un mot, un autre lui-même. Mais il en est cependant distinct, parce que le Père est Père, et que lui est le Fils. Quiconque connaît cette vérité, Jésus pour lui est monté vers son Père ; pour celui qui l'ignore, Jésus n'est pas encore monté vers son Père; il est encore petit enfant

---

quæstio multis modis, quid sibi velit : « Noli me tangere, nondum enim ascendi ad Patrem meum. » Totum quidquid locutus sum, ad hoc locutus sum, ut quæstionis difficultas augeretur : videtis validam, et quasi insolubilem. Adjuvet me Dominus, ut solvatur. Qui dignatus est eam proponere, dignetur exponere. Orate mecum effectum : ad me aures, ad illum cor. Quod mihi suggerere dignatur, communicabo vobis. Qui melius intelligit, doceat me : sic doctor sum, ut indocilis non sim. Qui autem melius non intelligit, quod intelligit audiat a me.

Discipulorum de Christo fides ante resurrectionem qualis erat. De Christo quid credendum. Tangere Christum, est in ipsum credere. Fidei tactum qualem exigat Christus. — 3. Dominum Jesum, sicut audivimus, sicut apparet, hominem putabant discipuli, et secundum hoc fidem suam librabant: altius non erigebant. In terra cum Christo ambulabant. Quod factus erat propter nos, hoc noverant : quod nos fecit, non noverant. Ipse est Christus et factor, et factus. Vide factorem : « In principio erat Verbum, et Verbum erat apud Deum, et Deus erat Verbum : hoc erat in principio apud Deum. Omnia per ipsum facta sunt. » (*Joan.*, I, 1, etc.) Vide factum : « Et Verbum caro factum est, et habitavit in nobis. » Videmus ergo Jesum, sed prædicata jam nobis fide Apostolorum. Quod nos novimus, illi nondum noverant. Non facio injuriam. Non audeo dicere ignorantes : sed tamen video ignorantiam confitentes. Non noverant, postea didicerunt, quod jam nos novimus. Christum et Deum et hominem, Christum et factorem rerum et factum in rebus, Christum et creatorem hominis et creatum hominem, nos novimus, illi nondum. Deus Christus æqualis est Patri : tantus est, quantus ille ; talis est, qualis ille : hoc est quod ille; non hic est, qui ille. Hoc est quod ille; quia ille Deus, et ille Deus; ille omnipotens, et ille omnipotens; ille immutabilis, et ille immutabilis : hoc est quod ille. Non hic est, qui ille; quia ille Pater, hic Filius. Hoc quicumque novit, illi ascendit ad Patrem : qui hoc non novit, nondum illi ascendit Christus ad Patrem; parvulus cum illo est, in terra cum illo est, æqualis

avec lui, il reste sur la terre avec lui, il ne le reconnaît pas encore comme égal au Tout-Puissant. Le Christ monte vers son Père pour celui qui fait des progrès, il monte avec lui. Que signifient donc ces paroles : « Ne me touchez point? » L'action de toucher désigne ici la foi, car on s'approche de celui que l'on touche. Voyez cette femme affligée d'une perte de sang. Elle dit en son cœur : « Si je touche seulement le bord de son vêtement, je serai sauvée. » (*Matth.*, IX, 21.) Elle s'approcha de Jésus, le toucha et fut guérie. Qu'est-ce à dire qu'elle s'approcha de lui et le toucha? c'est-à-dire qu'elle s'approcha et qu'elle crut. Une preuve évidente que la foi a dirigé sa main, c'est que le Seigneur dit aussitôt : « Quelqu'un m'a touché. » Que signifient ces paroles : « Quelqu'un m'a touché, » sinon : Quelqu'un a cru en moi? (*Luc*, VIII, 45, 46.) Et afin que vous soyez bien convaincus que ces paroles : « M'a touché, » ont le même sens que ces autres : A cru en moi, ses disciples lui répondirent : « La multitude vous serre et vous presse, et vous dites : Qu'est-ce qui m'a touché? » Si vous marchiez seul, si la foule vous eût laissé le chemin libre, si personne n'était près de vous, vous auriez raison de dire : « Quelqu'un m'a touché. » Mais la multitude vous presse, et vous parlez d'une seule personne qui vous aurait touché? Et Jésus reprend une seconde fois : « Quelqu'un m'a touché. » Il avait demandé d'abord : « Qu'est-ce qui m'a touché ? » Il dit maintenant, en affirmant : « Quelqu'un m'a touché. » Vous qui dites au Sauveur : « La multitude vous presse, » vous entendez ce qu'il vous répond : « Quelqu'un m'a touché. » Cette multitude pouvait bien presser le Sauveur, mais elle ne savait point le toucher. Il est certain que c'est la vérité que le Sauveur veut nous faire entendre, lorsqu'il dit : « Qu'est-ce qui m'a touché? Quelqu'un m'a touché. » Il veut nous faire comprendre que le toucher, c'est croire en lui, ou plutôt s'approcher de lui par la foi. Que signifient donc maintenant ces paroles : « Ne me touchez point, car je ne suis point encore monté vers mon Père? » Vous pensez que je ne suis que ce que vous voyez : « Je ne suis point encore monté vers mon Père. » Vous voyez en moi un homme, vous me prenez pour un homme; je suis homme, il est vrai, mais votre foi ne doit pas s'arrêter là. Ne me touchez point avec cette pensée que je ne suis qu'un homme. « Je ne suis point encore monté vers mon Père. » Je vais bientôt monter vers mon Père; touchez-moi alors, c'est-à-dire, avancez, comprenez que je suis égal à mon Père; touchez-moi, et vous serez sauvée. « Ne me touchez point maintenant, car je ne suis pas encore monté vers mon Père. » Vous voyez en moi que je suis descendu, vous ne voyez pas encore que je suis monté, « car je ne suis pas encore monté vers mon Père. » Je me suis anéanti moi-même, « en prenant la forme d'esclave, en me rendant sem-

---

omnipotenti nondum illi est. Proficienti ascendit, cum illo qui proficit ascendit. Quid est ergo : « Noli me tangere? » Tactus fidem significat. Tangendo enim acceditur ad eum, qui tangitur. Mulierem illam videte, quæ fluxum sanguinis patiebatur. Dixit in corde suo : « Sanabor, si tetigero fimbriam vestimenti ejus. » (*Matth.*, IX, 21.) Accessit et tetigit, sanata est. Quid est, accessit et tetigit? Propinquavit et credidit. Ut sciatis eam credendo tetigisse, Dominus dixit : « Tetigit me aliquis. » Quid est : « Tetigit me, » nisi credidit in me? (*Luc.*, VIII, 45, 46.) Et ut noveritis hoc esse : « Tetigit me, » quod est credidit in me, « Responderunt discipuli, et dixerunt ei : Turbæ te comprimunt, et dicis : Quis me tetigit? » Si solus ambulares, si spatium tibi ambulandi turba fecisset, si nemo juxta te esset, bene diceres : « Tetigit me aliquis. » Turba premit te, tu unum tangentem commemoras. Et ille repetiit : « Tetigit me aliquis. » Prius enim dixerat : « Quis me tetigit? » et postea : « Tetigit me aliquis. » (*a*) Nostis, quia dicitis : « Turbæ te comprimunt. Tetigit me aliquis. » Turba ista premere novit, tangere non novit. Constat hoc eum significare voluisse dicendo : « Quis me tetigit? Tetigit me aliquis. » Ut illum tactum fidem credamus esse tangentis, vel potius credentis accessum. Quid sibi ergo vult : « Noli me tangere, nondum enim ascendi ad Patrem meum? » Quod me vides, hoc me putas : « nondum ascendi ad Patrem. » Hominem me vides, hominem me putas : sum quidem homo, sed non hic stet fides tua. Noli me sic tangere, ut hominem tantummodo credas : « Nondum enim ascendi ad Patrem meum. » Ascendo ad Patrem meum, et tange me : id est, proflce, intellige me æqualem Patri, et tunc tange, et salva eris. « Noli me tangere, nondum enim ascendi ad Patrem meum. » Quod descendi vides, quod ascendi nondum vides. « Nondum enim ascendi ad Patrem meum. » Memetipsum exinanivi

(*a*) Sirmondus : *Nescitis* : dissidentibus omnibus Mss.

blable aux hommes, et en étant reconnu pour homme par tout ce qui a paru de moi. » (*Philip.*, II, 7.) Voilà ce qui a été crucifié, ce qui a été enseveli, ce qui a été ressuscité. Mais l'autre nature, dont il est dit : « Ayant la nature de Dieu, il n'a pas cru que ce fût une usurpation de s'égaler à Dieu, » (*Ibid.*, 6) vous ne la voyez pas encore. Vous ne voyez pas encore ce qui est élevé en moi. Prenez garde de perdre le ciel en touchant la terre; prenez garde, en vous arrêtant à l'homme, de ne point croire en Dieu : « Ne me touchez point, car je ne suis pas encore monté vers mon Père. »

Les ariens et les photiniens ne touchent point Jésus-Christ avec une foi droite et véritable. — 4. Faisons paraître ici l'arien, et, avant lui, le photinien. Nous disons au photinien : Ne le touchez point. Qu'est-ce à dire : Ne le touchez point? Ne croyez point ce que vous croyez; pour vous le Christ n'est pas encore monté vers son Père. Que l'arien se présente à son tour. Je crois, dit-il, que le Christ est Dieu, mais qu'il est inférieur au Père. Le Christ n'est pas monté non plus pour vous vers son Père. Lorsqu'il sera monté vers son Père, étendez la main pour le toucher, élevez-vous pour toucher en lui sa divinité. Moi aussi, me dit-il, je crois qu'il est Dieu, mais d'une autre nature et d'une autre substance; il a été créé, et toutes choses n'ont pas été créées par lui; il a été fait, il n'est pas le Verbe qui existe dès le commencement et avant tous les temps. Vous êtes encore bien au-dessous de ce qu'il est; il n'est pas encore monté pour vous vers son Père. Voulez-vous qu'il y monte pour vous? Croyez, « qu'ayant la nature de Dieu, il n'a point regardé comme un vol de s'égaler à Dieu. » Ce n'était point un vol, parce que c'était sa nature. On s'empare injustement d'une chose qu'on vole; pour ce qui est de la nature, il suffit de la connaître. « Ayant la nature de Dieu, il n'a point regardé comme un vol de s'égaler à Dieu. » C'est ainsi qu'il est né, et qu'il est né de toute éternité et sans commencement. Vous, arien, que dites-vous? Il était un temps où il n'était pas le Fils. Vous voyez qu'il n'est pas encore monté pour vous jusqu'à son Père. Ne le touchez donc point, et dépouillez-vous de cette croyance. Il n'y a aucun intervalle de temps entre le Père et le Fils. Le Père a engendré, le Fils est né; le Père a engendré en dehors de toute succession de temps, et le Fils lui-même est né en dehors de tous les temps, qui ont été faits par lui. C'est ainsi que vous devez le toucher et qu'il est monté pour vous vers son Père. Il est le Verbe, mais le Verbe coéternel à Dieu. Il est la sagesse de Dieu, mais la sagesse sans laquelle le Père n'a jamais existé. Votre chair veut vous répondre, elle cherche à s'entretenir avec vous, et à vous dire dans les ténèbres : Comment le Fils est-il né? C'est la question que vous

---

« formam servi accipiens, in similitudinem hominum factus, et habitu inventus ut homo. » (*Philip.*, II, 7.) Hoc crucifixum est, hoc sepultum, hoc resuscitatum. Illud autem : « Cum in forma Dei esset, non rapinam arbitratus est esse æqualis Deo, » (*Ibid.*, 6) nondum vides. Quod ascendi nondum vides. Noli tangendo terram, cœlum perdere : noli remanendo in homine, in Deum non credere. « Noli me tangere, nondum enim ascendi ad Patrem. »
Ariani et Photiniani Christum recta fide non tangunt. — 4. Procedat Arianus : prius procedat Photinianus. (*a*) Respondemus Photiniano : Noli tangere. Quid est : Noli tangere? Noli sic credere : nondum tibi Christus ascendit ad Patrem. Procedat Arianus. Ego, inquit, Deum credo Christum, sed minorem. Nec tibi adhuc ascendit ad Patrem. Cum ascenderit ad Patrem, extende te, ut tangas : extende te, tange Deum. Et ego, inquit, Deum profiteor; sed alterius naturæ, et alterius substantiæ; creatum, non per quem creata sunt omnia; factum, non in principio Verbum sine tempore. Adhuc ergo infra es; nondum tibi ascendit ad Patrem. Vis ascendat tibi ad Patrem? Crede « Cum in forma Dei esset, non rapinam arbitratus est esse æqualis Deo. » Rapina non erat, quia natura erat. Rapina usurpatur, natura cognoscitur. « In forma Dei non rapinam arbitratus est esse æqualis Deo. » Sic est natus, et semper natus; et natus, et semper natus, et sine initio natus. Tu quid dicis, Ariane? Erat tempus, quando non erat Filius. Vides quia nondum tibi ascendit ad Patrem? Noli tangere, noli sic credere. Non est tempus inter Patrem et Filium. Genuit Pater, natus est Filius : sine tempore ille genuit, sine tempore natus est, per quem facta sunt tempora. Sic tange, et ascendit tibi ad Patrem. Verbum, sed coæternum Deo : Sapientia Dei, sed sine qua nunquam Pater fuit. Respondere tibi habet caro tua, et confabulatura tecum, dictura tibi in tene-

(*a*) Hoc loco apud Florum additur : *Hæretici qui Dominum Jesum nisi hominem omnino non noverunt, Homuncionistæ dicuntur. Isti, inquam, hæretici Homuncionistæ dicuntur, quia Christum nonnisi hominem credunt :* quæ verba absunt ab omnibus exemplaribus hujus Sermonis.

adressent les ténèbres. Expliquez-moi cette naissance, me criez-vous, je veux qu'on me l'explique. Que voulez-vous qu'on vous explique? Le Fils est-il né, ou n'est-il pas né? Il ne serait pas le Fils, s'il n'était pas né. Si donc il est né, me dites-vous, il fut un temps où il n'était pas. Cette conséquence est fausse; c'est la terre qui parle ainsi, c'est le langage de la terre. Expliquez-moi, me dit-il, comment il est né, s'il a toujours existé. Non, non, je ne l'explique point, cela m'est impossible. Je ne l'explique pas, mais je me couvre de l'autorité du Prophète, qui a dit : « Qui racontera sa génération? » (*Isa.*, LIII, 8.)

SERMON CCXLV.

XVIe *pour les fêtes de Pâques.*

Sur le même passage de l'Evangile selon saint Jean, chapitre xx.

CHAPITRE PREMIER. — *Les apôtres ne croyaient pas que Jésus-Christ fût ressuscité.* — 1. Aujourd'hui encore, on nous a lu le récit de la résurrection de Notre-Seigneur dans le saint Evangile, et cet Evangile est celui de saint Jean. Nous y avons trouvé certains détails que les autres évangélistes ne nous avaient pas appris. Ils se proposent tous de faire connaître la vérité, et ils ont tous puisé à la même source; mais parmi les faits qu'ils racontent dans l'Evangile, comme je l'ai souvent fait remarquer à votre charité, il en est qui sont rapportés par tous les évangélistes, d'autres par trois d'entre eux, d'autres par deux, d'autres enfin par un seul. Ainsi, ce qu'on vient de nous lire de l'Evangile selon saint Jean, que Marie vit le Seigneur, et qu'il lui dit : « Ne me touchez point, car je ne suis pas encore monté vers mon Père, » (*Jean*, XX, 17) n'est rapporté que par saint Jean seul. C'est le sujet dont je dois entretenir votre sainteté. Après même que les disciples eurent vu les linceuls déposés dans le tombeau, ils crurent, non pas que le Seigneur était ressuscité, mais qu'on avait enlevé son corps. Jean lui-même, car il se désigne sous le nom de disciple « que Jésus aimait, » lorsqu'il eut entendu dire aux saintes femmes : « On a enlevé mon Seigneur du sépulcre, » (*Ibid.*, 2) courut avec Pierre, regarda dans le sépulcre, ne vit que les linceuls, et il crut. Que crut-il? Non pas qu'il était ressuscité, mais qu'on l'avait enlevé du sépulcre. C'est ce que prouvent les paroles qui suivent. Voici, en effet, ce qui est écrit et ce que nous venons d'entendre : « Il regarda, il vit, il crut, car il ne savait pas encore ce qui est dans l'Ecriture : qu'il fallait qu'il ressuscitât d'entre les morts. » (*Ibid.*, 8, 9.) Nous voyons par là ce qu'il crut; il crut ce qu'il ne

---

bris : Quomodo natus is fuit? Tenebræ tecum loquuntur. Exponatur mihi, clamas : clamo, exponatur mihi. Quid tibi vis exponatur? Natus est, an non natus? Non enim esset Filius, nisi natus. Si ergo natus est, fuit tempus quando non erat. Falsum est hoc : terra loqueris, de terra loqueris. Expone ergo mihi, ait, quomodo natus, si semper fuit. Non expono, non expono; non possum. Non expono : sed pro me Prophetam oppono : « Generationem ejus quis enarrabit? » (*Isai.*, LIII, 8.)

SERMO CCXLV ^(a).

In diebus Paschalibus, XVI.

De eadem lectione Evangelii Joan., xx.

CAPUT PRIMUM. — *Christum resurrexisse non credebant Apostoli.* — 1. Et hodie resurrectio Domini recitata est de sancto Evangelio. Lectum est autem Evangelium secundum Joannem. Audivimus quæ in aliis libris Evangelii non audieramus. Omnibus quidem communis est prædicatio veritatis, et de uno fonte omnes biberunt : sed in prædicatione Evangelii, sicut sæpe commonui Caritatem Vestram, alia omnes, alia tres, alia duo, alia singuli posuerunt. Modo ergo quod audivimus secundum Joannis Evangelium, quia Maria vidit Dominum, et dixit ad eam Dominus : « Noli me tangere, nondum enim ascendi ad Patrem, » (*Joan.*, xx, 17) solus Evangelista Joannes commemorat. Hinc ergo loquendum est Sanctitati Vestræ. Visis etiam linteaminibus in sepulcro, Dominum non resurrexisse crediderant, sed ablatum esse. Ipse Joannes, se ipsum enim dicit, « quem diligebat Jesus, » cum audisset nuntiantibus mulieribus et dicentibus : « Tulerunt Dominum meum de monumento, » (*Ibid.*, 2) cucurrit cum Petro, et attendit in monumentum, vidit sola linteamina, et credidit. Quid credidit? Non quia resurrexerat, sed quia de monumento perierat. Hoc sequentia verba testantur. Sic enim scriptum est, quod modo audivimus : « Attendit, vidit, et credidit : nondum enim sciebat Scripturas, quia oportebat eum a mortuis resurgere. » (*Ibid.*, 8, 9.) Apparuit ergo quid

(a) Alias de Tempore CLV.

devait pas croire; il crut ce qui était faux. Notre-Seigneur lui apparut ensuite, dissipa son erreur, et lui fit connaître la vérité.

Chapitre II. — *Difficultés que présentent les paroles de Jésus-Christ à Marie-Madeleine.* « Ne me touchez point » veut dire : Ne croyez pas que je ne suis qu'un homme. — 2. Il est cependant une difficulté qui fait impression sur tout lecteur et tout auditeur attentif et désireux de s'instruire; ce sont ces paroles : « Ne me touchez point, car je ne suis pas encore monté vers mon Père. » Voyons donc, avec l'aide du Seigneur, quel en est le sens. On se demande, en effet, ce que peuvent signifier ces paroles : « Je ne suis pas encore monté vers mon Père. » Quand donc le Sauveur est-il monté vers son Père ? Les Actes des Apôtres nous apprennent que ce fut le quarantième jour après sa résurrection, jour dont nous devons bientôt célébrer l'anniversaire en son honneur. C'est alors qu'il monta vers son Père; c'est alors que les disciples, qui l'avaient touché de leurs mains, le suivirent des yeux; c'est alors, enfin, qu'ils entendirent les anges leur dire : « Hommes de Galilée, pourquoi demeurez-vous là, regardant au ciel? Ce Jésus qui du milieu de vous s'est élevé dans le ciel, viendra de la même manière que vous l'y avez vu monter. » (*Act.*, I, 11.) Or, si c'est alors qu'il est monté vers son Père, que pouvons-nous dire, mes frères? Marie ne pouvait le toucher lorsqu'il était sur la terre, et elle pourrait le toucher lorsqu'il serait assis au plus haut des cieux ? Si cela lui était impossible sur la terre, à plus forte raison dans le ciel. Que signifient donc ces paroles : « Ne me touchez point, car je ne suis pas encore monté vers mon Père ? » Notre-Seigneur semble vouloir dire : Vous me toucherez lorsque je serai monté vers mon Père, mais ne me touchez point avant que je sois monté. O Seigneur, vous êtes sur la terre, et je ne puis vous toucher, et je vous toucherai lorsque vous serez monté dans les cieux ? Dira-t-on d'ailleurs qu'avant de monter vers son Père, il ne pouvait souffrir aucun attouchement humain? Mais alors, comment, non content d'apparaître aux yeux de ses disciples, leur a-t-il présenté son corps à toucher, lorsqu'il leur a dit : « Quelles sont ces pensées qui s'élèvent dans votre cœur ? Voyez mes mains et mes pieds; touchez et voyez qu'un esprit n'a ni chair, ni os, comme vous voyez que j'en ai. » (*Luc*, XXIV, 38, 39.) Le disciple incrédule lui-même, Thomas, mit sa main dans le côté percé par une lance, et s'écria : « Mon Seigneur et mon Dieu. » (*Jean*, XX, 28.) Or, lorsqu'il le toucha, Jésus n'était pas encore remonté vers son Père. Quelque insensé dira-t-il qu'avant qu'il montât vers son Père les hommes pouvaient le toucher, mais que les femmes ne le pourraient que lorsqu'il serait monté dans les cieux ? C'est une pensée absurde, une opi-

---

credidit : quod fidei non erat, hoc credidit : credidit, sed falsum credidit. Apparuit ei postea Dominus, fugavit falsum, inseruit verum.

Caput II. — *Difficultas in Christi verbis ad Magdalenam. Noli tangere*, id est, noli hominem tantum credere. — 2. Tamen illud quod solet movere lectorem et auditorem non incuriosum neque negligentem, quomodo sit dictum : « Noli me tangere, nondum enim ascendi ad Patrem, » hic videamus, Domino ipso adjuvante, quid dictum sit. Movet enim hoc, quid est : « Noli me tangere, nondum enim ascendi ad Patrem. » Quando enim ascendit ad Patrem? Sicut indicant Actus Apostolorum, quadragesimo die post resurrectionem suam, quem diem in nomine ipsius celebraturi sumus : tunc ascendit ad Patrem; tunc eum discipuli qui manibus tetigerunt, oculis deduxerunt. Tunc sonuit Angelica vox : « Viri Galilæi, quid statis, intuentes in cœlum? Hic Jesus qui assumptus est a vobis, sic veniet quomodo eum vidistis euntem in cœlum. » (*Act.*, I.) Si ergo tunc ascendit ad Patrem, quid dicimus, Fratres mei? Maria non poterat eum tangere in terra stantem, et poterat tangere in cœlo sedentem? Si hic non poterat, quanto minus poterat ibi? Quid est ergo : « Noli me tangere, non enim ascendi ad Patrem? » Sic enim sonant verba, tanquam diceret : Tunc me tange, cum ascendero; antequam ascendam, noli me tangere. O Domine, hic es, et non tango; cum ascenderis, tangam? Deinde si antequam ad Patrem ascenderet, tactum horrebat humanum, quomodo se discipulis non solum videndum, sed etiam contrectandum præbuit, quando dixit : « Quid cogitatis in cordibus vestris? Videte manus meas et pedes meos : palpate, et videte quia spiritus carnem et ossa non habet, sicut me videtis habere. » (*Luc*, XXIV, 38, etc.) Incredulus etiam ille discipulus Thomas tetigit latus perforatum, et exclamavit : « Dominus meus et Deus meus. » (*Joan.*, XX, 28.) Quando tetigit, nondum ascenderat Jesus ad Patrem. An forte aliquis insipiens dixerit : Antequam ad Patrem ascenderet, viri eum poterant tangere, mulieres autem non poterant, nisi cum ad Patrem ascenderet? Absurda est

nion extravagante. Que l'Eglise écoute les paroles adressées à Marie, ou, plutôt, écoutons-les tous, comprenons-les, et mettons-les en pratique. Comment donc faut-il entendre : « Ne me touchez point, car je ne suis pas encore monté vers mon Père? » En me voyant, vous me regardez seulement comme un homme; vous ne savez pas que je suis égal à mon Père; ne me touchez pas avec cette pensée; ne croyez pas seulement en l'homme, mais comprenez que je suis le Verbe égal au Père. Que signifie donc : « Ne me touchez point ? » Ne croyez point. Qu'est-ce qu'il ne faut pas croire? Que je suis seulement ce que vous voyez. Je monterai vers mon Père; il vous sera permis alors de me toucher. Je monte pour vous vers mon Père, lorsque vous comprenez que je suis son égal. Tant que vous croyez que je lui suis inférieur, je ne suis pas encore monté pour vous.

Chapitre III. — 3. Toucher, c'est donc croire. C'est ce qu'il nous est facile de comprendre, par l'exemple de cette femme qui toucha la frange du vêtement de Jésus-Christ et fut guérie. Rappelez-vous ce que dit l'Evangile. Notre-Seigneur Jésus-Christ allait visiter la fille du chef de la Synagogue dont on lui avait d'abord annoncé la maladie, puis ensuite la mort. Tandis qu'il était en chemin, une femme vint derrière lui; elle était affligée d'une perte de sang depuis douze années, et elle avait dépensé tout son bien en médecins, sans que, malgré tous leurs soins, ils fussent parvenus à la guérir. Elle disait en elle-même : « Si je touche seulement la frange de son vêtement, je serai guérie. » (*Matth.*, IX, 21.) Parler de la sorte, c'était déjà toucher Notre-Seigneur. Ecoutez ici le sentiment du divin Maître. Lorsqu'elle fut guérie en vertu de sa foi, Notre-Seigneur Jésus-Christ dit : « Quelqu'un m'a touché. » Ses disciples lui répondirent : « La foule vous serre et vous presse, et vous dites : Qui m'a touché? » Jésus reprit : « Quelqu'un m'a touché, car j'ai connu qu'une vertu est sortie de moi. » (*Luc*, VIII, 45, 46.) Cette grâce sortait de lui pour guérir cette femme, sans que sa puissance en fût diminuée. Les disciples lui disent donc : « La foule vous serre et vous presse, et vous sentez qu'un seul homme, qu'une seule femme vous a touché? » Et Jésus leur dit de nouveau : « Quelqu'un m'a touché. » La foule me presse, cette femme seule m'a touché. Qu'est-ce à dire : La foule me presse, cette femme m'a touché? Les Juifs me tourmentent, mais l'Eglise a cru en moi.

Chapitre IV. — *Signification des paroles du Seigneur.* — 4. C'est donc dans ce même sens que cette femme a touché Notre-Seigneur, c'est-à-dire en croyant en lui, qu'il dit ici à Madeleine : « Ne me touchez point; » je monterai vers mon Père, vous pourrez me toucher alors.

ista cogitatio, et perversa sententia. Prorsus quod audivit Maria, audiat Ecclesia. Hoc omnes audiant, omnes intelligant, omnes faciant. Quid ergo est : « Noli me tangere, nondum enim ascendi ad Patrem? » Quod me vides, hominem solum putas, Patri æqualem esse adhuc nescis : noli me tangere talem, noli in hominem solum credere, sed Verbum æquale genitori intellige. Quid ergo est : « Noli me tangere? » Noli credere. Quid noli credere? Quia hoc solum sum quod vides. Ascendam ad Patrem, et tunc tange. Tibi ascendo, quando intellexeris æqualem. Quando enim me putas minorem, nondum ascendo tibi.

Caput III. — 3. Tangere autem, credere esse, puto quia facile possumus intelligere de illa muliere, quæ tetigit fimbriam vestimenti Christi, et salva facta est. Recordamini Evangelium : Dominus Jesus Christus ibat ad visitandam Archisynagogi filiam, quæ primo nuntiata fuit infirma, postea mortua. Illo pergente, ecce mulier de transverso venit, quæ fluxu sanguinis laborabat per duodecim annos, et in medicis frustra curantibus et non sanantibus, omnia sua consumpserat, dixitque in corde suo : « Si tetigero fimbriam vestimenti ejus, salva ero. » (*Matth.*, IX, 21.) Hoc ipsum dicere, jam tangere fuit. Denique audi sententiam : cum salva facta esset secundum fidem suam, ait Dominus Jesus Christus : « Tetigit me aliquis. » Et discipuli : « Turbæ te comprimunt, et dicis : Quis me tetigit? » Et ille : « Tetigit me aliquis; nam ego scio virtutem exiisse de me. » (*Luc.*, VIII, 45, 46.) Gratia processit, ut illa sanaretur, non ut ille minueretur. Dicunt ergo discipuli : Premunt te turbæ, et tu unum aut unam sensisti? Et ille : « Tetigit me aliquis; » illi premunt, ista tetigit. Quid est, illi premunt, ista tetigit? Judæi affligunt, Ecclesia credidit.

Caput IV. — *Dominicorum verborum sensus.* — 4. Secundum hunc ergo intellectum, quo videmus mulierem tetigisse, quod est credidisse, secundum hoc dictum est ad Mariam : « Noli me tangere : » ascendam, et tange. Tunc enim tange, quando cognoveris : « In principio erat Verbum, et Verbum erat

Vous me toucherez, lorsque vous aurez appris « qu'au commencement était le Verbe, que le Verbe était en Dieu, et que le Verbe était Dieu. » (*Jean*, I, 1.) Le Verbe s'est fait chair, mais ce Verbe demeure sans tache et sans souillure, immuable et dans toute sa perfection. Or, comme vous ne voyez que l'homme, et que vous ne voyez pas le Verbe, je ne veux pas que vous croyiez seulement en la chair, en laissant de côté le Verbe. Il faut que vous embrassiez dans votre esprit le Christ tout entier, parce que, comme Verbe, il est égal à son Père. Ne me touchez donc point encore maintenant, parce que vous ne voyez pas encore ce que je suis. C'est donc à l'Eglise, dont Marie était la figure, d'écouter la recommandation faite à Marie. Touchons tous le Christ en croyant tous en lui. Il est maintenant remonté vers son Père, il est assis à sa droite. C'est ce que croit et professe aujourd'hui l'Eglise tout entière : « Il est monté aux cieux, il est assis à la droite du Père. » (*Symb.*) Voilà ce qu'on enseigne à ceux qui sont baptisés, voilà ce qu'ils doivent croire avant de recevoir le baptême. Lors donc qu'ils croient, c'est Marie qui touche le Christ. Cette signification est obscure, mais elle est vraie; c'est comme une porte qui demeure fermée pour les incrédules, mais qui est ouverte à la foi qui frappe. Notre-Seigneur Jésus-Christ est donc tout ensemble dans le ciel et avec nous; il ne quitte point son Père et ne nous abandonne point; il nous enseigne à prier comme notre Maître, et, comme Fils de Dieu, il nous exauce avec son Père.

SERMON CCXLVI.

XVIIe pour les fêtes de Pâques.

Sur la même lecture de l'Evangile selon saint Jean, chapitre XX.

Les évangélistes diffèrent dans leurs récits, sans que, cependant, ils contiennent rien de faux. — 1. Notre-Seigneur Jésus-Christ s'est manifesté de plusieurs manières à ses fidèles disciples après sa résurrection; il a ainsi donné occasion à tous les évangélistes d'écrire le récit de ces différentes apparitions d'après les inspirations de leurs souvenirs. L'un a raconté une circonstance, l'autre une autre. Un évangéliste a pu omettre quelque fait véritable, mais sans jamais avancer rien de faux. Vous pouvez supposer que tous ces faits ont été rapportés par un seul; car on peut dire en toute vérité qu'un seul a tout écrit, puisque c'est le même Esprit qui les a tous inspirés. Qu'avons-nous entendu aujourd'hui ? Que les disciples ne crurent pas que Jésus fût ressuscité. Et ils ne croyaient pas aux prédictions qu'il leur avait faites pendant sa vie, qu'il ressusciterait. C'est là un fait incontestable, et si les évangélistes l'ont consigné par écrit, c'est pour que nous rendions grâces à Dieu d'avoir cru en lui, bien que nous ne l'ayons pas vu sur la terre, tandis que le témoi-

---

apud Deum, et Deus erat Verbum. » (*Joan.*, I, 1.) Verbum quidem caro factum est, Verbum incontaminatum, immaculatum, immutabile manet, et integrum. Sed quia tu hominem solum vides, Verbum non vides; nolo credas in carnem, et relinquas Verbum. Totus Christus tibi appareat, quia æqualis est Patri in Verbo. Noli ergo, inquit, modo tangere : quia nondum vides qui sim. Ecclesia ergo, cujus figuram Maria gerebat, audiat quod audivit Maria. Tangamus omnes, si credamus. Jam ascendit ad Patrem, sedet ad dexteram Patris: Confitetur hoc hodie universa Ecclesia : Ascendit in cœlum, sedet ad dexteram Patris. Hoc audiunt qui baptizantur : hoc credunt antequam baptizentur. Quando ergo credunt, Maria tangit Christum. Intellectus obscurus, sed sanus : incredulis clausus, fide pulsanti est apertus. Ipse ergo Dominus Jesus Christus et ibi est, et nobiscum est; et cum Patre est, et in nobis est; et ab illo non recedit, et nos non deserit; et orare

(*a*) Alias XIX ex Viguerianis.

docet, ut magister; et cum Patre exaudit, ut Filius.

SERMO CCXLVI ^(a).

In diebus Paschalibus, XVII.

De eadem lectione Evangelii Joan., XX.

Evangelistarum sine falsitate varietas. — 1. Multis modis Dominus Jesus post resurrectionem apparuit fidelibus suis : habuerunt unde scriberent omnes Evangelistæ, sicut eis subministrabat spiritus recordationis rerum, quas scriberent. Alius aliud dixit, alius aliud. Prætermittere aliquis potuit aliquid verum, non dicere aliquid falsum. Omnia ista computate unum dixisse : vere enim unus dixit, quia unus Spiritus in omnibus fuit. Hodie quid audivimus? Illud, quod non credebant discipuli resurrexisse Jesum. Et non ei crediderunt, hoc ipsum ante prænuntianti. Res manifesta est, et propterea

gnage de leurs yeux et de leurs mains put à peine persuader les disciples de la vérité de ce que nous croyons.

Les disciples crurent qu'on avait enlevé le corps du Seigneur. — 2. Vous avez vu, par la lecture qu'on vous a faite, qu'un de ses disciples entra dans le sépulcre, « et vit les linceuls à terre, et il crut ; car il ne savait pas encore ce qui est dans l'Ecriture : qu'il fallait qu'il ressuscitât d'entre les morts. » (*Jean*, XX, 8, 9.) Voilà ce que vous avez entendu, et ce qui a été lu. « Il vit et il crut, car il ne savait pas encore ce qui est dans l'Ecriture. » Il aurait dû dire, ce semble : Il vit, et il ne crut point, car il ne savait pas encore ce qui est dans l'Ecriture. Pourquoi donc s'exprimer de la sorte : « Il vit les linceuls, et il crut ? » Qu'a-t-il cru ? Ce que lui avait dit cette femme : « On a enlevé le Seigneur du sépulcre. » Car, si vous avez bien entendu, ou, plutôt, vous l'avez parfaitement entendu, voilà ce que cette femme lui avait dit : « On a enlevé le Seigneur du sépulcre, et je ne sais où on l'a mis. » (*Ibid.*, 2.) A ces mots, les disciples coururent au sépulcre ; l'un d'eux entra dans le tombeau, il vit les linceuls placés à terre, et il crut ce que cette femme lui avait dit : qu'on avait enlevé le Christ du tombeau. Or, pourquoi crut-il qu'on avait dérobé le corps du Christ, et qu'on l'avait enlevé du tombeau ? « Il ne savait pas encore ce qui est dans l'Ecriture : qu'il fallait que le Christ ressuscitât des morts. » Il était entré dans le sépulcre, et ne l'avait pas trouvé. Il aurait dû croire, non pas qu'on l'avait dérobé, mais qu'il était ressuscité.

Jésus-Christ apparaît à Madeleine. — 3. Que faut-il conclure de là ? Nous avons coutume de vous entretenir ici chaque année de ce sujet. Mais puisque tous les ans on vous fait cette lecture, tous les ans aussi nous devons expliquer les paroles de Notre-Seigneur à cette femme, après qu'elle l'eut reconnu. Il lui avait dit d'abord : « Qui cherchez-vous ? Pourquoi pleurez-vous ? » (*Ibid.*, 15.) Marie-Madeleine pensait que c'était le jardinier. Et en effet, si vous considérez que nous sommes les plantes de Jésus-Christ, il est jardinier dans un sens véritable. N'est-il pas le jardinier qui a semé le grain de sénevé dans son jardin, c'est-à-dire la plus petite des semences, mais qui contient le plus de chaleur et d'activité ? elle s'est développée, elle s'est élevée, et elle est devenue un grand arbre, sur les rameaux duquel les oiseaux du ciel sont venus se reposer. « Si vous aviez de la foi comme un grain de sénevé, » (*Matth.*, XVII, 19) dit Notre-Seigneur à ses disciples. Le grain de sénevé est d'une chétive apparence ; rien de plus méprisable à la vue, mais rien de plus fort au goût. Or, que figure-t-il, sinon l'ardeur brûlante et la vigueur intérieure de la foi dans l'Eglise ? Ce n'est donc pas sans motif que Madeleine prit

---

scripta est, ut Deo magnas gratias agamus, quia in eum credidimus, quem in terra non vidimus : illorum oculis et manibus vix persuasum est, quod nos credimus.

Discipuli credunt ablatum corpus Domini. — 2. Audistis quia intravit in monumentum discipulus ejus, « et vidit linteamina posita, et credidit : nondum enim noverat Scripturas, quia oportebat eum a mortuis resurgere. » (*Joan.*, XX, 8, 9.) Sic audistis, sic lectum est : « Vidit, et credidit ; nondum enim noverat Scripturas. » Ergo debuit dici : Vidit, et non credidit ; nondum enim noverat Scripturas. Quid ergo est : « Vidit linteamina, et credidit ? » Quid credidit ? Quod dixerat mulier : « Tulerunt Dominum de monumento. » Si enim audistis, imo quia audistis, hoc dixerat illa mulier : « Tulerunt Dominum de monumento, et nescio ubi posuerunt eum. » (*Ibid.*, 2.) Hoc audito cucurrerunt : et intravit in monumentum, vidit linteamina, et credidit quod dixerat mulier, ablatum esse Christum de monumento. Quare credidit ablatum esse et furatum Christum de monumento ? quare ? « Nondum enim noverat Scripturas, quia oportebat eum a mortuis resurgere. » Intraverat, non invenerat. Resurrexisse eum credere debuit, non furatum esse.

Apparitio Christi Magdalenæ. — 3. Quid sibi ergo vult ? Solemus vobis inde omni anno loqui. Sed lectio ipsa solemniter legitur, et Sermo ipse solemniter reddatur. Quare dixit Dominus Christus mulieri jam agnoscenti. Primo enim dixerat : « Quem quæris ? quid ploras ? » (*Ibid.*, 15.) Illa autem putabat eum esse hortulanum. Et re vera, si consideres quomodo olera ipsius simus, hortulanus est Christus. Nonne est hortulanus, qui posuit granum sinapis in horto suo ? id est, semen minimum et fervidum : et crevit et ascendit, et fecit arborem tantam, ut etiam volucres cœli requiescerent in ramis ejus. « Si habueritis, » ipse dicit, « fidem, sicut granum sinapis. » (*Matth.*, XVII, 19.) Modicum videtur granum sinapis, nihil contemptibilius aspectu, nihil fortius gustu. Quod quid est aliud, nisi maximus ardor et intima vis fidei in Ecclesia ? Ergo merito putavit eum hor-

Jésus pour le jardinier. Elle lui dit : « Seigneur, » comme témoignage d'honneur ; elle lui demandait un service, elle l'appelle : « Seigneur. » « Si c'est vous qui l'avez enlevé, dites-moi où vous l'avez mis, et je l'emporterai. » (*Jean*, xx, 55, etc.) Elle semble lui dire : Il m'est nécessaire, et vous n'en avez pas besoin. O femme, qui croyez ne pouvoir vous passer du Christ mort, reconnaissez-le vivant. Vous cherchez un mort, mais le voici plein de vie qui vous adresse la parole. Or, sa mort ne nous eût servi de rien sans sa résurrection. Celui donc qu'elle cherchait comme mort lui apparaît plein de vie. Comment plein de vie ? Il l'appelle par son nom : « Marie, » et aussitôt qu'elle entend son nom, elle lui répond : *Rabboni*. Un jardinier pouvait bien lui faire cette question : « Qui cherchez-vous, pourquoi pleurez-vous ? » Le Seigneur seul pouvait lui dire : « Marie. » Il l'appelle par son nom, parce que c'est lui qui l'avait appelée au royaume des cieux. Il lui donne le nom qu'il avait inscrit dans son livre : « Marie. » Et elle lui répond : *Rabboni*, c'est-à-dire : Maître. Elle reconnaissait Celui qui l'éclairait pour se faire reconnaître ; elle voyait Jésus-Christ dans celui qu'elle prenait d'abord pour un jardinier. Le Seigneur lui dit alors : « Ne me touchez point, car je ne suis pas encore monté vers mon Père. »

Comment on doit entendre les paroles de

Jésus-Christ à Madeleine. — 4. Que signifient ces paroles : « Ne me touchez point, car je ne suis pas encore monté vers mon Père ? » Si elle ne pouvait le toucher alors qu'il était encore sur la terre, comment pourrait-elle le toucher lorsqu'il serait assis au plus haut des cieux ? Il semble lui dire : Ne me touchez point maintenant ; vous me toucherez lorsque je serai remonté vers mon Père. Rappelez-vous, mes très-chers frères, la lecture d'hier ; le Seigneur apparut à ses disciples, qui s'imaginèrent voir un esprit ; et, pour détruire cette erreur, il leur présente son corps à toucher. Que leur dit-il ? On vous l'a lu hier, et cette lecture a été le sujet du discours. « Pourquoi êtes-vous troublés, leur dit-il, et ces pensées s'élèvent-elles dans votre cœur ? Voyez mes mains et mes pieds ; touchez et voyez. » (*Luc*, xxiv, 38, 39.) Etait-il donc déjà monté vers son Père, lorsqu'il leur disait : « Touchez et voyez ? » Il invite ses disciples à le toucher, et non-seulement à le toucher, mais à le palper, pour qu'ils reconnaissent que c'est une vraie chair, un corps véritable, et à soumettre au témoignage même du toucher une vérité aussi incontestable. Il permet donc à ses disciples de le toucher de leurs mains, et il dit à cette femme : « Ne me touchez point, car je ne suis pas encore monté vers mon Père. » Que veut-il dire ? Que les hommes n'ont pu le

---

tulanum ; et ait illi : « Domine, » honorificentiæ causa : quia beneficium petebat, ideo Dominum vocabat. « Si tu abstulisti eum, inquit, ostende mihi ubi posuisti eum, et ego eum tollam. » (*Joan.*, xx, 55, etc.) Quasi diceret : Mihi necessarius est, tibi non. O mulier, necessarium tibi putas mortuum Christum : vivum agnosce. Tu mortuum quæris : sed ipse tecum vivus loquitur. Nihil autem nobis mortuus prodesset, nisi a mortuis resurrexisset. Et qui quærebatur mortuus, vivum se ostendit. Quomodo vivum ? Proprio nomine ipsam appellavit : « Maria. » Et continuo illa nomine suo audito : *Rabboni* respondit. Hortulanus enim potuit dicere : « Quem quæris ? quid ploras, Maria ? » non posset dicere nisi Dominus. Nomine ipse appellavit, qui ad regnum cœlorum vocavit. Hoc nomen dixit, quod in libro suo ipse scripserat : « Maria. » Et illa : *Rabboni*, quod est magister. Ipsum cognoverat, a quo ut cognosceretur illuminabatur ; jam qui prius hortulanus putabatur, Christus videbatur. Et Dominus ad illam : « Noli me tangere, nondum enim ascendi ad Patrem meum. »

Quomodo intelligenda verba Christi ad Magdalenam.

— 4. Quid sibi hoc vult ? « Noli me tangere, nondum enim ascendi ad patrem meum. » Si non illum poterat tangere in terra stantem, poterat tangere in cœlo sedentem ? Tanquam diceret : Modo noli me tangere, tunc me tanges cum ascendero ad Patrem. Recolat Caritas Vestra hesternam lectionem, quando apparuit discipulis Dominus, et putaverunt se spiritum videre : ille autem volens eis hunc tollere errorem, præbuit se tangendum. Quid dixit ? Heri lectum est : inde Sermo fuit. « Quid turbati estis, inquit, et cogitationes ascendunt in cor vestrum ? Videte manus meas et pedes meos : palpate et videte. » (*Luc.*, xxiv, 38, 39.) Numquid jam ascenderat ad Patrem, quando dicebat : « Palpate et videte ? » Præbet se tangendum discipulis suis, non tangendum, sed palpandum, ut fides fiat veræ carnis, veri corporis, ut exhibeatur etiam tactibus humanis soliditas veritatis : præbet ergo se palpandum manibus discipulorum ; et mulieri dicit : « Noli me tangere, nondum enim ascendi ad Patrem meum. » Quid sibi vult ? Viri non potuerunt eum tangere nisi in terra, mulieres eum habebant tangere in cœlo ? Quid est ergo tangere, nisi credere ?

toucher que sur la terre, et que les femmes ne pourraient le toucher que dans le ciel? Mais toucher n'est-ce pas croire? C'est par la foi que nous touchons Jésus-Christ, et il vaut beaucoup mieux ne pas le toucher de la main et le toucher par la foi, que de le toucher de la main sans le toucher par la foi. Il n'y a pas grand mérite à toucher de la main Jésus-Christ. Les Juifs l'ont touché de la sorte, lorsqu'ils se sont emparés de sa personne; ils l'ont touché, quand ils l'ont chargé de chaînes; ils l'ont touché, lorsqu'ils l'ont attaché à la croix, et, en le touchant avec ces dispositions criminelles, ils ont perdu ce que leurs mains avaient touché. Mais, si vous le touchez avec la foi, ô Eglise catholique, votre foi vous sauve. Il vous suffit de le toucher, c'est-à-dire d'approcher de lui avec foi, et avec une foi ferme. Si vous ne voyez qu'un homme en Jésus-Christ, vous le touchez sur la terre. Si vous croyez que Jésus-Christ est égal à son Père, vous le touchez lorsqu'il est monté vers son Père. Il monte donc pour nous vers son Père, lorsque nous comprenons véritablement ce qu'il est. Il n'est monté qu'une seule fois alors vers son Père, mais il y monte maintenant tous les jours. Hélas! qu'il en est pour lesquels il n'est pas encore monté! Qu'il en est pour lesquels il est encore sur la terre! Combien disent de lui: C'était un grand homme! Combien disent: C'était un prophète! Combien d'antechrists qui, à l'exemple de Photin, sont venus dire: Ce n'était qu'un homme, et rien de plus; il a surpassé tous les justes et les saints par la perfection de sa sagesse et de sa justice, mais il n'était pas Dieu! O Photin, vous avez touché le Christ sur la terre, vous vous êtes hâté de le toucher, et vous vous êtes précipité dans l'abîme; vous n'êtes point arrivé dans la patrie, parce que vous vous êtes égaré sur la route.

Pourquoi Notre-Seigneur Jésus-Christ fait-il ici une distinction, en disant : Mon Père, etc. — 5. Ecoutons maintenant ces autres paroles du Sauveur : « Je monte vers mon Père et votre Père, vers mon Dieu et votre Dieu. » (*Jean*, XX, 17.) Pourquoi ne dit-il pas : Vers notre Père et notre Dieu, mais fait-il cette distinction : Mon Père et votre Père ? Je dis : « Mon Père, » parce que je suis Fils unique; « votre Père, » par la grâce, et non par nature. Je dis : « Mon Père, » parce que j'ai toujours été son Fils, et : « Votre Père, » parce que c'est moi qui vous ai choisis. « Mon Dieu et votre Dieu. » Comment Dieu est-il le Père du Christ? Il est son Père parce qu'il l'a engendré; comment est-il son Dieu? Parce qu'il l'a créé. Il l'a engendré comme son Verbe unique; il l'a créé en le faisant naître selon la chair de la race de David. Il est donc tout à la fois le Père et le Dieu du Christ; le Père du Christ considéré dans sa divinité, le Dieu du Christ dans la faiblesse de son

Fide enim tangimus Christum : et melius est manu non tangere, et fide tangere, quam manu palpare, et fide non tangere. Non magnum fuit manu Christum tangere. Judæi tetigerunt quando comprehenderunt, tetigerunt quando ligaverunt, tetigerunt quando suspenderunt : tetigerunt, et male tangendo, quod tetigerunt, perdiderunt. Tangendo fide, o Ecclesia catholica, fides te salvam facit ? Tu tantum fide tange, id est, fideliter accede, et firmiter crede. Si Christum tantummodo hominem putaveris, in terra tetigisti. Si Christum Deum credideris æqualem Patri, tunc tetigisti quando ascendit ad Patrem. Ergo ascendit nobis, quando illum recte intelligimus. Semel tunc illo in tempore ascendit, sed modo quotidie ascendit. O quam multis necdum ascendit, et quam multis adhuc in terra jacet! Quam multi dicunt : Homo fuit magnus? Quam multi dicunt : Propheta fuit? Quam multi antichristi exstiterunt, qui dicerent, ut Photinus: Homo fuit, plus nihil habuit; sed omnes homines pios et sanctos excellentia sapientiæ et justitiæ superavit : nam Deus non fuit. O Photine, in terra tetigisti, festinasti tangere, (a) præcipitasti te : et ideo ad patriam non pervenisti, quia in via errasti.

Cur Christus distincte dicit : Patrem meum, etc. — 5. Deinde verba ipsius audiamus. « Ascendo ad Patrem meum et Patrem vestrum, Deum meum et Deum vestrum. » (*Joan.*, XX, 17.) Quare non ad Patrem nostrum, et Deum nostrum; sed cum distinctione « Patrem meum et Patrem vestrum? Patrem meum, » quia unicus sum; « Patrem vestrum, » gratia, non natura. « Patrem meum, » quia hoc semper fui ; « Patrem vestrum, » quia ego vos elegi. « Deum meum et Deum vestrum. » Unde Deus Christi Pater? Pater ejus, quia genuit eum : unde Deus ejus? Quia et creavit. Genuit eum Verbum unigenitum ; creavit eum ex semine David secundum carnem. Ergo et Pater Christi, et Deus Christi : Pater Christi, secundum divinitatem; Deus Christi, secundum infirmitatem. Audi unde Deus Christi;

(a) Floriacensis Ms. *sententiam præcipitasti; ad veritatem Patri æqualis non pervenisti. Deinde verba,* etc.

humanité. Voulez-vous savoir à quel titre il est le Dieu du Christ? interrogeons le Psalmiste : « Du sein de ma mère, dit-il, vous êtes mon Dieu. » (*Ps.* XXI, 11.) Avant que je fusse dans le sein de ma mère, vous êtes mon Père; du sein de ma mère, vous êtes mon Dieu. Pourquoi donc cette distinction : « Mon Père et votre Père? » Le voici : c'est que Dieu est le Père de son Fils unique d'une tout autre manière qu'il est notre Père; il est son Père par nature, il est le nôtre par grâce. Il aurait donc dû dire : Vers mon Père et votre Père, et vers notre Dieu. En effet, si Dieu est le Dieu de la créature, et, par conséquent, du Christ, puisque le Christ a été créé comme homme, nous concevons que Dieu soit le Père du Christ d'une manière distincte, parce que le Christ est Créateur comme lui; mais pourquoi Dieu est-il dit le Dieu du Christ d'une manière spéciale, puisque comme homme le Christ est une créature comme nous? Comme homme, Jésus-Christ est aussi serviteur, puisque, d'après l'Apôtre, « il a pris la forme de serviteur. » (*Philip.*, II, 7.) Pourquoi donc cette distinction : « Mon Dieu et votre Dieu ? » Cette distinction est on ne peut plus fondée. Dieu nous a donné la vie, en nous faisant tous naître d'une race de péché, mais le Christ a été fait homme d'une tout autre manière. Il est né d'une vierge, sa mère l'a conçu non par la concupiscence, mais par la foi. Il n'a point reçu le germe du péché qu'Adam transmet à toute sa postérité. Notre naissance à nous tous est l'œuvre du péché; pour lui, il est né sans péché, parce qu'il est venu nous purifier de nos péchés. Il devait donc faire cette distinction : « Mon Dieu et votre Dieu. » Vous êtes né de l'union charnelle de l'homme et de la femme, vous avez été mis au jour, comme les fruits de la concupiscence avec la souillure héréditaire du péché, et c'est de vous tous sans exception que l'Ecriture dit : « Qui est pur en votre présence? Pas même l'enfant dont la vie n'est que d'un jour sur la terre. » (*Job*, XIV, 4, *selon les Sept.*) En effet, ne s'empresse-t-on pas d'apporter les enfants, pour qu'on efface en eux, non point le péché qu'ils ont commis depuis qu'ils vivent, mais celui qu'ils ont contracté en naissant? Il n'en est pas ainsi de Jésus-Christ. Il dit : « Mon Dieu et votre Dieu; » « Mon Dieu, » parce qu'il a pris la ressemblance de la chair du péché; « Votre Dieu, » parce que nous portons la chair même du péché.

6. Nous en avons dit assez sur la lecture de l'Evangile qui a rapport à la résurrection de Notre-Seigneur, telle que l'a racontée saint Jean l'Evangéliste; car on doit lire encore du même Evangile d'autres passages relatifs à la résurrection du Seigneur. Nul autre évangéliste, en effet, ne s'est plus étendu que saint

Psalmum interrogemus : « De ventre matris meæ, inquit, Deus meus es tu. » (*Psal.* XXI, 11.) Ante ventrem matris meæ Pater meus, de ventre matris meæ Deus meus. Quare ergo et ibi distinctio, puta « Patrem meum et Patrem vestrum ? » Est distinctio, quia aliter Pater unigeniti Filii, aliter Pater noster : illius Pater per naturam, noster per gratiam. Debuit ergo dicere : « ad Patrem meum et Patrem vestrum, et Deum nostrum. » Quia Deus creaturæ, si sit Deus, et ideo Christi, quia et creatura Christus secundum hominem : Pater Christi distincte, quia creator Christus; Deus Christi, quare distincte, cum secundum hominem creatura Christus, creatura et nos? Secundum hominem Christus utique servus, « formam servi accipiens, » juxta Apostolum. (*Philip.*, II, 7.) Quare ergo « Deum meum et Deum vestrum » ibi distincte? Distincte plane. Nos enim omnes Deus noster per propaginem peccati formavit : ille et homo aliter factus est. Ille de virgine natus est : (a) illum mulier non concupiscendo, sed credendo concepit. Ille propaginem peccati ex Adam non traxit. Nos omnes per peccatum nati sumus : ille sine peccato natus est, qui peccata mundavit. Ergo et ibi distinctio : « Deum meum et Deum vestrum. » Ex semine enim creati estis, ex masculo et femina, ex concupiscentia carnis venistis cum propagine peccati, quibuscumque Scriptura dicit : « Quis mundus in conspectu tuo? Nec infans, cujus unius dici est vita super terram. » (*Job*, XIV, 4, *sec.* LXX.) Denique cum infantibus curritur, ut solvatur illis quod non vivendo addiderunt, sed quod nascendo traxerunt. Non sic Christus. « Pater meum et Deum vestrum : Deum meum, » propter similitudinem carnis peccati; « Deum vestrum, » propter carnem peccati.

6. Huc usque de lectione Evangelica, quæ pertinet ad resurrectionem Domini, quam scripsit Joannes Evangelista, sermonem fecisse suffecerit propterea quia legendæ erunt aliæ lectiones ipsius Evangelii Joannis de ipsa resurrectione Domini. Nemo enim de resurrectione ejus copiosius narravit quam sanctus Joannes, ita ut uno die legi non possit : sed legitur et alio, legitur et tertio, quo

---

(a) Tres sequentes versus, qui Vignerio exciderant, mendosum forte exemplar legenti, huc revocantur, aliaque passim errata corriguntur ex Mss.

Jean sur la résurrection; aussi ne peut-on lire en un seul jour tout ce qu'il en a écrit, mais nous le lisons un second et un troisième jour, jusqu'à ce que nous ayons achevé tout ce que ce saint évangéliste nous a rapporté de la résurrection du Seigneur.

SERMON CCXLVII [1].

XVIIIe *pour les fêtes de Pâques.*

Sur un autre passage du chapitre xx de l'Evangile selon saint Jean.

Il était d'usage de lire le récit de la résurrection d'après les quatre évangélistes. — 1. Nous avons achevé hier la lecture de la résurrection de Notre-Seigneur Jésus-Christ selon le récit véridique des quatre évangélistes. Le premier jour, nous l'avons lu dans l'Evangile selon saint Matthieu; le second jour, dans l'Evangile selon saint Luc; le troisième jour, dans l'Evangile selon saint Marc; le quatrième, c'est-à-dire hier, dans l'Evangile selon saint Jean. Mais comme saint Jean et saint Luc ont écrit sur la résurrection et sur les faits qui l'ont suivie beaucoup de détails qu'on ne peut lire en un seul jour; nous avons lu hier et aujourd'hui ce que rapporte saint Jean, et il nous reste encore d'autres lectures à faire. Qu'avons-nous donc entendu aujourd'hui? Que le jour même où le Seigneur est ressuscité, c'est-à-dire le dimanche, quand le soir fut venu, les disciples étant rassemblés dans un même endroit, et les portes fermées de peur des Juifs, Jésus apparut au milieu d'eux. (*Jean,* xx, 19.) Ce même jour donc, au témoignage de l'évangéliste saint Jean, il leur apparut deux fois : le matin et le soir. On nous a lu déjà l'apparition du matin, et nous venons d'entendre le récit de l'apparition du soir. Il n'était pas nécessaire de vous rappeler ces choses, il vous suffisait de les remarquer vous-mêmes ; j'ai cru cependant devoir faire cette observation en faveur de ceux qui ont moins d'intelligence, ou qui sont plus négligents, afin que vous sachiez parfaitement, non-seulement ce que vous entendez lire, mais encore de quel livre de la sainte Ecriture est tirée ce qu'on vous lit.

Le miracle de Jésus-Christ entrant, les portes fermées, dans le lieu où étaient ses disciples, nous est rendu croyable par d'autres miracles. — 2. Voyons donc quel sujet de discours nous présente la lecture qu'on vient de faire aujourd'hui. Cette lecture nous invite en quelque sorte, par son langage, à vous expliquer comment le Seigneur, qui est ressuscité avec un corps solide, que ses disciples ont non-seulement vu, mais touché, a pu entrer là où ils étaient, les portes demeurant fermées. Il en est sur qui cette difficulté fait une si vive impres-

---

[1] Nous avons rétabli pour la première fois ce sermon dans les œuvres de saint Augustin, d'après un manuscrit des PP. Cisterciens de Sainte-Croix-en-Jérusalem, à Rome. Ce sermon était autrefois parmi ceux de saint Fulgence; mais, dans la nouvelle édition de ses œuvres, il est placé dans l'Appendice, parmi les œuvres non authentiques de ce saint docteur.

---

usque finiatur quidquid et Joannes sanctus de Domini resurrectione scripsit.

SERMO CCXLVII.

In diebus Paschalibus, XVIII.

De alia lectione Evangelii Joan., xx.

Resurrectio ex quatuor Evangeliis recitata. — 1. Resurrectio Domini nostri Jesu Christi secundum veritatem quatuor Evangelistarum hesterno die videtur esse completa. Primo enim die lecta est resurrectio secundum Matthæum, alio die secundum Lucam, tertio secundum Marcum, quarto, id est hesterno, secundum Joannem. Sed quoniam Joannes et Lucas de ipsa resurrectione et quæ contigerunt post resurrectionem, plurima scripserunt, quæ non possunt una lectione recitari; et heri audivimus aliquid secundum Joannem, et hodie, et adhuc aliæ lectiones restant. Hodie ergo quid audivimus? Quia ipso die quo resurrexit, id est Dominico die, cum sero factum esset, et essent discipuli in uno loco, et ostia clausa essent propter timorem Judæorum, apparuit Dominus in medio eorum. (*Joan.,* xx, 19.) Ipso ergo die, sicut Evangelista Joannes testis est, bis apparuit discipulis suis, mane et sero. Ex eo quod mane apparuit, etiam ipsa lectio recitata est : quod vero eodem die sero rursus apparuit, modo cum recitaretur audivimus. Non opus erat ut a me ista commemorarentur, sed ut a vobis adverteretur : propter quorumdam vero minorem intelligentiam vel majorem negligentiam oportuit commemorare, ut sciatis non solum quid audistis, sed etiam de qua Scriptura vobis legitur quod audistis.

Christi ad discipulos per ostia clausa intrantis miraculum ex aliis miraculis suadetur. — 2. Videamus ergo quid nobis ad loquendum hodierna lectione proponitur. Ipsa quippe lectio admonet nos, et quodam modo loquitur nobis, ut aliquid dicamus, quemadmodum Dominus qui in ea soliditate corporis resurrexit, ut non solum videretur a discipulis, sed etiam tangere-

sion, qu'ils sont sur le point de tomber dans les plus grands périls, en opposant aux miracles divins les préjugés de leurs raisonnements. Voici, en effet, comme ils argumentent : Si c'était un vrai corps composé de chair et d'os, si le corps qui est sorti du sépulcre est celui qui a été attaché à la croix, comment a-t-il pu entrer, les portes étant fermées? S'il ne l'a pu, disent-ils, le fait n'a pas eu lieu; et s'il a eu ce pouvoir, comment l'expliquer? Si vous comprenez comment cela s'est fait, ce n'est plus un miracle; et si vous renoncez à y voir un miracle, vous êtes bien près de nier que Jésus-Christ soit sorti du tombeau plein de vie. Considerez, à prendre dès le commencement, les miracles de votre Seigneur, et rendez-moi raison de chacun d'eux. Une vierge conçoit sans qu'un homme se soit approché d'elle; expliquez-moi comment une vierge a pu concevoir en dehors des voies ordinaires. Là où la raison fait défaut, la foi s'élève et s'affermit. Voilà donc un premier miracle dans la conception du Seigneur; en voici un autre dans sa naissance. Une vierge l'a enfanté en demeurant vierge. Ainsi le Seigneur, avant de ressusciter, a traversé, en naissant, des portes fermées. Vous allez plus loin et vous me dites : S'il est entré dans un lieu dont les portes étaient fermées, que sont devenues les propriétés de son corps? Et moi je vous réponds : S'il a marché sur les eaux de la mer (*Matth.*, xiv, 25), qu'est devenu le poids de son corps? Mais le Seigneur agit ici comme Maître et Seigneur. Or, a-t-il cessé d'être le Seigneur, lorsqu'il est ressuscité? Mais quoi! n'a-t-il pas fait marcher Pierre lui-même sur la mer? Ce que Jésus a fait par la vertu de sa divinité, Pierre l'a fait par la foi, avec cette différence que Jésus agissait par une puissance qui lui était propre, et Pierre par le secours qu'il recevait du Christ. Si donc vous commencez à discuter la raison des miracles avec des pensées tout humaines, je crains que vous ne perdiez la foi. Ne savez-vous pas que rien n'est impossible à Dieu? A quiconque viendra vous dire : S'il est entré dans un lieu dont les portes étaient fermées, ce n'était pas un corps véritable, répondez-lui au contraire : Si on l'a touché, donc c'était un corps; s'il a mangé, donc c'était un corps; il est donc entré aussi par miracle, et non d'après les lois de la nature. Quoi de plus digne d'admiration que le cours ordinaire et régulier de la nature? Tout est plein de miracles, mais leur continuité même leur ôte tout leur prix à nos yeux. Rendez-moi ici raison; je vais vous interroger sur les choses ordinaires, et qui se reproduisent tous les jours. Expliquez-moi pourquoi la semence d'un arbre aussi grand que le figuier est si petite, qu'elle est presque imperceptible, tandis que la courge, plante si modeste, produit une semence d'un volume si considérable. Cependant si vous appliquez les yeux, non pas du corps, mais de l'esprit, sur cette petite semence à peine visible,

tur, potuerit illis apparere ostiis clausis. Nonnulli enim de hac re ita moventur, ut pene periclitentur, afferentes contra miracula divina præjudicia ratiocinationum suarum. Sic enim disputant : Si corpus erat, si caro et ossa erant, si hoc surrexit de sepulcro, quod pependit in ligno; quomodo per clausa ostia intrare potuit? Si non potuit, dicunt : Non est factum. Si potuit, quomodo potuit? Si comprehendis modum, non est miraculum : et si miraculum tibi non videtur, propinquus ut neges quia et de sepulcro resurrexit. Respice ab initio miracula Domini tui, et redde mihi de singulis rationem. Vir non accessit, et virgo concepit. Redde rationem, quomodo sine masculo virgo conceperit. Ubi defecerit ratio, ibi est fidei ædificatio. Ecce habes unum in Domini conceptu miraculum : audi etiam in partu. Virgo peperit, et virgo permansit. Jam tunc Dominus antequam resurgeret, per clausa ostia natus est. Quæris a me et dicis : Si per clausa ostia intravit, ubi est corporis modus? Et ego respondeo : Si super mare ambulavit (*Matth.*, xiv, 25), ubi est corporis pondus? Sed fecit illud Dominus tanquam Dominus. Numquid ergo cum resurrexit, destitit esse Dominus? Quid quod et Petrum fecit ambulare super mare? Quod in illo divinitas potuit, in isto fides implevit. Sed Christus, quia potuit; Petrus, quia Christus adjuvit. Si ergo (*al.* coneris) cœperis humano sensu miraculorum discutere rationem, timeo ne perdas fidem. Nescis nihil esse impossibile Deo? Quicumque ergo tibi dixerit : Si intravit per ostia clausa, non erat corpus; responde tu illi a contrario : Imo si tactus est, corpus erat; si manducavit, corpus erat : et fecit illud miraculo, non natura. Nonne admiranda est quotidianus cursus ipse naturæ? Omnia miraculis plena sunt : sed assiduitate viluerunt. Redde mihi rationem : aliquid interrogo de consuetis et solitis : redde rationem, quare tam magnæ arboris fici semen tam modicum est, ut videri vix possit, et humilis cucurbita tam grande semen parit. In illo tamen grano seminis exiguo, vix visibili, si consi-

SERMON CCXLVIII.

vous trouverez dans ce corps si petit, si étroit, la racine qu'il cache, la tige qu'il contient, et les feuilles qu'elle doit porter, les fruits dont l'arbre doit se couvrir, tout se trouve renfermé dans cette petite semence. Il n'est pas besoin de parcourir d'autres exemples ; personne ne peut rendre raison des phénomènes qui se produisent tous les jours, et vous voudriez que j'explique les miracles ! Lisez donc l'Evangile, et croyez à ces faits miraculeux. Dieu a fait beaucoup plus, et vous n'êtes point surpris de ce qui laisse bien loin toutes ses autres œuvres ! Il n'y avait rien, et de ce néant il a fait sortir le monde !

Nouvelle preuve tirée de l'exemple du chameau apporté par Notre-Seigneur, et que Dieu peut faire passer par le trou d'une aiguille. — 3. Mais enfin, me direz-vous, le corps, en raison de sa dimension et de son volume, n'a pu traverser des portes qui étaient fermées. Quel était, je vous prie, ce volume? Le corps du Sauveur avait la même étendue que tous les autres corps ; mais était-elle aussi grande que celle du chameau? Non, sans doute. Or, lisez l'Evangile, écoutez Notre-Seigneur lui-même, lorsqu'il veut montrer à ses disciples la difficulté pour un riche d'entrer dans le royaume des cieux : « Il est plus aisé à un chameau, leur dit-il, de passer par le trou d'un aiguille, qu'il ne l'est à un homme riche d'entrer dans le royaume des cieux. » (*Luc*, XVIII, 25.) Ses disciples, qui l'entendaient, considérant qu'il est de toute impossibilité qu'un chameau passe par le trou d'une aiguille, s'attristèrent et se dirent : « S'il en est ainsi, qui donc pourra être sauvé? » Si un chameau passe plus facilement par le trou d'une aiguille qu'un riche ne peut entrer dans le royaume des cieux, nul homme riche ne pourra donc être sauvé? Le Seigneur leur répondit : « Ce qui est impossible à l'homme est facile à Dieu. » Dieu peut faire passer un chameau par le trou d'une aiguille, de même qu'il peut faire entrer un riche dans le royaume des cieux. Pourquoi venir m'objecter ces portes fermées? Des portes fermées peuvent avoir des fentes; or, comparez les fentes d'une porte au trou d'une aiguille; comparez, sous le rapport du volume et de l'étendue, le corps de l'homme au corps d'un chameau, et cessez de soulever des accusations contre la divinité des miracles.

SERMON CCXLVIII.

XIXe *pour les fêtes de Pâques.*

Sur la lecture du chapitre XXI de l'Evangile selon saint Jean, et sur les deux pêches : l'une avant la passion, l'autre après la résurrection (1).

CHAPITRE PREMIER. — *La pêche sur la mer de*

---

(1) Dans la Table de Possidius, chapitre VIII, ce traité et les suivants portent ce titre : « Des cent cinquante-trois poissons d'après l'Evangile de saint Jean. »

---

deres animo, non oculis ; in illa exiguitate, illis angustiis, et radix latet, et robur incertum est, et folia futura (*al.* occulta) alligata sunt, et fructus qui apparebit in arbore, jam est (*al.* promissus) præmissus in semine. Non opus est multa percurrere : de quotidianis rebus nemo reddit rationem, et exigis a me de miraculis rationem. Evangelium ergo lege, et crede facta, quæ mira sunt. Plus est quod fecit Deus, et non miraris quod excedit omnia opera : nihil erat, et mundus est.

Confirmatur ex dicto Domini de camelo, qui Deo faciente potest intrare per foramen acus. — 3. Sed non potuit, inquis, corporis moles transire per ostia, quæ clausa erant. Quanta erat illa moles, rogo te? Tanta utique, quanta est in omnibus : numquid tanta, quanta est in camelo? Non utique tanta. Lege Evangelium, audi ipsum : difficultatem divitis intrantis in regnum cœlorum cum voluisset ostendere, ait : « Facilius intrat camelus per foramen acus, quam dives in regnum cœlorum. » (*Luc*, XVIII, 25, etc.) Hoc audito discipuli, considerantes nullo modo fieri posse, ut camelus per foramen acus intraret, contristati sunt apud se, dicentes : « Si ita est, quisnam poterit salvare semetipsum? » Si facilius intrat camelus per foramen acus, quam dives in regnum cœlorum ; nullo modo potest camelus intrare per foramen acus ; nullus ergo divitum salvari potest. Respondet Dominus : « Quæ hominibus impossibilia sunt, Deo facilia sunt. » Potest Deus et camelum per foramen acus trajicere, et divitem introducere in regnum cœlorum. Quid mihi de ostiis clausis calumniaris? Ostia clausa habent vel rimam : compara rimam ostiorum foramini acus, compara molem carnis humanæ magnitudini camelorum ; et noli calumniari divinitati miraculorum.

SERMO CCXLVIII (a).

In diebus Paschalibus, XIX.

De lectione Evangelii Joan., XXI, et de duabus piscationibus, una ante passionem, altera post resurrectionem.

CAPUT PRIMUM. — *Piscatio ad mare Tiberiadis non*

(a) Alias de Tempore CXLVIII.

Tibériade n'a point été sans mystère. *Ces deux pêches sont la figure de l'Eglise actuelle et de l'Eglise future.* — 1. Aujourd'hui encore, la lecture qui vous a été faite avait pour objet les faits qui, d'après le récit de l'évangéliste saint Jean, ont suivi la résurrection du Seigneur. Votre charité a entendu comme nous, que Notre-Seigneur Jésus-Christ s'est manifesté à ses disciples sur le bord de la mer de Tibériade, et qu'après en avoir fait des pêcheurs d'hommes, il les retrouve encore pêcheurs de poissons. Pendant toute la nuit, ils n'avaient rien pris; mais le Seigneur leur ayant apparu et commandé de jeter leurs filets, ils lui obéirent, et prirent cette énorme quantité que vous venez d'entendre. Or, Notre-Seigneur ne leur eût jamais donné un ordre semblable, s'il n'avait eu en vue une signification mystérieuse qu'il savait devoir nous être utile. De quelle importance était-il pour Notre-Seigneur Jésus-Christ, que les disciples fissent ou non une pêche abondante? C'est donc nous-mêmes qui étions figurés dans cette pêche. Rappelons-nous les deux pêches que les disciples ont faites sur l'ordre que leur donna Notre-Seigneur Jésus-Christ, l'une avant sa passion, l'autre après sa résurrection. Ces deux pêches représentent donc l'Eglise tout entière, l'Eglise actuelle, et l'Eglise telle qu'elle sera à la résurrection des morts. Maintenant elle renferme dans son sein une multitude innombrable, composée de bons et de mauvais; après la résurrection, elle ne sera plus composée que d'un nombre déterminé et de bons exclusivement.

Chapitre II. — *Première pêche.* — 2. Rappelez-vous donc la première pêche où nous voyons figurée l'Eglise du temps présent. Notre-Seigneur Jésus trouve ses disciples occupés à la pêche, lorsqu'il les appelle pour la première fois à marcher à sa suite. Ils avaient travaillé toute la nuit sans rien prendre. Notre-Seigneur, qui était présent, leur dit : « Jetez vos filets. Seigneur, répondirent-ils, nous avons travaillé toute la nuit, et nous n'avons rien pris; toutefois, sur votre parole, nous jetterons les filets. » (*Luc*, v, 4, etc.) Ils jetèrent donc leurs filets sur l'ordre du Tout-Puissant. Que pouvait-il arriver que ce qu'il voulait? Cependant, comme je l'ai dit, il a daigné renfermer pour nous, dans ce fait miraculeux, un enseignement mystérieux, qu'il nous est utile de connaître. Ils jetèrent les filets; le Sauveur n'avait pas encore souffert, il n'était pas encore ressuscité. Les disciples jetèrent donc les filets, et ils prirent une si grande quantité de poissons qu'ils en emplirent deux barques, et que les filets mêmes se rompaient sous cette énorme quantité de poissons. Jésus leur dit alors : « Suivez-moi, et je vous ferai pêcheurs d'hommes. » (*Matth.*, IV, 19.) Ils reçurent de lui les filets de la parole de Dieu, ils les jetèrent dans le monde comme dans une mer profonde,

---

sine mysterio. *In piscationibus duabus, figura Ecclesiæ præsentis ac futuræ.* — 1. Et hodie lectio recitata est de his quæ facta sunt post resurrectionem Domini secundum Evangelistam Joannem. Audivit nobiscum Caritas Vestra, Dominum Jesum Christum ad mare Tiberiadis ostendisse se discipulis suis; et qui eos jam fecerat piscatores hominum, invenit eos adhuc piscatores piscium. Per totam noctem nihil ceperunt : viso autem Domino, et eo jubente retia mittentes, ceperunt quantum numerum audistis. Nunquam hoc Dominus juberet, nisi aliquid significare vellet, quod nobis nosse expediret. Quid ergo pro magno potuit ad Jesum Christum pertinere, si pisces caperentur, aut si non caperentur? Sed illa piscatio, nostra erat significatio. Recolamus ergo vobiscum duas illas piscationes discipulorum factas jubente Domino Jesu Christo, unam ante passionem, alteram post resurrectionem. In his ergo duabus piscationibus tota figuratur Ecclesia, et qualis est modo, et qualis erit in resurrectione mortuorum. Modo enim habet sine numero multos, et bonos et malos : post resurrectionem autem habebit certo numero solos bonos.

Caput II. — *Piscatio prima.* — 2. Recordamini ergo primam piscationem, ubi videamus Ecclesiam qualis est in isto tempore. Dominus Jesus invenit discipulos suos piscantes, quando primum eos vocavit, ut sequerentur eum. Tunc tota nocte nihil ceperunt. Eo autem viso, audierunt ab illo : « Mittite retia. » « Domine, inquiunt, per totam noctem nihil cepimus, sed ecce in verbo tuo rete mittimus. » (*Luc.*, v, 4, etc.) Miserunt, jubente omnipotente. Quid potuit aliud fieri, nisi quod ille voluisset? Sed tamen eodem ipso facto aliquid nobis, ut dixi, quod nosse expediat, significare dignatus est. Missa sunt retia. Adhuc Dominus nondum erat passus, nondum resurrexerat. Missa sunt retia : ceperunt tantum piscium, ut duo navigia implerentur, et ipsa retia eadem piscium multitudine scinderentur. Tunc illis dixit : « Venite, et faciam vos piscatores hominum. » (*Matth.*, IV, 19.) Acceperunt ab illo retia verbi Dei, miserunt in mundum tanquam in mare profundum : ceperunt quantam multitudinem Christianorum cernimus et

et ils prirent cette immense multitude de chrétiens que nous ne pouvons voir sans admiration. Or, ces deux barques figuraient les deux peuples, les Juifs et les Gentils, la Synagogue et l'Eglise, la circoncision et l'incirconcision. Ces deux barques sont comme deux murailles qui viennent chacune en sens contraire (*Ephés.*, II, 11, 22), et dont le Christ est la pierre angulaire. Mais, qu'avons-nous entendu? Que les barques étaient surchargées par la multitude des poissons. Ainsi en est-il aujourd'hui; un grand nombre de mauvais chrétiens surchargent et oppriment l'Eglise. C'est peu de l'opprimer, ils rompent les filets, car, si les filets n'avaient pas été rompus, les schismes ne seraient pas arrivés.

CHAPITRE III. — *Seconde pêche.* — 3. Passons de cette pêche que nous supportons patiemment à cette autre que nous désirons ardemment et que nous attendons avec confiance. Notre-Seigneur était mort, il était ressuscité; il apparaît à ses disciples sur le bord de la mer, leur commande de jeter leurs filets, mais non pas indistinctement d'une manière générale. Considérez attentivement cette circonstance. Lors de la première pêche, il ne leur a point dit : Jetez vos filets à droite ou à gauche de la barque. Car, s'il avait dit : Jetez-les à gauche, il n'aurait figuré que les mauvais; s'il avait dit : Jetez-les à droite, il n'aurait eu en vue que les bons. Il ne commande donc point de les jeter à droite ou à gauche, parce qu'ils devaient prendre les bons mêlés avec les mauvais. Mais, après la résurrection, écoutez quelle sera l'Eglise ; voyez la différence, ouvrez votre cœur à la joie et à l'espérance, et votre esprit à l'intelligence de ce mystère. « Jetez, dit Jésus, le filet à droite de la barque. » (*Jean*, XXI, 6.) On prend maintenant ceux qui sont à droite, ne craignez plus le mélange des mauvais. Vous savez que le Sauveur a promis de séparer les brebis des boucs, de placer les brebis à droite, les boucs à gauche, et qu'il dira à ceux qui sont à gauche : « Allez au feu éternel; » à ceux qui sont à droite : « Possédez le royaume. » (*Matth.*, XXV.) Voilà pourquoi il dit aujourd'hui : « Jetez le filet à droite de la barque. » Ils le jetèrent et prirent des poissons; le nombre en est déterminé, il n'y en a pas un de plus. (*Ps.* XXXIX, 6.) Mais maintenant, combien qui, en dehors du nombre, s'approchent de l'autel, paraissent faire partie du peuple de Dieu, et ne sont pas inscrits dans le livre de vie. Ici donc, le nombre est arrêté. Appliquez-vous avec ardeur à être du nombre de ces poissons, non pas seulement par votre empressement à écouter la parole de Dieu, à y applaudir, mais par votre application à la comprendre et à la mettre en pratique par une vie sainte. Les apôtres jetèrent donc les filets, et prirent de grands poissons. En effet, qui sera petit alors que tous les élus seront égaux aux

---

miramur. Duo autem illa navigia, duos populos significabant, Judæorum et Gentium, Synagogæ et Ecclesiæ, circumcisionis et præputii. Illorum enim duorum navigiorum, tanquam duorum parietum de diverso venientium, lapis angularis est Christus. (*Ephes.*, II.) Sed quid audivimus? Ibi premebantur navigia præ multitudine. Sic fit modo : multi Christiani qui male vivunt, Ecclesiam premunt. Parum est quia premunt : et retia disrumpunt. Nam si non essent retia scissa, schismata non essent commissa.

CAPUT III. — *Secunda piscatio.* — 3. Transeamus ergo ab ista piscatione, quam toleramus, et ad illam veniamus, quam ardenter optamus et fideliter exoptamus. Ecce Dominus mortuus est, sed resurrexit : apparuit ad mare discipulis suis, jubet eos retia mittere, non quomodocumque. Intendite. Nam in prima piscatione non illis dixit : Mittite retia in dexteram, aut in sinistram. Quia si diceret: in sinistram, soli mali significarentur ; si diceret: in dexteram, soli boni figurarentur. Ideo non dixit, vel in dexteram, vel in sinistram, quia permixti erant capiendi boni cum malis. Jam modo post resurrectionem qualis erit Ecclesia, audite, discernite, gaudete, sperate, comprehendite. « Mittite, inquit, retia in dexteram partem. » (*Joan.*, XXI, 6.) Jam dexteri capiuntur : nulli mali timeantur. Scitis enim quia dixit se separaturum esse oves ab hœdis; oves positurum ad dexteram, hœdos ad sinistram ; sinistris dicturum : « Ite in ignem æternum ; » dexteris dicturum : « Accipite regnum. » (*Matth.*, XXV.) Ecce unde : « Mittite retia in dexteram partem. » Miserunt, ceperunt : certus est numerus ; nemo est ibi super numerum. (*Psal.* XXXIX, 6.) Modo autem quanti super numerum accedunt ad altare, in populo Dei videntur, et in libro vitæ non scribuntur. Ibi ergo certus numerus est. De quibus piscibus et vos esse affectate ; non audiendo tantum et laudando, sed intelligendo et bene vivendo. Mittuntur ergo retia, capiuntur pisces magni. Quis est enim ibi tunc parvus, quando erunt æquales Angelis Dei? (*Matth.*, XXII.) Capiuntur ergo pisces magni, centum quinquaginta et tres. (*Joan.*, XXI, 11.) Dicet mihi aliquis : Et tot erunt sancti? Absit a nobis, ut

anges de Dieu? (*Matth.*, xxii.) Ces grands poissons qu'ils prirent étaient au nombre de cent cinquante-trois. (*Jean*, xxi, 11.) Voilà donc quel sera le nombre des saints, me dira-t-on. Loin de nous la pensée que même cette seule Eglise doive donner à ce royaume un si petit nombre de saints. Le nombre en sera déterminé, mais, du peuple d'Israël, il y en aura des milliers de milliers. Saint Jean, dans l'Apocalypse, nous dit qu'il y en aura, de ce seul peuple d'Israël, cent quarante-quatre mille qui ne se sont point souillés avec les femmes et qui sont demeurés vierges. (*Apoc.*, vii, xiv.) Mais il nous apprend que, des autres nations, il en viendra tant de milliers, revêtus de robes blanches, que nul ne peut les compter.

Chapitre IV. — *Quelle est la signification mystérieuse de ce nombre déterminé de poissons.* — 4. Ce nombre a donc une signification mystérieuse, et je dois vous rappeler, dans ce discours, dont le sujet revient tous les ans, ce que vous avez coutume d'entendre chaque année. Les cent cinquante-trois poissons représentent les milliers de milliers de saints et de fidèles. Or, pourquoi Notre-Seigneur a-t-il voulu représenter par ce nombre tant de milliers de saints qui doivent entrer dans le royaume des cieux? Ecoutez la raison. Vous savez que la loi a été donnée par Moïse au peuple de Dieu, et que la partie la plus importante de cette loi, c'est le Décalogue, c'est-à-dire les dix commandements de la loi. (*Exod.*, xx, 3.) Le premier commandement ordonne de n'adorer qu'un seul Dieu; le second, de ne pas prendre en vain le nom du Seigneur Dieu; le troisième, l'observation du sabbat, que les chrétiens observent spirituellement, et que les Juifs transgressent en l'observant d'une manière charnelle. Ces trois premiers préceptes ont Dieu pour objet; les sept autres se rapportent plus directement aux hommes, et ils se résument tous dans ces deux grands commandements : « Tu aimeras le Seigneur ton Dieu de tout ton cœur, de toute ton âme et de tout ton esprit, et tu aimeras ton prochain comme toi-même. Ces deux commandements renferment toute la loi et les prophètes. » (*Matth.*, xxii, etc.) Puisque donc tout se réduit à ces deux préceptes, les trois premiers commandements du Décalogue se rapportent à l'amour de Dieu, et les sept autres à l'amour du prochain. Quels sont les sept qui se rapportent directement à l'homme? « Honore ton père et ta mère; tu ne seras point adultère; tu ne tueras point; tu ne déroberas point; tu ne porteras point de faux témoignage; tu ne convoiteras point l'épouse de ton prochain; tu ne désireras rien de ce qui lui appartient. »

Chapitre V. — *Nul ne peut, sans le secours de la grâce, accomplir les commandements de Dieu.* — Or, personne ne peut accomplir ces

---

tantam paucitatem esse sanctorum et in illo regno futurorum etiam de sola ista Ecclesia suspicemur. Certus numerus erit : sed millia millium erunt de populo Israelitico. Joannes sanctus in Apocalypsi de solo populo Israel duodecies duodena millia dicit futuros, qui se cum mulieribus non coinquinaverunt, virgines enim permanserunt. (*Apoc.*, vii, xix.) At vero de cæteris gentibus venire dicit cum stolis albis tanta millia hominum, quæ numerare nemo potest.

Caput IV. — *Numerus piscium quid mysterii habeat.* — 4. Aliquod ergo signum vult iste numerus, et anniversaria solemnitate sermonis hujus commemorare vobis debeo, quod omni anno soletis audire. Centum quinquaginta et tres pisces, numerus est significans millia millium sanctorum atque fidelium. Quare autem isto numero tot millia, quæ futura sunt in regno cœlorum, Dominus significare dignatus est? Audite quare. Scitis Legem datam esse per Moysen populo Dei, et in ipsa Lege præcipuum commemorari decalogum, id est, decem præcepta legis. Quorum est unum præceptum de colendo uno Deo; secundum præceptum : « Ne accipias nomen Domini Dei tui in vanum; » (*Exod.*, xx, 3) tertium præceptum de observatione sabbati, quod Christiani spiritaliter observant, Judæi carnaliter violant. Ista tria præcepta ad Deum pertinent, reliqua septem ad homines : propter illa duo principalia : « Diliges Dominum Deum tuum in toto corde tuo, et ex tota anima tua, et ex tota mente tua, et diliges proximum tuum tanquam te ipsum. In his duobus mandatis , tota Lex pendet et prophetæ. » (*Matth.*, xxii, etc.) Quia ergo duo sunt ista præcepta, in illo decalogo tria pertinent ad dilectionem Dei, et septem ad dilectionem proximi. Quæ sunt septem pertinentia ad hominem? « Honora patrem tuum et matrem : Non mœchaberis : Non occides : Non furaberis : Non falsum testimonium dixeris : Non concupisces uxorem proximi tui : Non concupisces rem proximi tui.

Caput V. — *Præcepta nullus implet, nisi adjutus gratia.* — Hæc decem præcepta nemo implet viribus suis, nisi adjuvetur gratia Dei. Si ergo legem nemo implet viribus suis , nisi Deus adjuvet Spiritu suo ;

dix commandements par ses propres forces et sans le secours de la grâce de Dieu. Si donc nul ne peut accomplir la loi par ses propres forces et sans l'aide de l'Esprit de Dieu, rappelez-vous comment le Saint-Esprit est figuré par le nombre sept, au témoignage d'un saint prophète, qui prédit que l'homme sera rempli de l'Esprit de Dieu, de l'Esprit de sagesse et d'intelligence, de conseil et de force, de science et de piété, et de crainte de Dieu. (*Isa.*, XI, 2.) Ces sept opérations consacrent le nombre sept comme symbole de l'Esprit saint, qui, lorsqu'il descend en nous, commence par la sagesse, et finit par la crainte. Pour nous, au contraire, qui montons vers lui, nous commençons par la crainte, et nous arrivons au terme de la perfection, en finissant par la sagesse, car « le commencement de la sagesse est la crainte du Seigneur. » (*Eccli.*, I, 16.) Si donc nous avons besoin de l'Esprit saint afin de pouvoir accomplir la loi, il faut joindre le nombre sept au nombre dix, et vous obtenez le nombre dix-sept. Et, en additionnant les nombres depuis un jusqu'à dix-sept, vous arrivez au chiffre de cent cinquante-trois. Il n'est pas nécessaire de faire ici l'addition tout entière ; comptez vous-mêmes de cette manière : un, et deux, et trois, et quatre font dix. De même qu'un, et deux, et trois, et quatre font dix, additionnez les autres nombres jusqu'à dix-sept, et vous obtiendrez le nombre sacré des fidèles et des saints qui doivent régner dans les cieux avec le Seigneur.

SERMON CCXLIX.

XX° *pour les fêtes de Pâques.*

Sur la même lecture et sur les deux pêches.

Double pêche faite sur l'ordre du Seigneur. — 1. Nous venons de voir, par la lecture de l'Evangile, comment Notre-Seigneur Jésus-Christ se manifesta à ses disciples qui pêchaient sur la mer de Tibériade. Lorsqu'il les appela pour la première fois, il leur avait dit : « Suivez-moi, et je ferai de vous des pêcheurs d'hommes. » (*Matth.*, IV, 9.) C'est alors aussi, qu'ayant jeté leurs filets sur sa parole, ils prirent une grande quantité de poissons, mais dont le nombre n'est point déterminé. De plus, lors de la première pêche, il ne leur avait pas dit : Jetez le filet à droite de la barque, mais simplement : « Jetez vos filets, » (*Luc*, V, 4) sans ajouter : à droite ou à gauche. Or, ils prirent une si grande quantité de poissons, qu'ils ne pouvaient les compter, et que leurs barques en étaient surchargées. Jusqu'à quel point ? L'Evangile nous l'indique : « De sorte, dit-il, qu'elles étaient près d'enfoncer. » (*Ibid.*, 7.) C'est alors que Jésus leur adresse les paroles que je vous ai rappelées : « Suivez-moi, et je ferai de vous des pêcheurs d'hommes. » Nous sommes dans ces

---

jam recolite quemadmodum Spiritus sanctus septenario numero commendatur, sicuti sanctus Propheta dicit, implendum hominem Spiritu Dei, sapientiæ et intellectus, consilii et fortitudinis, scientiæ et pietatis, Spiritu timoris Dei. (*Isai.*, XI, 2.) Istæ septem operationes commendant septenario numero Spiritum sanctum qui quasi descendens ad nos, incipit a sapientia, finit ad timorem. Nos autem ascendentes incipimus a timore, perficimur in sapientia. « Initium enim sapientiæ timor Domini. » (*Eccli.*, I, 16.) Si ergo Spiritus opus est, ut lex possit impleri, accedant septem ad decem, fit numerus decem et septem. Si computes ab uno usque ad decem et septem, fiunt centum quinquaginta et tres. Non opus est est omnia nunc numerare, apud vos numerate : sic computate, unum et duo et tria, et quatuor sunt decem. Quomodo decem sunt unum et duo et tria et quatuor, sic adde cæteros numeros usque ad decem et septem : et invenis numerum sacrum fidelium atque sanctorum in cœlestibus cum Domino futurorum.

(a) Alias XXI, ex Vignerianis.

SERMO CCXLIX (a).

In diebus Paschalibus, XX.

De eadem lectione et duabus piscationibus.

Piscatio jussu Domini facta duplex. — 1. Audivimus Evangelium, quemadmodum Dominus Jesus post resurrectionem apparuit discipulis piscantibus ad mare Tiberiadis. Quando eos vocavit primum, dixerat eis : « Venite post me, et faciam vos piscatores hominum. » (*Matth.*, IV, 9.) Et tunc quidem quando vocati sunt, ad ejus verbum mittentes retia, ceperunt magnam multitudinem piscium ; sed numerus non est dictus. Deinde in ipsa piscatione prima, non eis dixerat : « Mittite rete in dexteram partem, » sed tantum dixerat : « Mittite ; » (*Luc.*, V, 4) nec in dexteram dixit, nec in sinistram. Captus est autem tantus piscium numerus, ut esset sine numero, et onerata sunt navigia eorum. Et quomodo onerata sunt ? Sic loquitur Evangelium, « ut pene mergerentur. » (*Ibid.*, 7.) Tunc eis dixit quod commemoravi :

filets, nous y avons été pris, mais nous n'y restons point captifs. Que l'homme ne craigne point d'être pris dans ces filets; s'il peut être pris, il ne peut être surpris. Mais que signifie cette dernière pêche dont nous parle aujourd'hui l'Evangile? Notre-Seigneur apparut aux pêcheurs en se tenant sur le bord de la mer, et il leur demanda s'ils n'avaient rien à manger. Ils lui répondirent qu'ils n'avaient rien pris de toute la nuit. Il leur dit : « Jetez le filet à droite de la barque, » (*Jean*, XXI, 6) ce qu'il n'avait pas dit la première fois. Ils le jetèrent donc, et ils ne pouvaient le tirer, tant il y avait de poissons. Or, il contenait cent cinquante-trois poissons. Et, comme dans la première pêche il est dit que les filets se rompaient sous la grande quantité de poissons, l'Evangéliste a pris soin de nous faire remarquer que, dans cette seconde pêche, « malgré le grand nombre de poissons, le filet ne se rompait point. » (*Ibid.*, 11.)

Ces deux pêches figurent l'état de l'Eglise actuelle et celui de l'Eglise future. — 2. Distinguons bien ces deux pêches, qui eurent lieu l'une avant, l'autre après la résurrection. Dans la première, on jette les filets sans choisir l'endroit; il n'est question ni de la droite ni de la gauche, pour ne pas donner à entendre que ce filet ne prend exclusivement que des bons ou des méchants; il y a donc mélange des bons et des méchants. Les filets se rompaient sous l'énorme quantité de poissons qu'ils renfermaient. Ces filets qui se rompent signifient les schismes; nous le voyons, c'est ce qui existe, c'est ce qui se produit chaque jour. On remplit deux barques, pour figurer les deux peuples des circoncis et des incirconcis, et elles sont tellement remplies et surchargées qu'elles sont sur le point de couler à fond. Nous ne pouvons que gémir sur ce que signifie cette circonstance. C'est la foule qui a jeté le trouble dans l'Eglise. Qu'ils sont nombreux, ces mauvais chrétiens qui surchargent le navire et l'exposent à être submergé! Mais si les barques ne coulent pas à fond, c'est en faveur des bons poissons qu'elles contiennent. Examinons donc attentivement la dernière pêche qui eut lieu après la résurrection. Il n'y aura plus un seul méchant, vous aurez une sécurité parfaite, mais à la condition que vous serez bon. Soyez bon au milieu des méchants, et vous le serez un jour sans être mêlé avec eux. La première pêche a pour vous quelque chose de pénible, vous êtes au milieu des méchants. O vous, qui m'écoutez avec foi; ô vous, qui ne perdez rien de ce que je dis; ô vous, qui ne laissez point la parole divine traverser seulement vos oreilles, mais qui la faites descendre dans votre cœur; ô vous, qui craignez beaucoup plus une mauvaise vie qu'une mauvaise mort, car si votre vie est bonne, votre mort ne pourra être mauvaise; vous donc qui

---

« Venite post me, et faciam vos piscatores hominum. » Ad ipsa retia pertinemus, sumus quidem illis retibus capti; sed non remanemus captivi. Non timeat capi homo : si capi potest, decipi non potest. Sed quid sibi vult ista postrema piscatio, de qua hodie lectum est Evangelium? Apparuit Dominus piscatoribus stans in littore, et quæsivit ab eis utrum haberent pulmentarium. Dixerunt se non habere; nihil enim ceperant tota nocte. Et ait illis : « Mittite in dexteram partem, » (*Joan.*, XXI, 6) quod tunc non dixerat. Et fecerunt; et non poterant trahere retia præ multitudine piscium. Inventi sunt autem pisces centum quinquaginta tres. Et quoniam in illa prima piscatione dictum erat quia præ multitudine piscium retia rumpebantur, pertinuit ad curam Evangelistæ in ista piscatione dicere : « Et cum tam magni essent, non est scissum rete. » (*Ibid.*, 11.)

Piscationes duæ statum Ecclesiæ præsentis et futuræ adumbrant. — 2. Discernamus piscationes duas, unam ante resurrectionem, alteram post resurrectionem. In illa mittuntur passim retia : non nominatur dextera, ne intelligantur soli boni; non nominatur sinistra, ne intelligantur soli mali : ergo permixti boni et mali. Et retia præ multitudine rumpebantur. Rupta retia significant schismata. Videmus, sic est, sic fit. Implentur navigia duo, propter populos duos de circumcisione et præputio : et sic implentur, ut premantur, et pene mergantur. Hoc quod significat, gemendum est. Turba turbavit Ecclesiam. Quam magnum numerum fecerunt male viventes, prementes et (*f.* pene mergentes) gementes? Sed propter pisces bonos non sunt mersa navigia. (*f.* Discernamus) Disseramus illam piscationem novissimam post resurrectionem. Malus ibi nullus, magna securitas, sed si bonus eris. Inter malos estote boni, et eritis sine malis boni. In ista piscatione est quod moveamini : inter malos estis. O qui fideliter me auditis, o vos ad quos non perit quod dico, o vos quibus verbum non per aures transit, sed in cor descendit; o vos qui plus timetis male vivere quam male mori (quia si bene vixeris, male mori non poteris :) ergo qui me auditis, ut non solum credatis, sed etiam bene vivatis;

m'écoutez, pour que ma parole devienne la règle, non-seulement de votre foi, mais de votre vie, menez une vie sainte au milieu des méchants, et gardez-vous de rompre les filets. Ceux qui ont nourri dans leur cœur une vaine complaisance pour eux-mêmes, et qui n'ont pas voulu supporter ceux qu'ils croyaient mauvais, ont rompu les filets et ont péri au milieu des flots. Menez une vie sainte au milieu des méchants, et que les mauvais chrétiens ne vous persuadent point d'imiter leur vie coupable. Ne dites pas dans votre cœur : Je suis le seul qui sois bon. Si vous avez commencé à être bon, croyez que les autres le sont aussi, si vous avez pu le devenir. Ne commettez ni adultère, ni fornication, ni fraude, ni vol; ne faites ni faux témoignage, ni faux serment, fuyez l'ivresse; ne niez point le dépôt confié, et rendez fidèlement le bien d'autrui que vous trouvez sur le chemin. Observez ces commandements et les autres prescriptions semblables, et vous serez alors en sécurité au milieu des mauvais poissons. Vous nagez dans les mêmes filets, mais vous parviendrez au rivage, et, après la résurrection, vous vous trouverez à droite. Là, plus de méchants. Mais que vous sert d'avoir la science de la loi, de connaître les commandements de Dieu, de distinguer le bien du mal, si vous n'allez pas jusqu'à la pratique? Cette science même n'est-elle pas le châtiment de la conscience? Que ce que vous apprenez soit donc la règle de votre conduite.

Le nombre des poissons pris nous enseigne *qu'on ne peut observer les commandements sans le secours de la grâce.* — 3. Les commandements de Dieu sont renfermés dans le Décalogue, parce que le nombre dix est le symbole d'une grande perfection. Les dix préceptes de la loi sont écrits sur des tables de pierre par le doigt de Dieu, c'est-à-dire par l'Esprit saint : sur la première table, sont les préceptes qui ont Dieu pour objet; sur la seconde, ceux qui se rapportent à l'homme. Pourquoi cette distinction? Parce que toute la loi et les prophètes sont renfermés dans l'amour de Dieu et du prochain. (*Matth.*, XXII, 40.) Mais que peuvent ces dix commandements? La loi a été donnée; mais, dit l'Apôtre, « si nous avons reçu une loi qui pût donner la vie, il serait vrai de dire que la justice viendrait de la loi. » (*Gal.*, III, 21.) Vous connaissez la loi, et vous ne l'observez point, « c'est la lettre qui tue; » mais, pour accomplir ce que vous savez, « l'esprit vivifie. » (II *Cor.*, III, 6.) Ajoutez donc sept à dix. La loi est renfermée dans les dix commandements, l'Esprit saint se révèle dans les sept dons dont il est le principe. C'est lui qu'on invoque sur ceux qui sont baptisés, afin que Dieu leur donne, suivant ce que dit le prophète, l'Esprit de sagesse et d'intelligence : en voilà deux; l'Esprit de conseil et de force : deux et deux font quatre; l'Esprit de science et de piété : en voilà six; l'Esprit de crainte du Seigneur : en voilà sept. (*Isa.*, XI, 2.) Lorsque vous avez ajouté ces sept, vous faites le nombre dix. Qu'ai-je dit? N'est-ce

vivite bene, et inter malos vivite bene, retia nolite disrumpere. Qui multum sibi placuerunt, et quasi malos sustinere noluerunt, retia ruperunt, in mari perierunt. Vivite inter malos bene, non vobis suadeant mali Christiani male vivere. Non dicat cor tuum : Ego solus sum bonus. Si cœperis esse bonus, crede esse et alios, si tu esse potueris. Ne adulteretis, ne fornicemini, ne fraudem faciatis, ne furemini, ne falsum testimonium dicatis, ne falsum juretis, ne inebriemini, ne commendatum negetis, ne inventum alicujus in vico non reddatis. Hæc et talia facite, securi inter malos pisces. Intra eadem retia natatis; sed venietis ad littus, post resurrectionem in dextera inveniemini. Ibi nullus est malus. Quid enim, quia legem nostis, quia Dei mandata cognoscitis, quia scitis quid sit bonum et malum, quid vobis prodest, si non faciatis? Nonne ipsa scientia punitur conscientia? Sic discite, ut faciatis.

Mandata Dei nonnisi per gratiam impleri, intelligitur in numero piscium captorum. — 3. Mandata Dei propter magnum perfectionis mysterium decalogo continentur. Decem præcepta Legis sunt scripta in tabulis lapideis digito Dei, hoc est Spiritu sancto : in una tabula præcepta quæ ad Deum pertinent, in altera quæ ad hominem pertinent. Quare hoc? Quia in dilectione Dei et proximi tota lex pendet et Prophetæ. (*Matth.*, XXII, 40.) Sed quid valent ista decem? Data est lex, sed « si data esset lex, quæ posset vivificare, omnino ex lege esset justitia. » (*Gal.*, III, 21.) Nosti legem, et non facis legem : « Littera occidit, » ut autem facias quod nosti : « Spiritus autem vivificat. » (II *Cor.*, III, 6.) Accedant ad decem septem. Sicut enim lex decalogo significatur, ita Spiritus sanctus septiformis ostenditur. Ipse invocatur super baptizatos, ut det illis Deus, secundum Prophetam, Spiritum sapientiæ et intellectus : ecce duo. Spiritum consilii et fortitudinis : ecce quatuor. Spiritum scientiæ et pietatis : ecce sex. Spiritum timoris Domini : ecce

pas une espèce d'absurdité? En ajoutant sept à dix, on fait le nombre dix, comme si je ne savais plus compter? N'aurais-je pas dû dire : En ajoutant sept à dix, on fait dix-sept? C'est ce que personne n'ignore. Aussi, lorsque je vous disais : En ajoutant sept à dix on fait dix, ces enfants ne riaient-ils point de moi? Et cependant, je le dis, je le répète et je n'en rougis point. Lorsque vous m'aurez compris, loin de trouver à redire à mon calcul, vous aimerez ce genre d'explication. Les commandements de la loi sont au nombre de dix, mais j'ai aussi énuméré sept opérations du Saint-Esprit dans notre âme. En ajoutant sept à dix, on fait le nombre dix, c'est-à-dire qu'avec le secours de l'Esprit saint on fait, on accomplit la loi. Mais si ces sept opérations font défaut, on ne peut faire les dix; ces dix commandements resteront dans la lettre; or, la lettre tue; la connaissance de la loi rend prévaricateur. Si l'Esprit saint vient se joindre à vous, vous accomplissez la loi, non point par vos propres forces, mais par le secours de Dieu. Voyez donc ce que vous devez faire; ne nous flattons pas trop d'avoir reçu ces dix commandements; « car si la justice vient de la loi, c'est donc inutilement que Jésus-Christ est mort. » (*Gal.*, II, 21.) Où donc devons-nous tendre? Aux sept opérations de l'Esprit? Ce serait avoir le pouvoir de faire, mais nous ne savons ce que nous devons faire. Cherchons donc à obtenir les dix-sept. La loi commande, l'Esprit vient à notre aide; la loi vous fait connaître ce que vous devez faire, l'Esprit vous donne la force de l'accomplir. Attachons-nous donc au nombre dix-sept, additionnons tous les nombres de un à dix-sept, et nous arriverons au nombre de cent cinquante-trois. Vous le savez, je vous l'ai souvent dit, je vous l'ai démontré bien des fois, additionnant de un à quatre, vous obtenez dix, mais en n'oubliant aucun des nombres intermédiaires. Après un, mettez deux : deux et un font trois; à trois, ajoutez trois : vous avez six; après trois ajoutez quatre : quatre et six font dix. Pourquoi me fatiguer davantage? Vous savez tous ce que je dis. Additionnez ainsi les autres nombres, et vous arriverez au total. Après avoir obtenu le chiffre dix-sept, vous parviendrez, en avançant toujours, à cent cinquante-trois. Qu'est-ce à dire, en avançant? En avançant comme par degrés, vous parviendrez à la droite. Suivez ce conseil, et faites ce calcul dans votre intérêt.

SERMON CCL.

XXIe *pour les fêtes de Pâques.*

Sur la même lecture et sur les deux pêches.

Pourquoi Jésus-Christ a choisi d'abord pour

---

septem. (*Isai.*, XI, 2.) Quando ista septem accesserunt, fiunt decem. Quid dixi? Quasi absurdum est : Cum septem ad decem accesserunt, fiunt decem : quasi oblitus sum numerare. Ergo dicere debui : Cum septem ad decem accesserunt, fiunt decem et septem. Hoc omnes norunt; nam cum dicerem : Cum septem ad decem accesserunt, fiunt decem; pueri isti non me ridebant? Et tamen dico, et repeto, nec erubesco. Cum intellexeritis, non reprehendetis computantem, sed amabitis disputantem. Decem sunt illa præcepta legis : sed enumeravi et septem cooperationes Spiritus sancti. Cum ista septem accesserint, fiunt decem : cum Spiritus sanctus accesserit, impletur lex. Si autem ista septem non accesserint, non fiunt illa decem : in littera erunt, sed littera occidit; scientia prævaricatorem facit. Accedat Spiritus, et impletur lex, adjutorio Dei, non viribus tuis. Ergo vide : non valde amemus pertinere ad illa decem. « Si enim ex lege justitia, ergo Christus gratis mortuus est. » (*Gal.*, II, 21.) Sed quo pertineamus? ad illa septem? Tale est ac si facere possimus, sed quid facimus nesciamus. Ergo ad decem septem pertincamus. Lex jubet, Spiritus juvat : lex agit tecum, ut scias quid facias; Spiritus, ut facias. Ergo ad decem septem pertincamus, et computemus decem septem, et inveniemus nos in centum quinquaginta tribus. Jam nostis, sæpe dixi, sæpe ostendi. Ab uno usque ad quatuor decem sunt : sed si omnes addas. Unum sequantur duo : adde et duo, jam tria sunt : post duo sequantur tria, jam sex sunt : post tria sequantur quatuor, jam decem sunt. Quid me rumpo? Quod nostis loquor. Addite cæteros numeros, et pervenietis. Cum perveneritis ad decem et septem, ad centum et quinquaginta et tres crescendo pervenietis. Quid est crescendo? Proficiendo tanquam gradatim pervenietis ad dexteram. Obedite nobis, computate vobis.

SERMO CCL. ^(a)

In diebus Paschalibus, XXI.

De eadem lectione et duabus piscationibus.

Ignobiles cur prius electi a Christo.—1. Dominus Jesus

(a) Alias XXII ex Vignerianis.

disciples des hommes de basse condition. — 1. Notre-Seigneur Jésus-Christ a voulu choisir ce qu'il y a de plus faible dans le monde pour confondre ce qu'il y a de plus fort, et, en rassemblant son Eglise de toutes les parties de la terre, il n'a point commencé par choisir des empereurs, ou des sénateurs; il a pris de simples pêcheurs. S'il eût choisi d'abord les grands de la terre, ils auraient attribué ce choix à leur dignité plutôt qu'à la grâce de Dieu. C'est le conseil secret de Dieu, c'est ce dessein mystérieux de notre Sauveur que l'Apôtre exprime en ces termes : « Voyez, mes frères, ceux qui sont appelés parmi vous; il y en a peu de sages selon la chair, peu de puissants, peu d'illustres; mais Dieu a choisi les moins sages selon le monde, pour confondre les sages; il a choisi les faibles selon le monde, pour confondre les forts; il a choisi les plus vils et les plus méprisables selon le monde, et ce qui n'était point, pour détruire ce qui est, afin que nul homme ne se glorifie devant lui. » (I *Cor.*, 1, 26, etc.) C'est ce que le prophète lui-même avait prédit : « Toutes les vallées seront comblées, toutes les montagnes et les collines seront abaissées, tous les chemins raboteux seront aplanis. » (*Isa.*, XL, 4.) Aujourd'hui, en effet, nous voyons se présenter également, pour recevoir la grâce de Dieu, les grands et les petits, le savant et l'ignorant, le pauvre et le riche. L'orgueil ne se juge pas plus digne de cette grâce, que l'humilité, qui ne sait rien et ne possède rien. Mais, que dit Notre-Seigneur à ses apôtres? « Suivez-moi, et je ferai de vous des pêcheurs d'hommes. » (*Matth.*, IV, 19.) S'il n'avait d'abord choisi ces pêcheurs, qui nous aurait pris et retirés de la mer de ce monde? Aujourd'hui, on est un grand orateur, si l'on peut seulement bien expliquer ce qu'a écrit un simple pêcheur.

Différence et signification mystérieuse des deux pêches. La première figure le mélange des bons et des méchants. — 2. Lors donc que Notre-Seigneur Jésus-Christ eut choisi des pêcheurs de poissons pour en faire des pêcheurs d'hommes, il voulut nous donner, dans les pêches qu'ils firent par ses ordres, une figure de la vocation des peuples. Considérez ces deux pêches essentiellement distinctes : l'une, qui eut lieu lorsque le Seigneur choisit des pêcheurs pour en faire ses disciples, l'autre, après sa résurrection, comme nous venons de le voir par la lecture du saint Evangile; l'une donc qui a précédé, l'autre qui a suivi sa résurrection. Nous devons examiner avec le plus grand soin ce qui distingue ces deux pêches. La prédication nouvelle de l'Evangile est comme la barque de laquelle le Seigneur nous instruit. Sur cette barque il trouve des pêcheurs, et leur dit : « Jetez vos filets. » Ils lui répondirent : « Nous n'avons rien pris de toute la nuit; » nous avons

---

infirma mundi eligens, ut confunderet fortia, et colligens Ecclesiam suam de toto orbe terrarum, non cœpit ab imperatoribus, aut a senatoribus, sed a piscatoribus. Quæcumque enim dignitates fuissent prius electæ, sibi hoc auderent tribuere, non Dei gratiæ. Hoc consilium secretum Dei, hoc consilium Salvatoris nostri exponit Apostolus, ubi dicit : « Videte enim vocationem vestram, fratres, » Apostoli verba sunt, « quia non multi sapientes secundum carnem, non multi potentes, non multi nobiles : sed infirma mundi elegit Deus, ut confunderet fortia; et ignobilia mundi et contemptibilia elegit Deus, et ea quæ non sunt tanquam ea quæ sunt, ut quæ sunt evacuentur, ut non glorietur omnis caro coram illo. » (I *Cor.*, 1, 26, etc.) Hoc et Propheta dixit : « Omnis vallis implebitur, omnis mons et collis humiliabitur, æqualitas campi constituetur. » (*Isai.*, XL, 4.) Denique hodie ad gratiam Domini pariter accedunt nobiles et ignobiles, doctus et imperitus, pauper et dives. Ad istam gratiam accipiendam non se præponit superbia humilitati, nihil scienti, nihil habenti. Sed quid eis dixit? « Venite post me, faciam vos piscatores hominum. » *Matth.*, IV, 19.) Si illi piscatores non præcessissent, nos quis cepisset ? Modo magnus est quilibet orator, si potuerit bene exponere de quo scripsit piscator.

Piscationum duarum discrimen et mysterium. Prima piscatione boni et mali significantur congregandi. — 2. Cum ergo piscatores piscium elegisset Dominus Jesus Christus, et fecisset piscatores hominum, in ipsis etiam piscationibus eorum aliquid nos voluit admonere de vocatione populorum. Duas piscationes attendite necessaria distinctione discretas : unam, quando Dominus elegit eos de piscatoribus, et fecit eos discipulos suos; alteram, quam modo audivimus, cum sanctum Evangelium legeretur, post resurrectionem Domini nostri Jesu Christi : illam ante resurrectionem, istam post resurrectionem. Quid intersit inter ambas piscationes, valde debemus attendere : navigium est instructionis nostræ nova Evangelii prædicatio, in quo et piscantes invenit, quibus et ait : « Mittite retia. » Dixerunt illi : « Tota nocte nil

travaillé en vain, « mais, sur votre parole, nous jetterons les filets. » (*Luc*, v, 4, etc.) Ils les jetèrent et prirent une si grande quantité de poissons qu'ils remplirent deux barques, qui étaient tellement surchargées qu'elles étaient sur le point de couler à fond, et que les filets se rompaient sous cette énorme quantité de poissons. Jésus leur dit alors : « Suivez-moi, et je ferai de vous des pêcheurs d'hommes. » Et ceux-ci aussitôt, quittant leurs filets et leurs barques, le suivirent. Après sa résurrection, Notre-Seigneur Jésus-Christ nous met sous les yeux une autre pêche, toute différente de la première. Lors de la première, il dit simplement : « Jetez vos filets, » sans ajouter : ni à droite ni à gauche, pour ne point signifier qu'il avait en vue ou les seuls bons ou les méchants seuls. Par là même donc qu'il ne dit point de jeter les filets à droite ou à gauche, il veut nous représenter dans cette pêche le mélange des bons et des mauvais, dont l'Evangile parle dans un autre endroit. (*Matth.*, XXII, 10.) Nous voyons, en effet, que le père de famille, ayant préparé son festin, envoya ses serviteurs, qui amenèrent tous ceux qu'ils purent trouver, bons et mauvais, et la salle du festin fut remplie de convives. Telle est maintenant l'Eglise, pleine de bons et de mauvais chrétiens. L'Eglise est remplie d'une multitude immense, mais cette multitude la surcharge et lui fait craindre bien des fois d'être submergée par son propre poids. La multitude des mauvais chrétiens jette le trouble dans l'âme des bons, à ce point que celui dont la vie est irréprochable se regarde comme un insensé lorsqu'il vient à considérer la vie coupable des autres, surtout lorsqu'il voit tant de pécheurs comblés des biens et des prospérités de ce siècle, tandis que tant de justes n'ont que l'infortune en partage. Qu'il est à craindre alors qu'il ne soit submergé et qu'il ne fasse naufrage! Qu'il est à craindre, mes très-chers frères, que celui dont la vie est pure ne vienne à dire : Que me sert-il de vivre chrétiennement? Voici un homme dont la vie est ouvertement mauvaise, et il est plus honoré que moi. Quel fruit me revient-il de tous mes efforts? Il est en grand danger, je crains qu'il ne soit bientôt submergé. O vous, dont la vie est pure, continuez de faire le bien, ne vous fatiguez point, ne regardez pas en arrière. Rien de plus vrai que cette promesse de votre Seigneur : « Celui qui persévérera jusqu'à la fin, sera sauvé. » (*Matth.*, XXIV, 13.) Mais, me dites-vous, je ne puis m'empêcher de voir que cet autre fait le mal, et ne laisse pas d'être heureux. Vous vous trompez, il est malheureux, et son malheur est d'autant plus grand qu'il se croit plus heureux. C'est une folie de sa part de ne pas reconnaître sa misère. Si vous voyiez rire un homme travaillé par les ardeurs de la fièvre, vous déploreriez sa folie. Ce n'est pas encore le

---

cepimus, » frustra laboravimus; « ecce in nomine tuo mittemus retia. » (*Luc*, v, 4, etc.) Miserunt, et tantum ceperunt, ut implerent duas naviculas, quæ piscium multitudine ita premebantur, ut propemodum mergerentur. Deinde ipsa multitudine piscium disrupta sunt retia. Tunc ait illis : « Venite post me, et faciam vos piscatores hominum. » Tunc relictis retibus et naviculis, secuti sunt Christum. Modo post resurrectionem exhibuit nobis Dominus Christus aliam piscationem, distantem ab illa superiore. Tunc enim : «Mittite retia, » dixit : nec in sinistram, nec in dexteram partem; sed tantum : « Mittite retia, » dictum est. Si enim diceret in sinistram, malos solos significaret; si in dexteram, solos bonos. Quia ergo nec in dexteram nec in sinistram dixit, boni et mali significantur, de quibus loquitur Evangelium alio loco (*Matth.*, XXII, 10) : quia misit paterfamilias servos suos parata cœna, et adduxerunt quos invenire potuerunt, bonos et malos, et impletæ sunt nuptiæ discumbentibus. Talis est modo Ecclesia, plena bonis et malis. Multitudine impletur Ecclesia : sed multitudo ista aliquando premit, et prope ad naufragium conatur adducere. Male viventium multitudo bene viventes ita perturbat, ut qui bene vivit, stultum se putet, quando attendit alios male vivere : maxime quia secundum bona hujus sæculi inveniuntur multi felices nocentes, et inveniuntur multi infelices innocentes. Et quam metuendum est ne naufragio prematur atque mergatur! Quam metuendum est, Carissimi, ne dicat qui bene vivit : Quid mihi prodest, quia bene vivo? Ecce enim ille male vivit et honoratior est me. Mihi quid prodest, quia bene vivo? Periclitatur : timeo ne mergatur. Alloquar eum, ut de profundo erigatur. Qui bene vivis, bene vive : noli fatigari, noli retro respicere. Vera est promissio Domini tui dicentis : « Qui perseveraverit usque in finem, hic salvus erit. » (*Matth.*, XXIV, 13.) Fallens, inquis, quod alius male vivit, et felix est. Falleris, infelix est : et eo est infelicior, quod sibi videtur felicior. Insania est, quod non agnoscit miseriam suam. Si videres febricitantem ridentem, tu plangeres insanientem. Quod tibi promissum est, nondum venit.

temps de jouir de ce qui vous a été promis. Cet homme qui vous paraît si heureux, se repaît de ces biens visibles et passagers dans lesquels il met toute sa joie; il ne les a point apportés en naissant, et il ne pourra les emporter après sa mort. Il est entré nu dans le monde, et il en sortira nu. De ces fausses joies, il passera à des douleurs trop réelles. Pour vous, le temps n'est pas encore venu de recevoir ce qui vous a été promis. Continuez de faire le bien, si vous voulez y arriver; persévérez, pour ne point vous frustrer vous-même en perdant courage; car Dieu ne peut vous tromper. Je vous ai dit ces quelques mots pour préserver votre barque du naufrage. Mais voici un autre danger bien plus funeste, auquel on est exposé pendant cette pêche : c'est que les filets se rompaient. Les filets se sont rompus, et de là les hérésies. Car, qu'est-ce que les schismes? Ne sont-ce pas de véritables ruptures? Il faut supporter et tolérer les épreuves de cette première pêche et ne point céder à l'abattement et à l'ennui, bien qu'il soit écrit : « L'ennui s'est emparé de moi à la vue des pécheurs qui abandonnent votre loi. » (*Ps.* cxviii, 53.) C'est la barque qui se plaint d'être surchargée par la multitude, et qui crie comme le vaisseau : « L'ennui s'est emparé de moi à la vue des pécheurs qui abandonnent votre loi. » Vous êtes surchargé, accablé, mais faites tous vos efforts pour ne pas être submergé. Il faut, maintenant, supporter les méchants; le temps n'est pas venu de les séparer. Je chante la miséricorde et la justice du Seigneur (*Ps.* c, 1); l'action de la miséricorde précède l'exercice de la justice. Cette séparation se fera au jour du jugement. Que le bon m'écoute maintenant, pour devenir meilleur; que le mauvais m'écoute, pour devenir bon durant cette vie, qui est le temps de la pénitence, et non encore celui du jugement. Quittons cette pêche qui nous donne des joies mélangées de larmes : des joies, parce que nous y recueillons les bons; mêlées de larmes, parce que nous avons peine à supporter les méchants.

La seconde pêche. Le nombre des poissons n'est déterminé que dans cette seconde pêche. Signification mystérieuse du nombre des poissons. La loi ne peut rien sans la grâce. — 3. Tournons nos esprits vers cette dernière pêche, nous y trouverons un nouveau motif de courage et de consolation. Cette pêche eut lieu après la résurrection du Seigneur, parce qu'elle était la figure de l'Eglise, telle qu'elle doit être après la résurrection. Le Seigneur adresse la parole aux disciples, comme il l'a fait lors de la première pêche; mais, dans la première, il leur commande seulement de jeter les filets, tandis que, dans la seconde, il leur indique l'endroit où ils doivent les jeter, c'est-à-dire à la droite de la barque. Ceux donc qui sont pris maintenant dans les filets, sont les élus qui se tiendront à la droite du Sauveur, et à qui il dira : « Venez, les bénis de mon Père, possédez le royaume. »

Ille qui tibi felicior videtur, rebus visibilibus et temporalibus pascitur, ipsis lætatur : nec attulit ea, nec auferet ea. Nudus ingressus est, nudus est exiturus. A falsis gaudiis venturus est ad veros dolores. Tibi autem quod promissum est, nondum venit. Dura, ut pervenias; persevera, ne deficiendo te ipsum fraudes : nam Deus te fallere non potest. Ecce dixi breviter, ne navigia mergantur. Accessit aliud ad illam piscationem detestabilius, ut retia rumperentur. Rupta sunt retia, hæreses factæ sunt. Quid enim aliud sunt schismata, nisi scissuræ? Sic ferenda et toleranda est prima piscatio, ut nemo tædio fatigetur : quamvis scriptum sit : « Tædium tenuit me pro peccatoribus relinquentibus legem tuam. » (*Psal.* cxviii, 53.) Navigium clamat, quod prematur a multitudine, tanquam ipsa navis habet hanc vocem : « Tædium tenuit me pro peccatoribus relinquentibus legem tuam. » Etsi premeris, vide semper ne mergaris. Tolerandi sunt mali modo, non separandi. Misericordiam et judicium Domino canto (*Psal.* c, 1) : prius misericordia prærogatur, et postea judicium exercetur. Separatio in judicio fiet. Modo audiat me bonus, ut sit melior : audiat et malus, ut sit bonus; cum tempus est pœnitentiæ, nondum sententiæ. Transeamus ab ista piscatione, quæ habet gaudia mixta lacrymis : gaudia, quia colliguntur boni; mixta lacrymis, quia vix feruntur mali.

Altera piscatio. Numerus piscium in hac sola dictus. Mysterium numeri piscium. Lex sine gratia nihil valet. — 3. Ad illam piscationem novissimam animum convertamus : ibi reficiamur, ibi consolemur. Et ideo ipsa post resurrectionem Domini facta est, quia significavit Ecclesiam, qualis post resurrectionem futura est. Ecce dicitur discipulis piscantibus; Dominus dicit, qui et prius dixit : sed prius, quid mitterent; modo, quo mitterent, id est, in dexteram partem navigii. Ergo illo modo capiuntur, qui ad dexteram stabunt : illi capiuntur, quibus dictum est : « Venite, benedicti Patris mei, percipite regnum. » (*Matth.*, xxv, 34.) Mittunt, et capiunt. Ibi numerus non est

(*Matth.*, xxv, 34.) Les disciples jettent leurs filets et font une pêche abondante. Dans la première pêche, le nombre des poissons n'a pas été déterminé; on ne parle que de la grande quantité, sans spécifier le nombre. Il en est beaucoup, en effet, qui sont en dehors du nombre, c'est-à-dire, qui viennent, qui entrent, qui remplissent les églises. Ils remplissent les théâtres, comme ils remplissent l'Eglise. Ils la remplissent en dehors du nombre, c'est-à-dire du nombre des élus qui doivent entrer dans la vie éternelle; ils ne peuvent en faire partie, à moins qu'ils ne changent de conduite pendant cette vie. Mais tous changent-ils? Hélas! tous les bons même ne persévèrent point. Voilà pourquoi Notre-Seigneur a dit : « Celui qui persévérera jusqu'à la fin sera sauvé. » (*Matth.*, xxiv, 13.) Et il dit ailleurs à ceux qui sont encore dans le mal : « Je ne veux pas la mort du pécheur, mais qu'il se convertisse et qu'il vive. » (*Ezéch.*, xxxv, 11.) Donc, dans cette première pêche, le nombre des poissons n'est pas déterminé, parce qu'on en prend beaucoup au-dessus du nombre. Le Psalmiste dit : « Lorsque j'ai voulu les annoncer et en parler, ils se sont multipliés au delà de tout nombre. » (*Ps.* xxxix, 6.) Mais, dans cette seconde pêche, où le filet est jeté à droite, le nombre n'est pas dépassé; les disciples prennent cent cinquante-trois grands poissons. Et l'Evangéliste ajoute : « Et, malgré leur grand nombre, le filet ne se rompt point. » (*Jean*, xxi, 11.) Alors ce sera l'assemblée des saints; il n'y aura plus de divisions, ni de ruptures produites par les hérétiques; on jouira de la paix et de l'unité la plus parfaite. Il n'y en aura pas un de moins, pas un de plus : le nombre sera déterminé avec la plus grande exactitude. Mais ce nombre sera bien petit, si les élus ne sont que cent cinquante-trois. Loin de nous la pensée qu'il y en ait si peu, même dans cette assemblée, et à plus forte raison dans toute l'Eglise de Dieu. L'Evangéliste saint Jean nous fait voir, dans son Apocalypse, une si grande multitude de saints et d'élus dans l'éternité bienheureuse, que personne ne pouvait les compter. (*Apoc.*, vii, 9.) C'est ce que nous lisons en propres termes. Et cependant, tous appartiennent à ce nombre de cent cinquante-trois. Mais je veux réduire ce nombre à un nombre plus petit et en même temps plus considérable. Diminuons ce nombre de cent cinquante-trois. Ces cent cinquante-trois ne sont que dix-sept. Pourquoi dix? Pourquoi sept? Dix à cause de la loi, sept à cause de l'Esprit saint. Car ce nombre sept est le symbole de la perfection à laquelle nous élèvent les dons de l'Esprit saint. « L'Esprit saint, dit le prophète Isaïe, reposera sur lui. » (*Isa.*, xi, 2.) Et après avoir nommé l'Esprit saint, il énumère ses sept dons : « L'Esprit de sagesse et d'intelligence, l'Esprit de conseil et de force : » en voilà quatre;

dictus in prima piscatione; sola multitudo dicta est, numerus non est definitus. Multi sunt enim super numerum modo, id est, veniunt, intrant, implent ecclesias. Ipsi implent theatra, qui ecclesiam. Super numerum implent : ad numerum illum qui futurus est in vita æterna, non pertinent, nisi mutentur, cum vivunt. Et numquid omnes mutantur? Quomodo nec illi boni omnes perseverant. Ideo illis dictum est : « Qui perseveraverit usque in finem, hic salvus erit. » (*Matth.*, xxiv, 13.) Et illis qui adhuc mali sunt, dicitur : « Nolo mortem peccatoris, sed ut convertatur et vivat. » (*Ezech.*, xxxv, 11.) Ergo ibi numerus non est dictus, quia multi super numerum facti sunt. Dixit Psalmus : « Annuntiavi, et locutus sum, multiplicati sunt super numerum. » (*Psal.* xxxix, 6.) Modo in dexteram, non super numerum : centum quinquaginta tres sunt, sed magni. Hoc enim dictum est : « Et cum tam magni essent, non est scissum rete. » (*Joan.*, xxi, 11.) Tunc enim congregatio sanctorum erit, divisiones et scissuræ hæreticorum non erunt : pax erit, et perfecta unitas erit. Nemo minus, nemo plus erit, integer numerus erit. Sed valde pauci sunt, si centum quinquaginta tres tantum sunt. Absit a nobis, ut tot soli sint in hac plebe : quanto magis in universa Ecclesia Dei? Apocalypsis ipsius Joannis Evangelistæ ostendit, visam fuisse tantam multitudinem sanctorum et in illa æternitate felicium, quantam numerare nemo possit. (*Apoc.*, vii, 9.) Sic ibi habetur scriptum. Et tamen omnes ad numerum istum pertinent, ad centum quinquaginta tres. Ad paucitatem ampliorem volo redigere numerum istum. Centum quinquaginta tres sunt, pauciores illos faciamus. Decem et septem sunt isti centum quinquaginta tres. Quare decem? quare septem? Decem, propter legem : septem, propter Spiritum. Septenaria enim forma, propter perfectionem quæ prædicatur in donis Spiritus sancti. « Requiescet, » inquit Isaias propheta, « super eum Spiritus sanctus. » (*Isai.*, xi, 2.) Et cum dixisset Spiritum sanctum, enumeravit septem virtutes. « Spiritus sapientiæ et intellectus, Spiritus consilii et fortitudinis : » habes quatuor. « Spiritus scientiæ et

« l'Esprit de science et de piété, l'Esprit de la crainte du Seigneur. » Il commence par la sagesse, pour finir par la crainte, et descend de ce qu'il y a de plus élevé à ce qui est moins parfait, de la sagesse à la crainte ; en effet si l'on veut monter de ce qui est moins parfait au degré le plus élevé de la perfection, il faut partir de la crainte pour arriver à la sagesse, « car le commencement de la sagesse est la crainte du Seigneur. » (*Ps.* cx, 10.) Tel est le don de la grâce, telles sont les sept opérations que l'Esprit saint produit dans les âmes de Dieu, pour donner de la force à la loi. Si vous supprimez l'action de l'Esprit saint, que pourra faire la loi ? Rendre l'homme prévaricateur. Voilà pourquoi l'Apôtre dit : « La lettre tue. » (II *Cor.*, III, 6.) Elle ordonne, mais n'accomplit point. Elle ne tuait pas avant le commandement, et si la Providence considérait l'homme comme pécheur, elle ne le regardait point comme prévaricateur. On vous commande, et vous n'obéissez point ; on vous défend, et vous agissez contre la défense ; vous le voyez donc, la lettre tue.

Distinction des dix commandements. Le secours de Dieu est nécessaire pour accomplir la loi. — Or, la loi comprend dix commandements. Le premier commandement ordonne de n'adorer qu'un seul Dieu à l'exclusion de tout autre, et de ne faire aucune idole. Voici le second : « Vous ne prendrez pas en vain le nom de votre Dieu ; » et le troisième ; « Observez le jour du sabbat, » mais spirituellement, et non pas d'une manière toute charnelle, comme les Juifs. Ces trois commandements se rapportent à l'amour de Dieu. Mais comme « toute la loi et les prophètes sont renfermés dans ces deux commandements, » (*Matth.*, XXII, 40) c'est-à-dire l'amour de Dieu et l'amour du prochain, après avoir entendu ce qui se rapporte à l'amour de Dieu, l'unité, la vérité, le repos, considérez ce qui concerne l'amour du prochain. « Honorez votre père et votre mère ; » c'est le quatrième commandement. « Vous ne commettrez point de fornication ; » c'est le cinquième. « Vous ne tuerez point ; » c'est le sixième. « Vous ne déroberez point ; » c'est le septième. « Vous ne ferez point de faux témoignage ; » c'est le huitième. « Vous ne désirerez point le bien de votre prochain ; » c'est le neuvième. « Vous ne convoiterez point son épouse ; » c'est le dixième. Celui qui dit : « Vous ne convoiterez point, » s'adresse à notre âme et frappe à l'intérieur, car la concupiscence ne reste pas inactive. Voici donc la loi contenue dans ces dix commandements ; mais que vous sert-il de les connaître si vous ne les observez point ? Vous devenez alors prévaricateur. Si vous voulez les observer, vous avez nécessairement besoin de secours. D'où vient ce secours ? De l'Esprit. Donc, « la lettre tue, et l'esprit vivifie. » Au nombre dix, ajoutez

---

pietatis, Spiritus timoris Domini. » A sapientia cœpit, ad timorem terminavit : tanquam descendens locutus est a summis ad ima, a sapientia ad timorem. Ab imis ad summa, a timore ad sapientiam : « Initium enim sapientiæ timor Domini. » (*Psal.* cx, 10.) Hoc est donum gratiæ : ista septenaria virtute in dilectis Dei operatur Spiritus sanctus, ut aliquid lex valeat ibi. Nam si tollas Spiritum, quid valet lex ? Prævaricatorem facit. Ideo dictum est : « Littera occidit. » (II *Cor.*, III, 6.) Jubet, et non facit. Non occidebat, antequam tibi juberetur ; et si tenebat providentia peccatorem, non tamen tenebat prævaricatorem. Jubetur, et non facis ; prohibetur, et facis : ecce littera occidit.

Decem præceptorum distinctio. Auxilium Dei ad implendam legem necessarium. — Lex autem decem præcepta habet. Præceptum primum legis est, colendum esse unum Deum, nullum alium, nullum idolum faciendum. Præceptum secundum est. « Non accipies nomen Dei tui in vanum. » Præceptum tertium est : Observa diem sabbati, sed spiritaler, non carnaliter quomodo Judæi. Ista tria præcepta ad dilectionem Dei pertinent. Sed quia : « In his duobus præceptis, » ait, « tota Lex pendet et Prophetæ, » (*Matth.*, XXII, 40) id est, in dilectione Dei, et in dilectione proximi : cum audisti quid pertineat ad dilectionem Dei, unitas, veritas, quies ; attende quid pertineat ad dilectionem proximi. « Honora patrem tuum, et matrem tuam : » habes quartum præceptum. « Non mœchaberis : » habes quintum. « Non homicidium facies : » habes sextum. « Non furtum facies : » habes septimum. « Non falsum testimonium dices : » habes octavum. « Non concupisces rem proximi tui : » habes nonum. « Non concupisces uxorem proximi tui : » habes decimum. Qui dicit : « Non concupisces, » interna pulsat, interiora percutit. Concupiscentia negotium agit. Ecce ista Lex est in decem : quid prodest cum didiceris, et non feceris ? Prævaricator eris. Ut autem facias, auxilium necessarium est. Unde auxilium ? De Spiritu. Ergo : « Littera occidit, Spiritus autem vivificat. » Ad decem accedant septem, fiunt decem et septem. In isto numero est omnis mul-

sept : vous avez dix-sept. Ce nombre comprend toute la multitude des parfaits; mais comment arriver au nombre cent cinquante-trois? j'ai coutume de vous le dire, et beaucoup d'entre vous me préviennent; je vous dois cependant cette explication chaque année. Plusieurs l'ont oubliée, beaucoup ne l'ont pas encore entendue; que ceux donc qui n'ont pas oublié cette explication que je leur ai donnée, supportent patiemment que je la rappelle aux autres pour les instruire. Lorsque deux hommes font route ensemble, que l'un marche plus vite, et l'autre plus lentement, il est au pouvoir de celui qui marche plus vite de ne pas laisser en chemin son compagnon qui va plus lentement. Celui qui entend ce qu'il savait, ne perd rien, et en ne perdant rien, il doit même se réjouir de voir instruire celui qui était dans l'ignorance. Comptez depuis un jusqu'à dix-sept, en additionnant tous les nombres, et vous arriverez à cent cinquante-trois. Qu'attendez-vous de moi? Faites vous-mêmes ce calcul.

SERMON CCLI [1].

XXIIe pour les fêtes de Pâques.

Sur la même lecture et sur les deux pêches.

CHAPITRE PREMIER. — *Deux pêches faites par l'ordre de Notre-Seigneur. Trois choses signifiées dans la première pêche. Le mélange des bons et des méchants; la foule qui surcharge et opprime; les divisions des hérétiques.* — 1. La pêche de notre Libérateur est notre propre délivrance. Or, nous voyons dans l'Evangile deux pêches de Notre-Seigneur, c'est-à-dire, faites par son ordre : la première, lorsqu'il choisit ses disciples (*Luc*, v); et cette seconde, quand il fut ressuscité des morts. (*Jean*, XXI.) La première pêche était la figure de l'Eglise actuelle; celle qui eut lieu après la résurrection du Sauveur, est le symbole de l'Eglise, telle qu'elle doit être à la fin des siècles. Or, dans la première pêche, Notre-Seigneur ordonne de jeter les filets, mais sans dire de quel côté; il commande simplement de les jeter. Les disciples les jetèrent, mais il n'est pas dit si ce fut à droite ou à gauche. Les poissons représentaient ici les hommes; si donc les filets avaient été jetés à droite, les bons seuls auraient été pris; s'ils avaient été jetés à gauche, on n'aurait pris que les mauvais. Mais comme les bons et les mauvais devaient se trouver mêlés dans l'Eglise, les filets furent jetés indistinctement, afin que les poissons qui furent pris pussent représenter ce mélange des bons et des mauvais. Il est écrit encore que les disciples prirent une si

---

(1) Dans la collection des homélies d'Alcuin, recueillie par les soins du diacre Paul, et imprimée à Paris, l'an 1587, chez Jean le Petit, on indique, en tête de ce sermon, qu'il doit être lu le mercredi de Pâques, et il est intitulé : « Sermon de saint Maximin; » mais, évidemment, c'est une erreur, et il faut lire : « Sermon de saint Augustin. »

---

titudo perfectorum, sed quomodo perveniant ad centum quinquaginta tres, soleo vobis dicere, et multi præveniunt me : solemniter tamen Sermo reddendus est. Multi obliti sunt, aliqui nec audierunt : qui autem non sunt obliti et audierunt, patienter ferant, ut alii commemorentur, et instruantur. Quando duo ambulant in via, unus celerior et alter tardior, in potestate celerioris est, ut comes non deseratur. Nihil perdit, qui audit quod sciebat; et in eo quod nihil perdit instruere gaudere debet, quia instruitur qui nesciebat. Decem et septem numera, ab uno usque ad decem et septem, ita ut omnes addas, et pervenies ad centum quinquaginta tres. Quid a me exspectatis? Numerate vobis.

SERMO CCLI [a].

In diebus Paschalibus, XXII.

De eadem lectione et duabus piscationibus.

CAPUT PRIMUM. — *Piscationes Domini jussu factæ duæ.*

(a) Alias de Diversis IV.

— In prima piscatione tria significata sunt. Mixtura bonorum et malorum. Pressura turbarum. Separationes hæreticorum. — 1. Liberatoris nostri piscatio, nostra est liberatio. Duas autem advertimus in sancto Evangelio Domini piscationes, id est, quando ad verbum ipsius missa sunt retia : unam prius, quando discipulos elegit (*Luc.*, v); et hanc alteram, quando a mortuis resurrexit. (*Joan.*, XXI.) Illa piscatio significavit Ecclesiam, qualis est modo; ista vero post resurrectionem Domini, significavit Ecclesiam, qualis futura est in fine sæculi. Denique in illa priori piscatione, jussit mitti retia, et non dixit in quam partem; sed tantummodo ut mitterentur, præcepit. Miserunt discipuli : non dictum est, in dexteram; non dictum est, in sinistram. Pisces enim homines significabant : si ergo diceretur in dexteram, soli boni futuri erant; si diceretur in sinistram, soli mali. Quia vero permixti futuri erant in Ecclesia et boni et mali, sine differentia missa sunt retia, ut caperentur pisces significantes mixturam bonorum

grande quantité de poissons, que les deux barques étaient tellement remplies qu'elles étaient près d'enfoncer, c'est-à-dire qu'elles étaient surchargées au point de couler à fond. (*Luc*, v, 7.) Ces deux barques ne furent point submergées, mais elles en coururent le danger. D'où venait ce danger? De la grande quantité de poissons. C'était la figure du danger que devait courir la discipline chrétienne par suite de la grande multitude que l'Eglise devait rassembler dans son sein. L'Evangile nous apprend encore que, dans cette pêche, les filets se rompaient sous l'énorme quantité de poissons qu'ils renfermaient. Que signifient ces filets rompus, sinon les schismes qui devaient avoir lieu dans l'Eglise? Trois choses sont donc figurées dans cette pêche : le mélange des bons et des méchants, la pression produite par la foule, et les divisions des hérétiques. Le mélange des bons et des méchants, parce que les filets ne furent jetés ni à droite, ni à gauche; la pression produite par la foule, car ils prirent tant de poissons que les barques en étaient surchargées; les divisions des hérétiques, parce que les filets se rompaient sous le poids de cette énorme quantité de poissons.

CHAPITRE II. — *La seconde pêche figure le nombre des élus. Le filet n'est jeté qu'à droite, parce qu'on ne doit recueillir que les bons. Le nombre déterminé représente les élus, ce qui est au-dessus du nombre figure les réprouvés.* — 2. Considérez maintenant la pêche dont vous venez d'entendre le récit. Elle eut lieu après la résurrection du Seigneur, parce qu'elle devait être le symbole de ce que sera l'Eglise après la résurrection. « Jetez vos filets, dit Jésus, à droite de la barque. » (*Jean*, XXI, 6.) Ceux qui se tiendront à droite, se trouvent ainsi séparés des autres. Vous vous rappelez que le Seigneur a prédit qu'il viendrait avec ses anges, que toutes les nations seront rassemblées devant lui, qu'il séparera les uns d'avec les autres, comme le berger sépare les brebis d'avec les boucs, et qu'il mettra les brebis à sa droite et les boucs à sa gauche. Il dira aux brebis : « Venez, possédez le royaume; » et aux boucs : « Allez au feu éternel. » (*Matth.*, XXV, 31.) « Jetez les filets à droite, » c'est-à-dire : Je suis ressuscité, je veux vous donner une figure de ce que sera l'Eglise après la résurrection des morts. « Jetez les filets à droite. » Les apôtres les jetèrent à droite, et ils ne pouvaient les tirer, tant il y avait de poissons. Dans la première pêche, il est dit qu'ils prirent une grande quantité de poissons, sans que le nombre soit déterminé; mais ici, le récit précise à la fois le nombre, la quantité et la grandeur de ces poissons. Avant la résurrection et la séparation des bons d'avec les mauvais, s'accomplit cette prédiction du Roi-Prophète : « J'ai annoncé et j'ai parlé. »

---

et malorum. Deinde et hoc ibi scriptum est, quia tantum ceperunt piscium, ut duæ naviculæ impletæ mergerentur, hoc est, ad submersionem premerentur. (*Luc.*, v, 7.) Non enim submersa sunt illa duo navigia, sed periclitata. Unde periclitata? Multitudine piscium. Significatum est hinc, quia per multitudinem quam collectura erat Ecclesia, periclitatura erat disciplina. Et hoc adjunctum est in illa piscatione, atque narratur, quia et retia præ multitudine piscium disrupta sunt. Disrupta retia quid significaverunt, nisi futura schismata? Tria ergo ista in illa piscatione significata sunt, mixtura bonorum et malorum, pressura turbarum, separationes hæreticorum. Mixtura bonorum et malorum; quia nec in dexteram, nec in sinistram missa sunt retia : pressura turbarum; quia tantum captum est, ut naviculæ premerentur : separationes hæreticorum, quia tanta fuerat multitudo, ut retia rumperentur.

CAPUT II. — *Altera piscatione significatus electorum numerus. Rete missum in dexteram, quia soli boni colligendi. Numerus, ad electos : super numerum, ad reprobos spectat.* — 2. Respicite nunc ad piscationem istam, quæ hodie recitata est. Facta est enim post resurrectionem Domini, ut significaret talem futuram Ecclesiam post nostram resurrectionem. « Mittite, inquit, rete in dexteram partem. » (*Joan.*, XXI, 6.) Discretus est ergo numerus eorum, qui ad dexteram stabunt. Meministis enim Dominum dixisse venturum se esse cum Angelis suis, et quod congregabuntur ante eum omnes gentes; et dividet eas, sicut pastor dividit oves ad hœdis : oves ponet ad dexteram, hœdos ad sinistram. Ovibus dicturus est : « Venite, percipite regnum ; » hœdis dicturus est : « Ite in ignem æternum. » (*Matth.*, XXV, 31.) « Mittite in dexteram. » Tanquam diceret : Jam resurrexi, Ecclesiam volo significare, quæ erit in resurrectione mortuorum. « Mittite in dexteram. » Missa sunt retia in dexteram : nec poterant ea levare præ multitudine piscium. Et ibi dicta est multitudo : sed hic certus numerus, et multitudo, et magnitudo : ibi autem non est dictus numerus. Modo enim antequam veniat resurrectio, et separentur boni a malis, illud

(*Ps.* xxxix, 6.) Qu'est-ce à dire : « J'ai annoncé, j'ai parlé. » J'ai jeté les filets. Et qu'est-il arrivé? « Ils se sont multipliés au-dessus du nombre. » Il y a un nombre déterminé, ils l'ont dépassé. Le nombre comprend les saints qui doivent régner avec Jésus-Christ. Ceux qui sont au-dessus du nombre, peuvent bien maintenant entrer dans l'Eglise, mais ils ne peuvent entrer dans le royaume des cieux.

CHAPITRE III. — Je ne puis donc trop vous exhorter à rompre les liens qui vous attachent à ce monde pervers, et si vous voulez la véritable vie, à ne point imiter les mauvais chrétiens. Ne dites point : Comment? est-ce qu'un tel n'est pas fidèle, et cependant il s'enivre? Est-ce qu'un tel n'est pas fidèle, et il a des concubines? Est-ce qu'un tel n'est pas fidèle, et sa vie est un tissu de fraudes? Est-ce qu'un tel n'est pas fidèle, et il va consulter les astrologues? Si vous voulez être maintenant de bons grains, vous ferez alors partie du monceau de froment. Mais si vous voulez n'être que de la paille, vous ferez aussi partie d'un amas énorme, mais qui doit être consumé par un immense incendie.

Le rivage, c'est la fin du siècle. Le filet ne se rompt pas, parce qu'il n'y aura plus d'hérésies. — 3. Qu'arriva-t-il ensuite? « Ils tirèrent à terre ce filet. » (*Jean*, xxi, 8, 11.) Pierre tira le filet sur le rivage, comme vous l'avez remarqué dans la lecture de l'Évangile. Le rivage, c'est l'extrémité de la mer; l'extrémité de la mer, c'est la fin du siècle. Lors de la première pêche, les filets ne furent point traînés sur le rivage, mais les poissons qu'on venait de prendre furent versés dans les barques. Ici, les disciples tirèrent les filets sur le rivage. Espérez la fin de ce monde. Cette fin viendra pour le bonheur de ceux qui seront à droite, pour le malheur de ceux qui seront à gauche. Et quel fut le nombre des poissons qu'ils prirent? « Ils tirèrent à terre le filet, plein de cent cinquante-trois poissons. » Et l'Evangéliste ajoute cette remarque bien importante : « Et quoiqu'il y en eût tant, » c'est-à-dire de si grands, « le filet ne fut pas rompu. » Les élus seront grands, mais il n'y aura plus d'hérésies; et la raison même pour laquelle il n'y aura plus d'hérésies, c'est qu'ils seront grands. Quels sont ceux qui sont grands? Lisez les paroles du Seigneur lui-même dans l'Evangile : elles vous l'apprendront.

CHAPITRE IV. — *Quel est celui qui est grand, quel est celui qui est petit dans le royaume des cieux.* — Il dit quelque part : « Je ne suis pas venu détruire la loi ou les prophètes, mais les accomplir. » (*Matth.*, v, 17.) « Je vous le dis en vérité : celui qui violera l'un de ces moindres commandements, et qui enseignera; » qui violera et enseignera ainsi : « qui violera, » en vivant mal, « et qui enseignera » à faire le bien, « sera

---

impletur quod ait Propheta : « Annuntiavi, et locutus sum. » (*Psal.* xxxix, 6.) Quid est : « Annuntiavi, et locutus sum? » Retia misi. Et quid? « Multiplicati sunt super numerum. » Est numerus, sunt super numerum. Numerus ad sanctos pertinet, qui sunt regnaturi cum Christo. Super numerum modo in Ecclesiam intrare possunt, in regnum cœlorum non possunt.

CAPUT III. — Quare admoneo, ut eripiatis vos de præsenti sæculo malo. Quare admoneo, ut qui vultis vivere, non imitemini malos Christianos. Non dicatis : Quare? ille non fidelis est, et inebriatur? Quare? ille non fidelis est, et concubinas habet? Quare? ille non fidelis est, et quotidie fraudes facit? Quare? ille non fidelis est, et mathematicos consulit? Modo enim qui volueritis esse grana, tunc inveniemini in massa. Qui autem volueritis palea esse, inveniemini in magno acervo, sed magno igne incendendo.

Littus finis sæculi. Non scissum rete, quia nullæ hæreses. — 3. Quid ergo? « Adduxerunt, inquit, retia ad littus. » (*Joan.*, xxi, 8, 11, etc.) Petrus attraxit retia ad littus : modo cum Evangelium legeretur, audistis. Ubi audis littus, intellige finem maris : ubi audis finem maris, intellige sæculi finem. In illa piscatione non ad littus attracta sunt retia : sed ipsi pisces qui capti sunt, in naviculas fusi sunt. Hic autem traxerunt ad littus. Spera finem sæculi. Venturus est finis; bono dextrorum, malo sinistrorum. Et quot pisces? « Attraxerunt, inquit, retia habentia pisces centum quinquaginta tres. » Et adjecit Evangelista rem necessariam : « Et cum tanti, » id est, tam magni « essent, non est scissum rete. » Magni erunt, sed hæreses non erunt : et ideo magis hæreses non erunt, quia magni erunt. Qui sunt magni? Lege verba ipsius Domini in Evangelio, et invenies magnos.

CAPUT IV. — *Quis magnus, et quis minimus, in regno cœlorum.* — Ait enim quodam loco : « Non veni Legem et Prophetas solvere, sed adimplere. Amen enim dico vobis, quoniam quicumque solverit unum de mandatis istis minimis, et docuerit : » solverit et docuerit sic; « solverit » male vivendo, « et docue-

appelé très-petit dans le royaume des cieux. » (*Matth.*, v, 17, etc.) Mais quel est ce royaume des cieux ? L'Eglise du temps présent, car elle est aussi appelée le royaume des cieux. Si ce nom n'était pas donné aussi à cette Eglise, qui recueille les bons et les mauvais, le Seigneur lui-même ne dirait point dans une parabole : « Le royaume des cieux est semblable à un filet jeté à la mer, et qui prend toute sorte de poissons. » Mais écoutez la suite : « Le royaume des cieux est semblable à un filet jeté à la mer. » Ce filet, ce sont des rets ; « il prend toute sorte de poissons. » Mais qu'arrive-t-il ensuite ? On tire le filet sur le rivage, dit Notre-Seigneur, dans cette parabole. Et lorsqu'il est tiré sur le rivage, ils s'asseoient, « choisissent les bons, et les mettent dans des vases, et jettent les mauvais. » Le Sauveur explique ensuite le sens de cette parabole. « Il en sera ainsi, dit-il, à la fin du monde. » Avez-vous compris ce que représente le rivage ? « Les anges viendront et sépareront les mauvais du milieu des justes, et ils les jetteront dans la fournaise de feu : là seront les pleurs et les grincements de dents. » (*Matth.*, xiii, 47.) Cependant, vous le voyez, l'Eglise est appelée le royaume des cieux. On voit nager dans la mer de bons et de mauvais poissons ; ainsi, dans le royaume des cieux, c'est-à-dire dans l'Eglise du temps présent, on appelle très-petit celui qui enseigne le bien et qui fait le mal, parce qu'il fait partie lui-même de ce royaume des cieux ; car il n'est pas en dehors, il est dans le royaume des cieux, c'est-à-dire dans l'Eglise, telle qu'elle est dans le temps présent. Il enseigne le bien et fait le mal : on a besoin de lui, c'est un mercenaire. « Je vous le dis en vérité, ils ont reçu leur récompense. » (*Matth.*, vi, 2.) Il est utile à quelque chose, car, si ceux qui enseignent le bien et qui font le mal, ne servaient à rien, Notre-Seigneur lui-même ne dirait point à son peuple : « Les scribes et les pharisiens sont assis sur la chaire de Moïse ; faites ce qu'ils disent, mais ne faites point ce qu'ils font. » Pourquoi ? « Car ils disent et ne font pas. » (*Matth.*, xxiii, 2, 3.)

Chapitre V. — *Quel est celui qui est grand dans le royaume des cieux.* — 4. Que votre charité renouvelle son attention ; je veux expliquer ce que représentent ces grands poissons : « Celui, dit Notre-Seigneur, qui violera l'un de ces moindres commandements sera appelé le plus petit dans le royaume des cieux. » Il y sera, mais comme le plus petit. « Mais celui qui fera et qui enseignera, sera appelé grand dans le royaume des cieux. » (*Matth.*, v, 19, etc.) Voilà ces grands poissons qui ont été pris à la droite de la barque. « Celui qui fera et enseignera, » c'est-à-dire celui qui fera le bien qu'il enseigne, qui ne contredira point ses paroles en faisant le mal, et dont l'enseignement fidèle ne sera point

rit » bona docendo, « minimus vocabitur in regno cœlorum. » (*Matth.*, v, 17, etc.) Sed in quo regno cœlorum? In Ecclesia quæ modo est ; quia ipsa vocatur regnum cœlorum. Nam si non vocaretur regnum cœlorum et ista Ecclesia, quæ colligit bonos et malos, non diceret ipse Dominus in parabola loquens : « Simile est regnum cœlorum sagenæ missæ in mare, quæ congregat omnia genera piscium. » Sed ecce quid sequitur? « Simile est regnum cœlorum sagenæ missæ in mare. » Sagenæ, retia sunt ; « congregat omnia genera piscium. » Sed quid ? Trahunt illa ad littus. Hoc in parabola Dominus dicit. Et cum traxerint, ad littus, sedent, « et colligunt bonos, et mittunt in vascula, malos autem projiciunt. » Et exposuit quod proposuit. Quid enim ait ? « Sic erit in consummatione sæculi. » Intellexistis littus ? « Venient, inquit, Angeli, et colligent malos de medio justorum, et mittunt in caminum ignis ardentis : ibi erit fletus et stridor dentium. » (*Matth.*, xiii, 47, etc.) Tamen regnum cœlorum est appellata Ecclesia. Et quando quidem mare habet pisces simul natantes ac bonos et malos, in isto regno cœlorum, id est, in Ecclesia hujus temporis minimus vocatur ille, qui docet bona, et agit mala : quia ibi est et ipse. Non enim non est ibi : ibi est in regno cœlorum, id est, in Ecclesia, qualis est isto tempore. Docet bona, agit mala : necessarius est, mercenarius est. « Amen dico vobis, ait, perceperunt mercedem suam. » (*Matth.*, vi, 2.) Prodest aliquid. Nam si nihil prodessent, qui bona docent et male vivunt, non diceret ipse Dominus suo populo : « Scribæ et Pharisæi cathedram Moysi sedent : quæ dicunt, facite ; quæ autem faciunt, facere nolite. » Quare ? « Dicunt enim, et non faciunt. » (*Matth.*, xxiii, 2, 3.)

Caput V. — *Magnus in regno cœlorum.* — 4. Intendat ergo Caritas Vestra : volo enim exponere qui sunt pisces magni. « Qui solverit, inquit, unum de mandatis istis minimis, minimus vocabitur in regno cœlorum. » Ibi erit, sed minimus. « Qui autem fecerit, et sic docuerit, magnus vocabitur in regno cœlorum. » (*Matth.*, v, 19, etc.) Ecce sunt illi pisces magni, ad dexteram capti : « Qui fecerit, et sic docuerit : » bona fecerit,

le témoin de sa vie coupable. « Celui donc qui fera et enseignera ainsi sera appelé grand dans le royaume des cieux. » Et il ajoute : « Car je vous dis que si votre justice n'est plus parfaite que celle des scribes et des pharisiens, vous n'entrerez point dans le royaume des cieux. » De quel royaume des cieux Notre-Seigneur veut-il ici parler? De celui dont il dira à ceux qui seront à sa droite : « Venez, les bénis de mon Père, possédez le royaume. » (*Matth.*, xxv, 34.) « Si votre justice n'est plus parfaite que celle des scribes et des pharisiens. » Qu'est-ce à dire, « que celle des scribes et des pharisiens? » Considérez ces scribes et ces pharisiens qui sont assis sur la chaire de Moïse, et dont il est dit : « Faites ce qu'ils disent, ne faites pas ce qu'ils font; car ils disent, et ne font pas. » (*Matth.*, xxiii, 3.) La justice des pharisiens consiste donc à dire et à ne point faire. Que votre justice soit donc plus abondante que celle des scribes et des pharisiens; il ne suffit point d'enseigner le bien, il faut encore le pratiquer.

CHAPITRE VI. — *Que signifie ce nombre de cent cinquante-trois poissons. Le nombre sept consacré comme figure de l'Esprit saint.* —
5. Qu'est-il besoin de vous donner les mêmes explications sur ce que signifient ces cent cinquante-trois poissons? Vous les connaissez. Ce nombre est le produit de dix-sept. Commencez par un, et allez jusqu'à dix-sept, en additionnant tous les nombres intermédiaires; additionnez un avec deux, vous aurez trois; additionnez trois et trois, vous aurez six; additionnez quatre et six, vous aurez dix. Additionnez de la même manière tous les nombres suivants jusqu'à dix-sept, et vous arrivez à cent cinquante-trois. Tout notre objet ici doit donc être de savoir ce que signifie ce nombre dix-sept, qui sert à former le nombre cent cinquante-trois. Que signifie donc dix-sept? La loi en premier lieu vous offre le nombre dix. Dieu a d'abord donné dix commandements, et ce Décalogue fut écrit sur des tables de pierre par le doigt de Dieu. Le nombre dix est donc le symbole de la loi, et le nombre sept celui de l'Esprit saint; car le nombre sept est consacré comme figure de ce divin Esprit. Voilà pourquoi la loi ne parle de sanctification qu'au septième jour. (*Gen.*, I.) Dieu a fait la lumière; il n'est pas dit qu'il la sanctifia. Il a fait le firmament; il n'est pas dit qu'il sanctifia le firmament. Il sépara la mer de la terre, et commanda à la terre de produire des plantes; il n'est pas dit qu'il l'ait sanctifiée. Il a commandé aux eaux de produire les animaux qui nagent, et les oiseaux qui volent; il n'est pas dit qu'il les ait sanctifiés. Il a dit à la terre de

---

bona docuerit; non sibi loquenti male vivendo contradixerit, cum malæ vitæ testem habeat linguam bonam. « Qui ergo fecerit, et sic docuerit, magnus vocabitur in regno cœlorum. » Et sequitur : « Dico enim vobis, quia nisi abundaverit justitia vestra super Scribarum et Pharisæorum, non intrabitis in regnum cœlorum. » Modo quomodo intelligis regnum cœlorum? Illud unde dicitur dextris : « Venite, benedicti Patris mei, percipite regnum. » (*Matth.*, xxv, 34.) « Nisi abundaverit justitia vestra plus quam Scribarum et Pharisæorum. » (*Matth.*, v, 20.) Quid est, « plus quam Scribarum et Pharisæorum? » Respice Scribas illos et Pharisæos, qui cathedram Moysi sedent, de quibus dictum est : « Quæ dicunt, facite; quæ faciunt, facere nolite : dicunt enim, et non faciunt. » (*Matth.*, xxiii, 3.) Ergo justitia Pharisæorum est, dicere et non facere. Abundet justitia vestra super Scribarum et Pharisæorum, ut et bona dicatis et bene vivatis.

CAPUT VI. — *Numerus piscium* 153 *quid significet. Spiritus sanctus septenario commendatus.* — 5. Jam ergo de numero centum quinquaginta trium piscium quid opus est eadem retexere? Nostis illa. A decem et septem nascitur numerus crescens. Incipe ab uno, perveni ad decem et septem, ut omnes addas; id est, unum addas ad duos, et fiant tres; addas tres, et fiant sex; addas quatuor, et fiant decem. Sic omnes adde usque ad decem et septem, et pervenis ad centum quinquaginta tres. Tota ergo intentio nostra esse non debet, nisi quid sibi volunt decem et septem : ibi est enim fundamentum centum quinquaginta trium. Quid sibi volunt decem et septem? In Lege agnosce decem. Decem præcepta data sunt (a) prima : decalogus dicitur scriptus in tabulis digito Dei. In decem agnosce Legem, in septem agnosce Spiritum sanctum. Septenario enim numero commendatur Spiritus sanctus. Ideo non nominatur in Lege sanctificatio, nisi septimo die. (*Gen.*, I.) Fecit Deus lucem; non dictum est : Sanctificavit eam. Fecit firmamentum; non dictum est : Sanctificavit firmamentum. Discrevit mare a terra, jussit germinare terram; non dictum est : Sanctificavit. Fecit lunam et sidera; non dictum est : Sanctificavit. Jussit animalia procedere de aquis natantia et volantia; non dictum est : Sanctificavit. Jussit de terra exire animalia quadrupedia et omnia repentia; non dictum est : Sanctifi-

(a) In homiliarum collectione, *data sunt. Primo decalogus.*

faire sortir de son sein les quadrupèdes et tous les reptiles; il n'est pas dit qu'il les ait sanctifiés. Il a fait l'homme lui-même; il n'est pas dit qu'il l'ait sanctifié.

Chapitre VII. — *Quand notre sanctification sera-t-elle parfaite.* — Mais Dieu arriva au septième jour, où il se reposa, et il sanctifia ce jour. Dans son repos, Dieu a sanctifié le nôtre. Nous serons donc pleinement sanctifiés, lorsque nous partagerons son repos éternel. Pourquoi, en effet, Dieu se reposerait-il? Il ne s'est point fatigué en créant le monde. Vous donnez un ordre, êtes-vous fatigué? Vous commandez, et on vous obéit sur-le-champ, sans que vous ayez changé de place et fait un mouvement. Or, Dieu n'a eu qu'à prononcer quelques paroles pour créer le monde tout entier, et il se serait trouvé tout à coup fatigué?

On ne peut accomplir la loi que par le secours de Dieu. Ce n'est point par crainte du châtiment, mais par amour de la justice qu'on accomplit alors la loi. — 6. Reconnaissez donc la loi dans le nombre dix, et l'Esprit saint dans le nombre sept. Joignez l'Esprit à la loi. Car si vous recevez la loi, et que le secours de l'Esprit saint vous fasse défaut, vous n'observez point cette loi que vous lisez; vous n'accomplissez point ces commandements qui vous sont donnés; la loi vous rend prévaricateur. Que l'Esprit saint se joigne à la loi, et vous vienne en aide, et vous accomplissez ce qui vous est commandé.

Sans le secours de l'Esprit saint, la lettre vous tue. Comment vous tue-t-elle? En vous rendant prévaricateur. Et vous ne pouvez pas vous excuser sur votre ignorance, car vous avez reçu la loi. Vous avez appris ce que vous devez faire, l'ignorance ne peut vous excuser, l'Esprit saint ne vient pas à votre secours, vous périrez donc infailliblement. Mais que dit l'apôtre saint Paul? « La lettre tue, et l'Esprit donne la vie. » (II *Cor.*, III, 6.) Comment donne-t-il la vie? Parce qu'il vous fait accomplir la lettre, qui, sans cela, vous tuerait. Les saints sont ceux qui observent la loi par un don spécial de Dieu. La loi peut bien commander, mais elle ne peut nous aider. L'Esprit saint vient au secours de notre faiblesse, et nous accomplissons les commandements de Dieu avec joie, avec un plaisir intime. Il en est beaucoup qui les observent, mais par crainte. Ceux qui observent la loi par crainte du châtiment, voudraient que le châtiment qu'ils craignent n'existât point. Mais ceux qui observent la loi par amour de la justice, trouvent dans l'observation de cette loi une joie véritable, parce qu'elle n'est plus leur ennemie.

Chapitre VIII. — *Les commandements de Dieu sont cet adversaire dont parle Notre-Seigneur.* — 7. Voilà pourquoi Notre-Seigneur nous dit : « Accordez-vous au plus tôt avec votre adversaire, pendant que vous êtes en chemin avec lui. » (*Matth.*, v, 25.) Quel est cet adver-

---

cavit. Fecit ipsum hominem; non dictum est : Sanctificavit.

Caput VII. — *Sanctificatio nostra plena.* — Ventum est ad septimum diem, ubi requievit; et ipsum sanctificavit. Per requiem suam Deus sanctificavit requiem nostram. Ibi ergo erit sanctificatio nostra plena, ubi cum illo sine fine requiescemus. Nam quare Deus requiesceret? Non enim operando fatigatus est. Tu si verbo facias, non fatigaris : si jubeas, et continuo fiat, stas, integer manes. Pauca verba dixit, unde totum fecit, et subito lassatus est?

Lex non impletur sine Dei adjutorio. Non timore pœnæ lex impletur, sed amore justitiæ. — 6. Ergo Legem agnosce in decem; Spiritum sanctum agnosce in septem. Jungatur Spiritus Legi. Quia si acceperis Legem, et defuerit tibi adjutorium Spiritus, non imples quod legis, non imples quod tibi jubetur : sed homo sub Lege insuper prævaricator tenetur. Accedat Spiritus, adjuvet; et fit quod jubetur. Si

desit Spiritus, littera occidit te. Quare littera occidit te? Quia prævaricatorem te faciet. Nec potes te excusare de ignorantia, quia legem accepisti. Jam quod faceres didicisti, ignorantia te non excusat; Spiritus te non adjuvat : ergo periisti. Sed quid ait apostolus Paulus? « Littera occidit, Spiritus autem vivificat. » (II *Cor.*, III, 6.) Unde Spiritus vivificat? Quia facit impleri litteram, ne occidat. Isti sunt sancti, qui faciunt Legem Dei ex dono Dei. Lex jubere potest, juvare non potest. Accedit adjutor Spiritus; et fit jussum Dei cum gaudio, cum delectatione. Nam multi faciunt ex timore. Sed qui faciunt Legem, timendo pœnam, mallent non esse quod timerent. Qui autem faciunt Legem amando justitiam, gaudent et ibi, quia non habent inimicam.

Caput VIII. — *Sermo Dei adversarius noster.* — 7. Ideo dicit Dominus : « Concorda cum adversario tuo cito, dum es cum illo in via. » (*Matth.*, v, 25.) Quis est adversarius tuus? Sermo Legis. Quæ est

saire? La parole de la loi. Quel est ce chemin? C'est cette vie. Comment la loi est-elle votre ennemie? Elle vous dit : « Vous ne commettrez point d'adultère; » et vous voulez commettre l'adultère. Elle vous dit : « Vous ne désirerez point le bien de votre prochain; » et vous voulez prendre ce qui lui appartient. Elle vous dit : « Honorez votre père et votre mère; » et vous outragez vos parents. La loi vous dit : « Ne faites point de faux témoignage; » (*Exod.*, XX) et vous ne cessez de mentir. Lorsque vous remarquez que la parole de la loi vous ordonne une chose, et que vous en faites une autre, elle devient votre adversaire. Vous avez en elle un adversaire redoutable : ne la laissez pas entrer avec vous dans le tribunal secret; accordez-vous avec elle pendant que vous êtes en chemin. Dieu est prêt à favoriser cet accord. Comment? En vous pardonnant vos péchés, et en vous inspirant l'amour de la justice, pour que vous puissiez faire le bien. Lors donc que vous vous serez mis d'accord avec votre adversaire, c'est-à-dire avec le Décalogue de la loi, par le secours de l'Esprit saint, vous ferez partie du nombre dix-sept. Lorsque vous appartiendrez à ce nombre, il s'élèvera jusqu'au nombre de cent cinquante-trois. Vous serez à droite pour être couronné, et non pas à gauche pour être condamné au supplice éternel.

SERMON CCLII.

XXIII° *pour les fêtes de Pâques.*

Sur la même lecture et les deux pêches.

CHAPITRE PREMIER. — *La pêche qui est faite par l'ordre du Seigneur, a une signification mystérieuse. Jésus-Christ nous instruit par ses actions.* — 1. C'est sous des formes nombreuses et variées que Notre-Seigneur Jésus-Christ nous fait voir, dans les saintes Ecritures, la grandeur de sa divinité, et les œuvres miséricordieuses de son humanité; et c'est ordinairement à l'aide d'actions figuratives et de symboles mystérieux, afin que ceux qui demandent reçoivent, que ceux qui cherchent trouvent, et qu'on ouvre à ceux qui frappent. Ce qu'on vient de vous lire aujourd'hui du saint Evangile, demande un auditeur intelligent, et produit une joie toute spirituelle dans l'esprit qui le comprend. Que votre charité considère donc attentivement ce que signifie cette apparition de Notre-Seigneur à ses disciples, telle qu'elle nous est attestée par l'Ecriture et racontée par l'Evangéliste. Les disciples allèrent à la pêche, et ne prirent rien de toute la nuit. Le matin, le Seigneur leur apparut sur le rivage, et leur demanda s'ils n'avaient rien à manger. Ils lui répondirent : Non. Il leur dit alors : « Jetez les filets à droite

---

via? Vita ista. Quomodo est ille adversarius? Dicit : « Non mœchaberis, » et tu vis mœchari. Dicit : « Non concupiscas rem proximi tui, » et tu vis rapere res alienas. Dicit : « Honora patrem et matrem, » et tu contumeliosus es in parentes. Dicit Lex : « Noli dicere falsum testimonium, » (*Exod.*, XX) tu a mendacio non recedis. Quando vides quia ille sermo aliud jubet, et tu aliud facis, est adversarius tuus. Adversarium habes malum, non tecum intret in secretarium : compone dum es cum illo in via. Adest Deus ut vos concordet. Quomodo vos concordat Deus? Donando peccata, et inspirando justitiam, ut fiant opera bona. Cum ergo concordaveris cum adversario, id est, cum decalogo Legis, per Spiritum sanctum, pertinebis ad decem et septem. Cum pertinueris ad decem et septem, jam exinde excrescet numerus ad centum quinquaginta tres. Eris ad dexteram coronandus : ne remaneas ad sinistram damnandus.

SERMO CCLII [a].

In diebus Paschalibus, XXIII.

De eadem lectione et duabus piscationibus.

CAPUT PRIMUM. — *Piscatio jussu Domini facta non sine mysterio. Etiam factis loquitur Christus.* — 1. Multis et variis modis, et altitudinem divinitatis suæ, et misericordiam humanitatis, in Scripturis sanctis Dominus noster Jesus Christus ostendit, quemadmodum solet, in mysteriis et sacramentis; ut petentes accipiant, et quærentes inveniant, et pulsantibus aperiatur. Hoc enim etiam quod lectum est hodie de sancto Evangelio quærit intellectorem, et facit gaudium spiritale, cum fuerit intellectum. Intendat Sanctitas Vestra quid sibi velit, quod eo modo se Dominum discipulis demonstrasse sancta Scriptura testatur, quomodo Evangelista narrat. Perrexerunt enim discipuli piscatum, et tota nocte nihil ceperunt. Dominus autem apparuit eis mane in littore, interrogavit utrum haberent pulmentarium : illi se dixerunt non habere. Ait illis : « Mittite retia

---

[a] Alias de Diversis v.

de la barque, et vous trouverez. » (*Jean*, XXI, 6.) Il était venu comme pour acheter, et il les comble gratuitement de biens, et ces biens, il les tire de la mer qu'il a créée. C'est un grand miracle. Ils jetèrent aussitôt les filets, et ils ne pouvaient les tirer, tant il y avait de poissons. Cependant, si vous considérez quel est l'auteur de ce grand miracle, vous cesserez d'être étonnés, car il en avait déjà fait beaucoup d'autres plus extraordinaires. Pour celui qui, avant sa propre résurrection, avait ressuscité des morts, était-ce donc un si grand miracle, de faire, après sa résurrection, qu'une pêche fût abondante? Nous devons donc examiner le miracle lui-même, pour voir les enseignements secrets qu'il renferme. Car ce n'est pas sans raison que le Sauveur ne dit pas en général : Jetez les filets; mais : « Jetez les filets à droite. » L'Evangéliste a cru devoir aussi spécifier le nombre des poissons; il a pris soin également de remarquer que, malgré le nombre de ces grands poissons, les filets ne furent point rompus. L'Evangéliste nous rappelle ici que les disciples avaient autrefois jeté leurs filets sur l'ordre du Seigneur, lorsqu'il fit choix de ses apôtres, avant sa passion. Pierre, Jacques et Jean s'y trouvaient. Ils jetèrent leurs filets, ils prirent une quantité innombrable de poissons, et, après en avoir rempli une barque, ils demandèrent à leurs compagnons qui étaient dans l'autre barque, de venir les aider, et ils remplirent les deux barques de poissons (c'était avant la résurrection), et en si grand nombre, que les filets se rompaient. Pourquoi donc le nombre des poissons n'est-il pas spécifié? Pourquoi les rets se rompaient-ils la première fois, tandis qu'ici ils ne sont pas rompus? Pourquoi, lors de cette première pêche, ne dit-il pas de jeter le filet à droite, tandis qu'ici il dit expressément : « Jetez les filets à droite de la barque? » Ce n'est pas sans un dessein particulier. Notre-Seigneur n'agissait pas dans ces circonstances au hasard et sans raison. Le Christ est le Verbe de Dieu, qui instruit les hommes, non-seulement par ses paroles, mais encore par ses actions.

CHAPITRE II. — *Caractères distinctifs des deux pêches. Les filets sont la parole de Dieu; la mer, le monde.* — Nous nous sommes donc proposé d'étudier avec votre charité ce que signifient les traits distinctifs de ces deux pêches. Les filets qui furent jetés la première fois, prirent une quantité innombrable de poissons; les disciples en chargèrent deux barques, les filets se rompaient, et nous ne lisons point qu'ils furent jetés à droite ou à gauche. Nous voyons s'accomplir actuellement la signification mystérieuse de cette pêche. L'autre pêche, également pleine de mystères, Notre-Seigneur la commande après sa résurrection, alors qu'il ne devait plus mourir, mais vivre éternellement, non-

in dexteram partem, et invenietis. » (*Joan.*, XXI, 6.) Qui quasi empturus venerat, gratis tanta largitus est; et largitus de mari, tanquam de creatura sua. Magnum quidem miraculum. Miserunt statim, et tantum ceperunt, ut præ multitudine piscium extrahere retia non possent. Sed hoc tantum miraculum si attendas quis fecerit, non est mirum : multa enim majora jam fecerat. Non enim qui ante resurrectionem mortuos suscitaverat, magnum aliquid post resurrectionem fuit quod pisces capi fecit. Ergo interrogare debemus ipsum miraculum, quid nobis interius loquatur. Non enim sine causa non dixit utcumque : Mittite retia, sed : « Mittite in dexteram partem. » Deinde pertinuit ad Evangelistam dicere et numerum piscium. Pertinuit etiam dicere : « Et cum tanti essent, » id est, tam magni, « retia non sunt disrupta. » (*Luc.*, V, 4.) Hoc loco recordari nos fecit, aliquando ad jussum Domini missa esse retia, quando elegit discipulos, antequam pateretur ipse. Ibi erat Petrus, Joannes et Jacobus. Miserunt retia, ceperunt pisces innumerabiles, et cum unum navigium impletum esset, quæsierunt se adjuvari a vicino navigio : et impleta sunt duo navigia piscibus, (hoc ante resurrectionem,) sane tam multis, ut retia rumperentur. Quare ibi numerus nullus dicitur? Quare ibi non dictum est, retia rumpebantur, hic non rupta sunt? Quare ibi non dictum est, ad dexteram partem mitterentur retia, hic autem dixit : « Mittite retia in dexteram partem? » Non est utique sine causa. Non enim faciebat ista Dominus quasi frustra et inaniter. Verbum Dei est Christus, qui non solum sonis, sed etiam factis loquitur hominibus.

CAPUT II. — *Discrimen duarum piscationum. Retia, verbum Dei; mare, sæculum.* — 2. Hoc ergo nobis propositum est, quod cum Vestra Caritate tractemus, quid sibi velit ista diversitas. Etenim retia illa quæ missa sunt antea, et ceperunt innumerabilem piscium numerum, et oneraverunt duas naves, et retia rumpebantur, et non sunt missa in dexteram partem retia; sed neque dictum est, in sinistram. Jam mysterium captionis illius impletur hoc tempore. Illud autem alterum mysterium, quod non sine causa

seulement par sa nature divine, dans laquelle il était inaccessible à la mort, mais dans son corps, où il a daigné souffrir la mort pour nous. C'est donc par un dessein tout particulier que la première pêche eut lieu avant sa passion, et la seconde après sa résurrection. Dans la première, il ne commande point de jeter les filets à droite ou à gauche, mais il dit simplement : « Jetez les filets; » ici, au contraire, il dit expressément : « Jetez les filets à droite de la barque. » La première fois encore, le nombre des poissons n'est pas spécifié; on dit seulement qu'ils en prirent une si grande quantité, que les deux barques étaient sur le point de couler à fond; ici, au contraire, on détermine le nombre, et, de plus, il est dit que c'étaient de grands poissons. Enfin, dans la première pêche, les filets se rompaient; ici, l'Évangéliste a cru devoir faire cette remarque : « Et, malgré le nombre de ces grands poissons, le filet ne fut pas rompu. » Ne voyons-nous pas, mes frères, que ces filets représentent la parole de Dieu, et la mer, le monde; et que tous ceux qui croient sont renfermés dans ces filets? Si quelqu'un doutait de cette signification, qu'il se rappelle que Notre-Seigneur a expliqué dans une parabole ce qu'il vient de démontrer par ce miracle. « Le royaume des cieux, dit-il, est semblable à un filet jeté à la mer et qui prend toutes sortes de poissons. Et, lorsqu'il est plein, ils le retirent, et, s'asseyant sur le rivage, ils choisissent les bons, et les mettent dans des vases, et jettent les mauvais. Il en sera ainsi à la fin du monde : les anges viendront et sépareront les mauvais du milieu des justes, et ils les jetteront dans la fournaise de feu : là seront les pleurs et les grincements de dents. » (*Matth.*, XIII, 47-30.) Ces filets jetés à la mer sont donc le signe figuratif de la foi. Est-ce que la mer n'est pas la figure de ce siècle, où les poissons se dévorent? Est-ce par de légères tempêtes ou par les flots de tentations insignifiantes que cette mer est agitée? N'y a-t-il à courir que des dangers peu importants pour les navigateurs, c'est-à-dire pour ceux qui, montés sur le bois de la croix, sont à la recherche de la patrie céleste? L'analogie est donc de la dernière évidence.

Chapitre III. — *Les deux barques figurent les deux peuples. La multitude expose la barque à être submergée. Danger que court la barque des Juifs* — 3. Puisque la résurrection de Notre-Seigneur est la figure de la vie nouvelle qui nous attend après que ce monde aura cessé d'exister, attachons-nous seulement à examiner, mes frères, comment la parole de Dieu a été jetée pour la première fois dans cette mer, c'est-à-dire dans ce monde. Oui, la parole de Dieu a été jetée dans ce monde, dont les flots sont si agités, les tempêtes si dangereuses, et les naufrages si redoutables, et cette parole en

post resurrectionem fecit, jam non moriturus, sed semper vivus futurus; non solum divinitate, qua nunquam mortuus est, sed etiam corpore, quo pro nobis mori dignatus est. Non ergo frustra illud ante passionem, hoc post resurrectionem. Illic nec in dexteram, nec in sinistram, sed tantum : « Mittite retia; » hic autem : « Mittite in dexteram. » Ibi nullus numerus, sed sola copiosa multitudo, ut duas naves pene mergeret; nam et hoc dictum est ibi : est hic autem et numerus, et magnitudo piscium. Deinde ibi retia rumpebantur, hic pertinuit ad Evangelistam dicere : « Et cum tam magni essent, retia non sunt disrupta. » Numquid non videmus, Fratres, verbum Dei retia esse, et hoc sæculum mare, et omnes qui credunt intra illa retia includi? Si forte quis dubitat hoc significare, attendat ipsum Dominum in parabola hoc dixisse, quod in miraculo ostendit. Ait enim : « Simile est regnum cœlorum sagenæ missæ in mare, quæ congregat ex omni genere piscium. Quam, cum impleta esset, educentes, traxerunt illam ad littus; et juxta littus sedentes, elegerunt bonos in vasa, malos autem foras miserunt. Sic erit in fine sæculi : exibunt Angeli, et separabunt malos de medio justorum, et mittent eos in caminum ignis : ibi erit fletus, et stridor dentium. » (*Matth.*, XIII, 47, etc.) Apparet ergo signum habere fidei, retia missa in mare. An non est mare hoc sæculum, ubi se invicem homines quasi pisces devorant? An parvæ procellæ et fluctus tentationis perturbant hoc mare? An parva pericula sunt navigantium, id est, in ligno crucis patriam cœlestem quærentium? Manifestissima ergo similitudo est.

Caput III. — *Duo navigia, duo populi. Submersionis periculum ex multitudine. Periclitatur navis Judæorum*. — 3. Illud tantum videamus, Fratres, (quia resurrectio Domini novam vitam significat, quam habebimus, cum hoc sæculum transierit,) quomodo primum verbum Dei missum est in hoc mare, id est, in hunc mundum. In hoc sæculum fluctibus turbulentum, et tempestatibus periculosum, et naufragiis molestum, missum est verbum Dei, et cepit multos, ita ut implerentur duo navigia.

a pris un grand nombre, jusqu'à remplir les deux barques. Que représentent ces deux barques? Les deux peuples. C'est pour ces deux peuples, qui étaient comme deux murailles venant de directions opposées, que Notre-Seigneur est devenu la pierre angulaire en les unissant dans sa personne. (*Ephés.*, II.) En effet, le peuple juif venait de ses coutumes, bien différentes de celles des Gentils, et les Gentils venaient du culte des idoles. Le peuple juif venait de la circoncision, le peuple des Gentils, de l'incirconcision. Ils venaient donc de directions toutes contraires, mais ils se sont unis dans la pierre angulaire. Car deux murs ne forment jamais un angle qu'autant qu'ils viennent dans un sens opposé. C'est donc en Jésus-Christ que les deux peuples ont formé cette union si étroite : les Juifs qu'il avait appelés de près, et les Gentils qu'il avait appelés de loin. Considérez ce que les Juifs, qui étaient plus près, puisqu'ils adoraient déjà un seul Dieu, ont fait lorsqu'ils eurent embrassé la foi en Jésus-Christ. Ils vendaient tout ce qu'ils possédaient, ils apportaient le prix de leurs champs aux pieds des apôtres, et on le distribuait à chacun suivant qu'il en avait besoin. (*Act.*, IV, 34.) Ils se chargèrent du fardeau des affaires du siècle, et, devenus plus légers, ils suivirent plus facilement Jésus-Christ, ils se plièrent à son joug, qui est doux; ils se sont attachés étroitement à lui comme à la pierre angulaire dont ils n'étaient pas éloignés, et ils ont trouvé en lui la paix. Le peuple des Gentils est venu aussi, mais de plus loin; il est parvenu jusqu'à cette pierre angulaire, à laquelle il s'est réuni dans les sentiments d'une même paix. Ces deux peuples sont figurés par les deux barques. Or, ces barques furent remplies d'une si grande quantité de poissons, qu'elles étaient sur le point de couler à fond. Nous lisons, en effet, que, parmi les Juifs qui avaient cru en Jésus-Christ, il y avait des hommes charnels qui étaient pour l'Eglise un lourd fardeau; ils défendaient aux apôtres d'annoncer l'Evangile aux Gentils, en disant : Le Christ n'est venu que pour ceux qui sont circoncis; si les Gentils veulent recevoir l'Evangile, qu'ils se soumettent à la circoncision. Aussi l'apôtre saint Paul, qui avait été spécialement envoyé vers les Gentils, était devenu, en prêchant la vérité, souverainement odieux à ces Juifs qui avaient embrassé la foi. En effet, l'Apôtre voulait que le peuple des Gentils, quoique venant d'une direction contraire, se réunît cependant à la pierre angulaire pour y trouver une paix solide. Ces chrétiens charnels, qui exigeaient la circoncision comme nécessaire, n'étaient point du nombre des spirituels; ils ne voyaient pas que le temps de ces observances charnelles était passé, et qu'elles avaient été toutes dissipées comme des ombres par la lumière éclatante qu'avait jetée l'avénement du Messie. Cependant, comme ils excitaient des

Quæ sunt duo navigia? Populi duo. Quibus populis duobus, tanquam duobus parietibus lapis angularis factus est Dominus, ut eos in se conjungeret ex diverso venientes. (*Ephes.*, II.) Venit enim populus Judæorum ex alia longe consuetudine : venit autem populus Gentium ab idolis. Venit ex circumcisione populus Judæorum : venit ex præputio populus Gentium. Ex diverso venerunt : sed in lapide angulari junguntur. Nunquam enim angulum faciunt parietes, nisi e diverso venientes. In Christo ergo concordaverunt duo populi, vocati ex Judæis qui erant prope, et ex Gentibus qui erant longe. Nam quia prope erant Judæi, (jam enim unum Deum colebant,) quando crediderunt in Christum, attende quid fecerint. Quidquid habuerunt, vendiderunt, et posuerunt pretia prædiorum suorum ante Apostolorum pedes : et distribuebatur unicuique, prout cuique opus erat. (*Act.*, IV, 34.) Liberati sunt sarcinis negotiorum sæcularium, et levibus humeris secuti sunt Christum : subdiderunt collum jugo leni, et amplec- tentes lapidem angularem ex propinquo, pacati sunt. Venit autem et populus Gentium ex longinquo, et ipse pervenit ad illum lapidem, et convenit in pace. Istos duos populos significant duæ illæ naves. Sed tanta multitudine piscium impletæ sunt, ut pene mergerentur. Legimus enim et inter ipsos, qui de Judæis crediderant, exstitisse carnales, qui pressuram faciebant Ecclesiæ, et prohibebant Apostolos Gentibus loqui Evangelium, dicentes : Non est missus Christus nisi circumcisis : ut si vellent Evangelium accipere Gentes, circumciderentur. Unde apostolus Paulus missus ad Gentes, odiosus eis factus erat verum prædicans, qui de Judæa crediderant. (*Gal.*, IV, 16.) Volebat enim Apostolus, ut ex diverso veniens populus Gentium, tamen angulum tangeret, ubi firma pax erat. Carnales ergo illi exigentes circumcisionem, non pertinebant ad numerum spiritalium : neque jam videbant transactis sacramentis carnalibus venisse illum, cujus præsenti luce umbræ fugarentur. Tamen quia seditiones fa-

troubles, ils exposaient, par leur multitude, le vaisseau de l'Eglise a être submergé.

CHAPITRE IV. — *La barque des Gentils. Les filets qui se rompaient, figurent les schismes et les hérésies.*—4. Considérons maintenant l'autre barque, celle des Gentils; voyons s'ils n'entrèrent pas en si grand nombre dans l'Eglise, qu'on y voit à peine les grains de froment au milieu d'une énorme quantité de paille. Combien de ravisseurs! Combien d'hommes adonnés à l'ivresse! Combien de diffamateurs! Combien qui fréquentent les spectacles! Ceux qui remplissent nos Eglises, ne sont-ils pas les mêmes qui remplissent les théâtres. Ne cherchent-ils pas souvent à exciter dans l'Eglise les mêmes troubles qu'au théâtre? Souvent encore, si l'on vient à traiter spirituellement d'une vérité ou d'un devoir de la vie chrétienne, ils font de l'opposition, de la résistance, et prennent la défense de la chair contre l'Esprit saint; c'est ce que saint Etienne reprochait aux Juifs. (*Act.*, VII, 51.) Et, dans cette ville même, n'avons-nous pas éprouvé, votre sainteté se le rappelle comme nous, avec quel danger pour nous Dieu a banni de cette basilique les scènes d'ivrognerie qui la déshonoraient (1)? Est-ce que notre barque n'était pas sur le point d'être submergée par les troubles qu'excitaient ces hommes charnels? D'où venait ce danger, sinon de l'innombrable quantité de poissons qui la surchargeait? Il est dit encore, lors de la première pêche, que les filets se rompaient. Ces filets rompus furent l'origine des hérésies et des schismes. Les poissons sont tous enfermés dans le filet, mais, dans leur impatience, ils refusent de se laisser conduire à la nourriture que leur prépare le Seigneur; ils donnent de la tête où ils peuvent, rompent le filet et s'échappent. Ce filet est étendu dans toute l'Eglise, mais on ne le rompt que dans des endroits particuliers. Les donatistes l'ont rompu dans l'Afrique, les ariens dans l'Egypte, les photiniens dans la Pannonie, les cataphrygiens dans la Phrygie, les manichéens dans la Perse. En combien d'endroits ce filet a été rompu! Et, cependant, il ne laisse pas d'amener au rivage ceux qu'il renferme. Oui, il les amène; mais amène-t-il ceux qui l'ont rompu? Tous ceux qui s'échappent sont mauvais; il n'y a que les mauvais qui sortent; mais, parmi ceux qui restent, il y a des bons et des mauvais. Sans cela, comment tirerait-on sur le rivage ce filet plein de bons et de mauvais poissons, comme le dit le Seigneur dans sa parabole?

CHAPITRE V. — *Sur l'aire du Seigneur on trouve toujours un peu de paille avec le bon grain. Le souffle des vents pousse la paille dans l'aire.*—5. L'aire, lorsqu'on la foule pour battre le blé, présente un exemple semblable. Il y a de

(1) Voyez les lettres XXII et XXIX de saint Augustin.

---

ciebant, quasi multitudine sua mergebant navem.

CAPUT IV. — *Navis Gentium. Retia rupta, hœreses et schismata.* — 4. Attendamus etiam navem Gentium. Videamus si non tanta multitudo collecta est in Ecclesiam, ut vix ibi appareant grana frumenti in tam multo numero palearum. Quam multi raptores, quam multi ebriosi, quam multi maledici, quam multi spectatores theatrorum! Nonne ipsi implent ecclesias, qui implent et theatra? Et talia plerumque seditionibus quærunt in ecclesiis, qualia solent in theatris. Et plerumque si aliquid spiritaliter dicatur aut jubeatur, resistunt, reluctantur, sequentes carnem, repugnantes Spiritui sancto. Unde Judæos quoque Stephanus accusabat. (*Act.*, VII, 51.) In ista civitate, Fratres mei, nonne experti sumus, quod recordatur nobiscum Sanctitas Vestra, quanto periculo nostro de ista basilica ebriositates expulerit Deus? Nonne seditione carnalium pene mergebatur nobiscum navis? Unde hoc, nisi de illo numero piscium innumerabili? Deinde etiam illud ibi dictum est, quia retia rumpebantur. Disruptis retibus, hæreses et schismata facta sunt. Retia quidem omnes concludunt: sed impatientes pisces, nolentes venire ad cibum Domini, ubi possunt impingunt se, et rumpunt, et exeunt. Et retia quidem illa per totum expanduntur: qui rumpunt autem, per loca rumpunt. Donatistæ ruperunt in Africa, Ariani ruperunt in Ægypto, Photiniani ruperunt in Pannonia, Cataphryges ruperunt in Phrygia, Manichæi ruperunt in Perside. Quot locis sagena illa disrupta est? Et tamen quos includit, perducit ad littus. Perducit quidem, sed numquid (*a*) qui ruperunt retia? Omnes mali exeunt. Non quidem exeunt, nisi mali: remanent autem ét boni et mali. Nam unde perducitur sagena ad littus cum piscibus et bonis et malis, de qua in parabola locutus est Dominus?

CAPUT V. — *In area Domini palea semper aliqua cum frumento. Venti paleas ad aream reflant.* — 5. Hanc enim similitudinem habet etiam area, cum trituratur. Est palea, sunt frumenta: sed tamen

(*a*) Mss. *Sed numquid corruperunt*, (vel *corrumpunt*) *retia? Videtur legendum sic: Sed numquid cum rumpunt retia, omnes mali exeunt?*

la paille, il y a du bon grain; cependant, ceux qui regardent l'aire ont de la peine à voir autre chose que de la paille. Il faut une grande attention pour découvrir le bon grain au milieu de la paille. Or, les vents soufflent de toutes parts sur cette aire. Alors qu'on la foule, et avant qu'on la relève pour vanner le grain, n'est-elle pas exposée à l'action des vents? Le vent souffle, par exemple, de ce côté et enlève des pailles; il souffle d'un autre côté, et les emporte dans une autre direction. De quelque côté qu'il souffle, il enlève ces pailles et les jette dans des haies, sur des épines ou dans d'autres endroits. Le vent ne peut emporter le bon grain, il n'a d'action que sur la paille. Lorsque, toutefois, les vents qui soufflent de tous côtés ont emporté ces pailles, pensez-vous qu'il ne reste plus dans l'aire que le bon grain? La paille seule est emportée, mais il reste encore dans l'aire de la paille mêlée au bon grain. Quand toute la paille sera-t-elle enlevée? Lorsque le Seigneur viendra le van à la main, c'est alors qu'il nettoiera son aire, qu'il amassera son froment dans le grenier, et qu'il brûlera la paille dans un feu qui ne s'éteindra jamais. (*Matth.*, III, 12.) Que votre sainteté donne encore une plus grande attention à ce que je vais dire. Il arrive quelquefois que les vents qui emportent la paille de l'aire, soufflent du côté de la haie où la paille s'est attachée, et la ramènent dans l'aire. Ainsi, par exemple, un catholique a été soumis à quelque dure épreuve. Il voit que les donatistes sont prêts à lui donner un appui matériel, mais ils lui disent : Nous ne vous viendrons en aide qu'à la condition que vous entrerez en communion avec nous. Le vent a soufflé et l'a jeté sur les épines. Voici qu'il survient à ce même homme, dans ses affaires temporelles, une difficulté qu'il ne peut terminer à son avantage que dans l'Eglise catholique; il ne considère point où il se trouve, mais où il pourra plus facilement sortir d'embarras; et sous l'action du vent qui souffle de l'autre côté de la haie, il est ramené dans l'aire du Seigneur.

Chapitre VI. — *Ceux qui cherchent les jouissances temporelles, qu'ils soient dans l'aire ou en dehors de l'aire, sont de la paille; cette paille peut devenir du bon grain.* — 6. Il en est donc, mes frères, qui ne cherchent dans l'Eglise que des biens temporels et n'ont jamais en vue ceux que Dieu nous a promis; car, s'il y a ici-bas des tentations, des dangers, des difficultés; après ces épreuves de la vie présente il nous promet un repos éternel et la société des saints anges. Or, ceux qui, au lieu de se proposer ces biens éternels, ne désirent et ne cherchent dans l'Eglise que les biens du temps et de la chair, qu'ils soient dans l'aire ou en dehors de l'aire, sont de la paille. Ils ne nous causent pas une grande joie, et nous ne cherchons pas à leur plaire par de vaines flatteries. La seule chose qui leur soit vraiment utile, c'est de devenir du

qui attendunt aream, difficile vident nisi paleam. Diligentia opus est, ut frumenta in palea inveniantur. Venti autem perflant undique aream. Et cum trituratur, antequam subrigatur ut possit ventilari, numquid non patitur ventos? Ventus flat ex hac parte, verbi gratia, tollit paleas : inde rursus flat, tollit ad alteram partem. A quacumque parte tollit paleas, et mittit in sepem, et in spinas, et quolibet. Non potest frumentum inde tollere : non tollit ventus nisi paleas. Sed tamen cum tulerint undique flantes venti paleas, numquid solum triticum in area remanebit? Non inde it nisi palea : remanet autem et palea et frumentum. Quando it omnis palea? Quando venerit Dominus ferens ventilabrum in manu sua, et mundabit aream suam, frumenta recondet in horreum, paleam autem comburet igni inextinguibili. (*Matth.*, III, 12.) Melius intendat Sanctitas Vestra quid dicam. Aliquando enim venti qui tollunt paleam de area, iterum flant a sepe ubi hæserat palea, et eam revocant in aream. Sicut, verbi gratia, nescio quis homo in Catholica constitutus, passus est aliquam tentationem tribulationis. Vidit sibi carnaliter subveniri posse in negotio suo apud Donatistas : dictum est illi : Non tibi subvenietur, nisi hic communicaris. Flavit ventus, projecit in spinas. Si contingat illi negotium habere sæculare rursus, quod non possit finiri nisi in Ecclesia catholica, non attendens ubi sit, sed ubi negotia sua commodius explicet, quasi flante vento ab altera parte sepis, revocatur ad aream Domini.

Caput VI. — *Carnalia quærentes, sive sint intra, sive foris, palea sunt. Palea potest fieri frumentum.* — 6. Isti ergo, Fratres, qui carnalia quærunt in Ecclesia, et non sibi proponunt quid promittat Deus : quia hic sunt tentationes, pericula, difficultates; post temporales autem labores, requiem sempiternam promittit, et Angelorum sanctorum societatem : sibimet ergo ista non proponentes, sed carnalia desiderantes in Ecclesia, sive sint in area, sive sint foris, palea sunt. Nec ad illos valde gaudemus, nec palpamus eos va-

bon grain. Car il y a cette différence entre la véritable paille et ces hommes charnels, que la paille n'a point l'usage du libre arbitre que Dieu a donné à l'homme. Il suffit à l'homme de vouloir; hier il était de la paille, aujourd'hui il devient du froment; si, au contraire, il se détourne de la parole de Dieu, aujourd'hui même il devient de la paille. La seule chose importante pour nous est l'état où Dieu nous trouvera lorsqu'il viendra vanner son grain pour la dernière fois.

Chapitre VII. — *Nous voyons, dans cette pêche, que l'Eglise, après la résurrection, ne sera plus composée que de bons.* — 7. Considérez maintenant, mes frères, cette Eglise bienheureuse, pleine de mystère et de grandeur, que figurent les cent cinquante-trois poissons. Nous avons entendu, nous savons, nous voyons ce qu'est cette Eglise dans le temps présent, mais nous ne savons que par les prophéties, et non par notre expérience personnelle, ce que doit être un jour cette autre Eglise. Cependant, son état futur peut dès maintenant nous inspirer de la joie, bien que nous ne puissions encore le contempler de nos yeux. Lors de la première pêche, les filets ne furent jetés ni à droite ni à gauche, car ils devaient prendre des bons et des méchants. Si Notre-Seigneur avait dit de les jeter à droite ou à gauche, il aurait donné lieu de croire qu'il n'avait en vue que les bons ou les mauvais. Mais comme les filets devaient renfermer des bons et des méchants, ils furent jetés indistinctement, et ils prirent, comme nous l'avons vu, des pécheurs et des justes. Pour cette Eglise, au contraire, qui doit habiter la sainte Jérusalem, où les cœurs des mortels seront à découvert, il n'est pas à craindre qu'aucun méchant entre jamais dans son sein. Il ne sera plus possible de cacher sous l'enveloppe de ce corps mortel la malice d'un cœur corrompu. Car le Seigneur lui-même est venu; et c'est pour cela qu'après sa résurrection, alors qu'il ne doit plus mourir, il ordonne de jeter les filets à la droite de la barque. Alors s'accomplit ce qu'a prédit l'Apôtre : « Jusqu'à ce que vienne le Seigneur, qui éclairera ce qui est caché dans les ténèbres, et découvrira les plus secrètes pensées du cœur; et alors chacun recevra de Dieu la louange qui lui sera due, » (I *Cor.*, iv, 3) lorsque Dieu ôtera le voile qui couvre aujourd'hui les secrets des consciences. Alors il n'y aura plus que les bons; les méchants seront bannis. Car les filets ont été jetés à droite et ne peuvent contenir des méchants.

Chapitre VIII. — *Que signifient les cent cinquante-trois poissons.* — 8. Pourquoi donc ce nombre de cent cinquante-trois? Sera-ce donc là le nombre des saints? Mais si nous comptons, non-seulement tous les fidèles qui sont sortis de leur corps après une vie sainte, mais les martyrs

---

nis adulationibus. Bonum est illis, ut fiant frumentum. Hoc enim interest inter veras paleas, et istos carnales homines, quia paleæ illæ non habent liberum arbitrium, homini autem Deus dedit liberum arbitrium. Et si vult homo, heri fuit palea, hodie fit frumentum : si a verbo Dei se avertat, hodie fit palea. Et non est quærendum, nisi quales inveniat ultima ventilatio.

Caput VII. — *Ecclesia post resurrectionem nonnisi bonos habitura significatur.* — 7. Attendite jam, Fratres, etiam illam Ecclesiam beatam, mysticam, magnam, quam significant centum quinquaginta tres pisces. Ista enim qualis sit, audivimus, et novimus, et videmus : illa autem qualis futura sit, in prophetia nobis est; sed adhuc nondum pervenit experimento. Sed tamen licet de futura gaudere, quamvis præsentem nondum videamus. Missa sunt tunc retia, nec in dexteram, nec in sinistram : captura enim erant et bonos et malos. Si enim diceretur, in dexteram ; non ibi intelligerentur mali : si diceretur, in sinistram ; non ibi intelligerentur boni. Quando autem bonos et malos habitura erant, passim missa sunt retia, et ceperunt, ut tractavimus, iniquos et justos. Nunc autem jam futura Ecclesia in illa Jerusalem sancta, ubi patebunt omnium corda mortalium, non est metuendum ne intret aliquis in illam Ecclesiam qui malus est. Non enim sub pelle mortalitatis teget astutiam cordis nequissimi. Jam enim venit Dominus : et ideo post resurrectionem jubet ut mittantur hæc retia in dexteram, jam non moriturus. Et fit quod Apostolus ait : « Quousque veniat Dominus, et illuminet abscondita tenebrarum, et manifestabit cogitationes cordis: et tunc laus erit unicuique a Deo, » (I *Cor.*, iv, 5) quando publicabuntur conscientiæ, quæ modo teguntur. Tunc ergo boni soli erunt ibi, pellentur mali. Ad dexteram enim missa sunt retia, iniquos habere non potuerunt.

Caput VIII. — *Centum quinquaginta tres pisces quid significent.* — 8. Quare ergo centum quinquaginta tres? Numquid tot erant sancti? Nam si computentur, non solum omnes fideles, qui in bona vita exierunt de corpore, sed soli Martyres; unus dies passionis

SERMON CCLII.

seuls, et à ne tenir compte que de ceux qui ont été martyrisés dans un seul jour, nous trouvons des milliers de saints couronnés dans le ciel. Il nous faut donc examiner ce que signifie ce nombre de cent cinquante-trois. Que signifie le nombre cinquante? C'est un nombre mystérieux, car, multiplié par trois, il produit le nombre cent cinquante. Le nombre trois a été ajouté pour nous rappeler par quel multiplicateur on a obtenu le nombre cent cinquante-trois, comme si l'on disait : Divisez cent cinquante par trois. Si nous avions le nombre cent cinquante-deux, avertis par ce chiffre additionnel, nous diviserions ce nombre par deux pour obtenir soixante-quinze, parce que deux fois soixante-quinze font cent cinquante. En effet, le nombre deux indiquerait qu'il faut diviser par deux. S'il y avait cent cinquante-six, nous devrions le diviser pour obtenir six fois vingt-cinq. Mais, comme nous avons le nombre cent cinquante-trois, nous devons le diviser tout entier par trois. Or, la troisième partie de cent cinquante-trois est cinquante. Il faut donc concentrer toute notre attention sur le nombre cinquante.

CHAPITRE IX. — *La célébration des cinquante jours après Pâques et le chant de l'Alleluia sont d'usage ancien dans l'Eglise.* — 9. Ce nombre cinquante serait-il l'emblème des cinquante jours que nous célébrons actuellement? En effet, ce n'est pas sans raison que l'Eglise observe cet antique usage de chanter l'*Alleluia* pendant ces cinquante jours. *Alleluia* signifie louange de Dieu. C'est donc pour nous, au milieu des travaux de la vie présente, le symbole de notre repos. Lorsqu'après ces travaux nous parviendrons au repos éternel, notre unique affaire sera de louer Dieu, notre seule occupation, de chanter *Alleluia*. Que signifie *Alleluia*? Louez Dieu. Mais qui peut louer Dieu sans interruption, si ce n'est les anges? Ils ne sont sujets ni à la faim, ni à la soif, ni à la maladie, ni à la mort. Nous aussi, nous avons chanté l'*Alleluia*; on l'a chanté ici ce matin, et, en arrivant parmi vous, nous l'avons répété il n'y a qu'un instant. Nous aspirons comme un avant-goût du parfum des louanges divines et de ce repos éternel, mais la plus grande partie de notre vie nous restons accablés sous le poids de notre mortalité. Ce chant nous épuise, nous avons besoin de reposer nos membres, et si nous prolongeons ce chant de l'*Alleluia*, les louanges de Dieu nous deviennent pénibles à cause du lourd fardeau de notre corps. L'*Alleluia* ne sera chanté dans sa plénitude et sans interruption qu'après les fatigues de la vie présente. Que ferons-nous donc, mes frères? Chantons-le ici-bas autant que nous le pouvons, afin de mériter de le

---

Martyrum si computetur, millia hominum inveniuntur coronatorum. Ergo centum quinquaginta tres pisces, quid sibi volunt, sine dubio conquirendum est. Quid sibi volunt quinquaginta? In isto enim numero, id est, in quinquaginta mysterium est, quia ter multiplicati quinquaginta, fiunt centum quinquaginta. Nam ideo videtur additus ternarius numerus, ut admoneamur ex qua multiplicatione facti sint centum quinquaginta tres, ac si diceretur : centum quinquaginta in tria divide. Nam si diceretur centum quinquaginta duo, ex illo numero qui supercrevit admoniti, divideremus in septuaginta quinque : quoniam septuaginta quinque bis ducti, faciunt centum quinquaginta. Divisionem quippe binariam binarius numerus additus indicaret. Si diceretur centum quinquaginta sex, in vigenos quinos partiri debuimus, ut fierent eorum sex partes. Nunc autem quia dictum est centum quinquaginta tres, in tres partes debemus dividere totum illum numerum, id est, centum quinquaginta. Hujus ergo numeri pars tertia, quinquaginta sunt. Itaque nostra tota consideratio in quinquagenario numero figenda est.

CAPUT IX. — *Quinquaginta dies, et Alleluia post Pascha antiquæ traditionis.* — 9. Numquid forte ipsi sunt quinquaginta isti dies, quos nunc celebramus? Non enim sine causa, Fratres mei, consuetudinem antiquæ traditionis tenet Ecclesia, ut per istos quinquaginta dies Alleluia dicatur. Alleluia enim laus est Dei. Significatur ergo nobis laborantibus actio quietis nostræ. Cum enim post istum laborem ad illam requiem veniemus, solum negotium laus Dei erit, actio nostra ibi Alleluia est. Quid est Alleluia? Laudate Deum. Quis laudet Deum sine defectu, nisi Angeli? Non esuriunt, non sitiunt, non ægrotant, non moriuntur. Nam et nos diximus Alleluia, et cantatum est mane hic, et cum jam adessemus, paulo ante diximus Alleluia. Odor nos quidam divinæ laudis, et illius quietis attingit, sed ex majore parte mortalitas premit. Lassamur enim dicendo, et membra nostra reficere volumus : et si diu dicatur Alleluia, onerosa nobis est laus Dei, propter molem corporis nostri. Nam plenitudo sine cessatione in Alleluia, post hoc sæculum et post laborem erit. Quid ergo, Fratres? Dicamus quantum possumus, ut semper dicere mereamur. Ibi cibus noster Alleluia, potus Alleluia, actio quietis Alleluia, totum gaudium erit Alleluia, id

chanter éternellement. Là, nous aurons pour nourriture l'*Alleluia*, pour breuvage l'*Alleluia*, pour occupation de notre repos l'*Alleluia :* toute notre joie sera l'*Alleluia* ou la louange de Dieu. En effet, qui peut louer sans interruption, que celui qui jouit sans dégoût? Quelle sera donc la force de l'esprit, l'immortalité et la vigueur du corps, puisque notre âme ne se lassera point de contempler Dieu, puisque notre corps ne se fatiguera point de le louer éternellement?

CHAPITRE X. — *Signification mystérieuse du nombre cinquante et du nombre quarante. Le nombre quarante est le symbole du temps présent.* — 10. Pourquoi donc consacrons-nous cinquante jours à célébrer ce mystère? Le Seigneur a passé quarante jours avec ses disciples après sa résurrection, comme le rapportent les Actes des apôtres (*Act.*, I); le quarantième jour il est monté aux cieux, et dix jours après son ascension il a envoyé l'Esprit saint. Les apôtres remplis de ce divin Esprit, ainsi que ceux qui étaient réunis avec eux, commencèrent à parler diverses langues, firent ces prodiges que nous lisons et que nous croyons d'une foi ferme, et annoncèrent la parole de Dieu avec une grande confiance. (*Act.*, II.) Il passa donc quarante jours avec ses disciples sur la terre; avant sa passion il avait jeûné quarante jours, et vous ne trouverez nul autre qui ait jeûné cet espace de temps, que le Seigneur, Moïse et Elie. Le Seigneur représente ici l'Evangile, Moïse la loi, Elie les prophéties, parce que l'Evangile s'appuie sur le témoignage de la loi et des prophètes. Voilà pourquoi, lorsque Notre-Seigneur voulut manifester sa gloire sur le mont Thabor, il apparut entre Moïse et Elie. Il se tenait au milieu dans tout l'éclat de sa gloire; la loi et les prophètes étaient à ses côtés pour lui rendre témoignage. Le nombre quarante figure donc la vie présente, vie de travaux et d'épreuves, car la sagesse ne nous est distribuée que temporairement ici-bas. La vision immortelle de cette sagesse en dehors de la succession du temps sera bien différente de cette communication qui nous en est faite dans le temps. Les patriarches ont existé autrefois et ont disparu de la terre, leur ministère a été passager. Je ne dis pas que leur vie ait été passagère, car ils vivent toujours et ils vivent avec Dieu; mais le ministère de la parole qui leur avait été confié a été transitoire. En effet, ils ont cessé de se faire entendre sur la terre, bien que leurs enseignements aient été conservés par écrit et que nous les lisions dans le temps de la vie présente. Les prophètes sont venus aussi en leur temps et ont disparu également. Le Seigneur est venu au temps marqué; ce n'est pas qu'il ait jamais cessé d'être présent par sa majesté, il l'est toujours par son immensité divine, qui remplit tous les lieux; mais comme il est écrit dans l'Evangile : « Il était

est, laus Dei. Quis enim laudat aliquid sine defectu, nisi qui fruitur sine fastidio ? Quantum ergo erit robur in mente, quanta immortalitas et firmitas in corpore, ut neque mentis deficiat intentio in contemplatione Dei, neque membra succumbant in continuatione laudis Dei ?

CAPUT X. — *Quinquagenarii et quadragenarii numeri mysterium. Quadragenarius numerus, hoc tempus significat.* — 10. Quare ergo quinquaginta dies in hoc mysterio celebrantur? Dominus quadraginta dies fecit cum discipulis post resurrectionem, sicut Actus Apostolorum testantur : post quadraginta dies ascendit in cœlum (*Act.*, I), et decimo die postea quam ascendit, misit Spiritum sanctum. Quo impleti Apostoli, et omnes qui convenerant in unum, locuti sunt linguis, et fecerunt illa magnalia, quæ legentes et credentes amplectimur, et cum magna fiducia loquentes verbum Dei. (*Act.*, II.) Quadraginta dies fecit in terra cum discipulis, ante passionem autem quadraginta dies jejunavit : non invenis alium jejunasse quadraginta diebus, præter Dominum, et Moysen, et Eliam. Dominus tanquam Evangelium, Moyses tanquam Lex, Elias tanquam Prophetia : quia Evangelium testimonium habet a Lege et Prophetis. Ideo et in monte, quando voluit ostendere Dominus noster Jesus gloriam suam, inter Moysen et Eliam stetit. Medius in honore ipse fulgebat ; Lex et Prophetæ a lateribus attestabantur. Quadragenarius ergo numerus tempus hoc significat, in quo laboramus in sæculo : quia sapientia nobis hic dispensatur temporaliter. Aliter enim visio sapientiæ immortalis sine tempore, aliter autem temporaliter dispensatur. Fuerunt enim Patriarchæ, et transierunt hinc : temporalis fuit dispensatio ipsorum. Non dico, temporaliter vivunt; nam semper vivunt, et cum Deo vivunt. Sed temporalis dispensatio verbi per eos facta est. Non enim modo loquuntur hic ; sed scripta sunt quæ locuti sunt, et leguntur in tempore. Venerunt Prophetæ tempore proprio, et abierunt. Venit Dominus tempore proprio : nam nunquam recessit præsentia majestatis, nunquam recedit divinitate ubique constitutus ; sed quomodo in Evangelio dictum est :

dans ce monde, et le monde a été fait par lui, et le monde ne l'a pas connu; il est venu chez lui, et les siens ne l'ont pas reçu. » Comment donc était-il ici-bas, et comment y est-il venu ? Il y était par sa nature divine, il y est venu par sa nature humaine. Or, en venant parmi nous revêtu d'une chair mortelle, il nous a communiqué temporairement la sagesse, temporairement par la loi, temporairement par les prophètes, temporairement par les saints Evangiles. Mais lorsque le cours des temps sera révolu, nous verrons la sagesse telle qu'elle est, et nous recevrons d'elle le denier pour récompense. Le nombre sept est l'emblème de la création, parce que Dieu a travaillé six jours et s'est reposé, le septième, de toutes ses œuvres. Le nombre trois désigne le Créateur, Père, Fils et Saint-Esprit. La perfection de la sagesse est de soumettre religieusement la créature au Créateur, de faire une juste distinction entre l'auteur du monde et ce qu'il a fait, entre l'artisan et son ouvrage. Celui qui confond l'artisan et son ouvrage ne connaît ni l'un ni l'autre; celui qui sait les distinguer est vraiment rempli de sagesse. Ce denier figure donc la plénitude de la sagesse. Mais, lorsqu'elle nous est distribuée dans le temps, comme le nombre quatre est l'emblème des choses du temps, en multipliant dix par quatre, on obtient le nombre quarante. L'année elle-même se divise en quatre saisons différentes : le printemps, l'été, l'automne et l'hiver, et le cours du temps nous présente quatre changements successifs. L'Ecriture fait aussi mention des quatre vents, car l'Evangile qui est annoncé dans le temps s'est répandu jusqu'aux quatre points cardinaux, et l'Eglise catholique elle-même s'étend jusque dans les quatre parties du monde. C'est ainsi que le nombre dix produit le nombre quarante.

Chapitre XI. — *Au nombre quarante bien rempli on ajoute le nombre dix. Le nombre cinquante est l'emblème de l'Eglise future.* — 11. Ces saints personnages ont donc jeûné quarante jours, pour nous apprendre la nécessité de renoncer dans la vie présente à l'amour des biens temporels. C'est ce que signifie ce jeûne continu pendant quarante jours. C'est pour cette même raison que le peuple d'Israël a été conduit quarante ans dans le désert, avant d'entrer comme vainqueur et comme roi dans la terre promise. Tel est aussi notre état durant cette vie, où nous sommes en proie à mille soucis, à la crainte, aux tentations les plus dangereuses; nous sommes conduits comme à travers le désert par une bonté qui s'exerce dans le temps. Mais si nous accomplissons parfaitement ce nombre quarante, c'est-à-dire si nous répondons par une vie sainte à cette bonté de Dieu qui nous communique ses dons dans le temps, en prenant pour guide les préceptes de Dieu, nous rece-

---

« In hoc mundo erat, et mundus per eum factus est, et mundus cum non cognovit : in sua propria venit, et sui eum non receperunt. » Quomodo hic erat, et quomodo venit, nisi quia hic erat majestate, venit humanitate ? Quod enim venit in carne, temporaliter nobis sapientiam ipse ministravit : temporaliter per Legem, temporaliter per Prophetas, temporaliter per Scripturas Evangelii. Cum transierint enim tempora, videbimus ipsam sapientiam sicut est, quæ retribuit denarium numerum. Septenarius enim numerus indicat creaturam : quia sex diebus Deus operatus est, et septimo ab operibus quievit. Ternarius vero numerus conditorem Patrem et Filium et Spiritum sanctum insinuat. Perfecta est sapientia, creaturam creatori pie subdere, discernere conditorem a conditione, artificem ab operibus. Qui commiscet artifici opera, nec artem intelligit, nec artificem : qui autem discernit, impletur sapientia. Iste est ergo denarius, plenitudo sapientiæ. Sed quando temporaliter distribuitur ; quia in quaternario numero est insigne temporalium, quater ductus denarius, quadragenarium numerum facit. Et annus quadrifarie variatur, verno, æstate, autumno et hyeme : et maxime apparet in tempore quaternaria quædam vicissitudo. Quatuor etiam ventos Scriptura commemorat. Per quatuor enim cardines perrexit Evangelium, quod in tempore dispensatur : et ipsa est catholica Ecclesia, quæ quatuor partes orbis obtinuit. Ergo denarius hoc modo quadragenarium numerum facit.

Caput XI. — *Quadragenario bene gesto additur denarius. Quinquagenarius numerus signat Ecclesiam futuram.* — 11. Ideo quadraginta diebus illi jejunaverunt, significantes in isto tempore necessariam esse abstinentiam ab amore rerum temporalium. Hoc enim significant per tot dies perpetua illa jejunia, quadraginta diebus. Unde et populus ille Israel quadraginta annos per eremum ductus est, antequam terram promissionis regnaturus intraret. Sic et nos in vita ista, ubi maxima sollicitudo est, ubi timor, ubi pericula tentationum, temporali dispensatione quasi per eremum ducimur. Sed cum bene gesseri-

vrons pour récompense le denier des fidèles. C'est ainsi que le père de famille a donné pour salaire un denier aux ouvriers qu'il avait loués pour sa vigne. Tous reçoivent un denier, ceux qu'il avait loués le matin, ceux qu'il avait loués au milieu du jour, ceux même qu'il avait envoyés à la fin du jour : à tous il donne un denier. Voici un homme qui a été fidèle dès le premier âge : il recevra un denier, il recevra la sagesse, non plus comme on la reçoit dans le temps; il recevra cette sagesse qui, dans l'éternelle contemplation, discerne le Créateur de la créature, pour jouir du Créateur et faire servir la créature à louer le Créateur. En voici un autre qui embrasse la foi dans sa jeunesse, mais qui n'a pas été fidèle dans les premières années de sa vie : il recevra aussi un denier. Un autre ne se convertit à la foi que dans sa vieillesse; c'est au déclin de sa vie, figuré par la onzième heure, qu'on l'envoie travailler à la vigne : il recevra également un denier. Ainsi, au nombre quarante bien rempli, ajoutez le denier ou le nombre dix pour récompense, et vous aurez le nombre cinquante, emblème de cette Eglise future où Dieu sera éternellement loué. Mais comme tous sont appelés au nom de la Trinité pour vivre saintement dans le nombre quarante et recevoir le nombre dix comme récompense, en multipliant cinquante par trois vous obtenez cent cinquante. Ajoutez le mystère de la Trinité, vous avez cent cinquante-trois, c'est-à-dire le nombre des poissons qui furent pris à droite, nombre qui représente toutefois des milliers innombrables de saints. Aucun méchant ne sera exclu de ce nombre, parce qu'il ne s'en trouvera point, et aucun schisme ne viendra rompre les filets, qui sont les liens de l'unité et de la paix.

Chapitre XII. — *Que figurent les quarante jours qui précèdent et les cinquante jours qui suivent la fête de Pâques. Célébration toute charnelle des fêtes. Quelle est la béatitude parfaite.* — 12. Je vous ai suffisamment expliqué, ce me semble, ce grand mystère. Mais vous savez que notre devoir est de faire le bien pendant la quarantaine, si nous voulons louer Dieu dans la cinquantaine. Aussi, passons-nous ces quarante jours qui précèdent les veilles sacrées dans le travail, dans le jeûne et dans l'abstinence, car ils sont l'emblème de la vie présente. Mais les jours qui suivent la résurrection du Seigneur sont la figure des joies éternelles; ce ne sont pas ces joies elles-mêmes, mais la figure; nous en avons le symbole, mes frères, mais non la réalité. En effet, lorsque nous célébrons la fête de Pâques, Jésus-Christ n'est pas crucifié de nouveau; or, de même que nous rappelons par cette fête anniversaire le souvenir d'événements passés, nous figurons par avance ceux qui ne

mus quadragenarium numerum, id est, bene vixerimus in ista temporali dispensatione, secundum præcepta Dei ambulantes, accipiemus mercedem denarium illum fidelium. Quia et Dominus quando ad vineam mercenarios conduxit, mercedem illis denarium dedit. (*Matth.*, xx, 2.) Omnibus denarium, et quos mane conduxerat, et quos medio die, et quos fine diei, omnibus denarium dedit. Quia si fuerit ab ineunte ætate quisque fidelis, denarium accepturus est; jam non per temporum distributionem, sed in æterna contemplatione sapientiam discernentem creatorem a creatura; ut creatore perfruatur, de creatura laudet creatorem. Sed credidit aliquis juvenis, et priore tempore suo non fuit fidelis; denarium est accepturus. Sed credidit senex, jam in occasu diei quasi hora undecima conductus ad vineam; et ipse denarium percepturus est. Itaque ad quadragenarium illum bene gestum, adde mercedem denarii, et fiet quinquagenarius numerus, qui significat Ecclesiam futuram ubi semper laudabitur Deus. Sed quia in nomine Trinitatis vocati sunt omnes, ut in quadragenario numero bene vivant, et denarium accipiant, ipsum quinquagenarium ter multiplica, et fiunt centum quinquaginta. Adde ipsum mysterium Trinitatis, fiunt centum quinquaginta tres, qui piscium numerus in dextera inventus est : in quo tamen numero innumerabilia sunt millia sanctorum. Unde nulli mali projicientur, quia non ibi erunt : nec ullo schismate retia disrumpentur, quæ sunt vincula unitatis et pacis.

Caput XII. — *Quadraginta dies ante, et quinquaginta post Pascha. Carnalis festorum celebratio. Perfecta beatitudo.* — 12. Satis esse arbitror expositum grande mysterium. Sed scitis, quod ad nos pertinet bene operari tempore quadragesimo, ut possimus Dominum laudare in quinquagesimo. Ideo quadraginta illos dies, antequam vigilemus, in labore et jejunio et abstinentia celebramus : significant enim præsentiam hujus temporis. Post resurrectionem autem Domini, quia isti dies significant lætitiam sempiternam (nondum hoc sunt, sed hoc significant. In mysterio res est, Fratres, nondum in effectu. Non enim quando celebratur Pascha, crucifigitur Dominus : sed quomodo præterita anniversaria celebratione significamus, sic et futura quæ nondum sunt) : isto ergo tempore relaxantur jejunia; significat enim

doivent s'accomplir que dans la suite. Dans ce temps donc qui suit la résurrection, nous cessons de jeûner, car ces jours, par leur nombre, sont l'emblème du repos futur. Mais prenez garde, mes frères, qu'emportés par une joie immodérée vous ne vouliez célébrer ces jours d'une manière toute charnelle par les excès de l'ivresse, car vous ne mériteriez point de célébrer éternellement avec les anges les jours dont ceux-ci ne sont que la figure. Quelque ivrogne à qui j'adresse ces reproches, me dira peut-être : Vous nous avez expliqué que ces jours figuraient l'allégresse éternelle ; vous nous avez fait entendre que ce temps était l'emblème de la joie qui est le partage des anges dans le ciel ; n'ai-je donc pas dû me faire du bien ? Plaise à Dieu que vous ne vous fassiez que du bien et que vous ne soyez pas l'auteur de votre mal ! Ce temps est pour vous l'emblème de la joie éternelle, si vous êtes vraiment le temple de Dieu. Mais si vous venez à remplir ce temple des souillures de l'ivrognerie, l'Apôtre vous fait entendre cette terrible sentence : « Si quelqu'un profane le temple de Dieu, Dieu le perdra. » (I *Cor.*, III, 17.) Puissé-je graver dans le cœur de votre sainteté cette vérité, qu'un homme qui a moins d'intelligence et fait le bien, vaut mieux qu'un autre beaucoup plus instruit, mais dont la vie est déréglée. La plénitude et la perfection de la félicité consistent pour chacun de nous dans la vivacité de l'intelligence jointe à la sainteté de la vie ; mais si l'on ne peut obtenir l'une et l'autre, mieux vaut une vie sainte qu'une intelligence prompte. Car celui qui vit saintement mérite un accroissement d'intelligence, et celui dont la vie se passe dans le mal, perdra même ce qu'il comprend. Notre-Seigneur l'a déclaré en termes formels : « On donnera à celui qui possède et il sera dans l'abondance ; mais, pour celui qui n'a pas, on lui ôtera même ce qu'il semble avoir. » (*Matth.*, XXV, 29.)

SERMON CCLIII [1].

XXIVe *pour les fêtes de Pâques.*

Sur la dernière lecture du chapitre XXI de l'Evangile selon saint Jean.

CHAPITRE PREMIER. — *Notre-Seigneur demande par trois fois à Pierre s'il l'aime, à cause de son triple reniement.* — 1. Nous avons terminé aujourd'hui dans l'Evangile de saint Jean, que nous appelons « selon saint Jean, » la lecture des apparitions de Notre-Seigneur à ses disciples après sa résurrection. Jésus s'adresse donc à Pierre, que la présomption a porté à renier son Maître ; et, après qu'il a triomphé de la mort et qu'il est sorti plein de vie du tombeau, il lui fait cette question : « Simon, fils de

---

[1] Dans un ancien manuscrit de l'abbaye de Fleury, on lit en tête de ce sermon : « Prononcé le samedi. » Les manuscrits assignent pour le même jour le sermon CXLVII ; on peut aussi rapporter à ce même jour le sermon CXLVI, qui traite de la même matière.

---

numerus dierum istorum quietem futuram. Sed videte, Fratres, ne per multam ebriositatem quasi permissa magna effusione, carnaliter volentes celebrare istos dies, non mereamini quod significant in sempiternum cum Angelis celebrare. Forte enim quemcumque ebrium reprehendero, dicturus est : Tu nobis tractasti, quia isti dies lætitiam sempiternam significant ; tu nobis insinuasti, quia hoc tempus gaudium angelicum et cœleste prænuntiat : non ergo debui mecum bene facere ? Utinam bene, et non male. Significat enim tibi gaudium, si fueris templum Dei. Si autem immunditia vinolentiæ impleas templum Dei, sonat tibi Apostolus : « Quisquis templum Dei corruperit, corrumpet illum Deus. » (I *Cor.*, III, 17.) Sit hoc conscriptum in cordibus Sanctitatis Vestræ, meliorem esse hominem minus intelligentem et melius viventem, quam multum intelligentem et non bene viventem. Plenitudo quidem est et beatitudo perfecta, ut cito quisque intelligat et bene vivat : sed si forte utrumque non potest, melius est bene vivere, quam cito intelligere. Qui enim bene vivit, meretur amplius intelligere : qui male vivit, et quod intelligit perdet. Sic dictum est : « Qui habet, dabitur ei ; qui autem non habet, et id quod videtur habere, auferetur ab eo. » (*Matth.*, XXV, 29.)

SERMO CCLIII [a].

In diebus Paschalibus, XXIV.

De ultima lectione Evangelii Joannis, XXI.

CAPUT PRIMUM. — *Petrus ob trinam negationem, ter interrogatus de sua dilectione.* — 1. Evangelium sancti Joannis apostoli, quod dicitur « secundum Joannem, » hodie terminatum est, de his quæ narravit, quomodo apparuerit Dominus post resurrectionem discipulis suis. Compellavit ergo apostolum Petrum, illum præsumptorem et negatorem, cum loqueretur ei jam vivus morte devicta, et dicebat : « Simon Joannis,

---

[a] Alias de Tempore CXLIX.

Jean, » c'était le nom de Pierre, « m'aimez-vous? » (*Jean*, XXI, 15.) Pierre lui répondit ce qui était dans son cœur. Or, si cette réponse lui était dictée par son cœur, pourquoi le Seigneur, qui lisait dans son cœur, lui demande-t-il s'il l'aime? En effet, Pierre s'en étonne, et c'est avec un certain sentiment de peur qu'il entend Celui qui sait tout lui faire cette question. Jésus lui avait demandé une première fois : « M'aimez-vous? » Et Pierre lui avait répondu : « Oui, Seigneur, vous savez que je vous aime. » Il lui dit une seconde fois : « M'aimez-vous? » « Seigneur, lui répond Pierre, vous connaissez tout; vous savez que je vous aime. » Jésus lui demande une troisième fois : « M'aimez-vous? » Pierre en fut contristé. Pourquoi, Pierre, vous attrister d'affirmer trois fois votre amour? Avez-vous oublié le triple reniement de la crainte? Laissez le Seigneur vous interroger : c'est un médecin qui vous interroge, et il ne le fait que pour vous guérir. Ne cédez point à ce sentiment de tristesse; attendez, et que l'affirmation de votre amour égale en nombre, pour l'effacer, l'affirmation de vos reniements.

Jésus-Christ demande que l'amour qu'on a pour lui s'exerce à l'égard de ses brebis. — 2. Chaque fois, cependant, que Pierre affirme son amour en réponse aux trois questions que lui fait Jésus, le Sauveur lui recommande ses agneaux, et lui dit : « Paissez mes agneaux, paissez mes brebis; » comme s'il lui disait : Que me rendrez-vous en vertu de cet amour que vous avez pour moi? Montrez cet amour à l'égard de mes brebis. Que me donnerez-vous comme fruit de cet amour, à moi à qui vous devez la grâce de m'aimer? Or, voici une occasion de manifester, d'exercer cet amour que vous avez pour moi : « Paissez mes agneaux. »

CHAPITRE II. — Mais comment devait-on paître les agneaux du Seigneur? Avec quel amour devait-on conduire des brebis rachetées d'un si grand prix? Il nous l'apprend dans ce qui suit : Après que Pierre a par trois fois, comme il le devait, affirmé son amour pour le Seigneur, et que Jésus lui a confié le soin de ses brebis, il entend la prédiction du martyre qui lui est réservé. Notre-Seigneur nous enseigne par là que les pasteurs à qui il confie ses brebis doivent les aimer jusqu'à être prêts à mourir pour elles. C'est ce que le même saint Jean dit dans une de ses Epîtres : « De même que Jésus-Christ a donné sa vie pour nous, nous devons aussi donner notre vie pour nos frères. » (I *Jean*, III, 16.)

Pierre, qui de lui-même n'était que faiblesse, est maintenant, par la grâce de Jésus-Christ, mûr pour le martyre. — 3. C'est sous l'inspiration d'une orgueilleuse présomption que Pierre avait répondu au Seigneur : « Je donnerai ma vie pour vous. » (*Jean*, XIII, 37.) Il n'avait pas encore reçu les forces nécessaires pour accom-

---

(sic enim appellabatur Petrus,) amas me? » (*Joan.*, XXI, 15.) Respondebat ille quod erat in corde ipsius. Si Petrus respondebat quod in corde habebat; Dominus quare quærebat, qui cor videbat? Denique ipse etiam Petrus mirabatur, et cum quodam tædio audiebat quærentem, quem noverat scientem. Semel dictum est : « Amas me? » Responsum est : « Diligo te, Domine, tu scis. » Et iterum : « Amas me? » « Domine, tu omnia nosti; tu scis quia diligo te. » Et tertio : « Amas me? » Contristatus est Petrus. Quid contristaris, Petre, quia ter respondes amorem? Oblitus es trinum timorem? Sine interroget te Dominus : medicus est qui te interrogat, ad sanitatem pertinet quod interrogat. Noli tædio affici. Exspecta, impleatur numerus dilectionis, ut deleat numerum negationis.

Dilectionem Christus postulat sibi erga oves suas impendi. — 2. Ubique tamen, ubique, id est, in ipso ternario numero interrogationis suæ Dominus Jesus respondenti amorem commendat agnos suos, et dicit : « Pasce agnos meos, pasce oves meas; » tanquam diceret : Quid mihi retribuis, quia diligis me? Dilectionem tuam ostende in ovibus meis. Quid mihi præstas, quia diligis me; quando ego tibi præstiti, ut diligeres me? Sed dilectionem tuam erga me, habes ubi ostendas, habes ubi exerceas : « pasce agnos meos. »

CAPUT II. — Qualiter autem essent pascendi agni Dominici, oves tanto pretio comparatæ quanta essent dilectione pascendæ, in consequentibus demonstravit. Postquam enim Petrus impleto legitimo numero trinæ responsionis professus est se esse Domini dilectorem, commendatis sibi ovibus ejus, audit de sua futura passione. Hic demonstravit Dominus, sic diligendas oves suas ab eis quibus eas commendat, ut parati sint mori pro eis. Sic idem Joannes in Epistola sua ait : « Sicut pro nobis Christus animam suam posuit, sic et nos debemus pro fratribus animas ponere. » (I *Joan.*, III, 16.)

Petrus de se ante infirmus, nunc ex gratia Christi maturus ad passionem. — 3. Reponderat ergo Domino Petrus per superbam quamdam præsumptionem,

plir ce qu'il a promis. C'est pour qu'il en devienne capable que le Seigneur le remplit de charité. Voilà pourquoi il lui demande : « M'aimez-vous ? » Et Pierre lui répond : « Je vous aime ; » parce que l'amour seul peut accomplir cette promesse. Dites-moi donc, Pierre, que redoutiez-vous, lorsque vous avez renié votre Maître ? Tout ce que vous redoutiez, c'était de mourir. Or, voici que celui que vous avez vu mort est plein de vie, et c'est lui qui vous parle ; ne craignez plus la mort qui vous inspirait tant d'effroi : il en a triomphé dans sa personne. Il a été attaché à la croix, percé de clous ; il a rendu l'esprit ; son côté a été ouvert par une lance ; il a été enseveli dans un tombeau. Voilà ce que vous avez craint en le reniant ; vous avez craint pour vous les mêmes souffrances, et la crainte de la mort vous a fait renier la vie. Comprenez maintenant ; c'est justement lorsque vous avez craint de mourir que vous êtes mort. Oui, il est mort en reniant son Maître, mais il est ressuscité en pleurant sa faute. Que lui dit ensuite le Sauveur ? « Suivez-moi. » *Jean*, XXI, 19.) Il sait qu'il est mûr pour ce qu'il demande de lui. En effet, si vous vous rappelez bien, ou plutôt, parce que ceux qui ont lu ce trait se le rappellent, rappelons-le à ceux qui l'auraient oublié, faisons-le connaître à ceux qui ne l'ont point lu. Pierre avait dit à Jésus : « Je vous suivrai partout où vous irez. » Et le Seigneur lui avait répondu : « Vous ne pouvez me suivre maintenant, mais vous me suivrez plus tard. » (*Jean*, XIII, 36.) Vous ne le pouvez actuellement, lui dit Jésus ; vous me le promettez bien, mais je connais votre force. Je vois les pulsations de votre cœur, et je découvre au malade la vérité. « Vous ne pouvez me suivre maintenant. » Mais cette déclaration du médecin ne doit pas désespérer le malade, car le Sauveur ajoute aussitôt : « Vous me suivrez plus tard. » Vous recouvrerez la santé et vous me suivrez. Aujourd'hui, il voit ce qui se passe dans le cœur de son disciple, il voit le don qu'il lui a fait de son amour, et il lui dit : « Suivez-moi. » Je vous avais dit autrefois : Vous ne pouvez me suivre maintenant ; aujourd'hui je vous dis : « Suivez-moi. »

CHAPITRE III. — *Dans quel sens doit-on entendre ces paroles du Seigneur sur saint Jean : « Je veux qu'il demeure ainsi jusqu'à ce que je vienne. »* — 4. Mais il s'est élevé ici une question que je ne puis passer sous silence. Après que le Seigneur eut dit à Pierre : « Suivez-moi, » Pierre jeta les regards sur le disciple que Jésus aimait, c'est-à-dire sur Jean lui-même, qui a écrit cet Evangile, et il dit à Jésus : « Mais celui-ci, Seigneur, que deviendra-t-il ? » Je sais combien il vous est cher ; pourquoi ne vous suivrait-il pas comme je dois vous suivre ? Jésus lui répondit : « Je veux qu'il demeure ainsi jusqu'à ce que je vienne ; que vous importe ? Vous, suivez-moi. »

quando ei dixerat : « Animam meam pro te ponam. » (*Joan.*, XIII, 37.) Nondum acceperat vires, quibus impleret promissum. Modo jam ut possit hoc facere, impletur caritate. Ideo ei dicitur : « Amas me ? » Et respondet : « Amo ; » quia hoc non implet nisi caritas. Quid est ergo, Petre ? quando negasti, quid timuisti ? Totum quod timuisti, hoc erat, mori. Vivus tecum loquitur, quem mortuum vidisti : noli jam timere mortem ; in illo (*a*) victa est, quam timebas. Pependit in cruce, confixus est clavis, spiritum reddidit, lancea percussus est, in sepulcro positus. Hoc timuisti, quando negasti ; ne hoc patereris, timuisti ; et mortem timendo, vitam negasti. Modo intellige : quando timuisti mori, tunc es mortuus. Mortuus est enim negando : sed resurrexit plorando. Quid deinde ait illi ? « Sequere me ; » (*Joan.*, XXI, 19) sciens ejus maturitatem. Si enim meministis, imo quia meminerunt, qui legerunt ; commemorentur etiam qui non meminerunt, aut cognoscant qui non legerunt. Dixerat Petrus : « Sequar te quocumque ieris. » Et Dominus ad illum : « Non potes me sequi modo : sequeris autem postea. » (*Joan.*, XIII, 36.) Modo, inquit, non potes : promittis, sed ego video vires tuas. Ego venam cordis inspicio, et quod verum est ægroto renuntio. « Non potes me sequi modo. » Sed ista medici renuntiatio, non est desperatio : adjunxit, et ait : « Sequeris autem postea. » Eris sanus, et sequeris me. Jam quia videt quid agatur in corde ipsius, et videt quod donum dederit dilectionis animæ ipsius, dicit ei : « Sequere me. » Ego certe dixeram : « Non potes modo ; » ego modo dico : « Sequere me. »

CAPUT III. — *Quæstio de verbis Domini, quomodo velit manere Joannem donec veniat.* — 4. Sed nata est quædam quæstio non omittenda. Cum dixisset Dominus Petro : « Sequere me, » respexit Petrus ad discipulum quem diligebat Jesus, id est, ad ipsum Joannem, qui Evangelium hoc scripsit ; et ait Domino : « Domine, iste quid ? » Scio quia diligis eum, quomodo ego sequor, et ipse non sequitur ? Ait Do-

---

(*a*) Editi, *victa est*. At Mss. *vita est*. Et mox ex iis nonnulli, *quem timebas mori*.

(*Jean*, XXI, 21, 22.) Or, l'Evangéliste lui-même qui a écrit ce trait et dont le Seigneur a dit : « Je veux qu'il demeure ainsi jusqu'à ce que je vienne, » ajoute dans son Evangile cette réflexion, qu'il fait en son propre nom, que ces paroles firent courir parmi les frères le bruit que ce disciple ne mourrait pas. Mais, pour détruire cette opinion, il ajoute encore : « Cependant, Jésus ne lui dit pas qu'il ne mourrait point, mais : « Je veux qu'il demeure ainsi jusqu'à ce que je vienne. Vous, suivez-moi. » Saint Jean détruit donc par cette réflexion l'opinion erronée qu'il ne mourrait point, et c'est pour en ôter jusqu'à l'idée qu'il fait cette remarque : Notre-Seigneur ne s'est pas exprimé de cette manière ; voici ce qu'il a dit. Mais pourquoi le Sauveur s'est-il exprimé de la sorte ? Jean ne l'a point expliqué ; il nous a donc laissé le soin de frapper pour qu'il nous soit ouvert.

CHAPITRE IV. — *On peut entendre ces paroles du Seigneur de deux manières : premièrement, du martyre que saint Jean ne devait point souffrir ; secondement, de l'Evangile de saint Jean, qui ne sera bien compris que dans le séjour de l'éternelle félicité.* — 5. Voici donc, autant que le Seigneur daigne m'en faire la grâce, car de plus instruits peuvent donner une meilleure explication de ces paroles, voici, ce me semble, les deux manières dont on peut résoudre cette question : Le Sauveur a voulu parler ici ou du martyre de Pierre, ou de l'Evangile de saint Jean. Si nous entendons ces paroles du martyre de Pierre, « Suivez-moi, » signifie : Souffrez pour moi, souffrez ce que j'ai souffert moi-même. En effet, Jésus-Christ a été crucifié, Pierre l'a été aussi ; il a été percé de clous, il a éprouvé les mêmes souffrances. Jean n'a point passé par ces épreuves ; voilà ce que signifient ces paroles : « Je veux qu'il demeure ainsi, » qu'il s'endorme sans blessure, sans souffrance, et qu'il m'attende. « Vous, suivez-moi, » souffrez ce que je souffre ; j'ai répandu mon sang pour vous, répandez le vôtre pour moi. Voilà donc une première explication de ces paroles : « Je veux qu'il demeure ainsi jusqu'à ce que je vienne. Vous, suivez-moi. » Je ne veux pas qu'il termine sa vie par le martyre ; pour vous, c'est le sort qui vous attend. En rapportant ces mêmes paroles à l'Evangile de saint Jean, voici l'explication qu'on pourrait donner : Pierre a écrit sur le Seigneur, d'autres apôtres ont écrit également, mais leurs écrits ont surtout pour objet l'humanité de Jésus-Christ. Notre-Seigneur Jésus-Christ est tout à la fois Dieu et homme. Qu'est-ce que l'homme ? Une âme unie à un corps. Qu'est donc Jésus-Christ ? Le Verbe, uni à une âme et à un corps. Mais quelle est cette âme ? car les animaux ont aussi une âme qui leur est propre. Le Verbe est uni à une âme raisonnable et à un corps : voilà le

---

minus : « Sic eum volo manere, donec veniam : tu me sequere. » (*Joan.*, XXI, 21, 22.) Ipse vero Evangelista, ipse qui scripsit, de quo dictum est hoc : « Sic eum volo manere, donec veniam, » secutus adjunxit verba sua in Evangelio, et ait, natam fuisse famam inter fratres propter hoc verbum, quia discipulus ille non esset moriturus. Et ut tolleret istam opinionem adjunxit : « Non autem dixit, eum non fuisse moriturum : sed tantum dixit : Sic cum volo manere, donec veniam : tu me sequere. » Hanc ergo opinionem, qua putabatur Joannes non moriturus, abstulit Joannes ipse consequentibus verbis suis, et ne hoc credatur, ait : Non hoc dixit Dominus, sed dixit hoc. Quare illud autem dixerit, Joannes non exposuit, sed nobis reliquit propter quod pulsemus, si forte aperiatur nobis.

CAPUT IV. — *Verba illa Domini duobus modis intelligi possunt. Primo de passione non a Joanne subeunda. Secundo de Joannis Evangelio non bene intelligendo nisi in futura felicitate.* — 5. Quantum mihi Dominus donare dignatur, quantum mihi videtur, (videtur autem et melius melioribus,) sic puto istam solvi quæstionem duobus modis : aut de passione Petri dixit Dominus, quod dixit ; aut de Evangelio Joannis. Quod est de passione : ut sit : « Sequere me, » patere pro me, patere quod ego. Crucifixus est enim Christus, crucifixus est et Petrus. Expertus est clavos, expertus est cruciatus. Joannes autem nihil eorum expertus est : hoc est : « Sic eum volo manere, » sine vulnere, sine cruciatu dormiat, et exspectet me. « Tu me sequere, » patere quod ego : sanguinem fudi pro te, funde pro me. Uno ergo isto modo exponi potest, quod dictum est : « Sic eum volo manere, donec veniam : tu me sequere. » Nolo ut ipse patiatur, tu patere. Secundum autem Evangelium Joannis, hoc mihi videtur intelligi : quoniam Petrus scripsit de Domino, scripserunt et alii : sed scriptura eorum magis circa humanitatem Domini est occupata. Dominus enim Christus et Deus est, et homo. Quid est homo ? Anima et caro. Quid est ergo Christus ? Verbum, anima et caro. Sed qualis anima ? quia et pecora habent animas. Verbum, rationalis

Christ tout entier. Or, on trouve bien dans les Epîtres de saint Pierre quelques traits qui ont rapport à la divinité du Christ; mais saint Jean, dans son Evangile, lui est bien supérieur sous ce rapport. C'est lui qui a dit : « Au commencement était le Verbe. » Il s'est élevé au-dessus des nuées, au-dessus des astres, au-dessus des anges, au-dessus de toute créature; il est parvenu jusqu'au Verbe, par lequel toutes choses ont été faites. « Au commencement était le Verbe, et le Verbe était en Dieu, et le Verbe était Dieu. C'est lui qui, au commencement, était en Dieu; toutes choses ont été faites par lui. » (*Jean*, I, 1-3.) Qui peut élever jusque-là ses regards, ses pensées? Qui peut dignement recevoir ou prononcer convenablement ces paroles? Nous en aurons l'intelligence lorsque Jésus-Christ sera venu. « Je veux qu'il demeure ainsi jusqu'à ce que je vienne. » Je vous ai expliqué cette difficulté comme je l'ai pu, Jésus-Christ peut lui-même parler plus clairement à vos cœurs.

SERMON CCLIV.

XXVe *pour les fêtes de Pâques.*

CHAPITRE PREMIER. — *Le temps de la tristesse précède le temps de la joie.* — 1. Par une suite naturelle de notre misérable condition, mes frères, aussi bien que par un dessein de la miséricorde de Dieu, le temps de la tristesse doit précéder le temps de la joie, c'est-à-dire que le temps de la tristesse doit venir avant le temps de la joie, le temps du travail avant celui du repos, le temps de l'affliction avant celui de la félicité. C'est, je l'ai dit, une suite de notre misérable condition et des conseils de la divine miséricorde. En effet, le temps de la tristesse, du travail et de la misère est l'œuvre de nos péchés; mais le temps de la joie, du repos, de la félicité n'est point la récompense de nos mérites, c'est le fruit de la grâce du Sauveur. Ce que nous méritons est bien différent de ce que nous espérons : nous ne méritons que des maux et nous espérons les biens éternels. Voilà ce que produit la miséricorde de Celui qui nous a créés.

Quel doit être le principe de la tristesse. — 2. Mais, durant ce temps de notre misère, et, pour parler avec l'Ecriture, durant ces jours de notre naissance, nous devons nous appliquer à connaître quel doit être en nous le principe de la tristesse. La tristesse peut être comparée au fumier. Le fumier qui n'est pas à sa place, n'est que de l'ordure; laissez-le là où il ne doit pas être, il rend une maison malpropre; mettez-le où il faut, il fertilise les champs. Voyez où le laboureur veut qu'on place le fumier. Ecoutez

---

anima et caro : hoc totum Christus. Sed de divinitate Christi in litteris Petri (*a*) aliquid : in Evangelio autem Joannis multum eminet. « In principio erat Verbum, » ipse dixit. Transcendit nubes, transcendit sidera, transcendit Angelos, transcendit omnem creaturam, pervenit ad Verbum, per quod facta sunt omnia. « In principio erat Verbum, et Verbum erat apud Deum, et Deus erat Verbum : hoc erat in principio apud Deum : omnia per ipsum facta sunt. » (*Joan.*, I, 13.) Quis videt, quis cogitat, quis digne suscipiat, quis digne pronuntiet? Tunc (*b*) habet bene intelligi, quando venerit Christus. « Sic eum volo manere, donec veniam. » Exposui sicut potui : potest ipse melius in cordibus vestris.

SERMO CCLIV (*c*).

In diebus Paschalibus, XXV.

CAPUT PRIMUM. — *Tristitiæ tempus prius tempore lætitiæ.* — 1. Sic se habet, Fratres mei, sic se habet miseria nostræ conditionis et Dei miseratio, ut tempus mœstitiæ tempus lætitiæ præcedat : id est, ut prius sit tempus mœstitiæ, posterius tempus lætitiæ; prius sit tempus laboris, posterius quietis; prius sit tempus calamitatis, posterius felicitatis. Sic se habet miseria nostræ conditionis, ut diximus, et divina miseratio. Tempus enim mœstitiæ, laboris, miseriæ, peccata nostra nobis pepererunt : tempus vero lætitiæ, quietis, felicitatis, non venit de meritis nostris, sed de gratia Salvatoris. Aliud meremur, aliud speramus : meremur mala, speramus bona. Hoc facit misericordia ejus, qui creavit nos.

Tristitia unde esse debet. — 2. Sed tempore miseriæ nostræ, et, sicut Scriptura loquitur, diebus nativitatis nostræ, nosse debemus unde debeat esse ipsa tristitia. Tristitia enim sic est, quomodo stercus. Stercus non loco suo positum, immunditia est. Stercus non loco suo positum, immundam facit domum : loco suo positum, fertilem facit agrum. Videte stercoris locum ab agricola provisum. Ait Apostolus : « Et quis est qui me lætificet, nisi qui contristatur ex me? » (II *Cor.*, II, 2.) Et alio loco :

(*a*) Sic aliquot Mss. Alii vero, *non aliquid.* Editi, *non aliud.* — (*b*) Editi : *Tunc hunc qui bene intelligit.* Emendantur veterum codicum auctoritate, e quibus nonnulli omittunt particulam *bene.* — (*c*) Alias de Tempore CLI.

l'Apôtre : « Et qui me réjouira, sinon celui que j'ai attristé? » (II *Cor.*, II, 2.) Et dans un autre endroit : « La tristesse qui est selon Dieu, produit une pénitence pour le salut dont on n'aura point à se repentir. » (II *Cor.*, VII, 10.) Celui qui est triste selon Dieu, s'attriste de ses péchés par esprit de pénitence. La tristesse qu'il ressent de ses iniquités enfante la justice. Commencez par être mécontent de ce que vous êtes, afin de devenir ce que vous n'êtes pas.

Chapitre II. — *Quelle est cette pénitence dont on n'aura point à se repentir.* — « La tristesse qui est selon Dieu, produit une pénitence pour le salut dont on n'aura point à se repentir. » Remarquez, « une pénitence pour le salut. » Quel salut? Un salut dont vous n'aurez point à vous repentir. Qu'est-ce à dire? Où vous ne pourrez jamais avoir de regrets. Nous avons mené une vie dont nous avons dû nous repentir, une vie qui est une juste matière de regrets. Mais nous ne pouvons parvenir à cette vie sans repentir que par le repentir de notre vie coupable. Dites-moi, mes frères, est-ce que dans un tas de blé bien nettoyé vous trouverez du fumier? Et, cependant, c'est par le moyen du fumier qu'on obtient ce blé si net, si beau, si apparent; c'est une chose repoussante qui a contribué à produire cette beauté.

Le fumier mis autour de l'arbre stérile, est le symbole de la pénitence. — 3. C'est avec justice que le Seigneur dit dans l'Evangile, en parlant d'un arbre stérile : « Il y a trois ans que je viens chercher du fruit sur ce figuier, et je n'en trouve point; je le couperai donc, pour qu'il cesse d'embarrasser mon champ. » (*Luc,* XIII, 7, etc.) Celui qui cultivait ce champ, intervient lorsque la hache est déjà à la racine de cet arbre stérile, et qu'elle va le frapper; il intervient comme Moïse intercéda auprès de Dieu, et lui dit : « Maître, laissez-le encore cette année, afin que je laboure au pied et que j'y mette une corbeille de fumier; peut-être alors donnera-t-il du fruit; sinon vous le couperez après. » Cet arbre, c'est le genre humain. Dieu a visité cet arbre au temps des patriarches : c'est la première année. Il l'a visité au temps de la loi et des prophètes : c'est la seconde année. Le temps de l'Evangile est la troisième année. Cet arbre devait donc être coupé, mais une âme compatissante intercède auprès d'un cœur miséricordieux. Celui qui voulait se montrer miséricordieux, s'est présenté comme intercesseur. Laissez-le encore cette année, dit-il, afin que je creuse une fosse tout autour; c'est un signe d'humilité. J'y mettrai une corbeille de fumier, peut-être portera-t-il du fruit, ou plutôt, comme il donne du fruit d'un côté et n'en donne pas de l'autre, le Maître viendra et le partagera en deux. (*Luc,* XII, 46.) Qu'est-ce à dire, qu'il le partagera en deux? Parce qu'il y a des bons et

---

« Tristitia, inquit, secundum Deum pœnitentiam in salutem impœnitendam operatur. » (II *Cor.*, VII, 10.) Qui secundum Deum tristis est, in pœnitentiam tristis est de peccatis suis. Tristitia de iniquitate (*f.* propria), propriam justitiam parturit. Prius tibi displiceat quod es, ut possis esse quod non es.

Caput II. — *Pœnitentia impœnitenda.* — « Quæ secundum Deum est, inquit, tristitia, pœnitentiam in salutem operatur. Pœnitentiam, inquit, in salutem. » Qualem salutem? « Impœnitendam. » Quid est : « Impœnitendam? » Cujus te omnino pœnitere non possit. Habuimus enim vitam, cujus nos debuimus pœnitere : habuimus vitam pœnitendam. Sed non possumus pervenire ad vitam impœnitendam, nisi per malæ vitæ pœnitentiam. Numquid, Fratres, ut dicere cœperam, in massa tritici purgata invenies stercus? Tamen ad illum nitorem, ad illam speciem et pulchritudinem per stercus pervenitur : rei pulchræ fœditas via fuit.

Infructuosæ arbori stercus adhibitum figura pœnitentiæ. — 3. Merito etiam Dominus dicit in Evangelio de quadam arbore infructuosa : « Jam ecce triennium est, quod venio ad eam, et fructum in ea non invenio : præcidam illam, ne mihi agrum impediat. » (*Luc.,* XIII, 7, etc.) Intercedit colonus : intercedit jam securi imminente infructuosis radicibus, et pene feriente : intercedit colonus, quomodo intercessit Deo Moyses : intercedit colonus, et dicit : « Domine, dimitte illam et hoc anno; circumfodio ei, et adhibeo cophinum stercoris; si fecerit fructum, bene; si quo minus, præcides eam. » Arbor ista genus est humanum. Visitavit istam arborem Dominus tempore Patriarcharum, quasi primo anno. Visitavit eam tempore Legis et Prophetarum, quasi secundo anno. Ecce in Evangelio tertius annus illuxit. Jam quasi præcidi debuit : sed interpellat misericors misericordem. Qui enim se volebat exhibere misericordem, ipse sibi opposuit intercessorem. Dimittatur, inquit, et hoc anno : circumfodiatur ei fossa; signum est humilitatis : adhibeatur cophinus stercoris, si forte det fructum. Imo quia dat fructum, ex parte non dat fructum, veniet Dominus ejus, et

des méchants, qui forment maintenant une seule société, et font comme partie d'un même corps.

Chapitre III. — *La tristesse produite par les choses du siècle est funeste. Ce qui est digne ici de nos gémissements et de nos pleurs.* — 4. Je vous l'ai dit, mes frères, le fumier placé où il doit être, rend la terre féconde ; mais ailleurs il ne fait que salir le lieu qu'il occupe. Voici un homme qui est triste, je le rencontre, il est plongé dans un profond chagrin ; je vois du fumier, je veux savoir où il est placé. Mon ami, dites-moi, pourquoi êtes-vous triste ? J'ai perdu mon argent, me répond-il. Le lieu est sale, le fruit est nul. Qu'il prête l'oreille à ces paroles de l'Apôtre : « La tristesse de ce monde produit la mort. » (II *Cor.*, vii, 10.) Non-seulement le fruit est nul, mais la perte est immense. Il en est ainsi de toutes ces jouissances où le monde place sa joie, et qu'il serait trop long d'énumérer ici. En voici un autre qui s'attriste, qui gémit, qui pleure ; je vois beaucoup de fumier, je cherche le lieu qu'il occupe. Il ne s'abandonne pas seulement à la tristesse et aux larmes, je m'aperçois qu'il prie. Je ne sais quelle bonne opinion de lui-même m'inspire sa prière, mais je cherche encore quel en est l'objet. Car, si cet homme allait demander par ses prières, ses gémissements, ses sanglots, la mort de son ennemi ? Il pleure, il est vrai ; il prie, il conjure, mais le lieu est immonde, le fruit est nul. L'Ecriture nous signale un mal plus grand encore : il demande par ses prières la mort de son ennemi, il tombe sous le coup de cette malédiction lancée contre Judas : « Que sa prière même devienne un crime. » (*Ps.* cviii, 7.) J'en vois un troisième qui accompagne sa prière de gémissements et de larmes ; c'est encore du fumier ; j'examine de nouveau où il est placé. Je prête l'oreille à sa prière, et je l'entends dire à Dieu : « Seigneur, ayez pitié de moi, guérissez mon âme, parce que j'ai péché contre vous. » (*Ps.* xl, 5.) Il gémit sur son péché, je reconnais le champ où est le fumier, et j'en attends le fruit avec confiance. Grâces soient rendues à Dieu ; le fumier est bien placé, il n'est pas inutile, il fera produire du fruit. Oui, c'est vraiment le temps de nous livrer à une tristesse féconde ; la condition de notre nature soumise à la mort, la multitude des tentations qui nous assaillent, les péchés qui se glissent en nous à notre insu, les résistances de nos passions, les luttes de nos convoitises toujours soulevées contre les bonnes pensées : voilà pour nous un juste sujet de tristesse et de larmes.

Chapitre IV. — *Ce que figurent les quarante jours qui précèdent la fête de Pâques, et les cinquante jours qui la suivent. Que signifie Alleluia.* — 5. Ce temps, qui est pour nous le temps de l'affliction et des gémissements, est figuré par les quarante jours qui précèdent la fête

dividet eam. (*Luc.*, xii, 46.) Quid est, dividet ? Quia sunt boni, et sunt mali : modo autem in uno cœtu, tanquam in uno corpore sunt constituti.

Caput III. — *Tristitia de sæculi rebus perniciosa. Quæ hic lugenda.* — 4. Ergo, Fratres mei, ut dixi, stercoris locus opportunus dat fructum, importunus autem locum facit immundum. Nescio quis tristis est, inveni nescio quem tristem : stercus video, locum quæro ; dic, amice, unde tristis es ? Perdidi, inquit, pecuniam. Locus immundus, fructus nullus. Audiat Apostolum : « Tristitia mundi mortem operatur. » (II *Cor.*, vii, 10.) Non solum fructus nullus, sed et magna pernicies. Sic et de cæteris rebus ad gaudia sæcularia pertinentibus, quas res longum est enumerare. Video alium tristantem, gementem, flentem : multum stercoris video, et ibi locum quæro. Et cum viderem tristem, flentem ; inspexi et orantem. Orans nescio quid mihi bonæ significationis ingessit : sed adhuc locum quæro. Quid enim si iste orans, gemens, magno fletu mortem roget inimici sui ? Etiamsi sic jam plorat, jam rogat, jam orat ; locus immundus, fructus nullus. Plus est quod invenimus in Scripturis : rogat ut moriatur inimicus ipsius, incidit in maledictionem Judæ : « Oratio ejus fiat in peccatum. » (*Psal.* cviii, 7.) Inspexi alium rursus gementem, flentem, orantem : stercus agnosco, locum quæro. Intendi autem orationi ejus, et audio dicentem : « Ego dixi : Domine, miserere mei, sana animam meam, quoniam peccavi tibi. » (*Psal.* xl, 5.) Gemit peccatum : agnosco agrum, exspecto fructum. Deo gratias : bono loco est stercus : non ibi vacat ; fructum parturit. Hoc est vere tempus fructuosæ mœstitiæ, ut conditionem mortalitatis nostræ, abundantiam tentationum, subreptiones peccatorum, adversitates cupiditatum, rixas concupiscentiarum contra bonas cogitationes semper tumultuantium doleamus : hinc tristes simus.

Caput IV. — *Duo tempora, Quadragesimæ et Quinquagesimæ, quid significent. Alleluia quid.* — 5. Hoc tempus miseriæ nostræ et gemitus nostri, quadraginta dies illi significant ante Pascha : lætitiæ vero, quæ posterior erit, quietis, felicitatis, vitæ æternæ

de Pâques; et le temps de la joie qui doit lui succéder, le temps du repos, de la félicité, de la vie éternelle, du royaume qui n'a pas de fin et dont nous ne sommes pas encore en possession, est représenté par ces cinquante jours où nous chantons les louanges de Dieu. Deux temps, en effet, nous sont ici figurés : l'un qui précède la résurrection du Seigneur, l'autre qui la suit; l'un où nous sommes actuellement, l'autre où nous espérons arriver. Ce temps de tristesse, dont les jours de carême sont le symbole, est maintenant notre partage, et il se personnifie en nous; mais le temps de la joie, du repos, du règne éternel, dont ces jours-ci sont l'emblème, nous le figurons par le chant de l'*Alleluia*, mais nous ne possédons point encore ce qui fait l'objet de nos louanges. Nous soupirons après l'*Alleluia*. Que signifie *Alleluia*? Louez Dieu. Mais nous ne sommes pas encore en possession de la louange véritable; nous multiplions dans l'Église le chant des louanges de Dieu après la résurrection du Sauveur, parce qu'après notre propre résurrection il sera le perpétuel objet de nos louanges. La passion du Seigneur est le symbole du temps où nous sommes; c'est pour nous le temps des pleurs. Les coups de fouet, les chaînes, les outrages, les crachats, la couronne d'épine, le vin mêlé de fiel, l'éponge trempée dans le vinaigre, les insultes, les opprobres, la croix, enfin, ces membres attachés sur ce bois infâme, que nous figurent-ils, sinon le temps où nous sommes, jours de tristesse, jours de mort, jours de tentation? Voilà pourquoi ce temps est hideux; mais c'est la laideur du fumier étendu dans le champ et non dans la maison. Soyons tristes de nos péchés, et non de voir nos passions déçues de leurs espérances. Le temps n'est pas beau, mais, si nous en faisons un bon usage, il sera fécond pour nous en fruits de salut. Quoi de plus hideux qu'un champ couvert de fumier? Ce champ avait bien plus belle apparence avant qu'on eût répandu ce fumier; mais on a dû lui donner cet aspect hideux, pour le rendre fertile. Cet aspect hideux est donc le signe du temps où nous sommes; qu'il devienne pour nous aussi un gage de fertilité.

Chapitre V. — Considérons donc ce que dit le prophète : « Nous l'avons vu. » Dans quel état? « Il n'avait ni apparence, ni beauté. » (*Isa.*, LIII, 2.) Pourquoi? Interrogez un autre prophète : « Ils ont compté tous mes os. » (*Ps.* XXI, 18.) On a compté ses os pendant qu'il était attaché sur la croix. C'est un spectacle hideux, que l'aspect d'un crucifié; mais cet aspect hideux a été le principe d'une éclatante beauté. Quelle est cette beauté? Celle de la résurrection; « car c'est là qu'il s'est montré le plus beau des enfants des hommes. » (*Ps.* XLIV, 3.)

Dieu est notre débiteur, parce qu'il nous a promis, non parce qu'il a reçu de nous. Nous ne pouvons rien rendre à Dieu. — 6. Louons donc le Seigneur, mes frères, parce que nous

---

regni sine fine, quod nondum est, his diebus quinquaginta, quibus diebus Deo laudes dicuntur, significatur. Significantur enim nobis duo tempora : unum ante resurrectionem Domini, alterum post resurrectionem Domini; unum in quo sumus, alterum in quo nos futuros esse speramus. Tempus mœroris, quod significant dies Quadragesimæ, et significamus et habemus; tempus autem lætitiæ et quietis et regni, quod significant dies isti, significamus per Alleluia, sed nondum habemus laudes. Sed nunc suspiramus ad Alleluia. Quid est, Alleluia? Laudate Deum. Sed nondum habemus laudes : in Ecclesia frequentantur laudes Dei post resurrectionem, quia nobis erit perpetua laus post resurrectionem nostram. Domini passio tempus nostrum significat, in quo nunc flemus. Flagella, vincula, contumeliæ, sputa, spinea corona, vinum fellitum, in spongia acetum, insultationes, opprobria, postremo ipsa crux, in ligno membra sacra pendentia, quid nobis significant, nisi tempus quod agimus, tempus mœroris, tempus mortalitatis, tempus tentationis? Ideo fœdum tempus : sed fœditas ista stercoris sit in agro, non in domo. Mœror sit de peccatis, non de cupiditatibus fraudatis. Fœdum tempus : sed si bene utamur, fidele tempus. Quid fœtidius agro stercorato? Pulchrior fuit ager, antequam cophinum stercoris haberet; perductus est ager ad fœditatem, ut veniret ad ubertatem. Ergo fœditas hujus temporis signum est : sed nobis sit ista fœditas tempus fertilitatis.

Caput V. — Videamus ergo cum Propheta, quid dicat : « Vidimus eum. » Qualem? « Non habentem speciem neque decorem. » (*Isai.*, LIII, 2.) Quare? Alium Prophetam interroga : « Dinumeraverunt omnia ossa mea. » (*Psal.* XXI, 18.) Dinumerata sunt ossa pendentis. Fœda species, crucifixi species : sed ista fœditas pulchritudinem parturit. Quam pulchritudinem? Resurrectionis. Quia « speciosus forma præ filiis hominum. » (*Psal.* XLIV, 3.)

Debitor Deus quia promisit, non quia accepit. Deo

sommes en possession de ses fidèles promesses, bien que nous n'en ayons pas encore reçu l'effet. Est-ce peu pour vous que Dieu vous ait promis et qu'il soit devenu votre débiteur? Dieu, en nous promettant, est devenu notre débiteur par sa bonté et non par suite d'aucune avance que nous lui aurions faite. Que lui avons-nous donné pour qu'il soit notre débiteur? N'avez-vous pas entendu le Psalmiste dire : « Que rendrai-je au Seigneur? » (*Ps.* cxv, 3.) D'abord, ces paroles : « Que rendrai-je au Seigneur? » sont celles d'un débiteur et non d'un créancier qui exige qu'on le paye. Il a donc reçu des avances : « Que rendrai-je au Seigneur? » Qu'est-ce à dire : « Que rendrai-je? » Que donnerai-je en retour? Pourquoi? « Pour tous les biens dont il m'a comblé. » Quels sont ces biens? D'abord, je n'étais pas, et il m'a créé; j'étais perdu, et il m'a cherché, il m'a trouvé; j'étais captif, il m'a racheté, il m'a délivré, et, d'esclave que j'étais, il a fait de moi son frère. « Que rendrai-je au Seigneur? » Vous n'avez point de quoi lui rendre. Que pourriez-vous lui rendre, puisque vous espérez tout de lui? Mais attendez, je ne sais ce qu'il veut dire. Pourquoi cherche-t-il : « Que rendrai-je au Seigneur pour tous les biens dont il m'a comblé? » Il regarde de tous côtés autour de lui ce qu'il pourra donner en échange, et il semble l'avoir trouvé. Qu'a-t-il trouvé? « Je recevrai le calice du salut. » Quoi ! vous pensiez à rendre, et vous cherchez encore à recevoir? Réfléchissez-y, je vous en prie; si vous demandez encore à recevoir, vous continuerez d'être débiteur; mais quand payerez-vous vos dettes? Si donc vous êtes toujours débiteur, quand vous acquitterez-vous? Vous ne trouverez point de quoi rendre à Dieu; vous ne pourrez avoir que ce qu'il vous aura donné.

L'homme n'a de lui-même que le mensonge. — 7. Ainsi, vous le voyez, lorsque vous disiez : « Que rendrai-je? » c'est une de ces paroles qui ont fait dire au Psalmiste : « Tout homme est menteur. » (*Ps.* cxv, 11.) Celui qui prétend dire qu'il rendra quelque chose au Seigneur, est un menteur; car nous devons tout attendre de Dieu, et, en dehors de Dieu, nous n'avons guère de nous-mêmes que le péché; et quand l'homme profère le mensonge, il parle de son propre fonds. Sous ce rapport, l'homme est vraiment riche de lui-même; il a en lui le mensonge en propre et un trésor de mensonges; son cœur peut multiplier les mensonges, les inventions, avancer les choses les plus opposées à la vérité sans en épuiser la source. Pourquoi? Parce que tout ce qu'il a gratuitement, il l'a de lui-même, il ne l'a point acheté. Mais lorsqu'il parvient à la vérité, s'il veut être vrai dans ses paroles comme dans ses actes, ce n'est plus de lui-même qu'il peut le faire.

CHAPITRE VI. — *Comment Pierre était men-*

retribuere aliquid non valemus. — 6. Laudemus ergo, Fratres, Dominum; quia ejus fidelia promissa retinemus, nondum accepimus. Parum putatis, quia promissorem tenemus, ut jam debitorem exigamus? Promissor Deus debitor factus est bonitate sua, non prærogantia nostra. Quid ei dedimus, ut eum debitorem teneamus? An forte quod audistis in Psalmo : « Quid retribuam Domino? » (*Psal.* cxv, 3.) Primo quando dicit : « Quid retribuam Domino, » verba sunt debitoris, non debitum exigentis. Prærogatum est illi : « Quid retribuam Domino? » Quid est: « Quid retribuam? » Rependam. Pro qua re? « Pro omnibus quæ retribuit mihi. » Quid retribuit mihi? Primo nihil eram, et fecit me; perieram, quæsivit me; quærens invenit me, captivum redemit me, emptum liberavit me, de servo fratrem fecit me. « Quid retribuam Domino? » Non habes quod retribuas. Quando ab illo totum exspectas, quid habes retribuere? Sed exspecta : nescio quid vult dicere. Cur quærit : « Quid retribuam Domino pro omnibus quæ retribuit mihi? » Circumspiciens undique quid retribuat, quasi invenit. Quid invenit? « Calicem salutaris accipiam. » Retribuere cogitabas, adhuc accipere quæris. Vide, rogo. Si adhuc accipere quæris, adhuc debitor eris, quando retributor? Si ergo semper debitor eris, quando retribues? Non invenis quod retribuas : nisi quod dederit, non habebis.

Homo de suo non habet nisi mendacium. — 7. Vide, quando dicebas : « Quid retribuam? » ad illud pertinet quod dixisti: « Omnis homo mendax. » (*Ps.* cxv, 11.) Qui enim voluerit dicere, quia retribuet aliquid Deo, mendax est (Omnia ab illo speranda sunt; a nobis ipsis præter illum nihil nisi forte peccatum) : et mendacium de suo loquitur. Vere plene de suo abundat homo; mendacium omnino hic habet et thesaurum mendaciorum : cor suum mentiatur, quantum potest, non deficit; fingat quidquid potest, mentiatur quidquid potest. Quare? Quia quod gratis habet, de se habet, non illud emit. Quando venitur ad veritatem, si verax vult esse, non erit de suo.

CAPUT VI. — *Mendax Petrus.* — Mendax Petrus de suo. Ubi mendax? Promisit nobis Dominus passio-

teur. — Pierre était menteur de son propre fonds. Le Seigneur prédit la passion qu'il doit endurer pour nous; il lui répond : « A Dieu ne plaise, Seigneur; il ne vous arrivera rien de tel. » (*Matth.*, XVI, 22, etc.) « Tout homme est menteur. » D'où était-il menteur? Ecoutez le Seigneur lui-même : « Vous ne goûtez point ce qui est de Dieu, mais ce qui est des hommes. » Pierre cependant a été vrai. Dans quelle circonstance? Lorsqu'il a dit au Sauveur : « Vous êtes le Christ, le Fils du Dieu vivant. » D'où peut venir cette vérité dans un homme qui était menteur? Voici un homme qui dit : « Vous êtes le Christ, le Fils du Dieu vivant. » Qui parle ainsi? Pierre. Or, qu'était-ce que Pierre? Un homme qui a dit la vérité. Assurément, « tout homme est menteur. » Voilà bien cependant son langage; la vérité est sortie ici de sa bouche; comment donc tout homme est-il menteur? Comprenez bien : « Tout homme est menteur » de son propre fonds. Comment donc Pierre a-t-il pu être vrai? Ecoutez la vérité elle-même : « Vous êtes bienheureux, Simon, fils de Jean. » D'où lui vient ce bonheur? De lui-même? A Dieu ne plaise. « Parce que ce n'est ni la chair ni le sang qui vous ont révélé ceci, mais mon Père qui est dans les cieux. »

Nous devons louer Dieu maintenant et toujours. — 8. Louons donc le Seigneur, mes très-chers frères, louons Dieu et chantons l'*Alleluia*. Représentons, durant ces jours, ce jour sans fin, ce séjour éternel, ce temps de l'immortalité, hâtons-nous d'arriver à cette éternelle demeure. « Heureux ceux qui habitent dans votre maison; ils vous loueront dans les siècles des siècles. » (*Ps.* LXXXIII, 5.) C'est la loi qui le dit, c'est l'Ecriture qui parle ainsi, c'est la Vérité qui l'affirme. Nous parviendrons un jour dans la maison de Dieu, qui est dans les cieux. Là nous chanterons ses louanges, non pas seulement pendant cinquante jours, mais, comme il est écrit, « dans les siècles des siècles. » Nous le verrons, nous l'aimerons, nous le louerons. Ce que nous verrons ne s'affaiblira point, ce que nous aimerons ne périra point, ce que nous louerons ne cessera d'être l'objet de nos louanges : tout sera éternel, tout sera sans fin. Louons donc le Seigneur; louons-le, non-seulement de bouche, mais par nos œuvres; que notre vie soit ici en harmonie avec notre langue, et qu'elle soit comme cette charité qui ne doit pas avoir de fin.

SERMON CCLV.
XXVIe *pour les fêtes de Pâques.*
Sur l'Alleluia.

CHAPITRE PREMIER. — *L'Alleluia qui est ici la consolation des âmes pieuses, sera l'unique occupation des bienheureux.* — 1. Puisque

---

nem : et dicit : « Absit a te, non fiat illud. » (*Matth.*, XVI, 22, etc.) « Omnis homo mendax. » Unde mendax? Ipsum Dominum audi : « Non sapis quæ Dei sunt, sed quæ sunt hominis. » Verax autem Petrus, quando? « Tu es Christus Filius Dei vivi. » Unde ista veritas homini mendaci? Ecce homo dicit : « Tu es Christus Filius Dei vivi. » Quis dicit? Petrus. Quid erat Petrus? Homo, qui dixit verum. Certe : « Omnis homo mendax. » Ecce, ecce lingua ejus, ecce (*f.* veritas) lingua de lingua ejus : quomodo : « Omnis homo mendax. » Audi quia « Omnis homo mendax, » quia de suo. Ergo unde Petrus verax? Audi ipsam veritatem : « Beatus es Simon Bar-Jona. » Unde beatus? de suo? Absit. « Quia tibi non revelavit caro et sanguis, sed Pater meus qui in cœlis est. »

Laudandus Deus nunc et semper.— 8. Laudemus ergo Dominum, Carissimi, laudemus Deum, dicamus Alleluia. Significemus istis diebus diem sine fine ;significemus locum immortalitatis, tempus immortalitatis : festinemus ad domum æternam. « Beati qui habitant in domo tua, in sæcula sæculorum laudabunt te. » (*Psal.* LXXXIII, 5.) Lex dicit, Scriptura dicit, veritas dicit. Venturi sumus ad domum Dei, quæ est in cœlis. Ibi non quinquaginta diebus Deum laudabimus : sed quemadmodum scriptum est, « in sæcula sæculorum. » Videbimus, amabimus, laudabimus. Nec quod videbimus deficiet, nec quod amabimus peribit, nec quod laudabimus tacebit : sempiternum totum erit, sine fine erit. Laudemus, laudemus ; sed non solis vocibus, laudemus et moribus : laudet lingua, laudet vita : sed habeat caritatem infinitam. Conversi ad Dominum, etc.

SERMO CCLV [a].
In diebus Paschalibus, XXVI.
De Alleluia.

CAPUT PRIMUM. — *Alleluia, piorum hic solatium, sola erit actio beatorum.* — 1. Quoniam voluit Dominus, ut Caritatem Vestram in Alleluia videremus, de Alle-

---

(a) Alias de Diversis I.

Notre-Seigneur nous accorde de voir votre charité durant ces jours consacrés au chant de l'*Alleluia* (1), nous devons vous dire quelques mots de ce chant. Je ne vous serai pas désagréable si je rappelle ici ce que vous savez, car nous répétons tous les jours l'*Alleluia*, et tous les jours nous y trouvons un nouveau charme. Vous n'ignorez pas qu'*Alleluia* veut dire, en latin : Louez Dieu, et, nos voix s'unissant à nos cœurs pour répéter ce chant, nous nous excitons ainsi mutuellement à louer Dieu. Il est le seul que l'homme puisse louer en toute confiance, parce qu'il n'a rien en lui qui puisse déplaire. Durant ce temps de notre exil, nous disons l'*Alleluia* pour nous consoler des fatigues de la route ; c'est maintenant pour nous le chant du voyageur ; mais en suivant cette route souvent si pénible, nous nous dirigeons vers le repos de la patrie, où, toutes nos occupations ayant cessé, nous n'aurons plus qu'à chanter l'*Alleluia*.

CHAPITRE II. — *Occupations différentes de Marie et de Marthe.* — 2. C'est cette part si pleine de douceur qu'avait choisie Marie en se reposant aux pieds du Sauveur, en écoutant ses enseignements, en le bénissant, tandis que Marthe, sa sœur, était occupée de mille soins extérieurs. (*Luc*, x, 39.) Ce qu'elle faisait était nécessaire, mais ne devait pas durer toujours ; c'était l'occupation de la route, et non celle de la patrie ; les soucis du voyageur, et non la tranquillité de celui qui est arrivé au terme. Marthe donnait l'hospitalité au Seigneur et à ceux qui étaient avec lui. Or, le Seigneur avait un corps, et, de même qu'il a daigné se revêtir d'une chair mortelle, il a daigné aussi s'assujettir à la faim, à la soif, et, par suite, il a bien voulu, dans sa bonté, être nourri par ceux qu'il a enrichis ; il a consenti à recevoir l'hospitalité, non par besoin, mais par condescendance. Marthe faisait donc ce qui était nécessaire à ceux qui ont faim et soif ; elle préparait avec une pieuse sollicitude ce que devaient manger et boire les saints et le Saint des saints qu'elle recevait dans sa maison. C'était une œuvre grande et sainte, mais transitoire. Est-ce que le besoin de la faim et de la soif se fera toujours sentir ? Lorsque nous serons unis à cette bonté si pure et si parfaite, nous n'aurons plus à subvenir à ces nécessités. Nous serons heureux, parce que nous ne manquerons de rien ; nous posséderons des biens immenses, nous n'aurons plus rien à chercher. Quels seront donc ces biens qui nous délivreront de toute sollicitude ? Je vous l'ai dit, vous contemplerez un jour ce que vous croyez maintenant. Mais, je vous ai dit que nous serions comblés de biens qui nous affranchiraient de tout souci, de tout besoin ; quels seront donc ces biens ? Qu'est-ce que Dieu donnera à ceux qui le servent, qui

---

(1) Saint Augustin a donc prononcé ce sermon en dehors d'Hippone, peut-être à Carthage, l'an 418, où l'on tint, aux calendes de mai, un synode contre les pélagiens.

---

luia vobis verbum debemus. Non sim oneri, si commemoro quod nostis : quia et ipsum Alleluia quotidie dicimus, et quotidie delectamur. Nostis enim quia Alleluia, Latine dicitur : Laudate Deum : et in hoc verbo consonantes ore et consentientes corde, exhortamur nos invicem ad laudandum Deum. Eum tantum homo securus laudat, qui non habet unde displiceat. Et in hoc quidem tempore peregrinationis nostræ ad solatium viatici dicimus Alleluia ; modo nobis Alleluia canticum est viatoris : tendimus autem per viam laboriosam ad quietam patriam, ubi retractis omnibus actionibus nostris, non remanebit nisi Alleluia.

CAPUT II. — *Mariæ et Marthæ diversa officia.* — 2. Istam partem suavissimam sibi Maria elegerat, quæ vacabat, discebat, laudabat ; Martha vero soror ejus, circa plurima fuerat occupata. (*Luc.*, x, 39.) Equidem agebat rem necessariam, sed non permansuram : agebat rem viæ, nondum patriæ : agebat rem peregrinationis, nondum possessionis. Susceperat enim Dominum, et eos qui cum illo erant. Et Dominus carnem habebat : et sicut pro nobis dignatus est carnem suscipere, ita dignatus est esurire et sitire. Et ex eo quod dignatus est esurire et sitire, dignatus est pasci ab eis quos ipse ditavit : dignatus est suscipi, non inopia, sed gratia. Agebat ergo Martha quod pertinebat ad necessitatem esurientium et sitientium : parabat conversatione sollicita, quod manducaretur et biberetur a sanctis et ab ipso Sancto sanctorum in domo ejus. Magnum opus, sed transitorium. Numquid esurire et sitire semper erit ? Quando inhærebimus purissimæ illi et perfectissimæ bonitati, non erit (*a*) quare servire necessitati. Beati erimus, nullo indigentes, multum habentes, nihil quærentes. Et quid est quod habebimus, ut nihil quæramus ? (*b*) Dixi : quod creditis, postea videbitis. Quod ergo diximus, multum habentes et nihil quærentes, id est, nullo indigentes ; quid est ipsum quod habebimus ?

(*a*) Editi, *quærere*. Melius Germanensis Ms. *quare.* — (*b*) Editi : *Dixi, quod si creditis, postea videbitis.* Abest *si* a Ms. Itaque verbum *Dixi* respicit ad superiorem sententiam, *inhærebimus purissimæ illi et perfectissimæ bonitati.*

l'adorent, à ceux qui croient et espèrent en lui; que donnera-t-il à ceux qui l'aiment?

CHAPITRE III. — *Bienfaits que Dieu répand indifféremment sur les bons et sur les méchants. La santé est un don de Dieu.* — 3. Nous voyons les nombreux bienfaits que Dieu répand dans cette vie sur ceux même qui n'ont aucune foi, aucune espérance en lui, sur ceux qui s'éloignent de lui et le blasphèment. Il est d'abord l'auteur de la santé, bien si doux, si agréable qu'il n'excite jamais le dégoût. Que manque-t-il au pauvre qui a la santé? Et que sert au riche tout ce qu'il possède, s'il n'a point la santé? Ainsi donc, c'est du Seigneur notre Dieu que nous adorons, c'est du vrai Dieu qui est l'objet de notre foi, de notre espérance et de notre amour, que vient ce bien si précieux que nous appelons la santé. Et voyez cependant, ce bien si précieux, il en fait part aux bons et aux méchants, à ceux qui le blasphèment comme à ceux qui le louent. Que dirai-je à cela? les uns et les autres sont des hommes. Un homme, fût-il méchant, vaut mieux qu'un animal. Or, Dieu donne la santé même aux bêtes de somme et aux dragons, aux mouches et aux vermisseaux; il la donne à tout ce qui existe, parce qu'il a tout créé. Ainsi donc, pour ne point parler des autres biens, puisque la santé est pour nous le premier de tous, Dieu la donne non-seulement aux hommes, mais aux animaux. « Vous sauverez, Seigneur, dit le Psalmiste, les hommes et les animaux, selon l'étendue de votre miséricorde, ô mon Dieu! » (*Ps.* XXV, 7, 8.) Voilà ce que vous êtes; parce que vous êtes Dieu, votre bonté ne peut rester sur les hauteurs, en abandonnant les êtres inférieurs de la création. Elle s'étend des anges aux derniers et aux plus petits des animaux, car la sagesse atteint d'une extrémité à l'autre avec force, et dispose toutes choses avec douceur (*Sag.*, VIII, 1); et c'est en disposant toutes choses avec douceur qu'elle donne à tous le bien si doux de la santé.

CHAPITRE IV. — *Ce que Dieu réserve pour les bons. Différence entre les hommes et les enfants des hommes.* — 4. Or, si Dieu fait part indistinctement d'un si grand bien aux bons et aux méchants, aux hommes et aux animaux, dites-moi, mes frères, que réservera-t-il pour les bons? Le Psalmiste, après avoir dit: « Vous sauverez, Seigneur, les hommes et les animaux, selon l'étendue de votre infinie miséricorde, ô mon Dieu, » ajoute aussitôt: « Mais les enfants des hommes. » De qui veut-il parler? Est-ce que les hommes dont il vient de dire: « Vous sauverez, Seigneur, les hommes et les animaux, » sont différents des enfants des hommes? Les hommes ne sont-ils pas les enfants des hommes, et les enfants des hommes ne sont-ils pas des hommes? Pourquoi donc cette distinction? Les hommes seraient-ils

---

Servientibus sibi Deus, colentibus eum, sperantibus in eum, amantibus eum quid dabit?

CAPUT III. — *Beneficia Dei in omnes et bonos et malos. Sanitas a Deo.* — 3. Videmus enim quanta det in hoc tempore diffidentibus de illo, desperantibus de illo, aversis ab illo, blasphemantibus illum, videmus quanta dona largiatur. Ab illo est enim primo sanitas: quæ sic dulcis est, ut in fastidium nunquam veniat. Quando hanc habet, quid deest pauperi? Quando istam non habet, quidquid habet quid prodest diviti? Ab illo est ergo, id est, a Domino Deo nostro quem colimus, a vero Deo in quem credimus, et in quos speramus, et quem diligimus; ab illo est tanta res, sanitas. Videte tamen, cum sit magna res sanitas, quomodo eam det et bonis et malis, et blasphematoribus suis et laudatoribus suis. Et quid dicam? Utrique homines sunt. Omni pecore melior est et malus homo. Dat sanitatem etiam jumentis et draconibus, usque ad muscas et vermiculos donat sanitatem; et salvat omnia qui creavit omnia. Ut ergo alia omittamus; quia nihil melius invenimus quam est sanitas: non solum eam dat Deus hominibus, sed et pecoribus, sicut dicit Psalmus: « Homines et jumenta salvos facies Domine, sicut multiplicata est misericordia tua, Deus. » (*Psal.* XXXV, 7, 8.) Sic enim es, quia Deus es; ut bonitas tua non remaneat in summis, et deserat infima. Pervenit ab Angelis usque ad extrema et minuta animalia. Pervenit enim a fine usque in finem pertendens fortiter sapientia, et disponit omnia suaviter (*Sap.*, VIII, 1); et in ipsa dispositione suavitatis ejus, suavis est omnibus sanitas.

CAPUT IV. — *Deum aliquid servare bonis. Homines et filii hominum in quo differant.* — 4. Cum ergo tantum bonum det et bonis et malis, et hominibus et jumentis; quid est, Fratres mei, quod servat bonis? Jam enim dixerat: « Homines et jumenta salvos facies Domine, sicut multiplicata est misericordia tua, Deus. » Et deinde adjunxit: « Filii autem hominum. » Qui sunt isti? Quasi alii sunt homines, de quibus paulo ante dixerat: « Homines et jumenta salvos facies, Domine, » et alii filii hominum. Aliud enim sunt homines quam filii hominum, et aliud sunt filii

simplement les descendants de l'homme, et les enfants des hommes de la famille du Fils de l'homme? En un mot, les hommes auraient-ils pour chef l'homme, et les enfants des hommes le Fils de l'homme? Il est un homme, en effet, qui n'a pas été le Fils de l'homme. Le premier homme qui a été créé est homme, mais il n'est pas Fils de l'homme. Or, qu'avons-nous reçu de l'homme, qu'avons-nous reçu du Fils de l'homme? Voici ce que nous devons à l'homme, et je ne fais ici que citer le témoignage de l'Apôtre : « Le péché est entré dans le monde par un seul homme, et la mort par le péché ; et ainsi la mort a passé dans tous les hommes par celui en qui tous ont péché. » (*Rom.*, v, 12.) Voilà la coupe que nous a présentée le premier homme ; voilà le breuvage que nous a fait boire notre premier père, et que nous avons tant de peine à digérer. Voilà ce que l'homme nous a donné. Et qu'avons-nous reçu du Fils de l'homme? « Il n'a pas épargné son propre Fils. » Or, s'il n'a pas épargné son propre Fils, et s'il l'a livré à la mort pour nous tous, comment se pourrait-il qu'en nous le donnant, il ne nous ait pas aussi donné toutes choses? (*Ibid.*, VIII, 32.) Et ailleurs : « Comme, par la désobéissance d'un seul, plusieurs sont devenus pécheurs; de même, par l'obéissance d'un seul, plusieurs deviendront justes. » (*Ibid.*, v, 19.) Ce péché nous est donc venu par le premier homme, et la justice par Jésus-Christ. Ainsi, tous les pécheurs sont les descendants de l'homme, et tous les justes sont de la famille du Fils de l'homme. Pourquoi donc vous étonner que les pécheurs, les impies, les injustes, ceux qui font profession de mépriser Dieu, de se détourner de lui, les partisans du siècle qui suivent les voies de l'iniquité et n'ont que de la haine pour la vérité, en un mot, pourquoi vous étonner que les hommes qui sont de la race de l'homme aient cette santé du corps en partage, alors que vous entendez le Psalmiste vous dire : « Seigneur, vous sauverez les hommes et les animaux? » (*Ps.* XXXV, 7, etc.) Pour ôter aux hommes tout motif de s'enorgueillir de cette santé du corps, le Psalmiste joint ici avec eux les animaux. O homme, de quoi donc pouvez-vous encore vous réjouir? Est-ce que ce bien ne vous est pas commun avec votre âne, avec votre poule, avec tous vos animaux domestiques, avec ces passereaux eux-mêmes? Est-ce que vous ne partagez point cette santé du corps avec tous les animaux?

CHAPITRE V. *Les âmes pieuses ont reçu la promesse de louer Dieu, ce qui les comblera de joie. C'est un bien que les impies ne partageront point.* — 5. Cherchez donc ce qui a été promis aux enfants des hommes, et écoutez ce qui suit : « Mais les enfants des hommes espéreront à l'ombre de vos ailes. » Ils espéreront tant qu'ils seront voyageurs. Mais les enfants des

---

hominum quam homines? Quid sibi ergo vult ista distinctio? Nisi forte quia homines pertinent ad hominem, filii hominum ad filium hominis : homines ad hominem, filii hominum ad filium hominis. Est enim quidam homo, qui non fuit filius hominis. Qui enim primus factus est, homo fuit, filius hominis non fuit. Quid ergo nobis venit per hominem, et quid nobis venit per filium hominis? Commemoro quod venit per hominem, et Apostoli verba dico : « Per unum hominem peccatum intravit in mundum, et per peccatum mors : et ita in omnes homines pertransiit, in quo omnes peccaverunt. » (*Rom.*, v, 12.) Ecce quod nobis propinavit homo ; ecce quod de parente bibimus, et vix digerimus. Si hoc per hominem, quid per filium hominis? « Proprio, inquit, Filio non pepercit. » Si « proprio Filio non pepercit, sed pro nobis omnibus tradidit eum ; quomodo non et cum illo omnia nobis (*a*) donabit? » (*Ibid.*, VIII, 32.) Item : « Sicut per inobedientiam unius hominis peccatores constituti sunt multi, sic et per obedientiam unius hominis justi constituentur multi. » (*Ibid.*, v, 19.) Per illum ergo peccatum, per Christum justitia. Omnes ergo peccatores ad hominem pertinent : omnes justi ad filium hominis. Quid ergo miramini, quia peccatores, quia impii, quia iniqui, quia Dei contemptores, a Deo aversi, sæculi dilectores, amplectentes iniquitatem, odio habentes veritatem, hoc est, homines pertinentes ad hominem ; quid miramini, quia habent istam sanitatem, cum audiatis Psalmum : « Homines et jumenta salvos facies Domine? » (*Psal.* XXXV, 7, etc.) Ne extollerent se ipsi homines, quia habent temporalem sanitatem, addita sunt illis jumenta. Quid est ergo unde gaudes, homo? Nonne tibi cum asino tuo commune est, et cum gallina tua, cum quocumque animante in domo tua, cum istis passeribus? nonne tibi sanitas corporis cum his omnibus communis est?

CAPUT V. — *Piis promissa delectatio laudis Dei, quæ non datur impiis.* — 5. Quære ergo quod promissum est filiis hominum, et audi quod sequitur : « Filii

---

(*a*) Editi, *donavit.* At Mss. *donabit :* juxta Græcum χαρίσεται.

hommes espéreront à l'ombre de vos ailes. » (*Ps.* xxxv, 8.) « Car nous ne sommes encore sauvés qu'en espérance. » (*Rom.*, VIII, 24.) Voilà un bien qui n'est donné ni aux hommes, ni aux animaux : c'est d'espérer à l'ombre des ailes de Dieu. Cette espérance nous allaite, elle nous nourrit, elle nous fortifie ; c'est dans cette espérance que nous chantons l'*Alleluia*. Quelle joie cette espérance répand dans notre âme ! Que sera donc la réalité ? Ecoutez la suite : « Ils seront enivrés de l'abondance de votre maison. » (*Ps.* xxxv, 9.) Tel est l'objet de notre espérance. Nous avons faim, nous avons soif, il faut que nous soyons rassasiés ; la faim est l'épreuve du voyageur ; dans la patrie, il sera rassasié. Quand serons-nous rassasiés ? « Je serai rassasié quand votre gloire m'apparaîtra. » (*Ps.* XVI, 15.) Maintenant, la gloire de notre Dieu, la gloire de notre Christ reste cachée, et notre gloire est cachée avec leur gloire. Mais « lorsque Jésus-Christ, qui est votre vie, vous apparaîtra, vous apparaîtrez aussi avec lui dans la gloire. » (*Colos.*, III, 4.) Nous chanterons alors l'*Alleluia* dans la vérité, nous le chantons ici-bas en espérance. C'est l'espérance, c'est l'amour qui chantent maintenant ; l'amour chantera encore alors. C'est l'amour affamé qui chante maintenant, alors ce sera l'amour rassasié qui chantera. Que signifie, en effet, l'*Alleluia*, mes frères ? Je vous l'ai dit : Louanges à Dieu. Vous entendez maintenant la parole de Dieu, c'est pour vous une des plus douces jouissances, et ce charme que vous éprouvez fait naître la louange sur vos lèvres. Or, si vous aimez tant cette faible rosée, quel amour n'aurez-vous pas pour la source elle-même ? L'éructation est le signe d'un estomac satisfait, la louange est l'indice d'un cœur rempli de Dieu. Si nous louons maintenant ce que nous croyons, comment ne pas louer ce que nous contemplerons ? Telle est la part que Marie avait choisie ; mais elle figurait simplement cette vie, elle n'en était pas encore en possession.

CHAPITRE VI. — *Marthe et Marie sont la figure de deux vies différentes. Il n'y a qu'une chose nécessaire. La jouissance de Dieu tiendra lieu aux élus de tous les biens.* — 6. Il y a deux vies : l'une est une vie de jouissance, l'autre une vie de nécessité. Celle qui doit subvenir aux besoins du corps est une vie de travail ; celle où nous n'aurons plus qu'à jouir est une vie de délices. Mais rentrez ici en vous-même, ne cherchez pas au dehors ces jouissances, de peur qu'elles ne vous enflent et que vous ne puissiez entrer par la porte étroite. Voilà comme Marie voyait le Seigneur dans la chair et l'entendait par le moyen de la chair ; suivant l'expression de l'Epître aux Hébreux qu'on vient de lire, elle le voyait comme à travers un voile. (*Hébr.*, x, 20.) Mais lorsque nous le verrons face à face, il n'y aura plus de voile. Marie était

autem hominum sub tegmine alarum tuarum sperabunt. » Interim sperabunt, quam diu in via sunt. « Filii autem hominum sub tegmine alarum tuarum sperabunt. Spe enim salvi facti sumus. » (*Rom.*, VIII, 24.) Hoc non pertinet ad homines et jumenta, sperare sub tegmine alarum Dei. Et ecce spes lactat nos, nutrit nos, confirmat nos, et in ista laboriosa vita consolatur nos, in ipsa spe cantamus Alleluia. Ecce spes quantum gaudium habet. Res ipsa quid erit? Quid erit quæris? Audi quod sequitur : « Inebriabuntur ab ubertate domus tuæ. » (*Psal.* xxxv, 9.) Hujus rei spes est. Sitimus, esurimus, opus est ut satiemur : sed in via fames, in patria satietas. Quando satiabimur ? « Satiabor cum manifestata fuerit. » (*Psal.* XVI, 15.) Modo autem gloria Dei nostri, gloria Christi nostri latet : et cum illo abscondita est et nostra. Sed « cum Christus apparuerit vita vestra, tunc et vos cum illo apparebitis in gloria. » (*Colos.*, III, 4.) Tunc erit Alleluia in re : modo autem in spe. Spes illam cantat, amor cantat modo, amor cantabit et tunc : sed modo cantat amor esuriens, tunc cantabit amor fruens. Quid est enim Alleluia, Fratres mei? Dixi vobis, laus Dei est. Ecce modo verbum auditis, et in audiendo dilectamini, et in delectatione laudatis. Si rorem sic amatis, fontem ipsum quomodo amabitis? Quod est enim stomacho ructanti ructatio, hoc est cordi saginato laudatio. Si enim laudamus quod credimus, quomodo laudabimus cum viderimus? Ecce quod sibi Maria elegerat : sed significabat vitam illam, nondum tenebat.

CAPUT VI. — *Duæ vitæ in Martha et Maria adumbratæ. Unum necessarium. Dei fruitio erit beatis bonorum omnium loco.* — 6. Duæ sunt vitæ : una pertinens ad delectationem, altera pertinens ad necessitatem. Quæ ad necessitatem, laboriosa est : quæ ad delectationem, voluptuosa est. Sed intra intro, noli foris quærere delectationem : ne tumescas de illa, et per angustum intrare non possis. Ecce quomodo Maria Dominum videbat in carne, et Dominum audiebat per carnem, sicut audistis, cum epistola ad Hebræos legeretur, quasi per velum. (*Hebr.*, x, 20.) Nullum erit velum, quando videbimus facie ad faciem. Maria

donc assise, c'est-à-dire dans un saint repos; elle écoutait et louait le Seigneur; Marthe, au contraire, était tout entière aux soins multipliés du service. Or, le Seigneur lui dit : « Marthe, Marthe, vous vous troublez de beaucoup de choses; or, une seule est nécessaire. » (*Luc*, x, 41, 42.) Une seule chose est vraiment nécessaire, toutes les autres cesseront d'être nécessaires. Avant que nous soyons parvenus à cette unique chose, nous avons besoin d'un grand nombre d'autres. Que cette chose unique nous étende, nous agrandisse, de peur que toutes les autres ne nous divisent et ne nous séparent de cet unique bien. L'Apôtre dit de cette chose unique, qu'il n'y était pas encore parvenu. « Je ne pense point être encore arrivé au but, mais, pour atteindre cette unique chose, j'oublie ce qui est derrière moi, et je m'étends vers ce qui est devant moi. » (*Philip.*, III, 13.) Je ne me partage point, je m'étends; un grand nombre de choses nous divisent, une seule nous étend et nous agrandit. Et pendant combien de temps nous étend-elle ? Tant que nous sommes sur la terre. Lorsque nous en serons en possession, elle cessera de nous étendre pour nous réunir. « Pour atteindre cette unique chose, j'oublie ce qui est derrière moi, et je m'étends vers ce qui est devant moi, vers le terme. » Vous le voyez, l'Apôtre s'étend, mais ne se partage point. « Je tends au terme, au prix auquel Dieu m'a appelé d'en haut par Jésus-Christ. » Voici quelle est la suite du texte : « Je tends vers cette chose unique. » Ainsi donc, nous parviendrons au terme, et nous jouirons de cet unique bien; mais ce seul bien nous tiendra lieu de tous les autres. Que vous ai-je dit, en effet, mes frères, en commençant ce discours ? Quels sont ces biens si grands, si nombreux que nous posséderons lorsque nous serons affranchis de tout besoin ? C'est ce que je m'étais proposé de vous expliquer. Que nous donnera Dieu qu'il ne donnera point aux pécheurs ? « Que l'impie disparaisse pour qu'il ne voie point la gloire de Dieu. » (*Isa.*, XXVI, 10.)

CHAPITRE VII. — *Pensées grossières des hommes sur le bonheur futur. La joie charnelle est le signe d'un esprit malade.* — Dieu nous donnera donc sa gloire pour que nous en jouissions, et l'impie disparaîtra pour ne point contempler cette gloire. Dieu lui-même sera la réunion de tous ces biens que nous posséderons. Avare, que cherchez-vous à recevoir ? Que peut demander à Dieu celui à qui Dieu ne suffit pas ?

7. Voilà donc ce qui nous est promis : nous posséderons Dieu; lui seul comblera tous nos désirs; lui seul remplira notre âme de délices ineffables, et nous ne chercherons rien en dehors de lui; nous jouirons de lui en lui seul, nous jouirons de lui en nous-mêmes. Eh ! que sommes-nous sans Dieu ? Que devons-nous aimer en nous-mêmes, si ce n'est Dieu, ou parce que nous le possédons déjà, ou parce que nous cherchons à l'attirer en nous ? Lors donc qu'on nous

dit que tous les autres biens nous seront ôtés, que Dieu seul fera toute notre joie, toutes nos délices, l'âme habituée à se répandre sur une multitude d'objets semble se resserrer; cette âme charnelle, esclave des sens, enlacée dans les convoitises de la chair; cette âme, dont les ailes sont couvertes de la glu des passions criminelles qui l'empêchent de prendre son essor vers Dieu, se dit : Que deviendrai-je? lorsque je ne pourrai plus ni manger, ni boire, ni partager la couche de mon épouse, quelle joie me restera-t-il? Cette joie vient de la maladie et non de la santé. Votre corps lui-même, durant cette vie, est tour à tour malade ou bien portant. Renouvelez votre attention, je vais essayer de vous faire comprendre, par un exemple, une vérité que je ne puis autrement vous expliquer. Il est certains désirs qui sont particuliers aux malades; ils désirent ardemment l'eau de telle fontaine, ou tel fruit de tel arbre; ces désirs sont si violents, qu'ils croient que le bonheur pour eux, s'ils étaient guéris, serait de pouvoir les satisfaire. Le malade recouvre la santé, et ces désirs disparaissent. Ce qu'il désirait si ardemment ne lui inspire plus que du dégoût, parce que ce désir était produit par la fièvre. Et quelle est cette santé dans laquelle le malade reprend les forces qu'il avait perdues?

CHAPITRE VIII. — *Notre santé véritable sera l'immortalité. Les richesses de la terre sont un signe, non de puissance, mais de faiblesse.* — Qu'est-ce que cette santé dont nous jouissons lorsque nous sommes bien portants? Qu'est-elle? Prenez-la cependant comme exemple. Cette santé, avons-nous dit, fait disparaître tous ces désirs qui tourmentent les malades; or, l'immortalité anéantira de même tous nos autres désirs, parce que l'immortalité sera notre véritable santé. Rappelez-vous ce que dit l'Apôtre, et comprenez ce qui doit avoir lieu : « Il faut que ce corps corruptible revête l'incorruptibilité, et que ce corps mortel revête l'immortalité. » (I *Cor.*, XV, 53.) Et nous serons comme les anges de Dieu dans le ciel. (*Matth.*, XXII, 30.) Est-ce que les anges sont malheureux de ne pas faire bonne chère? Ne sont-ils pas, au contraire, plus heureux d'être affranchis de cette nécessité? Quel est le riche de la terre que l'on peut comparer aux anges? Les anges sont de vrais riches. Que sont les richesses? Des ressources. Or, les anges ont de grandes ressources, parce qu'ils sont doués d'aptitudes merveilleuses. Lorsqu'on fait l'éloge d'un riche, vous entendez dire : Quelle grandeur! quelle autorité! quelle richesse! quelle puissance! Voyez, il se transporte où il veut, il a des chevaux, de somptueux équipages; il a des serviteurs, un nombreux personnel. L'homme riche possède toutes ces ressources, il va où il veut sans aucune fatigue. Mais l'ange aussi va où il veut; il n'a pas besoin

---

mus diligere, aut quia habemus, aut ut habeamus?) quando ergo dicitur quia cætera subtrahuntur, et solus Deus erit quo delectemur; quasi angustatur anima, quæ consuevit multis delectari; et dicit sibi anima carnalis, carni addicta, carnalibus cupiditatibus implicata, visco malarum cupiditatum involutas pennas habens, ne volet ad Deum, dicit sibi : Quid mihi erit, ubi non manducabo, ubi non bibam, ubi cum uxore mea non dormiam, quale mihi gaudium erit? Hoc gaudium tuum de ægritudine est, non de sanitate. Certe ipsa caro tua in hoc tempore aliquando ægrotat, aliquando sana est. Intendite, ut aliquid dicam, unde capiatis, exemplum rei quam non possum dicere. Sunt quædam ægrotantium desideria : ardent desiderio aut alicujus fontis, aut alicujus pomi; et sic ardent, ut existiment quia si sani fuerint, frui debeant ipsis desideriis suis. Venit sanitas, et perit cupiditas. Quod desiderabat, fastidit : quia hoc in illo febris quærebat. Et qualis est ista sanitas, in qua convalescit ægrotus?

CAPUT VIII. — *Vera sanitas nostra, immortalitas. Divitiæ terrenæ, non facultatis, sed infirmitatis argumenta.* — Sanitas ista qua dicimur sani, quid est? Sed tamen hinc capite exemplum. Quia cum multa sint ægrotantium desideria, quæ ista sanitas tollit; quomodo illa tollit ista sanitas, sic omnia tollit immortalitas : quia sanitas nostra immortalitas est. Recolite Apostolum, et videte quid erit : « Oportet corruptibile hoc induere incorruptionem, et mortale hoc induere immortalitatem. » (I *Cor.*, XV, 53.) Et erimus æquales Angelis Dei. (*Matth.*, XXII, 30.) Numquid illi miseri sunt, qui non epulantur? Nonne ideo beatiores, quia istis non indigent? An vero quilibet dives æquabitur Angelis? Angeli vere divites sunt. Quid dicuntur divitiæ? Facultates. Angeli habent magnas facultates, qui habent magnas facilitates. Audis cum laudatur dives : Quantum magnus est, dominus est, dives est, potens est. Quantum magnum, ut eat quo vult, jumenta adsunt, sumptus adsunt, servi adsunt, ministeria adsunt. Omnia ista habet dives : quo vult it, laborem non patitur. Angelus ubi voluerit, ibi erit : nec dicit : Junge; nec dicit : Sterne;

de dire : Attelez et couvrez, comme ces riches qui donnent ces ordres avec fierté et sont enflés d'orgueil de pouvoir dire à leurs serviteurs : Attelez les chevaux, couvrez les voitures. Malheureux ! c'est là le langage de la faiblesse bien plus que de la puissance. Nous serons donc affranchis de tout besoin, et c'est en cela que consistera notre bonheur. Nous serons remplis, comblés, mais de notre Dieu, et il nous tiendra lieu de tous ces biens qui sont ici-bas l'objet de nos plus ardents désirs. Votre grande préoccupation ici-bas est de vous procurer les aliments nécessaires ; Dieu lui-même sera votre nourriture. Vous désirez les embrassements charnels : « Mon bonheur, dit le Psalmiste, est de m'attacher à Dieu. » (*Ps.* LXXII, 28.) Vous soupirez après les richesses, ne posséderez-vous point toutes choses, quand vous posséderez Celui qui a fait toutes choses ? Et, pour vous inspirer toute confiance par les paroles mêmes de l'Apôtre, n'est-ce pas lui qui a dit de cette vie : « Afin que Dieu soit tout en tous ? » (I *Cor.*, xv, 28.)

SERMON CCLVI.

XXVIIe *pour les fêtes de Pâques.*

Sur l'Alleluia.

Notre vie doit s'accorder avec notre langue pour louer Dieu. Cette harmonie et notre sécurité en louant Dieu ne seront parfaites que *dans le ciel.* — 1. Puisque le Seigneur notre Dieu a voulu que je fusse présent au milieu de vous (1) pour chanter avec votre charité l'*Alleluia*, qui veut dire en latin : Louez le Seigneur, louons donc le Seigneur, mes frères, par notre vie comme par notre langue, de cœur et de bouche, par l'union de nos voix et de nos cœurs. Car Dieu ne souffre aucun désaccord dans celui qui chante l'*Alleluia* en son honneur. Commençons donc par établir en nous l'harmonie entre notre langue et notre vie, entre notre bouche et notre conscience. Mettons d'accord, je le répète, nos paroles avec nos mœurs, dans la crainte que nos bonnes paroles ne rendent témoignage contre nos mauvaises mœurs. Oh ! que nous serons heureux de chanter l'*Alleluia* dans le ciel, où les anges sont le temple de Dieu. Là règnent l'accord le plus parfait et une allégresse sans inquiétude dans ceux qui chantent les louanges de Dieu. Là, plus de loi des membres qui combatte contre la loi de l'esprit, plus de ces guerres intestines excitées par la convoitise et qui mettent en danger le triomphe de la charité. Chantons ici-bas l'*Alleluia* avec sollicitude, afin de pouvoir le chanter un jour en pleine sécurité. Et pourquoi cette sollicitude ici-bas ? Vous ne voulez pas que j'aie de la sollicitude lorsque je lis : « Est-ce que la vie humaine n'est pas une tentation continuelle sur la terre ? » (*Job*, VII, 1.) Vous ne voulez pas que j'aie de la solli-

(1) Nous voyons par là que ce sermon fut, comme le précédent, prononcé dans une église autre que celle d'Hippone.

---

quod cum superbia dicunt divites, et tumescere inde volunt, quia habent quibus dicant : Junge et sterne. Infelix, verba ista sunt infirmitatis, non facultatis. Non ergo indigebimus : et ideo beati erimus. Pleni enim erimus, sed Deo nostro : et omnia quæ hic pro magno desideramus, ipse nobis erit. Pro magno cibum hic quæris : Deus tibi cibus erit. Amplexum carnis hic quæris : « Mihi autem adhærere Deo, bonum est. » (*Psal.* LXXII, 28.) Divitias hic quæris : quomodo tibi deerunt omnia, quando illum habebis qui fecit omnia ? Et ut verbis Apostoli te faciam securum, de illa vita hoc dixit : « Ut sit Deus omnia in omnibus. » (I *Cor.*, xv, 28.)

SERMO CCLVI (a).

In diebus Paschalibus, XXVII.

De Alleluia.

Laudare Deum oportet vita et lingua. Concordia et

(a) Alias ex Sirmondianis XVIII.

securitas perfecta laudantium Deum non nisi in cœlo. — 1. Quoniam placuit Domino Deo nostro, ut hic constituti præsentia corporali, etiam cum Vestra caritate illi cantaremus Alleluia, quod Latine interpretatur : Laudate Dominum ; laudemus Dominum, Fratres, vita et lingua, corde et ore, vocibus et moribus. Sic enim sibi dici vult Deus Alleluia, ut non sit in laudante discordia. Concordent ergo prius in nobis ipsis lingua cum vita, os cum conscientia. Concordent, inquam, voces cum moribus : ne forte bonæ voces testimonium dicant contra malos mores. O felix Alleluia in cœlo, ubi templum Dei Angeli sunt ! Ibi enim concordia summa laudantium, ubi est exsultatio secura cantantium : ubi nulla lex in membris repugnat legi mentis ; ubi non est rixa cupiditatis, in qua periclitetur victoria caritatis. Hic ergo cantemus Alleluia adhuc solliciti, ut illic possimus aliquando cantare securi. Quare hic solliciti ? Non vis ut sim sollicitus, quando lego : « Numquid non tentatio est

citude lorsque j'entends cette recommandation : « Veillez et priez, pour ne pas entrer en tentation? » (*Marc*, XIV, 38.) Vous ne voulez pas que j'aie de la sollicitude durant cette vie où les tentations sont tellement multipliées, que Dieu nous fait un devoir de lui adresser cette prière : « Remettez-nous nos dettes, comme nous les remettons à ceux qui nous doivent? » (*Matth.*, VI, 12.) Tous les jours nous faisons cette prière, parce que tous les jours nous contractons de nouvelles dettes. Vous voulez que je sois sans inquiétude ici-bas où tous les jours je demande le pardon de mes péchés et le secours au milieu des dangers? Car après que mes péchés passés m'ont forcé de dire : « Remettez-nous nos dettes comme nous les remettons à ceux qui nous doivent, » j'ajoute aussitôt, à cause des dangers qui me menacent dans l'avenir : « Ne nous induisez pas en tentation. » Et comment le peuple chrétien serait-il en possession du bonheur, lorsqu'il s'écrie avec moi : « Délivrez-nous du mal? » Et cependant, mes frères, au milieu de cette vie de peines et d'épreuves, nous chantons l'*Alleluia* en l'honneur du Dieu bon qui nous délivre du mal. Pourquoi regarder autour de vous, pour chercher de quel mal il vous délivre? N'allez pas si loin; il n'est pas besoin de porter de tous côtés le regard de votre esprit. Rentrez en vous-même, considérez-vous attentivement.

Vous êtes encore assujetti au mal. Lors donc que Dieu vous délivre de vous-même, il vous délivre du mal. Prêtez l'oreille aux paroles de l'Apôtre, et comprenez de quel mal vous devez être délivré. « Selon l'homme intérieur, dit-il, je trouve du plaisir dans la loi de Dieu ; mais je sens dans mes membres une autre loi qui combat contre la loi de mon esprit, et qui me tient captif sous la loi du péché qui est. » Où est-elle? « Qui me tient captif sous la loi du péché qui est dans mes membres. » (*Rom.*, VII, 22, etc.) Je m'imaginais que vous étiez captif de je ne sais quels peuples barbares ; je m'imaginais que vous étiez esclave de je ne sais quelles nations étrangères, ou sous la domination tyrannique de je ne sais quels maîtres. « Qui est dans mes membres, » dit l'Apôtre. Ecriez-vous donc avec lui : « Malheureux homme que je suis! qui me délivrera? » De quoi faut-il vous délivrer? Dites-le. L'un demande à être délivré des satellites du centurion, l'autre de la prison; celui-ci de l'esclavage des barbares, celui-là de la fièvre et de la maladie. Dites-nous, grand Apôtre, non pas où nous pouvons être jetés ou conduits, mais ce que nous portons avec nous, ce que nous sommes nous-mêmes ; dites : « Du corps de cette mort. » Du corps de cette mort? Oui, dit l'Apôtre, « du corps de cette mort. »

Erreur où tombent quelques-uns, que le

---

vita humana super terram? » (*Job*, VII, 1.) Non vis ut sim sollicitus, quando mihi adhuc dicitur : « Vigilate et orate, ne intretis in tentationem? » (*Marc.*, XIV, 38.) Non vis ut sim sollicitus, ubi sic abundat tentatio, ut nobis ipsa præscribat oratio, quando dicimus : « Dimitte nobis debita nostra, sicut et nos dimittimus debitoribus nostris? » (*Matth.*, VI, 12.) Quotidie (*a*) petitores, quotidie debitores. Vis ut sim securus, ubi quotidie peto indulgentiam pro peccatis, adjutorium pro periculis? Cum enim dixero propter præterita peccata : « Dimitte nobis debita nostra, sicut et nos dimittimus debitoribus nostris, » continuo propter futura pericula addo et adjungo : « Ne nos inferas in tentationem. » Quomodo est autem populus in bono, quando mecum clamat : « Libera nos a malo? » Et tamen, Fratres, in isto adhuc malo cantemus : Alleluia Deo bono, qui nos liberat a malo. Quid circum inspicis unde te liberet, quando te liberat a malo? Noli longe ire, noli aciem mentis circumquaque distendere. Ad te redi, te respice. Tu es adhuc malus. Quando ergo Deus te ipsum liberat a te ipso, tunc te liberat a malo. Apostolum audi ; et ibi intellige a quo malo sis liberandus. « Condelector, inquit, legi Dei secundum interiorem hominem; video autem aliam legem in membris meis repugnantem legi mentis meæ, et captivantem me in lege peccati, quæ est. » Ubi? « captivantem, inquit, me in lege peccati, quæ est in membris meis. » (*Rom.*, VII, 22, etc.) Putavi quia captivavit te sub nescio quibus ignotis barbaris : putavi quia captivavit te sub nescio quibus gentibus alienis, vel sub nescio quibus hominibus dominis. « Quæ est, inquit, in membris meis. » Exclama ergo cum illo : « Miser ego homo, quis me liberabit? » Unde quis liberabit? Dic unde. Alius dicit ab Optione, alius de carcere, alius de barbarorum captivitate, alius de febre atque languore : dic tu, Apostole, non quo mittamur, aut quo ducamur ; sed quid nobiscum portemus, quid nos ipsi simus, dic : « De corpore mortis hujus. » De corpore mortis hujus ? « De corpore, inquit, mortis hujus. »

Error quorumdam, carnem non pertinere ad homi-

(*a*) Sic Victorinus codex. At Theodericensis Sirmondo consentiens, *parcitores*. Regius, *parcitores et petitores*. Vaticanus, *pariatores*. Huic homini cognata est vox *pariatoria* in Enar. Psal. LXI, n. 4.

corps n'appartient pas à la nature de l'homme. — 2. Un autre vient me dire : Ce corps de mort ne fait point partie de mon être, c'est pour moi une prison temporaire, une chaîne qui me retient pour un temps ; je suis dans un corps de mort, mais je ne suis pas ce corps de mort. Vous voulez raisonner, et vous rendez ainsi votre délivrance impossible. Je suis un esprit, dites-vous ; je ne suis pas un corps, mais j'habite le corps ; lorsque je serai délivré de ce corps, quel rapport aurai-je encore avec lui ? Voulez-vous, mes frères, que ce soit l'Apôtre ou moi qui réponde à ce raisonnement ? Si je réponds moi-même, peut-être que la bassesse du ministre fera mépriser l'importance de la réponse. Je préfère donc me taire. Ecoutez avec moi le Docteur des nations, écoutez avec moi le Vase d'élection, qui mettra fin à cette discussion que vous soulevez contre la vérité. Ecoutez, mais répétez d'abord ce que vous avez dit : Je ne suis pas un corps, mais un esprit. Je gémis dans ma prison ; lorsque ces chaînes seront brisées et ce cachot détruit, j'en sortirai pour jouir de ma liberté. La terre retourne à la terre, l'esprit remonte dans le ciel ; je m'en vais, je laisse ce qui n'est pas moi. Voilà bien votre sentiment. Oui, me dites-vous. Je ne veux point vous répondre moi-même ; répondez, grand Apôtre, répondez, je vous en conjure. Vous avez prêché pour qu'on vous entende, vous avez écrit pour être lu, tout a été fait pour que nous ajoutiez foi à vos paroles. Dites donc : « Qui me délivrera du corps de cette mort ? La grâce de Dieu par Notre-Seigneur Jésus-Christ. » De quoi vous délivre-t-elle ? « Du corps de cette mort. » Mais n'êtes-vous pas vous-même le corps de cette mort ? « Ainsi, répond-il, je suis moi-même soumis à la loi de Dieu par l'esprit, et à la loi du péché par la chair. » « Moi-même, » dit-il ; comment pouvez-vous être vous dans un état différent ? Je suis soumis par l'esprit, parce que j'aime ; je suis soumis par la chair, parce que je ressens les impressions de la convoitise ; ie suis vainqueur, il est vrai, si je ne consens pas ; cependant, il me faut encore lutter, pressé que je suis par mon adversaire. Et comment, ô grand Apôtre, lorsque vous serez délivré de cette chair, ne serez-vous plus qu'un esprit ? L'Apôtre vous répond, aux approches de la mort, et sur le point de payer cette dette à laquelle personne n'échappe : Je ne me sépare point pour toujours de mon corps, mais je le dépose pour un temps. Vous rentrerez donc dans ce corps de mort ? Mais quoi ? Ecoutons plutôt ses paroles. Comment rentrez-vous dans ce corps dont vous avez demandé à Dieu avec un accent si profond de religion de vous délivrer ? Il est vrai, vous répond-il, je reprends ce corps, mais ce n'est plus ce corps de mort. Ecoutez, ignorant, vous qui restez sourd à ce qu'on vous lit chaque jour ; écoutez comment il reprend ce même corps, sans que ce soit ce corps

nem. — 2. Alius dicit : Corpus mortis hujus non ad me pertinet : carcer meus est ad tempus, catena mea est ad tempus : in corpore mortis sum ego ; non corpus mortis sum ego. Argumentaris, ideo non liberaris. Ego enim, inquit, spiritus sum ; caro non sum, sed in carne sum : cum fuero liberatus a carne, quid erit mihi deinde cum carne ? Huic argumentationi vultis, Fratres, ut ego respondeam, an Apostolus ? Si ego respondero, contemnetur fortassis magnitudo verbi propter vilitatem ministri. Taceo potius. Audi mecum Doctorem gentium : audi mecum Vas electionis, ut a te tollatur controversia dissensionis. Audi, sed dic prius quod dicebas. Nempe hoc dicebas : Non sum ego caro, sed spiritus sum. In carcere meo gemo : quando fuerit hoc vinculum et hoc ergastulum dissolutum, ego liber abscedo. Terra terræ redditur, spiritus cœlo recipitur : vado ego, dimitto quod non sum. Ergo hoc dicebas ? Hoc, inquit. Non tibi ego respondeo : responde, Apostole, responde, obsecro te. Prædicasti, ut audireris ; scripsisti, ut legereris ; totum factum est, ut credereris. Dic : « Quis me liberabit de corpore mortis hujus ? Gratia Dei per Jesum Christum Dominum nostrum. » Unde te liberat ? « De corpore mortis hujus. » Sed non es tu ipse corpus mortis hujus ? Respondet : « Igitur ipse ego mente servio legi Dei, carne autem legi peccati. » Sed « ipse ego : » quomodo per diversa ipse tu ? Mente, inquit, quia diligo : carne, quia concupisco : victor quidem, si non consentio : adhuc tamen luctator, urgente adversario. Et quomodo cum fueris, o Apostole, ab hac carne liberatus, jam non eris tu nisi spiritus ? Respondet Apostolus, morte jam imminente, debito quod nemo evadit : Carnem non in æternum pono, sed ad tempus sepono. Ergo rediturus es ad corpus mortis hujus ? Et quid ? Ipsius verba potius audiamus. Quomodo redis ad corpus, unde tam pia voce liberandum te esse clamasti ? Respondet : Redeo quidem ad corpus, sed jam non mortis hujus. Audi, imperite, contra quotidianas lectionum voces surde : audi quomodo redit ad corpus quidem,

de mort. Ce ne sera donc point un autre corps, mais « il faut que ce corps corruptible revête l'incorruptibilité, et que ce corps mortel revête l'immortalité. » (I *Cor.*, xv, 53, etc.) Mes frères, lorsque l'Apôtre disait : « Ce corps corruptible, ce corps mortel, » il touchait, pour ainsi dire, sa chair avec sa parole. Ce ne sera donc point un autre corps. Je ne dépose point un corps terrestre, pour prendre un corps aérien, pour prendre un corps éthéré. « Il faut que ce corps corruptible, » et non pas un autre, « revête l'incorruptibilité, et que ce corps mortel, » et non pas un autre, « revête l'immortalité. » Alors cette parole de l'Ecriture sera accomplie : « La mort sera absorbée dans la victoire. » Chantez *Alleluia*. Alors cette parole de l'Ecriture sera accomplie, cette parole qui ne sera plus le cri des combattants, mais le chant des vainqueurs : « La mort a été absorbée dans la victoire. » Chantez *Alleluia*. « O mort, où est ton aiguillon ? » Chantez *Alleluia*. « L'aiguillon de la mort, c'est le péché. » Mais « vous chercherez sa place, et vous ne la trouverez plus. » (*Ps.* xxxvi, 10.)

Comment nous devons chanter l'Alleluia au milieu des dangers des tentations. — 3. Mais, dès cette vie même, au milieu des dangers, au milieu des tentations, il faut que nous, comme les autres, nous chantions l'*Alleluia*. « Car Dieu est fidèle, et il ne permettra pas que vous soyez tenté au-dessus de vos forces, mais il vous ménagera une issue dans la tentation, afin que vous puissiez persévérer. » (I *Cor.*, x, 13.) Vous êtes entré dans la tentation, mais Dieu vous en fera sortir, pour que vous n'y trouviez pas la mort ; comme le vase du potier, il vous façonne par la prédication, il vous durcit par le feu de la tentation. Ainsi donc, quand vous entrez dans la tentation, pensez à l'issue que Dieu vous ménage, car il est fidèle, et « le Seigneur veillera sur votre entrée et sur votre sortie. » (*Ps.* cxx, 8.) Or, quand ce corps sera devenu immortel et incorruptible, lorsque toute tentation aura disparu, « comme ce corps est mort, » pourquoi est-il mort ? « à cause du péché, mais que l'esprit est vivant, » ce sont les paroles de l'Apôtre ; pourquoi ? « A cause de la justice, » (*Rom.*, viii, 10) laissons-nous donc de côté ce corps ? Non ; écoutez ce qui suit : « Si donc l'esprit de celui qui a ressuscité Jésus d'entre les morts habite en vous, celui qui a ressuscité Jésus-Christ d'entre les morts, vivifiera aussi vos corps mortels. » (*Ibid.*, 11.) Maintenant c'est un corps animal : alors ce sera un corps spirituel. « Car le premier homme, Adam, a été fait âme vivante, le dernier Adam, esprit vivifiant. » (I *Cor.*, xv, 45.) Voilà pourquoi « il rendra la vie à vos corps mortels, à cause de son Esprit qui

---

sed non mortis hujus. Non quia aliud erit corpus, sed quia « oportet corruptibile hoc induere incorruptionem, et mortale hoc induere immortalitatem. » (I *Cor.*, xv, 53, etc.) Fratres mei, quando dicebat Apostolus corruptibile hoc, mortale hoc, quodam modo carnem sua voce tangebat. Non ergo aliud. Non, inquit, pono corpus terrenum, et accipio corpus aereum, aut accipio corpus æthereum. Ipsum accipio, sed non jam mortis hujus. Quia « oportet corruptibile, » non aliud, sed hoc, « induere incorruptionem ; et mortale, » non aliud, sed hoc, « induere immortalitatem. Tunc fiet sermo qui scriptus est : Absorpta est mors in victoriam. » Cantetur Alleluia. « Tunc fiet sermo qui scriptus est : » qui sermo, non jam pugnantium, sed triumphantium : « Absorpta est mors in victoriam. » Cantetur Alleluia. « Ubi est mors aculeus tuus ? » Cantetur Alleluia. « Aculeus autem mortis est peccatum. » Sed « quæres locum ejus, et non invenies. » (*Psal.* xxxvi, 10.)

Alleluia hic inter tentationum pericula quomodo cantandum. — 3. Sed etiam hic inter pericula, inter tentationes, et ab aliis, et a nobis cantetur Alleluia. « Fidelis enim Deus, qui non permittet, inquit, vos tentari super id quod potestis. » Ergo et hic cantemus Alleluia. Adhuc est homo reus, sed fidelis est Deus. Non ait : Non permittat vos tentari : sed : « Non permittat vos tentari super id quod potestis ; sed faciat cum tentatione etiam exitum, ut possitis sustinere. » (I *Cor.*, x, 13.) Intrasti in tentationem : sed faciet Deus etiam exitum, ne pereas in tentatione : ut quomodo vas figuli, formeris prædicatione, coquaris tribulatione. Sed quando intras, exitum cogita : quia fidelis est Deus, « custodiet Dominus introitum tuum, et exitum tuum. » (*Psal.* cxx, 8.) Porro autem, cum factum fuerit corpus hoc immortale et incorruptibile, quando perierit tota tentatio ; quia « Corpus quidem mortuum est : » quare mortuum est ? « propter peccatum. Spiritus autem vita est : » Apostoli verba sunt : quare, « propter justitiam. » (*Rom.*, viii, 10.) Remittimus ergo mortuum corpus ? Non, sed audi : « Si autem spiritus ejus, qui suscitavit Christum a mortuis, habitat in vobis ; qui suscitavit Christum a mortuis, vivificabit et mortalia corpora vestra. » (*Ibid.*, 11.) Modo enim corpus animale, tunc spiritale. « Factus est » enim « primus homo in animam viventem, novissimus homo in spiritum vivificantem. »

habite en vous. » Oh! quel heureux *Alleluia* nous chanterons alors! quelle sécurité! Là, nous n'aurons plus d'adversaire, plus d'ennemi, nous ne perdrons aucun ami. Nous chantons ici-bas les louanges de Dieu, et nous les chanterons encore alors; mais ici-bas nous les chantons dans la sollicitude, au ciel nous les chanterons dans une parfaite sécurité; ici-bas nous les chantons comme devant mourir, dans le ciel comme devant vivre éternellement; ici-bas nous les chantons dans l'espérance, là ce sera dans la réalité; ici-bas nous sommes voyageurs, alors nous serons dans la patrie. Chantons-les donc maintenant, mes frères, non pour charmer notre repos, mais pour alléger notre travail. Chantez comme chantent les voyageurs, mais sans cesser de marcher; chantez pour vous consoler au milieu de vos fatigues, mais gardez-vous de vous laisser aller à la paresse; chantez et marchez. Qu'est-ce à dire : marchez? Avancez, faites des progrès dans le bien; car il en est qui, comme dit l'Apôtre, avancent de plus en plus dans le mal. (II *Tim.*, III, 13.) Si vous avancez, vous marchez; mais avancez dans le bien, faites des progrès dans la foi, dans la pureté des mœurs; chantez et marchez. Ne vous égarez point, ne retournez pas en arrière, ne restez pas stationnaire. Tournons-nous vers le Seigneur, etc.

SERMON CCLVII [1].

XXVIIIe *pour les fêtes de Pâques.*

Sur ce verset du Psaume cxv : *Tout homme est menteur.*

CHAPITRE PREMIER. — *Il faut louer Dieu non-seulement de bouche, mais de cœur.* — 1. Le mot hébreu *Alleluia* signifie en latin : Louez le Seigneur. Louons donc le Seigneur notre Dieu non-seulement de bouche, mais de cœur. Celui qui loue Dieu de cœur, consacre à sa louange la voix de l'homme intérieur. La voix qui frappe l'oreille des hommes est un son extérieur; la voix qui parvient jusqu'à Dieu est l'affection du cœur.

L'homme est menteur de son propre fonds; pour être vrai, il doit recourir à Dieu. — 2. Un auteur inspiré a dit, vous l'avez entendu : « Tout homme est menteur. » (*Ps.* CXV, 11.) Tel fut celui qui ne croyait pas qu'il n'eût touché le corps du Seigneur. Il regardait comme un mensonge ce que les autres disciples lui affirmaient comme vrai; ce n'était pas assez pour lui d'entendre la vérité, il voulait la toucher. (*Jean*, XX, 25.) Or, Notre-Seigneur se rendit à ses désirs, comme nous le voyons dans la suite de l'Evangile qu'on nous lira plus tard. Celui qui entend ces paroles : « Tout homme est menteur, » ne doit pas se fixer dans le mensonge sans en vou-

---

[1] Nous publions pour la première fois ce sermon, d'après un ancien manuscrit de l'abbaye de Fleury qui remonte environ à l'année 800. Dans le manuscrit, on lit à peine ces paroles qui restent du titre à moitié effacé : « Prononcé le dimanche sur le tombeau des Saints. » Ce dimanche doit être le dimanche après Pâques; en effet, le sermon qui précède celui-ci dans le même manuscrit, et que nous avons classé sous le chiffre CCLIII, aurait été prononcé le samedi, bien que le sermon CCLIII soit sur la dernière lecture de l'Evangile de saint Jean, tandis que ce sermon CCLVII n'a pas été donné le jour où on lisait la fin de cet Evangile, comme nous le voyons d'après le n° 2. Le n° 1 du sermon CCLIX nous fait comprendre que cette lecture du chapitre XX de saint Jean, qui n'était pas la dernière, a été faite le dimanche de l'octave de Pâques.

(I *Cor.*, XV, 45.) Ideo « vivificabit et mortalia corpora vestra propter inhabitantem Spiritum ejus in vobis. » O felix illic Alleluia ! o secura ! o sine adversario ! ubi nemo erit inimicus, nemo perit amicus. Ibi laudes Deo, et hic laudes Deo : sed hic a sollicitis, ibi a securis; hic a morituris, ibi a semper victuris; hic in spe, ibi in re ; hic in via, illic in patria. Modo ergo, Fratres mei, cantemus, non ad delectationem quietis, sed ad solatium laboris. Quomodo solent cantare viatores; canta, sed ambula : laborem consolare cantando, pigritiam noli amare : canta et ambula. Quid est ambula? Profice, in bono profice. Sunt enim, secundum Apostolum, quidam proficientes in pejus. (II *Tim.*, III, 13.) Tu si proficis, ambulas : sed in bono profice, in recta fide profice, in bonis moribus profice : canta, et ambula. Noli errare, noli redire, noli remanere. Conversi ad Dominum, etc.

SERMO CCLVII.

In diebus Paschalibus, XXVIII.

De versu Psalmi cxv : *Omnis homo mendax.*

Deus corde laudandus. — 1. Quod Hebraica lingua dicitur Alleluia, Latine est : Laudate Dominum. Laudemus ergo Dominum Deum nostrum, non tantum voce, sed etiam corde. Quoniam qui corde laudat, interioris hominis voce laudat. Vox ad homines, sonus est; vox ad Deum, affectus est.

Homo de suo mendax, ad Deum confugiat, ut sit verax. — 2. Dixit quidam in extasi sua, sicut legistis, sicut audistis : « Omnis homo mendax. » (*Psal.* CXV, 11.) Inde fuit, qui non credebat, nisi tetigisset corpus Domini. Mendacium ei videbatur, quod condiscipuli ejus verum loquebantur : et parum illi erat veritatem audire, volebat et tangere. (*Joan.*, XX, 25.)

loir sortir, en s'appuyant sur ce vain raisonnement, qu'il se fait en lui-même, et qui ne peut venir que d'un homme menteur : Quand cesserai-je d'être homme? Si je dois être menteur tant que je suis homme, mieux vaut être menteur que de donner un démenti à cet oracle de l'Ecriture : « Tout homme est un menteur. » Car, si je suis vrai, l'Ecriture ment; or, comme l'Ecriture ne peut mentir, je suis donc menteur. C'est à l'aide de ce vain bavardage qu'il se repose dans une fausse sécurité comme dans un port trompeur, mais où il fera nécessairement naufrage. Vous desiriez vous reposer comme dans un port assuré; écoutez, voici l'écueil contre lequel vous allez vous briser : « Vous perdrez ceux qui profèrent le mensonge. » (*Ps.* v, 7.) Or, c'est dans la divine Ecriture que nous lisons ces paroles : « Vous perdrez tous ceux qui opèrent le mensonge. » Perdra-t-il donc tous les hommes, parce que « tout homme est menteur? » Rappelez-vous ce qui nous a été dit, les enseignements qui nous ont été donnés. Nous sommes menteurs de notre propre fonds. Si nous voulons être vrais, recourons au Seigneur. Nous sommes menteurs par nous-mêmes, par lui nous deviendrons des hommes de vérité.

Pierre, menteur par lui-même, était vrai par une grâce particulière de Dieu. — 3. Ecoutez, en voici une preuve dans un exemple aussi court qu'il est étendu : il est court, parce qu'on l'énonce en peu de mots; il est étendu, parce qu'on y trouve des leçons multipliées de sagesse. Pierre seul va nous prouver ce que j'ai voulu vous dire. Lorsque cet apôtre dit à Notre-Seigneur Jésus-Christ : « Vous êtes le Christ, le Fils du Dieu vivant, » que lui répond le Sauveur? « Tu es bienheureux, Simon, fils de Jean, parce que ce n'est ni la chair ni le sang qui te l'ont révélé, mais mon Père, qui est dans les cieux. » (*Matth.*, xvi, 17, etc.) Tu as dit la vérité, mais ce n'est point de toi-même; d'où vient-elle donc? « Mon Père, qui est dans les cieux, te l'a révélé. » Ce bonheur, tu le dois à Dieu; de toi-même, tu n'as en partage que la misère. Or, après lui avoir dit : « Tu es heureux, parce que ce n'est ni la chair ni le sang qui te l'ont révélé, mais mon Père, qui est dans les cieux, » Notre-Seigneur Jésus-Christ commence à prédire sa passion et sa mort. Pierre s'écrie aussitôt : « A Dieu ne plaise, Seigneur! » Ah! « tout homme est menteur. » Pierre, il n'y a qu'un instant, vient de dire la vérité, et le voilà redevenu menteur. Mais à qui devait-il d'avoir dit la vérité? « Ce n'est ni la chair ni le sang qui te l'ont révélé, mais mon Père, qui est dans les cieux. » Comment est-il retombé dans le mensonge? « Retire-toi de moi, Satan, parce que tu ne goûtes pas ce qui est de Dieu, mais ce qui est des hommes. » (*Matth.*, xvi, 23.) « Tout homme est menteur. » Or, si l'Ecriture

---

Exhibuit autem illi hoc Dominus in his quæ sequuntur in Evangelio postea recitanda. Quicumque autem audit : « Omnis homo mendax, » non se debet figere in mendacio, et nolle inde surgere, tanquam ratiocinari apud se rationem inaniter, tanquam homo mendax, et dicere sibi : Quando non ero homo? Si autem quamdiu hic sum homo, ero mendax; melius ego mendax ero, quam mentiatur Scriptura quæ dicit : « Omnis homo mendax. » Si enim ego verax, Scriptura mendax erit. Sed quia Scriptura mendax esse non potest, ego mendax ero. Hæc ibi garriens requiescere sibi securus videtur, tanquam in portu mendacii, ubi faciat naufragium. Bene tibi requiescere, quasi in isto portu, cupiebas : audi scopulum, in quem incurras : « Perdes omnes qui loquuntur mendacium. » (*Psal.* v, 7.) Et ista Scriptura Dei est, quæ dicit : « Perdes omnes qui loquuntur mendacium. » Ergo omnes perditurus est, quia « Omnis homo mendax. » Sed quid nobis dictum est? quid admoniti sumus? Quia de nostro mendaces sumus. Si autem veraces esse volumus, ad Dominum confugiamus. De illius veraces sumus, de nostro mendaces.

Petrus mendax a se ipso, verax Dei beneficio. — 3. Audite hoc uno exemplo, brevi et magno : brevi, quia cito dicitur; magno, quia sapienter appenditur. Petrus unus ostendit hoc quod volo dicere. Quando dixit Domino Christo : « Tu es Christus Filius Dei vivi, » quid respondit? « Beatus es, Simon Bar-Jona, quia non tibi revelavit caro et sanguis, sed Pater meus qui in cœlis est. » (*Matth.*, xvi, 17, etc.) Verum dixisti, sed non de tuo. Unde ergo? « Pater meus qui in cœlis est, tibi revelavit. » Inde beatus, quia de Dei; non nisi miser de tuo? Post hæc, ubi ei Dominus ait : « Beatus es, quia non tibi revelavit caro et sanguis, sed Pater meus qui in cœlis est ; » post hæc verba, cœpit Dominus Christus prænuntiare passionem et mortem suam. Ibi continuo Petrus : « Absit a te, Domine. Omnis homo mendax. » Ecce paulo ante Petrus verax, ecce modo Petrus mendax. Sed unde Petrus verax? « Non tibi revelavit caro et sanguis, sed Pater meus qui in cœlis est. » Unde Petrus mendax? « Redi post me, satanas; non enim sapis

SERMON CCLVIII.

XXIX**e** *pour les fêtes de Pâques.*

Prononcé dans la basilique Majeure (1).

Sur ce verset du Psaume cxvii : *Voici le jour qu'a fait le Seigneur.*

Ce jour que le Seigneur a fait, c'est l'Eglise de Jésus-Christ, formée des Juifs et des Gentils. — 1. Nous venons de chanter à la gloire de Dieu : « Voici le jour qu'a fait le Seigneur. » Voici l'explication de ces paroles, telle que Dieu me fait la grâce de vous la donner. C'est un oracle prophétique de l'Ecriture qui nous fait entendre qu'il s'agit d'un jour qui n'est pas un jour ordinaire. Ce n'est pas ce jour visible aux yeux du corps, ce jour que nous voyons se lever et se coucher ; c'est un jour qui a bien pu se lever, mais qui ne doit point se coucher. Voyons ce que ce même psaume avait dit précédemment : « La pierre que les architectes avaient rejetée, est devenue la pierre de l'angle. C'est l'œuvre du Seigneur, c'est la merveille qui frappe nos yeux. » Et il ajoute : « Voici le jour que le Seigneur a fait. » (*Ps.* cxvii, 22-24.) C'est dans la pierre angulaire qu'il nous faut chercher le commencement de ce jour. Quelle est cette pierre angulaire que les docteurs des Juifs ont rejetée ? En effet, ces savants docteurs des Juifs l'ont rejetée, lorsqu'ils ont dit : « Cet homme n'est pas de Dieu, car il ne garde pas le sabbat. » (*Jean*, ix, 16.) Vous avez dit : « Cet homme n'est pas de Dieu, car il ne garde pas le sabbat. » Or, « la pierre que les architectes ont rejetée, est devenue la pierre de l'angle. » Comment est-elle devenue la pierre de l'angle ? Pourquoi Jésus-Christ est-il appelé la pierre de l'angle ? Parce que tout angle unit deux murailles qui viennent de directions contraires. Les apôtres sont venus de la circoncision, de la nation juive, ainsi que cette multitude qui précédait et suivait la monture du Sauveur en répétant ces paroles du même psaume : « Béni soit celui qui vient au nom du Seigneur ! » (*Matth.*, xxi, 9 ; *Ps.* cxvii, 26.) De ce même peuple sont venues toutes ces Eglises dont l'apôtre saint Paul dit : « Les Eglises de Judée qui croyaient en Jésus-Christ ne me connaissaient point de visage. Elles avaient seulement ouï dire : Celui qui, autrefois, nous persécutait, annonce maintenant la foi qu'il s'efforçait alors de détruire ; et ils

---

(1) Voici le titre tel que nous le lisons dans le manuscrit original : « Autre sermon que saint Augustin prononça dans la grande basilique, le même jour, » c'est-à-dire le dimanche, puisqu'il suit immédiatement le sermon précédent, qui a été donné le dimanche, comme le titre l'indique, Sur cette basilique Majeure (*majorem*), ou peut-être des Anciens (*majorum*), qui était à Carthage, voyez la note du sermon xix.

Ce sermon est publié pour la première fois, d'après le manuscrit de l'abbaye de Fleury dont nous avons parlé précédemment.

---

quæ Dei sunt, sed quæ sunt hominum. Omnis homo mendax. » Dictum est ergo nobis : « Omnis homo mendax, » ut fugiamus nos ipsos, et curramus ad Deum, qui solus est verax.

SERMO CCLVIII.

In diebus Paschalibus, XXIX.

De versu Psalmi cxvii : *Hic est dies quem fecit Dominus.*

Dies a Domino factus Christi Ecclesia ex Judæis et Gentibus. — 1. Quod cantavimus Deo : « Hic est dies quem fecit Dominus, » (*Psal.* cxvii, 24) hinc loquamur quod dederit. Hic Scriptura utique prophetica aliquid nos intelligere voluit, aliquem diem non vulgarem, non conspicuum oculis carnis, non eum diem qui oritur et occidit, sed diem qui potuit scire ortum, nescire occasum. Videamus quod supra dixerat idem Psalmus : « Lapidem quem reprobaverunt ædificantes, hic factus est in caput anguli. A Domino factus est, iste est mirabilis in oculis nostris. » Et sequitur : « Hic est dies quem fecit Dominus. » (*Ibid.*, 22-24.) Exordium diei hujus a lapide angulari sumamus. Quis est lapis angularis, quem reprobaverunt Judæorum doctores ? Legis enim periti doctores Judæorum reprobaverunt eum, dicentes : « Non est iste a Deo, qui solvit sabbatum. » (*Joan.*, ix, 16.) Jam dixistis : « Non est iste a Deo, qui solvit sabbatum. Lapidem quem reprobaverunt ædificantes, hic factus est in caput anguli. » Quomodo in caput anguli ? Quare angularis lapis dictus est Christus ? Quia omnis angulus duos parietes de diverso pacificat. Venerunt Apostoli de circumcisione, venerunt de gente Judæorum ; venerunt inde et illæ turbæ, quæ præcedebant et sequebantur jumentum ejus, dicentes quod in hoc ipso Psalmo est : « Benedictus qui venit in nomine Domini. » (*Matth.*, xxi, 9 ; *Psal.* cxvii, 26.) Venerunt inde tot Ecclesiæ, de quibus dicit apostolus Paulus : « Eram ignotus facie Ecclesiis Judææ, quæ sunt in Christo : tantum autem audiebant, quia ille qui aliquando nos persequebatur, nunc evangelizat fidem, quam aliquando vastabat ; et in me magnificabant Deum. » (*Gal.*, i, 22, etc.) Judæi, sed adhæ-

glorifiaient Dieu à cause de moi. » (*Gal.*, I, 22, etc.) C'étaient des Juifs, mais attachés à Jésus-Christ comme les apôtres, qui étaient venus comme eux, croyaient en Jésus-Christ, et ne formaient qu'une seule muraille. Restait une autre muraille, l'Eglise qui venait de chez les Gentils; ces deux Eglises se sont rencontrées. La paix, l'unité se sont faites en Jésus-Christ, qui, des deux peuples, n'en a plus fait qu'un. (*Ephés.*, II, 14.) « Voilà le jour qu'a fait le Seigneur. » Entendez ici le jour tout entier, le chef et le corps : le chef, c'est Jésus-Christ; le corps, c'est l'Eglise. » Voilà le jour qu'a fait le Seigneur. »

Ceux qui sont baptisés sont devenus le jour, de ténèbres qu'ils étaient. — 2. Rappelez-vous la première création du monde : « Les ténèbres couvraient la face de l'abîme, et l'Esprit de Dieu était porté sur les eaux. Et Dieu dit : Que la lumière soit, et la lumière fut. Et Dieu sépara la lumière des ténèbres. Et il appela la lumière jour, et les ténèbres nuit. » (*Gen.*, I, 2-4.) Songez dans quelles ténèbres étaient plongés ceux que vous voyez avant qu'ils aient reçu la rémission de leurs péchés. Les ténèbres couvraient donc la face de l'abîme avant que leurs péchés leur aient été remis. Mais l'Esprit de Dieu était porté sur les eaux; ils sont descendus dans l'eau, et, comme l'Esprit de Dieu était porté sur ces eaux, les ténèbres des péchés ont été dissipées. « Voici le jour qu'a fait le Seigneur. » C'est à ce jour que l'Apôtre dit : « Vous avez été autrefois ténèbres, vous êtes maintenant lumière dans le Seigneur. » (*Ephés.*, V, 8.) Leur a-t-il dit : Vous avez été ténèbres dans le Seigneur? Non. « Vous avez été ténèbres en vous-mêmes, » mais « vous êtes lumière dans le Seigneur. » Or, Dieu a donné à la lumière le nom de jour, parce que ce changement est l'œuvre de sa grâce. Ceux-ci ont pu être ténèbres par eux-mêmes, mais ils n'ont pu devenir lumière que par l'action toute-puissante de Dieu. Car ils sont vraiment le jour que le Seigneur a fait ; le jour ne s'est pas fait lui-même, il est l'œuvre de Dieu.

Thomas est devenu le jour. — 3. Thomas, l'un des disciples, n'était-il pas un homme, et un homme de la foule? Les autres disciples lui disaient : « Nous avons vu le Seigneur. » Et il leur répondait : « Si je ne le touche moi-même, si je ne mets mon doigt dans son côté, je ne croirai point. » (*Jean*, XX, 25.) Quoi ! ce sont les évangélistes qui vous apprennent cette nouvelle, et vous ne les croyez pas? Le monde a cru à leur parole, et vous refusez d'y croire? C'est d'eux qu'il a été dit : « L'éclat de leur voix s'est répandu par tout l'univers, leurs paroles ont retenti jusqu'aux extrémités de la terre. » (*Ps.* XVIII, 5.) Leurs paroles sortent de leur bouche, elles se répandent jusqu'aux extrémités de la terre, le monde tout entier y croit; et ici tous se réunissent pour annoncer la vérité à un seul, et il reste incrédule. Il n'était pas en-

---

rentes Christo, sicut Apostoli, venientes et credentes Christo, et unum parietem facientes. Restabat alius paries, Ecclesia de Gentibus veniens : invenerunt se. « Pax in Christo, unitas in Christo, qui fecit utraque unum. » (*Ephes.*, II, 14.) Ipse est dies, quem fecit Dominus. Totum diem intellige, caput et corpus : caput Christus, corpus Ecclesia. « Iste est dies quem fecit Dominus. »

Baptizati dies ex tenebris facti. — 2. Recolite primam mundi conditionem. « Tenebræ erant super abyssum, et Spiritus Dei superferebatur super aquam. Et dixit Deus : Fiat lux : et facta est lux. Et divisit Deus lucem à tenebris, et lucem vocavit diem, tenebras autem vocavit noctem. » (*Gen.*, I, 2, etc.) Cogitate tenebras istorum, antequam venirent ad remissionem peccatorum. Tenebræ ergo erant super abyssum, antequam (*f.* istis, *id est*, *baptizatis*) ista fuissent dimissa peccata. Sed Spiritus Dei superferebatur super aquas : descenderunt isti in aquam, super aquas ferebatur Spiritus Dei, pulsæ sunt tenebræ peccatorum. Iste est dies quem fecit Dominus. Huic diei Apostolus dicit : « Fuistis enim aliquando tenebræ, nunc autem lux in Domino. » (*Ephes.*, V, 8.) Numquid dixit : Fuistis tenebræ in Domino? « Tenebræ » in vobis; « lux in Domino. » « Vocavit » autem « Deus lucem diem, » quia ipsius gratia fit quod fit. Illi per se ipsos tenebræ esse potuerunt : lux fieri, nisi Domino fecisset, non potuerunt. Quia « iste est dies, quem fecit Dominus : » non ipse dies, sed Dominus.

Thomas factus dies. — 3. Numquid non homo erat Thomas, unus de discipulis, quasi homo de turba? Dicebant ei condiscipuli ejus : « Vidimus Dominum. » Et dicebat ipse : « Nisi tetigero, nisi digitum misero in latus ejus, non credam. » (*Joan.*, XX, 25.) Evangelistæ tibi annuntiant, et non credis. Ipsis credidit mundus, et non credit discipulus. De ipsis dictum est : « In omnem terram exiit sonus eorum, et in fines orbis terræ verba eorum. » (*Psal.* XVIII, 5.) Exeunt verba eorum, perveniunt usque in fines

core le jour qu'a fait le Seigneur. Les ténèbres couvraient encore la face de l'abîme, la profondeur du cœur humain était encore enveloppée de ténèbres. Venez donc, vous qui êtes le chef, le principe de ce jour; dites avec patience, avec douceur, et sans colère, parce que vous êtes médecin : Venez, venez, et touchez-moi, et n'hésitez plus à croire. Vous avez dit : « Si je ne touche, si je ne mets mon doigt, je ne croirai point. » Venez, touchez, mettez votre doigt, et ne soyez plus incrédule, mais fidèle. « Venez, mettez votre main. » Je connaissais les blessures de votre âme, j'ai conservé pour vous les cicatrices de mes plaies. Lorsque Thomas eut mis ses mains dans les trous des plaies, sa foi fut complète. En quoi consiste la perfection de la foi? A croire que non-seulement Jésus-Christ est Dieu, mais qu'il est homme et Dieu. Le caractère de la foi parfaite est de croire que « le Verbe s'est fait chair, et qu'il a habité parmi nous. » (*Jean*, I, 14.) Lorsque ce disciple eut touché les plaies et les membres que son Sauveur lui présentait, il s'écria : « Mon Seigneur et mon Dieu. » (*Jean*, XX, 28.) Il touche un homme, et reconnaît un Dieu ; il touche la chair, et son regard s'élève jusqu'au Verbe, parce que « le Verbe s'est fait chair, et qu'il a habité parmi nous. » Ce Verbe a souffert que sa chair fût attachée à un gibet ; ce Verbe a souffert que son corps fût cloué sur la croix ; ce Verbe a souffert que son corps fût transpercé d'une lance ; ce Verbe a souffert que son corps fût déposé dans le tombeau ; ce Verbe a ressuscité son corps, il l'a présenté à ses disciples, afin qu'ils pussent le voir de leurs yeux et le toucher de leurs mains. Ils le touchent et s'écrient : « Mon Seigneur et mon Dieu. » « Voilà le jour que le Seigneur a fait. »

SERMON CCLIX.

Pour le dimanche de l'octave de Pâques.

Toutes les pensées, tous les désirs des chrétiens doivent se diriger vers la vie future. — 1. Ce jour, par la signification mystérieuse qu'il renferme, est le symbole de notre éternelle félicité. Cette vie, dont le jour présent est la figure, ne passera point comme ce jour lui-même. Aussi, mes frères, au nom de Notre-Seigneur Jésus-Christ, par qui nos péchés nous ont été pardonnés, qui a voulu verser son sang pour notre rançon, qui a daigné faire de nous ses frères, alors que nous étions indignes d'être appelés ses serviteurs, nous vous exhortons et nous vous conjurons, puisque vous êtes chrétiens et que vous portez le nom de Jésus-Christ sur vos fronts et dans vos cœurs, de diriger tous vos

terræ; credit totus mundus : annuntiant omnes uni, et non credit. Nondum erat dies, quem fecerat Dominus. Adhuc tenebræ erant in abysso, in profunditate cordis humani : tenebræ ibi erant. Veniat ille, caput diei hujus veniat, et dicat patiens, mitis, non iratus, quia medicus : Veni, inquit : veni tange hoc, et crede. Dixisti : « Nisi tetigero, nisi digitum misero, non credam. » Veni, tange; « mitte digitum, et noli esse incredulus, sed fidelis. » Veni, mitte digitum. Sciebam vulnera tua, servavi tibi cicatricem meam. Sed plane mittens manum suam complevit fidem. Quæ est enim fidei plenitudo? Ut non credatur Christus tantum homo, nec credatur Christus tantummodo Deus, sed homo et Deus. Ipsa est fidei plenitudo : quia « Verbum caro factum est, et habitavit in nobis. » (*Joan.*, I, 14.) Ergo iste discipulus oblatis sibi tangendis cicatricibus et membris Salvatoris sui, ubi tetigit, exclamavit : « Dominus meus et Deus meus. » (*Joan.*, XX, 28.) Hominem tetigit, Deum cognovit : et tetigit carnem, respexit ad Verbum ; quia « Verbum caro factum est, et habitavit in nobis. » Verbum hoc passum est carnem suam suspendi in ligno ; Verbum hoc passum est in carne sua clavos figi ; Verbum hoc passum est carnem suam lancea transforari ; Verbum hoc passum est carnem suam in sepulcro poni ; Verbum hoc resuscitavit carnem suam, obtulit aspectibus discipulorum videndam, præbuit manibus contrectandam. Tangunt, exclamant : « Dominus meus et Deus meus. » « Iste est dies quem fecit Dominus. »

SERMO CCLIX [a].

In die Dominico octavarum Paschæ.

In futuram vitam esse debet Christianorum intentio. — 1. Hodiernus dies magno sacramento perpetuæ felicitatis est nobis. Non enim sicut iste dies transiturus est, sic transitura est et vita, quam dies iste significat. Itaque, Fratres, exhortamur et obsecramus vos in nomine Domini nostri Jesu Christi, per quem nobis peccata dimissa sunt, qui voluit pretium nostrum esse sanguinem suum, qui nos indignos qui vel servi ejus diceremur, fratres facere dignatus est, ut omnis intentio vestra, quare Christiani estis, et nomen ejus in fronte et in corde portatis, non dirigatur nisi ad illam vitam, quæ nobis cum Angelis est futura : ubi

[a] Alias ex Sirmondianis XIX.

désirs vers cette vie qui nous sera commune avec les anges, vers cette vie où règne un repos inaltérable, une joie éternelle, une béatitude sans fin, et où nous n'aurons à craindre aucun trouble, aucune tristesse, aucune mort. Cette vie ne peut être connue que de ceux qui l'auront en partage, et elle sera le partage exclusif de ceux qui croient. Si vous exigez de nous de vous démontrer ce que Dieu a promis de vous donner, nous avouons notre impuissance. Mais vous avez entendu comment se termine l'Evangile de saint Jean : « Bienheureux ceux qui ne voient point et qui croient. » (*Jean*, xx, 29.) Vous voudriez voir, je le voudrais moi-même. Croyons tous ensemble, et tous nous serons admis à cette bienheureuse vision ; n'opposons point la dureté de notre cœur à la parole de Dieu. Serait-il digne, je vous le demande, mes frères, que Jésus-Christ descendît maintenant du ciel pour nous montrer les cicatrices de ses plaies ? S'il a daigné les montrer à ce disciple incrédule, c'était pour faire de justes reproches à ceux qui doutaient, et pour l'instruction de ceux qui devaient croire en lui dans la suite des temps.

Signification mystérieuse du septième et du huitième jour. Règne de Jésus-Christ et des saints sur la terre après la séparation des méchants. Repos des saints sur la terre. — 2. Ce huitième jour est donc l'emblème de cette vie nouvelle qui nous attend à la fin des siècles ; le septième est la figure du repos futur dont les saints jouiront sur la terre. En effet, le Seigneur doit régner avec ses saints sur cette terre (1), comme l'enseignent les Ecritures, et son Eglise, alors, n'admettra plus dans son sein aucun méchant, parce qu'elle sera séparée et purifiée de toutes les souillures de l'iniquité ; cette Eglise est figurée par ces cent cinquante-trois poissons, dont, s'il m'en souvient, nous avons parlé autrefois. L'Eglise apparaîtra d'abord sur la terre dans tout son éclat, dans toute sa dignité, dans toute sa justice. Il ne sera plus permis alors de tromper, de mentir, de cacher les instincts du loup sous la peau de la brebis. « Car le Seigneur viendra, il éclairera ce qui est caché dans les ténèbres, il découvrira les plus secrètes pensées des cœurs, et alors chacun recevra de Dieu la louange qui lui sera due. » (I *Cor.*, iv, 5.) Il n'y aura donc plus de pécheurs : ils seront séparés d'avec les bons. Alors la multitude des saints apparaîtra, comme le monceau de froment qu'on voit sur l'aire après qu'on l'a vanné, et elle entrera ainsi dans le céleste grenier de l'immortalité. C'est ainsi qu'on vanne le froment là où on l'a battu, et l'aire où il a subi l'opération du battage est comme ornée par la beauté de ce monceau de blé parfaite-

---

(1) Nous ajoutons ici « sur la terre, » d'après l'autorité d'un manuscrit du Vatican. Voici, du reste, ce que saint Augustin, dans le livre XX, chapitre vii, de la *Cité de Dieu*, dit de ce règne et de ce repos des saints sur la terre après la résurrection, règne qu'on croyait devoir durer mille ans. « On pourrait à toute force admettre ce sentiment, si l'on croyait que la présence du Seigneur sera pour les saints, dans ce repos, la source de délices toutes spirituelles. Nous avons autrefois partagé nous-mêmes ce sentiment. » Voyez le livre XXII, chapitre xxx, du même ouvrage.

---

perpetua quies, sempiterna lætitia, indeficiens beatitudo, nulla perturbatio, nulla tristitia, nulla mors. Quam vitam nosse non possunt, nisi qui experiuntur : experiri autem non poterunt, nisi qui credunt. Si enim exigatis, ut quod vobis promittit Deus, demonstremus vobis, non possumus. Sed audistis quomodo conclusit Evangelium Joannis : « Beati qui non vident, et credunt. » *Joan.*, xx, 29.) Et videre vultis, et ego. Pariter credamus, et simul videbimus. Non simus duri adversus Verbum Dei. Numquid enim, Fratres, dignum est, ut Christus descendat modo de cœlo, et cicatrices suas nobis ostendat ? Ideo illi incredulo ostendere dignatus est, ut objurgaret dubios, et instrueret credituros.

Octavi et septimi diei mysterium. Regnum Christi et sanctorum in terra post separationem malorum. Sabbatismus sanctorum in terra. — 2. Octavus ergo iste dies in fine sæculi novam vitam significat : septimus quietem futuram sanctorum in hac terra. Regnabit enim Dominus in terra cum sanctis suis, sicut dicunt Scripturæ, et habebit hic Ecclesiam, quo nullus malus intrabit, separatam atque purgatam ab omni contagione nequitiæ ; quam significant centum quinquaginta tres illi pisces, de quibus jam, quantum memini, aliquando tractavimus. Nam Ecclesia hic primo apparebit in magna claritate et dignitate et justitia. Non ibi libebit decipere, non mentiri, non sub ovis pelle lupum latere. « Veniet » enim « Dominus, » sicut scriptum est, « et illuminabit abscondita tenebrarum, et manifestabit cogitationes cordium et tunc laus erit unicuique a Deo. » (I *Cor.*, iv, 5.) Iniqui ergo non ibi erunt : jam enim separabuntur. Tunc tanquam massa purgata apparebit, veluti in area, multitudo sanctorum, et sic mittetur in horreum cœleste immortalitatis. Sicut enim frumentum prius ubi trituratur, ibi purgatur ; et locus

ment nettoyé. Que voyons-nous dans l'aire après le vannage? D'un côté, un tas de paille; de l'autre, un monceau de blé. Or, nous savons à quoi est destinée cette paille, et quelle joie la vue du froment excite dans le cœur des laboureurs. De même donc qu'on voit d'abord sur l'aire le blé séparé de la paille, et que le laboureur considère avec joie, après tant de travaux, ce monceau de froment, qu'il ne voyait pas pendant qu'on le battait parce qu'il était caché dans la paille, et qu'il le place ensuite dans son grenier pour le conserver dans un lieu fermé; ainsi, pendant cette vie, vous voyez comment cette aire est foulée; mais la paille se trouve tellement mêlée au bon grain qu'on peut à peine la distinguer, parce qu'il n'est pas encore vanné. Mais, après l'opération du vannage, qui doit avoir lieu au jour du jugement, on verra la multitude des saints éclatante de gloire, toute-puissante de mérites et comme tout environnée de la miséricorde de son Libérateur. Ce sera alors le septième jour. Le premier jour, dans la durée des siècles, est le temps qui s'est écoulé depuis Adam jusqu'à Noé; le second, depuis Noé jusqu'à Abraham, et, pour adopter la division de l'Evangile de saint Matthieu, le troisième s'est écoulé d'Abraham à David; le quatrième, depuis David jusqu'à la transmigration de Babylone; le cinquième, depuis la transmigration de Babylone jusqu'à l'avénement de Notre-Seigneur Jésus-Christ. (*Matth.*, II, 17.) Le sixième jour est donc le temps qui s'écoule depuis l'avénement du Seigneur, et nous sommes dans ce sixième jour. Aussi, de même que, d'après le récit de la Genèse, l'homme a été créé le sixième jour à l'image de Dieu (*Gen.*, I, 26), ainsi, c'est dans ce temps, qui représente le sixième jour du monde, que nous sommes régénérés dans le baptême, qui grave en nous l'image de notre Créateur. Mais lorsque ce sixième jour sera écoulé, viendra le repos après l'opération du vannage et le sabbat mystérieux des saints et des justes de Dieu. Après ce septième jour, lorsque l'aire aura dévoilé à tous les regards la richesse de la moisson, l'éclat et les mérites des saints, nous entrerons dans cette vie et dans ce repos dont il a été dit : « L'œil de l'homme n'a point vu, son oreille n'a pas entendu, son cœur n'a point conçu le bonheur que Dieu a préparé à ceux qui l'aiment. » (I *Cor.*, II, 9.) Alors, il semble qu'on revienne au commencement. Lorsqu'ici-bas les sept jours de la semaine sont écoulés, le huitième devient le premier de la semaine suivante; ainsi, après que les sept âges de ce monde qui passe seront écoulés et révolus, nous retournerons à cette immortalité bienheureuse d'où l'homme est déchu. Voilà pourquoi c'est le huitième jour que se terminent les fêtes du sacrement des enfants. Voyez encore : le nombre sept multiplié par sept fait quarante-

---

ubi frumenta pertulerunt trituram, ut a palea mundarentur, decoratur dignitate massæ purgatæ. Videmus quippe in area post ventilationem, acervum palearum ex una parte, et acervum frumenti ex alia. Quo autem palea destinata sit, novimus; et quemadmodum agricolis faciant frumenta lætitiam. Quomodo ergo apparet in area prius frumentum a palea separatum, et cum gaudium fecerit post tantos labores inspecta illa congeries, quæ latebat in palea, quæ non videbatur, quando triturabatur; deinde in horreum mittitur, atque in secreto servatur : sic in isto sæculo, videtis quomodo trituratur hæc area; sed palea frumento ita permixta est, ut difficile discernatur, quia nondum ventilata est. Sic ergo post ventilationem diei judicii apparebit massa sanctorum, fulgens dignitate, præpotens meritis, et misericordiam liberatoris sui præ se gerens. Et ipse erit septimus dies. Quasi primus dies sit in toto sæculo tempus quod est ab Adam usque ad Noe, secundus a Noe usque ad Abraham, et quomodo jam dividit Evangelium Matthæi, tertius ab Abraham usque ad David, quartus a David usque ad transmigrationem in Babyloniam, quintus a transmigratione usque ad adventum Domini nostri Jesu Christi. (*Matth.*, II, 17.) Ab adventu ergo Domini sextus agitur, in sexto die sumus. Et ideo quomodo formatus est homo in Genesi sexto die ad imaginem Dei (*Gen.*, I, 26), sic et in isto tempore, quasi sexto die totius sæculi, renovamur in baptismo, ut recipiamus imaginem Conditoris nostri. Sextus autem dies iste cum transierit, veniet requies post illam ventilationem, et sabbatizabunt sancti et justi Dei. Post septimum autem, cum appareurit in area dignitas messis, fulgor, meritumque sanctorum, ibimus in illam vitam et in illam requiem, de qua dictum : « Quia oculus non vidit, nec auris audivit, nec in cor hominis ascendit, quæ præparavit Deus diligentibus se. » (I *Cor.*, II, 9.) Tunc velut ad caput reditur. Quomodo enim cum peracti fuerint isti septem dies, octavus ipse est qui primus : sic post terminatas et peractas ætates septem sæculi transeuntis, ad illam immortalitatem beatitudinemque rediemus, de qua

neuf, et, en ajoutant l'unité par laquelle on revient au commencement, on obtient le nombre cinquante, nombre mystérieux des jours que nous célébrons jusqu'à la Pentecôte. Ce même nombre s'obtient encore par un calcul différent, en ajoutant au nombre quarante le nombre dix, ou le denier de la récompense. Ces deux calculs produisent le même nombre de cinquante. Si nous multiplions ce nombre par trois, nombre consacré par le mystère de la Trinité, nous obtenons cent cinquante. Et en ajoutant à cent cinquante le nombre trois, comme signe de sa multiplication par trois et comme symbole de la Trinité, nous trouvons une image de l'Eglise dans ces cent cinquante-trois poissons.

Exhortation à la pratique des œuvres de miséricorde. — 3. Mais, en attendant, jusqu'à ce que nous parvenions à cet éternel repos, durant cette vie de travail, de peine et d'obscurité, où nous ne voyons point ce que nous espérons, où nous marchons comme dans le désert, jusqu'à ce que nous soyons entrés dans la Jérusalem céleste, dans cette terre promise où coulent le lait et le miel, maintenant que nous sommes assaillis de tentations continuelles, ne cessons de faire le bien. Ayons toujours près de nous le remède pour l'appliquer sur les blessures que nous recevons chaque jour. Or, ce remède, c'est la pratique des œuvres de miséricorde. Si vous voulez obtenir de Dieu miséricorde, soyez vous-même miséricordieux. Si vous, qui êtes homme, vous refusez d'être humain pour l'homme, votre semblable, Dieu, à son tour, vous refusera de vous rendre divin, c'est-à-dire de vous communiquer cette immortalité incorruptible qui fait de nous comme autant de dieux. Dieu n'a aucun besoin de vous, mais vous avez besoin de Dieu. Il ne vous demande rien pour être heureux, mais vous ne pouvez l'être sans les dons de sa libéralité. Et que vous donne-t-il? Auriez-vous sujet de vous plaindre, si Celui qui a tout créé vous donnait ce qu'il y a de plus parfait dans ce qu'il a créé? Or, ce n'est pas une des choses qu'il a créées qu'il vous donne, c'est lui-même, le Créateur de toutes choses, qui se donne à vous pour combler tous vos désirs. Parmi toutes ces œuvres, peut-il y avoir quelque chose de plus beau, de plus parfait que Celui qui les a faites? Et à quel titre se donnera-t-il ainsi à vous? Est-ce comme récompense de vos mérites? Voulez-vous savoir ce que vous méritez? Considérez vos péchés, écoutez la sentence que Dieu a prononcée contre l'homme transgresseur de sa loi : « Tu es terre, et tu retourneras en terre. » (*Gen.*, III, 19.) Dieu avait menacé l'homme de ce châtiment, en même temps qu'il lui défendait de toucher au fruit défendu : « Au jour que vous en mangerez, vous mourrez. » (*Gen.*, II, 17.)

---

lapsus est homo. Et ideo octavæ complent sacramenta infantium. Hinc et ipse septenarius numerus septies multiplicatus facit quadraginta novem; et addito uno tanquam reditur ad caput, et fiunt quinquaginta : qui numerus a nobis usque ad Pentecosten in mysterio celebratur. Qui etiam secundum illam divisionem quadragesimi numeri, cui accedit tanquam merces denarius, diversa ratione idem rursus apparet. Ambæ quippe rationes ad eumdem quinquagenarium numerum redeunt. Qui ter multiplicatus propter mysterium Trinitatis, facit centum quinquaginta. Addito quippe ipso ternario, tanquam teste atque indice triplicationis et Trinitatis, intelligimus Ecclesiam in illis piscibus centum quinquaginta tribus.

Misericordiæ opera commendat. — 3. Sed interim modo, donec veniamus ad illam requiem, isto tempore quo laboramus, et in nocte sumus, quamdiu non videmus quod speramus, et in eremo iter agimus, donec ad Jerusalem cœlestem, veluti ad terram promissionis fluentem lac et mel, veniamus : nunc ergo cum tentationes non cessant, bene operemur. Medicina (*a*) semper adsit, veluti prope quotidianis adhibenda vulneribus. Est autem medicina in bonis operibus misericordiæ. Si enim vis impetrare misericordiam Dei, esto misericors. Si tu negas homini, cum tu homo sis, humanitatem; negabit tibi et Deus divinitatem, hoc est incorruptionem immortalitatis, qua nos facit Deos. Non enim a te quidquam indiget Deus : tu autem indiges a Deo. Nihil a te ille petit, ut beatus sit : tu autem, nisi ab illo accipias, beatus esse non poteris. Quid ab illo accipis? Nescio utrum auderes conqueri ab illo, qui omnia condidit, acciperes aliquid quod (*b*) excellentissimum condidit. At ille non aliquid ex iis quæ condidit; sed se ipsum tibi dat ad fruendum, se ipsum omnium conditorem. Quid enim ex iis quæ facta sunt ab illo, pulchrius et melius potest esse eo qui fecit? Et quomodo tibi dabit, an quasi meritis tuis? Si quæris quid merueris, attende peccata tua : audi sententiam Dei in transgressorem hominum latam : « Terra es, et in terram ibis. » (*Gen.*, III, 19.)

(*a*) Sic Vaticanus Ms. Alii cum Sirmondo, *quod absit*. — (*b*) Sirmondus, *non excellentissimum*. Abest *non* a Vaticano Ms.

Si vous cherchez ce que mérite le péché, que rencontrerez-vous? Le châtiment. Oubliez donc vos mérites, qui ne peuvent produire en vous qu'une impression de terreur, ou plutôt ne les oubliez point, de peur que votre orgueil ne vous fasse repousser la miséricorde. C'est par les œuvres de miséricorde, mes frères, que nous nous rendons recommandables à Dieu. « Rendez gloire au Seigneur, parce qu'il est bon, parce que sa miséricorde est éternelle. » (*Ps.* CXVII, 29.) Oui, rendez gloire à Dieu, parce qu'il est miséricordieux, et qu'il ne demande qu'à pardonner au pécheur qui s'accuse. Mais offrez-lui un sacrifice. Vous êtes homme, ayez pitié de l'homme, et Dieu aura pitié de vous. Votre frère et vous, vous êtes hommes tous deux, c'est-à-dire tous deux misérables. Quant à Dieu, il n'est point misérable, il est miséricordieux. Mais l'homme qui est misérable ne veut point avoir compassion de son compagnon de misère; comment peut-il implorer la miséricorde de Celui qui est inaccessible à la misère. Comprenez, mes frères, ce que je veux dire. Un homme est dur, insensible à l'égard des naufragés, mais tant qu'il n'a pas éprouvé lui-même ce malheur. S'il vient à faire lui-même naufrage, la vue d'un naufragé lui rappelle ce qu'il a souffert, ouvre son cœur à la compassion pour une infortune semblable à la sienne; et celui que la communauté de nature n'avait pu attendrir, se laisse toucher par la communauté du malheur. On a bien vite compassion d'un esclave, quand on a senti soi-même les rigueurs de cette condition. Celui qui a été mercenaire n'a pas de peine à plaindre le mercenaire qu'il voit frustré de son salaire. Vous pleurez la mort d'un fils, j'en ai pleuré un autrefois; dans cette rencontre de douleurs, ma compassion pour vous est des plus vives. Ainsi, la communauté d'infortune ouvre à la pitié les cœurs les moins faciles à s'attendrir. Si donc vous, qui avez été malheureux, ou qui craignez de le devenir, (car, tant que dure cette vie, vous devez craindre ce que vous n'avez pas encore souffert, vous rappeler ce que vous avez été, et songer à ce que vous êtes,) si donc, le souvenir de vos malheurs passés, la crainte des maux à venir, et vos souffrances actuelles ne vous prédisposent point à la compassion pour un infortuné qui réclame votre secours, comment pouvez-vous espérer la compassion de Celui que le malheur ne peut jamais atteindre? Vous ne donnez rien de ce que vous avez reçu de Dieu, et vous voulez que Dieu vous donne de ce qu'il n'a point reçu de vous?

Les œuvres de miséricorde doivent l'emporter sur nos fautes. Deux sortes de miséricordes. — 4. Vous allez bientôt, mes frères, retourner dans vos demeures, et de ce moment nous vous verrons à peine, si ce n'est à l'occasion de quelque solennité; pratiquez donc la miséri-

---

Quoniam comminatio præcessit, cum præceptum daretur : « Qua die tetigeritis, morte moriemini. » Si peccatorum meritum quæris, quid occurrit nisi supplicium? Obliviscere ergo merita tua, ne tibi faciant in corde terrorem : aut noli potius oblivisci, ne per superbiam repellas misericordiam. Commendamus nos, Fratres, Deo operibus misericordiæ. « Confitemini Domino, quoniam bonus, quoniam in sæculum misericordia ejus. » Confitere, quoniam habet Deus misericordiam, et vult peccata donare confessis. Sed offer illi sacrificium. Miserere hominis, homo, et tui miserebitur Deus. Tu homo, et alter homo, duo miseri. Deus autem non est miser, sed misericors. Si autem miser non miseratur miserum, quomodo exigit misericordiam ab illo qui nunquam erit miser? Videte quid dicam, Fratres. Quicumque nos contra naufragum crudelis, verbi gratia, tam diu crudelis est, donec contingat illi naufragium. Si autem contigerit, recordatus in pristinam vitam, quando viderit naufragum, percutit illum similis aliquando miseria; et quem non poterat ad misericordiam flectere societas humanitatis, flectit consortium calamitatis. Servo quam cito miseretur, qui aliquando servivit. Mercenarium mercede fraudatum quam cito dolet, qui mercenarius fuit. Homini filium suum plangenti amarissime compatitur, qui aliquando tale aliquid planxit. Ergo quantamvis duritiam cordis humani solvit similitudo miseriæ. Si ergo tu, qui aut miser fuisti, aut times ne miser sis : (quamdiu enim hic vivis, et timere debes quod non fuisti, et meminisse quod fueris, et cogitare quid sis :) positus ergo et in memoria præteritarum miseriarum, et in timore futurarum, et afflictione præsentium, non misereris calamitosi hominis et egentis ope tua, et exspectas ut misereatur tibi ille, quem nunquam tangit miseria? Et tu non das ex eo quod a Deo accepisti, et vis ut det tibi Deus ex eo quod a te non accepit?

Opera misericordiæ superare debent offensiones nostras. Misericordia gemina. — 4. Misericordiam, Fratres mei, omnes qui ituri estis ad domos vestras, et ex hoc vix nos videbimus, nisi per aliquam solemni-

corde, car les péchés sont de plus en plus nombreux. Il n'y a point pour nous d'autre moyen de repos, d'autre voie pour parvenir jusqu'à Dieu, nous réintégrer dans les droits que nous avons perdus, et nous réconcilier avec Celui que nous n'avons pu offenser sans nous exposer aux plus grands dangers. Nous devons paraître en sa présence; que nos œuvres lui parlent pour nous, et que leur voix soit plus forte que celle de nos péchés. Ce qui dominera déterminera la sentence: sentence de mort, si nos péchés l'emportent; sentence de vie et de repos éternel, si ce sont nos bonnes œuvres. Or, il y a deux sortes de miséricordes dans l'Eglise: l'une a cela de propre qu'elle ne demande ni dépense, ni fatigue; l'autre exige de nous notre part d'action, ou un sacrifice pécuniaire. Celle qui ne nous demande ni dépense, ni travail, s'exerce tout entière dans le cœur, et consiste à pardonner à celui qui vous a offensé. Votre cœur est le trésor où il faut puiser pour faire cette aumône; c'est là que vous vous acquittez sous les yeux de Dieu. On ne vous dit point: Donnez votre bourse, ouvrez vos coffres, ouvrez vos greniers. On ne vous dit pas non plus: Venez, marchez, courez, hâtez-vous, sollicitez, parlez, visitez, prenez de la peine. Sans sortir du lieu où vous êtes, vous avez rejeté de votre cœur ce que vous aviez contre votre frère, vous lui avez fait miséricorde, sans qu'il vous en ait coûté aucune dépense, aucune fatigue; la bonté seule, une seule pensée de miséricorde en a fait tous les frais. Si nous venions vous dire: Donnez vos biens aux pauvres, le conseil pourrait vous paraître dur. Mais quoi de plus doux, quoi de plus facile que ce que nous vous disons: Donnez sans diminuer votre avoir; pardonnez, et on vous pardonnera? Ajoutons cependant cet autre précepte: Donnez, et il vous sera donné. Dieu a réuni ces deux obligations dans un même précepte, et a formulé clairement ces deux espèces de miséricordes: « Pardonnez, et on vous pardonnera, » c'est la miséricorde du pardon: « Donnez, et il vous sera donné, » c'est la miséricorde de l'aumône. Voyez si Dieu ne fait point pour nous bien davantage. Vous pardonnez à un homme l'offense qu'il vous a faite, à vous, qui êtes son semblable; Dieu vous pardonne l'offense que vous, homme, vous avez faite à Dieu. Assimilerez-vous l'offense d'un homme à l'offense de Dieu? Dieu a donc fait beaucoup plus que vous: vous avez pardonné un outrage qui ne s'adressait qu'à un homme, Dieu vous pardonne l'injure faite à Dieu. Considérez maintenant l'autre espèce de miséricorde. Vous donnez du pain, Dieu vous donne le salut; vous donnez à un homme qui a soif un verre d'une boisson quelconque, Dieu vous abreuve des eaux de sa sagesse. Pouvez-vous sérieusement comparer ce que vous donnez et ce que vous recevez? Voilà

talem, misericordiam operamini, quia abundant peccata. Alia requies, alia via non est, qua perveniamus ad Deum, qua reintegremur, qua reconciliemur ei, quem periculosissime offendimus. Venturi sumus in conspectum ejus: loquantur ibi pro nobis opera nostra; et ita loquantur, ut superent offensiones nostras. Quod enim amplius fuerit, hoc obtinebit, vel ad pœnam, si peccata meruerint; vel ad requiem, si opera bona. Misericordia autem gemina est in Ecclesia: una in eo titulo, quo nemo impendit pecuniam, nemo etiam vel laborem; altera quæ de nobis exigit aut officium operis, aut impendia pecuniæ. Illa quæ a nobis exigit nihil erogationis vel laboris, in animo constituta est, ut ignoscas ei qui in te peccavit. Ad hanc eleemosynam impendendam thesaurus tuus in corde tuo est: ibi te explicas coram Deo. Non tibi dicitur: Profer sacculum, aperi arcam, resigna horreum; neque hoc tibi dicitur: Veni, ambula, curre, festina, intercede, loquere, visita, labora. Stans uno loco projecisti de pectore tuo quod tenes contra fratrem tuum, fecisti misericordiam, nullo sumptu, nullo labore, sola bonitate, sola misericordiæ cogitatione. Nam si dicamus: Erogate res vestras pauperibus; duri videbimur. Certe vel nunc lenes et faciles sumus, quando dicimus: Impendite nihil minuetis, dimittite ut dimittatur vobis. Dicamus tamen etiam istud: Date et dabitur vobis. Conjunxit hæc Dominus in præcepto, et ista duo misericordiæ genera expressit. « Dimittite, et dimittetur vobis: » misericordia est ignoscentis. « Date et dabitur vobis: » (*Luc.*, VI, 37) misericordia est erogantis. Vide si non amplius Deus dat nobis. Tu ignoscis homini, in quo te læsit homo hominem: ignoscit tibi Deus, in quo offendisti homo Deum. Numquid enim hoc est hominem lædere, quod est Deum offendere? Ergo plus tibi dedit: quia tu hoc dimisisti, in quo homo læsus est; hoc ille dimittit, in quo Deus offensus est. Attendite aliam misericordiam dispensationis. Tu das panem, ille dat salutem; tu das sitienti poculum liquoris alicujus, ille tibi dat poculum sapientiæ suæ. Numquid ista vel comparanda sunt,

l'usure vraiment permise. Quelqu'un veut être usurier; je ne le lui défends pas absolument, mais qu'il prête à Celui qui ne s'appauvrit point en rendant beaucoup plus et des choses bien plus précieuses que ce qu'il a reçu, et à qui encore vous devez ce peu que vous lui donnez, pour recevoir au centuple des choses d'un plus grand prix.

Il faut faire l'aumône avec humilité et avec joie. — 5. Je ne dois pas non plus laisser ignorer à votre sainteté qu'on peut exercer doublement la miséricorde, en faisant soi-même l'aumône aux pauvres. Il faut avoir, non-seulement la bonté qui leur donne, mais l'humilité qui aime à les servir. Je ne sais comment il se fait que l'âme de celui qui assiste le pauvre compatit plus vivement aux souffrances et aux infirmités communes à notre nature, lorsque le riche qui donne met sa main dans la main de l'indigent qui reçoit. L'un donne, l'autre reçoit; mais un lien étroit unit celui qui assiste et celui qui est assisté; car ce n'est point le malheur qui nous rapproche, mais l'humilité. Votre fortune restera, s'il plaît au Seigneur, à vous et à vos enfants. Mais ne parlons point de ces richesses de la terre, qui sont sujettes à tant d'accidents. Vous avez dans votre maison un trésor qui est en paix, mais il ne laisse point partager à son maître cette tranquillité. Il craint les voleurs, il craint la violence et l'effraction, il craint l'infidélité de ses serviteurs, il craint un voisin mauvais et puissant. Plus vous possédez, plus votre crainte est grande. Or, donnez à Dieu dans la personne des pauvres, vous ne perdrez rien, et vous serez parfaitement tranquille, parce que Dieu lui-même, qui vous donne sur la terre ce qui vous est nécessaire, vous conservera votre trésor dans le ciel. Craindriez-vous que Jésus-Christ ne vînt à perdre ce que vous lui auriez confié? Ne cherchez-vous pas tous, parmi vos serviteurs, un économe fidèle, pour lui confier votre argent? Il dépend de lui, il est vrai, de ne pas vous voler; il n'est pas en son pouvoir de ne rien perdre. Mais quoi de plus étendu que la fidélité de Jésus-Christ, quoi de plus divin que sa toute-puissance? Il ne peut rien vous enlever, puisque c'est lui qui vous a tout donné, dans l'espérance que vous lui donneriez à votre tour. Il ne peut rien perdre, parce que tout est sous la garde de sa toute-puissance. C'est un spectacle consolant pour nous lorsque vous donnez des repas de charité. C'est nous qui servons alors les pauvres, et nous leur donnons ce qui est à nous; et cependant, nous ne leur donnons que ce que Dieu nous a donné. Il est bon, mes frères, et il est souverainement agréable à Dieu que vous fassiez l'aumône de vos propres mains. C'est lui qui reçoit, c'est lui qui vous le rendra, lui qui, avant d'être votre débiteur, vous a donné afin que vous puissiez donner vous-mêmes. Il

---

quod das, et quod accipis? Ecce quomodo fœnerandum est. Si quis vult esse fœnerator, omnino non prohibemus : sed illum fœneretur, qui non sit pauper plura et majora reddendo, et cujus est etiam hoc ipsum qualecumque quod ei das, ut amplius meliusque recipias.

Eleemosyna eroganda cum humilitate et hilaritate. — 5. Illud etiam moneo Sanctitatem Vestram, ut sciatis eum duplam misericordiam facere, qui pauperibus sic dat aliquid, ut ipse eroget. Non solum debet esse sola benignitas largientis, sed et humilitas ministrantis. Nescio quomodo, Fratres mei, animus ejus qui porrigit pauperi, velut communi humanitati atque infirmitati compatitur, quando ponitur manus habentis in manum indigentis. Quamvis ille det, ille accipiat, conjunguntur minister et cui ministratur. Non enim jungit nos calamitas, sed humilitas. Abundantia vestra erit vobis, si Domino placet, et filiis vestris. Sed de ista terrena abundantia nulla mentio est, quam videtis obnoxiam tantis casibus. Jacet in domo thesaurus quietus, Dominum quietum esse non sinit. Timetur latro, timetur effractor, timetur servus infidelis, timetur vicinus malus et potens. Quanto plus tenetur, tanto plus timetur. Si autem erogas Deo in pauperes, non perdis, et securus efficeris, quia ipse Deus custodit tibi in cœlo, qui et tibi necessaria dat super terram. An forte times, ne perdat Christus quod illi commendaveris? Nonne dispensatorem unusquisque eligit de familia sua fidelem, cui committat pecuniam suam? Qui etsi habet in potestate non auferre, non tamen habet in potestate non perdere. Quid fide Christi prolixius? quid omnipotentia divinius? Nec auferre tibi aliquid potest, quia ipse dedit tibi spe quod illi dares : nec aliquid perdere, quia universa omnipotens tenet. Reficitis viscera, quando agapas facitis. Quia videmur nos ministrare, et nostra dantur, et per nos dantur; et tamen ea dantur, quæ nobis Deus dedit. Bonum est, Fratres, etiam manu vestra dispensetis : valde gratum est Deo. Ipse accipit, et dabit tibi, qui ante tibi quam deberet quod dares dedit. Debet erogationis officio conjungi ministra-

faut joindre le service des pauvres à l'aumône qu'on leur fait. Puisqu'il vous est permis de recevoir deux récompenses, pourquoi perdre l'une des deux? Quant à celui qui ne peut assister tous les pauvres, qu'il donne avec joie selon ses moyens. « Car Dieu aime celui qui donne avec joie. » (II *Cor.*, IX, 7.) Il nous faut acquérir le royaume des cieux à tout prix. Que celui qui n'a que deux deniers ne dise pas qu'il ne peut en faire l'acquisition. C'est à ce prix qu'il a été acheté par la veuve de l'Evangile. (*Luc*, XXI, 2.)

Quels étaient les jours fériés dont il est ici question (1). — 6. Les jours de fête sont terminés; à ces jours vont succéder les jours de contrats, d'actions contre les débiteurs, et de procès. Examinez bien, mes frères, comment vous devez vous conduire au milieu de ces occupations. Le repos des jours qui viennent de s'écouler a dû vous inspirer des sentiments de douceur, et non des pensées de querelles. Il est cependant des hommes qui ne se sont reposés pendant ces jours de fête, que pour réfléchir plus librement au mal qu'ils pourraient faire ensuite. Nous vous demandons de vivre comme sachant bien que vous devrez rendre compte à Dieu de toute votre vie, et non pas seulement des quinze jours qui viennent de se passer. Je vous dois d'ailleurs, je le reconnais, l'explication des questions de l'Ecriture (2) que je vous ai proposées hier, et que je n'ai pas eu le temps de résoudre. Mais comme le droit civil et public autorise les créanciers, dans les jours qui vont suivre, à poursuivre leurs débiteurs, vous pouvez, à plus forte raison, exiger de moi, au nom du droit chrétien, le payement de ma dette. Tous viennent, pendant ces saints jours, à cause de la solennité; mais l'amour de la loi de Dieu devra maintenant vous ramener bientôt, pour exiger de moi l'accomplissement de ma promesse. Car Celui qui vous donne veut vous donner par mon ministère, et c'est lui qui nous donne à tous. Je connais, en effet, ces paroles de l'Apôtre : « Rendez à chacun ce qui lui est dû : à qui le tribut, le tribut; à qui les impôts, les impôts; à qui la crainte, la crainte; à qui l'honneur, l'honneur. Ne demeurez redevables de rien à personne, si ce n'est de vous aimer mutuellement. » (*Rom.*, XIII, 7, 8.) La charité est la seule dette qu'on ait toujours à payer, et nul n'est exempt de cette dette. Or, ce que je dois, mes frères, je vous le payerai au nom du Seigneur. Cependant, je vous l'avoue, sans vouloir nuire aux indifférents, je ne m'acquitterai de cette dette que lorsque vous en manifesterez un vif désir.

(1) Ces jours, au nombre de quinze, comme saint Augustin le dit un peu plus bas, étaient les sept jours qui précèdent et les sept jours qui suivent la fête de Pâques, et pendant lesquels tout procès, toute contestation, toute action judiciaire étaient suspendus, d'après une loi de Théodose, au livre XI du *Code Théodosien*, sur les jours fériés : « Nous mettons au nombre de ces jours fériés les saints jours de la fête de Pâques, c'est-à-dire les sept qui la précèdent et les sept qui la suivent. »
(2) Saint Augustin veut peut-être parler des questions qui sont traitées dans le sermon CXLIX.

tionis officium. Cum tibi liceat duas mercedes habere, quare perdis unam? Sed quisquis minus idoneus est omnibus dare, det pauperibus pro viribus, cum hilaritate. « Hilarem autem datorem diligit Deus. » (II *Cor.*, IX, 7.) Omni pretio comparandum propositum est regnum cœlorum. Non est ut dicat aliquis habens duos denarios, idoneum se non esse ad comparandum. Tanto Evangelica illa vidua comparavit. (*Luc.*, XXI, 2.)

Dies feriati. — 6. Peracti sunt dies feriati, succedent jam illi conventionum, exactionum, litigiorum : videte quomodo in his vivatis, Fratres mei. De vacatione dierum istorum mansuetudinem debetis concipere, non jurgiorum consilia meditari. Sunt enim homines, qui propterea vacaverunt per dies istos, ut cogitarent malitias, quas exercerent post dies istos. Petimus vos, ut ita vivatis, tanquam qui Deo rationem reddituros vos sciatis de tota vita, non de solis istis quindecim diebus. Deinde Scripturarum quæstiones, quas hesterna die proposui, et angustia temporis impediente non solvi, fateor me debere. Sed certe, quia dies qui sequuntur jam exactiones etiam pecuniæ permittunt jure forensi et publico, hoc a potius vos exigite jure Christiano. Modo enim omnes solemnitatis gratia veniunt : post istos dies amor legis adducat a me exigi quod promisi. Qui enim dat, per me dat vobis: ipse utique dat omnibus nobis. Novi quippe Apostolum dicentem : «Reddite omnibus debita, cui tributum tributum, cui vectigal vectigal, cui honorem honorem, cui timorem timorem : nemini quidquam debeatis, nisi ut invicem diligatis. » (*Rom.*, XIII, 7, 8.) Sola dilectio est semper reddenda; nemo a tali debito alienus est. Quod enim debeo, Fratres, in nomine Domini redditurus sum. Sed fateor vobis, non officio segnibus, sed exigentibus reddo.

SERMON CCLX.

Prononcé le même jour, dans la basilique de saint Léontius (1) ; avertissement aux nouveaux baptisés.

Octaves des enfants. Les faux fidèles. Chacun doit observer la continence suivant sa condition. Celui qui n'observe point le vœu de continence mérite d'être condamné. — Comme nous avons beaucoup à faire aujourd'hui, je vais sans tarder adresser une courte mais sérieuse locution à ces enfants nouvellement régénérés dans les eaux du baptême, et qui vont rentrer aujourd'hui dans les rangs du peuple. Vous qui venez d'être baptisés et qui terminez aujourd'hui le mystère de vos octaves, écoutez ce peu de paroles qui doivent vous faire comprendre que la circoncision de la chair était la figure de la circoncision du cœur. C'était le huitième jour qu'avait lieu cette circoncision de la chair, d'après les prescriptions de l'ancienne loi, et cela, en vue de Notre-Seigneur Jésus-Christ, qui est ressuscité après le septième jour du sabbat, le huitième jour, c'est-à-dire le dimanche. Cette circoncision se pratiquait avec des couteaux de pierre, car la pierre était le Christ. (I *Cor.*, x, 4.) On vous donne le nom d'enfants, parce que vous venez d'être régénérés, vous êtes entrés dans une vie nouvelle, vous venez de renaître pour la vie éternelle, si toutefois vous n'étouffez point, par une vie criminelle, le germe de vie que vous portez en vous-mêmes. Vous allez rentrer dans la foule et vous mêler à la multitude des fidèles ; gardez-vous d'imiter les mauvais chrétiens, ou plutôt les faux chrétiens, qui sont fidèles par la foi qu'ils professent, et infidèles par la vie coupable qu'on leur voit mener. Voyez, c'est devant Dieu et ses anges que je vous prends à témoin, gardez fidèlement la chasteté, soit la chasteté conjugale, soit la continence absolue. Que chacun de vous soit fidèle à ses engagements. Vous, qui n'avez point d'épouse, il vous est permis d'en prendre une, pourvu que son mari ne soit plus vivant. Les femmes qui n'ont point de mari peuvent également prendre un époux, à la condition, toutefois, que sa femme ne soit plus vivante. Vous qui êtes mariés, ne vous permettez aucun mal en dehors des relations conjugales. Rendez ce que vous exigez vous-mêmes. Vous avez droit à la fidélité, et vous la devez vous-mêmes. Le mari doit la fidélité à son épouse, l'épouse à son mari, et tous deux la doivent à Dieu. Vous tous, qui avez fait vœu de continence, soyez fidèles à votre vœu ; si vous ne l'aviez pas fait,

(1) Ce sermon, dans les éditions précédentes, ainsi que dans le manuscrit de l'abbaye de Saint-Germain, suit immédiatement avec ce même titre le sermon CXLVIII prononcé le jour des octaves de Pâques. Dans beaucoup de livres, on assigne pour le même jour le sermon XXIV. « Aux enfants. » Possidius, dans les chapitre VIII et X de sa Table, marque les « Traités pour le jour des octaves ; » ou « Deux traités sur les octaves des enfants. » Baronius, dans son martyrologe, au cinq janvier, a cru sans raison que ces sermons se rapportaient à l'octave de la fête des saints Innocents. Les enfants, comme saint Augustin l'explique lui-même, sont ceux qui ont été régénérés par le baptême. En parlant de ce huitième jour qui suivait leur baptême, il ne lui arrive jamais de l'appeler l'octave, mais presque toujours les octaves. C'est de ce temps sans aucun doute que le saint docteur écrit dans sa lettre LV, n° 35. « Tout est si plein de fausses opinions, qu'on reprend plus sévèrement celui qui aura touché la terre de son pied nu dans les octaves de son baptême, que celui qui aura enseveli sa raison dans l'ivrognerie. » Voyez encore la lettre XXXIV, n. 3.

SERMO CCLX (a).

Habitus eodem die in ecclesia Leontiana, de monitis baptizatorum.

Octavæ Infantium. Falsi fideles. Continentia servanda pro suo cuique gradu. Votum continentiæ non reddens, damnatur. — Ne moras faciamus, acturi multa, regeneratis in baptismo, qui hodie miscendi sunt populo, brevis, sed gravis Sermo reddendus est. Vos qui baptizati estis, et hodie completis sacramentum octavarum vestrarum, breviter accipite et intelligite translatam fuisse figuram circumcisionis carnis, ad circumcisionem cordis. Die octavo circumciduntur carne secundum veterem Legem : et hoc propter Dominum Christum, qui post diem septimum sabbatorum octavo Dominico resurrexit. Cultellis petrinis jussum est circumcidi : Petra erat Christus. (I *Cor.*, x, 4.) Infantes appellamini, quoniam regenerati estis, et novam vitam ingressi estis, et ad vitam æternam renati estis, si hoc quod in vobis renatum est, male vivendo non suffocetis. Reddendi estis populis, miscendi estis plebi fidelium : cavete ne imitemini malos fideles, imo falsos fideles : quasi confitendo fideles, sed male vivendo infideles. Videte, quia testificor vobis coram Deo et Angelis ejus : castitatem servate, sive conjugalem, sive omnimodæ continentiæ. Quisque quod vovit reddat. Qui non habetis uxores, licet vobis ducere uxores, sed quarum mariti non vivunt. Feminæ quæ non habent viros, licet eis nubere, sed eis viris quorum uxores non vivunt. Qui habetis uxores, nihil mali faciatis præter uxores. Reddite quod exigitis. Fides vobis debetur, fidem debetis. Fidem debet maritus uxori, uxor marito ; ambo Deo. Quicumque continentiam vovistis, reddite quod vovistis : quia non

(a) Alias de Diversis XI.

on n'en exigerait point l'accomplissement. Ce qui a pu vous être permis ne l'est plus maintenant, non pas que les noces soient condamnables, mais parce que celui qui regarde en arrière mérite d'être condamné. Gardez-vous de toute fraude dans vos affaires. Fuyez le mensonge et le parjure, évitez le bavardage et la luxure. Ce que vous ne voulez point qu'on vous fasse, ne le faites ni aux autres, ni aux hommes, ni à Dieu. Pourquoi vous en dire davantage? « Faites cela, et le Dieu de paix sera avec vous. » (*Philip.*, IV, 9.)

SERMON CCLXI.

Pour le quarantième jour, c'est-à-dire pour le jour de l'Ascension de Notre-Seigneur (1).

Prononcé à Carthage, dans la basilique de Faustus.

CHAPITRE PREMIER. — *Le fruit de la célébration de l'Ascension du Seigneur doit consister pour nous à monter au ciel avec lui. Quand le cœur s'élève en haut sous l'inspiration de l'orgueil ou sous l'impression de la piété.* — 1. La résurrection de Notre-Seigneur est le mystère de notre espérance, son ascension le mystère de notre glorification. Nous célébrons aujourd'hui la fête de l'Ascension. Si donc nous voulons célébrer cette solennité convenablement, avec foi, avec dévotion, avec sainteté et piété, il faut que nous montions avec le Seigneur, et tenir notre cœur en haut. Or, en voulant monter avec le Sauveur, évitons tout sentiment d'orgueil, et de présumer de nos mérites comme s'ils nous étaient propres. Nous devons avoir le cœur en haut, mais élevé vers le Seigneur. Avoir le cœur en haut, sans qu'il soit élevé vers le Seigneur, c'est de l'orgueil; avoir le cœur élevé vers Dieu, c'est trouver en lui un refuge assuré. En effet, nous disons à Celui qui est monté dans les cieux : « Seigneur, vous êtes devenu notre refuge. » (*Ps.* LXXXIX, 1.) Le Sauveur est ressuscité pour renouveler notre espérance, car c'est ce qui meurt qui ressuscite; il a voulu qu'en mourant nous ne cédions point à cette pensée désespérante, que toute notre vie se terminait à la mort. Le sort de notre âme nous inspirait une vive sollicitude, Notre-Seigneur, en ressuscitant, nous rassure même sur le sort de notre corps. Il est donc monté aux cieux. Qui est monté aux cieux? Celui qui est descendu. Il est descendu pour vous guérir, il est monté pour vous élever avec lui. Si vous vous élevez vous-même, vous tombez infailliblement; votre élévation n'est sans danger qu'autant que sa main vous élève. Avoir le cœur en haut, mais près du Seigneur, c'est donc trouver en lui son refuge; mais avoir le cœur en haut, sans être près du Seigneur, c'est de l'orgueil. Disons donc à Celui qui ressuscite : « Vous êtes, Seigneur, mon espérance; » et à Celui qui monte dans les cieux : « Vous avez

(1) Possidius fait l'énumération, dans les chapitres VIII, IX et X de sa Table, des sermons pour le jour de l'Ascension.

---

exigeretur, si non vovissetis. Quod potuit licere, non licet : non quia nuptiæ damnantur, sed qui retro respicit damnatur. Cavete a fraudibus in negotiis vestris. Cavete a mendaciis et perjuriis. Cavete a verbositate et luxuria. Quæcumque non vultis fieri vobis, nolite facere aliis, et hominibus et Deo. Quid vos onerem? « Hæc agite, et Deus pacis erit vobiscum. » (*Philip.*, IV, 9.)

SERMO CCLXI [a].

In die quadragesimo Ascensionis Domini, 1.

CAPUT PRIMUM. — *Ascensio Domini sic celebranda, ut cum ipso ascendamus. Sursum cor, quandonam pietatis, quandonam superbiæ.* — 1. Resurrectio Domini, spes nostra : ascensio Domini, glorificatio nostra. Ascensionis enim hodie solemnia celebramus. Si ergo recte, si fideliter, si devote, si sancte, si pie ascensionem Domini celebramus, ascendamus cum illo, et sursum cor habeamus. Ascendentes autem non extollamur, nec de nostris quasi de propriis meritis præsumamus. Sursum enim cor habere debemus, sed ad Dominum. Sursum enim cor non ad Dominum, superbia vocatur : sursum autem cor ad Dominum, refugium vocatur. Illi enim dicimus qui ascendit : « Domine, refugium factus es nobis. » (*Psal.* LXXXIX, 1.) Resurrexit enim, ut spem nobis daret, quia resurgit quod moritur : ne moriendo desperaremus, et totam vitam nostram morte finitam putaremus. Solliciti enim eramus de ipsa anima; et ille nobis resurgendo et de carne securitatem dedit. Ergo ascendit, quis? Qui descendit. Descendit, ut sanaret te : ascendit, ut levaret te. Cadis, si levaveris te : manes, si levaverit te. Sursum ergo cor, sed ad Dominum, refugium est : sursum cor, sed non ad Dominum, superbia est. Dicamus ergo illi resurgenti : « Quoniam tu es, Domine, spes mea; » ascendenti autem : « Altissimum posuisti refugium tuum. » (*Psal.*

(a) Alias de Diversis XII.

choisi le Très-Haut pour y établir votre refuge. » (*Ps.* xc, 9.) Comment pourrions-nous encore avoir de l'orgueil en tenant notre cœur élevé vers Celui qui ne s'est fait si humble pour nous afin de nous guérir de notre orgueil?

Chapitre II. — *Le Christ est toujours Dieu. La vanité cherche à connaître Dieu en disputant, la piété le cherche par la foi.* — 2. Le Christ est Dieu, il l'est toujours; il ne cessera jamais de l'être, parce qu'il n'a jamais commencé. Si, par un effet de sa grâce, ce qui a eu un commencement n'aura jamais de fin, comment Celui qui n'a pas eu de commencement pourrait-il cesser d'exister? Qu'est-ce donc qui a commencé et ne doit point finir? Notre immortalité a eu un commencement, elle n'aura point de fin. Nous ne la possédons pas encore, mais une fois que nous en serons en possession, nous ne la perdrons jamais. Le Christ est donc toujours Dieu. Et quel Dieu? Vous me demandez quel Dieu? Il est égal à son Père. Ne cherchez donc point, quand il s'agit de l'Eternel, de quelle manière il est Dieu; méditez plutôt sa félicité. Comprenez, si vous le pouvez, de quelle sorte le Christ est Dieu. Je vais vous le dire pour ne point frustrer votre attente. Vous me demandez donc de quelle manière le Christ est Dieu. Ecoutez-moi, ou plutôt, écoutez avec moi; écoutons et apprenons ensemble. Je vous parle, il est vrai, et vous m'écoutez; mais il ne s'ensuit pas que je ne sois pas auditeur comme vous. Vous demandez donc, quand on vous dit que le Christ est Dieu, quel Dieu est le Christ. Ecoutez avec moi; je ne vous dis pas de m'écouter, mais d'écouter avec moi. Dans cette école, nous sommes tous disciples. Le ciel est la chaire de notre Maître. Apprenez donc quel Dieu est le Christ. « Au commencement était le Verbe. » Où était-il? « Et le Verbe était en Dieu. » (*Jean,* I, 1.) Mais, chaque jour, nous entendons des verbes. Gardez-vous d'assimiler à ces verbes, dans votre pensée, Celui dont il est dit : « Le Verbe était Dieu. » Quel Dieu est-il? C'est ce que je cherche. « Cherchez sans cesse sa face, » dit le Psalmiste. (*Ps.* civ, 4.) Que cette recherche, loin d'être nuisible, vous soit à tous profitable. Or, elle vous sera profitable, si vous la faites avec piété. Comment cherche la piété? comment la vanité? La piété cherche en croyant, la vanité en disputant. Si vous voulez disputer avec moi et me dire : Quel Dieu adorez-vous? quelle espèce de Dieu est l'objet de votre culte? montrez-moi ce que vous adorez; je vous répondrai : Quand je pourrais le montrer, à qui le montrerais-je?

Chapitre III. — *Modestie de Paul en parlant de la connaissance de Dieu.* — 3. Je n'ose me flatter d'avoir découvert ce que vous cherchez. Je marche autant que je le puis sur les traces de ce grand athlète du Christ, c'est-à-dire de l'apôtre saint Paul, qui disait : « Mes frères, je ne pense point être moi-même arrivé au but. »

---

xc, 9.) Quomodo enim ad eum cor sursum habentes, superbi erimus, qui propter nos humilis factus est, ne superbi remaneremus?

Caput II. — *Christus semper Deus. Dei notitiam vanitas litigando quærit, pietas credendo.* — 2. Deus Christus, hoc semper : nunquam hoc desinet, quia nunquam cœpit. Si enim per gratiam ejus aliquid incipit, quod nunquam desinat; ille quomodo desinet, qui nunquam cœpit? Quid est quod incipit, et nunquam desinet? Immortalitas nostra initium habebit, finem non habebit. Non enim jam habemus, quod cum habere cœperimus, non amittemus. Semper ergo Deus Christus. Et qualis Deus? Quæris qualis? Patri æqualis. Noli ergo quærere in æternitate qualitatem, sed felicitatem. Qualis Deus Christus, cape, si potes. Ecce dico, non te fraudabo. Quæris qualis Deus Christus? Audi me, imo audi mecum : simul audiamus, simul discamus. Non enim quia loquor et vos auditis, ideo vobiscum non audio. Quæris ergo, cum audis : Deus est Christus, Qualis Deus Christus? Audi mecum : non, inquam, me audi, sed mecum. In hac enim schola omnes sumus condiscipuli. Cœlum est cathedra magistri nostri. Audi ergo qualis Deus Christus. « In principio erat Verbum. » Ubi? « Et Verbum erat apud Deum. » (*Joan.,* I, 1.) Sed verba quotidie solemus audire. Noli sic cogitare, quomodo soles audire : « Deus erat Verbum. » Qualis quæro. Nam ecce jam Deum credo : sed qualis Deus quæro. « Quærite faciem ejus semper. » (*Psal.* civ, 4.) Nemo quærendo deficiat, sed proficiat. Proficit quærens, si pietas quærat. Quomodo quærit pietas, quomodo vanitas? Pietas quærit credendo, vanitas litigando. Si enim litigare mecum velis, mihique dicere : Quem Deum colis? Qualem Deum colis? Ostende mihi quod colis; respondebo : Etsi quod ostendam, non est cui.

Caput III. — *Pauli in Dei cognitione modestia.* — 3. Nec ego audeo dicere, jam me cepisse quod quæris. Ingredior enim, quantum possum, post vestigia illius tanti athletæ Christi, apostoli scilicet Pauli di-

(*Philip.*, III, 13.) « Je ne pense point être moi-même. » Que veut-il dire ici : « Je; » « moi-même? » « Moi, qui ai travaillé plus qu'eux tous. » (I *Cor.*, XV, 10.) Je comprends, grand Apôtre, dans quel sens vous dites : « Moi-même. » C'est l'expression de la vérité, ce n'est point de l'orgueil. Voulez-vous savoir à quel sentiment il obéit en disant : « Moi-même? » Après ces paroles : « J'ai travaillé plus qu'eux tous, » comme si nous lui faisions cette question : Qui êtes-vous? il nous répond : « Non pas moi, néanmoins, mais la grâce de Dieu avec moi. » Or, ce même Apôtre, que la grâce de Dieu avait secondé si puissamment; qui, appelé le dernier, avait travaillé plus que tous les autres, ne laisse pas de dire : « Mes frères, je ne pense point être moi-même arrivé au but. » Voilà ce qu'il peut lui-même : il n'atteint pas; car c'est un des effets de la faiblesse humaine, de ne pouvoir comprendre. Mais, dès qu'il eut été élevé jusqu'au troisième ciel, et qu'il eut entendu ces paroles mystérieuses qu'il n'est pas permis à un homme de rapporter, il ne dit plus : « Moi-même. » Comment s'exprime-t-il? « Je sais un un homme qui, il y a quatorze ans. » (II *Cor.*, XII, 2.) « Je sais un homme, » et cet homme, c'était lui-même; et il rapporte, comme d'un autre, un fait qui lui est personnel; aussi n'en a-t-il point perdu le mérite. Cessez donc de vouloir contester, disputer avec moi, en me demandant quel est le Dieu que j'adore. Ce n'est point une idole que je vous indique du doigt, en vous disant : Voici le Dieu qui reçoit mes adorations. Ce n'est point un astre, une étoile; ce n'est ni le soleil, ni la lune, que je vous montre, en levant la main vers le ciel, en vous disant : Voici mon Dieu. Ce n'est point ici la main, mais l'esprit qu'il faut étendre. Voyez ce même Apôtre : il n'a point encore atteint, mais, cependant, il continue de chercher, de poursuivre, de souhaiter ardemment, de soupirer, de désirer; voyez ce qu'il étend du côté de son Dieu; est-ce sa main ou son âme? Que dit-il? « Je ne pense point être encore moi-même arrivé au but, mais seulement, oubliant ce qui est derrière moi, et m'avançant vers ce qui est devant moi, je tends au terme, pour remporter la palme à laquelle Dieu m'a appelé d'en haut en Jésus-Christ. » « Je tends au terme, » dit-il, je suis dans la voie. Suivez-le, si vous le pouvez; dirigeons-nous ensemble vers la patrie, où ni vous, ni moi, nous n'aurons de demande à nous adresser. Que la foi soit ici le mobile de nos recherches, afin qu'un jour la claire vision des cieux nous comble l'un et l'autre de joie.

CHAPITRE IV. — *Nous devons purifier l'œil qui est appelé à voir Dieu.* — 4. Qui, cependant, vous a fait connaître quel Dieu est le Christ? Voici ce qu'il a daigné nous révéler par son serviteur; qu'il le révèle également par ce même serviteur à ceux qui sont comme moi ses serviteurs. Vous avez entendu ces paroles : « Au

---

centis : « Fratres, ego me ipsum non arbitror apprehendisse. » (*Philip.*, III, 13.) « Ego me ipsum : Ego, » quid est, et « me ipsum? » Ego qui « plus omnibus illis laboravi. » (I *Cor.*, XV, 10.) Novi, Apostole, quomodo dicas : « Ego. » Expressio est, non elatio. Nam vis audire quomodo dicat : « Ego? » Cum dixisset : « Plus omnibus illis laboravi : » et quasi nos ad illum : Quis? et ille ad nos : « Non ego autem, sed Dei gratia mecum. » Ille ergo cum quo tanta gratia Dei erat, ut posterius vocatus plus præcedentibus laboraret; dicit tamen : « Fratres, ego me ipsum non arbitror apprehendisse. » Ibi ego, ubi non apprehendit. Humanæ quippe infirmitatis est, non apprehendere. Ubi autem levatus est in tertium cœlum, et audivit ineffabilia verba, quæ non licet homini loqui, non dixit : « Ego. » Sed quid dixit? « Scio hominem ante annos quatuordecim. » (II *Cor.*, XII, 2.) » Scio hominem ; » et ipse homo erat qui loquebatur, et quod in eo factum est, quasi alterum fecit, ideo non defecit. Noli ergo contendere, noli litigare, exigendo a me qualem Deum colo. Non enim idolum est, et digitum extendo, et dico tibi : Ecce Deum quem colo : aut aliquod sidus est, aut aliqua stella, aut sol, aut luna; et extendo digitum in cœlum, et dico : Ecce quod colo. Non est quo digitus extendatur : sed est quo mens extendatur. Vide ipsum non comprehendentem, et tamen quærentem, sequentem, inhiantem, suspirantem, desiderantem : vide illum, quid intendat vide, ad Deum suum, utrum digitum, an vero animum. Quid ait? « Non me arbitror apprehendisse. Unum autem, quæ retro oblitus, in ea quæ sunt ante extensus, secundum intentionem sequor ad palmam supernæ vocationis Dei in Christo. » « Sequor, » inquit : ambulo, inquit : in via sum. Sequere, si potes : simul ad patriam veniamus, ubi non a me quæras, nec ego a te. Simul ergo modo credendo quæramus, ut simul postea vivendo gaudeamus.

CAPUT IV. — *Mundandum cor, quo videatur Deus.* — 4. Nam quis tibi ostendit, qualis sit Deus Christus? Ecce quod dignatus est dicere per servum suum, di-

commencement était le Verbe. » Vous demandiez où il était, on vous a répondu : « Et le Verbe était en Dieu. » Et de peur que l'usage du mot verbe, dans le langage ordinaire, vous en fît mépriser le sens, l'Evangéliste ajoute : « Et le Verbe était Dieu. » Vous demandez encore quel Dieu ? « Toutes choses ont été faites par lui. » Aimez-le donc : tout ce que vous aimez vient de lui. N'aimons pas les créatures sans tenir compte du Créateur, mais que la considération des créatures soit pour nous un motif de louer le Créateur. Je ne puis point vous montrer mon Dieu, mais je vous montre ses œuvres, je vous rappelle ce qu'il a fait : « Toutes choses ont été faites par lui. » Sans être nouveau, il a fait des choses nouvelles; éternel, il a fait des choses temporelles; immuable, il a fait des choses sujettes au changement. Considérez les œuvres, et louez celui qui en est l'auteur; croyez pour être purifié. Vous désirez le voir ? Ce désir est aussi légitime que son objet est grand; je ne puis qu'applaudir à ce désir. Vous voulez le voir ? « Heureux ceux qui ont le cœur pur, parce qu'ils verront Dieu. » (*Matth.*, v, 8.) Songez donc d'abord à purifier votre cœur, que ce soit là votre affaire essentielle; appliquez-vous sans relâche à cette œuvre. Celui que vous désirez voir est pur, mais l'œil avec lequel vous voulez le voir est impur. Vous vous représentez Dieu comme une lumière immense, infinie, semblable à celle qui éclaire vos yeux; vous multipliez à votre gré les espaces qu'elle remplit; vous lui assignez librement les limites qu'il vous plaît de lui fixer. Ce sont là les fantômes qui souillent votre cœur; il faut les bannir, il faut les rejeter. Il vous tombe de la terre dans les yeux, et vous me demandez de vous montrer la lumière? La première opération à faire doit être de nettoyer vos yeux. Or, voyez que de souillures dans votre cœur; l'avarice n'y est-elle pas à elle seule une grande impureté? Vous amassez ce que vous ne pourrez emporter avec vous. Ne savez-vous donc pas qu'en amassant ainsi, vous traînez des monceaux de boue dans votre cœur? Comment donc pourrez-vous voir celui que vous cherchez ?

Chapitre V. — *Dieu veut habiter dans un cœur pur. L'homme se rend l'esclave de l'avarice plutôt que de servir Dieu.* — 5. Vous m dites : Montrez-moi votre Dieu. Et moi je vous dis : Considérez un peu l'état de votre cœur. Montrez-moi votre Dieu, me dites-vous. Je vous le répète, considérez un peu l'état de votre cœur. Faites-en disparaître tout ce que vous y verrez qui peut déplaire à Dieu. Dieu veut venir en vous, écoutez Jésus-Christ lui-même : « Mon Père et moi, nous viendrons à lui, et nous ferons en lui notre demeure. » (*Jean*, xiv, 23.) Voilà ce que Dieu vous promet; si je vous promettais de venir dans votre maison, vous vous empresseriez de la rendre propre. Dieu veut venir dans votre cœur, et vous êtes

---

cat et per istum servum suum, conservis meis, servis suis. Dictum est tibi : « In principio erat Verbum. » Quærebas ubi esset, responsum est : « Verbum erat apud Deum. » Et ne verba contemneres ex consuetudine locutionis humanæ, audisti : « Deus erat Verbum. » Adhuc quæris qualis Deus? « Omnia per ipsum facta sunt. » Ama illum : quidquid amas, ab illo est. Non amemus creaturam, neglecto Creatore : sed attendamus creaturam, et laudemus creatorem. Non tibi possum ostendere Deum meum : ostendo quæ fecit, recolo quæ fecit. « Omnia per ipsum facta sunt. » Fecit nova non novus; fecit temporalia sempiternus; fecit mutabilia, qui nescit mutari. Facta inspice, lauda factorem : crede, ut munderis. Videre enim vis? Bonam rem, magnam rem vis : hortor, ut velis. Videre vis? « Beati mundo corde, quia ipsi Deum videbunt. » (*Matth.*, v, 8.) Prius ergo cogita de corde mundando : hoc habeto negotium, ad hoc te advoca, insta huic operi. Quod vis videre mundum est, immundum est unde vis videre. Cogitas Deum quasi aliquam istorum oculorum immensam vel multiplicem lucem, auges tibi spatia quanta vis : non ponis finem ubi non vis, ponis ubi vis. Phantasmata sunt ista cordis tui, immunditia est ista cordis tui. Tolle, abjice. Si terra tibi in oculum caderet, et velles ut ostenderem tibi lucem; prius tui oculi quærerent mundatorem. Tantum immunditiæ est in corde tuo : ibi avaritia non parva immunditia est. Congeris quod tecum non tollas. Nescis quia cum congeris, ad cor tuum lutum trahis? Unde videbis ergo quod quæris?

Caput V. — *Deus habitare vult in corde mundo. Avaritiæ homo servit, non Deo.* — 5. Tu mihi dicis : Ostende mihi Deum tuum. Ego tibi dico : Attende paululum ad cor tuum. Ostende, inquis, mihi Deum tuum. Attende, inquio, paululum ad cor tuum. Quidquid ibi vides quod displicet Deo, tolle inde. Venire ad te vult Deus, Dominum ipsum Christum audi : « Ego et Pater veniemus ad eum, et mansionem apud eum faciemus. » (*Joan.*, xiv, 23.) Ecce quid pro-

si négligent à le purifier pour le rendre digne de lui! Dieu n'aime pas à habiter avec l'avarice, avec cette femme immonde et insatiable, dont vous exécutiez servilement les ordres tout en cherchant à voir Dieu. Avez-vous rien fait de ce que Dieu vous commande? N'avez-vous pas fait, au contraire, tout ce que l'avarice vous a commandé? Qu'avez-vous fait de ce que Dieu vous a prescrit? Je vais vous montrer ce qu'il y a dans votre cœur, vous qui voulez voir Dieu. Je vous ai dit précédemment : Je puis bien le montrer, mais je ne sais à qui je pourrais le montrer. Je le répète : Qu'avez-vous fait de ce que Dieu vous a prescrit? Et quand l'avarice vous a commandé, avez-vous tardé un seul instant à lui obéir? Dieu vous a ordonné de vêtir celui qui est nu : ce commandement vous a fait frémir; l'avarice vous a commandé de dépouiller de ses vêtements celui qui en avait : vous lui avez obéi avec fureur. Si vous aviez fait ce que Dieu vous commandait, vous dirais-je que vous auriez en retour ceci ou cela? C'est Dieu lui-même que vous posséderiez. Si vous aviez fidèlement observé les commandements de Dieu, vous auriez Dieu lui-même pour récompense. Vous avez fait ce que l'avarice vous ordonnait, que vous reste-t-il? Je le sais; vous me direz que vous avez ce que vous avez enlevé. Ce que vous avez est donc le fruit du vol. Que pouvez-vous posséder réellement, après vous être perdu vous-même? Je possède, me dites-vous. Où est cet argent que vous possédez, où est-il, je vous le demande? Sans doute, dans une chambre, ou dans une bourse, ou dans un coffre; je ne veux pas en dire davantage. Quelque part que vous ayez cet argent, vous ne l'avez certainement pas avec vous. Vous vous imaginez l'avoir dans votre coffre : peut-être n'y est-il plus, et à votre insu; peut-être qu'en rentrant chez vous vous n'y trouverez point ce que vous y avez laissé. C'est votre cœur que je veux examiner, et vous demander ce que vous y possédez. Voilà que vous avez rempli votre coffre, mais vous avez mis votre conscience en lambeaux.

CHAPITRE VI. — Voulez-vous voir un homme rempli des véritables richesses? Apprenez à vous enrichir à son exemple. « Le Seigneur a donné, le Seigneur a ôté; il a été fait comme il a plu au Seigneur : que le nom du Seigneur soit béni. » (*Job*, I, 21.) Job avait perdu tout ce qu'il possédait. Où donc trouvait-il ces perles de louange qu'il offrait à Dieu?

Les ténèbres sont les convoitises et les œuvres de péché. — 6. Purifiez donc votre cœur, autant que vous le pouvez; que ce soit là tout votre objet, toute votre occupation. Et si vous voulez que Dieu purifie lui-même le lieu qu'il doit habiter, priez-le, suppliez-le, humiliez-vous devant lui. Vous ne comprenez pas cette sublime doctrine : « Au commencement était le Verbe, et le Verbe était en Dieu, et le Verbe était Dieu. C'est lui qui, au commencement, était en Dieu. Toutes choses ont été faites par lui, et sans lui rien n'a été fait de ce qui a été fait. Ce qui a été fait était

mittit Deus. Si ego promitterem venturum me in domum tuam, mundares eam : Deus in cor tuum venire vult, et piger es ei domum mundare? Non amat habitare cum avaritia, cum muliere immunda et insatiabili, cui tu jubenti serviebas, et Deum videre quærebas. Quid fecisti, quod Deus jussit? Quid non fecisti, quod avaritia jussit? Quid fecisti, quod Deus jussit? Ego ostendo quid habitet in corde tuo, qui vis videre Deum. Hoc enim dixeram : Est quod ostendere, sed cui non est. Quod Deus jussit, quid fecisti? Quod avaritia jussit, quid distulisti? Jussit Deus ut nudum vestires, tremuisti : jussit avaritia ut vestitum exspoliares, insanisti. Si fecisses quod Deus jussit, quid tibi dicam, haberes illud et illud? Ipsum Deum haberes. Si fecisses quod Deus jussit, Deum haberes. Fecisti quod avaritia jussit, quid habes? Scio, dicturus es mihi : Habeo quidquid abstuli. Ergo auferendo habes. Habes aliquid apud te, qui perdidisti te? Habeo, inquis. Ubi, ubi, rogo te? Certe aut in cubiculo, aut in saccello, aut in arca : nolo amplius dicere. Ubicumque habes, modo certe tecum non habes. Certe modo cogitas in arca te habere : forte periit, et nescis; forte cum redis; non invenis quod dimisisti. Cor tuum quæro : ibi quid habeas, interrogo. Ecce implesti arcam tuam, et fregisti conscientiam tuam.

CAPUT VI. — Vide plenum : disce esse plenus. « Dominus dedit, Dominus abstulit; sicut Domino placuit, ita factum est : sit nomen Domini benedictum. » (*Job*, I, 21.) Nempe omnia perdiderat. Unde ergo istas gemmas laudis Domino proferebat.

Tenebræ cupiditates et opera mala. — 6. Munda ergo cor, quantum potes : id age, id operare. Et ut ille mundet ubi maneat, roga, supplica, humiliare. Non capis : « In principio erat Verbum, et Verbum erat apud Deum, et Deus erat Verbum : hoc erat in principio apud Deum. Omnia per ipsum facta sunt, et sine ipso factum est nihil. Quod factum est in ipso vita

vie en lui, et la vie était la lumière des hommes. Et la lumière luit dans les ténèbres, et les ténèbres ne l'ont point comprise. » (*Jean*, I, 1, etc.) Voilà pourquoi vous ne comprenez point. « La lumière luit dans les ténèbres, et les ténèbres ne l'ont point comprise. » Quelles sont ces ténèbres ? Les œuvres mauvaises. Quelles sont ces ténèbres ? Les convoitises coupables, l'orgueil, l'avarice, l'ambition, l'envie. Tous ces vices sont autant de ténèbres qui vous empêchent de voir et de comprendre. La lumière luit dans les ténèbres, mais donnez-moi quelqu'un pour la comprendre.

Dieu, en se faisant homme, reste toujours Dieu. — 7. Examinez donc si vous pourriez comprendre de quelque manière ces paroles : « Le Verbe s'est fait chair, et il a habité parmi nous. » Par Jésus-Christ comme homme, vous parvenez jusqu'à Jésus-Christ comme Dieu ; Dieu est bien élevé au-dessus de vous, mais ce Dieu s'est fait homme. Ce qui était si loin de vous, l'incarnation l'a rapproché de vous ; en Dieu est le séjour éternel où vous devez demeurer ; l'homme est la voie qui doit vous conduire. Le même Christ est à la fois le chemin et le terme où il aboutit. Il est donc le Verbe fait chair, et il a habité parmi nous. Il a pris ce qu'il n'était pas, mais sans perdre ce qu'il était. On voyait l'homme en lui ; la divinité restait cachée. L'homme a été mis à mort, et la divinité outragée ; mais l'homme est ressuscité, et la divinité s'est manifestée avec éclat. « Réfléchissez aux grandes choses qu'il a faites comme Dieu, aux cruels tourments qu'il a soufferts comme homme. Il a été mis à mort, mais non dans sa nature divine ; et, toutefois, c'est le Christ qui a été mis à mort. Car Dieu et l'homme n'étaient pas en lui deux personnes ; autrement, au lieu d'une trinité, nous aurions une espèce de quaternité. L'homme est homme, et Dieu est Dieu ; mais le Christ est tout à la fois Dieu et homme, la nature divine et la nature humaine ne font qu'un seul Christ. De même que vous avez comme homme un corps et une âme, ainsi Jésus-Christ, pris dans son ensemble, est Homme-Dieu. Ainsi donc, la personne du Christ comprend la chair, l'âme et la divinité.

CHAPITRE VII. — *Dieu et l'homme, dans le Christ, ne font qu'une seule personne.* — Notre-Seigneur lui-même parle tantôt de sa divinité, tantôt de son âme, tantôt de son corps ; mais ces trois choses appartiennent à la personne de Jésus-Christ. Que dit-il comme Dieu ? « Comme le Père a la vie en soi, ainsi a-t-il donné au Fils d'avoir la vie en soi. » (*Jean*, V, 26.) « Quelque chose que le Père fasse, le Fils aussi le fait comme lui. » (*Ibid.*, 19.) « Mon Père et moi nous sommes un. » (*Jean*, X, 30.) Que dit Jésus-Christ, en parlant de son âme ? « Mon âme est triste jusqu'à la mort. » (*Matth.*, XXVI, 38.)

---

erat ; et vita erat lux hominum : et lux in tenebris lucet, et tenebræ eam non comprehenderunt. » (*Joan.*, I, 1, etc.) Ecce quare non capis. « Lux in tenebris lucet, et tenebræ eam non comprehenderunt. » Quæ sunt tenebræ, nisi opera mala ? Quæ sunt tenebræ, nisi cupiditates malæ, superbia, avaritia, ambitio, invidentia ? Omnia ista tenebræ sunt : ideo non comprehendis. Nam lux lucet in tenebris : sed da qui comprehendat.

Deus homo factus manet semper Deus. — 7. Vide ergo, ne forte hoc quomodocumque possis accipere : « Verbum caro factum est, et habitavit in nobis. » Per hominem Christum tendis ad Deum Christum. Multum est ad te Deus : sed homo factus est Deus. Quod longe erat a te, per hominem factum est juxta te. Ubi maneas, Deus est : qua eas, homo est. Idem ipse Christus, et qua eas et quo eas. Ipse ergo « Verbum caro factum est, et habitavit in nobis. » Assumpsit quod non erat, non amisit quod erat. Apparebat homo, et latebat Deus. Occisus est homo, et offensus est Deus : sed resurrexit homo, et inventus est Deus. Cogita ergo quanta fecit ut Deus, quanta passus est ut homo. Occisus est, sed non in divinitate : ipse Christus occisus est. Non enim duo, Deus et homo, ut jam non faciamus vel noverimus Trinitatem, sed quaternitatem. Homo quidem homo, et Deus Deus ; sed totus Christus homo et Deus : ipse ergo Christus homo et Deus. Quomodo tu homo corpus et animus : sic totus Christus homo et Deus. Ergo totus Christus, caro, anima, et Deus.

CAPUT VII. — *Una persona Deus et homo in Christo.* — Idem ipse aliquid dicit, quod ad Deum pertinet ; aliquid dicit, quod ad animam pertinet ; aliquid dicit, quod ad carnem pertinet : totum ad Christum pertinet. Quid dicit ut Deus ? « Sicut Pater habet vitam in semetipso, sic dedit Filio habere vitam in semetipso. » (*Joan.*, V, 26.) « Quæcumque Pater facit, hæc eadem et Filius facit similiter. » (*Ibid.*, 19.) « Ego et Pater unum sumus. » (*Joan.*, X, 30.) Quid dicit Christus secundum animam suam ? « Tristis est anima mea usque ad mortem. » (*Matth.*, XXVI, 38.) Quid dicit Christus secundum carnem ? « Solvite

Que dit-il, enfin, qui ait rapport à sa chair? « Détruisez ce temple, et dans trois jours je le relèverai. » (*Jean*, II, 19.) « Touchez et voyez qu'un esprit n'a ni chair ni os, comme vous voyez que j'en ai. » (*Luc*, XXIV, 39.) Voilà les trésors de la sagesse et de la science.

CHAPITRE VIII. — *Le double précepte de la charité peut être accompli à l'égard de Jésus-Christ.* — 8. Toute la loi, nous le savons, se résume dans ces deux préceptes : « Vous aimerez le Seigneur votre Dieu de tout votre cœur, de toute votre âme, de tout votre esprit, et vous aimerez votre prochain comme vous-même. Ces deux commandements renferment toute la loi et les prophètes. » (*Matth.*, XXII, 37, etc.) En Jésus-Christ vous trouvez tout cela réuni. Voulez-vous aimer votre Dieu? Vous le trouvez en Jésus-Christ : « Au commencement était le Verbe, et le Verbe était en Dieu, et le Verbe était Dieu. » Voulez-vous aimer votre prochain? Vous l'avez en Jésus-Christ : « Le Verbe s'est fait chair, et il a habité parmi nous. »

CHAPITRE IX. — *Il faut s'appliquer à la pratique des bonnes œuvres. Outre les grands crimes, il y a des péchés qui sont moins graves.* — 9. Demandons à Dieu de nous purifier par sa grâce, de nous purifier par son puissant secours et par ses consolations. Mes frères, je vous conjure par lui et en lui de devenir riches en bonnes œuvres, de multiplier les actes de miséricorde, de générosité, de bonté. Pardonnez sans tarder les offenses qui vous sont faites. Ne conservez point de colère contre votre frère, pour ne point fermer tout accès à votre prière auprès de Dieu. Toutes ces recommandations nous sont nécessaires tant que nous sommes dans ce monde, car, même en avançant dans la vertu et en vivant dans la justice, nous ne pouvons être ici-bas sans péché. Il ne faut point, en effet, regarder comme seuls péchés ceux qu'on appelle des crimes, tels que les adultères, les fornications, les sacriléges, les vols, les rapines, les faux témoignages : ce ne sont pas là les seuls péchés. Vous regardez ce qu'il vous est interdit de regarder : c'est un péché; vous écoutez volontiers ce que vous ne devez point entendre : c'est un péché; vous arrêtez votre pensée sur un objet défendu : c'est un péché.

CHAPITRE X. — *Remèdes quotidiens.* — 10. Mais Notre-Seigneur, après le bain de la régénération, nous a donné contre ces péchés d'autres remèdes de tous les jours. Nous avons, dans l'Oraison dominicale, un moyen de nous purifier chaque jour. Disons, et disons en toute sincérité, car c'est là une véritable aumône : « Remettez-nous nos dettes, comme nous les remettons à ceux qui nous doivent. » (*Matth.*, VI, 12.) « Donnez l'aumône, et tout sera pur pour vous. » (*Luc*, XI, 41.) Rappelez-vous, mes

---

templum hoc, et in triduo suscitabo illud. » (*Joan.*, II, 19.) « Palpate et videte, quia spiritus carnem et ossa non habet, sicut me videtis habere. » (*Luc.*, XXIV, 39.) Hæc sunt thesauri sapientiæ et scientiæ.

CAPUT VIII. — *Præceptum utrumque dilectionis erga Christum impletur.* — 8. Certe tota Lex in duobus præceptis pendet : « Diliges Dominum Deum tuum ex toto corde tuo, et ex tota anima tua, et ex tota mente tua ; et diliges proximum tuum tanquam te ipsum. In his duobus præceptis tota Lex pendet et Prophetæ. » (*Matth.*, XXII, 37, etc.) In Christo habes totum. Deum tuum vis diligere? Habes in Christo : « In principio erat Verbum, et Verbum erat apud Deum, et Deus erat Verbum. » Proximum vis diligere? Habes in Christo : « Verbum caro factum est, et habitavit in nobis. »

CAPUT IX. — *Bona opera frequentanda. Peccata, præter crimina, sunt alia minora.* — 9. Mundet nos gratia sua : mundet nos opitulationibus et consolationibus suis. Fratres mei, per ipsum et in ipso obsecro vos, in bonis operibus abundetis, in misericordia, benignitate, bonitate. Cito dimittite quod in vos peccatur. Nemo teneat iram adversus alium, ne intercludat sibi orationem ad Deum. Hæc enim omnia, quia in hoc sæculo sumus, quia etsi proficimus, etsi juste vivimus, sine peccato hic non vivimus. Non enim peccata sola sunt illa quæ crimina nominantur, adulteria, fornicationes, sacrilegia, furta, rapinæ, falsa testimonia : non ipsa sola peccata sunt. Attendere aliquid quod non debeas, peccatum est : audire aliquid libenter, quod audiendum non fuit, peccatum est : cogitare aliquid, quod non fuit cogitandum, peccatum est.

CAPUT X. — *Remedia quotidiana.* — 10. Sed dedit Dominus noster post illud lavacrum regenerationis alia quotidiana remedia. Quotidiana nostra mundatio, Dominica oratio. Dicamus, et verum dicamus, quia et ipsa eleemosyna est : « Dimitte nobis debita nostra, sicut et nos dimittimus debitoribus nostris. » (*Matth.*, VI, 12.) « Date eleemosynas, et omnia munda sunt vobis. » (*Luc.*, XI, 41.) Mementote, Fratres, ad dexteram staturis quid dicturus est. Non dicet : Illa

frères, ce que le Sauveur doit dire un jour à ceux qui seront à sa droite. Il ne leur dira point : Vous avez fait telles et telles actions d'éclat, mais : « J'ai eu faim, et vous m'avez donné à manger. » Il ne dira pas non plus à ceux qui seront à sa gauche : Vous avez commis tels et tels grands crimes, mais : « J'ai eu faim, et vous ne m'avez pas donné à manger. » (*Matth.*, XXV, 35, etc.) Les uns recevront, comme récompense de leurs aumônes, la vie éternelle, et les autres, comme châtiment de leur stérilité à l'égard des pauvres, le feu éternel. Choisissez aujourd'hui ou la droite ou la gauche. Car, je vous le demande, quel espoir de salut restera-t-il à celui qui tombe si souvent malade, et qui néglige d'user des remèdes qui lui sont offerts ?

CHAPITRE XI. — *Les péchés légers deviennent accablants par leur multitude.* — Mais ce sont des maladies légères ? Elles n'en sont pas moins accablantes par leur multitude. Voyez combien de choses légères, qui ne laissent pas d'être un poids écrasant. Quoi de plus léger que les gouttes de pluie ? Ce sont elles qui remplissent les fleuves. Quoi de plus petit que les grains de froment ? Ils comblent les greniers. Vous ne considérez que la légèreté de ces fautes, et vous ne faites pas attention à leur multitude. Vous savez bien vous rendre compte de leur gravité : comptez-les, si vous pouvez. Cependant, Dieu vous a donné contre ces péchés un remède de tous les jours.

CHAPITRE XII. — 11. Qu'elle est grande, la miséricorde de Celui qui est monté au plus haut des cieux, et qui a réduit en captivité la captivité elle-même ! (*Ps.* LXVII, 19.) Comment a-t-il réduit en captivité la captivité elle-même ? Il a tué la mort. La captivité est devenue captive, la mort a reçu le coup de la mort. Quoi donc ? Est-ce la seule chose qu'ait faite le Sauveur, de monter au plus haut des cieux, et de réduire en captivité la captivité ? Il nous a donc abandonnés ? « Voici que je suis avec vous jusqu'à la consommation des siècles. » (*Matth.*, XXVIII, 20.) Considérez donc ce qu'ajoute le Psalmiste : « Il a répandu ses dons sur les hommes. » Que la piété ouvre et élargisse votre sein, pour recevoir le don précieux de la félicité.

SERMON CCLXII.

IIe *pour le jour de l'Ascension de Notre-Seigneur.*

Prononcé dans la basilique de saint Léontius.

CHAPITRE PREMIER. — 1. Notre-Seigneur Jésus-Christ, Fils unique du Père et coéternel à Celui qui l'engendre, invisible comme lui, immuable comme lui, tout-puissant comme lui, Dieu comme lui, vous le savez, vous l'avez appris et vous le croyez, s'est fait homme, en prenant la nature humaine, sans perdre sa nature divine ; il a voilé sa puissance, et n'a laissé paraître que sa faiblesse ; il est né, vous le savez encore, pour nous donner une nouvelle naissance ; il est

et illa magna fecistis : sed : « Esurivi, et dedistis mihi manducare. » Ad sinistram staturis non est dicturus : Illa et illa mala fecistis : sed : « Esurivi, et non dedistis mihi manducare. » (*Matth.*, XXV, 35, etc.) Illi pro eleemosyna, in vitam æternam : isti propter sterilitatem, in ignem æternum. Modo eligite aut dexteram aut sinistram. Nam rogo vos, quam habere poterit spem salutis piger in remediis, creber in morbis ?

CAPUT XI. — *Minora peccata multitudine obruunt.* — Sed parvi morbi sunt ? Congerie premunt. Minora peccata sunt quæ habeo. Non sunt multa ? Nam quomodo minora sunt, quæ premunt, obruunt : quid minutius pluviæ guttis ? Flumina implent. Quid minutius granis tritici ? Horrea implent. Tu attendis quia minora sunt, et non attendis quia multa sunt. Attendere nosti : numera si potes. Sed plane quotidianum remedium dedit Deus.

CAPUT XII. — 11. Magna misericordia ejus qui « ascendit in altum, et captivavit captivitatem. » (*Psal.* LXVII, 19.) Quid est, « captivavit captivitatem ? » Occidit mortem. Captivitas captivata est : mors mortua est. Quid ergo ? Hoc solum fecit qui « ascendit in altum, et captivavit captivitatem ? » Ergo dimisit nos ? « Ecce ego vobiscum sum usque in consummationem sæculi. » (*Matth.*, XXVIII, 20.) Ergo illud attende : « Dedit dona hominibus. » Aperi sinum pietatis, excipe donum felicitatis.

SERMO CCLXII [a].

In die Ascensionis Domini, II.

CAPUT PRIMUM. — 1. Dominus Jesus, Patris unigenitus et gignenti coæternus, pariter invisibilis, pariter immutabilis, pariter omnipotens, pariter Deus, propter nos, ut nostis, et accepistis, et tenetis, factus est homo, forma assumpta humana, non amissa divina : potens occultus, infirmus manifestus ; sicut

(a) Alias de Diversis XIII.

mort pour nous sauver de la mort éternelle. Il est ressuscité aussitôt après, c'est-à-dire le troisième jour, et nous a promis de nous ressusciter à la fin des siècles. Il s'est manifesté aux yeux de ses disciples, et leur a présenté son corps à toucher, pour les convaincre ainsi de ce qu'il s'était fait dans le temps, sans rien perdre de ce qu'il est dans l'éternité. Il a passé quarante jours avec eux, comme vous l'avez appris, vivant, mangeant et buvant avec eux, non plus par besoin, mais uniquement par un effet de sa puissance, les persuadant de la réalité de sa chair, réduite à la faiblesse sur la croix, et sortie du tombeau pleine d'immortalité.

CHAPITRE II. — *Solennité de saint Léontius.* — 2. Nous célébrons donc aujourd'hui le mystère de son ascension. Mais cette solennité coïncide avec une autre fête particulière à cette Eglise. C'est aujourd'hui l'anniversaire de la mort de saint Léontius, fondateur de cette basilique. Mais que la simple étoile permette au soleil de l'éclipser. Nous allons donc vous parler du Seigneur, comme nous avons commencé. Un bon serviteur ne peut que se réjouir des louanges qu'on donne à son Maître.

CHAPITRE III. — *La solennité de l'Ascension et la foi à ce mystère sont répandues par toute la terre.* — 3. C'est donc en ce jour, c'est-à-dire le quarantième après sa résurrection, que Notre-Seigneur est monté au ciel. Nous ne l'avons pas vu, mais nous devons le croire. Ceux qui en ont été les témoins l'ont publié et ont rempli toute la terre de leurs prédications. Vous connaissez ces témoins qui nous ont appris ce qu'ils avaient vu, et de qui le Psalmiste avait prédit : « Il n'est point de discours, point de langage dans lequel on n'entende leur voix. Son éclat s'est répandu dans tout l'univers, et leurs paroles ont retenti jusqu'aux extrémités de la terre. » (*Ps.* XVIII, 4, 5.) Elles sont donc parvenues jusqu'à nous, et nous ont fait sortir de notre sommeil. C'est ainsi que ce jour est célébré avec solennité dans l'univers entier.

CHAPITRE IV. — *L'ascension de Jésus-Christ avait été prédite.* — 4. Rappelez-vous le psaume que nous avons chanté. A qui est-il dit : « Elevez-vous, ô Dieu, au-dessus des cieux ? » (*Ps.* LVI, 12.) A qui s'adresse cette invitation ? Est-ce à Dieu le Père que le Psalmiste dirait : « Elevez-vous ? » Mais il n'a jamais été abaissé. « Elevez-vous donc, » vous qui avez été renfermé dans le sein de votre mère, vous qui avez été formé dans les entrailles de celle que vous avez formée, vous qui avez été couché dans une crèche, vous qui, comme un petit enfant, avez puisé à la mamelle cette douce portion de sang destinée à vous nourrir; vous qui portez le monde, et qui étiez porté dans les bras de votre mère ; vous que le

---

nostis, natus est, ut renasceremur; mortuus est, ne nos in æternum moreremur. Ille continuo, id est die tertio, resurrexit : nobis resurrectionem carnis in fine promisit. Exhibuit se discipulorum oculis videndum, manibusque tractandum; persuadens quod factus erat, non auferens quod semper erat. Conversatus est cum eis diebus quadraginta, sicut audistis, intrans et exiens, manducans et bibens; non jam indigentia, sed totum potentia : et manifestans eis carnis veritatem, in cruce infirmitatem, a sepulcro immortalitatem.

CAPUT II. — *Sancti Leontii solemnitas.* — 2. Hodiernum ergo diem ascensionis ipsius celebramus. Occurrit autem huic Ecclesiæ (*a*) alia vernacula solemnitas. Conditoris basilicæ hujus sancti Leontii hodie depositio est. Sed dignetur obscurari stella a sole. Ergo de Domino potius, quod cœperamus, loquamur. Laudet bonus servus, quando laudatur Dominus.

CAPUT III. — *Ascensionis fides et celebritas per totum orbem.* — 3. Hodierno ergo die, hoc est, quadragesimo post resurrectionem suam, Dominus ascendit in cœlum. Non vidimus : sed credamus. Qui viderunt prædicaverunt, et orbem terrarum impleverunt. Scitis qui viderunt, et qui nobis indicaverunt : de quibus prædictum est : « Non sunt loquelæ neque sermones, quorum non audiantur voces eorum. In omnem terram exiit sonus eorum, et in fines orbis terræ verba eorum. » Ergo et ad nos venerunt, et nos de somno excitaverunt. Ecce celebratur hodiernus dies toto orbe terrarum.

CAPUT IV. — *Ascensionis Christi prophetia.* — 4. Recolite Psalmum. Cui dictum est : « Exaltare super cœlos Deus ? » (*Psal.* LVI, 12.) Cui dictum est ? Numquid Deo Patri diceretur : « Exaltare, » qui nunquam est humiliatus ? Exaltare tu : tu qui fuisti in ventre matris inclusus; tu qui in illa factus es, quam fecisti ; tu qui in præsepi jacuisti; tu qui ubera tanquam parvulus in (*b*) vena carnis suxisti ; tu qui portans mundum, portabaris a matre : tu quem Si-

---

(*a*) Editi, *a tabernaculo*. Verius Germ. Ms. *vernacula*. Eodem significatu hanc vocem adhibuerat Cicero in lib. IX, 15, ad Pætum, *antiquæ et vernaculæ festivitatis*. De illa autem Leontii Hipponensis episcopi solemnitate Augustinus in epist. XXIX. — (*b*) Floriacensis Ms. *in vera carne*.

vieillard Siméon a reconnu sous les dehors de l'enfance, et dont il a célébré les grandeurs; vous que la pieuse veuve Anne a vu prendre le sein, et dont elle a reconnu la toute-puissance; vous qui vous êtes assujetti pour nous à la faim, à la soif, à la fatigue; (car le pain peut-il avoir faim, la source être altérée de soif, la voie être fatiguée?) vous qui avez voulu souffrir toutes ces épreuves par amour pour nous; vous qui avez dormi, et qui, cependant, ne sommeillez jamais en gardant Israël; vous, enfin, que Judas a vendu, que les Juifs ont acheté et n'ont point possédé, vous dont ils se sont emparé, qui avez été chargé de chaînes, flagellé, couronné d'épines, attaché à la croix, percé d'une lance; vous qui êtes mort et avez été enseveli. « Elevez-vous, ô Dieu, au-dessus des cieux. »

Chapitre V. — Elevez-vous, lui dit-il, élevez-vous au-dessus des cieux, parce que vous êtes Dieu. Asseyez-vous sur le trône des cieux, vous qui avez été attaché à une croix. Nous vous attendons comme juge, vous qui avez été attendu lorsque vous êtes venu pour être jugé. Comment croire ce mystère sans croire à la toute-puissance de Celui qui relève le pauvre de la poussière, et l'indigent de son fumier? (*Ps.* cxii, 7.) Il a lui-même relevé sa chair couverte des livrées de la pauvreté, pour la faire asseoir entre les princes de son peuple, avec lesquels il doit venir juger les vivants et les morts. Il a placé cette chair, autrefois si pauvre, au milieu de ceux à qui il a dit : « Vous serez assis sur douze trônes, jugeant les douze tribus d'Israël. » (*Matth.*, xix, 28.)

Chapitre VI. — 5. « Elevez-vous donc, ô Dieu, au-dessus des cieux. » Il s'est élevé, c'est maintenant un fait accompli. Cet événement que le Prophète prédisait en ces termes : « Elevez-vous, ô Dieu, » nous ne l'avons pas vu, et nous le croyons. Mais nous voyons de nos yeux l'accomplissement de ce qui suit : « Elevez-vous au-dessus des cieux, ô Dieu, et que votre gloire éclate sur toute la terre. » Que celui qui ne voit pas de ses yeux le second événement ne croie pas le premier. Que signifient, en effet, ces paroles : « Et que votre gloire éclate sur toute la terre? » C'est-à-dire qu'on voie s'étendre sur toute la terre votre Eglise, cette auguste mère de famille, votre fiancée, votre bien-aimée, votre colombe, votre épouse. C'est elle qui est votre gloire. « L'homme, dit l'Apôtre, ne doit point se couvrir la tête, parce qu'il est l'image et la gloire de Dieu, au lieu que la femme est la gloire de l'homme. » (I *Cor.*, xi, 7.) Or, si la femme est la gloire de l'homme, l'Eglise est la gloire de Jésus-Christ (1).

(1) Ce sermon, dans le manuscrit de l'abbaye de Fleury, se trouve augmenté de ce qui suit : « C'est la sainte Eglise catholique répandue par tout l'univers. Elle est la moisson qui croît et se développe au milieu de l'ivraie. Jetez sur elle un regard du haut des cieux, puisque pour elle vous avez souffert tant d'outrages sur la croix. Les Juifs vous ont tourné en dérision, et vous avez prié pour eux sur la croix. Telle a été la récompense de ceux qui vous ont persécuté. Que donnerez-vous donc à ceux qui ont cru en vous, et à qui vous avez daigné faire

meon senex parvulum agnovit, magnumque laudavit : tu quem vidua Anna vidit sugentem, et cognovit omnipotentem : tu qui esuristi propter nos, sitisti propter nos, fatigatus es in via propter nos : (Numquid esurit panis, aut sitit fons, aut fatigatur via?) tu qui omnia ista pertulisti propter nos : tu qui dormisti, et tamen non dormitas, custodiens Israel : postremo, tu quem vendidit Judas, quem Judæi emerunt, et non possederunt : tu apprehense, ligate, flagellate, spinis coronate, in ligno suspense, lancea percusse, tu mortue, tu sepulte : « Exaltare super cœlos Deus. »

Caput V. — Exaltare, inquit, exaltare super cœlos, quia Deus es. Sede in cœlo, qui pependisti in ligno. Judex exspectaris venturus, qui exspectatus es judicatus. Quis ista credat, nisi illo faciente, qui erigit de terra inopem, et de stercore exaltat pauperem. (*Psal.* cxii, 7.) Ille ipse inopem carnem suam erigit, et collocat eam cum principibus populi sui, cum quibus judicaturus est vivos et mortuos. Cum eis collocavit hanc inopem carnem, quibus dicit : « Sedebitis super duodecim sedes, judicantes duodecim tribus Israel. » (*Matth.*, xix, 28.)

Caput VI. — 5. « Exaltare, » ergo « super cœlos Deus. » Jam factum est, jam impletum est. Sed dicimus : Quomodo futurum prædictum est : « Exaltare super cœlos Deus; » non vidimus, sed credimus : ecce ante oculos nostros est quod sequitur : « Exaltare super cœlos Deus, et super omnem terram gloria tua. » Non credat illud, qui non videt istud. Quid est enim : « Et super omnem terram gloria tua? » nisi, super omnem terram Ecclesia tua, super omnem terram (a) matrona tua, super omnem terram sponsa tua, dilecta tua, columba tua, conjux tua. Ipsa est gloria tua. « Vir quidem, » ait Apostolus, « non debet velare caput, cum sit imago et gloria Dei : mulier autem gloria viri. » (I *Cor.*, xi, 7.) Si mulier gloria viri, Ecclesia gloria Christi.

(a) Floriacensis Ms. non habet : *super omnem terram matrona tua.*

SERMON CCLXIII.

IIIe pour le jour de l'Ascension de Notre-Seigneur.

La glorification et la victoire de Jésus-Christ ont reçu leur parfait accomplissement de sa résurrection et de son ascension. Jésus-Christ est tout à la fois un lion et un agneau. Le démon est aussi un lion. Quels sont ses piéges. — 1. La résurrection et l'ascension de Notre-Seigneur Jésus-Christ ont fait briller sa gloire dans tout son éclat. Nous avons célébré sa résurrection le dimanche de Pâques, nous célébrons aujourd'hui son ascension. Ces deux jours sont pour nous des jours de fête. En effet, le Sauveur est ressuscité pour nous donner dans sa personne un exemple de notre résurrection, et il est monté aux cieux pour nous couvrir de sa protection. Notre-Seigneur Jésus-Christ est donc notre Sauveur, et lorsqu'il a d'abord été attaché à la croix, et maintenant qu'il est assis au plus haut des cieux. Sur la croix, il a payé notre rançon : dans le ciel où il est assis, il rassemble ceux qu'il a rachetés. Lorsqu'il aura rassemblé tous ceux qu'il recueille dans la succession des siècles, il viendra lui-même à la fin des temps et comme il est écrit : « Dieu viendra manifestement. » (*Ps.* XLIX, 3.) Il ne viendra plus, comme la première fois, en voilant sa majesté, mais, comme dit le Prophète, « il viendra dans tout son éclat. » Il devait voiler sa majesté, afin de pouvoir être jugé; mais il viendra dans tout l'éclat de sa gloire pour juger le monde. S'il était venu la première fois environné de puissance et de gloire, qui aurait osé le juger? En effet, n'est-ce point l'apôtre saint Paul qui a dit : « S'ils l'avaient connu, jamais ils n'auraient crucifié le Seigneur de la gloire? » (I *Cor.*, II, 8.) Mais, s'il n'avait pas été mis à mort, la mort n'aurait pas été détruite. Le démon a été vaincu dans son triomphe. Il avait tressailli de joie, lorsqu'il eut précipité dans la mort le premier homme, qu'il avait séduit. C'est en trompant le premier homme qu'il lui avait donné la mort, c'est en donnant la mort au second Adam qu'il a vu le premier s'échapper de ses filets. Notre-Seigneur Jésus-Christ a donc remporté la victoire lorsqu'il est ressuscité et monté au ciel, et alors s'est accomplie cette prédiction que vous avez entendue dans la lecture de l'Apocalypse : « Le lion de la

cette promesse : Vous recevrez la vertu du Saint-Esprit venant sur vous, et vous serez témoins pour moi? Où? Dans Jérusalem, où j'ai été mis à mort. Dans Jérusalem, ce n'est pas assez. Vous n'avez pas payé une rançon si élevée pour acheter si peu. La ville de Jérusalem est un espace trop resserré pour votre nom; ajoutez donc : « Et dans toute la Judée et la Samarie, et jusqu'aux extrémités de la terre. » Vous êtes parvenu aux confins de la terre, pourquoi n'avez-vous pu mettre fin à toutes les disputes? Que personne ne vienne me dire : Il est ici. Que toute parole humaine se taise, que la voix de Dieu seule se fasse entendre dans Jérusalem, dans toute la Judée, dans la Samarie, et jusqu'aux extrémités de la terre. Notre-Seigneur nous recommande ainsi son Eglise, à nous ses serviteurs venus en dernier lieu. Il recommande la mère à ses enfants, car il a prévu les contestations et les querelles de ses fils dénaturés. Il a vu par avance ces hommes qui se partageaient un bien qui ne leur appartenait point. Pourquoi donc ne diviseraient-ils pas ce qu'ils n'ont pas légitimement acquis? Voilà donc, comme je l'ai dit, mes très-chers frères, la sainte Eglise catholique, qui s'étend partout, qui reste toujours vierge, et qui ne cesse d'enfanter. » Ces réflexions se relient assez bien à ce qui précède, et sont assez en rapport avec le genre de saint Augustin; mais elles ont été probablement tirées d'autres traités, car nous les retrouvons à peu d'exceptions près dans le sermon CCLXV.

SERMO CCLXIII (a).
De Ascensione Domini, III.

Glorificatio et victoria Christi completa est resurrectione et ascensione. Christus, leo, et agnus. Diabolus, leo. Muscipula diaboli. — 1. Glorificatio Domini nostri Jesu Christi resurgendo et ascendendo completa est. Resurrectionem ipsius Paschæ Dominico celebravimus : ascensionem hodie celebramus. Festus nobis dies uterque. Ideo enim resurrexit, ut nobis exemplum resurrectionis ostenderet : et ideo ascendit, ut nos de super protegeret. Habemus ergo Dominum et Salvatorem nostrum Jesum Christum prius pendentem in ligno, nunc sedentem in cœlo. Pretium nostrum dedit, cum penderet in ligno : colligit quod emit, cum sedet in cœlo. Cum enim omnes collegerit, quos utique per tempora colliget, in fine temporis veniet, et quomodo scriptum est : « Deus manifestus veniet : » (*Psal.* XLIX, 3) non quemadmodum primitus venit occultus, sed sicut dictum est, manifestus. Occultum enim oportebat eum venire, ut judicaretur : manifestus autem veniet, ut judicet. Si enim prius manifestus venisset, judicare manifestum quis auderet? Quando quidem dicit apostolus Paulus : « Si enim cognovissent, nunquam Dominum gloriæ crucifixissent. » (I *Cor.*, II, 8.) Sed si ille non occideretur, mors non moreretur. Trophæo suo diabolus victus est. Exsultavit enim diabolus, quando primum hominem seducendo dejecit in mortem. Seducendo primum hominem, occidit : occidendo novissimum, primum de laqueis perdidit. Facta est ergo victoria Domini nostri Jesu Christi, cum resurrexit et ascendit in cœlum ; et impletum est quod audistis, cum Apocalypsis legeretur : « Vicit leo de tribu Juda. » (*Apoc.*, v, 5.) Ipse leo dictus est, qui agnus occisus est : leo propter fortitudinem, agnus propter inno-

(a) Alias de Tempore CLXXIV, et de Diversis XC.

tribu de Juda a remporté la victoire. » (*Apoc.*, v, 5.) On lui donne ici le nom de lion, et il a été immolé comme un agneau; il est lion par sa force, agneau par son innocence : lion, parce qu'il est invincible; agneau, parce qu'il est plein de douceur. Et ce même agneau mis à mort a vaincu par sa mort le lion qui rode autour de nous pour nous dévorer. Car le démon est aussi appelé lion, non pour sa force, mais à cause de sa cruauté. Voici, en effet, ce que nous dit l'apôtre saint Pierre : « Soyez vigilants contre les tentations, car le démon, votre ennemi, tourne autour de vous, cherchant quelqu'un à dévorer. » Et il nous explique comment il rôde : « Il rôde autour de vous comme un lion rugissant, cherchant quelqu'un à dévorer. » Qui ne tomberait sous les dents de ce lion, s'il n'avait été vaincu par le lion de la tribu de Juda? Le lion a attaqué le lion, l'agneau a combattu contre le loup. Le démon a tressailli d'allégresse à la mort de Jésus-Christ, et cette mort a détruit son empire; elle a été pour lui comme une amorce dans un piége. Il se réjouissait de cette mort, comme étant le roi de la mort. Cette mort qui le remplissait de joie a été pour lui un piége. Le piége du démon, c'est la croix du Seigneur; l'hameçon auquel il s'est laissé prendre, c'est la mort du Sauveur. Où est la mort qu'on a vue suspendue à la croix? Où sont les insultes des Juifs? Que sont devenus l'orgueil, l'arrogance de ceux qui branlaient la tête devant la croix, et disaient : « S'il est le Fils de Dieu, qu'il descende de la croix? » (*Matth.*, XXVII, 40.) Il a fait plus que ces insulteurs ne demandaient. N'a-t-il pas fait plus, en sortant plein de vie du tombeau, que s'il était descendu de la croix?

L'ascension de Jésus-Christ est le gage de notre ascension. — 2. Et de quelle gloire éclatante n'est-il pas environné, maintenant qu'il est monté au ciel, qu'il est assis à la droite du Père? Nous ne le voyons pas de nos yeux, parce que nous ne l'avons pas vu non plus attaché à la croix. C'est notre foi qui nous rend certains de ce mystère, et nous le contemplons des yeux du cœur. En effet, mes frères, vous le savez, Notre-Seigneur Jésus-Christ est monté au ciel aujourd'hui; que notre cœur y monte avec lui. Ecoutons l'Apôtre qui nous dit : « Si vous êtes ressuscités avec Jésus-Christ, recherchez les choses du ciel, où Jésus-Christ est assis à la droite de Dieu; ayez du goût pour les choses d'en haut, et non pour celles d'ici-bas. » (*Colos.*, III, 1, 2.) De même qu'il est monté aux cieux sans nous quitter, ainsi nous sommes dès maintenant avec lui dans les cieux, bien que les promesses qu'il a faites à notre corps ne soient pas encore accomplies. Pour lui, il est déjà élevé au-dessus des cieux; mais nous ne devons pas désespérer d'habiter avec les anges ce séjour de la félicité parfaite, parce que Notre-Seigneur a dit : « Nul ne monte au ciel, que celui qui est descendu du ciel, le Fils de l'homme qui est

centiam : leo quia invictus, agnus quia mansuetus. Et ipse agnus occisus morte sua vicit leonem, qui circuit quærens quem devoret. Dictus est enim diabolus leo, feritate, non virtute. Apostolus quippe Petrus ait : « Vigilare vos oportet adversus tentationes, quia adversarius vester diabolus circuit, quærens quem devoret. » Sed quomodo circuit, dixit : « Sicut leo rugiens circuit, quærens quem devoret. » (I *Petr.*, v, 8.) Quis non incurreret in dentes leonis hujus, nisi vicisset leo de tribu Juda? Contra leonem leo, contra lupum agnus. Exultavit diabolus, quando mortuus est Christus, et ipsa morte Christi est diabolus victus : tanquam in muscipula escam accepit. Gaudebat ad mortem, quasi præpositus mortis. Ad quod gaudebat, inde illi tensum est. Muscipula diaboli, crux Domini : esca qua caperetur, mors Domini. Et ecce surrexit Dominus noster Jesus Christus. Ubi est mors quæ pependit in ligno? Ubi est insultatio Judæorum? Ubi est typhus et superbia caput ante crucem agitantium et dicentium : « Si Filius Dei est, descendat de cruce? (*Matth.*, XXVII, 40.) Et plus fecit, quam illi insultando exigebant. Plus enim est de sepulcro resurgere, quam de ligno descendere.

Ascensio Christi pignus nostræ ascensionis. — 2. Jam vero quanta gloria est quod ascendit in cœlum? quod sedet ad dexteram Patris? Sed hoc oculis non videmus, quia nec pendentem in ligno vidimus. Totum hoc fide tenemus, oculis cordis intuemur. Hodie enim, sicut audistis, Fratres, Dominus noster Jesus Christus ascendit in cœlum : ascendat cum illo et cor nostrum. Audiamus Apostolum dicentem : « Si consurrexistis cum Christo, quæ sursum sunt quærite, ubi Christus est in dextera Dei sedens : quæ sursum sunt sapite, non quæ super terram. » (*Colos.*, III, 1, 2.) Sicut enim ille ascendit, nec recessit a nobis : sic et nos cum illo ibi jam sumus, quamvis nondum in corpore nostro factum sit quod promittitur nobis. Ille jam exaltatus est super cœlos. Neque enim propterea nobis desperanda est perfecta et Angelica cœlestis habitatio, quia dixit : « Nemo ascendit in cœ-

dans le ciel. » (*Jean*, III, 13.) Il parle ainsi à cause de l'unité étroite qui existe entre lui, qui est notre Chef, et nous, qui sommes ses membres. Il monte dans le ciel, mais nous ne sommes point séparés de lui. Celui qui est descendu du ciel ne nous envie pas le ciel, mais il semble nous crier : « Soyez vraiment mes membres, si vous voulez monter au ciel. » Fortifions-nous dans cette espérance; qu'elle soit l'objet de tous nos vœux, de tous nos efforts. Pensons souvent, sur la terre, que nous sommes déjà du nombre des élus dans le ciel. Nous dépouillerons alors cette chair mortelle; dépouillons dès maintenant le vieil homme. Le corps s'élèvera facilement dans les hauteurs des cieux, si l'esprit n'est pas accablé sous le fardeau de ses péchés (1).

Jésus-Christ est monté dans les cieux avec son corps. — 3. Il en est qui se laissent impressionner par cette objection des hérétiques : Comment Notre-Seigneur, qui est descendu sans corps du ciel, y est-il remonté avec un corps; ce qui leur paraît contraire à ces paroles : « Personne ne monte au ciel que Celui qui est descendu du ciel (2). » Comment, disent-ils, un corps qui n'est point descendu du ciel a-t-il pu remonter au ciel? Est-ce que le Sauveur a dit : Rien ne monte au ciel que ce qui est descendu du ciel? Non, mais il a dit : « Personne ne monte, que Celui qui est descendu. » Il a donc voulu parler de la personne elle-même, et non de son extérieur. Il est descendu du ciel sans le vêtement de son corps, il y est remonté avec ce vêtement; point d'autre, cependant, n'est monté que Celui qui est descendu. En effet, s'il nous a unis si étroitement à lui comme ses membres, qu'il ne cesse point, malgré cette union, d'être le même, à plus forte raison, ce corps, qu'il a pris dans le sein d'une vierge, ne peut constituer en lui une personne différente. Ne dit-on pas tous les jours que le même homme est monté sur une montagne, sur un mur, ou sur tout autre lieu élevé d'où il est descendu, lors même qu'il en serait descendu sans ses vêtements, et qu'il serait remonté couvert de ses habits; ou qu'il en serait descendu sans armes, et qu'il y serait remonté avec ses armes? De même donc qu'on dit de cet homme : Personne n'est remonté que celui qui est descendu, quoiqu'il soit remonté avec ce qu'il n'avait pas en descendant, ainsi, nul ne monte au ciel que Jésus-Christ, parce que personne n'est descendu du ciel que Jésus-Christ, bien qu'il soit descendu sans corps, et qu'il y soit remonté avec son corps, et que nous devrons y monter nous-mêmes, non par nos propres forces, mais en vertu de l'union étroite que nous avons avec lui. Car nous sommes deux dans une même

(1) Ce sermon se termine ici dans l'édition d'Amsterdam, d'Erasme et dans nos manuscrits.
(2) Voyez le livre du *Combat chrétien*, chap. XXV.

lum, nisi qui descendit de cœlo, filius hominis qui est in cœlo. » (*Joan.*, III, 13.) Sed hoc dictum est propter unitatem, qua caput nostrum est, et nos corpus ejus. Cum ascendit in cœlum, nos ab illo non separamur. Qui de cœlo descendit, non nobis invidet cœlum : sed quodam modo clamat : Membra mea estote, si ascendere vultis in cœlum. In hoc ergo ipsi interim roboremur, in hoc votis omnibus æstuemus. Hoc meditemur in terris, quod computamur in cœlis. Tunc exituri carnem mortalitatis, nunc exuamus animi vetustatem. Facile corpus levabitur in alta cœlorum, si non premat spiritum sarcina peccatorum.

Christum cum corpore ascendisse. — 3. Nam et illud nonnullos calumniantibus hæreticis movet, quemadmodum Dominus sine corpore descenderit, cum corpore ascenderit, velut contrarium sit illis verbis quibus ait : « Nemo ascendit in cœlum, nisi qui de cœlo descendit. Corpus, inquiunt, quod non descendit de cœlo, quomodo potuit ascendere in cœlum? Quasi ille dixerit : Nihil ascendit in cœlum, nisi quod de cœlo descendit; sed ait : «Nemo ascendit, nisi qui descendit. » Hoc enim ad personam, non ad personæ habitum retulit. Descendit sine corporis indumento, ascendit cum corporis indumento. Nemo tamen nisi qui descendit ascendit. Nam si nos sibimet tanquam sua membra ita coaptavit, ut etiam nobis conjunctis idem ipse sit; quanto magis illud corpus, quod de virgine assumpsit, aliam non potest in illo habere personam? Quis enim vel in montem, vel in murum, vel in aliquem superiorem locum dicit non solum qui descendit ascendisse, si cum descendisset exutus, ascendat indutus; aut cum descendisset inermis, ascendat armatus? Quemadmodum ergo de hoc dicitur : Nemo ascendit nisi qui descendit, quamvis cum ea re qua non descendit ascenderit : sic nemo in cœlum nisi Christus ascendit; quia de cœlo, nisi Christus, nemo descendit; quamvis sine corpore descenderit, cum corpore ascenderit, ascensuris et nobis non virtute nostra, sed nostra et illius unitate. Duo quippe sunt in carne una, sacramentum magnum est in Christo et in Ec-

chair; ce sacrement est grand en Jésus-Christ et en son Eglise (*Ephés.*, v, 31, 32); vérité qu'exprime le Sauveur, lorsqu'il dit : « Ils ne sont plus deux, mais bien une seule chair. » (*Matth.*, xix, 6.)

Pourquoi Jésus-Christ a jeûné quarante jours pendant sa vie, et a vécu quarante jours également avec ses disciples après sa résurrection. — 4. C'est pour cette raison que Notre-Seigneur a jeûné, quand il fut tenté pendant sa vie, alors qu'il avait encore besoin de nourriture, et qu'il a voulu manger et boire dans l'état de gloire qui suivit sa résurrection, où les aliments cessaient de lui être nécessaires. D'un côté, il personnifiait en lui nos souffrances; de l'autre, il voulait comme personnifier en nous sa félicité; et, des deux côtés, nous voyons le même espace de quarante jours. En effet, il a jeûné quarante jours, lorsqu'avant sa mort il fut tenté dans le désert, comme nous le voyons dans l'Evangile, et il a vécu également quarante jours avec ses disciples, comme saint Pierre l'affirme dans les Actes des Apôtres, entrant et sortant, mangeant et buvant avec eux après sa résurrection. Ce nombre de quarante jours paraît représenter la durée de cette vie que parcourent ceux qui sont appelés à la grâce par Celui qui n'est pas venu détruire, mais accomplir la loi. La loi contient dix préceptes. Or, la grâce de Jésus-Christ est répandue dans le monde tout entier, le monde se divise en quatre parties, et dix multipliés par quatre donnent le nombre quarante. Voilà pourquoi ceux que le Seigneur a rachetés, « il les a rassemblés de toutes les régions de l'Orient, de l'Occident, du Nord et du Midi. » (*Ps.* cvi, 2, 3.) Aussi, en jeûnant pendant quarante jours dans le temps qui précède sa mort, il semble nous crier : « Abstenez-vous des désirs de ce siècle; » et lorsqu'il mange et boit pendant les quarante jours qui suivent sa résurrection, il nous confirme cette promesse qu'il avait faite : « Voici que je suis avec vous jusqu'à la consommation des siècles. » (*Matth.*, xxviii, 20.) Le jeûne est l'emblème des fatigues du combat, « car celui qui doit combattre dans l'arène s'impose de grandes privations; » (I *Cor.*, ix, 25) et la nourriture suppose l'espérance de la paix, qui ne sera parfaite que lorsque notre corps, dont nous attendons la rédemption, se sera revêtu d'immortalité. Nous ne pouvons encore nous glorifier de l'avoir obtenue, mais l'espérance que nous en avons nourrit notre âme. L'Apôtre nous apprend que ces deux sentiments doivent se partager notre cœur, lorsqu'il nous dit : « Que l'espérance vous remplisse de joie; soyez patients dans la tribulation; » (*Rom.*, xii, 12) la joie est comme figurée par la nourriture, et la tribulation par le jeûne. Dès lors, en effet, que nous entrons dans la voie du Seigneur, nous devons nous imposer le jeûne des vanités de ce monde,

Ecclesia. (*Ephes.*, v, 31, 32.) Unde et ipse dicit : « Igitur jam non duo, sed una caro. » (*Matth.*, xix, 6.)

Christus cur quadraginta diebus jejunavit, et totidem dies egit cum discipulis post resurrectionem. — 4. Et ideo jejunavit, cum tentaretur ante mortem cibo adhuc indigens : manducavit autem et bibit, cum glorificaretur post resurrectionem jam cibo non indigens. Illic enim ostendebat in se nostrum laborem, hic autem in nobis suam consolationem, quadraginta diebus utrumque definiens. Nam quadraginta diebus jejunavit, cum tentaretur in eremo, sicut in Evangelio scriptum est, ante mortem carnis suæ; et rursum quadraginta diebus cum discipulis fuit, sicut Petrus in Actibus Apostolorum loquitur, intrans et exiens, manducans et bibens, post resurrectionem carnis suæ. Quo numero quadragesimo hujus sæculi significare videtur excursus in his qui vocantur ad gratiam, per eum qui non venit legem solvere, sed adimplere. Decem namque sunt præcepta legis. Jam gratia Christi diffusa per mundum et quadripartitus mundus, et decem quadriplicata quadraginta faciunt : quoniam « qui redempti sunt a Domino, de regionibus congregavit eos, ab Oriente et Occidente et Aquilone et Mari. » (*Psal.* cvi, 2, 3.) Jejunans itaque quadraginta diebus ante mortem carnis, velut clamabat : « Abstinete vos a desideriis hujus sæculi. » Manducans autem et bibens quadraginta diebus post resurrectionem carnis, velut clamabat : « Ecce ego vobiscum sum usque ad consummationem sæculi. » (*Matth.*, xxviii, 20.) Jejunium quippe est in tribulatione certaminis : quoniam qui in agone contendit, ab omnibus abstinens est (I *Cor.*, ix, 25) : cibus autem in spe pacis, quæ perfecta non erit, nisi cum corpus nostrum, cujus exspectamus redemptionem, induerit immortalitatem. Quod nondum adipiscendo gloriamur, sed sperando jam pascimur. Utrumque Apostolus simul nos agere ostendit dicens : « Spe gaudentes, in tribulatione patientes;» tanquam illud esset in cibo, hoc in jejunio. Simul enim cum viam Domini carpimus, et a vanitate præsentis sæculi jejunemus, et futuri promissione refi-

et nourrir notre âme des promesses de la vie future, en nous gardant d'attacher notre cœur à la terre, et en l'élevant jusqu'au ciel pour qu'il y trouve sa nourriture.

SERMON CCLXIV [1].

IV° *pour le jour de l'Ascension de Notre-Seigneur.*

C'est un devoir pour nous de parler de l'ascension de Notre-Seigneur Jésus-Christ. — 1. Les divines Écritures renferment de nombreux mystères; il en est parmi eux que nous devons encore étudier et approfondir; il en est d'autres que le Seigneur a daigné déjà nous découvrir, malgré notre indignité; mais le temps nous manque pour les faire connaître à votre sainteté. Je sais, en effet, que, pendant ces jours, nos églises sont remplies d'hommes qui voudraient en sortir plus vite qu'ils n'y sont entrés, et à qui nous sommes à charge si nous parlons un peu plus longtemps que de coutume. Cependant, si les festins, auxquels ces mêmes hommes se hâtent d'arriver, se prolongent jusqu'au soir, ils n'en sont point fatigués, ils ne refusent jamais d'y prendre part, et aucun sentiment de pudeur même ne les en fait sortir. Et toutefois, pour ne point priver ceux qui sont venus ici avec un cœur vraiment affamé, nous leur expliquerons, quoique en peu de mots, comment Notre-Seigneur est monté au ciel avec le même corps dans lequel il est ressuscité.

Jésus-Christ a voulu vivre avec ses disciples après sa résurrection, pour les confirmer dans la foi. Il monte aux cieux, pour qu'ils ne restent pas dans leurs pensées et leurs affections charnelles. — 2. Notre-Seigneur connaissait la faiblesse de ses disciples. Il y en avait même, parmi eux, à qui le démon inspirait des pensées d'incrédulité, et l'un d'eux alla jusqu'à déclarer qu'il ne suffisait pas de voir plein de vie le corps qu'il connaissait, mais qu'il lui fallait, pour qu'il crût, toucher les cicatrices toutes récentes de ses plaies. C'est donc pour les confirmer dans la foi, que le Sauveur, après sa résurrection, a daigné vivre avec eux quarante jours entiers, depuis le jour de sa passion jusqu'à ce jour, entrant et sortant, mangeant et buvant avec eux, comme le dit l'Ecriture *Act.*, I, 3), et leur prouvant ainsi jusqu'à l'évidence que le corps qu'ils voyaient après la résurrection était bien le même qui était mort sur la croix. Cependant il ne voulut pas les laisser dans la chair, ni les retenir plus longtemps par les liens d'une affection charnelle. Ils désiraient qu'il restât toujours corporellement avec eux par le même sentiment qui avait fait craindre à Pierre, pour lui, ses souffrances. Ils voyaient en lui un maître, un soutien, un consolateur,

[1] Nous publions pour la première fois ce sermon d'après un ancien manuscrit de l'abbaye de Vindeseim, qui remonte environ à l'an 890.

ciamur; hic non apponentes cor, illuc pascentes sursum cor.

SERMO CCLXIV.
De Ascensione Domini, IV.

Dicendum de mysterio ascensionis Christi. — 1. Multa sunt divinarum Scripturarum recondita sacramenta, sive quæ adhuc nos ipsi quærenda habemus, sive quæ jam humilitati nostræ Dominus revelare dignatus est : sed aperiendi hæc sanctitati Vestræ tempus non sufficit. Novi enim maxime his diebus impleri ecclesiam talibus, qui citius vellent discedere, quam venire; et onerosos nos habent, si aliquando diutius colloquamur : qui tamen in prandiis suis, ad quæ festinant, si teneantur usque ad vesperam, nec laborant, nec recusant, nec saltem aliquando ullo pudore discedunt. Tamen ne fraudemus eos, qui esurientes veniunt, etsi breviter, non tacebimus hujus rei sacramentum, quod Dominus noster Jesus Christus cum eo corpore, in quo resurrexit, ascendit.

Christus post resurrectionem conversatur cum discipulis, ut in fide confirmentur. Ascendit in cœlum, ne remaneant in carne. — 2. Sane propter infirmitatem discipulorum suorum (non enim deerant etiam in illo numero, quos diabolus infidelitate tentaret, ita ut quidam discipulus ejus in ipsa specie in qua noverat, non tamen magis fidem haberet viventibus membris, quam recentibus cicatricibus); ergo ad eorum confirmationem dignatus est post resurrectionem vivere cum illis quadraginta diebus integris, ab ipso die passionis suæ usque in hodiernum diem, intrans et exiens, manducans et bibens, sicut dicit Scriptura (*Act.*, 1, 3); confirmans hoc redditum esse oculis eorum post resurrectionem, quod ablatum erat per crucem. Verumtamen non illos voluit in carne remanere, nec carnali dilectione diutius retinere. Eo enim animo volebant cum esse semper carnaliter secum, quo animo etiam Petrus timebat eum pati. Videbant enim secum magistrum, confortatorem et consolatorem et protectorem hominem, quales videbant se ipsos. Si tale aliquid non viderent, absentem

un protecteur, mais un homme, tels qu'ils se voyaient eux-mêmes. S'il dérobait à leurs regards sa présence sensible, ils le croyaient absent, bien qu'il soit présent partout par sa majesté divine. Il les couvrait réellement de sa protection, comme une poule protége ses petits : c'est l'exemple qu'il a daigné lui-même choisir. (*Matth.*, XXIII, 37.) Il s'est rendu semblable à la poule, qui partage elle-même toutes les faiblesses de ses poussins. J'en appelle ici à vos souvenirs; nous avons sous les yeux une multitude d'oiseaux qui ont des petits, mais il n'en est point, à l'exception de la poule, qui devienne faible avec ses petits. Or, Notre-Seigneur n'a point dédaigné de se comparer à la poule, parce que, par amour pour nous, en prenant notre chair, il a voulu en prendre les infirmités. Mais le temps était venu où il fallait relever l'esprit de ses disciples, leurs apprendre à avoir sur sa personne des pensées plus spirituelles et à le regarder comme le Verbe du Père, Dieu en Dieu, par qui toutes choses ont été faites. Sans doute, il leur était utile qu'il vécût avec eux quarante jours, pour les confirmer dans la foi, mais il leur était beaucoup plus avantageux qu'il se dérobât à leurs regards, et qu'après avoir vécu avec eux sur la terre comme un frère, il leur vint en aide comme leur Seigneur du haut du ciel, et qu'ils apprissent à le considérer comme leur Dieu. C'est la vérité que l'évangéliste saint Jean a fait entendre à tout esprit attentif et intelligent. « Que votre cœur ne se trouble point, dit Notre-Seigneur à ses disciples. » (*Jean*, XIV, 1.) « Si vous m'aimiez, vous vous réjouiriez de ce que je vais à mon Père, car mon Père est plus grand que moi. » (*Ibid.*, 28.) Et, dans un autre endroit : « Mon Père et moi, dit-il, nous sommes un. » (*Jean*, X, 30.) Il s'attribue une égalité si parfaite avec son Père, non point par usurpation, mais en vertu de sa nature, qu'un de ses disciples lui ayant fait cette demande : « Seigneur, montrez-nous votre Père, et cela nous suffit, » il lui répondit : « Philippe, il y a si longtemps que je suis avec vous, et vous ne connaissez pas mon Père? Celui qui me voit, voit aussi mon Père. » (*Jean*, XIV, 8, etc.) Qu'est-ce à dire : « Celui qui me voit? » S'il ne s'agit que des yeux du corps, il a été vu, même par ceux qui l'ont crucifié. Ces paroles : « Celui qui me voit, » signifient donc : Celui qui me voit des yeux du cœur. De même qu'il y a en nous des oreilles intérieures, que cherchait le Seigneur lorsqu'il disait : « Que celui qui a des oreilles pour entendre, qu'il entende, » (*Matth.*, XI, 15) bien qu'aucun de ceux qui l'entendaient ne fût sourd, ainsi, il y a en nous un œil intérieur du cœur, qui ne peut voir le Seigneur sans voir le Père, parce qu'il est égal à son Père.

Le Fils de Dieu, égal à son Père par sa na-

---

credebant; cum ubique ille majestate sit præsens. Tuebatur autem eos re vera, quemadmodum ipse dicere dignatus est, tanquam gallina pullos suos. (*Matth.*, XXIII, 37.) Sicut enim gallina propter infirmitatem pullorum et ipsa infirmatur. Si enim recordamini, ante oculos nostros sunt tantæ aves, quæ pullos faciunt; non videmus aliquam avem infirmari cum pullis, nisi gallinam : et ideo de illa Dominus similitudinem duxit; quia propter infirmitatem nostram et ipse susceptione carnis infirmari dignatus est. Oportebat autem ut erigerentur aliquantum, et jam inciperent eum spiritaliter cogitare, tanquam Verbum Patris, Deum apud Deum, per quem facta sunt omnia : et non eos sinebat caro, quam videbant. Proderat ergo illis confirmari in fide per conversationem ejus secum quadraginta diebus : sed plus proderat eis, ut se ab oculis eorum subtraheret; et qui in terra tanquam frater conversatus fuerat, de cœlo tanquam Dominus subveniret; discerentque illum cogitare secundum Deum. Hoc enim Evangelista Joannes sonuit : si quis advertat, si quis intelligat. Ait enim Dominus : « Non turbetur cor vestrum. » (*Joan.*, XIV, 1.) « Si me diligeretis, inquit, gauderetis, quia vado ad Patrem; quoniam Pater major me est. » (*Ibid.*, 28.) Et alio loco, dicit : « Ego et Pater unum sumus. » (*Joan.*, X, 30.) Tantamque sibi æqualitatem vindicat, non rapina, sed natura, ut hoc diceret cuidam discipulo dicenti sibi : « Domine, ostende nobis Patrem, et sufficit nobis : » et ille : « Philippe, tanto tempore vobiscum sum, et Patrem nescitis? Qui me vidit, vidit et Patrem. » *Joan.*, XIV, 8, etc.) Quid est : « Qui me vidit ? » Si secundum oculos carnis, viderunt et qui crucifixerunt. Quid est ergo : « Qui me vidit, » nisi qui intellexit, qui oculo cordis vidit. Quomodo enim sunt aures interiores, quas quærebat Dominus, cum diceret : « Qui habet aures audiat, » (*Matth.*, XI, 15) cum ante illum nullus surdus staret : sic est etiam aspectus interior cordis, quo si quis viderat Dominum, viderat Patrem: quia æqualis est Patri.

Filius Dei natura æqualis Patri, misericordia ad mortem usque infirmatus. — 3. Audi Apostolum volentem

ture, *s'est rendu faible jusqu'à la mort par un sentiment de miséricorde.* — 3. Ecoutez l'Apôtre ; il veut faire ressortir la miséricorde du Fils de Dieu, qui l'a porté à se rendre faible pour nous, afin de rassembler ses petits sous ses ailes, et d'enseigner à ses autres disciples à compatir à la faiblesse des infirmes, lorsqu'eux mêmes sont sortis des faiblesses communes pour s'élever à un certain degré de force, tandis que Notre-Seigneur est descendu de la force même de Dieu pour s'abaisser jusqu'à nos infirmités. Voici donc ce que dit saint Paul aux Philippiens : « Ayez en vous les sentiments qu'avait en lui le Christ Jésus. » (*Philip.*, II, 5, etc.) Daignez, leur dit-il, imiter le Fils de Dieu par votre compassion pour les petits. « Qui, ayant la nature de Dieu. » En disant qu'il avait la nature de Dieu, il fait voir qu'il est égal à Dieu. Car la nature ne peut être au-dessous de Celui dont elle est la nature ; si elle lui était inférieure, elle ne serait plus sa nature. Cependant, pour ôter toute espèce de doute, saint Paul continue et exprime nommément le Verbe, qui devait fermer toutes les bouches sacriléges. « Lui qui avait la nature de Dieu, il n'a point cru que ce fût pour lui une usurpation de s'égaler à Dieu. » Que signifient, mes très-chers frères, ces paroles de l'Apôtre : « Il n'a pas cru que ce fût une usurpation ? » Parce qu'il était son égal par sa nature. Pour qui donc l'égalité avec Dieu fut-elle une usurpation ? Pour le premier homme, à qui il fut dit : « Mangez de ce fruit, et vous serez comme des dieux. » (*Gen.*, III, 5.) Il a voulu tendre à l'égalité divine par usurpation, et, par un juste châtiment, il a perdu l'immortalité. « Celui donc pour qui ce n'était pas un vol, n'a pas cru que ce fût pour lui une usurpation de s'égaler à Dieu. « Si donc ce n'était point une usurpation, il était l'égal de Dieu par nature, par l'unité la plus parfaite et l'égalité la plus absolue. Cependant, qu'a-t-il fait ? « Il s'est anéanti lui-même, poursuit l'Apôtre, en prenant la forme d'esclave, en se rendant semblable aux hommes, et en étant reconnu pour homme par tout ce qui a paru de lui. Il s'est humilié lui-même, se rendant obéissant jusqu'à la mort, et jusqu'à la mort de la croix. » C'était peu de dire jusqu'à la mort, il a voulu exprimer quelle espèce de mort. Pourquoi ? En voici la raison : Il en est beaucoup qui sont prêts à mourir ; il en est beaucoup qui disent : Je ne crains pas la mort, mais je voudrais mourir dans mon lit, entouré de mes enfants, de mes petits-enfants et des larmes de mon épouse. Ils paraissent ne pas refuser la mort, mais, en choisissant le genre de mort, ils sont évidemment tourmentés par la crainte de la mort. Notre-Seigneur a choisi le genre de mort dont il voulait mourir, mais il a choisi la mort la plus affreuse. De même que les hommes choisissent le genre de mort le plus doux, il a choisi la mort la plus cruelle, celle qui était la plus in-

nobis commendare misericordiam ipsius, quia propter nos infirmatus est, ut sub alis suis pullos colligeret, docens alios etiam discipulos, ut et ipsi compaterentur infirmitati infirmorum, qui ad aliquam firmitatem de infirmitate communi ascendissent : cum ille de cœlesti firmitate ad infirmitatem nostram descenderit : ait illis : « Hoc sentite in vobis, quod et in Christo Jesu. » (*Philip.*, II, 5, etc.) Dignamini, inquit, imitari Filium Dei per compassionem cum parvulis. « Qui cum in forma Dei esset. » Jam dicendo, « in forma Dei esset, » æqualem ostendit Deo. Non enim forma minor est quam ille cujus forma est. Si enim minor est, forma non est. Tamen ne aliquis dubitaret, adjecit, et posuit ipsum Verbum, unde ora sacrilegis clauderet : « Qui cum in forma Dei esset, inquit, non rapinam arbitratus est esse æqualis Deo. » Quid est, Fratres carissimi, quod ait Apostolus : « Non rapinam arbitratus est ? » Quia naturaliter æqualis. Cui ergo erat rapina æqualitas Dei ? Primo homini, cui dictum est : « Gustate, et eritis sicut dii. » (*Gen.*, III, 5.) Voluit per rapinam tendere se ad æqualitatem, et per pœnam perdidit immortalitatem. Ille enim cui rapina non erat, « non rapinam arbitratus est esse æqualis Deo. » Si ergo non rapina ; natura, integra societas et summa ipsa comparatio. Sed quid fecit ? « Semetipsum, ait, exinanivit formam servi accipiens, in similitudinem hominum factus, et habitu inventus ut homo : humiliavit se, factus obediens usque ad mortem, mortem autem crucis. » Parum erat dicere mortem, et genus mortis ostendit. Quare et genus mortis ? Quia multi ad mortem sunt parati : multi enim dicunt : Non timeo mori, sed vellem in lectulo meo mori, circumdatus filiis, nepotibus, lacrymis uxoris. Mortem quidem videntur isti non recusare, sed eligendo genus mortis, de timore puniuntur. Ille autem elegit genus mortis, sed quod est deterius omnibus. Quomodo sibi eligunt homines melius genus mortis, sic ipse deterius elegit, hoc quod execrabile erat omnibus Judæis. Non enim timuit mori per falsos testes,

fâme aux yeux des Juifs. Il n'a pas craint de mourir victime de faux témoignages et de la sentence inique d'un juge, lui qui viendra juger les vivants et les morts ; il n'a pas craint de mourir de la mort ignominieuse de la croix, pour délivrer de toute ignominie tous ceux qui croient en lui. Il s'est donc « rendu obéissant jusqu'à la mort, et jusqu'à la mort de la croix, » bien qu'il fût par nature l'égal de Dieu. Il était fort de la puissance de sa majesté : il s'est rendu faible en s'associant à nos souffrances dans sa nature humaine ; il était fort pour tout créer : il s'est rendu faible pour tout réparer.

Jésus-Christ veut se séparer de ses disciples, afin que l'absence de son corps réveille dans leur esprit la pensée de sa divinité. Le Fils de Dieu n'a pas été amoindri par son incarnation. — 4. Pesez donc ces paroles du Sauveur, que rapporte saint Jean : « Si vous m'aimiez, vous vous réjouiriez de ce que je vais à mon Père, parce que mon Père est plus grand que moi. » (*Jean*, XIV, 28.) Quelle est donc l'égalité dont parle l'apôtre ? Elle est la même dont parle le Seigneur, lorsqu'il dit : « Mon Père et moi, nous sommes un ; » (*Jean*, X, 30) et dans un autre endroit : « Celui qui me voit, voit mon Père. » Comment faut-il entendre ces paroles : « Parce que mon Père est plus grand que moi ? » Autant que le Seigneur daigne m'en faire connaître le sens, ce sont à la fois des paroles de reproche et de consolation. Leurs pensées étaient comme fixées dans l'humanité du Sauveur et ne pouvaient s'élever jusqu'à sa divinité. Pour s'élever en lui jusqu'à Dieu, il fallait qu'il dérobât à leurs regards la présence de son humanité, afin qu'en rompant cette familiarité qu'ils avaient contractée avec lui comme homme, ils pussent, en son absence, penser à sa divinité. Il leur dit donc : « Si vous m'aimiez, vous vous réjouiriez de ce que je m'en vais à mon Père. » Pourquoi ? Afin qu'en me voyant aller vers mon Père, vous puissiez me considérer comme étant égal à mon Père (1). Pourquoi vous dis-je : Mon Père est plus grand que moi ? Parce que, tant que vous me voyez dans cette nature corporelle, mon Père est plus grand que moi. Voyez si vous avez compris : les disciples ne considéraient que l'homme en Jésus-Christ. Je m'étends plus longuement sur ce sujet pour ceux de nos frères dont l'esprit est plus lent ; quant à ceux qui m'ont déjà compris, qu'ils supportent patiemment la lenteur des autres, à l'imitation de Notre-Seigneur lui-même, « qui, ayant la nature de Dieu, s'est humilié lui-même, en se rendant obéissant jusqu'à la mort. » Mais que signifient ces paroles : « Si vous m'aimiez, vous vous réjouiriez de ce que je vais à mon Père ? » « Si vous m'aimiez, » n'est-ce pas leur dire : Vous ne m'aimez point. Qu'aimez-vous donc ? La chair que vous voyez. Voilà pourquoi vous ne voulez point qu'elle disparaisse à vos regards. Mais, « si vous m'aimiez

---

(1) Voyez liv. I *De la Trinité*, ch. VII.

per sententiam judicis, qui veniet judicare vivos et mortuos : non timuit mori per ignominiam crucis, ut omnes credentes ab omni ignominia liberaret. Ergo « factus obediens usque ad mortem, mortem autem crucis, » tamen naturaliter æqualis Deo ; fortis in virtute majestatis, infirmus compassione humanitatis : fortis, ut faceret omnia ; infirmus, ut reficeret omnia.

Christus abire vult, ut absente carne divinitas ipsius cogitetur. Filius Dei in se non minor per incarnationem. — 4. Quod ergo ait Joannes attendite : « Si diligeretis me, gauderetis, quia vado ad Patrem ; quoniam Pater major me est. » Quomodo æqualis, sicut dicit Apostolus ? Sicut ipse Dominus : « Ego et Pater unum sumus. » (*Joan.*, XIV, 28.) Et alio loco : « Qui me vidit, vidit et Patrem. » (*Ibid.*, X, 30.) Quomodo hic : « Quia Pater major me est ? » Vox ista, Fratres, quantum Dominus adspirat advertere, quodam modo exprobrantis fuit et consolantis. Fixi enim erant in homine, et Deum cogitare non poterant. Tunc enim cogitarent Deum, si ab illis et ab eorum oculis homo auferretur, ut amputata familiaritate quæ cum carne erat facta, discerent vel absente carne divinitatem cogitare. Ergo hoc eis ait : « Si me diligeretis, gauderetis, quia eo ad Patrem. » Quare ? Ut cum eo ad Patrem, possitis me cogitare æqualem Patri. Propterea enim « major me est ; » adhuc cum videtis me in carne, adhuc me major est Pater. Videte si suscepistis : non enim noverant nisi hominem cogitare. Hoc dico aliquanto planius, propter fratres nostros tardiores : qui autem intellexerunt, ferant tarditatem cæterorum, et imitentur ipsum Dominum, « qui cum in forma Dei esset, humiliavit se, factus obediens usque ad mortem. » « Si me diligeretis, » quid est hoc ? « Si me diligeretis, gauderetis, quia eo ad Patrem. » « Si me diligeretis, » quid aliud est, quam non me diligitis ? Quid ergo diligitis ? Carnem quam videtis. Ipsam enim non vultis ab oculis dis-

moi-même. » Qu'est-ce à dire : « moi-même ? » Moi qui, « au commencement, étais le Verbe, le Verbe qui était en Dieu, le Verbe qui était Dieu, » comme le dit le même Evangéliste. (*Jean*, I, 1.) Si donc vous m'aimiez comme celui par qui toutes choses ont été faites, « vous vous réjouiriez de ce que je vais à mon Père. » Pourquoi ? « Parce que mon Père est plus grand que moi. » Tant que vous me voyez sur la terre, mon Père est plus grand que moi. Je veux donc me dérober à vos yeux, soustraire à vos regards cette chair mortelle que j'ai prise pour partager votre nature mortelle; vous ne verrez plus ce vêtement dont je me suis revêtu par humilité ; je l'élèverai cependant jusque dans les cieux, pour vous apprendre quelles doivent être vos espérances. En effet, il n'a pas laissé sur la terre cette tunique charnelle dont il a voulu se revêtir. S'il l'avait laissée, tous les hommes auraient désespéré de la résurrection de leur propre corps. Il l'a donc porté dans les cieux, et il en est encore qui doutent de la résurrection de la chair ? Quoi ! Dieu vous donne en sa personne l'exemple de cette résurrection, et il vous la refuserait ? C'est par un sentiment de miséricorde que Dieu a revêtu cette chair, qui est chez vous un apanage naturel de votre condition. Cependant, le Fils de Dieu a manifesté cette chair ressuscitée, il a confirmé ses disciples dans cette croyance, et a porté cette chair jusque dans les cieux. Dès qu'il eut dérobé à leurs regards la vue de son corps, ils n'ont plus vu l'homme dans le Seigneur. S'il y avait encore dans leurs cœurs quelque reste d'affection charnelle, elle fut comme affligée de cette absence.

Ils se réunirent cependant tous ensemble, et se mirent à prier. Le Sauveur, dix jours après, devait leur envoyer l'Esprit saint, pour les remplir d'un amour spirituel et détruire en eux toute affection charnelle. Il leur donnait ainsi l'intelligence du Christ comme étant le Verbe de Dieu, Dieu en Dieu, Créateur de toutes choses. Or, ils ne pouvaient être remplis de cette connaissance avant que l'objet de leur affection tout humaine n'eût été soustrait à leurs yeux. Voilà pourquoi il leur dit : « Si vous m'aimiez, vous vous réjouiriez de ce que je vais à mon Père, parce que mon Père est plus grand que moi. » Il est plus grand que moi, considéré comme homme ; comme Dieu, je suis son égal ; je suis son égal par nature, je suis son inférieur par un effet de la miséricorde du Fils. Car il s'est humilié, non-seulement au-dessous de lui-même, mais au-dessous des anges, comme le dit l'Ecriture. (*Ps.* VIII, 6.) Cependant, le Fils n'est pas devenu inférieur à son Père, bien que, par son incarnation, il vous semble qu'il soit tant soit peu déchu de cette égalité qu'il n'a jamais perdue ; car, en se revêtant de la chair par son union avec notre humanité, il n'a éprouvé

---

cedere. «Si autem me diligeretis : » quid est «me ? » «In principio erat Verbum, et Verbum erat apud Deum, et Deus erat Verbum ; » (*Joan.*, I, 1) quod ait ipse Joannes. Si ergo sic me diligeretis, quomodo per me facta sunt omnia, « gauderetis, quoniam vado ad Patrem. » Quare ? « Quoniam Pater major me est. » Adhuc cum me videtis in terra, major me est Pater. Discedam ab oculis vestris ; tollatur ab aspectibus caro mortalis, quæ propter vestram mortalitatem suscepta est ; indumentum hoc, quod humilitate suscepi, incipiatis non videre : levetur tamen in cœlum, ut discatis quid speretis. Non enim dimisit hic ipsam tunicam, quam hic voluit indui. Nam si hic illam dimisisset, desperarent omnes de resurrectione carnis. Modo enim levavit eam in cœlum, et sunt qui dubitent de carnis resurrectione. Si Deus in se illam ostendit, homini negaturus est illam ? Deus enim accepit illam miseratione, homo autem conditione. Et tamen ostendit illam, confirmavit illos, et levavit illam. Subducto autem ab oculis carnali aspectui, jam illi hominem non viderunt. Si quid erat in cordibus eorum tractum de desiderio carnali, quasi contristatum est in ipsis. Congregati sunt tamen in unum, et cœperunt orare. Ille autem missurus erat post istum decem diebus interpositis Spiritum sanctum, ut Spiritus sanctus impleret eos amore spiritali, auferens eis desideria carnalia. Faciebat eos jam sic intelligere Christum quomodo erat Verbum Dei, Deus apud Deum, per quod facta sunt omnia. Non autem possent impleri tali intellectu, nisi carnalis caritas ab eorum oculis discessisset. Et ideo dixit : « Si me diligeretis, gauderetis, quia eo apud Patrem ; quoniam Pater major me est. » Secundum hominem major me est, æqualis secundum Deum : æqualis secundum naturam, major secundum Filii misericordiam. Humiliavit enim cum, non infra se tantum, sed et infra Angelos, sicut Scriptura dicit. (*Psal.* VIII, 6.) Non est minor ; et si aliquantum susceptione carnis ab æqualitate Patris videtis recessisse Filium, unde nunquam recedit : sed accipiendo carnem, (accepit enim hominem,) non mutatus est. Quomodo qui accipit vestem, non vertitur in vestem, sed manet ipse integer homo

aucun changement. Un homme qui se revêt d'un habit, ne se change point en cet habit, il demeure intégralement ce qu'il est; un sénateur prend un vêtement d'esclave, parce qu'il ne peut entrer avec son habit de sénateur dans les cachots pour y consoler un pauvre prisonnier. Il s'est donc revêtu de l'uniforme de la prison. Rien de plus vil que ce vêtement dont il s'est couvert par humanité; mais la dignité sénatoriale n'a subi intérieurement aucune atteinte; au contraire, elle brille d'autant plus dans tout son éclat, qu'il a consenti, par un profond sentiment de compassion, à se couvrir des livrées de la prison. C'est ainsi que Notre-Seigneur reste toujours Dieu, toujours le Verbe, toujours la sagesse et la vertu de Dieu, qui gouverne les cieux, dirige la terre et remplit les anges. Il est tout entier partout, tout entier dans le monde, tout entier dans les patriarches, tout entier dans les prophètes, tout entier dans tous les saints, tout entier dans le sein de la Vierge, où il se revêt de notre chair pour se l'unir comme une épouse et sortir comme un époux de son lit nuptial, afin d'épouser l'Eglise comme une vierge chaste. Il est donc inférieur à son Père, parce qu'il est homme; il est égal à son Père, parce qu'il est Dieu. Bannissez donc de votre cœur tous les désirs charnels. Le Sauveur semble dire à ses disciples : Vous ne voulez point me quitter, vous êtes comme un ami qui ne veut point se séparer de son ami et lui dit : Restez avec nous quelque temps encore, votre présence remplit notre âme de consolation; mais il vous est plus utile de ne plus voir ce corps, afin que vos pensées s'élèvent jusqu'à ma divinité. Je me dérobe donc extérieurement à vos regards, mais je vous remplis intérieurement de ma présence. Est-ce avec ce corps visible, avec cette chair, que Jésus-Christ entre dans le cœur? Non, c'est par sa divinité qu'il se met en possession du cœur; il parle au cœur par le moyen de la chair, et lui fait entendre ses divines leçons; mais il habite au dedans de nous, pour nous convertir intérieurement, nous communiquer la vie dont il est la source, nous former à son image, parce qu'il est la forme incréée et l'exemplaire universel.

Le Christ, après sa résurrection, est resté quarante jours avec ses disciples, pour nous apprendre qu'ici-bas la foi à l'incarnation nous est toujours nécessaire. — 5. Si donc Notre-Seigneur a vécu quarante jours avec ses disciples, ce n'est pas sans raison. Vingt ou trente auraient peut-être suffi, mais ces quarante jours figurent la durée totale de ce monde. Nous vous avons déjà indiqué ce rapprochement dans le produit de dix multipliés par quatre. Je me contente de vous le rappeler, puisque vous le savez. Le nombre dix est le symbole de la sagesse dans sa perfection. Cette sagesse a été enseignée dans les quatre parties du monde, dans l'univers entier, et le temps lui-même se divise en quatre par-

---

intus : et si senator accipiat vestem servilem, si forte non potest intrare ad consolandum aliquem in carcere compeditum cum ipsa senatoria veste, accipit habitum carceris, videtur sordidus habitus per humanitatem, sed intus manet dignitas senatoria tanto magis integra, quanto majore misericordia voluit quod humilitatis erat induere. Sic et Dominus manens Deus, manens Verbum, manens sapientia, manens virtus divina, manens in gubernatione cœlorum, manens in administratione terrarum, implens Angelos, totus ubique, totus in mundo, totus in Patriarchis, totus in Prophetis, totus in omnibus sanctis, totus in utero Virginis, ad induendam carnem, ad conjugandam sibi tanquam sponsam, ut procederet de thalamo suo sponsus, ut desponsaret Ecclesiam virginem castam. Ad hoc ergo minor Patre, quia homo : æqualis autem Patri, quia Deus. Tollite ergo de medio desideria carnalia. Tanquam hoc diceret Apostolis suis : Non vultis me dimittere, (quomodo unusquisque non vult dimittere amicum suum, tanquam dicens : Esto nobiscum aliquantum, refrigeratur anima nostra quando te videmus :) sed melius est ut istam carnem non videatis, et divinitatem cogitetis. Tollo me a vobis exterius, et me ipso impleo vos interius. Numquid enim secundum carnem et cum carne intrat in cor Christus ? Secundum divinitatem possidet cor : secundum carnem per oculos loquitur ad cor, et admonet foras ; habitans intus, ut interius nos convertamur, et vivificemur ex ipso, et formemur ex ipso; quia forma est omnium infabricata.

Christus post resurrectionem cum discipulis agit dies quadraginta, ut significet necessariam hic semper fidem incarnationis. — 5. Ergo si quadraginta dies fecit cum discipulis suis, non sine causa quadraginta dies fecit. Forte sufficerent viginti, sufficerent triginta : quadraginta dies dispensatio est totius hujus sæculi. Aliquando inde tractavimus propter denarium numerum quater ductum. Commemoro vos qui audistis. Denarius enim numerus totam sapientiam significat. Hæc sapientia dispensata est per quatuor par-

ties. L'année a quatre saisons, et le monde quatre points cardinaux. En multipliant dix par quatre, on obtient donc le nombre quarante. Pourquoi Notre-Seigneur a-t-il jeûné quarante jours? C'est pour nous apprendre que les fidèles doivent s'abstenir de toute corruption pendant tout le temps qu'ils sont dans ce monde. Elie, qui personnifiait en lui tous les prophètes, a jeûné également aussi quarante jours, pour nous apprendre que telle était aussi la doctrine des prophètes. Moïse, qui représentait la loi, a jeûné quarante jours, pour montrer que la loi faisait elle-même un devoir du jeûne. Les Israélites ont été conduits quarante ans dans le désert. L'arche a flotté quarante jours sur les eaux du déluge. Cette arche était la figure de l'Eglise; elle était faite de bois incorruptible, symbole des âmes des saints et des justes. Elle contenait cependant des animaux purs et impurs, parce que, durant toute cette vie, et tant que l'Eglise est purifiée par le baptême comme par le déluge, elle est nécessairement composée de bons et de mauvais ; voilà pourquoi l'arche renfermait des animaux purs et impurs. Mais, lorsque Noé sortit de l'arche, il n'offrit à Dieu en sacrifice que des animaux purs, ce qui doit nous faire comprendre que cette arche mystérieuse qui est l'Eglise renferme aussi des animaux purs et impurs; mais, après ce déluge, Dieu n'accepte que ceux qui se sont purifiés. Ainsi donc, mes frères, regardez toute la durée du temps présent comme une période de quarante jours. Pendant tout ce temps que nous passons sur la terre, l'arche flotte sur les eaux du déluge; tant que les chrétiens sont baptisés et purifiés dans l'eau sainte, l'arche de l'Eglise paraît voguer sur les eaux, comme l'arche de Noé était restée quarante jours sur les eaux du déluge. Or, Notre-Seigneur, en demeurant quarante jours avec ses disciples, a voulu nous apprendre que, pendant tout le temps de cette vie, la foi à l'incarnation du Christ est nécessaire à tous les hommes, nécessité fondée sur leur faiblesse. Si nous avions eu déjà cet œil qui peut voir le Verbe qui était dans le commencement, le saisir, l'embrasser, en jouir, il n'eût pas été nécessaire que le Verbe se fît chair et qu'il habitât parmi nous; mais, comme il était incapable de voir le Verbe, d'en jouir, de le comprendre, aveuglé qu'il était par la poussière de l'iniquité, le Verbe a daigné se faire homme pour purifier cet œil destiné à contempler plus tard ce qu'il lui est impossible de voir maintenant. La divine économie de l'incarnation du Christ est donc nécessaire pendant cette vie aux fidèles, pour les élever jusqu'au Seigneur; mais, lorsque nous serons parvenus à la contemplation du Verbe lui-même, cette économie cessera d'être néces-

---

tes mundi, per totum orbem terrarum : et tempora quadrifaria dispositione dispertiuntur. Nam annus quatuor tempora habet : et mundus quatuor cardines habet. Decem ergo quater ducti quadragenarium numerum habent. Ideo autem quadraginta diebus jejunavit Dominus, ostendens nobis abstinentiam ab omni corruptione esse debere fidelibus, quamdiu sunt in hoc mundo. Quadraginta diebus jejunavit Elias, gestans personam Prophetiæ, ostendens quia et in Prophetia hoc docetur. Quadraginta diebus jejunavit Moyses, qui gerebat personam Legis, ostendens quia et in Lege hoc docetur. Quadraginta annis ductus est populus Israel in eremo. Quadraginta diebus arca in diluvio fluctuavit, quæ arca Ecclesia est : ligna imputribilibus facta ; ligna imputribilia sunt animæ sanctorum et justorum : habens tamen animalia munda et immunda ; quia quamdiu vivitur in hoc sæculo et per baptismum tanquam per diluvium Ecclesia purgatur, non potest nisi habere bonos et malos : ideo arca illa et munda et immunda habebat. Sed postea quam exivit inde Noe, non fecit sacrificium Deo nisi de mundis animalibus. Unde debemus intelligere quia in arca ista et munda et immunda animalia sunt, sed post diluvium istum non accipit Deus nisi eos qui se mundaverunt. Ergo totum hoc tempus quod videtur, Fratres, pro quadraginta diebus habetote. Totum hoc tempus, quamdiu hic sumus, arca est in diluvio : quamdiu baptizantur Christiani et per aquam mundantur, natare videtur arca in fluctibus, quæ quadraginta diebus in aqua versabatur. Dominus autem manens cum discipulis per quadraginta dies, significare dignatus est quia per istud tempus necessaria est omnibus fides Incarnationis Christi : quæ infirmis est necessaria. Si esset jam oculus, qui videret « In principio erat Verbum, » qui videret, qui teneret, qui amplecteretur, qui frueretur, non opus erat ut Verbum caro fieret et habitaret in nobis : sed quia ad illud tenendum et fruendum excæcatus erat oculus interior pulvere peccatorum, jam non erat unde intelligeretur Verbum ; quod dignatus est caro fieri, ut mundaretur quo possit postea videri, quod modo non potest. Quia ergo dispensatio carnis Christi huic vitæ fidelibus necessaria est, per quam tendant ad Dominum ; cum autem ventum fuerit ad speciem illam Verbi, omnis carnalis dispensatio non erit necessaria : ideo conversatio ipsius in

saire. Ainsi, Notre-Seigneur, après sa résurrection, est resté visiblement quarante jours avec ses disciples, pour nous apprendre que la foi à l'incarnation du Christ est nécessaire, tant que l'arche vogue pendant cette vie sur les eaux du déluge. Voici ce que je veux vous dire, mes frères : croyez en Jésus-Christ, qui est né de la Vierge Marie, qui a été crucifié, et qui est ressuscité. Il ne sera plus besoin de l'interroger après cette vie; la foi nous a enseigné ici-bas ce que nous devions savoir de ce mystère, nous le croyons fermement, cette croyance est indispensable à notre faiblesse. Pensez à la charité de cette poule mystérieuse qui protége notre infirmité ; pensez à la monture de ce miséricordieux Samaritain, sur laquelle il a soulevé ce pauvre voyageur couvert de blessures. (*Luc*, x, 33.) Il l'a soulevé et placé sur quoi? sur sa monture. La monture du Seigneur, c'est sa chair. Quand cette vie sera écoulée, que vous dira-t-on? Vous avez cru d'une foi véritable à l'incarnation du Christ, jouissez maintenant de la majesté et de la divinité du Christ. Ma faiblesse était nécessaire à ta faiblesse : ta force doit maintenant me contempler dans ma force.

La résurrection de la chair doit avoir lieu un jour. — 6. Vous aussi, vous vous dépouillerez de cette faiblesse, comme l'Apôtre vous l'enseigne en ces termes : « Il faut que ce corps corruptible se revête d'incorruptibilité, et que ce corps mortel revête l'immortalité. » (I *Cor.*, xv, 53.) Car « ni la chair ni le sang ne posséderont le royaume de Dieu ? » (*Ibid.*, 50.) Pourquoi ne pourront-ils le posséder? Est-ce parce que la chair ne ressuscitera point ? Loin de nous cette pensée ! La chair ressuscitera, mais dans quel état? Elle sera transformée et deviendra un corps céleste et angélique. Est-ce que les anges ont un corps? Mais voici ce qu'il est important de remarquer : c'est que cette chair qui ressuscitera, sera cette chair qui meurt, qui est ensevelie, cette chair qu'on voit, qu'on touche, qui a besoin, pour vivre, de boire et de manger, qui est soumise aux maladies, aux souffrances; c'est elle qui doit ressusciter dans les méchants, pour leur supplice éternel, et dans les bons, pour être glorieusement transformés. Or, après cette transformation, que deviendra notre corps? Ce ne sera plus une chair mortelle, mais un corps céleste; car « il faut que ce corps corruptible revête l'incorruptibilité, et que ce corps mortel revête l'immortalité. » On s'étonne que Dieu puisse faire de cette chair un corps céleste, lui qui a fait tout de rien? Le Seigneur, pendant sa vie mortelle, a changé l'eau en vin, et vous trouveriez étonnant qu'il pût faire de cette chair un corps céleste? Les anges, avant d'avoir été appelés à l'existence, n'étaient rien ; c'est par la puissance de Dieu qu'ils sont ce qu'ils sont. Quoi! celui qui a pu vous faire,

---

carne post resurrectionem per quadraginta dies erat necessaria, ut demonstraret tamdiu esse necessariam fidem Incarnationis Christi, quamdiu in ista vita docetur arca in diluvio fluctuare. Ecce quod dico, Fratres : credite in Jesum Christum natum de Maria virgine, crucifixum resurrexisse. Non opus est ut interrogemus post istud sæculum, quia jam illud accepimus in fide : tenemus illud ; infirmitati nostræ necessarium est. Putate ergo caritatem gallinæ illius, quæ protegit infirmitatem nostram : putate esse jumentum misericordis illius transeuntis, in quod levavit languidum, qui vulneratus erat. (*Luc.*, x, 33.) Levavit enim illum, quo ? In jumentum suum. Jumentum Domini caro est. Ergo cum transierit hoc sæculum, quid tibi dicetur? Quia recte credidisti in carnem Christi, modo fruere majestate et divinitate Christi. Necessarius fuit infirmus infirmo, necessarius erit fortis forti.

Carnis resurrectio futura. — 6. Quia et tu deponere habes ipsam infirmitatem, juxta quod audisti in Apostolo : « Oportet corruptibile hoc induere incorruptionem, et mortale hoc induere immortalitatem. » (I *Cor.*, xv, 53.) Quia «caro et sanguis, » ait, «regnum Dei non possidebunt. » (*Ibid.*, 50.) Quare non possidebunt ? quia non resurget caro ? Absit : resurget caro, sed quid fit? Immutatur, et fit ipsa corpus cœleste et Angelicum. Numquid carnem habent Angeli? Sed hoc interest, quia ista caro resurget, ista ipsa quæ sepelitur, quæ moritur ; ista quæ videtur, quæ palpatur, cui opus est manducare et bibere, ut possit durare; quæ ægrotat, quæ dolores patitur, ipsa habet resurgere, malis ad pœnas sempiternas, bonis autem ut commutentur. Cum fuerit commutata, quid fiet? Jam corpus cœleste vocabitur, non caro mortalis : quia « Oportet corruptibile hoc induere incorruptionem, et mortale hoc induere immortalitatem. » Mirantur autem si facit Deus de carne corpus cœleste, qui de nihilo fecit omnia. In carne constitutis Dominus de aqua vinum fecit, et mirum est si de carne corpus cœleste facere potuerit? Nolite ergo dubitare de Deo quia potens est illud facere. Angeli ut essent nihil erant, sed ipsius majestate sunt quod

lorsque vous n'étiez pas, ne pourra vous rendre ce que vous étiez? Il ne pourra environner votre foi de gloire et d'éclat, à cause même de son incarnation? Lors donc que toutes les choses du monde auront passé pour nous, nous verrons s'accomplir en nous ce qu'a dit saint Jean : « Mes bien-aimés, nous sommes maintenant enfants de Dieu, mais on ne voit pas encore ce que nous serons. Nous savons que, lorsqu'il apparaîtra, nous serons semblables à lui, parce que nous le verrons tel qu'il est. » (I *Jean*, III, 2.) Préparez-vous à cette vision, et, en attendant, tant que vous êtes dans ce corps mortel, croyez à l'incarnation du Christ, et croyez-y sans crainte d'être victime de la supercherie ou du mensonge. La vérité ne ment jamais, car, si elle pouvait mentir, à qui irions-nous demander conseil? Que ferions-nous? A qui pourrions-nous ajouter foi? Donc, la Vérité, le Verbe véritable, la vraie sagesse, la vraie puissance de Dieu, « le Verbe s'est fait chair, » (*Ibid.*, I, 14) et chair véritable. « Touchez et voyez, dit-il à ses disciples, qu'un esprit n'a ni os ni muscles, comme vous voyez que j'en ai. » (*Luc*, XXIV, 39.) C'étaient, en effet, de vrais os, de vrais muscles, de vraies cicatrices : tout était vrai, ce qu'on touchait et ce qui ne se révélait qu'à l'intelligence. On touchait l'humanité, et la pensée s'élevait jusqu'à la divinité; on touchait la chair, et l'on découvrait la sagesse; on touchait la faiblesse, et l'on reconnaissait la puissance divine : tout était vrai. Cependant sa chair, c'est-à-dire la chair de notre Chef, est ensuite montée au ciel pour nous y précéder. Pourquoi? Parce qu'il faut que ses membres y dorment quelque temps du sommeil de la mort, et qu'ils ressuscitent tous au temps marqué. Si le Seigneur avait retardé sa résurrection jusqu'à ce moment, en qui aurions-nous cru? Il a donc voulu délivrer du tombeau et offrir à Dieu, en sa personne, les prémices de ceux qui dorment, afin que la vue de ce qui s'est accompli en lui vous fît espérer ce que Dieu doit vous donner un jour. Le peuple de Dieu tout entier jouira de la société des anges et d'une égalité parfaite avec eux. Que personne donc ne vienne vous dire, mes frères : Les chrétiens sont insensés de croire que la chair ressuscitera; qui voyons-nous ressusciter? qui est jamais ressuscité, ou qui est venu de l'autre monde pour vous dire ce qui s'y passe? C'est le Christ même qui en est revenu. O cœur humain, cœur malheureux, cœur pervers et déraisonnable! Si son aïeul ressuscitait, il le croirait; le Seigneur même du monde est ressuscité, et il refuse de croire!

Mystère de la Trinité. — 7. Attachez-vous donc, mes frères, à la foi véritable, pure et catholique. Le Fils est égal à son Père; le don de Dieu, l'Esprit saint, est aussi égal au Père; et voilà pourquoi le Père, le Fils et le Saint-Esprit sont un seul Dieu, et non trois Dieux. Ils

sunt. Qui potuit te facere cum non esses, non potest reparare quod fueras, et non potest dare honorem claritatis fidei tuæ propter ipsam incarnationem suam? Ergo cum transierint ista, veniet nobis illud quod ait Joannes : « Dilectissimi, filii Dei sumus, et nondum apparuit quod erimus : scimus quia cum apparuerit, similes ei erimus, quoniam videbimus eum sicuti est. » (I *Joan.*, III, 2.) Ad istam visionem vos parate, interim quamdiu in carne estis credite in Christum incarnatum; et sic credite, ut non putetis seductos vos esse aliqua falsitate. Nunquam enim mentitur veritas : nam si mentitur, quo imus ad consilium? quid facimus? cui nos credimus? Ergo veritas, Verbum verum, sapientia vera, virtus Dei vera : « Verbum caro factum est, » (*Ibid.*, I, 14) vera caro. « Palpate, et videte, » ait, « quia spiritus ossa et nervos non habet, sicut me videtis habere. » (*Luc.*, XXIV, 39.) Vera enim ossa erant, veri nervi, veræ cicatrices : verum quidquid tangebatur, verum quidquid intelligebatur. Tangebatur homo, intelligebatur Deus : tangebatur caro, intelligebatur sapientia : tangebatur infirmitas, intelligebatur potentia. Totum verum. Tamen deinde caro in cœlum præcessit, id est caput. Sequentur cætera membra. Quare? Quia oportet ut dormitionem accipiant membra ista aliquantum, et resurgant tempore suo omnes. Si Dominus tunc vellet resurgere, non esset in quem crederemus. Ideo voluit primitias dormientium (*f.* libare) liberare Deo in se ipso, ut cum in illo videres quod redditum est, in te sperares quod donandum est. Erit omnis populus Dei æquatus Angelis et sociatus. Nemo ergo vobis dicat, Fratres : Credunt stulti Christiani quia caro resurget : quis resurgit? aut quis resurrexit? aut quis huc inde venit ab inferis, et dixit vobis? Christus inde venit : o miser, o cor humanum perversum et præposterum. Si avus ipsius resurgeret, crederet illi : Dominus mundi resurrexit, et non vult credere.

Trinitatis mysterium. — 7. Tenete itaque, Fratres mei, veram, germanam, catholicam fidem. Filius æqualis est Patri, donum Dei Spiritus sanctus æqualis est Patri, et ideo Pater et Filius et Spiritus sanctus unus Deus, non tres dii : non gradibus sibi adjecti,

ne sont pas élevés par degrés au-dessus l'un de l'autre; une même puissance, une même majesté les unit, et ils ne font qu'un seul Dieu. Cependant, par amour pour nous, le Fils, « le Verbe s'est fait chair, et il a habité parmi nous. » « Il n'a pas cru que ce fût une usurpation de s'égaler à Dieu, mais il s'est anéanti lui-même, en prenant la forme d'esclave, et en étant reconnu pour homme par tout ce qui a paru de lui. » Voulez-vous une preuve, mes frères, que les trois personnes de la Trinité sont parfaitement égales, et que, si Notre-Seigneur a dit : « Mon Père est plus grand que moi, » ce n'est qu'au point de vue de son incarnation? la voici : Pourquoi n'est-il dit nulle part de l'Esprit saint, qu'il est inférieur au Père, sinon parce qu'il ne s'est point incarné? Vérifiez vous-mêmes ce que je dis, étudiez à fond toutes les Ecritures, parcourez-en toutes les pages, lisez-en tous les versets, vous ne trouverez nulle part que l'Esprit saint soit inférieur à Dieu. Si donc le Fils est dit inférieur à son Père, c'est parce que son amour pour nous l'a porté à se faire petit, pour nous rendre grands par ses abaissements.

SERMON CCLXV [1].

V° pour l'ascension de Notre-Seigneur.

CHAPITRE PREMIER. — *Jésus-Christ a confirmé la vérité de sa résurrection en vivant quarante jours avec ses disciples.* — 1. Nous profitons de la solennité de ce jour pour rappeler des vérités à ceux qui les savent, et en instruire ceux qui négligent de les apprendre. Nous célébrons aujourd'hui la fête anniversaire de l'ascension de Notre-Seigneur. Le Sauveur, en effet, après s'être séparé de son corps, et l'avoir repris par sa résurrection d'entre les morts, apparut plein de vie à ses disciples, à qui sa mort avait fait perdre toute espérance. Il se rendit présent à leurs regards et leur offrit son corps à toucher, pour affermir leur foi par cette manifestation de la vérité. Mais le Sauveur n'eût pas fait assez pour la fragilité humaine et pour les esprits faibles et troublés de ses disciples, s'il ne leur eût montré qu'un seul jour, pour le leur dérober ensuite, ce grand miracle de sa résurrection. Il vécut donc avec eux, sur la terre, pendant quarante jours, comme vous l'avez vu par la lecture du livre des apôtres (*Act.*, I, 3), entrant et sortant, mangeant et buvant avec eux, pour les convaincre de la réalité de son corps, et non par nécessité. Le quarantième jour, celui que nous célébrons aujourd'hui, il s'éleva au ciel, en présence de ces mêmes disciples, qui l'accompagnaient de leurs regards.

Prédiction du second avénement du Christ comme juge. — 2. Or, pendant qu'ils étaient

[1] On trouve des extraits de ce sermon dans Eugyppius et dans le Commentaire de Florus sur le chapitre v de l'Epître aux Romains.

---

sed majestate adunati, et unus Deus. Sed Filius tamen propter nos, « Verbum caro factum est et habitavit in nobis. Non rapinam arbitratus est esse æqualis Deo, sed semetipsum exinanivit, formam servi accipiens, et habitu inventus ut homo. » Et ut noveritis, Fratres, quia vere Trinitas ista æqualis est, et non est dictum quia « Pater major me est, » nisi propter carnem, quam suscepit Dominus : quare de Spiritu sancto nunquam dictum est : Minor est, nisi quia ipse non suscepit carnem? Videte quid dixi : perscrutamini omnes Scripturas, levate omnes paginas, legite omnes versus, nunquam invenietis quia Spiritus sanctus minor sit quam Deus. Ille ergo dictus est minor, qui propter nos factus est minor, ut per illum nos efficeremur majores.

SERMO CCLXV [a].

De Ascensione Domini, V.

CAPUT PRIMUM. — *Veritas resurrectionis Christo per quadraginta dies cum discipulis agente confirmata.* — 1. Solemnitate diei hujus admonemus scientes, instruimus negligentes. Ascensum Domini in cœlum hodie solemniter celebramus. Dominus enim Salvator noster, posito corpore, et recepto corpore, postea quam resurrexit a mortuis, exhibuit se discipulis viventem, quem desperaverant morientem. Postea quam se reddidit oculis intuendum, manibus contrectandum, ædificans fidem, exhibendo veritatem; quoniam parum fuit humanæ fragilitati et infirmæ trepidationi tam magnum miraculum uno die exhibere, et inde subtrahere; conversatus est cum eis in terra, sicut audivimus, cum liber Actuum Apostolorum legeretur, conversatus est cum eis in terra quadraginta diebus, intrans et exiens, manducans et bibens (*Act.*, I, 3) : ut exhiberet veritatem, non quod haberet necessitatem. Ipso ergo quadragesimo die, quem hodie celebramus, eis videntibus, et videndo deducentibus, ascendit in cœlum.

Adventus Christi ad judicium prænuntiatus. —

[a] Alias VI inter additos a Parisiensibus.

dans l'admiration et la joie de voir leur divin Maître monter au ciel, car cette gloire qui précédait dans le chef est l'espérance des membres, ils entendirent ces paroles de la bouche des anges : « Hommes de Galilée, pourquoi demeurez-vous là regardant au ciel? Ce Jésus viendra de la même manière que vous l'avez vu monter au ciel. » (*Act.*, I, 11.) Qu'est-ce a dire : « Il viendra de la même manière? » Il viendra avec la même nature, pour accomplir cette prophétie : « Ils verront celui qu'ils ont transpercé. » (*Zach.*, XII, 10.) « Il viendra de la même manière. » Il viendra vers les hommes, comme homme, mais aussi comme Dieu. Il viendra vrai homme et vrai Dieu, pour faire des hommes autant de dieux. C'est le juge du ciel qui vient d'y monter, les hérauts du ciel ont fait entendre leurs voix. Appliquons-nous à rendre notre cause bonne, pour ne pas craindre le jugement à venir. Il est monté au ciel, nous l'avons appris de ceux qui en ont été les témoins. Ceux qui n'ont point vu son ascension y ont cru; les autres ont refusé de croire et l'ont tournée en dérision, « car tous n'ont pas la foi. » (II *Thes.*, III, 2.) Or, puisque tous n'ont pas la foi, et que « Dieu connait ceux qui sont à lui, » (II *Tim.*, II, 19) pourquoi contestons-nous que Dieu soit monté au ciel? Soyons bien plutôt étonnés qu'un Dieu soit descendu dans les enfers. Soyons étonnés de la mort du Christ, mais que sa résurrection soit pour nous un sujet de louanges plutôt que d'étonnement. Notre perte vient de notre péché, mais le sang de Jésus-Christ a été notre rançon. La résurrection de Jésus-Christ est notre espérance, l'avénement de Jésus-Christ nous mettra en possession de la réalité. Nous devons donc attendre l'avénement de Celui qui est assis à la droite du Père. Que notre âme lui dise dans l'ardeur de ses désirs : Quand viendra-t-il? Et encore : « Mon âme a soif du Dieu vivant. » (*Ps.* XLI, 3.) Quand viendra-t-il? Il viendra certainement, mais quand viendra-t-il? Vous désirez qu'il vienne : plaise à Dieu qu'il vous trouve préparé!

Chapitre II. — *Question des disciples sur le temps du futur avénement de Jésus-Christ.* — 3. Cependant, ne croyons pas être les seuls pour avoir ce désir de l'avénement de Notre-Seigneur et demander : Quand viendra-t-il? Ses disciples avaient eux-mêmes ce désir. S'il m'était donné de répondre à vos aspirations, à votre attente, à vos désirs ardents, en vous faisant connaître l'époque de cet avénement, que serais-je à vos yeux? Mais vous n'espérez point que je vous l'apprenne, ce serait folie. Si vous aviez présent devant vos yeux, et comme sous la main, Notre-Seigneur Jésus-Christ présent dans son corps, plein de vie et vous adressant la parole, je n'en doute point, ce vif désir se traduirait par

— 2. Tunc ergo postea quam in quod videbant ascendere mirabantur, sursum tamen ire gaudebant; capitis enim præcessio, spes membrorum est; audierunt et Angelicam vocem : « Viri Galilæi, quid statis adspicientes in cœlum? Hic Jesus sic veniet, quemadmodum vidistis eum euntem in cœlum. » (*Act.*, I, 11.) Quid est, « sic veniet? » In ea forma veniet : ut impleatur quod scriptum est : « Videbunt in quem pupugerunt. » (*Zach.*, XII, 10.) « Sic veniet. » Ad homines veniet, homo veniet; sed Deus homo veniet. Veniet verus homo et Deus, ut faciat homines deos. Ascendit judex cœli, sonuit præco cœli. Bonam causam habeamus, ut futurum judicium non timeamus. Ascendit enim : viderunt qui nobis nuntiaverunt. Qui non viderunt, crediderunt : alii (*a*) non credentes irriserunt. « Non enim omnium est fides. » (II *Thes.*, 2.) Et quia « non omnium est fides, et novit Dominus qui sunt ejus, » (II *Tim.*, II, 19) quid disceptamus quod ascendit in cœlum Deus? Miremur potius quia descendit in infernum Deus. Mortem Christi miremur, resurrectionem vero laudemus potius quam miremur. Perditio nostra, peccatum nostrum : sanguis Christi, pretium nostrum. Resurrectio Christi, spes nostra : adventus Christi, res nostra. Ille ergo qui est ad dexteram Patris, exspectandus est donec veniat. Dicat anima nostra sitiens illi : Quando veniet? Et : « Sitivit anima mea ad Deum vivum. » (*Psal.* XLI, 3.) Quando veniet? Veniet : sed quando veniet? Optas ut veniat : utinam paratum te inveniat.

Caput II. — *Discipulorum inquisitio de tempore futuri adventus Christi.* — 3. Verumtamen ne putemus nos solos habere hoc desiderium de Domino nostro, ut dicamus : Quando veniet? Habuerunt hoc desiderium et discipuli ejus. Si possem vobis dicere inhiantibus, exspectantibus, suspensis, nosse cupientibus, quando veniat Dominus Deus noster, si possem vobis dicere, qualis vobis viderer? Sed si hoc ex me non vos speratis audire posse; qui si speratis, desipitis : ipsum certe Dominum Jesum Christum in corpore præsentem, viventem, loquentem, si ante oculos vestros et ante manus vestras haberetis, scio quia

(*a*) Colbertinus codex caret particula *non*.

SERMON CCLXV.

cette question : Seigneur, quand viendrez-vous? C'est ce que les disciples demandèrent au Sauveur, lorsqu'il était encore au milieu d'eux. Vous ne pouvez lui adresser la même question : écoutez donc la réponse qu'il leur fit. Ils étaient là, et nous n'y étions pas ; cependant, si nous en croyons leur témoignage, c'est pour nous que la question et la réponse ont été faites. Les disciples donc, qui allaient suivre de leurs regards Notre-Seigneur lorsqu'il monterait au ciel, lui dirent : « Seigneur, est-ce dans ce temps que vous manifesterez votre présence ? » (*Act.*, I, 6.) A qui donc tiennent-ils ce langage ? A celui qui était présent sous leurs yeux. « Est-ce dans ce temps que vous manifesterez votre présence ? » Que signifie cette question ? Ne le voyaient-ils point présent au milieu d'eux ? N'entendaient-ils point sa parole, ne le touchaient-ils pas de leurs mains ? Que veulent-ils donc dire : « Est-ce dans ce temps que vous manifesterez votre présence ? » Ils savaient que Jésus-Christ devait venir en personne juger le monde et manifester sa présence à ses élus comme aux réprouvés. Ils savaient et croyaient d'une foi ferme que le temps viendrait où le Sauveur jugerait les hommes après en avoir été jugé, et qu'après avoir été condamné, il condamnerait à son tour, lorsqu'en se manifestant à ces deux classes d'hommes si différentes, il placerait les uns à la droite, les autres à la gauche, prononcerait une sentence que tous entendraient, appellerait exclusivement les uns à la récompense des cieux, et condamnerait exclusivement les autres au supplice éternel. Ils savaient que ce jugement devait avoir lieu, mais ils demandaient à quelle époque. « Est-ce dans ce temps que vous manifesterez votre présence ? » Non pas devant nous, qui vous voyons dès maintenant, mais devant ceux mêmes qui n'ont pas cru en vous. « Dites-nous si c'est dans ce temps que vous manifesterez votre présence, et quand viendra le royaume d'Israël ? » Ils lui font ces deux questions. « Est-ce dans ce temps que vous manifesterez votre présence, et quand viendra le royaume d'Israël ? » Quel royaume ? celui dont nous disons : « Que votre règne arrive. » (*Matth.*, VI, 10.) Quel est ce royaume ? celui dont le Sauveur dira aux élus placés à sa droite : « Venez, les bénis de mon Père, possédez le royaume qui vous a été préparé dès l'origine du monde. » (*Ibid.*, XXV, 34.) C'est alors aussi qu'il dira à ceux qui seront à sa gauche : « Allez au feu éternel, qui a été préparé au démon et à ses anges. » (*Ibid.*, 41.) Sentence terrible et qui doit nous faire trembler; mais, « la mémoire du juste sera éternelle, il ne craindra point la terrible sentence. » Aux uns donc la récompense, aux autres le châtiment; mais des deux côtés la sentence du Sauveur sera vraie, parce qu'elle est fondée sur la justice.

CHAPITRE III. — *Réponse de Jésus-Christ.* —

---

præ isto desiderio interrogaretis, et diceretis ei : Domine, quando venturus es? Discipuli ipsi Dominum Jesum Christum præsentem interrogaverunt. Non potestis interrogare quod interrogaverunt, audite quod audierunt. Etenim illi tunc erant, nos nondum eramus: quibus tamen si credamus, et nobis interrogaverunt, et nobis audierunt. Ergo discipuli Christi deducturi aspectu ascensurum Christum interrogaverunt, et dixerunt ei : « Domine, si hoc tempore præsentaberis? » (*Act.*, I, 6.) Cui dicebant? Quem præsentem videbant. « Si hoc tempore præsentaberis? » Et quid est illud? Nonne præsentem videbant? nonne præsentem audiebant? nonne præsentem etiam tangebant? Quid est hoc : « Si hoc tempore præsentaberis? » nisi quia noverant præsentia Christi futurum judicium, ut videretur a suis et ab alienis? Nam quando resurrexit, non est visus nisi a suis. Hoc ergo sciebant, et fide retinebant, futurum esse tempus quando judicatus judicaret, quando reprobatus probaret et reprobaret; quando conspicuus utrique hominum generi alios poneret ad dexteram, alios ad sinistram, dicturus quod utrique audirent, oblaturus quod non utrique acciperent, comminaturus quod non utrique pertimescerent. Sciebant futurum; sed quando quærebant. « Si hoc tempore præsentaberis? » Non utique nobis; nam et modo videmus te: sed præsentaberis etiam his, qui non crediderunt in te. « Si hoc tempore præsentaberis, dic nobis, et quando regnum Israel ? » Hoc quæsierunt : « Si hoc tempore præsentaberis, et quando regnum Israel ? » Quod regnum? De quo dicimus : « Veniat regnum tuum. » (*Matth.*, VI, 10.) Quod regnum? de quo audituri sunt ad dexteram positi : « Venite, benedicti Patris mei, percipite regnum quod vobis paratum est ab origine mundi. » (*Ibid.*, XXV, 34.) Quando dicturus est etiam sinistris : « Ite in ignem æternum, qui paratus est diabolo et angelis ejus. » (*Ibid.*, 41.) Terribilis vox, tremenda vox; sed : « In memoria æterna erit justus, ab auditu malo non timebit. » (*Psal.* CXI, 7.) Istis hoc, illis illud : in utroque verax, quia in utroque justus.

CAPUT III. — *Jesu Christi responsio.* — 4. Sed quod

4. Ecoutons la réponse que le Sauveur a faite à leur question, si toutefois il y a répondu; et, s'il n'a pas cru devoir y répondre, retenons ce qu'il leur a dit, et soyons sans crainte sur ce qui doit arriver. « Seigneur, est-ce dans ce temps que vous manifesterez votre présence? » Et nous aussi, figurons-nous que nous voyons le Seigneur présent corporellement devant nous, et disons-lui : « Seigneur, est-ce dans ce temps que vous manifesterez votre présence, et quand viendra le règne d'Israël? » (*Act.*, I, 6.) Quand viendra le règne de vos amis, le règne des humbles, et combien de temps encore doit durer l'arrogance des superbes? C'est bien là ce que vous demandiez, ce que vous désiriez savoir. Voyons la réponse du Sauveur; que les agneaux ne dédaignent pas d'écouter la réponse faite aux béliers du troupeau. Ecoutons ce que le Seigneur lui-même a daigné répondre. A qui? A Pierre, à Jean, à André, à Jacques, et à d'autres du même rang et du même mérite, et tous dignes, parce qu'il a rendu dignes ceux qu'il avait trouvés indignes. Que répond-il donc à cette question : « Est-ce dans ce temps que vous manifesterez votre présence, et quand établirez-vous le royaume d'Israël? — Ce n'est point à vous, leur dit-il, de connaître les temps que le Père a réservés en sa puissance. » (*Act.*, I, 6.) Que veut-il dire? Quoi! Jésus dit à Pierre : « Ce n'est point à vous, » et vous dites : C'est à moi? « Ce n'est point à vous de connaître les temps que le Père a réservés en sa puissance. » Vous avez raison de croire ce que vous croyez, parce que ce règne doit un jour arriver. Mais quand arrivera-t-il? Que vous importe? Préparez-vous pour le moment où il arrivera. « Ce n'est point à vous de connaître les temps que le Père a réservés en sa puissance. » Que la curiosité fasse place à la piété. Que vous importe le temps où viendra ce règne? Vivez comme s'il devait arriver aujourd'hui, et vous ne craindrez point lorsqu'il sera venu.

Chapitre IV. — *Jésus-Christ, comme un bon maître, enseigne à ses disciples ce qu'il leur est utile de savoir.* — 5. Considérez l'ordre et la conduite que suit le bon Maître, le Maître par excellence, le seul et unique Maître. Il ne répond point à la question que lui font ses disciples, et il leur explique ce qu'ils ne lui ont point demandé. Il savait qu'il ne leur était pas avantageux de savoir ce qu'ils demandaient; il leur dit donc, sans même qu'ils l'eussent interrogé, ce qu'il savait devoir leur être utile. « Ce n'est pas à vous de connaître les temps. » La grande affaire est d'échapper aux temps, et vous cherchez à connaître les temps? « Ce n'est pas à vous de connaître les temps que le Père a réservés en sa puissance. Notre-Seigneur semble supposer ensuite qu'ils lui demandent : Qu'est-ce donc qu'il nous appartient de savoir? Ecoutons avec attention ce qui nous regarde particulièrement. Les disciples ont fait une question à la-

quærebant, si audierunt, audiamus : si non audierunt, quod audierunt teneamus ; et (*f.* ut) quod venturum est, non timeamus. « Domine, si hoc tempore præsentaberis? » Et nos æstimantes nos præsentem videre Dominum in corpore constitutum, dicamus illi: « Domine, si hoc tempore præsentaberis, et quando regnum Israel. » (*Act.*, I, 6.) Quando regnum tuorum, quando regnum humilium, quandiu typhus superborum? Certe hoc est quod quærebatis, hoc est quod audire desiderabatis. Videamus quid responderit. Non dedignentur audire agni quod audierunt arietes. (*Ibid.*, 7.) Audiamus quid dixit ipse Dominus. Quibus? Petro, Joanni, Andreæ, Jacobo, cæteris tantis et talibus, tam dignis, sed quos invenit indignos, et fecit dignos. Quid eis respondit dicentibus : « Si hoc tempore præsentaberis, et quando regnum Israel? — Non est vestrum scire tempora, quæ Pater posuit in sua potestate. » Quid est hoc? Dicitur Petro : « Non est vestrum, » et dicis tu : Meum est? « Non est vestrum scire tempora, quæ Pater posuit in sua potestate. » Quod creditis, bene creditis : quia venturum est. Quando venturum sit, quid ad te? Quando venerit, præpara te. « Non est vestrum scire tempora, quæ Pater posuit in sua potestate. » Curiositas abscedat, pietas succedat. Quid ad te quando veniet? Sic vive, quasi hodie venturum sit; et non timebis, cum venerit.

Caput IV. — *Christus bonus magister docens quod expedit scire.* — 5. Videte autem ordinem et disciplinam magistri boni, magistri singularis, magistri solius. Non dixit quod interrogaverunt, et dixit quod non interrogaverunt. Sciebat enim quod interrogaverunt non eis expedire ut nossent : quod autem sciebat eis expedire, etiam non eis interrogantibus dixit. « Non est vestrum scire, inquit, tempora. » Quo tibi tempora? Hoc agitur ut evadas tempora, et quæris tempora. « Non est vestrum scire tempora, quæ Pater posuit in sua potestate. » Et quasi diceretur ei : Et quid est nostrum? Modo audiamus quid ad nos maxime pertineat, modo audiamus. Quæ-

quelle on ne pouvait répondre, mais Jésus leur a enseigné ce qu'ils devaient savoir. « Ce n'est point à vous de connaître les temps que le Père a réservés en sa puissance. » Que vous appartient-il donc de savoir?

Chapitre V. — *Jésus-Christ prédit, contre les schismatiques, l'unité de l'Eglise répandue partout.* — 6. « Mais vous recevrez la vertu du Saint-Esprit, venant sur vous, et vous serez témoins pour moi. » Où? « Dans Jérusalem. » C'est ce qu'il était important pour nous de connaître, car Notre-Seigneur annonce ici l'établissement de l'Eglise, prédit son unité, et condamne par avance les divisions. Il dit aux apôtres : « Vous serez pour moi témoins. » C'est aux fidèles, c'est aux vases de Dieu, aux vases de miséricorde, qu'il est dit : « Vous serez témoins pour moi. » Où? « Dans Jérusalem, » où j'ai été mis à mort, « et dans toute la Judée et la Samarie, et jusqu'aux extrémités de la terre. » (*Act.*, I, 8.) Voilà ce que je vous apprends, voilà ce que vous devez retenir. Soyez l'Epouse, et attendez l'Epoux en toute assurance. L'Epouse, c'est l'Eglise. Et où le Sauveur annonce-t-il qu'elle doit s'étendre à la prédication de ces témoins, car il en est beaucoup qui viendront dire : Elle est ici? Je les écouterais volontiers, si d'autres ne me disaient à leur tour : Non, elle est là. Que dites-vous? Elle est ici. J'allais vous suivre, mais un autre m'arrête en me disant également : Elle est là. Vous dites de votre côté : Elle est ici; un autre dit du sien : Elle est là. Adressons-nous au Seigneur, interrogeons le Seigneur. Que les partis se taisent, écoutons l'unité tout entière. Celui-ci me dit d'une extrémité : Elle est ici; celui-là me crie d'un autre côté : Non, mais elle est là. Parlez vous-même, Seigneur, affirmez celle que vous avez rachetée; faites connaître celle que vous avez aimée. Nous avons été invités à vos noces, montrez-nous votre épouse, afin que nos disputes ne viennent pas troubler la joie de votre union. Notre-Seigneur nous l'a fait connaître clairement; s'il n'aime point les contestations, il n'abandonne point ceux qui l'interrogent. C'est à ses disciples qu'il parle, et sans qu'ils l'aient interrogé; et il le fait, parce qu'il est opposé aux esprits contentieux. Peut-être, aussi, les apôtres ne l'avaient pas encore questionné sur ce point, parce que les voleurs n'avaient pas encore divisé le troupeau de Jésus-Christ. Nous, qui avons souffert les douleurs de la division, cherchons avec soin le lien de l'unité. Les apôtres demandent au Sauveur le temps du jugement, et il leur répond en leur apprenant jusqu'où s'étendra l'Eglise. Il ne répond point à leur question, mais il prévoyait nos douleurs. « Vous serez, dit-il, témoins pour moi dans Jérusalem. » Ce n'est pas assez. Vous n'avez point payé une rançon si chère pour racheter cette

---

situm est quod non oporteat dici : sed dictum est quod oporteat audiri. « Non est vestrum scire tempora, quæ Pater posuit in sua potestate. » Sed quid est vestrum scire?

Caput V. — *Ecclesia una ubique diffusa prædicatur contra schismaticos.* — 6. « Sed accipietis virtutem Spiritus sancti supervenientem in vos, et eritis mihi testes. » Ubi? « In Jerusalem. » Consequens erat ut hoc audiremus : his enim verbis Ecclesia prædicatur, Ecclesia commendatur, unitas annuntiatur, divisio accusatur. Apostolis dictum est : « Et eritis mihi testes. » Fidelibus dicitur, vasis Dei dicitur, vasis misericordiæ dicitur : « Eritis mihi testes. » Ubi? « In Jerusalem, » ubi occisus sum, « et in tota Judæa et Samaria, et usque in fines terræ. » (*Act.*, I, 8.) Ecce quod audite, ecce quod tenete. Sponsa estote, et sponsum securi expectate. Sponsa Ecclesia est. Ubi futura prædicata est, quam illi testes annuntiaturi; ubi futura prædicata est? Multi enim dicturi sunt : Ecce hic est. Audirem, si non et alius diceret : Ecce hic est. Quid tu dicis? Ecce hic est. Jam ibam : sed revocat alius simili voce : Ecce hic est. Tu ex una parte : Ecce hic est, alius ex parte alia : Ecce hic est. Dominum interrogemus, Dominum interpellemus. Sileant partes, totum audiamus. Dicit unus ex uno angulo : Ecce hic est, alius ex alio angulo : Non, sed ecce hic est. Tu, Domine, dic; tu assere quam redemisti, ostende quam dilexisti. Ad nuptias tuas invitati sumus, ostende sponsam tuam, ne vota tua litigando turbemus. Dicit plane, ostendit plane : non deserit inquirentes, non amat litigantes. Dicit discipulis suis, et non quærentibus dicit, quia contendentibus contradicit. Et ideo fortasse hoc ab Apostolis nondum quærebatur, quia grex Christi nondum a latronibus dividebatur. Nos experti dolores divisionis, studiose coagulum quæramus unitatis. Apostoli quærunt tempus judicii, et Dominus respondet locum Ecclesiæ. Non respondit quod quæsierunt, sed nostros prævidebat dolores. « Eritis, inquit, mihi testes in Jerusalem. » Parum est. Non pro hoc tantum pretium dedisti, ut hoc solum emeres. « In Jerusalem. » Dic adhuc : « Et usque in

ville seule. Continuez donc : « Et jusqu'aux extrémités de la terre. » Vous êtes arrivé aux extrémités de la terre, pourquoi ne pas mettre un terme à vos discussions? Que personne ne vienne me dire : L'Eglise est ici; non, elle est là. Que la présomption humaine se taise; écoutons les enseignements divins, et attachons-nous aux promesses de la vérité. « Dans Jérusalem, dans toute la Judée et la Samarie, et jusqu'aux extrémités de la terre. » Après qu'il eut parlé ainsi : « Une nuée l'enleva. » Il n'était pas besoin d'ajouter rien autre chose, pour ne point donner lieu à d'autres pensées.

CHAPITRE VI. — *Dernières paroles de Jésus-Christ méprisées par les schismatiques. La tunique de Jésus-Christ d'un seul tissu.* — 7. Mes frères, on recueille ordinairement avec respect les dernières paroles d'un père qui va mourir, et nous écouterions avec mépris les dernières paroles du Seigneur montant au ciel! Représentons-nous que le Seigneur a écrit son testament en notre faveur, et que, dans ce testament, il a consigné ses dernières volontés. Il a prévu les futures contestations de ses enfants dénaturés, il a prévu ces hommes qui s'efforceraient de partager le bien qui ne leur appartient pas. Et pourquoi, en effet, ne diviseraient-ils point ce qu'ils n'ont pas acheté? Pourquoi ne mettraient-ils pas en lambeaux ce qui ne leur a rien coûté? Mais le Sauveur n'a jamais voulu permettre que l'on divisât sa tunique, qui était d'un seul tissu depuis le bas jusqu'en haut. (*Jean*, XIX, 23.) La convoitise vient de la terre, la charité vient du ciel. Allons, mes frères, Notre-Seigneur a écrit son testament et y a déposé ses dernières volontés. Considérez-le attentivement, je vous en prie, et que cette considération produise sur vous, s'il est possible, la même impression que sur nous.

CHAPITRE VII. — *Jésus-Christ a été glorifié deux fois, et l'Esprit saint également donné deux fois.* — 8. Jésus-Christ a été glorifié deux fois dans sa nature humaine : une première fois, lorsqu'il ressuscita des morts le troisième jour; une seconde fois, lorsqu'il monta au ciel en présence de ses disciples. Ces deux glorifications sont un fait accompli. Il en reste une autre, qui doit avoir lieu en présence de tous les hommes, lorsqu'il viendra pour juger le monde. Saint Jean l'Evangéliste avait dit, en parlant de l'Esprit saint : « L'Esprit n'avait pas encore été donné, parce que Jésus n'était pas encore glorifié. » (*Jean*, VII, 39.) « L'Esprit n'avait pas encore été donné; » pourquoi ? « Parce que Jésus n'avait pas encore été glorifié. » On attendait donc, pour donner l'Esprit saint, que Jésus fût glorifié. Aussi, est-ce à juste titre, qu'ayant été glorifié deux fois par sa résurrection et son ascension, il a donné deux fois l'Esprit saint. Il a donné un seul Esprit, et lui seul l'a donné, et il

fines terræ. » Venisti ad fines : quare contentiones non finis? Nemo mihi dicat jam : Ecce hic est : Non, sed ecce hic. Sileat humana præsumptio, audiatur divina prædicatio, teneatur vera promissio : « In Jerusalem, et in tota Judæa et Samaria, et usque in fines terræ. » His dictis, « Nubes suscepit eum. » Jam non opus erat ut aliquid adderetur, ne aliunde cogitaretur.

CAPUT VI. — *Verba novissima Christi a schismaticis contempta. Tunica Christi inconsutilis.* — 7. Fratres, pro magno audiri solent verba novissima parentis ituri in sepulcrum, et contemnuntur Domini verba novissima ascendentis in cœlum? Existimemus Dominum nostrum testamentum scripsisse, et in testamento suo novissima verba posuisse. Prævidit enim malorum filiorum futura litigia, prævidit homines partes sibi conantes facere de possessione aliena. Quare enim non dividant quod non emerunt? Quare non concidant, pro quo pretium non dederunt? Sed ille tunicam desuper textam nusquam consutilem dividi noluit : sorte provenit. In illa veste unitas commendata est, in illa veste caritas prædicata est (*Joan.*, XIX, 23), ipsa est desuper texta. De terra est cupiditas, desuper caritas. Agite, fratres : testamentum scripsit Dominus, novissima verba posuit. Videte, obsecro vos, et moveat vos, quomodo et nos moveat, si fieri potest.

CAPUT VII. — *Christi duæ glorificationes. Spiritus bis datus.* — 8. Duæ sunt glorificationes secundum suscepti hominis formam : una, qua surrexit a mortuis tertio die; alia, qua ascendit in cœlum ante oculos Discipulorum suorum. Duæ sunt istæ, quæ commendantur, glorificationes ejus jam factæ. Restat una et ipsa in conspectu hominum, cum se judicio præsentabit. De Spiritu sancto hoc erat dictum per Joannem evangelistam : « Spiritus autem nondum fuerat datus, quia Jesus nondum erat glorificatus. » (*Joan.*, VII, 39.) « Spiritus autem nondum fuerat datus : » quare nondum fuerat datus? « Quia Jesus nondum erat glorificatus. » Expectabatur ergo, ut glorificato Jesu daretur Spiritus. Meritoque bis glorificatus, resurgendo et ascendendo, bis dedit Spi-

l'a donné à l'unité; cependant, il l'a donné deux fois. Premièrement après sa résurrection, lorsqu'il a dit à ses disciples : « Recevez le Saint-Esprit, » (*Jean.*, xx, 22) et il souffla sur eux; c'est la première fois. Plus tard, il leur promet de leur envoyer l'Esprit saint, et leur dit : « Vous recevrez la vertu de l'Esprit saint venant en vous. » (*Act.*, I, 8.) Et, dans une autre circonstance, il leur dit encore : « Demeurez dans la ville; je vais accomplir la promesse de mon Père, que vous avez entendue de ma bouche. » Lorsqu'il fut monté au ciel, dix jours s'étant écoulés, il leur envoya l'Esprit saint : c'est l'objet de la fête prochaine de la Pentecôte.

CHAPITRE VIII. — *L'Esprit saint a été donné deux fois, pour nous recommander les deux préceptes de la charité.* — 9. Renouvelez ici votre attention, mes frères. On me demandera, peut-être, pourquoi Jésus-Christ a donné deux fois l'Esprit saint. On en a donné de nombreuses raisons, qui étaient toutes le fruit de recherches purement humaines; elles n'étaient point contraires à la foi, et quoique différentes l'une de l'autre, elles ne s'écartaient point de la règle de la vérité. Si je vous disais que je sais pourquoi le Sauveur a donné deux fois l'Esprit saint, je mentirais; je ne le sais point. Celui qui affirme savoir ce qu'il ne sait pas, est un téméraire ; celui qui déclare ignorer ce qu'il sait, est un ingrat. Je vous l'avouerai donc franchement, je cherche encore pourquoi le Seigneur a donné deux fois l'Esprit saint, et je désire arriver à quelque chose de plus certain. Que Dieu m'accorde, par vos prières, la grâce de vous expliquer ce qu'il daignera me faire connaître. J'ignore donc la véritable raison. Je ne vous tairai point, cependant, une opinion particulière, dont je suis loin d'être aussi sûr et aussi certain que je le suis de l'envoi de l'Esprit saint. Si cette opinion est vraie, que le Seigneur daigne la confirmer; s'il en est une autre qui soit plus conforme à la vérité, qu'il daigne me la faire connaître. Je pense donc, mais ce n'est qu'une opinion, que l'Esprit saint a été donné deux fois pour nous recommander les deux préceptes de la charité. En effet, il y a deux préceptes, et la charité est une : « Vous aimerez le Seigneur, votre Dieu, de tout votre cœur et de toute votre âme, » et, « vous aimerez votre prochain comme vous-même. Ces deux préceptes renferment toute la loi et les prophètes. » (*Matth.*, XXII, 37, 38.) Ainsi, la charité est une en deux préceptes; il n'y a qu'un esprit, et il a été donné deux fois. Celui qui a été donné la première fois n'est point différent de celui qui a été donné la seconde, parce que la charité qui aime le prochain n'est point différente de celle qui aime Dieu. La charité est donc la même. Nous aimons Dieu par la même charité qui nous fait aimer le prochain. Mais, comme Dieu est bien

ritum. Unum dedit, et unus dedit; unitati dedit, et tamen bis dedit. Primo posteaquam resurrexit, dixit Discipulis suis : « Accipite Spiritum sanctum. » (*Joan.*, xx, 22.) Et insufflavit in faciem eorum. Habes semel. Deinde promittit adhuc se missurum Spiritum sanctum, et dicit : « Accipietis virtutem Spiritus sancti supervenientem in vos. » (*Act.*, I, 8.) Et alio loco : « In civitate sedete : ego enim impleam promissionem Patris, quam audistis, inquit, ex ore meo. » (*Luc.*, XXIV, 49.) Posteaquam ascendit, decem diebus ibi factis, misit Spiritum sanctum : ipse est solemnis futurus Pentecostes.

CAPUT VIII. — *Spiritus sanctus Deo bis datus ut duo præcepta caritatis commendarentur.* — 9. Videte, fratres mei. Quærat a me aliquis, quare bis dedit Spiritum sanctum? Multi multa dixerunt, et sicut homines quæsierunt : et aliquid dixerunt quod non est contra fidem; alius hoc, alius illud, utrumque quod non excederet regulam veritatis. Si dicam me scire quare bis dederit, mentiar vobis. Nescio. Qui se dicit scire quod nescit, temerarius est : qui se negat scire quod scit, ingratus est. Ergo fateor vobis, quare bis dederit Dominus Spiritum sanctum, adhuc quæro : ad aliquid certius pervenire cupio. Adjuvet me Dominus orantibus vobis, ut quod donare dignatur, et vobis non taceatur. Ergo nescio. Quid tamen existimem nondum sciens, nondum pro certo tenens, sicut certissimum tenco dedisse; quid ergo existimem, non tacebo. Si hoc est, confirmet Dominus : si aliud est quod verius appareat, donet Dominus. Ergo arbitror, sed arbitror, ideo bis datum esse Spiritum sanctum, ut commendarentur duo præcepta caritatis. Duo sunt enim præcepta, et una est caritas : « Diliges Dominum Deum tuum ex toto corde tuo, et ex tota anima tua; » et : « Diliges proximum tuum tanquam te ipsum. In his duobus præceptis tota Lex pendet et Prophetæ. » (*Matth.*, XXII, 37, 38.) Una caritas, et duo præcepta : unus Spiritus, et duo data. Non enim alius datus est prius, et alius datus est postea : quia non alia caritas diligit proximum, quam illa quæ diligit Deum. Non ergo alia caritas est. Qua caritate proximum,

différent du prochain, nous les aimons d'une même charité, sans que, pour cela, l'objet de notre amour soit le même. Or, Dieu, voulant nous recommander en premier lieu le grand commandement de l'amour de Dieu, et en second lieu le commandement de l'amour du prochain, commence par le second, pour nous faire arriver au premier; « car, dit saint Jean, si vous n'aimez point votre frère, que vous voyez, comment pourrez-vous aimer Dieu, que vous ne voyez pas? » (*Jean*, IV, 20.) C'est donc, peut-être, pour nous former à l'amour du prochain, qu'étant encore sur la terre et rapproché de ses disciples, il leur donna l'Esprit saint en soufflant sur eux, de même que c'est pour nous embraser de la charité qui règne dans le ciel, qu'il nous a envoyé du ciel l'Esprit saint. Vous recevez l'Esprit saint sur la terre, et vous aimez votre frère; vous le recevez du ciel, et vous aimez Dieu. Cependant, ce que vous avez reçu sur la terre vient du ciel. C'est sur la terre que Jésus-Christ l'a donné, mais le don vient du ciel, car nous le tenons de Celui qui descend du ciel. Il a trouvé sur la terre ceux qui devaient recevoir ce don, mais c'est du ciel qu'il l'apportait.

CHAPITRE IX. — *La charité est un don de l'Esprit saint.* — 10. Que dirai-je encore, mes frères? Vous rappellerai-je l'union qui existe entre la charité et l'Esprit saint? Ecoutez saint Paul : « Non-seulement, dit-il, nous nous glorifions dans cette espérance, mais nous nous glorifions encore dans les tribulations, sachant que la tribulation produit la patience, la patience l'épreuve, et l'épreuve l'espérance. Or, cette espérance n'est pas vaine, parce que l'amour de Dieu a été répandu dans nos cœurs. » (*Rom.*, V, 3-5.) Et d'où vient cette charité répandue dans nos cœurs? D'où vient-elle? Quelle part vous donnez-vous ici? Pourquoi vous l'attribuer comme si elle venait de votre propre fonds? « Qu'avez-vous que vous n'ayez reçu? » (I *Cor.*, IV, 7.) D'où vient donc la charité, sinon de cette source qu'indique l'Apôtre en ajoutant : « Par l'Esprit saint, qui nous a été donné?

On ne peut avoir la charité hors de l'Eglise. — 11. Cette charité ne peut exister que dans l'unité de l'Eglise. Elle ne se trouve point chez ceux qui cherchent la division, comme l'enseigne l'apôtre saint Jude : « Ce sont des gens qui se séparent eux-mêmes, hommes de vie animale, n'ayant point l'Esprit. » (*Jude*, I, 19.) « Qui se séparent eux-mêmes. » Pourquoi? « Parce qu'ils mènent une vie animale et n'ont pas l'Esprit. » Ils se séparent, parce qu'ils ne sont pas unis par le ciment de la charité. Voyez comme la poule mystérieuse de l'Evangile est pleine de cette charité; elle se rend faible par amour pour ses poussins; pour eux, elle adoucit sa voix, elle étend ses ailes. « Combien de fois,

---

ipsa caritate diligimus et Deum. Sed quia aliud est Deus, aliud proximus; una caritate diliguntur, non sunt tamen unum qui diliguntur : quia ergo magna est primitus commendanda dilectio Dei, secunda dilectio proximi; a secunda autem incipitur, ut ad primam perveniatur : « Si enim fratrem quem vides non diligis, Deum quem non vides quomodo diligere poteris? » (I *Joan.*, IV, 20) ideo forte informans nos ad dilectionem proximi, dedit in terra conspicuus et proximis proximus Spiritum sanctum, insufflando in faciem eorum; et ab hac maxime caritate quæ in cœlis est, de cœlo misit Spiritum sanctum. Spiritum sanctum accipe in terra, et diligis fratrem : accipe de cœlo, et diligis Deum. Quia et in terra quod accepisti, de cœlo est. In terra Christus dedit, sed de cœlo est quod dedit. Ille enim dedit, qui de cœlo descendit. Hic invenit cui daret, sed inde attulit quod daret.

CAPUT IX. — *Caritas Spiritus sancti donum.* — 10. Quid est ergo, fratres? An forte commemoro et hoc, quomodo caritas ad Spiritum sanctum pertineat? Paulum audite : « Non solum autem, inquit, sed et gloriamur in tribulationibus, scientes quia tribulatio patientiam operatur, patientia probationem, probatio vero spem; spes autem non confundit : quia caritas Dei diffusa est in cordibus nostris. » (*Rom.*, V, 3-5.) Unde caritas Dei diffusa est in cordibus nostris? Unde? Quid tibi dabas? Quid quasi de tuo præsumebas? « Quid enim habes, quod non accepisti? » (I *Cor.*, IV, 7.) Ergo unde, nisi quod sequitur : « Per Spiritum sanctum qui datus est nobis? »

Caritas non habetur extra Ecclesiam. — 11. Caritas ista non tenetur, nisi in unitate Ecclesiæ. Non illam habent divisores, sicut dicit apostolus Judas : « Hi sunt qui se ipsos segregant, animales, Spiritum non habentes. » (*Jud.*, I, 19.) « Qui se ipsos segregant : » quare segregant? « Quia animales, Spiritum non habentes. » Ideo defluunt, quia coagulum non habent caritatis. Ipsa caritate plena est gallina illa propter pullos infirmata; cum pullis humilians vocem suam, extendens alas suas : « Quoties, inquit, volui

dit le Sauveur, ai-je voulu rassembler tes enfants? » (*Matth.*, XXIII, 37.) Remarquez : les rassembler, et non les diviser. « J'ai, dit-il, d'autres brebis qui ne sont pas de ce bercail ; il faut aussi que je les amène, afin qu'il n'y ait plus qu'un troupeau et qu'un pasteur. » (*Jean*, X, 16.) Aussi a-t-il refusé d'écouter ce frère qui venait implorer son autorité contre son frère, en lui disant : « Maître, dites à mon frère qu'il partage avec moi notre héritage. » (*Luc*, XII, 13, 14.) Que demande-t-il ? « Qu'il partage avec moi l'héritage. » Mais le Seigneur lui répondit : « Dites-moi, ô homme. » Pourquoi voulez-vous partager, sinon parce que vous êtes homme; « car, lorsque l'un dit : Je suis à Paul ; un autre : Moi, je suis à Apollon, n'êtes-vous pas encore hommes ? » (I *Cor.*, III, 4.) « Dites-moi donc, ô homme, qui m'a établi pour faire vos partages ? » Je suis venu pour réunir, et non pour diviser. Puis il leur dit : « Gardez-vous de toute cupidité. » (*Luc*, XII, 15.) La cupidité tend à diviser, comme la charité tend à réunir. Or, que signifient ces paroles : « Gardez-vous de toute cupidité, » sinon, soyez remplis de charité ? Lorsque notre âme est ainsi pleine de charité, autant qu'elle peut l'être, nous implorons aussi le Seigneur contre notre frère, comme cet homme de l'Evangile, mais dans un sens bien différent. « Seigneur, demandait-il, dites à mon frère de partager avec moi notre héritage ; » et nous, au contraire : Seigneur, dites à mon frère de conserver avec moi l'héritage.

CHAPITRE X. — *Combien de fois l'unité de l'Eglise nous est recommandée après que Jésus-Christ fut glorifié.* — 12. Considérez donc, mes frères, quel doit être surtout l'objet de votre amour, et ce à quoi vous devez rester inviolablement attachés. Notre-Seigneur, après la gloire de sa résurrection, recommande son Eglise ; il la recommande encore, avant d'être glorifié, en montant au ciel ; il la recommande, enfin, lorsqu'il envoie l'Esprit saint du haut des cieux. Quels sont les enseignements qu'il adresse à ses disciples après sa résurrection ? « Voilà ce que je vous disais lorsque j'étais encore avec vous, qu'il fallait que tout ce qui a été écrit de moi dans la loi de Moïse, dans les prophètes et dans les psaumes, fût accompli. Il leur ouvrit alors l'intelligence, afin qu'ils entendissent les Ecritures; puis il leur dit : Il fallait, selon qu'il est écrit, que le Christ souffrît et qu'il ressuscitât d'entre les morts le troisième jour. » Où est-il ici question de l'Eglise ? « Et qu'on prêchât en son nom la pénitence et la rémission des péchés. » Dans quelle partie du monde ? « A toutes les nations, en commençant par Jérusalem. » (*Luc*, XXIV, 44-47.) Voilà ce qu'il dit après la gloire de sa résurrection. Que leur dit-il encore au moment d'être glorifié par son ascension ? Vous l'avez

---

colligere filios tuos? » (*Matth.*, XXIII, 37.) Colligere, non dividere : « Quia habeo, inquit, alias oves, quæ non sunt de hoc ovili : oportet me et ipsas adducere, ut sit unus grex et unus pastor. » (*Joan.*, X, 16.) Merito non audivit fratrem contra fratrem interpellantem, et dicentem : « Domine, dic fratri meo dividat mecum hæreditatem. Domine, inquit, dic fratri meo. » (*Luc.*, XII, 13, 14.) Quid ? « Dividat mecum hæreditatem. » Et Dominus : « Dic, homo. » Quare enim vis dividere, nisi quia homo ? Cum enim dicit alius : « Ego sum Pauli ; alius autem : Ego Apollo : nonne homines estis ? » (I *Cor.*, III, 4.) « Dic homo : Quis constituit me divisorem hæreditatis inter vos ? » Colligere veni, non dividere. « Ideo, inquit, dico vobis : cavete ab omni cupiditate. » (*Luc.*, XII, 15.) Cupiditas enim cupit dividere, sicut caritas colligere. Quid est autem : « Cavete ab omni cupiditate ? » nisi, implemini caritate ? Nos caritatem pro captu nostro habentes interpellamus Dominum contra fratrem, sicut et ille contra fratrem : sed non hac voce, non hac postulatione. Ille enim dixit : « Domine, dic fratri meo dividat mecum hæreditatem. » Nos dicimus : Domine, dic fratri meo teneat mecum hæreditatem.

CAPUT X. — *Ecclesiæ unitas Christo glorificato quoties commendata.* — 12. Videte ergo, fratres, quid maxime diligatis, quid fortiter teneatis. Glorificatus Dominus resurgendo, commendat Ecclesiam : glorificandus ascendendo, commendat Ecclesiam : Spiritum sanctum mittens de cœlis, commendat Ecclesiam. Resurgens enim, quid dicit Discipulis suis ? « Hæc dicebam vobis, cum adhuc essem apud vos, quia oportebat impleri omnia quæ scripta sunt in Lege et Prophetis et Psalmis de me. Et tunc aperuit illis sensum, ut intelligerent Scripturas, et dixit eis : Quoniam sic scriptum est, et sic oportebat Christum pati, et resurgere a mortuis tertio die. » Ubi est Ecclesiæ commendatio ? « Et prædicari in nomine ejus pœnitentiam et remissionem peccatorum. » Et hoc ubi ? « Per omnes gentes, incipientibus ab Jerusalem. » (*Luc.*, XXIV, 44-47.) Hoc resurrectione glorificatus. Quid ascensione glorificandus ? Quod audistis : « Eritis

déjà entendu : « Vous serez témoins pour moi dans Jérusalem, dans toute la Judée et la Samarie, et jusqu'aux extrémités de la terre. » (*Act.*, I, 8.) Que voyons-nous enfin le jour même où il envoie l'Esprit saint? Ce divin Esprit descend sur les disciples, et tous ceux qu'il remplit parlent les langues de tous les peuples. Or, que figurait chacun des disciples parlant à lui seul toutes les langues, sinon l'unité, dans laquelle toutes les langues devaient se réunir? Attachons-nous à cette unité, soyons affermis, fortifiés, enracinés dans cette croyance, avec une charité inébranlable, et louons alors le Seigneur, et chantons l'*Alleluia*. Mais sera-ce dans une seule partie de l'univers? Où doit commencer cette unité, jusqu'où doit-elle s'étendre? « Du lever du soleil jusqu'à son couchant, louez le nom du Seigneur. » (*Ps.* CXII, 3.)

SERMON CCLXVI.

Pour la veille de la Pentecôte (1).

Sur ce verset du Psaume CXL : *Le juste me reprendra*, etc. Contre les donatistes.

Les donatistes interprètent mal ce verset du psaume. — 1. Parmi les divins oracles que nous avons entendus pendant le chant du psaume, j'ai cru devoir choisir pour la discuter et l'approfondir, avec le secours du Seigneur, cette pensée : « Le juste me reprendra et me corrigera avec charité; mais l'huile du pécheur ne coulera jamais sur ma tête. » (*Ps.* CXL, 5.) Il en est qui ont cru que l'huile du pécheur signifiait l'huile de l'homme, parce que « tout homme est menteur. » (*Ps.* CXV, 11.) Car l'huile de Jésus-Christ, en qui ne s'est trouvé aucun péché, ne peut être appelée l'huile du pécheur, fût-elle distribuée par un ministre coupable de péché. Il nous faut ici considérer trois personnes : celui qui donne, celui qui reçoit, et celui dont on se sert pour donner ; et nous n'avons nullement à craindre l'huile du pécheur, car le ministre qui sert d'intermédiaire ne peut intercepter la grâce du céleste bienfaiteur.

Descente de l'Esprit saint le jour de la Pentecôte. L'unité de l'Eglise catholique, figurée par le don des langues. — 2. Nous célébrons aujourd'hui la fête anniversaire de la descente du Saint-Esprit. Le jour de la Pentecôte, et ce jour est déjà levé pour nous, les disciples étaient réunis au nombre de cent vingt dans un même lieu. Parmi eux se trouvaient les apôtres, la Mère du Seigneur et des fidèles de l'un et l'autre sexe, qui priaient et attendaient la promesse de Jésus-Christ, c'est-à-dire l'avénement de l'Esprit saint. Leur espérance, leur attente n'étaient pas

(1) Possidius, dans le chapitre IX de sa Table, place ce sermon avec un autre pour le même jour, et que nous avons classé le XXIXe.

---

mihi testes in Jerusalem, et in tota Judæa et Samaria, et usque in fines terræ. » (*Act.*, I, 8.) Quid ipso adventu Spiritus sancti? Venit Spiritus sanctus : quos primum implevit, linguis omnium gentium loquebantur. Unusquisque homo loquens omnibus linguis, quid aliud significavit, quam unitatem in omnibus linguis? Hoc tenentes, in hoc firmati, in hoc roborati, in hoc inconcussa caritate defixi, laudemus pueri Dominum, et dicamus Alleluia. Sed in una parte? Et unde? et quo usque? « A solis ortu usque ad occasum laudate nomen Domini. » (*Psal.* CXII, 3.)

SERMO CCLXVI (a).

In vigiliis Pentecostes.

De versu Psalmi CXL : *Emendabit me justus*, etc. Contra Donatistas.

Psalmi versus male intellectus a Donatistis. — 1. Inter alia divina Eloquia, quæ, cum Psalmus cantaretur, audivimus, placet adjuvante Domino istam

(a) Alias V inter editos ex majoris Carthusiæ Mss.

potissimum discutere et pertractare sententiam, qua dictum est : « Emendabit me justus in misericordia, et arguet me ; oleum autem peccatoris non impinguet caput meum. » (*Psal.* CXL, 5.) Nonnulli enim crediderunt oleum peccatoris, oleum esse hominis : quia « Omnis homo mendax. » (*Psal.* CXV, 11.) Oleum autem Christi, quia nullum habuit omnino peccatum, etsi per peccatorem ministretur, non est oleum peccatoris. Cum tres considerandi animo occurrant, a quo datur, cui datur, per quem datur : non timeamus oleum peccatoris, quia non intercipit medius minister beneficium largitoris.

Spiritus sancti adventus die Pentecostes. Unitas Ecclesiæ catholicæ dono linguarum significata. — 2. Certe enim solemnitatem modo celebramus adventus Spiritus sancti : nam die Pentecostes, qui dies jam cœpit, erant uno in loco centum viginti animæ, in quibus Apostoli et Mater Domini et alii utriusque sexus orantes et expectantes promissum Christi, hoc est adventum Spiritus sancti. Non erat inanis spes expectantis, quia non erat fallax pollicitatio promit-

SERMON CCLXVI.

vaines, parce que la promesse n'était pas trompeuse. En effet, celui qu'ils attendaient descendit sur eux, et trouva des cœurs purs pour le recevoir. « Ils virent comme des langues de feu qui se partagèrent et qui se reposèrent sur chacun d'eux ; et ils commencèrent à parler diverses langues, selon que l'Esprit saint leur donnait de parler. » (*Act.*, II, 3.) Chacun d'eux parlait toutes les langues, comme symbole de l'Eglise, qui devait réunir dans son sein les langues de tous les peuples. Chaque fidèle, pris individuellement, était le symbole de l'unité ; toutes les langues étaient parlées par un seul homme, comme tous les peuples devaient entrer dans l'unité. Ceux qui étaient remplis de l'Esprit saint parlaient ces langues, et ceux qui ne l'avaient pas reçu s'étonnaient, et, ce qui est beaucoup plus répréhensible, ils calomniaient ceux qui étaient l'objet de leur étonnement. « Ces hommes, disaient-ils, sont ivres et pleins de vin nouveau. » Accusation aussi insensée qu'injurieuse ! Un homme qui est ivre, loin d'apprendre une langue étrangère, perd même l'usage de la sienne. Cependant, la vérité se faisait entendre par la bouche de ces calomniateurs ignorants. Les disciples étaient réellement pleins de vin nouveau, parce qu'ils étaient devenus des outres nouvelles. Mais les vieilles outres considéraient avec étonnement les outres nouvelles, et, en les calomniant, elles ne pouvaient ni se renouveler, ni se remplir. Cependant, cette accusation se dissipa bientôt, lorsqu'ils eurent prêté l'oreille aux discours des apôtres, qui leur expliquaient, avec la grâce de Jésus-Christ, la raison de ce prodige. Plusieurs de ceux qui les entendirent furent touchés de repentir, ce repentir les changea en d'autres hommes, ils embrassèrent la foi, et, en croyant, ils méritèrent de recevoir eux-mêmes ce qu'ils admiraient dans les autres.

L'Esprit saint est le don, non point du ministre de Dieu, mais de Dieu lui-même. Erreur des donatistes, qui prétendent que l'Esprit saint ne peut être donné que par de saints ministres. — 3. Dès lors, l'Esprit saint commença à être donné par le ministère des apôtres. Ils imposaient les mains, et l'Esprit saint descendait sur les fidèles. Mais ce pouvoir ne venait pas des hommes. Que le ministre ne s'attribue rien au delà de ce qu'il est comme ministre. Celui qui donne est tout autre que celui qui distribue. L'Esprit saint a soin d'attester cette vérité contre la prétention de ces hommes qui voudraient s'attribuer ce qui n'appartient qu'à Dieu. En effet, Simon, ayant voulu faire servir ce pouvoir à son orgueil, et s'imaginant qu'il venait des hommes, offrit aux apôtres une somme d'argent, afin que l'Esprit saint descendit sur tous ceux à qui il imposerait les mains. Il ne connaissait pas la nature de la grâce ; car, s'il l'avait connue, il l'aurait reçue gratuitement, tandis que, pour avoir voulu acheter l'Esprit saint, il fut déclaré indigne d'être racheté par

---

tentis : quod expectabatur advenit, et vasa munda, a quibus susciperetur, invenit : « Visæ sunt illis linguæ divisæ velut ignis, et insedit super unumquemque eorum, et cœperunt loqui linguis sicut Spiritus dabat eis pronuntiare. » (*Act.*, II, 3.) Unusquisque homo linguis omnibus loquebatur, quia futura Ecclesia in omnibus linguis prænuntiabatur. Unus homo signum erat unitatis : omnes linguæ in uno homine, omnes gentes in unitate. Qui pleni erant, loquebantur : et qui inanes erant, mirabantur, et quod est reprehensibilius, mirabantur et calumniabantur. Dicebant enim : « Hi ebrii sunt et musto pleni. » Quam stulta et calumniosa reprehensio ! Homo ebrius non alienam linguam discit, sed suam perdit. Verumtamen per ignorantes et calumniantes veritas loquebatur. Jam quippe illi pleni erant vino novo, quia facti erant utres novi. (*Matth.*, IX, 17.) Sed utres novos utres veteres mirabantur, et calumniando nec innovabantur, nec implebantur. Sed repressa tandem calumnia, mox ubi sermocinantibus rationemque reddentibus et Christi gratia prædicantibus aures Apostolis præbuerunt, audiendo compuncti sunt, compunctione mutati sunt, mutati crediderunt ; credentes, hoc quod in aliis mirabantur, accipere meruerunt.

Spiritus sancti donum, non hominis ministri, sed Dei. Donatistarum error, non dari Spiritum sanctum nisi per sanctos ministros. — 3. Deinde cœpit Spiritus sanctus dari per ministerium Apostolorum. Illi manus imponebant, et ille veniebat. Sed hoc non erat hominum : non sibi arroget minister plus quam quod ut minister. Alius est donator, alius ministrator. Hoc quippe testatus est Spiritus, ne homines sibi arrogarent quod Dei erat. Hinc enim voluit Simon inflari, qui existimans hoc hominibus esse tribuendum ; pecuniam promisit Apostolis, ut et ad ipsius manus impositionem veniret Spiritus sanctus. (*Act.*, VIII, 18.) Gratiam non noverat. Nam si gratiam agnosceret, gratis haberet. Ideo quia voluit emere Spiritum, non meruit redimi abs Spritu. Quid es, homo, quod te

ce divin Esprit. Pourquoi donc, ô homme, chercher à vous enfler? Il vous suffit d'être rempli; qu'avez-vous besoin d'être gonflé? Celui qui est rempli est riche, celui qui n'est que gonflé est vide. Mais, disent-ils, c'est par les hommes que l'Esprit saint était donné! S'ensuit-il que ce don venait des hommes? Il ne pouvait, disent-ils encore, être donné que par les saints? Etait-ce par le moyen des hommes que les apôtres l'avaient reçu? Ils imposaient les mains, et l'Esprit saint descendait sur les fidèles; mais, lorsqu'il descendit sur eux, qui leur avait imposé les mains?

L'Esprit saint a été quelquefois donné sans le ministère des hommes. — 4. Ecoutez et retenez les faits divins que je vais vous citer; ils sont puisés dans la parole de Dieu, appuyés sur l'autorité de la sainte Ecriture; rien de plus digne de foi que ces oracles, rien de plus vrai que ces exemples. Nous devons donc croire tout ce que nous y lisons. Un grand nombre de fidèles ont reçu l'Esprit saint par l'imposition des mains des apôtres; mais ceux par qui l'Esprit saint était donné l'avaient eux-mêmes reçu. Quand l'avaient-ils reçu? Lorsqu'ils étaient réunis dans un même endroit où ils priaient, au nombre de cent vingt; personne ne leur imposait les mains, et, tandis qu'ils étaient en prière, il descendit sur eux, les remplit de sa divinité, en fit ses ministres, et se communiqua par eux aux autres fidèles. Continuez-moi votre attention. Philippe l'Evangéliste, qui fut envoyé pour prêcher l'Evangile dans Samarie, était un des sept diacres; car, pour subvenir aux nécessités du ministère, les apôtres s'étaient adjoint sept diacres, dont, comme je l'ai dit, faisait partie Philippe, à qui son zèle et sa facilité pour la prédication de l'Evangile firent donner le nom d'Evangéliste. Tous se livraient au ministère de la prédication; mais Philippe, je le répète, prêcha l'Evangile dans Samarie; un grand nombre d'habitants crurent en Jésus-Christ et furent baptisés. Les apôtres, l'ayant appris, leur envoyèrent Pierre et Jean, pour imposer les mains à ceux qui avaient reçu le baptême et obtenir, par leurs prières, que l'Esprit saint descendit sur eux. Simon, admirant une si grande puissance dans les apôtres, voulut leur offrir une somme d'argent, comme si l'Esprit saint, que les apôtres invoquaient, pouvait être l'objet d'un vil trafic. Ils repoussèrent Simon avec horreur et le déclarèrent indigne d'une si grande grâce. Les habitants de Samarie reçurent donc l'Esprit saint par le ministère des apôtres. Mais, comme Simon avait cru que le don de Dieu était en la puissance des hommes, il était à craindre que cette erreur ne s'accréditât dans l'esprit des faibles. Voici donc ce qui arriva. L'eunuque de la reine Candace revenait de Jérusalem, où il avait été prier, et, assis sur son char, il lisait le prophète Isaïe. L'Esprit saint dit alors à Philippe : Avance et approche-

---

inflare vis? Sufficit tibi ut implearis, non ut infleris. Qui impletur, dives est : qui inflatur, inanis est. Sed per homines, inquiunt, dabatur. Numquid ideo erat hominum quod dabatur? Sed non poterat dari, inquiunt, nisi per homines sanctos. Numquid in ipsos per homines venerat? Apostoli manus imponebant, et Spiritus sanctus veniebat : quando ad ipsos venit, ipsis quis manus imposuit?

Spiritus sanctus sine hominum ministerio aliquando datus. — 4. Accipite et tenete divina exempla; sed eloquia Dei sunt, Scripturæ auctoritas, fides verborum, veritas exemplorum. Totum legimus, totum credamus. Per manus impositionem Apostolorum datus est multis Spiritus sanctus; sed per quos dabatur, acceperant. Quando acceperant? Quando in uno conclavi centum viginti homines erant : unusquisque eorum orabat, nullus manum imponebat; orantibus supervenit, orantes implevit, impletos ministros fecit, et per ipsos suum dedit. Adhuc audite. Philippus Evangelista, qui prædicavit Evangelium in Samaria, unus erat de septem diaconibus; nam in ministerii necessitate duodecim Apostolis septem diacones additi erant; ex quibus erat unus, ut dixi, Philippus, qui propter promptum prædicationis eloquium Evangelista proprie meruit appellari. Quamvis omnes hoc agerent, iste, ut dixi, in Samaria Evangelium prædicavit (*Act.*, VIII, 3, etc.); crediderunt multi in Samaria, credentes baptizati sunt. Ut autem audierunt Apostoli, miserunt ad eos Petrum et Joannem, ut baptizatis manus imponerent, et eis manus imponendo impetrarent Spiritum sanctum invocantes. Simon admiratus tantam gratiam Apostolorum, pecuniam dare voluit, quasi illud, quod invocabatur, venale proponeretur; sed repulsus est, et tanta gratia indignus inventus est. Acceperunt ergo illi Spiritum sanctum per manus Apostolorum. Tunc ergo quia Simon ille hominum esse putaverat donum Dei, ne apud infirmos hæc suspicio firmaretur : postea Eunuchus quidam Candacæ reginæ veniebat de Jerusalem quo ierat ut oraret, et sedens in curru legebat Isaiam

toi de ce char. C'est lui qui avait baptisé dans Samarie, sans imposer les mains à personne, et qui avait envoyé demander aux apôtres de venir et de donner, par l'imposition des mains, l'Esprit saint à ceux qu'il avait baptisés. Il s'approche donc du char et demande à l'eunuque s'il comprenait ce qu'il lisait. L'eunuque répondit qu'il ne pouvait le comprendre, si quelqu'un ne le lui expliquait, et il pria Philippe de monter sur son char. Philippe étant monté, s'assied près de lui, et trouve qu'il lisait dans le prophète Isaïe cette prophétie sur la mort du Christ : « Il a été conduit comme une brebis à la mort, » et les autres circonstances de cette prophétie. L'eunuque demandant alors à Philippe si le prophète parlait de lui ou de quelque autre, il profita de cette ouverture pour lui annoncer le Christ, qui est la vraie porte du salut. Après avoir marché quelque temps tout en continuant ces enseignements, ils vinrent en un lieu où il y avait de l'eau, et l'eunuque dit à Philippe : « Voilà de l'eau; qu'est-ce qui empêche que je sois baptisé ? » Philippe lui répondit : « Cela se peut, si vous croyez. » L'eunuque reprit : « Je crois que Jésus est le Fils de Dieu. » Ils descendirent tous deux dans l'eau, et Philippe le baptisa ; et dès qu'ils furent remontés de l'eau, l'Esprit saint descendit sur l'eunuque. (*Act.*, VIII.) Ainsi, vous le voyez, ce Philippe était celui qui avait baptisé plusieurs des habitants de Samarie, et qui avait ensuite fait venir les apôtres pour imposer les mains aux fidèles qui avaient reçu le baptême, car il les avait baptisés sans leur imposer les mains. Or, l'Esprit saint, voulant montrer l'erreur de Simon, qui prétendait que l'Esprit de Dieu était un don des hommes, descendit sur cet homme gratuitement et généreusement, et lui donna la vraie liberté. Il vint en lui comme Dieu et remplit son âme, il vint et le racheta comme le Seigneur.

Philippe le diacre est différent de l'apôtre Philippe. — 5. Mais, peut-être, quelque esprit contentieux viendra me dire que Philippe n'était pas le diacre qui avait baptisé dans Samarie, mais que c'était l'apôtre de même nom ; car nous voyons qu'un des apôtres s'appelait Philippe, et que celui qui était spécialement désigné sous le nom d'Evangéliste était un des sept diacres. Qu'ils adoptent ici l'opinion qui leur plaît, je résous la question en deux mots. Que le Philippe dont il est ici parlé ait été l'apôtre ou le diacre, le texte n'en dit rien. Admettons donc que ce point est incertain. Cependant, il est écrit qu'aussitôt que l'eunuque fut remonté de l'eau, l'Esprit saint descendit sur lui (1). On ne voit ici aucune trace d'imposition des mains. Mais cette réponse n'est pas encore assez con-

(1) La Vulgate actuelle ne mentionne pas cette circonstance, mais plusieurs exemplaires grecs, et saint Jérôme lui-même, dans son dialogue contre les lucifériens, chapitre IV, la considèrent comme vraie.

prophetam. (*Act.*, VIII, 27, etc.) Tunc Spiritus sanctus ait Philippo, ut accederet ad currum. Ille qui in Samaria baptizaverat, et nemini manum imposuerat, et Apostolis nuntiaverat, ut per illorum adventum et manus impositionem ab eo baptizati Spiritum sanctum accipere mererentur, accedit ad currum, interrogat Eunuchum utrum intelligeret quod legebat. Respondet ille posse se intelligere, si habeat expositorem ; rogat Philippum, ut currum ascenderet ; ascendit, sedit cum illo, invenit eum legentem in Isaïa propheta quod de Christo fuerat prænuntiatum : «Sicut ovis ad immolandum ductus est, » (*Isai.*, LIII, 7) et cætera quæ sunt ejusdem circumstantia lectionis. Tunc interrogans utrum de se ipso Propheta diceret, an de alio ; aperta occasionis janua, evangelizavit Christum januam salutis. Cum hæc in itinere aguntur, ventum est ad aquam, et ait Eunuchus Philippo: « Ecce aqua, quis me prohibet baptizari?» (*Act.*, VIII, 36, etc.) Ait Philippus : « Si credis, fieri potest. » Et ille : « Credo Filium Dei esse Jesum. » Descenderunt in aquam, baptizavit eum Philippus. Posteaquam ascenderunt ab aqua, venit super Eunuchum Spiritus sanctus. Ecce Philippus ibi erat, qui in Samaria baptizaverat, et ad eos baptizatos Apostolos duxerat, baptizavit, nec manus imposuit : sed ut ostenderet Spiritus non verum suspicatum esse Simonem, quod hominum donum esse Spiritus Dei, in hominem venit liberaliter, et liberum fecit. Venit, ut Deus, et implevit ; venit ut Dominus, et redemit.

Philippus diaconus alius ab Apostolo. — 5. Forte aliquis dicat de contentiosis, quia Philippus non erat diaconus qui baptizaverat in Samaria, sed Apostolus erat ; quia et inter Apostolos Philippus nominatur et qui proprie Evangelista appellatus est unus de diaconibus septem. Sed suspicentur quod volunt, cito solvo quæstionem. Apostolus fuerit, an diaconus, quod lectio tacuit, sit hoc incertum. Illud tamen scriptum est, quia mox ut ascenderet de aqua, venit Spiritus sanctus super spadonem. Nemo ibi commemorat manus impositionem. Forte et hoc parum est :

vaincante, et on vient me dire : On lui a imposé les mains, mais l'Ecriture n'en a rien dit.

Le Saint-Esprit a été donné à Corneille sans l'imposition des mains et avant le baptême. — 6. Que prétendez-vous donc? Je prétends que lorsque l'Esprit saint descendit sur les cent vingt disciples, comme c'était la première fois, il descendit sans qu'il y eût imposition des mains ; mais, depuis, il n'est descendu sur aucun fidèle sans qu'on lui ait préalablement imposé les mains. Vous avez oublié le centurion Corneille ; lisez attentivement les Actes, et vous arriverez à une sage intelligence des choses. Corneille était un centurion, comme nous le lisons dans ce même livre des Actes des apôtres, qui nous rapporte la descente de l'Esprit saint sur les disciples. Or, un ange fut envoyé à Corneille, pour lui dire que ses aumônes avaient été agréées de Dieu et ses prières exaucées, et le presser d'envoyer quelqu'un vers Pierre, qui habitait à Joppé, dans la maison de Simon le corroyeur, et de le faire venir. Une grande question s'agitait alors entre les Juifs et les Gentils, c'est-à-dire entre ceux qui, parmi les Juifs et les Gentils, avaient embrassé la foi : c'était de savoir si on devait annoncer l'Evangile aux incirconcis. Les esprits étaient très-indécis sur cette question, lorsque Corneille envoya chercher Pierre. Cependant, Pierre lui-même reçoit un avertissement, et l'affaire du royaume des cieux est négociée de part et d'autre par Celui qui est présent partout. Tandis que Corneille avait cette révélation, Pierre, qui était à Joppé, eut faim ; il monta pour prier pendant qu'on lui préparait à manger, et, tandis qu'il priait, il fut ravi hors de lui-même, mais d'un ravissement qui l'élevait de la terre au ciel, et qui, loin de l'égarer, lui ouvrait les yeux. Il vit une forme de vase qui descendait du ciel et qui contenait une nourriture céleste pour apaiser sa faim. Or, ce vase était suspendu par les quatre coins ; il renfermait toutes sortes d'animaux purs et impurs, et cette voix du ciel se fit entendre à l'apôtre qui avait faim : « Lève-toi, Pierre ; tue et mange. » Pierre jeta les yeux sur le vase, et, ayant vu qu'il contenait des animaux impurs auxquels il n'avait pas l'habitude de toucher, il répondit à cette voix : « Non, Seigneur, car je n'ai jamais rien mangé d'impur ni de souillé. » Et la voix lui dit une seconde fois : « N'appelle pas impur ce que Dieu a purifié. » (*Act.*, x, 13-15.) Ce n'était point un aliment impur que le ciel présentait à Pierre, mais il lui apprenait par cette figure que Corneille était purifié. Cela se fit par trois fois, et aussitôt le vase fut retiré dans le ciel. La signification mystérieuse de ce fait est évidente. Le vase représente l'univers, les quatre cordons qui soutiennent le vase sont les quatre points cardinaux, que l'Ecriture désigne sous ces termes :

dicit enim ille : Aliquis prorsus imposuit illi manum, sed hoc tacuit Scriptura.

Spiritus sanctus Cornelio sine manus impositione et ante Baptismum datus. — 6. Ergo quid dicis? Hoc, inquit, dico, quia in primos illos centum viginti revera, quia tunc primum veniebat Spiritus sanctus, sine impositione manus advenit, ex illo autem jam in neminem venit, nisi fuisset manus imposita. Oblitus es Cornelium centurionem : lege diligenter, et intellige prudenter. Cornelius centurio, sicut in eodem libro Actuum Apostolorum legitur, ubi etiam adventus Spiritus sancti prædicatur. Ad centurionem Cornelium Angelus missus est, nuntiavit illi acceptas eleemosynas ejus, exauditas orationes : proinde eum debere mittere ad Petrum, qui habitaret in Joppe in domo Simonis coriarii, eumque accersendum. Tunc autem magna quæstio inter Judæos et Gentes versabatur, id est, inter eos qui de Judæis, et eos qui de Gentibus crediderunt, utrum Evangelium ministrandum esset incircumcisis. Erat inde magna cunctatio, cum mittit Cornelius. Interim admonetur Petrus, agitur negotium regni cœlorum, et hic et ibi, ab illo qui ubique est. Cum enim hæc apud Cornelium aguntur, interim et Petrus in Joppe esurivit, ascendit orare cum ei refectio pararetur, orantis mens alienata est ; sed ab infimis ad superna ; non ut deviaret, sed ut videret. Venit illi discus de cœlo submissus, quasi esurienti cœleste ferculum. Erat autem discus iste quatuor lineis alligatus, habens omnia genera animalium, munda et immunda, et voce superna pulsatus est esuriens : « Petre, surge, macta et manduca. » Attendit ille, vidit in disco immunda animalia, quæ non solebat tangere, et respondit voci : « Absit a me, Domine : nunquam commune et immundum intravit in os meum. » Et vox ad illum : « Quæ Deus mundavit, tu immunda ne dixeris. » (*Act.*, x, 13-15.) Non Petro carnalis cibus offerebatur, sed mundatus Cornelius nuntiabatur. Hoc autem factum est ter, et receptum est vas in cœlum. Evidens mysterium. Discus est orbis terrarum. Quatuor lineæ discum continentes, quatuor orbis cardines, quos Scriptura commemorat, dicens : « Ab Oriente et Occidente, et ab

« De l'Orient et de l'Occident, du Nord et du Midi. » (*Luc*, XIII, 29.) Les animaux représentent tous les peuples. Le vase qui descend par trois fois nous rappelle la sainte Trinité. Pierre représente l'Eglise; Pierre qui a faim, c'est donc l'Eglise qui désire que les nations embrassent la foi. La voix céleste, c'est le saint Evangile : « Tue et mange, » tue en eux ce qu'ils sont, et fais-les ce que tu es. Tandis que Pierre hésitait sur ce que signifiait cet ordre, on vint tout à coup l'avertir que des soldats envoyés par Corneille demandaient à le voir. Et le Saint-Esprit lui dit : Va avec eux, c'est moi qui les ai envoyés. Pierre alors n'hésite plus, il voit clairement le sens de sa vision, et, comme nous le lisons dans le livre des Actes, on en avertit Corneille, qui va humblement à sa rencontre, se prosterne avec humilité à ses pieds, et que Pierre relève avec plus d'humilité encore. Il entre avec lui dans la maison, où il trouve un grand nombre de personnes rassemblées. Corneille raconte à Pierre le motif pour lequel on a envoyé vers lui, et lui rend grâces d'être venu. Pierre commença donc à prêcher hautement la grâce de Jésus-Christ aux incirconcis qui étaient l'objet de cette grande question qui s'agitait alors. Il y avait avec Pierre des Juifs convertis à la foi, qui auraient pu se scandaliser de voir baptiser des incirconcis; et Pierre s'expliqua clairement devant eux. « Vous savez, mes frères, leur dit-il, combien un Juif tient pour abominable d'avoir liaison avec un Gentil ou d'entrer chez lui; mais Dieu m'a appris à ne traiter aucun homme d'impur et de souillé. » (*Act.*, X, 13, etc.) Pierre, saintement affamé, avait alors en vue le vase qui lui fut montré.

Réfutation des donatistes par ce qui précède. — 7. Où sont maintenant ceux qui disaient, (car c'est pour en venir à cette conclusion que j'ai raconté cette histoire dans son entier,) où sont ceux qui prétendaient que c'est en vertu de la puissance de l'homme que l'Esprit saint est donné? A la prédication de Pierre, Corneille et tous les Gentils qui l'écoutaient avec lui embrassèrent la foi, et, soudainement, avant même d'être baptisés, ils furent remplis de l'Esprit saint. Que peut répondre ici la présomption humaine? C'est non-seulement avant l'imposition des mains, mais avant le baptême, que l'Esprit saint descendit, par un effet de sa puissance et non pour obéir à la nécessité. Il est venu sur eux avant que le baptême les eût purifiés, pour mettre un terme à la question si débattue de la circoncision. En effet, l'ignorance ou la mauvaise foi aurait pu dire à Pierre : Vous avez mal fait de leur donner l'Esprit saint. Or, nous voyons ici clairement s'accomplir et se réaliser cette parole du Seigneur : « L'Esprit saint souffle où il veut. » (*Jean*, III, 8.) Et, cependant, l'hérétique superbe n'a pas encore exhalé tout son

Aquilone et Mari. » (*Luc.*, XIII, 29.) Animalia, omnes gentes. Ter submissus discus, commendatio Trinitatis. Petrus, Ecclesia; esuriens Petrus, Ecclesia desiderans fidem Gentium. Vox cœlestis, sanctum Evangelium : « Macta, et manduca; » occide quod sunt, fac quod es. Petro discrepante de jussu, subito nuntiatum est quod quidam milites missi a Cornelio vellent eum videre. Et Spiritus sanctus Petro : « Vade cum eis, ego eos misi. » Pergit Petrus jam de visione non cunctabundus, sed certus : et sicut legitur, nuntiatur Cornelio, occurrit humiliter, prosternitur humiliter : levatur humilius. Pervenitur domum, inveniuntur multi alii congregati. Narratur Petro quæ causa fuerit mittendi ad eum, et gratiæ aguntur quod venerit Petrus. Ergo aperto ore suo evangelizare cœpit Gentibus incircumcisis, unde illa magna quæstio versabatur, gratiam Domini Jesu Christi. Erant quidam cum Petro, qui ex Judæis crediderant, qui possent moveri, si baptizarentur incircumcisi : ibi plane Petrus ait : « Vos scitis, fratres, quemadmodum abominandum sit Judæo accedere vel conjungi Gentili; sed mihi Deus ostendit neminem communem aut immundum hominem dicere. » (*Act.*, X, 13, etc.) Ille esuriens respexit ad discum.

Ex his refellit Donatistas. — 7. Ubi sunt qui dicebant (propterea enim totum narravi, propter quod volo dicere) : ubi sunt qui dicebant per hominis potestatem dari Spiritum sanctum? Evangelizante Petro, Cornelius et omnes qui cum illo erant gens (*f.* erant audientes), hoc est, Gentiles, crediderunt, et subito antequam baptizarentur impleti sunt Spiritu sancto. Quid hic respondet humana præsumptio? Non solum ante impositas manus, sed ante ipsum baptismum venit Spiritus sanctus, de potestate, non de necessitate. Venit ante baptismi ablutionem, ut auferret controversiam circumcisionis. Posset enim a calumniantibus vel non intelligentibus dici Petro : Male fecisti dare Spiritum sanctum. Ecce impletum est, ecce demonstratum est quod Dominus ait : « Spiritus ubi vult inspirat. » (*Joan.*, III, 8.) Ecce impletum est, ecce monstratur quam verum Dominus dixerit : « Spiritus ubi vult inspirat. » Et tamen ar-

esprit d'arrogance; je l'entends encore dire : C'est à moi qu'appartient la grâce; ne la recevez pas de celui-ci, mais de moi seul. Vous répondez : Je cherche ce qui vient de Dieu. Est-ce que vous n'avez pas lu, réplique-t-il : « L'huile du pécheur ne coulera point sur ma tête? » (*Ps.* CXL, 5.) Cette huile est donc la vôtre? Si elle est la vôtre, je n'en veux pas; si elle est la vôtre, elle ne vaut rien. Mais si elle vient de Dieu, elle est bonne, quoique donnée par vous qui êtes mauvais. Le bourbier ne souille point les rayons du soleil, et vous pourriez souiller l'huile qui vient de Dieu? Vous avez cette huile pour votre malheur, parce que vous avez reçu ce qui est bon dans de mauvaises dispositions; vous avez reçu avec un cœur souillé ce qui vient de Dieu, et, par le fait même de votre séparation, au lieu de recueillir, vous ne faites que disperser. Car ceux qui mangent indignement, mangent et boivent leur condamnation. (I *Cor.*, I, 29.) Notre-Seigneur a donné ce pain mystérieux au traître Judas, qui en était indigne, et il l'a reçu pour sa condamnation. (*Jean*, XIII, 26.) Or, est-ce d'une main coupable qu'il l'a reçu? A-t-il reçu une chose mauvaise? Non, mais son crime est d'avoir reçu d'une main sainte et pure une chose qui était bonne, dans de mauvaises dispositions. L'huile du pécheur n'est donc point l'huile du salut. Qu'on la reçoive avec un cœur pur, elle est bonne; qu'on la reçoive dans une âme criminelle, elle est bonne encore. Malheur, toutefois, aux hommes qui reçoivent ce qui est bon, dans de mauvaises dispositions !

Nous devons aimer celui qui nous reprend, et nous mettre en garde contre celui qui nous flatte. — 8. Considérez, cependant, avec attention ce texte de l'Ecriture; peut-être y découvrirez-vous quelque chose qui vous en donne une interprétation plus vraie. « Le juste, dit le Psalmiste, me reprendra avec charité; » lors même qu'il me frappe, l'amour dirige ses coups; l'amour inspire ses reproches, tandis que le flatteur me trompe; l'un a compassion de moi, l'autre me séduit. La verge de celui qui frappe est dure, l'huile du flatteur paraît douce. Mais tous les flatteurs ont beau répandre l'huile sur la tête, ils ne guérissent pas le cœur. Aimez donc celui qui vous reprend, et mettez-vous en garde contre les flatteurs. Si vous aimez celui qui vous adresse de justes reproches, et que vous soyez en garde contre le flatteur qui vous donne de fausses louanges, vous pourrez répéter ce que nous avons chanté : « Le juste me reprendra et me corrigera avec charité, » mais l'huile du pécheur, c'est-à-dire les paroles doucereuses du flatteur, n'engraissera point ma tête. Une tête engraissée est une tête qui est grosse, et une tête qui est grosse est une tête orgueilleuse. Mieux vaut un cœur sain qu'une grosse tête. Or, ce qui rend le cœur sain, c'est la verge qui frappe, au lieu que la grosseur de la tête est produite par l'huile du pécheur, c'est-à-dire par les adulations des flatteurs. Vous

---

rogantiæ spiritum nondum hæreticus superbus expirat. Adhuc dicit : Meum est, noli ab illo accipere, sed a me. Respondes: Quæro quod Dei est. Ille : Non legisti : « Oleum autem peccatoris non impinguet caput meum. » (*Psal.* CXL, 5.) Ergo oleum tuum est? si tuum est, nolo : si tuum est, malum est. Si autem Dei est, et per te malum bonum est. Cœnum non inquinat solis radium, et tu inquinas Dei oleum? Ideo autem malo tuo habes, quia quod bonum est malus habes; quod Dei est, malus accepisti : quia separatus non collegisti, sed sparsisti. Qui manducant indigne, judicium sibi manducant et bibunt (I *Cor.*, I, 29); quia manducant indigne, non manducant? Indigno buccellam Christus Judæ dedit, et ille hanc ad judicium accepit. (*Joan.*, XIII, 26.) Numquid a malo accepit? numquid malum accepit? Sed ideo reus est, quia a bono bonum malus accepit. Non est ergo oleum peccatoris, oleum salutaris. Bene accipiatur, et bonum est : et si male accipiatur, bonum est. Væ hominibus bonum male accipientibus.

Amandus objurgator, cavendus adulator. — 8. Vide tamen Scripturæ sensum, ne forte aliquid admoneat, quod intelligentiæ pateat meliori : « Emendabit me, inquit, justus in misericordia : » et si cædit amat; diligit objurgator; decipit adulator : ille miseretur, ille circumvenit. Dura est virga cædentis; molle est oleum blandientis. Etenim omnes adulatores caput ungunt, non viscera sanant. Ama objurgatorem, cave adulatorem. Si enim amas veridicum objurgatorem et caves fallacem adulatorem, potes dicere quod cantatum est : « Emendabit me justus in misericordia, et arguet me ; oleum autem peccatoris, hoc est blandimentum adulatoris, non impinguet caput meum. » Pingue caput, grande caput est : grande caput, superbum caput est. Melius est cor sanum, quam grande caput : sed cor sanum facit virga objurgantis, grande caput facit oleum peccatoris, hoc est assentatio adulatoris. Si caput grande fecisti, cave pondus capitis,

avez laissé l'orgueil grossir votre tête, craignez que sa pesanteur ne vous entraîne dans le précipice. Je vous ai donné, je l'espère, pour le peu de temps dont je pouvais disposer, une explication suffisante de ce verset du psaume, avec l'aide du Seigneur, qui se chargeait lui-même d'instruire secrètement vos cœurs.

SERMON CCLXVII.

Ier pour le jour de la Pentecôte (1).

CHAPITRE PREMIER. — *Solennité de la descente de l'Esprit saint.* — 1. La solennité de ce jour nous rappelle, à la fois, la grandeur du Seigneur notre Dieu et la grandeur de la grâce qui a été répandue sur nous. Nous célébrons la fête anniversaire de ce grand événement, pour ne point en perdre le souvenir. Le mot solennité tire son étymologie de ce qui se répète chaque année (*ab eo quod solet in anno;*) de même qu'on dit d'un fleuve qui ne se dessèche point pendant l'été, mais dont le cours est sans interruption, qu'il coule toute l'année, en latin *perenne*, on appelle aussi solennel ce qu'on a coutume de célébrer chaque année (*quod solet in anno.*) Nous célébrons donc aujourd'hui la descente du Saint-Esprit. Notre-Seigneur a envoyé du haut du ciel celui qu'il avait promis étant sur la terre. Et comme, en promettant de l'envoyer du haut du ciel, il avait dit à ses disciples : « Cet Esprit ne peut venir si je ne m'en vais, mais lorsque je m'en serai allé, je vous l'enverrai, » (*Jean*, XVI, 17) il a souffert, il est mort, il est ressuscité, il est monté au ciel : il lui restait donc à accomplir sa promesse. Dans cette attente, ses disciples, au nombre de cent vingt, est-il écrit, c'est-à-dire dix fois le nombre des apôtres, (car Jésus les choisit au nombre de douze et le Saint-Esprit descendit sur cent vingt disciples,) (*Act.*, I, 15) dans l'attente de cette promesse, ses disciples étaient réunis dans une même demeure et priaient tous ensemble, car c'était la foi qui leur inspirait cette prière, ces désirs spirituels ; c'étaient de nouvelles outres qui attendaient le vin nouveau du ciel, et ce vin descendit ; car la grappe de raisin mystérieuse avait déjà été foulée et glorifiée. Nous lisons, en effet, dans l'Evangile : « L'Esprit saint n'avait pas encore été donné, parce que Jésus n'était pas encore glorifié. » (I *Jean*, VII, 39.)

CHAPITRE II. — *Le don des langues.* — 2. Vous savez comment le ciel répondit à leurs prières : par un grand prodige. Tous ceux qui étaient présents, n'avaient appris qu'une seule langue. L'Esprit saint descendit sur eux et remplit leur âme, et ils commencèrent à parler les langues de tous les peuples sans les connaître, sans les avoir apprises ; mais ils avaient pour maître

(1) Dans le chapitre x de la Table de Possidius, ce sermon est intitulé : « Traité unique sur la descente du Saint-Esprit. »

---

ne in præcipitium perducaris. Hæc, quantum existimo, pro tempore de hac una Psalmi sententia sufficienter locuti sumus, Domino adjuvante, et corda vestra in secreto ædificante.

SERMO CCLXVII (*a*).

In die Pentecostes, 1.

CAPUT PRIMUM. — *Solemnitas adventus Spiritus sancti.* — 1. Hodierni diei solemnitas Domini Dei magni et magnæ gratiæ, quæ superfusa est super nos, recordationem facit. Ideo enim solemnitas celebratur, ne quod semel factum est, de memoria deleatur. Solemnitas enim ab eo quod solet in anno, nomen accepit : quomodo perennitas fluminis dicitur. Quia non siccatur æstate, sed per totum annum fluit : ideo perenne, id est, per annum ; sic et solemne, quod solet in anno celebrari. Celebramus hodie adventum Spiritus sancti. Dominus enim Spiritum sanctum de cœlo misit, quem in terra promisit. Et quia sic promiserat de cœlo esse missurum : « Non potest ille venire, ait, nisi ego abiero ; dum autem abiero, mittam illum ad vos : » (*Joan.*, XVI, 17) passus est, mortuus est, resurrexit, ascendit ; restabat ut impleret quod promisit. Hoc expectantes Discipuli ejus, animæ, ut scriptum est, centum viginti, decuplato numero Apostolorum (*Act.*, I, 15); duodecim enim elegit, et in centum viginti Spiritum misit : hoc ergo promissum expectantes in una domo erant, orabant : quia desiderabant jam ipsa fide, quod ipsa oratione, ipso spiritali desiderio ; utres novi erant, vinum novum de cœlo expectabatur, et venit. Jam enim fuerat magnus botrus ille calcatus et glorificatus. Legimus enim in Evangelio : « Spiritus enim nondum erat datus, quia Jesus nondum fuerat glorificatus. » (*Joan.*, VII, 39.)

CAPUT II. — *Donum linguarum.* — 2. Jam quid respondit, audistis, magnum miraculum. Omnes qui aderant, unam linguam didicerant. Venit Spiritus sanctus, impleti sunt, cœperunt loqui linguis variis

(*a*) Alius de Tempore CLXXXVI.

Celui qui, étant descendu dans leur âme, les remplissait de sa divinité, et ouvrait cette source mystérieuse qui se répandait avec abondance. Le signe alors qu'on avait reçu l'Esprit saint, c'est qu'aussitôt on parlait toutes les langues, ce qui ne fut point le privilége exclusif des cent vingt disciples. Nous en avons la preuve dans les saintes Ecritures. Un grand nombre d'hommes crurent dans la suite, furent baptisés, reçurent l'Esprit saint et, avec lui, le don des langues. (*Act.*, x, 46-48.) Ceux qui furent témoins de ce prodige étaient frappés d'étonnement; les uns étaient dans l'admiration, les autres s'en moquaient et allaient jusqu'à dire : « Ces gens sont ivres et pleins de vin nouveau. » Dans cette raillerie, il y avait quelque chose de vrai. Les outres avaient été remplies de vin nouveau. Vous venez d'entendre ce que dit Notre-Seigneur dans l'Evangile : « Personne ne met du vin nouveau dans de vieilles outres; » (*Matth.*, IX, 17) c'est-à-dire : l'homme charnel ne peut comprendre les choses spirituelles. L'homme charnel, c'est le vieil homme; c'est la grâce qui nous donne une sainte nouveauté de vie. Plus ce renouvellement de l'homme est parfait, plus aussi il devient capable de recevoir avec abondance la vérité qu'il goûte. Le vin nouveau fermentait, bouillonnait, et ce bouillonnement faisait jaillir des discours dans les langues de tous les peuples.

CHAPITRE III. — *Pourquoi le don des langues n'est plus accordé maintenant.* — 3. Est-ce qu'aujourd'hui, mes frères, le Saint-Esprit n'est plus donné? Celui qui le croirait ne serait pas digne de le recevoir. On le reçoit donc encore aujourd'hui. Pourquoi donc ne parle-t-on plus aujourd'hui toutes les langues, comme les parlaient ceux qui recevaient alors le Saint-Esprit. Pourquoi? Parce que la signification mystérieuse du don des langues est accomplie. Quelle est ma pensée? Lorsque nous avons célébré le quarantième jour après la résurrection, rappelez-vous que nous avons dit que Notre-Seigneur Jésus-Christ, avant de monter au ciel, avait prédit et recommandé son Eglise à ses disciples. Ils lui demandaient quand viendrait la fin du monde, et il leur répondit : « Ce n'est point à vous de connaître les temps et les moments que le Père a réservés en sa puissance. » Il promettait ce qui s'est accompli en ce jour. « Vous recevrez la vertu de l'Esprit saint venant en vous, et vous serez pour moi témoins dans Jérusalem, dans toute la Judée et la Samarie, et jusqu'aux extrémités de la terre. » (*Act.*, I, 7, 8.) L'Eglise était alors renfermée dans une seule maison, lorsqu'elle reçut l'Esprit saint; elle était composée d'un petit nombre d'hommes, mais elle parlait déjà les langues de tous les peuples. Voilà donc ce que figurait ce prodige. Cette Eglise si peu nombreuse qui parlait toutes les langues, était le symbole de cette grande Eglise qui s'étend du lever du soleil à son coucher, et parle

---

omnium gentium, quas non noverant, nec didicerant : sed docebat ille qui venerat; intravit, impleti sunt, fudit. Et tunc hoc erat signum, quicumque accipiebat Spiritum sanctum, subito impletus Spiritu, linguis omnium gentium loquebatur, non illi solum centum viginti. Docent nos litteræ ipsæ, postea crediderunt homines, baptizati sunt, acceperunt Spiritum sanctum, linguis omnium gentium locuti sunt. (*Act.*, x, 46-48.) Expaverunt qui aderant, alii admirantes, alii irridentes : ita ut dicerent : « Isti ebrii sunt, musto pleni sunt. » (*Act.*, II, 13.) Ridebant, et aliquid verum dicebant. Impleti enim erant utres novo vino. Audistis cum Evangelium legeretur : « Nemo mittit vinum novum in utres veteres, » (*Matth.*, IX, 17) spiritualia non capit carnalis. Carnalitas vetustas est, gratia novitas est. Quantocumque homo in melius fuerit innovatus, tanto amplius capit, quod verum sapit. Bulliebat mustum, et musto bulliente linguæ gentium profluebant.

CAPUT III. — *Cur donum linguarum non modo conceditur.* — 3. Numquid modo, fratres, non datur Spiritus sanctus? Quisquis hoc putat, non est dignus accipere. Datur et modo. Quare ergo nemo loquitur linguis omnium gentium, sicut loquebatur qui tunc Spiritu sancto implebatur? Quare? Quia quod illud significabat, impletum est. Quid est illud? Quando celebravimus Quadragesimam (*f.* diem quadragesimam), recolite, quia commendavimus vobis Dominum Jesum Christum Ecclesiam suam commendasse ascendisse. Quærebant Discipuli, quando erit finis sæculi? Et ille : « Non est vestrum scire tempora vel momenta, quæ Pater posuit in sua potestate. » Adhuc promittebat quod hodie complevit : « Accipietis virtutem Spiritus sancti supervenientem in vos, et eritis mihi testes in Jerusalem, et in tota Judæa et Samaria, et usque in fines terræ. » (*Act.*, I, 7, 8.) Ecclesia tunc in una domo erat, accepit Spiritum sanctum; in hominibus paucis erat, in linguis totius orbis erat. Ecce quod prætendebat modo. Nam quod illa Ecclesia parva linguis omnium gentium loquebatur, quid est,

les langues de tous les peuples. Cette promesse a reçu son accomplissement. Nous l'avons entendu, et nous le voyons de nos yeux. « Ecoute, ma fille, et vois; » (*Ps.* XLIV, 11) c'est à la reine que s'adressent ses paroles : « Ecoute, ma fille, et vois. » Ecoute la promesse, et vois son accomplissement. Ton Dieu ne t'a point trompée ; ton époux, qui t'a dotée de son sang, ne t'a pas induite en erreur. Tu n'as pas été déçue par celui qui, de laide, t'a rendue belle, qui, d'impure que tu étais, a fait de toi une vierge chaste. C'est à toi-même qu'il te promettait alors ; mais cette promesse était faite à quelques personnes, et elle s'accomplit au milieu d'une multitude innombrable.

CHAPITRE IV. — *On ne peut avoir en dehors de l'Eglise l'Esprit saint, qui est l'âme de l'Eglise.* — 4. Que personne donc ne vienne dire : J'ai reçu l'Esprit saint; pourquoi n'ai-je pas reçu aussi le don des langues ? Si vous voulez vraiment avoir en vous l'Esprit saint, écoutez-moi, mes frères. On appelle âme notre esprit, qui fait vivre tous les hommes; on donne le nom d'âme à cet esprit qui communique la vie à chacun d'eux. Or, voyez quel est l'office de l'âme dans le corps. Elle donne la vie et le mouvement à tous les membres; c'est elle qui voit par les yeux, qui entend par les oreilles, qui sent par les narines, qui parle par la langue, qui marche par les pieds; elle est présente dans tous les membres, pour leur communiquer la vie, et, avec la vie, qu'elle leur communique à tous, elle assigne à chacun sa fonction spéciale. Ainsi, l'œil n'entend pas; ni l'oreille, ni la langue ne voient; ni l'oreille, ni l'œil ne parlent, et, cependant, ils vivent. L'oreille et la langue ont la vie; les fonctions sont diverses, la vie est commune à tous. Il en est ainsi de l'Eglise de Dieu. Il est des saints par lesquels elle fait des miracles, d'autres par lesquels elle enseigne la vérité; dans ceux-ci, elle garde la virginité; dans ceux-là, elle reste fidèle à la chasteté conjugale; les uns ont une fonction, les autres une autre ; chacun d'eux a une destination spéciale, mais tous ont la même vie. Or, ce que l'âme est pour le corps de l'homme, l'Esprit saint l'est pour le corps de Jésus-Christ, qui est l'Eglise; l'Esprit saint opère dans toute l'Eglise les mêmes effets que l'âme produit dans les membres d'un seul corps. Mais considérez attentivement ici ce que vous devez éviter, ce que vous devez observer, ce que vous devez craindre. Il arrive quelquefois qu'on retranche quelque membre dans le corps, ou, plutôt, du corps de l'homme; c'est la main, le doigt ou le pied ; or, l'âme suit-elle ce membre retranché ? Lorsqu'il faisait partie du corps, il était vivant ; il perd la vie aussitôt qu'il en est retranché. Il en est de même pour tout chrétien catholique : il vit tant qu'il est uni au corps de l'Eglise; dès qu'il s'en sépare, il devient hérétique ; l'esprit n'anime plus ce membre retranché. Si donc vous voulez avoir

---

nisi quod Ecclesia ista magna a solis ortu usque ad occasum linguis omnium gentium loquitur ? Modo impletur quod tunc promittebatur. Audivimus, videmus. « Audi, filia, et vide : » (*Psal.* XLIV, 11) ipsi reginæ dictum est : « Audi, filia, et vide : » audi promissum, vide completum. Non te fefellit Deus tuus, non te fefellit sponsus tuus, non te fefellit qui suo sanguine te dotavit : non te fefellit qui de fœda pulchram, de immunda virginem fecit. Tu tibi promissa es : sed promissa in paucis, impleta in multis.

CAPUT IV. — *Spiritus sanctus tanquam anima corporis Ecclesiæ extra eam non habetur.* — 4. Nemo ergo dicat : Accepi Spiritum sanctum, quare non loquor linguis omnium gentium ? Si vultis habere Spiritum sanctum, intendite, fratres mei : spiritus noster quo vivit omnis homo, anima vocatur ; spiritus noster quo vivit singulus quisque homo, anima vocatur : et videtis quid faciat anima in corpore. Omnia membra vegetat, per oculos videt, per aures audit, per nares olfacit, per linguam loquitur, per manus operatur, per pedes ambulat : omnibus simul adest membris, ut vivant : vitam dat omnibus, officia singulis. Non audit oculus, non videt auris, non videt lingua, nec loquitur auris et oculus ; sed tamen vivit : vivit auris, vivit lingua : officia diversa sunt, vita communis. Sic est Ecclesia Dei : in aliis sanctis facit miracula, in aliis sanctis loquitur veritatem, in aliis sanctis custodit virginitatem, in aliis sanctis custodit pudicitiam conjugalem, in aliis hoc, in aliis illud : singuli propria operantur, sed pariter vivunt. Quod autem est anima corpori hominis, hoc est Spiritus sanctus corpori Christi quod est Ecclesia : hoc agit Spiritus sanctus in tota Ecclesia, quod agit anima in omnibus membris unius corporis. Sed videte quid caveatis, videte quid observetis, videte quid timeatis. Contingit ut in corpore humano, imo de corpore aliquod præcidatur membrum, manus, digitus, pes ; numquid præcisum sequitur anima? Cum in corpore esset, vivebat ; præcisum amittit vitam. Sic et homo Christianus catholicus est, dum in corpore vivit ;

en vous la vie de l'Esprit saint, attachez-vous étroitement à la charité; aimez la vérité, désirez l'unité, afin de parvenir un jour à la bienheureuse éternité. Ainsi soit-il

SERMON CCLXVIII [1].

IIe pour le jour de la Pentecôte.

L'Esprit saint, par le don des langues, nous donne un symbole frappant de l'unité de l'Eglise catholique. — 1. La descente du Saint-Esprit a fait pour nous un jour solennel de ce jour, le cinquantième des jours qui suivent la résurrection de Notre-Seigneur, et qui font sept semaines. Cependant, si vous multipliez par sept les sept semaines qui se sont écoulées, vous ne trouvez que quarante-neuf. On ajoute un jour, pour faire ressortir l'importance de l'unité. Or, quels ont été les effets de la descente du Saint-Esprit, et quels signes ont manifesté et démontré sa présence? Tous ceux qui l'ont reçu ont reçu en même temps le don des langues. Ils étaient cent vingt réunis en un seul lieu, c'est-à-dire dix fois le nombre sacré et mystérieux des apôtres. Mais quoi donc? Est-ce que chacun de ceux qui ont reçu l'Esprit saint, a parlé une des langues de tous les peuples, les uns celle-ci, les autres celle-là, et se sont-ils ainsi partagé toutes les langues de la terre? Non, mais chacun d'eux individuellement parlait toutes ces langues réunies. Un seul homme parlait les langues de tous les peuples, et l'unité de l'Eglise se trouvait figurée par toutes ces langues parlées par un seul homme. Nous avons donc ici un symbole frappant de l'unité de l'Eglise répandue par tout l'univers.

On ne peut avoir l'Esprit saint en dehors de l'Eglise. — 2. Celui donc qui a le Saint-Esprit, fait partie de l'Eglise, qui parle les langues de tous les peuples. En dehors de cette Eglise, on ne peut avoir l'Esprit saint. Ce divin Esprit a daigné donner comme preuve de sa présence le don des langues, pour nous faire comprendre qu'on ne peut espérer d'avoir l'Esprit saint qu'autant qu'on fait partie de l'unité de l'Eglise, qui parle toutes les langues. « Nous sommes un seul corps, dit saint Paul, un seul corps et un seul esprit. » (*Ephés.*, IV, 4.) Considérons nos propres membres : notre corps est composé de plusieurs membres, et un seul esprit donne la vie à tous ces membres. Par la seule volonté de cet esprit, qui fait que je suis un homme, je réunis tous mes membres, je leur commande de se mouvoir, j'ouvre les yeux pour voir, les oreilles pour entendre, je commande à ma langue de parler, à mes mains d'agir, à mes

[1] Bède et Florus citent des extraits de ce sermon dans leur Commentaire sur le chapitre IV de l'Epître aux Ephésiens.

---

præcisus hæreticus factus est, membrum amputatum non sequitur spiritus. Si ergo vultis vivere de Spiritu sancto, tenete caritatem, amate veritatem, desiderate unitatem, ut perveniatis ad æternitatem. Amen.

SERMO CCLXVIII [a].

In die Pentecostes, II.

Spiritus sanctus dono linguarum unitatem Ecclesiæ catholicæ commendat. — 1. Propter adventum Spiritus sancti hodiernus dies solemnis est nobis, a resurrectione Domini quinquagesimus, septem septimanis multiplicatus. Sed computantes septem septimanas, quadraginta novem invenietis : unus additur, ut nobis unitas commendetur. Quid ipse adventus Spiritus sancti, quid egit? Præsentiam suam unde docuit? unde monstravit? Linguis omnium gentium locuti sunt omnes. Erant autem in uno loco centum viginti : per decem duodenarius Apostolorum numerus sacratus mysterio est decuplatus. Quid ergo, singuli in quos venit Spiritus sanctus, singulis linguis omnium gentium sunt locuti, illi alia lingua, et illi alia, et quasi diviserunt inter se linguas omnium gentium? Non sic : sed unusquisque homo, unus homo linguis omnium gentium loquebatur. Loquebatur unus homo linguis omnium gentium : unitas Ecclesiæ in linguis omnium gentium. Ecce et hic unitas Ecclesiæ catholicæ commendatur toto orbe diffusæ.

Spiritus sanctus extra Ecclesiam non habetur. — 2. Qui ergo habet Spiritum sanctum, in Ecclesia est, quæ loquitur omnium linguis. Quicumque præter hanc Ecclesiam est, non habet Spiritum sanctum. Ideo enim Spiritus sanctus in omnium linguis gentium se demonstrare dignatus est, ut ille se intelligat habere Spiritum sanctum, qui in unitate Ecclesiæ continetur, quæ linguis omnibus loquitur. « Unum corpus, » Paulus dicit apostolus : « Unum corpus, et unus spiritus. » (*Ephes.*, IV, 4.) Membra nostra attendite. Multis membris constitutum est corpus, et vegetat membra omnia unus spiritus. Ecce humano Spiritu, quo sum ego ipse homo, membra omnia

[a] Alias XX ex Sirmondianis.

pieds de marcher. Les fonctions de ces membres sont différentes, mais un seul esprit préside à toutes. Les ordres sont nombreux aussi bien que les actes, mais un seul commande, et un seul est obéi. Ce que notre esprit, c'est-à-dire notre âme, est pour nos membres, l'Esprit saint l'est pour les membres de Jésus-Christ, pour le corps de Jésus-Christ, qui est l'Eglise. Voilà pourquoi l'Apôtre, après avoir parlé d'un seul corps, veut nous faire bien comprendre qu'il ne s'agit pas d'un corps privé de vie. « Nous sommes, dit-il, un seul corps. » Mais, dites-moi, je vous en prie, ce corps est-il vivant? Oui, il est vivant. D'où lui vient la vie? D'un seul esprit. « Et un seul esprit. » Ainsi donc, mes frères, considérez ce qui se passe dans notre corps, et gémissez sur ceux qui sont retranchés de l'unité de l'Eglise. Tant que nous sommes en vie et bien portants, tous nos membres accomplissent leurs diverses fonctions. Si un seul membre vient à souffrir, tous les autres souffrent avec lui; cependant, comme ce membre reste uni au corps, il souffre, il est vrai, mais il ne peut expirer. Qu'est-ce, en effet, qu'expirer, sinon rendre l'esprit? Mais, si l'on retranche ce membre du corps, est-ce que l'esprit suit ce membre pour continuer de lui donner la vie? Et, cependant, on reconnaît ce membre : c'est un doigt, une main, un bras, une oreille; tout séparé qu'il est du corps, il a conservé sa forme, mais il n'a plus la vie. Il en est de même de l'homme qui est séparé de l'Eglise. Vous cherchez en lui les sacrements : vous les trouvez; vous cherchez le baptême : il l'a reçu; vous cherchez le symbole : vous le trouvez également. C'est la forme extérieure; mais si l'esprit ne donne intérieurement la vie, c'est inutilement que vous vous glorifiez de cette forme.

L'unité figurée dans la création du monde et dans la naissance de Jésus-Christ. — 3. Mes frères, Dieu a tout fait pour nous convaincre de l'importance de l'unité. Voici un trait qui doit faire impression sur vous. Lorsque Dieu créa le monde, il fit les astres dans le ciel, et, sur la terre, les plantes et les arbres, et il dit : « Que la terre produise, » et la terre produisit les arbres et toutes les plantes verdoyantes. Il dit encore : « Que les eaux produisent les animaux qui nagent et les oiseaux qui volent, » et il fut fait ainsi. « Que la terre produise les animaux vivants, les animaux domestiques et toutes les bêtes, selon leurs différentes espèces, » (*Gen.*, 1) et il fut fait ainsi. Dieu a-t-il fait d'un seul oiseau, tous les autres oiseaux; d'un seul poisson, tous les poissons; d'un seul cheval, tous les chevaux; d'un seul animal, tous les autres animaux? Est-ce que la terre ne les a pas produits tout d'abord en grand nombre, et n'a-t-elle pas

---

colligo : impero membris ut moveantur, intendo oculos ad videndum, aures ad audiendum, linguam ad loquendum, manus ad operandum, pedes ad ambulandum. Officia membrorum dispartita sunt, sed unus spiritus (*a*) continet omnia. Multa jubentur, multa fiunt : unus jubet, uni servitur. Quod est spiritus noster, id est anima nostra, ad membra nostra; hoc Spiritus sanctus ad membra Christi, ad corpus Christi, quod est Ecclesia. Ideo Apostolus, cum corpus unum nominasset, ne intelligeremus mortuum corpus : « Unum, inquit, corpus. » Sed rogo te, vivit hoc corpus? Vivit. Unde? De uno spiritu. « Et unus spiritus. » Attendite ergo, fratres, in nostro corpore, et dolete eos, qui de Ecclesia præciduntur. In membris nostris, quandiu vivimus, cum sani sumus, implent omnia membra officia sua. Si unum membrum dolet alicunde, compatiuntur omnia membra. Tamen quia in corpore est, dolere potest, expirare non potest. Quid est enim expirare, nisi spiritum amittere? Jam vero si membrum præcidatur de corpore, numquid sequitur spiritus? Et tamen membrum agnoscitur quid est; digitus est, manus est, brachium est, auris est : præter corpus habet formam, sed non habet vitam. Sic et homo ab Ecclesia separatus. Quæris ab illo sacramentum : invenis; quæris baptismum : invenis; quæris symbolum : invenis. Forma est : nisi intus spiritu vegeteris, frustra foris de forma gloriaris.

Unitas commendata in creatione rerum et in Christi ortu. — 3. Carissimi, multum Deus commendat unitatem. Hoc ipsum vos moveat, quod in principio creaturarum, quando Deus cuncta constituit, fecit sidera in cœlo, in terra autem herbas et ligna, dixit : « Producat terra, » et producta sunt ligna, et cuncta virentia; dixit : « Producant aquæ natantia et volatilia, » et factum est sic : « Producat terra animam vivam omnium pecorum et bestiarum, » (*Gen.*, 1) et factum est sic. Numquid Deus de ave una fecit cæteras aves? numquid de uno pisce omnes pisces? de uno equo omnes equos? de una bestia omnes bestias? Numquid non multa simul terra produxit, et multiplicibus fœtibus multa complevit? Ventum est ad

(*a*) In Mss. *sed unitas Spiritus.*

couvert sa vaste étendue de ses productions multipliées? Mais, lorsqu'il s'est agi de créer l'homme, Dieu n'en a créé qu'un seul, et c'est de ce seul homme qu'est sorti le genre humain. Il n'a même pas voulu former séparément l'homme et la femme; il a fait l'homme, et, de ce seul homme, il a formé la femme. Pourquoi cela? Pourquoi un seul homme est-il la souche de tout le genre humain? N'est-ce point pour relever aux yeux des hommes l'importance de l'unité? Et Notre-Seigneur Jésus-Christ lui-même a voulu naître d'une femme seulement. La Vierge est la figure de l'unité, et, en demeurant vierge, l'unité conserve son incorruptibilité.

Notre-Seigneur Jésus-Christ insiste fortement sur l'unité de l'Eglise, dans les enseignements qu'il donne à ses disciples. — 4. Dans ses dernières instructions à ses disciples, il insiste fortement sur l'unité de l'Eglise. Il se présente devant eux : ils s'imaginent voir un fantôme et sont saisis d'effroi; il les rassure, et leur dit : « Pourquoi vous troublez-vous, et pourquoi ces pensées qui montent dans votre cœur? Voyez mes mains, touchez et voyez qu'un esprit n'a ni os, ni chair, comme vous voyez que j'en ai. » (*Luc*, XXIV, 38, 39.) Et, comme ils continuaient à être troublés par l'excès de leur joie, il prend de la nourriture, non qu'il en eût besoin, mais par un acte de sa puissance; il mange devant eux, prouve ainsi, contre les impies, la vérité de son corps, et établit l'unité de son Eglise. Que leur dit-il, en effet? « N'est-ce pas ce que je vous ai déclaré lorsque j'étais encore avec vous, qu'il fallait que tout ce qui a été écrit de moi dans la loi de Moïse, dans les prophètes et dans les psaumes, fût accompli? Il leur ouvrit alors l'intelligence, afin qu'ils entendissent les Ecritures. Puis il leur dit : Il fallait, selon qu'il est écrit, que le Christ souffrît, et qu'il ressuscitât des morts le troisième jour. » (*Luc*, XXIV, 44-46.) Voilà donc notre Chef! voilà le Chef, où sont les membres? Voilà l'Epoux, où est l'Epouse? Lisez l'acte authentique du mariage, écoutez l'Epoux. Vous demandez à connaître l'Epouse, adressez-vous à lui ; personne ne peut lui enlever son Epouse pour la remplacer par une étrangère; écoutez-le. Où cherchez-vous Jésus-Christ? Est-ce dans les récits fabuleux des hommes, ou dans la vérité des Evangiles ? Il a souffert, il est ressuscité le troisième jour, il s'est manifesté à ses disciples. Nous l'avons donc trouvé, mais où chercherons-nous son Epouse? Interrogeons-le lui-même. « Il fallait, nous dit-il, que le Christ souffrît, et qu'il ressuscitât des morts le troisième jour. » C'est maintenant un fait accompli et visible pour tous. Continuez, Seigneur, parlez-nous encore, de peur que nous ne venions à nous égarer. « Et qu'on prêchât en son nom la pénitence et la rémission des péchés chez tous les peuples, en commençant par Jérusalem. » (*Ibid.*, 47.) La

---

hominem faciendum, et factus est unus, de uno genus humanum. Nec duos facere voluit separatim, masculum et feminam : sed unum, et de uno unam. Quare sic? Quare ab uno genus humanum inchoatur, nisi quia generi humano unitas commendatur? Et Dominus Christus ex una, unitas (*f.* ex una unitas) virgo est; tenet virginitatem, servat incorruptionem.

Ecclesiæ catholicæ unitatem Christus multum commendat Apostolis. — 4. Ipse Dominus Ecclesiæ unitatem commendat Apostolis : ostendit se, putant illi spiritum se videre : expavescunt, confirmantur, dicitur eis : « Quid turbati estis, et cogitationes ascendunt in cor vestrum ? Videte manus meas : palpate, et videte, quia spiritus ossa et carnem non habet, sicut me videtis habere. » (*Luc*., XXIV, 38, 39.) Ecce adhuc illis turbatis præ gaudio, accipit cibum, non egestate, sed potestate ; accipit coram illis : commendat contra impios corporis veritatem, commendat Ecclesiæ unitatem. Quid enim ait? « Nonne hæc sunt quæ locutus sum vobis, cum adhuc esset vobiscum, quia oportebat impleri omnia quæ scripta sunt in lege Moysi, et Prophetis, et Psalmis de me? Tunc aperuit illis sensum, Evangelium loquitur, ut intelligerent scripturas. Et dixit eis : Quia sic scriptum est, et sic oportebat Christum pati, et resurgere a mortuis tertio die. » (*Luc*., XXIV, 44-46.) Ecce caput nostrum ; ecce caput, ubi sunt membra ? Ecce sponsus, ubi est sponsa ? Matrimoniales tabulas lege : sponsum audi. Sponsam quæris? Ab ipso audi : nemo illi tollit suam, nemo supponit alienam : ab ipso audi. Ubi quæris Christum? In fabulis hominum, an in veritate Evangeliorum ? Passus est, resurrexit tertio die, ostendit se Discipulis suis. Jam ipsum habemus ? illam ubi quærimus? Ab ipso interrogemus : « Oportebat Christum pati, et resurgere a mortuis tertio die. » Ecce jam factum est, jam videtur. Dic, o Domine, tu dic, Domine, ne nos erremus : « Et prædicari in nomine ejus pœnitentiam et remissionem peccatorum per omnes gentes, incipientibus ab Je-

SERMON CCLXVIII.

prédication a commencé par Jérusalem et elle est arrivée jusqu'à nous. La vérité est ici et elle est là. Elle n'a point quitté les contrées où elle a commencé pour venir jusqu'à nous, elle s'est étendue sans passer d'un lieu dans un autre. Voilà les instructions que le Sauveur a données à ses disciples aussitôt après sa résurrection. Il vécut avec eux quarante jours, et, avant de monter au ciel, il leur recommande de nouveau son Eglise. Ce divin Epoux, sur le point de quitter la terre, recommande son Epouse à ses amis, non pour qu'elle s'attache à quelqu'un d'entre eux ; c'est lui seul qu'elle doit aimer comme son Epoux ; pour eux, elle ne doit les aimer que comme les amis de l'Epoux, et nul d'entre eux à l'égal de son Epoux. Ce sont ces droits de l'Epoux que ses amis défendent avec ardeur, et ils ne souffrent point que l'Epouse se déshonore dans de criminelles amours. Ils ont horreur d'en être eux-mêmes l'objet. Ecoutez un ami zélé de l'Epoux. Il voyait l'Epouse se prostituer en quelque sorte aux amis de l'Epoux : « J'entends dire, écrit-il aux Corinthiens, qu'il y a des divisions entre vous, et je le crois en partie. » (I *Cor.*, XI, 18.) « J'ai été averti, mes frères, par ceux de la maison de Chloé, qu'il y a des contestations parmi vous, et que chacun de vous dit : Moi je suis à Paul, et moi à Apollon, et moi à Céphas, et moi à Jésus-Christ. Jésus-Christ est-il donc divisé? Est-ce que Paul a été crucifié pour vous, ou avez-vous été baptisés au nom de Paul? » (*Ibid.*, I, 11-13.) O le véritable ami ! Il repousse loin de lui l'amour de l'Epouse d'autrui. Il ne veut pas être aimé à la place de l'Epoux, afin de pouvoir régner un jour avec l'Epoux. C'est donc en ces termes que Notre-Seigneur recommande son Eglise à ses disciples ; et, avant de monter au ciel, lorsqu'ils lui demandent quand sera la fin du monde : « Dites-nous quand arriveront ces choses, et quelle sera l'époque de votre avénement, » (*Matth.*, XXIV, 3) il leur répond : « Ce n'est point à vous à connaître les temps que le Père a réservés en sa puissance. » Ecoutez, ô disciples, ce que veut vous apprendre votre Maître. « Mais vous recevrez la vertu du Saint-Esprit venant sur vous. » (*Act.*, I, 7, 8.) C'est ce qui est arrivé. Le quarantième jour, il est monté au ciel, et, en ce jour, l'Esprit saint, descendant du ciel, remplit tous ceux qui étaient présents, et leur donna de parler toutes les langues. Or, dans ce don qu'ils reçoivent de parler toutes les langues, nous trouvons encore un symbole frappant de l'unité. Ainsi donc, cette unité est clairement établie par Notre-Seigneur Jésus-Christ après sa résurrection ainsi qu'avant de monter au ciel, et se trouve confirmée par l'Esprit saint, qui est descendu aujourd'hui sur les disciples.

---

rusalem. » (*Ibid.*, 47.) Cœpit ab Jerusalem, et pervenit ad nos. Et ibi est, et hic. Non enim ut ad nos veniret, inde discessit : excrevit, non migravit. Hoc commendavit continuo post resurrectionem suam. Fecit cum illis quadraginta dies : ascensurus in cœlum ipsam rursus Ecclesiam commendavit. Sponsus profecturus sponsam suam amicis suis commendavit : non ut amet aliquem ipsorum, sed ipsum tanquam sponsum, illos tanquam amicos sponsi, neminem eorum tanquam sponsum. Hoc zelant amici sponsi, et non eam admittunt lascivo amore corrumpi. Oderunt quando sic amantur. Attendite zelantem amicum sponsi : cum videret sponsam per amicos sponsi quodam modo fornicari, ait : « Audio in vobis schismata esse, et ex parte credo. » (I *Cor.*, XI, 18.) Nuntiatum est mihi de vobis, fratres, ab his qui sunt Chloes, quia contentiones sunt in vobis, et unusquisque vestrum dicit : Ego quidem sum Pauli, ego vero Apollo, ego autem Cephæ, ego autem Christi. Divisus est Christus? Numquid Paulus pro vobis crucifixus est, aut in nomine Pauli baptizati estis? » (*Ibid.*, I, 11-13.) O amicum ! Amorem sponsæ alienæ repellit a se. Non vult se amari pro sponsa (*f.* sponso), ut possit regnare cum sponso. Commendata est ergo Ecclesia : et quando ascendit in cœlum, sic illis dixit, qui quærebant de fine sæculi : « Dic nobis quando ista fient, et quando tempus adventus tui ? » (*Matth.*, XXIV, 3.) Et ille : « Non est vestrum scire tempora, quæ Pater posuit in sua potestate. » Audi quid noveris a magistro, discipule : « Sed accipietis virtutem Spiritus sancti supervenientem in vos. » (*Act.*, I, 7, 8.) Et factum est : quadragesimo die ascendit in cœlum, et ecce hodierno die, adveniente Spiritu sancto, implentur omnes qui aderant, loquuntur linguis omnium gentium commendatur. Commendatur a Domino resurgente, commendatur a Christo ascendente ; confirmatur a Spiritu sancto hodie veniente.

SERMON CCLXIX.

IIIe pour le jour de la Pentecôte.

Chapitre premier. — *La descente de l'Esprit saint, jointe au don des langues, figure l'unité de l'Eglise répandue parmi tous les peuples. Contre les donatistes.* — 1. Nous célébrons aujourd'hui la fête anniversaire de la descente du Saint-Esprit. Nous devons à cette fête une réunion, une lecture, un discours en rapport avec la grandeur de la solennité. Les deux premiers devoirs sont remplis, puisque vous êtes réunis ici en si grand nombre et que vous avez entendu la lecture qui vous a été faite. Accomplissons donc le troisième, et ne refusons pas l'hommage de notre langue à Celui qui a communiqué à des ignorants le don des langues, s'est assujetti les langues des savants chez tous les peuples, et a ramené toutes ces langues diverses à l'unité de la foi. « Soudain un bruit s'entendit, venant du ciel, pareil à un vent violent qui s'approche, et ils virent comme des langues de feu qui se reposèrent sur chacun d'eux; et ils commencèrent à parler diverses langues, selon que l'Esprit saint leur donnait de parler. » (*Act.*, II, 2-4.) Ce souffle divin ne les a pas gonflés, mais leur a donné une vigueur céleste; ce feu ne les a point dévorés, mais embrasés d'une sainte ardeur. On vit s'accomplir en eux cette prophétie, faite si longtemps auparavant : « Il n'est point de discours, point de langage dans lequel on n'entende leur voix. » Or, c'était afin qu'en se partageant le monde entier pour la prédication de l'Evangile, ils pussent accomplir également ce qui suit : « Leur voix s'est répandue par toute la terre, et leurs paroles jusqu'aux extrémités de l'univers. » (*Ps.* XVIII, 4, 5.) Quelle vérité, en effet, l'Esprit saint voulait-il nous figurer en accordant, comme signe de sa présence, à ces hommes qui ne savaient que la langue de leur pays, de parler toutes les langues? C'est que tous les peuples devaient un jour embrasser la foi, et que l'Eglise universelle parlerait les langues de toutes les nations, comme les parlait en ce jour chacun de ceux qui avaient reçu l'Esprit saint. Que peuvent répondre à cela ceux qui refusent d'être incorporés, d'être unis à la société chrétienne, qui s'étend et produit des fruits chez tous les peuples? Peuvent-ils nier que, maintenant encore, l'Esprit saint descend sur les chrétiens? Pourquoi donc ne voyons-nous, ni chez nous, ni chez eux, ce don des langues, qui était alors un signe de la présence de l'Esprit saint? C'est que la vérité, figurée par ce don des langues, est maintenant accomplie. Chaque fidèle alors parlait toutes les langues, et c'est l'unité, formée par les fidèles,

---

SERMO CCLXIX ^(a).

In die Pentecostes, III.

Caput primum. — *Adventus Spiritus sancti cum dono linguarum prænuntiat unitatem Ecclesiæ per omnes gentes. Contra Donatistas.* — 1. Adventum Spiritus sancti anniversaria festivitate celebramus. Huic solemnis congregatio, solemnis lectio, solemnis sermo debetur. Illa duo persoluta sunt, quia et frequentissimi convenistis, et cum legeretur, audistis. Reddamus et tertium : non desit obsequium linguæ nostræ ei, qui et linguas omnes indoctis donavit, et linguas doctorum in omnibus gentium subjugavit, et diversas linguas gentium ad unitatem fidei congregavit. « Factus est enim subito de cœlo sonus, quasi ferretur flatus vehemens, et visæ sunt illis linguæ divisæ, velut ignis, qui et insedit super unumquemque eorum, et cœperunt linguis loqui, quemadmodum Spiritus dabat eis pronuntiare. » (*Act.*, II, 2-4.) Flatus enim ille non inflavit, sed vegetavit : ignis ille non cremavit, sed excitavit. Impletum est in eis quod fuerat tanto ante prophetatum : « Non sunt loquelæ, neque sermones, quorum non audiantur voces eorum, » ut deinde ad prædicandum Evangelium distributi, quod sequitur, facerent : « In omnem terram exiit sonus eorum, et in fines orbis terræ verba eorum. » (*Psal.* XVIII, 4, 5.) Quid enim aliud Spiritus sanctus prænuntiabat in linguis omnium gentium, quas donabat eis, qui unam tantum suæ gentis linguam didicerant (quod indicium præsentiæ suæ tunc esse voluit), nisi omnes gentes Evangelio credituras, ut primo unusquisque fidelium, postea vero ipsa unitas Ecclesiæ linguis omnibus loqueretur? Quid ad hæc dicunt, qui Christianæ societati, quæ in omnibus gentibus fructificat et crescit, nolunt incorporari atque conjungi? Numquidnam possunt negare, etiam nunc in Christianos venire Spiritum sanctum? Cur ergo nunc neque apud nos, neque apud illos quisquam loquitur linguis omnium gentium (quod tunc erat adventus ejus indicium), nisi quia nunc impletur quod tunc significabatur? Tunc enim et unus fidelis linguis omnibus loqueba-

---

(a) Alias XXI ex Sirmondianis.

qui les parle aujourd'hui. C'est ainsi que nous sommes encore en possession du don de parler toutes les langues, parce que nous sommes membres d'un corps où on les parle toutes.

Chapitre II. — *Bien que les schismatiques aient reçu le baptême, ils n'ont pas l'Esprit saint. L'Esprit saint a été donné et par les sacrements et en dehors des sacrements.* — 2. Par suite du même principe, nous sommes en droit de conclure, tout en reconnaissant que les hérétiques et les schismatiques ont le baptême de Jésus-Christ, qu'ils ne le reçoivent que lorsqu'ils s'attachent étroitement à l'unité de l'Eglise par la communion de la charité. Alors, ils auront aussi le don des langues, parce qu'ils seront là où on les parle toutes, c'est-à-dire dans le corps de Jésus-Christ, qui s'étend partout, et où ils conserveront l'unité de l'esprit par le lien de la paix. (*Ephés.*, iv, 3.) Celui qui n'est pas enchaîné de ce bienheureux lien, est esclave. « Car nous n'avons pas reçu l'esprit de servitude, dit l'Apôtre, pour nous conduire encore par la crainte; mais nous avons reçu l'Esprit d'adoption des enfants, dans lequel nous crions : Mon Père, mon Père. » (*Rom.*, viii, 15.) Nous sommes donc dans la vérité en croyant que l'Esprit saint a voulu que le don des langues fût alors la preuve et le signe de sa présence, afin qu'aujourd'hui même, où il a cessé de manifester sa présence par le même signe, nous comprenions qu'on ne peut avoir l'Esprit saint, même après avoir reçu le baptême, si l'on est séparé de cette unité qui embrasse tous les peuples. Et, afin qu'on ne pût croire que la présence de l'Esprit saint était la conséquence nécessaire du baptême donné au nom de la Trinité, Dieu nous a fait voir au sein même de l'unité des différences remarquables. Ainsi, nous voyons des fidèles qui n'ont mérité de recevoir l'Esprit saint qu'après avoir été baptisés, lorsque les apôtres, en l'absence desquels ils avaient reçu le baptême, furent venus à Samarie. (*Act.*, viii, 17.) D'autres, et nous n'avons que ce seul exemple, l'ont reçu avant le baptême, comme le centurion Corneille et ceux qui étaient avec lui pendant que Pierre leur parlait. (*Ibid.*, x, 44.) C'est une grâce qui leur a été exclusivement accordée par la puissance divine, et à laquelle l'homme n'a rien à opposer. Sur d'autres, l'Esprit saint est descendu après qu'ils eurent été baptisés, comme sur cet eunuque à qui Philippe avait fait connaître Jésus-Christ en lui expliquant la prophétie d'Isaïe. (*Ibid.*, viii, 30.) D'autres, et c'était le plus grand nombre, le recevaient pendant que les apôtres leur imposaient les mains. Il en est sur lesquels l'Esprit saint descendit pendant qu'ils étaient tous en prières, et sans aucune imposition des mains, comme en ce jour dont nous célébrons l'anniversaire solennel, lorsque les cent vingt disciples, y compris les

---

tur : et nunc unitas fidelium linguis omnibus loquitur. Itaque etiam nunc omnes linguæ nostræ sunt, quoniam membra sumus corporis in quo sunt.

Caput II. — *Schismaticos, etsi baptismum habeant, non tamen habere Spiritum sanctum. Spiritus sanctus per sacramenta et sine sacramentis datus.* — 2. Nec immerito recte intelligitur, quamvis ipsos baptismum Christi habere fateamur, hæreticos non accipere vel schismaticos Spiritum sanctum, nisi dum compagini adhæserint unitatis per consortium caritatis. Tunc enim gentium linguæ etiam ipsorum erunt : quia ubi sunt illæ, ibi et ipsi erunt, in eodem scilicet Christi corpore ubique crescente, servantes unitatem spiritus in vinculo pacis. (*Ephes.*, iv, 3.) Hoc vinculum quem non alligat, servus est : « Non enim accepimus, sicut Apostolus ait, spiritum servitutis iterum in timore; sed accepimus Spiritum adoptionis filiorum, in quo clamamus : Abba, Pater. » (*Rom.*, viii, 15.) Proinde veraciter sapimus, ideo linguis omnium gentium demonstrasse illo tempore præsentiam suam Spiritum sanctum, ut etiam hoc tempore, quo se non ita demonstrat, non eum intelligatur habere, quamvis sacramento baptismi imbuatur, quisquis ab unitate omnium gentium separatur. Et ne putaretur consequens esse, ut quisquis baptismum Trinitatis habuerit, habeat etiam Spiritum sanctum; propterea etiam in ipsa unitate facta est tanta distinctio, ut inveniamus quosdam baptizatos Spiritum sanctum postea meruisse, cum ad illos in Samariam venissent Apostoli, quibus absentibus fuerant baptizati (*Act.*, viii, 17) : alios autem, quod singulare occurrit exemplum, etiam ante baptismum percepisse; sicut loquente Petro, Cornelio et eis qui cum illo erant (*Ibid.*, x, 44), superna potestate concessum est, cui homo contradicere nihil potest. Super alios mox baptizatos advenit; sicut super illum spadonem, cui Philippus ex propheta Isaia evangelizaverat Christum. (*Ibid.*, viii, 30.) Super alios per manuum impositionem Apostolorum, sicut maxime plurimos. Super alios, nullo manum imponente, sed cunctis orantibus; sicut eo ipso die, quem solemniter hodie celebramus, cum essent in uno conclavi centum viginti animæ cum

apôtres, étaient réunis dans le cénacle. Il est descendu sur d'autres, sans que personne leur imposât les mains ou fît aucune prière, mais pendant qu'ils écoutaient la parole de Dieu, comme sur Corneille et ceux de sa maison, dont je vous ai parlé précédemment (1). Or, pourquoi l'Esprit saint s'est-il donné, tantôt d'une manière, tantôt d'une autre? C'est afin que l'orgueil humain ne puisse ici rien revendiquer, mais que tout soit attribué à la grâce et à la puissance de Dieu. Cette distinction clairement établie entre la réception du baptême et la réception de l'Esprit saint, suffit pour nous convaincre qu'il ne faut pas reconnaître la présence de l'Esprit saint dans ceux qui, même de notre aveu, sont en possession du baptême; combien moins dans ceux qui ne sont armés d'aucun amour pour l'unité chrétienne. « Car la charité de Dieu a été répandue dans nos cœurs, non par nous, mais, comme l'Apôtre l'ajoute, par l'Esprit saint, qui nous a été donné. » Ainsi, de même que le don des langues était alors, dans un seul homme, un signe de la présence de l'Esprit saint, ainsi maintenant sa présence est attestée par l'amour que nous avons pour l'unité qui existe entre tous les peuples.

CHAPITRE III. — *Les schismatiques sont des hommes de vie animale, et n'ont point l'Esprit saint. Les donatistes manquent de charité.* —

3. « L'homme de vie animale, » ce sont les propres paroles de l'Apôtre, « ne peut concevoir les choses qui sont de l'Esprit de Dieu. » (I *Cor.*, II, 14.) C'est à ces hommes de vie animale qu'il adresse ces reproches : « Chacun de vous dit : Moi je suis à Paul, moi je suis à Apollon, moi je suis à Céphas, moi je suis à Jésus-Christ. Jésus-Christ est-il donc divisé? Est-ce que Paul a été crucifié pour vous, ou avez-vous été baptisés au nom de Paul? » (*Ibid.*, I, 12, 13.) En effet, de même que les hommes spirituels aiment l'unité, les hommes de vie animale ne se plaisent que dans les divisions. C'est de ces hommes que l'apôtre saint Jude a dit dans les termes les plus formels : « Ce sont des gens qui se séparent d'eux-mêmes, de vie animale, qui n'ont pas l'Esprit. » (*Jude*, 19.) Quoi de plus évident? Quoi de plus exprès? Que les insensés cessent donc de se faire illusion et de nous dire : Quel profit nous reviendra-t-il de nous joindre à vous, puisque, de votre aveu, nous avons déjà le baptême de Jésus-Christ? Nous leur répondons : Vous avez le baptême de Jésus-Christ; venez à nous, et vous aurez l'Esprit de Jésus-Christ. Craignez cette sentence de l'Apôtre : « Quiconque n'a pas l'Esprit de Jésus-Christ n'est point à lui. » (*Rom.*, VIII, 9.) Vous avez revêtu Jésus-Christ, en recevant la forme du sacrement; revêtez-le, en imitant ses exemples. « Car Jésus-Christ a souffert

(1) Voyez le sermon précédent.

Apostolis. Super aliquos, nec aliquo manum imponente, nec aliquo orante, sed verbum Dei cunctis audientibus ; sicut super illos, quos paulo ante commemoravi, Cornelium et domesticos ejus. Cur igitur modo sic, modo autem sic, nisi ne aliquid hinc humanæ superbiæ, sed totum divinæ gratiæ potestati que tribuatur? Hæc itaque distinctio inter acceptionem baptismi, et acceptionem Spiritus sancti, satis nos instruit, ne habere hos continuo Spiritum sanctum putemus, quos habere baptismum non negamus. Quanto magis illos, quos non solum nulla (f. Deest hic aliquid) caritas Christianæ unitatis armavit? « Caritas enim Dei diffusa est in cordibus nostris; » non utique per nos ipsos, sed sicut sequitur : « Per Spiritum sanctum, qui datus est nobis. » (*Rom.*, V, 5.) Quamobrem sicut tunc indicabant adesse Spiritum sanctum in uno homine linguæ omnium gentium : sic eum nunc caritas indicat unitatis omnium gentium.

CAPUT III.—*Schismaticos animales esse nec habere Spiritum sanctum. Donatistas carere caritate.* — 3. « Animalis autem homo, Apostoli verba sunt, non percipit quæ sunt Spiritus Dei. » (I *Cor.*, II, 14.) Et utique animales increpat, quibus ait : « Unusquisque vestrum dicit : Ego quidem sum Pauli, ego autem Apollo, ego vero Cephæ, ego autem Christi. Divisus est Christus? Numquid Paulus pro vobis crucifixus est? aut in nomine Pauli baptizati estis? » (*Ibid.*, I, 12, 13.) Sicut enim spiritales unitate gaudent, sic animales dissensionibus student. De his et Judas apostolus apertissime scribens : « Hi sunt, inquit, qui segregant semetipsos, animales, Spiritum non habentes. » (*Jud.*, 19.) Quid evidentius? quid expressius? Desinant itaque incipientes sibi blandiri, nobisque dicere : Quid accepturi sumus, cum ad vos accesserimus, cum jam nos baptismum Christi habere fateamini? Respondemus eis : Habetis baptismum Christi, venite ut habeatis et Spiritum Christi. Timete quod scriptum est : « Quisquis autem Spiritum Christi non habet, hic non est ejus. » (*Rom.*, VIII, 9.) Induistis Christum forma sacramenti: induite imitatione exempli. « Quoniam Christus pro nobis

pour nous, vous laissant un grand exemple, afin que vous suiviez ses traces. » (I *Pierre*, II, 21.) Ne soyez pas de ceux qui ont l'apparence de la piété, mais qui en rejettent la vertu. (II *Tim.*, III, 5.) Quelle est la plus grande vertu de la piété, sinon l'amour de l'unité? Il est dit dans les psaumes : « J'ai vu la fin de toutes les choses les plus parfaites, mais votre commandement est d'une étendue infinie. » (*Ps.* CXVIII, 96.) Quel est ce commandement? C'est celui dont le Sauveur a dit : « Je vous donne un commandement nouveau ; c'est de vous aimer les uns les autres. » (*Jean*, XIII, 34.) Pourquoi ce commandement est-il étendu? « Parce que la charité de Jésus-Christ a été répandue dans nos cœurs. » (*Rom.*, V, 5.) Pourquoi est-il le terme de toute perfection? Parce que la charité est la plénitude de la loi, et que toute la loi est renfermée dans ce seul précepte : « Vous aimerez votre prochain comme vous-même. » (*Rom.*, XIII, 9, 10; *Gal.*, V, 14.) Or, voici comme vous aimez votre prochain comme vous-même : vous ne voulez pas qu'on croie le mal de vous sans l'avoir vu, et sans qu'il soit prouvé, et vous croyez de l'univers tout entier ce que vous n'avez point vu et dont vous n'avez aucune preuve?

CHAPITRE IV. — *Les schismatiques ne peuvent dire : Seigneur Jésus.* — 4. Vous vous flattez de pouvoir dire en réalité : « Seigneur Jésus, » et peut-être lisez-vous sans les comprendre ces paroles de l'Apôtre : « Personne ne peut dire : Seigneur Jésus, que par l'Esprit saint. » (I *Cor.*, XII, 3.) Remarquez que c'est avec dessein et dans un sens particulier, que l'apôtre saint Paul se sert de cette expression : « Dire. » En effet, « personne ne peut dire : Seigneur Jésus, que par l'Esprit saint, » mais si au langage des paroles il ajoute le langage des actes. Car, sans cela, ceux même dont il est dit : « Faites ce qu'ils vous disent, mais ne faites pas ce qu'ils font, » peuvent dire : « Seigneur Jésus. » Toutes les hérésies, celles-là même que vous condamnez, disent : « Seigneur Jésus. » Assurément, Notre-Seigneur n'exclura point du royaume des cieux ceux qu'il trouvera unis à l'Esprit saint, et cependant, il nous dit dans l'Evangile : « Tous ceux qui me disent : « Seigneur, Seigneur, n'entreront pas dans le royaume des cieux. » (*Matth.*, VII, 21.) Mais il n'en reste pas moins vrai que personne ne peut dire : « Seigneur Jésus, » que par l'Esprit saint, dans le sens que nous venons d'expliquer, c'est-à-dire par le langage des œuvres. Aussi le Sauveur ajoute aussitôt : « Mais celui qui fait la volonté de mon Père qui est dans les cieux, celui-là entrera dans le royaume des cieux. » L'Apôtre a dit de quelques fidèles de son temps : « Ils font profession de connaître Dieu, mais ils le renoncent par leurs actions. » (*Tit.*, I, 16.) De même qu'on peut renoncer Dieu par les œuvres, on peut aussi

l'affirmer par les œuvres; et c'est dans ce sens qu'il faut entendre ces paroles : « Personne ne peut dire : Seigneur Jésus, si ce n'est par l'Esprit saint. » Si donc vous refusez de vous attacher à l'unité, en vous séparant vous-mêmes, vous serez des hommes de vie animale, vous n'aurez point l'Esprit. Si vous vous approchez de lui avec dissimulation, rappelez-vous ces paroles : « L'Esprit qui enseigne la sagesse fuit le déguisement. » (*Sag.*, I, 5.) Vous reconnaîtrez que vous avez vraiment l'Esprit saint, lorsque vous aurez consenti à ce que votre âme s'attache étroitement à l'unité par une charité sincère. Voilà ce que nous devons répondre à ceux qui nous demandent : Quel profit nous en reviendra-t-il? Donnons-leur de plus, mes frères, l'exemple de toutes les bonnes œuvres, sans nous enorgueillir de ce que nous sommes debout, sans désespérer de ceux qui sont tombés.

SERMON CCLXX.

IV° pour le jour de la Pentecôte.

Pourquoi l'Esprit saint a été envoyé le cinquantième jour après Pâques. — 1. Puisque nous célébrons aujourd'hui l'auguste anniversaire de ce saint jour où l'Esprit saint est descendu sur la terre, cette solennité, qui nous comble de joie et de bonheur, nous fait un devoir de vous dire quelque chose du don de Dieu et de la grandeur de sa miséricorde sur nous, c'est-à-dire de l'Esprit saint. Dans l'école du Seigneur, nous sommes ses disciples comme vous. Nous avons un Maître unique, en qui nous ne faisons qu'un, et qui, afin de prévenir les sentiments d'orgueil que les fonctions de docteur pourraient nous inspirer, nous a donné cet avertissement : « Ne cherchez pas à être appelés maîtres, car vous n'avez qu'un seul maître, le Christ. » (*Matth.*, XXIII, 8.) Sous ce maître, dont la chaire est le ciel, et qui veut vous instruire de ses saintes lettres, écoutez le peu que j'ai à vous dire, avec la grâce de Celui qui m'ordonne de vous parler. Je veux ici réveiller les souvenirs de ceux qui savent, et instruire les ignorants. Une question préoccupe souverainement un esprit saintement curieux, si toutefois il est permis à la fragilité humaine de sonder de semblables profondeurs. Oui, cela lui est permis, car le voile qui couvre les Ecritures n'a pas pour but de nous dérober la connaissance de ce qui est caché; au contraire, c'est pour nous engager à frapper, afin qu'on nous ouvre, selon la promesse du Sauveur : « Demandez, et vous recevrez; cherchez, et vous trouverez; frappez, et on vous ouvrira. » (*Ibid.*, VII, 7.) Souvent donc des esprits zélés et studieux se font cette question : Pourquoi l'Esprit saint, que le Seigneur avait promis à ses disciples, a-t-il été

---

gant. » (*Tit.*, I, 16.) Quemadmodum negatur factis, sic dicitur factis. Hoc modo dicendi : « Nemo dicit : Dominus Jesus, nisi in Spiritu sancto. » Si ergo unitati non accesseritis, segregantes vosmetipsos, animales eritis ; Spiritum non habentes. Si autem ficte accesseritis : « Spiritus sanctus disciplinæ effugiet fictum. » (*Sap.*, I, 5.) Tunc ergo vos sanctum Spiritum habere cognoscite, quando mentem vestram per sinceram caritatem unitati consenseritis hærere. Hæc eis respondeamus dicentibus : Quid accepturi sumus? nosque ipsos, fratres, exemplum illis bonorum operum præbeamus, nec quia stamus superbientes, nec de jacentibus desperantes.

SERMO CCLXX (*a*).

In die Pentecostes, IV.

De Spiritu sancto dicendum cur die quinquagesimo post Pascha missus sit. — 1. Quoniam sanctam solemnitatem celebramus diei tam sanctæ, ut hodie venerit ipse Spiritus sanctus, admonet nos tam festiva et grata solemnitas, de ipso dono Dei, et de abundantia misericordiæ ejus in nos, id est, de ipso Spiritu sancto aliquid loqui. In schola Domini condiscipulis loquimur. Magistrum enim habemus unum, in quo omnes sumus unum : qui nos, ne forte de magisterio superbire audeamus, admonuit, et ait : « Nolite vocari ab hominibus Rabbi ; unus est enim magister vester Christus. » (*Matth.*, XXIII, 8.) Sub hoc ergo magistro, cujus cathedra cœlum est, quia erudiendi sumus litteris ejus, advertite pauca quæ dicam, donante ipso qui jubet ut dicam. Qui nostis recolite, qui ignorabatis accipite. Sæpe movet animum pie curiosum, si tamen admittatur humana fragilitas et infirmitas talia perscrutari. Imo admittitur. Non enim quod in Scripturis sanctis tegitur, ideo clausum est ut negetur, et non potius ut pulsanti aperiatur, dicente ipso Domino : « Petite, et accipietis ; quærite, et invenietis ; pulsate, et aperietur vobis. » (*Ibid.*, VII, 7.) Sæpe ergo movet studiosorum animum, quare

(*a*) Alias XXII ex Sirmondianis.

SERMON CCLXX.

envoyé le cinquantième jour après la passion et la résurrection du Sauveur?

Pourquoi l'Esprit saint ne pouvait venir qu'après le départ de Jésus-Christ. L'humanité du Sauveur, à laquelle les disciples étaient attachés d'une affection trop naturelle, devait être soustraite à leurs regards. Jésus-Christ est la pierre sur laquelle est élevée l'Eglise.— 2. J'engage d'abord ici votre charité à ne point négliger d'examiner pourquoi Notre-Seigneur a dit : « Le Consolateur ne viendra point à vous, si je ne m'en vais point. » (*Jean*, XVI, 7.) Ne semble-t-il pas, pour parler un langage tout humain, que Notre-Seigneur Jésus-Christ avait à garder quelque chose dans les cieux, et qu'en descendant sur la terre, il en eût confié le dépôt à l'Esprit saint, qui ne pouvait venir vers nous avant le retour du Seigneur, à qui il devait remettre ce dépôt? Ou bien encore, ne dirait-on pas que nous ne pouvions les posséder tous deux en même temps, et jouir à la fois de la présence de l'un et de l'autre? Est-ce que l'une de ces divines personnes est séparée de l'autre? Et, lorsqu'elles viennent en nous, loin d'être à l'étroit, n'élargissent-elles pas notre cœur? Que signifient donc ces paroles : « L'Esprit saint ne peut venir, si je ne m'en vais. Il vous est avantageux que je m'en aille ; car, si je ne m'en vais point, le Consolateur ne viendra point à vous? »

Je vais expliquer en peu de mots à votre charité ce que je pense, ce que je comprends de cette difficulté, ou, plutôt, ce que Dieu me fait la grâce de comprendre ou de croire. Je pense donc, mes frères, que les disciples concentraient toutes leurs pensées sur l'humanité du Seigneur, et qu'ils l'aimaient, en tant qu'homme, d'une affection trop naturelle. Le Sauveur voulait que cette affection devînt toute divine, et les rendît spirituels, de charnels qu'ils étaient, ce que l'homme ne peut devenir sans la grâce de l'Esprit saint. Je vais donc vous envoyer, leur dit-il, un don qui fera de vous des hommes spirituels : c'est le don de l'Esprit saint. Or, vous ne pouvez devenir spirituels qu'en cessant d'être charnels, et vous cesserez d'être charnels, si je dérobe à vos regards cette nature corporelle, pour imprimer dans vos cœurs l'amour de la nature divine. C'est à cette nature humaine, c'est-à-dire à cette nature de serviteur, dans laquelle le Fils de Dieu s'est anéanti en prenant la forme d'esclave (*Philip.*, II, 7); c'est à cette nature de serviteur que Pierre était attaché, lorsqu'il craignait tant de voir mourir Celui qui était l'objet de sa plus vive affection. Il aimait Notre-Seigneur Jésus-Christ, mais comme un homme peut aimer un homme, comme un homme charnel aime un objet charnel, et non pas comme un homme spirituel aime la majesté

---

quinquagesimo die post Dominicam passionem et resurrectionem missus fuerit promissus Spiritus sanctus.

Cur Spiritus sanctus non posset venire, nisi abeunte Christo. Humanitas Christi in qua humano affectu hærebant, oculis Discipulorum auferri debuit. Petra super quam ædificata est Ecclesia ipse est Christus. — 2. Ubi primum illud admoneo Caritatem Vestram, ut aliquantum vos considerare non pigeat, quare dictum sit ab ipso Domino : « Non potest ille venire, nisi ego abiero. » (*Joan.*, XVI, 7.) Quasi aliquid, ut secundum carnalem sensum loquamur, quasi aliquid in supernis Dominus Christus servaret, et inde descendens hoc quod servabat, sancto Spiritui commendasset, et ideo ad nos venire non posset, nisi ille rediisset qui commendatum reciperet ; aut quasi nos utrumque ferre non valeremus, nec utriusque possemus tolerare præsentiam. Quasi vero alter ab altero separetur ; aut quando ad nos veniunt, ipsi angustias patiantur, ad non potius non dilatemur. Quid sibi ergo vult : « Non potest ille venire, nisi ego abiero? Expedit enim, inquit, vobis ut ego eam. Nam si non iero, Paracletus non veniet ad vos. » Hoc ergo quid sit, quantum vel capimus, vel æstimamus, vel ipso donante percipimus, vel quæ credimus loquimur, breviter accipiat Caritas Vestra. Videtur mihi, quod Discipuli circa formam humanam Domini Christi fuerant occupati, et tanquam homines in homine humano tenebantur affectu. Volebat autem eos affectum potius habere divinum, atque ita de carnalibus facere spiritales : quod non fit homo nisi dono Spiritus sancti. Hoc ergo ait : Mitto vobis donum, quo efficiamini spiritales : donum scilicet Spiritus sancti. Spiritales autem fieri non poteritis, nisi carnales esse destiteritis. Carnales vero esse desistetis, si forma carnis a vestris oculis auferatur, ut forma Dei vestris cordibus inseratur. Ex hac enim humana forma Dominus, hoc est, forma servi : « Semetipsum exinanivit formam servi accipiens ; » (*Philip.*, II, 7) ex hac igitur forma servi Petri etiam tenebatur affectus, quando eum quem multum amabat, mori timebat. Amabat enim Dominum Jesum Christum, sicut homo hominem ; sicut carnalis carnalem, non sicut spiritalis majestatem. Unde hoc probamus? Quia cum interrogasset ipse Dominus discipulos suos, quis ab hominibus diceretur, et aliorum opiniones

divine. Comment le prouvons-nous? Le voici. Notre-Seigneur ayant interrogé ses disciples sur ce que les hommes prétendaient qu'il fût, ils lui rapportèrent leurs opinions différentes sur ce point; les uns disaient qu'il était Jean-Baptiste, les autres Elie, les autres Jérémie ou l'un des prophètes; Jesus leur dit alors : « Et vous, que dites-vous que je suis? » Pierre alors, au nom des autres, Pierre seul répond au nom de tous : « Vous êtes le Christ, le Fils du Dieu vivant. » (*Matth.*, XVI, 15, etc.) Cette confession est parfaite et de la plus exacte vérité; aussi Pierre mérite d'entendre cette réponse de la bouche du Sauveur : « Tu es heureux, Simon, fils de Jonas, car ce n'est ni la chair, ni le sang qui t'ont révélé ceci, mais mon Père qui est dans les cieux. » « Et moi, je te dis, » en retour de ce que tu m'as dit; écoute ce que je te dis moi-même ; comme récompense de ta confession, reçois cette bénédiction : « Et moi, je te dis que tu es Pierre. » C'est parce que je suis la pierre que tu es Pierre, car la pierre ne vient pas de Pierre, mais le nom de Pierre vient de la pierre; de même que le nom de Christ ne vient pas de chrétien, mais le nom de chrétien du Christ. « Et sur cette pierre je bâtirai mon Eglise; » non sur Pierre, ce que tu es, mais sur la pierre que tu as confessée. « Je bâtirai mon Eglise; » je te bâtirai toi-même, qui, dans cette confession, es la figure de l'Eglise. Cette prérogative et celles qui suivent sont accordées à Pierre en récompense de cette confession : « Vous êtes le Christ, le Fils du Dieu vivant, » confession que le Seigneur déclare, vous vous le rappelez, ne lui avoir été inspirée ni par la chair, ni par le sang, c'est-à-dire par l'esprit de l'homme, par la faiblesse, par l'ignorance de l'homme, mais par son Père, qui est dans les cieux. Notre-Seigneur commença ensuite à prédire sa passion, et à déclarer à ses disciples tout ce qu'il devait souffrir de la part des impies. Pierre alors est saisi d'effroi, et craint que le Christ, Fils du Dieu vivant, ne soit victime de la mort. Ce qui était vrai, c'est que le Christ, Fils du Dieu vivant, la bonté même sortie de la bonté, Dieu de Dieu, la vie engendrée par la vie, la source de la vie et la vie véritable, était venu pour détruire la mort, et non pour succomber sous ses coups. Cependant, Pierre, effrayé comme homme, parce qu'il avait pour l'humanité de Jésus-Christ une affection trop naturelle, lui dit : « A Dieu ne plaise, Seigneur! il ne vous arrivera rien de tel. » C'est alors que Notre-Seigneur repousse ces paroles par un juste et sévère reproche. De même qu'il a donné de dignes éloges à la profesion de foi que Pierre a faite, il inflige à cette frayeur indigne la réprimande qu'elle mérite : « Retire-toi en arrière, Satan. » Que nous sommes loin de cet éloge : « Tu es bienheureux, Simon, fils de Jonas! » Pour faire ici un juste discernement de l'éloge et de la réprimande, commencez par distinguer la cause qui a dicté la confession, et

recolendo dixissent, quod alii eum dicerent Joannem, alii Eliam, alii Jeremiam, aut unum ex Prophetis; ait illis : « Vos autem quem me esse dicitis? » Et Petrus unus pro cæteris, unus pro omnibus : « Tu es, inquit, Christus Filius Dei vivi. » (*Matth.*, XVI, 15, etc.) Hoc optime, veracissime : merito tale responsum accipere meruit : « Beatus es Simon Bar-Jona, quia non tibi revelavit caro et sanguis, sed Pater meus qui in cœlis est. » « Et ego dico tibi, » quia tu dixisti mihi; dixisti, audi ; dedisti confessionem, recipe benedictionem. Ergo : « Et ego dico tibi : Tu es Petrus : » quia ego petra, tu Petrus; neque enim a Petro petra, sed a petra Petrus; quia non a Christiano Christus, sed a Christo Christianus. « Et super hanc petram ædificabo Ecclesiam meam : » non supra Petrum, quod tu es; sed supra petram, quam confessus es. « Ædificabo autem Ecclesiam meam : » ædificabo te, qui in hac responsione figuram gestas Ecclesiæ. Hoc et cætera, propter quod dixerat Petrus : « Tu es Christus Filius Dei vivi : » et audierat, ut meministis : « Non tibi revelavit caro et sanguis, » id est humana mens, humana infirmitas, humana imperitia ; « sed Pater meus qui in cœlis est. » Deinde cœpit Dominus Jesus suam prædicere passionem, et ostendere quanta esset ab impiis perlaturus. Hic Petrus expavit, et timuit ne periret morte Christus Filius Dei vivi. Utique Christus Filius Dei vivi, bonus de bono, Deus de Deo, virus de vivo, fons vitæ et vera vita, perdere mortem venerat, non perire a morte. Tamen ut homo Petrus exterritus, cujus erat, ut dixi, circa Christi carnem humanus affectus : « Propitius, inquit, tibi esto, Domine; absit, non fiat istud. » Et Dominus talia verba digna et congrua responsione confutat. Quomodo illi confessioni dignam laudem dedit, sic etiam huic trepidationi dignam correptionem : « Redi, inquit, retro Satanas. » Ubi est illud : « Beatus es, Simon Bar-Jona. » Distingue verba laudantis, et coercentis : distingue causas confessionis, et trepidationis. Causa confessionis : « Non tibi revelavit caro et sanguis, sed Pater meus qui in cœlis

celle qui a produit cette frayeur. Voici la cause de la confession : « Ce n'est ni la chair, ni le sang qui vous ont révélé ceci, mais mon Père, qui est dans les cieux. » Pourquoi maintenant cette frayeur? « Parce que vous ne goûtez pas ce qui est de Dieu, mais ce qui est des hommes. » Et nous voudrions qu'à ses disciples, qu'il voyait dans ces sentiments, Notre-Seigneur n'ait pas dit : « Il vous est avantageux que je m'en aille, car, si je ne m'en vais point, le Consolateur ne viendra point à vous? » Si je ne soustrais à vos regards la vue de cette nature humaine, vous serez absolument incapables de comprendre, de sentir, de concevoir même rien de divin. J'en ai dit assez sur ce sujet. Voilà pourquoi il était nécessaire que la promesse que le Sauveur avait faite d'envoyer l'Esprit saint s'accomplît après sa résurrection et son ascension. C'est la réflexion que l'évangéliste saint Jean avait faite en son propre nom, lorsqu'il rapporte les paroles de Jésus annonçant les effets de la présence de l'Esprit saint : « Si quelqu'un a soif, s'était écrié le Sauveur, qu'il vienne à moi, et qu'il boive, et des fleuves d'eau vive couleront de son sein. » (*Jean*, VII, 37, etc.) L'Évangéliste ajoute aussitôt : « Or, il disait cela de l'Esprit saint, que devaient recevoir ceux qui croiraient en lui; car l'Esprit saint n'avait pas encore été donné, parce que Jésus-Christ n'avait pas encore été glorifié. » C'est par sa résurrection et son ascension que Notre-Seigneur Jésus-Christ a été glorifié; et il a envoyé alors l'Esprit saint.

Pourquoi l'Esprit saint est descendu le dixième jour après le quarantième où Jésus est monté au ciel. Signification mystérieuse du nombre quarante et du nombre dix. L'Esprit saint est descendu le dixième jour après l'Ascension, pour nous apprendre que c'est par la grâce que nous pouvons accomplir la loi. Comment la loi sans la grâce est une lettre qui tue. — 3. Or, comme nous l'attestent les livres saints, Notre-Seigneur, après sa résurrection, a vécu quarante jours entiers avec ses disciples, leur manifestant clairement la vérité de son corps ressuscité, et détruisant dans leur esprit toute idée de fantôme ou d'illusion. Le quarantième jour, dont nous avons célébré l'anniversaire il y a dix jours, il est monté au ciel en leur présence, et leur a fait promettre par ses anges qu'il viendrait du ciel comme il y était monté, c'est-à-dire qu'il viendrait juger le monde avec cette même nature humaine dans laquelle il a été jugé. (*Act.*, I, 3, etc.) Il a choisi pour envoyer l'Esprit saint un autre jour que celui où il est monté au ciel. Il attendit pour cela, non pas deux ou trois jours, mais dix jours entiers. Cette question nous oblige d'étudier et d'approfondir avec attention les raisons mystérieuses des nombres. Quarante jours comprennent quatre

---

est. » Causa trepidationis : « Non enim sapis quæ Dei sunt, sed quæ hominis sunt. » Nollemus ergo ut talibus dicetur : « Expedit enim vobis ut ego vadam? Nisi ego abiero : Paracletus non veniet ad vos. » Nisi aspectibus carnalibus vestris humana forma subtrahatur, divinum aliquid capere, sentire, cogitare minime poteritis. Hoc sit satis. Inde oportebat, ut post resurrectionem et ascensionem Domini Jesu Christi, ejus de Spiritu sancto promissio compleretur. Sic enim et ipse Joannes Evangelista ex persona sua dixerat, quando Jesus eumdem significans Spiritum sanctum clamaverat, dicens : « Si quis sitit, veniat ad me, et bibat; et flumina aquæ vivæ fluent de ventre ejus. » (*Joan.*, VII, 37, etc.) Secutus enim Evangelista ait : « Hoc autem dicebat de Spiritu, quem accepturi erant ii, qui in eum credituri erant. Nondum enim erat Spiritus datus, quia Jesus nondum fuerat glorificatus. » Glorificatus est ergo Dominus noster Jesus Christus resurrectione et ascensione, et misit Spiritum sanctum.

Post quadragesimum diem Ascensionis cur decimo die venerit Spiritus sanctus. Quadragenarii numeri sacramentum. Denarii mysterium. Spiritus sanctus die decimo venit, ut significetur legem impleri per gratiam. Lex sine gratia quomodo littera est occidens. — 3. Sicut autem didicimus ex libris sanctis, quadraginta dies complevit cum discipulis suis post resurrectionem, manifestans eis, ne aliquid fictum existimarent, resuscitati corporis veritatem, intrans cum eis et exiens, manducans et bibens. Quadragesimo autem die, quem ante hos decem dies celebravimus, in eorum conspectu ascendit in cœlum, promissus ut ibat ita venturus; hoc est in forma humana, qua judicatus est, in illa judicaturus. (*Act.*, I, 3, etc.) Voluit alia die quam ascendit mittere Spiritum sanctum; non saltem post biduum, vel triduum, sed post decem dies. Hæc quæstio perscrutari et interrogare nos compulit nonnullas latebras numerorum. Quadraginta dies quater habent decem. Commendatur hoc numero, quantum mihi videtur, sacramentum. Homines enim hominibus loquimur; et recte Scripturarum tractatores dicimur, non nos-

fois dix. Or, ce nombre, si je ne me trompe, renferme un mystère. Nous ne sommes ici qu'un homme parlant à des hommes, et vous nous regardez ici avec raison comme les interprètes des saintes Ecritures, et non comme les défenseurs de nos opinions personnelles. Ce nombre quarante, qui comprend quatre fois dix, me paraît donc être la figure de ce monde que nous traversons, que nous parcourons, poussés et entraînés nous-mêmes par la marche des années, par l'instabilité des choses humaines, par leurs vicissitudes et leur succession continuelles, par cette inconsistance qui ne cesse de nous dépouiller, semblable à un fleuve qui entraîne tout dans son cours, et ne laisse rien sur son passage. Ce nombre est donc la figure du siècle, soit à cause des quatre saisons diverses qui se partagent l'année, soit à cause des quatre points cardinaux que tous connaissent, et dont la sainte Ecriture fait souvent mention sous les noms « d'Orient, d'Occident, de Nord et de Midi. » (*Luc*, XIII, 29.) C'est dans le cours de cette année, divisée en quatre saisons; c'est dans toute l'étendue du monde, partagé en quatre parties, qu'est annoncée la loi de Dieu, figurée par le nombre dix, et appelée dans le principe le Décalogue. En effet, la loi est comme renfermée dans dix préceptes, parce que le nombre dix est l'emblème de la perfection. En effet, jusqu'à ce nombre, on avance toujours en comptant, on revient ensuite à un, pour aller jusqu'à dix, et ainsi de suite. On arrive ainsi à cent, à mille et au-dessus, et, par cette multiplication des dizaines, on obtient des nombres à l'infini. Le nombre dix signifie donc la perfection de la loi, et cette loi étant annoncée dans les quatre parties du monde, quatre fois dix produisent quarante. Or, c'est un devoir pour nous, durant cette vie du monde que nous traversons, de nous abstenir de toutes les convoitises du siècle, ce que figure le jeûne de quarante jours que tous connaissent sous le nom de Carême. Ce devoir nous est imposé par la loi, par les prophètes, par l'Evangile; par la loi : ainsi Moïse a jeûné quarante jours; par les prophètes : Elie a jeûné également quarante jours; par l'Evangile, où nous voyons Notre-Seigneur jeûner pendant ce même espace de temps. Or, dix autres jours s'étant écoulés après ces quarante jours, dix jours simplement, et non multipliés par quatre, l'Esprit saint descendit du ciel, pour nous faire accomplir la loi par la grâce. Car la loi sans la grâce est une lettre qui tue. En effet, dit l'Apôtre, si loi, qui a été donnée, avait pu donner la vie, la justice viendrait vraiment de la loi. Mais l'Ecriture a tout renfermé sous le péché, afin que la promesse fût accomplie par la foi en Jésus-Christ. (*Gal.*, III, 21, 22.) Voilà pourquoi le même Apôtre dit : « La lettre tue, mais l'Esprit vivifie. » (II *Cor.*, III, 6.) Ce n'est pas que

trarum opinionum affirmatores. Numerus ergo iste quadragenarius, quater habens decem, significat, ut mihi videtur, sæculum hoc, quod nunc agimus et peragimus; agimur et peragimur, cursu temporum, rerum instabilitate, decessione et successione, rapacitate volatica, et quodam fluvio rerum non consistentium. Sæculum hoc ergo significatur hoc numero, propter mundi quadripartita tempora, quæ implent annum; quadripartitos etiam cardines ipsius mundi, notos omnibus, et sæpe ab Scriptura sacra commemoratos, « ab Oriente et Occidente, ab Aquilone et Meridie. » (*Luc.*, XIII, 29.) Per hæc ergo tempora quadripartita, et per mundum quadripartitum, prædicatur lex Dei, tanquam denarius numerus. Unde et decalogus primitus commendatur. In decem enim præceptis lex constituta est : propterea quia videtur in isto denario numero quædam perfectio. Usque ad eum quippe numerum progressus est numerantis, et inde redit ab uno usque ad decem, rursus ad unum. Sic centena, sic millena; sic supra, denariis quibusdam complicantibus, infinite crescit silva numerorum. Perfecta itaque lex in denario, et lex prædicata per mundum quadripartitum, quater deni quadraginta fiunt. Docemur autem, in hac conversatione sæculi hujus cum sumus, abstinere nos a cupiditatibus sæcularibus : quod significat jejunium quadragenarium notum omnibus Quadragesimæ nomine. Hoc tibi præcepit Lex, hoc Prophetia, hoc Evangelium. Ideo quia hoc Lex, jejunavit quadraginta diebus Moyses : quia hoc Prophetia, jejunavit quadraginta diebus Elias : quia hoc Evangelium, jejunavit quadraginta diebus Dominus Christus. Impletis ergo post quadraginta dies aliis decem diebus, denario numero semel, denario numero simpliciter, non quadrupliciter, venit Spiritus sanctus, ut lex impleatur per gratiam. Lex enim sine gratia littera est occidens. « Si enim data esset lex, inquit, quæ posset vivificare, omnino ex lege esset justitia. Sed conclusit Scriptura omnia sub peccato, ut promissio ex fide Jesu Christi daretur credentibus. » (*Gal.*, III, 21, 22.) Ideo : « Littera occidit, Spiritus autem vivificat. » (II *Cor.*, III, 6.) Non ut aliud impleas, quam

vous deviez accomplir autre chose que ce qui vous est commandé par la loi ; mais la lettre seule rend coupable ; la grâce délivre du péché, et nous donne d'accomplir la loi. C'est donc par la grâce que nous obtenons la rémission des péchés, et la foi qui opère par la charité. Gardez-vous donc de penser que l'Apôtre ait condamné la lettre parce qu'il a dit : « La lettre tue; » il veut simplement dire : La lettre rend coupable. On vous impose un précepte, vous n'êtes point aidé par la grâce, et vous reconnaissez aussitôt que, non-seulement vous n'êtes point observateur de la loi, mais que vous êtes coupable de prévarication. « En effet, là où il n'y a pas de loi, il n'y a point de prévarication. » (*Rom.*, IV, 15.) Lors donc que l'Apôtre dit : « La lettre tue, l'Esprit vivifie, » il ne déverse point un blâme sur la loi, comme s'il voulait la condamner en faisant l'éloge de l'Esprit ; il dit : « La lettre tue, » c'est-à-dire la lettre sans la grâce. Voici un exemple : saint Paul dit dans le même sens : « La science enfle. » (I *Cor.*, VIII, 1.) Qu'est-ce à dire : « La science enfle ? » Condamne-t-il donc la science ? Si elle enfle, il vaut mieux pour nous rester dans notre ignorance. Mais il ajoute : « La charité édifie. » De même donc qu'en ajoutant plus haut : « L'Esprit vivifie, » il nous a donné à entendre que la lettre sans l'esprit tue, tandis qu'avec l'esprit elle vivifie et fait accomplir la lettre ; de même ici il veut nous faire comprendre que la science sans la charité enfle, tandis que la charité avec la science édifie. L'Esprit saint a donc été envoyé pour faire accomplir la loi et vérifier ce que Notre-Seigneur lui-même avait dit : « Je ne suis pas venu détruire la loi, mais l'accomplir. » (*Matth.*, v, 17.) Voilà ce qu'il donne à ceux qui croient, voilà ce qu'il donne aux fidèles, voilà ce qu'il donne à ceux sur lesquels il répand l'Esprit saint. Plus une âme s'ouvre pour recevoir ce divin Esprit, plus aussi l'observation de la loi lui devient facile.

C'est la charité qui nous fait accomplir la loi, et non la crainte du châtiment. Deux sortes de craintes : l'une chaste, l'autre servile. La charité vient de l'Esprit saint. — 4. Je le déclare à votre charité, et vous pouvez d'ailleurs facilement le reconnaître et vous en convaincre vous-mêmes, c'est la charité qui accomplit la loi. La crainte du châtiment fait bien que l'homme agit, mais d'une manière servile. Si vous ne faites le bien, ou si vous n'évitez le mal que parce que vous craignez le châtiment, vous commettriez certainement l'iniquité si quelqu'un vous assurait de l'impunité. Si l'on vous disait : Soyez tranquille, vous n'avez aucun mal à redouter, faites cette action ; vous la feriez ; car ce qui vous retenait, c'était la crainte du châtiment, ce n'était pas l'amour de la justice. Ce n'est pas encore la charité qui vous faisait agir. Considérez donc ce que la charité pro-

---

tibi per litteram jubetur : sed sola littera reum facit, gratia a peccato liberat, et litteram donat impleri. Unde fit per gratiam remissio omnium peccatorum, et fides quæ per dilectionem operatur. Nolite ergo putare damnatam esse litteram, quia dictum est : « Littera occidit. » Hoc est enim, littera reos facit. Datur præceptum, non adjuvaris gratia : continuo te invenis non solum non operatorem legis, sed etiam reum prævaricationis. « Ubi enim non est lex, nec prævaricatio. » (*Rom.*, IV, 15.) Non ergo reprehensa est lex, cum dictum est : « Littera occidit, Spiritus autem vivificat, » quasi illam condemnaret, et istum laudaret ; sed : « Littera occidit, » sola littera sine gratia. Exemplum accipite. Hac locutione dictum est : « Scientia inflat. » (I *Cor.*, VIII, 1.) Quid est « Scientia inflat ? » Scientia damnata est ? Si inflat, melius imperiti remanebimus. Sed quoniam adjunxit : « Caritas vero ædificat ; » quomodo ubi adjunxit : « Spiritus autem vivificat, » dedit intelligi, littera sine spiritu occidit, cum spiritu vivi-

ficat, et impleri litteram facit ; sic scientia sine caritate inflat, caritas cum scientia ædificat. Ergo missus est Spiritus sanctus, ut lex impleretur, et fieret quod ipse Dominus dixerat : « Non veni legem solvere, sed adimplere. » (*Matth.*, v, 17.) Hoc donat credentibus, hoc donat fidelibus, hoc donat eis quibus dat Spiritum sanctum. Quanto fit eo quisque capacior, tanto ad operandam legem fit facilior.

Lex caritate impletur, non timore pœnæ. Timor alius castus, alius servilis. Caritas ex Spiritu sancto. — 4. Dico enim Dilectioni Vestræ, quod et vos considerare, et facile videre poteritis : Caritas implet legem. Timor pœnarum facit hominem operari, sed adhuc serviliter. Si enim propterea facis bonum, quia times pati malum, aut propterea non facis malum, quia times pati malum ; si aliquis tibi promitteret impunitatem, statim comprehenderes iniquitatem. Diceretur tibi : Securus esto, nihil patieris mali, fac, faceres. Timore enim pœnæ revocabaris, non (*a*) dilectione justitiæ. Nondum enim de te ca-

(*a*) Aliquot Mss. *delectatione.*

duit en nous. Elle nous fait aimer celui que nous craignons, en nous inspirant pour lui une crainte, qui est le fruit d'un amour chaste. En effet, une épouse chaste craint son époux ; mais distinguez soigneusement ces deux espèces de craintes. L'épouse chaste craint que son mari ne s'absente et ne la laisse seule ; l'épouse adultère craint d'être surprise par le retour de son mari ; la charité accomplit donc la loi, parce que « la charité parfaite bannit la crainte, » (I *Jean*, IV, 18) c'est-à-dire la crainte servile qui vient du péché, car la chaste crainte du Seigneur subsiste éternellement. (*Ps.* XVIII, 10.) Si donc la charité accomplit la loi, d'où vient cette charité? Rappelez vos souvenirs, réfléchissez sérieusement, et vous reconnaîtrez que la charité est un don de l'Esprit saint. « La charité de Dieu, dit l'Apôtre, a été répandue dans nos cœurs par l'Esprit saint, qui nous a été donné. » (*Rom.*, V, 5.) C'est donc avec raison que Notre-Seigneur a envoyé son Esprit dix jours après son ascension, nombre qui rappelle la perfection de la loi, parce que c'est la grâce qui nous donne d'observer la loi, qu'il n'est pas venu détruire, mais accomplir

L'Esprit saint, dans les Ecritures, nous est représenté par le nombre sept. Sanctification et repos du septième jour. — 5. C'est le nombre sept qui est consacré dans l'Ecriture pour représenter l'Esprit saint, et non le nombre dix. Le nombre dix figure la loi, le nombre sept le Saint-Esprit. Vous savez tous que le nombre dix est le symbole de la loi ; je vais vous expliquer comment le nombre sept est la figure de l'Esprit saint. Et d'abord, dans le livre même, et en tête du livre de la Genèse, nous voyons l'énumération des œuvres divines. Dieu fait la lumière ; il crée le ciel auquel il donne le nom de firmament, entre les eaux supérieures et les eaux inférieures ; l'élément aride paraît ; il sépare la mer de la terre ; il donne à la terre la vertu de produire les germes féconds de toutes les espèces ; il crée dans le ciel deux corps lumineux, l'un plus grand, l'autre plus petit, et tous les autres astres ; les eaux, comme la terre, produisent les animaux qui leur sont propres ; l'homme est fait à l'image de Dieu. Dieu achève toutes ses œuvres le sixième jour. Dans toute cette énumération des œuvres de Dieu, nous n'avons pas entendu le mot sanctification. Dieu a dit : « Que la lumière soit, et la lumière a été ; et Dieu vit que la lumière était bonne ; » (*Gen.*, I, 3, etc) mais l'auteur sacré ne dit point : Dieu a sanctifié la lumière. Dieu dit encore : « Que le firmament soit fait, et le firmament a été fait ; et Dieu vit que cela était bon ; » mais nous ne voyons point que le firmament ait été sanctifié. Il en est ainsi du reste, pour ne pas nous arrêter à des choses trop claires ; dans toute cette énumération des œuvres divines, jusqu'au sixième

---

ritas operabatur. Vide ergo quemadmodum caritas operetur. Sic amemus quem timemus, ut eum casto amore timeamus. Nam et uxor casta timet virum. Sed discerne istos timores. Uxor casta timet ne a viro absente deseratur : uxor adultera timet ne a viro superveniente comprehendatur. Caritas ergo implet legem : quia « perfecta caritas foras mittit timorem ; » (I *Joan.*, IV, 18) timorem scilicet servilem, de peccato venientem. Nam « timor Domini castus permanet in sæculum sæculi. » (*Psal.* XVIII, 10.) Si ergo caritas implet legem, unde est ista caritas? Recolite, advertite, et videte, quia donum Spiritus sancti est caritas. « Caritas enim Dei diffusa est in cordibus nostris per Spiritum sanctum qui datus est nobis. » (*Rom.*, V, 5.) Merito itaque impletis decem diebus, quo numero legis etiam perfectio commendatur, Dominus Jesus Christus misit Spiritum sanctum : quia gratia donat nobis implere legem, quam non venit solvere, sed adimplere.

Spiritus sanctus commendatus in septenario numero. Sanctificatio et vacatio septimæ diei. — 5. Spiritus autem sanctus in Scripturis sanctis septenario numero solet commendari, non denario : lex denario, Spiritus sanctus septenario. Quia lex denario, notum est : quia Spiritus sanctus septenario, commemoramus. Primo in ipso libro, in capite libri qui inscribitur Genesis, enumerantur opera Dei. Fit lux, fit cœlum, quod appellatum est firmamentum inter aquam et aquam ; nudatur arida, separatur mare a terra, datur terræ omnium stirpium fecunda conceptio ; fiunt luminaria majus et minus, sol et luna, et cætera sidera ; producunt aquæ fetus suos, terra suos ; fit homo ad imaginem Dei : complet Deus opera sua omnia sexto die : in nullis operibus Dei tot enumeratis atque completis sonuit sanctificatio. Dixit Deus : « Fiat lux, et facta est lux ; et vidit Deus lucem, quia bona est ; » (*Gen.*, 1, 3, etc.) non dixit : Sanctificavit Deus lucem. « Fiat firmamentum, et factum est ; vidit Deus quia bonum est : » nec dictum est, quia sanctificatum est firmamentum. Ita et cætera, ne in rebus manifestissimis immoremur, usque ad illa quæ sexta die facta sunt, cum homine creato ad imagi-

jour, où l'homme a été créé à l'image de Dieu, il n'est point question de sanctification. L'auteur sacré arrive au septième jour, où Dieu ne fit aucune œuvre nouvelle, mais où il nous fait entendre que Dieu se reposa; et Dieu sanctifia ce septième jour. C'est avec le nombre sept que nous entendons parler pour la première fois de sanctification; nous la cherchons partout ailleurs dans l'Ecriture, et c'est là qu'elle nous apparaît pour la première fois. Le repos de Dieu est comme la figure de notre propre repos. N'allons pas croire, en effet, que le travail de Dieu lui ait rendu le repos nécessaire, et qu'après ce travail il ait eu besoin de se livrer au bonheur d'un jour de repos, et qu'il ait sanctifié ce jour où il a été permis de se reposer. C'est là une pensée toute charnelle. La sainte Ecriture a voulu nous faire entendre le repos qui doit suivre toutes nos bonnes œuvres, de même qu'elle nous représente Dieu se reposant après toutes ses œuvres, qu'il trouve bonnes. Dieu fit toutes ses œuvres, et elles étaient très-bonnes. Et Dieu se reposa ce jour-là, après avoir créé tous ses ouvrages. Voulez-vous donc aussi vous reposer? commencez par faire des œuvres parfaitement bonnes. Ainsi donc, l'observation matérielle du sabbat, qui fut imposée aux Juifs, était pleine de mystère, comme les autres observances. La loi leur commandait un certain repos; c'est à vous de faire ce que signifiait ce repos. Le repos spirituel, c'est la tranquillité du cœur; or, la tranquillité du cœur vient de la sérénité d'une bonne conscience. Celui-là donc observe vraiment le sabbat qui s'abstient du péché. C'est ce que la loi recommande à ceux à qui elle impose l'observation du sabbat. « Vous ne ferez aucune œuvre servile. » (*Lévit.*, xxiii, 7.) « Quiconque commet le péché est esclave du péché. » (*Jean*, viii, 34.) Le nombre sept est donc consacré à l'Esprit saint, comme le nombre dix à la loi. C'est aussi ce que le prophète Isaïe nous fait entendre dans cet endroit où il dit : « Il sera rempli de l'Esprit de sagesse et d'intelligence, » (comptez) « de l'Esprit de conseil et de force, de l'Esprit de science et de piété, de l'Esprit de crainte du Seigneur. » (*Isa.*, xi, 2.) La grâce de l'Esprit, en venant en nous, suit comme une progression descendante; elle commence par la sagesse pour finir par la crainte. Nous, au contraire, nous montons, par une gradation inverse, de bas en haut; nous devons commencer par la crainte, et finir par la sagesse; car « la crainte du Seigneur est le commencement de la sagesse. » (*Ps.* cx, 10.) Il serait trop long, et cela dépasserait nos forces, sinon votre sainte avidité, de vous rappeler ici tous les textes de l'Ecriture où le nombre sept indique un rapport avec l'Esprit saint. Ce que nous avons dit doit vous suffire.

La foi, figurée par le nombre dix, et l'Esprit

---

nem Dei, enumerantur omnia, nihil sanctificatum dicitur. Ventum est ad septimum diem, ubi nullum opus factum est, sed vacatio Dei insinuatur, et sanctificavit Deus diem septimum. In septenario dierum numero prima sonuit sanctificatio, Scripturarum locis omnibus quæsita, et hic primitus inventa. Ubi quies commemoratur, quies etiam nostra insinuatur. Non enim laboravit Deus, ut quietis indigeret; et quasi post laborem die feriato gratularetur, sanctificavit eum diem, quo vacare promissus est. Carnalis est ista cogitatio. Insinuata est nobis quies post bona omnia opera nostra, sicut insinuata est Dei quies post omnia bona opera sua. « Fecit enim Deus omnia, et ecce omnia bona valde. Et requievit Deus in die septima ab omnibus operibus suis quæ fecit. » Requiescere vis et tu? Fac primo opera bona valde. Sic data est Judæis observatio sabbati carnaliter, sicut cætera, significantibus sacramentis. Vacatio enim quædam imperata est : vacatio illa quod significat, tu age. Vacatio enim spiritalis, tranquillitas est cordis : tranquillitas autem cordis provenit de serenitate bonæ conscientiæ. Ergo ille vere observat sabbatum, qui non peccat. Ita enim præcipitur illis, quibus observandum sabbatum præcipitur : « Omne opus servile non facietis. » (*Levit.*, xxiii, 7.) « Omnis qui facit peccatum, servus est peccati; » (*Joan.*, viii, 34) Septenarius ergo numerus dicatus est Spiritui sancto, sicut denarius legi. Hæc et Isaias propheta insinuat hoc in loco, ubi dicit : « Implebit eum Spiritus sapientiæ et intellectus, (numera) consilii et fortitudinis, scientiæ et pietatis, Spiritus timoris Dei. » (*Isai.*, xi, 2.) Veluti descendens a nos gratia spiritalis, a sapientia incipit, terminat ad timorem. Nos autem ascendentes, ab imo ad summa tendentes, incipere debemus a timore, et terminare ad sapientiam. « Initium enim sapientiæ timor Domini. » (*Psal.* cx, 10.) Longum est, et supergreditur vires nostras, etiamsi non vestram aviditatem, omnia testimonia commemorare de septenario numero, quod attinet ad Spiritum sanctum. Ista ergo suffecerint.

Lex per denarium et Spiritus sanctus per septena-

saint, représenté par le nombre sept, nous sont rappelés dans le nombre cinquante. — 6. Puisque c'est par la grâce de l'Esprit saint que nous accomplissons la loi, considérez, ainsi que nous l'avons déjà fait observer, comment le nombre dix et le nombre sept ont dû nous être rappelés pour faire ressortir cette grâce de l'Esprit saint. Jésus-Christ, en envoyant l'Esprit saint dix jours après son ascension, nous rappelait, par ce nombre dix, la loi dont il commande l'observation. Où trouverons-nous maintenant la consécration du nombre sept dans ses rapports avec l'Esprit saint? Nous voyons, dans le livre de Tobie, que cette fête de la Pentecôte était appelée la fête des semaines. (*Tobie*, II, 1, *selon les Sept.*) Pourquoi? Multipliez le nombre sept par lui-même, c'est-à-dire sept par sept, comme on apprend à le faire dans les écoles; sept fois sept font quarante-neuf. C'est l'Esprit saint qui nous réunit, qui nous rassemble; aussi a-t-il donné pour premier signe de sa présence, dans ceux qui l'ont reçu, le don de parler toutes les langues. En effet, l'unité du corps de Jésus-Christ se forme de toutes les langues, c'est-à-dire de tous les peuples répandus sur toute la surface du globe. Chacun des fidèles qui parlait alors toutes les langues était le symbole de cette unité dans laquelle devaient entrer toutes les langues. L'Apôtre nous dit : « Supportez-vous les uns les autres dans l'amour, » c'est-à-dire dans la charité, « travaillant avec soin à conserver l'unité d'un même esprit par le lien de la paix. » (*Éphés.*, IV, 2, 3.) C'est donc l'Esprit saint qui nous ramène tous à l'unité, si nombreux que nous soyons; or, ce divin Esprit n'est attiré que par l'humilité, et l'orgueil le repousse. C'est une eau mystérieuse qui cherche un cœur humble et bas comme les vallées, afin de pouvoir y séjourner; mais si cette eau tombe sur les hauteurs de l'orgueil, comme sur le sommet d'une colline, elle en est comme repoussée et se répand ailleurs. C'est ce qui fait dire à l'apôtre saint Jacques : « Dieu résiste aux superbes, et il donne sa grâce aux humbles. » (*Jacq.*, IV, 6.) Qu'est-ce à dire, qu'il donne sa grâce? Il donne l'Esprit saint. Il remplit les humbles, parce qu'il trouve dans leur cœur une largeur, une étendue dignes de lui. Puisqu'il en est ainsi, à ce nombre sept multiplié par sept, c'est-à-dire à quarante-neuf, on ajoute un, pour obtenir cinquante, c'est-à-dire la Pentecôte, et l'unité se trouve consacrée.

Des deux pêches et des cent cinquante-trois poissons qui furent pris après la résurrection. — 7. Puisque votre ardeur et votre zèle soutiennent ici notre faiblesse auprès de Notre-Seigneur Jésus-Christ, mes très-chers frères, voici une dernière vérité, qui vous sera d'autant plus agréable, ce me semble, quand je vous l'aurai expliquée, que, sans cette explication, elle res-

rium in quinquagenario commendatus. — 6. Illud nunc attendite, quemadmodum, quoniam per gratiam Spiritus sancti lex impletur, et denarius numerus commemorandus, fuit et commendandus, sicut jam ostendimus, et septenarius propter ipsam gratiam Spiritus sancti. Commendabat Christus denario numero, post decem dies mittens Spiritum sanctum, ipsam legem, quam jubebat impleri. Ubi ergo inveniemus hic commendationem numeri septenarii maxime propter ipsum Spiritum sanctum? Habes in Tobiæ libro ipsam festivitatem, id est Pentecosten, constare de septimanis. (*Tob.*, II, 1, sec. LXX.) Quomodo? Septenarium multiplica per ipsum, hoc est septem per septem, quod in scholis discitur : septies septeni, fiunt quadraginta et novem. Ad hanc septenarii formam, ratione septem per septem : (quoniam ipse Spiritus sanctus colligit nos, et congregat nos : unde et ipsum adventus sui primum signum dedit, ut illi qui eum acciperent, etiam singuli linguis omnibus loquerentur. Congregatur enim unitas corporis Christi ex omnibus linguis, per omnes scilicet gentes toto terrarum orbe diffusas. Et quod unus tunc omnibus linguis loquebatur, ipsam unitatem in linguis omnibus futuram testabatur. Dicit autem Apostolus : « Sufferentes invicem in dilectione, » quod est caritas : « satis agentes servare unitatem spiritus in vinculo pacis. » (*Ephes.*, IV, 2, 3.) Quia ergo Spiritus sanctus ex multis in unum colligit nos : capitur autem per humilitatem, repellitur per superbiam. Aqua est enim, cor humile tanquam locum concavum quærens, ubi consistat : elatione autem superbiæ, tanquam tumore collis, repulsa labitur : unde dictum est : « Deus superbis resistit, humilibus autem dat gratiam. » (*Jac.*, IV, 6.) Quid est, « dat gratiam? » Dat Spiritum sanctum. Implet humiles, quia capaces invenit.) Ergo quia hæc ita sunt, ad quadraginta novem, qui efficiuntur de septem per septem, ut fiat Pentecoste, unus additur, et unitas commendatur.

De duabus piscationibus et de piscibus centum quinquaginta tribus captis post resurrectionem. — 7. Quia infirmitatem nostram adjuvat apud Dominum Deum

terait pour vous une énigme incompréhensible. Avant sa résurrection, Notre-Seigneur ordonna à ses disciples, lorsqu'il les choisit, de jeter leurs filets à la mer. Ils les jetèrent, et prirent une si grande quantité de poissons que leurs filets se rompaient et que les barques étaient près de couler à fond sous le poids dont elles étaient surchargées. Or, le Sauveur ne leur désigna point le côté où ils devaient jeter leurs filets; il leur dit simplement : « Jetez vos filets. » (*Luc*, v, 4.) S'il leur avait ordonné de les jeter à droite ou à gauche de la barque, il eût paru faire entendre qu'ils ne prendraient que de bons ou de mauvais poissons. Mais ces filets ayant été jetés indistinctement, un à droite, un à gauche, ils prirent de bons et de mauvais poissons. C'est le symbole de l'Eglise de la terre durant cette vie. En effet, nous voyons les serviteurs que le père de famille envoie pour appeler ses invités, amener tous ceux qu'ils purent trouver, bons ou mauvais, et la salle du festin fut remplie de convives. (*Matth.*, XXII, 10.) Il y a donc maintenant mélange des bons et des mauvais dans l'Eglise. Mais pourquoi les schismes? N'est-ce pas les filets qui se rompent de nouveau? Pourquoi l'Eglise gémit-elle sous le poids de ces multitudes d'hommes charnels qui l'agitent par leurs scandales? N'est-ce pas les barques que nous voyons surchargées? Voilà la pêche que le Seigneur a commandée avant sa résurrection.

Après sa résurrection, il trouva encore ses disciples occupés à la pêche; il leur commanda aussi de jeter les filets, mais non plus indistinctement et au hasard, parce que c'était après la résurrection. Car, après sa résurrection, son corps, qui est l'Eglise, ne renfermera plus de méchants. « Jetez, dit-il, les filets à droite de la barque. » (*Jean*, XXI, 6.) Les disciples les jetèrent sur son ordre à droite de la barque, et ils prirent un nombre déterminé de poissons. La première fois, on ne précise point le nombre des poissons qui furent pris et qui figuraient l'Eglise du temps présent, et, après cette pêche, les apôtres auraient pu dire : « J'ai annoncé l'Evangile, j'ai parlé; ils se sont multipliés au-dessus de tout nombre. » (*Ps.* XXXIX, 6.) Cette circonstance nous donne à entendre qu'il en est dans l'Eglise qui sont au-dessus du nombre et comme des membres superflus; cependant, ils ne laissent pas d'être recueillis dans son sein. Lors de la seconde pêche, au contraire, les poissons sont pris à droite, le nombre en est déterminé, et ce sont de grands poissons. « Celui qui fera et enseignera ainsi, dit Notre-Seigneur, sera appelé grand dans le royaume des cieux. » (*Matth.*, v, 19.) Ces grands poissons qu'ils prirent étaient au nombre de cent cinquante-trois. Qui ne comprend que ce nombre n'est pas déterminé sans raison? Dira-t-on, en effet, que Notre-Seigneur n'a voulu rien signifier en

---

nostrum studium Caritatis Vestræ, aliquid accipite, quantum mihi videtur, tanto dulcius cum expositum fuerit, quanto abstrusius si non exponatur. Ante resurrectionem Dominus jussit discipulis suis, ut in mare mitterent retia, quando eos elegit. Miserunt, ceperunt piscium multitudinem innumerabilem, ita ut retia rumperentur, et onerata navigia mergerentur. Non autem præcepit in quam partem mitterent retia, sed tantum ait : « Mittite retia. » (*Luc*, v, 4.) Si enim præcepisset ut in dexteram partem mitterent, solos bonos significaret capi : si in sinistram, solos malos. Quia vero passim missa sunt, nec in dexteram, nec in sinistram; et bonos et malos. Hæc est Ecclesiæ significatio præsentis temporis, in hoc sæculo. Nam et illi servi missi ad invitatos exierunt; et quoscumque invenerunt bonos et malos adduxerunt, et impletæ sunt nuptiæ recumbentium. (*Matth.*, XXII, 10.) Congregantur ergo nunc et boni et mali. Quare autem et schismata fiunt, si non retia disrumpunt? Quare plerumque turbarum carnalium male tumultuantium scandalis urgetur Ecclesia, si non et navigia premunt? Hoc ergo Dominus ante resurrectionem. Post resurrectionem autem invenit piscantes similiter discipulos suos : jussit idem mitti retia, non utcumque et passim, quia jam post resurrectionem. Post resurrectionem enim jam corpus ejus, quod est Ecclesia, malos non habebit. « Mittite, inquit, retia in dexteram partem. » (*Joan.*, XXI, 6.) Missa sunt retia, eo jubente, in dexteram partem, et capti sunt pisces certi numeri. Nam illi sine numero, illi quibus significabatur Ecclesia, quæ nunc agitur, tanquam ex illa captura : « Annuntiavi et locutus sum, multiplicati sunt super numerum. » (*Psal.* XXXIX, 6.) Intelliguntur ergo quidam supernumerarii, quodam modo superflui : colliguntur tamen. Ibi vero in dextera capiuntur pisces, et numerati, et magni. « Qui enim fecerit, inquit, et sic docuerit, magnus vocabitur in regno cœlorum. » (*Matth.*, v, 19.) Ergo capti sunt pisces magni numero centum quinquaginta tres. Quem non moveat, non frustra istum numerum commemorari? Non enim vere nihil significans Do-

disant : « Jetez vos filets, » ou en tenant à ce qu'ils fussent jetés à droite de la barque? Le nombre de cent cinquante-trois a aussi sa signification particulière. L'Evangéliste semble avoir voulu faire allusion à la première pêche, où les filets rompus étaient la figure des schismes à venir; et comme, dans l'Eglise de la vie éternelle, il n'y aura plus de schismes, plus de divisions, que tous seront grands, parce qu'ils seront remplis de charité, il semble rappeler ce qui a eu lieu lors de la première pêche, comme emblème des schismes futurs, en disant de la seconde pêche : « Et, malgré leur nombre et leur taille, le filet ne se rompit point. » (*Jean*, XXI, 11.) Nous avons expliqué ce que figure le filet jeté à droite : c'est que tous seront bons. Nous avons dit également ce que signifie la grandeur des poissons : « Celui qui fera et enseignera ainsi sera appelé grand dans le royaume des cieux; » et si les filets ne se rompirent point, c'est, avons-nous dit encore, qu'il n'y aura plus alors de schismes. Que signifie donc le nombre de cent cinquante-trois ? Ce ne sera pas là, sans doute, le nombre total des saints, puisque ceux-là seuls qui ne se sont point souillés avec des femmes s'élèveront au nombre de douze fois douze mille. (*Apoc.*, XIV.) Mais ce nombre est comme un arbre qui paraît s'élever sur un seul germe. Le germe qui contient ce grand nombre est un nombre inférieur, celui de dix-sept, avec lequel vous obtenez cent cinquante-trois, mais à la condition que vous compterez de un à dix-sept, et que vous additionnerez tous les nombres ensemble. Car si vous ne faites pas de un à dix-sept l'addition de tous les nombres que vous comptez, vous n'obtiendrez que dix-sept. Mais, si vous comptez ainsi : un, deux, trois; un et deux font trois; trois et trois font six; six, quatre et cinq font quinze, et que vous poursuiviez ainsi jusqu'à dix-sept, vous trouvez sur vos doigts le nombre cent cinquante-trois. Rappelez-vous donc ce que je vous ai rappelé précédemment d'une manière toute particulière, et voyez ceux que figure, et la vérité que signifie le nombre dix-sept. Le nombre dix représente la loi, le nombre sept l'Esprit saint. Or, quelle vérité nous est enseignée par là? C'est que ceux-là seuls feront partie de l'Eglise de la résurrection éternelle, où il n'y aura plus de schismes, où la mort ne sera plus à craindre, puisque cette vie suivra la résurrection; ceux-là seuls, dis-je, en feront partie et vivront éternellement avec le Seigneur, qui auront accompli la loi par la grâce de l'Esprit saint, et avec l'assistance de ce don divin dont nous célébrons aujourd'hui la fête.

minus, aut hoc ipsum diceret : « Mittite retia ; » aut pertineret ad eum ut in partem dexteram mitterentur. Significat etiam iste numerus centum quinquaginta tres : et pertinuit ad Evangelistam dicere, quasi respexisset primam illam capturam, ubi retia disrupta schismata significaverant; quia in illa Ecclesia vitæ æternæ nulla erunt schismata, quia nulla dissensio ; omnes magni, quia caritate pleni : quasi ergo illud quod primo factum est ad significanda schismata respexisset, pertinuit ad eum dicere in ista secunda captura : « Et cum tam magni essent, retia non sunt disrupta. » (*Joan.*, XXI, 11.) Quid itaque dextera pars significaverit, dictum est, quia omnes boni. Quid magnitudo, dictum est, quia « qui fecerit, et sic docuerit, magnus vocabitur in regno cœlorum. » Quid etiam illud quod retia non sunt disrupta, dictum est, quia tunc non sunt schismata. Quid ergo centum quinquaginta tres? Numerus iste non utique ipse erit sanctorum numerus. Neque enim centum quinquaginta tres erunt sancti; cum soli illi, qui se cum mulieribus non coinquinaverunt, duodecies duodena millia commemorentur. (*Apoc.*, XIV.) Sed iste numerus, tanquam arbor, a quodam semine videtur succrescere. Semen autem hujus magni numeri quidam minor numerus est, qui est decem et septem. Decem et septem faciunt centum quinquaginta tres. Si vero computes ab uno usque ad decem et septem, et addas numeros omnes. Nam si ab uno usque ad decem et septem numeros non addas, quos commemoras totos, non erunt nisi decem et septem. Si autem ita numeres : unum, duo, tria; sicut unum et duo et tria faciunt sex, sex quatuor et quinque faciunt quindecim : sic pervenis usque ad decem et septem, portans in digitis centum quinquaginta tres. Jam ergo recole, quod paulo ante commemoravi et commendavi, et vide quos, et quid significent decem et septem. Decem, lex; septem, Spiritus sanctus. Unde quid intelligimus? nisi eos futuros in Ecclesia resurrectionis æternæ, ubi schismata non erunt, ubi mors non timebitur, quia post resurrectionem futura est ; eos ergo ibi futuros, et cum Domino victuros in æternum, qui legem impleverint per gratiam Spiritus sancti et Dei donum, cujus festa celebramus.

SERMON CCLXXI [1].

V^e *pour le jour de la Pentecôte.*

Nous avons vu se lever, mes frères, ce jour heureux, où la sainte Eglise brille d'un vif éclat aux yeux des fidèles, où les cœurs sont embrasés pour elle d'un saint amour. Nous célébrons, en effet, ce jour où Notre-Seigneur Jésus-Christ, après sa résurrection, après la gloire de son ascension, a envoyé l'Esprit saint sur la terre. Voici ce qu'il avait dit à ses disciples, comme le rapporte l'Evangile : « Si quelqu'un a soif, qu'il vienne à moi, et qu'il boive. Qui croit en moi, des fleuves d'eau vive couleront de son sein. » (*Jean*, VII, 37, etc.) Et l'Evangéliste, poursuivant, ajoute : « Or, il disait cela de l'Esprit saint, que devaient recevoir ceux qui croiraient en lui; car le Saint-Esprit n'était pas encore donné, parce que Jésus-Christ n'était pas encore glorifié. » Après que Jésus fut glorifié par sa résurrection et son ascension, l'Esprit saint devait donc être envoyé par Celui qui l'avait promis : c'est ce qui eut lieu. Notre-Seigneur, après avoir passé avec ses disciples les quarante jours qui suivirent sa résurrection, monta aux cieux, et le cinquantième jour, dont nous célébrons aujourd'hui l'anniversaire, il envoya l'Esprit saint. « On entendit soudain, dit le livre des Actes, un bruit venant du ciel, pareil à un vent violent qui s'approche; et ils virent comme des langues de feu, qui se partagèrent et se reposèrent sur chacun d'eux. Et ils commencèrent à parler diverses langues, selon que l'Esprit saint les faisait parler. » (*Act.*, II, 2, etc.) Ce souffle purifiait les cœurs de la paille charnelle; ce feu consumait l'herbe de l'ancienne convoitise; ces langues, que parlaient ceux qui étaient remplis de l'Esprit saint, figuraient que l'Eglise se répandrait parmi tous les peuples dont elle parlerait les langues. De même donc qu'après le déluge, lorsque l'orgueilleuse impiété des hommes voulut construire contre le Seigneur une tour élevée, le genre humain mérita de voir son langage confondu par la division des langues, et chaque peuple eut sa langue particulière, qui n'était pas entendue des autres; ainsi, l'humble piété des fidèles soumit toutes ces langues diverses à l'unité de l'Eglise; la charité réunit ce que la discorde avait séparé, et les diverses parties du genre humain, semblables aux membres dispersés d'un même corps, se rattachèrent étroitement, jusqu'à ne faire qu'un avec Jésus-

---

[1] Ce sermon a paru douteux aux éditeurs de Louvain, parce que, parmi les manuscrits, les uns l'attribuent à saint Augustin, les autres à saint Fulgence; mais ce qui est dit ici des donatistes : « Bien qu'eux-mêmes se réunissent aujourd'hui solennellement, » convient mieux au temps de saint Augustin. Vindingus, dans sa critique Augustinienne contre Verlin, l'attribue à ce saint Docteur.

SERMO CCLXXI [a].

In die Pentecostes, V.

Dies nobis, Fratres, gratus illuxit, quo sancta Ecclesia fidelium fulget aspectibus, fervet in cordibus. Celebramus quippe istum diem, quo Dominus Jesus Christus post resurrectionem ascensione glorificatus misit Spiritum sanctum. Sic enim scriptum est in Evangelio, cum diceret : « Si quis sitit, veniat ad me, et bibat; qui credit in me, flumina fluent de ventre ejus aquæ vivæ » (*Joan.*, VII, 37, etc.); Evangelista secutus exponit, et ait : « Hoc autem dicebat de Spiritu, quem accepturi erant hi qui in eum fuerant credituri. Nondum enim erat Spiritus datus, quia Jesus nondum fuerat glorificatus. » Restabat ergo ut clarificato Jesu, cum resurrexit a mortuis et ascendit ad cœlos, jam daretur Spiritus sanctus, ab eo missus, a quo promissus : sicut et factum est. Quadraginta enim Dominus post resurrectionem diebus cum discipulis suis conversatus, ascendit in cœlum, et die quinquagesimo, quem hodie celebramus, misit Spiritum sanctum, sicut scriptum est : quia « factus est subito sonus de cœlo, quasi ferretur flatus vehemens, et visæ sunt illis linguæ divisæ sicut ignis, qui insedit super unumquemque; et cœperunt linguis omnibus loqui, quomodo Spiritus dabat eis pronuntiare. » (*Act.*, II, 2, etc.) Flatus ille a carnali palea corda mundabat; ignis ille fœnum veteris concupiscentiæ consumebat; linguæ illæ quibus loquebantur a Spiritu sancto impleti, per omnium gentium linguas futuram Ecclesiam præsignabant. Sicut enim post diluvium superba impietas hominum turrim contra Dominum ædificavit excelsam, quando per linguas diversas dividi meruit genus humanum, ut unaquæque gens lingua propria loqueretur, ne ab aliis intelligeretur (*Gen.*, II, 7) : sic humilis fidelium pietas earum linguarum diversitatem Ecclesiæ contulit unitati; ut quod discordia dissipaverat, colligeret caritas, et humani generis tanquam unius corporis membra dispersa ad unum caput Christum compaginata redigerentur, et in sancti corporis unitatem

---

[a] Alias de Tempore CLXXXVII.

Christ, leur chef, et furent comme fondues dans cette unité sainte par le feu de la charité. Qu'ils sont donc éloignés de ce don de l'Esprit saint, ceux qui ont en horreur la grâce de la paix, et qui ne restent pas dans la communion de l'unité! Ils se réunissent aujourd'hui solennellement, il est vrai ; ils entendent les divines Ecritures, qui attestent que le Saint-Esprit a été promis et envoyé, mais ils les entendent pour leur condamnation, et non pour leur récompense. Que leur sert-il d'ouvrir leurs oreilles à la vérité, s'ils lui ferment leurs cœurs, et de célébrer le jour de Celui dont ils détestent la lumière? Pour vous, mes frères, membres du corps de Jésus-Christ, précieux germes de l'unité, enfants de la paix, célébrez ce jour dans la joie de vos cœurs, célébrez-le en toute sécurité. Car vous voyez s'accomplir en vous ce que le Saint-Esprit figurait, lorsqu'il descendit en ce jour sur les disciples. Chacun de ceux qui recevaient alors ce divin Esprit parlait toutes les langues; de même aujourd'hui, l'unité de l'Eglise répandue parmi tous les peuples parle aussi toutes les langues, et c'est au sein de cette unité que vous possédez l'Esprit saint, vous qui n'êtes divisés par aucun schisme de l'Eglise du Christ, qui parle toutes les langues.

SERMON CCLXXII.

VIe et dernier pour le jour de la Pentecôte (1).

Aux enfants, sur le Sacrement.

Ce que vous voyez maintenant sur l'autel de Dieu, vous l'avez vu déjà la nuit précédente ; mais on ne vous a pas encore enseigné ce que c'est, quelle en est la signification, et quel grand et mystérieux sacrement s'y trouve renfermé. Ce que vous voyez, c'est du pain et un calice ; vos yeux vous en rendent témoignage ; mais ce dont il faut que votre foi soit bien instruite, c'est que ce pain est le corps de Jésus-Christ, c'est que ce calice est son sang. Ce peu de paroles suffit peut-être pour votre foi. Cependant, la foi demande à être enseignée. Le prophète a dit : « Si vous ne croyez point, vous ne comprendrez point. » (*Isa.*, VII, 2.) Vous seriez en droit de me dire : Vous nous avez ordonné de croire, donnez-nous maintenant les explications qui nous feront comprendre. Cette pensée peut s'élever dans l'esprit de chacun de vous : Nous savons où Jésus-Christ Notre-Seigneur a pris un corps semblable au nôtre ; c'est dans le sein de la Vierge Marie. Il a été allaité dans son enfance, il a été nourri, il a grandi, il est

(1) Dans tous les manuscrits, on lit en tête de ce sermon : « Prononcé le jour de la Pentecôte. » Il est rapporté par saint Fulgence à la fin de sa lettre, maintenant la XIIe, à Ferrand, sur les deux Questions, après ces paroles : « Pourquoi celui qui devient le membre du corps de Jésus-Christ, ne reçoit-il point ce qu'il devient lui-même ? En effet, il devient le véritable membre de ce corps, dont nous possédons le sacrement dans le Sacrifice. Le chrétien devient donc, lorsqu'il est régénéré par le saint Baptême, ce qu'il doit recevoir du Sacrifice de l'autel. Telles ont été, nous le savons, la foi ferme et la doctrine des Pères. Saint Augustin a composé aussi sur cette vérité un sermon excellent, aussi propre à édifier qu'à instruire les fidèles. J'ai préféré joindre à cette lettre ce sermon tout entier, parce qu'il est court, et que, dans sa brièveté, il est plein d'une sublime doctrine et d'une douceur toute céleste. »

dilectionis igne conflarentur. Ab hoc itaque dono Spiritus sancti prorsus alieni sunt, qui oderunt gratiam pacis, qui societatem non retinent unitatis. Licet enim etiam ipsi hodie solemniter congregentur, licet istas audiant lectiones, quibus Spiritus sanctus est promissus et missus : ad judicium audiunt, non ad præmium. Quid enim eis prodest percipere auribus, quod cordibus respuunt ; et ejus diem celebrare, cujus lumen oderunt? Vos autem, Fratres mei, membra corporis Christi, germina unitatis, filii pacis, hunc diem agite læti, celebrate securi. Hoc enim in vobis impletur, quod illis diebus quando venit Spiritus sanctus, præsignabatur. Quia sicut tunc qui Spiritum sanctum percipiebat, etiam unus homo linguis omnibus loquebatur : sic et nunc per omnes gentes omnibus linguis ipsa unitas loquitur, in qua constituti Spiritum sanctum habetis, qui a Christi Ecclesia loquente omnibus linguis, nullo schismate dissidetis.

(a) Alias XVI ex Vignerianis.

SERMO CCLXXII ^(a).

In die Pentecostes postremus.

Ad Infantes de Sacramento.

Hoc quod videtis in altari Dei, etiam transacta nocte vidistis : sed quid esset, quid sibi vellet, quam magnæ rei sacramentum contineret, nondum audistis. Quod ergo videtis, panis est et calix ; quod vobis etiam oculi vestri renuntiant : quod autem fides vestra postulat instruenda, panis est corpus Christi, calix sanguis Christi. Breviter quidem hoc dictum est, quod fidei forte sufficiat : sed fides instructionem desiderat. Dicit enim Propheta : « Nisi credideritis, non intelligetis. » (*Isai.*, VII, 2.) Potestis enim modo dicere mihi : Præcepisti ut credamus, expone ut intelligamus. Potest enim in animo cujusquam cogitatio talis suboriri : Dominus noster Jesus Christus, novimus unde acceperit carnem ; de vir-

parvenu jusqu'à la jeunesse ; il a été persécuté par les Juifs, attaché à un gibet ; il est mort sur la croix ; son corps a été mis dans le sépulcre, il est ressuscité le troisième jour, il est monté au ciel le jour qu'il a voulu ; c'est là qu'il a transporté son corps, c'est de là qu'il doit venir juger les vivants et les morts ; c'est là qu'il est maintenant assis à la droite du Père ; comment donc ce pain est-il son corps, et comment ce calice, ou ce qui est contenu dans ce calice, peut-il être son sang? Mes frères, nous appelons ces mystères des sacrements, parce qu'ils expriment autre chose que ce qu'ils présentent à nos regards. Qu'est-ce que nous voyons? Une apparence corporelle. Qu'est-ce que l'intelligence y découvre? Une grâce toute spirituelle. Si donc vous voulez comprendre ce que c'est que le corps de Jésus-Christ, écoutez l'Apôtre disant aux fidèles : « Vous êtes le corps de Jésus-Christ et ses membres. » (I *Cor.*, XII, 27.) Si donc vous êtes le corps de Jésus-Christ et ses membres, le symbole de ce que vous êtes se trouve déposé sur la table du Seigneur ; vous y recevez votre propre mystère. Vous répondez : *Amen* à ce que vous êtes, et vous souscrivez par cette réponse à ce qui vous est présenté. On vous dit : Le corps de Jésus-Christ, et vous répondez : *Amen*. Soyez donc membres du corps de Jésus-Christ, pour que cet *Amen* soit véritable. Pourquoi ce corps vous est-il présenté sous l'apparence du pain? Ne disons ici rien de nous-mêmes ; écoutons encore l'Apôtre, qui, en nous parlant de ce sacrement, nous dit : « Nous ne sommes tous qu'un seul pain et un seul corps. » (*Ibid.*, X, 17.) Comprenez ces paroles, et soyez dans la joie. O unité ! ô vérité ! ô piété ! ô charité ! « Nous sommes un seul pain ; » quel est ce seul pain? « Et un seul corps. » Rappelez-vous que le pain ne se fait pas d'un seul grain, mais de plusieurs grains de blé. Lorsqu'on vous a exorcisés, vous étiez comme sous la meule ; lorsque vous avez reçu le baptême, vous avez été comme une pâte imprégnée d'eau, et vous avez été soumis à l'action du feu, en recevant l'Esprit saint. Soyez donc ce que vous voyez, et recevez ce que vous êtes. Voilà ce que l'Apôtre nous dit de ce pain sacré. Sans nous parler aussi explicitement du calice, il nous fait assez voir ce que notre esprit doit y découvrir. Pour qu'il y ait apparence visible du pain, il a fallu que plusieurs grains réduits en farine fussent imprégnés d'eau, et nous donnassent ainsi une figure frappante de ce que la sainte Ecriture nous dit des premiers fidèles : « Ils n'avaient tous pour Dieu qu'un cœur et qu'une âme. » (*Act.*, IV, 32.) Il en est ainsi pour le vin. Rappelez-vous, mes frères, comment se fait le vin. Les grains sont suspendus en grand nombre à une grappe de raisin, mais la liqueur contenue dans chaque grain vient se mêler et se confondre dans l'u-

---

gine Maria. Infans lactatus est, nutritus est, crevit, ad juvenilem ætatem perductus est, [(a) a Judæis persecutionem passus est, ligno suspensus est,] in ligno interfectus est, de ligno depositus est, sepultus est, tertia die resurrexit, quo die voluit, in cœlum ascendit ; illuc levavit corpus suum ; inde est venturus ut judicet vivos et mortuos, ibi est modo sedens ad dexteram Patris : quomodo est panis corpus ejus? et calix, vel quod habet calix, quomodo est sanguis ejus? Ista, Fratres, ideo dicuntur Sacramenta, quia in eis aliud videtur, aliud intelligitur. Quod videtur, speciem habet corporalem, quod intelligitur, fructum habet spiritalem. Corpus ergo Christi si vis intelligere, Apostolum audi dicentem fidelibus : « Vos autem estis corpus Christi et membra. » (I *Cor.*, XII, 27.) Si ergo vos estis corpus Christi et membra, mysterium vestrum in mensa Dominica positum est : mysterium vestrum accipitis. Ad id quod estis, Amen respondetis, et respondendo subscribitis. Audis enim Corpus Christi, et respondes : Amen. Esto membrum corporis Christi, ut verum sit Amen. Quare ergo in pane? Nihil hic de nostro afferamus, ipsum Apostolum identidem audiamus, qui cum de isto Sacramento loqueretur, ait : « Unus panis, unum corpus multi sumus ; » (*Ibid.*, X, 17) intelligite et gaudete ; unitas, veritas, pietas, caritas. « Unus panis : » quis est iste unus panis? « Unum corpus multi. » Recolite quia panis non fit de uno grano, sed de multis. Quando exorcizabamini, quasi molebamini. Quando baptizati estis, quasi conspersi estis. Quando Spiritus sancti ignem accepistis, quasi cocti estis. Estote quod videtis, et accipite quod estis. Hoc Apostolus de pane dixit. Jam de calice quid intelligeremus, etiam non dictum, satis ostendit. Sicut enim ut sit species visibilis panis, multa grana in unum conspergunt, tanquam illud fiat, quod de fidelibus ait Scriptura sancta : « Erat illis anima una et cor unum in Deum ; » (*Act.*, IV, 32) sic et de vino. Fratres, recolite unde fit vinum. Grana multa pendent ad bo-

(a) Hoc non ex Augustini Mss. sed tantum ex epistola Fulgentii.

nité. C'est ainsi que Notre-Seigneur a voulu être la figure, le symbole de ce que nous sommes; il a voulu nous unir étroitement à lui, et il a consacré sur sa table le mystère de notre paix et de notre unité. Celui qui reçoit le mystère de l'unité, et ne reste pas dans les biens de la paix, ne reçoit point ce mystère pour son salut; il reçoit un témoignage qui le condamne. Tournons-nous vers le Seigneur notre Dieu, etc.

TROISIÈME SÉRIE

COMPRENANT LES SERMONS SUR LES FÊTES DES SAINTS.

SERMON CCLXXIII.

Pour la fête des saints martyrs Fructueux, évêque, Augure et Euloge, diacres.

CHAPITRE PREMIER. — *Il faut craindre la mort de l'âme, et non celle du corps. Dieu est la vie de l'âme.* — 1. Notre-Seigneur Jésus-Christ ne s'est pas contenté d'instruire ses martyrs en leur donnant ses préceptes, il les a confirmés par ses exemples. Il a voulu qu'ils eussent un modèle à suivre dans leurs souffrances; il a donc souffert le premier pour eux, il leur a montré le chemin, il leur a tracé la voie. On distingue deux morts, la mort de l'âme et la mort du corps. Quant à l'âme, on peut dire d'elle qu'elle ne peut mourir et qu'elle peut mourir : elle ne peut mourir, parce que le sentiment ne s'éteint jamais en elle, et elle peut mourir, si elle vient à perdre son Dieu. De même que l'âme est la vie du corps qu'elle anime, Dieu est la vie de l'âme. De même donc que le corps meurt, quand l'âme, c'est-à-dire sa vie, se sépare de lui, de même l'âme est frappée de mort, lorsqu'elle est abandonnée de Dieu. Or, si l'âme ne veut pas que Dieu l'abandonne, qu'elle persévère toujours dans la foi, qu'elle ne craigne pas de mourir pour Dieu, et elle ne mourra point pour être abandonnée de Dieu. Il ne reste donc plus à craindre que la mort du corps. Mais, ici encore, Dieu donne à ses martyrs toute sécurité. Et comment pourraient-ils douter de la conservation de leurs membres, eux qui n'ont rien à craindre pour le nombre de leurs cheveux ? »

(1) Ces saints ont souffert le martyre à Tarragone, en Espagne, du temps de l'empereur Gallien, sous le consulat d'Emilianus et de Bassus, le mercredi 21 janvier. L'année 259 de Jésus-Christ, où Emilianus et Bassus étaient consuls, le 21 janvier tombait un mercredi. On trouve dans Surius et Bollandus les Actes de leur martyre et les réponses qu'ils firent à leurs bourreaux, et que saint Augustin rapporte ici. Florus cite ce sermon dans son Commentaire sur le chapitre II de la IIe Épître aux Corinthiens.

trum, sed liquor granorum in unitate confunditur. Ita et Dominus Christus nos significavit, nos ad se pertinere voluit, mysterium pacis et unitatis nostræ in sua mensa consecravit. Qui accipit mysterium unitatis, et non tenet vinculum pacis, non mysterium accipit pro se, sed testimonium contra se. Conversi ad Dominum, etc.

TERTIA CLASSIS

IN QUA EXHIBENTUR SERMONES DE SANCTIS.

SERMO CCLXXIII (a).

In Natali Martyrum Fructuosi episcopi, Augurii et Eulogii diaconorum.

CAPUT PRIMUM. — *Mors animæ timenda, non corporis. Deus animæ vita.* — 1. Dominus Jesus Martyres suos non solum instruxit præcepto, sed et firmavit exemplo. Ut enim quod sequerentur haberent passuri, prior ille passus est pro eis : iter ostendit, et viam fecit. Mors aut animæ est, aut corporis. Sed anima non potest mori et potest mori : mori non potest, quia sensus ejus nunquam perit; mori autem potest, si Deum perdit. Sicut enim est ipsa anima sui corporis vita; sic Deus est ipsius animæ vita. Quomodo ergo corpus moritur, quando illud dimiserit anima, id est vita ipsius : sic anima moritur, quando illam dimiserit Deus. Ut autem animam non dimittat Deus, sit semper in fide, ut non timeat mortem pro Deo; et non moritur dimissa a Deo. Restat ergo ut mors quæ timetur, corpori timeatur. Sed etiam inde Dominus Christus securos Martyres suos fecit. Quomodo enim incerti essent de integritate membrorum, qui securitatem acceperant de numero capillorum? « Capilli, inquit, vestri numerati sunt. »

(a) Alias de Diversis CI.

« Vos cheveux, leur dit-il, sont comptés. » (*Matth.*, x, 30; *Luc*, xii, 7.) Et, dans un autre endroit, il leur dit plus clairement encore : « Je vous le dis, en vérité, pas un seul cheveu de votre tête ne périra. » (*Luc*, xxi, 18.) C'est la vérité qui parle, et la faiblesse tremblerait?

CHAPITRE II. — *Les fêtes des martyrs sont une exhortation et un encouragement pour les fidèles. Réponse de saint Fructueux.* — 2. Heureux les saints sur le tombeau desquels nous célébrons le jour anniversaire de leur martyre; pour cette vie du temps ils ont reçu une couronne éternelle, une immortalité qui ne finira jamais, et ils nous ont laissé, dans ces fêtes que nous célébrons en leur honneur, une puissante exhortation. Lorsque nous entendons le récit des souffrances des martyrs, notre âme est dans la joie; elle glorifie Dieu dans ses saints, et ne s'afflige point de leur mort. Dites-moi, s'ils n'étaient pas morts pour Jésus-Christ, est-ce que leur vie se serait prolongée jusqu'à ce jour? Pourquoi donc leur généreuse confession de foi n'aurait-elle pas fait ce que devait faire tôt ou tard la maladie? Vous avez entendu, pendant qu'on lisait les Actes de ces saints martyrs, l'interrogatoire des persécuteurs et les réponses des confesseurs. Quelle fut, entre autres, la réponse du saint évêque Fructueux? Quelqu'un lui ayant demandé de se souvenir de lui et de prier pour lui, « Je dois, lui répondit-il, prier pour l'Eglise catholique répandue de l'Orient à l'Occident. » En effet, qui peut prier pour chacun en particulier? Et, cependant, celui qui prie pour tous n'oublie personne; aucun membre n'est oublié, quand on prie pour le corps entier. Quelle est donc, à votre avis, la leçon que fait le saint évêque à celui qui lui demandait de prier pour pour lui? Je suis certain que vous la comprenez; laissez-nous toutefois vous la rappeler. Cet homme demandait donc au saint martyr de prier pour lui. « Je dois prier, lui répondit-il, pour l'Eglise catholique, qui s'étend de l'Orient à l'Occident. » Si donc vous voulez que je prie pour vous, ne vous séparez point de celle pour laquelle je prie.

CHAPITRE III. — *Réponse du diacre Euloge. Nous devons honorer les martyrs et n'adorer que Dieu. Culte que les païens rendaient à des hommes morts.* — 3. Quelle magnifique réponse encore, que celle de ce saint diacre qui souffrit le martyre et fut couronné avec son évêque! Le gouverneur lui ayant demandé : « N'adores-tu pas Fructueux? » il reçut cette réponse : « Je n'adore pas Fructueux, mais j'adore le Dieu que mon évêque adore. » Pouvait-il nous enseigner plus clairement que nous devons honorer les martyrs, en réservant, avec les martyrs, nos adorations pour Dieu seul? Gardons-nous d'imiter les païens, dont nous déplorons l'aveuglement, et qui adorent, quoi? des hommes morts.

(*Matth.*, x, 30 ; *Luc.*, xii, 7.) Alio autem loco apertius dicit : « Dico enim vobis, quia capillus capitis vestri non peribit. » (*Luc.*, xxi, 18.) Dicit veritas, trepidat infirmitas?

CAPUT II. — *Solemnitates Martyrum ad exhortationem fidelium. S. Fructuosi responsum.* — 2. Beati sancti, in quorum Memoriis celebramus diem passionis illorum : illi acceperunt pro temporali salute æternam coronam, sine fine immortalitatem : nobis dimiserunt in istis solemnitatibus exhortationem. Quando audimus quomodo passi sunt Martyres, gaudemus et glorificamus in illis Deum : nec dolemus quia mortui sunt. Etenim si mortui pro Christo non essent, numquid usque hodie viverent? Quare non faceret confessio quod factura fuerat ægritudo? Audistis persequentium interrogationes, audistis confitentium responsiones, cum sanctorum passio legeretur. Inter cætera quale erat illud beati Fructuosi episcopi? Cum ei diceret quidam, et peteret ut eum in mente haberet, et oraret pro illo, respondit : « Me orare necesse est pro Ecclesia catholica, ab Oriente usque ad Occidentem diffusa. » Quis enim orat pro singulis? Sed neminem singulorum præterit, qui orat pro universis. Ab eo nullum membrum prætermittitur, cujus oratio pro toto corpore funditur. Quid ergo vobis videtur admonuisse istum, a quo rogabatur ut oraret pro eo? quid putatis? Sine dubio intelligitis. Commemoramini a nobis. Rogabat ille ut oraret pro illo. « Et ego, inquit, pro Ecclesia catholica, ab Oriente usque ad Ocidentem diffusa. » Tu si vis ut pro te orem, noli recedere ab illa pro qua oro.

CAPUT III. — *Responsum Eulogii diaconi. Martyres honorandi, Deus colendus. Mortuis hominibus cultus a Paganis impensus.* — 3. Quale est etiam illud sancti Diaconi, qui cum Episcopo suo passus est coronatus est? Ait illi judex : « Numquid et tu Fructuosum colis? » Et ille : « Ego non colo Fructuosum, sed Deum colo, quem colit et Fructuosus. » Quomodo nos admonuit, ut Martyres honoremus, et cum Martyribus Deum colamus? Neque enim tales esse debemus, quales Paganos dolemus. Et quidem illi mor-

Tous ces dieux, dont vous connaissez les noms, et auxquels les païens ont élevé des temples, n'étaient que des hommes, dont plusieurs et presque tous avaient régné sur leurs semblables. Vous avez entendu parler de Jupiter, d'Hercule, de Neptune, de Pluton, de Mercure, de Bacchus et d'autres : c'étaient des hommes. Ce n'est pas seulement dans les récits fabuleux des poëtes, mais encore dans l'histoire des peuples, que nous en trouvons la preuve. Ceux d'entre vous qui ont lu ces récits le savent, et ceux qui ne les connaissent pas doivent en croire ceux qui les ont lus. Ces rois, par leurs bienfaits temporels, se sont concilié les esprits et les cœurs des hommes, qui, aussi vains que les objets auxquels ils s'attachaient, leur rendirent un culte, les appelèrent dieux, les regardèrent comme des dieux, et, à ce titre, allèrent jusqu'à leur élever des temples, leur adresser des supplications, leur construire des autels, leur consacrer des prêtres, leur immoler des victimes, comme s'ils étaient véritablement dieux.

Chapitre IV. — *Les temples et les sacrifices ne sont dus qu'à Dieu seul.* — 4. Or, le seul vrai Dieu doit avoir un temple, et c'est à lui seul qu'on doit offrir des sacrifices. Ces hommages donc, qui ne sont dus légitimement et absolument qu'au seul vrai Dieu, ces misérables, dans leur aveuglement, les offraient à une multitude de faux dieux. C'est de là que vinrent tant de funestes erreurs, qui s'emparèrent de la faiblesse de l'esprit humain; c'est de là que vint cette oppression du démon sur des âmes qu'il avait asservies à son joug tyrannique. Mais aussitôt que la grâce du Sauveur et la miséricorde de Dieu eurent abaissé leurs regards sur les hommes, tout indignes qu'ils en étaient, on vit s'accomplir ce qui avait été prédit dans un sens prophétique par l'auteur du Cantique des cantiques : « Aquilon, lève-toi; accours, vent du midi; souffle dans mon jardin, et qu'il exhale tous ses parfums. » (*Cant.*, IV, 16.) « Lève-toi, aquilon, » est-il dit. La partie du monde située à l'aquilon est froide. Les âmes s'étaient refroidies sous les inspirations du démon, comme sous le souffle de l'aquilon, et avaient été atteintes par la gelée, après avoir perdu la chaleur de la charité. Mais que dit-on au démon? « Aquilon, lève-toi; » assez longtemps tu as pesé sur la terre, assez longtemps tu as régné sur les hommes, assez longtemps tu t'es couché sur ces cœurs opprimés; « lève-toi; accours, vent du midi, » vent qui souffle de la région de la lumière et de la chaleur, « souffle dans mon jardin, et qu'il exhale tous ses parfums. » C'est de ces parfums qu'il est parlé dans la lecture qu'on vient de vous faire.

Chapitre V. — *Ces parfums sont les saints et les martyrs.* — 5. Quels sont ces parfums? Ceux dont parle l'Epouse du Seigneur : « Nous

---

tuos homines colunt. Illi quippe omnes, quorum nomina auditis, quibus templa constructa sunt, homines fuerunt; et in rebus humanis habuerunt plerique eorum et pene omnes regiam potestatem. Auditis Jovem, auditis Herculem, auditis Neptunum, auditis Plutonem, Mercurium, Liberum et cæteros : homines fuerunt. Non ista solum in fabulis poetarum, sed etiam in historia gentium declarantur. Qui legerunt, noverunt : qui non legerunt, credant eis qui legerunt. Illi ergo homines beneficiis quibusdam temporalibus res humanas sibi conciliaverunt, et ab hominibus vanis et vana sectantibus ita coli cœperunt, ut dii vocarentur, dii haberentur, tanquam diis templa ædificarentur, tanquam diis supplicaretur, tanquam diis aræ construerentur, tanquam diis sacerdotes ordinarentur, tanquam diis victimæ immolarentur.

Caput IV. — *Templum et sacrificium uni vero Deo debitum.* — 4. Templum autem solus Deus verus habere debet, sacrificium soli Deo vero offerri debet. Ista ergo quæ debentur rite et integre uni vero Deo, exhibebant miseri decepti multis falsis diis. Hinc humanam miseriam perversitas error obsedit : hinc omnium prostratis mentibus diabolus incubabat. At ubi gratia Salvatoris et misericordia Dei tandem respexit indignos, impletum est quod prophetice prædictum est in Cantico canticorum : « Exsurge, aquilo, et veni, auster; et perfla hortum meum, et fluent aromata. » (*Cant.*, IV, 16.) Tanquam dictum est : « Exsurge, aquilo. » Aquilonia enim pars mundi frigida est. Sub diabolo tanquam sub aquilone animæ friguerunt, et caritatis calore perdito gelaverunt. Sed quid ei dicitur? « Exsurge, aquilo. » Sufficit quod incubuisti, sufficit quod possedisti, sufficit quod super prostratos recubuisti : « Exsurge. Veni auster, » ventus de parte lucis atque fervoris : « et perfla hortum meum, et fluent aromata. » Ista paulo ante aromata legebantur.

Caput V. — *Aromata, Sancti et Martyres.* — 5. Quæ sunt ista aromata? De quibus dicit ipsa Dominica sponsa : « Post odorem unguentorum tuorum curremus. » (*Cant.*, I, 3.) Cujus odoris memor apostolus

courrons sur tes pas à l'odeur de tes parfums. » (*Cant.*, I, 3.) C'est au souvenir de ce parfum que l'apôtre saint Paul disait : « Nous sommes en tous lieux la bonne odeur de Jésus-Christ et pour ceux qui se sauvent et pour ceux qui se perdent. » Grand et terrible mystère! « Nous sommes en tous lieux la bonne odeur de Jésus-Christ et pour ceux qui se sauvent et pour ceux qui se perdent. Aux uns, une odeur de mort pour la mort, et aux autres, une odeur de vie pour la vie. Et qui est capable de comprendre cette vérité (1)? » (II *Cor.*, II, 15, 16.) Comment la bonne odeur peut-elle être pour les uns un principe de vie, et pour les autres un principe de mort? C'est une odeur qui est bonne, elle n'est pas mauvaise. L'Apôtre ne dit pas : La bonne odeur ranime les bons, et la mauvaise odeur tue les mauvais. Il ne dit pas : Nous sommes pour les uns une bonne odeur qui leur donne la vie, et pour les autres une odeur mauvaise qui leur donne la mort. Non, mais il dit. « Nous sommes la bonne odeur de Jésus-Christ en tous lieux. » Malheur aux infortunés pour lesquels la bonne odeur est un principe de mort! Mais, si vous êtes la bonne odeur, ô Paul, pourquoi donc cette odeur donne-t-elle aux uns la vie, aux autres la mort? J'entends et je comprends parfaitement que cette bonne odeur soit un principe de vie pour les uns, mais je conçois difficilement qu'elle donne la mort aux autres, surtout après ce que vous ajoutez : « Et qui est capable de comprendre cette vérité? « Il n'est pas étonnant que notre intelligence n'aille point jusque-là. Prions Celui dont le grand Apôtre était la bonne odeur, de nous en rendre capables. Voici, en effet, la réponse que donne aussitôt saint Paul : « Nous sommes en tous lieux la bonne odeur de Jésus-Christ à l'égard de ceux qui se sauvent et à l'égard de ceux qui périssent. » Nous sommes, cependant, la bonne odeur, « qui est aux uns odeur de vie pour la vie, mais aux autres, odeur de mort pour la mort. » Cette odeur vivifie ceux qui l'aiment, elle tue les envieux. Si les saints ne brillaient pas d'un si vif éclat, ils ne seraient pas exposés à la jalousie des impies. La bonne odeur des saints a été en butte à la persécution, mais ils étaient comme les vases qui contiennent des parfums : plus on les brisait, et plus aussi l'odeur se répandait au loin.

CHAPITRE VI. — *Sainte Agnès. Les dieux des païens ne peuvent être comparés aux martyrs.* — 6. Heureux les martyrs dont on vient de nous lire les Actes! Heureuse sainte Agnès, qui a souffert le martyre à pareil jour! Cette vierge justifiait parfaitement le nom qu'elle portait. Agnès signifie, en latin, jeune agneau, et, en grec, ce mot veut dire chaste. Elle était vraiment ce que son nom indique, et elle était digne de la couronne d'immortalité. Que vous dirai-je donc, mes frères, de ces hommes à qui les païens ont rendu les honneurs divins, à qui ils ont élevé des temples

(1) Nous donnons ici, comme en beaucoup d'autres endroits cette interprétation de ces dernières paroles d'après saint Augustin, bien qu'elle ne soit pas celle qui soit généralement adoptée.

Paulus dicit : « Christi bonus odor sumus in omni loco, et in his qui salvi fiunt, et in his qui pereunt. » Magnum sacramentum : « Christi bonus odor sumus in omni loco, et in his qui salvi fiunt, et in his qui pereunt. Quibusdam quidem odor vitæ in vitam, quibusdam odor mortis ad mortem. Et hæc » intelligenda « quis idoneus? » (II *Cor.*, II, 15, 16.) Quomodo bonus odor alios vegetat, alios necat? Bonus odor, non malus. Non enim ait : Bonus odor bonos vegetat, et malus odor malos necat. Non ait : Aliis quidem sumus odor bonus ad vitam, aliis odor malus ad mortem. Non hoc ait : sed : « Christi bonus odor sumus in omni loco. » Væ miseris, quos bonus odor occidit. Si ergo bonus odor estis, o Paule, quare iste odor alios occidit, alios vegetat? Quod alios vegetat, audio, intelligo : quod alios occidit, difficile assequor : maxime quia dixisti : « Et ad hæc quis idoneus? » Non est mirum quia non sumus idonei. Faciat nos idoneos, cujus odor erat de quo loquimur. Cito enim mihi respondet Apostolus : Intellige : « Christi bonus odor sumus in omni loco, et in his qui salvi fiunt, et in his qui pereunt. » Nos tamen bonus odor, « aliis odor vitæ ad vitam, aliis odor mortis ad mortem. » Odor iste vegetat diligentes, necat invidentes. Si enim non esset claritudo sanctorum, invidia non surgeret impiorum. Cœpit persecutionem pati odor sanctorum : sed quomodo ampullæ unguentorum, quanto magis frangebantur, tanto amplius odor diffundebatur.

CAPUT VI. — *Beata Agnes. Dii paganorum non comparandi Martyribus.* — 6. Beati, quorum passio recitata est. Beata Agnes sancta, cujus passionis hodiernus est dies. Virgo quæ quod vocabatur, erat. Agnes Latine agnam significat, Græce castam. Erat quod vocabatur : merito coronabatur. Quid ergo, Fratres mei, quid vobis dicam de hominibus illis,

et des autels, consacré des prêtres, immolé des victimes? Ai-je besoin de vous dire qu'ils ne sont point à comparer à nos martyrs? Mais cette seule proposition est pour eux un outrage. Loin de nous la pensée de comparer ces divinités sacriléges aux fidèles, quelque faibles qu'ils soient, et quand même, encore charnels, ils auraient besoin de lait, et ne seraient point capables d'une nourriture solide. Qu'est-ce que Junon, en comparaison d'une pauvre vieille chrétienne? Peut-on comparer Hercule à un vieillard chrétien, malade et tremblant de tous ses membres? Hercule a triomphé de Cacus, il a triomphé d'un lion, il a vaincu Cerbère; Fructueux a été vainqueur du monde entier. Comparez ici l'un avec l'autre. Agnès, jeune enfant de treize ans, a triomphé du démon. Cette jeune vierge a été victorieuse de celui qui s'est servi d'Hercule pour en tromper un si grand nombre.

Chapitre VII. — *Les temples sont élevés et les sacrifices sont institués pour Dieu seul, et non pour les martyrs.* — 7. Et, cependant, mes très-chers frères, nos martyrs, qui ne peuvent souffrir aucune comparaison avec ces faux dieux, nous ne les regardons pas, nous ne les adorons pas comme des dieux. Nous ne leur élevons ni temples ni autels, nous ne leur offrons point de sacrifices. Non, ce n'est point à eux, à Dieu ne plaise, mais à Dieu seul que nos prêtres offrent des sacrifices. Tous ces hommages divins sont réservés à Dieu, auteur de tous les biens. Lors même que nous offrons le sacrifice sur le tombeau des martyrs, n'est-ce pas à Dieu que nous l'offrons? Les martyrs y ont une place honorable, il est vrai. Veuillez y faire attention, à l'autel de Jésus-Christ, c'est au moment le plus auguste que nous récitons leurs noms, mais, cependant, nous ne les adorons point à la place de Jésus-Christ. Quand avez-vous entendu dire, sur le tombeau de saint Théogène, par exemple, soit à moi, soit à l'un de mes frères, de mes collègues ou à un autre prêtre : Saint Théogène, je vous offre ce sacrifice (1)? ou : Je vous l'offre à vous, Pierre, à vous, Paul? L'avez-vous jamais entendu dire? Non, cela ne se fait point, parce que cela n'est pas permis. Et, si l'on vous demande : Est-ce que vous adorez Pierre? répondez hautement ce qu'Euloge a répondu à propos de Fructueux : Je n'adore pas Pierre, mais j'adore Celui que Pierre adore. C'est ainsi que vous serez digne de l'amour de Pierre. Si, au contraire, vous voulez mettre Dieu à la place de Pierre, vous outragez Celui qui est la pierre, et prenez garde de vous briser le pied en venant vous heurter contre cette pierre.

Chapitre VIII. — *Les saints repoussent avec*

(1) Nous avons rétabli ici, d'après le manuscrit de l'abbaye de Fleury, certains passages qui prouvent évidemment que saint Augustin était déjà évêque lorsqu'il prononça ce sermon. Or, le martyre de saint Théogène (un évêque d'Hippone de ce nom assista au concile de Carthage, voyez le livre VI *du Baptême contre les donatistes*) est rapporté par le martyrologe au 26 janvier.

quos Pagani pro diis coluerunt, quibus templa, sacerdotia, altaria, sacrificia exhibuerunt? quid vobis dicam, non illos esse comparandos Martyribus nostris? Etiam hoc ipsum injuria est, quia vel dico. Quibuscumque, qualibuscumque infirmis fidelibus, licet adhuc carnalibus et lacte alendis, non cibo, absit ut illi sacrilegi comparentur. Contra unam aniculam fidelem Christianam quid valet Juno? Contra unum infirmum et trementem omnibus membris senem Christianum quid valet Hercules? Vicit Cacum, vicit Hercules leonem, vicit Hercules canem Cerberum : vicit Fructuosus totum mundum. Compara virum viro. Agnes puella (*a*) tredecim annorum, vicit diabolum. Eum puella ista vicit, qui de Hercule multos decepit.

Caput VII. — *Templa et sacrificia non Martyribus, sed Deo soli exhibentur. Martyres loco meliore recitantur ad altare.* — 7. Et tamen, Carissimi, nos Martyres nostros, quibus illi nulla ex parte sunt conferendi, pro diis non habemus, non tanquam deos colimus. Non eis templa, non eis altaria, non sacrificia exhibemus. Non eis sacerdotes offerunt : absit. Deo præstantur. Imo Deo ista offeruntur, a quo nobis cuncta præstantur. Etiam apud Memorias sanctorum Martyrum cum offerimus, nonne Deo offerimus? Habent honorabilem locum Martyres sancti. Advertite : in recitatione ad altare Christi loco meliore recitantur; non tamen pro Christo adorantur. Quando audistis dici apud Memoriam sancti Theogenis, a me, vel ab aliquo fratre et collega meo, aliquo presbytero : Offero tibi, sancte Theogenis? aut offero tibi, Petre? aut offero tibi, Paule? Nunquam audistis. Non fit : non licet. Et si dicatur tibi : Numquid tu Petrum colis? responde quod de Fructuoso respondit Eulogius : Ego Petrum non colo, sed Deum colo, quem colit et Petrus. Tunc te amat Petrus. Nam si volueris pro Deo habere Petrum, offendis petram, et vide ne pedem frangas, offendendo in petram.

Caput VIII. — *Sancti cultum Deo debitum impendi*

(*a*) Vetustissimus Floriacensis codex non habet *tredecim annorum*.

SERMON CCLXXIII.

horreur les honneurs divins qu'on veut leur rendre. — 8. Voulez-vous une preuve de la vérité de ce que j'avance? la voici; veuillez l'écouter avec attention. Nous lisons dans les Actes des apôtres que l'apôtre saint Paul ayant fait un grand miracle dans la Lycaonie, les habitants de cette contrée ou de cette province s'imaginèrent que les dieux étaient descendus vers les hommes; ils prirent Barnabé pour Jupiter, et Paul pour Mercure, à cause de son élocution facile et abondante. Dans cette croyance, ils vinrent avec des bandelettes et des victimes, et voulurent leur offrir un sacrifice. Les apôtres aussitôt, loin de rire de cette crédulité, furent saisis d'effroi; ils déchirèrent leurs vêtements et s'écrièrent : « Frères, que faites-vous? Nous sommes mortels et hommes comme vous, et nous vous annonçons le Dieu vrai; abandonnez donc ces vaines superstitions. » (*Act.*, XIV, 14.) Vous voyez combien les saints ont en horreur de recevoir les honneurs qui ne sont dus qu'à Dieu. Voici un autre exemple. Saint Jean l'Évangéliste, auteur de l'Apocalypse, ravi des merveilles qui lui étaient dévoilées, se jeta en tremblant aux pieds de l'ange qui les lui révélait. Et l'ange, à qui nul homme ne peut être comparé, lui dit : « Levez-vous, que faites-vous? Je suis serviteur comme vous et comme vos frères. » (*Apoc.*, XIX, 10.) Les martyrs ont en horreur vos amphores, vos poêles à frire; ils ont en horreur vos scènes d'ivresse; ce que je dis, sans vouloir blesser personne de ceux qui n'ont pas à se reprocher de tels excès. Que ceux qui les méritent, prennent pour eux mes paroles; je le répète, les martyrs ont en horreur ces excès et n'aiment pas ceux qui s'en rendent coupables. Mais ils repoussent avec une horreur beaucoup plus grande encore les honneurs divins qu'on voudrait leur rendre.

CHAPITRE IX. — *Dans les fêtes des martyrs, il faut penser à marcher sur leurs traces. Nous devons louer et aimer les martyrs, mais n'adorer que le Dieu des martyrs.* — 9. Ainsi donc, mes très-chers frères, livrez-vous à une sainte joie dans les fêtes des martyrs, et demandez à Dieu de marcher sur leurs traces. En effet, vous n'êtes pas des hommes autres qu'ils n'étaient; ils n'ont pas eu une origine différente de la vôtre; leur chair n'était point d'une autre nature. Nous sommes tous descendus d'Adam, et nous nous efforçons tous de naître en Jésus-Christ. Notre-Seigneur lui-même, le Chef de l'Église, le Fils unique de Dieu, le Verbe du Père par qui toutes choses ont été faites, n'a pas eu un corps d'une autre nature que le nôtre. C'est pour cela qu'il a voulu s'incarner dans le sein d'une vierge, et naître, selon la chair, d'une

---

sibi horrent. — 8. Ut noveritis verum esse quod dico: audite, admoneo vos. In Actibus Apostolorum cum magnum miraculum fecisset apostolus Paulus in Lycaonia, cives ejusdem (*a*) regionis sive provinciæ putaverunt deos descendisse ad homines, et crediderunt esse Barnabam Jovem, Paulum autem Mercurium, quia ipse erat in sermone promptissimus. Hoc credentes attulerunt vittas et victimas, et voluerunt illis offerre sacrificium. Illi continuo non irriserunt, sed expaverunt; vestimenta sua continuo consciderunt, et dixerunt eis : « Fratres, quid facitis? Et nos sicut vos homines sumus passibiles : sed annuntiamus vobis Deum verum. Convertimini ab his vanis. » (*Act.*, XIV, 14.) Videtis quomodo sancti horruerunt coli se pro diis. Item beatus Joannes Evangelista, qui scripsit Apocalypsim, cum illa mira quæ sibi ostendebantur stuperet, expavescens quodam loco cecidit ad pedes Angeli, a quo sibi omnia monstrabantur, et ait illi Angelus, cui nullus homo est comparandus : « Surge, quid facis? Deum adora. Nam ego conservus tuus sum, et fratrum tuorum. » (*Apoc.*, XIX, 10.) Oderunt Martyres lagenas vestras, oderunt Martyres sartagines vestras, oderunt Martyres ebrietates vestras. Sine injuria eorum dico, qui tales non sunt : illi ad se referant, qui talia faciunt : oderunt ista Martyres, non amant talia facientes. Sed multo plus oderunt, si colantur.

CAPUT IX. — *In diebus Martyrum cogitandum de ipsorum sequendis vestigiis. Martyres laudandi et amandi, Deus Martyrum colendus.*—9. Ideo, Carissimi, exsultate in diebus sanctorum Martyrum : orate, ut sequamini vestigia Martyrum. Non enim homines estis, et illi homines non fuerunt : non enim nati estis, et illi aliunde nati sunt : non enim alterius generis carnem portaverunt, quam vos portatis. Ex Adam omnes sumus, in Christo omnes esse conamur. Ipse Dominus noster, ipsum caput Ecclesiæ, unigenitus Filius Dei, Verbum Patris per quod facta sunt omnia, non alterius generis carnem habuit quam nos. Ideo voluit de virgine hominem suscipere, de una ex genere humano (*b*) carne nasci. Nam si

---

(*a*) Ita Floriacensis Ms. At editi, *ejusdem civitatis*. — (*b*) Vox *carne* abest a Floriacensi libro.

femme qui sortait du genre humain. S'il avait pris ailleurs son corps, qui aurait pu croire qu'il était de même nature que le nôtre? Cependant, sa chair n'avait que la ressemblance de la chair du péché, tandis que la nôtre est la chair même du péché. Car sa conception n'est point due à une cause naturelle, elle n'est pas le fruit de la concupiscence de l'homme et de la femme, elle est l'œuvre de l'Esprit saint, de l'envoyé du Père. Et, toutefois, malgré cette naissance miraculeuse, il a daigné naître mortel, mourir pour nous, en tant qu'homme, et nous racheter de son sang. Comprenez ma pensée, mes frères. Notre-Seigneur Jésus-Christ est Dieu, il est un seul Dieu avec le Père, il est le Verbe du Père, son Fils unique, égal et coéternel au Père, et, cependant, en tant qu'homme, il a mieux aimé porter le titre de prêtre que d'avoir des prêtres qui lui fussent consacrés; il a mieux aimé être la victime du sacrifice que d'exiger pour lui-même des sacrifices. Car, en tant que Dieu, il a droit, comme Fils unique de Dieu, à tous les honneurs que nous rendons à son Père. Mes bien-aimés, vénérez, louez, aimez, célébrez, honorez les martyrs, mais réservez vos adorations pour le Dieu des martyrs. Adressons-nous au Seigneur, etc.

(1) Possidius, dans les chapitres ix et x de sa *Table*, fait mention des sermons pour la fête de saint Vincent. Le sermon iv que nous avons donné plus haut, a été prononcé en ce jour.

SERMON CCLXXIV.

1er *pour la fête de saint Vincent, martyr* (1).

Vincent a été partout vainqueur. Celui qui est racheté du sang de Jésus-Christ ne peut périr. La patience est un don de Dieu. Quel est celui qui triomphe complétement de tous les artifices de l'ennemi. — Nous venons de contempler des yeux de la foi un grand spectacle, le saint martyr Vincent partout vainqueur. Il a vaincu dans les réponses qu'il fit à des juges, il a vaincu dans ses souffrances, il a vaincu en confessant la foi, il a vaincu dans la tribulation, il a vaincu au milieu des flammes, il a vaincu lorsqu'il fut jeté dans les flots; en un mot, il a vaincu dans les tourments, il a vaincu après sa mort. Lorsque son corps, qui portait les trophées du Christ victorieux, était jeté de la barque dans la mer, il semblait dire dans son silence : « Nous sommes précipités, mais nous ne périssons pas. » (II *Cor.*, IV, 9.) Qui a donné à son soldat cette admirable patience, si ce n'est Celui qui a le premier répandu son sang pour lui, Celui à qui le Psalmiste dit : « Seigneur, vous êtes ma patience ; Seigneur, vous êtes mon espoir depuis les jours de ma jeunesse? » (*Ps.* LXX, 5.) Ce grand combat a été suivi d'une

aliunde faceret sibi corpus, quis crederet quia carnem portabat, quam portamus et nos? Sed tamen ille carnem in similitudinem carnis peccati, (*a*) nos carnem peccati. Non enim ex virili semine, aut ex masculi et feminæ concupiscentia : sed quid? Nuntio Patris. Et tamen cum sit mirabiliter natus, mortalis nasci dignatus est, et mori pro nobis, et sanguine suo redimere nos, secundum quod homo est. Videte quod dico, Fratres : et ipse Christus cum sit Deus, cum sit cum Patre unus Deus, cum sit Verbum Patris, unigenitus, æqualis Patri et coæternus; tamen in quantum homo esse dignatus est, maluit sacerdos dici, quam sibi exigere sacerdotem; maluit sacrificium esse, quam poscere; in quantum homo est. Nam in quantum Deus est, totum quod Patri debetur, et unigenito Filio debetur. Ideo, Carissimi, veneramini Martyres, laudate, amate, prædicate, honorate, Deum Martyrum colite. Conversi ad Dominum, etc.

(*a*) In Mss. loco, *nos*, habetur *non*. — (*b*) Alias VIII inter editos a Parisiensibus.

SERMO CCLXXIV (*b*).

In Natali Martyris Vincentii, 1.

Vincentius ubique vicit. Christi sanguine redemptus non perit. Patientia donum Dei. Victoria perfecta de universis machinis inimici. — Magnum spectaculum spectavimus oculis fidei, Martyrem sanctum Vincentium ubique vincentem. Vicit in verbis, vicit in pœnis ; vicit in confessione, vicit in tribulatione ; vicit exustus ignibus, vicit submersus fluctibus ; postremo vicit tortus, vicit mortuus. Quando caro ejus, in qua erat trophæum Christi victoris, de navicula mittebatur in mare, tacite dicebat : « Dejicimur, sed non perimus. » (II *Cor.*, IV, 9.) Quis istam patientiam militi suo donavit, nisi qui pro illo prior sanguinem fudit? Cui dicitur in Psalmo : « Quoniam tu es patientia mea, Domine; Domine spes mea a juventute mea. » (*Psal.* LXX, 5.) Magnum certamen magnum comparat gloriam ; non humanam, nec temporalem, sed divinam et sempiternam. Fides pugnat; et quando fides pugnat, carnem nullus expugnat. Quia etsi laniatur,

SERMON CCLXXIV.

grande gloire, non pas d'une gloire humaine et passagère, mais d'une gloire divine et éternelle. C'est la foi qui combat, et, quand la foi combat, personne ne peut triompher de la chair. Mais qui pourrait faire périr celui que le Christ a racheté de son sang? On ne peut enlever à un homme puissant ce qu'il a acheté de son or, et Jésus-Christ perdrait ce qu'il a acheté de son sang? Cependant, tout ici doit être rapporté, non à la gloire de l'homme, mais à la gloire de Dieu. C'est de lui que vient réellement la patience, la patience véritable, la patience sainte, la patience religieuse, la patience droite et juste; en un mot, la patience chrétienne est un don de Dieu. On voit souvent des voleurs souffrir la torture avec une patience extraordinaire; ils ne faiblissent point, ils demeurent victorieux du bourreau, et ils n'en sont pas moins livrés ensuite au supplice du feu éternel. C'est le motif qui distingue ici la patience du martyr, de la patience, disons mieux, de la dureté des scélérats. Les souffrances sont les mêmes; la cause des souffrances est différente. Nous avons chanté en union avec les martyrs et avec Vincent, qui répétait ces paroles dans ses prières : « Jugez-moi, Seigneur, et séparez ma cause de celle d'un peuple impie. » (*Ps.* XLII, 1.) Sa cause était parfaitement distincte, car c'est pour la vérité, pour la justice, pour Dieu, pour Jésus-Christ, pour la foi, pour l'unité de l'Eglise, pour l'indivisible charité qu'il a généreusement combattu. Or, qui lui a donné cette patience? Qui? Le Psalmiste va nous l'apprendre : « Est-ce que mon âme ne sera pas soumise à Dieu? car c'est de lui que vient ma patience. » (*Ps.* LXI, 2.) C'est une grande erreur de croire que c'est par ses propres forces que saint Vincent a été capable d'un tel héroïsme. Celui qui serait assez présomptueux pour croire qu'il peut s'élever jusque-là par ses propres forces, serait vaincu par l'orgueil, alors même que sa patience paraîtrait avoir été victorieuse. Remporter réellement la victoire, c'est triompher de tous les artifices de l'ennemi. Il cherche à vous séduire par les plaisirs, il faut le vaincre par la tempérance; il vous accable de peines et de souffrances, vous en triompherez par la patience; il veut vous faire tomber dans l'erreur, vous en demeurerez victorieux par la sagesse. Enfin, lorsqu'il a été poussé à bout et vaincu dans tous ses retranchements, il vient faire entendre ces paroles à votre âme : Très-bien, à merveille! quelle puissance tu as déployée! quels combats tu as soutenus! Qui peut entrer en comparaison avec toi? Quelle glorieuse victoire tu as remportée! Que l'âme sainte lui réponde : « Qu'ils soient couverts de confusion et de honte, ceux qui me disent avec dérision : Très-bien, très-bien. » Quand donc est-elle vraiment victorieuse? lorsqu'elle dit : « Mon âme se glorifiera dans le Seigneur; que ceux qui ont le cœur doux m'entendent et partagent mon allégresse. » (*Ps.* XXXIII, 3.) Ceux qui sont

---

etsi laceratur; quando perit qui sanguine Christi redemptus est? Potens homo non potest perdere quod emit auro suo, et Christus perdit quod emit sanguine suo? Sed hoc totum non ad hominis, sed ad Dei gloriam referatur. Ab ipso vere est patientia, vera patientia, sancta patientia, religiosa patientia, recta patientia, Christiana patientia donum Dei est. Nam et multi latrones patientissime torquentur; et non cedentes et tortorem vincentes, postea æterno igne puniuntur. (*a*) Causa discernit Martyrem a patientia, imo a duritia sceleratorum. Par est pœna, sed dispar est causa. Martyrum voce cantavimus (dixerat enim ista Vincentius in orationibus suis): « Judica me Deus, et discerne causam meam a gente non sancta. » (*Psal.* XLII, 1.) Discreta est causa ejus : quia pro veritate, pro justitia, pro Deo, pro Christo, pro fide, pro Ecclesiæ unitate, pro individua caritate certavit. Quis ei donavit istam patientiam? quis? Indicet nobis Psalmus. Ibi enim legitur, ibi cantatur : « Nonne Deo subjecta erit anima mea? Ab illo enim patientia mea. » (*Psal.* LXI, 2.) Quisquis putat sanctum Vincentium viribus suis ista potuisse, nimis errat. Quisquis enim viribus suis hoc se posse præsumpserit, etsi videtur vincere patientia, vincitur a superbia. Bene vincere, hoc est, universas machinas vincere. Illecebra dum ministrat, vincitur per continentiam : pœnas et tormenta infligit, vincitur per patientiam : errores suggerit, vincitur per sapientiam. Ad extremum, cum omnia hæc victa fuerint, suggerit animæ : Euge, euge, quantum potuisti? quantum certasti? Quis tibi comparatur? Quam bene vicisti? Respondeat illi anima sancta : « Confundantur et revereantur, qui dicunt mihi : Euge, euge. » (*Psal.* LXIX, 4.) Quando ergo vincit, nisi cum dicit : « In Domino laudabitur anima mea; audiant mites, et jucundentur? » (*Psal.* XXXIII, 3.) Mites enim sciunt quod dico : quia in illis habitat verbum, in illis habitat exemplum. Nam qui non

(*a*) Mss. *Merces discernit.*

doux comprennent ce que je dis, parce qu'aux paroles ils joignent l'exemple. « Celui qui n'a point cette douceur ne sait point toute la sagesse que renferment ces paroles : « Mon âme se glorifiera dans le Seigneur. » Car tout homme qui est privé de douceur est orgueilleux, intraitable, plein de lui-même; c'est en lui, et non dans le Seigneur, qu'il veut être loué. Celui, au contraire, qui dit avec le Psalmiste : « Mon âme se glorifiera dans le Seigneur, » ne s'écrie pas : Que les nations m'entendent et soient dans la joie; que les hommes m'entendent et se réjouissent avec moi, mais : « Que ceux qui ont le cœur doux m'entendent et partagent mon allégresse. » Que ceux-là m'entendent, qui sont capables de goûter ces paroles. Jésus-Christ avait cette douceur. « Il a été conduit comme une brebis à l'immolation. » (*Isa.*, LIII, 7.) « Que ceux qui sont doux entendent, et qu'ils soient dans l'allégresse. » Car ils comprennent le sens de ces paroles : « Goûtez et voyez que le Seigneur est doux; heureux l'homme qui espère en lui. » (*Ps.* XXXIII, 9.) La lecture qu'on nous a faite était longue, le jour est court, nous ne devons point fatiguer votre patience par un long discours. Nous savons que vous avez écouté avec patience et qu'en restant longtemps debout pour entendre la lecture des Actes du martyre de Vincent, vous avez voulu entrer en part de ses souffrances. Que celui qui vous entend, vous comble de son amour et vous couronne dans l'éternité.

SERMON CCLXXV.

II° *pour la fête de saint Vincent, martyr.*

La force de Vincent, au milieu des tourments, venait du secours que lui donnait le Christ. Ce qui distingue le martyr, ce n'est point ce qu'il souffre, mais le motif pour lequel il souffre. — 1. Notre âme vient d'assister à un grand et magnifique spectacle, spectacle bien différent de ces représentations aussi vaines, aussi frivoles que pernicieuses, telles qu'en donnent aux théâtres profanes. Ici nous avons goûté une joie pure, utile et féconde, dans la lecture du glorieux martyre de saint Vincent. Qu'il était beau de voir l'âme invincible de ce généreux martyr lutter avec une indomptable énergie contre les artifices de l'antique ennemi, contre la cruauté d'un juge impie, contre les douleurs d'une chair mortelle, et triompher de tout avec le secours du Seigneur! Telle a été, en effet, mes très-chers frères, l'issue de ce grand combat. La lecture que vous venez d'entendre vous a fait connaître les questions qui lui ont été adressées, les réponses qu'il y a faites, les tourments dont il a triomphé, et nous a mis devant les yeux toutes les scènes de son glorieux martyre. Quand on compare les souffrances inouïes qu'il endurait dans ses membres et le calme admirable de ses paroles, il semble que celui qui parlait était différent de

SERMO CCLXXV [a].

In Natali Martyris Vincentii, II.

Vincentii in pœnis fortitudo ex adjutorio Christi. Martyres discernit causa, non pœna. — 1. Magnum et multum mirandum spectaculum noster animus cepit : nec inanissimam et perniciosissimam, sicut solet in theatris quarumque nugarum, sed plane utilissimam et fructuosissimam voluptatem oculis interioribus hausimus, cum beati Vincentii gloriosa passio legeretur. Erat videre invictam Martyris animam contra insidias antiqui hostis, contra sævitiam impii judicis, contra dolores mortalis carnis, acerrima conflictatione certantem, et in adjutorio Domini cuncta superantem. Ita plane, Carissimi, ita prorsus fuit : in Domino laudemus hanc animam, ut audiant mites, et jucundentur. (*Psal.* XXXIII, 3.) Quas voces audierit, quas reddiderit, quæ tormenta devicerit, decursa lectio declaravit, et nobis tanquam in conspectu quæ

est mitis, nescit quid sapiat quod dictum est : « In Domino laudabitur anima mea. » Omnis enim non mitis, superbus, asper, elatus, in se vult laudari, non in Domino. Qui autem dicit : « In Domino laudabitur anima mea; » non dicit : Audiant gentes, et jucundentur; audiant homines, et jucundentur; sed : « Audiant mites, et jucundentur. » Audiant quibus sapit. Mitis enim erat Christus : « Sicut ovis ad immolandum ductus est. » (*Isai.*, LIII, 7.) Propterea mitis, quia sicut ovis ad immolandum ductus est. « Audiant mites, et jucundentur. » Quia sapiunt quod dictum est : « Gustate, et videte quam suavis est Dominus : beatus vir qui sperat in eum. » (*Psal.* XXXIII, 9.) Longam lectionem audivimus, brevis est dies : longo Sermone etiam nos tenere vestram patientiam non debemus. Novimus quia patienter audistis, et diu stando et audiendo tanquam Martyri compassi estis. Qui audit, vos amet vos, et coronet vos.

[a] Alias IX inter editos a Parisiensibus.

celui qui souffrait. En effet, c'était un autre qui parlait, suivant la prédiction et la promesse que Notre-Seigneur avait faite à ses martyrs : « Ce n'est pas vous qui parlez, mais l'Esprit de votre Père qui parle par votre bouche. » (*Matth.*, x, 20.) Glorifions donc cette âme généreuse, mais dans le Seigneur; car, « qu'est-ce que l'homme, pour que vous vous souveniez de lui? » (*Ps.* VIII, 5.) Quelles forces peut avoir la poussière, si elle n'est fortifiée par Celui qui nous a tirés de la poussière? « Afin que celui qui se glorifie, se glorifie dans le Seigneur. » (I *Cor.*, I, 31.) En effet, si nous voyons si souvent l'esprit de séduction, le démon remplir ses prophètes de mensonge, ses faux martyrs, au point qu'ils se dévouent eux-mêmes à la mort la plus douloureuse, ou l'acceptent avec indifférence de la main des autres; est-il donc si difficile à notre Dieu, pour confirmer la prédication de son nom, en livrant le corps des prédicateurs aux mains des persécuteurs, d'élever leur âme sur les hauteurs inaccessibles de la liberté, et de lui faire rendre témoignage à la vérité, tandis qu'elle est victime de l'iniquité, c'est-à-dire que, si ses fidèles serviteurs sortent vainqueurs de cette lutte, c'est à la justice plutôt qu'à leurs souffrances qu'ils le doivent, car ce n'est pas ce qu'ils souffrent, mais le motif pour lequel ils souffrent, qui fait les martyrs. Il en est beaucoup, en effet, qui ont supporté la douleur, non pas avec constance, mais avec opiniâtreté; ce n'est pas la vertu, mais le vice, qui était le mobile de leur courage; ils suivaient les conseils, non de la droite raison, mais d'une pernicieuse erreur. Le démon ne les persécutait point, il était leur maître. Mais, dans notre glorieux vainqueur, Vincent, celui qui remportait la victoire était celui qui possédait son âme, c'est-à-dire celui qui avait chassé dehors le prince de ce monde (*Jean*, XII, 31), et qui triomphait de lui extérieurement, après avoir triomphé de lui et détruit son empire à l'intérieur. Car, bien qu'il ait été chassé dehors, il ne cesse point, comme un lion rugissant, de rôder autour de vous, cherchant qui il pourra dévorer. (I *Pierre*, v, 8.) Mais celui qui règne en nous, après l'avoir chassé, nous défend contre ses attaques.

Le démon souffrait plus des tourments de Vincent que Vincent ne souffrait de ses propres tourments. — 2. Disons mieux, le démon souffrait beaucoup plus de voir que Vincent ne succombait point aux tourments, que Vincent lui-même ne souffrait de la cruauté du démon. Plus ces tourments étaient barbares et d'une cruauté raffinée, plus aussi la victime triomphait du bourreau; et, ce qui mettait le comble à la rage de l'ennemi, c'était de voir que la palme de la victoire croissait et s'embellissait sur le corps de la victime, comme sur une terre arrosée de son sang. Cependant, la fureur du démon est invisible comme la douleur qu'il éprouve de sa défaite. Mais on voyait manifestement, dans le gouver-

---

gesta sunt posuit. Tanta pœna erat in membris, tanta securitas in verbis, tanquam alius torqueretur, alius loqueretur. Et vere alius : prædixit enim hoc Dominus, et promisit Martyribus suis dicens : « Non vos estis qui loquimini, sed Spiritus Patris vestri qui loquitur in vobis. » (*Matth.*, x, 20.) In Domino ergo laudetur hæc anima. Nam, « Quid est homo, nisi quod memor es ejus? » (*Psal.* VIII, 5.) Aut quæ vires pulveris, nisi illo adjuvante, qui nos fecit ex pulvere? « Ut qui gloriatur, in Domino glorietur. » (I *Cor.*, I, 31.) Si enim diabolicus et seductor spiritus plerumque implet vel fallaces vates, vel falsos martyres suos, ut tormenta corporis vel ipsi sibi ingerant, vel ingesta contemnant : quid magnum est Domino Deo nostro ad confirmandam prædicationem nominis sui, ipsorum prædicatorum carnem quidem in manus persequentium tradere, mentem vero in arcem libertatis assumere; ut etiam dum illa patitur iniquitatem, hæc asserat veritatem? scilicet ut victores non tolerantia faciat, sed justitia : quoniam Martyres discernit causa, non pœna. Multi enim dolores toleraverunt pertinacia, non constantia; vitio, non virtute; pravo errore, non recta ratione; diabolo possidente, non persequente. In nostro autem vincente Vincentio, ille quidem vincebat, qui possidebat : sed ille possidebat, qui principem hujus mundi miserat foras (*Joan.*, XII, 31); ut etiam pugnans extrinsecus superaretur, qui jam fuerat superatus, ne intus dominaretur. Ille quippe qui missus est foras, non cessans tanquam leo rugiens circuit requirendo quem devoret. (I *Petr.*, v, 8.) Sed eum expugnat ille pro nobis, qui eo excluso regnat in nobis.

Diabolus in Vincentii tormentis magis tortus quam Vincentius. — 2. Denique magis diabolus non victo Vincentio, quam Vincentius persequente diabolo torquebatur. Quanto enim erant illa truculentiora et exquisitiora tormenta, tanto magis tortus de torquente triumphabat; et ex illa carne tanquam ex terra suo sanguine irrigata, de qua plus dolebat inimicus, palma crescebat. Sed quia ille latenter sævit,

neur qui avait condamné Vincent, ce que le démon souffrait secrètement, et cet ennemi invisible se trahissait par les ouvertures de ce vase qu'il remplissait et qui éclatait avec fracas. Les paroles de cet homme, ses yeux, son visage, l'agitation inquiète de tout son corps annonçaient qu'il était torturé intérieurement par des souffrances bien plus vives que celles auxquelles il soumettait extérieurement le saint martyr. Considérons le trouble du bourreau et le calme de la victime; il nous sera très-facile de voir celui qui était sous le poids des tourments, et celui qui les dominait. Quelle sera la joie de ceux qui régneront dans la puissance, puisqu'ils en éprouvent déjà une si grande à mourir pour la vérité! Quelles délices le corps devenu incorruptible puisera dans la source même de la vie, puisque quelques gouttes de cette source répandent déjà tant de douceurs au milieu même des supplices? A quels tourments les flammes éternelles soumettront les impies, puisque les fureurs de leur cœur irrité suffisent pour y exercer de tels ravages? Que souffriront, quand ils seront jugés, ceux qui, jusque sur le siége où ils jugent, sont en proie à de si violentes douleurs? De quelle puissance les jugements des saints seront environnés au dernier jour, puisque le lit de fer d'un martyr fait trembler ainsi dans cette vie le tribunal de son juge?

Dieu n'abandonne point après sa mort le corps de son martyr. Gloire dont Dieu environne les reliques des martyrs. — 3. Or, voici un glorieux témoignage que le Seigneur rend ici-bas à ses témoins. Après avoir dirigé et soutenu leurs cœurs pendant le combat, il étend sa protection sur leurs corps après leur mort. C'est ainsi que le corps de notre bienheureux Vincent fut l'occasion d'un miracle des plus éclatants. L'ennemi, pour satisfaire sa jalouse fureur, avait pris tous les moyens pour le soustraire aux regards des hommes; mais Dieu le découvrit par un dessein marqué de sa volonté divine, afin qu'il pût recevoir la sépulture honorable et le culte de vénération qui lui étaient dus, et pour éterniser ainsi l'éclatant souvenir de la victoire de la religion et de la honteuse défaite de l'impiété. Oui, il est bien vrai, « la mort des saints est précieuse aux yeux du Seigneur; » (*Ps.* cxv, 15) car, après même que ce corps de terre est privé de la vie, et que l'âme invisible s'est éloignée de la demeure visible qu'elle habitait, Dieu ne dédaigne pas de veiller avec sollicitude sur l'habitation de son serviteur, et de l'exposer pour sa gloire à la vénération des autres fidèles. Or, que fait Dieu lorsqu'il opère ces prodiges éclatants sur les tombeaux où sont déposés les corps des saints martyrs? Il atteste que ce qui est mort ne l'est point pour lui, et nous fait entendre en quel honneur sont à ses yeux les âmes de ceux qui ont affronté la mort pour

---

et latenter victus affligitur; manifeste apparebat in præside homine, quid in occulto diabolus pateretur, et ille invisibilis adversarius per sui vasculi, quod impleverat, crepantis rimulas prodebatur. Voces enim hujus hominis, oculi, vultus, et turbulentus totius corporis motus, indicabant quam graviora tormenta sentiret interius, quam erant quæ Martyri infligebat exterius. Si consideremus perturbationem torquentis et tranquillitatem tormenta patientis, videre facillimum est quis erat sub pœnis, quis supra pœnas. Quæ gaudia erunt in (*a*) virtute regnantium, quando tanta sunt pro veritate morientium? Quid erit cum corporis incorruptione fons vitæ, quando ros ejus inter tormenta tam dulcis est? Et quid faciet impiis æterna flamma, quos ita vastat irati cordis insania? Quid passuri sunt, cum judicabuntur, qui jam cum judicant cruciantur? Judicia futura sanctorum quid habitura sunt potestatis, cum in hac vita tribunal judicis catasta torserit Martyris?

Corpus Martyris exanime divino præsidio non destitutum. Reliquiis sanctorum divinitus honor conciliatus. — 3. Magnum autem Dominus testimonium præbet testibus suis, cum ille qui (*b*) rexit corda certantium, nec corpora deserit mortuorum, velut de hujus ipsius beati Vincentii corpore præclarissimum miraculum exhibuit; ut id quod inimicus omnino non apparere cupierat, sategerat, fecerat, tam præsenti nutu divino proderetur, et religiosius humandum venerandumque demonstraretur, ut victricis pietatis et devictæ impietatis præclara in eo memoria perduraret. Vere « pretiosa in conspectu Domini mors sanctorum ejus; » (*Psal.* cxv, 15) quando nec terra carnis vita deserente contemnitur; et invisibili anima de domo visibili discedente, habitaculum servi cura Domini custoditur, et in gloriam Domini a conservis fidelibus honoratur. Quid enim agit Deus, mira opera faciendo circa sanctorum corpora defunctorum, nisi testimonium perhibet, sibi non perire quod moritur, et ut hinc intelligatur in quali honore secum habeat animas occisorum, quando caro

(*a*) Aliquot Mss. *in veritate regnantium*. — (*b*) In quibusdam Mss. *erexit*.

lui, puisqu'il déploie une si grande puissance pour honorer leurs corps inanimés. L'Apôtre, parlant des membres de l'Eglise, emprunte cette comparaison aux membres de notre corps. « Nous entourons d'un plus grand respect, dit-il, les parties du corps les moins honorables; » (I *Cor.*, XII, 23) ainsi la Providence du Créateur, en accordant à ces dépouilles inanimées le glorieux témoignage des miracles, les environne d'un plus grand honneur, et manifeste sensiblement la présence de l'auteur de la vie dans ce corps que l'absence de la vie laisse sans beauté.

SERMON CCLXXVI.

IIIe *pour la fête de saint Vincent, martyr.*

CHAPITRE PREMIER. — *La force des martyrs vient de Jésus-Christ.* — 1. Les Actes du martyre qu'on vient de vous lire aujourd'hui, présentent à nos yeux le spectacle d'un juge féroce, d'un bourreau cruel, d'un martyr invincible. Sur ce corps labouré par toutes sortes de souffrances on avait épuisé tous les genres de tourments, et les membres étaient encore en vie. Malgré tant de miracles qui devaient la convaincre, l'impiété persévérait; malgré tant de supplices qu'on déchargeait sur elle, la faiblesse humaine ne fléchissait point. Comment ne pas reconnaître l'action de la puissance divine ? Comment une poussière sujette à la corruption pouvait-elle supporter ces épouvantables supplices, si le Seigneur lui-même n'habitait en elle ? Dans toutes ces merveilles, il nous faut donc reconnaître, glorifier et louer Celui qui a donné au martyr la foi dans sa première vocation et le courage dans cette dernière épreuve. Voulez-vous une preuve que ces deux vertus sont un don de Dieu ? écoutez ce que dit l'apôtre saint Paul : « Dieu vous a donné par Jésus-Christ la grâce, non-seulement de croire en lui, mais encore de souffrir pour lui. » (*Philip.*, I, 29.) Le lévite Vincent avait reçu ces deux grâces et il en était en possession, car comment aurait-il pu les posséder, s'il ne les avait reçues ? Quelle assurance dans ses paroles, quel courage au milieu de ses souffrances! Que personne donc, lorsqu'il parle, ne présume de son cœur; que personne, lorsqu'il souffre, ne s'appuie sur ses propres forces, car, si nous parlons avec prudence le langage de la vertu, c'est de lui que nous vient notre sagesse, et si nous supportons la souffrance avec courage, c'est de lui aussi que nous vient notre patience. Rappelez-vous l'avertissement que Notre-Seigneur Jésus-Christ donne à ses disciples dans l'Evangile; rappelez-vous comment le Roi des martyrs revêt ses cohortes d'armes spirituelles, leur

---

exanimis tanto (*a*) effectu divinitatis ornatur? Sicut enim de membris Ecclesiæ loquens Apostolus, similitudinem adhibuit de membris corporis nostri, quoniam « quæ inhonesta sunt nostra, his abundantiorem honorem circumponimus; » (I *Cor.*, XII, 23) ita providentia Creatoris cadaveribus Martyrum tam præclara miraculorum testimonia præstando, abundantiorem honorem exsanguibus reliquiis hominum circumponit, et quod vita emigrante tanquam deforme jam remanet, ibi evidentius præsens vitæ dator apparet.

SERMO CCLXXVI (*b*).

In festo Martyris Vincentii, III.

CAPUT PRIMUM.— *Martyris fortitudo a Christo est.* — 1. In passione, quæ nobis hodie recitata est, Fratres mei, evidenter ostenditur judex ferox, tortor cruentus, Martyr invictus. In cujus corpore pœnis variis exarato, jam tormenta defecerant, et adhuc membra durabant. Tot convicta miraculis persistebat impietas, tot vexata suppliciis non cedebat infirmitas : agnoscatur ergo operata divinitas. Quando enim corruptibilis pulvis contra tam immania tormenta duraret, nisi in eo Dominus habitaret? In his enim omnibus ille agnoscendus, ille glorificandus, ille laudandus est, qui et in prima vocatione dedit fidem, et in suprema passione virtutem. Vultis nosse quia utrumque donatum est? Audite apostolum Paulum : « Vobis, inquit, donatum est pro Christo, non solum ut credatis in eum, verum etiam ut patiamini pro eo. » (*Philip.*, I, 29.) Acceperat hæc utraque Levita Vincentius, acceperat et habebat. Si enim non accepisset, quid haberet ? Habebat in sermone fiduciam : habebat in passione tolerantiam. Nemo ergo de suo corde præsumat, quando profert sermonem, nemo de suis viribus confidat, quando suffert tentationem : quia et ut bona prudenter loquamur, ab illo est nostra sapientia ; et ut mala fortiter perferamus, ab illo est nostra patientia. Recolite Dominum Christum suos in Evangelio discipulos admonentem : recolite Martyrum Regem cohortes

---

(*a*) Sic Mss. At editi, *affectu divinitatis coronatur*. — (*b*) Alias XII de Sanctis.

montre le combat, leur donne des secours et leur promet la récompense. Après leur avoir dit : « Vous aurez de grandes tribulations dans le monde, » pour réprimer leur effroi, il ajoute aussitôt ces paroles consolantes : « Mais, ayez confiance, j'ai vaincu le monde. » (*Jean*, xvi, 33.) Pourquoi donc nous étonner, mes très-chers frères, si Vincent a été vainqueur par la force de Celui qui a vaincu le monde? « Vous aurez, leur dit-il, des tribulations dans ce monde; » il pèsera sur vous, mais sans vous opprimer; il vous attaquera, mais sans pouvoir vous vaincre.

CHAPITRE II. — *Double guerre que le monde fait aux soldats de Jésus-Christ : les séductions et la terreur.* — 2. Le monde fait aux soldats de Jésus-Christ une double guerre. Donnez-moi toute votre attention, mes frères; oui, le monde fait aux soldats de Jésus-Christ une double guerre : il les flatte pour les tromper, il les épouvante pour les abattre. Ne nous laissons ni retenir par le plaisir que nous ressentons, ni effrayer par la cruauté qu'on veut exercer contre nous, et le monde sera vaincu. Jésus-Christ vient nous aider à faire face à ces deux sortes d'ennemis, et le chrétien reste vainqueur. Si nous ne considérons dans le martyre de Vincent que la patience humaine, elle nous paraît incroyable; mais, si nous y reconnaissons l'action de la puissance divine, elle cesse de nous étonner. Voyez quelle cruauté déployée sur le corps du saint martyr, et avec quel calme il parle à ses bourreaux ; quelle violente fureur s'exerce contre ses membres, et quelle tranquillité dans ses paroles! Ne dirait-on pas, chose merveilleuse! que, dans ce martyre de Vincent, celui qui souffre est différent de celui qui parle? Et, en réalité, mes frères, c'est ce qui avait lieu. C'était un autre qui parlait. C'est la promesse que Jésus-Christ avait faite dans son Evangile à ses témoins, lorsqu'il les préparait à ce genre de combats : « Ne vous préoccupez ni comment vous parlerez, ni de ce que vous direz. Car ce n'est pas vous qui parlez, c'est l'Esprit de votre Père qui parle en vous. » (*Matth.*, x, 19 et 20.) Le corps était en proie aux souffrances, et c'était l'Esprit qui parlait; et ce langage de l'Esprit, non-seulement confondait l'impiété, mais fortifiait la faiblesse.

CHAPITRE III. — *Vincent souffrait moins de ses propres tourments que Dacien lui-même des tourments de Vincent.* — 3. Tant de tourments réunis ne servaient qu'à faire briller le saint martyr d'un plus vif éclat. Percé de mille blessures profondes, loin d'abandonner le combat, il y revient avec plus d'ardeur. Vous diriez que les flammes, au lieu de le consumer, l'ont durci, semblable à l'argile molle qui se durcit dans le four du potier. Notre saint martyr pouvait dire à Dacien : Votre feu n'a plus d'action sur ma chair, parce que « ma force s'est durcie comme

---

suas armis spiritalibus instruentem, bella monstrantem, adjutoria ministrantem, præmia pollicentem : qui cum dixisset discipulis suis : « In hoc mundo pressuram habebitis, » mox unde territi consolarentur, adjunxit dicens : « Sed confidite, ego vici mundum. » (*Joan.*, xvi, 33.) Quid ergo miramur, Carissimi, si in illo Vincentius vicit, a quo victus est mundus? « In hoc, inquit, mundo pressuram habebitis, » ut si premit, non opprimat; si oppugnat, non expugnet.

CAPUT II. — *Duplex mundi acies contra milites Christi, blanditiæ et terrores.* — 2. Duplicem mundus aciem producit contra milites Christi. Advertite, Fratres. Duplicem dixi aciem producit mundus contra milites Christi. Blanditur enim ut decipiat; terret ut frangat. Non nos teneat voluptas propria, non nos terreat crudelitas aliena; et victus est mundus. Ad utrosque aditus occurrit Christus, et non vincitur Christianus. Si consideretur in ista passione humana patientia, incipit esse incredibilis; si agnoscatur divina potentia, desinit esse mirabilis. Tanta grassabatur crudelitas in Martyris corpore, et tanta tranquillitas proferebatur in voce, tantaque pœnarum asperitas sæviebat in membris, et tanta securitas sonabat in verbis; ut miro modo putaremus Vincentio patiente, alium non loquentem torqueri. Et vera, Fratres, ita erat : prorsus ita erat : alius loquebatur. Promisit enim et hoc testibus suis Christus in Evangelio, quos ad hujusmodi certamina præparabat. Sic enim ait : « Nolite præmeditari quomodo aut quid loquamini. Non enim vos estis qui loquimini, sed Spiritus Patris vestri qui loquitur in vobis. » (*Matth.*, x, 19, 20.) Caro ergo patiebatur, et Spiritus loquebatur. Et loquente Spiritu, non solum convincebatur impietas, sed etiam confortabatur infirmitas.

CAPUT III. — *Vincentius tormentis suis non tantum vastatus, quantum Dacianus.* — 3. Clariorem nobis Martyrem tot tormenta faciebant. Multiplici enim vulnerum varietate confessus, non deserebat pugnam, sed acrius iterabat. Putares quod eum duraret flamma, non ureret; et tanquam figuli fornax lutum molle suscipiens, duram redderet testam. Poterat Martyr noster dicere Daciano : Jam non urit ignis

l'argile. » (*Ps.* XXI, 16.) Car c'est la Vérité elle-même qui nous dit dans la sainte Ecriture : « La fournaise éprouve les vases du potier, et la tribulation les hommes justes. » (*Ecclés.*, XXVII, 6.) Ainsi Vincent fut éprouvé et comme durci par ce feu qui consuma Dacien et le fit éclater. S'il n'était pas embrasé, pourquoi ces cris? Qu'était-ce que ces paroles dictées par la colère, sinon la fumée du feu qui le consumait? Il entourait de flammes le corps du saint martyr, dont le cœur était rafraîchi par une rosée céleste; mais lui-même, embrasé par les torches de la fureur, ressemblait intérieurement à un four ardent, qui consumait celui qui habitait en lui, c'est-à-dire le démon. Les paroles pleines de fureur de Dacien, ses regards farouches, son visage menaçant et l'agitation de tout son corps annonçaient la présence de cet hôte intérieur, qui apparaissait par ces signes extérieurs comme à travers les fentes de ce vase qu'il remplissait et qui éclatait avec fracas. Le saint martyr souffrait beaucoup moins au milieu de ses tourments que ce juge impie en proie à ses propres fureurs.

CHAPITRE IV. — *Gloire de Vincent, même en ce monde, après son martyre.* — 4. Cependant, mes frères, tout est maintenant passé, et la fureur de Dacien, et les souffrances de Vincent; ce qui reste, c'est, pour Dacien, un supplice éternel, et pour Vincent, la couronne de l'immortalité. Mais, sans m'étendre davantage sur le sort différent qui leur est échu pour l'éternité, montrons quelle gloire brillante environne, même dans ce monde, les saints martyrs. Quelle est aujourd'hui la contrée, quelle est la province, partout où s'étend l'empire romain ou le nom chrétien, qui ne célèbre avec joie l'anniversaire du martyre de saint Vincent? Qui connaîtrait aujourd'hui le nom de Dacien, s'il n'avait lu les Actes du martyre de Vincent? Or, en conservant avec tant de soin le corps de son martyr, qu'a voulu nous apprendre le Seigneur? qu'il avait toujours dirigé pendant sa vie celui qu'il n'abandonnait point après sa mort. Vincent a donc été vainqueur de Dacien pendant sa vie et après sa mort. Pendant sa vie, il a foulé aux pieds les plus cruels tourments; après sa mort, il a traversé les mers. Mais Celui qui dirigeait au milieu des flots son corps inanimé était le même qui lui avait donné ce courage invincible sous les ongles de fer. Les flammes allumées par le bourreau trouvèrent son cœur inébranlable; les flots de la mer ne purent submerger son corps. Or, dans ces prodiges et dans tous les autres semblables, nous ne pouvons que voir l'accomplissement de ces paroles : « La mort des saints est précieuse devant le Seigneur. » (*Ps.* CXV, 15.)

---

tuus carnem meam, quia « exaruit velut testa virtus mea. » (*Psal.* XXI, 16.) Et quoniam veraciter scriptum est : « Vasa figuli probat fornax, et homines justos tentatio tribulationis (*Eccli.*, XXVII, 6); probatus est atque decoctus illo igne Vincentius : arsit vero et crepuit Dacianus. Si enim non ardebat, unde clamabat? Quid enim erant verba irascentis, nisi fumus ardentis? Ergo Martyri nostro refrigerium in corde habenti, flammas extrinsecus admovebat; sed ipse facibus furoris accensus, tanquam clibanus intus ardebat, et habitatorem suum diabolum concremabat. Per furiosas enim Daciani voces, per truces oculos et minaces vultus et totius corporis motus ille habitator ejus interior monstrabatur; et per hæc signa visibilia, tanquam per sui vasculi, quod impleverat, crepantis rimulas videbatur. Non tantum Martyrem cruciabant tormenta, quantum illum vastabat insania.

CAPUT IV. — *Vincentii gloria post passionem, etiam in hoc mundo.* — 4. Sed jam, Fratres, illa omnia transierunt, et ira Daciani, et pœna Vincentii. Nunc autem pœna Daciano, corona vero manet Vincentio. Denique his præmissis futuræ videlicet retributionis finibus, etiam in hoc mundo Martyrum gloriam demonstremus. Quæ hodie regio, quæve provincia ulla, quo usque vel Romanum imperium, vel Christianum nomen extenditur, Natalem non gaudet celebrare Vincentii. Quis autem hodie Daciani vel nomen audisset, nisi Vincentii passionem legisset? Quod vero tanta cura servavit Dominus Martyris corpus, quid aliud demonstravit, nisi se gubernasse viventem, quem non reliquit exanimem? Vicit ergo Dacianum vivens Vincentius, vicit et mortuus. Vivens tormenta calcavit, mortuus maria transnatavit. Sed ipse inter undas gubernavit cadaver exstinctum, qui inter ungulas animum donavit invictum. Non flexit flamma tortoris cor ejus, non mersit aqua maris corpus ejus. Sed in his et hujusmodi omnibus nihil est aliud, nisi « pretiosa in conspectu Domini mors sanctorum ejus. » (*Psal.* CXV, 15.)

SERMON CCLXXVII.

IVe pour la fête de saint Vincent, martyr.

Dans lequel on discute les qualités du corps spirituel après la résurrection, et où l'on examine si Dieu pourra être vu des yeux du corps.

Prononcé dans la basilique Restitute.

CHAPITRE PREMIER. — *Le corps de Vincent invincible après sa mort. Les reliques des saints sont pour la consolation des fidèles. Les corps des saints ont été donnés aux Eglises, non pour la gloire des martyrs, mais pour exciter les fidèles à les prier.* — 1. Nous avons considéré des yeux de la foi le combat de ce généreux martyr, et nous avons été épris de cette beauté invisible qui l'environne tout entier. En effet, quelle éclatante beauté dans son âme, puisque son corps même inanimé est invincible! Il a confessé le Seigneur pendant sa vie, il a triomphé de son ennemi même après sa mort. Quelle est ici notre pensée, mes frères? Croirons-nous que la Providence et la volonté du Créateur tout-puissant, lorsqu'elles entourent de tant de gloire le corps de Vincent après sa mort, aient voulu augmenter la félicité du saint martyr? Quand même il n'eût pas reçu la sépulture, Dieu pouvait-il ignorer où il le trouverait pour le ressusciter? La vraie félicité du martyr, c'est la couronne qu'il a reçue après sa victoire, et la vie éternelle qui lui est réservée après la résurrection. Mais Dieu a ouvert à l'Eglise, en lui donnant son corps, une source de consolation. C'est ainsi que souvent, par une condescendance pleine de bonté, Dieu fait servir ses serviteurs au bien de leurs frères, en se proposant beaucoup plus l'utilité de celui à qui on donne, que l'avantage de celui dont il se sert pour donner. C'est ainsi que Dieu nourrissait, par le moyen d'un corbeau, le saint prophète Elie ; or, il n'était impossible ni à la miséricorde ni à la toute-puissance divine de le nourrir toujours de la sorte. Cependant, Dieu l'envoie à une pauvre veuve, qui devait pourvoir à la nourriture de son serviteur, non qu'il ne pût y pourvoir lui-même autrement, mais afin que cette charitable veuve méritât ses bénédictions. (III *Rois*, XVII, 9.) C'est ainsi que Dieu accorde aux Eglises les corps des saints, non pour la gloire des martyrs, mais pour nous rappeler l'obligation de les prier. Quant à eux, ils jouissent d'une gloire parfaite au sein de leur Créateur. Ils n'ont aucune crainte pour leur corps, parce qu'ils n'ont rien à craindre. Ils auraient été les ennemis de leur corps en le traitant avec ménagement ; mais ils ne l'ont point épargné, par une pensée de foi, et ils lui ont assuré la gloire et le bonheur.

CHAPITRE II. — *Le martyr, en n'épargnant pas son corps, agit dans son intérêt.* — 2. Méditez donc cette vérité, et interrogez votre foi. Si la crainte des tourments avait porté saint Vincent à nier le Christ, il aurait paru épargner

---

SERMO CCLXXVII ^(a).

In festo Martyris Vincentii, IV.

In quo disputatur de corpore spiritali post resurrectionem, et utrum ejusmodi corporis oculis videri Deus possit.

CAPUT PRIMUM. — *Vincentii cadaver invictum. Reliquiæ sanctorum ad fidelium consolationem. Corpora sanctorum data Ecclesiis ad memorias orationum, non ad glorias Martyrum.* — 1. Oculis fidei certantem exspectavimus Martyrem, et amavimus totum invisibiliter pulchrum. Qualis enim decoris habebat spiritum, cujus fuit et cadaver invictum? Dominum confessus est vivus : inimicum superavit et mortuus. Quid putamus, Fratres, quod istum honorem providentia et consilium omnipotentis Creatoris cum etiam defuncto corpori detulit, Martyri aliquid præstitit? Quid enim, si non sepeliretur, ignorabat ille unde suscitaretur? Illi et in victoria corona, et in resurrectione servata est vita æterna. Sed de corpore ejus, Ecclesiæ præstita est consolationis memoria. Sic plerumque Deus de servis suis præstat servis suis ^(b) quadam dignatione, donans quod magis prosit ei cui datur, quam ei de quo datur. Sic Eliam sanctum Deus per avem pascebat : non autem misericordia Dei et omnipotentia defecerat, ut semper sic pasceret. Mittitur tamen pascendus ad viduam : non quia non erat quomodo Dei servus aleretur, sed ut fidelis vidua benedictionem mereretur. (III *Reg.*, XVII, 9.) Præstitit ergo sanctorum corpora Ecclesiis suis ad memorias orationum, non ad glorias Martyrum. Illi enim habent integram gloriam suam apud Creatorem suum. Nec ipsi corpori aliquid timent, quoniam non est quod timeant. Magis si parcant corpori, nocent et corpori. Si autem per fidem non parcant corpori, præstant et corpori.

CAPUT II. — *Martyr corpori non parcendo, ipsi consulit.* — 2. Ecce hoc attendite, et fidem vestram interrogate. Sanctus Vincentius si formidine tormen-

---

(a) Alias de Diversis CII. — (b) Plerique Mss. *quamdam dignationem donans, quæ magis*, etc.

son corps, mais, par suite de sa condition mortelle, il lui aurait fallu tôt ou tard se séparer de son corps. Or, qu'aurait-il fait au jour de la résurrection, lorsqu'il eût été précipité dans les flammes éternelles ? Celui qui renie Jésus-Christ, Jésus-Christ le renie à son tour. « Celui, dit-il, qui me renoncera devant les hommes, je le renierai devant mon Père qui est dans les cieux. » (*Luc*, XII, 9.) Supposons donc que Vincent l'ait renié, que les bourreaux n'aient pas épuisé sur lui leur fureur : son âme aurait reçu les profondes blessures qu'il épargnait à son corps, ou, plutôt, elle aurait perdu la vie, et son corps l'aurait conservée ; mais que lui aurait servi cette existence de quelques jours, une fois qu'il serait mort pour l'éternité ? Viendra le jour dont parle le Seigneur, « où tous ceux qui sont dans les tombeaux entendront sa voix et en sortiront, » mais bien différemment. (*Jean*, V, 28 et 29.) Tous sortiront des tombeaux, mais tous ne sortiront point pour la même destinée. Tous ressusciteront, mais tous ne seront point changés. « Ceux qui auront bien fait, dit le Sauveur, en sortiront pour la résurrection de la vie ; mais ceux qui auront mal fait, pour la résurrection du jugement. » Lorsqu'il dit : « Tous ceux qui sont dans les tombeaux, » Notre-Seigneur désigne évidemment la résurrection des corps. Lorsque vous l'entendez parler de jugement, ne vous flattez point qu'il ne s'agisse que d'un jugement dont les effets seront passagers ; le mot jugement est mis ici pour la peine éternelle. C'est dans ce sens qu'il dit dans un autre endroit : « Celui qui ne croit point est déjà jugé. » (*Jean*, III, 18.) Voilà donc la grande différence qui séparera les justes des pécheurs, les fidèles des infidèles, ceux qui confessent Jésus-Christ de ceux qui le renient, les amateurs de cette vie périssable et ceux qui n'aiment que la vie éternelle. « Et les justes iront dans la vie éternelle, et les impies à l'éternel supplice. » (*Matth.*, XXV, 46.) Là, ceux qui auront épargné leur corps seront tourmentés dans leur corps. Parce qu'ils craignaient les souffrances corporelles, ils ont épargné leur corps ; en l'épargnant, ils ont renié Jésus-Christ, et, en reniant Jésus-Christ, ils ont ajourné pour leur corps les supplices éternels ; mais, en les ajournant, les ont-ils éloignés pour toujours ?

Chapitre III. — *Les martyrs n'ont pas méprisé leur corps, mais ont servi ses intérêts.* — 3. Ainsi donc, les martyrs ont agi avec prudence et n'ont pas méprisé leur corps. C'est ce que fait la philosophie erronée et toute mondaine de ceux qui ne croient pas à la résurrection des corps. Ils s'imaginent faire preuve d'un grand mépris pour leur corps, parce qu'ils regardent les corps comme des prisons, où les âmes, disent-ils, sont

---

torum negaret Christum, videretur corpori pepercisse : quadam autem conditione mortali, corpore solveretur. Quid ageret in resurrectione, cum in æternum ignem præcipitaretur ? Negans Christum, negatur a Christo. « Qui negaverit me, inquit, coram hominibus, negabo eum coram Patre meo qui est in cœlis. » (*Luc.*, XII, 9.) Ecce negaret, quiescerent illi tortores, et vulnerato animo sanum esset corpus ; imo occiso animo, viveret corpus : quid prodesset in æternum mortuo brevis corporis vita ? Veniret, dies quam commemorat Dominus, « quando omnes qui in monumentis sunt, audient vocem ejus, et procedent ; » (*Joan.*, V, 28, 29) sed cum magna differentia. Omnes procedent, sed non omnes ad eamdem rem procedent. Omnes surrecturi, sed non omnes immutandi. « Qui enim bene fecerunt, inquit, in resurrectionem vitæ ; qui autem male, in resurrectionem judicii. » Cum dixit : « Omnes qui in monumentis sunt, » procul dubio manifestat corporum resurrectionem. Judicium autem cum audis, ne tibi tanquam de temporali judicio blandiaris, ponitur judicium pro pœna æterna. Secundum hoc dictum est : « Qui autem non credit, jam judicatus est. » (*Joan.*, III, 18.) Hæc ergo differentia separatura est justos ab injustis, fideles ab infidelibus, confessores a negatoribus, amatores vitæ perituræ ab amatoribus vitæ æternæ, separatura est illa discretio. « Et ibunt justi in vitam æternam, impii vero in ignem æternum. » (*Matth.*, XXV, 46.) Ibi cum corpore torquebuntur, qui corpori pepercerunt. Timendo enim tormenta corporis, corpori pepercerunt ; et parcendo corpori, Christum negaverunt ; et negando Christum, (a) pœnas æternas etiam corpori distulerunt. Si distulerunt, numquid abstulerunt ?

Caput III. — *Corpus non contempserunt Martyres, sed ei bene consuluerunt.* — 3. Ergo prudenter Martyres Christi, non sua corpora contempserunt. Perversa est ista, et mundana philosophia, corum qui non credunt corporum resurrectionem. Videntur enim sibi quasi magni corporis contemptores, quia ipsa corpora quasi pro carceribus se habere arbitrantur, quo detrusas putant animas, quod alibi ante

(a) Aliquot Mss. *pœnis æternis etiam corpora distulerunt.*

précipitées en punition des fautes qu'elles ont commises dans une vie précédente. Or, notre Dieu a fait notre corps aussi bien que notre âme; il les a créés, comme il les a rachetés l'un et l'autre; ils lui doivent tous deux leur formation, comme ils lui doivent leur réparation. Les martyrs n'ont donc ni méprisé ni persécuté leur chair comme une ennemie, « car personne n'a jamais haï sa chair. » (*Ephés.*, v, 29.) Au contraire, ils ont bien plutôt agi dans son intérêt en paraissant l'oublier; car, en supportant avec foi, dans cette chair, les souffrances temporelles, ils ont assuré à leur corps lui-même une gloire éternelle.

CHAPITRE IV. — *Gloire du corps après sa résurrection. La santé du corps résulte de l'harmonie des différentes parties dont il est composé.* — 4. Mais qui pourra expliquer quelle doit être la gloire de cette chair après la résurrection? Personne de nous n'en a fait encore l'expérience. Cette chair que nous portons est maintenant pour nous un fardeau, parce qu'elle est indigente, parce qu'elle est faible, parce qu'elle est mortelle, parce qu'elle est corruptible. « Le corps qui se corrompt appesantit l'âme. » (*Sag.*, IX, 15.) Mais ne craignez pas qu'il en soit ainsi à la résurrection; « car il faut que ce corps corruptible revête l'incorruptibilité, et que ce corps mortel revête l'immortalité. » (I *Cor.*, xv, 53.) Ce qui est maintenant un fardeau, sera un honneur; ce qui est un poids accablant, deviendra un allégement. Votre corps n'aura plus de poids, à ce point qu'il vous semblera ne plus en avoir. Considérez, mes très-chers frères, ce qui se passe dans notre corps, tout fragile et mortel qu'il est, lorsqu'il jouit de la santé, lorsqu'il y a équilibre complet entre toutes ses parties, quand aucune affection ne domine au détriment des autres, que la chaleur ne l'emporte pas sur le froid, que l'excès du froid n'éteint pas la chaleur et ne produit point par cette lutte une sensation douloureuse, quand la siccité du corps n'absorbe pas les humeurs, ou quand l'abondance des humeurs ne le surcharge pas trop, mais que l'harmonie la plus parfaite règne entre les différentes parties qui le composent. Cet état, cette harmonie, cet équilibre, en un mot, s'appelle la santé. Mais, considérée dans ce corps corruptible, dans ce corps indigent et faible, dans ce corps sujet à la faim et à la soif, qui se fatigue d'être debout; se repose en s'asseyant, et se fatigue de nouveau d'être assis; dans ce corps que la faim épuise, à qui la nourriture rend des forces, mais qui ne peut sortir d'une défaillance passée qu'en tombant dans une autre qui commence, puisque tout ce que vous faites pour réparer vos forces épuisées est le commencement d'une fatigue nouvelle; car, si vous prolongez cette action destinée à réparer vos forces, elle vous fatigue bientôt à

peccaverunt. Deus autem noster et corpus fecit et spiritum; et utriusque creator est, et utriusque recreator; utriusque institutor, utriusque etiam restitutor. Non ergo carnem tanquam inimicam, vel contempserunt, vel persecuti sunt Martyres. « Nemo enim unquam carnem suam odio habuit. » (*Ephes.*, v, 29.) Magis ei consuluerunt, quando eam negligere videbantur : quando in ea fideliter persistentes, temporalia tormenta tolerabant, æternam etiam ipsi carni gloriam comparabant.

CAPUT IV. — *Corporis gloria post resurrectionem. Sanitas corporis, concordia eorum quibus constat.* — 4. Quæ sit autem futura in resurrectione gloria carnis hujus, quis explicet verbis? Nemo adhuc nostrum habendo expertus est. Nunc carnem onerosam portamus; quia indigam, quia infirmam, quia mortalem, quia corruptibilem. « Corpus enim quod corrumpitur, aggravat animam. » (*Sap.*, IX, 15.) Sed noli hoc in resurrectione metuere. « Oportet ut corruptibile hoc induat incorruptionem, et mortale hoc induat immortalitatem. » (I *Cor.*, xv, 53.) Quod nunc est onus, erit honor : quod nunc sarcina, tunc levamen. Non enim habebit pondus, ut corpus habere te sentias. Videte, Carissimi : quando sanum est corpus nostrum, etiam hoc fragile atque mortale, quando suarum partium temperamento moderatum est, quando in eo nihil ejus adversus aliud rixatur, non calor superat et urget algorem, non copia frigoris fervor exstinguitur, et dum luctatur affligit; non humorem siccitas sorbet, non inundat humor et premit; sed omnia quibus constat concordi inter se junctura librata sunt, quæ sanitas dicitur. Est autem, ut breviter dicam, sanitas, sanitas corporis, eorum concordia quibus constat. Hæc ergo sanitas, id est membrorum humorumque concordia in re corruptibili, in re egena et infirma, in re quæ adhuc esurire et sitire potest, stando lassari, sedendo refici, rursus sedendo lassari, esuriendo deficere, vescendo refici; non succurrere defectionibus præteritis nisi aliis inchoatis : quidquid enim aliud ad refectionem ceperis lassus, initium est alterius lassitudinis; quia in re, quam sumpsisti ut succurreres, si perseveres, et inde fatigaberis : in hoc

son tour; or, considérée dans ce corps faible et corruptible, qu'est-ce que la santé, si parfaite qu'elle soit? Car, enfin, ce que nous appelons santé, pour cette chair mortelle et corruptible, ne peut nullement être comparé à la santé des anges, à qui, selon la promesse du Sauveur, nous serons égaux après la résurrection. (*Luc*, xx, 16.)

Chapitre V. — Et cependant, cette santé, quelle qu'elle soit, quel charme n'a-t-elle pas? Quel bien désirable pour tous? Que le pauvre est riche avec elle seule! que le riche est pauvre, lorsque la santé seule lui fait défaut! Que lui sert-il de se vanter de ses richesses? La fièvre ne craint point d'approcher des lits d'argent; elle ne craint ni la somptuosité des palais, ni les traits du guerrier.

La santé consiste à ne rien sentir qui soit pénible et désagréable. — 5. Qu'est-ce donc que cette santé, que les martyrs ont méprisée avec tant de raison, parce qu'ils en espéraient une autre pour leur corps? Cependant, comme nous n'avons pas encore fait l'expérience de cette dernière, essayons de nous en faire une idée quelconque à l'aide de celle que nous connaissons. Qu'est-ce que la santé? Si vous me demandez : Qu'est-ce que voir? en me bornant à ce qui est particulier au corps, je vous répondrai : C'est sentir les formes et les couleurs des objets. Si vous me demandez : Qu'est-ce qu'entendre? je répondrai : C'est sentir les sons. Qu'est-ce que flairer? c'est sentir les odeurs. Qu'est-ce que toucher? c'est sentir ce qui est dur ou tendre, chaud ou froid, rude ou uni, pesant ou léger. Qu'est-ce que la santé? c'est ne rien sentir. Mais ces facultés elles-mêmes ne sont rien, comparées à ce que nous voyons dans d'autres êtres animés. Votre vue est perçante : l'est-elle plus que celle de l'aigle? Vous avez l'ouïe fine : il est de petits animaux qui l'ont plus fine encore. Vous avez l'odorat subtil : il n'est pas plus développé chez vous que chez le chien. Vous avez une grande délicatesse de goût pour juger de la saveur des aliments, mais il est des animaux qui discernent des plantes qu'ils n'ont jamais goûtées, et qui ne toucheront point à ce qui leur serait nuisible; et, si fin que soit votre goût pour discerner les aliments, vous vous jetez imprudemment sur du poison. Vous avez le sens du toucher très-délicat, mais combien d'oiseaux pressentent la saison d'été et changent de climats, pressentent les approches de l'hiver et se réfugient dans des contrées plus chaudes? Vous sentez l'impression des saisons lorsqu'elles sont venues : ces oiseaux les pressentent avant qu'elles soient arrivées. Et, quant à ce caractère de la santé que j'ai signalé, et qui est de ne rien sentir, il est propre à la pierre, à l'arbre, à un cadavre, qui n'éprouvent aucune sensation.

Chapitre VI. — *Dacien déchaîne sa fureur sur un cadavre. La santé consiste à vivre avec*

---

ergo infirmo et corruptibili corpore, quid est ipsa sanitas qualiscumque? Neque enim hæc, quæ in carne mortali et corruptibili dicitur sanitas, ullo modo Angelorum sanitati comparanda est, quorum nobis æqualitas in resurrectione promittitur. (*Luc.*, xx, 36.)

Caput V. — Hæc tamen sanitas, ut dixi, qualiscumque quid habet delectationis, quam exoptabile bonum est omnibus? Quantam rem habet pauper, cum hanc solam habet; quantam non habet dives, cum hanc solam non habet? Quid se jactat copiosum? Febris lectum non formidat argenteum : non timet pompam divitis, non timet jacula bellatoris.

Sanitas est nihil sentire, scilicet molestum et onerosum. — 5. Quid ergo sanitas hæc ipsa, quam recte Martyres contempserunt, quia in ipsa carne aliam speraverunt? Tamen quia illam nondum experti sumus, ex ista quam novimus, illam utcumque conjiciamus. Quid est sanitas? Si dicas mihi : Quid est videre? Quantum ad corpus attinet, respondebo tibi fortasse : formas coloresque sentire. Si dicas mihi : Quid est audire? Respondebo : sonos sentire. Si dicas : Quid est olfacere? Respondebo : odores sentire. Quid est tangere? Dura vel mollia, calida vel frigida, aspera et lenia, gravia vel levia sentire. Quid est sanitas? Nihil (a) sentire. Sed et hæc ipsa in nobis modo aliorum comparatione vilescunt. Acute vides : acutius te forsitan aquila. Acute audis : sunt bestiolæ quæ audiunt acutius. Acute olfacis : canem sagacem non vincis. Acute sapores gustando disjudicas : sunt animalia quæ inexpertas herbas discernunt, et quod est noxium non attingunt. Nam tu quamlibet acute discernas cibum, imprudens irruis in venenum. Acute sentis tangendo : quam multæ aves æstatem futuram præsentiunt, et loca demutant; hyemem imminere præsentiunt, ad loca calidiora demigrant? quod tu cum venerit sentis, antequam veniat illa præsentiunt. Et hoc ipsum quod in sanitate laudavi, nihil sentit lapis, nihil arbor, nihil cadaver.

Caput VI. — *Dacianus sæviens in corpus mortuum.*

(a) Colbertinus Ms. *Nihil adversum sentire.*

ce corps, et à ne rien sentir de son poids, qui dure autant que la vie. — 6. Le préfet Dacien ne sentait-il rien dans son cœur, lorsqu'il déchaînait sa fureur sur un cadavre insensible? Que pouvait-il faire à ce corps privé de sentiment, après avoir été honteusement vaincu par lui lorsqu'il vivait encore? Il fit cependant tout ce qu'il pouvait et mit toute sa puissance au service de sa colère. Mais Dieu couronnait déjà en secret celui qui était extérieurement inaccessible à la souffrance. Il éprouvait la vérité de ces paroles du Seigneur, lorsque, pour nous rassurer contre ceux qui donnent la mort au corps, il dit : « Ne craignez point ceux qui tuent le corps, et ne peuvent rien de plus. » (*Matth.*, x, 28 ; *Luc*, xii, 4.) Comment ne peuvent-ils rien de plus, puisque ce juge, dans sa fureur insensée, s'est porté à de tels excès contre le corps de Vincent? Il est vrai; mais qu'a-t-il fait à Vincent, puisque sa fureur a été impuissante contre lui pendant qu'il vivait? La santé ne consiste donc point à être privé de tout sentiment, comme une pierre, un arbre, un cadavre, mais à vivre dans un corps, sans rien sentir de son poids. Et cependant, quelque parfaite que soit la santé de l'homme en cette vie, son corps est toujours pour lui un lourd fardeau. L'âme est appesantie par le corps, même lorsqu'il jouit de la santé, parce qu'il se corrompt, c'est-à-dire, parce qu'il est sujet à la corruption. (*Sag.*, ix, 15.) Il appesantit l'âme, c'est-à-dire, il n'obéit point à toutes ses volontés. En beaucoup de choses il se montre docile; l'âme met en mouvement les mains pour agir, les pieds pour marcher, la langue pour parler; elle ouvre les yeux pour voir, les oreilles pour entendre; dans toutes ces choses le corps fait preuve d'obéissance. Mais si elle désire se transporter d'un lieu dans un autre, elle sent alors un poids, elle sent un fardeau; le corps ne se meut pas pour arriver au but aussi facilement que l'âme le désire. Un ami désire voir son ami vivant dans son corps, comme il vit lui-même; il sait qu'il habite un pays éloigné, que de nombreuses journées de marche l'en séparent : son esprit l'a devancé; mais quand il arrive au terme du voyage avec son corps, il sent de quel lourd fardeau il est chargé. Le poids du corps n'a pu obéir au mouvement rapide de la volonté, il n'a pu se transporter aussi promptement dans l'endroit où l'esprit le désirait, et le transporter par avance. Ce lourd fardeau ralentit sa marche.

CHAPITRE VII. — *Il faut chercher dans ce corps quelque chose qui nous aide à comprendre la célérité dont sera doué le corps spirituel.* — 7. Pouvons-nous trouver dans le corps lui-même des preuves de la rapidité de ses mouvements? Donnerons-nous les pieds pour exemple? Quoi

---

Vivere in corpore, et nihil ex ejus onere sentire, est sanum esse. Onus corporis in hac vita semper manet. — 6. Nam præses ille Dacianus in corde nihil sentiebat, quando in nihil sentiens cadaver sæviebat? Quid enim jam faciebat nihil sentienti, qui potuit et a sentiente superari? Fecit tamen quidquid potuit, fecit iratus. Sed qui jam nihil (*a*) in palam patiebatur, in occulto coronabatur. Tenebat enim sententiam Domini sui : qui cum vellet nos securos facere de his qui corpus occidunt : « Nolite, inquit, timere eos qui corpus occidunt, et postea non habent quid faciant. » (*Matth.*, x, 28 ; *Luc*, xii, 4.) Quomodo postea non habent quid faciant, quando insanus ille de Vincentii corpore tanta fecit? Sed Vincentio quid fecit, qui etiam sentienti nihil fecit? Ergo non sic non sentire, ut non sentit lapis, ut non sentit arbor, ut non sentit cadaver; sed vivere in corpore, et nihil ex ejus onere sentire, hoc est sanum esse. Et tamen quantumlibet sit homo in hac vita sanus, sentit etiam sani corporis pondus. Aggravat animam etiam sanum corpus quod corrumpitur, id est, corruptibile. (*Sap.*, ix, 15.) Aggravat animam, id est, non obtemperat animæ ad nutum omnis voluntatis. Obtemperat in multis : movet manus ad operandum, pedes ad ambulandum, linguam ad loquendum, oculos ad videndum, ad sentiendas voces intendit auditum : in his omnibus corpus obsequitur. Mutandi loci cupiditas sentit onus, sentit pondus : non tanta facilitate movetur corpus ad perveniendum, quo desiderat. Desiderat aliquis amicum videre in corpore constitutum, in corpore constitutum : illum novit esse in longinquo, multæ mansiones interjacent : animo jam præcessit, corpore quando pervenit, tunc sentit quale onus portet. Non potuit ad celeritatem præsumptam obedire voluntati pondus carnis : non potuit ea celeritate rapi, qua voluit, qua eam portat animus. Tardum et onerosum est.

CAPUT VII. — *Quærendum aliquid in hoc corpore unde intelligatur velocitas corporis futuri spiritalis.* — 7. Putamusne habet aliquid ipsum corpus, unde probetur velocitas corporis? Pedes dicemus? Quid tardius? Ipsi sunt qui perveniunt, et desideria vix

(*a*) Plures Mss. *a palam sæviente patiebatur.*

de plus lent? Ce sont eux qui nous font parvenir; mais qu'ils ont de peine à suivre nos désirs, et que d'efforts pour arriver au terme! Supposez, toutefois, un homme qui soit aussi vite que certains animaux avec lesquels nous ne pouvons soutenir sur ce point la comparaison; supposez un homme qui traverse l'espace avec autant de rapidité que les oiseaux : il ne pourra cependant parvenir d'un seul coup où il veut arriver. Les oiseaux volent longtemps lorsqu'ils changent de climats, et la fatigue les force quelquefois de se reposer sur les mâts des vaisseaux. Quand même donc nous aurions le vol rapide des oiseaux, la vivacité de nos désirs nous accuserait encore de lenteur. Mais, lorsque ce corps sera devenu spirituel, comme l'Apôtre nous l'enseigne par ces paroles : « Il est semé corps animal, il ressuscitera corps spirituel, » (I *Cor.*, xv, 44) qui pourra dire avec quelle vitesse, avec quelle rapidité il obéira aux ordres de la volonté? Il ne ressentira plus alors aucun poids, aucun besoin, aucune fatigue, aucune résistance, aucune opposition.

CHAPITRE VIII. — *Digression sur les qualités des corps spirituels.* — 8. De quelle nature était ce corps avec lequel le Seigneur entre dans un endroit fermé? Renouvelez votre attention, je vous en prie; je voudrais, avec l'aide du Seigneur, quelles que soient mes paroles, satisfaire à votre attente ou ne pas rester trop au-dessous. L'occasion de vous dire quelques mots des qua-lités du corps spirituel nous a été offerte par les souffrances de notre saint martyr, que nous avons vu avec admiration mépriser son corps au milieu des plus cruels tourments. Nous vous avons dit qu'en n'épargnant point son corps, il agissait dans l'intérêt de ce même corps; car, en fuyant les souffrances de la vie présente et en reniant Jésus-Christ, il eût dévoué ce corps à des châtiments éternels et à d'épouvantables supplices. Cette considération m'a inspiré le désir de vous exhorter et de m'exhorter moi-même avec vous à mépriser les choses de la vie présente et à espérer les biens éternels. « Car, pendant que nous sommes dans cette tente, nous gémissons sous sa pesanteur; » (II *Cor.*, v, 4) et cependant, nous ne voudrions point mourir, nous redoutons d'être déchargés de ce lourd fardeau; nous ne voudrions pas être dépouillés, mais revêtus par-dessus, en sorte « que ce qu'il y a de mortel soit absorbé par la vie. » J'ai donc entrepris à cette occasion de vous dire quelques mots sur les qualités du corps spirituel, et j'ai cru devoir tout d'abord vous exposer en quoi consiste la santé de ce corps fragile et corruptible, pour nous élever de là à quelque chose de plus grand. Or, nous avons trouvé que la santé pour le corps consiste à ne rien sentir. Ainsi, nous avons bien des organes dans l'intérieur de notre corps; qui de nous les connaîtrait, s'il ne les avait vus dans des corps dépouillés et ouverts? Comment connaissons-nous nos en-

---

sequuntur, et molimenta moliendo perveniunt. Sed fac quemquam ita velocem, ut sunt quædam animalia, quibus nec comparanda est velocitas nostra; fac quemquam ita velocem, ut sunt aves : non eo ictu pervenit, quo voluerit. Diu volant aves migrando, et aliquando fessæ insidunt arboribus navium. Ergo si etiam sicut aves volare possemus, præ desiderio perveniendi tardi essemus. Cum vero fuerit corpus spiritale, de quo dictum est : « Seminatur corpus animale, surget corpus spiritale; » (I *Cor.*, xv, 44) quanta ibi facilitas, quanta celeritas, quanta obedientia volentis? In nullo pondus, in nullo egestas, in nullo lassitudo, in nullo ex alia parte renitentia et reluctatio.

CAPUT VIII. — *De corpore spiritali ex occasione dicendum.* — 8. Quale illud corpus erat, quod Dominus per claustra trajecit? Intendite, obsecro, si possim adjuvante Domino qualibuscumque verbis exspectationi vestræ aut satisfacere, aut non multum deesse. Nata nobis occasio est de corpore spiritali aliquid disputandi ex passione Martyris, a quo sic vidimus et mirati sumus corpus inter tormenta contemni. Diximus enim quia non parcendo corpori, eidem etiam corpori consulebat : ne forte fugiendo temporales pœnas, et Christum negando, idem ipsum corpus pœnis sempiternis et atrocissimis suppliciis destinaret. Hinc ergo hortari vos cupiens, et me ipsum ad præsentia contemnenda, futura speranda : « Etenim in hoc habitaculo ingemiscimus gravati, » et tamen mori nolumus, et exui pondere formidamus; « nolumus enim spoliari, sed supervestiri, ut absorbeatur mortale a vita; » (II *Cor.*, v, 4) hac ergo occasione de spiritali corpore suscepi aliquid loqui vobis, et primitus commendandam putavi hanc ipsam hujus fragilis et corruptibilis corporis sanitatem, ut ex ipsa magnum aliquid inveniamus. Invenimus in ipsa sanitate nihil sentire. Etenim multa habemus intus in visceribus nostris; quis ea nostrum sciret, nisi in corporibus laniatis videret? Viscera nostra, interiora nostra, quæ dicuntur in-

trailles, les parties intérieures de notre corps, ce qu'on appelle les intestins? C'est un bien pour nous de ne point les sentir, car, ne point les sentir, c'est être en santé. Vous dites à un homme : Veillez bien sur votre estomac; il vous répond : Qu'est-ce que l'estomac? Heureuse ignorance! Il ne sait où est son estomac, parce qu'il s'est toujours bien porté ; s'il en avait souffert, il l'aurait senti, et, s'il l'avait senti, ce ne serait point pour son bien.

Chapitre IX. — *Célérité des corps célestes. Les corps des anges.* — 9. Mais, après avoir relevé le mérite de la santé du corps, nous avons parlé de la célérité de ses mouvements, et nous avons reconnu que nous étions en quelque sorte aussi lourds que le plomb. Quelle n'est pas la rapidité des corps célestes? Voulez-vous le savoir? Vous considérez le soleil, et il vous paraît immobile; et cependant il a un mouvement qui lui est propre. Vous me direz peut-être qu'il se meut; il est vrai, mais bien lentement. Voulez-vous savoir combien est grande la rapidité de ce mouvement? Voulez-vous que la raison vous découvre ce que vos yeux ne peuvent vous apprendre? Supposons un homme qui coure en ligne directe avec des chevaux de poste de l'Orient en Occident; combien de jours mettrait-il à franchir cette distance? Quelle que fût la vitesse de ses chevaux, combien de haltes il lui faudrait faire? Or, cette distance qui sépare l'Orient de l'Occident, le soleil, qui vous paraît immobile, la parcourt en un seul jour, et il ne lui faut qu'une nuit pour revenir au lieu de son lever. Je ne puis avancer, parce que c'est un point obscur, difficile à persuader et encore plein d'incertitude, que les espaces célestes sont beaucoup plus étendus que les espaces terrestres. Or, après avoir reconnu cette rapidité incompréhensible du mouvement des corps célestes, qui nous paraissent immobiles lorsque nous les considérons, à quoi pourrons-nous comparer la rapidité du corps des anges? En effet, ils se sont rendus présents, et, quand ils l'ont voulu, ils se sont manifestés aux regards des hommes avec un corps qui permettait de les toucher. Ainsi Abraham a lavé les pieds à des anges. (*Gen.*, XVIII, 4.) Non-seulement il a lavé, mais il a touché leurs corps. Ils ont apparu sur la terre, comme ils l'ont voulu, quand ils l'ont voulu, et à ceux qu'ils ont voulu. Ils n'éprouvent aucune difficulté, aucun retard. Cependant, nous ne les voyons pas courir, nous ne les voyons point aller d'un lieu dans un autre, nous ne savons point à quel moment ils se dérobent aux regards des hommes; ils arrivent quand ils le veulent. Nous ne pouvons donc les prendre comme preuve convaincante de la célérité dont nous parlons. Laissons donc ce qui nous est inconnu, et ne portons point la présomption jusqu'à vouloir juger témérairement des choses qui sont en dehors de notre expérience.

---

testina, unde novimus? Et tunc est bonum, quando illa non sentimus. Quando enim illa non sentimus, tunc sani sumus. Dicis alicui : Observa stomachum. Respondet tibi : Quid est stomachus? Felix ignorantia : nescit ubi habeat, quod semper sanum habet. Si sanum non haberet, sentiret : si sentiret, non bono suo sciret.

Caput IX. — *Celeritas corporum cœlestium. Angelorum corpora.* — 9. Sed quamvis laudata corporis sanitate venimus ad celeritatem motus, et invenimus nos plumbeos quodam modo. Quanta est celeritas cœlestium corporum? Vis nosse quanta sit? Intueris solem, et tibi videtur quasi non moveatur, et tamen movetur. Forte dicis : Movetur, sed tardius. Vis nosse quanta celeritate moveatur? Vis ratione colligere, quod non sentis aspectu? Si recta via ab Oriente usque in Occidentem in hac terra veredis quisque curreret, per quot dies perveniret? qualibet equorum velocitate ferretur, quot mansiones ageret? Spatium itineris ab initio Orientis usque ad finem Occidentis sol, qui tibi videtur stare, uno die conficit, et una nocte ad ortum redit. Nolo dicere, quia obscurum est, et ad persuadendum difficile, vel fortassis incertum, quam sint spatia cœlestia multo quam terrestria latiora. Cum ergo videamus tantam celeritatem cœlestium corporum, quæ nobis videntur cum attenduntur non moveri; cui celeritati comparare possumus corpus Angelicum? Adfuerunt etiam, et quando voluerunt se conspiciendos tangendosque præbuerunt. Lavit Angelis pedes Abraham. (*Gen.*, XVIII, 4.) Non solum lavit illa corpora, verum etiam contrectavit. Apparuerunt, ut voluerunt, quando voluerunt, quibus voluerunt. Nihil difficultatis, nihil omnino tarditatis sentiunt. Sed non eos videmus currentes, non eos videmus de loco in locum migrantes, ut nossemus ab oculis hominum discedentes : quando voluerunt, pervenerunt. Non est ergo unde etiam de istis evidentissimum celeritatis hujus præbeamus exemplum. Omittamus incognita, et de inexpertis nihil temere præsumere audeamus.

Chapitre X. — *Rapidité du mouvement du rayon visuel.* — 10. Je trouve dans ce corps lui-même que nous portons, un organe dont j'admire l'ineffable célérité de mouvement. Quel est-il? C'est le rayon de notre œil, qui atteint tout ce que nous voyons; car vous atteignez, vous touchez, pour ainsi dire, par le rayon de votre œil, tout ce que vous voyez. Si vous voulez voir un objet éloigné, et qu'un corps s'interpose entre vous et cet objet, le rayon visuel tombe sur ce corps interposé et l'empêche d'arriver jusqu'à l'objet que vous désirez voir, et vous dites à ce qui vous fait obstacle : Retirez-vous, vous m'empêchez de voir. Vous voulez voir une colonne, un homme se met en face de vous : il arrête votre vue. Le rayon visuel est parti, mais il tombe sur cet homme; il ne peut arriver jusqu'à la colonne, il est arrêté par un autre objet, qui ne lui permet pas d'aller plus loin. Mais que celui qui vous faisait obstacle s'écarte, aussitôt votre regard atteint l'objet qu'il désirait voir. Raisonnez maintenant, et, si vous pouvez, trouvez une réponse à cette question : Votre regard, votre rayon visuel, atteint-il plus vite un objet rapproché et plus lentement un objet éloigné? Voici un homme qui est près de vous; il vous a fallu autant de temps pour le voir, pour que votre rayon visuel l'atteigne, parvienne jusqu'à lui, que pour arriver jusqu'à cette colonne, que cet homme placé entre elle et vous vous empêchait de voir comme vous le désiriez; vous ne voyez pas plus vite l'un que l'autre, et cependant, cet homme était plus rapproché de vous que la colonne. Si vous voulez marcher, vous arriverez plus vite à l'homme qu'à la colonne; mais, pour voir, vous les atteignez aussi vite l'un que l'autre. Mais cet exemple n'est rien. Jetez encore les yeux; que voyez-vous au loin? une muraille. Jetez-les plus loin encore, vous arrivez jusqu'au soleil. Quelle distance entre vous et le soleil! Qui pourrait la mesurer? Quel esprit assez pénétrant pour se faire une idée des espaces immenses qui vous séparent du soleil? Et cependant, à peine avez-vous ouvert votre œil, sans que vous ayez changé de place, votre regard est parvenu jusqu'au soleil. Vous avez voulu voir, et vous avez vu. Vous n'avez cherché ni machines pour vous servir d'appui, ni échelles pour monter, ni cordes pour vous élever, ni ailes pour voler : il vous a suffi d'ouvrir votre œil, et vous êtes arrivé.

Chapitre XI. — *La résurrection comparée à la célérité du rayon visuel.* — 11. Qu'est-ce donc que cette célérité? Comment en apprécier la grandeur, et que signifie-t-elle? C'est une propriété de notre corps, elle sort de notre chair. Ces rayons visuels si rapides sont en nous, et nous ne sommes point dans l'admiration? Nous nous en servons tous les jours pour voir, et

Caput X. — *Radii oculi celeritas.* — 10. In hoc ipso corpore, quod gestamus, invenio aliquid, cujus ineffabilem mirer celeritatem. Quid est hoc? Radius oculi nostri, quo tangimus quidquid cernimus. Quod enim vides, oculi tui radio contingis. Si velis videre longius, et interponatur aliquod corpus, irruit radius in corpus objectum, et transire non permittitur ad id quod videre desideras; et dicis impedienti : Exi, obstas mihi. Columnam vis videre, homo in medio stat, impedit aciem tuam. Radius tuus emissus est, sed pervenit usque ad hominem, usque ad columnam pervenire non sinitur : incurrit in aliud aliquid, non permittitur. Ecce qui tibi obstabat, discessit e medio, pervenit acies quo volebat. Modo discute, et si potes, inveni atque responde, utrum acies ista, radius iste oculi tui citius pervenit ad proximum, tardius ad longinquum. Vidisti hominem in proximo constitutum, tanta mora illum vidisti, tanta mora ad eum radium oculi tui tetendisti, tanta mora ad eum oculi tui radio pervenisti, quanta mora pervenis et ad illam columnam quam volebas videre, et quia homo interpositus erat, non poteras : non ad ipsum citius, et ad illam tardius : et ecce ipse in proximo erat, et illa longius. Si ambulare velles, citius ad hominem, quam ad columnam pervenires : quia videre voluisti, tam cito ad hominem, quam ad columnam pervenisti. Nihil est hoc de columna et de homine. Jace adhuc oculos, vides longe parietem : mitte longius, pervenis ad solem. Quantum est inter te et solem? Quis illa intervalla metiatur? Quis ullo acumine cogitationis æstimet quantum a te longe sit sol? Et tamen mox ut oculum aperueris, ecce tu hic es, radius tuus ibi est. Mox ut videre voluisti, videndo pervenisti. Non quæsisti machinas quibus nitereris, non scalas quibus ascenderes, non funes quibus levareris, non pennas quibus volares. Oculum aperuisse, hoc est pervenisse.

Caput XI. — *Celeritati radii ex oculo emissi resurrectio comparata.* — 11. Quid ergo ista celeritas? quanta est? quid sibi vult? Corporis nostri est, de carne nostra emittitur. Radios nos habemus, et non

lorsque nous y réfléchissons, nous sommes saisis d'étonnement. En fait de rapidité corporelle, vous ne trouverez rien que vous puissiez comparer à cette célérité. Aussi est-ce avec raison que l'apôtre saint Paul lui compare la rapidité avec laquelle s'accomplira la résurrection : « En un clin d'œil, » dit-il. (I *Cor.*, xv, 52.) Le clin d'œil ne consiste pas à fermer et à ouvrir les paupières, car vous mettez plus de temps à faire ce mouvement qu'à voir. Votre paupière se soulève plus lentement que le rayon visuel n'atteint son objet. Ce rayon parvient plus vite jusqu'au ciel, que votre paupière ne se relève jusqu'aux sourcils. Vous comprenez ce que c'est qu'un clin d'œil, et avec quelle rapidité, d'après l'Apôtre, s'accomplira la résurrection des corps. Avec quelle lenteur ces corps ont été créés et formés. Rappelons-nous le long espace de temps nécessaire à la conception, à l'organisation, au développement du germe dans le sein de la mère. Combien de jours, combien de mois exige la formation des membres, jusqu'à ce que l'enfant ainsi formé puisse être mis au jour. Ensuite, quel temps il faut encore pour croître, pour que l'adolescence succède à l'enfance, la jeunesse à l'adolescence, la vieillesse à la jeunesse et la mort à tous ces âges de la vie. Voici, encore d'autres longueurs : un corps qui vient de mourir conserve encore sa forme, et il faut du temps pour qu'il se décompose, tombe en pourriture et en putréfaction, et devienne cendre et poussière. Quels longs espaces de temps, que de jours s'écoulent donc depuis la formation première du corps dans le sein maternel jusqu'au moment où il est réduit en cendres! Le jour de la résurrection arrivé, ce corps ressuscite en un clin d'œil.

Chapitre XII. — *La rapidité avec laquelle s'accomplira la résurrection doit nous faire comprendre quelle sera l'agilité du corps spirituel. Cette agilité sera plus grande que la rapidité du rayon visuel.* — 12. Soyez donc ici attentifs, mes frères, et si vous voulez comparer les choses, ne prenez que des termes légitimes de comparaison. Ce corps met beaucoup moins de temps pour se mouvoir en marchant, que pour se former, pour grandir, pour croître, pour arriver à la jeunesse, à la maturité de l'âge et au développement complet de sa taille. Le corps se meut beaucoup plus rapidement en marchant qu'en accomplissant ces différents progrès. Or, la résurrection se fera en un clin d'œil ; quelle sera donc l'agilité du corps ressuscité dont la résurrection s'est faite si rapidement? Ces corps ont été mis en pièces par les bourreaux ; leurs membres ont été dispersés dans tout l'univers, leurs cendres jetées au vent par toute la terre ; tous ces éléments dispersés seront recueillis et réunis en un clin d'œil. Nous admirons la rapidité extraordinaire et presque

---

miramur. Videndo utimur, considerando expavescimus. Non invenis aliquid quod huic compares celeritati, quantum attinet ad corporis celeritatem. Merito huic celeritati apostolus Paulus facilitatem resurrectionis comparavit, dicens : « In ictu oculi. » (I *Cor.*, xv, 52.) Ictus oculi est, non in palpebris claudendis et aperiendis : nam hoc tardius agitur, quam videtur. Tardius palpebram levas, quam dirigis radium. Citius radius tuus pervenit ad cœlum, quam palpebra levata ad supercilium. Videtis quid sit ictus oculi : videtis quam facilitatem Apostolus resurrectioni corporum dederit. Quam tarde ista creata atque formata sunt? Recolamus moras conceptus, et in ipsis uteris matrum coalescentium semina parvulorum; per temporum numerum membra formata, diebus certis, mensibus multis, quo usque illud quod intus creatum atque formatum est proferatur in lucem. Deinde quanta mora crescit, quanta mora succedit adolescentia pueritiæ, juventus adolescentiæ, senectus juventuti, mors omnibus. Accedit etiam alia mora : videtur integrum recens cadaver, in putredinem solvitur; et ad ipsam resolutionem necessaria sunt tempora, donec in tabem defluat, siccetur in cinere : et ab ipsis primordiis uteri usque ad cinerem extremum sepulcri quanta interjacet mora? quot dies? quæ temporum spatia? Venit ad resurgendum, in ictu oculi reparatur.

Caput XII. — *Ex resurrectionis futuræ facilitate intelligenda facilitas corporis spiritalis. Hæc mirabilior celeritate radii oculi.* — 12. Attendite ergo, Fratres, et comparate quæ comparanda sunt, rebus quibus comparanda sunt. Celerius movetur ista caro in ambulando, quam formata est, quam nutrita est, quam crevit, quam ad habitum juvenilem pervenit, integramque ætatem et staturam percepit : celerius movetur in ambulando, quam hoc in illa fiat. Porro autem resurrectio fiet in ictu oculi : quanta erit celeritas movendi, si tanta potuit esse resurgendi? Laniata sunt corpora a sævientibus : toto licet mundo dissipentur membra mortuorum, per totam terram cineres dispergantur; de toto tam grandi sinu totum

incroyable si nous n'en avions l'expérience, du rayon visuel qui part des yeux; mais l'agilité du corps devenu spirituel sera beaucoup plus grande. Il ressuscitera en un clin d'œil; mais Notre-Seigneur a fait plus : il a traversé les murailles d'un lieu fermé, ce qui est impossible à notre regard. C'était après la résurrection; les portes du lieu où les disciples se trouvaient assemblés étaient fermées, lorsque Jésus-Christ leur apparut tout à coup. (*Jean*, xx, 19.) Il est entré là où nos yeux ne peuvent pénétrer. Et ne dites pas : Voilà, il est vrai, ce qu'a pu faire le corps du Seigneur; mais s'ensuit-il que le mien aura la même puissance? L'Esprit saint, qui parlait par la bouche de l'Apôtre, vous en donne la pleine assurance : « Le Seigneur lui-même, dit-il, transformera notre corps misérable, et le rendra conforme à son corps glorieux. » (*Philip.*, III, 21.)

CHAPITRE XIII. — *Dieu sera-t-il vu par le corps devenu spirituel. Dieu ne peut être vu dans un lieu comme on voit un corps.* — 13. Que la fragilité humaine se garde donc de rien affirmer avec témérité, avec présomption, des qualités de ce corps spirituel, de l'agilité si grande, de la rapidité extraordinaire, de la santé si parfaite dont il sera doué. Nous saurons quel est cet état, lorsque nous en serons en possession. Jusque-là, évitons toute affirmation téméraire sur cet état, de peur de ne point y parvenir. La curiosité des hommes fait qu'ils s'adressent quelquefois cette question : Pensez-vous que nous pourrons voir Dieu au moyen de notre corps spirituel? On peut répondre sans hésiter : Dieu ne peut être vu dans un lieu déterminé, il ne peut être vu par parties, il ne peut être vu comme ce qui est répandu dans l'espace ou séparé par des intervalles. Il remplit le ciel et la terre, mais il n'a pas la moitié de lui-même dans le ciel et l'autre moitié sur la terre. En admettant que cet air remplisse le ciel et la terre, la partie qui est dans le ciel n'est point sur la terre. Il en est de même pour tout ce que l'eau remplit : elle remplit l'espace qui la contient, mais elle est par moitié dans une partie de cet espace, et par moitié dans l'autre, et tout entière dans l'espace tout entier. Il n'en est pas ainsi de Dieu. Tenez pour certain, pour indubitable, que Dieu n'est pas un corps. Être répandu dans l'espace, être contenu dans un lieu déterminé, se diviser en deux, trois, quatre parties et plus, est le propre des corps. En Dieu rien de semblable, parce qu'il est tout entier partout; il n'a pas ici une moitié de lui-même et là une autre moitié : il est tout entier partout. Il remplit le ciel et la terre, mais il est tout entier dans le ciel, tout entier sur la terre. « Au commencement était le Verbe. » (*Jean*, I, 1, etc.) C'est vous dire qu'il en est ici du Fils comme du Père, parce que le Fils est un avec le Père et

---

quod sparsum est in ictu oculi reparatur. Miramur radiorum nostrorum, qui funduntur ex oculis, nimiam quamdam, et nisi experiremur, incredibilem celeritatem : mirabilior est in corpore, quod futurum est, spiritali facilitas. In ictu quidem oculi resurget : sed Dominus noster, quod radius oculi nostri non potest, corpus etiam per claustra trajecit. Post resurrectionem in loco uno constitutis discipulis suis, subito apparuit ostiis clausis. (*Joan.*, xx, 19.) Qua nos videre non possumus, ille potuit et intrare. Nemo dicat : Hoc quidem potuit, sed Domini corpus, numquid continuo etiam meum poterit? Et hinc accipe ab Spiritu, qui de Apostolo loquebatur, plenam securitatem. De ipso quippe Domino dictum est : « Qui transfigurabit corpus humilitatis nostræ conforme corpori gloriæ suæ. » (*Philip.*, III, 21.)

CAPUT XIII. — *An Deus videbitur per corpus spiritale. Deus non potest videri in loco ad modum corporis.* — 13. De isto ergo tali corpore, de hujus corporis tanta facilitate, tanta celeritate, tanta sanitate, nihil temere ac præsumenter definire audeat humana fragilitas. Quales erimus, sciemus cum fuerimus. Antequam simus, temerarii non simus, ne illud non simus. Quærit aliquando humana curiositas, et dicit sibi : Putasne per illud spiritale corpus videbimus Deum? Cito quidem responderi potest : In loco non videtur Deus, per partes non videtur Deus, spatiis diffusus intervallisque separatus non videtur Deus. Quamvis impleat cœlum et terram, non ideo tamen dimidius est in cœlo, dimidius in terra. Nam aer iste si implet cœlum et terram; pars ejus quæ in cœlo est, non est in terra. Et quidquid aqua implet, implet quidem spatium quo capitur; sed dimidia est in dimidio spatio, dimidia in alio dimidio, tota in toto. Non est tale aliquid Deus. Hoc omnino noli dubitare, quoniam non est corpus Deus. Per spatia diffundi, locis capi, habere partes dimidias, tertias, quartas, totas, corporum proprium est. Nihil tale Deus; quia ubique totus Deus : non alibi dimidius, et alibi alio dimidio constitutus; sed ubique totus. Implet cœlum et terram : sed totus est in cœlo, totus in terra. « In principio erat Verbum. »

qu'il y a entre eux parfaite égalité, non de volume, mais de nature divine. « Au commencement était le Verbe, et le Verbe était en Dieu, et le Verbe était Dieu; c'est lui qui au commencement était en Dieu. Toutes choses ont été faites par lui, et rien n'a été fait sans lui. » (*Jean*, I, 1, etc.) Et un peu après : « Et la lumière luit dans les ténèbres. » Ce Fils unique, qui demeure tout entier dans le sein de son Père, brille tout entier dans les ténèbres, tout entier dans le ciel, tout entier sur la terre, tout entier dans le sein de la Vierge, tout entier dans l'enfant dont il a pris la forme, et cela, non pas successivement, comme en passant d'un lieu dans un autre. Vous êtes aussi vous-même tout entier dans votre maison, et tout entier dans l'église; mais quand vous êtes dans l'église, vous n'êtes pas dans votre maison, et quand vous êtes dans votre maison, vous n'êtes pas dans l'église. Le Fils de Dieu n'est donc pas tout entier dans le ciel, tout entier sur la terre, tout entier dans le sein de la Vierge, tout entier dans l'enfant dont il a pris la forme, (je ne veux point prolonger cette énumération,) comme s'il passait successivement du ciel sur la terre, de la terre dans le sein de la Vierge : il est tout entier partout et en même temps. Ce n'est pas comme une eau qui se répand, ni comme une terre qu'on divise et qu'on transporte avec de grands efforts. Lorsqu'il est tout entier sur la terre, il ne quitte point le ciel, et lorsqu'il remplit le ciel, il n'a pas abandonné la terre. « Car il atteint avec force d'une extrémité à l'autre, et dispose tout avec douceur. » (*Sag.*, VIII, 1.)

CHAPITRE XIV. — *Pourra-t-on voir au moyen du corps spirituel une substance qui ne peut être vue dans un lieu? c'est ce qui n'est pas encore éclairci.* — 14. Or, les yeux de ce corps devenu spirituel pourront-ils voir une substance qui n'occupe aucun point déterminé de l'espace, en vertu d'une force secrète, nouvelle, tout à fait inconnue et dont nous n'avons aucune idée? nous ne faisons aucune difficulté de l'admettre. Nous ne voulons point porter envie à nos yeux, qui sont pour nous l'organe de la vue. Seulement, n'essayons pas de mettre, d'enfermer Dieu dans un lieu quelconque, de l'étendre dans l'espace, comme s'il avait un corps; c'est une témérité dont il nous faut éviter jusqu'à la pensée. Conservons à la nature divine la majesté qui lui est essentielle et propre. Admettons pour nous tout changement qui peut nous rendre meilleurs, mais éloignons de l'idée de Dieu toutes transformations qui altèrent sa nature. Quant à cette puissance du corps spirituel, nous pouvons d'autant plus l'admettre, que nous n'avons encore rien trouvé de défini dans les Ecritures sur ce sujet. Je n'oserai cependant pas dire que cette définition ne s'y trouve point. Ou elle n'y est pas, ou elle y est cachée, ou elle m'est

---

(*Joan.*, I, 1, etc.) Ut etiam de ipso Filio hoc idem audias, quia et Filius cum Patre unus est Deus : non æqualis mole, sed divinitate. « In principio erat Verbum, et Verbum erat apud Deum, et Deus erat Verbum : hoc erat in principio apud Deum. Omnia per ipsum facta sunt et sine ipso factum est nihil. » Et paulo post : « Et lux lucet in tenebris. » Iste Unigenitus totus manens apud Patrem, totus lucet in tenebris, totus in cœlo, totus in terra, totus in virgine, totus in infante; non alternis temporibus tanquam de loco ad locum migrando. Nam et tu totus es in domo tua, et totus in ecclesia : sed quando in ecclesia, non in domo tua; quando in domo tua, non in ecclesia. Non ergo ille sic totus in cœlo, totus in terra, totus in virgine, totus in infante, (ut aliud nihil commemorem,) quasi migrando de cœlo in terram, de terra in virginem, de virgine in infantem, sed ubique simul totus. Non enim quasi aqua refunditur, nec quasi terra molimine separatur atque transfertur. Quando totus in terra est, cœlum non deserit : sed et cum cœlum implet, a terra non recedit. « Attingit enim a fine usque ad finem fortiter, et disponit omnia suaviter. » (*Sap.*, VIII, 1.)

CAPUT XIV. — *Si per corpus spiritale videri possit substantia quæ non videtur in loco, adhuc incompertum.* — 14. Si ergo substantiam, quæ non videtur in loco, poterunt vel tunc corporales oculi videre, cum fuerit corpus spiritale, si poterunt aliqua vi occulta, aliqua vi inexperta et prorsus incognita, nec ulla æstimatione percepta, si poterunt, possint. Oculis enim videmus, non nostris oculis invidemus. Tantum non conemur Deum perducere ad locum, non conemur Deum includere in loco, non conemur Deum per spatia locorum quasi aliqua mole diffundere; non audeamus hoc, non cogitemus. Maneat substantia divinitatis in sua et propria dignitate. Nos certe, (*f.* cum) quam possumus, in melius mutemus, non Deum in deterius commutemus. Maxime quia definitum aliquid inde in Scriptura non invenimus, aut nondum invenimus. Nam neque hoc audeo præsumere, non in ea esse

inconnue à moi personnellement. Si quelqu'un peut donner à cette question une réponse affirmative ou négative, je la recevrai avec plaisir, et si je ne rends grâce à celui qui m'aura instruit, je manquerai de reconnaissance, non pour l'homme, mais pour Celui qui me parle par sa bouche. Mais à Dieu ne plaise que l'auteur de la grâce me laisse tomber dans cette ingratitude! Voici donc ce que je puis affirmer : les yeux ne peuvent voir qu'à travers l'espace, c'est-à-dire à la condition qu'il y ait un intervalle entre l'œil et son objet; autrement, il est impossible à nos yeux de voir. Supposez que l'objet soit trop éloigné; ils ne pourront le voir, parce que le rayon visuel ne peut s'étendre aussi loin; si, au contraire, cet objet est trop rapproché et qu'il n'y ait aucun intervalle entre les yeux et l'objet qui leur est présenté, il leur est tout à fait impossible de le voir; ainsi, approchez vos yeux de cet objet jusqu'à le leur faire toucher, la vue leur devient impossible, parce qu'il n'y a plus d'espace. J'affirme donc, sans crainte de me tromper, que ces yeux, qui ne peuvent rien voir qu'à travers l'espace et à une certaine distance, ne peuvent maintenant et ne pourront alors voir Dieu, parce que Dieu n'est pas limité par l'espace. Ou bien donc ils seront doués de la faculté de voir ce qui ne se voit point dans un lieu, ou, s'ils ne peuvent voir que dans leurs conditions actuelles, ils ne verront point Celui qui n'occupe aucun point de l'espace.

CHAPITRE XV. — *Ce que nous savons dès maintenant de certain sur les propriétés du corps spirituel et sur la nature invisible de Dieu.* — 15. Mais en attendant qu'un examen plus approfondi découvre à notre raison ou à notre foi ce que l'on peut légitimement admettre des propriétés du corps spirituel, croyons fermement que notre corps ressuscitera, croyons que notre corps aura les propriétés que Jésus-Christ a données à son propre corps, ou celles dont il nous a fait une promesse secrète. Croyons avec certitude que notre corps, après la résurrection, ne sera plus un corps animal, comme il l'est maintenant, mais un corps spirituel. C'est une vérité clairement exprimée et qui ne souffre aucune contradiction. « Il est semé corps animal, dit saint Paul, il ressuscitera corps spirituel. » Croyons d'une foi ferme et certaine que le Père, le Fils, le Saint-Esprit, dans leur nature, dans la substance qui leur est propre, sont pareillement et également invisibles, pareillement et également immortels, pareillement et également incorruptibles. L'apôtre saint Paul a réuni ces attributs dans un même endroit : « Au Roi des siècles, dit-il, immortel, invisible, incorruptible; au seul Dieu, honneur et gloire dans les siècles des siècles. Ainsi soit-il. » (I *Tim.*, I, 17.) Le Dieu unique, Père, Fils et Saint-Esprit,

quod valeat inveniri. Aut non est, aut latet, aut me latet. Si quid in alterutram partem potuerit ab aliquo inveniri, libenter accipio, et me instructum nisi gratias egero, non homini dicenti, sed ei qui per hominem docet, ingratus ero. Absit autem ut dator gratiæ, me esse permittat ingratum. Hoc tantum dico, quia oculi qui per intervalla locorum vident quod vident, id est, ut spatium sit inter videntem et illud quod videtur; aliter enim isti oculi non vident : nam si ab eis aliquid multum in longinquo removeris, ideo non vident, quia radii ad longe posita non perveniunt; si autem ad eos aliquid propinquius admoveris, nisi sit intervallum aliquod inter oculos videntis et corpus quod videtur, videri omnino non potest; nam si propius admovendo oculos ipsos, quibus aliquid videtur, contingas, perdito spatio amittitur visio. Hoc ergo dico, quoniam tales oculi, qui non nisi per intervalla et spatia locorum vident quidquid vident ; nec nunc possunt videre Deum, nec tunc poterunt, quia ille non est in loco. Aut ergo aliud erit quod videre possint, et quod in loco videri non potest : aut si manebit in eis non posse videre nisi in loco, non videbunt eum qui non est in loco.

CAPUT XV. — *De corpore spirituali, deque invisibili Dei natura quid jam certum.* — 15. Hoc autem donec de spiritali corpore diligentius requiratur, quod aut intelligatur aut recte credatur teneamus corpus resurrecturum, teneamus formam corporis nostri hanc futuram, quam vel Christus exhibuit, vel in occulto promisit. Teneamus corpus spiritale futurum, non animale, sicut nunc est. Evidenter enim expressum est, et contradici non potest : « Seminatur corpus animale, resurget corpus spiritale. » (I *Cor.*, xv.) Teneamus Patrem et Filium et Spiritum sanctum natura propria, substantia propria, pariter et æqualiter esse invisibilem, quia pariter et æqualiter credimus immortalem, pariter et æqualiter credimus incorruptibilem. Uno autem loco simul hæc posuit Apostolus : « Regi autem sæculorum, immortali, invisibili, incorruptibili, soli Deo, honor et gloria in sæcula sæculorum, Amen. (1 *Tim.*, 1, 17.) Deus

est immortel, invisible, incorruptible; il ne cesse pas d'être invisible pour devenir visible, parce qu'il ne cesse pas d'être incorruptible pour devenir ensuite corruptible. Il est toujours immortel, comme il est toujours incorruptible, comme il est toujours invisible. S'il pouvait cesser d'être invisible, il serait à craindre qu'il cessât aussi d'être incorruptible. C'est pour cela, je pense, que l'Apôtre a placé l'invisibilité entre l'immortalité et l'incorruptibilité; il a donné pour appui ces deux attributs à l'invisibilité sur laquelle on pouvait élever quelque doute.

CHAPITRE XVI. — Demeurons donc inébranlables dans cette foi. On ne peut établir de comparaison entre l'offense de la créature et l'offense du Créateur. Etudions, discutons les propriétés des créatures, et, si nous nous trompons sur quelque point, prenons pour règle ce que nous avons clairement découvert; car alors, si nous avons d'autres pensées, Dieu nous révélera ce que nous devons en croire. (*Philip.*, III, 15.) Voilà pourquoi nous avons longuement expliqué hier (1) ces paroles : « Bienheureux ceux qui ont le cœur pur, parce qu'ils verront Dieu. » (*Matth.*, V, 8.) Appliquons-nous donc, par tous les moyens possibles, à purifier nos cœurs; joignons la vigilance la plus sévère aux prières les plus ferventes, pour obtenir la pureté du cœur; et, si la pensée des choses extérieures se présente à notre esprit, rappelons-nous ces paroles du Sauveur : « Purifiez d'abord le dedans de la coupe et du vase, et le dehors sera pur aussi. » (*Matth.*, XXIII, 26.)

Le corps a-t-il reçu la promesse de voir Dieu dans un lieu. Le Christ, le salut de Dieu, sera vu par les yeux du corps. — 16. Quelqu'un trouvera peut-être qu'ici les témoignages sont aussi clairement favorables à la chair qu'ils le sont pour le cœur, parce qu'il est écrit : « Toute chair verra le salut de Dieu. » (*Luc*, III, 6.) Nous avons en faveur du cœur un témoignage des plus évidents : « Bienheureux ceux qui ont le cœur pur, parce qu'ils verront Dieu. » Nous avons celui-ci en faveur de la chair : « Toute chair verra le salut de Dieu. » Qui pourrait douter que la chair a reçu la promesse de voir Dieu, s'il n'était arrêté par cette question : Qu'est-ce que le salut de Dieu? Ou plutôt cette question ne peut nous arrêter; nous n'avons ici aucun doute : le salut de Dieu, c'est Jésus-Christ Notre-Seigneur. Si donc Notre-Seigneur Jésus-Christ ne devait être vu que dans sa nature divine, personne ne douterait que la chair dût voir la substance même de Dieu, en vertu de cette promesse : « Toute chair verra le salut de Dieu. » Mais, dans Notre-Seigneur Jésus-Christ, il y a la nature divine, qui pourra être contemplée par les yeux du cœur, lorsqu'ils auront reçu de Dieu, qui les remplira, une pureté, une perfection plus grandes. Il a

---

(1) Nous avons, sur cette matière, le sermon LIII pour la fête d'une vierge martyre, peut-être sainte Agnès.

---

solus, Pater et Filius et Spiritus sanctus, immortalis, invisibilis, incorruptibilis : non modo invisibilis, et postea visibilis; quia non modo incorruptibilis, et postea corruptibilis. Sicut immortalis semper, sicut incorruptibilis semper; ita et invisibilis semper. Si mutatur invisibilitas, metuendum est ne mutetur immortalitas. Puto propterea ipse Apostolus invisibilem in medio posuit, inter immortalem et incorruptibilem. De quo ambigi poterat, ne posset everti, ex utroque latere communivit.

CAPUT XVI. — Teneamus istam indeclinabilem confessionem. Non est simile offendere in creaturam, et offendere in Creatorem. Certe qualitates creaturarum disserendo quæramus, et si in aliquo fallimur, in quod pervenimus in eo ambulemus. Tunc enim si quid aliter sapimus, et hoc nobis Deus revelabit. (*Philip.*, III, 15.) Unde hesterno die diutius disputavimus : « Beati mundicordes, quoniam ipsi Deum videbunt. » (*Matth.*, V, 8.) Nos mundandis cordibus modis omnibus instemus, omni conatu invigilemus; omni prece, quantum possumus, impetremus, ut cor mundemus. Et si de his quæ forinsecus sunt cogitamus : « Mundate, ait, quæ intus sunt, et quæ foris sunt mundata erunt. » (*Matth.*, XXIII, 26.)

Visio Dei an carni promissa in loco. Salutare Dei, Christus per carnem videbitur. — 16. Fortassis alicui videatur tam clarum esse testimonium de carne, quam de corde : quia scriptum est : « Videbit omnis caro salutare Dei. » (*Luc.*, III, 6.) Habemus de corde evidentissimum testimonium : « Beati mundicordes, quoniam ipsi Deum videbunt. » Habemus et de carne : « Videbit omnis caro salutare Dei. » Jam quis dubitaret visionem Dei carni esse promissam, nisi moveret, quid est salutare Dei? Imo quia non movet, non enim dubii sumus : salutare Dei Christus Dominus est. Dominus itaque noster Jesus Christus si in sola divinitate videretur, nemo dubitaret carnem visuram esse substantiam Dei; quia : « Videbit omnis caro salutare Dei. » Quia vero Dominus noster Jesus Christus, et oculis cordis mundis, perfectis, Deo ple-

été vu aussi dans sa nature humaine, comme le dit le Prophète : « Ensuite, il a été vu sur la terre, et il a conversé avec les hommes ; » (*Baruch*, III, 38) et c'est ce qui me fait comprendre le sens de ces paroles : « Toute chair verra le salut de Dieu. » Oui, elle verra le Christ ; c'est une vérité clairement exprimée et que personne ne peut révoquer en doute.

CHAPITRE XVII. — *Le Christ sera vu par toute chair au jour du jugement.* — Mais sera-ce Notre-Seigneur Jésus-Christ dans sa nature corporelle, ou bien sera-ce « le Verbe qui était dès le commencement, le Verbe qui était en Dieu, le Verbe qui était Dieu ? » C'est ce qui est moins clair, c'est ce qui est en question. Ne me pressez point par ce seul témoignage : « Toute chair verra le salut de Dieu. » Ces paroles, disent-ils, signifient que toute chair verra le Christ de Dieu. Mais Jésus-Christ a encore été vu dans sa chair, non plus, il est vrai, dans sa chair mortelle, si toutefois on peut encore l'appeler chair après sa transformation spirituelle ; car voici ce qu'il dit, après sa résurrection, à ses disciples qui le voyaient et le touchaient : « Touchez et voyez qu'un esprit n'a ni chair ni os, comme vous voyez que j'en ai. » (*Luc*, XXIV, 39.) C'est ainsi qu'on le verra encore ; non-seulement il a été vu de la sorte, mais on le verra de nouveau sous cette même forme ; c'est alors peut-être que ces paroles : « Toute chair » recevront leur parfait accomplissement. La chair l'a vu alors ; cependant, ce n'est pas toute chair ; mais lorsqu'au jour du jugement il viendra avec ses anges pour juger les vivants et les morts, lorsque tous ceux qui sont dans les tombeaux entendront sa voix et en sortiront, les uns pour la résurrection de la vie, les autres pour la résurrection du jugement (*Jean*, V, 28), non-seulement les justes, mais les pécheurs le verront dans cette nature qu'il a daigné prendre pour nous, les uns qui seront à sa droite, les autres à sa gauche ; car ceux qui l'ont mis à mort « verront Celui qu'ils ont transpercé. » (*Jean*, XIX, 37.) « Toute chair verra donc le salut de Dieu. » Le corps sera vu par le corps, car c'est avec un corps véritable que Notre-Seigneur viendra juger le monde. Mais à ceux qui seront placés à sa droite et qui seront admis dans le royaume des cieux, il se manifestera tel qu'il se manifestait déjà sur la terre, lorsqu'il disait : « Celui qui m'aime, sera aimé de mon Père ; je l'aimerai aussi, et je me manifesterai à lui. » (*Jean*, XIV, 21.) C'est ce que le Juif impie ne verra point, car « l'impie sera enlevé, pour qu'il ne voie point la gloire de Dieu. » (*Isa.*, XXVI, 10, *selon les Sept.*)

CHAPITRE XVIII. — *Siméon a vu sur la terre le salut de Dieu. Jésus-Christ sera visible pour tous*

---

nis videri potest quantum attinet ad ejus divinitatem ; visus est autem et in corpore, secundum quod scriptum est : « Post hæc in terris visus est, et cum hominibus conversatus est ; » (*Baruch*, III, 38) unde scio quomodo dictum sit : « Videbit omnis caro salutare Dei. » Quia videbit Christum, dictum est, nemo dubitet.

CAPUT XVII. — *Christus in judicio videbitur ab omni carne.* — Sed utrum in corpore Dominum Christum, an sicut « erat in principio Verbum, et Verbum erat apud Deum, et Deus erat Verbum, » hinc ambigitur, hoc quæritur. Noli me urgere uno testimonio : cito confiteor : « Videbit omnis caro salutare Dei. » Dicunt hoc esse : Videbit omnis caro Christum Dei. Sed visus est Christus et in carne, non quidem carne mortali, si adhuc illa spiritalis mutatio caro dicenda est ; quia et ipse post resurrectionem sic dixit videntibus et tangentibus : « Palpate, et videte, quia spiritus carnem et ossa non habet, sicut me videtis habere. » (*Luc.*, XXIV, 39.) Videbitur et sic : non solum visus est, sed et videbitur. Et forte tunc perfectius implebitur quod dictum est, « omnis caro. » Modo enim vidit eum caro, sed non omnis caro : tunc vero in judicio venientem cum Angelis suis ad judicandos vivos et mortuos, cum audierint vocem ejus omnes qui sunt in monumentis, et processerint alii ad resurrectionem vitæ, alii ad resurrectionem judicii (*Joan.*, V, 28), ipsam formam videbunt, quam pro nobis suscipere dignatus est, non solum justi, sed etiam iniqui, alii ad dexteram, alii ad sinistram : quia et qui occiderunt, « videbunt in quem pupugerunt. » (*Joan.*, XIX, 37) « Videbit ergo omnis caro salutare Dei. » Corpus per corpus : quia in (a) vero corpore veniet judicaturus. Sed ad dexteram positis, et in regnum cœlorum missis, sic se demonstraturus est, quomodo jam in corpore videbatur : et tamen dicebat : « Qui diligit me, diligetur a Patre meo, et ego diligam eum, et manifestabo me ipsum illi. » (*Joan.*, XIV, 21.) Hoc Judæus impius non videbit. « Tolletur enim impius, ne videat claritatem Dei. » (*Isai.*, XXVI, 10, *sec.* LXX.)

CAPUT XVIII. — *Simeon hic oculis vidit salutare Dei.*

(a) Colb. Ms. *in uno eodem corpore venit judicandus, veniet judicaturus.*

au jour du jugement. — 17. Le juste Siméon l'a vu des yeux du cœur, parce qu'il a connu ce qu'était cet enfant, et des yeux du corps, parce qu'il a porté cet enfant dans ses bras. C'est en le voyant de cette double vue, en le reconnaissant pour le Fils de Dieu et en le serrant dans ses bras comme né d'une vierge, qu'il s'est écrié : « Maintenant, Seigneur, vous renverrez votre serviteur en paix, parce que mes yeux ont vu votre salut. » (*Luc*, II, 29.) Comprenez bien le sens de ces paroles. Il était retenu sur la terre jusqu'au jour où il verrait des yeux du corps Celui qu'il contemplait des yeux de la foi. Il prit le corps de ce petit enfant, il serra ce corps dans ses bras, et en voyant ce corps, c'est-à-dire en considérant le Seigneur revêtu d'une chair mortelle, il s'écria : « Mes yeux ont vu le salut de Dieu. » Comment savez-vous que ce n'est pas de cette manière que toute chair verra le salut de Dieu? Mais, si nous voulons ne point désespérer de voir le Christ au jour du jugement, non dans la nature où il est toujours resté l'égal du Père, mais dans cette même nature humaine qu'il a prise pour notre salut, écoutons ce que disent les anges. Notre-Seigneur montait au ciel en présence de ses disciples, qui le contemplaient s'élevant dans les airs et accompagnaient de leurs regards Celui dont ils regrettaient le départ, lorsque les anges leur dirent : « Hommes de Galilée, pourquoi demeurez-vous là regardant au ciel? Ce Jésus, qui, du milieu de vous, s'est élevé dans le ciel, viendra de la même manière que vous l'y avez vu monter. » (*Act.*, I, 11.) Il viendra donc de la même manière qu'il est monté au ciel. Il viendra visiblement pour juger le monde, parce qu'il est monté visiblement au ciel. S'il revenait sous une forme invisible, après qu'il est monté sous une forme visible, comment pourrait-on dire qu'il reviendra de la même manière? Mais, s'il revient de la même manière, il reviendra donc sous une forme visible, et « toute chair verra le salut de Dieu. »

CHAPITRE XIX. — *Ce qu'il faut penser de cette difficulté, de Dieu, et des propriétés du corps spirituel après la résurrection.* —18. Dans quelle intention vous ai-je parlé de la sorte? N'oubliez pas, mes frères, que nous devons, dans la mesure de nos forces, apprendre ce que nous ignorons jusqu'à ce que nous le sachions, et enseigner aux autres, avec la grâce de Dieu, ce que nous savons et que nous n'avons pas besoin d'apprendre. Si donc je vous ai tenu ce langage, ce n'est pas que je nie que la chair ne verra Dieu, mais je dis qu'il faut, pour l'admettre, des témoignages plus clairs, si, toutefois, on peut en trouver. Considérez, en effet, la valeur de celui qu'on nous apporte. Il prouve plutôt en notre faveur, ou en faveur de la vérité, ou en faveur de ceux qui soutiennent, comme une vérité certaine, que la chair ne verra jamais Dieu en aucune manière, même après la résurrection des morts. Nous ne voulons point entrer dans cette discus-

---

Visibilis Christus in judicio futuro. — 17. Simeon justus vidit eum et corde, quia cognovit infantem; et oculis vidit, quia portavit infantem. Utroque modo videns eum, agnoscens Dei Filium, et amplectens de Virgine procreatum : « Nunc dimittis, inquit, Domine, servum tuum in pace, quoniam viderunt oculi mei salutare tuum. » (*Luc.*, II, 29.) Videte quid dixerit. Tenebatur enim quo usque et oculis videret, quem fide cernebat. Corpus parvulum accepit, corpus amplexus est; corpus videndo, id est, Dominum in carne cernendo, ait : « Viderunt oculi mei salutare tuum. » Unde scis, ne sic videat omnis caro salutare Dei? Ne autem desperemus eum in ea forma venturum ad judicium, quam pro nobis accepit, non in qua semper æqualis Patri permansit ; audiamus et hinc vocem Angelorum. Ante oculos discipulorum suorum cum ferretur in cœlum, et illi attenderent, eumque corde desideratum aspectu deducerent, audierunt ab Angelis : « Viri Galilæi, quid statis aspicientes in cœlum? Hic Jesus qui acceptus est a vobis, sic veniet quomodo vidistis eum euntem in cœlum. » (*Act.*, I, 11.) Sic ergo, sic veniet, quomodo abscessit in cœlum. Visibilis veniet ad judicium, quia visibilis abscessit in cœlum. Nam si visibilis abscessit et invisibilis veniet, quomodo sic veniet? Si autem sic veniet, visibilis ergo veniet; et « videbit omnis caro salutare Dei. »

CAPUT XIX. — *De difficultate proposita, deque Deo et de corpore futuro spirituali quid tenendum.* — 18. Non hoc ideo dixi (mementote quantum potestis, ut ea discamus, usque quo invenerimus, quæ nondum novimus : quod autem novimus, non opus est ut discamus, sed, Domino adjuvante, doceamus) : non ergo hoc ideo dixi, quia carnem visuram negavi; sed quia quærenda sunt testimonia clariora, si forte poterunt inveniri. Nam hoc quod prolatum est, videtis quale sit. Pro nobis enim magis facit, vel pro ipsa veritate, vel pro his qui quasi certo contendunt, carnem non visuram omnino ullo modo Deum, nec in resurrectione mortuorum. Nos hinc non contendimus, sed

sion; nous nous contentons de rappeler cette question aux esprits plus pénétrants, et de la faire entrer dans les esprits plus lents. Au risque de vous causer de l'ennui, nous allons la répéter. Dieu ne peut être vu dans un espace limité, parce qu'il n'a pas de corps, parce qu'il est tout entier partout, qu'il n'a pas d'un côté une partie plus petite de son être, et de l'autre une partie plus grande. Si la chair peut subir une transformation assez parfaite pour qu'elle puisse voir ce qui ne peut être vu dans l'espace, à la bonne heure. Mais je demande sur quoi on appuie cette opinion. Si rien ne nous l'enseigne d'une manière expresse, ce n'est pas sans doute une raison de la nier, mais c'est certainement une raison pour rester dans le doute. Il est, cependant, une vérité hors de doute, c'est que notre chair ressuscitera, c'est que ce corps animal deviendra un corps spirituel, c'est que ce corps corruptible et mortel revêtira l'immortalité et l'incorruptibilité. Ces vérités sont acquises pour nous, et nous devons les prendre pour règle de notre conduite. (*Philip.*, III, 16.) Si, en poussant trop loin nos recherches, nous venons à nous égarer sur quelque point, que l'objet de cette erreur soit plutôt la créature que le Créateur. Que chacun de nous s'applique de toutes ses forces à transformer son corps en esprit, mais qu'il se garde de transformer en corps la nature divine.

SERMON CCLXXVIII.

Sur la vocation de l'apôtre saint Paul; éloge de l'Oraison dominicale (1).

Ier pour la fête de la Conversion de saint Paul.

CHAPITRE PREMIER. — *Paul, de persécuteur, est devenu apôtre de Jésus-Christ. Dieu nous donne, dans Paul, un exemple de la puissance de la grâce, pour qu'aucun pécheur ne désespère.* — 1. On vous a lu aujourd'hui, dans les Actes des Apôtres, le récit où nous voyons l'apôtre saint Paul devenu, de persécuteur des chrétiens, prédicateur de Jésus-Christ. Aujourd'hui encore, dans ces contrées, les lieux eux-mêmes rendent témoignage au fait qui s'est accompli alors, qu'on nous lit aujourd'hui et que nous croyons. Or, l'utilité de ce grand événement nous est indiquée par l'Apôtre lui-même dans ses Epîtres. Il y déclare que s'il a obtenu le pardon de ses péchés et de cette fureur insensée avec laquelle il traînait les chrétiens à la

(1) Les docteurs de Louvain ont édité ce sermon sous ce titre après Vlimmerius, et ils sont ici d'accord avec un très-ancien manuscrit de l'abbaye de Saint-Germain et avec Possidius, au chapitre VIII de sa Table. Cependant, Florus, dans son Commentaire sur le chapitre I de la Ire Epître à Timothée, intitule ce sermon : « De la Conversion de l'Apôtre saint Paul. » Baronius, dans son martyrologe du 25 janvier, croit qu'il a été prononcé par saint Augustin le jour de la fête de la Conversion de saint Paul. Mais il n'est fait aucune mention de cette fête dans un ancien calendrier de l'Eglise de Carthage récemment publié. A en juger même par ces paroles du chapitre XIV : « S'ils n'ont pas banni de leurs cœurs ces haines violentes, qu'ils considèrent du moins pendant ces saints jours, etc., » il semblerait qu'il a été prononcé dans le Temps pascal, durant lequel, comme on sait, on lisait et on expliquait le livre des Actes des Apôtres.

repetendo acutos commemoramus, tardis inculcamus. Licet multis tædiosi simus, dicimus tamen. Deus non videtur in loco, quia non est corpus; quia ubique totus est, quia non in parte minor, et in parte major est. Hoc firmissime teneamus. Si autem caro illa tantam acceperit mutationem, ut possit per eam videri quod non videtur in loco; omnino ita sit. Sed quærendum est, unde doceatur. Et si nondum docetur, nondum negetur; sed certe vel dubitetur. Ita tamen ut carnem resurrecturam non dubitetur, spiritale corpus futurum ex animali non dubitetur, corruptibile hoc et mortale hoc induere immortalitatem et incorruptionem non dubitetur : ut « in quod pervenimus, in eo ambulemus. » (*Philip.*, III, 16.) Certe si nimis inquirendo in aliquo forte deviamus, saltem in creatura, non in Creatore deviemus. Conetur unusquisque, quantum potuerit, corpus convertere in spiritum, dum tamen in corpus non convertat Deum.

(a) Alias de Diversis XXXIV.

SERMO CCLXXVIII ^(a).

De vocatione apostoli Pauli, et commendatione Dominicæ orationis.

Pro solemnitate conversionis S. Pauli, I.

CAPUT PRIMUM. — *Paulus ex persecutore prædicator Christi. Gratiæ Dei exemplum in Paulo datum, ne aliquis peccator desperet.* — 1. Hodie lectio de Actibus Apostolorum hæc pronuntiata est, ubi apostolus Paulus ex persecutore Christianorum, annuntiator Christi factus est. Hodie in illis regionibus etiam loca ipsa testantur, quod tunc gestum est : et nunc legitur, et creditur. Utilitas autem rei gestæ hujus hæc est, quam Apostolus ipse commemorat in epistolis suis. Dicit enim ad hoc sibi veniam datam omnium peccatorum suorum, et illius furoris atque insaniæ qua pertrahebat Christianos ad necem, qui minister erat furoris Judæorum, sive in lapidatione sancti Martyris Stephani, sive in cæteris exhibendis et ad-

mort, et se rendait le ministre de la rage des Juifs, soit pour lapider le saint martyr Etienne, soit pour amener devant les tribunaux et conduire au supplice les autres chrétiens, c'était afin que personne, fût-il coupable des plus énormes péchés et enchaîné dans les liens des plus grands crimes, ne désespérât d'obtenir son pardon, s'il se convertit sincèrement à Celui qui a fait sur la croix cette prière pour ses persécuteurs : « Mon Père, pardonnez-leur; ils ne savent ce qu'ils font. » (*Luc*, XXIII, 34.) De persécuteur, Paul est devenu prédicateur et docteur des nations. « J'ai été auparavant, dit-il, blasphémateur, persécuteur et calomniateur; mais Dieu m'a fait miséricorde, afin que je fusse le premier en qui Jésus-Christ fît éclater toute sa patience, et que je servisse d'exemple à ceux qui croiront en lui pour la vie éternelle. » (I *Tim.*, I, 13-16.) En effet, c'est par la grâce de Dieu que nous sommes sauvés de nos péchés, qui rendent notre âme malade. C'est de lui, c'est de lui seul, que vient le remède qui peut la guérir. Car elle a bien pu se blesser, mais elle n'a pu se guérir.

L'homme ne peut recouvrer la santé avec la même facilité qu'il peut devenir malade. — 2. Pour ne parler même que du corps, l'homme a le pouvoir de devenir malade, mais il n'a pas également celui de recouvrer la santé. Qu'il dépasse la mesure, qu'il vive dans l'intempérance, qu'il se livre à des excès contraires à son tempérament et qui détruisent sa santé, et il peut en un seul jour, s'il le veut, tomber malade; mais, lorsqu'il est tombé, il ne lui est pas aussi facile de se relever. Pour devenir malade, il lui a suffi de se livrer lui-même à l'intempérance; mais, pour recouvrer la santé, il faut qu'il ait recours au médecin qui peut le guérir. Car, je le répète, il n'a pas le pouvoir de se rendre la santé comme il a celui de la perdre.

CHAPITRE II. — *Le germe de la mort vient de la libre volonté de l'homme.* — Ainsi en est-il de l'âme; pour tomber dans la mort par le péché, pour devenir mortel, d'immortel qu'il était; pour devenir l'esclave du démon qui l'avait séduit, l'homme n'a eu besoin que de son libre arbitre. C'est ce libre arbitre qui lui a fait abandonner les biens célestes pour les basses jouissances de la terre; en prêtant l'oreille au démon, il l'a fermée à Dieu; et, placé entre son Maître et un séducteur, il a mieux aimé obéir au séducteur qu'à son Maître. Il avait entendu le commandement que Dieu lui avait imposé, il entendit de même le commandement contraire que lui donnait le démon. Pourquoi donc ne crut-il pas Celui qui était bien plus digne de foi? Aussi éprouva-t-il la vérité de ce que Dieu lui avait prédit et la fausseté des promesses que le démon lui avait faites. Telle fut l'origine première de nos maux, la racine de toutes nos

---

ducendis ad pœnam; ut nemo de se desperet, qui fuerit magnis peccatis involutus, et magnis sceleribus irretitus, quasi veniam non sit accepturus, si conversus fuerit ad eum, qui pendens in cruce oravit pro persecutoribus dicens : « Pater, ignosce illis, quia nesciunt quid faciunt. » (*Luc.*, XXIII, 34.) Factus est ille ex persecutore prædicator et doctor gentium. « Fui primo, inquit, blasphemus et persecutor et injuriosus : sed ideo misericordiam consecutus sum, ut in me primo ostenderet Christus Jesus omnem longanimitatem, ad informationem eorum qui credituri sunt illi in vitam æternam. » (I *Tim.*, I, 13-16.) Gratia enim Dei salvi efficimur a peccatis nostris, in quibus ægrotamus. Illius, illius medicina est, quæ sanat animam. Nam se ipsa vulnerare potuit, sanare non potuit.

Ægrotare et convalescere non æque habet homo in potestate. — 2. Namque et in ipso corpore in potestate habet homo ægrotare, convalescere autem non ita habet in potestate. Si enim excedat modum, et intemperanter vivat, faciatque illa quæ sunt incommoda valetudini, et expugnantia sanitatem, uno die, si vult, cadit in morbos; non autem cum ceciderit, convalescit. Ut enim ægrotet, se ipsum adhibet ad intemperantiam : ut autem convalescat, medicum adhibet ad salutem. Non enim potest, ut diximus, in potestate habere recipiendam sanitatem, quomodo habet in potestate amittendam.

CAPUT II. — *Ex libera hominis voluntate semen mortis.* — Sic etiam secundum animam, ut peccando in mortem caderet homo, ut ex immortali mortalis fieret, ut subderetur diabolo seductori, fuit in ejus libero arbitrio; quo ad inferiora declinando superiora deseruit, et aurem præbendo serpenti, aurem clausit ad Deum, atque constitutus inter præceptorem et seductorem, magis seductori quam præceptori obtemperare delegit. Unde enim audivit Deum, inde audivit diabolum. Quare ergo non potius meliori credidit? Ideoque invenit verum esse quod prædixerat Deus, falsum quod promiserat diabolus. Hæc prima origo malorum nostrorum, hæc radix omnium miseriarum, hoc semen mortis ex propria et libera

misères, le germe de mort qui est sorti de la volonté personnelle et libre du premier homme. Dieu l'avait créé dans un état où, s'il eût voulu lui obéir, il eût toujours été heureux et immortel; mais s'il venait à négliger ou à mépriser le commandement de Celui qui voulait lui conserver une santé immortelle, il se précipitait volontairement dans la triste maladie de la mortalité. Or l'homme, fier de sa santé, n'eut que du mépris pour son médecin, entre les mains duquel il est maintenant pour se guérir de sa maladie. Il est des ordonnances que la médecine prescrit pour conserver la santé : elle les donne à ceux qui se portent bien, pour les préserver de la maladie; il en est d'autres que l'on prescrit aux malades pour recouvrer la santé qu'ils ont perdue.

Chapitre III. — *Quel est celui qui est médecin proprement dit.* — L'homme n'avait qu'à gagner en obéissant à son médecin; il n'eût pas eu besoin d'être traité par lui; car « ce ne sont pas ceux qui se portent bien qui ont besoin de médecin, mais ceux qui sont malades. » (*Matth.*, IX, 12.) Le médecin proprement dit est celui par les soins duquel le malade recouvre la santé. Mais Dieu est un médecin nécessaire à ceux même qui se portent bien, s'ils veulent conserver la santé. Il eût donc été heureux pour lui de conserver éternellement la santé qu'il avait reçue avec la vie. Il l'a méprisée, il en a abusé; son intempérance l'a fait tomber dans cette maladie pernicieuse, qui nous conduit à la mort; que maintenant, du moins, il écoute les prescriptions du médecin, afin de pouvoir se relever de la maladie où l'a jeté son péché.

Le malade, en observant les prescriptions du médecin, ne recouvre la santé que peu à peu. — 3. C'est un fait connu, mes frères, dans la médecine corporelle, qu'un homme bien portant conserve la santé, en observant les prescriptions hygiéniques qui lui sont données; vient-il à tomber malade, il reçoit de nouvelles ordonnances, auxquelles il se conforme, s'il a vraiment le désir de recouvrer pleinement la santé. Toutefois, il ne la recouvre pas aussitôt qu'il a commencé à les observer; ce n'est qu'en persévérant longtemps qu'il reprend cette santé, que son défaut de modération lui a fait perdre. Le fruit immédiat qu'il retire de sa docilité, c'est de ne pas aggraver sa maladie; c'est que son état, loin de s'empirer, s'améliore, et qu'il revient insensiblement à la santé; car il peut espérer de la recouvrer entièrement, lorsqu'il voit la maladie diminuer de jour en jour. Appliquons cette comparaison : qu'est-ce que vivre en cette vie selon les prescriptions de la justice? n'est-ce pas écouter et observer les préceptes de la loi? Mais tous ceux qui observent ces préceptes recouvrent-ils immédiatement la santé? Non, mais ils les observent pour la recouvrer. Qu'ils ne se lassent point d'y être fidèles, car ce n'est que peu à peu qu'ils peuvent recouvrer ce

---

voluntate primi hominis; qui sic est factus, ut si obediret Deo, semper beatus et immortalis esset; si negligeret et contemneret præceptum ejus, qui volebat in illo salutem perpetuam custodire, in morbum mortalitatis irrueret. Tunc ergo medicus a sano contemptus est, nunc curat ægrotum. Alia sunt enim præcepta, quæ dat medicina ad tenendam sanitatem; sanis enim dantur, ne ægrotent : alia sunt autem, quæ jam ægroti accipiunt, ut recuperent quod amiserunt.

Caput III. — *Medicus proprie quis.* — Bonum erat homini, ut obediret medico, cum sanus esset, ne medicus illi opus esset. « Non est enim opus sanis medicus, sed ægrotantibus. » (*Matth.*, IX, 12.) Proprie quippe medicus dicitur, per quem sanitas recuperatur. Nam semper Deus medicus opus est etiam sanis, ut sanitas ipsa teneatur. Bonum ergo illi erat tenere perpetuam sanitatem, in qua conditus erat. Contempsit, abusus est, intemperantia sua decidit in malam valetudinem hujus mortalitatis : audiat vel modo præcipientem medicum, ut possit inde surgere, quo per peccatum ipse decubuit.

Ægrotus præcepta medici observando nonnisi paulatim fit sanus. — 3. Sed plane, Fratres, quemadmodum in ipsa medicina sanus faciendo quæ imperat sapientia salutis, manet in eo quod habet; si autem cœperit ægrotare, incipit audire præceptum, et incipit facere, si vere curat recipere bonam et integram valetudinem; cum autem cœperit id facere, non continuo jam sanus est; sed diu observando pervenit ad illam sanitatem, quam minus temperando perdiderat : hoc illi autem prodest quod jam incipit observare, ne augeat ægritudinem, et ut non solum deterior non fiat, sed etiam incipiat melius habere, qui paulatim fit sanus : spes est enim perfectæ sanitatis, quando incipit homo minus minusque ægrotare. Sic etiam juste vivere in hac vita, quid est aliud, nisi audire præcepta legis, et facere? Numquid ergo quicumque faciunt præcepta legis, jam sani sunt? Nondum : sed ut sani fiant, faciunt. Non deficiant

qu'un seul instant leur a fait perdre. Si l'homme retrouvait aussitôt sa première félicité, il regarderait comme un jeu pour lui de tomber en péchant dans la mort.

Chapitre IV. — *Avec les prescriptions du médecin, il faut encore supporter la douleur de l'incision.* — 4. Je suppose un homme chez qui l'intempérance a déterminé une grave maladie; il lui est même survenu une tumeur, qu'on ne peut enlever qu'avec le fer; sans aucun doute, il lui faudra souffrir, mais ces souffrances ne seront pas sans fruit. S'il ne veut pas souffrir les douleurs de l'incision, il lui faudra souffrir la gangrène et les vers qu'elle engendre. Le médecin lui dit donc : Prenez telle et telle précaution; n'usez ni de cet aliment, ni de cette boisson; ne vous inquiétez pas de telle affaire. Le malade commence à obéir; il observe les prescriptions du médecin; cependant, il ne recouvre pas aussitôt la santé. Quel fruit lui revient-il de son obéissance? C'est que la gangrène dont il est atteint, loin d'augmenter, diminue. Que faut-il encore? Il faut qu'il se soumette aux prescriptions du médecin, qui applique le fer sur la plaie, et lui cause de vives, mais salutaires douleurs. Si donc cet homme atteint d'un ulcère gangréneux venait à dire : Que me sert-il d'avoir obéi aux prescriptions du médecin, puisqu'il me faut encore endurer les douleurs de l'incision? on lui répondrait : Vous ne pouvez être guéri que par l'emploi de ces deux remèdes, suivre les ordonnances du médecin, et supporter les douleurs de l'incision, tant est grave la maladie que vous avez contractée en n'observant pas les prescriptions du médecin lorsque vous étiez bien portant. Obéissez donc au médecin jusqu'à ce que vous ayez recouvré la santé, et n'attribuez qu'à votre ulcère les souffrances que vous endurez.

Chapitre V. — *Comment Jésus-Christ, notre divin médecin, nous guérit insensiblement.* — 5. C'est ainsi que Jésus-Christ, notre céleste médecin, s'approche du malade qu'il voit dans l'affliction et la souffrance. Il nous a dit dans son Évangile : « Ce ne sont pas ceux qui se portent bien qui ont besoin de médecin, mais ceux qui se portent mal. Je ne suis pas venu appeler les justes, mais les pécheurs. » (*Matth.*, IX, 12, 13.) Il appelle les pécheurs à la paix, il appelle les malades à la santé. Il leur commande la foi, il leur prescrit la continence, la tempérance, la sobriété; il réprime les convoitises de l'avarice; il nous dit ce que nous devons faire, ce que nous devons observer. Celui qui est fidèle à ces prescriptions vit déjà dans la justice, en obéissant aux recommandations du médecin; mais il n'a pas encore recouvré cette santé pleine et parfaite que Dieu nous promet par l'Apôtre : « Il faut, nous dit-il, que cette chair corruptible revête l'incorruptibilité, il faut que ce corps mortel revête l'immortalité. Alors cette

---

faciendo, quia paulatim recipitur quod semel amissum est. Si enim cito rediret homo ad pristinam beatitudinem, ludus illi esset peccando cadere in mortem.

Caput IV. — *Cum præceptis medici ferendus etiam dolor sectionis.* — 4. Cecidit quisque, verbi gratia, in morbum corporis per intemperantiam, natum est illi aliquid in corpore, quod opus est etiam secari : sine dubio dolores passurus est : sed dolores illi non erunt infructuosi. Si dolores sectionis pati non vult, vermes putredinis patietur. Incipit ergo dicere medicus : Observa illud atque illud, hoc noli tangere, noli isto cibo uti vel potu, inquietus esse ad illam rem noli. Incipit facere, jam observans est præceptorum; sed nondum sanus. Quo ergo valet quod observat? Ne pestis quæ illi accidit augeatur, atque ut etiam minuatur. Quid ergo sequitur? Accedat oportet ad observationem præceptorum etiam medici secantis manus, et dolores salubres infligentis. Si ergo ille positus in ulcere putrido dicat : Quid mihi prodest, quia observo præcepta, si dolores patior sectionis? Respondetur : Sed utroque curaberis, et observantia præceptorum, et tolerantia dolorum. Tantum est enim quod fecisti tibi, non observando cum sanus esses. Acquiesce itaque medico, donec saneris : meritum est enim ulceris tui, quidquid pateris molestiarum.

Caput V. — *Christus medicus quomodo nos paulatim sanat.* — 5. Sic venit ad afflictum et laborantem medicus Christus, qui ait : « Non est opus sanis medicus, sed male habentibus. Non veni vocare justos, sed peccatores. » (*Matth.*, IX, 12, 13.) Vocat peccatores ad pacem, vocat ægrotantes ad sanitatem. Imperat fidem, imperat continentiam, temperantiam, sobrietatem; refrenat concupiscentiam avaritiæ; dicit quid faciamus, quid observemus. Qui observat hæc, jam potest dici juste vivere secundum præceptum medicinæ : sed nondum recepit illam sanitatem et illam integram valetudinem, quam Deus promittit per Apostolum, dicens : « Oportet corruptibile hoc

parole de l'Ecriture sera accomplie : « La mort a été absorbée dans la victoire. O mort, où est ton ardeur au combat? O mort, où est ton aiguillon? » (I *Cor.*, xv, 53, etc.) Nous jouirons alors d'une santé parfaite et de l'égalité avec les saints anges. Mais avant d'en arriver là, mes frères, lorsque nous commençons à observer les ordonnances que le médecin nous a prescrites, lorsque nous éprouvons même des tentations et des tribulations, gardons-nous de croire que notre obéissance soit sans résultat, parce que nous paraissons souffrir davantage en observant les prescriptions qui nous sont imposées. Les douleurs que vous éprouvez viennent de la main du médecin, qui applique le fer, et non point de la sentence du Juge, qui punit. Cette opération a pour but de vous rendre une parfaite santé : souffrons donc patiemment et supportons la douleur. Le péché a eu pour nous de la douceur, il faut que cette pernicieuse douceur soit absorbée par les amertumes de la tribulation. Vous avez trouvé un certain charme à faire le mal, mais, en le commettant, vous êtes tombé malade. La médecine suit une marche opposée : elle vous fait souffrir pour un temps, afin de vous faire recouvrer une santé éternelle. Faites donc un bon usage de cette souffrance, et gardez-vous de la repousser.

Chapitre VI. — *Antidote contre tous les péchés. Notre-Seigneur oppose deux préceptes à deux sortes de péchés.* — 6. Avant tout, ayez soin de prendre l'antidote qui est si puissant contre toutes les pourritures, contre tous les poisons des péchés, et dites à Dieu en toute sincérité : « Pardonnez-nous nos offenses, comme nous pardonnons à ceux qui nous ont offensés. » (*Matth.*, vi, 12.) C'est la convention que le médecin a écrite et signée avec ses malades. Il y a deux sortes de péchés, ceux qui offensent Dieu directement, et ceux qui ont l'homme pour objet. C'est pour cela que le Sauveur nous a donné ces deux préceptes qui renferment toute la loi et les prophètes : « Vous aimerez le Seigneur votre Dieu de tout votre cœur, de toute votre âme, de tout votre esprit; et vous aimerez votre prochain comme vous-mêmes. » (*Matth.*, xxii, 37.) Ces deux commandements renferment aussi le Décalogue de la loi, dont les trois premiers préceptes se rapportent à l'amour de Dieu, et les sept autres à l'amour du prochain ; nous nous sommes suffisamment étendus ailleurs sur cette matière.

Chapitre VII. — *C'est pécher contre Dieu que de profaner son temple.* — 7. De même donc qu'il y a deux préceptes, il y a aussi deux sortes de péchés. Ou on pèche contre Dieu, ou on pèche contre l'homme. Or, c'est pécher contre Dieu que de profaner son temple qui est en vous, car Dieu vous a racheté du sang de son Fils. Et, avant même qu'il vous eût racheté, de

---

induere incorruptionem, et mortale hoc induere immortalitatem. Tunc fiet sermo qui scriptus est : Absorpta est mors in victoriam. Ubi est, mors, contentio tua? Ubi est, mors, aculeus tuus? » (I *Cor.*, xv, 53, etc.) Tunc plena sanitas erit, et cum Angelis sanctis æqualitas. Sed modo antequam fiat, Fratres mei, cum cœperimus observare præcepta, quæ medicus præcipit, quando patimur etiam aliquas tentationes et tribulationes, non putemus nos sine causa observare, quia major dolor videtur sequi præcepta illa quæ observas. Quod enim pateris tribulationes, manus est secantis medici, non sententia judicis punientis. Fit hoc, ut perfecta sit sanitas; patiamur, feramus dolores. Dulce peccatum est : per amaritudines ergo tribulationis perniciosa dulcedo digeratur. Delectabat te, quando fecisti malum : sed incidisti in infirmitatem faciendo. A contrario medicina est, facit tibi ad tempus dolorem, ut recipias perpetuam sanitatem. Utere illa, et noli repellere.

Caput VI. — *Antidotum contra omnia peccata. Duobus peccatorum generibus duo opponuntur præ-* cepta. — 6. Sane ante omnia illud antidotum non recedat, quod contra omnes putredines, contra omnium peccatorum venena plurimum valet, ut dicas, et verum dicas Domino Deo tuo : « Dimitte nobis debita nostra, sicut et nos dimittimus debitoribus nostris. » (*Matth.*, vi, 12.) Hoc enim pactum cum ægrotis medicus conscripsit atque firmavit. Quoniam duo sunt genera peccatorum, unum quo in Deum, alterum quo in hominem peccator. Unde etiam duo sunt præcepta illa, in quibus tota Lex pendet et Prophetæ : « Diliges Dominum Deum tuum ex toto corde tuo, et ex tota anima tua, et ex tota mente tua; et diliges proximum tuum tanquam te ipsum. » (*Matth.*, xxii, 37.) Et in his continetur etiam decalogus præceptorum Legis, ubi tria præcepta pertinent ad dilectionem Dei, septem ad proximi : de quibus satis aliquando tractavimus.

Caput VII. — *Peccat in Deum, qui in se corrumpit templum ejus.* — 7. Quomodo ergo duo sunt præcepta, sic et duo genera peccatorum. Aut enim in Deum peccatur, aut in hominem. Peccatur autem in

qui étiez-vous le serviteur? N'est-ce pas de Celui qui a tout créé. Mais il a voulu que vous lui apparteniez d'une manière plus particulière, comme racheté par le sang de son Fils. « Vous n'êtes plus à vous-mêmes, dit l'Apôtre, car vous avez été achetés d'un grand prix; glorifiez et portez Dieu dans votre corps. » (I *Cor.*, vi, 19, 20.) Celui donc qui vous a racheté a fait de vous sa demeure. Voudriez-vous que votre habitation fût renversée? Dieu ne veut pas non plus qu'on détruise la demeure qu'il habite, et cette demeure c'est vous-même. Si vous ne vous épargnez point à cause de vous, épargnez-vous à cause de Dieu, qui a fait de vous son temple : « Le temple de Dieu est saint, dit saint Paul, et vous êtes ce temple. Si quelqu'un profane le temple de Dieu, Dieu le perdra. » (*Ibid.*, III, 17.) Et, cependant, les hommes, en commettant ces péchés, s'imaginent n'être point coupables, parce qu'ils ne font tort à personne.

CHAPITRE VIII. — *Ceux qui se corrompent eux-mêmes ne sont pas innocents. Quel est l'homme véritablement innocent.* — 8. Je voudrais donc, autant que me le permet le peu de temps qui m'est laissé, faire comprendre à votre sainteté toute l'étendue du mal que commettent ceux qui se souillent eux-mêmes par les excès de la voracité, de l'ivresse et de la fornication, et qui répondent à ceux qui leur en font un reproche : J'ai agi dans mon droit, j'ai fait usage de ce qui m'appartient; à qui ai-je dérobé quelque chose? qui ai-je dépouillé? à qui ai-je fait tort? je veux jouir de ce que Dieu m'a donné. Cet homme se croit innocent, comme s'il ne faisait tort à personne. Mais comment se regarder comme innocent, lorsqu'on ne s'épargne point soi-même? L'homme vraiment innocent est celui qui ne nuit à personne, car nous portons en nous-mêmes la règle de l'amour du prochain. Voici, en effet, ce que Dieu nous commande : « Vous aimerez le prochain comme vous-mêmes. » Comment donc l'amour du prochain ne recevrait-il en vous aucune atteinte, quand votre intempérance fait de si profondes blessures à l'amour que vous devez avoir pour vous? D'ailleurs, Dieu vous dit : Lorsque vous voulez vous souiller par les excès de l'ivresse, ce n'est point la demeure de n'importe qui que vous renversez : c'est la mienne. Où habiterai-je désormais? Est-ce dans ces ruines? Est-ce au milieu de ces souillures? Si vous deviez donner l'hospitalité à quelqu'un de mes serviteurs, vous prendriez soin de réparer, de nettoyer votre maison, afin de recevoir convenablement mon serviteur, et vous ne purifiez point votre cœur où je veux habiter moi-même?

CHAPITRE IX. — *Il est difficile de ne pas dépasser la mesure dans l'usage des choses permises. L'usage du mariage est immodéré, dès qu'il n'a point pour but la génération des en-*

Deum, etiam corrumpendo templum ejus in te : etenim Deus redemit te sanguine Filii sui. Quanquam et antequam redimereris, cujus servus eras, nisi ejus qui condidit omnia? Peculiariter quodam modo te habere voluit redemptum sanguine Filii sui. « Et non estis vestri, inquit Apostolus ; empti enim estis pretio magno; glorificate et portate Deum in corpore vestro. » (I *Cor.*, vi, 19, 20.) Ergo ille a quo redemptus es, fecit te domum suam. Numquid tu vis everti domum tuam? Sic nec Deus suam, hoc est, te ipsum. Si tibi non parcis propter te ipsum, parce tibi propter Deum, qui te fecit templum suum. « Templum enim Dei sanctum est, inquit, quod estis vos. » Et « qui templum Dei corruperit, corrumpet illum Deus. » (*Ibid.*, III, 17.) Quæ peccata homines quando faciunt, putant se non peccare, quia nulli homini nocent.

CAPUT VIII. — *Corruptores sui, non innocentes. Innocens quis.* — 8. Hoc itaque volo intimare Sanctitati Vestræ, quantum breve tempus admittit, quid mali faciant, qui se ipsos corrumpunt voracitate, ebrietate, fornicatione ; et reprehendentibus respondent : Feci de ratione mea, de possessione mea : cui quid rapui? cui quid abstuli? contra quem feci? Bene mihi sit volo, ex eo quod Deus mihi dedit. Videtur iste innocens, quod quasi nulli noceat. Sed quomodo est innocens, qui non parcit sibi? Ille enim innocens est, qui nulli nocet : quia dilectionis proximi regula ab ipso est. Hoc enim dixit Deus : « Diliges proximum tuum tanquam te ipsum. » Quomodo ergo in te salva est dilectio proximi, quando dilectio tui per intemperantiam vulneratur? Deinde dicit tibi Deus : Cum per ebrietatem corrumpere te vis, non cujuslibet domum evertis, sed domum meam. Ubi habitabo? In istis ruinis? in istis sordibus? Si hospitem reciperes aliquem servum meum, reficeres et mundares domum, quo intraret servus meus; non mundas cor, ubi habitare ego volo?

CAPUT IX. — *Modus in rerum concessarum usu difficile tenetur. Usus uxoris immoderatus, nisi liberorum procreandorum causa fiat.* — 9. Unam ergo rem commemoravi, Fratres, ut videatis quomodo peccent,

fants. — 9. Je ne vous ai cité qu'un exemple, mes frères, pour vous faire comprendre combien sont coupables ceux qui se souillent et se corrompent eux-mêmes, tout en se croyant innocents. Mais comme il est difficile à l'homme, durant cette vie fragile et mortelle, de ne point dépasser les limites de la modération dans l'usage des choses nécessaires, il faut qu'il ait recours à ce remède qui lui est offert : « Pardonnez-nous nos offenses, comme nous les pardonnons à ceux qui nous ont offensés; » mais il faut dire ces paroles, et les dire sincèrement. Il vous est défendu de commettre l'adultère, pour ne point nuire à votre prochain. Vous ne voulez point qu'on s'approche de votre épouse, vous ne devez point vous approcher de l'épouse d'autrui. Mais, si vous jouissez de la vôtre sans modération, faites-vous tort à quelqu'un? Par là même que vous faites un usage immodéré d'une chose permise, vous souillez en vous-même le temple de Dieu. Personne ne vous accuse au dehors; mais que répondra donc votre conscience à Dieu, qui lui dit par l'Apôtre : « Que chacun de vous sache posséder le vase de son corps dans la sanctification et l'honnêteté, et non en suivant les désirs maladifs de la concupiscence, comme font les Gentils, qui ne connaissent point Dieu ? » (I *Thes*., IV, 4.) Or, quel est l'homme marié qui n'a de rapport avec son épouse que pour satisfaire au devoir de la procréation des enfants? C'est dans ce but unique qu'elle lui a été donnée; vous pouvez vous en convaincre par l'acte public du mariage. Vous avez fait un contrat en prenant cette épouse, et voici les termes formels et le but de ce contrat : « Pour la procréation des enfants. » Vous ne devez donc approcher de votre épouse, si vous le pouvez, que pour remplir cette clause de votre contrat. Aller au delà, c'est déroger à l'acte et au contrat de mariage. N'est-ce pas une vérité évidente? Vous serez alors un menteur, un violateur de la foi jurée. Dieu cherche en vous la pureté de son temple sans la trouver, non parce que vous avez eu des rapports avec votre épouse, mais parce que ces rapports ont été sans modération. Vous avez bu le vin de votre cellier; mais, si vous le buvez jusqu'à vous enivrer, vous ne pouvez vous dire innocent parce que vous n'avez fait qu'user de ce qui est à vous, car vous avez fait servir le don de Dieu à corrompre votre âme.

Chapitre X. — *Dieu lui-même est offensé par l'usage immodéré des choses permises. Remède contre cette sorte de péché*. — 10. Que vous dirai-je donc, mes frères? C'est une vérité manifeste et attestée par la conscience de tous, qu'il est fort difficile d'user des choses permises sans jamais dépasser tant soit peu la mesure. Or, en dépassant cette mesure, vous offensez Dieu, dont vous êtes le temple. « Le temple de

qui se ipsos corrumpunt, cum sibi innocentes videntur. Sed quoniam in ipsa fragilitate et mortalitate vitæ hujus difficile est ut homo non excedat modum aliquantum in his rebus, quibus ad necessitatem utitur, adhibendum est illud remedium : « Dimitte nobis debita nostra, sicut et nos dimittimus debitoribus nostris ; » si dicatur, et vere dicatur. Adulterium facere prohiberis, ne noceas proximo. Quomodo enim non vis accedi ad tuam, sic non debes accedere ad alienam uxorem. Si autem tua intemperantius usus fueris, numquid videris nocere alicui, quia uteris tua? Sed eo ipso concesso immoderatius utendo, corrumpis in te templum Dei. Nemo te accusat extraneus : sed quod responsum dabit conscientia tua Deo dicenti per Apostolum : « Ut sciat unusquisque vestrum suum vas possidere in sanctificatione et honore ; non in morbo desideriorum, sicuti gentes, quæ ignorant Deum? » (I *Thes*., IV, 4.) Quis est autem habens uxorem, qui eo modo utatur uxore, ut non excedat legem liberos procreandi ? Ad hoc enim data est : convincunt te tabulæ quæ scribuntur in matrimonio. Pactus es quemadmodum duceres ; sonat tibi scriptura pactionis, « liberorum procreandorum causa. » Non ergo accedas, si potes, nisi liberorum procreandorum causa. Si modum excesseris, contra illas tabulas facies et contra pactum. Nonne manifestum est? Eris mendax, et pacti violator : et quærit in te Deus integritatem templi sui, et non invenit; non quia tua usus es, sed quia immoderate usus es. Nam et vinum de apotheca tua bibis, et tamen si sic bibis, ut inebrieris, non quia re tua usus es, ideo non peccasti : donum enim Dei convertisti ad corruptionem tuam.

Caput X. — *Deus ipse offenditur usu rerum concessarum immoderato. Remedium contra peccata ejusmodi immoderationis*. — 10. Quid ergo, Fratres? Certe manifestum est, et renuntiat omnium conscientia, quia difficile est sic uti rebus concessis, ut non aliquantulum excedatur modus. Quando autem excesseris modum, offendis Deum, cujus templum es. « Templum enim Dei sanctum est, quod estis

Dieu est saint, dit l'Apôtre, et vous êtes ce temple. » Que personne ne se fasse illusion : « Celui qui profanera le temple de Dieu, Dieu le perdra. » (I *Cor.*, III, 18, etc.) La sentence est formelle, vous êtes convaincu d'être coupable. Que direz-vous maintenant dans vos prières, qu'oserez-vous demander à Dieu, que vous outragez dans son temple, que vous chassez même de son temple? Comment purifier en vous de nouveau la maison de Dieu? Comment le faire rentrer dans votre âme? Comment? En disant du fond de votre cœur, et autant par vos actes que par vos paroles : « Pardonnez-nous nos offenses, comme nous les pardonnons à ceux qui nous ont offensés. » Qui viendra vous accuser de faire un usage immodéré de la nourriture, de la boisson et de l'épouse qui vous appartiennent? Aucun homme ne songera à vous en accuser; mais Dieu lui-même, qui vous en accuse, en exigeant de vous l'inviolabilité et l'incorruptibilité de son temple, vous a offert un remède. Si vous m'offensez, en dépassant les limites de la modération, semble-t-il vous dire, et que vous soyez coupable à mes yeux, là où, cependant, aucun homme ne vous accuse, pardonnez à votre frère l'offense qu'il vous a faite, afin que je vous pardonne celle que vous avez commise contre moi.

CHAPITRE XI. — *Si l'on méprise ce remède, il ne reste plus aucune espérance de salut.* — 11. Attachez-vous fortement à cette vérité, mes frères, car celui qui refuse de prendre cet antidote, il ne lui reste plus aucune espérance de salut. Si vous me dites : Je ne puis pardonner les offenses qui me sont faites, il m'est impossible de vous promettre le salut. Je ne puis promettre ce que Dieu lui-même ne promet pas. Je serais alors, non plus le dispensateur de la parole de Dieu, mais le ministre du serpent. Le serpent a promis à l'homme le bonheur, s'il péchait, tandis que Dieu l'avait menacé de mort. Or, qu'est-ce que l'homme a vu s'accomplir? le châtiment dont Dieu l'avait menacé, tandis que les promesses du démon s'en allaient bien loin, en le laissant victime de sa crédulité. Voulez-vous donc que je vous tienne ce langage, mes frères : Quand même vous auriez péché, quand même vous auriez refusé de pardonner les offenses commises contre vous, vous ne laisserez pas d'être sauvés; lorsque Jésus-Christ viendra, il accordera le pardon à tous? Non, je ne vous tiendrai pas ce langage, parce que je ne l'ai pas entendu moi-même; je ne dis point ce qu'on ne me charge point de dire. Dieu, il est vrai, promet le pardon aux pécheurs, mais c'est aux pécheurs vraiment convertis, qui ont la foi et qui ont reçu le baptême, qu'il pardonne tous leurs péchés passés. Voilà ce que je lis dans les Ecritures, voilà ce que j'ose promettre, et cette promesse que je fais, elle m'est faite à moi-même; et, lorsqu'on la lit ici, nous l'écoutons tous, car nous sommes tous ici dis-

vos. » Nemo se fallat : « Quisquis templum Dei corruperit, corrumpet illum Deus. » (I *Cor.*, III, 18, etc.) Dicta sententia est, teneris reus. Quid dicturus es in orationibus tuis, quando rogabis Deum, quem offendis in templo suo, quem pellis de templo suo? Quomodo mundabis rursus in te domum Dei? Quomodo eum reduces ad te? quomodo, nisi dicendo ex vero corde tuo, et verbis et factis : « Dimitte nobis debita nostra, sicut et nos dimittimus debitoribus nostris? » Quis enim te accusabit immoderate utentem tuo cibo, tuo potu, tua conjuge? Nemo accusabit hominum ; sed tamen quia Deus arguit, exigens de te integritatem templi sui et incorruptionem habitationis suæ, dedit tibi remedium, tanquam dicens : Si excedendo modum offendis me, et ego tenebo te reum, ubi te nullus hominum accusat; dimitte homini quod in te peccavit, ut dimittam tibi quod peccas in me.

CAPUT XI. — *Contempto illo remedio non remanet spes ulla salutis.* — 11. Tenete istud fortiter, Fratres. Qui enim et ad hujusmodi antidotum renuntiaverit, nulla illi spes salutis omnino remanebit. Qui mihi dixerit : Non (*a*) remitto peccata, quæ in me forte homines peccant; non est unde illi promittam salutem. Non enim possum ego promittere, quod non promittit Deus. Ero enim non dispensator verbi Dei, sed dispensator serpentis. Serpens enim promisit bonum peccanti, Deus autem mortem minatus est. Quid enim illi evenit, nisi quod minatus est Deus? Et longe ab eo factum est, quod ille pollicitus est. Vultis ergo, Fratres, ut dicam vobis : Etsi peccaveritis, etsi non dimiseritis peccata hominibus, prorsus salvi eritis; cum venerit Christus Jesus, omnibus indulgentiam dabit? Non dico, quia non (*b*) audio : non dico quod mihi non dicitur. Promittit quidem Deus indulgentiam peccatori, sed præterita omnia dimittens conversis, credentibus, baptizatis. Hoc lego, hoc audeo promittere, hoc pro-

(*a*) Vlimmerius et Mss. *non relinquo.* — (*b*) Sic Germanensis codex. At editi, *audeo.*

SERMON CCLXXVIII.

ciples, et, dans cette école, il n'y a qu'un seul Maître.

Chapitre XII. — *Péchés plus graves, qui exigent les travaux plus sérieux de la pénitence. Les péchés légers nous accablent par leur multitude, si Dieu ne nous les pardonne.* — 12. Tous les péchés passés sont donc pardonnés aux pécheurs vraiment convertis; mais, dans le cours de leur vie, les hommes commettent des péchés plus graves, des péchés mortels, qui exigent, pour être remis, les mortifications sévères de l'humiliation du cœur et de la contrition de l'esprit, et les afflictions de la pénitence. Ces péchés nous sont remis par les clefs de l'Eglise. Si vous commencez à vous juger vous-même, si vous commencez à vous déplaire, Dieu s'approchera de vous et aura pitié de vous. Si vous vous châtiez vous-même, Dieu vous épargnera. Or, celui dont la pénitence est véritable et sincère, se juge et se châtie lui-même. Il faut qu'il soit sévère contre lui-même, s'il veut que Dieu le traite avec miséricorde, comme le dit David : « Détournez votre visage de mes péchés, et effacez toutes mes iniquités. » (*Ps.* L, 11.) Mais sur quoi fonde-t-il sa demande ? Il nous l'a dit dans ce même psaume : « Parce que je connais mon iniquité, et que mon péché est toujours devant moi. » (*Ibid.*, 5.) Si donc vous reconnaissez votre péché, Dieu vous le pardonne. Il y a, de plus, des péchés légers et plus petits, qui ne peuvent être entièrement évités ; ils paraissent moindres, mais ils ne laissent pas d'accabler par leur multitude. Voyez un tas de blé : il est composé d'une multitude innombrable de petits grains, et, cependant, on en charge des navires, et, si la charge est trop forte, elle fait couler à fond ces navires. Un seul coup de foudre renverse un homme et lui donne la mort ; mais que la pluie tombe avec abondance, elle peut également faire périr un grand nombre de personnes, bien qu'elle ne soit composée que de très-petites gouttes. La foudre tue d'un seul coup, la pluie accable et tue par la multitude des gouttes d'eau réunies. Les grands animaux des forêts, d'un seul coup de dent, ôtent la vie à l'homme ; des animaux beaucoup plus petits, réunis en grand nombre, parviennent également à faire mourir et deviennent un véritable fléau, comme ils le furent justement pour le peuple impie de Pharaon. Si donc il est vrai que les péchés, si légers qu'ils soient, ne laissent pas de vous accabler par leur réunion et leur multitude, Dieu, dans sa bonté, nous pardonne ces péchés, qu'il est impossible d'éviter entièrement pendant cette vie. Mais comment vous les pardonnera-t-il, si vous ne pardonnez point les offenses commises contre vous ?

Chapitre XIII. — *Il faut vider la sentine du*

mitto, et quod promitto promittitur mihi. Et cum legitur, omnes audimus : condiscipuli enim sumus, unus magister est in ista schola.

Caput XII. — *Peccata gravia, quæ pœnitentiæ laborem exigunt vehementiorem. Levia peccata multitudine opprimunt, nisi a Deo dimittantur.* — 12. Omnia ergo præterita conversis dimittuntur ; cæterum hujus vitæ sunt quædam gravia et mortifera, quæ nisi per vehementissimam molestiam humiliationis cordis et contritionis spiritus et tribulationis pœnitentiæ non relaxantur. Hæc dimittuntur per claves Ecclesiæ. Si enim tu te cœperis judicare, si tibi cœperis displicere ; Deus veniet, ut misereatur. Si tu te punire volueris, parcet ille. Qui autem agit bene pœnitentiam, suus ipse punitor est. Sit oportet ipse severus in se, ut in eum sit misericors Deus ; quomodo dicit David : « Averte faciem tuam a peccatis meis, et omnes iniquitates meas dele. » (*Psal.* L, 11.) Sed quo merito ? Ait in ipso Psalmo : « Quoniam iniquitatem meam ego agnosco, et peccatum meum ante me est semper. » (*Ibid.*, 5.) Si ergo tu agnoscis, ille ignoscit. Sunt autem peccata levia et minuta, (*a*) quæ devitari omnino non possunt, quæ quidem videntur minora, sed multitudine premunt. Nam et acervus frumenti minutissimis granis colligitur, et tamen onerantur inde naves ; et si amplius onerentur, demerguntur. Unum fulmen dejicit aliquem, et occidit ; sed et si pluvia sit nimia, minutissimis guttis tamen multos interficit. Illud uno ictu perimit, illa ex multitudine exstinguit. Magnæ bestiæ uno morsu occidunt hominem : minutæ autem, cum fuerint multæ congregatæ, plerumque interimunt, et talem perniciem inferunt, ut pœnis hujusmodi gens superba Pharaonis judicari meruerit. Si ergo, quamvis minuta sint ista peccata, tamen quia tam multa sunt, ut congregata acervum faciant, quo te premant ; bonus est Deus, qui etiam ipsa dimittit, sine quibus non potest ista vita duci. Quomodo autem dimittit, si tu non dimittas, quæ in te committuntur ?

Caput XIII. — *Sentinare, debita debitoribus nostris dimittendo.* — 13. Sententia ista sic est in corde

---

(*a*) In Germanensi et in Colbertino libro Ms. *et minuta de vita humana, quæ non possunt nisi committi : videntur minora, sed,* etc.

vaisseau, en pardonnant à ceux qui nous ont offensés. — 13. Ce précepte est, dans le cœur de l'homme, comme la pompe qui sert à vider la sentine du vaisseau faisant eau sur la mer. Il est impossible, en effet, que ce navire ne laisse pas entrer l'eau par les fentes du bois dont il est construit. Or, en s'infiltrant en petite quantité, l'eau finit par former une telle masse, que, si on ne l'épuise, elle fait couler à fond le vaisseau. C'est ainsi que, durant cette vie, notre nature fragile et mortelle a toujours quelques fentes, par lesquelles les flots de ce monde font pénétrer le péché. Saisissons-nous donc de cette recommandation, comme d'un vase destiné à vider la sentine, pour ne pas être submergés. Pardonnons à ceux qui nous ont offensés, afin que Dieu nous pardonne les offenses que nous avons commises contre lui. Si cette prière que vous faites à Dieu est sincère, vous rejetez alors toute l'eau qui avait pénétré dans votre cœur. Mais soyez sur vos gardes, vous êtes encore sur la mer. Il ne suffit pas d'avoir épuisé le navire une seule fois, il faut répéter cette opération jusqu'à ce que la traversée soit achevée et que vous soyez arrivé dans cette terre ferme et assurée de la patrie, où vous ne serez plus battu par les flots, où vous n'aurez plus à pardonner des offenses dont vous ne serez plus l'objet, où vous ne demanderez plus qu'on vous pardonne des offenses que vous ne pourrez plus commettre.

CHAPITRE XIV. — *Il faut nous hâter de bannir la haine de notre cœur, si nous ne voulons qu'elle le corrompe.* — 14. J'ai insisté suffisamment, ce me semble, auprès de votre charité sur cette recommandation; je ne puis trop vous le répéter, en présence des flots soulevés qui mettent en danger le vaisseau de notre cœur, attachons-nous à ce moyen de salut. Considérez combien est coupable celui qui cherche à nuire à un innocent, puisque Dieu ne peut supporter celui qui ne pardonne point le mal qu'on a pu lui faire. Que nos frères réfléchissent donc sérieusement, et qu'ils examinent contre qui ils nourrissent des haines amères. S'ils ne les ont pas encore rejetées de leur cœur, qu'ils voient ce qu'ils ont à faire pendant ces saints jours. S'ils se croient en sûreté, qu'ils mettent donc du vinaigre dans les vases où ils conservent le bon vin. Mais non, ils se gardent bien de le faire, pour ne pas gâter et entacher ces vases; et cependant, ils versent la haine dans leurs cœurs, sans craindre qu'elle n'y devienne un principe de corruption. Veillez donc, mes frères, à ce que vous ne fassiez de mal à personne, et, si par suite de la faiblesse humaine, vous venez à dépasser les bornes dans l'usage des choses permises, rappelez-vous que c'est profaner le temple de Dieu. Attachez-vous donc, appliquez-vous, pour en obtenir le pardon, à pardonner à ceux qui vous ont offensés, afin que votre Père céleste, qui

hominis, quomodo cadus, unde sentinatur navis in pelago. Non potest enim nisi aquam admittere per rimas compaginis suæ. Paulatim tamen adhibendo tenuem liquorem, facit multam collectionem, ita ut si non exhauriatur, navem opprimat. Sic et in ista vita habemus quasdam mortalitatis fragilitatisque nostræ rimulas, per quas intrat peccatum de fluctibus hujus sæculi. Arripiamus, tanquam sitellam, istam (*a*) sententiam, ut sentinemus, ne demergamur. Dimittamus debita debitoribus nostris, ut dimittat nobis Deus debita nostra. Per hanc sententiam (si fiat, ut vere dicatur,) exhauris quidquid influxerat. Sed cautus esto : adhuc enim in mari es. Nam cum hoc semel feceris, non sufficit, nisi perveneris trajecto isto mari ad illam patriæ soliditatem et firmitatem, ubi nullis fluctibus quatiaris, nec dimittas quod in te non admittitur, nec tibi dimitti velis quod non admittis.

CAPUT XIV. — *Odium cito deponendum, ne cor-*

(*a*) Editi, *istam sentinam.* Melius Mss. *sententiam.*

rumpat cor. — 14. Satis me hoc commendasse arbitror Caritati Vestræ, et commendo propter fluctus istos, in quibus periclitamur, remedium salutare teneamus. Et videte etiam quantum peccet, qui nocere studet innocenti; cum ille jam non sit ferendus, qui non dimittit quod ei quisque nocuerit. Attendant ergo fratres nostri, et videant adversus quos habebant aliquas amaritudines odiorum. Si non illas dimiserunt, vel per istos dies videant quid faciant ista de cordibus eorum. Aut certe si se tutos putant, mittant acetum in vasa, in quibus bonum vinum servare consueverunt. Non mittunt, et cauti sunt, ne testa vitietur : et odium mittunt in cor suum, non timentes ne quid ibi corruptionis operetur? Servate ergo, Fratres, ut nulli noceatis, quantum potestis : et si qua vobis immoderatio de usu isto concessarum rerum, vitæ humanæ infirmitate subrepserit, quoniam pertinet ad corruptionem templi Dei; tenete atque versate, ut ea quæ in vos

est dans les cieux, vous pardonne vos propres péchés.

SERMON CCLXXIX.

Sur l'apôtre saint Paul (1).

IIe pour la fête de sa Conversion.

La prophétie de Jacob sur Benjamin a été accomplie dans la conversion de Paul. — 1. Nous avons entendu les paroles de l'Apôtre, ou, plutôt, nous venons d'entendre de la bouche de l'Apôtre les paroles de Jésus-Christ, qui parlait en celui dont il a fait un prédicateur, de persécuteur qu'il était, en le frappant et le guérissant à la fois, en le mettant à mort et en lui rendant la vie, lui, l'agneau immolé par les loups, et qui change ces loups en agneaux. Dans cette célèbre prophétie, où nous voyons le saint patriarche Jacob bénir ses enfants, la main étendue sur ceux qui étaient présents, et les yeux fixés sur l'avenir, se trouve prédit ce qui s'est accompli dans Paul. Paul, c'est lui-même qui nous l'apprend, était de la tribu de Benjamin. (*Philip.*, III, 5.) Or, lorsque Jacob, en bénissant ses fils, fut arrivé à Benjamin, voici ce qu'il dit de lui : « Benjamin sera un loup ravissant. » (*Gen.*, XLIX, 27.) Mais quoi ! s'il est un loup ravisseur, le sera-t-il toujours ? Non ; qu'arrivera-t-il donc ? « Il ravira la proie le matin, et, le soir, il partagera les dépouilles. » Voilà ce que nous voyons accompli dans l'apôtre saint Paul, que cette prophétie concernait. Si vous le voulez, considérons-le maintenant, ravissant sa proie le matin, et partageant les dépouilles le soir. « Le matin et le soir, » signifient ici d'abord et ensuite ; et nous devons entendre ainsi cette proposition : Il commencera par ravir sa proie, et ensuite, il partagera les dépouilles. Voulez-vous voir le ravisseur ? « Saul, disent les Actes des Apôtres, ayant reçu des lettres des princes des prêtres qui l'autorisaient à emmener comme prisonniers tous ceux qu'il trouverait suivant cette religion, s'en allait respirant et exhalant le meurtre. » (*Act.*, IX, 1, etc.) Voilà le loup qui ravit le matin. En effet, lorsqu'Etienne, le premier martyr, fut lapidé pour le nom de Jésus-Christ, nous voyons Saul désigné d'une manière plus expresse parmi ceux qui étaient présents. Or, il ne lui suffisait pas d'être parmi les bourreaux, de le lapider de ses propres mains. Afin d'être, pour ainsi dire, dans les mains de tous ceux qui le lapidaient, il gardait tous les vêtements, plus cruel par ce service qu'il rendait à tous, que s'il avait lapidé

---

(1) Dans le manuscrit de la Bibliothèque Royale et dans celui de l'abbaye de Saint-Victor, ce sermon est intitulé : « Pour la Conversion de saint Paul. » Cependant, Sirmond, qui le premier a publié ce sermon d'après ces manuscrits, a cru devoir suivre Bède et Florus, qui, dans leurs Commentaires sur les chapitres I, VIII et X de l'Epitre aux Romains, et sur le chapitre II de l'Epitre aux Philippiens, le citent constamment sous ce titre : « Sermon sur l'apôtre saint Paul. » On avait précédemment divisé ce sermon en deux parties, pour en faire deux sermons distincts ; c'était, dans les éditions précédentes, le sermon XIVe parmi les sermons sur les saints, et le XXXVIe parmi les sermons sur divers sujets.

---

committuntur, cito dimittatis hominibus, ut Pater vester qui in cœlis est, dimittat vobis peccata vestra.

SERMO CCLXXIX ^(a).

De Paulo apostolo.

Pro solemnitate conversionis ejusdem, II.

In Pauli mutatione impletur prophetia Jacob de Benjamin. — 1. Verba Apostoli audivimus, imo per Apostolum verba Christi loquentis in illo, quem de persecutore prædicatorem fecit, percutiens et sanans, occidens et vivificans ; occisus agnus a lupis, et faciens agnos de lupis. Prædictum erat in præclara prophetia, cum Jacob sanctus patriarcha benediceret filios suos, præsentes tangens, futura prospiciens, prædictum erat quod in Paulo contigit. Erat enim Paulus, sicut ipse testatur, de tribu Benjamin. (*Philip.*, III, 5.) Cum autem Jacob benedicens filios suos venisset ad Benjamin benedicendum, ait de illo :

(a) Alias XXIV ex Sirmondianis.

« Benjamin lupus rapax. » (*Gen.*, XLIX, 27.) Quid ergo ? Si lupus rapax, semper rapax ? Absit. Sed quid ? « Mane rapiet, ad vesperum dividet escas. » Hoc in apostolo Paulo completum est, quia et de illo prædictum erat. Jam, si placet, inspiciamus illum mane rapientem, ad vesperum escas dividentem. « Mane et vesperum » posita sunt pro eo ac si diceretur : Prius et postea. Sic ergo accipiamus : Prius rapiet, postea dividet escas. Attendite raptorem : « Saulus, » inquit, sicut Actus Apostolorum testantur, « acceptis litteris a principibus sacerdotum, ut ubicumque inveniret viæ Dei sectatores, attraheret et adduceret, » utique puniendos, « ibat spirans et anhelans cædes. » (*Act.*, IX, 1, etc.) Hic est ille mane rapiens. Nam et quando lapidatus est Stephanus primus martyr pro nomine Christi, evidentius aderat et Saulus. Et sic aderat lapidantibus, ut non ei sufficeret si tantum suis manibus lapidaret. Ut enim esset in omnium lapidantium manibus, ipse omnium

lui-même le saint martyr. Nous comprenons la première partie de la prophétie : « Le matin, il ravira sa proie ; » voyons maintenant la seconde : « Et, le soir, il partagera les dépouilles. » Il a été terrassé par la voix de Jésus-Christ, qui descend du ciel et lui défend de poursuivre le cours de ses persécutions ; il tombe le visage contre terre. Il entrait dans les desseins de Dieu qu'il fût terrassé avant d'être relevé, qu'il fût frappé avant d'être guéri. Jésus-Christ ne pouvait vivre en lui qu'après avoir fait mourir la vie de péché qui avait précédé. Et qu'entendit-il, lorsqu'il fut ainsi tombé à terre ? « Saul, Saul, pourquoi me persécutes-tu ? Il t'est dur de regimber contre l'aiguillon. » Et Saul lui répondit : « Qui êtes-vous, Seigneur ? » « Je suis, reprend la voix du ciel, Jésus de Nazareth, que tu persécutes. » Les membres sont encore sur la terre, et le Chef crie du haut du ciel, non pas : Pourquoi persécutes-tu mes serviteurs, mais : « Pourquoi me persécutes-tu ? » Saul alors lui dit : « Que voulez-vous que je fasse ? » Il se dispose à obéir, lui qui n'avait d'ardeur que pour persécuter. De persécuteur, Dieu en fait un prédicateur ; il change le loup en brebis, l'ennemi en défenseur. Il apprend ce qu'il doit faire. Il a été frappé de cécité, la lumière extérieure lui est soustraite pour un temps, afin que la lumière intérieure brillât d'un plus vif éclat dans son cœur ; elle est soustraite au persécuteur, pour être rendue au prédicateur. Et cependant, dans ce même temps où il ne voyait plus rien ; il voyait Jésus. La cécité de Paul nous offre donc un symbole mystérieux des croyants ; celui qui croit en Jésus-Christ doit fixer sur lui les regards de son âme, sans tenir même compte de l'existence des autres choses ; il doit n'avoir que du mépris pour la créature, et ne trouver de véritable douceur que dans le Créateur.

Saul, c'est-à-dire le loup, est amené captif à la brebis, c'est-à-dire à Ananie. — 2. Voyons donc la suite. Saul est conduit à Ananie ; or, Ananie signifie brebis. Voici le loup ravisseur qui est amené à la brebis, non pour s'en emparer, mais pour la suivre. Mais, comme l'arrivée subite du loup pouvait effrayer la brebis, le Pasteur, qui conduisait tout du haut des cieux, informe la brebis que le loup va venir, mais non pour ravager. Cependant, ce loup était précédé d'une réputation si grande de cruauté, qu'à son nom seul, la brebis ne pouvait se défendre d'un sentiment d'effroi. Notre-Seigneur Jésus-Christ avait déjà appris à Ananie que Saul était arrivé, qu'il était disposé à embrasser la foi, et qu'Ananie devait aller le trouver. Ananie répondit : « Seigneur, j'ai appris combien de maux cet homme a faits à vos saints ; et maintenant, il a même reçu des princes des prêtres des lettres qui lui donnent le pouvoir de charger de fers tous ceux qui invoquent votre

---

vestimenta servabat, magis sæviens omnes adjuvando, quam suis manibus lapidando. Audivimus : « Mane rapiet ; » videamus : « Ad vesperum dividet escas. » Voce Christi de cœlo prostratus est, et accipiens interdictum sæviendi, cecidit in faciem suam ; prius prosternendus, deinde erigendus ; prius percutiendus, postea sanandus. Non enim in illo Christus postea viveret, nisi occideretur in eo quod male ante vixisset. Quid ergo prostratus audivit ? « Saule, Saule, quid me persequeris ? Durum est tibi adversus stimulum calcitrare. » Et ille : « Quis es, Domine ? » Et vox de super : « Ego sum Jesus Nazarenus, quem tu persequeris. » Membris adhuc in terra positis caput in cœlo clamabat, et non dicebat : Quid persequeris servos meos, sed : « Quid me persequeris ? » Et ille : « Quid me vis facere ? » Jam parat se ad obediendum, qui prius sæviebat ad persequendum. Jam informatur ex persecutore prædicator, ex lupo ovis, ex hoste miles. Audivit quid facere debeat. Cæcus sane factus est : ut interiore luce fulgeret cor ejus, exterior ad tempus erepta est ; subtracta est persecutori, ut redderetur prædicatori. Et eo tamen tempore, quo cætera non videbat, Jesum videbat. Ita et in ipsa ejus cæcitate mysterium informabatur credentium ; quoniam qui credit in Christum, ipsum intueri debet, cætera nec nata computare, ut creatura vilescat, et Creator in corde dulcescat.

Paulus ad Ananiam, lupus ad ovem captivus adducitur. — 2. Videamus ergo. Adductus est ad Ananiam, et Ananias interpretatur ovis. Ecce lupus rapax adducitur ad ovem sequendam, non rapiendam. Sed ne repentinum ovis expavesceret lupum, ipse Pastor de cœlo, qui hæc omnia faciebat, nuntiavit ovi lupum venturum, sed non sæviturum. Et tamen tam immanis fama lupum illum præcesserat, ut non posset ovis audito ejus nomine non conturbari. Nam cum Dominus Jesus eidem Ananiæ nuntiaret Paulum jam venisse ut crederet, et ad eum Ananiam ire debere, ait Ananias : « Domine, audivi de isto homine, quia multa mala operatus est in sanctos tuos : et nunc litteras accepit a principibus sacerdotum, ut ubicumque invenerit tui nominis sectatores, pertra-

nom. » (*Act.*, IX, 13, etc.) Et le Seigneur lui dit : « Sois sans inquiétude; je lui montrerai combien il faut qu'il souffre pour mon nom. » Quel admirable et grand spectacle ! Il est défendu au loup d'exercer sa cruauté, le loup est amené captif à la brebis. Mais ce loup ravisseur s'était fait un renom si terrible, qu'à son nom seul, la brebis tremblait même sous la main du Pasteur. Dieu l'a fortifiée, pour qu'elle cesse de croire à la cruauté du loup, ou de craindre ses fureurs. L'agneau, qui est mort pour les brebis, apprend à la brebis à n'avoir aucune crainte du loup.

Dans quel sens le Christ, doux et humble de cœur, ne garde ni le silence ni la douceur. — 3. Notre-Seigneur, en l'honneur duquel nous chantions dimanche dernier : « Seigneur, qui est semblable à vous? Ne gardez, ô Dieu, ni votre silence, ni votre douceur, » (*Ps.* LXXXII, 2) dit cependant lui-même, dans son Evangile : « Venez à moi, et apprenez de moi que je suis doux et humble de cœur. » (*Matth.*, XI, 28, 29.) Or, voyons comment il réunit en lui ces deux caractères, et nous montre, dans sa personne, l'harmonie parfaite des divins oracles. Il est doux et humble de cœur, parce qu'il a été conduit comme une brebis à la mort, et qu'il est resté muet, comme un agneau, devant celui qui le tond. » (*Isa.*, LIII, 7.) Attaché à un bois infâme, il a supporté les haines les plus ardentes et les plus injustes, il a ressenti les traits des langues qu'inspiraient des cœurs cruels. Ce sont ces langues qui ont frappé l'innocent, qui ont crucifié le juste. C'est de ces langues que le Roi-Prophète avait dit : « Les enfants des hommes ont des dents qui sont des armes et des flèches, et leur langue est un glaive très-aigu. » (*Ps.* LVI, 5.) Or, qu'a fait cette langue, qu'a fait ce glaive très-aigu? il a donné le coup de la mort. A qui? il a donné le coup de la mort à la vie, afin que la mort reçût elle-même de la vie le coup mortel. Qu'a donc fait leur langue, semblable à un glaive très-aigu? Ecoutez ce qu'elle a fait, voyez la suite : « Elevez-vous, ô Dieu, au-dessus des cieux, et que votre gloire éclate dans toute la terre. » (*Ibid.*, 6.) Voilà ce qu'a fait le glaive perçant de leur langue. Nous savons, non sur le témoignage de nos yeux, mais sur celui de la foi, que le Seigneur s'est élevé au-dessus des cieux, et ce que nous lisons, ce que nous croyons, ce que nous voyons, nous apprend que sa gloire s'est répandue sur toute la terre. Considérez donc, dans le Sauveur, la douceur et l'humilité du cœur, qui ont élevé à ce haut degré de gloire sa chair victorieuse de la mort qu'elle avait soufferte. Considérez premièrement sa douceur. Du haut de la croix où il était suspendu, il disait : « Mon Père, pardonnez-leur, car ils ne savent ce qu'ils font, » (*Luc*, XXIII, 34) et, dans un autre endroit : « Apprenez de moi que je suis doux et humble de cœur. » Oui, nous voulons apprendre de vous que vous êtes doux et humble de cœur. Où cette douceur

hat. » (*Act.*, IX, 13, etc.) Dominus autem ad illum : « Sine, et ego ei ostendam quæ illum oporteat pati pro nomine meo. » Mira et magna res geritur. Lupo sævitia interdicitur, lupus ad ovem captivus adducitur. Tanta autem præcesserat fama lupi raptoris, ut ejus nomine audito, timeret ovis etiam sub manu pastoris. Confortatur, ne jam putet sævientem, ne timeat tumentem. Ab agno pro ovibus mortuo fit ovis secura de lupo.

Christus mitis et humilis, quomodo nec sileat, nec mitescat. — 3. Deinde ille, cui præcedente Dominica cantavimus: « Domine, quis similis tibi? Ne sileas, neque mitescas, Deus; » (*Psal.* LXXXII, 2) qui tamen dicit : « Venite ad me, et discite a me quoniam mitis sum et humilis corde ; » (*Matth.*, XI, 28, 29) videamus quemadmodum utrumque exhibet, et in se ostendit sua eloquia consonare. Mitis est et humilis corde, quia « sicut ovis ad occisionem ductus est, et sicut agnus coram tondente sine voce, sic non aperuit os suum. » (*Isai.*, LIII, 7.) Ligno suspensus pertulit odiorum flammas injustas, sustinuit ministras pessimis cordis linguas : quibus linguis illi percusserunt immaculatum, crucifixerunt justum. De quorum linguis dictum erat : « Filii hominum, dentes eorum arma et sagittæ, et lingua eorum machæra acuta. » (*Psal.* LVI, 5.) Et quid fecit lingua? gladius acutus quid fecit? Occidit. Quid occidit? Occidit vitam mors, ut a vita occideretur mors. Quid ergo, quid fecit lingua eorum gladius acutus? Audi quid fecit : vide quid sequitur. « Exaltare super cœlos, Deus, et super omnem terram gloria tua. » (*Ibid.*, 6.) Ecce quid fecit gladius acutus. Exaltatum super cœlos novimus Dominum, non videndo, sed credendo : super omnem terram gloriam ejus, legendo, credendo, videndo. Vide ergo mitem et humilem corde, ut ad istam gloriam trophæum mortificatæ carnis adduceret. Vide illum mitem. Pendens dicebat : « Pater, ignosce illis, quia nesciunt quid faciunt. » Et: « Discite a me quia mitis sum et humilis corde. » (*Luc.*, XXIII, 34.) Discamus a te, quia mitis es et hu-

a-t-elle pu, a-t-elle dû se manifester d'une manière plus frappante et plus digne que sur la croix? C'est au moment que ses membres étaient suspendus sur ce bois, c'est lorsque ses mains et ses pieds étaient percés de clous, lorsque les langues de ses ennemis se déchaînaient contre lui, alors que les malades refusaient de reconnaître le médecin, qu'il s'écrie : « Mon Père, pardonnez-leur, car ils ne savent ce qu'ils font. » Ne semble-t-il pas dire : Je suis venu guérir les malades; s'ils ne me reconnaissent point, c'est la violence de la fièvre qui en est la cause? C'est donc la douceur et l'humilité de cœur qui inspirent ces paroles : « Mon Père, pardonnez-leur, car ils ne savent ce qu'ils font. »

Le Seigneur paraît sous ces deux caractères à l'égard de Paul; il ne garde vis-à-vis de lui ni le silence ni la douceur. Les tribulations de la vie présente doivent être comptées pour rien auprès de l'espérance de la gloire future. — 4. Que signifient donc ces paroles : « Ne gardez, ô Dieu, ni votre silence, ni votre douceur? » Voyons comme il les accomplit. Premièrement, il n'a point gardé le silence; il a crié du haut des cieux : « Saul, Saul, pourquoi me persécutes-tu? » Il n'a donc pas gardé le silence. Où voyons-nous qu'il n'a pas gardé la douceur? D'abord, il n'a épargné ni l'erreur, ni la cruauté de Saul; il l'a terrassé d'une seule parole, alors qu'il ne respirait que le sang et le meurtre; il a frappé de cécité ce persécuteur furieux, il l'a amené captif aux pieds d'Ananie, qu'il cherchait pour le persécuter. Voilà comme Dieu ne garde pas la douceur, comme il se montre sévère, non contre l'homme, mais contre l'erreur. Ce n'est pas assez qu'il continue à ne garder ni le silence, ni la douceur. Ananie est saisi de crainte et d'effroi au nom seul de ce loup si connu. « Je lui montrerai, dit le Seigneur, je lui montrerai. » Voyez; c'est encore le même langage de la menace, le langage de la sévérité. « Je lui montrerai. » (*Act.*, IX, 16.) « O Dieu, ne gardez ni votre silence, ni votre douceur. » Montrez à ce persécuteur, non-seulement votre bonté, mais votre sévérité. Montrez-lui; qu'il souffre lui-même ce qu'il a fait souffrir; qu'il apprenne à endurer les tourments dont il a été l'auteur; qu'il ressente le poids des tribulations dont il accablait les autres. « Je lui montrerai, dit-il, combien il faut qu'il souffre pour mon nom. » Il parle ici le langage de la sévérité, et il accomplit ce vœu du Roi-Prophète : « O Dieu, ne gardez ni votre silence, ni votre douceur. » Cependant, qu'il ne se mette point en opposition avec ces autres paroles : « Apprenez de moi que je suis doux et humble de cœur. Je lui montrerai ce qu'il doit souffrir pour mon nom. » Vous ne lui montrez que des sujets d'effroi; venez à son secours, ou bien celui que vous avez créé, que vous avez retrouvé, est condamné à la souffrance et à la mort. Dieu ne lui fait entendre que des menaces, il ne garde ni le silence, ni la douceur; son lan-

---

milis corde. Ubi magis apparere vel potuit, vel debuit dignius, quam in ipsa cruce? Cum in ligno membra penderent, cum clavis confixæ manus et pedes essent, cum adhuc illi sævirent linguis, cum se sanguine fuso non satiarent, cum ægrotantes medicum non agnoscerent : « Pater, inquit, ignosce illis, quia nesciunt quid faciunt. » Tanquam diceret: Ego veni ægros curare: quod me non agnoscunt, febris immanitas facit. Mitis ergo et humilis corde dicit : « Pater, ignosce illis, quia nesciunt quid faciunt. »

Erga Paulum exhibet utrumque, et non silet, et non mitescit. Tribulationes temporales futuræ gloriæ spe parvi pendendæ. — 4. Quid ergo : « Ne sileas neque mitescas, Deus? » Impleat et hoc. Ecce non siluit : clamavit de cœlo : « Saule, Saule, quid me persequeris? » Fecit : « Non sileas ; » exhibeat : « Et non mitescas. » Primo quia non pepercit errori ejus, quia non pepercit sævitiæ, quia anhelantem cædes voce prostravit, sævienti lumen eripuit, captivum ad Ananiam, quem persequens quærebat, adduxit. Ecce non mitis, ecce sæviens, non in hominem, sed in errorem. Parum est hoc : adhuc non sileat, neque mitescat. Ananiæ timenti et trementi audito illius lupi famosi nomine : « Ego, inquit, ostendam illi. Ego illi ostendam. » Vide minantem, vide adhuc sævientem : « Ego illi ostendam. » (*Act.*, IX, 16.) « Ne sileas, neque mitescas, Deus. » Ostende persecutori, non solum bonitatem, verum etiam severitatem tuam. Ostende, patiatur quod fecit, discat et pati quod faciebat, sentiat et ipse quod aliis inferebat. « Ego, inquit, illi ostendam quæ illum oportet pati. » Sed tanquam sæviens dicit, et implet quod dictum est : « Ne sileas, neque mitescas, Deus. » Non inde recedat : « Discite a me quoniam mitis sum, et humilis corde. Ego illi ostendam quæ illum oportet pati pro nomine meo. » Ostendisti terrorem ; subveni, ne patiatur et pereat quem fecisti, quem invenisti. Minax est, non silet, non mitescit, minatur. « Ego illi ostendam quæ illum oportet pati pro

gage est toujours menaçant : « Je lui montrerai tout ce qu'il doit souffrir pour mon nom. » Ce qui l'effraie ici est ce qui le sauve. Il agissait contre mon nom : qu'il souffre maintenant pour mon nom. O cruauté miséricordieuse! Vous le voyez préparer le fer, mais c'est pour faire une incision, et non pour donner la mort; ce n'est point pour tuer, c'est pour guérir. Jésus-Christ lui disait : « Je lui montrerai combien il faut qu'il souffre pour mon nom. » Mais dans quel but? Celui qui souffre va vous l'apprendre : « Les douleurs de cette vie n'ont aucune proportion. » (*Rom.*, VIII, 8.) C'est le patient lui-même qui le déclare, et il savait parfaitement pour quel nom il souffrait, et quel serait le fruit de ses souffrances : « Les douleurs de cette vie n'ont aucune proportion avec cette gloire qui doit un jour éclater en nous. » Que le monde déchaîne sa fureur, que le monde frémisse, qu'il lance les traits de la calomnie, qu'il dirige contre nous toutes ses armes, qu'il réunisse tous ses efforts : que peut-il faire qui égale jamais la récompense que nous devons recevoir? Mettez dans la balance, d'un côté, ce que je souffre, de l'autre, ce que j'espère. Voilà ce que j'endure, voilà ce que je crois. Assurément, ce que je crois est au-dessus de ce que je souffre. Quelles que soient les tribulations que le monde me fait souffrir pour le nom de Jésus-Christ, si elles me laissent vivre, elles sont supportables; si elles me privent de cette vie, elles me font sortir de ce monde. Elles ne détruisent point, elles ne font que hâter. Et que hâtent-elles? La récompense, les douceurs, qui, une fois arrivées, ne finiront jamais. Le travail a un terme, la récompense n'en aura point.

D'où vient le nom de Saül. Paul, petit et humble. — 5. Or, cet homme, mes frères, ce vase d'élection, portait d'abord le nom de Saul, qui vient de Saül. Vous qui connaissez les divines Lettres, rappelez-vous ce qu'était Saül. C'était un roi méchant, persécuteur de David, le fidèle serviteur de Dieu, et il était lui-même, vous vous en souvenez, de la tribu de Benjamin. C'est aussi de cette tribu qu'était Saul, et il semblait en avoir hérité les instincts de persécution; mais il ne devait pas y persévérer. Saul vient donc de Saül; mais d'où vient Paul? Saul tire son nom d'un roi cruel, lorsqu'il était lui-même orgueilleux, cruel, et ne respirant que le meurtre; mais d'où vient le nom de Paul? Il prend le nom de Paul, parce qu'il est petit. Le nom de Paul est un nom d'humilité. Il prit ce nom de Paul après qu'il eut été amené au divin Maître, qui a dit : « Apprenez de moi que je suis doux et humble de cœur. » C'est de là qu'il a pris le nom de Paul. Remarquez ici la signification de l'expression latine *paulum*, qui veut dire « peu considérable. » Je vous verrai dans peu, attendez un peu, c'est-à-dire : je vous verrai dans un temps très-court, attendez ici quelques instants. Or, écoutez ce que dit Paul :

nomine meo. » Ubi terror, ibi salus. Qui faciebat contra nomen, patiatur pro nomine. O sævitia misericors! Vides illum præparare ferrum : secturus est, non perempturus; curaturus, non occisurus. Christus dicebat : « Ego illi ostendam quæ illum oporteat pati pro nomine meo. » Sed quo fine? Ipsum qui patiebatur audi. « Non sunt condignæ passiones hujus temporis. » Ipse dicit qui patiebatur, et sciebat pro quo nomine patiebatur, et quo fructu patiebatur. « Non sunt condignæ passiones hujus temporis ad futuram gloriam, quæ revelabitur in nobis. » (*Rom.*, VIII, 18.) Sæviat mundus, fremat mundus, increpet linguis, coruscet armis, quidquid potest faciat: quid faciet ad id quod accepturi sumus? Appendo quod patior, contra id quod spero. Hoc sentio, illud credo. Et tamen plus valet quod credo, quam quod sentio. Quidquid est quod (*a*) sævit pro nomine Christi, si potest (*b*) vivi, tolerabile est : si non potest vivi, migrare hinc facit. Non exstinguit, sed accelerat. Quid accelerat? Ipsum præmium, ipsam dulcedinem; quæ cum venerit, sine fine erit. Opus cum fine, merces sine fine.

Saulus unde appellatus. Paulus, modicus et humilis. — 5. Iste ergo, Fratres, iste vas electionis, primo Saulus a Saüle. Recordamini enim qui nostis litteras Dei, quis erat Saül. Rex pessimus, persecutor sancti servi Dei David : et ipse, si meministis, de tribu Benjamin. Inde iste Saulus, ducto secum tramite sæviendi, sed in sævitia non permansurus. Postea, si Saulus a Saüle, Paulus unde? Saulus a rege sævo, cum superbus, cum sæviens, cum cædes anhelans : Paulus autem unde? Paulus, quia modicus. Paulus humilitatis nomen est. Paulus, posteaquam adductus est ad Magistrum, qui ait : « Discite a me quoniam mitis sum et humilis corde. » Inde Paulus. Usum Latinæ locutionis advertite : quia paulum, modicum dicitur. Paulo post videbo te : Paulum hic exspecta : id est : Post modicum videbo te, modicum hic

(*a*) Sirmondus et quidam Mss. *sentit.* — (*b*) Quidam codices hoc et proximo loco pro *vivi*, habent *vinci*.

« Je suis le plus petit des apôtres. » (I *Cor.*, xv, 9.) Oui : « Je suis le plus petit des apôtres. » Et, dans un autre endroit : « Je suis le dernier des apôtres. » (*Ibid.*, IV, 9.)

Dieu élève les humbles. — 6. Il est le plus petit, il est le dernier, il est comme la frange du vêtement du Seigneur. Quoi de plus petit dans un vêtement, quoi de plus bas que la frange? C'est cependant en touchant cette frange qu'une femme fut guérie d'une perte de sang. (*Matth.*, IX, 20.) Dans ce plus petit, dans ce dernier des apôtres, vivait Celui qui est la grandeur même, et Paul l'éloignait d'autant moins de lui, qu'il se faisait plus petit. Pourquoi nous étonner que la grandeur habite dans ce qui est petit? Elle choisit de préférence, pour habitation, ce qu'il y a de plus petit. Ecoutez ce qu'il dit par son prophète : « Sur qui jetterai-je les yeux? N'est-ce pas sur le pauvre qui est humble et paisible, et qui écoute en tremblant mes paroles? » (*Isa.*, LXVI, 2.) Or, le Très-Haut habite dans le cœur qui est humble, pour exalter son humilité. « Le Seigneur est très-élevé, dit le Psalmiste, et il regarde les choses basses, et ne voit que de loin les choses hautes. » (*Ps.* CXXXVII, 6.) Humiliez-vous, et Dieu s'approchera de vous; si vous vous élevez, il s'en éloignera.

Il ne faut pas rougir de Jésus-Christ crucifié. — 7. Que dit donc ce plus petit des apôtres? ce que nous avons entendu aujourd'hui. « Il faut croire de cœur, pour obtenir la justice, et confesser de bouche, pour obtenir le salut. » (*Rom.*, X, 10.) Il en est beaucoup qui croient de cœur, et qui rougissent de confesser de bouche. Sachez-le bien, mes frères, il n'y a peut-être pas un seul païen qui n'admire en lui-même et qui ne comprenne l'accomplissement des prophéties qui prédisaient que le Christ serait élevé au-dessus des cieux, parce qu'ils virent de leurs yeux sa gloire répandue sur toute la terre. Mais la crainte qu'ils ont les uns des autres, mais le respect humain, la honte, les retiennent et éloignent d'eux le salut; car « il faut confesser de bouche, pour obtenir le salut. » Que sert-il d'avoir cru de cœur pour la justice, si la bouche hésite à proclamer les convictions du cœur? Dieu, il est vrai, voit la foi qui est dans le cœur, mais ce n'est pas assez. Vous n'osez confesser Celui qui est humble, parce que vous craignez les orgueilleux, et vous préférez ces orgueilleux à Celui qui, par amour pour vous, a voulu déplaire aux superbes; vous craignez de confesser le Fils de Dieu, qui s'est fait humble. Vous ne rougissez pas de manifester votre foi au Verbe auguste de Dieu, à Celui qui est la Puissance de Dieu, la Sagesse de Dieu; mais vous rougissez de confesser qu'il est né, qu'il a été crucifié, qu'il est mort. Celui qui est élevé au-dessus de toute créature, le Très-Haut, égal au Père, par qui toutes choses ont été faites, par qui vous avez été fait vous-même, a

---

exspecta. Audi ergo Paulum : « Ego sum, inquit, minimus Apostolorum. » (1 *Cor.*, XV, 9.) Prorsus «ego sum minimus Apostolorum. » Et alio loco : « Ego sum novissimus Apostolorum. » (*Ibid.*, IV, 9.)

Humiles Deus exaltat. — 6. Et minimus, et novissimus, tanquam fimbria de vestimento Domini. Quid tam exiguum, quid tam novissimum quam fimbria? Hac tamen tacta, mulier a fluxu sanguinis sanata est. In modico isto magnus erat, in minimo grandis habitabat; et tanto minus a se magnum excludebat, quanto magis minor erat. (*Matth.*, IX, 20.) Quid miramur magnum habitare in angusto? Magis in minimis habitat. Audi illum dicentem : « Super quem requiescet spiritus meus? Super humilem et quietum et trementem verba mea. » (*Isai.*, LXVI, 2.) Ideo altus habitat in humili, ut humilem exaltet. « Excelsus enim est Dominus, et humilia respicit; excelsa autem a longe cognoscit. » (*Psal.* CXXXVII, 6.) Humilia te, et propinquabit tibi; extolle te, et recedet a te.

De Christo crucifixo non erubescendum. — 7. Minimus ergo iste quid dicit? Quod audivimus hodie : « Corde creditur ad justitiam, ore autem confessio fit ad salutem. » (*Rom.*, X, 10.) Multi credunt corde, et erubescunt confiteri ore. Sciatis, Fratres, prope jam neminem esse Paganorum, qui non apud se ipsum miretur, et sentiat impleri prophetias de Christo exaltato super cœlos; quia vident super omnem terram gloriam ejus. Sed cum se invicem timent, sibimet invicem erubescunt, faciunt a se longe salutem; quia « ore confessio fit ad salutem. » Quid prodest corde credidisse ad justitiam, si os dubitat proferre quod corde conceptum est? Intus fidem Deus videt : sed parum est. Ne confitearis humilem, times superbos; et ei præponis superbos, qui pro te displicuit superbis. Humilem times confiteri Filium Dei. Magnum Verbum Dei, virtutem Dei, sapientiam Dei non erubescis confiteri; natum, crucifixum, mortuum erubescis confiteri. Altus, excelsus et æqualis Patri, per quem facta sunt omnia, per

voulu devenir ce que vous êtes; il s'est fait homme pour vous, c'est pour vous, qu'il a voulu naître et mourir. Pauvre malade, comment pourrez-vous guérir, vous qui rougissez du remède qui vous est offert? Choisissez votre temps : c'est maintenant le temps favorable; plus tard, celui qui n'a recueilli que du mépris viendra en excitant l'admiration de tous les hommes; il a été jugé : il viendra pour juger à son tour; il a été mis à mort : il viendra pour ressusciter; il a été couvert d'outrages : il viendra pour être comblé d'honneur et de gloire. Il faut distinguer ce qui est maintenant de ce qui viendra plus tard; maintenant, c'est le temps de la foi; plus tard, celui de la manifestation. Choisissez aujourd'hui la part que vous voulez conserver dans le temps à venir. Vous rougissez du nom de Jésus-Christ? En rougissant maintenant de lui devant les hommes, vous vous préparez un juste sujet de rougir lorsqu'il viendra dans sa gloire rendre aux bons ce qu'il leur a promis, et aux méchants les châtiments dont il les a menacés. Où serez-vous alors? Que ferez-vous, lorsque le Très-Haut, jetant les yeux sur vous, vous dira : Vous avez rougi de mes humiliations, vous n'aurez point de part à ma gloire. Bannissons donc de notre cœur cette honte coupable, faisons profession d'une salutaire impudence, si on peut employer cette expression; et cependant, mes frères, je me suis fait violence pour ne pas craindre de vous parler de la sorte.

Pourquoi nous ne devons pas rougir de la mort de Jésus-Christ. Jésus-Christ a pris sur lui deux de nos maux, pour nous communiquer deux de ses biens. — 8. Je ne veux pas que nous rougissions du nom de Jésus-Christ. Qu'on nous reproche comme un outrage notre foi à Jésus-Christ crucifié et mis à mort. Oui, nous croyons au Christ mis à mort, mais, s'il n'avait versé son sang pour nous, la cédule de condamnation qu'avait méritée nos péchés ne serait pas encore effacée. Oui, je crois dans Celui qui a été mis à mort, mais ce qui est mort en lui, c'est ce qu'il m'a emprunté, ce n'est point la nature divine qui m'a créé. Oui, je crois en Celui qui est mort, mais quel est ce mort en qui je crois? Il est venu avec une existence qui lui était propre, et cependant, il a emprunté quelque chose. Qu'était Celui qui est venu? « Comme il avait la nature de Dieu, il n'a pas regardé comme une usurpation de se dire égal à Dieu. » (*Philip.*, II, 6, 7.) Voilà ce qu'était Celui qui est venu. Qu'a-t-il emprunté de nous? « Mais il s'est anéanti lui-même en prenant la forme d'esclave et en se rendant semblable aux hommes. » Ainsi, l'Auteur de tout ce qui a été fait a voulu être fait lui-même, le Créateur a été créé. Mais comment a-t-il été fait et créé? Il a été créé dans la nature d'esclave, en prenant la forme d'esclave, mais sans perdre la nature divine. C'est dans cette nature d'esclave, c'est dans cette nature, qu'il a prise de nous et pour nous, qu'il est né, qu'il a souf-

quem factus es et tu, factus est quod tu; factus est propter te homo, propter te natus, propter te mortuus. Ægrote, quomodo sanaberis, qui de medicamento tuo erubescis? Elige tempus. Nunc est tempus : postea contemptus ille veniet admirandus, judicatus ille veniet judicaturus, occisus ille veniet excitaturus, exhonoratus ille veniet honoraturus. Modo, et postea : modo in fide res est, postea in manifestatione erit. Elige hoc tempore quam partem teneas in futuro. De Christi nomine erubescis? Ex eo quod erubescis modo hominibus, habes erubescere, cum venerit in gloria sua redditurus quod promisit bonis, quod minatus est malis. Ubi eris tu? Quid facies? si te attendat ille excelsus, et dicat tibi : Erubuisti de humilitate mea, non eris in claritate mea. Discedat ergo mala verecundia, accedat salubris impudentia, si impudentia dicenda est; sed tamen, Fratres, extorsi mihi ut hoc dicerem, nec prorsus timerem.

De Christi morte cur non erubescendum. Christus suscepit duo mala nostra, ut daret duo bona sua. — 8. Nolo enim erubescamus de Christi nomine. Insultetur nobis quod credimus in crucifixum, in occisum. Plane in occisum; sed de quo nisi sanguis maneret, chirographum peccatorum nostrorum adhuc maneret. Prorsus in occisum credidi; sed hoc in illo occisum est quod sumpsit de me, non unde fecit me. Prorsus in occisum credo, sed in quem occisum? Qui venit aliquis, et accepit aliquid. Quis venit? « Qui cum in forma Dei esset, non rapinam arbitratus est esse æqualis Deo. » (*Philip.*, II, 6, 7.) Ecce quis venit : quid accepit? « Sed semetipsum exinanivit, formam servi accipiens, in similitudinem hominum factus. » Ille factor factus, ille creator creatus. Sed in quo factus et creatus? In forma servi, accipiendo formam servi, non amittendo formam Dei. In hac ergo forma servi, in eo quod a nobis pro nobis accepit, et natus est, et passus est, et resurrexit, et as-

fert, qu'il est ressuscité et monté au ciel. Je viens d'énumérer quatre faits distincts. Jésus-Christ est né, il est mort, il est ressuscité, il est monté au ciel. Deux de ces faits ont précédé, les deux autres ont suivi; les deux premiers sont sa naissance et sa mort; les deux derniers, sa résurrection et son ascension. Dans les deux premiers, il vous fait voir la condition de votre nature; dans les deux derniers, il vous donne le modèle de la récompense qui vous attend. Vous savez ce que c'est que de naître et de mourir. Que voyons-nous autre chose dans la région que nous habitons? Quels sont les fruits que toute chair produit en abondance? n'est-ce pas des naissances et des morts? Voilà ce qui est commun à l'homme et à la bête; cette vie nous est commune avec les animaux. Nous sommes nés, nous devons mourir. Ce que vous ne connaissez pas encore, c'est que vous devez ressusciter et monter au ciel. Vous connaissiez deux choses, et deux vous étaient inconnues. Jésus-Christ a pris sur lui ce que vous connaissez, et vous a donné en lui l'exemple de ce que vous ne connaissiez pas. Consentez donc à souffrir ce qu'il a pris, et espérez ce dont il vous a donné le modèle en sa personne.

La mort qui est à craindre n'est pas la mort temporelle, mais la mort éternelle. — 9. Mais quoi! vous suffira-t-il de ne pas vouloir mourir pour échapper à la mort? Pourquoi craindre ce que vous ne pouvez éviter? Vous craignez ce qui arrivera nécessairement, quand même vous ne le voudriez pas, et vous ne craignez pas ce qui ne peut arriver qu'autant que vous le voudrez. Que veux-je dire? Dieu a établi que tous les hommes qui sont nés seraient soumis à la mort, et que c'est par la mort qu'ils sortiraient de ce monde. Vous ne pouvez être exempt de cette loi de la mort qu'autant que vous cesseriez de faire partie du genre humain. Que ferez-vous donc? Est-ce que je viens vous dire: Choisissez si vous voulez être homme? Vous l'êtes nécessairement, dès que vous êtes venu au monde sur cette terre. Songez comment vous en sortirez; vous êtes né, vous devez mourir. Prenez la fuite, ayez recours à toutes les précautions, à toutes les résistances; cherchez à vous racheter: vous pourrez peut-être retarder la mort, mais non point l'éviter à jamais. La mort viendra, quand vous ne le voudriez pas; elle viendra au moment que vous ignorez. Pourquoi donc craindre ce qui arrivera nécessairement, même contre votre volonté? Craignez bien plutôt ce qui n'arrivera qu'autant que vous le voulez. Quelle est ici ma pensée? Dieu a menacé les impies, les infidèles, les blasphémateurs, les parjures, les injustes et tous les méchants, des feux ardents de l'enfer et des flammes éternelles. Or, comparez d'abord ces deux choses: la mort, qui ne dure qu'un moment, et les supplices éternels. Vous craignez cette mort, qui dure si peu; elle viendra, même malgré vous; craignez donc plutôt les supplices éternels auxquels vous pouvez échapper si vous le voulez. Ce que vous devez craindre, ce qu'il dépend de vous d'éviter, est beaucoup plus important;

---

cendit in cœlum. Quatuor res dixi. Natus est, mortuus est, resurrexit, et ascendit in cœlum. Duo prima, duo novissima: duo prima, natus est, mortuus est; duo novissima, resurrexit, ascendit in cœlum. In duobus primis conditionem tuam tibi ostendit; in duobus novissimis mercedis exemplum præbuit. Nasci et mori noveras: plena est his duobus regio mortalium. Quid hic abundat in omni carne, nisi nasci et mori? Hoc homo cum pecore habet; hanc ergo vitam cum pecoribus communem ducimus. Nati sumus, morituri sumus. Istud nondum noveras, resurgere, et in cœlum ascendere. Duo noveras, duo non noveras; suscepit quod noveras, ostendit quod non noveras; patere quod suscepit, spera quod ostendit.

Mors non timenda temporalis, sed æterna. — 9. Quid enim, si nolis mori, non es moriturus? Quid times, quod vitare non potes? Times quod, etsi nolis, erit; et non times quod, etsi nolis, non erit. Quid est quod dixi? Omnibus hominibus natis constituit Deus mortem, per quam de isto sæculo emigrent. Exceptus eris a morte, si exceptus fueris a genere humano. Quid facis? Numquid tibi modo dicitur: Elige utrum velis esse homo? Jam homo es, venisti. Quomodo hinc exeas, cogita: natus es, moriturus es. Fuge, cave, repelle, redime; mortem potes differre, non auferre. Veniet, etsi nolis: veniet quando nescis. Quid ergo times quod, etsi volueris, erit? Time potius quod, si nolueris, non erit. Quid est hoc? Impiis, infidelibus, blasphemis, perjuris, iniquis, et omnibus malis gehennæ ignes ardentis et æternas flammas minatus est Deus. Primo compara hæc duo, mortem ad momentum, et pœnas in æternum. Times mortem ad momentum, veniet, etsi nolis; time pœnas in æternum, quæ non venient, si

oui, je le répète, ce que vous devez craindre, ce qu'il est en votre pouvoir d'éviter, est d'une importance mille fois plus grande. Que votre vie soit bonne ou mauvaise, vous mourrez; vous ne pouvez éviter la mort, ni par une vie sainte, ni par une vie criminelle. Mais, si vous choisissez une vie sainte, vous ne serez point condamné aux supplices éternels. Or, puisqu'il ne dépend pas de vous d'échapper à la mort, choisissez du moins, pendant cette vie, ce qui peut vous faire éviter la mort éternelle. Tel est l'enseignement de la foi chrétienne; voilà ce que Jésus-Christ nous a montré, dans sa personne, par sa mort et par sa résurrection. Par sa mort, il vous apprend ce que, bon gré, mal gré, il vous faut souffrir, et, par sa résurrection, il vous montre quelle sera pour vous la récompense d'une vie sainte. Ici-bas, « il faut croire de cœur, pour obtenir la justice, et confesser de bouche, pour arriver au salut. » (*Rom.*, x, 10, etc.) Mais vous n'osez manifester votre foi, dans la crainte d'être insulté, non par des hommes qui ne croient point, car ils ont eux-mêmes la foi intérieurement, mais par ceux qui rougissent de professer leur foi. Ecoutez ce qui suit. En effet, l'Ecriture dit : « Quiconque croit en lui, ne sera pas confondu. » Méditez ces vé-rités, soyez-y tout entier; c'est la nourriture solide, non du corps, mais de l'âme. Celui qui, le matin, ravissait sa proie, le soir, partageait la nourriture. Tournons-nous vers le Seigneur, etc.

SERMON CCLXXX.

Ier *pour la fête des saintes Perpétue et Félicité, martyres* (1).

Chapitre premier. — *Perpétue et Félicité ont obtenu, par leur martyre éclatant, la récompense de l'éternelle félicité.* — 1. Le retour anniversaire de ce jour rappelle à notre souvenir et nous place, en quelque sorte sous les yeux le jour où les saintes servantes de Dieu, Perpétue et Félicité, ornées de la couronne du martyre, ont obtenu la palme de la perpétuelle félicité, et où, après avoir professé courageusement le nom du Christ au milieu des combats, elles ont trouvé l'une et l'autre la signification de leur nom dans leur récompense. Nous avons entendu, dans la lecture qui nous en a été faite, les exhortations qui leur furent adressées dans des révélations divines, et les triomphes qu'elles ont remportés sur les souffrances. Le récit de ces glorieux combats, que la parole a claire-

---

(1) Possidius, au chapitre x de sa Table, classe « trois traités pour la fête des saintes Perpétue et Félicité. » Holstenius pense que le quatrième, qu'il a tiré d'un manuscrit du Vatican, et qui porte le nom d'Augustin, doit être placé parmi les sermons douteux. Tertullien parle de ces saintes martyres dans son Traité *de l'Ame*, chapitre iv, et les martyrologes le sept de mars. Henri de Valois, dans la préface de leurs Actes imprimés à Paris, examine le lieu et le temps où elles ont souffert le martyre. Or, Victor, dans le livre Ier de la *Persécution des Vandales*, prétend que ce fut à Carthage, et prouve que ce ne fut point à Thuburbo, ville de Mauritanie, comme l'indiquaient un grand nombre de martyrologes. Mais il a oublié de parler d'une autre Thuburbo, qui était la métropole de la Province proconsulaire. Quant à l'année de leur martyre, il prouve qu'on doit le rapporter plus vraisemblablement, non pas à la troisième, mais à la onzième année de Sévère, c'est-à-dire à l'année 203 de Jésus-Christ.

---

nolueris. Multo majus est quod timere debes, et in potestate habes ne veniat tibi; et majus est, et longe majus, incomparabiliter majus quod timere debes, et in potestate habes ne veniat tibi. Etenim si bene vixeris, si male vixeris, moriturus es; non effugies, ut non moriaris, seu vivendo bene, seu vivendo male. At vero, si elegeris hic bene vivere, in æternas pœnas non mitteris. Quia vero eligere non potes hic, ne moriaris : elige cum vivis, ne in æternum moriaris. Hæc est fides, hoc Christus ostendit moriendo et resurgendo. Moriendo ostendit, quod velis nolis passurus es; resurgendo ostendit, quod si bene vixeris, accepturus es. Hic « corde creditur ad justitiam, ore confessio fit ad salutem. » (*Rom.*, x, 10, etc.) Sed times confiteri, ne insultent tibi homines, non qui non crediderunt; nam et ipsi intus credunt : sed ne insultent tibi qui confiteri erubescunt. Audi quod sequitur. Dicit enim Scriptura : « Omnis qui crediderit in eum, non confundetur. » Hæc meditare, in his esto; hæc est esca non ventris, sed mentis. Ille qui mane rapiebat, ipsas escas ad vesperum dividebat. Conversi ad Dominum, etc.

SERMO CCLXXX. (a)

In Natali Martyrum Perpetuæ et Felicitatis, 1.

Caput primum. — *Perpetua et Felicitas perpetuæ felicitatis præmium insigni martyrio adeptæ.* — 1. Hodiernus dies anniversaria replicatione nobis in memoriam revocat, et quodam modo repræsentat diem, quo sanctæ famulæ Dei Perpetua et Felicitas coronis martyrii decoratæ, perpetua felicitate floruerunt, tenentes nomen Christi in prælio, et simul invenientes etiam suum nomen in præmio. Exhortationes

---

(a) Alias de Diversis cm.

ment présenté et mis dans tout son jour, nous l'avons écouté attentivement, contemplé des yeux du cœur, religieusement honoré et célébré avec amour. Cependant, une solennité si chère à la piété exige de nous le discours que nous faisons chaque année; il sera peut-être bien au-dessous des mérites de ces saintes martyres, mais j'apporte aux joies d'une si grande fête le tribut d'une affection aussi ardente que sincère. Quoi de plus glorieux, en effet, que ces femmes, qu'il est plus facile aux hommes d'admirer que d'imiter? Mais la gloire en revient surtout à Celui en qui elles ont cru, au nom duquel elles ont combattu avec une si généreuse ardeur, et aux yeux duquel il n'y a plus d'homme ni de femme selon l'homme intérieur. Aussi, dans les femmes elles-mêmes, la vigueur de l'esprit a couvert la faiblesse du sexe, et on ne songe pas à la délicatesse des membres, qui ne s'est point trahie un seul instant dans leurs actes. Le dragon a donc été foulé sous des pieds chastes et victorieux, lorsque Perpétue aperçut dans une vision l'échelle qui devait la conduire au ciel. C'est ainsi que la tête de l'antique serpent, qui a précipité la première femme dans l'abîme, servit à Perpétue de premier échelon pour monter au ciel.

Chapitre II. — 2. Peut-on voir un spectacle plus délicieux, un combat plus généreux, une victoire plus glorieuse? Lorsque les corps des saints martyrs étaient jetés en pâture aux bêtes, les païens qui remplissaient l'amphithéâtre frémissaient, et les peuples méditaient de vains projets. Mais Celui qui habite dans les cieux se riait d'eux, et le Seigneur insultait à leurs efforts. (*Ps.* II, 1 etc.) Maintenant, les descendants de ceux dont les cris impies s'acharnaient avec fureur contre les corps des martyrs, célèbrent dans de pieux concerts les mérites des martyrs. Jamais la cruauté n'a rempli l'amphithéâtre d'un si grand nombre de spectateurs avides de se rassasier de la mort des martyrs, que la piété n'en conduit dans nos Eglises pour honorer leur mémoire. Chaque année, la charité contemple religieusement ce que l'impiété sacrilége a consommé en un seul jour. Les païens ont aussi considéré ce spectacle, mais dans des dispositions bien différentes. Ils achevaient, par leurs cris, ce que les morsures des bêtes épargnaient. Pour nous, nous déplorons ce qu'ont fait ces impies, et nous vénérons ce qu'ont souffert les pieux martyrs. Ils ont vu des yeux du corps un spectacle dont ils nourrissaient la férocité de leurs cœurs; nous contemplons des yeux du cœur un autre spectacle qui a été soustrait à leurs regards. Ils applaudissaient en voyant les corps inanimés des martyrs, et nous gémissons en considérant les âmes de ces impies frappées d'une mort bien plus déplorable. Privés de la lumière de la foi, ils ont cru que

---

earum in divinis revelationibus, triumphosque passionum, cum legerentur, audivimus; eaque omnia verborum digesta et illustrata luminibus, aure percepimus, mente spectavimus, religione honoravimus, caritate laudavimus. Debetur tamen etiam a nobis tam devotæ celebritati Sermo solemnis, quem si meritis earum imparem profero, impigrum tamen affectum gaudio tantæ festivitatis exhibeo. Quid enim gloriosius his feminis, quas viri mirantur facilius, quam imitantur? Sed hoc illius potissimum laus est, in quem credentes, et in cujus nomine fideli studio concurrentes, secundum interiorem hominem, nec masculus, nec femina inveniuntur, ut etiam in his quæ sunt feminæ corpore, virtus mentis sexum carnis abscondat, et in membris pigeat cogitare, quod in factis non potuit apparere. Calcatus est ergo draco pede casto et victore vestigio, cum erectæ demonstrarentur scalæ, per quas beata Perpetua iret ad Deum. Ita caput serpentis antiqui, quod fuit præcipitium feminæ cadenti, gradus factum est ascendenti.

Caput II. — 2. Quid hoc spectaculo suavius? quid hoc certamine fortius? quid hac victoria gloriosius? Tunc cum bestiis sancta objicerentur corpora, toto amphitheatro fremebant gentes, et populi meditabantur inania. Sed qui habitat in cœlis, irridebat eos, et Dominus subsannabat eos. (*Psal.* II, 1, etc.) Nunc autem posteri illorum, quorum voces in carnem Martyrum impie sæviebant, merita Martyrum piis vocibus laudant. Neque tunc tanto concursu hominum ad eos occidendos cavea crudelitatis impleta est, quanto nunc ad eos honorandos Ecclesia pietatis impletur. Omni anno spectat cum religione caritas, quod uno die cum sacrilegio commisit impietas. Spectaverunt et illi, sed longe voluntate dissimili. Illi clamando faciebant, quod mordendo bestiæ non implebant. Nos autem et quod fecerunt impii, miseramur, et quod pii passi sunt, veneramur. Illi viderunt oculis carnis, quod cordis immanitati refunderunt; nos aspicimus oculis cordis, quod illis ereptum est, ne viderent. Illi mortua lætati sunt corpora Martyrum, nos mentes mortuas dolemus illorum. Illi sine lumine fidei Martyres putaverunt

les martyrs étaient anéantis à jamais, et cette lumière de la foi nous les fait voir couronnés d'une gloire éternelle. Leurs insultes sont devenues l'objet de notre triomphe, mais ce triomphe, que la religion consacre, est éternel, tandis qu'il n'est plus question de leurs outrages inspirés par l'impiété.

CHAPITRE III. — *Pourquoi la récompense des martyrs est-elle si magnifique. Combien grand est l'amour de cette vie misérable.* — 3. Nous croyons, mes très-chers frères, que les récompenses des martyrs sont d'une magnificence incomparable, et nous avons raison de le croire. Si, cependant, nous considérons attentivement leurs combats, nous cesserons d'être étonnés de la grandeur de la récompense. La vie présente est bien pénible et bien passagère, et, cependant, elle a pour nous tant de charmes, que les hommes, dans l'impossibilité d'échapper à la mort, font les plus grands efforts, recourent à tous les moyens possibles pour mourir un peu plus tard. Ils ne peuvent rien pour éviter la mort, ils font tout au monde pour la différer. Rien de plus pénible pour tout homme, assurément, que la contrainte du travail, et, cependant, ceux-là mêmes qui n'espèrent ni bien ni mal après cette vie, n'épargnent ni fatigues ni peines pour que la mort ne mette pas fin à leur travail. Mais quoi! ceux qui, par une déplorable erreur, n'attendent, après cette vie, que des joies fausses et des délices charnelles, et ceux qui, éclairés par la foi, espèrent un repos ineffable au sein d'une paix profonde et d'un bonheur éternel, que de mouvements se donnent-ils, à combien de moyens n'ont-ils pas recours pour retarder aussi leur mort? Quel autre but se proposent-ils dans ces travaux assidus pour se procurer la nourriture nécessaire, dans ces assujettissements auxquels ils se condamnent, soit par les remèdes, soit par les précautions qu'ils réclament quand ils sont malades ou qu'ils prodiguent aux malades? N'est-ce point pour ne pas arriver si tôt au terme fatal de la mort? A quel prix donc devons-nous acheter l'affranchissement complet de la mort dans l'autre vie, puisque nous achetons si cher, durant cette vie, ce simple délai qu'elle met à nous frapper? Cette vie toute de peines et de misères a cependant pour nous tant d'attrait et de douceur, et la nature a, dans tous les hommes, une horreur si vive de la mort, que ceux-là mêmes pour qui la mort n'est qu'un passage à une vie où ils seront à jamais affranchis de la mort, voudraient ne pas mourir.

CHAPITRE IV. — *Les martyrs ont méprisé, pour le nom de Jésus-Christ, et la mort et les douleurs.* — 4. Or, le grand mérite des martyrs de Jésus-Christ a été de mépriser cet attrait si puissant de la vie et cette crainte de la mort, parce qu'ils étaient remplis d'une charité véritable, d'une espérance certaine et d'une foi sincère. Ils ont laissé derrière eux les promesses comme les menaces du monde, et se sont avancés

---

exstinctos, nos fidelissimo intuitu cernimus coronatos. Denique illorum insultatio facta est nostra exsultatio. Et hæc quidem religiosa et sempiterna: illa vero tunc impia, nunc plane jam nulla.

CAPUT III. — *Martyrum cur maxima præmia. Vitæ hujus laboriosæ amor.* — 3. Præmia Martyrum, Carissimi, maxima credimus, et rectissime credimus. Sed si certamina diligenter intueamur, nequaquam illa tam magna esse mirabimur. Nam vitæ hujus quamvis laboriosæ ac temporalis, tamen tanta dulcedo est, ut cum homines non possint efficere ne moriantur, tamen multis et magnis conatibus agant ne cito moriantur. Pro morte auferenda nihil fieri potest, et pro ea differenda fit quidquid potest. Certe omni animæ laborare molestum est : et tamen etiam ab his, a quibus nihil seu boni, seu mali, post hanc vitam speratur, omnibus laboribus agitur, ne labor omnis morte finiatur. Quid illi, qui vel errore post mortem futuras falsas et carnales delicias suspicantur, vel recta fide quietem quamdam ineffabiliter tranquillissimam et beatissimam sperant, nonne etiam ipsi satagunt, et magnis curis agunt ne cito moriantur? Quid sibi enim aliud volunt pro victu necessario tot labores, tanta servitus, sive medicinæ, sive aliorum obsequiorum, quam vel exigunt ægroti, vel exhibetur ægrotis, nisi ne ad terminum mortis cito veniatur? Quanti itaque comparanda est in futura vita nulla mortis illatio, cujus tam pretiosa est in hac vita sola dilatio? Tanta quippe est etiam hujus ærumnosæ vitæ nescio quæ suavitas, tantusque in natura utcumque viventium horror mortis, ut nec illi mori velint, qui per mortem ad vitam transeunt, in qua mori non possint.

CAPUT IV. — *Martyres et mortem et dolores pro Christo contempserunt.* — 4. Hanc igitur vivendi tantam jucunditatem metumque moriendi caritate sincera, spe certa, fide non ficta, Martyres Christi præcipua virtute contemnunt. In his promittentem minantemque mundum post tergum relinquentes, in anteriora se extendunt. Hæc varie sibilantis cal-

vers ce qui était devant eux. Malgré les sifflements multipliés du serpent, ils ont monté sur sa tête et l'ont foulée aux pieds. C'est qu'en effet on triomphe bien facilement de toutes ses passions, quand on a dompté l'amour tyrannique de cette vie, dont toutes les convoitises sont comme les satellites. Celui qui a su s'affranchir de cet amour de la vie n'a plus aucun bien qui puisse le retenir. On établit quelquefois des comparaisons entre la crainte de la mort et les douleurs du corps. Tantôt c'est l'une, tantôt ce sont les autres qui l'emportent dans l'homme. Celui qui est appliqué à la torture, ment pour échapper à la mort, et celui qui est sur le point de mourir, ment également pour échapper à la torture. On aime mieux dire la vérité pour échapper aux douleurs de la torture, que de s'y exposer en se défendant par le mensonge. Mais quelle que soit, de ces deux craintes, celle qui l'emporte dans l'esprit des hommes, les martyrs ont triomphé de l'une et de l'autre pour le nom et la justice de Jésus-Christ; ils n'ont craint ni la mort, ni la douleur. Celui qui vivait en eux les a rendus vainqueurs, car ce n'est point pour eux, mais pour lui seul, qu'ils ont vécu, et qu'en mourant, ils ont échappé à la mort. C'est lui qui répandait dans leur âme des délices spirituelles, qui ne leur laissaient le sentiment de leurs souffrances qu'autant qu'il était nécessaire pour les éprouver, sans qu'ils fussent exposés à succomber. Où était, en effet, cette femme généreuse, lorsqu'elle ne sentit point qu'elle combattait contre une vache indomptée, et qu'elle demandait quand aurait lieu ce qui était déjà un fait accompli? où était-elle? que contemplaient donc ses yeux, qui n'avaient point vu cette lutte? quelles jouissances la rendaient insensible à une si cruelle épreuve? quel amour la ravissait? quel spectacle l'occupait tout entière? à quelle source s'était-elle enivrée? Cependant, elle était encore enlacée dans les liens de la chair, elle portait encore des membres dévoués à la mort, elle était encore appesantie sous le poids d'un corps corruptible. Quelles délices sont donc réservées aux âmes des martyrs, lorsqu'elles seront affranchies de ces liens après les travaux et les dangers du combat, lorsqu'elles seront reçues en triomphe par les anges et associées à leur bonheur, et qu'au lieu de ces paroles : Faites ce que je vous ordonne, elles entendront Dieu leur dire : Recevez ce que je vous ai promis? Quelles douceurs spirituelles ne goûtent-elles pas maintenant au banquet du ciel? Quelle tranquillité au sein même de Dieu? quel honneur, quelle gloire les environne, et quel exemple, sur la terre, pourrait nous en donner une idée?

Chapitre V. — *Outre la félicité actuelle des martyrs, il en est une autre qui les attend après la résurrection*. — 5. Quoique cette vie bienheureuse, que les saints martyrs ont maintenant en partage, ne puisse être comparée à aucune des jouissances, à aucune des douceurs de ce monde, ce n'est cependant qu'une petite parcelle des biens qui leur sont promis, destinée

cantes caput serpentis ascendunt. Omnium quippe victor est cupiditatum, qui tanquam tyrannum subjugat amorem vitæ hujus, cujus satellites sunt omnes cupiditates. Nec est omnino quo in hac vita vinculo teneatur, quisquis vitæ ipsius amore non tenetur. Timori autem mortis et corporales dolores solent utcumque conferri. Nam aliquando ille, aliquando iste vincit in homine. Mentitur tortus, ne moriatur; mentitur et moriturus, ne torqueatur. Verum dicit, non ferendo tormenta, ne pro se mentiendo torqueatur. Sed superet horum quilibet in mentibus quibuslibet. Martyres Christi pro nomine et justitia Christi utrumque vicerunt: nec mori, nec dolere timuerunt. Vicit in eis qui vixit in eis ; ut qui non sibi, sed illi vixerunt, nec mortui morerentur. Ipse eis exhibebat spiritales delicias, ne sentirent corporales molestias; quantum non defectioni, sed exercitationi sufficeret. Nam ubi erat illa femina, quando ad asperrimam vaccam se pugnare non sensit, et quando futurum esset quod jam fuerat, inquisivit? Ubi erat? Quid videns, ista non viderat? Quo fruens, ista non senserat? Quo amore alienata, quo spectaculo avocata, quo poculo inebriata? Et adhuc hærebat nexibus carnis, adhuc moribunda membra gestabat, adhuc corruptibili corpore gravabatur. Quid cum resolutæ his vinculis animæ Martyrum post labores periculosi certaminis, triumphis Angelicis exceptæ atque refectæ sunt, ubi non eis dicitur : Implete quod jussi; sed : Accipite quod promisi? Qua nunc jucunditate spiritaliter epulantur? Quam securi in Domino, et quam sublimi honore gloriantur, quis terreno docere possit exemplo?

Caput V. — *Felicitas Martyrum alia ante, alia post resurrectionem*. — 5. Et hæc quidem vita, quam nunc beati Martyres habent, quamvis jam nullis possit sæculi hujus felicitatibus vel suavitatibus comparari, parva particula promissionis agitur, imo solatium dilationis. Veniet autem retributionis dies, ubi cor-

à les consoler de ce qu'ils ont encore à attendre. Viendra le jour de la rétribution, où ils rentreront en possession de leur corps, et où l'homme tout entier recevra ce qu'il a mérité. C'est alors que les membres de ce riche, qui étaient autrefois couverts d'une pourpre éphémère, seront livrés aux ardeurs dévorantes d'un feu éternel, et où la chair du pauvre couvert d'ulcères sera transformée et brillera d'un vif éclat parmi les anges. Et cependant, dès maintenant, il demande, dans un lieu de l'enfer, que le doigt du pauvre fasse tomber une goutte d'eau sur sa langue embrasée, tandis que le pauvre repose avec délices au sein du juste Abraham. (*Luc*, XVI, 19.) On ne peut comparer les joies et les douleurs que nous éprouvons dans les songes aux joies et aux douleurs que nous ressentons lorsque nous sommes éveillés ; la même différence existe entre les douleurs et les joies et de ceux qui sont morts et de ceux qui sont ressuscités. Ce n'est pas, sans doute, que les âmes de ceux qui sont morts soient esclaves de l'illusion, comme nous le sommes dans les songes, mais le repos des âmes séparées de leurs corps est tout différent de l'éclat, de la félicité dont jouiront les corps célestes au milieu des anges, auxquels sera semblable la multitude des fidèles ressuscités. C'est alors que l'honneur des glorieux martyrs brillera d'un éclat tout particulier, et que ces mêmes corps, dans lesquels ils ont souffert d'indignes traitements, deviendront leur plus bel et leur plus digne ornement.

CHAPITRE VI. — *Dans quel esprit nous devons célébrer les fêtes des martyrs. Les martyrs ont pitié de nous et prient pour nous.* — 6. Célébrons donc, comme nous l'avons déjà fait, les solennités des saints martyrs avec les sentiments de la plus vive piété et d'une joie modérée, par de chastes réunions, des pensées de foi et des prédications pleines d'espérance. Ce n'est pas une faible partie de l'imitation des saints que d'applaudir à leurs vertus. Ils sont grands, et nous sommes petits ; mais Dieu a béni les petits avec les grands. (*Ps.* CXIII, 13.) Ils nous ont précédés, et se sont élevés à un éminent degré de vertu. Si nous ne pouvons les suivre par nos œuvres, suivons-les par nos désirs ; nous ne pouvons atteindre leur gloire, associons-nous à leur joie ; que nos vœux suppléent ici à nos mérites ; nous ne pouvons souffrir comme ils ont souffert, compatissons à leurs souffrances ; et, s'il nous est impossible d'égaler leur grandeur, ne laissons pas de leur rester toujours unis. Est-ce donc pour nous un faible honneur d'être les membres du même corps auquel appartiennent ceux auxquels nous ne pouvons être comparés ? « Dès qu'un membre souffre, tous les autres membres souffrent avec lui, et si un membre reçoit de l'honneur, tous les autres se réjouissent avec lui. » (I *Cor.*, XII, 26.) Gloire au chef qui veille sur les membres supérieurs, sur les mains, comme sur les membres inférieurs, qui sont les pieds. Seul il a donné sa vie pour nous ; les martyrs l'ont imité, ils ont aussi donné leur vie pour leurs frères, et ont arrosé la terre

---

poribus redditis, totus homo recipiat quod meretur. Ubi et illius divitis membra quæ quondam temporali purpura decorabantur, æterno igne torreantur, et caro pauperis ulcerosi mutata inter Angelos fulgeat ; quamvis etiam nunc ille guttam ex digito pauperis apud inferos sitiat, et ille in sinu justi deliciose requiescat. (*Luc*, XVI, 19.) Sicut enim plurimum distat inter lætitias miseriasve somniantium et vigilantium ; ita multum interest inter tormenta vel gaudia mortuorum et resurgentium ; non quod spiritus defunctorum sicut dormientium necesse sit falli, sed quod alia est animarum sine ullis corporibus requies, alia cum corporibus cœlestibus claritas et felicitas Angelorum, quibus æquabitur resurgentium multitudo fidelium : in qua gloriosissimi Martyres præcipua sui honoris luce fulgebunt, ipsæque corpora in quibus indigna tormenta perpessi sunt, eis digna in ornamenta vertentur.

CAPUT VI. — *Solemnitates Martyrum, quo animo celebrandæ. Martyres miserantur nos, ac precantur pro nobis.* — 6. Unde solemnitates eorum, sicut facimus, devotissime celebremus, sobria hilaritate, casta congregatione, fideli cogitatione, fidenti prædicatione. Non parva pars imitationis est, meliorum congaudere virtutibus. Illi magni, nos parvi ; sed benedixit Dominus pusillos cum magnis. (*Psal.* CXIII, 13.) Præcesserunt, præminuerunt. Si eos sequi non valemus actu, sequamur affectu ; si non gloria, certe lætitia ; si non meritis, votis ; si non passione, compassione ; si non excellentia, connexione. Non nobis parum videatur quod ejus corporis membra sumus, cujus et illi, quibus æquiparari non possumus. « Quia si unum membrum patitur, compatiuntur omnia membra ; ita cum glorificatur unum membrum, congaudent omnia membra. » (I *Cor.*, XII, 26.) Gloria capiti, unde consulitur et superioribus manibus, et infimis pedibus. Sicut ille unus animam suam pro nobis posuit, ita et imitati sunt Martyres, et animas

de leur sang, pour en faire sortir les riches et abondantes moissons des peuples chrétiens. Nous sommes donc nous-mêmes le fruit de leur travail. Nous leur offrons le tribut de notre admiration, ils compatissent à nos malheurs. Nous applaudissons à leur triomphe, ils prient pour nous. Ils ont étendu leurs corps comme des vêtements sous les pieds de l'ânon qui portait Notre-Seigneur à son entrée dans Jérusalem, coupons du moins des branches d'arbre (*Matth.*, xxi, 7, etc.); tirons des saintes Ecritures des hymnes et des louanges, qui servent à exprimer la joie commune. Tous, cependant, nous obéissons au même Seigneur, nous suivons le même Maître, nous accompagnons le même Prince, nous sommes unis au même Chef, nous nous dirigeons vers la même Jérusalem, nous professons la même charité, et nous embrassons la même unité.

SERMON CCLXXXI.

IIe *pour la fête des saintes Perpétue et Félicité, martyres.*

Chapitre premier. — *Jésus-Christ a été invincible dans Perpétue et Félicité.* — 1. Parmi tous les autres martyrs, leurs glorieux compagnons, la vertu et le nom de Perpétue et de Félicité, ces saintes servantes de Dieu, brillent d'un éclat tout particulier. Plus le sexe est faible, plus la couronne est éclatante. Le courage viril qui les animait a fait un acte vraiment héroïque en ne succombant pas sous le poids de la fragilité qui est naturelle à la femme. Elles avaient eu la bonne pensée de s'attacher à cet unique Epoux, à qui l'Eglise, qui est une, est fiancée comme une vierge chaste. (II *Cor.*, xi, 2.) Oui, elles avaient bien fait de s'attacher étroitement à cet unique Epoux, qui leur communiquait la vertu nécessaire pour résister au démon, qui donnait à des femmes de terrasser l'ennemi qui s'était saisi d'une femme pour faire tomber le premier homme. Celui qui s'est montré invincible en elles est le même qui s'est fait infirme et faible pour elles. Il les a remplies de force, afin de les moissonner, lui qui s'était anéanti lui-même pour les confier à la terre comme une semence féconde. Il les a élevées à ce haut degré de gloire et d'honneur, lui qui s'était vu chargé pour elles d'opprobres et de crimes. Il a donné à ces femmes de mourir avec courage et fidélité, lui qui, pour elles, avait daigné naître miséricordieusement d'une femme.

Chapitre II. — *Victoire de Perpétue sur le démon.* — 2. Une âme vraiment chrétienne aime à considérer le spectacle que vit la bienheureuse Perpétue dans une de ses révélations, ainsi qu'elle le raconte elle-même : elle avait été

suas pro fratribus posuerunt; atque ut ista populorum tanquam germinum copiosissima fertilitas surgeret, terram suo sanguine irrigaverunt. Fructus laboris ergo illorum etiam nos sumus. Miramur eos, miserantur nos. Gratulamur eis, precantur pro nobis. Illi corpora sua tanquam vestimenta straverunt, cum pullus Dominum portans in Jerusalem duceretur; nos saltem velut ramos de arboribus cædentes, de Scripturis sanctis hymnos laudesque decerpimus, quas in commune gaudium proferamus. (*Matth.*, xxi, 7, etc.) Omnes tamen eidem Domino paremus, eumdem magistrum sequimur, eumdem principem comitamur, eidem capiti subjungimur, ad eamdem Jerusalem tendimus, eamdem sectamur caritatem, eamdemque amplectimur unitatem.

SERMO CCLXXXI ^(a).

In Natali Martyrum Perpetuæ et Felicitatis, II.

Caput primum. — *In Perpetua et Felicitate Christus invictus.* — 1. Refulget et præeminet inter comites Martyres et meritum et nomen Perpetuæ et Felicitatis, sanctarum Dei famularum. Nam ibi est corona gloriosior, ubi sexus infirmior. Quia profecto virilis animus in feminas majus aliquid fecit, quando sub tanto pondere fragilitas feminea non defecit. Bene inhæserant uni viro, cui virgo casta unica exhibetur Ecclesia. (II *Cor.*, xi, 2). Bene, inquam, inhæserant illi viro, a quo virtutem traxerunt, qua resisterent diabolo, ut feminæ prosternerent inimicum, qui per feminam prostraverat virum. Ille in eis apparuit invictus, qui pro eis factus est infirmus. Ille eas ut meteret, fortitudine implevit; qui eas ut seminaret, semetipsum exinanivit. Ille eas ad hos honores laudesque perduxit, qui pro eis opprobria et crimina audivit. Ille fecit feminas viriliter et fideliter mori, qui pro eis dignatus est de femina misericorditer nasci.

Caput II. — *Perpetuæ victoria de diabolo.* — 2. Delectat autem piam mentem tale spectaculum contueri, quale sibi beata Perpetua de se ipsa revelatum esse narravit, virum se factam certasse cum dia-

---

(a) Alias de Diversis civ.

changée en homme pour combattre contre le démon. C'est qu'en effet, dans ce combat, elle se hâtait d'arriver à l'état de l'homme parfait, à la mesure de l'âge de la plénitude du Christ. (*Ephés.*, IV, 13.) Aussi, dès que l'antique ennemi, consommé dans l'art de la séduction, s'aperçut qu'il était aux prises avec une femme d'un courage viril, pour épuiser tous ses artifices, il essaya de la vaincre par le moyen d'un homme. Il n'eut point recours à son mari; il craignit que cette sainte femme, qui habitait déjà les cieux par ses pensées, rougissant d'être soupçonnée de céder à des désirs charnels, n'en devînt que plus inébranlable. C'est à son père qu'il enseigna le langage de la séduction, pour briser et fléchir par la force de la piété filiale cette âme religieuse que l'impression de la volupté n'avait pu amollir. Mais sainte Perpétue répondit à son père avec tant de modération, que, sans violer le précepte qui nous commande d'honorer nos parents, elle triompha de toutes les ruses profondes de son ennemi. Battu de tous côtés, il fit frapper de verges le père de Perpétue, afin de la rendre sensible aux douleurs de celui dont elle avait méprisé les paroles. Elle sentit vivement l'outrage fait à son vieux père, et conserva toute son affection pour celui dont elle avait refusé d'écouter les conseils. Ce qu'elle haïssait en lui, ce n'était pas la nature, mais son erreur insensée; c'était l'incrédulité, et non celui qui lui avait donné le jour.

Elle eut donc d'autant plus de gloire de repousser avec force les mauvais conseils d'un père tendrement aimé, qu'elle ne put le voir frapper de verges sans ressentir une vive douleur. Cette douleur n'ôta rien à l'énergie de son courage, et ne fit qu'ajouter à la gloire de son martyre; « car tout contribue au bien de ceux qui aiment Dieu. » (*Rom.*, VIII, 28.)

CHAPITRE III. — *Enfantement et martyre de Félicité.* — 3. Quant à Félicité, elle était presque au terme de sa grossesse dans la prison. Les douleurs de l'enfantement lui arrachèrent des cris qui attestaient qu'elle était femme; mais, si elle ne fut pas exempte de la souffrance prédite à Ève, elle fut, du moins, secourue par la grâce accordée à Marie. Elle payait le tribut des douleurs qu'elle devait comme femme, mais elle était fortifiée par Celui qu'une vierge a enfanté. Elle mit au monde son enfant avant terme. Dieu voulut que son sein fût déchargé avant le temps de son précieux fardeau, pour ne point ajourner la gloire de son martyre. Oui, ce fut par un acte de la divine Providence que Félicité mit au monde son enfant avant l'époque ordinaire, afin qu'elle allât rejoindre ses illustres compagnons; car, si elle n'avait pu leur être réunie, non-seulement les martyrs auraient regretté l'absence de cette sainte compagne, mais il aurait manqué, ce semble, quelque chose à leur récompense. Les noms que portaient ces deux femmes exprimaient la

---

bolo. Illo quippe certamine in virum perfectum etiam ipsa currebat, in mensuram ætatis plenitudinis Christi. (*Ephes.*, IV, 13.) Merito ille vetus ac veterator inimicus, ne ullas præteriret insidias, qui per feminam deceperat virum, quia viriliter secum agentem feminam sensit, per virum eam superare tentavit. Nec maritum supposuit, ne illa quæ jam superna cogitatione habitabat in cœlis, suspicionem desiderii carnis erubescendo permaneret fortior; sed patrem verbis deceptionis instruxit, ut religiosus animus, qui non molliretur voluptatis instinctu, pietatis impetu frangeretur. Ubi sancta Perpetua tanta patri moderatione respondit, ut nec præceptum violaret, quo debetur honor parentibus, nec dolis cederet quibus (*f.* astutior) altior agebat inimicus. Qui undique superatus, eumdem patrem ejus virga percuti fecit, ut cujus verba contempserat, saltem verbera condoleret. Ibi vero doluit illa senis parentis injuriam; et cui non præbuit assensum, servavit affectum. Oderat quippe in illo stultitiam, non naturam; et ejus infidelitatem, non originem suam. Majore igitur gloria tam dilectum patrem male suadentem fortiter repulit, quem vapulantem videre sine mœrore non potuit. Proinde et dolor ille nihil retraxit robori fortitudinis, et aliquid addidit laudibus passionis. « Diligentibus enim Deum omnia cooperantur in bonum. » (*Rom.*, VIII, 28.)

CAPUT III. — *Felicitatis partus et martyrium.* — 3. Felicitas vero etiam in carcere prægnans fuit. In parturiendo femineam conditionem feminea voce testata est. Non aberat Evæ pœna, sed aderat Mariæ gratia. Exigebatur quod mulier debebat; opitulabatur quem virgo pepererat. Denique editus est partus, immaturo mense maturus. Actum est enim divinitus, ut non suo tempore onus uteri poneretur, ne suo tempore honor martyrii differretur. Actum est, inquam, divinitus, ut indebito die fetus ederetur, dum tamen tanto comitatui debita Felicitas redderetur : ne si defuisset, non solum socia martyribus, verum etiam ipsorum Martyrum præmium

récompense réservée à tous les martyrs. Pourquoi, en effet, les martyrs affrontent-ils les tourments? n'est-ce point pour jouir d'une félicité perpétuelle? Leurs noms étaient donc le symbole de la récompense à laquelle tous sont appelés. Aussi, malgré le nombreux cortège de ceux qui prirent part avec elles à ce glorieux combat, les noms seuls de ces deux femmes exprimaient ou signifiaient la félicité perpétuelle dont tous devaient jouir.

SERMON CCLXXXII.

III° pour la fête des saintes Perpétue et Félicité, martyres.

CHAPITRE PREMIER. — *Des noms des saintes martyres Perpétue et Félicité.* — 1. Nous célébrons aujourd'hui la fête de deux saintes martyres, qui non-seulement ont brillé d'un vif éclat par les vertus extraordinaires qu'elles ont fait paraître dans leur martyre, mais dont les noms expriment et consacrent la récompense que ces généreux combats de la foi leur ont méritée ainsi qu'à leurs illustres compagnons. Perpétue et Félicité sont les noms de ces deux saintes femmes et la récompense de tous les martyrs. En effet, pourquoi les martyrs déploient-ils, pendant cette vie, un si grand courage, pour lutter contre les souffrances et pour confesser leur foi? N'est-ce point pour arriver à la joie d'une perpétuelle félicité? Aussi, est-ce par un effet de la divine Providence, qui gouverne toutes choses, que ces deux femmes ont été non-seulement martyres, mais compagnes étroitement unies et inséparables dans l'acte du martyre, afin de consacrer un seul et même jour au souvenir de leur gloire, et de transmettre à la postérité le soin de la célébrer dans une solennité commune. L'exemple de leurs glorieux combats nous invite à les imiter, et leurs noms attestent la récompense inséparable et indivisible qui nous est réservée. Que les deux conditions exprimées par ces deux noms, restent étroitement unies entre elles; nous ne pouvons espérer l'une sans l'autre. Que nous servirait la perpétuité sans la félicité, et qu'est-ce que la félicité sans la perpétuité? J'en ai dit assez, pour le peu de temps dont je puis disposer, sur les noms des martyres auxquelles ce jour est consacré.

CHAPITRE II. — *De simples femmes ont remporté la victoire sur l'ennemi.* — 2. Quant à ce qui regarde celles qui portaient ces noms, vous l'avez appris par la lecture des Actes de leur martyre, et la tradition, d'ailleurs, nous l'enseigne; ces deux héroïnes, qui ont fait briller de si grandes vertus et conquis une gloire si éclatante, étaient non-seulement de simples femmes, mais des

---

defuisse videretur. Hoc enim erat nomen amharum, quod munus est omnium. Nam cur omnia Martyres perferunt, nisi ut perpetua felicitate glorientur? Hoc ergo illæ vocabantur, ad quod cuncti vocantur. Et ideo cum esset in illo certamine plurimus comitatus, harum duarum nominibus omnium est significata perennitas, omnium signata solemnitas.

SERMO CCLXXXII (a).

In Natali Martyrum Perpetuæ et Felicitatis, III.

CAPUT PRIMUM. — *De nominibus Martyrum Perpetuæ et Felicitatis.* — 1. Duarum sanctarum Martyrum festum diem hodie celebramus, quæ non solum eminuerunt excellentibus in passione virtutibus, verum etiam pro tanto labore pietatis mercedem suam cæterorumque sociorum propriis vocabulis signaverunt. Perpetua quippe et Felicitas nomina duarum, sed merces est omnium. Neque enim omnes Martyres in certamine passionis atque confessionis ad tempus fortiter laborarent, nisi ut perpetua felicitate gauderent. Divina ergo providentia gubernante istæ non solum Martyres, verum etiam conjunctissimæ comites, sicut factum est, esse debuerunt, ut unum suæ gloriæ diem signarent, communemque solemnitatem celebrandam posteris propagarent. Sicut enim exemplo gloriosissimi certaminis ut imitemur hortantur; ita suis nominibus munus inseparabile nos accepturos esse testantur. Ambæ invicem teneant, invicem nectant. Alteram sine altera non speramus. Nam nec prodest perpetua, si felicitas non sit; et felicitas deserit, si perpetua non sit. Hæc de vocabulis Martyrum, quibus consecratus est dies, pro tempore pauca suffecerint.

CAPUT II. — *Feminæ de hoste victrices.* — 2. Quod autem attinet ad istas quarum sunt ista vocabula, sicut audivimus, cum earum passio legeretur, et memoriæ traditum novimus, istæ tantarum virtutum atque meritorum, non solum feminæ, verum etiam mulieres fuerunt. Quarum altera et mater, ut ad infirmitatem sexus impatientior adderetur affectus, ut in omnibus eas hostis attentans, tanquam non

(a) Alias de Diversis cv.

femmes mariées. L'une d'elles, même, était mère, pour ajouter à la faiblesse du sexe la vivacité et l'impatience de l'affection maternelle. Il semble que l'ennemi ait cherché à les attaquer sur tous les points, dans l'espérance qu'elles ne pourraient supporter le poids accablant d'une persécution cruelle, que leur courage faiblirait, et qu'il s'en rendrait bientôt maître. Mais, pleines de cette énergie aussi prudente que sage de l'homme intérieur, elles déjouèrent toutes ses ruses et triomphèrent de la violence de ses attaques.

Chapitre III. — *Pourquoi ne célèbre-t-on pas les noms des martyrs compagnons de ces deux saintes femmes.* — 3. Des hommes faisaient aussi partie de ce glorieux cortége de martyrs, et ils ont remporté en ce même jour une victoire éclatante par leur courage indomptable au milieu des tourments; cependant, ils n'ont pas attaché leurs noms à ce jour. Ce n'est pas, sans doute, que ces deux femmes l'aient emporté sur les hommes par la sainteté de leurs mœurs, mais parce que ce fut une plus grande merveille de voir la faiblesse du sexe triompher de l'antique ennemi, et la mâle énergie d'un cœur viril combattre pour obtenir la perpétuelle félicité.

SERMON CCLXXXIII.

Pour la fête des saints martyrs Massilitains (1).

Chapitre premier. — *Nous devons proclamer la grâce de Dieu dans la fête des saints martyrs. Le plaisir et la douleur sont deux stimulants qui nous excitent au péché.* — 1. En admirant la force que les saints martyrs ont déployée au milieu des tourments, nous devons en même temps proclamer l'action de la grâce de Dieu. Les martyrs eux-mêmes n'ont pas voulu que les louanges qu'on leur donne se rapportent à eux, ils les renvoient à Celui de qui le Psalmiste dit : « C'est dans le Seigneur que mon âme se glorifiera. » (*Ps.* XXXIII, 3.) Ceux qui comprennent cette vérité ne s'enorgueillissent pas; ils demandent avec tremblement, reçoivent avec joie; ils persévèrent, et ne perdent pas la grâce qu'ils ont reçue. Or, par là même que leur âme ne s'ouvre point à l'orgueil, ils pratiquent la douceur. Aussi, après avoir dit : « C'est dans le Seigneur que mon âme se glorifiera, » il ajoute : « Que ceux qui ont le cœur doux m'entendent et partagent mon allégresse. » Et que serait-ce que cette chair infirme, cet amas de vers et de pourriture, si ce chant n'était

---

(1) C'est le titre que donnent à ce sermon les éditions précédentes, ainsi que Bède et Florus dans leur Commentaire sur le chapitre II de l'Epître aux Corinthiens. Cependant, vers la fin de ce sermon, saint Augustin ne fait l'éloge que d'un seul martyr. C'est que ce sermon a été tiré de Lectionnaires, ou livres de lecture, dans lesquels nous voyons, des manuscrits, des traités mutilés et assignés avec de notables changements à des fêtes toutes différentes. Ainsi, dans un ancien Lectionnaire de l'abbaye de Saint-Germain, nous trouvons ce sermon transcrit parmi les sermons pour la fête de saint Vincent, avec cette indication : « Pour lire au réfectoire. » La fête des saints martyrs Massilitains tombe le 9 avril.

---

valentes dura et crudelia persecutionis onera sustinere, cessuras sibi continuo, et suas crederet mox futuras. Sed illæ interioris hominis cautissimo et fortissimo robore omnes ejus obtuderunt insidias, impetusque fregerunt.

Caput III. — *Cur Martyrum comitum nomina non pariter celebrantur.* — 3. In hoc insignis gloriæ comitatu etiam viri Martyres fuerunt, eodem ipso die etiam viri fortissimi passione vicerunt; nec tamen eumdem diem suis nominibus commendaverunt. Quod non ideo factum est, quia feminæ viris morum dignitate prælatæ sint; sed quia et muliebris infirmitas inimicum antiquum miraculo majore devicit, et virilis virtus propter perpetuam felicitatem certavit.

SERMO CCLXXXIII. (a)

In natali Martyrum Massilitanorum.

Caput primum. — *Gratia Dei prædicanda in festis*

(a) Alias de Diversis XLII.

Martyrum. Voluptas et dolor, duo incitamenta ad peccandum. — 1. Fortitudinem sanctorum Martyrum sic in eorum passione miremur, ut gratiam Domini prædicemus. Neque enim et illi in se ipsis laudari voluerunt, sed in illo cui dicitur : « In Domino laudabitur anima mea. » (*Psal.* XXXIII, 3.) Hoc qui intelligunt ; cum tremore petunt, cum gaudio accipiunt; perseverant, jam non amittunt. Quia enim non superbiunt, mites sunt. Et ideo cum dixisset : « In Domino laudabitur anima mea, » addidit : « Audiant mites, et jucundentur. » Quid caro infirma, quid vermis et putredo esset, nisi quod cantavimus verum esset : « Deo subjicietur anima mea, quoniam ab ipso est patientia mea ? » (*Ibid.*, LXI, 6.) Etenim ut mala omnia pro fide Martyres tolerarent, virtus eorum patientia nominatur. Duo sunt enim quæ in peccata homines aut illiciunt, aut impellunt; voluptas, aut dolor : voluptas illicit, dolor impellit. Contra voluptates, necessaria est

l'expression de la vérité : « Mon âme sera soumise à Dieu, car c'est de lui que vient ma patience. » (*Ps.* LXI, 6.) En effet, la vertu qui a donné aux martyrs la force de supporter tous les tourments pour la foi, s'appelle la patience. Il est deux choses qui attirent ou qui poussent les hommes au péché : le plaisir ou la douleur; le plaisir les séduit et les attire, la douleur les pousse. Contre le plaisir, il faut s'armer de tempérance, et contre la douleur, de patience. Voici le langage que l'on tient à l'âme de l'homme pour la porter au péché : Faites ceci, et vous en recueillerez tel fruit; ou bien : Faites ceci, et vous éviterez tel mal. La promesse précède le plaisir, la menace précède la douleur. Les hommes pèchent donc ou pour se procurer du plaisir, ou pour échapper à la souffrance. Voilà pourquoi Dieu a daigné opposer à ces deux tentations, aux promesses flatteuses et aux menaces terribles, des promesses et des menaces ; il nous promet le royaume des cieux, il nous menace des supplices de l'enfer. La volupté est douce, mais Dieu n'est-il pas beaucoup plus doux encore? La douleur présente est pénible, mais combien plus cuisantes les douleurs du feu éternel? Vous avez un digne objet de vos affections au lieu de l'amour du monde, ou, plutôt, à la place de ces amours immondes; vous avez un plus juste sujet de crainte que ne le sont les vaines terreurs du monde.

CHAPITRE II. — *La patience et la tempérance sont deux dons de Dieu.* — 2. Mais ce n'est pas assez pour vous d'être enseignés, il faut encore que vous obteniez du secours. Le psaume que nous venons de chanter nous a appris que c'est de Dieu que vient notre patience au milieu des souffrances. Comment prouvons-nous qu'il est aussi le principe de la tempérance nécessaire pour résister aux voluptés? En voici un témoignage incontestable : « Et quand je connus, dit le Sage, que personne ne pouvait avoir la continence si Dieu ne la donnait, et que cela même était sagesse de savoir de qui venait ce don. » Si donc vous avez reçu quelque grâce de Dieu, et que vous ignoriez de qui vous la tenez, vous ne serez point récompensé, parce que vous faites preuve d'ingratitude. Si vous ne connaissez pas l'auteur d'un bienfait, vous ne l'en remerciez point, et, en négligeant de le remercier, vous perdez ce que vous aviez reçu. « A celui qui a, dit le Sauveur, on donnera encore. » (*Matth.*, XIII, 12.) Quel est celui qui possède un bien dans toute sa plénitude? Celui qui sait quelle en est la source. « Mais celui qui n'a point, » c'est-à-dire, qui ne sait point d'où vient ce qu'il a, « on lui ôtera même ce qu'il paraît avoir. » D'ailleurs, le Sage déclare en termes formels, « que cela même était sagesse de savoir d'où venait ce don. » (*Sag.*, VIII, 21.)

CHAPITRE III. — *Comment nous devons connaître la grâce de Dieu et en être reconnaissants.* — L'apôtre saint Paul s'exprime de même lorsqu'il nous enseigne que la grâce de Dieu nous est donnée dans l'Esprit saint : « Nous n'avons

---

continentia; contra dolores, patientia. Hoc enim modo suggeritur humanæ menti, ut peccet; aliquando dicitur : Fac, et hoc habebis : aliquando autem : Fac, ne hoc patiaris. Voluptatem præcedit promissio, dolorem comminatio. Ut ergo habeant homines voluptatem, vel non patiantur dolorem, peccant. Ideo Deus contra ista duo, quorum est unum in blanda promissione, alterum in terribili comminatione, et promittere dignatus est, et terrere; promittere regnum cœlorum, terrere de suppliciis inferorum. Dulcis est voluptas, sed dulcior Deus. Malus est dolor temporalis, sed pejor est ignis æternus. Habes quod ames pro mundi amoribus, imo pro immundis amoribus. Habes quod timeas, pro mundi terroribus.

CAPUT II. — *Patientia et continentia, dona Dei.* — 2. Sed parum est moneri, nisi impetres adjuvari. Præsens ergo Psalmus, quem cantavimus, docuit nos, a Deo utique esse patientiam nostram contra dolores. Unde invenimus ab ipso esse et continentiam nostram, quæ necessaria est contra voluptates? Habes evidentissimum testimonium : « Et cum scirem, inquit, quia nemo potest esse continens, nisi Deus det; et hoc ipsum erat sapientiæ, scire cujus esset hoc donum. » (*Sap.*, VIII, 21.) Ergo si habes aliquid a Deo, et nescis a quo habeas, non eris muneratus, quia remanes ingratus. Si nescis a quo habes, non agis gratias : non agendo gratias, et quod habes perdis. « Qui enim habet dabitur ei. » (*Matth.*, XIII, 12.) Quid est, plene habere? Scire unde habeas. « Qui autem non habet, » id est, nescit unde habeat, « et quod habet auferetur ab eo. » Denique sicut idem ait : « Hoc ipsum erat sapientiæ, scire cujus esset hoc donum. » (*Sap.*, VIII, 21.)

CAPUT III. — *Cognitio gratiæ Dei et gratitudo.* — Sic et apostolus Paulus ait, cum commendaret nobis gratiam Dei in Spiritu sancto : « Nos autem non spiritum hujus mundi accepimus, sed Spiritum qui

SERMON CCLXXXIII.

pas, dit-il, reçu l'esprit de ce monde, mais l'Esprit qui vient de Dieu. » (I *Cor.*, II, 12.) Et, comme si on lui demandait : Comment les discernez-vous ? il ajoute aussitôt : « Afin de connaître les dons que Dieu nous a faits. » Ainsi donc, l'Esprit de Dieu est un esprit de charité ; l'esprit du monde est un esprit d'orgueil. Ceux qui ont l'esprit du monde sont pleins d'orgueil et d'ingratitude pour Dieu. Il en est beaucoup qui sont comblés de ses dons, mais ils n'adorent pas Celui qui en est l'auteur, et de là vient qu'ils sont malheureux. Quelquefois, l'un a reçu des dons plus excellents, un autre, des dons moindres ; je cite, pour exemple, l'intelligence et la mémoire. Vous rencontrez quelquefois des hommes d'une pénétration inconcevable, d'une mémoire incroyable et qui excite l'admiration ; vous en rencontrez d'autres d'une intelligence faible, d'une mémoire peu sûre ; ils sont médiocrement doués sous ces deux rapports ; mais ces derniers rendent grâces à Dieu du peu qu'il leur a donné, les autres s'attribuent à eux-mêmes les dons extraordinaires qu'ils ont reçus.

CHAPITRE IV. — Or, mieux vaut, sans comparaison, celui qui rend grâces à Dieu du peu qu'il a reçu, que celui qui s'enorgueillit des dons extraordinaires qui lui ont été faits. En effet, Dieu comble de grâces abondantes celui qui lui témoigne sa reconnaissance du peu qu'il a reçu, tandis que celui qui ne rend point grâces à Dieu des dons plus considérables qu'il lui a faits, perd même ce qu'il a. « Celui qui possède, on lui donnera ; mais celui qui n'a point, on lui ôtera même ce qu'il a. » (*Matth.*, XIII, 12.) Comment donc, s'il a, peut-il ne pas avoir ? Il a sans avoir, parce qu'il ne sait d'où vient ce qu'il a. Dieu lui enlève son bien propre, et ne lui laisse que son iniquité. Donc « personne ne peut être tempérant, si Dieu ne lui donne de l'être. » (*Sag.*, VIII, 21.) C'est la grâce que vous devez opposer aux voluptés : « Et que cela même était sagesse, de savoir de qui venait ce don ; nul ne peut être tempérant, si Dieu ne le lui donne. » Voici la grâce dont Dieu vous arme contre les douleurs : « C'est de lui que vient ma patience. Espérez donc en lui, vous tous qui composez l'assemblée de son peuple. » (*Ps.* LXI, 6, 9.) Espérez en lui, et ne vous appuyez point sur vos propres forces. Confessez-lui les maux qui sont en vous, et espérez de lui les biens qui vous sont nécessaires. Sans son secours, quel que soit votre orgueil, vous ne serez rien. Si donc vous voulez être véritablement humbles, « répandez devant lui vos cœurs. » Et, pour ne point demeurer en vous-mêmes, pour votre malheur, ajoutez ce qui suit : « Dieu est notre appui. »

CHAPITRE V. — *Vraie et fausse patience. Contre les donatistes.* — 3. C'est en s'appuyant sur ce bras puissant que le bienheureux martyr

---

ex Deo est. » (1 *Cor.*, II, 12.) Et quasi diceretur illi : Unde discernis? Secutus adjunxit : « Ut sciamus quæ a Deo donata sunt nobis. » Ergo Spiritus Dei, Spiritus est caritatis ; spiritus hujus mundi, spiritus est elationis. Qui habent spiritum hujus mundi superbi sunt, ingrati sunt Deo. (*a*) Multi dona ejus habent, sed non colunt eum a quo habent : ideo sunt infelices. Aliquando unus habet dona majora, alter habet minora : verbi gratia, intelligentiam, memoriam. Dona Dei sunt. Invenis aliquando hominem acutissimum, memorem ad incredibilem admirationem : invenis alium parvo intellectu, memoria non tenaci, sed utroque parvo præditum : illum autem superbum, istum humilem : istum de parvis Deo gratias agentem, illum majora sibi tribuentem.

CAPUT IV. — Melior est incomparabiliter Deo gratias agens de parvo, quam se extollens de magno. Illum enim qui de parvo gratias agit, ad magnum Deus admittit : qui autem de magnis gratias non agit, et quod habet amittit. « Qui enim habet, dabitur ei ; qui autem non habet, et quod habet auferetur ab eo. » Quomodo non habet, si habet ? Non habens habet, qui nescit unde habeat. Tollitur enim a Deo res sua, et remanet illi iniquitas sua. Ergo « nemo est continens, nisi Deus det. » Habes munus contra voluptates : Quoniam « hoc ipsum, inquit, erat sapientiæ, scire cujus esset hoc donum ; nemo est continens, nisi Deus det. » (*Sap.*, VIII, 21.) Habes munus contra dolores : « Quoniam ab ipso est, inquit, patientia mea. » Ergo « sperate in eum, omne concilium plebis. » (*Psal.* LXI, 6, 9.) In eum sperate, nolite vestris viribus fidere. Illi confitemini mala vestra, ab illo sperate bona vestra. Sine illius adjutorio nihil eritis, quantumcumque superbi fueritis. Ergo ut humiles esse valeatis, « effundite coram illo corda vestra. » Et ne in vobis male remaneatis, dicite quod sequitur : « Deus adjutor noster est. »

CAPUT V. — *Vera et falsa patientia. Contra Donatistas.* — 3. Hunc adjutorem, ut vinceret, beatus

---

(*a*) Sic aliquot libri. At Lov. *Multa.*

que nous admirons, dont nous célébrons aujourd'hui la fête, a remporté la victoire. Sans Dieu, il n'aurait pas été victorieux. Eût-il triomphé des souffrances, il n'aurait pu vaincre le démon. Il en est quelquefois qui, tout vaincus qu'ils sont par le démon, ne laissent pas de vaincre la douleur; mais ce n'est point patience de leur part, c'est dureté. Dieu fut donc son aide et son appui pour lui donner la vraie foi, le mettre dans la bonne cause et l'armer de patience, afin de souffrir pour cette bonne cause. Car il n'y a de patience véritable que lorsque la cause pour laquelle on souffre est bonne. Nul autre, d'ailleurs, que Dieu ne peut donner la foi. L'Apôtre nous a enseigné brièvement ces deux vérités, c'est-à-dire que la cause pour laquelle nous devons souffrir et la patience avec laquelle nous devons supporter les souffrances, nous viennent de Dieu. Voici, en effet, l'exhortation qu'il adresse aux martyrs : « Dieu vous a donné pour Jésus-Christ. » (*Philip.*, I, 29.) Voilà la bonne cause, parce que c'est pour Jésus-Christ; ce n'est point pour les sacriléges qui outragent Jésus-Christ, ce n'est point pour les hérésies et les schismes qui se déclarent contre Jésus-Christ; car Jésus-Christ a dit : « Celui qui n'amasse pas avec moi dissipe. » *Luc*, XI, 23.) Donc, « Dieu vous a donné pour Jésus-Christ la grâce, non-seulement de croire en lui, mais encore de souffrir pour lui. » Voilà la vraie patience. Aimons cette patience, conservons-la précieusement; et, si nous ne l'avons pas encore, demandons-la. Nous serons alors en droit de chanter : « Mon âme sera soumise à Dieu, parce que c'est de lui que vient ma patience. »

SERMON CCLXXXIV.

Pour la fête des saints martyrs Marien et Jacques (1).

La patience des martyrs est un don de Dieu. — 1. Avec ce jour, le temps est venu de nous acquitter, par la grâce de Dieu, de la dette que nous avons contractée. Mais, lorsque les débiteurs sont aussi bien disposés, pourquoi ce tumulte parmi les créanciers? Si tous les esprits étaient dans le calme, tous pourraient profiter de ce que nous donnons pour nous acquitter. Nous devons vous parler des souffrances et de la gloire des saints martyrs. La générosité si glorieuse avec laquelle ils ont souffert, est pour nous une leçon de patience. Ils ont supporté la fureur des multitudes déchaînées contre eux, nous devons compter sur des peuples calmes et dociles, car nous avons été témoins de leur foi. Nous devons louer la constance des martyrs, mais quelle éloquence pourrait suffire à cet éloge ? Comment exprimer par la parole ce que la foi a déjà accompli dans vos cœurs? Or, d'où

(1) Les martyrologes fixent au 30 avril le martyre des saints Marien, lecteur, et Jacques, diacre; un ancien calendrier de l'Eglise de Carthage le fixe au 6 mai. Ils consommèrent tous deux leur martyre, dans la persécution de Valérien et de Gallien, à Lambèse, ville de Numidie.

Martyr habuit, quem miramur, cujus solemnitatem hodie celebramus. Sine illo non vinceret. Et si dolores vinceret, diabolum non vinceret. Aliquando enim victi a diabolo, vincunt dolores; non habentes patientiam, sed duritiam. Ille ergo adjutor adfuit, ut donaret ei veram fidem, faceret ei bonam causam, et pro bona causa donaret patientiam. Tunc enim est patientia, quando præcedit bona causa. Non enim et ipsam fidem alius quam Deus donat. Breviter utrumque commendavit Apostolus, et causam pro qua patiamur, et patientiam qua mala perferamus, a Deo nobis esse. Exhortans enim Martyres ait : « Quia vobis donatum est pro Christo. » (*Philip.*, I, 29.) Ecce causa bona, quia pro Christo : non pro sacrilegio contra Christum, pro hæresi et schismate contra Christum. Christus enim ait : « Qui mecum non colligit, spargit. » (*Luc.*, XI, 23.) Ergo : « Vobis, inquit, donatum est pro Christo, non solum ut credatis in eum, sed etiam ut patiamini pro eo. » Hæc est vera patientia. Hanc ergo patientiam diligamus, hanc teneamus : et si nondum habemus, petamus; et recte cantamus : « Deo subjicietur anima mea, quoniam ab ipso est patientia mea. »

SERMO CCLXXXIV (*a*).

In natali Martyrum Mariani et Jacobi.

Martyrum patientia, donum Dei. — 1. Hodierno die reddendi nostri debiti, propitio Deo, tempus illuxit. Cum ergo devoti sint debitores, quare tumultuantur exactores? Si omnium mentes quietas habeamus, ad omnes potest pervenire quod reddimus. De passione et gloria sanctorum Martyrum Sermo debetur. Quoniam ergo illi gloriosissime passi sunt, patientiam nobis indicunt. Pertulerunt ergo illi turbas sævientes, nos habeamus populos acquiescentes, quia vidimus credentes. Laudanda est Martyrum constantia, sed ei laudandæ quæ sufficit

(*a*) Alias 1 inter editos ex majoris Carthusiæ Mss.

SERMON CCLXXXIV.

vient ce don si grand de la patience? D'où vient-il, si ce n'est de l'auteur de toute grâce excellente? Et d'où vient toute grâce excellente? de l'auteur de tout don parfait? Voici, en effet, ce que nous lisons dans l'Ecriture : « La patience produit une œuvre parfaite. » (*Jacq.*, I, 4.) « Toute grâce excellente et tout don parfait vient d'en haut et descend du Père des lumières, en qui il n'y a ni changement ni ombre de vicissitude. » (*Ibid.*, 17.) C'est de cette source immuable que la patience est descendue vers l'esprit si changeant de l'homme pour lui communiquer l'immutabilité. Comment l'homme peut-il plaire à Dieu, si Dieu ne lui en fait la grâce? D'où peut venir à l'homme une vie sainte, si ce n'est de la source même de la vie? Qu'est-ce qui peut éclairer l'homme, sinon l'éternelle lumière? « car en vous, dit le Psalmiste, est la source de la vie. » Remarquez, « en vous; » je pouvais dire : en moi; mais, si je dis : en moi, je me sépare de vous. « En vous donc est la source de la vie, et, dans votre lumière, » et non pas dans la nôtre, « nous verrons la lumière. » (*Ps.* XXXV, 10.) « Approchez-vous donc de lui, et soyez éclairés. » (*Ibid.*, XXXIII, 6.) Il est la source de la vie : approchez, buvez, et vous aurez la vie; il est la lumière : approchez, ouvrez les yeux, et vous verrez.

Les martyrs furent tentés par les caresses et les flatteries de leurs parents selon la chair. Joie de la mère de Marien de voir son fils martyr. — 2. C'est à cette source qu'ont puisé, qu'ont bu nos martyrs; et, enivrés de cette divine liqueur, ils n'ont plus reconnu leurs proches. Combien de ces saints martyrs, en effet, qu'aux approches de leur supplice, leurs parents sont venus tenter et séduire par leurs caresses, pour les rappeler aux vaines et fugitives douceurs de la vie présente? Mais ces âmes généreuses, après avoir bu pour étancher leur soif, après s'être enivrés à cette source qui est en Dieu, confessaient hautement le Christ dont ils étaient pleins, et ne daignaient ni considérer, ni reconnaître leurs parents selon la chair, enivrés du vin de l'erreur, et qui, par leur amour aveugle et leurs conseils coupables, cherchaient à les détourner de la véritable vie. Telle n'était point la mère de Marien. Qu'elle était bien différente de ces mauvais conseillers, dont les flatteries toutes charnelles et l'affection trompeuse cherchaient à persuader l'erreur! Elle ne portait pas un vain nom, et ce n'est pas inutilement qu'elle s'appelait Marie. Elle était femme, il est vrai, et non pas vierge unie seulement à l'Esprit saint; mais, cependant, c'est en gardant la chasteté conjugale qu'elle avait enfanté ce précieux gage, que, loin de détourner de la mort par de perfides caresses, elle conduisait plutôt

---

eloquentia? Quando impleo loquendo, quod vestris cordibus factum est jam credendo? Unde autem tantum donum patientiæ? Unde, nisi unde omne datum optimum? Unde datum optimum, nisi unde donum perfectum? Sic enim et ibi scriptum est : « Patientia autem opus perfectum habet. » (*Jac.*, I, 4.) « Omne, inquit, datum optimum et omne donum perfectum est descendens a Patre luminum, apud quem non est transmutatio, nec momenti obumbratio. » (*Ibid.*, 17.) Ad humanas mentes mutabiles de fonte immutabili descendit patientia, quæ et ipsas faciat immutabiles. Unde homini placere Deo, nisi a Deo? Unde homini bona vita, nisi a fonte vitæ? Unde homini illuminatio, nisi ab æterno lumine? « Quoniam apud te est, inquit, fons vitæ. » « Apud te, » inquit; poteram dicere a me; sed si dixero a me, recedo a te. « Apud te ergo fons vitæ. In lumine tuo; » non in nostro : « In lumine tuo videbimus lumen. » (*Psal.* XXXV, 10.) Ergo : « Accedite ad eum, et illuminamini. » (*Ibid.*, XXXIII, 6.)

Fons est vitæ, accede, bibe, et vive; lumen est, accede, cape, et vide. Si non influat ille, siccus eris.

Martyres blanditiis carnalium parentum tentati. Mariani mater Maria in filii sui passione exsultat. — 2. Hinc ergo Martyres nostri, hinc biberunt; hinc ebriati non agnoverunt suos. Quam multos enim Martyres sanctos putamus propinquante passione, blanditiis suorum fuisse tentatos, conantium eos ad hujus vitæ temporalem et vanam et fugitivam dulcedinem revocare? Sed illi qui de fonte, qui est apud Deum, sitientes biberant, et inebriati erant, Christum confitendo ructuabant; suos carnales et vino erroris ebrios, male amantes, et suadendo a vita revocantes non attendebant, non agnoscebant. Non ex illis erat Mariani mater, non ex illis male suadentibus, carnaliter blandientibus, amando decipientibus; non erat ex illis sancti Mariani mater. Nomen non inane portabat, non frustra (*a*) Maria vocabatur : mulier quidem illa, non virgo, non intacta de Spiritu sancto, sed tamen pudica de marito, tale pignus pepererat,

---

(*a*) Consentiunt eorumdem Martyrum Acta apud Surium et Bollandianos, necnon in Baronii Annalibus ad an. 262. Sed Baronius eo loco : *O te felicem merito Mariam, o te beatam et filii tuo matrem et nomine!* pro *Mariam*, male legit *Mariani*; ac Martyris matri nomen *Beatæ* imponit.

par ses exhortations à la gloire éclatante du martyre. Vous êtes donc sainte aussi, ô Marie; vous n'égalez pas, sans doute, en sainteté, celle dont vous portez le nom, mais vous l'égalez par les désirs de votre cœur, et vous aussi, vous êtes bienheureuse. La Vierge Marie a enfanté le Prince des martyrs, et vous avez enfanté un martyr de ce Prince; elle a enfanté le Juge de ses témoins, vous avez mis au monde un témoin de ce Juge. Enfantement fortuné, amour plus heureux encore! Vous l'avez enfanté dans les gémissements, vous le perdez dans la joie. Pourquoi ces gémissements lorsque vous l'enfantiez, pourquoi cette joie lorsque vous le perdez? Ce n'est pas sans raison; car, en réalité, vous ne le perdez point. L'absence de la douleur s'explique par la présence de la foi. Cette foi toute spirituelle bannissait de votre cœur toute douleur charnelle. Vous pensiez, et avec raison, que vous ne perdiez pas votre fils, mais qu'il vous précédait : toute votre joie était de le suivre.

La force des martyrs ne venait pas d'eux-mêmes, mais de Dieu. — 3. Voilà ce qui fait l'objet de notre admiration, de nos louanges, de notre amour. O bienheureux martyrs, qui vous a inspiré ces généreux sentiments? Je sais que vous avez des cœurs d'hommes; d'où vous viennent ces sentiments tout divins? Je le dis hautement : c'est de Dieu. Qui osera dire qu'ils viennent de vous? Qui vous porterait envie au point de vous prodiguer de fausses louanges?

Quelqu'un, je ne sais qui, vous dirait que c'est de vous? Répondez-lui : « C'est dans le Seigneur que mon âme se glorifiera. » (*Ps.* XXXIII, 3.) Il vous dirait que c'est de vous? Répondez-lui, si vous êtes doux : « C'est dans le Seigneur que mon âme se glorifiera. » Proclamez-le hautement au milieu du peuple de Dieu : « Que ceux qui ont le cœur doux m'entendent et partagent mon allégresse. » Il vous dirait que ces dons viennent de vous? Répondez-lui : « L'homme ne peut rien recevoir qui ne lui ait été donné du ciel. » (*Jean*, III, 27.) C'est à nous, aussi bien qu'à vous, que le Seigneur Jésus a dit : « Sans moi, vous ne pouvez rien faire. » (*Ibid.*, XV, 5.) « Sans moi, dit-il, vous ne pouvez rien faire. » C'est à vous aussi que ces paroles s'adressent; reconnaissez les paroles du Pasteur, et mettez-vous en garde contre les flatteries du séducteur. Je sais que vous avez horreur de cet orgueil qui est inspiré par l'impiété, par l'injustice et l'ingratitude. Saints martyrs, vous avez souffert pour Jésus-Christ, mais le fruit de vos souffrances est pour vous seuls et non pour Jésus-Christ. On ose vous dire : Que vous manquerait-il, quand même on ne vous eût rien donné? Rejetez bien loin de vos oreilles ce langage empoisonné du serpent ennemi. C'est cette même langue qui a dit autrefois : « Vous serez comme des dieux. » (*Gen.*, III, 5.) L'ingratitude du libre arbitre a précipité l'homme dans l'abîme; c'est donc au libre arbitre délivré à dire

---

quod ad gloriosissimam passionem suis potius exhortationibus deducebat, quam inde suis malis blanditiis revocabat. O sancta et tu Maria, impar quidem merito, sed par voto; felix et tu. Peperit illa Martyrum Principem, peperisti tu Principis Martyrem; peperit illa testium Judicem, peperisti tu Judicis testem. Felix partus, felicior affectus. Quando peperisti gemuisti, quando amisisti exsultasti. Quid est hoc, quando peperisti gemuisti, exsultasti quando amisisti? Non frustra, nisi quia non amisisti. Ubi dolor non erat, fides erat. Carnalem dolorem de corde fides spiritalis exclnserat. Videbas te filium non amittere, sed præmittere; totum quod gaudebas, sequi volebas.

Fortitudo Martyrum non ab ipsis, sed a Deo. — 3. Miramur ista, laudamus ista, amamus ista. O beati Martyres, unde vobis ista? Scio vobis corda humana : unde vobis ista divina? Ego dico : A Deo; qui est qui dicat : A vobis? Quis est qui vos male laudando invideat vobis? Nescio quis dicit a vobis

hæc esse? Respondete illi : « In Domino laudabitur anima mea. » (*Psal.* XXXIII, 3.) Nescio quis dicit a vobis hæc esse? Respondete illi, si mites estis, respondete : « In Domino laudabitur anima mea. » Respondete et hoc in populo Dei : « Audiant mites, et jucundentur. » Nescio quis dicit a vobis hæc esse? Respondete illi : « Non potest homo accipere quidquam, nisi datum ei fuerit de super. » (*Joan.*, III, 27.) Nobis enim et vobis ait Dominus Jesus : « Sine me nihil potestis facere. » (*Ibid.*, XV, 5.) « Sine me, inquit, nihil potestis facere; » et vobis hoc dictum est; agnoscite verba pastoris, cavete adulationem deceptoris; superbia ista, impia, iniqua, ingrata, scio quia displicet vobis. Martyres sancti passi estis pro Christo, sed vobis profuit quod passi estis, non Christo. Quid vobis deesset, nisi vobis donatum esset? Hæc repellite ab auribus vestris animali venena serpentis. Lingua illa est, quæ dixit : « Eritis sicut dii. » (*Gen.*, III, 5.) Præcipitavit hominem arbitrium liberum ingratum; arbitrium liberatum dicat nunc Do-

SERMON CCLXXXIV.

à Jésus-Christ : « Seigneur, vous êtes la patience d'Israël. » (*Jérém.*, XVII, 13.) Pourquoi donc vous enorgueillir, âme infidèle ? Vous louez la patience des martyrs, comme si cette patience venait d'eux-mêmes ? Ecoutez plutôt l'Apôtre, le Docteur des nations, et non pas le séducteur des infidèles. Vous louez, je le reconnais, la patience avec laquelle les martyrs ont souffert pour le Christ, et vous attribuez à eux-mêmes cette patience ? Ecoutez donc l'Apôtre s'adressant aux martyrs, et réprimant les sentiments présomptueux du cœur de l'homme : « Dieu vous a donné, dit-il, pour Jésus-Christ. » Vous entendez le langage de la piété qui exhorte, et non de la flatterie qui veut tromper. « Dieu vous a donné ; » c'est un don, vous l'entendez bien. « Dieu vous a donné, pour Jésus-Christ, non-seulement de croire en lui, mais encore de souffrir pour lui. » (*Philip.*, I, 29.) « Dieu vous a donné. » Que peut-on ajouter à ces paroles : « Dieu vous a donné ? » Reconnaissez que c'est un don, si vous ne voulez perdre ce que vous seriez tentés de vous attribuer. « Dieu vous a donné, pour le Christ. » Que peut-il vous donner pour Jésus-Christ, si ce n'est de souffrir ? Mais ce n'est pas une simple conjecture ; écoutez ce qui suit : « Non-seulement de croire en lui, » car c'est aussi un don qu'il vous a fait ; toutefois, ce n'est pas le seul ; « mais encore de souffrir pour lui ; » c'est un autre don qu'il vous a fait. Que le martyr se détourne donc de ce flatteur ingrat et infidèle ; qu'il jette les yeux sur son bienfaiteur, dont la générosité est si grande, et qu'il rapporte à Dieu la gloire de son martyre, où il ne lui a rien offert qui vienne de son propre fonds. Qu'il dise donc plutôt : « C'est en Dieu que mon âme se glorifiera ; que ceux qui ont le cœur doux m'entendent et partagent mon allégresse. » (*Ps.* XXXIII, 3.) Vous demanderez peut-être à ce martyr : Que veulent dire ces paroles : « C'est dans le Seigneur que mon âme se glorifiera ? » Est-ce en vous qu'elle se glorifie ? Il vous répond : « Est-ce que mon âme ne sera pas soumise à Dieu ? car c'est de lui que vient ma patience. » (*Ibid.*, LXI, 6.) Pourquoi donc est-ce ma patience ? J'ai ouvert mon sein, et je l'ai reçue avec joie. Elle vient de Dieu et elle est à moi, et elle est d'autant plus à moi qu'elle vient de lui. Elle est à moi, mais ce n'est pas moi qui me la suis donnée. Pour conserver sûrement le don qui est en moi, je reconnais hautement que Dieu en est l'auteur. Si je refuse de reconnaître que c'est à Dieu que je la dois, Dieu prend son bien et me laisse avec ce qui est à moi, c'est-à-dire avec le mal, qui est le triste fruit de mon libre arbitre.

La grâce de Dieu ne fait de toute une multitude qu'un cœur et qu'une âme. Les martyrs, par l'amour qu'ils avaient pour cette joie unique qu'ils trouvaient en Dieu, ont été victorieux des caresses comme des persécutions du monde. — 4. La sainte Ecriture, si digne de foi, a dit :

---

mino : « Patientia Israel, Domine. » (*Jerem.*, XVII, 13.) Quid infidelis superbis ? laudas Martyrum patientiam, quasi a se ipsis possent esse patientes ? Apostolum potius audi gentium Doctorem, non infidelium deceptorem. Certe in Martyribus patientiam pro Christo laudas, et eam ipsis assignas ? Audi potius apostolum Martyres alloquentem, et corda humana sedantem. Audi, inquam, dicentem : « Quia vobis donatum est pro Christo. » Audi pietatem exhortantem, non adulationem fallentem : « Vobis, inquit, donatum est. » Donatum est, audi : « Vobis donatum est pro Christo, non solum ut credatis in eum, verum etiam ut patiamini pro eo. » (*Philip.*, I, 29.) « Vobis donatum est ; » quid ad hanc sententiam addi potest ? « Vobis donatum est ; » agnosce donatum, ne perdas usurpatum. « Vobis, inquit, donatum est pro Christo ; » quid pro Christo, nisi pati ? Sed non suspiceris, audi sequentia : « Non solum ut credatis in eum ; » quia et hoc donatum est : sed non hoc solum donatum est ; « verum etiam ut patiamini pro eo, » et hoc donatum est. Convertat dorsum Martyr ad infidelem et ingratum adulatorem ; convertat faciem ad benignissimum largitorem, et ipsam passionem suam imputet Deo, non tanquam de suo hoc obtulerit Deo ; sed potius dicat : « In Domino laudabitur anima mea, audiant mites et jucundentur. » (*Psal.* XXXIII, 3.) Et cum ei dixeris : Quid est quod « In Domino laudabitur.anima mea ? » In te ergo laudatur ? Ille contra : « Nonne Deo subdita erit anima mea ? Ab ipso enim patientia mea. » (*Ibid.*, LXI, 6.) Quare ergo mea ? Sinum aperui, et libenter accepi ; ab ipso mea. Et ab ipso, et mea ; et quia ab ipso, ideo tutius mea. Mea est, sed a me mihi non est. Ut habeam donum meum, agnosco datorem Deum. Nam si non agnosco datorem Deum, tollit Deus bonum suum, et remanet malum meum, per arbitrium meum.

Ex multitudine cor ad unum gratia Dei convertitur. Martyres unius delectationis Dei amore in mundi blanditiis et acerbitatibus victores. — 4. Ait

« Dieu a fait l'homme droit, et les hommes se sont embarrassés dans des questions infinies. » (*Eccl.*, VII, 30.) « Dieu a fait l'homme droit, et les hommes, » comment, si ce n'est par leur libre arbitre, « se sont embarrassés dans des questions infinies. » Après avoir dit que Dieu avait fait l'homme droit, l'auteur sacré ne dit pas : Et les hommes se sont jetés dans des pensées perverses, opposées à cette droiture dans laquelle ils avaient été créés, ou dans des pensées injustes, mais il dit : « Dans des pensées sans nombre. » C'est par suite de ces pensées infinies, que « le corps qui se corrompt appesantit l'âme, et que cette habitation terrestre abat l'esprit livré à la multitude de ses pensées. » (*Sag.*, IX, 15.) Que Dieu nous délivre de cette multitude des pensées humaines, pour nous élever jusqu'à l'unité, afin de nous rendre un en lui, en réduisant à l'unité cette multitude. Qu'il nous fonde sous l'ardeur du feu de la charité, afin que nous puissions nous attacher à lui seul dans l'unité d'un même cœur, que nous évitions de tomber de cette unité dans la division, et de nous dissiper dans une infinité d'objets, après nous être séparés de l'unité. C'est, en effet, de cette unité que parlait l'Apôtre, lorsqu'il disait : « Mes frères, je ne pense point être encore arrivé au but. » Que fais-je donc ? « Je ne vois qu'une seule chose. » Quelle est cette seule chose ? « C'est qu'oubliant ce qui est derrière moi, et m'avançant vers ce qui est devant moi, je m'efforce d'atteindre le but. » Je ne vois qu'une chose, je ne poursuis qu'une seule chose ; mais je ne pense pas y être encore arrivé, parce que ce corps corruptible abat l'esprit livré à la multitude de ses pensées. C'est vers ce but que marchaient les martyrs dans l'ardeur qui les embrasait : ils ne s'inquiétaient pas des vains bruits de la multitude, parce qu'ils n'aimaient qu'une seule chose. Considérez quel était le désir des martyrs : « J'ai demandé, dit le Psalmiste, une grâce au Seigneur. » (*Ps.* XXVI, 4.) « J'ai demandé une seule grâce, » j'ai dit adieu à la multitude des joies du siècle. « J'ai demandé une seule grâce, » une seule béatitude, une seule félicité, une seule véritable, et non un grand nombre de fausses. « J'ai demandé, dit-il, une seule chose au Seigneur, et je la lui demanderai encore. » Quelle est cette seule chose ? « C'est d'habiter dans la maison du Seigneur tous les jours de ma vie. » Quel est le but de cette demande ? « Pour contempler les délices du Seigneur. » Lorsque les martyrs pensaient à ces délices, alors tous les maux de cette vie, les tribulations, les cruelles épreuves, n'étaient plus rien à leurs yeux. C'était le plaisir opposé au plaisir, c'était le plaisir opposé à la douleur. Ce plaisir luttait contre ces deux obstacles, les menaces et les promesses séduisantes du monde. Le martyr répondait au monde : Pourquoi toutes ces flatteries ? Ce que j'aime a bien plus de douceur que toutes vos promesses. J'entends Dieu

---

fidelis Scriptura : « Fecit Deus hominem rectum et ipsi exquisierunt cogitationes multas. » (*Eccl.*, VII, 30.) « Fecit Deus, inquit, hominem rectum, et ipsi ; » unde ipsi, nisi per liberum arbitrium ? « Et ipsi exquisierunt cogitationes multas. » Rectum dixerat factum, et tamen non ait : Et ipsi exquisierunt cogitationes pravas, quia dixerat rectum ; aut cogitationes iniquas ; sed dixit, multas. Ab ista multitudine, « corpus quod corrumpitur, aggravat animam, et deprimit terrena inhabitatio sensum multa cogitantem. » (*Sap.*, IX, 15.) Liberet nos Deus ab ista multitudine cogitationum humanarum, et (*f.* levet nos ad unum) liberet nos ab uno, ut simus in illo unum ex multitudine. Conflet nos igne caritatis, ut uno corde sequamur unum, ne in multa decidamus ex uno, et in multis dispergamur relicto uno. De hoc enim uno Apostolus loquebatur, cum diceret : « Fratres, ego me ipsum non arbitror apprehendisse ; quid ? « Unum autem ; » quid unum ? « Ea quæ retro sunt oblitus, in ea quæ ante sunt extentus, sequor. » Unum sequor ; unum inquit, sequor : sed non me arbitror apprehendisse ; quia deprimit corpus, quod corrumpitur, sensum multa cogitantem. Ecce quo ibant Martyres ; quando fervebant, multum strepitum non curabant, quia unum amabant. Desiderium videte Martyrum : « Unam, inquit, petii a Domino. » (*Psal.* XXVI, 4.) « Unam petii ; » vale, inquit, facio multitudini sæculari. « Unam petii ; » unam utique beatitudinem, unam felicitatem, unam veram, non multas falsas. « Unam, inquit, petii a Domino, hanc requiram. » Quæ est ista una ? « Ut inhabitem in domo Domini omnes dies vitæ meæ. » Ut quid hoc ? « Ut contempler delectationes Domini. » Martyres sancti quando illam delectationem cogitabant, tunc illis mala omnia et acerba atque aspera vilescebant. Erat delectatio contra delectationem ; erat delectatio contra dolorem. Delectatio illa contra utrumque pugnabat, et contra sævientem mundum, et contra blandientem. Respondebat mundo : Quid blandiris ? Dulcius est quod amo,

qui me dit, ou plutôt son Ecriture : « Combien est grande la multitude de votre douceur, que vous avez cachée pour ceux qui vous craignent! » (*Ps.* xxx, 20.) Voici encore une multitude, mais elle est bonne, parce qu'il n'y a point de division et qu'elle est réduite à l'unité.

L'Eglise se recommande aux prières des martyrs. La victoire des martyrs a été entière et pleine. Le Seigneur a été tenté trois fois par les séductions du monde. Un autre genre de tentation a été celui des souffrances. —5. Il n'y a donc ici rien d'étonnant, mes frères ; savez-vous à quel moment nous récitons les noms des martyrs? L'Eglise ne prie point pour eux. Elle prie avec raison pour les autres fidèles qui dorment du sommeil de la mort; mais, loin de prier pour les martyrs, elle se recommande bien plutôt à leurs prières, car ils ont combattu contre le péché jusqu'au sang. Ils ont accompli ce précepte de l'Ecriture : « Combattez pour la vérité jusqu'à la mort. » (*Eccli.*, iv, 33.) Ils ont méprisé les promesses du monde, mais ce n'est pas assez; car c'est peu, même, de mépriser la mort; c'est peu, de souffrir les tourments ; pour que la victoire atteigne toute sa gloire, pour qu'elle soit pleine et entière, il faut combattre jusqu'au sang. Considérez Notre-Seigneur, le Roi des martyrs. Le démon, pour le tenter, a commencé par les flatteries et les séductions du monde : « Dites que ces pierres se changent en pain. Je vous donnerai tous ces royaumes. Voyons si les anges vous porteront dans leurs mains, de peur, comme il est écrit, que vous ne heurtiez votre pied contre quelque pierre. » (*Matth.*, iv, 3.) Ce sont là les joies du monde : le pain est la figure de la concupiscence de la chair, la promesse des royaumes de la terre représente l'ambition du monde, et la tentation de la curiosité, la concupiscence des yeux ; toutes ces tentations viennent du monde, mais du monde qui flatte, et non du monde qui menace et qui sévit. Considérez le Chef des martyrs, qui nous donne l'exemple que nous devons suivre dans les combats et nous soutient miséricordieusement au milieu de la lutte. Pourquoi a-t-il voulu être tenté, sinon pour nous enseigner à résister au tentateur? Le monde vous promet des jouissances charnelles? Répondez-lui : Dieu a pour moi bien plus de charmes. Le monde vous promet les honneurs et les dignités du siècle? Répondez-lui : Le royaume de Dieu est bien plus grand et plus élevé. Le monde vous promet des curiosités inutiles ou condamnables? Répondez-lui : La vérité de Dieu est seule à l'abri de toute erreur. C'est donc par ces trois tentations que le démon a voulu ébranler le Seigneur, parce que toutes les séductions du monde peuvent se résumer dans ces trois choses : la volupté, la curiosité, ou l'orgueil. Mais que dit ensuite l'évangéliste? « Or, Satan, ayant

quam id quod polliceris. Audio dicentem mihi Deum, imo Scripturam sanctam : « Quam magna multitudo dulcedinis tuæ, Domine, quam abscondisti timentibus te? » (*Psal.* xxx, 20.) Ecce iterum bona multitudo, quia non dissentiens, sed in uno.

Orationibus Martyrum se commendat Ecclesia. Martyrum plena victoria. Tentatio Domini triplex ad illecebras pertinens. Aliud tentationis genus in tormentis.— 5. Non ergo mirum est, Fratres mei; scitis quo loco Martyres recitentur? Non pro illis orat Ecclesia. Nam merito pro aliis defunctis dormientibus orat Ecclesia ; pro Martyribus non orat, sed eorum potius orationibus se commendat. Certaverunt enim adversus peccatum usque ad sanguinem. Impleverunt quod scriptum est : « Certa pro veritate usque ad mortem. » (*Eccli.*, iv, 33.) Promissa mundi contempserunt : sed parum est ; parum est enim lethum contemnere, parum est aspera tolerare : ubi usque ad sanguinem certamen, ibi gloriosissima et plena victoria. Nam prima Domino nostro Principi Martyrum tentamenta sunt blandimenta proposita : « Dic lapidibus istis ut panes fiant. Tibi dabo omnia regna ista. Videamus si suscipiunt te Angeli ; quia scriptum est : Ne forte offendas ad lapidem pedum tuum. » (*Matth.*, iv, 3.) Ista læta mundi sunt : in pane, concupiscentia carnis; in promissione regnorum, ambitio sæculi ; in curiositate tentationis, concupiscentia oculorum ; hæc omnia de sæculo sunt; sed blandiuntur, non sæviunt. Attendite Martyrum ducem exemplorum certamina proponentem, et certantes misericorditer adjuvantem. Quare te permisit tentari, nisi ut doceret resistere tentatori ? Promittit mundus carnalem voluptatem; responde illi : Delectabilior est Deus. Promittit mundus honores et sublimitates sæculares; responde illi : Altius est omnibus regnum Dei. Promittit mundus superfluas vel damnabiles curiositates; responde illi : Sola non erat veritas Dei. Cum ista triplici tentatione Dominus fuisset tentatus, quia in omnibus illecebris mundi hujus tria sunt, aut voluptas, aut curiositas, aut superbia ; quid ait Evangelista ? « Postquam perfecit diabolus omnem tentationem; » (*Luc.*, iv, 13) omnem, sed ad illecebras pertinen-

épuisé toutes les tentations, s'éloigna pour un temps, » (*Luc*, IV, 13) c'est-à-dire toutes les tentations de séduction. Il restait une autre tentation, la tentation des tribulations, des dures épreuves, des persécutions, des supplices les plus cruels et les plus épouvantables. Voilà pourquoi l'évangéliste, qui savait ce qui était accompli et ce qui restait à accomplir, dit : « Or, le démon, ayant épuisé toutes les tentations, s'éloigna de lui pour un temps. » Il s'éloigna de lui, c'est-à-dire : Le serpent qui tend des piéges, se retira pour revenir comme un lion rugissant, mais il sera vaincu par Celui qui foulera aux pieds le lion et le dragon. (*Ps.* xc, 13.) Il reviendra, il entrera dans l'âme de Judas, il lui inspirera de trahir son Maître. Il amènera les Juifs, non plus pour le flatter, mais pour le persécuter; maître absolu de ces malheureux instruments, il criera par la bouche de toute cette multitude : « Crucifiez-le, crucifiez-le. » Pourquoi nous étonner que le Christ ait triomphé ? Il était le Dieu tout-puissant.

Exemple de patience que le Seigneur et les martyrs donnent à nos frères, qui sont comme nous les serviteurs de Dieu. — 6. C'est pour nous que le Christ a voulu souffrir. L'apôtre saint Pierre nous dit : « Il a souffert pour nous, vous laissant un grand exemple, afin que vous suiviez ses traces. » (I *Pier.*, II, 21.) Il vous a enseigné à souffrir, et vous a enseigné par l'exemple de ses propres souffrances. C'était peu pour lui de sa parole, s'il n'y joignait son exemple. Et par quels exemples nous a-t-il enseigné ? Il était suspendu à la croix, la fureur des Juifs était déchainée contre lui; il était attaché par des clous qui perçaient sa chair, mais il ne perdait rien de sa douceur. Les Juifs cruels remplissaient l'air de leurs vociférations sanguinaires, ils insultaient Celui qu'ils avaient crucifié; il était là, au milieu d'eux, comme leur unique et souverain médecin, et ces frénétiques ne cherchaient qu'à assouvir leur rage contre lui. Il était attaché à la croix, et, cependant, il les guérissait. « Mon Père, dit-il, pardonnez-leur, car ils ne savent ce qu'ils font. » (*Luc*, XXIII, 34.) Telle est la demande qu'il adressait à son Père, mais il restait toujours sur la croix, il n'en descendait pas, parce qu'il faisait de son sang un remède pour ces frénétiques. Or, comme ces paroles du Seigneur, qui priait, et qui, en même temps, exauçait sa prière miséricordieuse, (car il priait son Père, et il exauçait avec son Père,) comme cette prière, dis-je, n'a pu être inutilement adressée à Dieu, il a guéri, après sa résurrection, ceux de qui il avait supporté les fureurs insensées sur la croix. Il est monté aux cieux, il a envoyé l'Esprit saint, et ne s'est point manifesté à ses ennemis après sa résurrection, mais seulement à ses fidèles disciples, pour ne point paraître insulter ceux qui l'avaient mis à mort. Il valait beaucoup mieux enseigner à ses amis l'humilité, que d'adresser à ses ennemis des reproches justement mérités. Il est ressuscité, il a fait plus qu'ils ne deman-

---

tem. Restabat alia tentatio in asperis et duris, in sævis, in atrocibus atque immitibus restabat alia tentatio. Hoc sciens Evangelista, quid peractum esset, quid restaret, ait : « Postquam complevit diabolus omnem tentationem, recessit ab eo ad tempus. » Discessit ab eo, id est, insidians serpens, venturus est rugiens leo; sed vincet eum, qui conculcabit leonem et draconem. (*Psal.* xc, 13.) Revertetur ; introibit in Judam, faciet magistri traditorem. Adducet Judæos, non jam adulantes, sed sævientes ; vasa sua possidens clamabit linguis omnium : « Crucifige, crucifige. » Ibi Christum victorem quid miramur ? Deus omnipotens erat.

Patientiæ exemplum in Domino et in Martyribus conservis nostris præstitum. — 6. Propter nos pati voluit Christus. Ait Apostolus Petrus : « Pro vobis passus est, relinquens vobis exemplum, ut sequamini vestigia ejus. » (I *Petr.*, II, 21.) Pati te docuit, et patiendo te docuit. Parum erat verbum, nisi adderetur exemplum. Et quomodo docuit, Fratres ? Pendebat in cruce, Judæi sæviebant : in asperis clavis pendebat, sed lenitatem non amittebat. Illi sæviebant, illi circumlatrabant, illi pendenti insultabant ; quasi uno summo medico in medio constituto, phrenetici circumquaque sæviebant. Pendebat ille, et sanabat. « Pater, inquit, ignosce illis, quia nesciunt quid faciunt. » (*Luc.*, XXIII, 34.) Petebat, et tamen pendebat : non descendebat, quia de sanguine suo medicamentum phreneticis faciebat. Denique quia verba petentis Domini, ejusdemque misericordiam exaudientis, quia Patrem petiit, et cum Patre exaudivit ; quia illa verba non potuerunt inaniter fundi, post resurrectionem suam sanavit, quos pendens insanissimos toleravit. Ascendit in cœlum, misit Spiritum sanctum ; nec se illis ostendit post resurrectionem, sed solis fidelibus discipulis suis, ne quasi insultare se occidentibus voluisse videretur. Plus enim erat, amicos docere humilitatem, quam inimicis ex-

daient, non par un sentiment de foi, mais pour l'outrager, en lui disant : « S'il est le Fils de Dieu, qu'il descende de la croix. » (*Matth.*, XXVII, 40.) Il n'a point voulu descendre de la croix, et il est sorti plein de vie du tombeau. Il est monté au ciel, il a envoyé de là l'Esprit saint; il en remplit ses disciples, dissipa toutes leurs craintes, et en fit autant de héros intrépides. Au lieu de sa timidité tremblante, Pierre fit paraître toute la force du prédicateur. D'où venait ce changement dans cet apôtre? Considérez Pierre lorsqu'il présume de lui-même, et vous le voyez renier son Maître; examinez-le lorsque Dieu vient à son secours, et vous voyez Pierre prêchant hardiment la foi. Si sa faiblesse trembla pour un instant, c'était pour vaincre sa présomption et non pour détruire son amour et son zèle. Le Sauveur remplit de son Esprit et fait un prédicateur intrépide de ce disciple présomptueux, à qui il avait dit : « Vous me renierez trois fois. » (*Matth.*, XXVI, 34.) Il avait présumé de ses forces, il avait compté, non sur la grâce de Dieu, mais sur son libre arbitre. Il avait dit au Sauveur : « Je vous suivrai jusqu'à la mort. » Il avait dit dans son abondance : « Je ne serai jamais ébranlé. » (*Ps.* XXIX, 7.) Mais Celui qui, par un pur effet de sa volonté, avait revêtu de force la vertu de Pierre, détourna son visage, et il fut rempli de trouble. « Le Seigneur, est-il dit, détourna sa face, » il montra Pierre à lui-même, tel qu'il était; mais, ensuite, il jeta un regard sur lui, et il affermit Pierre sur la pierre. Imitons donc, mes frères, autant que nous le pouvons, l'exemple que Notre-Seigneur nous donne dans sa passion. Nous pourrons l'imiter, si nous implorons son secours, non pas en cherchant à le devancer, comme Pierre dans sa présomption, mais en le suivant, mais en le priant humblement, à l'exemple de Pierre après sa conversion. En effet, après que Pierre eut renié le Seigneur trois fois, remarquez ce que dit l'évangéliste : « Et le Seigneur regarda Pierre, et Pierre se souvint. » (*Luc*, XXII, 61.) Que signifient ces paroles : « Il regarda Pierre? » Car ce n'est pas sur le visage de Pierre que le Seigneur le regarda pour lui rappeler la prédiction qu'il avait faite. Non, tel n'est point le sens de ces paroles; lisez plutôt l'Evangile. Notre-Seigneur était alors devant ses juges, dans l'intérieur de la maison, et c'était dans la cour que Pierre était tenté. Le Seigneur le regarda donc, non pas des yeux du corps, mais d'un regard tout divin; ce n'était point le regard matériel de la chair, mais un regard de profonde miséricorde. Celui qui avait détourné de lui sa face, le regarda, et il fut délivré. Le disciple présomptueux eût donc été perdu sans retour sans le regard du Rédempteur. Et voilà que Pierre, purifié dans ses larmes, converti et relevé de sa chute, prêcha le nom de Jésus-Christ. Il le prêche après l'avoir renié, et ceux qui s'étaient égarés croient à sa parole. Le remède

---

probrare veritatem. Resurrexit : plus fecit quam illi exigebant, non credendo, sed insultando et dicendo : «Si Filius Dei est, descendat de cruce.» (*Matth.*, XXVII, 40.) Et qui de ligno descendere noluit, de sepulcro surrexit. Ascendit in cœlum, misit inde Spiritum sanctum : implevit discipulos, correxit timentes, fecit fidentes. Petri trepidatio in fortitudinem prædicatoris repente conversa est. Unde hoc homini? Quære Petrum præsumentem, invenis Petrum negantem ; quære Deum adjuvantem, Petrum invenis prædicantem. Ad horam trepidavit infirmitas, ut præsumptio vinceretur, non ut pietas deleretur. Implet ille Spiritu suo, et facit prædicatorem fortissimum, cui præsumenti prædixerat : « Ter me negabis. » (*Matth.*, XXVI, 34.) Præsumpserat enim ille de viribus suis, non de Dei dono, sed de libero arbitrio. Dixerat enim : « Tecum ero usque ad mortem. » Dixerat in abundantia sua : « Non movebor in æternum. » (*Psal.* XXIX, 7, etc.) Sed qui in voluntate sua præstiterat decori ejus virtutem, avertit faciem suam, et factus est conturbatus. « Avertit, inquit, Dominus faciem suam; » ostendit Petro Petrum; sed postea respexit, et Petrum firmavit in petra. Imitemur ergo, Fratres mei, quantum possumus, in Domino passionis exemplum. Implere poterimus, si ab illo poscamus adjumentum, non præveniendo, sicut Petrus præsumens; sed sequendo et orando, sicut Petrus proficiens. Quando enim Petrus ter negavit, quid Evangelista dicit, attendite : « Et respexit eum Dominus, et recordatus est Petrus.» (*Luc.*, XXII, 61.) Quid est, « respexit eum? » Non enim Dominus in facie corporali eum tanquam commemorando respexit. Non sic est: Evangelium legite. Dominus in interioribus domus judicabatur, Petrus in atrio tentabatur. Ergo « respexit eum Dominus, » non corpore, sed majestate; non oculorum carnis intuitu, sed misericordia altissima. Ille quia averterat faciem suam, respexit eum, et factus est liberatus. Ergo præsumptor periisset, nisi Redemptor respexisset. Et ecce lacrymis suis ablutus, correptus et ereptus prædicat Petrus. Præ-

du sang divin produit son efficacité sur ces frénétiques. Ils boivent, dans un profond sentiment de foi, ce sang qu'ils ont répandu dans leur fureur. Mais c'est trop pour moi, me dira-t-on, d'imiter le Seigneur. Imitez donc, par la grâce du Seigneur, ceux qui sont, comme vous, ses serviteurs; imitez Marien, imitez Jacques. C'étaient des hommes, c'étaient, comme vous, des serviteurs de Dieu; ils ont eu la même naissance que vous, mais ils ont été couronnés par Celui dont la naissance n'est pas semblable à la vôtre.

SERMON CCLXXXV.

Pour la fête des saints martyrs Caste et Emile (1).

En célébrant les fêtes des martyrs, nous devons prendre soin de les imiter. — 1. Le courage dont les saints martyrs ont fait preuve a été non-seulement grand, mais inspiré par la religion; car le courage utile, le courage véritable, disons mieux, le seul qui mérite le nom de courage, est celui qui combat, non pour l'orgueil, mais pour Dieu. Or, ce courage me fait un devoir de parler à votre charité, et de vous dire qu'en célébrant les fêtes des martyrs vous devez vous appliquer à imiter leurs exemples et à marcher sur leurs traces. Cette force qu'ils ont fait paraître, ils ne l'avaient pas d'eux-mêmes.

La source où ils l'ont puisée ne s'est pas ouverte pour eux seulement. Celui qui leur a donné cette force peut aussi nous la communiquer à nous-mêmes, parce qu'une seule rançon a été payée pour nous tous.

Ce qui fait le martyr, ce n'est point le supplice, mais la cause pour laquelle il souffre. La foi du larron sur la croix a changé la cause de ses souffrances. Les trois croix. La croix de Jésus-Christ est le tribunal du juge. — 2. Il faut donc vous rappeler surtout cette vérité, que vous ne devez jamais oublier, et qui doit être toujours présente à votre pensée, c'est que ce qui fait le martyr de Dieu, ce n'est point le supplice, mais la cause pour laquelle il souffre. En effet, ce qui plaît à Dieu, c'est notre justice, et non point nos souffrances, et, au tribunal de Celui dont la vérité égale la toute-puissance, on n'examine point ce que chacun peut souffrir, mais la cause pour laquelle il souffre. Nous marquons nos fronts de la croix du Seigneur en souvenir, non point des tourments qu'il a soufferts, mais de la cause pour laquelle il les a soufferts. Si le supplice seul était l'objet de ce souvenir, le supplice des larrons eût mérité le même honneur. C'est dans le même endroit qu'étaient les trois crucifiés, et, au milieu, le Seigneur, qui a été mis au nombre des malfaiteurs. (*Isa.*, LIII, 12.) Ils placèrent les deux voleurs, l'un à sa droite,

(1) Possidius fait mention de ce sermon dans le chapitre IX de sa Table. Les martyrologes et le calendrier de Carthage placent la fête de ces saints martyrs au 22 mai.

---

dicat qui negaverat : credunt qui erraverant. Valet in phreneticis medicina illa sanguinis Domini. Bibunt credentes quod fuderunt sævientes. Sed multum est ad me, inquit, imitari Dominum. Ex gratia Domini imitare conservum, imitare Stephanum, imitare Marianum et Jacobum. Homines erant, conservi erant; sicut tu nati, sed ab illo qui non sic natus est, coronati.

SERMO CCLXXXV (a).

In die Natali Martyrum Casti et Æmilii.

Martyrum sic celebranda solemnia, ut eos delectet imitari. — 1. Sanctorum Martyrum non magna solum, sed etiam pia virtus, (ipsa est enim utilis virtus, imo ipsa est vera et sola dicenda virtus, quæ non militat typho, sed Deo) admonet nos Caritati Vestræ loqui, eamque admonere, ita solemnia Martyrum celebrare, ut vestigia Martyrum sequendo

(a) Alias IV inter editos ex majoris Carthusiæ Mss.

delectet imitari. Non enim et ipsi quod fortes exstiterunt, de suo habuerunt. Non usque ad illos ipsos ille manavit. Qui dedit ipsis, potens est dare et nobis : quoniam unum pretium datum est pro omnibus nobis.

Martyrem non facit pœna, sed causa. Latronis in cruce fides causam patientis mutavit. Tres cruces. Crux Christi, tribunal judicis. — 2. Illud ergo præcipue commonendi estis, quod assidue commoneri, et semper cogitare debetis, quod Martyrem Dei non facit pœna, sed causa. Justitia enim nostra, non cruciatibus, delectatur Deus, nec quæritur in omnipotentis veracisque judicio, quid quisque patiatur, sed quare patiatur. Ut enim cruce Dominica nos signemus, non fecit hoc Domini pœna, sed causa. Nam si pœna hoc fecisset, hoc et latronum similis pœna valuisset. Unus locus erat trium crucifixorum, in medio Dominus, qui « inter iniquos deputatus est. » (*Isai.*, LIII, 12.) Duos latrones hinc atque inde posuerunt :

l'autre à sa gauche, mais la cause de ces trois suppliciés était bien différente. Ils étaient aux côtés du Sauveur attaché à la croix, mais quelle distance les en séparait! Ils étaient crucifiés pour leurs crimes, il était crucifié pour les nôtres. Cependant, on vit assez, dans l'un de ces deux larrons, toute la force, non pas des souffrances qu'il endurait sur la croix, mais d'un religieux aveu. Ce larron obtint par son repentir ce que la crainte avait fait perdre à Pierre. Il avait commis un grand crime : il monta sur la croix, donna un autre motif à ses souffrances et obtint le paradis. Il mérita de changer la cause de ses souffrances, parce qu'il n'a point méprisé Jésus-Christ condamné au même supplice que lui. Les Juifs l'ont méprisé malgré les miracles qu'il faisait, le larron crut en lui lorsqu'il le voyait sur un gibet. Il reconnut le Seigneur dans celui qui était crucifié comme lui, et, par sa foi, il fit violence au royaume des cieux. Le larron crut en Jésus-Christ, alors que la foi des apôtres chancelait. Aussi mérita-t-il d'entendre ces paroles : « Vous serez aujourd'hui avec moi dans le paradis. » (*Luc*, XXIII, 43.) Il n'avait pas osé se promettre une aussi grande récompense; il se recommandait à la grande miséricorde, mais il ne pouvait oublier ce qu'il avait mérité. « Seigneur, souvenez-vous de moi lorsque vous serez arrivé dans votre royaume. » Il croyait qu'il resterait dans les souffrances jusqu'à ce que le Seigneur fût entré dans son royaume, et il demandait qu'à son arrivée, du moins, il lui fît sentir les effets de sa miséricorde. Ce larron, au souvenir de ses crimes, consentait à voir retarder la fin de son châtiment, mais le Seigneur offrait au larron ce qu'il n'osait espérer, et semblait lui dire : Tu demandes que je me souvienne de toi lorsque je serai arrivé dans mon royaume? « En vérité, je te le dis, tu seras aujourd'hui avec moi dans le paradis. » Reconnais Celui entre les mains duquel tu remets ton sort; tu crois que je dois arriver dans mon royaume, mais avant même de me mettre en marche, je suis partout. Aussi, bien que je doive descendre dans les enfers, je te place aujourd'hui dans le paradis, sans te confier à un autre que moi. Cette nature, dans laquelle je me suis humilié, est descendue vers les mortels, et même vers les morts, mais ma divinité n'a jamais quitté le paradis. Ainsi, vous le voyez, il y avait trois croix et trois causes différentes. L'un des larrons insultait Jésus-Christ, l'autre faisait l'aveu de ses crimes et se recommandait à la miséricorde de Jésus-Christ. La croix de Jésus-Christ, qui était au milieu, n'était pas un instrument de supplice, mais un tribunal; car, du haut de cette croix, il condamne celui qui l'outrage, et délivre celui qui croit en lui. Craignez donc, vous qui l'insultez; soyez dans la joie, vous qui croyez en lui : il fera un jour dans sa gloire ce qu'il a fait au milieu de ses humiliations.

Les dons de la grâce sont distribués par un pro-

sed causam similem non habuerunt. Lateribus pendentis adjungebantur, sed longe separabantur. Illos facinora sua, illum crucifixerunt nostra. Verumtamen etiam in uno ipsorum satis apparuit, quantum valeret, non cruciatus pendentis, sed pietas confitentis. Acquisivit latro in dolore quod Petrus perdiderat in timore : scelus admisit, crucem ascendit ; causam mutavit, paradisum comparavit. Meruit omnino causam mutare, qui non contempsit in Christo similitudinem pœnæ. Judæi contempserunt miracula facientem, ille credidit in pendentem. Consortem crucis Dominum agnovit, et regno cœlorum credendo vim fecit. Tunc in Christum latro credidit, quando fides Apostolica trepidavit. Merito audire meruit : « Hodie mecum eris in paradiso. » (*Luc*., XXIII, 43.) Hoc quidem sibi ipse non promiserat : magnæ quidem se misericordiæ commendabat, sed et sua merita cogitabat. « Domine, inquit, memento mei, dum veneris in regnum tuum. » Quo usque veniret Dominus in regnum suum, in pœnis se futurum sperabat, et saltem in ejus adventu misericordiam in se fieri flagitabat. Proinde se latro merita cogitans, differebat : sed Dominus latroni, quod desperaverat, offerebat, tanquam diceret : Tu petis ut meminerim tui, dum venero in regnum meum : « Amen, amen, dico tibi, hodie mecum eris in paradiso. » Agnosce cui te commendas; quem credis venturum, antequam veniam, ubique sum. Ideo quamvis in inferna descensurus, habeo te hodie in paradiso, non alteri commendatum, sed mecum. Ad homines enim mortales et ad ipsos mortuos descendit humilitas mea, de paradiso autem nunquam discedit divinitas mea. Ita factæ sunt tres cruces, tres causæ. Unus latronum Christo insultabat, alter sua mala confessus Christi se misericordiæ commendabat. Crux Christi in medio non fuit supplicium, sed tribunal : de cruce quippe insultantem damnavit, credentem liberavit. Timete insultantes, gaudete credentes : hoc faciet in claritate, quod fecit in humilitate.

Munera gratiæ ex profundo Dei judicio dantur. Pe-

fond jugement de Dieu. Dieu abandonne Pierre dans sa présomption pour l'amener à se connaître lui-même. Dieu hait les présomptueux. — 3. Un profond jugement de Dieu préside à la distribution des grâces divines; nous pouvons les admirer, nous ne pouvons les scruter. « Car, qui a connu la pensée du Seigneur? » Et encore : « Que ses jugements sont incompréhensibles, et ses voies impénétrables! » (*Rom.*, XI, 33, 34.) Pierre, qui avait suivi jusque-là toutes les traces du Christ, se trouble et le renie; Jésus le regarde, Pierre pleure, et ses larmes effacent la tache dont la crainte avait souillé son âme. Ce n'est pas que Dieu voulût abandonner Pierre, il voulait seulement l'instruire. Interrogé s'il aime le Seigneur, il porte la présomption jusqu'à croire qu'il pourrait mourir pour lui. Il s'appuyait pour cela sur ses propres forces; si donc Dieu qui le dirigeait ne l'avait laissé un peu de temps à lui-même, il n'aurait pas appris à se connaître. Il osa dire à Jésus : « Je donnerai ma vie pour vous. » Dans sa présomption, il se vantait de donner sa vie pour Jésus-Christ, lui pour qui le divin Libérateur n'avait pas encore donné la sienne. Aussi la crainte jette le trouble dans son âme, et, comme le Seigneur le lui avait prédit, il renie trois fois Celui pour qui il avait promis de mourir. « Le Seigneur, dit l'évangéliste, jeta un regard sur Pierre, et Pierre pleura amèrement. » (*Luc*, XXII, 61.) Le souvenir de son renoncement était plein d'amertume, pour lui rendre plus douce la grâce de la rédemption. Si le Seigneur ne l'avait laissé à lui-même, il n'aurait pas renié, et si Jésus n'avait jeté un regard sur lui, il n'aurait pas versé tant de larmes. Dieu a en horreur ceux qui présument de leurs propres forces, et, comme un sage médecin, il retranche cette tumeur dans ceux qu'il aime. Cette opération est douloureuse, mais elle a pour but d'affermir la santé. Aussi le Seigneur, après sa résurrection, confie à Pierre ses brebis, à celui qui l'avait renié, mais qui l'avait renié parce qu'il avait présumé de lui-même, et qui devait être ensuite pasteur à cause de son amour pour Jésus. Pourquoi le Sauveur lui demande-t-il par trois fois s'il l'aime, si ce n'est pour lui inspirer un vif repentir de son triple reniement? Pierre accomplit donc ensuite, par la grâce de Dieu, ce que sa confiance en lui-même lui avait rendu impossible. Lorsque, en effet, Notre-Seigneur lui eut confié le soin, non point des brebis de Pierre, mais des siennes propres, afin qu'il les fît paître, non dans son intérêt, mais en vue de Dieu, il lui prédit le martyre qu'il devait souffrir dans la suite, et qu'il avait d'abord perdu parce qu'il s'y portait avec trop de précipitation. « Quand tu seras vieux, lui dit-il, un autre te conduira où tu ne voudras point. Or, il dit cela, marquant par quelle mort il devait glorifier Dieu. » (*Jean*, XXI, 18, 19.) Cette prédiction s'accomplit. Pierre parvint au martyre après

---

trus præsumptor paulisper deseritur, ut sibi demonstretur. Præsumptores odit Deus. — 3. Munera divina de profundo Dei judicio veniunt : mirari ea possumus, investigare non possumus. « Quis enim cognovit sensum Domini? » Et : « Quam inscrutabilia sunt judicia ejus, et investigabiles viæ ejus! » (*Rom.*, XI, 33, 34.) Sequens per omnia vestigia Christi Petrus conturbatur, et negat; respicitur, et plorat; fletus tergit, quod timor infecerat. Non fuit illa Petri desertio, sed eruditio. (*a*) Amare quippe Dominum interrogatus in corde suo præsumpserat se pro eo etiam moriturum. Viribus suis hoc tribuerat : nisi paulisper a regente desereretur, non sibi demonstraretur. Ausus est dicere : « Animam meam pro te ponam. » Animam suam pro Christo præsumptor se positurum esse jactabat, pro quo nondum posuerat Liberator. Denique cum timore turbatur, sicut Dominus prædixerat, ter negat eum, pro quo se promiserat moriturum. Sicut scriptum est : « Respexit illum Dominus. » At ille « amare flevit. » (*Luc.*, XXII, 61.) Amara erat recordatio negationis, ut dulcis esset gratia redemptionis. Nisi desertus, non negaret; nisi respectus, non fleret. Odit Deus præsumptores de viribus suis, et, tumorem istum in eis, quos diligit, tanquam medicus secat. Secundo quidem infert dolorem, sed firmat postea sanitatem. Itaque resurgens Dominus commendat Petro oves suas, illi negatori, sed negatori, quia præsumptori; postea pastori, quia amatori. Nam quare ter interrogat amantem, nisi ut compungat ter negantem? Proinde perfecit postea Petrus gratia Dei, quod primo non potuit fiducia sui. Nam postea quam illi oves, non Petri, sed suas commendavit, ut non pasceret sibi, sed Domino, annuntiavit ei passionem futuram, quam primo perdiderat, quoniam præpropere festinabat. « Cum senior, inquit, factus fueris, alter te cinget, et feret quo tu non vis. Hoc autem dixit, significans qua morte glorificaturus erat Dominum. » (*Joan.*, XXI,

(*a*) Aliquot Mss. *Amorem quippe Domino interrogante.*

avoir effacé son reniement par ses larmes. Le tentateur ne put lui enlever ce que le divin Sauveur lui avait promis.

Pourquoi Caste et Emile furent d'abord vaincus dans les tourments, et comment ils furent ensuite victorieux. — 4. Quelque chose de semblable est arrivé, je crois, aux saints martyrs Caste et Emile, dont nous célébrons aujourd'hui la fête (1). Peut-être cet acte de faiblesse vient-il d'une autre cause que de leur confiance présomptueuse dans leurs propres forces. Le Seigneur leur fit voir ce qu'ils étaient, et ce qu'il était lui-même. Il réprima leur présomption, fit appel à leur foi, les secourut au milieu du combat, et les couronna après la victoire. L'ennemi était plein de joie en les voyant, dans la première attaque, céder à la violence des tourments; il les comptait déjà parmi les siens, il triomphait, il les regardait comme étant à lui ; mais quelle faveur inespérée leur fut accordée par la miséricorde de Dieu! D'autres martyrs ont vaincu le démon lorsqu'il les tentait, ceux-ci l'ont vaincu au moment où il triomphait. Ainsi donc, mes frères, souvenons-nous de ceux dont nous célébrons aujourd'hui la solennité, et désirons les imiter, non dans leur défaite, mais dans leur victoire. Les chutes des grands personnages ne sont pas restées ignorées, pour inspirer une crainte salutaire aux âmes présomptueuses. En toutes circonstances, l'humilité du bon Maître nous est recommandée avec les plus vives instances. C'est qu'en effet le salut, dont Jésus-Christ est pour nous l'auteur, vient de son humilité. Nous n'aurions aucun salut à espérer, si Jésus-Christ n'avait daigné s'humilier. Rappelons-nous donc que nous devons nous défier de nous-mêmes. Remettons entre les mains de Dieu ce que nous avons, et demandons-lui ce qui nous manque.

Les martyrs sont nos avocats, et, cependant, nous n'avons qu'un seul avocat, qui est Jésus-Christ. — 5. La justice des martyrs est parfaite, parce qu'elle a reçu sa perfection de leur martyre même. Aussi ne prie-t-on point pour eux dans l'Eglise. Nous prions pour les autres fidèles défunts, nous ne prions point pour les martyrs, car ils sont sortis de cette vie si parfaits que, loin d'être nos clients, ils sont bien plutôt nos avocats. Ce n'est point toutefois par eux-mêmes, mais par Celui auquel ils sont étroitement unis comme les membres à leur chef. Notre seul véritable avocat est celui qui intercède pour nous (*Rom.*, VIII, 34), et qui est assis à la droite du Père (*Jean*, II, 1); il est notre unique avocat comme il est notre unique pasteur. « Il faut, disait-il, que j'amène les brebis qui ne sont point de ce bercail. » (*Jean*, X, 16.) Puisque Jésus-Christ est pasteur, est-ce que Pierre ne l'est

(1) Saint Cyprien, dans son Traité *De ceux qui sont tombés*, s'exprime ainsi : C'est ainsi que Dieu pardonna autrefois à Caste et à Emile. Ils furent vaincus dans une première lutte, mais Dieu les rendit vainqueurs dans une seconde, et donna d'être plus forts que les flammes à ceux qui avaient fléchi à la vue des bûchers embrasés.

18, 19.) Factum est, pervenit Petrus ad passionem, qui lacrymis diluerat negationem. Quod ei promiserat Salvator, non potuit auferre tentator.

Castus et Æmilius in tormentis unde victi primum, unde post victores. — 4. Tale aliquid factum esse arbitror etiam in his Martyribus sanctis Casto et Æmilio, quorum diem hodie celebramus. Fortasse et ipsi de suis viribus antea præsumpserunt, et ideo defecerunt. Ostendit eis qui essent ipsi, qui ipse. Repressit præsumentes, et vocavit credentes; adjuvit pugnantes, coronavit vincentes. Denique jam de illis gaudebat inimicus in prima congressione, quando cesserunt doloribus, in suis eos partibus computabat; jam exsultabat, jam suos habebat : sed quantum illis concessum est, Domino miserante ; alii Martyres diabolum vicerunt tentantem, isti etiam triumphantem. Itaque, Fratres mei, meminerimus quorum celebritatem hodie celebramus, nec velimus imitari quod victi sunt, sed potius quod vicerunt. Ideo magnorum casus non latuerunt, ut timeant qui de se præsumpserunt. Ubique nobis humilitas magistri boni diligentissime commendatur. Quando quidem et salus nostra in Christo, humilitas Christi est. Nulla enim nostra salus esset, nisi Christus humilis pro nobis fieri dignatus esset. Meminerimus de nobis ipsis non esse præfidendum. Deo commendemus quod habemus : ab illo imploremus quod minus habemus.

Martyres advocati nostri, et tamen unus advocatus noster Christus. — 5. Martyrum perfecta justitia est, quoniam in ipsa passione perfecti sunt. Ideo pro illis in Ecclesia non oratur. Pro aliis fidelibus defunctis oratur, pro Martyribus non oratur ; tam enim perfecti exierunt, ut non sint suscepti nostri, sed advocati. Neque hoc in se, sed in illo cui capiti perfecta membra cohæserunt. Ille est enim vere advocatus unus, qui interpellat pro nobis, sedens ad dexteram Patris (I *Joan.*, II, 1 ; *Rom.*, VIII, 34) ; sed advocatus unus, sicut et pastor unus. Nam « oportet, inquit, me et eas oves adducere, quæ non sunt de hoc ovili. » (*Joan.*, X, 16.) Ut Christus pastor, Petrus non

point? Nous répondons que Pierre est pasteur, et que les autres qui ont reçu la même mission, sont également pasteurs. En effet, s'il n'était point pasteur, pourquoi Jésus lui dit-il : « Paissez mes brebis ? » (*Jean*, XXI, 17.) Mais, cependant, le véritable pasteur est celui qui paît ses propres brebis. Il a dit à Pierre, non point : Paissez vos brebis, mais : « Paissez mes brebis. » Pierre n'est donc point pasteur en lui-même, mais comme faisant partie du corps du pasteur. Car s'il paissait ses propres brebis, elles deviendraient aussitôt des boucs.

En dehors de l'Eglise, ce ne sont point les brebis de Jésus-Christ, mais des boucs que mènent paître les schismatiques. Ce que disent les donatistes. — 6. En opposition à ce qui est dit à Pierre : « Paissez mes brebis, » nous lisons dans le Cantique des cantiques : « Si vous ne vous connaissez pas vous-même, ô la plus belle d'entre les femmes. » (*Cant.*, I, 7.) Nous savons à qui s'adressent ces paroles, et elles s'adressent aussi à nous dans cette même personne. En effet, l'Eglise entend Jésus-Christ, l'Epouse entend l'Epoux lui dire : « Si vous ne vous connaissez pas vous-même, ô vous, la plus belle d'entre les femmes, sortez. » Quelle parole fâcheuse : « Sortez ! » « Ils sont sortis du milieu de nous, dit saint Jean, mais ils n'étaient pas de nous. » (I *Jean*, II, 19.) A cette parole si triste : « Sortez, » sont opposées, dans un bon sens, ces paroles de félicitation : « Entrez dans la joie de votre Maître. » (*Matth.*, XXV, 21.) « Si donc vous ne vous connaissez pas vous-même, ô vous, la plus belle d'entre les femmes, sortez ; » ce n'est pas moi qui vous chasse, « sortez vous-même. » Car c'est du milieu de nous que sont sortis ceux qui se séparent eux-mêmes, ces hommes de vie animale qui n'ont pas l'esprit. » (*Jud.*, 19.) L'Apôtre ne dit pas : Ils ont été chassés, mais : « Ils sont sortis. » C'est la conduite que la justice divine a gardée à l'égard des premiers pécheurs. Dieu les laissa sortir du paradis terrestre comme leur propre poids les y entraînait, plutôt qu'il ne les en chassa. (*Gen.*, III, 23.) « Si donc vous ne vous connaissez pas vous-même, ô la plus belle des femmes, sortez ; » je ne vous chasse pas, « sortez vous-même. » Je voudrais vous conserver unie à mon corps pour vous guérir ; vous, au contraire, vous voulez qu'on retranche ce membre gangrené. Ces paroles s'adressent à ceux que Dieu prévoyait devoir sortir, et il veut par là les engager à se reconnaître et à prendre tous les moyens de rester dans l'unité. Pourquoi, en effet, sont-ils sortis, sinon parce qu'ils n'ont pas eu cette connaissance d'eux-mêmes ? S'ils s'étaient connus, ils auraient vu que ce qu'ils donnaient ne venait pas d'eux-mêmes, mais de Dieu. C'est moi qui donne, dites-vous ; ce que je donne est à moi, et ce que je donne est saint, parce que c'est moi qui le donne. Vous ne vous êtes pas connu vous-même, et voilà pourquoi vous êtes

---

pastor? Imo et Petrus pastor, et cæteri tales sine ulla dubitatione pastores. Nam si non pastor, quomodo ei dicitur : « Pasce oves meas ? » (*Joan.*, XXI, 17.) Sed tamen verus pastor, qui pascit oves suas. Petro enim dictum est, non : Pasce oves tuas, sed « meas. » Petrus ergo non in se, sed in corpore pastoris est pastor. Nam si oves suas pasceret, continuo fierent hædi, quos pasceret.

Extra Ecclesiam non oves Christi, sed hædi pascuntur a schismaticis. Donatistarum vox. — 6. Contra hoc enim quod Petro dicitur : « Pasce oves meas, » dicitur in Canticis canticorum : « Nisi cognoveris temetipsam, o pulchra inter mulieres. » Cui dicitur, utique agnoscimus, et in illa nos etiam audimus. Ecclesia quippe hoc audit a Christo, sponsa audit a sponso : « Nisi cognoveris temetipsam, o pulchra inter mulieres, exi tu. » (*Cant.*, I, 7.) Quam mala vox : « Exi. » « A nobis, inquit, exierunt, sed non erant ex nobis. » (I *Joan.*, II, 19.) Huic tristi voci, quod est : « Exi, » contraria est in bono illa vox gratulabilis : « Intra in gaudium Domini tui. » (*Matth.*, XXV, 21.) Ergo : « Nisi cognoveris temetipsam, o pulchra inter mulieres, vel catholica pulchra inter hæreses : « nisi cognoveris temetipsam, o pulchra inter mulieres, exi tu ; » non enim ego te ejicio, sed « exi tu. » A nobis enim exierunt, « qui segregant semetipsos, animales, spiritum non habentes. » (*Jud.*, 19.) Non enim dictum est : Ejecti sunt, sed : « Exierunt. » Hoc et in primis peccantibus justitia divina servavit. Tanquam enim jam pronos proprio pondere, dimisit eos de paradiso, non exclusit. (*Gen.*, III, 23.) « Nisi ergo cognoveris temetipsam, o pulchra inter mulieres, exi tu ; » non ego te ejicio, « exi tu. » Ego te in corpore meo volo sanari, tu putredinem tuam appetis amputari. Hoc illis dictum est, qui prævidebantur exituri, ut possint se agnoscere et cavere mansuri. Quare enim et illi exierunt, nisi quia se non agnoverunt ? Si enim agnoscerent, ibi viderent non suum, sed Dei esse quod darent. Ego do ; meum est quod do ; et

sorti. Vous n'avez pas voulu écouter Celui qui vous disait : « Si vous ne vous connaissez pas vous-même, ô vous, la plus belle d'entre les femmes. » Vous étiez belle autrefois, lorsque vous étiez étroitement unie aux membres de votre Époux. Vous avez donc refusé d'écouter et de peser la portée de ces paroles : « Si vous ne vous connaissez pas vous-même, » car vous étiez complétement défigurée quand il vous a rencontrée ; vous étiez laide, il vous a rendue belle ; vous étiez noire, il vous a donné cette éclatante blancheur. « Qu'avez-vous, en effet, que vous n'ayez reçu ? » (I *Cor.*, IV, 7.) Vous ne comprenez donc point le sens de mes paroles : « Si vous ne vous connaissez pas vous-même ? » Et vous avez prétendu paître vos propres brebis, contrairement à ce que le Sauveur dit à Pierre : « Paissez mes brebis. » Or, écoutez ce qu'ajoute Celui qui vous tient ce langage : « Sortez et suivez la trace des troupeaux, » non pas du troupeau, mais « des troupeaux ; » car les brebis de Jésus-Christ ne se trouvent que là où il y a un seul troupeau et un seul pasteur. « Sortez donc sur les traces des troupeaux. » Vous qui êtes menacés par les divisions, en proie aux dissensions, aux déchirements intérieurs, « sortez sur les traces des troupeaux, et menez paître vos boucs ; » non pas : « Mes brebis, » comme il a été dit à Pierre, mais : « Vos boucs sous les tentes des pasteurs, » et non : sous la tente du Pasteur. Pierre entre par la charité, et c'est la colère qui vous fait sortir ; c'est que Pierre s'est connu lui-même, il a pleuré sa présomption, et il a mérité de recevoir le secours du ciel. A vous, au contraire, on dit : « Sortez. » Pierre paît « mes brebis, » menez paître « vos boucs. » Pierre est sorti de la tente du Pasteur, vous, « sous les tentes des pasteurs. » Pourquoi donc vous glorifier de votre funeste châtiment, vous qui ne défendez pas la bonne cause ?

Les martyrs doivent être honorés dans l'unité de l'Eglise. — 7. Honorons donc les martyrs dans l'intérieur de la tente du Pasteur, en union avec les membres du Pasteur. Conduisons-nous par les inspirations de la grâce plutôt que de l'audace, par les conseils de la piété plutôt que de la témérité, dans un esprit d'union, et non de division. Si donc vous voulez imiter les vrais martyrs, embrassez la cause où vous pourrez dire au Seigneur : « O Dieu, jugez-moi et séparez ma cause de celle d'un peuple impie. » (*Ps.* XLII, 1.) Séparez, non pas mes souffrances, car elles sont aussi le partage du peuple impie, mais séparez ma cause, qui est exclusivement celle de votre nation sainte. Choisissez donc cette cause, attachez-vous à cette cause aussi bonne qu'elle est juste, et, forts du secours du Seigneur, vous ne craindrez alors aucune souffrance. Dirigeons nos cœurs vers le Seigneur, etc.

---

ideo sanctum est, quia ego do. Non te agnovisti, merito existi. Noluisti enim audire dicentem : « Nisi cognoveris temetipsam, o pulchra inter mulieres. » Pulchra enim aliquando eras, quando sponsi tui membris inhærebas. Noluisti ergo audire et appendere quid sit : « Nisi cognoveris temetipsam ; » quia utique fœdam te invenit, quia de fœda pulchram fecit, quia de nigra dealbavit. « Quid enim habes quod non accepisti ? » (I *Cor.*, IV, 7.) Non ergo advertis quemadmodum dictum sit : « Nisi cognoveris temetipsam, exi tu. » Et putasti te pascere debere tuas, non quomodo dictum est Petro : « Pasce oves meas. » Sed vide quid tibi adjunxerit, qui tibi ista prædixit : « Exi tu in vestigiis gregum ; » non gregis, sed « gregum. » Nam ibi pascuntur oves Christi, ubi est unus grex et unus pastor. « Exi ergo in vestigiis gregum, » divisibilis, divisa, conscissa : « Exi tu in vestigiis gregum, et pasce hædos tuos ; » non sicut Petrus, « oves meas, » sed « hædos tuos ; in tabernaculis pastorum, » non in tabernaculo pastoris. Petrus intrat caritate, tu exis animositate ; quia Petrus cognovit semetipsum, ideo se flevit de se præsumentem, et invenire meruit adjuvantem ; ideo « exi tu. » Ille « oves meas, » tu « hædos tuos. » Ille in tabernaculo pastoris, tu « in tabernaculis pastorum. » Quid ergo jactas pœnam tuam malam, quæ non habes causam bonam ?

Martyres in Ecclesiæ unitate honorandi. — 7. Martyres itaque intus honoremus in tabernaculo pastoris, in membris pastoris, habentes gratiam, non audaciam ; pietatem, non temeritatem ; constantiam, non pertinaciam ; collectionem, non divisionem. Proinde si vultis Martyres veros imitari, causam vobis eligite, ut dicatis Domino : « Judica me Domine, et discerne causam meam a gente non sancta. » (*Psal.* XLII, 1.) Discerne, non pœnam meam ; nam habet hanc et gens non sancta ; sed causam meam, quam non habet nisi gens sancta. Causam ergo vobis eligite, causam bonam et justam tenete, et in adjutorio Domini nullam pœnam timete. Conversi ad Dominum, etc.

SERMON CCLXXXVI.

Pour la fête des saints martyrs Gervais et Protais (1).

CHAPITRE PREMIER. — *Le nom grec* martyr, *signifie, en latin,* témoin. *Tous ceux qui croient en Jésus-Christ ne lui rendent pas témoignage jusqu'à la mort.* — 1. Le nom de martyr est un mot grec, mais que l'usage a fait passer dans la langue latine, et qui, dans cette langue, signifie témoin. Or, il y a de vrais et de faux martyrs, comme il y a de vrais et de faux témoins. « Mais, dit l'Ecriture, le témoin de mensonge ne restera pas impuni. » (*Prov.*, XIX, 5, 9.) Si le faux témoin ne doit pas rester sans châtiment, le vrai témoin ne restera pas sans récompense. Il était sans doute facile de rendre témoignage à Notre-Seigneur Jésus-Christ et à la vérité de sa divinité, mais ce qui était vraiment grand, héroïque, c'était de rendre ce témoignage jusqu'à la mort. Il y eut, remarque l'Evangile, plusieurs d'entre les princes des Juifs qui crurent en Notre-Seigneur Jésus-Christ, mais, à cause des pharisiens, ils n'osaient le reconnaître publiquement. Et l'Evangéliste leur imprime aussitôt sur le front cette flétrissure, en ajoutant : « Car ils aimaient plus la gloire des hommes que la gloire de Dieu. » (*Jean*, XII, 43.) Il en est donc qui ont rougi de confesser Jésus-Christ devant les hommes; d'autres, qui avaient plus de courage, n'ont pas rougi de le confesser devant les hommes, mais n'ont pu cependant lui rendre témoignage jusqu'à la mort. Car ce sont là des dons de Dieu, et ce dévouement ne se développe que par degrés dans l'âme.

CHAPITRE II. — *Trois degrés de témoins parmi ceux qui croient.* — Veuillez ici faire attention et comparer entre eux ces trois sortes de témoins : l'un qui croit en Jésus-Christ et ose à peine murmurer timidement son nom, l'autre qui croit en Jésus-Christ et confesse publiquement Jésus-Christ, un troisième qui croit en Jésus-Christ et qui est prêt à mourir pour sa foi. Le premier est si faible encore, qu'il cède, non pas à la crainte, mais à un simple sentiment de honte; le second a du courage, de la fermeté, mais pas encore jusqu'au sang; le troisième a ce courage dans toute sa perfection, et ne laisse rien à désirer, car il accomplit ce commandement : « Combattez pour la vérité jusqu'à la mort. » (*Eccli.*, IV, 33.)

Pierre, avant la mort du Seigneur, s'est montré plus faible que les martyrs, et même que certaines jeunes filles. — 2. Que dirons-nous de Pierre ? Il a prêché Jésus-Christ après en avoir reçu la mission, il a prêché l'Evangile même avant la passion du Sauveur. Nous sa-

---

(1) Il est question de ces saints martyrs de Milan, dans le calendrier de Carthage et dans les martyrologes, le 19 juin.

SERMO CCLXXXVI (*a*).

In Natali Martyrum Protasii et Gervasii.

CAPUT PRIMUM. — *Martyres Græce, Latine Testes. Testis Christi usque ad mortem non omnis qui in eum credit.* — 1. Martyres, nomen est Græcum, sed jam isto nomine consuetudo utitur pro Latino : Latine autem Testes dicuntur. Sunt ergo Martyres veri, sunt falsi ; quia sunt testes veri, sunt falsi. Sed ait Scriptura : « Testis falsus non erit impunitus. » (*Prov.*, XIX, 5, 9.) Si testis falsus non erit sine pœna, nec testis verus sine corona. Et facile quidem fuit, Domino Jesu Christo et veritati, quia Deus est, testimonium perhibere; sed usque ad mortem, magnum opus fuit. Fuerunt quidam, quos Evangelium notat, principes Judæorum, qui crediderant in Dominum Jesum : sed propter Judæos, inquit, non audebant publice confiteri. Et continuo nota addita est (*b*) capiti ; secutus enim ait Evangelista : « Amaverunt enim hominum gloriam magis, quam Dei. » (*Joan.*, XII, 43.) Fuerunt ergo qui erubescerent coram hominibus confiteri Christum : fuerunt vero alii jam meliores, qui non erubescerent coram hominibus confiteri Christum, sed non eum possent confiteri usque ad mortem. Dona enim Dei sunt hæc : et aliquando gradatim in anima nutriuntur.

CAPUT II. — *Credentium tres gradus.* — Attendite prius, et istos tres testes comparate inter se ; unum qui credit in Christum, et vix timide susurrat Christum ; alium qui credit in Christum, et publice confitetur Christum ; tertium qui credit in Christum, et paratus est in sua confessione mori pro Christo. Prior ille tam infirmus est, ut pudor eum vincat, non timor ; secundus jam habet firmam frontem, sed nondum usque ad sanguinem ; tertius (*Subaudi*, habet, *vel* implet) totum, ut nihil sit amplius quod restet. Implet enim quod scriptum est : « Certa pro veritate usque ad mortem. » (*Eccli.*, IV, 33.)

Petrus ante mortem Domini infirmior Martyribus ac puellis quibusdam. — 2. De Petro quid dicimus ? Præ-

---

(*a*) Alias de Diversis XXXIX. — (*b*) Vox *capiti* non in omnibus inest Mss.

vons, en effet, que les apôtres ont été envoyés pour prêcher l'Evangile; il fut donc envoyé et le prêcha lui-même comme les autres. Combien il était au-dessus de ces Juifs qui craignaient de confesser publiquement Jésus-Christ! Mais cependant il était encore loin d'être semblable à Gervais et à Protais. Il était apôtre, il était le premier des apôtres, il était étroitement attaché au Seigneur; c'est à lui qu'il avait été dit : « Tu es Pierre; » (*Matth.*, XVI, 18) mais il n'était encore ni ce qu'étaient Gervais et Protais, ni ce qu'était Etienne, ni même ce qu'était le jeune Némésien (1). Pierre n'était pas ce que furent de simples femmes, de jeunes filles telles que Crispine et Agnès; Pierre n'alla pas si loin que ces femmes, malgré la faiblesse naturelle à leur sexe.

CHAPITRE III. — *Pierre meurt en reniant la vie.* — Je fais l'éloge de Pierre, mais je commence par rougir pour lui. Quelle âme ardente, mais il ignore la mesure de ses forces. S'il était moins ardent, il ne dirait point au Sauveur : « Je donnerai ma vie pour vous. Oui, fallût-il mourir pour vous, je ne vous renierais point. » (*Matth.*, XXVI, 35.) Mais le médecin, qui comptait les pulsations du cœur, lui prédit le dangereux accès dont il était menacé. « Tu donneras ta vie pour moi, lui dit le Sauveur? » Apprends l'ordre qu'il faut suivre : c'est moi qui la donnerai le premier. « Tu donneras ta vie pour moi? Je te le dis en vérité; avant que le coq chante, tu me renieras trois fois. » (*Jean*, XIII, 38.) Le médecin prédit ce que le malade ignorait, et le malade dut reconnaître qu'il avait faussement présumé de lui-même, lorsqu'on lui fit cette question : « Tu es aussi de ceux-là? » (*Matth.*, XXVI, 73.) Cette servante qui l'interroge, c'est la fièvre qui s'approche de lui. Cette fièvre le gagne, elle s'empare de lui; que dirai-je? le voilà en danger, le voilà mort. Car qu'est-ce que mourir? n'est-ce pas nier la vie? Il a nié Jésus-Christ, il a nié la vie, il est mort. Mais Celui qui ressuscite les morts, « le Seigneur jeta un regard sur lui, et Pierre pleura amèrement. » (*Luc*, XXII, 61.) Son reniement a été la cause de sa mort, ses pleurs sont le commencement de sa résurrection. Le Seigneur mourut le premier pour lui, comme il le fallait; plus tard, Pierre mourut pour le Seigneur, ainsi que l'ordre l'exigeait, et les martyrs l'ont suivi. Cette voie couverte d'épines a été ainsi frayée et aplanie sous les pieds des apôtres, et elle est devenue plus douce pour ceux qui sont venus après eux.

CHAPITRE IV. — *Les martyrs affirment bien plus le Christ après leur mort que pendant*

(1) Dans les manuscrits les plus récents, on lit *Messanus*; mais un manuscrit très-ancien de l'abbaye de Saint-Germain et les éditions précédentes portent Némésien. Ce martyr ne se trouve point dans le martyrologe romain. Dans le calendrier de Carthage, on trouve indiqué au 10 des calendes de janvier la fête de saint Némésien, qui est peut-être cet enfant dont saint Augustin fait ici l'éloge comme d'un martyr très-connu. Il y a un autre Némésien, évêque d'Afrique, dont les martyrologes font mention le 4 des ides de septembre.

dicavit Christum, missus est, evangelizavit adhuc ante Domini passionem. Novimus enim missos Apostolos, ut Evangelium prædicarent : missus est, et prædicavit. Quantum vicerat illos Judæos, qui timebant publice confiteri? Sed tamen adhuc non erat similis Protasio et Gervasio. Jam Apostolus erat primus erat, Domino cohærebat. Dictum illi erat : « Tu es Petrus; » (*Matth.*, XVI, 18) sed nondum erat Protasius aut Gervasius, nondum erat Stephanus, nondum erat Nemesianus puer; nondum hoc erat Petrus; nondum erat quod mulieres quædam, quod puellæ, quod Crispina, quod Agnes; nondum erat Petrus, quod istarum muliebris infirmitas.

CAPUT III. — *Petrus vitam negando moritur.* — Laudo Petrum : sed prius erubesco pro Petro. Quam prompta anima! sed nesciens se metiri. Nam utique si prompta non esset, non diceret Salvatori : Moriar pro te. « Et si oportuerit me mori tecum, non te negabo. » (*Matth.*, XXVI, 35.) Sed medicus qui noverat venam cordis inspicere, prænuntiavit accessionis periculum. « Tu, inquit, pro me animam tuam ponis? » Agnosce ordinem. Ego prior pono. « Tu pro me animam tuam ponis? Amen dico tibi, prius quam gallus cantet, ter me negabis. » (*Joan.*, XIII, 38.) Prænuntiavit medicus, quod nesciebat ægrotus. Invenit se ergo ægrotus falsum præsumpsisse, quando interrogatus est : « Tu de illis es? » (*Matth.*, XXVI, 73.) Quæ interrogavit ancilla, febris fuit. Ecce febris accessit, ecce hæret : quid dicam? Ecce periclitatur, ecce moritur Petrus. Quid est enim aliud mori, quam vitam negare? Negavit Christum, negavit vitam, mortuus est. Sed ille qui resuscitat mortuos, « respexit eum Dominus, et flevit amare. » (*Luc.*, XXII, 61.) Negando periit, flendo resurrexit. Et mortuus est prior pro illo Dominus, sicut oportebat; et mortuus est postea pro Domino Petrus, sicut ordo ipse postulabat; et secuti sunt Martyres. Strata est via prius spinosa, et pedibus Apostolorum contrita, facta lenior secuturis.

CAPUT IV. — *Martyres Christum plus asserunt mor-*

leur vie. Leur mort est précieuse. — 3. La terre a été remplie du sang des martyrs, comme d'une précieuse semence, et cette semence a produit la riche moisson de l'Eglise. Les martyrs ont plus affirmé Jésus-Christ après leur mort que pendant leur vie. Ils l'affirment encore aujourd'hui, ils le prêchent; leur langue se tait, mais leurs actions parlent assez haut. On les arrêtait, on les chargeait de chaînes, on les emprisonnait, on les traduisait devant les tribunaux, on les appliquait à la torture, on les jetait sur des bûchers ardents, on les lapidait, on les frappait de verges, ils étaient soulevés en l'air par les bêtes féroces. Et, parmi tous ces genres de mort, ils étaient un objet d'opprobre et de mépris; mais « la mort de ses saints est précieuse aux yeux du Seigneur. » (*Ps.* cxv, 15.) Alors, elle n'était précieuse qu'aux yeux du Seigneur; aujourd'hui, elle est précieuse à nos propres yeux. Lorsque c'était un opprobre d'être chrétien, la mort des saints était méprisable aux yeux des hommes; ils étaient un objet d'horreur et d'exécration, et on souhaitait aux autres, comme une malédiction, une mort semblable : Puisses-tu mourir, être crucifié, être brûlé comme eux! Quel est donc maintenant le fidèle qui ne désire aujourd'hui de telles imprécations?

CHAPITRE V. — *La découverte des corps des saints Gervais et Protais a été signalée par des miracles.* — 4. Nous célébrons donc aujourd'hui, mes frères, la mémoire des saints Gervais et Protais, martyrs de Milan, que nous honorons en ce lieu. Nous ne célébrons point le jour où leur culte a été introduit dans cette Eglise, mais celui où l'évêque Ambroise, cet homme de Dieu, découvrit les corps de ces saints, dont la mort avait été précieuse aux yeux de Dieu. Je fus moi-même le témoin de la gloire éclatante de ces saints martyrs. J'étais présent, je me trouvais à Milan, je connais les miracles que Dieu a opérés pour attester que la mort des saints était précieuse à ses yeux, et qui la rendirent précieuse, non-seulement devant lui, mais devant les hommes. Un aveugle, bien connu de toute la ville, recouvra la vue; il se fit conduire, accourut et retourna sans guide. Nous n'avons pas encore entendu dire qu'il fût mort; peut-être vit-il encore. Il a fait vœu de servir toute sa vie dans la basilique où sont déposés leurs corps. Nous avons été dans la joie de ce que la vue lui était rendue, et nous l'avons laissé consacré au service du temple (1).

Dieu ne rend pas à tous la santé par l'intercession des martyrs, mais il donne l'immortalité à leurs imitateurs. — 5. Dieu ne cesse de rendre témoignage à ses martyrs, et il sait comment il doit relever ses miracles aux yeux des hommes. Il sait les rendre éclatants, il sait les préserver de l'indifférence et du mépris. Il n'ac-

(1) Voyez *Confessions*, liv. IX, chap. vii; et *Cité de Dieu*, liv. XXIII, ch. viii.

tui, quam vivi. Mors eorum pretiosa. — 3. Quasi semine sanguinis impleta est Martyribus terra, et de illo semine seges surrexit Ecclesiæ. Plus asseruerunt Christum mortui, quam vivi. Hodie asserunt, hodie prædicant : tacet lingua, sonant facta. Tenebantur, ligabantur, includebantur, producebantur, torquebantur, urebantur, lapidabantur, percutiebantur, bestiis subrigebantur. In omnibus suis mortibus quasi viles irridebantur : sed « pretiosa in conspectu Domini mors sanctorum ejus. » (*Psal.* cxv, 15.) Tunc in conspectu Domini tantum pretiosa, modo et in conspectu nostro. Tunc enim quando opprobrium erat esse Christianum, vilis erat mors sanctorum in conspectu hominum; detestabantur, exsecrationi habebantur : pro maledicto objiciebatur : Sic moriaris, sic crucifigaris, sic incendaris. Modo ista maledicta quis fidelis non optat?

CAPUT V. — *Protasii et Gervasii detectio miraculis illustrata.* — 4. Celebramus ergo hodierno die, Fratres, memoriam in hoc loco positam sanctorum Protasii et Gervasii, Mediolanensium Martyrum. Non eum diem quo hic posita est, sed cum diem hodie celebramus, quando inventa est pretiosa in conspectu Domini mors sanctorum ejus per Ambrosium episcopum, hominem Dei : cujus tunc tantæ gloriæ Martyrum etiam ego testis fui. Ibi eram, Mediolani eram, facta miracula novi, attestante Deo pretiosis mortibus sanctorum suorum : ut per illa miracula jam non solum in conspectu Domini, sed etiam in conspectu hominum esset mors illa pretiosa. Cæcus notissimus universæ civitati illuminatus est, cucurrit, adduci se fecit, sine duce reversus est. Nondum audivimus quod obierit; forte adhuc vivit. In ipsa eorum basilica, ubi sunt eorum corpora, totam vitam suam serviturum se esse devovit. Nos illum gavisi sumus videntem, reliquimus servientem.

Per Martyres non omnibus sanitas, sed eorum imitatoribus immortalitas datur. — 5. Non cessat Deus attestari : et novit quomodo ipsa miracula sua debeat commendare. Novit agere, ut magnificentur;

corde pas à tous la santé par l'intercession des martyrs, mais il promet l'immortalité à tous ceux qui imitent leurs exemples. Ne cherchez pas pourquoi il ne vous accorde point ce qu'il ne donne pas à tous; ne murmurez pas contre lui s'il ne vous le donne point, afin qu'il vous donne, à la fin, ce qu'il vous a promis. Ceux qui obtiennent ici-bas leur guérison, ne laissent pas de mourir quelque temps après; ceux qui ressusciteront à la fin du monde, vivront éternellement avec Jésus-Christ.

CHAPITRE VI. — *Dieu n'exauce point les malades pour satisfaire leurs caprices, mais pour leur rendre la santé.* — Il nous a précédés comme notre Chef, il attend ses membres qui doivent le suivre; alors le corps entier sera complet, c'est-à-dire le Christ sera uni à l'Eglise. Qu'il nous compte parmi ceux qui sont écrits dans le livre de vie, et qu'il nous donne, durant la vie présente, ce qui nous est utile. Il sait, en effet, ce qui est avantageux à ses enfants : « Si donc, vous qui êtes mauvais, vous savez donner de bonnes choses à vos enfants, combien plus votre Père qui est dans les cieux donnera-t-il de bonnes choses à ceux qui les lui demandent? » (*Matth.*, VII, 11.) Or, quelles sont ces bonnes choses? Sont-ce les biens temporels? C'est Dieu aussi qui les donne, mais il en fait part également aux infidèles. C'est lui qui les donne, mais il en fait part aux impies, mais il en fait part à ceux qui le blasphèment. Cherchons des biens qui ne nous soient pas communs avec les méchants. Notre Père sait donner ces biens à ses enfants. Un de ses fils lui demande la santé du corps, et Dieu la lui refuse, et il continue de le frapper. Mais, est-ce qu'un père, même quand il frappe ses enfants, ne leur veut pas du bien? Il fait usage de la verge, mais songez au patrimoine qu'il leur réserve. « Le Seigneur, dit l'Apôtre, flagelle de verges tous ceux qu'il reçoit parmi ses enfants; car il châtie celui qu'il aime. » (*Hébr.*, XII, 6.) Si je vous parle ainsi, mes frères, c'est pour vous prémunir contre la tristesse que vous éprouvez lorsque vous demandez sans obtenir, et contre cette pensée que Dieu ne vous a point sous les yeux, s'il tarde quelque temps d'exaucer vos désirs. Le médecin n'accède pas toujours aux volontés du malade, quoique tout son objet, tout son désir, soit de lui rendre la santé. Il ne lui donne pas ce qu'il demande, mais il lui procure ce qu'il ne demande point. Le malade demande de l'eau froide, le médecin la lui refuse. Accuserez-vous de cruauté celui qui ne vient que pour guérir ce malade? Ce sont les prescriptions de son art, ce n'est point de la cruauté. Il ne donne point pour le moment au malade ce qui lui fait plaisir, mais, s'il lui refuse quelque chose pendant sa maladie, c'est afin de pouvoir tout lui accorder lorsque ce malade sera guéri.

CHAPITRE VII. — *Dieu a accordé une plus grande grâce aux martyrs et aux Machabées qu'aux trois enfants dans la fournaise.* —

novit agere, ne vilescant. Non omnibus donat per Martyres sanitatem, sed omnibus promittit imitatoribus Martyrum immortalitatem. Quod non omnibus dat, non quærat cui non dat; nec murmuret adversus eum quia non dat, ut det quod in fine promisit. Nam et qui modo sanantur, post paullulum aliquando moriuntur : qui in fine resurgunt, cum Christo vivent.

CAPUT VI. — *Æger non exauditur ad voluntatem, sed ad sanitatem.* — Præcessit caput, exspectat membra secutura : implebitur totum corpus, Christus et Ecclesia. Ibi nos computet scriptos, et in hac vita quod expedit det. Novit enim ille quid expediat filiis suis. « Si ergo vos, inquit, cum sitis mali, nostis bona data dare filiis vestris, quanto magis Pater vester qui in cœlis est, dabit bona petentibus se? » (*Matth.*, VII, 11.) Quæ bona? numquid temporalia? Dat et ipsa; sed et infidelibus dat. Dat et ipsa; sed et impiis dat, sed et blasphematoribus suis dat. Bona quæramus, quæ non nobis sint cum malis communia. Novit ille Pater dare ista bona filiis suis.

Modo petit ab illo filius suus sanitatem corporis; et non dat, adhuc flagellat. Sed numquid pater, quando flagellat, non præstat? Profert flagellum, sed cogita quale præparet patrimonium. « Flagellat, inquit, omnem filium quem recipit. Quem enim diligit Dominus, corripit. » (*Hebr.*, XII, 6.) Ideo ista dico, Fratres mei, ne contristemini quando petitis, et non accipitis, et arbitremini quod ante oculos vos non habeat Deus, si ad tempus non exaudiat voluntatem vestram. Non enim semper ægrum exaudit medicus ad voluntatem, quamvis ejus sine dubio procuret atque appetat sanitatem. Non dat quod petit : sed quod non petit, hoc procurat. Petit frigidam, non dat. Crudelis factus est, qui venit sanare? Artis est, non crudelitatis. Non dat ad horam quod delectat; ut sanus possit omnia, nondum sano negantur aliqua.

CAPUT VII. — *Martyribus et Machabæis plus præstitum quam tribus pueris ab igne liberatis* — 6. Considerate promissiones Dei. Istis ipsis Martyribus quid putatis quia omne quod postulaverunt dedit? Non.

6. Considérez les promesses divines. Croyez-vous que Dieu ait toujours accordé à ces martyrs eux-mêmes ce qu'ils demandaient? Non. Il en est beaucoup qui ont désiré que Dieu les délivrât et les délivrât par un miracle signalé, comme le furent les trois enfants dans la fournaise. Que dit alors le roi Nabuchodonosor? « Ils ont espéré en Dieu et ont désobéi au roi. » (*Dan.*, III, 95.) Quel témoignage dans la bouche de celui qui voulait les mettre à mort? Il voulait les faire périr dans les flammes, et il croit en Dieu par leur moyen. S'ils avaient péri au milieu des flammes, ils auraient reçu secrètement leur récompense, sans aucune utilité pour ce prince. Dieu les a donc préservés quelque temps de la mort pour amener à la foi et à glorifier Dieu le prince infidèle qui les avait condamnés. Le Dieu de ces trois enfants fut aussi le Dieu des Machabées. Cependant, il préserve les uns de la fournaise, il laisse mourir les autres au milieu des flammes. (II *Machab.*, VII.) Ce Dieu aurait-il donc changé? Aimait-il les uns plus que les autres? Non; la couronne donnée aux Machabées a été plus brillante. Les trois jeunes enfants échappèrent aux flammes, mais pour rester exposés aux dangers de ce monde, tandis que les Machabées trouvèrent dans ces mêmes flammes, avec la fin de leur vie, la fin de tous leurs dangers. Pour eux, plus de tentations à craindre, la couronne seule à recevoir. Dieu a donc accordé aux Machabées une grâce plus signalée.

Chapitre VIII. — Réveillez donc votre foi, ouvrez les yeux du cœur, et non ceux du corps; car vous avez au dedans de vous d'autres yeux que Dieu vous a donnés lorsqu'il a ouvert les yeux de votre cœur en vous donnant la foi. Interrogez ces yeux, demandez-leur qui des Machabées ou des trois enfants ont reçu davantage. C'est à la foi que je m'adresse ici. Si j'interroge les hommes qui aiment le monde, leur âme faible me répondra : J'aurais voulu être du nombre des trois enfants. Rougissez donc devant l'exemple de la mère des Machabées, qui a voulu être témoin de la mort de ses enfants, parce qu'elle savait qu'ils ne devaient pas mourir sans retour.

Les Actes qui contenaient les miracles opérés par les martyrs étaient lus publiquement dans l'Eglise. Le martyre du lit. — 7. Je me rappelle quelquefois les relations des miracles opérés par les martyrs, et qu'on lit publiquement devant vous (1). Il y a quelques jours, on vous lisait une de ces relations où une malade, en proie aux plus violentes souffrances, s'étant écriée : Je ne puis plus les supporter, le martyr qui était venu pour la guérir lui dit : Que serait-ce, si votre martyre se prolongeait? Il en

---

(1) Saint Augustin, dans le livre XXII de la *Cité de Dieu*, chapitre VIII, où il parle des miracles dus à l'intercession du saint martyr Étienne, nous apprend que la coutume de lire ces relations aux fidèles assemblés avait été introduite par lui, et il indique, dans ce même endroit, que cette coutume ne remontait pas au delà de deux ans. Or, il écrivait cet ouvrage vers la fin de l'année 426.

Multi se optaverunt dimitti, et cum aliquo miraculo dimitti, quomodo dimissi sunt tres pueri de camino. Qualis vox regis Nabuchodonosor? « Quoniam, inquit, speraverunt in eum, et verbum regis immutaverunt. » (*Dan.*, III, 95.) Quale testimonium perhibet, qui conabatur occidere? Incendi illos voluit, qui postea per illos credidit. Si illi in igne morerentur, occulte coronarentur, huic non prodesset. Ideo ad tempus (*a*) servati sunt, ut crederet infidelis, ut laudaret Deum, qui damnaverat illos. Ipse fuit Deus trium puerorum, qui fuit Deus Machabæorum. Illos de igne liberavit, illos in igne mori fecit. (II *Mach.*, VII.) Mutatus est? Plus illos quam illos diligebat? Major corona data est Machabæis. Certe illi evaserunt ignes, sed ad pericula istius sæculi servati sunt : illi in ignibus omnia pericula finierunt. Non ulterius restabat ulla tentatio, sed sola coronatio. Ergo plus acceperunt Machabæi.

Caput VIII. — Excutite fidem vestram, oculos cordis proferte, nolite humanos; habetis enim alios intus, quos vobis Dominus fecit, qui vobis oculos cordis aperuit, quando fidem dedit. Ipsos oculos interrogate : qui plus acceperunt, Machabæi, an tres pueri? Fidem interrogo. Homines sæculi hujus amatores si interrogem : Ego inter tres pueros volebam esse, dicit mihi anima infirma. Erubesce matri Machabæorum, quæ voluit filios suos ante se mori, quia sciebat non mori.

Libelli de miraculis Martyrum lecti in Ecclesia. Martyrium in lecto. — 7. Ego (*b*) aliquando memoror de libellis miraculorum Martyrum, quæ in conspectu vestro leguntur. Ante dies lectus est quidam libellus, ubi cuidam ægrotæ quæ doloribus acerrimis torquebatur, cum dixisset : Ferre non possum, ait illi ipse Martyr qui sanare venerat : Quid si martyrium duceres? Multi ergo ducunt martyrium in

---

(*a*) Sic aliquot Mss. At editi, *coronati sunt :* ac paulo post, *qui damnaverat Deum.* — (*b*) Ita in pluribus Mss. At in excusis : *Ego quia mando memoriæ de libellis miraculorum Martyris.*

est donc beaucoup qui souffrent le martyre sans quitter leur lit ; oui, il en est beaucoup. Le démon a organisé une persécution plus secrète et plus artificieuse qu'il ne le faisait alors. Voici un fidèle étendu sur un lit de souffrances et de douleurs : il prie, et il n'est point exaucé, ou plutôt Dieu l'exauce ; mais il l'éprouve, mais il l'exerce, mais il le frappe de verges, pour le recevoir au nombre de ses enfants. Or, pendant qu'il est en proie à ces vives douleurs, un langage tentateur se fait entendre ; ce malade voit s'approcher de son lit une femmelette, ou bien même un homme, si toutefois il mérite ce nom, et lui dire : Employez cette amulette, recourez à cet enchantement, et vous serez guéri. Interrogez un tel et un tel ; c'est ainsi qu'ils ont recouvré la santé. Le fidèle ne cède pas, il ne veut pas suivre ce conseil, son cœur ne faiblit pas, c'est un combat qu'il soutient. Il est sans forces, et il triomphe du démon. Il devient martyr sur sa couche et mérite d'être couronné par Celui qui a voulu être attaché pour lui sur la croix.

SERMON CCLXXXVII.

Ier pour la Nativité de saint Jean-Baptiste, le 8 des calendes de juillet (1).

CHAPITRE PREMIER. — *L'Eglise ne célèbre la naissance que de Jésus-Christ et de saint Jean.* — 1. Le récit qu'on vient de vous lire est long, mais la peine de l'écouter est bien compensée par les douceurs de la vérité. Nous avons donc entendu le récit de l'illustre naissance du bienheureux Jean, le héraut et le précurseur de Jésus-Christ, et il a dû faire comprendre à votre charité qu'il s'agit ici de la naissance d'un grand homme. L'Eglise ne célèbre la naissance, selon la chair, d'aucun prophète, d'aucun patriarche, d'aucun apôtre ; elle ne célèbre que deux naissances, celles de Jean-Baptiste et de Jésus-Christ. L'époque même où tous deux sont nés figure un grand mystère. Jean était un grand homme, mais c'était un homme. Il était si grand parmi les hommes, que Dieu seul était au-dessus de lui. « Celui qui doit venir après moi est plus grand que moi. » (*Ibid.*, III, 11.) C'est Jean-Baptiste lui-même qui l'atteste : « Il est plus grand que moi. » S'il est plus grand que vous, comment expliquer ce témoignage que vous rend Celui qui est plus grand que vous : « Parmi les enfants des femmes, nul ne s'est élevé plus grand que Jean-Baptiste ? » (*Matth.*, XI, 11.) Si nul d'entre les hommes n'est plus grand que vous, qu'est donc Celui que vous attestez être plus grand que vous ? Vous voulez savoir ce qu'il est ? « Au commencement était le Verbe,

(1) Possidius, dans les chapitres VIII, IX et X de sa Table, indique plusieurs sermons pour la fête de saint Jean-Baptiste.

lecto : prorsus multi. Est quædam persecutio satanæ, occultior et astutior quam tunc fuit. Jacet fidelis in lecto, torquetur doloribus, orat, (*a*) non exauditur ; imo exauditur, sed probatur, sed exercetur, sed ut recipiatur filius, flagellatur. Ergo cum torquetur doloribus, venit linguæ tentatio, accedit ad lectum aut muliercula aliqua, aut vir, si vir dicendus est ; et dicit ægroto : Fac illam ligaturam, et sanus eris : adhibeatur illa præcantatio, et sanus eris. Ille et ille et ille, interroga, sani inde facti sunt. Non cedit, non obtemperat, non cor inclinat ; certat tamen. Vires non habet, et diabolum vincit. Fit martyr in lecto, coronante illo qui pro illo pependit in ligno.

SERMO CCLXXXVII (*b*).

In Natali S. Joannis Baptistæ, qui est VIII Kalendas Julii.

CAPUT PRIMUM. — *Natalis dies Christi tantum et Joannis ab Ecclesia celebratus.* — 1. Prolixa narratio, sed compensatur labor auditoris dulcedine veritatis. Illustrem nativitatem beatissimi Joannis præconis et præcursoris Christi, cum sanctum Evangelium legeretur, audivimus. Hinc attendat Caritas Vestra, quam magni hominis nativitas facta sit. Natalis dies carnis nulli Prophetarum, nulli Patriarcharum, nemini Apostolorum celebravit Ecclesia : solos duos Natales celebrat, hujus et Christi. Tempora ipsa quibus nati sunt ambo, magnum mysterium præfigurant. Joannes magnus erat homo, sed homo. Tam magnus autem erat homo, ut quidquid plus illo esset, Deus esset. « Qui post me venit, major me est. » (*Matth.*, III, 11.) Dixit hoc Joannes : « Ipse major me est. » Si major te est, quid est quod ipsum majorem te, audivimus dicentem : « In natis mulierum nemo exsurrexit major Joanne Baptista ? » (*Ibid.*, XI, 11.) Si nemo hominum est te major, quid est ille qui te major est ? Quis sit, vis audire ? « In principio erat Verbum, et Verbum

(*a*) Editi juxta Germanensem Ms. *orat, exauditur ; imo non exauditur.* Verior visa est aliorum Mss. lectio, hic restituta. — (*b*) Alias de Diversis XL.

et le Verbe était en Dieu, et le Verbe était Dieu. » (*Jean*, I, 1.)

Jésus-Christ a un jour de naissance comme homme, et non comme Dieu. — 2. Mais comment le Verbe de Dieu, Dieu lui-même, par qui toutes choses ont été faites, qui est né sans aucun commencement de temps, par qui tous les temps ont été faits, a-t-il pu avoir un jour de naissance dans la suite des temps? Comment, je le répète, le Verbe, par qui tous les temps ont été faits, a-t-il pu naître dans le temps? Vous demandez comment? Ecoutez l'Evangile : « Le Verbe s'est fait chair, et il a habité parmi nous. » La naissance du Christ est donc la naissance de la chair, et non la naissance du Verbe, et cependant nous l'appelons la naissance du Verbe, parce que « le Verbe s'est fait chair. » Le Verbe est né, mais dans la chair, et non en lui-même. Considérez donc sa nature divine. Il est né du Père, il est vrai, mais il n'a point un jour de naissance dans le temps.

CHAPITRE II. — *La naissance de Jésus-Christ et celle de saint Jean-Baptiste sont toutes deux admirables, malgré la grande distance qui les sépare.* — 3. Jean est né, et le Christ aussi est né ; la naissance de Jean a été prédite par un ange, et celle de Jésus-Christ a été également annoncée par un ange. De part et d'autre, nous sommes témoins d'un grand miracle. Le serviteur, le précurseur a pour mère une femme stérile, et pour père un vieillard ; le Seigneur, le Maître souverain est enfanté par une vierge sans le concours de l'homme. Jean est un grand homme, mais Jésus-Christ est plus qu'un homme, parce qu'il est à la fois homme et Dieu. C'est un grand homme, mais cet homme devait s'humilier pour exalter, pour glorifier Dieu. Apprenez de lui-même combien l'homme devait s'abaisser : « Je ne suis pas digne, dit-il, de délier les courroies de sa chaussure. » (*Jean*, I, 27.) Combien déjà il s'humilierait, s'il s'en jugeait digne ! Mais il ne se crut pas même digne de lui rendre ce service. Il s'humilie, il s'abaisse profondément sous la pierre. Jean était un flambeau, et il craignait d'être éteint par le souffle de l'orgueil. (*Ibid.*, V, 35.)

CHAPITRE III. — *Que signifie la différence qui existe entre le jour de la naissance de Jean-Baptiste et le jour de la naissance de Jésus-Christ, aussi bien que leur genre de mort différent.* — 4. Tout homme, et, par conséquent, Jean lui-même, devait être abaissé devant Jésus-Christ, et Jésus-Christ, l'Homme-Dieu, devait être seul exalté ; c'est ce que nous enseignent dans un sens figuré leur jour natal et leur genre de mort. Jean-Baptiste est né en ce jour à partir duquel les jours diminuent. Jésus-Christ est né le huitième des calendes de janvier, et, à partir de ce jour, les jours commencent à croître. Jean, dans son martyre, a été décapité, ou diminué de la tête ; Jésus-Christ a été élevé sur la croix. Voyez encore quelle convenance, quelle

---

erat apud Deum, et Deus erat Verbum. » (*Joan.*, 1, 1.)

Christus hic diem habet natalem ut homo, non ut Deus. — 2. Et quomodo Verbum Dei Deus, per quod facta sunt omnia, quod natum est sine initio temporis, per quod facta sunt tempora, diem natalem invenit in tempore? Quomodo, inquam, Verbum per quod facta sunt tempora, diem natalem invenit in tempore? Quæris quomodo? Audi ipsum Evangelium : « Verbum caro factum est, et habitavit in nobis. » Natalis Christi natalis est carnis, non Verbi ; sed ideo natalis est Verbi, quia « Verbum caro factum est. » Natum est Verbum, sed in carne natum est, non in se. In se autem est quidem a Patre, sed diem natalem non habet in tempore.

CAPUT II. — *Mirabilis utraque nativitas, Christi et Joannis, licet tanta sit inter eos distantia.* — 3. Natus est Joannes, natus est et Christus : annuntiatus Joannes ab Angelo, annuntiatus Christus ab Angelo. Utrumque magnum miraculum. Servum præcursorem parit sterilis de sene viro, Dominum possessorem parit virgo sine viro. Magnus homo Joannes : sed plus quam homo Christus, quia et homo et Deus. Magnus homo ; sed humiliandus erat homo, ut exaltaretur Deus. Denique quia humiliandus erat homo, audi ipsum hominem : « Non sum dignus corrigiam calceamenti ejus solvere. » (*Joan.*, I, 27.) Si se dignum diceret, quantum se humiliaret? Nec hoc se dixit dignum. Omnino prostravit se, et prostravit se sub petra. Lucerna enim erat, et vento superbiæ timebat extingui. (*Ibid.*, V, 35.)

CAPUT III. — *Christi et Joannis in die natali et in passione differentia quid significavit.* — 4. Denique quia humiliandus erat omnis homo Christo, ac per hoc et Joannes ; et quod exaltandus erat Deus homo Christus, demonstravit et dies natalis, et genera passionum. Natus est Joannes hodie : ab hodierno minuuntur dies. Natus est Christus octavo Kalendas Januarias : ab illo die crescunt dies. Joannes in passione capite est deminutus, Christus in ligno est

vérité, quelle sainteté dans le langage de l'ange annonçant sa naissance à la Vierge Marie. « Comment cela se fera-t-il, lui dit-elle, car je ne connais point d'homme? » Elle croyait, mais elle voulait savoir comment aurait lieu cette naissance. Et que lui répondit l'ange? « L'Esprit saint surviendra en vous, et la vertu du Tout-Puissant, » c'est-à-dire l'Esprit saint, « vous couvrira de son ombre; c'est pourquoi le saint qui naîtra de vous s'appellera le Fils de Dieu. » (*Luc*, I, 34, 35.) « La vertu du Tout-Puissant vous couvrira de son ombre. » Vous concevrez, mais sans que la passion ait aucune part à cette conception. Les feux de la concupiscence ne seront pas à craindre pour vous, que le Saint-Esprit couvrira de son ombre. Mais, à cause de la vive chaleur qui se fait sentir à nos corps, nous n'en dirons point davantage à votre charité; c'est à vous de féconder par la méditation ces quelques paroles.

SERMON CCLXXXVIII.

IIe *pour la Nativité de saint Jean-Baptiste* (1).

De la voix et de la parole.

Célébrité de la naissance de saint Jean-Baptiste. — 1. Le retour anniversaire de la solennité que nous célébrons aujourd'hui nous rappelle la naissance admirable du précurseur du Sauveur, avant la naissance de l'Admirable, et c'est surtout aujourd'hui qu'il est convenable de considérer et de louer cette naissance. En effet, ce jour est annuellement consacré à la mémoire de ce miracle, afin que l'oubli n'efface point de nos cœurs le souvenir des bienfaits de Dieu et des merveilles du Très-Haut. Jean, le héraut du Seigneur, fut donc envoyé devant lui, mais il avait été fait par lui. « Car toutes choses ont été faites par lui, et rien n'a été fait sans lui. » (*Jean*, I, 3.) C'était un homme envoyé devant l'Homme-Dieu; il reconnaissait son Seigneur, annonçait son Créateur, distinguait intérieurement sa présence, et l'indiquait du doigt sur la terre. En effet, l'Évangile nous a conservé les paroles de Jean-Baptiste montrant le Seigneur et lui rendant témoignage : « Voici l'Agneau de Dieu, voici celui qui efface les péchés du monde. » (*Ibid.*, 29.) Il était donc juste qu'une femme stérile donnât le jour au héraut, et qu'une vierge enfantât le juge. Dans la mère de Jean, la stérilité est devenue féconde, et, dans la mère de Jésus-Christ, elle n'a point altéré la virginité. Si votre patience, votre zèle calme et tranquille, votre attention silencieuse me permettent, avec la grâce du Seigneur, de dire ce qu'il m'inspire, vous recueillerez infailliblement les fruits de

(1) Possidius fait mention de ce sermon dans le chapitre VIII de sa Table, et Florus dans son Commentaire sur le chapitre XIII de la Ire Épître aux Corinthiens.

exaltatus. Quam bene nuntiatus est virgini Mariæ, quam (*a*) vere, quam sancte : « Quomodo fiet istud, quoniam virum non cognosco? » Credebat, sed modum quærebat. Et quid audivit? « Spiritus sanctus superveniet in te, et virtus Altissimi, » ipse Spiritus sanctus, id est, « virtus Altissimi obumbrabit tibi. Et propterea hoc quod nascetur ex te sanctum, vocabitur Filius Dei. » (*Luc.*, I, 34, 35.) « Virtus Altissimi obumbrabit tibi. » Erit in te conceptus, libido non erit. Concupiscentiæ non erit æstus, ubi umbram facit Spiritus sanctus. Sed quia corpori nostro sunt æstus, sufficiant hæc Caritati Vestræ : bene cogitata plura erunt.

SERMO CCLXXXVIII (*b*).

In Natali Joannis Baptistæ, II.

De voce et verbo.

Celebritas nativitatis S. Joannis. — 1. Diei hodiernæ festivitas anniversario reditu memoriam renovat, natum esse Domini præcursorem ante mirabilem mirabiliter; cujus nativitatem considerate nos et laudare maxime hodie convenit. Ad hoc enim et dies anniversarius huic miraculo dedicatus est, ut beneficia Dei et excelsi magnalia non deleat oblivio de cordibus nostris. Joannes ergo præco Domini missus ante illum, sed factus per illum. « Omnia enim per ipsum facta sunt, et sine ipso factum est nihil. » (*Joan.*, I, 3.) Missus homo ante hominem Deum, agnoscens Dominum suum, annuntians Creatorem suum; jam in terra præsentem mente discernens, digito ostendens. Ipsius enim verba sunt ostendentis Dominum et testimonium perhibentis : « Ecce agnus Dei, ecce qui tollit peccatum mundi. » (*Ibid.*, 29.) Merito ergo sterilis peperit præconem, virgo judicem. In matre Joannis sterilitas accepit fecunditatem; in matre Christi fecunditas non corrupit integritatem. Si vestra patientia, et quietum studium, et attentum silentium præbeat mihi copiam, adjuvante Domino, dicere quod donat ut dicam, erit procul dubio fructus attentionis vestræ, et operæ pretium studii nostri, ut aliquid quod ad

(*a*) Germanensis Ms. *quam vere sancta*. — (*b*) Alias XXIII ex Sirmondianis.

votre attention, et nous le prix de notre application à vous instruire; et je ferai pénétrer dans vos oreilles et dans vos cœurs les vérités qui découlent de ce grand mystère.

Jean, qui était plus qu'un prophète, s'abaisse et s'humilie pour relever Jésus-Christ. — 2. On a vu, avant Jean-Baptiste, et en grand nombre, de grands, de saints prophètes, dignes de Dieu, pleins de son Esprit, qui annonçaient le futur avénement du Sauveur, et rendaient témoignage à la vérité. Cependant, on n'a pu dire d'eux ce qui a été dit de Jean-Baptiste : « Nul ne s'est élevé d'entre les enfants des femmes plus grand que Jean-Baptiste. » (*Matth.*, XI, 11.) Pourquoi donc cette grandeur envoyée devant Celui qui est la grandeur même? pour donner un témoignage de la profonde humilité du précurseur. Il était si grand, qu'on aurait pu le prendre pour Jésus-Christ. Rien de plus facile à Jean-Baptiste que d'abuser de l'erreur où étaient les hommes; il pouvait leur persuader sans peine qu'il était le Christ, puisque, même sans qu'il l'eût dit, telle était la croyance de ceux qui l'entendaient et le voyaient. Il n'était pas besoin de répandre l'erreur, il lui suffisait de l'accréditer. Mais cet humble ami de l'Epoux, zélé pour l'honneur de l'Epoux, ne veut point prendre comme un adultère la place de l'Epoux; il rend témoignage à son ami, il recommande à l'Epouse l'Epoux véritable, et il a horreur d'être aimé en sa place, parce qu'il ne veut être aimé qu'en lui. « Celui qui a une épouse, dit-il, est l'Epoux. » (*Jean*, III, 29.) Et, comme si on lui demandait : Qu'êtes-vous donc? « Mais l'ami de l'Epoux, continue-t-il, qui se tient debout et l'écoute, se réjouit d'une grande joie à cause de la voix de l'époux. » Remarquez : « Il se tient debout et l'écoute; » le disciple écoute le maître; il est debout, parce qu'il l'écoute; car, s'il refuse de l'écouter, sa chute est certaine. Ce qui relève surtout à nos yeux la grandeur de Jean, c'est qu'il pouvait être pris pour le Christ, et que, cependant, il aima mieux rendre témoignage à Jésus-Christ, proclamer son excellence et s'humilier, que de passer pour le Christ et de se tromper lui-même en trompant les autres. C'est donc à juste titre que Jésus a dit de lui qu'il était plus qu'un prophète. Notre-Seigneur, parlant lui-même des prophètes qui ont précédé son avénement, s'exprime en ces termes : « Beaucoup de prophètes et de justes ont désiré voir ce que vous voyez, et ne l'ont pas vu. » (*Matth.*, XIII, 17.) En effet, ces saints personnages, qui étaient remplis de l'Esprit de Dieu pour annoncer l'avénement du Christ, désiraient ardemment, s'il était possible, jouir de sa présence sur la terre. C'est pour ce motif que Dieu différait de retirer Siméon de ce monde; il voulait qu'il pût contempler sous la forme d'un enfant nouveau né celui par qui le monde a été créé. Il vit, il est vrai, le Verbe de Dieu incarné sous la forme d'un petit enfant, mais il n'en-

---

magnum sacramentum pertineat, insinuem auribus et cordibus vestris.

Joannes plus quam propheta, se abjecto Christum commendat. — 2. Fuerunt Prophetæ ante Joannem, et multi, et magni, et sancti, digni Deo, Deo pleni, Salvatoris prænuntiatores, veritatis attestatores. Verumtamen de nullo eorum dici potuit, quod dictum est de Joanne : « In natis mulierum nemo exsurrexit major Joanne Baptista. » (*Matth.*, XI, 11.) Quid ergo sibi vult ista magnitudo præmissa ante magnum? Ad testimonium magnæ humilitatis. Tam enim magnus erat, ut Christus posset putari. Posset Joannes abuti errore hominum, et non laborare persuadere se esse Christum, quia hoc jam illi qui eum audiebant et videbant, illo non dicente putaverant. Non erat ei opus seminare errorem, sed confirmare. At ille sponsi amicus humilis, sponso zelans, non se pro sponso adulterum supponens, perhibet testimonium amico suo, et cum qui vere sponsus erat, sponsæ commendat: ut ametur in illo, odit se amari pro illo. « Qui habet, inquit, sponsam, sponsus est. » (*Joan.*, III, 29.) Et quasi diceres : Quid tu? « Amicus autem, inquit, sponsi stat, et audit eum, et gaudio gaudet propter vocem sponsi. Stat, et audit; » discipulus audit magistrum; quia audit, stat; quia si non audit, cadit. Hinc magnitudo Joannis maxime commendatur; quia cum posset putari Christus, maluit Christo testimonium perhibere, illum commendare; se humiliare, quam pro ipso accipi, et a se decipi. Merito dictus est amplius quam Propheta. De Prophetis enim, qui fuerunt ante adventum Domini, Dominus ipse ita loquitur : « Multi Prophetæ et justi voluerunt videre quæ vos videtis, et non viderunt. » (*Matth.*, XIII, 17.) Etenim illi qui implebantur Spiritu Dei, ut annuntiarent Christum venturum, concupiscebant, si fieri posset, in terra videre præsentem. Unde Simeon ille differebatur exire de sæculo, ut videret natum, per quem conditum est sæculum. (*Luc.*, II, 25.) Et ille quidem infantem vidit Verbum Dei in carne; sed

seignait pas encore, il n'avait pas encore ouvert le cours de ses divines leçons, lui qui, dans le sein du Père, était déjà le Maître et le Docteur des anges. Siméon le vit donc, mais sous les traits d'un enfant. Jean, au contraire, le vit lorsqu'il enseignait déjà et choisissait ses disciples? Où? Sur les bords du fleuve du Jourdain. C'est là que commença l'enseignement public de Jésus-Christ. C'est là que nous voyons un symbole et une recommandation du baptême de Jésus-Christ dans ce baptême de préparation qui lui préparait la voie, selon ces paroles de Jean : « Préparez la voie du Seigneur, rendez droits ses sentiers. » (*Matth.*, III, 3.) Le Seigneur lui-même voulut être baptisé par son serviteur, pour faire comprendre à ceux qui reçoivent son baptême la grâce qu'ils reçoivent. C'est donc là qu'il commença son règne, comme pour accomplir cette prophétie : « Il dominera depuis la mer jusqu'à une autre mer, et du fleuve jusqu'aux extrémités de la terre. » (*Ps.* LXXI, 8.) C'est sur les bords du fleuve où commence la domination du Christ, que Jean vit le Sauveur; il le vit, le reconnut et lui rendit témoignage. Jean s'humilia devant la grandeur divine, pour mériter que son humilité fût relevée par cette grandeur. Il se déclare l'ami de l'Epoux, et quel ami? Est-ce un ami qui marche l'égal de son ami? Loin de lui cette pensée. A quelle distance se place-t-il? « Je ne suis pas digne, a-t-il dit, de dénouer les courroies de sa chaussure. » (*Marc*, I, 7.) Or, ce prophète, ou, plutôt, cet homme qui était plus qu'un prophète, a mérité d'être prédit longtemps d'avance par un prophète : « Voix de celui qui crie dans le désert : Préparez les sentiers du Seigneur, rendez droits ses sentiers. Toutes les vallées seront comblées, toutes les montagnes et les collines seront abaissées, les chemins tortus seront redressés, ceux qui étaient raboteux seront aplanis, et toute chair verra le salut de Dieu. Criez; que crierai-je? Toute chair n'est que de l'herbe, et toute sa beauté ressemble à la fleur des champs. L'herbe sèche, la fleur tombe, mais la parole du Seigneur demeure éternellement. » (*Isa.*, XL, 3, etc.) Renouvelez votre attention, mes très-chers frères. Les Juifs envoient demander à Jean qui il était, s'il était le Christ, Elie ou un prophète : « Je ne suis, répondit-il, ni le Christ, ni Elie, ni prophète. » Qui êtes-vous donc donc? lui dirent-ils « Je suis la voix de celui qui crie dans le désert. » (*Jean*, I, 20, etc.) Il se dit la voix. Jean est donc une voix; et le Christ, qu'est-il, si ce n'est la parole, le Verbe? La voix précède, pour donner l'intelligence du Verbe. Et de quel Verbe? « Au commencement, dit l'Evangéliste, était le Verbe, et le Verbe était en Dieu, et le Verbe était Dieu. Il était en Dieu dès le commencement. Toutes choses ont été faites par lui, et rien n'a été fait sans lui. » (*Ibid.*, 1, etc.) Si tout a été fait par lui, Jean aussi a été fait par

---

nondum docebat, nondum magistri personam professus erat, qui jam apud Patrem Angelis magister erat. Simeon ergo vidit, sed infantem; Joannes autem jam prædicantem, jam discipulos eligentem. Ubi? Ad flumen Jordanis. Inde enim cœpit magisterium Christi. Ibi baptismus Christi commendatus est futurus; quia susceptus est baptismus præveniens, et viam parans, et dicens : « Parate viam Domino, rectas facite semitas ejus. » (*Matth.*, III, 3.) Baptizari enim voluit Dominus a servo, ut viderent quid accipiunt qui baptizantur a Domino. Inde ergo cœpit, unde merito prophetia præcesserat : « Dominabitur a mari usque ad mare, et a flumine usque ad terminos orbis terræ. » (*Psal.* LXXI, 8.) Ad ipsum flumen, unde cœpit dominari Christus, vidit Joannes Christum, cognovit, testimonium perhibuit. Magno se humiliavit, ut a magno exaltaretur humilis. Et se amicum sponsi dixit : et qualem amicum? fortassis æqualem? Absit; longe infra. Quantum longe? « Non sum dignus, ait, corrigiam calceamenti ejus solvere. » (*Marc.*, I, 7.) Hic Propheta, imo amplius quam Propheta, prænuntiari meruit per Prophetam. De illo namque dixit Isaias, quod hodie nobis lectum est : « Vox clamantis in deserto, parate viam Domini, rectas facite semitas ejus. Omnis vallis implebitur, et omnis mons et collis humiliabitur; et erunt tortuosa in directum, et aspera in vias planas; et videbit omnis caro salutare Dei. Exclama; quid exclamabo? Omnis caro fœnum, et omnis claritas ejus ut flos fœni. Fœnum aruit, flos decidit; Verbum autem Domini manet in æternum. » (*Isai.*, XL, 3, etc.) Attendat Caritas Vestra. Joannes interrogatus quis esset, utrum Christus esset, utrum Elias, utrum propheta : « Non sum, inquit, Christus, nec Elias, nec propheta. » Et illi : « Quis ergo es? Ego sum vox clamantis in deserto. » (*Joan.*, I, 20, etc.) Vocem se dixit. Habes Joannem vocem. Quid habes Christum, nisi Verbum? Vox præmittitur, ut Verbum postea intelligatur. Et quale Verbum? Audi illud tibi clare ostendentem : « In principio, inquit, erat Verbum, et Verbum erat apud Deum, et Deus erat Verbum; hoc erat in principio apud Deum. Omnia per ipsum facta

lui. Pourquoi nous étonner que le Verbe ait fait la voix? Voyez, considérez, sur les bords du fleuve, tout à la fois la voix et le Verbe. La voix, c'est Jean; le Verbe, c'est le Christ.

Différence entre la voix et le verbe. — 3. Examinons attentivement en quoi diffèrent la voix et la parole; c'est une question qui n'est pas sans importance et qui demande une grande attention. Le Seigneur nous accordera que cette explication ne soit fatigante ni pour moi qui vous la donne, ni pour vous qui l'écoutez. Voici deux choses : la voix et la parole. Qu'est-ce que la voix? Qu'est-ce que la parole? Qu'est-ce? Ecoutez ce dont vous trouverez en vous la preuve, et la réponse à la question que vous vous adressez à vous-mêmes. Il n'y a de parole qu'autant qu'il y a signification. Lorsque la voix ne fait que résonner, retentir, sans présenter aucun sens, comme le son que fait entendre un homme qui crie plutôt qu'il ne parle, c'est une voix, ce n'est point une parole. J'entends des gémissements, c'est une voix; des lamentations, c'est une voix. C'est un son informe qui retentit à l'oreille, sans présenter aucune idée à l'intelligence; mais on ne peut dire qu'il y a parole que lorsqu'il y a une signification, et que l'idée qui se présente à l'esprit est différente du bruit qui frappe les oreilles. Comme je vous l'ai dit, si vous criez, c'est une voix; si vous prononcez les mots, homme, troupeau, Dieu, monde, ou tout autre semblable, c'est une parole, car tous ces mots ont une signification et ne sont pas des bruits vides de sens, de vains sons qui n'apprennent rien. Si donc vous avez bien retenu cette distinction entre la voix et la parole, écoutez ce que vous devez admirer dans Jean-Baptiste et dans le Christ. La parole, même séparée de la voix, a sa valeur et son efficacité, tandis que la voix sans la parole n'est rien. Rendons compte de cette assertion et expliquons, si nous le pouvons, cette proposition. Vous voulez dire quelque chose; l'idée que vous voulez exprimer, vous l'avez conçue dans votre cœur, votre mémoire la retient, votre volonté se prépare à l'énoncer, elle vit dans votre intelligence. Et cette idée que vous voulez exprimer, n'appartient à aucune langue. Cette pensée que vous voulez énoncer, que vous avez conçue dans votre cœur, n'appartient à aucune langue, soit grecque, soit latine, soit punique, soit hébraïque, soit de tout autre peuple. C'est une simple conception de l'intelligence que vous êtes prêt à mettre au jour. Je le répète, c'est une idée, une pensée, une proposition que votre esprit a conçue et qui se prépare à en sortir pour entrer dans l'esprit de l'auditeur. Or, cette idée, connue de celui qui l'a conçue dans son entendement, c'est une parole, parole connue de celui qui doit l'énoncer, et non de celui qui doit l'entendre. Voici donc une parole formée, elle est entière dans l'esprit, elle

---

sunt, et sine ipso factum est nihil. » (*Joan.*, I, 1, etc.) Si omnia, et Joannes. Quid miramur, si Verbum fecit sibi vocem? Vide, vide utrumque ad flumen, et vocem et Verbum. Vox Joannes, Verbum Christus.

Vocem inter et verbum quid discriminis. — 3. Quæramus quid intersit inter vocem et verbum; attenti quæramus; non parva res est, nec parvam intentionem desiderat. Dabit Dominus, ut nec ego in explicando fatiger, nec vos in audiendo. Ecce duo quædam, vox et verbum. Quid est vox? quid est verbum? Quid? Audite quod in vobis ipsis approbetis, et vobis ipsis a vobismetipsis interrogati respondeatis. Verbum, si non habeat rationem significantem, verbum non dicitur. Vox autem, etsi tantummodo sonet, et irrationabiliter perstrepat, tanquam sonus clamantis, non loquentis, vox dici potest, verbum dici non potest. Nescio quis ingemuit, vox est; ejulavit, vox est. Informis quidam sonus est, gestans vel inferens strepitum auribus sine aliqua ratione intellectus. Verbum autem nisi aliquid significet, nisi aliud ad aures ferat, aliud menti inferat, verbum non dicitur. Sicut ergo dicebam, si clames, vox est; si dicas : Homo, verbum est; si dicas, pecus, si Deus, si mundus, vel aliquid aliud. Has enim omnes voces significantes dixi, non inanes, non sonantes et nihil docentes. Si ergo jam distinxistis inter vocem et verbum, audite quod miremini in his duobus Joanne et Christo. Verbum valet plurimum et sine voce : vox inanis est sine verbo. Reddamus rationem, et quod proposuimus, si possumus, explicemus. Ecce voluisti aliquid dicere; hoc ipsum quod vis dicere, jam corde conceptum est; tenetur memoria, paratur voluntate, vivit intellectu. Et hoc ipsum quod vis dicere, non est alicujus linguæ. Res ipsa, quam vis dicere, quæ corde concepta est, non est alicujus linguæ, nec Græcæ, nec Latinæ, nec Punicæ, nec Hebrææ, nec cujusquam gentis. Res est tantum corde concepta, parata procedere. Ergo, ut dixi, res est quædam, sententia quædam, ratio corde concepta, parata procedere, ut insinuetur audienti. Sic igitur quomodo nota est ei, in cujus corde est, verbum est, jam

cherche à en sortir pour s'adresser à qui l'entendra. Celui qui a conçu cette parole qu'il veut exprimer et qu'il voit distinctement dans son esprit, considère à qui il doit l'adresser. Je veux parler ici, au nom de Jésus-Christ, aux esprits cultivés réunis dans cette Eglise, et j'oserai même présenter des considérations plus difficiles à ceux qui ne sont pas entièrement incultes. Que votre charité renouvelle son attention. Considérez une parole que l'intelligence a conçue : elle cherche à en sortir, et celui qui veut l'exprimer examine à qui il doit s'adresser. Rencontre-t-il un Grec? il cherche un mot grec pour exprimer cette parole. Est-ce un Latin? il cherche un mot latin. Est-ce un Carthaginois? il cherche une expression punique. Supprimez ces différents auditeurs, et cette parole que l'intelligence a conçue, n'est plus ni grecque, ni latine, ni punique, ni d'aucune autre langue. Elle cherche, pour paraître au jour, l'expression qui convient à celui qui doit l'entendre. Maintenant, pour vous citer un exemple qui vous rendra plus sensible cette vérité, supposons que je veux exprimer l'idée de Dieu que j'ai conçue intérieurement. Cette idée que j'ai conçue est grande, car Dieu n'est pas ce composé de deux syllabes, Dieu n'est pas ce mot si court qui sert à l'exprimer. Je veux donc exprimer l'idée de Dieu, et je considère à qui je parle. Est-ce à un Latin? je prononce *Deus*. Est-ce à un Grec? je dis Θεός. En parlant au Latin, je dis : *Deus;* en parlant au Grec, je dis : Θεός. Entre *Deus* et Θεός, il y a une différence de son; les lettres qui composent ces deux mots ne sont pas les mêmes; mais, dans mon esprit, dans l'idée que je veux exprimer, qui est présente à ma pensée, il n'y a aucune différence de lettres, aucune variété de sons : l'idée reste ce qu'elle est. Pour l'exprimer devant un Latin, j'ai employé une expression tout autre que si je parlais à un Grec. Si je voulais me faire entendre d'un Carthaginois, je me servirais d'une autre expression, et de même si je parlais à un Hébreu, à un Egyptien, à un Indien. Voyez de combien d'expressions différentes se revêtirait cette parole intérieure, sans qu'elle-même subît la moindre altération, le moindre changement. Cette parole arrive au Latin sous une forme latine, au Grec ou à l'Hébreu sous une expression grecque ou hébraïque. Elle arrive jusqu'à celui qui écoute, et sans quitter celui qui parle. Est-ce que l'idée que ma parole éveille dans l'esprit d'un autre est perdue pour moi? Ce son, dont je me suis servi comme d'un intermédiaire, vous a communiqué une idée qui n'est point sortie de mon intelligence. Dieu était l'objet de ma pensée; vous n'aviez pas encore entendu ma voix; aussitôt qu'elle s'est fait entendre, vous avez eu la même pensée que moi, mais sans que cette pensée soit perdue pour moi. En moi donc, dans

notum dicturo, nondum audituro. Ecce ergo verbum jam formatum, jam integrum, manet in corde; quærit procedere, ut dicatur audienti. Attendit ille, qui concepit verbum quod dicat, et notum habet verbum sibi in corde suo, attendit cui dicturus est. Loquar in nomine Christi auribus eruditis in Ecclesia; et audeo etiam aliquid jam quod sit subtilius, insinuare non rudibus. Intendat ergo Caritas Vestra. Videte verbum corde conceptum, quærit procedere, ut dicatur; attendit cui dicatur. Invenit Græcum, Græcam vocem quærit, qua procedat ad Græcum. Invenit Latinum, Latinam vocem quærit, qua procedat ad Latinum. Invenit Punicum, Punicam vocem quærit, qua procedat ad Punicum. Remove diversitatem auditorum, et verbum illud, quod corde conceptum est, nec Græcum est, nec Latinum, nec Punicum, nec cujusquam linguæ. Talem vocem quærit procedenti, qualis adsistit auditor. Modo, Fratres, ut aliquid propositum sit quod intelligatis, concepi corde ut dicam, Deus. Hoc quod concepi corde, magnum aliquid est. Non enim duæ syllabæ sunt Deus; non enim vox ista brevis est Deus. Deum volo dicere, intendo cui dicam. Latinus est? Deum dico. Græcus est? Θεόν dico. Latino dico Deum, Græco dico Θεόν. Inter Deum et Θεόν distat sonus; litteræ aliæ sunt hic, aliæ sunt ibi; in corde autem meo, in eo quod volo dicere, in eo quod cogito, nulla est diversitas litterarum, nullus sonus varius syllabarum; hoc est quod est. Ut enuntiaretur Latino, alia vox adhibita est; ut Græco, alia. Si Punico enuntiare vellem, aliam adhiberem; si Hebræo, aliam; si Ægyptio, aliam; si Indo, aliam. Quam multas voces faceret personarum mutatione verbum cordis, sine ulla sui mutatione vel varietate? Pergit ad Latinum voce Latina, ad Græcum Græca, ad Hebræum Hebræa. Ad audientem pervenit, nec a loquente discedit. Numquid enim quod dicendo in alio facio, ego amitto? Sonus ille adhibitus medius in te aliquid propagavit, a me non emigravit, Deum jam ego cogitabam; tu nondum audieras vocem meam; hac audita, cœpisti et tu habere quod cogitabam; sed ego non perdidi quod habebam. Ergo in

mon cœur, qui est comme le pivot sur lequel roule mon existence, dans le sanctuaire de mon âme, la parole est antérieure à la voix. La voix n'est pas encore formée sur mes lèvres, et la parole existe déjà dans mon cœur. Mais, pour parvenir jusqu'à vous, cette parole intérieure a besoin du ministère de la voix.

Le ministère de la voix est nécessaire pour transmettre la parole dans l'esprit des auditeurs. — 4. Si je pouvais, soutenu par votre attention et par vos prières, vous exprimer ce que je désire, celui qui me comprendrait serait, je pense, dans la joie; quant à celui qui ne me comprendrait pas, qu'il me pardonne en considération de mes efforts, et qu'il implore la miséricorde de Dieu, car ce que je dis vient de lui. C'est lui qui m'inspire et met dans mon esprit ce que je dois vous dire, mais les expressions qui doivent servir d'intermédiaire entre vous et moi, sont difficiles à trouver. Qu'est-ce donc que je veux vous dire, mes frères? Vous avez certainement remarqué, vous avez certainement compris que la parole existait dans mon esprit avant de choisir l'expression qui devait la faire parvenir jusqu'à vos oreilles. Tous aussi comprennent, je le suppose, que ce qui se passe en moi se produit dans tout homme qui parle. Je sais ce que je veux dire, je l'ai présent à mon esprit, je cherche le terme pour l'exprimer; avant que mes lèvres fassent entendre aucun son, la parole existe au dedans de moi-même. La parole est donc antérieure à la voix; en moi la parole précède la voix; pour vous, au contraire, c'est la voix qui vient la première frapper votre oreille, pour faire pénétrer la parole dans votre esprit et vous en donner l'intelligence. Vous ne pourriez connaître ce qui était en moi avant la voix, si la voix ne lui avait donné accès dans votre esprit. Si donc Jean est la voix, et le Christ la parole, le Christ est avant Jean-Baptiste, mais pour Dieu; car, pour nous, le Christ est après Jean. C'est là, mes frères, un grand mystère. Considérez et comprenez de plus en plus l'étendue de cette vérité. Votre intelligence me ravit et me donne une plus grande hardiesse auprès de vous, avec la grâce de Celui que je prêche, moi si petit, et lui si grand, moi un homme si misérable, et lui le Verbe de Dieu. Aidé de son puissant secours, je deviens plus hardi, et, après avoir établi cette distinction entre la parole et la voix, je vais tâcher d'en tirer les conséquences. La voix se personnifiait mystérieusement dans Jean-Baptiste, mais il n'était pas seul la voix. Tout homme qui annonce le Verbe, est la voix du Verbe. Ce qu'est le son qui sort de notre bouche pour la parole que nous portons au dedans de nous-mêmes, toute âme pieuse qui annonce le Verbe l'est pour le Verbe, dont il est dit : « Au commencement était le Verbe, et le Verbe était en

---

me, tanquam in cardine cordis mei, tanquam in secretario mentis meæ, præcessit verbum vocem meam. Nondum sonuit vox in ore meo, et inest jam verbum cordi meo. Ut autem exeat ad te quod corde concepi, ministerium vocis inquirit.

Vocis ministerio opus est ut verbum insinuetur menti auditoris. — 4. Si possim, adjuvante intentione vestra et orationibus, dicere quod volo, puto quia gaudebit qui intelliget; qui autem non intelliget, ignoscat homini laboranti, Deo supplicet miseranti. Etenim et quod loquor inde est. Inde unde loquor, inest cordi quod dicam : sed vocum ministeria laborant ad aures vestras. Quid ergo, Fratres? quid ergo? Certe intendistis, certe jam intelligistis, quia verbum erat in corde meo, antequam sibi adhiberet vocem, in qua procederet ad aures vestras. Puto quia intelligant omnes homines; quia quod mihi accidit, hoc omni loquenti. Ecce jam scio quod volo dicere, corde teneo, ministerium vocis inquiro; antequam sonet vox in ore meo, jam tenetur verbum in corde meo. Præcessit ergo verbum vocem meam, et in me prius est verbum, posterior vox; ad te autem, ut intelligas, prior venit vox auri tuæ, ut verbum insinuetur menti tuæ. Nosse enim non posses quod in me fuerat ante vocem, nisi in te fuerit post vocem. Ergo si vox Joannes, verbum Christus; ante Joannem Christus, sed apud Deum; post Joannem Christus, sed apud nos. Magnum sacramentum, Fratres. Intendite, accipite magnitudinem rei etiam atque etiam. Delectat enim me intellectus vester, et audaciorem facit ad vos, adjuvante illo quem prædico, tantillus tantum, homo qualiscumque Verbum Deum. Ipso ergo adjuvante, audacior fio ad vos, et præmissa ista informatione distinctionis vocis et verbi, quæ consequantur insinuo. Personam gerebat Joannes vocis in sacramento; nam non ipse solus vox erat. Omnis enim homo annuntiator Verbi, vox Verbi est. Quod enim est sonus oris nostri ad verbum, quod in corde gestamus; hoc omnis anima pia prædicatrix ad illud Verbum, de quo dictum est : « In principio erat Verbum, et Verbum erat apud Deum, et Deus erat Verbum; hoc erat in principio apud Deum. »

Dieu, et le Verbe était Dieu; c'est lui qui, au commencement, était en Dieu. » (*Jean*, I, 1.) Combien de paroles, ou, plutôt, combien de voix produit la parole que nous concevons au dedans de nous-mêmes? Combien de prédicateurs a formés le Verbe qui demeure dans le sein du Père! Il a envoyé les patriarches, il a envoyé les prophètes, il a envoyé tant et de si grands personnages pour l'annoncer d'avance. Le Verbe, sans sortir du sein du Père, a envoyé toutes ces voix, et, après les avoir envoyées, il est venu lui-même seul, porté comme sur son char, c'est-à-dire sur sa chair par sa voix. Rassemblez donc en une seule toutes les voix qui ont précédé le Verbe, et réunissez-les toutes dans la personne de Jean. Il les représentait toutes, il en était seul la personnification mystérieuse et sacrée; c'est pour cela qu'il a été appelé la voix proprement dite, comme étant le symbole et la figure de toutes les autres voix.

Le ministère de la voix décroît lorsque l'âme approche de plus en plus du Verbe. — 5. Considérez donc maintenant ce que signifient ces paroles : « Il faut qu'il croisse, et moi que je diminue. » (*Jean*, III, 30.) Mais pourrai-je vous exprimer, ou simplement vous indiquer; pourrai-je, du moins, concevoir moi-même de quelle manière, dans quel sens, dans quel but, pour quel motif, d'après la distinction que j'ai établie entre la parole et la voix, la voix elle-même, Jean a dit : « Il faut qu'il croisse, et moi que je diminue? » Oh! le grand et l'admirable mystère! Considérez la voix en personne, qui résumait en elle symboliquement toutes les voix, et qui dit, en parlant de la personne du Verbe : « Il faut qu'il croisse, et moi que je diminue. » Pourquoi? Soyez attentifs. L'Apôtre a dit : « Notre science est imparfaite et nos prophéties bornées; mais, lorsque viendra ce qui est parfait, tout ce qui est imparfait sera aboli. » (I *Cor.*, XIII, 9.) Que faut-il donc entendre par ce qui est parfait? « Au commencement était le Verbe, et le Verbe était en Dieu, et le Verbe était Dieu. » Voilà ce qui est parfait. Qu'est-ce encore? L'apôtre saint Paul va nous l'apprendre : « Lorsqu'il avait la nature de Dieu, il n'a pas cru que ce fût une usurpation de s'égaler à Dieu. » (*Philip.*, II, 6.) Ce Dieu, égal à Dieu le Père, ce Verbe de Dieu qui est en Dieu, par qui toutes choses ont été faites, nous le verrons tel qu'il est, mais à la fin seulement. Maintenant, nous sommes dans l'état que décrit l'évangéliste saint Jean : « Mes bien-aimés, nous sommes les enfants de Dieu, mais ce que nous serons un jour ne paraît pas encore. Mes bien-aimés, nous savons que quand il viendra dans sa gloire, nous serons semblables à lui, parce que nous le verrons tel qu'il est. » (I *Jean*, III, 2.) Telle est la vision qui nous est promise; c'est pour nous préparer à cette vision bienheureuse

---

(*Joan.*, I, 1.) Quanta verba, imo quantas voces facit verbum corde conceptum! Quantes prædicatores fecit Verbum apud Patrem manens! Misit Patriarchas, misit Prophetas, misit tot et tantos prænuntiatores suos. Verbum manens voces misit, et post multas præmissas voces, unum ipsum Verbum venit tanquam in vehiculo suo, in voce sua, in carne sua. Collige ergo tanquam in unum omnes voces, quæ præcesserunt Verbum, et eas omnes constitue in persona Joannis. Harum omnium sacramentum ille gestabat, harum omnium persona sacrata et mystica ille unus erat. Ideo proprie dictus est vox, tanquam omnium vocum signaculum atque mysterium.

Vocis ministerium minuitur, crescente profectu mentis ad Verbum. — 5. Ergo attendite jam quo pertineat : « Illum oportet crescere, me autem minui. » (*Joan.*, III, 30.) Attendite, si possim eloqui; si, non dicam, insinuare, sed saltem cogitare sufficient, quo modo, qua ratione, qua intentione, qua causa, secundum distinctionem quam locutus sum vocis et verbi, dixerit ipsa vox, ipse Joannes : « Illum oportet crescere, me autem minui. » O magnum et mirabile sacramentum! Attendite personam vocis, in qua persona erant sacramenta omnium vocum, dicentem de persona Verbi : « Illum oportet crescere, me autem minui. » Quare? Attendite. Apostolus dicit : « Ex parte scimus, et ex parte prophetamus; cum autem venerit quod perfectum est, quod ex parte est evacuabitur. » (I *Cor.*, XIII, 9.) Quid est perfectum? « In principio erat Verbum, et Verbum erat apud Deum, et Deus erat Verbum. » Hoc est perfectum. Quid est perfectum, dicat et apostolus Paulus : « Qui cum in forma Dei esset, non rapinam arbitratus est esse æqualis Deo. » (*Philip.*, II, 6.) Hunc æqualem Deo Patri, hoc Verbum Dei apud Deum, per quod facta sunt omnia, videbimus sicuti est, sed in fine. Nam nunc, quod Evangelista Joannes dicit : « Dilectissimi, filii Dei sumus, et nondum apparuit quid erimus. Dilectissimi, scimus, quia cum apparuerit, similes ei erimus, quoniam videbimus eum sicuti est. » (I *Joan.*, III, 2.) Hæc visio nobis promittitur, ad hanc visionem erudimur, ad hanc visionem

qu'on nous instruit et que nous purifions nos cœurs. « Bienheureux, dit le Sauveur, ceux qui ont le cœur pur, parce qu'ils verront Dieu. » (*Matth.*, v, 8.) Le Sauveur nous a montré sa chair, il l'a montrée à ses serviteurs; mais c'était la nature de serviteur qu'il avait prise; après toutes les voix nombreuses dont il s'était fait précéder, sa chair était comme la voix particulière et propre qu'il faisait entendre. On lui demandait un jour de faire voir son Père, comme s'ils le voyaient déjà lui-même tel qu'il est, lui qui, le Fils égal à son Père, parlait à ses serviteurs sous la forme de serviteur. « Seigneur, lui dit Philippe, montrez-nous votre Père, et cela nous suffit. » (*Jean*, XIV, 8, etc.) Il demandait à voir le Père comme le but de tous ses désirs, le terme de tous ses efforts, dont, une fois en possession, il ne leur resterait plus rien à désirer. « Montrez-nous votre Père, dit-il, et cela nous suffit. » C'est bien, Philippe, c'est bien; vous avez parfaitement raison de comprendre que le Père vous suffit. Qu'est-ce à dire, qu'il vous suffit? Vous ne chercherez plus rien au delà, il remplira votre cœur, comblera vos désirs, et vous rendra parfait. Mais examinez si celui qui vous parle ne vous suffirait pas aussi. Vous suffit-il seul, ou faut-il qu'il soit avec son Père? Mais comment peut-il être seul, puisqu'il ne se sépare jamais d'avec son Père? Ecoutons la réponse qu'il fait à Philippe, qui désirait voir le Père : « Il y a si longtemps que je suis avec vous, et vous ne me connaissez pas encore? Philippe, celui qui me voit, voit aussi mon Père. » Que signifient ces paroles : « Philippe, celui qui me voit, voit aussi mon Père. » Vous ne m'avez pas encore vu, voilà pourquoi vous demandez à voir mon Père. « Philippe, celui qui me voit, voit aussi mon Père. » Quant à vous, vous me voyez, et vous ne me voyez point. Vous ne voyez pas en moi celui qui vous a fait, mais vous voyez ce que je me suis fait par amour pour vous. « Celui qui me voit, voit mon Père. » Comment cela peut-il se faire, sinon parce qu'ayant la nature même de Dieu, il n'a pas regardé comme une usurpation de s'égaler à Dieu? (*Philip.*, II, 6, 7.) Que voyait donc Philippe? « Qu'il s'est anéanti lui-même en prenant la forme d'esclave, en se rendant semblable aux hommes, et en étant reconnu pour homme par tout ce qui a paru de lui. » Voilà ce que voyait Philippe, la nature de serviteur avant qu'il devînt capable de contempler la nature de Dieu. Jean personnifiait donc en lui toutes les voix, de même que le Christ personnifiait en lui le Verbe. Toutes les voix doivent nécessairement diminuer et se taire à mesure que nous avançons dans la voie qui conduit à la vision du Christ. Plus vous devenez capables de contempler la sagesse, moins vous avez besoin du secours de la voix. La voix se fait entendre dans les prophètes, dans les psaumes, dans l'Evangile. Vienne ce Verbe

---

corda mundamus. « Beati » enim, inquit, « mundo corde, quoniam ipsi Deum videbunt. » (*Matth.*, v, 8.) Ostendit carnem suam, ostendit servis, sed formam servi; tanquam propriam vocem suam, inter multas voces, quas præmisit, ipsam etiam carnem suam ostendit. Pater quærebatur, quasi jam ipse sicuti est videretur, qui æqualis Patri Filius, in forma servi servis loquebatur. « Domine, » ait illi Philippus, « ostende nobis Patrem, et sufficit nobis. » (*Joan.*, XIV, 8, etc.) Omnis intentionis suæ finem quærebat, hoc est, profectus sui terminum, quo cum pervenisset, nihil amplius jam requireret. « Ostende, inquit, nobis Patrem, et sufficit nobis. » Bene, Philippe, bene, optime intelligis quod tibi sufficit Pater. Quid est « sufficit? » Nihil ultra quæres; implebit te, satiabit te, perficiet te. Sed vide ne forte sufficiat tibi et iste quem audis. Solus sufficit, an cum Patre? Sed quomodo solus, quando nunquam discedit a Patre? Ergo repondeat Philippo volenti videre : « Tanto tempore vobiscum sum, et non cognivistis me? Philippe, qui vidit me, vidit et Patrem. » Quid est, « Philippe, qui vidit me, vidit et Patrem, » nisi : Tu me non vidisti, ideo quæris Patrem? « Philippe, qui me vidit, vidit et Patrem. » Tu autem vides me, et non vides me. Non vides enim me qui feci te, sed vides quod factus sum propter te. « Qui me, inquit, vidit, vidit et Patrem. » Unde, nisi quia « in forma Dei non rapinam arbitratus est esse æqualis Deo? » (*Philip.*, II, 6, 7.) Quid ergo Philippus videbat? Quod « semetipsum exinanivit formam servi accipiens, in similitudinem hominum factus, et habitu inventus ut homo. » Hoc videbat Philippus, formam servi, liber futurus ad formam Dei. Ergo omnium vocum persona Joannes, Verbi persona Christus. Omnes voces necesse est minuantur, quando ad Christum videndum proficimus. Quanto enim proficis ad videndam sapientiam, tanto minus tibi vox est necessaria. Vox in Prophetis, vox in Apostolis, vox in Psalmis, vox in Evangelio. Veniat illud : « In principio erat Verbum, et Verbum erat apud Deum,

dont il est écrit : « Au commencement était le Verbe, et le Verbe était en Dieu, et le Verbe était Dieu. » Lorsque nous le verrons tel qu'il est, sera-t-il encore nécessaire qu'on nous lise l'Evangile ? Ecouterons-nous encore la lecture des prophètes ? Aurons-nous encore besoin de lire les Epîtres des apôtres ? Pourquoi n'aurons-nous plus besoin de ces voix ? Parce que les voix diminuent et se taisent lorsque le Verbe croît, « parce qu'il faut qu'il croisse, et moi, que je diminue. » Sans doute, le Verbe, considéré en lui-même, ne peut ni croître, ni décroître. Mais on dit qu'il croît en nous lorsque nous croissons en lui par nos progrès dans la vertu. C'est ainsi que la lumière croît pour les yeux, lorsque l'œil rendu à la santé voit beaucoup mieux la lumière que lorsqu'il était malade. La lumière était plus faible pour les yeux affaiblis, elle est plus forte pour les yeux transparents ; et, cependant, par elle-même elle n'a subi aucune diminution, aucun accroissement. Le ministère de la voix s'efface donc à mesure que l'âme s'approche du Verbe. C'est dans ce sens qu'il faut que Jésus-Christ croisse et que Jean diminue. C'est ce que signifient également leurs morts si différentes. Jean a été comme diminué, ayant eu la tête tranchée ; Jésus-Christ a été élevé, et a comme grandi sur la croix. C'est encore ce qu'indiquent les jours où ils sont nés. Car, depuis la nativité de Jean, les jours commencent à décroître, et, à partir du jour de la naissance du Christ, ils commencent à augmenter.

SERMON CCLXXXIX.

IIIᵉ *pour la Nativité de saint Jean-Baptiste.*

Ce n'est pas sans raison que la naissance de Jean-Baptiste a été si admirable et qu'il a été si grand. — 1. La cause qui nous réunit ici en si grand nombre est la nativité de Jean-Baptiste, dont l'Evangile vient de nous rappeler la conception miraculeuse et la naissance non moins merveilleuse. Voici, en effet, un grand prodige, mes frères ; la mère de Jean était stérile et avancée en âge, son père était un vieillard, et l'un et l'autre avaient perdu tout espoir de postérité. Mais, comme rien n'est impossible à Dieu, il leur promit un fils. Le père refusa de croire à cette promesse, et il perdit l'usage de la parole en punition de son manque de foi ; car déjà il était écrit : « J'ai cru, c'est pourquoi j'ai parlé. » (*Ps.* cxv, 10.) Zacharie ne crut pas, et ne parla point. Quelque temps après, une vierge conçut aussi, par un miracle beaucoup plus grand et d'un ordre plus élevé. Une femme stérile conçoit le héraut, une vierge devient mère du Juge. Jean naît d'un homme et d'une femme, Jésus-Christ d'une femme seule. Oserons-nous donc comparer Jean à Jésus-Christ ? Loin de nous cette pensée. Cependant, c'est par

---

et Deus erat Verbum. » Cum eum viderimus sicuti est, numquid ibi recitabitur Evangelium ? Numquid prophetias audituri sumus ? Numquid epistolas Apostolorum lecturi sumus ? Quare ? Quia deficiunt voces, crescente verbo, quia : « Illum oportet crescere, me autem minui. » Et Verbum quidem per se ipsum nec crescit, nec deficit in se. In nobis autem crescere dicitur, cum proficiendo in illum crescimus ; sicut crescit in oculis lux, cum acie convalescente videtur amplius, quæ acie languente minus utique videbatur. Et minor erat oculis ægris, major est oculis sanis : cum ipsa per se ipsam nec ante immutata sit, nec postmodum creverit. Minuitur ergo ministerium vocis, cum fit mentis profectus ad Verbum. Ita oportet Christum crescere, Joannem autem minui. Hoc eorum indicant passiones. Nam Joannes minutus est, cæsus capite ; Christus exaltatus est, crevit (*f.* extentus) tanquam in cruce. Hoc eorum indicant natales dies. Nam a Natali Joannis incipiunt dierum detrimenta ; a Christi autem, renovantur augmenta.

(*a*) Alias III, ex Vignerianis.

SERMO CCLXXXIX (a).

In Natali Joannis Baptistæ, III.

Joannes non sine causa tam mirabiliter natus et tam magnus. — 1. Causa hodiernæ celebris congregationis nostræ, Natale est Joannis Baptistæ, cujus mirabilem conceptum et partum, cum Evangelium legeretur, audivimus. Magnum mysterium, Fratres mei ; mater Joannis et sterilis erat et anus, pater senex : prorsus in utroque desperata posteritas. Sed quia Deo impossibile nihil est, promissus est filius non credenti. Vox ablata est patri, cui defuit fides ; jam enim fuerat scriptum : « Credidi, propter quod locutus sum. » *Psal.* cxv, 10.) Non credidit, et non locutus est. Interea etiam virgo concepit, et hoc sublime miraculum longeque præstantius. Concipit sterilis præconem, virgo judicem. Joannes de masculo et femina, Christus de sola femina. Comparandus est forte Joannes Christo ? Absit. Non tamen frustra tantus tantum præcessit. Si enim, potes-

un dessein particulier de Dieu qu'un si grand personnage en a précédé un beaucoup plus grand. Si Dieu daigne seconder mes efforts et m'accorder de vous expliquer tout ce que je sens, ma pauvreté ne sera point en défaut, et votre attente ne sera point frustrée. Si, au contraire, mes paroles ne répondent pas à mes sentiments, le Seigneur notre Dieu y suppléera lui-même dans vos cœurs, en vous accordant ce qu'il aura refusé à ma faiblesse. La raison de ce préambule, c'est que je sais ce que je voudrais vous dire et que vous l'ignorez, et que je sens toute la difficulté de m'expliquer clairement. Je devais donc vous en avertir, pour que vous puissiez me prêter le secours de votre attention et de vos prières.

Jean n'est qu'un homme, Jésus-Christ est tout à la fois Dieu et homme. — 2. Elisabeth a conçu dans son sein un homme, Marie a conçu aussi un homme; Elisabeth est mère de Jean, Marie est mère du Christ; mais le fils d'Elisabeth n'est qu'un homme, le Fils de Marie est Dieu et homme. Prodige étonnant, qu'une créature ait pu concevoir son Créateur! Comment nous en faire une idée, si ce n'est en admettant que Celui qui a pris un corps de sa mère seulement est le même qui a créé le premier homme sans lui donner ni père ni mère? Notre chute première a eu pour cause la femme, qui nous a donné la mort en recevant dans son cœur le venin du serpent. Le serpent lui conseilla la désobéissance, et elle écouta ses perfides inspirations. Or, si notre chute première vient de la femme qui a ouvert son cœur au poison mortel du serpent, est-il étonnant que notre salut vienne aussi d'une femme qui a conçu dans son sein le corps du Tout-Puissant? Les deux sexes étaient tombés, il fallait les relever tous deux. C'est par une femme que nous avons été précipités dans la mort, c'est par une femme que le salut nous est rendu.

La réputation de vertu de Jean-Baptiste était si grande qu'on le prenait pour le Christ. Témoignage que Jean rend de lui-même et de Jésus-Christ. — 3. Quel est donc l'office de saint Jean? Pourquoi intervient-il ici, pourquoi est-il envoyé avant le Sauveur? Je vais vous le dire, si je le puis. Notre-Seigneur Jésus-Christ a dit de Jean : « Nul ne s'est élevé d'entre les enfants des femmes plus grand que Jean-Baptiste. » (*Matth.*, XI, 11.) Si donc nous comparons Jean aux autres hommes, il les surpasse tous et n'est surpassé lui-même que par l'Homme-Dieu. Jean fut donc envoyé comme précurseur de Jésus-Christ. La vertu, la grâce qui brillaient en lui étaient si grandes, qu'on crut qu'il était le Christ. En effet, les Juifs attendaient le Christ, parce qu'il était prédit par les prophéties qu'ils avaient entre les mains. Ils l'attendaient avant son avénement, le mirent à mort lorsqu'il fut

---

tatem conatui meo ipso dignante atque donante Domino Deo nostro, potuero explicare quod sentio, nec mea vilitas deseretur, nec exspectatio vestra fraudabitur. Si autem minus potuero explicare quod sentio, supplebit in cordibus vestris Dominus Deus noster, quod mihi forte pro infirmitate mea subtraxerit. Hoc ideo prælocutus sum, quoniam quid velim dicere, ego scio, vos nescitis; et quæ sit difficultas in exponendo ego jam sentio. Commendandum autem erat vobis, ut in ipsa intentione vestra possitis orare pro nobis.

Joannes homo tantum, Christus Deus et homo. — 2. Hominem concepit Elisabeth, hominem Maria; Elisabeth mater Joannis, Maria mater Christi; sed Elisabeth solum hominem, Maria Deum et hominem. Mira res est, quomodo potuerit concipere creatura Creatorem. Quid est ergo intelligendum, Fratres mei, nisi quia ipse sibi fecit carnem de sola matre, qui fecit primum hominem sine patre et matre? Primus ille noster casus fuit, quando femina per quam mortui sumus, in corde concepit venena serpentis. Persuasit enim serpens peccatum, et admissus est male suadens. Si primus noster casus fuit, cum femina concepit corde venena serpentis; non mirandum quia nostra salus nostra facta est, cum femina concepit in utero carnem omnipotentis. Uterque ceciderat sexus, uterque fuerat reparandus. Per mulierem in interitum missi eramus, per mulierem nobis reddita est salus.

Joannes tam excellens homo, ut Christus putaretur. Joannis de seipso ac de Christo testimonium. — 3. Quid sibi ergo vult Joannes? Unde interpositus? unde præmissus? Dicam si potuero. Dominus noster Jesus Christus de Joanne dixit : « In natis mulierum nemo exsurrexit major Joanne Baptista. » (*Matth.*, XI, 11.) Si comparetur hominibus Joannes, omnes superat ille homo, non eum vincit nisi Deus homo. Joannes præmissus est ante Dominum. Tanta in illo excellentia erat, tanta gratia, ut ipse putatus sit Christus. Christum enim exspectabant Judæi, quia et in ipsis Prophetis, quos et ipsi legerunt, prænuntiatus est Christus. Exspectabant absentem,

au milieu d'eux; ils refusèrent de reconnaître que c'était lui, et ils se sont ainsi perdus; mais, pour lui, il est resté. Tous, cependant, n'ont pas consenti à périr, et un grand nombre de Juifs crurent en lui. Dans cette attente générale où l'on était du Christ, considérez quelle fut la gloire de Jean. On voyait éclater en lui une grâce extraordinaire, lorsqu'il donnait le baptême de la pénitence et préparait la voie au Seigneur, comme un courrier qu'on envoie en avant; les Juifs donc envoyèrent lui demander : « Qui êtes-vous? Etes-vous Elie, ou un prophète, ou le Christ? Je ne suis, répondit-il, ni le Christ, ni Elie, ni prophète. Qu'êtes-vous donc, lui dirent-ils? Il dit : Je suis la voix qui crie dans le désert. » (*Jean*, I, 21, etc.) Vous avez entendu, si vous avez été attentifs, ce passage du prophète, qu'on vous a lu en premier lieu. Voici ce qu'il dit : « On entend la voix de celui qui crie dans le désert : Préparez la voie du Seigneur, rendez droits ses sentiers. Toutes les vallées seront comblées, toutes les montagnes et les collines seront abaissées, les chemins tortueux seront redressés, ceux qui étaient raboteux seront aplanis, et toute chair verra le salut de Dieu. » (*Isa.*, XL, 3, etc.) Le Seigneur dit ensuite, par la bouche de son prophète : « Criez, et j'ai dit : Que crierai-je? » Et le Seigneur répond : « Toute chair n'est que de l'herbe, et toute sa gloire est comme la fleur des champs. L'herbe se sèche, et la fleur tombe; mais la parole du Seigneur demeure éternellement. » Ecoutons maintenant Jean-Baptiste : « Je suis la voix de celui qui crie dans le désert : Préparez la voie au Seigneur. » N'est-ce pas comme s'il disait : C'est de moi que le prophète a prédit que je crierais dans le désert? C'est donc aussi à Jean qu'il appartient de dire : « Toute chair n'est que de l'herbe, et toute sa gloire est comme la fleur des champs. L'herbe sèche, la fleur tombe; mais la parole, le Verbe du Seigneur demeure éternellement. » Le Verbe est conçu dans le sein d'une vierge, et une voix se fait entendre dans le désert. Si la voix ne fait entendre une parole, c'est un bruit qui frappe les oreilles, si, toutefois, on peut même l'appeler de ce nom. Toute parole est une voix, mais toute voix n'est pas une parole. Un homme ouvre la bouche et crie de toutes ses forces : c'est une voix, ce n'est pas une parole. Quand donc peut-on donner à la voix le nom de parole? Lorsque la voix a une signification, exprime une idée, c'est une parole. Mais, avant même qu'elle se fasse entendre, cette parole existe déjà dans mon esprit lorsque je veux dire quelque chose. Cette parole est dans mon esprit, elle n'est pas encore sur mes lèvres. La parole peut donc exister sans la voix, et la voix peut exister sans la parole. Unissez la voix à la parole, et cette parole se produit au grand jour.

---

occiderunt præsentem; cum putant non esse ipsum, defecerunt ipsi, et mansit ipse. Non tamen omnes defecerunt, et de Judæis multi crediderunt. Ergo quia Christus exspectabatur, videte gloriam Joannis; cum enim in illo adverteretur tanta gratia, cum baptizaret in pœnitentia, et pararet viam Domino velut præmissus metator, miserunt ad illum Judæi, et dixerunt : « Quis es tu? Numquid tu Elias, aut propheta? aut tu es Christus? Non sum, inquit, Christus, nec Elias, nec propheta. Et tu, inquiunt, quis es? Ego sum, inquit, vox clamantis in eremo. » (*Joan.*, I, 21, etc.) Joannes respondit Judæis quærentibus quis esset, et jam putare incipientibus quod ipse esset Christus : « Ego vox clamantis in eremo. » Audistis, si intenti fuistis, lectionem Propheticam, quæ primo recitata est. Ibi scriptum est : « Vox clamantis in eremo : Parate viam Domino, rectas facite semitas ejus. Omnis vallis implebitur, et omnis mons et collis humiliabitur, et erunt tortuosa in directa, et aspera in vias planas, et videbit omnis caro salutare Dei. » (*Isai.*, XL, 3, etc.) Deinde dixit Dominus per Prophetam : « Exclama, et dixi : Quid exclamabo? » Et Dominus ibi apud Prophetam : « Omnis caro fœnum, et omnis claritas carnis ut flos fœni; fœnum aruit, et flos decidit, Verbum autem Domini manet in æternum. » Joannes dixit : « Ego vox clamantis in eremo : Parate viam Domino; » hoc est dicere : De me prædictum est a Propheta, quod ego futurus eram clamans in eremo. Ad Joannem ergo pertinet dicere : « Omnis caro fœnum, et omnis claritas carnis ut flos fœni; fœnum aruit, et flos decidit, Verbum autem Domini manet in æternum. » Verbum concipitur in utero virginis; clamat in eremo vox Verbum. Vox si verbum non sit, strepitus est aurium forte, nam nec hoc forte dici posset. Omne verbum vox, non omnis vox verbum. Si homo ore patente clamet quantum potest, vox est, verbum non est. Quæ est autem vox quæ dicitur verbum? Ubi intelligitur aliquid, vox significans verbum est. Sed ecce necdum sonat, dicere volo aliquid, jam verbum est in corde meo. Verbum est in corde, et nondum vox in ore. Potest ergo esse verbum sine

Qu'est donc le Christ dans le sein de Marie? Le Verbe caché. Dieu envoie devant lui la voix qui doit précéder le Verbe. Qu'est-ce que Jean? « La voix de celui qui crie dans le désert. » Qu'est-ce que le Christ? « Au commencement était le Verbe. » Et toi, ô voix, et toi, ô homme, qui êtes-vous? « Toute chair n'est que de l'herbe, et toute sa gloire est comme la fleur des champs; l'herbe sèche, la fleur tombe, mais la parole du Seigneur demeure éternellement. » Attachez-vous étroitement au Verbe, car c'est pour vous que ce Verbe est devenu comme l'herbe des champs. Mais, puisque toute chair n'est que de l'herbe, et que toute sa gloire est comme la fleur des champs, méprisons les choses présentes et portons toutes nos espérances vers les biens à venir. « Toutes les vallées seront comblées, toute humilité sera élevée, et toutes les montagnes et les collines seront abaissées, » c'est-à-dire, tout orgueil sera renversé. Abaissez les montagnes, comblez les vallées, et vous obtenez une plaine parfaitement égale. Donnez-moi des riches, en qui brille la gloire de la fleur des champs, et je leur dirai de prêter l'oreille à ces paroles : « Dieu résiste aux superbes, et il donne sa grâce aux humbles. » (*Jacq.*, IV, 6.) Donnez-moi des pauvres sans espérance, bien convaincus de leur faiblesse; je leur dirai de ne point désespérer, de croire en Celui qui est venu pour sauver tous les hommes.

Que les uns soient élevés et les autres abaissés. Que Celui qui doit venir trouve un sol parfaitement aplani, et non des pierres où son pied vienne se heurter. Voilà pourquoi Jean disait aux Juifs : « Préparez la voie au Seigneur; » ce n'est pas à moi, c'est au Seigneur, à Celui qui m'a envoyé et dont je suis loin d'égaler la grandeur.

Jean évite avec le plus grand soin de prendre orgueilleusement le nom du Christ. — 4. Cependant, les Juifs lui demandent : « N'êtes-vous pas le Christ? » Si Jean n'était pas une vallée qui demande à être comblée, mais une montagne qu'il faut abaisser, il avait là une occasion favorable de tromper. Car les Juifs avaient une si grande admiration de sa vertu, qu'ils étaient disposés à croire, sans hésitation, tout ce qu'il leur dirait. Il avait donc une occasion toute naturelle de tromper le genre humain; il n'avait qu'à dire : Oui, je suis le Christ, on l'aurait cru. Mais, en se glorifiant d'un nom qui n'était pas à lui, il aurait perdu son propre mérite. S'il s'était vanté d'être le Christ, n'aurait-il pas pu se dire à lui-même : Pourquoi vous enorgueillir? « Toute chair n'est que de l'herbe, et toute sa gloire est comme la fleur des champs; l'herbe sèche, la fleur tombe. » Comprenez ce qui ne tombe pas, ce qui demeure : « Mais la parole de Dieu demeure éternellement. » Jean-Baptiste reconnut ce qu'il était,

---

voce, et potest esse vox sine verbo. Adde vocem verbo, procedit in notitiam verbum. Quid ergo Christus ad Mariam? Verbum occultum. Præmissa est vox ut præcederet Verbum. Quid est Joannes? « Vox clamantis in eremo. » Quid est Christus? « In principio erat Verbum. » Quid tu vox? Quid tu homo? « Omnis caro fœnum, et omnis claritas hominis ut flos fœni; fœnum aruit, et flos decidit, Verbum autem Domini manet in æternum. » Tene te ad Verbum; pro te enim suscepit fœnum Verbum, Incarnatum Verbum Christus. Sed « omnis caro fœnum, et omnis honor carnis ut flos fœni : » contemnamus præsentia, speremus futura. « Omnis vallis implebitur, » omnis humilitas exaltabitur; « et omnis mons, et collis humiliabitur, » omnis superbia dejicietur. Depone montes, imple valles, et facta est campi æqualitas. Da mihi divites et honoratos de flore fœni; ipsi audiant : « Deus superbis resistit, humilibus autem dat gratiam. » (*Jac.*, IV, 6.) Da mihi pauperes desperatos, conscios infirmitatis suæ; non desperent, credant in eum qui venit propter omnes. Illi erigantur, illi premantur. Venturus ille campum inveniat, non lapidem ubi pedem offendat. Ideo enim dicebat ipse Joannes : « Parate viam Domino; » non mihi, sed Domino, a quo missus sum, non quod ego sum.

Joannes nominis Christi superbam usurpationem cavet. — 4. Sed dicunt Judæi : « Numquid tu es Christus? » Iste si non esset vallis implenda, sed mons humiliandus, invenerat occasionem decipiendi. Illi enim audire ab eo volebant quod crederent. Tantum enim mirabantur ejus gratiam, ut quod diceret, sine dubio crederent. Ecce invenerat occasionem decipiendi generis humani; si diceret : Ego sum Christus, crederent illi. Si jactaret se per nomen alienum, perderet meritum proprium. Si jactaret se quasi Christus, nonne ipse sibi responderet : Quid te extollis? « Omnis caro fœnum, et claritas ejus ut flos fœni; fœnum aruit, flos decidit. » Intellige quid manet in æternum : « Verbum autem Domini manet in æternum. » Agnovit se; merito Dominus lucernam eum dixit. Dominus de Joanne hoc ait « : Ille

SERMON CCLXXXIX.

et c'est avec justice que le Seigneur dit de lui que c'était une lampe. « Il était une lampe ardente et brillante, et, pour un peu de temps, vous avez voulu vous réjouir à sa lumière. » (*Jean*, v, 35.) Mais que dit de lui Jean l'Evangéliste? « Un homme fut envoyé de Dieu, et son nom était Jean. Il vint en témoignage, pour rendre témoignage à la lumière; il n'était pas la lumière. » Qui? Jean-Baptiste. Qui le dit? Jean l'Evangéliste : « Il n'était pas la lumière, mais il était venu pour rendre témoignage à Celui qui était la lumière. » Vous dites : « Il n'était pas la lumière, » et cela en parlant de Celui dont la lumière elle-même a dit : « C'était une lampe ardente et luisante. » Mais je sais, répond l'Evangéliste, de quelle lumière je veux parler; je sais en comparaison de quelle lumière une lampe n'est pas la lumière. Ecoutez, en effet, ce qui suit : « Celui-là était la véritable lumière qui illumine tout homme venant en ce monde. » (*Ibid.*, 1, 6-9.) Jean n'illumine point tout homme, c'est le privilége exclusif du Christ. Jean reconnut qu'il n'était qu'une lampe, pour ne point s'éteindre sous le souffle de l'orgueil. Une lampe peut s'allumer et s'éteindre, une lampe peut toujours s'éteindre, tandis que le Verbe de Dieu ne peut jamais s'éteindre.

Jean, précurseur de Jésus-Christ, est le plus grand des hommes, afin de faire connaître que Jésus-Christ est plus qu'un homme. — 5. Le plus grand des hommes fut donc envoyé pour rendre témoignage à Celui qui était plus qu'un homme. En effet, quand celui qui est le plus grand d'entre les enfants des femmes dit : « Je ne suis pas le Christ, » et s'humilie devant le Christ, il nous faut comprendre qu'il y a dans le Christ plus qu'un homme. Vous cherchez Jean, le plus grand des hommes, mais Jésus-Christ est plus qu'un homme; tout en voyant en lui le précurseur, ne laissez pas de chercher le Juge; écoutez les enseignements du héraut, mais qu'ils vous fassent craindre le souverain Juge. Jean a été envoyé, il a prédit Celui qui devait venir. Et quel témoignage rend-il à Jésus-Christ? Ecoutez, le voici : « Je ne suis pas digne de délier la courroie de sa chaussure. » (*Jean*, 1, 27.) Avez-vous compris, ô homme, ce que vous devez faire? « Tout homme qui s'humilie sera élevé. » (*Luc*, xiv, 11.) Que dit-il encore du Christ? « Nous avons tous reçu de sa plénitude. » (*Jean*, 1, 16.) Qu'est-ce à dire, « nous tous? » C'est-à-dire, que les patriarches, les prophètes et les saints apôtres, ceux qui ont précédé l'incarnation ou qui ont été envoyés depuis par le Verbe incarné lui-même, « nous avons tous reçu de sa plénitude. » Nous sommes des vases, il est la source. Donc, si nous comprenons bien ce mystère, mes frères, Jean est homme, le Christ est Dieu; il faut que l'homme

---

erat lucerna ardens et lucens, et vos voluistis exsultare ad horam in lumine ejus. » (*Joan.*, v, 35.) Joannes autem Evangelista quid de illo dicit? « Fuit homo missus a Deo, cui nomen erat Joannes; hic venit in testimonium, ut testimonium perhiberet de lumine; non erat ille lumen. » (*Ibid.*, 1, 6, etc.) Quis? Joannes Baptista. Quis hoc dicit? Joannes Evangelista : « Non erat ille lumen, sed ut testimonium perhiberet de lumine. » Tu dicis : « Non erat ille lumen; » de quo dicit ipsum lumen : « Ille erat lucerna ardens et lucens. » Sed novi, inquit, quale lumen dicam; novi in cujus luminis comparatione non est lucerna lumen. Audi quid sequitur : « Erat lumen verum, quod illuminat omnem hominem venientem in hunc mundum. » Joannes non omnem illuminat hominem, Christus omnem hominem. Et Joannes agnovit se lucernam, ne vento superbiæ exstingueretur. Lucerna et accendi, et exstingui potest. Verbum Dei exstingui non potest, lucerna semper potest.

Joannes præcursor maximus homo, ut Christus agnoscatur plus quam homo. — 5. Missus est ergo summus homo, qui perhiberet testimonium ei, qui plus esset quam homo. Quando enim ille, quo nemo major exsurrexit in natis mulierum, dicit : « Non sum ego Christus, » et humiliat se Christo, aliquid plus homine intelligendus est. Nam si quæris summum hominem Joannem, plus homine Christus est; sic intellige præcursorem, ut quæras judicem; sic audi præconem, ut timeas judicem. Missus est, prædixit venturum. Et quale testimonium Joannes perhibet Christo? Quale audi : « Cujus non sum dignus corrigiam calceamenti solvere. » (*Joan.*, 1, 27.) Intellexisti, homo, quid ageres? « Omnis qui se humiliat, exaltabitur. » (*Luc.*, xiv, 11.) Quid igitur de Christo? « Nos omnes de plenitudine ejus accepimus. » (*Joan.*, 1, 16.) Quid est : « Nos omnes? » Ergo Patriarchæ, et Prophetæ et Apostoli sancti, vel ante incarnationem præmissi vel ab incarnato missi, « omnes nos de plenitudine ejus accepimus. » Nos vasa sumus, ille fons est. Ergo si intelleximus mysterium, Fratres mei, Joannes homo est, Christus Deus est; humilietur homo, et exaltetur Deus. Ut

s'humilie, pour que Dieu soit exalté. C'est pour apprendre à l'homme à s'humilier, que Jean est né le jour à partir duquel les jours commencent à décroître, et, pour nous montrer que Dieu doit être exalté, Jésus-Christ est né le jour où les jours commencent à croître. Il y a ici un enseignement profondément mystérieux. Nous célébrons la nativité de Jean comme celle du Christ, parce que cette nativité est pleine de mystère. De quel mystère? Du mystère de notre grandeur. Diminuons en nous-mêmes, pour croître en Dieu; humilions-nous dans notre bassesse, pour être exaltés dans sa grandeur. Cette grande vérité nous est représentée symboliquement dans la mort de Jean-Baptiste, comme dans celle de Jésus-Christ. Pour enseigner à l'homme à diminuer, Jean a été décapité; pour lui apprendre que Dieu doit être exalté, Jésus-Christ a été suspendu à une croix. Jean a été envoyé pour que nous le prenions comme notre modèle et que nous nous attachions étroitement au Verbe. L'orgueil humain a beau se vanter, se glorifier de je ne sais quelle sainteté éminente, qui pourra jamais égaler Jean? Qui que vous soyez, qui vous croyez grand, vous n'atteindrez jamais la grandeur de Jean-Baptiste. Il n'était pas encore né, qu'il annonçait la naissance prochaine du Seigneur en tressaillant dans le sein de sa mère. Quoi de plus sublime que cette sainteté? Imitez-le donc; écoutez ce qu'il dit de Jésus-Christ. « Nous avons tous reçu de sa plénitude. » La lampe qui brille dans la nuit vous indique la fontaine où lui-même est venu puiser. « Nous avons tous reçu de sa plénitude. » Remarquez, « nous tous; » il est la source, nous sommes des vases; il est le jour, nous sommes des flambeaux. C'est la grande faiblesse du genre humain, nous cherchons le jour à l'aide d'un flambeau.

Ce n'est pas Jean seul, mais les apôtres qui sont des lampes. Le chandelier de la lampe, c'est la croix de Jésus-Christ. — 6. Les apôtres eux-mêmes, mes frères, sont comme les lampes de ce jour. Gardez-vous de croire que Jean seul ait été une lampe à l'exclusion des apôtres. C'est à eux que le Seigneur a dit : « Vous êtes la lumière du monde. » (*Matth.*, v, 14.) Et, pour prévenir dans leur esprit cette pensée qu'ils étaient la lumière au même titre que Celui dont il est dit : « Celui-là était la vraie lumière qui illumine tout homme venant en ce monde, » il leur enseigne aussitôt quelle était la vraie lumière. Après avoir dit : « Vous êtes la lumière du monde, » il ajoute : « Personne n'allume une lampe pour la placer sous le boisseau. » En vous disant que vous étiez la lumière, j'ai voulu dire que vous étiez comme une lampe allumée. Ne vous laissez pas aller aux tressaillements de l'orgueil, si vous ne voulez voir s'éteindre cette petite flamme. Je ne vous place point sous le boisseau, mais vous serez sur le chandelier, pour que votre lumière se répande. Quel est le chan-

---

humilietur homo, eo die natus est Joannes, quo dies incipiunt decrescere. Ut exaltetur Deus, eo die natus est Christus, quo dies incipiunt crescere. Magnum sacramentum. Ideo celebramus Natalem Joannis, sicut Christi, quoniam ipsa nativitas plena est mysterio. Quo mysterio? Altitudinis nostræ. In homine minuamur, in Deo crescamus. In nobis humiliemur, ut in illo exaltemur. Impletum est passionibus amborum hujus tantæ rei sacramentum. Ut minueretur homo, caput perdidit Joannes; ut exaltaretur Deus, Christus ligno suspensus est. Ad hoc missus est Joannes, ut eum imitemur, et ad Verbum nos teneamus. Quantumcumque se jactet humana superbia, de quavis excellentia sanctitatis, quis erit quod Joannes? Quisquis es qui te magnum putas, non eris quod Joannes. Nondum natus erat, et jam nasciturum Dominum exsultans in utero prænuntiabat. Quid excellentius ista sanctitate? Imitare; audi quid dicat de Christo. « Nos de plenitudo ejus accepimus. » Lucerna in nocte fontem tibi ostendit, inde et ipse bibit : « Nos enim, inquit, de plenitudine ejus omnes accipimus. Non omnes; » ille fons, nos vasa : ille dies, nos lucernæ. Magna infirmitas hominum; per lucernam quæritur dies.

Non Joannes solus, sed et Apostoli lucernæ. Candelabrum lucernæ, crux Christi. — 6. Sed et Apostoli, Fratres mei, lucernæ sunt diei. Nolite putare quia Joannes solus est lucerna, et Apostoli non sunt. Ait illis Dominus : « Vos estis lux mundi. » Et ne putarent quia talis lux erant, qualis dictus est lux, de quo dictum est : « Erat lumen verum, quod illuminat omnem hominem venientem in hunc mundum; » (*Matth.*, v, 14) continuo docuit illos veram ipsam lucem. Cum dixisset : « Vos estis lux mundi, » adjunxit, et ait : « Nemo accendit lucernam, et ponit eam sub modio. » Quod vos dixi lucem, lucernam vos dixi; nolite exsultare in superbia vestra, ne flammula exstinguatur. Non vos pono sub modio; sed ut luceatis, in candelabro eritis. Quod est candelabrum lucernæ? Audite candelabrum; estote lucernæ, et

SERMON CCLXXXIX.

delier qui supporté cette lampe? Apprenez-le; soyez vous-mêmes de véritables lampes, et vous aurez ce chandelier. La croix de Jésus-Christ est comme un grand chandelier. Celui qui veut répandre sa lumière ne doit pas rougir de ce chandelier de bois. Voulez-vous une preuve qui vous fasse comprendre que la croix de Jésus-Christ est un chandelier? La voici : « On n'allume pas une lampe pour la placer sous le boisseau, mais sur un chandelier, afin qu'elle éclaire tous ceux qui sont dans la maison. Ainsi, que votre lumière luise devant les hommes, afin qu'ils voient vos bonnes œuvres, et qu'ils glorifient, » non pas comme vous qui cherchez à vous glorifier, et, par là même, à vous éteindre, mais « qu'ils glorifient votre Père qui est dans les cieux. » Que vos bonnes œuvres soient pour eux un motif de glorifier votre Père. Vous n'avez pu, pour devenir des lampes luisantes, vous allumer vous-mêmes; vous n'avez pu vous placer sur le chandelier; celui-là seul doit être glorifié à qui vous devez de si grands bienfaits. Ecoutez ici l'apôtre saint Paul, écoutez la lampe qui semble tressaillir sur le chandelier : « Pour moi, » dit-il; j'entends applaudir ceux qui connaissent la suite du texte. « Pour moi. » Eh bien! qu'y a-t-il pour vous? « A Dieu ne plaise que je me glorifie dans autre chose que dans la croix de Notre-Seigneur Jésus-Christ. » (*Gal.*, VI, 14.) Je me glorifie sous le chandelier; si le chandelier se retire, je tombe. « A Dieu ne plaise que je me glorifie en autre chose que dans la croix de Notre-Seigneur Jésus-Christ, par qui le monde est crucifié pour moi, et par qui je suis crucifié pour le monde ! » Vous avez applaudi à ces paroles, et elles excitent en vous une sainte joie. Que le monde soit crucifié pour vous, soyez crucifiés pour le monde. Qu'est-ce à dire? Ne cherchez pas la félicité de ce monde, abstenez-vous des fausses jouissances du monde. Le monde vous flatte, mettez-vous en garde contre ses séductions; le monde vous menace, ne craignez point ses attaques. Si vous ne vous laissez corrompre ni par les biens, ni par les maux du monde; le monde est crucifié pour vous, vous êtes crucifiés pour le monde. Glorifiez-vous dans le chandelier; lampe placée sur le chandelier, conservez toujours l'humilité, si vous voulez conserver votre éclat, et prenez garde que l'orgueil ne vienne à vous éteindre. Conservez avec soin ce que vous êtes devenus, pour vous glorifier dans Celui qui vous a faits ce que vous êtes. O homme, qui que vous soyez, considérez ce que vous étiez en naissant; malgré la noblesse de votre origine, vous êtes né dans un état de nudité complète. Qu'est-ce que la noblesse? Voyez le pauvre et le riche à leur naissance : leur nudité est égale. Votre noblesse d'origine vous permet-elle de prolonger votre vie autant que vous le voulez? Non ; vous êtes entré dans la vie à votre insu, vous en sortirez au moment que vous ne voudrez point. Considérez enfin dans les tombeaux, et tâchez d'y reconnaître les ossements des riches.

---

habebitis candelabrum. Crux Christi est magnum candelabrum. Qui vult lucere, non erubescat de ligneo candelabro. Audi, ut intelligas quia candelabrum crux Christi est. « Nemo accendit lucernam, et ponit eam sub modio, sed super candelabrum, ut luceat omnibus qui in domo sunt. Sic luceat lumen vestrum coram hominibus, ut videant bona facta vestra, et glorificent; » non sicut tu quæris glorificari, quæris exstingui : « glorificent Patrem vestrum qui est in cœlis. » Per bona opera vestra glorificent Patrem vestrum. Ut lucernæ esse possitis, accendere vos non potuistis, ponere vos supra candelabrum non potuistis; ille glorificetur, qui vobis hoc præstitit. Audi ergo Paulum apostolum, audi lucernam in candelabro exsultantem. « Mihi autem, » ait (clamant qui noverunt quid sequitur) : « Mihi autem; » quid tibi autem? « Absit gloriari in cruce Domini nostri Jesu Christi. » (*Gal.*, VI, 14.) In candelabro glorior ; si se candelabrum subtrahat, cado. « Absit gloriari nisi in cruce Domini nostri Jesu Christi, per quem mihi mundus crucifixus est, et ego mundo. » Laudastis, et favistis. Crucifigatur vobis mundus, crucifigimini mundo. Quid est hoc? Felicitatem non quæratis de mundo ; abstinete vos a felicitate mundi. Blanditur mundus, caveatur corruptor ; minatur mundus, non timeatur oppugnator. Si bona mundi non te corruperint, si mala mundi non te corruperint, crucifixus est tibi mundus, crucifixus es mundo. Gloriare in candelabro ; serva lucerna in candelabro semper humilitatem, ut teneas splendorem, observa, ne superbia exstinguaris. Conserva quod factus es, ut de factore glorieris. Quid enim eras, homo? Omnis homo, attende quid natus es; etsi nobilis natus es, nudus natus es. Quid est nobilitas? Nativitas pauperis et divitis æqualis est nuditas. An forte quia nobilis natus es, quantum vis vivis? Quando nescisti, intrasti ; quando non vis, exis. Postremo sepulcra inspiciantur, et ossa divitum agnoscantur.

SERMON CCXC.

IV⁰ pour la Nativité de saint Jean-Baptiste.

CHAPITRE PREMIER. — *Témoignage que Jean rend à Jésus-Christ, et que Jésus-Christ rend à Jean.* — 1. Saint Jean, non pas l'Evangéliste, mais saint Jean-Baptiste, a été envoyé devant Jésus-Christ pour lui préparer les voies. Or, voici le témoignage que Jésus-Christ rend à Jean : « Parmi les enfants des femmes, il n'en a point paru de plus grand que Jean-Baptiste. » (*Matth.*, XI, 11.) Voici maintenant le témoignage que Jean-Baptiste rend à Jésus-Christ : « Celui qui vient après moi est au-dessus de moi, et je ne suis pas digne de dénouer les courroies de sa chaussure. » Considérons ces deux témoignages rendus, l'un par le Seigneur à son serviteur, l'autre par le serviteur au Seigneur. Quel est le témoignage que le Seigneur rend au serviteur ? « Parmi les enfants des femmes, il n'en a point paru de plus grand que Jean-Baptiste. » Or, si, parmi les enfants des femmes, il n'en a point paru de plus grand que Jean-Baptiste, qu'est donc celui qui est plus grand que lui ? Jean est un grand homme, mais ce n'est qu'un homme ; Jésus-Christ est plus grand que Jean, parce qu'il est à la fois Dieu et homme. Nous voyons dans ces deux personnages une naissance admirable, dans le héraut comme dans le Juge, dans celui qui est la lampe, comme dans celui qui est le jour, dans la voix comme dans le Verbe, dans le serviteur comme dans le Seigneur. Le Seigneur a formé son serviteur dans un sein jusqu'alors stérile, d'un père et d'une mère avancés en âge ; et le même Seigneur, qui avait créé le premier homme sans lui donner ni père ni mère, s'est formé un corps dans le sein d'une vierge, sans avoir de Père. « Parmi les enfants des femmes, il n'en a point paru de plus grand que Jean-Baptiste. » Jean parut même si grand, que plusieurs le prirent pour Jésus-Christ. Mais l'orgueil ne l'entraîna point à suivre cette erreur, et il se garda bien de dire : Je suis ce que vous pensez ; il reconnut pour son plus grand bien ce qu'il était véritablement, et, humble serviteur, il s'abaissa jusqu'aux courroies de la chaussure de son Maître, de peur que la lampe ne vînt à s'éteindre sous le souffle de l'orgueil.

CHAPITRE II. — *Pourquoi on célèbre la naissance de Jésus-Christ et de Jean-Baptiste, et non celle des autres saints.* — 2. Aussi, comme la naissance de Jean-Baptiste renferme un grand mystère, il est le seul juste dont l'Eglise célèbre la nativité. Nous célébrons la nativité du Seigneur, mais parce que c'est le Seigneur. Citez-moi, à l'exception de Jean, un autre serviteur,

SERMO CCXC [a].
In Natali Joannis Baptistæ, IV.

CAPUT PRIMUM. — *Testimonium Joannis de Christo et Christi de Joanne.* — 1. Sanctus [b] Joannes, non Evangelista, sed Baptista, missus est ante faciem Christi præparare vias ejus. Testimonium Christi de Joanne est : « In natis mulierum non surrexit major Joanne Baptista. » (*Matth.*, XI, 11.) Testimonium Joannis de Christo est : « Qui venit post me, major me est, cujus non sum dignus corrigiam calceamenti solvere. » (*Joan.*, I, 27.) Utrumque testimonium consideremus, quod perhibuit Dominus servo, et quod perhibuit servus Domino. Quod est testimonium Domini de servo ? « In natis mulierum non surrexit major Joanne Baptista. » Quod est testimonium servi de Domino ? « Qui venit post me, major me est. » Si ergo in natis mulierum non surrexit major Joanne Baptista ; qui major illo est, quid est ? Joannes magnus homo, sed homo ; Christus Joanne major, quia Deus et homo. Ambo mirabiliter nati, præco et judex, lucerna et dies, vox et Verbum, servus et Dominus. De sterili servus, de virgine Dominus. Ipse Dominus fecit sibi servum in utero sterili, de sene patre, et de anicula matre ; et idem ipse Dominus fecit sibi carnem in utero virginis, sine homine patre, qui fecit primum hominem sine patre et matre. « Nemo surrexit in natis mulierum major Joanne Baptista. » Tam magnus visus est Joannes, ut a nonnullis etiam Christus putaretur. Nec in superbia sua alienum est secutus errorem, nec ausus est dicere : Sum quod putatis ; sed, quod bonum erat ei, se agnovit, ut ad pedes Domini, et ad corrigiam calceamenti servus humiliaretur, ne vento superbiæ lucerna exstingueretur.

CAPUT II. — *Natalis Christi et Joannis cur celebretur, non aliorum.* — 2. Denique quia in magno sacramento natus est Joannes, ipsius solius [c] justi natalem diem celebrat Ecclesia. Et Natalis Domini celebratur, sed tanquam Domini. Date mihi alium servum præter Joannem inter Patriarchas, inter Prophetas, inter Apostolos, cujus natalem diem celebret Ecclesia

---

(a) Alias XLIV inter homilias L. — (b) Exordium credimus decurtatum : et certe nonnullis in Mss. post titulum præmittitur : *Cujus hodie celebramus natalem diem præcursoris Domini.* — (c) Sic Mss. Editi vero, *jus e.*

parmi les patriarches, parmi les prophètes, parmi les apôtres, dont l'Eglise de Jésus-Christ honore la naissance. Pour un grand nombre, nous célébrons le jour anniversaire de leur martyre ; mais Jean est le seul dont nous honorions le jour natal. Vous avez pu remarquer, pendant la lecture de l'Evangile, les circonstances de la naissance du précurseur et du souverain, et, comme je l'ai dit en commençant, du héraut et du Juge, de la voix et du Verbe. L'ange Gabriel annonce la naissance de Jean; ce même ange Gabriel annonce la naissance de Jésus-Christ. Jean naît le premier ; Jésus-Christ vient après lui; mais Jean précède comme le serviteur, Jésus-Christ suit comme le souverain Maître. Il vient après Jean par sa naissance, mais il est avant lui par sa puissance; car c'est le Christ qui a créé Jean lui-même, après lequel Jésus-Christ a été créé, étant ainsi à la fois créateur et créé : créateur avant sa mère, créateur de sa mère, et créé dans le sein de sa mère. Que dis-je : créateur avant sa mère ? N'a-t-il pas dit : « Avant qu'Abraham fût, moi je suis? » (*Jean*, VIII, 58.) Oui, c'est lui qui l'a dit, d'après le récit de l'Evangile, que vous pouvez ou entendre ou lire. Mais c'est peu de dire qu'il était créateur avant Abraham, il était créateur avant Adam, il était créateur avant le ciel et la terre, il était créateur avant tous les anges, avant toutes les créatures spirituelles, avant les trônes, les dominations, les principautés, les puissances, en un mot, créateur avant tout ce qui existe. Car « au commencement, » le Verbe n'a pas été créé, mais « le Verbe était, et le Verbe était en Dieu, et le Verbe était Dieu. Il était en Dieu au commencement. Toutes ces choses ont été faites par lui. » (*Ibid.*, I, 1, etc.) Si toutes choses ont été faites par lui, il est donc le créateur de tous les êtres visibles et invisibles, du ciel et de la terre, et de la Vierge Marie elle-même, car la Vierge Marie a été formée de terre, et Jésus-Christ, le créateur de la terre, a voulu aussi être formé de terre, « car, dit le Psalmiste, la Vérité s'est levée de la terre. » (*Ps.* LXXXIV, 12.)

CHAPITRE III. — *Jean n'est si grand parmi les hommes, qu'afin, en s'humiliant devant Jésus-Christ, de montrer qu'il est plus qu'un homme.* — 3. Je voudrais rappeler ici en quelques mots à votre charité le grand mystère dont je vous ai parlé. C'est parce qu'il en était beaucoup qui ne devaient voir en Jésus-Christ qu'un homme, et rien au delà de l'humanité, qu'un grand homme, et le plus grand des hommes, que Jean dut rendre témoignage au Christ, en reconnaissant son infériorité, en s'abaissant, en s'humiliant devant lui. Quel grand acte d'humilité déjà s'il avait dit qu'il n'était digne que de dénouer les cordons de sa chaussure? Considérez l'enseignement mystérieux que nous présente la courroie de la chaussure. Quelle humilité de la part de Jean, je le répète, s'il s'était jugé digne de la dénouer ! Combien plus donc

---

Christi. Passionum diem servis plurimis celebramus : nativitatis diem nemini, nisi Joanni. Audistis quando Evangelium legebatur, qui ordo fuerit amborum nascentium, præcursoris et Dominatoris, et quod paulo ante dixi, præconis et judicis, vocis et Verbi. Angelus Gabriel nuntiat Joannem, idem ipse Angelus Gabriel nuntiat Dominum Jesum Christum. Præcedit ille, sequitur ille : ille præcedit obsequendo, sequitur ille (*a*) regendo. Sequitur enim nascendo, antecedit regendo : quia et ipsum Joannem creavit Christus, post quem creatus est Christus, et creator et creatus : creator ante matrem, creator matris, creatus in matre. Et quid dicam, creator ante matrem? « Ante Abraham ego sum, » (*Joan.*, VIII, 58) ipse dixit. Evangelium loquitur : audite, vel legite. Sed parum est, ante Abraham creator : ante Adam creator, ante cœlum et terram creator, ante omnes Angelos universamque creaturam spiritalem, Thronos, Dominationes, Principatus et Potestates, ante omnia creator. Quia « in principio, » non est factum Verbum, sed « erat Verbum, et Verbum erat apud Deum, et Deus erat Verbum : hoc erat in principio apud Deum. Omnia per ipsum facta sunt. » (*Ibid.*, I, 1, etc.) Si omnia, visibilia et invisibilia, cœlum et terra, et virgo Maria : quia et virgo Maria de terra, et Christus factor terræ factus est de terra, quia « veritas de terra orta est. » (*Psal.* LXXXIV, 12.)

CAPUT III. — *Joannes ideo tantus homo, ut Christo se humilians, eum plus quam hominem esse ostendat.*— 3. Breviter ergo commendo Caritati Vestræ magnum sacramentum. Quoniam multi futuri erant, qui putarent Christum non esse nisi hominem, nihil esse amplius quam hominem : ideo magnus homo, quo major in hominibus non fuit, perhibuit ei testimonium Joannes, subditus, inclinatus, humiliatus. In quantum se humilem reddidisset, si solvere corrigiam calceamenti ejus dignum se esse dixisset? Attendite in magno (*b*) sacramento corrigiam calcea-

---

(*a*) Hoc loco res Mss. *regnando :* sed omnes infra, *regendo.* — (*b*) Sic tres Mss. Alii autem cum editis, *in magno Christo.*

s'est-il humilié en s'en déclarant indigne! Voilà pourquoi le jour de sa naissance est si célèbre et l'objet de la vénération de toute l'Eglise.

CHAPITRE IV. — *Les paroles de Zacharie et celles de Marie sont presque les mêmes, mais Marie ne se rend pas coupable de la même incrédulité.* — 4. Cependant, les deux mères nous offrent ici une grande différence; l'une est vierge, l'autre est une femme stérile; l'une conçoit par l'opération du Saint-Esprit, le Fils de Dieu, Notre-Seigneur; l'autre enfante de son époux, déjà vieux, le précurseur du Seigneur. Cette différence n'est pas la seule; en voici une autre sur laquelle j'appelle votre attention. Zacharie ne crut pas à la parole de l'ange. Comment ne crut-il pas? Il demanda à l'ange à quel signe il pourrait reconnaître la vérité de la promesse qu'il lui faisait, parce qu'il était vieux, et que son épouse était avancée en âge. Et l'ange lui répondit : « Voilà que tu seras muet et que tu ne pourras parler jusqu'au jour où ces choses arriveront, parce que tu n'as point cru à mes paroles, qui seront accomplies en leur temps. » (*Luc*, I, 20, etc.) Le même ange se présente à Marie, il lui annonce que le Christ naîtra d'elle selon la chair, et Marie lui fait une réponse à peu près semblable. « A quoi reconnaîtrai-je la vérité de ce que vous m'annoncez? » dit Zacharie. Et l'ange lui répond : « Voilà que tu seras muet, et que tu ne pourras parler jusqu'au jour où ces choses arriveront, parce que tu as refusé de croire à mes paroles. » Il est condamné à rester muet en punition de son incrédulité. Qu'avait dit le prophète, en parlant de Jean? « Voix de celui qui crie dans le désert. » (*Isa.*, XL, 3.) Zacharie, qui doit engendrer la voix, devient muet. Il est muet, parce qu'il n'a pas cru, et il restera muet jusqu'au jour où naîtra la voix. Le Roi-Prophète a eu raison de dire, ou, plutôt, parce que c'est la Vérité même qui lui a inspiré de dire : « J'ai cru; voilà pourquoi j'ai parlé. » (*Ps.* CXV, 40.) Zacharie est justement condamné à ne point parler pour avoir refusé de croire. Cependant, Seigneur, je vous en prie, je me joins à ceux qui m'écoutent pour frapper; ouvrez-nous, donnez-nous l'explication de cette difficulté. Zacharie demande à l'ange à quel signe il reconnaîtrait la vérité de la promesse qui lui est faite, parce qu'il était vieux, et que son épouse était fort avancée en âge, et l'ange lui répond : « Voilà que tu seras muet, parce que tu n'as pas cru. » Le même ange annonce à Marie la naissance du Christ; elle demande aussi quel sera le mode de cette naissance : « Comment cela se fera-t-il, dit-elle à l'ange, car je ne connais point d'homme? » (*Luc*, I, 34.) L'un dit : « A quoi reconnaîtrai-je la vérité de

---

menti. Quantum humilis exstitisset et si se Joannes dixisset dignum? (a) Quid fecit, dicendo se indignum? Propterea notatus est dies nativitatis ejus, et celebrationi Ecclesiæ commendatus.

CAPUT IV. — *Zachariæ et Mariæ eadem fere verba, non eadem incredulitas.* — 4. Verum interest plurimum, non solum in matribus, quod illa virgo, illa mulier fuerit sterilis : illa de Spiritu sancto pariens Filium Dei Dominum nostrum, illa de viro suo sene pariens præcursorem Domini. Et illud attendite. Non credidit Zacharias. Quomodo non credidit? Quæsivit ab Angelo per quid cognosceret quod promittebat, quoniam ipse erat senex, et uxor ejus processerat in diebus suis. Et dixit illi Angelus : « Ecce eris tacens, et non poteris loqui usque in diem quo hæc fiant, propter quod non credidisti verbis meis, quæ implebuntur in tempore suo. » (*Luc.*, I, 20, etc.) Idem ipse Angelus venit ad Mariam, nuntiat Christum nasciturum ex ea in carne, et Maria tale aliquid dicit. Ille enim dixit : « Per quid cognoscam hoc? Ego enim sum senex, et uxor mea processit in diebus suis. » Et dicitur ei : « Ecce eris tacens, et non poteris loqui usque in diem quo hæc implebuntur, propter quod non credidisti verbis meis. » Et accepit supplicium taciturnitatis, merito infidelitatis. Quid dixerat Propheta de Joanne? « Vox clamantis in eremo. » (*Isai.*, XL, 3.) Tacet Zacharias generaturus vocem. Quia non credidit, tacuit : merito obmutuit quousque vox nasceretur. Si enim recte dictum est, imo quia valde recte dictum est in sancto Psalmo : « Credidi, propter quod locutus sum; » (*Psal.* CXV, 10,) qui non credebat, merito non loquebatur. Sed rogo, Domine, cum audientibus me pariter pulso, aperi nobis, expone nobis quid sibi velit hæc quæstio. Causas quærit Zacharias ab Angelo, per quid cognosceret quod illi annuntiatum est, quoniam senex erat, et uxor ejus progressa in diebus suis; dicitur ei : « Quoniam non credidisti, eris tacens. » Nuntiatur Christus virgini Mariæ, et ipsa causam quærit, et dicit Angelo : « Quomodo fiet istud? Quoniam virum non cognosco. » (*Luc.*, I, 34, etc.) Et ille : « Per quid cognoscam hoc? Ego enim sum senex, et uxor mea progressa in die-

---

(a) Sic meliores Mss. Alii vero, *qui se fecit dicendo indignum.* At Lov. *quod dicendo fecisset se indignum.*

ce que vous me dites, car je suis vieux, et mon épouse est fort avancée en âge; » l'autre dit également : « Comment cela se fera-t-il, car je ne connais point d'homme? » Cependant l'ange dit à Zacharie : Vous serez muet, parce que vous n'avez pas cru; tandis que, sans condamner Marie au silence, il lui explique ce qu'elle demandait : « Comment cela se fera-t-il, car je ne connais point d'homme? » Et l'ange lui répond : « Le Saint-Esprit surviendra en vous, et la vertu du Très-Haut vous couvrira de son ombre. » Ne craignez pas les ardeurs de la concupiscence à l'ombre d'une si grande sainteté. Pourquoi donc cette différence? A ne considérer que les paroles, tous deux, Zacharie et Marie ont cru, ou tous deux ont douté. Mais nous ne pouvons entendre que les paroles, Dieu seul peut interroger les cœurs.

CHAPITRE V. — *Zacharie interroge sans croire à ce qui lui est promis; Marie interroge pour s'instruire. Grandeur de la grâce de Dieu dans l'incarnation du Verbe.* — 5. Il nous faut donc admettre, mes très-chers frères, que Zacharie, lorsqu'il dit à l'Ange : « A quoi reconnaîtrai-je la vérité de ce que vous m'annoncez, car je suis vieux et mon épouse est avancée en âge? » fait cette question, non pour s'instruire, mais par un sentiment d'incrédulité, tandis que Marie, en demandant à l'Ange : « Comment cela se fera-t-il, car je ne connais point d'homme? »
cherche uniquement à s'éclairer, sans refuser de croire. Elle interroge, mais ne doute nullement de la promesse qui lui est faite. O Vierge vraiment pleine de grâce! C'est en ces termes que l'ange l'aborde : « Je vous salue, pleine de grâce. » Qui pourra nous expliquer cette grâce? Qui pourra jamais égaler la reconnaissance à la grandeur de cette grâce? L'homme est créé, il se perd par son libre arbitre, et Celui qui l'a créé, se fait homme pour sauver l'homme qu'il a fait. Le Verbe, qui au commencement était Dieu, et qui était en Dieu, par qui toutes choses ont été faites, se fait chair : « Le Verbe s'est fait chair, et il a habité parmi nous. » (*Jean*, I, 14.) Le Verbe se fait chair, mais dans ce sens que la chair est unie au Verbe, et non que le Verbe est absorbé dans la chair. O grâce ineffable! Comment avons-nous pu nous en rendre dignes?

CHAPITRE VI. — *Les riches, c'est-à-dire les orgueilleux, sont renvoyés les mains vides, tandis que ceux qui ont faim, c'est-à-dire les humbles, sont rassasiés et comblés de biens. Le pharisien représente les riches, et le publicain, les pauvres.* — 6. Considérez ce que dit la sainte Vierge Marie, pleine de foi, pleine de grâce, et qui doit demeurer vierge tout en devenant mère. Que dit-elle, parmi tant d'autres vérités dont il nous est difficile de parler en détail? « Il a rempli de biens ceux qui avaient faim, et il a renvoyé les

---

bus suis. » Et illa : « Quomodo fiet istud? Quoniam virum non cognosco. » Illi dicitur : Tacebis, quia non credis; illi autem causa exponitur, silentium non imponitur. « Quomodo fiet istud? Quoniam virum non cognosco. » Et Angelus : « Spiritus sanctus superveniet in te, et virtus Altissimi obumbrabit tibi. » Ecce quomodo fiet quod quæris, ecce quomodo virum non cognoscis et paries, ecce quomodo : quia « Spiritus sanctus superveniet in te, et virtus Altissimi obumbrabit tibi. » Non timeas æstum libidinis, sub tantæ umbraculo sanctitatis. Quare hoc? Si verba attendamus, aut ambo crediderunt, aut ambo dubitaverunt, Zacharias et Maria. Sed nos verba valemus audire : Deus potest et corda interrogare.

CAPUT V. — *Zacharias desperando interrogat, Maria inquirendo. Gratia Dei quam maxima in incarnatione Verbi.* — 5. Intelligimus, Carissimi, quoniam Zacharias quando ait : « Per quid cognoscam hoc, ego enim sum senex, et uxor mea progressa in diebus suis, » desperando dixit, non inquirendo : Maria
vero quando e contra ait : « Quomodo fiet istud, quoniam virum non cognosco, » inquirendo dixit, non desperando. Dum interrogavit, non de promissione dubitavit. O vere gratia plena! Sic est enim ab Angelo salutata : « Ave, gratia plena. » Quis hanc explicet gratiam? Quis huic gratiæ gratias agendo sufficiat? Fit homo, et per liberum arbitrium perit homo, et invenitur homo factus qui fecit, ne periret quem fecit. In principio Verbum Deus apud Deum, per quod omnia facta sunt, fit caro : « Verbum caro factum est, et habitavit in nobis. » (*Joan.*, I, 14.) Caro fit Verbum, sed caro accedit ad Verbum, non perit in carne Verbum. O gratia! Ut hoc haberemus, quid digni (*a*) eramus?

CAPUT VI. — *Divites, id est superbi, exinaniendi sunt : et esurientes, id est humiles, implendi. Pharisæus, dives; publicanus, pauper.* — 6. Sed videte quid dicat ipsa sancta Maria plena fide, plena gratia, mater futura, virgo permansura. Quid dicit inter cætera, de quibus singulis loqui, valde multum est? Quid ait?

(*a*) Sic Am. Er. et Mss. At Lov. *quo digni non eramus.*

riches les mains vides. » Quels sont ceux qui ont faim? Les humbles, les indigents. Quels sont les riches? Les superbes, ceux qui sont gonflés d'orgueil. Je ne vous enverrai pas bien loin pour en trouver des exemples. Je puis vous montrer dans un même temple un de ces riches qui sont renvoyés les mains vides, et un de ces pauvres qui sont rassasiés de biens. « Deux hommes, dit le Sauveur, montèrent au temple pour prier; l'un était pharisien, et l'autre publicain. Or, le pharisien disait. » Que disait-il? Considérez ce riche, qui répand au dehors tous ces biens qu'il ne s'est pas identifiés, et exhalant le trop-plein, non de sa justice, mais de son orgueil : « Mon Dieu, disait-il, je vous rends grâces de ce que je ne suis pas comme le reste des hommes, qui sont voleurs, injustes, adultères, ni même comme ce publicain. Je jeûne deux fois la semaine, je donne la dîme de tout ce que je possède. » (*Luc*, XVIII, 10.) Es-tu venu pour prier ou pour faire ton éloge? Tu prétends avoir tout, et, comme un homme qui n'a besoin de rien, tu ne songes pas à demander. Comment peux-tu dire que tu es venu pour prier? « Seigneur, je vous rends grâces. » Il ne dit pas : Seigneur, accordez-moi cette grâce. « De ce que je ne suis point comme le reste des hommes, qui sont voleurs, injustes, adultères. » Tu es donc le seul juste sur la terre? « Ni même comme ce publicain. » C'est un outrage, ce n'est pas un vrai sentiment de joie. « Je jeûne deux fois la semaine, je donne la dîme de tout ce que je possède. » O riche, qui mérite d'être appauvri!

Chapitre VII. — Venez, pauvre; venez, publicain affamé, ou, plutôt, restez où vous êtes. « Le publicain se tenait de loin. » Mais le Seigneur se rapprochait de cet homme si humble. « Il n'osait pas même lever les yeux vers le ciel. » Il avait le cœur là où il n'osait lever les yeux. « Mais il se frappait la poitrine, en disant : Seigneur, soyez-moi propice, à moi qui ne suis qu'un pécheur. » O pauvre vraiment affamé, vous serez rassasié et rempli de biens.

Jugement du Seigneur sur le pharisien et le publicain. Condamnation des pélagiens, plus orgueilleux que le pharisien lui-même. — 7. Vous avez entendu les débats, Seigneur; c'est à vous de prononcer la sentence. Ecoutez le jugement qu'il rend entre les deux parties. Celui qui a le dessous n'a personne à qui il puisse appeler, car on ne peut appeler du Fils au Père. « Dieu le Père ne juge personne, mais il a donné tout pouvoir de juger à son Fils. » (*Jean*, v, 22.) Que la Vérité prononce donc la sentence entre les parties. « Je vous le dis en vérité, celui-ci revint en sa maison justifié, et non pas le pharisien. » Pourquoi cela, je vous le demande? En vertu de quelle justice? Voulez-vous le savoir? « Car quiconque s'élève sera

---

« Esurientes implevit bonis, et divites dimisit inanes. » (*Luc.*, I, 53.) Qui sunt esurientes? Humiles, indigentes. Qui sunt divites? Superbi et inflati. Non vos longe mitto : ostendo vobis modo in uno templo divitem de illis qui dimittuntur inanes, et pauperem de illis qui implentur bonis. « Ascenderunt duo in templum orare, unus Pharisæus, et alter publicanus. Pharisæus dicebat. » Quid dicebat? Attende divitem indigesta ructantem, crapulam exhalantem, sed superbiæ, non justitiæ: « Deus, inquit, gratias tibi ago, quia non sum sicut cæteri homines, raptores, injusti, adulteri, sicut publicanus iste. Jejuno bis in sabbato, decimas do omnium quæ possideo. » (*Luc.*, XVIII, 10, etc.) Rogare veneras, an te laudare? Totum te habere dixisti : nihil tanquam egens petisti. Quomodo ergo orare venisti? « Gratias tibi ago, Domine. » Non dicit : Domine, da mihi gratiam. « Quia non sum sicut cæteri homines, raptores, injusti, adulteri. » Ergo tu solus justus? « Quia non sum sicut publicanus iste. » Insultas, non exsultas. « Jejuno bis in sabbato, decimas do omnium quæ possideo. » O divitem exinaniendum!

Caput VII. — Veni, veni pauper, esuriens publicane, imo ibi sta ubi stas. « Publicanus enim de longinquo stabat. » Sed Dominus humili appropinquabat. « Nec oculos in cœlum audebat levare. » Quo oculos non levabat, ibi cor habebat. « Sed percutiebat pectus suum, dicens : Domine, propitius esto mihi peccatori. » O esurientem bonis implendum!

Dominicum judicium de Pharisæo et publicano. Pelagianos redarguit ipso Pharisæo superbiores. —7. Audisti Domine controversiam, prome sententiam. Audite sententiam inter partes prolatam. Non appellat victus, quia non est ad quem. Non enim appellat a Filio ad Patrem. Deus enim « Pater non judicat quemquam ; sed omne judicium dedit Filio. » (*Joan.*, v, 22.) Dicat ergo sententiam inter partes veritas. « Amen, inquit, dico vobis, quia descendit hic justificatus de templo, magis quam ille Pharisæus. Quare hoc, rogo te? qua justitia? Vis audire? « Quoniam omnis qui se exaltat, humiliabitur; et qui se humiliat, exaltabitur. » (*Luc.*, XVIII, 14.) A quo iste

SERMON CCXCI.

abaissé, et quiconque s'abaisse sera élevé. » (*Luc*, XVIII, 14.) C'est le même qui élèvera celui qui s'abaisse, et humiliera celui qui s'élève, « parce qu'il a rempli de biens ceux qui ont faim, et qu'il a renvoyé les riches les mains vides. » Allez maintenant, et vantez vos richesses; vantez-vous, et dites : Je suis riche. Quelle est donc cette richesse dont vous êtes si fier? Je suis juste si je veux l'être, et je ne le suis point si je ne veux point. Il est en mon pouvoir d'être juste ou de ne l'être pas. Vous n'entendez pas le Psalmiste vous dire : « Ceux qui mettent leur confiance dans leur vertu. » (*Ps.* XLVIII, 7.) Ainsi, Dieu vous a donné votre corps, il vous a donné vos sens, il vous a donné votre âme, votre esprit, votre intelligence, et c'est vous qui vous donneriez votre justice? Qu'est-ce que le corps? que sont les sens? qu'est-ce que l'âme? qu'est-ce que l'esprit sans la justice? Est-ce que toutes ces facultés sans la justice ne sont pas autant de moyens qui vous conduiront au supplice? Ainsi donc, Dieu vous aurait donné les biens d'un ordre inférieur, et vous seriez assez riche pour vous donner ce qu'il y a en vous de plus excellent? Mauvais riche, qui méritez d'être dépouillé, si toutefois vous possédez ce que vous prétendez avoir. « Qu'avez-vous que vous n'ayez reçu? (I *Cor.*, IV, 7.) Ce riche orgueilleux, ce pharisien n'a pu même vous apprendre à rendre grâces au Seigneur des biens que vous prétendiez avoir.

SERMON CCXCI.

V^e *pour la Nativité de saint Jean-Baptiste.*

La nativité de Jean est admirable à cause de Jésus-Christ. — 1. Il n'est pas besoin de vous dire quelle fête nous célébrons aujourd'hui; l'Evangile que vous venez tous d'entendre vous l'a suffisamment appris. C'est aujourd'hui qu'est né saint Jean, le précurseur du Seigneur, le fils d'une femme stérile qui annonce le Fils de la Vierge, le serviteur qui annonce son Seigneur. Le Dieu-Homme devait naître d'une vierge; il fut précédé par un homme admirable, qui avait pour mère une femme jusqu'alors stérile; et cet homme vraiment admirable, en se déclarant indigne de dénouer les courroies de sa chaussure, apprenait aux hommes à reconnaître un Dieu en Jésus-Christ. Prodiguez à Jean tous les témoignages possibles d'admiration, tous ces témoignages tournent à la gloire du Christ. Oui, ils tournent à la gloire du Christ, non pas que vous donniez quelque chose au Christ, mais parce que vous faites en lui des progrès. Epuisez donc toute votre admiration à l'égard de Jean-Baptiste. Vous avez entendu ce qui doit être l'objet de cette admiration. Un ange prédit sa naissance à son père, qui était prêtre et que cet ange prive de la voix en punition de son incrédulité; il reste muet, et attend que la naissance de son fils lui rende l'usage de

SERMO CCXCI (a).

In Natali Joannis Baptistæ, V.

Joannis nativitas mirabilis propter Christum. — 1. Quem diem celebramus hodiernum vobis dici non opus est, quia omnes, cum Evangelium legeretur, audistis. Hodie accepimus sanctum Joannem Domini præcursorem, sterilis filium nuntiantem virginis filium, sed tamen servum nuntiantem Dominum. Quia enim venturus erat per virginem Deus homo, præcessit eum de sterili mirabilis homo; ut cum se indignum dicit, cujus calceamenti corrigiam solvat mirabilis homo, agnoscatur Deus homo. Mirare Joannem, quantum potes : Christo proficit quod miraris. Proficit, inquam, Christo, non quia tu præstas aliquid Christo, sed ut tu proficias in Christo. Mirare ergo Joannem, quantum potes. Audisti quod mireris. Annuntiatur per Evangelium patri sacerdoti; vocem aufert Angelus patri non credenti; remanet

exaltabitur, et qui se exaltat humiliabitur. Quia « esurientes implevit bonis, et divites dimisit inanes. » Vade nunc, et ventila divitias tuas; jacta te, et dic : Dives sum. Quam dives? Si volo, justus sum; si nolo, justus non sum. In potestate habeo justum esse, et justum non esse. Non audis in Psalmo : « Qui confidunt in virtute sua? » (*Psal.* XLVIII, 7.) Ergo Deus tibi carnem, Deus tibi sensum, Deus tibi animam, Deus tibi mentem, Deus tibi intelligentiam dedit; tu das tibi ipsi justitiam? Quid est caro, quid sunt sensus, quid est anima, quid est mens, quid est intelligentia sine justitia? Nonne omnia ista, si justitia careant, ad pœnam valebunt? Ergo tam dives es, ut cum Deus tibi dederit inferiora, des tibi potiora? Male dives, exinaniende dives; si tamen habes quod te habere dixisti : « Quid habes, quod non accepisti? » (I *Cor.*, IV, 7.) Nec saltem a superbo et divite illo Pharisæo, de his quæ te habere dixisti, gratias Domino agere didicisti.

(a) Alias IV, ex Vignerianis.

la voix. Jean est conçu par une femme stérile et avancée en âge, c'est-à-dire atteinte d'une double infécondité, la stérilité et l'âge. L'ange lui annonce aussi ce que sera ce fils, cette prédiction reçoit en lui son accomplissement, et, ce qu'il y a de plus admirable, il est rempli du Saint-Esprit dès le sein de sa mère. Puis la sainte Vierge étant venu visiter Elisabeth, Jean tressaille dans le sein de sa mère, et salue par de saints transports Celui dont sa voix ne pouvait encore proclamer la grandeur. Il naît et rend à son père l'usage de la parole, le père donne à son fils le nom qu'il doit porter : des grâces aussi éclatantes excitent l'admiration générale. Car que faut-il voir ici autre chose que l'opération de la grâce? Où Jean-Baptiste avait-il pu mériter les dons de Dieu? où avait-il pu s'en rendre digne avant même d'exister? O grâce vraiment gratuite !

La grandeur de Jean-Baptiste doit nous faire comprendre la majesté du Christ. — 2. Tous sont saisis d'admiration et d'étonnement, et, obéissant au mouvement de leur cœur, ils disent ce que l'évangéliste devait écrire pour nous en conserver le souvenir : « Que pensez-vous que sera un jour cet enfant? Car la main du Seigneur était avec lui. Que pensez-vous que sera cet enfant? » (*Luc*, I, 66.) Il dépasse les bornes de la nature humaine. Nous connaissons bien des enfants, mais « que pensez-vous que sera celui-ci? » Pourquoi faites-vous cette demande :
« Que pensez-vous que sera cet enfant, car la main de Dieu est avec lui? » Nous savons que la main de Dieu est avec lui, mais nous ne savons pas ce qu'il doit être. Il ne peut manquer d'être très-grand, lui qui commence à l'être dès sa naissance. Que sera celui qui est déjà si grand, tout petit enfant qu'il est? que sera-t-il un jour? La faiblesse humaine s'étonne, tous ceux qui considèrent ces prodiges sont saisis d'effroi. « Que pensez-vous que sera cet enfant? » Il sera grand; mais que sera Celui dont la grandeur doit surpasser la sienne? Il sera très-grand; mais que sera Celui qui sera beaucoup plus grand que lui encore malgré sa grandeur? Si celui qui a commencé d'être sera si grand, quelle sera la grandeur de Celui qui était? Qu'est-ce à dire, qu'il était? Zacharie était avant Jean-Baptiste; à plus forte raison Abraham, Isaac et Jacob étaient-ils avant lui. Le ciel et la terre étaient avant Jean-Baptiste. Que sera donc Celui qui était au commencement? « Au commencement, » qui est avant Jean et avant tout homme, « Dieu a fait le ciel et la terre. » (*Gen.*, I, 1.) Vous me demandez par qui il a fait le ciel et la terre. Au commencement, Dieu n'a pas fait le Verbe, mais le Verbe était. « Au commencement était le Verbe, et le Verbe était » non pas un Verbe quelconque, mais « le Verbe était Dieu; toutes choses ont été faites par lui. » (*Jean*, I, 1.) Et, dans les derniers temps, le Verbe qui était a été fait, pour ne pas

---

mutus, in filii nativitate exspectans linguam. Concepit sterilis, concepit et anus; gemina infecunditas, sterilitas et ætas. Dicitur ab Angelo qualis futurus sit : impletur in eo quod dicitur; et quod maxime mirandum est, impletur Spiritu sancto adhuc ex utero matris suæ. Deinde veniente Maria sancta, exultat in utero; et quem non poterat vocibus, salutat motibus. Nascitur, dat patri vocem; pater loquens dat filio nomen : mirantur omnes tantam gratiam. Quid enim aliud quam gratia? Ubi enim Joannes iste promeruit Deum? Ubi promeruit Deum, antequam esset qui promereretur? O gratia gratis data!

Ex magnitudine Joannis majestas Christi intelligenda. — 2. Mirantur omnes, obstupescunt, et motu cordis sui dicunt, ut scriberetur nobis quod legeretur : « Quid putas erit puer iste? Nam manus Domini cum illo. Quid putas erit puer iste? » Excedit metas humanæ naturæ. Novimus pueros; sed, « quid putas erit puer iste? » (*Luc.*, I, 66.) Quare dicis: « Quid putas erit puer iste? Manus enim Domini cum illo. »
Quia manus Domini cum illo est, jam scimus; sed quid erit, nescimus. Utique valde magnus erit, qui tam magnus cœpit. Quid erit, qui tantillus tantus est? quid erit? Hebescit humana infirmitas, omnium considerantium corda contremiscunt : « Quid putas erit puer iste? » Magnus erit; sed quid erit qui major illo erit? Valde iste magnus erit; sed quid erit qui isto magno major erit? Si ille qui modo cœpit esse, tam magnus erit, quid erit qui erat? Sed quid dixi, qui erat? Ante Joannem et Zacharias erat, multo magis ante Joannem et Abraham et Isaac et Jacob erant. Ante Joannem certe cœlum et terra erant. Quid erit qui in principio erat? « In principio » enim, quod est ante Joannem, et ante omnem hominem, « fecit Deus cœlum et terram. » (*Gen.*, I, 1.) Sed per quid fecit quæris? In principio non fecit Deus Verbum, sed erat Verbum : « In principio erat Verbum, et Verbum erat, » non qualecumque, sed « Deus erat Verbum. Omnia per ipsum facta sunt. » (*Joan.*, I, 1.) Et novissimo tempore factus est qui erat, ne periret

laisser périr ce qu'il avait fait. « Que pensez-vous que sera cet enfant, car la main de Dieu est avec lui? » Si cet enfant est si grand parce que la main de Dieu est avec lui, que sera la main du Seigneur elle-même? Le Christ, en effet, est la main du Seigneur, le Fils de Dieu est la main de Dieu, le Verbe de Dieu est la main de Dieu. Qu'est-ce que la main de Dieu? n'est-ce pas Celui par qui toutes choses ont été faites? « Que pensez-vous que sera cet enfant? car la main du Seigneur était avec lui. » O faiblesse humaine! que ferez-vous donc en présence du Juge, vous qui hésitez ainsi à l'égard du héraut? Mais, qu'est-ce que je viens de dire? Je reviens à des considérations tout humaines. Qu'ai-je donc dit? J'ai parlé de héraut, j'ai parlé de juge; mais, un héraut est un homme, un juge est un homme. J'ai dit ce qui paraissait au dehors; qui pourra dire ce qui restait invisible? « Le Verbe s'est fait chair, » (*Ibid.*, 14) sans toutefois que le Verbe se soit changé en chair. Le Verbe s'est fait chair en prenant ce qu'il n'était pas, mais sans perdre ce qu'il était. Nous venons donc d'admirer la naissance du héraut que nous célébrons aujourd'hui, voyons maintenant Celui qui a été le but de cette naissance miraculeuse.

Un ange est envoyé à Zacharie et à Marie. Dans quel sens la prière de Zacharie était exaucée. — 3. L'ange Gabriel vient trouver Zacharie, et non Elisabeth, son épouse, mère de Jean; il apparaît, je le répète, à Zacharie, et non à Elisabeth; pourquoi? Parce que c'est par Zacharie que Jean devait être conçu dans le sein d'Elisabeth. L'ange donc qui venait annoncer la naissance de Jean ne vient pas trouver celle qui devait le recevoir dans son sein, mais celui qui devait être le principe de son existence. Il prédit la naissance de leur fils à tous deux, car Jean devait naître de l'union de l'homme et de la femme, mais c'est au père qu'il l'a prédite. Le même ange Gabriel descend de nouveau sur la terre, et vient trouver, non pas Joseph, mais Marie, du sein de laquelle sa chair devait être formée et prendre naissance. Dans quels termes l'ange avait-il annoncé au prêtre Zacharie la naissance de son fils? « Ne craignez pas, Zacharie, votre prière a été exaucée. » (*Luc*, I, 13.) Quoi donc, mes frères, est-ce que ce prêtre était entré dans le Saint des saints pour demander des enfants au Seigneur? Telle n'est point ma pensée. Sur quoi vous fondez-vous pour le nier, me dira-t-on, car Zacharie n'a pas fait connaître l'objet de sa prière? Je réponds à cela en quelques mots : Si Zacharie avait demandé un fils, il eût cru à la prédiction de sa naissance. L'ange lui dit qu'il lui naîtra un fils; il refuse de croire, et c'est ce qu'il venait de demander à Dieu? Qui prie jamais sans espérance d'être exaucé, ou qui espère sans croire? Si vous

---

quod fecerat. « Quid putas erit puer iste? Manus enim Domini cum illo est. » Si puer tam magnus erit, quia est cum illo manus Domini; quid ipsa manus Domini? Christus enim manus Domini, Filius Dei manus Dei, Verbum Dei manus Dei. Quæ est enim manus Dei, nisi per quam facta sunt omnia? « Quid putas erit puer iste? Manus enim Domini cum illo. » O humana infirmitas, quid factura es in judice, quæ sic hæsitas in præcone? Sed etiam hic quid dixi? Redeo ad considerationem consuetudinis humanæ. Et quid dixi? Præconem dixi, judicem dixi : et præco homo, et judex homo. Quod apparebat dixi, quod latebat qui dixerit? « Verbum caro factum est; » (*Ibid.*, 14) non tamen Verbum in carnem versum est. Verbum caro factum est, accipiendo quod non erat, non amittendo quod erat. Ecce admirati sumus præconis ejus nativitatem, quam hodie celebramus, sed propter quem facta est videamus.

Angelus ad Zachariam et ad Mariam missus. Oratio Zachariæ quomodo exaudita. — 3. Venit Angelus Gabriel ad Zachariam, non ad Elisabeth uxorem ejus, matrem Joannis: venit, inquam, Angelus Gabriel ad Zachariam, non ad Elisabeth, quare? Quia Joannes per Zachariam futurus erat in Elisabeth. Ergo Angelus annuntians venturum Joannem nascendo, non venit ad exceptorium ventris, sed ad fontem seminis. Nuntiavit amborum futurum filium, sed patri nuntiavit. Venturus enim erat Joannes de connubio masculi et feminæ. Ecce iterum ipse Gabriel venit ad Mariam, non ad Joseph; unde erat caro illa cœptura, unde erat initium habitura, ad ipsam Angelus venit. Patri autem sacerdoti Zachariæ quomodo Angelus futurum filium prænuntiavit? « Noli, inquit, timere, Zacharia, exaudita est oratio tua. » (*Luc.*, I, 13.) Quid enim, Fratres mei, sacerdos ille ideo intraverat in sancta sanctorum, ut filios precaretur a Domino? Absit. Dicit aliquis, unde hoc probas? Non enim indicavit Zacharias quid rogaverit. Unum est quod breviter dico : Si petisset filium, crederet annuntiatum. Angelus dicit quod ei filius nascetur, ille non credit; certe hoc rogaverat? Quis rogat sine spe? Aut

n'espérez pas, pourquoi priez-vous? si vous espérez, pourquoi ne croyez-vous pas? Que lui dit donc l'ange? « Votre prière a été exaucée; votre femme, Elisabeth, vous donnera un fils, que vous appellerez Jean. » Pourquoi? « Parce que votre prière est exaucée. » Si Zacharie lui eût fait cette question : Pourquoi cette promesse? ai-je fait à Dieu cette demande? l'ange n'aurait été ni trompé, ni trompeur, en lui disant : « Votre prière a été exaucée, car votre femme enfantera un fils. » Pourquoi donc l'ange s'exprime-t-il de la sorte? Parce que Zacharie, qui était prêtre, sacrifiait pour le peuple; le peuple attendait Jésus-Christ, et Jean devait annoncer Jésus-Christ.

Marie est bénie entre toutes les femmes. — 4. Or, le même ange se présente à la Vierge Marie, et lui dit : « Je vous salue, pleine de grâce, le Seigneur est avec vous. » (*Luc*, I, 28.) Celui qui sera en vous est déjà avec vous. « Vous êtes bénie entre toutes les femmes. » C'est un usage de la langue hébraïque de donner le nom de femmes, *mulieres*, à toutes les personnes du sexe; la sainte Ecriture nous en offre de nombreux exemples, observation qui a pour but de prévenir l'étonnement ou même le scandale de ceux qui ne sont pas familiarisés avec le langage des Ecritures. Le Seigneur dit en termes formels dans un des livres de l'Ecriture : « Réservez les femmes, *mulieres*, qui n'ont point connu d'hommes. » (*Nomb.*, XXXI, 17, selon les Sept.) Rappelez-vous enfin notre origine; lorsqu'Eve fut formée d'une des côtes de l'homme, que dit l'Ecriture? « Dieu prit une de ses côtes, et en forma la femme, *mulierem*. » (*Gen.*, II, 22.) L'Ecriture lui donne déjà le nom de femme, et cependant, bien qu'elle eût été tirée de l'homme, elle ne s'était pas encore unie à l'homme. Lors donc que l'ange dira à Marie : « Vous êtes bénie entre toutes les femmes, » entendez ces paroles dans le même sens où nous dirions : Vous êtes bénie entre toutes les personnes de votre sexe.

Zacharie et Marie font à l'ange la même question, mais dans un esprit bien différent. Vœu de virginité. — 5. L'ange promet un fils à Zacharie, il promet également un fils à la sainte Vierge Marie, et elle lui fait à peu près la même question que Zacharie. Que lui avait dit Zacharie? « Comment connaîtrai-je cela, car je suis vieux, et mon épouse est stérile et avancée en âge? » (*Luc*, I, 18.) Que lui dit sainte Marie? « Comment cela se fera-t-il? » (*Ibid.*, 34.) Ce langage est semblable, les dispositions du cœur sont bien différentes. Les mêmes paroles frappent nos oreilles, mais que l'ange lui-même nous apprenne combien les sentiments du cœur sont différents. David, lorsqu'il eut péché, fut repris par un prophète, et s'écria : « J'ai péché, » (II *Rois*, XII, 13) et il lui fut aussitôt répondu : « Votre péché vous est pardonné. » Saül se rendit également coupable

---

quis non credit in spe? Si non speras, quare petis? si speras, quare non credis? Quid ergo? « Exaudita est, inquit, oratio tua ; nam ecce concipiet Elisabeth, et pariet tibi filium. » Quare? Quia « exaudita est oratio tua. Si diceret Zacharias : Quare? hoc rogavi? Utique Angelus nec falleretur, nec falleret, quando diceret : « Exaudita est oratio tua ; nam ecce paritura est uxor tua. » Sed quare hoc dictum est? Quia ille pro populo sacrificabat; sacerdos pro populo sacrificabat, populus Christum exspectabat; Joannes Christum annuntiabat.

Maria inter mulieres benedicta. — 4. Angelus vero idem ipse ad Mariam virginem : « Ave, inquit, gratia plena, Dominus tecum; » (*Luc.*, I, 28) jam tecum est qui erit in te. « Benedicta tu inter mulieres. » Proprietate Hebraicæ linguæ omnes feminas mulieres dici solere Scriptura sancta testatur, ne forte mirentur aut scandalizentur, qui non solent Scripturas audire. Dominus quodam Scripturarum loco aperte dicit : « Segregate mulieres, quæ non cognoverunt virum. » (*Num.*, XXXI, 17, sec. LXX.) Ipsam denique recolite originem nostram; quando facta est Eva de latere viri, quid dicit Scriptura? « Detraxit ei costam, et ædificavit eam in mulierem. » (*Gen.*, II, 22.) Jam mulier vocatur, de viro quidem sumpta, sed nondum viro conjuncta. Jam ergo cum auditis ab Angelo : « Benedicta tu inter mulieres, » sic accipite, ac si more nostro diceretur : Benedicta tu inter feminas.

Zachariæ et Mariæ similis interrogatio, animus dissimilis. Propositum virginitatis. — 5. Promittitur Zachariæ filius, promittitur et sanctæ Mariæ filius, et dicit etiam ipsa pene ipsa verba, quæ dixerat Zacharias. Quid enim dixerat Zacharias? « Unde mihi hoc? Ego enim sum senex, et uxor mea sterilis, et progressa in diebus suis. » (*Luc.*, I, 18.) Quid et Maria sancta? « Quomodo fiet istud? » (*Ibid.*, 34.) Similis vox, dissimile cor. Vocem similem aure audiamus, cor autem dissimile Angelo pronuntiante noscamus. Peccavit David, et a Propheta correptus dixit : « Peccavi; » continuo ei dictum est : « Dimissum est tibi

de péché, et, sur le reproche que lui en fit un prophète, il fit aussi cet aveu : « J'ai péché. » (I *Rois*, xv, 30.) Mais son péché ne lui fut point pardonné, et la colère de Dieu continua à s'appesantir sur lui. Pourquoi cette conduite si différente? Parce que cet aveu, semblable dans la forme, cachait un cœur tout différent. L'homme entend la voix qui frappe son oreille, Dieu pénètre le fond des cœurs. Dans ces paroles de Zacharie, l'ange aperçut le langage, non pas de la foi, mais du doute, mais de la défiance, et il le fit voir en lui ôtant l'usage de la voix, en punition de son incrédulité. Sainte Marie dit aussi à l'ange : « Comment cela se fera-t-il, car je ne connais point d'homme? » Reconnaissez ici le vœu de virginité. Si elle avait dû avoir des rapports avec son mari, comment aurait-elle pu dire : « Comment cela se fera-t-il? » Si cette naissance devait ressembler à la naissance de tous les autres enfants, Marie ne ferait point cette question : « Comment cela se fera-t-il? » Mais elle se souvenait de sa résolution, elle avait présent à l'esprit le vœu sacré qu'elle avait fait, elle en connaissait toute l'étendue, lorsqu'elle disait : « Comment cela se fera-t-il, car je ne connais point d'homme? » Elle savait, d'ailleurs, que les enfants étaient le fruit de l'union de l'homme avec la femme, union qu'elle avait fait le vœu d'ignorer à jamais. En faisant donc cette question à l'ange, elle veut savoir comment elle deviendra mère, et n'élève aucun doute sur la toute-puissance de Dieu. « Comment cela se fera-t-il? » De quelle manière s'accomplira ce que vous m'annoncez? Vous m'annoncez un fils, vous trouvez mon âme toute préparée, mais dites-moi de quelle manière naîtra ce fils. Cette vierge pouvait craindre, ou du moins ignorer le conseil de Dieu, c'est-à-dire, qu'en voulant avoir un fils, il désapprouvât son vœu de virginité. Que serait-il arrivé, si l'ange lui eut dit : Unissez-vous à votre mari? Mais non ; Dieu ne pouvait lui parler de la sorte, car il avait agréé comme Dieu son vœu de virginité, et reçu d'elle ce que lui-même lui avait donné. Dites-moi donc, divin messager, « comment cela se fera-t-il? » Voyez, l'ange sait que c'est le désir de s'instruire, et non la défiance qui lui inspire cette question, et parce qu'il connaît les dispositions de son cœur, il ne lui refuse pas de l'éclaircir. Ecoutez comment cela se fera : Vous resterez vierge ; croyez seulement la vérité, conservez votre virginité, et recevez l'assurance qu'elle sera respectée. Votre foi est intacte, votre virginité le sera également. Or, apprenez comment cela se fera : « L'Esprit saint surviendra en vous, et la vertu du Très-Haut vous couvrira de son ombre. » Cet ombrage est inaccessible aux ardeurs de la concupiscence. « Et, ajoute-t-il, c'est à cause de cela, c'est parce que l'Esprit saint surviendra en vous, et que la vertu du Très-Haut vous couvrira de son ombre ; » c'est parce que vous con-

---

peccatum. » (II *Reg.*, xii, 13.) Peccavit Saul, et a Propheta correptus dixit : « Peccavi ; » (I *Reg.*, xv, 30) nec ei dimissum est peccatum, sed mansit ira Dei super cum. Quid est hoc, nisi quod similis vox, dissimile cor? Homo enim est vocis auditor, Deus cordis inspector. In illis ergo verbis Zachariæ non fuisse fidem, sed dubitationem et desperationem Angelus vidit, Angelus indicavit, vocem tollendo, infidelitatem damnando. Sancta vero Maria : « Quomodo fiet istud? Quia virum non cognosco? » Agnoscite propositum virginis. Quando diceret, concubitura cum viro : « Quomodo fiet istud ? » Si enim fieret, quomodo de omnibus infantibus fieri solet, non diceret : Quomodo fiet? sed illa propositi sui memor, et sancti voti conscia, quia noverat quid voverat ; dicendo : « Quomodo fiet istud, quoniam virum non cognosco ; » quoniam non noverat hoc fieri, ut filii nascerentur nisi conjugatis et concumbentibus cum viris suis, quod ipsa proposuerat ignorare ; dicendo : « Quomodo fiet istud? » Quis modus est, quo fiet istud? Annuntias mihi filium, habes meum paratum animum, dic mihi modum. Potuit enim virgo sancta metuere, aut certe ignorare consilium Dei, quomodo eam vellet habere filium, quasi improbasset virginis votum. Quid enim si diceret : Nube, conjungere viro? Non diceret Deus, accepit enim votum virginis (*f.* quod vovit Deo), quomodo Deus. Et hoc ab illa accepit, quod ipse donavit. Dic mihi ergo, nuntie Dei, « quomodo fiet istud? » Vide Angelum scientem illam quærentem, non diffidentem. Quia ergo vidit eam quærentem, non diffidentem, non negavit instruentem. Audi quomodo ; erit virginitas tua, tu tantum crede veritatem, serva virginitatem, accipe integritatem. Quoniam integra est fides tua, intacta erit et integritas tua. Denique audi quomodo fiet istud : « Spiritus sanctus superveniet in te, et virtus Altissimi obumbrabit tibi. » Tale umbraculum nescit libidinis æstum. « Propterea, quia Spiritus sanctus superveniet in te, et virtus Altissimi obumbrabit tibi ; » quia fide concipis, quia credendo, in utero,

cevrez par la foi, c'est parce que vous deviendrez mère par la foi, et non par l'union des sexes, que « le saint qui naîtra de vous s'appellera le Fils du Très-Haut. »

C'est à la grâce que Marie doit d'être la mère du Fils de Dieu. — 6. Qu'êtes-vous donc, vous qui devez enfanter de la sorte? Comment avez-vous pu mériter et recevoir cet honneur? Comment celui qui vous a faite prendra-t-il naissance dans votre sein? Vous êtes vierge, vous êtes sainte, vous avez fait un vœu sacré, mais l'honneur qui vous a été fait, que vous avez reçu est bien grand. Comment l'avez-vous mérité? Celui qui vous a créée naît dans votre sein; vous voyez se former en vous Celui par qui vous avez été faite, je dis plus, qui a fait le ciel et la terre, par qui toutes choses ont été faites; le Verbe de Dieu se fait chair dans votre sein, en prenant la chair, mais sans perdre sa divinité. Le Verbe s'unit à la chair, il contracte alliance avec la chair, et c'est votre sein qui est le lit sacré où se consomme cette sainte union du Verbe et de la chair; et c'est de là qu'il sort « comme un époux de sa couche nuptiale. » (*Ps.* xviii, 6.) Il vous a trouvée vierge lorsqu'il a été conçu, il vous laisse vierge en naissant. Il vous rend féconde, mais sans porter atteinte à votre virginité. Encore une fois, d'où vous vient ce privilége extraordinaire ? Je vous paraîtrai peut-être bien peu réservé en importunant de mes questions des oreilles si chastes. Mais je vois cette Vierge pleine de modestie et de pudeur, et je l'entends me répondre : Vous me demandez d'où me vient une si auguste prérogative ; je rougis de vous dévoiler tout mon bonheur ; écoutez la salutation de l'ange, et vous reconnaîtrez en moi le principe de votre salut. Croyez à Celui à qui j'ai cru. Pourquoi m'interroger moi-même ? c'est à l'ange à vous répondre. Dites-moi donc, ô ange, d'où vient à Marie une si grande faveur ? J'ai répondu à cette question lorsque je lui ai adressé cette salutation : « Je vous salue, pleine de grâce. » (*Luc,* I, 28.)

SERMON CCXCII.

VI° *pour la Nativité de saint Jean-Baptiste.*

Saint Augustin y discute contre les donatistes.

CHAPITRE PREMIER. — *Pourquoi célèbre-t-on la naissance de saint Jean-Baptiste à l'exclusion des autres saints.* — 1. La solennité de ce jour demande aussi un discours solennel et qui réponde à une si grande attente. Nous allons donc vous dire ce que la grâce de Dieu nous inspirera, mais en nous rappelant et en ayant toujours présent à l'esprit que le devoir de notre ministère est de vous parler, non comme maître, mais comme ministre, non comme à des disciples, mais comme à des condisciples, non

---

non concumbendo habebis : « propterea quod nascetur de te sanctum, vocabitur Filius Dei. »

Maria ex gratia mater Filii Dei. — 6. Quid es, quæ postea paritura es? Unde meruisti? unde hoc accepisti ? unde fiet in te qui fecit te? Unde, inquam, tibi hoc tantum bonum? Virgo es, sancta es, votum vovisti; sed multum quod meruisti, imo vero multum quod accepisti. Nam unde hoc meruisti? Fit in te qui fecit te, fit in te per quam facta es : imo vero per quem factum est cœlum et terra, per quem facta sunt omnia, fit in te Verbum Dei caro, accipiendo carnem, non amittendo divinitatem. Et Verbum jungitur carni, et Verbum copulatur carni ; et hujus tanti conjugii thalamus, uterus tuus ; et hujus, inquam, tanti conjugii, id est Verbi et carnis thalamus, uterus tuus : unde « ipse sponsus procedit de thalamo suo. » (*Psal.* xviii, 6.) Invenit te virginem conceptus, dimittit virginem natus. Dat fecunditatem, non tollit integritatem. Unde tibi hoc? Proterve virginem videor interrogare, et quasi importune aures verecundas ista mea voce pulsare. Sed video virginem verecundantem, et tamen respondentem, meque admonentem : Quæris a me unde mihi hoc? Verecundor tibi respondere bonum meum, Angeli audi ipsius salutationem, et in me agnosce tuam salutem. Crede cui credidi. Unde mihi hoc quæris? Angelus respondeat. Dic mihi, Angele, unde Mariæ hoc? Jam dixi, cum salutavi : « Ave gratia plena. » (*Luc.*, I, 28.)

SERMO CCXCII. [a]

De Natali Joannis Baptistæ, VI.

In quo disputatur contra Donatistas.

CAPUT PRIMUM. — *Joannis nativitas cur celebretur, non aliorum.* — 1. Diei hodiernæ solemnitas, solemnem desiderat tanta exspectation Sermonem. Ergo, adjuvante Domino, ministrabimus vobis quod dederit, recolentes et animo tenentes nostræ officium servitutis, ut loquamur, non tanquam magistri, sed

(a) Alias xxiii de Sanctis.

comme à des serviteurs, mais comme à des confrères, serviteurs du même Maître. En effet, nous n'avons tous qu'un seul Maître, dont l'école est sur la terre, mais dont la chaire est dans le ciel, et qui a eu pour précurseur Jean, dont, suivant la tradition, nous célébrons aujourd'hui la naissance. Nous avons reçu cet usage de nos pères, et nous le transmettons à nos descendants, qui devront eux-mêmes l'observer avec une religieuse fidélité. Nous célébrons donc aujourd'hui la naissance, non de Jean l'Evangéliste, mais de Jean-Baptiste. Cela posé, il se présente une question que nous ne devons point passer sous silence, c'est-à-dire, pourquoi nous célébrons la naissance de Jean-Baptiste plutôt que celle de tout autre apôtre, martyr, prophète ou patriarche? Si l'on nous adresse cette question, que répondrons-nous? Voici la raison que j'oserai en donner, autant que me le permet la faible mesure de mes forces. C'est après leur naissance, et lorsqu'ils étaient arrivés par la succession des années à la maturité de l'âge, que les autres disciples du Seigneur furent appelés à recevoir ses enseignements; ce ne fut qu'alors que leur foi s'attacha au Seigneur, mais aucun d'eux ne lui rendit témoignage par sa naissance. Rappelons-nous les prophètes, les patriarches : ils sont nés comme les autres hommes, et ce n'est que dans la suite de leur vie qu'ils ont été remplis de l'Esprit saint pour prédire le Christ; ils sont nés d'abord, et ne sont devenus prophètes que plus tard. La naissance de Jean-Baptiste, au contraire, est une prophétie de l'avénement de Notre-Seigneur Jésus-Christ, à qui il rend hommage en le saluant dès le sein de sa mère.

Chapitre II. — *Pourquoi un homme si grand que Jean n'a point fait partie des disciples du Seigneur, mais a eu lui-même des disciples comme le Seigneur. Paroles orgueilleuses des donatistes.* — 2. Cette question résolue selon la mesure de nos forces, abordons-en une autre, que nous expliquerons également comme le Seigneur nous donnera de le faire. Ici, en effet, se présente une question un peu plus obscure, ce me semble, et que nous aurons plus de peine à approfondir; votre ardeur et les prières que vous ferez à Dieu seront ici pour ma faiblesse d'un grand secours. Jean-Baptiste, élevé à un degré si éminent de grâce, qu'étant encore dans le sein maternel il rendit hommage au Seigneur, non pas encore par sa parole, mais par ses tressaillements, lui qui se portait vers Dieu avec tant d'ardeur, alors qu'il était encore renfermé dans le corps de sa mère; Jean n'a point fait partie des disciples du Seigneur; loin de là, nous remarquons qu'il avait lui-même des disciples comme le Seigneur. Pourquoi cela? Quel est donc cet homme? C'est un grand homme. Quel est cet homme si grand, et quelle idée doit-on se faire de cette grandeur? Cependant, il ne faisait point partie des

---

tanquam ministri; non discipulis, sed condiscipulis; quia nec servis, sed conservis. Magister autem unus est nobis, cujus schola in terra est, et cathedra in cœlo : cujus præcursor Joannes est natus, cujus nativitatis dies hodiernus traditur, hodie celebratur. Hoc majorum traditione suscepimus, hoc ad posteros imitanda devotione transmittimus. Joannis ergo non Evangelistæ, sed Baptistæ Natalem hodie celebramus. Qua prima re posita, occurrit quæstio non prætereunda, quare Natalem, quo est ortus ex utero Joannes, potius celebremus, quam cujuslibet Apostoli vel Martyris vel Prophetæ vel Patriarchæ? Si interrogemur, quid respondebimus? Quantum mihi videtur, quantum mearum virium mediocritati occurrit, hæc causa est : Discipuli Domini nati, et per ætatis accessum ad annos capaciores perducti, in discipulatum assumpti sunt; illorum postea fides Domino adhæsit, sed nullius illorum nativitas Domino militavit. Recordemur et Prophetas, recolamus Patriarchas; nati sunt homines, ætatis accessu repleti Spiritu sancto prophetaverunt Christum; nati sunt, ut postea prophetarent. Joannis autem ipsa nativitas Dominum Christum prophetavit, quem conceptum ex utero salutavit.

Caput II. — *Cur tantus homo Joannes, nec inter discipulos Domini, sed discipulos habens cum Domino. Donatistarum voces superbæ.* — 2. Ista, ut potuimus, soluta quæstione, alteram aggrediamur, pro viribus quas dederit Dominus. Occurrit enim alia quæstio aliquanto, ut mihi videtur, obstrusior, et ad perscrutandum laboriosior, in qua me multum adjuvabit vestra intentio, et pro mea exiguitate ad Dominum deprecatio, Joannes iste tanta excellens gratia, ut quemadmodum dictum est, Dominum etiam ex utero salutaret, nondum loquendo, sed exsultando; cujus gratia in Deum jam tunc erat aperta, quando ejus caro in carne erat inclusa; hic ergo Joannes non invenitur inter discipulos Domini, sed invenitur potius discipulos habuisse cum Domino. Quid est hoc? Quis est iste homo? Homo

disciples du Seigneur ; il avait lui-même des disciples, à Dieu ne plaise que je dise contre le Seigneur, mais comme en dehors du Seigneur. Jésus-Christ avait des disciples, Jean avait aussi des disciples; Jésus-Christ enseignait, Jean enseignait également. Que dirai-je encore? Jean baptisait, et Jésus-Christ baptisait aussi; je dirai même plus quant au baptême : Jésus-Christ a reçu le baptême des mains de Jean. Où sont ceux qui, sur l'administration du baptême, s'enflent d'orgueil et d'animosité. Où sont ces paroles où l'on cherche en vain l'humilité, et qui ne respirent que l'arrogance : C'est moi qui baptise, c'est moi qui baptise? Que diriez-vous donc, si vous aviez mérité de baptiser Jésus-Christ? Votre sainteté a déjà pu voir paraître et se dessiner le grand dessein pour lequel le Christ devait être envoyé par son Père, et Jean envoyé comme précurseur devant Jésus-Christ. Jean fut envoyé le premier, mais comme les serviteurs précèdent leur maître. Jésus-Christ, comme homme, a été créé après Jean, mais Jésus-Christ, comme Dieu, a été le créateur de Jean. Jean était donc un homme parfait et que Dieu avait comblé de grâces si éclatantes, que le Seigneur a pu dire de lui : « Parmi les enfants des femmes, il n'en a point paru de plus grand que Jean-Baptiste. » (*Matth.*, XI, 11.) Or, cet homme si grand reconnaît le Seigneur de toute grandeur sous cet extérieur si petit, l'homme reconnaît le Dieu qui est venu se faire homme. Si, parmi les enfants des femmes, c'est-à-dire parmi les hommes, il ne s'en est point trouvé de plus grand que Jean-Baptiste, quiconque est plus que Jean doit être non-seulement homme, mais Dieu. Un homme si grand a donc dû avoir des disciples à lui, et amener ses disciples à la connaissance de Jésus-Christ, leur Maître à tous. Quel plus grand témoignage, en effet, pouvait-il rendre à la vérité, que de reconnaître, en s'humiliant devant lui, Celui dont il aurait pu devenir le rival par envie? Il aurait pu passer pour le Christ, et il ne l'a point voulu; on aurait pu le prendre pour le Christ, et il s'y opposa constamment. Les hommes, se trompant sur ce qu'il était, disaient : Ne serait-il pas le Christ? Il répondit ce qu'il n'était pas pour rester ce qu'il était. Adam, au contraire, perdit par sa chute ce qu'il était, pour avoir usurpé ce qu'il n'était pas. Voilà ce qui était présent au souvenir de cet homme si grand, mais qui se faisait si petit devant le Christ humilié; il connaissait, il se rappelait cette chute, il n'avait garde de l'oublier, parce qu'il songeait à recouvrer ce qu'Adam avait perdu. Jean, je l'ai déjà dit, était donc un grand homme, lui à qui le Seigneur a rendu un si glorieux témoignage et que la Vérité a élevé si haut, en disant : « Parmi les en-

---

(*a*) tantus, quis homo tantus? quantus tantus homo? Tamen non sequebatur inter discipulos Dominum, et sequebantur eum discipuli; absit ut dicam, contra Dominum, sed tamen quasi extra Dominum. Discipulos habebat Christus, discipulos habebat Joannes; docebat Christus, docebat Joannes. Quid jam dicam? Baptizabat Joannes, baptizabat Christus. Plus hic de baptismo dico, a Joanne baptizatus est Christus. Ubi sunt qui de ministerio baptismi arrogantia tumidæ animositatis inflantur? Ubi sunt voces carentes humilitate, elatæ superbia : Ego baptizo, ego baptizo? Quid dixisses, si Christum baptizare meruisses? Magna jam, quantum advertit Sanctitas Vestra, apparere et eminere causa cœpit, qua fuerat et Christus a Patre mittendus, et Joannes a Christo præmittendus. Prior missus est Joannes, sed sicut ab obsequentibus anteceditur judex. Posterior homo creatus est Christus, sed Joannem creavit Deus Christus. Erat igitur Joannes homo perfectus quidem, et cujus tanta gratia commendata est, ut ipse de illo Dominus diceret : « In natis mulierum nemo exsurrexit major Joanne Baptista. » (*Matth.*, XI, 11.) Iste ergo tam magnus agnoscit Dominum in parvo magnum; agnoscit homo eum qui venerat homo Deus. Si enim in natis mulierum, hoc est, in hominibus, nemo exsurrexit major Joanne Baptista; quisquis Joanne plus est, non tantum homo, sed et Deus est. Debuit ergo tantus iste, et discipulos proprios habere, et cum discipulis suis magistrum omnium Christum cognoscere. Quod enim est majus testimonium veritatis, quam se humiliando eum agnoscere, cui æmulando poterat invidere? Putari Christus potuit, et noluit; existimari Christus potuit, et noluit. Dixerunt homines, cum fallerentur in eo : Num forte hic est Christus? Respondit ille quod non erat, ut maneret quod erat. Inde quippe Adam lapsus perdidit quod erat, quia id quod non erat usurpavit. Recolebat hoc homo iste magnus, sed ut parvo Christo minimus; noverat hoc, recolebat hoc, et tenebat; quia recipere quod ille perdiderat cogitabat. Homo ergo iste, ut dixi, magnus Joannes, cui Dominus testimonium tale perhibuit,

(*a*) Sic Mss. At editi, *tantum*.

fants des femmes, il n'en a point paru de plus grand que Jean-Baptiste. » Il aurait pu passer pour le Christ; un grand nombre, séduits par l'éminence de ses vertus, croyaient qu'il était réellement le Christ, et seraient morts dans cette erreur, s'il ne les avait repris et éclairés en confessant la vérité. Il répondit donc à ceux qui étaient dans cette opinion : « Je ne suis pas le Christ. » (*Jean*, I, 20.) Il semble leur dire : Vous me faites honneur en vous trompant, et vous ajoutez à ma gloire par cette croyance; mais je dois reconnaître ce que je suis, pour que vous puissiez obtenir le pardon de l'erreur où vous êtes; car, s'il avait laissé accréditer cette fausse opinion qu'il était le Christ, il aurait été retranché sans miséricorde par celui qui l'était véritablement.

CHAPITRE III. — *C'est pour nous enseigner la voie de l'humilité que Jésus-Christ s'est incarné et a reçu le baptême.* — 3. Jean fut donc envoyé en avant pour donner le baptême au Seigneur qui s'humiliait jusqu'à le recevoir. C'est uniquement par un sentiment d'humilité, et non pour effacer en lui aucun péché, qu'il a voulu être baptisé. Pourquoi donc Notre-Seigneur Jésus-Christ a-t-il été baptisé? Pourquoi Notre-Seigneur Jésus-Christ, le Fils unique de Dieu, a-t-il consenti à recevoir le baptême? Examinez pourquoi il est né, et vous trouverez en même temps pourquoi il a été baptisé. Vous découvrirez la voie de l'humilité où ne veut point marcher votre pied superbe, et, cependant, si vous ne consentez point à y marcher humblement, vous ne pourrez parvenir à la grandeur où conduit cette voie. Il a été baptisé à cause de vous, de même qu'il est descendu sur la terre pour vous. Considérez combien s'est fait petit le Dieu de toute grandeur. « Ayant la nature de Dieu, il n'a pas cru que ce fût une usurpation de s'égaler à Dieu. » (*Philip.*, II, 6.) Ce n'était pas un vol, en effet; c'était par nature que le Fils était égal à son Père. Si Jean avait consenti qu'on le prît pour le Christ, c'eût été une usurpation. « Le Fils de Dieu n'a donc point cru que ce fût une usurpation de s'égaler à Dieu, » car il était égal à Dieu, et sans aucune usurpation; il était né du Père de toute éternité, et lui était coéternel. Cependant, « il s'anéantit lui-même jusqu'à prendre la forme d'esclave, » c'est-à-dire jusqu'à prendre la nature humaine. « Lui qui avait la nature de Dieu, » qui, par conséquent, ne l'avait pas reçue; « lui qui avait la nature de Dieu, s'anéantit lui-même jusqu'à prendre la forme d'esclave. » Il prit ce qu'il n'était pas, mais sans perdre ce qu'il était. En demeurant Dieu, il s'est fait homme. Il a pris la forme d'esclave, et le Dieu qui a fait l'homme s'est fait homme pour devenir l'Homme-Dieu.

CHAPITRE IV. — Considérez donc quelle est la majesté, la puissance, la sublimité, l'égalité avec le Père de Celui qui est descendu jusqu'à

---

quem sic veritas commendavit, ut diceret : « In natis mulierum non exsurrexit major Joanne Baptista ; » potuit credi Christus, imo jam ab eis qui ejus magnitudinis gratia fallebantur, credebatur Christus, et in illo errore morerentur, nisi ab illo confitente corrigerentur. Respondit ergo ita putantibus, et ait : « Non sum ego Christus. » (*Joan.*, I, 20.) Tanquam diceret : Certe in honorem meum ita fallimini ; et certe mihi hoc putando magnam additis laudem, sed ego me debeo agnoscere, ut vobis errantibus ille possit ignoscere. Si enim quod non erat fallaciter putaretur, ab illo qui erat veraciter amputaretur.

CAPUT III. — *Christus ut humilitatis viam doceret, baptizatus et incarnatus.* — 3. Præmissus est ergo Joannes, ut Dominum humilem baptizaret. Baptizari enim Dominus propter humilitatem voluit, non propter iniquitatem. Dominus Christus quare est baptizatus? Dominus Christus Dei Filius unigenitus, quare est baptizatus? Inveni quare est natus, et ibi invenies quare sit baptizatus. Ibi quippe invenies humilitatis viam, quam pede superbo non carpis; quam nisi humili pede calcaveris, ad celsitudinem, quo perducit, pervenire non poteris. Baptizatus est propter te, qui descendit propter te. Vide quantus factus sit tantillus : « Qui cum in forma Dei esset, non rapinam arbitratus est esse æqualis Deo. » (*Philip.*, II, 6.) Non enim erat rapina, sed erat natura æqualitas Filii cum Patre. Joannes si se Christum putari vellet, illi rapina esset : « Non ergo rapinam arbitratus est esse æqualis Deo. » Erat enim, et sine rapina erat, cœternus ab æterno natus erat. Tamen « semetipsum exinanivit formam servi accipiens, » hoc est formam hominis accipiens. « Qui cum in forma Dei esset, » non formam Dei accepisset; ergo « cum in forma Dei esset, semetipsum exinanivit, formam servi accipiens. » Sic accepit quod non erat, ut non perderet quod erat. Manens Deus, hominem assumpsit. Formam servi accepit, et factus est Deus homo, a quo Deo factus est homo.

CAPUT IV. — Vide ergo, quæ majestas, quæ potestas, quæ sublimitas, quæ cum Patre æqualitas venit propter nos ad indumentum formæ servilis;

nous, revêtu pour notre amour d'une nature d'esclave; considérez la voie d'humilité que vous ouvre un si grand Maître, car il s'est abaissé beaucoup plus en se faisant homme qu'en consentant à recevoir le baptême des mains d'un homme.

Pourquoi Jésus a voulu être baptisé par Jean. — 4. Jésus-Christ est donc baptisé par Jean, le Seigneur par le serviteur, le Verbe par la voix. Souvenez-vous de ces paroles : « Je suis la voix de Celui qui crie dans le désert, » (*Jean*, I, 23) et de ces autres : « Le Verbe s'est fait chair, et il a habité parmi nous. » (*Ibid.*, 14.) Jésus-Christ, je le répète, est donc baptisé par Jean, le Seigneur par le serviteur, le Verbe par la voix, la créature par le Créateur, la lampe par le Soleil, mais par le Soleil qui a fait ce soleil visible, mais par le Soleil dont il est dit : « Le Soleil de justice s'est levé pour moi, et vous trouverez la guérison sous ses ailes. » (*Malach.*, IV, 2.) C'est de ce Soleil que les impies, dans leur repentir tardif, diront à la fin du monde, au jugement de Dieu : « Que nous a servi l'orgueil, que nous a procuré l'ostentation des richesses? Toutes ces choses ont passé comme l'ombre, » (*Sag.*, V, 8, 9) et avec les ombres qui ont suivi les ombres. « Nous avons donc erré hors des voies de la vérité, et la lumière de la justice n'a pas lui à nos yeux, et le soleil ne s'est pas levé sur nous. » (*Ibid.*, 6.) Jésus-Christ ne s'est pas levé pour eux, parce qu'ils ne l'ont point connu. Ce Soleil de justice, sans nuage, sans nuit, ne se lève ni pour les méchants, ni pour les impies, ni pour les infidèles; tandis que, pour ce soleil visible, Dieu le fait lever tous les jours sur les bons et sur les méchants. (*Matth.*, V, 45.) La créature a donc baptisé le Créateur, la lampe le Soleil, et celui qui baptise, au lieu de s'élever, s'humilie en baptisant (1). « Vous venez à moi pour être baptisé! c'est moi qui dois être baptisé par vous. » (*Ibid.*, III, 14.) Grand et précieux aveu! profession de foi, qui assure à la lampe un abri certain sous la protection de l'humilité! Si, au contraire, la lampe avait voulu s'élever contre le Soleil, le vent de l'orgueil l'aurait bientôt éteinte. Voilà ce que le Seigneur a prévu, voilà ce qu'il nous enseigne par son baptême. Celui qui est si grand a voulu être baptisé par celui qui était si petit, et, pour tout dire en un mot, le Sauveur a voulu être baptisé par celui qui avait besoin d'être sauvé. Il semble, en effet, que Jean, tout grand qu'il fût, eût conscience de quelque infirmité secrète. Qui lui fait dire, en effet : « Je dois être baptisé par vous? » Le baptême du Seigneur est certainement un principe de salut, car « le salut vient du Seigneur; » (*Ps.* III, 9) « c'est en vain qu'on

---

(1) Autrefois ce sermon se terminait ici dans les éditions d'Amsterdam, d'Erasme et de Louvain. Viguier avait donné, dans un supplément, la partie qui suit, mais fort mutilée dans un grand nombre d'endroits; nous l'avons rétablie dans son intégrité à l'aide des anciens manuscrits.

---

et intellige illam a magistro tanto humilitatis viam; quoniam plus est quod voluit homo fieri, quam quod voluit ab homine baptizari.

Baptizari cur a Joanne voluit. — 4. Baptizat ergo, inquam, Joannes Christum, servus Dominum, vox Verbum. Mementote enim : « Ego sum vox clamantis in eremo; » (*Joan.*, I, 23) et mementote, quia « Verbum caro factum est, et habitavit in nobis. » (*Ibid.*, 14.) Baptizat ergo, inquam, Joannes Christum, servus Dominum, vox Verbum, creatura Creatorem, lucerna solem; sed solem, qui fecit hunc solem; solem de quo dictum est : « Ortus est mihi sol justitiæ, et sanitas in pennis ejus. » (*Malach.*, IV, 2.) De quo impii sero pœnitentes in fine in judicio Dei dicturi sunt : « Quid nobis profuit superbia, aut quid divitiarum jactantia contulit nobis? Transierunt illa omnia, tanquam umbra; » (*Sap.*, V, 8, 9) et cum umbris qui secuti sunt umbras. « Ergo, inquiunt, erravimus a via veritatis, et justitiæ lumen non luxit nobis, et sol (*a*) non est ortus nobis. » (*Ibid.*, 6.) Illis non est ortus Christus, a quibus non est agnitus Christus. Sol ille justitiæ, sine nube, sine nocte; ipse non oritur malis, non oritur impiis, non oritur infidelibus. Nam solem istum de cœlo corporeum quotidie facit oriri super bonos et malos. (*Matth.*, V, 45.) Baptizavit ergo, ut dixi, creatura Creatorem, lucerna solem; et non se extulit baptizator, sed subdidit baptizando. Nam venienti ad se dixit : « Tu venis ad me baptizari? Ego a te debeo baptizari. » (*Ibid.*, III, 14.) Magna confessio, et secura lucernæ in humilitate professio. Illa si contra solem extolleretur, vento superbiæ cito exstingueretur. Hoc est ergo quod Dominus prævidit, quod baptismo suo Dominus docuit. Baptizari voluit tantus a tantillo, ut breve explicem, salvator a salvando. Nam meminerat Joannes alicujus fortassis, quamvis tantus esset, ægritudinis suæ. Nam unde : « Ego a te debeo baptizari? » Certe Domini baptismus salus : quia

---

(*a*) Editi, *sol intelligentiæ.* Vox *intelligentiæ* abest a Mss.

espère son salut de la part de l'homme. » (*Ps.* LIX, 13.) Pourquoi donc Jean aurait-il dit : « Je dois être baptisé par vous, » s'il n'avait pas eu besoin de guérison? Voyez quel admirable remède prépara ici l'humilité du Seigneur : Jean baptise, et c'est Jésus-Christ qui guérit. En effet, si Jésus-Christ est « le Sauveur de tous les hommes, et principalement des fidèles, » (I *Tim.*, IV, 10) selon la doctrine si vraie de l'Apôtre, si Jésus-Christ est « le Sauveur de tous les hommes, » que personne ne vienne dire : Je n'ai pas besoin du Sauveur. Celui qui tient un semblable langage, ne s'abaisse pas devant le médecin, il meurt de la maladie dont il est atteint. S'il est le Sauveur de tous les hommes, il l'est donc aussi de Jean, car Jean est un homme. C'est un grand homme, mais c'est un homme. Jésus-Christ est le Sauveur de tous les hommes, et Jean reconnaît en lui son Sauveur; car on ne peut dire que e Christ ne fut pas le Sauveur de Jean. Telle n'était point la pensée du saint précurseur lorsqu'il fait cette humble confession : « C'est moi qui dois être baptisé par vous. » Et le Seigneur lui répond : « Faites maintenant ce que je dis, car il nous faut accomplir toute justice. » Qu'est-ce à dire, « toute justice? » C'est dans l'humilité que le Sauveur fait consister ici la justice; ce Maître céleste et le Seigneur véritable veut nous apprendre que l'humilité est la vraie justice. En consentant à recevoir le baptême, il faisait un acte d'humilité, et c'est pour cela qu'avant d'accomplir cet acte d'humilité il dit à Jean : « Il faut accomplir toute justice. »

Les donatistes appliquent sans raison au ministre du baptême ce qui est dit dans l'Evangile de l'arbre et de ses fruits. — 5. Notre-Seigneur avait prévu dans l'avenir qu'un grand nombre d'hommes trouveraient, dans l'administration du baptême, une pâture à leur orgueil, et diraient : C'est moi qui baptise, et je rends celui que je baptise semblable à moi qui lui donne le baptême. Comment le prouvez-vous? Je le prouve. Par quels témoignages? Par des témoignages tirés de l'Evangile. Ecoutons donc je ne sais quel nouvel évangéliste contre ce ministre si ancien du baptême. Quels sont, dites-moi, ces témoignages de l'Evangile par lesquels vous prouvez que vous rendez tel que vous êtes celui que vous baptisez? Il est écrit, dites-vous : « Un bon arbre produit de bons fruits. » (*Matth.*, VII, 17.) Je rapporte ce qui est écrit, je cite l'Evangile : « Un bon arbre produit de bons fruits, et un mauvais arbre produit de mauvais fruits. » Je reconnais le langage de l'Evangile; mais pour vous, il me semble que vous ne vous connaissez pas. Je veux bien vous écouter avec patience; expliquez-moi votre pensée, et supposez, en attendant, que je ne l'ai pas comprise. Dites-moi donc à quoi se rapportent ces témoignages, et comment ils peuvent servir pour résoudre cette question sur le baptême. Le bon

---

« Domini est salus. » (*Psal.* III, 9.) « Nam vana salus hominum. » (*Ibid.* LIX, 13.) Unde ergo : « Ego a te debeo baptizari, » si non opus habebat curari? Mira autem in ipsa Domini humilitate medicina : ille baptizabat, et ille sanabat. Si enim Christus « salvator omnium hominum, maxime fidelium; » (I *Tim.*, IV, 10) Apostolica et vera sententia est, quia Christus salvator omnium hominum; nemo dicat : Non opus habeo salvatore. Qui hoc dicit, se medico non humiliat, sed in morbo suo perit. Si salvator omnium hominum, ergo et Joannis; neque enim Joannes non homo. Magnus quidem homo, sed tamen homo. Ille salvator omnium hominum; agnoscit itaque ille salvatorem suum. Neque enim Joannis non erat salvator Christus. Non hoc dicit ipse, qui humiliter confitetur, dicens : « Ego a te debeo baptizari. » Et Dominus : « Sine modo, impleatur omnis justitia. » Quid est, « omnis justitia? » Humilitate commendavit justitiam; justitiam nobis maxime humilitate magister cœlestis et verus Dominus commendavit. Quod enim baptiza- batur, ad humilitatem pertinebat; et ideo quod ad humilitatem pertinebat facturus, dixit : « Impleatur omnis justitia. »

Donatistæ locum Evangelii de arbore et ejus fructu ad ministrum baptismi perperam transferunt. — 5. Prævidit multos inflaturos se de ministerio baptismi, et dicturos : Ego baptizo. Et : Qualis sum ego qui baptizo, talem facio quem baptizo. Unde hoc probas? Probo, inquit. Quibus testimoniis? Evangelicis, inquit. Audiamus nescio quem novum Evangelistam contra antiquum Baptistam. Quibus ergo testimoniis Evangelicis probas, quod qualis es, talem facis eum quem baptizas? Quoniam scriptum est, inquit : « Arbor bona bonos fructus facit. » (*Matth.*, VII, 17.) Scriptum recito, Evangelium fero : « Arbor bona bonos fructus facit, arbor mala malos fructus facit. » Agnosco Evangelium; sed tu te, quantum arbitror, non agnoscis. Et ut te patienter aliquantum feram, expone quod loqueris, non me intellexisse interim deputa. Dic mihi quo pertineant hæc testimonia,

arbre, dites-vous, c'est le bon ministre du baptême. Oui, le bon arbre, c'est ce qu'ils prétendent; le bon arbre est le bon ministre du baptême; le bon fruit qu'il produit, c'est celui à qui il confère le baptême; car ce fruit ne peut manquer d'être bon, si celui qui baptise est un bon arbre. Que dites-vous donc de Jésus-Christ et de Jean? Eveillez-vous, sortez de votre sommeil; la vérité fait briller à vos yeux son éclatante lumière; voyez ce qui s'est accompli avant nous, lisez l'Evangile: Jean a baptisé Jésus-Christ. Oserez-vous dire que Jean était l'arbre, et Jésus-Christ le fruit? Oserez-vous dire que la créature est l'arbre, et que le fruit de cet arbre est le Créateur? Voilà pourquoi Notre-Seigneur Jésus-Christ a voulu recevoir le baptême des mains de Jean; ce n'était point pour effacer en lui l'iniquité, mais pour fermer la bouche à l'iniquité. Celui qui baptise est l'inférieur; dirai-je que celui qui est baptisé est meilleur? C'est peut-être une chose difficile à comprendre. Revenons à des exemples tirés des hommes. Ananie a baptisé Paul; Paul a été bien supérieur à Ananie. Jamais, cependant, le fruit n'est meilleur que l'arbre, car c'est l'arbre qui produit le fruit, et non le fruit qui produit l'arbre.

Les donatistes sont convaincus de se faire valoir aux dépens de Jésus-Christ. — 6. Vous ne voyez point ce à quoi vous osez prétendre? Le Seigneur lui-même a dit: « Plusieurs viendront en mon nom, en disant: Moi, je suis le Christ. » (*Matth.*, XXIV, 5.) Il en est beaucoup qui, trompés les premiers et voulant tromper les autres, sont venus au nom de Jésus-Christ; mais nous n'avons entendu aucun d'eux dire: Je suis le Christ. D'innombrables hérétiques sont venus au nom de Jésus-Christ, c'est-à-dire couverts du nom de Jésus-Christ et cherchant à blanchir de ce nom glorieux leur muraille de boue, mais nous n'avons entendu aucun d'eux dire: Je suis le Christ. Quoi donc? Le Seigneur ne savait-il ce qu'il a prédit? N'a-t-il pas voulu plutôt nous éveiller de notre sommeil, pour nous faire comprendre les secrets qu'il daigne nous ouvrir, nous exciter à les approfondir et à frapper, afin que Dieu nous ouvre ce qui est couvert, et que, descendant par l'ouverture du toit, comme le paralytique, jusqu'aux pieds de Notre-Seigneur, nous méritions d'être guéris par lui? (*Marc*, II, 4.) Il est donc vrai que tous ces hommes disent: Je suis le Christ, non point en paroles, mais, ce qui est pire encore, par leurs œuvres. Ils ne poussent pas l'audace jusqu'à tenir ce langage. Qui voudrait les écouter? qui voudrait ouvrir ses oreilles ou son cœur, pour se laisser tromper par ces paroles insensées? Qu'un homme dise à celui qu'il va baptiser: Je suis le Christ, on se détourne de lui, on laisse une arrogance aussi manifeste,

quid adjuvent ad solvendam hujusmodi de baptismate quæstionem. Arbor, inquit, bona, bonus baptizator est. Arbor, inquit, bona, sicut illi dicunt: arbor bona, inquit, bonus baptizator est; fructus ejus bonus, qui ab illo baptizatur; tunc enim erit fructus bonus, si ille fuerit arbor bona. Quid dicis de Christo et Joanne? Evigila, expergiscere, perstringit oculos tuos splendor perspicuæ veritatis: vide quid præmissum est ante nos; lege Evangelium; Joannes baptizavit Christum. Dicturus es: Joannes arbor, fructus Christus? Creaturam vocabis arborem, et fructum Creatorem? Ideo voluit Dominus Christus a Joanne baptizari, non ut per baptismum iniquitate careret, sed ut iniquitati os clauderet. Ecce qui baptizat, inferior est; qui baptizatur, dicturus sum, melior? Hoc forte ad me multum est intelligi. Ad homines redi, ambos vide homines. Ananias Paulum baptizavit. Anania Paulus melior fuit. Nunquam fructus arbore melior fuit. Arbor enim profert fructum, non profertur a fructu.

Donatistæ se pro Christo jactare convincuntur. — 6. Tu quid tibi adsumas, non vides? Ipse Dominus ait: « Multi venient in nomine meo dicentes: Ego sum Christus. » (*Matth.*, XXIV, 5.) Multi errantes et seducentes venerunt in nomine Christi nullum audivimus dicentem: Ego sum Christus. Innumerabiles hæretici venerunt omnes in nomine Christi, id est in nomine Christi palliati venerunt, parietem luteum splendido nomine dealbantes venerunt, et neminem audivimus dicentem: Ego sum Christus. Quid ergo? Dominus nescivit quid prædixit? An potius nos ad intelligendum secreta ipsa ad apertionem secreti de somno excitavit, ut perscrutemur et pulsemus, ut nobis aperiatur quod tectum est, et aperto tecto ad Dominum submittamur, ut sicut ille paralyticus, a Domino sanari mereamur? (*Marc.*, II, 4.) Prorsus invenimus istos dicentes: Ego sum Christus, non his verbis, sed quod pejus est, factis. Non audacia verborum istorum. Quis enim eos audit? Quis ad aures vel ad cor, tam insipientes deceptus admittit? Si dicat ei qui eum baptizaturus est: Ego sum Christus, avertit faciem suam ab illo, relinquit

pour aller chercher la grâce de Dieu. Ils ne disent donc point en propres termes : Je suis le Christ, mais on peut le dire d'une autre manière, et voici comment. C'est Jésus-Christ qui guérit, c'est Jésus-Christ qui purifie, c'est Jésus-Christ qui justifie ; l'homme ne justifie point. Qu'est-ce que justifier? C'est rendre juste. De même que mortifier, c'est rendre mort ; vivifier, c'est rendre la vie ; justifier, c'est rendre juste. Voici un ministre du baptême qui vient par une voie oblique ; il n'entre point par la porte, il descend par la muraille ; il n'est ni pasteur, ni gardien ; c'est un voleur et un larron ; c'est en suivant une voie détournée qu'il dit : C'est moi qui baptise. S'il baptise comme ministre, j'oserai lui permettre de parler ainsi ; mais qu'il n'ajoute rien de plus, car ce qui est de plus est mal. (*Matth.*, v, 37.) Et cependant, il va plus loin et sans hésiter. Qu'a-joute-t-il? C'est moi qui justifie, c'est moi qui rends juste. C'est dire en d'autres termes : Je suis un bon arbre, c'est de moi que doit naître celui qui veut être bon fruit. Ecoutez un peu, si votre cœur peut encore s'ouvrir à la sagesse, écoutez ce peu de paroles, aussi lumineuses, si je ne me trompe, qu'elles seront courtes. C'est donc vous qui justifiez, c'est vous qui rendez juste? Mais alors, celui que vous justifiez doit croire en vous. Dites donc, si vous l'osez : Croyez en moi, vous qui n'hésitez pas à dire : C'est moi qui vous justifie. Il se trouble, il est irrésolu, il s'excuse. Qu'ai-je besoin, me répond-il, de lui dire : Croyez en moi ? je me contente de lui dire : Croyez en Jésus-Christ. Vous avez eu de l'hésitation, de l'incertitude ; vous avez donc daigné faire quelques pas vers nous. Vous avez fait un aveu qui peut devenir le point de départ de votre guérison. De votre bouche est sortie une parole de vérité qui peut redresser toutes vos autres erreurs. Ce n'est donc plus moi qu'il faut maintenant écouter, c'est vous-même. Assurément, vous n'osez dire à quelqu'un : Croyez en moi. A Dieu ne plaise, me répondez-vous. Et cependant, vous osez dire : C'est moi qui vous justifie. Ecoutez donc, et apprenez que la même raison qui vous défend de dire : Croyez en moi, vous défend aussi de dire : C'est moi qui vous justifie. L'Apôtre lui-même va vous parler ; bon gré, mal gré, il faut que vous cédiez devant lui, que vous lui soyez soumis. Car l'Apôtre, ici, n'est pas un homme, il représente celui dont il disait : « Est-ce que vous voulez éprouver la puissance de Jésus-Christ, qui parle par ma bouche ? » (II *Cor.*, XIII, 3.) Ecoutez donc, non point l'Apôtre, mais Jésus-Christ, qui vous parle par la bouche de l'Apôtre. Que dit-il donc, ce grand Apôtre? « Lorsqu'un homme croit en Celui qui justifie le pécheur, sa foi lui est imputée à justice. » (*Rom.*, IV, 5.) Considérez attentivement ces paroles, je vous en prie, voyez comme elles sont claires, sans aucune ambiguïté : « Lorsqu'un

---

hominis arrogantiam manifestam, quærit Dei gratiam. Non ergo ita ille : Ego sum Christus. Sed quoniam alio modo : Ego sum Christus; videte quemadmodum. Christus sanat, Christus mundat, Christus justificat; homo non justificat. Quid est justificare? Justum facere. Quomodo mortificare, mortuum facere; vivificare, vivum facere; sic et justificare, justum facere. Ecce de transverso baptizator quidam, non per januam intrans, sed per maceriam descendens; non pastor et custos, sed fur et latro; de transverso ait : Ego baptizo. Si sicut minister, (*a*) audeo ; noli addere; quidquid amplius est a malo est. (*Matth.*, v, 37.) Et tamen addit, non dubitat. Quid addit? Ego justifico, ego justum facio. Hoc est enim : Ego sum arbor bona, ex me nascatur qui vult esse fructus bonus. Paululum, si sapienter admittis, audi ; pauca verba sunt, et nisi fallor, lucida sunt. Tu ergo justificas, tu justum facis? Ergo, (*f.* inquam) inquit, credat in te quem justificas. Dic, aude dicere : Crede in me; qui non dubitas dicere : Justificaris a me. Turbatur, fluctuat, excusat. Quid enim opus est, inquit, ut dicam illi : Crede in me? Crede in Christum, dico. Hæsitasti, dubitasti ; aliquantum ad nos dignatus es descendere. Confessus es aliquid, unde saneris. Dixisti aliquid rectum, unde prava tua cætera corrigantur. Audi jam non me, sed te. Certe enim non audes dicere : Crede in me. Absit, inquit. Et tamen audes dicere : Justifico te. Audi, et disce, quia unde non audes dicere : Crede in me, inde debes non audere dicere : Justifico te. Apostolus loquitur, cui cedes, cui velis nolis, subderis. Non enim Apostolo tanquam homini, sed ei de quo dicit Apostolus : « An vultis experimentum accipere ejus, qui in me loquitur Christus? » (II *Cor.*, XIII, 3.) Audi ergo non Apostolum, sed Christum per Apostolum. Quid dicit Apostolus? « Credenti in eum qui justificat impium, deputatur fides ejus ad justitiam. » (*Rom.*, IV, 5.) Intendite, obsecro, videte quam planum est,

(*a*) Aliquot Mss. *audio.*

homme croit en Celui qui justifie le pécheur, sa foi lui est imputée à justice. » Ainsi tout homme qui croit en Celui qui justifie le pécheur, et qui de pécheur le rend juste; tout homme qui croit en Celui qui justifie le pécheur, qui rend la justice à celui qui était dans le péché, sa foi lui est imputée à justice. Dites encore maintenant, si vous l'osez : C'est moi qui vous justifie. Ecoutez la réponse que je vous fais d'après l'Apôtre : Si vous me justifiez, je dois croire en vous, car « lorsqu'un homme croit en Celui qui justifie le pécheur, sa foi lui est imputée à justice. » Est-ce vous qui me justifiez? Je dois croire en vous. Car, si vous me justifiez, je dois croire en celui qui me justifie, c'est-à-dire qui justifie le pécheur, et je crois en toute certitude que ma foi me sera imputée à justice. Si donc vous n'osez pas dire : C'est moi qui vous justifie, ou, plutôt, si vous n'osez dire : Croyez en moi, gardez-vous de dire : C'est moi qui vous justifie. Homme égaré, retrouve-toi, si tu veux te perdre avec moi.

Comment il faut entendre le passage de l'Evangile où il est question de l'arbre et de son fruit. — 7. Quant à cette comparaison que vous avez citée de l'arbre et de son fruit, je vais vous apporter moi-même des exemples qui vous feront comprendre le véritable sens de ces paroles : « Tout bon arbre produit de bons fruits, et tout mauvais arbre produit de mauvais fruits. »

(*Matth.*, VII, 17.) Quant à moi, je les comprends dans le sens que Notre-Seigneur lui-même leur a donné. Qu'est-ce à dire, « qu'un bon arbre produit de bons fruits? » « L'homme bon, dit ailleurs le Sauveur, tire de bonnes choses du bon trésor de son cœur, et l'homme mauvais tire de mauvaises choses du mauvais trésor de son cœur. » (*Ibid.*, XII, 35.) Il compare donc les hommes à des arbres, et leurs actions à des trésors. Tel est l'homme, tels sont ses actes. Si l'homme est bon, ses œuvres sont bonnes; s'il est mauvais, ses œuvres sont mauvaises; un homme qui est bon ne peut faire de mauvaises actions, un homme mauvais ne peut en faire de bonnes. Quoi de plus évident, quoi de plus clair, quoi de plus manifeste? Maintenant, vous prétendez que vous, qui baptisez, êtes le bon arbre, et que celui que vous baptisez est le fruit de cet arbre, et qu'il devient ce que vous êtes vous-même. Qu'il se garde bien de vous ressembler, et considérez vous-même comme vous comprenez mal ces paroles. Vous avez, ou vous avez eu parmi vous un adultère secret et inconnu. Mais ce que j'ignore, me dites-vous, ne peut me souiller. Ce n'est pas de cela qu'il s'agit, c'est une autre question; je veux parler ici du baptême, car c'est le sujet que nous avons entrepris de traiter. Il y a parmi vous un adultère secret; c'est donc un homme faux, un hypocrite; ce n'est pas un faux adultère, c'est un adultère véritable;

quam apertum est : « Credenti in eum qui justificat impium, deputatur fides ejus ad justitiam. » Quisquis crediderit in eum qui justificat impium, qui de impio facit pium ; quisquis ergo crediderit in eum qui justificat impium, qui justum facit eum qui impius erat, deputatur fides ejus ad justitiam. Modo dic, si audes : Justifico te. Vide quomodo tibi respondi ex Apostolo : Si justificas me? credam in te; quia, « credenti in eum qui justificat impium, deputatur fides ejus ad justitiam. » Justificas me? Credam in te. Si enim tu me justificas, ego ero credens in eum qui justificat me, id est, qui justificat impium ; securus credo, quia deputatur fides mea ad justitiam. Si ergo non audes dicere : Justifico te ; imo si non audes dicere : Crede in me ; cave jam ne dicas : Justifico te. Perdite, inveni te ; ne perdas et me et te.

Locus Evangelii de arbore et fructu quomodo intelligendus. — 7. Nam illud quod proposuisti de arbore et de fructu, propono tibi aliquid de exemplis, ut discas intelligere quod dictum est : « Arbor bona bonos fructus facit, et arbor mala malos fructus facit. »

(*Matth.*, VII, 17.) Ego enim sic intelligo, quomodo et ipse Dominus exponit. Quid est : « Arbor bona bonos fructus facit? Bonus homo de bono thesauro cordis sui profert bona, et malus homo de malo thesauro cordis sui profert mala. » (*Ibid.*, XII, 35.) Homines arbores posuit, thesauros actus posuit. Qualis homo est, tales actus habet. Si bonus homo est, bonos actus habet ; si malus homo est, malos actus habet; non potest bonus homo malos actus habere, nec malus homo bonos actus habere. Quid evidentius? quid liquidius? quid apertius? Modo autem te arborem facis bonam qui baptizas, et fructum facis eum quem baptizas; ut qualis es tu, talis sit ille. Absit ab illo, et vide quam perverse intelligis. Est apud vos aliquis, aut fuit aliquando adulter vel occultus. Sed quod nescio, inquit, non me contaminat. Non inde ago ; alia quæstio est : de baptismo volo aliquid dicere ; hoc enim suscepimus. Occultus adulter est : ergo fictus est ; non adulter fictus, sed adulter verus, fictus castus. Istum ergo adulterum hominem fictum, magisque fictum, quia latet; nam si

SERMON CCXCII.

ce qui est faux en lui, c'est la chasteté. Or, l'Esprit saint s'éloignera certainement de cet adultère, de cet homme faux et dont l'hypocrisie est d'autant plus grande qu'il demeure caché; car il cesserait d'être hypocrite si son adultère était connu. La sentence est ici manifeste : « L'Esprit saint, qui enseigne la science, fuira le déguisement. » (*Sag.*, I, 5.) Or, cet adultère, qui est inconnu, administre le baptême. Voici donc un homme baptisé par un adultère secret; le fruit est produit, où est le bon arbre? Cet homme est baptisé, il a recouvré l'innocence, il a reçu la rémission de ses péchés; un pécheur a été justifié : c'est un bon fruit; je demande quel arbre l'a produit. Dites-le-moi, répondez-moi, cet arbre, c'est un adultère qui demeure caché; c'est donc un mauvais arbre, et, si le fruit vient de cet arbre, il ne peut qu'être mauvais. Les paroles du Seigneur sont formelles : « Un mauvais arbre produit de mauvais fruits. » Pour défendre la bonté de ce fruit, me direz-vous qu'il n'a pas été produit par cet arbre? De ce que vous ne savez pas que cet arbre est mauvais, il ne s'ensuit pas qu'il ne soit point mauvais; il l'est d'autant plus qu'on le sait moins, car on le sait d'autant moins qu'une malice consommée s'efforce de cacher son crime. Si cet adultère était connu, le seul aveu de son crime pourrait amener sa guérison. Voici donc un arbre très-mauvais, et, cependant, le fruit est bon. Qui l'a produit? Direz-vous qu'il n'a pas été produit?

Non, répondez-vous, il a été produit. Or, qui l'a produit? Quelle réponse peut-il faire à cette question : Qui a produit ce fruit? Point d'autre que celle-ci : C'est de Dieu; je ne sais quelle autre réponse il pourrait faire. S'il étend cette réponse à tous ceux qui sont baptisés, si, au lieu de vouloir faussement paraître bon, lorsqu'il n'est qu'un mauvais arbre, et, par là, de se rendre plus mauvais encore, il affirmait de tous sans exception qu'ils sont nés de Dieu, il aurait pour lui cette doctrine si claire de l'Evangile : « Il leur a donné le pouvoir d'être faits enfants de Dieu, à tous ceux qui ne sont point nés du sang, ni de la volonté de la chair, ni de la volonté de l'homme, mais de Dieu. » (*Jean*, I, 12, 13.) Revenez donc à ce fidèle baptisé; il est donc né de Dieu? Oui. Pourquoi est-il né de Dieu? Parce qu'un bon fruit ne peut naître d'un mauvais arbre. Le ministre du baptême qui est chaste est le bon arbre; ce n'est pas un hypocrite, sa chasteté est véritable, c'est un bon fruit produit par un bon arbre. Mais cet autre fidèle, qui est aussi un bon fruit, par quel arbre a-t-il été produit? Dites que c'est par un mauvais arbre, si vous l'osez. Non, je n'ose le dire, me répondez-vous. Il est donc né d'un bon arbre? Oui. De quel bon arbre? De Dieu. Et l'autre fidèle? C'est un bon fruit produit par l'homme chaste. Je vous demande ici un peu d'attention pour comprendre ce que nous disons. Ce fidèle qui a été baptisé par un ministre chaste, est un bon

---

apertus sit adulter, jam fictus non est : istum ergo adulterum fugiet profecto Spiritus sanctus. Evidens quippe est prolata sententia : « Sanctus enim Spiritus disciplinæ effugiet fictum. » (*Sap.*, I, 5.) Cum ergo sit iste adulter occultus, utique baptizat. Ecce video hominem baptizatum ab adultero occulto; natus est fructus, ubi est arbor bona? Baptizatus est, innocens est, facta est in illo remissio peccatorum; ergo justificatus est impius, natus est fructus bonus; quæro de qua arbore? Dic, responde mihi; arbor illa occultus adulter est, mala arbor est; si hujus arboris iste fructus, malus fructus est. Sententia Domini est : « Arbor mala malos fructus facit. » Respondebis, ut istum fructum bonum esse commendes, non eum de illa arbore natum. Non enim quia nescis tu illam arborem malam, ideo non est mala; tanto est pejor, quanto magis ignoratur. Tanto enim magis ignoratur, quanto perdita astutia occultat factum suum. Nam si apertus adulter esset, vel confessione sanabilis esset. Pessima arbor, et tamen

ecce fructus bonus. Unde natus? an forte non natus? Natus, inquis. Quæro unde; quid dicturus es? Unde natus est iste? Non est quid dicat, nisi de Deo; nescio utrum aliud dicturus est, quam ex Deo. Si hoc de omnibus diceret, et non se, cum sit arbor mala, fingendo ostenderet bonam, faceretque pejorem, de omnibus diceret quod ex Deo nascuntur; habet Evangelii evidentem sententiam : « Dedit eis potestatem filios Dei fieri, qui non ex carne, non ex sanguine, non ex voluntate viri, neque ex voluntate carnis, sed ex Deo nati sunt. » (*Joan.*, I, 12, 13, etc.) Ergo redi ad istum : ex Deo natus est? Ex Deo. Quare iste ex Deo? Quia fructus bonus de arbore mala nasci non potuit. Castus baptizator arbor bona est, non est fictus; vere castus baptizavit, fructus bonus de arbore bona. Ecce et iste (*f*. scilicet quem adulter baptizavit) fructus bonus, de qua arbore natus est? Dic de mala, si audes. Non audeo, inquit. Ergo et ipse de bona? De bona. De qua bona? Ex Deo. Ille quid? Ex homine casto. Paululum intende;

fruit produit par un bon arbre, c'est-à-dire par un homme de bien. Cet autre qui est baptisé par un adultère caché, est un fruit produit par un mauvais arbre. Mais quoi? est-ce un bon fruit? Cela est impossible. Si le fruit est bon, il faut que vous changiez l'arbre. Vous avouez que ce fruit est bon, mais que celui qui l'a produit est mauvais, parce que c'est un homme secrètement adultère; donnez donc à ce fruit un autre arbre. C'est ce que j'ai fait, dites-vous; c'est pour cela que j'ai répondu : Ce fruit est né de Dieu. Comparez maintenant ces deux hommes qui viennent de naître : l'un a été baptisé par un ministre dont la chasteté est manifeste, l'autre par un homme secrètement adultère; l'un est né de l'homme, l'autre est né de Dieu. N'ai-je donc pas lieu d'estimer plus heureux celui qui est né d'un ministre secrètement adultère que celui qui est né d'un homme dont la chasteté est connue?

Saint Augustin combat les donatistes par les paroles de Jean et de l'Apôtre. — 8. Vous ferez donc beaucoup mieux, ô hérétique, d'écouter Jean-Baptiste; oui, écoutez le précurseur, homme qui courez en arrière; ô superbe, écoutez cet homme si humble; ô lampe éteinte, écoutez cette lampe ardente. Ecoutez ce que dit Jean lorsque le peuple venait à lui : « Pour moi, leur disait-il, je vous baptise dans l'eau. » (*Luc*, III, 16.) Et vous aussi, si vous savez vous connaître, vous ne faites que baptiser dans l'eau. « Pour moi, je vous baptise dans l'eau; mais celui qui doit venir après moi est au-dessus de moi. » De combien est-il au-dessus de vous? « Je ne suis pas digne de dénouer la courroie de sa chaussure. » (*Ibid.*; *Jean*, I, 33.) Que son humilité serait déjà profonde, s'il s'en jugeait digne! Mais il ne se croit même pas digne de dénouer la courroie de sa chaussure. « C'est lui qui baptise dans l'Esprit saint. » Pourquoi vouloir vous substituer au Christ? « C'est lui qui baptise dans l'Esprit saint. » C'est donc lui aussi qui justifie. Oserez-vous dire maintenant : C'est moi qui baptise dans l'Esprit saint, c'est moi qui justifie? Vous n'irez pas sans doute jusqu'à dire : Je suis le Christ, et vous n'êtes pas du nombre de ceux dont il est écrit : « Il en viendra beaucoup en mon nom qui diront : Je suis le Christ. » Vous êtes donc pris, et plaise à Dieu que vous soyez pris pour être retrouvé, vous qui, avant d'être pris, étiez perdu sans ressource. Il est bon de se laisser prendre dans les filets du grand Roi, pour devenir la nourriture du grand Roi. Ne dites donc plus : C'est moi qui justifie, c'est moi qui sanctifie, si vous ne voulez être convaincu par là même de dire : C'est moi qui suis le Christ. Dites plutôt, comme l'ami de l'Epoux, et non comme celui qui veut se vanter d'être l'Epoux : « Celui qui plante n'est rien, ni celui qui arrose, mais c'est Dieu qui donne l'accrois-

---

intelligamus quod dicimus. Iste ab homine casto baptizatus, ex arbore bona, id est, ex homine bono, natus est fructus bonus. Ille ab adultero occulto baptizatus, ex arbore mala natus est fructus, quid? Bonus. Non potest fieri. Si bonus est fructus, ergo arborem muta. Fructum istum bonum confiteris, illum hominem malum, quia occultus adulter est; arborem muta huic fructui. Mutavi, inquis, ideo dixi: Ex Deo. Jam compara istos duos natos : illum baptizavit castus manifestus; hunc baptizavit adulter occultus : ille ex homine, iste ex Deo natus est. Felicius ergo natus est ex adultero occulto, quam ille ex casto manifesto.

Ex Joannis et Apostoli verbis Donatistas redarguit. — 8. Melius ergo Joannem audis, o hæretice, melius audis præcursorem, (*a*) recursor; melius audis humilem, o superbe; melius audis lucernam ardentem, o lucerna exstincta. Audi Joannem, cum veniretur ad eum : « Ego quidem baptizo vos in aqua. » (*Luc.*, III, 16.) Et tu, si te agnoscas, minister es aquæ. « Ego, inquit, baptizo vos in aqua; qui veniet autem, major me est. » Quantum major te est? « Cujus non sum dignus corrigiam calceamenti solvere. » (*Ibid.*; *Joan.*, I, 33.) Quantum se humiliaret, si se dignum diceret? Ne hoc quidem dixit dignum se esse, corrigiam calceamenti solvere. « Ipse est qui baptizat in Spiritu sancto. » Qui te pro Christo supponis? « Ipse baptizat in Spiritu sancto. » Ergo ipse justificat. Tu quid dicis? Ego baptizo in Spiritu sancto, ego justifico. Certe non dicis : Ego sum Christus? Certe non es de illis, de quibus dictum est : « Multi venient in nomine meo dicentes : Ego sum Christus? » Captus es; atque utinam vel captus inveniaris, qui non captus perieras. Bonum est ad escam magni regis capi retibus veritatis. Noli ergo jam dicere : Ego justifico, ego sanctifico, ne convincaris dicere : Ego sum Christus. Dic potius quod amicus sponsi, non qui te velis jactare pro sponso : « Neque qui plantat est aliquid, neque qui rigat, sed qui incrementum dat Deus. » (I *Cor.*, III, 7.) Audi

(*a*) Vignerius, *præcursor*. At plerique Mss. *recursor*.

sement. » (I *Cor.*, III, 7.) Ecoutez aussi l'ami de l'Epoux, qui fait le sujet de ce discours. Il avait, nous le voyons, des disciples comme Jésus-Christ, et il n'était point le disciple de Jésus-Christ; écoutez cependant comme il se confesse disciple de Jésus-Christ. Considérez-le parmi les disciples de Jésus-Christ, disciple d'autant plus fidèle qu'il est plus humble, d'autant plus humble qu'il est plus grand. Voyez comme il met en pratique cette recommandation de l'Ecriture : « Plus vous êtes grand, plus vous devez vous humilier en toutes choses, et vous trouverez grâce devant Dieu. » (*Eccli.*, III, 20.) Il avait déjà dit : « Je ne suis pas digne de dénouer la courroie de sa chaussure, » (*Jean*, I, 27) mais ce n'était pas encore déclarer qu'il était son disciple. « Celui qui vient du ciel, dit-il, est au-dessus de tous, et nous avons tous reçu de sa plénitude. » (*Ibid.*, III, 31.) Jean faisait donc partie des disciples de Jésus-Christ, tout en réunissant des disciples comme Jésus-Christ. Entendez-le déclarer plus ouvertement encore qu'il est disciple : « Celui qui a une épouse est l'époux, mais l'ami de l'époux se tient debout et l'écoute. » (*Ibid.*, 29.) Et il se tient debout, parce qu'il l'écoute. « Il se tient debout, et il l'écoute; » s'il ne l'écoutait pas, il tomberait aussitôt. C'est donc avec raison que le Roi-Prophète disait : « Vous ferez retentir à mon oreille la joie et l'allégresse. » (*Ps.* L, 10.) Que veut-il dire : « A mon oreille ? » C'est-à-dire qu'il écoute le Seigneur, et qu'il ne veut point qu'on l'écoute à sa place. Et, pour vous bien convaincre qu'en écoutant le Seigneur il nous donne une leçon d'humilité, après avoir dit : « Vous ferez retentir à mon oreille la joie et l'allégresse, » il ajoute aussitôt : « Et les os humiliés tressailleront. » Il se tient donc debout et l'écoute. « Les os humiliés tressailleront, » parce qu'ils sont brisés quand ils s'élèvent. Qu'aucun serviteur ne s'arroge donc le pouvoir qui appartient au Seigneur; qu'il se réjouisse d'appartenir à la famille, et, s'il est à la tête de quelque service, qu'il donne à ses compagnons la nourriture dans le temps marqué (*Matth.*, XXIV, 45); mais il faut qu'il ait soin d'en vivre lui-même et de ne pas se donner en nourriture aux autres. Qu'est-ce que donner la nourriture dans le temps marqué? c'est parler du Christ, louer le Christ, enseigner, prêcher le Christ; c'est là donner la nourriture au temps marqué, car c'est pour devenir la nourriture de ceux qui sont comme ses bêtes de somme, que Jésus-Christ a voulu être déposé dans une crèche.

---

etiam et ipsum, de quo agimus, amicum sponsi. Certe cum Christo quasi discipulos habebat, et Christi discipulus non erat; audi illum contitentem se Christi discipulum. Vide illum inter Christi discipulos, et tanto certiorem, quanto humiliorem; tanto humiliorem, quanto majorem. Vide illum facientem quod scriptum est : « Quanto magnus es, tanto humilia te in omnibus, et coram Deo invenies gratiam. » (*Eccli.*, III, 20.) Jam dixit : « Non sum dignus corrigiam calceamenti solvere; » (*Joan.*, I, 27) sed non in hoc se discipulum demonstravit. « Qui de cœlo, inquit, venit, super omnes est; nos autem omnes de plenitudine ejus accepimus. » (*Ibid.*, III, 31.) Ergo et ipse inter discipulos erat, qui cum Christo discipulos colligebat. Audi apertius fatentem se discipulum : « Qui habet sponsam, sponsus est; amicus autem sponsi stat, et audit eum. » (*Ibid.*, 29.) Et ideo stat, quia audit eum. « Stat et audit; » quia si non audiat, cadit. Merito ille : « Auditui meo dabis, inquit, exsultationem et lætitiam. » (*Psal.* L, 10.) Quid est, « auditui meo? » Audire illum, non audiri velle pro illo. Et ut noverimus quia in eo quod audit eum, humilitatem commendat; cum dixisset : « Auditui meo dabis exsultationem et lætitiam, » continuo subjunxit, « et exsultabunt ossa humiliata. » Stat ergo et audit eum. « Exsultabunt ossa humiliata, » quia franguntur elata. Nullus ergo sibi servus potestatem Domini assumat. Gaudeat se esse in familia, et si est præpositus, proferat in tempore conservis cibaria (*Matth.*, XXIV, 45); sed unde et ipse vivat, non ut de ipso illi vivant. Nam quid est proferre in tempore cibaria, nisi proferre Christum, laudare Christum, commendare Christum, prædicare Christum? hoc est, proferre in tempore cibaria. Nam ut esset ipse Christus cibaria jumentorum suorum, natus in præsepi positus est.

SERMON CCXCIII.

VII⁰ pour la Nativité de saint Jean-Baptiste (1).

Comparaison de Jean-Baptiste et de Jésus-Christ dans leur naissance. — 1. Nous célébrons aujourd'hui la fête de saint Jean-Baptiste, dont l'Evangile qu'on vient de nous lire nous a fait connaître la naissance admirable. Quelle sera la gloire du juge, si la gloire du héraut est si grande? Quel sera celui qui doit venir comme la voie, si tel est celui qui prépare la voie. L'Eglise célèbre le jour de la naissance de Jean comme un jour consacré; il n'en est point d'autre parmi tous nos pères dans la foi dont nous célébrions solennellement la naissance. Nous célébrons la naissance de Jean, nous célébrons la naissance du Christ, ce qui n'est point sans une raison particulière, et si la grandeur du sujet ne nous permet pas d'expliquer cette raison dans toute sa clarté, la méditation que nous en ferons n'en sera que plus profonde et plus féconde en fruits de salut. Jean naît d'une femme stérile et avancée en âge. Jésus-Christ naît d'une jeune vierge. La stérilité enfante Jean-Baptiste, la virginité donne le jour à Jésus-Christ. L'âge des parents n'était plus favorable à la naissance de Jean, et la naissance de Jésus-Christ a lieu sans qu'il y ait union des sexes. L'un est prédit par un ange, l'autre est conçu à la voix d'un ange. Le père de Jean refuse de croire à sa naissance et devient muet, Marie croit à la naissance du Christ et le conçoit par la foi. La foi commence par descendre dans le cœur de la vierge, avant que la fécondité remplisse le sein de la mère. Et cependant la réponse de Zacharie et celle de Marie sont à peu près les mêmes. Zacharie dit à l'ange qui lui prédisait la naissance de Jean : « Comment connaîtrai-je la vérité de ce que vous m'annoncez, car je suis vieux et ma femme est avancée en âge? » (*Luc*, I, 18, etc.) Marie répond à l'ange qui lui annonçait qu'elle enfanterait un fils : « Comment cela se fera-t-il, car je ne connais point d'homme? » Ce sont à peu près les mêmes paroles. L'ange dit à Zacharie : « Voilà que tu seras muet et que tu ne pourras parler, parce que tu n'as point cru à mes paroles, qui s'accompliront dans leur temps. » Il dit, au contraire, à Marie : « L'Esprit saint surviendra en vous, et la vertu du Très-Haut vous couvrira de son ombre; et c'est pourquoi le saint qui naîtra de vous sera appelé le Fils de Dieu. » A l'un il fait des reproches, à l'autre il donne des explications. Il dit à Zacharie : « Parce que vous n'avez pas cru; » il dit à Marie : « Recevez l'explication que vous avez demandée. » Les paroles de Zacharie et celles de Marie, je le répète, sont à peu près les mêmes :

---

(1) Ce sermon se trouve cité dans le vrai Commentaire de Bède, qui n'est pas encore imprimé, sur le chapitre II de la Ire Epître à Timothée, et dans l'exorde du sermon suivant prononcé à Carthage.

SERMO CCXCIII (a).

In Natali Joannis Baptistæ, VII.

Joannis et Christi in nativitate comparatio. — 1. Sancti Joannis, cujus nativitatem, cum Evangelium legeretur, mirantes audivimus, solemnitatem hodie celebramus. Quanta est gloria judicis, si tanta est præconis? Qualis est venturus via, si talis est qui præparat viam? Nativitatem Joannis quodam modo consecratam observat Ecclesia; nec invenitur ullus in Patribus, cujus nativitatem solemniter celebremus; celebramus Joannis, celebramus et Christi; hoc vacare non potest, et si forte a nobis pro tantæ rei dignitate minus explicatur, fructuosius tamen et altius cogitatur. Nascitur Joannes de anicula sterili, nascitur Christus de juvencula virgine. Joannem parit sterilitas, Christum integritas. In nativitate Joannis ætas congrua non erat parentalis, in nativitate Christi complexus non exstitit maritalis. Ille Angelo prædicante nuntiatur, iste Angelo nuntiante concipitur. Non creditur Joannes nasciturus, et fit pater mutus; creditur Christus, et fide concipitur. Fit prius adventus fidei in cor virginis, et sequitur fecunditas in utero matris. Et tamen prope eadem verba sunt Zachariæ dicentis, cum Angelus Joannem nuntiaret : « Per quid cognoscam hoc? Ego enim sum senex, et uxor mea jam processit in diebus suis; » (*Luc.*, I, 18, etc.) et Mariæ sanctæ Angelo nuntiante partum ejus futurum : « Quomodo fiet istud? Quoniam virum non cognosco, » pene eadem verba. Illi dicitur : « Ecce eris tacens, nec potens loqui, quo usque fiant hæc, propter quod non credidisti verbis meis, quæ adimplebuntur tempore suo. » Illi autem : « Spiritus sanctus superveniet in te, et virtus Altissimi obumbrabit tibi; propterea quod nascetur ex te sanctum, vocabitur Filius Dei. » Ille corripitur, illa instruitur. Illi dicitur : Quia non credidisti; illi dicitur : Accipe quod quæsisti. Propemodum eadem

---

(a) Alias v ex Vignerianis.

SERMON CCXCIII.

« A quel signe reconnaîtrai-je cela ? » « Comment cela se fera-t-il ? » Mais rien n'était caché aux yeux de Celui qui entendait ces paroles et qui voyait le fond du cœur. La question que l'un et l'autre font à l'ange ne découvrait point leur pensée ; elle restait cachée pour les hommes, mais non pour l'ange, disons mieux, pour Celui qui se servait de l'ange pour leur parler. Enfin, Jean naît lorsque la lumière du jour diminue, et que la nuit commence à croître ; Jésus-Christ naît lorsque la nuit commence à décroître, et le jour à augmenter. Il semble que Jean ait eu en vue ce temps de leur naissance, lorsqu'il dit : « Il faut qu'il croisse et que je diminue. » (*Jean*, III, 30.) Nous vous avons fait connaître le sujet que nous devons examiner et traiter dans ce discours, mais j'ai cru devoir commencer par grouper toutes ces circonstances, et si notre insuffisance ou le défaut de temps ne nous permettent pas de sonder toutes les profondeurs d'un si grand mystère, vous serez beaucoup mieux enseignés par Celui qui vous parle intérieurement, même en notre absence, par Celui qui est l'objet de vos saintes pensées, que vous avez reçu dans vos cœurs, et dont vous êtes devenus les temples.

Jean est comme la limite extrême entre l'Ancien et le Nouveau Testament. C'est pour cela qu'il naît de parents avancés en âge, et qu'il tressaille dans le sein de sa mère. La voix a été prise pour la parole. Zacharie devient muet et recouvre ensuite la parole. — 2. Jean semble donc avoir été placé comme la limite extrême qui sépare les deux Testaments, l'Ancien et le Nouveau. C'est ce que le Seigneur déclare en termes équivalents, lorsqu'il dit : « La loi et les prophètes ont duré jusqu'à Jean. » (*Luc*, XVI, 16.) Jean représente donc à la fois ce qui est ancien comme ce qui est nouveau. Comme représentant des temps anciens, il naît de parents avancés en âge ; comme représentant des temps nouveaux, il se déclare prophète dès le sein de sa mère. Avant même de naître, il tressaille dans le sein de sa mère à l'arrivée de la sainte Vierge Marie. Il était marqué dès lors du caractère des prophètes, et marqué avant sa naissance ; il se montre son précurseur avant même de l'avoir vu. Ce sont là des merveilles toutes divines, et qui dépassent la mesure de la faiblesse humaine. Enfin, Jean-Baptiste naît, il reçoit son nom, et la langue de son père est déliée. Rapprochez ce fait du personnage figuratif dont il est ici question, et gardez-vous de révoquer en doute ce fait, parce que vous en demanderiez la signification. Rapprochez ce fait de ce que signifient les événements, et voyez quel en est le profond mystère. Zacharie se tait et devient muet jusqu'à la naissance de Jean, précurseur du Seigneur, qui devait lui rendre l'usage de la parole. Or, que signifie le silence

verba sunt : « Per quid cognoscam hoc ? » et : « Quomodo fiet istud ? » Sed eum qui verba audiebat, et cor videbat, non latebat. In utriusque verbis cogitatio latebat ; sed homines, non Angelum latebat : imo non latebat eum, qui loquebatur per Angelum. Postremo nascitur Joannes, dum jam lux minuitur, et nox incipit crescere ; nascitur Christus, dum nox accipit detrimentum, et dies augmentum. Et tanquam hoc signum nativitatis amborum Joannes ipse respiciens, dicit : « Illum oportet crescere, me autem minui. » (*Joan.*, III, 30.) Proposuimus inquirenda, et discutienda prædiximus ; sed hoc prælocutus sum, et si omnibus tanti mysterii sinibus perscrutandis non sufficimus, vel facultate, vel tempore ; melius vos docebit qui loquitur in vobis, etiam absentibus nobis, quem pie cogitatis, quem corde suscepistis, cujus templa facti estis.

Joannes quidam limes veteris et novi Testamenti. Ideo et de senibus nascitur, et in utero exsultat. Zachariæ os prius clausum, et post apertum. — 2. Videtur ergo Joannes interjectus quidam limes Testamentorum duorum, veteris et novi. Nam eum esse, ut dixi, quodam modo limitem Dominus ipse testatur dicens : « Lex et Prophetæ usque ad Joannem Baptistam. » (*Luc.*, XVI, 16.) Sustinet ergo personam vetustatis, et præconium novitatis. Propter personam vetustatis, de senibus nascitur ; propter personam novitatis, in visceribus matris Prophetia declaratur. Nondum enim natus ad sanctæ Mariæ adventum, exsultavit in utero matris. Jam ibi designatus erat, designatus antequam natus ; cujus præcursor esset ostenditur, antequam ab eo videretur. Divina sunt hæc, et mensuram humanæ fragilitatis excedunt. Postremo nascitur, accipit nomen, lingua solvitur patris. Refer quod factum est ad significantem imaginem rerum ; tantum quod factum est ne non factum putes, quoniam quid significaret forsitan dices. Hoc quod factum est, refer ad significationem rerum, et vide magnum mysterium. Zacharias tacet, et amittit vocem, donec Joannes nasceretur præcursor Domini, et aperiret vocem. Quid est silentium Zachariæ, nisi prophetia latens, et ante prædicationem Christi quodam

de Zacharie, sinon que la prophétie était comme voilée, et en quelque sorte cachée et scellée avant la prédication de Jésus-Christ? Les voiles sont levés à l'avénement du Christ, et les prophéties deviennent claires à l'arrivée de celui qu'elles annoncent. La bouche ouverte à Zacharie à la naissance de Jean, c'est le voile du temple déchiré lorsque Jésus était sur la croix ; si Jean s'annonçait lui-même, il n'ouvrirait point la bouche de Zacharie. Sa langue est déliée, parce que la voix vient de naître. En effet, lorsque Jean annonce l'avénement du Seigneur, on lui demande : « Qui êtes-vous ? » et il répond : « Je suis la voix de Celui qui crie dans le désert. » (*Jean*, I, 23.)

Jean est la voix, Jésus-Christ est la parole. — 3. Jean est la voix, mais « au commencement était le Verbe. » (*Jean*, I, 1.) Jean est la voix pour un temps, Jésus-Christ est le Verbe dès le commencement et pour l'éternité. Supprimez la parole, qu'est-ce que la voix? Dès qu'il n'y a point de signification, ce n'est plus qu'un vain bruit. La voix sans la parole frappe l'oreille, mais ne peut édifier le cœur. Examinons cependant l'ordre suivi, lorsqu'il s'agit de l'édification de notre cœur. Je pense à ce que je dois dire, et la parole est déjà dans mon cœur; mais, si je veux vous parler, je cherche à produire dans votre cœur ce qui existe déjà dans le mien. Or, en examinant comment je ferai parvenir jusqu'à vous et pénétrer dans votre cœur, cette parole qui est déjà dans le mien, je recours à la voix, qui est pour moi le moyen de me faire entendre de vous. C'est le son de la voix qui vous conduit à l'intelligence de la parole, et lorsque ce son vous a fait comprendre la parole, il passe, mais la parole dont il a été le conducteur reste dans votre cœur sans sortir du mien. Le son, après vous avoir transmis la parole, ne semble-t-il pas vous dire : « Il faut qu'elle croisse et que je diminue? » (*Jean*, III, 30.) Le son de la voix a retenti pour accomplir son office, et il s'en est allé comme en disant : « Ma joie est ainsi accomplie. » (*Ibid.*, 29.) Attachons-nous donc à la parole, conservons cette parole qui a été conçue au plus intime de notre cœur. Voulez-vous une preuve que la voix passe et que la divinité du Verbe demeure? Où est maintenant le baptême de Jean? Il a rempli son ministère, et il a disparu, tandis qu'on a toujours recours au baptême de Jésus-Christ. Tous nous croyons en Jésus-Christ, nous espérons le salut en Jésus-Christ : c'est ce que la voix nous a fait entendre. Mais comme il est difficile de distinguer la voix de la parole, Jean lui-même a passé pour être le Christ. On a pris la voix pour la parole, mais la voix a reconnu ce qu'elle était pour ne point usurper les droits de la parole. « Je ne suis, répondit Jean, ni le Christ, ni Élie, ni prophète. Qui êtes-vous donc, lui de-

---

modo occulta et clausa? Aperitur illius adventu, clara fit venturo eo qui prophetabatur. Hoc est apertio vocis Zachariæ in nativitate Joannis, quod est discissio veli in cruce Christi. Joannes si se ipsum nuntiaret, Zachariæ os non aperiret. Solvitur lingua, quia nascitur vox ; nam Joanni jam prænuntianti Dominum dictum est : « Tu quis es ? » Et respondit : « Ego sum vox clamantis in eremo. » (*Joan.*, I, 23.)

Vox Joannes, Verbum Christus. Vox Verbum putata. — 3. Vox Joannes, Dominus autem « in principio erat Verbum. » (*Joan.*, I, 1.) Joannes vox ad tempus, Christus Verbum in principio æternum. Tolle verbum, quid est vox? Ubi nullus est intellectus, inanis est strepitus. Vox sine verbo aurem pulsat, cor non ædificat. Verumtamen in ipso corde nostro ædificando advertamus ordinem rerum. Si cogito quid dicam, jam verbum est in corde meo ; sed loqui ad te volens, quæro quemadmodum sit etiam in corde tuo, quod jam est in meo. Hoc quærens quomodo ad te perveniat, et in corde tuo insideat verbum quod jam est in corde meo, assumo vocem, et asumpta voce loquor tibi ; sonus vocis ducit ad te intellectum verbi ; et cum ad te duxit sonus vocis intellectum verbi, sonus quidem ipse pertransit ; verbum autem quod ad te sonus perduxit, jam est in corde tuo, nec recessit a meo. Sonus ergo, transacto verbo ad te, nonne tibi videtur dicere sonus ipse : « Illum oportet crescere, me autem minui? » (*Joan.*, III, 30.) Sonus vocis strepuit in ministerium, et abiit, quasi dicens : « Hoc gaudium meum completum est. » (*Ibid.*, 29.) Verbum teneamus, verbum medullitus conceptum non amittamus. Vis videre vocem transeuntem, et Verbi divinitatem manentem? Baptismus Joannis modo ubi est? Ministravit, et abiit. Christi nunc baptismus frequentatur. Omnes in Christum credimus, salutem in Christo speramus ; hoc sonuit vox. Nam quia discernere difficile est a voce verbum, et ipse Joannes putatus est Christus. Vox verbum putata est ; sed agnovit se vox, ne offenderet verbum. « Non sum, inquit, Christus, nec Elias, nec propheta. » Responsum est : « Tu ergo quis es? Ego sum, inquit, vox clamantis in eremo : Parate viam

SERMON CCXCIII.

mande-t-on? Je suis, dit-il, la voix de Celui qui crie dans le désert : Préparez la voix au Seigneur. » (*Jean*, I, 20, etc.) « Je suis la voix de Celui qui crie dans le désert, » la voix de Celui qui rompt le silence pour dire : « Préparez la voix au Seigneur, » comme s'il disait : Je me fais entendre, afin de l'introduire dans vos cœurs; mais il ne daignera point venir là où je veux l'introduire, si vous ne lui préparez la voie. Que signifie : « Préparez la voix? » Adressez-lui de ferventes prières. Que signifie encore : « Préparez la voix ? » Ayez d'humbles sentiments de vous-mêmes. Imitez l'exemple d'humilité que vous donne le Précurseur. On le prend pour le Christ, il dit qu'il n'est point Celui qu'on pense, et il ne fait point servir à son orgueil l'erreur d'autrui. S'il avait dit : Je suis le Christ, avec quelle facilité il eût été cru, puisqu'on croyait qu'il l'était sans qu'il eût besoin de le dire! Mais non, il se garde bien de le dire; il reconnaît ce qu'il est, il sait faire la juste distinction qui existe entre lui et le Christ, et s'humilie devant lui. Il vit où était pour lui le salut, il comprit qu'il n'était qu'une lampe, et il craignit que le vent de l'orgueil ne vînt à l'éteindre.

Pourquoi Dieu envoie pour rendre témoignage à Jésus-Christ un homme rempli de grâces aussi extraordinaires. — 4. Ce fut par un effet d'une volonté particulière de Dieu, que celui qui devait rendre témoignage au Christ était comblé de tant de grâces qu'on pouvait le prendre lui-même pour le Christ. « En effet, parmi les enfants des hommes, dit Jésus-Christ lui-même, il n'en a point paru de plus grand que Jean-Baptiste. » (*Matth.*, XI, 11.) Si aucun homme n'est plus grand que Jean-Baptiste, celui qui est plus grand que lui est plus qu'un homme. Jésus-Christ s'est rendu un grand témoignage à lui-même, mais, pour des yeux pleins d'humeur et malades, le témoignage que se rend le jour est bien faible. Les yeux malades redoutent la lumière du jour et ne peuvent supporter que la lumière d'un flambeau. Voilà pourquoi le jour, avant de paraître, s'est fait précéder d'un flambeau. Il a fait briller ce flambeau dans le cœur des fidèles pour confondre les cœurs des infidèles. « J'ai préparé, dit le Roi-Prophète, un flambeau pour mon Christ. » (*Ps.* CXXXI, 17.) C'est Dieu qui parle par la bouche de son prophète : « J'ai préparé un flambeau pour mon Christ. » J'ai préparé Jean pour être le héraut du Sauveur, le précurseur du juge qui doit venir, l'ami de l'Epoux. « J'ai préparé un flambeau pour mon Christ. » Pourquoi l'avez-vous préparé ? « Je couvrirai ses ennemis de confusion, mais je ferai éclater sur lui la gloire de ma sanctification. » (*Ibid.*, 18.) Comment ce flambeau a-t-il couvert ses ennemis de confusion? Examinons attentivement l'Evangile. Les Juifs, qui ne cherchent qu'à accuser le Seigneur, lui disent : « Par quelle autorité faites-vous ces choses? Si vous êtes le Christ, dites-le nous

---

Domino. (*Joan.*, I, 20, etc.) Vox clamantis in eremo, » vox rumpentis silentium. « Parate viam Domino, » tanquam diceret : « Ego ideo sono, ut illum in cor introducam : sed quo introducam non dignatur venire, nisi viam præparetis. Quid est : « Viam parate, » nisi congrue supplicate? Quid est : « Viam parate, » nisi humiliter cogitate? Ab ipso accipite humilitatis exemplum. Putatur Christus, dicit se non esse quod putatur, nec ad suum fastum errorem assumit alienum. Si diceret : Ego sum Christus, quam facillime crederetur, qui antequam diceret, credebatur? Non dixit : agnovit se, distinxit se, humiliavit se. Vidit ubi haberet salutem; lucernam se intellexit, et ne extingueretur vento superbiæ timuit.

Cur tantæ gratiæ homo missus, qui perhiberet testimonium Christo. — 4. Hæc enim dispositio placuit Deo, ut tantæ gratiæ homo testimonium perhiberet Christo, qui posset putari Christus. Denique « in natis mulierum, » sicut dixit ipse Christus, « nemo exsurrexit major Joanne Baptista. » (*Matth.*, XI, 11.) Si hoc homine nullus erat major homo, qui major est illo, plus est quam homo. Magnum testimonium Christi de se ipso, sed lippientibus et infirmis oculis parum se testificatur dies. Infirmi oculi diem expavescunt, lucernam ferunt. Ideo præmisit lucernam dies venturus. Sed in corda fidelium lucernam præmisit, ad confundenda corda infidelium. « Paravi, inquit, lucernam Christo meo. » (*Psal.* CXXXI, 17.) Deus Pater in Prophetia loquens : « Paravi lucernam Christo meo, » Joannem Salvatori præconem, judici præcursorem venturo, futuro amicum sponso. « Paravi, inquit, lucernam Christo meo. » Quare parasti? « Inimicos ejus induam confusione; super ipsum autem florebit sanctificatio mea. » (*Ibid.*, 18.) Quomodo per hanc lucernam inimici ejus induti sunt confusione? Evangelium perscrutemur. Calumniantes Judæi Domino dixerunt : « In qua potestate ista facis? Si tu es Christus, dic nobis palam. » (*Matth.*, XXI, 23, etc.) Causam quærebant, non

ouvertement. » (*Matth.*, XXI, 23, etc.) Ils cherchaient, non pas à croire, mais à l'accuser, à lui tendre des piéges, et non à être délivrés de leurs chaînes. Mais considérez comment Celui qui voit le fond des cœurs se sert du flambeau pour les couvrir de confusion. « J'ai aussi, leur dit-il, une demande à vous faire. Dites-moi, d'où était le baptême de Jean ? du ciel ou des hommes ? » Refoulés par ce trait de lumière, et forcés de tâtonner, bien que le jour rayonnât faiblement à leurs yeux, et ne pouvant supporter cet éclat, ils se réfugièrent dans les ténèbres de leur cœur, et là ils se troublèrent en eux-mêmes, en se heurtant contre des écueils qui devenaient la cause de leur chute. Voici le raisonnement qu'ils faisaient en eux-mêmes, dans le secret de leurs pensées, mais où l'œil du Seigneur pénétrait. « Si nous disons qu'il vient du ciel, il nous dira : Pourquoi donc n'y avez-vous pas cru ? » car Jean lui-même avait rendu témoignage à Notre-Seigneur Jésus-Christ. « Mais, si nous disons : Des hommes, le peuple nous lapidera, » parce que Jean était regardé comme un grand prophète. Ils répondirent donc : « Nous ne savons. » Vous ne savez, vous êtes dans les ténèbres, vous avez perdu la lumière. Qu'il vaudrait bien mieux, si les ténèbres viennent à se répandre dans le cœur humain, donner accès à la lumière plutôt que de la perdre! Lorsqu'ils eurent répondu au Sauveur : « Nous ne savons pas, » il leur dit aussi : « Je ne vous dirai pas non plus par quelle autorité je fais ces choses. » Je sais par quel motif vous m'avez répondu : « Nous ne savons pas; » vous ne voulez pas être enseignés, vous craignez de confesser la vérité.

Le Christ est Dieu caché sous le voile de la chair. — 5. Cette divine économie (autant qu'il est permis à l'homme de l'approfondir plus ou moins, selon ses dispositions plus ou moins parfaites), cette divine économie nous révèle un profond mystère. Le Christ devait venir revêtu d'une chair semblable à la nôtre ; ce n'était pas un autre, soit un ange, soit un envoyé, c'était le Christ lui-même qui devait venir pour nous sauver. (*Isa.*, XXXV, 4.) Ce n'était donc pas un envoyé quelconque, et, cependant, comment devait-il venir? Il devait naître dans une chair mortelle, paraître sous la forme d'un petit enfant, être déposé dans une crèche, enveloppé de langes, allaité, croître avec les années, et enfin finir sa vie par une mort cruelle. C'étaient là autant d'actes d'humiliation et de témoignages d'humilité profonde. Qui nous donne ces exemples d'humilité? Le Très-Haut. Quelle est donc sa grandeur et son élévation ? Ne cherchez point sur la terre, élevez-vous au-dessus des astres. Lorsque vous serez parvenus jusqu'aux célestes légions des anges, vous les entendrez vous dire : Montez encore au-dessus de nous. Quand vous vous serez élevés jusqu'aux Trônes, jusqu'aux Dominations, jusqu'aux Prin-

fidem; unde insidiarentur, non unde liberarentur. Denique quia corda eorum vidit, attendite quid respondit confusurus eos de lucerna. « Interrogo, inquit, etiam vos unum sermonem : Dicite mihi, Baptisma Joannis unde est? de cœlo, an ex hominibus? Illi continuo repercussi, et quamvis tenuiter radiante die, ad palpandum compulsi, quoniam claritatem illam speculari non poterant, ad sui cordis tenebras confugerunt, et ibi secum turbari cœperunt, offendentes et ruentes. « Si dixerimus, » inquiunt, (hoc apud se ipsos, ubi cogitabant, sed quo ille cernebat :) « Si dixerimus, inquiunt, de cœlo est, dicet nobis : Quare ergo non credidistis ei? » Ipse enim testimonium perhibuerat Christo Domino. « Si autem dixerimus ab hominibus, lapidant nos populi; » quia propheta magnus Joannes habebatur. Et dixerunt : « Nescimus. » Nescitis; in tenebris estis, lumen amittitis. Quanto enim melius, si forte tenebræ in corde humano versantur, lumen admittere, non amittere. Ubi dixerunt : « Nescimus; » ait Dominus : « Nec ego dico vobis in qua potestate ista facio. » Scio enim quo corde dixeritis : « Nescimus, » non volentes doceri, sed timentes confiteri.

Christus Deus latens in carne. — 5. Hæc divina dispensatio, (quantum homo perscrutari potest, melior, inferior inferius,) hæc divina dispensatio magnum nobis insinuat sacramentum. Venturus enim erat Christus in carne, non quicumque, non Angelus, non legatus; sed « ipse veniens salvos faciet eos. » (*Isai.*, XXXV, 4.) Non erat quicumque venturus; et tamen quomodo erat venturus? In carne mortali nasciturus, infans parvulus futurus, in præsepi ponendus, cunis involvendus, lacte nutriendus, per ætates augendus, postremo etiam morte perimendus. Hæc ergo omnia humilitatis indicia et nimiæ humilitatis est forma. Cujus hæc humilitas? Excelsi. Quam excelsi? Noli quærere in terra, transcende et sidera. Cum ad cœlestes exercitus Angelorum veneris, audies ab eis : Transi et nos. Cum veneris ad Sedes, Dominationes, Principatus, Potestates, audies :

cipautés, jusqu'aux Puissances, vous les entendrez encore vous dire : Montez plus haut, nous sommes nous-mêmes des créatures; « car toutes choses ont été faites par lui. » (*Jean*, I, 3.) Elevez-vous donc au-dessus de toute créature, au-dessus de tout ce qui a été formé, de tout ce qui a reçu l'existence, au-dessus de tous les êtres muables, corporels ou incorporels, en un mot, au-dessus de tout. Votre vue ne peut encore parvenir jusque-là; c'est par la foi qu'il faut vous y élever, c'est à elle de vous conduire jusqu'au Créateur; et, en prenant la foi pour guide, vous y parviendrez infailliblement. C'est là que vous contemplerez « le Verbe, qui était au commencement. » (*Ibid.*, 1.) Il n'a pas été fait dans un temps déterminé, il était au commencement. Il n'est pas comme la créature dont il est dit : « Au commencement, Dieu créa le ciel et la terre. » (*Gen.*, I, 1.) Pour celui qui était au commencement il n'y a jamais eu un seul instant où il n'ait pas existé. Or, ce Verbe qui existait dans le commencement, ce Verbe qui était en Dieu, ce Verbe qui était Dieu, par qui toutes choses ont été faites, sans qui rien n'a été fait, et en qui était vie tout ce qui a été fait, est descendu jusqu'à nous. Or, qu'étions-nous ? Méritions-nous qu'il descendît jusqu'à nous ? Non, nous en étions indignes. « Le Christ, dit saint Paul, est mort pour des impies et pour des indignes; » (*Rom.*, V, 6) mais lui était digne. Nous étions indignes qu'il eût compassion de nous, mais il était digne d'avoir pitié de nous, lui à qui nous disons : « Délivrez-nous, Seigneur, à cause de votre miséricorde. » (*Ps.* LXXVIII, 9.) Ce n'est point en considération de nos mérites précédents, mais, « en considération de votre miséricorde, délivrez-nous, Seigneur, et pardonnez-nous nos péchés à cause du nom qui vous est propre. » Ce n'est point en vertu de nos mérites, ce n'est point en considération de ce que méritent nos péchés, c'est « à cause de votre nom; » car ce que méritent nos péchés, ce n'est point des récompenses, mais des châtiments; c'est donc « en considération de votre nom. » Voilà vers qui est descendu Celui qui résume en lui toute grandeur. Et comment est-il venu vers nous? « Le Verbe s'est fait chair pour habiter parmi nous. » (*Jean*, I, 14.) S'il n'était venu parmi nous qu'avec sa nature divine, qui aurait pu supporter sa majesté? qui aurait pu le connaître, le recevoir? Il a donc pris ce que nous étions, pour ne pas nous laisser ce que nous étions; mais ce que nous étions par notre faute, et non par notre nature. Il s'est fait homme, parce qu'il venait parmi les hommes; mais, cependant, il ne s'est pas fait pécheur en venant au milieu des pécheurs. De ces deux choses, qui sont notre apanage, la nature et le péché, il a pris l'une, il a guéri l'autre. S'il avait pris nos iniquités, il aurait eu besoin lui-même d'un Sauveur. Il s'est chargé, il est vrai, de nos iniquités, mais pour les guérir, et non

---

Transi et nos, et nos facti sumus : « Omnia per ipsum facta sunt. » (*Joan.*, I, 3.) Universam transcende creaturam, quidquid conditum est, quidquid institutum, quidquid mutabile, sive corporeum, sive incorporeum, cuncta transcende. Videndo nondum potes, credendo transcende; perveni ad Creatorem, et interim fide antecedente te, quæ perducit te, perveni ad Creatorem. Ibi vide : « In principio erat Verbum. » (*Ibid.*, 1.) Non enim aliquando factum est; sed in principio erat. Non quomodo creatura, de qua dicitur : « In principio fecit Deus cœlum et terram. » (*Gen.*, I, 1.) Hoc quod in principio erat, non est quando non erat. Hoc ergo quod « in principio erat, et Verbum erat apud Deum, et ipsum Verbum Deus erat; et omnia per ipsum facta sunt, et sine ipso factum est nihil; et in quo est vita quod factum est, » venit ad nos. Ad quos? ad dignos? Absit; sed ad indignos. Etenim « Christus pro impiis mortuus est, » (*Rom.*, V, 6) et indignis, sed dignus. Nos enim indigni quorum misereretur, sed dignus ille qui misereretur, cui diceretur : « Propter misericordiam tuam, Domine, libera nos. » (*Psal.* LXXVIII, 9.) Non propter præcedentia nostra merita, sed propter misericordiam tuam, Domine, libera nos; et propitius esto peccatis nostris propter nomen tuum, » non propter meritum nostrum. Nam non propter meritum peccatorum, sed « propter nomen tuum. » Nam meritum peccatorum, non utique præmium, sed supplicium. Ergo « propter nomen tuum. » Ecce ad quos venit, ecce quantus venit. Ad nos ille quomodo venit ? « Verbum plane caro factum est, ut inhabitaret in nobis. » (*Joan.*, I, 14.) Si enim in sua divinitate tantummodo veniret, quis eum ferret? quis eum caperet? quis susciperet? Sed suscepit quod nos eramus ne remaneremus quod eramus, sed quod nos eramus natura, non culpa. Quia enim ad homines homo, non tamen quia ad peccatores peccator. De duobus istis, natura humana et culpa humana, unum suscepit, aliud sanavit. Nam si ipse susciperet nostram iniquitatem, et ipse quæ-

pour se les rendre propres; et il a manifesté sa nature humaine au milieu des hommes, tout en voilant sa nature divine.

A ce Dieu qui cachait sa divinité sous le voile de la chair, il fallait le témoignage du plus grand des hommes. Jean, qui avait des disciples comme Jésus-Christ, devient par là un témoin beaucoup plus digne de foi. — 6. Or, qui sera jugé digne de rendre témoignage à ce jour éclatant qui se cache en quelque sorte sous le nuage de la chair? Donnez-moi un flambeau pour qu'il serve de témoin au jour, mais un flambeau si brillant que sa lumière ne soit surpassée que par celle du jour. « Parmi les enfants des femmes, il n'en a point paru de plus grand que Jean-Baptiste. » (*Matth.*, XI, 11.) O ineffable disposition de la Providence! Lorsque je médite la grandeur de Jean-Baptiste, je ne puis assez admirer ce qu'il dit en parlant de Jésus-Christ, au témoignage de l'Evangile : « Je ne suis pas digne, dit-il, de dénouer la courroie de sa chaussure. » (*Jean*, I, 27.) Peut-on imaginer un langage plus humble? Mais aussi quelle grandeur plus élevée que celle de Jésus-Christ? quelle humilité plus profonde que celle de la croix? « L'époux est celui à qui est l'épouse; mais l'ami de l'époux, qui se tient debout et l'écoute, est rempli de joie d'entendre la voix de l'époux, » (*Ibid.*, III, 29) et non la sienne. « Quant à nous, dit-il encore, nous avons tous reçu de sa plénitude. » (*Ibid.*, I, 16.) Quelles grandes vérités il nous révèle sur le Christ! quel témoignage magnifique, sublime et digne il lui rend, si toutefois on peut dire quelque chose qui soit digne de lui! Et cependant Jean ne faisait point partie des disciples du Seigneur; il ne marchait point à sa suite, comme Pierre, comme André, comme Jean, et les autres. Lui-même réunit aussi autour de lui des disciples, et, en présence de Jésus-Christ, qui s'était environné de disciples, Jean avait les siens, et on les appelait les disciples de Jean. Nous voyons les Juifs demander au Seigneur : « Pourquoi les disciples de Jean jeûnent-ils, tandis que vos disciples ne jeûnent pas? » (*Marc*, II, 18.) Il était sans doute nécessaire, pour ce précurseur fidèle, que le Christ fût annoncé par un homme qu'on pouvait regarder comme son rival. Jean avait des disciples, Jésus-Christ en avait aussi; il tenait comme une école séparée, mais c'était un témoin des plus attachés. Voilà pourquoi, « parmi les enfants des femmes, il n'en a point paru de plus grand que Jean-Baptiste. » Les prophètes, dans les temps anciens, ont eu des disciples, mais le Christ n'était pas sur la terre. Vinrent ensuite les apôtres eux-mêmes, si grands, mais comme disciples de Jésus-Christ, et non parce qu'ils ont eu comme lui des disciples. Jean, au contraire, a des disciples; il les réunit autour de lui, il baptise; mais est-ce en dehors de Jésus-Christ ou en union avec lui? C'était en parfaite union avec le Christ, afin qu'étant

reret salvatorem. Suscepit tamen ferendam et sanandam, non autem habendam; et homo apparuit inter homines, latens Deus.

Deo in carne latenti necessarium fuit testimonium hominis, quo non esset alius major. Joannes discipulos sicut Christus habens, fit Christi testis credibilior. — 6. Quis ergo perhibeat testimonium huic diei latenti in quadam nube carnis? Da lucernam, testetur diem; sed hanc lucernam auge, ut quisquis plus illa fuerit, dies sit : « In natis mulierum non exsurrexit major Joanne Baptista. » (*Matth.*, XI, 11.) O ineffabilis dispensatio! Ego, Fratres, cum hæc cogito, multum miror quod dicit Joannes de Christo, teste Evangelio : « Non sum dignus, inquit, corrigiam calceamenti ejus solvere. » (*Joan.*, I, 27.) Quid humilius dici potest? Quid excelsius Christo? quid humilius crucifixo? « Qui habet sponsam, sponsus est; amicus autem sponsi stat, et audit eum, et gaudio gaudet propter vocem sponsi, » (*Ibid.*, III, 29) non propter suam. « Nos, inquit, de plenitudine ejus omnes accepimus. » (*Ibid.*, I, 16.) Quanta dicit de Christo, quam præclara? quam excelsa! quam digna! si tamen de illo aliquid ab aliquo digne dicitur. Et tamen non ambulat inter discipulos Domini, non eum secutus est, ut Petrus, ut Andreas, ut Joannes, ut cæteri. Sed discipulos sibi ipse etiam congregavit, et constituto hic licet Domino cum discipulis suis, habebat discipulos et Joannes. Dicebantur discipuli Joannis. Dicebatur ipsi Domino : « Quare Joannis discipuli jejunant, discipuli autem tui non jejunant? » (*Marc.*, II, 18.) Hoc erat procul dubio necessarium præcursori fideli, ab eo Christum prædicari qui posset æmulus credi. Habebat discipulos Joannes, habebat et Christus; quasi extra docebat, sed testis inhærebat. Ideo « in natis mulierum nemo exsurrexit major Joanne Baptista. » Fuerunt Prophetæ, habuerunt discipulos, sed non præsente Christo. Fuerunt postea magni Apostoli, sed quia discipuli Christi, non quia discipulos potuerunt habere cum Christo. Habet ille discipulos, congregat, baptizat; quid pu-

homme, il pût avoir Dieu pour Sauveur; et, en apparence, c'était en dehors de lui, pour que son témoignage fût plus digne de foi. Remarquez ici cette différence : les apôtres, par exemple, Pierre, André, Jean et les autres, rendaient témoignage au Seigneur, et on pouvait leur dire : Vous louez Celui que vous suivez, vous prêchez Celui à qui vous êtes attachés. Vienne donc le flambeau qui doit confondre les ennemis, et qu'il rassemble aussi des disciples. Le Christ a des disciples, Jean a aussi des disciples; le Christ baptise, Jean baptise également, et les Juifs viennent dire à Jean : « Celui à qui vous avez rendu témoignage, voilà qu'il baptise, et tous viennent à lui. » (*Jean*, III, 26, etc.) Ils veulent, ce semble, l'exciter comme un rival jaloux à parler mal de Jésus-Christ. Mais c'est alors que le flambeau répand une lumière plus assurée, une clarté plus vive et plus nourrie, et que cette clarté est d'autant moins en danger de s'éteindre qu'elle est plus distincte. « Je vous ai déjà dit que je ne suis point le Christ. L'époux est celui qui a l'épouse; celui qui vient du ciel est au-dessus de tout. » Ceux qui se rendirent à ses paroles furent remplis d'admiration pour Jésus-Christ, tandis que les ennemis du Sauveur furent couverts de confusion, eux qui forcèrent en quelque sorte de publier sa gloire celui qui aurait pu en être jaloux. En effet, le serviteur est contraint de reconnaître son Seigneur, la créature de rendre témoignage à son Créateur, ou, plutôt, Jean le fait sans contrainte et de grand cœur. Car c'est un ami, et non un envieux; il est plein de zèle, non pour sa propre gloire, mais pour celle de l'Epoux.

Jean est comme le paranymphe dans les noces du Seigneur. Le Christ médiateur en tant qu'homme. — 7. C'est ce que font ordinairement les amis de l'époux, et c'est un usage reçu dans la célébration des noces, qu'indépendamment des autres amis, on choisisse un paranymphe, c'est-à-dire un ami plus intime, un confident des secrets de la chambre nuptiale. Mais il y a ici une différence, et une très-grande différence. Ce que le paranymphe est dans les noces humaines, ce qu'un homme est pour un autre homme, Jean l'est pour Jésus-Christ, et le même Dieu, Jésus-Christ, est l'Epoux et le Médiateur entre Dieu et les hommes, mais en tant qu'homme. En tant que Dieu il n'est point médiateur; il est égal à son Père, il est une même chose avec son Père, et un seul Dieu avec lui. Comment cette majesté sublime, dont nous étions si éloignés par notre misérable condition, aurait-elle pu devenir notre médiatrice? Pour être médiateur, il faut que le Fils de Dieu prenne une nature qu'il n'avait pas; mais, pour nous faire arriver au terme, il faut qu'il demeure ce qu'il était. Dieu est bien au-dessus de nous, nous sommes au-dessous de lui, et d'immenses espaces nous en séparent, surtout depuis

tamus, foris, an intus? Imo vero re ipsa intus, ut tanquam homo a Deo liberaretur; specie quasi foris, ut testis crederetur. Intende hoc ipsum; perhibebant Domino testimonium, verbi gratia, Petrus, Andreas, Joannes et cæteri, cum diceretur eis : Laudatis quem sequimini, prædicatis cui adhæretis. Veniat lucerna confundens inimicos, colligat discipulos. Habet Christus, habet et Joannes. Baptizat Christus, baptizat et Joannes; et venitur ad Joannem, et dicitur ei : « Ille, cui testimonium perhibuisti, ecce baptizat, et omnes veniunt ad eum; » (*Joan.*, III, 26, etc.) ut quasi æmulus invidiæ de Christo aliquid mali loqueretur. Sed ibi lucerna ardet tutius, ibi splendet clarius, ibi vegetatur, quanto distinctius, tanto securius. « Jam, inquit, dixi vobis quia ego non sum Christus. Qui habet sponsam, sponsus est; qui de cœlo venit, super omnes est. » Tunc illi credentes Christum admirabantur, tunc vero inimici confundebantur, quando quodam modo compellebatur prædicare, qui credi poterat invidere. Cogitur enim Dominum servus agnoscere, cogitur creatura Creatori testimonium perhibere; nec cogitur, sed libenter facit. Amicus est enim, non invidus; nec sibi, sed sponso zelat.

In Christi nuptiis paranymphus Joannes. Mediator Christus in quantum homo. — 7. Faciunt hoc amici sponsi; et est quædam in nuptiis humanis solemnitas, ut exceptis aliis amicis, etiam paranymphus adhibeatur, amicus interior, conscius secreti cubicularis. Sed hic interest, et plane multum interest. Quod in nuptiis humanis homo homini paranymphus est, hoc est Joannes Christo, et idem Deus Christus sponsus, mediator Dei et hominum; sed inquantum homo. Nam in quantum Deus non mediator, sed æqualis Patri, hoc idem quod Pater, cum Patre unus Deus. Quando esset ista sublimitas mediatrix, a qua multum longe disjuncti jacebamus? Ut medius sit, aliquid assumat quod non erat; sed ut perveniamus, maneat quod erat. Ecce enim Deus super nos, ecce nos infra illum, et multa interjacent

que le péché nous a rejetés à une si grande distance de lui. Comment franchir cette distance si grande, pour parvenir jusqu'à Dieu? Dieu reste ce qu'il est, la nature divine s'unit à la nature humaine pour ne faire qu'une seule personne; ce n'est point un demi-Dieu, un Dieu qui ne soit qu'à moitié Dieu, un homme qui ne soit qu'à moitié homme; il est Dieu tout entier et homme tout entier, Dieu-Sauveur et homme-médiateur; c'est par lui que nous allons jusqu'à lui, nous n'allons point par un autre à un autre qui ne serait pas lui; mais, parce que nous sommes en lui, nous allons à lui, par qui nous avons été créés. Aussi, voyez l'Apôtre; il savait que Jésus-Christ était Dieu, car, en parlant de ce qu'avaient mérité précédemment les Juifs, il s'exprime en ces termes : « Ils ont pour pères les patriarches, et c'est d'eux qu'est sorti selon la chair Jésus-Christ, le Dieu au-dessus de toutes choses et béni dans tous les siècles. » (*Rom.*, IX, 5.) Or, tout en reconnaissant que le Christ était Dieu, Dieu au-dessus de tout, et au-dessus de toutes choses parce que toutes choses ont été faites par lui, lorsqu'il en vient à parler de lui comme médiateur, il ne le présente plus comme Dieu, car ce n'est point à ce titre qu'il est médiateur, mais en tant qu'il s'est fait homme. C'est par là que s'est accomplie notre délivrance. « Il n'y a qu'un seul Dieu. » (I *Tim.*, II, 5.) Comme vous qui m'écoutez êtes catholiques, et catholiques instruits, et que vous prêtez une oreille attentive à ces paroles : « Il n'y a qu'un seul Dieu, » je vous demanderai : L'Apôtre ne veut-il parler que du Père seul, ou du Fils, ou du Saint-Esprit? Mais non, car le Père, le Fils, le Saint-Esprit, ne font qu'un seul Dieu. Il n'y a donc qu'un seul Dieu et un seul médiateur entre Dieu et les hommes, Jésus-Christ homme. S'il avait dit : Il n'y a qu'un seul Dieu, un seul médiateur entre Dieu et les hommes, Jésus-Christ, il aurait donné à penser que Jésus-Christ était, comme Dieu, inférieur à son Père. Il l'aurait, en effet, comme séparé de la divine Trinité, s'il avait dit simplement : Il n'y a qu'un seul Dieu, et un seul médiateur entre Dieu et les hommes, Jésus-Christ, il semblerait alors qu'il ne serait pas ce Dieu unique dont il parle. Mais comme l'unité divine comprend le Père, le Fils et le Saint-Esprit, la divinité du Sauveur tient à cette unité, et c'est par son humanité qu'il remplit l'office de médiateur.

La grâce du Médiateur est nécessaire à tous les hommes pour se réconcilier avec Dieu. — 8. C'est par cette médiation que l'universalité du genre humain, éloignée de Dieu par le péché d'Adam, se trouve réconciliée avec lui. « Car le péché est entré dans ce monde par un seul homme, et la mort par le péché, et ainsi la

spatia, maxime peccati intervallum longe nos distinguit atque abjicit. In hac tanta distantia cum veniendum esset ad Deum, qua venturi eramus! Ipse Deus, Deus manet; accedit homo Deo, et fit una persona, ut sit non semideus, quasi parte Dei Deus, et parte hominis homo; sed totus Deus et totus homo; Deus liberator, homo mediator; ut per illum ad illum, non per alium, nec non ad illum; sed per id quod in illo nos sumus, ad illum per quem facti sumus. Ideo Apostolus quamvis Christum noverit Deum, nam ipse de illo dixit, cum de Judæorum præcedentibus meritis loqueretur : « Quorum patres, et ex quibus Christus secundum carnem, qui est super omnia Deus benedictus in sæcula; » *Rom.*, IX, 5) cum ergo sciret illum Deum, et super omnia Deum; ac per hoc utique super omnia, quia per illum facta sunt omnia; ventum est ut commendaret mediatorem, et non dixit Deum; non enim per hoc mediator est, quod Deus est; sed per hoc mediator, quia factus est homo. Ipsa est liberatio nostra. « Unus enim Deus. » (I *Tim.*, II, 5.) Quia utique Catholici auditis, instructi auditis, vigilanter auditis : « Unus Deus; » numquid solus Pater? numquid solus Filius? numquid solus Spiritus sanctus? Sed utique Pater et Filius et Spiritus sanctus unus Deus. Ergo : « Unus Deus, unus et mediator Dei et hominum homo Christus Jesus. » Si diceret : Unus Deus unus et mediator Dei et hominum (a) Christus Jesus; tanquam minor Deus intelligeretur. Etenim ab illa Trinitatis deitate quasi separaretur, si unus Deus, unus et mediator Dei et hominum Jesus Christus, quasi non ille Deus qui unus diceretur. Sed quia in unitate Dei, ibi Pater et Filius et Spiritus sanctus; unitatem teneat divinitas, mediatetem suscipiat humanitas.

Mediatoris gratia omnibus, ut Deo reconcilientur, necessaria. — 8. Hac medietate reconciliatur Deo omnis generis humani massa ab illo per Adam alienata. « Per Adam enim peccatum intravit in mundum, et per peccatum mors, et ita in omnes homines

(a) Vignerius ex Regio codice, *homo Christus Jesus.* Hoc loco meliores Mss. non habent *homo*: quam vocem hic retinuit Augustinus, ut sensum Apostoli ea detracta non constare ostenderet; qui nimirum sensus est, mediatoris officium ad hominem Christum, qui unus cum Patre et Spiritu Sancto Deus est, pertinere.

mort a passé à tous les hommes par ce seul homme en qui tous ont péché. » (*Rom.*, v, 12.) Qui aurait pu se tirer de cet abîme? qui aurait pu se séparer de cette masse de colère, pour obtenir miséricorde? « Car qui met de la différence entre vous? Qu'avez-vous que vous n'ayez reçu? » (I *Cor.*, iv, 7.) Ce ne sont donc point nos mérites qui nous séparent de cette masse de colère, mais la grâce de Dieu. Car, si c'étaient nos mérites, nous aurions un droit, et, si nous avions un droit, le don ne serait plus gratuit, et, s'il n'était plus gratuit, ce ne serait plus une grâce. C'est le raisonnement de l'Apôtre : « Si c'est par grâce, ce n'est donc point en vue des œuvres; autrement, la grâce ne serait plus la grâce. » (*Rom.*, xi, 6.) C'est par un seul que nous sommes sauvés, grands et petits, vieillards, jeunes gens, enfants plus ou moins âgés; c'est par un seul que nous obtenons le salut. « Car il n'y a qu'un seul Dieu et un seul médiateur entre Dieu et les hommes, Jésus-Christ Dieu et homme. » (I *Tim.*, ii, 5.) « Car c'est par un homme que la mort est venue, c'est aussi par un homme que vient la résurrection. Et comme tous meurent par Adam, tous revivront aussi par Jésus-Christ. » (I *Cor.*, xv, 21, 22.)

Tous sont en Adam et tous en Jésus-Christ. — 9. J'entends quelqu'un m'arrêter ici et me dire : Comment « tous revivront par Jésus-Christ? » Quoi! ceux aussi qui seront précipités dans l'enfer, qui seront condamnés au même supplice que le démon, et tourmentés avec eux dans les feux éternels? Comment donc faut-il entendre ce mot « tous » de part et d'autre? Dans ce sens que nul ne meurt que par Adam, et que nul ne recouvre la vie que par Jésus-Christ. S'il en était un autre qui fût cause de notre mort, il serait faux de dire que « tous meurent en Adam; » et si un autre que Jésus-Christ nous rendait la vie, on ne pourrait dire que tous revivront en Jésus-Christ.

Les enfants eux-mêmes ont besoin d'un libérateur. — 10. Quoi! me dira-t-on, un enfant même a besoin d'un libérateur? Rien de plus certain que cette vérité. J'en prends à témoin la mère chrétienne qui accourt à l'église avec son petit enfant, pour lequel elle demande le baptême. J'en ai pour garant encore notre Mère, la sainte Eglise, qui reçoit ce petit enfant pour le purifier, soit qu'elle doive le laisser aller lorsqu'il est délivré, soit qu'elle doive le faire élever dans les principes de la piété. Qui oserait venir contester le témoignage d'une Mère aussi auguste? Et d'ailleurs, les pleurs que répand ce petit enfant ne sont-ils pas les témoins authentiques de sa misère? Oui, la nature humaine, autant par sa faiblesse que par son ignorance, atteste cette vérité; elle ne commence point par rire, mais par pleurer. Reconnaissez donc une véritable misère, et prêtez-lui secours. Que tous les chrétiens prennent des entrailles de miséricorde. Moins ces pauvres petits enfants peuvent faire pour eux-mêmes, plus nous devons parler avec charité en leur faveur. L'Eglise a coutume

pertransiit, in quo omnes peccaverunt. » (*Rom.*, v, 12.) Quis hinc erueretur? quis ab hac massa iræ ad misericordiam distingueretur? « Quis enim te discernit? Quid autem habes quod non accepisti? » (I *Cor.*, iv, 7.) Non ergo nos discernunt merita, sed gratia. Nam si merita, debitum est; si debitum est, gratis non est; si gratis non est, gratia non est. Hoc ipse Apostolus dixit : « Si autem gratia, jam non ex operibus; alioquin gratia jam non est gratia. » (*Rom.*, xi, 6.) Per unum salvamur, majores, minores, senes, juvenes, parvuli, infantes, per unum salvamur. « Unus enim Deus, unus et mediator Dei et hominum homo Christus Jesus. (I *Tim.*, ii, 5.) «Per unum hominem mors, et per unum resurrectio mortuorum. Sicut in Adam omnes moriuntur, sic et in Christo omnes vivificabuntur. (I *Cor.*, xv, 21, 22.)

Omnes in Adam et omnes in Christo. — 9. Hic aliquis occurit, et dicit mihi : Quomodo « omnes? » Qui ergo in gehennam mittendi sunt, qui cum Diabolo damnabuntur, qui æternis ignibus torquebuntur? Quomodo « omnes et omnes? » Quia nemo ad mortem nisi per Adam, nemo ad vitam nisi per Christum. Si esset alius per quem veniremus ad mortem, non omnes in Adam morerentur. Si esset alius per quem veniremus ad vitam, non omnes in Christo vivificarentur.

Infantes etiam ipsi egent liberatore. — 10. Quid ergo, ait aliquis, et infans indiget liberatore? Plane indiget; testis est mater fideliter currens cum parvulo baptizando ad ecclesiam. Testis est ipsa mater Ecclesia suscipiens parvulum abluendum, et aut liberatum dimittendum, aut pietate nutriendum. Quis audeat dicere testimonium contra tantam matrem? Postremo et in ipso parvulo miseriæ ipsius testis est fletus. Quantum potest, testatur natura infirma, parum intelligens; non incipit a risu, incipit a fletu. Agnosce miserum, porrige auxilium. Omnes misericordiæ visceribus induantur. Quanto minus pro se

de prêter son appui aux orphelins pour défendre leurs intérêts temporels (1), élevons donc tous la voix pour ces petits enfants, venons tous à leur secours, pour leur conserver leur céleste patrimoine. C'est par amour pour eux que le Seigneur a daigné se faire petit lui-même. Comment n'auraient-ils pas eu part à la délivrance dont il est l'auteur, puisque, les premiers, ils ont mérité de souffrir la mort pour lui?

Le Christ est Jésus, c'est-à-dire Sauveur, même pour les petits enfants. — 11. Considérons enfin ce que l'Ange dit de Notre-Seigneur et Sauveur lorsqu'il annonce sa naissance prochaine. « Ils l'appelleront du nom de Jésus, car il sauvera son peuple de ses péchés. » (*Matth.*, I, 21.) Nous avons ici, avec le nom de Jésus, la signification de ce nom. Pourquoi s'appelle-t-il Jésus, c'est-à-dire, en latin, Sauveur? « Parce qu'il sauvera son peuple de ses péchés (2). » Moïse a sauvé son peuple avec la main puissante et le secours du Très-Haut; il l'a sauvé de la persécution et de la tyrannie des Égyptiens. Josué, fils de Navé, a sauvé son peuple de ses persécuteurs et des guerres que lui suscitaient les nations étrangères. Les Juges ont délivré le peuple de Dieu du joug des Philistins; c'est ce qu'ont fait aussi les rois en le délivrant de la domination tyrannique de tous les peuples voisins sans cesse déchaînés contre lui. Ce n'est point ainsi que Jésus est Sauveur : « il sauve son peuple de ses péchés. » « Ils l'appelleront Jésus. » Pourquoi? « Parce qu'il sauvera son peuple de ses péchés. » Je vais maintenant vous interroger sur cet enfant; on l'apporte à l'Église pour en faire un chrétien, pour être baptisé, c'est-à-dire, je pense, pour qu'il fasse partie du peuple de Jésus. De quel Jésus? De Celui « qui sauve son peuple de ses péchés. » S'il n'y a rien dans cet enfant qui ait besoin d'être sauvé, qu'on l'emporte d'ici. Pourquoi ne disons-nous pas aux mères : Emportez d'ici vos enfants? car Jésus est Sauveur; s'ils n'ont pas besoin de salut, emportez-les d'ici. « Ce ne sont point ceux qui se portent bien qui ont besoin de médecin, mais ceux qui sont malades. » (*Matth.*, IX, 22.) Dans cette discussion où il s'agit du salut de cet enfant, quelqu'un oserait-il venir dire : Jésus est Jésus pour moi, il ne l'est pas pour cet enfant? Quoi! Jésus est Jésus pour vous, et non pour lui? Ne l'a-t-on pas présenté à Jésus? n'a-t-on pas répondu pour lui, pour certifier qu'il croyait en Jésus? Avons-nous établi pour les enfants un autre baptême qui ne donne point la rémission des péchés? Ah! si cet enfant pouvait prendre la parole pour lui-même, il réfuterait toutes ces contradictions et s'écrierait : Donnez-moi la vie de Jésus-Christ; je suis mort dans Adam, donnez-

---

(1) Voyez le sermon CLXXVI, n° 2. — (2) Voyez sermon CLXXIV, chap. VI et suivants.

---

ipsi possunt, tanto misericordius pro parvulis nos loquamur. Auxilium rerum suarum tuendarum Ecclesia solet præbere pupillis : omnes loquamur pro parvulis, ab omnibus eis præbeatur auxilium, ne perdant cœleste patrimonium. Et propter illos Dominus illorum parvulus factus est. Quomodo ad ejus liberationem non pertinuerunt, qui pro illo primi occidi meruerunt?

Christus etiam parvulis est Jesus, id est salvator. — 11. Postremo de ipso Domino Salvatore, cum ejus nativitas proxima prænuntiaretur, dictum est : « Vocabunt nomen ejus Jesum; ipse enim salvum faciet populum suum a peccatis eorum. » (*Matth.*, I, 21.) Jesum tenemus, interpretationem nominis hujus habemus. Quare Jesus, quod Latine salvator dicitur, quare Jesus? « Ipse enim salvum faciet populum suum. » Sed salvum fecit populum suum in manu potenti Moyses, et in adjutorio Excelsi a persecutione et dominatione Ægyptiorum : fecit salvum populum suum et Jesus Nave a persecutoribus bellisque gentium : fecerunt salvum populum Judices, cum ab Allophylis liberantes; fecerunt et Reges, a dominatu circumquaque oblatrantium gentium liberantes. Non sic salvat Jesus; sed « a peccatis eorum. Vocabunt nomen ejus Jesum. » Quare? « Ipse enim salvum faciet populum suum. » Unde? « a peccatis eorum. » Nunc de parvulo interrogo, affertur ad ecclesiam faciendus Christianus, baptizandus, puto quia ideo ut sit in populo Jesu. Cujus Jesu? qui « salvum facit populum suum a peccatis eorum. » Si non habet quod in illo salvetur, auferatur hinc. Quare non dicimus matribus : Auferte hinc istos parvulos? Jesus namque salvator est; si non habent isti quod in illis salvetur, auferte hinc eos. « Non est opus sanis medicus, sed male habentibus. » (*Matth.*, IX, 22.) Audebit mihi quisquam in hoc parvuli discrimine dicere : Mihi est Jesus, huic non est Jesus. Ergo tibi est Jesus, huic non est Jesus? Non venit ad Jesum? Non pro illo respondetur ut credat in Jesum? Alterum baptismum instituimus parvulis, in quo non fit remissio peccatorum? Plane si iste parvulus pro se loqui posset, vocem contradicentis refelleret, et clama-

moi la vie de Jésus-Christ, « en présence duquel personne n'est pur, pas même l'enfant qui ne vit que depuis un jour sur la terre. » (*Job*, XIV, 4.) Qui pourrait refuser la grâce à ces petits enfants, dût-il prendre sur ce qui est à lui ? Exerçons la miséricorde à l'égard de ces infortunés. Pourquoi ces éloges exagérés de leur innocence ? Qu'ils trouvent maintenant un Sauveur, sans être exposés déjà aux séductions des flatteurs. En présence du danger si grand qui menace ces enfants, nous ne devons même pas discuter, pour ne pas même retarder leur salut par nos discussions. Apportez cet enfant; qu'il soit purifié, qu'il soit délivré et rendu à la vie. « Comme tous meurent par Adam, tous aussi revivront en Jésus-Christ. » Cet enfant n'a pu entrer dans la vie de ce monde que par Adam, il ne peut échapper aux châtiments de l'autre vie que par Jésus-Christ. Pourquoi lui fermez-vous l'unique porte du salut ? « Il n'y a qu'un seul Dieu, un seul médiateur entre Dieu et les hommes, Jésus-Christ homme. » Ecoutez ; c'est lui qui vous crie : « Ce ne sont pas ceux qui se portent bien qui ont besoin de médecin, mais ceux qui sont malades. » Pourquoi soutenir que cet enfant se porte bien, sinon pour le plaisir de contredire le médecin ?

Jean, né dans le péché, a eu besoin aussi d'un Sauveur. — 12. Est-ce que Jean lui-même, dont vous parliez, me direz-vous, est né dans le péché ? Vous ne trouverez, pour être exempt de péché dans sa naissance, que celui qui ne serait point né de la race d'Adam. Vous ne pouvez arracher de l'esprit des fidèles cette vérité : « C'est par un homme que la mort est venue, c'est aussi par un homme que vient la résurrection. Et comme tous meurent par Adam, tous revivront aussi par Jésus-Christ. C'est par un seul homme que le péché est entré dans ce monde, et la mort par le péché ; et ainsi la mort a passé à tous les hommes. » Si ces paroles étaient les miennes, aurais-je pu formuler cette vérité d'une manière plus expresse, plus claire, plus complète : « Et ainsi la mort a passé à tous les hommes, en qui tous ont péché ? » Si vous voulez excepter Jean de cette loi, commencez par le séparer du reste des hommes, donnez-lui une autre origine que celle qui est commune à tout le genre humain, faites qu'il ne soit point né de l'union de l'homme et de la femme, et vous l'aurez exempté de cette loi ; car Celui qui a voulu s'en affranchir a daigné naître d'une vierge. Pourquoi me forcer de discuter les mérites de Jean-Baptiste ? Il a salué le Seigneur dès le sein maternel, mais j'ose dire qu'il a salué Celui à qui il demandait le salut. Il n'a pas besoin de votre malheureuse défense. Lorsque le Seigneur se présente pour recevoir son baptême, Jean, profondément convaincu de sa faiblesse, lui dit : « C'est moi qui dois être baptisé

---

ret : Da mihi vitam Christi ; in Adam mortuus sum, da mihi vitam Christi, « in cujus conspectu mundus non est, nec infans, cujus est unius diei vita super terram. » (*Job*, XIV, 4.) Istis gratiam non negaret, nec qui de suo daret. Fiat misericordia cum miseris. Ut quid eorum innocentia ultra modum laudatur ? Inveniant salvatorem, nondum sentiant adulatorem. Nos plane in tanto infantium periculo nec disputare debemus, ne eorum salutem vel disputando differre videamur. Afferatur, abluatur, liberetur, vivificetur. « Sicut in Adam omnes moriuntur, sic et in Christo omnes vivificabuntur. » Non invenit qua veniret in hujus sæculi vitam, nisi per Adam ; non invenit qua evadat futuri sæculi pœnam, nisi per Christum. Quid claudis unicam januam : « Unus enim Deus, unus et mediator Dei et hominum homo Christus Jesus. » Audi, clamat tibi : « Non est enim opus sanis medicus, sed male habentibus. » Quare istum sanum dicis, nisi quia medico contradicis ?

Joannes cum peccato natus salvatore indiguit — 12. Itane, inquit, et Joannes, de quo loquebaris, cum peccato natus est ? Invenisti plane præter peccatum natum, quem invenis præter Adam natum. Non avellis hanc sententiam de manibus fidelium : « Per unum hominem mors, et per unum resurrectio mortuorum. Sicut in Adam omnes moriuntur, sic et in Christo omnes vivificabuntur. Per unum hominem peccatum intravit in mundum, et per peccatum mors, et ita in omnes homines pertransiit. » Si verba mea hæc essent, posset a me hæc sententia dici expressius ? posset evidentius ? posset plenius ? « Ita in omnes homines pertransiit, in quo omnes peccaverunt. » Jam tu excipe Joannem ; si separaveris ab hominibus, si separaveris ab illo tramite humanæ propaginis, si separaveris a complexu masculi et feminæ, etiam ab ista sententia separabis. Nam ille qui voluit ab ea esse separatus, per virginem est venire dignatus. Ut quid me cogis discutere merita Joannis ? In utero Dominum salutavit ; sed puto quia eum salutavit, a quo salutem desideravit. Non quærit tuam perniciosissimam defensionem. Venienti Domino ad baptismum suum, conscius communis infirmitatis

par vous. » (*Matth.*, III, 14.) En effet, Notre-Seigneur voulait, en recevant le baptême, donner une grande leçon d'humilité, et donner ainsi la consécration à ce sacrement. Il reçoit le baptême dans la maturité de l'âge, comme il a reçu la circoncision dans son enfance. Il s'est soumis à ces remèdes pour les recommander, mais sans avoir été atteint des blessures qu'ils guérissent. Quant à Jean-Baptiste, pourquoi dirait-il : « C'est moi qui dois être baptisé par vous, » s'il était innocent de toute faute, s'il n'avait en lui aucune maladie à guérir, aucune tache à effacer? Il confesse qu'il est débiteur, et vous le proclamez le contraire, pour que ses dettes ne lui soient point remises. « C'est moi, dit-il, qui dois être baptisé par vous, » c'est un besoin, c'est une nécessité pour moi. Et cette grâce lui fut accordée, car lorsque le Seigneur était dans l'eau, Jean-Baptiste n'était pas hors de l'eau. Pourquoi m'étendre plus longuement? que toute contradiction cesse maintenant, s'il est possible, puisque le Sauveur lui-même a délivré son précurseur.

SERMON CCXCIV.

Prononcé dans la basilique des Anciens, pour la fête de saint Gouddin, martyr, le v des calendes de juillet (1).

Du baptême des enfants, contre les pélagiens.

CHAPITRE PREMIER. — 1. Le jour de la nativité de saint Jean-Baptiste, entre autres vérités que j'ai cru devoir traiter, nous avons été amené à vous parler du baptême des enfants, et comme notre discours était déjà long, et que nous pensions à le terminer, nous n'avons pu vous dire, sur une question aussi importante, tout ce que la crainte d'un si grand danger nous inspirait. Or, ce qui excite notre sollicitude, ce n'est pas la définition de cette vérité rendue depuis longtemps par l'autorité souveraine de l'Eglise, mais les discussions plus fréquentes par lesquelles certains novateurs s'efforcent de détruire la foi dans l'esprit d'un grand nombre. Nous avons donc choisi de préférence cette question comme

(1) Tel est le titre de ce sermon dans un exemplaire très-ancien des P. P. Cisterciens de Sainte-Croix-en-Jérusalem, à Rome. Nous connaissions déjà le temps, l'occasion et le lieu où ce sermon a été prononcé, et par l'exorde où saint Augustin indique qu'il le prononça le jour de la fête d'un saint martyr, peu de temps après le sermon précédent sur la Nativité de saint Jean-Baptiste, et aussi par ce qu'il dit ailleurs en écrivant à Aurèle, évêque de Carthage, dans son livre des *Actes de Pélage*, chapitre XI : « La sollicitude de la charité que nous devons porter à l'Eglise de Jésus-Christ par la grâce de Jésus-Christ nous a donc forcé d'écrire sur quelques-unes de ces questions, et en particulier sur le baptême des enfants, pour répondre à Marcellin, de bienheureuse mémoire, qui avait tous les jours à souffrir les discussions les plus importunes, et qui me consultait par lettres. Plus tard, sur votre ordre, j'ai traité, avec tout le soin possible et avec le secours de vos prières, le même sujet dans la basilique des Anciens, tenant en mains la lettre du très-glorieux martyr Cyprien, dont je lisais et expliquais le contenu, pour détruire cette pernicieuse erreur dans certains esprits à qui on avait persuadé comme autant de vérités ce qui a été condamné dans ces Actes. » Au lieu de cette indication : « Dans la basilique des Anciens, » que porte également la première édition de cet exemplaire, les uns lisent : « de Majorin, » les autres : « Majeure. » Le sermon CCLVIII, est intitulé : « Prononcé dans la basilique Majeure, » et le sermon CLXV : « Dans la basilique des Anciens. » Victor, dans le livre I *De la persécution des Vandales*, au lieu de « la basilique Majeure, » porte, d'après un vieux manuscrit de la bibliothèque Colbert : « La basilique des Anciens. » En s'appuyant sur l'autorité du passage que nous avons cité, on rapporte ce sermon à l'année 413. En effet, saint Augustin y déclare qu'il a été prononcé après les traités écrits à Marcellin contre l'hérésie pélagienne, c'est-à-dire après le traité *Des mérites des péchés et de leur rémission*, composé l'année 412. Or, cette même année 412, le 14 juin, saint Augustin assistait à un concile tenu à Cirta, et il ne put prononcer à Carthage ces sermons le jour de la Nativité de saint Jean-Baptiste ou après cette fête plus tôt que l'année 413, pendant laquelle il fit dans cette ville un séjour plus long que d'ordinaire, jusqu'au meurtre de Marcellin. Quelques martyrologes font mention d'un saint Gaudence, martyr, le 6 les calendes de Julien, mais nulle part on ne trouve le nom de saint Gouddin.

ait : « Ego a te debeo baptizari. (*Matth.*, III, 14.) Veniebat enim Dominus ad commendandam etiam in baptismate humilitatem, ad ipsius sacramenti consecrationem. Quia sic suscepit baptismum juvenis, quemadmodum infans circumcisionem. Suscepit commendanda medicamenta, non vulnera. Ille autem quare diceret : « Ego a te debeo baptizari, » mundus ab omni penitus noxa, si non in eo erat quod sanaretur, si non in eo erat quod mundaretur? Ille se dicit debitorem, et tu cum purgas, ne debita relaxentur. « Ego a te, inquit, debeo baptizari; » eo est mihi, necessarium est mihi. Et hoc illi ibi præstitum est. Quando enim Dominus in aquam, non ille præter aquam. Quid pluribus? Cesset deinceps, si fieri potest, contrarius disputator ; quia et præconem suum liberavit ipse Salvator.

(*a*) Alias XIV de verbis Apostoli.

SERMO CCXCIV (*a*).

Habitus in basilica Majorum, in Natali Martyris Guddentis, v Kalendas Julii.

De baptismo parvulorum, contra Pelagianos.

CAPUT PRIMUM. — 1. In Natali sancti Joannis inter cætera quæ dicenda videbantur, ad baptismum parvulorum noster Sermo deductus est ; et quia jam prolixus erat, et de illo terminando cogitabatur, non tanta dicta sunt de tanta quæstione, quanta in tanto periculo a sollicitis dici debuerunt. Sollicitos autem nos facit, non ipsa sententia jam olim in Ecclesia catholica summa auctoritate fundata, sed disputationes quorumdam, quæ modo crebrescere, et multorum animos evertere moliuntur. Hodie ergo, adjuvante Do-

SERMON CCXCIV.

sujet de ce discours. Nous célébrons aujourd'hui la fête d'un martyr, mais l'intérêt de tous les fidèles doit l'emporter sur ce qui touche seulement aux martyrs. Car tous les fidèles ne sont pas martyrs, mais les martyrs n'ont été martyrs que parce qu'ils étaient fidèles. Voyons donc les difficultés que nous objectent nos adversaires, voyons ce qui les touche et les impressionne, car il s'agit beaucoup moins pour nous de les réfuter que de les guérir.

CHAPITRE II. — *Les pélagiens accordent qu'on doit baptiser les enfants pour leur assurer, non pas la vie éternelle, mais le royaume des cieux.* — 2. Ils nous accordent donc qu'on doit baptiser les petits enfants. La question entre eux et nous n'est donc pas de savoir si les enfants doivent être baptisés, mais pour quel motif il faut leur conférer le baptême. Nous devons donc regarder avec eux comme une vérité incontestable le point qu'ils nous accordent. Les petits enfants doivent être baptisés, nul doute possible à cet égard. Non, personne ne peut avoir de doute sur cette vérité admise par ceux-là mêmes qui nous contredisent sur d'autres points. Mais, tandis que nous enseignons que les enfants ne peuvent obtenir le salut et la vie éternelle sans avoir été baptisés au nom de Jésus-Christ, ils prétendent que le baptême est nécessaire, non pour le salut et la vie éternelle, mais pour entrer dans le royaume des cieux. Prêtez-nous un peu d'attention : nous allons vous exposer leur système le mieux que nous pourrons. Un petit enfant, disent-ils, sans être baptisé, par le seul mérite de son innocence, et par cela seulement qu'il n'est absolument coupable d'aucun péché, soit actuel, soit originel, venant de lui-même ou d'Adam, doit nécessairement obtenir le salut et la vie éternelle, même sans qu'il reçoive le baptême ; mais il faut le baptiser pour lui donner droit à entrer dans le royaume de Dieu, c'est-à-dire dans le royaume des cieux. Si nous devons discuter cette question, c'est dans leur intérêt plutôt que dans le nôtre, car ils sont nos frères ; ils se sont laissé troubler par la profondeur de cette question, tandis qu'ils auraient dû se laisser conduire et gouverner par l'autorité. Lorsqu'ils affirment qu'on doit baptiser les enfants, non point pour leur assurer le salut et la vie éternelle, mais seulement pour leur procurer l'entrée dans le royaume des cieux et dans le royaume de Dieu, ils reconnaissent la nécessité du baptême pour obtenir, non pas la vie éternelle, mais le royaume des cieux. Que disent-ils de la vie éternelle ? Elle est assurée aux enfants, répondent-ils. Pourquoi leur est-elle assurée ? Parce qu'ils n'ont aucun péché et qu'ils ne peuvent être soumis à la damnation. Il y a donc une vie éternelle en dehors du royaume des cieux ?

CHAPITRE III. — *On ne peut admettre de vie*

---

mino, placuit nobis hinc loqui. Diem quidem solemnem Martyris celebramus, sed major causa est omnium fidelium, quam tantummodo martyrum. Non enim omnes fideles etiam martyres, sed illi ideo martyres, quia fideles. Videamus ergo quid ab eis proponatur, quid eos movet, quoniam et de ipsis non tam refellendis quam sanandis cogitare debemus.

CAPUT II. — *Baptizandos parvulos Pelagiani concedunt, non propter vitam æternam, sed propter regnum cœlorum.* — 2. Concedunt parvulos baptizari oportere. Non ergo quæstio est inter nos et ipsos, utrum parvuli baptizandi sint ; sed de causa quæritur, quare baptizandi sint. Hoc ergo quod concedunt, sine ulla cum ipsis dubitatione teneamus. Baptizandos esse parvulos, nemo dubitat. Nemo dubitet, quando nec illi hinc dubitant, qui ex parte aliqua contradicunt. Sed nos dicimus, eos aliter salutem et vitam æternam non habituros, nisi baptizentur in Christo ; illi autem dicunt, non propter salutem, non propter vitam æternam, sed propter regnum cœlorum. Quid sit hoc, dum exponimus ut possumus, parumper attendite. Parvulus, inquiunt, etsi non baptizetur, merito innocentiæ, eo quod nullum habeat omnino, nec proprium, nec originale peccatum, nec ex se, nec ex Adam tractum, necesse est, aiunt, ut habeat salutem et vitam æternam, etiamsi non baptizetur ; sed propterea baptizandus est, ut intret etiam in regnum Dei, hoc est in regnum cœlorum. Si discutiendum est hoc, discutiendum est utique propter illos, non propter nos. Fratres enim nostri sunt, permoti sunt profunditate quæstionis ; sed regi debuerunt gubernaculo auctoritatis. Cum enim dicunt, non esse baptizandos salutis et vitæ æternæ percipiendæ causa, sed tantummodo regni cœlorum et regni Dei ; baptizandos quidem fatentur, sed non propter vitam æternam, sed propter regnum cœlorum. Quid de vita æterna ? Habebunt, inquiunt. Quare habebunt ? Quia nullum peccatum habent, et ad damnationem pertinere non possunt. Ergo est vita æterna extra regnum cœlorum ?

CAPUT III. — *Vitam æternam non esse præter regnum cœlorum. Inter dextram ad regnum Dei pertinentium, et*

éternelle en dehors du royaume des cieux. Entre la droite, qui figure le royaume de Dieu, et la gauche, le parti des réprouvés, il n'y a point de milieu. — 3. C'est la première erreur qu'il ne faut plus laisser parvenir jusqu'aux oreilles, qu'il faut déraciner de leur esprit. C'est une nouveauté dans l'Eglise et une nouveauté inouïe jusque-là, que la vie éternelle soit différente du royaume des cieux, qu'on puisse obtenir le salut éternel en dehors du royaume de Dieu. Considérez tout d'abord, mon frère, si vous ne devez pas admettre avec nous que tout homme qui ne fait point partie du royaume de Dieu, doit nécessairement être au nombre des réprouvés. Lorsque le Seigneur viendra pour juger les vivants et les morts, selon le langage de l'Evangile, il les divisera en deux parties, les uns qui seront placés à sa droite, les autres à sa gauche. Or, il dira à ceux qui seront à sa gauche : « Allez au feu éternel qui a été préparé au démon et à ses anges ; » et à ceux qui seront à sa droite : « Venez, les bénis de mon Père, prenez possession du royaume qui vous a été préparé dès l'origine du monde. » (*Matth.*, xxv, 33, etc.) D'un côté, il parle du royaume, de l'autre, de la damnation avec le démon. Je ne vois point d'autre lieu intermédiaire où vous puissiez placer les enfants. Il jugera les vivants et les morts : les uns seront placés à droite, les autres à gauche ; je ne connais point d'autre alternative. Vous qui nous parlez d'un milieu, retirez-vous de ce milieu, pour ne pas être une pierre d'achoppement à celui qui cherche la droite. C'est à vous-même que je donne ce conseil ; quittez ce milieu, mais en vous gardant bien d'aller à gauche. Si donc il n'y a que la droite et la gauche, sans que l'Evangile nous parle d'un lieu intermédiaire, la droite représente le royaume des cieux. « Prenez possession du royaume, » dit le Sauveur aux élus. Celui qui n'est pas dans ce royaume est nécessairement à la gauche. Or, quel sera le sort de ceux qui sont placés à la gauche ? « Allez au feu éternel. » A la droite, ceux qui entrent dans le royaume ; à la gauche : ceux qui vont au feu éternel. Ceux qui ne seront pas à droite seront nécessairement à gauche, donc ceux qui ne seront pas admis dans le royaume des cieux seront infailliblement dans les flammes éternelles. Celui qui n'est point baptisé peut-il obtenir la vie éternelle ? Cependant, il ne sera point à droite, c'est-à-dire dans le royaume de Dieu. Assimileriez-vous la vie éternelle au feu éternel ? Voici donc un témoignage plus formel encore, qui vous prouvera que le royaume des cieux n'est autre que la vie éternelle. Le Sauveur fait d'abord mention du royaume, mais pour ceux qui sont à droite, puis du feu éternel pour ceux qui sont à gauche. Et en achevant de prononcer cette sentence irrévocable, pour nous apprendre ce que c'est que le royaume et le feu éternel, il conclut en ces termes : « A▮▮ ceux-ci iront au feu

---

sinistram damnatorum nullus medius locus. — 3. Primus hic error aversandus ab auribus, extirpandus a mentibus. Hoc novum in Ecclesia, prius inauditum est, esse vitam æternam præter regnum cœlorum, esse salutem æternam præter regnum Dei. Primo vide, frater, ne forte hinc consentire nobis debeas, quisquis ad regnum Dei non pertinet, eum ad damnationem sine dubio pertinere. Venturus Dominus, et judicaturus de vivis et mortuis, sicut Evangelium loquitur, duas partes facturus est, dextram et sinistram. Sinistris dicturus : « Ite in ignem æternum, qui paratus est diabolo et angelis ejus. » Dextris dicturus : « Venite, benedicti Patris mei, percipite regnum, quod vobis paratum est ab origine mundi. » (*Matth.*, xxv, 33, etc.) Hac regnum nominat, hac cum diabolo damnationem. Nullus relictus est medius locus, ubi ponere queas infantes. De vivis et mortuis judicabitur ; alii erunt ad dextram, alii ad sinistram ; non novi aliud. Qui inducis medium, recede de medio ; non te offendat qui dextram quærit. Et te ipsum admoneo ; recede de medio, sed noli in sinistram. Si ergo dextra erit et sinistra, et nullum medium locum in Evangelio novimus ; ecce in dextra regnum cœlorum est : « Percipite, inquit, regnum. » Qui ibi non est, in sinistra est. Quid erit in sinistra ? « Ite in ignem æternum. » In dextra ad regnum, utique æternum ; in sinistra in ignem æternum. Qui non in dextra, procul dubio in sinistra ; ergo qui non in regno procul dubio in igne æterno. Certe habere (*a*) potest vitam æternam, qui non baptizatur ? Non erit in dextra, id est, non erit in regno. Vitam æternam computas ignem sempiternum ? Et de ipsa vita æterna audi expressius, quia nihil aliud est regnum quam vita æterna. Prius regnum nominavit, sed in dextris ; ignem æternum in sinistris. Extrema autem sententia, ut doceret quid sit regnum, et quid sit ignis æternus : « Tunc, inquit, abibunt isti in ambustionem æternam, justi autem in vitam æternam. »

(*a*) Editi, *non potest*. Abest *non* a Mss.

éternel, et les justes à la vie éternelle. » Il vous a donc expliqué clairement ce qu'il faut entendre par le royaume et par le feu éternel, et ainsi, quand vous avouez que ce petit enfant n'entrera point dans le royaume de Dieu, vous êtes forcé d'admettre qu'il ira au feu éternel, car le royaume des cieux n'est autre que la vie éternelle.

Chapitre IV. — *L'exclusion du royaume de Dieu emporte nécessairement la peine du feu éternel.* — 4. L'apôtre saint Paul ne parle pas autrement, lorsqu'il jette l'effroi, non pas dans l'âme des enfants ou de ceux qui ne sont point baptisés, mais dans l'âme des scélérats, coupables de toutes sortes de crimes, souillés de toute espèce de forfaits. Cherche-t-il à les épouvanter en les menaçant du feu éternel, où ils iront certainement s'ils ne se corrigent point? Non, la seule crainte qu'il veut leur inspirer, c'est qu'ils n'entreront point dans le royaume, afin de leur faire comprendre que perdre l'espérance du royaume, c'est n'avoir plus d'autre perspective que le supplice du feu éternel. « Ne vous y trompez pas, leur dit-il : ni les fornicateurs, ni les idolâtres, ni les adultères, ni les voluptueux, ni les abominables, ni les voleurs, ni les avares, ni les ivrognes, ni les médisants, ni les ravisseurs du bien d'autrui ne seront héritiers du royaume de Dieu. » (I *Cor.*, vi, 9, etc.) Il ne dit point : Ceux-ci ou ceux-là, tels ou tels coupables seront livrés au supplice du feu éternel, mais : « Ils ne seront point héritiers du royaume de Dieu. » Une fois qu'on n'est pas à droite, il ne reste absolument que la gauche. Or, comment éviter le feu éternel? Point d'autre moyen pour eux d'y échapper qu'en entrant dans le royaume. « C'est ce que vous avez été autrefois, » poursuit l'Apôtre. Et comment ne le sont-ils plus? « Mais vous avez été lavés, vous avez été sanctifiés, vous avez été justifiés au nom de Notre-Seigneur Jésus-Christ et par l'Esprit de notre Dieu. » « Au nom de Notre-Seigneur Jésus-Christ, car nul autre nom, sous le ciel, n'a été donné aux hommes, par lequel nous devions tous être sauvés, grands et petits. » (*Act.*, iv, 12.) Si donc c'est par ce nom que nous devons être sauvés, il est évident que, sans ce nom, on ne peut promettre aux enfants le salut en dehors de Jésus-Christ. Que ceux qui osent promettre le salut en dehors de Jésus-Christ, me permettent de le leur dire : Je ne sais s'ils pourront eux-mêmes obtenir le salut dans le Christ.

Chapitre V. — *La distinction que font les pélagiens entre la vie éternelle et le royaume de Dieu est tout à fait arbitraire.* — 5. Nous leur faisons maintenant une autre question : Si un homme vient vous affirmer que les petits enfants, par le mérite de leur innocence, pour me servir de vos expressions, et par leur exemption de tout péché, obtiendront, non-seulement le salut et la vie éternelle, mais aussi le royaume de Dieu, que lui répondrez-vous? Comment

---

Ecce exposuit tibi quid sit regnum, et quid sit ignis æternus; ut quando confiteris parvulum non futurum in regno, fatearis futurum in igne æterno. Regnum enim cœlorum est vita æterna.

Caput IV. — *Exclusioni a regno Dei, conjunctam esse pœnam ignis æterni.* — 4. Nec aliud etiam apostolus Paulus, cum terreret homines, non parvulos, non baptizatos, sed scelestos, facinorosos, contaminatos, perditos; non eos terruit quod erunt in igne sempiterno, quo sine dubio ibunt, si non corrigantur, sed tantum terruit, quia in regno non erunt; ut cum viderint se perdere spem regni, non viderent esse consequentem nisi pœnam ignis æterni. « Nolite, inquit, errare : neque fornicatores, neque idolis servientes, neque adulteri, neque molles, neque masculorum concubitores, neque fures, neque avari, neque ebriosi, neque maledici, neque rapaces regnum Dei possidebunt. » (I *Cor.*, vi, 9, etc.) Non dixit : Illi et illi, tales et tales igni æterno torquebuntur; sed « regnum Dei possidebunt. » Subtracta dextra, non remansit nisi sinistra. Unde autem evadunt ab igne sempiterno? Non ob aliud, nisi quia erunt in regno. Sequitur : « Et hæc quidem fuistis. » Et unde jam non sunt? « Sed abluti estis, sed sanctificati estis, sed justificati estis in nomine Domini nostri Jesu Christi, et in Spiritu Dei nostri. » « In nomine Domini nostri Jesu Christi. Non enim est aliud nomen sub cœlo, in quo oportet salvos fieri nos, » (*Act.*, iv, 12) nos omnes, pusillos cum magnis. Si autem salvos fieri oportet nos in hoc nomine, sine hoc nomine procul dubio nec salus erit, quæ sine Christo promittitur parvulis. Pace eorum dicam, qui cuiquam salutem promittit sine Christo, nescio utrum ipse salutem habere possit in Christo.

Caput V. — *Pelagiana vitæ æternæ et regni Dei distinctio plane arbitraria.* — 5. Deinde quærimus ab eis : Quid si aliquis dicat parvulos, merito innocentiæ suæ, sicut dicitis, atque immunitatis ab omni delicto, non solum habituros salutem et vitam æternam, sed et regnum Dei; unde apud vos definitum certumque

établirez-vous d'une manière certaine que, sans le baptême, les enfants n'entreront point dans le royaume de Dieu? Sur quoi fonderez-vous cette division arbitraire, qui fait de vous, non pas les défenseurs des enfants, mais les oppresseurs des infortunés? Qui vous autorise à leur donner, sans autre raison que votre bon plaisir, le salut et la vie éternelle, en leur refusant le royaume des cieux? En voici un autre, plus bienveillant, plus miséricordieux, et, à votre point de vue, plus juste que vous, et qui donnera le tout à ces enfants, la vie éternelle et le royaume des cieux. Comment le réfuterez-vous? Puisque vous aimez quelquefois à opposer vos raisonnements à l'autorité la plus évidente, produisez donc tous vos principes de raison, et déployez toutes les ressources de votre esprit pour nous montrer comment vous triomphez de celui qui prétend que les enfants, par le seul mérite de leur innocence et par leur exemption de toute faute originelle, comme vous dites, doivent obtenir, même sans être baptisés, non-seulement la vie éternelle, mais encore le royaume des cieux. Voilà l'erreur qu'il vous faut détruire. Je vais, sans rien préjuger, soutenir l'opinion de cet homme, et vous dire ce qui est contraire à ma pensée; je veux par là vous faire comprendre qu'ils ont à lutter contre un vigoureux adversaire.

Chapitre VI. — *Dès qu'ils nient le péché originel, les pélagiens ne peuvent répondre aux raisonnements de celui qui soutient que les enfants ne seront pas exclus du royaume des cieux.* — 6. Voici un homme, n'importe lequel, qui vient vous dire : Un enfant qui n'est coupable absolument d'aucun péché, qu'il ait commis par lui-même ou qu'il ait contracté dans la personne de notre premier père, parviendra tout à la fois à la vie éternelle et au royaume des cieux. Répondez, vous qui voulez diviser ces deux choses, et renversez les raisonnements de cet homme qui vous contredit. Vous dites, en effet : Cet enfant non baptisé aura, il est vrai, la vie éternelle, mais il n'entrera point dans le royaume des cieux. Je prétends, au contraire, vous répond-il, qu'ils entreront aussi dans le royaume des cieux. Pourquoi dépouiller cet innocent de ce céleste patrimoine? Ne pas obtenir le royaume des cieux, n'est-ce pas pour lui la privation du plus grand bien? Où serait ici la justice? Expliquez la raison de cette sévérité. Quelle offense a donc commise cet enfant non baptisé, qui n'est coupable d'aucune faute personnelle ou qu'il aurait héritée de son premier père? Qu'a-t-il fait, je vous le demande, pour ne point entrer dans le royaume des cieux, être exclu du bonheur des saints, et exilé de la société des anges? Vous paraissez miséricordieux à son égard, parce que vous ne le privez point de la vie éternelle, mais, en réalité, vous le condamnez en l'excluant du royaume des cieux. Oui, vous le condamnez; vous ne le frappez

est, sine baptismo regnum Dei non habituros parvulos; ut divideretis eis pro arbitrio vestro, non adjutores parvulorum, sed oppressores miserorum; ut divideretis eis pro arbitrio vestro, et daretis eis salutem et vitam æternam præter regnum cœlorum? Alius benevolentior vobis et misericordior, et ut putatis justior, totum eis dabit, et vitam æternam et regnum cœlorum. Istum quomodo superabitis? Quoniam vos aliquando contra evidentissimam auctoritatem ratiocinatio humana delectat, proferte ipsam regulam rationis vestræ, et asserite, quantis viribus valueritis, unde vincatur iste, qui parvulis propter merita innocentiæ, propter nullam, sicut dicitis, culpam, hoc est, originale peccatum, dare voluerit etiam non baptizatis, non solum vitam æternam, verum etiam regnum cœlorum; istum vincite. Ego sine præjudicio partes hujus parumper suscipio, et dicam quod ipse non sentio; sed admoneo vos, ut acriorem adversarium videatis.

CAPUT VI. — *Negato semel originali peccato Pelagianos non posse eum vincere, qui nolit parvulos excludi a regno Dei.* — 6. Ecce exsistit nescio quis, et dicit : Parvulus non habens ullum omnino peccatum, nec quod sua vita contraxit, nec quod de vita primi parentis traxit, habebit et vitam æternam et regnum cœlorum. Respondete, vincite hominem resistentem vobis, qui aliter dividitis. Vos enim dicitis : Vitam quidem habebit iste non baptizatus æternam, sed non habebit regnum cœlorum. Ille contra : Imo et vitam et regnum cœlorum. Quare enim patrimonium regni cœlorum abripis innocenti? A quo regnum cœlorum non acquiritur, profecto magno bono fraudatur. Quæ est ista justitia? Dic quare? Quid offendit parvulus non baptizatus, nullam habens culpam, nec suam, nec de parente tractam? Quid offendit, dic mihi, ut non intret in regnum cœlorum, ut separetur a sorte sanctorum, ut sit exsul a societate Angelorum? Videris enim tibi misericors, quia non si aufers vitam; damnas tamen, quem separas a regno cœlorum. Damnas; non eum percutis, sed in

SERMON CCXCIV.

pas, il est vrai, mais vous l'envoyez en exil. En effet, les exilés ne laissent pas de vivre, s'ils n'ont aucune maladie; ils ne souffrent point de douleurs corporelles, ils ne sont pas mis à la torture, ni plongés dans des cachots ténébreux; leur seule peine est de ne pas être dans leur patrie. Que cette peine ne vive, s'ils aiment leur patrie, et, s'ils ne l'aiment point, quelle douleur beaucoup plus cuisante au fond de leur cœur! Estimerez-vous que c'est un mal léger pour le cœur de l'homme, de ne point chercher à faire partie de la société des saints, de ne point désirer le royaume des cieux? S'il n'éprouve point ce désir, sa perversité est son plus grand châtiment, et, s'il a ce désir, il est puni par la privation de ce qu'il aime. Mais je suppose avec vous que cette peine soit légère : cette peine légère devient grande par là même qu'elle n'est méritée par aucune faute. Défendez ici la justice de Dieu. Pourquoi infliger une peine même légère à un innocent dans lequel on ne peut trouver le moindre péché? Répondez à votre adversaire, qui, dans un sentiment de miséricorde et de justice beaucoup plus grandes, veut donner aux enfants baptisés, non-seulement la vie éternelle, mais encore le royaume des cieux; répondez-lui, si vous le pouvez, mais apportez des raisons, puisque vous aimez tant à vous glorifier de votre raison.

CHAPITRE VII. — *Pour résoudre la question des enfants non baptisés, il faut recourir à l'autorité divine.* — 7. Pour moi, je comprends combien cette question est profonde, et je ne me sens pas la force de descendre jusque dans ses profondeurs. J'aime mieux m'écrier ici avec saint Paul : « O profondeur des trésors de Dieu! » (*Rom.*, XI, 33.) Voici un enfant qui n'a pas été baptisé : il tombe dans la damnation; ce sont les propres paroles de l'Apôtre : « Nous avons été condamnés pour un seul péché. » Je ne trouve pas la juste cause de cette condamnation, non qu'elle n'existe point, mais je ne la trouve point. Or, si je ne puis atteindre le fond de cette profondeur, je dois l'attribuer à la faiblesse humaine, et ne pas condamner l'autorité divine. Je m'écrie donc, et je n'en rougis point : « O profondeur des trésors de la sagesse et de la science de Dieu! Que ses jugements sont incompréhensibles et ses voies impénétrables! Car qui a connu la pensée du Seigneur, ou qui a été de son conseil? ou qui lui a donné le premier pour en attendre la récompense? Puisque c'est de lui, et par lui, et en lui que sont toutes choses, à lui la gloire dans tous les siècles! » (*Ibid.*, etc.) J'appuie ma faiblesse sur ces paroles, je m'en entoure comme d'un rempart, et je reste inaccessible aux traits de votre argumentation. Pour vous, combattant intrépide et dialecticien vigoureux, répondez à celui qui vous fait ce raisonnement. Voici un enfant tout à

exsilium mittis. Nam et qui exsulant, vivunt, si sani sunt; in doloribus corporis non sunt, non torquentur, non carceris tenebris affliguntur; hæc illis sola pœna est, non esse in patria. Si amatur patria, magna pœna; si autem non amatur patria, pejor est cordis pœna. Parvum malum est in hominis corde, qui societatem non quærit sanctorum, qui non desiderat regnum cœlorum? Si non desiderat, pœna est de perversitate; si autem desiderat, pœna est de fraudata caritate. Sed si, quod vis, parva sit pœna, et ipsa parva magna est, si nulla culpa est. Hic defende justitiam Dei. Quare vel parva pœna infligitur innocenti, in quo nullum invenitur omnino peccatum? Dic contra istum adversarium, qui parvulis non baptizatis, misericordia et justitia majore quam tu, dare vult, non solum vitam æternam, verum etiam regnum cœlorum; responde si potes, sed rationem affer; hac enim te gloriari delectat.

CAPUT VII. — *In quæstione de parvulis non baptizatis confugiendum ad auctoritatem divinam.* — 7. Ego istam quæstionem profundam sentio, et ad ejus fundum rimandum vires meas idoneas non agnosco. Libet me et hic exclamare quod Paulus : « O altitudo divitiarum! » (*Rom.*, XI, 33.) Parvulus non baptizatus pergit in damnationem : (Apostoli enim verba sunt : « Ex uno in condemnationem ; ») (*Ibid.*, V, 16) non satis invenio dignam causam, quia non invenio, non quia non est. Ubi ergo non invenio in profundo (*f.* fundum) profundum, attendere debeo humanam infirmitatem, non damnare divinam auctoritatem. Ego prorsus exclamo, nec me pudet : « O altitudo divitiarum sapientiæ et scientiæ Dei! quam inscrutabilia sunt judicia ejus, et investigabiles viæ ejus! Quis enim cognovit sensum Domini, aut quis consiliarius ejus fuit? aut quis prior dedit illi, et retribuetur ei? Quoniam ex ipso, et per ipsum, et in ipso sunt omnia; ipsi gloria in sæcula sæculorum. » (*Ibid.*, XI, 33, etc.) Ego infirmitatem meam his verbis munio, et hac cautela circumseptus, adversus sagittas ratiocinationum tuarum muratus assisto. Sed tu bellator, hoc est, fortis ratiocinator, huic responde, qui tibi dicit : Prorsus innocens parvulus, et immu-

fait innocent et pur de tout péché, soit actuel, soit originel; non-seulement il obtiendra la vie éternelle, mais il a la droit d'entrer dans le royaume des cieux. Cela est de toute justice. Pourquoi celui qui n'est coupable d'aucun mal serait-il privé de ce qui est bien? J'en sais la raison, me dites-vous. Quelle est cette raison? Parce que le Seigneur l'a dit. Vous êtes enfin arrivé où je voulais. Ainsi, vous ne vous appuyez plus sur vos raisonnements, mais sur la parole de Dieu. Je vous en loue sans réserve: rien de plus sage; vous ne trouvez point la véritable raison dans votre esprit, vous recourez à l'autorité. Je vous approuve, et je vous approuve entièrement. Vous faites bien : vous ne trouvez point de quoi répondre? recourez à l'autorité; je ne vous y poursuivrai point, je ne vous en chasserai point; au contraire, je vous y reçois et vous accueille avec joie.

La sentence du Seigneur, de l'aveu des pélagiens exclut du royaume de Dieu ceux qui ne sont point baptisés. — 8. Citez donc ici le témoignage de l'autorité, et opposons-le tous deux à notre commun ennemi. Ainsi donc, l'enfant qui n'est point baptisé n'entre point dans le royaume des cieux, vous en convenez aussi bien que moi. Résistons donc de concert à ce commun adversaire, qui soutient que l'enfant non baptisé entrera dans le royaume des cieux, et opposons à ses traits perfides le bouclier de la foi.

CHAPITRE VIII. — Laissons de côté pour un instant toutes les conjectures de la raison humaine, et revêtons-nous d'une armure toute divine : « Prenez, dit l'Apôtre, les armes de Dieu. » (*Ephés.*, VI, 13.) Disons tous deux à cet homme : Etes-vous chrétien? Oui, je le suis, répond-il. Ecoutez donc ce que dit l'Evangile, vous qui voulez faire entrer les enfants non baptisés dans le royaume des cieux ; écoutez ce que dit l'Evangile : « Si quelqu'un ne renait de l'eau et de l'Esprit saint, il n'entrera point dans le royaume de Dieu. » (*Jean*, III, 5.) La sentence du Seigneur est formelle, on ne peut la contredire qu'en cessant d'être chrétien. Notre agresseur est donc repoussé, c'est entre nous deux maintenant qu'est le combat; puissiez-vous être vaincu pour votre bien par les mêmes armes qui vous ont servi à le vaincre pour son bonheur. Car, s'il n'est point endurci, vous avez instruit celui que vous avez vaincu. Ne soyez donc pas endurci vous-même, et attachez-vous avec moi à cette sentence : « Si quelqu'un ne renait de l'eau et de l'Esprit, il n'entrera point dans le royaume de Dieu. » Voilà pourquoi, me dites-vous, je ne puis permettre à l'enfant non baptisé le royaume de Dieu; la parole du Seigneur est trop formelle. C'est en m'appuyant sur cette parole que je dis : Les enfants non baptisés ne peuvent entrer dans le royaume de Dieu. » C'est ce qui me fait dire encore : Il faut leur donner le baptême, pour qu'ils puissent avoir part au royaume de Dieu. Ainsi, c'est sur

nis ab omni peccato, et proprio et originali, non solum vitam æternam habebit, sed etiam regnum cœlorum. Hoc est justum. Qui nihil mali habet, quare aliquid boni non habet? Sed scio, inquis. Unde scis? Quia Dominus dixit. Tandem venisti. Non ergo quia tu ratiocinaris, sed quia Dominus dixit. Laudo plane hoc, sanum est ; sicut homo non invenisti rationem, fugis ad auctoritatem. Approbo, prorsus approbo. Bene facis; non invenis quid respondeas, ad auctoritatem fuge: non ibi te persequor, non inde expello; imo fugientem recipio et amplector.

Sententia Dominica excludens non baptizatos a regno Dei, fatentibus Pelagianis. — 8. Profer ergo auctoritatem, stemus in ea simul contra communem inimicum. Quia enim parvulus non baptizatus non intrat in regnum cœlorum, et tu dicis et ego. Illi igitur communi adversario, qui dicit non baptizatum parvulum intraturum in regno cœlorum, resistamus ambo, et adversus ejus insidiosissima jacula scutum fidei proferamus.

CAPUT VIII. — Cedant paulisper conjecturæ rationis humanæ, assumantur arma divina. « Assumite, inquit Apostolus, armaturam Dei. » (*Ephes.*, VI, 13.) Ecce simul dicamus huic homini : Christianus es? Christianus, inquit. Audi Evangelium, qui vis non baptizatos parvulos mittere in regnum cœlorum, audi Evangelium : « Nisi quis renatus fuerit ex aqua et Spiritu sancto, non intrabit in regnum Dei. » (*Joan.*, III, 5.) Domini sententia est : huic non resistit, nisi non Christianus. Repulsus est ille, remanet mihi tecum certamen; et forte unde vicisti bono illius inde bono vinceris tuo. Nam quem vicisti, si durus non est, docuisti. Noli ergo esse durus et tu; simul teneamus interim sententiam istam : «Nisi quis renatus fuerit ex aqua et Spiritu, non intrabit in regnum Dei. » Ideo, inquis, parvulo non baptizato polliceri regnum Dei non possum contra apertam Domini sententiam. Ecce quare dico : Regnum Dei non habebunt. Ecce quare dico : Ideo baptizandi sunt, ut habeant regnum Dei. Ideo dicis? Ideo, inquit.

l'autorité de ces paroles que vous admettez ce sentiment? Oui, me dites-vous. Mais, cependant, examinez bien si, de tout ce que nous avons dit précédemment, il ne s'ensuit pas qu'il n'y ait point de vie éternelle en dehors du royaume de Dieu. Rien de plus clair que ce qui nous est dit dans l'Evangile, de ces deux grandes divisions, la droite et la gauche, et où le Sauveur n'indique aucun lieu intermédiaire, tel que serait la vie éternelle sans le royaume de Dieu. N'est-ce pas assez pour redresser votre erreur et vous faire voir la vérité? Considérez donc quelques instants avec moi le texte même sur lequel vous appuyez votre sentiment.

Ce même texte de l'Evangile renverse le sentiment des pélagiens. — 9. Vous dites donc que vous ne voulez point promettre le royaume des cieux aux enfants non baptisés, parce que la sentence du Seigneur est claire et formelle : « Si quelqu'un ne renaît de l'eau et de l'Esprit saint, il n'entrera point dans le royaume des cieux. » *(Jean, III, 5.)* Or, lorsque Nicodème demanda alors au Seigneur comment cela se ferait, c'est-à-dire comment l'homme pourrait renaître, comment il pourrait prendre une seconde naissance, puisqu'il ne pouvait rentrer dans le sein de sa mère pour y naître de nouveau, vous n'avez pas remarqué ce que lui dit le bon Maître, ce que la Vérité dit à l'erreur?

CHAPITRE IX. — *Il n'y a en Jésus-Christ qu'une seule personne en deux natures. Jésus-Christ déclare qu'il est à la fois sur la terre et dans le ciel.* — Notre-Seigneur voulant montrer à Nicodème comment aurait lieu cette seconde naissance, entre autres preuves emploie une comparaison ; il commence toutefois par lui dire : « Personne n'est monté au ciel, sinon Celui qui est descendu du ciel, le Fils de l'homme qui est dans le ciel. » *(Ibid., 13.)* Il était sur la terre, et il déclarait qu'il était dans le ciel, et, ce qui est bien plus étonnant, que le Fils de l'homme était dans le ciel. Il voulait ainsi nous montrer qu'il n'y avait en lui qu'une seule personne en deux natures. Comme Fils de Dieu, il était égal à son Père, le Verbe de Dieu dans le commencement, Dieu qui était en Dieu; comme Fils de l'homme, il a pris un corps et une âme semblables aux nôtres, et il s'est revêtu de notre humanité pour venir parmi les hommes. Or, ces deux natures ne font pas deux Christ ni deux Fils de Dieu, mais une seule personne, un seul Christ, Fils de Dieu, et un seul Christ, Fils de l'homme; mais Fils de Dieu dans sa nature divine, Fils de l'homme dans sa nature humaine. Cependant, quel est celui d'entre nous qui, par défaut d'attention ou d'intelligence, ne voudrait pas établir une distinction entre le Fils de Dieu, qui est dans le ciel, et le Fils de l'homme, qui est sur la terre? « Personne n'est monté au ciel, dit le Sauveur, sinon Celui qui est descendu du ciel, le Fils de l'homme. » Le Fils de l'homme est donc descendu du ciel. Cependant, le Fils de

---

Vide tamen, propter illa quæ supra diximus, ne forte non invenias vitam æternam præter regnum Dei. Multum enim aperta sunt dicta de duabus illis partibus, dextra et sinistra, ubi nullum in medio dedit locum vitæ sine regno. Parum te hoc corrigit? parum admonet? Ipsam mecum lectionem, unde hanc sententiam protulisti, paululum adverte.

Ex eadem Evangelii lectione vincendi Pelagiani. — 9. Dixisti enim, te ideo regnum cœlorum parvulis nolle promittere, quia sententia Domini aperta est : « Nisi quis renatus fuerit ex aqua et Spiritu, non intrabit in regnum cœlorum. » *(Joan., III, 5.)* Non ibi advertisti, cum quæreret Nicodemus quomodo ista fierent, id est, quomodo renasceretur homo, quomodo denuo nasceretur, quoniam non potest utique iterum introire in uterum matris, et denuo nasci, quid audierit a Domino, quid audierit a magistro bono, quid audierit error a veritate?

CAPUT IX. — *Una in duabus naturis persona Christi, qui simul in terra se esse dicit et in cœlo.* — Inter cætera enim ostendens quemadmodum fiat, etiam similitudinem posuit. Sed prius ait: « Nemo ascendit in cœlum, nisi qui de cœlo descendit, filius hominis qui est in cœlo. » *(Ibid., 13.)* In terra erat, et in cœlo se esse dicebat; et quod est majus, in cœlo filium hominis, ut unam demonstraret in utraque natura personam, et in eo quod Dei Filius erat æqualis Patri, Verbum Dei in principio Deus apud Deum, et in eo quod filius hominis erat, assumens animam humanam et carnem humanam, et indutus hominem, exiens ad homines : quia in hoc utroque non duo Christi sunt, nec duo filii Dei, sed una persona, unus Christus Dei Filius, idemque unus Christus, non alius, hominis filius, sed Dei Filius secundum divinitatem, hominis filius secundum carnem. Quis autem nostrum, qui parum advertimus, aut parum sapimus, non potius ita vellet distinguere, Filius Dei in cœlo, et filius hominis in terra? Sed ne sic divideremus, et ita dividendo suas personas induceremus : « Non ascendit in cœlum, inquit, nisi qui de cœlo des-

l'homme n'a-t-il pas été formé sur la terre dans le sein de Marie? Gardez-vous, ô homme, de séparer ce que je veux unir. C'est peu dire que le Fils de l'homme est descendu du ciel, car c'est le Christ qui est descendu, c'est-à-dire Celui qui est à la fois le Fils de Dieu et le Fils de l'homme; ce Fils de l'homme, qui est sur la terre, siége en même temps dans le ciel. Il était dans le ciel, parce que le Christ est partout, et le même Christ est tout ensemble Fils de Dieu et Fils de l'homme. En vertu de l'unité de personnes, le Fils de Dieu est sur la terre, et, par suite de cette même unité de personnes, nous avons prouvé que le Fils de l'homme est dans le ciel, d'après ces paroles du Seigneur : « Le Fils de l'homme, qui est dans le ciel. » N'est-ce pas en vue de cette unité de personne, que Pierre dit au Sauveur, qui était, sur la terre, visible à tous les yeux : « Vous êtes le Christ, le Fils du Dieu vivant? » (*Matth.*, XVI, 17.)

Chapitre X. — *Le Christ seul est monté aux cieux. Les membres unis au chef ne font qu'un seul Christ.* — 10. Que Nicodème apprenne donc comment se fera ce que son peu d'intelligence lui faisait regarder comme incroyable et impossible. « Personne ne monte au ciel, sinon Celui qui est descendu du ciel, le Fils de l'homme qui est dans le ciel. » Tous ceux qui renaissent montent également au ciel, mais à l'exclusion de tous les autres. Et tous ceux qui prennent une nouvelle naissance ne montent au ciel que par la grâce de Dieu. « Personne ne monte au ciel, sinon Celui qui est descendu du ciel, le Fils de l'homme qui est né dans le ciel. » Comment cela? Parce que tous ceux qui sont régénérés sont les membres du Christ, qui seul est né de la Vierge Marie, et qui, du corps et du chef, ne fait qu'un seul Christ. Voilà donc le sens de ces paroles du Sauveur : « Personne ne monte que Celui qui est descendu. » Si vous voulez monter, faites partie du corps de Jésus-Christ; si vous voulez monter, soyez membre de Jésus-Christ. « Comme dans un seul corps nous avons plusieurs membres, et que tous ces membres divers forment un seul corps, il en est de même du Christ, » (*Rom.*, XII, 4) parce que le Christ est à la fois le corps et la tête. Comment cela se fait-il? C'est ce qu'il nous faut encore examiner. La question est obscure, c'est un abîme qui semble se creuser davantage.

Comment nous devenons les membres de Jésus-Christ. La foi en Jésus-Christ est nécessaire au salut. — 11. Jésus-Christ n'est coupable d'aucun péché, ni originel, ni actuel; il est né en dehors des ardeurs de la concupiscence charnelle et de l'union des sexes; il n'a contracté dans le corps de sa mère aucune maladie, mais il y a puisé le remède; il a pris dans son sein, non pas un corps qui eût besoin d'être guéri, mais qui fût capable de guérir, j'entends

---

cendit, filius hominis. » Filius ergo hominis descendit de cœlo. Nonne filius hominis in terra factus est? nonne filius hominis per Mariam factus est? Sed, o homo, noli, inquit, separare quem volo copulare. Parum est, quia filius hominis descendit (Christus enim descendit, idemque filius hominis qui filius Dei est) : sedet in cœlo, qui ambulat in terra. In cœlo erat, quia ubique est Christus, idemque Christus est et Filius Dei et filius hominis. Propter unitatem personæ in terra Filius Dei, propter eamdem unitatem personæ esse probavimus in cœlo filium hominis, ex his verbis Domini : « Filius hominis, inquit, qui est in cœlo. » Propter unitatem personæ, nonne in terra constituto atque conspicuo Petrus dicit : « Tu es Christus Filius Dei vivi? » (*Matth.*, XVI, 17.)

Caput X. — *In cœlum solus Christus ascendit. Christi membra cum capite unus Christus.* — 10. Ergo discat Nicodemus quomodo fiat illud, quod ei minus intelligenti, incredibile et quasi impossibile videbatur : « Nemo ascendit in cœlum, nisi qui de cœlo descendit. » Omnes autem qui renascuntur, utique ascendunt in cœlum; cæterorum nemo prorsus. Et omnes qui renascuntur, per gratiam Dei ascendunt in cœlum ; et « nemo ascendit in cœlum, nisi qui de cœlo descendit, filius hominis qui est in cœlo. » Unde hoc? Quia omnes qui renascuntur, membra ipsius fiunt; et solus Christus de Maria natus unus est Christus, et cum corpore suo caput unus est Christus. Hoc ergo dicere voluit : «Nemo ascendit, nisi qui descendit. » Non ergo ascendit, nisi Christus. Si vis ascendere, esto in corpore Christi; si vis ascendere, esto membrum Christi. « Sicut enim in uno corpore multa membra habemus, omnia autem membra corporis, cum sint multa, unum est corpus; sic et Christus, » (*Rom.*, XII, 4) quia caput et corpus Christus. Et quomodo fit hoc, adhuc quæramus. Latet quæstio, exaltatur illa profunditas.

Quomodo Christi membra efficimur. Fides in Christum necessario ad salutem. — 11. Christus peccatum non habet, nec originale traxit, nec suum addidit; extra voluptatem carnalis libidinis venit, non ibi fuit complexus maritalis; de virginis corpore non

des plaies que fait le péché. Il est donc le seul qui soit sans péché. Mais comment deviendrons-nous ses membres, nous dont aucun n'est sans péché ? Ecoutez la comparaison qui suit : « De même que Moïse éleva le serpent au désert, ainsi il faut que le Fils de l'homme soit élevé, afin que celui qui croit en lui ne périsse point, mais qu'il ait la vie éternelle. » (*Jean*, III, 14, 15.) Pourquoi vous semblait-il que des pécheurs ne pouvaient devenir les membres du Christ, c'est-à-dire de Celui qui était pur de tout péché ? Vous étiez arrêtés par la morsure du serpent, mais c'est pour cela que Jésus-Christ a été crucifié, c'est pour cela qu'il a répandu son sang pour la rémission des péchés, c'est-à-dire à cause du péché ou du venin du serpent. De même que Moïse a élevé un serpent dans le désert pour guérir ceux qui avaient été mordus par les serpents, et qui, pour être guéris de ces morsures, devaient regarder le serpent d'airain élevé au milieu du camp, ainsi il faut que le Fils de l'homme soit élevé, « afin que celui qui croit en lui, » c'est-à-dire qui le contemple élevé sur la croix, qui ne rougit pas de le voir crucifié, qui se glorifie dans la croix de Jésus-Christ, « ne périsse point, mais qu'il ait la vie éternelle. » « Qu'il ne périsse point ! » Comment ? En croyant en lui. Comment pourra-t-il éviter de périr ? En le considérant élevé sur la croix ; autrement sa perte serait certaine, car voilà ce que signifient ces paroles : « Afin que celui qui croit en lui ne périsse point, mais qu'il ait la vie éternelle. »

CHAPITRE XI. — *Les enfants ont été blessés par l'action d'autrui ; la foi d'autrui vient également à leur secours.* — 12. Vous me présentez un enfant, et vous commandez de considérer Celui qui est élevé sur la croix à cet enfant qui, de votre aveu, n'est point infecté du venin du serpent. Ah ! bien plutôt, si vous lui êtes favorable, si vous êtes touché de son innocence personnelle, ne refusez point d'admettre qu'il a contracté quelque faute dans une vie antérieure, qui n'est pas la sienne, mais celle de son premier père. Ne niez point cette vérité, avouez que son âme est infectée du venin du péché, pour en solliciter le remède ; autrement il ne peut être guéri. Pourquoi, d'ailleurs, dites-vous à cet enfant de croire ? La réponse à cette question est faite par ceux qui le portent. Il est guéri sur la parole d'autrui, parce qu'il a été blessé par le fait d'autrui. Croit-il en Jésus-Christ ? c'est la question qui est faite, et on répond : Oui, il y croit. Cet enfant ne parle pas encore, il se tait, il pleure, et par ses larmes il semble demander qu'on vienne à son secours ; on répond pour lui, et cette réponse est valide. Est-ce que le serpent s'efforcerait de vous persuader que cette réponse n'a point d'effet ? Loin de tout cœur chrétien une telle pensée. La

assumpsit vulnus, sed medicamentum; non assumpsit quod sanaret, sed unde sanaret; quantum ad peccatum pertinet, dico. Solus ergo ille sine peccato; quomodo erunt membra ejus, quorum nullus est sine peccato? Quomodo? Audi similitudinem quæ sequitur : « Et sicut Moyses exaltavit serpentem in eremo, sic oportet exaltari filium hominis; ut omnis qui credit in eum, non pereat, sed habeat vitam æternam. » (*Joan.*, III, 14, 15.) Unde tibi non videbatur peccatores homines posse fieri membra Christi, id est, illius qui nullum omnino haberet peccatum? Serpentis morsu movebaris : ideo crucifigitur Christus, ideo fundit sanguinem Christus in remissionem pecatorum, quia propter peccatum, id est, serpentis venenum : « Sicut exaltavit Moyses serpentem in eremo, » unde sanarentur qui in illo deserto a serpentibus mordebantur, et illum exaltatum attendere jubebantur, et quisquis attenderet, sanabatur; « sic oportet exaltari filium hominis, ut omnis qui credit in eum, » id est, qui attendit exaltatum, qui non erubescit crucifixum, qui in cruce Christi gloriatur, « non pereat, sed habeat vitam æternam. » « Non pereat, » unde? Credendo in eum. Unde non pereat? Attendendo exaltatum : alioquin periisset. Hoc est enim : « Omnis qui credit in eum, non pereat, sed habeat vitam æternam. »

CAPUT XI. — *Parvulis alieno facto vulneratis aliena fide subvenitur.* — 12. Profers parvulum mihi, et jubes ut attendat exaltatum, quem negas habere serpentis venenum. Imo si faves ei, si movet te innocentia in vita propria, noli negare tractum aliquem reatum de vita prima, non sua, sed parentis sui primi. Noli negare; confitere venenum, ut poscas medicamentum; aliter non sanatur. Aut ut quid ei dicis ut credat? Hoc enim respondetur a portante parvulum. Ad verba aliena sanatur, quia ad factum alienum vulneratur. Credit in Jesum Christum? fit interrogatio; respondetur : Credit. Pro non loquente, pro silente, pro flente, et flendo quodam modo ut subveniatur orante, respondetur, et valet. An etiam hoc serpens ille persuadere conatur, quia non valet ? Absit a cordibus qualiumcumque Christianorum.

réponse faite pour cet enfant est donc valide. L'Eprit saint se communique comme par une espèce d'accord ; l'enfant croit dans la personne d'autrui, parce qu'il a péché par le fait d'autrui. Quoi! la vie du siècle présent lui a été communiquée par la naissance que lui donne l'infirmité, et la naissance qu'il doit à la charité ne pourrait lui assurer la vie du siècle futur?

CHAPITRE XII. — *Le serpent d'airain élevé dans le désert était la figure de Jésus-Christ crucifié dans la ressemblance de la chair du péché.* — 13. De même donc que Moïse a élevé le serpent dans le désert afin que tous ceux qui seraient mordus par les serpents fussent guéris en regardant ce serpent, ainsi il a fallu que le Fils de l'homme fût élevé afin que tous ceux qui avaient été infectés par le venin du serpent fussent guéris en le considérant sur la croix. Adam reçut le premier la morsure empoisonnée du serpent. Donc, celui qui est né dans la chair du péché, reçoit le salut de Jésus-Christ par la ressemblance de la chair de péché. En effet, Dieu a envoyé son Fils, non pas dans la chair du péché, mais, comme l'ajoute l'Apôtre, « dans la ressemblance de la chair de péché, » (*Rom.*, VIII, 3) parce qu'elle a été formée, non par l'union des sexes, mais dans le sein d'une vierge. « Il a envoyé son Fils dans la ressemblance de la chair de péché. » Pourquoi ? « Pour convaincre et condamner le péché dans la chair par le péché même. » Le péché par le péché, le serpent par le serpent. Qui ne sait que le nom serpent désigne le péché? Il a donc condamné le péché par le péché, le serpent par le serpent, ou, plutôt, par ce qui en avait la ressemblance, parce qu'en Jésus-Christ il n'y a aucun péché, mais seulement la ressemblance de la chair du péché. C'est pour cela que Dieu commanda d'élever un serpent, mais un serpent d'airain, et c'est la ressemblance de la chair de péché qui a été élevée sur la croix pour guérir la source même du péché : « Car Dieu a envoyé son Fils dans la ressemblance de la chair de péché. » Ce n'est point dans la ressemblance de la chair, car le Christ avait une chair véritable, mais « dans la ressemblance de la chair de péché, » parce que c'était une chair entièrement exempte de péché. « Afin de condamner par le péché, » à cause de la ressemblance, « le péché dans la chair, » l'iniquité véritable. Il n'y a point eu en Jésus-Christ d'iniquité véritable, mais sa chair a été véritablement mortelle. Il ne s'est point chargé du péché, mais seulement de la peine du péché. En prenant la peine du péché sans la faute, il nous a sauvés à la fois de la faute et de la peine. Voilà comment s'accomplit le mystère de notre régénération. C'est ce qui excitait l'étonnement de Nicodème lorsqu'il disait : « Comment cela peut-il se faire ? » (*Jean*, III, 9.) C'est ainsi que nous sommes guéris sans que nous l'ayons mérité. Voilà encore une fois comment s'accomplit ce mystère. Dites-moi, où placez-vous maintenant les enfants ? Ils n'ont

---

Ergo respondetur, et valet. Conspiratione quadam communicat spiritus; credit in altero, quia peccavit in altero. An vero invenit vitam præsentis sæculi, quem parturivit infirmitas ; et non invenit vitam futuri sæculi, quem parturivit caritas ?
CAPUT XII. — *Serpens æreus exaltatus figura Christi crucifixi in similitudine carnis peccati.* — 13. Ergo sicut Moyses exaltavit serpentem in eremo, ut omnis a serpente percussus intueretur exaltatum, et sanaretur, sic oportuit exaltari filium hominis, ut omnis a serpente venenatus intueatur exaltatum, et sanctur. Adam primus accepit morsum serpentis cum veneno. Ergo natus in carne peccati, fit salvus in Christo per similitudinem carnis peccati. « Misit enim Deus Filium suum, » non in carne peccati, sed sicut sequitur qui scripsit, « in similitudine carnis peccati; » (*Rom.*, VIII, 3) quia non de complexu maritali, sed de utero virginali. « Misit in similitudine carnis peccati ; » ut quid hoc ? « Ut de peccato damnaret peccatum in carne ; » de peccato peccatum, de serpente serpentem. Quis enim dubitet nomine serpentis appellari peccatum ? Ergo de peccato peccatum, de serpente serpentem; sed de similitudine, quia in Christo nullum peccatum, sed sola similitudo carnis peccati. Ideo exaltatus serpens, sed æreus; exaltata est similitudo carnis peccati, ut sanaretur origo peccati. Quia « misit Deus Filium suum in similitudine carnis peccati. » Non in similitudine carnis, nam vera caro est; sed « in similitudine carnis peccati, » quia mortalis caro sine ullo omnino peccato. « Ut de peccato, » propter similitudinem, « damnaret peccatum in carne, » propter veram iniquitatem. Vera iniquitas in Christo non fuit, sed mortalitas in illo fuit. Peccatum non suscepit, sed pœnam peccati suscepit. Suscipiendo sine culpa pœnam, et pœnam sanavit et culpam. Ecce quomodo fiunt ista. Quod admiratus Nicodemus dixerat : « Quomodo possunt ista fieri ? » (*Joan.*, III, 9.) Sic enim sanamur, non quia meremur. Ecce quo-

pas été atteints, dites-vous, par le venin du serpent. Eloignez-les donc de la vue du serpent élevé en croix. Si vous ne les éloignez pas, vous avouez qu'ils ont besoin d'être guéris, et, par conséquent, qu'ils sont infectés du venin du serpent.

Chapitre XIII. — *Quiconque ne croit pas en Jésus-Christ est condamné. Le jugement est pris ici pour la condamnation. Les enfants reçoivent le nom de fidèles.* — 14. D'ailleurs, pendant la lecture de l'Evangile, n'avez-vous pas entendu le Seigneur lui-même dire à Nicodème : « Qui croit en lui n'est pas jugé, mais qui n'y croit point est déjà jugé. » (*Ibid.*, 18.) Et vous, homme de milieu, vous cherchez ici un milieu; vous discutez, pour vous faire remarquer, sans remarquer vous-même ces paroles : « Qui croit en lui n'est pas jugé, mais qui n'y croit point est déjà jugé. » Qu'est-ce à dire, « qu'il est déjà jugé. » Il est condamné. Vous savez que le jugement est souvent pris pour la condamnation, au témoignage des Ecritures, surtout dans ce passage si clair dont personne ne peut contester le sens : « Ceux qui auront bien fait sortiront des tombeaux pour la résurrection à la vie, mais ceux qui auront mal fait, pour la résurrection du jugement. » (*Ibid.*, v, 29.) Le jugement est mis ici pour la condamnation. Et, cependant, vous osez affirmer ou croire autrement ? « Qui ne croit point est déjà jugé. » Et, dans un autre endroit : « Celui qui croit au Fils a la vie éternelle, » (*Ibid.*, iii, 36) que vous promettiez aux enfants non baptisés. « Celui qui croit au Fils a la vie éternelle. » Mais l'enfant qui ne croit point, l'a aussi, dites-vous, mais sans qu'il ait droit au royaume de Dieu. Voyez donc ce qui suit : « Qui est incrédule au Fils ne verra point la vie, mais la colère de Dieu demeure sur lui. » Où placerez-vous maintenant les enfants baptisés? Sans doute, au nombre des croyants. En effet, c'est une coutume fort ancienne, autorisée et consacrée par les lois de l'Eglise, de donner aux petits enfants baptisés le nom de fidèles. Aussi, lorsque nous demandons : Cet enfant est-il chrétien? Oui, répond-on, il est chrétien. Est-il catéchumène ou fidèle? Il est fidèle. Or le nom de fidèle vient de *fides*, foi, et le mot foi exprime ce que l'on croit. Vous mettez donc les enfants baptisés au nombre des croyants, et vous n'osez avoir ici un autre sentiment, sous peine d'être un hérétique déclaré. Ces enfants ont donc la vie éternelle, parce que « celui qui croit au Fils a la vie éternelle. »

Chapitre XIV. — *Le péché originel.* — Gardez-vous donc de leur promettre la vie éternelle sans cette foi et sans le sacrement de cette foi. « Qui est incrédule au Fils et ne croit point au

---

modo fiunt ista. Modo ubi mihi parvulos ponis? Jam dicis : Nullo veneno sauciati sunt. Aufer eos a conspectu exaltati serpentis. Si autem non aufers, sanandos dicis, venenatos confiteris.

Caput XIII. — *Quicumque in Christum non credit, damnatur. Judicium pro damnatione. Infantes dicti fideles.* — 14. Deinde ipse Dominus in eodem sermone ad Nicodemum non audistis quid dixerit, cum eadem lectio hodie legeretur? « Qui credit in eum, non judicatur; qui autem non crediderit, jam judicatus est. » (*Ibid.*, 18.) Et hic quæris medium, homo de medio, et disputas, et attenderis, nec attendis : « Qui credit in eum, non judicatur; qui autem non crediderit, jam judicatus est. » Quid est autem : « Jam judicatus est? » Damnatus est. Nam judicium pro damnatione plerumque poni nostis : Scripturæ testes sunt; maxime illo uno testimonio apertissimo, cui nemo est qui contradicat. De resurrectione cum ageret Dominus : « Qui bene fecerunt, inquit, in resurrectionem vitæ, qui male egerunt, in resurrectionem judicii, » (*Ibid.*, v, 29) utique judicium pro damnatione posuit. Et tu aliter audes disserere aut credere? « Qui non credit, jam judicatus est. » (*Ibid.*, iii, 18.) Alio loco : « Qui credit in Filium, habet vitam æternam, » (*Ibid.*, 36) quam tu parvulis promittebas non baptizatis. « Qui credit in Filium, habet vitam æternam. » Sed habet, inquit, et qui non credit parvulus, quamvis non habeat regnum Dei. Sed vide quod sequitur : « Qui autem incredulus est Filio, non habet vitam; sed ira Dei manet super eum. » Ubi ponis parvulos baptizatos? Profecto in numero credentium. Nam ideo et consuetudine Ecclesiæ antiqua, canonica, fundatissima, parvuli baptizati fideles vocantur. Et sic de his quærimus : Iste infans Christianus est? Respondetur : Christianus. Catechumenus, an fidelis? Fidelis; utique a fide, fides a credendo. Inter credentes igitur baptizatos parvulos numerabis; nec judicare ullo modo aliter audebis, si non vis esse apertus hæreticus. Ergo ideo habent vitam æternam, quia « qui credit in Filium, habet vitam æternam. »

Caput XIV. — *Peccatum originis.* — Noli eis sine ista fide, et sine isto sacramento hujus fidei, promittere vitam æternam. « Qui autem incredulus est Filio, » et qui non credit in Filium, « non habet vitam, sed ira Dei manet super eum. » Non dixit,

Fils, n'a point la vie, mais la colère de Dieu demeure sur lui. » Le Sauveur ne dit point : Elle viendra sur lui, mais : « Elle demeure sur lui. » Il avait en vue notre origine, en disant : « La colère de Dieu demeure sur lui. » C'est en considérant cette même origine que l'Apôtre dit : « Nous avons été nous-mêmes autrefois des enfants de colère. » (*Ephés.*, II, 3.) Nous n'accusons pas ici la nature, car elle a Dieu pour auteur. Dieu l'a créée bonne, mais elle a été viciée par la mauvaise volonté de l'homme trompé par le serpent. Or, ce qui a été dans Adam l'effet d'une faute personnelle et non de sa nature, est devenu pour nous, qui sommes ses descendants, un apanage de notre nature. Nous ne sommes délivrés de ce vice de notre nature, que l'homme apporte en naissant, que par Celui qui est né sans être atteint de ce vice. Nous ne sommes délivrés de cette chair de péché que par Celui qui est né sans péché, avec la ressemblance de la chair de péché. Nous ne sommes guéris du venin du serpent que par l'élévation d'un autre serpent. Qu'avez-vous à répondre? N'en ai-je pas dit assez?

Comment les pélagiens cherchent à échapper au texte de l'Apôtre sur le péché originel. — 15. Voici une objection des plus subtiles que nous font nos adversaires; donnez-lui encore un peu d'attention. Pressés qu'ils sont par ces paroles de l'Apôtre : « Le péché est entré dans ce monde par un seul homme, et la mort par le péché, et, ainsi, la mort a passé à tous les hommes par ce seul homme en qui tous ont péché, » (*Rom.*, V, 12) paroles qui sont comprises de tous, et dont personne, ce me semble, ne demande l'explication, ils essayent de répondre que l'Apôtre s'exprime ainsi parce qu'Adam a péché le premier, et que ceux qui ont péché après lui n'ont fait que l'imiter dans son péché. (II *Sent.*, dist. 30, c. *Hoc autem.*) Répondre de la sorte, qu'est-ce autre chose que s'efforcer de répandre les ténèbres sur la plus éclatante lumière? « C'est par un seul homme que le péché est entré dans ce monde, et la mort par le péché, et ainsi la mort a passé à tous les hommes par ce seul homme en qui tous ont péché. » Vous dites que c'est seulement par imitation du premier péché d'Adam.

CHAPITRE XV. — *L'Apôtre veut parler ici, non point du premier exemple de péché donné par Adam, mais du péché originel proprement dit.* — Je réponds à cela : Adam n'a pas été le premier pécheur. Voulez-vous savoir quel est le premier pécheur? considérez le démon. Mais l'Apôtre, voulant nous montrer toute la masse du genre humain infectée de ce péché d'origine, nomme ici, non pas celui que nous avons imité, mais celui dont nous sommes nés. On donne aussi le nom de père à celui qu'on imite. « Mes enfants, dit l'Apôtre, pour lesquels je souffre de nouveau les douleurs de l'enfantement. » *Gal.*, IV, 19.) Il dit encore ailleurs : « Soyez mes imi-

veniet super eum; sed, « manet super eum. » Respexit originem, cum ait : « Ira Dei manet super eum. » Quam respiciens et Apostolus dixit : « Fuimus et nos aliquando natura filii iræ. » (*Ephes.*, II, 3.) Non accusamus naturam. Naturæ auctor Deus est. A Deo bona est instituta natura, sed per malam voluntatem a serpente vitiata est. Ideo quod fuit in Adam culpæ, non naturæ, nobis propagatis factum est jam naturæ. Ab hoc vitio naturæ, cum quo nascitur homo, non liberat nisi qui natus est sine vitio. Ab hac carne peccati non liberat nisi ille qui natus est sine peccato per similitudinem carnis peccati. Ab hoc veneno serpentis, non liberat nisi exaltatio serpentis. Quid ad hæc dicis? Satisne hoc est?

Pelagianorum effugium, dum urgentur verbis Apostoli de originali peccato. — 15. Unum aliquid acutissimum quod ab eis profertur, paululum attendite. Cum cœperint urgeri verbis Apostoli dicentis : « Per unum hominem peccatum intravit in mundum, et per peccatum mors; et ita in omnes homines pertransiit, in quo omnes peccaverunt, (*Rom.*, V, 12) quæ verba nescio quis non intelligat, in quibus verbis nescio utrum quisquam expositorem requirat, conantur respondere, et dicere, ideo dictum hoc ab Apostolo, quia primus peccavit Adam, et qui postea peccaverunt, illum imitando peccaverunt. (II *Sent.*, dist. 30, c. *Hoc autem.*) Hoc quid est aliud, quam conari tenebras aperto lumini offundere? « Peccatum per unum hominem intravit, et per peccatum mors; et ita in omnes homines pertransiit, in quo omnes peccaverunt. » Propter imitationem dicis, quia primus peccavit Adam.

CAPUT XV. — *Non primum peccandi exemplum, sed originis peccatum ibi significatum.* — Respondeo prorsus : Non primus peccavit Adam. Si primum peccatorem requiris, diabolum vide. Sed humani generis massam volens ostendere Apostolus de origine venenatam, ideo eum posuit unde nati sumus, non eum quem imitati sumus. Dicitur quidem et pater tuus, quem fueris imitatus : « Filii mei, in-

tateurs. » (I *Cor.*, IV, 16.) Et c'est parce qu'ils sont les imitateurs du démon que le Sauveur dit aux Juifs impies : « Vous avez le démon pour père. » (*Jean*, VIII, 44.) Il serait tout à fait contraire à la foi catholique de dire que le démon a engendré ou créé notre nature ; il n'est ici le premier que parce qu'il nous a séduits, et l'homme ne vient après lui que parce qu'il l'imite. L'Ecriture dit bien, en parlant d'Adam : « Dans lequel tous ont péché ; » mais qu'on me montre un endroit où il soit dit que tous ont péché dans le démon. Autre chose est de pécher en suivant le démon qui nous séduit, autre chose est de pécher dans le démon. Nous étions tous, avant de naître, renfermés dans Adam, notre premier père, comme ses descendants selon la chair ; nous étions en lui, comme un arbre dans sa racine, et c'est cet arbre, dans lequel nous étions renfermés, qui fut infecté par le péché. Il est tellement vrai que le démon, c'est-à-dire le prince du péché, et, en réalité, le premier pécheur, n'est pas l'auteur de notre origine, mais le modèle que nous imitons, que l'Ecriture s'exprime ainsi en parlant de lui : « C'est par l'envie du démon que la mort est entrée dans l'univers, et ceux qui l'imitent se rangent à son parti. » (*Sag.*, II, 24, 25.) C'est en l'imitant qu'ils entrent dans son parti. L'Ecriture dit-elle : C'est en lui qu'ils ont péché ? Au contraire, lorsqu'elle parle d'Adam, parce qu'il est la source de notre origine, parce que nous sommes sa postérité, ses descendants selon la chair, elle dit expressément : « Dans lequel tous ont péché. » Si Adam n'est considéré comme le premier auteur du péché que parce qu'il nous a donné le premier exemple du péché sans nous le communiquer avec la vie, pourquoi donc n'est-ce que si longtemps, après tant de siècles écoulés, que Jésus-Christ est venu réparer le mal fait par Adam ? Si tous les pécheurs se rattachent à Adam parce qu'il a été le premier des pécheurs, tous les justes doivent également se rattacher à Abel comme au premier de tous les justes. Pourquoi avons-nous besoin de Jésus-Christ ? Sortez de votre assoupissement, mon frère. Qu'avons-nous besoin de Jésus-Christ, sinon parce que notre naissance a été viciée dans Adam, et que nous cherchons à être régénérés en Jésus-Christ ?

CHAPITRE XVI. — *Objection des pélagiens contre le péché originel : Pourquoi l'enfant d'un fidèle baptisé n'est-il pas juste ?* — 16. Ne vous laissez donc séduire par personne ; rien de plus clair que cette doctrine de l'Ecriture ; elle repose sur l'autorité la mieux établie, c'est la foi catholique dans toute sa vérité. Tout homme qui naît est condamné, et il n'est sauvé qu'autant qu'il est régénéré. Instruits à cette école, mes très-chers frères, il vous est facile maintenant de répondre à leurs raisonnements artificieux. Voici

---

quit, quos iterum parturio. » (*Gal.*, IV, 19.) Qui itidem dicit : « Imitatores mei estote. » (I *Cor.*, IV, 16.) Et propter ipsam imitationem dicitur impiis : « Vos a patre diabolo estis. » (*Joan.*, VIII, 44.) Nam constat in catholica fide, quod diabolus nec generavit nostram naturam, nec condidit : sola in illo seductio est præcedentis, imitatio consequentis. Denique quomodo dictum est de Adam : « In quo omnes peccaverunt ; » legatur mihi alicubi : Omnes in diabolo peccaverunt. Aliud est illo præcedente et seducente peccare, aliud in illo peccare. Quia secundum propaginem carnis in illo eramus omnes, antequam nati essemus, tanquam in parente, tanquam in radice ibi eramus ; sic venenata est ista arbor, ubi eramus. Nam quia ad diabolum, hoc est, principem peccati, et vere primum peccatorem, non pertinet origo, sed imitatio ; cum de illo Scriptura loqueretur : « Invidia, inquit, diaboli mors intravit in orbem terrarum ; imitantur autem eum, qui sunt ex parte ipsius. » (*Sap.*, II, 24, 25.) Imitando eum fiunt ex parte ipsius. Numquid dictum est : In illo peccaverunt ? Cum vero de Adam diceretur, propter originem, propter posteritatem, propter propaginem viscerum : « In quo omnes, inquit, peccaverunt. » Nam si propterea primus constitutus est Adam, quia primus peccavit, tanquam in exemplo sit, non in origine ; ut quid tam in longinquo, post tam prolixa tempora contra Adam quæritur Christus ? Si omnes peccatores ad Adam propterea pertinent, quia primus peccator ; omnes justi debuerunt ad Abel pertinere, quia primus justus. Quare Christus quæritur ? Expergiscere, frater. Quare Christus quæritur, nisi quia in Adam damnata est generatio, in Christo quæritur regeneratio ?

CAPUT XVI. — *Pelagianorum objectio contra peccatum originale, cur de baptizato non justus nascitur.* — 16. Proinde nemo nos fallat : Scriptura (*a*) evidens est, auctoritas fundatissima est, fides catholicissima est. Omnis generatus, damnatus ; nemo liberatus, nisi regeneratus. Unde et alteri versutiæ illorum

---

(*a*) Aliquot Mss. *Scripturæ evidens est auctoritas, fundatissima est fides, catholicissima est.*

ce qu'ils disent, et comment ils troublent les faibles dans la foi. Si ceux qui naissent d'un pécheur sont pécheurs eux-mêmes, pourquoi ceux qui naissent d'un fidèle déjà baptisé, à qui tous ses péchés ont été remis, ne seraient-ils pas justes? Répondez-leur sans tarder : L'enfant d'un fidèle baptisé ne naît point juste, parce que le juste l'engendre, non par le principe qui l'a régénéré, mais par le principe de la génération naturelle. L'apôtre saint Pierre dit de Jésus-Christ : « Il était mort en sa chair, mais il demeurait vivant dans l'Esprit; » (I *Pier.*, III, 18) ainsi peut-on dire de l'homme, qu'il est corrompu selon la chair, et justifié dans l'esprit. « Ce qui naît de la chair est chair. » (*Jean*, III, 6.) Vous voulez que l'enfant d'un juste naisse juste, même alors que vous savez qu'il est impossible d'être juste sans avoir été régénéré. Vous ne faites donc aucune attention à cette sentence du Sauveur que vous avez cependant à la bouche : « Si quelqu'un ne renaît de l'eau et de l'Esprit? » (*Ibid.*, 5.) Cette régénération n'est pas, je pense, le fruit de l'union des sexes. Vous êtes étonné que d'un juste naisse un pécheur, et vous n'êtes pas surpris de voir d'un olivier franc naître un olivier sauvage? Voici une autre comparaison. Supposez que le juste baptisé soit le grain de blé nettoyé dans l'aire ; ne remarquez-vous pas que ce grain, tout nettoyé qu'il est, produira le froment avec sa paille, sans laquelle, cependant, le grain de blé a été semé. D'ailleurs, si la transmission de la vie naturelle se fait par la génération charnelle, la transmission de la vie spirituelle s'accomplit par la génération spirituelle; et vous voudriez que d'un baptisé naisse un baptisé, alors que d'un circoncis ne naît pas un circoncis? Cette génération est charnelle, et la circoncision l'est aussi ; et, cependant, un circoncis n'engendre pas un circoncis; de même, un fidèle baptisé ne peut donner le jour à un baptisé, car personne, avant d'être né, ne peut avoir part à la seconde naissance.

Chapitre XVII. — *Réfutation d'une autre subtilité des pélagiens. Jésus-Christ ne sert de rien à ceux qui ne croient point.* — 17. Voici un autre de leurs traits les plus acérés ; mais quel trait, si acéré qu'il soit, ne vient s'émousser contre le bouclier de la vérité? Ecoutez donc cette nouvelle objection : Si Adam, disent-ils, a été si funeste à ceux qui n'ont point péché, donc Jésus-Christ doit être utile et salutaire à ceux mêmes qui n'ont pas cru. Vous voyez comme ce raisonnement attaque directement la vérité; voyez maintenant comme il sert d'appui à la vérité. Ce raisonnement se réduit à dire que Jésus-Christ n'est d'aucune utilité pour ceux qui ne croient point. C'est la vérité, et il n'est personne qui ne l'admette. Qui me confesse, en effet, que Jésus-Christ ne sert de rien à ceux qui ne croient point, et qu'il n'est vraiment utile qu'à ceux qui croient? Mais, dites-moi,

---

jam vos instructi respondete, Carissimi. Quando dicunt, et parvulos turbant : Si de peccatore peccatores nati sunt, quare non de baptizato jam fideli, cui remissa sunt universa peccata, justi nascuntur? Cito respondete : Ideo de baptizato non justus nascitur, quia non eum generat unde regeneratus est, sed unde generatus est. De Christo dictum est : « Mortificatus carne, vivificatus spiritu ;» (I *Petr.*, III, 18) sic de homine dici potest : Tabefactus carne, justificatus spiritu. « Quod nascitur de carne, caro est. » (*Joan.*, III, 6.) Quæris ut de justo justus nascatur, cum videas justum esse nisi regeneratum omnino non posse. Nec attendis Domini sententiam ; quam tu ipse in ore habes : « Si quis non renatus fuerit ex aqua et Spiritu. » (*Ibid.*, 5.) Puto quia non hoc factum est in concubitu. Miraris quare peccator nascatur de semine justi ; non te delectat mirari quare oleaster nascatur de semine olivæ? Accipe aliam similitudinem. Justum baptizatum, pone granum purgatum; non attendis, quia de grano purgato frumentum cum palea nascitur, sine qua seminatur. Deinde cum sit in propagine natorum generatio carnalis, in propagine renatorum generatio spiritalis, vis ut de baptizato baptizatus nascatur, cum videas de circumciso non nasci circumcisum ? Carnalis est certe ista generatio, et carnalis est circumcisio, et tamen de circumciso non nascitur circumcisus : sic ergo de baptizato non potest nasci baptizatus, quia nemo renatus, antequam natus.

Caput XVII. — *Alia eorumdem cavillatio exploditur. Christus nihil prodest non credentibus.* — 17. Aliud eorum quasi acutissimum, sed quid acutum non obtunditur scuto veritatis? Aliud dicunt, videte quale. Si Adam, inquiunt, nocet his, qui non peccaverunt; ergo et Christus prodesse debet etiam his, qui non crediderunt. Videtis certe quam hoc acutum sit contra veritatem ; audite tanquam adjuvet veritatem. Qui enim hoc dicit, nihil aliud dicit, nisi Christum nihil prodesse non credentibus. Hoc est verum. Quis non acceptet, Quis non consentiat, quia Christus non

Jésus-Christ est-il ou non de quelque utilité aux enfants baptisés? Ils sont obligés de convenir qu'il leur est utile, pressés qu'ils sont par l'autorité de l'Eglise notre Mère. Ils ne demanderaient peut-être pas mieux que de dire le contraire, car c'est à cela que les conduisent leurs raisonnements, mais ils sont arrêtés par l'autorité de l'Eglise; ils ont peur, je ne dirai pas d'être couverts de mépris, mais d'être entraînés par le torrent des larmes de ces petits enfants. S'ils affirment que Jésus-Christ n'est d'aucune utilité aux enfants baptisés, autant dire que c'est inutilement qu'on leur donne le baptême. Mais, comme ils n'osent soutenir qu'il est inutile de baptiser les enfants, ils sont forcés d'avouer que les enfants baptisés reçoivent quelque grâce de Jésus-Christ.

CHAPITRE XVIII. — *Jésus-Christ est une source de grâce pour les enfants baptisés. Ces enfants croient par la foi des autres.* — Or, si Jésus-Christ est une source de grâce pour les enfants baptisés, je demande pour lesquels; est-ce pour ceux qui croient ou pour ceux qui ne croient point? Qu'ils choisissent le parti qu'ils veulent. S'ils disent : Pour ceux qui ne croient point, que devient cette objection calomnieuse, que Jésus-Christ ne peut servir de rien à ceux qui ne croient point? Voilà que vous avouez vous-même qu'il est utile aux enfants, même à ceux qui ne croient point. Il leur est utile pour tout; non pas, suivant vous, pour obtenir la vie éternelle, le salut éternel, mais pour entrer dans le royaume des cieux. Il fait donc du bien aux enfants baptisés, même sans qu'ils croient? Mais Dieu me garde de dire que ces enfants ne croient point! Comme je l'ai exposé plus haut, l'enfant croit dans la personne d'autrui, comme il a péché par le fait d'autrui; on dit de lui : Il croit; cette parole a son efficacité, et cet enfant est admis au nombre des fidèles baptisés. Voilà ce qu'enseigne l'autorité de l'Eglise, voilà ce qui est appuyé sur la règle infaillible de la vérité; vouloir attaquer cette forteresse et battre en brèche ce mur inexpugnable, c'est se briser soi-même. Jésus-Christ fait donc du bien aux enfants baptisés, et, comme je l'affirme avec toute l'Eglise, il fait du bien à ceux qui croient, il fait du bien aux fidèles; choisissez le parti que vous voulez. Je désire, sans doute, que vous adoptiez le sentiment le plus conforme à la vérité, et que vous affirmiez avec nous qu'il fait du bien à ceux qui croient. Mais, si vous venez à dire : Il accorde sa grâce à ceux qui ne croient point, vous prononcez contre vous-même. Si vous dites, au contraire, qu'il l'accorde à ceux qui croient, vous partagez mon sentiment. Choisissez donc entre ces deux alternatives, ou d'affirmer le mensonge contre vous, ou d'affirmer la vérité avec moi. Vous disiez, il n'y a qu'un instant, que Jésus-Christ n'était d'aucune utilité pour ceux qui ne croient point, et votre intention était de prouver par là qu'Adam n'a fait aucun

---

credentibus non prodest, credentibus prodest? Sed dic mihi, obsecro te : Parvulis baptizatis Christus aliquid, an nihil prodest? Necesse est ut dicat prodesse; premitur mole matris Ecclesiæ. Forte quidem vellent hoc dicere; nam ratiocinationes eorum ad hoc videntur compellere; sed auctoritate reprimuntur Ecclesiæ, ne non dicam sputis hominum obruantur, sed ipsorum infantium lacrymis tanquam fluvio pertrahantur. Si enim dixerint. nihil prodesse Christum baptizatis infantibus, nihil aliud dicunt quam, superfluo baptizantur infantes. Ut autem non superfluo baptizentur, quia hoc dicere non audent, prodesse Christum baptizatis infantibus confitentur.

CAPUT XVIII. — *Infantibus baptizatis prodest Christus. Infantes baptizati vere credentes aliorum fide.* — Si prodest baptizatis, quæro quibus prosit, credentibus, an non credentibus? Eligant quod volunt. Si dixerint : Non credentibus; ubi est ergo quod columniaris, quia Christus non credentibus prodesse non potest? Ecce tu confiteris prodesse infantibus, non tamen credentibus. Ad quodlibet prodest; non putas ac vitam æternam, non putas ad salutem æternam; ad ipsum regnum cœlorum percipiendum utique prodest Christus parvulis baptizatis. Prodest ergo non credentibus? Sed absit, ut ego dicam non credentes infantes. Jam superius disputavi, credit in altero; dicitur: Credit; et valet, et inter fideles baptizatos computatur. Hoc habet auctoritas matris Ecclesiæ, hoc fundatus veritatis obtinet canon : contra hoc robur, contra hunc inexpugnabilem murum quisquis arietat, ipse confringitur. Ergo prodest Christus aliquid infantibus baptizatis; et sicut ego dico, et sicut mecum tota Ecclesia dicit, credentibus prodest, fidelibus prodest; tu quod vis elige. Volo quidem ut quod verius est, eligas; ut nobiscum dicas quia credentibus prodest. Sed si dixeris : Non credentibus prodest; contra te dixisti. Si dixeris : Credentibus prodest; mecum dixisti. Elige, utrum contra te dicas quod falsum est, an mecum dicas quod verum est. Tu enim paulo ante dicebas, Christum non cre-

mal à ceux qui ne pèchent point, de même que Jésus-Christ n'a fait aucun bien à ceux qui ne croient point. Et voilà que vous êtes forcé de reconnaître que Jésus-Christ n'est pas sans utilité pour les enfants baptisés qui ne croient point. Si vous dites qu'il est utile à ceux qui croient, vous dites vrai, et vous partagez mon sentiment, car ces enfants croient réellement.

CHAPITRE XIX. — *Les enfants croient par la foi de leurs parents.* — D'où leur vient la foi? Comment peuvent-ils croire? Par la foi de leurs parents. Ils sont purifiés par la foi de leurs parents, de même qu'ils ont été souillés par le péché de leurs parents. Le corps de mort, dans leurs premiers parents, les a engendrés au péché; l'Esprit de vie, dans leurs derniers parents, les a régénérés et rendus fidèles. Vous admettez la foi dans cet enfant qui ne répond point, et moi j'admets le péché même dans celui qui n'agit point.

Les pélagiens invoquent à tort l'autorité de l'apôtre saint Paul contre le péché originel. Il y a plusieurs modes de sanctification. — 18. — Les saints, poursuivent-ils, ont dû donner le jour à des saints, car l'Apôtre dit en propres termes : « Autrement, vos enfants seraient impurs, au lieu que maintenant ils sont saints. » (I *Cor.*, VII, 14.) Quelle est pour vous la signification de ces paroles? Comment entendez-vous qu'un enfant né de parents fidèles soit assez saint pour n'avoir pas besoin du baptême? Vous pouvez prendre cette sainteté dans le sens que vous voudrez, car il y a plusieurs espèces de sainteté, de même qu'il y a plusieurs modes de sanctification. Tout ce qui est sanctifié n'entre pas pour cela dans le royaume des cieux. L'Apôtre, en parlant de la nourriture que nous prenons, dit : « Elle est sanctifiée par la parole de Dieu et par la prière. » (I *Tim.*, IV, 5.) Mais cette nourriture, toute sanctifiée qu'elle est, ne savons-nous pas où elle va? Apprenez donc qu'il y a une certaine espèce et comme une ombre de sanctification qui ne suffit pas pour obtenir le salut. Elle en est fort éloignée; quelle est la distance qui l'en sépare, Dieu seul le sait. Cependant, lorsque les parents fidèles s'empressent d'apporter leur enfant au baptême, qu'ils ne s'abusent pas au point de croire qu'il lui a suffi de naître pour être fidèle. Ils peuvent dire qu'il est né, mais non qu'il soit régénéré. Voulez-vous savoir dans quel sens les enfants des fidèles sont sanctifiés? Je ne veux point examiner quelle est cette espèce de sanctification, ce qui m'entraînerait trop loin; je me contente de vous rappeler ce que l'Apôtre dit du mari infidèle et de l'épouse fidèle : « Le mari infidèle, dit-il, est sanctifié par la femme fidèle, et la femme infidèle est sanctifiée par le mari fidèle. » Or, cette espèce de sanctification qui fait que l'homme infidèle est sanctifié par l'épouse fidèle, suffit-elle pour

---

dentibus nihil prodesse, volens efficere quia sic et Adam non peccantibus nihil nocuit, quomodo Christus non credentibus nihil prodest. Ecce jam fateris infantibus non credentibus baptizatis aliquid prodesse Christum. Sed si credentibus dicis, bene dicis, mecum dicis, credunt et infantes.

CAPUT XIX. — *Infantes credunt fide parentum.* — Unde credunt? Quomodo credunt? Fide parentum. Si fide parentum purgantur, peccato parentum polluti sunt. Corpus mortis in primis parentibus generavit eos peccatores; spiritus vitæ in posterioribus parentibus regeneravit eos fideles. Tu das fidem non respondenti, et ego peccatum nihil agenti.

Contra peccatum originale perperam citatus Apostolus. Sanctificationis modi multi — 18. Sancti, inquit, de sanctis nasci debuerunt; quia dixit Apostolus : « Alioquin filii vestri immundi essent; nunc autem sancti sunt. » (I *Cor.*, VII, 14.) Et quomodo hoc accipis? Quomodo intelligas, de fidelibus natum ita sanctum, ut baptizari non debeat? Quomodo libet, accipias istam sanctitatem. Multi enim modi sunt sanctitatis, et multi modi sunt sanctificationis. Non enim omne quod sanctificatur, ad regnum cœlorum mittitur. De esca nostra dixit Apostolus : « Sanctificatur per verbum Dei et orationem. » (I *Tim.*, IV, 5.) Numquid quia esca nostra sanctificatur, non scimus quo mittatur? Disce ergo esse aliquem modum, et quasi umbraculum quoddam sanctificationis, quod non sufficiat ad perceptionem salutis. Distat, et quid distet, Deo notum est. Tamen cum filio fidelium curratur ad baptismum; non sic errent parentes, ut putent eum jam fidelem habere natum. Natum enim possunt dicere, non renatum. Nam ut noveris quomodo intelligas sanctificatos filios fidelium, ut modo non quæram, quia longum est, modum sanctificationis hujus, ibi et maritum habes infidelem, ibi habes et uxorem fidelem. « Sanctificatur, inquit, vir infidelis in uxore, et sanctificatur mulier infidelis in fratre. » Numquid quia est ibi forte modus aliquis sanctificationis, ut vir infidelis sanctificetur in uxore fideli, ideo jam securitatem debet accipere, quod in regnum cœlorum intraturus est, et non baptizandus, non re-

lui donner l'assurance qu'il entrera dans le royaume des cieux, et cela sans être baptisé, sans être régénéré, sans être racheté par le sang de Jésus-Christ? Or, de même que l'époux infidèle, sanctifié par son union avec une épouse fidèle, ne laisse pas de périr s'il ne reçoit le baptême, ainsi les enfants des fidèles, bien que sanctifiés dans un certain sens, sont eux-mêmes condamnés à périr, s'ils ne sont baptisés.

CHAPITRE XX. — *Autorité de saint Cyprien en faveur du péché originel.* — 19. Je vous engage à prendre un peu de repos; je ne fais que lire. Saint Cyprien, dont j'ai l'ouvrage entre les mains, est un ancien évêque de ce siége; écoutez donc ce qu'il pensait, ou plutôt ce que, d'après son témoignage, l'Eglise a toujours pensé du baptême des enfants. C'est peu pour nos adversaires de vouloir introduire leurs nouveautés impies à l'aide de leurs raisonnements et de leurs discussions, ils s'efforcent encore de nous accuser nous-mêmes d'être des novateurs. Je vais donc vous lire saint Cyprien, pour vous faire voir quelle est la signification canonique, le sens catholique des paroles que je viens d'expliquer. On lui avait demandé si l'on devait baptiser un enfant avant le huitième jour, parce que, dans l'ancienne loi, il n'était permis de circoncire un enfant que le huitième jour. La question était donc de savoir quel jour on devait baptiser; il ne s'agissait pas du péché originel, et ce point, qui n'était point en litige, servit à résoudre la question qui avait été soulevée. Après d'autres considérations qu'il avait commencé par développer, saint Cyprien ajoute : « Aussi nous pensons qu'en vertu de la loi qui a été établie, on ne doit empêcher personne de venir recevoir la grâce, et que la circoncision charnelle ne peut être un obstacle à la circoncision spirituelle, mais que tous, sans exception, doivent être admis à la grâce de Jésus-Christ, d'après ce que dit saint Pierre dans le livre des Actes : « Dieu m'a enseigné à ne regarder personne comme profane et impur. » (*Act.*, x, 15.) Si quelque chose pouvait empêcher les hommes de recevoir cette grâce, ce seraient surtout les péchés plus graves, qui devraient en éloigner les adultes, les hommes mûrs, et ceux qui sont plus avancés en âge. Or, cependant, si les plus grands pécheurs, et ceux qui ont le plus gravement offensé Dieu, peuvent obtenir le pardon de leurs péchés lorsqu'ils embrassent la foi, et si le baptême et la grâce ne sont refusés à aucun d'entre eux, combien moins doit-on les refuser à l'enfant nouvellement né, qui n'a commis aucun péché, et qui n'est coupable que de la faute qui lui est transmise par Adam avec la contagion de la mort ancienne, inséparable de sa première naissance. « Et cet enfant doit être

generandus, non Christi sanguine redimendus? Quomodo ergo sanctificatur vir infidelis in uxore, et tamen perit, nisi baptizetur; sic filii fidelium, etsi ad quemdam modum sanctificati, pereunt tamen, si non fuerint baptizati.

CAPUT XX. — *Cypriani auctoritas pro originali peccato.* — 19. Rogo vos, ut paululum acquiescatis. Lego tantum. Sanctus Cyprianus est, quem in manus sumpsi, antiquus episcopus Sedis hujus : quid senserit de baptismo parvulorum, imo quid semper Ecclesiam sensisse monstraverit, paululum accipite. Parum est enim quia isti disserunt, et disputant nescio quas impias novitates; et nos conantur arguere, quod aliquid novum dicamus. Ad hoc ergo lego sanctum Cyprianum, ut videatis quomodo sit intellectus canonicus, et catholicus sensus in his verbis, quæ paulo ante tractavi. Interrogatus est, utrum infans baptizari debeat ante octavum diem, quia vetere Lege non licebat circumcidi infantem nisi octavo die. Quæstio inde erat nata, de die baptizandi; nam de origine peccati nulla erat quæstio; et ideo ex ea re, unde nulla erat quæstio, soluta est exorta quæstio. Sanctus Cyprianus dixit inter cætera, quæ superius dixit : « Propter quod neminem putamus a gratia consequenda impediendum esse (*a*) a lege quæ jam statuta est, nec spiritalem circumcisionem impediri carnali circumcisione debere, sed omnem omnino admittendum esse ad gratiam Christi, quando et Petrus in Actibus Apostolorum loquatur et dicat : « Deus mihi dixit neminem hominem communem dicendum et immundum. » (*Act.*, x, 15.) Cæterum si homines impedire aliquid ad consecutionem gratiæ possit, magis adultos et provectos et majores natu possint impedire peccata graviora. Porro autem si etiam gravissimis delictoribus et in Dominum multum ante peccantibus, cum postea crediderint, remissa peccatorum datur, et a baptismo atque gratia nemo prohibetur, quanto magis prohiberi non debet infans, qui recens natus nihil peccavit, nisi quod secundum Adam carnaliter natus contagium mortis antiquæ prima nativitate contraxit? qui ad remissam peccatorum accipiendam hoc ipso facilius accedit, quod illi

(*a*) In Cypriani editis, *ea lege.*

admis d'autant plus facilement à la rémission de ses péchés que ce ne sont pas ses propres péchés, mais les péchés d'autrui qui lui sont pardonnés. » Voyez comme saint Cyprien résout la difficulté en question en se fondant sur une vérité qu'il regardait comme incontestable. Il s'est appuyé sur cette vérité fondamentale de l'Eglise catholique, pour affermir les pierres qui étaient chancelantes.

CHAPITRE XXI. — *Comment il faut supporter avec patience les ennemis de la vérité.* — 20. Obtenons donc de nos frères, si nous le pouvons, qu'ils ne nous traitent plus d'hérétiques. Le caractère de leurs discussions nous autoriserait peut-être bien plus justement à les appeler de ce nom, que, cependant, nous ne leur donnons pas. Que l'Eglise, comme une tendre mère, les porte dans ses entrailles pour les guérir; qu'elle les porte pour les instruire, pour n'avoir point à déplorer leur mort. Je le sais, ils vont trop loin dans les sentiers de l'erreur; on peut les supporter à peine, et il faut pour cela une grande patience. Ah! qu'ils n'abusent pas de cette patience de l'Eglise, qu'ils se corrigent, il y va de leur intérêt. Nous les exhortons comme des amis, nous ne voulons point discuter avec eux en ennemis. Ils nous calomnient, nous le supportons; mais qu'ils n'accusent point la règle, qu'ils ne s'élèvent point contre la vérité, qu'ils ne se mettent point en contradiction avec l'Eglise, qui travaille chaque jour avec tant de sollicitude à effacer la tache originelle dans les petits enfants. Cette doctrine est solidement établie. On peut supporter une discussion erronée sur d'autres points qui ne sont pas suffisamment éclaircis, ou qui n'ont pas encore été définis par l'autorité souveraine de l'Eglise; oui, dans ces questions, il faut supporter patiemment l'erreur, mais elle ne doit pas aller plus loin et s'efforcer d'ébranler le fondement même de l'Eglise. Bien que notre patience ne soit peut-être pas utile, on ne peut encore la blâmer; cependant nous devons craindre une négligence coupable. Nous en avons dit assez à votre charité; vous qui les connaissez, conduisez-vous à leur égard amicalement, fraternellement, pacifiquement, avec amour et compassion; faites tout ce que la piété peut vous suggérer, car, dans la suite, il n'y aura plus d'impies à aimer. Tournons-nous vers le Seigneur, etc.

SERMON CCXCV.

Ier *pour la fête des saints apôtres Pierre et Paul.*

CHAPITRE PREMIER. — *La pierre sur laquelle l'Eglise a été bâtie est Jésus-Christ lui-même.* — 1. Ce jour est un jour consacré pour nous par le martyre des bienheureux apôtres Pierre

---

(1) La fête des saints Apôtres se trouve indiquée dans le calendrier de Carthage. Possidius, dans les chapitres ix et x de sa Table, marque trois sermons pour cette fête.

---

dimittuntur, non propria, sed aliena peccata? » Videte quemadmodum de hac re nihil dubitans, solvit illam unde dubitabatur. Hoc de fundamento Ecclesiæ sumpsit, ad confirmandum lapidem nutantem.

CAPUT XXI. — *Veritatis hostes quatenus patienter ferendi.* — 20. Impetremus ergo, si possumus, a fratribus nostris, ne nos insuper appellent hæreticos, quod eos talia disputantes nos appellare possimus forsitan, si velimus, nec tamen appellamus. Sustineat eos mater piis visceribus sanandos, portet docendos, ne plangat mortuos. Nimium est quo progrediuntur; multum est, vix ferendum est, magnæ patientiæ adhuc ferri. Non abutantur hac patientia Ecclesiæ, corrigantur, bonum est. Ut amici exhortamur, non ut inimici litigamus. Detrahunt nobis, ferimus: canoni non detrahant, veritati non detrahant; Ecclesiæ sanctæ pro remissione peccati originalis parvulorum quotidie laboranti non contradicant. Fundata ista res est. Ferendus est disputator errans in aliis quæstionibus non diligenter digestis, nondum plena Ecclesiæ auctoritate firmatis; ibi ferendus est error: non tantum progredi debet, ut etiam fundamentum ipsum Ecclesiæ quatere moliatur. Non expedit, adhuc forte nostra non est reprehendenda patientia, sed debemus timere ne culpetur etiam negligentia. Sufficiat Caritati Vestræ, habete ad illos qui nostis illos, habete cum illis amice, fraterne, placide, amanter, dolenter: quidquid potest faciat pietas; quia postea (*a*) diligenda non erit impietas. Conversi ad Dominum, etc.

SERMO CCXCV ^(b).

In Natali Apostolorum Petri et Pauli, 1.

CAPUT PRIMUM. — *Petra super quam ædificata est Ecclesia ipse est Christus.* — 1. Istum nobis diem beatissimorum Apostolorum Petri et Pauli passio consecravit. Non de obscuris aliquibus Martyribus loquimur. « In

---

a) Aliquot Mss. *postea diligentia.* Et quidam, *post eam diligentiam.* — (*b*) Alias de Diversis CVIII.

et Paul. Il ne s'agit pas ici de quelques martyrs obscurs. « L'éclat de leur voix s'est répandu dans tout l'univers, et leurs paroles ont retenti jusqu'aux extrémités de la terre. » (*Ps.* XVIII, 5.) Ces martyrs ont vu de leurs yeux ce qu'ils ont prêché, ils ont suivi la justice, confessé la vérité, et sont morts pour la vérité. Saint Pierre est le premier des apôtres; plein d'un amour ardent pour Jésus-Christ, il mérita d'entendre le Sauveur lui dire : « Et moi, je te dis que tu es Pierre. » Pierre lui avait dit : « Vous êtes le Christ, Fils du Dieu vivant. » Et Jésus-Christ lui répond : « Et moi, je te dis que tu es Pierre, et sur cette pierre je bâtirai mon Eglise. » (*Matth.*, XVI, 18, etc.) J'établirai la foi sur cette pierre que vous venez de confesser. Oui, je bâtirai mon Eglise sur cette confession : « Vous êtes le Christ, le Fils du Dieu vivant. » Car tu es Pierre. Le nom de Pierre vient de la pierre, et non la pierre du nom de Pierre. Le nom de Pierre vient de la pierre, comme le nom de chrétien vient de Christ. Voulez-vous savoir de quelle pierre vient le nom de Pierre? Ecoutez saint Paul : « Vous ne devez pas ignorer, mes frères, » c'est l'Apôtre du Christ qui parle, « que nos pères ont tous été dans la nuée, qu'ils ont tous passé la mer Rouge, et qu'ils ont tous été baptisés sous la conduite de Moïse dans la nuée et dans la mer, qu'ils ont tous mangé la même viande mystérieuse, et qu'ils ont bu le même breuvage spirituel, car ils buvaient de l'eau de la pierre spirituelle qui les suivait, et cette pierre était Jésus-Christ. » (I *Cor.*, X, 1, etc.) Voilà d'où vient le nom de Pierre.

Chapitre II. — *Jésus donne les clefs du royaume des cieux à Pierre, comme personnifiant en lui l'Eglise. Ces clefs sont données à un seul, parce qu'elles sont données à l'unité de l'Eglise.* — 2. Ce fut avant sa passion, vous le savez, que Notre-Seigneur Jésus-Christ choisit ses disciples et leur donna le nom d'apôtres. Mais, parmi eux, Pierre est presque partout le seul qui ait mérité de personnifier en lui l'Eglise tout entière. C'est à ce titre, et comme seul représentant de toute l'Eglise, qu'il mérita de recevoir cette promesse : « Je te donnerai les clefs du royaume des cieux. » Ce n'est pas un seul homme qui a reçu ces clefs, mais l'unité de l'Eglise. Ainsi donc, ce qui relève la prééminence de Pierre, c'est qu'il personnifiait en lui l'universalité et l'unité de l'Eglise, lorsque Jésus lui dit : « Je te donne » à toi, en particulier, ce qui a été donné à tous. Pour vous convaincre que l'Eglise a reçu les clefs du royaume des cieux, écoutez ce que le Seigneur dit dans un autre endroit à tous ses apôtres : « Recevez l'Esprit saint, » et aussitôt : « Les péchés seront remis à ceux à qui vous les remettrez, et ils seront retenus à ceux à qui vous les retiendrez. » (*Jean*, XX, 22, 23.) C'est bien le pouvoir

omnem terram exiit sonus eorum, et in fines orbis terræ verba eorum. » (*Psal.* XVIII, 5.) Isti Martyres viderunt quod prædicaverunt, secuti æquitatem, confitendo veritatem, moriendo pro veritate. Beatus Petrus, primus Apostolorum, vehemens Christi amator, qui meruit audire : « Et ego dico tibi : Quia tu es Petrus. » Dixerat enim ipse : « Tu es Christus Filius Dei vivi. » Christus illi : « Et ego dico tibi : Quia tu es Petrus, et super hanc petram ædificabo Ecclesiam meam.» (*Matth.*, XVI, 18, etc.) Super hanc petram ædificabo fidem, quam confiteris. Super hoc quod dixisti : « Tu es Christus Filius Dei vivi, » ædificabo Ecclesiam meam. Tu enim Petrus. A petra Petrus, non a Petro petra. Sic a petra Petrus, quomodo a Christo Christianus. Vis nosse de qua petra Petrus dicatur? Paulum audi : « Nolo enim vos ignorare, fratres ; » Apostolus Christi dicit : « Nolo vos ignorare, fratres, quia patres nostri omnes sub nube fuerunt, et omnes per mare transierunt, et omnes in Moyse baptizati sunt in nube et in mari, et omnes eumdem cibum spiritalem manducaverunt, et omnes eumdem potum spiritalem biberunt. Bibebant enim de spiritali sequente eos petra; petra autem erat Christus. » (I *Cor.*, X, 1, etc.) Ecce unde Petrus.

Caput II. — *Petro Ecclesiæ personam gerenti datæ claves regni cœlorum. Uni datæ sunt, quia Ecclesiæ unitati.*—2. Dominus Jesus discipulos suos ante passionem suam, sicut nostis, elegit, quos Apostolos appellavit. Inter hos pene ubique solus Petrus, totius Ecclesiæ meruit gestare personam. Propter ipsam personam, quam totius Ecclesiæ solus gestabat, audire meruit : « Tibi dabo claves regni cœlorum. » Has enim claves non homo unus, sed unitas accepit Ecclesiæ. Hinc ergo Petri excellentia prædicatur, quia ipsius universitatis et unitatis Ecclesiæ figuram gessit, quando ei dictum est : « Tibi trado, » quod omnibus traditum est. Nam ut noveritis Ecclesiam accepisse claves regni cœlorum, audite in alio loco quid Dominus dicat omnibus Apostolis suis. « Accipite Spiritum sanctum. » Et continuo : « Si cui dimiseritis peccata, dimittentur ei; si cujus tenueritis, tenebuntur. » (*Joan.*, XX, 22, 23.) Hoc ad claves pertinet, de

des clefs que le Seigneur confie ailleurs à ses apôtres en ces termes : « Tout ce que vous lierez sur la terre sera lié dans le ciel, et tout ce que vous délierez sur la terre, sera délié dans le ciel. » Mais, ici, c'est à Pierre seul qu'il s'adresse. Or, voulez-vous une preuve que Pierre personnifiait alors en lui l'Eglise tout entière? écoutez ce que Jésus lui dit, et ce qu'il dit aussi à tous les pieux fidèles : « Si votre frère a péché contre vous, reprenez-le entre vous et lui seul. S'il ne vous écoute point, prenez avec vous une ou deux personnes, car il est écrit : Tout sera avéré sur la parole de deux ou trois témoins. Que s'il ne les écoute point, dites-le à l'Eglise ; et, s'il n'écoute point l'Eglise, qu'il soit pour vous comme un païen et un publicain. En vérité, en vérité, je vous le dis : tout ce que vous aurez lié sur la terre sera lié dans le ciel, et tout ce que vous aurez délié sur la terre sera délié dans le ciel. » (*Matth.*, XVIII, 15, etc.) La colombe lie, la colombe délie ; l'édifice bâti sur la pierre a aussi le pouvoir de lier et de délier.

CHAPITRE III. — *Jésus-Christ commence par ressusciter le pécheur, l'Eglise le délie ensuite.* — Craignez donc, vous qui êtes liés ; craignez aussi, vous qui êtes déliés. Ceux qui sont déliés doivent craindre d'être de nouveau liés de ces chaînes, et ceux qui sont encore liés doivent prier pour qu'elles soient brisées. « Chacun, dit l'Esprit saint, est lié par les chaînes de ses péchés, » (*Prov.*, V, 22) et on ne peut en être délivré en dehors de l'Eglise. Jésus dit à un mort de quatre jours : « Lazare, sors dehors, » (*Jean*, XI, 43) et il sortit du tombeau, ayant les pieds et les mains liés de bandelettes. Le Seigneur excite le mort à sortir du tombeau, lorsqu'il touche son cœur pour en faire sortir l'aveu de son péché. Mais il reste encore un peu lié. Lazare étant donc sorti du tombeau, Jésus s'adresse à ses disciples, auxquels il avait déjà dit : « Tout ce que vous lierez sur la terre sera délié dans le ciel, » et leur dit : « Déliez-le, et laissez-le aller. » C'est par lui-même qu'il ressuscite, c'est par ses disciples qu'il délie.

Force et faiblesse de l'Eglise figurées dans la personne de Pierre. — 3. Pierre représente donc principalement la force de l'Eglise, parce qu'il a suivi le Seigneur lorsqu'il allait à sa passion; et il représente aussi sa faiblesse, lorsqu'interrogé par une servante, il renie son divin Maître. Ce disciple qui aimait si ardemment, devient tout à coup un apostat. Il se trouble lui-même, parce qu'il avait présumé de lui-même. Il avait dit, vous le savez : « Seigneur, je vous suivrai jusqu'à la mort, et, quand il me faudrait mourir avec vous, je suis prêt à donner ma vie pour vous. » (*Matth.*, XXVI, 35.) Et le Seigneur répond à ce présomptueux : « Vous donnerez votre vie pour moi? Je vous le dis, en vérité : avant que le coq chante, vous me renierez trois fois. »

---

quibus dictum est : « Quæ solveritis in terra, soluta erunt et in cœlo; et quæ ligaveritis in terra, ligata erunt et in cœlo. » Sed hoc Petro dixit. Ut scias quia Petrus universæ Ecclesiæ personam tunc gerebat, audi quid ipsi dicatur, quid omnibus fidelibus sanctis : « Si peccaverit in te frater tuus, corripe illum inter te et ipsum solum. Si non te audierit, adhibe tecum unum aut duos; scriptum est enim : In ore duorum aut trium testium, stabit omne verbum. Si nec ipsos audierit, refer ad Ecclesiam ; si nec ipsam audierit, sit tibi tanquam ethnicus et publicanus. Amen dico vobis, quia quæ ligaveritis in terra, ligata erunt et in cœlo; et quæcumque solveritis in terra, soluta erunt et in cœlo. » (*Matth.*, XVIII, 15, etc.) Columba ligat, columba solvit ; ædificium supra petram ligat et solvit.

CAPUT III. — *Christus prius resuscitat, tum Ecclesia solvit.*— Timeant ligati, timeant soluti. Qui soluti sunt, timeant ne ligentur : qui ligati sunt, orent ut solvantur. « Criniculis peccatorum suorum unusquisque constringitur; » (*Prov.*, v, 22) et præter hanc Ecclesiam nihil solvitur. Quatriduano mortuo dicitur : « Lazare, prodi foras. » (*Joan.*, XI, 43.) Et prodiit de monumento institis ligatus manibus et pedibus. Excitat Dominus, ut mortuus de monumento prodeat; si cor tangit, quod peccati confessio foras exeat. Sed parum adhuc ligatus est. Dominus ergo postquam exiit Lazarus de monumento, ad discipulos suos, quibus dixerat : « Quæcumque solveritis in terra, soluta erunt et in cœlo : Solvite, inquit, eum, et sinite abire. » Per se excitavit, per discipulos solvit.

Ecclesiæ fortitudo et infirmitas in Petro figurata. — 3. Proinde Ecclesiæ fortitudo in Petro maxime commendata est, quia euntem ad passionem secutus est Dominum ; et infirmitas quædam notata, quoniam interrogatus ab ancilla, negavit Dominum. Ecce ille amator subito negator. Invenit se, qui præsumpserat de se. Dixerat enim, sicut nostis : « Domine, tecum ero usque ad mortem ; et si opus fuerit ut moriar, animam meam pro te ponam. » (*Matth.*, XXVI, 35.) Et Dominus ad præsumptorem : « Animam tuam pro me pones? Amen dico tibi, antequam gal-

(Jean, XIII, 38.) Ce que le médecin avait prédit s'accomplit, tandis que le malade ne put exécuter sa promesse présomptueuse. Mais quoi? Le Seigneur ne tarda pas à jeter un regard sur Pierre. C'est ce qui est écrit, c'est ce que dit l'Evangile en termes exprès : « Le Seigneur regarda Pierre, et Pierre étant sorti, pleura amèrement. » (Luc, XXII, 61, 62.) « Il sortit dehors : » c'était l'aveu de son crime; « et il pleura amèrement, » parce qu'il savait aimer; et bientôt l'amour fit succéder la douceur à l'amertume de la douleur.

CHAPITRE IV. — *Jésus-Christ confie le soin de ses brebis à Pierre, comme représentant de l'unité de l'Eglise. Pourquoi le Sauveur lui demande par trois fois s'il l'aime.* — 5. C'est pour le même motif que le Seigneur, après sa résurrection, confie à Pierre le soin de ses brebis. Pierre n'est pas le seul d'entre les disciples qui ait mérité de paître les brebis du Seigneur; mais lorsque Jésus-Christ parle ici à un seul, son dessein est de recommander l'unité, et il confie en premier lieu ses brebis à Pierre, parce que Pierre est le premier des apôtres. « Simon, fils de Jean, lui dit-il, m'aimez-vous? » (*Jean*, XI, 15.) « Oui, Seigneur, je vous aime, » lui répond Pierre. A une seconde question il fait la même réponse. Jésus l'interroge une troisième fois, et il s'attriste de ce que le Sauveur semble refuser de le croire. Mais comment pouvait-il douter de la sincérité de sa parole, lui qui voyait le fond de son cœur? Sous cette impression de tristesse, Pierre lui dit : « Seigneur, vous savez tout, vous savez que je vous aime. » Puisque vous savez tout, vous ne devez pas ignorer que je vous aime. Ne vous attristez point, apôtre de Jésus; répondez une fois, répondez une seconde fois, répondez une troisième fois. Que la confession de votre amour soit trois fois victorieuse, puisque votre présomption a été trois fois vaincue par la crainte. Il faut délier trois fois ce que trois fois vous avez lié. Déliez par l'amour ce que vous avez lié par la crainte. Et, cependant, le Seigneur confie à Pierre une, deux, et trois fois le soin de ses brebis.

CHAPITRE V. — *Contre les donatistes, qui veulent diviser le troupeau de Jésus-Christ.* — 5. Veuillez remarquer ces paroles, mes frères : « Paissez mes brebis, paissez mes agneaux. » « Paissez mes brebis. » Lui dit-il : Paissez vos brebis? non. Paissez, bon serviteur, les brebis du Seigneur, celles qui portent sa marque. « Est-ce que Paul a été crucifié pour vous, ou avez-vous été baptisés au nom de Pierre et de Paul? » (I *Cor.*, I, 13.) Paissez donc ses brebis lavées dans les eaux du baptême, marquées de son nom et rachetées de son sang. « Paissez mes brebis. » Les hérétiques, ces serviteurs infidèles et fugitifs, se partagent ce qu'ils n'ont point acheté, se font comme un bien per-

---

lus cantet, ter me negabis. » (*Joan.*, XIII, 38.) Factum est quod prædixerat medicus; fieri non potuit quod præsumpsit ægrotus. Sed quid? Continuo respexit eum Dominus. Sic scriptum est, sic loquitur Evangelium. « Respexit eum Dominus, et exiit foras, et flevit amare. Exiit foras; » hoc est, confiteri. « Flevit amare, » (*Luc.*, XXII, 61, 62) qui noverat amare. Dulcedo secuta est in amore, cujus amaritudo præcesserat in dolore.

CAPUT IV. — *Petro Ecclesiæ unitatem significanti oves a Christo commendatæ. Cur ter interrogatus Petrus de suo amore.* — 4. Merito etiam post resurrectionem Dominus ipsi Petro oves suas commendavit pascendas. Non enim inter discipulos solus meruit pascere Dominicas oves, sed quando Christus ad unum loquitur, unitas commendatur; et Petro primitus, quia in Apostolis Petrus est primus. « Simon Joannis, inquit Dominus, amas me? » (*Joan.*, XXI, 15.) Respondit ille : « Amo. » Et iterum interrogatus, iterum respondit. Et tertio interrogatus, et tanquam illi non credatur, contristatur. Sed quomodo ei non credebat, qui cor ejus videbat? Denique post illam tristitiam sic respondit : « Domine, tu scis omnia, tu scis quia amo te. » Non enim qui omnia scis, hoc solum nescis. Noli tristis esse, Apostole ; responde semel, responde iterum, responde tertio. Ter vincat in amore confessio, quia ter victa est in timore præsumptio. Solvendum est ter, quod ligaveras ter. Solve per amorem, quod ligaveras per timorem. Et tamen Dominus semel, et iterum, et tertio, oves suas commendavit Petro.

CAPUT V. — *In Donatistas Dominici gregis divisores.* — 5. Attendite, Fratres mei : « Pasce, inquit, oviculas meas, pasce agnos meos. Pasce oves meas ; » numquid dixit, tuas? Pasce, bone serve, oves Dominicas, habentes Dominicum characterem. « Numquid enim Paulus pro vobis crucifixus est, aut in nomine Petri et Pauli baptizati estis? » (I *Cor.*, I, 13.) Ergo pasce oves ejus, ablutas baptismo ejus, signatas nomine ejus, redemptas sanguine ejus. « Pasce, inquit, oves meas. » Nam hæretici servi mali et fugitivi, quod non emerunt dividentes sibi, et de furtis pecu-

sonnel du produit de leurs vols, et s'imaginent paître leurs propres brebis. Que font-ils autre chose, je vous le demande, lorsqu'ils disent : « Si je ne vous baptise, vous resterez impur ; si vous ne recevez mon baptême, vous ne pouvez être purifié? N'avez-vous donc point entendu cette sentence terrible : Maudit soit celui qui met sa confiance dans l'homme? » (*Jérém.*, XVII, 5.) Par conséquent, mes très-chers frères, ceux que Pierre a baptisés sont les brebis de Jésus-Christ, et ceux qu'a baptisés Judas sont également les brebis de Jésus-Christ. Ecoutez, en effet, la réponse que l'Epoux fait à sa bien-aimée dans le Cantique des cantiques, lorsque l'Epouse lui dit : « O vous que chérit mon âme, faites-moi connaître où vous conduisez vos brebis, où vous les faites reposer au milieu du jour, afin que je ne sois pas comme une inconnue errant autour des troupeaux de vos compagnons. » (*Cant.*, I, 6.) « Faites-moi connaître, dit-elle, où vous conduisez vos brebis, où vous les faites reposer au milieu du jour, » dans la splendeur de la vérité, dans la ferveur de la charité. Pourquoi craignez-vous, ô ma bien-aimée? pourquoi craignez-vous ? « Je crains, dit-elle, de devenir comme une inconnue, c'est-à-dire comme cachée, et de ne plus être l'Eglise, car l'Eglise ne peut être cachée. « Une ville placée sur une montagne, dit le Sauveur, ne peut rester cachée. » (*Matth.*, V, 14.) « Et qu'en m'égarant, je ne tombe au milieu, non pas de votre troupeau, mais des troupeaux de vos compagnons. » Car ce nom de compagnons désigne les hérétiques. « Ils sont sortis du milieu de nous; » (I *Jean*, II, 19) ils se sont assis, avant de nous quitter, à la même table que nous. Or, quelle réponse l'Epoux fait-il à l'Epouse? « Si vous ne vous connaissez pas vous-même, ô la plus belle d'entre les femmes. » Ce sont les propres paroles de l'Epoux ; il répond à la question qui lui a été adressée. « Si vous ne vous connaissez pas vous-même, ô la plus belle d'entre les femmes. » O Eglise véritable parmi les hérésies ! « si vous ne vous connaissez pas vous-même, » si vous ignorez ces magnifiques prédictions qui s'appliquent à vous : « Toutes les nations seront bénies dans celui qui sortira de vous. » (*Gen.*, XXII, 18.) « Le Dieu des dieux, le Seigneur a parlé, et il a appelé la terre depuis l'orient jusqu'au couchant. » (*Ps.* XLIX, 1.) « Demandez-moi, et je vous donnerai toutes les nations pour héritage, et j'étendrai votre possession jusqu'aux extrémités de la terre. » (*Ibid.*, II, 8.) « L'éclat de leurs voix s'est répandu dans toute la terre, et leurs paroles ont retenti jusqu'aux extrémités du monde, » (*Ibid.*, XVIII, 5) car c'est vous qui êtes l'objet de ces glorieuses prophéties, « si donc vous ne vous connaissez pas vous-même, sortez. » Ce n'est pas moi qui vous chasse ; je veux que ceux qui resteront puissent dire de vous : « Ils sont sortis du milieu de nous. » (I *Jean*, II, 19.) « Sortez donc, et

---

lia tanquam propria facientes, suas oves sibi videntur pascere. Nam quid est aliud, rogo vos : Nisi te ego baptizavero, immundus eris : Nisi baptismum meum habueris, ablutus non eris? Itane non audistis : « Maledictus omnis qui spem suam ponit in homine? » (*Jerem.*, XVII, 5.) Proinde, Carissimi, quos baptizavit Petrus, oves Christi sunt ; et quos baptizavit Judas, oves Christi sunt. Nam videte quid dicat sponsus dilectæ suæ in Cantico canticorum, quando ei dixit sponsa : « Annuntia mihi, quem dilexit anima mea, ubi pascis, ubi cubas in meridie ; ne forte fiam sicut operta, super greges sodalium tuorum. » (*Cant.*, I, 6.) « Annuntia, inquit, mihi, ubi pascis, ubi cubas in meridie, » in splendore veritatis, in fervore caritatis. Quare times, o dilecta? quid times? « Ne forte fiam, inquit, sicut operta, » id est, sicut obscura, sicut non Ecclesia ; quia Ecclesia non est operta : « Non enim potest civitas absconditi super montem constituta. » (*Matth.*, V, 14.) « Et errando incurram, » non in gregem tuum, sed « in greges sodalium tuorum. » Etenim hæretici sodales dicuntur. « A nobis exierunt ; » (I *Joan.*, II, 19) ad unam nobiscum mensam, antequam exirent, accesserunt. Ergo quid ei respondetur? « Nisi cognoveris temetipsam ; » sponsus dicit, interroganti respondet : « Nisi cognoveris temetipsam, o pulchra inter mulieres. » O verax inter hæreses, « nisi cognoveris temetipsam, » quia de te prædicta sunt tanta : « In semine tuo benedicentur omnes gentes ; » (*Gen.*, XXII, 18) « Deus deorum Dominus locutus est, et vocavit terram, a solis ortu usque ad occasum ; » (*Psal.* XLIX, 1) « Postula a me, et dabo tibi gentes hæreditatem tuam, et possessionem tuam terminos terræ ; » (*Ibid.*, II, 8) « In omnem terram exiit sonus eorum, et in fines orbis terræ verba eorum : » (*Ibid.*, XVIII, 5) de te testimonia ista prædicta sunt. « Nisi ergo cognoveris temetipsam, exi tu. » Ego enim te non ejicio, ut dicant de te qui remanserint : « Ex nobis exierunt. » (I *Joan.*, II, 19). « Exi tu in vestigiis gregum, » non gregis, de quo dictum est : « Erit unus grex et unus

allez sur les traces des troupeaux, » non pas du troupeau dont il a été dit : « Il n'y aura qu'un seul troupeau et qu'un seul pasteur. » (*Jean*, x, 16.) « Sortez, et allez sur les traces des troupeaux, et paissez vos boucs, » non pas « mes brebis, » comme Pierre. C'est pour ces brebis, dont le soin lui a été confié, que Pierre a mérité la couronne du martyre, et ce martyre est l'objet de cette grande solennité que l'Eglise célèbre aujourd'hui par toute la terre.

CHAPITRE VI. — *Paul, de persécuteur, est devenu prédicateur de Jésus-Christ.* — 6. Considérons maintenant Paul, qui vient de Saul, le loup changé en agneau, ennemi d'abord, et puis apôtre, le persécuteur devenu ensuite prédicateur. Qu'il vienne, qu'il reçoive des princes des prêtres des lettres qui l'autorisent, partout où il trouvera des chrétiens, à les amener prisonniers, et à les conduire au supplice. Oui, qu'il demande et reçoive ces lettres ; qu'il parte, qu'il poursuive activement sa route, respirant le carnage et altéré de sang : « Celui qui habite dans les cieux se rira de lui. » (*Ps.* II, 4.) « Il allait, comme disent les Actes, respirant le meurtre et le carnage, et il approchait de Damas. » C'est alors que le Seigneur lui crie du haut des cieux : « Saul, Saul, pourquoi me persécutes-tu ? » (*Act.*, IX, 4.) Je suis à la fois dans le ciel et sur la terre : ma tête est dans le ciel, mon corps est sur la terre. N'en soyons donc point surpris, mes frères ; nous faisons partie du corps de Jésus-Christ. « Saul, Saul, pourquoi me persécutes-tu ? Il t'est dur de regimber contre l'aiguillon. » C'est toi-même que tu blesses, car mon Eglise s'accroît par les persécutions. Saul, tremblant et effrayé, dit : « Seigneur, qui êtes-vous ? » Et le Seigneur : « Je suis Jésus de Nazareth, que tu persécutes. » Saul est totalement changé en un instant ; il attend l'ordre qui lui sera donné, il dépose tout sentiment de haine, et se prépare à obéir. Dieu lui apprend ce qu'il doit faire. Et, avant que Paul ne soit baptisé, le Seigneur dit à Ananie : « Allez dans telle rue, cherchez un homme nommé Saul, et baptisez-le, car c'est pour moi un vase d'élection. » Ce vase est destiné à porter quelque chose : il ne doit pas rester vide. Ce vase demande à être rempli ; de quoi, sinon de la grâce ? Ananie répond à Notre-Seigneur Jésus-Christ : « Seigneur, j'ai appris combien de maux cet homme a faits à vos saints, et il a maintenant des lettres des princes des prêtres, qui lui donnent le pouvoir de charger de fers tous ceux qui invoquent votre nom. » Et le Seigneur lui dit : « Je lui montrerai combien il faut qu'il souffre pour mon nom. » Ananie tremblait au seul nom de Saul ; la faible brebis, jusque sous la main du pasteur, tremblait devant la terrible renommée de ce loup cruel.

CHAPITRE VII. — *Pierre et Paul ont souffert*

Pastor. » (*Joan.*, x, 16.) « Exi tu in vestigiis gregum, et pasce hœdos tuos ; » non sicut Petrus, « oves meas. » Pro his commendatis sibi ovibus Petrus meruit martyrio coronari, quod hodierna solemnitate per orbem meruit celebrari.

CAPUT VI. — *Paulus ex persecutore prædicator Christi.* — 6. Veniat et de Saulo Paulus, de lupo agnus ; prius inimicus, postea Apostolus ; prius persecutor, postea prædicator. Veniat, accipiat litteras a principibus sacerdotum, ut ubicumque invenerit Christianos, vinctos adducat ad pœnas. Accipiat, accipiat, proficiscatur, pergat, anhelet cædem, sitiat sanguinem : « Qui habitat in cœlis, irridebit eum. » (*Psal.* II, 4.) Ibat enim, sicut scriptum est, spirans cædem, et propinquabat Damascum. Tunc Dominus de cœlo : « Saule, Saule, quid me persequeris ? » (*Act.*, IX, 4.) Ego sum hic, ego sum ibi ; hic caput, ibi corpus. Non ergo miremur, Fratres, ad corpus Christi pertinemus. « Saule, Saule, quid me persequeris ? Durum est tibi adversus stimulum calcitrare. » Te lædis ; nam Ecclesia mea persecutionibus crescit. At ille pavens et tremens : « Domine, quis es tu ? » Et ille : « Ego sum Jesus Nazarenus, quem tu persequeris. » Continuo mutatus exspectat imperium ; ponit evidentiam, præparat obedientiam. Dicitur ei quid faciat. Et antequam Paulus baptizetur, loquitur Dominus Ananiæ : « Vade ad illum vicum, ad illum hominem nomine Saulum, baptiza illum ; quia vas electionis mihi est. » Vas aliquid portare debet, vas inane esse non debet. Vas implendum est : unde, nisi gratia ? Ananias autem respondit Domino nostro Jesu Christo : « Domine, audivi quia homo iste multa mala fecit sanctis tuis. Et nunc litteras portat a principibus sacerdotum, ut ubicumque invenerit viæ hujus viros, vinctos adducat. » Et Dominus ad illum : « Ego illi ostendam quæ illum oporteat pati pro nomine meo. » Trepidabat Ananias, audito nomine Sauli ; trepidabat famam lupi infirma ovis, etiam sub (*a*) manu pastoris.

CAPUT VII. — *Paulus et Petrus pro Christo passi.* —

(*a*) Quidam libri, *sub voce pastoris*.

la mort pour Jésus-Christ. — 7. Le Seigneur montra donc à Paul ce qu'il devait souffrir pour son nom. Puis il l'exerça au milieu de rudes épreuves. Il se vit chargé de chaînes, frappé de coups, jeté dans les cachots plusieurs fois, et fit plusieurs fois naufrage. C'est Dieu qui lui procura la grâce du martyre, c'est lui qui le conduisit jusqu'à ce jour. Le même jour a vu le martyre des deux apôtres. Ils étaient deux, mais ils ne faisaient qu'un, et quand même ils auraient souffert en des jours différents, cette unité n'eût pas été rompue. Pierre marcha le premier à la mort, Paul le suivit. De Saul qu'il avait d'abord été, il devint Paul, c'est-à-dire d'orgueilleux il devint humble. Saul semblait descendre de Saül, persécuteur du saint serviteur de Dieu, David. Le persécuteur a été terrassé, et il se relève comme prédicateur. Il change alors ce nom d'orgueil contre un nom plus humble, car Paul veut dire peu ou petit. Rappelez-vous, en effet, mes frères, votre langage ordinaire. Ne dites-vous pas tous les jours : Je vous verrai dans peu, je ferai dans peu telle ou telle chose? Que signifie donc le nom de Paul? Interrogez-le lui-même : « Je suis, dit-il, le plus petit des apôtres. » (I Cor., xv, 9.)

Chapitre VIII. — *Nous célébrons la fête des martyrs pour nous exciter à les imiter.* — 8. Nous célébrons aujourd'hui une fête qui a été consacrée pour nous par le sang des apôtres. Aimons leur foi, leur vie, leurs travaux, leurs souffrances, leurs enseignements. En aimant ces choses, nous faisons de véritables progrès dans la vertu, plutôt qu'en les célébrant pour y trouver une joie toute charnelle. Que demandent de nous les martyrs? Ils ne sont pas pleinement satisfaits, s'ils cherchent encore les louanges des hommes. S'ils désirent encore ces louanges, ils ne sont pas encore vainqueurs. Si, au contraire, ils ont remporté la victoire, ils ne nous demandent rien pour eux-mêmes, c'est pour nous seuls qu'ils nous sollicitent. Dirigeons donc notre voie en présence du Seigneur. Cette voie était resserrée, hérissée d'épines, pleine d'aspérités; mais elle a été aplanie par de si grands et de si nombreux personnages qui l'ont traversée avant nous. Le Seigneur lui-même y a passé le premier, et, après lui, les apôtres intrépides, les généreux martyrs, des enfants, des femmes, de jeunes filles. Mais qui était en eux? Celui qui a dit : « Sans moi vous ne pouvez rien faire. » (*Jean*, xv, 5.)

SERMON CCXCVI.

IIe *pour la fête des saints apôtres Pierre et Paul* (1).

Chapitre premier. — *Pierre, qui est si faible, promet plus qu'il ne peut.* — 1. La lecture

(1) Florus cite ce sermon dans son Commentaire sur le chapitre VIII de l'Epitre aux Romains. Il a été prononcé probablement dans le cours de l'année 410, après la prise de Rome par les Goths. Voyez plus haut le sermon LXXXI, n°s 7 et suivants, et le sermon CV, n°s 12 et 13.

7. Ecce ostendit illi Dominus quæ illum oporteret pati pro nomine ejus. Post exercuit illum in labore. Ipse in vinculis, ipse in plagis, ipse in carceribus, ipse in naufragiis. Ipse illi procuravit passionem; ipse perduxit ad istum diem. Unus dies passionis duobus Apostolis. Sed et illi duo unum erant; quanquam diversis diebus paterentur, unum erant. Præcessit Petrus, secutus est Paulus. Primo Saulus, postea Paulus; quia primo superbus, postea humilis. Saulus a Saule sancti David persecutore. Dejectus est persecutor, erectus est prædicator. Mutavit nomen superbi ad humilitatem. Paulus enim modicus est. Verba videte Caritatis Vestræ; nonne quotidie dicimus. Post paululum videbo te, paulo post faciam hoc, aut illud? Ergo quid est Paulus? Ipsum interroga. « Ego sum, inquit, minimus Apostolorum. » (I *Cor.*, xv, 9.)

Caput VIII. — *Dies Martyrum ideo celebrantur, ut eos imitari delectet.* — 8. Celebramus diem festum, Apostolorum nobis sanguine consecratum. Amemus fidem, vitam, labores, passiones, confessiones, prædicationes. Proficimus enim amando; non ista propter carnalem lætitiam celebrando. Martyres enim a nobis quid quærunt. Minus habent, si adhuc laudes hominum quærunt. Si adhuc laudes hominum quærunt, (a) nondum vicerunt. Si autem vicerunt, a nobis propter se nihil quærunt; sed propter nos ipsos quærunt. Dirigatur ergo via nostra in conspectu Domini. Arta erat, spinosa erat, dura erat; talibusque tamque multis transeuntibus lenis facta est. Transiit ipse prior Dominus, transierunt Apostoli intrepidi, postea Martyres, pueri, mulieres, puellæ. Sed quis in eis? Ille qui dixit : «Sine me nihil potestis facere.» (*Joan.*, xv, 5.)

SERMO CCXCVI. (*b*).

In Natali Apostolorum Petri et Pauli, II.

Caput primum. — *Petrus infirmus plus promittit, quam*

(*a*) Plures Mss. *non mundum vicerunt.* — (*b*) Alias de Diversis CVI.

qu'on vient de faire du saint Evangile, et qui est si bien appropriée à la solennité de ce jour, a retenti à nos oreilles. Or, si après avoir frappé nos oreilles, elle est descendue dans notre cœur et y a trouvé un lieu de repos, car la parole de Dieu repose vraiment en nous lorsque nous obéissons à ses inspirations, elle nous rappelle, à nous tous qui sommes pour vous les ministres de la parole et des sacrements, l'obligation où nous sommes de paître les brebis du Seigneur. Le bienheureux Pierre, le premier des apôtres, qui aimait beaucoup plus ardemment Notre-Seigneur Jésus-Christ qu'il n'était disposé à le renier, suivit le Seigneur, comme le rapporte l'Evangile, lorsqu'il allait à sa passion; mais il ne put alors le suivre pour souffrir lui-même avec lui. Il le suivit de corps, incapable encore de le suivre en réalité. Il promit à Jésus qu'il mourrait pour lui, et il ne put même mourir avec lui. Il avait osé promettre beaucoup plus que ses forces ne lui permettaient de tenir. Il avait promis plus qu'il ne pouvait donner, car il n'eût pas été convenable, d'ailleurs, qu'il exécutât sa promesse : « Je donnerai ma vie pour vous, » avait-il dit au Sauveur. (*Jean*, XIII, 37.) C'est que le Seigneur devait faire cela pour le serviteur, et non le serviteur pour son Seigneur. Cette hardiesse téméraire fut le fruit d'un amour qui n'était pas selon la règle; aussi fit-il bientôt place à la crainte et à un honteux reniement. Mais, après sa résurrection, Notre-Seigneur lui enseigne comment il devait l'aimer. En l'aimant d'un amour déréglé, il succomba sous le poids de la passion, et, en l'aimant suivant la règle, il reçut l'assurance qu'il partagerait un jour ses souffrances.

Faiblesse de Pierre, qui craignait la mort pour le Seigneur. — 2. Nous n'avons pas oublié la faiblesse de Pierre, qui s'attristait à la pensée que le Seigneur devait mourir; laissez-moi cependant vous la rappeler en ce moment. Ceux qui n'ont pas oublié ce trait de sa vie le rediront avec moi dans leur cœur; ceux qui l'auraient oublié trouveront dans ce que je vais dire le moyen de se le rappeler. Notre-Seigneur Jésus-Christ venait de prédire à ses disciples sa passion prochaine. Alors Pierre, qui l'aimait d'un amour véritable, mais encore charnel, craignant de voir mourir Celui qui venait détruire la mort, lui dit : « A Dieu ne plaise, Seigneur ! il ne vous arrivera rien de semblable ; épargnez-vous vous-même. » (*Matth.*, XVI, 22.) Il ne lui eût pas dit : « Epargnez-vous vous-même, » s'il n'avait reconnu en lui le vrai Dieu. Si donc vous êtes convaincu qu'il est le vrai Dieu, Pierre, pourquoi craignez-vous que Dieu ne meure ? Vous n'êtes qu'un homme, il est Dieu. Et c'est pour sauver l'homme que Dieu s'est fait homme, en s'unissant à ce qu'il n'était pas, sans perdre ce qu'il était. Le Seigneur devait donc mourir dans cette nature où devait s'accomplir sa résurrection. Pierre, cependant, fut effrayé de

---

potest. — 1. Recens sancti Evangelii lectio hodiernæ solemnitati conveniens, quæ modo sonuit in auribus nostris, si ab auribus etiam in cor nostrum descendit, et in eo locum quietis invenit (tunc enim in nobis requiescit verbum Dei, quando nos acquiescimus verbo Dei), admonuit nos omnes, qui vobis verbum et sacramentum Domini ministramus, pascere oves suas. Beatus Petrus Apostolorum primus, Domini nostri Jesu Christi major amator, quam negator, sicut indicat Evangelium, secutus est Dominum passurum; sed tunc non potuit sequi passurus. Secutus est pedibus, nondum idoneus sequi moribus. Promisit se moriturum pro illo, et non potuit nec cum illo. Plus enim ausus erat, quam ejus capacitas sustinebat. Plus promiserat, quam poterat; quia et indignum erat ut faceret quod promiserat. « Animam meam, inquit, pro te ponam. » (*Joan.*, XIII, 37.) Hoc pro servo Dominus erat facturus, non servus pro Domino. Qui ergo plus est ausus, ibi præpostere amavit ; ideo timuit et negavit. Postea vero Dominus postquam surrexit, docet Petrum amare. Inordinate amans, defecit sub pondere passionis : ordinate autem amanti promisit passionem.

Infirmitas Petri timentis mori Dominum. — 2. Meminimus infirmitatem Petri dolentis quod Dominus esset moriturus; hanc commemoro, ecce commemoro. Qui meminerunt, in corde suo mecum dicant; qui obliti fuerant, commonente me recolant. Dominus Jesus Christus passionem suam imminentem ipse discipulis prænuntiavit. Tunc Petrus amans eum, sed adhuc carnaliter, mori timens mortis interfectorem : « Absit a te, inquit, Domine ; absit a te, propitius esto tibi. » (*Matth.*, XVI, 22.) Non dixisset, « propitius tibi esto, » nisi agnosceret verum Deum. Ergo, Petre, si Deus a te cognoscitur, quid times ne Deus moriatur ? Tu homo es, ille Deus est. Et pro homine Deus factus est homo, assumens quod non erat, non perdens quod erat. In eo ergo Dominus moriturus erat, in quo et resurrecturus. Expavit ergo Petrus humanam mortem, et noluit eam contingere Dominum. Ne-

cette mort de la nature humaine, et il ne voulait pas que le Seigneur y fût soumis. Il voulait, sans le savoir, fermer le trésor d'où devait sortir notre rançon. C'est alors que le Seigneur lui dit : « Retire-toi de moi, Satan, car tu ne goûtes pas les choses de Dieu, mais celles des hommes. » Et c'est à ce Pierre, qui venait de lui dire un instant auparavant : « Vous êtes le Christ, Fils du Dieu vivant, » que Jésus avait donné cet éloge : « Tu es heureux, Simon, fils de Jean, parce que ce n'est ni la chair ni le sang qui t'ont révélé ceci, mais mon Père qui est dans les cieux. » Cet homme proclamé bienheureux, il n'y a qu'un instant, est appelé maintenant Satan. Mais à qui devait-il d'être proclamé bienheureux ? Ce n'est pas à lui-même. « Ce n'est ni la chair ni le sang qui t'ont révélé ceci, mais mon Père qui est dans les cieux. Comment est-il Satan ? De lui-même et en lui-même. C'est dans ces dispositions que Pierre suivit Jésus, plein d'amour pour le Seigneur, mais craignant de le voir mourir, et désirant mourir pour lui; aussi l'événement donna raison aux prédictions du médecin, et non aux espérances présomptueuses du malade. Interrogé par une servante, il renie le Sauveur jusqu'à trois fois. Le Seigneur jette un regard sur lui, il pleure amèrement (*Luc*, XXII, 61), et il efface par ses larmes les reniements multipliés de son cœur.

CHAPITRE II. — *Jésus-Christ, après sa résurrection, confie le soin de ses brebis à Pierre, qui l'aime véritablement.* — 3. Le Seigneur ressuscite et apparaît à ses disciples. Pierre revoit plein de vie Celui qu'il avait craint de voir mourir. Il voit non plus le Seigneur victime de la mort, mais l'empire de la mort détruit dans la personne du Seigneur. Pleinement instruit maintenant par l'exemple du Seigneur ressuscité, que la mort n'est pas tant à craindre, il apprend à aimer son divin Maître. Oui, il faut qu'il l'aime, maintenant qu'il le voit plein de vie après sa mort ; il faut qu'il l'aime d'un amour exempt de toute crainte, parce que, désormais, il doit le suivre. Le Seigneur lui demande donc : « Pierre, m'aimes-tu ? » Et Pierre lui répond : « Oui, Seigneur, je vous aime. » (*Jean*, XXI, 15.) Et le Seigneur lui dit : Je ne te demande pas pour preuve de cet amour que tu meures pour moi, car c'est ce que j'ai déjà fait pour toi. Qu'est-ce donc ? « M'aimes-tu ? » Quel témoignage de cet amour me donneras-tu ? « M'aimes-tu ? — Oui, je vous aime. — Pais mes brebis. » Voilà ce que le Seigneur répète deux et trois fois, pour donner lieu à l'amour de réparer, par une triple confession, ce que la crainte avait renié trois fois. Considérez attentivement ces paroles, comprenez-les, et qu'elles soient pour vous un enseignement salutaire. Jésus n'adresse à Pierre que cette seule question : « M'aimes-tu ? » et Pierre ne fait que cette seule réponse : « Oui, je vous aime. » Et le Sauveur ajoute : « Pais mes brebis. » Or, après avoir confié à Pierre le soin de ses brebis, et s'être chargé

ciens, saccum volebat claudere, unde nostrum pretium erat manaturum. Audivit a Domino tunc : « Redi retro satanas, neque enim sapis quæ Dei sunt, sed quæ sunt hominum. » Cui paulo ante dixerat, dicenti : Tu es Christus Filius Dei vivi ; Beatus es, Simon Bar-Jona, quia tibi non revelavit caro et sanguis, sed Pater meus qui est in cœlis. » Paulo ante beatus, postea satanas. Sed unde beatus ? Non de suo : « Non tibi revelavit caro et sanguis, sed Pater meus qui est in cœlis. » Unde autem satanas ? Ex homine, et in homine : « Non enim sapis quæ Dei sunt, sed quæ sunt hominum. » Talis Petrus amans Dominum, timens mori Dominum, et volens mori pro Domino, secutus est ; et inventum est quomodo prædixerat medicus, non quomodo præsumpserat ægrotus. Interrogatus ab ancilla, negat semel, bis, et tertio. Aspicitur a Domino, flet amare (*Luc.*, XXII, 61) : tergit lacrymis pietatis cordis negationes.

CAPUT II. — *Petro jam amanti Christus oves commendat.* — 3. Resurgit Dominus, apparet discipulis. Videt jam Petrus viventem, cui morienti timuerat. Videt non Dominum occisum, sed mortem in Domino occisam. Jam ergo (*a*) confirmatus exemplo carnis ipsius Domini, mortem non esse usque adeo metuendam, docetur amare. Modo opus est ut amet, jam viso Domino vivo post mortem ; modo amet, modo securus amet ; securus, quia secuturus. Dominus ergo : « Petre, amas me ? » Et ille : « Amo, Domine. » (*Joan.*, XXI, 15.) Et Dominus : Non quia amas me, volo ut moriaris pro me ; hoc enim ego jam feci pro te. Sed quid ? « Amas me ? » Quid mihi rediturus es, quia amas me ? « Amas me ? Amo. Pasce oves meas. » Et iterum hoc, et tertio hoc ; ut ter confiteretur amor, quod ter negaverat timor. Videte, percipite, discite. Non aliud quam : Amas, interrogatur ; non aliud quam : respondetur. Respondenti dicitur : « Pasce oves meas. » Et commendatis Petro ovibus suis, et commendato sibi Petro cum ovibus suis, jam prænuntiat passionem, et

(*a*) Regius Ms. *informatus de exemplo.*

lui-même du soin du pasteur et du troupeau, il prédit à Pierre son martyre : « Lorsque tu étais plus jeune, lui dit-il, tu te ceignais toi-même, et tu allais où tu voulais ; mais, quand tu seras vieux, tu étendras tes mains, et un autre te ceindra et te conduira où tu ne voudras point. Or, ajoute l'Évangéliste, il disait cela, indiquant par quelle mort il devait glorifier Dieu. » (*Ibid.*, 18, 19.) Vous voyez que la charge de paître les brebis du Seigneur emporte l'obligation de ne point refuser de mourir pour elles.

CHAPITRE III. — *Le pasteur vraiment digne de ce nom est celui qui est disposé à donner sa vie pour ses brebis.* — 4. « Pais mes brebis. » Le Sauveur confie-t-il ses brebis à un pasteur vraiment capable de ce soin ou impropre à cette fonction ? Et d'abord, quelles sont les brebis qu'il confie ? Ce sont des brebis qui lui sont bien chères, et qu'il a achetées, non avec de l'or ou de l'argent, mais au prix de son sang. Si le maître d'un troupeau voulait en confier le soin à l'un de ses serviteurs, il demanderait, tout d'abord, sans aucun doute, si l'avoir de ce serviteur peut lui répondre du prix de ses brebis, et il dirait : S'il vient à les perdre, à les égarer, à en faire son profit, il a de quoi me rendre. Il confierait donc ses brebis à un serviteur qui lui offrirait des garanties, et il chercherait dans l'argent de ce serviteur de quoi se couvrir de la perte des brebis achetées à prix d'argent. Notre-Seigneur Jésus-Christ confie à son serviteur des brebis qu'il a achetées au prix de son sang : il veut donc que ce serviteur soit disposé aussi à donner pour elles sa vie et son sang. Pais mes brebis, lui dit-il, c'est à toi que je les confie. Quelles brebis ? Celles que j'ai achetées de tout mon sang. C'est pour elles que je suis mort. « M'aimes-tu ? » Meurs donc aussi pour elles. Le serviteur du maître dont j'ai parlé lui payerait de son argent les brebis qu'il aurait perdues ou fait servir à son usage ; Pierre a versé son sang pour les brebis qu'il avait conservées au Seigneur.

CHAPITRE IV. — *Dieu confie aux autres pasteurs de son Église ce qu'il a confié à Pierre. C'est la disposition à souffrir le martyre qui fait le martyr.* — 5. Voici, mes frères, quelques considérations en rapport avec le temps. Ce que le Seigneur a confié à Pierre, la charge qu'il lui a imposée, ce n'est pas à Pierre seulement : les autres apôtres ont reçu la même mission, et ils l'ont accomplie fidèlement, et, en particulier, celui qui en ce jour même a répandu comme lui son sang, l'apôtre saint Paul. Ils ont reçu les mêmes recommandations, et ont été chargés de nous les transmettre. Nous vous paissons en même temps que nous sommes conduits et nourris avec vous. Que Dieu nous donne la force de vous aimer jusqu'à pouvoir mourir pour vous, ou en réalité, ou par les désirs de notre cœur. En effet, de ce que le martyre a manqué à l'apôtre saint Jean, il ne s'ensuit pas que son âme n'ait pas été disposée au martyre.

---

dicit : « Cum esses junior, cingebas te, et ibas quo velles ; cum autem senior factus fueris, alter te cinget, et feret quo tu non vis. Hoc autem dicebat, » ait Evangelista, « significans qua morte clarificaturus esset Deum. » (*Ibid.*, 18, 19.) Videtis hoc pertinere ad pascendas oves Domini, ut non recusetur mors pro ovibus Domini.

CAPUT III. — *Pastor idoneus ille est, qui vitam rependere valet pro ovibus.* — 4. « Pasce oves meas. » Commendat oves idoneo, an minus idoneo ? Primo, quas oves commendat ? Pretiosas, emptas, non auro, non argento, sed sanguine. Si dominus homo commendaret servo suo oves suas, procul dubio cogitaret, utrum peculium servi illius idoneum esset pretium ovium suarum, et diceret : Si perdiderit, si dissipaverit, si consumpserit, habet unde reddat. Commendaret ergo servo idoneo oves suas, et servi facultates in pecunia quæreret, pro ovibus quas pecunia comparavit. Nunc vero Dominus Jesus Christus, quia servo commendat oves, quas sanguine comparavit ; idoneitatem servi in passione sanguinis quærit. Tanquam diceret : Pasce oves meas, commendo tibi oves meas. Quas oves ? Quas emi sanguine meo. Mortuus sum pro eis. Amas me ? Morere pro eis. Et quidem servus ille hominis homo pecuniam redderet pro consumptis ovibus : Petrus sanguinem reddidit pro ovibus conservatis.

CAPUT IV. — *Cæteris Ecclesiæ pastoribus id mandatum, quod Petro. Animus martyrii martyrem facit.* — 5. Eia, Fratres, aliquid pro tempore volo dicere. Quod Petro commendatum est, quod Petro mandatum est, non Petrus solus, sed etiam alii Apostoli audierunt, tenuerunt, servaverunt, maximeque ipse consors sanguinis et (*a*) diei apostolus Paulus. Audierunt ista, et ad nos audienda transmiserunt. Pascimus vos, pascimur vobiscum. Det nobis Deus vires sic amandi vos, ut possimus etiam mori pro vobis, aut effectu, aut affectu. Non enim quia Joanni apostolo passio defuit, ideo passioni animus præparatus deesse potuit. Non

---

(*a*) Editi, *et Dei.* Melius plerique Mss. *et dici.*

Il n'a point souffert le martyre, mais il aurait pu le souffrir. Dieu connaissait les dispositions de son cœur. Les trois jeunes hébreux avaient été jetés dans la fournaise, pour y être consumés, non pour y conserver la vie. Nierons-nous cependant qu'ils aient été martyrs, parce que les flammes n'ont pu les consumer? Interrogez les flammes : ils n'ont pas souffert; interrogez leur cœur : ils ont mérité d'être couronnés. « Dieu, disaient-ils, est assez puissant pour nous délivrer de vos mains, et quand il ne le voudrait pas; » c'est là qu'on voit paraître l'intrépidité de leur âme, la fermeté de leur foi, leur vertu inébranlable et l'assurance de la victoire; « et quand il ne le voudrait pas, sachez, roi, que nous n'adorerons pas la statue que vous avez élevée. » (*Dan.*, III, 17, 18.) Dieu en disposa autrement; ils ne furent pas consumés par les flammes, mais ils éteignirent le feu de l'idolâtrie dans le cœur du roi.

CHAPITRE V. — *Il faut supporter les tribulations de la vie présente en vue de la gloire de la vie future. Dévastation de Rome dans les siècles chrétiens.* — 6. Vous voyez donc, mes très-chers frères, ce que Dieu propose à ses serviteurs dans la vie présente, pour mériter la gloire qui doit un jour éclater en nous, gloire avec laquelle les tribulations de cette vie ne peuvent entrer en comparaison, quelque grandes qu'elles soient. « Les souffrances de la vie présente, dit saint Paul, n'ont aucune proportion avec cette gloire qui doit un jour éclater en nous. » (*Rom.*, VIII, 18.) S'il en est ainsi, que personne ne se laisse aller à ces pensées charnelles, ce n'est point le temps. Le monde est ébranlé, le vieil homme est comme secoué, la chair est sous le pressoir, afin que l'esprit en découle et se purifie. Le corps de Pierre repose à Rome, disent les hommes; le corps de Paul y repose aussi, avec le corps de saint Laurent et les corps de beaucoup d'autres saints martyrs, et Rome ne laisse pas d'être malheureuse; elle est livrée au pillage, abattue, écrasée, et la proie des flammes. La famine, la peste, le glaive y portent à l'envi la désolation et la mort; que font donc les tombeaux, les mémoires des martyrs? Que dites-vous? Je dis que Rome est en proie aux plus grandes calamités; à quoi servent donc les mémoires des apôtres? Les mémoires des apôtres sont dans la ville de Rome, mais elles ne sont pas dans votre cœur. Plût à Dieu qu'elles fussent vivantes dans votre cœur, vous ne parleriez pas de la sorte; on n'entendrait pas ce langage insensé, ce langage charnel, dans un homme qui a été appelé à la vie de l'esprit. Ce n'est pas encore la sagesse, c'est la patience que je voudrais vous enseigner pour le moment. Soyez patient, le Seigneur le veut. Pourquoi le veut-il, me demandez-vous? Attendez à connaître son secret, et préparez-vous à obéir avec courage. La volonté de Dieu est que vous souffriez; supportez donc ce qu'il veut, et il vous donnera ce que vous voulez. Et cependant, mes frères, j'ose le dire, et vous

---

est passus, sed potuit pati. Præparationem ejus Deus noverat. Quemadmodum tres pueri arsuri missi sunt in caminum, non victuri. Negabimus eos martyres, quia flamma eos urere non potuit? Interroga ignes, passi non sunt; interroga voluntatem, coronati sunt. « Potens est enim Dominus, » dixerunt, « eruere nos de manibus tuis: sed et si non : » ibi sunt certa pectora et stabilis fides, ibi virtus inconcussa, ibi certa victoria : « sed et si non, notum tibi sit, rex, quoniam statuam quam statuisti, non adoramus. » (*Dan.*, III, 17, 18.) Aliud Deo placuit : non arserunt, sed ignem idololatriæ in animo regis exstinxerunt.

CAPUT V. — *Tribulationes temporales pro futura gloria ferendæ. Romæ vastatio temporibus Christianis.* — 6. Videtis ergo, Carissimi, quæ sunt proposita in hoc tempore servis Dei, propter futuram gloriam quæ revelabitur in nobis : contra quam gloriam non appenditur quælibet quantalibet tribulatio temporalis. « Indignæ enim sunt passiones hujus temporis, » ait Apostolus, « ad futuram gloriam, quæ revelabitur in nobis. » (*Rom.*, VIII, 18.) Si hæc ita sunt, modo nemo cogitet carnaliter, non est tempus. Concutitur mundus, excutitur vetus homo : premitur caro, liquescat spiritus. Jacet Petri corpus Romæ, dicunt homines; jacet Pauli corpus Romæ, Laurentii corpus Romæ, aliorum sanctorum Martyrum corpora jacent Romæ; et misera est Roma, et vastatur Roma, affligitur, conteritur, incenditur. Tot strages mortis fiunt, per famem, per pestem, per gladium; ubi sunt Memoriæ Apostolorum? Quid dicis? Ecce hoc dixi : Tanta mala Roma patitur, ubi sunt Memoriæ Apostolorum? Ibi sunt, sed in te non sunt. Utinam in te essent, quisquis ista loqueris, quisquis ita desipis, quisquis vocatus in spiritu carnaliter sapis. Prorsus adhuc patientiam doceo, nondum sapientiam. Patiens esto, Dominus vult. Quæris quare velit? Differ secretum cognitionis, strenuitatem obedientiæ præpara. Ferre te vult; ferto quod vult, et dabit quod vis. Et tamen, Fratres mei,

m'écouterez volontiers, si vous êtes tout d'abord fidèles aux premières prescriptions de l'obéissance, si vous supportez avec une patience calme et douce les effets de la volonté divine. Nous ne souffrons pas, mais nous aimons ce qui est doux, mais nous supportons ce qui est rude, et nous nous réjouissons de ce qui est agréable. Considérez le Seigneur votre Dieu, considérez votre chef, considérez le modèle de votre vie, votre Rédempteur, votre Pasteur. « Mon Père, dit-il, s'il est possible, que ce calice s'éloigne de moi. » (*Matth.*, XXVI, 39.) Pourquoi le Sauveur laisse-t-il agir d'abord la volonté humaine, et tourne-t-il ensuite tous ses efforts vers l'obéissance? « Cependant, non comme je veux, mais comme vous voulez, ô mon Père! » Ecoutons maintenant ce qu'il dit à Pierre : « Lorsque tu seras vieux, un autre te ceindra et te conduira où tu ne voudras point. » (*Jean*, XXI, 18.) Il fait voir en lui la volonté humaine dans les frémissements de la nature aux approches de la mort. Mais, parce que saint Pierre est mort sans le vouloir, dirons-nous qu'il a été couronné contre sa volonté? Vous aussi, peut-être, vous ne voudriez point perdre votre avoir, qu'il vous faudra cependant laisser ici-bas; prenez garde de rester avec ces biens que vous devez laisser. Vous ne voudriez pas voir mourir avant vous ni votre fils, ni votre épouse. Mais quoi! quand même la ville de Rome n'eût pas été prise, quelqu'un d'entre vous ne serait-il pas mort le premier?

Vous ne voudriez pas que votre épouse mourût avant vous; votre épouse, de son côté, ne voudrait pas que son mari mourût avant elle : Dieu peut-il vous satisfaire tous les deux? Laissez-lui disposer les choses comme il l'entend ; il sait mettre l'ordre dans ce qu'il a créé. Contentez-vous d'obéir à sa volonté souveraine.

CHAPITRE VI. — *Ce qu'il faut répondre aux païens, qui reprochent aux chrétiens que Rome est devenue la proie des flammes dans les siècles chrétiens. Le chrétien est appelé à la jouissance, non des biens de la terre, mais des biens du ciel.* — 7. Je vois l'objection que vous allez faire dans votre cœur : Mais c'est alors que le monde était chrétien que Rome a été détruite et livrée aux flammes. Pourquoi ces calamités dans des temps chrétiens? Qui tient ce langage? Un chrétien? Si vous êtes chrétien, répondez-vous à vous-même que c'est quand Dieu l'a voulu. Mais que répondrai-je au païen qui m'insulte? Que vous dit-il? quelle insulte vous fait-il? Le voici : Lorsque nous offrions des sacrifices à nos dieux, Rome était debout, Rome était florissante; maintenant le sacrifice de votre Dieu l'emporte, il est offert en tous lieux, il a pris la place des sacrifices de nos dieux, qui sont défendus et proscrits, et voilà à quelles calamités Rome est livrée. Répondez en deux mots à ce païen, pour nous débarrasser de lui ; car, pour vous, vous avez d'autres pensées. Vous n'avez pas été appelé à vous attacher à la terre, mais à

---

ecce audeo dicere; libenter audituri estis, si jam primas partes obedientiæ retinetis, si est in vobis lenis et mitis patientia ferendi Dominicam voluntatem. Lenia quippe non ferimus, sed amamus; aspera toleramus, ad lenia gaudemus. Dominum Deum tuum vide, caput tuum vide, exemplum vitæ tuæ vide ; redemptorem tuum, pastorem tuum attende : « Pater, si fieri potest, transeat a me calix iste. » (*Matth.*, XXVI, 39.) Quomodo ostendit humanam voluntatem, et continuo convertit renisum ad obedientiam? « Verumtamen non quod ego volo, sed quod vis, Pater. » Ecce Petro hoc dixit : « Cum senueris, alter te cinget, et feret quo tu non vis. » (*Joan.*, XXI, 18.) Ostendit in illo humanam voluntatem, circa trepidationem mortis. Numquid tamen nolens mortuus est, nolens coronatus est? Sic et tu nolebas forte amittere peculium tuum, quod hic relicturus eras ; attende ne cum relinquendo remaneas. Nolebas ante te mori filium tuum, nolebas ante te mori uxorem tuam. Quid enim? Etsi Roma non caperetur, non aliquis vestrum prior moriturus erat? Nolebas ante te mori uxorem tuam, nolebat uxor tua ante se mori virum suum ; ambobus obtemperaturus erat Dominus? Ordo penes ipsum sit, qui novit ordinare quod creavit. Obtempera ergo tantæ voluntati Dei.

CAPUT VI. — *Pagano de Roma Christianis temporibus incensa insultanti quid respondendum. Christianus vocatus, non ad terrena, sed ad cœlestia.* — 7. Jam video quid dicas in corde tuo : Ecce temporibus Christianis Roma afflicta est, et incensa est. Quare temporibus Christianis? Quis hoc dicit? Christianus? Ergo tu tibi responde, si Christianus es : Quando voluit Deus. Sed quid dico Pagano? insultat mihi. Quid tibi dicit? Unde tibi insultat? Ecce quando faciebamus sacrificia diis nostris, stabat Roma, florebat Roma; modo quia superavit et abundavit sacrificium Dei vestri, et inhibita sunt et prohibita sacrificia deorum nostrorum, ecce quid patitur Roma. Breviter responde interim, ut illo careamus; cæterum tibi alia meditatio est. Non enim vocatus es ad

gagner le ciel; vous n'avez pas été appelé à un bonheur terrestre, mais à la félicité des cieux; vous n'avez pas été appelé à des jouissances temporelles, à un bonheur éphémère et passager, mais à une vie éternelle dans la société des anges. Cependant, n'hésitez pas à répondre à cet homme passionné pour une félicité toute sensuelle, qui murmure contre le Dieu vivant et véritable, et veut adorer des démons, des dieux de bois et de pierre. Au témoignage de l'histoire romaine, c'est la troisième fois que la ville de Rome est la proie des flammes. Oui, leurs historiens, leurs auteurs s'accordent à dire que cet incendie de la ville de Rome est le troisième. Cette ville, qui vient d'être incendiée alors que les chrétiens offrent partout leurs sacrifices, comme ils disent, avait déjà été deux fois réduite en cendres pendant qu'on y offrait des sacrifices aux divinités païennes (1). Elle fut incendiée une première fois par les Gaulois, et le mont Capitolin échappa seul aux flammes. Elle le fut ensuite une seconde fois par Néron, je ne sais si je dois dire dans un accès de fureur ou d'ivresse. Sur l'ordre de Néron, empereur de cette ville de Rome, esclave des idoles, bourreau des apôtres, Rome fut livrée aux flammes. Pourquoi, pensez-vous? pour quelle raison? Cet homme, enivré de sa puissance, aussi orgueilleux qu'efféminé, voulut se donner le plaisir de voir brûler la ville de Rome. Je veux voir, dit-il, comment la ville de Troie a été

(1) Voyez *Cité de Dieu*, liv. II, ch. xxII.

dévorée par le feu. Rome fut donc incendiée à trois reprises différentes. Maintenant donc, pourquoi tous ces murmures contre Dieu à l'occasion d'une ville qui a été si souvent la proie des flammes?

CHAPITRE VII. — *C'est le propre des chrétiens de souffrir les maux temporels et d'espérer les biens éternels. Ces tribulations ont été prédites par Jésus-Christ.* — 8. Mais, ajoute-t-on, tant de chrétiens y ont souffert des maux extrêmes. Avez-vous donc oublié que le propre des chrétiens est de souffrir les maux temporels et d'espérer les biens éternels? Vous, païen, qui que vous soyez, vous avez un juste sujet de larmes : vous avez perdu ces biens temporels, et vous n'avez pas encore trouvé les biens éternels. Mais le chrétien a toujours présente à l'esprit cette pensée : « Mes frères, regardez comme la source de toute joie les diverses tribulations qui vous arrivent. » (*Jacq.*, I, 2.) Vous prétendez donc, ô païen, que les dieux qui président aux destinées de Rome ont cessé de la protéger parce qu'ils ne sont plus, et qu'ils ont été ses sauveurs tant qu'ils étaient au milieu d'elle. Pour nous, nous montrons ici la véracité de notre Dieu. Il a prédit toutes ces calamités; vous avez lu ces prédictions, vous les avez entendues, mais je ne sais si vous en avez conservé le souvenir, vous qui vous laissez troubler par de semblables propos. N'avez-vous pas entendu les prophètes, n'avez-vous pas entendu

amplectandam terram, sed ad comparandum cœlum; non vocatus es ad felicitatem terrenam, sed ad cœlestem; non ad temporales successus et prosperitatem volaticam et transitoriam, sed ad æternam cum Angelis vitam. Tamen huic amatori carnalis felicitatis, et murmuratori adversus Deum vivum et verum, volenti servire dæmoniis et lignis et lapidibus, cito responde. Sicut habet historia eorum, incendium hoc Romanæ urbis tertium est. Sicut habet historia eorum, sicut habent litteræ ipsorum, incendium Romanæ urbis, quod modo contigit, tertium est. Quæ modo semel arsit, inter sacrificia Christianorum, jam bis arserat inter sacrificia Paganorum. Semel a Gallis sic incensa est, ut solus collis Capitolinus remaneret. Postea a Nerone, nescio utrum dicam sæviente an fluente, secundo igne Roma flagravit. Jussit Nero imperator ipsius Romæ, servus idolorum, interfector Apostolorum, jussit, et incensa est Roma. Quare putatis? qua causa? Homo elatus, superbus et fluidus, delectatus est Romano incendio. Videre, inquit, volo, quomodo Troja arserit. Arsit ergo sic semel, bis, tertio. Modo te quid delectat contra Deum stridere, pro ea quæ consuevit ardere?

CAPUT VII. — *Christianorum est pati mala temporalia, et sperare bona sempiterna. Tribulationes prædictæ a Christo.* — 8. Sed in ea, inquiunt, passi sunt tanta mala tam multi Christiani. Excidit tibi, quia Christianorum est pati malia temporalia, et bona sperare sempiterna? Tu quisquis Paganus es, habes quod plangas, quia temporalia perdidisti, et æterna nondum invenisti. Habet Christianus quod cogitet : « Omne gaudium existimate, fratres mei, cum in tentationibus variis incideritis. » (*Jacob.*, I, 2.) Dicis itaque, o Pagane : Dii præsides Romam modo non servaverunt, quia non sunt; tunc servaverunt, quando erant. Nos Deum nostrum ostendimus veracem. Prædixit ista omnia, legistis, audistis; sed nescio utrum meministis, qui talibus verbis turbamini. Non audistis

Jésus-Christ lui-même prédire ces maux qui devaient arriver? Plus le monde avance en âge, plus il est près de sa fin. Vous avez entendu, mes frères, et nous avons entendu avec vous, ces paroles : « Il y aura des guerres, des séditions, des tribulations, des famines. » (*Luc*, XXI, 9, 11.) Pourquoi cette contradiction avec nous-mêmes, de croire ces prédictions quand nous les lisons, et de murmurer lorsqu'elles s'accomplissent?

CHAPITRE VIII. — *Les tribulations et les calamités sont-elles plus grandes dans les siècles chrétiens, et pourquoi. Dieu nous ordonne d'amasser des trésors dans le ciel, et non sur la terre.* — 9. Mais, me dit-on, le genre humain est maintenant victime de calamités bien plus grandes. En considérant l'histoire des temps passés, et sans préjuger la question, je ne sais si cette assertion est vraie. Mais supposons qu'elle soit vraie, j'admets que ces fléaux soient plus grands : Notre-Seigneur lui-même a résolu la question; oui, le monde voit fondre sur lui des calamités plus terribles. Apprenez pourquoi il en est ainsi alors que l'Evangile est annoncé partout. Vous considérez avec quel grand éclat on prêche l'Evangile, mais vous ne remarquez pas quel mépris en fait l'impiété? Laissons un instant les païens de côté, mes frères, et tournons les yeux sur nous. L'Evangile est maintenant annoncé dans tout l'univers, c'est un fait incontestable. Avant qu'il fût annoncé, la volonté de Dieu demeurait cachée, la prédication de l'Evangile l'a manifestée; cette prédication nous a enseigné ce que nous devons aimer, ce que nous devons mépriser, ce que nous devons faire et éviter, et ce que nous devons espérer. Nous avons reçu tous ces enseignements, la volonté de Dieu est maintenant connue dans le monde entier. Supposez, maintenant, que le monde est un serviteur, et considérez ce que dit l'Evangile, ou, plutôt, écoutez les paroles du Seigneur lui-même. Ce monde est le serviteur dont parle l'Evangile : « Le serviteur qui, ne connaissant pas la volonté de son Maître, aura fait des actions dignes de châtiment, recevra moins de coups. » (*Luc*, XII, 48.) Le monde est donc ce serviteur. Comment est-il ce serviteur qui ne connaît pas la volonté de Dieu? Parce que « le monde a été fait par lui, et que le monde ne l'a point connu. » (*Jean*, I, 10.) C'est donc le serviteur qui ignore la volonté de son Maître. Voilà ce que le monde était d'abord. Or, qu'est-il maintenant? « Mais le serviteur qui a connu la volonté de son Maître et ne l'a point exécutée, recevra un grand nombre de coups. » (*Luc*, XII, 47.) Et plaise à Dieu que ses châtiments soient multipliés, pour échapper une seule fois à son éternelle condamnation. Pourquoi chercher à vous soustraire aux châtiments, serviteur infidèle, qui, tout en connaissant la volonté de votre Maître, avez fait des actions si répréhensibles? On vous a dit, et c'est une des

---

Prophetas, non audistis ipsum Dominum Jesum Christum prædicentem mala futura? Quantum accedit ætas mundo, tantum propinquatur fini. Audistis, Fratres, simul audivimus : « Erunt bella, erunt tumultus, erunt pressuræ, erunt fames. » (*Luc.*, XXI, 9.) Quare nobis ipsis contrarii sumus, ut quando leguntur credamus, quando implentur murmuremus?

CAPUT VIII. — *Tribulationes temporibus Christianis an majores sint, et quare. Thesaurizare in cœlo jubemur, non in terra.* — 9. Sed plus, inquiunt, plus vastatur modo genus humanum. Interim considerata præterita historia, salva quæstione, nescio utrum plus. Sed ecce sit plus; credo quia plus. Dominus ipse solvit quæstionem; plus modo vastatur mundus, plus vastatur. Audi quare modo plus vastatur, cum Evangelium ubique prædicatur. Attendis quanta celebritate Evangelium prædicatur, et non attendis quanta impietate contemnatur? Jam, Fratres, dimittamus paululum Paganos foris, oculum ad nos. Evangelium prædicatur toto mundo : verum est. Antequam Evangelium prædicaretur, latebat voluntas Dei ; in prædicatione Evangelii patuit voluntas Dei. Dictum est nobis in prædicatione Evangelii quid amare debeamus, quid contemnere, quid agere, quid vitare, quid sperare. Omnia audivimus : non latet voluntas Dei per totum mundum. Pone servum mundum, et attende Evangelium. Audi Domini vocem. Servus iste mundus est. « Servus nesciens voluntatem Domini sui, et faciens digna plagis, vapulabit pauca. » (*Luc.*, XII, 48.) Servus mundus. Quomodo servus mundus? Quia « mundus per eum factus est, et mundus eum non cognovit. » (*Joan.*, I, 10.) « Servus nesciens voluntatem domini sui. » Ecce quid erat ante mundus. Nunc vero quid ? « Servus autem sciens voluntatem domini sui, et faciens digna plagis, vapulabit multa. » (*Luc.*, XII, 47.) Et utinam multa vapulet, non semel damnetur. Quid recusas vapulare multa, o serve sciens voluntatem domini tui, et faciens digna plagis? Dicitur tibi (ecce una voluntas Domini tui) : « Thesaurizate vobis thesauros in cœlo, ubi neque ærugo, neque

volontés de votre Seigneur : « Amassez-vous des trésors dans le ciel, où ni la rouille, ni les vers ne dévorent, et où les voleurs ne fouillent ni ne dérobent. » (*Matth.*, VI, 20.) Vous amassez des trésors sur la terre, tandis que Dieu vous commande de les amasser dans le ciel, et vous dit : Donnez-moi ce que vous avez, et déposez votre trésor là où j'en serai le gardien. Envoyez-le avant vous ; pourquoi le conserver sur la terre ? Le Goth n'enlève point ce que garde le Christ. Mais vous, au contraire, plus prudent, sans doute, et plus sage que votre Seigneur, vous cachez ce trésor dans la terre. Vous connaissez cependant la volonté de votre Maître, qui vous ordonne de placer ce trésor dans le ciel. Non, dites-vous, je veux le cacher dans la terre. Préparez-vous à des châtiments multipliés. Vous connaissez la volonté de votre Maître qui vous ordonne de conserver ce trésor dans le ciel, et vous l'amassez sur la terre ? vous faites donc des actions dignes de châtiment. Et, quand Dieu vous frappe, vous blasphémez ? Oui, vous blasphémez, vous murmurez, vous dites que votre Seigneur ne devrait pas vous traiter de la sorte. Et vous, sans doute, mauvais serviteur, vous avez fait ce que vous deviez faire ?

CHAPITRE IX. — *Il ne faut point murmurer contre Dieu au milieu des tribulations. La félicité des impies est un des plus grands effets de la colère de Dieu.* — 10. Ah! du moins, prenez la résolution d'éviter tout murmure, tout blasphème. Bénissez bien plutôt votre Dieu, qui vous corrige ; louez-le de ce qu'il vous châtie, de ce qu'il vous console. « Car le Seigneur châtie celui qu'il aime, et il flagelle de verges tous ceux qu'il reçoit parmi ses enfants. » (*Hébr.*, XII, 6.) Pour vous, fils trop délicat du Seigneur, vous voulez être admis au nombre de ses enfants, mais sans passer par l'épreuve de la correction ; il faut lui donner un démenti pour flatter votre mollesse. Ainsi, le tombeau des apôtres, qui, dans les desseins de Dieu, doit servir à vous préparer le ciel, aurait dû vous conserver sur la terre les théâtres de la folie ? Serait-il bien vrai que Pierre fût mort et son corps enseveli à Rome pour empêcher les pierres d'un théâtre de crouler ? Dieu fait tomber ces amusements frivoles des mains de ses enfants indisciplinés. Mes frères, diminuons nos péchés et nos murmures. Déclarons la guerre à nos iniquités, à nos murmures ; tournons notre colère contre nous, et non contre Dieu. « Mettez-vous en colère, » oui, mettez-vous en colère, mais à quelle fin ? « Et ne péchez point. » (*Ps.* IV, 5.) Mettez-vous en colère, afin de ne point pécher. En effet, tout homme qui se repent, s'irrite, il exerce contre lui la colère de la pénitence. Voulez-vous donc que Dieu vous épargne ? Ne vous épargnez pas vous-même. Si vous vous épargnez, il ne vous épargnera point ; car s'il vous épargnait, vous seriez perdu sans retour. Vous ne savez, malheureux, ce que vous désirez, vous désirez votre perte. De même qu'il est écrit : « Il flagelle de verges celui qu'il reçoit parmi

---

comestura exterminat, ubi fures non effodiunt, nec furantur. » (*Matth.*, VI, 20.) Tu in terra thesaurizas : ille in cœlo jubet, dicens tibi : Mihi da, ibi habeto thesaurum, ubi ego sum custos. Mitte ante te ; quid servas in terra ? Quod custodit Christus, non tollit Gotthus. Tu contra, prudentior scilicet et sapientior Domino tuo, condis in terra. Sed cognovisti voluntatem Domini tui ; sursum condere voluit. Et tu : Ego in terra condo. Paratus ergo esto vapulare multa. Ecce scis voluntatem Domini tui volentis te servare in cœlo, et tu servas in terra ; facis digna plagis. Et quando vapulas, blasphemas. Blasphemias, murmuras ; dicis quod tibi facit Dominus tuus, fieri non debuit. Quod facis tu servus malus, hoc fieri debuit ?

CAPUT IX. — *Contra Deum in adversis non murmurandum. Impiorum felicitas magna ira Dei.* — 10. Saltem illum locum tene, noli murmurare, noli blasphemare. Lauda magis Dominum tuum, quia corripit te ; lauda quia emendat te, ut consoletur te. « Quem enim diligit Deus, corripit ; flagellat autem omnem filium, quem recipit. » (*Hebr.*, XII, 6.) Tu delicatus filius Dominicus, et recipi vis, et flagellari non vis ; ut tu fluas, ille mentiatur. Debuit ergo Apostolorum Memoria, per quam tibi præparatur cœlum, servare tibi in terra theatra insanorum ? Plane verum es ; ideo mortuus est Petrus, et Romæ positus, ut lapides de theatro non caderent ? Excutit Deus delicias puerorum de manibus indisciplinatorum. Fratres, peccata minuamus et murmura. Hostes simus iniquitatibus nostris, murmuri nostro ; nobis irascamur, non Deo. « Irascimini, » prorsus irascimini ; sed ad quos usus ? « Et nolite peccare. » (*Psal.* IV, 5.) Ad hoc irascimini, ne peccetis. Etenim omnis homo, quem pœnitet, sibi irascitur ; pœnitentiæ iram exercet in se. Vis ergo tibi parcat Deus ? Tu tibi noli parcere. Quia si tu tibi parcis, ille tibi non parcet ; quia si et ille tibi parcat, peris. Nescis quod optas miser, peris. Sicut enim scriptum est : « Flagellat omnem filium,

ses enfants, » (*Hébr.*, XII, 6) craignez aussi ces autres paroles : « Le pécheur a irrité le Seigneur. » Comment le savez-vous? Le Roi-Prophète semble supposer qu'on lui fait cette question : Comment savez-vous que le pécheur a irrité le Seigneur? Il a vu l'impie heureux, commettant le mal chaque jour, sans souffrir lui-même aucun mal ; et, pénétré tout à la fois d'horreur et de douleur, sous l'inspiration de l'Esprit saint, il dit : « Le pécheur a irrité le Seigneur. » Ce pécheur, qui a commis de si grands crimes et ne souffre aucun mal, a irrité le Seigneur. Il le provoque, mais le Seigneur, dans la grandeur de sa colère, ne s'en mettra point en peine. La grandeur de sa colère est la raison pour laquelle il ne s'en met point en peine. Celui qui épargne la correction, rend la condamnation certaine. « Dieu ne s'en mettra point en peine. » S'il s'en mettait en peine, il le punirait, et, par là même, il le ramènerait peut-être au bien. Mais, maintenant, sa colère est au comble, et une marque évidente de cette grande colère, c'est qu'il ne trouble point la félicité des pécheurs. N'enviez donc point leur sort, ne désirez point la félicité malheureuse dont ils jouissent. Mieux vaut être châtié dans le temps, que damné pour l'éternité.

CHAPITRE X. — *Nous prouvons que nous aimons Dieu lorsque nous aimons les intérêts de sa gloire.* — 11. Ainsi donc, le Seigneur nous a confié ses brebis en les confiant à Pierre ; oui, le Seigneur nous a confié le soin de ses brebis, si, toutefois, nous sommes dignes de toucher, ne fût-ce que de l'extrémité de nos pieds, la poussière qui a porté l'empreinte des pas de ce grand apôtre. Vous êtes les brebis de Dieu, et nous le sommes comme vous, parce que nous sommes chrétiens. Nous vous l'avons déjà dit, nous vous conduisons dans les pâturages, et nous y sommes conduits nous-mêmes. Aimez Dieu, si vous voulez que Dieu vous aime. Or, vous ne pourriez prouver la grandeur de votre amour pour Dieu que par la grandeur de votre zèle pour les intérêts de Dieu. Que pouvez-vous donner à Dieu, homme de cœur, je vous le demande, que pouvez-vous lui donner? Que lui donnait Pierre? Tout ce qui est renfermé dans ces paroles : « Paissez mes brebis. » Que pouvez-vous donner à Dieu, pour ajouter à sa grandeur, à sa bonté, à sa richesse, à sa gloire? Soyez ce que vous voudrez, il sera toujours ce qu'il était. Considérez donc autour de vous, et voyez si vous ne devez pas donner à votre prochain ce qui montera jusqu'à Dieu. « Tout ce que vous avez fait à l'un de ces petits, qui sont les miens, c'est à moi que vous l'avez fait. » (*Matth.*, XXV, 40.) Si donc il vous est commandé de donner du pain à celui qui a faim, devez-vous fermer l'Eglise à celui qui frappe à la porte?

CHAPITRE XI. — *Ceux qui reviennent de l'hérésie, même après une rechute, doivent être reçus avec bonté.* — 12. Pourquoi cette observation? Nous avons été attristés, je vous l'avoue, d'un fait que nous avons appris, et dont nous

---

quem recipit ; » (*Hebr.*, XII, 6) sic etiam illud time : « Irritavit Dominum peccator. » (*Psal.* IX, 4.) Unde scis? quasi diceretur illi : Unde scis quia irritavit Dominum peccator? Vidit felicem peccatorem, quotidie mala facientem, et nihil mali patientem, et in Spiritu (*f.* suo) sancto horruit, et doluit, et dixit : « Irritavit Dominum peccator. » Peccator iste qui facit tanta mala, et nihil mali patitur, irritavit Dominum. Provocat Dominum : « pro magnitudine iræ suæ non exquiret. » Ideo non exquiret, quia multum irascitur. Qui tollit correptionem, parat damnationem. « Non exquiret. » Nam si exquireret, flagellaret, et fortasse emendaret. Modo autem multum irascitur : felicibus iniquis multum irascitur, cum non flagellantur. Nolite zelare illos, nolite velle esse sicut illi infeliciter felices. Melius est ad tempus flagellari, quam in æternum damnari.

CAPUT X. — *Amor in Deum tum apparet, si amantur lucra Dei.* — 11. Ergo commendavit nobis Dominus oves suas, quia Petro commendavit, si tamen ex aliqua parte vel extrema digni sumus pulverem vestigiorum Petri calcare ; commendavit nobis oves Dominus. Oves ipsius estis, vobiscum oves sumus, quia Christiani sumus. Jam diximus, pascimus et pascimur. Amate Deum, ut amet vos Deus. Et non potestis ostendere quantum ametis Deum, nisi quantum apparucritis amare lucra Dei. Quid habes præstare Deo, homo cordate, quid præstas Deo? Quid præstabat Petrus? Totum hoc : « Pasce oves meas. » Quid præstas Deo, ut sit major, ut sit melior, ut sit ditior, ut sit honoratior? Qualiscumque tu eris, ille hoc erit quod erat. Ergo attende juxta te, ne forte proximo præstare debeas, quod perveniat ad Deum. « Quando uni ex minimis meis fecistis, mihi fecistis. » (*Matth.*, XXV, 40.) Si ergo esurienti juberis panem frangere, tu pulsanti debes ecclesiam claudere?

CAPUT XI. — *Ex hæresi etiam post relapsum redeuntes, benigne recipiendi* — 12. Quare hoc dixi? Contris-

n'avons pas été témoins. Un donatiste étant revenu à l'Eglise, confessait le péché qu'il avait commis, en se faisant rebaptiser; l'évêque l'exhortait à la pénitence, lorsque, sur la réclamation de quelques fidèles, il fut repoussé. Je le déclare à votre charité, cette nouvelle nous a déchiré les entrailles, et je ne puis vous dissimuler qu'un tel excès de sévérité nous a souverainement déplu. Je le sais, c'est le zèle pour Dieu et pour son Eglise qui a fait agir ainsi. Mais pensez-vous que ce ne soit pas un grand mal que tous aient appris cette acte de sévérité? Je vous en conjure; que l'avertissement que je vous donne aujourd'hui étouffe, par une impression salutaire, le fâcheux effet produit par cette triste nouvelle. Appliquez-vous à le réparer; que cette réparation soit connue; donnons-lui de la publicité, comme nous le faisons aujourd'hui. Admettons, comme d'ordinaire, ceux qui viennent à nous, quand même ils n'auraient jamais été catholiques. S'ils ont déjà été catholiques, mais qu'ils aient fait preuve de mobilité, d'inconstance, de faiblesse, de perfidie même, est-ce donc que je veux entièrement épargner les perfides? Non, mais ces perfides deviendront peut-être des chrétiens fidèles; qu'ils viennent donc, et qu'ils soient admis eux-mêmes à la pénitence. Qu'ils ne se fassent pas ici illusion parce qu'en retournant au parti de Donat ils ont aussi fait pénitence.

Ils se sont alors repentis d'avoir fait le bien; que maintenant ils se repentent sincèrement d'avoir fait le mal. Lorsqu'ils ont fait pénitence dans le parti de Donat, ils se sont repentis du bien qu'ils avaient fait; qu'ils se repentent maintenant du mal qu'ils ont commis. Craindriez-vous que ces perfides ne viennent à fouler aux pieds les choses saintes? On tient compte de cette crainte, puisqu'on les admet d'abord à la pénitence. Ils feront pénitence lorsqu'ils demanderont à se réconcilier, sans que personne ne les y contraigne par la force ou par la crainte, car, aujourd'hui, le catholique qui fait pénitence n'a plus à redouter les menaces des lois, et, lorsqu'il demande la réconciliation sans y être poussé par la crainte, il a droit qu'on ajoute foi à sa sincérité. Pensez-vous qu'il ne fait pénitence que parce qu'il a été forcé de devenir catholique? Mais qui l'a contraint de demander à être admis à la réconciliation? N'est-ce pas sa volonté personnelle? Accueillons donc aujourd'hui sa faiblesse, afin de pouvoir éprouver ensuite sa volonté.

SERMON CCXCVII.

IIIe *pour la fête des saints apôtres Pierre et Paul.*

CHAPITRE PREMIER. — *Présomption de Pierre. La crainte vient de la faiblesse humaine, et l'amour de la grâce divine.* — 1. C'est le

tavit nos quod audivimus, quamvis præsentes non fuerimus, quod quidam ex Donatistis veniens ad ecclesiam, peccatum rebaptizationis confitens, cum ad pœnitentiam ab Episcopo exhortaretur, reclamatum est a quibusdam fratribus, et repulsus est. Dico Caritati Vestræ, torta sunt, torta sunt ex hoc viscera nostra. Fatemur vobis, non nobis placet talis diligentia. Scio quia zelo Dei fecerunt et Ecclesiæ. Putatis quia nihil factum est, quia hoc ad omnes sonuit? Rogo vos, ideo sonuerit hodie vox ista, ut illud quod male sonuit, obruat ea res quæ bene sonuit. Hanc operam date, hoc sonet, hoc prædicemus, hoc prædicamus. Veniant, admittantur more solito, qui nunquam adhuc catholici fuerunt. Si autem jam catholici fuerunt, et inventi sunt lubrici, inventi sunt inconstantes et infirmi, inventi sunt perfidi; numquid prorsus parco perfidis? Forte erunt fideles, qui fuerunt perfidi; veniant et ipsi admittendi ad pœnitentiam. Nec sibi blandiantur, quod redeuntes ad partem Donati egerint pœnitentiam. Illa pœnitentia fuit de re

bona; sit vera de re mala. Quando egerunt pœnitentiam in parte Donati, pœnituit illos quod bene fecerant; modo agant, ut pœniteat illos quod male fecerunt. Timetis, quod perfidi inventi sunt, ne sanctum conculcent? Ecce et huic timori vestro consulitur, in pœnitentiam admittuntur. Erunt in pœnitentia, quando voluerint reconciliari, jam nemine cogente, nemine terrente, quoniam pœnitens catholicus jam legum comminationes non patitur; cœpit velle reconciliari dum nemo terreret, vel tunc credatur voluntati. Puta quia coactus est esse catholicus, erit pœnitens. Quis illum cogit petere reconciliationis locum, nisi voluntas propria? Modo ergo admittamus infirmitatem, ut postea probemus voluntatem.

SERMO CCXCVII [a].

In Natali Apostolorum Petri et Pauli, III.

CAPUT PRIMUM — *Præsumptio Petri. Timor ex infirmitate humana, amor ex gratia divina.* — 1. Hodier-

[a] Alias de Diversis CVII.

sang des apôtres qui a consacré ce jour et en a fait pour nous un jour de fête. Les disciples ont rendu à leur Maître ce qu'il leur avait donné en répandant son sang. Le bienheureux Pierre, comme nous venons de l'entendre, avait reçu de Jésus le commandement de le suivre; mais il songeait à le précéder, lorsqu'il dit au Seigneur : « Je donnerai ma vie pour vous. » (*Jean*, XIII, 37.) Il affichait ainsi sa présomption, et ne connaissait pas la crainte à laquelle il devait bientôt céder. Il voulait précéder celui qu'il devait se contenter de suivre. Son désir était bon, mais non pas suivant l'ordre. Une crainte amère lui fit bientôt sentir toute l'amertume de la mort, et il lava dans des larmes non moins amères le péché qu'il avait commis sous l'impression de cette crainte pleine d'amertume. C'est à cette crainte que s'adresse la question de la servante, c'est l'amour que le Seigneur interroge. Comment répondit la crainte? par un effroi tout humain; quelle fut la réponse de l'amour? une confession vraiment divine, car l'amour de Dieu est un don de Dieu, et lorsque le Sauveur demandait à Pierre s'il l'aimait, il n'exigeait de lui que ce qu'il lui avait donné.

Jésus prédit à Pierre qu'il souffrira ce qu'il ne voudra point. — 2. Que prédit cependant le Seigneur à Pierre? Ce qui est pour nous l'objet de cette fête : « Lorsque vous étiez plus jeune, lui dit-il, vous vous ceigniez vous-même, et vous alliez où vous vouliez; mais lorsque vous serez vieux, un autre vous ceindra et vous conduira où vous ne voudrez pas. » (*Jean*, XXI, 18.) Qu'est devenue cette promesse : « Je vous suivrai jusqu'à la mort ; » et cette autre : « Je donnerai ma vie pour vous ? » Vous serez saisi d'épouvante, vous renierez votre Maître, vous pleurerez, et Celui que vous avez craint de voir mourir ressuscitera et vous affermira. Est-il étonnant que Pierre ait été dominé par la crainte avant que Jésus-Christ ressuscitât? Mais Jésus-Christ une fois ressuscité, on voit clairement la vérité de son âme et de son corps, et les promesses divines se trouvent confirmées par un exemple éclatant. Le Seigneur apparaît plein de vie après la croix, après sa mort, après le tombeau. Ce n'est pas assez pour lui qu'on le voie, il veut qu'on le touche, qu'on le palpe, qu'on s'assure de la vérité de son corps. Il passe quarante jours avec ses disciples, allant et venant, mangeant et buvant avec eux, non par besoin, mais par un effet de sa puissance; non par nécessité, mais par charité; il mange et boit sans avoir faim ou soif, mais pour instruire et convaincre ses disciples de sa résurrection. Lorsqu'il a ainsi prouvé la vérité de son corps ressuscité et de ses divines paroles, il monte aux cieux, envoie l'Esprit saint, remplit les fidèles qui étaient en prière, et les envoie prêcher l'Evangile. Et c'est après l'accomplissement de toutes ces merveilles, que Pierre est ceint par un autre, et qu'il est conduit là où il ne voulait pas. Ce que vous vouliez lorsque le Seigneur prédisait votre renoncement, ne deviez-vous pas

---

num nobis diem festum fecit sanguis Apostolorum. Hoc reddiderunt servi, quod pro eis impensum est sanguine Domini. Beatus Petrus, sicut modo audivimus, sequi jubetur; et tamen præcedere meditabatur, quando dixit Domino : « Animam meam pro te ponam. » (*Joan.*, XIII, 37.) Præsumptionem ferebat, timorem suum nesciebat. Præire volebat, quem sequi debebat. Bonum cupiebat, sed ordinem non tenebat. Quam esset amara mors, amaro timore sensit, et peccatum amari timoris amaris lacrymis lavit. Timor interrogatus est ab ancilla, amor a Domino. Et quid respondit timor, nisi humanam trepidationem? quid respondit amor, nisi divinam professionem? Amare enim Deum, donum Dei est. Quando de amore Dominus Petrum interrogabat, quod dederat exigebat.

Petrus prædicitur passurus quod non volet. — 2. Quid tamen Dominus Petro prænuntiavit, unde est festus hic dies? « Cum esses junior, inquit, præcingebas te, et ibas quo velles ; cum autem senueris, alter te cinget, et feret quo tu non vis. » (*Joan.*, XXI, 18.) Ubi est : « Tecum ero usque ad mortem? » Ubi est : « Animam meam pro te ponam? » Ecce formidabis, ecce negabis, ecce plorabis; et pro quo mori timuisti, resurget, et firmaberis. Quid enim mirum, quia timuit Petrus, antequam resurgeret Christus? Ecce jam resurrexit Christus, jam apparet veritas animæ et carnis, jam quod est in promisso, firmatur exemplo. Videtur Dominus vivus post crucem, post mortem, post sepulcrum. Parum est quod videtur : tangitur, contrectatur, probatur. Fecit cum discipulis quadraginta dies, intrans et exiens, manducans et bibens, non egestate, sed potestate; non necessitate, sed caritate : manducans et bibens, non esuriendo, nec sitiendo, sed docendo et monstrando. Probatus verus et verax, ascendit in cœlum, mittit Spiritum sanctum, implet credentes et orantes, mittit prædicantes. Et tamen post hæc omnia, Petrum alius præ-

le vouloir lorsqu'il vous imposait l'obligation de le suivre?

CHAPITRE II. — *Les martyrs ont supporté toute l'amertume de la mort, et c'est ce qui a rendu leur couronne plus éclatante.* — 3. « Un autre te ceindra et te conduira où tu ne voudras point. » Notre-Seigneur nous console ici en personnifiant en lui notre faiblesse, lorsqu'il dit : « Mon âme est triste jusqu'à la mort. » (*Matth.*, XXVI, 38.) Ainsi, ce qui fait la grandeur des martyrs, c'est qu'ils ont foulé aux pieds les douceurs de ce monde; ce qui fait la grandeur des martyrs, c'est qu'ils ont supporté toutes les douleurs de la mort la plus cruelle. S'il était si facile d'endurer la mort, qu'est-ce que les martyrs auraient souffert de si extraordinaire en retour de la mort du Seigneur? D'où viendrait leur grandeur, leur élévation, et la couronne bien plus brillante qui les distingue des autres hommes? Pourquoi leurs noms sont-ils récités, les fidèles le savent, dans un autre endroit que celui des autres défunts? Pourquoi, au lieu de les prier, l'Eglise se recommande-t-elle à leurs prières? Pourquoi cela? C'est que la mort, qu'ils ont mieux aimé souffrir pour confesser le Seigneur plutôt que de le renier, est pleine d'amertume. En effet, la nature a horreur de la mort. Considérez toutes les espèces d'êtres animés, vous n'en trouverez aucun qui ne désire vivre, et qui ne craigne de mourir. C'est un sentiment naturel au genre humain. La mort est dure, mais, de ce qu'elle est dure, il ne s'ensuit pas qu'on doive renier la vie. Pierre, même dans sa vieillesse, ne voulait pas mourir. Il ne voulait pas mourir, mais, cependant, il aimait mieux suivre Jésus-Christ. Mourir était pour lui préférable à ne pas suivre Jésus-Christ. S'il avait trouvé ouverte devant lui une voie large où il eût pu suivre Jésus-Christ sans souffrir la mort, qui doute qu'il n'eût pris cette voie, qu'il ne l'eût choisie? Mais il ne pouvait suivre Jésus Christ et arriver où il voulait qu'en passant par la voie qu'il aurait voulu éviter. C'est dans cette voie semée d'aspérités que les brebis ont marché à la suite des béliers qui les y avaient précédées. Ces béliers sont les saints apôtres. La voie de la mort est rude, elle est hérissée d'épines; mais ces épines ont été broyées sous les pieds de la pierre et de Pierre, qui ont traversé cette voie.

CHAPITRE III. — *Quelle est la vie qu'il est louable d'aimer suivant l'Ecriture.* — 4. Nous ne vous reprochons, nous ne vous accusons pas d'aimer même cette vie présente. Cependant, que l'amour de cette vie ne devienne pas une cause de péché. Aimez la vie, mais faites choix de la vie que vous devez aimer. Je m'adresse à ceux qui sont passionnés pour la vie, et je leur demande : « Quel est l'homme qui veut la vie? »

cingit, et fert quo ipse non vult. Quod volebas quando Dominus prædicebat, tunc velles quando sequi debebas.

CAPUT II. — *Mortis amaritudo tolerata a Martyribus. Martyrum inde corona illustrior.* — 3. Alter te cingit, et fert quo tu non vis. Consolatur Dominus de hoc, transfigurans in se infirmitatem nostram, et dicens : « Tristis est anima mea usque ad mortem. » (*Matth.*, XXVI, 38.) Inde Martyres magni, quia dulcedinem hujus mundi calcaverunt; inde Martyres magni, quia amaræ mortis asperitatem durissimam pertulerunt. Nam si facile est mortem ferre, quid magnum Martyres pro Domini morte pertulerunt? Unde magni, unde excelsi, unde cæteris hominibus multo florentius coronati? Unde, quod norunt fideles, distincti a defunctis loco suo Martyres recitantur, nec pro eis oratur, sed eorum orationibus Ecclesia commendatur? Unde hoc, nisi quia mors, quam pro Dominica confessione elegerunt suscipere, quam Christum negare, utique amara est? Utique natura refugit mortem. Intuere omne animalium genus, nullum invenies quod nolit vivere, quod non timeat interire. Habet istum sensum genus humanum. Dura est mors : sed non, inquam, quia mors est dura, ideo neganda est vita. Petrus etiam senex nolebat mori. Mori quidem nolebat, sed Christum sequi malebat. Malebat Christum sequi, quam non mori. Si via lata esset, qua sine morte Christum sequeretur, quis dubitet quod hanc arriperet, hanc eligeret? Sed non erat qua sequi Christum quo ire volebat, nisi per viam quam pati nolebat. Denique per illam mortis asperitatem arietibus transeuntibus secutæ sunt oves. Arietes ovium sancti Apostoli. Aspera via mortis, spinis plena, sed istæ spinæ Petra et Petro transeunte, petreis pedibus tritæ sunt.

CAPUT III. — *Vitæ amor cujusnam laudatur.* — 4. Non reprehendimus, non accusamus, etiam si vita ista ametur. Sic tamen vita ista ametur, ne in ejus amore peccetur. Ametur vita, sed eligatur vita. Interrogo amatores vitæ, et dico : « Quis est homo, qui vult vitam? » Etiam taciti omnes respondetis : Quis est homo, qui non vult vitam? Addo quod Psalmus ad-

Tous, même sans ouvrir la bouche, vous répondez : « Quel est l'homme qui ne voudrait point de la vie ? » Ajoutons avec le Psalmiste : « Quel est l'homme qui veut la vie, et qui désire voir des jours heureux ? » (*Ps.* XXXIII, 13.) Vous me répondez : Quel est l'homme, encore une fois, qui ne veut point la vie, et qui ne désire voir des jours heureux ? » Si donc vous voulez parvenir à la vie et voir des jours heureux, c'està-dire, si vous désirez la récompense, considérez ce qu'il faut faire pour la mériter. « Préservez votre langue du mal ; » c'est ce qu'ajoute ici le Roi-Prophète : « Préservez votre langue du mal, et vos lèvres de toute parole artificieuse. Evitez le mal, et faites le bien. » (*Ibid.*, 14, 15.) Dites maintenant : Je le veux. Je vous ai demandé : Désirez-vous la vie ? Vous m'avez répondu : Oui, je la désire. Je vous ai demandé : Désirez-vous voir des jours heureux ? Oui, je le désire, m'avez-vous répondu encore. « Préservez donc votre langue du mal. » Dites : Je le veux. « Evitez le mal, et faites le bien. » Dites encore : Je le veux. Or, si vous le voulez sincèrement, cherchez ce que vous devez faire pour cela, et vous courez vers la récompense.

CHAPITRE IV. — *Dieu donne à saint Paul la couronne qui lui était due, parce qu'il a eu d'abord la grâce à laquelle il n'avait aucun droit.* — 5. Considérez ici l'apôtre saint Paul, puisque nous célébrons aujourd'hui sa fête. Ces deux apôtres ont vécu ici-bas dans une harmonie parfaite, tous deux ont répandu leur sang en commun, tous deux ont reçu aujourd'hui la couronne des cieux, tous deux ont consacré ce jour par leur martyre. Considérez donc l'apôtre saint Paul, rappelez-vous les paroles que nous venons d'entendre lorsqu'on nous lisait son épître : « Pour moi, je suis près d'être immolé, et le temps de ma mort approche. J'ai combattu le bon combat, j'ai achevé ma course, j'ai gardé la foi. » « Reste, ajoute-il, la couronne de justice qui m'est réservée, et que le Seigneur, juste Juge, me rendra en ce jour-là. » (II *Tim.*, IV, 6, etc.) Celui qui m'a donné ce qu'il ne me devait pas, ne me refusera point ce qu'il me doit. Le juste Juge me donnera cette couronne ; oui, il me la donnera, car il a un sujet digne de la recevoir. « J'ai combattu un bon combat, j'ai achevé ma course, j'ai gardé la foi. » Dieu couronnera ces mérites, et, comme je l'ai dit, il ne refusera pas ce qu'il doit, après avoir donné ce qu'il ne devait pas. Que m'a-t-il donné sans le devoir ? « Moi qui étais autrefois un blasphémateur, un persécuteur et un ennemi acharné. » (I *Tim.*, I, 13.) Que m'a-t-il donc donné à titre purement gratuit ? Ecoutons ici l'aveu du grand Apôtre et les justes louanges qu'il donne à l'auteur de la grâce. « Moi qui étais autrefois un blasphémateur, un persécuteur, un ennemi acharné. » Aviez-vous droit de devenir un apôtre ? Que devait Dieu à un blasphémateur, à un persécuteur, à un ennemi déclaré ? que devait-il, sinon la dam-

---

didit : « Quis est homo, qui vult vitam, et diligit videre dies bonos ? » (*Psal.* XXXIII, 13.) Respondetur : Quis enim homo est, qui non vult vitam, et qui non diligat videre dies bonos ? Si ergo vis ad vitam venire, et dies bonos videre, quia ista merces est, opus hujus mercedis attende : « Contine linguam tuam a malo. » Hoc in Psalmo sequitur. « Quis est homo, qui vult vitam, et amat videre dies bonos ? » Adjungit : « Contine linguam tuam a malo, et labia tua ne loquantur dolum : Declina a malo, et fac bonum. » (*Ibid.*, 14, 15.) Modo dic : Volo. Interrogabam : Vis vitam ? Respondebas : Volo. Interrogabam : Vis videre dies bonos ? Respondebas : Volo. « Cohibe linguam tuam a malo. » Modo dic : Volo. « Declina a malo, et fac bonum. » Dic : Volo. Si autem hoc vis, quære opus, et ad mercedem curris.

CAPUT IV. — *Corona Paulo redditur debita, quia præcessit gratia indebita.*—5. Attende Apostolum Paulum, quoniam et ipsius hodie dies festus est. Concordem vitam ambo duxerunt, socium sanguinem ambo fuderunt, cœlestem coronam ambo sumpserunt, diem hodiernum ambo consecraverunt. Attende ergo apostolum Paulum, recole verba quæ paulo ante, cum ejus epistola legeretur, audivimus. « Ego, inquit, jam immolor, et tempus meæ resolutionis instat. Bonum certamen certavi, cursum consummavi, fidem servavi. De cætero, inquit, superest mihi corona justitiæ, quam reddet mihi Dominus in illa die justus judex. » (II *Tim.*, IV, 6, etc.) Non enim negabit debitum, qui donavit indebitum. Justus judex reddet coronam, reddet ; habet enim cui reddat. « Bonum certamen certavi, cursum consummavi, fidem servavi ; » coronam his meritis reddet ; nec negabit debitum, sicut dixi, qui donavit indebitum. Quid est quod donavit indebitum ? « Qui prius fui blasphemus, et persecutor, et injuriosus. » (I *Tim.*, I, 13.) Quid ergo donavit indebitum ? Ipsum audiamus confitentem, et donatorem gratiæ (*f.* debita) de vita sua confessionem laudantem. « Prius, inquit, fui blasphemus, et persecutor, et injuriosus. » Debebatur tibi ergo ut esses aposto-

nation éternelle? Et qu'a-t-il reçu au lieu de cette damnation éternelle? « Mais j'ai reçu miséricorde, parce que j'ai agi par ignorance dans l'incrédulité. » Voilà la miséricorde que Dieu lui a faite sans qu'il y eût aucun droit. Ecoutez encore ce qu'il dit dans un autre endroit : « Je ne suis pas digne d'être appelé apôtre, parce que j'ai persécuté l'Eglise de Dieu. » (I *Cor.*, xv, 9.) Je vois bien, grand Apôtre, que vous n'en étiez pas digne; qui donc vous en a rendu digne? Comment êtes-vous ce que vous ne méritez pas de devenir? « Mais c'est par la grâce de Dieu que j'ai obtenu d'être ce que je suis. » (*Ibid.*, 10.) C'est par un juste châtiment que j'ai été ce que j'étais; « c'est par la grâce de Dieu que je suis ce que je suis. » Oui, dit-il, « c'est par la grâce de Dieu que je suis ce que je suis, et sa grâce n'a point été stérile en moi, mais j'ai travaillé plus qu'eux tous. » Vous avez donc rendu à la grâce de Dieu ce que vous lui deviez? Oui, vous avez reçu et vous avez rendu. « Ce n'est pas moi, néanmoins, mais la grâce de Dieu avec moi. » Or, à cet Apôtre qui a tant travaillé, qui a combattu le bon combat, qui a gardé la foi, Dieu, qui est juste, refusera-t-il la couronne qui lui est due, après qu'il lui a donné la grâce qu'il ne lui devait pas?

Nos mérites sont des dons de Dieu. Nous triomphons de tous les obstacles par Celui qui nous a aimés. — 6. Mais à quoi donc, ô Paul, à la fois si petit et si grand, à quoi donc Dieu accordera-t-il cette couronne qui vous est due? C'est à vos mérites. Vous avez combattu le bon combat, vous avez achevé votre course, vous avez gardé la foi : Dieu donnera la couronne qu'il doit à vos mérites. Mais ces mérites qui vous obtiennent la couronne sont des dons de Dieu. Vous avez combattu le bon combat, vous avez achevé votre course, car vous avez vu dans vos membres une autre loi qui combattait contre la loi de votre esprit, et qui vous tenait captif sous la loi du péché qui est dans vos membres. (*Rom.*, vii, 24, 25.) Comment sortirez-vous vainqueur de ce combat? Lui-même nous l'apprend dans ce qui suit : « Misérable homme que je suis, qui me délivrera de ce corps de mort? La grâce de Dieu par Notre-Seigneur Jésus-Christ. » C'est par cette grâce que vous avez combattu, c'est par cette grâce que vous avez travaillé, c'est à cette grâce que vous devez de n'avoir pas succombé et d'avoir remporté la victoire. Voyez-le aux prises avec l'ennemi : « Qui nous séparera de l'amour de Jésus-Christ? La tribulation? ou l'angoisse? ou la faim? ou la persécution? ou la nudité? ou le glaive? Selon qu'il est écrit : On nous livre tous les jours à la mort à cause de vous, on nous regarde comme des brebis destinées à la boucherie. » (*Ibid.*, viii, 35, etc.; *Ps.* xliii, 22.) Voilà la faiblesse, les travaux, la misère, les dangers, les tentations. A qui les

tolus? Quid debebatur blasphemo et persecutori et injurioso? quid, nisi æterna damnatio? Et pro æterna damnatione quid accepit? « Misericordiam consecutus sum, quia ignorans feci in incredulitate. » Hæc est misericordia, quam Deus donavit indebitam. Audi aliud eodem ipso dicente alio loco : « Non sum, inquit, dignus vocari Apostolus, quia persecutus sum Ecclesiam Dei. » (I *Cor.*, xv, 9.) Video ergo, Apostole, quod non eras dignus. Unde hoc tibi, ut dignus esses? Quare ergo es quod dignus non es? Audi : « Sed gratia Dei consecutus sum quod sum. » (*Ibid.*, 10.) Pœna mea fui quod fui : gratia Dei sum quod sum. « Gratia, inquit, Dei sum id quod sum; et gratia ejus in me vacua non fuit; sed plus omnibus illis laboravit. » Rependisti ergo gratiæ Dei? Accepisti, et reddidisti? Attende quid dixisti. Attendo, inquit. « Non ego autem, sed gratia Dei mecum. » Ergo huic laborioso Apostolo bonum agonem certanti, cursum consummanti, fidem servasti, negabit justus Deus coronam debitam, cui gratiam donavit indebitam?

Dei dona sunt merita nostra. Vincimus per eum qui dilexit nos. — 6. Cui autem reddet coronam debitam, o Paule parve, magne, cui reddet? Utique meritis tuis. Bonum certamen certasti, cursum consummasti, fidem servasti; reddet coronam debitam his meritis tuis. Sed ut reddatur tibi corona tua, Dei dona sunt agonem certasti, cursum consummasti. Vidisti enim aliam legem in membris tuis, repugnantem legi mentis tuæ, et captivum te ducentem in lege peccati, quæ est in membris tuis (*Rom.*, vii, 24, 25); ex hoc quid sequitur? « Miser ego homo, quis me liberabit de corpore mortis hujus? Gratia Dei, per Jesum Christum Dominum nostrum. » Ecce unde pugnasti, ecce unde laborasti, ecce unde non defecisti, ecce unde vicisti. Videte pugnantem : « Quis nos separabit a caritate Christi? Tribulatio? an angustia? an fames? an persecutio? an nuditas? an gladius? Sicut scriptum est : Quoniam propter te mortificamur tota die, deputati sumus ut oves occisionis. » (*Ibid.*, viii, 35, etc.; *Psal.* xliii, 22.) Ecce

combattants devront-ils la victoire? Ecoutez ce qui suit : « Mais, au milieu de toutes ces épreuves, nous triomphons par Celui qui nous a aimés. » J'ai achevé ma course, qui m'a conduit? Qui m'a dirigé? Qui m'a soutenu? Que dites-vous ici : « J'ai achevé ma course? » mais vous dites ailleurs : « Cela ne dépend ni de celui qui veut, ni de celui qui court, mais de Dieu qui fait miséricorde. » (*Rom.*, IX, 16.) Vous avez conservé la foi, c'est vrai. Mais d'abord quelle est cette foi? Est-ce une foi que vous vous êtes donnée à vous-même? Alors vous avez eu tort de dire : « Selon la mesure de foi que Dieu a départie à chacun. » (*Ibid.*, XII, 3.) N'est-ce pas vous qui, en vous adressant à vos compagnons d'armes, à ceux qui courent et combattent avec vous dans l'arène de la vie, leur dites : « Dieu vous a donné pour Jésus-Christ. » Que vous a-t-il donné? « Non-seulement de croire en lui, mais encore de souffrir pour lui. » (*Philip.*, I, 29.) Vous le voyez, ces deux choses leur ont été données, de croire en Jésus-Christ, et de souffrir pour lui.

CHAPITRE V. — *Dieu seul peut garder ses dons en nous.* — 7. Mais, me dira-t-on peut-être, j'ai reçu la foi, il est vrai, mais c'est à moi que je dois de l'avoir conservée. Vous avez écouté sans intelligence ce que nous venons de dire, si vous osez tenir ce langage : J'ai reçu la foi, mais c'est à moi que je dois de l'avoir conservée. Tel n'est pas le langage de Paul ; il ne dit pas : C'est moi qui l'ai conservée. Il se rappelle ces paroles du Psalmiste : « Si Dieu ne garde la cité, c'est inutilement que veillent ses gardiens. » (*Ps.* CXXVI, 1.) Travaillez, gardez précieusement la foi ; mais vous avez besoin d'être gardé vous-même ; vous ne suffisez pas à ce soin. Si vous êtes laissé à vous-même, vous sommeillerez et vous vous endormirez ; mais « Celui qui garde Israël ne s'assoupira, ni ne s'endormira point. » (*Ibid.*, CXX, 4.)

On peut aimer la vie, mais celle qui est bonne. Les hommes veulent que toutes les choses qu'ils ont soient bonnes, excepté leur âme. — 8. Nous aimons donc la vie, oui, nous l'aimons, nous n'en doutons nullement, et il nous est impossible de nier que nous l'aimons. Puisque donc nous aimons la vie, faisons choix de la vie que nous devons aimer. Que choisirons-nous? La vie. Ici-bas une bonne vie, et, après celle-ci, la vie éternelle. Une bonne vie ici pour commencer, sans qu'elle soit encore heureuse. Rendons-là maintenant bonne ; elle sera suivie plus tard de la vie bienheureuse. La bonne vie, c'est le devoir accompli ; la vie bienheureuse, c'est la récompense. Rendez votre vie bonne, et vous recevrez la vie bienheureuse. Quoi de plus juste, quoi de plus conforme à l'ordre? Vous qui aimez la vie, où êtes-vous? Choisissez donc une bonne vie. Si vous vouliez vous unir à une épouse, vous ne la prendriez qu'à la condition qu'elle fût bonne ; vous aimez la vie, et vous la choisissez mauvaise? Dites-moi, que voulez-vous de

---

infirmitas, labor, miseria, pericula, tentationes. Unde victoria certantium? Audi quod sequitur : « Sed in his omnibus supervincimus per eum qui dilexit nos. » Cursum consummasti ; quo ducente, quo regente, quo juvante? Quid hic dicis? « Cursum, inquit, consummavi ; » sed neque volentis, neque currentis, sed miserentis est Dei. » (*Rom.*, IX, 16.) Fidem servasti, verum est. Primo quam fidem? quam tibi ipse dedisti? Falsum est quod dixisti : « Sicut unicuique Deus partitus est mensuram fidei? » (*Ibid.*, XII, 3.) Nonne tu alloqueris quosdam concertatores tuos, et in hujus vitæ stadio tecum laborantes atque currentes, quibus dicis : « Vobis enim donatum est pro Christo? » Quid donatum est? « Non solum ut credatis in eum, sed etiam ut patiamini pro eo. » (*Philip.*, I, 29.) Ecce utrumque donatum est, et credere, et pati pro Christo.

CAPUT V. — *Dei est custodire dona sua in nobis.* — 7. Sed ait forte aliquis : Accepi quidem fidem, sed ego custodivi. Tu forte hoc dicis, quisquis hæc audis incipiens : Accepi fidem, sed ego custodivi ; Paulus noster non hoc dicit : Ego custodivi. Respicit enim : « Nisi Dominus custodierit civitatem, in vanum laboravit qui custodit eam. » (*Psal.* CXXVI, 1.) Labora, custodi ; sed bonum est ut custodiaris. Nam custodire te non sufficis. Si desertus fueris, dormitabis et dormies. « Non autem dormitat, neque dormit, qui custodit Israel. » (*Ibid.*, CXX, 4.)

Vita ametur, sed bona. Omnia volunt homines bona præter animam suam. — 8. Vitam ergo amamus, et amare nos vitam nullo modo dubitamus, neque omnino negare poterimus, amare nos vitam. Ergo eligamus vitam, si amamus vitam. Quid eligimus? Vitam. Primo hic bonam ; post hanc, æternam. Primo hic bonam, sed nondum beatam. Bona modo agatur, cui postea beata servatur. Bona vita opus est ; beata, merces est. Age bonam, et accipies beatam. Quid justius, quid ordinatius? Ubi es, amator vitæ? Bonam elige. Si uxorem velles, nonnisi bonam velles ; amas vitam, et eligis malam? Dic mihi quid malum velis. Quid-

mauvais? Toutes les choses que vous voulez, que vous aimez, vous voulez qu'elles soient bonnes. Ainsi, vous ne voulez ni d'un mauvais cheval, ni d'un mauvais serviteur, ni d'un mauvais habit, ni d'une mauvaise campagne, ni d'une mauvaise maison, ni d'une mauvaise épouse, ni de mauvais enfants. Vous ne voulez que de bonnes choses : commencez donc par être bon vous-même. Quel grief avez-vous donc contre vous, de vouloir être seul mauvais, lorsque vous voulez n'avoir que de bonnes choses? Vous attachez du prix à votre campagne, à votre épouse, à votre habillement, et, pour descendre à ce qu'il y a de moindre, vous attachez du prix à votre chaussure, et votre âme n'est à vos yeux d'aucune valeur. Cette vie, sans doute, est pleine de travaux, de chagrins, de tentations, de misères, de douleurs, de craintes; oui, elle est remplie de tous ces maux, c'est une vérité trop manifeste, et, cependant, si quelqu'un nous garantissait que cette vie telle qu'elle est, et avec tous les maux dont elle est semée, doit être éternelle, quelles actions de grâces nous lui rendrions pour nous avoir assuré que nous serions éternellement malheureux? Telle n'est point la vie que nous promet, je ne dirai pas un homme quel qu'il soit, mais le vrai Dieu. L'infaillible vérité nous promet la vie, non-seulement la vie éternelle, mais la vie bienheureuse, où nous n'aurons plus à craindre aucune affliction, aucun travail, aucune crainte, aucune douleur. Nous jouirons d'une sécurité pleine et assurée.

Ce sera la vie sous la protection de Dieu, la vie avec Dieu, la vie puisée en Dieu, une vie qui sera Dieu lui-même. Telle est la vie éternelle qui nous est promise, et c'est à cette vie que vous préférez la vie présente, c'est-à-dire une vie de misères et de souffrances? La préférez-vous, oui ou non, je vous le demande. Oui, vous la préférez, lorsque vous voulez commettre un homicide pour échapper à la mort. Vous craignez d'être tué par votre serviteur, et vous lui donnez la mort. Vous craignez d'être mis à mort par votre épouse, contre laquelle vous avez conçu de faux soupçons, et vous l'abandonnez en nourrissant le désir de contracter avec une autre un mariage adultère. Vous le voyez, en aimant la vie, vous avez perdu la vie, vous avez préféré à la vie éternelle, cette vie passagère; à la vie bienheureuse, une vie misérable. Et qu'avez-vous trouvé? En voulant conserver votre vie, vous rendez, malgré vous, le dernier soupir. Quand sortirez-vous d'ici? Vous l'ignorez. Avec quelle contenance paraîtrez-vous devant Jésus-Christ? Avec quel front refuserez-vous de vous soumettre au châtiment? Je ne dis pas : De quel front oserez-vous demander la récompense? Vous serez condamné à la mort éternelle, vous qui choisissez cette vie passagère, et qui la choisissez au mépris de la vie éternelle.

CHAPITRE VI. — *Ce n'est pas ici-bas qu'il faut chercher la vie bienheureuse. C'est nous qui faisons les jours mauvais. L'homme n'a guère à souffrir le mal que de la part de l'homme.*

quid volueris, quidquid amaveris, bonum vis. Prorsus non vis jumentum malum, non servum malum, non vestem malam, non villam malam, non domum malam, non uxorem malam, non filios malos. Omnia bona quæris; esto bonus qui quæris. Quid te offendisti, ut inter omnia quæ vis bona, solus velis esse malus? Cara est tibi villa, uxor tua, vestis tua, et ut ad extremum veniamus, caliga tua, et viluit tibi anima tua? Certe vita ista laboribus plena est, ærumnis, tentationibus, miseriis, doloribus, timoribus plena est ista vita; certe manifestum est, quia his omnibus malis plena est. Et tamen sic quomodo omnibus malis plena est, si quis illam nobis daret æternam sic, talem qualis est, quantas gratias ageremus, ut semper miseri essemus? Non talem promittit, non quicumque homo, sed Deus verus. Vera veritas promittit vitam, non solum æternam, sed etiam beatam; ubi nulla molestia, nullus labor, nullus timor, nullus dolor. Ibi plena et tota certa securitas. Vita sub Deo,

vita cum Deo, vita de Deo, vita ipse Deus. Talis nobis æterna promittitur; et huic temporalis, et ista, hoc est, misera et ærumnosa præponitur? Præponitur, inquam, an non? Præponitur, quando vis homicidium facere, ne moriaris. Times enim te occidat servus, et tu occidis servum. Times ne te occidat uxor, de qua forte falsum suspicaris; et tu dimissa uxore, adulterinas nuptias cum altera concupiscis. Ecce amando vitam, perdidisti vitam; æternæ vitæ temporalem, beatæ miseram prætulisti. Et quid invenisti? Forte cum servas vitam, nolens exspiras. Quando hinc eas, ignoras. Qua fronte exis ad Christum? Qua fronte recusas supplicium? Non dico, qua fronte postulas præmium. Eris in æterna morte damnatus, qui eligis temporalem vitam, cujus electione contemnis sempiternam.

CAPUT VI. — *Vita beata hic non quærenda. Dies malos nos facimus. Homini malum nonnisi ab homine. Homo a malo se ipso liberatus lædi ab ali-*

Une fois qu'il est délivré de lui-même, c'est-à-dire de l'homme qui est mauvais, il n'a plus rien à craindre de personne. — 9. Mais vous restez sourd à ce conseil. Vous cherchez la vie, vous désirez des jours heureux. Ce que vous cherchez est bon, mais vous ne le trouverez pas ici-bas. Cette pierre précieuse a sa contrée qui lui est propre, elle ne se forme pas ici-bas. Vous avez beau fouiller profondément, vous ne trouverez pas sur la terre ce qui n'y est pas. Mais faites ce qui vous est commandé, et on vous donnera ce que vous aimez. Dites-moi ; quelque longue que soit cette vie, pourrez-vous trouver ici-bas des jours heureux ? Voyez comme le Psalmiste unit ces deux choses : « La vie et les jours heureux, » car vous pourriez avoir la vie, mais une vie rendue misérable par les jours mauvais. Ces jours mauvais ne sont que trop nombreux ici-bas, et ce qui fait ces jours mauvais, ce n'est point le soleil, qui accomplit chaque jour sa course d'Orient en Occident, c'est nous, mes frères, qui rendons nos jours mauvais. Si nous prenions soin de bien vivre tous les jours de notre vie, nous pourrions rencontrer ici-bas même des jours heureux. D'où vient à l'homme le mal qu'il souffre ? N'est-ce pas de l'homme lui-même ? Énumérez tous les maux qui viennent à l'homme du dehors, vous en trouverez très-peu qui n'aient les hommes pour auteurs. Oui, l'homme est pour l'homme la cause d'une multitude de maux. Les vols sont commis par l'homme ; c'est de l'homme qu'est venu l'adultère de votre épouse ; c'est l'homme qui vous a débauché votre esclave, qui l'a caché ; c'est l'homme qui vous proscrit, qui vous attaque, qui vous mène en captivité. « Délivrez-moi, Seigneur, de l'homme méchant. » (*Ps.* cxxxix, 2.) Cette prière ne réveille dans votre esprit que la pensée de votre ennemi, de ce que vous avez à souffrir d'un mauvais voisin, d'un homme puissant, d'un collègue, d'un concitoyen. Peut-être pensez-vous au voleur, lorsque vous entendez ces paroles : « Délivrez-moi, Seigneur, de l'homme méchant ; » et quand vous faites à Dieu cette prière, c'est pour qu'il vous délivre de cet homme méchant, qui est pour vous tel ou tel ennemi. Ne soyez pas méchant pour vous-même. Ecoutez-moi, priez Dieu de vous délivrer de vous-même. Lorsque Dieu, par sa grâce et dans sa miséricorde, vous rend bon de mauvais que vous êtes, comment vous rend-il bon, de quoi vous délivre-t-il ? n'est-ce pas de votre propre méchanceté ? Oui, mes frères, c'est là une vérité absolue, certaine, incontestable : si Dieu vous délivre de vous-même, qui êtes pour vous cet homme méchant, quelle que soit la méchanceté des autres hommes, elle ne pourra vous atteindre.

Chapitre VII. — *Paul délivré de sa propre méchanceté.* — 10. Je vais vous proposer, à l'appui de ce que je viens de dire, un exemple tiré de l'apôtre saint Paul lui-même, dont nous célébrons aujourd'hui le martyre. Il avait commencé par être un persécuteur, un blasphéma-

---

quo non potest. — 9. Sed non audis consilium. Vitam quæris, dies bonos quæris. Bonum est quod quæris, sed non est hic. Habet iste lapis pretiosus regionem suam, non hic nascitur. Quantumlibet labores fodiendo, non hic invenies quod hic non est. Sed fac quod jubetur, et quod amas reddetur. Ecce enim quamlibet longa sit vita ista, numquid dies bonos invenies hic ? Videte quid adjunxerit : « Vitam et dies bonos, » ne sit vita, et misera sit propter dies malos. Abundant hic dies mali ; sed dies malos non ille sol facit, qui currit ab Oriente in Occidentem veniens, et altero die procedens ; sed dies malos, Fratres, nos facimus. Si bene viveremus omnes dies, et hic haberemus bonos dies. Etenim homini unde malum, nisi ab homine ? Enumerate quanta extrinsecus homines patiantur. Quæ non videantur ab hominibus fieri, perpauca sunt. Abundant mala homini ab homine. Furta ab homine, adulterium passus est in uxore ab homine, seductus est ei servus ab homine, celatus est ab homine, proscriptus est ab homine, expugnatus est ab homine, captivus ductus est ab homine. « Libera me, Domine, ab homine malo. » (*Psal.* cxxxix, 1.) Jam tu quisquis audis, non cogitas, nisi de inimico, quem pateris vicinum malum, potentem, consortem, civem. Forsitan de latrone ista cogitas, quando audis : «Libera me, Domine, ab homine malo ; » et sic oras, quando oras, ut liberet te Deus ab homine malo, illo vel illo inimico tuo. Tu noli tibi esse malus. Audi me ; liberet te Deus a te. Quando enim Deus gratia sua et misericordia de malo facit te bonum, unde te facit bonum, unde te liberat, nisi a te ipso homine malo ? Omnino, Fratres mei, hoc verum est, hoc certum est, hoc fixum est ; si Deus te liberaverit a te ipso homine malo, nihil tibi nocebit, quisquis fuerit alius homo malus.

Caput VII. — *Paulus a malo se ipso liberatus.* — 10. Exemplum proponam unde agitur, de ipso apostolo Paulo, cujus celebramus passionis diem. Fuit

teur, un ennemi acharné. C'était un homme méchant, et il était à lui-même son propre châtiment. Or, c'est lorsqu'il respire le meurtre, qu'il a soif du sang des chrétiens, lui qui doit répandre le sien, et qu'ayant obtenu des lettres des princes des prêtres, il part pour Damas, afin que, s'il trouvait des chrétiens, il les amenât prisonniers pour être livrés au supplice; c'est lorsqu'il court dans cette voie de la cruauté, en fermant son cœur à tout sentiment de charité, qu'il entend du haut du ciel Notre-Seigneur Jésus-Christ lui dire : « Saul, Saul, pourquoi me persécutes-tu? il t'est dur de regimber contre l'aiguillon. » (*Act.*, IX, 4.) Terrassé par cette voix, le persécuteur tombe, et il se relève prédicateur; il est aveuglé dans son corps, afin de voir mieux des yeux du cœur, et il recouvre ensuite la vue du corps pour aller prêcher avec les lumières du cœur. Que vous en semble, mes frères ? Saul a été délivré de l'homme méchant. De qui, si ce n'est de lui-même? Or, lorsqu'il fut délivré de sa propre méchanceté, qu'a pu contre lui tout autre homme méchant? Ce sont les paroles de saint Pierre : « Et qui sera capable de vous nuire, si vous avez le zèle et l'amour du bien ? » (I *Pierre*, III, 13.) L'homme méchant l'a persécuté, l'homme méchant l'a lapidé, l'homme méchant l'a frappé de verges, l'homme méchant a fini par se saisir de lui, par le charger de chaînes, le traîner au supplice, et le mettre à mort. Plus il lui a fait de mal, plus Dieu lui a préparé de bien. Tout ce qu'il a souffert a été moins pour lui un supplice qu'une occasion de mériter la couronne. Voyez ce que c'est que d'être délivré de l'homme méchant, c'est-à-dire de soi-même. « Qui sera capable de vous nuire, si vous avez le zèle et l'amour du bien ? »

CHAPITRE VIII. — *Les méchants ne peuvent faire de mal à l'homme qui est délivré de sa propre méchanceté. Comment il faut célébrer les fêtes des saints.* — 11. Mais les méchants ne laissent pas de nuire. Que de maux ils vous ont fait souffrir, ô grand Apôtre! Paul vous répond : J'avais besoin d'être délivré de l'homme méchant, c'est-à-dire de moi-même. Du reste, quel mal peuvent me faire ces méchants? « Les souffrances de la vie présente n'ont aucune proportion avec cette gloire qui doit un jour éclater en nous. » (*Rom.*, VIII, 18.) Car les afflictions si courtes et si légères de la vie présente opèrent en nous le poids éternel d'une gloire sublime et incomparable, parce que nous ne considérons point les choses qui se voient, mais celles qui ne se voient pas; car « les choses visibles sont passagères, mais les invisibles sont éternelles. » (II *Cor.*, IV, 17, 18.) Vous êtes véritablement délivré de l'homme méchant, c'est-à-dire de vous-même, et, dans cet état, les autres, les méchants, loin de vous nuire, vous sont utiles.

persecutor, blasphemus, injuriosus. Homo erat malus; pœna sua ipse sibi erat. Porro autem cum anhelat cædes, et sitit sanguinem Christianorum, fusurus proprium, habens litteras a principibus sacerdotum, ut apud Damascum quoscumque inveniret Christianæ viæ sectatores, vinctos adduceret puniendos, carpens viam crudelitatis, nesciens pietatis, audivit vocem de super ipsius Domini nostri Jesu Christi de cœlo dicentis : « Saule, Saule, quid me persequeris? Durum est tibi adversus stimulum calcitrare. » (*Act.*, IX, 4.) Ista voce percussus, prostratus est persecutor, et erectus est prædicator; excæcatus est in carne, ut videret in corde; illuminatus est in carne, ut prædicaret ex corde. Quid videtur, Fratres ? Liberatus est Saulus ab homine malo; a quo, nisi a se ipso Saulo? Propterea quoniam liberatus est ab homine malo se ipso, quid ei fecit alius homo malus? Apostoli Petri verba sunt: « Et quis vobis nocebit, si boni amatores fueritis?» (I *Petr.*, III, 13.) Persecutus est homo malus, lapidavit homo malus, virgis cecidit homo malus; ad extremum tenuit, vinxit, traxit, occidit homo malus. Quanta ille addidit mala, tanta Deus præparavit bona. Quidquid passus est, non fuit tormentum pœnæ, sed occasio coronæ. Videte quid sit liberari ab homine malo, hoc est a se ipso. « Quis, inquit, vobis nocebit, si boni amatores fueritis? »

CAPUT VIII. — *Mali non nocent homini liberato a se ipso malo. Festa sanctorum quomodo celebranda.* — 11. Sed ecce nocent homines mali. Tanta tibi fecerunt, o Paule. Respondet tibi Paulus : Opus esset ut liberatus essem ab homine malo, hoc est, a me ipso. Cæterum quid isti homines mali mihi faciunt? « Non sunt condignæ passiones hujus temporis ad futuram gloriam, quæ revelabitur in nobis. » (*Rom.*, VIII, 18.) « Etenim quod est leve tribulationis nostræ, supra incredibilem modum, æternum gloriæ pondus operatur (*a*) nobis, non respicientibus quæ videntur. Quæ enim videntur, temporalia sunt; quæ autem non videntur, æterna. » (II *Cor.*, IV, 17, 18.) Vere liberatus es ab homine malo, hoc est a te ipso, ut cæ-

---

(*a*) Editi, *in nobis*. Abest *in* a Mss. et a Græco textu Apostoli.

Donc, mes très-chers frères, lorsque nous célébrons la fête des saints qui ont combattu contre le péché jusqu'au sang, et qui, grâce au puissant secours de Dieu, sont sortis victorieux du combat; au culte que nous leur rendons, joignons un véritable amour, et à cet amour l'imitation de leurs vertus, afin qu'en les imitant nous puissions parvenir à la même récompense.

SERMON CCXCVIII.

IVe *pour la fête des saints apôtres Pierre et Paul* (1).

CHAPITRE PREMIER. — *La fête de saint Pierre et de saint Paul doit être célébrée par un concours de fidèles plus nombreux.* — 1. C'était un devoir pour nous de célébrer par un plus grand concours la fête d'aussi grands martyrs, c'est-à-dire des saints apôtres Pierre et Paul. Si, en effet, nous nous réunissons en si grand nombre pour célébrer la fête des agneaux, combien plus devons-nous le faire pour la fête des béliers du troupeau? Il est écrit des fidèles que les apôtres ont conquis par leur prédication : « Apportez au Seigneur les petits des béliers. » (*Ps.* XXVIII, 1.) C'est sous la conduite des apôtres qu'ils ont traversé à leur suite les sentiers étroits des souffrances, une voie couverte d'épines, et tous les tourments des persécutions. Le bienheureux Pierre, le premier des apôtres, et saint Paul, le dernier des apôtres, dignes serviteurs de Celui qui a dit : « Je suis le premier et le dernier, » (*Apoc.*, I, 17) se sont rencontrés et réunis pour souffrir le martyre le même jour. C'est Pierre qui ordonna diacre le saint martyr Etienne; lorsqu'Etienne fut choisi pour ce ministère, ce fut Pierre qui, parmi les autres apôtres, l'ordonna diacre. (*Act.*, VI, 6.) Pierre l'avait ordonné, Paul fut son persécuteur. Mais laissons les commencements de Paul, nous qui sommes les derniers; réjouissons-nous de ce qui remplit la dernière partie de sa vie. Si nous voulons examiner ce qui précède, nous n'aurons pas non plus à nous féliciter des commencements de Pierre. Paul, avons-nous dit, a été le persécuteur d'Etienne; mais considérons Pierre. N'a-t-il pas renié son Maître? Pierre a lavé ce reniement dans ses larmes; Paul a expié, par la perte de la vue, le crime d'avoir persécuté Etienne. Pierre a pleuré avant d'être châtié, Paul a été sévèrement châtié. Tous deux sont devenus bons, saints, généreux et dévoués; leurs Epîtres sont lues tous les jours aux peuples fidèles. Et à quels peuples? à quelle multitude innombrable de nations? « L'éclat de leur voix s'est répandu dans tout l'univers, et leurs paroles ont retenti jusqu'aux extrémités de la terre. » (*Ps.* XVIII, 5.)

(1) Ce sermon se trouve cité dans le véritable Commentaire de Bède, qui n'a pas encore été publié, chapitre IV de la IIe Epître à Timothée.

---

teri tibi mali homines non obessent, sed magis prodessent. Ergo, Carissimi, festum sanctorum diem, qui adversus peccatum usque ad sanguinem certaverunt, et Domino suo donante atque juvante vicerunt, sic celebremus, ut amemus; sic amemus, ut imitemur : ut imitati ad eorum præmia pervenire mereamur.

SERMO CCXCVIII ^(a).

In Natali Apostolorum Petri et Pauli, IV.

CAPUT PRIMUM. — *Petri et Pauli natalitia frequentia majore celebranda.* — 1. Debuimus quidem tantorum Martyrum diem, hoc est, sanctorum Apostolorum Petri et Pauli majore frequentia celebrare. Si enim celebramus frequentissime natalitia agnorum, quanto magis debemus arietum? De fidelibus enim, quos lucrati sunt Apostoli prædicatione sua, scriptum est : « Afferte Domino filios arietum. » (*Psal.* XXVIII, 1.) Per angustias passionum, per viam spinis plenam, per tribulationes persecutionum, ut transeant postea fideles, Apostolos duces habuerunt. Beatus Petrus primus Apostolorum, beatus Paulus novissimus Apostolorum, qui rite coluerunt eum qui dixit : « Ego sum primus, et ego sum novissimus; » (*Apoc.*, I, 17) ad unum diem passionis sibi occurrerunt primus et novissimus. Petrus ordinator sancti Stephani fuit. Quando ordinatus est diaconus Martyr Stephanus, inter alios Apostolos eum ordinavit apostolus Petrus. (*Act.*, VI, 6.) Petrus illius ordinator, Paulus illius persecutor. Sed prima Pauli non quæramus, de novissimis novissimi gaudeamus. Nam si priora quæramus, nec ipsius Petri satis placebunt. Paulum diximus Stephani fuisse persecutorem, Petrum respiciamus Domini negatorem. Petrus negationem Domini lacrymis lavit; Paulus persecutionem Stephani cæcitate expiavit. Flevit Petrus ante flagellum, Paulus passus est et flagellum. Boni ambo, sancti, devotissimi; litteræ ipsorum quotidie populis recitantur. Et quibus populis? et quantis populis? Psalmum attendite : « In omnem terram exivit sonus eorum, et in fines orbis terræ verba eorum. » (*Psal.* XVIII, 5.) Et

(a) Alias de Diversis XLI

Nous sommes témoins nous-mêmes de l'accomplissement de cette prédiction; les paroles des apôtres sont venues jusqu'à nous et nous ont converti des folies de l'incrédulité à la sagesse salutaire de la foi.

Chapitre II. — *Nous devons aimer surtout les apôtres Pierre et Paul. Blessure que fait l'amour.* — 2. Je vous parle ainsi, mes frères, plein de la joie que m'inspire la grande solennité de ce jour, mais d'une joie à laquelle vient se mêler quelque tristesse, car je ne vois pas le peuple réuni en si grand nombre que l'exigeait l'anniversaire du martyre des saints apôtres. Si nous ne connaissions pas ce jour, nous ne serions pas coupables; mais, puisqu'il n'est personne qui l'ignore, d'où peut venir une si grande négligence? Est-ce donc que vous n'aimez pas les saints apôtres Pierre et Paul? En vous parlant ainsi, je m'adresse à ceux qui ne sont point ici; car, pour vous, je vous suis reconnaissant d'être venus. Un cœur chrétien peut-il ne pas aimer Pierre et Paul? S'il est encore froid pour eux, qu'il lise leurs écrits, et il les aimera; s'il reste encore insensible, qu'il se laisse percer par la flèche de leur parole. C'est des apôtres, en effet, que le Roi-Prophète a dit : « Vos flèches sont aiguës et très-puissantes, » (*Ps.* xliv, 6) et ce sont ces flèches qui ont amené ce qu'il ajoute : « Les peuples tomberont à vos pieds. » Ce sont là d'heureuses blessures, car la blessure que fait l'amour est salutaire. L'Epouse du Christ chante dans le Cantique des cantiques : « J'ai été blessée par l'amour. » (*Cant.*, v, 8.) Quand sera guérie cette blessure? lorsque tous nos désirs seront comblés de biens. L'amour est une blessure, tant que nous ne sommes pas en possession de l'objet de nos désirs; car l'amour n'est pas sans douleur. Mais, lorsque nous serons parvenus au terme, la douleur passera : l'amour seul demeure éternellement.

Joie de Paul aux approches de son martyre. — 3. Vous avez entendu ce que dit saint Paul dans l'Epître qu'il écrit à son fidèle disciple Timothée : « Pour moi, je suis près d'être immolé. » (II *Tim.*, iv, 6.) Il voyait son martyre approcher; il le voyait, mais il l'envisageait sans aucune crainte. Pourquoi ne craignait-il point? Parce qu'il avait dit précédemment : « J'ai un ardent désir d'être dégagé des liens du corps, et d'être avec Jésus-Christ. » (*Philip.*, i, 23.) « Je suis près, dit-il, d'être immolé. » Qui parle avec une joie aussi vive d'un grand festin auquel il doit prendre part, que Paul du martyre qu'il doit bientôt souffrir? « Je suis près d'être immolé. » Qu'est-ce à dire, « immolé? » Je serai offert en sacrifice. A qui serai-je offert en sacrifice? A Dieu, car « la mort de ses saints est précieuse aux yeux du Seigneur. » (*Ps.* cxv, 15.) « Je suis près d'être immolé. » Je suis sans inquiétude, j'ai dans le

---

nos probamus, et ad nos ista verba venerunt, et ad sanitatem fidei ab infidelitatis insania converterunt.
Caput II. — *Amandi in primis Petrus et Paulus. Vulnus amoris.* — 2. Hæc loquor, Carissimi, lætus quidem hodierno die propter tantam festivitatem, sed aliquantulum tristis, quia non video tantum populum congregatum, quantus congregari debuit in Natali passionis Apostolorum. Si lateret nos, non nobis imputaretur; si autem neminem latet, quæ est ista tanta pigritia? Non amatis Petrum et Paulum? Ego in vobis illis loquor qui hic non sunt. Nam vobis ago gratias, quia vel vos venistis. Et potest animus cujusque Christiani non amare Petrum et Paulum? Si adhuc frigidus est, legat et amet; si adhuc non amat, sagittam verbi in cor accipiat. De ipsis enim Apostolis dictum est : « Sagittæ tuæ acutæ, potentissimæ. » (*Psal.* xliv, 6.) Quibus sagittis factum est quod sequitur : « Populi sub te cadeunt. » Bona sunt talia vulnera. Vulnus amoris salubre est. Sponsa Christi cantat in Cantico canticorum : « Vulnerata caritate ego sum. » (*Cant.*, v, 8.) Vulnus hoc quando sanatur? Quando satiabitur in bonis desiderium nostrum. Vulnus dicitur, quamdiu desideramus, et nondum tenemus. Sic enim est amor, ut sit illic dolor. Cum pervenerimus, tunc transit dolor, non deficit amor.

Pauli gaudium passione sua imminente. — 3. Audistis verba in epistola Pauli, quam scripsit ad discipulum suum beatum Timotheum : « Ego enim jam immolor. » (II *Tim.*, iv, 6.) Videbat imminentem passionem; videbat, sed non timebat. Quare non timebat? Quia jam dixerat : « Concupiscentiam habens dissolvi et esse cum Christo. » (*Philip.*, i, 23.) « Ego enim, inquit, jam immolor. » Nemo cum tanta exsultatione dicit se esse pransurum, et magnas epulas habiturum, cum quanta exsultatione dicit se esse passurum. « Ego enim jam immolor. » Quid est, « immolor? » Sacrificium ero. Sacrificium cujus? Dei; quia « pretiosa in conspectu Domini mors sanctorum ejus. » (*Psal.* cxv, 15.) « Ego, inquit, immolor. » Securus sum; habeo sursum sacerdotem, qui me offerat Deo. Ipsum habeo sacerdotem, qui pro me

ciel un prêtre qui doit m'offrir à Dieu, et ce prêtre est Celui qui a commencé par se faire victime pour moi. « Je suis près d'être immolé, et le temps de ma dissolution approche. » Il veut parler ici de la séparation de son âme d'avec son corps.

Chapitre III. — *C'est par la voie étroite et resserrée qu'on arrive au séjour d'une étendue immense.* — Le lien qui attache l'âme au corps n'est pas sans quelque douceur; l'homme est comme enchaîné, et il ne veut pas être délivré. Mais celui qui disait : « J'ai un ardent désir d'être dégagé des liens du corps, » se félicitait dans l'espérance que ces liens seraient bientôt brisés. Il allait se dégager des liens des membres charnels, pour prendre les vêtements et la parure des vertus éternelles. Il se séparait de son corps sans inquiétude, pour recevoir la couronne incorruptible. Heureux changement! saint voyage! séjour fortuné! La foi le contemple, mais nos yeux ne peuvent encore le voir; car « l'œil n'a pas vu, l'oreille n'a pas entendu, le cœur de l'homme n'a pas compris ce que Dieu a préparé à ceux qui l'aiment. » (I *Cor.*, II, 9.) Où pensons-nous que soient maintenant ces saints? Ils sont dans le séjour du bonheur. Que cherchez-vous davantage? Vous ne connaissez pas ce séjour, mais songez à leur mérite. En quelque lieu qu'ils soient, ils sont avec Dieu. « Les âmes des justes sont dans la main de Dieu, et les tourments ne peuvent les atteindre. » (*Sag.*, III, 1.) Mais c'est par les tourments qu'ils sont entrés dans ce séjour d'où sont bannis les tourments, c'est par la voie étroite et resserrée qu'ils sont parvenus dans ce lieu dont l'étendue est immense. Que celui donc qui désire cette patrie ne redoute point les travaux et les peines de la vie. « Le temps de ma dissolution approche. J'ai combattu un bon combat, j'ai achevé ma course, j'ai conservé la foi; reste la couronne de justice qui m'est réservée. » (II *Tim.*, IV, 6, etc.) Vous avez raison de vous hâter, vous avez raison de vous réjouir de votre immolation prochaine, puisque la couronne de justice vous est réservée. Vous êtes encore menacé des amertumes du martyre, mais votre pensée franchit ces amertumes et envisage ce qui est au delà; elle ne considère point le chemin, mais le terme où il aboutit; et l'amour ardent avec lequel vous soupirez après le terme du voyage, vous fait fouler aux pieds avec une grande générosité tous les obstacles de la route.

Chapitre IV. — *Dieu ne donnerait pas à Paul la couronne qui lui est due, s'il ne lui avait donné d'abord la grâce qu'il ne lui devait point.* — 4. Après avoir dit : « Reste la couronne de justice qui m'est réservée, » saint Paul ajoute : « Que le Seigneur, juste Juge, me rendra en ce jour. » Il vous rendra dans sa justice; il ne l'a donc pas fait encore? Et, en effet, ô Paul, vous qui avez commencé par être Saul, si, lorsque vous persécutiez les saints de Jésus-Christ, lorsque vous gardiez les vêtements de

---

prior victima fuit. « Jam immolor, et tempus meæ resolutionis instat. » Resolutionem dicit a corpore.

Caput III. — *Per angustias transitur ad locum latitudinis* — Est enim quoddam dulce vinculum corporis, et ligatus est homo, et solvi non vult. Ille tamen qui dicebat : « Concupiscentiam habens dissolvi, et esse cum Christo, » gratulabatur quod ista vincula essent aliquando solvenda. Solvenda vincula carnalium membrorum, accipienda indumenta et ornamenta æternarum virtutum. Securus ponebat carnem, coronam accepturus. Felix mutatio, sancta migratio. Quam beata mansio, fides eam videt, nondum oculus; quia « nec oculus vidit, nec auris audivit, nec in cor hominis ascendit, quæ præparavit Deus diligentibus se. » (I *Cor.*, II, 9.) Ubi sunt sancti isti, putamus? Ibi ubi bene est. Quid quæris amplius? Non nosti locum, sed cogita meritum. Ubicumque sunt, cum Deo sunt. « Justorum animæ in manu Dei sunt, et non tanget illos tormentum. » (*Sap.*, III, 1.) Sed ad locum sine tormento per tormenta transierunt; ad locum latitudinis per angustias pervenerunt. Non ergo timeat laboriosam viam, qui talem desiderat patriam. « Tempus, inquit, resolutionis meæ instat. Bonum certamen certavi, cursum consummavi, fidem servavi ; de cætero superest mihi corona justitiæ. » (II *Tim.*, IV, 6, etc.) Merito festinas, merito te immolandum esse lætaris; superest enim tibi corona justitiæ. Adhuc imminet amaritudo passionis, sed transit eam passuri cogitatio, et quid ultra sit cogitat; non qua itur, sed quo itur. Et quia cum magno amore cogitatur quo itur, cum magna fortitudine calcatur qua itur.

Caput IV. — *Corona non redderetur debita, nisi gratia prius data fuisset indebita.* — 4. Cum autem dixisset : « Superest mihi corona justitiæ, » intulit, « quam reddet mihi Dominus in illa die justus judex. » Reddet justus, ante non reddidit. Nam si, o Paule, primo Saule, quando persequebaris sanctos Christi,

ceux qui lapidaient Etienne, le Seigneur eût exercé à votre égard son juste jugement, où seriez-vous? Quel lieu assez profond aurait-on pu trouver dans l'enfer pour un si grand crime? Mais Dieu ne vous a pas rendu alors ce qu'il vous devait, afin de vous le rendre aujourd'hui. Nous avons lu dans votre Epître ce que vous pensez de vos premières actions; c'est par vous que nous les connaissons. « Je suis, avez-vous dit, le dernier des apôtres; je ne suis pas digne de porter le nom d'apôtre. » (I *Cor.*, xv, 9, etc.) Pourquoi? « Parce que j'ai persécuté l'Eglise de Dieu. » Si vous avez persécuté l'Eglise de Dieu, comment donc êtes-vous apôtre? Le voici : « Mais c'est par la grâce de Dieu que je suis ce que je suis. » La grâce a précédé, maintenant on rend ce qui est dû. Il a reçu d'abord la grâce, il reçoit aujourd'hui ce qu'il mérite. « C'est par la grâce de Dieu que je suis ce que je suis. » Quant à moi, je ne suis rien; tout ce que je suis, je le suis par la grâce de Dieu. Tout ce que je suis, mais comme apôtre, car ce que j'étais, je l'étais par moi-même. « C'est par la grâce de Dieu que je suis ce que je suis, et sa grâce n'a pas été stérile en moi; j'ai travaillé plus qu'eux tous. » Que dites-vous, grand Apôtre? Vous paraissez vous élever et céder à un léger mouvement d'orgueil, en disant : « J'ai travaillé plus qu'eux tous. » Pensez-y donc. J'y pense bien, répond-il : « Toutefois, ce n'est point moi, mais la grâce de Dieu avec moi. » Il n'avait pas oublié cette vérité, mais ce dernier des apôtres réservait pour la fin ce qui est pour nous un véritable sujet de joie. « Toutefois, ce n'est point moi, mais la grâce de Dieu avec moi. »

Chapitre V. — *C'est par Jésus-Christ que la victoire est donnée au combattant. Les mérites de l'homme sont des dons de Dieu.* — 5. Dieu ne lui a donc pas rendu d'abord ce qu'il lui devait. Et maintenant que lui rend-il? « J'ai achevé ma course, j'ai gardé la foi; reste la couronne de justice qui m'est réservée, et que le Seigneur, le juste Juge, me rendra en ce jour. » (II *Tim.*, iv, 7, 8.) Vous avez combattu un bon combat, mais qui vous a fait remporter la victoire? Je vous rappelle ce que vous avez écrit : « Grâces à Dieu, dites-vous, qui nous a donné la victoire par Notre-Seigneur Jésus-Christ. » (I *Cor.*, i, 57.) Que vous servirait-il de combattre, si vous ne pouviez recueillir les fruits de la victoire? Vous avez donc combattu, mais c'est Jésus-Christ qui vous a donné la victoire. » Continuez : « J'ai achevé ma course. » Et cela encore, qui l'a fait en vous? N'avez-vous pas dit : « Cela ne dépend ni de celui qui veut, ni de celui qui court, mais de Dieu, qui fait miséricorde? » (*Rom.*, ix, 16.) Achevez ce qui suit : « J'ai gardé la foi. » Et à qui le devez-vous? Ecoutez vos propres paroles : « J'ai obtenu miséricorde pour être fidèle. » (I *Cor.*, vii, 25.) C'est donc à la miséricorde de Dieu, et

quando servabas vestimenta lapidatorum Stephani, exerceret circa te Dominus justum judicium, ubi esses? Tanto sceleri tuo quis locus in fundo gehennæ reperiretur? Sed tunc tibi non reddidit, ut modo reddat. Verba enim tua de prioribus factis tuis legimus in epistola tua, et per te novimus. Tu dixisti: « Ego enim sum novissimus Apostolorum, qui non sum dignus vocari Apostolus. » (I *Cor.*, xv, 9, etc.) Quare? « Quia persecutus sum Ecclesiam Dei. » Si persecutus es Ecclesiam Dei, unde ergo Apostolus? « Sed gratia Dei sum quod sum. » Ante gratia, modo debitum. Ante gratia donabatur, modo debitum redditur. « Gratia Dei sum, inquit, quod sum. » Ego nihil sum. Quidquid sum, gratia Dei sum. Quidquid sum, sed modo Apostolus; nam quod eram, ego eram : « Gratia Dei sum quod sum ; et gratia ejus in me vacua non fuit; sed plus omnibus illis laboravi. » Quid est, apostole Paule? Quasi extulisti te, quasi de aliqua cerviculа videtur dictum : « Plus omnibus illis laboravi. » Agnosce ergo. Agnosco, inquit : « Non ego autem, sed gratia Dei mecum. » Non erat oblitus, sed unde gaudeamus in novissimo, servabat novissimus. « Non ego autem, sed gratia Dei mecum. »

Caput V. — *Victoria certanti datur per Christum. Merita hominis dona sunt Dei.* — 5. Tunc non redditum est modo quid? « Cursum consummavi, fidem servavi; de cætero superest mihi corona justitiæ, quam reddet mihi Dominus in illa die justus judex. » (II *Tim.*, iv, 7, 8.) Bonum agonem certasti. Sed quis fecit ut vinceres? Lego tibi te, et tu dicis : « Gratias ago Deo, qui dedit nobis victoriam per Dominum nostrum Jesum Christum. » (I *Cor.*, i, 57.) Quid proderit certasse, si non prosit vicisse? Ergo habes quia certasti quidem, sed Christus dedit victoriam. Sequere aliud : « Cursum consummavi. » Et hoc quis in te? Nonne tu dixisti: « Non volentis, neque currentis, sed miserentis est Dei? » (*Rom.*, ix, 16.) Dic quod sequitur : « Fidem servavi. » Et hoc unde tibi? Audi verba tua : « Misericordiam, inquit, consecutus sum, ut fidelis essem. » (I *Cor.*, vii, 25.) Ergo fidem ser-

non à vos propres forces, que vous devez d'avoir conservé la foi. « Reste la couronne de justice qui m'est réservée, et que le Seigneur, le juste Juge, me rendra en ce jour. » C'est aux mérites qu'il la rendra ; c'est pour cela qu'il est un juste juge. Mais ici encore, ne relevez point la tête, car vos mérites sont des dons de Dieu. Ce que j'ai dit au grand Apôtre, c'est de lui que je l'ai appris, et vous-mêmes avez été instruits avec moi dans cette école. Nous occupons une place plus élevée pour la prédication, mais nous sommes disciples dans la même école, et nous avons tous un commun maître dans les cieux.

SERMON CCXCIX.

V^e *pour la fête des saints apôtres Pierre et Paul,*

dans lequel saint Augustin discute contre l'hérésie des Pélagiens (1).

1. Pour célébrer dignement des prédicateurs, et des prédicateurs aussi éminents, dont nous avons entendu le Roi-Prophète dire ce que nous avons chanté nous-mêmes : « L'éclat de leur voix s'est répandu par tout l'univers, et leurs paroles ont retenti jusqu'aux extrémités de la terre, » (*Ps.* XVIII, 5) toutes nos paroles sont évidemment impuissantes. Nous devons faire acte de dévouement, mais nous ne répondons pas à votre attente. Qu'attendez-vous de nous, en effet ? L'éloge des saints apôtres Pierre et Paul, dont nous célébrons aujourd'hui la fête. Je sais ce que vous désirez, et c'est en le voyant que je succombe à la tâche, car je vois quel est l'objet de votre attente, et de qui vous l'attendez. Cependant, puisque Dieu daigne agréer les louanges que tous nous lui offrons, que ses serviteurs ne dédaignent point les faibles éloges de ceux qui sont ici pour vous servir.

Pierre est le premier des apôtres, et Paul le dernier. — 2. Vous tous qui connaissez les saintes Ecritures, vous savez que l'apôtre saint Pierre a été appelé le premier parmi les disciples que le Sauveur a choisis pendant sa vie mortelle, tandis que saint Paul, ne faisant point partie des disciples, n'a pas été choisi en même temps qu'eux, mais beaucoup plus tard, sans toutefois leur être inférieur. Pierre est donc le premier des apôtres, et Paul le dernier ; mais Dieu, dont tous deux sont les serviteurs, les hérauts, les prédicateurs, est à la fois le premier et le dernier. Pierre est le premier parmi les apôtres, Paul est le dernier ; mais Dieu est le premier et le dernier, parce qu'il n'y a rien ni avant ni après lui. Dieu donc, qui s'est révélé à nous comme le premier et le dernier par son éternité, a réuni, pour le martyre, le premier et le dernier des apôtres. Leur martyre est l'objet d'une même solennité,

---

(1) Ce sermon paraît pour la première fois d'après un vieux manuscrit de l'abbaye de Corbie. Bède, dans son Commentaire non publié sur les Epîtres de saint Paul, cite trois extraits de ce sermon un peu plus long avec Florus, en expliquant le chapitre v de la IIe Epître aux Corinthiens, et deux autres plus courts, qu'il cite aussi dans son Commentaire sur le chapitre IV de la IIe Epître à Timothée.

---

vasti ex misericordia Dei, non ex fortitudine tua. « De cætero ergo superest tibi corona justitiæ, quam reddet tibi Dominus in illa die justus judex. » Meritis enim reddet, ideo justus judex. Sed etiam hic non extollatur cervix tua, quia dona ipsius sunt merita tua. Quod illi dixi, ab illo didici, et vos mecum in ista schola utique didicistis. Superiore loco propter præconium præsidemus, sed in una schola communem Magistrum in cœlis habemus.

SERMO CCXCIX.

De Natali Apostolorum Petri et Pauli, V.

In quo disputatur contra Pelagianorum hæresim.

1. Prædicandis prædicatoribus, et tantis prædicatoribus, de quibus audivimus et cantavimus, quod « in omnem terram exivit sonus eorum, et in fines orbis terræ verba eorum, » (*Psal.* XVIII, 5) procul dubio nulla nostra verba sufficiunt. Devotionem debemus, vestram exspectationem non implemus. Exspectatis enim a nobis hodie prædicari Apostolos Petrum et Paulum, quorum solemnis hic dies est. Agnosco quid exspectatis ; et ubi agnosco, succumbo. Video enim exspectari quid, a quo. Sed quia Deus eorum laudari dignatur ab omnibus nobis, non dedignentur servi ejus utcumque prædicari ab eis qui serviunt vobis.

Petrus Apostolorum primus, Paulus novissimus. — 2. Sicut nostis, omnes qui Scripturas sanctas nostis, apostolus Petrus inter discipulos, quos Dominus præsens in carne elegit, primus electus est ; Paulus autem non inter illos, non cum illis ; sed longe postea, non dispar illis. Petrus ergo primus Apostolorum, Paulus novissimus ; Deus autem, cujus hi servi, cujus hi præcones, cujus hi prædicatores, primus et novissimus. Petrus in Apostolis primus, Paulus in Apostolis novissimus ; Deus et primus et novissimus, ante quem nihil et post quem nihil. Deus ergo qui se primum et novissimum æternitate commendavit, ipse Apostolos primum et novissi-

de même que leur vie a été unie par une même charité. « L'éclat de leur voix s'est répandu par tout l'univers, et leurs paroles ont retenti jusqu'aux extrémités de la terre. » Nous savons tous où ils ont été choisis, les contrées où ils ont prêché, le lieu où ils ont souffert le martyre. Mais comment les avons-nous connus eux-mêmes, sinon parce que « l'éclat de leur voix s'est répandu par tout l'univers ? »

Paroles de l'Apôtre à l'approche de son martyre. La grâce de Dieu nous constitue les débiteurs de Dieu et tout à la fois nous donne les moyens de lui rendre ce que nous lui devons. Dieu est l'auteur du courage des martyrs. Paul sut par révélation que son martyre approchait, et qu'il en sortirait victorieux. — 3. Nous avons entendu, pendant qu'on nous lisait son Épître, comment saint Paul s'exprime sur son martyre imminent et prochain. « Pour moi, je suis près d'être immolé, et le temps de ma dissolution approche; j'ai combattu le bon combat, j'ai achevé ma course, j'ai conservé la foi; reste la couronne de justice qui m'est réservée, et que le Seigneur, juste Juge, me rendra en ce jour, et non-seulement à moi, mais encore à tous ceux qui aiment son avénement. » (II *Tim.*, IV, 6.) Faisons ici quelques réflexions, soutenus que nous sommes par les paroles mêmes des apôtres qui ont retenti jusqu'aux extrémités du monde. Et d'abord, voyez la sainte dévotion du grand Apôtre. Il dit qu'il est près d'être immolé, et non simplement de mourir, non pas que l'immolation puisse avoir lieu sans la mort, mais parce que la mort n'est pas toujours une immolation. Etre immolé, c'est donc mourir pour Dieu; cette expression est empruntée au sacrifice. Tout ce qui est sacrifié est mis à mort pour Dieu. L'Apôtre comprit à qui était dû le sang qu'il devait verser dans son martyre; il était débiteur de son sang, lui pour qui le Seigneur avait répandu son propre sang. Lorsqu'il a répandu seul son sang pour nous tous, il nous a tous pris en gage. Tous tant que nous sommes qui recevons cette foi, nous lui sommes redevables de ce qu'il nous donne, parce qu'il daigne à la fois nous constituer ses débiteurs, et nous offrir les moyens de nous acquitter. Qui de nous, dans une si grande indigence et dans ce dénûment extrême, suite de notre faiblesse, serait capable de s'acquitter envers un tel créancier ? Mais il est écrit : « Le Seigneur donnera sa parole aux hérauts de sa gloire, afin qu'ils l'annoncent avec une grande force. » (*Ps.* LXVII, 12.) Il leur donnera sa parole, qui les fera connaître; il leur donnera une grande force pour les aider à souffrir. C'est donc lui qui s'est préparé des victimes, c'est lui qui s'est consacré des sacrifices, c'est lui qui a rempli les martyrs de son Esprit, c'est lui qui a revêtu de forces les confesseurs. C'est à eux, en effet, qu'il a dit : « Ce n'est pas vous qui parlez. » (*Matth.*, X, 20.) Ainsi donc, bien qu'il fût à la veille de souffrir

mum passione conjunxit. Utriusque passio concordat solemnitate, utriusque vita consonat caritate. « In omnem terram exiit sonus eorum, et in fines orbis terræ verba eorum » sonuerunt. Ubi electi sunt, ubi prædicaverunt, ubi etiam passi sunt, omnes novimus. Illos autem ipsos unde nos novimus, nisi quia « in omnem terram exiit sonus eorum ? »

Apostoli verba passione sua imminente. Ex Dei gratia et debitores efficimur, et redditores. Martyrum virtus a Deo. Revelatione Paulus confirmatus de sua futura passione et victoria. — 3. De passione sua jam imminente et propinquante prænuntiantem audivimus Paulum, cum ejus epistola legeretur : « Ego enim jam immolor, et tempus resolutionis meæ instat. Bonum certamen certavi, cursum consummavi, fidem servavi; de cætero reposita est mihi corona justitiæ, quam reddet mihi Dominus in illa die justus judex; non solum autem, inquit, mihi, sed omnibus qui diligunt manifestationem ejus. » (II *Tim.*, IV, 6, etc.) Hinc dicamus aliquid; adjuvant enim nos, quæ in fines orbis terræ exierunt, verba eorum. Primo sanctam devotionem videte. Immolari se dixit, non mori : non quia non moritur, qui immolatur; sed non omnis qui moritur, immolatur. Ergo immolari est Deo mori. Ductum est enim verbum a sacrificio. Omne quod sacrificatur, Deo occiditur. Intellexit enim Apostolus cui ejus sanguis in passione deberetur; factus est enim debitor sanguinis sui, pro quo fusus est sanguis Domini sui. Unus ille sanguinem fudit, et omnes oppigneravit. Quotquot illam fidem recipimus, debemus quod accipimus, et hoc quia dignatus est facere et debitores et redditores. Quis enim nostrum in tanta inopia et paupertate infirmitatis idoneus est reddere tanto creditori? Sed quomodo scriptum est : « Dominus dabit verbum evangelizantibus virtute multa : » (*Psal.* LXVII, 12) verbum, quo diffamentur; virtutem, qua patiantur. Ipse ergo sibi victimas fecit, ipse sibi sacrificia dicavit, ipse implevit Spiritu Martyres, ipse virtute instruxit Confessores. Eis quippe dixit : « Non enim

le martyre et sur le point de répandre son sang pour la foi de Jésus-Christ, il avait raison de dire : « Que rendrai-je au Seigneur pour tous les biens dont il m'a comblé ? » (*Ps.* cxv, 12, 13.) Et que se présente-t-il à lui ? » Je recevrai le calice du salut, et j'invoquerai le nom du Seigneur. » Vous songiez à rendre, vous cherchiez ce que vous deviez rendre, et, au moment où vous allez vous acquitter, le moyen vous en est offert, et vous vous écriez : « Je recevrai le calice du salut, et j'invoquerai le nom du Seigneur. » Vous vouliez certainement vous acquitter; or, voilà que vous recevez. Or, ce que vous recevez, comme vous le recevez pour en être redevable, vous recevez en même temps de quoi vous acquitter; toujours débiteur, et lorsque vous recevez, et lorsque vous rendez. « Que rendrai-je ? » dites-vous. « Je recevrai le calice du salut. » Vous recevez donc ce calice du martyre, ce calice dont le Sauveur a dit : « Pouvez-vous boire le calice que je dois boire ? » (*Matth.*, xx, 22.) Mais voici que ce calice est déjà entre vos mains, votre martyre est proche ; que ferez-vous pour ne pas trembler ? que ferez-vous pour ne pas chanceler ? que ferez-vous pour être capable de boire ce calice que vous portez déjà dans vos mains ? Que ferai-je ? Je commencerai par recevoir, et je serai débiteur, parce que j'invoquerai le nom du Seigneur. « Je suis près d'être immolé. » Il en avait été assuré par une révélation (1), car la faiblesse humaine n'aurait pas osé se promettre ce genre de mort, sa confiance ne venant pas de lui-même, mais de Celui qui lui avait tout donné, comme il le reconnaît, lorsqu'il s'écriait plus haut : « Qu'avez-vous que vous n'ayez reçu ? » (I *Cor.*, iv, 7.) « Pour moi donc, dit-il, je suis près d'être immolé, et le temps de ma dissolution approche. J'ai combattu un bon combat. » Interrogez votre conscience; il n'hésite pas un seul instant, parce qu'il se glorifie dans le Seigneur. « J'ai combattu un bon combat, j'ai achevé ma course, j'ai conservé la foi. » Vous avez raison de dire que vous avez achevé votre course, puisque vous avez conservé la foi. « Reste la couronne de justice qui m'est réservée, et que le Seigneur, juste Juge, me rendra en ce jour. »

La couronne de justice est promise, non pas seulement aux martyrs, mais à tous ceux qui conservent la foi. Désir de l'avénement de Jésus-Christ comme juge. — 4. L'Apôtre semble craindre de s'être glorifié seul au delà de toute mesure, et de s'être attribué exclusivement les grâces du Seigneur ; il ajoute donc aussitôt : « Non-seulement à moi, mais encore à tous ceux qui aiment son avénement. » Il ne pouvait ex-

(1) Ce n'est pas seulement en cet endroit que saint Augustin affirme que saint Paul avait reçu par révélation l'assurance qu'il remporterait la victoire dans le dernier combat. Dans le chapitre xvi du livre II *des mérites des péchés*, il réfute en ces termes les pélagiens, qui s'appuyaient sur ce passage de l'Apôtre, tantôt pour exagérer les forces de la volonté humaine, tantôt pour vanter la perfection des saints dans cette vie : « Si ces paroles sont l'expression de la joie et de la sécurité qui remplissaient l'âme du grand Apôtre, parce que Celui qui lui avait révélé que son martyre était prochain l'avait assuré en même temps qu'il sortirait vainqueur de ce grand combat, c'est dans cette ferme espérance et avant d'en avoir vu le plein accomplissement, qu'il dit, etc. »

vos estis qui loquimini. » (*Matth.*, x, 20.) Quamvis ergo passurus, quamvis pro fide Christi sanguinem fusurus, recte tamen dicit : « Quid retribuam Domino pro omnibus quæ retribuit mihi ? » (*Psal.* cxv, 12, 13.) Et quid occurrit ? « Calicem salutaris accipiam, et nomen Domini invocabo. » De retributione cogitabas, quid retribueres inquirebas; et occurrit tibi quasi retributuro : « Calicem salutaris accipiam et nomen Domini invocabo. » Certe redditurus eras ? Ecce accipis. Quod accipis ergo, quia accepisti quod deberes, accipis unde reddas; debitor cum acceperis, debitor cum reddideris. « Quid enim retribuam, inquit ? Calicem salutaris accipiam. » Ergo et hoc accipis, calicem passionis, calicem de quo Dominus ait : « Potestis bibere calicem, quem ego bibiturus sum ? » (*Matth.*, xx, 22.) Sed ecce jam calix in manu tua est, jam imminet passio ; quid facis ne trepides ? quid facis ne titubes ? quid facis ne quod jam portas, bibere non possis ? Quid faciam, inquit ? Et ibi accipiam; debitor ero; quia nomen Domini invocabo. « Ego, inquit, jam immolor. » Confirmatum illi erat revelatione ; non enim hoc sibi humana infirmitas promittere auderet. Fiducia ejus non a se, sed ab eo qui totum dedit, quem intellexit cum diceret superius : « Quid enim habes, quod non accepisti ? » (I *Cor.*, iv, 7.) « Ego ergo, inquit, jam immolor, et tempus resolutionis meæ instat. Bonum certamen certavi. » Interroga conscientiam; non cunctatur, quia in Domino gloriatur. « Bonum, inquit, certamen certavi, cursum consummavi, fidem servasti. » *De cœtero*, inquit, superest mihi corona justitiæ, quam reddet mihi Dominus in illo die justus judex. »

Corona justitiæ non Martyribus tantum, sed omnibus fidem servantibus promissa. Desiderium adventus Christi judicis futuri. — 4. Et ne ipse quasi unus supra modum gloriari videretur, et sibi propriæ Dominum vindicare : « Non solum autem, inquit, mihi, sed

primer en termes plus justes et plus courts ce que les hommes doivent faire pour mériter cette couronne de justice. En effet, nous ne devons pas tous nous attendre à verser notre sang ; il y a peu de martyrs, mais beaucoup de fidèles. Vous ne pouvez être immolé comme saint Paul ? Vous pouvez du moins conserver la foi, et, en conservant la foi, vous aimez l'avénement du Seigneur ; si vous craignez que le Seigneur ne vienne, vous n'aimez point son avénement (1). Notre-Seigneur Jésus-Christ reste maintenant caché, il se manifestera en son temps pour juger selon la justice, lui qui a été jugé et condamné contre toute justice. Il viendra donc, et comment viendra-t-il ? Il viendra pour juger. Ce ne sera plus pour être jugé, mais pour juger à son tour, comme nous le savons, comme nous le croyons, les vivants et les morts. J'interroge ici tout homme qui écoute attentivement ma parole ; je l'interroge ; qu'il réponde, non pas à moi, mais à lui-même : Voulez-vous que ce juge vienne ? Oui, je le veux, répond-il. Pesez bien ce que vous dites ; si vous parlez sincèrement, si vous voulez réellement qu'il vienne, examinez dans quel état il vous trouvera. Il doit venir comme juge ; il est venu d'abord dans l'humilité, il viendra maintenant dans toute sa puissance. Il ne viendra plus pour se revêtir d'un corps, pour naître du sein maternel, pour être allaité, enveloppé de langes, couché dans une crèche, ni pour être, une fois parvenu à sa jeunesse, tourné en dérision, moqué par les hommes, chargé de chaînes, flagellé, attaché à une croix, et pour garder le silence devant ses juges. N'attendriez-vous pas son avénement parce que vous espérez le voir venir encore dans cet état d'humiliation ? Il s'est tu lorsqu'il était jugé, il ne se taira pas lorsqu'il jugera lui-même. Il est resté caché dans son premier avénement, au point de n'être pas reconnu, « car, s'ils l'eussent connu, ils n'auraient jamais crucifié le Seigneur de la gloire. » (I *Cor.*, II, 8.) Mais, s'il a voilé sa propre puissance, s'il a gardé le silence devant la puissance d'un juge de la terre, l'avénement que nous attendons n'aura plus rien de cette obscurité, de ce silence, car « Dieu viendra dans tout l'éclat de sa gloire. » (*Ps.* XLIX, 3.) Il est venu d'abord d'une manière cachée, il viendra avec éclat. Voilà ce qui est opposé à cette obscurité. Voyez maintenant ce qui est opposé à son silence. « Notre Dieu viendra et ne gardera point le silence. » Il s'est tu lorsqu'il était caché, « parce qu'il a été conduit comme une brebis à l'immolation. » (*Isa.*, LIII, 7.) Il a gardé le silence dans son obscurité, parce qu'il est resté muet comme un agneau devant celui qui le tond. « Il a gardé le silence dans son obscurité, parce que son jugement a

(1) Saint Augustin blâme fortement cette crainte dans l'explication du psaume CXLVII, n° 1 : « Si nous aimons Jésus-Christ, dit-il, nous devons désirer son avénement, car c'est une chose aussi contraire à la raison qu'à la vérité que de faire cette prière à celui que vous craignez de voir venir : Que votre règne arrive, et de redouter d'être exaucé. »

omnibus qui diligunt manifestationem ejus. » Non potuit melius et brevius insinuare quid debeant homines facere, ut mereantur illam justitiæ coronam. Non enim omnes infundendum sanguinem exspectare debemus ; pauci Martyres, sed multi fideles. Immolari sicut Paulus non potes ? Fidem servare potes ; fidem servando diligis manifestationem ejus. Si enim times ne veniat Dominus, non diligis manifestationem ejus. Dominus Christus modo in occulto est ; manifestabitur tempore suo, judex futurus juste, qui fuit reus sub judice injuste. Venturus est ; et quomodo venturus ? Judicaturus. Neque enim iterum judicandus, sed utique jam judicaturus, sicut novimus, sicut credimus, de vivis et mortuis. Interrogo quemlibet hominem intentum in me, ut audiat me ; interrogo ; respondeat non mihi, sed sibi : Vis ut veniat judex iste ? Volo, inquit. Vide quid dicis : si verum dicis, si vis ut veniat, vide quomodo te inveniat. Judex enim venturus est ; jam tibi prærogata est humilitas, ventura est potestas. Non enim sic venturus est, ut corpore induatur, de matre nascatur, sugat ubera, cunis involvatur, in præsepe ponatur ; postremo jam juvenis ab homine illudatur, teneatur, flagelletur, suspendatur, taceat cum judicatur. Ne forte ideo venturum exspectes, quia humilem venturum adhuc putas. Tacuit judicandus ; non tacebit judicaturus. Occultus hic fuit, ut non agnosceretur : « Si enim cognovissent, nunquam Dominum gloriæ crucifixissent. » (I *Cor.*, II, 8.) Cum ergo hic jam fuerit occultus in potestate sua, tacitus sub aliena ; contrarium erit occultationi et huic taciturnitati quod venturum exspectamus. « Deus enim manifestus veniet. » (*Psal.* XLIX, 3.) Qui prius venit occultus, veniet manifestus. Ecce habes contrarium illi occultationi ; vide contrarium illi taciturnitati. « Deus noster veniet, et non silebit. » Siluit occultus ; quia « sicut ovis ad immolandum ductus est. » Siluit occultus ; quia « sicut agnus coram tondente se sine voce, sic non aperuit os suum. » (*Isai.*, LIII, 7.) Siluit occultus ; quia « in humilitate judicium

SERMON CCXCIX.

été supprimé au milieu de ses humiliations. » (*Isa.*, LIII, 8.) Il a gardé le silence lorsqu'il était caché, parce qu'on n'a vu en lui qu'un homme ; mais « Dieu viendra dans tout l'éclat de sa gloire, notre Dieu viendra et ne gardera point le silence. » Quels sont maintenant vos sentiments, vous qui disiez : Je veux qu'il vienne ; oui, je désire, je soupire après son avénement ? Vous ne craignez pas encore ? « Un feu dévorant marchera devant lui. » Si vous ne craignez pas le juge, ne craindrez-vous pas le feu ?

Couronne qui est due à ceux qui ont conservé la foi. — 5. Mais, si vous avez conservé la foi, vous aimez véritablement son avénement, et vous devez attendre avec certitude la couronne de justice, car, pour ceux qui sont dans cette condition, ce n'est pas un don, mais une dette. L'apôtre saint Paul lui-même la réclame comme lui étant due. « Que le Seigneur, juste Juge, me rendra en ce jour. » Il me la rendra, parce qu'il est juste ; par sa promesse, il s'est constitué mon débiteur. Il m'a commandé, je lui ai obéi ; il m'a enseigné, j'ai cru. « J'ai combattu le bon combat, j'ai achevé ma course. » Voilà les dons qu'il m'a faits ; à ces dons (1), il doit accorder la couronne qu'il a promise. Que vous soyez immolé, que vous combattiez un bon combat, que vous conserviez la foi, c'est à lui que vous en êtes redevable. C'est à ces dons qu'il doit accorder la couronne qu'il a promise. En effet, « qu'avez-vous que vous n'ayez reçu ? » c'est à ces dons, je le répète, que Dieu doit accorder ce qu'il a promis. Avant que Dieu lui eût fait ces dons, que devait-il à Paul ?

Jésus-Christ est notre Sauveur. Paul a été le premier des pécheurs, parce qu'il a surpassé en cruauté tous les autres persécuteurs. Au lieu du châtiment qu'il méritait, Dieu lui a donné le salut. Jésus-Christ, ce divin médecin, a fait paraître toute l'efficacité de son art dans la guérison de Paul. — 6. Entendez l'Apôtre lui-même vous dire : « C'est une vérité certaine et digne d'être reçue avec une entière soumission que le Christ Jésus est venu en ce monde pour sauver les pécheurs, entre lesquels je suis le premier. » (I *Tim.*, I, 15.) « Le Christ Jésus, » dit-il, c'est-à-dire le Christ Sauveur. C'est ce que signifie en latin le mot Jésus. Que les grammairiens ne cherchent pas ici si ce mot est latin, mais que les chrétiens considèrent combien

---

(1) La lacune qui existe ici dans le texte, et qui est malheureusement trop fréquente dans d'autres manuscrits richement exécutés, est, disent les Bénédictins, le fait de quelque vaurien, qui, ne sachant à quoi employer son temps, aura coupé la lettre initiale de ce sermon encadrée dans une riche vignette peinte avec un mélange d'or et de vermillon. Nous regretterions moins, ajoutent-ils, cet acte de vandalisme, si le texte correspondant, sur le verso, à l'espace occupé par la lettre illustrée sur le recto, n'avait été enlevé en même temps.

Nous reproduisons ici le texte tel qu'il a été rétabli par les Bénédictins (à la fin du tome V), et c'est d'après le texte ainsi rétabli que nous avons comblé cette lacune dans la traduction : De cætero his donis suis debet promissa sua. Quod enim immolaris, quod bonum certamen certas, quod finem servas, ab illo habes : « Quid enim habes quod non accepisti ? » Sed his, inquam, donis suis debet promissa sua. Antequam talia donaret, quid erat quod Paulo deberet ? Vide ipsum Apostolum dicentem : « Humanus (seu fidelis sermo, utrumque enim legit Augustinus, primum quidem serm. CLXXIV, secundum autem serm. CLXXV et CLXXVI), et omni acceptione dignus, quia venit Jesus in mundum peccatores salvos facere, quorum primus ego sum. »

Bossuet, de son côté, a ainsi rétabli ce texte : « Bonum certamen certavi, cursum consummavi, fidem servavi. » Hæc donavit. Hic suis donis debet promissam coronam : quod immolaris. Quod bonum certamen certas, quod fidem servas, ab illo habes : « Quid enim habes quod non accepisti ? » Sed his, inquam donis suis debet ulla dona sua. Antequam talia donaret, quam coronam deberet ? Vide ipsum Apostolum : « Humanus sermo et omni acceptione dignus, quod Christus Jesus in mundum peccatores venit salvos facere, quorum primus ego sum. »

---

ejus (*f.* sublatum) sublevatum est. » (*Isa.*, LIII, 8.) Siluit occultus ; quia homo tantum putatus est ; sed « Deus manifestus veniet, Deus noster et non silebit. » Quid ergo tu qui dicebas : Volo veniat : Volo, inquit, veniat, veniat ; nondum times ? « Ignis ante ipsum præibit. » Si non times judicem, non ignem ?

Corona debita servantibus fidem. — 5. Sed si servas fidem, diligis vere ejus manifestationem, securus coronam debes exspectare justitiæ : non enim donatur talibus, sed debetur. Nam et ipse apostolus Paulus tanquam debitum flagitat : « Quam reddet, inquit, mihi Dominus in illo die justus judex. » Reddet, quia justus est ; fecit se mihi promissione debitorem. Præcepit, audivi ; prædicavit, credidi. « Bonum certamen certavi, cursum consummavi. . . . . his donis suis debet pro. . . . . molaris , quod bonum . . . . servas, ab illo habes. « Qu. . . . . accepisti ? » Sed his, inquam. . . . . sua. Antequam talia don. . . . . beret ?

Salvator Christus Jesus. Paulus primus peccator, quia cæteris persecutoribus crudelitate superior. Pro supplicio debito salus ipsi reddita. Medicus Christus artis suæ vim in Pauli curatione commendavit. — 6. Vide ipsum Apostol. . . . . « et omni acceptione dign. . . . . in mundum peccatores. . . . . quorum primus ego sum. » (I *Tim.*, I, 15.) « Christus, inquit, Jesus, » id est Christus Salvator. Hoc est enim Latine Jesus. Nec quærant Grammatici quam sit Latinum, sed Christiani quam verum. Salus enim Lati-

il est conforme à la vérité. Le mot *salus* est un mot latin; les mots *salvare* et *salvator* n'étaient pas latins avant la venue du Sauveur; ils sont devenus latins lorsque son règne s'est établi parmi les Latins. « Le Christ Jésus, » c'est-à-dire le Christ Sauveur, « est donc venu en ce monde. » Et comme si nous lui demandions : Qu'est-il venu faire? il répond : « Pour sauver les pécheurs. » Voilà pourquoi Jésus est venu sur la terre. C'est cette même interprétation de son nom que nous trouvons expliquée dans l'Evangile, lorsque l'ange dit à Marie : « On lui donnera le nom de Jésus, parce qu'il sauvera son peuple de ses péchés. » (*Matth.*, I, 21.) C'est donc une vérité qui doit être reçue avec une entière soumission, que le Christ Jésus est venu en ce monde pour sauver les pécheurs, entre lesquels je suis le premier. » Ce n'est pas que Paul ait été le premier pécheur, mais parce qu'il a péché plus que les autres. C'est ainsi qu'en parlant des arts libéraux, nous disons d'un médecin qu'il est le premier, bien que plus jeune que beaucoup d'autres, parce qu'il les surpasse en habileté; c'est dans le même sens que nous disons habituellement d'un artisan qu'il est le premier, d'un architecte qu'il est le premier. C'est aussi dans ce même sens que l'Apôtre dit qu'il est le premier d'entre les pécheurs, car nul n'a persécuté l'Eglise avec plus de violence. Si vous examinez maintenant ce qui était dû aux pécheurs que Jésus est venu sauver, vous reconnaîtrez sans peine qu'ils ne méritaient que le supplice. Aussi, si vous demandez ce qui leur était dû, je réponds : Le supplice. Qu'est-ce qu'ils ont reçu? Le salut; au lieu du supplice, ils ont reçu le salut; ils ne méritaient que le châtiment, on leur a donné la couronne. Que méritait Paul, qui a commencé par être Saul; que méritait ce premier des pécheurs, qui surpassait tous les autres en cruauté, si ce n'est des supplices, et les plus grands supplices? Cependant, une voix lui crie du ciel : « Saul, Saul, pourquoi me persécutes-tu? » (*Act.*, IX, 4.) Dieu le force de suspendre le cours de ses cruautés, pour qu'il puisse l'épargner lui-même. Le loup est changé en brebis; c'est peu de dire en brebis, il est transformé en pasteur. La voix du ciel lui donne la mort et lui rend la vie, elle le frappe et le guérit. Que faut-il voir dans cette grâce que la grâce dans toute la rigueur du terme? Quels mérites l'avaient précédée? On lui donne le nom de grâce parce qu'elle est donnée gratuitement. « Jésus, dit l'Apôtre, est venu en ce monde pour sauver les pécheurs, entre lesquels je suis le premier. Mais j'ai obtenu miséricorde. » (I *Tim.*, I, 15, 16.) Aurait-il pu dire alors : « Le Seigneur, juste Juge, me rendra en ce jour ? » Si Dieu rendait en ce jour-là au premier des pécheurs, que lui rendrait-il que ce qui est dû au premier des pé-

---

num nomen est. Salvare et salvator non fuerunt hæc Latina antequam veniret Salvator; quando ad Latinos venit, et hæc Latina fecit. Ergo « Christus Jesus, » Christus Salvator, « venit in mundum. » Et quasi quæreremus : Quare ? Ait : « Peccatores salvos facere. » Ideo Jesus venit. Nam sic ipsum nomen etiam interpretatum et expositum quodam modo in Evangelio legimus : « Vocabunt nomen ejus Jesum: ipse enim salvum faciet populum suum a peccatis eorum. » (*Matth.*, I, 21) « Sermo igitur omni acceptione dignus, » credulitate dignus : id est, « quia Christus Jesus venit in mundum peccatores salvos facere, quorum primus ego sum. » Non quia prior peccavit, sed quia cæteris plus peccavit. Quomodo dicimus in artibus medicum primum, multis ætate inferiorem, sed arte superiorem; fabrum primum, architectum primum; solemus ita loqui. Sic se Apostolus appellavit peccatorem primum. Nemo enim est gravius Ecclesiam persecutus. Ergo peccatoribus, ad quos venit Jesus, si quæras quid debebatur, non invenis quid peccatoribus deberetur, nisi supplicium. Si quid deberetur quæris, supplicium est ; si quid redditum sit : quæris, salus est ; pro supplicio salus. Debebatur supplicium, reddita est salus; debebatur pœna, reddita est corona. Nihil debebatur Paulo prius Saulo, primo peccatori, crudelitate cæteros superanti, nihil ei debebatur, nisi supplicium, magnumque supplicium; et vocatur de cœlo : « Saule, Saule, quid me persequeris ? » (*Act.*, IX, 4.) Coercetur, ut parcat, ut ei parci possit. Mutatur lupus in ovem : parum est, in ovem ; imo in pastorem. Superna voce occiditur et vivificatur, percutitur et sanatur. Prosternitur persecutor, erigitur prædicator. Quæ ista gratia, nisi gratia? Quid enim boni meriti præcessit? Gratia vocatur, quia gratis datur. « Venit , inquit , Jesus in mundum peccatores salvos facere, quorum primus ego sum. Sed ideo misericordiam consecutus sum. « (I *Tim.*, V, 15, 16.) Numquid posset tunc dicere : « Reddet mihi Dominus in illa die justus judex ? » Si primo peccatori reddet Dominus in illa die justus judex, quid reddet, nisi quod primo peccatori debetur, magnum supplicium, pœna æterna? Hoc prius

cheurs, c'est-à-dire un supplice rigoureux, un châtiment éternel? Voilà ce qui lui était dû, et ce qui ne lui a pas été rendu. « Mais j'ai obtenu miséricorde. » Je n'ai pas reçu ce qui m'était dû, « mais j'ai obtenu miséricorde, » moi le premier des pécheurs, « afin qu'en moi le Christ Jésus montrât toute sa patience, en sorte que je servisse d'exemple pour ceux qui croiront en lui pour la vie éternelle. » Qu'est-ce à dire, « pour servir d'exemple? » Afin que tout grand pécheur, quels que soient le nombre et l'énormité de ses crimes, ne désespère point du pardon après que Saul l'a obtenu. Le grand médecin, c'est-à-dire Jésus, le grand médecin est venu dans une contrée pleine de malades, et, voulant se faire un renom dans son art, il a choisi, pour le guérir, un malade dont l'état était désespéré. Tel était alors celui qui dit maintenant : « Je suis près d'être immolé, et le temps de ma dissolution approche. J'ai combattu le bon combat, j'ai achevé ma course, j'ai conservé la foi. » Est-ce donc vous qui couriez en aveugle à travers les précipices, qui trainiez les chrétiens à la mort, qui, lorsqu'on lapidait Etienne, gardiez les vêtements de ses bourreaux, et le lapidiez ainsi par les mains de tous? Est-ce bien vous? Oui, répond-il, c'était bien moi; mais, aujourd'hui, ce n'est plus moi. Comment était-ce vous et n'est-ce plus vous? Parce que j'ai obtenu miséricorde. Vous avez donc reçu, Paul, ce qui ne vous était pas dû. Dites-nous maintenant, en toute assurance, ce qui vous est dû; dites : « Reste la couronne de justice qui m'est réservée, et que le Seigneur, juste Juge, me rendra en ce jour. » Avec quelle confiance il exige ce qui lui est dû, après qu'il lui a été donné d'échapper au supplice qu'il méritait. Dites donc maintenant à votre Seigneur, dites avec assurance, avec certitude, avec une confiance pleine et entière : J'étais autrefois plongé dans l'abîme de mes péchés, j'ai usé de la miséricorde à laquelle je n'avais aucun droit; accordez maintenant à vos dons la couronne que vous leur devez. Nous en avons dit assez sur Paul, parlons maintenant de Pierre, et, sans prétendre le louer dignement, rendons-lui les hommages que nous lui offrons chaque année; nous passerons ainsi du dernier au premier, parce que nous aussi nous devons nous élever des derniers degrés aux premiers.

Jésus, qui avait prédit à Pierre encore faible, qu'il le renoncerait, lui prédit son martyre lorsqu'il est revenu à la santé. — 7. Notre-Seigneur Jésus-Christ, dans l'Evangile qu'on vient de nous lire, s'adressant à saint Pierre, le premier de ses apôtres, lui prédit son martyre en ces termes : « Lorsque tu étais plus jeune, tu te ceignais toi-même, et tu allais où tu voulais; mais, quand tu seras vieux, tu étendras les mains, et un autre te ceindra et te conduira où tu ne voudras point. » (*Jean*, XXI, 18.) Et l'Evangéliste nous donne aussitôt l'explication de ces

debebatur, nec redditum est. « Ideo, inquit, misericordiam consecutus sum. » Non debitum accepi, « sed misericordiam consecutus sum » primus peccator, « ut in me ostenderet Christus Jesus omnem longanimitatem ad informationem eorum, qui credituri sunt illi in vitam æternam. » Quid est, « ad informationem ? » Ut quilibet sceleratus, quilibet facinoribus involutus, non desperet veniam, quam accepit Saulus. Medicus magnus, hoc est Jesus, medicus magnus ad regionem veniens languidorum, unde medicina ejus diffamaretur, talem sibi curandum elegit, de quo multum desperabatur. Talis ergo modo, qui prius talis, dicit : « Jam immolor, et tempus resolutionis meæ instat. Bonum certamen certavi, cursum consummavi, fidem servavi. » Tu eras ille qui currebas per præceps, qui Christianos trahebas ad mortem, qui cum lapidaretur Stephanus, ut in omnium manibus lapidares omnium vestimenta servabas? tu eras ille? Ego, inquit, eram, sed non sum. Quare eras, et non es? Quia misericordiam consecutus sum. Accepisti ergo, Paule, quod non tibi debebatur. Dic jam securus quid tibi debeatur, dic jam : « De cætero superest mihi corona justitiæ, quam reddet mihi Dominus in illa die justus judex. » Quam fidenter exigit debitum, cui donatum est non debere supplicium. Dic jam Domino tuo, dic securus, dic certus, dic fiducia plenissimus : Ego eram antea in malitia mea, usus sum indebita misericordia tua; corona ex debito munera tua. Satis hoc sit. Veniamus ad Petrum; et illi non facultatem dignam, sed solemnem devotionem reddamus: a novissimo ad primum, quia et nos a novissimis conamur ad prima.

Petro jam sano prædicitur sua passio, cui infirmo fuerat prædicta negatio. — 7. Petro sancto primo apostolo Dominus ipse Jesus in Evangelio, quod modo cum legeretur, audivimus, passionem suam prænuntiavit dicens : « Cum esses junior, cingebas te, et ibas quo velles; cum autem senex fueris factus, extendes manus tuas, et alter te cinget, et feret quo tu non vis. » (*Joan.*, XXI, 18.) Et ipse Evangelista

paroles : « Or, le Seigneur, dit-il, en lui parlant ainsi, lui indiquait par quelle mort il devait glorifier Dieu. » Notre-Seigneur Jésus-Christ lui prédit son martyre, sa mort sur la croix, mais lorsque Pierre l'aime véritablement et qu'il est bien éloigné de vouloir le renier. Le céleste médecin a parfaitement vu ces deux états différents de son disciple; Pierre l'a renié lorsqu'il était faible; une fois guéri, il aime véritablement son Sauveur. Le Seigneur a fait voir à Pierre ce qu'il était, quand, emporté par une confiance téméraire, il a promis de mourir pour Jésus-Christ, tandis que c'était Jésus-Christ qui était venu mourir pour Pierre. « Vous donnerez votre vie pour moi, lui dit le Sauveur? Je vous le dis en vérité, avant que le coq chante, vous me renoncerez trois fois. » (*Jean.*, XIII, 38.) « Je te guérirai, mais il faut d'abord que tu reconnaisses la maladie dont tu es atteint. » En lui prédisant ce honteux reniement, le Seigneur montre donc à Pierre ce qu'il était, et, en lui demandant s'il l'aime, il montre à Pierre ce qu'était le Christ. « M'aimes-tu, lui dit-il? Oui, je vous aime. Pais mes brebis. » Notre-Seigneur, non content de lui faire cette question, la répète deux et trois fois. Cet amour, confessé trois fois, condamnait la triple négation de la crainte. Et comme Pierre aimait Jésus, le Sauveur lui prédit son martyre. C'est, en effet, le propre de celui qui aime, que d'aller jusqu'au martyre par amour pour le Christ.

Comment Pierre a souffert le martyre contre sa volonté. La mort est la peine du péché. — 8. Mais qui de vous, mes frères, n'est surpris de ce que le Seigneur ajoute : « Un autre te ceindra et te conduira où tu ne voudras point? » (*Ibid.*, XXI, 18.) C'est donc malgré lui que Pierre est parvenu à cette grâce signalée du martyre? Ecoutons Paul : « Je suis près d'être immolé, et le temps de ma mort approche. » A l'entendre parler de la sorte, il est comme transporté de joie, et semble courir de lui-même au martyre, tandis que Jésus dit à Pierre : « Un autre te ceindra et te conduira où tu ne voudras point. » Paul a-t-il donc souffert volontiers, et Pierre contre sa volonté? Si nous le comprenons bien, Pierre et Paul souffrent tous deux le martyre et contre leur volonté et de leur plein gré. Pour expliquer cette assertion dans la mesure de mes forces, j'ai besoin de toute votre attention. On peut supporter la mort, on ne peut l'aimer. Si l'on pouvait aimer la mort, qu'y aurait-il de grand, d'extraordinaire, dans la conduite de ceux qui l'ont endurée pour la foi? Si nous les voyions se livrer à la joie des festins, les appellerions-nous de grands hommes, des hommes courageux? Si nous les voyions nager au sein des voluptés, exalterions-nous leur force ou leur patience? Et pour quelle raison? Est-ce parce que leur conduite serait diamétralement opposée à la douleur, aux souffrances, parce que leur vie se passerait au milieu de la joie, des plaisirs et

---

consequenter exposuit nobis quid dictum fuerit : « Hoc autem, inquit, dicebat Dominus, significans qua morte clarificaturus erat Deum. » Passionem ejus, crucem ejus prænuntiavit ei ipse Dominus Christus, sed jam amanti, non neganti. Utrumque enim tempus servavit in eo medicus : negavit infirmus, amavit sanus. Ostendit ei Dominus, eidem Petro ostendit Petrum, quando temeraria quadam fiducia promiserat pro Christo se esse moriturum, cum venisset Christus pro Petro moriturus. « Animam, inquit, tuam pro me ponis? Amen dico tibi, antequam gallus cantet, ter me negabis? » (*Joan.*, XIII, 38.) Sanabo te; sed prius est ut æger agnoscas te. Ergo in illa negatione prædicta ostendit Dominus Petro Petrum; in illo autem amore ostendit Dominus Petro Christum. « Amas me, inquit? » Amo. Pasce oves meas. » (*Ibid.*, XXI, 15.) Hoc semel, hoc iterum, hoc tertio. Ter amor confessus est, ter timor damnatus est. Et quia amabat, indicatur ei passio ejus. Hoc enim erat amare, usque ad passionem per Christi amorem pervenire.

Petrus quomodo nolens passurus. Mors pœna peccati. — 8. Sed quid est illud, Fratres, quem non moveat? « Alter, inquit, te cinget, et feret quo tu non vis. » (*Ibid.*, 18.) Non ergo volens Petrus ad tantam gratiam passionis advenit? Ecce Paulus : « Ego enim jam immolor, et tempus resolutionis meæ instat; » videtur in his verbis exsultando quasi festinare ad passionem; huic autem : « Alter te cinget, et feret quo tu non vis. » Volens Paulus et nolens Petrus? Imo, si intelligamus : Volens Paulus et volens Petrus, et nolens Paulus et nolens Petrus. Hoc dum explicem, ut possum, intentione vestra mihi opus est. Amari mors non potest, tolerari potest. Nam si amatur, nihil magnum fecerunt qui eam pro fide susceperunt. Numquid si eos lætari videremus in conviviis, diceremus magnos viros, diceremus fortes viros? Si voluptatibus circumfluere cerneremus, fortitudinem in eis aut patientiam laudaremus? Quare? Num quia rem facerent contrariam doloribus, contrariam molestiis, essent in gaudiis, in voluptatibus, in deliciis; num

des délices, que nous les proclamerions avec éloge de grands hommes, des hommes d'un courage et d'une patience à toute épreuve? Ce n'est pas à ce titre que nous décernons des louanges aux martyrs. Ils ont été de grands hommes, des hommes courageux, des hommes patients. Voulez-vous une preuve que le devoir ici est de souffrir le martyre, et non de l'aimer? Examinez ici la signification du mot que l'on désigne, en latin *passio*, souffrance. C'est donc en vertu de leur nature que, non-seulement les hommes, mais tous les êtres animés ne veulent pas mourir et redoutent la mort. Or, les martyrs ont été grands parce qu'ils ont souffert courageusement, pour le royaume des cieux, ce qu'il y a de plus pénible pour la nature, et que la pensée des promesses divines leur a fait supporter les plus rudes épreuves. Entendez le Seigneur nous dire : « Personne n'a un plus grand amour que celui qui donne sa vie pour ses amis. » (*Jean*, xv, 13.) S'il n'y avait rien de rude dans cette épreuve, quel acte d'héroïsme ferait ici la charité? Est-ce d'aimer pour moi les délices? Non, mais de supporter la mort. « A cause des paroles sorties de vos lèvres, » c'est ce que chantent les martyrs, « à cause des paroles sorties de vos lèvres, j'ai marché par des voies dures; » (*Ps.* xvi, 4) c'est-à-dire au souvenir de vos préceptes et de vos promesses, j'ai gardé des voies difficiles et dures. A ne considérer donc que la nature et la force de l'habitude, nous ne voudrions point mourir; mais, en aimant ce qui doit suivre la mort, nous acceptons ce que nous ne voulons pas, afin de parvenir à ce que nous désirons. Voilà ce qui explique ces paroles du Sauveur : « Il te conduira où tu ne voudras point. » Il exprime ici le sentiment de la nature, et non celui du dévouement et de l'amour. Notre-Seigneur a voulu personnifier en lui-même cette faiblesse qui nous est naturelle, lorsqu'aux approches de sa passion, il dit à son Père : « Mon Père, s'il est possible, que ce calice s'éloigne de moi. » (*Matth.*, xxvi, 39.) Lorsque l'Apôtre dit : « Je suis près d'être immolé, » ce sont les paroles d'un homme qui se dispose à souffrir plutôt qu'à goûter des délices. La mort est donc un châtiment qui nous a été transmis. Nous l'avons reçue de la racine même de l'arbre, et elle s'est répandue dans tous les rameaux qui forment le genre humain. Adam l'a méritée le premier par son péché. « C'est par la femme, dit l'Ecriture, que le péché a eu son commencement, et par elle nous mourons tous. » (*Eccli.*, xxv, 33.) Et l'Apôtre lui-même nous enseigne que « c'est par un seul homme que le péché est entré dans ce monde, et la mort par le péché, et qu'ainsi la mort a passé à tous les hommes par ce seul homme en qui tous ont péché. » (*Rom.*, v, 12.) Il y a donc à la fois, dans notre nature, le péché et la peine. Dieu a créé la nature sans péché, et, si l'homme eût persévéré dans l'éloignement du péché, le châtiment n'eût pas existé. C'est de cette source que nous sommes venus, c'est là que nous avons

---

quia tales, ut magni, ut fortes, ut patientissimi laudarentur? Martyres autem non sic laudamus. Magni viri, fortes viri, patientes viri. Vis nosse quia tolerandum est, non amandum? Nomen interroga : Passio vocatur. Natura ergo, non tantum homines, sed et omnes omnino animantes recusant mortem et formidant. Ideo magni Martyres, quia quod valde durum est, pro regno cœlorum fortiter susceperunt, et cogitantes promissa tolerarunt molestias. Videte Dominum dicentem : « Majorem hac caritatem nemo habet, ut animam suam ponat quis pro amicis suis. » (*Joan.*, xv, 13.) Si hoc durum non est, quid magnum caritas facit, quia pro me amat delicias? Non. Sed quia tolerat mortem. « Propter verba labiorum tuorum ; » Martyrum vox est : « Propter verba labiorum tuorum, » hoc est, propter monita et promissa tua, « ego custodivi vias duras. » (*Psal.* xvi, 6.) Ergo quantum ad naturæ modum et vim consuetudinis recusatur mors; sed dum amatur quod erit post mortem, suscipitur quod nolumus, ut perveniatur quo volumus. Ecce unde venit : « Feret quo tu non vis. » Naturam expressit, non devotionem. Hanc nostræ infirmitatis naturam in se ipse Dominus transfiguravit, cum passurus ait Patri : « Pater, si fieri potest, transeat a me calix iste. » (*Matth.*, xxvi, 39.) « Ego enim jam immolor, » patientis verba sunt, non deliciantis. Mors ergo nostra de pœna est, propinata nobis. A radice hanc accepimus, (*f.* diffusione) diffusio ramorum generis humani. Adam primus hanc peccando meruit. « A muliere initium factum est peccati, » sicut Scriptura loquitur, « et per illam omnes morimur. » (*Eccli.*, xxv, 33.) Et : « Per unum hominem peccatum intravit in mundum, et per peccatum mors, et ita in omnes homines pertransiit, in quo omnes peccaverunt. » (*Rom.*, v, 12.) Ergo in nostra natura et culpa et pœna. Deus naturam sine culpa fecit, et si sine culpa persisteret, nec pœna utique (*f.* sequeretur) sequebatur. Inde ve-

puisé le péché et le châtiment, c'est de là que nous avons contracté le germe de beaucoup d'autres misères. Dans notre nature se trouvent donc réunis la faute et le châtiment; dans la chair de Jésus, je ne vois que la peine sans la faute, pour guérir en nous la faute et la peine. « Un autre, dit le Sauveur à Pierre, te ceindra et te conduira où tu ne voudras point. » C'est bien là une peine, mais par cette peine on parvient à la couronne. Paul méprisait cette peine; en considérant la couronne, la souffrance lui paraissait méprisable, et il disait : « Je suis près d'être immolé; reste la couronne de justice qui m'est due. » Le chemin que j'ai à traverser est rude, mais le terme où il aboutit est si glorieux ! Pierre savait aussi le terme vers lequel il tendait; aussi a-t-il accepté le martyre avec un généreux et entier dévouement; mais il a supporté plutôt qu'il n'a aimé le martyre. Il a supporté le martyre, mais il a aimé ce qui devait suivre son martyre; et son amour pour le terme du voyage lui a fait supporter courageusement les rudes épreuves par lesquelles il fallait passer.

Paul lui-même aurait voulu ne point mourir. — 9. Nous avons dit que ces deux apôtres avaient voulu et n'avaient pas voulu la mort; que l'un comme l'autre auraient voulu, s'il avait été possible, échapper à la peine, mais que tous deux avaient aimé ardemment la couronne. Montrons donc, maintenant, que Paul lui-même aurait voulu éviter la peine. Le Seigneur nous a déclaré en propres termes que la volonté de Pierre y était opposée, et il vous a personnifié en lui-même, lorsqu'il a dit : « Mon Père, s'il est possible, que ce calice s'éloigne de moi. » Le Seigneur a donc attesté lui-même quels étaient les sentiments de Pierre, Paul va nous faire connaître lui-même les siens. Dans un de ses Epîtres il dit, en parlant de ce corps mortel : « Nous gémissons sous ce poids, » (II *Cor.*, v, 4) selon ces autres paroles de l'Ecriture : « Le corps qui se corrompt appesantit l'âme, et cette demeure terrestre abat l'esprit, qui se livre à la multitude de ses pensées. » (*Sag.*, IX., 15.) « Nous gémissons donc sous ce poids, » dit l'Apôtre, c'est-à-dire sous le fardeau de ce corps corruptible. « Nous gémissons sous ce poids. » Si vous gémissez, vous devez vous décharger volontiers de ce fardeau. On ne peut le nier, l'Apôtre déclare qu'il gémit sous ce poids, qu'il est accablé sous le fardeau de ce corps corruptible; voyez, cependant, s'il consent volontiers à être déchargé de ce fardeau qui l'accable, qui le fait gémir. Ce n'est pas ce qu'il va dire; qu'ajoute-t-il donc? « Nous ne voulons pas être dépouillés. » Voilà bien le cri de la nature, et l'aveu du châtiment. Le corps est un fardeau, ce corps est un poids accablant, ce corps est sujet à la corruption, nous gémissons sous sa pesanteur, et nous ne le quittons pas volontiers, et nous ne voudrions pas en être déchargés. « Nous ne voulons pas être dépouillés, » dit l'Apôtre. Vous voulez donc rester

nimus, inde utrumque traximus, et hinc multa contraximus. In nostra igitur natura et culpa et pœna; in Jesu carne et pœna sine culpa, ut et culpa sanaretur et pœna. « Alter te, inquit, cinget, et feret quo tu non vis. » Pœna est hæc; sed per pœnam tenditur ad coronam. Contemnebat pœnam Paulus; ergo attendens coronam, contemnebat pœnam, et dicebat: Jam immolor, debetur mihi corona justitiæ. Durum est qua transitur, sed magnum est quo transitur. Et Petrus noverat quo tendebat : ideo et ipse passionem plena devotione suscepit; sed toleravit, non amavit passionem. Toleravit passionem, quod sequebatur amavit, et quoniam quo ibat amavit, qua ibat toleravit.

Paulum quoque mori noluisse ostenditur. — 9. Diximus ambos noluisse et ambos voluisse; ambos, si fieri posset, noluisse pœnam, ambos tamen pariter coronam adamasse. Sed ostendamus et Paulum pœnam noluisse. Petro enim testis factus est ipse Dominus : quia et te transfiguravit in se, quando dixit : « Pater, si fieri potest, transeat a me calix iste. » Petro ergo attestatus est Dominus ; Paulus autem ipse sibi. Ait enim quodam loco de mortali isto corpore : « Ingemiscimus gravati, » (II *Cor.*, v, 4) secundum illud Scripturæ alio loco : « Corpus quod corrumpitur, aggravat animam, et deprimit terrena inhabitatio sensum multa cogitantem. » (*Sap.*, IX, 15.) Ergo ait : « Ingemiscimus gravati, » sub sarcina scilicet corruptibilis corporis. « Ingemiscimus gravati. » Si ingemiscis, libenter pone sarcinam istam. Certe ingemiscere se dixit sub hoc onere, gravari sub sarcina hac corruptibilis corporis; vide utrum velit hoc onere spoliari, sub quo gravatur, sub quo ingemiscit. Non hoc sequitur; sed quid ait? « In quo nolumus exspoliari. » O vocem naturæ, confessionem pœnæ! Grave corpus est, onerosum corpus est, corruptibile corpus est; gemitur sub illo, et non libenter deseritur, et non libenter deponitur. « Nolumus, inquit, spoliari. »

toujours ici pour gémir? Et, si vous gémissez sous le poids de ce corps, pourquoi ne pas vouloir en être dépouillé? Non, je ne le veux pas, répond-il. Voyez ce qu'il ajoute : « Nous ne voulons pas être dépouillés, mais revêtus par-dessus. » Je gémis sous cette tunique terrestre, j'aspire après celle du ciel, je voudrais me revêtir de l'une sans dépouiller l'autre. « Nous ne voulons pas être dépouillés, mais revêtus par-dessus. » O Paul, accordez-moi de comprendre ce que vous dites. N'est-ce pas faire injure à la richesse de ce céleste vêtement, que de le mettre par-dessus ces lambeaux de la mortalité et de la corruption, les uns étant le vêtement de dessous, l'autre le vêtement de dessus; ceux-ci le vêtement extérieur, celui-là le vêtement intérieur? A Dieu ne plaise, répond-il; ce n'est pas ce que je veux dire. Je ne veux pas être dépouillé, mais revêtu par-dessus; non pas toutefois dans ce sens que la corruption reste cachée sous l'incorruptibilité, mais « en sorte que ce qu'il y a de mortel soit absorbé par la vie. » Vos justes acclamations sont une preuve que vous connaissez les Ecritures. Mais je ne veux pas que celui qui ne les connaît point s'imagine que ces dernières paroles viennent de moi ; ce sont les paroles mêmes de saint Paul, et voici la phrase tout entière : « Nous gémissons sous le poids, parce que nous désirons, non pas être dépouillés, mais revêtus par-dessus, en sorte que ce qu'il y a de mortel soit absorbé par la vie. » (II *Cor.*, v, 4.) Cette doctrine est parfaitement conforme à celle que vous enseignez ailleurs en parlant de la résurrection des corps : « Il faut que ce corps corruptible revête l'incorruptibilité, et que ce corps mortel revête l'immortalité. Et après que ce corps mortel aura revêtu l'immortalité, cette parole de l'Ecriture sera accomplie : La mort a été absorbée dans la victoire. » (I *Cor.*, xv, 53-56.) Ces paroles : « En sorte que ce qui est mortel soit absorbé par la vie, » expriment la même pensée que celles-ci : « La mort a été absorbée dans la victoire. » Nulle part la mort n'exercera son empire, ni en dessous, ni par-dessus, ni à l'intérieur, ni à l'extérieur. « Car la mort a été ensevelie dans la victoire. O mort, où est ton ardeur pour le combat? » Voilà ce qui sera dit à la mort, après la résurrection future des corps, après cette transformation si complète : que la mort sera absorbée dans la victoire. « Lorsque ce corps corruptible aura revêtu l'incorruptibilité, ô mort, dira-t-on, où est cette ardeur si grande pour le combat? » Cette ardeur même t'emporte où tu ne veux pas. « O mort, où est ton ardeur? ô mort, où est ton aiguillon? Or, l'aiguillon de la mort, c'est le péché. »

Preuve contre les pélagiens que la mort vient du péché. — 10. Quoi, dites-vous, la mort ne vient pas du péché? De quelle autre mort veut donc parler l'Apôtre, en traitant de la résurrection des morts? Ce corps corruptible sera revêtu

---

Sic remansurus es gemens? Et si ingemiscis gravatus, quare spoliari non vis? Non, inquit. Vide quid sequitur : « Nolumus spoliari, sed supervestiri. » Sub terrena tunica gemo, ad cœlestem festino ; illam volo accipere, istam nolo ponere. « In quo nolumus spoliari, sed supervestiri. » Ergo, Paule, intelligam te, quid dicis? Fiet injuria tanto illi cœlesti vestimento, ut veniat tibi super hos pannos mortalitatis et corruptionis, ut hoc sit inferius, illud superius; hoc interius, illud exterius? Absit, inquit : non sic dico. Nolo spoliari, sed supervestiri. Non tamen ut sub incorruptione lateat corruptio, sed ut « absorbeatur mortale a vita. » Bene exclamasti, qui Scripturas nosti. Sed ne aliquis ignarus Scripturarum verba mea putet subsecuta, Pauli sunt verba, omnia ista Apostolica verba sunt : « Ingemiscimus gravati, in quo nolumus spoliari, sed supervestiri, ut absorbeatur mortale a vita. » Bene tenes, quod alibi dicis de resurrectione corporis loquens : « Oportet corruptibile hoc induere incorruptionem, et mortale hoc induere immortalitatem ; cum autem corruptibile hoc induerit incorruptionem, tunc fiet sermo qui scriptus est : Absorpta est mors in victoriam. » (I *Cor.*, xv, 53, etc.) Quod illo loco ait, « ut absorbeatur mortale a vita, » hoc isto loco : « Absorpta est mors in victoriam. » Nusquam mors ; non infra, non supra ; non intra, non extra. « Absorpta est enim mors in victoriam. Ubi est mors contentio tua? » Dicetur morti in futura corporis resurrectione, et tali commutatione, ut absorbeatur mors in victoriam. « Cum corruptibile hoc induerit incorruptionem, » dicetur morti : « Ubi est, mors, contentio tua? » Ipsa contentio facit ut feraris quod non vis. « Ubi est, mors, contentio tua? Ubi est, mors, aculeus tus? Aculeus autem mortis peccatum. »

Mortem a peccato esse contra Pelagianos probatur. — 10. Certe non est mors a peccato? De qua enim morte alia loquebatur, cum de resurrectione corporis loqueretur? Inductur incorruptibilitate hoc corruptibile ; absorbebitur mors in victoriam. Hæc cor-

d'incorruptibilité, la mort sera absorbée dans la victoire. C'est bien la résurrection du corps. C'est alors qu'on pourra dire à la mort : « O mort, où est ton ardeur? » Et à quelle mort, sinon à la mort du corps, puisqu'il est ici question de la résurrection du corps. « O mort, où est ton ardeur? ô mort, où est ton aiguillon? or, l'aiguillon de la mort c'est le péché. » Le péché est l'aiguillon de la mort; c'est cet aiguillon qui a produit la mort, et non la mort qui a produit cet aiguillon, de même que nous disons d'un breuvage empoisonné qu'il est mortel, parce qu'il donne la mort, et non parce qu'il est produit par la mort. Le Seigneur, dans la résurrection, mettra donc un terme à ce châtiment; en attendant, il laisse les fidèles et les saints assujettis à la mort, pour les exercer à la lutte. La mort vous est laissée pour vous donner occasion de combattre. Dieu, en vous justifiant, aurait pu vous affranchir de la mort; il vous a laissé soumis à la mort, pour vous donner lieu de lutter avec elle et de la mépriser pour la foi. En effet, il a soustrait à son empire ceux qu'il a voulu. Enoch et Elie ont été enlevés de ce monde, et vivent encore. Est-ce leur justice qui leur a mérité cette faveur, ou la doivent-ils à une grâce particulière, à un bienfait spécial de Dieu? Le Créateur a voulu ainsi nous montrer toute l'étendue de sa puissance en l'exerçant sur toutes choses.

L'exemple d'Enoch et d'Elie ne favorisent nullement l'erreur des pélagiens, qui prétendent que la mort est une conséquence de la nature, et non du péché. — 11. C'est donc en pure perte que ceux qui prétendent que la mort, c'est-à-dire la mort du corps, ne vient pas du péché, mais qu'elle est une conséquence de la nature, et qu'Adam serait mort, même quand il n'aurait point péché; c'est en vain, dis-je, qu'ils nous objectent l'exemple d'Enoch et d'Elie (1). Cette objection est bien inconsidérée, et, s'ils veulent y faire attention, elle va même contre eux. Que disent-ils, en effet? Si la mort est la peine du péché, pourquoi Enoch et Elie ne sont-ils pas morts? Vous ne voyez donc pas, vous qui tenez ce langage, que vous attribuez à la nature la mort, que vous niez être la peine du péché? Vous dites : La mort est une conséquence de la nature; je dis, moi, qu'elle est la peine du péché. Sans doute elle est un apanage de la nature, mais de la nature viciée et condamnée à ce châtiment. Ainsi donc, vous prétendez que la mort du corps vient de la nature, et j'affirme qu'elle est la peine du péché. Si elle est la peine du péché, me demandez-vous, pourquoi Enoch et Elie ne sont-ils pas morts? Et moi, je vous

(1) C'est ce que Marius Mercator avait appris à saint Augustin en lui écrivant que les pélagiens objectaient ici l'exemple d'Enoch et d'Elie, qui n'étaient pas morts, mais qui avaient été enlevés de ce monde avec leurs corps. Le saint docteur, dans la lettre qu'il écrit à Mercator, maintenant la excuse, fait à cette objection à peu près la même réponse que dans ce sermon : « Je ne comprends pas, dit-il au n° 5, en quoi cette objection peut servir leur cause, car, sans que j'aie besoin de faire remarquer que ces deux prophètes doivent aussi, comme on le croit, mourir un jour, suivant l'interprétation d'un grand nombre de commentateurs expliquant ce que l'Apocalypse de saint Jean dit des deux Prophètes, etc.; en quoi, je le demande, cette objection peut-elle leur être profitable ? Car ils ne peuvent prouver par là que ce n'est point à cause du péché que les hommes souffrent la mort du corps. Si Dieu, en effet, qui pardonne à tant de fidèles leurs péchés, à voulu faire grâce à quelques-uns de cette peine du péché, qui sommes-nous pour lui dire : Pourquoi l'un est-il ainsi traité de préférence à l'autre? » Et plus loin, au n° 7 : « Si la mort du corps est la peine du péché, pourquoi l'enfant meurt-il après avoir reçu le baptême? C'est ce qui est plus difficile à résoudre que la question de savoir pourquoi Elie n'est pas mort après avoir été justifié. »

poris resurrectio. Ibi dicetur : « Ubi est, mors, contentio tua? » Cui, nisi corporis morti? Quia sermo est de corporis resurrectione. « Ubi est, mors, contentio tua? Ubi est, mors, aculeus tuus? Aculeus autem mortis peccatum. » Peccatum aculeus mortis, quo aculeo facta est mors, non quem aculeum fecit mors; quomodo venenum poculum mortis, quia facit mortem, non quia fit a morte. Dominus ergo in resurrectione finit hanc pœnam; mortem autem etiam et fidelibus et sanctis relinquit ad luctam. Ad agonem tibi mors dimissa est. Nam poterat Deus justificato tibi auferre mortem, sed dimisit ad certamen, ut esset quod pro fide contemneres. Nam de quibus voluit, fecit. Enoch translatus est, et Elias translatus est, et vivunt. Justitia ipsorum meruit hoc? an Dei gratia et Dei beneficium et speciale concessum? Ut Creator ostendat in omnibus potestatem, commendavit nobis quid possit.

Pelagianorum errori, mortem naturæ esse, non peccati, Enochi et Eliæ exemplum nihil suffragatur. — 11. Frustra ergo isti, qui dicunt non de peccato nos mori, quantum pertinet ad corporis mortem, sed naturæ esse quod morimur, et moriturum fuisse Adam etiam si non peccasset, frustra nobis istos apponunt, Enoch et Eliam. Valde inconsiderate loquuntur; et si attendant, contra se loquuntur. Quid enim dicunt? Si peccati est mors, quare non mortui sunt Enoch et Elias? Non vides, qui hoc loqueris, quia naturæ dicis esse mortem, qui negas esse peccati. Tu dicis, naturæ : ego dico, peccati; est naturæ quidem, sed jam vitiosæ, jam isto supplicio condemnatæ. Proinde tu naturæ dicis, ego peccati dico esse mortem cor-

réponds : Si la mort vient de la nature, pourquoi Enoch et Elie ne sont-ils pas morts? Enoch et Elie vivent encore ; en quelque lieu qu'ils soient, ils y sont vivants. Et, suivant une conjecture autorisée par un passage des divines Ecritures, ils doivent mourir un jour. L'Apocalypse parle, en effet, de deux prophètes extraordinaires, qui doivent mourir et ressusciter en présence des hommes, et monter ensuite vers le Seigneur. (*Apoc.*, xi, 7.) Or, dans ces prophètes, beaucoup d'interprètes voient Enoch et Elie, bien qu'ils ne soient point nommés. Peut-être, pour persévérer dans cette erreur qui vous plaît, direz-vous que vous ne recevez pas ce livre de l'Ecriture ; ou si vous le recevez, vous ne tenez aucun compte de ce passage, où, dites-vous, le nom de ces prophètes n'est pas exprimé. J'admets donc avec vous qu'ils vivent et qu'ils ne doivent jamais mourir. Faites-moi encore cette question : Si la mort est la peine du péché, pourquoi ne sont-ils pas morts ? Je vous répondrai : Si la mort vient de la nature, pourquoi ne sont-ils pas morts? Je dis, pour expliquer comment ils vivent, que, pour eux, le temps du péché est passé ; dites, si vous le pouvez, que la nature a cessé d'exister pour eux.

Saint Augustin engage les fidèles à se mettre en garde contre les pélagiens, qui commençaient à se multiplier. — 12. Nous sommes entré par occasion dans ces considérations étrangères à notre sujet, mais qui peuvent, cependant, contribuer à raffermir notre foi contre ces discoureurs, dont le nombre augmente malheureusement tous les jours. Qu'ils ne lassent point notre patience, mais qu'ils n'ébranlent pas non plus notre foi. Soyons pleins de vigilance et de circonspection à l'égard de ces nouveautés de discussions tout humaines, et qui n'ont rien de divin. Puisque nous célébrons aujourd'hui la fête des saints apôtres, écoutons l'un d'eux nous dire : « Evitez les nouveautés profanes de paroles, » (I *Tim.*, vi, 20) car elles contribuent beaucoup à l'impiété. » (II *Tim.*, ii, 16.) « Nous désirons que vous soyez sages dans le bien et simples dans le mal. » (*Rom.*, xvi, 19.) Adam est mort, mais le serpent qui l'a séduit n'est pas mort. Il ne cesse de faire entendre ses sifflements et ses murmures. Il n'a plus à attendre que le dernier supplice, mais il cherche des compagnons pour les associer à sa damnation. Ecoutons l'ami de l'Epoux, plein de zèle, non pour lui, mais pour l'Epoux : « Je vous aime pour Dieu d'un amour de jalousie ; je vous ai fiancés à cet unique Epoux, Jésus-Christ, pour vous présenter à lui comme une vierge pure. Mais je crains que, comme Eve fut séduite par les artifices du serpent, vos esprits ne se corrompent de même et ne dégénèrent de la chasteté qui est selon Jésus-Christ. » (II *Cor.*, xi, 2, 3.) Nous avons entendu tous cette recommandation de l'Apôtre, observons-la tous fidèlement, et mettons-nous en garde contre le venin du serpent. Nous ne pouvons pas dire

poris. Et interrogas me : Si peccati est, quare Enoch et Elias non sunt mortui? Et ego respondeo : Imo si naturæ est, quare Enoch et Elias non sunt mortui ? Vivunt Enoch et Elias ; translati sunt, ubicumque sint, vivunt. Et si non fallitur quædam ex Scriptura Dei conjectura fidei, morituri sunt. Commemorat enim Apocalypsis quosdam duos mirabiles Prophetas, eosdemque morituros, et in conspectu hominum resurrecturos, et ascensuros ad Dominum ; et intelliguntur ipsi Enoch et Elias ; quamvis illic nomina eorum taceantur. Et si forte tu, qui ista sapis, hanc Scripturam non accepisti ; aut si accipis, contemnis et dicis : Non sunt nominatim expressi ; vivant, ut putas, nunquam morituri. Adhuc dic mihi : Si peccati est mors, quare non sunt mortui? Repono tibi : Si naturæ est mors, quare non sunt mortui? Ego dico, ut vivant, finitam esse culpam ; tu dic, si potes, finitam esse naturam.

Crebrescentes Pelagianos caveri jubet. — 12. Aliud quidem ex alio et per occasionem diximus, sed quod tamen sic pertinet ad fidei nostræ stabilitatem, contra quosdam disputatores male crebrescentes. Sed non vincant patientiam nostram, nec tamen evertant fidem nostram. Cauti et circumspecti simus adversus novitates disputationum, humanarum utique, non divinarum. Apostolorum solemnitatem hodie celebramus, Apostolum monentem audiamus : « Profanas vocum novitates evita ; » (I *Tim.*, vi, 20) « multum enim proficiunt ad impietatem. » (II *Tim.*, ii, 16.) « Volumus autem vos sapientes quidem esse in bono, integros autem a malo. » (*Rom.*, xvi, 19.) Mortuus est Adam, sed serpens ille nondum est mortuus. Susurrat, et insibilare non cessat. Extremum illi supplicium reservatur, sed comites suæ damnationis inquirit. Audiamus amicum sponsi, zelantem sponso non sibi : « Zelo enim vos zelo Dei ; aptavi vos uni viro virginem castam exhibere Christo. Et timeo, inquit, ne sicut serpens Evam seduxit astutia sua, sic et vestræ mentes corrumpantur a castitate, quæ est in Christo. » (II *Cor.*, xi, 2, 3.) Verba Apostolica om-

que nous n'avons pas entendu, que nous ne connaissons pas ces paroles, puisque nous venons de chanter : « L'éclat de leur voix s'est répandu par tout l'univers, et leurs paroles ont retenti jusqu'aux extrémités de la terre. » (*Ps.* XVIII, 4.) En se répandant jusqu'aux extrémités de la terre, ces paroles sont arrivées jusqu'à nous ; nous les avons reçues, nous les avons consignées par écrit, nous avons établi des lecteurs pour les lire aux fidèles. Le lecteur ne cesse de les faire entendre, le commentateur de les expliquer : pourquoi le perfide tentateur ne cesse-t-il pas de tendre ses piéges ?

SERMON CCC.

Ier *pour la fête des saints Machabées, martyrs* (1).

CHAPITRE PREMIER. — *Il y a eu des chrétiens avant Jésus-Christ.* — 1. C'est la gloire des saints Machabées qui a consacré pour nous ce jour de fête. Pendant qu'on nous lisait le récit de leur martyre vraiment admirable, non-seulement nous étions attentifs, mais nous contemplions de nos yeux ce magnifique spectacle. Ces faits se sont accomplis avant l'incarnation, avant la passion de Notre-Seigneur et Sauveur Jésus-Christ. Les Machabées appartenaient à ce premier peuple d'où sont sortis les prophètes qui ont prédit les événements dont nous sommes témoins. Il ne faut pas croire, en effet, qu'avant l'existence du peuple chrétien Dieu n'eût point de peuple qui lui appartînt spécialement. Loin de là, je dirai même, pour parler selon la vérité, et plutôt qu'en tenant compte de la dénomination habituelle, qu'il y avait alors un peuple chrétien. En effet, ce n'est pas seulement après sa passion que Jésus-Christ a commencé d'avoir un peuple ; il avait bien avant pour peuple celui qui est sorti d'Abraham, à qui le Seigneur lui-même rend ce témoignage : « Abraham a désiré voir mon jour ; il l'a vu, et s'en est réjoui. » (*Jean*, VIII, 56.) C'est donc d'Abraham qu'est né ce peuple qui a été esclave en Egypte, que Dieu a délivré de sa main puissante, par Moïse, son serviteur, de cette servitude d'Egypte ; qui a été conduit à travers la mer Rouge, dont les flots se sont retirés miraculeusement devant lui ; que Dieu a éprouvé dans le désert, soumis à la loi, et qu'il a constitué en royaume. C'est donc de ce peuple, qui a produit les prophètes, que sont aussi sortis nos glorieux martyrs. Jésus-Christ n'était pas encore mort, mais c'est en vue de sa mort que Jésus-Christ leur a donné la gloire du martyre.

CHAPITRE II. — *Les saints martyrs Machabées, sans porter le nom de chrétiens, ont été chrétiens en réalité.* — 2. Je voudrais tout d'abord imprimer cette vérité dans l'esprit de votre

---

(1) Le calendrier de Carthage indique cette même fête pour les calendes d'août. Les homélies multipliées des Pères les plus anciens, grecs et latins, prouvent qu'elle était alors célébrée dans tout le monde chrétien.

---

nes audivimus, omnes observemus, omnes serpentis venena caveamus. Non enim possumus dicere : Non audivimus, non novimus ; quando modo cantavimus : « In omnem terram exivit sonus eorum, et in fines orbis terræ verba eorum. » (*Psal.* XVIII, 4.) Currentia verba in fines terræ venerunt ad nos ; excepimus, conscripsimus, lectores instituimus. Non tacet lector, parturit disputator : quare non cessat insidiator ?

SERMO CCC ^(a).

In solemnitate Martyrum Machabæorum, 1.

CAPUT PRIMUM. — *Christiani ante Christum nonnulli exstitere.* — 1. Istum nobis solemnem gloria Machabæorum fecit, quorum mirabiles passiones, cum legerentur, non solum audivimus, sed etiam vidimus et spectavimus. Olim ista gesta sunt, ante incarnationem, ante passionem Domini et Salvatoris nostri Jesu Christi. In primo populo illo exstiterunt, in quo Prophetæ exstiterunt, qui hæc præsentia prædixerunt. Nec quisquam arbitretur, antequam esset populus Christianus, nullum fuisse populum Deo. Imo vero, ut sic loquar, quemadmodum se veritas habet, non nominum consuetudo, Christianus etiam ille tunc populus fuit. Neque enim post passionem suam cœpit habere populum Christus, sed illius populus erat ex Abraham genitus, cui perhibens testimonium ipse Dominus ait : « Abraham concupivit videre diem meum ; et vidit, et gavisus est. » (*Joan.*, VIII, 56.) Ergo ex Abraham natus est ille populus, qui servivit in Ægypto, et qui manu potenti per Moysen famulum Dei de domo servitutis liberatus, per mare Rubrum fluctibus descendentibus ductus, in eremo exercitatus, legi subditus, in regno collocatur. Unde, sicut dixi, exstiterunt Prophetæ, inde isti Martyres floruerunt. Nondum quidem erat mortuus Christus ; sed Martyres eos fecit moriturus Christus.

CAPUT II. — *Machabæi martyres, non appellatione, sed*

(a) Alias de Diversis CIX.

charité : c'est qu'en admirant ces glorieux martyrs, vous n'alliez pas croire qu'ils n'étaient pas chrétiens. Ils ont été chrétiens, ils ont devancé et réalisé par leurs actes le nom de chrétien, qui n'a été connu que plus tard. Sans doute, comme ils ne confessaient pas expressément le Christ, le roi impie qui les persécutait ne les forçait pas de renier le Christ, comme on y contraignit dans la suite les martyrs qui, en refusant courageusement de le renier, se sont couverts d'une gloire semblable. Les persécuteurs du peuple chrétien qui sont venus ensuite, contraignaient ceux qu'ils persécutaient à renier le nom de Jésus-Christ, mais ces généreux martyrs, inébranlablement attachés au nom de Jésus-Christ, ont souffert des tourments semblables à ceux des Machabées, et dont vous venez d'entendre la lecture. C'est à ces martyrs plus récents, qui ont par milliers empourpré la terre de leur sang, que les persécuteurs commandaient de renier le Christ. Ils refusaient d'obéir, et pour prix de leur refus, ils étaient livrés aux supplices qu'ont endurés les Machabées. A ces derniers, on disait : Reniez la loi de Moïse; ils refusaient également, et aimaient mieux souffrir pour la défense de cette loi. Les uns ont donc souffert le martyre pour le nom de Jésus-Christ, les autres pour le nom de Moïse.

CHAPITRE III. — *C'est avec raison que l'Église célèbre la fête des Machabées. Le mystère du Christ était couvert d'un voile dans l'Ancien Testament. La croix est la clef de l'Ancien Testament.* — 3. Mais voici qu'un Juif vient nous dire : Comment osez-vous compter nos martyrs parmi les vôtres ? De quel front osez-vous célébrer leur mémoire ? Lisez leur profession de foi, et voyez s'il y est question du Christ. Vraiment, lui répondrons-nous, vous qui êtes un de ceux qui ont refusé de croire en Jésus-Christ, et qui, rameaux brisés de l'olivier franc, qu'a remplacé l'olivier sauvage, sont restés stériles et desséchés, vous qui êtes un de ces perfides, que répliqueriez-vous à ce que je vais dire ? Les Machabées ne confessaient pas expressément le Christ, parce que le mystère du Christ était encore couvert d'un voile. En effet, l'Ancien Testament est comme le voile du Nouveau, et le Nouveau Testament est la révélation, la manifestation de l'Ancien. Considérez donc ce que l'apôtre saint Paul dit des Juifs infidèles, qui sont vos pères, et auxquels vous unit la fraternité du mal. « Jusqu'à ce jour, lorsqu'ils lisent les livres de Moïse, ils ont un voile dans le cœur. Ce même voile demeure sans être levé lorsqu'ils lisent l'Ancien Testament, et c'est en Jésus-Christ seul que ce voile est ôté. » « Quand ce peuple, ajoute-t-il, sera converti au Seigneur, le voile sera levé. » (II *Cor.*, III, 14, etc.) « Ce voile, dit-il, demeure sans être levé pendant qu'ils lisent l'Ancien Testament, parce que c'est

re ipsa Christiani. — 2. Hoc ergo in primis commendandum est Caritati Vestræ, ne, cum illos Martyres admiramini, putetis non fuisse Christianos. Christiani fuerunt, sed nomen Christianorum postea divulgatum factis antecesserunt. Sed videlicet quasi non eis erat confessio Christi, a rege impio et persecutore non cogebantur negare Christum, quod postea Martyres, cum cogerentur, ne facerent, similem gloriam consecuti sunt. Posteriores enim persecutores populi Christiani, ad negandum nomen Christi compellebant eos quos persequebantur ; illi in Christi nomine perseverantissime consistentes, patiebantur talia, qualia illos perpessos esse, cum legerentur, audivimus. Istis ergo Martyribus recentioribus, quorum millibus terra purpurata est, imperabatur et dicebatur a persecutoribus : Negate Christum. Quod non facientes, patiebantur talia, qualia et isti perpessi sunt. Istis vero dicebatur : Negate legem Moysi. Non faciebant; patiebantur pro lege Moysi. Isti pro nomine Christi, illi pro lege Moysi.

CAPUT III. — *Machabæorum passio merito celebratur in Ecclesia. Christi mysterium in veteri Testamento velatum. Clavis Testamenti veteris crux.* — 3. Exsistit aliquis Judæus, et dicit nobis : Quomodo istos nostros, vestros Martyres computatis ? Qua impudentia eorum memoriam celebratis ? Legite confessiones eorum ; attendite si confessi sunt Christum. Cui respondemus : Vere, quia unus es ex eis qui in Christum non crediderunt, et fracti de oliva, oleastro succedente, foris aridi remanserunt (*Rom.*, XI, 17), quid dicturus es unus ex perfidis ? Non confitebantur illi aperte Christum, quia adhuc velabatur Christi mysterium. Testamentum enim vetus velatio est novi Testamenti, et Testamentum novum revelatio est veteris Testamenti. Vide ergo de infidelibus Judæis patribus tuis, sed in malo fratribus tuis ; vide quid de talibus dicat apostolus Paulus. « Usque nunc quamdiu legitur Moyses, velamen super corda eorum positum est. Idipsum autem velamen in lectione veteris Testamenti manet, quod non revelatur, quoniam in Christo evacuatur. Cum transieris, inquit, ad Christum, auferetur velamen. (II *Cor.*, III, 14, etc.) Velamen, inquit, in lectione veteris Tes-

en Jésus-Christ qu'il est ôté, » non pas l'Ancien Testament, mais le voile dont il est couvert. Ce n'est donc point l'Ancien Testament qui est enlevé; loin de là, il est accompli par Celui qui a dit : « Je ne suis pas venu détruire la loi, mais l'accomplir. » (*Matth.*, v, 17.) Le voile est ôté pour donner l'intelligence de ce qui était obscur. Les mystères de l'Ancien Testament demeuraient fermés, parce que la clef de la croix ne les avait pas encore ouverts.

Chapitre IV. — *Par la passion de Jésus-Christ, toutes les prophéties ont été accomplies, et les mystères de la croix révélés.* — 4. Contemplez donc la passion du Seigneur; représentez-vous-le suspendu à la croix, et s'y reposant quand il le veut, comme un lion, et mourant, non par nécessité, mais par un acte de sa puissance, pour détruire la mort. Considérez-le attentivement, entendez-le dire sur la croix : « J'ai soif. » (*Jean*, xix, 28.) Et lorsque les Juifs, sans savoir le mystère qu'ils accomplissaient, lient à un roseau une éponge pleine de vinaigre, et l'eurent présentée à sa bouche, Jésus ayant pris ce vinaigre, dit : « Tout est consommé, et, ayant incliné la tête, il rendit l'esprit. » (*Ibid.*) Qui entreprend un voyage avec autant de calme et de précision que Jésus meurt sur la croix? Où peut-on voir une aussi grande vérité, une aussi grande puissance que dans Celui qui disait : « J'ai le pouvoir de quitter la vie, et j'ai le pouvoir de la reprendre. Nul ne me la ravit, mais je la donne de moi-même, et j'ai le pouvoir de la donner, et j'ai le pouvoir de la reprendre? » (*Jean*, x, 18.) Il est impossible de ne pas reconnaître le règne du Christ vivant, quand on réfléchit sérieusement à la puissance avec laquelle il meurt. C'est ce qu'il avait prédit aux Juifs par son prophète : « Je me suis endormi, » (*Ps.* iii, 6) comme s'il disait : Pourquoi tant vous vanter de m'avoir mis à mort? Pourquoi vous glorifier vainement, comme si vous m'aviez vaincu? « Je me suis endormi. » Je me suis endormi, parce que je l'ai voulu, et non parce que vous avez déchaîné contre moi votre fureur, j'ai accompli ce que j'ai voulu, et vous êtes restés dans votre crime. Lors donc qu'il eut goûté le vinaigre, il dit : « Tout est consommé. » Qu'est-ce qui est consommé? Ce qui est écrit de moi. Qu'est-il écrit de lui? « Ils m'ont donné du fiel pour nourriture, ils m'ont présenté du vinaigre pour étancher ma soif. » (*Ps.* lxviii, 22.) Il jette donc un regard sur toutes les circonstances de sa passion; ils avaient branlé la tête devant sa croix, ils lui avaient donné du fiel, ils avaient compté les os de son corps attaché, étendu sur la croix, ils avaient partagé ses vêtements, tiré au sort sa tunique, qu'ils ne pouvaient partager : après avoir considéré attentivement, et compté, pour ainsi dire, toutes les prédictions des prophètes

---

tamenti manet, quod non revelatur, quoniam in Christo evacuatur; » non lectio veteris Testamenti, sed velamen quod ibi positum est. Lectio denique veteris Testamenti non evacuatur, sed impletur ab illo, qui dixit : « Non veni solvere legem, sed adimplere. » (*Matth.*, v, 17.) Velamen ergo evacuatur, ut quod obscurum erat intelligatur. Hoc utique clausum erat, quia nondum clavis crucis accesserat.

Caput IV. — *Passione Christi impletæ prophetiæ et omnia crucis mysteria revelata.* — 4. Intuere denique Domini passionem, pone tibi ante oculos in ligno pendentem, et tanquam leonem, cum voluit, recumbentem, atque ut occideret mortem, non necessitate, sed potestate morientem. Idipsum attende; vide quemadmodum in cruce dixit : « Sitio. » (*Joan.*, xix, 28.) Et cum Judæi nescientes quid per eos ageretur, quid de nescientium manibus impleretur, spongiam cum aceto ligarent cum arundine, et ei sorbendam darent; ille hausto aceto respondit : « Perfectum est. Et inclinato capite tradidit spiritum. » Quis ita proficiscitur, ut ille defunctus est? Quanta veritate, quanta potestate, quam ille qui dixerat : « Potestatem habeo ponendi animam meam, et potestatem iterum sumendi eam. Nemo eam tollit a me; sed ipse eam pono a me, et iterum sumo eam. » (*Ibid.*, x, 18.) Agnoscit regnum viventis, qui digne cogitaverit potestatem morientis. Hoc autem dixerat per Prophetam ipsis Judæis : « Ego dormivi. » (*Psal.* iii, 6.) Tanquam diceret : Quid vos de mea morte jactatis? Quid, quasi me viceritis, inaniter gloriamini? « Ego dormivi. » Ego dormivi, quia volui; non quia sævistis. Ego implevi quod volui; vos in scelere remansistis. Accepto ergo aceto et hausto, dixit : « Perfectum est. » Quid perfectum est? Quod de me scriptum est. Quid de illo scriptum est? « Dederunt in escam meam fel, et in siti mea potaverunt me aceto. » (*Ibid.*, lxviii, 22.) Circumspiciens ergo cuncta quæ gesta fuerant in passione ejus; jam illi ante crucem caput agitaverant, jam fel dederant, jam ossa pendentis et extenti numeraverant, jam vestimenta divisa erant, jam super tunicam indivisibilem sortem miserant; circumspectis et quodam modo computatis

touchant sa passion, il voit qu'il restait je ne sais quelle circonstance, moins importante en apparence : « Et ils m'ont présenté du vinaigre pour étancher ma soif. » Il veut accomplir ce dernier et moindre trait, et s'écrie : « J'ai soif, » et après avoir pris le vinaigre, il s'écrie : « Tout est consommé; puis ayant incliné la tête, il rendit l'esprit. » Alors la terre fut ébranlée jusque dans ses fondements, les rochers se fendirent et dévoilèrent les secrets des enfers; les tombeaux rendirent leurs morts, et, pour arriver au point que j'ai eu en vue, en rapportant tous ces détails, comme le temps était venu que le voile qui couvrait le mystère de la croix dans l'Ancien Testament fût levé, le voile du temple se déchira en deux.

CHAPITRE V. — *Les autres martyrs ont confessé Jésus-Christ révélé dans l'Evangile, les Machabées ont confessé Jésus-Christ encore voilé dans la loi. Ceux qui mouraient pour la loi de Moïse mouraient pour Jésus-Christ.* — 5. Ce fut donc à partir de ce moment et après sa résurrection que Jésus-Christ fut prêché ouvertement. Les prophéties qui le concernaient furent alors accomplies en lui de la manière la plus éclatante, et les martyrs le confessèrent avec un courage à toute épreuve. Les martyrs confessèrent publiquement Celui que les Machabées avaient confessé en secret; les martyrs moururent pour Jésus-Christ révélé dans l'Evangile, les Machabées moururent pour le nom de Jésus-Christ encore voilé dans la loi. Jésus-Christ les reconnaît pour siens, les uns comme les autres; Jésus-Christ les a secourus les uns et les autres au milieu du combat, et leur a donné à tous la même couronne. Jésus-Christ les compte les uns comme les autres parmi ses serviteurs, comme un puissant potentat qui marche accompagné d'une multitude de sujets, les uns qui le précèdent, les autres qui le suivent. Considérez-le lui-même porté comme un roi sur le char de son humanité; ceux qui le précèdent, comme ceux qui le suivent, lui obéissent et lui sont dévoués. Veux-tu une preuve, et une preuve sans réplique, que les Machabées, en mourant pour la loi de Moïse, sont morts pour Jésus-Christ? Ecoute Jésus-Christ lui-même, ô Juif, écoute-le; ouvre enfin ton cœur, et que le voile tombe de tes yeux : « Si vous croyiez à Moïse, vous me croiriez aussi. » Ecoute ces paroles, reçois-les fidèlement si tu peux, et, si j'ai fait tomber le voile, vois de tes yeux. « Si vous croyiez à Moïse, leur dit-il, vous me croiriez aussi; car c'est de moi qu'il a écrit. » (*Jean*, v, 46.) Si Moïse a parlé du Christ dans ses écrits, celui qui est mort véritablement pour la loi de Moïse a donné sa vie pour Jésus-Christ. « Car c'est de moi, dit-il, qu'il a écrit. » Il a été glorifié par la langue de ceux qui confessaient son nom, comme par la plume véridique des

omnibus quæ de ipsius passione Prophetæ prædixerant, restabat nescio quid, quod minus erat : « Et in siti mea potaverunt me aceto. » Ut hoc quod modicum remanserat adderetur, dixit : « Sitio. » Accepto quod minus erat, respondit: « Perfectum est. » Quo dicto, « inclinato capite tradidit spiritum. » Tunc terræ fundamenta concussa sunt, tunc disruptis petris inferorum secreta patuerunt, tunc sepulcra mortuos reddiderunt; et ut dicam propter quod totum diximus, quia jam tempus erat ut in mysterio crucis omnia quæ in veteri Testamento velabantur, revelarentur, velum templi conscissum est.

CAPUT V. — *Christum alii Martyres in Evangelio revelatum, Machabæi in Lege velatum confessi sunt. Pro lege Moysi morientes, pro Christo moriebantur.* — 5. Cœpit ergo ex illo Christus post resurrectionem apertissime prædicari. Cœperunt in eo quæ prædicta erant prophetica manifestissime impleri; cœperunt eum Martyres constantissime confiteri. Ipsum Martyres in manifesto confessi sunt, quem tunc Machabæi in occulto confessi sunt; mortui sunt isti pro Christo in Evangelio revelato, mortui sunt illi pro Christi nomine in lege velato. Christus habet utrosque, Christus pugnantes adjuvit utrosque, Christus coronavit utrosque. Christus habet in ministerio suo utrosque, tanquam quidam potentissimus incedens cum agmine sequentium, aliis præcedentibus, aliis sequentibus. Ipsum ergo potius intuere in carnis vehiculo præsidentem : et qui præcedunt, illi obsequuntur; et qui sequuntur, illi devoti sunt. Nam ut noveris, aperteque noveris quia pro lege Moysi morientes, pro Christo sunt mortui; audi ipsum Christum, o Judæe, audi; et aperiatur tandem cor tuum, velum tollatur ab oculis tuis. « Si crederetis Moysi, crederetis et mihi. » Hoc audi, hoc accipe, si potes. Si a me velamen ablatum est, vide. « Si crederetis, inquit, Moysi, crederetis et mihi; de me enim ille scripsit. » (*Joan.*, v, 46.) Si de Christo Moyses scripsit; qui pro lege Moysi veraciter mortuus est, pro Christo animam posuit. « De me, inquit, ille scripsit. » Cui servierunt linguæ confitentium, ei servivit calamus vera scribentium. Vos calamum Moysi quomodo in-

écrivains sacrés. Mais comment pouvez-vous comprendre ce qu'a écrit le roseau de Moïse, vous qui avez attaché à un roseau une éponge trempée de vinaigre? Plût à Dieu que vous pussiez boire le vin de Celui à qui vous avez présenté du vinaigre en blasphémant!

Chapitre VI. — *Les Machabées ont bien mérité cette solennité instituée en leur honneur. Basilique élevée à Antioche à leur mémoire. Les enfants doivent apprendre des Machabées à aimer leurs mères.* — 6. Les Machabées sont donc les martyrs de Jésus-Christ. Il n'y a donc rien d'inconvenant, il est, au contraire, de toute justice, de toute convenance, pour les chrétiens, de célébrer solennellement le jour anniversaire de leur martyre. Les Juifs savent-ils célébrer de semblables fêtes? Une basilique, dit-on, a été construite en leur honneur à Antioche, c'est-à-dire dans cette ville qui doit son nom au roi qui les a persécutés. Ils ont souffert les tourments auxquels les a condamnés ce roi impie, et la mémoire de leur martyre est célébrée dans la ville même d'Antioche où se perpétuent ainsi le nom de celui qui a persécuté et la gloire de Celui qui a couronné. Cette basilique appartient aux chrétiens, et elle a été bâtie par les chrétiens. C'est donc nous qui sommes en possession de célébrer leur gloire, et c'est aussi parmi nous que des milliers de saints martyrs répandus par toute la terre ont imité leur courage au milieu des souffrances. Que nul donc, mes frères, n'hésite à imiter les Machabées, parce qu'il croirait, en les imitant, ne pas imiter des chrétiens. Que nos cœurs soient embrasés d'un saint désir de les imiter. Que les hommes apprennent à mourir pour la vérité. Que les femmes viennent se former sur l'exemple de cette mère, qui, par sa patience héroïque et son ineffable courage, a su conserver ses enfants. Elle sut vraiment les posséder, parce qu'elle ne craignit pas de les perdre. Chacun de ses enfants a souffert le supplice particulier auquel il était livré, leur mère a souffert tous les tourments qu'elle leur voyait souffrir. Mère de sept martyrs, elle a été sept fois martyre. Témoin du supplice de ses enfants, elle n'en fut pas séparée, et elle les rejoignit en souffrant la mort après eux. Elle les voyait tous, elle les aimait tous d'un amour égal, la vue de leurs tourments lui faisait ressentir ce qu'ils souffraient dans leur corps, et, loin d'en être effrayée, elle les encourageait.

Chapitre VII. — *Elle exhorte au martyre le dernier de ses fils qui était resté.* — 7. Le persécuteur Antiochus pensait trouver en elle une mère semblable aux mères ordinaires. Conseillez à votre fils, lui dit-il, d'éviter la mort qui le menace. Oui, répondit-elle, je conseillerai à mon fils de sauver sa vie en l'exhortant à la mort, tandis que toi, en paraissant l'épargner, tu veux lui persuader de se perdre sans retour. Et quelles paroles admirables elle lui adressa! quelle tendresse! quel amour maternel, où l'on

---

telligere poteritis, qui in calamo acetum ligastis? Utinam aliquando vinum ejus bibatis, cui adhuc blasphemando acetum propinatis.

Caput VI. — *Machabæis merito instituta solemnitas. Basilica in eorum memoriam erecta Antiochiæ. Filios diligere matres discant a Machabæorum matre.* — 6. Machabæi ergo Martyres Christi sunt. Ideo non incongrue, neque importune, imo convenientissime dies eorum et solemnitas eorum a Christianis potius celebratur. Quid tale Judæi celebrare noverunt? Sanctorum Machabæorum basilica esse in Anotichia prædicatur, in illa scilicet civitate, quæ regis ipsius persecutoris nomine vocatur. Antiochum quippe regem persecutorem impium pertulerunt, et memoria martyrii eorum in Antiochia celebratur, ut simul sonet et nomen persecutoris, et memoria coronatoris. Hæc basilica a Christianis tenetur, a Christianis ædificata est. Eorum ergo memoriam celebrandam nos habemus, nos tenemus; apud nos passiones eorum millia per orbem terrarum sanctorum Martyrum imitata sunt.

Nemo dubitet, Fratres mei, imitari Machabæos, ne ergo cum imitatur Machabæos, putet se non imitari Christianos. Prorsus imitationis affectus ferveat in cordibus nostris. Discant viri mori pro veritate. Discant feminæ, de matris illius tanta patientia, ineffabili virtute, quæ noverat servare filios suos. Habere noverat, quæ perdere non timebat. Isti in se singuli sentiendo, illa videndo in omnibus passa est. Facta mater septem Martyrum, septies martyr; a filiis non separata spectando, et filiis addita moriendo. Videbat omnes, amabat omnes. Ferebat in oculis, quod in carne omnes; nec solum non terrebatur, sed etiam exhortabatur.

Caput VII. — *Filium qui reliquus erat, cohortatur ad martyrium.* — 7. Hanc Antiochus persecutor velut matrem de cæteris matribus computavit. Persuade, inquit, filio tuo, ne pereat. Et illa : Plane filio meo vitam persuadebo, ad mortem cohortando ; tu mortem vis persuadere, parcendo. Qualis autem allocutio, quam pia, quam materna, quam inter spiritales et

retrouve un heureux mélange des sentiments les plus élevés de la nature et de la foi! « Mon fils, lui dit-elle, aie pitié de moi; aie pitié de moi, qui t'ai porté neuf mois en mon sein, qui t'ai allaité trois ans, qui t'ai nourri et amené jusqu'à cet âge; aie pitié de moi. » (II *Mach.*, VII, 27.) Tous s'attendaient qu'elle allait ajouter : Fais ce que demande Antiochus et n'abandonne point ta mère. Mais, bien loin de là, elle lui dit : Obéis à Dieu, et garde-toi de te séparer de tes frères. En paraissant me quitter, c'est alors que tu ne te sépares pas de moi, car je te posséderai dans un séjour où je ne craindrai plus de te perdre; tu seras conservé à mon amour par le Christ, dans un lieu d'où Antiochus ne pourra t'arracher. Le jeune homme craignit Dieu, il suivit les conseils de sa mère, répondit au roi et attira sa mère avec lui.

SERMON CCCI.

IIe pour la fête des saints Machabées.

CHAPITRE PREMIER. — *Courage de la mère des Machabées, témoin du martyre de ses enfants.* — 1. Quel grand spectacle a été offert aujourd'hui aux yeux de notre foi! Nous avons entendu, et nous avons vu, des yeux du cœur, une mère faisant des vœux pour que ses enfants mourussent avant elle, vœux bien différents de ceux qu'inspire ordinairement la nature. Tous les hommes, en effet, désirent sortir de cette vie avant, et non après leurs enfants, tandis que cette mère généreuse a désiré mourir la dernière. Elle savait qu'elle ne perdait pas ses enfants, mais qu'elle les envoyait devant elle, et elle considérait, non pas la vie qu'ils sacrifiaient, mais celle qu'ils allaient commencer. Ils cessaient de vivre, mais dans ce monde où ils devaient un jour mourir, et ils commençaient à vivre de cette vie qui ne devait plus finir. C'est peu pour elle d'avoir voulu être témoin de leur martyre, nous avons surtout admiré les exhortations qu'elle leur adressait. Femme plus féconde en vertus que par le nombre de ses enfants, elle combattait avec eux tous en les voyant combattre, et leur victoire à tous était également sa victoire. Comme cette femme, comme cette mère, dans son unité, nous représente et nous met, pour ainsi dire, devant les yeux notre unique Mère la sainte Eglise, qui par toute la terre exhorte ses enfants à mourir pour le nom de Celui à qui elle doit de les avoir conçus et enfantés! C'est ainsi que le sang des martyrs, répandu par toute la terre comme une précieuse semence, a produit l'abondante moisson qui a enrichi l'Eglise. D'où vient à l'homme cette grâce? « Le salut des justes vient du Seigneur, dit le Roi-Prophète, et il est leur protecteur au temps de la tribulation. » (*Ps.* XXXVI, 39.)

CHAPITRE II. — *Dieu s'est déclaré le protec-*

---

carnales in ambiguo suspensa? « Fili, miserere mei. » « Fili, inquit, miserere mei, quæ te novem mensibus in utero portavi, cui lac triennio dedi, atque ad hanc ætatem perduxi ; miserere mei. » (II *Mach.*, VII, 27.) Omnes exspectabant verba consequentia : Consenti Antiocho, noli deserere matrem tuam. Illa e contra : Consenti Deo, noli deserere fratres tuos. Si me quasi deseris, tunc me non deseris. Ibi te habebo, ubi ne perdam ulterius non timebo. Ibi te mihi servabit Christus, unde non tollet Antiochus. Deum timuit, matrem audivit, regi respondit, fratribus adhæsit, matrem traxit.

SERMO CCCI ^(a).

In solemnitate sanctorum Machabæorum, II.

CAPUT PRIMUM. — *Mater Machabæorum in filiorum passione quam fortis.* — 1. Magnum spectaculum positum est ante oculos fidei nostræ. Aure audivimus, corde vidimus optantem matrem ante se finire istam vitam filios suos ; longe contrariis votis consuetudini humanæ. Omnes enim homines filios suos ex hac vita migrando præcedere volunt, non sequi; illa autem optavit posterior mori. Non enim amittebat filios, sed præmittebat ; nec intuebatur quam vitam finirent, sed quam inchoarent. Desinebant enim vivere, ubi quandoque fuerant morituri; et incipiebant vivere, sine fine victuri. Parum est fuisse spectatricem, mirati sumus potius hortatricem. Fecundior virtutibus, quam fetibus : videns certantes, in quibus omnibus ipsa certabat ; et in omnibus vincentibus ipsa vincebat. Una mulier, una mater, quomodo nobis ante oculos posuit unam matrem sanctam Ecclesiam, ubique exhortantem filios suos pro illius nomine mori, de quo eos concepit et peperit? Sic sanguine Martyrum impletus orbis præjactatis seminibus seges Ecclesiæ pullulavit. Unde hoc homini? nisi, quia : « Salus justorum a Domino, et protector eorum est in tempore tribulationis. » (*Psal.* XXXVI, 39.)

CAPUT II. — *Deus non tantum tribus pueris, sed etiam*

---

^(a) Alias de Diversis cx

teur, *non-seulement des trois enfants dans la fournaise, mais aussi des Machabées.* — 2. Nous l'avons vu et nous savons que Dieu a été, au jour de l'affliction, le protecteur des trois jeunes hommes qui marchaient au milieu des flammes sans en être atteints, et qui, au sein de cette fournaise ardente, louaient Dieu sans ressentir la moindre souffrance. Là où l'homme était cruel, la flamme était inoffensive et douce. Nous avons donc vu, et nous savons comment le salut de ces justes est venu du Seigneur : jetés dans les flammes, qui ont épargné leur vie, ils ont converti le roi barbare que leur généreuse réponse avait irrité. Il crut en leur Dieu, et publia un édit, d'après lequel tout homme qui blasphémerait le Dieu de Sidrach, de Misach et d'Abdenago, serait mis à mort et sa maison livrée au pillage. Que cet ordre est différent du premier ! Que portait le premier édit? Périsse quiconque n'adorera point la statue d'or ! Et le second? Périsse celui qui blasphémera le vrai Dieu ! Ces hommes fidèles, sans avoir changé de résolution, changèrent les dispositions de ce prince infidèle. Comme ils étaient restés fermes et inébranlables dans la foi, ils ne voulurent pas le laisser persévérer dans son infidélité. C'est donc évidemment au Seigneur qu'ils doivent leur conservation. C'est lui qui les protégeait, lorsqu'ils le bénissaient au milieu de la fournaise sans être consumés. Mais où était Dieu, lorsque les Machabées le confessaient et mouraient au milieu des flammes qui les dévoraient? Dirons-nous que les uns étaient justes et les autres pécheurs? En effet, lorsqu'on nous lisait le récit de leur martyre, nous avons entendu les Machabées confesser leurs péchés et reconnaître que toutes ces calamités étaient tombées sur eux par un effet de la juste colère de Dieu contre les crimes de leurs pères. (*Machab.*, VII, 18, 32.) Et que disaient les trois jeunes Hébreux? Lisez, et vous verrez qu'ils confessent également leurs péchés, et reconnaissent qu'ils souffrent en toute vérité et en toute justice. (*Dan.*, III, 28.) Egalement justes les uns et les autres, ils reconnaissaient également qu'ils étaient pécheurs, d'autant plus justes qu'ils faisaient également l'aveu de leurs péchés. Ils étaient irréprehensibles, parce qu'ils avaient une égale horreur du mensonge. « Si nous disons que nous sommes sans péché, dit saint Jean, nous nous séduisons nous-mêmes, et la vérité n'est point en nous. Mais, si nous confessons nos péchés, il est fidèle et juste pour nous les remettre et pour nous purifier de toute iniquité. » (1 *Jean*, I, 8, 9.) Un des caractères des justes est donc de confesser leurs péchés, tandis que le propre des orgueilleux est de défendre leur justice prétendue. Ces justes donc, les uns comme les autres, ont également confessé leurs péchés, également rendu gloire à Dieu, et ils étaient également disposés à mourir pour la défense de ses lois.

Machabæis adfuit. — 2. Vidimus, novimus protectorem fuisse Dominum in tempore tribulationis trium virorum illorum, qui ambulabant inter ignes innoxios, et Dominum sine ulla læsione laudabant. Ubi homo sæviebat, flamma parcebat. Vidimus, novimus quemadmodum salus eorum justorum a Domino fuit, ut in ignem mitterentur, et illum asperum regem, quem loquendo irritaverant, vivendo converterunt. Credidit quippe in eorum Deum, et proposuit edictum, ut quicumque blasphemaret Deum Sidrach, Misach et Abdenago, in interitum iret ; et domus ejus in direptionem. (*Dan.*, III, 96.) Quam dissimilis jussio primæ jussioni ! Qualis prima jussio? Pereat qui statuam auream non adoraverit. Qualis secunda? Pereat qui Deum verum blasphemaverit. Fideles homines non mutati, infidelem hominem mutaverunt. Illum in perfidia stare non permiserunt, quia ipsi in fide steterunt. Salus ergo illorum manifeste a Domino fuit. Quando illi non ardebant et laudabant, aderat Dominus. Quando isti ardebant, confitebantur, tamen moriebantur, ubi erat Dominus? An forte illi justi erant, isti peccatores? Audivimus enim istos paulo ante, cum passio eorum legeretur, confiteri peccata sua, et dicere, quoniam omnia illa irascente Domino sibi, sed et paterno merito paterentur. (II *Mach.*, VII, 18, 32.) Quid illi? Legite, et videbitis etiam ipsos peccata propria confiteri, et dicere se merito perpeti. (*Dan.*, III, 28.) Æqualiter justi, confessores æqualiter peccatorum ; et ideo justi, quia confessores æqualiter peccatorum. Ideo irreprehensibiles, quia non mendaces. « Si enim dixerimus, » ait Joannes, « quia peccatum non habemus, nos ipsos decipimus, et veritas in nobis non est. Si autem peccata nostra confessi fuerimus, fidelis est et justus, qui dimittat nobis peccata, et emundet nos ab omni iniquitate. » (I *Joan.*, I, 8, 9.) Ad justos ergo pertinet confessio peccatorum ; ad superbos pertinet defensio meritorum. Pariter ergo justi peccata confitentes, pariter Deo gloriam dantes, pariter pro ejus legibus mori parati.

CHAPITRE III. — *Pourquoi les trois jeunes Hébreux ont été délivrés de la fournaise ardente, tandis que les Machabées sont morts au milieu des flammes.* — Pourquoi donc les uns sont-ils délivrés des flammes, tandis que les autres y sont consumés? Est-ce donc que Dieu protégeait les uns et avait abandonné les autres? Loin de nous cette pensée : il les protégeait également, les uns ouvertement, les autres en secret. Il délivrait visiblement ceux-ci et couronnait invisiblement ceux-là. Les premiers ont été sauvés de la mort, mais ils sont restés au milieu des tentations de cette vie; délivrés des flammes, ils étaient comme réservés à d'autres dangers, et, après avoir triomphé d'un seul tyran, ils avaient encore à combattre contre le démon. Mes frères, comprenez cette vérité comme des chrétiens doivent la comprendre. La délivrance des Machabées a été bien plus parfaite et plus sûre. Les trois jeunes Hébreux, vainqueurs de cette seule tentation, avaient encore à combattre toutes les autres; les Machabées terminaient cette vie, qui est tout entière une longue tentation. Ajoutons que, par un décret divin, décret mystérieux, mais cependant juste, Nabuchodonosor mérita de se convertir, tandis qu'Antiochus ne fit que s'endurcir. L'un obtint miséricorde, l'orgueil de l'autre ne fit que s'accroître.

CHAPITRE IV. — *Contre ceux qui prétendent que la félicité est dans cette vie, et qui doutent de l'existence d'une autre vie.* — 3. Mais dans quelles proportions et jusqu'où s'est élevé son orgueil? « J'ai vu l'impie élevé au-dessus des cèdres du Liban. » Jusques à quand, combien de temps a duré cette élévation? « J'ai passé, et il n'était plus; je l'ai cherché, et je n'ai pas trouvé sa place. » (*Ps.* XXXVI, 35, 36.) Vous avez raison; vous l'avez cherché, et vous ne l'avez pas trouvé, parce que vous avez passé. Voulez-vous vous convaincre que l'impie n'est plus là? Voulez-vous le chercher et ne plus trouver sa place? Passez. Qu'est-ce à dire : Passez? Ne vous effrayez point; je ne vous ai pas dit : Mourez. Vous avez cru que je vous disais : Sortez de cette vie, et vous étiez saisi de crainte, parce que vous n'en êtes pas encore sorti. Que veux-je dire, que vous n'en êtes pas encore sorti? Vous n'avez pas encore été, par l'élévation du cœur, au delà des charmes de la félicité temporelle, au delà des séductions des sens, au delà des suggestions du monde, qui flattent le cœur et y font pénétrer la crainte des afflictions de la vie. Voilà pourquoi vous vous figurez que le bonheur est dans ce monde, et vous ne pouvez croire que ce monde est bien plutôt le séjour du malheur. La félicité du royaume des cieux n'a fait aucune impression sur votre cœur, aucun vent rafraîchissant n'a soufflé du ciel sur vos passions brûlantes. Lorsqu'on vous dit : La félicité du monde n'est que mensonge, bien que vous n'osiez soutenir le contraire, je lis cepen-

---

CAPUT III. — *Cur tres pueri ab ignibus liberantur, Machabæi consumuntur.* — Quare illi ab ignibus liberantur, isti ab ignibus consumuntur? Ergo illis Deus aderat, hos deseruerat? Absit : imo utrisque adfuit; illis in aperto; istis in occulto. Illos visibiliter liberabat : istos invisibiliter coronabat. Illi quidem de morte liberati sunt; sed in hujus vitæ tentatione manserunt : ab igne liberati, ad pericula reservati; uno tyranno victo, adhuc certaturi cum diabolo. Fratres mei, sicut Christiani intelligite. Machabæi melius et tutius liberati sunt. Ab illis tribus viris, cæteris remanentibus, illa una tentatio superata est; ab istis ista vita finita, quæ tota tentatio est. Deinde divino judicio, occulto procul dubio, sed tamen justo, Nabuchodonosor meruit converti, Antiochus meruit obdurari. Ille invenit misericordiam, iste auxit superbiam.

CAPUT IV. — *In eos qui felicitatem in hac vita esse censent, ac de altera vita dubitant.* — 3. Sed quantum et quo usque auxit superbiam? « Vidi impium exaltari super cedros Libani. » (*Psal.* XXXVI, 35.) Quo usque? quamdiu? « Transivi, et ecce non erat; et quæsivi eum, et non est inventus locus ejus. » (*Ibid.*, 36.) Bene : quæsisti, et non invenisti; quia transisti. Vis videre impium non esse? vis quærere eum, et locum ejus non invenire? Transi. Quid dico : Transi? Noli expavescere; non dixi : Morere : Putasti enim me dixisse : Transi de hac vita; et ideo expavisti, quia non transisti. Quid est, non transisti? Non transisti erectione cordis, temporalis felicitatis illecebras; non transisti blandimenta carnis, non transisti suggestiones sæculi cor titillantes et immittentes timorem miseriarum humanarum. Ideo in hoc mundo putas esse felicitatem, in hoc mundo (*a*) non putas esse calamitatem. Felicitas regni cœlorum non tetigit cor tuum, non inde aspersa est æstibus tuis (*b*) aura refrigerii. Quando tibi dicitur : Falsa est felicitas mundi; etsi non audes (*f.* contradicere) ita dicere, video ta-

(*a*) Particula negans hic apud Lov. omissa, restituitur ex Mss. — (*b*) Sic Theodericensis codex. Alii Mss. cum Lov. *aurora.*

dant dans votre cœur; peut-être même vous grimacez, vous allez jusqu'à la raillerie, jusqu'à la dérision, et vous dites : Oh! si je pouvais être heureux ici-bas! Quant à ce qui m'arrivera plus tard, je l'ignore. Et c'est beaucoup encore, si vous vous contentez de dire : Je l'ignore, et que vous n'alliez pas jusqu'à tenir aussi ce langage : « Le temps de notre vie est court et plein d'ennui; il n'y a pas de retour pour l'homme une fois qu'il est mort, et l'on n'en connaît point qui soit revenu des enfers. » (*Sag.*, II, 1.) Ah! dites plutôt : Je ne sais pas. Confesser son ignorance, c'est faire un premier pas vers la science. Je vais donc vous parler comme si vous me disiez : Je ne sais ce qui doit suivre la mort, j'ignore si les justes doivent être heureux, et les pécheurs malheureux, ou si les uns comme les autres doivent rentrer dans le néant. Mais en admettant que vous l'ignoriez, vous n'oserez cependant dire qu'après la mort les pécheurs seront heureux, et les justes malheureux. Non; quand même vos conjectures vous porteraient à croire que les uns comme les autres cesseront d'exister, vous ne pouvez dire qu'après la mort le sort des impies sera meilleur que celui des justes, qui seraient alors dévoués au malheur. Votre ignorance ne peut vous suggérer une semblable pensée. Voilà donc ce que vous pouvez dire : Les justes, après la mort, seront-ils heureux, et les pécheurs malheureux, ou les uns et es autres perdront-ils tout sentiment avec la vie? je l'ignore. Oh! si je pouvais être heureux sur la terre pendant que j'ai la vie et le sentiment! Vous le voyez, vous n'êtes pas encore passé, vous ne vous êtes pas encore élevé au-dessus de ces pensées terrestres, de ces pensées qui ne sont que poussière, fumée et vapeur, de ces pensées charnelles, et du domaine de la mort. Voilà pourquoi l'impie vous paraît élevé au-dessus des cèdres du Liban; vous cherchez sa place, et vous ne la trouvez pas, parce que vous n'avez pas encore passé.

CHAPITRE V. — *Les méchants sur la terre, dans les desseins de Dieu, servent d'instruments au bien.* — 4. Vous cherchez sa place, et vous la trouvez, mais sur la terre. Le méchant a sa place marquée en ce monde. Ce n'est pas sans un dessein particulier que Dieu, qui prévoit tout, l'a créé, le nourrit, fait lever son soleil sur lui, répand la pluie sur ses champs; ce n'est pas sans une raison profonde que Dieu use à son égard d'une si grande patience, malgré toute sa malice et les désordres de sa vie. Non, ce n'est pas sans raison, il a ici sa place marquée. Nous ne pouvons en découvrir toutes les raisons, mais elles sont connues de Dieu, qui sait disposer toutes choses dans sa sagesse. Ainsi, pour ne point parler des autres, quelle place occupait ici-bas ce misérable Antiochus? Or, c'est par lui que le peuple de Dieu a été châtié et éprouvé, c'est par lui que ces saints jeunes gens sont parvenus à la couronne des cieux. Il avait donc ici sa place. Il était méchant, mais Celui qui est inaccessible au mal l'a fait servir

men in corde tuo, forte os torques, subsannas, irrides, et dicis tibi : O si hic mihi bene sit! postea quid futurum sit nescio. Et non est parum, quia vel nescio dicis; ne forte etiam hoc dicas : « Exiguum et cum tædio est tempus vitæ nostræ, et non est reversio in fine hominis, et non est qui agnitus sit reversus ab inferis. » (*Sap.*, II, 1.) Vel nescio dic. Confessio ignorantiæ, gradus est scientiæ. Sic ergo te alloquar, tanquam mihi dicas : Nescio quid post mortem futurum sit : prorsus ignoro an beati futuri sint justi, et miseri peccatores; an utrique pariter non sint futuri. Illud tamen quamvis nescias, non audebis dicere post mortem beatos futuros peccatores, miseros justos. Non potes dicere, illos etsi suspicaris pariter non futuros, in meliori tamen statu futuros impios, et justos in malis post mortem futuros. Nec ignorantia tua tibi potest suggerere hoc. Ergo potes dicere : Utrum bene sit post mortem justis, et male post mortem impiis, an utrique pariter sine sensu futuri sint, nescio. O si hic mihi bene sit, cum vivo, cum sentio! Vides quia nondum transisti. Istas, inquam, istas cogitationes terrenas, pulveras, fumeas, vaporeas, carnales, mortales nondum transisti. Ideo tibi videtur impius exaltari super cedros Libani; ideo quæris locum ejus, et invenis, quia non transisti.

CAPUT V. — *Mali hic suo loco in usus bonos positi.* — 4. Locum ejus quæris, et invenis; sed hic. Habet locum suum in hoc sæculo. Non enim frustra a Deo præscio crearetur, aut frustra nutriretur, aut frustra super eum sol oriretur, et pluvia funderetur, frustra ei maligno et male viventi tanta Dei patientia parceretur. Non est hoc frustra; habet hic locum suum. Et si non omnia possumus nos invenire; sed Deo nota sunt omnia, qui novit cuncta disponere. Ecce, ut de aliis taceamus, qualem locum hic habuit iste miser Antiochus? Per eum populus Dei flagellatus est et probatus; per eum isti sancti juvenes coronati. Ergo habuit hic locum suum. Malus erat; sed bene illo

au bien. De même que, parmi les hommes, les méchants font un mauvais usage des créatures qui sont bonnes, ainsi le Créateur, qui est bon, fait un bon usage des méchants. Lui qui a créé le genre humain tout entier sait quel parti il doit en tirer. C'est l'orfèvre qui porte, qui pèse, qui équilibre le métal. Le peintre sait où placer les ombres pour embellir son tableau, et Dieu ne saurait point où placer le pécheur pour établir l'ordre dans la création ?

Chapitre VI. — Si la patience de Dieu n'avait conservé les pécheurs dans les siècles qui ont précédé, d'où naîtrait aujourd'hui cette multitude de fidèles? Il épargne donc les méchants pour qu'ils donnent le jour aux bons; je dis aux bons par la grâce de Dieu, car toute la masse du péché a été condamnée. Quoi de plus mauvais que le démon, et que de biens Dieu a fait sortir de sa perversité! Le sang du Rédempteur n'aurait pas été versé pour notre salut sans la méchanceté du traître disciple. Or, lisez l'Evangile, et voyez ce que l'auteur sacré a écrit : « Le démon mit dans le cœur de Judas le dessein de livrer le Christ. » (*Jean*, xiii, 2.) Le démon et Judas étaient tous deux mauvais; l'instrument est comme l'ouvrier qui l'emploie. Le démon a fait un mauvais usage de son instrument, Dieu les a fait servir tous deux à un bon usage. Tous leurs efforts tendaient à notre perte, Dieu les a faits tourner à notre salut.

Jésus-Christ a été trahi et livré et par Judas et par un dessein particulier de Dieu. — 5. Judas a livré Jésus-Christ aux Juifs, et a été condamné. Judas le livre, et il est condamné; le Père a livré le Fils, et il est glorifié. Judas, je le répète, a trahi et livré son Maître, et il est condamné; le Fils s'est livré lui-même, et il est béni. Nous savons tous comment Judas a livré le Christ; vous attendez peut-être que je vous explique comment le Père a livré son Fils. Vous le savez aussi ; je vais simplement vous le rappeler pour raviver vos souvenirs. Ecoutez l'Apôtre parlant de Dieu le Père : « Il n'a pas épargné, dit-il, son propre Fils, mais il l'a livré pour nous tous. » (*Rom.*, viii, 32.) Ecoutez encore ce qu'il dit du Fils : « Il m'a aimé et s'est livré lui-même pour moi. » (*Galat.*, ii, 20.) En voilà donc déjà deux qui livrent le Christ : le Père qui livre son Fils, le Fils qui se livre lui-même, mais tous deux comme sauveurs, parce que tous deux sont créateurs. Qu'a donc fait Judas? De quel bien est-il l'auteur. Ce qu'il a fait a servi au bien, mais il n'a point fait lui-même le bien. En effet, Judas n'a point dit : Je livrerai le Christ pour délivrer le genre humain. Dans Judas, c'est l'avarice qui a livré le Christ; dans Dieu, c'est la miséricorde. Judas n'a recueilli que ce qu'il avait fait, et non pas le bien que Dieu a tiré de son action.

---

usus est, qui malus esse non potest. Sicut enim mali homines male utuntur creaturis bonis : sic Creator bonus bene utitur hominibus malis. Novit quid inde agat, qui totum creavit humanum genus. Aurifex portat, aurifex appendit, aurifex librat. Pictor novit ubi ponat nigrum colorem, ut sit decora pictura ; et Deus nescit ubi ponat peccatorem, ut sit ordinata creatura?

Caput VI. — Nisi Deus anterioribus sæculis servaret sua patientia peccatores, unde nascerentur hodie tot fideles ? Alii mali servantur, ut boni inde nascantur. Boni gratia Dei; nam tota damnata est massa peccati. Quid diabolo nequius ? Et de illius nequitia quanta bona fecit Deus? Non funderetur pro salute nostra sanguis Redemptoris, nisi per nequitiam desertoris. Lege Evangelium, et vide quid ibi scriptum est : « Immisit diabolus in cor Judæ, ut traderet Christum. » (*Joan.*, xiii, 2.) Malus diabolus, malus Judas ; qualis organarius, tale organum. Usus est ergo male diabolus suo vase ; usus est ambobus Dominus bene. Conati sunt ergo ad nostram perniciem : Deus hoc vertere dignatus est ad nostram salutem.

Traditio Christi et a Juda et a Deo. — 5. Tradidit Judas Christum, et damnatus est. Judas tradidit, et damnatur; tradidit Filium Pater, et glorificatur. Tradidit, inquam, Judas magistrum, et damnatur ; tradidit se ipse Filius, et laudatur. Quomodo Judas tradidit Christum, omnes novimus ; exspectatis fortassis audire quomodo Pater tradidit Filium. Et hoc nostis: sed commemorabo, ut recordemini. Audi Apostolum dicentem de Deo Patre : « Qui proprio Filio non pepercit, sed pro nobis omnibus tradidit illum. » (*Rom.*, viii, 32.) Audi et de Filio : « Qui me, inquit, dilexit, et tradidit semetipsum pro me. » (*Gal.*, ii, 20.) Duos jam vide traditores: Patrem Filii traditorem, Filium sui ipsius traditorem, sed utrumque salvatorem, quia utrumque creatorem. Judas ergo quid fecit? Quid enim boni fecit? Bonum de illo factum est, non ipse bonum fecit. Neque enim ait Judas : Tradam Christum, ut liberetur genus humanum. In Juda tradidit avaritia, in Deo misericordia. Non redditum est Judæ, nisi quod fecit, non quod de illo Deus fecit.

CHAPITRE VII. — *L'impie a ici sa place parmi les justes, il n'en sera pas ainsi dans l'autre vie.* — 6. Pourquoi vous parler ainsi, mes frères? Parce que l'impie a réellement sa place en ce monde, que le Seigneur connait ceux qui sont à lui (II *Tim.*, II, 19), et qu'il sait ce qu'il doit faire en leur faveur, de ceux qui ne lui appartiennent point. Mais, pour vous, si vous savez vous élever au-dessus de ce monde et fouler aux pieds les choses de la terre, si vous ne répondez pas, sans raison, que vous avez le cœur en haut; en passant de la sorte, vous chercherez la place de l'impie, et vous ne la trouverez pas. Car, dans cette vie future, quelle pourrait être la place de l'impie? Aurons-nous encore besoin d'être exercés par les méchants? L'or a-t-il encore besoin d'être purifié au moyen de la paille? Le monde tout entier est comme un vaste creuset : les justes y sont comme l'or, les impies comme la paille. La tribulation y est comme le feu, Dieu même est comme l'orfèvre. Lorsque l'homme religieux loue Dieu, c'est l'or qui brille; quand l'impie le blasphème, c'est la paille qui fume. La même tribulation, comme un même feu, purifie l'un et consume l'autre, mais tous deux servent également à faire éclater la gloire du divin orfèvre.

CHAPITRE VIII. — *Les justes ne doivent point se laisser troubler par la vue de la félicité temporelle des méchants.* — 7. Je vais, mes très-chers frères, vous dire quelques mots pour vous encourager, et moi avec vous. Elevons-nous, avec le secours du Seigneur, au-dessus de toutes les pensées charnelles, ayons notre cœur en haut, pensons souvent à la vie future; dès que votre cœur s'y élève, vous êtes sorti de ce monde, vous avez passé. Où est l'impie? il n'y sera plus. Ici il était comme nécessaire, mais là vous le chercherez, et vous ne le trouverez plus. Vous donc, mes frères, qui vivez de la foi, vous dont le cœur est droit, vous qui espérez la félicité future, la félicité véritable et éternelle, lorsque vous voyez les hommes mettre toute leur joie dans cette félicité mensongère et trompeuse, si vous êtes pieux, gémissez; si vous avez la vraie santé de l'âme, versez des larmes. C'est ainsi que le Psalmiste, dont les pieds avaient chancelé, se reproche d'avoir accusé Dieu, bien que son cœur fût déjà élevé au-dessus de la terre; mais il ne l'était pas entièrement, il ne l'était pas assez. Il ne nie donc pas que Dieu connût tout, mais ses pieds ont été ébranlés, et il a chancelé. Que signifie chanceler? Douter. Or, lorsqu'il se reproche de n'avoir pas eu le cœur droit, que dit-il? Pourquoi mes pieds ont-ils pensé me manquer? « Parce que j'ai porté envie aux méchants, en voyant la paix des pécheurs. » (*Ps.* LXXII, 3, etc.) J'ai vu les richesses abonder dans les mains des impies, et je me suis dit que j'avais perdu le fruit de ma justice. C'est en vain que j'ai travaillé à purifier mon cœur, et que j'ai lavé mes mains dans la compagnie des in-

---

CAPUT VII. — *Impio locus hic inter justos, non in altera vita.* — 6. Quare ista dicimus? Quia est in hoc sæculo impio locus : et prorsus novit Dominus qui sunt ejus (II *Tim.*, II, 19); et novit qui pro ipsis faciat, de illis qui non sunt ejus. Sed tu si transieris, si terrena calcaveris, si non frustra sursum cor te habere responderis : transeundo quæres locum impii, et non invenies. In illa enim vita futura quis locus impii? Numquid adhuc opus habemus exerceri malis? Numquid necesse habet aurum adhuc purgari per paleam? Totus enim mundus fornax aurificis. Ibi justi tanquam aurum; ibi impii tanquam palea. Ibi tribulatio sicut ignis; ibi Deus sicut aurifex. Pius Deum laudat, aurum rutilat; impius Deum blasphemat, palea fumat. Ad unam tribulationem, tanquam ad unum ignem, ille purgatur, ille vastatur; sed Deus aurifex in utroque laudatur.

CAPUT VIII. — *De sæculari felicitate impiorum ne perturbentur pii.* — 7. Dicam, Carissimi, exhortans vos et me ipsum. Cogitationes carnales in adjutorio Domini transeamus, sursum cor habeamus, de vita futura cogitemus : ubi cum fuerit cor tuum, transisti. Ubi est impius? Non ibi erit. Hic necessarius erat; ibi quæres eum, et non invenies locum ejus. Quando ergo videtis, Fratres, qui ex fide vivitis, quorum cor rectum est, qui futuram eamdemque veram et sempiternam felicitatem speratis; quando videtis gaudentes et lætantes homines in ista falsa et deceptoria felicitate, si pii estis, dolete; si sani estis, flete. Sic enim et ille cui commoti sunt pedes, reprehendit se, quia Deum cœperat accusare, et ibi jam erat; sed pene fuit, paulo minus fuit. Non negavit Deo scientiam; sed tamquam motis pedibus nutavit. Quid est nutare? Dubitare. Quando autem se reprehendit, quod cor rectum non habuit, quid dixit? Quare mihi turbati sunt pedes? « Quia zelavi, inquit, in peccatoribus, pacem peccatorum videns. » (*Psal.* LXXII, 3, etc.) Quia vidi divites iniquos, zelavi; et dixi, quia perdidi justitiam, et « sine causa justificavi cor meum, et lavi inter innocentes manus meas. » Et cum du-

nocents. Et c'est lorsque j'étais dans cette incertitude, que j'ai commencé à connaître la vérité. « J'ai cherché à pénétrer ce secret, et un grand travail s'est présenté devant moi. » C'est un grand travail que de résoudre cette question; oui, c'est réellement une tâche difficile. Le méchant est dans la prospérité, et le juste dans l'affliction, et Dieu est le juge qui préside à leurs destinées. C'est donc ce juste Juge qui dispense aux méchants les biens de ce monde, aux bons l'infortune et l'adversité. « C'est pour moi un travail. » Mais jusques à quand dure ce travail? « Jusqu'à ce que je sois entré dans le sanctuaire de Dieu, et que j'aie compris la fin des pervers. » Dès que vous aurez compris quelle sera leur fin, vous goûterez le repos de la découverte, et vous serez délivré des travaux de la recherche.

CHAPITRE IX. — *Quelle est la félicité que Dieu réserve dans les cieux aux justes.* — 8. Comprenez donc bien cette fin dernière de toutes choses, où aucun méchant ne sera heureux, aucun bon malheureux. Qu'ajoute, en effet, le Psalmiste? « Qu'y a-t-il pour moi dans le ciel? » Je suis parvenu à savoir ce qui m'est réservé dans le ciel, lorsque je suis entré dans le sanctuaire de Dieu, et que j'ai découvert quelle sera la fin de toutes choses. « Qu'y a-t-il pour moi dans le ciel? » L'incorruptibilité, l'éternité, l'immortalité, aucune douleur, aucune crainte, aucun terme à cette félicité. « Qu'y a-t-il donc pour moi dans le ciel? » quel bonheur m'y est réservé? « Et, hors de vous, qu'ai-je voulu sur la terre? » « Qu'y a-t-il pour moi dans le ciel? » Dirai-je ce qui m'y attend? Comment expliquer ce que Dieu m'y réserve? Aussi ces paroles : « Qu'y a-t-il pour moi dans le ciel? » sont plutôt un sentiment d'admiration qu'il exprime qu'une explication qu'il donne. Pourquoi ne pas dire quel sera ce bonheur? Mais comment dire « ce que l'œil de l'homme n'a pas vu, ce que son oreille n'a pas entendu, ce que son cœur n'a pas compris? » (I *Cor.*, II, 9.) Foulez aux pieds tout ce qui est en bas, car ce n'est rien; espérez ce qui est en haut, car on ne peut l'expliquer. Animés de cette foi, cessez de porter envie aux pécheurs; lorsqu'il vous semble qu'ils sont heureux, c'est une félicité mensongère : la vérité est qu'ils sont malheureux. Pour vous, « réjouissez-vous dans le Seigneur. » (*Ps.* XXXI, 11.) Et si, dans cette vie, Dieu vous a donné les richesses, les honneurs, les dignités, gardez-vous de penser que c'est là ce qui vous rend heureux.

CHAPITRE X. — *La félicité de ce monde n'est pas un honneur pour les justes, mais un fardeau.* — Pour celui qui sait mettre sa joie dans le Seigneur et qui comprend la fin de toutes choses, la félicité de ce monde n'est pas un honneur, mais un fardeau. L'homme heureux selon le monde est toujours en danger de voir la prospérité corrompre, non pas son corps, mais son âme, car c'est une félicité mensongère et trompeuse. Aussi les justes, qui paraissent au-dessus des autres en ce monde, mettent leur joie,

---

bito, sic cœpi cognoscere. « Sic cœpi, inquit, cognoscere : hoc labor est ante me. — » Magnus labor, istam solvere quæstionem. Vere labor est. Bene est illi, et malus est; male est illi, et bonus est : et super ambos Deus judex est. Justus ergo judex dat bona malis, et mala bonis. « Labor est ante me. » Sed quo usque labor est? « Donec introeam in sanctuarium Dei, et intelligam in novissima. » Ergo si intellexeris in novissima, erit requies inventionis, peribit labor quæstionis.

CAPUT IX. — *Cœlestis felicitas piis qualis parata.* — 8. Intellige in novissima, ubi nemo erit felix malus, nemo infelix bonus. Quid enim ait? « Quid enim mihi est in cœlo? » Postea cognovi quid mihi est in cœlo, cum intrarem in sanctuarium Dei, et intelligerem in novissima. « Quid enim mihi est in cœlo? » Incorruptio, æternitas, immortalitas, nullus dolor, nullus timor, nullus beatitudinis finis. « Quid ergo mihi est in cœlo? » quid mihi servatur in cœlo? « Et a te quid volui super terram? Quid enim mihi est in cœlo? » Quid, dicam quid? Quando explicabo quid? Ideo hoc admirans dixit, non explicans : « Quid enim mihi est, inquit. » Quare non dicis quid? Quomodo dico « quod oculus non vidit, nec auris audivit, nec in cor hominis ascendit? » (I *Cor.*, II, 9.) Calcate deorsum quid; quia nihil est; sperate sursum quid; quia explicari non potest. Et hanc fidem habentes, nolite zelare in peccatoribus; quando videtis eos quasi felices, falso felices, revera infelices. Et vos « lætamini in Domino. » (*Psal.* XXXI, 11.) Et si habetis forte secundum tempus divitias, honores, potestates, nolite inde vos putare felices.

CAPUT X. — *Mundi felicitas piis, non honor, sed onus.* — Scienti lætari in Domino, et intelligenti in novissima, felicitas mundi non est honor, sed onus. Felix homo secundum sæculum periclitatur, ne ipsa felicitate, non in corpore, sed in anima corrumpatur. Nam ista felicitas falsa est. Tales, etsi videntur ali-

non dans ces distinctions, mais dans l'accomplissement des préceptes du Seigneur. L'homme juste préfère les commandements de Dieu aux caresses, comme aux menaces du monde ; il foule aux pieds tout ce qui est visible, il passe bien au delà ; il passe, non en marchant, mais par les aspirations de son âme. Je n'ai pas dit qu'il s'élève au-dessus de ce qui est visible, car il est facile de s'élever au-dessus de ce qu'on foule aux pieds ; mais il s'élève au-dessus de tout ce qui est sujet aux changements. En effet, tout ce qui est visible est muable, mais tout ce qui est muable n'est pas visible, ainsi, l'esprit de l'homme est soumis aux changements, et, cependant, il est invisible. Passez au delà de tout ce qui est visible, élevez-vous même au-dessus de ce qu'on ne voit point, mais qui est sujet à la mutabilité, afin de parvenir jusqu'à Celui qui est tout à la fois invisible et immuable. Parvenir jusqu'à lui, c'est arriver jusqu'à Dieu.

Chapitre XI. — *Le temps de la vie est court.* — 9. En attendant, marchez à la lumière de la foi, et réglez vos mœurs. Dieu est souverainement élevé au-dessus de vous ; développez donc vos ailes. Croyez ce que vous ne pouvez encore voir, pour mériter de voir ce que vous croyez. Vivons ici-bas comme des voyageurs, songeons que nous ne faisons que passer, et nous diminuerons le nombre de nos péchés. Rendons surtout grâces au Seigneur notre Dieu de ce qu'il a voulu que notre vie fût si courte et que le dernier jour en fût incertain, depuis la première enfance jusqu'à l'extrême vieillesse. En effet, quel court espace sépare la première enfance de l'extrême vieillesse ! Que servirait-il à Adam d'avoir prolongé sa vie jusqu'à présent, s'il fût mort aujourd'hui ? Ce qui doit finir ne peut jamais être long. Personne ne peut rappeler le jour d'hier, et le jour présent est poussé par le jour de demain ; il faut qu'il s'écoule et passe. Que notre vie soit bonne et sainte dans ce court espace qui nous est donné, et nous parviendrons dans ce séjour d'où nous ne sortirons plus. Maintenant, même en parlant, nous passons, les paroles se pressent en tombant de nos lèvres ; il en est de même de nos actions, de nos honneurs, de notre misère, de notre félicité. Tout passe, mais soyons sans crainte, « Le Verbe de Dieu demeure éternellement. » (*Isa.*, XL, 8.)

SERMON CCCII.

I*er pour la fête de saint Laurent, martyr* (1).

Chapitre premier. — *Dieu accorde, par l'intercession des martyrs, des bienfaits temporels.* — 1. C'est aujourd'hui la fête du bienheureux martyr saint Laurent, et on nous a fait des lectures appropriées à cette sainte solennité. Nous

---

(1) Possidius, au chapitre IX de sa Table, parle des sermons pour la fête de saint Laurent. Bède et Floras citent des extraits de ce sermon dans leur Commentaire sur les chapitres XII et XIII de l'Épître aux Romains.

---

quid esse in hoc sæculo, non lætantur, in præceptis Domini delectantur. Tunc quod jubet Deus, præponitur mundo, et blandienti et minanti ; calcatur omne visibile, transitur ; cogitando, non ambulando, transitur. Non dixi, omne visibile ; facile est enim transire quod calcas ; sed transitur, dixi, omne mutabile. Quoniam quidquid visibile, mutabile ; non autem quidquid mutabile, visibile ; quia et animus mutabilis est, et tamen invisibilis. Transi omne quod videtur ; transi et quod non videtur, et tamen mutatur ; ut venias ad eum, qui nec videtur, nec mutatur. Cum veneris ad eum, venies ad Deum.

Caput XI. — *Breve tempus vitæ.* — 9. Sed modo ambula ex fide, mores compone. Longe in alto est ille ; nutri pennas. Crede quod nondum potes videre, ut merearis videre quod credis. Tanquam peregrini vivamus, transire nos cogitemus ; et minus peccabimus. Agamus potius Domino Deo nostro gratias, quia hujus vitæ ultimum diem et brevem esse voluit et incertum. A prima infantia usque ad decrepitam senectutem breve spatium est. Qui tam diu vixerat, quid ei profuisset si Adam hodie mortuus esset ? Quid diu est, ubi finis est ? Hesternum diem nemo revocat ; hodiernus a crastino urgetur, ut transeat. Ipso parvo spatio bene vivamus, et illo eamus, unde non transeamus. Et modo cum loquimur utique transimus. Verba currunt, ex ore volant ; sic actus nostri, sic honores nostri, sic miseria nostra, sic ista felicitas nostra. Totum transit ; sed non expavescamus : « Verbum Domini manet in æternum. » (*Isai.*, XL, 8.)

SERMO CCCII [a].

In solemnitate Martyris Laurentii, I.

Caput primum. — *Temporalia beneficia per Martyrum orationes cur Deus impertit.* — 1. Beati Martyris Laurentii dies solemnis hodiernus est. Huic

---

(a) Alias de Diversis CXI.

les avons entendues, nous en avons chanté une partie, et nous avons surtout prêté la plus grande attention à la lecture de l'Evangile. Mais pour ne pas célébrer inutilement les fêtes des saints martyrs, efforçons-nous de marcher sur leurs traces en les imitant. Qui peut ignorer le mérite du saint martyr dont nous parlons? Qui est venu le prier ici sans être exaucé? A combien d'âmes faibles encore sa puissante intercession a obtenu des faveurs temporelles qu'il a lui-même méprisées? Or, Dieu, en leur accordant ces grâces moins importantes, ne voulait pas les entretenir dans leur faiblesse, mais faire naître en eux l'amour et le désir de biens d'un ordre supérieur. Souvent un père donne des jouets de peu de valeur à ses petits enfants, qui pleurent, s'il les leur refuse. Il les leur accorde par bonté et condescendance paternelle, mais son intention n'est pas de les leur laisser quand ils seront plus grands et qu'ils avanceront en âge. C'est ainsi qu'il donne des noix aux enfants, alors qu'il leur réserve son héritage. La tendresse paternelle s'accommode à leurs amusements et à ces jeux enfantins qui font leur joie, pour ne pas décourager la faiblesse de leur âge. En cela il ne se propose que de leur faire plaisir, et non de les former. Les graves enseignements que nous donnent les martyrs, qu'ils ont compris, qu'ils ont embrassés de grand cœur, et pour lesquels ils ont versé leur sang, vous les avez entendus dans l'Evangile : « Votre récompense est grande dans les cieux. (*Matth.*, v, 12.)

Chapitre II. — *Les deux vies. Combien nous aimons la vie présente malgré ses tristesses. Aimons la vie éternelle comme nous aimons la vie présente.* — 2. Cependant, mes frères, comme il y a deux vies, l'une qui précède, l'autre qui suit la mort, chacune d'elles a ses partisans, ses amateurs. Qu'est-il besoin de vous faire le tableau de cette vie si courte ? Nous n'éprouvons que trop quels chagrins, quels sujets de plainte nous y rencontrons; elle est environnée de tentations, remplie de craintes, consumée par des passions ardentes, sujette à mille accidents, abattue par l'affliction, pleine d'orgueil dans la prospérité, transportée de joie quand elle gagne, littéralement torturée quand elle perd. Que dis-je? la joie même que lui causent des gains n'est pas sans inquiétude; elle tremble de perdre ce qu'elle a gagné, et d'être pour cela exposée à des poursuites dont la garantissait son indigence. N'est-ce pas là une véritable misère, une félicité trompeuse? Le petit cherche à monter, celui qui est élevé craint de descendre. Celui qui n'a rien porte envie à celui qui possède, et le riche méprise le pauvre. Et qui pourra trouver des paroles capables d'exprimer l'éclatante laideur de cette vie ? Et, cependant, malgré cette laideur, cette vie a des partisans si passionnés, que nous sommes ré-

---

solemnitati sanctæ lectiones congruæ sonuerunt. Audivimus, et cantavimus, et Evangelicam lectionem intentissime accepimus. Martyrum ergo vestigia imitando sectemur, ne solemnitates eorum inaniter celebremus. Cujus autem meriti sit memoratus Martyr, quis ignorat? Quis ibi oravit, et non impetravit? Quam multis infirmis meritum ejus etiam temporalia beneficia præstitit, quæ ille contempsit. Concessa sunt enim, non ut precantium permaneret infirmitas; sed ut deterioribus concessis, amor fieret ad appetenda meliora. Quædam enim plerumque parva et ludicra concedit pater parvulis filiis, quæ maxime, nisi acceperint, plorant. Benigna et paterna indulgentia hæc impertit, hæc donat, quæ non vult permanere in filiis suis jam grandiusculis, jam proficientibus. Donat ergo pueris nuces, quibus servat hæreditatem. Ludentibus et de quibusdam ludicris se oblectantibus cedit paterna pietas, ne deficiat ætatis infirmitas. Blandientis est hoc, non ædificantis. Quod ædificaverunt Martyres, quod capere potuerunt, quod grandi corde ceperunt, propter quod sanguinem fuderunt, audistis in Evangelio : « Merces vestra copiosa est in cœlis. » (*Matth.*, v, 12.)

Caput II. — *Duæ vitæ. Præsens vita quam ærumnosa, et tamen vehementer amata. Æterna vita sic diligatur, quomodo ista temporalis.* — 2. Verumtamen, Carissimi, cum duæ vitæ sint, una ante mortem, alia post mortem; ambæ istæ habuerunt et habent amatores suos. Qualis sit brevis hæc vita, quid describere opus est? Experimur quam ærumnosa, quam querelosa; circumdata tentationibus, plena timoribus; ardens cupiditatibus, subdita casibus; in adversis dolens, in prosperis tumens; lucris exsultans, damnis excrucians. Et in ipsis lucris exsultatione trepidat, ne quod acquisivit, amittat; ne propter hoc quæratur, qui antequam haberet non quærebatur. Vera infelicitas, mendosa felicitas. Humilis cupit ascendere, sublimatus timet descendere. Qui non habet, invidet habenti; qui habet, contemnit non habentem. Et quis explicet verbis, hujus vitæ tantam et tam conspicuam fœditatem? Et tamen ista fœditas habet amatores suos tales, ut optemus inve-

duits à désirer trouver un petit nombre de chrétiens qui aiment la vie éternelle, dont ils ne verront point la fin, comme on aime cette vie qui finit si vite, et qui, lorsqu'elle se prolonge, laisse craindre à chaque instant qu'elle n'arrive à sa fin. Que faire? quel parti prendre? que dire? Quelles menaces assez perçantes, quelles exhortations assez brûlantes emploierons-nous pour pénétrer ces cœurs négligents et endurcis, ces cœurs gelés par les glaces de l'amour de la terre, leur faire secouer l'engourdissement du monde, et les embraser de l'amour des biens éternels? Je vous le demande, que faire? que dire? Il me semble que j'en ai trouvé le moyen. Voici la pensée qui se présente de temps en temps à mon esprit, et l'enseignement que je puise dans ce qui se passe tous les jours sous nos yeux.

Chapitre III. — De l'amour de cette vie présente, élevez-vous, si vous le pouvez, jusqu'à l'amour de la vie éternelle qu'ont tant aimés les martyrs qui ont méprisé tous les biens du temps. Je vous en prie, je vous en conjure, je vous y exhorte, et moi avec vous, aimons tous la vie éternelle. Je ne vous dis pas : Aimons-la davantage que la vie présente, puisqu'elle lui est bien supérieure, mais aimons-la comme les partisans du monde aiment la vie présente, et non pas comme les saints martyrs ont aimé cette même vie du temps. En effet, ils ne l'ont pas aimée, ou ils l'ont aimée bien faiblement, et lui ont facilement préféré la vie éternelle. Je n'avais donc pas en vue les martyrs quand je vous ai dit : Aimons la vie éternelle comme on aime la vie temporelle ; je voulais vous dire : Considérons comme la vie présente est aimée par ses partisans, et aimons ainsi la vie éternelle, que tout chrétien fait profession d'aimer.

Nous sommes chrétiens, non point en vue de la vie présente, mais de la vie éternelle. — 3. En effet, c'est pour jouir de la vie éternelle, et non en vue de la vie présente, que nous sommes devenus chrétiens. Que de chrétiens, en effet, sont enlevés par une mort prématurée, tandis que des hommes sacriléges prolongent leur vie jusque dans l'extrême vieillesse! En retour, on voit aussi beaucoup d'impies mourir avant l'âge. Nous voyons tour à tour les chrétiens et les impies faire de grandes pertes et réaliser de grands gains, de même que nous les voyons, les chrétiens et les impies, tour à tour élevés aux plus grands honneurs ou exposés à tous les outrages, à tous les mépris.

Chapitre IV. — *Que nous enseigne la croix de Jésus-Christ que nous portons sur nos fronts.* — Or, puisque ces biens et ces maux sont communs aux bons et aux méchants, lorsque nous sommes devenus chrétiens, mes frères, est-ce pour éviter ces maux ou pour acquérir ces biens

---

nire paucissimos, qui sic diligant æternam vitam, quam finire non possunt, quomodo ista diligitur, quæ et cito finitur, et si protendatur, quotidie timetur, ne per horas singulas finiatur. Quid faciamus? quid agamus? quid dicamus? Quos comminationis aculeos, quos exhortationis ignes admoveamus cordibus pigris et duris, et terreni stuporis glacie congelatis, ut torporem mundi aliquando decutiant, et in æterna inardescant? Quid, inquam, faciamus? quid dicamus? Adjacet mihi, et interim occurrit, quia res ipsæ quotidianæ admonent nos, et suggerunt quid dicamus.

Caput III. — Ab amore hujus temporalis vitæ, accede, si fieri potest, ad amandam æternam vitam, quam Martyres amaverunt, qui hæc temporalia contempserunt. Rogo, obsecro, exhortor, non solum vos, sed vobiscum et nos, diligamus æternam vitam. Nolo amplius, cum sit amplior; sic eam diligamus, quomodo diligitur temporalis ab amatoribus suis; non quomodo temporalis vita dilecta est a sanctis Martyribus. Istam enim aut nihil, aut minimum dilexerunt, et ei facile sempiternam præposuerunt. Non ergo Martyres attendi, quando dixi : Diligamus æternam, quomodo diligitur temporalis; sed quomodo diligitur temporalis ab amatoribus suis, sic diligamus æternam, cujus amorem Christianus profitetur.

Christiani sumus, non propter temporalem, sed propter æternam vitam. — 3. Ideo enim Christiani facti sumus, non propter hanc temporalem vitam. Quam multi enim Christiani immaturi rapiuntur, et sacrilegi homines usque ad decrepitam ætatem in hac vita perdurant? Sed rursus et apud eos multi moriuntur immaturi. Multa damna Christianorum, et lucra impiorum ; et rursus multa damna impiorum, et lucra Christianorum. Et multi honores impiorum et abjectiones Christianorum; et rursus multi honores Christianorum, et abjectiones impiorum.

Caput IV. — *Crux Christi in fronte quid nos admoneat.* — Cum sint ergo ista bona et mala utrisque communia, numquid, Fratres, quando Christiani facti sumus, propter mala ista devitanda, vel bona

que nous avons donné notre nom à Jésus-Christ, et que nous avons abaissé notre front devant le signe auguste de la croix? Vous êtes chrétien, vous portez sur votre front la croix de Jésus-Christ. Ce caractère vous apprend ce que vous devez hautement professer. Lorsque le Sauveur était suspendu à cette croix, dont vous portez le signe sur votre front et que vous aimez, non comme le signe d'un gibet, mais comme le signe du Christ, qui a voulu y être attaché; lors donc qu'il était suspendu à cette croix, il voyait tout autour de lui des bourreaux furieux et cruels, il supportait leurs outrages, et priait pour ses ennemis. Ce divin Médecin, alors même qu'il était mis à mort, guérissait les malades de son sang. « Mon Père, disait-il, pardonnez-leur, car ils ne savent ce qu'ils font. » (*Luc*, XXIII, 34.) Cette prière ne demeura point stérile et sans fruit. Parmi ses bourreaux eux-mêmes, des milliers crurent bientôt en Celui qu'ils avaient crucifié, et apprirent à souffrir pour Celui qui avait tant souffert pour eux et par eux.

Chapitre V. — Ainsi donc, mes frères, ce signe, ce caractère que reçoit le chrétien, même lorsqu'il n'est que catéchumène, doit nous faire comprendre que nous sommes chrétiens, non point pour obtenir les biens ou pour éviter les maux de cette vie temporelle et passagère, mais pour éviter les maux qui ne passeront point, ou acquérir les biens qui n'auront point de fin.

Chapitre VI. — *Nous aimons beaucoup cette vie présente, et très-peu la vie éternelle.* — 4. Cependant, mes frères, pour en revenir à l'avertissement que j'avais commencé à vous donner, je vous en supplie, considérons comme cette vie présente est aimée par ses partisans, et quelle crainte excessive ils ont de cette mort qui doit nécessairement un jour les atteindre. Voyez cet homme : il tremble, il fuit, il cherche une retraite, il épuise tous les moyens de défense, il descend jusqu'à prier, jusqu'à se prosterner à terre; il est prêt à donner, s'il est possible, tout ce qu'il a pour vivre un jour de plus, pour prolonger tant soit peu cette vie incertaine. Voilà tout ce que font les hommes. Qui fait quelque chose de semblable pour la vie éternelle? Adressons-nous à un amateur passionné de la vie présente. Pourquoi tant d'efforts, tant d'empressements, pourquoi cet effroi? pourquoi cherchez-vous une retraite? C'est que je veux vivre, répondez-vous. Vraiment, c'est pour vivre? Est-ce afin de vivre toujours? Non. Tous vos efforts ne tendent donc point à échapper à la mort, mais simplement à la différer. Vous qui faites tout pour mourir un peu plus tard, faites donc quelque chose pour ne mourir jamais.

L'homme donne le nécessaire pour vivre un peu plus longtemps ici-bas, fût-ce dans la misère, et il ne consent pas à donner son superflu pour régner éternellement avec Jésus-Christ.

adipiscenda, nomen Christo dedimus, et frontem tanto signo subjecimus? Christianus es, in fronte portas crucem Christi. Character tuus docet quid profitearis. Quando ille in cruce pendebat, quam crucem portas in fronte (non signum ligni te delectat, sed signum pendentis), quando ergo ille pendebat in cruce, sævientes circumspiciebat, insultantes ferebat, pro inimicis orabat. Medicus etiam cum occideretur, suo sanguine ægrotos sanabat. Dixit enim : « Pater, ignosce illis, quia nesciunt quid faciunt. » (*Luc*, XXIII, 34.) Nec ista vox vacua vel inanis fuit. Et ex ipsis postea millia crediderunt in eum, quem occiderant, ut discerent pati pro ipso, qui pro ipsis et ab ipsis passus est.

Caput V. — Hinc ergo intelligitur, Fratres, ab isto signo, ab isto charactere, quem accipit Christianus, etiam cum fit catechumenus; hinc intelligitur quare sumus Christiani, quia non propter temporalia et transeuntia, vel bona, vel mala, sed propter vitanda mala quæ non transibunt, et propter adipiscenda bona quæ terminum non habebunt.

Caput VI. — *Vita temporalis multum diligitur, non sic vita æterna.* — 4. Verumtamen, ut dicere cœperam, Fratres, quod admonueram, quod proposueram, obsecro vos, attendamus, quomodo diligatur vita ista temporalis ab amatoribus suis; in quam magno timore sunt homines, ne moriantur morituri. Videas hominem tremere, fugere, latebras quærere, defensiones aucupari, rogare, provolvi; si fieri potest, quidquid habet, dare, ut vita donetur, ut uno die plus vivatur, ut ætas incerta semper aliquanto diutius protendatur. Tanta faciunt homines; quis tale aliquid pro vita æterna? Alloquamur amatorem præsentis vitæ : Quid agis, quid festinas, quid trepidas, quid fugis, quid latebras quæris? Ut vivam, inquit. Certe ut vivas? Ut vivas semper victurus? Non. Non ergo mortem satagis auferre, sed differre. Qui tanta agis, ut paulo serius moriaris, age aliquid, ut nunquam moriaris.

Necessaria dat homo, ut hic diutius vel misere vivat; non dat superflua, ut in æternum cum Christo regnet.
— 5. Quam multos invenimus qui dicant : Tollat

— 5. Combien en rencontrons-nous qui nous disent : Que le fisc prenne tout ce que je possède, pourvu que je meure un peu plus tard! mais qu'il en est peu pour dire : Que le Christ prenne tous mes biens, afin que je ne meure jamais! Et, cependant, ô vous qui êtes si épris de cette vie temporelle, si le fisc vous prend vos biens, ce n'est que dans cette vie qu'il vous dépouille; mais si Jésus-Christ vous les prend, c'est pour vous les conserver dans le ciel. C'est pour conserver cette vie que les hommes veulent posséder de quoi vivre, et c'est pour conserver cette vie que les hommes sont disposés à donner ce qui les fait vivre. Ce que vous réservez pour vivre, vous le donnez pour sauver votre vie, au risque, peut-être, de mourir de faim. Et, cependant, vous dites : Qu'on prenne tout ce que j'ai, que m'importe? Je consens à mendier mon pain. Ainsi, vous donnez ce qui vous est nécessaire pour vivre, et vous êtes prêt à mendier pour conserver votre vie, c'est-à-dire que vous êtes prêt, en sacrifiant même votre nécessaire, à mendier en ce monde, et vous n'êtes pas prêt à faire le sacrifice de votre superflu pour régner avec Jésus-Christ.

Chapitre VII. — Pesez bien ceci, je vous en prie. S'il y a dans votre cœur une balance d'équité, sortez-la, et mettez-y ces deux choses pour les peser : Mendier en ce monde, et régner avec Jésus-Christ. Mais il est impossible de peser ces deux choses. En comparaison de l'une, l'autre n'a aucun poids; si je mettais ces deux choses, régner en ce monde, et régner avec Jésus-Christ, on ne pourrait encore établir de comparaison. J'ai regret de vous avoir dit : Pesez; il est absolument impossible de peser. « Que sert-il à l'homme de gagner tout l'univers s'il vient à perdre son âme? » (*Matth.*, XVI, 26.) Or, celui qui n'aura point perdu son âme, régnera avec Jésus-Christ. Mais, ici-bas, qui peut régner tranquille et sans inquiétude? Supposez qu'on y règne en sécurité, peut-on y régner éternellement?

On a tort d'aimer tant cette vie. — 6. Veuillez réfléchir sur cette vérité que je proposais à votre méditation : que d'hommes passionnés pour cette vie présente, pour cette vie du temps, pour cette vie si courte, si désagréable et si laide, et combien on l'aime! Souvent, pour conserver cette vie, l'homme se dépouille de tout et se réduit à la mendicité. Vous lui demandez pourquoi? Parce que je voulais vivre, vous répond-il. Qu'avez-vous aimé, et où cet amour vous a-t-il conduit? Que direz-vous à cette vie que vous aimez d'un amour si déréglé? Que direz-vous à cette vie tant aimée? Parlez-lui, dites-lui quelques paroles de tendresse, si vous le pouvez. Que lui direz-vous? C'est votre beauté qui me réduit à ce dépouillement complet. Elle vous crie : Je suis laide, et vous l'aimez avec ardeur; elle vous crie : Je suis rude et cruelle, et vous l'embrassez avec tendresse; elle vous crie : Je suis changeante et volage, et vous vous y attachez. Votre amante est sincère à ce point

---

fiscus res meas, ut serius moriar; quam raro invenimus qui dicat : Tollat Christus res meas, ut nunquam moriar. Et tamen, o amator temporalis vitæ, si tollat fiscus, te spoliat in hoc sæculo; si tollat Christus, tibi servat in cœlo. Propter hanc vitam volunt habere homines unde vivant, et propter hanc volunt dare unde vivant. Quod tibi servas unde vivas, hoc das ut vivas forte fame defecturus. Et tamen dicis : Tollat, quid ad me? Mendicare volo. Das unde vivis, mendicare paratus ut vivas. Paratus es, datis etiam necessariis, mendicare in hoc mundo; et non es paratus, erogatis superfluis, regnare cum Christo?

Caput VII. — Rogo, appende. Si aliqua statera æquitatis invenitur in arca cordis tui, profer illam, et hæc duo impone in illa, et appende : Mendicare in hoc mundo, et regnare cum Christo. Non est quod appendere. Non enim in illius rei comparatione habet hoc aliquod pondus. Si dicerem regnare in hoc mundo, et regnare cum Christo; non esset quod appendere. Pœnitet me dixisse, appende; prorsus non est quod appendere. « Quid prodest homini, si totum mundum lucretur, animæ autem suæ detrimentum patiatur? » (*Matth.*, XVI, 26.) Qui autem non passus fuerit detrimentum animæ suæ, ipse regnabit pro Christo. Quis autem in hoc mundo regnat securus? Fac quia regnat securus; numquid regnat æternus?

Immerito vitam istam sic amari. — 6. Illud advertite, quod proponebam, quales amatores habeat præsens vita, temporalis vita, brevis vita, fœda vita, quales habeat amatores. Fit plerumque homo propter hanc vitam nudus, mendicus. Quæris ab eo quare? Sic respondet : Ut viverem. Quid amasti, et quid amans quo pervenisti? Quid dicturus es male amatæ perverse amator? Quid dicturus es huic amatæ vitæ tuæ? Dic, alloquere, blandire, si potes. Quid dicturus es? Ad istam nuditatem me perduxit pulchritudo tua. Clamat tibi : Fœda sum, et tu amas

qu'elle vous répond : Je ne resterai pas longtemps avec vous; après quelques instants passés dans votre société, je vous quitterai nécessairement. J'ai bien pu vous dépouiller, mais je ne puis vous rendre heureux.

Chapitre VIII. — *La vie éternelle c'est Dieu; la vie présente est une vapeur.* — 7. Donc, mes frères, puisque nous sommes chrétiens, implorons le secours du Seigneur notre Dieu contre les séductions de cette vie, objet d'un amour coupable, et aimons la beauté de cette vie, que l'œil de l'homme n'a point vue, que son oreille n'a point entendue, que son cœur n'a point comprise. (I *Cor.*, II, 9.) Cette vie, Dieu l'a préparée à ceux qui l'aiment, et cette vie, c'est Dieu lui-même. Vous applaudissez, vous aspirez après cette vie. Aimez-la d'un amour fort et généreux. Que Dieu nous accorde de l'aimer ainsi. Versons des larmes, non-seulement pour l'obtenir, mais pour qu'il nous soit donné de l'aimer. Quelles raisons, quelles preuves vous apporterons-nous à l'appui? Avons-nous besoin d'ouvrir et de citer des livres, pour vous prouver combien cette vie est incertaine, passagère, presque un rien, et combien est vraie cette parole de l'Ecriture : « Qu'est-ce que votre vie? Une vapeur qui paraît pour un peu de temps, et qui ensuite est dissipée? » (*Jacq.*, IV, 15.) Cet homme vivait hier, il n'est plus aujourd'hui; il y a quelques jours seulement, on le voyait encore; maintenant, on ne le voit plus. On conduit cet homme à son tombeau, on revient avec tristesse, mais il est bientôt oublié. On dit que l'homme n'est rien, et c'est un homme qui parle ainsi, et l'homme ne songe pas à se corriger, pour devenir quelque chose, de rien qu'il est. Les martyrs ont aimé cette vie éternelle, ils l'ont conquise par leurs efforts. Ils y trouvent ce qu'ils ont aimé, et ils le trouveront bien plus abondamment à la résurrection des morts. Ils nous en ont donc frayé le chemin par leurs grandes souffrances.

Chapitre IX. — *Quels trésors de l'Eglise saint Laurent présente au persécuteur qui les lui demandait.* — 8. Saint Laurent était archidiacre. Le persécuteur, disent les Actes de son martyre, lui demandait de livrer les trésors de l'Eglise, et c'est pour les obtenir qu'il souffrit ces atroces tourments dont on ne peut entendre le récit sans horreur. Il fut étendu sur un gril où tous ses membres furent rôtis par le feu, et où les charbons ardents lui firent endurer les plus cruelles souffrances. Cependant, il triompha de toutes les douleurs du corps par la force extraordinaire qu'il puisait dans sa charité et dans le secours de Celui qui le rendait invincible. « Car nous sommes son ouvrage, créés en Jésus-Christ, dans les bonnes œuvres que Dieu a préparées afin que nous y marchions. » (*Ephés.*, II, 10.) Or, voici ce qui excita la colère

---

Clamat : Dura sum, et tu amplecteris? Clamat : Volatica sum, et tu sequi conaris? Ecce respondet tibi amata tua : Non tecum stabo; etsi tecum aliquantum ero, non tecum permanebo. Nudare te potui, beatificare non potui.

Caput VIII. — *Vita æterna Deus est; vita præsens, vapor.* — 7. Ergo quoniam Christiani sumus, imploremus adjutorio Domini Dei nostri adversus blanditias male amatæ, amemus illius pulchritudinem vitæ, quam nec oculus vidit, nec auris audivit, nec in cor hominis ascendit. (I *Cor.*, II, 9.) Hanc enim præparavit Deus diligentibus se; et ipsa vita ipse Deus est. Acclamastis, suspirastis. Amemus hanc fortiter. Donet Dominus ut amemus. Illi lacrymas pro hac, non solum adipiscenda, sed etiam diligenda fundamus. Quid monituri sumus, quid demonstraturi? Numquid libros recitamus, ut ostendamus quam sit ista incerta, quam transitoria, quam penè nulla, quam verum sit quod scriptum est : « Quæ enim est vita vestra? Vapor est ad modicum apparens, deinceps exterminabitur. » (*Jac.*, IV, 15.) Vivebat heri, non est hodie; paulo ante videbatur, modo non est qui videbatur. Deducitur homo ad sepulcrum; redeunt tristes, cito obliviscentes. Dicitur quam nihil est homo; et hoc dicit ipse homo; et non corrigit se homo, ut non nihil, sed aliquid sit homo. Hujus ergo amatores Martyres fuerunt, et hujus vitæ acquisitores sunt. Habent quod amaverunt, uberius habebunt in resurrectione mortuorum. Hoc ergo iter nobis magnis suis passionibus construerunt.

Caput IX. — *Laurentius opes Ecclesiæ quærenti eas persecutori quales profert.* — 8. Sanctus Laurentius archidiaconus fuit. Opes Ecclesiæ ab illo a persecutore quærebantur, sicut traditur; unde tam multa passus est, quæ horrent audiri. Impositus craticulæ, omnibus membris adustus est, pœnis atrocissimis flammarum excruciatus est; vincens tamen omnes corporis molestias magno robore caritatis, adjuvante illo qui talem fecerat. « Ipsius enim sumus figmentum, creati in Christo Jesu in operibus bonis, quæ præparavit Deus, ut in illis ambulemus. » (*Ephes.*, II,

du persécuteur, non que le saint martyr voulût l'irriter, il désirait seulement laisser à la postérité un témoignage de sa foi et de la tranquillité avec laquelle il recevait la mort. « Faites venir avec moi des chariots, dit-il, sur lesquels je puisse vous apporter les trésors de l'Eglise. » On lui donna ces chariots, il les chargea de pauvres, et les fit revenir, en disant : « Voici les trésors de l'Eglise. » Et rien de plus vrai, mes frères ; les grandes richesses des chrétiens sont les nécessités des pauvres, si nous comprenons bien où nous devons conserver ce que nous possédons. Les pauvres sont sous nos yeux ; si nous leur confions la garde de nos trésors, nous ne les perdrons point. Ne craignons point que quelqu'un vienne nous les enlever, ils sont sous la garde de Celui-là même qui nous les a donnés. Nous ne pouvons pas trouver un plus sûr gardien, un prometteur plus fidèle.

CHAPITRE X. — *Nous devons imiter les martyrs.* — 9. Pleins de ces pensées, imitons courageusement les martyrs, si nous voulons tirer quelque fruit des solennités que nous célébrons en leur honneur. C'est la recommandation que nous vous avons toujours faite, et que nous n'avons cessé de vous rappeler. Il faut aimer la vie éternelle, et mépriser la vie présente. Il faut pratiquer le bien pendant cette vie, et espérer les biens qui nous sont promis. Celui qui est mauvais doit changer ; une fois changé, il doit se faire instruire et persévérer dans les enseignements qu'il a reçus. « Car celui qui persévérera jusqu'à la fin, celui-là seul sera sauvé. » (*Matth.*, x, 22 ; xxiv, 13.)

CHAPITRE XI. — *Il n'est pas permis de sévir contre les méchants.* — 10. Mais de toutes parts, les méchants tiennent tant de mauvais discours ! Que voudriez-vous donc ? Que des méchants il sortît de bonnes choses ? Ne cherchez pas de raisin sur des épines, le Sauveur vous l'a défendu. « La bouche parle de l'abondance du cœur. » (*Luc*, vi, 45.) Si vous avez quelque influence, si vous n'êtes pas mauvais vous-même, formez le souhait que le méchant devienne bon. Pourquoi sévir avec rigueur contre les méchants ? Parce qu'ils sont méchants, dites-vous. Vous vous joignez à eux en les traitant avec rigueur. Ecoutez le conseil que je vous donne. Un méchant vous déplaît, faites qu'il n'y en ait pas deux. Vous le reprenez et vous devenez comme lui ? Vous augmentez le nombre des méchants tout en les condamnant ? Vous voulez triompher du mal par le mal, vaincre la méchanceté par la méchanceté ? Il y aura alors deux méchancetés, et toutes deux seront à vaincre. Vous n'entendez donc point le conseil que Notre-Seigneur vous donne par son Apôtre : « Ne vous laissez point vaincre par le mal, mais triomphez du mal par le bien ? » (*Rom.*, xii, 21.) Cet homme est peut-être plus mauvais que vous, mais comme vous êtes mauvais aussi, vous serez mauvais à deux ; et je voudrais qu'au moins

---

10.) Ut autem accenderet in iram persecutorem hoc fecit, non illum volens irasci, sed suam fidem cupiens posteris commendare, et quam securus moreretur ostendere : « Pergant, inquit, mecum vehicula, in quibus apportem opes Ecclesiæ. » Missa sunt vehicula, oneravit ea pauperibus, et redire jussit, dicens : « Hæ sunt opes Ecclesiæ. » Et verum est, Fratres : Magnæ opes sunt Christianorum, necessitates egentium ; si intelligamus ubi debeamus servare quod habemus. Ante nos sunt egentes ; ibi si servaverimus, non perdemus. Non timemus ne aliquis tollat ; ille enim qui dedit servat. Nec meliorem possumus invenire custodem, nec fideliorem promissorem.

CAPUT X. — *Martyres imitandi.* — 9. Hoc ergo cogitantes, impigre Martyres imitemur, si volumus nobis prodesse solemnitates, quas celebramus. Semper hæc admonuimus, Fratres, nunquam cessabimus, nunquam tacuimus. Vita æterna diligenda est, præsens contemnenda est. Bene vivendum est, bonum sperandum est. Mutandus est, qui malus erat ; mutatus instruendus est ; instructus perseverare debet. « Qui enim perseveraverit usque in finem, hic salvus erit. » (*Matth.*; x, 22 ; xxiv, 13.)

CAPUT XI. — *Sævire in malos non licet.* — 10. Sed dicunt multi mali multa mala. Et quid velles tu ? An a malis bona ? Noli quærere uvam in spinis ; prohibitus es. « Ex abundantia cordis os loquitur. » (*Luc.*, vi, 45.) Si aliquid potes, si tu jam non es malus, opta malo ut sit bonus. Quid sævis in malos ? Quia mali sunt, inquis. Addis te illis, sæviendo in illos. Consilium bono est ; displicet tibi malus, non sint duo. Reprehendis, et adjungeris ? auges ejus numerum, quem condemnas ? De malo vis vincere malum ? de malitia vincere malitiam ? Erunt duæ malitiæ, ambæ vincendæ. Non audis consilium Domini tui per Apostolum : « Noli vinci a malo, sed vince in bono malum ? » (*Rom.*, xii, 21.) Forte ille pejor est ; (a) cum et tu sis malus, duo tamen mali. Ego vellem ut vel unus esset

(a) Florus, *pejor est quam tu sis, duo tamen mali.*

l'un de vous deux fût bon. Enfin, on le tourmente jusqu'à le faire mourir. Pourquoi le maltraiter encore après la mort, alors que son corps est insensible au châtiment qui le frappe, et que votre fureur coupable s'exerce tout entière inutilement contre lui? Ce n'est plus de la vengeance, c'est de la folie (1).

CHAPITRE XII. — *Chacun doit défendre à ses subordonnés de faire du mal aux méchants.* — 11. Que vous dirai-je donc, mes frères, que vous dirai-je? De n'aimer pas les méchants? Mais puis-je supposer que vous les aimez? A Dieu ne plaise que j'aie de vous de semblables idées! Cependant, ce n'est pas assez, non, ce n'est pas assez que vous n'aimiez pas les méchants; j'ai droit d'exiger de vous quelque chose de plus. Il ne suffit pas de dire : Dieu sait que je n'aurais pas voulu qu'on fît cela. Je vous entends bien dire ces deux choses : Je ne l'ai pas fait, et je n'ai pas voulu qu'on le fît. Non, ce n'est pas assez. C'est peu de n'y avoir pas consenti, vous deviez encore vous y opposer. Il y a des juges pour les méchants, il y a des pouvoirs établis, dont l'Apôtre a dit : « Ce n'est pas en vain qu'il porte le glaive. Car il est le ministre de Dieu, l'exécuteur de sa vengeance, mais à l'égard de celui qui fait le mal. » (*Rom.*, XIII, 3, 4.) Remarquez, il est l'exécuteur de cette vengeance à l'égard de celui qui fait le mal. « Si vous faites mal, vous avez raison de craindre, parce que ce n'est pas en vain qu'il porte le glaive. Voulez-vous n'avoir pas à craindre ce pouvoir? faites le bien, et par elle vous en recevrez alors des louanges. »

CHAPITRE XIII. — *Comment celui qui fait le bien mérite d'être loué par le pouvoir.* — 12. Mais quoi? me dira-t-on; est-ce que saint Laurent avait fait le mal, et mérité ainsi d'être mis à mort par le pouvoir? Comment voir en lui l'accomplissement de ces paroles de l'Apôtre : « Faites le bien, et, par lui, vous recevrez des louanges, » puisque c'est justement pour avoir fait le bien que le pouvoir lui a fait souffrir de si cruelles tortures? Je réponds que si le pouvoir n'avait pas servi à le glorifier, il ne serait pas aujourd'hui l'objet de notre vénération, de nos discours, de nos éloges. Il reçoit les louanges par le pouvoir, même contre la volonté du pouvoir. En effet, l'Apôtre ne dit pas : Faites le bien, et le pouvoir lui-même vous donnera des louanges. Car les apôtres et tous les martyrs ont fait le bien, et, loin de leur donner des louanges, les pouvoirs établis les ont mis à mort. Si donc il vous disait : Faites le bien, et le pouvoir vous donnera des louanges, il vous induirait en erreur. Mais il a réfléchi sérieusement comment il devait s'exprimer, il a pesé, modéré tous les termes de son langage, retranché tout ce qui était superflu. Méditez ces paroles que vous avez entendues : « Faites le bien,

---

(1) Saint Augustin se plaint ici du meurtre de quelque criminel mis à mort, non par l'autorité légitime, mais par la fureur du peuple, qui se porte encore à des excès de cruauté sur le corps de cet homme après sa mort.

---

bonus. Postremo sævit usque ad mortem. Quid et post mortem, ubi ad illum malum jam non pervenit pœna, et alterius mali tota exercetur malitia? Hoc insanire est, non vindicare.

CAPUT XII. — *Prohibere suos quisque subditos debet, ne malis noceant.* — 11. Quid vobis dicam, Fratres mei? quid vobis dicam : Non vobis placeant tales? Itane vero de vobis sensurus sum, quia placent vobis tales? Absit a nobis, ut sentiamus ista de vobis. Sed parum est ut tales displiceant vobis, parum est; est aliquid quod de vobis exigendum est. Ne quis dicat : Deus novit quia nolui fieri. Ecce duas res dixisti : et non feci, et nolui fieri. Adhuc parum est. Parum est prorsus si noluisti, si non etiam prohibuisti. Habent mali judices suos, habent potestates suas; de quibus Apostolus ait : « Non enim sine causa gladium portat, » sed « ei qui male agit. » In iram vindex est enim in iram, » sed « ei qui male agit. « Quod si malum, inquit, feceris, time. Non enim sine causa gladium portat. Vis autem non timere potestatem? Bonum fac, et habebis laudem ex illa. » (*Rom.*, XIII, 3, 4.)

CAPUT XIII. — *Qui bonum facit, quomodo ex potestate laudem meretur.* — 12. Quid ergo, ait aliquis, sanctus Laurentius malum fecerat, ut a potestate occideretur? Quomodo in illo impletum est : « Bonum fac, et habebis laudem ex illa, » quando propter bonum tantos cruciatus meruit ex illa? Si non haberet laudem ex illa, hodie non honoraretur, non a nobis prædicaretur, non tanto præconio laudaretur. Habet ergo laudem ex illa, etiam nolente illa. Non enim ait Apostolus : Bonum fac, et laudabit te potestas ipsa. Bonum enim fecerunt Apostoli omnes et Martyres; et non eos laudaverunt, sed interfecerunt potius potestates. Ergo si diceret : Bonum fac, et laudabit te potestas, deciperet te. Modo autem temperavit verba, circumspexit, appendit, moderatus est, circumcidit. Discite quod audistis : « Bonum fac, et habebis laudem ex illa; » etiam ipsa laudante, si

et le pouvoir continuera à vous glorifier. » Il pourra vous louer lui-même, s'il est juste. Mais, s'il est vendu à l'injustice, il sert à vous glorifier par des cruautés même qui vous condamnent à mourir pour la foi, pour la justice, pour la vérité. Il vous glorifie, non pas en vous louant vous-même, mais en vous donnant occasion de mériter des louanges. Faites donc le bien, et vous obtiendrez des louanges, et vous en jouirez en toute sécurité.

CHAPITRE XIV. — *Il n'est permis à personne de tuer les méchants.* — 13. Mais voici un scélérat, qui a commis de si grands crimes, opprimé tant de malheureux, plongé tant de familles dans l'indigence et la misère. Il y a pour lui des juges, des pouvoirs établis. L'Etat est constitué, « car les pouvoirs qui existent ont été établis de Dieu. » (*Rom.*, XIII, 1.) Pourquoi ces violences, ces cruautés? Quel pouvoir avez-vous reçu? Ah! ces actes de violence ne sont pas des supplices publics, ce sont des brigandages manifestes. Mais quoi? Considérez comme le pouvoir lui-même a ses divers degrés hiérarchiques : voici un homme condamné au dernier supplice, le glaive est déjà suspendu sur sa tête; cependant, il n'est permis de le frapper qu'à celui qui est spécialement chargé de cet office. C'est au bourreau qu'il est dévolu, c'est à lui de mettre à mort le coupable. Que le greffier, par exemple, se charge lui-même d'exécuter la sentence de mort prononcée contre cet homme; celui qu'il a mis à mort était condamné; cependant, ne sera-t-il pas condamné lui-même comme homicide? Celui qu'il a mis à mort, je le répète, était condamné, il n'attendait plus que le moment du supplice; cependant, le tuer sans y être autorisé est un homicide. Or, si c'est un homicide de mettre à mort un condamné sans y être autorisé, que sera-ce, je vous le demande, que de vouloir tuer un criminel, je l'admets, sans l'avoir entendu, sans l'avoir jugé, sans avoir reçu aucun pouvoir? Nous ne prétendons pas ici défendre les méchants, ou dire que les méchants ne sont pas des méchants. C'est aux juges à rendre compte de leur culpabilité. Pourquoi vouloir vous charger de l'effrayante responsabilité de la mort d'autrui, vous qui ne portez pas la lourde charge du pouvoir? Dieu vous a exempté des fonctions de juge, pourquoi vouloir usurper un mandat qui ne vous appartient pas? C'est bien assez pour vous de rendre compte de vous-même.

CHAPITRE XV. — *Sentence prononcée par le Seigneur contre les hommes sans miséricorde.* — 14. O Seigneur, de quels traits vous avez frappé tous ces cœurs violents et cruels, lorsque vous avez dit : « Que celui qui est sans péché jette contre elle la première pierre! » (*Jean*, VIII, 7.) Cette parole sévère et pénétrante perça leurs cœurs; ils virent à découvert l'état de leurs consciences, et rougirent de la justice qui leur parlait, et, s'en allant l'un après l'autre, ils laissèrent seule cette malheureuse femme. Mais non, cette pécheresse n'était pas seule; avec elle

---

bona est. Si autem iniqua est, mortuus pro fide, pro justitia, pro veritate, habebis laudem ex illa; etiam sæviente illa. Ex illa enim habebis, non ipsa laudante, sed ipsa tibi laudis occasionem præbente. Ergo bonum fac, et habebis, et securus eris.

CAPUT XIV. — *Malos interficere non cuilibet licet.* — 13. — Sed malus ille tanta fecit, tantos oppressit, tantos ad mendicitatem egestatemque perduxit. Habet judices suos, habet potestates suas. Ordinata est respublica. « Quæ enim sunt, a Deo ordinatæ sunt. » (*Rom.*, XIII, 1.) Tu quare sævis? Quam potestatem accepisti, nisi quia non sunt ista publica supplicia, sed aperta latrocinia? Quid enim? Considerate in ipsis ordinibus potestatum, destinatum supplicio et damnatum, cui gladius imminet, non licere feriri, nisi ab illo qui ad hoc militat. Militat Quæstionarius; ab illo percutitur damnatus. Si damnatum, jam supplicio destinatum, percutiat Exceptor, nonne et damnatum occidit, et tanquam homicida damnatur? Certe quem occidit, jam damnatus erat, jam supplicio destinatus; sed inordinate ferire, homicidium est. Si homicidium est, inordinate ferire damnatum; quid est, rogo vos, velle ferire inauditum, velle ferire non judicatum, velle ferire nulla accepta potestate hominem malum? Non enim malos defendimus, aut dicimus malos non esse malos. Reddent inde rationem qui judicant. Quare de morte aliena tu vis reddere difficultatem rationis, qui non portas sarcinam potestatis? Liberavit te Deus, ut non sis judex; quid tibi usurpas alienum? De te redde rationem.

CAPUT XV. — *Sententia Domini in homines immisericordes.* — 14. O Domine, quomodo pupugisti corda sævientium, quando dixisti : « Qui sine peccato est, prior in illam lapidem mittat. (*Joan.*, VIII, 7.) Verbo gravi et acuto compunctis cordibus conscientias suas agnoverunt, et justitiæ præsenti erubuerunt; et unus post unum abscedentes, solam mulierem miseram reliquerunt. Sed non fuit sola rea; quia cum illa erat

était son juge, qui ne la jugeait pas encore et lui faisait miséricorde. Le départ de ces hommes cruels laissait en présence la misère et la miséricorde. Le Seigneur lui dit alors : « Personne ne vous a condamnée? » Elle répondit : « Personne, Seigneur. Jésus lui dit : Et moi non plus, je ne vous condamnerai pas; allez, et ne péchez plus. »

CHAPITRE XVI. — *Ce n'est pas la milice, mais la malice qui empêche les soldats d'être bons.* — 15. Mais ce soldat m'a fait tant de mal! Supposez que vous soyez à sa place, je voudrais bien savoir si vous n'en auriez pas fait autant. Nous ne voulons pas, sans doute, que les soldats se livrent à des violences qui oppriment les pauvres; nous voulons qu'ils écoutent aussi les enseignements de l'Évangile. Ce n'est pas la milice, mais la malice qui empêche les soldats de faire le bien. Des soldats s'étant présentés pour recevoir le baptême de Jean, lui demandèrent : Que ferons-nous? Jean leur dit : « Ne frappez ni ne calomniez personne, et contentez-vous de votre solde. » (*Luc*, III, 14.) Et, en effet, si tous les soldats se conformaient à cette recommandation, que l'État serait heureux!

CHAPITRE XVII. — *Qu'est-il prescrit aux receveurs d'impôts et en général à tous les chrétiens.* — Il faudrait non-seulement que les soldats, mais encore les agents du fisc, fussent ce que les veut saint Jean. Les publicains, c'est-à-dire les receveurs d'impôts, lui ayant aussi demandé : « Que ferons-nous? il leur dit : N'exigez rien au delà de ce qui vous est ordonné. » Jean-Baptiste a donc prescrit aux soldats et aux receveurs d'impôts ce qu'ils devaient faire; il faut aussi que le Provincial soit rappelé à l'observation des règles. Vous avez ici des avertissements pour toutes les conditions. Que ferons-nous donc tous? « Que celui qui a deux tuniques en donne une à celui qui n'en a point, et que celui qui a de quoi manger fasse de même. » (*Ibid.*, 11.) Nous voulons que les soldats soient dociles aux enseignements du Christ? soyons-y fidèles nous-mêmes. Le Christ qu'ils servent n'est pas différent de celui que nous servons. Écoutons-le tous, et vivons tous dans la concorde et dans la paix.

CHAPITRE XVIII. — *Le commerçant est exposé à se rendre coupable de fraudes et de parjures.* — 16. Cet homme m'a ruiné lorsque j'étais dans le commerce. Et vous-même, avez-vous toujours observé la justice dans votre commerce? N'avez-vous jamais commis de fraudes? N'y avez-vous point fait de ces faux serments : Je le jure par celui qui m'a conduit dans cette traversée, j'ai acheté cet objet tant, bien qu'il ne vous ait pas coûté cette somme? Mes frères, je vous parle ici sans détours et avec toute la liberté que Dieu me donne. Les méchants seuls sévissent contre les méchants. Il faut raisonner différemment des obligations imposées au pouvoir. Souvent le juge est contraint de livrer le coupable au

---

judex, nondum judicans, sed misericordiam prærogans. Dimissæ sunt enim, discedentibus sævientibus, misera et misericordia. Et ait illi Dominus : « Nemo te condemnavit? » Respondit : « Nemo, Domine. Nec ego, inquit, te damnabo : vade, et deinceps jam noli peccare. »

CAPUT XVI. — *Milites non militia, sed malitia bonos esse non sinit.* — 15. Sed tanta mihi fecit miles iste. Vellem nosse, si militares, utrum si milia non faceres. Nec volumus talia fieri a militibus, quibus pauperes opprimuntur; volumus et ipsos audire Evangelium. Non enim benefacere prohibet (a) militia, sed malitia. Venientes autem milites ad baptismum Joannis, dixerunt : « Et quid nos faciemus? » Ait illis Joannes : « Neminem concusseritis, nulli calumniam feceritis; sufficiat vobis stipendium vestrum. » (*Luc.*, III, 14.) Et vere, Fratres, si tales essent milites, felix esset ipsa respublica.

CAPUT XVII. — *Telonearijs quid præceptum, quid universis.* — Sed non solum miles talis esset, sed et telonearius talis esset, qualis ibi describitur. Nam dixerunt ei publicani, id est, telonearii : « Et nos quid faciemus? » Responsum est : « Nihil amplius exigatis, quam constitutum est vobis. » Correptus est miles, correptus est telonearius; corrigatur et Provincialis. Habes universalem directam correctionem. Quid faciemus omnes? « Qui habet duas tunicas, communicet cum non habente; et qui habet escas, similiter faciat. » (*Ibid.*, 11.) Volumus ut audiant milites quod præcepit Christus; audiamus et nos. Non enim Christus illis est, et nobis non est. Omnes audiamus, et concorditer in pace vivamus.

CAPUT XVIII. — *Negotiator fraudi et perjurio obnoxius.* — 16. Oppressit me, cum essem negotiator. Tu ipsum negotium bene egisti? In ipso negotio fraudem non fecisti? In ipso negotio falsum non jurasti? non dixisti : Per illum qui me trajecit, per ipsum mare, quia tanti emi, quod non tanti emisti? Fratres, dico vobis expresse, et quantum Dominus donat, libere : Non sæviunt in malos, nisi mali. Alia

---

(a) Lov. *prohibet a militia, sed a malitia*. Locum ad Theodericensem Ms. castigavimus.

glaive et de le frapper malgré lui. Autant qu'il dépendait de lui, son intention était de rendre une sentence qui n'allât pas jusqu'à l'effusion du sang, mais il n'a pas voulu non plus la ruine de l'ordre public et de la discipline. C'est un des devoirs de sa profession, de l'autorité dont il est revêtu; c'est une nécessité de sa position. Pour vous, votre devoir est de dire à Dieu : « Délivrez-nous du mal ? » O vous qui dites : « Délivrez-nous du mal, » que Dieu vous délivre de vous-même.

CHAPITRE XIX. — *Un évêque est souvent obligé d'avoir affaire avec la puissance séculière.* — 17. En résumé, mes frères, que devons-nous éviter ? Nous sommes tous chrétiens, et nous portons, nous, un fardeau bien plus lourd et plus dangereux. On dit souvent, en parlant de nous : Il est allé chez telle autorité; qu'est-ce qu'un évêque peut avoir à traiter avec elle ? Et, cependant, vous le savez tous, ce sont vos propres besoins qui nous forcent d'aller où nous ne voulons pas, d'épier le moment favorable, de nous tenir à la porte, d'attendre, en voyant entrer devant nous des grands et des petits, de nous faire annoncer, d'être enfin, introduits avec peine, de supporter des humiliations, d'avoir recours à des prières, qui quelquefois, sont écoutées, quelquefois nous laissent revenir avec la tristesse dans l'âme. Qui voudrait souffrir ces servitudes s'il n'y était forcé? Laissez-nous donc en paix, ne nous imposez point cette charge, ne nous forcez point de subir ces humiliations, accordez-nous cette faveur, laissez-nous libre de ce fardeau. Nous vous en prions, nous vous en conjurons, nous ne voulons avoir aucune affaire avec les puissances séculières. Dieu sait qu'on nous fait ici violence. Nous avons, d'ailleurs, pour ces puissances, tous les égards que nous devons à des chrétiens, si elles sont, en effet, chrétiennes, et ceux que nous devons même à des païens, si elles sont encore païennes, car nous voulons à tous du bien. Mais je devrais, dit-on, rappeler à ces puissances l'obligation où elles sont de faire le bien. Est-ce devant vous que nous leur donnerons cet avertissement? Savez-vous si nous l'avons jamais fait? Vous ignorez si nous leur avons donné ou non des avertissements. Je sais que vous l'ignorez, et que vous nous jugez témérairement. Cependant, mes frères, je vous en conjure, laissez-moi vous le dire, on peut me faire cette observation : S'il avait averti telle autorité, elle aurait fait le bien. Je réponds, à mon tour : Je l'ai avertie, et je n'ai pas été écouté. Je l'ai avertie là où vous ne pouviez m'entendre. Comment donner un avertissement au peuple en particulier? Nous pouvons bien prendre un homme à part, et lui dire en secret et sans aucun autre témoin : Voilà ce que vous devez faire; mais qui peut prendre tout un peuple à l'écart, et l'avertir de ses devoirs sans que personne n'en sache rien ?

---

est potestatis necessitas. Nam judex plerumque cogitur eximere gladium, et ferire nolens. Quantum enim ad ipsum pertinet, volebat servare sententiam incruentam; sed perire noluit forte publicam disciplinam. Pertinuit ad ejus professionem, ad ejus potestatem, ad ejus necessitatem. Ad te quid pertinet, nisi rogare Deum : « Libera nos a malo ? » O qui dixisti : « Libera nos a malo, » liberet te Deus a te ipso.

CAPUT XIX. — *Episcopus pius rem habere cogitur cum sæcularibus potestatibus.* — 17. Ad summam, Fratres, quid vitemus ? Omnes Christiani sumus ; nos etiam majoris periculi sarcinam sustinemus. Sæpe de nobis dicitur : Ivit ad illam potestatem ; et quid quærit episcopus cum illa potestate ? Et tamen omnes nostis quia vestræ necessitates nos cogunt venire quo nolumus ; observare, ante ostium stare, intrantibus dignis et indignis exspectare, nuntiari, vix aliquando admitti; ferre humilitates, rogare, aliquando impetrare, aliquando tristes abscedere. Quis vellet hæc pati, nisi cogeremur? Dimittamur, non illa patiamur, nemo nos cogat : ecce concedatur nobis, date nobis ferias hujus rei. Rogamus vos, obsecramus vos, nemo nos cogat ; nolumus habere rationem cum potestatibus; novit ille, quia cogimur. Et ipsas potestates sic habemus, quomodo Christianos habere debemus, si Christianos in eadem potestate invenimus; et paganos, quomodo paganos habere debemus; omnibus bona volentes. Sed moneam, inquit, potestates, ut bona faciant. Vobis præsentibus monituri sumus? Scitis, si monuimus? Nescitis, sive fecerimus, sive non fecerimus. Hoc novi, quia nescitis, et temere judicatis. Tamen, Fratres mei, obsecro vos, de potestatibus potest mihi dici : Moneret illum, et bona faceret. Et respondeo ego : Monui, sed non me audivit. Et ibi monui, ubi tu non audisti. Populum quis monet in parte? Vel potuimus unum hominem in parte admonere, et dicere : Sic age, vel sic age, ubi alius nullus esset. Quis ducat populum in partem, et nullo sciente moneat populum.

CHAPITRE XX. — *Le méchant est doublement à plaindre lorsqu'il est mort.* — 18. Une triste nécessité (1) nous a forcé de vous parler de la sorte pour n'avoir pas à rendre à Dieu un compte funeste de votre conduite, et à entendre de la bouche de Dieu ce reproche : « C'était à toi de l'avertir, de lui donner des conseils, et à moi de lui en demander compte. » (*Luc*, XIX, 23.) Renoncez donc, renoncez complétement, je vous en prie, à ces exécutions sanglantes. Vous n'avez qu'une chose à faire, lorsqu'il vous arrive d'en être témoins, c'est d'ouvrir votre cœur à la pitié. Mais c'est un criminel qui est mort. Il est doublement à plaindre, et parce qu'il est mort, et parce qu'il est mort dans le crime; oui, il est doublement à plaindre d'être mort à la vie présente et à la vie éternelle. S'il était mort en état de grâce, nous éprouverions une tristesse naturelle de le voir nous quitter, parce que nous aurions voulu qu'il vécût plus longtemps dans notre société. Mais le sort des méchants est mille fois plus déplorable, parce qu'après cette vie ils ont en partage des supplices éternels; votre devoir, mes frères, et votre unique devoir est de compatir, et non de vous livrer à de telles violences.

CHAPITRE XXI. — *Chacun doit s'opposer, suivant son pouvoir, aux tumultes populaires.* — 19. Mais c'est peu, je vous l'ai dit, de ne point y prendre part; il ne suffit même pas de les déplorer, si vous ne vous opposez, dans la mesure de vos forces, aux excès de pouvoir que peut commettre le peuple. Je ne vous dis pas, mes frères, que chacun de vous peut sortir et réprimer ces excès : nous ne le pourrions pas nous-même; mais chacun de vous peut, sans sortir de chez lui, exercer son action sur son fils, sur son serviteur, sur son voisin, sur son client, sur son inférieur. Détournez-les de se porter à de pareilles violences. Persuadez ceux que vous pouvez, et employez même la sévérité à l'égard de ceux qui sont soumis à votre autorité. Je sais une chose, et tous la savent comme moi, c'est que, dans cette ville, il y a beaucoup de maisons où il n'y a pas un seul païen, et qu'on n'en trouve pas une seule où il n'y ait des chrétiens. Si on veut même faire une statistique exacte, on ne trouvera aucune maison où il n'y ait plus de chrétiens que de païens. J'énonce là un fait vrai, et vous l'admettez. Vous voyez bien que ces désordres n'existeraient pas si les chrétiens ne le voulaient pas. Il n'y a rien à répondre. Des crimes secrets pourraient se commettre, mais des désordres publics, jamais, si les chrétiens s'y opposaient, car chacun retiendrait son serviteur, le jeune homme serait contenu par la sévérité d'un père, d'un oncle, d'un maître, d'un bon voisin, même par les sévères reproches de son aîné. Si les choses se passaient de la sorte, nous ne serions pas attristés par le spectacle de tant de maux.

(1) Le meurtre d'un scélérat commis dans une sédition populaire.

CAPUT XX. — *Malus mortuus, bis dolendus.* — 18. Ista necessitas nos coegit talia vobis loqui, ne malam rationem reddamus Deo de vobis; ne dicatur nobis : Tu moneres, tu dares, ego exigerem. (*Luc.*, XIX, 23.) Avertite ergo vos, ergo omnino avertite vos ab istis cruentis factis. Non ad vos pertineat, cum talia videtis et auditis, nisi misereri. Sed malus mortuus est. Bis dolendus est; quia et mortuus, et malus. Bis dolendus; quia bis mortuus, et temporaliter, et in æternum. Nam si bonus mortuus esset, affectu humano doleremus; quia deseruit nos, quia volebamus eum nobiscum vivere. Mali plus dolendi sunt; quia post hanc vitam a pœnis æternis excipiuntur. Dolere ergo ad vos pertineat, Fratres mei; dolere ad vos pertineat, non sævire.

CAPUT XXI. — *Civiles tumultus prohibere quisque pro viribus debet.* — 19. Sed parum est, ut dixi, parum est ut non faciatis, parum est ut doleatis, nisi etiam ea quæ ad populi pertinent potestatem pro viribus vestris prohibeatis. Non dico, Fratres, quia potest aliquis vestrum exire et populum prohibere; hoc nec nos possumus; sed unusquisque in domo sua filium suum, servum suum, amicum suum, vicinum suum, clientem suum, minorem suum. Agite cum illis, ut ista non faciant. Quibus potestis, suadete; et in quos potestatem habetis, severitatem adhibete. Unum scio, quod omnes mecum sciunt, in hac civitate multas inveniri domos, in quibus non sit vel unus paganus; nullam domum inveniri, ubi non sint Christiani. Et si discutiatur diligenter, nulla domus invenitur, ubi non plures Christiani sint quam pagani. Verum est, consentitis. Videtis ergo quia mala non fierent, si Christiani nollent. Non est quid respondeatur. Occulta mala possent fieri, publica non possent, prohibentibus Christianis; quia unusquisque teneret servum suum, unusquisque teneret filium suum; adolescentem domaret severitas patris, severitas patrui, severitas magistri, severitas boni vicini, severitas correctionis majoris ipsius. Hæc si sic agerentur, non multum nos mala contristarent.

CHAPITRE XXII. — *La colère de Dieu a pour cause les péchés du peuple.* — 20. Mes frères, je crains la colère de Dieu. Dieu ne redoute pas le grand nombre. Qu'on a bientôt fait de dire : Ce que le peuple a fait, il l'a fait ; qui punira le peuple ? Oui, qui le punira ? Quoi ! pas même Dieu ? Dieu a-t-il hésité de châtier le monde entier, lorsqu'il l'a englouti dans les eaux du déluge ? A-t-il été arrêté par toutes ces villes de Sodome et de Gomorrhe, lorsqu'il les a fait périr par le feu du ciel ? Je ne veux point parler des calamités présentes, si grandes, hélas ! et si universelles, ni de leurs tristes conséquences ; je ne veux même pas les rappeler, pour ne point paraître insulter à vos malheurs. Mais, dites-moi, est-ce que Dieu a distingué dans sa colère ceux qui étaient coupables de ceux qui ne l'étaient pas. Non ? il a confondu dans un même châtiment et ceux qui faisaient le mal et ceux qui ne s'y opposaient pas.

CHAPITRE XXIII. — *Le peuple ne doit point s'arroger le pouvoir qui appartient à l'autorité légitime, ni se porter à des violences illégales contre les méchants.* — 21. Terminons enfin ce discours, mes frères ; nous vous exhortons, nous vous supplions, au nom du Seigneur et de sa mansuétude, de vivre vous-mêmes dans la douceur, dans la paix, et de laisser tranquillement les puissances établies remplir leur devoir, ce dont elles rendront compte à Dieu et à leurs supérieurs ; et, toutes les fois que vous avez une requête à leur adresser, présentez-la respectueusement et sans bruit. Ne vous mêlez point à ceux qui commettent ces désordres et se portent à des violences déplorables et illégales ; ne cherchez pas même à en être les simples spectateurs. Mais usez de tout votre pouvoir, chacun dans votre maison et dans votre voisinage, et sur ceux qui vous sont unis par les liens du sang et de l'amitié, pour les avertir, les persuader, les instruire, les reprendre et les détourner même par les menaces d'aussi grands crimes, afin que Dieu ait enfin pitié de nous, qu'il mette un terme aux calamités dont nous sommes victimes, qu'il ne nous traite pas selon nos offenses et ne nous rende pas selon nos iniquités, mais qu'autant le couchant est éloigné de l'aurore, il éloigne de nous nos iniquités (*Ps.* CII, 10-12) ; qu'il nous délivre pour la gloire de son nom, et qu'il nous pardonne nos péchés, de peur que les nations ne viennent à dire : « Où est leur Dieu ? » (*Ibid.*, LXXVIII, 9, 10.)

SERMON CCCIII.

IIe *pour la fête de saint Laurent, martyr.*

On commande à Laurent, archidiacre, d'apporter les trésors de l'Eglise. — 1. Le martyre

---

CAPUT XXII. — *Ira Dei ex populi peccatis.* — 20. Fratres mei, iram Dei timeo. Deus non timet turbas. Quam cito dicitur : Quod populus fecit, fecerit ; quis est qui vindicet populum ? Itane, quis est ? nec Deus ? Timuit enim Deus universum mundum, quando fecit diluvium ? Timuit tot civitates Sodomæ et Gomorrhæ, quando cœlesti delevit igne ? Nolo jam dicere de præsentibus malis, quanta et ubi facta sunt, et quæ secuta sunt, nolo commemorare, ne videar insultare. Numquid in ira sua sejunxit Deus eos qui faciebant, ab eis qui non faciebant ? Sed junxit eos qui faciebant, cum eis qui non prohibebant.

CAPUT XXIII. — *Populus ne sibi sumat quod ad potestates pertinet, neve inordinate sæviat in malos.* — 21. Explicemus ergo aliquando sermonem, Fratres mei. Hortamur vos, obsecramus vos per Dominum et ejus mansuetudinem, ut mansuete vivatis, pacifice vivatis ; potestates facere quod ad illas pertinet, unde Deo et majoribus suis redditurae sunt rationem, pacifice permittatis : quotiescumque petendum est, honorifice et pacifice petatis. Cum his qui mala faciunt, et infeliciter atque ordinate sæviunt, non vos misceatis ? non talibus factis vel spectandis interesse cupiatis. Sed quantum potestis, quisque in domo sua et in vicinia sua, cum eo cum quo habet alicujus necessitudinis et caritatis vinculum, moneatis, suadeatis, doceatis, corripiatis ; comminationibus etiam quibuslibet a tantis malis coerceatis, et aliquando Deus misereatur, et finem det humanis malis, et non secundum peccata nostra faciat nobis, neque secundum iniquitates nostras retribuat nobis, sed quantum distat ortus ab occidente, longe faciat a nobis peccata nostra (*Psal.* CII, 10-12) ; et propter honorem nominis sui liberet nos, et propitius sit peccatis nostris, ne forte dicant gentes : Ubi est Deus eorum ? (*Ibid.*, LXXVIII, 9, 10.)

SERMO CCCIII ^(a).

In Natali Martyris Laurentii, II.

Laurentius archidiaconus opes Ecclesiæ proferre jussus. — 1. Beati Laurentii illustre martyrium est, sed

---

(a) Alias de Diversis CXXIII.

du bienheureux Laurent est célèbre, mais à Rome, et non pas ici, tant je vous vois en petit nombre. Autant il est impossible que Rome demeure cachée, autant il est impossible de voiler l'éclat de la couronne de saint Laurent. Mais pour quelle raison sa gloire serait-elle encore inconnue à cette ville, c'est ce que je ne puis savoir. Vous donc qui êtes en si petit nombre, écoutez ce peu de paroles; aussi bien la fatigue et les grandes chaleurs ne nous permettent pas de longs discours. Laurent était diacre; il vint après les apôtres, c'est-à-dire dans le temps qui suivit les siècles apostoliques. Or, comme une de ces persécutions que vous venez d'entendre prédire aux chrétiens dans l'Evangile, éclatait avec fureur à Rome ainsi que dans d'autres lieux, et qu'on demandait à Laurent, en qualité d'archidiacre, où étaient les trésors de l'Eglise, il répondit au persécuteur, d'après la tradition : « Envoyez avec moi des chariots, sur lesquels je vous apporterai les trésors de l'Eglise. » L'avarice ouvrit son cœur aux plus grandes espérances, mais la sagesse savait ce qu'elle devait faire. L'ordre est aussitôt donné : on donne autant de chariots qu'il en avait demandés. Il en avait demandé un grand nombre, et ce grand nombre nourrissait dans le cœur du persécuteur l'espoir des plus riches dépouilles. Laurent remplit ces chariots de pauvres, et revient avec eux. On lui demande ce que cela veut dire. « Ce sont là, répond-il, les trésors de l'Eglise. » L'empereur, furieux d'avoir été ainsi joué, fait allumer un feu ardent, mais le généreux diacre n'était pas assez froid pour craindre ce feu; son bourreau était comme embrasé de fureur, mais l'âme du saint martyr était bien plus embrasée de charité. Pourquoi nous étendre davantage? On dressa un gril sur lequel on l'étendit, et on le fit rôtir. Lorsqu'il eut tout un côté brûlé, il supporta cet affreux supplice avec un si grand calme, qu'on vit en lui l'accomplissement de cette recommandation que vous venez d'entendre dans l'Evangile : « C'est dans votre patience que vous posséderez vos âmes. » (*Luc*, XXI, 19.) Lors donc qu'il avait un côté brûlé, il dit avec une patience tranquille : « Ma chair est assez cuite d'un côté, tournez-moi de l'autre, et mangez-en. » Tel fut son martyre, telle est la gloire dont il fut couronné. Les bienfaits obtenus par son intercession brillent à Rome en si grand nombre d'un si vif éclat, qu'il est impossible d'en faire l'énumération. Saint Laurent est du nombre de ceux dont Jésus-Christ a dit : « Celui qui aura perdu son âme à cause de moi, la sauvera. » (*Ibid.*, IX, 24.) Il a sauvé son âme par la foi, il l'a sauvée par le mépris du monde, il l'a sauvée par le martyre. Quelle doit être sa gloire devant Dieu, puisqu'il reçoit déjà tant d'honneurs parmi les hommes!

La récompense des martyrs est réservée à ceux qui suivent Jésus-Christ. — 2. Marchons sur ses traces en imitant sa foi, en méprisant le

---

Romæ, non hic; tantam enim video vestram paucitatem. Quam non potest abscondi Roma, tam non potest abscondi Laurentii corona. Sed quare adhuc istam civitatem lateret, scire non possum. Ergo pauci audite pauca, quia et nos in hac lassitudine corporis et æstibus non possumus multa. Diaconus erat, secutus Apostolos; tempore post Apostolos fuit. Cum ergo persecutio, quam modo ex Evangelio audistis prædictam fuisse Christianis, Romæ, sicut in cæteris locis, vehementer arderet, et tanquam ab Archidiacono postulatæ essent res Ecclesiæ; ille respondisse fertur : « Mittantur mecum vehicula, in quibus apportem opes Ecclesiæ. » Aperuit fauces avaritia ; sed sciebat quid faceret sapientia. Continuo jussum est; quot vehicula poposcit, tot ierunt. Poposcit autem multa; et quanto plura erant vehicula, tanto erat major spes prædæ corde conceptæ. Implevit vehicula pauperibus, et reversus est cum eis; et dictum est ei : Quid est hoc? Respondit : « Hæ sunt divitiæ Ecclesiæ. » Illusus persecutor flammas poposcit; sed non erat ille frigidus, ut flammas timeret; ardebat (*f. pœnæ*) pene furore, sed plus anima caritate. Quid pluribus? Craticula admota est, et tostus est. Et cum ex uno latere arsisset, dicitur tanta tranquillitate illa tormenta tolerasse, ut impleretur in eo quod modo in Evangelio audivimus : « In patientia vestra possidebitis animas vestras. » (*Luc.*, XXI, 19.) Denique flamma ustus, sed patientia tranquillus : « Jam, inquit, coctum est; quod superest, versate et manducate. » Tale duxit martyrium; ista gloria coronatus est. Beneficia ejus Romæ tam clara sunt, ut numerari omnino non possint. Iste est de quo dixit Christus : « Qui perdiderit animam suam propter me, salvabit eam. » (*Ibid.*, IX, 24.) Salvavit eam per fidem, salvavit per contemptum mundi, salvavit per martyrium. Quanta est gloria ejus apud Deum, dum tanta est laus ejus apud homines?

Martyrum merces Christum sequentibus parata. — 2. Sequamur vestigia ejus fide, sequamur et contemptu mundi. Non solum Martyribus præmia pro-

monde à son exemple. Ce n'est pas seulement aux martyrs que Dieu a promis les récompenses célestes, mais à tous ceux qui suivent Jésus-Christ avec une foi entière et une charité parfaite. Oui, la gloire des martyrs leur est réservée, d'après la promesse formelle de la vérité elle-même : « Quiconque, dit le Sauveur, aura quitté sa maison, ou ses champs, ou son père et sa mère, ou ses frères, ou son épouse, ou ses enfants, recevra sept fois autant dans ce monde, et, dans le siècle futur, possédera la vie éternelle. » (*Matth.*, XIX, 29.) Quoi de plus glorieux pour l'homme que de vendre ses biens pour acheter Jésus-Christ, d'offrir à Dieu le présent qui lui est le plus agréable, la vertu incorruptible de l'âme, la pure louange de la piété ! Quoi de plus glorieux que de faire partie du cortége de Jésus-Christ lorsqu'il viendra tirer vengeance de ses ennemis, de siéger à ses côtés, d'être le cohéritier du Christ, l'égal des anges, des patriarches, des apôtres, des prophètes, et de goûter avec eux la joie de l'éternelle possession du royaume des cieux ! Quelle persécution peut vaincre ces pensées, quels tourments peuvent triompher de ces espérances ? Une âme vigoureuse, forte, constamment appuyée sur ces pensées de la foi, reste invincible devant toutes les terreurs du démon et les menaces du monde, parce qu'elle puise sa force dans la foi certaine et inébranlable aux biens à venir. Les tourments ferment les yeux des martyrs, mais le ciel leur reste ouvert. L'Antechrist redouble ses menaces, le Christ est leur protecteur. On leur donne la mort, mais elle est suivie de l'immortalité. La mort fait perdre ce monde à celui qu'elle frappe, mais on lui donne en échange le paradis. La vie présente s'éteint, la vie éternelle commence. Quelle gloire et à la fois quelle sécurité, de sortir de ce monde plein de joie, d'en sortir couvert de gloire au milieu des douleurs et des angoisses, de fermer un instant les yeux aux hommes et au monde, et de les ouvrir aussitôt pour voir Dieu dans cet heureux séjour où nous entrons ! Quelle rapidité ! Vous êtes retiré tout d'un coup de la terre pour être transporté dans le royaume des cieux. Telles sont les pensées qui doivent occuper notre esprit et qu'il nous faut méditer nuit et jour. Si la persécution trouve le soldat de Dieu ainsi préparé, jamais son courage ne pourra être vaincu dans le combat; si le suprême appel devance l'heure de la lutte, la foi ainsi préparée au martyre reçoit sans retard la récompense des mains du juste Juge. Durant la persécution, ce sont les efforts des combattants; dans la paix, c'est la constance que Dieu couronne.

mittuntur cœlestia, sed etiam integra fide et perfecta caritate Christum sequentibus. Nam inter Martyres honoratus est, ipsa veritate pollicente, ac dicente : « Nemo est qui relinquat domum, aut agrum, aut parentes, aut fratres, aut uxorem, aut filios, et non recipiat septies tantum in isto tempore, in sæculo autem futuro vitam æternam habebit. » (*Matth.*, XIX, 29.) Quid est gloriosius homini, quam sua vendere, et Christum emere, offerre Deo acceptissimum munus, incorruptam virtutem mentis, incolumem laudem devotionis; Christum comitari, cum venire cœperit vindictam de inimicis recepturus; lateri ejus assistere, cum sederit judicaturus; cohæredem Christi fieri, Angelis adæquari, cum Patriarchis, cum Apostolis, cum Prophetis, cœlestis regni possessione lætari? Has cogitationes quæ persecutio potest vincere, quæ possunt tormenta superare? Dura, fortis, et stabilis religiosis meditationibus fundata mens, et adversus omnes Zabuli terrores et minas mundi animus immobilis perstat, quem futurorum fides certa et solida corroborat. Clauduntur oculi in persecutionibus, sed patet cœlum. Minatur Antichristus, sed tuetur Christus. Mors infertur, sed immortalitas sequitur. Occiso mundus eripitur, sed restituto paradisus exhibetur. Vita temporalis exstinguitur, sed æterna reparatur. Quanta est dignitas et quanta securitas exire hinc lætum, exire inter pressuras et angustias gloriosum; claudere in momento oculos, quibus homines videbantur et mundus; aperire eos statim, ut Deus videatur, etiam feliciter migrando. Quanta velocitas? Terris repente retraheris, ut regnis cœlestibus reponaris. Hæc oportet mente et cogitatione complecti, hæc die ac nocte meditari. Si talem persecutio invenerit Dei militem, vinci non poterit virtus ad prælium prompta. Vel si accersitio ante pervenerit; fidei, quæ erat ad martyrium præparata, sine damno temporis, merces Deo judice redditur. In persecutione militia, in pace constantia coronatur.

SERMON CCCIV.

IIIᵉ *pour la fête de saint Laurent, martyr* (1).

Chapitre premier. — *L'office du diacre est de distribuer aux fidèles le sang de Jésus-Christ. Mystère de la Cène du Seigneur : nous devons être prêts à donner notre vie pour Celui dont nous buvons le sang.* — 1. L'Eglise romaine nous fait célébrer aujourd'hui le jour anniversaire du triomphe du bienheureux Laurent, qui a foulé aux pieds les menaces du monde aussi bien que ses caresses, et, dans ce double combat, a triomphé des persécutions du démon. En effet, Rome tout entière atteste la gloire éclatante qui l'environne, et la multitude de vertus qui, comme autant de fleurs variées, font briller d'un vif éclat la couronne de ce saint martyr. Il remplissait dans cette Eglise, on vous l'a dit bien des fois, l'office de diacre. C'est là qu'il distribuait aux fidèles le sang de Jésus-Christ, c'est là aussi qu'il versa son sang pour le nom de Jésus-Christ. Il s'était assis avec prudence à la table de ce puissant prince dont nous parlaient, il n'y a qu'un instant, les Proverbes de Salomon : « Lorsque vous serez assis pour manger avec le prince, considérez avec attention ce qui sera servi devant vous, et, en y portant la main, sachez que vous devez lui préparer un semblable festin. » (*Prov.*, XXIII, 1.) L'apôtre saint Jean nous a expliqué quel est ce festin mystérieux, lorsqu'il dit : « De même que Jésus-Christ a donné sa vie pour nous, nous devons aussi donner notre vie pour nos frères. » (I *Jean*, III, 16.) Saint Laurent, mes frères, a compris cette leçon et l'a mise en pratique, et il s'est préparé à rendre ce repas mystérieux qu'il avait pris à cette table sacrée. Il a aimé Jésus-Christ pendant sa vie, il l'a imité dans sa mort.

Chapitre II. — *Nous devons tous suivre l'exemple de Jésus-Christ.* — 2. Nous donc aussi, mes frères, imitons Jésus-Christ si nous l'aimons véritablement. La meilleure preuve que nous puissions lui donner de notre amour, c'est d'imiter ses exemples. « Jésus-Christ a souffert pour nous, nous laissant un grand exemple, afin que nous suivions ses traces. » (I *Pier.*, II, 21.) La pensée de l'apôtre saint Pierre, en parlant de la sorte, semble avoir été que Jésus-Christ n'avait souffert que pour ceux qui marchent sur ses traces, et que sa passion n'est utile que pour ceux qui suivent son exemple. Les saints martyrs l'ont suivi jusqu'à répandre leur sang, jusqu'à souffrir, à son exemple, les plus cruels tourments ; les martyrs l'ont suivi, mais ils ne sont pas les seuls. Après

---

(1) Florus cite ce sermon dans son Commentaire sur le chapitre IV de l'Epître aux Philippiens.

SERMO CCCIV. (*a*)

In solemnitate Laurentii Martyris, III.

Caput primum. — *Diaconi officium, ministrare sanguinem Christi. Cœnæ Dominicæ mysterium, ut cujus sanguinem sumimus pro ipso animam ponamus.* — 1. Beati Laurentii triumphalem diem, quo calcavit mundum frementem, sprevit blandientem, et in utroque vicit diabolum persequentem, hodiernum nobis Ecclesia Romana commendat. Quam gloriosa enim, et quanta virtutum multitudine, quasi florum varietate, distincta Laurentii Martyris sit corona, universa testis est Roma. In ipsa enim Ecclesia, sicut soletis audire, Diaconii gerebat officium. Ibi sacrum Christi sanguinem ministravit, ibi pro Christi nomine suum sanguinem fudit. Ad mensam potentis prudenter accesserat. Ad illam mensam, de qua nobis modo Salomonis proverbia loquebantur, ubi scriptum est : « Si sederis cœnare ad mensam potentis, cognoscens intellige quæ apponuntur tibi ; et sic extende manum tuam, sciens quoniam similia te oportet præparare. » (*Prov.*, XXIII, 1.) Hujus cœnæ mysterium beatus apostolus Joannes evidenter exposuit, dicens : « Sicut Christus pro nobis animam suam posuit, sic et nos debemus animas pro fratribus ponere. » (I *Joan.*, III, 16.) Intellexit hoc, Fratres, sanctus Laurentius ; intellexit, ac fecit ; et prorsus qualia sumpsit in illa mensa, talia præparavit. Amavit Christum in vita sua, imitatus est eum in morte sua.

Caput II. — *Christum sequi omnes debemus.* — 2. Et nos ergo, Fratres, si veraciter amamus, imitemur. Non enim meliorem reddere poterimus dilectionis fructum, quam imitationis exemplum. « Christus enim pro nobis passus est, relinquens nobis exemplum, ut sequamur vestigia ejus. » (I *Petr.*, II, 21.) In hac sententia vidisse videtur apostolus Petrus, quod pro his tantum passus est Christus, qui sequuntur vestigia ejus, neque prosit quidquam Christi passio, nisi illis qui sequuntur vestigia ejus. Secuti sunt eum Martyres sancti, usque ad effusionem cruoris, usque ad similitudinem passionis : secuti sunt Martyres, sed non soli. Non enim postquam illi

(*a*) Alias de Diversis XXXVII.

qu'ils eurent passé, le pont n'a pas été coupé; après qu'ils eurent bu, la source n'a pas été tarie. Quelle serait alors l'espérance des vrais fidèles, qui, engagés dans les liens du mariage, portent dans la chasteté et l'union le joug du pacte conjugal, ou qui domptent les séductions de la chair par la continence de la viduité, ou qui, s'élevant même au plus haut degré de la sainteté, suivent l'Agneau partout où il va, ornés des fleurs nouvelles de la virginité? Quelle serait, je le répète, leur espérance? quelle serait notre espérance à tous, s'il n'y a, pour suivre Jésus-Christ, que ceux qui versent leur sang pour lui? L'Eglise, notre Mère, perdrait donc ses enfants qu'elle a vu naître d'autant plus nombreux qu'elle jouissait alors d'une paix plus assurée? Faudra-t-il que, pour les conserver, elle demande à Dieu de nouvelles persécutions, de nouvelles épreuves? Loin de nous cette pensée, mes frères! Comment pourrait-elle demander des persécutions, elle qui crie chaque jour : « Ne nous induisez pas en tentation? »

Chapitre III. — Oui, mes frères, il y a dans le jardin du Seigneur, non-seulement les roses des martyrs, mais les lis des vierges, le lierre des époux, les violettes des veuves. Ainsi donc, mes bien-aimés, aucune condition du genre humain ne doit désespérer de sa vocation. Jésus-Christ a souffert pour tous, et c'est une vérité que nous enseigne l'Ecriture, que « Dieu veut que tous les hommes soient sauvés et parviennent à la connaissance de la vérité. » (I *Tim.*, II, 4.)

En quoi nous pouvons suivre Jésus-Christ sans souffrir le martyre. Il faut imiter son humilité. — 3. Apprenons donc comment, sans répandre notre sang, sans affronter les souffrances du martyre, un chrétien doit imiter Jésus-Christ. L'Apôtre nous dit, en parlant de Notre-Seigneur Jésus-Christ : « Lorsqu'il avait la nature de Dieu, il n'a point cru que ce fût pour lui une usurpation de s'égaler à Dieu. » (*Philip.*, II, 6.) Quelle sublime majesté! « Il s'est cependant anéanti lui-même en prenant la forme d'esclave, en se rendant semblable aux hommes, et en étant reconnu pour homme par tout ce qui a paru de lui. » Quelle profonde humilité! Jésus-Christ s'est humilié : voilà, chrétiens, l'exemple que vous devez imiter. Jésus-Christ « s'est fait obéissant, » pourquoi vous enorgueillir? Jusqu'où Jésus-Christ a-t-il porté l'obéissance? Jusqu'à s'incarner, tout Verbe qu'il était, jusqu'à entrer en participation de notre nature mortelle, jusqu'à être tenté trois fois par le diable, jusqu'à souffrir les moqueries des Juifs, les crachats et les chaînes, les soufflets et la flagellation, et, si ce n'est pas assez, jusqu'à la mort, » et si le genre de mort peut encore ajouter quelque chose à cette obéissance, « jusqu'à la mort de la croix. » Voilà l'exemple d'humilité qu'il

---

transierunt, pons incisus est; aut postquam ipsi biberunt, fons ipse siccatus est. Quæ est enim spes fidelium bonorum, qui vel sub fœdere conjugali jugum matrimonii caste et concorditer ducunt, vel sub continentia viduali domant carnis illecebras, vel etiam sanctitatis apicem celsius erigentes et in nova virginitate florentes sequuntur agnum quocumque ierit? Quæ istis, inquam, quæ nobis omnibus spes est, si non sequuntur Christum, nisi qui pro ipso sanguinem fundunt? Perditura est ergo filios suos, quos tanto fecundius, quanto securius tempore pacis enixa est mater Ecclesia? Quos ne perdat, oranda est persecutio, oranda tentatio? Absit, Fratres. Quomodo enim potest orare persecutionem, qui quotidie clamat : « Ne nos inferas in tentationem? » (*Matth.*, VI, 13.)

Caput III. — Habet, habet, Fratres, habet hortus ille Dominicus, non solum rosas Martyrum, sed et lilia virginum, et conjugatorum hederas, violasque viduarum. Prorsus, Dilectissimi, nullum genus hominum de sua vocatione desperet; pro omnibus passus est Christus. Veraciter de illo scriptum est : « Qui vult omnes homines salvos fieri, et in agnitionem veritatis venire. » (I *Tim.*, II, 4.)

In quibus licet Christum sequi, præter martyrium. Humilitas ipsius sectanda. — 3. Intelligamus ergo præter effusionem cruoris, præter periculum passionis, quomodo Christum debeat sequi Christianus. Apostolus dicit, loquens de Domino Christo : « Qui cum in forma Dei esset, non rapinam arbitratus est esse æqualis Deo. » (*Philip.*, II, 6.) Quanta majestas! « Sed semetipsum exinanivit, formam servi accipiens in similitudinem hominum factus, et habitu inventus ut homo. » Quanta humilitas! Humiliavit se Christus : habes, Christiane, quod teneas. Christus « factus est obediens : » quid superbis? Quo usque factus est obediens Christus? Usque ad incarnationem Verbi, usque ad participationem mortalitatis humanæ, usque ad trinam diaboli tentationem, usque ad irrisionem populi Judæorum, usque ad sputa et vincula, usque ad alapas et flagella; si parum est, « usque ad mortem; » et si adhuc aliquid etiam de

nous propose et qui doit servir de remède à notre orgueil.

CHAPITRE IV. — *A l'exemple de Jésus-Christ, il ne faut point désirer se venger. Nous devons mépriser les choses de la vie présente.* — O homme ! pourquoi donc vous enorgueillir ? peau de cadavre, pourquoi cette raideur ? pourriture infecte, pourquoi cette enflure ? Vous vous agitez, vous gémissez, vous vous échauffez, parce qu'on vous a fait je ne sais quelle injure. Pourquoi demander vengeance ? Pourquoi cette soif ardente de représailles ? Pourquoi n'avez-vous de repos qu'après vous être vengé de celui qui vous a offensé ? Si vous êtes chrétien, attendez que votre roi, attendez que Jésus-Christ se soit vengé le premier, car il ne s'est pas encore vengé, lui qui a tant souffert pour vous. Et, cependant, cette haute Majesté pouvait ou ne rien souffrir, ou tirer aussitôt vengeance de ses ennemis. Mais, plus grande était sa puissance, plus grande aussi a été sa patience, « car il a souffert pour nous, en nous donnant l'exemple, afin que nous marchions sur ses traces. Vous le voyez donc clairement, mes bien-aimés, sans aller jusqu'à l'effusion de notre sang, jusqu'aux chaînes et aux cachots, jusqu'aux fouets et aux ongles de fer, il est une foule d'occasions où nous pouvons imiter Jésus-Christ. Mais, après avoir parcouru cette carrière d'humiliations et détruit l'empire de la mort, Jésus-Christ est monté au ciel, où nous devons encore le suivre. Ecoutons l'Apôtre, qui nous dit : « Si vous êtes ressuscités avec Jésus-Christ, goûtez les choses d'en haut, où le Christ est assis à la droite de Dieu ; cherchez les choses d'en haut, et non les choses de la terre. » (*Colos.*, III, 1, 2.) Dédaignez tout ce que le monde peut vous offrir de plus séduisant dans les jouissances de la terre, et méprisez tout ce qu'il y a d'effrayant et de terrible dans ses menaces. En agissant de la sorte, vous serez certains de marcher sur les traces de Jésus-Christ, et vous aurez le droit de dire avec l'Apôtre : « Nous vivons déjà dans le ciel. » (*Philip.*, III, 20.)

CHAPITRE V. — *La charité est une force véritable et invincible.* — 4. Mais vous ne pouvez être revêtus de cette force invincible, si vous n'avez en vous-mêmes une charité sincère. Aussi cette force véritable nous est-elle donnée par Celui qui répand dans nos cœurs la charité. (*Rom.*, v, 5.) Comment saint Laurent n'aurait-il pas redouté le feu qui consumait son corps, s'il n'avait brûlé intérieurement du feu de la charité ? Ainsi, mes frères, ce glorieux martyr voyait sans crainte les ravages que les flammes ardentes produisaient dans son corps, parce que son âme était enflammée d'un désir bien plus ardent des joies célestes. En comparaison de la ferveur dont son cœur était embrasé, le feu allumé par les persécuteurs avait perdu toute sa

---

genere mortis addendum, « mortem autem crucis. » Habemus tale humilitatis exemplum, superbiæ medicamentum.

CAPUT IV. — *Vindicta, exemplo Christi, non expetenda. Præsentia contemnenda.* — Quid ergo intumescis, o homo? O pellis morticina, quid tenderis? O sanies fœtida, quid inflaris? Anhelas, doles, æstuas, quia nescio quis tibi fecit injuriam. Unde tu flagitas ultionem, sitis arenti fauce vindictam; nec prius ab intentione desistis, donec de illo qui te læserit, vindiceris? Si Christianus es, exspecta regem tuum; prius se vindicet Christus. Nondum enim vindicatus est, qui pro tanta perpessus est. Et utique illa majestas posset vel nihil perpeti, vel continuo vindicari. Sed cum esset in illo tanta potentia, ideo fuit etiam tanta patientia, qui pro nobis est passus, relinquens nobis exemplum, ut sequamur vestigia ejus. Videtis certe, Dilectissimi, quia præter effusionem cruoris, præter vincula et carceres, præter flagella et ungulas, sunt multa in quibus sequi possumus Christum. Deinde hac humilitate decursa, et morte prostrata, ascendit Christus in cœlum; sequamur eum. Audiamus Apostolum dicentem : « Si consurrexistis cum Christo, quæ sursum sunt, sapite, ubi Christus est in dextera Dei sedens; quæ sursum sunt quærite, non quæ super terram. » (*Colos.*, III, 1, 2.) Quidquid delectabile de temporalibus rebus mundus ingesserit, respuatur; quidquid infremuerit asperum atque terribile, contemnatur. Et qui sic agit, non dubitet Christi se cohærere vestigiis, ut merito dicere audeat cum apostolo Paulo : « Conversatio nostra in cœlis est. » (*Philip.*, III, 20.)

CAPUT V. — *Vera et invicta virtus caritas.* — 4. Sed tunc potest in istis esse virtus invicta, si non sit caritas ficta. Ille ergo dat nobis veram virtutem, qui diffundit in nostris cordibus caritatem. (*Rom.*, v, 5.) Quando autem beatus Laurentius appositos extrinsecus ignes non timeret, nisi intus flamma caritatis arderet? Ideo, Fratres mei, gloriosus Martyr atroces incendiorum flammas non pertimescebat in corpore, quia ardentissimo cœlestium gaudiorum desiderio flagrabat in mente. In comparatione fervoris, quo

force. Aurait-il pu supporter tant de douleurs aiguës et perçantes, s'il n'avait été rempli de l'amour des joies éternelles? Comment aurait-il pu mépriser la vie présente, s'il n'avait aimé une vie meilleure? « Et qui sera capable de vous nuire, » dit l'apôtre saint Pierre, « qui sera capable de vous nuire, si vous avez le zèle et l'amour du bien? » (I *Pier.*, III, 13.) Quel que soit le mal que vous fasse le persécuteur, que l'amour du bien vous empêche de défaillir. Si vous aimez véritablement de tout votre cœur ce qui est bien, vous supporterez tous les maux avec patience et une grande égalité d'âme. En quoi ont pu nuire à saint Laurent tous les tourments que ses persécuteurs lui ont fait souffrir? Ils ont rendu sa gloire plus éclatante, et, par sa mort précieuse aux yeux de Dieu, ont fait pour nous de ce jour une de nos plus grandes solennités.

SERMON CCCV.

IVe *pour la fête de saint Laurent, martyr.*

Prononcé au tombeau de saint Cyprien.

Le grain multiplié par la mort. — 1. Votre foi connaît quel est ce grain qui est tombé dans la terre, et qui y meurt avant de se multiplier. Votre foi, dis-je, connaît ce grain mystérieux, parce qu'il habite dans votre âme. Personne ne peut révoquer en doute ce que Jésus-Christ a dit de lui-même. (*Jean*, XII, 24.) Mais, lorsque ce grain se fut multiplié après sa mort, d'autres grains ont été jetés dans la terre; de ce nombre est le bienheureux Laurent, et nous célébrons aujourd'hui le jour où ce nouveau grain a été semé dans la terre. Nous voyons quelle abondante moisson est sortie de tous ces grains répandus par toute la terre, et ce spectacle nous comble de joie, si toutefois, par la grâce de Dieu, nous appartenons à son grenier. Tout ce qui fait partie de la moisson n'entre point dans le grenier. La même pluie utile et fécondante fait croître le bon grain et la paille. Gardons-nous de croire qu'on resserre l'un et l'autre dans le grenier, bien que l'un et l'autre croissent dans le même champ et soient foulés sur la même aire. C'est maintenant le temps de faire votre choix. Avant l'opération du vannage, il faut épurer les mœurs, de même que, dans l'aire, le grain, en s'épurant, se distingue de la paille avant qu'il en soit séparé par le dernier vannage.

Il ne faut pas aimer son âme ici-bas. Jésus-Christ se trouble aux approches de sa mort, parce qu'il nous personnifiait en lui. — 2. Ecoutez-moi, grains sacrés, car je ne doute pas qu'ils

---

pectus ejus ardebat, exterior persecutorum flamma frigebat. Quando enim ferret tantorum aculeos dolorum, nisi æternorum diligeret gaudia præmiorum? Postremo quando contemneret istam vitam, nisi amando meliorem vitam? « Et quis nocere vobis potest, » ait apostolus Petrus ; « quis, inquit, nocere vobis potest, si boni amatores fueritis? » (I *Petr.*, III, 13.) Faciat in te licet persecutor malum, tu ne deficias amando bonum. Si enim vere quod bonum est, toto corde dilexeris, omne malum patienter et æquanimiter sustinebis. Quid enim beato Laurentio illa, quæ a persecutoribus illata sunt, tormenta nocuerunt? nisi quod cum clariorem ipsis suppliciis reddiderunt, et hunc nobis festivissimum diem de pretiosa ejus morte fecerunt.

SERMO CCCV ^(a).

In solemnitate Laurentii Martyris, IV.

Habitus ad Mensam S. Cypriani.

Granum morte multiplicatum. — 1. Agnoscit fides vestra granum, quod in terram cecidit, et mortuum multiplicatum est. Agnoscit, inquam, hoc granum fides vestra, quia ipsum habitat in mente vestra. Hoc enim de se ipso dixerit Christus, nullus ambigit Christianus. (*Joan.*, XII, 24.) Sed plane illo mortuo grano et multiplicato, multa grana sunt sparsa in terram, ex quibus est et beatus Laurentius, cujus seminationem hodie celebramus. De illis autem granis sparsis toto orbe terrarum, quanta pullulaverit seges videmus, gaudemus, sumus : si tamen et nos per illius gratiam ad horreum pertinemus. Neque enim ad horreum pertinet quidquid in segete est. Eadem quippe pluvia utilis et nutritoria, et triticum pascit et paleam. Absit ut simul utrumque in horreo recondatur ; quamvis simul utrumque in agro nutriatur, et simul utrumque in arca trituretur. Nunc tempus eligendi est. Antequam veniat ventilatio, fiat morum separatio, sicut in area, granum adhuc mundatione discernitur, nondum ventilabro ultimo separatur.

Anima hic non amanda. Christus propinquante morte turbatur, quia nos in se transfigurat. — 2. Audite me, grana sancta, quæ hic esse non dubito ; nam si dubito, nec ipse granum ero : audite, inquam, me ; imo audite primum granum per me. Non ametis in hoc

(a) Alias XXVI ex Sirmondianis.

SERMON CCCV.

ne soient ici en grand nombre; si j'en doutais, je ne serais pas moi-même bon grain; écoutez-moi donc, ou, plutôt, écoutez en moi Celui qui, le premier, s'est appelé le bon grain. N'aimez pas vos âmes durant cette vie; ne les aimez pas, si vous les aimez véritablement, afin de les sauver en ne les aimant pas, car ne pas les aimer ici-bas, c'est les aimer véritablement. « Qui aime son âme en ce monde la perdra. » (*Jean*, XII, 25.) C'est le grain mystérieux qui parle, le grain qui a été jeté dans la terre et qui est mort pour se multiplier; il parle : écoutons-le, parce qu'il ne ment point. Il a commencé par faire ce qu'il nous recommande; il nous instruit par ses préceptes, il nous précède par ses exemples. Jésus-Christ n'a pas aimé son âme en ce monde; il est venu sur la terre pour perdre la vie, pour la donner et la reprendre lorsqu'il voudrait. Mais, comme il était à la fois homme et Dieu, car Jésus-Christ, c'est le Verbe uni à une âme et à un corps, vrai Dieu et vrai homme, mais un homme exempt de péché, qui venait effacer le péché du monde, et revêtu d'une puissance si grande qu'il pouvait dire en toute vérité : « J'ai le pouvoir de donner ma vie, et j'ai le pouvoir de la reprendre; personne ne me la ravit, mais je la donne de moi-même, et je la reprends de même. » (*Ibid.*, X, 18.) Or, puisqu'il avait une si grande puissance, pourquoi a-t-il dit : « Maintenant, mon âme est troublée? » (*Ibid.*, XII, 27.) Pourquoi l'Homme-Dieu, avec une telle puissance, est-il accessible au trouble, sinon parce qu'il personnifie en lui notre faiblesse? « J'ai le pouvoir de donner ma vie, et j'ai aussi le pouvoir de la reprendre. » Quand vous entendez le Sauveur tenir ce langage, c'est le Christ tel qu'il est en lui-même. Lorsqu'aux approches de sa mort son âme se trouble, c'est le Christ tel qu'il est en vous. En effet, l'Eglise ne serait pas son corps, s'il n'était lui-même en nous.

C'est par un acte de sa puissance que Jésus-Christ est mort, c'est par un acte de sa puissance qu'il est ressuscité. — 3. Ecoutez donc ces paroles du Sauveur : « J'ai le pouvoir de donner ma vie, et j'ai le pouvoir de la reprendre; personne ne me la ravit. Je me suis endormi. » C'est ce qu'il dit dans un psaume : « Je me suis endormi; » (*Ps.* III, 6) comme s'il disait : Pourquoi ces frémissements? Pourquoi ces transports? Pourquoi cette joie bruyante des Juifs, comme s'ils avaient fait eux-mêmes ici quelque chose? « Je me suis endormi. » « C'est moi, dit-il, moi qui ai le pouvoir de donner ma vie; en la donnant, je me suis endormi et j'ai pris mon sommeil. » Et, parce qu'il avait le pouvoir de la reprendre, il ajoute : « Et je me suis réveillé. » Mais il en rend toute la gloire à son Père : « Parce que le Seigneur, dit-il, a été mon appui. » Vous ne devez pas entendre ces paroles : « Parce que le Seigneur a été mon

---

sæculo animas vestras : nolite amare, si amatis; ut non amando servetis : quia non amando plus amatis. « Qui amat in hoc sæculo animam suam, perdet eam. » (*Joan.*, XII, 25.) Granum loquitur, granum quod in terram cecidit, et mortificatum est ut multiplicaretur, loquitur; audiatur quia non mentitur. Quod admonuit, ipse fecit; instruxit præcepto, præcessit exemplo. Non amavit Christus in hoc sæculo animam suam; ideo venit, ut hic perderet eam, pro nobis poneret eam, et cum vellet resumeret eam. Sed quia ipse sic erat homo, ut et Deus esset : Christus enim est Verbum, anima, et caro, Deus verus et verus homo; sed homo sine peccato, qui auferret mundi peccatum; majoris erat utique potestatis, ut posset veraciter dicere : « Potestatem habeo ponendi animam meam, et potestatem habeo iterum sumendi eam : nemo tollit eam a me; sed ipse pono eam a me, et iterum sumo eam. » (*Ibid.*, X, 18.) Cum esset ergo tantæ potestatis, quare dixit : « Nunc anima mea turbata est? » (*Ibid.*, XII, 27.) Homo Deus tantæ potestatis quare turbatur, nisi quia in illo imago est nostræ infirmitatis? « Potestatem habeo ponendi animam meam, et potestatem habeo iterum sumendi eam. » Quando hoc audis a Christo, ipse est in se : quando hoc, inquam, audis a Christo, ipse est in se. Quando anima ejus morte propinquante, turbatur, ipse est in te. Etenim corpus ejus Ecclesia non esset, nisi et in nobis ipse esset.

Christus potestate mortuus est, potestate resurrexit. — 3. Attende ergo Christum : « Potestatem habeo ponendi animam meam, et potestatem habeo iterum sumendi eam : nemo tollit eam a me. Ego dormivi; » (*Psal.* III, 6) hoc enim dicit in Psalmo : « Ego dormivi. » Tanquam diceret : Quid fremunt? quid exsultant? quid ventilantur lætitia Judæi, quasi ipsi aliquid fecerint? « Ego dormivi. » « Ego, inquit, ego qui potestatem habeo ponendi animam meam, ponendo eam » dormivi, et somnum cepi. » Et quoniam potestatem habebat iterum sumendi eam, adjunxit : « Et exsurrexi. » Sed dans gloriam Patri : « Quoniam Dominus, inquit, suscepit me. » Hæc verba ubi ait : « Quoniam Dominus suscepit me, »

appui, » dans ce sens que Jésus-Christ n'aurait pas lui-même ressuscité son corps. Le Père l'a ressuscité, il s'est aussi ressuscité lui-même. Comment prouverons-nous qu'il s'est ressuscité lui-même? Rappelez-vous ce qu'il a dit aux Juifs : « Détruisez ce temple, et je le rebâtirai en trois jours. » (*Jean*, II, 19.) Vous devez donc comprendre que si le Christ est né d'une vierge, ce n'était point une nécessité de sa condition, mais un acte de sa puissance, de même qu'il est mort par un effet de cette même puissance. Il faisait servir à leur insu les méchants à l'accomplissement de ses desseins pleins de bonté, et les frémissements de ce peuple insensé devenaient entre les mains de sa toute-puissance les instruments de notre félicité. Dans ceux qui étaient les auteurs de sa mort, il considérait des élus qui devaient vivre éternellement avec lui, et comme il les voyait partager encore les fureurs d'un peuple insensé, il adresse à Dieu cette prière : « Mon Père, pardonnez-leur, car ils ne savent ce qu'ils font. » (*Luc*, XXIII, 34.) Moi qui suis leur médecin, je mets la main sur leur cœur; du haut de la croix, je considère ces pauvres malades; tout attaché que je suis, j'étends sur eux la main; je meurs, et je leur donne la vie; je répands mon sang, et, de ce sang, je fais un remède salutaire pour mes ennemis. Ils versent ce sang dans leur fureur, un jour ils boiront avec foi ce même sang.

Jésus-Christ se trouble aux approches de sa mort, pour nous empêcher de désespérer. —
4. Notre-Seigneur et Sauveur Jésus-Christ, le Chef de l'Église, né du Père, sans avoir de mère; Notre-Seigneur et Sauveur Jésus-Christ, considéré en lui-même, a donné sa vie par un effet de sa puissance, et il l'a reprise par un acte de cette même puissance. Ce n'est point cette puissance qui lui fait dire : « Mon âme est troublée. » (*Jean*, XII, 25.) Il nous a personnifiés en lui-même, il nous a vus, il nous a considérés accablés de fatigue, et nous a comme ranimés sur son sein. Il craignait, ce semble, que lorsque le dernier jour qui doit mettre un terme à cette vie viendrait pour l'un de ses membres, le trouble ne s'emparât de sa faiblesse, et qu'il ne désespérât de son salut, en disant qu'il n'appartenait pas au Christ, puisqu'il n'était pas préparé à la mort, jusqu'à ne ressentir aucun trouble, jusqu'à ne voir aucun nuage de tristesse couvrir les sentiments de piété dont son âme était animée. C'est donc parce qu'il voyait le danger auquel le désespoir exposerait ses membres lorsque l'un d'eux se serait troublé aux approches de la mort, de ne pas vouloir finir une misérable vie, et d'hésiter à en commencer une qui ne doit point avoir de fin. Afin donc d'arracher aux étreintes du désespoir ces âmes encore faibles, il a jeté un regard sur elles, il a recueilli dans son sein les membres débiles, les derniers de ses membres, il les a protégés comme une poule protège ses petits, et

non sic occurrant mentibus vestris, quasi corpus suum non suscitaverit ipse Christus. Suscitavit eum Pater, suscitavit se ipsum. Unde docebimus quia suscitavit et se ipsum? Recole quid dixit Judæis : « Solvite templum hoc, et in triduo suscitabo illud. » (*Joan.*, II, 19.) Sic ergo Christum intellige potestate natum ex virgine, non conditione, sed potestate : potestate mortuum, potestate sic mortuum. Ad bonum suum utebatur nescientibus malis, et frementem populum insanum in usum suæ virtutis ad nostram beatitudinem transferebat, et in his a quibus moriebatur, suos victuros secum videbat; et videns eos in insano populo adhuc insanos : « Pater, inquit, ignosce illis, quia nesciunt quid faciunt. » (*Luc.*, XXIII, 34.) Ego, inquit, ego medicus tango venam, de ligno ægrotos inspicio; pendeo et tango; morior, et vivifico; sanguinem fundo, et inde inimicis meis medicamentum salutis conficio. Sæviunt et fundunt : credent et bibent.

Morte imminente turbatur, ne nos desperemus. —
4. Ipse ergo Christus Dominus et Salvator noster, caput Ecclesiæ, natus ex Patre sine matre; ipse, inquam, Dominus et Salvator noster Jesus Christus, quantum ad ipsum pertinet, potestate posuit animam suam, potestate resumpsit eam. Ad hanc potestatem non pertinet proprie : « Anima mea turbata est. » (*Joan.*, XII, 25.) Nos in se transfiguravit, nos vidit, nos inspexit, nos fatigatos suscepit et fovit; ne forte quando veniret alicui membra ejus ultimus dies, quo ista esset vita finienda, turbaretur per infirmitatem, et desperaret salutem, et diceret se ad Christum non pertinere, quoniam non sic præparatus esset ad mortem, ut nulla in illo perturbatio exoriretur, nulla tristitia mentem devotissimam nubilaret. Quoniam ergo periclitarentur membra ejus desperatione, quando propinquante morte aliquis turbaretur, nolens finire miseram vitam, piger inchoare nunquam finiendam; ne ergo desperatione frangerentur, ipsos infirmos suos intendit, ipsa membra sua ultima non valde fortia collegit in sinum suum, ipsa non valde fortia

c'est à eux qu'il s'adresse en disant : « Maintenant mon âme est troublée. » Reconnaissez-vous en moi, et, lorsque le trouble s'emparera de votre âme, ne perdez pas l'espérance, mais tournez vos regards vers votre chef, et dites-vous : Lorsque le Seigneur disait : « Mon âme est troublée, » nous étions en lui, il nous personnifiait. Nous sommes troublés, mais nous ne sommes point perdus. « Pourquoi, mon âme, es-tu triste, et pourquoi me troubles-tu ? » (*Ps.* XLII, 5.) Ne veux-tu point voir finir cette misérable vie ? Elle est d'autant plus misérable, que tu l'as aimée davantage, malgré sa misère, et tu ne veux pas la quitter ? Elle serait moins misérable si tu l'aimais pas. Quelle doit être la vie bienheureuse, puisqu'on aime tant cette vie misérable uniquement parce qu'elle porte le nom de vie ? « Pourquoi, mon âme, es-tu triste, et pourquoi me troubles-tu ? » Il te reste un moyen de salut. Tu te sens faiblir en toi-même ? « Espère en Dieu. » Tu ne trouves en toi que le trouble ?

« Espère dans le Seigneur ? » C'est lui qui t'a choisie avant la création du monde, qui t'a prédestinée, qui t'a appelée, qui t'a justifiée, qui t'a promis la gloire éternelle, qui a souffert pour toi une mort qu'il n'avait pas méritée, qui a répandu son sang pour toi, qui t'a comme personnifiée en lui-même lorsqu'il a dit : « Mon âme est troublée. » Tu es à lui, et tu crains? Quel mal le monde peut-il te faire à toi, pour qui est mort Celui par qui le monde a été créé? Encore une fois, tu lui appartiens, et tu crains ? « Si Dieu est pour nous, qui sera contre nous? Il n'a pas épargné son propre Fils, mais il l'a livré à la mort pour nous tous; comment se pourrait-il qu'en nous le donnant il ne nous ait pas donné aussi toutes choses? » (*Rom.*, VIII, 31, 32.) Résiste donc à ces troubles intérieurs, et n'ouvre pas ton cœur à l'amour du siècle. Il cherche à te séduire par ses charmes, par ses flatteries, par ses pièges, ne te laisse pas tromper, et attache-toi fortement à Jésus-Christ.

---

tanquam gallina texit pullos suos ; et tanquam alloquitur eos : « Nunc anima mea turbata est. » Agnoscite vos in me, ut quando forte turbati fueritis, non desperetis, sed ad caput vestrum revocetis aspectum, et dicatis vobis : Quando Dominus dicebat : « Anima mea turbata est, » nos in illo eramus, nos significabamur. Turbamur, sed non perimus. « Quare tristis es, anima mea, et quare conturbas me ? » (*Psal.* XLII, 5.) Non vis finiri miseram vitam? Tanto est miserior, quanto et misera amata est, et non vis finiri ; minus esset misera, si non amaretur. Qualis est beata vita, quando sic amatur misera vita, tantum quia vocatur vita ? « Quare ergo tristis es, anima mea, et quare conturbas me ? » Habes quid agas. Defecisti in te ? « Spera in Domino. » Turbaris in te ? « Spera in

Domino, » qui te elegit ante mundi constitutionem, qui te prædestinavit, qui te vocavit, qui te impium justificavit, qui tibi glorificationem sempiternam promisit, qui pro te mortem non debitam sustulit, qui pro te sanguinem fudit, qui te in se transfiguravit, quando dixit : « Anima mea turbata est. » Ad illum pertines, et times? Et aliquid tibi nociturus est mundus, pro quo mortuus est, per quem factus est mundus? Ad illum pertines, et times? « Si Deus pro nobis, quis contra nos? Qui proprio Filio non pepercit, sed pro nobis omnibus tradidit illum ? quomodo non et cum illo omnia nobis donavit? » (*Rom.*, VIII, 31, 32.) Resiste perturbationibus ne, consentias amori seculi. Titillat, blanditur, insidiatur : non ei credatur, Christus teneatur.

FIN DU TOME DIX-HUITIÈME.

TABLE DES MATIÈRES DU TOME DIX-HUITIÈME

SERMONS AU PEUPLE.

PREMIÈRE SÉRIE.

(Suite.)

Sermon CLXXIX. — Sur ces paroles de l'apôtre saint Jacques, chapitre I : « Que chacun de vous soit prompt à écouter, et lent à parler; » et sur ces autres du même chapitre : « Ayez soin d'observer la parole, et ne vous contentez pas de l'écouter, etc. » 1

Sermon CLXXX. — Sur ces paroles du chapitre v de l'Épitre de l'apôtre saint Jacques : « Avant toutes choses, mes frères, ne jurez pas, etc. » 10

Sermon CLXXXI. — Sur ces paroles de saint Jean, dans le chapitre I de sa Ire Épitre : « Si nous disons que nous sommes sans péché, nous nous séduisons nous-mêmes, et la vérité n'est point en nous. » Contre les pélagiens. 21

Sermon CLXXXII. — Sur ces paroles de saint Jean, dans le chapitre IV de sa Ire Épitre : « Mes bien-aimés, ne croyez pas à tout esprit, mais éprouvez si les esprits sont de Dieu, etc. » Contre les manichéens. 27

Sermon CLXXXIII. — Sur ces mêmes paroles de saint Jean, dans le chapitre IV de sa Ire Épitre : « Tout esprit qui confesse que Jésus-Christ est venu dans la chair, est de Dieu. » 33

DEUXIÈME SÉRIE

Comprenant les sermons du temps.

Sermon CLXXXIV. — Ier pour le jour de la Nativité de Notre-Seigneur Jésus-Christ. 42
Sermon CLXXXV. — IIe pour le jour de la Nativité de Notre-Seigneur Jésus-Christ. 45
Sermon CLXXXVI. — IIIe pour le jour de la Nativité de Notre-Seigneur Jésus-Christ. 47
Sermon CLXXXVII. — IVe pour le jour de la Nativité de Notre-Seigneur Jésus-Christ. 50
Sermon CLXXXVIII. — V^e pour le jour de la Nativité de Notre-Seigneur Jésus-Christ 53
Sermon CLXXXIX. — VIe pour le jour de la Nativité de Notre-Seigneur Jésus-Christ 56
Sermon CXC. — VIIe pour le jour de la Nativité de Notre-Seigneur Jésus-Christ 58
Sermon CXCI. — VIIIe pour le jour de la Nativité de Notre-Seigneur Jésus-Christ. 62
Sermon CXCII. — IXe pour le jour de la Nativité de Notre-Seigneur Jésus-Christ. 64
Sermon CXCIII. — X^e pour le jour de la Nativité de Notre-Seigneur Jésus-Christ. 67
Sermon CXCIV. — XIe pour le jour de la Nativité de Notre-Seigneur Jésus-Christ. 69
Sermon CXCV. — XIIe pour le jour de la Nativité de Notre-Seigneur Jésus-Christ. 72
Sermon CXCVI. — XIIIe pour le jour de la Nativité de Notre-Seigneur Jésus-Christ 74
Sermon CXCVII. — Ier pour les Calendes de janvier. Contre les païens. 78
Sermon CXCVIII. — IIe pour les Calendes de janvier. Contre les païens. 82
Sermon CXCIX. — Ier pour l'Épiphanie de Notre-Seigneur Jésus-Christ. 85
Sermon CC. — IIe pour l'Épiphanie de Notre-Seigneur Jésus-Christ. 88
Sermon CCI. — IIIe pour l'Épiphanie de Notre-Seigneur Jésus-Christ. 91
Sermon CCII. — IVe pour l'Épiphanie de Notre-Seigneur Jésus-Christ. 94
Sermon CCIII. — V^e pour l'Épiphanie de Notre-Seigneur Jésus-Christ. 98
Sermon CCIV. — VIe pour l'Épiphanie de Notre-Seigneur Jésus-Christ. 100
Sermon CCV. — Ier pour le Carême. 103
Sermon CCVI. — IIe pour le Carême. 105
Sermon CCVII. — IIIe pour le Carême 108
Sermon CCVIII. — IVe pour le Carême 110
Sermon CCIX. — V^e pour le Carême. 113
Sermon CCX. — VIe pour le Carême 115
Sermon CCXI. — VIIe pour le Carême. « Sur la charité fraternelle et le pardon des injures. » 124
Sermon CCXII. — Ier en remettant le Symbole aux catéchumènes. Le lundi après le Ve dimanche de Carême . 130
Sermon CCXIII. — IIe en remettant le Symbole aux catéchumènes. 133
Sermon CCXIV. — IIIe en remettant le Symbole aux catéchumènes. 140
Sermon CCXV. — Pour le jour de la récitation du Symbole 150
Sermon CCXVI. — Aux compétents. 156
Sermon CCXVII. — Sur la prière de Jésus-Christ, chapitre XVII de saint Jean : « Mon Père, je veux que là où je suis, ceux que vous m'avez donnés soient avec moi. » 165

TABLE DES MATIÈRES.

Sermon CCXVIII. — Sur la passion de Notre-Seigneur, pour le Vendredi-Saint. 167
Sermon CCXIX. — Ier pour la veille de Pâques 172
Sermon CCXX. — IIe pour la veille de Pâques. 173
Sermon CCXXI. — IIIe pour la veille de Pâques. 174
Sermon CCXXII. — IVe pour la veille de Pâques. 176
Sermon CCXXIII. — V^e pour la veille de Pâques. 177
Sermon CCXXIV. — Ier pour le jour de Pâques. 180
Sermon CCXXV. — IIe pour le jour de Pâques. — Aux enfants. 183
Sermon CCXXVI. — IIIe pour le jour de Pâques. — Au peuple et aux enfants. 187
Sermon CCXXVII. — IVe pour le jour de Pâques. — Aux enfants, sur les sacrements. . . . 188
Sermon CCXXVIII. — V^e pour le jour de Pâques. — Au peuple et aux enfants. 191
Sermon CCXXIX. — Sur les sacrements des fidèles, pour le lundi de Pâques 193
Sermon CCXXX. — Ier pour les fêtes de Pâques. — Sur ces paroles du psaume CXVII : « Voici le jour que le Seigneur a fait. » 194
Sermon CCXXXI. — IIe pour les fêtes de Pâques. — Sur la résurrection de Jésus-Christ, d'après saint Marc. . 195
Sermon CCXXXII. — IIIe pour les fêtes de Pâques. — Sur la résurrection de Jésus-Christ, d'après saint Luc. . 200
Sermon CCXXXIII. — IVe pour les fêtes de Pâques. — Sur la résurrection de Jésus-Christ, d'après saint Marc. 206
Sermon CCXXXIV. — V^e pour les fêtes de Pâques. — Sur la résurrection de Jésus-Christ, d'après saint Luc. . 210
Sermon CCXXXV. — VIe pour les fêtes de Pâques. — Sur la même lecture de l'Evangile selon saint Luc, chapitre XXIV. 214
Sermon CCXXXVI. — VIIe pour les fêtes de Pâques. — Sur la même lecture de l'Evangile selon saint Luc, chapitre XXIV. 218
Sermon CCXXXVII. — VIIIe pour les fêtes de Pâques. — Sur les dernières paroles du chapitre XXIV de saint Luc, avec réfutation des manichéens. 220
Sermon CCXXXVIII. — IXe pour les fêtes de Pâques. — Sur la même lecture de l'Evangile selon saint Luc, chapitre XXIV. 225
Sermon CCXXXIX. — X^e pour les fêtes de Pâques. — Sur la résurrection de Jésus-Christ selon saint Marc et saint Luc. 227
Sermon CCXL. — XIe pour les fêtes de Pâques. — Sur la résurrection des corps. Contre les Gentils. . . . 232
Sermon CCXLI. — XIIe pour les fêtes de Pâques. — Sur la résurrection des corps. Contre les Gentils. . . 237
Sermon CCXLII. — XIIIe pour les fêtes de Pâques. — Sur la résurrection des corps. Contre les Gentils. . . 245
Sermon CCXLIII. — XIVe pour les fêtes de Pâques. — Sur la résurrection de Jésus-Christ selon saint Jean, sur ces paroles du chapitre XX : « Ne me touchez point, car je ne suis pas encore monté vers mon Père. » — Quel sera l'usage des membres après la résurrection. 252
Sermon CCXLIV. — XVe pour les fêtes de Pâques. — Sur la même lecture de l'Evangile selon saint Jean, chapitre XX. 258
Sermon CCXLV. — XVIe pour les fêtes de Pâques. — Sur la même lecture de l'Evangile selon saint Jean, chapitre XX. 263
Sermon CCXLVI. — XVIIe pour les fêtes de Pâques. — Sur la même lecture de l'Evangile selon saint Jean, chapitre XX. 266
Sermon CCXLVII. — XVIIIe pour les fêtes de Pâques. — Sur un autre passage de l'Evangile selon saint Jean, chapitre XX. 271
Sermon CCXLVIII. — XIXe pour les fêtes de Pâques. — Sur la lecture du chapitre XXI de l'Evangile selon saint Jean, et sur les deux pêches : l'une avant la passion, l'autre après la résurrection. 273
Sermon CCXLIX. — XXe pour les fêtes de Pâques. — Sur la même lecture et sur les deux pêches. . . . 277
Sermon CCL. — XXIe pour les fêtes de Pâques. — Sur la même lecture et sur les deux pêches. 280
Sermon CCLI. — XXIIe pour les fêtes de Pâques. — Sur la même lecture et sur les deux pêches. 286
Sermon CCLII. — XXIIIe pour les fêtes de Pâques. — Sur la même lecture et sur les deux pêches. . . . 292
Sermon CCLIII. — XXIVe pour les fêtes de Pâques. — Sur la dernière lecture de l'Evangile selon saint Jean, chapitre XXI. 303
Sermon CCLIV. — XXVe pour les fêtes de Pâques. 307
Sermon CCLV. — XXVIe pour les fêtes de Pâques. — Sur l'*Alleluia*. 312
Sermon CCLVI. — XXVIIe pour les fêtes de Pâques. — Sur l'*Alleluia*. 319
Sermon CCLVII. — XXVIIIe pour les fêtes de Pâques. — Sur ce verset du psaume CXV : « Tout homme est menteur. » 323
Sermon CCLVIII. — XXIXe pour les fêtes de Pâques. — Sur ce verset du psaume CXVII : « Voici le jour qu'a fait le Seigneur. » 325
Sermon CCLIX. — Pour le dimanche de l'octave de Pâques. 327
Sermon CCLX. — Pour le dimanche de l'octave de Pâques. — Avertissement aux nouveaux baptisés. . . . 335
Sermon CCLXI. — Pour le quarantième jour, c'est-à-dire pour le jour de l'Ascension de Notre-Seigneur. . . 336
Sermon CCLXII. — IIe pour le jour de l'Ascension de Notre-Seigneur. 343
Sermon CCLXIII. — IIIe pour le jour de l'Ascension de Notre-Seigneur. 346
Sermon CCLXIV. — IVe pour le jour de l'Ascension de Notre-Seigneur. 350

TABLE DES MATIÈRES.

Sermon CCLXV. — V^e pour le jour de l'Ascension de Notre-Seigneur. 359
Sermon CCLXVI. — Pour la veille de la Pentecôte. — Sur ce verset du psaume CXL : « Le juste me reprendra, etc. » Contre les donatistes. 368
Sermon CCLXVII. — Ier pour le jour de la Pentecôte 375
Sermon CCLXVIII. — IIe pour le jour de la Pentecôte. 378
Sermon CCLXIX. — IIIe pour le jour de la Pentecôte. 382
Sermon CCLXX. — IVe pour le jour de la Pentecôte. 386
Sermon CCLXXI. — V^e pour le jour de la Pentecôte. 397
Sermon CCLXXII. — VIe et dernier pour le jour de la Pentecôte. — Aux enfants, sur le Sacrement. . . . 398

TROISIÈME SÉRIE
Comprenant les sermons sur les fêtes des saints.

Sermon CCLXXIII. — Pour la fête des saints martyrs Fructueux, évêque, Augure et Euloge, diacres. . . . 400
Sermon CCLXXIV. — Ier pour la fête de saint Vincent, martyr. 406
Sermon CCLXXV. — IIe pour la fête de saint Vincent, martyr. 408
Sermon CCLXXVI. — IIIe pour la fête de saint Vincent, martyr. 411
Sermon CCLXXVII. — IVe pour la fête de saint Vincent, martyr. — Discussion sur les qualités du corps spirituel après la résurrection. — Dieu pourra-t-il être vu des yeux du corps. 414
Sermon CCLXXVIII. — Sur la vocation de l'apôtre saint Paul ; éloge de l'Oraison dominicale. — Ier pour la fête de la Conversion de saint Paul. 429
Sermon CCLXXIX. — Sur l'apôtre saint Paul. — IIe pour la Conversion de saint Paul. 439
Sermon CCLXXX. — Ier pour la fête des saintes Perpétue et Félicité, martyres. 447
Sermon CCLXXXI. — IIe pour la fête des saintes Perpétue et Félicité, martyres. 452
Sermon CCLXXXII. — IIIe pour la fête des saintes Perpétue et Félicité, martyres. 454
Sermon CCLXXXIII. — Pour la fête des saints martyrs Massilitains 455
Sermon CCLXXXIV. — Pour la fête des saints martyrs Marien et Jacques. 458
Sermon CCLXXXV. — Pour la fête des saints martyrs Caste et Émile. 466
Sermon CCLXXXVI. — Pour la fête des saints martyrs Gervais et Protais 472
Sermon CCLXXXVII. — Ier pour la Nativité de saint Jean-Baptiste, le 8 des calendes de juillet. . . 477
Sermon CCLXXXVIII. — IIe pour la Nativité de saint Jean-Baptiste. — De la voix et de la parole. . 479
Sermon CCLXXXIX. — IIIe pour la Nativité de saint Jean-Baptiste 487
Sermon CCXC. — IVe pour la Nativité de saint Jean-Baptiste. 494
Sermon CCXCI. — V^e pour la Nativité de saint Jean-Baptiste. 499
Sermon CCXCII. — VIe pour la Nativité de saint Jean-Baptiste. — Saint Augustin y discute contre les donatistes. 504
Sermon CCXCIII. — VIIe pour la Nativité de saint Jean-Baptiste. 516
Sermon CCXCIV. — Du baptême des enfants, contre les pélagiens. 528
Sermon CCXCV. — Ier pour la fête des saints apôtres Pierre et Paul. 546
Sermon CCXCVI. — IIe pour la fête des saints apôtres Pierre et Paul. 552
Sermon CCXCVII. — IIIe pour la fête des saints apôtres Pierre et Paul. 562
Sermon CCXCVIII. — IVe pour la fête des saints apôtres Pierre et Paul. 571
Sermon CCXCIX. — V^e pour la fête des saints apôtres Pierre et Paul. 575
Sermon CCC. — Ier pour la fête des saints Machabées, martyrs. 588
Sermon CCCI. — IIe pour la fête des saints Machabées. 595
Sermon CCCII. — Ier pour la fête de saint Laurent, martyr. 600
Sermon CCCIII. — IIe pour la fête de saint Laurent, martyr. 612
Sermon CCCIV. — IIIe pour la fête de saint Laurent, martyr. 615
Sermon CCCV. — IVe pour la fête de saint Laurent, martyr. 618

FIN DE LA TABLE DU TOME DIX-HUITIÈME.

Besançon. — Imprimerie d'Outhenin-Chalandre fils.

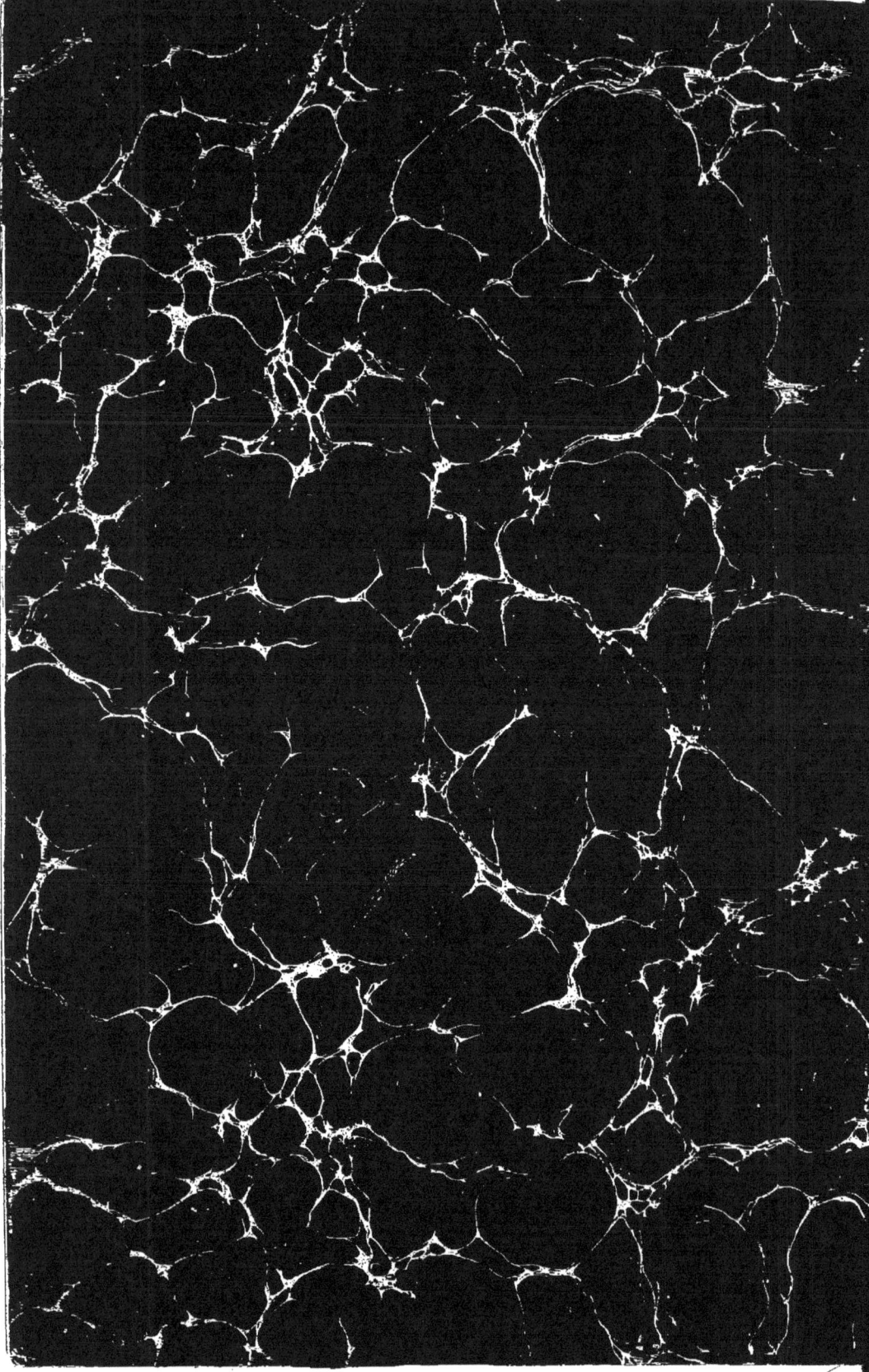

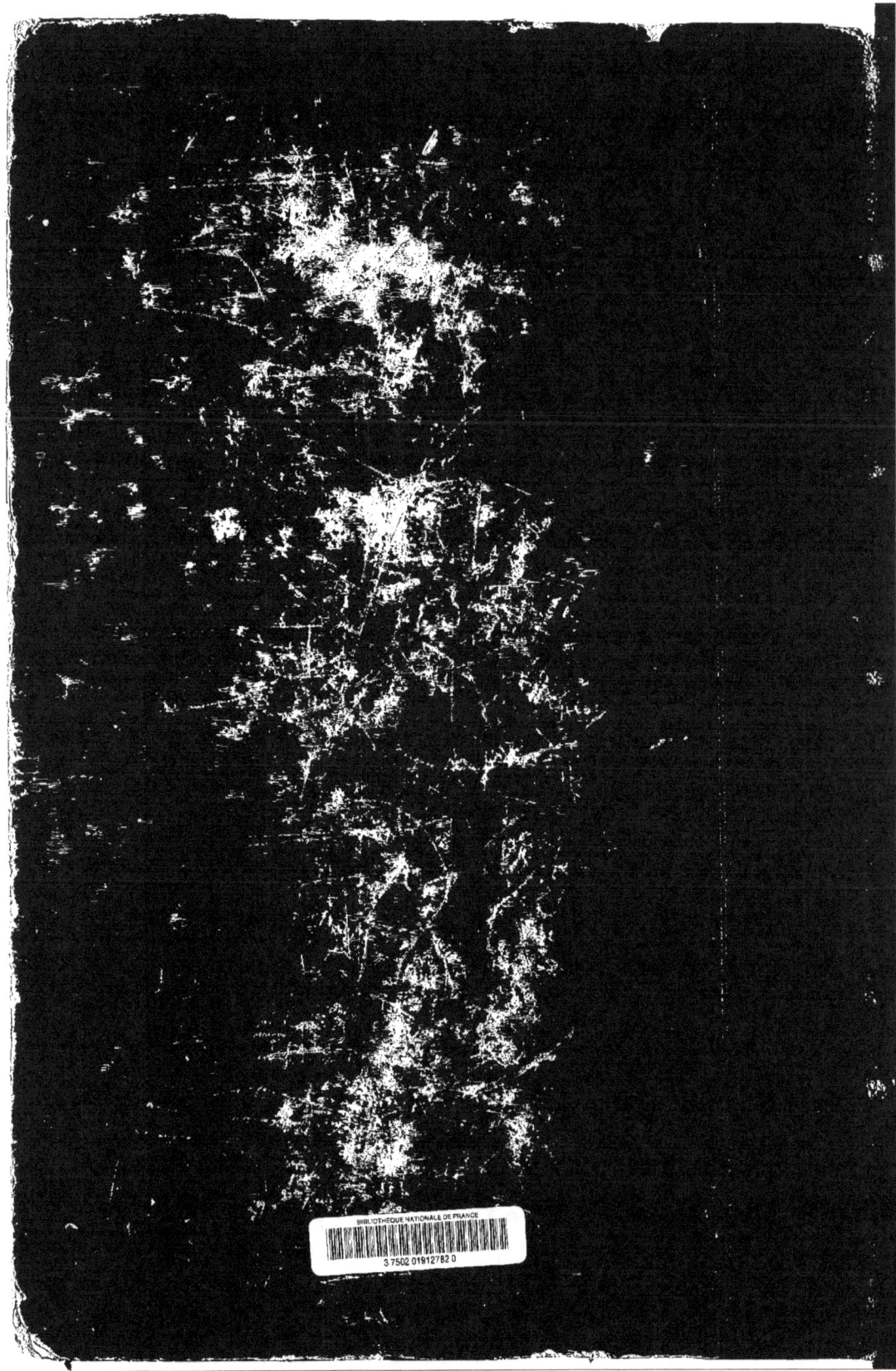

www.ingramcontent.com/pod-product-compliance
Lightning Source LLC
Chambersburg PA
CBHW071158230426
43668CB00009B/994